"十三五"国家重点出版物出版规划项目

经济科学译丛

微观经济理论

上

Microeconomic Theory

Andreu Mas-Colell
安德鲁·马斯-克莱尔
Michael D.Whinston
迈克尔·D. 温斯顿
Jerry R.Green
杰里·R. 格林
／著

曹乾／译

中国人民大学出版社
·北京·

总　　序

自新中国成立尤其是改革开放 40 多年来，中国经济的发展创造了人类经济史上不曾有过的奇迹。中国由传统落后的农业国变成世界第一大工业国、第二大经济体，中华民族伟大复兴目标的实现将是人类文明史上由盛而衰再由衰而盛的旷世奇迹之一。新的理论来自新的社会经济现象，显然，中国的发展奇迹已经不能用现有理论很好地加以解释，这为创新中国经济学理论、构建具有中国特色的经济学创造了一次难得的机遇，为当代学人带来了从事哲学社会科学研究的丰沃土壤与最佳原料，为我们提供了观察和分析这一伟大“试验田”的难得机会，更为进一步繁荣我国哲学社会科学创造了绝佳的历史机遇，从而必将有助于我们建构中国特色哲学社会科学自主知识体系，彰显中国之路、中国之治、中国之理。

中国经济学理论的创新需要坚持兼容并蓄、开放包容、相互借鉴的原则。纵观人类历史的漫长进程，各民族创造了具有自身特点和标识的文明，这些文明共同构成了人类文明绚丽多彩的百花园。各种文明是各民族历史探索和开拓的丰厚积累，深入了解和把握各种文明的悠久历史和丰富内容，让一切文明的精华造福当今、造福人类，也是今天各民族生存和发展的深层指引。

“经济科学译丛”于 1995 年春由中国人民大学出版社发起筹备，其入选书目是国内较早引进的国外经济类教材。本套丛书一经推出就立即受到了国内经济学界和读者们的一致好评和普遍欢迎，并持续畅销多年。许多著名经济学家都对本套丛书给予了很高的评价，认为“经济科学译丛”的出版为国内关于经济理论和经济政策的讨论打下了共同研究的基础。近三十年来，“经济科学译丛”共出版了百余种全球范围内经典的经济学图书，为我国经济学教育事业的发展和学术研究的繁荣做出了积极的贡献。近年来，随着我国经济学教育事业的快速发展，国内经济学类引进版图书的品种越来越多，出版和更新的周期也在明显加快。为此，本套丛书也适时更新版本，增加新的内容，以顺应经济学教育发展的大趋势。

“经济科学译丛”的入选书目都是世界知名出版机构畅销全球的权威经济学教材，被世界各国和地区的著名大学普遍选用，很多都一版再版，盛行不衰，是紧扣时代脉搏、论述精辟、视野开阔、资料丰富的经典之作。本套丛书的作者皆为经济学界享有盛誉的著名教授，他们对于西方经济学的前沿课题都有透彻的把握和理解，在各自的研究领域都做出了突出的贡献。本套丛书的译者大多是国内著名经济学者和优秀中青年学术骨干，他们不仅在长期的教学研究和社会实践中积累了丰富的经验，而且具有较高的翻译水平。

本套丛书从筹备至今，已经过去近三十年，在此，对曾经对本套丛书做出贡献的单位和个人表示衷心感谢：中国留美经济学会的许多学者参与了原著的推荐工作；北京大学、中国人民大学、复旦大学以及中国社会科学院的许多专家教授参与了翻译工作；前任策划编辑梁晶女士为本套丛书的出版做出了重要贡献。

愿本套丛书为中国经济学教育事业的发展继续做出应有的贡献。

中国人民大学出版社

MWG 和微观经济理论的新进展

一、经典的 MWG

两千年多前，当古希腊人色诺芬最早提出“经济学”这一名词时，经济学只是一门关于“齐家”（家政管理）的学问。[①] 直到公元 1776 年，亚当·斯密堪称经济学奠基之作的《国富论》的正式出版，无数经济学家才开始为这一研究领域着迷。如今，经济学研究早已不再局限于传统的经济问题，而是构建起了一座宏伟的研究人类行为、人类互动及其社会经济后果的社会科学大厦，同时为其他社会科学（政治学、社会学等）的研究提供了新的视角和思维范式。而微观经济学作为经济学殿堂的理论基础，其研究成果更可谓精彩纷呈。

安德鲁·马斯-克莱尔、迈克尔·D. 温斯顿和杰里·R. 格林将他们多年来在哈佛博士课程上的授课讲义“高级微观经济学”汇编成册，并于 1995 年正式出版。本书甫一问世，便在学界引起了不小的轰动。作为一本杰出的微观经济学教科书，该书对经济现象的阐释无疑引人入胜，加之严密科学的方法训练，读者可以系统、准确地掌握微观经济学的理论和方法，为拾级而上经济学殿堂指明了方向。因此，本书在学界被亲切地称为“MWG”，它已成为微观经济学标准教科书中的经典力作，令经济学学者无法忽略。

经济学是建立在个人主义的方法论基础之上的，也就是从个体的最优决策出发，通过分析个体之间的市场和非市场互动来理解经济和社会现象，并提出相应的政策建议，因此经济学本质上是分析人类社会制度的科学。自《国富论》发表后的一个半世纪里，经济学在思想上一次次取得巨大突破，而其更为正式、完整的理论体系基本形成于二战之后，最终在美国学术界的推动下完成。

---

① 当时也包含了奴隶主对奴隶的管理。

微观经济理论始于社会个体的行为决策问题，并进一步研究个体间的互动，即个体行为汇总将会产生怎样的社会经济后果。本书正是按照这一逻辑展开的，以决策理论为起点，首先为读者阐释了确定性条件下个体行为选择的一般理论，介绍其在传统的消费者行为和生产者行为方面的应用，进而对不确定性条件下的个体决策理论进行了推演。这方面最重要的工作是冯·诺依曼-摩根斯坦创立的预期效用理论，这是理性决策理论的一个公理化基石。

人类社会最本质的特点是社会互动，博弈论将决策理论扩展到了多个主体之间存在策略性互动情景下的最优化问题。因此，博弈论让我们能够对社会中不同主体间的策略性互动及其社会经济后果进行分析，这进一步奠定了经济学坚实的均衡分析方法论基础，也使经济学真正有了微观分析的基础。博弈论的基本框架是由冯·诺依曼和摩根斯坦 1944 年的巨著《博弈论与经济行为》确立的，但真正的突破是 1950 年纳什发表的经典论文。纳什的论文界定了非合作（策略性）博弈的均衡及其存在性，这是一个革命性的发展。此后，经济学的均衡概念基本都建立在纳什均衡的基础之上。也许正是在这个意义上，诺奖得主迈尔森认为，博弈论的出现相当于发现了人类社会分析的 DNA。本书对博弈均衡等一系列概念和定理进行了深入浅出的阐释。

综上，博弈论是一门研究在给定规则下不同个体之间策略性互动的学科。而 20 世纪 70 年代末出现的机制设计理论（委托代理理论）则可谓博弈论的逆向工程——研究在给定的目标下如何设计最优规则，使得经济主体在这种规则下的互动能够达到理想的目标均衡。本书的作者之一杰里·R. 格林（与马斯金、迈尔森、拉丰等一起）也是机制设计领域的奠基人之一。

经济学的另一个理论高峰是一般均衡理论。一般均衡理论主要是分析市场运行机制（包括商品市场、劳动力市场、金融市场等市场的运行）。自亚当·斯密于 1776 年在《国富论》中提出“看不见的手”这个想法之后的近两百年的时间里，从瓦尔拉斯到冯·诺依曼都试图从理论上证明“看不见的手”的存在性，但一直未能取得圆满成功。纳什均衡的提出启发了阿罗和德布鲁，他们采用博弈论的方法来证明一般均衡的存在性。1954 年，两人在合作的论文中将“市场”看作一个博弈方［给定数量选择价格的“价格博弈方”(price player)］和其他参与者（给定价格选择数量的博弈方）之间的博弈，这样得到的纳什均衡即是一般均衡。换言之，一般均衡是在博弈论的纳什均衡基础上加入了市场机制，因此内部化了个体行为之间的外部性，从而可以得到更有效率的结果。一般均衡理论为理解现代市场经济提供了重要且基本的分析方法。

阿罗-德布鲁发展的一般均衡还包括与未来不同状态挂钩（state-contingent）的合约，因此也是金融经济学的基础。如果针对未来每种状态（风险）都有一种金融合约可以交易[1]，合约张成的空间维度与未来状态的数量一样多，那么这种理想的情况被称为完全市场，即未来的状态和今天可以有效地打通。在完全市场下，均衡的配置是帕累托最优的（福利经济学第一基本定理，又称福利经济学第一定理或第一福利定理）[2]；从实施的角度来看，这种配置是可以通过市场来实现的（福利经济学第二基本定理，又称福利经济学第二定理或第二福利定理）。后续发展出现的科斯定理（制度不相关的基准定理）、米勒-莫迪利安尼定理（又称 MM 定理，金融结构不相关的基准定理）和 Tiebout 模型（财政分权的基准定理）都可以被看成是阿罗-德布鲁的完全市场均衡在不同场景下的特例。

本书花了很大的篇幅来讲解一般均衡理论，尤其是对完全市场情况下的这一重要理论框架进行了系统和深入的论述。本书不仅讨论了一般均衡的基本性质，而且从规范性角度对一般均衡的福利经济学性质进行了阐述。不仅如此，本书还涵盖了不确定性、跨期以及不对称信息等情形下一般均衡的特征，并对市场失灵状况出现的可能性进行了分析。安德鲁·马斯-克莱尔在这一领域做出了突出的贡献，是一般均衡研究的领军人物之一。有意思的是，后来他辞掉了哈佛的教职，回到西班牙创办了巴塞罗那经济学院（BSE），并投身西班牙家乡加泰罗尼亚的独立运动，成为一名政治人物。

阿罗不仅和德布鲁、麦肯齐、斯卡夫等一起奠定了一般均衡理论的基础，他还研究了另外一个完全没有市场的极端情形——政治制度（投票）的制度设计问题，开创了社会选择理论。著名的阿罗不可能定理表明：除非独断决策（独裁），民主投票制度无法保障社会选择的偏好无限制性、帕累托有效性和无关选项独立性这三个性质（公理）的同时实现。也就是说，在政治投票下，我们无法从对选项的个体偏好中有效推导出社会偏好排序。这意味着，只要社会成员之间存在不同的偏好，而社会又有多种（两种以上）备选方案，民主投票就很难得到令所有人都满意的结果。因此，世界上并不存在完美的政治制度，不同的政治制度只不过是在这几个性质（公理）之间的权衡取舍。这是政治制度研究的基准定理，这个定理意味着，对于政治制度的运行与评价不能一概而论，必须具体而微地进行分析。

总体而言，本书可以说是对决策理论、博弈理论、机制设计理论、一般均衡理论和社会选择理论阐述最为精深和全面的微观经济理论教科书，它详尽地总结了 20 世纪 90 年代之前微观经济理论的发展，即使到今天也仍然是标准的高级微观经济学教科书。在过去三十多年间，经济学理论在这个基础上又取得了很多激动人心的进展，尤其是在不完全合约和不完全市场方面。

---

① 这种证券被称为阿罗证券。

② 从这个角度就可以理解为什么博弈论的均衡一般不是帕累托最优的，因为博弈论可以被看成是市场不完全的情形（人们之间充满了策略外部性）。

二、微观经济理论的几个重要进展

信息设计

正如上文所述，机制设计理论关注的是给定信息结构下最优制度的设计方法。经济学家们逐渐认识到信息结构也应该是制度设计的一部分。其中，由贝叶斯劝说（Kamenica and Gentzkow，2011）所引出的信息设计研究领域可能是这一方向最活跃的研究领域，2016 年诺贝尔经济学奖得主本特·霍姆斯特罗姆（Bengt Holmström）在麻省理工学院的课上提到，信息设计是微观经济学最重要的进展之一。"信息设计"描述的是这样一种情景：在不完全信息下，信息设计者（information designer）即使没有强制参与者选择某种特定行为的能力，也可以通过设计出最优的信息结构（通常是在不同现实状态下提供的信息），来"劝说"参与者按照自己的意图行事（当然，参与者也是根据其信息集最优化其目标函数），以实现信息设计者的目标。因此，信息设计研究旨在确定最佳的信息环境（谁应该知道什么和什么时候知道），并根据参与者的偏好和目标函数来决定参与者的行为。它可以在一定程度上被看作是对机制设计理论的扩展，即机制设计者（委托人）还可以对信息结构进行设计，从而达到更合意的社会结果。信息设计的方式大概可以分为两类：公共信息设计（public information design）和私人信息设计（private information design）。在前者中，信息设计者只能公开发布（broadcast）信号，即让所有信息接收者收到相同的信号；而在后者中，信息设计者还可以给每个信息接收者发送一个私有信号，因而大大扩展了信息设计者的信息设计能力。随着信息设计理论的不断完善，它开始在金融监管（如央行的"压力测试"设计）、产业组织、拍卖和匹配设计等诸多领域有着更广泛的应用。

不完全合约理论

微观经济理论的另一个重大突破是不完全合约理论。在此之前的机制设计理论是基于完全合约假设所构建的：所谓完全合约，就是合约条款中详细地列出了在未来不同状态发生时，每一个缔约方在不同情况下的权利与义务实施的规则。不完全合约理论起源于桑福德·格罗斯曼和奥利弗·哈特于 1986 年发表在《政治经济学期刊》上的经典论文。①

不完全合约理论是经济学理论的重大突破，它极大地改变了经济学分析的方法，已经成为诸多微观经济学研究领域的重要研究工具，用以分析微观金融、企业边界、政治经济学等各种与制度相关的特别是非市场的经济领域的问题。合约不完全是由于经济主体无法做出让其他人信服的承诺；这样，他们之间就无法签订与状态依存的合约，比如在签订劳动合同时，我们很难提前写明白未来哪天谁具体要干

① MWG 当时尚未来得及将不完全合约理论总结到教科书中，不完全合约理论的主要贡献者还包括约翰·莫尔。

什么事情。不完全合约是不完全市场的一个重要根源。哈特在20世纪70年代早期的研究中发现，在不完全市场情况下，不仅一般均衡可能不存在，而且均衡也非帕累托最优；此外，即使增加一个市场（但市场仍然不完全），也未必会带来帕累托改进。[①]在这种情况下，政府的潜在干预往往能带来帕累托改进（Geanakoplos and Polemarchakis，1986）。

在不完全合约理论出现之前，经济学中的企业基本上被视为一个生产函数的黑箱子，一边是投入，另一边是产出。哈特指出，由于合约存在不完全性，合约中的这些"未尽事宜"在事后必须有人说了算，这就是剩余控制权。自此之后，人们开始从控制权的角度来思考企业的问题，包括外部性与公共品问题、公司治理问题和公司资本结构问题。债和股不再只是一种融资工具，而是带有不同控制权的合约。那么究竟谁应该拥有剩余控制权呢？不完全合约理论认为，在这种合作关系中，谁的行为或者投资对双方的价值相对更大，谁就应该拥有剩余控制权，因为这样他才能得到更大的激励。

可以说，不完全合约理论在很大程度上改写了公司金融这个领域。不完全合约理论同样可以被用来解释国际贸易中的交易活动，究竟是通过市场交易来进行，还是通过跨国公司来进行。随着国际贸易领域的研究越来越集中于企业层面（而不是过去的行业层面），不完全合约理论还会发挥更大的作用，运用不完全合约理论来研究国际经济学也是目前最活跃的话题之一。哈特也因为在不完全合约理论方面的卓越贡献而荣获2016年的诺贝尔经济学奖。

由于不完全合约理论涉及权利（rights）和权力（power）的配置（因为剩余控制权的存在），这使得不完全合约理论还具有很强的法律和政治经济学的意蕴。因此，不完全合约理论还可以被用来研究更宏大的政治经济学问题。例如，宪法就是一种不完全合约，很多未尽事宜并没有写进宪法里，对这些未尽事宜的事后解释权和剩余控制权，不同政体和不同国家之间的区别，在很大程度上定义了它们的政治制度。同样的道理，法律也是一种不完全合约，对未尽事宜的事后解释权和自由裁量权才是决定不同法系的根本。总之，不完全合约已经成为制度分析的基本方法。

一般均衡中的内生合约：抵押品一般均衡

在此之后，耶鲁大学的约翰·吉纳科普洛斯（John Geanakoplos）所提出的抵押品均衡分析将不完全合约理论扩展到了一般均衡中，从而开创了一般均衡中的内生合约。在理想的完全市场情况下，现实中的每一种状态都能对应一份金融合约；而在现实世界中，金融市场是高度不完全的，即金融合约张成的状态空间的维度远远小于真实世界未来状态的维度，使经济难以达致理想之境（难以达到理想的"彼岸"）。

如前所述，市场不完全的一个重要原因是市场主体不能签订和实施跟未来状态

---

① 阿罗很早就认识到，外部性、公共品、不完全竞争问题本质上是市场缺失问题。

挂钩的金融合约，即合约是不完全的。解决合约不完全问题的一种方法是引入抵押品，因此合约不完全和市场不完全问题就变成了抵押品的短缺问题。清泷信宏和莫尔 1997 年的论文关注到了金融合约的不完全性并在宏观经济学中引入抵押品约束，发现金融合约的不完全性所引起的抵押品约束问题会加剧宏观经济的波动性。不过，该模型中的杠杆率和资产价格都是外生的。真正使杠杆率和资产价格内生化的抵押资产一般均衡模型与方法，是由吉纳科普洛斯于 20 世纪 90 年代中期开创的。这种方法的核心思想是：从理论上看，所有的金融合约都是一种承诺，由于合约的不完全性，都有违约的可能，因此，都需要某种抵押品。由于经济中抵押品是稀缺的，即使这些金融合约的其他方面（如承诺的支付）相同，具有不同抵押品的金融合约也仍是不同的。金融合约的均衡价格是由金融合约市场和抵押品资产市场的互动决定的，抵押品资产的价值也是在抵押品资产与金融合约的价格互动中内生决定的。只有那些具有足够抵押品的金融合约才能在均衡中出现并得到交易，而大量金融合约在均衡中是不会出现的，因此，金融市场的完全程度是内生的。并且，在不完全一般均衡中加入了承诺和抵押品后，吉纳科普洛斯和其合作者还证明了抵押品一般均衡的存在性，并证明了该均衡是约束下的最优（constrained optimal）。

吉纳科普洛斯进一步在这个内生金融合约理论基础上发展出一个动态的杠杆周期理论来理解经济周期中杠杆率和资产价格的周期性波动。模型中乐观投资者将是资产的购买者，而悲观投资者将是资产的出售者，而均衡的资产价格是由边际（在卖与买之间无差异的）投资者的类型是乐观还是悲观决定的。市场中出现的坏消息会动摇投资者的信心，并增加投资者之间看法上的分歧，因坏消息而变得忧心忡忡的放贷者会要求更高价值的抵押品，而这会进一步使得借钱买资产的乐观投资者遭遇去杠杆化，进而导致资产价格暴跌。暴跌的资产价格又会进一步加剧去杠杆化的过程，导致资产价格进一步下跌。如此，在经济繁荣时期，杠杆率过高；而在经济萧条时期，杠杆率过低。这个动态的杠杆周期理论对于我们理解当代金融体系具有重要意义。这是因为，当代金融体系的很多金融合约背后都有抵押品资产，如在 2008 年爆发的全球性金融危机中，影子银行体系中的资产支持证券（ABS）。这个动态的杠杆周期理论的一个重要政策含义是，通过对杠杆率进行适当监控，政府的干预可以缓解经济的周期性波动。抵押品一般均衡理论已经日益成为当前宏观经济学和金融经济学领域的理论基础。

三、应用微观经济学的兴起和其他方面的发展

微观经济理论也在不断地与现实问题相结合，这在市场设计理论方面尤其亮眼。市场设计理论包括两个领域：一种是涉及双方之间转移支付的拟线性效用情形，即拍卖理论（auction theory）；另一种是不涉及双方之间转移支付的非拟线性效用情形，即匹配理论（matching theory）。

拍卖理论本身是一个非常严谨的分支，它描述了非完全竞争下的价格发现机制和最优机制设计。它研究的是在不同的拍卖机制下，竞标者会采取什么样的策略，以期获得最高的收益。金融合约转卖、电商广告位置拍卖、政府和社会的排名规则等诸多现实问题中，都有着拍卖理论的身影。1994年美国联邦通信委员会便是通过“同步多轮拍卖”成功实现了无线电频谱使用许可证的出售。罗伯特·威尔逊（Robert Wilson）和保罗·米尔格罗姆（Paul Milgrom）也因其在拍卖理论方面的贡献而获得了2020年的诺贝尔经济学奖。

匹配理论的出现是为了解释很多双边匹配问题，如婚姻市场的匹配、人体器官的匹配、教育市场的学生和学校的匹配等这些不涉及货币支付的问题。不仅如此，匹配理论也可以被用来分析劳动力市场上员工与企业的匹配，这一理论也被广泛地应用于货币市场和金融市场等重要的领域当中。

微观实证领域是微观经济理论与实证相结合的另一个重要领域，又被称为“应用微观”（applied micro），包含了产业组织、劳动经济学、发展经济学、公共经济学、卫生经济学、城市经济学、环境经济学等子领域。应用微观在过去的20年中经历了快速的发展，其研究内容和方法已从利用简约式方法（reduced-form approach）验证经济理论的含义，上升到使用结构性方法（structural approach）进行反事实推演和政策分析等。

简约式方法主要利用自然实验或者随机控制实验（RCT）来识别因果关系，在样本内有较好的内部有效性（internal validity）；而结构性方法则跟理论联系更加密切，试图识别理论模型中更深的行为参数（deep parameters），更适合做反事实的政策（即还没有发生的政策）推测，有更好的外部有效性（external validity）。在产业组织领域，由于经济主体之间的策略性互动比较多，在实证方面多采用结构性方法；现在有越来越多的实证研究同时使用两种方法，以使得研究更加全面。

最后，值得注意的是，主流的微观经济理论是基于理性人假设所构建的，因此在对一些经济现象的解释方面仍存在一定的局限性。因此，自20世纪70年代以来，微观经济学开始与心理学相结合，进一步研究个体为何会做出一些并非理性的行为，并表现出一个重要演进趋势——行为经济学与行为金融学的兴起与快速发展。行为经济学的开创性工作始于20世纪70年代末的两篇经典论文。一篇是丹尼尔·卡尼曼（Daniel Kahneman）和阿莫斯·特沃斯基（Amos Tversky）于1979年发表的《前景理论：风险条件下决策的分析》，该文提出了许多奠定行为经济学学科性质的新概念，如参照点、损失规避等。另一篇是理查德·塞勒（Richard Thaler）于1980年发表的《实证消费选择理论》，该文提出了心理账户等诸多行为经济学的概念。20世纪80年代之后，随着行为经济学受到的关注日渐增加，越来越多的经济学家和心理学家进入这个领域，也有更多的现象得到了解释，个体行为决策的心理学基础被学者们不断完善。在金融方面的运用则衍生出了行为金融理论，这一理论解释了资产价格将会如何受到各种行为偏差的影响，为解释金融市场当中出现的“异象”提供了可能，也阐释了公司金融方面的一些现象。总之，行为经济学和行为金融学目前是一个很活跃的研究领域，它将心理学的一些因素引入了经济学分析，使得经济学的分析更加接近现实。

总体而言，不完全合约和不完全市场理论的出现犹如打开了经济学研究的“潘多拉盒子”，带来了政策意义极强的应用微观经济学的繁荣，抵押品均衡理论为金融学和宏观经济学提供了统一的方法，而行为经济学的出现则进一步拓宽了经济学研究的视野。

微观经济学“殿堂”巍峨耸立又精妙绝伦。“MWG”犹如亲切的向导为研究者绘就了一幅幅精致的思维导图，之后，微观经济理论又不断取得一个又一个重大突破。希望这篇序言可以尽可能地帮助读者减少“游览”过程中的试错成本，指引读者尽快熟悉最为简明扼要的微观经济理论架构，准确、完整地理解这一理论演进历程，站在巨人的肩膀上，看得更高，走得更远。

复旦大学经济学院教授

参考文献

Aghion, P., M. Dewatripont, P. Legros and L. Zingales (2016). *The Impact of Incomplete Contracts on Economics*, Oxford: Oxford University Press.

Barberis, N. (2018). “Psychology-based Models of Asset Prices and Trading Volume,” in Bernheim, B. D., S. DellaVigna and D. Laibson (eds.), *Handbook of Behavioral Economics*, Amsterdam: North Holland.

Bergemann, D. and S. Morris (2019). “Information Design: A Unified Perspective,” *Journal of Economic Literature*, Vol. 57, No. 1: 44-95.

Bolton, P. and M. Dewatripont (2004). *Contract Theory*, Cambridge, MA: The MIT Press.

Börgers, T. (2015). *An Introduction to the Theory of Mechanism Design*, Oxford: Oxford University Press.

Geanakoplos, J. (1990). “An Introduction to General Equilibrium with Incomplete Asset Markets,” *Journal of Mathematical Economics*, Vol. 19, No. 1-2: 1-38.

Geanakoplos, J. (2005). “Three Brief Proofs of Arrow’s Impossibility Theorem,” *Economic Theory*, Vol. 26, No. 1: 211-215.

Geanakoplos, J. (2010). "The Leverage Cycle," *NBER Macroeconomics Annual*, Vol. 24, Ch. 1: 1-66.

Geanakoplos, J. and H. Polemarchakis (1986). "Existence, Regularity, and Constrained Suboptimality of Competitive Allocations When the Asset Market Is Incomplete," in Heller, W., R. Starr and D. Starrett (eds.), *Essays in Honor of Kenneth Arrow, Vol. 3*, Cambridge: Cambridge University Press.

Grossman, S. J. and O. Hart (1986). "The Costs and Benefits of Ownership: A Theory of Vertical and Lateral Integration," *Journal of Political Economy*, Vol. 94, No. 4: 691-719.

Hart, O. (1995). *Firms, Contracts, and Financial Structure*. Oxford: Oxford University Press.

Kamenica, E. and M. Gentzkow (2011). "Bayesian Persuasion," *American Economic Review*, Vol. 101, No. 6: 2590-2615.

Myerson, R. (1999). "Nash Equilibrium and the History of Economic Theory," *Journal of Economic Literature*, Vol. 37, No. 3: 1067-1082.

译者序

1990 年春天，三位哈佛大学经济学教师决心在多年授课讲义的基础上，写一本面向研究生和优秀本科生的微观经济学教材。历时五年，也就是直到 1995 年春天，此书终于面世。这本书就是由安德鲁·马斯-克莱尔、迈克尔·D. 温斯顿、杰里·R. 格林合著的《微观经济理论》。

本书自出版以来，受到了经济学学者的广泛关注和好评。世界优秀大学已普遍采用本书作为教材，它已成为经济学学者必备的一本教科书，被誉为微观经济理论的“圣经”。

本书内容分为五大部分：个人决策、博弈论、市场均衡与市场失灵、一般均衡、福利经济学与激励。从微观经济理论演化的顺序来看，本书既包含了 20 世纪 70 年代已完成的经典理论部分，例如个人决策模型、消费者和生产者理论以及一般均衡理论等；也包含了 20 世纪 70 年代至 90 年代的微观经济理论发展，主要是信息经济学和博弈论（博弈论工具的出现又激活了经典理论中的部分议题）。但由于成书时间限制，本书没有包含行为经济学和制度经济学的内容。*

本书的展开形式是数学性质的，在正式定义之后，通常紧跟着命题、引理等。因此，如果想掌握本书的内容，读者最好有比较扎实的数学知识，尤其是事实分析知识。这种安排方式，加上原书作者的语言习惯，使得本书比一般数学教材更难翻译。命题若以英文表达，通常形式是结果（结论）在前条件在后，但中文表达习惯正好相反。我没有刻意改变英文的这种表达形式，原因在于硬性改变通常涉及很大的修改。

经济学的学习，尤其是高级经济学的学习，非常类似于数学课程的学习，都需要做大量的习题。本书课后提供了大量习题，难度不一。我建议读者做完难度为 A（容易）的题目；努力解决难度为 B（较难）的题目；对于难度为 C（很难）的题目，直接查看参考答案。本书习题解答也由我翻译。对于一些题目出现的明显小错误，我直接改正而未加注释。对于个别题目出现的较大错误，我打算在习题解答一书中指出。

在本书翻译过程中，我习惯于完全消化或基本消化后再下笔，这最大限度地降低了引入新错误的可能性。对于原书中明显的笔误，我直接改正，没有以注释的形式指出，因为原书的注释已够多。在翻译时，我尽量以简朴的语言准确传达原著的意思。绝大部分术语的翻译都是标准的。对于仍有凝练可能的术语或者容易引起误

---

* 经济学家、斯坦福大学教授戴维·M. 克雷普斯（David M. Kreps）雄心勃勃，准备以三卷本的《微观经济基础》完成微观经济理论的演化梳理工作，其中第三卷介绍行为经济学和制度经济学。第一卷已于 2013 年出版。中国人民大学出版社已引进英文版，并且英文影印版和中文翻译版已分别于 2013 年和 2017 年先后出版。——译者注

解的术语，我一般都在后面加上了英语。

为了避免误解，有几个术语值得强调。首先是“transfer”，它既指将商品或货币转移给某个特定人，也指从这个人身上转移出，区别仅在于数值是正还是负。至于正值表示的是转入还是转出，上下文一般会明确说明。其次是“correspondence”，它既指一般意义上的“对应（于）”，也指类似函数概念的数学术语“对应”，但在特定语境下，后一意义出现得更为频繁一些。只要有必要，我也在后面使用了英文。再次，对于“first-best optima”，我有时翻译成“一级最优”，有时仅简称为“最优”；对于“second-best optima”，我翻译为“二级最优”或“次优”。在这两个术语上，我没有刻意追求统一，尽管“最优”和“次优”的说法可能更符合中文习惯。这是因为有些文献上还有“third-best optima”的说法，此时翻译成“三级最优”更顺一些。最后，对于“dominant strategy”，我翻译成“优势策略”而不是更常见的“占优策略”，因为这样一来，对于“dominated strategy”，译成“劣势策略”更自然一些。

此书的翻译历经一年有余，翻译过程比较艰辛，虽然不至于废寝忘食，但也无暇顾及春花秋月。在翻译完之后，我再三检查了符号和公式的正确性，与文字上的错误相比，这些错误更加难以容忍。尽管我已非常谨慎，尽力将错误压到最低，但由于水平有限，错误在所难免，尤其是一些笔误。为了使本书真正成为一本精品，我希望如果读者发现有误，请及时和我联系。我的联系邮箱为 caoqianseu@163. com。

曹　乾

东南大学，南京，江苏

前　言

《微观经济理论》这本教材适合于一年级研究生微观经济理论课程使用。本书的很多内容最初以讲义形式呈现，多年以来我们一直使用这些讲义向哈佛大学一年级研究生讲授微观经济理论。在这些讲义的基础上，我们撰写了这本教材。本书选题广泛，包含了一年级研究生课程的几乎所有典型主题。我们试图以比较容易理解而又严格的方式进行介绍。

先说说我们三人的姓名为何不是按字母顺序排列的，即为什么杰里·R. 格林排在迈克尔·D. 温斯顿之后。我们三人最初于1990年春提出撰写此书的想法并立即实施。然而，1992年2月，在起草了本书大部分章节后，杰里·R. 格林升任哈佛大学教务长。这个职务让他不得不暂停参与撰写本书的工作。从那时起一直到1994年6月书稿完成，安德鲁·马斯-克莱尔和迈克尔·D. 温斯顿承担了余下的全部编写责任。在杰里·R. 格林的任期届满后，我们三人一起在1994—1995年的那个冬季审阅了书稿的校样和清样。

本书结构

微观经济理论这门学科从个人行为开始分析，在此基础上发展成关于总体经济结果的理论。《微观经济理论》这本书正是沿着这条路线展开的。本书分为五个部分。第一部分是个人决策。在这个部分，我们先介绍了个人选择的一般处理方法，然后发展出了消费者行为和生产者行为的经典理论。我们也介绍了不确定性情形下的个人选择理论。第二部分为博弈论，它将个人决策理论扩展到若干个决策者互相影响的情形。第三部分考察了市场均衡。我们首先介绍了马歇尔局部均衡模型下的竞争均衡和福利经济学基本定理，然后考察了在存在外部性、市场势力和不对称信息情形下，市场失灵的可能性。第四部分将竞争市场的研究扩展到一般均衡环境。我们详细考察了一般均衡理论的实证性一面和规范性一面，我们还将一般均衡理论推广到不确定性情形以及跨期情形。第五部分研究福利经济学与激励。我们分别讨论了在允许个人效用比较和不允许个人效用比较情形下，将个人偏好加总为社会偏好的可能性。我们还讨论了当个人偏好是不完全信息时社会选择的执行问题。数学附录部分介绍了我们在本书中常用的较为高级的数学内容（例如，凹函数和凸函数、约束最优化方法、不动点定理等等）以及进一步阅读材料。

本书风格

在选择《微观经济理论》一书的内容时，我们尽量兼容并蓄，选题非常广泛。

我们的目的是提供教师在一年级研究生微观经济理论课程中可能希望讲授的大部分主题。这样做的后果是本书包含的主题不可能在一年级研究生的任何单门课程中详细讨论完。(当然，我们也没在任何一学年讲授完所有内容。)我们希望教师能从我们提供的主题中选择他们认为最重要的内容进行讲授。

我们追求的阐述风格是既容易理解又严格。我们尽可能给出准确定义和命题的正式证明。与此同时，在分析过程中，我们还广泛使用了文字讨论，并提供了大量的例子来说明重要的概念。对于过于高深或比较次要的证明或主题，我们一般将其改变字体放在专栏里，这样学生在初次学习时可以轻易跳过。

我们在每一章末尾都提供了大量习题，这些习题难度不一（标记为 A 的较容易，标记为 B 的较难，标记为 C 的最难)。为了让读者更好地掌握教材内容，我们建议读者多做习题。有时我们也将一些习题放在教材正文中，目的是让读者即时检验自己的理解程度［这些习题难度一般为 A（较容易)］。

使用本书所需要的数学知识是微积分、线性代数（尽管第一部分对向量和矩阵的使用是逐渐展开的）和概率论。熟悉中级微观经济学这一大学课程对理解本书也有帮助。

关于本书教学安排

本书内容在教学时有很多种安排方式。我们通常在秋季学期讲授第一部分到第三部分，在春季学期讲授第四部分和第五部分，当然，有些主题我们没有讲授。另外一种讲授顺序（我们知道一些大学使用了这种安排方式）是，在秋季学期讲授第一部分和第四部分，在春季学期讲授第二、三和五部分。[①] 这种安排方式的好处在于，在学完竞争市场的个人行为（第一部分）后，学习一般均衡理论更自然一些。当然，它的缺点在于，这会使得第一学期的内容非常抽象，这也是我们不使用这种安排方式的原因；我们的学生似乎更喜欢换换口味：在学完第一部分后，学习博弈论、寡头市场和不对称信息。

各个章节相对独立。因此，教师可以方便地移动相关章节以适应其他授课顺序。例如，对于第二部分（博弈论)，我们不是整体性地讲授而是将其分解，形成类似“插件”形式，“即用即插”，也就是说，在即将用到博弈论相关知识时才开始介绍（例如，在考察寡头市场之前讲授第 7、8 章以及第 9 章的 9.A 节和 9.B 节；在研究发送信号之前学习 9.C 节和 9.D 节)。其他可能的教学顺序是，比如，在学完个人决策之后立即考察偏好的加总（第 21 章)；将委托代理问题（第 14 章)、逆向选择、信号传递与信息甄别（第 13 章）以及机制设计（第 23 章）放在一起作为信息经济学的内容讲授。

另外，对于本书的每一部分，各个主题的顺序也可以容易地调整。例如，传统做法是，在介绍基于偏好的消费者需求理论之后，讲授显示性偏好或基于选择的消费者需求理论。尽管我们有很好的理由逆转上述讲授顺序（事实上，本书第一部分就是按照这个顺序撰写的)[②]，但我们相信以上述更为传统的方式讲授需求理论完

① 当然，对于一年四个学期的情形，需要对讲授顺序作出一些调整。

② 特别地，与基于偏好的方法相比，在基于选择的方法中更容易介绍和推导需求的很多性质；而且，在基于选择的方法下，如果假设偏好是理性的，那么我们可以得到需求的几乎所有性质。

全可行。①

关于数学符号

在绝大多数情形下，我们使用的数学符号是标准的。也许最重要的数学符号是矩阵符号。简单地说，向量总是列向量，尽管为节省空间，在写书时通常把它们写成行向量。（列）向量 x 的转置记为 x^{T}。当求两个向量 x 和 y 的内积时，我们写成 $x \cdot y$，它与 $x^{\mathrm{T}}y$ 的意思相同。数学附录 M. A 节简要回顾了矩阵符号的用法。

求和符号（$\sum$）在本书中以各种方式出现。有时我们写成

$$\sum_{n=1}^{N}$$

通常在展开式中使用，但是为了节省空间，我们经常把它写为 $\sum_{n=1}^{N}$；在很多情形下，当求和上、下限不会出现混淆时，我们通常写成 $\sum_{n}$。类似地，求积符号（$\prod$）也这样处理。

下面列举了我们使用的其他一些数学符号及其含义，在不同文献中，这些符号可能稍微有些不同［在以下列表中，$x=(x_1,\cdots,x_N)$ 和 $y=(y_1,\cdots,y_N)$ 是（列）向量，而 X 和 Y 是集合］：

符号	含义
$x \geqslant y$	$x_n \geqslant y_n$ 对于所有 $n=1,\cdots,N$
$x \gg y$	$x_n > y_n$ 对于所有 $n=1,\cdots,N$
$X \subset Y$	集合 X 弱包含于集合 Y（$x \in X$ 意味着 $x \in Y$）
$X \backslash Y$	集合 $\{x: x \in X$ 但 $x \notin Y\}$
$E_x[f(x,y)]$	函数 $f(\cdot)$ 在随机变量 x 实现值上的期望值（若对函数的所有变量取期望，我们简记为 $E[f(x,y)]$）

致　谢

在写作过程中我们得到了很多人的帮助。Dilip Abreu，Doug Bernheim，David Card，Prajit Dutta，Steve Goldman，John Panzar 以及 David Pearce（勇敢）地使用本书的早期版本作为 1991—1992 学年的教材。他们的评论使得我们将本书精炼成现在的风格，也使得我们在很多其他方面作出了大幅改进。我们的同事（他们有些曾经是我们的学生）Luis Corchón，Simon Grant，Drew Fudenberg，Chiaki Hara，Sergiu Hart，Bengt Holmstrom，Eric Maskin，John Nachbar，Martin Osborne，Ben Polak，Ariel Rubinstein 以及 Matrin Weitzman 提供了很多有用的建议。当然，如

① 在这种传统方式中，应该先使用 2. A 节到 2. D 节介绍消费者问题的基本情况，然后使用 3. D 节到 3. I 节以及 2. E 节讨论非补偿性和补偿性需求函数、间接效用函数和支出函数，最后使用 2. F 节和 3. J 节考察显示偏好理论（这一部分还包括第 1 章基于偏好方法和基于选择方法的更具一般性的综述）。

果我们能将他们的想法兼容并济，那么本书无疑将会更好。

哈佛大学很多届一年级研究生的提问、评论和校正对我们也有帮助。另外，一些学生作为研究助理，在本书成形期间发挥了更为正式的作用。Shira Lewin 不仅阅读了全部书稿和指出我们证明中的错误，还建议如何在阐述上作出改进，甚至还经常纠正我们的语法错误。Chiaki Hara，Ilya Segal 和 Steve Tadelis 在 Marc Nachman 的协助下验证了本书很多习题能够解出。对于一些习题，当我们试图将它们形式化却无法做到时，他们指出应该如何合适地提出问题。另外，Chiaki Hara 和 Steve Tadelis 对教材本身也提供了很多建议，并修改了一些错误之处。一年级研究生 Emily Mechner，Nick Palmer，Phil Panet 和 Billy Pizer，在 1992 年夏季阅读了本书的早期草稿，他们对本书内容的表达提供了有益建议。

Betsy Carpenter 和 Claudia Napolilli 非常辛苦，作为本项目的秘书，他们及时打印了一些章节的草稿和复印了一些资料。另外，她们在很多方面也提供了帮助。Gloria Gerrig 详细记录了我们逐渐增加的支出。

牛津大学出版社的编辑 Herb Addison 帮助我们建立了试验性的教学项目，这对本书早期阶段的帮助很大。牛津大学出版社的 Leslie Phillips 审阅了 Feynman 讲义，并把它变成了一本书，这出乎我们的意料。尽管工期紧张，但 Keyword 出版服务公司的 Alan Chesterton 及其同事仍按期高质量完成了编辑和印刷本书的工作。我们感谢他们的专业精神。

很多个人对本书的影响，尽管比较间接，但同样重要。本书的很多习题来自哈佛大学及其他大学的很多个人多年的构思。对于所有已知习题来源，我们均已在书中一一标明。好的习题是非常有价值的资源。对于很多习题，虽然我们不知道是谁创造了它们，但我们同样心怀感激。

本书讨论的主题来自众多学者的贡献。当然，我们在每一章只能列举数量有限的参考文献而无法穷举。很多有趣而重要的工作未纳入本书体系，它们通常出现在我们列举的参考文献中；事实上，我们在大部分章节都或多或少回顾了这些主题。

在写本书之前，我们有幸与下列同事同台讲授一年级研究生微观经济理论课程，他们是 Ken Arrow，Dale Jorgenson，Steve Marglin，Eric Maskin 以及 Mike Spence，我们从他们那里学到了很多微观经济学知识以及传授这些知识的方法。

我们也感谢国家科学基金会和斯隆基金会多年来对我们科研工作的资助。另外，在 1993—1994 学年写作期间，行为科学高等研究中心为迈克尔·D. 温斯顿提供了理想的环境。在写作期间，庞培法布拉大学（Universitat Pompeu Fabra）为安德鲁·马斯-克莱尔提供了很多帮助。

最后，我们特别感谢激发我们写作本书灵感的人士，他们是：Gerard Debreu，Leo Hurwicz，Roy Radner，Marcel Richter 和 Hugo Sonnenschein（安德鲁·马斯-克莱尔）；David Cass，Peter Diamond，Franklin Fisher，Sanford Grossman 和 Eric Maskin（迈克尔·D. 温斯顿）；Emmanuel Drandakis，Ron Jones，Lionel McKenzie 和 Edward Zabel（杰里·R. 格林）。

安德鲁·马斯-克莱尔，迈克尔·D. 温斯顿，杰里·R. 格林

简要目录

第一部分　个人决策

第二部分　博弈论

第三部分　市场均衡与市场失灵

第四部分　一般均衡

第五部分　福利经济学与激励

目 录

第一部分 个人决策

第一部分

个人决策

微观经济理论的一个显著特征是，它试图建立模型，用追求自身利益的单个经济参与人之间的相互作用来解释经济活动。因此，自然地，我们对微观经济理论的研究从分析个人决策制定开始。

第 1 章是简短的和预备性的。这一章简要介绍了抽象环境中的个人决策理论。该章引入了决策制定者和他的决策问题，并描述了两种相关的个人决策建模方法。一种方法是**基于偏好的方法**（preference-based approach），这种方法假设决策制定者在他的可能选择集（set of possible choices）上有偏好关系，这个偏好关系满足某些理性公理（rationality axioms）。另外一种方法是**基于选择的方法**（choice-based approach），这种方法直接着眼于决策制定者的选择行为，它假设决策制定者的行为满足一致性，这些假设与基于偏好的方法中的理性公理的地位是对应的。

第一部分的其余章节研究具体环境下的个人决策制定问题。本书区分了经济中的两类参与人：消费者和企业。因为消费者拥有和经营企业，从而是企业行为的最终决定者，所以在某种意义上，消费者是经济模型的更基本的元素。因此，我们对经济决策制定理论的回顾从讨论消费开始。

第 2 章和第 3 章研究市场经济中的消费者行为。在第 2 章，我们首先描述了消费者的决策问题，然后引入了消费者的**需求函数**（demand function）这个概念。接下来，我们考察消费者需求的几个自然的性质对于需求函数意味着什么。这个考察构成了第 1 章基于选择方法的消费者行为分析。

第 3 章建立经典的基于偏好方法的消费者需求理论。该章研究的主题主要为效用最大化、支出最小化、对偶性、可积性以及福利变动的衡量等。本章还将讨论这种理论和第 2 章的基于选择方法的消费者需求理论的关系。

在经济分析中，消费者总体行为通常比单个消费者的行为更为重要。第 4 章讨论我们在第 2 章和第 3 章考察的单个消费者需求的性质在多大程度上能被推广到总体消费者需求。

第 5 章研究企业的行为。我们首先提出企业的决策问题，引入了企业的技术约束和利润最大化的假设。本章的理论内容丰富，但大部分可与消费者需求问题相对应。尽管本章的分析在某种程度上比较重要，但它只构成了企业决策问题分析的第一步，原因在于我们假设企业的目标是利润最大化。在本章最后一节，我们讨论在什么样的环境下，利润最大化目标是企业主想要实现的目标。

第 6 章将风险和不确定性引入个人决策制定理论。在大多数经济决策问题中，个人或企业的选择都不能产生确切的结果。因此，本章建立的不确定性环境下的决策制定理论在经济问题中有着广泛运用，我们将陆续讨论这些应用性质的问题。

第1章　偏好与选择

1.A　引言

本章开始研究个人决策制定理论，我们在完全抽象的环境下考察这个问题。第一部分的其他章节将在更具体的经济决策环境下发展这一分析。

任何个人决策问题的起点都是一个**可能的备选物集合**（set of possible alternatives），这些备选物是**互斥的**（mutually exclusive），个人必须从这些备选物中进行选择。在以下的讨论中，我们抽象地用 X 表示这个备选物集合。暂时地，这个集合可以为任何东西。例如，当某个人面临职业规划决策时，X 中的备选物可能为：{上法学院，上经济学院，上商学院，…，成为摇滚歌星}。在第 2 章和第 3 章，当我们考虑消费者的决策问题时，集合 X 中的元素是可能的消费选择。

建立个人选择行为模型有两种完全不同的方法。我们在 1.B 节介绍第一种方法，这种方法将决策者的爱好（taste）作为个人的本原特征。它用**偏好关系**（preference relation）来描述爱好。在建模时，该方法首先假设决策者的偏好满足理性公理，然后分析这些偏好对他的选择行为（即决策制定）的影响结果。在这两种方法中，第一种方法，即基于偏好的方法更为传统，也是本书始终强调的方法。

第二种方法，我们将在 1.C 节介绍，这种方法将个人的选择行为作为本原特征。它直接对行为作出假设，其中一个核心假设是**显示偏好弱公理**（weak axiom of revealed preference）。这个公理要求个人的选择行为满足一致性，它在某种意义上对应于第一种方法的理性假设。这种基于选择的方法有几个优点：第一，在理论上，它为更一般形式的个人行为留足了空间，而基于偏好的方法留下的空间较小；第二，它对能直接观察到的东西（选择行为）作出假设，而不是对不能直接观察到的东西（偏好）作出假设；第三，也许是最重要的一点，它明确说明了个人决策理论未必需要建立在自省过程之上，它可以全部建立在行为基础之上。

理解这两种不同方法之间的关系，是非常有趣的事情。1.D 节探讨了这个问题。在 1.D 节，我们首先分析基于偏好的方法对于选择行为的意义，然后讨论在什么样的条件下，选择行为和潜在偏好的存在性是相容的。（以后我们还会在更严格的消费者需求环境中分析这个问题，详见第 2 章和第 3 章。）

关于本章内容的更深入和更高等的处理方式，请参考 Richter（1971）。

1.B 偏好关系

在基于偏好的方法中，决策者的目标可用**偏好关系**（preference relation）描述，我们用$\succsim$表示这个偏好关系。本质上，$\succsim$是在备选物集合 X 上的二元关系，因此任何一对备选物 x，$y \in X$ 都可以进行比较。我们将$\succsim$读为"x 至少和 y 一样好"。我们可从$\succsim$推导出 X 上的另外两种重要关系：

（ⅰ）**严格偏好**（strict preference）关系$\succ$。它的定义为

$$x \succ y \Leftrightarrow x \succsim y \text{ 但 } y \succsim x \text{ 不成立}$$

我们将其读为"x 比 y 好"①。

（ⅱ）**无差异**（indifference）关系$\sim$。它的定义为

$$x \sim y \Leftrightarrow x \succsim y \text{ 且 } y \succsim x$$

我们将其读为"x 与 y 无差异"。

在大部分经济理论中，经济学家都假设个人偏好是**理性的**（rational）。这个假设体现在关于偏好关系$\succsim$的两个基本假设上：完备性假设和传递性假设。②

定义 1.B.1：若偏好关系$\succsim$具有下列两个性质，则它是**理性的**：

（ⅰ）**完备性**（completeness）：对于所有 x，$y \in X$，都有 $x \succsim y$ 或 $y \succsim x$（或二者都成立）。

（ⅱ）**传递性**（transitivity）：对于所有 x，y，$z \in X$，若 $x \succsim y$ 且 $y \succsim z$，则 $x \succsim z$。

$\succsim$是完备的这个假设，是说个人在两个可能的备选物上有明确的偏好。完备性的作用不可低估。稍微想一下就知道，如果这些备选物不在我们的常识范畴之内，那么评估它们将会多么困难。你要想发现你自己的偏好，就需要演算和认真地思考。完备性公理是说：这个任务已经完成了，我们的决策者作出的选择是经过深思熟虑的。

---

① 符号$\Leftrightarrow$读作"当且仅当"。有些文献将 $x \succsim y$ 称为"x 弱好于 y"，而将 $x \succ y$ 称为"x 严格好于 y"。我们将一直使用我们上面介绍的术语。

② 注意，文献中对**理性偏好关系**（rational preference relation）没有统一的称谓，有些文献将其称为**弱序**（weak order）或**完备拟序**（complete preorder）。另外，有些文献在阐述理性偏好关系假设时，除了完备性和传递性之外，又增加了一个被称为**反身性**（reflexivity）的假设（它的定义为：对于所有 $x \in X$，都有 $x \succsim x$）。然而，由于完备性已蕴涵了反身性，因此反身性的假设是多余的。

传递性也是一个很强的假设，它直接触及理性这个概念的本质。决策者在决策时将备选物两两比较，形成一个比较链条，传递性意味着决策者在这个比较链条上的偏好不可能是循环的。例如，不可能出现下列这样的偏好：决策者认为苹果至少和香蕉一样好，香蕉至少和橘子一样好，但橘子又比苹果好。如果决策者评估的备选物不在他的常识范畴之内，那么传递性这个假设很难得到满足，这一点和完备性是相同的。然而，与完备性相比，传递性更基本，因为如果经济参与人的偏好不是传递的，那么就会导致相当大一部分经济理论无法成立。

偏好关系$\succsim$是完备的和传递的这一假设，蕴涵着严格偏好$\succ$和无差异$\sim$的性质。我们将这些性质总结在命题 1. B. 1 中，证明从略。（在学完本节之后，请证明这些性质，见习题 1. B. 1 和 1. B. 2。）

命题 1. B. 1：如果$\succsim$是理性的，则：

（ⅰ）$\succ$为**非反身的**（irreflexive）［$x \succ x$ 不成立］和传递的（若 $x \succ y$ 和 $y \succ z$，则$x \succ z$）。

（ⅱ）$\sim$是**反身的**（reflexive）［对于所有 x，$x \sim x$］、传递的（若 $x \sim y$ 和 $y \sim z$，则$x \sim z$）和**对称的**（symmetric）［若 $x \sim y$，则 $y \sim x$］。

（ⅲ）若 $x \succ y \succsim z$，则 $x \succ z$。

$\succ$的非反身性与$\sim$的反身性和对称性都是合理性质。命题 1. B. 1 更为重要的一点是，$\succsim$的理性意味着$\succ$和$\sim$都是传递的。另外，当$\succ$和至少一样好$\succsim$在一个比较链条上时，$\succ$具有类似传递性（transitive-like）的性质。

个人的偏好也有可能因种种原因而不满足传递性。其中一个原因是由**恰可识别阈值**（just perceptible difference）问题引起的。* 例如，如果我们让某个人在两种非常接近的灰色涂料中选择一种来粉刷他的房间，他可能无法区分这两种涂料的颜色，因此这两种涂料对他而言是无差异的。假设现在我们提供给他另外一个选择，让他在颜色白一些的灰色涂料和稍微有些白的灰色涂料中选择一种。他可能再一次无法区分二者的差异。如果我们按照这种方式进行下去，在每次试验中都提供给他两种颜色逐渐变白但差异不那么明显的涂料，那么在每一次试验中他对两种颜色都是无差异的。然而，如果我们让他在最初的涂料（最灰）和最终的涂料（已接近白色）中选择，他当然能够区分这两种颜色的差异，从而选择出自己喜欢的涂料。然而，这却违背了传递性。

如果备选物的提出方式会影响决策者的选择，另外一个问题就出现了。这个问题被称为**框架**（framing）问题。我们来举例说明。下面这个例子引自 Kahneman 和 Tversky (1984)：

---

* 恰可识别阈值是个心理学名词，指刚刚能使你感觉到差别的刺激之间的最小强度差。例如用电流刺激皮肤，逐渐增强电流强度，恰恰能让你感觉到电流有差异的电流强度差。——译者注

假设你打算购买一台录音机（125 美元）和一个计算器（15 美元）。商店销售人员告诉你，另外一家分店正在搞促销，计算器只卖 10 美元，便宜了 5 美元，但录音机仍卖 125 美元；你开车到这家分店需要花 20 分钟。你会去这家分店购买吗？

然后问题变为：如果录音机便宜了 5 美元，但计算器的价格不变，你会去这家分店吗？调查结果表明，在前一情形下，人们愿意去分店的比例远高于后一情形。

尽管在这两种情形下，节省的钱数（5 美元）和花费的代价（开车 20 分钟）都是相同的，但人们的反应还是出现了差异。[①] 事实上，如果问题变为下面这样，我们就可以预期人们的选择是无差异的了：

由于缺货，你必须到另外一家分店去购买这两种商品。为了补偿你，商店给你 5 美元折扣。你在意是哪一种商品给了你 5 美元折扣吗？

由于在这种情形下，人们的选择是无差异的，因此，违背了传递性。为了看清这一点，令

x＝开车到另外一家商店，在计算器上得到 5 美元折扣；

y＝开车到另外一家商店，在录音机上得到 5 美元折扣；

z＝在第一家商店购买录音机和计算器。

在前面两个问题的情形下，决策者的选择意味着 $x \succ z$ 且 $z \succ y$，但在第三个问题的情形下，他的选择表明 $x \sim y$。容易看出，这违背了传递性。当决策者面临的选择有不确定的结果时（这是第 6 章的主题），就容易出现框架问题。在这方面，Kahneman 和 Tversky (1984) 提供了很多有趣的例子。

与此同时，一些明显不满足传递性的行为，可能是几个理性（从而是传递的）偏好相互作用的结果。考虑下面这两个例子。

（ⅰ）某个三口之家通过少数服从多数的投票机制进行决策。令 M、D 和 C 分别表示妈妈、爸爸和孩子。他们面临的备选物是星期五晚上是看歌剧（O）、摇滚演唱会（R）还是花样滑冰表演（I）。这三个人都是理性的：$O \succ_M R \succ_M I$，$I \succ_D O \succ_D R$ 和 $R \succ_C I \succ_C O$，其中 $\succ_M$，$\succ_D$，$\succ_C$ 分别为这三个人的传递性的严格偏好关系。假设投票表决的分别是：歌剧（O）对摇滚演唱会（R）；摇滚演唱会（R）对滑冰表演（I）；滑冰表演（I）对歌剧（O）。这三组投票的结果分别为：O 战胜 R；R 战胜 I；I 战胜 O。因此，这个家庭的偏好为 $O \succ R \succ I \succ O$，显然不满足传递性。这个例子说明的非传递性，称为**康多塞悖论**（Condorcet paradox），它是集体决策理论中的一个重要难题。进一步的讨论请参考第 21 章。

（ⅱ）非传递性的决策有时可能是由决策者的爱好发生变化而引起的。例如，某个潜在的吸烟者的偏好可能是：一天吸一根比不吸好，不吸比吸很多根好。但是，一旦他每天吸一根香烟，他的爱好可能在潜移默化中就发生了改变，即他希望增加吸烟量。正式地，

① Kahneman 和 Tversky 将这个发现归因于个人的“心理账户”（mental accounts），在这个账户中，个人将他能少花的钱与商品的价格进行比较。

令 y 表示不吸烟，x 表示每天吸一根烟，z 表示吸很多烟，他的初始状态是 y，在这个初始状态下他的偏好为 $x \succ y \succ z$。但是一旦他选择了 x，他的当前状态就由 y 变为 x，他的爱好变为 $z \succ x \succ y$。由此可得 $z \succ x \succ z$，这个偏好显然不是传递的。这个**爱好的变迁**（change-of-tastes）模型对于分析成瘾性行为很重要。它也提出了与决策制定中的承诺（commitment）有关的一些有趣问题［参见 Schelling（1979）］。当然，理性决策者会预测到这样的爱好变化，因此会坚持选择初始选择（当船快抵达塞壬岛时，尤利西斯让人将自己绑在桅杆上）。

这种爱好的变迁模型，为我们思考**非理性决策**（nonrational decisions）提供了一种良好构造（well-structured）的方法。关于这一点和其他问题的哲学讨论，请参考 Elster（1979）。

效用函数

在经济学中，我们通常用**效用函数**（utility function）来描述偏好关系。效用函数$u(x)$对 X 中的每个元素赋予一个数值，将 X 中的元素按照个人的偏好排列。更为正式的定义见定义 1. B. 2。

定义 1. B. 2：函数 u：$X \to \mathbb{R}$ 是个**代表偏好关系的效用函数**（utility function representing preference relation），若对于所有 x，$y \in X$，都有

$$x \succsim y \Leftrightarrow u(x) \geqslant u(y)$$

注意，能代表偏好关系$\succsim$的效用函数不是唯一的。对于任何严格递增函数 f：$\mathbb{R} \to \mathbb{R}$ 来说，$v(x) = f(u(x))$ 都是个新的效用函数，它和 $u(\cdot)$ 代表的偏好关系是相同的；参见习题 1. B. 3。真正重要的是对备选物的排序，至于绝对数值并不重要。效用函数中不随任何严格递增转换而改变的性质，被称为**序数**（ordinal）性质。效用函数中的**基数**（cardinal）性质则是指在这样的转换下不能保留的性质。因此，与效用函数相伴的偏好关系是序数性质的。另一方面，与 X 中的备选物相伴的数值，从而不同备选物的效用的差值大小，是基数性质的。

某个偏好关系能否用效用函数表示，与理性假设密切相关。具体地说，我们有命题 1. B. 2 中的结论。

命题 1. B. 2：只有理性的偏好关系$\succsim$才能用效用函数表示。

证明：为了证明这个命题，我们需要证明如果存在能表示偏好$\succsim$的效用函数，则$\succsim$必定是完备的和传递的。

证完备性。因为 $u(\cdot)$ 是个定义在 X 上的实值函数，所以必然有：对于任何 x，$y \in X$，要么 $u(x) \geqslant u(y)$，要么 $u(y) \geqslant u(x)$。但是由于 $u(\cdot)$ 是个能表示偏好关系$\succsim$的效用函数，这意味着要么 $x \succsim y$，要么 $y \succsim x$（回忆定义 1. B. 2）。因此，$\succsim$必定是完备的。

证传递性。 假设 $x \succsim y$ 且 $y \succsim z$。由于 $u(\cdot)$ 代表 $\succsim$，必然有 $u(x) \geqslant u(y)$ 且 $u(y) \geqslant u(z)$。因此，$u(x) \geqslant u(z)$。由于 $u(\cdot)$ 代表 $\succsim$，这意味着 $x \succsim z$。因此，我们已经证明了 $x \succsim y$ 且 $y \succsim z$ 意味着 $x \succsim z$，这样就证明了传递性。证毕。■

与此同时，你可能想知道，是否任何理性偏好关系 $\succsim$ 都能用效用函数描述。一般来说，答案是否定的。3.C 节给出了一个例子，说明了在某些情形下不可能做到这一点。然而在某些情形下，理性偏好关系总能用效用函数表示，例如当 X 是有限集时（参见习题 1.B.5）。在效用表示问题上，更有趣的结论（例如，备选物集合不是有限集的情形）将在以后章节给出。

1.C 选择规则

在决策制定理论的第二种构建方法中，选择行为本身被视为该理论的本原目标。正式地说，选择行为用**选择结构**（choice structure）描述。一个选择结构 $(\mathscr{B}, C(\cdot))$ 包含两个要素：

（ⅰ）$\mathscr{B}$ 是一个集族，它由 X 的非空子集组成；也就是说，$\mathscr{B}$ 中的每个元素都是一个集合 $B \subset X$。类比第 2 章和第 3 章中的消费者理论，我们将元素 $B \in \mathscr{B}$ 称为**预算集**（budget sets）。$\mathscr{B}$ 中的预算集应该理解为备选物的穷举式的列举，即在制度因素、物质因素或能想到的其他社会形势约束下，决策者面临的所有可能备选物。然而，预算集未必需要包含所有可能的 X 的子集。例如，我们在后面章节考察消费者的需求时，预算集就不包含 X 的所有子集。

（ⅱ）$C(\cdot)$ 是一个**选择规则**（choice rule），本质上这是个对应关系（correspondence）：对于每个预算集 $B \in \mathscr{B}$，它都相应赋予备选物一个非空集合 $C(B) \subset B$。当 $C(B)$ 只含有一个元素（备选物）时，这个元素就是个人在 B 中的选择。然而，集合 $C(B)$ 可能包含两个及以上的元素，在这种情形下，$C(B)$ 中的元素是 B 中的那些**可能**被决策者选择的备选物；也就是说，这些元素是 B 中的**可接受的备选物**（acceptable alternatives）。在这种情形下，我们可以将 $C(B)$ 想象成包含下列这几个备选物的集合：如果消费者一次又一次地面对从集合 B 中作出选择的情形，我们可以实际观察到他会选择这几个备选物。

例 1.C.1： 假设 $X=\{x, y, z\}$，$\mathscr{B}=\{\{x,y\},\{x,y,z\}\}$。一种可能的选择结构是 $(\mathscr{B}, C_1(\cdot))$，其中选择规则 $C_1(\cdot)$ 是：$C_1(\{x, y\})=\{x\}$ 且 $C_1(\{x, y, z\})=\{x\}$。在这种情形下，我们看到决策者无论面临什么样的预算，他都会选择 x。

另外一种可能的选择结构是 $(\mathscr{B}, C_2(\cdot))$，其中选择规则 $C_2(\cdot)$ 是：$C_2(\{x, y\})=\{x\}$ 且 $C_2(\{x, y, z\})=\{x, y\}$。在这种情形下，我们看到当决策者面临的预算为 $\{x, y\}$ 时，他会选择 x；但是当他面临的预算为 $\{x, y, z\}$ 时，他会选择 x 或 y。■

当使用选择结构模拟个人行为时，我们也许想对个人的选择行为施加一些“合理的”限制。其中一个重要的假设是显示偏好弱公理［由 Samuelson 首先提出；参见 Samuelson（1947）的第 5 章］。这个假设反映了我们期望个人的可观测到的选择满足一定程度的一致性。例如，如果某个人在面对 x 与 y 之间的选择时，他选择了 x，那么我们就会对他下面的选择感到惊讶：在面对 x 与 y 以及第三个备选物 z 之间的选择时，他选择了 y。我们为何感到惊讶？其中的思想在于：当面对备选物 $\{x, y\}$ 时决策者选择 x 的这种行为，表明了他有选 x 而不选 y 的倾向；我们期望这种倾向也能在当他面临备选物 $\{x, y, z\}$ 时的选择行为中反映出来。①

这个弱公理的正式定义见定义 1.C.1。

定义 1.C.1：若选择结构 $(\mathscr{B}, C(\cdot))$ 具有下列性质，那么，我们说该选择结构 $(\mathscr{B}, C(\cdot))$ 满足**显示偏好弱公理**（weak axiom of revealed preference）。

若对于满足 $x, y \in B$ 的 $B \in \mathscr{B}$ 我们有 $x \in C(B)$，则对于满足 $x, y \in B'$ 和 $y \in C(B')$ 的任何 $B' \in \mathscr{B}$，我们也必有 $x \in C(B')$。

也就是说，弱公理表明当决策者在 y 也可选的情形下曾经选择过 x，那么不存在下列这样的预算集：该预算集包含 x 和 y，但决策者选择了 y 而未选 x。请注意选择行为满足弱公理的假设如何描述了一致性这个思想：若 $C(\{x, y\}) = \{x\}$，则弱公理说明我们不可能有 $C(\{x, y, z\}) = \{y\}$。②

弱公理的另外一种更简单的表示方法，是观测决策者在 $C(\cdot)$ 中的选择行为，然后据此定义**显示偏好关系** $\succsim^*$（revealed preference relation）。

定义 1.C.2：给定一个选择结构 $(\mathscr{B}, C(\cdot))$，**显示偏好关系** $\succsim^*$ 的定义为

$$x \succsim^* y \Leftrightarrow \text{存在某个 } B \in \mathscr{B} \text{ 使得 } x, y \in B \text{ 且 } x \in C(B)。$$

我们将 $x \succsim^* y$ 读作“x 被显示至少与 y 一样好”。注意，显示偏好关系 $\succsim^*$ 不必是完备的或传递的。具体地说，任何一对备选物 x 和 y 只有在满足下列条件时，才是可比较的：对于 $B \in \mathscr{B}$ 我们有 $x, y \in B$ 以及 $x \in C(B)$ 或 $y \in C(B)$，或者 $x, y \in C(B)$。

我们有时也会非正式地说“x 被显示比 y 更受偏好”，若存在某个 $B \in \mathscr{B}$ 使得 $x, y \in B$，$x \in C(B)$ 且 $y \notin C(B)$，即若 x 和 y 都可行但决策者选择 x 而不选 y。

使用上面这个说法，我们可以将弱公理重述如下：**“若 x 被显示至少与 y 一样好，则 y 不可能被显示比 x 更受偏好。”**

例 1.C.2：例 1.C.1 中的两个选择结构满足弱公理吗？首先考虑选择结构 $(\mathscr{B}, C_1(\cdot))$。在

① 这种倾向可能反映了决策者潜在的“偏好”，即他认为 x 比 y 好；但是该倾向也可能由其他原因所导致。例如，它可能是某个演化过程的结果。

② 事实上，弱公理还意味着：我们必然有 $C(\{x, y, z\}) = \{x\}$，$= \{z\}$ 或 $= \{x, z\}$。请参见习题 1.C.1 和习题 1.C.2。

1

这个选择结构下，我们有$x \succsim^* y$和$x \succsim^* z$，但我们无法推测y和z之间的显示偏好关系。这个选择结构满足弱公理，这是因为决策者从来都不选y和z。

现在考虑选择结构（$\mathscr{B}$，$C_2(\cdot)$）。因为$C_2(\{x, y, z\})=\{x, y\}$，所以我们有$y \succsim^* x$（以及$x \succsim^* y$，$x \succsim^* z$和$y \succsim^* z$）。但是由于$C_2(\{x, y\})=\{x\}$，$x$被显示比$y$更受偏好。因此，选择结构（$\mathscr{B}$，$C_2(\cdot)$）违背了弱公理。■

需要指出：对于某些情形，除了弱公理之外，我们还要对选择行为施加一些其他假设。也就是说，不是在任何情形下弱公理都是唯一假设。例如，在第2章讨论消费者需求的情形时，我们会根据具体情形增加一些假设。

弱公理对选择行为施加的限制，在某种意义上对应于理性假设对偏好关系施加的限制。这就产生了一个问题：这两种方法之间有什么样的确切关系？1.D节将分析这个问题。

1.D 偏好关系与选择规则之间的关系

现在我们考虑关于这两种方法之间关系的两个基本问题：

（ⅰ）如果某个决策者有理性偏好关系$\succsim$，那么他在$\mathscr{B}$中的预算集作出的决策，必然能产生满足弱公理的选择结构吗？

（ⅱ）如果某个人在预算集族$\mathscr{B}$上的选择行为可用满足弱公理的选择结构（$\mathscr{B}$，$C(\cdot)$）描述，那么必然存在能与这些选择相符的理性偏好关系吗？

我们将会看到，这两个问题的答案分别为：（ⅰ）是；（ⅱ）也许是。

为了回答第一个问题，假设某个人在X上有理性偏好关系$\succsim$。若他面对的是备选物的一个非空子集$B \subset X$，则他的偏好最大化行为是在这个集合中选择任何一个元素（备选物）以使得

$$C^*(B, \succsim)=\{x \in B: x \succsim y \text{ 对于每个 } y \in B \text{ 都成立}\}$$

集合$C^*(B, \succsim)$的元素是决策者在B中最偏爱的备选物。在理论上，对于某个B可能有$C^*(B, \succsim)=\varnothing$；但若$X$是有限的，或若适当的（连续性）条件成立，则$C^*(B, \succsim)$是非空的。[①] 从现在起，我们只考虑下面这样的偏好$\succsim$和预算集族$\mathscr{B}$：对于所有$B \in \mathscr{B}$，$C^*(B, \succsim)$都是非空的。我们说理性偏好关系$\succsim$**生成**了（generate）选择结构（$\mathscr{B}$，$C^*(\cdot, \succsim)$）。

命题1.D.1中的结论告诉我们，任何由理性偏好生成的选择结构都必然满足弱公理。

① 习题1.D.2让你证明当X是有限集时$C^*(B, \succsim)$是非空的。对于更一般的结论，参见数学附录中的M.F节以及3.C节中的具体应用。

命题 1.D.1：假设$\succsim$是个理性偏好关系，则由$\succsim$生成的选择结构（$\mathscr{B}$，$C^*(\cdot, \succsim)$）满足弱公理。

证明：假设对于某个$B\in\mathscr{B}$，我们有x，$y\in B$和$x\in C^*(B, \succsim)$。根据$C^*(B, \succsim)$的定义，这意味着$x\succsim y$。为了验证弱公理是否成立，假设对于某个$B'\in\mathscr{B}$以及$x, y\in B'$，我们有$y\in C^*(B', \succsim)$。这意味着对于所有$z\in B'$都有$y\succsim z$。但我们已经知道$x\succsim y$，因此，由传递性可知，对于所有$z\in B'$都有$x\succsim z$，所以$x\in C^*(B', \succsim)$。这正好是弱公理所要求的结论。■

命题 1.D.1 就是我们第一个问题的答案。也就是说，若行为是由理性偏好生成的，则它满足弱公理蕴涵的一致性。

在另外一个方向上（从选择到偏好），关系更为微妙。为了回答第二个问题，我们先介绍一个概念。

定义 1.D.1：给定一个选择结构（$\mathscr{B}$，$C(\cdot)$），我们说理性偏好关系$\succsim$将$\mathscr{B}$上的$C(\cdot)$**理性化**（rationalize），如果对于所有$B\in\mathscr{B}$都有

$$C(B)=C^*(B, \succsim)$$

也就是说，如果$\succsim$生成了选择结构（$\mathscr{B}$，$C(\cdot)$）。

用文字表达就是：理性偏好关系$\succsim$使$\mathscr{B}$上的选择结构$C(\cdot)$理性化，如果由$\succsim$生成的最优选择（即$C^*(B, \succsim)$）与$\mathscr{B}$中所有预算集上的$C(\cdot)$一致。在某种意义上，偏好解释了行为；我们可以将决策者的选择解释为一个追求偏好最大效用的人的行为。注意，一般来说，对于给定的选择结构（$\mathscr{B}$，$C(\cdot)$），可能存在多个理性化的偏好关系$\succsim$。（参见习题 1.D.1。）

命题 1.D.1 意味着某个关系若为理性化的偏好关系，则它必须满足弱公理。特别地，因为对于任何$\succsim$，$C^*(\cdot, \succsim)$都满足弱公理，所以只有满足弱公理的选择规则才能被理性化。然而，可以证明，弱公理无法充分保证存在理性化的偏好关系。

例 1.D.1：假设$X=\{x, y, z\}$，$\mathscr{B}=\{\{x, y\}, \{y, z\}, \{x, z\}\}$，$C(\{x,y\})=\{x\}$，$C(\{y, z\})=\{y\}$和$C(\{x, z\})=\{z\}$。这个选择结构满足弱公理（你应该验证一下）。然而，我们不能理性化这些偏好。为了看清这一点，注意为了理性化$\{x, y\}$和$\{y, z\}$下的选择，我们必然要有$x\succ y$和$y\succ z$。但根据传递性，我们有$x\succ z$，这和$\{x, z\}$下的选择行为矛盾。因此，不存在理性化的偏好关系。■

为了理解例 1.D.1，注意到：$\mathscr{B}$中的预算集越多，弱公理对选择行为的限制越大；决策者的选择相互矛盾的可能性越大。在例 1.D.1 中，集合$\{x, y, z\}$不是$\mathscr{B}$的元素。如果它是$\mathscr{B}$的元素，例 1.D.1 中的选择结构就违背了弱公理（参见习题

1.D.3)。我们在命题 1.D.2 中将会看到，如果预算集族 $\mathscr{B}$ 包含 X 的足够多的子集，如果 $(\mathscr{B}, C(\cdot))$ 满足弱公理，则存在能理性化 $\mathscr{B}$ 上的选择规则 $C(\cdot)$ 的理性偏好关系［Arrow（1959）首先证明了这一点］。

命题 1.D.2：若 $(\mathscr{B}, C(\cdot))$ 是一个满足下列条件的选择结构

（ⅰ）满足弱公理，

（ⅱ）X 的所有含有三个元素及三个以下元素的子集都在 $\mathscr{B}$ 之中，

则存在能理性化 $\mathscr{B}$ 上的选择规则 $C(\cdot)$ 的理性偏好关系 $\succsim$。也就是说，对于所有 $B \in \mathscr{B}$，都有 $C(B) = C^*(B, \succsim)$。而且，这样的理性偏好关系是唯一的。

证明：我们自然地想到，显示偏好关系 $\succsim^*$ 有可能是理性化的偏好关系。为了证明这一点，我们首先证明下面两件事情：（ⅰ）$\succsim^*$ 是个理性偏好关系；（ⅱ）$\succsim^*$ 能理性化 B 上的选择规则 $C(\cdot)$。然后我们再证明（ⅲ）$\succsim^*$ 是唯一能做到上述两点的偏好关系。

（ⅰ）我们首先证明 $\succsim^*$ 是理性的（即它满足完备性和传递性）。

证完备性。根据假设（ⅱ）可知，$\{x, y\} \in \mathscr{B}$。由于 x 或 y 必定是 $C\{x, y\}$ 中的元素，我们必然有 $x \succsim^* y$，或 $y \succsim^* x$，或这两个都成立。因此，$\succsim^*$ 是完备的。

证传递性。令 $x \succsim^* y$ 和 $y \succsim^* z$。考虑预算集 $\{x, y, z\} \in \mathscr{B}$。只需证明 $x \in C(\{x, y, z\})$ 即可，因为 $\succsim^*$ 的定义意味着 $x \succsim^* z$。由于 $C(\{x, y, z\}) \neq \varnothing$，因此 x、y 或 z 至少有一个是 $C(\{x, y, z\})$ 的元素。假设 $y \in C(\{x, y, z\})$。由于 $x \succsim^* y$，由弱公理可知 $x \in C(\{x, y, z\})$，这正是我们想要的。现在假设 $z \in C(\{x, y, z\})$；由于 $y \succsim^* z$，由弱公理可知 $y \in C(\{x, y, z\})$，而这正是前面这种情形。

由于 $\succsim^*$ 是完备的和传递的，所以 $\succsim^*$ 是理性的。

（ⅱ）现在我们证明：对于所有 $B \in \mathscr{B}$ 都有 $C(B) = C^*(B, \succsim^*)$；也就是说，由 $C(\cdot)$ 推导出的显示偏好关系 $\succsim^*$ 真的能生成 $C(\cdot)$。直觉上，这似乎是合理的。下面我们分两步正式证明。第一步，假设 $x \in C(B)$。则对于所有 $y \in B$ 都有 $x \succsim^* y$，因此我们有 $x \in C^*(B, \succsim^*)$。这表明 $C(B) \subset C^*(B, \succsim^*)$。第二步，假设 $x \in C^*(B, \succsim^*)$。这意味着对于所有 $y \in B$ 都有 $x \succsim^* y$；因此，对于每个 $y \in B$，必定存在某个集合 $B_y \in \mathscr{B}$，使得 $x, y \in B_y$ 且 $x \in C(B_y)$。由于 $C(B) \neq \varnothing$，于是弱公理意味着 $x \in C(B)$。因此，$C^*(B, \succsim^*) \subset C(B)$。这样，由第一步得到的 $C(B) \subset C^*(B, \succsim^*)$ 和第二步得到的 $C^*(B, \succsim^*) \subset C(B)$ 一起意味着 $C(B) = C^*(B, \succsim^*)$。

（ⅲ）证唯一性。只需注意到，因为 $\mathscr{B}$ 包含了 X 的所有含有两个元素的子集，所以 $C(\cdot)$ 中的选择行为完全决定了 X 上任何理性化偏好的成对偏好关系。

至此，我们就完成了这个命题的证明。■

从命题 1.D.2 可知：在决策者的选择限定于 X 的所有子集的这种特殊情形下，基于满足弱公理的选择理论，等价于基于理性偏好的决策制定理论。遗憾的是，这

种特殊情形对于经济学来说太特殊了。对于经济学家感兴趣的很多情形来说，例如消费者需求理论，消费者的选择被限定在特殊类型的预算集之中。在这些情形下，弱公理没有穷尽理性偏好对选择行为的寓意。然而在 3.J 节，我们将看到，加强版的弱公理（即对选择行为施加了更多限制）为下列问题提供了必要且充分的条件：什么样的行为才能被偏好理性化？

定义 1.D.1 将理性化的偏好定义为满足 $C(B)=C^*(B, \succsim)$ 的偏好结构。有些文献给出了理性化偏好的另外一种定义，这种定义只要求 $C(B)\subset C^*(B, \succsim)$；也就是说，若对于每个预算集 $B\in\mathscr{B}$，$C(B)$ 都是 $\succsim$ 生成的最优选择集 $C^*(B, \succsim)$ 的子集，我们就说 $\succsim$ 理性化了 B 上的选择规则 $C(\cdot)$。

某些经济学家使用第二种理性化偏好的定义，原因有两个。第一个原因在某种程度上是哲学意义上的。我们也许希望允许决策者以特定方式解决他的无差异问题，而不是固执地坚持所谓无差异就是指选哪一个备选物都可以。定义 1.D.1 体现的思想是，如果他以特定方式作出了选择，那么他实际上对备选物就不是无差异的，这一思想也蕴涵在弱公理之中。

第二个原因是实证性的。在根据数据确定个人的选择是否与理性偏好最大化相容时，我们会受到数据量的限制，因为我们在现实中得到的数据，往往是决策者在某个预算集 B 上的选择行为数据，这些数据数量有限。如果令 $C(B)$ 表示决策者在上述预算集上的选择集，那么这些有限的数据可能无法揭示决策者所有的偏好最大化的选择，因此对于下列问题，$C(B)\subset C^*(B, \succsim)$ 是一个自然而然的限制：什么样的偏好关系能理性化我们观测到的选择数据？

若使用第二种定义，需要注意以下两点。首先，与定义 1.D.1 相比，这种定义的要求更弱。如果我们已按定义 1.D.1 找到了能理性化决策者选择行为的某个偏好关系，那么它自然也满足第二种定义。其次，在此处的抽象环境下，找到第二种意义上的理性化偏好关系是轻而易举的：若个人对于 X 的所有元素（备选物）都是无差异的，那么他的这种偏好将理性化他的任何选择行为。当经济文献使用第二种定义时，通常强调理性化偏好关系应该满足一些额外的性质，这些性质对于所要研究的具体经济环境来说是自然而然的约束。

参考文献

Arrow, K. (1959). Rational choice functions and orderings. *Econometrica* 26: 121-127.

Elster, J. (1979). *Ulysses and the Sirens*. Cambridge, U.K.: Cambridge University Press.

Kahneman, D., and A. Tversky (1984). Choices, values, and frames. *American Psychologist* 39: 341-350.

Plott, C.R. (1973). Path independence, rationality and social choice. *Econometrica* 41: 1075-1091.

Richter, M. (1971). Rational choice. Chap. 2 in *Preferences, Utility and Demand*, edited by J. Chipman, L. Hurwicz, and H. Sonnenschein.

New York: Harcourt Brace Jovanovich.

Samuelson, P. (1947). *Foundations of Economic Analysis*. Cambridge, Mass: Harvard University Press.

Schelling, T. (1979). *Micromotives and Macrobehavior*. New York: Norton.

Thurstone, L. L. (1927). A law of comparative judgement. *Psychological Review* 34: 275-286.

习 题

1.B.1[B] 证明命题1.B.1中的性质(iii)。

1.B.2[A] 证明命题1.B.1中的性质(i)和(ii)。

1.B.3[B] 证明若 $f: \mathbb{R}\to\mathbb{R}$ 是严格递增的函数,以及 $u: X\to\mathbb{R}$ 是个代表偏好关系 $\succsim$ 的效用函数,则由 $v(x)=f(u(x))$ 定义的函数 $v: X\to\mathbb{R}$ 也是个代表偏好关系 $\succsim$ 的效用函数。

1.B.4[A] 考虑一个理性偏好关系 $\succsim$。证明若 $u(x)=u(y)$ 意味着 $x\sim y$,而且 $u(x)>u(y)$ 意味着 $x\succ y$,则 $u(\cdot)$ 是个代表偏好关系 $\succsim$ 的效用函数。

1.B.5[B] 证明若 X 是有限的而且 $\succsim$ 是 X 上的一个理性偏好关系,则存在一个能代表 $\succsim$ 的效用函数。[提示:首先考虑下列这样的特殊情形,即消费者对于 X 中任何两个元素的排序都是严格的(即不存在无差异的情形);然后构造一个能代表这些偏好的效用函数;最后将你的论证扩展到一般情形。]

1.C.1[B] 考虑选择结构 $(\mathscr{B}, C(\cdot))$,其中,$\mathscr{B}=\{\{x, y\}, \{x, y, z\}\}$ 且 $C(\{x, y\})=\{x\}$。证明如果 $(\mathscr{B}, C(\cdot))$ 满足弱公理,那么我们必定有 $C(\{x, y, z\})=\{x\}$,$=\{z\}$ 或 $=\{x, z\}$。

1.C.2[B] 证明弱公理(定义1.C.1)等价于下列性质:

假设 $B, B'\in\mathscr{B}$,而且 $x, y\in B$ 和 $x, y\in B'$。那么如果 $x\in C(B)$ 且 $y\in C(B')$,我们必定有 $\{x, y\}\subset C(B)$ 和 $\{x, y\}\subset C(B')$。

1.C.3[C] 假设选择结构 $(\mathscr{B}, C(\cdot))$ 满足弱公理。考虑下列两个可能的显示偏好关系,即 $\succ^*$ 和 $\succ^{**}$:

$x\succ^* y\Leftrightarrow$ 存在某个 $B\in\mathscr{B}$ 使得 $x, y\in B$,$x\in C(B)$ 和 $y\notin C(B)$

$$x\succ^{**} y\Leftrightarrow x\succsim^* y \text{ 但 } y\succsim^* x \text{ 不成立。}$$

其中 $\succsim^*$ 是定义1.C.2界定的显示性至少一样好的关系。

(a) 证明 $\succ^*$ 和 $\succ^{**}$ 在 X 上给出的关系是相同的;也就是说,对于任何 $x, y\in X$,我们均有 $x\succ^* y\Leftrightarrow x\succ^{**} y$。如果 $(\mathscr{B}, C(\cdot))$ 不满足弱公理,这个结论还成立吗?

(b) $\succ^*$ 一定是传递的吗?

(c) 证明如果 $\mathscr{B}$ 含有 X 的所有三元子集(即这样的子集只含有三个元素),那么 $\succ^*$ 是传递的。

1.D.1[B] 举出一个能被若干偏好关系理性化的选择结构的例子。注意:如果预算集族 $\mathscr{B}$ 包含了 X 的所有二元子集,则至多存在一个理性化的偏好关系。

1.D.2[A] 证明如果 X 是有限的,则任何理性偏好关系都能生成一个非空选择规则;也就是说,对于任何 $B\subset X$ 且 $B\neq\varnothing$,我们都有 $C(B)\neq\varnothing$。

1.D.3[B] 令 $X=\{x, y, z\}$,考虑选择结构 $(\mathscr{B}, C(\cdot))$,其中:

$$\mathscr{B}=\{\{x,y\},\{y,z\},\{x,z\},\{x,y,z\}\}$$

$C(\{x, y\})=\{x\}$,$C(\{y, z\})=\{y\}$ 和 $C(\{x, z\})=\{z\}$。(和例1.D.1相同。)证明 $(\mathscr{B}, C(\cdot))$ 必定违背了弱公理。

1.D.4[B] 证明存在理性化偏好关系 $\succsim$ 的选择结构 $(\mathscr{B}, C(\cdot))$ 满足**路径不变**(path-invariance)性质:对于任何两个 $B_1, B_2\in\mathscr{B}$,若 $B_1\cup B_2\in\mathscr{B}$ 且 $C(B_1)\cup C(B_2)\in\mathscr{B}$,则我们有 $C(B_1\cup B_2)=C(C(B_1)\cup C(B_2))$;也就是说,决策问题可以被安全地细分。进一步的讨论可参见 Plott

(1973)。

1.D.5[C]　令 $X=\{x, y, z\}$ 和 $\mathscr{B}=\{\{x, y\}, \{y, z\}, \{z, x\}\}$。假设选择现在是随机的，也就是说，对于每个 $B\in\mathscr{B}$，$C(B)$ 均是 B 中备选物上的频率分布。例如，如果 $B=\{x, y\}$，我们写成 $C(B)=(C_x(B), C_y(B))$，其中 $C_x(B)$ 和 $C_y(B)$ 都非负且 $C_x(B)+C_y(B)=1$。我们说，随机选择函数 $C(\cdot)$ 可以**被偏好理性化**（rationalized by preferences），如果我们能够找到 X 上的关于六种可能（严格）偏好关系的一个概率分布 Pr，使得对于每个 $B\in\mathscr{B}$，$C(B)$ 均正好是由 Pr 诱导出的选择频率。例如，如果 $B=\{x, y\}$，那么 $C_x(B)=\Pr(\{\succ: x\succ y\})$。这个概念源自 Thurstone (1927)，它引起了广泛的计量经济兴趣（事实上，它为可观测选择的误差项提供了理论支持）。

(a) 证明随机选择结构 $C(\{x, y\})=C(\{y, z\})=C(\{z, x\})=(1/2, 1/2)$ 可以被偏好理性化。

(b) 证明随机选择结构 $C(\{x, y\})=C(\{y, z\})=C(\{z, x\})=(1/4, 3/4)$ 不能被偏好理性化。

(c) 确定一个 $\alpha\in(0, 1)$，使得 $C(\{x, y\})=C(\{y, z\})=C(\{z, x\})=(\alpha, 1-\alpha)$ 从能被偏好理性化变为不能被偏好理性化。

第2章 消费者选择

2.A 引言

微观经济理论的最基本决策单位是**消费者**（consumer）。在本章，我们开始在市场经济的架构内研究消费者需求。我们所说的**市场经济**（market economy），是指消费者能够以已知的价格购买产品和服务的环境，或者说是指消费者能以已知交换比率交换其他产品的环境，这两种说法是等价的。

2.B节和2.D节描述消费者决策问题的基本要素。在2.B节中，我们引入了**商品**（commodities）概念，它们是消费者选择的目标物。然后在2.C节和2.D节，我们探讨制约消费者选择的物理约束和经济约束。我们用**消费集**（consumption set）描述物理约束，见2.C节；经济约束则包含在消费者的**瓦尔拉斯预算集**（Walrasian budget set）中，见2.D节。

我们用消费者的**瓦尔拉斯需求函数**（Walrasian demand function）描述上述约束条件下消费者的决策。在个人决策的基于选择的构建方法中（1.C节），瓦尔拉斯需求函数就是消费者的选择规则。我们在2.E节研究这个函数及其若干基本性质。在这些性质中，值得强调的是**比较静态**（comparative statics）性质：当经济约束变动时，消费者需求的变动方式。

最后，在2.F节，我们考虑**显示偏好弱公理**（weak axiom of revealed preference）对消费者需求函数意味着什么。我们得到的核心结论是在消费者需求环境中，弱公理在本质上等价于补偿性需求法则（compensated law of demand）。这个法则规定在价格变动但维持实际财富不变的情形下，价格和需求量的运动方向是相反的。

2.B 商品

市场经济中的消费者面对的决策问题，是在市场中选择各种可买到的产品和服务的消费水平。我们将这些产品和服务称为**商品**（commodities）。为简单起见，我们假设商品的种类是有限的，为 L 种（记为 $l=1, \cdots, L$）。

一般来说，**商品向量**（commodity vector）或**商品束**（commodity bundle）是一组表示不同商品数量的数字，即：

$$x=\begin{bmatrix} x_1 \\ \vdots \\ x_L \end{bmatrix}$$

可以将其视为 $\mathbb{R}^L$ 中的一点，其中 $\mathbb{R}^L$ 称为**商品空间**（commodity space）。[①]

我们可以使用商品向量表示某个人的消费水平。商品向量中的第 l 个元素表示商品 l 的数量。于是我们将向量称为**消费向量**（consumption vector）或**消费束**（consumption bundle）。

注意时间（或地点）也可被置入商品的定义中。严格地说，今天的面包和明天的面包应该被视为有区别的商品。类似地，当我们处理不确定环境中的决策问题时（详见第 6 章），我们把处于不同“自然状态”的面包视为不同的商品。

尽管在不同时间消费的商品应该被严格视为有区别的商品，但在实践中，经济模型通常涉及某种程度的“时间加总”（time aggregation）。比如，尽管 2 月份不同时间消费的面包在理论上应被视为不同商品，但我们通常将“2 月这个月消费的面包”作为一种商品。这种时间加总的主要原因在于，应用于模型的经济数据通常是按这种方式加总的。构建模型者希望被加总的商品是极其相似的，以至于损失的信息非常小。

需要指出，在某些情形下，我们需要将消费集扩展到包含市场上可能能够买到但实际并未买到的产品和服务；在某些情形下，需要将消费集扩展到无法通过市场交易而只能通过其他方式得到的产品和服务（例如，“家庭团聚”这种产品）。然而，就本章的绝大部分内容来说，本节引入的狭义消费集就够用了。

2.C　消费集

消费选择通常受到一些**物理约束**（physical constraints）。最简单的例子是个人消费的商品数量，例如面包和水的数量，不可能为负。

正式地，消费集是商品空间 $\mathbb{R}^L$ 的子集，记为 $X \subset \mathbb{R}^L$。消费集的元素是消费束，准确地说是在环境施加的物理约束下个人能消费的消费束。

考虑以下四个例子。为简单起见，在每个例子中令 $L=2$：

（ⅰ）图 2.C.1 表示个人在一天内可能消费的面包和闲暇数量。这两种商品的

① 商品向量中的负元素通常表示借出（debits）或产品的净流出。例如，在第 5 章，企业的投入物是用负数衡量的。

数量必须非负，而且一天消费闲暇的时间不可能超过 24 小时。

（ⅱ）图 2. C. 2 表示下列情形：商品 1 是完美可分割的，但商品 2 的数量只能是非负整数。

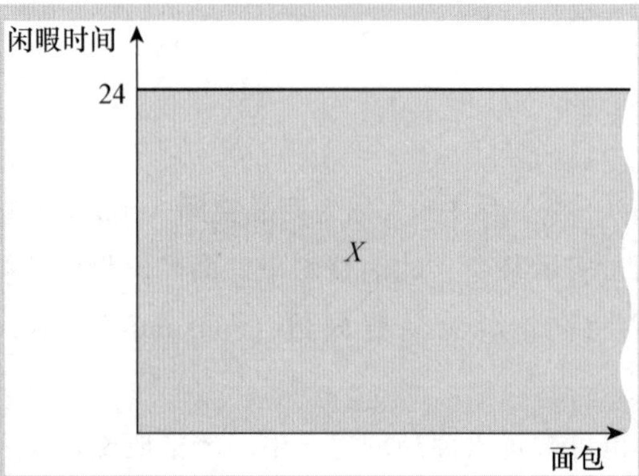

图 2. C. 1　消费集

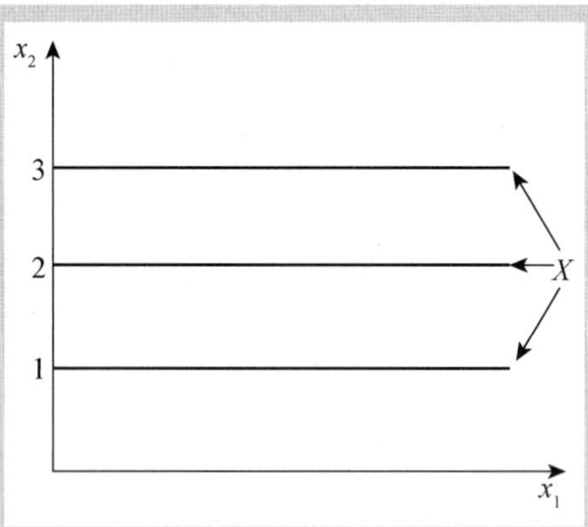

图 2. C. 2　消费集，其中商品 2 的消费量必须为整数

（ⅲ）图 2. C. 3 描述的是下列这样的事实，你不可能同时在华盛顿和纽约吃面包。[这个例子引自 Malinvaud（1978）。]

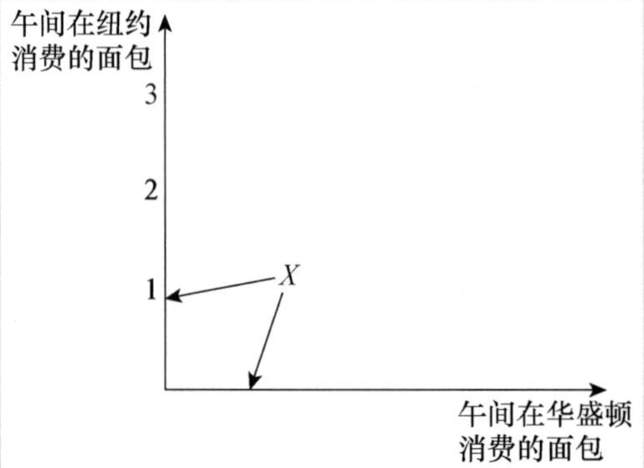

图 2. C. 3　消费集，这种情形下只能消费一种商品，无法同时消费两种商品

（ⅳ）图 2. C. 4 代表的情形是，为了存活，消费者消费的面包数量有最低数量限制——每天四片；面包有两种，即棕面包和白面包。

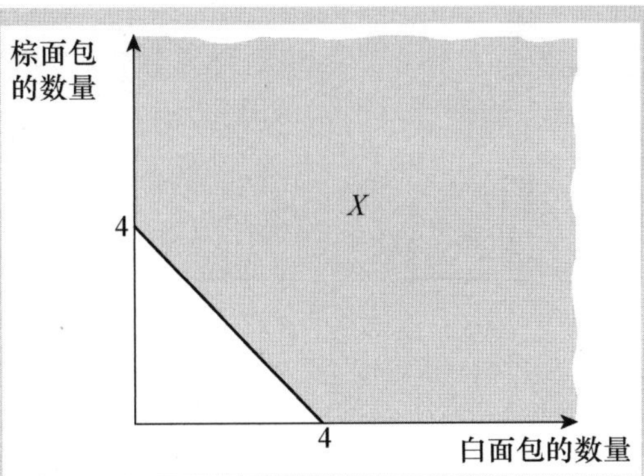

图 2. C. 4　反映生存需要的消费集

在上面的四个例子中，消费者面临的约束是物理意义上的。但是消费集也可能包含制度约束。例如，如果法律规定一天工作时间禁止超过 16 小时，那么图 2. C. 1 中的消费集将变为图 2. C. 5 中的消费集。

为简单起见，假设我们的消费集是最简单形式的消费集：

$$X = \mathbb{R}^L_+ = \{x \in \mathbb{R}^L : x_l \geqslant 0 \text{ 对于 } l = 1, \cdots, L\}$$

这个消费集由非负商品束组成，它可用图 2. C. 6 表示。当我们考虑的消费集不是$\mathbb{R}^L_+$这种形式时，我们会特别指出。

消费集$\mathbb{R}^L_+$的一个特殊性质是它是**凸的**（convex）。也就是说，若消费束 x 和 x'都是$\mathbb{R}^L_+$中的元素，则消费束 $x''=\alpha x+(1-\alpha)x'$也是$\mathbb{R}^L_+$中的元素，其中 $\alpha\in[0, 1]$（参考数学附录的 M. G 节中的凸集的定义和性质）。[1] 图 2. C. 1、图 2. C. 4、图 2. C. 5 和图 2. C. 6 中的消费集都是凸集；图 2. C. 2 和图 2. C. 3 中的消费集不是凸集。

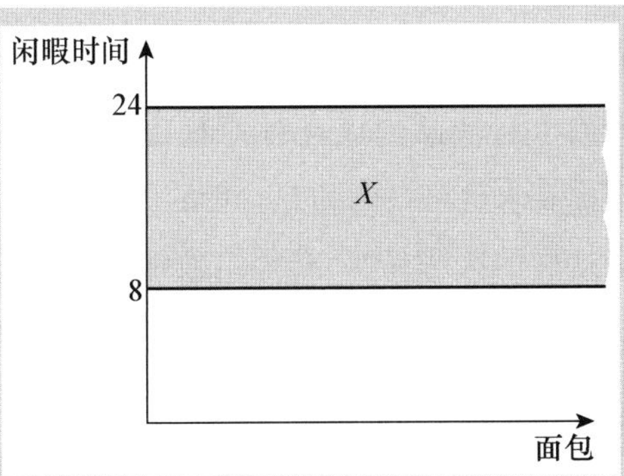

图 2. C. 5　消费集，其中工作时间有法定限制

① 知识回顾：$x''=\alpha x+(1-\alpha)x'$是一个向量，它的第 l 个元素是 $x''_l=\alpha x_l+(1-\alpha)x'_l$。

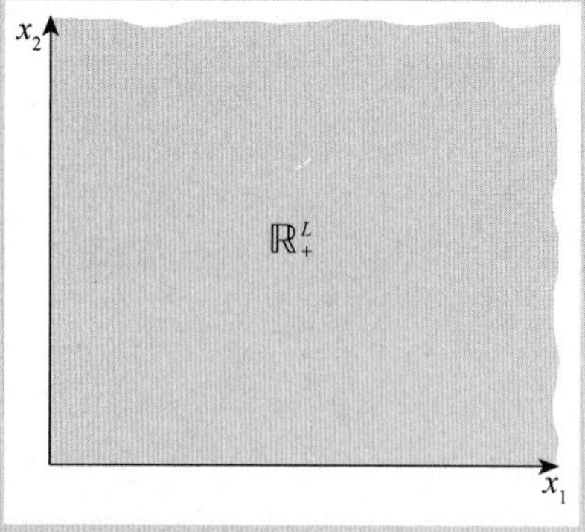

图 2. C. 6 消费集 $\mathbb{R}^L_+$

我们建立的理论大部分都适用于一般性的凸消费集（自然也适用于 $\mathbb{R}^L_+$ 这个凸集）。然而，如果不假设消费集是凸的，那么我们所得出的结论有些仍然成立，有些不再成立。①

2.D 竞争性预算

消费者除了面对物理约束之外，他还要面对一种重要的经济约束：他的消费选择被限定在那些他能买得起的商品束内。

为了正式表达这种经济约束，我们需要引入两个假设：

首先，假设这 L 种商品都在市场中交易，它们的价格是公开标明的货币价格。这个原则称为**市场的完备性或普遍性原则**（principle of completeness or universality of markets）。正式地说，这些价格可用下面的价格向量表示

$$p=\begin{bmatrix}p_1\\ \vdots \\ p_L\end{bmatrix}\in \mathbb{R}^L$$

这个向量表示由 L 种商品组成且每种商品的数量都为一单位消费束的货币价格。注意，没有理由要求价格一定为正。负的价格表示为了让一个"买者"消费某商品（比如像污染这样的厌恶品），必须给他钱而不是让他付钱。然而，为简单起见，此处我们总是假设 $p\gg 0$，也就是说，对于每个 l 都有 $p_l>0$。

其次，我们假设这些商品的价格不受单个消费者的影响。这被称为**价格接受者假设**。大致来说，这个假设在下列情形下是合理的，即当消费者对任何商品的需求只占该商品总需求的很小比例时。

---

① 注意，商品的加总（commodity aggregation）有助于消费集的凸化。在与图 2. C. 3 相伴的那个例子中，如果坐标轴衡量的是一个月内消费的面包数量，那么可以认为这个消费集是凸的。

消费者能否买得起某个商品束取决于两个因素：市场价格 $p=(p_1, \cdots, p_L)$ 和消费者的财富水平 w（以货币衡量）。消费者能买得起消费束 $x\in\mathbb{R}^L_+$，若这个消费束的总费用不超过消费者的财富水平 w，也就是说，若①

$$p\cdot x=p_1x_1+\cdots+p_Lx_L\leqslant w$$

这个在经济上能买得起的约束，若再加上 $x\in\mathbb{R}^L_+$ 这个约束，那么它们一起意味着可行消费束集合是由集合 $\{x\in\mathbb{R}^L_+: p\cdot x\leqslant w\}$ 的元素组成的。这个集合被称为**瓦尔拉斯预算集**或**竞争性预算集**（Walrasian or competitive budget set），这是为了纪念里昂·瓦尔拉斯（Léon Walras）。

定义 2. D. 1： 瓦尔拉斯预算集或竞争性预算集 $B_{p,w}=\{x\in\mathbb{R}^L_+: p\cdot x\leqslant w\}$，是由消费者在面对市场价格 p 和财富 w 时的所有可行消费束组成的集合。

给定价格 p 和财富 w，消费者的问题就是从 $B_{p,w}$ 中选择一个消费束 x。

图 2. D. 1 画出了当 $L=2$ 时的一个瓦尔拉斯预算集 $B_{p,w}$。由于我们重点关注消费者的选择问题为非退化的情形，我们总是假设 $w>0$（否则，消费者只能买得起 $x=0$）。

集合 $\{x\in\mathbb{R}^L_+: p\cdot x=w\}$ 被称为**预算超平面**（budget hyperplane），当 $L=2$ 时，我们将其称为**预算线**（budget line）。预算超平面确定了预算集的上边界。如图 2. D. 1 所示，当 $L=2$ 时，预算线的斜率 $-(p_1/p_2)$ 描述了两种商品的交换比率。如果商品 2 的价格下降（但维持 p_1 和 w 不变），比如说 $\bar{p}_2<p_2$，那么预算集就变大了，这是因为这时消费者能买得起更多的消费束；另外，预算线变得更陡峭了。这些变化如图 2. D. 2 所示。

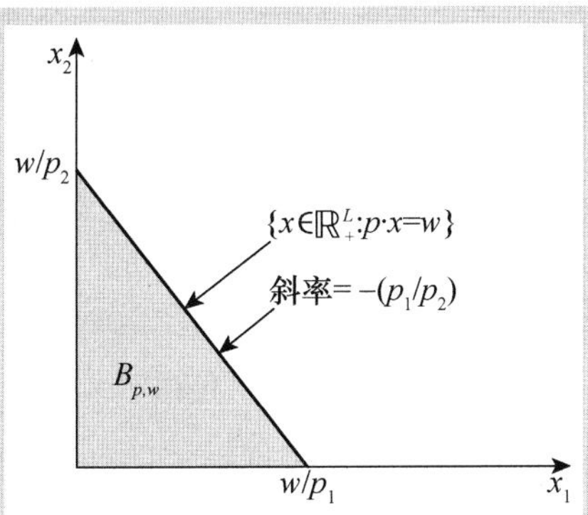

图 2. D. 1　瓦尔拉斯预算集

① 文献通常将这个约束描述为计划购买商品束的费用不超过消费者的**收入**（income）。这两种情形的思想都是购买商品束的费用不超过消费者能使用的资源。我们使用财富这个术语（而不是收入）是想强调：消费者的实际问题可能是跨期的，在这种情形下，消费是跨期的，资源约束是消费者一生的收入（即财富）。[参见习题 2. D. 1。]

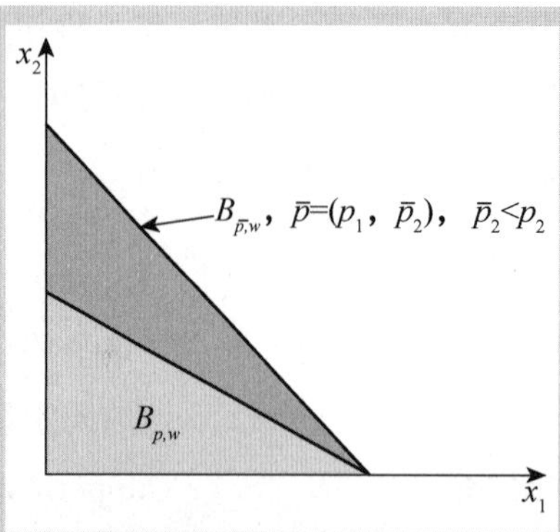

图 2. D. 2　价格变动对瓦尔拉斯预算集的影响

预算超平面反映了两种商品之间的交换比率，看清这一点的另外一种方法是分析预算超平面与价格向量 p 之间的几何关系。从预算超平面上的任何一点 $\bar{x}$ 画出的价格向量 p，必然与起点在 $\bar{x}$ 且位于预算超平面上的任何向量正交（即垂直）。这是因为对于任何本身就位于预算超平面上的 x' 来说，我们均有 $p \cdot x'=p \cdot \bar{x}=w$。因此，若令 $\Delta x=x'-\bar{x}$，则 $p \cdot \Delta x=0$。图 2. D. 3 画出了 $L=2$ 时的这种几何关系。①

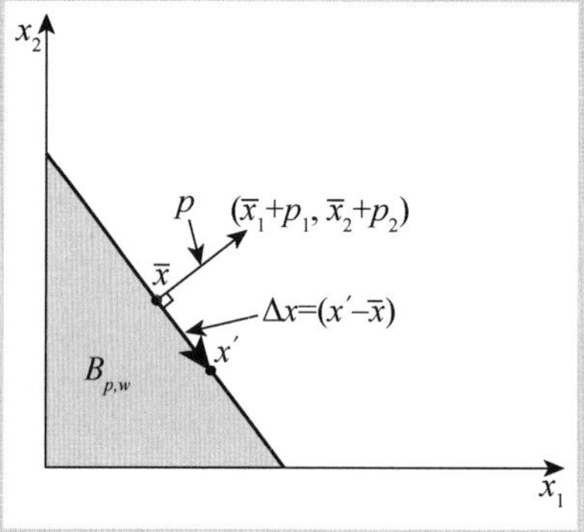

图 2. D. 3　预算超平面和价格向量 p 之间的几何关系

瓦尔拉斯预算集 $B_{p,w}$ 是个凸集，即如果消费束 x 和 x' 都是集合 $B_{p,w}$ 的元素，那么消费束 $x''=\alpha x+(1-\alpha)x'$ 也是 $B_{p,w}$ 的元素。为了看清这一点，首先注意到 x 和 x' 都是非负的，因此 $x''\in \mathbb{R}_+^L$；其次，因 $p \cdot x\leqslant w$ 和 $p \cdot x'\leqslant w$，我们有 $p \cdot x''=\alpha(p \cdot x)+(1-\alpha)(p \cdot x')\leqslant w$。因此，$x''\in B_{p,w}=\{x\in \mathbb{R}_+^L: p \cdot x\leqslant w\}$。

$B_{p,w}$ 的凸性对于我们发展消费者理论非常重要。注意，$B_{p,w}$ 的凸性依赖于消费集 $\mathbb{R}_+^L$ 的凸性。更一般地，只要消费集 X 是凸的，则 $B_{p,w}$ 也是凸的。（参见习题 2. D. 3。）

---

① 画起点在 $\bar{x}$ 的向量 p 时，我们画出的是从点（$\bar{x}_1$，$\bar{x}_2$）到点（$\bar{x}_1+p_1$，$\bar{x}_2+p_2$）的一个向量。因此，当我们在这个图中画价格向量时，我们用坐标轴上的“单位”（units）表示价格的单位而不是商品的单位。

虽然瓦尔拉斯预算集在理论研究中具有重要地位，但它们绝不是消费者在任何现实情形下都必须面对的预算集类型。例如，消费者在消费品和闲暇的权衡选择中，如果还涉及税收、补贴和不同的工资率，那么他的预算集将如图2.D.4所示。在这个图中，消费品的价格为1，消费者的工资率如下：前8个小时为每小时 s 元，额外的工作时间（加班时间）为每小时 s'元，$s'>s$。另外，如果他的工资收入超过 M 元，超过部分需要缴税，税率为 t 美元/美元。

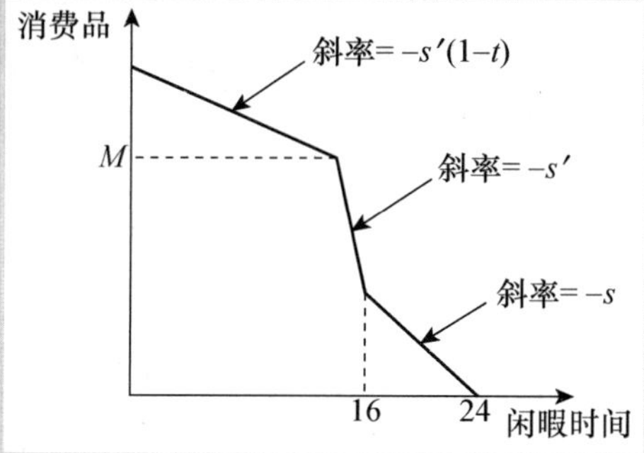

图2.D.4 消费者预算集的更现实的描述

注意，图2.D.4中的预算集不是凸的（参见习题2.D.4）。更复杂的预算集情形不难构造出来，它们通常出现在应用性的研究中。这类预算集请参见 Deaton 和 Muellbauer (1980) 以及 Burtless 和 Hausmann (1975)。

2.E 需求函数与比较静态

消费者的**瓦尔拉斯需求对应**或**市场需求对应**或**普通需求对应**（Walrasian or market or ordinary demand correspondence）$x(p, w)$，为每个价格财富组合（price-wealth pair）(p, w) 指定了一个被选中的消费束集合。在理论上，这个对应可以是多值的；也就是说，每个给定的价格财富组合 (p, w) 可能都对应着两个及以上的消费向量。在这种情形下，当消费者面临价格财富组合 (p, w) 时，他有可能选择任何 $x\in x(p, w)$。当 $x(p, w)$ 是单值的时，我们将其称为**需求函数**（demand function）。

在本章，我们还要作出关于瓦尔拉斯需求对应 $x(p, w)$ 的两个假设：$x(p, w)$ 是**零次齐次**的（homogeneous of degree zero）；$x(p, w)$ 满足**瓦尔拉斯法则**（Walras' law）。这两个假设贯穿本章余下的内容。

定义 2.E.1：瓦尔拉斯需求对应 $x(p, w)$ 是零次齐次的，若对于任何 p，w 和 $\alpha>0$，都有 $x(\alpha p, \alpha w)=x(p, w)$。

零次齐次是说，如果所有商品的价格和消费者的财富都变动相同的比例，那么他的消费选择不会变动。为了理解这个性质，注意到价格和财富从（p，w）变为（αp，αw）不会导致消费者的可行消费束集发生任何变动；也就是说，$B_{p,w}=B_{\alpha p,\alpha w}$。零次齐次是说消费者的选择仅取决于他的可行点集。

定义 2. E. 2： 瓦尔拉斯需求对应 $x(p, w)$ 满足瓦尔拉斯法则，若对于每个 $p\gg 0$ 和 $w>0$，我们均有 $p\cdot x=w$ 对所有 $x\in x(p, w)$ 成立。

瓦尔拉斯法则是说消费者花光了他的财富。在直觉上，只要商品束中包含某种消费者想要的商品，那么这个假设就是合理的。我们应该在广义上理解瓦尔拉斯法则：消费者的预算集可以是跨期预算集，他有可能将当前的储蓄用于将来的消费。在这种情形下，瓦尔拉斯法则是说消费者将他的资源全部用于他的**一生**。

习题 2. E. 1： 假设 $L=3$，考虑需求函数 $x(p, w)$，这个需求函数的定义如下：

$$x_1(p,w)=\frac{p_2}{p_1+p_2+p_3}\frac{w}{p_1}$$

$$x_2(p,w)=\frac{p_3}{p_1+p_2+p_3}\frac{w}{p_2}$$

$$x_3(p,w)=\frac{\beta p_1}{p_1+p_2+p_3}\frac{w}{p_3}$$

当 $\beta=1$ 时，这个需求函数满足零次齐次和瓦尔拉斯法则吗？当 $\beta\in(0, 1)$ 时呢？

在第 3 章，消费者的需求 $x(p, w)$ 是用他的偏好最大化推导出的，在这种情形下，这两个性质（零次齐次和满足瓦尔拉斯法则）在非常一般的环境下都成立。然而，在本章余下的内容，我们仅把它们作为 $x(p, w)$ 的两个假设，并考察它们的影响。

$x(p, w)$ 是零次齐次的有什么意义？我们立即可以注意到它的一个好处：尽管$x(p, w)$ 形式上有（$L+1$）个自变量，但我们可以不失一般性地将这（$L+1$）个自变量中的任何一个固定（标准化）在任意水平。一种常见的标准化方法是对于某个 l 令 $p_l=1$。另外一种是令 $w=1$。[①] 因此，$x(p, w)$ 实际上有 L 个自变量。

在本节余下的内容，我们假设 $x(p, w)$ 总是单值的。在这种情形下，我们可将函数 $x(p, w)$ 写为具体商品的需求函数：

$$x(p,w)=\begin{bmatrix}x_1(p,w)\\x_2(p,w)\\\vdots\\x_L(p,w)\end{bmatrix}$$

有时，出于简化分析的目的，我们也假设 $x(p, w)$ 是连续的和可微的。

① 在第四部分，我们将广泛地使用标准化方法。

我们在此处以及在 2.F 节采用的方法，可以视为第 1 章的基于选择的方法的具体运用。瓦尔拉斯预算集族为 $\mathscr{B}^W=\{B_{p,w}: p\gg 0, w>0\}$。而且，由零次齐次性可知，$x(p, w)$ 仅取决于消费者面对的预算集。因此，$(\mathscr{B}^W, x(\cdot))$ 是一个选择结构，选择结构的定义请见 1.C 节。注意，选择结构 $(\mathscr{B}^W, x(\cdot))$ 并未包含 X 的所有可能子集（例如，它不包括 X 的所有两个元素和三个元素的子集）。这个事实对于消费者需求的基于选择的方法和基于偏好的方法的关系来说，具有重要意义。

比较静态

我们经常对下列问题感兴趣：消费者的选择如何随他的财富和商品价格的变动而变动？对由潜在经济参数的变化引起的结果变化的分析，被称为**比较静态分析**（comparative statics analysis）。

财富效应

对于固定的价格 $\bar{p}$，财富函数 $x(\bar{p}, w)$ 被称为消费者的**恩格尔函数**（Engel function）。它在 $\mathbb{R}_+^L$ 中的像 $E_{\bar{p}}=\{x(\bar{p}, w): w>0\}$ 被称为**财富扩展路径**（wealth expansion path）。图 2.E.1 画出了一个这样的路径。

在任何 (p, w) 处，导数 $\partial x_l(p, w)/\partial w$ 称为商品 l 的**财富效应**（wealth effect）。①

对于商品 l 来说，若在 (p, w) 处，$\partial x_l(p, w)/\partial w\geq 0$，也就是说，若商品 l 的需求关于财富是非递减的，则称商品 l 在 (p, w) 处为**正常**（normal）商品。相反，如果商品 l 的财富效应是负的，我们就称商品 l 在 (p, w) 处为**劣等**（inferior）商品。如果每种商品在所有 (p, w) 处都是正常的，我们就说**需求是正常的**。

如果商品按照大类划分（例如吃的和住的），那么正常需求的假设就是合理的。然而，如果商品种类分得很细（例如，这种鞋子和那种鞋子），由于当财富增加时，消费者会用质量较高的商品替代质量较低的商品，商品在某个财富水平上必然就被认为是劣等的。

如果用矩阵符号，财富效用可以表示为：

$$D_w x(p,w)=\begin{bmatrix}\dfrac{\partial x_1(p,w)}{\partial w}\\[2ex] \dfrac{\partial x_2(p,w)}{\partial w}\\ \vdots\\ \dfrac{\partial x_L(p,w)}{\partial w}\end{bmatrix}\in\mathbb{R}^L$$

① 有些文献也将财富效应称为**收入效应**（income effect）。类似地，财富扩展路径有时被称为**收入扩展路径**（income expansion path）。

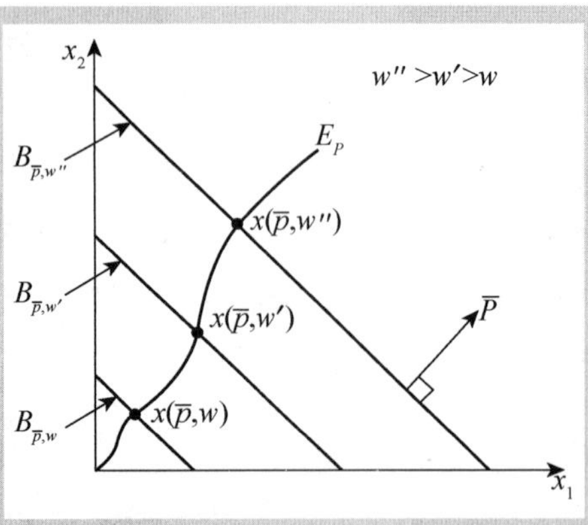

图 2.E.1　价格为 $\overline{p}$ 时的财富扩展路径

价格效应

下面我们分析各种商品的需求水平如何随价格的变动而变动。

首先考虑 $L=2$ 的情形，假设维持财富和价格 p_1 不变。图 2.E.2 画出了商品 2 的需求函数，它是商品 2 自身价格 p_2 的函数。注意，在画这个图时，我们维持财富不变，考察商品 2 在多个 p_1 水平（但一旦给定 p_1 的某个水平就维持不变）时的需求状况。另外，还要注意，按照经济学惯例，我们用纵轴衡量价格变量（自变量），用横轴衡量需求量（因变量）。我们还有一种方法可以表示消费者在不同价格水平下的需求，就是考察当 p_2 变动时，需求束在 $\mathbb{R}^2_+$ 中的运动轨迹。这被称为**提供曲线**（offer curve）。图 2.E.3 给出了一个例子。

更一般地，导数 $\partial x_l(p, w)/\partial p_k$ 被称为 p_k 的**价格效应**（price effect），即商品 k 的价格对商品 l 需求的影响。尽管我们通常认为某种商品价格下降会导致消费者多购买该商品（如图 2.E.3 所示），但某种商品价格下降也可能导致消费者少购买该商品。如果商品 l 在（p, w）处有 $\partial x_l(p, w)/\partial p_l>0$，那么我们称商品 l 在（p, w）处为**吉芬商品**（Giffen good）。对于图 2.E.4 描述的提供曲线来说，商品 2 在（$\overline{p}_1$, p'_2, w）处为吉芬商品。

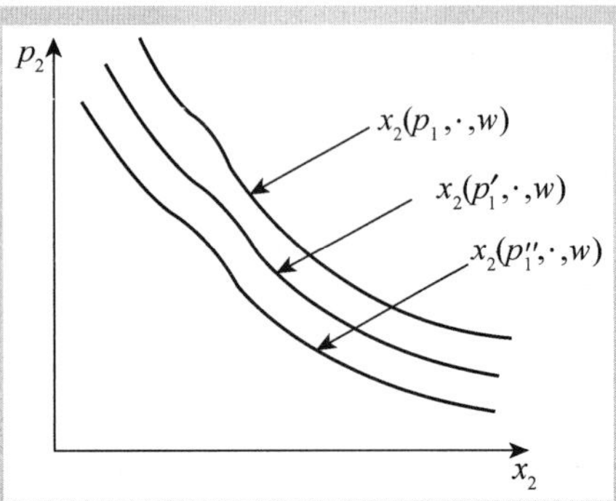

图 2.E.2　商品 2 的需求是其自身价格的函数（图中的三条曲线分别表示不同 p_1 水平下商品 2 的需求曲线）

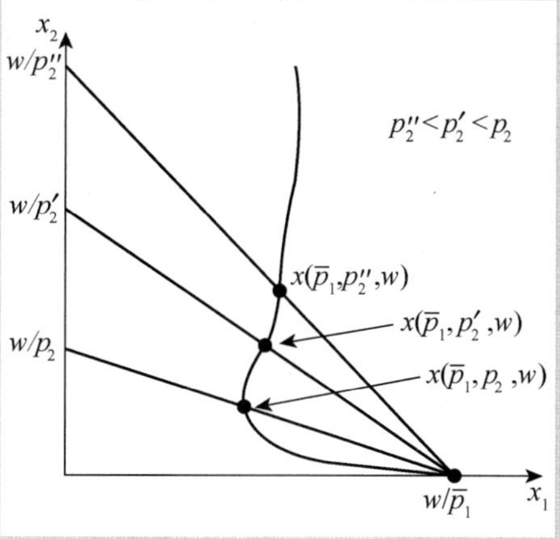

图 2. E. 3　提供曲线

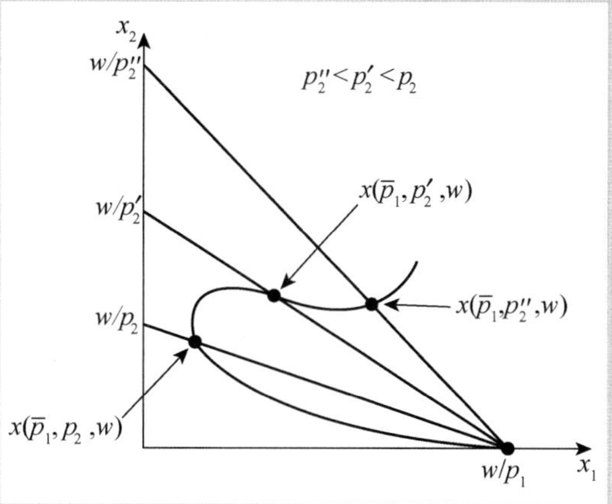

图 2. E. 4　提供曲线，其中商品 2 在（$\bar{p}_1$，p_2'，w）处为吉芬商品

低质量的商品对于低财富水平的消费者来说很有可能是吉芬商品。例如，假设某个贫穷的消费者最初主要依靠土豆充饥，因为土豆比较便宜。如果土豆价格下降，他能够购买他更想要的其他食品，这些食品也能充饥。结果，他消费的土豆量可能下降。注意，在这个例子中，导致土豆成为吉芬商品的机制涉及了财富方面的考量：当土豆价格下降时，消费者实际上变得更富有了（他的预算集变大了，即他有能力购买的商品束范围变大了），因此他购买的土豆量下降了。我们将在本章余下的内容和第 3 章更详细地分析价格效应和财富效应之间的相互作用。

用矩阵形式表示价格效应更方便一些，这种表示方法如下：

$$D_p x(p,w)=\begin{bmatrix}\dfrac{\partial x_1(p,w)}{\partial p_1} & \cdots & \dfrac{\partial x_1(p,w)}{\partial p_L}\\ & \ddots & \\ \dfrac{\partial x_L(p,w)}{\partial p_1} & \cdots & \dfrac{\partial x_L(p,w)}{\partial p_L}\end{bmatrix}.$$

2

齐次性与瓦尔拉斯法则对价格和财富效应的影响

齐次性和瓦尔拉斯法则对消费者关于价格和财富的比较静态效应施加了某些限制。

首先考虑零次齐次性的影响。零次齐次意味着对于所有 $\alpha>0$ 都有 $x(\alpha p,\ \alpha w)-x(p,w)=0$。将这个式子对 α 微分，并计算 $\alpha=1$ 时的导数，我们就得到了命题 2. E. 1 中的结果（这个结果是欧拉公式的特殊情形；参见数学附录中的 M. B 节）。

命题 2. E. 1：若瓦尔拉斯需求函数 $x(p,\ w)$ 是零次齐次的，则对于所有 p 和 w 都有：

$$\sum_{k=1}^{L}\frac{\partial x_l(p,w)}{\partial p_k}p_k+\frac{\partial x_l(p,w)}{\partial w}w=0 \text{ 对于 } l=1,\cdots,L \tag{2. E. 1}$$

若用矩阵符号表示，上式变为

$$D_p x(p,w)p+D_w x(p,w)w=0 \tag{2. E. 2}$$

因此，零次齐次性意味着任何商品 l 的需求关于价格的导数和关于财富的导数，如果分别以这些价格和财富作为权重，加权和等于零。在直觉上，这样加权的原因在于当我们同比例地增加所有商品的价格和消费者的财富时，每个变量的变化都和它的初始水平成比例。

我们也可以使用需求关于价格和财富的弹性重新表达式（2. E. 1）。需求的价格弹性 $\varepsilon_{lk}(p,\ w)$ 和需求的财富弹性 $\varepsilon_{lw}(p,\ w)$ 的定义分别为

$$\varepsilon_{lk}(p,w)=\frac{\partial x_l(p,w)}{\partial p_k}\frac{p_k}{x_l(p,w)}$$

$$\varepsilon_{lw}(p,w)=\frac{\partial x_l(p,w)}{\partial w}\frac{w}{x_l(p,w)}$$

这些弹性给出了因商品 k 的价格或财富每个（边际）百分比变动引起的商品 l 需求的**百分比**（percentage）变动。注意，$\varepsilon_{lw}(\cdot,\ \cdot)$ 的表达式可以读为 $(\Delta x/x)/(\Delta w/w)$。弹性经常在应用性研究中遇到。和需求的导数不同，弹性和用于衡量商品的单位无关，因此这是一种不需要使用单位的描述需求反应性的方法。

使用弹性表达法，条件（2. E. 1）变为下列形式：

$$\sum_{k=1}^{L}\varepsilon_{lk}(p,w)+\varepsilon_{lw}(p,w)=0 \text{ 对于 } l=1,\cdots,L \tag{2. E. 3}$$

这个式子非常直接地表达了零次齐次对比较静态的寓意：所有商品价格和消费者财富的同比例变化不会引起需求变化。

现在说说瓦尔拉斯法则对需求的价格效应和需求的财富效应的限制，这类限制有两个。根据瓦尔拉斯法则的定义可知，对于所有 p 和 w 都有 $p\cdot x(p,\ w)=w$。将这个式子关于价格微分可得到第一个结果，见命题 2. E. 2。

命题 2. E. 2：若瓦尔拉斯需求函数 $x(p, w)$ 满足瓦尔拉斯法则，则对于所有 p 和 w：

$$\sum_{l=1}^{L} p_l \frac{\partial x_l(p,w)}{\partial p_k} + x_k(p,w) = 0 \text{ 对于 } l = 1,\cdots,L \tag{2. E. 4}$$

或用矩阵符号写成[①]，

$$p \cdot D_p x(p,w) + x(p,w)^{\mathrm{T}} = 0^{\mathrm{T}} \tag{2. E. 5}$$

类似地，将 $p \cdot x(p, w) = w$ 关于 w 微分，即可得到第二个结果，见命题 2. E. 3。

命题 2. E. 3：若瓦尔拉斯需求函数 $x(p, w)$ 满足瓦尔拉斯法则，那么对于所有 p 和 w：

$$\sum_{l=1}^{L} p_l \frac{\partial x_l(p,w)}{\partial w} = 1 \tag{2. E. 6}$$

或用矩阵符号写成

$$p \cdot D_w x(p,w) = 1 \tag{2. E. 7}$$

命题 2. E. 2 得到的条件有时称为**古诺加总**（Cournot aggregation）性质，命题 2. E. 3 得到的条件有时称为**恩格尔加总**（Engel aggregation）性质。这两个条件分别是下列两个事实的微分版本：价格变化不会引起总支出的变化；总支出的变化量必定等于财富的变化量。

习题 2. E. 2：证明由式（2. E. 4）和式（2. E. 6）可得到下列两个弹性公式：

$$\sum_{l=1}^{L} b_l(p,w)\varepsilon_{lk}(p,w) + b_k(p,w) = 0$$

$$\sum_{l=1}^{L} b_l(p,w)\varepsilon_{lw}(p,w) = 1$$

其中，$b_l(p, w) = p_l x_l(p, w)/w$ 是在给定价格 p 和财富 w 时，消费者在商品 l 身上的支出占财富的份额。

2.F　显示偏好弱公理与需求法则

现在我们研究显示偏好弱公理对消费者需求的蕴意。在本节，我们始终假设 $x(p, w)$ 是单值的、零次齐次的以及满足瓦尔拉斯法则。[②]

我们已经在 1. C 节介绍了弱公理，在那里我们将其作为决策理论的基于选择的

---

① 注意 0^{T} 表示行向量零。

② 多值选择这种更一般化的情形见习题 2. F. 13。

2

构建方法的一致性公理。在本节，我们考察它对消费者需求行为的蕴意。在消费者行为的基于偏好的构建方法中（详见第 3 章），需求必然满足弱公理。因此，如果我们将第 3 章得到的结果与本节得到的结果进行比较，就可以看出除了弱公理之外①，基于偏好的方法还将为消费者行为施加多少额外的结构。

在瓦尔拉斯需求函数的背景下，弱公理的表达形式为定义 2. F. 1。

定义 2. F. 1：瓦尔拉斯需求函数 $x(p, w)$ 满足显示偏好弱公理（weak axiom of revealed preference，WA），如果对于任何两个价格财富状况 (p, w) 和 (p', w')，下列性质都成立：

若 $p \cdot x(p', w') \leqslant w$ 和 $x(p', w') \neq x(p, w)$，则 $p' \cdot x(p, w) > w'$。

如果你已经学习了第 1 章，你应该知道我们在 1. C 节给出了弱公理的一般形式，你也应该能认出定义 2. F. 1 只不过是弱公理的特殊形式，特殊之处在于我们现在的环境是瓦尔拉斯预算集以及 $x(p, w)$ 指明了唯一选择（参见习题 2. F. 1）。

在消费者需求的情形下，弱公理背后的思想可以表述如下：若 $p \cdot x(p', w') \leqslant w$ 和 $x(p', w') \neq x(p, w)$，则我们知道当消费者面对价格 p 和财富 w 时，尽管他能买得起商品束 $x(p', w')$，但他还是选择了商品束 $x(p, w)$。我们可以将这种选择解释为它“显示了”消费者偏好 $x(p, w)$ 而不是 $x(p', w')$。现在，我们可能合理地期望消费者的需求行为能体现某种一致性。具体地说，给定消费者的显示性偏好，我们期望一旦 $x(p, w)$ 和 $x(p', w')$ 都能买得起，他总是选择 $x(p, w)$ 而不是 $x(p', w')$。如果事实如此，那么若消费者选择 $x(p', w')$，则意味着在价格和财富组合 (p', w') 下，他必定买不起 $x(p, w)$。也就是说，按照弱公理的要求，我们必定有 $p' \cdot x(p, w) > w'$。

图 2. F. 1 描述了当 $L=2$ 时弱公理对需求行为的限制。每个图都画出了两个预算集 $B_{p',w'}$ 和 $B_{p'',w''}$ 以及各自相应的选择 $x(p', w')$ 和 $x(p'', w'')$。弱公理告诉我们，$p' \cdot x(p'', w'') \leqslant w'$ 和 $p'' \cdot x(p', w') \leqslant w''$ 不可能同时成立。图（a）、图（b）和图（c）中的需求符合弱公理，图（d）和图（e）中的需求违背了弱公理。

弱公理的含义

对于价格变动对需求的影响来说，弱公理有着重要的蕴意。然而，我们需要重点分析一类特殊的价格变动。

我们在 2. E 节讨论吉芬商品时已知道，价格变动对消费者的影响有两个方面。首先，它们改变了不同商品的相对价格。其次，它们也改变了消费者的实际财富：某种商品价格上升使得消费这种商品的消费者变得更贫穷。为了研究弱公理的蕴意，我们需要隔离第一种效应。

① 或者，更为准确地说，除了弱公理、零次齐次性和瓦尔拉斯法则之外。

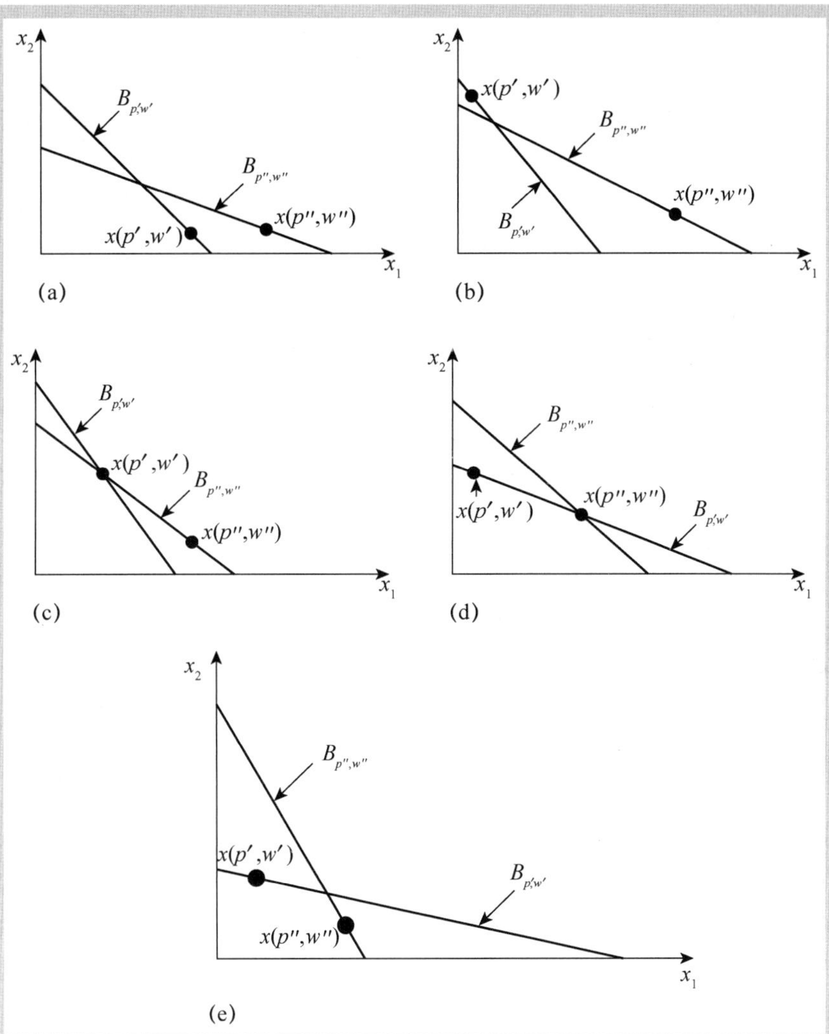

图 2. F. 1　图 (a)、图 (b) 和图 (c) 中的需求符合弱公理，图 (d) 和图 (e) 中的需求违背了弱公理

一种隔离方法是设想下面的情形：当商品价格变动时，我们相应调整消费者的财富，使得他恰好能在新价格下买得起原来的消费束。也就是说，如果消费者原来面对着价格 p 和财富 w 时他选择消费束 $x(p, w)$，那么当价格变为 p'时，我们设想将消费者的财富调整为 $w'=p'\cdot x(p, w)$。因此，财富调整量为 $\Delta w=\Delta p\cdot x(p, w)$，其中 $\Delta p=(p'-p)$。这种财富调整称为**斯卢茨基财富补偿**（Slutsky wealth compensation）。图 2. F. 2 画出了预算集因下列变动而发生的变化：商品 1 的价格从 p_1 下降为 p_1' 且进行了斯卢茨基财富补偿。从几何图形上说，这种限制就是与 (p', w') 对应的预算超平面穿过向量 $x(p, w)$。

我们将伴随这种财富补偿的价格变动称为**（斯卢茨基）补偿性价格变化**［(Slutsky) compensated price changes］。

2

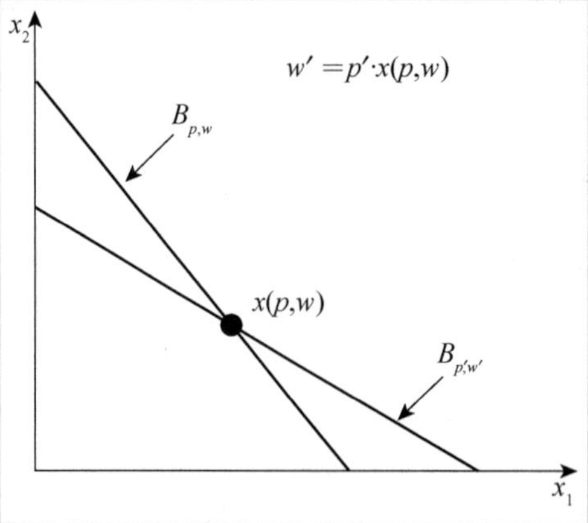

图 2.F.2　从 (p, w) 到 (p', w') 的补偿性价格变化

命题 2.F.1 表明，弱公理可以等价地用需求对补偿性价格变化的反应来表达。

命题 2.F.1：假设瓦尔拉斯需求函数 $x(p, w)$ 是零次齐次的且满足瓦尔拉斯法则，则 $x(p, w)$ 满足弱公理当且仅当下列性质成立：

对于从初始价格财富组合 (p, w) 到新价格财富组合 $(p', w')=(p', p' \cdot x(p, w))$ 的任何补偿性价格变化，我们均有

$$(p'-p) \cdot [x(p',w')-x(p,w)] \leqslant 0, \tag{2.F.1}$$

且仅当 $x(p', w') \neq x(p, w)$ 时，严格不等式成立。

证明：（ⅰ）先证：弱公理意味着不等式（2.F.1），且严格不等式在 $x(p', w') \neq x(p, w)$ 时成立。若 $x(p', w')=x(p, w)$，立刻即知结论成立，因为 $(p'-p) \cdot [x(p', w')-x(p, w)]=0$。因此假设 $x(p', w') \neq x(p, w)$。式（2.F.1）的左侧可以写为

$$\begin{aligned}&(p'-p) \cdot [x(p',w')-x(p,w)] \\ =\ & p' \cdot [x(p',w')-x(p,w)]-p \cdot [x(p',w')-x(p,w)]\end{aligned} \tag{2.F.2}$$

首先考虑（2.F.2）左侧第一项。因为从 p 变为 p' 是补偿性价格变化，故 $p' \cdot x(p, w)=w'$。另外，瓦尔拉斯法则告诉我们 $w'=p' \cdot x(p', w')$。因此

$$p' \cdot [x(p',w')-x(p,w)]=0 \tag{2.F.3}$$

现在考虑式（2.F.2）的第二项。因为 $p' \cdot x(p, w)=w'$，所以 $x(p, w)$ 在价格财富组合为 (p', w') 的情形下是能够买得起的。因此，弱公理意味着 $x(p', w')$ 在价格财富组合为 (p, w) 的情形下必定买不起。因此，我们有 $p \cdot x(p', w')>w$。另外，由瓦尔拉斯法则可知 $p \cdot x(p, w)=w$。所以，

$$p \cdot [x(p',w')-x(p,w)]>0 \tag{2.F.4}$$

式（2.F.2）、式（2.F.3）和式（2.F.4）一起产生了我们得到的想要的结果。

（ⅱ）证：以下性质意味着弱公理成立，即式（2.F.1）对于所有补偿性价格变

化成立且仅当 $x(p', w') \neq x(p, w)$ 时严格不等式成立。这个结论的证明方向使用了下列事实：弱公理成立当且仅当它对所有补偿性价格变化成立。也就是说，若对于任何两个价格财富组合 (p, w) 和 (p', w')，当 $p \cdot x(p', w') = w$ 且 $x(p', w') \neq x(p, w)$ 时，我们有 $p' \cdot x(p, w) > w'$，则弱公理成立。

为了证明上一段中的事实，我们需要证明若弱公理不成立，则必定存在违反弱公理的补偿性价格变化。为了看清这一点，假设我们有个违反弱公理的情形：我们有两个价格组合 (p', w') 和 (p'', w'') 使得 $x(p', w') \neq x(p'', w'')$，$p' \cdot x(p'', w'') \leqslant w'$ 以及 $p'' \cdot x(p', w') \leqslant w''$。若这两个弱不等式中有一个是以等式形式成立的，则这实际上就是一个补偿性价格变化，我们的结论即可得证。因此假设 $p' \cdot x(p'', w'') < w'$ 且 $p'' \cdot x(p', w') < w''$，如图 2. F. 3 所示。

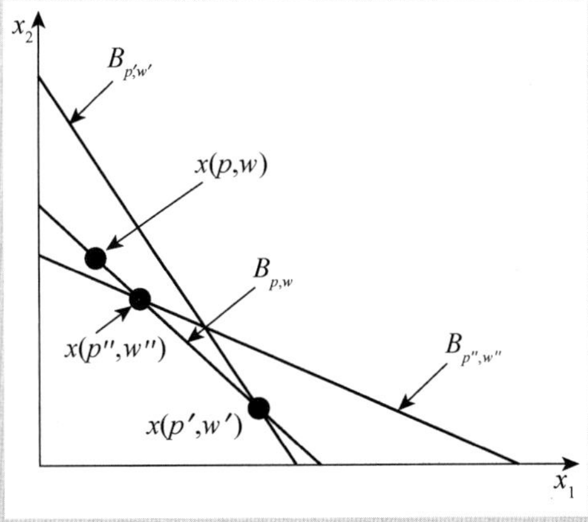

图 2. F. 3　弱公理成立当且仅当它对所有补偿性价格变化成立

现在选择一个 $\alpha \in (0, 1)$ 使得

$$(\alpha p' + (1-\alpha)p'') \cdot x(p', w') = (\alpha p' + (1-\alpha)p'') \cdot x(p'', w'')$$

并令 $p = \alpha p' + (1-\alpha)p''$ 和 $w = (\alpha p' + (1-\alpha)p'') \cdot x(p', w')$。这个构造见图 2. F. 3。于是我们有

$$\begin{aligned}\alpha w' + (1-\alpha)w'' &> \alpha p' \cdot x(p', w') + (1-\alpha)p'' \cdot x(p', w') \\ &= w \\ &= p \cdot x(p, w) \\ &= \alpha p' \cdot x(p, w) + (1-\alpha)p'' \cdot x(p, w)\end{aligned}$$

因此，要么有 $p' \cdot x(p, w) < w'$，要么有 $p'' \cdot x(p, w) < w''$。假设第一个式子成立（若第二个式子成立，证明类似），那么我们有 $x(p, w) \neq x(p', w')$，$p \cdot x(p', w') = w$ 和 $p' \cdot x(p, w) < w'$，这样我们就构造出了一个补偿性价格从 (p', w') 变为 (p, w) 但违背弱公理的情形。

一旦我们知道为了验证弱公理只要考察补偿性价格变化即可，那么剩下的推理就直接多了。如果弱公理不成立，则存在诸如从（p'，w'）变为（p，w）的补偿性价格变化，使得 $x(p, w) \neq x(p', w')$，$p \cdot x(p', w') = w$ 和 $p' \cdot x(p, w) \leqslant w'$。但是由于$x(\cdot, \cdot)$ 满足瓦尔拉斯法则，这两个不等式意味着

$$p \cdot [x(p',w') - x(p,w)] = 0 \text{ 和 } p' \cdot [x(p',w') - x(p,w)] \geqslant 0$$

因此，我们有

$$(p' - p) \cdot [x(p',w') - x(p,w)] \geqslant 0 \text{ 和 } x(p,w) \neq x(p',w')$$

这与式（2.F.1）矛盾，因为式（2.F.1）要求对于所有补偿性价格变化都成立[且当 $x(p, w) \neq x(p', w')$ 时严格不等式成立]。证毕。■

式（2.F.1）可以简写为 $\Delta p \cdot \Delta x \leqslant 0$，其中 $\Delta p = (p' - p)$；$\Delta x = [x(p', w') - x(p, w)]$。我们可以将其解释为一种**需求法则**（law of demand）：**需求和价格的运动方向相反**。命题 2.F.1 告诉我们需求法则对于补偿性价格变化成立。因此，我们可以将其称为**补偿性需求法则**（compensated law of demand）。

最简单的情形是，某种商品比如商品 l 的自身价格 p_l 的补偿性变化对其需求的影响。当只有这种商品自身价格变化时，我们有 $\Delta p = (0, \cdots, 0, \Delta p_l, 0, \cdots, 0)$。由于 $\Delta p \cdot \Delta x = \Delta p_l \Delta x_l$，命题 2.F.1 告诉我们若 $\Delta p_l > 0$，则必然有 $\Delta x_l < 0$。基本论证过程可用图 2.F.4 表示。初始价格财富组合为（p，w），现在商品 1 的价格补偿性下降，则预算线绕 $x(p, w)$ 转动。显示偏好弱公理只允许商品 1 的需求增加。

图 2.F.5 应该能让你相信，对于非补偿性价格变化来说，仅根据弱公理（或者第 3 章讨论过的偏好最大化假设）不足以得到需求法则。在该图中，价格从 p 变化为 p'是因为商品 1 的价格下降而引起的，但是弱公理对新的消费束在什么位置上没有施加任何限制；因此，在该图中，我们可将消费束画在使商品 1 的需求下降的位置上，见图 2.F.5。

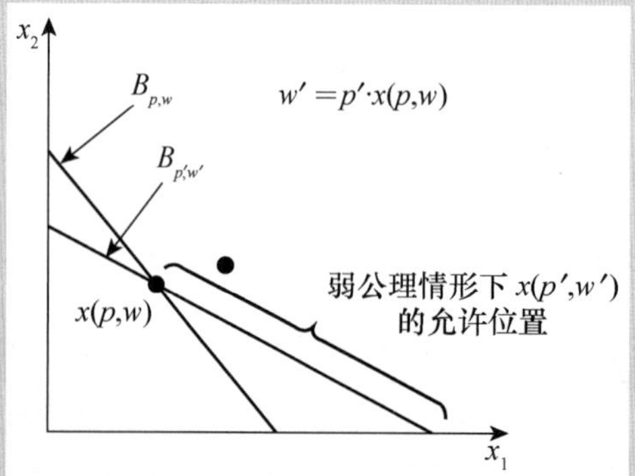

图 2.F.4　对于商品 1 自身价格的补偿性下降来说，其需求必定是非减的

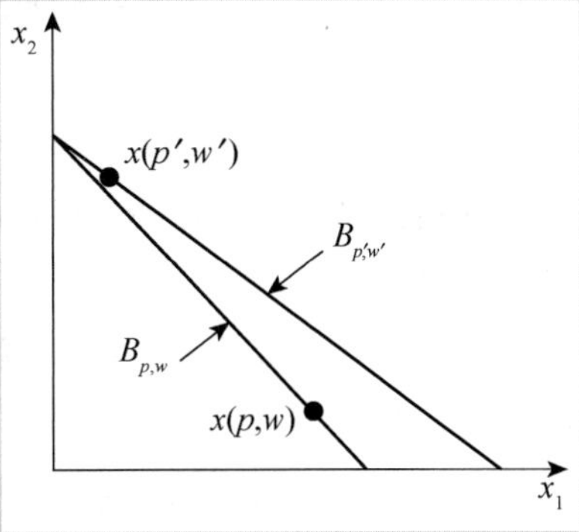

图 2.F.5 对于商品 1 自身价格的非补偿性下降来说，其需求可能下降

当消费者需求函数 $x(p, w)$ 是一个关于价格和财富的可微函数时，命题 2.F.1 有着非常重要的微分含义。假设给定某个价格财富组合 (p, w)，现在价格发生微分变化 dp。再假设我们对消费者进行补偿 $dw=x(p, w)\cdot dp$ [类似于 $\Delta w=x(p, w)\cdot\Delta p$]，从而使得该价格变化变为补偿性价格变化。命题 2.F.1 告诉我们

$$dp\cdot dx\leqslant 0 \tag{2.F.5}$$

现在，使用链式法则，可将这个由上述补偿性价格变化引起的需求微分变化写为

$$dx=D_p x(p,w)dp+D_w x(p,w)dw \tag{2.F.6}$$

因此

$$dx=D_p x(p,w)dp+D_w x(p,w)[x(p,w)\cdot dp] \tag{2.F.7}$$

或者等价地，写为

$$dx=[D_p x(p,w)+D_w x(p,w)x(p,w)^{\mathrm{T}}]dp \tag{2.F.8}$$

最后，将式（2.F.8）代入式（2.F.5）可知，对于任何可能的微分价格变化 dp，我们均有

$$dp\cdot[D_p x(p,w)+D_w x(p,w)x(p,w)^{\mathrm{T}}]dp\leqslant 0 \tag{2.F.9}$$

条件（2.F.9）中的方括号内的表达式是一个 $L\times L$ 矩阵，我们将其记为 $S(p, w)$。正式地，

$$S(p,w)=\begin{bmatrix} s_{11}(p,w) & \cdots & s_{1L}(p,w)\\ \vdots & & \vdots\\ s_{L1}(p,w) & \cdots & s_{LL}(p,w)\end{bmatrix}$$

其中，第 (l, k) 个元素为

$$s_{lk}(p,w)=\frac{\partial x_l(p,w)}{\partial p_k}+\frac{\partial x_l(p,w)}{\partial w}x_k(p,w) \tag{2.F.10}$$

2

矩阵 $S(p, w)$ 称为**替代矩阵**（substitution matrix）或**斯卢茨基矩阵**（Slutsky matrix），它的元素称为**替代效应**（substitution effects）。

“替代”这个术语是准确的，因为 $s_{lk}(p, w)$ 项衡量的是，由商品 k 的价格微分变化但相应调整消费者的财富使得他恰好仍能买得起原来的消费束（即仅由相对价格变化）而导致的商品 l 的消费量的微分变化（即替代其他商品或被其他商品替代）。为了看清这一点，注意如果财富不变，那么商品 l 的需求变动为 $(\partial x_l(p, w)/\partial p_k)dp_k$。为了让消费者“恰好能买得起”他原来的消费束，他的财富变化量必定为 $x_k(p, w)dp_k$。于是，这个财富变动对商品 l 需求的效应为 $(\partial x_l(p, w)/\partial w)[x_k(p, w)dp_k]$。这两个效应之和恰好正是 $s_{lk}(p, w)dp_k$。

命题 2. F. 2 总结了式（2. F. 5）到式（2. F. 10）的推导过程。

命题 2. F. 2：若可微的瓦尔拉斯需求函数 $x(p, w)$ 满足瓦尔拉斯法则、零次齐次性以及弱公理，则在任何 (p, w) 处，斯卢茨基矩阵 $S(p, w)$ 对于任何 $v\in\mathbb{R}^L$ 都满足 $v\cdot S(p, w)v\leqslant 0$。

满足命题 2. F. 2 性质的矩阵称为**负半定的**（negative semidefinite），若不等式对于所有 $v\neq 0$ 都为严格不等式，则该矩阵为**负定的**（negative definite）。若想了解更多这类矩阵，请参考数学附录中的 M. D 节。

注意，$S(p, w)$ 为负半定的，意味着 $s_{ll}(p, w)\leqslant 0$；也就是说，**商品 l 关于自身价格的替代效应总是非正的。**

$s_{ll}(p, w)\leqslant 0$ 的一个有趣应用是：某商品在 (p, w) 上为吉芬商品仅当该商品为劣等商品。特别地，因为

$$s_{ll}(p,w) = \partial x_l(p,w)/\partial p_l + [\partial x_l(p,w)/\partial w]x_l(p,w) \leqslant 0$$

所以若 $\partial x_l(p, w)/\partial p_l>0$，我们必有 $\partial x_l(p, w)/\partial w<0$。

为了方便以后参考，我们需要指出，命题 2. F. 2 一般不意味着矩阵 $S(p, w)$ 是对称的。① 对于 $L=2$，$S(p, w)$ 必定是对称的（参见习题 2. F. 11）。然而当 $L>2$ 时，在目前的假设条件下（零次齐次性、瓦尔拉斯法则和弱公理），$S(p, w)$ 未必是对称的。例如习题 2. F. 10 和 2. F. 15。在第 3 章 3. H 节，我们将看到 $S(p, w)$ 的对称性与需求能否从理性偏好最大化中推导出密切相关。

利用零次齐次性和瓦尔拉斯法则，我们还能推导出替代矩阵 $S(p, w)$ 的更多性质。

命题 2. F. 3：假设瓦尔拉斯需求函数 $x(p, w)$ 是可微的、零次齐次的且满足瓦尔拉斯法则。那么对于任何 (p, w)，都有 $p\cdot S(p, w)=0$ 和 $S(p, w)p=0$。

习题 2. F. 7：证明命题 2. F. 3［提示：使用命题 2. E. 1 至命题 2. E. 3］。

---

① 关于术语的说明：在数学文献中，通常假设“定型”（definite）矩阵是对称的。严格来说，如果不涉及对称性，这样的矩阵称为“拟定的”（quasidefinite）。出于简化术语的目的，我们使用的“定型”不涉及对称性，如果矩阵是对称的，我们会明确指出这一点。（参见习题 2. F. 9。）

从命题 2. F. 3 可知矩阵 $S(p, w)$ 总是奇异的（singular），即它的秩小于 L，因此命题 2. F. 2 中建立的 $S(p, w)$ 的负半定性不能被推广到负定性（例如习题 2. F. 17）。

命题 2. F. 2 中建立的 $S(p, w)$ 的负半定性，必然蕴涵在弱公理之中（必要性）。你可能想知道：这个性质足以意味着弱公理（充分性）吗？若是，则 $S(p, w)$ 的负半定性等价于弱公理。也就是说，如果我们的需求函数 $x(p, w)$ 满足瓦尔拉斯法则、零次齐次性，并且有负半定的替代矩阵，那么该需求函数必然满足弱公理吗？答案为：差不多但不肯定。习题 2. F. 16 举了个例子：某个需求函数，尽管它的替代矩阵是负半定的，但该函数是违背弱公理的。充分条件是对于 $v \neq \alpha p$，有 $v \cdot S(p, w) v < 0$，其中 α 为任何实数。也就是说，除了那些与 p 成比例的向量外，对于任何其他向量，$S(p, w)$ 均必须为负定的。这个结论是由 Samuelson 首先证明的［参见 Samuelson（1974）或 Kihlstrom，Mas-Colell 和 Sonnenschein（1976）］。必要条件和充分条件的区别，类似于函数最小化问题中的必要条件和充分二阶条件的区别。

最后，我们关注下列两个需求函数是否等价的问题：一个需求函数仅基于零次齐次性、瓦尔拉斯法则的假设以及弱公理蕴涵的一致性；另一个需求函数则是基于理性偏好最大化。

根据第 1 章所学的知识，你可能认为命题 1. D. 2 意味着上述两个需求函数是等价的。但是，此处不能使用命题 1. D. 2，因为瓦尔拉斯预算族没有包含任何可能的预算集；特别地，它没有包含所有由两种或三种商品构成的消费束组成的预算集。

事实上，这两种理论是不等价的。对于瓦尔拉斯需求函数来说，从弱公理推导出的理论比从理性偏好推导出的理论弱，因为它意味着更少的限制。我们将在第 3 章正式证明这一点。在那里我们将证明，如果需求是由偏好产生的，或能够由偏好产生，则在任何 (p, w) 上，它的斯卢茨基矩阵必定是对称的。更多内容我们在以后章节讨论，但在目前，例 2. F. 1 已有相当大的说服力，这个例子源于 Hicks (1956)。

例 2. F. 1：假设社会只有三种商品，考虑下列三个预算约束，这三个预算约束分别由价格向量 $p^1=(2, 1, 2)$，$p^2=(2, 2, 1)$，$p^3=(1, 2, 2)$ 和财富 $w=8$（前面三种预算的财富约束都为 8）确定。假设相应的（唯一）选择分别为 $x^1=(1, 2, 2)$，$x^2=(2, 1, 2)$，$x^3=(2, 2, 1)$。在习题 2. F. 2 中，你要验证，在这三个选择中，任何两个选择满足弱公理，但是：x^3 被显示偏好于 x^2，x^2 被显示偏好于 x^1，x^1 被显示偏好于 x^3。这个情形与潜在理性偏好的存在性是不相容的（违背了传递性）。

这个例子仅是说明性的，它没有彻底解决我们的问题，这是因为在这个例子中，需求仅定义在三个给定的预算上。正因如此，我们还不能肯定对于所有可能的竞争预算它是否能满

足弱公理的要求。我们将在第 3 章解决这个问题。■

2

我们总结一下 2.F 节的三个主要结论：

（ⅰ）弱公理（加上零次齐次性、瓦尔拉斯法则）中蕴涵的一致性，等价于补偿性需求法则。

（ⅱ）补偿性需求法则又意味着替代矩阵 $S(p, w)$ 是负半定的。

（ⅲ）除了 $L=2$ 的情形之外，上述这些假设不意味着 $S(p, w)$ 是对称的。

参考文献

Burtless, G., and J. A. Hausman (1978). The effects of taxation on labor supply: Evaluating the Gary negative income tax experiment. *Journal of Political Economy* 86: 1103-1130.

Deaton, A., and J. Muellbauer (1980). *Economics and Consumer Behavior*. Cambridge, U. K.: Cambridge University Press.

Hicks, J. (1956). *A Revision of Demand Theory*. Oxford: Oxford University Press.

Kihlstrom, R., A. Mas-Colell, and H. Sonnenschein (1976). The demand theory of the weak axiom of revealed preferences. *Econometrica* 44: 971-978.

Malinvaud, E. (1978). *Lectures on Microeconomic Theory*. New York: Elsevier.

Samuelson, P. (1947). *Foundations of Economic Analysis*. Cambridge, Mass.: Harvard University Press.

习 题

2.D.1^A 某个消费者生存两个时期，分别记为 1 和 2，他在这两个时期只消费一种商品。他出生时的财富为 $w>0$。求他的（终生）瓦尔拉斯预算集。

2.D.2^A 某个消费者消费一种消费品 x 和闲暇时间 h（以小时计算）。消费品的价格为 p；消费者可以工作，工资率为 $s=1$。求他的瓦尔拉斯预算集。

2.D.3^B 考虑将瓦尔拉斯预算集扩展到任意消费集 X：$B_{p,w}=\{x\in X: p\cdot x\leqslant w\}$。假设 $(p, w)\gg 0$。

(a) 如果 X 是图 2.C.3 中画出的集合，$B_{p,w}$ 是凸的吗？

(b) 证明如果 X 是凸集，则 $B_{p,w}$ 也是凸集。

2.D.4^A 证明图 2.D.4 中的预算集不是凸的。

2.E.1^A 假设 $L=3$，考虑需求函数 $x(p, w)$，这个需求函数的定义如下：

$$x_1(p,w)=\frac{p_2}{p_1+p_2+p_3}\frac{w}{p_1}$$

$$x_2(p,w)=\frac{p_3}{p_1+p_2+p_3}\frac{w}{p_2}$$

$$x_3(p,w)=\frac{\beta p_1}{p_1+p_2+p_3}\frac{w}{p_3}$$

当 $\beta=1$ 时，这个需求函数满足零次齐次性和瓦尔拉斯法则吗？当 $\beta\in(0, 1)$ 时呢？

2.E.2^B 证明由式（2.E.4）和式（2.E.6）可得到下列两个弹性公式：

$$\sum_{l=1}^{L}b_l(p,w)\varepsilon_{lk}(p,w)+b_k(p,w)=0$$

$$\sum_{l=1}^{L} b_l(p,w)\varepsilon_{lw}(p,w) = 1$$

其中，$b_l(p,\ w)=p_l x_l(p,\ w)/w$ 是在给定价格 p 和财富 w 时，消费者对商品 l 的支出占财富的份额。

2.E.3[B]　使用命题 2.E.1 到命题 2.E.3 证明 $p \cdot D_p x(p,\ w)p=-w$ 并给出解释。

2.E.4[B]　证明如果 $x(p,\ w)$ 关于 w 是一次齐次的［即对于所有 $\alpha>0$ 都有 $x(p,\ \alpha w)=\alpha x(p,\ w)$］并且满足瓦尔拉斯法则，那么对于每个 l，我们都有 $\varepsilon_{lw}(p,\ w)=1$。解释之。在这种情形下，$D_w x(p,\ w)$ 和恩格尔函数分别是什么样子的？

2.E.5[B]　假设 $x(p,\ w)$ 是一个需求函数，该函数关于 w 是一次齐次的。另外，它满足瓦尔拉斯法则和零次齐次性。再假设所有交叉价格效应为零，即当 $k\neq l$ 时 $\partial x_l(p,\ w)/\partial p_k=0$。证明，这意味着对于每个 l 都有 $x_l(p,\ w)=\alpha_l w/p_l$，其中 $\alpha_l>0$ 是一个独立于 $(p,\ w)$ 的常数。

2.E.6[A]　证明习题 2.E.1 中的需求函数在 $\beta=1$ 的情形下满足命题 2.E.1 到命题 2.E.3 的结论。

2.E.7[A]　某个消费者消费两种商品，他的需求函数满足瓦尔拉斯法则。他对商品 1 的需求函数为 $x_1(p,\ w)=\alpha w/p_1$。求他对商品 2 的需求函数。该消费者的需求函数是零次齐次的吗？

2.E.8[B]　证明商品 l 关于价格 p_k 的需求弹性 $\varepsilon_{lk}(p,\ w)$ 可以写成 $\varepsilon_{lk}(p,\ w)=d\ln(x_l(p,\ w))/d\ln(p_k)$，其中 $\ln(\cdot)$ 是自然对数函数。推导出 $\varepsilon_{lw}(p,\ w)$ 的类似表达式。证明如果我们估计出了方程 $\ln(x_l(p,\ w))=\alpha_0+\alpha_1\ln p_1+\alpha_2\ln p_2+\gamma\ln w$ 中的参数 $(\alpha_0,\ \alpha_1,\ \alpha_2,\ \gamma)$ 值，那么我们就能估算出弹性 $\varepsilon_{l1}(p,\ w)$，$\varepsilon_{l2}(p,\ w)$ 和 $\varepsilon_{lw}(p,\ w)$。

2.F.1[B]　证明对于瓦尔拉斯需求函数，定义 2.F.1 给出的弱公理定义与定义 1.C.1 给出的定义相同。

2.F.2[B]　假设社会只有三种商品，考虑下列三个预算约束，这三个预算约束分别由价格向量 $p^1=(2,\ 1,\ 2)$，$p^2=(2,\ 2,\ 1)$，$p^3=(1,\ 2,\ 2)$ 和财富 $w=8$（前面三种预算的财富约束都为 8）确定。假设相应的（唯一）选择分别为 $x^1=(1,\ 2,\ 2)$，$x^2=(2,\ 1,\ 2)$，$x^3=(2,\ 2,\ 1)$。请验证，在这三个选择中，任何两个选择均满足弱公理，但是 x^3 被显示偏好于 x^2，x^2 被显示偏好于 x^1，x^1 被显示偏好于 x^3。这个情形与潜在理性偏好的存在性是不相容的（违背了传递性）。

2.F.3[B]　某消费者的消费信息如下。他只消费两种商品。

	第 1 年		第 2 年	
	数量	价格	数量	价格
商品 1	100	100	120	100
商品 2	100	100	?	80

请根据下列情形，分别确定该消费者在第 2 年消费的商品 2 的数量取值区间：

(a) 他的行为不一致（即不符合弱公理）。

(b) 他在第 1 年的消费束被显示偏好于第 2 年的消费束。假设他的行为满足弱公理。

(c) 他在第 2 年的消费束被显示偏好于第 1 年的消费束。假设他的行为满足弱公理。

(d) 信息不足以说明 (a)、(b) 和（或）(c) 是正确的。

(e) 对于该消费者来说，商品 1（在某个价格上）是劣等商品。假设他的行为满足弱公理。

(f) 对于该消费者来说，商品 2（在某个价格上）是劣等商品。假设他的行为满足弱公理。

2.F.4[A]　考虑某个消费者在两个不同时期（时期 0 和时期 1）的消费。时期 t 的价格、财富和消费分别为 p^t，w_t 和 $x^t=x(p^t,\ w_t)$。在现实情形中，通常有必要构造衡量消费者消费量的指数。拉氏（Laspeyres）数量指数使用时期 0 的价格作为权重计算数量的变动：$L_Q=(p^0\cdot x^1)/(p^0\cdot x^0)$。帕氏（Paasche）数量指数使用时期 1 的价格作为权重：$P_Q=(p^1\cdot x^1)/(p^1\cdot x^0)$。最后，我们还可以使用消费者的支出变动 $E_Q=(p^1\cdot x^1)/(p^0\cdot x^0)$ 来衡量。证明：

(a) 如果 $L_Q<1$，那么 x^0 被显示偏好于 x^1。

(b) 如果 $P_Q>1$，那么 x^1 被显示偏好于 x^0。

（c）$E_Q>1$ 和 $E_Q<1$ 都不蕴涵着显示偏好关系。注意，在总体水平上，E_Q 表示国民生产总值的百分比变动。

2.F.5[C] 假设 $x(p, w)$ 是一个可微需求函数，并且满足弱公理、瓦尔拉斯法则和零次齐次性。证明：如果 $x(\cdot, \cdot)$ 关于 w 是一次齐次的［即对于所有 (p, w) 和 $\alpha>0$，都有 $x(p, \alpha w)=\alpha x(p, w)$］，那么需求法则甚至对**非补偿性的**（uncompensated）价格变动都成立。如果对你来说，证明无穷小形式的结论更简单，那就证明这个形式的结论即 $dp \cdot D_p x(p, w) dp \leqslant 0$ 对于任何 dp 都成立。

2.F.6[A] 假设 $x(p, w)$ 是零次齐次的。证明弱公理成立当且仅当：对于某个 $w>0$ 和所有 p，p' 来说，若 $p \cdot x(p', w) \leqslant w$ 且 $x(p', w) \neq x(p, w)$，则 $p' \cdot x(p, w)>w$。

2.F.7[B] 证明命题 2.F.3，即证明：假设瓦尔拉斯需求函数 $x(p, w)$ 是可微的、零次齐次的且满足瓦尔拉斯法则，那么对于任何 (p, w)，都有 $p \cdot S(p, w)=0$ 和 $S(p, w)p=0$［提示：使用命题 2.E.1 至命题 2.E.3］。

2.F.8[A] 令 $\hat{s}_{lk}(p, w)=[p_k/x_l(p, w)] s_{lk}(p, w)$ 是弹性形式的替代项，请用 $s_{lk}(p, w)$、$s_{kw}(p, w)$ 和 $b_k(p, w)$ 来表示 $\hat{s}_{lk}(p, w)$。

2.F.9[B] 一个对称的 $n \times n$ 矩阵 A 是负半定的，当且仅当对于所有 $k \leqslant n$ 都有 $(-1)^k |A_{kk}|>0$，其中 A_{kk} 是将 A 的最后 $n-k$ 行和最后 $n-k$ 列删除而得到的 A 的子矩阵。对于对称矩阵 A 的半定性，我们只要将上面的严格不等式替换为弱不等式，并且要求该弱不等式对于所有由 A 的行和列置换得到的矩阵都成立即可（参见数学附录 M.D 节）。

（a）证明一个任意的（未必对称）矩阵 A 是负定的（或负半定的），当且仅当 $A+A^T$ 是负定的（或负半定的）。你还要证明在非对称矩阵的情形下，上面的行列式条件（实际上为必要条件）不再是充分条件。

（b）证明：对于 $L=2$，秩为 1 的替代矩阵 $S(p, w)$ 是负半定的，当且仅当它的对角元素（即任何自身价格替代效应）为负。

2.F.10[B] 考虑习题 2.E.1 中的需求函数，令 $\beta=1$，$w=1$。

（a）求替代矩阵。证明当 $p=(1, 1, 1)$ 时，该替代矩阵是负半定的但不是对称的。

（b）证明这个需求函数不满足弱公理。［提示：考虑价格向量 $p=(1, 1, \varepsilon)$，证明（对于足够小的 $\varepsilon>0$）替代矩阵不是负半定的。］

2.F.11[A] 证明对于 $L=2$，$S(p, w)$ 总是对称的。［提示：使用命题 2.F.3。］

2.F.12[A] 证明如果瓦尔拉斯需求函数 $x(p, w)$ 是由某个理性偏好关系生成的，则 $x(p, w)$ 必定满足弱公理。

2.F.13[C] 假设 $x(p, w)$ 可能为多值的。

（a）从 1.C 节的弱公理的定义，将定义 2.F.1 推广至瓦尔拉斯需求对应。

（b）证明如果 $x(p, w)$ 满足上述广义弱公理和瓦尔拉斯法则，那么 $x(\cdot)$ 满足下列性质：

（*）对于任何 $x \in x(p, w)$ 和 $x' \in x(p', w')$，如果 $p \cdot x'<w$，那么 $p \cdot x>w$。

（c）证明广义弱公理和瓦尔拉斯法则意味着下列广义形式的补偿性需求法则：对于需求 $x \in x(p, w)$，从初始位置 (p, w) 开始到新位置 (p', w')（其中 $w'=p' \cdot x$）的任何补偿性价格变动，我们都有

$$(p'-p) \cdot (x'-x) \leqslant 0$$

对于所有 $x' \in x(p', w')$ 成立；当 $x' \in x(p, w)$ 时上式为严格不等式。

（d）证明如果 $x(p, w)$ 满足瓦尔拉斯法则和（c）中定义的广义补偿性需求法则，那么 $x(p, w)$ 满足广义弱公理。

2.F.14[A] 证明如果 $x(p, w)$ 是一个满足弱公理的瓦尔拉斯需求函数，则 $x(p, w)$ 必定是零次齐次的。

2.F.15[B] 考虑下列情形：$L=3$，某人的消费集为 $\mathbb{R}^3$。该消费者的需求函数 $x(p, w)$ 满足零

2

次齐次性和瓦尔拉斯法则。固定 $p_3=1$，则他对商品 1 和 2 的需求分别为

$$x_1(p,w)=-p_1+p_2 \text{ 和 } x_2(p,w)=-p_2$$

请证明：这个需求函数的替代矩阵满足对于所有 $v\neq\alpha p$ 都有 $v\cdot S(p,w)v<0$，因此该需求函数满足弱公理。[提示：使用数学附录 M.D 节中的矩阵结果。] 然后证明这个替代矩阵不是对称的。(注意：此处我们允许消费水平为负，但这对于找到满足弱公理且替代矩阵不是对称的需求函数来说并非必需的；然而，如果某个消费集只允许负的消费水平，那么我们就需要给出更复杂的需求函数。)

2.F.16[B] 考虑下列情形：$L=3$，某人的消费集为 $\mathbb{R}^3$。假设该消费者的需求函数 $x(p,w)$ 为

$$x_1(p,w)=p_2/p_3$$
$$x_2(p,w)=-p_1/p_3$$
$$x_3(p,w)=w/p_3$$

(a) 证明 $x(p,w)$ 关于 (p,w) 是零次齐次的，而且 $x(p,w)$ 满足瓦尔拉斯法则。

(b) 证明 $x(p,w)$ 违背了弱公理。

(c) 证明：对于所有 $v\in\mathbb{R}^3$ 都有 $v\cdot S(p,w)v=0$。

2.F.17[B] 某个消费 L 种商品的消费者的瓦尔拉斯需求函数为

$$x_k(p,w)=\frac{w}{\left(\sum_{l=1}^{L}p_l\right)} \quad \text{对于 } k=1,\cdots,L.$$

(a) 这个需求函数关于 (p,w) 是零次齐次的吗？

(b) 它满足瓦尔拉斯法则吗？

(c) 它满足弱公理吗？

(d) 计算这个需求函数的斯卢茨基替代矩阵。该替代矩阵是负半定的吗？是负定的吗？它是对称的吗？

第3章 经典需求理论

3.A 引言

在本章，我们研究经典的、基于偏好的消费者需求理论。

3.B 节介绍消费者的偏好关系及其基本性质。我们始终假设这个偏好关系是**理性的**（rational），即能对消费者的可能消费选择进行完备而传递的排序。另外，我们还将讨论偏好的两个其他性质：一个是**单调性**（monotonicity）[或者它的更弱版本：**局部非饱和性**（local nonsatiation）]，另一个是**凸性**（convexity）。在我们的分析中将广泛使用这两个性质。

3.C 节考虑一个技术问题：效用函数（代表消费者偏好）的存在性和连续性。我们将证明并非所有偏好关系都能用效用函数表示，然后我们提出偏好的**连续性**（continuity）假设，这个假设足以保证（连续）效用函数的存在性。

3.D 节开始研究消费者的决策问题，我们假设他的决策环境是：有 L 种商品，他将这些商品的价格视为固定不变的和不受他的行为影响的（**价格接受者假设**）（price-taking assumption）。消费者的问题是在瓦尔拉斯预算集约束下的**效用最大化**（utility maximization）问题。我们重点关注两件事：消费者的最优选择，这用**瓦尔拉斯（或市场或普通）需求对应**表示；消费者的最大效用值，这用**间接效用函数**（indirect utility function）描述。

3.E 节介绍消费者的**支出最小化问题**（expenditure minimization problem），它与消费者的效用最大化目标密切相关。与我们研究效用最大化问题中的需求对应和最优值函数相对照，我们在本节研究支出最小化问题的等价目标，它们分别是**希克斯（或补偿性）需求对应**和**支出函数**。另外，我们还将初步正式考察支出最小化问题和效用最大化问题之间的关系。

在 3.F 节，我们稍做停顿，插入了对偶理论的数学基础问题。本节内容有助于读者深入理解基于偏好的需求理论的结构。初学者可以略过本节，虽然略过本节不会失去内容的连续性，但我们还是建议初学者学习本节材料。

3. G 节继续效用最大化和支出最小化问题的分析，我们建立了一些最为重要的关于需求理论的结论。这些结论发展了这两个问题中的需求和最优值函数的基本联系。

在 3. H 节，我们将完成基于偏好的消费者需求研究，主要研究下列问题：我们如何以及在什么样的条件下才能根据消费者的需求行为复原他的潜在偏好？这个问题通常称为**可积性问题**（integrability problem）。可积性问题的用途有很多，其中一种是，它告诉我们消费者需求的性质（3. D 节至 3. G 节识别的性质）对于偏好最大化行为来说不仅是**必要的**，而且是**充分的**。充分性意味着任何满足这些性质的需求行为都可被理性化为偏好最大化行为。

3. D 节至 3. H 节的结论也能让我们比较基于偏好的消费者需求和 2. F 节的基于选择的需求理论。结果表明，尽管这两种方法的区别很小，但它们不是等价的；与本章的基于偏好的需求理论相比，基于选择的需求理论（建立在显示偏好弱公理之上）对需求施加的限制更少。理性偏好假设施加的额外条件就是斯卢茨基矩阵的**对称性**（symmetry）。因此，我们断言：即使消费者的需求满足弱公理，也不能保证理性偏好关系的存在。

尽管我们在 3. B 节至 3. H 节对基于偏好方法的分析完全是实证的（即描述性的），但它为我们的规范性或者说**福利**（welfare）分析提供了重要架构。在 3. I 节，我们初步进行福利分析，即考察价格变化对消费者福利的影响。在这个问题上，我们使用马歇尔剩余这个概念来衡量消费者福利。

3. J 节是本章最后一节。在本节我们重新回到基于选择的消费者需求。我们关注的问题是：是否能够加强弱公理从而得到与基于偏好方法等价的基于选择的消费者需求理论。答案是肯定的，这就是**显示偏好强公理**（strong axiom of revealed preference）。我们将证明由强公理得到的需求行为与潜在偏好的存在性是一致的。

附录 A 讨论了与瓦尔拉斯需求的连续性和可微性有关的几个技术性问题。

如果想进一步阅读，可以参考 Deaton 和 Muellbauer（1980），这本书详细讨论了经典需求理论。

3.B　偏好关系：基本性质

在基于经典方法的消费需求理论中，要进行消费者行为分析，首先要界定消费者在消费集 $X\subset\mathbb{R}_+^L$ 中的消费束上的偏好。

消费者的偏好是用定义在 X 上的**理性**偏好关系 $\succsim$（“至少一样好”关系）刻画的。我们在 1. B 节已经知道，所谓理性的，是说 $\succsim$ 是**完备的**和**传递的**。为了方便参考，我们将定义 1. B. 1 中关于此假设的正式表述抄写在这里。①

---

① 关于这些性质的详细讨论，请参见 1. B 节。

3

定义 3. B. 1：X 上的偏好关系$\succsim$如果具有下列两个性质，则该偏好关系是理性的：

（ⅰ）**完备性**：对于所有 x，$y\in X$，都有 $x\succsim y$ 或 $y\succsim x$（或二者都成立）。

（ⅱ）**传递性**：对于所有 x，y，$z\in X$，若 $x\succsim y$ 且 $y\succsim z$，则 $x\succsim z$。

在下面的讨论中，我们还会使用到偏好的其他两种假设：**合意性**（desirability）假设和**凸性**（convexity）假设。

（ⅰ）**合意性假设**（desirability assumptions）。对于消费者来说，商品多多益善，即他更偏好多的。这通常是个合理假设。偏好的这个性质可用单调性假设描述。对于定义 3. B. 2，我们假设消费者消费更多数量商品的愿望在理论上总是可行的；也就是说，如果 $x\in X$ 且 $y\geqslant x$，则 $y\in X$。

定义 3. B. 2：对于 X 上的偏好关系$\succsim$，若 $x\in X$ 和 $y\gg x$ 意味着 $y\succ x$，则称$\succsim$是**弱单调的**（weakly monotone）或简称**单调的**（monotone）。若 $y\geqslant x$ 且 $y\neq x$ 意味着 $y\succ x$，则它是**强单调的**（strongly monotone）。*

只要商品都是消费者想要的物品（goods）而不是厌恶品（bads），偏好是单调的这个假设就能满足。即使某种商品是厌恶品，我们也仍然可以将消费者的偏好视为单调的，因为通常可以重新定义他的消费活动来满足这个假设。例如，如果其中一种商品是垃圾，我们可以将他的消费定义在“缺乏垃圾”这种新商品上。①

注意：如果$\succsim$是单调的，对于一个既定的消费束而言，增加某些商品但不是全部商品的数量得到另外一个消费束，则消费者可能对这两个消费束是无差异的。相反，强单调是说，如果 y 中的某些商品数量比 x 中的多，且 y 中的其他商品数量至少和 x 中的一样多，则 y 严格好于 x。

然而对于消费者理论的大部分情形来说，要求偏好关系满足**局部非饱和性**（local nonsatiation）假设就足够了。局部非饱和性是比单调性更弱的合意性假设。

定义 3. B. 3：对于 X 上的偏好关系$\succsim$来说，如果对于任何 $x\in X$ 和任何 $\varepsilon>0$，都存在 $y\in X$ 使得 $\|y-x\|\leqslant\varepsilon$ 且 $y\succ x$，则称该偏好关系是**局部非饱和的**（locally nonsatiated）。②

$X=\mathbb{R}_+^L$ 时的局部非饱和偏好的检验可用图 3. B. 1 描述。它是说对于任何消费束 $x\in\mathbb{R}_+^L$ 和离 x 任意小的距离 $\varepsilon>0$，在这个距离范围内都存在一个好于 x 的另一个消费束 $y\in\mathbb{R}_+^L$。注意，消费束 y 中的每种商品的数量甚至可能都比 x 中的少，如图所示。然而，当 $X=\mathbb{R}_+^L$ 时局部非饱和性排除了所有商品都是厌恶品的这种极端情形，因为在这种情形下，什么商品都不消费（即点 $x=0$）是个饱和点。

---

* 回忆：$y\gg x$ 的意思是对于所有 $l=1$，…，L 都有 $y_l>x_l$；$y\geqslant x$ 的意思是对于所有 $l=1$，…，L 都有 $y_l\geqslant x_l$。——译者注

① 有时更方便的做法是，把偏好视为定义在可用于消费的商品水平（商品存量），而不是定义在消费水平本身上。在这种情形下，如果消费者能自由处理掉任何他不想要的商品，只要仍存在他想要的商品，他对商品水平的偏好就是单调的。

② $\|x-y\|$ 是点 y 和点 x 的欧几里得（Euclidean）距离，也就是说，$\|x-y\|=\left[\sum_{l=1}^{L}(x_l-y_l)^2\right]^{1/2}$。

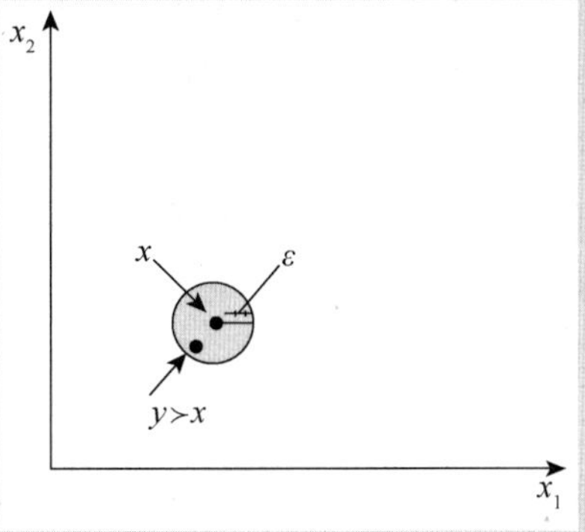

图 3. B. 1　局部非饱和性的检验

习题 3. B. 1： 证明

(a) 若$\succsim$是强单调的，则它是单调的。

(b) 若$\succsim$是单调的，则它是局部非饱和的。

给定偏好关系$\succsim$和消费束 x，我们可以定义消费束的三个相关集。x 的**无差异集**（indifference set）是由所有与 x 无差异的消费束组成的集合；正式地说，它是指 $\{y\in X: y\sim x\}$。x 的**上轮廓集**（upper contour set）是由所有与 x 至少一样好的消费束组成的集合：$\{y\in X: y\succsim x\}$。x 的**下轮廓集**（lower contour set）是由所有不比 x 好的消费束组成的集合：$\{y\in X: x\succsim y\}$。

局部非饱和性（从而单调性）意味着不可能出现"厚的"无差异集。图 3. B. 2 (a) 中的无差异集不能满足局部非饱和性。反证一下，若它满足，则在图中所画的圆中就存在好于 x 的点。图 3. B. 2 (b) 中的无差异集和局部非饱和性是相容的。图 3. B. 2 (b) 也画出了 x 的上、下轮廓集。

(ⅱ) **凸性假设**（convexity assumptions）。第二个重要的假设是$\succsim$的凸性假设，这个假设涉及消费者在不同商品之间的权衡。

定义 3. B. 4： X 上的偏好关系$\succsim$是**凸的**，若对于任何 $x\in X$，上轮廓集 $\{y\in X: y\succsim x\}$ 是凸的；也就是说，若 $y\succsim x$ 和 $z\succsim x$，则对于任何 $\alpha\in[0, 1]$ 都有 $\alpha y+(1-\alpha)z\succsim x$。

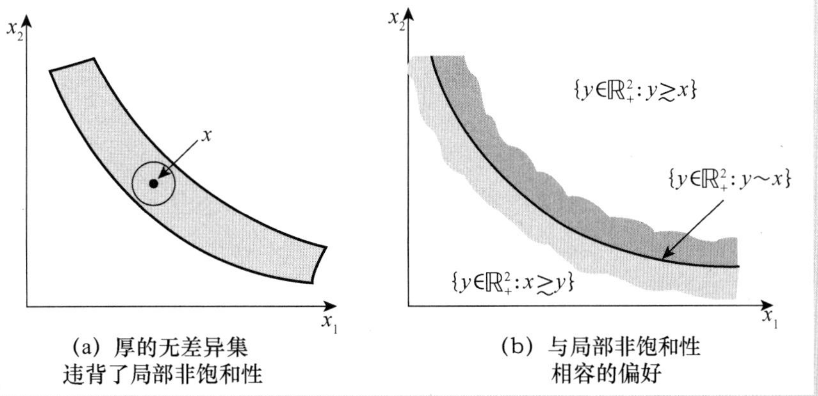

图 3. B. 2

图 3. B. 3（a）中的上轮廓集是凸的；图 3. B. 3（b）中的上轮廓集不是凸的。在经济学中，凸性是个很强但又非常重要的假设。凸性可用**边际替代率递减**（diminishing marginal rates of substitution）解释：也就是说，在凸偏好的情形下，如果我们从任意一个消费束 x 开始，对于任何两种商品来说，如果我们连续减少一种商品的数量，每次减少一单位，则为了补偿这种变化，必须连续增加另外一种商品的数量，且每次增加的数量是递增的。[①]

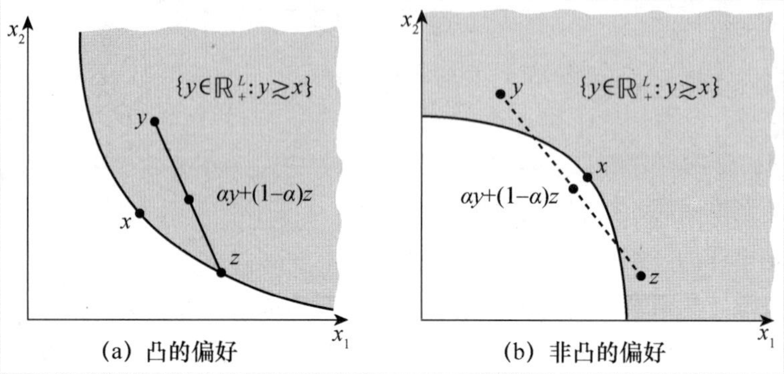

图 3. B. 3

我们也可以把凸性解释为经济参与人偏爱多样性的基本倾向。的确，在凸偏好的情形下，若 x 和 y 是无差异的，则一半 x 和一半 y 的组合即 $\frac{1}{2}x+\frac{1}{2}y$，不可能比 x 或 y 差。在第 6 章，我们将用不确定性环境中的行为来解释经济参与人为何偏好多样性。喜欢多样性是经济参与人的现实特征。如果喜欢多样性这个假设没有实质性的内容即不合理，那么经济理论将陷入困境。然而，我们也可以很容易地举出违背这个假设的情形。例如，读者可能喜欢牛奶也喜欢橙汁，但却不怎么喜欢这二者的混合物。

读者可能认为，定义 3. B. 4 对一般性的消费集 X 都成立。然而事实上，只有 X 是凸集时，凸性假设才成立。因此，这个假设排除了商品只能以整数个数消费的情形或者图 2. C. 3 描述的情形。

尽管偏好的凸性假设似乎是个很强的假设，但由于以下两方面的原因，它仍是合理的。首先，本章的很多（尽管并非全部）结论都可以毫不修改地被推广到非凸性的情形；其次，正如我们将在第 4 章附录 A 和 17. I 节说明的那样，我们可以通过将总效应在消费者群体之间正则化的方式，将非凸性纳入我们的理论。

---

① 更一般地，只要我们允许 L 种基本商品的线性组合形成“复合商品”（composite commodities），任何两种商品之间的边际替代率递减就都等价于凸性。

有时，我们需要用到凸性假设的强化版本。

定义 3. B. 5：X 上的偏好关系$\succsim$是**严格凸的**（strictly convex），若对于任何 x，我们均有 $y \succsim x$ 和 $z \succsim x$ 且 $y \neq z$ 意味着 $\alpha y+(1-\alpha) z \succ x$ 对于所有 $\alpha \in (0, 1)$ 都成立。

图 3. B. 3（a）中的偏好是严格凸的；图 3. B. 4 中的偏好是凸的，但不是严格凸的。

在应用研究（尤其是计量经济研究）中，我们通常关注下面这样的偏好：能从单个无差异集推导出消费者的全部偏好关系的偏好。**位似偏好**（homothetic preference）和**拟线性偏好**（quasilinear preference）就是这样的例子。

定义 3. B. 6：$X=\mathbb{R}_{+}^{L}$ 上的偏好关系$\succsim$是**位似的**（homothetic），若所有无差异集都可以通过沿着任何射线等比例地扩展而联系在一起；也就是说，若 $x \sim y$ 则 $\alpha x \sim \alpha y$，其中 $\alpha \geqslant 0$ 是任意的。

图 3. B. 5 中的偏好关系就是位似的。

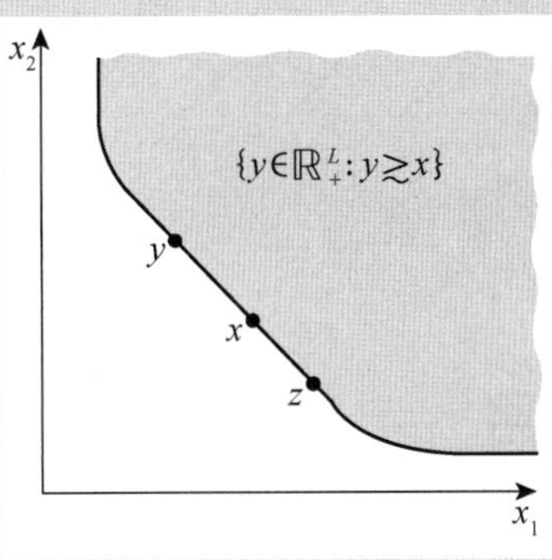

图 3. B. 4　图中的偏好关系是凸的但不是严格凸的

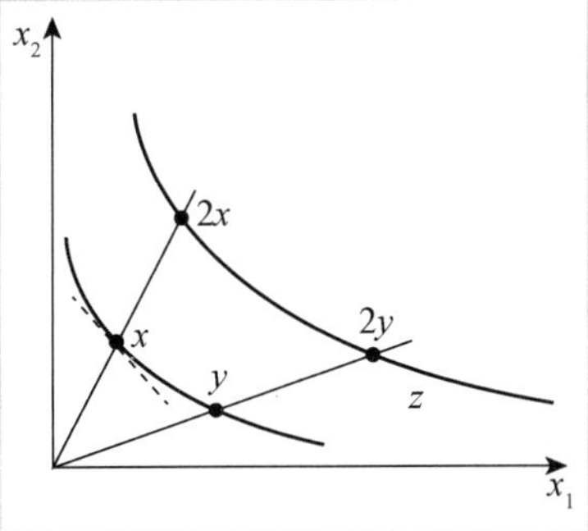

图 3. B. 5　位似偏好

定义 3. B. 7：$X=(-\infty, \infty) \times \mathbb{R}_{+}^{L-1}$ 上的偏好关系$\succsim$关于商品 1［在这种情形下商品 1 称为**计价物商品**（numeraire commodity）］是**拟线性的**（quasilinear），如果①

① 更一般地，偏好可以关于任何商品 l 是线性的。

3

（ⅰ）所有无差异集彼此之间可以通过沿着商品 1 的坐标轴平行位移而得到。也就是说，若 $x \sim y$，则对于 $e_1=(1, 0, \cdots, 0)$ 和任意 $\alpha \in \mathbb{R}$，都有 $(x+\alpha e_1) \sim (y+\alpha e_1)$。

（ⅱ）商品 1 是合意的（消费者所想要的）；也就是说，对于所有 x 和 $\alpha>0$，都有 $x+\alpha e_1 \succ x$。

注意，在定义 3.B.7 中，我们假设商品 1 的消费是没有下界的［消费集为 $(-\infty, \infty) \times \mathbb{R}_{+}^{L-1}$］。这种假设在拟线性情形下便于分析（习题 3.D.4 可以说明其中的原因）。图 3.B.6 画出了一个拟线性偏好关系。

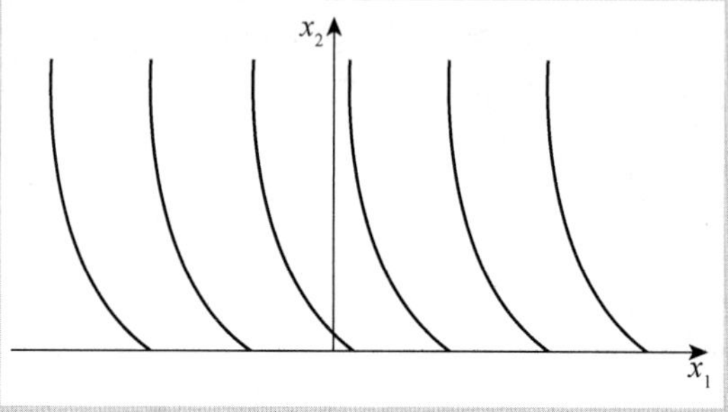

图 3.B.6　拟线性偏好

3.C　偏好与效用

从方便分析的角度说，如果我们用效用函数描述消费者的偏好将大有裨益，因为我们可以使用数学规划技术求解消费者问题。在本节我们分析在什么样的条件下，我们才能用效用函数刻画消费者的偏好。遗憾的是，在目前的假设条件下，理性偏好关系未必能用效用函数表示。我们首先举个例子说明这个事实，然后介绍一个较弱的、在经济学上自然而然的假设（称为**连续性**假设），这个假设能保证存在这样的效用函数。

例 3.C.1：字典序偏好关系。为简单起见，假设 $X=\mathbb{R}_{+}^{2}$。将 $x \succsim y$ 定义为：要么“$x_1>y_1$”，要么“$x_1=y_1$ 和 $x_2 \geqslant y_2$”。这样的偏好关系称为**字典序偏好关系**（lexicographic preference relation）。这个名字源于字典中字的排列方式；也就是说，正如英文字典中英文单词第一个字母在单词排序上具有最高优先权一样，在决定偏好排序时商品 1 也具有最高优先权。当两个商品束中商品 1 的数量相等时，商品 2 的数量决定了消费者的偏好。

习题 3.C.1 让读者验证字典序是完备的、传递的、强单调的和严格凸的。然而，可以证明不存在能表示这个偏好关系的效用函数。这个结论符合直觉。在这种偏好顺序下，两个不同的商品束不可能是无差异的；无差异集是单点集。因此，在这种情形下，不同的无差异集有两个衡量维度。然而，我们要按照保序的方法为每个无差异集赋予一个不同的效用值，这些效用值却要来自实直线这个单个维度。这是不可能做到的。事实上，为了严格证明这个结论，需要进行多少有些精巧的论证。对于那些理解程度较高的读者，我们将证明提供在下个段落。

3

证明不存在能表示字典序偏好关系的效用函数：假设存在某个效用函数 $u(\cdot)$。对于每个 x_1，我们可以选择一个有理数 $r(x_1)$ 使得 $u(x_1, 2)>r(x_1)>u(x_1, 1)$。注意，由于消费者的偏好是字典序的，$x_1>x'_1$ 意味着 $r(x_1)>r(x'_1)$ [因为 $r(x_1)>u(x_1, 1)>u(x'_1, 2)>r(x'_1)$]。因此，$r(\cdot)$ 给出了从实数集（这是个不可数集）到有理数集（这是个可数集）的1—1函数。这在数学上是不可能的。因此，我们断言不存在能代表字典序偏好的效用函数。■

为了保证效用函数的存在性，我们必须假设偏好关系是连续的。

定义 3. C. 1：X 上的偏好关系$\succsim$是**连续的**（continuous），若$\succsim$在极限运算下仍能保留。也就是说，对于任何数对序列$\{(x^n, y^n)\}_{n=1}^{\infty}$，若 $x^n\succsim y^n$ 对于所有的 n 都成立，且 $x=\lim_{n\to\infty}x^n$ 和 $y=\lim_{n\to\infty}y^n$，则 $x\succsim y$。

连续性是说，消费者的偏好不能有“跳跃”。例如不能有下列情形：消费者偏好序列 $\{x^n\}$ 中的每个元素胜于序列 $\{y^n\}$ 中的相应元素，但是在这两个序列的极限点 x 和 y 上，他忽然偏好 y 胜于 x。

连续性概念的等价表述方法是：对于所有 x，上轮廓集 $\{y\in X: y\succsim x\}$ 和下轮廓集 $\{y\in X: x\succsim y\}$ 都是**闭集**；也就是说，这两个集都包含各自的边界。定义 3. C. 1 意味着对于任何点序列$\{y^n\}_{n=1}^{\infty}$，若对于任何 n 都有 $x\succsim y^n$ 且 $y=\lim_{n\to\infty}y^n$，则 $x\succsim y$（令 $x^n=x$ 对于所有 n 均成立即可）。因此，定义 3. C. 1 中的连续性意味着下轮廓集是闭集；同样地，它也意味着上轮廓集是闭集。这个命题的逆命题（上、下轮廓集都为闭集意味着定义 3. C. 1 的定义成立）的论证更为高级，所以留作习题（习题 3. C. 3）。

例 3. C. 1（续）：字典序的偏好是不连续的。为了看清这一点，考虑消费束序列$x^n=(1/n, 0)$ 和 $y^n=(0, 1)$。对于每个 n，都有 $x^n\succ y^n$。但$\lim_{n\to\infty}y^n=(0, 1)\succ(0, 0)=\lim_{n\to\infty}x^n$。换句话说，只要 x 的第一个元素（x_1）大于 y 的第一个元素（y_1），即使 y_2 远大于 x_2，消费者也偏好 x 胜于 y。但是只要它们的第一个元素相同，那么第二个元素就决定了排序，因此在这两个序列的极限点上，消费者的偏好突然发生了逆转。■

可以证明，$\succsim$的连续性足以保证存在能表示它的效用函数。事实上，它保证了

3

连续的（continuous）效用函数的存在性。

命题 3. C. 1：若 X 上的偏好关系$\succsim$是连续的，则存在能代表$\succsim$的连续的效用函数$u(x)$。

证明：对于 $X=\mathbb{R}_+^L$ 且偏好关系为单调的情形，我们可借助图 3. C. 1 证明，这种证明方法相对简单和符合直觉。

令 Z 表示$\mathbb{R}_+^L$中的对角射线（所有 L 个分量都相等的向量的轨迹）。令 e 表示所有L 个分量都为 1 的向量，则对于所有非负实数 $\alpha\geqslant 0$ 都有 $\alpha e\in Z$。

注意，对于每个 $x\in\mathbb{R}_+^L$，单调性意味着 $x\succsim 0$。也要注意对于任何 $\bar{\alpha}$，只要它能使得 $\bar{\alpha}e\gg x$（如图所示），那么我们就有 $\bar{\alpha}e\succsim x$。可以证明，$\succsim$的单调性和连续性意味着存在唯一的 $\alpha(x)\in[0,\bar{\alpha}]$ 使得 $\alpha(x)e\sim x$。

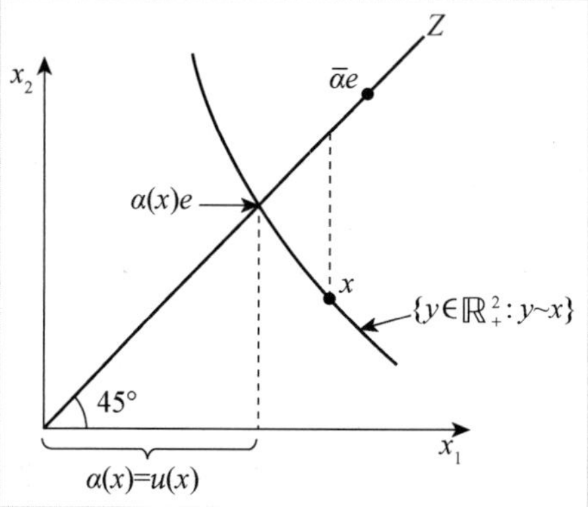

图 3. C. 1　构造效用函数

命题 3. C. 1 的正式证明：根据连续性可知，x 的上轮廓集和下轮廓集都是闭集。因此，$A^+=\{\alpha\in\mathbb{R}_+:\bar{\alpha}e\succsim x\}$ 和 $A^-=\{\alpha\in\mathbb{R}_+:x\succsim\bar{\alpha}e\}$ 是非空且闭的。注意，根据$\succsim$的完备性可知，$\mathbb{R}_+\subset(A^+\cup A^-)$。因为 A^+和 A^-都是非空且闭的，加之$\mathbb{R}_+$是联通的，所以 $A^+\cap A^-\neq\varnothing$。因此，存在一个实数 α 使得$\alpha e\sim x$。而且，根据单调性可知，$\alpha_1 e\succ\alpha_2 e$ 意味着 $\alpha_1>\alpha_2$。因此，最多只有一个实数能满足 $\alpha e\sim x$。这个实数是 α（x）。

现在我们将 $\alpha(x)$ 作为我们的效用函数；也就是说，对于每个 x，我们都赋予一个效用值 $u(x)=\alpha(x)$。我们在图 3. C. 1 中画出了这个效用水平。接下来我们需要检验这个函数的两个性质：一是它代表偏好$\succsim$［即 $\alpha(x)\geqslant\alpha(y)\Leftrightarrow x\succsim y$］；二是它是一个连续函数。后面这个性质的证明更高级一些，因此我们将其放在专栏里，仅供参考。

下面证明第一个性质，即 $\alpha(x)$ 代表着偏好$\succsim$。这可以从它的构造推出。正式地，首先假设 $\alpha(x)\geqslant\alpha(y)$。根据单调性可知，这意味着 $\alpha(x)e\succsim\alpha(y)e$。由于 $x\sim\alpha(x)e$ 和$y\sim\alpha(y)e$，我们有 $x\succsim y$。其次，现在假设 $x\succsim y$，那么 $\alpha(x)e\sim x\succsim y\sim\alpha(y)e$，因

此，根据单调性可知，我们必有 $\alpha(x)\geqslant\alpha(y)$。因此，$\alpha(x)\geqslant\alpha(y)\Leftrightarrow x\succsim y$。

我们现在证明 $\alpha(x)$ 在所有 x 上均是一个连续函数；也就是说，对于任何序列 $\{x^n\}_{n=1}^{\infty}$ 且 $x=\lim_{n\to\infty}x^n$，我们均有 $\lim_{n\to\infty}\alpha(x^n)=\alpha(x)$。因此，考虑序列 $\{x^n\}_{n=1}^{\infty}$ 使得 $x=\lim_{n\to\infty}x^n$。

我们首先指出序列 $\{\alpha(x^n)\}_{n=1}^{\infty}$ 必定是个收敛序列。根据单调性可知，对于任何 $\varepsilon>0$ 和使得 $\|x'-x\|\leqslant\varepsilon$ 的所有 x'，$\alpha(x')$ 位于 $\mathbb{R}_+$ 的紧子集 $[\alpha_0, \alpha_1]$ 之中（参考图 3.C.2）。因为 $\{x^n\}_{n=1}^{\infty}$ 收敛至 x，所以存在一个 N，使得对于所有 $n>N$，$\alpha(x^n)$ 都位于这个紧集中。但是位于紧集中的任何无穷序列必定有收敛的子序列（参考数学附录中的 M. F 节）。

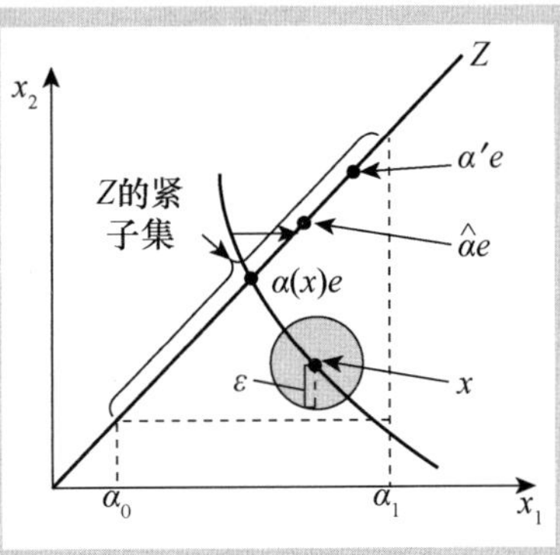

图 3. C. 2　证明我们构建的效用函数是连续函数

剩下的任务是证明 $\{\alpha(x^n)\}_{n=1}^{\infty}$ 的所有收敛子序列都收敛于 $\alpha(x)$。为了看清这一点，用反证法。假设不是，则存在某个严格递增函数 $m(\cdot)$，这个函数对每个正整数 n 均指定了一个正整数值 $m(n)$，使得序列 $\{\alpha(x^{m(n)})\}_{n=1}^{\infty}$ 收敛于 $\alpha'\neq\alpha(x)$。我们首先证明 $\alpha'\neq\alpha(x)$ 产生了矛盾。注意单调性意味着 $\alpha' e>\alpha(x)e$。现在令 $\hat{\alpha}=\frac{1}{2}[\alpha'+\alpha(x)]$。点 $\hat{\alpha}e$ 是 Z 上的 $\alpha' e$ 和 $\alpha(x)e$ 的中点（参考图 3.C.2）。根据单调性可知，$\hat{\alpha}e>\alpha(x)e$。现在，因为 $\alpha(x^{m(n)})\to\alpha'>\hat{\alpha}$，所以存在一个 $\bar{N}$，使得对于所有 $n>\bar{N}$，均有 $\alpha(x^{m(n)})>\hat{\alpha}$。因此，对于所有这样的 n，均有 $x^{m(n)}\sim\alpha(x^{m(n)})e>\hat{\alpha}e$（后面这个关系由单调性推出）。由于偏好是连续的，这意味着 $x\succsim\hat{\alpha}e$。但是由于 $x\sim\alpha(x)e$，我们有 $\alpha(x)e\succsim\hat{\alpha}e$，这是个矛盾。排除 $\alpha'<\alpha(x)$ 的证明方法类似。因此，既然 $\{\alpha(x^n)\}_{n=1}^{\infty}$ 的所有收敛子序列都收敛于 $\alpha(x)$，则我们有 $\lim_{n\to\infty}\alpha(x^n)=\alpha(x)$，证毕。■

从现在起，我们假设消费者的偏好关系是连续的，因此可用连续的效用函数表示。我们在 1. B 节已经指出，代表偏好关系 $\succsim$ 的效用函数不是唯一的；$u(\cdot)$ 的任何严格递增变换，比如 $v(x)=f(u(x))$ 也能代表 $\succsim$，其中 $f(\cdot)$ 是一个严格递增的函数。命题 3. C. 1 告诉我们，如果 $\succsim$ 是连续的，则存在能代表 $\succsim$ 的**某个**连续效用函数。但是并非能代表 $\succsim$ 的所有效用函数都是连续的；连续效用函数的任何严格递增但非连续的变换，也能代表 $\succsim$。

3

对于方便分析的目的来说，有必要假设 $u(\cdot)$ 是可微的。然而，连续性偏好未必可用可微的效用函数表示。最简单的情形是**里昂惕夫**（Leontief）偏好，如图 3. C. 3 所示。在这种偏好的情形下，$x'' \succsim x'$ 当且仅当 $\text{Min}\{x''_1, x''_2\} \geqslant \text{Min}\{x'_1, x'_2\}$。由于无差异曲线在 $x_1 = x_2$ 时出现了拐折，它不是可微的。

然而在后文中，出于方便分析的目的，我们假设效用函数是二次连续可微的。我们当然可以证明什么样的偏好才能有这样的性质，但是我们不打算这么做。在直觉上，这要求无差异集是光滑平面，从而保证商品之间的替代率取决于可微的消费水平。

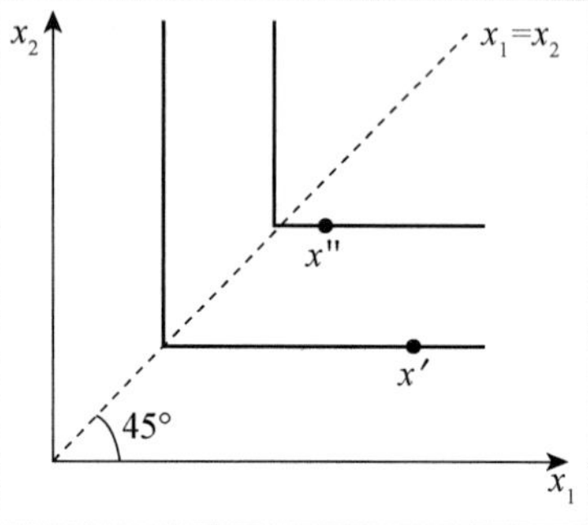

图 3. C. 3　里昂惕夫偏好不能用可微的效用函数表示

对偏好的限制转化为对效用函数形式的限制。例如，单调性意味着效用函数是递增的：若 $x \gg y$，则 $u(x) > u(y)$。

另外，偏好的凸性意味着 $u(\cdot)$ 是**拟凹的**（quasiconcave）。类似地，偏好的严格凸性意味着 $u(\cdot)$ 的严格拟凹性。效用函数 $u(\cdot)$ 是拟凹的，若集合 $\{y \in \mathbb{R}^L_+ : u(y) \geqslant u(x)\}$ 对于所有 x 均是凸的，或者等价地说，若 $u(\alpha x + (1-\alpha) y) \geqslant \text{Min}\{u(x), u(y)\}$ 对于任何 x，y 和所有 $\alpha \in [0, 1]$ 都成立。[若对于所有 $x \neq y$ 和所有 $\alpha \in (0, 1)$，不等式都是严格不等式，则 $u(\cdot)$ 是严格拟凹的；关于拟凹性和严格拟凹性的更多内容请参考数学附录 M. C 节。] 然而需要注意，$\succsim$ 的凸性**不**意味着 $u(\cdot)$ 是凹的 [即 $u(\alpha x + (1-\alpha) y) \geqslant \alpha u(x) + (1-\alpha) u(y)$ 对于任何 x，y 和所有 $\alpha \in [0, 1]$ 都成立]，这是因为凹性比拟凹性更强。尽管读者可能希望 $\succsim$ 的凸性意味着 $u(\cdot)$ 是凹的，但事实上，对于某个特定的凸偏好关系 $\succsim$ 来说，可能不存在任何能代表这个偏好关系的凹效用函数。

在习题 3. C. 5 中，读者要证明与潜在偏好关系的效用函数表示问题有关的另外两个结论：

（ⅰ）$X = \mathbb{R}^L_+$ 上的连续偏好关系 $\succsim$ 是位似的，当且仅当它能用一次齐次效用函数 $u(\cdot)$ 表示 [一次齐次是指对于所有 $\alpha > 0$ 都有 $u(\alpha x) = \alpha u(x)$]。

（ⅱ）$(-\infty, \infty) \times \mathbb{R}^{L-1}_+$ 上的连续偏好关系 $\succsim$ 关于商品 1 是拟线性的，当且仅当它能用下列形式的 $u(x)$ 表示，即 $u(x) = x_1 + \phi(x_2, \cdots, x_L)$。

需要指出，$\succsim$的单调性和凸性意味着**所有**能代表$\succsim$的效用函数都是递增的和拟凹的。前面的（ⅰ）和（ⅱ）只不过是说**至少有一种**效用函数具有（ⅰ）或（ⅱ）指出的形式。递增性和拟凹性是 u（·）的**序数**（ordinal）性质；这些性质在效用指数的任何递增变换下都仍能被保留。相反，（ⅰ）和（ⅱ）中那些效用函数形式不能被保留，它们是基数性质。[①] 我们有时也会选择使用这些形式的效用函数，原因是简化分析。

3.D　效用最大化问题

我们现在研究消费者的决策问题。我们始终假设消费者有着理性的、连续的和局部非饱和的偏好关系，我们用连续效用函数 $u(x)$ 表示这些偏好。为了更具体一些，我们在本章余下的内容中始终假设消费集为 $X=\mathbb{R}_+^L$。

消费者的问题是在给定的价格 $p\gg 0$ 和财富水平 $w>0$ 的约束条件下，选择他最偏好的消费束。现在我们可以将这个问题表达为下列**效用最大化问题**（utility maximization problem，UMP）：

$$\underset{x\geqslant 0}{\text{Max}}\ u(x)$$

$$\text{s.t. } p\cdot x\leqslant w$$

在效用最大化问题中，消费者在瓦尔拉斯预算集 $B_{p,w}=\{x\in\mathbb{R}_+^L: p\cdot x\leqslant w\}$ 中选择消费束来使得他的效用水平达到最大。现在我们正式分析效用最大化问题，先看命题 3. D. 1 中的结论。

命题 3. D. 1：若 $p\gg 0$ 且 u（·）是连续的，则效用最大化问题有解。

证明：若 $p\gg 0$，则预算集 $B_{p,w}=\{x\in\mathbb{R}_+^L: p\cdot x\leqslant w\}$ 是个紧集，因为它既是有界的［对于任何 $l=1$，…，L，我们均有 $x_l\leqslant(w/p_l)$ 对于所有 $x\in B_{p,w}$成立］，又是闭的。我们又知道：任何紧集上的连续函数总有最大值（参考数学附录 M. F 节），从而自然得到了命题中的结论。■

有了这个结论之后，我们关注 UMP 两大目标的性质：消费者的最优消费束集合（效用最大化问题的解）和消费者的最大效用值（效用最大化的最优值函数）。

瓦尔拉斯需求对应/函数

我们用 $x(p, w)\in\mathbb{R}_+^L$ 表示下列规则，即把效用最大化问题中的最优消费向量

① 因此，在这种意义上，连续性也是效用函数的基数性质。读者也可以参考我们在 1. B 节对效用表示方法的序数性质和基数性质的讨论。

集合指定给每个价格财富组合 $(p, w) \gg 0$ 的规则。$x(p, w) \in \mathbb{R}^L_+$ 称为**瓦尔拉斯**（或**普通**或**市场**）**需求对应**（Walrasian or ordinary or market demand correspondence）。图 3. D. 1（a）画出了 $L=2$ 的情形，其中点 $x(p, w)$ 位于 $B_{p,w}$ 中的最高效用水平的无差异集中。注意，在一般情形下，对于给定的 $(p, w) \gg 0$，最优集 $x(p, w)$ 可能包含一个以上的元素，如图 3. D. 1(b) 所示。若 $x(p, w)$ 对于所有 (p, w) 来说都是单值的，我们将其称为**瓦尔拉斯（或普通或市场）需求函数**。[①]

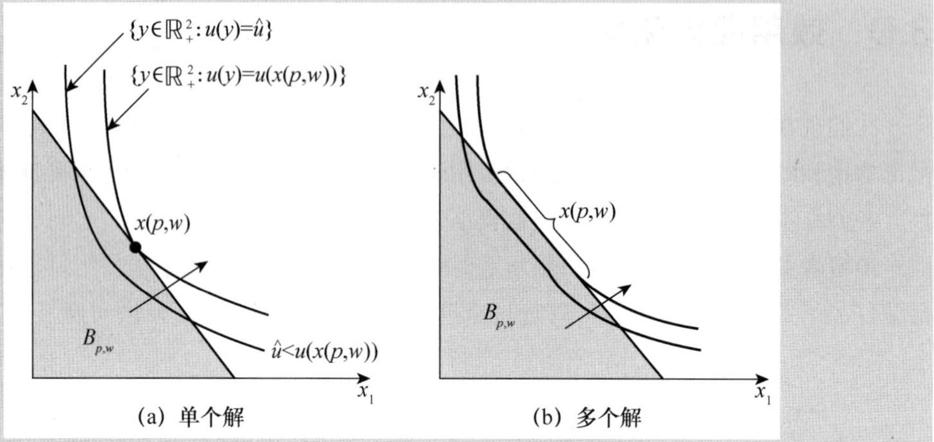

图 3. D. 1　效用最大化问题

命题 3. D. 2 所阐述的 $x(p, w)$ 的性质，可直接从效用最大化问题本身推导出。

命题 3. D. 2： 假设定义在消费集 $X=\mathbb{R}^L_+$ 上的局部非饱和的偏好关系 $\succsim$，可用连续效用函数 $u(\cdot)$ 表示，则瓦尔拉斯需求对应 $x(p, w)$ 具有下列性质：

（ⅰ）关于 (p, w) 是零次齐次的：$x(\alpha p, \alpha w)=x(p, w)$ 对于任何 p，w 和实数 $\alpha>0$ 都成立。

（ⅱ）瓦尔拉斯法则：$p \cdot x=w$ 对于所有 $x \in x(p, w)$ 都成立。

（ⅲ）凸性/唯一性：若 $\succsim$ 是凸的，从而 $u(\cdot)$ 是拟凹的，则 $x(p, w)$ 是个凸集。而且，若 $\succsim$ 为严格凸的，从而 $u(\cdot)$ 是严格拟凹的，则 $x(p, w)$ 只有唯一一个元素。

证明： 我们依次证明这些性质。

（ⅰ）证齐次性。注意对于任何实数 $\alpha>0$，都有

$$\{x \in \mathbb{R}^L_+ : \alpha p \cdot x \leqslant \alpha w\} = \{x \in \mathbb{R}^L_+ : p \cdot x \leqslant w\}$$

也就是说，当所有商品的价格和消费者的财富同乘以一个常数 $\alpha>0$ 时，效用

① 这个需求函数也称为**马歇尔需求函数**（Marshallian demand function）。然而这么称呼容易造成混乱，所以此处我们不使用这个术语。在马歇尔局部均衡分析（不存在财富效应）中，本章研究的各种不同的需求函数是一样的，因此在更一般的情形下，我们不清楚应该把哪种需求函数称为马歇尔需求函数。

最大化问题中的可行消费束集合没有任何变化。所以，在这两种情形下，效用最大化的消费束集合必定是相同的，因此 $x(p, w)=x(\alpha p, \alpha w)$。注意这个性质不要求对 $u(\cdot)$ 施加任何假设限制。

（ⅱ）瓦尔拉斯法则可从局部非饱和性推导出。反证法。假设对于某个 $x\in x(p, w)$，$p\cdot x<w$，则根据局部非饱和性可知，必定存在充分接近 x 的另一个消费束 y，使得 $p\cdot y<w$ 且 $y\succ x$（参见图 3. D. 2）。但这与 x 是效用最大化问题的最优解矛盾。

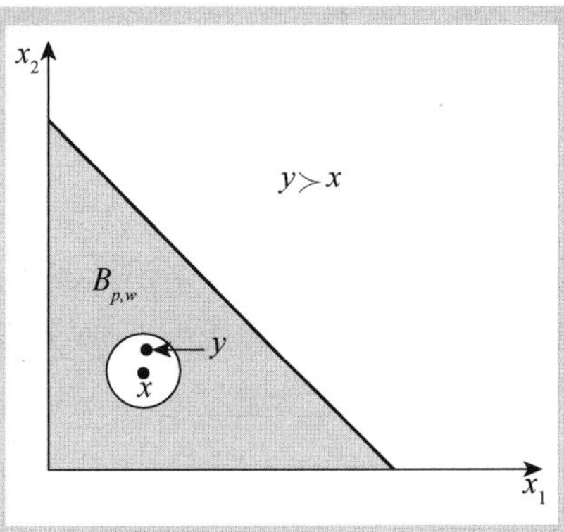

图 3. D. 2　局部非饱和性意味着瓦尔拉斯法则

（ⅲ）假设 $u(\cdot)$ 是拟凹的且存在两个消费束 x 和 x'，$x\neq x'$，这两个消费束都是 $x(p, w)$ 的元素。为了证明我们的结论，我们需要证明 $x''=\alpha x+(1-\alpha)x'$ 也是 $x(p, w)$ 的元素，其中 $\alpha\in[0, 1]$ 是任意的。现在开始证明。我们知道 $u(x)=u(x')$。将这个效用水平记为 u^*。因为 $u(\cdot)$ 是拟凹的，所以 $u(x'')\geq u^*$ [参见图 3. D. 3 (a)]。另外，由于 $p\cdot x\leqslant w$ 和 $p\cdot x'\leqslant w$，我们有

$$p\cdot x''=p\cdot[\alpha x+(1-\alpha)x']\leqslant w$$

因此，x''是效用最大化问题的可行选择（简单地说，x''是可行的，因为 $B_{p,w}$ 是一个凸集）。这就证明了若 $u(\cdot)$ 是拟凹的，则 $x(p, w)$ 是个凸集。

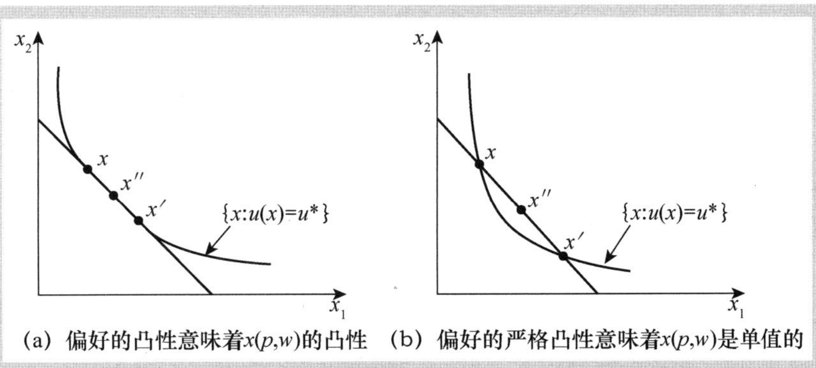

图 3. D. 3

现在假设 $u(\cdot)$ 是严格拟凹的。将上面证明过程中的拟凹换成严格凹，我们一样可以证明 x''是可行选择，且 $u(x'')>u^*$ 对于所有 $\alpha\in(0, 1)$ 都成立。但这与 x 和 x'都是$x(p, w)$ 的元素矛盾，我们断言 $x(p, w)$ 中最多只有一个元素。图 3. D. 3（b）说明了这个结论。注意图（b）和图（a）的区别是由 $u(x)$ 的严格拟凹性造成的。■

如果 $u(\cdot)$ 是连续可微的，最优消费束 $x^*\in x(p, w)$ 可用一阶条件刻画，这是一种非常有用的方法。**库恩-塔克（必要）条件**［Kuhn-Tucker（necessary）conditions］（参见数学附录中的 M. K 节）表明：若 $x^*\in x(p, w)$ 是效用最大化问题的解，则存在一个**拉格朗日乘子**（Lagrange multiplier）$\lambda\geqslant 0$ 使得对于所有 $l=1, \cdots, L$[1]：

$$\frac{\partial u(x^*)}{\partial c_l}\leqslant\lambda p_l,\text{等式在 } x_l^*>0 \text{ 时成立} \tag{3. D. 1}$$

等价地，若我们令$\nabla u(x)=[\partial u(x)/\partial x_1, \cdots, \partial u(x)/\partial x_L]$ 表示 $u(\cdot)$ 在 x 的梯度向量，我们可以将式（3. D. 1）用矩阵符号表示为

$$\nabla u(x^*)\leqslant\lambda p \tag{3. D. 2}$$

和

$$x^*\cdot[\nabla u(x^*)-\lambda p]=0 \tag{3. D. 3}$$

因此，如果我们的解是内部最优解（interior optimum）（即若 $x^*\gg 0$），我们必然有

$$\nabla u(x^*)=\lambda p \tag{3. D. 4}$$

图 3. D. 4（a）画出了当 $L=2$ 时的内部最优解的一阶条件。条件（3. D. 4）告诉我们，在内部最优解上，消费者效用函数的梯度向量$\nabla u(x^*)$ 必定与价格向量 p 成比例，如图 3. D. 4（a）所示。如果$\nabla u(x^*)\gg 0$，这等价于下列要求：对于任意两种商品 l 和 k，我们有

$$\frac{\partial u(x^*)/\partial x_l}{\partial u(x^*)/\partial x_k}=\frac{p_l}{p_k} \tag{3. D. 5}$$

式（3. D. 5）左侧的表达式是**在 x^* 点上商品 l 对商品 k 的边际替代率**（marginal rate of substitution of good l for good k at x^*）；它告诉我们如果想让消费者在边际上减少一单位商品 l 的消费，我们应该补偿给他多少单位商品 k。[2] 在 $L=2$

---

① 严格地说，这些库恩-塔克必要条件只有在约束条件成立时（参见数学附录中的 M. K 节）才有效。在效用最大化问题上，约束规格条件自然满足。当我们使用库恩-塔克条件而不特别指明约束条件时，相当于默认这样的要求已得以满足。

② 注意如果 x_l 和 x_k 的微分变化（dx_l 和 dx_k）不会引起效用变化，则

$$[\partial u(x)/\partial x_l]dx_l+[\partial u(x)/\partial x_l]dx_k=0.$$

因此，当 x_l 的变化量为 $dx_l<0$ 时，为了维持效用不变，x_k 必须增加，增加量正好为 $dx_k=MRS_{lk}(x^*)(-dx_l)$。

的这个例子中，消费者的无差异集在 x^* 点的斜率恰好为 $-MRS_{12}(x^*)$。条件(3.D.5)告诉我们，在内部最优解上，消费者的任何两种商品的边际替代率均必定等于它们的价格之比（即它们的边际交换率），如图3.D.4（a）所示。如果不是这样，消费者有办法让自己的状况变得更好，即在边际上改变自己的消费。例如，若 $[\partial u(x^*)/\partial x_l]/[\partial u(x^*)/\partial x_k]>(p_l/p_k)$，则增加 dx_l 单位商品 l 的消费，同时减少 $(p_l/p_k)dx_l$ 单位商品 k 的消费，不仅可行而且能够产生更高的效用，因为 $[\partial u(x^*)/\partial x_l]\ dx_l-[\partial u(x^*)/\partial x_k](p_l/p_k)dx_l>0$。

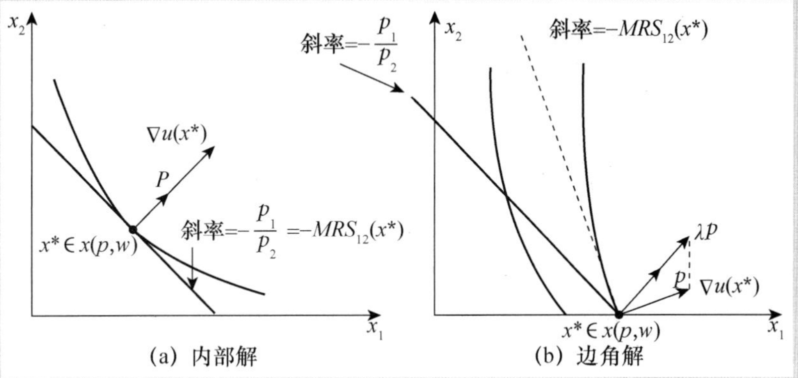

图 3.D.4

在 $L=2$ 情形下，如果消费者的最优消费束 x^* 位于消费集的边角（boundary），那么如何描述它的一阶条件？请看图3.D.4（b）。在这个图中，$x_2^*=0$。在这种情形下，梯度向量不需要同价格向量成比例。特别地，一阶条件告诉我们：对于那些 $x_l^*=0$ 的商品 l，$\partial u_l(x^*)/\partial x_l\leqslant\lambda p_l$；对于那些 $x_l^*>0$ 的商品 l，$\partial u_l(x^*)/\partial x_l=\lambda p_l$。因此，在这个图中，我们看到 $MRS_{12}(x^*)>p_1/p_2$。与内部最优解不同，在边角最优解上边际替代率和价格之比不相等，因为消费者无法进一步减少商品2的消费（和相应进一步增加商品1的消费）。

一阶条件（3.D.2）和（3.D.3）中的拉格朗日乘子 λ，给出了放松效用最大化问题中的约束条件的边际值或称影子值（这是拉格朗日乘子的一般属性；参见数学附录中的M.K节和M.L节）。因此，λ 等于在最优点上消费者的边际效用值。为了看清这一点，为简单起见，考虑 $x(p,w)$ 是可微函数且 $x(p,w)\gg 0$ 的情形。根据链式法则，w 的边际增加引起的效用变化为 $\nabla u(x(p,w))\cdot D_w x(p,w)$，其中 $D_w x(p,w)=[\partial x_1(p,w)/\partial w,\cdots,\partial x_L(p,w)/\partial w]$。根据条件(3.D.4)，我们有

$$\nabla u(x(p,w))\cdot D_w x(p,w)=\lambda p\cdot D_w x(p,w)=\lambda$$

其中最后一个等式成立的依据是：因为 $p\cdot x(p,w)=w$ 对于所有的 w 都成立（瓦尔拉斯法则），所以 $p\cdot D_w x(p,w)=1$。因此，财富的边际增加引起的效用边际变

化，即消费者的**财富的边际效用**（marginal utility of wealth），恰好为λ。①

我们已经看到，$x^* \in x(p, w)$ 必定满足条件（3.D.2）和（3.D.3）。另外，在什么样的条件下，若某个消费束 x 满足这些一阶条件则意味着 x 是 UMP 的解？也就是说，何时这些一阶条件足以保证 x 是 UMP 的解？若 $u(\cdot)$ 是拟凹的和单调的，且对于所有 $x \in \mathbb{R}^L_+$，$\nabla u(x) \neq 0$，则库恩-塔克一阶条件的确是充分条件（参见数学附录中的 M.K 节）。如果 $u(\cdot)$ 不是拟凹的，情形将会怎样？在这种情形下，若 $u(\cdot)$ 在 x^* 点是局部拟凹的，而且若 x^* 满足一阶条件，则 x^* 是个局部最大值解。我们可以通过使用 $u(\cdot)$ 在 x^* 点的**加边海赛矩阵**（bordered Hessian matrix）的行列式检验方法来验证 $u(\cdot)$ 是否为局部拟凹的。（更多内容请参考数学附录中的 M.C 节和 M.D 节。）

例 3.D.1 说明了如何使用一阶条件推导出消费者的最优消费束。

例 3.D.1：从柯布-道格拉斯效用函数推导需求函数。$L=2$ 情形下的柯布-道格拉斯效用函数为 $u(x_1, x_2)=kx_1^{\alpha}x_2^{1-\alpha}$ 对于某个 $\alpha \in (0, 1)$ 和 $k>0$。这个函数在所有 $(x_1, x_2) \gg 0$ 上都是递增的。它也是一次齐次的。对于我们的分析目的来说，下列做法更方便一些。将该函数进行递增变换得到 $\alpha \ln x_1+(1-\alpha)\ln x_2$，这是一个严格拟凹的函数，我们将其作为消费者的效用函数。这样，效用最大化问题可以表达为

$$\begin{aligned}&\underset{x_1, x_2}{\mathrm{Max}}\ \alpha \ln x_1+(1-\alpha)\ln x_2\\&\text{s.t. } p_1x_1+p_2x_2=w\end{aligned} \tag{3.D.6}$$

［注意，因为 $u(\cdot)$ 是递增的，所以在任何解上，预算约束都是严格等式的形式。］

由于 $\ln 0=-\infty$，最优选择 $(x_1(p, w), x_2(p, w))$ 严格为正且必定满足一阶条件（为简单起见，我们将消费水平简写为 x_1 和 x_2）

$$\frac{\alpha}{x_1}=\lambda p_1 \tag{3.D.7}$$

和

$$\frac{1-\alpha}{x_2}=\lambda p_2 \tag{3.D.8}$$

对于某个 $\lambda \geq 0$，预算约束为 $p \cdot x(p, w)=w$。条件（3.D.7）和（3.D.8）意味着

$$p_1x_1=\frac{\alpha}{1-\alpha}p_2x_2$$

① 注意，如果我们要求对于所有 x 都有 $\nabla u(x) \geq 0$ 且 $\nabla u(x) \neq 0$ 来稍微加强 $u(\cdot)$ 的单调性，那么条件（3.D.4）和 $p \gg 0$ 意味着 λ 在效用最大化问题的任何解上都严格为正。

或者使用预算约束，

$$p_1x_1 = \frac{\alpha}{1-\alpha}(w - p_1x_1)$$

从上式可解出 x_1，然后将 x_1 代入预算约束可得到 x_2：

$$x_1(p,w) = \frac{\alpha w}{p_1}$$

$$x_2(p,w) = \frac{(1-\alpha)w}{p_2}$$

注意，在最后这两个式子左侧，我们不再使用 x_1 和 x_2 这样的简单记法，而是将其写全。

值得指出的是，在柯布-道格拉斯效用函数的情形下，消费者在每种商品上的支出分别是财富的固定比例，无论价格向量 p 是多少［第 1 种商品支出占财富的比例为 α，第 2 种商品为 $1-\alpha$］。■

习题 3. D. 1：证明由柯布-道格拉斯效用函数生成的瓦尔拉斯需求函数满足命题 3. D. 2 中的三个性质。

对于价格和财富变动引起的需求变动的问题来说，若假设消费者的瓦尔拉斯需求是适度连续的和可微的，则有助于简化分析。由于这种问题比较复杂，我们将在本章附录 A 中讨论下列问题：在什么样的条件下，需求能满足连续性和可微性？在那里我们断言这两个性质对于相当一般的条件都成立。事实上，若偏好在消费集 $\mathbb{R}^L_+$ 上是连续、严格凸且局部非饱和的，则 $x(p, w)$（此时已是一个函数）在所有 $(p, w)\gg 0$ 上**总是**连续的。

间接效用函数

对于每个 $(p, w)\gg 0$，UMP 的效用值可用 $v(p, w)\in\mathbb{R}$ 表示。它等于 $u(x^*)$，其中 $x^*\in x(p, w)$ 是任意的。函数 $v(p, w)$ 称为**间接效用函数**（indirect utility function），它是一个非常有用的分析工具。命题 3. D. 3 给出了间接效用函数的基本性质。

命题 3. D. 3：假设定义在消费集 $X=\mathbb{R}^L_+$ 上的偏好关系 $\succsim$ 是局部非饱和的，该偏好关系能用连续的效用函数 $u(\cdot)$ 表示。间接效用函数 $v(p, w)$：

（ⅰ）是零次齐次的。

（ⅱ）关于 w 严格递增和关于任何商品 l 的价格 p_l 非递增。

（ⅲ）是拟凸的；也就是说，集合 $\{(p, w): v(p, w)\leqslant\bar{v}\}$ 对于任何 $\bar{v}$ 都是凸的。[①]

---

① 注意，性质（ⅲ）是说 $v(p, w)$ 是拟凸的，不是拟凹的。还要注意性质（ⅲ）的成立并不要求 $u(\cdot)$ 是拟凹的。

3

（iv）关于 p 和 w 连续。

证明：除了拟凸性和连续性之外，所有其他性质均可以容易地从前面的讨论推导出。我们此处略去连续性的证明，只指出一点：当偏好为严格凸的时，连续性可从 $x(p, w)$ 和 $u(x)$ 都是连续函数以及 $v(p, w)=u(x(p, w))$ 推导出［$x(p, w)$ 的连续性的证明，请参考本章附录 A］。

为了看清 $v(p, w)$ 是拟凸的，假设 $v(p, w)\leqslant\bar{v}$ 和 $v(p', w')\leqslant\bar{v}$。对于任何 $\alpha\in[0, 1]$，考虑价格-财富组合 $(p'', w'')=(\alpha p+(1-\alpha)p', \alpha w+(1-\alpha)w')$。

为了证明拟凸性，我们需要证明 $v(p'', w'')\leqslant\bar{v}$。因此，我们需要证明对于任何满足 $p''\cdot x\leqslant w''$ 的 x，我们均必定有 $u(x)\leqslant\bar{v}$。首先注意，若 $p''\cdot x\leqslant w''$，则

$$\alpha p\cdot x+(1-\alpha)p'\cdot x\leqslant\alpha w+(1-\alpha)w'$$

因此，要么 $p\cdot x\leqslant w$，要么 $p'\cdot x\leqslant w'$（或都成立）。如果前者成立，则 $u(x)\leqslant v(p, w)\leqslant\bar{v}$，于是我们就证明了结论。如果后者成立，则 $u(x)\leqslant v(p', w')\leqslant\bar{v}$，我们也能得到相同的结论。■

$v(p, w)$ 的拟凸性可用图 3. D. 5 说明，图中画出的是 $L=2$ 的情形。在这个图中，价格和财富组合 (p, w) 对应的预算集，以及 (p', w') 对应的预算集，生成了相同的最大效用值 $\bar{u}$。与 $(p'', w'')=(\alpha p+(1-\alpha)p', \alpha w+(1-\alpha)w')$ 对应的预算线是图 3. D. 5 中的那条虚线。由于 (p'', w'') 是 (p, w) 和 (p', w') 的一个凸组合，它的预算线必然位于这两个价格财富组合的预算线之间。从图中可以看出，在 (p'', w'') 下能达到的效用值必定不能大于 $\bar{u}$。

注意，间接效用函数取决于代表偏好关系的具体效用函数。特别地，若 $v(p, w)$ 是当消费者的效用函数为 $u(\cdot)$ 时的直接效用函数，则与该效用函数对应的间接效用函数 $\tilde{u}(x)=f(u(x))$ 为 $\tilde{v}(p, w)=f(v(p, w))$。

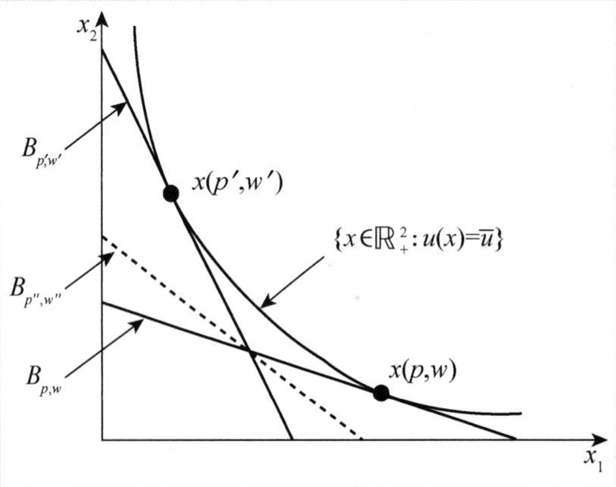

图 3. D. 5　间接效用函数 $v(p, w)$ 是拟凸的

例 3. D. 2：假设我们的效用函数为 $u(x_1, x_2)=\alpha\ln x_1+(1-\alpha)\ln x_2$。于是，将例 3. D. 1 中的 $x_1(p, w)$ 和 $x_2(p, w)$ 代入 $u(x)$，可得

$$v(p,w)=u(x(p,w))$$
$$=[\alpha\ln\alpha+(1-\alpha)\ln(1-\alpha)]+\ln w-\alpha\ln p_1-(1-\alpha)\ln p_2$$

习题 3. D. 2：证明例 3. D. 2 得到的间接效用函数满足命题 3. D. 3 中的四个性质。

3.E 支出最小化问题

在本节，我们研究 $p\gg0$ 且 $u>u(0)$ 情形下的**支出最小化问题**（expenditure minimization problem，EMP）[1]：

$$\begin{aligned}&\underset{x\geqslant0}{\mathrm{Min}}\,p\cdot x\\&\text{s. t. }u(x)\geqslant u\end{aligned}\tag{EMP}$$

UMP 计算的是在既定财富水平 w 下能达到的最大效用水平，而 EMP 计算的是能达到效用水平 u 所需的最小财富水平。EMP 是 UMP 的"对偶"问题。EMP 描述的消费者目标（有效率地使用他的购买力）和 UMP 描述的目标是相同的，但它将 UMP 下的目标函数和约束条件的角色互换了（即 EMP 的目标函数为 UMP 的约束条件，而 EMP 的约束条件为 UMP 的目标函数）。[2]

在本节，我们始终假设 $u(\cdot)$ 是一个连续效用函数，它被用来表示定义在消费集 $\mathbb{R}_+^L$ 上的局部非饱和偏好关系$\succsim$。

图 3. E. 1 描述了 EMP。最优消费束 x^* 是能让消费者达到效用水平 u 但支出最小的消费束。从几何图形上说，它是集合 $\{x\in\mathbb{R}_+^L: u(x)\geqslant u\}$ 中的一点，该点的准确位置是位于与价格向量 p 相伴的最低可能预算线上。

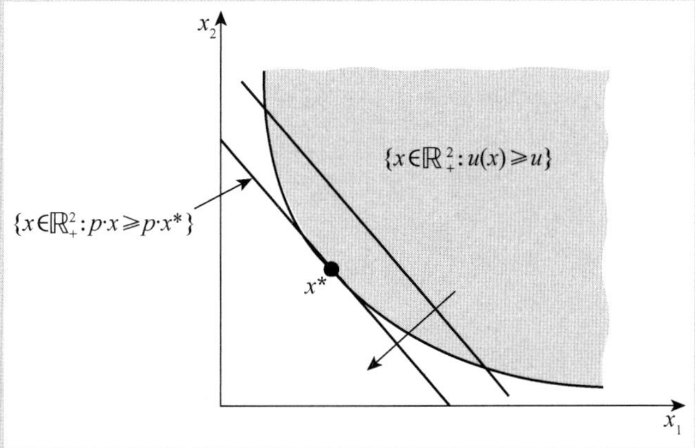

图 3. E. 1 支出最小化问题（EMP）

---

① 效用 $u(0)$ 是消费者消费商品束 $x=(0, 0, \cdots, 0)$ 而得到的效用。要求 $u>u(0)$ 仅是为了排除我们不感兴趣的情形。

② 我们在此处使用"对偶"这个术语的目的是启发性的。对偶问题通常用于下列成对的问题和概念中：这对问题在形式上相似，不同之处是数量和价格与/或最大化和最小化与/或目标函数和约束条件的角色互换了。

命题 3. E. 1 描述了 EMP 和 UMP 的正式关系。

命题 3. E. 1：假设定义在消费集 $X=\mathbb{R}_+^L$ 上的局部非饱和偏好关系$\succsim$，可用连续效用函数 $u(\cdot)$ 表示，而且价格向量 $p\gg 0$，那么我们有：

（ⅰ）若财富 $w>0$ 时 x^* 是 UMP 中最优的，则对于既定的目标效用水平 $u(x^*)$ 来说，x^* 在 EMP 中是最优的。而且，这个 EMP 的最小支出水平恰为 w。

（ⅱ）若目标效用水平为 $u>u(0)$ 时 x^* 是 EMP 中最优的，则当财富为 $p\cdot x^*$ 时，x^* 在 UMP 中是最优的。而且，这个 UMP 的最大效用水平恰为 u。

证明：（ⅰ）假设目标效用水平为 $u(x^*)$ 时 x^* 不是 EMP 中最优的，则存在着另外一个消费束 x'，使得 $u(x')\geq u(x^*)$ 且 $p\cdot x'<p\cdot x^*\leq w$。由局部非饱和性可知，我们可以找到非常接近 x' 的消费束 x''，使得 $u(x'')\geq u(x')$ 且 $p\cdot x''<w$。但这意味着 $x''\in B_{p,w}$ 和 $u(x'')\geq u(x^*)$，从而与 x^* 在 UMP 中是最优的这个事实矛盾。因此，当目标效用水平为 $u(x^*)$ 时，x^* 必定是 EMP 中最优的，因此最小支出水平为 $p\cdot x^*$。最后，由于 x^* 是当财富为 w 时的 UMP 的解，由瓦尔拉斯法则可知 $p\cdot x^*=w$。

（ⅱ）由于 $u>u(0)$，我们必有 $x^*\neq 0$。因此，$p\cdot x^*>0$。假设当财富为 $p\cdot x^*$ 时，x^* 在 UMP 中不是最优的，则存在另外一个消费束 x'，使得 $u(x')\geq u(x^*)$ 且 $p\cdot x'\leq p\cdot x^*$。考虑消费束 $x''=\alpha x'$，其中 $\alpha\in(0,1)$，即 x''是 x' “等比例缩小”的版本。根据$u(\cdot)$ 的连续性可知，若 α 充分接近 1，则我们有 $u(x'')>u(x^*)$ 和 $p\cdot x''<p\cdot x^*$。但这与 x^* 是 EMP 中最优的这个事实矛盾。因此，当财富为 $p\cdot x^*$ 时，x^* 必定是 UMP 中最优的，因此最大效用水平为 $u(x^*)$。在命题 3. E. 3（ⅱ）中，我们将证明当目标效用水平为 u 时若 x^* 是 EMP 的解，则 $u(x^*)=u$. ■

和 UMP 一样，当 $p\gg 0$ 时，EMP 的解在非常一般的条件下都存在。我们只需要求约束集是非空的即可；也就是说，存在某个 x 使得 $u(\cdot)$ 的值至少与 u 一样大（参见习题 3. E. 3）。从现在起，我们就这么假设；例如，若 $u(\cdot)$ 是上无界的，对于任何 $u>u(0)$，这个条件都能得到满足。

现在我们研究最优消费向量和 EMP 的最优值函数（value function）。我们首先考察最优值函数。

支出函数

给定价格 $p\gg 0$ 和既定目标效用水平 $u>u(0)$，我们用 $e(p,u)$ 表示 EMP 的值。函数 $e(p,u)$ 称为**支出函数**（expenditure function）。对于任何 (p,u) 来说，它的值就是 $p\cdot x^*$，其中 x^* 是 EMP 的任一解。命题 3. E. 2 描述了支出函数的基本性质。它对应于命题 3. D. 3，在那里我们描述了 UMP 的间接效用函数的性质。

命题 3. E. 2：假设定义在消费集 $X=\mathbb{R}_+^L$ 上的局部非饱和偏好关系$\succsim$可用连续效用函数 $u(\cdot)$ 表示，那么支出函数 $e(p,u)$：

（ⅰ）关于 p 是一次齐次的。

(ⅱ) 关于 u 是严格递增的，关于任何商品 l 的价格 p_l 是非减的。

(ⅲ) 关于 p 是凹的。

(ⅳ) 关于 p 和 u 是连续的。

证明：我们只证明前三个性质。

(ⅰ) 当价格变化时，EMP 的约束集不会发生任何变化。因此，对于任何实数 $\alpha>0$，在这个集合上，使 $(\alpha p)\cdot x$ 最小化的最优消费束，与使 $p\cdot x$ 最小化的最优消费束是相同的。令 x^* 表示这个最优消费束，我们有 $e(\alpha p, u)=\alpha p\cdot x^*=\alpha e(p, u)$。

(ⅱ) 假设 $e(p, u)$ 关于 u 不是严格递增的。令 x' 和 x'' 分别表示既定目标效用水平为 u' 和 u'' 时的最优消费束，其中 $u''>u'$，$p\cdot x'\geqslant p\cdot x''>0$。考虑消费束 $\tilde{x}=\alpha x''$，其中 $\alpha\in(0, 1)$。根据 $u(\cdot)$ 的连续性可知，存在一个充分接近 1 的 α，使得 $u(\tilde{x})>u'$ 和 $p\cdot x'>p\cdot\tilde{x}$。但这与 x' 是既定目标效用水平为 u' 的 EMP 中最优的这一事实矛盾。

为了证明 $e(p, u)$ 关于 p_l 是非递减的，假设我们有两个价格向量 p'' 和 p'，要求 $p''_l\geqslant p'_l$ 且对于所有 $k\neq l$ 有 $p''_k=p'_k$。令 x'' 是价格为 p'' 时 EMP 的最优消费向量，则 $e(p'', u)=p''\cdot x''\geqslant p'\cdot x''\geqslant e(p', u)$，其中 $p'\cdot x''\geqslant e(p', u)$ 这个不等式是根据 $e(p', u)$ 的定义推导出的。

(ⅲ) 证明凹性。将目标效用水平固定为 $\bar{u}$，令 $p''=\alpha p+(1-\alpha)p'$，其中 $\alpha\in[0, 1]$。假设 x'' 是价格为 p'' 时 EMP 的最优消费束。这样，

$$\begin{aligned} e(p'',\bar{u}) &= p''\cdot x'' \\ &= \alpha p\cdot x''+(1-\alpha)p'\cdot x'' \\ &\geqslant \alpha e(p,\bar{u})+(1-\alpha)e(p',\bar{u}) \end{aligned}$$

其中最后一个不等式成立的原因在于：$u(x'')\geqslant\bar{u}$；以及支出函数的定义意味着 $p\cdot x''\geqslant e(p, \bar{u})$ 和 $p'\cdot x''\geqslant e(p', \bar{u})$。■

对于给定的 $\bar{u}$，$e(p, \bar{u})$ 关于 p 是凹的。这是支出函数的一个非常重要的性质，事实上，这个性质相当直观。假设我们的初始价格为 $\bar{p}$，此时 $\bar{x}$ 是 EMP 问题的最优消费束。如果价格变化但我们不允许消费者的消费水平 $\bar{x}$ 变化，则他的支出为 $p\cdot\bar{x}$，注意这是价格 p 的**线性**表达式。但是当消费者可以调整他的消费时，正如他在 EMP 中的情形一样，那么他的最低支出水平不可能大于 $p\cdot\bar{x}$。因此，如图 3.E.2（a）所示，在这个图中我们维持 p_1 不变但改变 p_2。我们看到，当 $p\neq\bar{p}$ 时，$e(p, \bar{u})$ 的图形位于线性函数 $p\cdot\bar{x}$ 的下方；当 $p=\bar{p}$ 时，这两个图形相切。这等价于凹性，因为在 $e(\cdot, u)$ 图形的每一点上，它与线性函数的这种关系都必定成立；参见图 3.E.2（b）。

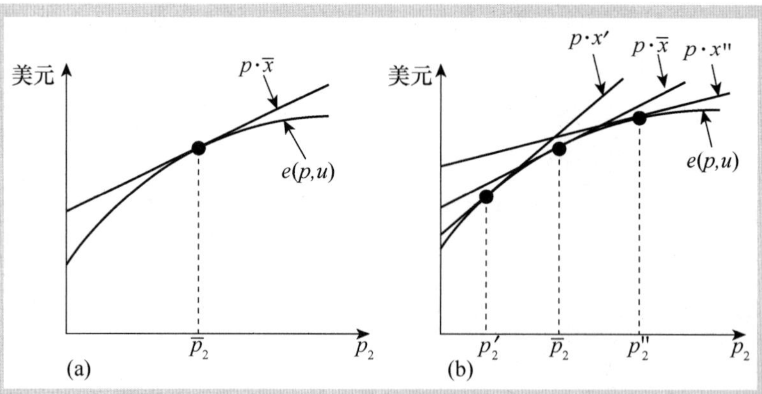

图 3. E. 2　支出函数关于 p 是凹的

命题 3. E. 1 在支出函数和 3. D 节的间接效用函数之间建立了重要的联系。具体地说，对于任何 $p\gg 0$，$w>0$ 和 $u>u(0)$，我们有

$$e(p,v(p,w))=w \text{ 和 } v(p,e(p,u))=u \tag{3. E. 1}$$

这些条件意味着，对于既定的价格向量 $\bar{p}$ 来说，$e(\bar{p},\ \cdot)$ 和 $v(\bar{p},\ \cdot)$ 是互逆的（参见习题 3. E. 8）。事实上，在习题 3. E. 9 中，读者要使用式（3. E. 1）中的关系证明：命题 3. E. 2 与命题 3. D. 3 可以互相直接推导出。也就是说，在支出函数的性质和间接效用函数的性质之间存在着直接的对应关系。在描述消费者选择问题的潜在特征方面，它们的作用是相同的，也就是说，它们能描述相同的特征。

希克斯（或补偿性）需求函数

EMP 中的最优商品束集合可以用 $h(p,\ u)\subset\mathbb{R}_+^L$ 表示，$h(p,\ u)$ 称为**希克斯（或补偿性）需求对应**（Hicksian or compensated demand correspondence）。如果 $h(p,\ u)$ 是单值的，则称为**希克斯（或补偿性）需求函数**。（稍后我们将解释使用“补偿性需求”这个术语的原因。）图 3. E. 3 画出了价格向量 p 和 p' 下的解集 $h(p,\ u)$。

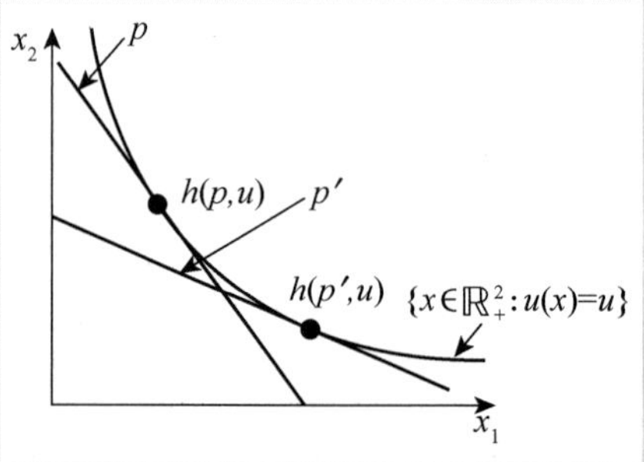

图 3. E. 3　希克斯（或补偿性）需求函数

命题 3. E. 3 给出了希克斯需求的三个基本性质，这对应于命题 3. D. 2 的瓦尔拉斯需求的性质。

命题 3. E. 3：假设定义在消费集 $X=\mathbb{R}_+^L$ 上的局部非饱和偏好关系 $\succsim$ 可用连续效用函数 $u(\cdot)$ 表示，那么对于任何 $p\gg 0$，希克斯需求对应 $h(p,u)$ 均具有下列性质：

（ⅰ）关于 p 是零次齐次的：$h(\alpha p,u)=h(p,u)$ 对于任何 p，u 和 $\alpha>0$ 都成立。

（ⅱ）无超额效用（no excess utility）：对于任何 $x\in h(p,u)$，都有 $u(x)=u$。

（ⅲ）凸性/单调性：若 $\succsim$ 是凸的，则 $h(p,u)$ 是个凸集；若 $\succsim$ 是严格凸的，从而 $u(\cdot)$ 为严格拟凹的，则 $h(p,u)$ 只有唯一一个元素。

证明：（ⅰ）$h(p,u)$ 关于 p 是零次齐次的，这是因为 $\text{Min}_x p\cdot x$ s. t. $u(x)\geqslant u$ 这个约束最小化问题的解（最优消费束），与 $\text{Min}_x \alpha p\cdot x$ s. t. $u(x)\geqslant u$（其中 $\alpha>0$ 是任意实数）的解是相同的。

（ⅱ）这个性质可从 $u(\cdot)$ 的连续性推出。假设存在一个 $x\in h(p,u)$，使得 $u(x)>u$。考虑消费束 $x'=\alpha x$，其中 $\alpha\in(0,1)$。根据连续性可知，对于充分接近 1 的 α，$u(x')\geqslant u$ 和 $p\cdot x'<p\cdot x$，这与当既定目标效用水平为 u 时，x 是 EMP 中最优的这个事实矛盾。

（ⅲ）性质（ⅲ）的证明与命题 3. D. 2 中的性质（ⅲ）的证明类似，我们将其作为习题（习题 3. E. 4）。■

和 UMP 中的情形一样，当 $u(\cdot)$ 是可微的时，EMP 中的最优消费束可用一阶条件描述。EMP 的一阶条件与命题 3. D. 1 给出的 UMP 的一阶条件非常类似。习题 3. E. 1 让读者考察这种关系。

习题 3. E. 1：假设 $u(\cdot)$ 是可微的。证明 EMP 的一阶条件为

$$p\geqslant\lambda\,\nabla u(x^*) \tag{3. E. 2}$$

和

$$x^*\cdot[p-\lambda\,\nabla u(x^*)]=0 \tag{3. E. 3}$$

其中 $\lambda\geqslant 0$。将这些条件与 UMP 的一阶条件进行比较。

我们不打算讨论希克斯需求对应的连续性和可微性。只要稍微加上一些限制条件，它们和瓦尔拉斯需求对应（参见附录 A）就是一样的。

使用命题 3. E. 1，我们可以将希克斯需求对应和瓦尔拉斯需求对应关联起来：

$$h(p,u)=x(p,e(p,u))\text{ 和 }x(p,w)=h(p,v(p,w)) \tag{3. E. 4}$$

第一个关系解释了我们使用**补偿性需求对应**（compensated demand correspondence）来描述 $h(p,u)$ 的原因：当价格变化时，如果我们同时调整消费者的财

富，使得他的效用维持在 u 的水平上，那么他的需求恰好是 $h(p, u)$。这种财富补偿称为**希克斯财富补偿**（Hicksian wealth compensation），如图 3.E.4 所示。在图 3.E.4 中，消费者的初始价格财富组合为（p，w），现在价格变为 p'，其中 $p'_1 = p_1$ 和 $p'_2 > p_2$。希克斯财富补偿额 $\Delta w_{\text{Hicks}} = e(p', u) - w$。因此，当价格变化时，希克斯需求函数 $h(p, u)$ 维持消费者的效用水平不变；当价格变化时，瓦尔拉斯需求函数允许效用变化但维持货币财富不变。

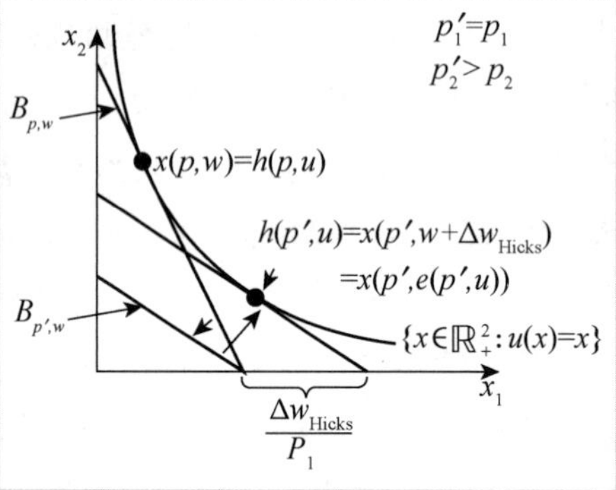

图 3.E.4　希克斯财富补偿

与 EMP 和 UMP 的最优值函数的关系一样，式（3.E.4）中的关系为希克斯需求对应 $h(p, u)$ 和瓦尔拉斯需求对应 $x(p, w)$ 之间建立了紧密联系。特别地，习题 3.E.10 让读者使用式（3.E.4）中的关系证明：对于这两个需求对应的性质来说，一个需求对应的性质可用另一个需求对应的性质直接推出。

希克斯需求与需求的补偿性法则

希克斯需求的一个重要性质是它满足**需求的补偿性法则**（compensated law of demand）：对于希克斯财富补偿的价格变化来说，需求和价格的运动方向是相反的。在命题 3.E.4 中，我们证明了希克斯需求函数满足这个事实。

命题 3.E.4： 假设定义在消费集 $X=\mathbb{R}^L_+$ 上的局部非饱和偏好关系 $\succsim$ 可用连续效用函数 $u(\cdot)$ 表示。而且，对于所有 $p \gg 0$，$h(p, u)$ 都只有唯一一个元素。那么希克斯需求函数 $h(p, u)$ 满足需求的补偿性法则：

$$(p''-p')\cdot[h(p'',u)-h(p',u)]\leqslant 0 \tag{3.E.5}$$

证明： 对于任何 $p \gg 0$，消费束 $h(p, u)$ 在 EMP 中均是最优的，所以它在价格为 p 时的支出，小于能提供效用至少为 u 的任何其他消费束的支出。因此，我们有

$$p''\cdot h(p'',u)\leqslant p''\cdot h(p',u)$$

和

$$p'\cdot h(p'',u)\geqslant p'\cdot h(p',u)$$

将这两个不等式相减就得到了我们想要的结果。■

命题 3. E. 4 直接意味着：补偿性需求的自身价格效应（own-price effects）是非正的。具体地说，若只有商品 l 的价格 p_l 变化，命题 3. E. 4 意味着 $(p''_l-p'_l)\cdot[h_l(p''_l, u)-h_l(p'_l, u)]\leqslant 0$。类似的结论对于瓦尔拉斯需求来说不成立。瓦尔拉斯需求未必满足需求法则。例如，某种商品价格下降时，该商品的需求可能下降。请参考 2. E 节对吉芬商品的讨论和图 2. F. 5（以及 2. F 节与该图相伴的讨论）。

例 3. E. 1：柯布-道格拉斯效用函数的希克斯需求和支出函数。假设消费者在两种商品上的效用可用例 3. D. 1 中的柯布-道格拉斯效用函数描述。也就是说，$u(x_1, x_2)=x_1^{\alpha}x_2^{1-\alpha}$。使用 EMP 的一阶条件（参见习题 3. E. 1）和约束条件 $u(h_1(p, u), h_2(p, u))=u$，可得到希克斯需求函数：

$$h_1(p,u)=\left[\frac{\alpha p_2}{(1-\alpha)p_1}\right]^{1-\alpha}u$$

和

$$h_2(p,u)=\left[\frac{(1-\alpha)p_1}{\alpha p_2}\right]^{\alpha}u$$

计算 $e(p, u)=p\cdot h(p, u)$ 可得

$$e(p,u)=[\alpha^{-\alpha}(1-\alpha)^{\alpha-1}]p_1^{\alpha}p_2^{1-\alpha}u$$ ■

习题 3. E. 2：验证柯布-道格拉斯效用函数的希克斯需求和支出函数满足命题 3. E. 2 和命题 3. E. 3 列举的性质。

本节和前面一节推导出了瓦尔拉斯和希克斯需求函数、间接效用函数和支出函数的若干基本性质。我们将在 3. G 节继续考察这些概念。然而，在 3. F 节我们简要讨论对偶理论背后的数学知识，这一节内容是选读性质。3. F 节的内容有助于读者更好地理解 UMP 和 EMP 的重要联系。然而，我们指出这一节对于学习本章余下的内容不是必需的。

3.F　对偶性：数学知识简介

本节暂时离开我们的主题，转而介绍对偶性的数学知识。本节主要考察一些关于凸集和函数的理论。

我们已经知道：集合 $K\subset\mathbb{R}^L$ 是凸集，若对于任何 $x, z\in K$ 和任何 $\alpha\in[0, 1]$ 都有 $\alpha x+(1-\alpha)z\in K$。注意，两个凸集的交仍是凸集。

半空间（half-space）是对于 $p\subset\mathbb{R}^L$ 且 $p\neq 0$，$c\in\mathbb{R}$ 形如 $\{x\in\mathbb{R}^L: p\cdot x\geqslant c\}$ 的集合，其中 $p\subset\mathbb{R}^L$ 且 $p\neq 0$ 这个价格向量称为半空间的垂直向量（normal vector）。* 半空间的边界 $\{x\in\mathbb{R}^L: p\cdot x=c\}$ 称为**超平面**（hyperplane）。**垂直**（nor-

* 通常称为“法向量”。——译者注

mal）这个词来源于下列事实：若 $p \cdot x = p \cdot x' = c$，则 $p \cdot (x - x') = 0$，因此 p 与超平面正交（orthogonal）或说垂直（perpendicular or normal），参见图 3. F. 1。注意，半空间和超平面都是凸集。

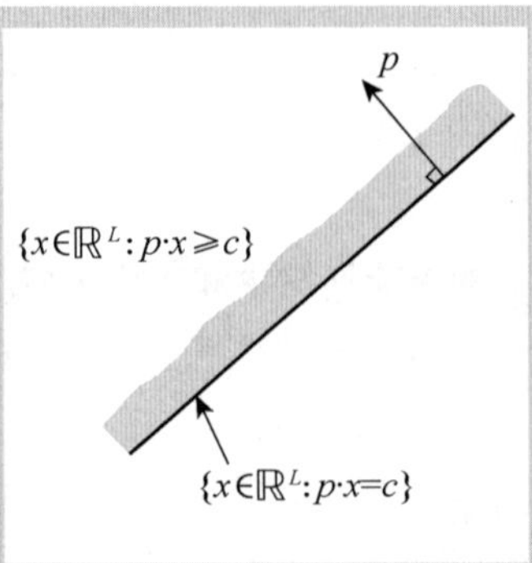

图 3. F. 1　半空间和超平面

假设 $K \subset \mathbb{R}^L$ 不仅是凸集，也是闭集（即它包含自己的边界点），现在考虑这个集合之外的任一点 $\bar{x} \notin K$。凸性理论中的一个基本定理即**分离超平面定理**（separating hyperplane theorem）告诉我们，存在一个包含集合 K 但不包含点 $\bar{x}$ 的半空间（参见数学附录中的 M. G 节）。也就是说，存在一个 $p \subset \mathbb{R}^L$ 和 $c \in \mathbb{R}$，使得 $p \cdot \bar{x} < c \leqslant p \cdot x$ 对于所有$x \in K$ 都成立。对偶理论背后的基本思想是，我们可将闭凸集等价地（“对偶地”）描述为含有该集合的半空间的交；如图 3. F. 2（a）所示。因为任何 $\bar{x} \notin K$ 都会被某个含有 K 的半空间排除在外，所以当我们对足够多的点 $\bar{x} \notin K$ 画出这样的半空间时，这些半空间的交（图中的阴影区域）就等于 K。

更一般地，若集合 K 不是凸的，那些含有 K 的半空间的交是含有 K 的最小闭凸集，这个闭凸集称为 K 的**闭凸包**（closed convex hull）。在图 3. F. 2（b）中，集合 K 是非凸的，它的闭凸包为 $\bar{K}$。

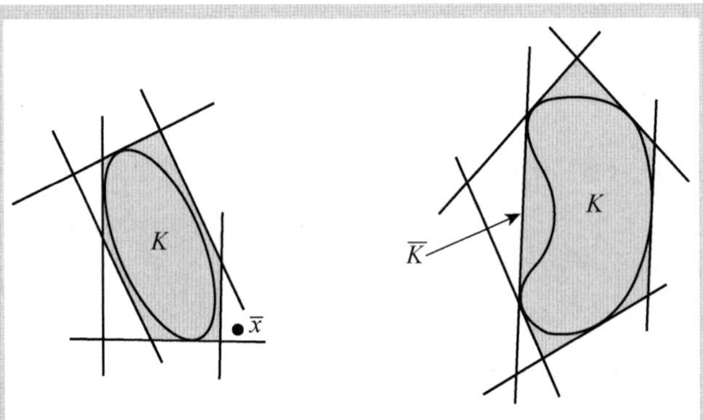

(a)　为凸集　　　　(b)　不是凸集

图 3. F. 2　闭集为凸的当且仅当它等于含有它的半空间的交

给定任何闭的（未必是凸的）集合 $K \subset \mathbb{R}^L$ 和向量 $p \subset \mathbb{R}^L$，我们可以定义 K

的支撑函数。

定义 3. F. 1：对于任何非空的闭集 $K \subset \mathbb{R}^L$，K 的**支撑函数**（support function）μ_K 的定义为：对于任何 $p \subset \mathbb{R}^L$，

$$\mu_K(p) = \text{Inf}\{p \cdot x:\ x \in K\}$$

其中，Inf 是 Infimum（下确界或称最大下界）的简写。

数集的下确界是数集最小值的广义形式。特别地，它允许下列这样的情形：某个数集可能没有最小值，因为尽管该集合内的点可能无限接近某个下界值，但该集合本身不包含真正能达到这个值的点。例如，考虑一个严格递增函数 $f(x)$，随着 x 增大函数值逐渐接近零，这个函数不存在最小值，但它的下确界是零。下确界的这种表达方式还允许下列情形，即当 K 中存在使得 $p \cdot x$ 的值无限为负时，$\mu_K(p)$ 等于$-\infty$。

当 K 是凸集时，支撑函数 $\mu_K(\cdot)$ 提供了另外一种（即"对偶的"）描述 K 的方法，因为我们可以使用 $\mu_K(\cdot)$ 的信息重新构建 K。具体地说，对于每个 p，$\{x \in \mathbb{R}^L:\ p \cdot x \geqslant u_K(p)\}$ 都是一个包含 K 的半空间。另外，我们在前面已经知道，若 $x \notin K$，则存在某个 p 使得 $p \cdot x < u_K(p)$。因此，由所有可能的 p 值生成的半空间的交，恰好为 K；也就是说

$$K = \{x \in \mathbb{R}^L : p \cdot x \geqslant \mu_K(p) \text{ 对每个 } p \text{ 都成立}\}$$

根据相同的逻辑，若 K 不是凸的，则 $K = \{x \in \mathbb{R}^L:\ p \cdot x \geqslant \mu_K(p)$ 对每个 p 都成立$\}$ 是那个包含 K 的最小闭凸集。

支撑函数 $\mu_K(\cdot)$ 是一次齐次的。更有意思的是，$\mu_K(\cdot)$ 是凹的。为了看清这一点，考虑 $p'' = \alpha p + (1-\alpha)p'$，其中 $\alpha \in [0,\ 1]$。为简单起见，假设我们已真正达到下确界，因此存在一个 $z \in K$ 使得 $\mu_K(p'') = p'' \cdot z$。于是，由于

$$\begin{aligned}\mu_K(p'') &= \alpha p \cdot z + (1-\alpha)p' \cdot z \\ &\geqslant \alpha\mu_K(p) + (1-\alpha)\mu_K(p')\end{aligned}$$

我们断言 $\mu_K(\cdot)$ 是凹的。

$\mu_K(\cdot)$ 的凹性也可以从图形上看出。在图 3. F. 3 中，对于 $x \in K$ 的各种选择，$\phi_x(p) = p \cdot x$ 的函数值是 p_2 的函数（p_1 固定在 $\bar{p}_1$ 水平上）。对于每个 x，函数 $\phi_x(\cdot)$ 都是 p_2 的线性函数。图 3. F. 3 也画出了支撑函数 $\mu_K(\cdot)$。对于 p_2 的每个水平，$\mu_K(\bar{p}_1,\ p_2)$ 等于各个线性函数 $\phi_x(\cdot)$ 在 $p = (\bar{p}_1,\ p_2)$ 点的最小值（即下确界）；也就是说，$\mu_K(\bar{p}_1,\ p_2) = \text{Min}\ \{\phi_x(\bar{p}_1,\ p_2):\ x \in K\}$。例如，当 $p_2 = \bar{p}_2$ 时，$\mu_K(\bar{p}_1,\ \bar{p}_2) = \phi_{\bar{x}}(\bar{p}_1,\ \bar{p}_2) \leqslant \phi_x(\bar{p}_1,\ \bar{p}_2)$ 对于所有 $x \in K$ 都成立。从此图可以看出，$\mu_K(\cdot)$ 是函数 $\phi_x(\cdot)$ 的"下包络线"。作为线性函数族的下确界，$\mu_K(\cdot)$ 是凹的。

3

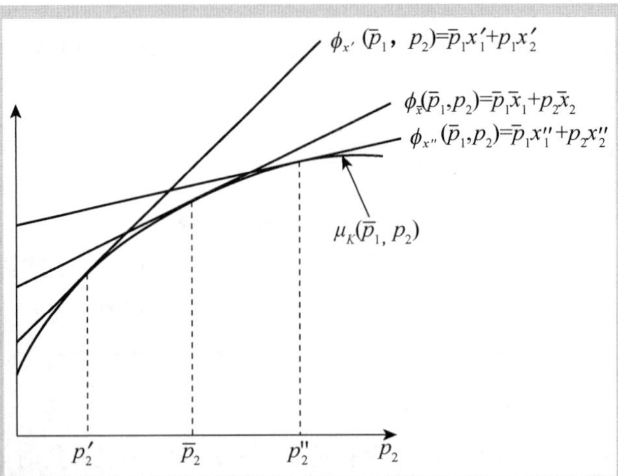

图 3. F. 3 支撑函数 $\mu_K(p)$ 是凹的

命题 3. F. 1 即**对偶定理**（duality theorem）给出了数学上的一个重要结论。它在经济中的应用十分广泛。

命题 3. F. 1：（对偶定理） 令 K 是个非空闭集，令 $\mu_K(\cdot)$ 是 K 的支撑函数，则存在唯一一个 $\bar{x}\in K$ 使得 $\bar{p}\cdot\bar{x}=\mu_K(\bar{p})$ 当且仅当 $\mu_K(\cdot)$ 在 $\bar{p}$ 点是可微的。而且，在这种情形下，

$$\nabla\mu_K(\bar{p})=\bar{x}$$

我们不打算给出这个定理的完整证明。它的最重要的结论是，如果对于价格向量 $\bar{p}$，最小化向量 $\bar{x}$ 是唯一的，那么支撑函数在 $\bar{p}$ 点的梯度等于 $\bar{x}$。为了理解这个结果，考虑线性函数 $\phi_{\bar{x}}(p)=p\cdot\bar{x}$。根据 $\bar{x}$ 的定义，我们知道 $\mu_K(\bar{p})=\phi_{\bar{x}}(\bar{p})$。而且，$\phi_{\bar{x}}(\cdot)$ 在 $\bar{p}$ 点的导数满足 $\nabla\phi_{\bar{x}}(p)=\bar{x}$。因此，对偶定理告诉我们，从 $\mu_K(\cdot)$ 的一阶导数来看，好像 $\mu_K(\cdot)$ 是 p 的线性函数；也就是说，$\mu_K(\cdot)$ 在 $\bar{p}$ 点的一阶导数恰好和函数 $\phi_{\bar{x}}(p)=p\cdot\bar{x}$ 的那些一阶导数是相同的。

这个事实背后的逻辑相当直观。假设 $\mu_K(\cdot)$ 在 $\bar{p}$ 点是可微的。考虑函数 $\xi(p)=p\cdot\bar{x}-\mu_K(p)$，其中 $\bar{x}\in K$，$\mu_K(\bar{p})=\bar{p}\cdot\bar{x}$。根据支撑函数 $\mu_K(\cdot)$ 的定义可知，对于所有 p，都有 $\xi(p)=p\cdot\bar{x}-\mu_K(p)\geqslant 0$。我们还知道 $\xi(\bar{p})=\bar{p}\cdot\bar{x}-\mu_K(\bar{p})=0$。所以，$\xi(\cdot)$ 在 $p=\bar{p}$ 处达到最小值。因此，它在 $\bar{p}$ 点的所有导数必定都为零。这意味着下列结果：$\nabla\xi(\bar{p})=\bar{x}-\nabla\mu_K(\bar{p})=0$。①

回顾一下我们在 3. E 节对 EMP 的讨论，我们看到支出函数正好是集合 $\{x\in$

① 因为对于在 $\bar{p}$ 点的任何最小化算子 $\bar{x}$ 来说，不管 $\bar{x}$ 是唯一的还是不唯一的［此时 $\mu_K(\cdot)$ 在 $\bar{p}$ 点不可微］，都有 $\bar{x}=\nabla\mu_K(\bar{p})$。因此，只有当 $\bar{p}$ 点的最小化算子 $\bar{x}$ 是唯一的时，$\mu_K(\cdot)$ 在 $\bar{p}$ 点才可微。

$\mathbb{R}^L_+$：$u(x)\geqslant u\}$ 的支撑函数。从我们对支撑函数的讨论，立即可以看到命题 3. E. 2 推导的那些性质，例如零次齐次性和凹性，是成立的。在 3. G 节，我们将研究对偶定理对于需求理论的意义。

关于对偶理论及其应用的进一步讨论，参见 Green 和 Heller（1981）；更高深的内容，参见 Diewert（1982）。关于对偶理论在消费者理论中应用的早期讨论，请参见 McKenzie（1956—1957）。

对偶定理的第一部分是说 $\mu_K(\cdot)$ 在 $\bar{p}$ 处是可微的，当且仅当 $\bar{p}$ 处的最小化向量是唯一的。如果 K 不是严格凸的，则在某个 $\bar{p}$ 处，最小化向量不是唯一的，因此 $\mu_K(\cdot)$ 在 $\bar{p}$ 处出现了拐折。然而，如果使用方向导数概念，在这种背景下，$\bar{p}$ 处的梯度 $\mu_K(\cdot)$ 仍然等于最小化集，只不过在这种情形下，它是多值的。

我们可以借助图 3. F. 4 说明 $L=2$ 的情形。在图 3. F. 4（a）中，我们画出了一个严格凸集 K。对于所有 p，它的最小化向量是唯一的。在 $\bar{p}=(1/2, 1/2)$ 处，它为 $\bar{x}=(1, 1)$。图 3. F. 4（b）画出了 $\mu_K(\frac{1}{2}, p_2)$ 的图形，它是 p_2 的函数。我们可以看到，该函数是凹的且关于 p_2 可微。在 $p_2=1/2$ 处，斜率为 1（$\bar{x}_2$ 的值）。

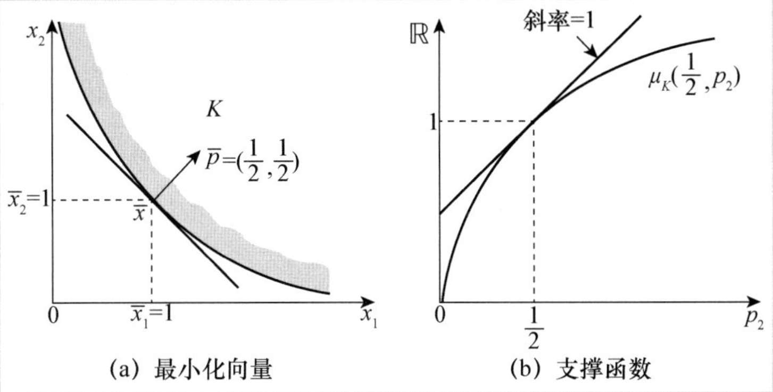

图 3. F. 4　对偶定理，其中 $\bar{p}$ 处的最小化向量是唯一的

图 3. F. 5（a）画出了一个凸但非严格凸的集合 K。在 $\bar{p}=(1/2, 1/2)$ 处，整个线段 $[x', x'']$ 都是最小化集。如果 $p_1>p_2$，那么 x' 是最小化向量，支撑函数的值为 $p_1x'_1+p_2x'_2$；如果 $p_1<p_2$，那么 x'' 是最小化向量，支撑函数的值为 $p_1x''_1+p_2x''_2$。图 3. F. 5（b）画出了 $\mu_K\left(\frac{1}{2}, p_2\right)$ 的图形，它是 p_2 的函数。对于 $p_2<1/2$，它的斜率等于 $7/4$（x'_2 的值）。对于 $p_2>1/2$，它的斜率为 $1/4$（x''_2 的值）。在 $\bar{p}=(1/2, 1/2)$ 处，函数图形出现了拐折，$\bar{p}$ 这个价格向量有多个最小化向量。在此处，函数关于 p_2 的左导数等于 7/4，右导数等于 1/4。因此，在 $\bar{p}=(1/2, 1/2)$ 处，这些方向导数的值域与最小化向量中的 x_2 的值域相同。

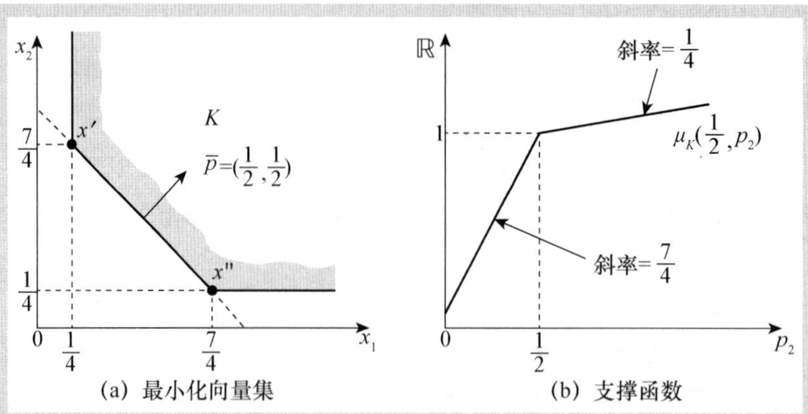

图 3. F. 5 对偶定理，其中 $\bar{p}$ 处的最小化向量有多个

3.G 需求、间接效用与支出函数之间的关系

现在我们继续考察效用最大化（UMP）和支出最小化（EMP）产生的结果。本节主要考察以下三个关系：希克斯需求函数和支出函数之间的关系、希克斯需求函数和瓦尔拉斯需求函数之间的关系，以及瓦尔拉斯需求函数和间接效用函数之间的关系。

和以前一样，我们假设 $u(\cdot)$ 是个连续效用函数，它代表的是局部非饱和的偏好关系$\succsim$(定义域为消费集 $X=\mathbb{R}^L_+$)，我们只关注 $p\gg0$ 的情形。另外，为简单起见，我们始终假设$\succsim$是严格凸的，因此瓦尔拉斯需求 $x(p, w)$ 和希克斯需求 $h(p, u)$ 都是单值的。[①]

希克斯需求和支出函数

如果知道了希克斯需求函数，很容易由此计算出支出函数 $e(p, u)=p\cdot h(p, u)$。命题 3. G. 1 给出了这两个概念之间的更重要的联系。

命题 3. G. 1： 假设定义在消费集 $X=\mathbb{R}^L_+$ 上的局部非饱和且严格凸的偏好关系$\succsim$可用连续效用函数 $u(\cdot)$ 表示。对于所有 p 和 u，希克斯需求 $h(p, u)$ 是支出函数关于价格的导数（向量）：

$$h(p,u)=\nabla_p e(p,u) \tag{3. G. 1}$$

也就是说，对于所有 $l=1, \cdots, L$，我们均有 $h_l(p, u)=\partial e(p, u)/\partial p_l$。

因此，给定消费者的支出函数，我们通过求微分就能计算出他的希克斯需求

---

① 事实上，本节所有的最优都是局部最优，它们对于满足下列性质的所有价格向量 $\bar{p}$ 都成立：对于 $\bar{p}$ 邻域中的所有 p，UMP 或 EMP 的最优消费向量都是唯一的。

函数。

我们使用三种方法证明这个重要的结论。

证法 1：(使用对偶定理) 命题 3. G. 1 中的结论是对偶定理（命题 3. F. 1）的直接结果。由于支出函数正好是集合 $K=\{x\in\mathbb{R}_+^L: u(x)\geqslant u\}$ 的支撑函数，而且由于与这个支撑函数相伴的最小化向量是 $h(p, u)$，命题 3. F. 1 意味着 $h(p, u)=\nabla_p e(p, u)$。注意到，命题 3. G. 1 能帮助我们理解"对偶"这个词在当前背景下的含义。特别地，正如效用函数 $u(\cdot)$ 关于商品数量的导数可以从价格角度解读一样［在 3. D 节我们已经看到，在最优点上，这些导数等于价格乘以一个固定的比例因子（即拉格朗日乘子）］，命题 3. G. 1 告诉我们支出函数 $e(\cdot, u)$ 关于价格的导数可以从商品数量角度解读（这些导数等于希克斯需求）。■

证法 2：(使用一阶条件) 在这种方法下，我们只关注 $h(p, u)\gg 0$ 的情形，而且我们假设 $h(p, u)$ 在 (p, u) 处是可微的。

使用链式法则，可将支出的变动写为

$$\begin{aligned}\nabla_p e(p,u) &= \nabla_p[p\cdot h(p,u)]\\ &= h(p,u)+[p\cdot D_p h(p,u)]^{\mathrm{T}}\end{aligned}\tag{3. G. 2}$$

将 EMP 的内部解的一阶条件 $p=\lambda\nabla u(h(p, u))$ 代入上式，可得

$$\nabla_p e(p,u) = h(p,u)+\lambda[\nabla u(h(p,u))\cdot D_p h(p,u)]^{\mathrm{T}}$$

但是由于在 EMP 中，$u(h(p, u))=u$ 对于所有 p 均成立，我们知道 $\nabla u(h(p, u))\cdot D_p h(p, u)=0$，因此我们就得到了 $h(p, u)=\nabla_p e(p, u)$ 这个结果。■

证法 3：(使用包络定理) 在这种方法下，我们仍然使用证法 2 中的假设。在这种情形下，我们可以直接使用包络定理。考虑下列约束最小化问题的最优值函数 $\phi(\alpha)$：

$$\begin{aligned}&\underset{x}{\operatorname{Min}} f(x,\alpha)\\ &\text{s. t. } g(x,\alpha)=0\end{aligned}$$

如果 $x^*(\alpha)$（关于参数 $\alpha=(\alpha_1, \cdots, \alpha_M)$ 的函数）是这个问题的（可微的）解，那么包络定理告诉我们，在任何 $\bar{\alpha}=(\bar{\alpha}_1, \cdots, \bar{\alpha}_M)$ 处，我们均有

$$\frac{\partial\phi(\bar{\alpha})}{\partial\alpha_m}=\frac{\partial f(x^*(\bar{\alpha}),\bar{\alpha})}{\partial\alpha_m}-\lambda\frac{\partial g(x^*(\bar{\alpha}),\bar{\alpha})}{\partial\alpha_m}$$

对于 $m=1, \cdots, M$ 成立。或用矩阵符号表示为，

$$\nabla_\alpha\phi(\bar{\alpha})=\nabla_\alpha f(x^*(\bar{\alpha}),\bar{\alpha})-\lambda\nabla_\alpha g(x^*(\bar{\alpha}),\bar{\alpha})$$

这个结果的进一步讨论，可参见数学附录中的 M. L 节。①

---

① 证法 2 在本质上是特殊形式包络定理的证明，这种形式的"特殊"之处在于：发生变化的参数（本例为价格）只影响最优化问题的目标函数而不影响约束函数。

因为在 EMP 中，价格参数只进入了目标函数 $p \cdot x$，所以价格在 $\bar{p}$ 处变动引起的 EMP 最优值函数的变动 $\nabla_p e(\bar{p}, u)$，恰好等于目标函数关于 p 的偏导数在最优点的值 $h(\bar{p}, u)$。因此，$h(p, u)=\nabla_p e(p, u)$。■

这三种证明方法背后的思想是相同的：如果我们在 EMP 的解（最优点）上，那么由价格变动引起的需求变动对消费者的支出没有一阶影响。这一点在证法 2 中最为清楚。条件（3. G. 2）使用链式法则将价格变动的总效应分解为下列两个效应：价格变动（但维持需求不变）对支出的直接影响（第一项）；引致的需求变动（但维持价格不变）对支出的间接影响（第二项）。然而，由于我们处在支出最小化的消费束上，EMP 的一阶条件意味着后面这个效应（第二项）为零。

命题 3. G. 2 归纳了希克斯需求函数的价格导数的若干性质，其中性质（ⅰ）到（ⅲ）蕴涵在命题 3. G. 1 之中。命题 3. G. 2 还给出了这些导数的另外一个事实，即性质（ⅳ）。

命题 3. G. 2：假设定义在消费集 $X=\mathbb{R}_+^L$ 上的局部非饱和且严格凸的偏好关系 $\succsim$，可用连续效用函数 $u(\cdot)$ 表示。再假设 $h(\cdot, u)$ 在点 (p, u) 处是连续可微的，将 $h(\cdot, u)$ 的 $L\times L$ 导数矩阵记为 $D_p h(p, u)$。那么，

（ⅰ）$D_p h(p, u)=D_p^2 e(p, u)$。

（ⅱ）$D_p h(p, u)$ 是个负半定的矩阵。

（ⅲ）$D_p h(p, u)$ 是个对称矩阵。

（ⅳ）$D_p h(p, u)p=0$。

证明：性质（ⅰ）直接可从命题 3. G. 1 推出，具体地说，将 $h(p, u)=\nabla_p e(p, u)$（即式 3. G. 1）对价格 p 微分即可得到 $D_p h(p, u)=D_p^2 e(p, u)$。

性质（ⅱ）和（ⅲ）可从性质（ⅰ）和下列事实推出。这个事实是 $e(p, u)$ 是个二次连续可微凹函数，它的海赛矩阵（即二阶导数矩阵）是对称的和负半定的（参见数学附录中的 M. C 节）。

最后，对于性质（ⅳ），注意到：因为 $h(p, u)$ 关于 p 是零次齐次的，所以对于所有 α 我们都有 $h(\alpha p, u)-h(p, u)=0$。将这个式子关于 α 微分可得 $D_\alpha h(p, u)p=0$。[注意到，由于 $h(p, u)$ 关于 p 是零次齐次的，我们也可以直接从欧拉公式推导出 $D_\alpha h(p, u)p=0$。参见数学附录中的 M. B 节。] ■

$D_p h(p, u)$ 的负半定性是补偿性需求法则［条件（3. E. 5）］的微分形式。具体地说，条件（3. E. 5）的微分形式是 $dp \cdot dh(p, u)\leqslant 0$。由于 $dh(p, u)=D_p h(p, u)dp$，代入可得：$dp \cdot D_p h(p, u)dp\leqslant 0$ 对于所有 dp 成立，因此，$D_p h(p, u)$ 是负半定的。注意到，负半定性意味着 $\partial h_l(p, u)/\partial p_l\leqslant 0$ 对于所有 l 均成立；也就是说，补偿性自身价格效应是非正的。我们对这个结论并不陌生，因为在前面章节我们已从条件（3. E. 5）直接推出过它。

$D_p h(p, u)$ 是对称矩阵，这一点多少有些令人感到意外。这意味着任何两种商品（比如商品 l 和商品 k）的补偿性价格交叉导数（compensated price crossderivatives）必定满足 $\partial h_l(p, u)/\partial p_k = \partial h_k(p, u)/\partial p_l$。对于对称性，我们不容易找到相应的经济学解释。事实上，正如 Samuelson（1947）所指出的，如果不借助数学，就无法从直觉上得到这个性质。现在我们知道 $D_p h(p, u) = \nabla_p^2 e(p, u)$，这意味着对称性性质反映了下列事实：一个（二次连续可微的）函数的交叉导数是相同的。直观地说，上面这个结论是说：当你爬山时，无论你选择什么样的路径，你跨越的净高度是相同的。[①] 正如我们将在 13. H 节和 13. J 节讨论的那样，这种路径无关性与理性偏好的传递性或非循环性是密切相关的。

对于两种商品（商品 l 和商品 k），如果在（p，u）处有 $\partial h_l(p, u)/\partial p_k \geq 0$，那么我们说这两种商品在（$p$，$u$）处是**替代品**（substitutes）；如果在（p，u）处有 $\partial h_l(p, u)/\partial p_k \leq 0$，那么我们说这两种商品在（$p$，$u$）处是**互补品**（complements）。[如果瓦尔拉斯需求在（p，w）处也有上面那样的关系，则分别称这两种商品在（p，w）处是**总替代品**（gross substitutes）和**总互补品**（total complements）]。由于 $\partial h_l(p, u)/\partial p_l \leq 0$，命题 3. G. 2 中的性质（ⅳ）意味着必定存在满足 $\partial h_l(p, u)/\partial p_k \geq 0$ 的商品 k。因此，命题 3. G. 2 意味着每种商品都至少有一个替代品。

希克斯需求函数和瓦尔拉斯需求函数

尽管希克斯需求函数不能直接观测到（因为消费者的效用水平是该函数的变量之一，而效用水平是不可直接观测到的），然而我们将说明 $D_p h(p, u)$ 可从可观测到的瓦尔拉斯需求函数 $x(p, w)$ 计算出（瓦尔拉斯需求函数的可观测性源于它的所有变量都是可观测到的）。这个称为**斯卢茨基方程**（Slutsky equation）的重要结论，意味着命题 3. G. 2 所列举的性质可以转化为对可观测到的瓦尔拉斯需求函数 $x(p, w)$ 施加的限制。

命题 3. G. 3：（斯卢茨基方程） 假设定义在消费集 $X = \mathbb{R}_+^L$ 上的局部非饱和且严格凸的偏好关系 $\succsim$ 可用连续效用函数 $u(\cdot)$ 表示，那么对于所有（p，w）和 $u = v(p, w)$，我们均有

---

① 为了看清这一点，考虑二次连续可微函数 $f(x, y)$。对于（x'，y'）变为（x''，y''）引起的函数值变化 $f(x'', y'') - f(x', y')$，我们可以将其解释为两条不同路径的增量变化的总和（即积分）：$f(x'', y'') - f(x', y') = \int_{y'}^{y''} [\partial f(x', t)/\partial y] dt + \int_{x'}^{x''} [\partial f(s, y'')/\partial x] ds$ 和 $f(x'', y'') - f(x', y') = \int_{x'}^{x''} [\partial f(s, y')/\partial x] ds + \int_{y'}^{y''} [\partial f(x'', t)/\partial x] dt$。要使得这两个式子相等（它们也必定相等），我们应该有

$$\int_{y'}^{y''} \left[\frac{\partial f(x'', t)}{\partial y} - \frac{\partial f(x'', t)}{\partial y} \right] dt = \int_{x'}^{x''} \left[\frac{\partial f(s, y'')}{\partial x} - \frac{\partial f(s, y')}{\partial x} \right] ds$$

或者

$$\int_{y'}^{y''} \left\{ \int_{x'}^{x''} \left[\frac{\partial^2 f(s, t)}{\partial y \partial x} \right] ds \right\} dt = \int_{x'}^{x''} \left\{ \int_{y'}^{y''} \left[\frac{\partial^2 f(s, t)}{\partial x \partial y} \right] dt \right\} ds$$

因此，交叉导数相等意味着这两种不同的“爬山（函数）”方法产生的结果是相同的。类似地，如果在（x''，y''）处交叉偏导数不相等，那么对于充分接近（x''，y''）的（x'，y'）来说，最后一个不等式将不成立。

3

$$\frac{\partial h_l(p,u)}{\partial p_k}=\frac{\partial x_l(p,w)}{\partial p_k}+\frac{\partial x_l(p,w)}{\partial w}x_k(p,w)\quad \text{对于所有 } l,k \text{ 均成立} \tag{3. G. 3}$$

或等价地，以矩阵符号表示为

$$D_p h(p,u)=D_p x(p,w)+D_w x(p,w)x(p,w)^{\mathrm{T}} \tag{3. G. 4}$$

证明： 考虑下面这样的消费者，他面对的价格财富组合为 $(\bar{p},\ \bar{w})$，达到的效用水平为 $\bar{u}$。注意，他的财富水平 $\bar{w}$ 必定满足 $\bar{w}=e(\bar{p},\ \bar{u})$。从条件（3. E. 4）可知，对于所有 $(p,\ u)$，我们都有 $h_l(p,\ u)=x_l(p,\ e(p,\ u))$。将这个式子关于 p_k 微分并求它在 $(\bar{p},\ \bar{u})$ 的值，可得

$$\frac{\partial h_l(\bar{p},\bar{u})}{\partial p_k}=\frac{\partial x_l(\bar{p},e(\bar{p},\bar{u}))}{\partial p_k}+\frac{\partial x_l(\bar{p},e(\bar{p},\bar{u}))}{\partial w}\frac{\partial e(\bar{p},\bar{u})}{\partial p_k}$$

根据命题 3. G. 1 可知 $\partial e(\bar{p},\ \bar{u})/\partial p_k=h_k(\bar{p},\ \bar{u})$，代入上式（右侧第二项）可得

$$\frac{\partial h_l(\bar{p},\bar{u})}{\partial p_k}=\frac{\partial x_l(\bar{p},e(\bar{p},\bar{u}))}{\partial p_k}+\frac{\partial x_l(\bar{p},e(\bar{p},\bar{u}))}{\partial w}h_k(\bar{p},\bar{u})$$

最后，由于 $\bar{w}=e(\bar{p},\ \bar{u})$，$h_k(\bar{p},\ \bar{u})=x_k(\bar{p},\ e(\bar{p},\ \bar{u}))=x_k(\bar{p},\ \bar{w})$，我们有

$$\frac{\partial h_l(\bar{p},\bar{u})}{\partial p_k}=\frac{\partial x_l(\bar{p},\bar{w})}{\partial p_k}+\frac{\partial x_l(\bar{p},\bar{w})}{\partial w}x_k(\bar{p},\bar{w})\ \blacksquare$$

图 3. G. 1（a）画出了商品 l 的瓦尔拉斯需求曲线和希克斯需求曲线，我们在画这两条曲线时将它们作为 p_l 的函数但将所有其他价格固定为 $\bar{p}_{-l}$［我们使用 $\bar{p}_{-l}$ 表示含有除了 p_l 之外的所有其他价格的向量，并将价格向量记为 $p=(p_l,\ \bar{p}_{-l})$，这种记法有些滥用符号，但好处是这种表示法比较简便］。因此，更准确地说，图 3. G. 1（a）画出的是瓦尔拉斯需求函数 $x(p,\ \bar{w})$，以及要求达到效用水平 $\bar{u}=v((\bar{p}_l,\ \bar{p}_{-l}),\ \bar{w})$ 的希克斯需求函数 $h(p,\ \bar{u})$。注意，当 $p_l=\bar{p}_l$ 时，这两个函数相等。

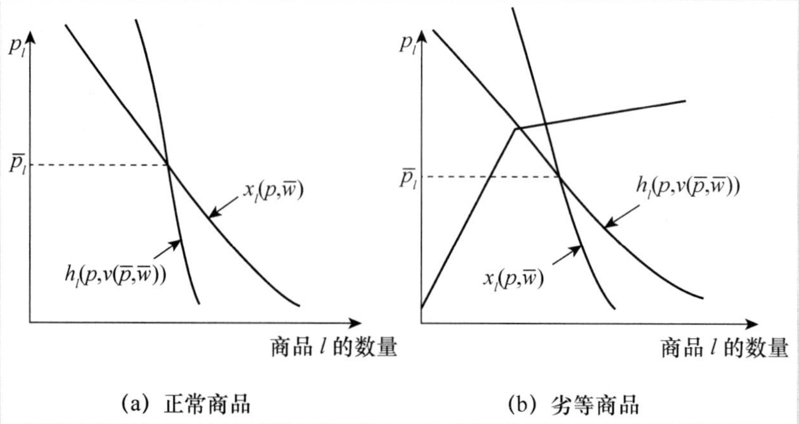

图 3. G. 1　商品 l 的瓦尔拉斯需求函数和希克斯需求函数

斯卢茨基方程描述了这两个函数在价格 $\bar{p}_l$ 处的斜率关系。在图3.G.1（a）中，在 $\bar{p}_l$ 处，瓦尔拉斯需求曲线比希克斯需求曲线平缓，即在 $\bar{p}_l$ 处尽管二者的斜率都为负，但前者的斜率没有后者负得厉害。通过考察斯卢茨基方程可知，这对应着商品 l 在 $(\bar{p}, \bar{w})$ 处是正常商品的情形。当 p_l 上升到大于 $\bar{p}_l$ 时，如果我们想维持消费者的效用水平不变，我们必须增加他的财富。因此，如果商品 l 是正常商品，在不进行补偿的情形下，消费者对它的需求会下降得更多。图3.G.1（b）画出的是商品 l 为劣等商品的情形。在这种情形下，瓦尔拉斯需求曲线的斜率比希克斯需求曲线负得厉害。

命题3.G.3意味着希克斯需求函数关于价格的导数矩阵 $D_p h(p, u)$ 等于下列矩阵

$$S(p,w)=\begin{bmatrix} s_{11}(p,w) & \cdots & s_{1L}(p,w) \\ \vdots & \ddots & \vdots \\ s_{L1}(p,w) & \cdots & s_{LL}(p,w) \end{bmatrix}$$

其中，$s_{lk}(p, w)=\partial x_l(p, w)/\partial p_k+[\partial x_l(p, w)/\partial w]x_k(p, w)$。这个矩阵称为**斯卢茨基替代矩阵**（Slutsky substitution matrix）。注意，$S(p, w)$ 可根据（可观测的）瓦尔拉斯需求函数的信息直接计算出。由于 $S(p, w)=D_p h(p, u)$，命题3.G.2意味着当需求函数是由偏好最大化生成时，$S(p, w)$ 必定具有下列三个性质：**负半定性**、**对称性**以及**满足 $S(p, w)p=0$**。

在2.F节，我们曾证明：斯卢茨基替代矩阵 $S(p, w)$ 是由另外一种财富补偿［即所谓的**斯卢茨基财富补偿**（Slutsky wealth compensation）］产生的补偿性需求导数矩阵。与在前面我们变动财富来维持效用不变的做法不同，斯卢茨基补偿调整财富来使得消费者能在新价格下正好买得起原来的消费束 $\bar{x}$。因此，我们有了一个重要结论：**希克斯需求函数的导数等于斯卢茨基补偿性需求的导数**。

我们可以这样理解这个结果：假设我们的效用函数为 $u(\cdot)$，而且我们处在初始位置 $(\bar{p}, \bar{w})$ 上，其中 $\bar{x}=x(\bar{p}, \bar{w})$，$\bar{u}=u(\bar{x})$。当价格变动到 p' 时，我们想变动财富来补偿因这个价格变动带来的财富效应。在理论上，这种补偿有两种不同的方法：一种是，将财富变动 $\Delta w_{\text{Slutsky}}=p'\cdot x(\bar{p}, \bar{w})-\bar{w}$，这样消费者就能正好买得起初始消费束 $\bar{x}$；另外一种是，将财富变动 $\Delta w_{\text{Hicks}}=e(p', \bar{u})-\bar{w}$，这样消费者的效用水平维持不变。我们有 $\Delta w_{\text{Hicks}}\leqslant\Delta w_{\text{Slutsky}}$，一般来说这个不等式对于任何离散变动都是严格不等式（参见图3.G.2）。但是由于 $\nabla e(\bar{p}, \bar{u})=h(\bar{p}, \bar{u})=x(\bar{p}, \bar{w})$，对于从 $\bar{p}$ 开始的微分价格变动，这两种财富补偿是恒等的。在直觉上，其中的原因和导致命题3.G.1的原因是一样的：对于某个价格的微分变动，为实现效用水平 $\bar{u}$ 而进行的总补偿即希克斯补偿水平（价格变动对支出的总效应），只不过是维持消费束 $\bar{x}$ 不变情形下的价格变动的直接效应。但这正好是斯卢茨基补偿的计算方法和结果。因此，这两种补偿机制下的补偿性需求函数的导数是相同的。

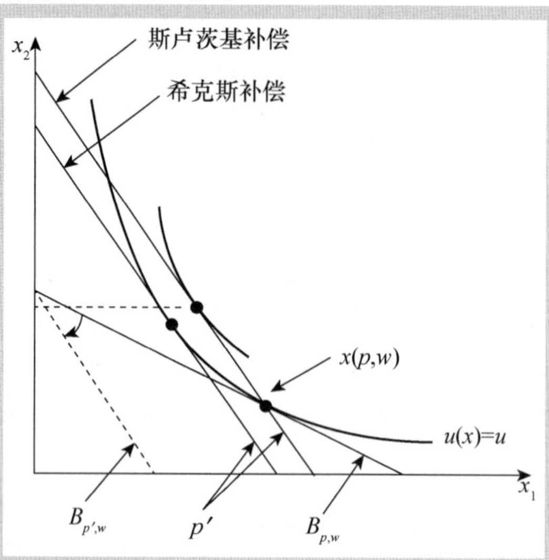

图 3. G. 2 希克斯财富补偿和斯卢茨基财富补偿

$D_p h(p, u)=S(p, w)$ 这个事实有助于我们比较消费者需求的两种基本构造方法，具体地说是将基于偏好方法的消费者需求的含义，与 2. F 节的建立在弱公理之上的基于选择方法的消费者需求的含义进行比较。我们在 2. F 节的结论是如果 $x(p, w)$ 满足弱公理（以及零次齐次性和瓦尔拉斯法则），则 $S(p, w)$ 是负半定的且 $S(p, w)p=0$。另外，在 2. F 节我们还知道，除了 $L=2$ 之外，满足弱公理的需求未必需要有对称的斯卢茨基矩阵。因此，这里的结果告诉我们，对基于偏好方法的需求施加的限制，强于对建立在弱公理上的基于选择方法的需求的限制。事实上，当替代矩阵不是对称矩阵时，根本不可能找到能理性化需求的偏好。在 3. I 节，我们将进一步考察替代矩阵的对称性在需求的这两种构建方法之间关系中的作用。

瓦尔拉斯需求和间接效用函数

我们已经看到 EMP 的最小化向量 $h(p, u)$，是 EMP 的最优值函数 $e(p, u)$ 关于价格 p 的导数。类似的结论对于 UMP 不成立。瓦尔拉斯需求（作为一个序数概念）不可能等于间接效用函数关于价格的导数（基数性质，不能对递增的效用转换保持不变性）。但是如果我们用下列方法稍微纠正一下，即使用边际财富效用将 $v(p, w)$ 关于 p 的导数标准化，就可以使得类似的结论对于 UMP 成立。这个命题称为**罗伊恒等式**（Roy's identity），它是以勒纳·罗伊（René Roy）的名字命名的。罗伊恒等式描述了需求和 UMP 之间的关系，它的地位和命题 3. G. 1 类似。对于罗伊恒等式，我们也提供几种证明方法。

命题 3. G. 4：（罗伊恒等式） 假设定义在消费集 $X=\mathbb{R}^L_+$ 上的局部非饱和且严格凸的偏好关系$\succsim$可用连续效用函数 $u(\cdot)$ 表示。再假设间接效用函数在点 $(\bar{p}, \bar{w})\gg$

0 处是可微的。那么，

$$x(\bar{p},\bar{w}) = -\frac{1}{\nabla_w v(\bar{p},\bar{w})} \nabla_p v(\bar{p},\bar{w})$$

也就是说，对于每个 $l=1$，…，L：

$$x_l(\bar{p},\bar{w}) = -\frac{\partial v(\bar{p},\bar{w})/\partial p_l}{\partial v(\bar{p},\bar{w})/\partial w}$$

证法 1：令 $\bar{u}=v(\bar{p},\ \bar{w})$。由于恒等式 $v(p,\ e(p,\ \bar{u}))=\bar{u}$ 对于所有 p 均成立，将这个恒等式关于 p 求导，并求 $p=\bar{p}$ 时的值，可得

$$\nabla_p v(\bar{p},e(\bar{p},\bar{u})) + \frac{\partial v(\bar{p},e(\bar{p},\bar{u}))}{\partial w} \nabla_p e(\bar{p},\bar{u}) = 0$$

根据命题 3.G.1 可知$\nabla_p e(\bar{p},\ \bar{u})=h(\bar{p},\ \bar{u})$，将此式代入上式可得

$$\nabla_p v(\bar{p},e(\bar{p},\bar{u})) + \frac{\partial v(\bar{p},e(\bar{p},\bar{u}))}{\partial w} h(\bar{p},\bar{u}) = 0$$

最后，由于 $\bar{w}=e(\bar{p},\ \bar{u})$，将 $h(\bar{p},\ \bar{u})=x(\bar{p},\ \bar{w})$ 代入上式可得

$$\nabla_p v(\bar{p},\bar{w}) + \frac{\partial v(\bar{p},\bar{w})}{\partial w} x(\bar{p},\bar{w}) = 0$$

变形整理即可得到我们想要的结果。■

罗伊恒等式的证法 1 使用了命题 3.G.1。证法 2 和证法 3 说明了这样的事实，即这两个结果实际上源于同一个思想：因为我们处在一个最优点上，所以在计算某个微分价格变动对最优值函数的效应时，我们可以忽略价格变动引起的需求变动。因此，罗伊恒等式和命题 3.G.1 应该被看成 UMP 和 EMP 的对应结果。（实际上，习题 3.G.1 让你使用罗伊恒等式推导出命题 3.G.1，从而说明证法 1 中的论证方向可以颠倒过来进行。）

证法 2：（使用一阶条件） 假设 $x(p,\ w)$ 是可微的而且 $x(\bar{p},\ \bar{w})\gg 0$。根据链式法则，我们可以写为

$$\frac{\partial v(\bar{p},\bar{w})}{\partial p_l} = \sum_{k=1}^{L} \frac{\partial u(x(\bar{p},\bar{w}))}{\partial x_k} \frac{\partial x_k(\bar{p},\bar{w})}{\partial p_l}$$

使用 UMP 一阶条件替换 $\partial u(x(\bar{p},\ \bar{w}))/\partial x_k$，可得

$$\begin{aligned}\frac{\partial v(\bar{p},\bar{w})}{\partial p_l} &= \sum_{k=1}^{L} \lambda p_k \frac{\partial x_k(\bar{p},\bar{w})}{\partial p_l} \\ &= -\lambda x_l(\bar{p},\bar{w})\end{aligned}$$

最后一行的等式成立，这是因为 $\sum_{k=1}^{L} p_k \frac{\partial x_k(\bar{p},\bar{w})}{\partial p_l} = -x_l(\bar{p},\bar{w})$（命题 2.E.2）。最后，由于我们已经证明过 $\lambda=\partial v(\bar{p},\ \bar{w})/\partial w$（参见 3.D 节）；使用这些事实可

得到我们想要的结果。■

证法 2 在本质上是特殊形式的包络定理的证明方法，这一次的情形特殊在可变动的参数只进入了约束函数而没有进入目标函数。证法 3 直接使用了包络定理。

证法 3：（使用包络定理） 将包络定理直接应用到 UMP，它告诉我们：p_l 的边际变动带来的效用变动，等于它对消费者预算约束的效应乘以消费者财富约束的拉格朗日乘子 λ。也就是说，$\partial v(\bar{p}, \bar{w})/\partial p_l = -\lambda x_l(\bar{p}, \bar{w})$。类似地，财富的微分变动带来的效用变动 $\partial v(p, w)/\partial w$ 正是 λ。使用这些事实即可得到我们想要的结果。■

命题 3. G. 4 非常有用。从间接效用函数计算瓦尔拉斯需求，比从直接效用函数计算瓦尔拉斯需求容易得多。从间接效用函数求 $x(p, w)$ 只涉及导数运算，而不用求解一阶条件方程组。因此，使用间接效用函数表达偏好可能通常更方便一些。例如，在第 4 章，我们关注具有下列性质的偏好：财富扩张路径在一定财富区间是线性的。使用罗伊恒等式容易验证**高曼**（Gorman）形式的间接效用函数 $v(p, w) = a(p) + b(p)w$ 具有这个性质（参见习题 3. G. 11）。

图 3. G. 3 总结了 UMP 和 EMP 中的需求函数和最优值函数之间的关系。类似的图也可以在 Deaton 和 Muellbauer（1980）中找到。图中的实箭线表示我们在 3. D 节和 3. E 节得到的结果。从 UMP 或 EMP 中的一个既定的效用函数出发，我们可以推导出最优消费束 $x(p, w)$ 和 $h(p, u)$，以及最优值函数 $v(p, w)$ 和 $e(p, u)$。另外，使用关系（3. E. 1）和（3. E. 4），我们可以在这两个问题的最优值函数和需求函数之间来回推导。

本节得到的关系在图 3. G. 3 中用虚箭线表示。由图可知：每个问题的需求向量可从它的最优值函数计算出；希克斯需求函数的导数可以从可观测的瓦尔拉斯需求计算出，方法是使用斯卢茨基方程。

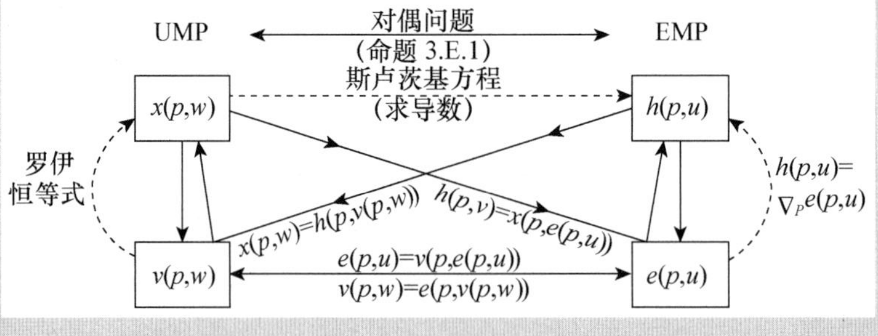

图 3. G. 3　UMP 和 EMP 之间的关系

3.H　可积性

我们已经知道，如果某个连续可微的需求函数 $x(p, w)$ 是由理性偏好生成的，那么它必定是零次齐次的和满足瓦尔拉斯法则的，而且它的替代矩阵 $S(p, w)$ 在所有（p，w）上都是对称的和负半定的。现在，我们问一个相反的问题：**如果我们看到一个需求函数具有上述性质，那么我们能找到理性化 $x(\cdot)$ 的偏好吗？**正如我们在本节将要证明的（尽管不怎么严格），答案是肯定的。这些条件对于理性派生偏好的存在性是充分条件。这个问题称为**可积性问题**（integrability problem）。可积性问题在经济理论中有着悠久传统，最早可追溯到 Antonelli（1986）；我们采用 Hurwicz 和 Uzawa（1971）的方法。

经济学家之所以对这个问题和结果比较感兴趣，有若干理论和实践上的原因。

在理论层面上，可积性问题的结果告诉我们两件事：

首先，零次齐次性、满足瓦尔拉斯法则和拥有对称的和负半定的替代矩阵，不仅是基于偏好的需求理论的必然结果，而且是它的**全部**结果。只要消费者的需求满足这些性质，就必定存在**某个**能生成这个需求的理性偏好关系。

其次，可积性问题的结果让我们完满完成了对基于偏好的需求理论和建立在弱公理之上的基于选择的需求理论之间关系的研究。我们在 2.F 节已经看到，尽管理性偏好关系总能生成具有对称的替代矩阵的需求，但弱公理未必能做到这一点。因此，我们已经知道，当 $S(p, w)$ 不是对称的时，满足弱公理的需求不能被偏好理性化。我们这里的研究结果进一步明确了这种关系：满足弱公理（以及零次齐次性和瓦尔拉斯法则）的需求能够被偏好理性化，**当且仅当**它拥有对称的替代矩阵 $S(p, w)$。因此，除了弱公理、零次齐次性和瓦尔拉斯法则蕴涵的内容之外，理性偏好假设对需求性质**额外**施加的**唯一**限制是替代矩阵的对称性。

在实践层面上，经济学家也对这个结果感兴趣，原因至少有二：

第一，正如我们将在 3.J 节讨论的那样，在评价福利效应时，我们必须事先知道消费者的偏好（或者至少知道他的支出函数）。可积性问题的结果告诉我们，应该如何以及何时能够从观测到的消费者需求行为还原（recover）他的偏好信息。

第二，在对需求进行实证分析时，我们通常希望估计形式上相对比较简单的需求函数。如果我们只考虑与潜在偏好紧密相关的函数，有两种方法可达到这一目的。一种方法是列举各种各样的效用函数，然后推导各自的需求函数直到我们找到统计上易于处理的函数。然而可积性问题的结果为我们提供了另外一种方法，这种方法更简便：我们可以先指定一个需求函数，然后检验这个函数是否满足本节给出的必要和充分条件即可。我们不需要实际推导效用函数。本节的结果让我们能够检验这个函数是否在理论上是可行的。

从 $x(p, w)$ 还原偏好 $\succsim$ 可以分两步走：(i) 从 $x(p, w)$ 还原支出函数 $e(p, u)$；(ii) 从支出函数还原偏好。由于在这两个任务中，任务 (ii) 更为简单直接，我们先讨论它。

从支出函数还原偏好

假设 $e(p, u)$ 是消费者的支出函数。根据命题 3.E.2 可知，$e(p, u)$ 关于 u

3

是严格递增的，关于 p 是连续的、非递增的、一次齐次的和凹的。另外，由于我们假设需求是单值的，我们知道 $e(p, u)$ 必定是可微的（根据命题 3. F. 1 和命题 3. G. 1）。

给定这个支出函数 $e(p, u)$，我们如何还原生成该支出函数的偏好关系？这要求我们对于每个效用水平 u，找到一个至少与该效用水平一样好的集合 $V_u \subset \mathbb{R}^L$，使得当价格为 $p \gg 0$ 时，$e(p, u)$ 是购买 V_u 中的一个消费束所必需的最小支出。也就是说，我们希望找到一个集合 V_u，使得对于所有 $p \gg 0$，我们均有

$$e(p,u) = \underset{x \geqslant 0}{\text{Min}}\, p \cdot x$$
$$\text{s. t. } x \in V_u$$

在 3. F 节的架构中，V_u 是个集合，它的支撑函数正好是 $e(p, u)$。

命题 3. H. 1 的结果表明，我们希望找到的那个集合 V_u 为 $V_u = \{x \in \mathbb{R}^L_+ : p \cdot x \geqslant e(p, u)$ 对于所有 $p \gg 0$ 都成立$\}$。

命题 3. H. 1：假设 $e(p, u)$ 关于 u 是严格递增的，关于 p 是连续的、递增的、一次齐次的、凹的和可微的。那么，对于每个效用水平 u 来说，$e(p, u)$ 是与下列至少一样好集合（at-least-as-good-as set）

$$V_u = \{x \in \mathbb{R}^L_+ : p \cdot x \geqslant e(p,u) \text{ 对于所有 } p \gg 0 \text{ 都成立}\}$$

相伴的支出函数。也就是说，$e(p, u) = \text{Min}\{p \cdot x : x \in V_u\}$ 对于所有 $p \gg 0$ 都成立。

证明：$e(p, u)$ 的性质和 V_u 的定义，意味着 V_u 是非空的、闭的和下有界的。给定 $p \gg 0$，可以证明，这些条件能够保证 $\text{Min}\{p \cdot x : x \in V_u\}$ 存在。从 V_u 的定义立即可知 $e(p, u) \leqslant \text{Min}\{p \cdot x : x \in V_u\}$。剩下的任务是证明这是个等式。注意，如果我们能证明 $e(p, u) \geqslant \text{Min}\{p \cdot x : x \in V_u\}$，则我们的任务就完成了。下面我们证明这个不等式。

对于任何 p 和 p'，$e(p, u)$ 关于 p 的凹性意味着（参见数学附录中的 M. C 节）

$$e(p',u) \leqslant e(p,u) + \nabla_p e(p,u) \cdot (p' - p)$$

由于 $e(p, u)$ 关于 p 是一次齐次的，欧拉公式告诉我们 $e(p, u) = p \cdot \nabla_p e(p, u)$。因此，对于所有 p'，我们有 $e(p', u) \leqslant p' \cdot \nabla_p e(p, u)$。但是由于 $\nabla_p e(p, u) \geqslant 0$，这意味着 $\nabla_p e(p, u) \in V_u$。由此可知，$\text{Min}\{p \cdot x : x \in V_u\} \leqslant p \cdot \nabla_p e(p, u) = e(p, u)$，最后这个等式再次使用了欧拉公式。这样，我们就证明了 $e(p, u) \geqslant \text{Min}\{p \cdot x : x \in V_u\}$。由于我们还知道 $e(p, u) \leqslant \text{Min}\{p \cdot x : x \in V_u\}$，所以 $e(p, u) = \text{Min}\{p \cdot x : x \in V_u\}$。■

在有了命题 3. H. 1 之后，我们可以对每个效用水平 u 构建一个集合 V_u。因为 $e(p, u)$ 关于 u 是严格递增的，所以如果 $u' > u$，则 V_u 严格包含 V_u'。另外，正如我们在证明命题 3. H. 1 时所指出的，每个 V_u 都是闭的、凸的和下有界的。于是，这

些至少一样好集合定义了一个支出函数为 $e(p, u)$ 的偏好关系$\succsim$（见图 3. H. 1)。

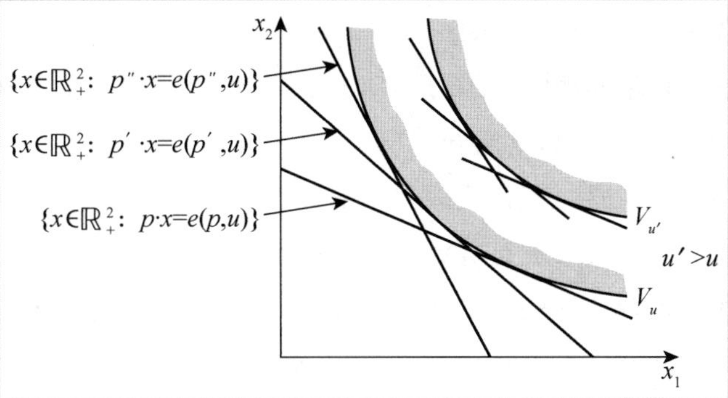

图 3. H. 1　从支出函数还原偏好

当 $e(p, u)$ 关于 p 不可微时，命题 3. H. 1 仍然成立，证明方法与前面大致相同。与证明这个命题时的情形类似，我们构造的偏好关系提供了一个能生成 $e(p, u)$ 的凸偏好关系。然而，也可能出现下列情形：存在能生成 $e(p, u)$ 的非凸偏好。图 3. H. 2 画出了消费者实际的至少一样好集合，但它是非凸的。我们用虚线表示这个集合的边界。实线表示集合 $V_u=\{x\in\mathbb{R}^L_+: p\cdot x\geqslant e(p, u)$ 对于所有 $p\gg 0$ 都成立$\}$ 的边界。正式地说，集合 V_u 是消费者实际的至少一样好集合的凸包，它也能生成支出函数 $e(p, u)$。

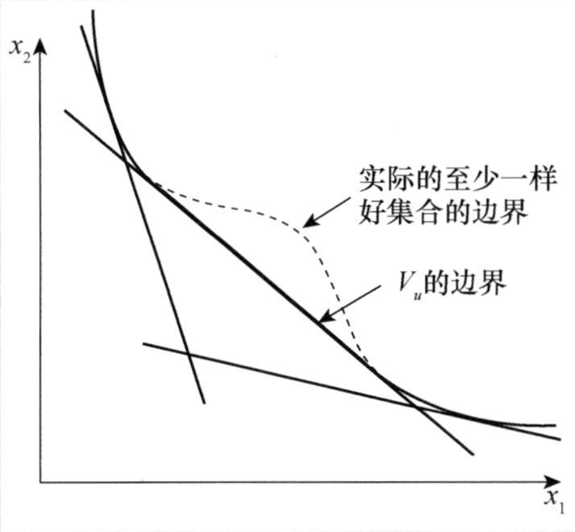

图 3. H. 2　从支出函数还原偏好（消费者的偏好是非凸的情形）

如果 $e(p, u)$ 是可微的，那么任何能生成 $e(p, u)$ 的偏好均必定是凸的。如果这个偏好不是凸的，那么必定存在某个效用水平 u 和价格向量 $p\gg 0$，使得支出最小点有多个（见图 3. H. 2)。在这个价格效用组合上，支出函数关于 p 将不是可微的。

从需求还原支出函数

现在来看任务（ⅰ），即从瓦尔拉斯需求 $x(p, w)$ 描述的可观测的消费者行为

3

还原支出函数 $e(p, u)$。我们现在讨论如何完成（ⅰ）中的这个任务（更准确地说，这个任务是真正的“可积性问题”）。我们始终假设 $x(p, w)$ 满足瓦尔拉斯法则、零次齐次性并且是单值的。

我们首先考虑两种商品的情形（$L=2$）。我们将商品 2 的价格标准化，即令 $p_2=1$。选择任意一个价格财富组合点（p_1^0，1，w^0），并且对消费束 $x(p_1^0, 1, w^0)$ 制定一个效用值 u^0。现在我们还原支出函数 $e(p_1, 1, u^0)$ 在所有价格 $p_1>0$ 上的函数值。因为补偿性需求是支出函数关于价格的导数（命题 3. G. 1），所以还原 $e(\cdot)$ 就等价于我们能够对一个以 p_1 为自变量、以 e 为因变量的微分方程求解（“积分”）。为简化符号，记 $e(p_1)=e(p_1, 1, u^0)$ 和 $x_1(p_1, w)=x_1(p_1, 1, w)$。我们需要求解下列带有初始条件的微分方程：

$$\frac{de(p_1)}{dp_1}=x_1(p_1, e(p_1)) \tag{3. H. 1}$$

初始条件[①]为 $e(p_1^0)=w^0$。

如果 $e(p_1)$ 是带有初始条件的微分方程（3. H. 1）的解，那么 $e(p_1)$ 是与效用水平 u^0 相伴的支出函数。注意，特别地，如果替代矩阵是负半定的，那么 $e(p_1)$ 具有支出函数的所有性质（其中商品 2 的价格已标准化为 1）。首先，因为 $e(p_1)$ 是微分方程的解，根据我们的构造可知，$e(p_1)$ 关于 p_1 是连续的。其次，由于 $x_1(p_1, w)\geqslant 0$，等式（3. H. 1）意味着 $e(p_1)$ 关于 p_1 是非递增的。最后，对式（3. H. 1）微分，可得

$$\begin{aligned}\frac{d^2e(p_1)}{dp_1^2}&=\frac{\partial x_1(p_1,1,e(p_1))}{\partial p_1}+\frac{\partial x_1(p_1,1,e(p_1))}{\partial w}x_1(p_1,1,e(p_1))\\&=s_{11}(p_1,1,e(p_1))\leqslant 0\end{aligned}$$

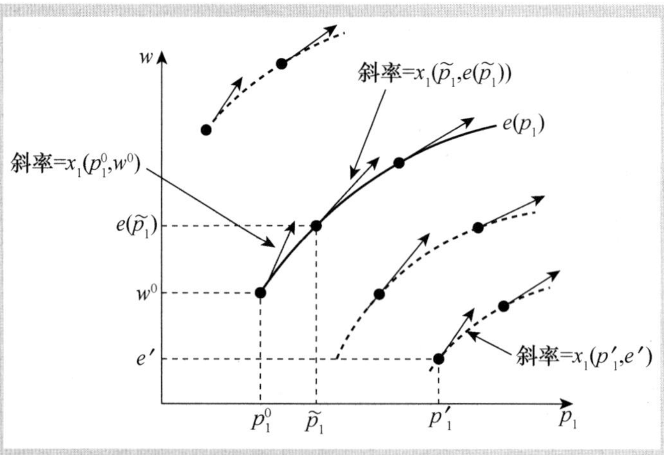

图 3. H. 3　从 $x(p, w)$ 还原支出函数

---

① 即方程（3. H. 1）是平面（p_1，e）上的一个非自治系统。注意，此处 p_1 的角色就是变量“t”。

因此，$e(p_1)$ 这个解关于 p_1 是凹的。

求方程（3. H. 1）的解在常微分方程中是个简单的问题，然而我们不打算进入此领域。只要稍微施加几个弱的正则性假设，就能保证方程（3. H. 1）对于任何初始条件（p_1^0，w^0）都存在着解。图 3. H. 3 描述了求解过程：在每个价格水平 p_1 和支出水平 e 上，我们要按照斜率 $x_1(p_1, e)$ 指定的方向移动。对于初始条件（p_1^0，w^0），$e(p_1)$ 的图形是从（p_1^0，w^0）点出发沿着预定方向移动的曲线。

3

对于 L 种商品的一般情形，问题变得更为复杂。带有初始条件的（常）微分方程（3. H. 1）变为下列带有初始条件的偏微分方程组：

$$\begin{aligned}\frac{\partial e(p)}{\partial p_1} &= x_1(p, e(p)) \\ &\vdots \\ \frac{\partial e(p)}{\partial p_L} &= x_L(p, e(p))\end{aligned} \tag{3. H. 2}$$

式中，初始条件为 $p=p^0$，$e(p^0)=w^0$。

当 $L>2$ 时，方程（3. H. 2）的解的存在性**不是**自动得以保证的。事实上，如果它存在一个解 $e(p)$，那么它的海赛矩阵 $D_p^2e(p)$ 必定是对称的，这是因为任何二次连续可微函数的海赛矩阵都是对称的。对方程（3. H. 2）求微分，可得$\nabla_p e(p)=x(p, e(p))$，以及

$$\begin{aligned}D_p^2e(p) &= D_p x(p,e(p)) + D_w x(p,e(p))x(p,e(p))^{\mathrm{T}} \\ &= S(p,e(p))\end{aligned}$$

因此，解存在的一个必要条件是斯卢茨基矩阵即替代矩阵 $S(p, w)$ 是对称的。这是一个让人感到安心的事实，因为我们从前面的章节可知，如果市场需求是由偏好生成的，那么斯卢茨基矩阵的确是对称的。可以证明，斯卢茨基矩阵 $S(p, w)$ 的对称性，也是消费者的支出函数还原问题的充分条件。偏微分方程理论中的一个基本定理［即**弗罗宾尼斯定理**（Frobenius' theorem）］告诉我们，方程（3. H. 2）的 $L\times L$ 导数矩阵在其定义域所有点上的对称性是方程（3. H. 2）的解存在的充分且必要条件。另外，如果$e(p_1, u_0)$ 这个解的确存在，那么只要 $S(p, w)$ 是负半定的，$e(p_1, u_0)$ 就具有支出函数的所有性质。

我们因此断定：当且仅当斯卢茨基矩阵是对称的和负半定的时可还原出潜在支出函数。[①] 我们在 2. F 节已经知道，一个可微的需求函数，若满足弱公理、零次齐次性和瓦尔拉斯法则，那么该需求函数必定具有负半定的斯卢茨基矩阵。另外，当 $L=2$ 时，斯卢茨基矩阵必定是对称的（参见习题 2. F. 12）。因此，当 $L=2$ 时，我们总可以找到可以理性化任何满足上述这三个性质的可微函数的偏好。然而，当

① 需要满足一些额外的不那么重要的约束条件。

$L>2$ 时，满足弱公理（以及零次齐次性和瓦尔拉斯法则）的需求函数的斯卢茨基矩阵，未必是对称的；只有它的替代矩阵是对称的，才存在能理性化上述需求函数的偏好。

3

注意到，一旦我们知道 $S(p, w)$ 在所有 (p, w) 上都是对称的，我们就可以使用方程（3. H. 1）来解方程（3. H. 2）。假设初始条件为 $p=p^0$，$e(p^0)=w^0$；我们希望还原 $e(\bar{p})$。通过一次变动一种商品价格的做法，我们可以将这个问题分解为 L 个子问题，每个子问题中只有一个价格发生了变动。比如说在第 l 个子问题中只有价格 p_l 发生了变动。于是在价格 p_k（其中 $k\neq l$）固定不变的情形下，方程（3. H. 2）的第 l 个式子是类似方程（3. H. 1）的方程，只不过此时下标 1 变为下标 l。这个方程的解法与方程（3. H. 1）类似。对不同商品迭代求解，我们最终就可以得到 $e(\bar{p})$。需要指出，即使 $S(p, w)$ 不是对称的，这种方法也能机械地运行下去。然而，如果 $S(p, w)$ 不是对称的（从而**不能**与潜在的偏好关系和支出函数联系起来），那么 $e(\bar{p})$ 的值将会取决于从 p^0 到 $\bar{p}$ 的特殊路径（即取决于哪个价格首先升高）。在这样的情形下，数学的机械运行方法看似不合理，但正是数学让我们实事求是！

3.I 对经济变化的福利估算

直到现在，我们对于基于偏好的消费者需求理论的分析，都是从**实证的**（positive）（行为的）角度进行的。在本节，我们从**规范的**（normative）角度考察消费者理论，这种分析称为**福利分析**（welfare analysis）。福利分析关注的是消费者的环境变化对该消费者状况的影响。

尽管消费者理论中的很多实证性结论也可以从基于弱公理的方法推导出（比如我们在 2. F 节就是这么做的），但是对于福利分析来说，基于偏好方法的消费者需求才是非常重要的。没有这种方法，我们就无法估计消费者的福利水平。

在本节，我们考虑一个具有理性的、连续的和局部非饱和的偏好关系$\succsim$的消费者。在有需要时（出于简化分析的目的），我们假设消费者的支出函数和间接效用函数是可微的。

我们在本节主要分析价格变动的福利效应。尽管这个问题在历史上就比较重要，但实际上它只是众多福利问题中的一个。我们假设消费者的财富水平 w 固定不变，初始价格向量为 p^0。现在价格向量从 p^0 变为 p^1，我们想评估这个变动对消费者福利的影响。价格变化的原因有很多，例如某个政策比如税收政策就可能导致市场价格变化。①

① 为简单起见，此处我们不考虑能够影响到财富的那些变化。然而，我们此处的分析很容易就能扩展到这种情形（参见习题 3. I. 12）。

假设一开始时我们就知道消费者的偏好$\succsim$。例如，我们可能已从他的（可观测到的）瓦尔拉斯需求函数 $x(p, w)$ 信息推导出$\succsim$，正如我们在 3.H 节所讨论的那样。如果我们已做到了这一点，那么很容易就能确定价格变动对消费者福利的影响（他的状况变好还是变坏了）：如果 $v(p, w)$ 是从$\succsim$推导出的任何间接效用函数，消费者状况变差当且仅当 $v(p^1, w)-v(p^0, w)<0$。

尽管任何从$\succsim$推导出的间接效用函数都能满足这种比较的需要，但有一类间接效用函数值得强调，因为这类函数用货币单位衡量福利的变化。这类函数称为**用货币度量的间接效用函数**或**货币制间接效用函数**（money metric indirect utility functions），它们是用支出函数构造出的。特别地，我们从任何间接效用函数 $v(\cdot, \cdot)$ 开始，选择一个任意价格向量 $\bar{p}\gg 0$，考虑函数 $e(\bar{p}, v(p, w))$。这个函数给出了当价格为 $\bar{p}$ 时为达到效用水平 $v(p, w)$ 所必需的财富水平。注意，这个支出函数关于 $v(p, w)$ 是严格递增的，如图 3.I.1 所示。因此，如果将 $e(\bar{p}, v(p, w))$ 视为变量 $v(p, w)$ 的函数，那么 $e(\bar{p}, v(p, w))$ 本身也是$\succsim$的间接效用函数，这样

$$e(\bar{p}, v(p^1, w))-e(\bar{p}, v(p^0, w))$$

就提供了用货币度量的福利变化的衡量方法。①

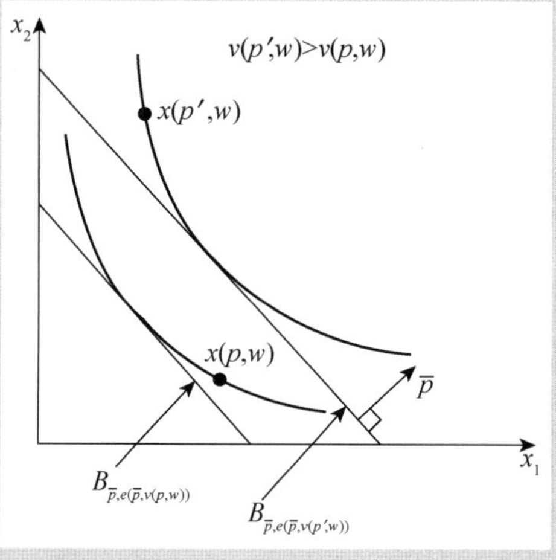

图 3.I.1　一个用货币度量的间接效用函数

按照这种方式，我们可以对任何价格向量 $\bar{p}\gg 0$ 构建一个用货币度量的间接效用函数。那么我们应该如何选择价格向量 $\bar{p}$？两个自然而然的选择是初始价格向量 p^0 和新价格向量 p^1。我们从这两个选择可推导出福利变动的两种著名衡量方法，即**等价性变化**（equivalent variation，EV）和**补偿性变化**（compensating variation，CV）。这两种方法都要归功于 Hicks（1939）。正式地，令 $u^0=v(p^0, w)$ 和 $u^1=$

① 注意，这个度量不受我们选择的初始间接效用函数 $v(p, w)$ 的影响，它只取决于消费者的偏好$\succsim$（见图 3.I.1）。

$v(p^1,\ w)$，注意到 $e(p^0,\ u^0)=e(p^1,\ u^1)=w$，我们定义

$$EV(p^0,p^1,w)=e(p^0,u^1)-e(p^0,u^0)=e(p^0,u^1)-w \tag{3. I. 1}$$

$$CV(p^0,p^1,w)=e(p^1,u^1)-e(p^1,u^0)=w-e(p^1,u^0) \tag{3. I. 2}$$

等价性变化可以想象成一笔钱数，消费者在接受这笔钱还是接受价格变化之间无差异；也就是说，等价性变化是指从福利影响的角度看，**等价于**商品价格变化的消费者的财富的变化（因此，如果价格变化使得消费者状况变差，那么等价性变化是负的）。特别地，注意到 $e(p^0,\ u^1)$ 是消费者恰好达到效用水平 u^1 的财富水平，u^1 又是价格在 p^0 处发生变化而产生的效用水平，因此，$e(p^0,\ u^1)-w$ 是导致消费者在价格为 p^0 时为得到效用水平 u^1 所必需的财富净变化。我们也可以使用间接效用函数 $v(\cdot,\ \cdot)$ 将等价性变化表示为：$v(p^0,\ w+EV)=u^1$。①

另外，补偿性变化衡量当商品价格变化时为了让消费者回到原来的效用水平 u^0，我们必须**补偿**给他的净收入。[因此，如果我们必须补偿给消费者正的净收入（因为价格变化使消费者的状况变差了），那么补偿性变化是负的。] 可以将这笔补偿钱数视为为了让消费者接受价格变化，他恰好愿意接受的补偿钱数。补偿性变化也可以用下列方法表示：$v(p^1,\ w-CV)=u^0$。

图 3. I. 2 描述了福利变化的等价性变化衡量和福利变化的补偿性变化衡量。由于 EV 和 CV 对应的都是用货币度量的间接效用函数值的变化，这两种方法都能正确地比较 p^0 时的消费者福利和 p^1 时的消费者福利；也就是说，消费者在 p^1 时的状况变好，当且仅当这两个值都为正。然而，一般来说，这两个值是不相等的，因为它们使用的价格向量不同（EV 使用的是 p^0，而 CV 使用的是 p^1）。

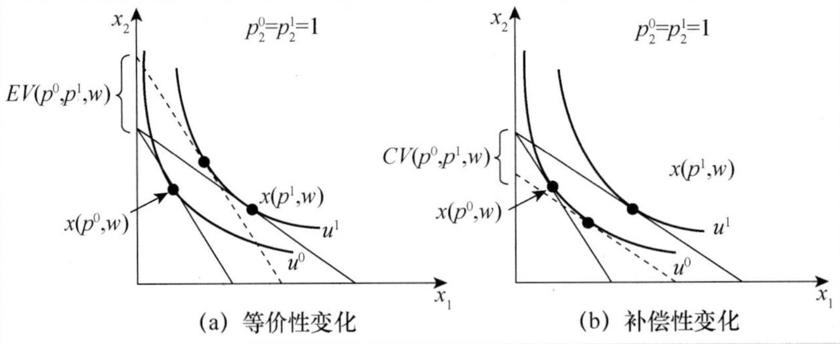

图 3. I. 2　福利变化的衡量

等价性变化和补偿性变化可用希克斯需求曲线表示。为简单起见，假设只有商品 1 的价格发生了变化，因此 $p_1^0\neq p_1^1$，以及 $p_l^0=p_l^1=\bar{p}_l$（对于所有 $l\neq 1$）。由于 $w=$

① 注意到，如果 $u^1=v(p^0,\ w+EV)$，那么 $e(p^0,\ u^1)=e(p^0,\ v(p^0,\ w+EV))=w+EV$。这就得到了式 (3. I. 1)。

$e(p^0, u^0)=e(p^1, u^1)$ 和 $h_1(p, u)=\partial e(p, u)/\partial p_1$，我们可以将 EV 写为

$$\begin{aligned} EV(p^0,p^1,w) &= e(p^0,u^1)-w \\ &= e(p^0,u^1)-e(p^1,u^1) \\ &= \int_{p_1^1}^{p_1^0} h_1(p_1,\bar{p}_{-1},u^1)dp_1 \end{aligned} \tag{3.I.3}$$

其中，$\bar{p}_{-1}=(\bar{p}_2, \cdots, \bar{p}_L)$。因此，使用等价性变化衡量的消费者福利变化，可用与效用水平 u^1 相伴的商品 1 的希克斯需求曲线左侧夹在 p_1^0 与 p_1^1 之间的面积表示（如果$p_1^1<p_1^0$，EV 等于此面积；如果 $p_1^1>p_1^0$，EV 等于此面积的负数）。这个面积为图 3.I.3（a）中的阴影面积。

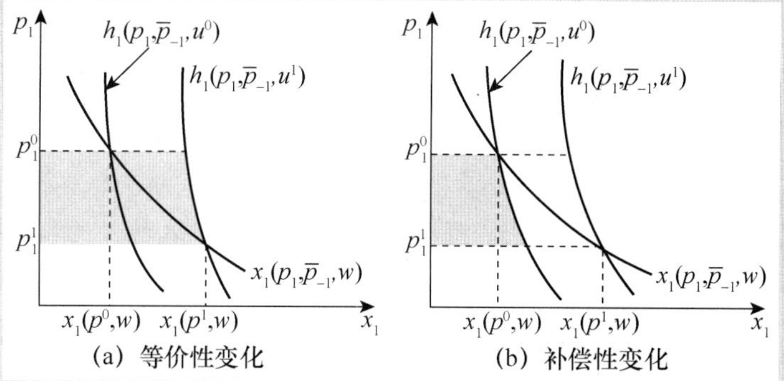

图 3.I.3

类似地，补偿性变化可以写为

$$CV(p^0,p^1,w) = \int_{p_1^1}^{p_1^0} h_1(p_1,\bar{p}_{-1},u^0)dp_1 \tag{3.I.4}$$

注意，现在我们使用的是初始效用水平 u^0。图形表示见图 3.I.3（b）。

图 3.I.3 描述的是商品 1 为正常商品的情形。我们从图形可以看出，当商品 1 为正常商品时，我们有 $EV(p^0, p^1, w)>CV(p^0, p^1, w)$。（你应该检验一下 $p_1^1>p_1^0$ 时是否也是这样。答案是肯定的。）如果商品 1 是劣等商品，$EV(p^0, p^1, w)<CV(p^0, p^1, w)$（参见习题 3.I.3）。然而，如果商品 1 没有财富效应（即，如果潜在偏好关于某个商品$l\neq1$ 是拟线性的），那么 CV 和 EV 这两种度量是相同的，因为此时我们有

$$h_1(p_1,\bar{p}_{-1},u^0) = x_1(p_1,\bar{p}_{-1},w) = h_1(p_1,\bar{p}_{-1},u^1)$$

在不存在财富效应这种情形下，CV 和 EV 的共同值，也等于商品 1 的市场需求曲线（即瓦尔拉斯需求曲线）左侧夹在 p_1^0 与 p_1^1 之间的面积，因此我们将这个共同值称为**马歇尔消费者剩余**（Marshallian consumer surplus）的变化。[①]

---

① 这一术语源于 Marshall (1920)。在不存在财富效应这种特殊情形下，马歇尔使用市场需求曲线左侧的面积衡量消费者的福利。

习题 3.I.1：假设价格向量从 p^0 变为 p^1，既涉及商品 1 的价格变动（从 p_1^0 变为 p_1^1），又涉及商品 2 的价格变动（从 p_2^0 变为 p_2^1）。使用商品 1 和 2 的适当的希克斯需求曲线下方的积分和表示等价性变化。使用同样的方法表示等价性变化。证明如果两种商品都不存在财富效应，补偿性变化和等价性变化是相等的。

例 3.I.1：商品税造成的净损失。 考虑因政府对某种商品征税从而使得价格向量从 p^0 上升为 p^1 的情形。为了更具体一些，假设政府对商品 1 征税，消费者每购买一单位商品 1 需要缴纳 t 美元税收。这种税使得商品 1 的实际价格变为 $p_1^1=p_1^0+t$，所有其他商品 $l\neq1$ 的价格维持在 p_l^0 水平上（因此对于所有 $l\neq1$，我们均有 $p_l^1=p_l^0$）。因此，政府筹集的税收总收入为 $T=tx_1(p^1, w)$。

政府也可以不征收商品税，而是直接对消费者的财富征收定额（lump-sum）税，这种税不会改变商品价格。如果两种情形下的征税额相同，消费者在哪种税制下的状况更差一些？如果商品税的等价性变化 $EV(p^0, p^1, w)$（它是负的）小于他在定额税下的损失（$-T$），那么征收商品税会使消费者的状况变得更差。如果用支出函数表达，这是说：如果 $w-T>e(p^0, u^1)$，从而在消费者缴纳定额税后所剩的财富，大于他在价格为 p^0 时为达到效用水平 u^1（征收商品税时他得到的效用）所必需的财富水平，那么与征收定额税相比，征收商品税会使消费者的状况变得更差。差额 $(-T)-EV(p^0, p^1, w)=w-T-e(p^0, u^1)$ 称为**商品税造成的无谓损失**（deadweight loss of commodity taxation）。它衡量的是与征收等量的定额税相比，征收商品税给消费者造成的**额外**福利损失。

净损失可用效用水平为 u^1 时的希克斯需求曲线表示。由于 $T=tx_1(p^1, w)=th_1(p^1, u^1)$，我们可以将无谓损失写为［此时我们再次令 $\bar{p}_{-1}=(\bar{p}_2, \cdots, \bar{p}_L)$，其中 $p_l^0=p_l^1=\bar{p}_l$ 对于所有 $l\neq1$ 均成立］：

$$
\begin{aligned}
(-T)-EV(p^0,p^1,w) &= e(p^1,u^1)-e(p^0,u^1)-T \\
&= \int_{p_1^0}^{p_1^0+t} h_1(p_1,\bar{p}_{-1},u^1)dp_1 - th_1(p_1^0+t,\bar{p}_{-1},u^1) \qquad (3.\text{I}.5) \\
&= \int_{p_1^0}^{p_1^0+t} [h_1(p_1,\bar{p}_{-1},u^1)-h_1(p_1^0+t,\bar{p}_{-1},u^1)]dp_1
\end{aligned}
$$

由于 $h_1(p, u)$ 关于 p_1 非递增，这个表达式（从而征税造成的无谓损失）是非负的，如果 $h_1(p, u)$ 关于 p_1 严格递减，则它是严格正的。在图 3.I.4（a）中，无谓损失为阴影三角形区域。这个区域有时称为**无谓损失三角形**（deadweight loss triangle）。

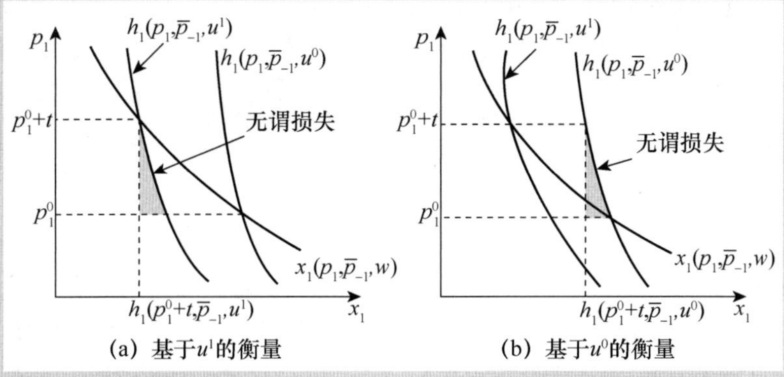

图 3. I. 4　商品税造成的无谓损失

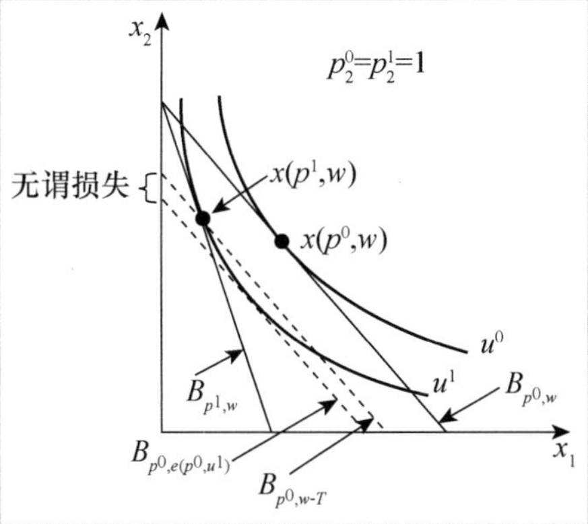

图 3. I. 5　商品税造成的净损失（另一种描述方法）

这个无谓损失的衡量也可以用商品空间表示。例如，假设 $L=2$，将商品 2 的价格标准化为 1 即 $p_2^0=1$。考虑图 3. I. 5。由于 $(p_1^0+t)x_1(p^1,w)+p_2^0x_2(p^1,w)=w$，消费束 $x(p^1,w)$ 不仅位于与预算集 $B_{p^1,w}$ 相伴的预算线上，而且位于与预算集 $B_{p^0,w-T}$ 相伴的预算线上。与此相对照，价格为 p^0 时为消费者产生 u^1 效用水平的预算集为 $B_{p^0,e(p^0,u^1)}$（或等价地，为 $B_{p^0,w+EV}$）。无谓损失等于与预算集 $B_{p^0,w-T}$ 相伴的预算线和与预算集 $B_{p^0,e(p^0,u^1)}$ 相伴的预算线之间的垂直距离（记住 $p_2^0=1$）。

另一种无谓损失三角形可以使用希克斯需求曲线 $h_1(p,u^0)$ 表示。这个三角形也能衡量商品税造成的无谓损失，但使用的是另外一种方法。具体地说，假设征税后政府为了让消费者的福利维持在征税前的福利水平 u^0，给予消费者必要的补偿，在这种情形下政府将会处于盈余状态还是赤字状态？如果征税收入 $th_1(p^1,u^0)$ 小于 $-CV(p^0,p^1,w)$，或等价地，如果 $th_1(p^1,u^0)<e(p^1,u^0)-w$，那么政府将会出现赤字。因此，赤字可以写成

3

$$
\begin{aligned}
&-CV(p^0,p^1,w)-th_1(p^1,u^0)\\
&=e(p^1,u^0)-e(p^0,u^0)-th_1(p^1,u^0)\\
&=\int_{p_1^0}^{p_1^0+t}h_1(p_1,\bar{p}_{-1},u^0)dp_1-th_1(p_1^0+t,\bar{p}_{-1},u^0)\\
&=\int_{p_1^0}^{p_1^0+t}[h_1(p_1,\bar{p}_{-1},u^0)-h_1(p_1^0+t,\bar{p}_{-1},u^0)]dp_1
\end{aligned}
\tag{3. I. 6}
$$

我们再一次看到，只要 $h_1(p, u)$ 关于 p_1 是严格递减的，那么这个式子也严格为正。这个无谓损失等于图 3. I. 4（b）中阴影三角形区域的面积。■

习题 3. I. 2：分别计算式（3. I. 5）和式（3. I. 6）的无谓损失关于 t 的导数。证明，在 $t=0$ 处这些导数等于 0，然而，如果 $h_1(p, u^0)$ 关于 p_1 是严格递减的，那么这些导数对于所有 $t>0$ 都严格为正。请解释。

直到现在，我们考虑的仅是下列问题：消费者在新价格向量 p^1 处的状况，是否比他在初始价格向量 p^0 处好。我们已经看到 EV 和 CV 都能正确地对 p^0 和 p^1 进行福利排序。然而，假设 p^0 与两个可能的价格向量 p^1 和 p^2 比较。在这种情形下，p^1 比 p^2 好当且仅当 $EV(p^0, p^1, w)>EV(p^0, p^2, w)$，这是因为

$$EV(p^0,p^1,w)-EV(p^0,p^2,w)=e(p^0,u^1)-e(p^0,u^2)$$

因此，$EV(p^0, p^1, w)$ 和 $EV(p^0, p^2, w)$ 不仅可用来比较这两个价格向量和 p^0 的好坏，而且还可以用来确定在这两个价格向量中哪个对于消费者来说更好一些。然而，补偿性变化 $CV(p^0, p^1, w)$ 和 $CV(p^0, p^2, w)$ 的比较，未必能正确比较 p^1 和 p^2 的好坏。问题的根源在于 CV 使用新价格向量作为货币制间接效用函数中的基础价格，在计算 $CV(p^0, p^1, w)$ 时我们使用的是 p^1，在计算 $CV(p^0, p^2, w)$ 时使用的是 p^2。因此，

$$CV(p^0,p^1,w)-CV(p^0,p^2,w)=e(p^2,u^0)-e(p^1,u^0)$$

它未必能正确排出 p^1 和 p^2 的福利大小顺序［参见习题 3. I. 4 和 Chipman 和 Moore (1980)］。换句话说，固定 p^0 不变，$EV(p^0, \cdot, w)$ 是个有效的间接效用函数（事实上，它是个货币制间接效用函数），但 $CV(p^0, \cdot, w)$ 不是。①

当政府考虑对哪种商品征税时，我们可能需要比较几个新价格向量。例如假设政府打算筹集税收收入 T，但有两种不同征税方法：一是对每单位商品 1 征收 t_1 元（从而产生了新价格向量 p^1）；二是对每单位商品 1 征收 t_2 元（从而产生了新价格向量 p^2）。注意，由于这两种方法筹集的税收收入相同，我们有 $t_1x_1(p^1, w)=t_2x_2(p^2, w)=T$（见图 3. I. 6）。因为税 t_1 比税 t_2 好当且仅当 $EV(p^0, p^1, w)>EV(p^0, p^2, w)$，所以税 t_1 比税 t_2 好当且仅当 $[(-T)-EV(p^0, p^1, w)]<[(-T)-EV(p^0, p^2, w)]$，也就是说，当且仅当税 t_1 造成的净损失小于税 t_2 造成的净损失时。

① 当然，我们可以根据 $CV(p^1, p^2, w)$ 为正还是负这个信息，正确地排出 p^1 和 p^2 的福利大小顺序。

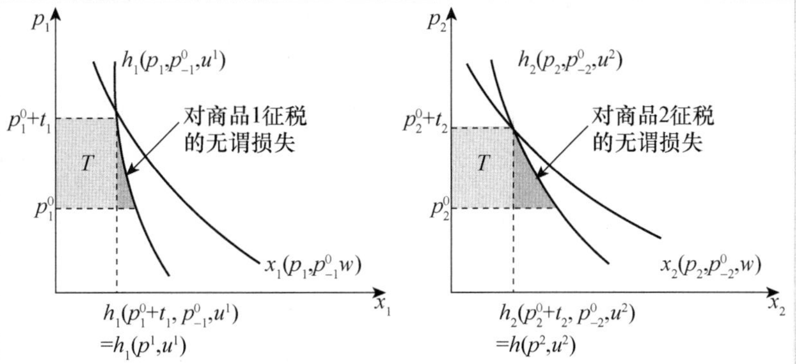

(a) 对商品1征税　　(b) 对商品2征税

图 3. I. 6　两种征税方案的比较（筹集的税收收入都为 *T*）

总之，如果我们知道消费者的支出函数，我们可以准确衡量价格变化的福利影响；而且，我们可以用很方便的方式衡量（即用货币衡量）。在理论上，这可能是消费者理论的结尾，正如我们在 3. H 节所看到的那样，我们可以从可观测的瓦尔拉斯需求函数还原消费者的偏好和支出函数。[①] 在结束之前，我们再考虑两个问题。首先，如果我们**没有**足够的信息来还原消费者的支出函数，我们如何评价价格变动的福利效应？对于这个问题，我们提供一种检验方法，这个检验给出了消费者福利随着价格变化而增加的充分条件。这个检验需要使用的信息很少：只需要知道关于两个价格向量 p^0，p^1 以及初始消费束 $x(p^0, w)$ 的信息即可。最后，我们详细讨论福利变化在多大程度上可用市场（瓦尔拉斯）需求曲线左侧面积方法来近似，这个问题在历史上一直比较重要。

部分信息情形下的福利分析

在某些情形下，我们也许不能推导出消费者的支出函数，因为我们得到的消费者瓦尔拉斯需求函数的信息有限。此处我们考虑下面这样的问题：如果我们仅有两个价格向量 p^0，p^1 以及消费者的初始消费束 $x^0=x(p^0, w)$ 的信息，我们如何评价他的福利？我们在命题 3. I. 1 中给出了消费者福利是否随着价格变动而提高的充分性检验，这个检验比较简单。

命题 3. I. 1：假设消费者的偏好关系$\succsim$是局部非饱和的。若 $(p^1-p^0)\cdot x^0<0$，则消费者在价格财富组合 (p^1, w) 下的状况严格好于 (p^0, w) 下的状况。

证明：这个结论可以直接从显示偏好推出。由于 $p^0\cdot x^0=w$（瓦尔拉斯法则），如果 $(p^1-p^0)\cdot x^0<0$，那么 $p^1\cdot x^0<w$。然而这样一来，消费者在 p^1 的价格下仍然能买得起 x^0，而且 x^0 在预算集 $B_{p^1,w}$的内部。根据局部非饱和性可知，$B_{p^1,w}$中必定存在一个消费束，使得与 x^0 相比，消费者严格偏好这个消费束。■

---

① 作为一个实践问题，在还原偏好和支出函数时，你应该使用一切可能方法来做此事。

命题 3.I.1 中的检验标准可以视为实际福利变动的一阶近似。为了看清这一点，取$e(p, u)$ 在初始价格 p^0 上的一阶泰勒展开式：

$$e(p^1,u^0) = e(p^0,u^0) + (p^1 - p^0) \cdot \nabla_p e(p^0,u^0) + o(\| p^1 - p^0 \|) \tag{3.I.7}$$

如果 $(p^1-p^0)\cdot\nabla_p e(p^0, u^0)<0$ 并且二阶余项可以忽略不计，那么我们就有 $e(p^1, u^0)<e(p^0, u^0)=w$，因此我们可以断言：在价格变动之后，消费者的福利变得更大。但是 $e(\cdot, u^0)$ 关于 p 的凹性意味着余项是非正的。所以，此处忽略余项不会造成任何误差。因此，如果 $(p^1-p^0)\cdot\nabla_p e(p^0, u^0)<0$，我们的确有 $e(p^1, u^0)<w$。使用命题 3.G.1 可知 $(p^1-p^0)\cdot\nabla_p e(p^0, u^0)=(p^1-p^0)\cdot h(p^0, u^0)=(p^1-p^0)\cdot x^0$，因此我们正好得到了命题 3.I.1 中的检验标准。

如果 $(p^1-p^0)\cdot x^0>0$，情形会怎样？我们能评价福利变化的方向吗？一般来说，答案是否定的。然而，考察泰勒展开式（3.I.7）可知，如果价格变动（在某种合适的意义上）足够小，因为在这种情形下余项与一阶项相比变得不重要，从而可以被忽略，那么我们就可以得到明确的结论。这就是命题 3.I.2 的内容。

命题 3.I.2：假设消费者的支出函数是可微的。那么如果 $(p^1-p^0)\cdot x^0>0$，则存在一个足够小的$\bar{\alpha}\in(0, 1)$ 使得对于所有 $\alpha<\bar{\alpha}$ 我们均有 $e((1-\alpha)p^0+\alpha p^1, u^0)>w$，因此，消费者在价格财富组合 (p^0, w) 下的状况严格好于他在 $((1-\alpha)p^0+\alpha p^1, w)$ 下的状况。

在图 3.I.7 中，图（a）画出的是 p^1 使得 $(p^1-p^0)\cdot x^0<0$ 的情形，图（b）画出的是 p^1 使得 $(p^1-p^0)\cdot x^0>0$ 的情形。在这个图中，我们把价格集 $\{p\in\mathbb{R}^2_+: e(p, u^0)\geq e(p^0, u^0)\}$ 画在价格空间之中。$e(\cdot, u)$ 的凹性决定了这个价格集的形状，如图 3.I.7 所示。初始价格向量 p^0 位于这个价格集之中。根据命题 3.G.1，支出函数在 p^0 点的梯度$\nabla_p e(p^0, u^0)$ 等于初始消费束 x^0。向量 (p^1-p^0) 是连接 p^0 点和新价格 p^1 点的向量。一方面，图 3.I.7（a）画出的是 $(p^1-p^0)\cdot x^0<0$ 的情形。由图可以看出，p^1 位于集合 $\{p\in\mathbb{R}^2_+: e(p, u^0)\geq e(p^0, u^0)\}$ 之外，因此我们必有 $e(p^0, u^0)>e(p^1, u^0)$。另一方面，图 3.I.7（b）画出的是 $(p^1-p^0)\cdot x^0>0$ 的情形。在这种情形下，命题 3.I.2 的意思是说：如果 (p^1-p^0) 足够小，那么$e(p^0, u^0)<e(p^1, u^0)$。这一点可从图 3.I.7（b）中看出，这是因为如果 $(p^1-p^0)\cdot x^0>0$，而且［在沿着射线 p^1-p^0 的方向上］p^1 离 p^0 足够近，那么价格向量 p^1 位于集合 $\{p\in\mathbb{R}^2_+: e(p, u^0)>e(p^0, u^0)\}$ 之内。

使用瓦尔拉斯（市场）需求曲线左侧的面积近似衡量福利

我们在 3.I 节已知道如何从观测到的需求行为还原消费者的偏好和支出函数，

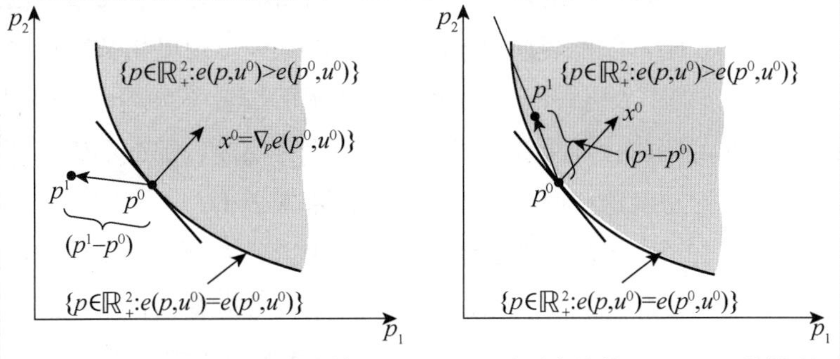

(a) 画出的是 $(p^1-p^0)\cdot x^0<0$ 的情形　　(b) 画出的是 $(p^1-p^0)\cdot x^0>0$ 的情形

图 3. I. 7　命题 3. I. 1 和命题 3. I. 2 的福利检验

由于现代计算能力已大幅提高，这种还原比以前变得更容易了。① 然而，在应用分析工作中，传统的常见做法是依靠实际福利变动的近似逼近法。

我们在式（3. I. 3）和式（3. I. 4）中已经看到，商品 1 价格变化导致的福利变化，可用某个合适希克斯需求曲线左侧的面积计算。然而，这些衡量的问题在于希克斯需求是不能直接观测到的。因此，经济学家一般使用瓦尔拉斯（市场）需求曲线左侧的面积来衡量。我们把这种衡量福利变动的方法称为**面积变化**（area variation，AV）：

$$AV(p^0,p^1,w)=\int_{p_1^1}^{p_1^0}x_1(p_1,\bar{p}_{-1},w)dp_1 \tag{3. I. 8}$$

我们已经知道，如果商品 1 不存在财富效应，那么对于所有 p，我们都有 $x_1(p,\ w)=h_1(p,\ u^0)=h_1(p,\ u^1)$，面积变化等于等价性变化和补偿性变化。这对应于 Marshall（1920）研究的情形：计价物商品（numeraire）的边际效用为常数。在这种情形下，面积变化 AV 给出了确切的福利变化数值，这种衡量称为**马歇尔消费者剩余**（Marshallian consumer surplus）的变化。

更一般地，如图 3. I. 3（a）和图 3. I. 3（b）所示，当商品 1 是正常商品时，面积变化夸大了补偿性变化，少报了等价性变化（请验证当 p_1 下降时和当 p_1 上升时这个结论都是正确的）。当商品 1 是劣等商品时，面积变化少报了补偿性变化，夸大了等价性变化。因此，当评价由若干种商品价格变化导致的福利变化时，或者当比较两种不同价格变化时，面积变化 AV 未必能正确衡量福利变化（例如，参见习题 3. I. 10）。

然而，很自然地，如果我们所研究的商品（比如商品 1）的财富效应很小，近似误差也很小，那么面积变化 AV 几乎就是正确的。马歇尔认为，如果商品 1 只是很多种商品中的一种，那么由于额外一单位财富将被花费在所有这些种类的商品

① 计算能力的提高，使得估计复杂需求系统变得容易，这样的复杂需求系统可显性地从效用最大化推导出，因此，使用复杂需求系统可以直接推导出支出函数的参数。

上，商品 1 的财富效应必定很小，因此，使用面积变化 AV 衡量方法来估计价格变化导致的财富效应，就不会存在显著的误差。这种思想可用数学精确地表示，更高级的处理可参见 Vives（1987）。然而，需要提醒读者不要陷入合成谬误（fallacy of composition）的陷阱；如果我们研究的是很多种商品，那么尽管每种商品的近似误差可能很小，但是就这些商品总体而言，误差未必小。

如果（$p_1^1-p_1^0$）很小，那么使用面积变化 AV 衡量福利变化的误差就很小，也就是说，误差与实际福利变化相比很小。例如，考虑补偿性变化。[①] 在图 3.I.8 中，我们看到如果（$p_1^1-p_1^0$）变小，面积 $B+D$（衡量面积变化 AV 与实际补偿性变化 CV 之差）与实际补偿性变化相比变小。这似乎意味着当价格变化较小时，面积变化 AV 是补偿性变化 CV 的很好近似。然而，需要注意，如果我们使用的不是瓦尔拉斯需求函数，而是使用在点 p_1^0 的值为 $x_1(p_1^0, p_{-1}^0, w)$ 的**任何**函数，那么上述性质仍然成立。[②] 事实上，作为**无谓损失的一部分**，近似误差可能很大［Hausman（1981）特别指出了这一点］。例如，在图 3.I.8 中，用瓦尔拉斯需求曲线左侧面积衡量的无谓损失为面积 $A+C$，而实际净损失为面积 $A+B$。这两部分差额的百分比未必随着价格变小而变小。[③]

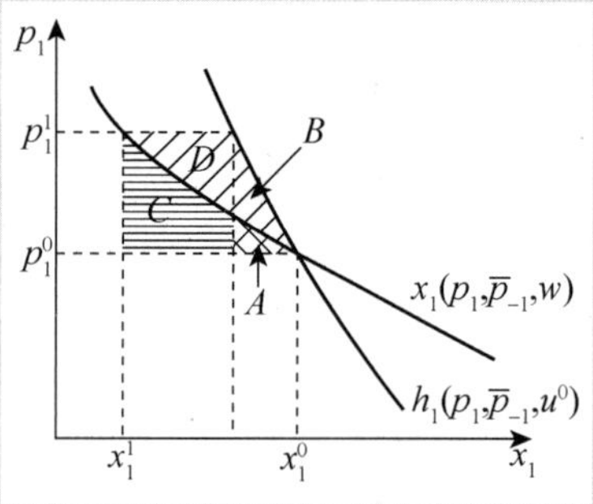

图 3.I.8 使用面积变化衡量福利变化时的误差

当（$p_1^1-p_1^0$）很小时，我们有更好的近似方法。具体地说，假设我们取 $h(p, u^0)$ 在点 p^0 的一阶泰勒近似

$$\tilde{h}(p,u^0)=h(p^0,u^0)+D_p h(p^0,u^0)(p-p^0)$$

并且我们将

$$\int_{p_1^1}^{p_1^0}\tilde{h}_1(p_1,\bar{p}_{-1},u^0)dp_1 \qquad (3.\text{I}.9)$$

---

① 以下的所有结论也适用于等价性变化。

② 事实上，此处的性质等价于说：瓦尔拉斯需求函数是补偿性变化的一阶近似。注意到，在点 p_1^0，$CV(p^1, p^0, w)$，$EV(p^1, p^0, w)$ 和 $AV(p^0, p^0, w)$ 关于 p_1^1 的导数都恰好为 $x_1(p_1^0, p_{-1}^0, w)$，你就会相信这一点。

③ 因此，例如对于在我们前面讨论的问题，即政府打算筹集税收收入 T 但可对两种不同商品征税，哪种方案的无谓损失更大？如果我们使用面积变化衡量无谓损失，那么即使税收 t 很小，也未必能对这两种征税方案作出正确排序。

作为福利变化的近似。图 3. I. 9 画出了函数 $\tilde{h}_1(p_1, \bar{p}_{-1}, u^0)$ 的图形。由图可以看出，因为在点 p^0，$\tilde{h}_1(p_1, \bar{p}_{-1}, u^0)$ 的斜率和真正希克斯需求函数 $h_1(p, u^0)$ 的斜率相同，所以对于很小的价格变化，这种近似方法比式（3. I. 8）更能逼近实际福利变化。（与面积变化衡量方法相比，这种方法对无谓损失的近似更准确。）因为希克斯需求曲线是支出函数的一阶导数，所以希克斯需求函数在点 p^0 的展开式，在本质上是支出函数在点 p^0 附近的二阶展开式。因此，这种近似方法可以看成前面讨论过的一阶检验的自然扩展，参见式（3. I. 7）。

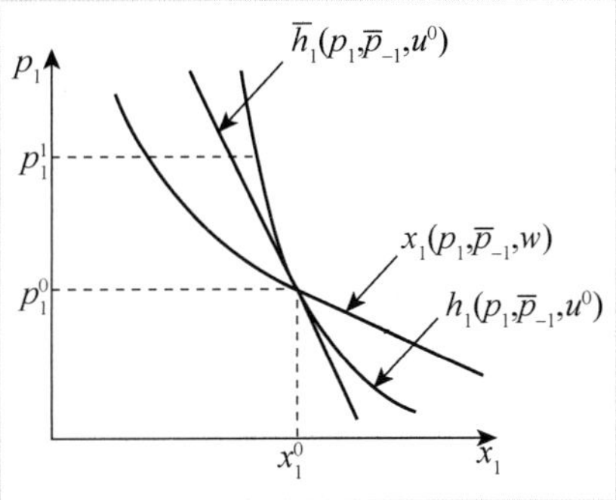

图 3. I. 9　$h(p, u^0)$ 在点 p^0 的一阶近似

式（3. I. 9）中的近似，可以直接从可观测的瓦尔拉斯需求函数 $x_1(p, w)$ 计算出来。为了看清这一点，注意到因为 $h(p^0, u^0)=x(p^0, w)$ 和 $D_p h(p^0, u^0)=S(p^0, w)$，所以 $\tilde{h}(p, u^0)$ 可以只用瓦尔拉斯需求函数及其在点 (p^0, w) 的导数表示：

$$\tilde{h}(p,u^0) = x(p^0,w) + S(p^0,w)(p - p^0)$$

特别地，由于只有商品 1 的价格发生了变化，我们有

$$\tilde{h}_1(p_1,\bar{p}_{-1},u^0) = x_1(p_1^0,\bar{p}_{-1},w) + s_{11}(p_1^0,\bar{p}_{-1},w)(p_1 - p_1^0)$$

其中

$$s_{11}(p_1^0,\bar{p}_{-1},w) = \frac{\partial x_1(p^0,w)}{\partial p_1} + \frac{\partial x_1(p^0,w)}{\partial w} x_1(p^0,w)$$

当 $(p^1 - p^0)$ 很小时，这种近似方法比面积变化方法更能准确近似实际的补偿性变化。然而，如果 $(p^1 - p^0)$ 较大，我们无法判断哪种近似方法更准确。面积变化方法完全有可能更好一些。毕竟，面积变化方法对于从 p^0 发生价格变化而引起的需求行为的近似，能保证一定的敏感性，而若使用 $\tilde{h}(p, u^0)$ 则不能保证这种敏感性。

3.J　显示偏好强公理

我们已经看到，在消费者需求理论的背景下，消费者的选择可能满足弱公理，

3

但不能由理性的偏好关系生成（参见 2. F 节和 3. G 节）。因此，我们对下列问题感兴趣：我们能否找到消费者需求行为的必要和充分的一致性条件，这个条件要和弱公理（WA）的形式相同，但它可能意味着需求行为可以被偏好理性化吗？答案是肯定的，这个条件由 Houthakker（1950）以**显示偏好强公理**（strong axiom of revealed preference，SA）形式给出，它是一种递归封闭的弱公理。①

定义 3. J. 1：市场需求函数 $x(p, w)$ 满足显示偏好强公理（SA），如果对于任何一列

$$(p^1, w^1), \cdots, (p^N, w^N)$$

其中对于所有 $n \leqslant N-1$ 我们均有 $x(p^{n+1}, w^{n+1}) \neq x(p^n, w^n)$，那么当 $p^n \cdot x(p^{n+1}, w^{n+1}) \leqslant w^n$ 对于所有 $n \leqslant N-1$ 均成立时，我们有 $p^N \cdot x(p^1, w^1) > w^N$。

用文字表达就是：如果 $x(p^1, w^1)$ **被直接或间接显示偏好于** $x(p^N, w^N)$，那么 $x(p^N, w^N)$ 不可能被（直接）显示偏好于 $x(p^1, w^1)$［因此消费者在价格财富组合 (p^N, w^N) 下买不起 $x(p^1, w^1)$］。例如，例 2. F. 1 违背了强公理。容易看出，理性偏好产生的需求满足强公理。它的逆命题则不是那么一目了然。我们将这个逆命题作为命题 3. J. 1，由于证明过程比较高级，我们将它放在专栏里。

命题 3. J. 1：若瓦尔拉斯需求函数 $x(p, w)$ 满足显示偏好强公理，则存在能理性化 $x(p, w)$ 的理性偏好关系 $\succsim$，也就是说，该偏好关系能使得对于所有 (p, w)，任给一个 $y \in B_{p,w}$ 但 $y \neq x(p, w)$，我们都有 $x(p, w) \succ y$。

证明：我们采用 Richter（1966）的方法。他使用了集合论进行证明，这与 Houthakker（1950）最初采用的微分方程方法显著不同。②

在商品空间上定义关系 $\succ^1$ 为：对于 $x = x(p, w)$，$x \neq y$，若 $p \cdot y \leqslant w$ 对于某个 (p, w) 成立，则 $x \succ^1 y$。关系 $\succ^1$ 可以读作"被直接显示偏好于"。基于 $\succ^1$，我们定义一个新的关系 $\succ^2$（$\succ^2$ 可以读作"被直接或间接显示偏好于"）：对于 $x^1 = x$ 和 $x^N = y$，若存在链 $x^1 \succ^1 x^2 \succ^1, \cdots, \succ^1 x^N$，则 $x \succ^2 y$。注意，根据我们的构造，$\succ^2$ 是传递的。由强公理可知，$\succ^2$ 为非反身的（即 $x \succ^2 x$ 不成立）。集合论中的一个公理即佐恩引理（Zorn's lemma）告诉我们：每个传递的和非反身的（合称为偏序的）关系 $\succ^2$ 都有一个**全扩展**（total extension）$\succ^3$。$\succ^3$ 是一个非反身的和传递的关系，它满足：首先，$x \succ^2 y$ 意味着 $x \succ^3 y$。其次，当 $x \neq y$ 时，我们要么有 $x \succ^3 y$，要么有 $y \succ^3 x$。最后，我们定义 $\succsim$ 为：若 $x = y$ 或 $x \succ^3 y$，$x \succsim y$。现在不难证明 $\succsim$ 是完备的和传递的，而且当 $p \cdot y \leqslant w$ 且 $y \neq x(p, w)$ 时有 $x(p, w) \succ y$。■

命题 3. J. 1 的证明只是用了 $x(p, w)$ 的单值性。只要消费者的选择是单值的，上面的结果也适用于第 1 章讨论的抽象选择理论。预算是竞争性的这个事实并不重要。

---

① 显示偏好理论由萨缪尔森提出，随后的相关研究工作的综述可参见 Mas-Colell（1982）。

② 第三种证明方法是基于线性规划的方法，它是由 Afriat（1967）提出的。

习题 3. J. 1 要求读者证明当 $L=2$ 时，弱公理（WA）等价于强公理（SA）。因此，根据命题 3. J. 1，当 $L=2$ 而且满足弱公理时，我们总能找到一个理性化的偏好关系，我们已经在 3. H 节看到过这个结论。然而，当 $L>2$ 时，强公理比弱公理更强。事实上，命题 3. J. 1 告诉我们，建立在强公理之上的基于选择的需求理论，在本质上等价于本章介绍的基于偏好的需求理论。

由上面的讨论可知，强公理在本质上等价于理性偏好假设，也等价于斯卢茨基矩阵的对称性和负半定性。我们已经看到，弱公理在本质上等价于斯卢茨基矩阵的负半定性。因此，我们自然会问：是否存在关于偏好的一个假设，使得该假设比理性假设弱，但它能产生与基于弱公理需求理论等价的需求理论？违背了强公理的行为意味着循环选择；在使用积分还原偏好时，违背斯卢茨基矩阵替代性的行为会产生路径依赖。这意味着偏好可能违背了传递性公理。这一点的进一步讨论可参考 Kihlstrom，Mas-Colell 和 Sonnenschein (1976)。

附录 A：瓦尔拉斯需求的连续性与可微性

在本附录，我们考察瓦尔拉斯需求对应 $x(p, w)$ 的连续性和可微性性质。我们假设 $x\gg 0$ 对于所有 $(p, w)\gg 0$ 都成立并且 $x\in x(p, w)$。

连续性

由于 $x(p, w)$ 一般来说是一个对应（correspondence），我们首先介绍对应的**上半连续性**（upper hemicontinuity），它是我们已经熟知的函数连续性的推广。

定义 3. AA. 1： 瓦尔拉斯需求对应 $x(p, w)$ 在点 $(\bar{p}, \bar{w})$ 是**上半连续的**，如果对于所有 n，$(p^n, w^n)\to(\bar{p}, \bar{w})$，$x^n\in x(p^n, w^n)$ 而且 $x=\lim_{n\to\infty}x^n$，我们有 $x\in x(p, w)$。①

也就是说，一个需求对应 $x(p, w)$ 在点 $(\bar{p}, \bar{w})$ 是上半连续的，如果对于任何价格财富组合序列来说，任何最优需求束序列的极限在价格财富组合极限点上都是最优的（尽管未必唯一）。如果 $x(p, w)$ 在所有点 $(p, w)\gg 0$ 上都是单值的，这个上半连续性概念就等价于我们通常所说的函数的连续性。

图 3. AA. 1 画出了一个上半连续的需求对应：当 $p^n\to p$ 时，需求行为 $x(\cdot, w)$ 在价格向量 p 上突然出现了跳跃：在所有点 p^n 上，$x(\cdot, w)$ 的值为 x^n；在点 p 上，$x(\cdot, w)$的值突然变为消费束区间 $[\bar{x}, \bar{\bar{x}}]$。$x(\cdot, w)$ 是上半连续的，

① 我们使用符号 $z^n\to z$ 表示 $z=\lim_{n\to\infty}z^n$。3. AA. 1 节中的上半连续性的定义仅适用于“局部有界”（参见数学附录 M. H 节）的对应。在我们的假设下，瓦尔拉斯需求对应对于所有 $(p, w)\gg 0$ 均满足这个性质。

这是因为 $\bar{x}$（序列在 p^n 上的极限最优点）是区间 $[\bar{x}, \bar{\bar{x}}]$（在价格向量 p 上的最优点组成的集合）中的元素。关于上半连续性的进一步讨论，请参见数学附录中的 M. H 节。

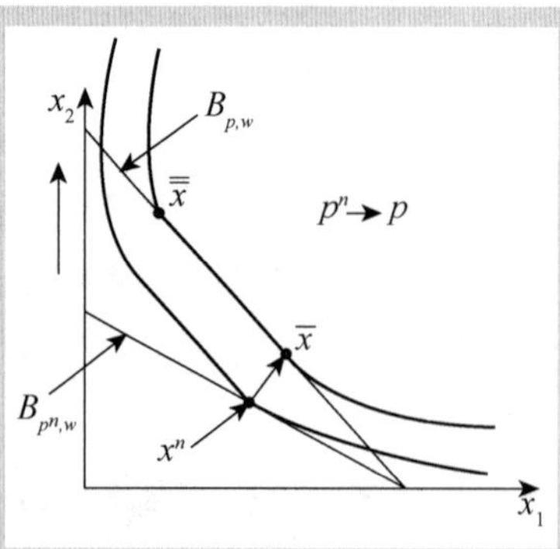

图 3. AA. 1　一个上半连续的瓦尔拉斯需求对应

命题 3. AA. 1： 假设 $u(\cdot)$ 是个连续效用函数，它代表着消费集 $X=\mathbb{R}_+^L$ 上的局部非饱和的偏好关系 $\succsim$。那么由 $u(\cdot)$ 产生的需求对应 $x(p, w)$ 在所有 $(p, w) \gg 0$ 上都是上半连续的。而且，如果 $x(p, w)$ 是一个函数［即如果 $x(p, w)$ 在所有 (p, w) 上都是单值的］，那么它在所有 $(p, w) \gg 0$ 上连续。

证明： 为了证明上半连续性，假设我们有一个序列 $\{(p^n, w^n)\}_{n=1}^{\infty} \to (\bar{p}, \bar{w}) \gg 0$；假设我们还有另外一个序列 $\{x^n\}_{n=1}^{\infty}$ ［其中 $x^n \in x(p^n, w^n)$ 对于所有 n 都成立］，使得 $x^n \to \tilde{x}$ 和 $\tilde{x} \notin x(\bar{p}, \bar{w})$。由于对于所有 n，我们均有 $p^n \cdot x^n \leqslant w^n$，当 $n \to \infty$ 时取极限可得 $\bar{p} \cdot \tilde{x} \leqslant \bar{w}$，因此，当预算集为 $B_{\bar{p},\bar{w}}$ 时，$\tilde{x}$ 是个可行的消费束。然而，由于它在这个预算集中不是最优的，所以必定存在某个 $\bar{x} \in B_{\bar{p},\bar{w}}$ 使得 $u(\bar{x}) > u(\tilde{x})$。

根据 $u(\cdot)$ 的连续性，存在一个任意接近 $\bar{x}$ 的 y，使得 $p \cdot y < w$ 和 $u(y) > u(\tilde{x})$。图 3. AA. 2 画出了这个消费束 y。

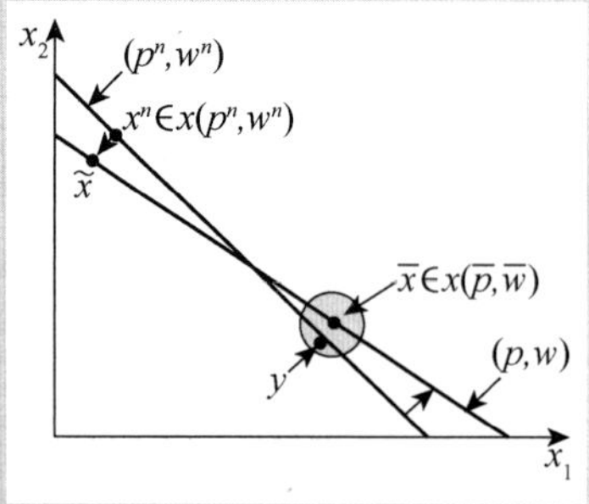

图 3. AA. 2　找到一个消费束 y，使得 $p \cdot y < w$ 和 $u(y) > u(\tilde{x})$

注意到，如果 n 足够大，我们有 $p^n \cdot y < w^n$ ［因为 $(p^n, w^n) \to (p, w)$］。因此，y 是预算集 B_{p^n,w^n} 的元素，即 $y \in B_{p^n,w^n}$，而且我们必定有 $u(x^n) > u(y)$［因为 $x^n \in x(p^n, w^n)$］。当

$n \to \infty$时取极限，$u(\cdot)$ 的连续性于是意味着 $u(\tilde{x}) \geq u(y)$，这样我们就得到了一个矛盾。因此，我们必有 $\tilde{x} \in x(p, w)$，这样就建立了 $x(p, w)$ 的上半连续性。

当 $x(p, w)$ 为函数时，证明其连续性的方法与上面的方法类似。■

假设消费集是一个任意闭集 $X \subset \mathbb{R}^L_+$，那么连续性（或上半连续性）性质在任何通过下列［**局部更便宜消费**（locally cheaper consumption）］检验的（$\bar{p}$，$\bar{w}$）上仍然成立："假设 $x \in X$ 是能买得起的（即 $\bar{p} \cdot x \leq \bar{w}$），那么存在任意接近 x 的 $y \in X$，使得 y 的花费小于 $\bar{w}$（即 $\bar{p} \cdot y < \bar{w}$）。"例如，在图 3. AA. 3 中，商品 2 只能以整数形式出现。于是，局部更便宜检验在价格财富组合点（$\bar{p}$，$\bar{w}$）$=(1, \bar{w}, \bar{w})$ 上通不过，其中一单位商品 2 变得恰好能买得起。考察图 3. AA. 3［其中虚线表示消费者在点（0，1）和 z 之间无差异］，不难看出：当 $p_2 = \bar{w}$ 时，需求不是上半连续的。特别地，对于满足 $p_1^n = 1$，$p_2^n > \bar{w}$ 的价格财富组合点（p^n，$\bar{w}$）来说，$x(p^n, \bar{w})$ 只涉及商品 1 的消费；而在价格财富组合点（$\bar{p}$，$\bar{w}$）$=(1, \bar{w}, \bar{w})$ 上，我们有 $x(\bar{p}, \bar{w}) = (0, 1)$。注意到，当局部更便宜消费条件不成立时，命题 3. AA. 1 的证明不成立，这是因为我们无法找到满足上述性质的消费束 y。

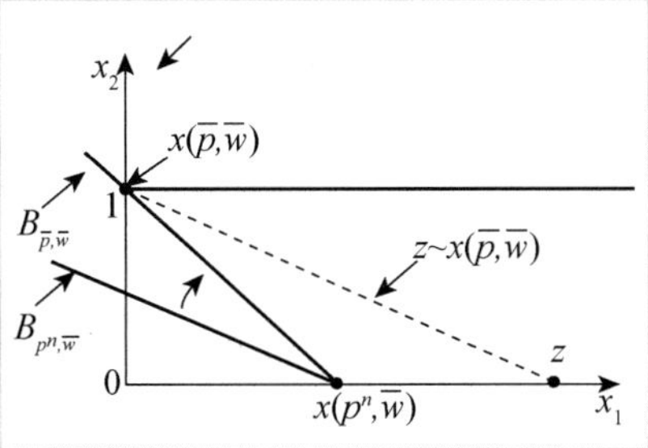

图 3. AA. 3　在价格财富组合（$\bar{p}$，$\bar{w}$）$=(1, \bar{w}, \bar{w})$ 上，局部更便宜检验未通过

可微性

命题 3. AA. 1 已经证明如果 $x(p, w)$ 是个函数，那么它是连续的。通常如果 $x(p, w)$ 还可微，那会更方便一些。我们现在讨论 $x(p, w)$ 何时可微。我们在本小节始终假设 $u(\cdot)$ 是严格拟凹的和二次连续可微的，并且对于所有 x，我们均有 $\nabla u(x) \neq 0$。

我们在 3. D 节已经证明，效用最大化（UMP）的一阶条件意味着，对于某个 $\lambda > 0$，$x(p, w) \gg 0$ 是含有 $L+1$ 个未知数、$L+1$ 个方程的方程组的唯一解：

$$\nabla u(x) - \lambda p = 0$$
$$p \cdot x - w = 0$$

因此，隐函数定理（参见数学附录中的 M. E 节）告诉我们，$x(p, w)$ 这个解，作为方程组参数（p，w）的函数，若是可微的，则该方程组的雅可比矩阵（Jacobian matrix）的行列式应不等于零。雅可比矩阵［即由 $L+1$ 个分量函数关于

$L+1$ 个变量（x，λ）的导数组成的矩阵］为

$$\begin{bmatrix} D^2u(x) & -p \\ p^{\mathrm{T}} & 0 \end{bmatrix}$$

由于$\nabla u(x)=\lambda p$ 且$\lambda>0$，该矩阵的行列式不等于零当且仅当 $u(x)$ 的**加边海赛行列式**（bordered Hessian determinant）在点 x 不等于零：

$$\begin{vmatrix} D^2u(x) & \nabla u(x) \\ [\nabla u(x)]^{\mathrm{T}} & 0 \end{vmatrix} \neq 0$$

这个条件在几何图形上比较直观，它意味着通过点 x 的无差异集在点 x 的曲率不等于零；它不是平坦的（甚至不是极微小平坦的）。这一条件稍微加强了严格拟凹性条件［正如严格凹函数 $f(x)=-(x^4)$ 有 $f''(0)=0$，一个严格拟凹函数在某点上的加边海赛行列式也可能为零］。

因此我们断言，$x(p，w)$ 是可微的**当且仅当** $u(\cdot)$ 的加边海赛行列式在 $x(p，w)$ 处不等于零。需要指出下列事实（我们此处不再给出证明）：如果 $x(p，w)$ 在 $(p，w)$ 处是可微的，那么斯卢茨基矩阵 $S(p，w)$ 具有最大可能的秩；也就是说，$S(p，w)$ 的秩等于 $L-1$。①

参考文献

Afriat，S.（1967）. The construction of utility functions from expenditure data. *International Economic Review* 8：67-77.

Antonelli，G. B.（1886）. Sulla Teoria Matematica della Economia Politica. Pisa：Nella tipografia del Folchetto. ［English translation：On the mathematical theory of political economy. In *Preferences，Utility and Demand*，edited by J. Chipman，L. Hurwicz，and H. Sonnenschein. New York：Harcourt Brace Jovanovich，1971.］

Chipman，J.，and J. Moore.（1980）. Compensating variation，consumer's surplus，and welfare. *American Economic Review* 70：933-948.

Deaton，A.，and. Muellbauer（1980）. *Economics and Consumer Behavior*. Cambridge，U. K.：Cambridge University Press.

Debreu，G.（1960）. Topological methods in cardinal utility. In *Mathematical Methods in the Social Studies*，1959，edited by K. Arrow，S. Karlin，and P. Suppes. Stanford，Calif.：Stanford University Press.

Diewert，W. E.（1982）. Duality approaches to microeconomic theory. Chap. 12 in *Handbook of Mathematical Economics*. Vol. 2，edited by K. Arrow and M. Intriligator. Amsterdam：North-Holland.

① 这个结论仅适用于由二次连续可微效用函数生成的需求函数。如果效用函数不满足这个条件，那么这个结论可能不成立。例如，需求函数 $x(p，w)=(w/(p_1+p_2)，w/(p_1+p_2))$ 是可微的，而且它是由效用函数$u(x)=\mathrm{Min}\{x_1，x_2\}$ 生成的，但这个效用函数在所有点 x 上都不是二次连续可微的。这个需求函数的替代矩阵的所有元素都等于零，因此，它的秩等于零。

Green, J. R., and W. Heller (1981). Mathematical analysis and convexity with applications to economics. Chap. 1 in *Handbook of Mathematical Economics*, Vol. 1, edited by K. Arrow and M. Intriligator. Amsterdam. North-Holland.

Hausman, J. (1981). Exact consumer surplus and deadweight loss. *American Economic Review* 71: 662–676.

Hicks, J. (1939). *Value and Capital*. Oxford: Clarendon Press.

Houthakker, H. S. (1950). Revealed preference and the utility function. *Economica* 17: 159–174.

Hurwicz, L., and Uzawa (1971). On the integrability of demand functions. Chap. 6 in *Preferences, Utility and Demand*, edited by J. Chipman, L. Hurwicz, and H. Sonnenschein. New York: Harcourt Brace, Jovanovich.

Kihlstrom, R., A. Mas-Colell, and H. Sonnenschein (1976). The demand theory of the weak axiom of revealed preference. *Econometrica* 44: 971–978.

McKenzie, L. (1956–1957). Demand theory without a utility index. *Review of Economic Studies* 24: 185–189.

Marshall, A. (1920). *Principles of Economics*. London: Macmillan.

Mas-Colell, A. (1982). Revealed preference after Samuelson, in *Samuelson and Neoclassical Economics*, edited by G. Feiwel. Boston: Kluwer-Nijhoff.

Richter, M. (1966). Revealed preference theory. *Econometrica* 34: 635–645.

Samuelson, P. (1947). *Foundations of Economics Analysis*. Cambridge, Mass: Harvard University Press.

Slutsky, E. (1915). Sulla teoria del bilancio del consumatore. *Giornali degli Economisti* 51: 1–26. [English translation: On the theory of the budget of the consumer, in *Readings in Price Theory*, edited by G. Stigler and K. Boulding. Chicago: Richard Irwin, 1952.]

Stone, J. E. (1954). Linear expenditure systems and demand analysis: An application to the pattern of British demand. *Economic Journal* 64: 511–527.

Vives, X. (1987). Small income effects: A Marshallian theory of consumer surplus and downward sloping demand. *Review of Economic Studies* 54: 87–103.

习　题

3.B.1[A]　证明

(a) 若$\succsim$是强单调的，则它是单调的。

(b) 若$\succsim$是单调的，则它是局部非饱和的。

3.B.2[B]　对于定义在消费集$X=\mathbb{R}^L_+$上的偏好关系$\succsim$，当且仅当$x\geqslant y$意味着$x\succsim y$时，我们称$\succsim$为**弱单调的**(weakly monotone)。证明：如果$\succsim$是传递的、局部非饱和的和弱单调的，则它是单调的。

3.B.3[A]　画出一个凸偏好关系，使得该偏好关系是局部非饱和的但不是单调的。

3.C.1[B]　验证字典序是完备的、传递的、强单调的和严格凸的。

3.C.2[B]　证明如果$\succsim$能用连续效用函数$u(\cdot)$表示，那么$\succsim$也是连续的。

3.C.3[C]　证明如果对于每个x，上轮廓集$\{y\in\mathbb{R}^L_+: y\succsim x\}$和下轮廓集$\{y\in\mathbb{R}^L_+: x\succsim y\}$都是闭的，那么根据定义3.C.2可知，$\succsim$是连续的。

3.C.4[B]　举例说明某个偏好关系虽然不是连续的，但它可用效用函数表示。

3.C.5[C]　证明下列两个结论：

3

(a) 连续的偏好关系$\succsim$是位似的(homothetic)当且仅当它能用一次齐次的效用函数 $u(x)$ 表示。[$u(x)$ 的一次齐次性是指对于所有 $\alpha>0$，我们都有 $u(\alpha x)=\alpha u(x)$。]

(b) $(-\infty, \infty)\times\mathbb{R}_+^{L-1}$上的一个连续的偏好关系$\succsim$关于第一种商品是拟线性的，当且仅当它能用 $u(x)=x_1+\phi(x_2, \cdots, x_L)$ 形式的效用函数 $u(x)$ 表示。[提示：命题 3. G. 1 保证了代表$\succsim$的连续效用函数的存在性。]

在回答(a)和(b)之后，说明 $u(\cdot)$ 这些性质是基数性质。

3. C. 6[B] 假设在一个两种商品的世界里，消费者效用函数的形式为 $u(x)=[\alpha_1 x_1^\rho+\alpha_2 x_2^\rho]^{1/\rho}$。这个效用函数称为**固定替代弹性**(constant elasticity of substitution，CES)效用函数。

(a) 证明当 $\rho=1$ 时，无差异曲线变成直线。

(b) 证明当 $\rho\to 0$ 时，这个效用函数和一般柯布-道格拉斯效用函数 $u(x)=x_1^{\alpha_1}x_2^{\alpha_2}$ 代表着相同的偏好。

(c) 证明当 $\rho\to-\infty$时，无差异曲线变成直角形状；也就是说，这个效用函数在极限上与里昂惕夫效用函数 $u(x_1, x_2)=\text{Min}\{x_1, x_2\}$ 的无差异曲线相同。

3. D. 1[A] 证明由柯布-道格拉斯效用函数生成的瓦尔拉斯需求函数满足命题 3. D. 2 中的三个性质。

3. D. 2[A] 证明例 3. D. 2 得到的间接效用函数满足命题 3. D. 3 中的四个性质。

3. D. 3[B] 假设 $u(x)$ 是可微且严格拟凹的，瓦尔拉斯需求函数 $x(p, w)$ 是可微的。证明：

(a) 如果 $u(x)$ 是一次齐次的，那么瓦尔拉斯需求函数 $x(p, w)$ 和间接效用函数$v(p, w)$ 都是一次齐次的[从而它们分别可以写为下列形式：$x(p, w)=w\tilde{x}(p)$ 和$v(p,w)=w\tilde{v}(p)$]，而且财富扩张路径(参考 2. E 节)是通过原点的一条直线。这意味着需求的财富弹性为多大?

(b) 如果 $u(x)$ 是严格拟凹的，而且 $v(p, w)$ 关于 w 是一次齐次的，那么 $u(x)$ 必定是一次齐次的。

3. D. 4[B] 令 $(-\infty, \infty)\times\mathbb{R}_+^{L-1}$表示消费集，假设偏好是严格凸且为拟线性的。标准化 $p_1=1$。

(a) 证明商品 2，…，L 的瓦尔拉斯需求函数与财富无关。对于商品 1 需求的财富效应(参见 2. E 节)，这意味着什么?

(b) 证明间接效用函数可以写为下列形式：$v(p, w)=w+\phi(p)$ 对于某个函数$\phi(\cdot)$。

(c) 为简单起见，假设 $L=2$ 并将消费者的效用函数写为 $u(x_1, x_2)=x_1+\eta(x_2)$。然而，现在令消费集为 $\mathbb{R}_+^2$，从而对计价物 x_1 的消费存在着非负约束。固定价格 p，考察当财富 w 变化时，消费者的瓦尔拉斯需求如何变化。对计价物消费的非负约束何时是无关紧要的?

3. D. 5[B] 在习题 3. C. 6 的 CES 效用函数中，假设 $\alpha_1=\alpha_2=1$。

(a) 对于这个效用函数，计算瓦尔拉斯需求和间接效用函数。

(b) 验证这两个函数满足命题 3. D. 2 和命题 3. D. 3 的所有性质。

(c) 对于线性效用情形和里昂惕夫效用情形(参考习题 3. C. 6)，推导出瓦尔拉斯需求对应和间接效用函数。

(d) 商品 1 和 2 之间的替代弹性的定义为

$$\xi_{12}(p,w)=-\frac{\partial[x_1(p,w)/x_2(p,w)]}{\partial[p_1/p_2]}\frac{p_1/p_2}{x_1(p,w)/x_2(p,w)}$$

证明对于 CES 效用函数 $\xi_{12}(p, w)=1/(1-\rho)$，这就是 CES 效用函数名字的由来。对于线性、里昂惕夫以及柯布-道格拉斯效用函数来说，它们的 $\xi_{12}(p, w)$ 分别为多少?

3. D. 6[B] 在一个世界中有三种商品，消费者的效用函数为 $u(x)=(x_1-b_1)^\alpha(x_2-b_2)^\beta(x_3-b_3)^\gamma$。

(a) 为何你能不失一般性地假设 $\alpha+\beta+\gamma=1$? 在以下问题中始终使用这个假设。

(b) 写出 UMP 的一阶条件，求消费者的瓦尔拉斯需求和间接效用函数。这个需求系统称为**线**

性支出系统(linear expenditure system)[源于Stone(1954)]。

(c)验证这些需求函数满足命题3.D.2和命题3.D.3列举的那些性质。

3.D.7[B] 有两种商品。给定两个预算集B_{p^0,w^0}和B_{p^1,w^1},其中B_{p^0,w^0}可用$p^0=(1,1)$和$w^0=8$描述,B_{p^1,w^1}可用$p^1=(1,4)$和$w^1=26$描述。在价格财富组合为(p^0,w^0)时观察到消费者的选择为$x^0=(4,4)$。当价格财富组合为(p^1,w^1)时,消费者的选择x^1满足$p\cdot x^1=w^1$。

(a)如果选择x^0和x^1与偏好最大化一致,确定可被允许的选择x^1的范围。

(b)如果选择x^0和x^1与下列偏好最大化一致:偏好关于商品1是拟线性的,确定可被允许的选择x^1的范围。

(c)如果选择x^0和x^1与下列偏好最大化一致:偏好关于商品2是拟线性的,确定可被允许的选择x^1的范围。

(d)如果选择x^0和x^1与下列偏好最大化一致:商品1和2都是正常商品,确定可被允许的选择x^1的范围。

(e)如果选择x^0和x^1与下列偏好最大化一致:偏好是位似的,确定可被允许的选择x^1的范围。

[提示:回答这些问题的最好方式是画图。]

3.D.8[A] 证明对于所有(p,w),均有$w\partial v(p,w)/\partial w=-p\cdot\nabla_p v(p,w)$。

3.E.1[A] 假设$u(\cdot)$是可微的。证明EMP的一阶条件为

$$p\geqslant\lambda\nabla u(x^*)$$

和

$$x^*\cdot[p-\lambda\nabla u(x^*)]=0$$

其中$\lambda\geqslant0$。将这些条件与UMP的一阶条件进行比较。

3.E.2[A] 验证柯布-道格拉斯效用函数的希克斯需求和支出函数满足命题3.E.2和命题3.E.3列举的性质。

3.E.3[B] 证明如果$p\gg0$而且存在某个满足$u(x)\geqslant u$的$x\in\mathbb{R}^L_+$,那么EMP有解。

3.E.4[B] 证明如果消费者的偏好$\succsim$是凸的,那么$h(p,u)$是个凸集。另外,证明如果$u(x)$是严格凸的,那么$h(p,u)$是单值的。

3.E.5[B] 证明如果$u(\cdot)$是一次齐次的,那么$h(p,u)$和$e(p,u)$关于u都是一次齐次的[即它们分别可以写为下列形式:$h(p,u)=\tilde{h}(p)u$和$e(p,u)=\tilde{e}(p)u$]。

3.E.6[B] 考虑习题3.C.6和习题3.D.5中的CES效用函数,其中$\alpha_1=\alpha_2=1$。求它的希克斯需求函数和支出函数。验证命题3.E.2和命题3.E.3中的那些性质。

3.E.7[B] 证明如果$\succsim$关于商品1是拟线性的,那么商品2,…,L的希克斯需求函数不取决于u。在这种情形下,支出函数具有什么样的形式?

3.E.8[A] 对于柯布-道格拉斯效用函数,验证式(3.E.1)和式(3.E.4)中的关系成立。注意到,$e(p,u)=v(p,e(p,u))$;$v(p,w)=e(p,v(p,w))$。

3.E.9[B] 使用(3.E.1)中的关系证明命题3.D.3的间接效用函数性质蕴涵命题3.E.2。类似地,使用式(3.E.1)中的关系证明命题3.E.2蕴涵命题3.D.3。

3.E.10[B] 使用式(3.E.1)和式(3.E.4)中的关系、间接效用和支出函数的性质证明命题3.D.2蕴涵命题3.E.4。然后使用这些事实证明命题3.E.3蕴涵命题3.D.2。

3.F.1[B] (使用分离超平面定理)正式证明闭且凸的集合$K\subset\mathbb{R}^L$等于包含该集合的半空间的交。

3.F.2[A] 画图说明分离超平面定理对于非凸集不成立。然后证明如果K是闭但不是凸的,总存在不能与K分离的某个$x\notin K$。

3.G.1[B] 证明罗伊恒等式(命题3.G.4)蕴涵命题3.G.1。

3.G.2[B] 使用柯布-道格拉斯效用函数验证3.G节的所有命题。

3

3. G. 3[B] 考虑习题 3. D. 6 中的（线性支出系统）效用函数。

(a) 求希克斯需求和支出函数。验证命题 3. E. 2 和命题 3. E. 3 列举的性质。

(b) 证明支出函数的导数是你在（a）中求出的希克斯需求函数。

(c) 验证斯卢茨基方程是成立的。

(d) 验证自替代项是负的而且补偿性交叉价格效应是对称的。

(e) 证明 $S(p, w)$ 是负半定的，而且它的秩为 2。

3. G. 4[B] 效用函数 $u(x)$ 是**加性可分的**（additively separable），如果它具有形式$u(x)=\sum_l u_l(x_l)$。

(a) 证明加性可分是一种基数性质，而且并非效用函数的任何变换都能保留这个性质，事实上只有线性变换能保留这个性质。

(b) 证明任何一组商品上的偏好排序与我们对其他组商品指定的固定值均无关。可以证明，这个序数性质对于加性可分表示法的存在性是必要且充分的。[建议读者不要尝试证明此事，因为它的证明非常难。参见 Debreu（1960）。]

(c) 证明如果函数 $u_l(\cdot)$ 是严格凹的，那么由加性可分效用函数产生的瓦尔拉斯和希克斯需求函数不允许劣等商品存在。（进行证明时可以假设函数是可微的，而且解为内部解。）

(d)（更难）假设所有 $u_l(\cdot)$ 都相同而且二次可微。令 $\hat{u}(\cdot)=u_l(\cdot)$。证明如果 $-[t\hat{u}''(t)/\hat{u}'(t)]<1$ 对于所有 t 都成立，那么瓦尔拉斯需求有着所谓的总替代性质，即 $\partial x_l(p, w)/\partial p_k>0$ 对于所有 l 和所有 $k\neq l$ 都成立。

3. G. 5[C] （希克斯复合商品）假设有两组合意商品 x 和 y，相应的价格分别为 p 和 q。消费者的效用函数为 $u(x, y)$，他的财富为 $w>0$。假设商品组 y 的价格总是同时同比例变化的，因此我们可以写为 $q=\alpha q_0$。对于任何实数 $z\geqslant 0$，定义函数

$$\tilde{u}(x,z)=\underset{y}{\text{Max}}\, u(x,y)$$
$$\text{s. t. } q_0\cdot y\leqslant z$$

(a) 假设经济中的商品为商品组 x 和某种复合商品 z，消费者的效用函数为 $\tilde{u}(x, z)$，α 是复合商品 z 的价格，证明$\text{Max}_{x,z}\tilde{u}(x, z)$ s. t. $p\cdot x+\alpha z\leqslant w$ 的解给出了消费者的 x 和 $z=q_0\cdot y$ 的实际水平。

(b) 对于 $x(p, \alpha, w)$ 和 $z(p, \alpha, w)$，证明命题 3. D. 2 和命题 3. G. 4 中的瓦尔拉斯需求函数性质成立。

(c) 对于使用 $\tilde{u}(x, z)$ 求出的希克斯需求函数，证明命题 3. E. 3、命题 3. G. 1 至命题 3. G. 3 中的性质成立。

3. G. 6[B] （F. M. Fisher）在某个经济中，有三种商品 x_1，x_2 和 x_3，价格分别为 p_1，p_2 和 p_3，某个消费者的财富水平为 $w>0$，他对商品 1 和 2 的需求分别为

$$x_1=100-5\frac{p_1}{p_3}+\beta\frac{p_2}{p_3}+\delta\frac{w}{p_3}$$
$$x_2=\alpha+\beta\frac{p_1}{p_3}+\gamma\frac{p_2}{p_3}+\delta\frac{w}{p_3}$$

其中，希腊字母表示的变量都是非零常数。

(a) 说明如何计算商品 3 的需求（不需要实际计算）。

(b) 商品 1 和 2 的需求函数是齐次的吗？

(c) 效用最大化对 α，β，γ 和 δ 的数值范围施加了限制，分别计算它们的数值范围。

(d) 给定你在（c）中的答案，对于固定不变的 x_3 水平，在 x_1，x_2 平面中画出消费者的无差异曲线。

(e) 你在（d）中的答案意味着消费者的效用函数 $u(x_1, x_2, x_3)$ 具有什么样的形式？

3. G. 7[A] 使用间接需求函数可以得到一个重要的对偶结论。固定 w 在某个水平上，比如 $w=1$；从现在起，我们记 $x(p, 1)=x(p)$，$v(p, 1)=v(p)$。间接需求函数 $g(x)$ 是 $x(p)$ 的逆；也就是说，它是对每个商品束 $x\gg 0$ 指定一个满足 $x=x(g(x), 1)$ 的价格向量 $g(x)$ 的规则。证明

$$g(x)=\frac{1}{x\cdot\nabla u(x)}\nabla u(x)$$

根据命题 3.G.4 推导

$$x(p)=\frac{1}{p\cdot\nabla v(p)}\nabla v(p)$$

注意到这是个完全对称的表达式。因此，直接（瓦尔拉斯）需求是间接效用的标准化导数，而间接需求是直接效用的标准化导数。

3.G.8[B]　间接效用函数 $v(p, w)$ 是对数齐次性的，如果 $v(p, \alpha w)=v(p, w)+\ln\alpha$ 对于 $\alpha>0$ 成立［换句话说，如果 $v(p, w)=\ln(v^*(p, w))$，其中 $v^*(p, w)$ 是一次齐次的］。证明如果 $v(\cdot, \cdot)$ 是对数齐次的，那么 $x(p, 1)=-\nabla_p v(p, 1)$。

3.G.9[C]　使用间接效用函数计算斯卢茨基矩阵。

3.G.10[B]　对于高曼（Gorman）形式的函数 $v(p, w)=a(p)+b(p)w$，为使 $v(p, w)$ 成为间接效用函数，$a(\cdot)$ 和 $b(\cdot)$ 必须具有什么样的性质？

3.G.11[B]　证明高曼形式间接效用函数的财富扩张曲线是线性的。

3.G.12[B]　为使高曼形式间接效用函数对应于位似偏好和拟线性偏好，应该对它施加什么样的限制？

3.G.13[C]　假设间接效用函数 $v(p, w)$ 是关于 w 的 n 次多项式（系数可能取决于 p）。证明任何个人财富扩张路径均被包含在至多为 $n+1$ 维的一个线性子空间内。解释之。

3.G.14[A]　某个具有理性偏好的消费者消费三种商品，下面的矩阵给出了他在价格为 $p_1=1$，$p_2=2$ 和 $p_3=6$ 时的（瓦尔拉斯）需求替代效应：

$$\begin{bmatrix}-10 & ? & ?\\ ? & -4 & ?\\ 3 & ? & ?\end{bmatrix}$$

在上述矩阵中填上缺失的数字。这个矩阵具有替代矩阵的所有性质吗？

3.G.15[B]　考虑效用函数 $u=2x_1^{1/2}+4x_2^{1/2}$

（a）求商品 1 和 2 的需求函数，它们都是价格和财富的函数。

（b）求补偿性需求函数 $h(\cdot)$。

（c）求支出函数并且验证 $h(p, u)=\nabla_p e(p, u)$。

（d）求间接效用函数并且验证罗伊恒等式。

3.G.16[C]　考虑支出函数 $e(p,u)=\exp\left\{\sum_l \alpha_l \log p_l+\left(\prod_l p_l^{\beta_l}\right)u\right\}$。

（a）为使该支出函数能从效用最大化中推导出，应该对 $\alpha_1, \cdots, \alpha_n, \beta_1, \cdots, \beta_n$ 施加什么样的限制？

（b）求对应于该支出函数的间接效用。

（c）验证罗伊恒等式和斯卢茨基方程。

3.G.17[B]　［源于 Hausman（1981）］假设 $L=2$。考虑下列局部间接效用函数

$$v(p,w)=-\exp(-bp_1/p_2)\left[\frac{w}{p_2}+\frac{1}{b}\left(a\frac{p_1}{p_2}+\frac{a}{b}+c\right)\right]$$

这个函数定义在价格财富组合 $(\bar{p}, \bar{w})$ 的某个邻域内。

（a）验证商品 1 的局部需求函数为

$$x_1(p, w)=a\frac{p_1}{p_2}+b\frac{w}{p_2}+c$$

（b）验证局部支出函数为

$$e(p,u)=-p_2u\exp(bp_1/p_2)-\frac{1}{b}\left(ap_1+\frac{a}{b}p_2+cp_2\right)$$

（c）验证商品 1 的局部希克斯需求函数为

$$h_1(p,u)=-ub\exp(bp_1/p_2)-\frac{a}{b}$$

3.G.18[C]　证明每种商品都通过一个（弱）替代链与每种其他商品联系在一起；也就是说，对于商品 l 和 k，要么 $\partial h_l(p, u)/\partial p_k\geq 0$，要么存在商品 r 使得 $\partial h_l(p, u)/\partial p_r\geq 0$ 和 $\partial h_r(p, u)/\partial p_k\geq 0$，依此类推。［提示：首先以两种商品为例进行证明，然后使用习题 3.G.5 中复合商品的思想分析三种商品的情形乃至 L 种商品的情形。］

3.H.1[C]　证明如果 $e(p, u)$ 是连续的、关于

3

u 递增的、一次齐次的、非递减的以及关于 p 凹的，那么对于所有 $x\gg0$，效用函数 $u(x)=\mathrm{Sup}\{u: x\in V_u\}$ 均满足 $e(p, u)=\mathrm{Min}\{p\cdot x: u(x)\geqslant u\}$ 对于任何 $p\gg0$ 成立，其中 $V_u=\{y: p\cdot y\geqslant e(p, u)$ 对于所有 $p\gg0\}$。

3. H. 2^B　使用命题 3. F. 1 证明如果 $e(p, u)$ 关于 p 可微，那么不存在能产生 $e(\cdot)$ 的（强单调的）非凸偏好。

3. H. 3^A　如何从 $e(p, u)$ 还原 $v(p, w)$?

3. H. 4^B　假设一开始给予我们的不是瓦尔拉斯需求，而是习题 3. G. 7 中的间接需求函数 $g(x)$。

请问应该如何还原 $\succsim$? 可以仅考察 $L=2$ 的情形。

3. H. 5^B　假设你知道间接效用函数。你如何还原支出函数和间接效用函数?

3. H. 6^B　假设你观察到瓦尔拉斯需求函数 $x_l(p, w)=\alpha_l w/p_l$，其中 $i=1, \cdots, L$，$\sum_l \alpha_l=1$。求这个需求系统的支出函数。求消费者的效用函数。

3. H. 7^B　根据习题 2. F. 17 中的需求函数回答下列问题：

(a) 令与消费束 $x=(1, 1, \cdots, 1)$ 相伴的效用为 1。求与效用水平 $u=1$ 相伴的支出函数 $e(p, 1)$。[提示：使用习题 2. F. 17 中 (a) 到 (d) 的答案。]

(b) 求消费束 $x=(1, 1, \cdots, 1)$ 的上轮廓集。

3. I. 1^B　假设价格向量从 p^0 变为 p^1，既涉及商品 1 的价格变动（从 p_1^0 变为 p_1^1），又涉及商品 2 的价格变动（从 p_2^0 变为 p_2^1）。使用商品 1 和 2 的适当的希克斯需求曲线下方的积分和表示等价性变化。使用同样的方法表示等价性变化。证明如果两种商品都不存在财富效应，补偿性变化和等价性变化是相等的。

3. I. 2^B　分别计算式（3. I. 5）和式（3. I. 6）的无谓损失关于 t 的导数。证明，在 $t=0$ 处这些导数等于 0，然而，如果 $h_1(p, u^0)$ 关于 p_1 是严格递减的，那么这些导数对于所有 $t>0$ 都严格为正。请解释。

3. I. 3^B　假设价格从初始价格向量 p^0 变为新的价格向量 $p^1\leqslant p^0$，而且只有商品 l 的价格发生了变化。证明如果商品 l 是劣等商品，那么 $CV(p^0, p^1, w)>EV(p^0, p^1, w)$。

3. I. 4^B　请举例说明：$CV(p^0, p^1, w)$ 和 $CV(p^0, p^2, w)$ 的比较未必能正确排列 p^1 和 p^2 的福利大小顺序。

3. I. 5^B　证明如果 $u(x)$ 关于商品 1 是拟线性的（而且我们固定 $p_1=1$），那么 $CV(p^0, p^1, w)=EV(p^0, p^1, w)$ 对于任何 (p^0, p^1, w) 都成立。

3. I. 6^A　假设有 $i=1, \cdots, I$ 个消费者，消费者 i 的效用函数为 $u_i(x)$，财富为 w_i。考虑价格从 p^0 变为 p^1。证明如果 $\sum_i CV_i(p^0, p^1, w_i)>0$，那么我们可以找到 $\{w'_i\}_{i=1}^I$ 使得 $\sum_i w'_i\leqslant\sum_i w_i$ 和 $v_i(p^1, w'_i)\geqslant v_i(p^0, w_i)$ 对于所有 i 成立。也就是说，在理论上，能够对价格变化对每个消费者造成的影响进行补偿。

3. I. 7^B　有三种商品（即 $L=3$），其中商品 3 是计价物（令 $p_3=1$）。市场需求函数 $x(p, w)$ 为

$$x_1(p,w)=a+bp_1+cp_2$$
$$x_2(p,w)=d+ep_1+gp_2$$

(a) 写出效用最大化对参数施加的限制。

(b) 对于价格从 $(p_1, p_2)=(1, 1)$ 变化为 $(\bar{p}_1, \bar{p}_2)=(2, 2)$，估算等价性变化。验证如果不存在合适的对称性，那么不存在路径无关性（换句话说，路径重要）。对于余下的问题，我们一直假设对称性。

(c) 令 EV_1、EV_2 和 EV 分别为价格从 $(p_1, p_2)=(1, 1)$ 变为 (2, 1)，(1, 2) 和 (2, 2) 的等价性变化。比较 EV 和 EV_1+EV_2（注意到 EV_1，EV_2 和 EV 都是本问题参数的函数）。请加以解释。

(d) 假设 (c) 中的价格升高是因为政府征税。将这三种实验的无谓损失分别记为 DW_1，DW_2 和 DW。比较 DW 和 DW_1+DW_2（注意到

DW_1，DW_2 和 DW 都是本问题参数的函数）。

(e) 假设在征税前（p_1，p_2）=（1，1）。政府希望通过征收商品税筹集一笔数额固定（且较小）的收入 R。如果最优税收标准是使得净损失最小，确定最优税率，注意到它是需求参数的函数。

3.I.8[B] 假设有三种商品（即 $L=3$）。令 $p_3=1$。商品1和2的需求函数分别为

$$x_1(p,w)=a_1+b_1p_1+c_1p_2+d_1p_1p_2$$
$$x_2(p,w)=a_2+b_2p_1+c_2p_2+d_2p_1p_2$$

(a) 注意到商品1和2的需求不取决于财富。写出其需求具有这个性质的最为一般的一类效用函数。

(b) 证明如果（a）中的需求函数是由效用最大化产生的，那么本问题中那些参数的值不可能是任意的。写出效用最大化对这些参数取值范围时间的限制，并说明理由。

(c) 假设（b）中的条件成立。初始价格为 $p=(p_1,p_2)$，现假设价格变为 $p'=(p'_1,p'_2)$。衡量这一价格变化带来的福利变化。

(d) 令参数值为 $a_1=a_2=3/2$，$b_1=c_2=1$，$c_1=b_2=1/2$，$d_1=d_2=0$。假设初始价格为 $p=(1,1)$。分别计算价格从 p 变为下列情形的等价性变化：(i) $p'=(2,1)$，(ii) $p'=(1,2)$，(iii) $p'=(2,2)$。将三个结果分别记为 EV_1，EV_2 和 EV_3。在什么样的条件下，$EV_3=EV_1+EV_2$？请讨论。

3.I.9[B] 设某个经济只有一个消费者，政府考虑对每单位商品 l 征收 t 美元税收，并将税收收入退还（rebate）给消费者（消费者不考虑他的购买对退税规模的影响）。假设 $s_{ll}(p,w)<0$ 对于所有（p，w）。证明最优税收（最优是指使得消费者效用最大）为零。

3.I.10[B] 构建一个例子，在这个例子中通过衡量面积变化的方法不能正确排列 p^0 和 p^1 的福利大小顺序。[提示：令价格从 p^0 到 p^1 的变化涉及多于一种商品价格的变化。]

3.I.11[B] 假设我们不仅知道 p^0，p^1 和 x^0，而且知道 $x^1=x(p^1,w)$。证明如果 $(p^1-p^0)\cdot x^1>0$，那么消费者在价格财富组合（p^1，w）上的状况必定比在（p^0，w）上的差。将这个检验解释为支出函数在价格为 p^1 时的一阶近似。另外，证明这个检验的另外一种写法是 $p^0\cdot(x^1-x^0)<0$，在（x_1，x_2）空间画出当 $L=2$ 时的检验。[提示：令 x^0 在集合 $\{x\in\mathbb{R}^L_+:u(x)=u^0\}$ 上。]

3.I.12[B] 将衡量福利变化的补偿性变化和等价性变化方法，扩展到价格和财富都发生变化的情形，即扩展到（p^0，w^0）变化为（p^1，w^1）的情形。另外，将3.I节中的部分信息检验扩展到这个情形。

3.J.1[B] 证明当 $L=2$ 时，$x(p,w)$ 满足强公理当且仅当它满足弱公理。

3.AA.1[B] 假设消费集为 $X=\{x\in\mathbb{R}^2_+:x_1+x_2\geqslant1\}$，效用函数为 $u(x)=x_2$。画图证明：(a)（p，w）=（1，1，1）通不过局部更便宜消费检验；(b) 在（p，w）=（1，1，1）这个点上，市场需求不是连续的。从经济意义上进行解释。

3.AA.2[C] 在命题3.AA.1的假设条件下，证明 $h(p,u)$ 是上半连续的，而且 $e(p,u)$ 是连续的（即使我们将最小值替换为下确界而且允许 $p\geqslant0$）。另外，假设 $h(p,u)$ 是一个函数，为使 $h(p,u)$ 是可微的，给出条件。

第4章 总需求

4.A 引言

对于经济学中的大多数问题来说，消费者们的总体行为比任何单个消费者的行为都更重要。在本章，我们考察在多大程度上能将第 1 章到第 3 章中的理论应用到**总需求**（aggregate demand）的情形。总需求是指经济中所有消费者产生的需求之和。事实上，我们希望个体需求的一些性质在总体需求的情形下仍然成立。至于希望哪个性质仍成立，取决于我们所考虑的具体问题。

在本章，我们关注总需求的三个问题：

（ⅰ）个人需求可以表示为商品价格和该个人财富水平的函数。**何时总需求也能表示为商品价格和总财富水平的函数**？

（ⅱ）由理性偏好生成的个人需求必然满足显示偏好弱公理。**何时总需求也能满足弱公理**？更一般地，何时我们可以将在第 2 章（尤其是 2.F 节）发展的需求理论应用于总需求？

（ⅲ）个人需求有福利意义；我们从个人需求可以推导出消费者福利变化的衡量方法，详见 3.I 节的讨论。**何时总需求也具有福利意义**？特别地，在什么样的情形下，我们用总需求函数计算 3.I 节那样的福利变化才是有意义的？

这三个问题通常称为计量经济学家的总需求理论、实证经济学家的总需求理论和福利经济学家的总需求理论，虽然这样的称呼不是非常准确。

首先，计量经济学家感兴趣的是，在估计总需求函数时，他能在多大程度上为总需求函数施加比较简单的结构。其中，我们想解决的一个问题是，在多大程度上，总需求可以表示为仅是**总体变量**（aggregate variables）比如总消费者财富（或等价地，平均消费者财富）的函数。这个问题比较重要，因为计量经济学家得到的数据通常是总量形式的。

其次，实证（行为）经济学家关心的是个人需求理论的实证约束条件在多大程度上能被应用到总需求的情形。如果想从市场均衡模型得出某些预测，上述问题就很重要，因为总需求在市场均衡模型中起着核心作用。[①]

最后，福利经济学家感兴趣的是总需求的规范性意义。他希望使用 3.I 节推导出的福利变动的衡量工具来评估经济环境变动的福利意义。理论上，他当然最希望将总需求看成由一个"代表性的消费者"产生的，从而可以将这个虚拟个人福利的变动看成总福利的变动。

尽管我们在上述三种情形下提出的这些关于总需求的问题是密切相关的，但这三种情形下的问题在概念上存在着很大的不同。总体上说，我们将看到，在这三种情形下，如果想让总需求函数仍具有个人需求函数的某个性质，我们就要对总需求施加非常强的限制。我们将在 4.B 节到 4.D 节分别讨论这三个问题。

最后，附录 A 讨论了由加总很多消费者需求而产生的正则效应（regularizing effects）或称为熨平效应（smoothing effects）。

4.B　总需求与总财富

假设社会一共有 I 个消费者，他们拥有理性的偏好关系 $\succsim_i$ 和相应的瓦尔拉斯需求函数 $x_i(p, w_i)$。一般来说，给定价格 $p \in \mathbb{R}^L$ 和这些消费者的财富水平（$w_1, \cdots, w_I$），我们可以将总需求写为

$$x(p, w_1, \cdots, w_I) = \sum_{i=1}^{I} x_i(p, w_i)$$

因此，总需求不仅取决于商品价格，还取决于各个消费者的具体财富水平。在本节，我们关注的问题是，何时我们才能将总需求写成更简单的形式 $x(p, \sum_i w_i)$，其中总需求仅取决于总财富（aggregate wealth）$\sum_i w_i$。

如果想让上面这个性质在一般情形下都成立，那么在总财富和消费者人数一定的情形下，无论财富分布是什么样的，总需求都应该维持不变。也就是说，对于满足 $\sum_i w_i = \sum_i w'_i$ 的任何（$w_1, \cdots, w_I$）和（$w'_1, \cdots, w'_I$）来说，我们必定有 $\sum_i x_i(p, w_i) = \sum_i x_i(p, w'_i)$。

为了分析何时这个条件能够得到满足，我们从某个初始财富分布状况（$w_1, \cdots, w_I$）入手，让财富发生微分变化（$dw_1, \cdots, dw_I$）$\in \mathbb{R}^L$，该变化满足 $\sum_i dw_i = 0$。如果总需求可以写成总财富的函数，若再假设个人需求函数都是可微的，那么我们必定有

$$\sum_i \frac{\partial x_{li}(p, w_i)}{\partial w_i} dw_i = 0 \quad \text{对于每个 } l \text{ 均成立}$$

① 计量经济学家也可能对这个问题感兴趣，因为总需求性质的先验约束条件可以整合到他的估计程序中去。

这对于所有满足 $\sum_i dw_i = 0$ 的财富再分配（dw_1，…，dw_I）都为真，当且仅当不同的 dw_i 系数是相同的，即当且仅当

$$\frac{\partial x_{li}(p, w_i)}{\partial w_i} = \frac{\partial x_{lj}(p, w_j)}{\partial w_j} \tag{4.B.1}$$

对于每个 l，任何两个消费者 i，j 以及所有（w_1，…，w_I）均成立。①

总之，对任何既定的价格向量 p 和任何商品 l，无论我们考察的是哪个消费者，也无论该消费者的财富水平如何，点 p 的财富效应必定是相同的。② 在这种情形下，可以直观看出，由消费者之间的任何财富再分配产生的个人需求变化将相互抵消。在几何图形上，这个条件等价于所有消费者的财富扩张路径是平行的直线。图 4.B.1 画出了平行的直线形财富扩张路径。

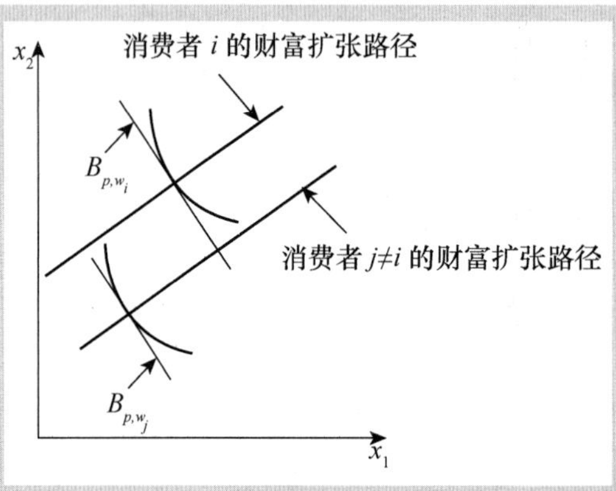

图 4.B.1　总需求对于财富再分配的不变性（即总需求不受财富再分配的影响），意味着所有消费者的财富扩张路径均是平行的直线

上面讨论的性质在什么样的情形下成立？一种特殊情形是所有消费者的偏好都有相同的位似偏好；另外一种特殊情形是所有消费者的偏好关于同一种商品都是拟线性的。这两种特殊情形都是命题 4.B.1 这个一般情形的特例。

命题 4.B.1：一组消费者在任何价格向量 p 上都具有平行的直线形财富扩张路径，当且仅当这些消费者的偏好都能用高曼形式的间接效用函数表示，而且在该函数中 w_i 的系数对于每个消费者 i 都是相同的，即当且仅当：

$$v_i(p, w_i) = a_i(p) + b(p) w_i$$

证明：习题 4.B.1 要求你证明充分性（这一步比较容易，可使用罗伊恒等式证明）。记住，我们不考虑边界（或者说，这样的结果只是局部意义上的）。必要性的

① 和往常一样，我们忽略边界约束，因此，严格来说，我们在本节的结论仅在局部上有效。

② 注意到，$\partial x_{li}(p, w_i)/\partial w_i = \partial x_{li}(p, w'_i)/\partial w_i$ 对于所有 $w_i \neq w'_i$ 均成立，这是因为：对于任何 w_j（其中 $j \neq i$）的值，式（4.B.1）均必定对财富分布状态（w_1，…，w_{i-1}，w_i，w_{i+1}，…，w_I）和（w_1，…，w_{i-1}，w'_i，w_{i+1}，…，w_I）成立。因此，$\partial x_{li}(p, w_i)/\partial w_i = \partial x_{li}(p, wj)/\partial w_j = \partial x_{li}(p, w'_i)/\partial w_i$ 对于任何 $j \neq i$ 均成立。

证明比较复杂，我们不建议读者证明。关于这个结果的讨论，请参考 Deaton 和 Muellbauer (1980)。■

因此，总需求可以写成总财富的函数形式，当且仅当所有消费者的偏好都能用高曼形式的间接效用函数表示，而且所有消费者的财富系数都等于 $b(p)$。不用说，这对偏好来说是个很强的限制性条件。[1]

既然这样，我们也许会问，如果我们考虑的总需求取决于范围更广的一组总体变量，而不仅仅是总财富水平（或等价地，平均财富水平），那么是否存在限制性较弱的条件？例如，我们可以允许总需求取决于财富统计分布的均值和方差，甚至允许总需求取决于整个统计分布本身。注意，后面这个条件仍然是限制性的。它意味着总需求仅取决于社会有多少富人和穷人，不取决于具体谁穷谁富。

与取决于总财富的总需求要求的条件相比，上述这些取决于财富分布的、形式更一般的总需求要求的条件的确更弱。举一个明显的例子，注意当所有消费者的偏好相同，但偏好的形式可以任意（比如未必是位似的），而且仅在财富水平上存在着差异时，总需求仅取决于财富的统计分布。我们将不再进一步讨论这个问题；感兴趣的读者可参考 Deaton 和 Muellbauer (1980)，Lau (1982) 以及 Jorgenson (1990)。

我们还有一种方法，也许能得到更具实证性的答案。到目前为止，我们运用的检验都是：对于财富在消费者之间的**任何**分布，总需求函数能否写成总财富的函数。对每个财富分布都要求做到这样，这个要求的确很强。实际上，在很多情形下，个人财富水平可能是由某个潜在过程产生的，这个潜在过程限制了可能的个人财富集合的出现。如果事实的确是这样，我们仍有可能将总需求写为价格和总财富的函数。

例如，在一般均衡模型下（详见本书第四部分），个人财富是由个人持有的企业股份和他拥有的商品存货的既定数量产生的。因此，个人的实际财富水平是当前价格向量的函数。

另外，个人财富水平可能部分地取决于各种政府项目，这些项目在消费者之间进行财富再分配（参考 4.D 节）。再一次地，这些项目可能限制某些财富分布状况的出现。

为了看清这一点，考虑一个极端的情形。假设个人 i 的财富水平是由某个过程产生的，这个过程可以描述为价格 p 和总财富 w 的函数，所以个人 i 的财富为 $w_i(p, w)$。在上面所说的一般均衡背景下，情形的确如此。类似地，政府项目可能根据个人的工资率和社会的总（实际）财富来确定他的应纳税额（从而决定了他

---

[1] 然而要注意到，它包含了某些有趣而重要的偏好类型。例如，如果偏好关于商品 l 是拟线性的，那么存在一个形如 $a_i(p)+w_i/p_l$ 的间接效用函数，令 $b(p)=1/p_l$，这样就得到了高曼类型的效用函数，其中 $b(p)$ 对于所有消费者来说都是相同的。

的最终财富状况)。我们将对于所有 (p, w) 都满足 $\sum_i w_i(p,w) = w$ 的一族函数 $(w_1(p, w), \cdots, w_I(p, w))$ 称为一个**财富分配规则**(wealth distribution rule)。当个人财富水平是由财富分配规则产生的时,我们的确**总是**可以将总需求写成函数 $x(p,w) = \sum_i x_i(p,w_i(p,w))$,从而总需求仅取决于价格和总财富水平。

4

4.C 总需求与弱公理

个人需求的实证性性质在多大程度上能被总需求函数 $x(p,w_1,\cdots,w_I) = \sum_i x_i(p, w_i)$ 所保留?我们能够立即注意到总需求函数保留了三个性质:连续性、零次齐次性以及瓦尔拉斯法则[即 $p \cdot x(p,w_1,\cdots,w_I) = \sum_I w_i$ 对于所有 $(p, w_1, \cdots, w_I)$ 均成立]。我们已经知道,个人瓦尔拉斯需求函数的最重要的实证性性质是弱公理。因此,在本节我们关注的是:在什么样的条件下,总需求也满足弱公理。

为了研究这个问题,我们先把总需求函数写成 $x(p, w)$ 的形式,其中 w 是总财富。这种形式是我们在第 2 章给出弱公理定义时采用的形式。我们假设存在一个财富分配规则 $(w_1(p, w), \cdots, w_I(p, w))$,它决定了既定价格向量和总财富水平下的个人财富。我们将在 4.B 节讨论财富分配规则。[①] 有了财富分配规则之后,总需求可以自动写为

$$x(p,w) = \sum_i x_i(p,w_i(p,w))$$

因此,正式地说,总需求函数 $x(p, w)$ 仅取决于总财富,从而是我们在第 2 章意义上的市场需求函数。[②] 现在我们考察 $x(\cdot, \cdot)$ 如何满足弱公理。

事实上,为了更具体一些,我们只关注一个特别简单的财富分配规则。具体地说,我们关注的情形是消费者的相对财富固定不变,即和价格无关。因此,假设给定财富份额 $\alpha_i \geqslant 0$,$\sum_i \alpha_i = 1$,因此 $w_i(p, w) = \alpha_i w$ 对于总财富的每个财富水平 $w \in \mathbb{R}$ 均成立。[③] 于是我们有

$$x(p,w) = \sum_i x_i(p,\alpha_i w)$$

我们先回顾一下第 2 章给出的弱公理的定义。

---

① 假设存在财富分配规则还有着方法论上的好处。这个假设避免了将不同总量问题混为一谈,作出这个假设之后,就自动将我们在 4.B 节讨论的总量问题(总需求对财富再分配的不变性)排除在外。

② 注意,它将商品束赋予价格财富组合,并且如果每个 $w_i(\cdot, \cdot)$ 都是连续的和一次齐次的,那么它是连续的、零次齐次的,并且满足瓦尔拉斯法则。

③ 注意到这个财富分配规则等价于维持财富水平 $(w_1, \cdots, w_I)$ 不变,仅考虑价格向量 p 的变化。这是因为 $x(p, w_1, \cdots, w_I)$ 的零次齐次性意味着所有消费者财富的任何等比例变化,也可用价格的等比例变化描述。然而,使用财富份额的方法,在分析工作上更方便一些。

定义 4.C.1：总需求函数 $x(p, w)$ 满足弱公理，若 $p \cdot x(p', w') \leqslant w$ 和 $x(p, w) \neq x(p', w')$ 意味着 $p' \cdot x(p, w) > w'$ 对于任何 (p, w) 和 (p', w') 都成立。

接下来，我们用例子说明总需求可能不满足弱公理。

例 4.C.1：不满足弱公理的总需求。 假设有两种商品和两个消费者。财富平均分配，因此 $w_1 = w_2 = w/2$，其中 w 为总财富。图 4.C.1 画出了两个价格向量 p 和 p'，以及相应的价格为 p 时的个人需求 $x_1(p, w/2)$ 和 $x_2(p, w/2)$，价格为 p' 时的个人需求 $x_1(p', w/2)$ 和 $x_2(p', w/2)$。

这些个人需求满足弱公理，但总需求不满足弱公理。图 4.C.1 画出了向量 $\frac{1}{2}x(p, w)$ 和 $\frac{1}{2}x(p', w)$，它们等于两个消费者需求的平均数（因此，每个价格向量必定位于连接这两个个人消费向量形成的线段的中点上）。如图所示，我们有

$$\frac{1}{2}p \cdot x(p', w) < w/2 \text{ 和 } \frac{1}{2}p' \cdot x(p, w) < w/2$$

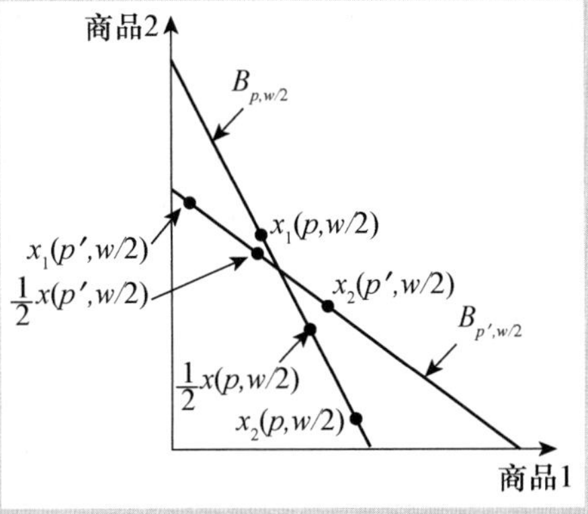

图 4.C.1　不满足弱公理的总需求

将上面两个式子的左右两侧同乘以 2，可以看出在我们考虑的价格财富组合中，这两个式子违背了弱公理。■

例 4.C.1 中的总需求不满足弱公理，其原因可以追踪到财富效应。我们在第 2 章（命题 2.F.1）已经知道，$x(p, w)$ 满足弱公理当且仅当对于价格变动它满足**补偿性**需求法则。准确地说，当且仅当对于任何 (p, w) 和任何补偿性的价格变化 p' [因此 $w' = p' \cdot x(p, w)$]，我们都有

$$(p' - p) \cdot [x(p', w') - x(p, w)] \leqslant 0, \tag{4.C.1}$$

其中严格不等式在 $x(p, w) \neq x(p', w')$ 时成立。[①]

如果我们考虑的价格财富组合变化［比如从 (p, w) 变化为 (p', w')］，恰好对于**每个**消费者 i 来说都是补偿性价格变化，也就是说，如果对于每个消费者 i 都有 $\alpha_i w' = p' \cdot x_i(p, \alpha_i w)$，那么由于个人需求满足弱公理，我们可从命题 2.F.1 推知：对于所有 $i=1, \cdots, I$，

$$(p'-p) \cdot [x_i(p', \alpha_i w') - x_i(p, \alpha_i w)] \leqslant 0 \tag{4.C.2}$$

其中严格不等式在 $x_i(p', \alpha_i w') \neq x_i(p, \alpha_i w)$ 时成立。将式（4.C.2）对 i 加总即可得到式（4.C.1）。因此，我们断言，对于每个消费者的任何补偿性的价格财富组合的变化来说，总需求必定满足弱公理。

问题在于，某个价格财富组合变化在总体上是补偿性的［因此 $w' = p' \cdot x(p, w)$］，但对于每个消费者来说未必是补偿性的；对于某些 i 甚至所有 i 来说，我们可能有 $\alpha_i w' \neq p' \cdot x_i(p, \alpha_i w)$。如果是这样，那么个人财富效应［此时个人财富效应除了满足条件 $p \cdot D_{w_i} x(p, \alpha_i w) = 1$ 之外，基本不受其他限制］将可能**不再是**下面这样的：除了可能的较小个人替代效应之外，其他表现良好。结果是式（4.C.2）可能对于某些 i 不成立，从而使得类似于式（4.C.1）的总量不等式可能不成立。

我们知道，弱公理是个人需求的基本性质，既然我们连这样的性质都无法奢望总需求具有，我们自然会问：能否对个人偏好施加某个限制条件，从而使得总需求能满足弱公理？前面的讨论表明，我们有必要考察：如果需求法则即式（4.C.2）在非补偿性的个人水平上的价格变化成立，将会具有什么意义。事实上，假设给定初始价格财富组合 (p, w_i)，我们考虑一个非补偿性的价格变化 p'，即我们让 $w'_i = w_i$。如果式（4.C.2）仍然成立，那么式（4.C.1）也成立［因为将式（4.C.2）对 i 加总即可得到式（4.C.1）］。更正式地说，我们从下列定义开始分析。

定义 4.C.2：个人需求函数 $x_i(p, w_i)$ 满足**非补偿性需求法则**（uncompensated law of demand，ULD）性质，如果对于任何 p，p' 和 w_i，我们都有

$$(p'-p) \cdot [x_i(p', w_i) - x_i(p, w_i)] \leqslant 0 \tag{4.C.3}$$

其中严格不等式在 $x_i(p', w_i) \neq x_i(p, w_i)$ 时成立。

类似的定义适用于总需求函数 $x(p, w)$。

借鉴我们在 2.F 节对弱公理的讨论，自然可得到非补偿性需求法则性质的微分形式（习题 4.C.1 要求你证明它）：

- 如果 $x_i(p, w_i)$ 满足非补偿性需求法则性质，那么 $D_p x_i(p, w_i)$ 是负半定的；也就是说，对于所有 dp 都有 $dp \cdot D_p x_i(p, w_i) dp \leqslant 0$。

和弱公理一样，上述命题也存在着逆命题：

---

① 注意，如果 $p \cdot x(p', w') \leqslant w$ 和 $x(p', w') \neq x(p, w)$，那么我们必定有 $p' \cdot x(p, w) > w'$，符合弱公理。

- 如果 $D_p x_i(p, w_i)$ 对于所有 p 都是负定的，那么 $x_i(p, w_i)$ 满足非补偿性需求法则性质。

类似的微分形式对于总需求函数 $x(p, w)$ 也成立。

非补偿性需求法则的最大优点是，和弱公理不同，它的确适用于总需求。对于 $w_i = \alpha_i w$，将个体条件（4. C. 3）加起来可得 $(p' - p) \cdot [x(p', w) - x(p, w)] \leqslant 0$，其中严格不等式在 $x(p', w) \neq x(p, w)$ 时成立。这就得到了命题 4. C. 1。

命题 4. C. 1： 如果每个消费者的瓦尔拉斯需求函数 $x_i(p, w_i)$ 均满足非补偿性需求法则性质，那么总需求 $x(p,w) = \sum_i x_i(p, \alpha_i w)$ 也满足。因此，总需求 $x(p, w)$ 满足弱公理。

证明： 考虑任何 (p, w)，(p', w) 而且 $x(p, w) \neq x(p', w)$。我们必定有

$$x_i(p, \alpha_i w) \neq x_i(p', \alpha_i w)$$

对于某个 i 成立。因此，将式（4. C. 3）对 i 加总，可得

$$(p' - p) \cdot [x(p, w) - x(p', w)] < 0$$

这个不等式对于所有 p，p' 和 w 都成立。

为了验证弱公理，取任何 (p, w)，(p', w') 而且 $x(p, w) \neq x(p', w')$ 以及 $p \cdot x(p', w') \leqslant w$。[①] 定义 $p'' = (w/w')p'$。根据零次齐次性，我们有 $x(p'', w) = x(p', w')$。从 $(p'' - p) \cdot [x(p'', w) - x(p, w)] < 0$，$p \cdot x(p'', w) \leqslant w$ 和瓦尔拉斯法则可知，$p'' \cdot x(p, w) > w$，即 $p' \cdot x(p, w) > w'$。■

非补偿性需求法则性质作为一个个体行为的公理，它的限制性如何？明显地，它不被偏好最大化所蕴涵（参见习题 4. C. 3）。命题 4. C. 2 和命题 4. C. 3 给出了个人需求满足非补偿性需求法则性质的充分条件。

命题 4. C. 2： 如果 $\succsim_i$ 是位似的，那么 $x_i(p, w_i)$ 满足非补偿性需求法则性质。

证明： 我们考虑微分情形［即，我们假设 $x_i(p, w_i)$ 是可微的而且 $\succsim_i$ 可用可微的效用函数代表］。矩阵 $D_p x_i(p, w_i)$ 为

$$D_p x_i(p, w_i) = S_i(p, w_i) - \frac{1}{w_i} x_i(p, w_i) x_i(p, w_i)^{\mathrm{T}}$$

其中 $S_i(p, w_i)$ 是消费者 i 的斯卢茨基矩阵。由于 $[dp \cdot x_i(p, w_i)]^2 > 0$［除了 $dp \cdot x_i(p, w_i) = 0$ 时］，以及 $dp \cdot S_i(p, w_i) dp < 0$（除了 dp 与 p 成比例时），我们可以断言 $D_p x_i(p, w_i)$ 是负定的，因此非补偿性需求法则性质成立。■

我们在得到命题 4. C. 2 中的结论时，基本没使用到替代效应。替代效应可能任意小。财富效应本身表现非常良好。不幸的是，我们的结论只有偏好为位似的时才

---

① 严格地说，这个证明是必要的，因为尽管我们知道弱公理等价于补偿性价格变动的需求法则，但现在我们面对的是非补偿性的价格变动。

成立（参见习题 4. C. 4）。更一般地，如果想要使非补偿性需求法则性质成立，替代效应（这个效应总是表现良好的）必须大到足以克服财富效应可能导致的“反常”。命题 4. 3. C 中的有趣结果给出了替代效应的相对主导地位的具体表达式，这个发现要归功于 Mitiushin 和 Polterovich（1978）以及 Milleron（1974）；参见 Mas-Colell（1991）对这一结果的解释和讨论。

命题 4. C. 3： 假设$\succsim_i$是定义在消费集 $X=\mathbb{R}^L_+$ 上的个人偏好关系，而且$\succsim_i$可用二次连续可微的凹函数 $u_i(\cdot)$ 表示。如果

$$-\frac{x_i \cdot D^2 u_i(x_i) x_i}{x_i \cdot \nabla u_i(x_i)} < 4 \quad \text{对于所有的 } x_i \text{ 均成立}$$

那么 $x_i(p, w_i)$ 满足非补偿性需求法则性质。

我们在此不给出命题 4. C. 3 的证明。有勇气的读者可以尝试做习题 4. C. 5。

命题 4. C. 3 中的条件并非极端苛刻。特别地，注意到位似情形是如何满足这个条件的（习题 4. C. 6）。因此，我们对“作为个人行为的非补偿性需求法则性质的限制性有多强？”这个问题的答案也许是：“有限制性，但不是那么极端”①。

另外，需要注意，如果总需求满足非补偿性需求法则性质，那么个人需求未必满足 ULD 性质。ULD 性质可以仅是总需求自身满足的性质。命题 4. C. 4 中的例子，尽管不是很符合实际，但它非常具有启发性。这个例子要归功于 Hildenbrand（1983）。

命题 4. C. 4： 假设所有消费者的定义在 $\mathbb{R}^L_+$ 上的偏好$\succsim$都是相同的［个人需求函数以 $\tilde{x}(p, w)$ 表示］，个人财富在区间 $[0, \bar{w}]$ 上是均匀分布的［严格来说，这要求存在消费者的连续统］。那么，总需求函数（严格地说，平均需求函数）

$$x(p) = \int_0^{\bar{w}} \tilde{x}(p, w) dw$$

满足非补偿性需求法则性质。

证明： 考虑微分情形。取 $v \neq 0$。那么

$$v \cdot Dx(p) v = \int_0^{\bar{w}} v \cdot D_p \tilde{x}(p, w) v dw$$

以及

$$D_p \tilde{x}(p, w) = S(p, w) - D_w \tilde{x}(p, w) \tilde{x}(p, w)^{\mathrm{T}}$$

其中 $S(p, w)$ 是个人需求函数 $x(\cdot, \cdot)$ 在点 (p, w) 的斯卢茨基替代矩阵。所以，

---

① 不要误读了这个断言的重要性。我们应该强调命题 4. C. 1（ULD 性质在加法下的保留性）对于我们在本节考虑的与价格无关的分配法则成立。当实际财富分配可能取决于价格时（例如本书第四部分所介绍的一般均衡情形），总需求可能违背弱公理，尽管个人需求可能满足 ULD 性质（参见习题 4. C. 13）。我们将在 17. F 节继续讨论这一点。

$$v \cdot Dx(p)v = \int_0^{\overline{w}} v \cdot S(p,w)v dw - \int_0^{\overline{w}} (v \cdot D_w \tilde{x}(p,w))(v \cdot \tilde{x}(p,w)) dw$$

上式右侧第一项是负的（除非 v 和 p 成比例）。对于右侧第二项，注意到

$$2(v \cdot D_w \tilde{x}(p,w))(v \cdot \tilde{x}(p,w)) = \frac{d\,(v \cdot \tilde{x}(p,w))^2}{dw}$$

因此，

$$-\int_0^{\overline{w}} (v \cdot D_w \tilde{x}(p,w))(v \cdot \tilde{x}(p,w)) dw = -\frac{1}{2}\int_0^{\overline{w}} \frac{d\,(v \cdot \tilde{x}(p,w))^2}{dw} dw$$
$$= -\frac{1}{2}(v \cdot \tilde{x}(p,w))^2 \leqslant 0$$

其中我们用到了 $\tilde{x}(p, 0)=0$。注意到当 v 和 p 成比例时上式的符号是负的。■

我们在前面已经知道，非补偿性需求法则性质在不同消费者群体之间是可加的。所以，为了应用命题 4.C.4，我们所需的条件不是要求偏好相同，而是对于每个偏好关系来说，以该偏好为条件的财富分布在某个含有财富水平为 0 的区间上是均匀的（事实上，要求密度函数为非增的即已足够；参见习题 4.C.7）。

命题 4.C.4 的一个启示是，总需求的性质取决于偏好和财富是如何分布的。所以，我们可以提出一个一般性问题：什么样的偏好和财富分布条件能导致总需求满足弱公理?①

我们在 2.F 节说过，市场需求函数 $x(p, w)$ 满足弱公理，如果对于所有 (p, w)，我们都有：从需求函数 $x(p, w)$ 推导出的斯卢茨基矩阵 $S(p, w)$ 对于不与 p 成比例的所有 $dp \neq 0$，都满足 $dp \cdot S(p, w)dp < 0$。我们现在考察这个性质何时对于总需求函数也可能成立。

总需求函数的斯卢茨基方程为

$$S(p,w) = D_p x(p,w) + D_w x(p,w) x(p,w)^{\mathrm{T}} \tag{4.C.4}$$

或者，由于 $x(p,w) = \sum_i x_i(p, \alpha_i w)$，

$$S(p,w) = D_p x(p,w) + \left[\sum_i \alpha_i D_{w_i} x_i(p,\alpha_i w)\right] x(p,w)^{\mathrm{T}} \tag{4.C.5}$$

接下来，令 $S_i(p, w_i)$ 表示个体斯卢茨基矩阵。将个体斯卢茨基方程相加可得

$$\sum_i S_i(p,\alpha_i w) = \sum_i D_p x_i(p,\alpha_i w) + \sum_i D_{w_i} x_i(p,\alpha_i w) x_i(p,\alpha_i w)^{\mathrm{T}} \tag{4.C.6}$$

由于 $D_p x(p,w) = \sum_i D_p x_i(p,\alpha_i w)$，将式（4.C.6）代入式（4.C.5）可得

$$S(p,w) = \sum_i S_i(p,w_i) - \sum_i \alpha_i [D_{w_i} x_i(p,\alpha_i w) - D_w x(p,w)] \left[\frac{1}{\alpha_i} x_i(p,\alpha_i w) - x(p,w)\right]^{\mathrm{T}} \tag{4.C.7}$$

① 在随后的几个段落，我们参考了 Jerison（1982）和 Freixas 和 Mas-Colell（1987）。

注意，由于财富效应，总需求的斯卢茨基矩阵不等于个体斯卢茨基矩阵之和。它们的差

$$C(p,w)=\sum_i S_i(p,\alpha_i w)-S(p,w)=\sum_i \alpha_i[D_{w_i}x_i(p,\alpha_i w)$$
$$-D_w x(p,w)]\left[\frac{1}{\alpha_i}x_i(p,\alpha_i w)-x(p,w)\right]^{\mathrm{T}} \tag{4.C.8}$$

是财富效应向量 $D_{w_i}x_i(p,\ \alpha_i w)$ 和按比例调整后的消费向量 $(1/\alpha_i)x_i(p,\ \alpha_i w)$ 之间的协方差矩阵。前者衡量的是边际货币是如何花费在不同商品之上的；后者衡量的是平均货币是如何花费在不同商品之上的。[例如，$(1/\alpha_i w)x_{li}(p,\ \alpha_i w)$ 是消费者 i 花费在商品 l 上的钱数占他总钱数的比例，即每美元钱中有多少用于购买商品 l。] 每个观测值的权重为 α_i。另外也要注意，正如我们所期待的，还有

$$\sum_i \alpha_i[D_{w_i}x_i(p,\alpha_i w)-D_w x(p,w)]=0$$
$$\sum_i \alpha_i[(1/\alpha_i)x_i(p,\alpha_i w)-x(p,w)]=0$$

在个体斯卢茨基矩阵 $S_i(\cdot,\ \cdot)$ 情形下，对于不与 p 成比例的 dp，我们总有 $dp\cdot S_i(p,\ \alpha_i w)dp<0$。因此，若想让总需求的斯卢茨基矩阵拥有我们想要的性质，那么 $C(p,\ w)$ 必须为正半定的（充分条件）。粗略地说，这要求：在平均意义上，不同消费者在一种商品上的消费量与该商品的财富效应之间是**正相关的**。

图 4.C.2 画出了 $L=2$ 的情形，我们假设财富在消费者之间是均匀分布的；图（a）画出的是正相关的情形：在某种商品上的消费量高于平均水平的消费者，在他的最后一单位财富中，花费在该商品上的份额也高于平均水平。图 4.C.2（b）画出的是负相关的关系。①②

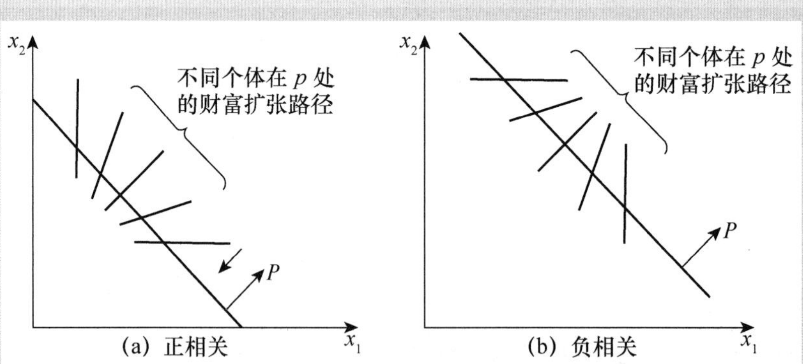

图 4.C.2 当所有消费者的财富相同时，消费者在某种商品上的每单位财富支出份额及其财富效应的关系

① 请验证例 4.C.1 中的财富扩张路径必定类似图 4.C.2（b）。

② 从先验的角度来说，我们无法确定哪种形式更有可能。由于财富为零时的需求为零，对于某个消费者来说，他花费在两种商品上的一美元钱的份额必定类似于平均货币的份额。但是如果财富水平不接近零，边际货币就不再是这样的情形。甚至可能出现下列情形：由于初始饱和，边际货币表现的消费倾向可能与平均货币表现的消费倾向正好相反。Hildenbrand（1994）提供了这方面的实证研究。

从前面的推理可以看出，总需求在下面两种情形下满足弱公理：（ⅰ）所有的 $D_{w_i}x_i(p, \alpha_i w)$ 都相等（即财富效应都相等）；（ⅱ）所有的 $(1/\alpha_i)x_i(p, \alpha_i w)$ 都相等（即经过按比例调整的消费都相等）。在这两种情形下，我们都有 $C(p, w)=0$，从而对于不与 p 成比例的任何 $dp\neq 0$ 来说，$dp\cdot S(p, w)dp<0$。

第（ⅰ）种情形具有重要含义。具体地说，如果每个消费者的间接效用函数都是高曼类型的，即 $v_i(p, w_i)=a_i(p)+b(p)w$，其中所有消费者的财富系数 $b(p)$ 都相等，那么（正如我们在4.B节所看到的），所有消费者的财富效应都相同，因此总需求满足弱公理。我们从4.B节知道，如果要求总需求对财富再分配具有不变性，那么我们就能得到这样的间接效用函数。因此，要求总需求对既定的财富分配满足弱公理，比要求总需求对财富再分配保持不变性（详见4.B节）更为宽松一些。特别地，如果第二个性质成立，那么第一个性质也成立，但总需求（对于既定的财富分配）可能满足弱公理，即使总需求可能对于财富再分配不能保持不变性（即，那些个人偏好可能是位似的但不相同）。

我们已花费了大量时间来考察弱公理（WA），也许你会问："强公理（SA）的情形是什么样的?"我们没有重点考察强公理，原因有三。

首先，弱公理是个稳健（robust）性质，而强公理（回忆一下，强公理要求斯卢茨基矩阵是对称的）不是稳健性质；从先验的角度来看，现实经济满足强公理的可能性几乎为零。例如，如果我们从一组具有相同偏好和相同财富的消费者开始，那么总需求显然满足强公理。然而，如果现在我们使每个消费者的偏好发生微小和独立的变动（独立是指这些变动彼此不相关），斯卢茨基矩阵的负半定性可能仍能得以保留，但该矩阵的对称性（从而强公理）几乎不可能得以保留。

其次，对于很多一般均衡的实证结论（详见第四部分，尤其是第15～17章）来说，我们对它们是否适用于总需求理论感兴趣。结果表明，这类问题取决于弱公理而不是强公理。

最后，可能你最初会认为若想使用总需求指标（例如总消费者剩余）作为福利衡量指标，那么只需要求存在能解释总需求行为的偏好关系（从强公理可以得到这一点）就足够了。事实是这样的吗？我们在4.D节将会看到，答案为否。我们需要的条件不止这一个。

4.D 总需求与代表性消费者的存在性

我们已经知道，我们可以使用个人需求函数和个人福利衡量方法（详见3.I节）来衡量个人福利。因此，在本节我们关注能否用总需求函数和类似个人的福利衡量方法来衡量总福利。更具体地说，我们何时能将需求函数看成由一个虚构的**代表性消费者**（representative consumer）产生的，从而使该消费者的偏好可用作总社会福利的衡量指标？

我们从分配规则（$w_1(p, w)$，…，$w_I(p, w)$）开始分析，对于每个总财富水平$w \in \mathbb{R}$，该规则将相应的财富分配给各个人。我们假设：对于所有（p，w）均有$\sum_i w_i(p,w) = w$，而且每个$w_i(\cdot, \cdot)$都是连续的和一次齐次的。由4.B节和4.C节的讨论可知，在这种情形下，总需求具有常见的市场需求函数形式$x(p,w) = \sum_i x_i(p, w_i(p,w))$。特别地，$x(p, w)$是连续的、零次齐次的，并且满足瓦尔拉斯法则。需要记住总需求函数$x(p, w)$取决于财富分配规则（除了4.B节讨论的特殊情形之外）。

当说到“某个代表性消费者”时，我们想表达什么意思？常见的意思有两种，我们需要加以区分。第一种是实证或说行为意义上的。

定义4.D.1：存在一个**实证的代表性消费者**（positive representative consumer），如果存在$\mathbb{R}_+^L$上的偏好关系$\succsim$，使得总需求函数$x(p, w)$正好是由该偏好关系产生的瓦尔拉斯需求函数。也就是说，当$x \neq x(p, w)$和$p \cdot x \leqslant w$时，有$x(p, w) \succ x$。

因此，我们可以将实证的代表性消费者想象为下列这样的虚构个人：当他面对社会预算集$\{x \in \mathbb{R}_+^L: p \cdot x \leqslant w\}$时，他的效用最大化问题将产生整个经济体的总需求函数。

如果我们希望做到像3.I节处理个人需求函数一样处理总需求函数，那么必须要求实证的代表性消费者的存在性。[①] 然而，虽然对于我们探寻的总需求性质来说，这个条件是必要条件，但它不是充分条件。我们还需要能够做到对这个虚构的个人需求函数赋予福利含义。因此，我们还需要定义**规范的代表性消费者**（normative representative consumer）。然而，为了给出这个定义，我们必须明确**社会福利**（social welfare）这个术语的意思。为了完成这个任务，我们引入**社会福利函数**（social welfare function）的概念。社会福利函数为任何一组个人效用提供了加总的（社会）效用指标。

定义4.D.2：[柏格森-萨缪尔森（Bergson-Samuelson）]社会福利函数是一个函数$W: \mathbb{R}^I \to \mathbb{R}$，该函数对经济体中的$I$个消费者的每个可能效用向量$(u_1, \cdots, u_I) \in \mathbb{R}^I$均指定了一个效用值。

社会福利函数$W(u_1, \cdots, u_I)$背后的思想是：它准确描述了为了产生可能的社会结果排序，社会应该如何比较这些个人效用。（这个问题称为社会偏好排序问题，我们在本节不讨论这个排序是如何产生的。留待第21章和第22章详细讨论。）我们也假设社会福利函数是递增的、凹的函数。另外，在有需要时，我们还假设它是可微的。

---

① 注意，如果存在实证的代表性消费者，那么总需求满足我们在4.C节探寻的实证性质。事实上，在这种情形下，总需求不仅满足弱公理，也满足强公理。因此，我们在本节探寻的总量性质比4.C节相应的性质强。

现在我们假设存在一个仁慈的中央权威，对于任何给定的价格 p 和总财富水平 w，他都能实施财富再分配来实现社会福利最大化。也就是说，对于任何（p，w），财富分配（$w_1(p, w)$，…，$w_I(p, w)$）均是下列最大化问题的解

$$\begin{aligned} &\underset{w_1,\cdots,w_I}{\mathrm{Max}}\, W(v_1(p,w_1),\ldots,v_I(p,w_I)) \\ &\text{s. t. } \sum_{i=1}^{I} w_i \leqslant w \end{aligned} \tag{4. D. 1}$$

其中 $v_i(p, w)$ 是消费者 i 的间接效用函数。[①②] 问题（4. D. 1）的最大值定义了一个社会间接效用函数 $v(p, w)$。命题 4. D. 1 表明这个间接效用函数为总需求函数 $x(p,w)=\sum_i x_i(p,w_i(p,w))$ 提供了一个实证的代表性消费者。

命题 4. D. 1： 假设对于每个价格水平 p 和总财富水平 w，财富分配（$w_1(p, w)$，…，$w_I(p, w)$）都是问题（4. D. 1）的解。那么问题（4. D. 1）的最优值函数是总需求函数 $x(p, w)=\sum_i x_i(p, w_i(p, w))$ 的实证的代表性消费者的一个间接效用函数。

证明： 在习题 4. D. 2 中，你要证明 $v(p, w)$ 的确具有间接效用函数的性质。剩下的证明是使用罗伊恒等式从 $v(p, w)$ 中推导出瓦尔拉斯需求函数，将其记为 $x_R(p, w)$；然后我们证明 $x_R(p, w)$ 等于 $x(p, w)$。

下面我们从问题（4. D. 1）的一阶条件入手分析。对于既定的（p，w）值，问题（4. D. 1）的一阶条件（忽略边界解）要求对于某个 $\lambda \geqslant 0$，有

$$\lambda=\frac{\partial W}{\partial v_1}\frac{\partial v_1}{\partial w_1}=\cdots=\frac{\partial W}{\partial v_I}\frac{\partial v_I}{\partial w_I} \tag{4. D. 2}$$

（为了书写方便，我们省略了导数的取值点。）条件（4. D. 2）是说，在一个社会最优财富分配状态下，额外一单位财富不论由谁得到，它的社会效用都是相同的。

根据罗伊恒等式，我们有 $x_R(p, w)=-[1/(\partial v(p, w)/\partial w)]\nabla_p v(p, w)$。由于 $v(p, w)$ 是问题（4. D. 1）的最优值函数，我们有 $\partial v/\partial w=\lambda$。（参见数学附录中的 M. K 节。）另外，对于任何商品 l，由链式法则和式（4. D. 2）——或等价地，由包络定理——均可得

$$\frac{\partial v}{\partial p_l}=\sum_i \frac{\partial W}{\partial v_i}\frac{\partial v_i}{\partial p_l}+\lambda\sum_i \frac{\partial w_i}{\partial p_l}=\sum_i \frac{\partial W}{\partial v_i}\frac{\partial v_i}{\partial p_l}$$

---

① 在本节我们假设直接效用函数 $u_i(\cdot)$ 是凹的。这个较弱的假设（如果我们已假设了拟凹性）保证了我们考虑的所有最优化问题的一阶条件，也是全局最优点的充分条件。这样，$v_i(p, \cdot)$ 就是 w_i 的凹函数。

② 在习题 4. D. 1 中，你要证明问题（4. D. 1）等价于下列最大化问题：在这个问题中，社会效用最大化不是通过财富分配而是商品束分配来实现的，这个最大化问题的约束条件是价格为 p 时的总价值不大于 w。事实上，商品束的最优再分配问题，也可以表述为财富再分配问题。这在本质上就是福利经济学第二基本定理的一种形式，我们将在第 16 章讨论这个问题。

4

其中第二个等式成立的原因在于：$\sum_i w_i(p, w) = w$ 对于所有 (p, w) 成立，这意味着 $\sum_i (\partial w_i / \partial p_l) = 0$。因此，以矩阵符号表示，我们有

$$\nabla_p v(p,w) = \sum_i (\partial W / \partial v_i) \nabla_p v_i(p, w_i(p,w))$$

最后，使用罗伊恒等式和式（4. D. 2）的一阶条件，可得

$$\begin{aligned} x_R(p,w) &= -\frac{1}{\lambda}\sum_i \left[\frac{\lambda}{\partial v_i / \partial w_i}\right] \nabla_p v_i(p, w_i(p,w)) \\ &= -\sum_i \left[\frac{1}{\partial v_i / \partial w_i}\right] \nabla_p v_i(p, w_i(p,w)) \\ &= \sum_i x_i(p, w_i(p,w)) \\ &= x(p,w) \end{aligned}$$

这正是我们想要的。■

有了命题 4. D. 1 之后，现在我们可以定义规范的代表性消费者了。

定义 4. D. 3：总需求 $x(p, w) = \sum_i x_i(p, w_i(p, w))$ 的实证的代表性消费者$\succsim$，是相对于社会财富函数 $W(\cdot)$ 的**规范的代表性消费者**（normative representative consumer），如果对于每个 (p, w)，财富分配 $(w_1(p, w), \cdots, w_I(p, w))$ 均是问题（4. D. 1）的解，因此，问题（4. D. 1）的最优值函数是$\succsim$的间接效用函数。

如果存在规范的代表性消费者，这个消费者的偏好就具有福利含义，从而我们可以通过 3. I 节描述的方法，用总需求 $x(p, w)$ 进行福利判断。然而，在做此事时，需要牢牢记住：我们始终遵循一个给定的财富分配规则［该规则是给定社会福利函数（4. D. 1）的解］，而且我们始终将“财富水平”理解成“财富的最优分配水平”。进一步的讨论，可参见 Samuelson（1956）以及 Chipman 和 Moore（1979）。

例 4. D. 1：假设所有消费者的偏好都是位似的，而且都可以用一次齐次的效用函数表示。现在考虑社会福利函数 $W(u_1, \cdots, u_I) = \sum_i \alpha_i \ln u_i$，其中，$\alpha_i > 0$，$\sum_i \alpha_i = 1$。那么，［问题（4. D. 1）的］最优财富分配函数是与价格无关的规则（详见 4. C 节）：$w_i(p, w) = \alpha_i w$。（参见习题 4. D. 6。）因此，在位似的情形下，总需求 $x(p, w) = \sum_i x_i(p, \alpha_i w)$ 可以被看成是由这个社会福利函数产生的规范的代表性消费者的需求。■

例 4. D. 2：假设所有消费者的偏好均具有高曼类型的间接效用函数 $v_i(p, w_i) = a_i(p) + b(p) w_i$。注意 $b(p)$ 不取决于 i。另外，我们知道这种函数包含一个特例：所有消费者关于某种共同的计价物商品的偏好均是拟线性的。从 4. B 节我们还知道总需求 $x(p, w)$ 和财富分配无关。①

---

① 和往常一样，我们忽略消费的非负约束。

现在考虑**效用主义**（utilitarian）的福利函数 $\sum_i u_i$。于是，**任何**财富分配规则 $(w_1(p, w), \cdots, w_I(p, w))$ 均是最优化问题（4.D.1）的解，这个问题产生的间接效用函数为 $v(p, w)=\sum_i a_i(p)+b(p)w$。（习题 4.D.7 让你证明这些事实。）因此，我们可得出的结论是，当间接效用函数是高曼类型［财富系数 $b(p)$ 相同］，而且社会福利函数是效用主义时，总需求总可以被看成是由规范的代表性消费者产生的。

当消费者拥有高曼类型的间接效用函数［且 $b(p)$ 对于所有消费者都相同］时，规范的代表性消费者理论允许进一步的延伸，这一点很重要。一般来说，代表性消费者的偏好取决于社会福利函数的形式。**但在这种情形下不是这样的**。现在我们证明，如果消费者的间接效用函数具有高曼形式［且 $b(p)$ 对于所有消费者都相同］，那么代表性消费者的偏好与我们使用哪种形式的社会福利函数无关。[①] 事实上，我们将证明：对于任何社会福利函数 $W(u_1, \cdots, u_I)$ 来说，$v(p, w)=\sum_i a_i(p)+b(p)w$ 都可以作为规范的代表性消费者的间接效用函数。

为了验证这个结论，考虑一个特定的社会福利函数 $W(\cdot)$，并把问题（4.D.1）相对于 $W(\cdot)$ 的最优值函数记为 $v^*(p, w)$。我们必须证明 $v(\cdot)$ 和 $v^*(\cdot)$ 诱导出的排序是相同的，也就是说，对于任何两个价格财富组合 (p, w) 和 (p', w') 且 $v(p, w)<v(p', w')$，必有 $v^*(p, w)<v^*(p', w')$。下面我们来证明这个结论。令个人财富向量 $(w_1, \cdots, w_I)$ 和 $(w'_1, \cdots, w'_I)$ 分别为 (p, w) 和 (p', w') 情形下，问题（4.D.1）相对于 $W(\cdot)$ 的解。记 $u_i=\alpha_i(p)+b(p)w_i$，$u'_i=\alpha_i(p)+b(p)w'_i$，$u=(u_1, \cdots, u_I)$ 和 $u'=(u'_1, \cdots, u'_I)$。于是 $v^*(p, w)=W(u)$ 和 $v^*(p', w')=W(u')$。另外，$v(p,w)=\sum_i a_i(p)+b(p)w=\sum_i u_i$，以及类似地 $v(p', w')=\sum_i u'_i$。因此，$v(p, w)<v(p', w')$ 意味着 $\sum_i u_i<\sum_i u'_i$。接下来，我们证明：$\nabla W(u')\cdot(u-u')<0$［其中 $W(\cdot)$ 为凹］蕴涵着我们想要的结果，即 $W(u)<W(u')$。[②] 根据式（4.D.2），在最优点上，我们有 $(\partial W/\partial v_i)(\partial v_i/\partial w_i)=\lambda$ 对于所有 i 均成立。但在我们这种情形下，对于所有 i，都有 $\partial v_i/\partial w_i=b(p)$。所以，对于任何 i 和 j，我们都有 $\partial W/\partial v_i=\partial W/\partial v_j>0$。因此，$\sum_i u_i<\sum_i u'_i$ 意味着 $\nabla W(u')\cdot(u-u')<0$。

对上述结论的更容易理解方法是注意到下列事实：如果偏好是高曼类型的［且所有消费者的 $b(p)$ 相同］，则对于效用主义的社会福利函数 $\sum_i u_i$ 来说，(p', w') 在社会意义上比 (p, w) 好，**当且仅当**与 (p, w) 相比，(p', w') 能通过下列

---

① 然而，当然，财富最优分配规则通常取决于社会福利函数，只有在效用主义的社会福利函数情形下，财富无论怎样分配才都是无关的。

② 的确，$W(\cdot)$ 为凹意味着 $W(u')+\nabla W(u')\cdot(u-u')\geqslant W(u)$；参考数学附录中的 M.C 节。

潜在补偿检验（potential compensation test）：对于 w 的任何分配（w_1，…，w_I），均存在 w' 的一个分配（w'_1，…，w'_I）使得 $v_i(p', w'_i) > v_i(p, w_i)$ 对于所有 i 成立。这个事实不难验证。假设

$$\left(\sum_i a_i(p') + b(p')w'\right) - \left(\sum_i a_i(p) + b(p)w\right) = c > 0$$

4

那么由 $a_i(p') + b(p')w'_i = a_i(p) + b(p)w_i + c/I$ 隐性定义的 w'_i 就是我们想要的。[①] 一旦我们知道与（p，w）相比，（p'，w'）能通过潜在补偿检验，接下来只要根据最优化问题（4.D.1）的定义就可知道：对于任何规范的代表性消费者来说，（p'，w'）均比（p，w）好；也就是说，对于任何我们想使用的社会福利函数来说，（p'，w'）均比（p，w）好（参见习题 4.D.8）。

我们将在 10.F 节和 22.C 节继续讨论上面给出的两个性质：代表性消费者的偏好独立于社会福利函数；潜在补偿检验标准。暂时地，我们只强调一点，即这两个性质不是规范的代表性消费者的一般性质。通过选择能解出问题（4.D.1）的财富分配规则，对于任何一组个人效用和任何社会福利函数，我们都能生成规范的代表性消费者。如果我们想让这两个性质成立，那么个人偏好必须是高曼类型的［且所有消费者的 $b(p)$ 都相同］。■

需要强调实证的代表性消费者和规范的代表性消费者在概念上的区别，这种区别很重要。即使总需求能由实证的代表性消费者产生，这个代表性消费者的偏好也未必有规范性的内容。甚至可能出现下列情形：存在实证的代表性消费者，但不存在能导出规范的代表性消费者的社会福利函数 。在下面的专栏中，我们继续讨论这个问题［也可以参见 Dow 和 Werlang（1988）和 Jerison（1994）］。

如果给定一个财富分配规则（$w_1(p, w)$，…，$w_I(p, w)$），假设存在总需求函数 $x(p, w) = \sum_i x_i(p, w_i(p, w))$ 的实证的代表性消费者，并且该消费者的效用函数为 $u(x)$。理论上，使用 3.H 节介绍的积分技巧，我们应该能根据 $x(p, w)$ 的信息确定代表性消费者的偏好。现在固定任何（$\bar{p}$，$\bar{w}$），令 $\bar{x} = x(\bar{p}, \bar{w})$。相对于任何总消费向量 $\bar{x}$，我们能够定义代表性消费者的至少一样好集合：

$$B = \{x \in \mathbb{R}^L_+ : u(x) \geq u(\bar{x})\} \subset \mathbb{R}^L_+$$

接下来，令 $\bar{w}_i = w_i(\bar{p}, \bar{w})$ 和 $\bar{x}_i = x_i(\bar{p}, \bar{w})$，考虑集合

$$A = \{x = \sum_i x_i : x_i \succsim_i \bar{x}_i \text{ 对于所有 } i \text{ 均成立}\} \subset \mathbb{R}^L_+$$

用文字来说，A 是下面这样的总消费向量，在这个向量中存在商品的某个分配，使得

① 我们继续忽略财富的非负约束。

每个消费者的状况至少和他们在（$\bar{x}_1$，…，$\bar{x}_I$）情形下一样好。这个集合的边界有时称为**西托夫斯基轮廓**（Scitovsky contour）。注意，集合 A 和集合 B 都由价格向量 $\bar{p}$ 在点 $\bar{x}$ 支撑（见图 4. D. 1）。

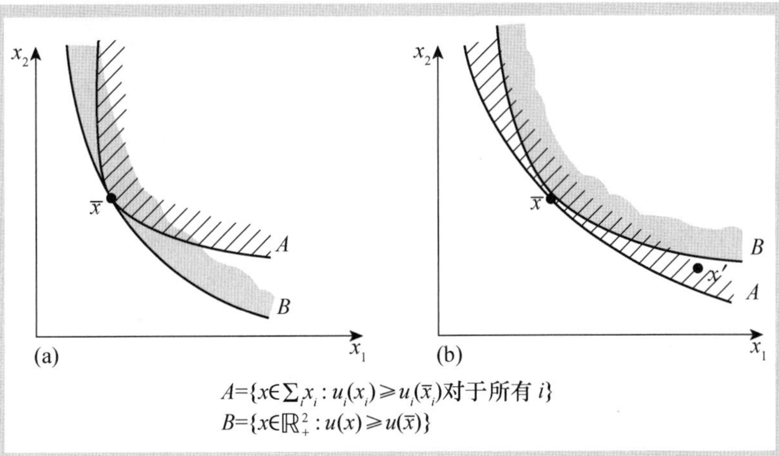

图 4. D. 1　实证的代表性消费者的至少一样好集合与单个消费者的至少一样好集合之和的比较

在图（a）中，实证的代表性消费者为规范的代表性消费者；在图（b）中，实证的代表性消费者不可能是规范的代表性消费者。

如果给定的财富分配来自与问题（4. D. 1）类似的社会福利最优化问题的解（即，如果实证的代表性消费者实际上也是规范的代表性消费者），那么它就对集合 A 和集合 B 的相关性施加了重要限制：集合 A 的每个元素必定也是集合 B 的元素。这是因为规范的代表性消费者的社会福利函数是每个消费者效用水平的增函数（从而对于任何一个总消费束，只要存在一种分配方式，使得每个消费者的效用水平至少与最优分配 $\bar{x}$ 对应的效用水平一样高，那么这个总消费束的社会效用必定高于 $\bar{x}$ 的社会效用；参见习题 4. D. 4）。也就是说，规范的代表性消费者存在的一个必要条件是 $A\subset B$。图 4. D. 1（a）画出了一个满足该必要条件的情形。

然而，在某些情形下，拥有效用函数 $u(x)$ 的实证的代表性消费者，可能不能满足这个条件，如图 4. D. 1（b）所示。为了进一步理解这一点，请参考习题 4. D. 9。这个题目让你证明：$A\subset B$ 意味着 $\sum_i S_i(\bar{p}, \bar{w}_i)-S(\bar{p}, \bar{w})$ 是正半定的，其中 $S(p, w)$ 和 $S_i(p, w_i)$ 分别为总需求的斯卢茨基矩阵和个人需求的斯卢茨基矩阵。粗略地说，这表明总需求的替代效应的绝对值必定大于个人替代效应之和（在图形上，这意味着在点 $\bar{x}$，B 的边界比 A 的边界更平坦）。这个结论能让我们构造出下面这样的简单例子：总需求能够被偏好理性化，但不存在规范的代表性消费者。

例如，假设财富分配规则是 $w_i(p, w)=a_i w$ 的形式，再假设 $S(p, w)$ 恰好对于所有 (p, w) 都是对称的（如果 $L=2$，对称性自动得以满足）。那么，由可积理论（参见 3. H 节）可知，潜在偏好存在的充分条件是，对于所有 (p, w)，我们都有 $dp\cdot S(p, w)dp<0$

对于所有与 p 不成比例的 $dp \neq 0$ 成立（我们将这一性质简称为 n.d. 性质）。另一方面，正如我们在前面说到的，规范的代表性消费者存在的必要条件是 $C(\bar{p}, \bar{w}) = \sum_i S_i(\bar{p}, \bar{w}_i) - S(\bar{p}, \bar{w})$ 是正半定的［这个矩阵正是 4.C 节讨论的矩阵；参见式（4.C.8）］。因此，如果 $S(p, w)$ 对于所有 (p, w) 都具有 n.d. 性质，但 $C(\bar{p}, \bar{w})$ 不是正半定的［即，财富效应使得 $S(\bar{p}, \bar{w})$ 的绝对值小于 $\sum_i S_i(\bar{p}, \bar{w})$］，那么就存在实证的代表性消费者，但他对于任何社会福利函数都不是规范的代表性消费者。（习题 4.D.10 提供了一个例证。）在这种性质的任何例子中，我们都可以变动总消费来让它通过潜在补偿检验（通过适当分配，每个消费者的福利都变得更大了），但在能够使得总需求理性化的效用函数下，这种变动变得更差。［在图 4.D.1（b）中，这就是从 $\bar{x}$ 变动到 x'。］

这明确说明了：即使存在能够解释行为的偏好，我们也未必能赋予它任何福利含义。要想赋予它福利含义，必要的条件是这些偏好的存在要有合适的理由。

附录 A：加总带来的正则化效应

本附录旨在说明尽管加总（aggregation）不利于保存个人需求的一些好的性质，但它也有**正则化效应**（regularizing effects），这是个有益的效应。所谓正则化，是指平均（每个消费者）需求作为价格的函数，通常比总和的单个构成部分更连续或更平滑。

我们已经知道，如果偏好是严格凸的，个人需求函数是连续的，从而总需求也是连续的。但是即使个人需求不连续，平均需求也可能是（接近）连续的，只要个人偏好是**分散性的**（dispersion）。

例 4.AA.1： 假设有两种商品，商品 1 和 2。将商品 2 作为计价物商品，消费者对该商品的偏好是拟线性的。商品 1 只能以整数数量得到，消费者最多只希望消费一单位商品 1。因此，将零单位商品 1 的效用标准化为零之后，消费者 i 的偏好可以完全以数字 v_{1i} 表示。对于消费者 i 来说，v_{1i} 是用计价物商品表示的持有一单位商品 1 的效用。这样，消费者 i 对商品 1 的需求可由下列对应描述：

$$x_{1i}(p_1) = 1 \qquad 若\ p_1 < v_{1i}$$

$$x_{1i}(p_1) = \{0, 1\} \qquad 若\ p_1 = v_{1i}$$

$$x_{1i}(p_1) = 0 \qquad 若\ p_1 > v_{1i}$$

这个对应的图形请看图 4.AA.1（a）。因此，当价格越过 $p_1 = v_{1i}$ 时，个人需求出现了突然的不连续的跳跃，从 0 变为 1。

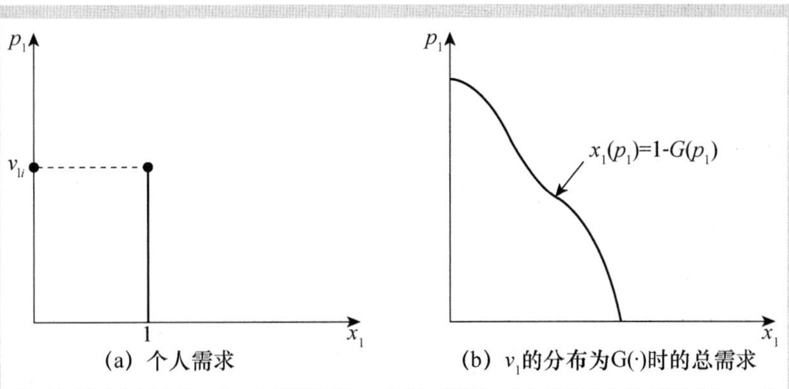

图 4.AA.1 加总带来的正则化效应

现在我们假设有很多消费者。事实上，考虑消费者是连续统的这种极限情形。在这种情形下，如果消费者的 v_1 值没有过度集中在任何特定的数值，或者更准确地说，v_1 的统计分布函数 $G(v_1)$ 是连续的而不是离散的，我们就可以说个人偏好是分散性的。于是，令 $x_1(p_1)$ 表示消费者对商品 1 的平均需求，我们有 $x_1(p_1)=$ "$v_1>p_1$ 的消费者的密度" $=1-G(p_1)$。因此，如图 4.AA.1（b）所示，即使没有一个人的个人需求对应是连续的，总需求 $x_1(\cdot)$ 仍是一个相当好的连续函数。注意，如果消费者的数量是有限的，分布函数 $G(\cdot)$ 不大可能是连续的函数；但是如果消费者的数量非常多，它可能接近连续。■

在 17.1 节，我们将再次考察加总带来的正则化效应。我们将证明，一般来说（即不需要作出分散性的要求），众多个人需求对应的加总将产生一个（接近于）凸值的（convex-valued）平均需求对应。

参考文献

Chipman, J. S., and J. Moore (1979). On social welfare functions and the aggregation of preferences. *Journal of Economic Theory* 21: 111-139.

Deaton, A., and J. Muellbauer (1980). *Economics and Consumer Behavior*. Cambridge, UK: Cambridge University Press.

Dow, J., and S. Werlang (1988). The consistency of welfare judgments with a representative consumer. *Journal of Economic Theory* 44: 265-280.

Freixas, X., and A. Mas-Colell (1987). Engel curves leading to the weak axiom in the aggregate. *Econometrica* 21: 63-80.

Hildenbrand, W. (1983). On the "law of demand". *Econometrica* 51: 997-1020.

Hildenbrand, W. (1994). *Market Demand: Theory and Empirical Evidence*. Princeton: Princeton University Press.

Jerison, M. (1982). The representative consumer and the weak axiom when the distribution of income is fixed. Working paper, Department of Economics, SUNY Albany.

Jerison, M. (1994). Optimal income distribution rules and representative consumers. *Review of Economic Studies* 61: 739-771.

Jorgenson, D. (1990). Aggregate consumer behavior and the measurement of social welfare. *Econometrica* 58: 1007-1030.

Lau, L. (1982). A note on the fundamental theorem of exact aggregation. *Economic Letters* 9: 119-126.

Mas-Colell, A. (1991). On the uniqueness of equilibrium once again. Chap. 12 in *Equilibrium Theory and Applications*, edited by W. Barnett, B. Cornet, C. d'Aspremont, J. Gabszewicz, A. Mas-Colell. Cambridge, U.K.: Cambridge University Press.

Milleron, J. C. (1974). Unicité et stabilité de l'équilibre en économie de distribution. Seminaire d'Econometrie Roy-Malinvaud, preprint.

Mitiushin, L. G., and W. M. Polterovich (1978). Criteria for monotonicity of demand functions [in Russian]. *Ekonomika i Matematichskie Metody* 14: 122-128.

Samuelson, P. (1956). Social indifference curves. *Quarterly Journal of Economics* 70: 1-22.

习 题

4.B.1^{B} 证明命题 4.B.1 中的充分性部分。你还要证明如果偏好能用高曼类型的间接效用函数［其中，所有消费者的财富系数 $b(p)$ 都是相同的］表示，那么该偏好能导出形如 $e_i(p, u_i)=c(p)u_i+d_i(p)$ 的支出函数。

4.B.2^{B} 假设有 I 个消费者和 L 种商品。消费者仅在财富水平 w_i 和偏好参数 s_i 上存在着不同，我们称后者为**家庭规模**（family size）。因此，可将消费者 i 的间接效用函数表示为 $v(p, w_i, s_i)$，相应的瓦尔拉斯需求函数为 $x(p, w_i, s_i)$。

（a）固定 $(s_1, \cdots, s_I)$。证明如果对于任何 $(w_1, \cdots, w_I)$ 总需求都可以写成仅关于 p 和总财富 $w=\sum_i w_i$（或等价地，平均财富）的函数，而且如果每个消费者的偏好关系 $\succsim_i$ 都是位似的，那么所有这些偏好必定相同［从而 $x(p, w_i, s_i)$ 必定独立于 s_i］。

（b）写出下列命题的充分条件：总需求仅取决于总财富 w 和总家庭规模 $\sum_i s_i$（或等价地，平均财富和平均家庭规模）。

4.C.1^{C} 证明如果 $x_i(p, w_i)$ 满足非补偿性需求法则（ULD）性质，那么 $D_p x_i(p, w_i)$ 是负半定的［即对于所有 dp 都有 $dp\cdot D_p x_i(p, w_i)dp\leqslant 0$］。你还要证明，如果 $D_p x_i(p, w_i)$ 对于所有 p 都是负定的，那么 $x_i(p, w_i)$ 满足非补偿性需求法则性质。（这部分的证明比第一部分的证明更难一些。）

4.C.2^{A} 使用（充分的）微分形式的非补偿性需求法则和弱公理，证明命题 4.C.1。［提示：参考 2.F 节相关专栏，在那里我们知道弱公理的充分条件是当 v 与 p 不成比例时 $v\cdot S(p, w)v<0$。］

4.C.3^{A} 画图说明下列情形：消费者在两种商品上的偏好关系产生的瓦尔拉斯需求函数，不满足非补偿性需求法则性质。请解释之。

4.C.4^{C} 证明如果 $\mathbb{R}^2_+$ 上的偏好关系 $\succsim_i$ 有 L 形无差异曲线，而且需求函数 $x_i(p, w_i)$ 满足非补偿性需求法则性质，那么 $\succsim_i$ 必定是位似的。［提示：L 形无差异曲线意味着 $S_i(p, w_i)=0$ 对于所有 (p, w_i) 成立；证明如果 $D_{w_i}x_i(\bar{p}, \bar{w}_i)\neq(1/\bar{w}_i)x_i(\bar{p}, \bar{w}_i)$，那么存在 $v\in\mathbb{R}^L$ 使得 $v\cdot D_p x_i(\bar{p}, \bar{w}_i)v>0$。］

4.C.5^{C} 证明命题 4.C.3。对于这个效应，你可以固定 $w=1$。最容易的证明方法是使用间接需求函数 $g_i(x)=(1/x\cdot\nabla u_i(x))\nabla u_i(x)$［注意 $x=x_i(g_i(x), 1)$］。对于单个消费者来说，非补偿性需求法则是自对偶的（self-dual）；也就是说，它等价于 $(g_i(x)-g_i(y))\cdot(x-y)<0$ 对于所有

$x \neq y$ 均成立。这个性质又可从 $Dg_i(x)$ 对于所有 x 都是负半定的事实中推出。所以，集中精力证明最后这个性质。更具体地说，令 $v \neq 0$，$q = \nabla u_i(x)$ 和 $C = D^2 u_i(x)$。你要证明 $v \cdot Dg_i(x) v < 0$。[提示：你可以首先假设 $q \cdot v = q \cdot x$；然后对 $g_i(x)$ 求微分，并使用等式 $v \cdot Cv - x \cdot Cv = \left(v - \frac{1}{2}x\right) \cdot C\left(v - \frac{1}{2}x\right) - \frac{1}{4}x \cdot Cx$。]

4.C.6^A　证明如果 $u_i(x_i)$ 是一次齐次的，从而 $\succsim_i$ 是位似的，那么对于所有 x_i 都有 $\sigma_i(x_i) = 0$ [其中 $\sigma_i(x_i)$ 是我们在命题 4.C.3 中定义的那个商]。

4.C.7^B　证明如果财富分布在 $[0, \bar{w}]$ 上有非增的密度函数，那么命题 4.C.4 仍然成立。更现实的财富分布是单峰的（即密度函数先递增后递减，只有一个峰值）。证明存在使得命题 4.C.4 不成立的单峰分布。

4.C.8^A　推导总需求形式的斯卢茨基矩阵即式（4.C.7）。

4.C.9^A　证明如果个人偏好 $\succsim_i$ 是位似的，那么式（4.C.8）定义的矩阵 $C(p, w)$ 是正半定的。

4.C.10^C　证明对于命题 4.C.4 中考察的希尔登布兰德（Hildenbrand）例子，$C(p, w)$ 是正半定的，从而断言对于那个财富分配，总需求满足弱公理。[提示：你应该首先将例子中的 $C(p, w)$ 定义改写，使得它适合消费者是连续统的情形。]

4.C.11^B　假设有两个消费者（消费者 1 和 2）在两种商品（商品 1 和 2）上的效用分别为 $u_1(x_{11}, x_{21}) = x_{11} + 4\sqrt{x_{21}}$ 和 $u_2(x_{12}, x_{22}) = 4\sqrt{x_{12}} + x_{22}$。这两个消费者的财富水平相同，具体地说，$w_1 = w_2 = w/2$。

（a）计算个体需求函数和总需求函数。

（b）计算个体斯卢茨基矩阵 $S_i(p, w/2)$（其中 $i=1, 2$）和总斯卢茨基矩阵 $S(p, w)$。[提示：注意在两种商品的情形下，每个矩阵只需要计算出其中一个元素即可确定整个矩阵。] 证明 $dp \cdot S(p, w) dp < 0$ 对于与 p 不成比例的所有 dp 均成立，从而断言总需求满足弱公理。

（c）计算价格 $p_1 = p_2 = 1$ 时的矩阵 $C(p, w) = \sum_i S_i(p, w/2) - S(p, w)$。证明当 $w > 16$ 时 $C(p, w)$ 是正半定的，当 $8 < w < 16$ 时 $C(p, w)$ 是负半定的。事实上证明对于后者，$dp \cdot C(p, w) dp < 0$ 对于某些 dp 成立 [因此 $C(p, w)$ 不是正半定的]。证明 $C(p, w)$ 的正半定性不是弱公理得以满足的必要条件。

（d）对于 $w > 16$ 和 $8 < w < 16$ 这两种情形，在 (x_1, x_2) 平面上画图描述当价格 $p_1 = p_2 = 1$ 时，每个消费者的消费束和他的财富扩张路径。将你画出的图形与图 4.C.2 进行比较。

4.C.12^B　4.B 节和 4.C 节指出如果对于任何 $(w_1, \cdots, w_I)$，总需求都可以写成仅关于价格和总财富的函数即 $x(p, \sum_i w_i)$，那么总需求必定满足弱公理。$(w_1, \cdots, w_I)$ 的分布函数 F：$[0, \infty) \to [0, 1]$ 的定义为：对于任何 w，$F(w) = (1/I) \times$（满足 $w_i \leq w$ 的消费者的数量）。现在假设对于任何 $(w_1, \cdots, w_I)$，总需求均可以写成相应的总财富分布 $F(\cdot)$ 的函数。证明总需求未必满足弱公理。[提示：举一个包含两种商品和两个消费者的例子即可，其中两个消费者的偏好是相同的，财富为 $w_1 = 1$，$w_2 = 3$，但不满足弱公理。请用图形方法构建这个例子。你要画出四条无差异曲线而且保证它们不相交。]

4.C.13^C　考虑两种商品和两个消费者的情形。令财富分配规则为 $w_1(p, w) = wp_1/(p_1 + p_2)$，$w_2(p, w) = wp_2/(p_1 + p_2)$。举出下面这样的例子，在这个例子中，两个消费者都有位似的偏好，然而总需求却不满足弱公理。画图说明即可。在这里，为何命题 4.C.1 不成立？

4.D.1^B　在这个问题中我们考虑规范的代表性消费者。用 $v(p, w)$ 表示问题（4.D.1）的最优值，用 $(w_1(p, w), \cdots w_I(p, w))$ 表示相应的最优财富分配规则。证明 $v(p, w)$ 也是下列问题的最优值：

$$\underset{(x_1,\cdots,x_I)}{\text{Max}}\ W(u_1(x_1),\cdots,u_I(x_I))$$

$$\text{s. t. } p\cdot(\sum_i x_i)\leqslant w$$

证明 $[x_1(p,\ w_1(p,\ w)),\ \cdots,\ x_I(p,\ w_I(p,\ w))]$ 是上述这个问题的解。这意味着：在给定价格 p 和财富 w 的情形下，要想使得社会福利最大化，中央计划者不需要直接控制消费，它只要使得财富分配最优，而让消费者在给定价格 p 下自主地作出消费决策即可。

4.D.2^B 我们将问题（4.D.1）的最优值定义为 $v(p,\ w)$，请证明 $v(p,\ w)$ 具有间接效用函数的性质（即它是一次齐次的，它关于 w 递增而关于 p 递减，而且它是拟凸的）。

4.D.3^B 练习使用不等式和库恩-塔克条件对你有好处。请证明存在角点解情形下的命题 4.D.1。

4.D.4^C 假设有个规范的代表性消费者，而且财富分配规则为 $(w_1(p,\ w),\ \cdots,\ w_I(p,\ w))$。对于任何 $x\in\mathbb{R}^L_+$，定义

$$u(x)=\underset{(x_1,\cdots,x_I)}{\text{Max}}\ W(u_1(x_1),\cdots,u_I(x_I))$$

$$\text{s. t. } \sum_i x_i\leqslant x$$

(a) 指出在什么样的条件下 $u(\cdot)$ 具有效用函数的性质；也就是说，写出使得 $u(\cdot)$ 为单调、连续、拟凹（甚至凹）的条件。

(b) 证明对于任何 $(p,\ w)$，最大化问题 $\text{Max}_x u(x)$ s. t. $p\cdot x\leqslant w$ 产生的瓦尔拉斯需求均等于总需求函数。

4.D.5^A 假设有 I 个消费者；消费者 i 的效用函数为 $u_i(x_i)$，需求为 $x_i(p,\ w_i)$。消费者 i 的财富 w_i 是根据财富分配规则 $w_i=\alpha_i w$（其中 $\alpha_i\geqslant 0$，$\sum_i\alpha_i=1$）产生的。举出一个例子（即一组效用函数），使得这个经济体不存在实证的代表性消费者。

4.D.6^B 证明例 4.D.1 中的断言。

4.D.7^B 证明例 4.D.2 第二段中的断言。

4.D.8^A 我们称与 $(p,\ w)$ 相比，$(p',\ w')$ 通过了潜在补偿检验，如果对于 w 的任何分配 $(w_1,\ \cdots,\ w_I)$，均存在 w' 的一个分配 $(w'_1,\ \cdots,\ w'_I)$ 使得 $v_i(p',\ w'_i)>v_i(p,\ w_i)$ 对于所有 i 都成立。证明如果与 $(p,\ w)$ 相比，$(p',\ w')$ 通过了潜在补偿检验，那么任何规范的代表性消费者均必定偏好 $(p',\ w')$ 胜于 $(p,\ w)$。

4.D.9^B 证明 $A\subset B$（符号定义参见 4.D 节）意味着 $S(\bar{p},\ \bar{w})-\sum_i S_i(\bar{p},\ \bar{w}_i)$ 是负半定的。[提示：考虑 $g(p)=e(p,\ u(\bar{x}))-\sum_i e_i(p,\ u_i(\bar{x}_i))$，其中 $e(\cdot)$ 是 $u(\cdot)$ 的支出函数，$e_i(\cdot)$ 是 $u_i(\cdot)$ 的支出函数。注意，$A=\sum_i\{x_i: u_i(x_i)\geqslant u_i(\bar{x}_i)\}$ 意味着 $\sum_i e_i(p,\ u_i(\bar{x}_i))$ 是问题 $\underset{x\in A}{\text{Min}}\ p\cdot x$ 的最优值。从这一点以及 $A\subset B$，你能得到 $g(p)\leqslant 0$ 对于所有 p 和 $g(\bar{p})=0$ 都成立。因此，$D^2g(\bar{p})$ 是负半定的。然后证明 $D^2g(\bar{p})=S(\bar{p},\ \bar{w})-\sum_i S_i(\bar{p},\ \bar{w}_i)$。]

4.D.10^A 证明在习题 4.C.11 考察的例子中，存在能理性化总需求的实证的代表性消费者，但不存在规范的代表性消费者。

4.D.11^C 证明对于 $L>2$ 的情形，命题 4.C.4 中的希尔登布兰德情形不存在实证的代表性消费者。[提示：证明斯卢茨基矩阵可能不是对称的。]

第5章 生　产

5.A 引言

在本章，我们开始考察经济的供给方面，研究消费者消费的商品和服务的生产过程。我们将经济的供给面视为由一些生产单位（企业）组成。企业可以是公司或者法律认可的其他实体，但是企业必须也能代表个人或家庭的生产可能性。而且，所有企业组成的集合可能包含一些并未运行的潜在的生产单位。因此，我们的理论既能够包括已运行的生产过程，也包括潜在的但未运行的生产过程。

企业涉及很多问题：谁拥有它？谁管理它？它是如何管理的？它是如何组织的？它能做什么？在这些问题中，我们仅关注最后一个问题。我们选择这个问题的理由不是因为其他问题无趣（实际上，它们很有意思），而是因为我们想尽快达到一个能用于分析市场行为的最小概念性工具。因此，我们的生产可能性模型将是非常简化的：我们仅将企业视为能把投入转化为产出的一个“黑箱”。

在5.B节，我们开始引入企业的**生产集**概念，这是一种能代表**生产活动**或**生产计划**的集合，这些生产活动在技术上对企业来说是可行的。然后，我们将列举和讨论生产集的一些常见的假设性质，并且引入诸如**规模报酬**、**自由处置**（free disposal）和**自由进入**的概念。

在研究了企业的技术可能性（5.B节）之后，我们在5.C节引入企业的目标，即**利润最大化**。然后，我们描述和研究企业的利润最大化问题和两个相伴的概念，即企业的**利润函数**及其**供给对应**。后面这两个概念分别是企业利润最大化问题的最优值函数和最优向量。与企业利润最大化目标相关的问题是成本最小化。我们也研究企业的成本最小化问题和两个相伴的概念：企业的**成本函数**及其**条件要素需求对应**。我们已经知道，在需求理论中，效用最大化问题和支出最小化问题是对偶的，类似地，利润最大化问题和成本最小化问题也是对偶的。

5.D节分析一种特殊但又重要的情形，即只生产一种产品的技术。在这一节我们将详细分析与成本及生产关系相伴的几何图形。

5.E 节研究总供给理论。我们将证明总供给比总需求（详见第 4 章）更简单但具有更强大的威力。

5.F 节涉及福利经济学。我们给出**有效率的生产**定义，研究它与利润最大化的关系。稍微附加一些条件，我们看到利润最大化生产计划是有效率的，而且当适当的凸性性质成立时，上述命题的逆命题也为真：通过适当选择价格向量，可使得有效率的生产计划是利润最大化的。这样，我们就第一次接触了**福利经济学基本定理**这个重要思想。

在 5.G 节，我们指出利润最大化不具有与偏好最大化相同的基础地位。严格来说，利润最大化可从偏好最大化推导出。我们将讨论这个问题和其他相关问题。

在附录 A，我们将更加详细地研究一种特殊而重要的生产技术类型：可用线性约束描述的生产技术。这样的技术称为**线性活动模型**。

5.B 生产集

和前几章一样，我们考虑有 L 种商品的经济。一个**生产向量**（production vector），有时也称为**投入产出向量**（input-output vector）或**净活动向量**（netput vector）或**生产计划**（production plan），是一个向量 $y=(y_1, \cdots, y_L)\in \mathbb{R}^L$，它描述的是一个生产过程中的 L 种商品的（净）产出。我们遵循惯例：用正数表示产出，用负数表示投入。生产向量中的某些元素可能为零，这表示该生产过程没有使用到这些元素，它们既不是投入物，也不是产出品。

例 5.B.1：假设 $L=5$。$y=(-5, 2, -6, 3, 0)$ 表示：企业使用 5 单位商品 1 和 6 单位商品 3，生产出 2 单位商品 2 和 3 单位商品 4。注意，在这个生产向量中，商品 5 既不是投入物，也不是产出品。■

为了分析企业的行为，我们首先需要识别那些在技术上可行的生产向量。一个企业的所有可行生产向量组成的集合称为该企业的**生产集**（production set），记为 $Y\subset\mathbb{R}^L$。任何 $y\in Y$ 都是可行的；任何 $y\notin Y$ 都不可行。生产集是生产理论中的最基本的构造。

可行集面临的第一个也是最重要的限制是技术上的约束。然而，在任何特定的模型中，法律限制或事前合同约定也可能是生产集的决定因素。

有时，用函数 $F(\cdot)$ 描述生产集 Y 是方便的；函数 $F(\cdot)$ 称为**转换函数**（transformation function）。转换函数 $F(\cdot)$ 具有如下性质：$Y=\{y\in\mathbb{R}^L: F(y)\leqslant 0\}$；$F(y)=0$ 当且仅当 y 是 Y 的边界上的点。Y 的边界点组成的集合 $\{y\in\mathbb{R}^L: F(y)=0\}$ 称为**转换边界**（transformation frontier）。图 5.B.1 描述了两种商品下的情形。

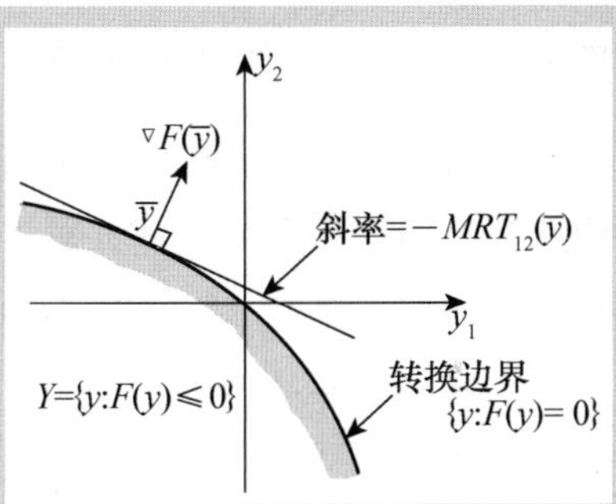

图 5.B.1 生产集和转换边界

如果转换函数 $F(\cdot)$ 是可微的，而且如果生产向量 $\bar{y}$ 满足 $F(\bar{y})=0$，那么对于任何商品 l 和 k，比值

$$MRT_{lk}(\bar{y}) = \frac{\partial F(\bar{y})/\partial y_l}{\partial F(\bar{y})/\partial y_k}$$

称为商品 l 和 k 在点 $\bar{y}$ 的边际转换率（marginal rate of transformation，MRT）。① 边际转换率衡量的是如果企业减少一边际单位商品 l 的（净）产量，能增加多少单位商品 k 的（净）产量。事实上，从 $F(\bar{y})=0$ 我们可得

$$\frac{\partial F(\bar{y})}{\partial y_k}dy_k + \frac{\partial F(\bar{y})}{\partial y_l}dy_l = 0$$

如果这两种商品分别为商品 1 和 2，那么转换边界在点 $\bar{y}$ 的斜率正好是 $-MRT_{12}(\bar{y})$，如图 5.B.1 所示。

投入物和产出品是不同情形下的生产技术

在很多实际生产过程中，产出品集合和投入物集合是不同的。在这种情形下，用不同的符号表示投入集和产出集是方便的。例如，令 $q=(q_1, \cdots, q_M)\geqslant 0$ 表示企业的 M 种产品的产出水平；$z=(z_1, \cdots, z_{L-M})\geqslant 0$ 表示企业的（$L-M$）种投入物的数量，注意，按照惯例，投入物 l 的使用量 z_l 现在用**非负数**（nonnegative）衡量（在用符号表示时，我们将生产过程没有实际用到的所有物品均视为投入物）。

最常见的一种生产模型是只有一种产出品的模型。在这种情形下，生产技术可用生产函数 $f(z)$ 衡量，$f(z)$ 描述的是使用投入物 $z=(z_1, \cdots, z_{L-1})\geqslant 0$ 能生产的产出品 q 的最大数量。例如，如果产出品为商品 L，那么（假设产出可以零成本处置）生产函数 $f(\cdot)$ 给出了生产集：

$$Y = \{(-z_1,\cdots,-z_{L-1},q): q-f(z_1,\cdots,z_{L-1})\leqslant 0 \text{ 和 } (z_1,\cdots,z_{L-1})\geqslant 0\}$$

维持产量不变，我们可以将商品 l 和 k 在点 $\bar{z}$ 的**边际技术替代率**（marginal

---

① 和第 3 章一样，在计算这样的比值时，我们总是假设分母 $\partial F(\bar{y})/\partial y_k \neq 0$。

rate of technical substitution, MRTS）定义为 $MRTS_{lk}(\bar{z}) = \dfrac{\partial f(\bar{z})/\partial z_l}{\partial f(\bar{z})/\partial z_k}$。$MRTS_{lk}(\bar{z})$ 的值衡量的是当投入物 l 减少一边际单位时，为了维持产量 $\bar{q}=f(\bar{z})$ 不变，必须额外增加投入物 k 的使用数量。这个概念类似于消费者的边际替代率。在消费者理论中，我们考察能使得效用不变的商品之间的权衡取舍。在此处，我们考察的是能使得产量不变的投入物之间的权衡取舍。注意，$MRTS_{lk}$ 只是边际转换率 MRT_{lk} 的特殊情形，具体地说，在产出品为一种但投入物为多种的情形下，我们将 MRT_{lk} 称为 $MRTS_{lk}$。

5

例 5. B. 2：柯布-道格拉斯生产函数。在只有两种投入物的情形下，柯布-道格拉斯生产函数的形式为 $f(z_1, z_2)=z_1^{\alpha}z_2^{\beta}$，其中 $\alpha \geq 0$ 和 $\beta \geq 0$。在点 $z=(z_1, z_2)$，这两种投入物之间的边际技术替代率 $MRTS_{12}(z)=\alpha z_2/\beta z_1$。■

生产集的性质

现在我们介绍和讨论生产集的常见性质假设，这些假设比较多，每种假设的适宜性取决于具体的环境。（事实上，有些假设还是互斥的。）①

（i）Y 是非空的。这个假设只是说企业有可行的生产计划。否则（即若为空集），就没有必要研究企业的行为了。

（ii）Y 是闭的。集合 Y 包含它的边界。因此，技术上可行的投入产出向量序列的极限也是可行的，即：$y^n \to y$ 且 $y^n \in Y$ 意味着 $y \in Y$。注意，这个条件主要为方法论上的（为了简化分析）。②

（iii）没有免费的午餐。假设 $y \in Y$ 且 $y \geq 0$，因此向量 y 不使用任何投入物。这种情形下如何满足没有免费的午餐这个假设？答案是假设这个生产向量也不能生产任何产出品。也就是说，如果 $y \in Y$ 且 $y \geq 0$，那么这个假设意味着 $y=0$；巧妇难为无米之炊。从图形上来说，没有免费的午餐意味着 $Y \cap \mathbb{R}^L_+ \subset \{0\}$。对于 $L=2$，图 5. B. 2（a）画出了一个违背没有免费的午餐假设性质的集合，而图 5. B. 2（b）中的集合满足这个性质。

（iv）允许不生产（inaction）。这个性质是说 $0 \in Y$：允许完全停止营业。例如，注意到 $0 \in Y$，可知图 5. B. 2 中的两个集合都满足这个性质。这个假设的合理性取决于我们分析的生产可能时点。如果我们考虑的是企业可以获得某个技术可能性集合，但还没有实际运行，那么不生产当然是被允许的。但是如果企业已经作出了某个生产决策，或者企业已与他人签订了需求某些投入物的合同，不生产是不被允许的。

① 这些性质的进一步讨论，可参见 Koopmans（1957）和 Debreu（1959）第 3 章。

② 然而，我们在习题 5. B. 4 中将说明当这个假设不成立时，存在着一个经济学家感兴趣的重要情形。

在这种情形下，我们说这些成本沉没了，或者说这些成本是**沉没成本**（sunk cost）。

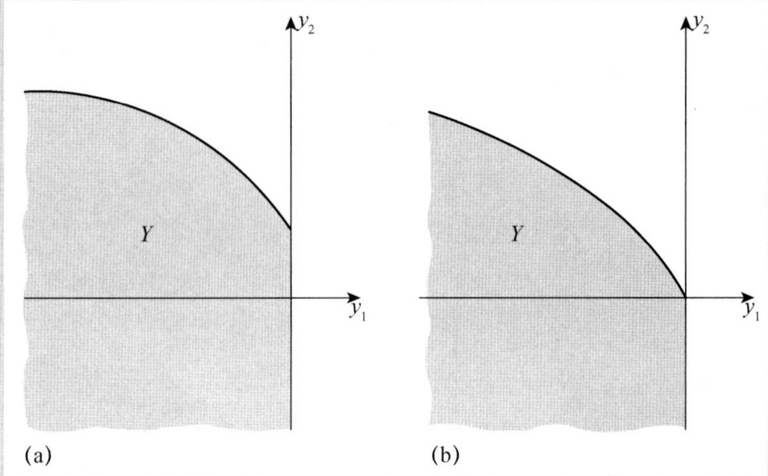

图 5.B.2 没有免费的午餐性质

图（a）中的集合违背了没有免费午餐性质，而图（b）中的集合满足没有免费午餐性质。

图 5.B.3 给出了两个例子。当企业已经承诺使用至少一$\bar{y}_1$ 单位商品 1，原因也许是因为它已签订了购买那么多商品 1 的合同，因此就出现了**暂时的**（interim）生产可能性，如图 5.B.3（a）中的生产集所示。也就是说，这个集合是个**受限制的生产集**（restricted production set），它反映了企业从原来的生产集 Y（比如图 5.B.2 中的生产集）中进行选择时，留给它的选择余地。图 5.B.3（b）给出了沉没成本的另外一个例子。对于一种产出品（商品 3）和两种投入物（商品 1 和 2）的情形，此图描述了当第二种投入物（商品 2）的数量已被不可撤销地约定为 $\bar{y}_2<0$ 时产生的受约束的生产集。[与图 5.B.3（a）相反，在图 5.B.3（b）中不可能增加第二种投入物的使用数量。]

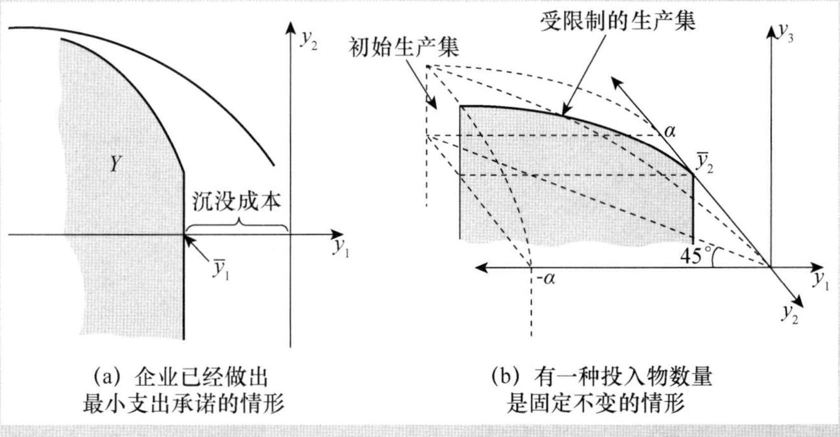

图 5.B.3 两个有沉没成本的生产集

5

（v）**自由处置（free disposal）。** 自由处置是说，企业额外追加投入不会造成产量降低。也就是说，如果 $y\in Y$ 且 $y'\leqslant y$（$y'\leqslant y$ 意味着与 y 相比，y' 使用的投入物数量不会小于 y 的使用数量，但产量不会大于 y 的产量），那么 $y'\in Y$。更简洁地，可将自由处置假设表示为，$Y-\mathbb{R}_+^L\subset Y$，如图 5. B. 4 所示。它的意思是，企业能够以零成本处理或扔掉额外数量的投入物（或产出品）。

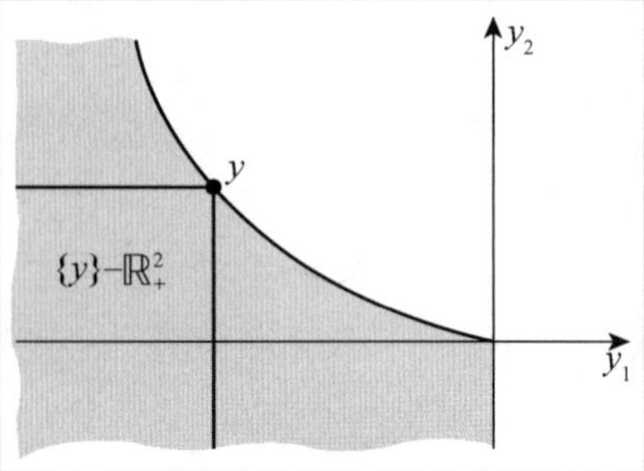

图 5. B. 4　自由处置性质

（vi）**不可逆性或称单向性（irreversibility）。** 假设 $y\in Y$ 且 $y\neq 0$，那么不可逆性是说 $-y\notin Y$。也就是说，如果企业用一定数量的投入物生产产出品，那么它不可能将产出品转化为原来数量的投入物。例如，如果某种商品的属性包括得到它的时间，那么由先有投入后有产出可知不可逆性是合理的（因为时间不可逆）。

习题 5. B. 1： 画出两个生产集，其中一个满足不可逆性，另一个则违背了不可逆性。

（vii）**规模报酬非增。** 如果对于任何 $y\in Y$，我们均有 $\alpha y\in Y$ 对于任何实数 $\alpha\in[0, 1]$ 都成立，那么我们说生产技术 Y 具有规模报酬非增的性质。也就是说，任何可行的投入产出向量均可以等比例地缩小（参考图 5. B. 5）。注意，规模报酬非增意味着允许不生产［性质（iv）］。

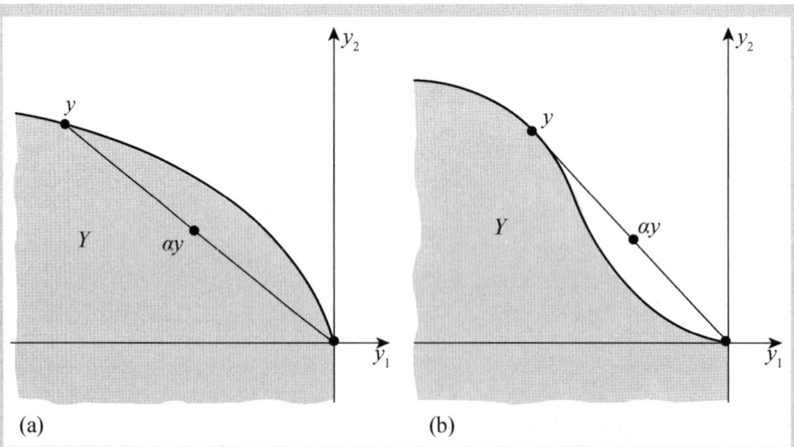

图 5. B. 5　规模报酬非增性质

图（a）中的生产集满足规模报酬非增性质，而图（b）中的生产集不满足规模报酬非增性质。

（viii）规模报酬非减。如果对于任何 $y \in Y$，我们均有 $\alpha y \in Y$ 对于任何实数 $\alpha \geqslant 1$ 都成立，那么我们说生产技术 Y 具有规模报酬非减的性质。这个性质与规模报酬非增［性质（vii）］正好相反。图 5.B.6（a）给出了规模报酬非减的典型例子。该图表示，除了为了进行生产需要投入固定的启动成本（setup cost）之外，产出品（商品 2）的数量和投入物（商品 1）的数量成正比（线性关系）。规模报酬非减性质与固定成本是否沉没无关。图 5.B.6（b）中的固定成本沉没了；而图 5.B.6（a）中的固定成本没有沉没，该图中允许企业不生产［性质（iv）］。

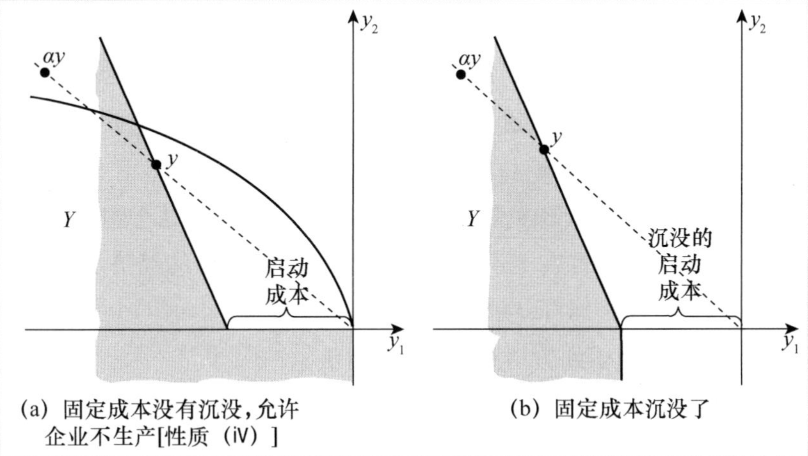

图 5.B.6　规模报酬非减性质

（ix）规模报酬不变。这种性质结合了性质（vii）和性质（viii）。如果对于任何 $y \in Y$，我们均有 $\alpha y \in Y$ 对于任何实数 $\alpha \geqslant 0$ 都成立，那么我们说生产技术 Y 具有规模报酬不变的性质。从图形上说，Y 是个**锥**（cone）（参见图 5.B.7）。

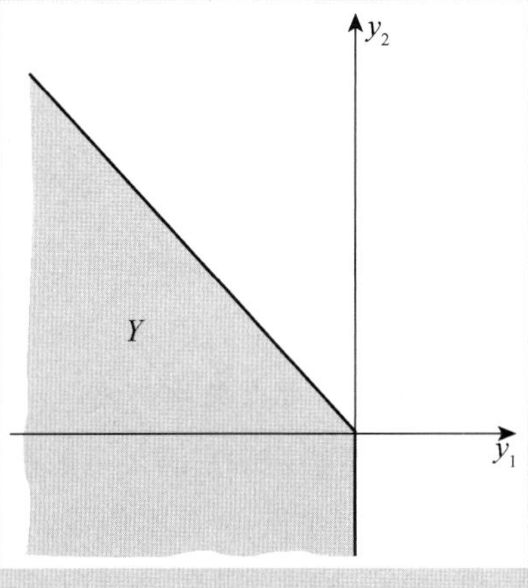

图 5.B.7　满足规模报酬不变性质的技术 Y

对于只有一种产出物的生产技术来说，生产集的性质很容易就可以转换成生产

函数 $f(\cdot)$ 的性质。考虑习题 5. B. 2 和例 5. B. 3。

习题 5. B. 2：假设产出物只有一种，与该产品生产技术相伴的生产函数为 $f(\cdot)$，令 Y 为这个技术的生产集。证明 Y 是规模报酬不变的当且仅当 $f(\cdot)$ 是一次齐次的。

5

例 5. B. 3：柯布-道格拉斯生产函数的规模报酬。在例 5. B. 2 中，我们介绍了柯布-道格拉斯生产函数 $f(z_1, z_2)=z_1^{\alpha}z_2^{\beta}$，由此可知 $f(2z_1, 2z_2)=2^{\alpha+\beta}z_1^{\alpha}z_2^{\beta}=2^{\alpha+\beta}f(z_1, z_2)$。因此，当 $\alpha+\beta=1$ 时，该生产函数是规模报酬不变的；当 $\alpha+\beta<1$ 时，该生产函数是规模报酬递减的；当 $\alpha+\beta>1$ 时，该生产函数是规模报酬递增的。■

(x) 可加性（或自由进入）。假设 $y\in Y$ 和 $y'\in Y$。**可加性**（additivity）性质要求$y+y'\in Y$。更简洁地，可表示为 $Y+Y\subset Y$。这意味着，例如，对于任何正整数 k 都有 $ky\in Y$。图 5. B. 8 中的 Y 就是可加的。注意在这个例子中，产量只能以整数形式出现（原因也许在于不可分割性）。可加性条件的经济学解释是，如果 y 和 y' 都是可行的，那么你可以建立两个互不干涉的工厂，这两个工厂分别执行生产计划 y 和 y'。这样做得到的结果就是生产向量 $y+y'$。

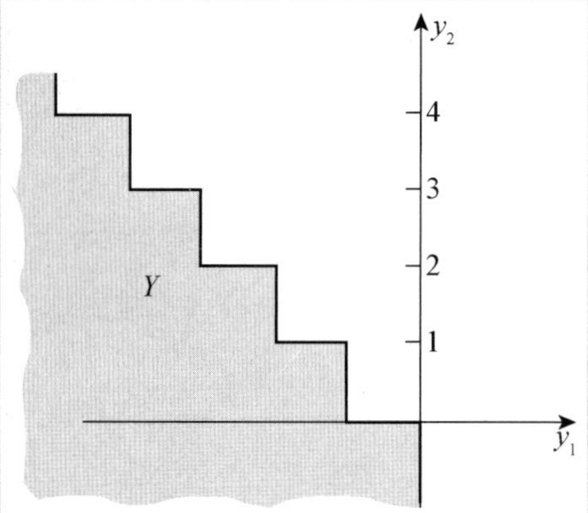

图 5. B. 8　满足可加性的生产集

可加性也与进入的思想有关。如果一个企业生产 $y\in Y$，另外一个企业进入后生产 $y'\in Y$，那么就得到了向量 $y+y'$。因此，如果进入不受限制或（文献中所谓的）允许**自由进入**（free entry），那么**总生产集**（aggregate production set）（描述经济整体的可行生产计划的生产集）必定满足可加性。

(xi) 凸性。这是微观经济学的一个基本假设。它要求生产集 Y 是凸的。也就是说，如果 y，$y'\in Y$ 和 $\alpha\in[0, 1]$，那么 $\alpha y+(1-\alpha)y'\in Y$。例如，图 5. B. 5（a）中的 Y 是凸的，但图 5. B. 5（b）中的 Y 是非凸的。

凸性假设包含了生产可能性的两个思想。第一个是规模报酬非增。特别地，如果允许企业不生产（即，如果 $0\in Y$），那么凸性意味着 Y 的规模报酬是非增的。为了看清这一点，注意到对于任何 $\alpha\in[0,1]$，我们都可以将 αy 写为 $\alpha y=\alpha y+(1-\alpha)0$。因此，如果 $y\in Y$ 且 $0\in Y$，凸性意味着 $\alpha y\in Y$。

第二，凸性体现了下列思想："失衡的"（unbalanced）投入组合的生产能力不会大于平衡的投入组合的生产能力（或对称地，"失衡的"产出组合的成本不会小于平衡的产出组合的成本）。特别地，如果生产计划 y 和 y' 的产量相同但使用不同的投入组合，那么若某个生产向量的每种投入的水平是生产向量 y 和 y' 的相应投入的平均数，则该生产向量的产量既不会小于 y 的产量，也不会小于 y' 的产量。

习题 5. B. 3 说明了单一产品的生产技术情形下的这两个思想。

习题 5. B. 3：证明对于单一产品的生产技术来说，Y 是凸的当且仅当生产函数 $f(z)$ 是凹的。

(xii) *Y* 是个凸锥（convex cone）。这个性质是凸性（xi）和规模报酬不变（ix）性质的结合。正式地说，如果对于任何生产向量 y，$y'\in Y$ 和任何常数 α，$\beta\geqslant 0$，我们都有 $\alpha y+\beta y'\in Y$，那么 Y 是个凸锥。图 5. B. 7 中的生产集就是个凸锥。

命题 5. B. 1 给出了一个重要事实。

命题 5. B. 1：生产集 Y 是可加的和规模报酬非增的，当且仅当它是个凸锥。

证明：凸锥的定义直接蕴涵着规模报酬非增性质和可加性。反过来，我们想证明，如果规模报酬非增性质和可加性成立，那么对于任何 y，$y'\in Y$ 和任何常数 α，$\beta>0$，我们都有 $\alpha y+\beta y'\in Y$。为证明这一点，令 k 为满足 $k>\mathrm{Max}\{\alpha,\beta\}$ 的任何整数。根据可加性可知，$ky\in Y$ 和 $ky'\in Y$。由于 $(\alpha/k)<1$ 和 $\alpha y=(\alpha/k)ky$，规模报酬非增条件意味着 $\alpha y\in Y$。类似地，$\beta y'\in Y$。最后，再使用一次可加性，可知 $\alpha y+\beta y'\in Y$ 。■

命题 5. B. 1 为生产集的凸性假设的合理性提供了理由。粗略地说，我们可以说如果可行投入产出组合总可以等比例缩小，而且如果同时运行若干种技术而又能做到彼此不干扰，那么生产集就是凸的。（生产技术之间相互干扰的情形可参见第 11 章附录 A 中的例子，在这样的情形下，凸性不成立。）

需要注意，生产集描述的是生产技术而不是资源约束。可以证明，如若所有投入物（包括企业家才能）都能得以明确界定，那么复制生产总是可行的。毕竟，我们的意思不是说产量实际变为原来的两倍，而是说：如果所有投入物（无论它多么神秘，也无论它能否在市场上买到）都变为原来的两倍，那么在理论上产量能够变为原来的两倍。这种思想最初是由马歇尔（Marshall）提出的，后来被麦肯锡［McKenzie（1959）］进一步强调。按照这种观点，规模报酬递减必定反映了某些潜在的神秘生产要素的稀缺性。正是出于这个原因，有些经济学家认为，在凸生产技术的诸多模型中，规模报酬不变的模型是最基本的。命题 5. B. 2 进一步明确了这个思想。

命题 5. B. 2：对于任何凸的生产集 $Y \subset \mathbb{R}^L$ 且 $0 \in Y$，均存在规模报酬不变的凸的生产集 $Y' \subset \mathbb{R}^{L+1}$ 使得 $Y = \{y \in \mathbb{R}^L: (y, -1) \in Y'\}$。

证明：只要令 $Y' = \{y' \in \mathbb{R}^{L+1}: y' = \alpha(y, -1)$ 对于某个 $y \in Y$ 和 $\alpha \geqslant 0$ 成立$\}$。（参见图 5. B. 9。）■

5

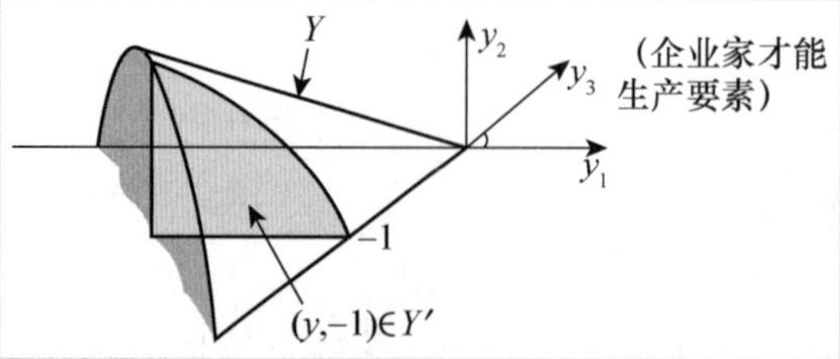

图 5. B. 9　含有"企业家才能生产要素"的规模报酬不变的生产集

包含在扩展的生产集中的那种额外投入要素（商品 $L+1$）可以称为"企业家才能"。（习题 5. C. 12 为这种生产要素的合理性提供了理由；在竞争性环境中，企业家才能这种生产要素的报酬恰好正是企业的利润。）在本质上，命题 5. B. 2 的含义是说，在一个竞争的凸环境下，研究规模报酬不变的生产技术就够了，因为这不会失去多少一般性。

5. C　利润最大化与成本最小化

在本节，我们开始研究企业的市场行为。与消费者需求的研究对应，我们假设存在着 L 种商品，这些商品的价格可用 $p = (p_1, \cdots, p_L) \gg 0$ 表示，这些价格独立于企业的生产计划（价格接受者假设）。

在本章，我们始终假设企业的目标是利润最大化。（为什么企业的目标是利润最大化？我们将在 5. G 节讨论这一问题。）而且，我们总是假设企业的生产集 Y 是非空的、闭的和满足自由处置性（参见 5. B 节）。

利润最大化问题

给定价格向量 $p \gg 0$ 和生产向量 $y \in \mathbb{R}^L$，企业执行生产计划 y 产生的利润为 $p \cdot y = \sum_{l=1}^{L} p_l y_l$。根据符号惯例（正的 y_l 表示产出而负的 y_l 表示投入），这个式子的意思就是总收入减去总成本。给定生产集 Y 代表的生产技术约束，企业的**利润最大化问题**（profit maximization problem，PMP）为

$$\begin{aligned} &\operatorname*{Max}_{y}\ p \cdot y \\ &\text{s. t. } y \in Y \end{aligned} \tag{PMP}$$

若使用转换函数 $F(\cdot)$ 来描述 Y，我们可以将 PMP 等价地表示为

$$\begin{aligned}&\underset{y}{\mathrm{Max}}\, p\cdot y\\&\text{s. t. } F(y)\leqslant 0\end{aligned}$$

给定生产集 Y，企业的与每个 p 相伴的**利润函数**（profit function）$\pi(p)$ 为 $\pi(p)=\mathrm{Max}\{p\cdot y：y\in Y\}$，它是 PMP 的解的值。相应地，我们将企业在点 p 的**供给对应**（supply correspondence）$y(p)$ 定义为利润最大化向量组成的集合 $y(p)=\{y\in Y：p\cdot y=\pi(p)\}$。① 图 5.C.1 描述了严格凸生产集 Y 的 PMP 的供给。最优向量 $y(p)$ 是生产集 Y 中利润最高的点。所以，在图 5.C.1 中，$y(p)$ 位于与生产集最东北方相交的那条**等利润线**（iso-profit line）上（等利润线是指 $\mathbb{R}^2$ 中的直线，这条直线上所有点产生的利润都是相等的），因此，这条等利润线与生产集 Y 的边界交于点 $y(p)$。

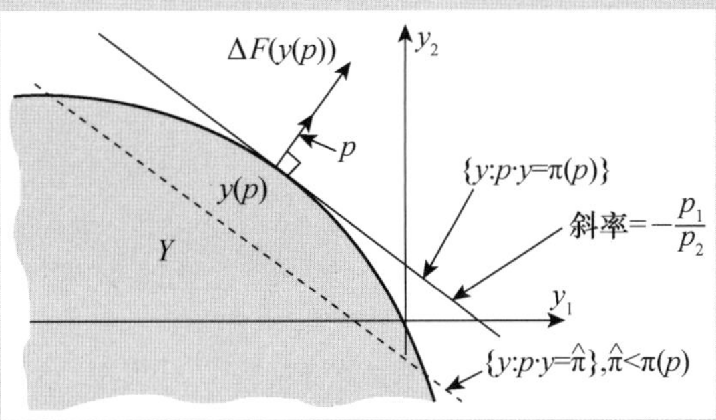

图 5.C.1 利润最大化问题

一般来说，$y(p)$ 可能是个集合而不是单个向量。当然也可能不存在利润最大化的生产向量。例如，价格体系可能使得利润不存在上界。在这种情形下，我们说 $\pi(p)=+\infty$。② 为了举更具体的例子说明，假设 $L=2$，再假设企业是规模报酬不变的：使用每单位投入（商品 1）可以生产一单位产品（商品 2）。那么当 $p_2\leqslant p_1$ 时，$\pi(p)=0$。但是，如果 $p_2>p_1$，那么企业的利润为 $(p_2-p_1)y_2$，其中 y_2 是商品 2 的产量。显然，只要让 y_2 任意大，则利润也任意大。因此，当 $p_2>p_1$ 时，$\pi(p)=+\infty$。

习题 5.C.1：证明一般来说如果生产集 Y 是规模报酬非减的，那么要么 $\pi(p)\leqslant 0$，要么 $\pi(p)=+\infty$。

如果转换函数 $F(\cdot)$ 是可微的，那么可用一阶条件刻画 PMP 的解。如果 $y^*\in y(p)$，那么对于某个 $\lambda\geqslant 0$，y^* 必定满足一阶条件

① 我们使用供给对应这个术语是为了与需求理论中的需求对应相匹配。然而，将 $y(p)$ 视为企业对市场的**净供给**（net supply）更准确一些。特别地，供给向量中的负元素应该被视为对生产要素的需求。

② 严格来说，为了允许 $\pi(p)=+\infty$（以及不存在利润最大化生产向量的其他情形），应该将利润函数定义为 $\pi(p)=\mathrm{Sup}\{p\cdot y：y\in Y\}$。然而，为简单起见，我们仍然使用 $\pi(p)=\mathrm{Max}\{p\cdot y：y\in Y\}$ 的定义，但允许 $\pi(p)=+\infty$。

5

$$p_l = \lambda \frac{\partial F(y^*)}{\partial y_l} \quad 对于 l = 1,\cdots,L 成立$$

或等价地，以矩阵符号表示，

$$p = \lambda \nabla F(y^*) \tag{5.C.1}$$

用文字来说，**价格向量 p 和梯度 $\nabla F(y^*)$ 是成比例的**（图 5.C.1 描述了这个事实）。条件（5.C.1）也产生了下列比值等式：$p_l/p_k = MRT_{lk}(y^*)$ 对于所有 l，k 均成立。对于 $L=2$，上式是说在利润最大化生产计划上，转换边界的斜率必定等于价格比率的相反数，如图 5.C.1 所示。如若不然，企业生产计划的微小变动都会导致利润增加。

当 Y 对应着可微的生产函数 $f(z)$（该函数代表单一产出的生产技术）时，我们可以将企业的决策视为它在投入水平 z 上的选择决策。在这种特殊情形下，我们令实数 $p>0$ 表示企业产品的价格，$w\gg 0$ 表示它的投入物的价格。[①] 给定（p，w），投入物向量 z^* 是下列最大化问题的解

$$\underset{z\geqslant 0}{\text{Max}}\ pf(z) - w\cdot z$$

如果 z^* 是最优的，那么对于 $l=1$，…，$L-1$，z^* 必定满足一阶条件

$$p\frac{\partial f(z^*)}{\partial z_l} \leqslant w_l，其中等式在 z_l^* > 0 时成立$$

或以矩阵符号表示

$$p\nabla f(z^*) \leqslant w \text{ 和 } p[\nabla f(z^*) - w]\cdot z^* = 0 \text{ [②]} \tag{5.C.2}$$

因此，实际使用的每种投入物 l（即 $z_l^*>0$）的边际产品必定等于该投入物的价格 w_l/p（用产品价格来衡量的价格）。同时还需要注意，对于满足（z_l^*，z_k^*）$\gg 0$ 的任何两种投入物 l 和 k 来说，条件（5.C.2）意味着 $MRTS_{lk} = w_l/w_k$；也就是说，两种投入物之间的边际技术替代率等于它们的价格之比（w_l/w_k 衡量这两种投入物在经济上的替代率）。该比值条件只是式（5.C.1）这个更一般条件的特殊形式。

如果生产集 Y 是凸的，那么式（5.C.1）和式（5.C.2）中的一阶条件，不仅是确定 PMP 的解的必要条件，而且是充分条件。

命题 5.C.1 给出的利润函数和供给对应的性质，可以通过使用与第 3 章消费者需求类似的研究方法来证明。例如，注意到，在数学上，你应该从第 3 章讨论的对偶理论推导出利润函数的概念。实际上，$\pi(p) = -\mu_{-Y}(p)$，其中 $\mu_{-Y}(p) = \text{Min}\{p\cdot$

---

① 直到现在，我们一直使用符号 p 表示整体价格向量；在此处我们使用 p 表示产出品价格而用 w 表示投入物价格。这样的表示法比较标准。注意，除非我们明确地将商品区分为投入物或产出品（如单一产品的情形），否则我们将继续使用 p 表示整体价格向量 $p=(p_1，\cdots，p_L)$。

② 式（5.C.2）考虑了边界条件，而式（5.C.1）不需要考虑，这是因为区分投入物和产出品的假设要求 $z\geqslant 0$，而在（5.C.1）情形下，允许每种商品的净产出为正或负。但是，当使用一阶条件（5.C.2）时，我们仍通常要求 $z^*\gg 0$。

$(-y)$：$y\in Y\}$ 是集合 $-Y$ 的支撑函数。因此，命题 5.C.1 列举的重要性质可从 3.F 节讨论的支撑函数的一般性质推导出。

命题 5.C.1：假设 $\pi(\cdot)$ 是生产集 Y 的利润函数，$y(\cdot)$ 是与该利润函数相伴的供给对应。假设 Y 是闭的而且满足自由处置性质，那么

（ⅰ）$\pi(\cdot)$ 是一次齐次的。

（ⅱ）$\pi(\cdot)$ 是凸的。

（ⅲ）如果 Y 是凸的，那么 $Y=\{y\in\mathbb{R}^L$：$p\cdot y\leqslant\pi(p)$ 对于所有 $p\gg 0$ 均成立$\}$。

（ⅳ）$y(\cdot)$ 是零次齐次的。

（ⅴ）如果 Y 是凸的，那么对于所有 p，$y(p)$ 均是个凸集。而且，如果 Y 是严格凸的，那么 $y(p)$ 是单值的（在非空情形下）。

（ⅵ）[**霍特林引理**（Hotelling's lemma）] 如果 $y(\bar{p})$ 是个单点集，那么 $\pi(\cdot)$ 在点 $\bar{p}$ 可微且 $\nabla\pi(\bar{p})=y(\bar{p})$。

（ⅶ）如果 $y(\cdot)$ 是个在点 $\bar{p}$ 可微的函数，那么 $Dy(\bar{p})=D^2\pi(\bar{p})$ 是个对称的和正半定的矩阵，且 $Dy(\bar{p})\bar{p}=0$。

性质（ⅱ）、（ⅲ）、（ⅵ）和（ⅶ）都是非平凡的（nontrivial）性质。

习题 5.C.2：证明 $\pi(\cdot)$ 是个凸函数 [命题 5.C.1 中的性质（ⅱ）]。[提示：假设 $y\in y(\alpha p+(1-\alpha)p')$。那么

$$\pi(\alpha p+(1-\alpha)p')=\alpha p\cdot y+(1-\alpha)p'\cdot y\leqslant\alpha\pi(p)+(1-\alpha)\pi(p')]$$

性质（ⅲ）告诉我们，如果 Y 是闭的、凸的而且满足自由处置性质，那么 $\pi(p)$ 提供了另外一种（"对偶的"）描述技术的方法。与使用间接效用函数（或支出函数）代表偏好（详见第 3 章）类似，与 Y 相比，$\pi(p)$ 在描述技术方面相对间接一些，因为 $\pi(p)$ 取决于价格定义和价格接受行为的定义。但是根据性质（ⅵ）可知，$\pi(p)$ 的优点是可以立即计算出供给。

性质（ⅵ）将供给行为和利润行为的导数关联起来。这是对偶定理（命题 3.F.1）的一个直接结果。和命题 3.G.1 一样，我们也可以使用包络定理和一阶条件证明 $\nabla\pi(\bar{p})=y(\bar{p})$ 这个事实。

性质（ⅶ）中矩阵 $Dy(p)$ 的正半定性，可由 $\pi(\cdot)$ 的凸性 [性质（ⅵ）] 推出。$Dy(p)$ 的正半定性是**供给法则**（law of supply）的一般数学表达式：供给量和价格同方向变动。根据符号上的惯例，这意味着，如果某种产出品的价格上升（所有其他价格维持不变），那么该产出品的供给量增加；如果某种投入物的价格上升，那么该投入物的需求下降。

注意，供给法则对于**任何**价格变化都成立，因为与需求理论不同，供给不存在预算约束，也不存在任何类型的补偿要求。在本质上，此处不存在财富效应，只有替代效应。

供给法则的非微分形式可以表达为：对于所有 p，p'，$y\in y(p)$ 和 $y'\in y(p')$

$$(p-p')\cdot(y-y')\geqslant 0 \tag{5.C.3}$$

我们也可以使用这种形式，从显示偏好角度说明供给法则。具体地说，我们有：

$$(p-p')\cdot(y-y')=(p\cdot y-p\cdot y')+(p'\cdot y'-p'\cdot y)\geqslant 0$$

其中，不等式成立的原因在于 $y\in y(p)$ 和 $y'\in y(p')$（即，给定价格 p，y 是利润最大化的；给定价格 p'，y'是利润最大化的）。

5

命题 5.C.1 中的性质（ⅶ）意味着，**供给替代矩阵**（supply substitution matrix）$Dy(p)$ 拥有的性质类似于需求理论中替代矩阵的性质（尽管符号相反）。因此，自身替代效应是非负的［对于所有 l 都有 $\partial y_l(p)/\partial p_l\geqslant 0$］，我们在上面已指出这一点；替代效应是对称的［对于所有的 l，k 都有 $\partial y_l(p)/\partial p_k=\partial y_k(p)/\partial p_l$］。至于 $Dy(p)p=0$ 这个事实，可从 $y(\cdot)$ 的齐次性［性质（ⅳ）］推导出，推导方法类似于需求替代矩阵性质的推导（详见第 3 章）。

成本最小化

企业选择利润最大化生产计划的一个重要含义是，不存在以更低的总投入成本生产该产量的方法。因此，成本最小化是利润最大化的一个必要条件。这个结论促使我们研究企业的**成本最小化问题**。经济学家对这个问题感兴趣的原因如下。首先，它可以产生在技术方法上非常有用的结果和构造。其次，正如我们将在第 12 章看到的，当企业在它的产出品市场上不是价格接受者时，我们不能用利润函数进行分析。然而，只要企业在投入物市场上是价格接受者，成本最小化问题产生的结果继续有效。最后，当生产集是规模报酬非减的时，成本最小化问题的最优值函数和最优化向量（它们维持产出水平不变），比 PMP 的利润函数和供给对应（supply correspondence）的表现更好（例如，我们在习题 5.C.1 中已经知道利润函数的取值仅限于 0 和 $+\infty$）。

为了更具体一些，我们主要分析单一产出的情形。和以前一样，我们令 z 表示投入物的非负向量，$f(z)$ 表示生产函数，q 表示产出量，$w\gg 0$ 表示投入物价格向量。**成本最小化问题**（cost minimization problem，CMP）可以表述为（我们假设产出可以被自由处置）：

$$\begin{aligned}&\underset{z\geqslant 0}{\text{Min}}\ w\cdot z\\&\text{s. t. } f(z)\geqslant q\end{aligned} \tag{CMP}$$

CMP 的最优值由**成本函数**（cost function）$c(w, q)$ 给出。相应的最优投入物（或要素）选择集 $z(w,q)$ 称为**带有附加条件的要素需求对应**（conditional factor demand correspondence）（或函数，如果它总是单值的）。这里的“带有附加条件的”一词是指这些要素需求是以要求生产产量水平 q 为条件的。

图 5.C.2（a）描述了两种投入物情形下的 CMP 的解。阴影区域表示能至少生产产量 q 的投入物向量集 z。它是能至少生产产量 q 的那部分生产集 Y（在投入物空间正象限中）的投影，如图 5.C.2（b）所示。在图 5.C.2（a）中，$z(w, q)$ 这个解位于等成本线上（$\mathbb{R}^2$ 空间上的直线，在这条线上的任何一个投入物组合产生的成本都是相等的），这条等成本线与集合 $\{z\in \mathbb{R}^L_+: f(z)\geq q\}$ 相交于最接近原点的点上。

5

如果 z^* 在 CMP 中是最优的，而且如果生产函数 $f(\cdot)$ 是可微的，那么对于某个$\lambda\geq 0$，下列一阶条件必定对于每个投入物 $l=1, \cdots, L-1$ 均成立：

$$w_l \geq \lambda \frac{\partial f(z^*)}{\partial z_l}, \text{其中等式在 } z_l^* > 0 \text{ 时成立}$$

或以矩阵符号表示为

$$w \geq \lambda \nabla f(z^*) \text{ 和 } [w - \lambda \nabla f(z^*)] \cdot z^* = 0 \qquad (5.C.4)$$

与利润最大化问题（PMP）一样，如果生产集 Y 是凸的［即如果 $f(\cdot)$ 是凹的］，那么条件（5.C.4）不仅是 z^* 是 CMP 的最优解的必要条件，也是充分条件。①

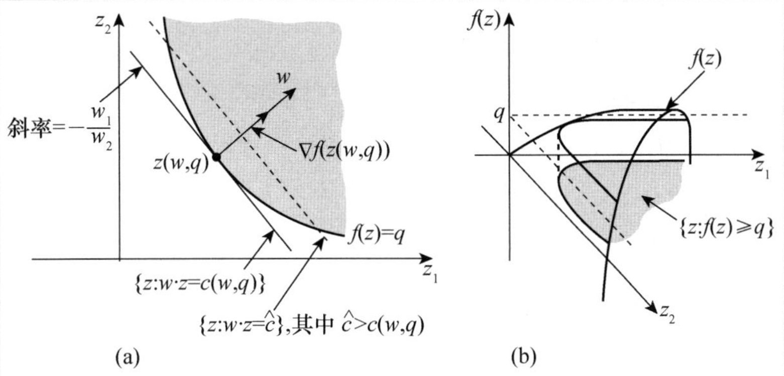

图 5.C.2　成本最小化问题

图（a）画出的是两种投入物的情形；在图（b）中，等产量线是生产集的一部分。

与利润最大化问题（PMP）的条件（5.C.2）类似，成本最小化问题（CMP）的条件（5.C.4）意味着对于任何满足 $(z_l, z_k)\gg 0$ 的投入物 l 和 k，我们都有 $MRTS_{lk}=w_l/w_k$。读者应该能想到这种对应关系，因为你已经知道，利润最大化意味着对于既定的产量水平 q，投入物的选择是成本最小化的。对于 $L=2$，条件（5.C.4）意味着与既定产量水平 q 相伴的等产量线在点 z^* 的斜率，恰好等于投入

① 然而需要注意，只要集合 $\{z: f(z)\geq q\}$ 是凸的，CMP 的一阶条件就是充分条件。因此，CMP 的一阶条件是充分条件的关键要求是 $f(\cdot)$ 为拟凹函数。这是一个重要的事实，这是因为 $f(\cdot)$ 的拟凹性与规模报酬递增是相容的（参见例 5.C.1）。

物价格比值的相反数$-w_1/w_2$。图 5. C. 2（a）也描述了这个事实。

和以前一样，我们可以将拉格朗日乘子λ解释为放松约束$f(z^*)\geq q$时的边际价值。因此，λ等于**边际生产成本**（marginal cost of production）$\partial c(w, q)/\partial q$。

注意生产理论与消费理论的紧密类似性。将$f(\cdot)$，q和z分别替换为$u(\cdot)$，u和x（即将生产函数解释为效用函数），成本最小化问题（CMP）变为支出最小化问题（EMP）（详见 3. E 节）。因此，在命题 5. C. 2 中，成本函数和条件要素需求对应的性质（ⅰ）到（ⅶ）可类比 3. E 节到 3. G 节中的分析推出。［性质（ⅷ）和（ⅸ）的证明见习题 5. C. 3。］

5

命题 5. C. 2： 假设$c(w, q)$是与单一产品生产技术Y的生产函数$f(\cdot)$相伴的成本函数，且$z(w, q)$是相应的条件要素需求对应，再假设Y是闭的而且满足自由处置性质，那么

（ⅰ）$c(\cdot)$关于w一次齐次，关于q非减。

（ⅱ）$c(\cdot)$是w的凹函数。

（ⅲ）如果集合$\{z\geq 0: f(z)\geq q\}$关于每个q都是凸的，那么$Y=\{(-z, q): w\cdot z\geq c(w, q)$对于所有$w\gg 0$都成立$\}$。

（ⅳ）$z(\cdot)$关于w是零次齐次的。

（ⅴ）如果集合$\{z\geq 0: f(z)\geq q\}$是凸的，那么$z(w, q)$是个凸集。而且，如果$\{z\geq 0: f(z)\geq q\}$是个严格凸集，那么$z(w, q)$是单值的。

（ⅵ）［**谢泼德引理**（Shepard's lemma）］如果$z(\bar{w}, q)$是单点集，那么$c(\cdot)$关于$\bar{w}$可微而且$\nabla_w c(\bar{w}, q)=z(\bar{w}, q)$。

（ⅶ）如果$z(\cdot)$在点$\bar{w}$是可微的，那么$D_w z(\bar{w}, q)=D_w^2 c(\bar{w}, q)$是个对称的、负半定的矩阵而且满足$D_w z(\bar{w}, q)\bar{w}=0$。

（ⅷ）如果$f(\cdot)$是一次齐次的（即，是规模报酬不变的），那么$c(\cdot)$和$z(\cdot)$关于q都是一次齐次的。

（ⅸ）如果$f(\cdot)$是凹的，那么$c(\cdot)$是q的凸函数（特别地，边际成本关于q非减）。

在习题 5. C. 4 中，读者需要证明，在生产技术为生产多种产品的技术的情形下，命题 5. C. 2 中的性质（ⅰ）到（ⅶ）仍然成立。

当生产集是规模报酬不变类型时，成本函数特别有用。在这种情形下，在允许非零产量的任何价格向量上，$y(\cdot)$都不是单值的，从而使得霍特林引理［命题 5. C. 1（ⅵ）］在这些价格上不再成立。然而，条件要素需求仍可能是单值的，这样我们可以继续使用谢泼德引理。不过，需要记住，成本函数含有的信息并不比利润函数含有的信息多。事实上，我们从命题 5. C. 1 中的性质（ⅲ）和命题 5. C. 2 可知，在凸性条件下，利润函数和成本函数之间存在着一个一一对应（one-to-one correspondence）；也就是说，使用这两个函数中的任何一个函数，我们都能够还原

生产集，也能够推导出另外一个函数。

使用成本函数，我们可以将企业的利润最大化产量水平的决策问题重新表述为

$$\underset{q\geqslant 0}{\mathrm{Max}}\ pq-c(w,q) \tag{5. C. 5}$$

q^* 是利润最大化产量的必要一阶条件为

$$p-\frac{\partial c(w,q^*)}{\partial q}\leqslant 0\text{，其中等式在 } q^*>0 \text{ 时成立} \tag{5. C. 6}$$

用文字表述，上式是说：在内部解（即，如果 $q^*>0$）上，**价格等于边际成本**。① 如果 $c(w,\ q)$ 关于 q 是凸的，那么一阶条件（5. C. 6）也是 q^* 为最优产量水平的充分条件。（在 5. D 节，我们将详细研究企业的供给行为和它的生产技术以及成本函数的性质之间的关系。）

实际上，利润函数和成本函数的分析还能继续进行。限于篇幅，我们将一些例子和额外的性质放在习题中。这一主题的详尽讨论可参见 McFadden（1978）。

例 5. C. 1：柯布-道格拉斯生产函数的利润函数和成本函数。 在本例中，我们推导例 5. B. 2 中的柯布-道格拉斯生产函数 $f(z_1,\ z_2)=z_1^{\alpha}z_2^{\beta}$ 的利润函数和成本函数。我们从例 5. B. 3 中已经知道：$\alpha+\beta=1$ 对应着规模报酬不变的情形，$\alpha+\beta<1$ 对应着规模报酬递减的情形，$\alpha+\beta>1$ 对应着规模报酬递增的情形。

条件要素需求和成本函数有着相同的形式，推导方法和 3. E 节支出函数的推导方法相同（参见例 3. E. 1；计算过程中的唯一区别是我们现在不要求 $\alpha+\beta=1$）：

$$z_1(w_1,w_2,q)=q^{1/(\alpha+\beta)}\ (\alpha w_2/\beta w_1)^{\beta/(\alpha+\beta)}$$
$$z_2(w_1,w_2,q)=q^{1/(\alpha+\beta)}\ (\beta w_1/\alpha w_2)^{\alpha/(\alpha+\beta)}$$

以及

$$c(w_1,w_2,q)=q^{1/(\alpha+\beta)}\left[(\alpha/\beta)^{\beta/(\alpha+\beta)}+(\alpha/\beta)^{-\alpha/(\alpha+\beta)}\right]w_1^{\alpha/(\alpha+\beta)}w_2^{\beta/(\alpha+\beta)}$$

这个成本函数的形式为 $c(w_1,\ w_2,\ q)=q^{1/(\alpha+\beta)}\theta\phi(w_1,\ w_2)$，其中，

$$\theta=\left[(\alpha/\beta)^{\beta/(\alpha+\beta)}+(\alpha/\beta)^{-\alpha/(\alpha+\beta)}\right]$$

是个常数；$\phi(w_1,\ w_2)=w_1^{\alpha/(\alpha+\beta)}w_2^{\beta/(\alpha+\beta)}$ 是个函数，该函数不依赖于产出水平 q。当规模报酬不变时，$\theta\phi(w_1,\ w_2)$ 是每单位产品的生产成本。

推导企业的供给函数和利润函数的一种方法是使用成本函数并且求问题（5. C. 5）的解。运用式（5. C. 6），这个问题的一阶条件为

---

① 这个结论也可用下列方法得到。注意到成本最小化问题（CMP）的一阶条件（5. C. 4）和利润最大化问题（PMP）的一阶条件（5. C. 2）是相同的，当且仅当 $\lambda=p$。而我们知道 CMP 中的约束条件的拉格朗日乘子 λ 等于 $\partial c(w,q)/\partial q$。

$$p \leqslant \theta\phi(w_1, w_2)\left(\frac{1}{\alpha+\beta}\right)q^{(1/(\alpha+\beta))-1}，\text{其中等式在 } q>0 \text{ 时成立} \tag{5.C.7}$$

当 $\alpha+\beta \leqslant 1$ 时，一阶条件（5.C.7）是最大值的充分条件，因为 $\alpha+\beta \leqslant 1$ 意味着企业的成本函数关于 q 是凸的。

当 $\alpha+\beta<1$ 时，我们可以使用式（5.C.7）求解唯一最优的产量水平：

$$q(w_1, w_2, p) = (\alpha+\beta)\left[p/\theta\phi(w_1, w_2)\right]^{(\alpha+\beta)/(1-\alpha-\beta)}$$

5

通过变量替换的方法，可得到要素需求，

$$z_l(w_1, w_2, p) = z_l(w_1, w_2, q(w_1, w_2, p)) \quad \text{其中 } l=1,2$$

以及利润函数

$$\pi(w_1, w_2, p) = pq(w_1, w_2, p) - w \cdot z(w_1, w_2, q(w_1, w_2, p))$$

当 $\alpha+\beta=1$ 时，一阶条件（5.C.7）的右侧变为 $\theta\phi(w_1, w_2)$，我们已经知道 $\theta\phi(w_1, w_2)$ 是单位生产成本，它独立于产量 q。如果 $\theta\phi(w_1, w_2)$ 大于 p，那么最优产量为 $q^*=0$；如果 $\theta\phi(w_1, w_2)$ 小于 p，那么不存在最优产量（因为在这种情形下，利润随 q 增大而增大，利润无上界）；如果 $\theta\phi(w_1, w_2)$ 等于 p，任何非负产量水平都是最优的，此种情形下利润为零。

最后，当 $\alpha+\beta>1$（所以规模报酬递增）时，满足一阶条件（5.C.7）的产量 q 不是利润最大化的产量，因为它不是真正的解。[事实上，在这种情形下，成本函数关于 q 严格凹，因此在产量总是使得成本最小的约束条件下，一阶条件（5.C.7）的任何解都是利润（局部）最小的]。的确，由于 $p>0$，从任何产量 q 开始，将产量翻番即变为 $2q$，那么企业的收入也翻番，但成本增加的比例为 $2^{1/(\alpha+\beta)}>2$，也就是说，成本没有翻一番。如果我们不停地翻番，企业的利润就不停变大，直至无穷大。因此，在规模报酬递增的情形下，利润最大化问题（PMP）无解。■

5.D 单一产品情形下的成本与供给的图形表示

在本节，我们继续分析企业的生产技术、成本函数和供给行为之间的关系。但我们主要分析单一产品情形，这是一种特殊而又经常用到的情形。单一产品情形的最大好处是，我们可以广泛使用图形进行说明。

我们始终用 q 表示产量，并假设要素价格向量 $\bar{w} \gg 0$ 维持不变。为简单起见（简化符号），我们将企业的成本函数写为 $C(q)=c(\bar{w}, q)$。对于 $q>0$，我们可以将企业的平均成本表示为 $AC(q)=c(q)/q$，将边际成本表示为 $C'(q)=dC(q)/dq$（假设成本函数可微）。

我们从式（5.C.6）已经知道，对于给定的产品价格 p，所有利润最大化的产量水平 $q \in q(p)$ 均必定满足一阶条件［假设 $C'(q)$ 存在］：

$$p \leqslant C'(q) \quad \text{其中等式在 } q>0 \text{ 时成立} \tag{5.D.1}$$

如果生产集 Y 是凸的，$C(\cdot)$ 是个凸函数［参见命题 5.C.2 中的性质（ix）］，从而边际成本是非减的。在这种情形下，正如我们在 5.C 节所指出的，当价格为 p 时，q 为利润最大化产出水平的一阶条件（必要条件），也是充分条件。

举例说明。图 5.D.1 和图 5.D.2 中的生产集都是凸的。在这两个图中，我们假设只有一种投入物，而且我们将它的价格标准化为 1（你可以将这个投入物看成生产所使用要素的全部费用）。[①] 图 5.D.1 画出了规模报酬递减情形下的生产集［图（a）］、成本函数［图（b）］、平均成本函数和边际成本函数［图（c）］。注意，生产函数是由生产集旋转 90 度而得到的。图 5.D.1（b）说明了如何从成本函数得到平均成本和边际成本（给定产出水平 $\hat{q}$）。图 5.D.2 画出的是规模报酬不变的情形。

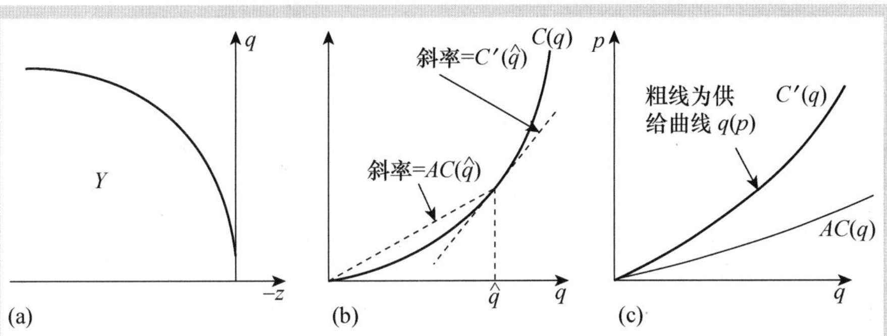

图 5.D.1 严格凸的生产技术（规模报酬严格递减）

图（a）为生产集，图（b）为成本函数，图（c）画出了平均成本、边际成本和供给曲线。

在图 5.D.1（c）和图 5.D.2（c）中，我们使用粗线表示企业的利润最大化供给曲线 $q(\cdot)$。（注意：在这两个图以及后面的图中，我们总是用粗线表示供给曲线。）由于在这两种情形下生产技术都是凸的，每种情形下的供给曲线恰好与满足一阶条件（5.D.1）的（q，p）组合完全重合。

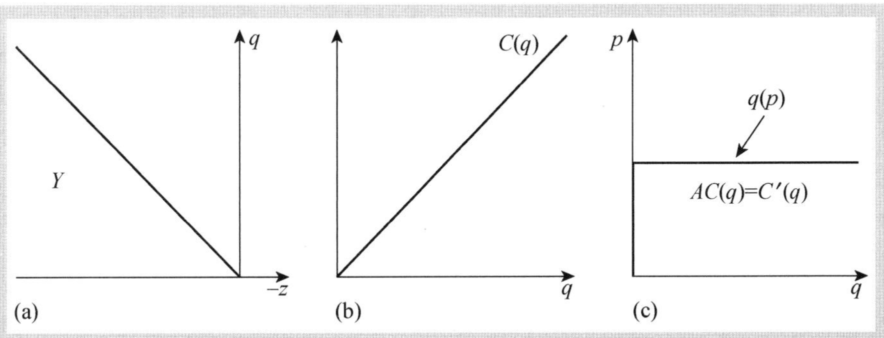

图 5.D.2 规模报酬不变的生产技术

图（a）为生产集，图（b）为成本函数，图（c）画出了平均成本、边际成本和供给曲线。

如果生产技术不是凸的（原因可能在于存在着某些潜在的不可分割性），那么

① 因此，可以将单一投入物的情形视为一种希克斯复合商品，类似于习题 3.G.5 中的复合商品。

即使 q 满足一阶条件（5.D.1），也不意味着 q 是利润最大化的产量。因此，供给曲线只是由满足式（5.D.1）的组合（q，p）构成的集合的一个子集。

图 5.D.3 画出了生产技术为非凸的情形。

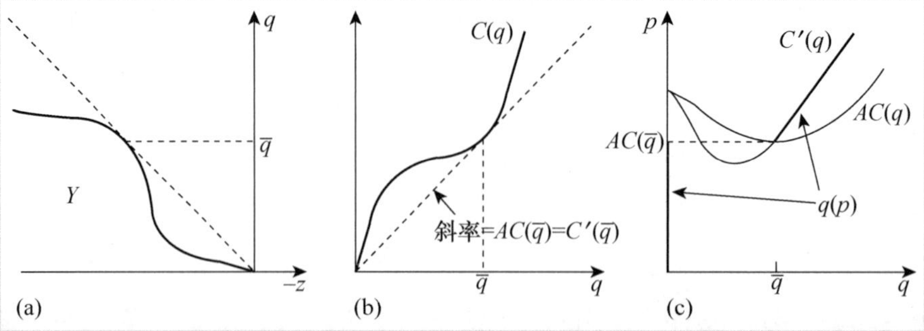

图 5.D.3　非凸的生产技术

图（a）为生产集，图（b）为成本函数，图（c）画出了平均成本、边际成本和供给曲线。

在图 5.D.3 中，规模报酬一开始时是递增的，然后变成递减。规模报酬递增对应着平均成本递减，而规模报酬递减对应着平均成本递增，所以平均成本先减后增，从而平均成本有最小值。与平均成本最小值对应的产量水平（可能为多个产量水平）称为**有效率的生产规模**（efficient scale）。如果这样的产量水平是唯一的，我们用 $\bar{q}$ 表示。考察图 5.D.3 中的图（a）和图（b），我们看到在 $\bar{q}$ 处，我们有 $AC(\bar{q})=C'(\bar{q})$。在习题 5.D.1 中，你要证明：这个事实是个一般性的结论。

习题 5.D.1：证明如果对于所有 q 都有 $AC(\bar{q})\leqslant AC(q)$，那么在 $\bar{q}$ 处必然有 $AC(\bar{q})=C'(\bar{q})$。这个结论要求 $C(\cdot)$ 处处可微吗？

在这个非凸的例子中，供给曲线为图 5.D.3（c）中的粗线部分。一方面，当 $p>AC(\bar{q})$ 时，企业的利润最大化产量为满足 $p=C'(q)>AC(q)$ 的产量水平 q。[注意，此时企业的利润为正；如果企业选择 $q=0$，那么其利润为零；如果企业选择任何满足 $p=C'(q)<AC(q)$ 的产量水平 q，则企业的利润严格为负。] 另一方面，当 $p<AC(\bar{q})$ 时，任何 $q>0$ 的产量带来的利润都为严格负，因此企业的最优供给为 $q=0$ [注意，$q=0$ 满足一阶条件（5.D.1），这是因为 $p<C'(0)$]。当 $p=AC(\bar{q})$ 时，企业的利润最大化产量是集合 $\{0, \bar{q}\}$。所以，供给曲线如图 5.D.3（c）所示。

非凸性的一个重要来源是存在着固定启动成本。这些固定成本可能沉没，也可能不沉没。图 5.D.4 和图 5.D.5（对应着图 5.D.1 和图 5.D.2）画出了固定启动成本没有沉没的两种情形（因此企业不可能不作为）。在这些图中，我们考虑下面的情形：企业需要投入固定成本 K 当且仅当它的产量为正时，在其他情形下它的成本是凸的。特别地，该企业的总成本的形式为：对于 $q=0$，$C(0)=0$；对于任何 $q>0$，$C(q)=C_v(q)+K$，其中，$K>0$ 为固定成本；$C_v(q)$ 为**可变成本函数**（variable cost function），$C_v(q)$ 是凸函数 [而且 $C_v(0)=0$]。图 5.D.4 画出了 $C_v(\cdot)$ 为严格凸的情形，而在图 5.D.5 中 $C_v(q)$ 是线性的。我们也相应画出了供给曲线。在这种情形下，企业只有在其利润不仅能补偿其可变成本还能补偿其固定成本的情形下才会生产正的产量。你应该将图 5. D. 5（c）中的供给曲线读为：对于 $p>\bar{p}$，供给是“无限的”；对于 $p\leqslant\bar{p}$，最优供给 $q=0$。

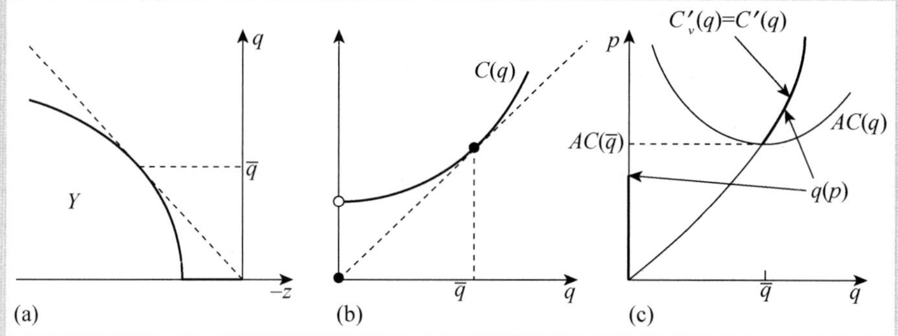

图 5. D. 4　可变成本严格凸且固定启动成本不沉没

图（a）为生产集；图（b）为成本函数；图（c）画出的是平均成本、边际成本和供给曲线。

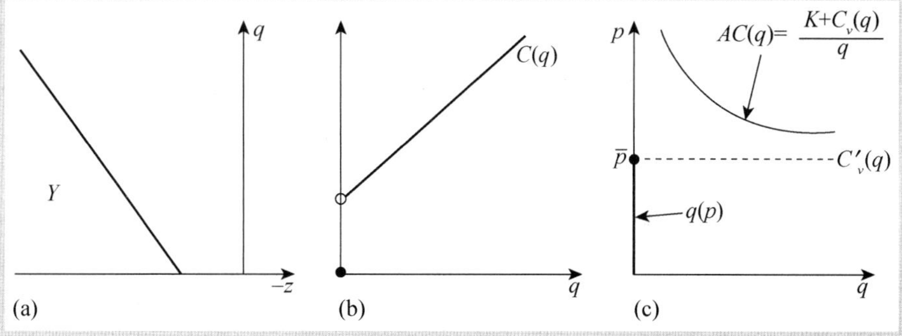

图 5. D. 5　可变成本规模报酬不变且固定启动成本不沉没

图（a）为生产集；图（b）为成本函数；图（c）画出的是平均成本、边际成本和供给曲线。

在图 5. D. 6 中，我们对图 5. D. 4 中的情形进行了修改，现在令固定成本为沉没的，因此 $C(0)>0$。特别地，我们有 $C(q)=C_v(q)+K$ 对于所有 $q\geqslant 0$ 都成立。因此，不论企业是否有正的产量，它都必须支付固定成本 K。

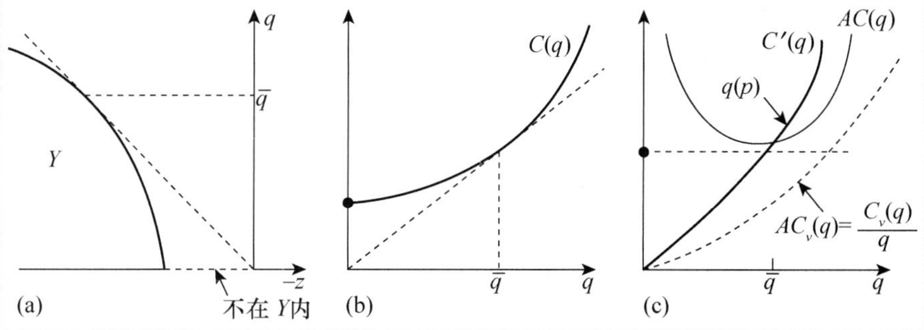

图 5. D. 6　可变成本严格凸且固定启动成本沉没

图（a）为生产集；图（b）为成本函数；图（c）画出的是平均成本、边际成本和供给曲线。

5

尽管在图 5. D. 6 中，企业不作为是不可能的，但该企业的成本函数是凸的，因此我们就回到了一阶条件（5. D. 1）为充分条件的情形。因为无论企业是否生产正的产量水平，它都必须支付固定成本 K，所以它不会因为利润为负就关门停业(shut down)。注意，由于 $C_v(q)$ 是凸的而且 $C_v(0)=0$，所以 $p=C'_v(q)$ 意味着 $pq>C_v(q)$，因此，当企业的产量满足一阶条件时，该产量能够补偿它的可变成本，从而它的供给曲线如图 5. D. 6（c）所示。注意此时企业的行为恰好似它不需要支付沉没成本 K 一样［请与图 5. D. 1（c）比较］。

习题 5. D. 2：画出固定启动成本部分沉没情形下的供给曲线。所谓固定成本部分沉没是说：对于 $q>0$，$C(q)=K+C_v(q)$；对于 $q=0$，$0<C(0)<K$。

我们已在 5. B 节中指出，沉没成本的一个来源，至少在短期情形下，是事先决策已制定好要素选择而且这个选择不可撤销。例如，假设我们有两种要素和一个生产函数 $f(z_1, z_2)$。记住，和以前一样，我们将投入物的价格固定在（$\bar{w}_1$，$\bar{w}_2$）不变。在图 5. D. 7（a）中，我们用 $C(\cdot)$ 描述不含有任何要素投入承诺的生产函数。我们将其称为**长期成本函数**（long-run cost function）。如果一种要素，比如 z_2，在短期固定在 $\bar{z}_2$ 水平，那么该企业的**短期成本函数**（short-run cost function）变为 $C(q|\bar{z}_2)=\bar{w}_1 z_1+\bar{w}_2\bar{z}_2$，其中 z_1 可变但要满足 $f(z_1, \bar{z}_2)=q$。

注意，不同的 z_2 水平对应着不同的短期成本函数，如图 5. D. 7（a）所示。由于对企业投入决策施加限制只可能增加它的生产成本，所以对于任何 q（后面给出除外情形），$C(q|\bar{z}_2)$ 必定位于 $C(q)$ 的上方，但在与最优长期投入水平 $\bar{z}_2$ 相伴的产量 q 上［即，满足 $z_2(\bar{w}, q)=\bar{z}_2$ 的那个 q 上］，$C(q|\bar{z}_2)$ 与 $C(q)$ 相切。因此，对于所有 q，$C(q \mid z_2(\bar{w}, q))=C(q)$。由这个事实以及 $C(q'|z_2(\bar{w}, q))\geqslant C(q')$ 对于任何 q' 均成立可知：对于任何 q，我们都有 $C'(q)=C'(q|z_2(\bar{w}, q))$；也就是说，如果 z_2 位于长期值上，那么短期边际成本等于长期边际成本。从几何图形上

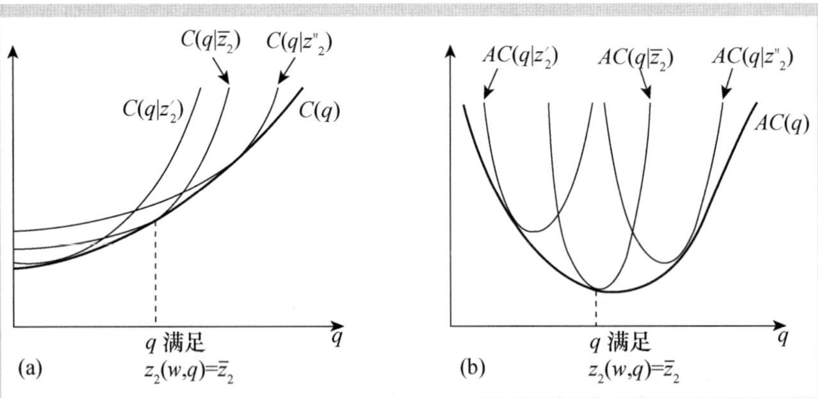

图 5. D. 7　某种要素在短期内固定但在长期可变，这种情形下的成本

图（a）画出的是短期和长期成本函数；图（b）画出的是短期和长期平均成本曲线。

说，令短期成本函数 $C(q|z_2)$ 中的 z_2 取各种可能的数值就得到了短期成本函数族，而 $C(\cdot)$ 是该短期成本函数族的下包络（lower envelope）。

最后需要注意，给定企业的长期和短期成本函数，它的长期和短期平均成本函数与长期和短期供给函数可用我们在前面讨论的类似方法推导出。图 5.D.7（a）的平均成本形式请见图 5.D.7（b）。（习题 5.D.3 要求你更详细地考察企业的短期和长期供给行为。）

5.E 加总

在本节，我们研究总（净）供给理论。正如我们在 5.C 节所看到的，与消费者不同，生产者不存在预算约束，这意味着个人供给不受财富效应约束。当价格变化时，在生产边界上只存在着替代效应。与总需求理论相比，这个事实使得总供给理论更简单但更有力。①

假设经济中有 J 个生产单位（企业或工厂），每个生产单位可用一个生产集 Y_1，…，Y_J 描述。我们假设每个 Y_j 是非空的、闭的而且满足自由处置性质。我们将与 Y_j 相伴的利润函数和供给对应分别记为 $\pi_j(p)$ 和 $y_j(p)$。**总供给对应**（aggregate supply correspondence）是个人供给对应的加总：

$$y(p)=\sum_{j=1}^{J}y_j(p)=\{y\in\mathbb{R}^L: y=\sum\nolimits_j y_j \text{ 对于某个 } y_j\in y_j(p) \text{ 成立，} j=1,\cdots,J\}$$

我们暂时假设对于每个价格向量 p，$y_j(\cdot)$ 都是单值的、可微的函数。从命题 5.C.1 可知，每个 $Dy_j(p)$ 都是对称的、正半定的矩阵。由于这两个性质在加法下是可保留的，我们断言矩阵 $Dy(p)$ 是**对称的、正半定的**。

与个人生产理论一样，$Dy(p)$ 的正半定性意味着加总形式的**供给法则**（law of supply）：如果价格上升，相应的**总**供给也会上升。与单个企业水平的供给法则一样，总供给的这个性质对于**所有**价格变化均成立。我们也可以直接证明这个加总形式的供给法则，因为我们从式（5.C.3）已经知道：$(p-p')\cdot[y_j(p)-y_j(p')]\geqslant 0$ 对于每个 j 均成立；因此，对 j 加总可得

$$(p-p')\cdot[y(p)-y(p')]\geqslant 0$$

$Dy(p)$ 的对称性意味着 $y(p)$ 的背后存在着“代表性生产者”。我们将证明，这个结论以非常强的方式成立。

给定 Y_1，…，Y_J，我们可以将**总生产集**（aggregate production set）定义为

① 本节和 5.F 节的经典及简易描述请参见 Koopmans（1957）。

$$Y = Y_1 + \cdots + Y_J = \{y \in \mathbb{R}^L : y = \sum_j y_j \text{ 对于某个 } y_j \in Y_J \text{ 成立}, j = 1, \cdots, J\}$$

总生产集 Y 描述了当所有生产集可以一起使用时，可行的总生产向量是什么。令 $\pi^*(p)$ 和 $y^*(p)$ 分别表示总生产集 Y 的利润函数和供给对应。如何理解上面的利润函数和供给对应？想象一个价格接受者（企业）以相同的管理方式经营所有的单个生产集，该企业在这种情形下的利润函数和供给对应就分别为 $\pi^*(p)$ 和 $y^*(p)$。

5

命题 5. E. 1 为供给建立了一个很强的加总形式的结果：作为价格接受者的每个生产单位独立地追求利润最大化而得到的利润之和（总利润），等于这些企业联合行动（即协调它们的 y_j）追求联合利润最大时得到的利润。

命题 5. E. 1：对于所有 $p \gg 0$，我们有

(i) $\pi^*(p) = \sum_j \pi_j(p)$；

(ii) $y^*(p) = \sum_j y_j(p) (= \{\sum_j y_j : y_j \in y_j(p) \text{ 对于每个} j\})$。

证明：(i) 对于第一个等式，注意到如果我们取任意一组生产计划 $y_j \in Y_j$，$j=1$，…，J，那么 $\sum_j y_j \in Y$。由于 $\pi^*(\cdot)$ 是与 Y 相伴的利润函数，因此我们有 $\pi^*(p) \geqslant p \cdot (\sum_j y_j) = \sum_j p \cdot y_j$。由此可知 $\pi^*(p) \geqslant \sum_j \pi_j(p)$。在另外一个方向上，考虑任何 $y \in Y$。根据集合 Y 的定义可知，存在 $y_j \in Y_j$，$j=1$，…，J，使得 $\sum_j y_j = y$。因此，对于所有 $y \in Y$ 都有 $p \cdot y = p \cdot (\sum_j y_j) = \sum_j p \cdot y_j \leqslant \sum_j \pi_j(p)$。所以，$\pi^*(p) \leqslant \sum_j \pi_j(p)$。联立 $\pi^*(p) \geqslant \sum_j \pi_j(p)$ 和 $\pi^*(p) \leqslant \sum_j \pi_j(p)$ 这两个不等式可知 $\pi^*(p) = \sum_j \pi_j(p)$。

(ii) 对于第二个等式，我们必须证明 $\sum_j y_j(p) \subset y^*(p)$ 且 $y^*(p) \subset \sum_j y_j(p)$。对于前一个关系，考虑任何个人生产计划集合 $y_j \in y_j(p)$，$j=1$，…，J。那么 $p \cdot (\sum_j y_j) = \sum_j p \cdot y_j = \sum_j \pi_j(p) = \pi^*(p)$，其中最后一个等式可由本命题中的 (i) 推出。因此，$\sum_j y_j \in y^*(p)$，从而有 $\sum_j y_j(p) \subset y^*(p)$。在另外一个方向上，取任何 $y \in y^*(p)$。那么对于某个 $y_j \in Y_j$，$j=1$，…，J，有 $y = \sum_j y_j$。因为 $p \cdot (\sum_j y_j) = \pi^*(p) = \sum_j \pi_j(p)$，而且对于每个 j 有 $p \cdot y_j \leqslant \pi_j(p)$，所以必然有：$p \cdot y_j = \pi_j(p)$ 对每个 j 成立。所以，对于每个 j 都有 $y_j \in y_j(p)$，从而 $y \in \sum_j y_j(p)$。这样，我们就证明了 $y^*(p) \subset \sum_j y_j(p)$。■

图 5. E. 1 描述了命题 5. E. 1 的内容。该命题可以解释为分权化（decentralization）的结果：为了找到给定价格 p 时的总利润最大化问题的解，只要将相应的个人利润最大化问题的解加起来即可。

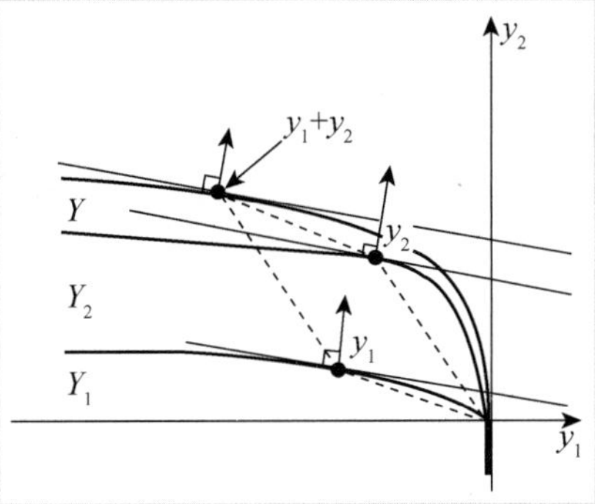

图 5. E. 1 联合利润最大化，它是个人利润最大化的加总

这个结论看起来简单，但它却有很多重要的含义。例如，考虑单一产出的情形。这个结论告诉我们，如果每个企业在面对产出品价格 p 和投入物价格 w 时都最大化自己的利润，那么它们的供给行为使得总利润最大化。但是，这必定意味着如果这些企业的总产量为 $q=\sum_j q_j$，那么总生产成本恰好等于**总成本函数**（aggregate cost function）的值$c(w, q)$。（总成本函数是指与总生产集 Y 相伴的成本函数。）因此，**产量水平 q 在企业之间的分配是成本最小化的**。而且，这个结论允许我们将企业的总供给函数 $q(p)$ 同总成本函数联系起来，联系形式恰好同我们在 5. D 节考察的单个企业情形一样。（我们在第 10 章考察竞争性市场的局部均衡模型时，将会用到这个结论。）

总之，如果作为价格接受者的每个企业，在给定价格下使得自己的利润最大化，那么经济的生产层面可以完美加总。

与消费情形（参见第 4 章的附录 A）一样，在生产情形下，加总也有正则化效应。一个有趣而重要的事实是，如果很多企业或工厂的技术不是极端不同，那么**平均**生产集近似为凸，即使单个企业的生产集都不是凸的。图 5. E. 2 描述了这种情形，在该图中，J 个企业的生产集是相同的，等于图 5. E. 2（a）给出的生产集。

定义平均生产集为 $(1/J)(Y_1+\cdots+Y_J)=\{y: y=(1/J)(y_1+\cdots+y_J)$ 对于某个$y_j\in Y_j$ 成立，$j=1, \cdots, J\}$，我们看到：对于较大的 J，这个集合几乎是凸的，如图 5. E. 2（b）所示。[①]

① 注意，这个生产集是上有界的。这很重要，因为它保证了单个企业生产集的非凸性是有限的。如果单个企业的生产集如图 5. B. 4 所示，其中生产集和非凸性都无界，那么平均生产集（对于任何 J）显示很大的非凸性。在图 5. B. 5 中，生产集是无界的但非凸性是有界的；与图 5. E. 2 一样，在这种情形下，平均生产集几乎是凸的。

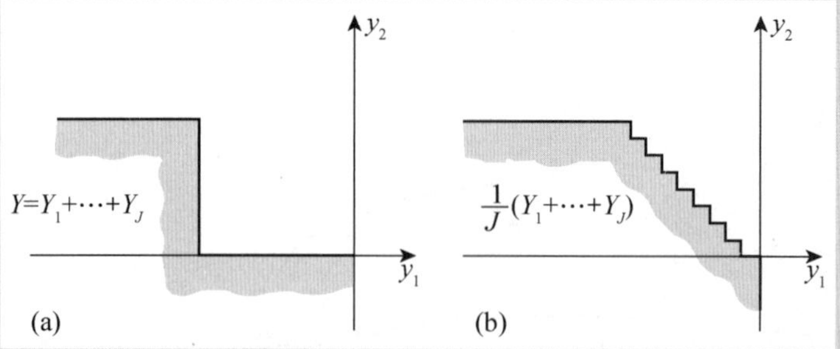

图 5.E.2 加总的凸化效应：一个例子

图（a）为单个企业的生产集；图（b）为平均生产集。

5.F 有效率的生产

由于福利经济学大部分内容集中于效率（比如，参见第 10 章和第 16 章），有必要使用代数和图形刻画明确不存在浪费现象的生产集。于是，我们有了定义 5.F.1。

定义 5.F.1：对于生产向量 $y \in Y$，如果不存在 $y' \in Y$ 使得 $y' \geqslant y$ 且 $y' \neq y$，那么 y 是**有效率的**（efficient）。

用文字来说就是，对于某个生产向量 y，如果不存在满足下列条件的其他可行的生产向量 y'——y' 与 y 的产量相同，但 y' 没有使用更多的投入，或 y' 的产量更多或 y' 使用更少的投入——那么，我们就称 y 是有效率的。

正如我们在图 5.F.1 中所看到的，每个有效率的 y 必定位于 Y 的边界上，但是它的逆未必成立：Y 的某些边界点可能没有效率。

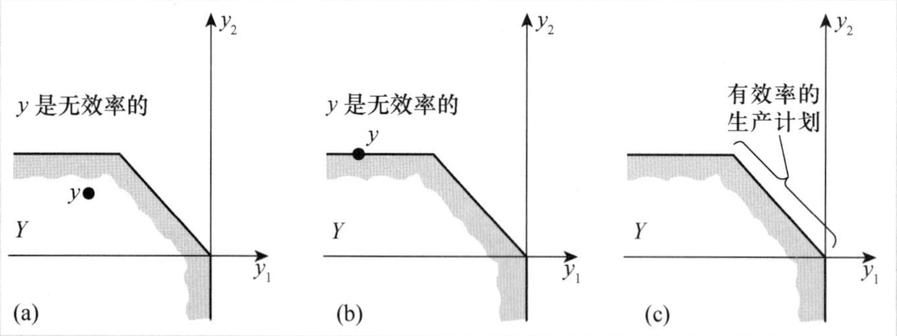

图 5.F.1 有效率的生产计划必定位于 Y 的边界上，但 Y 的边界上的生产计划未必是有效率的

图（a）中的生产计划位于 Y 的内部，因此是无效率的；图（b）中的生产计划虽然位于 Y 的边界上，但它是无效率的；图（c）中的生产计划是有效率的。

现在我们证明效率概念与利润最大化之间存在着密切关系。我们将在第 10 章尤其是在第 16 章深入研究这个问题。

命题 5. F. 1 提供了一个简单但重要的结论。它是**福利经济学第一基本定理**（first fundamental theorem of welfare economics）的一种版本。

命题 5. F. 1：如果对于某个 $p \gg 0$，$y \in Y$ 是利润最大化的，那么 y 是有效率的。

证明：如若不然，则存在 $y' \in Y$ 使得 $y' \neq y$ 且 $y' \geq y$。由于 $p \gg 0$，这意味着 $p \cdot y' > p \cdot y$，这与 y 是利润最大化的事实矛盾。■

需要注意，即使生产集是非凸的，命题 5. F. 1 也成立。如图 5. F. 2 所示。

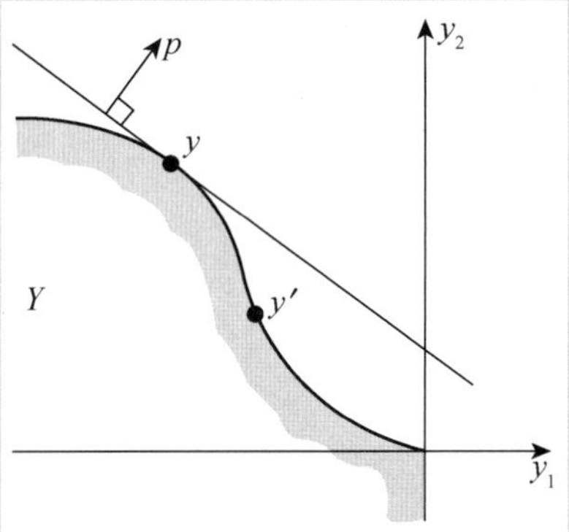

图 5. F. 2 利润最大化的生产计划（对于 $p \gg 0$）是有效率的

如果与 5. E 节讨论的总量结论结合起来，命题 5. F. 1 告诉我们：当每个企业面对相同的固定价格向量 $p \gg 0$ 时，若每个企业都能独立地最大化自己的利润，那么总生产是有效率的。也就是说，对于经济整体来说，不存在任何其他生产计划能在不使用额外投入的情形下生产更多的产量。这与我们在 5. E 节的下列结论是一致的：在单一产出的情形下，当所有企业面对相同的价格最大化自己的利润时，总产量的生产成本是最低的。

命题 5. F. 1 要求价格严格为正，这一点让人不舒服，但这一条件是必需的。在习题 5. F. 1 中，你要证明这个结论。

习题 5. F. 1：举出满足下列条件的生产计划 y 的例子：生产计划 $y \in Y$ 对于某个 $p \geq 0$（其中 $p \neq 0$）是利润最大化的，但也是无效率的（即，不是有效率的）。

命题 5. F. 1 的逆命题似乎断言：任何有效率的生产向量对于**某个**价格系统都是利润最大化的。然而，稍微考察一下图 5. F. 2 中的有效率生产计划 y'，即可知道这个结论一般不成立。然而，如果我们增加凸性的假设，命题 5. F. 1 的逆命题就成立了。命题 5. F. 2 是**福利经济学第二基本定理**（second fundamental theorem of welfare economics）的一种版本，它比命题 5. F. 1 复杂一些。

命题 5. F. 2：假设 Y 是凸的，那么每个有效率的生产计划 $y \in Y$ 对于某个非零价格向量 $p \geq 0$ 来说，都是利润最大化的生产计划。[①]

① 由该命题的证明可以看出，这个结论也适用于**弱有效率的**（weakly efficient）生产计划，这样的生产计划类似于图 5. F. 1（b）中的 y，其中不存在 $y' \in Y$ 使得 $y' \gg y$。

证明：这个证明是分离超平面定理在凸集上的应用（参见数学附录中的 M. G 节）。假设 $y\in Y$ 是有效率的，定义集合 $P_y=\{y'\in\mathbb{R}^L: y'\gg y\}$。集合 P_y 请见图 5. F. 3。P_y 是凸的，又因为 y 是有效率的，所以我们有 $Y\cap P_y=\varnothing$。这样，我们就可以使用分离超平面定理。由该定理可知，存在**某个 $p\neq 0$** 使得 $p\cdot y'\geqslant p\cdot y''$ 对于每个 $y'\in P_y$ 和 $y''\in Y$ 均成立（参见图 5. F. 3）。特别地，注意这意味着 $p\cdot y'\geqslant p\cdot y$ 对于每个 $y'\gg y$ 均成立。因此，我们必定有 $p\geqslant 0$，因为如果对于某个 l 有 $p_l<0$，那么对于某个 $y'\gg y$ 且 y'_l-y_l 足够大，我们将有 $p\cdot y'<p\cdot y$。

现在取任何 $y''\in Y$。那么对于每个 $y'\in P_y$ 我们均有 $p\cdot y'\geqslant p\cdot y''$。由于我们可以选择 y' 使其任意接近 y，我们断言对于任何 $y''\in Y$ 均有 $p\cdot y\geqslant p\cdot y''$；也就是说，对于 p，y 是利润最大化的。■

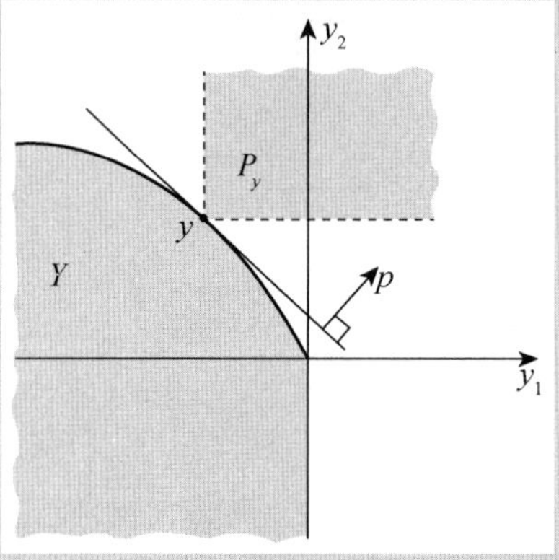

图 5. F. 3　使用分离超平面定理证明命题 5. F. 2：如果 Y 是凸的，那么每个 $y\in Y$ 对于某个 $p\geqslant 0$ 均是利润最大化的

命题 5. F. 2 中的“$p\geqslant 0$”不能加强为“$p\gg 0$”。例如，在图 5. F. 4 中，生产向量 y 是有效率的，但是它却不能得到任何严格正的价格向量的支持。

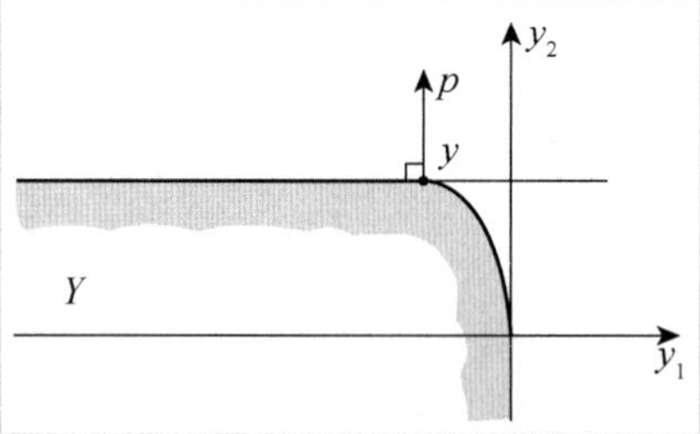

图 5. F. 4　命题 5. C. 2 中的价格向量不能加强为 $p\gg 0$

举个例子说明命题 5. F. 2。以单一产出且生产函数 $f(z)$ 为凹为例。固定投入向量 $\bar{z}$，假设 $f(\cdot)$ 在点 $\bar{z}$ 是可微的，而且 $\nabla f(\bar{z})\gg 0$。那么使用投入向量 $\bar{z}$ 生产产量水平 $f(\bar{z})$ 的生产计划是有效率的。令产出品的价格为 1，条件（5. C. 2）告诉我们，使得这个有效率生产利润最大化的投入物价格向量正好等于边际生产力向量，

即 $w=\nabla f(\bar{z})$。

5.G 对企业目标的评价

在消费者理论中，尽管我们自然可将消费者的偏好最大化假设作为原生概念，但在生产者理论中，我们不能自然地将企业利润最大化作为原生概念。比如，为什么企业的目标不能是销售收入最大化或企业的劳动力数量最大化？

我们在经济分析中采用的企业目标，应该从那些控制企业的人的目标中寻找。我们考察的企业是由个体拥有的，这些人的另外一个身份是消费者。如果企业是由一个人拥有的，那么该企业的目标是明确的，就是那个企业主的目标。在这种情形下，唯一的问题在于他的目标是不是利润最大化。当企业是由若干人共同拥有的时，复杂性就大幅增加。事实上，在这种情形下，我们必须协调任何冲突的目标，或者证明这些人的目标不存在冲突。

幸运的是，我们能够解决这些问题，从而为利润最大化目标打下坚实的理论基础。现在我们将说明，在合理的假设下，企业的共同拥有者都会认同这个目标。

假设某个企业的生产集为 Y，该企业是由若干消费者共同拥有的。假设所有权在这里的意思仅指每个消费者 $i=1, \cdots, I$ 均有权向该企业索要份额为 $\theta_i \geqslant 0$ 的利润，其中 $\sum_i \theta_i = 1$（有些 θ_i 可能为零）。因此，如果生产决策为 $y \in Y$，消费者 i 的效用函数为 $u_i(\cdot)$，那么消费者 i 实现的效用水平为

$$\begin{aligned}&\operatorname*{Max}_{x_i \geqslant 0}\ u_i(x_i)\\&\text{s.t. } p \cdot x_i \leqslant w_i + \theta_i p \cdot y\end{aligned}$$

其中，w_i 为消费者 i 的非利润性质的财富。因此，在固定价格水平上，利润变大使得消费者 i（也是企业主 i）的总财富和预算集变大，这是个合意的结果。由此可知，在任何固定价格向量 p，如果生产方案 y，$y' \in Y$ 满足 $p \cdot y' > p \cdot y$，那么所有消费者（也是企业主）会**一致**偏好 y' 而不是 y。因此，我们断言，如果我们维持价格接受者假设，那么所有消费者（无论他们的效用函数是什么样的）都会一致同意让企业经理最大化企业利润。①

需要注意，在上面的推理过程中，隐含着三个假设：（ⅰ）价格是固定的，不依赖于企业的行为；（ⅱ）利润不是不确定的；（ⅲ）经理人员受企业主控制。我们大致说说这三个假设。

（ⅰ）如果价格取决于企业的生产，那么企业主的目标就会像消费者一样取决于他们的喜好。例如，假设每个消费者在企业之外的财富为零，即 $w_i=0$；考虑

① 在现实经济中，还存在公共企业和准公共组织（比如大学）。与私人企业由股东拥有不同，这些企业或组织没有所有者，所以它们的目标可能不是利润最大化，因此不适用当前的讨论。

$L=2$ 的情形，企业用商品 2 生产商品 1，生产函数为 $f(\cdot)$。另外，我们将商品 2 的价格标准化为 1，假设当产量为 q 时，商品 1 用商品 2 表示的价格为 $p(q)$。例如，一方面，如果企业主们的偏好是他们只关心商品 2 的消费，那么他们会一致要求求解 $\mathrm{Max}_{z\geqslant 0}\, p(f(z))f(z)-z$。这会使得商品 2 的数量最大化。另一方面，如果他们只想消费商品 1，那么他们希望求解 $\mathrm{Max}_{z\geqslant 0}\, f(z)-[z/p(f(z))]$，因为如果他们能得到 $p(f(z))f(z)-z$ 单位的商品 2，那么他们最终能得到 $[p(f(z))f(z)-z]/p(f(z))$ 单位商品 1。但是这两个问题的解是不同的。（请检验一下一阶条件。）而且，这意味着，如果企业的共同拥有者像消费者一样拥有不同的喜好，那么他们不会一致同意企业应该做什么。（习题 5. G. 1 说明了这一点。）

（ⅱ）如果企业的产出是随机的，那么区分产品是在不确定性被解决之前还是之后销售的，就变得非常重要。一方面，如果产品是在不确定性被解决之后销售的（例如农产品收获后在现货市场上销售），那么企业主一致同意利润最大化的这个论断就不成立了。这是因为利润，从而企业主得到的财富，现在变得不确定了，企业主的风险态度和预期将会影响他们关于生产计划的偏好。例如，强烈厌恶风险的企业主比适度厌恶风险的企业主更偏好风险相对较小的生产计划。另一方面，如果产品是在不确定性被解决之前销售的（例如农产品收获前在期货市场上销售），那么风险完全由买方承担。企业的利润不是不确定的，企业主一致要求利润最大化的论断仍然成立。实际上，可认为企业生产的是一种在不确定性被解决之前在日常市场上销售的产品。（这一问题的进一步分析会让我们离我们的主题太远。我们将在 19. G 节再来讨论这个问题，因为那时我们已经在第 6 章学习了不确定性情形下的决策理论。）

（ⅲ）股东不能直接实施控制权是常见的。他们需要经理人员。当然，经理们也有自己的目标，这再正常不过了。特别地，如果所有权分散，在这种情形下，如何理解企业主们如何和在多大程度上控制着经理们？这是个重要的理论难题。需要考虑的因素有经理们行为的可观测程度和单个股东的利益等。[14. C 节（作为内部控制机制的代理合同）和 19. G 节（作为外部控制机制的股票市场）将涉及这些问题。]

附录 A：线性活动模型

具有凸性和规模报酬不变的生产模型如此重要，值得进一步研究。

给定规模报酬不变的技术 Y，由向量 $\bar{y}\in Y$ 产生（或张成）的**射线**（ray）为集合 $\{y\in Y:\ y=\alpha\bar{y}$ 对于某个实数 $\alpha\geqslant 0$ 成立$\}$。我们可以认为一条射线代表着能以**任何规模**经营的一个生产**活动**（activity），也就是说，生产计划 $\bar{y}$ 可以扩大或缩小 $\alpha\geqslant 0$ 倍，从而产生其他可行的生产计划。

在此处我们重点研究一种特殊的规模报酬不变技术，它的优点在于易于计算，因此具有非常重要的应用价值。我们假设我们的理论的基础是给定的一组有限个数

（比如 M）的活动，每个活动都能在任何经营规模上运行而且任意个活动都可以同时运行。我们将这 M 个活动称为**基本活动**（elementary activities），记为 $a_1 \in \mathbb{R}^L$，…，$a_M \in \mathbb{R}^L$。那么，生产集为

$$Y = \{y \in \mathbb{R}^L : y = \sum_{m=1}^{M} \alpha_m a_m \text{ 对于某组实数}(\alpha_1, \cdots, \alpha_M) \geqslant 0 \text{ 成立}\}$$

实数 α_m 称为基本活动 m 的水平；它衡量的是第 m 个活动的经营规模。从几何图形上说，Y 是个多面锥，它是由有限条射线组成的凸包。

某个活动若具有（0，…，0，−1，0，…，0）的形式，其中 −1 在第 l 个位置，那么这个活动称为商品 l 的**可处置活动**（disposal activity）。因此，我们总是假设，除了 M 个基本活动外，还有 L 个可处置活动。图 5. AA. 1 说明了 $L=2$ 和 $M=2$ 的生产集。

给定价格向量 $p \in \mathbb{R}^L_+$，Y 中存在利润最大化的生产计划当且仅当 $p \cdot a_m \leqslant 0$ 对于每个 m 均成立。为了看清这一点，注意到如果 $p \cdot a_m < 0$，那么活动 m 的利润最大化水平为 $\alpha_m = 0$。如果 $p \cdot a_m = 0$，那么活动 m 的任何水平产生的利润都为零。最后，如果对于某个 m，$p \cdot a_m > 0$，那么通过使得 α_m 任意大，我们就能产生足够大的利润。注意，可处置活动的存在意味着对于一个利润最大化的生产计划来说，必定存在着与其匹配的 $p \in \mathbb{R}^L_+$。如果 $p_l < 0$，那么第 l 个可处置活动将产生严格正的利润（从而是任意大的利润）。

对于产生零利润的任何价格向量 p，令 $A(p)$ 表示恰好能产生零利润的活动组成的集合：$A(p) = \{a_m: p \cdot a_m = 0\}$。如果 $a_m \notin A(p)$，那么 $p \cdot a_m < 0$，因此在价格为 p 时，我们不使用活动 m。因此，利润最大化的供给集合 $y(p)$ 是由 $A(p)$ 内的活动产生的凸锥；也就是说，$y(p) = \left\{ \sum_{a_m \in A(p)} \alpha_m a_m : \alpha_m \geqslant 0 \right\}$。图 5. AA. 1 也画出了集合 $y(p)$。在该图中，当价格向量为 p 时，活动 a_1 产生的利润正好为零，活动 a_2 产生的利润为负（如果经营的话）。因此，$A(p) = \{a_1\}$；$y(p) = \{y: y = \alpha_1 a_1$ 对于任何实数 $\alpha_1 \geqslant 0\}$，$y(p)$ 是由 a_1 张成的射线。

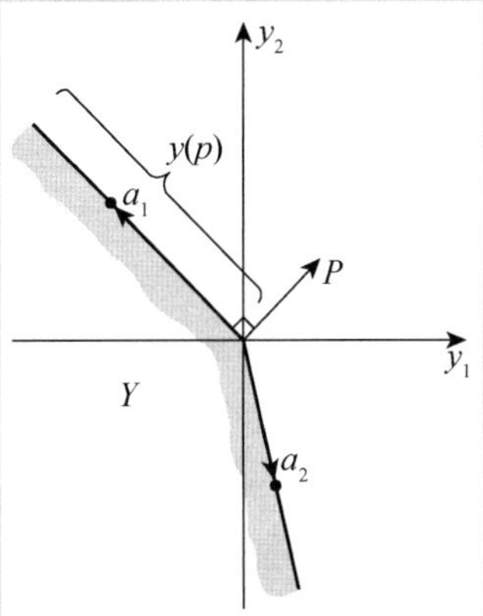

图 5. AA. 1　由两个活动产生的一个生产集

线性活动模型的一个重要结论是：命题 5. F. 1 的逆命题也成立；也就是说，我们可以将命题 5. F. 2 加强为：**每个有效率的生产计划 $y \in Y$ 对于某个 $p \gg 0$ 来说都是利润最大化的**。对于这个结论我们不打算给出证明。

线性活动模型的一个重要特例是**里昂惕夫投入产出模型**（Leontief's input-output model）。这个模型除了具有线性活动模型的性质之外，还有两条额外的性质：

5

（ⅰ）存在着某种商品（比如说第 L 种商品），它不是由任何活动生产出来的。正是由于这个原因，我们将这种商品称为**原始要素**（primary factor）。在实践应用中，原始要素一般为劳动。

（ⅱ）每个基本活动最多含有一个正的元素（entry）。这称为**无联合生产**（no joint production）假设。因此，除了原始要素外，其他每种商品都可通过某种类型的规模不变的生产函数使用其他商品和原始要素作为投入而生产出来。

不存在替代可能性的里昂惕夫投入产出模型

最简单的里昂惕夫模型是下列这样的：每种可生产的商品的生产活动都是唯一的。在这种情形下，自然可将生产商品 $l=1, \cdots, L-1$ 的活动记为 $a_l=(a_{1l}, \cdots, a_{Ll}) \in \mathbb{R}^L$。因此，基本活动 M 的个数等于 $L-1$。举例说明，在图 5. AA. 2 中，$L=3$，我们用单位生产等产量线［集合 $\{(z_2, z_3): f(z_2, z_3)=1\}$］表示商品 1 的潜在生产函数。在这个图中，商品 2 和 3 的可处置活动被用于去除任何多余的投入。由于（处置后）投入物的使用必须为固定比例的，这种特殊的情形称为**不存在替代可能性的里昂惕夫模型**。

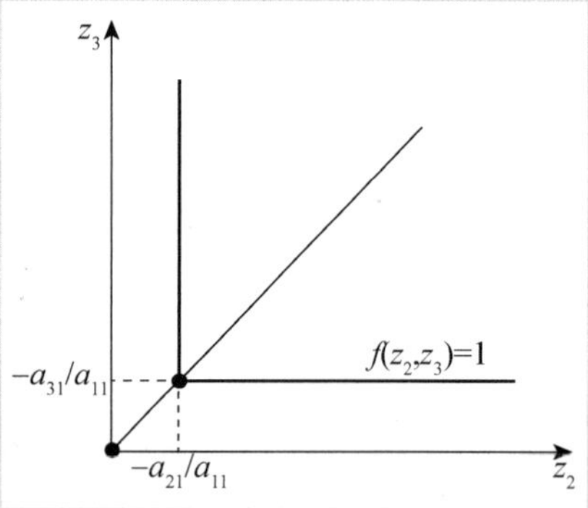

图 5. AA. 2　本图画出了在无替代可能性的里昂惕夫模型中，商品 1 的单位等产量生产曲线的形状

如果我们将活动向量标准化，从而对于所有 $l=1, \cdots, L-1$，我们均有 $a_{ll}=1$，那么活动水平向量 $\alpha=(\alpha_1, \cdots, \alpha_{L-1}) \in \mathbb{R}^{L-1}$ 等于商品 1 到商品 $L-1$ 的总生产向量。为了确定净生产水平，我们先把 A 记为 $(L-1)\times(L-1)$ 矩阵（出于方便的目的），其中第 l 列是活动向量 a_l 的负数即 $-a_l$，但每一列的最后一个元素都已被删去，而且 a_{ll} 都替换为 0（我们知道当 $l \neq k$ 时元素 a_{lk} 是非正的）：

$$A = \begin{bmatrix} 0 & -a_{12} & \cdots & -a_{1,L-1} \\ -a_{21} & 0 & \cdots & -a_{2,L-1} \\ \vdots & \vdots & & \vdots \\ -a_{L-1,1} & -a_{L-1,2} & \cdots & 0 \end{bmatrix}$$

矩阵 A 称为**里昂惕夫投入产出矩阵**。它的第 kl 个元素 $-a_{kl} \geqslant 0$ 衡量的是，为了生产一单位商品 l 需要投入多少商品 k。我们也用 $b \in \mathbb{R}^{L-1}$ 表示原始要素向量 $b=(-a_{L1}, \cdots, -a_{L,L-1})$。于是，向量 $(I-A)\alpha$ 给出了当活动水平为 $\alpha=(\alpha_1, \cdots, \alpha_{L-1})$ 时的 $L-1$ 种产出的净生产水平。为了看清这一点，记住，活动都已经过标准化，因此 $L-1$ 种产品的总生产水平正好为 $\alpha=(\alpha_1, \cdots, \alpha_{L-1})$。另外，$A\alpha$ 给出了用于生产其他产品的每种商品数量。因此，向量 $(I-A)\alpha$ 表示的是商品1，…，$L-1$ 的净生产水平，而且实数 $b \cdot \alpha$ 给出了原始要素的总使用量。总之，使用这个符号，我们可以将技术上可行的生产向量集（假设可自由处置）写为：

$$Y = \{y: y \leqslant \begin{bmatrix} I-A \\ -b \end{bmatrix} \alpha \text{ 对于某个 } \alpha \in \mathbb{R}_+^L \text{ 成立}\}$$

如果对于某个 $\bar{\alpha} \geqslant 0$，有 $(I-A)\bar{\alpha} \gg 0$，那么投入产出矩阵 A 被认为是**生产性的**（productive）。也就是说，只要原始要素足够多，如果某个生产计划能生产出正的 $L-1$ 种产品的净产量，那么投入产出矩阵就是生产性的。

里昂惕夫投入产出理论的一个显著事实是命题 5. AA. 1 所说的“全有或全无”（all-or-nothing）性质。

命题 5. AA. 1：如果 A 是生产性的，那么对于任何非负数量的 $L-1$ 可生产商品 $c \in \mathbb{R}_+^{L-1}$，存在着一个活动水平向量 $\alpha \geqslant 0$ 使得 $(I-A)\alpha = c$。也就是说，如果 A 是生产性的，只要存在足够多的原始要素，那么就有可能生产出任何非负数量的净产出（也许是为了最终消费）。

证明：我们将证明如果 A 是生产性的，那么矩阵 $(I-A)$ 的逆矩阵存在而且是非负的。这样我们就得到了最终的结论，因为令（非负）活动水平 $\alpha=(I-A)^{-1}c$ 就可实现净产出水平 $c \in \mathbb{R}_+^{L-1}$。

为了证明上一段中的断言，我们首先建立一个矩阵代数事实。我们证明如果 A 是生产性的，那么当 $N \to \infty$ 时，矩阵 $\sum_{n=0}^{N} A^n$ 趋近一个极限（其中 A^n 是 A 的 n 次幂）。由于 A 的元素都是非负的，因此 $\sum_{n=0}^{N} A^n$ 的每个元素关于 N 是非减的。因此，为了证明 $\sum_{n=0}^{N} A^n$ 有极限，只要证明它的元素有上界即可。由于 A 是生产性的，存在 $\bar{\alpha}$ 和 $\bar{c} \gg 0$ 使得 $\bar{c}=(I-A)\bar{\alpha}$。如果我们将这个等式两侧同时左乘 $\sum_{n=0}^{N} A^n$，就可以得到 $(\sum_{n=0}^{N} A^n)\bar{c} = (I-A^{N+1})\bar{\alpha}$

(回忆 $A^0=I$)。但是 $(I-A^{N+1})\bar{\alpha}\leqslant\bar{\alpha}$，因为矩阵 A^{N+1} 的所有元素都是非负的。因此，$(\sum_{n=0}^{N}A^n)\bar{c}\leqslant\bar{\alpha}$。由于 $\bar{c}\gg0$，这意味着 $\sum_{n=0}^{N}A^n$ 的元素都不可能大于 $[\text{Max}\{\bar{\alpha}_1,\cdots,\bar{\alpha}_{L-1}\}/\text{Min}\{\bar{c}_1,\cdots,\bar{c}_{L-1}\}]$，因此我们证明了该矩阵的元素存在着上界。所以，我们断言，$\sum_{n=0}^{\infty}A^n$ 存在。

$\sum_{n=0}^{\infty}A^n$ 存在这个事实必然意味着 $\lim_{N\to\infty}A^N=0$。因为 $(\sum_{n=0}^{\infty}A^n)(I-A)=(I-A^{N+1})$ 和 $\lim_{N\to\infty}(I-A^{N+1})=I$，所以 $\sum_{n=0}^{\infty}A^n=(I-A)^{-1}$。(如果 A 是个实数，那么这正好是几何级数的求和公式。) 因此，$(I-A)^{-1}$ 存在而且它的所有元素都是非负的。这样我们就得到了我们想要的结果。■

在证明命题 5.AA.1 的过程中，我们在 $\sum_{n=0}^{N}A^n$ 身上花费了很大的劲，这是出于经济意义上的考虑。假设我们想生产的最终消费向量为 $c\in\mathbb{R}_+^{L-1}$。我们需要多少总商品？为了生产最终产出 $c=A^0c$，我们需要 $A(A^0c)$ 单位的产品作为投入物。而为了生产 $A(A^0c)$ 单位的产品，我们需要 $A(Ac)=A^2c$ 单位的额外产品作为投入，依此类推直至无穷。因此，需要生产的产品总量等于 $(\sum_{n=0}^{N}A^n)c$ 在 $N\to\infty$ 时的极限。因此，我们可以断言：向量 $c\geqslant 0$ 是可生产的，当且仅当 $\sum_{n=0}^{\infty}A^n$ 是定义明确的(即，它的所有元素都是有限的)。

例 5.AA.1：假设 $L=3$，令 $a_1=(1,-1,-2)$ 和 $a_2=(-\beta,1,-4)$，其中常数 $\beta\geqslant 0$。如果活动水平 $\alpha_2>\alpha_1$，那么 $\alpha=(\alpha_1,\alpha_2)$ 产生商品 2 的正的净产出；如果 $\alpha_1-\beta\alpha_2>0$，那么它们产生商品 1 的正的净产出。投入产出矩阵 A 和矩阵 $(I-A)^{-1}$ 为

$$A=\begin{bmatrix}0 & \beta\\ 1 & 0\end{bmatrix},(I-A)^{-1}=\frac{1}{1-\beta}\begin{bmatrix}1 & \beta\\ 1 & 1\end{bmatrix}$$

因此，矩阵 A 是生产性的当且仅当 $\beta<1$。图 5.AA.3 (a) 画出了 A 为生产性的情形。阴影区域表示可由两个活动向量产生的净产出向量；注意观察这两个活动向量是如何张成所有的 $\mathbb{R}_+^2$ 的。相反，在图 5.AA.3 (b) 中，矩阵 A 为非生产性的：哪个严格正的净产出向量

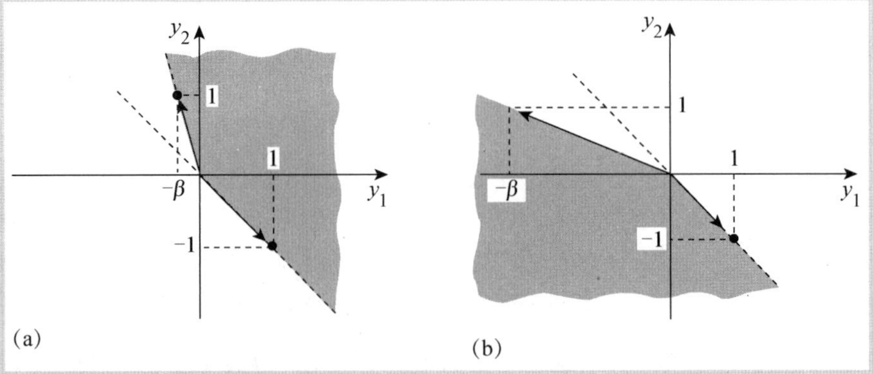

图 5.AA.3 例 5.AA.1 的里昂惕夫模型

图 (a) 画出的是矩阵 A 为生产性的情形 ($\beta<1$)；图 (b) 画出的是矩阵 A 为非生产性的情形 ($\beta\geqslant1$)。

都无法通过使用这两个活动在任何非负规模上运行而得到。[再一次地，阴影区域表示那些可由两个活动向量生成的向量，它与 $\mathbb{R}_+^2$ 相交于点（0，0）]。还要注意，β 越接近 1，生产任何最终消费向量所要求的活动水平越大。■

存在替代可能的里昂惕夫模型

现在我们转而考察一般的里昂惕夫模型，在这样的模型中，每种商品都可由多种活动生成。我们将会看到在一般性的里昂惕夫模型中（存在着替代可能），不可替代的模型性质仍然非常有用。

首先需要注意到的事情是，商品（比如商品 1）生产函数的计算现在变为了线性规划问题（请参见数学附录中的 M. M 节）。事实上，假设 $a_1 \in \mathbb{R}^L$，…，$a_{M_1} \in \mathbb{R}^L$ 是能够生产商品 1 的一组基本活动，而且商品 2，…，L 的初始水平给定为等于 z_2，…，z_L。那么给定这些投入 $f(z_2, \cdots, z_L)$，商品 1 的最大可能产量是下列问题的解

$$\underset{\alpha_1 \geqslant 0, \cdots, \alpha_{M_1} \geqslant 0}{\text{Max}} \alpha_1 a_{11} + \cdots + \alpha_{M_1} a_{1M_1}$$

$$\text{s. t.} \sum_{m=1}^{M_1} \alpha_m a_{lm} \geqslant -z_l \text{ 对于所有 } l = 2, \cdots, L$$

我们从线性规划理论中还知道，这个问题的 $L-1$ 个对偶变量（λ_2，…，λ_L）（即与 $L-1$ 个约束相伴的乘子），可以解释为 $L-1$ 种投入物的边际生产力。更准确地说，对于任何 $l=2$，…，L，我们均有 $(\partial f/\partial z_l)^+ \leqslant \lambda_l \leqslant (\partial f/\partial z_l)^-$，其中 $(\partial f/\partial z_l)^+$ 和 $(\partial f/\partial z_l)^-$ 分别为 $f(\cdot)$ 在（z_2，…，z_L）的第 l 个左偏导和第 l 个右偏导。

图 5. AA. 4 画出了下列情形的单位等产量线：商品 1 可用另外两种商品（商品 2 和 3）生产出，可能的生产活动有两个 $a_1=(1, -2, -1)$ 和 $a_2=(1, -1, -2)$。如果投入（商品 2 和 3）比率大于 2 或小于 1/2，则需要使用其中一种可处置的活动来消除任何多余的投入。

对于任何向量 $y \in \mathbb{R}^L$，出于方便的目的，我们将其写成 $y=(y_{-L}, y_L)$，其中 $y_{-L}=(y_1, \cdots, y_{L-1})$。我们假设我们的里昂惕夫模型是生产性的，也就是说，假设存在技术上可行的向量 $y \in Y$ 使得 $y_{-L} \gg 0$。

里昂惕夫结构（规模报酬不变、不存在联合产品、单一原始要素）的一个重要含义是，每种产品的最优生产技术是唯一的（最优技术可以为该商品的几种基本生产技术的混合）。它的意思是说，我们对支持有效率生产向量的最优生产技术（每种产品对应一种技术）的选择，可以独立于用于生产的那个特别产出向量（只要每种可生产产品的净产量是正的）。因此，虽然在理论上存在着替代的可能，但是当合意的最终消费水平变化时，有效率的生产要求不存在替代技术。这就是著名的非

替代性定理的内容（归功于 Samuelson [1951]）。

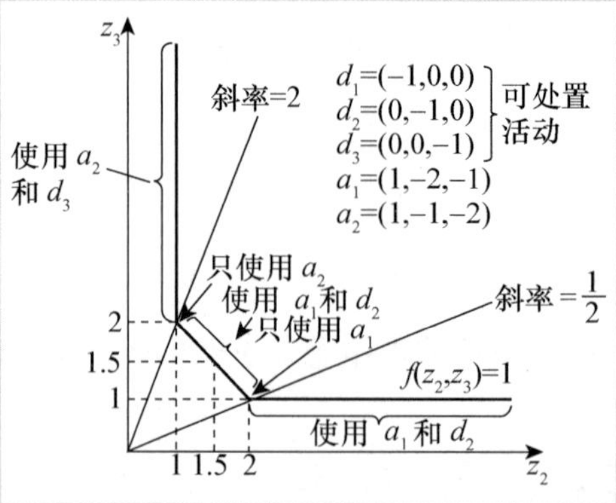

图 5. AA. 4　在具有替代性的里昂惕夫模型中，商品 1 生产函数的单位等产量线

命题 5. AA. 2：（非替代性定理）考虑一个生产性的里昂惕夫投入产出模型，在该模型中有 $L-1$ 种可生产的商品；对于可生产的产品 $l=1$，…，$L-1$，有 $M_l\geq 1$ 种基本活动。那么存在 $L-1$ 种活动（a_1，…，a_{L-1}），其中 a_l 可能为生产产品 l 的 M_l 种基本活动的非负线性组合，使得满足 $y_{-L}\gg 0$ 的所有有效率的生产向量都能由这 $L-1$ 种活动产生。

证明：令 $y\in Y$ 是个有效率的生产向量且 $y_{-L}\gg 0$。一般来说，向量 y 必定可由 $L-1$ 种活动（a_1，…，a_{L-1}）在活动水平为（α_1，…，α_{L-1}）$\gg 0$ 的情形下产生[注意（a_1，…，a_{L-1}）中的某些活动可能是基本活动的组合]；也就是说 $y=\sum_{l=1}^{L-1}\alpha_l a_l$。我们将证明任何满足 $y'_{-L}\gg 0$ 的有效率生产计划 y' 都可以由活动（a_1，…，a_{L-1}）实现。

由于 $y\in Y$ 是有效率的，存在 $p\gg 0$ 使得 y 关于 p 是利润最大化的（可从命题 5. F. 2 推知，准确地说，是从对线性活动模型加强后的命题 5. F. 2 推知）。由于对于所有 $l=1$，…，$L-1$ 均有 $p\cdot a_l\leq 0$，而且 $\alpha_l>0$，以及

$$0=p\cdot y=p\cdot\Big(\sum_{l=1}^{L-1}\alpha_l a_l\Big)=\sum_{l=1}^{L-1}\alpha_l p\cdot a_l$$

由这三者可推知对于所有 $l=1$，…，$L-1$，我们均有 $p\cdot\alpha_l=0$。

现在考虑任何其他有效率的生产向量 $y'\in Y$ 且 $y'_{-L}\gg 0$。我们想证明 y' 可由活动（a_1，…，a_{L-1}）产生。将与（a_1，…，a_{L-1}）相伴的投入产出矩阵记为 A。由于$y_{-L}\gg 0$，由定义可知，A 是生产性的。因此，根据命题 5. AA. 1，我们知道存在活动水平（α''_1，…，α''_{L-1}）使得生产向量 $y''=\sum_{l=1}^{L-1}\alpha''_l a_l$ 有 $y''_{-L}=y'_{-L}$。注意，由于对于所有$l=1$，…，$L-1$，$p\cdot\alpha_l=0$，我们必定有 $p\cdot y''=0$。因此，对于 $p\gg 0$，y''是利润最大化的（记住对应于 p 的最大化利润为零），所以根据命题 5. F. 1 可知，y''是有效率的。但是这样一来，我们有两个生产向量 y' 和 y''，它们满足 $y''_{-L}=$

y'_{-L}，而且都是有效率的。因此，我们必有 $y''_L = y'_L$。所以，我们断言，仅用活动 $(a_1, \cdots, a_{L-1})$ 就能生产出 y'，这正是我们想要的结果。■

非替代性定理严重依赖于只存在一种原始要素的假设。这能讲得通。如果原始要素多于一种，那么生产技术的最优选择应该依赖于这些要素的相对价格。在这种情形下，这些相对价格就不会独立于最终选择的构成（例如，如果需求从土地密集型商品移向劳动密集型商品，我们预期劳动相对于土地的价格将上升）。然而，需要强调只要原始要素的价格不发生变化，非替代性定理就仍然成立。

如果想进一步学习本附录中讨论的内容，请参见 Gale（1960）。

参考文献

Champsaur, P., and J.-C. Milleron (1983). *Advanced Exercises in Microeconomics*. Cambridge, Mass: Harvard University Press.

Debreu, G. (1959). *Theory of Value*. New York: Wiley.

Gale, D. (1960). *The Theory of Linear Economic Models*. New York: McGraw-Hill.

Koopmans, T. (1957). *Three Essays on the State of Economic Science*. Essay 1. New York: McGraw-Hill.

McFadden, D. (1978). Cost, revenue and profit functions. In *Production economics: A dual approach to theory and applications*, edited by M. Fuss and D. McFadden. Amsterdam: North-Holland.

McKenzie, L. (1959). On the existence of a general equilibrium for a competitive market. *Econometrica* 27: 54-71.

Samuelson, P. (1951). Abstract of a theorem concerning substitutability in open Leontief models. In *Activity analysis of production and allocation*, edited by T. Koopmans. New York: Wiley.

习 题

5.B.1^{A} 画出两个生产集，其中一个满足不可逆性，另一个则违背了不可逆性。

5.B.2^{A} 假设产出物只有一种，与该产品生产技术相伴的生产函数为 $f(\cdot)$，令 Y 为这个技术的生产集。证明 Y 是规模报酬不变的当且仅当 $f(\cdot)$ 是一次齐次的。

5.B.3^{A} 证明对于单一产品的生产技术来说，Y 是凸的当且仅当生产函数 $f(z)$ 是凹的。

5.B.4^{B} 假设 Y 是个生产集，现在我们将其解释为单个生产单位的技术。用 Y^+ 表示 Y 的可加性闭包，也就是说，Y^+ 是可加的且包含 Y 的那个最小生产集（换句话说，如果技术 Y 可以复制任意次，那么 Y^+ 是总生产集）。现在请把 5.B 节每个例子中的生产集的 Y^+ 画出来。特别地，注意对于图 5.B.5（a）中的典型的规模报酬递减技术，可加闭包 Y^+ 违背了闭性条件（ⅱ）。讨论之并将其与图 5.B.5（b）中的情形进行比较［在图 5.B.5（b）中，Y^+ 是闭的］。

5.B.5^{C} 证明如果 Y 是闭且凸的，而且 $-\mathbb{R}^L_+ \subset Y$，那么自由处置性质成立。

5.B.6^{B} 有三种商品。商品 1 和 2 为投入物。商品 3 为产出品，我们将它的数量记为 q。商品 3 的生产技术有两种，这两种技术可以同时运用，也可以分开运用。技术未必是线性的。第一种技术只使用第一种投入物，第二种技术只使用第二种投入物。因此，第一种技术和第二种技术可分别用 $\phi_1(q_1)$ 和 $\phi_2(q_2)$ 表示，$\phi_1(q_1)$ 的意思是生产 q_1 所需的第一种投入物的最小数量，$\phi_2(q_2)$ 的意思类推。两个函数 $\phi_1(\cdot)$ 和 $\phi_2(\cdot)$ 是递增的，而且 $\phi_1(0)=\phi_2(0)=0$。

(a) 描述与这两种技术相伴的三维生产集。假设可自由处置。

(b) 如果生产集具有可加性，利用 $\phi_1(\cdot)$ 和 $\phi_2(\cdot)$ 给出充分条件。

(c) 假设投入物的价格分别为 w_1 和 w_2。写出利润最大化的一阶条件并给出解释。$\phi_1(\cdot)$ 和 $\phi_2(\cdot)$ 满足什么样的条件才能使得必要条件也是充分条件？

(d) 证明如果 $\phi_1(\cdot)$ 和 $\phi_2(\cdot)$ 是严格凹的，那么成本最小化计划不可能涉及同时使用这两种技术。解释凹性要求的含义，在投入物的二维空间中画出等产量线。

5.C.1[A] 证明一般来说如果生产集 Y 是规模报酬非减的，那么要么 $\pi(p)\leqslant 0$，要么 $\pi(p)=+\infty$。

5.C.2[A] 证明 $\pi(\cdot)$ 是个凸函数［命题 5.C.1 中的性质（ⅱ）］。［提示：假设 $y\in y(\alpha p+(1-\alpha)p')$。那么

$$\pi(\alpha p+(1-\alpha)p')=\alpha p\cdot y+(1-\alpha)p'\cdot y\leqslant \alpha\pi(p)+(1-\alpha)\pi(p')]$$

5.C.3[B] 证明命题 5.C.2 中的性质（ⅷ）和（ⅸ）。［提示：性质（ⅷ）的证明比较容易，而性质（ⅸ）的证明比较困难。先用单一投入物的情形证明试试。］

5.C.4[A] 证明在产出品为多种情形下的命题 5.C.2 中的性质（ⅰ）到（ⅶ）。

5.C.5[A] 论证：若想要使命题 5.C.2 中的性质（ⅲ）成立，只要 $f(\cdot)$ 为拟凹的即可。证明：$f(\cdot)$ 的拟凹性与规模报酬递增是相容的。

5.C.6[C] 假设生产函数 $f(z)$ 是凹的，在这个函数中有 $L-1$ 种投入 $(z_1, \cdots, z_{L-1})$。假设：$\partial f(z)/\partial z_l\geqslant 0$ 对于所有 l 和 $z\geqslant 0$ 均成立；矩阵 $D^2f(z)$ 在所有 z 上都是负定的。使用企业的一阶条件和隐函数定理证明：

(a) 产出品价格上升导致利润最大化的产量水平增加。

(b) 产出品价格上升导致**某些**投入的需求增加。

(c) 某种投入的价格上升导致该投入的需求减少。

5.C.7[C] 假设某个企业是价格接受者，它用技术 $q=f(z_1, \cdots, z_{L-1})$ 生产单一产品，产品的价格为 p，投入物的价格分别为 $w_1, \cdots, w_{L-1}$。假设 $f(\cdot)$ 是严格凹的和递增的，而且对于所有 $l\neq k$，均有 $\partial^2 f(z)/\partial z_l\partial z_k<0$，即所有投入物彼此都是互补的。证明：对于所有 $l=1, \cdots, L-1$，要素需求函数 $z_l(p, w)$ 满足 $\partial z_l(p, w)/\partial p>0$；以及对于所有 $k\neq l$，$\partial z_l(p, w)/\partial w_k<0$。

5.C.8[B] 阿尔法公司使用两种投入 z_1 和 z_2 生产单一产品 q。你被指派来确定该公司的生产技术。你能得到该公司 100 个月份的数据，其中两个月份的数据如下表所示：

题 5.C.8 表

产量水平	投入物价格		投入水平		产品价格	
月份	w_1	w_2	z_1	z_2	p	q
3	3	1	40	50	4	60
95	2	2	55	40	4	60

根据这两个月的数据，你认为在完成你的任务过程中会遇到什么问题？

5.C.9[A] 对于下列单一产品的生产函数，推导出利润函数 $\pi(p)$ 和供给函数（或供给对应）$y(p)$

(a) $f(z)=\sqrt{z_1+z_2}$；

(b) $f(z)=\sqrt{\text{Min}\{z_1, z_2\}}$；

(c) $f(z)=(z_1^\rho+z_2^\rho)^{1/\rho}$，其中 $\rho\leqslant 1$。

5.C.10[A] 下列每个单一产品的生产函数都是规模报酬不变的，推导出相应的成本函数 $c(w, q)$ 和条件要素需求函数（或条件要素需求对应）$z(w, q)$：

(a) $f(z)=z_1+z_2$（两要素可以完全替代）；

(b) $f(z)=\text{Min}\{z_1, z_2\}$（里昂惕夫技术）；

(c) $f(z)=(z_1^\rho+z_2^\rho)^{1/\rho}$，其中 $\rho\leqslant 1$（不变替代弹性的技术）。

5.C.11[A] 证明 $\partial z_l(w, q)/\partial q>0$ 当且仅当边际成本在 q 处关于 w_l 递增。

5.C.12[A] 5.B 节的结尾处指出：我们可将任何凸的 Y 视为规模报酬不变技术 $Y'\subset\mathbb{R}^{L+1}$ 的一部分，其中第 $L+1$ 个坐标固定在 -1 的水平上。证明如果 $y\in Y$ 在价格 p 处是利润最大化的，那么 $(y, -1)\in Y'$ 在 $(p, \pi(p))$ 处是利润最大化的，也就是说，利润是隐性的固定投入的价格。逆命题也为真：如果 $(y, -1)\in Y'$ 在价格 (p, p_{L+1}) 处是利润最大化的，那么 $y\in Y$ 在 p 处是利润最大化的，而且利润为 p_{L+1}。

5.C.13[B] 某个企业是价格接受者，它用投入 z_1 和 z_2 生产单一产品 q，生产函数 $f(z_1, z_2)$ 是凹且可微的。产品价格为 $p>0$，投入物的价格为 $(w_1, w_2)\gg 0$。然而，这个企业有两个特别之处。首先，该企业的目标不是利润最大化，而是收入最大化（经理希望企业的销售收入高于任何其他企业）。其次，该企业受到现金约束。特别地，该企业在生产前手头只有 C 元，因此，它在投入上的总支出不可能超过 C 元。

假设一个计量经济学家朋友告诉你，他使用企业在各种产品价格、投入价格和资金约束水平下的销售收入重复观测数据，确定了该企业的销售收入水平 R 可以表达为变量 (p, w_1, w_2, C) 的函数，具体地说，

$$R(p,w_1,w_2,C)=p[\gamma+\ln C-\alpha\ln w_1-(1-\alpha)\ln w_2]$$

（γ 和 α 为实数，你的朋友告诉了你它们的值。）当价格为 (p, w_1, w_2) 而且手头现金为 C 元时，企业使用的投入 z_1 为多少？

5.D.1[A] 证明如果对于所有 q 都有 $AC(\bar{q})\leqslant AC(q)$，那么在 $\bar{q}$ 处必然有 $AC(\bar{q})=C'(\bar{q})$。这个结论要求 $C(\cdot)$ 处处可微吗？

5.D.2[A] 画出固定启动成本部分沉没情形下的供给曲线。所谓固定成本部分沉没是说：对于 $q>0$，$C(q)=K+C_v(q)$；对于 $q=0$，$0<C(0)<K$。

5.D.3[B] 假设某个企业可用 $L-1$ 种要素（$L>2$）生产商品 L。要素价格为 $w\in\mathbb{R}^{L-1}$，产品价格为 p。企业的成本函数 $c(w, q)$ 是可微的。假设这个函数关于 q 严格凸。然而，尽管在所有要素都可以自由调整的情形下成本函数为 $c(w, q)$，但要素 1 在短期是不能调整的。

假设企业最初位于下列这样的点上：在该点上，给定价格 w 和 p，它生产长期利润最大化的商品 L 的产量水平 $q(w, p)$ [也就是说，这个产量水平在长期成本条件 $c(w, q)$ 下是最优的]，而且所有投入物都已调整到最优 [即，对于所有 $l=1, \cdots, L-1$，我们均有 $z_l=z_l(w, q(w, p))$；其中 $z_l(\cdot, \cdot)$ 是长期投入物需求函数]。证明企业利润最大化产量水平对商品 L 价格边际上升的反应程度，在长期比在短期更大。[提示：定义短期成本函数 $c_s(w, q\,|\,z_1)$，这个函数给出了当投入物的数量固定为 z_1 时生产产量水平 q 的最小成本。]

5.D.4[B] 某个企业的投入集和产出集是不同的。该企业生产 M 种产品；令 $q=(q_1, \cdots, q_M)$ 表示产出水平的向量。维持要素价格不变，$C(q_1, \cdots, q_M)$ 是该企业的成本函数。如果对于所有 $(q_1, \cdots, q_M)$，不存在将产量 $(q_1, \cdots, q_M)$ 分解给几个企业 [每个企业的成本函数都为 $C(\cdot)$] 且能降低生产成本的方法，那么我们说 $C(\cdot)$ 是**次可加的**（subadditive）。也就是说，不存在比如 J 个企业和生产向量集 $\{q_j=(q_{1j}, \cdots, q_{Mj})\}_{j=1}^J$ 使得 $\sum_j q_j=q$ 而且 $\sum_j C(q_j)<C(q)$。在 $C(\cdot)$ 为次可加的情形下，我们通常说该行业为**自然垄断的**（natural monopoly），这是因为在这种情形下，

由一个企业生产，成本是最小的。

(a) 使用单一产品 ($M=1$) 的情形，证明如果 $C(\cdot)$ 具有平均成本递减性质，那么 $C(\cdot)$ 是次可加的。

(b) 现在考虑多种产品 ($M>1$) 的情形。举例说明在多种产品的情形下，即使平均成本递减，也不能说明 $C(\cdot)$ 是次可加的。说明：在多种产品情形下，平均成本递减是指射线平均成本递减，具体定义如下，

$C(\cdot)$ 具有射线平均成本递减 (decreasing ray average cost) 性质*，如果对于任何 $q\in R_+^M$，都有 $C(q)>C(kq)/k$ (其中 $k>1$)。

(c) (本题更难) 证明如果 $C(\cdot)$ 具有射线平均成本递减性质而且是拟凸的，那么 $C(\cdot)$ 是次可加的。[假设 $C(\cdot)$ 是连续的、递增的而且满足 $C(0)=0$。]

5.D.5[B] 假设有两种商品：一种为投入物 z，一种为产出品 q。生产函数为 $q=f(z)$。我们假设 $f(\cdot)$ 具有规模报酬递增性质。

(a) 假设 $f(\cdot)$ 是可微的。$f(\cdot)$ 规模报酬递增意味着平均产量关于投入必定是非减的吗？边际产量呢？

(b) 假设存在代表性消费者，他的效用函数为 $u(q)-z$ (负号表示投入品从该消费者手中拿走了)。假设 $\bar{q}=f(\bar{z})$ 是个使得该代表性消费者效用最大化的生产计划。从数学或经济学角度说明：边际效用等于边际成本这个条件是上述最大化问题的必要条件 (忽略边界解)。

(c) 假设存在 (b) 中的代表性消费者。边际效用等于边际成本这个条件是一个生产计划为最优的充分条件吗？讨论之。

5.E.1[A] 假设每个 $\pi_j(\cdot)$ 均是可微的，而且你已经知道 $\pi^*(p)=\sum_{j=1}^{J}\pi_j(p)$，请使用微分方法证明 $y^*(p)=\sum_{j=1}^{J}y_j(p)$。

5.E.2[A] 验证命题 5.E.1 以及验证该命题不必依赖于集合 $Y_1, \cdots, Y_J$ 是凸的。

5.E.3[B] 假设集合 $Y_1, \cdots, Y_J$ 是凸的，而且满足自由处置性质，又假设 $\sum_{j=1}^{J}Y_j$ 是闭的，证明后面这个集合等于 $\{y: p\cdot y\leqslant\sum_{j=1}^{J}\pi_j(p)$ 对于所有 $p\gg 0$ 均成立$\}$。

5.E.4[B] 假设某种产品是用两种投入物生产出的。生产技术有多种。在每种技术中，投入物 z_1 和 z_2 的使用数量是固定的，而且 z_1 和 z_2 的比值是固定的，每种技术最多能生产一单位产品。因此，生产技术可用 $z=(z_1, z_2)$ 刻画，而且我们可以用密度函数 $g=(z_1, z_2)$ 描述技术的密度，该密度在区域 $[0, 10]\times[0, 10]$ 上均匀分布。

(a) 给定投入物价格 $w=(w_1, w_2)$，求具有特征 z 的企业的利润最大化问题。产品价格为 1。

(b) 找到 $w_1\geqslant 1/10$ 和 $w_2\geqslant 1/10$ 的利润函数 $\pi(w_1, w_2, 1)$。

(c) 计算总投入需求函数。你最好直接计算，因为我们要求你用 (b) 中的结论验证你计算出的这个结果是正确的；而且这样你也验证了 (b)。

(d) 你能对总生产函数说些什么？如果你想保证 (b) 中得出的利润函数对于 $w_1\geqslant 0$ 和 $w_2\geqslant 0$ 成立，总生产函数应该是什么样的？

5.E.5[A] (M. Weitzman) 假设有 J 个生产同一产品的工厂。工厂 j 的平均成本为 $AC_j(q_j)=\alpha+\beta_j q_j$ (其中 $q_j\geqslant 0$)。注意，系数 α 对于所有工厂都相同，但系数 β_j 对于所有工厂未必相同。我们需要确定生产总产量 q 的成本最小的总生产计划，其中 $q<(\alpha/\mathrm{Max}_j|\beta_j|)$。

(a) 如果对于所有 j，都有 $\beta_j>0$，如何在 J 个工厂之间分配产量？

(b) 如果对于所有 j，都有 $\beta_j<0$，如何在 J

---

* 射线平均成本是将单一产品情形下的平均成本推广到多种产品情形下的对应概念。下面我们来说明它的定义。假设某个企业生产两种产品 q_1 和 q_2，这两种产品的产量的比率为 λ_1/λ_2 (其中 $\lambda_1+\lambda_2=1$)，那么射线平均成本的定义为 $RAC(q)=\frac{c(\lambda_1 q, \lambda_2 q)}{q}$。——译者注

个工厂之间分配产量？

(c) 如果对于一些工厂有 $\beta_j>0$，对其他工厂有 $\beta_j<0$，又该如何分配产量？

5.F.1[A] 举出满足下列条件的生产计划 y 的例子：生产计划 $y\in Y$ 对于某个 $p\geqslant 0$（其中 $p\neq 0$）是利润最大化的，但也是无效率的（即，不是有效率的）。

5.G.1[B] 令 $f(z)$ 是个单一投入、单一产出的生产函数。假设该企业的共同拥有者的效用函数都是拟线性的，在这个函数中，投入物为计量物（numeraire）。

(a) 证明这些消费者（企业的共同所有者）一致同意生产计划 z 的必要条件是：在这个生产计划中，企业所有者之间在价格 $p(z)$ 处的消费份额等于所有权份额。

(b) 假设所有权份额是相等的。评价企业所有者对经理的要求存在着冲突这个事实，并且说说它们是如何取决于企业所有者（也是消费者）对产出的偏好的。

(c) 在偏好相同且所有权份额相等的情形下，说明企业所有者会一致同意利润最大化目标。（回忆我们假设偏好关于投入是拟线性的，因此计量物是内在确定了的。）

5.AA.1[A] 计算图 5.AA.4 中的生产函数的成本函数 $c(w, 1)$ 和要素需求 $z(w, 1)$。验证当 $z(w, 1)$ 是单值的时，我们有 $z(w, 1)=\nabla_w c(w, 1)$。

5.AA.2[B] 考虑不存在替代的里昂惕夫投入产出模型。假设投入矩阵 A 是生产性的，而且原始要素向量 b 为严格正的。

(a) 证明对于任何 $\alpha\geqslant 0$，生产计划 $y=\begin{bmatrix} I-A \\ -b \end{bmatrix}\alpha$ 均是有效率的。

(b) 固定原始要素的价格为 1，证明任何满足 $\alpha\gg 0$ 的生产计划在唯一的价格向量上均实现了利润最大化。

(c) 证明（b）中得到的价格可以解释为原始要素的数量，这个数量直接或间接蕴涵在一单位不同商品的生产中。

(d)（本题更难）假设 A 对应于下列技术，这些技术是用非替代性定理选择出来的，它们在理论上允许替代性。证明在（c）中得到的价格向量中的每个分量，小于或等于从任何其他技术选择上得到的价格向量的相应分量。

5.AA.3[B] 有两种产品和一种要素（劳动）。投入产出矩阵为

$$A=\begin{bmatrix} 0 & 1 \\ \alpha & 0 \end{bmatrix}$$

其中，a_{lk} 是生产一单位产品 k 所需要的商品 l 的数量。

(a) 令 $\alpha=1/2$，而且假设劳动系数向量为 $b=\begin{bmatrix} 1 \\ 2 \end{bmatrix}$，其中 b_1 是生产一单位商品 1 所需要的劳动数量，b_2 的意思类推。如果劳动数量为 10，画图表示这两种产品的生产可能集（即可能的生产轨迹）。

(b) 对于（a）中的 α 值和 b 值，从利润最大化条件（假设两种产品的数量都为正）中计算出均衡价格 p_1 和 p_2（将工资标准化为 1）。

(c) 对于（a）中的 α 值和 b 值，计算生产一单位商品 1 净产出（即，可用于消费）所需的直接或间接劳动量。这个数量与（b）中的答案有何关系？

(d) 假设商品 2 还有第二种生产方法。对于

$$\begin{bmatrix} a_{12} \\ a_{22} \end{bmatrix}=\begin{bmatrix} 1 \\ 0 \end{bmatrix}, b_2=2$$

现在我们加上

$$\begin{bmatrix} a'_{12} \\ a'_{22} \end{bmatrix}=\begin{bmatrix} 1/2 \\ 0 \end{bmatrix}, b'_2=\beta$$

将两种生产方法都考虑在内，画出生产一单位商品 2 所需的商品 1 数量和劳动量的轨迹。（假设可自由处置。）

(e) 在（d）情形下，非替代性定理意味着什么？确定 β 值使得在这个值上存在最优生产方法

5

转换。

5. AA. 4[B] 考虑下列线性生产模型:

$a_1=(1, -1, 0, 0)$

$a_2=(0, -1, 1, 0)$

$a_3=(0, 0, -1, 1)$

$a_4=(2, 0, 0, -1)$

(a) 对于下列每个投入产出向量，验证它是否属于总生产集并说明理由。

$y_1=(6, 0, 0, -2)$

$y_2=(5, -3, 0, -1)$

$y_3=(6, -3, 0, 0)$

$y_4=(0, -4, 0, 4)$

$y_5=(0, -3, 4, 0)$

(b) 投入产出向量 $y=(0, -5, 5, 0)$ 是有效率的。通过找到一个使得 y 是利润最大化的 $p\gg 0$ 来证明这一点。

(c) 投入产出向量 $y=(1, -1, 0, 0)$ 是可行的，但它不是有效率的。为什么?

5. AA. 5[B] [这个题目的思想源于 Champsaur 和 Milleron (1983) 的一个习题。] 有四种商品 $l=1, 2, 3, 4$。某个企业的生产技术可用八个基本活动 a_m，$m=1, \cdots, 8$ 描述。这些活动的数值为

$a_1=(-3, -6, 4, 0)$

$a_2=(-7, -9, 3, 2)$

$a_3=(-1, -2, 3, -1)$

$a_4=(-8, -13, 3, 1)$

$a_5=(-11, -19, 12, 0)$

$a_6=(-4, -3, -2, 5)$

$a_7=(-8, -5, 0, 10)$

$a_8=(-2, -4, 5, 2)$

假设任何活动都能在任何非负水平 $\alpha_m\geqslant 0$ 上运行，而且所有活动都可以以任何规模同时运行 (即，对于任何 $\alpha_m\geqslant 0$，$m=1, \cdots, 8$，生产 $\sum_m \alpha_m a_m$ 是可行的)。

(a) 定义相应的生产集 Y 并且证明它是凸的。

(b) 验证不存在免费午餐性质。

(c) 验证 Y 不满足自由处置性质。如果我们增添新的基本活动，那么自由处置性质能得以满足。我们应该选择什么样的基本活动 (给出具体数值)?

(d) 通过直接比较 a_1 和 a_5，a_2 和 a_4，a_3 和 a_8，以及 a_6 和 a_7，证明其中四种基本活动不是有效率的。

(e) 将 a_1 写成 a_3 和 a_7 的正的线性组合使得这个线性组合优于 a_1，从而证明 a_1 是无效率的。对 a_2 重复这个过程，从而证明 a_2 也是无效率的。

(f) 试着完整描述有效率生产向量集。

(g) 假设企业可以使用四种商品作为初始资源，这些商品的数量分别为

$s_1=480, s_2=300, s_3=0, s_4=0$

给定这些资源净使用的约束，企业想使得商品 3 的净产量最大。试着将这个问题表达为一个线性规划问题。

(h) 根据你掌握的关于有效率生产向量的知识，试着求 (g) 中最优化问题的解。[提示：可以使用图形求解。]

第6章 不确定性情形下的选择

6.A 引言

在前面各章，我们研究的是可导致完全确定结果的选择。在第 1 章我们发展出了一般性的选择理论。然而，在现实中，很多重要的经济决策涉及风险因素。尽管我们可用上述一般选择理论来研究这些带有风险因素的情形，但有很好的理由来构建更专门的理论：带有不确定性的备选物具有某种特殊的结构，我们可以使用这个结构来限制理性个人能拥有的偏好。与仅使用第 1 章的框架相比，利用这个结构能让我们得到更严格的含义。

在 6.B 节，我们开始研究不确定性情形下的选择问题，我们首先考虑的情形是，带有不确定结果的备选物可用客观已知的概率描述，这些概率定义在抽象的可能结果集上。风险性备选物的这种表示方法称为**彩票**（lotteries）。本着第 1 章的精神，我们假设决策者在这些彩票上有着理性的偏好关系。然后，我们推导出**期望效用定理**（expected utility theorem）这个核心结论。这个定理是说在某些条件下，我们可用一种极其方便的效用函数来表示偏好，这种函数具有所谓的**期望效用形式**（expected utility form）。导出这个结果的重要假设是**独立性公理**（independence axiom），我们将详细讨论它。

在后面各节，我们主要考察一种特殊情形——带有风险的选择的结果是一定钱数（或消费的任何其他一维衡量指标）。这种情形是大部分金融和投资组合理论以及大量应用经济学领域的基础。

在 6.C 节，我们给出**风险厌恶**（risk aversion）的概念，讨论它的衡量方式。然后我们研究不同个人之间风险厌恶程度的比较，以及同一个人在不同财富水平之间的风险厌恶程度的比较。

6.D 节涉及货币收益不同分布之间的比较。我们关注在什么样的条件下货币收益的一种分布明确地比另外一种分布“更好”，以及在什么样的条件下一种分布比另外一种分布“风险更大”。这些比较分别导出了**一阶和二阶随机优势**（first-order and second-order stochastic dominance）的概念。

在 6. E 节，我们扩展了我们的基本理论——扩展后，效用不仅依赖于货币收益，还依赖于不确定性背后的**自然状态**（states of nature）。在这个过程中，我们用这些潜在的自然状态建立了模拟不确定性的框架。这个框架易于用于分析很多问题，我们在以后将广泛使用它。

在 6. F 节，我们简要考察**主观概率**（subjective probability）理论。在 6. B 节为了推导出期望效用理论，我们假设不确定性是有客观概率的，然而这个假设不怎么符合现实。主观概率框架的好处在于，它提供了一种模拟不确定性情形下的选择的方法，在这种方法下不同的带有风险的备选物不具有任何客观概率形式。我们将看到，主观概率理论在某种程度上挽救了我们在前面建立的客观概率方法。

若想进一步了解这些主题，可参考 Kreps（1988）以及 Machina（1987）。Diamond 和 Rothschild（1978）详细给出了各篇原始文章的出处。

6.B 期望效用理论

在本节我们首先建立模拟风险的正式工具。然后运用这个框架研究人们在风险备选物上的偏好，以及建立重要的期望效用理论。

风险备选物的描述

假设某个决策者要从一些风险备选物（risky alternatives）中作出选择。每个备选物可能导致若干种可能**结果**中的一种，但在他必须作出选择时哪种结果将会实际发生是不确定的。

正式地，我们用 C 表示所有可能结果（outcomes）组成的集合。① 这些结果可以采取很多形式。例如，它们可以为消费束。在这种情形下，C 等于决策者的消费集 X，即 $C=X$。或者，这些结果也可以是货币收益的更简单形式。事实上，这种形式是我们本章采用的主要形式。然而，在此处我们将 C 视为抽象的集合，因此它包含的是非常一般的结果。

为了避免一些麻烦，我们在本节假设 C 中的可能结果数量是有限的，我们将这些结果标记为 $n=1$，…，N。

在本节和下面几节，我们假设任一选定的备选物的各种可能结果的概率是**客观已知**的。例如，风险备选物可能为无偏倚的赌博轮盘上的货币赌博。

期望效用理论的基本工具是**彩票**（lottery）概念，彩票是风险备选物的正式描述工具。

定义 6. B. 1： 一个**简单彩票**（simple lottery）L 是一组概率 $L=(p_1, \cdots, p_N)$，

① 遵循 Savage（1954），通常也将 C 中的元素称为后果（consequences）。

其中 $p_n \geqslant 0$ 对于所有 n 成立并且 $\sum_n p_n = 1$，p_n 是结果 n 发生的概率。

在几何图形上，一个简单的彩票可用（$N-1$）维**单纯形**（simplex）$\Delta=\{p \in \mathbb{R}_+^N: p_1+\cdots+p_N=1\}$ 中的一点表示。图 6. B. 1（a）画出了 $N=3$ 时的单纯形。单纯形的每个顶点代表着退化了的彩票——其中一个结果必定发生，其他两个结果的概率都为零。单纯形中的每一点代表着一个彩票 $L=(p_1, p_2, p_3)$。当 $N=3$ 时，我们可以方便地将单纯形画在二维图上，如图 6. B. 1（b）所示，它是个等边三角形。①

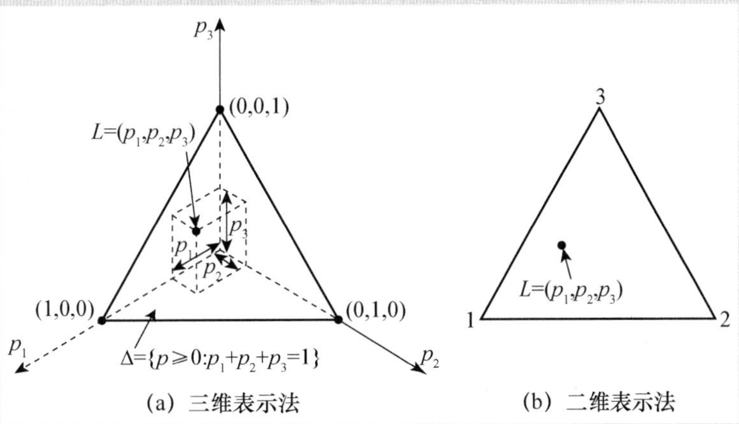

图 6. B. 1　$N=3$ 时的单纯形

在简单的彩票中，可能导致的结果是确定的。例如 $N=3$ 时单纯形上的顶点处只有一个结果发生。彩票的更一般变种称为**复合彩票**（compound lottery），允许彩票结果本身为简单彩票。②

定义 6. B. 2： 给定 K 个简单彩票 $L_k=(p_1^k, \cdots, p_N^k)$，$k=1, \cdots, K$ 而且概率 $\alpha_k \geqslant 0$ 以及 $\sum_k \alpha_k = 1$，**复合彩票**（$L_1, \cdots, L_K; \alpha_1, \cdots, \alpha_K$）是能够以概率 α_k（其中 $k=1, \cdots, K$）产生简单彩票 L_k 的风险备选物。

对于任何复合彩票（$L_1, \cdots, L_K; \alpha_1, \cdots, \alpha_K$），我们均可以计算出相应的**简化彩票**（reduced lottery）$L=(p_1, \cdots, p_N)$——它是能产生与该复合彩票具有相同最终分布（在结果上的分布）的简单彩票。每个 p_n 值的计算方法是：首先将每个彩票 L_k 出现的概率 α_k 乘以彩票 L_k 的结果 n 出现的概率 p_n^k；然后对 k 相加。也就是说，简化彩票中的结果 n 的概率为

---

① 注意，等边三角形具有下列性质：从任何一点到三条边的垂线距离之和等于三角形的高。因此，当 $N=3$ 时，通常将单纯形画成高为 1 的等边三角形。这样，一个彩票（对应着单纯形中的一点）的结果 n 的概率 P_n 等于这一点到顶点 n 对边（opposite side）的垂线距离。

② 我们也可以将复合彩票定义为涉及多阶段的彩票。我们没有这么做的原因在于本章不需要这么做。然而，多阶段复合彩票涉及的原理和此处的定义是相同的。

$$p_n = \alpha_1 p_n^1 + \cdots + \alpha_K p_n^K$$

其中，$n=1$，…，N。[1] 因此，任何复合彩票（L_1，…，L_K；α_1，…，α_K）的简化彩票均可通过向量加法得到：

$$L = \alpha_1 L_1 + \cdots + \alpha_K L_K \in \Delta$$

在图 6.B.2 中，我们在单纯形 Δ 中画出了两个简单彩票 L_1 和 L_2。我们也画出了复合彩票$\left(L_1, L_2; \frac{1}{2}, \frac{1}{2}\right)$（表示产生 L_1 或 L_2 的概率均为 1/2）的简化彩票 $\frac{1}{2}L_1 + \frac{1}{2}L_2$。这个简化彩票位于连接 L_1 和 L_2 的线段的中点上。彩票空间的线性结构在不确定性下的选择理论中处于核心地位，我们将广泛使用这个结构。

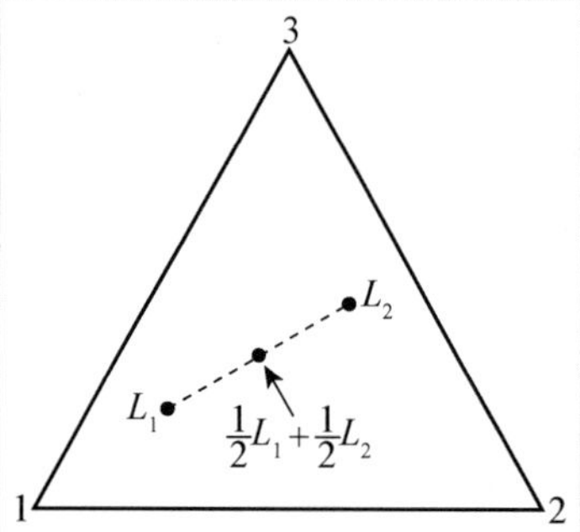

图 6.B.2　复合彩票的简化彩票

在彩票上的偏好

我们已经建立了风险选择的模拟方法——彩票，现在可以研究决策者在彩票上的偏好了。随后的理论分析建立在**结果主义**（consequentialist）的一个基本假设之上：假设对于任何风险备选物，决策者关心的只是分布在最终结果上的简化彩票。各种结果出现的概率是由简单彩票还是由复合彩票引起的，没有任何意义。图 6.B.3 画出了产生同一个简化彩票的两个不同复合彩票。我们的结果主义假设要求决策者认为这两个复合彩票是等价的。

下面我们使用在第 1 章 1.B 节介绍的一般框架提出决策者的选择问题。为了与我们的结构主义假设相一致，我们将备选物集合（此处用 L 表示）视为：定义在结果集 C 上的所有简单彩票组成的集合。我们再假设决策者在 L 上具有偏好关系$\succsim$，这个偏好关系是完备的和传递的，从而我们可以比较任何一对简单彩票。需要强调的是，这里的理性假设比第 1 章中确定性下的选择理论中的理性假设要强。备选物越复杂，理性假设的分量越重。事实上，在不确定性情形下，理性假设的合理性一

① 注意，$\sum_n p_n = \sum_k \alpha_k \left(\sum_n p_n^k\right) = \sum_k \alpha_k = 1$。

直受到质疑。然而，由于我们想重点分析不确定性特有的性质，因此，我们在此处不进一步质疑理性假设。

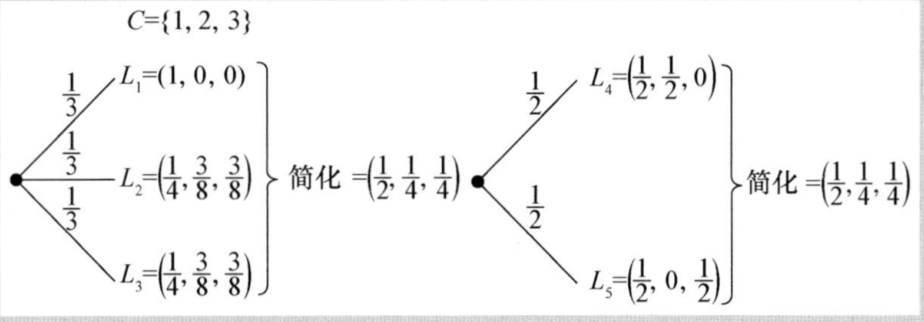

图 6. B. 3　具有相同简化彩票的两个复合彩票

下面我们引入决策者在彩票上的偏好的另外两个假设。最重要的也是最具有争议的假设是独立性公理（independence axiom）。然而，我们首先介绍连续性公理，这个公理与 3. C 节讨论的公理类似。

定义 6. B. 3： 简单彩票空间 L 上的偏好关系$\succsim$是**连续的**（continuous），如果对于任何 L，L'，$L''\in\mathscr{L}$，集合

$$\{\alpha\in[0,1]:\alpha L+(1-\alpha)L'\succsim L''\}\subset[0,1]$$

与

$$\{\alpha\in[0,1]:L''\succsim\alpha L+(1-\alpha)L'\}\subset[0,1]$$

都是闭的。

用文字表达，连续性表示概率的微小变化不会改变两个彩票之间的排序性质。例如，如果“美妙而安全的驾车旅行”比“待在家里”更受到偏好，那么“美妙而安全的驾车旅行”与概率充分小但为正的“死于车祸”概率的组合仍然比“待在家里”更受偏好。因此，连续性排除了下列情形：决策者对于某个发生概率为零的结果（在这个例子中为“死于车祸”）具有字典序（“安全第一”）偏好。

和第 3 章一样，连续性公理意味着存在着代表$\succsim$的效用函数 U：$\mathscr{L}\to\mathbb{R}$ 使得$L\succsim L'$当且仅当 $U(L)\geqslant U(L')$。我们的第二个假设即独立性公理，允许我们在 $U(\cdot)$ 上施加更多的结构。①

定义 6. B. 4： 简单彩票空间 L 上的偏好关系$\succsim$满足**独立性公理**，如果对于所有 L，L'，$L''\in\mathscr{L}$和 $\alpha\in(0,1)$，我们均有：

$$L\succsim L' \text{ 当且仅当 } \alpha L+(1-\alpha)L''\succsim\alpha L'+(1-\alpha)L''$$

换句话说，如果我们将两个彩票分别与第三个彩票组合，由此形成两个新的组

① 独立性公理是由 von Neumann 和 Morgenstern（1944）首先提出的，是作为博弈论的一个附带结果提出的。

合彩票，那么这两个新彩票的偏好排序独立于我们使用什么样的第三个彩票（即和第三个彩票无关）。

例如，假设 $L\succsim L'$ 而且 $\alpha=1/2$。那么 $\frac{1}{2}L+\frac{1}{2}L''$ 可以视为用掷硬币方法得到的复合彩票：如果正面向上，决策者得到 L；如果反面向上，决策者得到 L''。类似地，$\frac{1}{2}L'+\frac{1}{2}L''$ 可以看作另外一个由投掷硬币得到的彩票：如果正面向上，得到 L'；如果反面向上，得到 L''。参见图 6.B.4。注意，如果以正面向上为条件，彩票 $\frac{1}{2}L+\frac{1}{2}L''$ 至少与彩票 $\frac{1}{2}L'+\frac{1}{2}L''$ 一样好；但是如果以反面向上为条件，这两个彩票的结果是相同的。独立性公理要求 $\frac{1}{2}L+\frac{1}{2}L''$ 至少与 $\frac{1}{2}L'+\frac{1}{2}L''$ 一样好，这个要求是合理的。

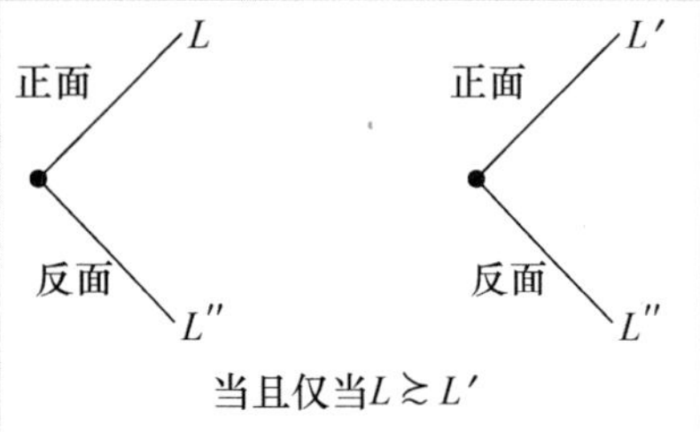

图 6. B. 4　独立性公理

独立性公理是不确定性情形下的选择理论的核心。它与我们在第 1 章讨论的基于偏好的选择理论以及该理论在第 3～5 章的运用中的任何内容都不同。这正是因为不确定性情形下的选择理论在根本上使用了不确定性的结构。例如，在消费者需求理论中，没有理由相信下列结果是合理的：消费者在商品 1 和 2 的各种消费束上的偏好与他消费的其他商品数量无关。然而，在当前的背景下，如果给定决策者在两个彩票（比如 L 和 L'）之间的偏好，再将这两个彩票分别与第三个彩票（彩票 L''）组合，形成两个新的股票，那么我们自然可以认为，该决策者在 L 和 L' 之间的偏好，将决定他对这两个新股票的偏好排序，而不管 L'' 的可能结果如何。这个 L'' 应该与他的选择无关，因为与一般消费情形不同，在当前情形下，他不是将 L（或 L'）与 L'' 放在一起消费，而是不消费 L''（如果实现的结果为 L 和 L'）。

习题 6. B. 1：证明如果简单彩票空间 $\mathscr{L}$ 上的偏好关系 $\succsim$ 满足独立性公理，那么对于所有 $\alpha\in(0,1)$ 和 L，L'，$L''\in\mathscr{L}$，我们均有：

$$L\succ L' \text{ 当且仅当 } \alpha L+(1-\alpha)L''\succ\alpha L'+(1-\alpha)L''$$

和

$$L\sim L' \text{ 当且仅当 } \alpha L+(1-\alpha)L''\sim\alpha L'+(1-\alpha)L''$$

另外，再证明如果 $L \succ L'$ 而且 $L'' \succ L'''$，那么 $\alpha L+(1-\alpha)L'' \succ \alpha L'+(1-\alpha)L'''$。

正如我们将要看到的，独立性公理与决策者在彩票上的偏好用期望效用形式的效用函数表示密切相关。在导出结果之前，我们先定义这个性质并且研究它的一些性质。

定义 6. B. 5：效用函数 U：$\mathscr{L} \to \mathbb{R}$ 具有期望效用形式，如果可以对 N 个结果指定一组数（u_1，…，u_N）使得对于每个简单彩票 $L=(p_1，\cdots，p_N) \in \mathscr{L}$ 我们均有

$$U(L) = u_1 p_1 + \cdots + u_N p_N$$

具有期望效用形式的效用函数 U：$\mathscr{L} \to \mathbb{R}$ 称为**冯·诺依曼-摩根斯坦期望效用函数**（von Neumann-Morgenstern expected utility function）。

注意，如果我们令 L^n 表示以概率 1 产生结果 n 的彩票，那么 $U(L^n)=u_n$。因此，期望效用这个术语是恰当的，因为在冯·诺依曼-摩根斯坦期望效用函数中，一个彩票的效用可以视为 N 个结果的效用 u_n 的期望值。

表达式 $U(L) = \sum_n u_n p_n$ 是**概率（p_1，…，p_N）的线性函数**，这是个一般表达式。这个线性性质为我们思考期望效用形式提供了一种有用的方法。

命题 6. B. 1：效用函数 U：$L \to R$ 具有期望效用形式当且仅当它是线性的，即当且仅当它满足：

$$U\Big(\sum_{k=1}^{K} \alpha_K L_k\Big) = \sum_{k=1}^{K} \alpha_k U(L_k) \tag{6. B. 1}$$

对于任何 K 个彩票 $L_k \in \mathscr{L}$，$k=1$，…，K，以及概率 $(\alpha_1，\cdots，\alpha_K) \geqslant 0$，$\sum_k \alpha_k = 1$ 成立。

证明：假设 $U(\cdot)$ 满足性质（6. B. 1）。我们可以将任何 $L=(p_1，\cdots，p_N)$ 写成退化彩票（L^1，…，L^N）的凸组合，也就是 $L = \sum_n p_n L^n$。于是我们有 $U(L) = U\big(\sum_n p_n L^n\big) = \sum_n p_n U(L^n) = \sum_n p_n u_n$。因此，$U(\cdot)$ 具有期望效用形式。

在另外一个方向上，假设 $U(\cdot)$ 具有期望效用形式，考虑任何复合彩票（L_1，…，L_K；α_1，…，α_K），其中 $L_k=(p_1^k，\cdots，p_N^k)$。它的简化彩票为 $L' = \sum_k \alpha_k L_k$。因此，

$$U\Big(\sum_k \alpha_k L_k\Big) = \sum_n u_n \Big(\sum_k \alpha_k p_n^k\Big) = \sum_k \alpha_k \Big(\sum_n u_n p_n^k\Big) = \sum_k \alpha_k U(L_k)$$

因此，性质（6. B. 1）成立。■

期望效用性质是定义在彩票空间上的效用函数的**基数**性质。特别地，命题 6. B. 2 中的结果表明期望效用形式只有在递增**线性**转换情形下才能得以保留。

命题 6. B. 2：假设 U：$\mathscr{L} \to \mathbb{R}$ 是代表 $\mathscr{L}$ 上的偏好关系 $\succsim$ 的冯·诺依曼-摩根斯坦期望效用函数，那么 $\tilde{U}$：$\mathscr{L} \to R$ 是 $\succsim$ 的另外一个冯·诺依曼-摩根斯坦期望效用函数，当且仅当存在实数 $\beta>0$ 和 γ 使得 $\tilde{U}(L)=\beta U(L)+\gamma$ 对于每个 $L \in \mathscr{L}$ 均成立。

证明： 首先选择两个彩票 $\bar{L}$ 和 $\underline{L}$ 使得对于所有 $L\in\mathscr{L}$ 都有 $\bar{L}\succsim L\succsim\underline{L}$。[1] 如果 $\bar{L}\sim\underline{L}$，那么每个效用函数是个常数，结果立即可得。因此，从现在起我们假设 $\bar{L}\succ\underline{L}$。

注意到如果 $U(\cdot)$ 是个冯·诺依曼-摩根斯坦期望效用函数，而且 $\tilde{U}(L)=\beta U(L)+\gamma$，那么

$$\begin{aligned}\tilde{U}\left(\sum_{k=1}^{K}\alpha_k L_k\right)&=\beta U\left(\sum_{k=1}^{K}\alpha_k L_k\right)+\gamma\\&=\beta\left[\sum_{k=1}^{K}\alpha_k U(L_k)\right]+\gamma\\&=\sum_{k=1}^{K}\alpha_k[\beta U(L_k)+\gamma]\\&=\sum_{k=1}^{K}\alpha_k\tilde{U}(L_k)\end{aligned}$$

由于 $\tilde{U}(\cdot)$ 满足性质（6. B. 1），它具有期望效用形式。

在另外一个方向上，我们希望证明如果 $\tilde{U}(\cdot)$ 和 $U(\cdot)$ 具有相同的期望效用形式，那么存在常数 $\beta>0$ 和 γ 使得 $\tilde{U}(L)=\beta U(L)+\gamma$ 对于所有 $L\in\mathscr{L}$ 均成立。

为了证明此事，考虑任何彩票 $L\in\mathscr{L}$，并且将 $\lambda_L\in[0,1]$ 定义为

$$U(L)=\lambda_L U(\bar{L})+(1-\lambda_L)U(\underline{L})$$

因此，

$$\lambda_L=\frac{U(L)-U(\underline{L})}{U(\bar{L})-U(\underline{L})}\tag{6. B. 2}$$

由于 $\lambda_L U(\bar{L})+(1-\lambda_L)U(\underline{L})=U(\lambda_L\bar{L}+(1-\lambda_L)\underline{L})$ 而且 $U(\cdot)$ 代表着偏好 $\succsim$，所以必定有 $L\sim\lambda_L\bar{L}+(1-\lambda_L)\underline{L}$。然而，如果这样，那么由于 $\tilde{U}(\cdot)$ 也是线性的而且也代表着这些相同的偏好，我们有

$$\begin{aligned}\tilde{U}(L)&=\tilde{U}(\lambda_L\bar{L}+(1-\lambda_L)\underline{L})\\&=\lambda_L\tilde{U}(\bar{L})+(1-\lambda_L)\tilde{U}(\underline{L})\\&=\lambda_L(\tilde{U}(\bar{L})-\tilde{U}(\underline{L}))+\tilde{U}(\underline{L})\end{aligned}$$

将式（6. B. 2）中的 λ_L 代入上式，整理可得 $\tilde{U}(L)=\beta U(L)+\gamma$，其中

$$\beta=\frac{\tilde{U}(\bar{L})-\tilde{U}(\underline{L})}{U(\bar{L})-U(\underline{L})}$$

$$\gamma=\tilde{U}(\underline{L})-U(\underline{L})\frac{\tilde{U}(\bar{L})-\tilde{U}(\underline{L})}{U(\bar{L})-U(\underline{L})}$$

这样，我们就完成了证明。■

---

① 可以证明这些最好的和最差的彩票是存在的。例如，我们可以在概率的单纯形（一个紧集）上选择线性从而连续的函数 $U(\cdot)$ 的最大值点和最小值点。

命题 6.B.2 的一个结果是对于具有期望效用形式的效用函数来说，效用之差是有含义的。例如，如果有四个结果，那么“结果 1 和 2 的效用之差大于结果 3 和 4 的效用之差（$u_1-u_2>u_3-u_4$）”这句话等价于

$$\frac{1}{2}u_1+\frac{1}{2}u_4>\frac{1}{2}u_2+\frac{1}{2}u_3$$

因此，这意味着彩票 $L=\left(\frac{1}{2},0,0,\frac{1}{2}\right)$ 比彩票 $L'=\left(0,\frac{1}{2},\frac{1}{2},0\right)$ 更受偏好。效用之差的这种排序性质能被冯·诺依曼-摩根斯坦期望效用函数的所有线性转换所保留。

注意，如果 $\mathscr{L}$ 上的偏好关系 $\succsim$ 能被具有期望效用形式的效用函数 $U(\cdot)$ 所表示，那么由于线性效用函数是连续的，可推知 $\succsim$ 在 $\mathscr{L}$ 上是连续的。更重要的是，$\succsim$ 必定也满足独立性公理。在习题 6.B.2 中，你要证明这个结论。

习题 6.B.2：证明如果 $\mathscr{L}$ 上的偏好关系 $\succsim$ 能被具有期望效用形式的效用函数 $U(\cdot)$ 所表示，那么 $\succsim$ 必定满足独立性公理。

期望效用定理是本节的中心结果，它告诉我们上述命题的逆命题也为真。

期望效用定理

期望效用定理是说，如果决策者在彩票上的偏好满足连续性和独立性，那么他的偏好可用具有期望效用形式的效用函数表示。它是不确定性情形下选择理论的最为重要的结论，我们在本书中将看到它的广泛用途。

然而在正式陈述和证明这个结论之前，有必要在直觉上想一想为什么期望效用定理是正确的。

考虑只有三个结果的情形。正如我们已经看到的，连续性公理保证了决策者在彩票上的偏好可用某个效用函数表示。假设我们在单纯形中画出无差异图，如图 6.B.5 所示。为简单起见，假设我们的图是一维的无差异曲线。由于期望效用形式的函数关于概率是线性的，偏好能用期望效用函数表示等价于说这些无差异曲线是平行的直线（请验证）。图 6.B.5（a）画出的无差异图满足这些性质。我们现在要说明，事实上这些性质是独立性公理的结果。

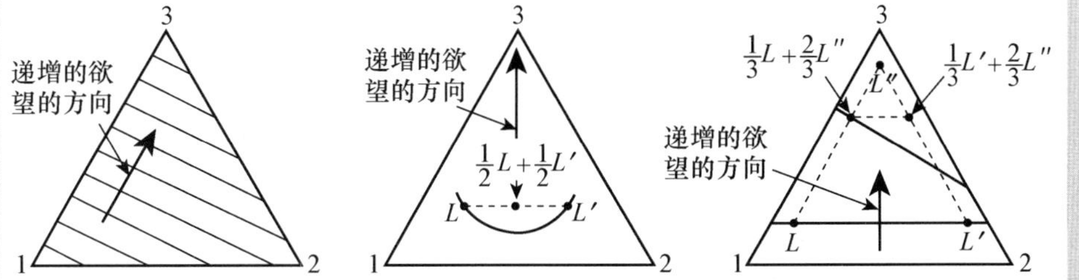

(a) $\succsim$ 可用具有期望效用形式的效用函数表示　(b) 违背了独立性公理　(c) 违背了独立性公理

图 6.B.5　期望效用定理的几何解释

无差异曲线是直线，如果对于每对彩票 L，L'，我们有 $L\sim L'$ 意味着 $\alpha L+(1-\alpha)L'\sim L$，其中 $\alpha\in[0,1]$。图 6.B.5（b）画出的是无差异曲线不是直线的情形；我们有 $L'\sim L$ 但是 $\frac{1}{2}L'+\frac{1}{2}L\succ L$。这等价于说

$$\frac{1}{2}L'+\frac{1}{2}L\succ\frac{1}{2}L+\frac{1}{2}L \tag{6.B.3}$$

但是由于 $L\sim L'$，独立性公理意味着我们必定有 $\frac{1}{2}L'+\frac{1}{2}L\sim\frac{1}{2}L+\frac{1}{2}L$（参见习题 6.B.1）。这违背了式（6.B.3），因此我们断言无差异曲线必定为直线。

图 6.B.5（c）画出了两条直线形的无差异曲线，但它们不是平行的。在这种情形下，我们能够构造出违背独立性公理的例子，如图所示。在此图中，我们有 $L\succsim L'$（事实上为 $L\sim L'$），但是 $\frac{1}{3}L+\frac{2}{3}L''\succsim\frac{1}{3}L'+\frac{2}{3}L''$ 对于图中所示的彩票 L'' 不成立。因此，如果偏好满足独立性公理，无差异曲线必定是平行的直线。

在命题 6.B.3 中，我们正式给出期望效用定理及其证明。

命题 6.B.3：（期望效用定理） 假设彩票空间 $\mathscr{L}$ 上的理性偏好关系 $\succsim$ 满足连续性公理和独立性公理，那么 $\succsim$ 可用具有期望效用形式的效用表示。也就是说，我们可以对于每个结果 $n=1,\cdots,N$ 指定一个数 u_n，使得对于任何两个彩票 $L=(p_1,\cdots,p_N)$ 和 $L'=(p'_1,\cdots,p'_N)$，我们均有

$$L\succsim L' \text{ 当且仅当 } \sum_{n=1}^{N}u_np_n\geqslant\sum_{n=1}^{N}u_np'_n \tag{6.B.4}$$

证明： 我们分若干步证明这个定理。为简单起见，假设 $\mathscr{L}$ 中存在最好的彩票 $\bar{L}$ 和最差的彩票 $\underline{L}$（从而，对于任何 $L\in\mathscr{L}$ 都有 $\bar{L}\succsim L\succsim\underline{L}$）。① 如果 $\bar{L}\sim\underline{L}$，那么 $\mathscr{L}$ 中的所有彩票都是无差异的，命题中的结论自然成立。因此，从现在起我们假设 $\bar{L}\succ\underline{L}$。

第 1 步： 如果 $L\succ L'$ 而且 $\alpha\in(0,1)$，那么 $L\succ\alpha L+(1-\alpha)L'\succ L'$。

这个结论是合理的。决策者对两个彩票非退化组合的偏好位置必定严格位于他对这两个彩票的偏好之间。正式地说，这个结论可从独立性公理推导出。具体地说，由于 $L\succ L'$，独立性公理意味着（回忆习题 6.B.1）

$$L=\alpha L+(1-\alpha)L\succ\alpha L+(1-\alpha)L'\succ\alpha L'+(1-\alpha)L'=L'$$

第 2 步： 令 α，$\beta\in[0,1]$，那么 $\beta\bar{L}+(1-\beta)\underline{L}\succ\alpha\bar{L}+(1-\alpha)\underline{L}$ 当且仅当 $\beta>\alpha$。

假设 $\beta>\alpha$。首先注意到我们有

$$\beta\bar{L}+(1-\beta)\underline{L}=\gamma\bar{L}+(1-\gamma)[\alpha\bar{L}+(1-\alpha)\underline{L}]$$

① 事实上，由于我们假设结果集是有限的，这个假设从独立性公理推导出，从而可以作为独立性公理的一个结果（参见习题 6.B.3）。

其中，$\gamma=[(\beta-\alpha)/(1-\alpha)]\in(0,1]$。根据第 1 步，我们知道 $\overline{L}\succ\alpha\overline{L}+(1-\alpha)\underline{L}$。再次运用第 1 步，这意味着 $\gamma\overline{L}+(1-\gamma)(\alpha\overline{L}+(1-\alpha)\underline{L})\succ\alpha\overline{L}+(1-\alpha)\underline{L}$，因此我们得到

$$\beta\overline{L}+(1-\beta)\underline{L}\succ\alpha\overline{L}+(1-\alpha)\underline{L}$$

相反，假设 $\beta\leqslant\alpha$。如果 $\beta=\alpha$，我们必有 $\beta\overline{L}+(1-\beta)\underline{L}\sim\alpha\overline{L}+(1-\alpha)\underline{L}$。所以假设 $\beta<\alpha$。根据上一段中证明的结论（将 α 和 β 的角色互换），我们必定有 $\alpha\overline{L}+(1-\alpha)\underline{L}\succ\beta\overline{L}+(1-\beta)\underline{L}$。

第 3 步： 对于任何 $L\in\mathscr{L}$，均存在唯一的 α_L 使得 $[\alpha_L\overline{L}+(1-\alpha_L)\underline{L}]\sim L$。

α_L 的存在性可由 $\succsim$ 的连续性以及彩票 $\overline{L}$ 和彩票 $\underline{L}$ 分别是最好和最差的这个事实推出。α_L 的唯一性可由第 2 步的结论推导出。

6

α_L 的存在性的证明类似于命题 3.C.1 的证明方法。具体地说，定义集合

$$\{\alpha\in[0,1]:\alpha\overline{L}+(1-\alpha)\underline{L}\succsim L\}\text{ 和 }\{\alpha\in[0,1]:L\succsim\alpha\overline{L}+(1-\alpha)\underline{L}\}$$

根据 $\succsim$ 的连续性和完备性可知，这两个集合都是闭的，而且任何 $\alpha\in[0,1]$ 至少属于这两个集合中的一个。由于这两个集合都不是空的而且 $[0,1]$ 是连通的，由此可推出存在属于这两个集合的某个 α。这就证明了 α_L 的存在性：存在 α_L 使得 $\alpha_L\overline{L}+(1-\alpha_L)\underline{L}\sim L$。

第 4 步： 一个函数 $U:\mathscr{L}\to\mathbb{R}$，若它能对每个彩票 $L\in\mathscr{L}$ 赋予 $U(L)=\alpha_L$，则该函数能代表偏好关系 $\succsim$。

注意到根据第 3 步，对于任何两个彩票 L，$L'\in\mathscr{L}$，我们均有

$$L\succsim L'\text{ 当且仅当 }\alpha_L\overline{L}+(1-\alpha_L)\underline{L}\succsim\alpha_{L'}\overline{L}+(1-\alpha_{L'})\underline{L}$$

因此，根据第 2 步，$L\succsim L'$ 当且仅当 $\alpha_L\geqslant\alpha_L'$。

第 5 步： 对于每个彩票 $L\in\mathscr{L}$ 指定 $U(L)=\alpha_L$ 的效用函数 $U(\cdot)$ 是线性的，因此具有期望效用形式。

我们想证明，对于任何 L，$L'\in\mathscr{L}$ 和 $\beta\in[0,1]$，我们均有

$$U(\beta L+(1-\beta)L')=\beta U(L)+(1-\beta)U(L')$$

根据定义，我们有

$$L\sim U(L)\overline{L}+(1-U(L))\underline{L}$$

和

$$L'\sim U(L')\overline{L}+(1-U(L'))\underline{L}$$

因此，根据独立性公理（运用两次），可得

$$\beta L+(1-\beta)L'\sim\beta[U(L)\overline{L}+(1-U(L))\underline{L}]+(1-\beta)L'$$

$$\sim \beta[U(L)\bar{L}+(1-U(L))\underline{L}] + (1-\beta)[U(L')\bar{L}+(1-U(L'))\underline{L}]$$

整理可看到，最后一个彩票在代数上等价于彩票

$$[\beta U(L)+(1-\beta)U(L')]\bar{L}+[1-\beta U(L)-(1-\beta)U(L')]\underline{L}$$

换句话说，下面这两个复合彩票的简化彩票是相同的：一个复合彩票是在该复合彩票中，彩票 $U(L)\bar{L}+(1-U(L))\underline{L}$ 出现的概率为 β，彩票 $U(L')\bar{L}+(1-U(L'))\underline{L}$ 出现的概率为 $(1-\beta)$；另外一个复合彩票是在该复合彩票中，彩票 $\bar{L}$ 出现的概率为 $\beta U(L)+(1-\beta)U(L')$，彩票 $\underline{L}$ 出现的概率为 $[1-\beta U(L)-(1-\beta)U(L')]$。因此

$$\beta L+(1-\beta)L' \sim [\beta U(L)+(1-\beta)U(L')]\bar{L}+[(1-\beta U(L)-(1-\beta)U(L')]\underline{L}$$

根据第 4 步中 $U(\cdot)$ 的构造，我们有

$$U(\beta L+(1-\beta)L')=\beta U(L)+(1-\beta)U(L')$$

这正是我们想要的。

第 1 步到第 5 步合起来，就证明了代表$\succsim$的具有期望效用形式的效用函数的存在性。■

期望效用理论的讨论

期望效用理论的第一个优点是技术上的：它非常易于用于分析。可能正是因为这个原因，才使得期望效用理论在经济学中无处不在。如果不使用期望效用，很多问题的分析将非常艰难。正如我们已经指出的，本书以后的内容和这个理论密切相关。稍后我们将考察期望效用在分析上的一些用途。

这个定理的第二个优点是规范性的：期望效用能提供有价值的行为指导。人们通常发现难以系统地思考带有风险的备选物。但是如果某人相信他的选择应该满足期望效用定理的公理基础（尤其是独立性公理），那么他就可以使用这个定理来指导他的决策过程。这一点可用例 6. B. 1 说明。

例 6. B. 1：作为内省指南（guide to introspection）的期望效用。某个决策者也许不能判断他在图 6. B. 6 中画出的彩票 L 和 L' 的偏好顺序。这两个彩票离得太近了，涉及的概率之差太小了，无法很好把握。然而，如果该决策者相信他的偏好应该满足期望效用定理的假设，那么他可以考察彩票 L''，L'' 位于由 L 和 L' 张成的直线上，但它与 L 的距离（比 L' 与 L 的距离）明显更远。彩票 L'' 可能不是个可行的选择，但是如果他能确定 $L''\succ L$，那么他就能断定 $L'\succ L$。的确，如果 $L''\succ L$，那么存在一条无差异曲线将 L'' 和 L 分开，如图所示。根据无差异曲线是一族平行直线的事实可知，也存在着一条无差异曲线将 L' 和 L 分开，因此 $L'\succ L$。注

意，如果仅根据第 1 章的一般选择理论，我们是无法作出上述推断的，这是因为如果不使用期望效用理论的假设，无差异曲线未必是直线（在一般的无差异图中，我们完全可以有 $L'' \succ L$ 且 $L \succ L'$）。

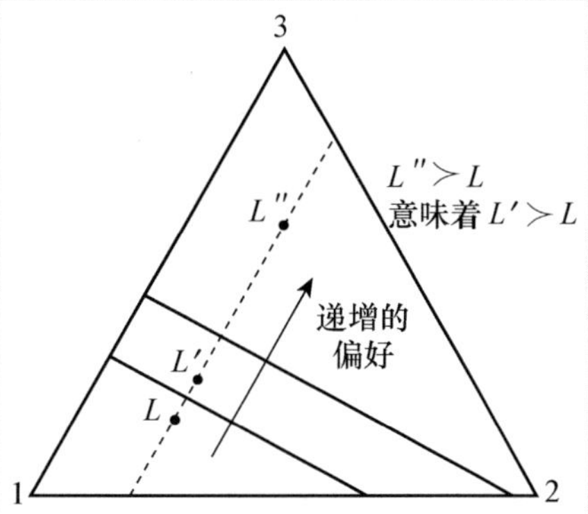

图 6. B. 6　作为内省指南的期望效用

习题 6. B. 4 作为一个具体的例子，说明了如何使用期望效用理论作为内省指南。

然而，作为一个描述性理论，期望效用定理（以及它隐含的核心假设——独立性公理）也不是没有问题。例 6. B. 2 与例 6. B. 3 旨在检测它的合理性。

例 6. B. 2：阿莱悖论（Allais Paradox）。期望效用理论遭受的最早和最有名的挑战就是阿莱悖论［Allais（1953）］。这是个思想实验。有三种可能的货币奖品（因此结果数量为 $N=3$）：一等奖：250 万元；二等奖：50 万元；三等奖：0 元。

决策者面临着两个选择检验。第一个是他要在彩票 L_1 和彩票 L'_1 之间作出选择：

$$L_1 = (0, 1, 0) \qquad L'_1 = (0.10, 0.89, 0.01)$$

第二个是他要在彩票 L_2 和彩票 L'_2 之间作出选择：

$$L_2 = (0, 0.11, 0.89) \qquad L'_2 = (0.10, 0, 0.90)$$

我们将上述四个彩票用单纯形表示，如图 6. B. 7 所示。

被调查者通常说他们的偏好是 $L_1 \succ L'_1$ 和 $L'_2 \succ L_2$。① 第一个选择意味着当个人面临着能确定得到 50 万元的彩票，以及能以 1/10 的概率得到 250 万元但有微小风险得到 0 元的彩票时，他更偏好前者。第二个选择意味着，当个人面临着能以 1/10 的概率得到 250 万元，以及能以稍微高点的概率（11/100）得到 50 万元的选择时，从各方面考虑后，他偏好前者。

然而，这些选择与期望效用不一致。从图 6. B. 7 可以看清这一点：连接 L_1 和 L'_1 的直线与连接 L_2 和 L'_2 的直线是平行的。因此，如果某个人的某条线性无差异曲线使得 L_1 比 L'_1

① 我们用学生做过此实验，大概有一半的学生作出了这样的选择。

更受偏好，那么与该曲线平行的另外一条线性无差异曲线必定使得 L_2 比 L'_2 更受偏好，反之则反是。因此，选择 L_1 和 L'_2 与满足期望效用理论假设的偏好不一致。

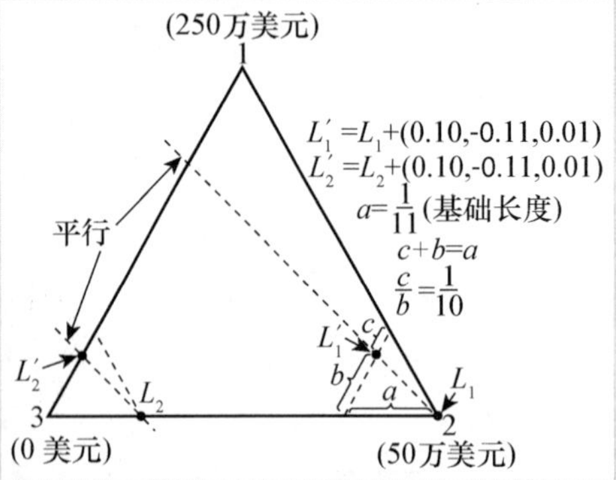

图 6. B. 7 阿莱悖论的单纯形表示

更正式地，假设存在一个冯·诺依曼-摩根斯坦期望效用函数。将这三个结果分别记为 u_{25}，u_5 和 u_0。那么 $L_1 \succ L'_1$ 这个选择意味着

$$u_5 > (0.10)u_{25} + (0.89)u_5 + (0.01)u_0$$

将上式两侧同时加上 $(0.89)u_0 - (0.89)u_5$，可得

$$(0.11)u_5 + (0.89)u_0 > (0.10)u_{25} + (0.90)u_0$$

因此，拥有冯·诺依曼-摩根斯坦期望效用函数的任何个人的偏好必定为 $L_2 \succ L'_2$。■

人们对阿莱悖论的反应常见的有四种。第一种反应是由马萨科和萨维奇(J. Marshack and L. Savage) 提出的，它回归到了期望效用理论的规范性解释。它认为不确定性下的选择行为是个自省活动，在这个活动中如果人们发现他们的行为不符合蕴涵在独立性公理中的基本原理，那么他们会改正错误（非常类似于改正算术上的错误）。

第二种反应认为对经济学整体来说，阿莱悖论的意义有限，因为这个悖论涉及的收益比较罕见，概率也比较罕见（接近于 0 和 1）。

第三种反应是，试图把阿莱悖论与将偏好定义在某些更大和更复杂的目标上（而不是仅仅定义在有关结果的彩票上）的理论相容。例如，决策者可能不仅评价他的所得，还要把他的所得与在其他选择中的可能所得进行比较。这就得到了**后悔理论** (regret theory)。在阿莱悖论这个例子中，我们可能有 $L_1 \succ L'_1$，这是因为我们本来可以选择确保得到 50 万元的 L_1，但如果选择了 L'_1 又不幸一无所获，我们会后悔死了。由于害怕后悔，所以我们选择了 L_1。另外，当我们面对 L_2 和 L'_2 的选择时，没有这样明确的潜在后悔存在，因为在这两个彩票中，我们都很有可能一无所获。

第四种反应是仍然坚持原来的彩票选择定义域，但是放弃了独立性公理而是使用相对较弱的公理。习题 6. B. 5 进一步发展了这一点。

例 6. B. 3：马金纳悖论（Machina's paradox）。 考虑下面三个结果："去威尼斯旅游""看一部关于威尼斯的很棒电影""待在家里"。假设你偏好第一个胜于第二个，偏好第二个胜于第三个。

现在你面临从两个彩票中选择一个的机会。第一个彩票是"去威尼斯旅游"的概率为 99.9%和"看一部关于威尼斯的很棒电影"的概率为 0.1%。第二个彩票是"去威尼斯旅游"的概率为 99.9%和"待在家里"的概率为 0.1%。根据独立性公理，你应该选择第一个彩票而不是第二个。然而，如果你选择第二个而不是第一个也是可以理解的。在下列情形下选择第二个彩票是理性的：如果你预期如果去不成威尼斯，你在其他两个结果上的偏好将会发生变化——你十分**失望**（disappointed）从而非常讨厌看关于威尼斯的电影。

失望这个思想类似于阿莱悖论中的后悔思想，但它们存在着区别。这两个思想都涉及"可能发生（但未发生）的结果"对福利水平的影响，正因如此，它们与独立性公理矛盾。但是失望思想更为直接地涉及：如果彩票的另外一个结果发生，情形将会怎么样；而后悔思想涉及的是对原本可以选择某个彩票但未选择而导致的后悔。■

由于上面两个例子中的现象不符合独立性公理，探索不依赖于独立性公理的不确定性情形下的选择理论成为一个活跃研究领域［参见 Machina（1987）；Hey 和 Orme（1994）］。然而，大多数经济学家仍然广泛使用期望效用理论。

有人认为违背独立性公理的行为不具有显著现实意义，他们认为这样的偏好会被市场淘汰，因为他们容易接受"荷兰赌"（Dutch books），在这样的交易中，他们总是必定输钱。例如，有三个彩票，它们满足 $L \succ L'$ 和 $L \succ L''$，但违背独立性公理，即对于某个 $\alpha \in (0,1)$，有 $\alpha L' + (1-\alpha) L'' \succ L$。那么，当决策者的初始状态是拥有彩票 L 时，他会愿意花点钱用自己的 L 交换别人的复合彩票 $\alpha L' + (1-\alpha) L''$［即该复合彩票以概率 α 产生 L' 并以概率 $(1-\alpha)$ 产生 L''］。但是，当博彩第一阶段结束时，他会得到 L' 或 L''。由于该决策者更偏爱 L，我们又可以让他花点钱换回 L。因此，在这个时点上，他已经花了两次钱，但是除了回到他的初始状态外他什么也没得到。

这也许可以说明偏好关系 $\succsim$ 的劣势集合（not-better-than sets of $\succsim$）为凸的原因，这一集合为凸是指若 $L \succsim L'$ 和 $L \succsim L''$ 则 $L \succsim \alpha L' + (1-\alpha) L''$。这个性质蕴涵在独立性公理之中，但是比独立性公理弱。荷兰赌的论据也可以用于证明独立性公理，当然这个证明要复杂得多［参见 Green（1987）］。

最后，在运用期望效用理论时必须保留一点谨慎心理，因为在很多现实情形

中，不确定性的最终结果会受到个人行动的影响。这些行动通常应该被外在地模型化，但未被模型化。例 6. B. 4 说明了其中涉及的问题。

例 6. B. 4：引致偏好。有人请你吃晚饭，你已经知道晚饭吃鱼（F）或者吃肉（M）。你想买瓶酒带过去与大家一起喝：如果吃鱼你应该买白酒，如果吃肉你应该买红酒。你必须在不确定性（吃鱼还是吃肉）消失之前买酒。

现在假设红酒和白酒的价格相同，你在 F 和 M 之间也是无差异的。如果你认为可能的结果是 F 和 M，那么在确定给出 F 的彩票和确定给出 M 的彩票之间，你显然是无差异的。于是，独立性公理似乎要求你对于各以 1/2 概率给出 F 和 M 的彩票也是无差异的。但显然你对该彩票不是无差异的，因为确切知道主人请吃 F 或 M 能让你买到正确的酒，然而，如果你不确定吃什么，那么你要么购买两种酒要么有 1/2 的可能性买错酒。

然而这个例子与独立性公理并不矛盾。为了使用这个公理，我们必须建立下面这样的决策框架，它要能使得决策者从任一结果得到的满足程度，不取决于决策者在不确定性消失之前采取的任何行动。因此，**事前行动不应该引致或产生偏好。**① 此处，行动“买到一瓶酒”是在晚餐的不确定性（F 或 M）消失之前采取的，是事前行动。

为了将这种情形纳入分析框架，我们必须将事前行动作为结果描述的一部分。例如，这个例子存在四个结果：“吃 M 时带红酒”“吃 M 时带白酒”“吃 F 时带红酒”“吃 F 时带白酒”。对于晚餐吃什么这种任何潜在的不确定性，你的行动选择引致了分布在这些结果上的一个彩票。在这个框架内，根据独立性公理，你自然对下列彩票是无差异的：“吃 M 和带红酒”、“吃 F 和带白酒”或介于上述两个结果之间的任何彩票。■

尽管引致偏好与期望效用理论的假设并不矛盾，因此它不是个严重的概念上的问题，然而引致偏好的这个例子表明，期望效用理论在实践应用中存在着一些问题。这个例子说明了下列事实：在现实中，很多经济情形不符合期望效用理论的纯粹框架，在某种程度上偏好几乎总是引致的。②

期望效用定理的确对引致偏好施加了某种结构。例如，假设结果的完全集为 $B\times A$，其中 $B=\{b_1, \cdots, b_N\}$ 是外生随机性可能实现集，A 为决策者的可能（事前）行动集。在期望效用定理的条件下，对于每个 $a\in A$ 和 $b_n\in B$，我们可以对结果 (b_n, a) 赋予某个效用值 $u_n(a)$。于是，对于 B 上的每个外生彩票 $L=(p_1, \cdots, p_N)$，我们可以通过使得下列期望效用最大化来定义引致效用函数：

① 事后采取的行动不会产生问题。例如，假设在不确定性消失之后决策者采取行动 a_n，他从结果 n 中得到的效用为 $u_n(a_n)$。因此，决策者选择 a_n 来最大化 $\text{Max}_{a_n\in A_n} u_n(a_n)$，其中 A_n 是当结果 n 发生时的可能行动集。我们可以令 $u_n=\text{Max}_{a_n\in A_n} u_n(a_n)$，然后像在期望效用理论中一样评价基于 N 个结果之上的彩票。

② 例如，如果某种彩票的结果是你明天能得到的钱数，考虑你对这种彩票的偏好。除非你对今天消费和明天消费的偏好是加性可分的（additively separable），否则，你在今天消费多少钱的决策（必须在明天财富这个不确定性消失之前作出的决策），将会影响你在这些彩票上的偏好，这违背了独立性公理。

$$U(L)=\operatorname*{Max}_{a\in A}\sum_n p_n u_n(a)$$

在习题 6.B.6 中，你要证明 $U(L)$ 这个定义在 $\mathscr{L}$ 上的函数尽管未必是线性的，但它总是凸的，即

$$U(\alpha L+(1-\alpha)L')\leqslant \alpha U(L)+(1-\alpha)U(L')$$

图 6.B.8 画出的是在概率单纯形（$N=3$）中的引致偏好的无差异图。

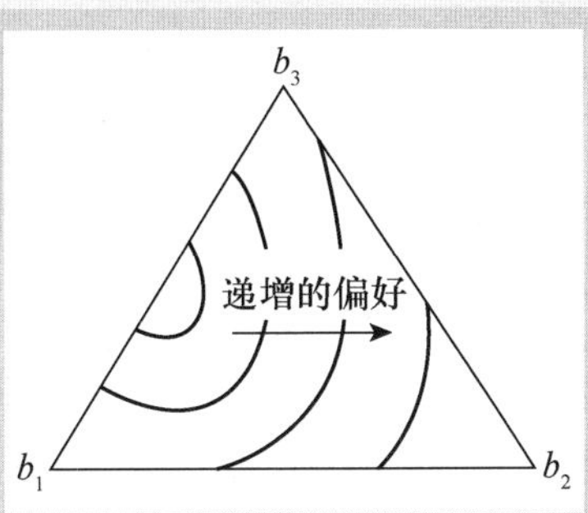

图 6.B.8　对于 $B=\{b_1, b_2, b_3\}$ 上彩票的引致偏好，画出了它的无差异曲线

6.C　货币性彩票与风险厌恶

在很多经济环境中，个人似乎是厌恶风险的。在本节，我们正式给出**风险厌恶**（risk aversion）的概念，然后研究它的一些性质。

从本节开始直到本章结尾，我们重点研究结果为货币量的彩票。货币结果有个优点，即可以视为连续变量。严格来说，6.B 节给出的期望效用函数假设结果的数量是有限的。然而，我们可以将这个理论扩展到无限情形，当然，分析的难度也稍微有所增加。我们首先简要讨论这种扩展。

分布在货币结果上的彩票与期望效用框架

假设我们用连续变量 x 表示货币量。我们可以用**累积分布函数**（cumulative distribution function）F：$\mathbb{R}\to[0, 1]$ 描述货币彩票。也就是说，对于任何 x，$F(x)$ 是实现收益小于或等于 x 的概率。注意，如果某个彩票的分布函数具有相应的密度函数 $f(\cdot)$，那么对于所有 x，我们均有 $F(x)=\int_{-\infty}^{x}f(t)dt$。与使用密度函数描述彩票相比，使用分布函数描述彩票具有一个优点，它是完全一般性的，因为它可以包含结果集为离散的情形。例如，某个彩票只有三个货币结果的概率为正的情形可用图 6.C.1 表示。

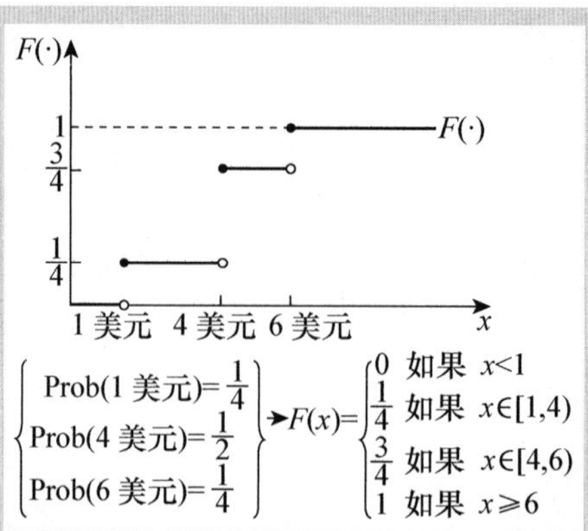

图 6.C.1　分布函数

注意，分布函数保留了彩票的线性结构（密度函数也能保留）。例如，由复合彩票（L_1，…，L_K；α_1，…，α_K）引致的货币最终分布，正是构成该复合彩票的每个彩票引致的分布的加权平均：$F(x)=\sum_k \alpha_k F_k(x)$，其中 $F_k(\cdot)$ 是彩票 L_k 的收益的分布。

从现在起，我们将使用分布函数来描述基于货币结果之上的彩票。因此，我们将彩票空间 L 视为在非负货币量上（或更一般地，在区间 $[a,+\infty)$ 上）的所有分布函数组成的集合。

与 6.B 节一样，我们首先引入一个决策者，他的理性偏好$\succsim$定义在$\mathscr{L}$之上。将期望效用定理应用到由连续变量定义的结果之后，我们看到在这个定理的假设条件之下，对于非负货币量可以赋予效用值 $u(x)$，使得任何 $F(\cdot)$ 均可用具有下列形式的效用函数$U(\cdot)$评估：

$$U(F)=\int u(x)dF(x) \tag{6.C.1}$$

式（6.C.1）是当前环境下的期望效用形式。冯·诺依曼-摩根斯坦效用函数 $U(\cdot)$ 是效用 $u(x)$ 在 x 实现值上的数学期望。此处，我们用 $u(x)$ 代替了 6.B 节离散情形下的（u_1，…，u_N）。注意，和以前一样，$U(\cdot)$ 是 $F(\cdot)$ 的线性函数。①

期望效用表示式的优点是它保留了非常有用的期望形式，而且同时使得货币彩票的效用不仅对均值敏感，还对货币收益分布的高阶矩敏感。（在习题 6.C.2 中，我们举出了一个二次型的例子进行说明。）

注意，定义在彩票上的效用函数 $U(\cdot)$ 与定义在确定货币量上的效用函数 $u(\cdot)$ 是不同的，这一区分非常重要。由于这个原因，我们将 $U(\cdot)$ 称为**冯·诺**

① 给定分布函数 $F(x)$，函数 $\phi(x)$ 的期望值为 $\int\phi(x)dF(x)$。当 $F(\cdot)$ 有相应的密度函数 $f(x)$ 时，这个式子正好等于 $\int\phi(x)f(x)dx$。还要注意：为了符号上的简便，当积分区间是 x 可能值的整个区间时，我们不明确写出积分上下限。

依曼-摩根斯坦期望效用函数，将 $u(\cdot)$ 称为**伯努利效用函数**（Bernoulli utility function）。①

尽管6.B节的一般公理给出了期望效用的表示式，但它们没有对伯努利效用函数$u(\cdot)$施加任何限制。在很大程度上，期望效用式的分析能力取决于我们对伯努利效用函数 $u(\cdot)$ 施加的规定，使得它能描述选择行为的经济性质。在最简单的层面上，在当前货币彩票环境下，规定 $u(\cdot)$ 为递增且连续的是合理的。从现在起，我们保留这两个假设。②

6

我们还可以对伯努利效用函数 $u(\cdot)$ 施加另外一个限制，即假设它是有上界和下界的（有界性），这个假设合理性的论证比较微妙。为了说明 $u(\cdot)$ 有上界这个假设是合理的 [$u(\cdot)$ 有下界的论证类似]，我们使用著名的**圣彼得堡-门格尔悖论**（St. Petersburg-Menger paradox）。假设 $u(\cdot)$ 无上界，因此对于每个整数 m，均存在一个货币量 x_m 使得 $u(x_m)>2^m$。考虑下面的彩票：我们重复投掷一枚硬币直至反面向上。如果直到第 m 次投掷反面才向上，彩票提供的货币收益为 x_m。由于这个结果的概率为 $1/2^m$，这个彩票的期望效用为 $\sum_{m=1}^{\infty} u(x_m)(1/2^m) \geq \sum_{m=1}^{\infty}(2^m)(1/2^m)=+\infty$。但是这意味着个人为了这个彩票愿意放弃他的所有财富，这显然是荒谬的。(你愿意付多少钱?)③

本节的余下部分将重点考察风险厌恶的性质，分析如何使用伯努利效用函数 $u(\cdot)$ 表示风险厌恶以及如何衡量风险厌恶程度。④

风险厌恶及其衡量

风险厌恶的概念为经济分析提供了一个极其重要的工具，在本书中当我们处理不确定情形时，总是假设个体是风险厌恶的。我们首先讨论风险厌恶的一般性定义，这个定义没有假设期望效用形式。

定义 6.C.1：如果对于某个决策者来说，对于任何彩票 $F(\cdot)$，他认为能确定产生金额 $\int x dF(x)$ 的退化彩票至少与彩票 $F(\cdot)$ 本身一样好，我们就说该决策者是个**风险厌恶者**或者说他是**风险厌恶的**（risk averse）。如果决策者在这两个彩票之间总是 [即对于任何 $F(\cdot)$] 无差异的，我们就说他是**风险中性的**（risk neutral）。最后，如果仅当这两个彩票是相同的 [即当 $F(\cdot)$ 是退化的] 时，决策者才认为

① 这个术语是不标准的。文献上通常将 $u(\cdot)$ 称为冯·诺依曼-摩根斯坦效用函数或期望效用函数。为避免混淆，我们希望能给 $u(\cdot)$ 函数起个具体名字，因为丹尼尔·伯努利首先使用了这个函数，我们就将其称为伯努利函数。

② 在应用中，我们有时假设在 $x=0$ 处有 $u(0)=-\infty$。这样，在 $x=0$ 处，伯努利函数就不再是连续的。

③ 在实践中，人们常用的大多数效用函数都不是有界的。由于在具体应用中，建模者使用的分布类型是有限的，这样就避免了这些悖论。还要注意，如果我们坚持把 $u(\cdot)$ 定义在 $(-\infty, +\infty)$ 上，那么任何 $u(\cdot)$ 只要它不是常数，就不可能既是凹的又是有界的（有上界和下界）。

④ 这个领域的经典参考文献是 Arrow（1971）和 Pratt（1964）。

这两个彩票无差异，那么我们说他是**严格厌恶风险的**（strictly risk averse）。

如果偏好能用伯努利效用函数 $u(x)$ 的期望效用表示，那么从风险厌恶的定义直接可以推知：决策者是风险厌恶的当且仅当

$$\int u(x)dF(x) \leqslant u\left(\int xdF(x)\right) \text{ 对于所有 } F(\cdot) \text{ 均成立} \tag{6.C.2}$$

式（6.C.2）称为**詹森不等式**（Jensen's inequality），它是凹函数具有的性质。（参见数学附录中的 M.C 节。）因此，在期望效用理论的情形中，我们看到**风险厌恶等价于函数 $u(\cdot)$ 是凹的**。这是合理的。严格凹性表示货币的边际效用是递减的。因此，在任何财富水平 x 上，额外一美元钱带来的效用增加量，小于减少一美元钱带来的效用减少量（绝对值）。由此可知，如果赢得一美元钱和输掉一美元钱的概率是相同的，那么这样的风险不值得去冒。如图 6.C.2（a）所示，在该图中我们考虑的是一个涉及赢取或输掉 1 美元钱的赌博，初始位置为 2 美元。这个博弈的（冯·诺依曼-摩根斯坦）效用 $\frac{1}{2}u(1)+\frac{1}{2}u(3)$ 严格小于初始确定位置的效用 $u(2)$。

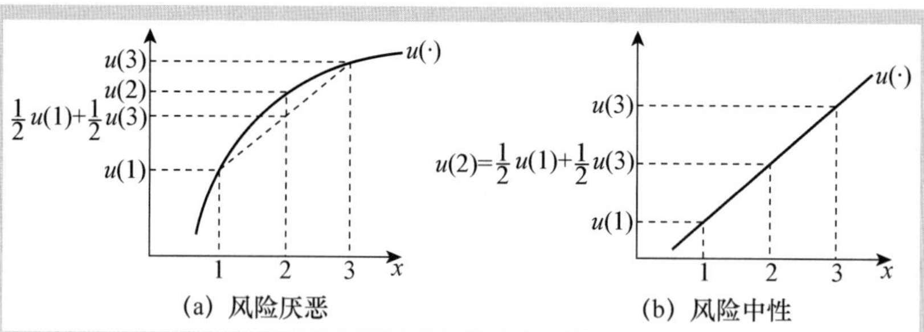

图 6.C.2

对于风险中性的期望效用最大化者来说，对于所有的 $F(\cdot)$，式（6.C.2）必定都是以**等式**成立。因此，决策者是风险中性的当且仅当货币的伯努利效用函数 $u(\cdot)$ 是线性的。图 6.C.2（b）画出了上一段中那个博弈对于风险中性个人来说的（冯·诺依曼-摩根斯坦）效用。在此图中，个人对产生平均财富水平为 2 美元的赌博和确定的财富水平 2 美元是无差异的。定义 6.C.2 引入了用于分析风险厌恶的两个有用概念。

定义 6.C.2：给定一个伯努利效用函数 $u(\cdot)$，我们定义下列概念：

（i）$F(\cdot)$ 的**确定性等价**（certainty equivalent），记为 $c(F, u)$，是指一笔货币量，它使得个人在赌博 $F(\cdot)$ 和确定性金额 $c(F, u)$ 之间是无差异的；也就是，

$$u(c(F,u)) = \int u(x)dF(x) \tag{6.C.3}$$

（ⅱ）对于任何固定的货币量 x 和正数 ε，**概率溢价**（probability premium），记为 $\pi(x,\varepsilon,u)$，是指获胜的概率超过公平概率的那部分，它（指概率溢价）使得个人对下列两种结果的概率是无差异的：一是确定性结果 x；二是介于结果 $x+\varepsilon$ 和结果 $x-\varepsilon$ 之间的赌博。也就是说，

$$u(x)=(\frac{1}{2}+\pi(x,\varepsilon,u))u(x+\varepsilon)+(\frac{1}{2}-\pi(x,\varepsilon,u))u(x-\varepsilon) \qquad (6.\text{C}.4)$$

图 6.C.3 描述了这两个概念。在图 6.C.3（a）中，我们画出了概率在 1 美元和 3 美元之间均匀分布的赌博的 $c(F,u)$ 的几何构造。注意 $c(F,u)<2$，这意味着一部分期望收益被用于交换确定性。$c(F,u)\leqslant\int x dF(x)$ 对于所有 $F(\cdot)$ 都成立这个事实，实际上等价于决策者是个风险厌恶者。为了看清这一点，注意到：由于 $u(\cdot)$ 是非减的，我们有

$$c(F,u)\leqslant\int x dF(x)\Leftrightarrow u(c(F,u))\leqslant u\left(\int x dF(x)\right)\Leftrightarrow\int u(x)dF(x)$$
$$\leqslant u\left(\int x dF(x)\right)$$

其中最后一个 $\Leftrightarrow$ 可由 $c(F,u)$ 的定义推知。

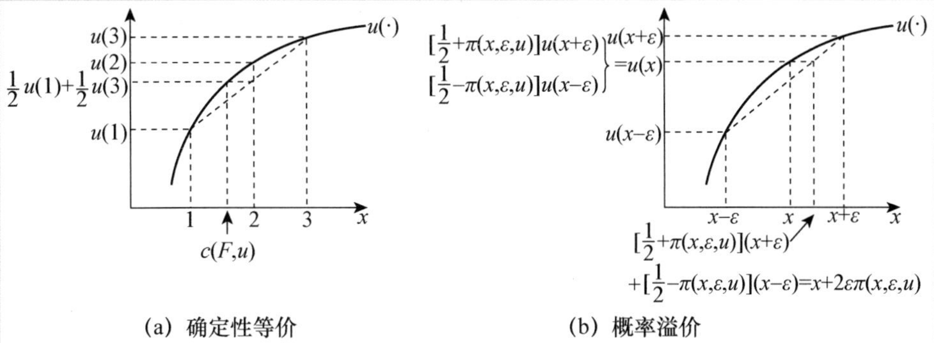

图 6.C.3

在图 6.C.3（b）中，我们画出了 $\pi(x,\varepsilon,u)$ 的几何构造。我们可以看到 $\pi(x,\varepsilon,u)>0$；也就是说，为了让个人接受风险，必须给予他好于公平概率的概率。事实上，$\pi(x,\varepsilon,u)\geqslant0$ 对于所有 x 和 $\varepsilon>0$ 均成立这个事实，也等价于决策者是个风险厌恶者（参见习题 6.C.3）。

我们将上述这些要点正式地总结在命题 6.C.1 中。

命题 6.C.1：假设某个决策者是期望效用最大化者，他在货币量上的效用函数是伯努利效用函数 $u(\cdot)$，那么下列性质是等价的：

（ⅰ）决策者是风险厌恶的。

（ⅱ）$u(\cdot)$ 是凹的。[①]

（ⅲ）$c(F,u)\leqslant\int xdF(x)$ 对于所有 $F(\cdot)$ 都成立。

（ⅳ）$\pi(x, \varepsilon, u)\geqslant 0$ 对于所有 x 和 $\varepsilon>0$ 都成立。

例 6. C. 1 到例 6. C. 3 说明了如何使用风险厌恶的概念。

6

例 6. C. 1：保险。假设某个严格厌恶风险的决策者的初始财富为 w，他面临着遭受 D 美元损失的风险。这个风险的发生概率为 π。然而，这个决策者可以购买保险。一单位保险的价格为 q 元，在出险时保险公司赔偿 1 美元。因此，如果决策者购买了 α 单位保险，那么该决策者的财富为：$w-\alpha q$（若风险不发生）；或 $w-\alpha q-D+\alpha$（若风险发生）。另外，请注意（为了稍后讨论使用），该决策者的期望财富为 $w-\pi D+\alpha(\pi-q)$。决策者的问题是选择 α 的最优水平。因此，他的效用最大化问题为

$$\operatorname*{Max}_{\alpha\geqslant 0}(1-\pi)u(w-\alpha q)+\pi u(w-\alpha q-D+\alpha)$$

如果 α^* 是最优的，那么它必定满足一阶条件：

$$-q(1-\pi)u'(w-\alpha^* q)+\pi(1-q)u'(w-D+\alpha^*(1-q))\leqslant 0$$

如果 $\alpha^*>0$，那么上式为等式。

现在假设一单位保险的价格 q 是**精算公平的**（actuarially fair），即它等于保险的期望成本。也就是说，$q=\pi$。那么，一阶条件要求

$$u'(w-D+\alpha^*(1-\pi))-u'(w-\alpha^*\pi)\leqslant 0$$

如果 $\alpha^*>0$，那么上式为等式。

由于 $u'(w-D)>u'(w)$，我们必定有 $\alpha^*>0$，因此

$$u'(w-D+\alpha^*(1-\pi))=u'(w-\alpha^*\pi)$$

由于 $u'(\cdot)$ 是严格递减的，这意味着

$$w-D+\alpha^*(1-\pi)=w-\alpha^*\pi$$

或等价地，

$$\alpha^*=D$$

因此，**如果保险是精算公平的，决策者会购买足额保险**。于是，不管风险是否发生，决策者的最终财富都为 $w-\pi D$。

我们对决策者购买完全保险结论的证明使用了一阶条件，这个条件具有启发性，但它并非真正必要的。注意，如果 $q=\pi$，那么对于任何 α，决策者的期望效用都为 $w-\pi D$。由于

---

① 回顾前面的知识，如果 $u(\cdot)$ 是二次可微的，则凹性等价于：对于所有 x 都有 $u''(x)\leqslant 0$。

$\alpha=D$ 允许他确定地得到财富 $w-\pi D$，风险厌恶的定义直接意味着这是 α 的最优水平。■

例 6.C.2：风险资产的需求。资产（asset）代表的是对未来金融报酬的可分割的（divisible）索取权。假设有两种资产：一种为安全资产，每投资 1 美元即可得到 1 美元的收益；另外一种为风险资产，每投资 1 美元得到的收益为随机性的 z 美元。假设随机收益 z 的分布函数 $F(z)$ 满足 $\int z dF(z)>1$；也就是说，它的平均收益大于上述安全资产的收益。

某个人可用于投资的初始财富为 w，这笔财富可以在两种资产之间任意分配。令投资于风险资产和金融资产的财富分别为 α 和 β。因此，对于任何实现了的随机收益 z，此人的投资组合（α，β）提供的收益为 $\alpha z+\beta$。当然，我们必定还有 $\alpha+\beta=w$。

此人的问题是如何选择 α 和 β。答案取决于 $F(\cdot)$，w 和伯努利效用函数 $u(\cdot)$。他的效用最大化问题为

$$\begin{aligned}&\underset{\alpha,\beta\geqslant 0}{\text{Max}}\int u(\alpha z+\beta)dF(z)\\&\text{s.t.}\ \alpha+\beta=w\end{aligned}$$

这个问题等价于 $\underset{\alpha\geqslant 0}{\text{Max}}\int u(w+\alpha(z-1))dF(z)$ s.t. $0\leqslant\alpha\leqslant w$。如果 α^* 是最优的，它必定满足库恩–塔克一阶条件①：

$$\phi(\alpha^*)=\int u'(w+\alpha^*[z-1])(z-1)dF(z)\begin{cases}\leqslant 0,\text{若 } \alpha^*<w\\\geqslant 0,\text{若 } \alpha^*>0\end{cases}$$

注意，$\int z dF(z)>1$ 意味着 $\phi(0)>0$。因此，$\alpha^*=0$ 不能满足上述一阶条件。我们断言最优投资组合有 $\alpha^*>0$。这个例子说明的一般原理是：如果风险在精算上是有利的，那么风险厌恶者总是至少解释少量风险。

如果保险在精算上是不公平的，这个原理也体现在例 6.C.1 中。在习题 6.C.1 中，你要证明如果 $q>\pi$，那么决策者不会购买足额保险（即接受一定风险）。■

例 6.C.3：一般财产问题。在上面的例子中，我们定义投资组合（α，β）的效用 $U(\alpha,\beta)$ 为 $U(\alpha,\beta)=\int u(\alpha z+\beta)dF(z)$。注意，此时 $U(\cdot)$ 是递增的、连续的和凹的。现在我们讨论一个重要的推广。我们假设有 N 种资产（其中一种可能为安全资产），其中资产 n 的收益为每投资 1 美元就得到 z_n 美元。这些收益的联合分布符合分布函数 $F(z_1,\cdots,z_N)$。于是，持有资产组合（α_1，…，α_N）的效用为

① 目标函数关于 α 是凹的，这是因为 $u(\cdot)$ 为凹意味着 $\int u''(w+\alpha(z-1))(z-1)^2 dF(z)\leqslant 0$。

$$U(\alpha_1,\cdots,\alpha_N)=\int u(\alpha_1 z_1+\cdots+\alpha_N z_N)dF(z_1,\cdots,z_N)$$

该资产组合效用函数定义在$\mathbb{R}_+^N$上，它也是递增的、连续的和凹的（参见习题 6.C.4）。这表示，我们可以将资产视为普通类型的商品，从而可以运用第 2 章和第 3 章建立的需求理论。特别地，注意风险厌恶是如何导致凸的（资产组合的）无差异曲线的。■

6

假设彩票的收益是实物商品向量而不是货币向量。于是，正式地，结果空间就是消费集$\mathbb{R}_+^L$（我们在前面的所有讨论都可以视为单一商品这种特殊情形）。在这个更一般的环境中，定义 6.C.1 给出的风险厌恶定义也是完全明确的。而且，如果存在一个伯努利效用函数 u：$\mathbb{R}_+^L\to\mathbb{R}$，那么风险厌恶仍然等价于 $u(\cdot)$ 是凹的。这样，我们找到了另外一条理由来说明第 3 章的凸性假设是合理的：在期望效用定理的假设下，如果对于以实物商品作为收益的任何彩票，决策者总是偏好确定性的平均商品束胜于该彩票本身，那么他对于完全确定数量的实物商品的偏好必定是凸的。

在习题 6.C.5 中，你要证明：如果彩票提供的收益是商品，决策者对于这些彩票的偏好具有风险厌恶特征，那么在给定的商品价格上，决策者在货币彩票上的引致偏好（其中消费决策是在财富实现之后作出的）也是风险厌恶的。因此，在理论上，我们完全可以将风险厌恶理论建立在更原始的彩票（这些彩票的收益是最终消费品）概念上。■

对风险厌恶的衡量

我们已经知道了风险厌恶的含义，现在我们试图衡量风险厌恶程度。我们首先定义一种非常有用的衡量方式，然后讨论它的一些性质。

定义 6.C.3：给定一个（二次可微的）关于货币的伯努利效用函数 $u(\cdot)$，点 x 上的阿罗-普拉特（Arrow-Pratt）绝对风险厌恶系数的定义为 $r_A(x)=-u''(x)/u'(x)$。

阿罗-普拉特衡量方法是怎么构思出来的？其中的想法可能是下面这样的：我们知道风险中性等价于 $u(\cdot)$ 是线性的，也就是说，对于所有 x 都有 $u(x'')=0$。因此，风险厌恶程度可能与 $u(\cdot)$ 的**曲率**（curvature）有关。例如，在图 6.C.4 中，我们画出了两个伯努利效用函数 $u_1(\cdot)$ 和 $u_2(\cdot)$，通过选择合适的原点和单位将它们标准化，使得它们在财富水平点 x 上拥有相同的效用值和边际效用值。考虑均值为 x 的微小风险的确定性等价，在 $u_2(\cdot)$ 的情形下这个确定性等价小于 $u_1(\cdot)$ 情形下的，这意味着风险厌恶程度随着伯努利效用函数在点 x 的曲率增大而增大。我们可用 $u''(x)$ 衡量伯努利效用函数 $u(\cdot)$ 在点 x 的曲率。然而，这不是一种充分合理的衡量方式，因为它在效用函数的正的线性变换下不能保持不变。为了保持不变性，最简单的改进方法是使用 $u''(x)/u'(x)$。如果我们改变它的符号，从而保证对于递增且凹的函数 $u(\cdot)$，我们得到的是正数，那么我们就得到了阿罗-普拉特衡量方法。

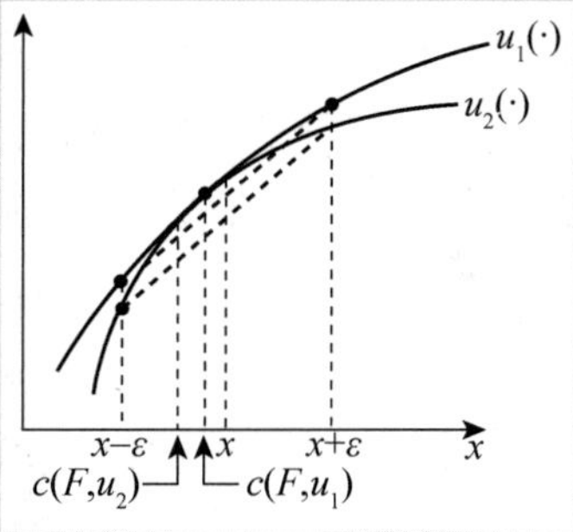

图 6.C.4　风险厌恶的不同程度

促使阿罗和普拉特将 $r_A(x)$ 作为风险厌恶程度衡量指标的更准确动机，是下面这样的：考虑一个固定的财富水平 x，研究概率溢价 $\pi(x, \varepsilon, u)$ 在 $\varepsilon \to 0$ 时的行为［为简单起见，我们将概率溢价写为 $\pi(\varepsilon)$］。对 $\pi(\cdot)$ 的定义式（6.C.4）关于 ε 微分两次［假设 $\pi(\cdot)$ 是可微的］，并计算它在 $\varepsilon=0$ 时的值，可得 $4\pi'(0)u'(x)+u''(x)=0$。因此，

$$r_A(x) = 4\pi'(0)$$

因此，$r_A(x)$ 衡量的是在某个具体的点上，概率溢价随着微小风险（以 ε 衡量）增大而增大的速率。[①] 随着我们介绍的展开，我们将发现阿罗-普拉特衡量指标的其他相关解释。

注意，除了两个积分常数外，效用函数 $u(\cdot)$ 可以通过将 $r_A(\cdot)$ 积分两次而还原出来。积分常数是无关的，因为除了两个常数（原点和单位）之外，伯努利效用已被识别出。因此，阿罗-普拉特风险厌恶衡量指标 $r_A(\cdot)$ 能完全刻画不确定性情形下的行为。

例 6.C.4： 考虑效用函数 $u(x)=-e^{-ax}$，其中 $a>0$。于是，$u'(x)=ae^{-ax}$，$u''(x)=-a^2e^{-ax}$。因此，对于所有 x，$r_A(x, u)=a$。从我们前面的结论可知，使得阿罗-普拉特绝对风险厌恶衡量指标在所有点 x 上都等于常数 a 的伯努利效用函数的一般形式为 $u(x)=-\alpha e^{-ax}+\beta$，其中 $\alpha>0$。■

一旦我们有了风险厌恶衡量方法，我们就可以将其用于比较静态练习。我们常遇到的情形有两种：一是比较拥有不同效用函数的不同个人的风险态度；二是比较同一个人在不同财富水平上的风险态度。

---

① 类似地，我们可以将 $r_A(\cdot)$ 与确定性等价随着某具体点处的微小风险微小增加的变化联系起来，参见习题 6.C.20。

6

不同个人之间的比较

给定两个伯努利效用函数 $u_1(\cdot)$ 和 $u_2(\cdot)$，何时我们能说 $u_2(\cdot)$ 的风险厌恶程度肯定比 $u_1(\cdot)$ 的大？下面几种定义方法似乎都是可行的：

（ⅰ）$r_A(x, u_2) \geq r_A(x, u_1)$ 对于每个 x 均成立。

（ⅱ）存在递增的凹函数 $\psi(\cdot)$ 使得 $u_2(x)=\psi(u_1(x))$ 对于所有 x 均成立；也就是说，$u_2(\cdot)$ 是 $u_1(\cdot)$ 的凹的变换。[换句话说，$u_2(\cdot)$ 比 $u_1(\cdot)$"更凹"。]

（ⅲ）$c(F, u_2) \leq c(F, u_1)$ 对于任何 $F(\cdot)$ 均成立。

（ⅳ）$\pi(x, \varepsilon, u_2) \geq \pi(x, \varepsilon, u_1)$ 对于任何 x 和 ε 均成立。

（ⅴ）只要 $u_2(\cdot)$ 发现彩票 $F(\cdot)$ 至少和无风险结果 $\bar{x}$ 一样好，$u_1(\cdot)$ 就会发现 $F(\cdot)$ 至少与 $\bar{x}$ 一样好。也就是说，$\int u_2(x)dF(x) \geq u_2(\bar{x})$ 蕴涵着 $\int u_1(x)dF(x) \geq u_1(\bar{x})$ 对于任何 $F(\cdot)$ 和 $\bar{x}$ 成立。①

事实上，这五种定义是等价的。

命题 6.C.2："比……更厌恶风险关系"的上述五种定义是等价的。

证明：我们不打算提供完整证明（在习题 6.C.6 和习题 6.C.7 中你要自行证明一些）。在此处，我们将证明（ⅰ）和（ⅱ）在微分假设下的等价性。

首先注意，对于某个递增函数 $\psi(\cdot)$，我们总有 $u_2(x)=\psi(u_1(x))$；这是正确的，原因在于 $u_1(\cdot)$ 和 $u_2(\cdot)$ 在序数上是相同的（决策者偏好钱多胜于钱少）。微分可得

$$u'_2(x) = \psi'(u_1(x))u'_1(x)$$

和

$$u''_2(x) = \psi'(u_1(x))u''_1(x) + \psi''(u_1(x))\,(u'_1(x))^2$$

将第二个式子的两侧同除以 $u'_2(x)>0$，然后再使用第一个式子，可得

$$r_A(x,u_2) = r_A(x,u_1) - \frac{\psi''(u_1(x))}{\psi'(u_1(x))}u'_1(x)$$

因此，$r_A(x, u_2) \geq r_A(x, u_1)$ 对于所有 x 均成立，当且仅当对于值域 $u_1(\cdot)$ 上的所有 u_1 都有 $\psi''(u_1) \leq 0$。■

"比……更厌恶风险"这个关系是伯努利效用函数的一个**偏序**（partial ordering）；它是传递的，但远不是完备的。一般来说，两个伯努利效用函数 $u_1(\cdot)$ 和 $u_2(\cdot)$ 通常是不可比较的；也就是说，在某些点 x 上，我们有 $r_A(x, u_1) > r_A(x, u_2)$；但在另外一些点 $x' \neq x$ 上，$r_A(x', u_1) < r_A(x', u_2)$。

① 换句话说，从任何一个确定位置开始的任何风险若能被 $u_2(\cdot)$ 接受，那么它必定也能被 $u_1(\cdot)$ 接受。

例 6.C.2 续：我们再来看例 6.C.2 中的安全资产和风险资产的组合问题。现在假设有两个人，他们的伯努利效用函数分别为 $u_1(\cdot)$ 和 $u_2(\cdot)$，分别用 α_1^* 和 α_2^* 表示他们在风险资产上的最优投资额。此处我们需要证明如果 $u_2(\cdot)$ 比 $u_1(\cdot)$ 更厌恶风险，那么 $\alpha_2^* < \alpha_1^*$；也就是说，第二个决策者对风险资产的投资金额小于第一个决策者。

在前面的讨论中，我们已经知道 $u_1(\cdot)$ 的资产分配问题为

$$\underset{0\leqslant\alpha\leqslant w}{\text{Max}} \int u_1(w-\alpha+\alpha z)dF(z)$$

假设这个问题存在内部解，那么它的一阶条件为

$$\int(z-1)u_1'(w+\alpha_1^*[z-1])dF(z)=0 \tag{6.C.5}$$

类似地，对于效用函数 $u_2(\cdot)$，有

$$\phi_2(\alpha_2^*)=\int(z-1)u_2'(w+\alpha_2^*[z-1])dF(z)=0 \tag{6.C.6}$$

我们已经知道，$u_2(\cdot)$ 为凹意味着 $\phi_2(\cdot)$ 是递减的。因此，如果我们证明了 $\phi_2(\alpha_1^*)<0$，必定可以推知 $\alpha_2^*<\alpha_1^*$，这正是我们想要的结果。现在，由于 $u_2(x)=\psi(u_1(x))$，我们可以将 $\phi_2(\alpha_1^*)$ 写为

$$\phi_2(\alpha_1^*)=\int(z-1)\psi'(u_1(w+\alpha_1^*[z-1]))u_1'(w+\alpha_1^*[z-1])dF(z)<0 \tag{6.C.7}$$

为了理解最后一个不等式，注意式（6.C.7）的被积部与式（6.C.5）的被积函数相同，只不过它乘以了函数 $\psi'(\cdot)$。$\psi'(\cdot)$ 是 z 的正的递减函数［回忆 $u_2(\cdot)$ 比 $u_1(\cdot)$ 更厌恶风险表示递增函数 $\psi(\cdot)$ 是凹的；也就是说，$\psi'(\cdot)$ 是正的和递减的］。因此，在积分（6.C.7）中，相对于 $(z-1)u_1'(w+\alpha_1^*[z-1])$ 的负值（$z<1$ 时），正值（$z>1$ 时）的分量被缩小。由于在积分（6.C.5）中，被积部中的正数部分和负数部分之和为零，式（6.C.7）必定为负。这样就得到了我们想要的不等式。■

不同财富水平之间的比较

人们通常认为富人比穷人更愿意承担风险。尽管这可能是由于富人和穷人的效用函数不同而造成的，然而这种差异的根源更可能在于，富人更有可能“有能力冒一下险”。因此，我们将考察定义 6.C.4 中的条件的含义。

定义 6.C.4：如果 $r_A(x, u)$ 是 x 的递减函数，则货币的伯努利效用函数 $u(\cdot)$ 是**绝对风险厌恶递减的**（decreasing absolute risk aversion）。

如果某个人的偏好满足绝对风险厌恶递减性质，那么当他变得富有时，他能承担更大的风险。考虑两个初始财富水平 $x_1>x_2$。以 z 表示财富的增加量或减少量。于是此人将分别使用引致伯努利效用函数 $u_1(z)=u(x_1+z)$ 和 $u_2(z)=u(x_2+z)$ 来评估 x_1 和 x_2 处的风险。那么如何比较某个人在不同财富水平上的风险态度？方

法类似于我们在前面讨论过的不同个人风险态度的比较，即比较效用函数 $u_1(\cdot)$ 和 $u_2(\cdot)$。如果 $u(\cdot)$ 是绝对风险厌恶递减的，那么 $r_A(z, u_2) \geqslant r_A(z, u_1)$ 对于所有 z 均成立。这正是命题 6.C.2 中的条件（ⅰ）。因此，命题 6.C.3 中的结果直接来自命题 6.C.2。

命题 6.C.3：下列性质是等价的：

（ⅰ）伯努利效用函数 $u(\cdot)$ 是绝对风险厌恶递减的。

（ⅱ）当 $x_2 < x_1$ 时，$u_2(z) = u(x_2 + z)$ 是 $u_1(z) = u(x_1 + z)$ 的凹的变换。

（ⅲ）对于任何风险 $F(z)$，彩票 $x+z$（即，风险 z 加到财富水平 x 上而得到的彩票）的确定性等价，也就是满足 $u(c_x) = \int u(x+z)dF(z)$ 的 c_x，使得 $(x-c_x)$ 关于 x 是递减的。也就是说：x 越大，个人对消除风险的支付意愿越小。

（ⅳ）概率溢价 $\pi(x, \varepsilon, u)$ 关于 x 是递减的。

（ⅴ）对于任何 $F(z)$，如果 $\int u(x_2 + z)dF(z) \geqslant u(x_2)$ 而且 $x_2 < x_1$，那么 $\int u(x_1 + z)dF(z) \geqslant u(x_1)$。

习题 6.C.8：假设伯努利效用函数 $u(\cdot)$ 是绝对风险厌恶递减的。证明对于例 6.C.2（和例 6.C.2 续）中的资产需求模型，安全资产和风险资产的最优配置是下面这样的：随着财富 w 的增加，决策者投资在风险资产上的财富量也在增加（即，风险资产是一种正常商品）。

绝对风险厌恶递减这个假设可以产生与风险承担行为有关的很多其他经济上合理的结果。然而，在应用中，这个假设通常太弱，为了分析上的方便，经济学家有时使用一个更强的假设：**相对风险厌恶非增**（nonincreasing relative risk aversion）。

为了理解相对风险厌恶这个概念，注意绝对风险厌恶适合于比较个人对于下列风险项目的态度：这种项目的结果是对当前财富水平的**绝对增加或绝对减少**。但是，我们也对结果为当前财富水平的**百分比增加或百分比减少**的风险项目的评价感兴趣。相对风险厌恶针对的正是这种情形。

令 $t > 0$ 表示当前财富水平的增加或减少比例。假设某个人的伯努利效用函数为 $u(\cdot)$，初始财富水平为 x，那么可以使用效用函数 $\tilde{u}(t) = u(tx)$ 来评估随机百分比风险。初始财富位置对应于 $t=1$。我们已经知道，对于 $t=1$ 附近的微小风险，风险厌恶程度可用 $\tilde{u}''(1)/\tilde{u}'(1)$ 描述。注意到 $\tilde{u}''(1)/\tilde{u}'(1) = xu''(x)/u'(x)$，这样我们就得到了定义 6.C.5 中的概念。

定义 6.C.5：给定一个伯努利效用函数 $u(\cdot)$，x 点上的相对风险厌恶系数为 $r_R(x, u) = -xu''(x)/u'(x)$。

现在考虑这个衡量指标如何随财富的变化而变化。相对风险厌恶非增是说，当个人的财富增加时，他对与他的财富成正比的赌博的风险的厌恶程度降低了。这个假设比绝对风险厌恶递减假设更强：由于 $r_R(x, u) = xr_A(x, u)$，一个厌恶风险的人，如果他是相对风险厌恶递减的，那么他必定是绝对风险厌恶递减的，但是逆命题未必为真。

和以前一样，我们需要考察这个概念的各种含义。命题 6.C.4 对应于命题 6.C.3，但它更简短一些。

命题 6.C.4：对于关于货币量的伯努利效用函数 $u(\cdot)$ 来说，下列条件是等价的：

（ⅰ）$r_R(x, u)$ 关于 x 递减。

（ⅱ）当 $x_2 < x_1$ 时，$\tilde{u}_2(t) = u(tx_2)$ 是 $\tilde{u}_1(t) = u(tx_1)$ 的凹的变换。

（ⅲ）给定 $t > 0$ 上的任何风险 $F(t)$，由 $u(\bar{c}_x) = \int u(tx)dF(t)$ 定义的确定性等价 $\bar{c}_x$，使得 $x/\bar{c}_x$ 关于 x 递减。

证明：此处我们只证明（ⅰ）蕴涵着（ⅲ）。为了证明此事，固定 $t > 0$ 上的分布 $F(t)$，而且对于任何 x，定义 $u_x(t) = u(tx)$。令 $c(x)$ 表示常见的确定性等价（见定义 6.C.2）：$u_x(c(x)) = \int u_x(t)dF(t)$。注意到，对于任何 x，我们都有 $-u''_x(t)/u'_x(t) = -(1/t)tx\ [u''(tx)/u'(tx)]$。因此，如果（ⅰ）成立，那么当 $x' > x$ 时，$u_{x'}(\cdot)$ 的风险厌恶程度比 $u_x(\cdot)$ 低。因此，根据命题 6.C.2 可知，$c(x') > c(x)$，而且我们断言 $c(\cdot)$ 是递增的。现在，根据 $u_x(\cdot)$ 的定义可知，$u_x(c(x)) = u(xc(x))$。另外，

$$u_x(c(x)) = \int u_x(t)dF(t) = \int u(tx)dF(t) = u(\bar{c}_x)$$

因此，$\bar{c}_x/x = c(x)$，从而 $x/\bar{c}_x$ 是递减的。这样我们就完成了证明。■

例 6.C.2 续：在习题 6.C.11 中，你要证明如果 $r_R(x, u)$ 关于 x 递减，那么决策者投资于风险资产的财富比重 $\gamma = \alpha/w$ 将随着他的财富水平 w 上升而上升。如果 $r_R(x, u)$ 关于 x 递增，则结论正好相反。如果 $r_R(x, u)$ 是独立于 x 的常数，那么 γ 将独立于 w [关于 $u(\cdot)$ 必须具有的特定分析形式，请参见习题 6.C.12]。在金融理论中，我们经常遇到相对风险厌恶不变（constant relative risk aversion）的模型，它们大大简化了分析。在这个假设之下，不管经济体的财富水平为多大，也不管这一财富在个人之间的分配如何随着时间的推移而变化，只要安全收益以及随机收益分布保持不变，在个人投资组合中，γ 就是不变的。■

6.D　基于报酬与风险的收益分布比较

在本节，我们继续考察基于货币收益的彩票。在 6.C 节我们比较的是效用函数，在本节我们的目的是比较收益分布。随机结果的比较有两种自然而然的方法：根据报酬水平，以及根据报酬的分散程度。因此，我们试图说明下列两个思想的含

义：一是分布$F(\cdot)$产生的报酬明确地比分布$G(\cdot)$高；二是分布$F(\cdot)$的风险明确地比分布$G(\cdot)$小。这两个思想分别称为**一阶随机优势**（first-order stochastic dominance）和**二阶随机优势**（second-order stochastic dominance）。[①]

在下面所有讨论中，我们仅考察满足下列条件的$F(\cdot)$：$F(0)=0$而且对于某个x有$F(x)=1$。

一阶随机优势

我们想对下列说法赋予明确含义："分布$F(\cdot)$产生的报酬明确地比分布$G(\cdot)$的高。"至少有两种合适的标准都可以做到这一点。首先，我们可以检验是否每个认为多比少好的期望效用最大化者都偏好$F(\cdot)$而不是$G(\cdot)$。其次，我们可以检验，对于每个货币量x，在$F(\cdot)$下得到大于或等于x的概率大于在$G(\cdot)$下的。幸运的是，这两个标准导出的概念是相同的。

定义 6. D. 1：考虑两个随机分布$F(\cdot)$和$G(\cdot)$，如果对于每个非减函数u：$\mathbb{R}\to\mathbb{R}$，我们都有

$$\int u(x)dF(x)\geqslant\int u(x)dG(x)$$

那么$F(\cdot)$**一阶随机优于 G（·）**。

命题 6. D. 1：货币收益分布$F(\cdot)$一阶随机优于$G(\cdot)$当且仅当对于每个x都有$F(x)\leqslant G(x)$。

证明：给定$F(\cdot)$和$G(\cdot)$，令$H(x)=F(x)-G(x)$。假设对于某个$\bar{x}$，$H(\bar{x})>0$，那么我们可以定义一个非减函数$u(\cdot)$：对于$x>\bar{x}$，$u(x)=1$；对于$x\leqslant\bar{x}$，$u(x)=0$。这个函数具有$\int u(x)dH(x)=-H(\bar{x})<0$这个性质，因此命题中的"仅当"部分成立。

对于命题中的"当"部分，我们首先不加证明地指出，只要我们能够证明相应等价关系对于可微效用函数$u(\cdot)$成立就足够了。给定$F(\cdot)$和$G(\cdot)$，令$H(x)=F(x)-G(x)$。分部积分可得，

$$\int u(x)dH(x)=[u(x)H(x)]_0^\infty-\int u'(x)H(x)dx$$

由于$H(0)=0$而且对于较大的x有$H(x)=0$，上式右侧第一项为零。由此可得$\int u(x)dH(x)\geqslant 0$［或等价地，$\int u(x)dF(x)-\int u(x)dG(x)\geqslant 0$］当且仅当$\int u'(x)H(x)dx\leqslant 0$。因此，如果对于所有$x$都有$H(x)\leqslant 0$而且$u(\cdot)$是递增的，

① Rothschild 和 Stiglitz（1970）将它们引入经济学领域。

那么$\int u'(x)H(x)dx \leqslant 0$，这样命题中的“当”部分成立。■

在习题 6. D. 1 中，你要用基于三种可能结果之上的彩票验证命题 6. D. 1。在图 6. D. 1 中，我们画出了两个分布 $F(\cdot)$ 和 $G(\cdot)$。$F(\cdot)$ 一阶随机优于 $G(\cdot)$，因为 $F(\cdot)$ 的图形总是位于 $G(\cdot)$ 的下方。需要指出两点：首先，一阶随机优势并不意味着优势分布的每个可能报酬都大于劣势分布的每个可能报酬。在这个图中，这两个分布的可能结果集是相同的。其次，尽管 $F(\cdot)$ 一阶随机优于 $G(\cdot)$ 意味着 $F(\cdot)$ 下的 x 的均值$\int x dF(x)$ 大于 $G(\cdot)$ 下的 x 的均值，但一个均值大于另外一个均值，并不意味着前者对应的分布具有一阶随机优势，关键要看整个分布（参见习题 6. D. 3）。

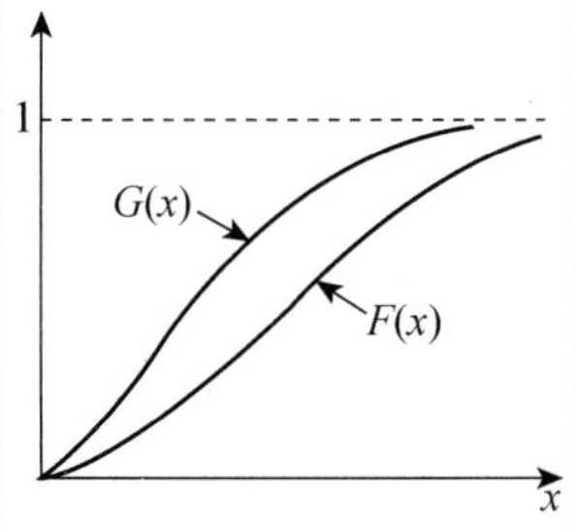

图 6. D. 1　$F(\cdot)$ 一阶随机优于 $G(\cdot)$

例 6. D. 1：考虑一个两阶段的复合彩票。在第一阶段，在分布 $G(\cdot)$ 下，我们实现的结果为 x；在第二阶段，第一阶段的结果 x 需要加上一个“向上的概率性移动”。也就是说，如果第一阶段的结果为 x，那么第二阶段得到的最终收益额为 $x+z$，其中 z 的分布为 $H_x(z)$ 且 $H_x(0)=0$。因此，$H_x(\cdot)$ 产生的最终收益不小于 x 的概率为 1。（注意应用于不同 x 的分布可能是不同的。）

将上述彩票导致的简化分布记为 $F(\cdot)$。那么对于任何非减的函数 u：$\mathbb{R}\rightarrow\mathbb{R}$，我们均有

$$\int u(x)dF(x)=\int\left[\int u(x+z)dH_x(z)\right]dG(x)\geqslant\int u(x)dG(x)$$

因此，$F(\cdot)$ 一阶随机优于 $G(\cdot)$。

我们举一个特殊的例子，见图 6. D. 2。如图 6. D. 2（a）所示，$G(\cdot)$ 在 1 美元和 4 美元这两个可能结果上是均等随机的，即概率都为 1/2。然后，“1 美元”这个结果被上移到以相等的概率（1/2）得到 2 美元和 3 美元，“4 美元”这个结果被上移到以概率 1 得到 5 美元。图 6. D. 2（b）表明，对于所有 x，都有 $F(x)\leqslant G(x)$。

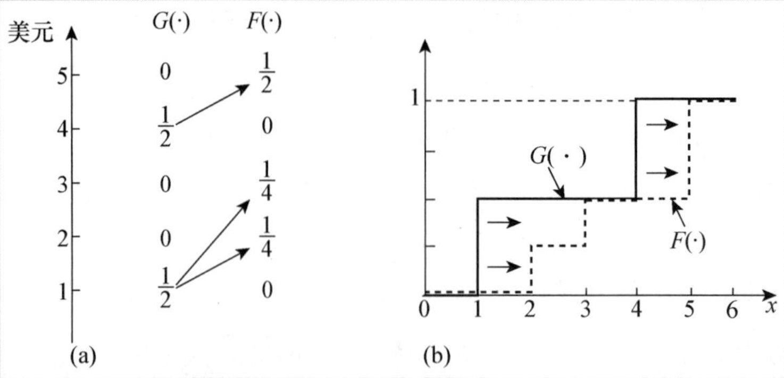

图 6.D.2　$F(\cdot)$ 比 $G(\cdot)$ 具有一阶随机优势

可以证明，在相反的方向上命题也成立（逆命题为真）。当 $F(\cdot)$ 一阶随机优于$G(\cdot)$ 时，可以用本例中的方法从 $G(\cdot)$ 构造出 $F(\cdot)$。因此，我们得到了刻画一阶随机优势关系的另外一种方法。■

二阶随机优势

一阶随机优势涉及的思想是"较高/较好"对"较低/较差"。下面我们试图引入另外一种比较方法，这种方法建立在**相对风险**（relative riskiness）或**相对分散度**（relative dispersion）之上。为了避免将这个问题与报酬和风险之间的权衡问题相混淆，我们在本节余下部分仅限于比较均值相等的分布。

再一次地，可以想到下面这个定义：给定两个分布 $F(\cdot)$ 和 $G(\cdot)$，而且它们的均值相等 [即，$\int x dF(x) = \int x dG(x)$]，如果每个厌恶风险的人都偏好 $F(\cdot)$ 而不是$G(\cdot)$，那么我们说 $G(\cdot)$ 的风险比 $F(\cdot)$ 的大。正式定义见定义 6.D.2。

定义 6.D.2：给定两个分布 $F(\cdot)$ 和 $G(\cdot)$，而且它们的均值相同，如果对于每个非减且凹的函数 u：$\mathbb{R}_+ \rightarrow \mathbb{R}$，我们都有

$$\int u(x) dF(x) \geqslant \int u(x) dG(x)$$

那么我们说，$F(\cdot)$ 二阶随机优于 $G(\cdot)$ [或说 $F(\cdot)$ 的风险小于 $G(\cdot)$]。

例 6.D.2 给出了刻画二阶随机优势关系的另外一种方法。

例 6.D.2：**保留均值的展开（mean-preserving spread）**。考虑下列复合彩票：在第一阶段，彩票结果 x 的分布服从 $F(\cdot)$。在第二阶段，我们将每个可能结果 x 进一步随机化，使得最终收益为 $x+z$，其中，z 的分布函数为 $H_x(z)$，而且均值为零 [即，$\int z dH_x(z) = 0$]。因此，$x+z$ 的均值为 x。将由此产生的简化彩票记为 $G(\cdot)$。当彩票$G(\cdot)$ 可以针对某个分布 $H_x(\cdot)$ 从 $F(\cdot)$ 中以上述方法衍生出时，我们说 $G(\cdot)$ 是$F(\cdot)$ 的一个**保留均值的展开**。

例如，$F(\cdot)$ 在 2 美元和 3 美元上的概率相同。在第二步，我们将 2 美元这个结果以相

等概率展开到 1 美元和 3 美元这两个结果上，将 3 美元这个结果以相等概率展开到 2 美元和 4 美元这两个结果上。那么 $G(\cdot)$ 这个分布对下列每个结果都赋予概率 1/4：1 美元、2 美元、3 美元和 4 美元。我们将 $F(\cdot)$ 和 $G(\cdot)$ 这两个分布画在图 6. D. 3 中。

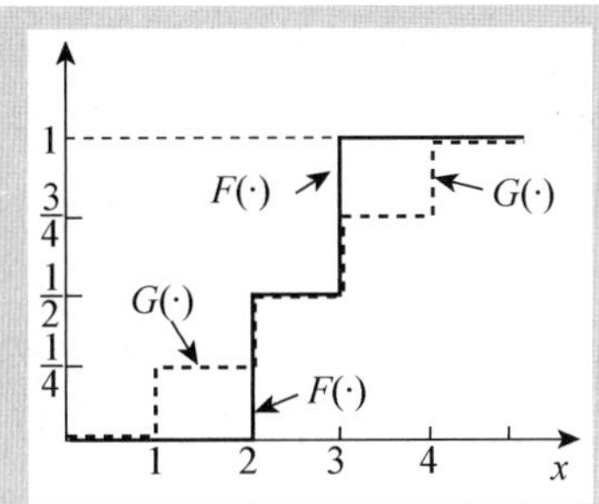

图 6. D. 3　$G(\cdot)$ 是 $F(\cdot)$ 的保留均值的展开

上述两步操作使得 $G(\cdot)$ 的均值等于 $F(\cdot)$ 的均值，这就是所谓的保留均值。另外，如果 $u(\cdot)$ 是凹的，我们还可以断言

$$\int u(x)dG(x)=\int\Big(\int u(x+z)dH_x(z)\Big)dF(x)\leqslant\int u\Big(\int(x+z)dH_x(z)\Big)dF(x)$$
$$=\int u(x)dF(x)$$

所以，$F(\cdot)$ 二阶随机优于 $G(\cdot)$。可以证明它的逆命题也为真：如果 $F(\cdot)$ 二阶随机优于 $G(\cdot)$，那么 $G(\cdot)$ 是 $F(\cdot)$ 的一个保留均值的展开。因此，说“$G(\cdot)$ 是 $F(\cdot)$ 的一个保留均值的展开”等价于说“$F(\cdot)$ 二阶随机优于 $G(\cdot)$”。■

例 6. D. 3 提供了保留均值展开的另外一个例子。

例 6. D. 3：风险的微小增加。 如果 $G(\cdot)$ 是以下列方式从 $F(\cdot)$ 中产生的，即将 $F(\cdot)$ 赋予区间 $[x', x'']$ 的概率转移到端点 x' 和 x'' 上，使得均值不变，那么我们说 $G(\cdot)$ 构成了 $F(\cdot)$ 的一个**风险微小增加**（elementary increase in risk）。如图 6. D. 4 所示。风险的微小增加是一种保留均值的展开。[在习题 6. D. 3 中，你要直接验证如果 $G(\cdot)$ 是 $F(\cdot)$ 的一个风险微小增加，那么 $F(\cdot)$ 二阶随机优于 $G(\cdot)$。] ■

我们还有一种方法可以描述二阶随机优势的思想。假设我们有两个分布 $F(\cdot)$ 和 $G(\cdot)$，而且它们的均值相等。为简单起见，我们假设对于某个 $\bar{x}$ 有 $F(\bar{x})=G(\bar{x})=1$。分部积分（并且注意均值相等），可得

$$\int_0^{\bar{x}}(F(x)-G(x))dx=-\int_0^{\bar{x}}xd(F(x)-G(x))+(F(\bar{x})-G(\bar{x}))\bar{x}=0 \tag{6. D. 1}$$

也就是说，在区间 $[0, \bar{x}]$ 上，这两个分布函数下方的面积相等。由这个事实可知，图 6. D. 4 中标记为 A 和 B 的区域必然有相同的面积。注意，对于图中的两

个分布，这意味着

$$\int_0^x G(t)dt \geqslant \int_0^x F(t)dt \text{ 对于所有 } x \text{ 成立} \tag{6. D. 2}$$

可以证明，性质（6. D. 2）等价于 $F(\cdot)$ 二阶随机优于 $G(\cdot)$。[①] 举例说明如何应用这个性质。假设 $F(\cdot)$ 与 $G(\cdot)$ 有相同的均值，而且 $G(\cdot)$ 的图形一开始时位于 $F(\cdot)$ 的上方然后一直位于 $F(\cdot)$ 的下方（如图 6. D. 3 和图 6. D. 4 所示）。那么由于式（6. D. 1），条件（6. D. 2）必定得以满足，我们断言 $G(\cdot)$ 的风险比 $F(\cdot)$ 的大。我们再举一个更为复杂的例子，考虑图 6. D. 5。这个图中的两个分布有着相同的均值，而且这两个分布满足式（6. D. 2）。为了看清它们满足式（6. D. 2），注意到面积 A 至少和面积 B 一样大，而且均值相等［即，式(6. D. 1)］意味着面积 $B+D$ 和 $A+C$ 必定相等。

我们不加证明地给出命题 6. D. 2。

命题 6. D. 2：考虑分布 $F(\cdot)$ 和 $G(\cdot)$，如果它们的均值相等，那么下列说法是等价的：

（ⅰ）$F(\cdot)$ 二阶随机优于 $G(\cdot)$。

（ⅱ）$G(\cdot)$ 是 $F(\cdot)$ 的一个保留均值的展开。

（ⅲ）性质（6. D. 2）成立。

在习题 6. D. 4 中，你要在概率单纯形图中验证这三个性质是等价的。

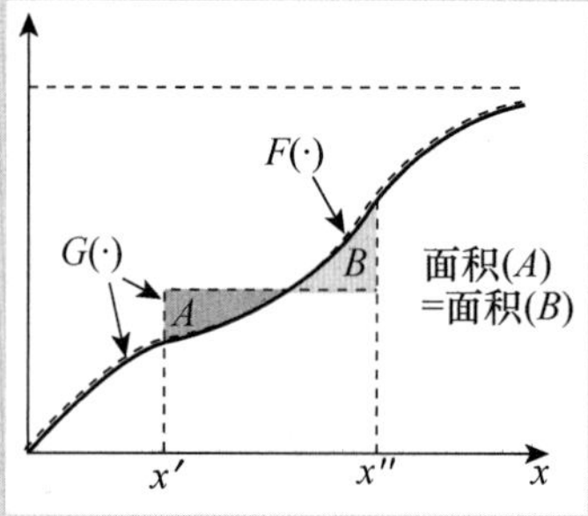

图 6. D. 4　$G(\cdot)$ 是 $F(\cdot)$ 的风险微小增加

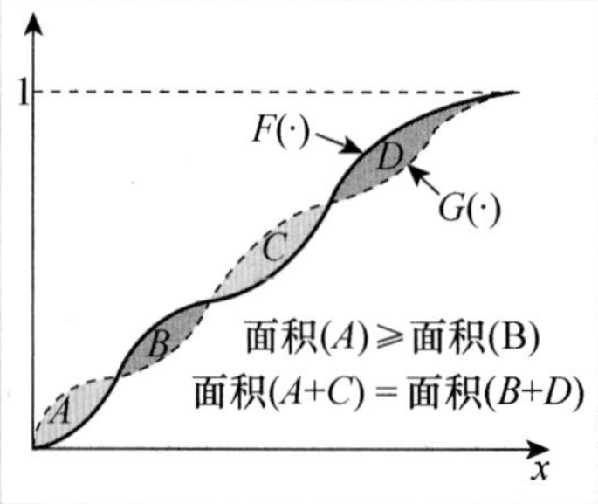

图 6. D. 5　$F(\cdot)$ 二阶随机优于 $G(\cdot)$

---

① 我们不给出具体的证明过程。这个结论的证明思路和命题 6. D. 1 的证明思路类似，只不过此处需要进行两次分部积分，并且需要考虑式（6. D. 1）。

6.E　状态依存效用

在本节，我们将扩展上两节的分析。在 6.C 节和 6.D 节，我们假设决策者只关注他得到的货币收益的分布。这在本质上是说，这个收益是由什么原因导致的并不重要。然而，如果原因是一个人的健康状况，这个假设不可能得以满足。[1] 在这种情形下，货币收益的分布函数不是个体选择的合适目标。在本节我们考虑下面这样的概率：消费者不仅关注他的货币收益，还关注导致这些收益的潜在事件或称为**自然状态**（states of nature）。

我们首先考察一种模拟不确定备选物的容易使用的框架，这个框架与彩票工具不同，它考虑到了潜在的自然状态。（在本书中我们将反复遇到这个框架，第 19 章用得最多。）

使用自然状态表示不确定性

在 6.C 节和 6.D 节，我们用基于货币结果的分布函数来模拟风险备选物。然而，在很多情形下，随机结果是由某些潜在原因造成的。因此，需要更为详细地描述风险备选物。例如，一份保险单的货币收益可能取决于某个事故是否发生，某个公司股票的收益可能取决于经济是否处于萧条状态，轮盘赌的收益可能取决于轮盘转出的数字。

我们将这些潜在的原因称为**状态**（state）或**自然状态**（states of nature）。我们将状态集记为 S，将单个状态记为 $s\in S$。为简单起见，我们此处假设状态集是有限的，而且每个状态 s 有着明确定义的客观发生概率 $\pi_s>0$。我们将状态总数也记为 S，尽管这样做稍微有些滥用符号。

于是，具有（非负）货币报酬的不确定性备选物可用下列函数描述，该函数将潜在自然状态的实现映射到货币收益可能集 $\mathbb{R}_+$。正式地，这样的函数称为**随机变量**（random variable）。

定义 6.E.1：一个**随机变量**是一个函数 g：$S\rightarrow\mathbb{R}_+$，它将状态映入货币结果。[2]

每个随机变量 $g(\cdot)$ 产生的货币彩票可用分布函数 $F(\cdot)$ 表示，其中 $F(\cdot)=\sum_{\{s:g(s)\leqslant x\}}\pi_s$ 对于所有 x 都成立。注意，从不确定性的随机变量表示过渡到彩票表示，损失了部分信息；在这个过程中，某个既定货币结果是由哪个状态产生的这一信息被漏掉了，只保留了每个货币结果的总概率。

由于我们假设 S 是有限的，因此我们可以将伴有货币收益的随机变量用向量

---

① 另一方面，如果它是诸如投资组合中某些证券价格这样的事件，这个假设就更有可能代表现实。

② 为具体起见，我们将结果限制在非负货币量上。正如我们在 6.B 节的做法一样，我们可以用抽象集 C 等价地替代 $\mathbb{R}_+$。

(x_1，…，x_S）表示，其中 x_s 是状态 s 的非负货币收益。于是所有非负随机变量组成的集合就是 $\mathbb{R}_+^S$。

状态依存的偏好和扩展的期望效用表示法

我们的理论现在的出发点是定义在非负随机变量集 $\mathbb{R}_+^S$ 上的理性偏好关系 $\succsim$。注意这个正式环境对应于我们在第 2～4 章建立的消费者选择理论中的环境。这种相似性不只是表面上的相似。如果我们将商品 s 定义为一个随机变量，该变量的收益为一美元当且仅当状态 s 发生［我们在第 19 章将这种商品称为**或有商品**（contingent commodity)］，于是非负随机变量集 $\mathbb{R}_+^S$ 正好是这 S 种或有商品的非负商品束集。

与本章前几节一样，为了便于分析，我们将个人在货币结果上的偏好用效用函数表示，只不过现在的函数具有**扩展的期望效用形式**（extended expected utility form)。

定义 6. E. 2：对于偏好关系 $\succsim$，如果对于每个 $s\in S$，均存在函数 u_s：$\mathbb{R}_+\rightarrow\mathbb{R}$ 使得对于任何（x_1，…，x_S）$\in\mathbb{R}_+^S$ 和（x'_1，…，x'_S）$\in\mathbb{R}_+^S$

$$(x_1,\cdots,x_S)\succsim(x'_1,\cdots,x'_S)\text{ 当且仅当 }\sum_s\pi_s u_s(x_s)\geqslant\sum_s\pi_s u_s(x'_s)$$

那么，我们说 $\succsim$ 可用**扩展的期望效用表示**。

为了理解定义 6. E. 2，回忆一下 6. B 节中的分析。如果只有货币收益的分布是重要的，而且如果决策者对货币分布的偏好满足期望效用公理，那么期望效用公理导出的是**状态无关**（state-independent）或说**状态相同**（state-uniform）的期望效用 $\sum_s\pi_s u(x_s)$，其中 $u(\cdot)$ 是关于货币量的伯努利效用函数。① 定义 6. E. 2 的一般性则允许每个状态的效用函数 $u_s(\cdot)$ 是不同的。

在讨论扩展的效用表示在什么样的条件下才存在这个问题之前，我们先评价一下这个工具在不确定性选择的分析中的作用。它的有用性主要体现为它是围绕着**货币确定线**（money certainty line）的无差异集的行为的结果，这个无差异集由在每种状态下提供的报酬都相等的那些随机变量组成。图 6. E. 1 在 $\mathbb{R}_+^2$ 空间中画出了状态依存偏好，其中 $S=2$ 而且 $u_s(\cdot)$ 函数是凹的（稍后我们将会看到，这些函数的凹性可由风险厌恶推导出）。在图 6. E. 1 中，货币确定线为点集 $x_1=x_2$。在点（$\bar{x}_1$，$\bar{x}_2$）上，边际替代率为 $\pi_1u'_1(\bar{x}_1)/\pi_2u'_2(\bar{x}_2)$。因此，货币确定线上的无差异曲线的斜率反映了状态依存的性质以及不同状态的概率。相反，对于状态相同（即不同状态下都相同）的效用函数来说，货币确定线上的任何点的边际替代率，等于状态概率之比（意味着在货币确定线上任何一点的斜率都相等）。

① 注意，随机变量（x_1，…，x_S）产生的货币彩票提供报酬 x_s 的概率为 π_s，因此 $\sum_s\pi_s u(x_s)$ 是它的期望效用。

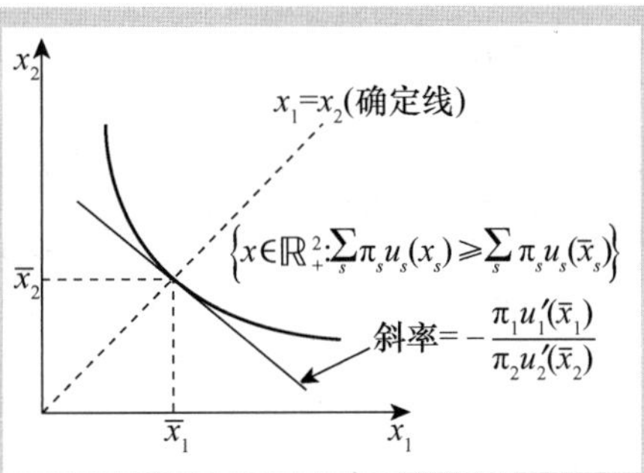

图 6. E. 1　状态依存偏好

例 6. E. 1：具有状态依存效用的保险。在保险费率为精算公平的情形下，状态依存有着有趣的含义。假设有两种状态：状态 1 是不发生损失的状态，状态 2 是发生损失的状态。(这个经济环境对应着例 6. C. 1。) 个人的初始状态（即不购买任何保险的情形）是随机变量（w，$w-D$)，它给出了个人在上述两种状态下的财富水平。请见图 6. E. 2（a)。我们可将保险合同用随机变量（z_1，z_2)$\in\mathbb{R}^2$ 表示，它给出了个人在上述两种状态下的财富净变化（个人从保险得到的报酬减去他支付的保费)。因此，如果他购买保险合同（z_1，z_2)，他的最终财富状况将为（$w+z_1$，$w-D+z_2$)。如果该保险合同的期望收益为零，即如果 $\pi_1 z_1+\pi_2 z_2=0$，那么该合同就是精算公平的。

如果某个人是厌恶风险的期望效用最大化者，而且他的偏好是状态相同而不是状态依存的，在他能购买任何他想要购买的精算公平保险合同情形下，他购买的最优保险合同是什么？图 6. E. 2（a）画出了这个结果。此处他的预算集为直线。我们在例 6. C. 2 中已经知道，在这些条件下，拥有状态相同效用的决策者会购买足额保险。本例再次验证了这个结论，因为如果不存在状态依存，预算线与无差异曲线将在货币确定线上相切。

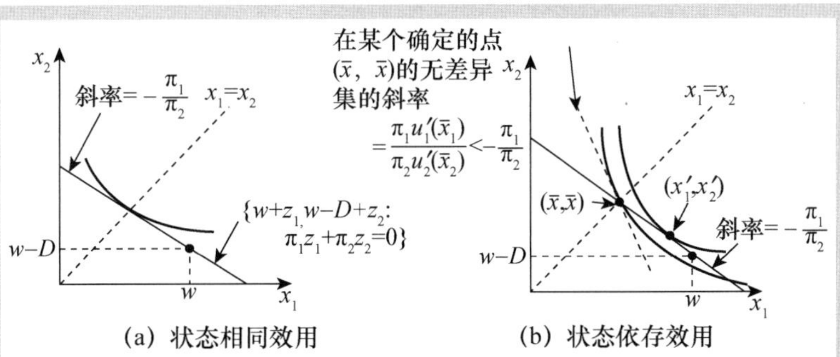

图 6. E. 2　状态相同效用和状态依存效用下决策者购买的最优保险合同

图 6. E. 2（b）画出的是状态依存偏好下的情形。现在决策者将偏好诸如（x'_1，x'_2）这样的点，而不是确定性结果（$\bar{x}$，$\bar{x}$)。这使得个人用状态 2（收益较低）交换状态 1（收益较高)，从图中可以看出 $u'_1(\cdot)$ 相对较高。■

6

扩展的期望效用表示法的存在性

现在我们考察在什么样的条件下偏好关系才可用扩展的期望效用表示。

首先注意到由于对于每个 s 都有 $\pi_s>0$，我们可以正式地将 π_s 纳入在状态 s 上的效用函数的定义。也就是说，为了找到一个扩展的期望效用表示式，只要能找到满足下列条件的函数 $u_s(\cdot)$ 就够了：

$$(x_1,\ \cdots,\ x_S)\succsim(x'_1,\ \cdots,\ x'_S)\ \text{当且仅当}\ \sum_s u_s(x_s)\geqslant\sum_s u_s(x'_s)$$

这是因为如果存在如 $u_s(\cdot)$ 这样的函数，那么对于每个 $s\in S$ 我们均可以定义 $\tilde{u}_s(\cdot)=(1/\pi_s)u_s(\cdot)$，而且我们有 $\sum_s u_s(x_s)\geqslant\sum_s u_s(x'_s)$ 当且仅当 $\sum_s\pi_s\tilde{u}_s(x_s)\geqslant\sum_s\pi_s\tilde{u}_s(x'_s)$。因此，从现在起，我们重点关注加性可分形式 $\sum_s u_s(\cdot)$，在我们的分析中 π_s 不再起任何作用。

可以证明，如果我们扩大偏好的定义域，那么我们就能像 6.B 节推导期望效用表示式一样（方法相同），推导出扩展的期望效用表示式。① 相应地，现在我们允许下列这种可能性发生，即在每种状态 s 上，货币收益不再是确定的货币量 x_s，而是一个随机量，这个随机量的分布函数为 $F_s(\cdot)$。我们将这些不确定的备选项记为 $L=(F_1,\ \cdots,\ F_S)$。因此，L 是一种复合彩票，它提供的奖品是明确定义的货币赌博，而这些赌博取决于哪种状态 s 发生。我们将所有这些可能的彩票组成的集合记为 $\mathscr{L}$。

现在我们的起点是定义在 $\mathscr{L}$ 上的一个理性偏好关系 $\succsim$。注意，像往常一样，我们可以将 $\alpha L+(1-\alpha)L'=(\alpha F_1+(1-\alpha)F'_1,\ \cdots,\ \alpha F_S+(1-\alpha)F'_S)$ 解释为由 L 和 L' 随机产生的简化彩票，只不过此处我们面对的是每种状态 s 上的简化彩票。因此，我们可以使用 6.B 节中的逻辑，为偏好施加一个独立性公理，即**扩展的独立性公理**（extended independence axiom）。

定义 6.E.3： 对于定义在 $\mathscr{L}$ 上的偏好关系 $\succsim$，如果对于所有 L，L'，$L''\in\mathscr{L}$ 和 $\alpha\in(0,\ 1)$，都有

$$L\succsim L'\ \text{当且仅当}\ \alpha L+(1-\alpha)L''\succsim\alpha L'+(1-\alpha)L''$$

那么我们说，$\succsim$ 满足**扩展的独立性公理**。

我们还假设 $\succsim$ 是连续的：这个连续性公理完全和 6.B 节的连续性公理相同，只不过此处的 L 有着新的解释。我们使用定义 6.B.3 作为连续性公理。

命题 6.E.1：（扩展的期望效用定理） 假设彩票空间 $\mathscr{L}$ 上的偏好关系 $\succsim$ 满足连续性公理和扩展的独立性公理。那么我们可以对每种状态 s 上的钱数赋予一个效用

① 如果进一步扩大定义域，我们甚至能做到将扩展的效用表示法的存在性视为期望效用定理的一个推论。

函数 $u_s(\cdot)$，使得对于任何 $L=(F_1, \cdots, F_S)$ 和 $L'=(F'_1, \cdots, F'_S)$，我们都有

$$L \succsim L' \text{ 当且仅当 } \sum_s \left(\int u_s(x_s)dF_s(x_s)\right) \geqslant \sum_s \left(\int u_s(x_s)dF'_s(x_s)\right)$$

证明： 这个定理的证明几乎可以完全照搬期望效用定理（命题 6. B. 2）的证明。

为简单起见，假设货币结果是有限个，即货币结果为 $\{x_1, \cdots, x_N\}$。那么我们可以将集合 $\mathscr{L}$ 与 Δ^S 等同起来，其中 Δ 为 $(N-1)$ 维单纯形。我们的目的是证明 $\succsim$ 可用 Δ^S 上的线性效用函数 $U(L)$ 表示。为了看清这一点，注意，如果对于某些 $u_{n,s}$ 值它可以写为 $U(L)=\sum_{n,s} u_{n,s} p_n^s$，那么除了可以忽略的可加的常数之外，$U(p_1^1, \cdots, p_N^1, \cdots, p_1^S, \cdots, p_N^S)$ 是它自身变量的线性函数。在这种情形下，我们可以将 $U(L)$ 写成 $U(L)=\sum_s(\sum_n u_{n,s} p_n^s)$，令 $u_s(x_n)=u_{n,s}$，由此得到的 $\mathscr{L}$ 上的函数正是我们想要的效用函数形式。

选择 $\bar{L}$ 和 $\underline{L}$ 使得对于所有 $L \in \mathscr{L}$ 都有 $\bar{L} \succsim L \succsim \underline{L}$。与命题 6. B. 2 的证明一样，接下来我们使用下列条件定义 $U(L)$：

$$L \sim U(L)\bar{L}+(1-U(L))\underline{L}$$

然后运用扩展的独立性公理，应用方法与证明命题 6. B. 2 时应用独立性公理的方法完全相同，这样就可以证明 $U(L)$ 的确是 $\mathscr{L}$ 上的线性效用函数。■

对于随机变量确定结果 $(x_1, \cdots, x_S) \in \mathbb{R}_+^S$ 上的偏好，命题 6. F. 1 给出了效用表示式 $\sum_s u_s(x_s)$。这个效用表示式具有两个性质。首先，它对于不同状态是加性可分的。其次，每个 $u_s(\cdot)$ 都是一个伯努利效用函数，我们可用这个函数评估状态 s 上的基于货币收益的彩票（考察期望效用）。正是第二个性质使得风险厌恶（与 6. C 节中的定义方式完全相同）等价于每个 $u_s(\cdot)$ 的凹性。

对于定义在 $\mathbb{R}_+^S$ 上的偏好关系 $\succsim$ 的扩展的期望效用表示式，我们还有一种推导方法，这种方法不需要将偏好定义在更大的空间上。它是基于所谓的**确定性公理**（sure-thing axiom）。

定义 6. E. 4： 偏好关系 $\succsim$ 满足确定性公理，如果：对于状态的任何子集 $E \subset S$（E 称为一个事件），只要 $(x_1, \cdots, x_S)$ 与 $(x'_1, \cdots, x'_S)$ 仅在与 E 对应的元素上存在着区别（因此对于 $s \notin E$ 有 $x'_s=x_s$），那么决策者在 $(x_1, \cdots, x_S)$ 与 $(x'_1, \cdots, x'_S)$ 之间的偏好顺序与所有状态 $s \notin E$ 的特定（共同）收益无关。正式地，假设 $(x_1, \cdots, x_S)$，$(x'_1, \cdots, x'_S)$，$(\bar{x}_1, \cdots, \bar{x}_S)$ 与 $(\bar{x}'_1, \cdots, \bar{x}'_S)$ 满足

对于所有 $s \notin E$：$x_s=x'_s$ 而且 $\bar{x}_s=\bar{x}'_s$

对于所有 $s \in E$：$x_s=\bar{x}_s$ 而且 $x'_s=\bar{x}'_s$

那么 $(\bar{x}_1, \cdots, \bar{x}_S) \succsim (\bar{x}'_1, \cdots, \bar{x}'_S)$ 当且仅当 $(x_1, \cdots, x_S) \succsim (x'_1, \cdots, x'_S)$。

在直觉上，这个公理的内容类似于独立性公理。它的意思是说，如果两个随机变量无法通过考察 E 的补集而进行区分，那么决策者对于这两个随机变量的偏好顺序仅取决于它们在 E 上的取值。换句话说，决策者的依赖于某个事件的偏好，不应该取决于未发生的状态的收益。

如果$\succsim$能够用扩展的期望效用表示，那么确定性公理成立，这是因为 $(x_1, \cdots, x_S) \succsim (x'_1, \cdots, x'_S)$ 当且仅当 $\sum_s (u_s(x_s) - u_s(x'_s)) \geq 0$，在这个求和式中任何带有$x_s = x'_s$ 的项都为零。在另外一个方向上，我们有命题 6. E. 2。

6

命题 6. E. 2： 假设至少存在三种状态，而且$\mathbb{R}^S_+$上的偏好关系$\succsim$是连续的且满足确定性公理，那么，$\succsim$可用扩展的期望效用表示式来代表。

证明： 这个命题的完整证明过于高深，所以我们不给出任何细节。我们想证明的是，在命题列举的假设条件下，偏好可用加性可分的效用表示式 $\sum_s u_s(x_s)$ 来代表。这个结果的证明很难，而且这个结果也不是与不确定性密切相关的。我们已经知道在什么样的条件下，在欧几里得空间的正象限上，连续性偏好才可用加性可分的效用函数表示（例如，第 3 章的内容）；可以证明，这些条件等价于确定性公理（参见习题 3. G. 4）。■

尽管确定性公理能够产生扩展的期望效用表示式 $\sum_s \pi_s u_s(x_s)$，但是需要注意，这种方法没有考虑状态 s 上的货币收益的随机化，所以，我们不能将风险厌恶这个思想与$u_s(\cdot)$的性质联系起来。因此，通过扩展的独立性公理推导出的扩展的期望效用表示式，有着更强的基本框架（偏好定义在集合$\mathscr{L}$上而不是更小的集合$\mathbb{R}^S_+$上），但它产生的结论也更强。

6.F 主观概率理论

直到目前，在我们发展的不确定性情形下的选择理论中，我们一直假设决策者认为风险可用客观的数字概率表示。但是这不太符合现实。个人通常判断不确定性事件发生的可能性，这些事件未必能用数字概率形式表示。尽管人们有时会谈及概率，例如医生讨论某种治疗方法的各种结果的可能性，但这些可能性通常只是不准确的**主观**估计。

如果我们能够断言个人的选择仿佛是基于他持有的概率信念而作出的，那么这在理论上和实践上都有好处。更进一步，我们希望概率信念是清晰定义的，而且能够由选择行为显示出来。这正是**主观概率理论**（subjective probability theory）的内容。这个理论认为，即使我们不能将自然状态与可识别的客观概率联系起来，只要个人在不同赌博之间的偏好存在着类似一致性的限制，这就仍然意味着决策者的行为仿佛是下列这样的：效用被赋予到结果上，概率被联系到自然状态下，而且决策是根据期望效用作出的。另外，决策者的行为可用**唯一的**期望效用函数进行理性化

(当然，也可用这个效用函数的正线性变换进行理性化)。因此，这个理论是期望效用理论的具有深远意义的推广。主观概率理论的经典参考文献是 Savage (1954)，它具有很强的可读性但内容高深。然而，如果我们愿意使用具有客观随机结果的彩票来帮助我们进行分析，那么就能相对容易地把握这个理论的思想。这种方法是由 Anscombe 和 Aumann (1963) 提出的，在本节我们采用这种方法。

与 6.E 节一样，我们的出发点是状态集 $\{1, \cdots, S\}$。$\{1, \cdots, S\}$ 上的概率未给出。事实上，我们的目的是推导出这些概率。与以前一样，基于货币收益的随机变量用向量 $x=(x_1, \cdots, x_S) \in \mathbb{R}_+^S$ 表示。[①] 我们也希望允许下列情形：某种状态下的货币收益是不确定的，而是具有客观分布 F_s 的货币彩票。因此，我们的风险备选项的集合（以 $\mathscr{L}$ 表示）是由所有拥有 S 个组元（tuple）的分布函数 $(F_1, \cdots, F_S)$ 组成的集合。

现在假设给定 $\mathscr{L}$ 上的理性偏好关系 $\succsim$。我们假设 $\succsim$ 满足 6.E 节介绍的连续性公理和扩展的独立性公理。于是，根据命题 6.E.1 可知，存在函数 $u_s(\cdot)$ 使得任何 $(x_1, \cdots, x_S) \in \mathbb{R}_+^S$ 均可用 $\sum_s u_s(x_s)$ 评估。而且，$u_s(\cdot)$ 是状态 s 上的货币彩票的伯努利效用函数。

然而，函数 $u_s(\cdot)$ 的存在性尚不能让我们识别出主观概率。的确，对于任何 $(\pi_1, \cdots, \pi_S) \gg 0$，我们均可以定义 $\tilde{u}_s(\cdot)=(1/\pi_s)u_s(\cdot)$，这样我们可用 $\sum_s \pi_s \tilde{u}_s(x_s)$ 评估 $(x_1, \cdots, x_S)$。我们需要找到某种方法来将效用与概率分开。

举例说明。假设有两个赌博。一个赌博在状态 1 下提供 1 美元报酬，在状态 2 下提供 0 美元报酬；另外一个赌博在状态 1 下提供 0 美元报酬，在状态 2 下提供 2 美元报酬。假设决策者更偏好前者。由于**没有理由认为状态的标签会对货币的价值产生任何特别的影响**，因此我们自然可以认为决策者认为状态 2 出现的可能性小于状态 1。

这个例子暗示着另外一个假设。决策者对于状态 s 上的货币彩票的偏好，应该与他对任何其他状态 s' 上的货币的彩票的偏好相同；也就是说，决策者对于货币赌博的风险态度在所有自然状态下都应该相同。为了用公式表示这个性质，我们将**状态 s 彩票上的状态 s 的偏好** $\succsim_s$ 定义为

$$F_s \succsim_s F'_s \quad \text{如果} \int u_s(x_s)dF_s(x_s) \geq \int u_s(x_s)dF'_s(x_s)$$

定义 6.F.1： 状态彩票上的状态偏好 $(\succsim_1, \cdots, \succsim_S)$ 是**状态一致的**（state uniform），如果对于任何 s 和 s' 都有 $\succsim_s = \succsim_{s'}$。

在状态一致情形下，$u_s(\cdot)$ 与 $u_{s'}(\cdot)$ 的差别仅体现在递增的线性变换上。因此，存在函数 $u(\cdot)$ 使得对于所有 $s=1, \cdots, S$ 都有

$$u_s(\cdot) = \pi_s u(\cdot) + \beta_s$$

① 为具体起见，此处我们考虑货币收益。然而，随后的所有论证适用于任意结果集。

对于某个 $\pi_s > 0$ 和 β_s 成立。而且，如果我们将 π_s 和 β_s 除以同一个常数，仍能表示与原来相同的偏好，因此我们可以将 π_s 标准化，从而 $\sum_s \pi_s = 1$。这些 π_s 将成为我们的主观概率。

命题 6.F.1：（主观期望效用定理） 假设 $\mathscr{L}$ 上的偏好关系 $\succsim$ 满足连续性公理和扩展的独立性公理。另外，假设由 $\succsim$ 导出的状态偏好是状态一致的。那么存在概率 $(\pi_1, \cdots, \pi_S) \gg 0$ 和基于货币量的效用函数 $u(\cdot)$ 使得对于任何 $(x_1, \cdots, x_S)$ 和 $(x'_1, \cdots, x'_S)$，我们均有

$$(x_1, \cdots, x_S) \succsim (x'_1, \cdots, x'_S) \text{ 当且仅当 } \sum_s \pi_s u(x_s) \geqslant \sum_s \pi_s u(x'_s)$$

而且，这些概率是唯一的，效用函数（除了原点和刻度之外）也是唯一的。

证明： 存在性已经得到证明。唯一性请见习题 6.F.1。■

主观期望效用表示法的优点类似于客观期望效用表示法的优点，由于我们已经在 6.B 节讨论了这个问题，此处不再重复。主观期望效用定理的主要价值在于，它赋予不确定性一个准确的、量化的而且可操作的含义。事实上，最令人欣慰的是，这种理论仍然可用我们熟悉的概率微积分进行处理。

但是仍存在着一些问题。公理的合理性无法与选择环境的复杂性完全分离。选择环境越复杂，表面上合理的公理的解释也就越牵强。例如，定义在随机变量上的很大集合上的偏好仍满足完备性公理，这样的要求是合理的吗？再如，我们通常隐含的假设决策者面临的环境可用模型进行表达这一点其实最难以满足，因为它要求我们有能力列举所有可能的自然状态（至少是非常详细地列举）。总之，我们的理性消费者模型遇到的每个问题，即传递性公理、完备性公理或独立性公理遇到的每个问题，都对当前模型施加了更大的限制。

还有一些问题是关于概率的非客观性质的。我们用例 6.F.1 说明。

例 6.F.1：埃尔斯伯格悖论（Ellsberg paradox）。 准确地说，我们给出的这个例子是埃尔斯伯格悖论的其中一种版本。[①] 有两个壶，分别记为 R 和 H。每个壶中有 100 个球。球非白即黑。壶 R 有 49 个白球和 51 个黑球。壶 H 中的白球和黑球的具体数量未知。从每个壶中随机取出一个球，分别称为 R 球和 H 球。取出来的球的颜色暂不公开。现在我们考虑两种选择情形。在每种情形下，决策者必须决定是选择 R 球还是 H 球。在决策者选择之后，公布球的颜色。在第一种选择情形下，如果决策者选择的球是黑的，他就能赢得 1 000 美元。在第二种选择情形下，如果决策者选择的球是白的，他就能赢得 1 000 美元。在获知这些信息后，大部分人在第一个实验中会选择 R 球。如果决策者是根据主观概率作出选择的，那么这应该意味着 H 球为白球的主观概率大于 0.49。因此，大部分人在第二个实验中应该选择 H 球。然而，

① 参见 Ellsberg（1961）。

事实却不是这样的，在第二个实验中选择H球的人并不占大多数。决策者知道如果选择R球，他获胜的概率只有49%。然而，这个概率是"安全的"和被很好理解的。如果他选择H球，由此产生的不确定性就不是那么明朗。■

Knight（1921）认为应该根据我们得到的概率是主观的还是客观的，将风险与不确定性这两个概念区分开。在某种意义上，主观概率理论使得上述区分无效，因为在这种理论下，只要将决策者的信念表达为概率，所有的不确定性就会变为风险。例6.F.1说明，风险与不确定性之间可能存在着一些区别。这是个相当活跃的研究领域［例如，Bewley（1986）；Gilboa和Schmeidler（1989）］。

6

参考文献

Allais，M.（1953）. Le comportement de l'homme rationnel devant le risque，critique des postulats et axiomes de l'école Américaine. *Econometrica* 21：503－546.

Anscombe，F.，and R. Aumann（1963）. A definition of subjective probability. *Annals of Mathematical Statistics* 34：199－205.

Arrow，K. J.（1971）. *Essays in the Theory of Risk Bearing*. Chicago：Markham.

Bewley，T.（1986）. *Knightian Decision Theory：Part 1*. New Haven：Cowles Foundation Discussion Paper No. 807.

Dekel，E.（1986）. An axiomatic characterization of preference under uncertainty：Weakening the independence axiom. *Journal of Economic Theory* 40：304－318.

Diamond，P.，and M. Rothschild.（1978）. *Uncertainty in Economics：Readings and Exercises*. New York：Academic Press.

Ellsberg，D.（1961）. Risk，ambiguity，and the Savage axioms. *Quarterly Journal of Economics* 75：643－669.

Gilboa，I.，and D. Schmeidler（1989）. Maximin expected utility with a unique prior. *Journal of Mathematical Economics* 18：141－153.

Grether，D.，and C. H. Plott（1979）. Economic theory of choice and the preference reversal phenomenon. *American Economic Review* 69：623－638.

Green，J.（1987）. "Making book against oneself，" the independence axiom，and nonlinear utility theory. *Quarterly Journal of Economics* 98：785－796.

Hey，J. D. and C. Orme（1994）. Investigating generalizations of expected utility theory using experimental data. *Econometrica* 62：1291－1326.

Knight，F.（1921）. *Risk，Uncertainty and Profit*. Boston，Mass.：Houghton Mifflin. Reprint，London：London School of Economics 1946.

Kreps，D.（1988）. *Notes on the Theory of Choice*. Boulder，Colo.：Westview Press.

Machina，M.（1987）. Choice under uncertainty：Problems solved and unsolved. *The Journal of Perspectives* 1：121－154.

Pratt，J.（1964）. Risk aversion in the small and in the large. *Econometrica* 32：122－136. Reprinted in Diamond and Rothschild.

Savage，L.（1954）. *The Foundations of Statistics*. New York：Wiley.

Von Neumann，J. and O. Morgenstern（1944）. *Theory of Games and Economic Behavior*. Princeton，

N. J.: Princeton University Press.

习　题

6.B.1[A]　证明如果简单彩票空间 $\mathscr{L}$ 上的偏好关系 $\succsim$ 满足独立性公理，那么对于所有 $\alpha\in(0, 1)$ 和 $L, L', L''\in\mathscr{L}$，我们均有：

$$L\succ L' \text{ 当且仅当 } \alpha L+(1-\alpha)L''\succ\alpha L'+(1-\alpha)L''$$

和

$$L\sim L' \text{ 当且仅当 } \alpha L+(1-\alpha)L''\sim\alpha L'+(1-\alpha)L''$$

另外，再证明如果 $L\succ L'$ 而且 $L''\succ L'''$，那么 $\alpha L+(1-\alpha)L''\succ\alpha L'+(1-\alpha)L'''$。

6.B.2[A]　证明如果 $\mathscr{L}$ 上的偏好关系 $\succsim$ 能被具有期望效用形式的效用函数 $U(\cdot)$ 所表示，那么 $\succsim$ 必定满足独立性公理。

6.B.3[B]　证明如果结果集 C 是有限的，而且彩票集 $\mathscr{L}$ 上的理性偏好关系 $\succsim$ 满足独立性公理，那么 $\mathscr{L}$ 中存在最优和最差的彩票。也就是说，我们可以找到彩票 $\overline{L}$ 和 $\underline{L}$ 使得 $\overline{L}\succsim L\succsim\underline{L}$ 对于所有 $L\in\mathscr{L}$ 均成立。

6.B.4[B]　本题的目的是说明，期望效用定理如何能让我们在处理极其小的概率时作出一致性的决策，方法是考虑相对较大的概率。假设某个防灾机构正在考虑建立某项标准，用于决定何时将易遭受洪灾的地区居民撤离。洪灾的概率为1%。可能的结果有四种：

(A) 没有必要撤离，因此不撤离。

(B) 撤离，但事后证明是没有必要的。

(C) 撤离，事后证明是有必要的。

(D) 不撤离，洪灾导致重大损失。

假设这个防灾机构在确定性结果 (B) 和下列彩票之间是无差异的，该彩票出现 (A) 的概率为 p，出现 (D) 的概率为 $1-p$。再假设该机构在确定性结果 (C) 与下列彩票之间也是无差异的，该彩票出现 A 的概率为 q，出现 (D) 的概率为 $1-q$。另外，我们还假设该机构偏好 (A) 胜于 (D)，而且 $p\in(0, 1)$，$q\in(0, 1)$。假设期望效用定理的条件已得到满足。

(a) 为该防灾机构构建一个期望效用形式的效用函数。

(b) 考虑下面两个不同的政策标准：

标准 1：这个标准导致的结果为：撤离的正确率为 90%（发生洪灾），不正确率为 10%（未发生洪灾）。

标准 2：这个标准更保守一些。它导致的结果为：撤离的正确率为 95%（发生洪灾），不正确率为 5%（未发生洪灾）。

首先，推导出在每个标准下，上述四种可能结果的概率分布。其次，使用 (a) 中的效用函数，确定防灾机构更偏好上述哪个标准。

6.B.5[B]　本题的目的是说明阿莱悖论与较弱版本的独立性公理是相容的。我们考虑下面的**中间性公理**（betweenness axiom），感兴趣的读者可参见 Dekel (1986)。

对于所有 L，L' 和 $\lambda\in(0, 1)$，如果 $L\sim L'$，那么 $\lambda L+(1-\lambda)L'\sim L$。

假设可能的结果有三个：

(a) 证明彩票上的偏好关系若满足独立性公理，则也满足中间性公理。

(b) 参考图 6.B.1 (b)，用单纯形表示彩票。证明如果彩票上的偏好关系满足连续性公理和中间性公理，那么无差异曲线为直线。反过来，证明如果无差异曲线为直线，则偏好关系满足中间性公理。这些直线必须平行吗？

(c) 使用 (b) 证明中间性公理比独立性公理弱（限制性弱）。

(d) 使用图 6.B.7 证明阿莱悖论中的选择与中间性公理是相容的，即画出一个满足中间性公理的无差异图，该无差异图能产生阿莱悖论中的选择。

6.B.6[B]　证明 6.B 节最后一段定义的引致效用函数 $U(\cdot)$ 是凸的。举例说明引致效用函数不是线性的情形，写出这种情形的结果集和伯努利效用函数。

6.B.7[A]　考虑下面两个彩票：

彩票 L：赢得 200 美元的概率为 0.7，赢得 0 美元的概率为 0.3。

彩票 L'：赢得 1 200 美元的概率为 0.1，赢得 0 美元的概率为 0.9。

令 x_L 表示决策者感到与 L 无差异的确定钱数，类似地，$x_L{}'$表示与 L'无差异的确定钱数。证明他的偏好是传递的和单调的，他偏好 L 胜于 L' 当且仅当 $x_L > x_L{}'$。[注意：在现实实验中，结果却出现了偏好逆转，即：决策者偏好 L 胜于 L'但 $x_L < x_L{}'$。有关细节请参见 Grether 和 Plott (1979)。]

6.C.1[B]　考虑例 6.C.1 中的保险问题。证明如果保险不是精算公平的（因此 $q>\pi$），那么决策者不会购买足额保险。

6.C.2[B]　(a) 证明如果决策者的伯努利效用函数 $u(\cdot)$ 是二次型的，即

$$u(x) = \beta x^2 + \gamma x$$

那么他从某个分布得到的效用取决于该分布的均值和方差，事实上仅取决于这两个变量。[注意：为了保证 $u(\cdot)$ 是凹的，β 应该为负。这样一来，由于 $u(\cdot)$ 在 $x > -\gamma/2\beta$ 上是递减的，$u(\cdot)$ 只有当分布的取值不大于$-\gamma/2\beta$时才有用。]

(b) 假设定义在分布上的效用函数 $U(\cdot)$ 为

$$U(F) = (F \text{ 的均值}) - r(F \text{ 的方差})$$

其中 $r>0$。证明除非可能分布集被进一步限制（例如参见习题 6.C.19），否则$U(\cdot)$ 不可能与任何伯努利效用函数相容。举出下面这样的例子：两个彩票 L 和 L'，它们都基于相同的两个货币量，比如 x'和 $x''>x'$，L 取 x''的概率高于 L'，但是根据$U(\cdot)$，决策者仍然偏好 L'胜于 L。

6.C.3[B]　证明命题 6.C.1 中的四个条件是等价的。[提示：由于条件（ⅰ）、（ⅱ）和（ⅲ）的等价性已得到证明，你只要证明下列内容即可：对于条件（ⅳ），证明（ⅰ）蕴涵（ⅳ），而且（ⅳ）蕴涵着 $u\left(\frac{1}{2}x+\frac{1}{2}y\right) \geqslant \frac{1}{2}u(x)+\frac{1}{2}u(y)$ 对于任何 x 和 y 成立，而这事实上又能推知（ⅱ）成立。]

6.C.4[B]　假设有 N 种风险资产，它们的报酬 z_n（$n=I$，…，N）的联合分布服从分布函数 $F(z_1, \cdots, z_n)$。再假设所有报酬都为负值的概率为 1。某个决策者在 $\mathbb{R}_+$ 上的伯努利效用函数 $u(\cdot)$ 是连续的、递增的和凹的。将他位于 $\mathbb{R}_+^N$（即所有非负投资组合）上的效用函数 $U(\cdot)$ 定义为

$$U(\alpha_1,\cdots,\alpha_N) = \int u(\alpha_1 z_1 + \cdots + \alpha_N z_N)\, dF(z_1,\cdots,z_n)$$

证明 $U(\cdot)$ 是 (a) 递增的、(b) 凹的以及 (c) 连续的（连续性的证明更难一些）。

6.C.5[A]　考虑某个决策者，他的效用函数 $u(\cdot)$ 定义在 $\mathbb{R}_+^L$ 上，正如第 3 章所描述的那样。

(a) 证明 $u(\cdot)$ 的凹性可以解释为决策者对下列彩票显示出风险厌恶的特征，该彩票的结果是由 L 种商品组成的商品束。

(b) 现在假设某个关于财富的伯努利效用函数 $u(\cdot)$ 已用下列方法推导出：维持所有商品价格不变，在每个给定的财富水平 n 上，最大化定义在商品束上的效用函数。请证明如果这个定义在商品束上的效用函数表现出风险厌恶的性质，那么上述关于财富的伯努利效用函数也表现出风险厌恶的性质。请解释之。

(c) 证明 (b) 的逆命题未必成立：存在非凹函数 u：$\mathbb{R}_+^L \to \mathbb{R}$ 使得对于每个价格向量，由效用最大化导出的关于财富的伯努利效用函数表现出风险厌恶的性质。

6.C.6[B]　对于命题 6.C.2：

(a) 证明条件（ⅱ）和（ⅲ）是等价的。

(b) 证明条件（ⅲ）和（ⅴ）是等价的。

6

6.C.7[A] 证明：在命题 6.C.2 中条件（iii）蕴涵着条件（iv），条件（iv）蕴涵着条件（i）。

6.C.8[A] 假设伯努利效用函数 $u(\cdot)$ 是绝对风险厌恶递减的。证明对于例 6.C.2（和例 6.C.2 续）中的资产需求模型，安全资产和风险资产的最优配置是下面这样的：随着财富 w 的增加，决策者投资在风险资产上的财富量也在增加（即，风险资产是一种正常商品）。

6

6.C.9[B]（M. Kimball）本题的目的是考察在一个简单的消费储蓄决策问题中，不确定性和预防分别代表着什么含义。

在一个两时期的经济中，消费者在第一期的初始财富为 w。消费者的效用水平为

$$u(c_1, c_2) = u(c_1) + v(c_2)$$

其中 $u(\cdot)$ 和 $v(\cdot)$ 是凹函数，c_1 和 c_2 分别表示消费者在第一期和第二期的消费水平。我们用 x 表示消费者在第一期的储蓄（因此 $c_1 = w - x$；$c_2 = x$），在这个问题中，令 x_0 表示最优储蓄值。

现在我们将不确定性引入这个经济。如果消费者在第一期的储蓄额为 x，那么他在第二期的财富为 $x+y$，其中 y 是服从 $F(\cdot)$ 的分布。从现在开始，我们始终用 $E[\cdot]$ 表示 $F(\cdot)$ 的期望。假设在这两个时期已实现的财富水平为（w_1，w_2），定义在这个财富水平上的伯努利效用函数为 $u(w_1)+v(w_2)$。因此，消费者现在的问题是

$$\underset{x}{\mathrm{Max}}\, u(w-x) + E[v(x+y)]$$

将这个问题的解记为 x^*。

（a）证明如果 $E[v'(x_0+y)] > v'(x_0)$，那么 $x^* > x_0$。

（b）定义效用函数 $v(\cdot)$ 在财富水平 x 上的**绝对谨慎系数**（coefficient of absolute prudence）为 $-v'''(x)/v''(x)$。证明如果在所有财富水平上，效用函数 $v_1(\cdot)$ 的绝对谨慎系数均不大于效用函数 $v_2(\cdot)$ 的谨慎系数，那么 $E[v'_1(x_0+y)] > v'_1(x_0)$ 蕴涵着 $E[v'_2(x_0+y)] > v'_2(x_0)$。在情形（a）中，这个事实意味着什么？

（c）证明如果 $v'''(\cdot) > 0$ 而且 $E[y] = 0$，那么对于所有 x 都有 $E[v'(x+y)] > v'(x)$。

（d）证明如果 $v(\cdot)$ 的绝对风险厌恶系数关于财富是递减的，那么对于所有 x 都有 $-v'''(\gtrsim)/v''(x) > -v''(x)/v'(x)$，因此 $v'''(\cdot) > 0$。

6.C.10[A] 证明在命题 6.C.3 中，条件（i）到（v）都是等价的。［提示：令 $u_1(z) = u(w_1+z)$ 和 $u_2(z) = u(w_2+z)$，证明命题 6.C.3 中的五个条件分别等价于命题 6.C.2 中的相应条件。］

6.C.11[B] 对于例 6.C.2 中的模型，证明如果 $r_R(x, u)$ 关于 x 递增，那么决策者投资于风险资产的财富比例 $\gamma = \alpha/x$ 关于 x 递减。类似地，如果 $r_R(x, u)$ 关于 x 递减，那么 $\gamma = \alpha/x$ 关于 x 递增。［提示：令 $u_1(t) = u(tw_1)$ 和 $u_2(t) = u(tw_2)$，并且使用例 6.C.2 中陈述的下列事实：如果一个伯努利效用函数比另外一个更厌恶风险，那么在第一个函数中的风险资产的最优投资水平小于第二个函数中的。你也可以使用一阶条件直接证明。］

6.C.12[B] 令 u：$\mathbb{R}_+ \to \mathbb{R}$ 为一个严格递增的伯努利效用函数。证明：

（a）$u(\cdot)$ 表现出等于 $\rho \neq 1$ 的不变的相对风险厌恶系数当且仅当 $u(x) = \beta x^{1-\rho} + \gamma$，其中，$\beta > 0$ 若 $\rho < 1$，$\beta < 0$ 若 $\rho > 1$；$\gamma \in \mathbb{R}$。

（b）$u(\cdot)$ 表现出等于 1 的不变的相对风险厌恶系数当且仅当 $u(x) = \beta \ln x + \gamma$，其中，$\beta > 0$ 若 $\rho < 1$，$\beta < 0$ 若 $\rho > 1$；$\gamma \in \mathbb{R}$。

（c）$\lim_{\rho \to 1}(x^{1-\rho}/(1-\rho)) = \ln x$ 对于所有 $x > 0$ 均成立。

6.C.13[B] 假设某个企业关于利润是风险中性的，而且如果价格存在任何不确定性，该企业都在解决这个不确定性之后再作出生产决策。假设企业现在面临二选一的选择。在第一种情形下，价格是不确定的。在第二种情形下，价格不是随机的，而是等于第一种情形中的期望价格向量。证明追求期望利润最大化的企业将偏好第一种情形而不是第二种。

6.C.14[B] 有两个厌恶风险的决策者（即他们的伯努利效用函数都是凹的），他们在选择货币彩票。我们定义强风险厌恶如下：效用函数 $u^*(\cdot)$

比 $u(\cdot)$ 强风险厌恶当且仅当存在正常数 k 和非增的凹函数 $v(\cdot)$ 使得 $u^*(x)=ku(x)+v(x)$ 对于所有 x 均成立。我们将货币量限制在区间 $[0, r]$ 中。

(a) 证明如果 $u^*(\cdot)$ 比 $u(\cdot)$ 强风险厌恶，那么在通常的阿罗-普拉特意义上，$u^*(\cdot)$ 比 $u(\cdot)$ 更厌恶风险。

(b) 证明如果 $u(\cdot)$ 是有界的，那么在整个区间 $[0, +\infty)$ 上，除了 $u^*(\cdot)=ku(\cdot)+c$（其中 c 为常数）之外，不存在比 $u(\cdot)$ 更厌恶风险的效用函数。[注意：在这一部分，不用理会货币量限制在区间 $[0, r]$ 上的这个假设。]

(c) 使用 (b) 证明强风险厌恶效用函数比阿罗-普拉特意义上的更加厌恶风险的效用函数的要求更强（即限制性更强）。

6.C.15[A]　假设在含有不确定性的世界中，有两种资产。第一种资产是无风险资产，它提供的报酬为 1 美元。第二种资产是风险资产，它提供 a 美元和 b 美元的概率分别为 π 和 $1-\pi$。将这两种资产的需求记为 (x_1, x_2)。

假设某个决策者的偏好满足期望效用定理的公理，而且他是风险厌恶的。假设决策者的财富和资产的价格都为 1，因此他面临的预算约束为

$$x_1 + x_2 = 1, x_1, x_2 \in [0,1]$$

(a) 给出无风险资产的需求严格为正的一个简单的必要条件（要求只涉及 a 和 b）。

(b) 给出风险资产的需求严格为正的一个简单的必要条件（要求只涉及 a，b 和 π）。

在下面三个问题中，假设 (a) 和 (b) 中的条件已得到满足。

(c) 写出决策者的资产需求问题中效用最大化的一阶条件。

(d) 假设 $a<1$。通过分析一阶条件证明 $dx_1/da \leqslant 0$。

(e) 猜测一下 $dx_1/d\pi$ 的符号。给出经济学解释。

(f) 通过分析一阶条件，你能证明你在 (e) 中的猜测吗？

6.C.16[A]　某个人的伯努利效用函数为 $u(\cdot)$，初始财富为 w。令彩票 L 提供报酬 G 和 B 的概率分别为 p 和 $1-p$。

(a) 如果此人拥有彩票 L，价格至少为多少时他才愿意卖掉该彩票？

(b) 如果他不拥有彩票 L，为了购买该彩票他最多愿意出多少钱？

(c) 卖价和买价相等吗？对你的答案给出经济学解释。问题中的参数在什么样的条件下才能使得彩票 L 的买价和卖价相等？

(d) 令 $G=10$，$B=5$，$w=10$ 和 $u(x)=\sqrt{x}$。计算这个彩票的买价和卖价，以及效用函数。

6.C.17[B]　假设某个人面临着两期投资组合配置问题。在时期 $t=0, 1$，他的财富 w_t 全部用于购买无风险资产（报酬为 R）和风险资产（报酬为 x）。他在时期 0 的初始财富为 w_0。他在时期 $t=1, 2$ 的财富取决于他在时期 $t-1$ 选择的投资组合 α_{t-1} 和在时期 t 实现的报酬 x_t，具体地说，

$$w_t = ((1-\alpha_{t-1})R + \alpha_{t-1}x_t)w_{t-1}$$

这个人的目标是使得最终财富 w_2 的期望效用最大化。假设 x_1 和 x_2 是独立的，而且它们具有相同的分布。证明如果此人的效用函数表现出不变的相对风险厌恶，那么他的最优选择是使得 $\alpha_0=\alpha_1$。证明如果他的效用函数表现出的是不变的绝对风险厌恶，那么上述结论不成立。

6.C.18[B]　假设某人的伯努利效用函数为 $u(x)=\sqrt{x}$。

(a) 计算当财富水平 $w=5$ 时的阿罗-普拉特绝对风险厌恶系数和相对风险厌恶系数。

(b) 计算赌博 (16, 4, 1/2, 1/2) 的确定性等价和概率溢价。

(c) 计算赌博 (36, 16, 1/2, 1/2) 的确定性等价和概率溢价。将这个结果与 (b) 中的结果进行比较并作出解释。

6.C.19[C]　假设某个人的伯努利效用函数 $u(x)=-e^{-\alpha x}$，其中 $\alpha>0$。他的（非随机的）初

6

始财富为 w。有一种无风险资产和 N 种风险资产。在无风险资产上每投资一美元得到的报酬为 r。风险资产的报酬是联合正态分布随机变量，其均值为 $\mu=(\mu_1,\cdots,\mu_N)$，方差-协方差矩阵为 V。假设风险资产不存在冗余，因此 V 是满秩的。请推导出这 $N+1$ 种资产的需求函数。

6.C.20[A] 考虑基于货币结果的某个彩票，该彩票以 1/2 的概率提供 $x+\varepsilon$ 美元，以 1/2 的概率提供 $x-\varepsilon$ 美元。计算该彩票确定性等价关于 ε 的二阶导数。证明当 $\varepsilon\to0$ 时，这个导数的极限正好为 $-r_A(x)$。

6.D.1[A] 本题的目的是在二维概率单纯形中证明命题 6.D.1。假设有三种货币结果：1 美元、2 美元和 3 美元。考虑图 6.B.1（b）中的概率单纯形。

（a）对于基于这些结果的某个既定彩票 L，确定下列概率单纯形的区域：该区域中彩票的分布一阶随机优于彩票 L 的分布。

（b）给定彩票 L，确定下列概率单纯形的区域：该区域中的彩票 L' 满足 $F(x)\leqslant G(x)$ 对于每个 x 成立，其中 $F(\cdot)$ 是 L' 的分布，$G(\cdot)$ 是 L 的分布。[注意到，这个区域与（a）中的区域相同。]

6.D.2[A] 证明如果 $F(\cdot)$ 一阶随机优于 $G(\cdot)$，那么 x 在 $G(\cdot)$ 下的均值 $\int x dG(x)$ 不可能大于 x 在 $F(\cdot)$ 下的均值 $\int x dF(x)$。另外，举出一个例子，在这个例子中 $\int x dF(x)>\int x dG(x)$ 但 $F(\cdot)$ 不一阶随机优于 $G(\cdot)$。

6.D.3[A] 证明如果分布 $G(\cdot)$ 是 $F(\cdot)$ 的风险微小增加，那么 $F(\cdot)$ 二阶随机优于 $G(\cdot)$。

6.D.4[A] 本题是在二维概率单纯形内验证命题 6.D.2 的三种表述方法的等价性。假设有三种货币结果：1 美元、2 美元和 3 美元。考虑图 6.B.1（b）中的概率单纯形。

（a）如果两个彩票有相同的均值，它们在概率单纯形中的位置有何关系？

（b）给定彩票 L，确定下列单纯形的区域：该区域中的彩票 L' 的分布二阶随机劣于 L 的分布。

（c）给定彩票 L，确定下列单纯形的区域：该区域中的彩票 L' 的分布是 L 的保留均值的展开。

（d）给定彩票 L，确定下列单纯形的区域：对于该区域中的彩票 L'，条件（6.D.2）成立；其中 $F(\cdot)$ 和 $G(\cdot)$ 分别为 L 和 L' 的分布。

注意到，（b）、（c）和（d）中的区域是相同的。

6.E.1[B] 本题的目的是证明在存在后悔的情形下，偏好可能不是传递的。令世界有 S 种状态 $s=1,\cdots,S$。假设状态 s 发生的概率为 π_s。定义与彩票 $x=(x_1,\cdots,x_S)$ 相伴的相对于彩票 $x'=(x'_1,\cdots,x'_S)$ 而言的后悔为

$$\sum_{s=1}^{S}\pi_s h(\mathrm{Max}\{0,x'_s-x_s\})$$

其中 $h(\cdot)$ 是给定的递增函数。[我们将 $h(\cdot)$ 称为**后悔评价函数**（regret valuation function）；它衡量在参与人知道自然状态后的后悔程度。] 我们将存在后悔时的 x 至少与 x' 一样好定义为当且仅当与 x 相伴的相对于 x' 而言的平均后悔不大于与 x' 相伴的相对于 x 而言的平均后悔。

假设 $S=3$，$\pi_1=\pi_2=\pi_3=1/3$，$h(x)=\sqrt{x}$。考虑下列三个彩票：

$$x=(0,\ -2,\ 1)$$
$$x'=(0,\ 2,\ -2)$$
$$x''=(2,\ -3,\ -1)$$

证明参与人对这三个彩票的偏好序不是传递的。

6.E.2[A] 在某个带有不确定性的世界中，有两种可能的自然状态（$s=1,2$）和一种消费品。某个决策者在彩票上的偏好满足期望效用理论的公理，而且他是风险厌恶的。为简单起见，我们假设效用与状态无关。

决策者可能得到两种或有商品。或有商品 1 在状态 $s=1$ 下提供一单位消费品，在状态 $s=2$ 下提供零单位消费品；或有商品 2 在状态 $s=2$ 下提

供一单位消费品，在状态 $s=1$ 下提供零单位消费品。我们将两种或有商品的数量向量记为（x_1，x_2）。

(a) 证明决策者在（x_1，x_2）上的偏好关系是凸的。

(b) 证明当决策者在结果为向量（x_1，x_2）的各个彩票间选择时，他也是风险厌恶的。

(c) 证明 x_1 和 x_2 的瓦尔拉斯需求函数都是正常的（normal）。

6.E.3[B]　令 g：$S\to\mathbb{R}_+$ 是个随机变量，它的均值为 $E(g)=1$。对于 $\alpha\in(0, 1)$，定义一个新的随机变量 g^*：$S\to\mathbb{R}_+$ 为 $g^*(s)=\alpha g(s)+(1-\alpha)$。注意到 $E(g^*)=1$。将 $g(\cdot)$ 和 $g^*(\cdot)$ 的分布函数分别记为 $G(\cdot)$ 和 $G^*(\cdot)$。证明 $G^*(\cdot)$ 二阶随机优于 $G(\cdot)$ 并解释之。

6.F.1[B]　证明在主观期望效用定理（命题 6.F.2）下，我们得到的关于钱的效用函数 $u(\cdot)$ 除了原点和刻度外是唯一决定的。也就是说，如果 $u(\cdot)$ 和 $\hat{u}(\cdot)$ 满足这个定理的条件，那么存在 $\beta>0$ 和 $\gamma\in\mathbb{R}$ 满足 $\hat{u}(x)=\beta u(x)+\gamma$ 对于所有 x。另外，证明主观概率也是唯一确定的。

6.F.2[A]　本题的目的是使用**非唯一先验信念**（nonunique prior beliefs）［参见 Gilboa 和 Schmeidler（1989）］来解释例 6.F.1 中实验的结果。

我们考虑某个决策者，他的伯努利效用函数 $u(\cdot)$ 定义在 $\{0, 1\,000\}$ 上。我们将 $u(\cdot)$ 标准化以使得 $u(0)=0$，$u(1\,000)=1$。

决策者认为 H 球为白球的概率为 $\pi\in[0, 1]$，这是他的概率信念。我们假设决策者的信念不是一个信念而是一个信念集，这个信念集是［0，1］的一个子集。他可能采取的行动为 R 或 H，其中 R 表示他选择 R 球，H 表示他选择 H 球。

与例 6.F.1 一样，决策者面对着两种不同的选择情形。在选择情形 W 下，如果他选择的球是白的，他得到 1 000 美元，否则他得到 0 美元。在选择情形 B 下，如果他选择的球是黑的，他得到 1 000 美元，否则他得到 0 美元。

对于上述每种选择情形，定义他在行动 R 和 H 上的效用函数为：

对于情形 W，U_W：$\{R, H\}\to\mathbb{R}$ 的定义为

$$U_W(R)=0.49 \text{ 和 } U_W(H)=\text{Min}\{\pi:\pi\in P\};$$

对于情形 B，U_B：$\{R, H\}\to\mathbb{R}$ 的定义为

$$U_B(R)=0.51 \text{ 和 } U_B(H)=\text{Min}\{(1-\pi):\pi\in P\}$$

也就是说，他从选择 R 中得到的效用是以下列（客观）概率得到 1 000 美元的期望效用，这个概率是从罐子 R 中白球和黑球的数量计算出的。然而，他从选择 H 中得到的效用是以与 P 中最悲观信念相伴的概率得到 1 000 美元的期望效用。

(a) 证明如果 P 仅包含一个信念，那么 U_W 和 U_B 是从冯·诺依曼-摩根斯坦效用函数得出的，而且 $U_W(\text{R})>U_W(\text{H})$ 当且仅当 $U_B(\text{R})<U_B(\text{H})$。

(b) 找到一个集合 P 使得 $U_W(\text{R})>U_W(\text{H})$ 和 $U_B(\text{R})>U_B(\text{H})$。

第二部分

博弈论

在第一部分，我们分析了抽象经济环境和更具体的环境下的个人决策问题。我们的主要目的是为下列研究打下基础：在市场经济条件下，众多自利个体（包括企业）的同时行动是如何产生经济结果的。本书剩下的大部分章节围绕这个任务展开。然而在第二部分，我们的视角不限于市场经济，而是研究在一般情形下如何模拟多人互动。

多人互动的核心特征之一是他们之间可能存在着**策略性相互依赖**（strategic interdependence）。在本书第一部分的个人决策研究中，决策者面临的局面是他的状况仅取决于他作出的选择（可能涉及随机性）。而在策略性相互依赖的多人互动情形下，每个参与人都认识到：他的收益（效用或利润）不仅取决于他的行为，而且取决于**其他**参与人的行为。他的最优行动可能取决于其他参与人已经采取的行动；可能取决于他预期的其他参与人与他同时采取的行动；甚至可能取决于其他参与人未来采取的行动（或不采取的行动），这些未来行动是其他参与人对他当前行为的反应。

策略性互动局面的分析工具是**非合作博弈论**（noncooperative game theory）。尽管“博弈”（game）这个词不能正确反映博弈论的重要性，但它正确反映了该理论的核心特征：参与人关心策略和胜负（一般意义上的效用或利润最大化），这一点和打扑克等大多数室内博弈是一样的。

不同的多人互动问题，参与人之间的策略性互动程度不一样。在垄断情形（市场只有一家企业销售某产品；参见 12.B 节）或完全竞争情形（所有参与人都是价格接受者；参见第 10 章和第四部分）下，策略性互动程度太小，不需要使用博弈论工具进行分析。[①] 然而，在其他情形下，例如寡头市场（市场中有少数几家企业销售某产品；参见 12.C 节～12.G 节）下，由于参与人之间的策略性互动程度很高，博弈论变为必不可少的分析工具。

本书第二部分分为三章。第 7 章简要介绍了非合作博弈论的基本要素，具体包括以下内容：博弈论的准确定义；博弈论的表达方法；博弈论中的一个核心概念即参与人的**策略**（strategy）。第 8 章讨论如何预测同时行动博弈的结果。**同时行动博弈**（simultaneous-move games）是指所有参与人同时行动的博弈。这一章我们只研究同时行动博弈，目的在于仅研究若干核心问题，而把更难的问题放在下一章。第 9 章研究**动态博弈**（dynamic games）。在动态博弈中，参与人的行动顺序有先后之分，因此也会产生一些更难但也更有趣的问题。

① 然而，这两种情形也可以使用博弈论，例如竞争均衡存在性的证明（详见第 17 章附录 B）；另外，值得强调的是，我们可以将完全竞争视为寡头之间的策略性互动的极端情形（例如 12.F 节）。

注意，我们在第二部分讨论的博弈类型是**非合作性质的**（noncooperative）。博弈论还有一个分支，称为**合作博弈论**（cooperative game theory），但我们不研究这类博弈。与非合作博弈不同，合作博弈的基本分析单位是由参与人组成的不同组或亚组［通常统称为联盟（coalitions）］，而不再是单个的参与人。合作博弈假设这些联盟能够根据具有约束力的合作协议达成某些特定的结果。

合作博弈在一般均衡理论中占有重要地位，我们在第 18 章的附录中简要介绍了这个博弈分支。需要指出的是，虽然非合作博弈论的名字中有“非合作”字样，但这不意味着它无法解释联盟内个体之间的合作。只不过，它关注的是：在无法达成具有约束力的协议的情形下，为什么合作可能是理性的（参见第 12 章关于寡头之间的重复互动的讨论）。

若想进一步学习非合作博弈论，可以参考以下优秀文献：Fudenberg 和 Tirole（1991），Myerson（1992），Osborne 和 Rubinstein（1994），Gibbons（1992），Binmore（1992），其中后两本教材是导论水平，相对简单。Kreps（1990）讨论了博弈论的一些优点和缺点。Von Neumann 和 Morgenstern（1944），Luce 和 Raiffa（1957），Schelling（1960）仍是经典之作。

参考文献

Binmore, K. (1992). *Fun and Games: A Text on Game Theory*. Lexington, Mass.: D. C. Heath.

Fudenberg, D., and J. Tirole (1991). *Game Theory*. Cambridge, Mass.: MIT Press.

Gibbons, R. (1992). *Game Theory for Applied Economists*. Princeton, N. J.: Princeton University Press.

Kreps, D. M. (1990). *Game Theory and Economic Modeling*. New York: Oxford University Press.

Luce, R. D., and H. Raiffa (1957). *Games and Decisions: Introduction and Critical Survey*. New York: Wiley.

Myerson, R. B. (1992). *Game Theory: Analysis of Conflict*. Cambridge, Mass.: Harvard University Press.

Osborne, M. J., and A. Rubinstein (1994). *A Course in Game Theory*, Cambridge, Mass.: MIT Press.

Schelling, T. (1960). *The Strategy of Conflict*. Cambridge, Mass.: Harvard University Press.

Von Neumann, J., and O. Morgenstern (1944). *The Theory of Games and Economic Behavior*. Princeton, N. J.: Princeton University Press.

第7章 非合作博弈的基本知识

7.A 引言

我们开始研究非合作博弈论，本章的任务是介绍该理论的基本要素，它是第8章和第9章内容的序曲。

7.B节非正式地介绍了**博弈**（game）的概念。这一节给出了任何策略性互动环境的四个基本要素，在描述博弈时，它们必不可少。

7.C节说明了如何使用**展开形表示法**（extensive form representation）来描述博弈。这种方法对博弈的刻画非常细致，它能描述：谁在何时行动；他们能做什么；在轮到某个人行动时，他知道什么信息；以及与博弈参与人的任何行动组合相伴的结果。

7.D节引入了博弈论中的一个核心概念，即参与人的**策略**（strategy）。某个参与人的策略是指他的一整套相机行动方案（contingent plan），该方案描述了他在博弈的每种可能演化过程中采取的所有行动。接下来，我们说明如何使用策略这个概念，推导出博弈的另外一种表示法，即**标准形（或策略形）表示法**（normal (or strategic) form representation），这种表示法在形式上更为紧凑。

在7.E节，我们考虑某个参与人可能随机化他的选择的可能性，这就引出了**混合策略**（mixed strategy）的概念。

7.B 什么是博弈？

博弈是对一些人在**策略性相互依赖**环境下的相互作用的正式描述。策略性相互依赖是指每个人的福利不仅取决于他自己的行动，还取决于其他人的行动。而且，他的最优行动可能取决于他对其他人行动的预期。

为了描述策略性互动的情形，我们需要知道四件事：

（i）**参与人或参与人**（players）：谁参与了博弈？

（ⅱ）**规则**（rules）：谁在何时行动？他们在行动时知道什么信息？他们能做什么？

（ⅲ）**结果**（outcomes）：对于参与人每组可能的行动组合，相应的结果是什么？

（ⅳ）**收益**（payoffs）：参与人在各个可能结果上的偏好（即效用函数）是什么样的？

我们考虑（ⅰ）至（ⅲ）项。先看校园里的学生常玩的硬币配对（matching pennies）博弈。

例 7.B.1：硬币配对。（ⅰ）至（ⅲ）项分别为：

参与人：有两个参与人，分别以 1 和 2 表示。

规则：每个参与人同时放下一枚硬币，要么正面向上，要么反面向上。

结果：如果这两个硬币配对成功（都为正面向上或都为反面向上），参与人 1 给参与人 2 一美元钱；否则，参与人 2 给参与人 1 一美元钱。■

再看另外一个例子，即三子连线棋（Tick-Tack-Toe）。

例 7.B.2：三子连线棋。（ⅰ）至（ⅲ）项分别为：

参与人：有两个参与人，分别记为 X 和 O。

规则：两个参与人使用的棋盘为 3×3 格即九宫格（图 7.B.1）。参与人依次将各自的棋子（X 或 O）放在空格中。参与人 X 先走。两个参与人都可以看到他们在前面的选择。

结果：谁的三个棋子先连成一条直线（横线、竖线或对角线均可）谁就获胜，对方需要向他支付一美元钱。如果 9 个空格都下满了棋子，但没人做到三子连线，这就是平局，双方都不需要向对方付钱。

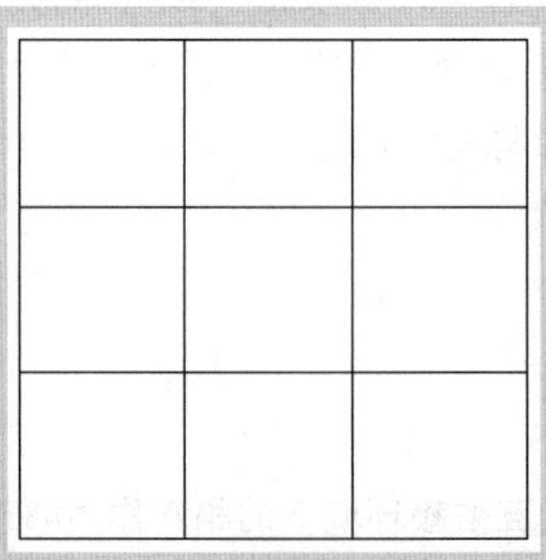

图 7.B.1　三子连线棋盘（棋子下在空方格内）

为了完成对这两个博弈的描述，我们需要说明参与人在可能结果上的偏好［第（ⅳ）项］。一般情况下，我们用效用函数刻画参与人的偏好，该函数对每个可能结果都赋予了一个效用水平。通常将参与人的效用函数称为他的**收益函数**（payoff function），将相应的效用水平称为他的**收益**（payoff）。我们始终假设这些效用函数都是期望效用形式（参见第 6 章），因此在结果是随机的情形下，我们可用参与人的期望效用表示随机结果。

以后当我们说到硬币配对和三子连线这两个博弈时，我们假设每个参与人的收益就是他赢或输的钱数。注意，在这两个博弈中，使得一个参与人收益最大化的行动取决于他预期对手将采取什么行动。

例 7. B. 1 和例 7. B. 2 涉及的情形都是完全冲突的：一方所得就是另一方所失。这样的博弈称为**零和博弈**（zero-sum games）。然而策略性互动和博弈论不限于完全或部分冲突的情形。请看例 7. B. 3。

例 7. B. 3：相聚纽约。（ⅰ）至（ⅳ）项分别为：

参与人：两个参与人，托马斯（Thomas）和谢林（Schelling）。

规则：这两个参与人不在一起，又不能通信。他们之前约好在纽约市吃午饭，但是忘了约定吃饭地点。每个人必须决定去哪里吃饭（每个人只能作出一次选择）。

结果：若能相聚，每个参与人都会因为吃饭时有对方相伴而感到高兴，否则，他们只能自己吃。

收益：每个参与人认为相聚的价值为 100 美元（若相聚，每个参与人的收益都为 100 美元；若不能相聚，每个参与人的收益都为 0 美元）。

在这个例子中，这两个参与人的利益是完全一致的。他们的问题是一个协作问题。然而，每个参与人的收益取决于其他参与人采取的行动；更重要的是，**每个参与人的最优行动取决于他预期对方将采取什么样的行动**。因此，即使是协作问题也存在着策略性的一面。■

尽管（ⅰ）至（ⅳ）中的信息能够完全描述一个博弈，但如果要进行博弈分析，最好将这个信息用特定的方法表示出来。7. C 节将介绍其中一种方法。

7.C　博弈的展开形表示法

对于一个博弈，如果我们知道 7. B 节中描述的（ⅰ）至（ⅳ）的信息（参与人、规则、结果和收益），那么我们可以正式地用**展开形**（extensive form）表示它。展开形能够描述：哪个参与人在何时行动；每个参与人能够采取的行动；参与人在行动时知道什么信息；结果（作为参与人采取的行动的函数）是什么；以及每个可能结果的收益。

我们先用若干例子逐步引入展开形表示法的要素，然后再正式给出展开形的定义（有些读者也许想先看定义再看例子）。

展开形依赖于**博弈树**（game tree）这个概念性工具。为了看清这个工具，我们先分析一个例子，这个例子是前面硬币配对博弈的变种，不妨称之为硬币配对博弈版本B。

例7.C.1：硬币配对博弈版本B及其展开形。这个博弈与例7.B.1的硬币配对博弈基本相同，但在该博弈中，参与人行动顺序有先后之分而不再是同时。具体地说，参与人1先将他的硬币放下（正面向上或反面向上）。然后，参与人2在看到1的选择之后，放下自己的硬币。（这个博弈对参与人2有利！）

这个博弈的展开形见图7.C.1。该博弈从**初始决策节点**（initial decision node）开始（初始节点以空心圆点表示），参与人1自此出发，决定将他的硬币正面向上还是反面向上放在桌子上。参与人1的可能选择有两个，每个选择分别以始自这个初始决策节点的一个**分支**（branch）表示。每个分支的终点是另外一个决策节点（用实心圆点表示），在这个节点上，参与人2在看到参与人1的选择之后可以选择正面向上或反面向上的行动。初始决策节点称为**参与人1的决策节点**；后面的两个节点是**参与人2的决策节点**。参与人2行动之后，就到达整个博弈的终点，这些终点称为**终止节点**（terminal nodes）。在每个终止节点上，我们列出了参与人的收益，这些收益是与导致该终止节点的一系列行动相伴而生的。

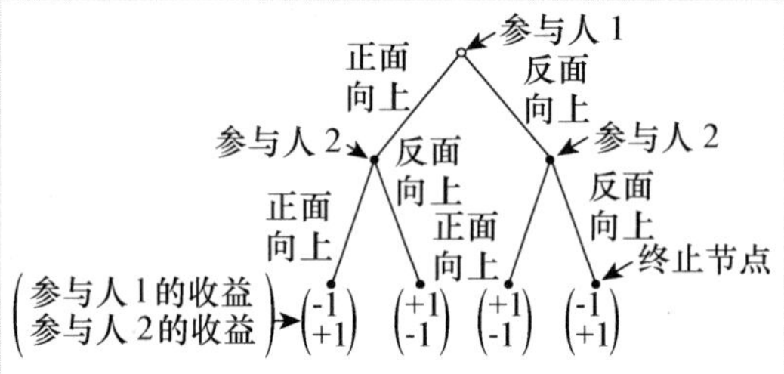

图7.C.1 硬币配对版本B博弈的展开形

注意图7.C.1中的树状结构：真正的树是一样的，在这个图中，连接初始节点［有时也称为**根**（root）］和树中每个节点的分支路径是唯一的。这种图称为**博弈树**（game tree）。■

例7.C.2：三子连线博弈的展开形。图7.C.2中的博弈树更复杂，它描述的是三子连线博弈的展开形（为了节省空间，我们省略了大部分细节）。注意，树中的每条路径代表着参与人唯一的行动序列。特别地，某个既定的棋盘位置（例如左边两个空格放入棋子X，右边两个空格放入棋子O）能够通过不同的一系列行动达成，每个行动序列在树中都是单独画出的。每个节点不仅展示了当前的位置，也展示了**如何到达该节点**。■

在硬币配对版本B博弈和三子连线博弈中，当轮到某个参与人行动时，他能观察到他的对手所有以前的行动。这两个博弈都是**完美信息博弈**（games of perfect information），在定义 7.C.1 中我们将给出这个术语的准确定义。然而，信息并非都是完美的，此时我们需要使用**信息集**（information set）的概念。正式地说，信息集中的元素是某个既定参与人决策节点的子集。它的意思是说，当博弈进行到信息集中的某个决策节点且轮到该参与人行动时，他不知道自己位于哪个节点上。他不清楚是因为他没观察到前面发生了什么事情。硬币配对博弈的另外一个变种即版本 C 可以使得这个概念更明朗。

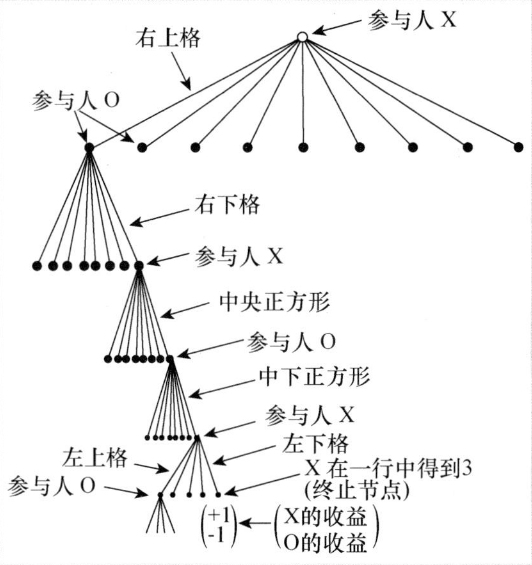

图 7.C.2　三子连线博弈的展开形

例 7.C.3：硬币配对博弈版本 C 及其展开形。 这个版本的博弈和例 7.C.1 中的版本 B 博弈基本相同，只不过现在当参与人 1 将硬币放下时，他用手将硬币盖住。因此，参与人 2 只有在他自己行动之后才能看到参与人 1 的选择。

这个博弈的展开形请见图 7.C.3。这个图和图 7.C.1 基本相同，唯一区别是在该图中，我们将参与人 2 的两个决策节点用一个圆圈了起来，表示这两个节点在同一个信息集中。这个信息集的意思是说，当轮到参与人 2 行动时，他不知道他在这两个节点中的哪一个节点上，因为他没有观察到参与人 1 之前的行动。注意：参与人 2 的信息集中的任何一个节点都具有相同的两种可能行动。如果参与人 2 不能区分这两个节点，这个事实是必然的；否则，他可以根据自己可能的行动推算出参与人 1 之前的行动。

理论上，我们也可以将参与人 1 的决策节点用信息集的方法表示。因为在轮到参与人 1 行动时，他知道什么都还没发生，这个信息集只有一个元素（参与人 1 在行动时准确知道他在哪个节点上）。严格来说，在图 7.C.3 中我们也应该将参与人 1 的决策节点用一个信息集圈起来。但在通常情况下，为了简化博弈展开形的描述，对于只含有一个节点的信息集来说，我们不用圆圈把它圈起来。因此，任何未被圈住的决策节点都应理解为**单点信息集**(singleton information sets)。例如，在图 7. C. 1 和图 7. C. 2 中，每个决策节点都分别对应着一个单点信息集，每个单点信息集只含有一个决策节点。■

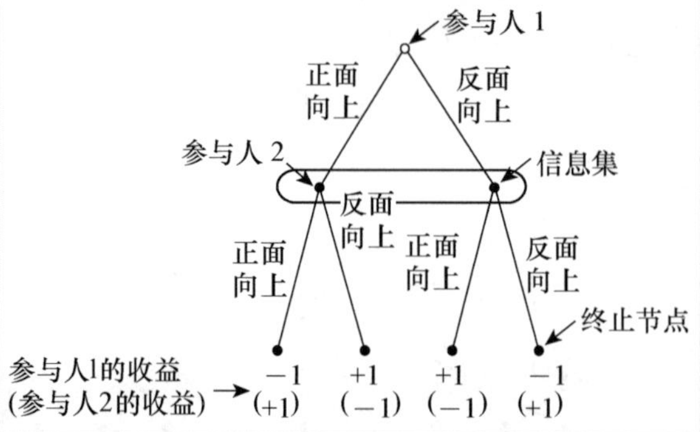

图 7. C. 3 硬币配对版本 C 博弈的展开形

在参与人看来，列出他的所有信息集，等于列出了他可能需要作出反应的所有可能的不同“事件”或“环境”。例如，在例 7. C. 1 中，在参与人 2 看来，有两种不同的事件可能需要他作出行动反应，每个事件对应着参与人 2 的一个（单点）信息集，博弈进行到他的哪个信息集时，他就决定相应采取什么行动。相反，在例 7. C. 3 中，参与人 2 认为只有一种可能的事件要求他作出行动反应，尽管他不知道这个事件（参与人 1 的行动）是什么样的，但这个事件肯定已发生了。

在例 7. C. 3 中，我们注意到了信息集的自然而然的限制：在某个参与人既定的信息集内的每个节点上，他的可能行动集（set of possible actions）都是相同的。我们对信息集施加的另外一个限制是参与人具有**完美回忆**（perfect recall）。大致来讲，完美回忆是说参与人不会忘记他曾经知道的信息（包括他的行动）。图 7. C. 4 画出了两个博弈，这两个博弈都不满足完美回忆这个条件。在图 7. C. 4（a）中，参与人 2 忘记了他曾经知道的参与人 1 的行动（即参与人 1 是选择 l 还是 r）。在图 7. C. 4（b）中，参与人 1 忘记了他自己以前的行动。[①]* 我们在本书中考虑的博弈都满足完美回忆这个性质。

① 完美回忆博弈的正式定义（参见本节稍后介绍的博弈展开形的正式描述）：令 $H(x)$ 表示含有决策节点 x 的信息集，则若它满足下列两个条件，某个博弈就具有完美回忆性质：（ⅰ）若 $H(x)=H(x')$，则 x 既不是 x' 的前驱节点（predecessor），也不是 x' 的后继节点（successor）；（ⅱ）若 x 和 x' 是参与人 i 的两个决策节点且 $H(x)=H(x')$，又若 x'' 也在该参与人的某个信息集中且 x'' 是 x 的前驱节点［未必是直接前驱节点（immediate predecessor）］，a'' 是在通往 x 的路径上，该参与人在 $H(x'')$ 上的行动，那么 x' 必定存在着一个前驱节点，该前驱节点是 $H(x'')$ 的元素并且在通往 x' 的路径上，该参与人在该前驱节点的行动必定也是 a''。

* 前驱节点有时也称为“父节点”，后继节点有时也称为“子节点”。——译者注

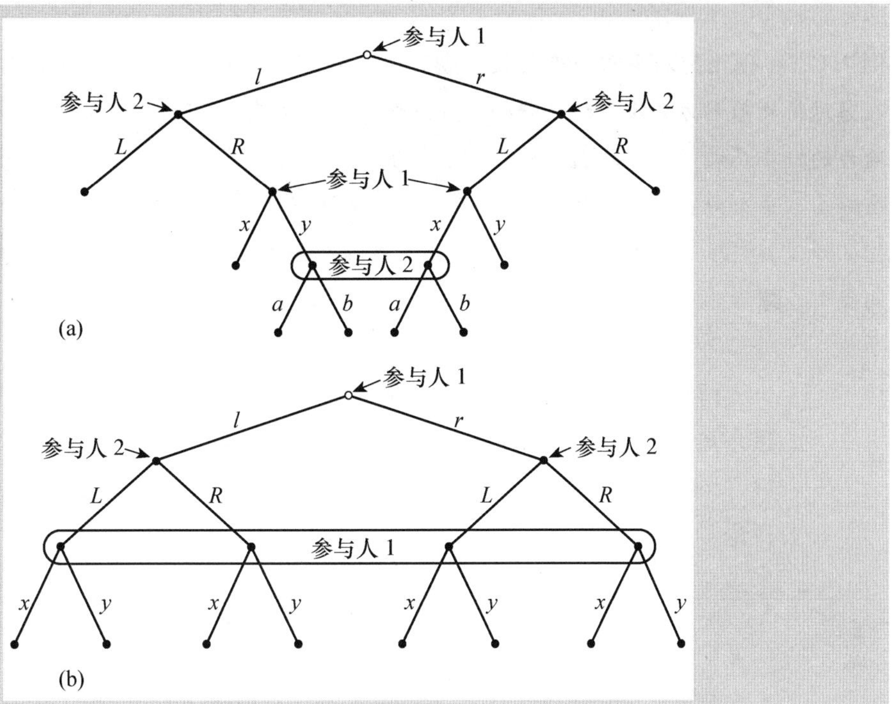

图 7.C.4 不满足完美回忆条件的两个博弈

信息集也可用于描述同时行动。例如，对于例 7.B.1 中的（标准）硬币配对博弈，我们可用信息集进行描述，这就是例 7.C.4。

例 7.C.4：硬币配对博弈的展开形。假设两个参与人同时将他们的硬币放下。对于每个参与人来说，这个博弈与版本 C 的博弈是**策略性等价的**（strategically equivalent）。在版本 C 博弈中，参与人 1 不能看到参与人 2 的选择，因为参与人 1 先行动；参与人 2 也不能看到参与人 1 的选择，因为参与人 1 用手盖住了硬币。在这个例子中，每个参与人都不能看到对方的选择，因为他们是同时行动的。只要他们互相不能看到对方的选择，何时行动这个问题就变得无关轻重。因此，我们可用图 7.C.3 中的博弈树来描述（标准）硬币配对博弈。注意，按照这个逻辑，我们也可以用另外一个博弈树来描述这个博弈，只要将图 7.C.3 中的参与人 1 和 2 的节点全部互换即可得到这个新的博弈树。■

现在我们要回到完美信息博弈这个概念，并提供正式的定义。

定义 7.C.1：一个博弈，若它的每个信息集只包含一个决策节点，则它是**完美信息**（perfect information）博弈；否则，它是**不完美信息**（imperfect information）博弈。

直到现在，博弈的结果都是参与人选择（choice）的确定性函数。然而，很多博弈存在着一个随机因素。这可以用包含**大自然的随机行动**（random moves of nature）来描述。我们用硬币配对版本 D 博弈说明这一点。

例 7.C.5：硬币配对版本 D 博弈及其展开形。 假设在玩硬币配对版本 B 博弈之前，两个参与人通过掷硬币的方式决定谁先行动。在这种情形下，参与人 1 先放下硬币和参与人 2 先放下硬币的概率是相同的。在图 7.C.5 中，在初始节点上，大自然（nature）先行，向下拓衍两个分支，每个分支的概率都是 1/2。注意，在这种情形下，大自然的角色好比第三个参与人，它必须以固定不变的概率采取它的行动。（在这个图中，H 表示“正面向上”，T 表示“反面向上”。）■

博弈论的一个基本假设是：所有参与人都知道博弈的结果，知道他的对手们知道，知道他的对手们知道他知道，等等。从理论上说，我们说博弈的结构是**共同知识**（common knowledge）[参见 Aumann（1976）和 Milgrom（1981）对该概念的讨论]。

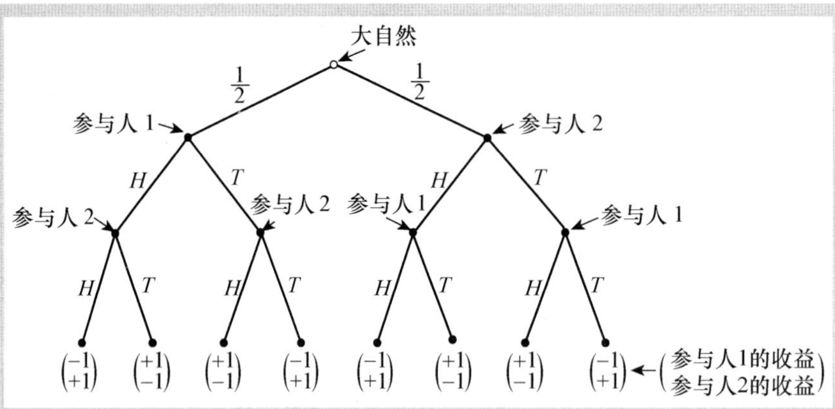

图 7.C.5　硬币配对版本 D 博弈的展开形

除了用图形表示之外，展开形也可用数学描述。数学描述的好处在于博弈的构造易于解释，并能帮助你记住它的基本构造。正式地说，一个用展开形表示的博弈由以下几项组成①：

（ⅰ）一个有限的节点集 $\mathscr{X}$，一个有限的可能行动集 $\mathscr{A}$，一个有限的参与人集 $\{1, \cdots, I\}$。

（ⅱ）一个函数 p：$\mathscr{X} \to \{\mathscr{X} \cup \varnothing\}$，该函数为每个节点 x 规定了唯一一个直接前驱节点；除了**初始节点 x_0** 之外，对于所有 $x \in \mathscr{X}$，$p(x)$ 都是非空的。于是，x 的直接后继节点为 $s(x) = p^{-1}(x)$。x 的**所有**前驱节点组成的集合和**所有**后继节点组成的集合可分别通过迭代 $p(x)$ 和 $s(x)$ 得到。为了得到博弈的树状结构，我们要求

① 严格地说：第（ⅰ）到（ⅵ）项合起来称为展开博弈形（extensive game form）；若再加上第（ⅶ）项，才称为用展开形表示的博弈（a game represented in extensive form）。我们在此不作区分。关于展开形有关细节的讨论，请参见 Kuhn（1953）以及 Kreps 和 Wilson（1982）第 2 节。

这些集合是不相交的（x 的某个前驱节点不能也是 x 的后继节点）。**终止节点**为$T=\{x\in\mathscr{X}:s(x)=\varnothing\}$。所有其他节点 $\mathscr{X}\setminus T$ 为**决策节点**。

（ⅲ）一个函数 $\alpha:\mathscr{X}\setminus\{x_0\}\rightarrow\mathscr{A}$，该函数描述的是参与人的行动，具体地说，它给出了导致从任一非初始节点 x 的直接前驱节点 $p(x)$ 通向 x 的行动；而且这个函数满足下列性质：若 x'，$x''\in s(x)$且 $x'\neq x''$，则 $\alpha(x')\neq\alpha(x'')$。节点 x 上的选择集为 $c(x)=\{\alpha\in\mathscr{A}:\alpha=\alpha(x')\}$ 对于 $x'\in s(x)$。

（ⅳ）一个由信息集组成的集族 $\mathscr{H}$；一个函数 $H:\mathscr{X}\rightarrow\mathscr{H}$，该函数将每个决策节点指定给一个信息集 $H(x)\in\mathscr{H}$。因此，$\mathscr{H}$中的信息集形成了 $\mathscr{X}$的一个分划（partition）。我们要求：指派给同一个信息集的所有决策节点拥有相同的选择集；正式地说，若 $H(x)=H(x')$，则 $c(x)=c(x')$。因此，我们可以将参与人在信息集 H 的选择集写为$C(H)=\{\alpha\in\mathscr{A}:\alpha\in c(x)$ 对于 $x\in H\}$。

（ⅴ）一个函数$\iota:\mathscr{H}\rightarrow\{0,1,\cdots,I\}$，它将$\mathscr{H}$中的每个信息集指派给在该集合中决策节点上行动的参与人［或者指派给大自然（即参与人 0）］。我们将参与人 i 的信息集组成的集族表示为$\mathscr{H}_i=\{H\in\mathscr{H}:i=\iota(H)\}$。

（ⅵ）一个函数$\rho:\mathscr{H}_0\times\mathscr{A}\rightarrow[0,1]$，它把概率指派给含有大自然的信息集上的行动，并且满足：$\rho(H,\alpha)=0$，若$\alpha\notin C(H)$；以及 $\sum_{\alpha\in C(H)}\rho(H,\alpha)=1$，对于所有$H\in\mathscr{H}_0$。

（ⅶ）一个由收益函数 $u=\{u_1(\cdot),\cdots,u_I(\cdot)\}$ 组成的集族，它把效用指派给每个终止节点上的参与人，$u_i:T\rightarrow\mathbb{R}$。我们在 7.B 节已经指出，因为我们想把博弈结果的随机实现的情形考虑在内，所以每个效用函数 $u_i(\cdot)$ 都是伯努利效用函数。

因此，正式地，展开形博弈可用集族 $\Gamma_E=\{\mathscr{X},\mathscr{A},I,p(\cdot),\alpha(\cdot),\mathscr{H},H(\cdot),\iota(\cdot),\rho(\cdot),u\}$ 表示。

我们应该指出，上述表达式隐含着三类有限性。因为在后面章节的经济运用的讨论中，我们会经常遇到不符合这些特征的博弈，所以在此处我们简要地描述这些类型的博弈，尽管我们对它们不做任何正式的考察。博弈的展开形表示法可以容易地扩展到无限的情形，尽管有限和无限的经济模型的预测结果可能存在着重要区别，我们将在第 12 章和第 20 章看到这一点。

首先，我们假设在每个决策节点上，参与人能用的行动是有限个的。这就排除了比如某个参与人可以选择区间［a，b］$\subset\mathbb{R}$中的任何数这样的博弈。事实上，允许行动集是无限的要求我们允许节点集也是无限的。但即使在无限情形下，（ⅰ）到（ⅶ）项仍然是展开形表示法的基本元素（即决策节点到终止节点仍然伴随着唯一的路径）。

其次，我们曾经说展开形博弈在有限次行动后必定终止（因为决策节点集是有限的）。事实上，目前我们考察的所有例子都属于这样的类型。然而，还存在着其他类型的博弈。

例如，假设两个具有无限寿命的参与人（也许是两个企业）在每年1月1日都（重复地）玩硬币配对博弈。参与人把未来的正或负的收益以利率 r 进行贴现，他们的目标是自身贴现净收益最大化。在这个博弈中，不存在终止节点。即使这样，我们仍可以将这两个参与人的贴现收益与他们作出的每个（无限）行动序列联系起来。当然，在这种情形下，不可能画出完整的博弈树，但是展开形的基本元素仍然是我们前面所说的那些（此时收益与穿过博弈树的路径联系在一起，而不是与终止节点联系在一起）。

最后，我们有时也会假设参与博弈的参与人数量是无限的。例如，涉及参与人世代交叠的模型（例如各种宏观经济模型）就是这样的。另外，在进入模型中，如果我们假设潜在的企业数量是无限的，那么这个模型也属于这一类。然而，这类问题有着简单而自然的处理方式。

注意，所有上述三种展开形均要求我们放松节点是有限的这一假设。节点有限的博弈，比如我们一直考察的那些博弈，称为**有限博弈**（finite games）。

出于教学目的，在第二部分，除非特别说明，我们考察的都是有限博弈。我们在此处讨论的正式概念可以直接推广到本书后面研究的不具有这些有限性质的博弈中。

7.D 策略与博弈的标准形表示法

博弈论的一个核心概念是参与人的策略。一个**策略**（strategy）是一个完整的**相机行动方案**（contingent plan）或称**决策规则**（decision rule），它说明了**参与人在每个可能的可区别环境下如何行动**。我们已经知道，从参与人的角度看，由这样的环境组成的集合是由他的信息集组成的集族表示的，在这个集族中，每个信息集代表着参与人可能需要行动的可区别的环境（参考7.C节）。因此，参与人的策略说明了在他的每个信息集上他如何计划行动，当然前提是博弈已进行到这个信息集上。策略的正式定义请见定义7.D.1。

定义7.D.1： 令 $\mathscr{H}_i$ 表示参与人 i 的信息集组成的集族，$\mathscr{A}$ 表示博弈的可能行动集，$C(H)\subset\mathscr{A}$ 表示在信息集 H 上的可能的行动集。参与人 i 的一个**策略**是一个函数 s_i：$\mathscr{H}_i\to\mathscr{A}$，该函数使得对于所有 $H\in\mathscr{H}_i$ 都有 $s_i(H)\in C(H)$。

我们不能过分强调策略是一个完整的相机行动方案这个事实。初学者经常对这个事实感到困惑。可以这样理解策略：当一个参与人给出他的策略时，就好比他在行动前事先写下一份说明书，从而你完全可以代表该参与人去行动，只要你按照这个说明书去行动。

作为一个完整的相机行动方案，策略通常给出了参与人在他的所有信息集上的行动，这自然包括实际博弈可能到达不了的信息集上的行动。例如，在三子连线博弈中，参与人O的策略描述了博弈开始时如果参与人X选择中央一格，参与人O

如何走第一步。但在实际玩法中，参与人 X 可能不选择中央那个格子，而是可能选择右下方的格子，从而使得参与人 O 的这部分方案不再起作用。

事实上，事情可能更为微妙：一个参与人的策略可能包括下面这样的行动方案，他**自己的**策略使得这些行动方案不再起作用。例如，在三子连线博弈中，参与人 X 的完整相机行动方案包括：在 X 选择中央一格而且参与人 O 接下来选择右下格时，X 应该怎么做，尽管 X 的策略可能希望 X 的第一步选择左上格。这似乎有些不可思议。它的重要性只有在我们讨论动态博弈（详见第 9 章）时才显露出来。然而，在此处请记住：某个参与人的一个策略是一个完整的相机行动方案，这个方案说明了他在他的每个信息集上应如何行动（如果需要他行动的话）。

下面我们考察在硬币配对博弈中参与人的可能策略，这有助于我们理解策略这个概念。

例 7. D. 1：硬币配对版本 B 中的策略。在硬币配对版本 B 的博弈中，参与人 1 的策略就是说明在博弈初始节点上他如何行动。他有两个可能的策略：他可以选择正面向上（H）或反面向上（T）。另一方面，参与人 2 有两个信息集，他需要说明在他自己的每个信息集上他如何行动（选择 H 或 T），也就是说，如果参与人 1 选择 H 且参与人 2 如何行动，如果参与人 1 选择 T 参与人 2 如何行动。因此，参与人 2 有四个可能的策略。

策略 1（s_1）：如果参与人 1 选择 H，参与人 2 选择 H；如果参与人 1 选择 T，参与人 2 选择 H。

策略 2（s_2）：如果参与人 1 选择 H，参与人 2 选择 H；如果参与人 1 选择 T，参与人 2 选择 T。

策略 3（s_3）：如果参与人 1 选择 H，参与人 2 选择 T；如果参与人 1 选择 T，参与人 2 选择 H。

策略 4（s_4）：如果参与人 1 选择 H，参与人 2 选择 T；如果参与人 1 选择 T，参与人 2 选择 T。

例 7. D. 2：硬币配对版本 C 中的策略。在硬币配对版本 C 的博弈中，参与人 1 的策略和版本 B 中的策略完全相同；但是现在参与人 2 只有两个可能的策略：选择 H 和选择 T。这是因为现在参与人 2 只有一个信息集。在这种情形下，他已不可能再根据参与人 1 以前的行动相机选择自己的行动。■

为方便起见，在 I 个参与人参与的博弈中，我们通常将参与人的策略选择的一个组合用向量 $s=(s_1, \cdots, s_I)$ 表示，其中 s_i 表示参与人 i 选择的策略。有时我们也将策略组合 s 写为 (s_{-i}, s_i)，其中 s_{-i} 表示除了参与人 i 之外其余参与人的 $(I-1)$ 策略向量。

博弈的标准形表示法

参与人的每个策略组合 $s=(s_1, \cdots, s_I)$ 都会导致博弈产生一个结果：参与人实际采取的一个行动序列和博弈终止节点上的一个概率分布。因此，对于任何策略组合$(s_1, \cdots, s_I)$，我们都可以推导出每个参与人得到的收益。因此，我们也会考虑用策略及其相伴的收益来直接描述博弈。这种表示法称为**标准形**或**策略形**（normal or strategic form）。它在本质上是展开形表示法的浓缩版本。

定义 7. D. 2：对于 I 个参与人参与的博弈，**标准形表示法** Γ_N 描述了每个参与人 i 的策略集 S_i（其中 $s_i \in S_i$）和收益函数 $u_i(s_1, \cdots, s_I)$，其中收益函数 $u_i(\cdot)$ 给出了与策略组合（$s_1, \cdots, s_I$）的（可能是随机的）结果相伴的冯·诺依曼-摩根斯坦效用水平。正式地，我们将标准形写为 $\Gamma_N=[I, \{S_i\}, \{u_i(\cdot)\}]$。

事实上，当用标准形刻画博弈时，没有必要记录与每个策略相伴的具体行动。相反，我们只要对参与人的各种可能策略进行标号即可，也就是说，我们将参与人 i 的策略集写为 $S_i=(s_{1i}, s_{2i}, \cdots)$，然后用标号表示相应的每个策略。

在例 7. D. 3 中，我们给出了硬币配对版本 B 博弈的标准形表示法。

例 7. D. 3：硬币配对版本 B 的标准形。在例 7. D. 1 中，我们已经描述了两个参与人的策略集。收益函数为

$$u_1(s_1,s_2)=\begin{cases}+1 \text{ 若}(s_1,s_2)=(\mathscr{H},\text{策略 3 或 4}) \text{ 或}(\mathscr{T},\text{策略 1 或 3})\\ -1 \text{ 若}(s_1,s_2)=(\mathscr{H},\text{策略 1 或 2}) \text{ 或}(\mathscr{T},\text{策略 2 或 4})\end{cases}$$

而且

$$u_2(s_1,s_2)=-u_1(s_1,s_2)$$

描述这个信息的直观方法是用“博弈盒”表示，如图 7. D. 1 所示。在博弈盒中，不同的行对应参与人 1 的不同策略，列对应参与人 2 的策略。在每个小格子内，两个参与人的收益记为 $(u_1(s_1, s_2), u_2(s_1, s_2))$。■

		参与人 2			
		s_1	s_2	s_3	s_4
参与人 1	H	−1，+1	−1，+1	+1，−1	+1，−1
	T	+1，−1	−1，+1	+1，−1	−1，+1

图 7. D. 1　硬币配对版本 B 的标准形

习题 7. D. 2：描述硬币配对版本 C 的标准形和硬币配对标准版本的标准形。

标准形表示法背后的思想是，我们可以将某个参与人的决策问题视为在给定他认为他的对手将会选择的策略情形下，他如何选择他的策略（相机行动方案）。由于每个参与人都面临着这个问题，我们可以将参与人的行动视为他们同时从集合 $\{S_i\}$ 中选择他们的策略。这好比每个参与人在各自的纸条上同时写下自己的策略，然后将它交给裁判，然后裁判根据参与人递交的策略计算博弈的结果。

从前面的讨论容易看出，对于博弈的任何展开形，都存在着唯一的标准形（更准确地说，除了对策略重命名或重标号之外，标准形是唯一的）。然而，这个命题的逆不是真的。一个标准形可以代表很多不同的展开形。例如，图 7.D.1 中的标准形不仅可以代表图 7.C.1 中的展开形，也可以代表图 7.D.2 中的展开形。在后面这个博弈中，参与人同时行动，参与人 1 的策略有两个：L 和 R；参与人 2 的策略有四个：a，b，c 和 d。如果使用博弈盒表示，这些博弈的标准形的唯一区别在于行与列的"标签"不同。

因为标准形是博弈的浓缩表示，它通常遗漏展开形中的一些细节信息，所以我们想知道这种遗漏是否重要，或者说我们想知道标准形是否能总结所有策略性相关信息（上文似乎表明标准形能做到这一点）。我们换一种问法：我们描述的参与人同时写下自己的策略并且将它们递交给裁判这种情形，真的等价于展开形中描述的参与人的实际博弈情形吗？博弈论研究者对这个问题存在着争议。争议的焦点在于动态博弈，我们将在第 9 章研究这样的博弈。

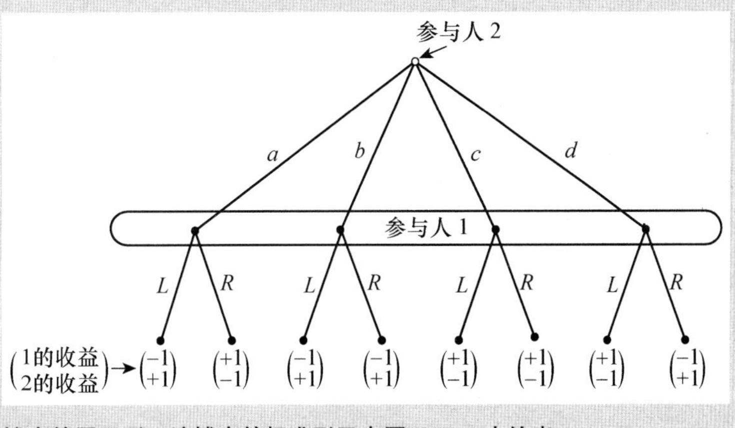

图 7. D. 2　一个博弈的展开形，该博弈的标准形已在图 7. D. 1 中给出

在同时行动的博弈（我们在第 8 章将研究这样的博弈）中，所有参与人同时选择自己的行动，这种博弈的标准形能描述**所有**策略性相关信息。在同时行动博弈中，某个参与人的策略就是他对行动的非相机选择。在这种情形下，参与人在标准形中同时选择自己的策略，这显然等价于他们在展开形中同时选择自己的行动（在展开形中，为了做到同时行动，要求参与人彼此看不到其他人的选择）。

7.E 随机选择

直到目前，我们一直假设参与人的选择是确定的（非随机的）。然而，我们没有任何先验的理由排除参与人随机选择的情形。事实上，在第 8 章和第 9 章，我们将看到在某些情形下，随机性在博弈分析中起着重要作用。

正如定义 7.D.1 所述，参与人 i 的确定性策略［现在我们将其称为**纯策略**（pure strategy)］，描述了他在他的每个信息集 $H\in\mathscr{H}_i$ 上的确定性选择 $s_i(H)$。假设参与人 i 的纯策略（有限）集为 S_i。参与人作出随机选择的一种方法是从这个集合中随机选择一个元素。这种随机化产生了所谓的**混合策略**（mixed strategy)。

定义 7.E.1：给定参与人 i 的纯策略（有限）集 S_i，参与人 i 的一个**混合策略** σ_i：$S_i\rightarrow[0,1]$ 对于他的每个纯策略 $s_i\in S_i$ 赋予一个概率 $\sigma_i(s_i)\geqslant 0$（他将按照这个概率行动），其中 $\sum_{s_i\in S_i}\sigma_i(s_i)=1$。

假设参与人 i 在集合 $S_i=\{s_{1i},\cdots,s_{Mi}\}$ 中有 M 个纯策略，那么，我们可以将参与人 i 的可能混合策略集合与下列单纯形中的点联系起来（回忆我们在第 6 章用单纯形表示彩票）：

$$\Delta(S_i)=\{(\sigma_{1i},\cdots,\sigma_{Mi})\in\mathbb{R}^M:\sigma_{mi}\geqslant 0\text{ 对所有 }m=1,\cdots,M\text{ 和}\sum_{i=1}^{M}\sigma_{mi}=1\text{ 均成立}\}$$

这个单纯形被称为 S_i 的**混合扩展**（mixed extension)。注意，纯策略可以被视为一种特殊的混合策略，即在 S_i 元素上的概率分布是退化的。

当参与人在他们的纯策略上随机化时，由此得到的结果也是随机的，它得到的是在博弈那些终止节点上的概率分布。因为每个参与人 i 的标准形收益函数 $u_i(s)$ 是冯·诺依曼-摩根斯坦类型，所以，给定 I 个参与人的一个混合策略组合 $\sigma=\{\sigma_1,\cdots,\sigma_I\}$，组合参与人 i 的收益是他的期望效用 $E_\sigma[u_i(s)]$，所取的期望是关于由 σ 在纯策略 $s=\{s_1,\cdots,s_I\}$ 上诱导出的概率的。也就是说，令 $S=S_1\times\cdots\times S_I$，参与人 i 的冯·诺依曼-摩根斯坦效用形式的混合策略组合 σ 为

$$\sum_{s\in S}[\sigma_1(s_1)\sigma_2(s_2)\cdots\sigma_I(s_I)]u_i(s)$$

我们将其记为 $u_i(\sigma)$，尽管这样的记法稍微有些滥用符号。注意，因为我们假设每个参与人都随机化自己的策略，我们将参与人的随机化行为视为彼此独立的。①

在引入了混合策略的概念之后，为了将参与人可能选择混合策略的情形纳入标准形表示法，是否需要修改标准形的定义？不需要。我们只要考虑标准形博弈 $\Gamma_N=[I,\{\Delta(S_i)\},\{u_i(\cdot)\}]$即可，其中参与人的策略集被扩展到既包含纯策略，

① 然而，在第 8 章，我们将讨论参与人的随机化行为是相关的这一情形。

也包含混合策略。

注意，等价地，我们可以设想参与人使用下列方法构造自己的混合策略：参与人 i 能够接收私人信号 θ_i，这个信号在区间 [0，1] 上均匀分布而且与其他参与人的信号无关，参与人 i 根据接收到的信号制订自己的行动方案，从而构造出自己的混合策略。也就是说，对于接收到的每个 θ_i，他都给定一个纯策略 $s_i(\theta_i)\in S_i$。在第 8 章我们将会考察混合策略的这种解释方法。

如果我们使用博弈的展开形表示法，那么参与人 i 还有一种随机化方法。这种方法不是在 S_i 中的可能非常大的纯策略集合上随机化，而是在他的每个信息集 $H\in\mathscr{H}_i$ 的可能行动上分别随机化。这种随机化的方法被称为**行为策略**（behavior strategy）。

定义 7. E. 2：给定展开形博弈 Γ_E，参与人 i 一个行为策略对他的每个信息集 $H\in\mathscr{H}_i$ 和行动 $a\in C(H)$ 赋予一个概率 $\lambda_i(a，H)\geq 0$，其中：$\sum_{a\in C(H)}\lambda_i(a,H)=1$ 对于所有 $H\in\mathscr{H}_i$ 均成立。

对于完美记忆（perfect recall）的博弈（我们只研究这种博弈），我们在上面介绍的两种随机化方法是等价的，这似乎符合我们的直觉。对于参与人 i 的任何行为策略，均存在该参与人的一个混合策略，使得对于参与人 i 的对手可能选定的任何策略（无论是混合策略还是行为策略），该混合策略给出的结果上的分布都是相同的，反之亦然 [Kuhn（1953）发现了这个结果；参见习题 7. E. 1]。因此，我们应该选择哪种随机化方法，完全取决于哪种方法在分析上更为方便；在分析展开形博弈时我们通常使用行为策略，而在分析标准形博弈时我们通常使用混合策略。

由于我们引入的随机化方法完全是出于分析上方便的考虑，我们在术语的使用上将随便一些——把所有随机化策略都称为混合策略。

参考文献

Aumann，R.（1976）. Agreeing to disagree. *Annals of Statistics* 4：1236-1239.

Kreps，D. M.， and R. Wilson（1982）. Sequential equilibrium. *Econometrica* 50：863-894.

Kuhn，H. W.（1953）. Extensive games and the problem of information. In *Contributions to the Theory of Games*. Vol. 2，edited by H. W. Kuhn and A. W. Tucker. Princeton，N. J.：Princeton University Press，193-216.

Milgrom，P.（1981）. An axiomatic characterization of common knowledge. *Econometrica* 49：219-222.

习　题

7. C. 1[A]　假设在“相聚纽约”博弈（例 7. B. 3）中，两个参与人可能相聚的地点有两个：

中央车站和帝国大厦。画出这个博弈的展开形（博弈树）。

7.D.1[B] 在某个博弈中，参与人 i 有 N 个信息集（分别记为 $n=1$，…，N），而且在信息集 n 上有 M_n 个可能的行动，请问参与人 i 有多少个策略？

7.D.2[A] 描述硬币配对版本 C 的标准形和硬币配对标准版本的标准形。

7.E.1[B] 考虑由两人参与的某个博弈，该博弈的展开形（收益未画出）如下图所示。

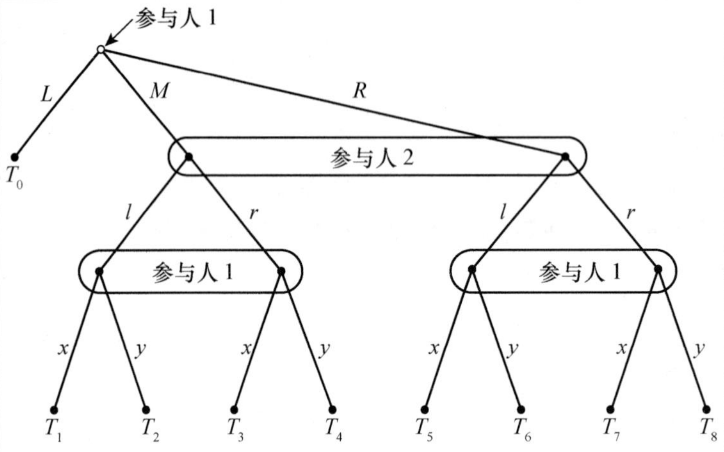

题 7.E.1 图

(a) 参与人 1 的可能策略是什么？参与人 2 的呢？

(b) 证明对于参与人 1 可能选定的任何行为策略，存在一个可以实现的等价的混合策略；也就是说，对于参与人 2 的**任何**混合策略选择，该混合策略给出的终止节点上的分布都是相同的。

(c) 证明 (b) 中命题的逆也为真：对于参与人 1 可能选定的任何混合策略，存在一个可实现的等价行为策略。

(d) 假设在参与人 1 的第二轮行动上，我们将信息集合并从而改变了博弈（因此所有四个节点现在位于同一个信息集中）。证明这个新博弈不再是完美记忆博弈。(b) 和 (c) 中的哪个结果仍然成立？

第 8 章　同时行动博弈

8.A　引言

现在我们考察博弈论的中心问题：如果参与博弈的参与人都是理性的，即他们完全知道博弈的结构和其余参与人都是理性的，那么我们应该期望看到什么样的结果？在本章，我们研究**同时行动**（simultaneous-move）博弈，在这种博弈中，所有参与人都同时行动且只行动一次。我们首先研究同时行动博弈，主要原因在于这种博弈具有很好的启发性：它能让我们在最简单的环境中集中精力研究策略性互动。对于更为一般的博弈即动态博弈中出现的难题，我们留待第 9 章考察。

在 8.B 节，我们介绍**优势策略**（dominant strategies）和**劣势策略**（dominated strategies）的概念。这些概念及其在**重复删除劣势策略**概念中的扩展，对于理性参与人应该选择什么策略提供了第一个具有说服力的限制。

在 8.C 节，我们通过定义**可理性化策略**（rationalizable strategy）来扩展这些概念。我们将说明参与人关于其他每个参与人的理性与博弈结构的共同知识，恰好蕴涵着他们将选择可理性化策略。

遗憾的是，在很多博弈中，可理性化策略集不能很好地预测博弈的结果。因此，在本章余下的内容中，我们将考察解概念，解概念对于参与人的行为施加了“均衡”限制，从而保证了更准确的预测结果。

在 8.D 节，我们开始研究基于均衡的解概念。为了做到这一点，我们首先引入了一个重要且得到广泛运用的概念，即**纳什均衡**（Nash equilibrium）。在前面，我们假设参与人是理性的是个共同知识，纳什均衡概念为这个假设施加了另外一个要求，称为**相互正确预期**（mutually correct expectations）。这种做法通常能够缩小博弈的预测结果集。我们将比较详细地讨论这个假设的合理性，以及在什么样的条件下纳什均衡才存在。

在 8.E 节和 8.F 节，我们考察纳什均衡概念的两个扩展。在 8.E 节，我们将纳什均衡的概念泛化到包括**不完全信息**（incomplete information）的情形，在这种情形下，每个参与人的收益可能在某种程度上只为参与人自己所知。这样，我们就得到了**贝叶斯纳什均衡**（Bayesian Nash equilibrium）的概念。在 8. F 节，我们考察下列情形的意义：参与人认为他的对手在选择策略时可能会以较小但为正的概率犯错。我们给出（标准形）**颤抖手完美纳什均衡**（trembling-hand perfect Nash equilibrium）的概念，它是纳什均衡概念的一个扩展，它要求在存在小错误可能性的情形下，均衡是稳健的（robust）。

在本章，我们一直用标准形表示法（参见 7. D 节）研究同时行动博弈。因此，当我们仅考虑（非随机的）纯策略选择时，我们使用 $\Gamma_N=[I,\ \{S_i\},\ \{u_i(\cdot)\}]$表示博弈；当我们考虑可能存在随机选择（参见 7. E 节）的情形时，我们用 $\Gamma_N=[I,\ \{\Delta\{S_i\}\},\ \{u_i(\cdot)\}]$表示博弈。我们通常将参与人 i 的对手们的一个纯策略组合记为 $s_{-i}=(s_1,\ \cdots,\ s_{i-1},\ s_{i+1},\ \cdots,\ s_I)$，类似地，将混合策略记为 σ_{-i}。于是我们将所有参与人的一个纯策略组合记为 $s=(s_i,\ s_{-i})$，并将混合策略组合记为 $\sigma=(\sigma_i,\ \sigma_{-i})$。我们还令 $S=S_1\times\cdots\times S_I$ 以及 $S_{-i}=S_1\times\cdots\times S_{i-1}\times S_{i+1}\times\cdots\times S_I$。

8.B 优势策略与劣势策略

现在我们开始研究同时行动博弈，我们首先考虑一种预测博弈结果的简单方法，即比较一个参与人的所有可能策略，找出优势策略。

为简单起见，我们暂时不考虑参与人将他们的策略组合随机化的情形。因此，我们研究的是博弈 $\Gamma_N=[I,\ \{S_i\},\ \{u_i(\cdot)\}]$，该博弈的策略集全部由纯策略组成。

考虑图 8. B. 1 中的博弈，这个博弈就是著名的**囚徒困境**（Prisoner's Dilemma）。这个博弈背后的故事是：两个人被捕并被分别关押在不同的牢房内，原因据说是他们犯了重罪。地方检察官试图提取囚犯的口供。两个囚犯分别被秘密告知，如果只有他坦白，他会被轻判，即只坐 1 年牢，而拒不坦白的那个囚犯将坐 10 年牢。然而，如果只有他不坦白，那么他就要坐 10 年牢。如果两个囚犯都坦白，两个人都会得到某种程度的宽恕：每人都坐 5 年牢。最后，如果两个囚犯都不坦白，检方仍然能指控他们犯罪，只不过没那么严重，每人将坐 2 年牢。假设每个人都希望使得自己坐牢时间最短（或等价地，使得坐牢时间的负数最大化），图 8. B. 1 给出了他们的收益。

		参与人 2	
		不坦白	坦白
参与人 1	不坦白	−2，−2	−10，−1
	坦白	−1，−10	−5，−5

图 8. B. 1　囚徒困境

这个博弈的结果是什么？只有一种合理的答案：(坦白，坦白)。为了看清这一点，注意到不论另外一个参与人选择哪个策略，坦白是每个参与人的最优策略。这种策略被称为**严格优势策略**（strictly dominant strategy)。

定义 8.B.1：在博弈 $\Gamma_N=[I,\{S_i\},\{u_i(\cdot)\}]$中，如果对于参与人 i 的一个策略$s_i\in S_i$ 和所有其他策略 $s_i'\neq s_i$，都有：$u_i(s_i, s_{-i})>u_i(s_i', s_{-i})$ 对于所有 $s_{-i}\in S_{-i}$成立，那么我们将策略 s_i 称为参与人 i 的一个**严格优势策略**。

用文字来说，如果对于参与人 i 的策略 s_i 来说，无论他的对手选择什么样的策略，策略 s_i 都是唯一能使参与人 i 的收益最大化的策略，那么策略 s_i 就是参与人 i 的严格优势策略。（定义 8.B.1 中的修饰语“严格”的意思将在定义 8.B.3 中说明。）如果像囚徒困境博弈那样，参与人有严格优势策略，那么我们应该预期他将选择这个策略。

囚徒困境博弈的结果（坦白，坦白）的显著特征在于，尽管我们能预期到这个结果，但它对于参与人的联合利益来说不是最优的结果；两个参与人都会偏好（不坦白，不坦白)。正是由于这个原因，我们通常用囚徒困境作为一个具有启发性的例子：自利的、理性的行为不能导致社会最优结果。

理解囚徒困境结果的一种方法是，在追求自身收益最大化的过程中，每个囚犯对他的同伴都施加了负的效应；某个参与人偏离（不坦白，不坦白）这个结果将会使得自己的坐牢时间减少 1 年，但使得同伴的坐牢时间增加了 8 年。[在第 11 章，我们将看到这是一个关于**外部性**（externality）的例子。]

劣势策略

如果参与人拥有严格优势策略，那么他就应该选择它，这样的思想令人信服。然而，令人遗憾的是，严格优势策略通常不存在。现实的情形通常是，当参与人 i 的对手们选择 s_{-i}时，参与人 i 的某个策略可能是最优的，但当他的对手们选择另外的策略 s'_{-i}时，参与人 i 的另外一个策略可能是最优的（回忆第 7 章的硬币配对标准版本博弈)。即使这样，我们仍然可以使用劣势策略的思想来删除某些策略，因为参与人可能不会选择这些策略。特别地，我们应该预期参与人 i 不会选择**劣势策略**，对于参与人 i 的劣势策略来说，不管其他参与人选择哪个策略，参与人 i 都拥有另外一个可以得到更高收益的策略。

定义 8.B.2：在博弈 $\Gamma_N=[I,\{S_i\},\{u_i(\cdot)\}]$中，如果对于参与人 i 的一个策略$s_i\in S_i$ 来说，存在另外一个策略 $s_i'\in S_i$，使得

$$u_i(s'_i,s_{-i})>u_i(s_i,s_{-i})$$

对于所有 $s_{-i}\in S_{-i}$成立，那么我们将策略 s_i 称为参与人 i 的一个**严格劣势策略**。

在这种情形下，我们说策略 s'_i **严格优于**策略 s_i。

有了这个定义之后，我们可以重新定义严格优势策略（定义 8.B.1)：在博弈

$\Gamma_N=[I, \{S_i\}, \{u_i(\cdot)\}]$中，如果参与人 i 的策略 s_i 严格优于 S_i 中的每个其他策略，那么 s_i 是他的严格优势策略。

例 8. B. 1：考虑图 8. B. 2 中的博弈。这个博弈不存在严格优势策略，但是参与人 1 的策略 D 严格劣于策略 M（也劣于策略 U）。■

定义 8. B. 3 给出了**弱劣势策略**（weakly dominated strategies）的概念，这个概念比较重要。

8

参与人 1 \ 参与人 2	L	R
U	1, −1	−1, 1
M	−1, 1	1, −1
D	−2, 5	−3, 2

图 8. B. 2　参与人 1 的策略 *D* 严格劣于策略 *M*（也劣于策略 *U*）

参与人 1 \ 参与人 2	L	R
U	5, 1	4, 0
M	6, 0	3, 1
D	6, 4	4, 4

图 8. B. 3　参与人 1 的策略 *U* 和 *M* 与策略 *D* 相比都是弱劣势的

定义 8. B. 3：在博弈 $\Gamma_N=[I, \{S_i\}, \{u_i(\cdot)\}]$中，如果对于参与人 i 的一个策略$s_i \in S_i$ 来说，存在另外一个策略 $s_i' \in S_i$，使得

$$u_i(s_i', s_{-i}) \geq u_i(s_i, s_{-i})$$

对于所有 $s_{-i} \in S_{-i}$成立，而且对于某个 s_{-i}，上式为严格不等式，那么我们将策略 s_i 称为参与人 i 的一个**弱劣势策略**。

在这种情形下，我们说策略 s_i' **弱优于**策略 s_i。如果在博弈 $\Gamma_N=[I, \{S_i\}, \{u_i(\cdot)\}]$中，参与人 i 的某个策略弱优于 S_i 中的每个其他策略，那么我们将该策略称为参与人 i 的**弱优势策略**。

因此，对于某个策略 s_i 来说，如果对于所有 s_{-i}，存在收益至少与该策略收益一样大的另外一个策略 s_i'，而且对于某个 s_{-i}，策略 s_i'的收益比 s_i 的大，那么策略

s_i 是弱劣势策略。

例 8. B. 2：在图 8. B. 3 的博弈中，参与人 1 有两个弱劣势策略：策略 U 和 M。这两个策略都弱劣于策略 D。■

与严格劣势策略不同，我们无法仅根据理性原理来排除弱劣势策略。对于参与人 i 可能选择的任何策略，至少存在着他的对手们的一组策略组合使得弱劣势策略的收益一样高。例如，在图 8. B. 3 中，如果参与人 1 **绝对相信**参与人 2 将选择 L，那么参与人 1 将理性地选择 M。然而，如果参与人 1 认为参与人 2 选择策略 R 的概率为正（无论多么小），那么策略 M 不再是参与人 1 的理性选择。因此，**谨慎性**（caution）可能将策略 M 排除。更一般地，如果参与人总是相信他们的对手们选择的任何策略组合的概率均为正，那么我们可以将弱劣势策略排除。在此处，我们不再进一步考察这个思想，我们将在 8. F 节再来讨论这个问题。我们暂时仍然允许某个参与人猜测他的对手的可能选择，即使是完全确定的选择。

8

重复删除严格劣势策略

正如我们已指出的，删除严格劣势策略通常不能得到博弈的唯一结果（例如图 8. B. 2 中的博弈）。然而，我们可以进一步推进删除严格劣势策略的逻辑，如例 8. B. 3 所示。

例 8. B. 3：在图 8. B. 4 中，我们修改了标准版本的囚徒困境博弈，得到了所谓的“地方检察官的兄弟参与的博弈”。

新的故事（这个故事更牵强！）为：其中一个囚犯（设为囚犯 1）为地方检察官的兄弟。地方检察官对于起诉哪个罪犯有一定自由裁量权，特别地，如果囚犯们都不坦白，他可以释放囚犯 1。在这个新故事中，如果囚犯 2 坦白，那么囚犯 1 应该也坦白；然而，如果囚犯 2 选择“不坦白”，那么“不坦白”现在变为囚犯 1 的最优策略。因此，我们无法确定参与人 1 的哪个策略是劣势策略从而不能删除任何策略，所以删除严格劣势策略或弱劣势策略无法导致唯一的结果。

		囚犯 2	
		不坦白	坦白
囚犯 1	不坦白	0，−2	−10，−1
	坦白	−1，−10	−5，−5

图 8. B. 4　地方检察官的兄弟（囚犯 1）参与的博弈

然而，如果我们将删除严格劣势策略的逻辑向前推进，我们仍然能得到这个新博弈的唯一结果。注意到“不坦白”对于囚犯2仍然是严格劣势的。而且，一旦囚犯1认为囚犯2不可能选择“不坦白”策略从而将其删除，那么囚犯1的最优选择无疑是“坦白”；也就是说，一旦我们删除了囚犯2的严格劣势策略，“坦白”变为囚犯1的严格优势策略。因此，在地方检察官的兄弟参与的博弈中，唯一的结果应该仍然是（坦白，坦白）。■

8

注意，在求解例8.B.3的博弈过程中，我们使用了参与人关于每个其他参与人收益和理性行为的共同知识。删除严格劣势策略仅要求每个参与人都是理性的。然而，我们刚才的做法，不仅要求囚犯2是理性的，而且要求囚犯1**知道**囚犯2是理性的。换句话说，某个参与人在考虑自己的策略选择时，无须知道关于他的对手们的收益的任何信息，也不必肯定他的对手们理性地删除他们的严格劣势策略，但是如果由于该参与人的对手们绝不会选择他们的劣势策略，从而该参与人打算删除他的某个已变为劣势的策略，他**的确需要**这个知识。

更一般地说，如果我们愿意假设所有参与人都是理性的，而且假设这个事实和参与人的收益都是共同知识（因此，每个参与人晓得每个参与人知道……每个参与人都是理性的），那么删除劣势策略的做法不必仅限于两轮，可以走得更远。我们不仅可以删除严格劣势策略（第一轮），还可以删除在第一轮删除后变为严格劣势的策略（第二轮），而且可以删除在第二轮删除后变为严格劣势的策略，依此类推。注意，在每一轮删除之后，剩下的某个策略可能又变为劣势策略，因为参与人i的对手们可能选择的策略越少，他的某个策略变为劣势策略的可能性也越大。然而，删除策略每增加一轮，要求参与人关于彼此理性的认识向前深入一个层次。现在不仅参与人i必须知道他的对手们是理性的，而且他们也知道i也是理性的，如此等等。

重复删除严格劣势策略过程的一个特征是，删除轮次的顺序不会影响最终剩下的策略集（参见习题8.B.4）。也就是说，如果在任何给定的时点上，（某个参与人或多个参与人的）几个策略都是严格劣势策略，那么我们可以一次性将它们全部删除，也可以以任何顺序删除，但最后得到的策略集是相同的。这个结论甚妙，因为如果博弈的结果取决于删除顺序，那就麻烦了。

习题8.B.5提供了一个有趣例子，在这个例子中，重复删除严格劣势策略得到了唯一结果，这个结果就是**古诺双头博弈**（Cournot duopoly game），我们将在第12章详细讨论这个博弈。

我们很难说明删除弱劣势策略是合理的。正如我们曾经指出的，参与人i删除他的弱劣势策略的理由在于他认为他的竞争对手们的每个策略组合都可能以正概率出现。然而，这个假设与重复删除的逻辑是矛盾的，因为重复删除假设要求参与人预期被删除的策略不

会发生，所以才会被删除。这种不一致性使得重复删除弱劣势策略具有不合意的特征：博弈的结果取决于删除次序。图 8. B. 3 中的博弈就是这样的。如果我们首先删除策略 U，然后删除策略 L，那么接下来我们就可以删除策略 M，因此，(D, R) 是最终的结果。相反，如果我们首先删除 M，然后删除 R，接下来我们就可以删除 U，现在 (D, L) 是最终结果。

允许混合策略

当参与人可能在他们的纯策略上随机化时，我们可以将严格优势策略和严格劣势策略的基本定义直接推广到包含混合策略的情形。

定义 8. B. 4：在博弈 $\Gamma_N=[I, \{\Delta(S_i)\}, \{u_i(\cdot)\}]$ 中，如果对于参与人 i 的一个策略 $\sigma_i\in\Delta(S_i)$ 来说，存在另外一个策略 $\sigma'_i\in\Delta(S_i)$，使得

$$u_i(\sigma'_i,\sigma_{-i})>u_i(\sigma_i,\sigma_{-i})$$

对于所有 $\sigma_{-i}\in\prod_{j\neq i}\Delta(S_j)$ 成立，那么我们将策略 σ_i 称为参与人 i 的一个**严格劣势策略**。

在这种情形下，我们说策略 σ'_i **严格优于**策略 σ_i。如果在博弈 $\Gamma_N=[I, \{\Delta(S_i)\}, \{u_i(\cdot)\}]$ 中，参与人 i 的某个策略严格优于 $\Delta(S_i)$ 中的每个其他策略，那么我们将该策略称为参与人 i 的**严格优势策略**。

使用定义 8. B. 4 和混合策略的结构，我们可进一步考察博弈 $\Gamma_N=[I, \{\Delta(S_i)\}, \{u_i(\cdot)\}]$ 中的严格劣势策略集。

首先注意到，当我们检验对于参与人 i 来说策略 σ_i 是否严格劣于策略 σ'_i 时，我们只需要比较当参与人 i 的对手们选择**纯策略**时，σ_i 和 σ'_i 这两个策略提供给参与人 i 的收益。也就是，

$$u_i(\sigma'_i,\sigma_{-i})>u_i(\sigma_i,\sigma_{-i}) \text{ 对于所有 } \sigma_{-i} \text{ 均成立}$$

当且仅当

$$u_i(\sigma'_i,s_{-i})>u_i(\sigma_i,s_{-i}) \text{ 对于所有 } s_{-i} \text{ 均成立}$$

上面这个结论成立，因为我们可以将 $u_i(\sigma'_i, \sigma_{-i})-u_i(\sigma_i, \sigma_{-i})$ 写为

$$u_i(\sigma'_i,\sigma_{-i})-u_i(\sigma_i,\sigma_{-i})=\sum_{s_{-i}\in S_{-i}}\Big[\prod_{k\neq i}\sigma_k(s_k)\Big][u_i(\sigma'_i,s_{-i})-u_i(\sigma_i,s_{-i})]$$

上式对于所有 σ_{-i} 都为正当且仅当 $[u_i(\sigma'_i, s_{-i})-u_i(\sigma_i, s_{-i})]$ 对于所有 s_{-i} 都为正。这个结论的一个应用就是命题 8. B. 1。

命题 8. B. 1：在博弈 $\Gamma_N=[I, \{\Delta(S_i)\}, \{u_i(\cdot)\}]$ 中，如果对于参与人 i 的一个纯策

略 $s_i \in S_i$ 来说，存在另外一个策略 $\sigma_i' \in \Delta(S_i)$，使得

$$u_i(\sigma_i', s_{-i}) > u_i(s_i, s_{-i})$$

对于所有 $s_{-i} \in S_{-i}$ 都成立，那么我们说 s_i 是参与人 i 的一个严格劣势策略。

命题 8. B. 1 告诉我们，在参与人可以选择混合策略的情形下，如何判断一个纯策略 s_i 是否为劣势的。具体地说，我们只要将定义 8. B. 2 给出的检验按照下列方法加强即可：检验对于参与人 i 的对手们的每个可能纯策略组合，参与人 i 的任何混合策略是否都比纯策略 s_i 好。

事实上，这个额外的要求能够删除更多的纯策略，这是因为纯策略 s_i 可能仅比其他纯策略的一个随机组合差；也就是说，为了判断某个策略（即使是纯策略）是否为劣势策略，我们可能也有必要考察混合策略。

为了看清这一点，考虑图 8. B. 5 (a) 中的双人博弈。参与人 1 有三个策略：U，M 和 D。首先考察策略 U。当参与人 2 选择 L 时，U 对于参与人 1 来说是个优秀策略；但当参与人 2 选择 R 时，U 对于参与人 1 来说是个很差的策略。其次考察策略 D。当参与人 2 选择 R 时，D 对于参与人 1 来说是个优秀策略，但当参与人 2 选择 L 时，D 对于参与人 1 来说是个很差的策略。最后考察策略 M。当参与人 2 选择 L 或 R 时，M 对于参与人 1 来说是个良好的但不是优秀的策略。这三个纯策略中的任何一个都不是严格劣于另外两个策略。但是如果我们允许参与人 1 随机选择策略，那么参与人 1 分别以 1/2 的概率选择 U 和 D 形成的随机策略，提供给参与人 1 的期望收益为 5，无论参与人 2 选择什么样的策略。因此，这个随机策略严格优于策略 M（记住收益是用冯・诺依曼–摩根斯坦效用衡量的）。这个结论可用图 8. B. 5 (b) 描述。

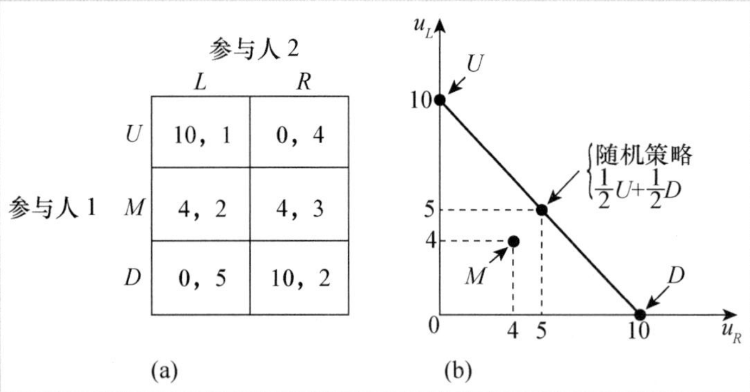

图 8. B. 5　纯策略 M 严格劣于随机策略 $\left(\frac{1}{2}U+\frac{1}{2}D\right)$

在图 8. B. 5 (b) 中，我们将参与人 1 选择 U、D、M 以及随机策略 $\left(\frac{1}{2}U+\frac{1}{2}D\right)$ 得到的期望收益分别以 $\mathbb{R}^2$ 中的点表示（两个坐标轴 u_R 和 u_L，分别表示当参与人 2 选择 $\mathbb{R}$ 和选择 L 时参与人 1 的期望收益）。在这个图中，参与人 1 在 U 和 D 上的随机选择得到的收益

向量（包括随机策略$\frac{1}{2}U+\frac{1}{2}D$的收益）位于点（0，10）和点（10，0）的连线上。我们可以看到，混合策略$\frac{1}{2}U+\frac{1}{2}D$的收益严格大于策略$M$的收益。

在我们确定了参与人 i 的非劣势纯策略集之后，我们需要考虑哪个混合策略是非劣势的。我们可以立即删除使用劣势纯策略的任何混合策略；如果对于参与人 i 来说，纯策略 s_i 是严格劣势的，那么赋予 s_i 正概率的每个混合策略也都是严格劣势的。

习题 8.B.6：证明在博弈 $\Gamma_N=[I,\{\Delta(S_i)\},\{u_i(\cdot)\}]$ 中，如果纯策略 s_i 是严格劣势策略，那么任何赋予 s_i 正概率的策略也都是严格劣势策略。

但是，除了上述混合策略是严格劣势的之外，还存在着其他严格劣势的混合策略。在非劣势纯策略上随机化而形成的一个混合策略本身可能是劣势的。例如，如果图 8.B.5（a）中的策略M提供给参与人 1 的收益为 6，无论参与人 2 选择哪个纯策略，那么尽管策略U和D都不是严格劣势的，但随机策略$\frac{1}{2}U+\frac{1}{2}D$严格劣于策略 M［考察在图 8.B.5（b）中，点（6，6）的位置］。

小结一下。为了找到博弈 $\Gamma_N=[I,\{\Delta(S_i)\},\{u_i(\cdot)\}]$ 中参与人 i 的严格劣势策略集，我们的做法是：首先，根据命题 8.B.1 中的检验方法，删除那些严格劣势的纯策略。将参与人 i 的非劣势纯策略集称为 $S_i^u\subset S_i$。其次，删除集合 $\Delta(S_i^u)$ 中的任何劣势的混合策略。参与人 i 的非劣势策略（纯策略和混合策略）集的元素恰好是集合 $\Delta(S_i^u)$ 中剩下的那些策略。

如同我们只考虑纯策略的情形一样，我们可以将博弈 $\Gamma_N=[I,\{\Delta(S_i)\},\{u_i(\cdot)\}]$ 中的删除严格劣势策略的逻辑进一步推进，即我们可以重复删除。前面讨论的删除程序意味着这个重复删除程序可分两步走：首先，根据命题 8.B.1 中的检验方法，重复删除劣势的纯策略。在每一步都要针对剩下的纯策略集合运用这种删除方法。将剩下的纯策略集称为（$\overline{S}_1^u$，…，$\overline{S}_I^u$）。其次，删除集合（$\Delta(\overline{S}_1^u)$，…，$\Delta(\overline{S}_I^u)$）中任何劣势的混合策略。

8.C　可理性化策略

在 8.B 节，我们删除了严格劣势策略，依据在于如果对于参与人 i 来说，纯策略 s_i 是严格劣势的，那么无论他的对手们选择什么样的策略，他都不会选择 s_i。接下来，我们使用参与人关于相互理性以及博弈结构的共同知识来说明为何重复删除严格劣势策略是合理的。

然而，一般来说，参与人关于彼此理性和博弈结构的共同知识，能够让我们不仅删除严格劣势策略，还能删除其他一些策略。在此处，我们发展这个思想，并由此得到**可理性化策略**（rationalizable strategy）的概念。可理性化策略的集合恰好由下列策略组成：在彼此理性和博弈结构均为共同知识时，参与人可能选择的策略。在本节，我们始终研究的是 $\Gamma_N=[I, \{\Delta(S_i)\}, \{u_i(\cdot)\}]$ 形式的博弈（允许参与人选择混合策略）。

我们首先引入定义 8.C.1。

定义 8.C.1： 在博弈 $\Gamma_N=[I, \{\Delta(S_i)\}, \{u_i(\cdot)\}]$ 中，对于参与人 i 的策略 σ_i 来说，如果

$$u_i(\sigma_i, \sigma_{-i}) \geqslant u_i(\sigma_i', \sigma_{-i})$$

对于所有 $\sigma'_i \in \Delta(S_i)$ 都成立，那么策略 σ_i 是参与人 i 对他的对手们的策略 σ_{-i} 的一个**最优反应**（best response）。如果不存在 σ_{-i} 使得 σ_i 成为最优反应，那么 σ_i **绝不是一个最优反应**。

8

如果参与人 i 认为他的对手们在选择 σ_{-i} 时，策略 σ_i 是他的一个最优选择，那么 σ_i 是对 σ_{-i} 的一个最优反应。如果参与人 i 不相信他的对手们会选择策略 σ_{-i}，从而使得他选择 σ_i 不再合理，那么 σ_i 不是一个最优反应。① 显然，参与人不应该选择绝不是最优反应的策略。

注意，某个策略若是严格劣势的，那么它绝不是一个最优反应。然而，一般来说，即使某个策略不是严格劣势的，它也有可能绝不是一个最优反应（我们将在本节末尾进一步说明这个关系）。因此，我们删除的绝对不会成为最优反应的策略的数量，不会小于删除严格劣势策略的数量，一般来说前者删除得更多。

而且，与严格劣势策略的情形一样，参与人关于彼此理性和博弈结构的共同知识，意味着我们可以重复删除那些绝不是最优反应的策略。特别地，一旦理性的参与人 i 相信他的对手们不会选择绝不是最优反应的策略，那么他应该不会选择绝不是最优反应的策略，如此等等。

同等重要的是，重复删除后剩下的策略，是理性参与人认为**合理的**策略或者说**理性化的**策略，他是在合理猜测对手们的选择之后这么认为的。合理猜测是说，他不会假设任何参与人将会选择绝不是最优反应的策略，也不会假设任何参与人将选择仅对于下列情形是最优反应的策略，这个情形就是猜测有人会选择这样的策略。（例 8.C.1 说明了这一点。）因此，在重复删除过程之后幸存的策略集恰好是由理性参与人在下列这样的博弈中可能选择的策略组成的集合，在这样的博弈中，参与人

---

① 我们这么说给人的感觉好像是参与人 i 能猜准对手们选择的策略一样（确定性猜测），也就是说，参与人 i 认为他的对手们一定会选择某个特定的混合策略组合 σ_{-i}。你可能对参与人 i 这样的概率性猜测（即他的猜想对他对手的各个可能的混合策略组合赋予非退化的概率）感到困惑。事实上，在给定参与人 i 的某个概率性猜测（该猜测将他的对手们的选择视为独立的随机变量）情形下，策略 σ_i 是参与人 i 的最优选择是有必要条件的。这个必要条件是：在给定某个确定性猜测情形下，σ_i 是参与人 i 的最优选择。原因在于，在给定某个概率性猜测情形下，如果 σ_i 是参与人 i 的最优选择，那么 σ_i 必定是对混合策略组合 σ_{-i} 的一个最优反应，其中，σ_{-i} 中的每个可能的纯策略组合 $s_{-i} \in S_{-i}$ 的概率恰好是概率性猜测所蕴涵的复合概率。

的相互理性和博弈的结构是共同知识。这些策略称为**可理性化策略**（rationalizable strategies），这个概念是由 Bernheim（1984）和 Pearce（1984）独立提出的。

定义 8.C.2： 对于博弈 $\Gamma_N=[I, \{\Delta(S_i)\}, \{u_i(\cdot)\}]$，在策略集 $\Delta(S_i)$ 中，经过重复删除绝不是最优反应策略过程后幸存下来的那些策略称为参与人 i 的**可理性化策略**。

注意，可理性化策略集不会大于经过重复删除严格劣势策略过程后幸存下来的策略组成的集合。这是因为，在定义 8.C.2 描述的重复删除过程中的每个阶段，我们都将该阶段的所有严格劣势策略删除了。正如重复删除严格劣势策略的情形一样，我们删除绝不是最优反应的策略的顺序，不会影响最终幸存的策略集（参见习题 8.C.2）。

8

例 8.C.1： 考虑图 8.C.1 描述的博弈，这个博弈源自 Bernheim（1984）。在这个博弈中，两个参与人的可理性化纯策略集是什么？在第一轮删除中，我们可以删除策略 b_4，因为 b_4 绝不是一个最优反应。为了看清这一点，注意到 b_4 严格劣于各以 1/2 概率对策略 b_1 和 b_3 进行随机而得到的混合策略。一旦我们删除了 b_4 之后，a_4 现在变成了严格劣势策略，因为现在 a_4 严格劣于 a_2，所以在第二轮我们可以将 a_4 删除。在这个时点上，我们无法再删除任何策略：a_1 是对 b_3 的最优反应，a_2 是对 b_2 的最优反应，a_3 是对 b_1 的最优反应。类似地，你可以验证：b_1 是对 a_3 的最优反应，b_2 是对 a_2 的最优反应，b_3 是对 a_1 的最优反应。因此，参与人 1 的可理性化纯策略集为 $\{a_1, a_2, a_3\}$，参与人 2 的可理性化纯策略集为 $\{b_1, b_2, b_3\}$。

参与人 1 \ 参与人 2	b_1	b_2	b_3	b_4
a_1	0, 7	2, 5	7, 0	0, 1
a_2	5, 2	3, 3	5, 2	0, 1
a_3	7, 0	2, 5	0, 7	0, 1
a_4	0, 0	0, −2	0, 0	10, −1

图 8.C.1　参与人 1 的可理性化策略集 $\{a_1, a_2, a_3\}$；参与人 2 的可理性化策略集

注意，对于每个可理性化策略，参与人 i 都可为他的选择构建一个**判断依据链**（chain of justification），这个依据链绝不依赖于：任何参与人都相信另外一个参与人将会选择绝不是一个最优反应的策略。[①] 例如，在图 8.C.1 的博弈中，参与人 1 判断他选择 a_2 是合理的，依

① 事实上，这种构造可理性化策略集的判断依据链方法，最初用于定义可理性化策略集［更正式的处理，请参见 Bernheim（1984）和 Pearce（1984）］。

据在于他相信参与人 2 将会选择 b_2；他判断参与人 2 将选择 b_2，依据在于他相信参与人 2 认为参与人 1 将选择 a_2。这样的选择是合理的，如果参与人 1 相信参与人 2 认为参与人 1 觉得参与人 2 将选择 b_2，依此类推。因此，参与人 1 选择策略 a_2 的（无限的）判断依据链为 $\{a_2, b_2, a_2, b_2, \cdots\}$，在这个序列中，每个元素的合理性是使用下一个元素来判断的。

类似地，参与人 1 可以使用判断依据链 $\{a_1, b_3, a_3, b_1, a_1, b_3, a_3, b_1, a_1, \cdots\}$ 来将他选择 a_1 的行为理性化。也就是说，参与人 1 判断他选择 a_1 是合理的，依据在于他相信参与人 2 将选择 b_3；参与人 1 判断参与人 2 将选择 b_3，依据在于他认为参与人 2 相信他（参与人 1）将选择 a_3；参与人 1 判断参与人 2 相信参与人 1 将选择 a_3，依据在于他认为参与人 2 相信参与人 1 确信参与人 2 将选择 b_1。依此类推。

然而，假设参与人 1 试图说明他选择 a_4 是合理的，他这么选择的依据必须是相信参与人 2 将选择 b_4，但是他不会相信参与人 2 有理由选择 b_4。所以，参与人 1 无法说明他选择不可以理性化的策略 a_4 的合理性。因此，他不会选择 a_4。■

8

可以证明，只要施加相当弱的一些假设条件，就能保证参与人至少有一个可理性化策略。[①] 不幸的是，参与人可能有很多可理性化策略，例 8.C.1 就是这样的。如果我们想进一步缩小我们的预测结果，除了关于参与人彼此理性这个共同知识假设之外，我们还需要额外的假设。这个假设就是**解概念**（solution concepts），它对参与人的策略选择施加了“均衡”要求，我们在本章剩余部分将重点研究解概念这个假设。

我们曾经说过，可理性化策略集不会大于经过重复删除严格劣势策略过程后幸存下来的策略集。然而，在两人博弈（$I=2$）中，上述两个集合是相同的。这是因为，在两人博弈中，只要混合策略 σ_i 不是严格劣势的，对于参与人 i 的对手的某个策略选择来说，σ_i 就是一个最优反应。

为了看清这一点，重新考虑图 8.B.5 中的博弈（一般性证明请参见习题 8.C.3）。假设我们改变策略 M 的收益，使得 M 不是严格劣势的。那么，如图 8.C.2 所示，M 的收益位于策略 U 的收益和 D 的收益的连线的上方。在这种情形下，M 是个最优反应吗？是的。为了看清这一点，注意到如果参与人 2 选择策略 R 的概率为 $\sigma_2(R)$，那么参与人 1 选择收益为（u_R，u_L）的策略，得到的期望收益为 $\sigma_2(R)u_R+(1-\sigma_2(R))u_L$。因此，与策略 M 的期望收益相同的那些策略，必然位于法向量为（$1-\sigma_2(R)$，$\sigma_2(R)$）的超平面上。正如我们所看到的，策略 M 是对 $\sigma_2(R)=1/2$ 的一个最优反应；它产生的期望收益，严格大于选择策略 M 和/或策略 D 的任何期望收益。

---

① 例如，只要纳什均衡（详见 8.D 节）存在。

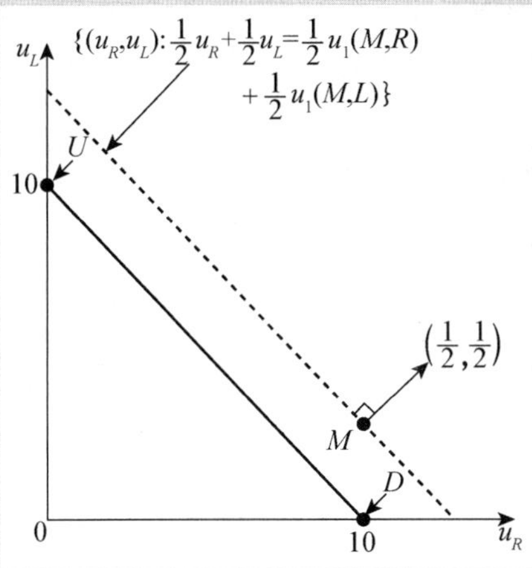

图 8.C.2　在二人博弈中，如果某个策略不是严格劣势的，那么它就是个最优反应

然而，在三人及以上的博弈中，某个策略即使不是严格劣势的，也可能绝不是一个最优反应。原因可以追溯到下列事实：参与人的随机化是彼此独立的。如果参与人 i 的对手们的随机化是相关的（在 8.D 节和 8.E 节末尾，我们将讨论这种情形是如何发生的），我们在前面所说的两个集合的等价性又会出现。习题 8.C.4 说明了这些结论。

8.D　纳什均衡

在本节，我们讨论经济博弈论中应用最为广泛的解的概念，即**纳什均衡**（Nash equilibrium），参见 Nash（1951）。在本书以后章节，我们广泛依赖于这个概念。

为了便于说明，我们暂时不考虑参与人选择混合策略的情形，只研究 $\Gamma_N=[I,\{S_i\},\{u_i(\cdot)\}]$形式的博弈。稍后我们再考虑混合策略。

我们首先引入定义 8.D.1。

定义 8.D.1： 策略组合 $s=(s_1,\cdots,s_I)$ 构成了博弈 $\Gamma_N=[I,\{S_i\},\{u_i(\cdot)\}]$ 的一个**纳什均衡**，如果对于每个 $i=1,\cdots,I$，

$$u_i(s_i,s_{-i})\geqslant u_i(s'_i,s_{-i})$$

对于所有 $s'_i\in S_i$ 都成立。

在一个纳什均衡中，每个参与人的策略选择对于他的对手们**实际选择的**策略都是一个最优反应（参见定义 8.C.1）。“实际选择的”这个修饰语将纳什均衡概念与 8.C 节中的可理性化概念区别开。可理性化涉及的是参与人关于彼此理性和博弈结构的共同知识，它只要求参与人 i 的策略对于他对对手们的选择的某个合理的猜测来说是最优反应，这里“合理的”一词还强调参与人 i 的对手们的猜测也是合理的。需要注意，合理的猜测未必是正确的。为此，纳什均衡施加了另外一个要求：

参与人的猜测是**正确的**。

例 8. D. 1 和例 8. D. 2 说明了如何使用纳什均衡概念。

例 8. D. 1：图 8. D. 1 中的二人同时行动博弈。我们可以看到（M，m）是个纳什均衡。如果参与人 1 选择 M，那么参与人 2 的最优反应是选择 m；如果参与人 2 选择 m，那么参与人 1 的最优反应是选择 M。而且，（M，m）是这个博弈的唯一纳什均衡（纯）策略组合。例如，策略组合（U，r）不是个纳什均衡，因为如果参与人 2 选择策略 r，参与人 1 将会选择策略 D 而不是 U（自行检查其他纳什均衡的可能性。）

		参与人 2		
		l	m	r
参与人 1	U	5，3	0，4	3，5
	M	4，0	(5，5)	4，0
	D	3，5	0，4	5，3

图 8. D. 1　在这个博弈中，（M，m）是个纳什均衡

例 8. D. 2：图 8. C. 1 中博弈的纳什均衡。在这个博弈中，唯一的纳什均衡（纯）策略组合为（a_2，b_2）。参与人 1 对于 b_2 的最优反应是 a_2，参与人 2 对于 a_2 的最优反应是 b_2，因此，（a_2，b_2）是个纳什均衡。在任何其他策略组合上，其中一个参与人有偏离的动机。[事实上，即使允许随机策略，（a_2，b_2）也是唯一的纳什均衡。参见习题 8. D. 1。]

这个例子说明了纳什均衡概念和可理性化策略概念之间的一般关系：纳什均衡策略组合中的每个策略都是可理性化的，这是因为纳什均衡中的每个参与人的策略的合理性，都可用该纳什均衡中其他参与人的策略进行说明。因此，一般来说，纳什均衡概念的预测性至少与可理性化概念的预测性一样准确。事实上，纳什均衡的预测性通常**更加**准确。例如，在图 8. C. 1 中，参与人 1 的可理性化纯策略集为 $\{a_1, a_2, a_3\}$，参与人 2 的为 $\{b_1, b_2, b_3\}$。然而，如果我们运用纳什均衡的概念，我们可以删除可理性化策略 a_1，a_3，b_1 和 b_3，因为它们不满足参与人关于彼此选择的猜测是正确的这个要求，即不满足纳什均衡的要求。■

在上面的两个例子中，纳什均衡的概念产生了唯一的结果。然而，事实并非总是如此。考虑相聚纽约博弈。

例 8. D. 3：相聚纽约博弈的纳什均衡。图 8. D. 2 描述了相聚纽约博弈的一个简单版本。托马斯和谢林每人都有两个选择：他们中午可以在帝国大厦最高层相见，也可以中午在中央车站的时钟下相见。如果不考虑随机策略，这个博弈有两个纳什均衡：（帝国大厦，帝国大厦）

和（中央车站，中央车站）。■

		谢林	
		帝国大厦	中央车站
托马斯	帝国大厦	(100,100)	0,0
	中央车站	0,0	(100,100)

图 8. D. 2　相聚纽约博弈的纳什均衡

例 8. D. 3 说明了纳什均衡概念是多么依赖于参与人的相互正确预期的假设。当某个博弈存在多个纳什均衡时，纳什均衡理论本身无法说明实际出现的是哪个均衡。然而，我们假设参与人能够正确预期哪个均衡将实际出现。

我们也可以更紧凑地表达纳什均衡的定义，为了做到这一点，首先引入参与人的**最优反应对应**（best-response correspondence）概念。正式地，我们说在博弈 $\Gamma_N=[I, \{S_i\}, \{u_i(\cdot)\}]$ 中，参与人 i 的最优反应对应 $b_i: S_{-i}\to S_i$ 是对每个 $s_{-i}\in S_{-i}$ 赋予集合

$$b_i(s_{-i})=\{s_i\in S_i: u_i(s_i, s_{-i})\geqslant u_i(s_i', s_{-i})\text{ 对于所有 } s_i'\in S_i\text{ 成立}\}$$

的对应（correspondence）。

有了这个概念之后，我们可以重新表述纳什均衡的定义：策略组合 $(s_1, \cdots, s_I)$ 是博弈 $\Gamma_N=[I, \{S_i\}, \{u_i(\cdot)\}]$ 的一个纳什均衡当且仅当如果对于 $i=1, \cdots, I$ 都有 $s_i\in b_i(s_{-i})$。

关于纳什均衡概念的讨论

参与人彼此猜测每个参与人可能的选择，为什么预期这些猜测的正确性是合理的？或者，更准确地说，我们为什么应该考虑纳什均衡概念？

人们对纳什均衡概念的有用性提出了很多观点，你肯定会对其中一些解释满意而对另外一些不满意。而且，某种解释在某个环境下是令人信服的，但在另外一个环境下却有可能解释不通。我们将看到，直到最近，所有这些解释都是非正式的。这个问题是博弈论中仍需要研究的一个重要问题，因为纳什均衡概念在现实问题中已得到广泛应用。近来，它多少已得到一些正式的关注。

（ⅰ）纳什均衡是理性推断的结果。

人们有时认为，由于每个参与人都能搞清他的竞争对手的策略性心思，理性本身就意味着参与人必定能够正确地预测出他的对手们选择的策略。尽管这种观点似乎具有一定吸引力，但它是错误的。正如我们在 8. C 节所看到的，参与人关于彼此理性（以及博弈结构）的共同知识，正好意味着每个参与人必定选择可理性化策

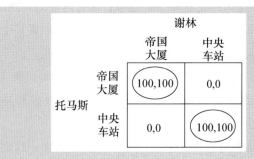

略。理性本身未必能使得参与人的预测是正确的。

(ⅱ)如果某个博弈存在着唯一的结果，那么纳什均衡就是它的一个必要条件。

前面那个观点的一个更令人满意的版本是认为，如果某个博弈存在着唯一的结果，那么理性的参与人就会知道这个结果是什么。因此，由于每个参与人都不希望偏离这个结果，那么这个结果必定是个纳什均衡。换句话说［例如 Kreps (1990)］，如果参与人都相信某个博弈存在着**明显的**（尤其是唯一的）“玩法”，那么这个玩法必定是个纳什均衡。

当然，这个观点只有在博弈存在唯一结果时才成立。然而，由 8.C 节对理性化的讨论可知，参与人关于彼此理性这一共同知识本身不意味着这一点。因此，如果这个观点想变得实用，还必须附加额外的条件，即为什么某个特定的策略组合是某个博弈的明显玩法。我们讨论的关于纳什均衡的其他观点可以视作为观点（Ⅱ）提供了额外的条件：某个博弈为什么可能存在着明显的玩法。

8

(ⅲ)纳什均衡是焦点 (focal points)。

在某些情形下，博弈的结果是 Schelling（1960）所称的**焦点**（focal）。例如，以图 8.D.2 描述的相聚纽约博弈为例，假设纽约中央车站附近的餐馆比帝国大厦附近的餐馆好很多，因此在中央车站相见的收益为（1 000，1 000）而不是（100，100）。现在，去中央车站见面似乎突然变成明显的选择。焦点结果也可能是由文化决定的。正如 Schelling（1960）所指出的，两个不居住在纽约的人可能发现在帝国大厦最高层（一个著名的旅游景点）见面是焦点，而两个纽约市民将发现中央车站（中央火车站）是个更好的选择。在这两种情形下，每个结果都有着自然而然的吸引力。观点（ⅱ）意味着，只有在博弈结果是个纳什均衡时，这种吸引力才能使得参与人明确预测出这个结果。

(ⅳ)纳什均衡是个自我执行的协议。

纳什均衡的另外一种观点是，认为参与人在博弈之前可以进行不具有约束力的交流。如果参与人同意博弈的结果，这个结果自然变为明显的候选结果。然而，由于参与人不受他们一致认可的策略的约束，如果某个协议是有意义的，参与人必定是自我执行的（self-enforcing）。因此，任何有意义的协议都必定涉及选择纳什均衡策略组合。当然，即使参与人达成选择纳什均衡的协议，如果他们预期其他人将偏离这个纳什均衡，那么他们也将偏离。在本质上，这种观点假设一旦参与人对策略选择达成一致意见，这个协议就变成了焦点。

(ⅴ)纳什均衡是稳定的社会惯例。

如果某个博弈重复进行，而且出现某种稳定的社会习俗，那么随着时间的推移，该博弈可能出现特定的玩法。在这种情形下，参与人明显地知道应该遵守社会惯例。这样的惯例就变成了焦点。

例如，纽约市民每天都要进行的博弈：在曼哈顿闹市区步行。每一天，步行上班的人们需要决定走马路左边还是右边的人行道。随着时间的推移，稳定的社会惯例是沿着马路右边的人行道走。人们为什么要遵守这个社会惯例？因为任何单方面偏离该惯例的人均必定受到严重践踏。当然，在某个既定的一天，如果某个人推测所有其他人都认为社会惯例改变了，那么他可能决定走马路左侧的人行道。然而，由于社会惯例具有很强的惯性，预测纳什均衡为“每个人走马路右侧的人行道”似乎是合理的。注意，如果某个结果将变为社会惯例，那么它必定是个纳什均衡。如果它不是纳什均衡，那么当它出现时，个人将会偏离它。

在某些动态调整过程中，均衡是静止点，这使得均衡概念在经济学中得以广泛应用且具有传统魅力。在这个意义上，纳什均衡是稳定的社会惯例这一观点最接近经济理论的传统。

将稳定的社会惯例正式模型化不是件容易的事。困难之一是重复进行的每天博弈本身是一个更大的动态博弈。因此，当我们考虑理性参与人在这个整体博弈中选择他们的策略时，我们又回到了原先的难题：为什么我们在这个更大的博弈中预期纳什均衡？一种观点是，在重复博弈的情形下，一个参与人对于对手们策略选择的反应是他应该遵循简单的重要法则（注意这意味着完全理性假设打了折扣）。例如，一个参与人可能猜测他的对手们在今天的选择很可能是昨日重现。如果是这样，那么每个参与人将选择对于对手们昨天的策略的最优反应。如果某个策略组合成为这个过程的静止点（即今天的选择和昨天的一样），那么它必定是个纳什均衡。然而，我们无法保证在任何初始位置上，这个过程将向静止结果收敛；可以证明，收敛取决于博弈本身。①

8

混合策略纳什均衡

我们可以直接将纳什均衡的概念推广到参与人可以随机化他们的纯策略的博弈情形。

定义 8.D.2： 混合策略组合 $\sigma=(\sigma_1, \cdots, \sigma_I)$ 构成了博弈 $\Gamma_N=[I, \{\Delta(S_i)\}, \{u_i(\cdot)\}]$ 的一个**纳什均衡**，如果对于每个 $i=1, \cdots, I$，

$$u_i(\sigma_i, \sigma_{-i}) \geqslant u_i(\sigma_i', \sigma_{-i})$$

对于所有 $\sigma_i' \in \Delta(S_i)$ 都成立。

例 8.D.4： 举一个非常简单的例子。考虑图 8.D.3 描述的硬币配对标准版本博弈。这个博弈不存在纯策略纳什均衡。另外，可以直观地想到这个博弈存在一个混合策略均衡：参与人以相等的概率选择正面向上或反面向上。当其中一个参与人这样随机化时，它使得他的对手在

① 事实上，这种方法可以回溯到 Cournot（1838）的短视（myopic）调整程序。Milgrom 和 Roberts（1990）提供了另外一个例子。后面这个文献通过放松理性假设解释了超理性的纳什结果。当存在多个纳什均衡时，这种方法也可用于识别当存在各种纳什均衡时的可能性。

选择正面向上和反面向上之间是无差异的，因此他的对手也会以相等的概率随机化正面向上和反面向上。■

在硬币配对博弈的纳什均衡中，进行随机化的参与人在选择正面向上和反面向上之间是无差异的，但这不是偶然的。正如命题 8. D. 1 所指出的，参与人对于以正概率随机化的各个策略无差异，是混合策略均衡的一般特征。

命题 8. D. 1：在混合策略组合 $\sigma=(\sigma_1, \cdots, \sigma_I)$ 中，令 $S_i^+\subset S_i$ 表示参与人 i 以正概率选择的纯策略集。策略组合 σ 是博弈的 $\Gamma_N=[I, \{\Delta(S_i)\}, \{u_i(\cdot)\}]$ 一个纳什均衡当且仅当对于所有 $i=1, \cdots, I$ 都有：

（ⅰ）$u_i(s_i, \sigma_{-i})=u_i(s_i', \sigma_{-i})$ 对于所有 s_i，$s_i'\in S_i^+$ 均成立；

（ⅱ）$u_i(s_i, \sigma_{-i})\geqslant u_i(s_i', \sigma_{-i})$ 对于所有 $s_i\in S_i^+$ 和所有 $s'_i\notin S_i^+$ 均成立。

证明：证必要性。注意到如果条件（ⅰ）或（ⅱ）对于某个参与人 i 不成立，那么存在策略 $s_i\in S_i^+$ 和 $s_i'\in S_i^+$ 使得 $u_i(s_i', \sigma_{-i})>u_i(s_i, \sigma_{-i})$。如果是这样，当参与人原本可以选择策略 s_i 时，如果他选择策略 s_i'，他的收益将严格增加。

证充分性。假设条件（ⅰ）和（ⅱ）成立，但 σ 不是纳什均衡，那么存在某个参与人 i，他有策略 σ_i' 使得 $u_i(\sigma_i', \sigma_{-i})\geqslant u_i(\sigma_i, \sigma_{-i})$。但如果这样，在 σ'_i 中，必定存在某个以正概率选择的纯策略使得 $u_i(s', \sigma_{-i})>u_i(\sigma_i, \sigma_{-i})$。由于 $u_i(\sigma_i, \sigma_{-i})=u_i(s_i, \sigma_{-i})$ 对于所有 $s_i\in S_i^+$ 均成立，这与条件（ⅰ）和（ⅱ）成立的事实矛盾。■

因此，混合策略组合 σ 成为博弈 $\Gamma_N=[I, \{\Delta(S_i)\}, \{u_i(\cdot)\}]$ 的纳什均衡的必要充分条件是，给定对手们选择的策略分布，参与人 i 在他以正概率选择的所有纯策略之间是无差异的，而且这些纯策略与他以零概率选择的任何纯策略至少一样好。

命题 8. D. 1 的一个重要意义是，为了检验某个策略组合 σ 是否为纳什均衡，只要考虑向纯策略偏离就足够了（即将参与人的策略 σ_i 变为某个纯策略 s_i'）。如果这种转变（转变为任何纯策略）不能提高任何参与人的收益，那么 σ 就是一个纳什均衡。因此，我们得到了推论 8. D. 1 中让人欣慰的结论。

推论 8. D. 1：纯策略组合 $s=(s_1, \cdots, s_I)$ 是博弈 $\Gamma_N=[I, \{S_i\}, \{u_i(\cdot)\}]$ 的纳什均衡当且仅当这个策略组合 s 是博弈 $\Gamma'_N=[I, \{\Delta(S_i)\}, \{u_i(\cdot)\}]$ 的（退化的）混合策略纳什均衡。

推论 8. D. 1 告诉我们，为了识别博弈 $\Gamma'_N=[I, \{\Delta(S_i)\}, \{u_i(\cdot)\}]$ 的纯策略均衡，只要研究不允许随机化的博弈 $\Gamma_N=[I, \{S_i\}, \{u_i(\cdot)\}]$ 就足够了。

在计算混合策略均衡时，命题 8. D. 1 将大显身手，如例 8. D. 5 所示。

例 8. D. 5：相聚纽约博弈的混合纳什均衡。考虑相聚纽约博弈的一个新版本，现在若在中央车站相见，则参与人的收益为（1 000，1 000）。在这个博弈中，混合策略均衡是什么？根据命题 8.D.1，如果托马斯想在他的两个策略（即帝国大厦和中央车站）之间随机化，那么他必定对于它们无差异。假设谢林选择中央车站的概率为 σ_s，那么托马斯选择中央车站得到的期望收益为 $1\,000\sigma_s+0\ (1-\sigma_s)$，他选择帝国大厦得到的期望收益为 $100(1-\sigma_s)+0\sigma_s$。只有当 $\sigma_s=1/11$ 时，这两个期望收益才相等。现在，对于谢林来说，为了设定 $\sigma_s=1/11$，他必须也在他的两个纯策略间无差异。根据类似的逻辑，我们发现托马斯选择中央车站的概率必定也为 1/11。我们断定每个参与人以 1/11 的概率选择中央车站是个纳什均衡。■

注意，由命题 8.D.1 可知，例 8.D.5 中的参与人对于他们赋予在纯策略上的正概率没有真正的偏好。是出于均衡上的考虑才决定了参与人使用什么概率：为了让**另外的**参与人在**他的**策略上无差异。

这个事实让一些人怀疑混合策略纳什均衡在预测博弈结果上的作用。他们的疑虑有两点：

首先，如果参与人总有一个纯策略，而且它的期望收益与混合策略均衡中的策略的收益相同，参与人为什么还要随机化？我们对这个疑虑的回应是，参与人也许不会真的随机化。相反，他可能会作出确定的选择，这些选择受看似并不重要的变量（"信号"）的影响，只有他自己能看到这样的信号。例如，考虑一个大联盟棒球队中的投球手的策略。为了不让击球手轻易猜到他的策略，投球手需要将自己的投球策略（比如直线球或弧线球）随机化。投球手可能完全知道击球的确定性方案，但这个方案可能取决于比赛当日他在床的哪一侧醒来，或者取决于他开车到比赛场地一路上遇到的红灯数量。结果，击球手将投球手的行为视为随机的，即使它并不是随机的。在 7.E 节，我们将混合策略解释为取决于信号的行为，但我们只是浅尝辄止，在 8.E 节我们将更仔细地考察这种解释。

其次，这些人认为混合策略均衡的稳定性似乎很差。他们认为，参与人必须以恰好正确的概率随机化，但是他们没有任何正的激励来做此事。你对这个质疑的回应，可能取决于你一开始时为何期待纳什均衡的出现。例如，以正确的概率随机化可能不会产生稳定的社会惯例，但是如果均衡是自我执行协议的结果，随机化的做法似乎是合理的。

到目前为止，我们一直假设参与人的随机化是相互独立的。例如，在例 8.D.5 描述的相聚纽约博弈中，我们可以将混合策略描述如下：大自然为两个参与人提供了**私密且独立分布**的信号 $(\theta_1,\ \theta_2)\in[0,\ 1]\times[0,\ 1]$，每个参与人 i 都将自己的决策与他收到的信号 θ_i 联系起来。

然而，假设还存在着**公共的**信号，这两个参与人都能看到该信号。将这个公共信号记为 $\theta=[0,\ 1]$。这样，很多新的可能性就会出现。例如，如果 $\theta<1/2$，两个参与人都决定去中央车站；如果 $\theta\geqslant 1/2$，两个参与人都决定去帝国大厦。每个参与人的策略选择仍然是随机的，但是在行动的协调上现在变得完美无缺，他们必定相聚。更重要的是，他们的决

策有着均衡的性质。如果一个参与人决定遵循这个决策规则，那么另外一个参与人的最优选择也是遵循这个规则。这是个**相关均衡**（correlated equilibrium）的例子［归功于 Aumann (1974)］。更一般地，我们可以允许大自然信号部分私密、部分公共情形下的相关均衡。

允许这样的相关比较重要，这是因为经济参与人能看到很多公共信号。正式地说，相关均衡是贝叶斯均衡的一种特殊类型，我们将在 8.E 节引入贝叶斯均衡这个概念，因此我们留待那时再来讨论这个问题。

纳什均衡的存在性

8

博弈中必然存在着纳什均衡吗？幸运的是，在一般情形下，答案是肯定的。在本节，我们讨论两个重要的存在性结论。它们的证明，需要使用数学上的不动点定理，我们将证明放在本章末尾的附录 A 中。（9.B 节的命题 9.B.1 提供了另外一个存在性结论。）

命题 8.D.2：对于任何博弈 $\Gamma_N=[I, \{\Delta(S_i)\}, \{u_i(\cdot)\}]$，如果该博弈中的集合 S_1，…，S_I 的元素数量是有限的，那么该博弈必定有一个混合策略纳什均衡。

因此，对于我们一直考察的这一类博弈来说，只要我们愿意接受随机策略均衡，那么纳什均衡总是存在的。（如果你在看这个命题的证明之前，想让自己相信这个结论，不妨做做习题 8.D.6。）注意，想让这个结论成立，就必须允许参与人选择随机策略。例如，我们已经在硬币配对标准版本的博弈中看到，在纯策略数量有限时，可能不存在纯策略纳什均衡。

直到目前，我们一直考察的是策略集为有限集的博弈。然而，在经济应用中，我们经常会遇到用连续变量模拟参与人策略的情形。在这种情形下，纯策略均衡可能存在。具体地说，我们有命题 8.D.3 中的结论。

命题 8.D.3：博弈 $\Gamma_N=[I, \{S_i\}, \{u_i(\cdot)\}]$有纳什均衡，如果对于所有 $i=1$，…，I 都有：

（ⅰ）S_i 是某个欧几里得空间 $\mathbb{R}^M$ 的一个非空、凸且紧的子集。

（ⅱ）$u_i(s_1, \cdots, s_I)$ 关于 $(s_1, \cdots, s_I)$ 连续，关于 s_i 拟凹。

命题 8.D.3 中的结论比较重要，在多数经济情形下，命题中的要求都能得以满足。策略集的凸性和收益函数的性质有助于使得模型的结构变得平滑，这样我们就可以达到纯策略均衡。[①]

我们也可以建立更深层次的存在性结论。在收益函数 $u_i(\cdot)$ 不是拟凹但仍连

---

① 注意，有限策略集 S_i 不可能是凸的。事实上，命题 8.D.2 使用了混合策略假设，从而保证了均衡的存在性，这与命题 8.D.3 中的假设保证纯策略纳什均衡的存在性非常类似：它凸化了参与人的策略集，并且使得收益函数性状良好。（详尽的讨论请参考附录。）

续的情形下，存在着混合策略均衡。事实上，即使收益函数不是连续的，在一些情形下，混合策略均衡也仍然存在［参见 Dasgupta 和 Maskin（1986）］。

当然，这些结论并不意味着：如果这些存在性结论的假设条件不成立，我们就不能得到均衡。事实上，这些结论仅意味着，如果这些假设条件不成立，我们无法肯定博弈是否存在着纳什均衡。

8.E　不完全信息博弈：贝叶斯纳什均衡

直到目前，我们一直假设参与人知道彼此的所有相关信息，包括每个参与人从博弈各个结果得到的收益。这样的博弈称为**完全信息博弈**（complete information game）。稍微思考一下，你就会知道，这是个非常强的假设。某行业中的两个企业必然知道彼此的成本吗？企业与工会协商，如果作为工会会员的工人罢工一个月，该企业必然知道工人们的负效用（disutility）吗？显然，答案为否。事实上，在很多情形下，参与人拥有的是所谓的**不完全信息**（incomplete information）。

在不完全信息情形下，我们需要考虑：参与人 i 关于其他参与人的偏好的信念，参与人 i 关于其他参与人对他（参与人 i）的偏好信念的信念，依此类推。这与可理性化的逻辑类似。① 幸运的是，这类问题有一种已得到广泛使用的解法，这就是 Harsanyi（1967，1968）提出的方法，这样我们就不必再像上面那样考虑参与人的信念链。在这种方法下，我们将每个参与人的偏好视为由随机变量的值决定。尽管这个随机变量的实际值只能被参与人自己观察到，但它的事前概率分布是所有参与人都知道的共同知识。因此，不完全信息情形被解释为不完美信息博弈：大自然首先行动，选择随机变量的值，从而决定了每个参与人的偏好**类型**；每个参与人只能看到自己的随机变量的实现值。这种博弈称为**贝叶斯博弈**（Bayesian game）。

例 8.E.1：考虑例 8.B.3 中的地方检察官的兄弟参与的博弈。现在我们稍微修改一下这个博弈。假设囚犯 2 的偏好为：在概率 μ 下，他有图 8.B.4 中的偏好（我们将其称为类型Ⅰ偏好）；在概率 $1-\mu$ 下，他痛恨背叛同伴（这是类型Ⅱ偏好）。在这种情形下，对于囚犯 2 来说，坦白策略的收益等于坐牢 6 年的心理折磨。另外，囚犯 1 的偏好总是如图 8.B.4 所示。这个贝叶斯博弈的展开形请见图 8.E.1［在这个图中，C 代表坦白（confess），DC 代表不坦白（don't confess）］。

① 关于这个问题的更多内容，请参考 Mertens 和 Zamir（1985）。

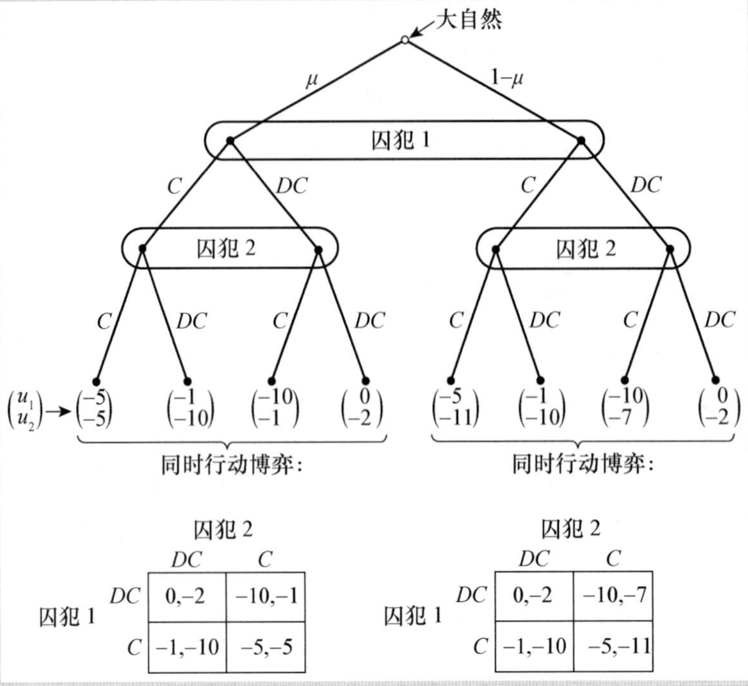

图 8. E. 1　地方检察官的兄弟参与的博弈（不完全信息版本）

在这个博弈中，我们可以将囚犯 2 的一个纯策略（一个完全的相机行动方案）视为一个函数，它对囚犯 2 的每个可能的偏好类型都指示了相应的行动选择。因此，囚犯 2 现在有四种可能的纯策略：

（坦白若为类型Ⅰ，坦白若为类型Ⅱ）；

（坦白若为类型Ⅰ，不坦白若为类型Ⅱ）；

（不坦白若为类型Ⅰ，坦白若为类型Ⅱ）；

（不坦白若为类型Ⅰ，不坦白若为类型Ⅱ）。

然而，需要注意，由于囚犯 1 不能观测到囚犯 2 的类型，因此在这个博弈中，参与人 1 的纯策略仅为（非相机行动的）选择：坦白或者不坦白。■

正式地，在贝叶斯博弈中，每个参与人 i 的收益函数为 $u_i(s_i, s_{-i}, \theta_i)$，其中 $\theta_i \in \Theta_i$ 是由大自然选择的随机变量，这个随机变量只能被参与人 i 自己看到。θ_i 的联合概率分布为 $F(\theta_1, \cdots, \theta_I)$，假设它是参与人都知道的共同知识。令 $\Theta = \Theta_1 \times \cdots \times \Theta_I$，则贝叶斯博弈可由数据 $[I, \{S_i\}, \{u_i(\cdot)\}, \Theta, F(\cdot)]$ 刻画。

在贝叶斯博弈中，参与人 i 的一个纯策略是一个函数 $s_i(\theta_i)$ 或称**决策规则**（decision rule），它对参与人的每个类型 θ_i 指定了相应的策略选择。因此，参与人 i 的纯策略集 S_i 是由所有这样的函数组成的集合。于是，给定 I 个参与人的纯策略的一个组合 $(s_1(\theta_i), \cdots, s_I(\theta_I))$，参与人 i 的期望收益为

$$\tilde{u}_i(s_1(\cdot), \cdots, s_I(\cdot)) = E_\theta[u_i(s_1(\theta_1), \cdots, s_I(\theta_I), \theta_i)] \qquad (8.E.1)$$

现在我们可以寻找这个不完美信息博弈的普通（纯策略）纳什均衡了，在当前的背景下，这样的均衡称为**贝叶斯纳什均衡**（Bayesian Nash equilibrium）。①

定义 8. E. 1：贝叶斯博弈 $[I, \{S_i\}, \{u_i(\cdot)\}, \Theta, F(\cdot)]$ 的一个（纯策略）**贝叶斯纳什均衡**是一个决策规则组合 $(s_1(\cdot), \cdots, s_I(\cdot))$，它构成了博弈 $\Gamma_N = [I, \{\mathscr{S}_i\}, \{\tilde{u}_i(\cdot)\}]$ 的一个纳什均衡，也就是说，对于每个 $i=1, \cdots, I$，

$$\tilde{u}_i(s_i(\cdot), s_{-i}(\cdot)) \geqslant \tilde{u}_i(s_i'(\cdot), s_{-i}(\cdot))$$

对所有 $s_i'(\cdot) \in \mathscr{S}_i$ 都成立，其中 $\tilde{u}_i(s_i(\cdot), s_{-i}(\cdot))$ 的定义见式（8. E. 1）。

需要注意，在一个（纯策略）贝叶斯纳什均衡中，每个参与人 i 都会对他的对手们策略的条件分布（以参与人 i 的**可能最终实现的类型为条件**）作出最优反应。这一结论非常有用。命题 8. E. 1 正式给出了这个结论。

命题 8. E. 1：决策规则组合 $(s_1(\cdot), \cdots, s_I(\cdot))$ 是贝叶斯博弈 $[I, \{S_i\}, \{u_i(\cdot)\}, \Theta, F(\cdot)]$ 的一个贝叶斯纳什均衡当且仅当对于所有 i 和所有以正概率发生的 $\bar{\theta}_i \in \Theta_i$②，

$$E_{\theta_{-i}}[u_i(s_i(\bar{\theta}_i), s_{-i}(\theta_{-i}), \bar{\theta}_i) \mid \bar{\theta}_i] \geqslant E_{\theta_{-i}}[u_i(s_i'(\bar{\theta}_i), s_{-i}(\theta_{-i}), \bar{\theta}_i) \mid \bar{\theta}_i] \quad (8.\text{E}.2)$$

对于所有 $s_i' \in S_i$ 都成立，其中，期望值是对参与人 i 的对手们的随机变量取期望，这些随机变量又取决于参与人 i 的信号 $\bar{\theta}_i$。

证明：对于必要性，注意到如果式（8. E. 2）对于某个参与人 i 以正概率发生的某个 $\bar{\theta}_i \in \Theta_i$ 不成立，那么参与人 i 在得到 $\bar{\theta}_i$ 时可以改变自己的策略，从而使得他的收益更高，这与 $(s_1(\cdot), \cdots, s_I(\cdot))$ 是贝叶斯纳什均衡的事实矛盾。对于充分性，注意到如果条件（8. E. 2）对于所有以正概率发生的 $\bar{\theta}_i \in \Theta_i$ 都成立，那么参与人 i 选择其他策略得到的收益，不可能高于选择策略 $s_i(\cdot)$ 的收益。■

命题 8. E. 1 告诉我们，在本质上，我们可以将参与人 i 的每个类型想象成一个独立的参与人，他在下列条件下使得自己的收益最大化：给定他在对手们的策略选择上的条件概率分布。

例 8. E. 1 续：为了求出这个博弈的（纯策略）贝叶斯纳什均衡，首先注意到囚犯 2 的类型Ⅰ必定以概率 1 选择“坦白”，因为这是类型Ⅰ的优势策略。类似地，囚犯 2 的类型Ⅱ也有优势策略：“不坦白”。给定囚犯 2 的这个行为，囚犯 1 的最优反应是：如果 $[-10\mu+0(1-\mu)] > [-5\mu-1(1-\mu)]$，即 $\mu<1/6$，囚犯 1 选择“不坦白”；如果 $\mu>1/6$，囚犯 1 选择“坦白”。

---

① 在此处，我们仅考察纯策略。混合策略涉及将纯策略集 $\mathscr{S}_i$ 中的策略随机化。还要注意，我们并未明确说明 Θ_i 是否为有限集。如果 Θ_i 是有限集，那么策略集 $\mathscr{S}_i$ 是有限的；如果 Θ_i 不是有限集，那么策略集 $\mathscr{S}_i$ 包含的函数 $s_i(\cdot)$ 的数量可能是无限的。然而，无论 i 是否有限，贝叶斯纳什均衡的基本定义都相同。

② 这里给出的表达式（以及证明）针对的是集合 Θ_i 是有限集的情形。当参与人 i 的类型数量为无限时，条件（8. E. 2）必定在 Θ_i 的一个完全可测度的子集（即发生概率为 1）上成立。于是，我们可以说式（8. E. 2）几乎对于每个 $\bar{\theta}_i \in \Theta_i$ 都成立。

(如果 $\mu=1/6$，囚犯 1 在这两个纯策略之间无差异。) ■

例 8.E.2： 阿尔法贝塔研发集团有两个（非竞争性的）成员，企业 1 和 2。集团规定，任何一个企业的独立发明都将与另外一个企业完全共享。假设有一项新的发明 Zigger（以下简称 Z），这两个企业都能独立研发出。这种新产品的研发成本为 $c\in(0,1)$。发明 Z 的收益只有研发企业 i 自己知道。正式地，每个企业 i 的类型 θ_i 在区间 $[0,1]$ 上均匀分布，这两个企业的类型是彼此独立的。假设当企业 i 的类型为 θ_i 时，它从发明 Z 得到的收益为$(\theta_i)^2$。博弈时序如下：这两个企业各自秘密地观察它们自己的类型，然后每个企业同时选择研发 Z 或者不研发。

现在我们来求这个博弈的贝叶斯纳什均衡。如果企业 i 的类型为 θ_i 且研发 Z，我们将其记为 $s_i(\theta_i)=1$；如果不研发，则记为 $s_i(\theta_i)=0$。如果当企业 i 的类型为 θ_i 时，它决定研发 Z，则它的收益为$(\theta_i)^2-c$，无论企业 j 是否研发。如果当企业 i 的类型为 θ_i 时，它决定不研发 Z，则它的期望收益等于$(\theta_i)^2\text{Prob}(s_j(\theta_j)=1)$。因此，企业 i 的最优反应是研发 Z 当且仅当它的类型 θ_i 满足（我们假设当企业 i 在研发和不研发之间无差异时，它将研发 Z）：

$$\theta_i \geqslant \left[\frac{c}{1-\text{Prob}(s_j(\theta_j)=1)}\right]^{1/2} \tag{8.E.3}$$

注意，给定企业 j 的任何策略，企业 i 的最优反应都采取了**分割线原则**（cutoff rule）：只要 θ_i 大于等于式（8.E.3）的右侧，它的最优选择就是研发 Z；否则，它就不研发。[注意，如果企业 i 是独立存在的，即不是集团的成员，那么当 $\theta_i=\sqrt{c}$ 时，它在研发和不研发之间是无差异的。然而，式（8.E.3）告诉我们，当企业 i 是集团的成员时，它的分割线总是（弱）高于$\sqrt{c}$。这是正确的，因为每个企业都希望对方研发 Z，从而它可以**搭**对方的**便车**（free-ride）。关于搭便车的更多内容请参考第 11 章。]

假设在贝叶斯纳什均衡中，$\hat{\theta}_1$，$\hat{\theta}_2\in(0,1)$ 分别为企业 1 和 2 的分割线值（可以证明在这个博弈的任何贝叶斯纳什均衡中，$0<\hat{\theta}_i<1$，其中 $i=1$，2）。如果是这样，那么使用事实 $\text{Prob}(s_j(\theta_j)=1)=1-\hat{\theta}_j$，先对 $i=1$ 然后再对 $i=2$ 应用式（8.E.3），我们必定得到

$$(\hat{\theta}_1)^2\hat{\theta}_2=c$$

和

$$(\hat{\theta}_2)^2\hat{\theta}_1=c$$

由于$(\hat{\theta}_1)^2\hat{\theta}_2=(\hat{\theta}_2)^2\hat{\theta}_1$ 意味着 $\hat{\theta}_1=\hat{\theta}_2$，我们可以看到在这个博弈的任何贝叶斯纳什均衡中，这两个企业的分割线是相同的，$\theta^*=(c)^{1/3}$。在这个均衡中，两个企业都不研发 Z 的概率为$(\theta^*)^2$，恰好只有一个企业研发的概率为 $2\theta^*(1-\theta^*)$，两个企业都研发的概率为$(1-\theta^*)^2$。■

这一章的习题涉及其他几个贝叶斯纳什均衡的例子。贝叶斯纳什均衡的另外一个重要应用出现在不完全信息情形下的执行问题中，详见第 23 章。

在 8.D 节，我们说混合策略可以解释为下列情形：参与人以看似无关的信号为条件，选择确定性的策略（回忆棒球比赛中击球手的例子）。现在我们可以深入地讨论。假设我们面对的是一个完全信息的博弈，这个博弈有唯一一个混合策略均衡，而且参与人的确对他们的策略进行了随机化。现在考虑引入每个参与人的很多不同类型（正式地说，是引入每个参与人类型的连续统），从而改变了原来的博弈。各个参与人的类型在统计上彼此无关。另外，假设对同一个参与人的所有类型来说，它们的偏好**相同**。于是，这个贝叶斯博弈的一个（纯策略）贝叶斯纳什均衡正好等价于原来的完全信息博弈的一个混合策略纳什均衡。而且，在很多情形下，可以证明，这个博弈还有一些“附近的”贝叶斯博弈，在这样的博弈中，同一个参与人的不同类型拥有的偏好只存在着微小差别，贝叶斯纳什均衡接近于混合策略分布，而且每个类型对于他的策略选择均具有严格偏好。这样的结果称为**纯化定理**（purification theorems）［参见 Harsanyi（1973）］。

我们也可以再回顾一下 8.D 节中的相关均衡。特别地，如果我们允许上一段落中各个参与人的类型在统计上是相关的，那么这个贝叶斯博弈的一个（纯策略）贝叶斯纳什均衡是原来的完全信息博弈的一个相关均衡。博弈 $[I, \{S_i\}, \{u_i(\cdot)\}]$ 的所有相关均衡组成的均衡，可以用下列方法识别：考虑所有可能的这种贝叶斯博弈（即，我们允许参与人观测到所有可能的信号）。

8.F　犯错可能性：颤抖手完美均衡

在 8.B 节，我们指出尽管理性本身不能删除弱劣势策略，但这样的策略是不受参与人欢迎的，因为除非参与人能完全肯定他的对手们的选择，否则这些策略是劣势的。事实上，正如图 8.F.1 中的博弈所指出的，纳什均衡概念也不能保证参与人不使用这样的策略。在这个博弈中，(D, R) 是个纳什均衡，在这个均衡中，两个参与人都选择了弱劣势策略。

在本节，我们说明 8.B 节提及的思想：谨慎性能保证参与人不使用这样的策略。这个问题的讨论导致我们给出（标准形）颤抖手完美纳什均衡的定义，它是纳什均衡概念的一种精炼。这个定义说明纳什均衡对于参与人以很小概率犯错的可能性来说是稳健的。

我们使用 Selten（1975）的方法。对于任何标准形博弈 $\Gamma_N = [I, \{\Delta(S_i)\}, \{u_i(\cdot)\}]$，我们均可以定义一个**扰动博弈**（perturbed game）$\Gamma_\varepsilon = [I, \{\Delta_\varepsilon(S_i)\}, \{u_i(\cdot)\}]$，定义方法如下：首先为每个参与人 i 和策略 $s_i \in S_i$ 选择一个数 $\varepsilon_i(s_i) \in$

(0，1)，其中 $\sum_{s_i \in S_i} \varepsilon_i(s_i) < 1$；然后定义参与人 i 的扰动策略集 $\Delta_\varepsilon(S_i)$：

$$\Delta_\varepsilon(S_i) = \{\sigma_i : \sigma_i(s_i) \geq \varepsilon_i(s_i) \text{ 对于所有 } s_i \in S_i \text{ 和} \sum_{s_i \in S_i} \sigma_i(s_i) = 1 \text{ 均成立}\}$$

也就是说，扰动博弈 Γ_ε 是由原来的博弈 Γ_N 以下列方法产生的：要求每个参与人 i 以至少很小的正概率 $\varepsilon_i(s_i)$ 选择他的每个策略 s_i。其中，$\varepsilon_i(s_i)$ 的意思是参与人 i 错误地选择策略 s_i 的概率，这样的概率是不可避免的。

在定义了扰动博弈之后，我们仅关注博弈 Γ_N 中下面这样的纳什均衡 σ：这些均衡对于参与人出错的可能性是稳健的。我们使用的稳健性检验方法大致如下：为了保证 σ 是个稳健的均衡，我们希望存在 Γ_N 的某个微小扰动，它们的均衡接近 σ。**（标准形）颤抖手完美纳什均衡**［(normal form) trembling-hand perfect Nash equilibrium］的正式定义见定义 8. F. 1，这个概念的名字可顾名思义——参与人出错的原因在于他们的手颤抖了。

定义 8. F. 1：博弈 $\Gamma_N = [I, \{\Delta(S_i)\}, \{u_i(\cdot)\}]$ 的纳什均衡 σ 是**（标准形）颤抖手完美纳什均衡**，如果存在收敛于 Γ_N 的某个扰动博弈序列 $\{\Gamma_{\varepsilon^k}\}_{k=1}^{\infty}$［收敛是说 $\lim_{k\to\infty} \varepsilon_i^k(s_i) = 0$ 对于所有 i 和 $s_i \in S_i$ 均成立］，而且上述扰动博弈序列存在着收敛于 σ 的纳什均衡序列 $\{\sigma^k\}_{k=1}^{\infty}$（收敛是说 $\lim_{k\to\infty} \sigma^k = \sigma$）。

在这里，我们使用了修饰词"标准形"，这是因为 Selten (1975) 还提出了另外一种稍微有所不同的动态博弈的颤抖手完美纳什均衡版本。我们将在第 9 章考察这个版本的概念。①

注意，（标准形）颤抖手完美纳什均衡提供了一个相对温和的稳健性检验：我们只需要要求存在一些扰动博弈，而且这些扰动博弈的均衡无限接近 σ。更强版本的检验则要求均衡 σ 对于所有接近原来博弈的扰动来说都是稳健的。

一般来说，我们很难直接运用定义 8. F. 1 提出的检验标准，因为它要求计算很多可能扰动博弈的均衡。命题 8. F. 1 的结论提供了相对简单的检验纳什均衡是否为颤抖手完美纳什均衡的方法。［注意，在命题 8. F. 1 中，一个**完全混合策略**（totally mixed strategy）是指在这个混合策略中，每个纯策略的概率都是正的。］

命题 8. F. 1：博弈 $\Gamma_N = [I, \{\Delta(S_i)\}, \{u_i(\cdot)\}]$ 的纳什均衡 σ 是（标准形）颤抖手完美纳什均衡，当且仅当存在某个完全混合策略序列 $\{\sigma^k\}_{k=1}^{\infty}$ 使得 $\lim_{k\to\infty} \sigma^k = \sigma$，而且 σ_i 是对序列 $\{\sigma_{-i}^k\}_{k=1}^{\infty}$ 中的每个元素的最优反应，其中 $i=1, \cdots, I$。

在习题 8. F. 1 中，你要证明这个结论［或者参见 Selten (1975)］。命题 8. F. 2 中的结论是定义 8. F. 1 和命题 8. F. 1 的直接结果。

命题 8. F. 2：如果 $\sigma = (\sigma_1, \cdots, \sigma_I)$ 是个（标准形）颤抖手完美纳什均衡，那么 σ_i 不是一个弱劣势策略，其中 $i=1, \cdots, I$。因此，在任何（标准形）颤抖手完

① 事实上，Selten (1975) 主要关注的是动态博弈的合意均衡的识别问题。更多内容可参考第 9 章附录 B。

美纳什均衡中，均不存在以正概率选择的弱劣势纯策略。

命题 8. F. 2 的逆命题是：任何纳什均衡，只要它不以正概率选择弱劣势策略，它就必然是颤抖手完美均衡。可以证明，这个逆命题对于二人博弈来说是正确的，但对二人以上的博弈是错误的。因此，颤抖手完美均衡不仅可以排除涉及弱劣势策略的纳什均衡，还可以排除其他一些纳什均衡。原因与下列事实密切相关。当一个参与人的对手们以小概率犯错时，产生的只是在他们非均衡策略上的概率分布的一个有限集。例如，如果某个参与人的两个对手都有以小概率犯错的可能，那么一个对手犯错的概率远大于两个对手都犯错的概率。如果参与人的均衡策略只有在他的两个对手都犯错时才是他的唯一最优反应，那么，即使他的策略不是弱劣势的，它也可能不是对他的对手们策略的任何局部扰动的一个最优反应。(参见习题 8. F. 2。) 然而，如果我们允许参与人的颤抖是相关的（此处的“相关”与相关均衡概念中的“相关”意思相同)，那么命题 8. F. 2 的逆命题成立，不管参与博弈的参与人有多少个。

8

Selten (1975) 也证明了一个与命题 8. D. 2 对应的存在性结论：任何博弈 $\Gamma_N = [I, \{\Delta(S_i)\}, \{u_i(\cdot)\}]$，只要它的策略集 S_1，…，S_I 是有限的，那么该博弈有颤抖手完美纳什均衡。这个结论的一个含义是，每个这样的博弈都至少有下面这样的一个纳什均衡：在这个均衡中，任何参与人都不会以正概率选择任何弱劣势的策略。因此，如果我们决定只接受不涉及选择弱劣势策略的纳什均衡，那么在一般情形下，至少存在着一个这样的均衡。①

Myerson (1978) 提出了泽尔腾思想的一个精炼版本：参与人不大可能犯代价很大的错误（其中的思想在于参与人会努力避免这些错误)。他证明了，**真纳什均衡** (proper Nash equilibrium) 解在上一段描述的颤抖手完美纳什均衡的条件下是存在的。van Damme (1983) 详细讨论了各种颤抖手完美均衡的精炼问题。

附录 A：纳什均衡的存在性

在本附录，我们将证明命题 8. D. 2 和命题 8. D. 3。我们首先引入引理 8. AA. 1，这个引理提供了一个重要的方法性结论。

引理 8. AA. 1：如果集合 S_1，…，S_I 是非空的，S_i 是紧且凸的，$u_i(\cdot)$ 关于

① 第 12 章讨论的伯特兰双头博弈不是这样的，在这个博弈的唯一纳什均衡中，参与人选择的是弱劣势策略。出现这类问题的原因在于，这个博弈中的策略都是连续变量（因此集合 S_i 不是有限的)。幸运的是，这个均衡可以被视为“附近”离散博弈版本中的非劣势均衡的极限。(参见习题 12. C. 3。)

$(s_1, \cdots, s_I)$ 连续且关于 s_i 拟凹，那么参与人 i 的最优反应对应（correspondence）$b_i(\cdot)$ 是非空的、凸值的和上半连续的。[①]

证明：首先注意到 $b_i(s_{-i})$ 是连续函数 $u_i(\cdot, s_{-i})$ 在紧集 S_i 上的最大值点的集合。因此，它是非空的（参见数学附录中的定理 M. F. 2）。$b_i(s_{-i})$ 的凸性成立，因为拟凹函数［此处为函数 $u_i(\cdot, s_{-i})$］在凸集（此处为 S_i）上的最大值点集合是凸的。最后，对于上半连续性，我们需要证明：对于任何序列 $(s_i^n, s_{-i}^n) \to (s_i, s_{-i})$，如果它使得 $s_i^n \in b_i(s_{-i}^n)$ 对于所有 n 均成立，我们就有 $s_i \in b_i(s_{-i})$。为了看清这一点，注意到对于所有 n，我们均有 $u_i(s_i^n, s_{-i}^n) \geq u_i(s_i', s_{-i}^n)$ 对于所有 $s_i' \in S_i$ 都成立。因此，根据 $u_i(\cdot)$ 的连续性可知，$u_i(s_i, s_{-i}) \geq u_i(s'_i, s_{-i})$。■

出于方便性考虑，我们首先证明命题 8. D. 3。

命题 8. D. 3：博弈 $\Gamma_N = [I, \{S_i\}, \{u_i(\cdot)\}]$ 有纳什均衡，如果对于所有 $i=1, \cdots, I$ 都有：

（ⅰ）S_i 是某个欧几里得空间 R^M 的一个非空、凸且紧的子集。

（ⅱ）$u_i(s_1, \cdots, s_I)$ 关于 $(s_1, \cdots, s_I)$ 连续，关于 s_i 拟凹。

证明：定义对应 b：$S \to S$ 为

$$b(s_1, \cdots, s_I) = b_1(s_{-1}) \times \cdots \times b_I(s_{-I})$$

注意到 $b(\cdot)$ 是从非空、凸且紧的集合 $S = S_1 \times \cdots \times S_I$ 到其自身的一个对应。另外，根据引理 8. AA. 1 可知，$b(\cdot)$ 是一个非空的、凸值的和上半连续的对应。因此，角谷（Kakutani）不动点定理的所有前提条件都已得到满足（参见数学附录中的 M. I 节）。因此，这个对应存在着一个不动点，即存在一个策略组合 $s \in S$ 使得 $s \in b(s)$。这个不动点上的策略构成了一个纳什均衡，因为 $s_i \in b_i(s_{-i})$ 对于所有 $i = 1, \cdots, I$ 均成立。■

现在证明命题 8. D. 2。

命题 8. D. 2：对于任何博弈 $\Gamma_N = [I, \{\Delta(S_i)\}, \{u_i(\cdot)\}]$，如果该博弈中的集合 $S_1, \cdots, S_I$ 的元素数量是有限的，那么该博弈必定有一个混合策略纳什均衡。

证明：可将博弈 $\Gamma_N = [I, \{\Delta(S_i)\}, \{u_i(\cdot)\}]$ 看成策略集为 $\{\Delta(S_i)\}$、收益函数为 $u_i(\sigma_1, \cdots, \sigma_I) = \sum_{s \in S}\left[\prod_{k=1}^{I} \sigma_k(s_k)\right] u_i(s)$（其中 $i=1, \cdots, I$）的一个博弈，这个博弈满足命题 8. D. 3 的所有假设。因此，命题 8. D. 2 是命题 8. D. 3 的一个直接推论。■

参考文献

Aumann, R. (1974). Subjectivity and correlation in randomized strategies. *Journal of Mathe-*

① 参见数学附录 M. H 中关于上半连续的对应的讨论。

matical Economics 1: 67–96.

Bernheim, B. D. (1984). Rationalizable strategic behavior. *Econometrica* 52: 1007–1028.

Bernheim, B. D. (1986). Axiomatic characterizations of rational choice in strategic environments. *Scandinavian Journal of Economics* 88: 473–488.

Brandenberger, A., and E. Dekel (1987). Rationalizability and correlated equilibria. *Econometrica* 55: 1391–1402.

Cournot, A. (1838). *Recherches sur les Principes Mathematiques de la Theorie des Richesses*. [English edition: *Researches into the Mathematical Principles of the Theory of Wealth*. New York: Macmillan, 1897.]

Dasgupta, P., and E. Maskin (1986). The existence of equilibrium in discontinuous economic games. *Review of Economic Studies* 53: 1–41.

Harsanyi, J. (1967–1968). Games with incomplete information played by Bayesian players. *Management Science* 14: 159–182, 320–334, 486–502.

Harsanyi, J. (1973). Games with randomly disturbed payoffs: A new rationale for mixed-strategy equilibrium points. *International Journal of Game Theory* 2: 1–23.

Kreps, D. M. (1990). *Game Theory and Economic Modelling*. Oxford: Oxford University Press.

Mertens, J. F., and S. Zamir (1985). Formulation of Bayesian analysis for games with incomplete information. *International Journal of Game Theory* 10: 619–632.

Milgrom, P., and J. Roberts (1990). Rationalizability, learning, and equilibrium in games with strategic complementarities. *Econometrica* 58: 1255–1278.

Myerson, R. B. (1978). Refinements of the Nash equilibrium concept. *International Journal of Game Theory* 7: 73–80.

Nash, J. F. (1951). Non-cooperative games. *Annals of Mathematics* 54: 289–295.

Pearce, D. G. (1984). Rationalizable strategic behavior and the problem of perfection. *Econometrica* 52: 1029–1050.

Schelling, T. (1960). *The Strategy of Conflict*. Cambridge, Mass.: Harvard University Press.

Selten, R. (1975). Reexamination of the perfectness concept for equilibrium points in extensive games. *International Journal of Game Theory* 4: 25–55.

van Damme, E. (1983). *Refinements of the Nash Equilibrium Concept*. Berlin: Springer-Verlag.

8

习 题

8.B.1[A] 某个行业有 I 个企业。每个企业都试图说服议会补贴该行业。令 h_i 表示企业 i 付出的游说时间，令 $c_i(h_i)=w_i(h_i)^2$，其中 w_i 是个正常数，表示企业 i 游说时间的成本。当企业的游说时间为 $(h_1, \cdots, h_I)$ 时，该行业获得的补贴数量为 $\alpha\sum_i h_i+\beta\left(\prod_i h_i\right)$，其中 α 和 β 是常数。

考虑下面这个博弈：每个企业独立且同时决定各自的游说时间。证明每个企业有严格优势策略当且仅当 $\beta=0$。当 $\beta=0$ 时，企业 i 的严格优势策略是什么？

8.B.2[B] (a) 证明如果参与人 i 有两个弱优势策略，那么对于他的对手们的每个策略选择，这两个弱优势策略带给参与人 i 的收益是相等的。

(b) 举出下面的博弈例子：二人博弈，参与人 1 有两个弱优势策略，但参与人 2 偏好其中一个策略胜于另外一个。

8. B. 3[B] 考虑下列拍卖［称为第二高价格拍卖或维克里（Vickrey）拍卖］。I 个投标人竞争一件商品。投标人 i 对该商品的评价（以货币表示）为 v_i。拍卖规则是每个投标人将他的报价（非负数）塞在信封里，密封然后递交。拍卖师打开信封，出价最高的投标人得到该商品，但只需要支付第二高的报价。如果有若干投标人报价相同且为最高价，那么这几个投标人得到该商品的概率相等。证明确定性报价 v_i 对于投标人 i 是个弱优势策略。再证明这是投标人 i 的唯一弱优势策略。

8. B. 4[C] 证明删除顺序不会影响经过重复删除严格劣势策略过程之后幸存的策略集。

8. B. 5[C] 考虑古诺双头模型（我们将在第 12 章详细讨论这个模型）。在这个模型中有两个企业：企业 1 和 2。这两个企业同时选择它们自己将在市场上出售的产量 q_1 和 q_2。给定这些产量，每个企业的产品价格都为 $P(q_1, q_2)=a-b(q_1+q_2)$。它们的每单位产品的成本都为 c。

(a) 证明连续删除严格劣势策略能得到该博弈的唯一结果。

(b) 如果该行业中有三个企业而不是两个，(a) 中的结论仍成立吗？

8. B. 6[B] 请证明在博弈 $\Gamma_N=[I,\{\Delta(S_i)\},\{u_i(\cdot)\}]$ 中，如果纯策略 s_i 是严格劣势策略，那么任何赋予 s_i 正概率的策略也都是严格劣势策略。

8. B. 7[B] 证明博弈 $[I,\{\Delta(S_i)\},\{u_i(\cdot)\}]$ 的任何严格优势策略必定是纯策略。

8. C. 1[A] 证明如果删除严格劣势策略之后得到了博弈的唯一结果，那么它也是删除绝不是最优反应的策略的结果。

8. C. 2[C] 证明删除顺序不会影响经过重复删除绝不是最优反应的策略过程后幸存的策略集。

8. C. 3[C] 证明在一个二人博弈中（每个人的策略集都是有限的），如果参与人 i 的一个纯策略 s_i 绝不是参与人 i 对对手们任何混合策略的最优反应，那么 s_i 严格劣于某个混合策略 $\sigma_i\in\Delta(S_i)$。［提示：试试使用数学附录 M. G 节中的支撑超平面定理。］

8. C. 4[B] 考虑由三个参与人（参与人 1，2 和 3）参与的博弈 Γ_N，其中 $S_1=\{L, M, R\}$，$S_2=\{U, D\}$，$S_3=\{l, r\}$。参与人 1 从他的每个策略中得到的收益 $\{u_L, u_M, u_R\}$ 取决于参与人 2 和 3 选择的策略，我们将参与人 1 的收益写在下图中的四个单元格里，其中 $\{\pi, \varepsilon, \eta\}\gg 0$。假设 $\eta<4\varepsilon$。

参与人 2 的策略 \ 参与人 3 的策略	l	r
U	$\pi+$，4ε，$\pi-\eta$，$\pi-4\varepsilon$	$\pi-4\varepsilon$，$\pi+\frac{\eta}{2}$，$\pi+4\varepsilon$
D	$\pi+4\varepsilon$，$\pi+\frac{\eta}{2}$，$\pi-4\varepsilon$	$\pi-4\varepsilon$，$\pi-\eta$，$\pi+4\varepsilon$

题 8. C. 4 图

(a) 证明参与人 1 的（纯）策略 M 对参与人 2 和 3 的任何独立的随机选择都绝不是最优反应。

(b) 证明（纯）策略 M 不是严格劣势的。

(c) 证明如果参与人 2 和 3 的随机选择是相关的，那么（纯）策略 M 可能是一个最优反应。

8. D. 1[B] 证明在图 8. C. 1 的博弈中，$\{a_2, b_2\}$ 这个确定性的选择是该博弈的唯一混合策略纳什均衡。

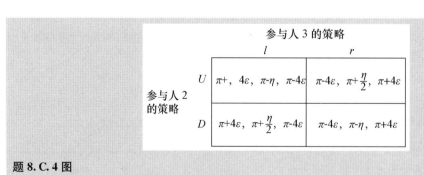

8. D. 2[B] 证明如果经过重复删除严格劣势策略过程后只幸存下唯一一个策略组合，那么该策

略组合是个纳什均衡。

8.D.3[B]　在某个由两个投标人参与的密封拍卖中，对于某件商品，出价高者得。每个投标人 i 对该商品的评价为 v_i，两个投标人都知道彼此的 v_i。拍卖规则如下：每个投标人将自己的报价装进信封，密封然后递交。拍卖师打开信封，报价最高的投标人得到该商品，他支付的钱数等于自己的报价。如果投标人的报价相同，那么每个投标人得到该商品的概率为 1/2。报价和评价都以货币衡量。

（a）存在严格劣势策略吗？

（b）存在弱劣势策略吗？

（c）存在纳什均衡吗？若存在，该纳什均衡是什么？它是唯一的吗？

8.D.4[B]　考虑一种协商情形，两个人考虑投资某生意，他们能赚取 100 美元利润，但是他们必须协商如何分配这 100 美元。协商规则如下：每个人同时报出他自己想要的钱数（报价）。如果他们的报价大于 100 美元，那么视为未达成协议，每个人都一无所获。如果他们的报价小于 100 美元，他们将进行投资，每个人都得到他报出的钱数，剩余的钱将被捐献给慈善事业。

（a）每个人的严格劣势策略分别是什么？

（b）每个人的弱劣势策略分别是什么？

（c）这个博弈的纯策略纳什均衡是什么？

8.D.5[B]　有一条海滨木板小道长 1 英里，消费者们沿着这条小道均匀分布。冰激凌的价格受到管制，因此消费者到离他们最近的小贩处购买，因为他们不愿意多走路。（假设在这个管制价格下，每个消费者只能购买一个冰激凌，即使他走完这 1 英里路也是这样的。）如果同一个位置有多个小贩，那么这几个小贩平分生意。

（a）考虑下面的博弈：两个冰激凌小贩同时选择他自己的位置。证明这个博弈存在唯一的纯策略纳什均衡，而且这个均衡是每个小贩都选择在木板小道的中点上摆摊。

（b）证明当小贩的数量为三个时，不存在纯策略纳什均衡。

8.D.6[B]　考虑下图形式的二人博弈（其中字母表示任意收益）：

		参与人 2 b_1	参与人 2 b_2
参与人 1	a_1	u,v	l,m
参与人 1	a_2	w,x	y,z

题 8.D.6 图

证明这个博弈总是存在一个混合策略纳什均衡。[提示：将参与人 1 的策略定义为他选择 a_1 的概率，将参与人 2 的策略定义为他选择 b_1 的概率；然后考察每个参与人的最优反应对应。]

8.D.7[C]　[最小最大（即最大中的最小）定理] 在策略集为有限集的二人博弈 $\Gamma_N=[I,\{S_1, S_2\}, \{u_1(\cdot), u_2(\cdot)\}]$ 中，如果对于所有 $(s_1, s_2)\in S_1\times S_2$ 都有 $u_2(s_1, s_2)=-u_1(s_1, s_2)$，那么这个博弈是个**零和博弈**（zero-sum game）。

将参与人 i **最大最小的**（maximin）期望效用水平 $\underline{w}_i$ 定义为他能保证他自己在博弈 $\Gamma_N=[I, \{\Delta(S_1), \Delta(S_2)\}, \{u_1(\cdot), u_2(\cdot)\}]$ 中得到的效用水平：

$$\underline{w}_i=\underset{\sigma_i}{\mathrm{Max}}[\underset{\sigma_{-i}}{\mathrm{Min}}\, u_i(\sigma_i,\sigma_{-i})]$$

将参与人 i **最小最大的**（minimax）期望效用水平 $\underline{v}_i$ 定义为如果他对对手们的行为作出反应，他被迫接受的最差的期望效用水平：

$$\underline{v}_i=\underset{\sigma_{-i}}{\mathrm{Min}}[\underset{\sigma_i}{\mathrm{Max}}\, u_i(\sigma_i,\sigma_{-i})]$$

（a）证明在任何博弈中都有 $\underline{v}_i\geq\underline{w}_i$。

（b）证明在零和博弈 $\Gamma_N=[I,\{\Delta(S_1), \Delta(S_2)\}, \{u_1(\cdot), u_2(\cdot)\}]$ 的任何混合策略纳什均衡中，

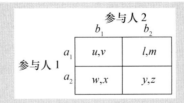

参与人 i 的期望效用水平 u_i^o 都满足 $u_i^o = \underline{v}_i = \underline{w}_i$。[提示：根据命题 8.D.2 可知，这样的均衡必定存在。]

(c) 证明如果 (σ_1', σ_2') 和 (σ_1'', σ_2'') 是零和博弈 $\Gamma_N = [I, \{\Delta(S_1), \Delta(S_2)\}, \{u_1(\cdot), u_2(\cdot)\}]$ 的两个纳什均衡，那么 (σ'_1, σ''_2) 和 (σ''_1, σ'_2) 也都是这个博弈的均衡。

8.D.8[C] 在标准形博弈 $[I, \{\Delta(S_i)\}, \{u_i(\cdot)\}]$ 中，所有参与人都是同时行动的。假设对于所有 i，S_i 是个凸集而且 $u_i(\cdot)$ 是严格拟凸的。证明这个博弈的任何混合策略纳什均衡必定是退化的，其中每个参与人以概率 1 选择他的某个纯策略。

8.D.9[B] 考虑下列博弈［根据 Kreps (1990) 的例子改编］：

		参与人 2			
		LL	L	M	R
参与人 1	U	100，2	−100，1	0，0	−100，−100
	D	−100，−100	100，−49	1，0	100，2

题 8.D.9 图

(a) 如果在这个博弈中你是参与人 2，在博弈之前你不能与参与人 1 进行交流，你将会选择哪个策略？

(b) 找出这个博弈的所有纳什均衡（包括纯策略均衡和混合策略均衡）。

(c) 你在 (a) 中选择的策略是任何纳什均衡策略组合的组成元素吗？它是个可理性化策略吗？

8.E.1[B] 考虑下列策略性情形。两个对抗的军队准备抢夺某个岛屿。每个军队的将军可以选择"攻击"或"不攻击"。另外，每个军队为"强"或"弱"的概率相等（两军的类型是独立的），而且每个军队的类型只有它自己的将军知道。收益如下：如果夺得岛屿，收益为 M。一个军队，当它的对手不攻击或者虽然攻击但自己强对手弱时，可通过攻击夺得岛屿。如果两军势均力敌但都攻击，那么都不能夺得岛屿。每个军队作战都有成本，当它强时成本为 s，当它弱时成本为 w，其中 $s<w$。如果对方不攻击，那么攻击方没有成本。

找出这个博弈的所有纯策略贝叶斯纳什均衡。

8.E.2[C] 考虑例 8.D.3 中的拍卖，我们已经知道这个拍卖是密封拍卖而且出价最高的投标人得到被拍卖物。现在假设每个投标人 i 只能看到自己的评价 v_i。投标人的评价在区间 $[0, \bar{v}]$ 上均匀分布，而且不同投标人的评价是独立的。

(a) 推导出这个拍卖的对称的（纯策略）贝叶斯纳什均衡。（现在你应该假设投标人的报价为任何实数。）[提示：假设投标人 i 的报价是他的评价的线性函数，在该情形下寻找均衡。]

(b) 如果有 I 个投标人，结果是怎样的？当 I 增加时，每个投标人的均衡报价函数 $s(v_i)$ 将会发生什么样的情形？

8.E.3[B] 考虑习题 8.B.5 中的线性古诺模型。现在假设每个企业的单位成本如下：单位成本为 c_L 的概率是 μ，单位成本为 c_H 的概率是 $(1-\mu)$，其中 $c_H > c_L$。求贝叶斯纳什均衡。

8.F.1[C] 证明命题 8.F.1。

8.F.2[B] 考虑下列三人博弈［摘录自 van Damme (1983)］，其中参与人 1 选择行 $(s_1 = \{U, D\})$，参与人 2 选择列 $(s_2 = \{L, R\})$，参与人 3 选择盒子 $(s_3 = \{B_1, B_2\})$：

	B_1: L	B_1: R	B_2: L	B_2: R
U	(1,1,1)	(1,0,1)	(1,1,0)	(0,0,0)
D	(1,1,1)	(0,0,1)	(0,1,0)	(1,0,0)

题 8.F.2 图

每个单元格描述了三个参与人从相应策略组合中得到的收益（u_1，u_2，u_3）。（D，L，B_1）和（U，L，B_1）都是纯策略纳什均衡。证明尽管在（D，L，B_1）中三个策略都不是弱劣势的，但它不是（标准形）颤抖手完美均衡。

8.F.3[C]　请证明对于任何博弈 $\Gamma_N = [I, \{\Delta(S_i)\}, \{u_i(\cdot)\}]$，只要 S_i 是有限集，那么该博弈有着（标准形）颤抖手完美纳什均衡。［提示：证明每个扰动博弈都有均衡，而且对于收敛于原博弈 Γ_N 的关于扰动博弈的任何序列和对应的均衡序列，存在收敛于 Γ_N 的均衡的一个子序列。］

第9章 动态博弈

9.A 引言

在第 8 章，我们研究了同时行动博弈。然而，大多数经济情形涉及参与人在一段时间内的策略选择。①* 例如，在工会和企业协商新合同的过程中，它们需要反复进行要约和反要约。类似地，企业在今天投资，但它们想要的是未来这些投资对竞争格局的影响。因此，在本章，我们重点研究**动态博弈**（dynamic games）。

动态博弈的一种求解方法是首先推导出这种博弈的标准形，然后运用第 8 章介绍的解概念。然而，动态博弈涉及一个重要的新的问题：参与人策略的**可信性**（credibility）。这个问题是本章的核心问题。

考虑下面这个形象而又有些荒诞的例子：明天你走进教室，你的老师是位理性但又有激情的博弈论专家，他宣布，“这门课程非常重要，我要求你们全力以赴。如果你不退掉所有其他选修课程，我将不允许你参加考试，这当然意味着你考试不及格。”在经过短时间的困惑和思考之后，你的第一个念头是：“和其他课程相比，我真的最喜欢这个课程，所以我最好按照他的话去做”（毕竟你已经认真学过第 8 章，知道最优反应是怎么一回事）。但是进一步思考之后，你问你自己：“如果我没按他的要求去做，他真的不会让我参加考试吗？这是个严肃的大学，如果他真的这样做，他将被大学辞退。”你的结论是他不会这样做，因此你拒绝推掉其他选修课程，事实上他的确没有不允许你参加考试。在这个例子中，我们说：你的老师宣布的策略（“如果你不退掉所有其他选修课程，我将不允许你参加考试”）是不可信的。在动态博弈中，我们试图删除这样的空头威胁，因为它不可能是均衡策略。

在 9.B 节，我们将说明第 8 章介绍的纳什均衡概念不足以排除不可信策略。然后，我们引入能完成这类任务的一个更强版本的解概念，称为**子博弈完美纳什均衡**

---

① 例如，大多数室内游戏（parlor games）都是动态的。

* 室内博弈顾名思义是在室内玩的游戏。在维多利亚时代的英国，室内游戏在上流社会非常流行。——译者注

(subgame perfect Nash equilibrium)。这个概念背后的核心思想是**序贯理性原理**(principle of sequential rationality):某个策略组合若是均衡策略,那么以博弈的任何时点作为起点来看,参与人选择这类策略的行为都是最优的。在这种情形下,我们使用**逆向归纳法**(backward induction)求解,这种方法与序贯理性原理密切相关。

在 9.C 节,我们将说明子博弈完美均衡的概念不足以描述不完美信息博弈中的序贯理性思想。然后,我们引入了能承担此任务的**弱完美贝叶斯均衡**(weak perfect Bayesian equilibrium)或者称为**弱序贯均衡**(weak sequential equilibrium)。弱完美贝叶斯均衡的核心特征是它强调把参与人关于他行动之前可能发生事情的信念,作为检验参与人策略的序贯理性的一种方法。修饰词"弱"是指弱完美贝叶斯均衡概念对参与人的信念施加的一致性限制的集合是**最小的**。由于弱完美贝叶斯概念可能太弱了,我们也考察某些相关的均衡概念,这些解概念对参与人的信念施加了更强的一致性限制。我们将简要讨论更强版本的**完美贝叶斯均衡**的概念,以及比较详细地考察**序贯均衡**(sequential equilibrium)的概念。

在 9.D 节,我们将更进一步地分析:在某些情形下,一些信念是否为"非合理的",从而进一步精炼我们对博弈结果的预测。这使得我们考察**前向归纳**(forward induction)的概念。

在本章附录 A 中,为了说明子博弈完美均衡的一个重要经济应用情形,我们研究有限维和无限维的双边议价模型。本章附录 B 进一步扩展了 9.C 节中的讨论,在本章附录 B 中,我们考察**展开形颤抖手完美纳什均衡**(extensive form trembling-hand perfect Nash equilibrium)。

我们应该指出,和该主题的大多数文献一样,本章的分析主要试图"精炼"纳什均衡的概念;也就是说,首先,我们希望我们的预测是个纳什均衡;其次,为了使这个均衡成为"令人满意的"预测,我们提出一些新的条件。然而,我们在此处讨论的主题不限于这种方法。例如,即使我们不愿意施加纳什均衡的相互正确预期条件,而是只希望考察理性结果,我们也关注非可信策略。这些问题的非均衡方法的进一步讨论可参见 Bernheim (1984),尤其是 Pearce (1984)。

9.B 序贯理性、逆向归纳与子博弈完美均衡

我们首先举例说明,在动态博弈中,纳什均衡概念可能无法给出合理的预测。因此,我们提出了纳什均衡强化版本的概念,即**子博弈完美纳什均衡**。

例 9. B. 1: 考虑下列**掠夺博弈**(predation game)。企业 E(进入者)正在考虑是否进入某个当前只有一个在位者(企业 I)的市场。如果企业 E 进入(选择"进入"),企业 I 的反应有两种:一是容忍进入者,放弃部分市场但不会导致市场价格变动;二是痛击进入者,展开成

本巨大的掠夺战，从而使得市场价格急剧降低。图 9.B.1 给出了这个博弈的展开形和标准形。

考察标准形。我们看到这个博弈有两个纯策略纳什均衡：一是 $(\sigma_E, \sigma_I)=$（不进入，展开斗争若企业 E 选择进入）；二是 $(\sigma_E, \sigma_I)=$（进入，容忍进入者若企业 E 选择进入）。验证一下这两个策略组合是否都是纳什均衡。先看第一种情形。如果企业 I 在企业 E 进入后将展开斗争，那么企业 E 偏好不进入。另一方面，如果企业 E 选择“不进入”，那么企业 I（在位者）的最优选择是“展开斗争若企业 E 选择进入”。因此，第一种情形中的 (σ_E, σ_I) 是个纳什均衡。类似地，第二种情形中的 (σ_E, σ_I) 也是个纳什均衡。

然而，我们断言第一种情形中的均衡即（不进入，展开斗争若企业 E 选择进入）不是这个博弈的合理结果。正如 9.A 节一开始我们给出的那个例子（老师的威胁），企业 E 能够预见到如果它真的进入，那么在位者（企业 I）将发现它的最优选择是容忍进入（因为这样做，企业 I 的收益为 1 而不是 −1）。因此，在位者的策略“展开斗争若企业 E 选择进入”是不可信的。■

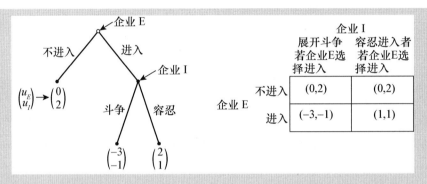

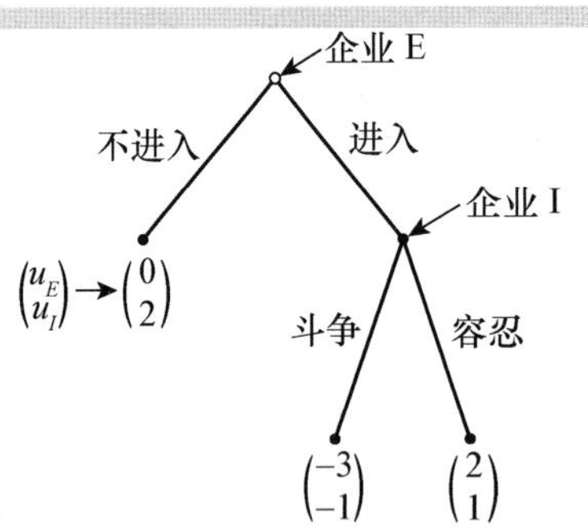

		企业 I	
		展开斗争若企业E选择进入	容忍进入者若企业E选择进入
企业 E	不进入	(0,2)	(0,2)
	进入	(−3,−1)	(1,1)

图 9.B.1　例 9.B.1 博弈的展开形和标准形

纳什均衡 $(\sigma_E, \sigma_I)=$（不进入，展开斗争若企业 E 选择进入）涉及了不可信的威胁，因此不是这个博弈的合理结果。

例 9.B.1 说明了在动态博弈中，纳什均衡概念存在着问题。在这个例子中，纳什均衡允许下列情形：在位者作出无效威胁，但进入者在选择策略时相信这个威胁为真。此处纳什均衡的问题源于下列事实：当进入者选择“不进入”时，在尚未达到均衡策略的那些决策节点上的行动（指企业 I 在企业 E 未选择“进入”策略的决策节点上的行动），不会影响企业 I 的收益。因此，在这个决策节点上，企业 I 可以计划做几乎任何事情：给定企业 E 选择“不进入”策略，企业 I 的收益仍然是最大的。但这正是问题的症结所在：企业 I 在尚未达到的节点上的策略，竟然能够**保证**企业 E 认为企业 I 真的已经这样做，从而自己选择“不进入”。也就是说，企业 E 竟然将企业 I 的无效威胁视为威胁真正发生了，这显然是不合理的。

为了排除（不进入，展开斗争若企业 E 选择进入）这样的博弈结果，我们需要强调参与人的均衡策略应该满足所谓的**序贯理性原理**：每个参与人的策略都给出了

博弈树中每个节点上的最优选择。也就是说，给定参与人 i 目前在博弈树中所处的位置，他的策略应该能为他自此以后的行动指定最优选择（给定他的对手们的策略）。显然，企业 I 的策略“展开斗争若企业 E 选择进入”不满足这个原理：在企业 E 进入后，企业 I 的唯一最优策略是“容忍进入”。

我们可以使用一种简单的方法来找到例 9.B.1 中合意的（即，序贯理性的）纳什均衡 $(\sigma_E, \sigma_I)=$（进入，容忍进入者若企业 E 选择进入）。我们分两步走。第一步，确定企业 I 在进入之后那个阶段的最优行动，容易知道此时企业 I 的最优选择是“容忍进入”。第二步，确定企业 E 在上一阶段的最优选择：一旦我们确定了企业 I 在这个阶段的最优选择，给定这个预期（企业 I 在企业 E 进入后将选择“容忍进入”），我们就能确定企业 E 在上一阶段的最优选择，即企业 E 选择“进入”。

注意，我们可以使用一个**简化的**（reduced）展开形博弈来完成上述第二步。在这个新博弈中，我们将企业 I 在企业 E 进入之后的决策，用企业 I 在企业 E 进入之后的最优行动的收益替换。如图 9.B.2 所示。这个简化的博弈是个非常简单的单人决策问题：企业 E 的最优选择就是选择“进入”。使用这种方法，我们找到了序贯理性的纳什均衡策略组合 $(\sigma_E, \sigma_I)=$（进入，容忍进入者若企业 E 选择进入）。

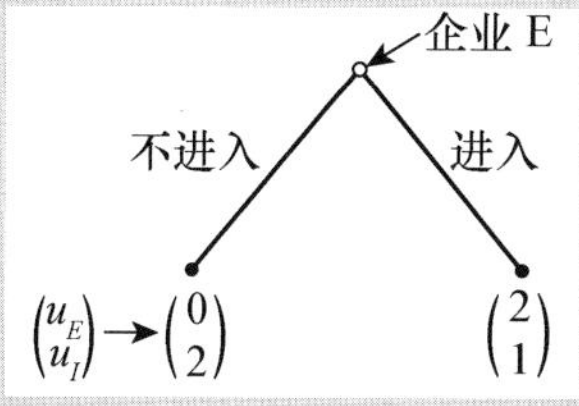

图 9.B.2 例 9.B.1 博弈的简化博弈

这种方法的程序如下：第一步，确定参与人在博弈“最后”阶段（本例中为进入之后的决策节点）的最优行动；第二步，确定上一阶段的最优行动（给定第一步的预期）。这种方法称为**逆向归纳**（backward induction）或者**逆向规划**（backward programming）。这种方法与序贯理性原理密切相关，这是因为它保证了每个参与人的策略对博弈的每个节点都指定了最优选择。

例 9.B.1 中的博弈属于**完美信息的有限博弈**（finite games of perfect information）。在这类博弈中，每个信息集包含单个决策节点，而且这样的节点的数量是有限的（参见第 7 章）。[①] 对于这类博弈，我们一般可用逆向归纳法来求解。在引入正式的均衡概念之前，我们先来讨论逆向归纳法在这类博弈中的应用。

---

① 有限性假设对于这个分析比较重要。在本节末尾，我们将进一步讨论这一点。

逆向归纳法在完美信息有限博弈中的应用

为了在完美信息有限博弈中运用逆向归纳法，我们需要首先确定参与人在博弈树最后节点上的最优选择（所谓最后节点是指后继节点只有终止节点的那些节点）。正如例 9. B. 1 博弈中企业 I 在企业 E 进入之后的决策一样，最后节点上的行动不再涉及参与人之间的策略性互动，因此最后节点上最优行动的确定，涉及的只是单人决策这样的简单问题。然后，给定最后节点上的行动，我们可以回到倒数第二个决策节点，并且确定相应参与人的最优行动（所谓相应参与人是指正确预期在最后决策节点上行动的参与人），依此类推，逆向贯穿整个博弈树。

若使用简化博弈，这个程序容易完成。在每一阶段，当我们解出当前最后决策节点上的最优行动之后，我们可以得到一个新的简化博弈。方法是：第一步，删除这些最后节点之后的这部分博弈；第二步，将第一步中最优行动的收益指定给这些最后节点。

例 9. B. 2：考虑图 9. B. 3（a）描述的三人参与的完美信息有限博弈。图 9. B. 3（a）中的箭头表示的是在博弈最后决策节点上参与人的最优选择。图 9. B. 3（b）是原博弈的一个简化博弈，它是通过下列方法得到的：把这些最后节点替换为最后节点上最优行动带来的收益。图 9. B. 3（c）表示的是继续使用逆向归纳法而得到的一个简化博弈，方法是把 9. B. 3（b）简化博弈的最后节点替换为这些节点上的最优行动（仍用箭头表示）的收益。因此，逆向归纳法识别出了策略组合（σ_1，σ_2，σ_3），其中，$\sigma_1=R$；$\sigma_2=a$ 若参与人1选择 R；以及

$$\sigma_3=\begin{cases} r & \text{若参与人 1 选择 } L \\ r & \text{若参与人 1 选择 } R \text{ 且参与人 2 选择 } a \\ l & \text{若参与人 1 选择 } R \text{ 且参与人 2 选择 } b \end{cases}$$

注意：这个策略组合是该三人博弈的一个纳什均衡，但是这个博弈还有其他的纯策略纳什均衡。（在习题 9. B. 3 中，你要验证上述两点，而且证明其他纳什均衡不满足序贯理性原理。）■

事实上，对于完美信息的有限博弈，我们有着一般性结论，这就是命题 9. B. 1。

命题 9. B. 1：［左默罗定理（Zermelo's theorem）］每个完美信息的有限博弈 Γ_E 都有可用逆向归纳法推导出的纯策略纳什均衡。而且，如果任何参与人在任何两个终止节点上的收益都不相同，那么使用逆向归纳法可得到这个博弈的唯一纳什均衡。

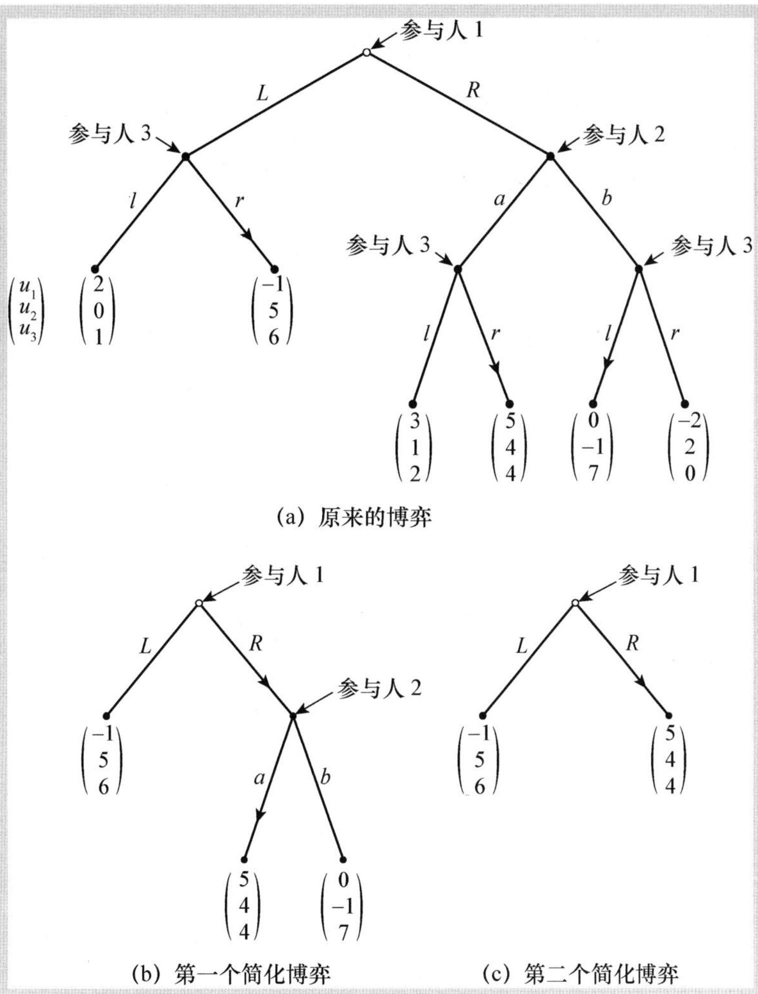

图 9. B. 3　通过对完美信息的有限博弈应用逆向归纳法得到的两个简化博弈

证明：首先，注意到在完美信息的有限博弈中，逆向归纳法有着明确定义：在每个决策节点上行动的参与人的可能选择是有限的，因此在逆向归纳法的每个阶段都必然存在着最优行动（如果参与人在若干最优行动之间是无差异的，我们可以选择其中任意一个）。而且，在经过有限个阶段后，逆向归纳法详细给出了参与人的所有策略。其次，注意到如果任何参与人在任何两个终止节点上的收益都不相同，那么在逆向归纳法的每个阶段，最优行动都必定是**唯一的**，因此，在这种情形下，逆向归纳法为博弈识别出了唯一的策略组合。

剩下的任务是证明：通过这种方法识别出的策略组合，比如 $\sigma=(\sigma_1, \cdots, \sigma_I)$，必然是博弈 Γ_E 的一个纳什均衡。用反证法。假设不是。那么存在某个参与人 i，他希望选择 σ_i 以外的策略比如说选择 $\hat{\sigma}_i$——给定对手们仍然选择 σ_{-i}，策略 $\hat{\sigma}_i$ 带给参与人 i 的收益比 σ_i 更大。也就是说，令 $u_i(\sigma_i, \sigma_{-i})$ 为参与人 i 的收益函数[①]，则

① 更准确地说，$u_i(\cdot)$ 是从展开形博弈 Γ_E 推导出的以标准形表示的参与人 i 的收益。

$$u_i(\hat{\sigma}_i, \sigma_{-i}) > u_i(\sigma_i, \sigma_{-i}) \tag{9.B.1}$$

我们证明这是不可能的。用归纳法。首先定义决策节点的距离。我们说决策节点 x 的距离为 n，如果在连接节点 x 与各个终止节点的所有路径中，介于 x 与一个终止节点之间的节点最大数量为 n。我们令 N 表示任何决策节点的最大距离。由于 Γ_E 是有限博弈，N 是个有限数。定义 $\hat{\sigma}_i(n)$ 为下列策略：在距离为 0，…，n 的所有节点上，按照策略 σ_i 行动；在距离大于 n 的所有节点上，按照策略 $\hat{\sigma}_i$ 行动。

由通过逆向归纳法对 σ 的构造可知，$u_i(\sigma_i'(0), \sigma_{-i}) \geqslant u_i(\sigma_i', \sigma_{-i})$。也就是说，参与人 i 的下列做法至少与他选择策略 $\hat{\sigma}_i$ 一样好：在距离为 0 的所有节点上（即在博弈的最后决策节点上），按照策略 σ_i 行动；在其他节点上则按照策略 $\hat{\sigma}_i$ 行动。

我们现在证明：如果 $u_i(\hat{\sigma}_i(n-1), \sigma_{-i}) \geqslant u_i(\hat{\sigma}_i, \sigma_{-i})$，那么 $u_i(\hat{\sigma}_i(n), \sigma_{-i}) \geqslant u_i(\hat{\sigma}_i, \sigma_{-i})$。这是显然的。策略 $\hat{\sigma}_i(n)$ 与 $\hat{\sigma}_i(n-1)$ 的唯一区别在于参与人 i 在距离为 n 的那些节点上的行动不同。在这两个策略中，参与人 i 在距离为 n 的节点的所有后继决策节点上，按照 σ_i 行动；在位于距离为 n 的节点之前的所有决策节点上，按照 $\hat{\sigma}_i$ 行动。但是给定所有参与人在距离为 n 的节点的所有后继决策节点上都按照策略组合 σ 行动，通过逆向归纳推导出的在距离为 n 的节点上的行动，即那些在 σ_i 中的行动，必定是参与人 i 在这些节点上的最优选择。因此，$u_i(\hat{\sigma}_i(n), \sigma_{-i}) \geqslant u_i(\hat{\sigma}_i(n-1), \sigma_{-i})$。

应用归纳法，可知 $u_i(\hat{\sigma}_i(N), \sigma_{-i}) \geqslant u_i(\hat{\sigma}_i, \sigma_{-i})$。但是 $\hat{\sigma}_i(N) = \sigma_i$，这与式（9.B.1）矛盾。因此，策略组合 σ 必定构成了博弈 Γ_E 的一个纳什均衡。■

注意，附带地，命题 9.B.1 也证明了在完美信息的有限博弈中存在着纯策略纳什均衡。

子博弈完美纳什均衡

现在我们已经非常清楚如何对例 9.B.1 的博弈应用序贯理性原理，更一般地，如何对完美信息的有限博弈应用这一原理。然而，在凝练一般解概念之前，我们有必要再讨论另外一个例子。这个例子说明了在涉及不完美信息的更一般的博弈中，我们如何识别满足序贯理性原理的纳什均衡。

例 9.B.3：我们考虑例 9.B.1 的博弈，现在稍微改变一下这个博弈，即令两个企业（企业 I 和 E）在企业 E 进入后，每个企业都面临两个选择："斗争"或"容忍"。图 9.B.4 给出了这个博弈的展开形和标准形。

考察标准形，可知这个博弈有三个纯策略均衡 (σ_E, σ_I)[①]：

① 在前两个均衡中，进入者（企业 E）的策略似乎有些怪异。企业 E 计划在进入的条件下采取行动但与此同时又计划不进入。然而，我们在 7.D 节已经知道，一个策略是一个**完全的相机行动方案**。的确，我们坚持这个要求的原因正好是为了满足检验参与人的策略是否符合序贯理性的需要。

((不进入，容忍若进入)，(斗争若企业E选择进入))，

((不进入，斗争若进入)，(斗争若企业E选择进入))，

((进入，容忍若进入)，(容忍若企业E选择进入))。

然而，我们可以注意到，(容忍，容忍)是进入之后的那个同时行动博弈的唯一纳什均衡。因此，两个企业都应该预期到在企业E进入后，它们都应该选择“容忍”。[①] 但这样一来，企业E应该选择进入。因此，序贯理性的逻辑表明在上述三个均衡中，只有最后一个均衡是这个博弈的合理结果。■

这个例子和前一个例子表明的序贯理性的要求可用**子博弈完美纳什均衡**（sub-

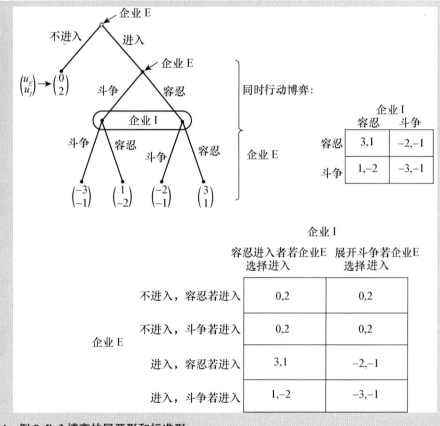

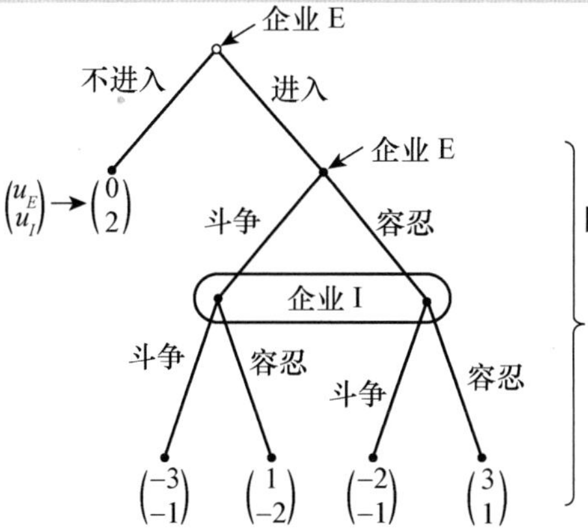

同时行动博弈：

企业E \ 企业I	容忍	斗争
容忍	3,1	−2,−1
斗争	1,−2	−3,−1

企业E \ 企业I	容忍进入者若企业E选择进入	展开斗争若企业E选择进入
不进入，容忍若进入	0,2	0,2
不进入，斗争若进入	0,2	0,2
进入，容忍若进入	3,1	−2,−1
进入，斗争若进入	1,−2	−3,−1

图9.B.4　例9.B.3博弈的展开形和标准形

序贯理性的纳什均衡必定要求在进入后的博弈中两个企业都选择“容忍”。

① 注意，在本章始末我们一直假设在任何策略性情形中，理性参与人总是选择纳什均衡策略（即，我们假设参与人有着相互正确的预期）。对于这个假设有两点值得强调。首先，在动态背景下，纳什均衡存在的某些理由可能不再那么令人信服。例如，如果参与人决不会到达博弈树的某个部分，那么社会惯例角度的解释（详见8.D节）就站不住脚，因为它无法让我们相信如果到达这部分，博弈树参与人会选择纳什均衡策略。其次，即使我们不作出这个假设，序贯理性的思想仍然有效。例如，在这个例子中，即使我们仅假设在进入后的同时行动博弈中，任何参与人都不会选择重复删除的严格劣势策略，我们也仍然能得到同样的结论。

game perfect Nash equilibrium）描述，这个概念由 Selten（1965）首先引入。然而在正式给出这个定义之前，我们需要说明**子博弈**（subgame）是什么。

定义 9.B.1：展开形博弈 Γ_E 的**子博弈**是该博弈的具有下列性质的子集：

（ⅰ）它从仅含有单个决策节点的一个信息集开始，包含这个决策节点的所有后继（包括直接后继和间接后继）决策节点，而且**只**含有这些节点。

（ⅱ）如果决策节点 x 在这个子博弈中，那么每个 $x' \in H(x)$ 也在这个子博弈中，其中 $H(x)$ 是含有决策节点 x 的信息集。（也就是说，信息集都是“连续的”。）

注意，根据定义 9.B.1，整个博弈本身也是个子博弈，当然，这个博弈的某些严格子集也可能是它的子博弈。[①] 例如，在图 9.B.1 的博弈中，有两个子博弈：一是整体博弈本身；二是从企业 I 的决策节点开始的那部分博弈树。图 9.B.4 的博弈也有两个子博弈：一是整体博弈本身；二是从企业 E 进入之后的决策节点开始的那部分博弈。在图 9.B.5 中，虚线圈住的图 9.B.4 博弈的那三个部分都**不是**子博弈。

最后，需要注意：在完美信息的有限博弈中，每个决策节点都发起了一个子博弈。（习题 9.B.1 让你用例 9.B.2 验证这个事实。）

子博弈的关键特征是，如果单独看待，它本身就是个博弈。因此，对于子博弈我们可以运用纳什均衡的预测思想。在下面的讨论中，我们说展开形博弈 Γ_E 的一个策略组合 σ **诱导出**了 Γ_E 的某个特定子博弈的一个纳什均衡，如果单独看待这个子博弈，σ 为该子博弈中的信息集指定的行动构成了一个纳什均衡。

定义 9.B.2：I 人参与的展开形博弈 Γ_E 的策略组合 $\sigma=(\sigma_1, \cdots, \sigma_I)$ 是一个**子博弈完美纳什均衡**（subgame perfect Nash equilibrium，SPNE），如果它在 Γ_E 的每个子博弈中都诱导出了一个纳什均衡。

注意，任何子博弈完美纳什均衡都是纳什均衡（这是因为整体博弈本身也是一个子博弈），然而，并非每个纳什均衡都是 SPNE。

习题 9.B.2：考虑展开形博弈 Γ_E。证明：

(a) 如果 Γ_E 的唯一的子博弈是 Γ_E 本身，那么每个纳什均衡都是子博弈完美纳什均衡。

(b) 子博弈完美纳什均衡在 Γ_E 的每个子博弈中都诱导出了一个子博弈完美纳什均衡。

子博弈完美纳什均衡概念识别出了例 9.B.1 和例 9.B.3 中的合理纳什均衡。在例 9.B.1 中，在任何子博弈完美纳什均衡中，企业 I 必定选择“容忍如果企业 E 选择进入”，这是因为在企业进入后的子博弈中，这个策略是企业 I 的严格优势策略。类似地，对于例 9.B.3 的博弈，在任何子博弈完美纳什均衡中，在进入后，企业 E 和企业 I 必定都选择“容忍”，这是因为这个策略组合是该子博弈的唯一纳什均衡。

---

① 在文献中，有些学者将我们所谓的严格子博弈称为**真子博弈**（proper subgame）。我们坚持使用子博弈这个概念，原因在于我们想强调博弈本身也是它的子博弈。

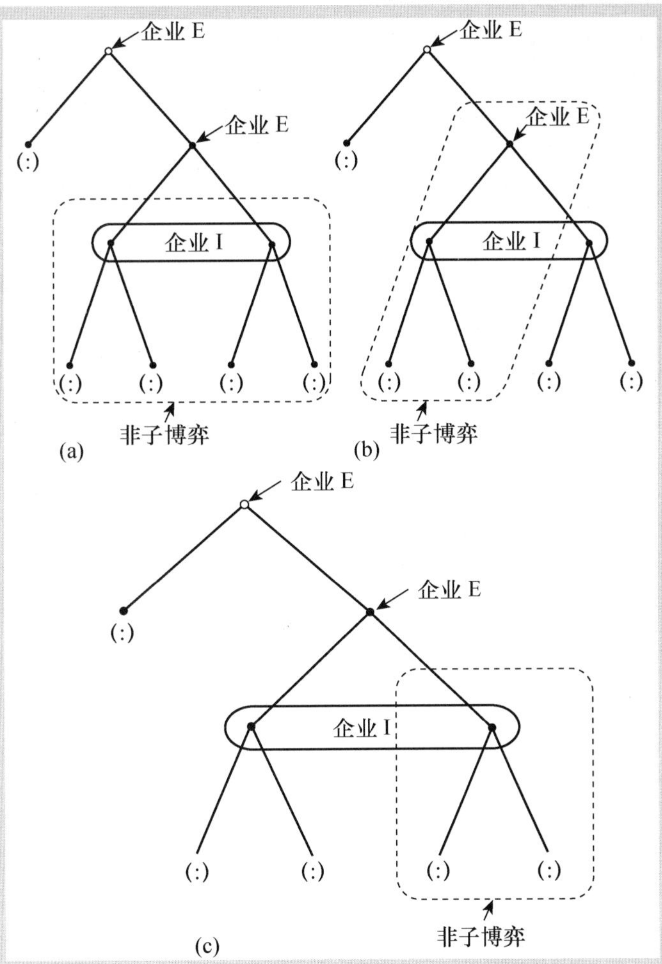

图 9. B. 5　图 9. B. 4 博弈的上述三个部分（虚线圈住的部分）都不是子博弈

注意，在完美信息的有限博弈中，例如例 9. B. 1 和例 9. B. 3 的博弈，子博弈完美纳什均衡集合与可用逆向归纳法推导出的纳什均衡集合相同。特别地，我们已经知道，在完美信息的有限博弈中，每个决策节点都发起了一个子博弈。因此，在任何子博弈完美纳什均衡中，策略必定指定了每个最后决策节点的行动，这样的行动在从此处（最后决策节点）开始的单人子博弈中是最优行动。给定下列事实：在任何子博弈完美纳什均衡中，上述行动必定是参与人在最后决策节点上的选择，考虑从倒数第二个决策节点开始的那些子博弈。在这些子博弈的纳什均衡行动（任何子博弈完美纳什均衡都要求这样的行动）中，在倒数第二个决策节点行动的参与人必定选择最优策略（给定最后决策节点上的行动）。依此类推。因此，上述事实与命题 9. B. 1 一起意味着我们有命题 9. B. 2 的结论。

命题 9. B. 2：每个完美信息的有限博弈 Γ_E 都有纯策略子博弈完美纳什均衡。而且，如果任何参与人在任何两个终止节点上的收益都不相同，那么博弈 Γ_E 存在唯一的子博弈完美纳什均衡。[①]

事实上，在一般（有限）动态博弈 Γ_E 中，为了识别它的子博弈完美纳什均衡集，我们可以使用广义版本的逆向归纳法。这个**广义逆向归纳法**（generalized backward induction procedure）的使用步骤如下：

（1）从博弈树的末端开始，识别每个最后子博弈的纳什均衡。所谓**最后子博弈**（final subgames）是指在这样的子博弈中没有嵌套其他的子博弈。

（2）在每个最后子博弈中选择一个纳什均衡，并且推导简化的展开形博弈，推导方法是把这些最后子博弈替换为相应的收益。所谓相应的收益是指在这些子博弈中参与人使用均衡策略而产生的收益。

（3）对简化博弈重复进行第（1）步和第（2）步。重复进行这个程序直到 Γ_E 的每个行动都得到确定。这些在 Γ_E 的各个信息集上的行动集构成了一个子博弈完美纳什均衡策略组合。

（4）如果在上述第（1）～（3）步中从未遇到多个均衡，那么这个策略组合是唯一的子博弈完美纳什均衡。如果遇到了多个均衡，那么对子博弈中每个可能的均衡重复运行这个程序，即可识别出子博弈完美纳什均衡集合。

使用广义逆向归纳法识别子博弈完美纳什均衡集合的正式理由，来自命题 9. B. 3 中的结论。

命题 9. B. 3：考虑一个展开形博弈 Γ_E 以及 Γ_E 的某个子博弈 S。假设策略组合 σ^S 是子博弈 S 的一个子博弈完美纳什均衡，令 $\hat{\Gamma}_E$ 是 Γ_E 的简化博弈（$\hat{\Gamma}_E$ 是这样得到的：在 Γ_E 中，把子博弈 S 替换为一个终止节点，该终止节点的收益等于 σ^S 的收益）。那么：

（ⅰ）对于 Γ_E 的任何子博弈完美纳什均衡 σ，其中 σ^S 是参与人在子博弈 S 选择的策略组合，那么参与人在子博弈 S 之外的那些信息集上的行动，必定是简化博弈 $\hat{\Gamma}_E$ 的一个子博弈完美纳什均衡。

（ⅱ）如果 $\hat{\sigma}$ 是 $\hat{\Gamma}_E$ 的一个子博弈完美纳什均衡，那么策略组合 σ 是 Γ_E 的一个子博弈完美纳什均衡。其中，策略组合 σ 是下面这样的：它指定参与人在子博弈 S 的信息集上按照 σ^S 行动，在 S 之外的信息集上则按照 $\hat{\sigma}$ 行动。

证明：（ⅰ）假设策略组合 σ 在子博弈 S 之外的信息集上指定的行动，不是简化博弈 $\hat{\Gamma}_E$ 的子博弈完美纳什均衡，那么在 $\hat{\Gamma}_E$ 中存在一个子博弈，在该子博弈中，σ 未能诱导出纳什均衡。在这个子博弈中，给定对手们的策略，某个参与人可以偏离 σ 指定的策略从而提高自己的收益。但这样一来，这个参与人在 Γ_E 相应的子博弈中必定也拥有有利可图的偏离（即选择收益更高的其他策略）。在 S 之外的信息集上，他会作出同样的偏离；在 S 之内的信息集上，他的行动保持不变。因此，σ 不可能是整体博弈 Γ_E 的子博弈完美纳什均衡。

① 这个结论也可直接从命题 9. B. 1 推出。正如用逆向归纳法推导出的策略组合构成了整体博弈的纳什均衡一样，它也是每个子博弈的纳什均衡。

（ⅱ）假设 $\hat{\sigma}$ 是简化博弈 $\hat{\Gamma}_E$ 的一个子博弈完美纳什均衡，而且令 σ 是整体博弈 Γ_E 的策略，其中 σ 指定参与人在子博弈 S 之内的信息集上按 σ^S 行动，在 S 之外的信息集上按 $\hat{\sigma}$ 行动。我们断言 σ 在 Γ_E 的每个子博弈中都诱导出了一个纳什均衡。这个结论可由我们对 Γ_E 的子博弈的 σ 的构造直接推出，其中这些子博弈要么完全嵌套在子博弈 S 之中，要么从不与子博弈 S 相交［即 S 不嵌套（包含）在这些子博弈之中］。于是我们考虑含有 S 的任何子博弈。如果在这个子博弈中参与人 i 有一个有利可图的偏离（给定他的对手们的策略），那么他必定也有一个有利可图的偏离，使得他在子博弈 S 之内的行动保持不变。这是因为，根据假设，参与人 i 在子博弈 S 中按照策略组合 σ^S 行动对他来说是最优的（给定对手们的策略）。但是，如果他有这样的有利可图的偏离，那么在简化 $\hat{\Gamma}_E$ 的相应子博弈中，他必定也有着有利可图的偏离，这与 $\hat{\sigma}$ 是 $\hat{\Gamma}_E$ 的子博弈完美纳什均衡相矛盾。■

注意，对于 Γ_E 的最后子博弈，纳什均衡集与子博弈完美纳什均衡集重合，这是因为这些子博弈不含有子博弈（回忆最后子博弈的概念）。因此，识别这些最后子博弈的纳什均衡，让我们可以归纳地应用命题 9.B.3。

在完美信息博弈情形下，上述广义逆向归纳法与我们前面的逆向归纳法相同。但是，广义逆向归纳法也可以应用于非完美信息博弈。例 9.B.3 提供了一个简单例子。在这个博弈中，首先，我们识别出了唯一的子博弈完美纳什均衡：在进入后的子博弈中，我们识别出了唯一的纳什均衡（容忍，容忍）。然后，我们把上述子博弈替换为相应的收益，所谓相应的收益是指均衡策略的收益。由此得到的简化博弈与图 9.B.2 的简化博弈非常相似，唯一区别是企业 E 选择“进入”的收益现在变为 3 而不再是 2。因此，按照这种方法，我们得到了例 9.B.3 博弈的唯一子博弈完美纳什均衡：(σ_E, σ_I)=((进入，容忍若进入)，(容忍若企业 E 选择“进入”))。

例 9.B.3 的博弈有两个特征，使得它易于求解。首先，在进入后的子博弈中存在唯一的均衡。如果均衡不是唯一的，那么前面的行为将取决于进入后将会出现哪一个均衡。例 9.B.4 说明了这一点。[①] 在介绍完这个例子之后，我们再考察第二个特征。

例 9.B.4：利基（niche）选择博弈。[*] 我们考虑例 9.B.3 博弈的修改版。现在我们不再要求两个企业选择斗争或容忍，而是假设市场中有两个利基：大利基和小利基。在进入后，这两个企业同时决定选择哪个利基。例如，不同的利基对应着不同类型的消费者，企业可能需要决定将哪类消费者作为产品设计的目标客户。如果这两个企业选择同一个利基，那么它们都会

① 在完美信息博弈中，当某个参与人在他的两个策略之间无差异时，也会出现这样的问题。然而，在同时行动的子博弈中，同时存在多个均衡的这种现象，在某种意义上，是更稳健的现象。多个均衡通常对于参与人收益的微小变动一般是稳健的，但在完美信息博弈中却不是这样。

* “利基”是 niche 的音译，营销学中的术语。粗略地说，它的意思是细分市场。——译者注

亏损，而且如果它们选择的都是小利基，则亏损得更多。如果它们选择不同的利基，那么选择大利基的企业能赚取正的利润，选择小利基的企业将亏损，但它亏损的钱数小于两个企业都选择同一个利基的情形。图 9. B. 6 给出了这个博弈的展开形。

为了确定这个博弈的子博弈完美纳什均衡，我们首先考虑进入后的子博弈。这个同时行动博弈有两个纯策略纳什均衡：一是（大利基，小利基）；二是（小利基，大利基）。[①] 在任何纯策略子博弈完美纳什均衡中，企业的策略在进入后的子博弈中必定诱导出上述两个均衡中的一个。不妨假设企业的选择是（大利基，小利基）。在这种情形下，当博弈到达进入后的子博弈时，参与人的收益为 $(u_E, u_I)=(1, -1)$，相应的简化博弈如图 9. B. 7（a）所示。在这种情形下，企业 E 的最优选择是进入。因此，一个子博弈完美纳什均衡为 (σ_E, σ_I)=((进入，大利基若进入)，(小利基若企业 E 选择进入))。

现在假设进入后参与人的选择是（小利基，大利基）。那么当博弈到达进入后的子博弈时，参与人的收益为 $(u_E, u_I)=(-1, 1)$，相应的简化博弈如图 9. B. 7（b）所示。在这种情形下，企业 E 的最优选择是不进入。因此，第二个纯策略子博弈完美纳什均衡为：(σ_E, σ_I)=((不进入，小利基若进入)，(大利基若企业 E 选择进入))。■

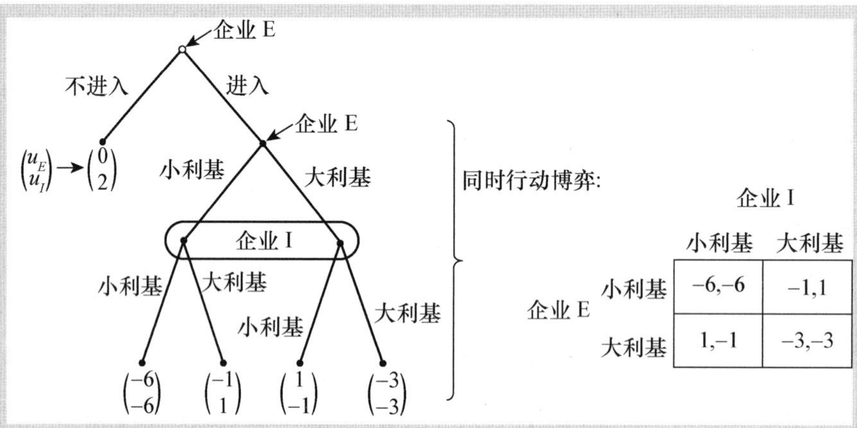

图 9. B. 6　利基选择博弈的展开形，进入后的博弈有多个纳什均衡

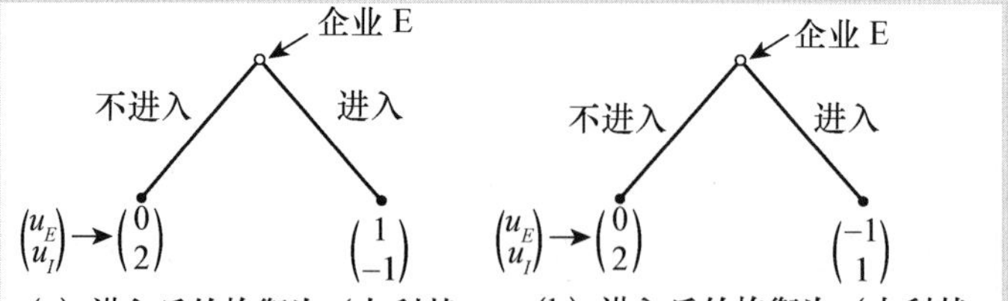

(a) 进入后的均衡为（大利基，小利基）情形时的原博弈的简化博弈

(b) 进入后的均衡为（小利基，大利基）情形时的原博弈的简化博弈

图 9. B. 7　原博弈的简化的博弈［在识别出进入后的子博弈的（纯策略）纳什均衡之后得到的利基选择博弈的简化博弈］

① 在这里我们仅关注纯策略子博弈完美纳什均衡。在进入后的子博弈中还存在着一个混合策略纳什均衡。习题 9. B. 6 让你解释如果这个混合策略是进入后的参与人的均衡行为，那么它代表着什么意思。

例 9.B.3 博弈的第二个特征是它只涉及一个子博弈（除了整体博弈这个子博弈之外），这也是它易于求解的另外一个原因。与完美信息博弈一样，在一个不完美信息博弈中，通常有很多子博弈：一个子博弈嵌套在另外一个之中，大的子博弈嵌套在更大的子博弈之中，等等。

对于某些类型的不完美信息博弈，广义逆向归纳法完全可以给出非常清楚的结论，这就是命题 9.B.4 的内容。

命题 9.B.4：考虑 I 人参与的展开形博弈 Γ_E，这个博弈 Γ_E 由 T 个依次进行的同时行动博弈（即这 T 个博弈都是同时行动类型）$\Gamma_N^t=[I, \{\Delta(S_i^t)\}, \{u_i^t(\cdot)\}]$（其中$t=1, \cdots, T$）组成，而且每一个博弈一旦结束，参与人就可以立即观察到他们在这个博弈中选择的纯策略。假设每个参与人的收益等于 T 个博弈的收益之和。如果每个博弈 Γ_N^t 都有唯一的纳什均衡 $\sigma^t=(\sigma_1^t, \cdots, \sigma_I^t)$，那么 Γ_E 有唯一的子博弈完美纳什均衡（SPNE）。在这个 SPNE 中，无论前面的博弈结果如何，每个参与人在每个博弈 Γ_N^t 中都选择策略 σ_i^t。

9

证明：使用归纳法。命题中的结论对于 $T=1$ 显然成立。现在假设它对于 $T\leqslant n-1$ 成立。我们需要证明它对于 $T=n$ 也成立。

根据假设，我们知道，在整体博弈的任何子博弈完美纳什均衡中，博弈 Γ_N^1 结束后，在剩下的（$n-1$）个博弈（每个博弈都是同时行动类型）的每个博弈中，参与人都必定选择纳什均衡策略。这是因为整体博弈的任何子博弈完美纳什均衡在它的每个子博弈中都诱导出了一个子博弈完美纳什均衡。令参与人 i 在这（$n-1$）个博弈中通过选择均衡策略而得到收益 G_i。下面我们考察 Γ_E 的简化博弈。我们把 Γ_N^1 之后的所有子博弈替换为它们的均衡收益，就得到了 Γ_E 的简化博弈。在这个简化博弈中，如果参与人在 Γ_N^1 选择的策略组合为（$s_1^1, \cdots, s_I^1$），那么参与人 i 得到的总收益为 $u_i(s_1^1, \cdots, s_I^1)+G_i$。显然，这个简化博弈的唯一纳什均衡就是 σ^1。因此，命题中的结论对于 $T=n$ 也成立。■

命题 9.B.4 背后的基本思想是逆向归纳法的使用：参与人在最后一个博弈中的选择必定构成了这个博弈的唯一纳什均衡，因为在这个时点上，参与人面对的只有这个博弈。但是，如果参与人在最后一个博弈中的选择是事先确定的，那么当参与人进行倒数第二个博弈时，再一次地，仿佛他们只进行这个博弈（想想 $T=2$ 的情形即可知道这一点）。依此类推。

值得注意的是，在命题 9.B.4 中，对于我们考察的这类博弈来说，子博弈完美纳什均衡概念是如何排除策略对历史的依赖性的。一般来说，参与人 i 的策略是一种潜在的承诺：如果对手们在博弈的前面阶段选择特定的策略，那么参与人 i 会对他们进行奖励或施加惩罚（通过选择相应的策略）。也就是说，策略取决于历史。然而，只要每个子博弈都有唯一的纳什均衡，那么子博弈完美纳什均衡策略和历史无关。[①]

直到目前，我们的分析一直假设我们研究的博弈是有限博弈。这一点非常重要，因为这样我们就可以从博弈的末尾开始，通过逆向归纳法来识别子博弈完美纳什均衡。一般来说，在无限博弈中（行动序列是无限的，因此博弈树中的某些路径可能永远到达不了终止节点），我们仍然可以使用定义 9.B.2 给出的子博弈完美纳什均衡概念：均衡策略必定在每个子博弈中诱导出一个纳什均衡。然而，由于无限博弈没有确切的终止点，子博弈完美纳什均衡的作用就被削弱了，这是因为我们无法再从博弈末尾向前推导来确定参与人的行为。在永没有终点的博弈中，许多行为有时可被证明是序贯理性的（即，是子博弈完美纳什均衡的一部分）。在第 12 章及其附录中，当我们考虑寡头企业定价行为的**无限重复博弈**（infinitely repeated games）时，我们将提供一个这样的例子。

然而，并非在所有的无限博弈中，子博弈完美纳什均衡概念的作用都会被削弱。在本章附录 A，我们研究一个双边议价的无限博弈。在这个博弈中，子博弈完美纳什均衡概念能预测出该博弈的唯一结果，而且这个结果正是相应有限维博弈随着时间维度变长时的极限结果。

用于识别无限博弈的子博弈完美纳什均衡的方法有多种。比如，有时我们可以证明某个博弈可被截短，因为在一定时点，均衡策略已经非常明显了（参见习题 9.B.11）。再比如，某些博弈具有稳定性（stationarity）性质，我们可以利用这个性质。本章附录 A 中的双边议价无限博弈就是这样的。

我们在前面的分析，可能让你感觉到序贯理性是战无不胜的。但事实是否真的如此还很难说。例如，序贯理性原理在完美信息的有限博弈中的根基似乎最稳固。但是国际象棋是这类博弈（如果在连续 50 个回合中，双方均没有吃过任何一子，也没有走动任何一兵，对局结束），因此，它的“解”应该容易预测。当然，正是由于棋手们没有能力做到这一点才使得它成为刺激的比赛。中国跳棋与国际象棋相比更简单一些，但它也是这样的博弈。显然在现实中，参与人可能只是有限理性的（boundedly rational）。因此，在下列博弈中，我们的序贯理性假设更合理一些：相对简单的博弈；重复进行的博弈，从而有助于参与人想清博弈的结果；以及涉及较大利益的博弈（在这种情形下参与人有理性的强烈动机）。当然，有限理性的可能性不仅对于动态博弈和子博弈完美纳什均衡是一种制约，对于含有很多可能策略的同时行动博弈来说，也可能是一种制约。

然而，子博弈完美纳什均衡概念存在着一个问题，它与有限理性问题有关，但不会出现在同时行动博弈中。具体地说，SPNE 概念强调：每个参与人，无论他在博弈树的哪一点上，即使在经历一系列与理论预测结果完全相反的事件之后，也应该选择 SPNE 策略。

---

① 均衡策略与历史无关这个结论严重依赖于命题 9.B.4 中的假设：均衡的唯一性。然而，如果子博弈存在多个纳什均衡，我们得到的结果通常不仅仅是静态纳什均衡的重复进行。（参考习题 9.B.9 的例子。）

为了清楚地看到这一点，考虑下面这个由 Rosenthal（1981）提出的例子，这个例子称为**蜈蚣博弈**（centipede game）。

例 9. B. 5：蜈蚣博弈。在这个完美信息的有限博弈中，有两个参与人，1 和 2。博弈开始时每个参与人面前都有 1 美元。他们交替说“停止”或“继续”，参与人 1 先说。如果某个参与人说“继续”，裁判从他面前拿走 1 美元，并将 2 美元放在他的对手面前。一旦某个参与人说“停止”，博弈终止，每个参与人拿走摆在他面前的钱。另外，如果两个参与人面前的钱数都达到了 100 美元，博弈也终止。图 9. B. 8 给出了这个博弈的展开形。

这个博弈的唯一子博弈完美纳什均衡是当轮到每个参与人说话时他们都说“停止”，在这个均衡中每个参与人得到的收益都为 1 美元。为了看清这一点，考虑参与人 2 在最后决策节点的行动（在参与人一共说了 197 次“继续”之后）。如果博弈到达这个节点，参与人 2 的最优选择是说“停止”；这样，他得到了 101 美元，而如果说“继续”，他只能得到 100 美元。现在考虑博弈到达倒数第二个决策节点时的情形。由于预测到参与人 2 在最后决策节点上的选择，参与人 1 此时也会说“停止”；这样他得到了 99 美元，而如果他说“继续”，他只能得到 98 美元。按照这种方式逆向归纳，我们就能知道在每个决策节点上，参与人的最优行动都是说“停止”。

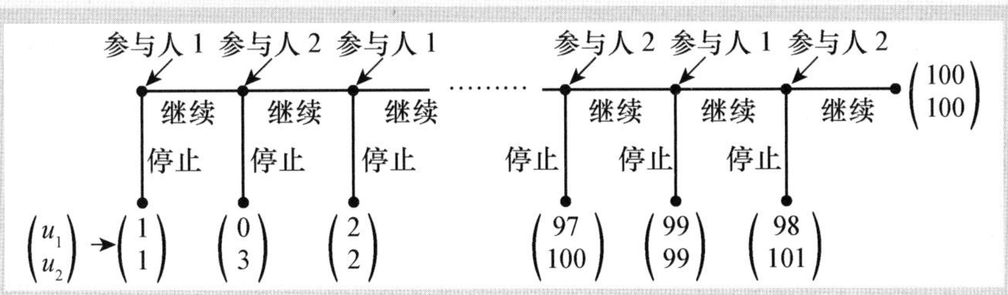

图 9. B. 8　蜈蚣博弈

蜈蚣博弈的一个最惊人的特征是参与人的结果是如此糟糕，他们每人只得到了 1 美元。本来只要他们重复说“继续”，每人就能得到 100 美元。

这个（唯一）子博弈完美纳什均衡是蜈蚣博弈的合理结果吗？考虑参与人 1 在初始决策节点上的选择：他说“停止”。如果想让这个选择是理性的，那么参与人 1 必定确信如果他说“继续”，参与人 2 将随即说“停止”。事实上，只要参与人 1 相信参与人 2 随后的选择是说“继续”，那么参与人 1 的更好选择是说“继续”。为什么参与人 2 对参与人 1 的选择（“继续”）的反应也可能是选择“继续”呢？首先，正如我们已经指出的，参与人 2 可能不是完全理性的，因此他可能没有进行 SPNE 概念要求的逆向归纳计算。然而，更有趣的是，一旦参与人 2 看到参与人 1 选择“继续”——这个事件若根据 SPNE 预测将绝不会发生——参与人 2 可能认为参与人 1 不是像 SPNE 概念要求的那般理性。因此，参与人 2 认为如果给参与人 1 继续下去的机会，参与人 1 也会说“继续”，于是参与人 2 也会说“继续”。SPNE 概念排除了这种可能性，相反，SPNE 假设在蜈蚣博弈的任何时点上，参与人都认为剩下的博弈是个 SPNE 事件，即使到当前的时点上他们的选择与理论预测正好相反。这个问题的一种解决方法是，认为 SPNE 将任何偏离均衡的选择作为极端不可能出现的“错误”的结果，这样的错误不可能再次发生。在本章附录 B 中，我们将讨论能说明这个思想的一个概念。■

9.C 信念与序贯理性

尽管子博弈完美概念在描述序贯理性原理时通常非常有用，但有时它并非那么有用。考虑例 9.C.1，这个例子改编自例 9.B.1 中的博弈。

例 9.C.1：我们现在假设企业 E 的进入策略有两种，“以策略 1 进入”和“以策略 2 进入”。而且，如果企业 E 进入，在位者（企业 I）将无法判断企业 E 使用了哪种进入策略。图 9.C.1 给出了这个博弈和它的收益。

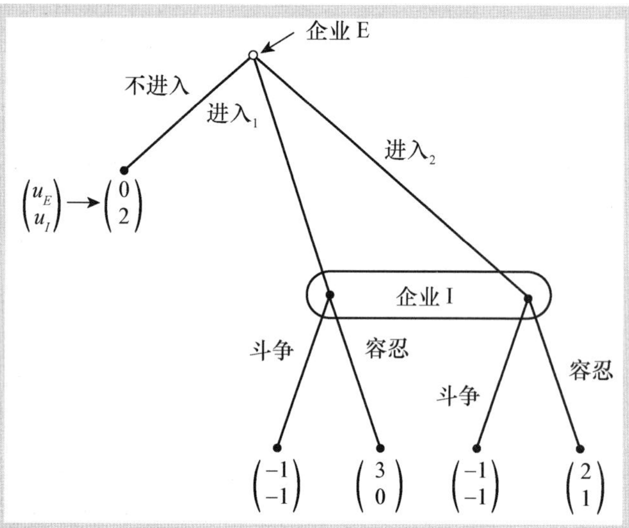

图 9.C.1　例 9.C.1 中博弈的展开形

子博弈完美纳什均衡的概念无法保证参与人的序贯理性。

与例 9.B.1 原来的进入博弈一样，这个博弈也有两个纯策略纳什均衡：一是（不进入，斗争若进入）；二是（以策略 1 进入，容忍若进入）。然而，再一次地，第一个均衡似乎不是那么合理；无论企业 E 进入时使用的是哪种进入策略，一旦它进入后，在位者就偏好“容忍”。但是**子博弈完美规则在这里毫无用处**：因为这个博弈的唯一子博弈就是整体博弈本身，两个纯策略纳什均衡都是子博弈完美的。■

我们如何删除这里的不合理均衡？一种可能是，按照序贯理性原理的精神，我们强调企业 E 进入后，在位者的行动对于他持有的关于企业 E 已用哪种进入策略进入的**某个信念**是最优的。的确，在例 9.C.1 中，无论在位者（企业I）持有**何种**信念，"斗争若进入"都不是他的最优选择。这意味着我们可以通过正式考虑参与人的信念来取得某些进展，以及使用他们的信念来检验他们的策略是否为序贯理性的。

我们现在引入一个解概念，我们将其称为**弱完美贝叶斯均衡**（weak perfect Bayesian equilibrium），Myerson（1991）将这个概念称为**弱序贯均衡**（weak sequential equilibrium）。这个概念通过正式引入信念概念而扩展了序贯理性原理。[①]大致来说，它要求在博弈的任何时点上，对于参与人 i 来说，给定他的对手们的策略以及他关于博弈中到目前已发生过的事情的信念，他的策略指定了从该时点起的最优行动，它还要求参与人 i 的信念与参与人选择的策略相一致。

为了正式表达这个概念，我们必须首先正式定义其他两个概念，这两个概念是弱完美贝叶斯均衡的关键要素：一个是**信念系统**（system of beliefs）；另一个是**策略的序贯理性**（sequential rationality of strategies）。先介绍信念系统，因为它比较简单。

9

定义 9.C.1：展开形博弈 Γ_E 的一个**信念系统** μ 是一份关于概率的清单，它为 Γ_E 的每个决策节点指定了一个概率 $\mu(x)\in[0, 1]$，而且对于每个信息集 H 都有 $\sum_{x\in H}\mu(x)=1$。

我们可以将信念系统想象为，对于每个信息集（如果博弈已经到达这个信息集），参与人 i 对他在该信息集中的各个决策节点上的行动可能性的概率评价。

为了定义序贯理性，我们有必要令 $E[u_i|H, \mu, \sigma_i, \sigma_{-i}]$ 表示参与人 i 从信息集 H 起的期望效用，前提是他关于信息集 H 各个节点的条件概率为 μ，他选择的策略为 σ_i 且他的对手们选择的策略为 σ_{-i}。[我们不打算写出期望效用的具体表达式，尽管它在概念上是直观的：假设决策节点 $x\in H$ 上的概率分布是由大自然产生的，那么参与人 i 的期望收益是由概率分布决定的，该概率分布是由这个初始分布和参与人从这一点起的策略共同在终止节点上引致的。]

定义 9.C.2：对于展开形博弈 Γ_E 的策略组合 $\sigma=(\sigma_1, \cdots, \sigma_I)$，给定信息集 H 上的信念系统 μ，并用 $\iota(H)$ 表示在信息集 H 上行动的参与人，如果

$$E[u_{\iota(H)}|H,\mu,\sigma_{\iota(H)},\sigma_{-\iota(H)}]\geqslant E[u_{\iota(H)}|H,\mu,\tilde{\sigma}_{\iota(H)},\sigma_{-\iota(H)}]$$

对于所有 $\tilde{\sigma}_{\iota(H)}\in\Delta(S_{\iota(H)})$ 均成立，那么我们说 σ **在信息集 H 上是序贯理性的（给定信念系统 μ）**。

如果对于所有信息集 H，策略组合 σ 都满足上述不等式条件，那么我们说 σ 是

---

① 为了描述不完全信息的动态博弈（用 8.E 节的术语来说即动态贝叶斯博弈）中的序贯理性的要求，经济学家首先引入了**完美贝叶斯均衡**（perfect Bayesian equilibrium）概念。**弱完美贝叶斯均衡**是完美贝叶斯均衡的一个变种，我们引入这个概念的目的是出于启发性的考虑（修饰词"弱"的意思将在本节后文说明）。Myerson（1991）将这个概念称为**弱序贯均衡**，这是因为它也被视为**序贯均衡**（详见定义 9.C.4）的一个变种。

序贯理性的（给定信念系统 μ）。

用文字表达就是：策略组合 $\sigma=(\sigma_1, \cdots, \sigma_I)$ 是序贯理性的，一旦参与人 i 到达他的其中一个信息集，给定他对已经发生事情的信念（体现在 μ 中）以及他的对手们的策略，他不会改变自己的策略。

有了这两个概念之后，我们就可以定义弱完美贝叶斯均衡了。这个定义涉及两个条件：首先，给定参与人的信念，策略必定是序贯理性的。其次，一旦有可能，信念必定与策略一致。这个一致性条件背后的思想与纳什均衡概念背后的思想非常类似（参见 8.D 节）：在均衡策略中，参与人 i 关于对手们策略选择的信念应该是正确的。

为了说明弱完美贝叶斯均衡定义对信念的具体一致性要求，考虑我们在下列情形下如何定义一致性信念：每个参与人 i 的均衡策略对他的每个信息集上的每个可能行动均指定了一个严格正的概率［称为一个**完全混合策略**（completely mixed stra-tegy）］。[①] 在这种情形下，博弈的每个信息集都能以正概率到达。在这种情形下，与均衡策略组合 σ 一致的信念概念是直观的：对于给定参与人 i 信息集 H 上的每个节点 x，他应该计算给定策略 σ 时博弈到达这个节点的概率 Prob（$x|b$），然后他还应该根据贝叶斯法则（Bayes' rule）[②] 为 H 中的每个节点指定一个条件概率（给定博弈到达信息集 H）：

$$\text{Prob}(x|H,\sigma)=\frac{\text{Prob}(x|\sigma)}{\sum_{x'\in H}\text{Prob}(x'|\sigma)}$$

举个具体例子。假设在例 9.C.1 的博弈中，企业使用了完全混合策略，该策略对每个纯策略指定的概率如下：1/4（“不进入”）；1/2（“以策略 1 进入”）；1/4（“以策略 2 进入”）。那么给定这个策略，博弈到达企业 I 信息集的概率为 3/4。根据贝叶斯法则，给定博弈已到达这个信息集，企业 I 在左侧节点的条件概率为 2/3，在右侧节点的条件概率为 1/3。为使得企业 E 进入后，企业 I 的信念与企业 E 的策略一致，企业 I 的信念应该正好指定这些概率。

更困难的情形出现在参与人没有使用完全混合策略时。在这种情形下，有些信息集可能再也不会以正概率到达，因此我们无法再使用贝叶斯法则来计算这些信息集节点的条件概率。从直觉上说，这个问题对应于下列思想：即使参与人重复进行博弈，他们也不能从均衡策略中获得任何经验，从而他们不能将自己在这些信息集上的信念建立在经验的基础上。如果博弈偶然到达这些信息集，参与人的信念是怎样的？弱完美贝叶斯均衡对这个问题采取的态度是不可知论性质的。也就是说，它

---

① 等价地，我们可以将参与人 i 的一个完全混合策略视为下列这样的策略，该策略为展开形博弈 Γ_E 的标准形中参与人 i 的每个纯策略指定了一个严格正概率。

② 贝叶斯法则是个基本的统计推断原理。比如参见 DeGroot（1970），在这本书中，它被称为**贝叶斯定理**（Bayes' theorem）。

允许我们对这些信息集指定**任何**信念。正是在这个意义上，我们才对这个概念使用了"弱"的修饰语。

现在我们可以给出弱完美贝叶斯均衡的正式概念了。

定义 9.C.3：策略组合σ与信念系统μ的一个组合（σ，μ）是展开形博弈Γ_E的一个**弱完美贝叶斯均衡**（weak perfect Beyesian equilibrium，weak PBE），如果（σ，μ）具有下列性质：

（ⅰ）给定信念系统μ，策略组合σ是序贯理性的。

（ⅱ）只要有可能，信念系统μ就都是由策略组合σ通过贝叶斯法则产生的。也就是说，对于使得$\text{Prob}(H|\sigma)>0$的任何信息集H，我们都必定有

$$\mu(x)=\frac{\text{Prob}(x|\sigma)}{\text{Prob}(H|\sigma)}\text{ 对于所有 } x\in H \text{ 成立}$$

其中，Prob（$H|\sigma$）>0读作**"在策略组合$\boldsymbol{\sigma}$下博弈到达信息集$\boldsymbol{H}$的概率为正"。**

9

提醒读者注意，这个概念正式地将信念作为均衡的构成要素，因为弱完美贝叶斯均衡的完整形式是**策略和信念的组合（$\boldsymbol{\sigma}$，$\boldsymbol{\mu}$）**。然而，在文献中，我们不时看到有些学者对弱完美贝叶斯均衡的定义比我们的定义稍微宽松一些：对于策略集σ，只要至少存在一个相应的信念集μ使得（σ，μ）满足定义 9.C.3，那么他们就认为σ是个均衡。然而，在某些情形下，我们需要明确这些信念到底是什么，比如在检验它们能够满足我们在 9.D 节讨论的一些"合理性"标准的情形时。

命题 9.C.1 中给出的纳什均衡特征，有助于我们理解弱完美贝叶斯均衡概念和纳什均衡概念之间的关系。

命题 9.C.1：策略组合σ是展开形博弈Γ_E的一个纳什均衡，当且仅当存在满足下列条件的信念系统μ：

（ⅰ）给定信念系统μ，**策略组合$\boldsymbol{\sigma}$在满足$\textbf{Prob}(\boldsymbol{H}|\boldsymbol{\sigma})>\mathbf{0}$的所有信息集$\boldsymbol{H}$上都是序贯理性的。**

（ⅱ）只要有可能，信念系统μ是由策略组合通过贝叶斯法则产生的。

在习题 9.C.1 中你要证明这个结论。注意，命题 9.C.1 的条件几乎与定义 9.C.3 的条件相同，唯一不同的是命题 9.C.1 条件（1）中的黑体字部分[即要求策略组合σ在满足$\text{Prob}(H|\sigma)>0$的所有信息集H上都是序贯理性的]：对于一个纳什均衡，我们只在均衡路径上要求序贯理性。因此，博弈Γ_E的一个弱完美贝叶斯均衡是纳什均衡，但并非每个纳什均衡都是弱完美贝叶斯均衡。

下面我们举几个例子来说明如何运用弱完美贝叶斯均衡（弱 PBE）。首先考虑例 9.C.1。

例 9.C.1 续：显然，在任何弱完美贝叶斯均衡中，企业Ⅰ必定选择"容忍若进入"，这是因为对于他的**任何**信念系统来说，他在自己的信息集上的最优行动都是作出这个选择。因此，纳

件均衡（不进入，斗争若进入）不可能是任何弱完美贝叶斯均衡的构成要素（回忆弱 PBE 的完整形式）。

下面我们考察另外一个纯策略纳什均衡（以策略 1 进入，容忍若进入）。为了证明这个策略组合是一个弱 PBE 的构成要素，我们需要为这些策略补充一个信念系统，这个信念系统应该能满足定义 9.C.3 的条件（ⅱ），而且该信念系统要能使得这些策略是序贯理性的。首先注意到，为了满足条件（ⅱ），在位者（企业 I）的信念必定对他信息集中左侧的节点指定概率 1，这是因为：给定策略（以策略 1 进入，容忍若进入），博弈到达这个信息集的概率为正。（这个信息集上的信念集完全描述了该博弈的信念系统，因为另外一个信息集是单点集。）而且，给定这个信念系统，这些策略的确是序贯理性的。事实上，这个策略与信念组合是该博弈的唯一弱 PBE（即使允许混合策略的情形，它也是唯一的）。■

例 9.C.2 和例 9.C.3 进一步说明了如何运用弱完美贝叶斯均衡概念。

例 9.C.2：考虑下列“联合”进入博弈：现在有两个潜在的进入者，企业 E1 和 E2。故事是这样的：企业 E1 有进入市场的基本能力，但缺乏某些重要能力，而企业 E2 拥有这样的重要能力。因此，企业 E1 考虑邀请 E2 一起进入（E1 分享 E2 拥有的重要能力），两个企业平分进入后得到的利润。企业 E1 有三个初始选择：自己直接进入；邀请 E2 一起进入；或不进入。如果 E1 邀请 E2 一起进入，E2 可以接受也可以拒绝。如果 E2 接受，那么它们将联合进入。如果 E2 拒绝，那么 E1 必须决定是否自己进入。在位者（企业 I）能看到企业 E1 是否已进入，但是它无法知道 E1 是否与 E2 联合进入。如果不是联合进入（从而 E1 将很快被赶出市场），企业 I 的最优反应是斗争；如果是联合进入（从而 E1 成为强硬的竞争者），企业 I 的最优反应不是斗争。最后，如果不是联合进入，只有在企业 I 选择“容忍”的情形下，企业 E1 才会自己进入；但是如果 E1 与 E2 联合进入，那么由于现在 E1 变成强硬竞争者，无论在位者斗争与否，联合进入都是有利可图的。图 9.C.2 给出了这个博弈的展开形。

为了找到这个博弈的弱 PBE，首先，我们注意到，在任何弱 PBE 中，如果企业 E1 提出联合进入的邀请，企业 E2 都会接受，这是因为在这种情形下无论在位者选择什么样的策略，E2 都能得到正的收益。但是这样一来，在任何弱 PBE 中，企业 E1 均必定提出联合进入的邀请，因为它知道企业 E2 将会接受这个邀请，于是，无论企业 I 在 E1 进入后选择什么样的策略，E1 提出联合进入邀请都比它的另外两个策略（不进入或自己进入）好。其次，我们注意到，这两个结论意味着在任何弱 PBE 中，博弈到达企业 I 的信息集的概率都为正（事实上，概率为 1）。在这个信息集上应用贝叶斯法则，可知这个信息集上的信念必定对中间节点指定概率 1。给定这个结论，在任何弱 PBE 中，企业 I 的策略均必定是“容忍若进入”。最后，我们注意到，如果企业 I 选择“容忍若进入”，那么如果企业 E1 提出联合进入邀请但被拒绝，E1 必定选择“自己进入”。

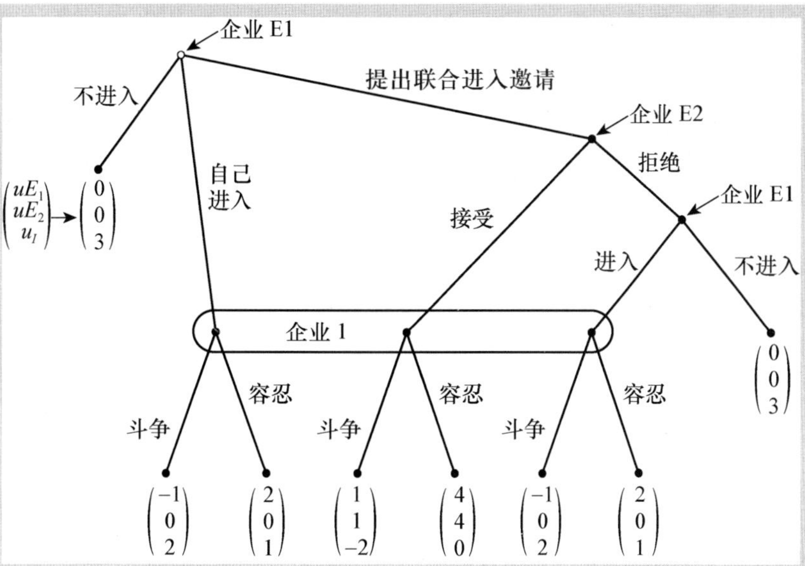

图 9.C.2 例 9.C.2 博弈的展开形

根据上面的分析，我们断言这个博弈的唯一弱完美贝叶斯均衡是策略与信念的组合（σ, μ），其中，$\sigma=(\sigma_{E1}, \sigma_{E2}, \sigma_I)=$（(提出联合进入邀请，进入若 E2 拒绝邀请)，(接受邀请)，(容忍若进入)）；信念系统 μ（企业 I 信息集的中间节点）=1。注意，这个弱 PBE 不是该博弈的唯一纳什均衡（不是唯一的子博弈完美纳什均衡）。例如，$(\sigma_{E1}, \sigma_{E2}, \sigma_I)=$((不进入，不进入若 E2 拒绝邀请)，(拒绝)，(斗争若进入)）是这个博弈的一个子博弈完美纳什均衡。■

例 9.C.3：在例 9.C.1 和例 9.C.2 的博弈中，识别弱 PBE 所用的技巧是，观测到某个参与人有着最优策略，这个策略与他的信念和（或）他的对手们在以后的选择无关。然而，在图 9.C.3 的博弈中，任何一个参与人都没有这样的最优策略。现在如果企业 I 认为企业 E 已使用“以策略 1”进入市场，那么企业 I 将愿意斗争；企业 E 的最优策略则取决于企业 I 的行为（注意到 $\gamma>-1$）。

为了解这个博弈，我们需要寻找一个**不动点**（fixed point），在这个不动点上，信念产生的行为与这些信念一致。我们只考察 $\gamma>0$ 的情形。[在习题 9.C.2 中，你要确定当 $\gamma\in(-1, 0)$ 时的弱 PBE 集。] 令 σ_F 表示在企业 E 进入后企业 I 选择斗争的概率，令 μ_1 表示企业 I 的信念——当企业 E 进入时，企业 E 使用的是“以策略 1 进入”，令 σ_0，σ_1，σ_2 分别表示企业 E 实际选择“不进入”“以策略 1 进入”“以策略 2 进入”的概率。

首先注意到，企业 I 愿意以正概率选择“斗争”当且仅当 $-1\geqslant-2u_1+1(1-u_1)$，即 $\mu_1\geqslant2/3$。

我们首先假设在某个弱 PBE 中，$\mu_1>2/3$，那么企业 I 必定以概率 1 选择“斗争”。但是这样一来，企业 E 必定以概率 1 选择“以策略 2 进入”（因为 $\gamma>0$）。于是，弱 PBE 概念要求 $\mu_1=0$，这与我们的假设（$\mu_1>2/3$）矛盾。

现在我们假设在某个弱 PBE 中，$\mu_1<2/3$。那么企业 I 必定以概率 1 选择“容忍”。但这

样一来，企业 E 必定以概率 1 选择“以策略 1 进入”。于是，弱 PBE 概念要求 $\mu_1=1$，这也与我们的假设（$\mu_1<2/3$）矛盾。

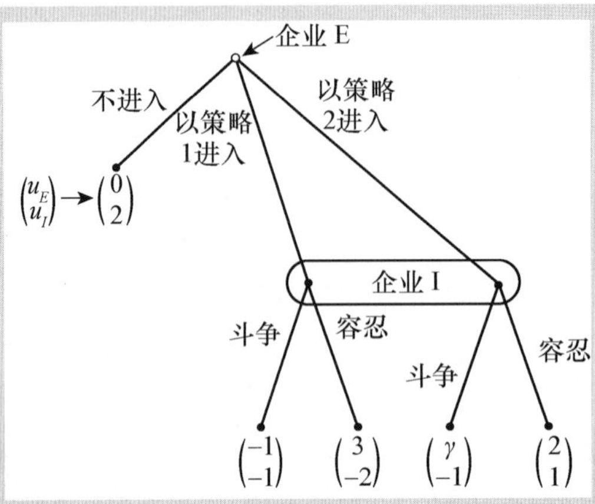

图 9.C.3　例 9.C.3 博弈的展开形

由上面的分析可知，在这个博弈的任何弱 PBE 中，我们必定有 $\mu_1=2/3$。这样，企业 E 的均衡策略必定是“以策略 1 进入”和“以策略 2 进入”这两个纯策略的随机化，其中前者的概率是后者的 2 倍。这意味着企业 E 选择“斗争”的概率必定使得企业 E 在上述两个纯策略之间无差异。因此，我们必定有 $-1\sigma_F+3(1-\sigma_F)=\gamma\sigma_F+2(1-\sigma_F)$，即 $\sigma_F=1/(\gamma+2)$。于是，企业 E 选择“以策略 1 进入”或“以策略 2 进入”而得到的收益为 $(3\gamma+2)/(\gamma+2)>0$，因此企业 E 必定以零概率选择“不进入”。因此，当 $\gamma>0$ 时，这个博弈有唯一的弱完美贝叶斯均衡，在这个均衡中：$(\sigma_0, \sigma_1, \sigma_2)=(0, 2/3, 1/3)$；$\sigma_F=1/(\gamma+2)$；$\mu_1=2/3$。■

弱完美贝叶斯均衡概念的强化

我们将定义 9.C.3 给出的概念称为**弱**完美贝叶斯均衡，这是因为这个概念对信念施加的要求非常小：除了要求每个信息集内的节点的概率非负且和为 1 之外，它对信念的唯一要求是，信念与均衡路径上的均衡策略相一致，即信念系统是由均衡策略通过均衡法则产生的。**它对非均衡路径上的信念没有施加任何要求**（所谓“非均衡路径上的信念”是指，博弈不会以正概率到达的那些信息集上的信念）。在文献中，有些学者对这个概念进行了强化，即对非均衡路径上的信念施加了额外的一致性要求。例 9.C.4 和例 9.C.5 说明了为何需要对弱完美贝叶斯均衡进行强化。

例 9.C.4： 考虑图 9.C.4 中的博弈。图中给出的纯策略和信念构成了一个弱 PBE。[我们把策略标注在参与人在每个信息集中选择的枝上（画着箭头），把信念标注在每个信息集节点上（方括号内的数字）。] 信念满足定义 9.C.3 的条件（ⅱ）；博弈只能以正概率到达参与人 1 的信息集（到达不了参与人 2 的信息集），而且参与人 1 的信念的确反映了大自然指定的概率。但是，在这个均衡中，对参与人 2 指定的信念不是十分合理。博弈只有在下列情形下才能到达参与人 2 的信息集：如果参与人 1 偏离了均衡策略从而以正概率选择策略 y。这个偏离必定与大自然的实际选择无关，因为参与人 1 不知道这一点。因此，参与人 2 的合理信念是对他自己的信息集中的两个节点指定相同的概率。在这个博弈中，我们看到下列要求似乎是合理的：要求非均衡路径上的信念至少为“结构性一致的”（structurally consistent），即存在关于策略组合上的**某个**主观概率分布，该分布能产生与信念一致的概率。■

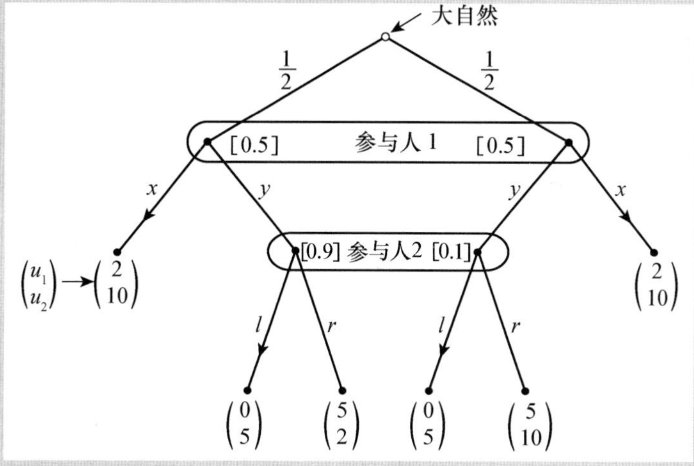

图 9.C.4 例 9.C.4 博弈的展开形

弱 PBE 中的信念可能不是结构性一致的。

例 9.C.5：第二个也是更为重要的问题是，弱完美贝叶斯均衡（弱 PBE）未必是子博弈完美纳什均衡（SPNE）。为了看清这一点，我们再次考察例 9.B.3 的博弈。这个博弈的一个弱 PBE 是由策略 (σ_E, σ_I) =（(不进入，容忍若进入)，(斗争若企业 E 选择进入)）以及企业 I 的信念（指定企业 E 选择斗争的概率为 1）组成。图 9.C.5 给出了这个弱 PBE。但是，注意这些策略不是子博弈完美纳什均衡策略；在进入后的子博弈中，它们构不成纳什均衡。

问题在于，在进入之后的阶段，企业 I 关于企业 E 的信念不受弱 PBE 概念的限制，这是因为企业 I 的信息集不在均衡路径上。■

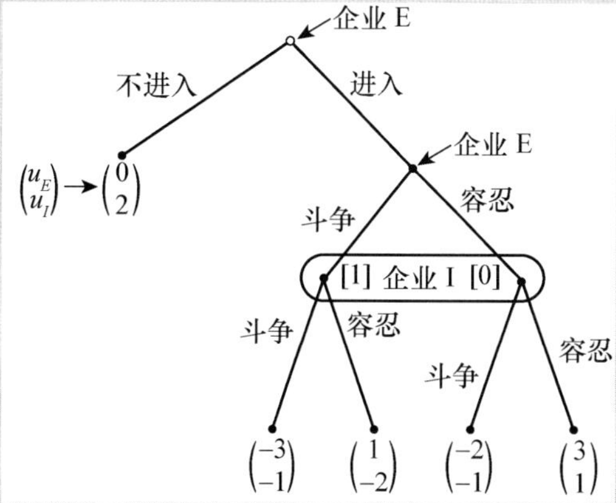

图 9.C.5 例 9.C.5 博弈的展开形

弱完美贝叶斯均衡可能不是子博弈完美纳什均衡。

这两个例子说明弱 PBE 概念可能太弱了。因此，为了避免这样的问题，在应用时，不少文献都对弱 PBE 概念进行了加强，即对信念施加了额外的一致性限制，由此得到了所谓的**完美贝叶斯均衡**（perfect Bayesian equilibrium）这个解概念。（举个简单的例子，要求均衡在每个子博弈中都能引致一个弱 PBE，这样就能保证弱 PBE 是 SPNE。）

在本书后面章节当需要强化弱 PBE 时，例如，在 13.C 节讨论发送信号问题时，我们也这么做。若想了解完美贝叶斯均衡的正式定义和相关概念的讨论，请参见 Fudenberg 和 Tirole（1991a，1991b）。

Kreps 和 Wilson（1982）提出了一个称为**序贯均衡**（sequential equilibrium）的概念，这个重要的均衡概念也强化了 PBE 概念，即对信念施加了额外的一致性限制。与完美贝叶斯均衡概念（例如我们在 13.C 节建立的概念）不同，序贯均衡概念对一致性限制的引入是间接的，方法是构建一个收敛策略序列。定义 9.C.4 描述了它的要求。

9

定义 9.C.4：策略组合与信念系统的组合 (σ, μ) 是展开形博弈 Γ_E 的一个**序贯均衡**，如果 (σ, μ) 具有下列性质：

（i）给定信念系统 μ，策略组合 σ 是序贯理性的。

（ii）存在关于完全混合策略的一个序列 $\{\sigma^k\}_{k=1}^{\infty}$ 且 $\lim_{k\to\infty}\sigma^k=\sigma$，使得 $\mu=\lim_{k\to\infty}\mu^k$。其中，$\mu^k$ 表示由策略组合 σ^k 通过贝叶斯法则产生的信念。

在本质上，序贯均衡概念要求由“接近”均衡策略 σ 的某个完全混合策略的集合产生的信念是合理的，这里的“接近”是指均衡策略的一个微小扰动。也就是说，我们可以将这种要求视为参与人能够（大致）根据历史经验判断他们信念的合理性，在历史上他们在选择策略时也曾以小概率犯错，但不影响最终结果。注意到，每个序贯均衡都是弱完美贝叶斯均衡，因为定义 9.C.4 的极限信念正好与下列信念相同，即在均衡策略组合 σ 的结果路径上由 σ 通过贝叶斯法则产生的信念。但是一般来说，逆命题不正确。

正如我们将要说明的，序贯均衡概念强化了弱完美贝叶斯均衡概念，从而避免了例 9.C.4 和例 9.C.5 的问题。

例 9.C.4 续：我们再次考虑图 9.C.4 中的博弈。在这个博弈中，可从任何完全混合策略得到的所有信念，都对参与人 2 信息集的两个节点指定了相同的概率。给定这个事实，在任何序贯均衡中，参与人 2 必定选择 r 从而参与人 1 必定选择 y。事实上，策略 (y, r) 和信念系统 μ 组成了这个博弈的唯一序贯均衡，其中 μ 是对每个参与人信息集中的两个节点指定相等概率的信念系统。■

例 9.C.5 续：例 9.C.5 博弈（参见图 9.C.5）的唯一序贯均衡策略是唯一 SPNE 策略：((进

入，容忍若进入)，(容忍若企业 E 选择进入))。为了验证这一点，考虑任何完全混合策略 $\bar{\sigma}$ 和企业 I 信息集（记为 H_I）中的任何节点 x。令 z 表示企业 E 在进入后的决策节点（进入后的子博弈的初始节点），在信息集 H_I 上，与 $\bar{\sigma}$ 相伴的信念 $\mu_{\bar{\sigma}}$ 等于

$$\mu_{\bar{\sigma}}(x)=\frac{\text{Prob}(x\mid\bar{\sigma})}{\text{Prob}(H_I\mid\bar{\sigma})}=\frac{\text{Prob}(x\mid z,\bar{\sigma})\text{Prob}(z\mid\bar{\sigma})}{\text{Prob}(H_I\mid z,\bar{\sigma})\text{Prob}(z\mid\bar{\sigma})}$$

其中，$\text{Prob}(x\mid z,\ \bar{\sigma})$是在已经到达节点 z 的条件下，博弈在策略 $\bar{\sigma}$ 下能到达节点 x 的概率。约分并且注意到 $\text{Prob}(H_I\mid z,\ \bar{\sigma})=1$，于是我们有 $\mu_{\bar{\sigma}}(X)=\text{Prob}(x\mid z,\ \bar{\sigma})$。但这正好是企业 E 的行动能到达节点 x 的概率。因此，任何收敛于 σ 的完全混合策略 $\{\sigma^k\}_{k=1}^{\infty}$，均必定产生企业 I 的极限策略，这个极限策略正是企业 E 的实际策略 σ_E 在节点 z 指定的策略。由此立即可知，任何序贯均衡中的策略均必定指定了进入后子博弈的纳什均衡行为，因此必定构成了一个子博弈完美纳什均衡。■

9

命题 9. C. 2 给出了关于序贯均衡与子博弈完美纳什均衡关系的一个一般结论。

命题 9. C. 2：在展开形博弈 Γ_E 的每个序贯均衡（σ，μ）中，均衡策略组合 σ 构成了 Γ_E 的一个子博弈完美纳什均衡。

因此，序贯均衡概念既强化了子博弈完美纳什均衡概念，也强化了弱完美贝叶斯均衡概念；每个序贯均衡既是弱完美贝叶斯均衡，也是子博弈完美纳什均衡。

尽管序贯均衡概念对非均衡路径上信念的限制，足以处理弱完美贝叶斯均衡在例 9. C. 4 和例 9. C. 5 中遇到的问题，但是在某些方面序贯均衡概念对非均衡路径上信念的限制可能太强了。例如，它意味着对于任何两个参与人来说，只要他们拥有相同的信息，那么在对手们偏离均衡策略的行为从而导致博弈到达博弈树的某个部分这个问题上，他们必定拥有恰好相同的信念。

在本章附录 B，我们将简要描述另外一个相关（但更强）的解概念，即**展开形颤抖手完美纳什均衡**（extensive form trembling-hand perfect Nash equilibrium），这个概念由 Selten（1975）首先提出。[①]

9.D　合理信念与前向归纳

在 9. C 节，我们看到，参与人在博弈未到达信息集中的信念对于检验策略的

① 实际上，泽尔腾将此命名为颤抖手完美纳什均衡；我们之所以添加“展开形”这个修饰词，是因为我们想将其与 8. F 节引入的标准形颤抖手完美纳什均衡概念区分开。

序贯理性是多么重要。尽管弱完美贝叶斯均衡概念以及 9.C 节讨论的更强概念能够帮助我们排除不可信的威胁，但是在很多博弈中，如果我们能适当地选择非均衡路径信念（稍后我们将举例说明），那么我们可以判断相当大范围的非均衡路径行为的合理性。这促使大量文献开始探索“合理的”信念应该满足什么样的额外限制这一问题。在本节，我们简要介绍这些思想（在第 13 章当我们考察发送信号模型时，尤其是在本章附录 A，我们将再次遇到这样的问题）。

我们首先考察图 9.D.1 描述的两个博弈。第一个博弈是图 9.C.1 博弈的一个变种，现在企业 I 发现如果它知道进入者选择“以策略 1 进入”，那么它选择斗争是值得的；第二个博弈是例 9.B.4 利基选择博弈的一个变种，在这个新博弈中，企业 E 在进入时选择一个利基。每个图都给出了弱完美贝叶斯均衡（箭头表示纯策略选择；企业 I 信息集中方括号内的数字表示信念）。

9

你能断言这两个博弈给出的均衡都不是十分合理的。[①] 考虑图 9.D.1（a）中的博弈。在它的弱完美贝叶斯均衡中，如果进入发生，企业 I 选择“斗争”，这是因为它相信企业 E 已经选择了“以策略 1 进入”。但是对于企业 E 来说，“以策略 1 进入”严格劣于“以策略 2 进入”。因此，合理的推测似乎应该是，如果企业 E 决定进入，那么它必定已经使用了“以策略 2 进入”。事实上，与文献中通常的处理方法一样，你可以想象企业 E 的进入宣言为：“我已经进入，但注意我绝不是‘以策略 1 进入的’，因为‘以策略 2 进入’对我来说总是更好的选择。请对手们三思而后行。”

类似的论证也适用于图 9.D.1（b）的弱完美贝叶斯均衡。在这个博弈中，对于企业 E 来说，“小利基”不是严格劣于“大利基”，而是严格劣于“不进入”。再一次地，图中给出的企业 I 的信念也不合理。在这种情形下，企业 I 应该认识到，如果企业 E 进入而不是选择“不进入”，那么企业 E 必定已经选择了大利基。现在你可以想象出企业 E 的宣言：“注意，只有让我选大利基，我才进入而不是‘不进入’。”

这些论证使用了所谓的**前向归纳**（forward induction）推理方法［参见 Kohlberg（1989）以及 Kohlberg 和 Mertens（1986）］。在逆向归纳法中，在博弈树的某个节点上，参与人 i 首先计算他的对手们在**后继那些节点**的理性选择，然后选择自己在该节点的最优策略。相反，在前向归纳法中，参与人 i 计算的是**该节点以前**他的对手们的理性行为。例如，在上面的博弈中，企业 I 首先推测企业 E 进入时的理性选择，然后决定它自己在企业 E 进入后应该采取什么样的策略。

---

① 为简单起见，此处我们只分析弱完美贝叶斯均衡。但是我们的论证适用于 9.C 节引入的更强版本的相关概念。此处讨论的所有弱完美贝叶斯均衡也都是序贯均衡；事实上，它们也都是展开形颤抖手完美均衡。

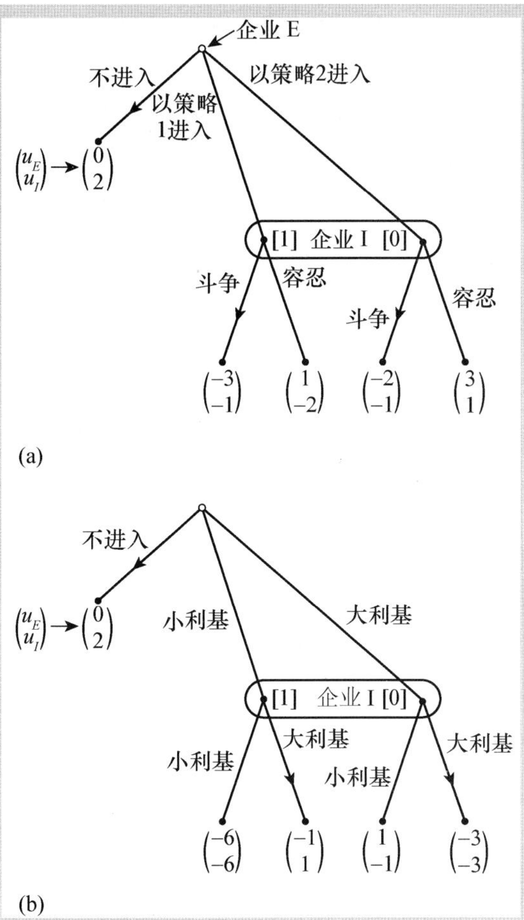

图 9.D.1　在这两个博弈的弱贝叶斯均衡中，信念都是不合理的

我们有时将这类思想扩展，使其包括基于**均衡劣势**（equilibrium domination）的论证。例如，现在假设我们修改图 9.D.1（b）的博弈，即在企业 E 选择“不进入”后，我们为企业 I 新增一种选择，如图 9.D.2 所示（也许“不进入”的意思是企业 E 进入企业 I 的另外市场，在这样的市场中企业 E 只有一种可能的进入策略）。

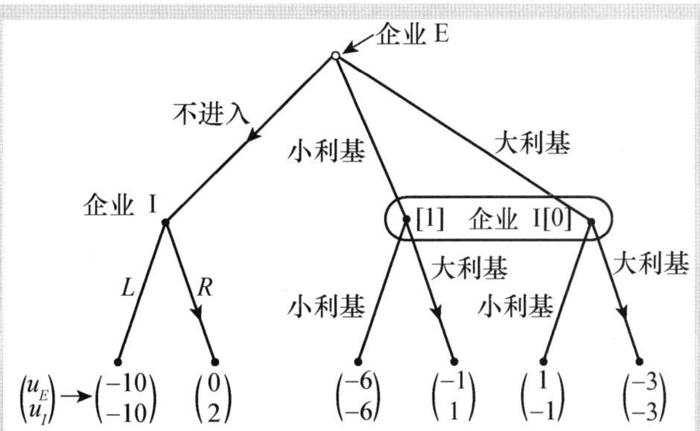

图 9.D.2　对于企业 E 来说，小利基策略是均衡劣势的

这个图画出了一个弱完美贝叶斯均衡，其中，企业 E 选择“不进入”；企业 I 相信当它进入后的信息集被达到时企业 E 已经选择了小利基。在这个博弈中，对于企业 E 选择“不进入”策略来说，小利基不再是严格劣势的，因此我们以前的论证不能适用这种情形。然而，如果企业 E 偏离这个均衡，即它选择进入时，我们可以设想企业 I 认为既然企业 E 选择它的均衡策略只能带给企业 E 零收益，那么企业 E 必定希望比进入做得更好，因此它必定已经选择了大利基。在这种情形下，我们说小利基对于企业 E 来说是**均衡劣势的**（equilibrium dominated）；也就是说，对于企业 E 来说，如果企业 E 认为选择均衡策略必定能得到均衡收益，那么小利基是劣势的。在 13.C 节和第 13 章附录 A 发送信号模型中，这种论证体现在**直觉标准**（intuitive criterion）精炼中。

前向归纳的力量非常强大。例如，再次考虑图 9.D.3 描述的原来的利基选择博弈。我们已经知道在进入之后的子博弈中存在两个（纯策略）纳什均衡：（大利基，小利基）和（小利基，大利基），然而，我们对图 9.D.1（b）博弈的前向归纳论证似乎也适用此处：策略（进入，如果进入则选择小利基）对于企业选择不进入来说，是严格劣势的。因此，在位者应该认为如果企业 E 已经选择进入，那么在进入之后的博弈中，企业 E 倾向于选择大利基。如果这样，企业 I 会选择小利基。因此，在进入之后的子博弈中，前向归纳删除了两个纳什均衡中的一个。

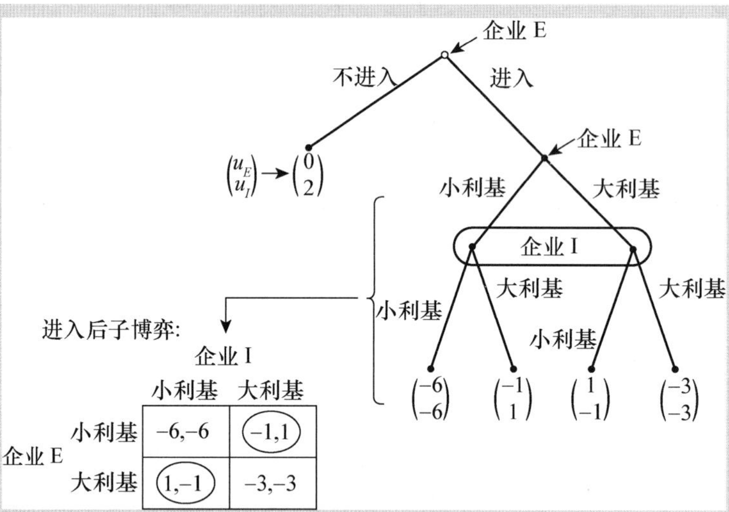

图 9.D.3　在进入之后的子博弈中，前向归纳选择了（大利基，小利基）这个均衡

尽管这些论证似乎很有吸引力，但也存在着一些问题。例如，假设在现实世界中参与人会以小概率犯错。在这种情形下，前向归纳法的魅力依旧吗？也许不。为了看清原因，假设在图 9.D.1（a）描述的博弈中，企业 I 认为企业 E 应该选择不进入，但企业 E 实际选择了进入。现在企业 I 可将企业 E 的这种偏离行为视为企业 E 犯错了，企业 I 认为这种错误也许同样能导致企业 E 把“以策略 1 进入”当作

“以策略2进入”。企业2的声明不会引起企业I的同情，企业I随后的推理为：企业E的确把此事告诉了我，但它这么做的原因在于它已经犯错，它希望通过说服我容忍它来进行补救。

为了更清楚地看清这一点，考虑图9.D.3中的博弈。现在，在企业E已经进入和两个企业正打算在进入之后的子博弈中同时行动时，企业E发出了声明。但是企业I反驳道：“算了吧！我认为你犯了错误——即使你没犯错，我也将选择大利基！”

显然，此处的问题尽管有趣且重要但难以解决。

前向归纳法的一个显著特征是，它使用了劣势的标准形概念来精炼参与人在动态博弈中的行动。这与本章前面的讨论形成了鲜明对照。在前文，为了确定参与人在动态博弈中应该如何行动，我们依靠的是展开形。这自然产生了一个问题：我们是否能用标准形来预测动态博弈中参与人的行动？

答案也许是可以，原因有二。首先，正如第7章的讨论，在逻辑上我们认为，参与人在标准形中同时选择自己的策略（例如，向裁判提交相机行动方案），等价于他们在展开形中的实际动态选择。其次，在很多情形下，弱劣势概念似乎能传达序贯理性的思想。例如，对于任何参与人在任何两个终止节点上均不存在相同收益的完美信息有限博弈来说，经过反复删除弱劣势策略之后幸存的任何策略组合，都能导致与子博弈完美纳什均衡概念相同的预测结果（参考例9.B.1和习题9.D.1）。

另外，由于展开形概念（例如弱完美贝叶斯均衡）对于展开形中似乎不相关的变化比较敏感，这也能说明为何需要使用标准形。例如，在图9.D.1（a）的博弈中，通过将企业E的决策分解为“不进入”或“进入”，若进入再把决策“进入”分解为“以策略1进入”或“以策略2进入”[对于图9.D.1（b）中的博弈，我们在图9.D.3中的做法就是这样的]，唯一的子博弈完美纳什均衡（从而唯一的序贯均衡）变为企业E进入、以策略2进入以及企业I容忍。然而，对于与这两个博弈相伴的简化标准形（即，在这样的标准形中，除了能带给其中一个参与人相同收益的策略之外，其余策略都被删除了）来说，当展开形中发生似乎不相关的变化时，简化标准形保持不变，因此，任何基于（简化）标准形的解都不会受这种变化的影响。

这重新激起了研究者使用标准形分析动态博弈的兴趣[参见Kohlberg和Mertens (1986)]。与此同时，这个问题仍存争议。很多研究者认为从展开形变为更简约的标准形，损失了在策略上比较重要的一些信息。例如，图9.D.3中的博弈与图9.D.1（b）中的博弈真的相同吗？如果你是企业I，你会像在图9.D.1（b）中的博弈一样，对图9.D.3中的博弈使用前向归纳法吗？在图9.D.3的博弈中，企业E的两个决策经历了一分钟或一个月，这对你的答案有影响吗？这些问题都有待解决。

附录 A：有限与无限期界的双边议价

在本附录，为了说明子博弈完美纳什均衡概念的重要性，我们考察两个双边议价模型。我们首先研究有限期界（即，有限期）的议价模型，然后考察它的无限期界版本。

例 9. AA. 1：有限期界的双边议价。两个参与人 1 和 2 要决定如何在他们之间分配 v 美元钱。议价规则如下：博弈自时期 1 开始；在时期 1，参与人 1 提出分配给参与人 2 的钱数（介于 0 和 v 之间的一个实数），参与人 2 可以接受也可以拒绝。如果参与人 2 接受，那么参与人 1 提出的分配方案立即实施，从而博弈结束。如果参与人 2 拒绝，转到时期 2。在时期 2，两个参与人的角色互换，此时参与人 2 向参与人 1 提出分配给参与人 1 的钱数，参与人 1 可以接受也可以拒绝这个方案。每个参与人的贴现因子为 $\delta\in(0, 1)$，因此时期 t 的 1 美元钱在时期 1 只值 δ^{t-1} 美元。然而，在经过某个有限时期 T 之后，如果双方还未达成协议，那么议价终止，每个参与人什么也得不到。图 9. AA. 1 画出了这个博弈的部分展开形［这个模型源于 Stahl（1972）］。

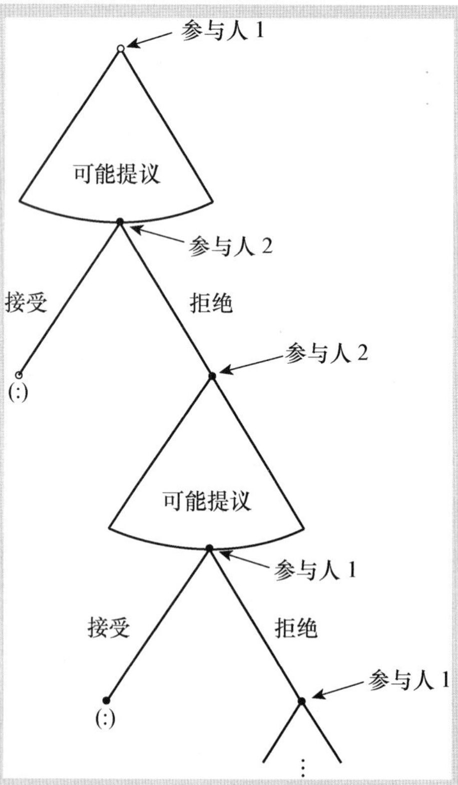

图 9. AA. 1　两人轮流提出分配方案的博弈

这个博弈有唯一的子博弈完美纳什均衡。为了看清这一点，首先假设 T 为奇数，如果在

时期 T 之前两人都未达成协议，那么在时期 T 轮到参与人1提出分配方案。现在，参与人2愿意接受分配给他的任何钱数，这是因为如果他拒绝，他什么也得不到，博弈结束（假设参与人2对于拒绝这个分配方案和接受分配给他零美元钱的方案是无差异的）。给定这个事实，在这种情形下，对于始自时期 T 的子博弈来说，唯一的子博弈完美纳什均衡为：参与人1提出分配给参与人2零美元钱，参与人2接受这一方案。① 因此，在这个子博弈中，均衡行动的收益为（$\delta^{T-1}v$，0）。

现在假设在时期 $T-1$ 之前两人都未达成协议，我们考虑始自时期 $T-1$ 的子博弈。在这种情形下，轮到参与人2提出分配方案（记住，我们在前面假设 T 为奇数）。在任何子博弈完美纳什均衡中，参与人1在时期 $T-1$ 将接受参与人2提出的分配给他的钱数当且仅当这一提议带给他的收益不小于 $\delta^{T-1}v$，原因在于，如若不然，参与人1将会拒绝这一分配方案，等待时期 T 的到来（在时期 T，轮到参与人1提出分配方案）。在时期 T，参与人1得到的收益为 $\delta^{T-1}v$。给定这个事实，在任何子博弈完美纳什均衡中，参与人2在时期 $T-1$ 提出的分配给参与人1的钱数都正好为 $\delta^{T-1}v$，而且参与人1接受这个分配方案（注意到，对于参与人2提出的能被参与人1接受的所有分配方案，这是参与人2提出的最优方案，参与人2不会提出让参与人1拒绝的方案，因为这会让参与人2的收益为零）。因此，如果博弈到达时期 $T-1$，收益必定为（$\delta^{T-1}v$，$\delta^{T-2}v-\delta^{T-1}v$）。

以这种方式进行下去，我们可以确定，当 T 为奇数时，唯一的子博弈完美纳什均衡为在时期1双方达成协议，此时参与人1得到的收益为

$$v_1^*(T)=v[1-\delta+\delta^2-\cdots+\delta^{T-1}]=v\left[(1-\delta)\left(\frac{1-\delta^{T-1}}{1-\delta^2}\right)+\delta^{T-1}\right]$$

参与人2得到的收益为 $v_2^*(T)=v-v_1^*(T)$。

如果 T 为偶数，那么参与人1的收益必定为 $v-\delta v_1^*(T-1)$，这是因为在任何子博弈完美纳什均衡中，参与人2（当 T 为偶数时，如果在时期1参与人2拒绝了参与人1提出的分配方案，那么在始自期数为偶数的子博弈中，轮到参与人2首先提议）将在时期1接受参与人1的提议当且仅当参与人2得到的收益不小于 $\delta v_1^*(T-1)$，参与人1将提议他分配给参与人2的钱数正好为 $\delta v_1^*(T-1)$。

最后，注意到当期数变大时（即当 $T\to\infty$ 时），参与人1的收益收敛于 $v/(1+\delta)$，参与人2的收益收敛于 $\delta v/(1+\delta)$。■

在例9.AA.1中，我们对子博弈完美纳什均衡概念的使用是直截了当的；我们只要从博弈最后时期开始，然后逆向归纳即可。下面我们考虑这个博弈的无限期界

① 注意到，如果参与人2不愿意接受参与人1分配给他零美元钱的提议，那么参与人1将没有最优策略；参与人1希望他提出的分配给参与人2的钱数接近零但严格为正（因为参与人2将接受任何严格正的钱数）。如果“对于分配给参与人2零美元钱的方案，参与人2在拒绝和接受之间是无差异的”这个假设让你不舒服，你可以这样分析：考虑分配给对方的钱数必须以微小增量（一美分）的方式提出，当增量趋于零时，这个极限结果与教材中的结果相同。

版本。正如我们在 9.B 节所指出的，当博弈为无限期界的时，我们不可能再以这种简单的方式求子博弈完美纳什均衡。而且，在很多博弈中，无限期界的引入将有可能导致范围更广的行为成为子博弈完美纳什均衡。然而，在无限期界的议价模型中，子博弈完美纳什均衡这个概念具有很大的威力。这个博弈有唯一的子博弈完美纳什均衡，可以证明这个均衡正好是有限期界议价模型在 $T \to \infty$ 时的极限结果。

例 9. AA. 2： 无限期界的双边议价。现在我们扩展例 9. AA. 1 的有限期界议价博弈，使得博弈不再限于有限的 T 期，而是可以一直进行下去。如果这种情形发生，两个参与人的收益都为零。这个模型源自 Rubinstein（1982）。

首先，我们断言，这个博弈有唯一的子博弈完美纳什均衡。在这个均衡中，两个参与人在时期 1 立即达成协议，其中参与人 1 的收益为 $v/(1+\delta)$，参与人 2 的收益为 $\delta v/(1+\delta)$。

我们此处使用了 Shaked 和 Sutton（1984）的分析方法，这个方法严重依赖于该博弈的静态性质（始自时期 2 的子博弈和时期 1 的子博弈很像，但参与人的角色互换了）。

令 $\bar{v}_1$ 表示参与人 1 在**任何**子博弈完美纳什均衡中得到的最大收益（即，在理论上，这个模型可能存在多个子博弈完美纳什均衡）。[①] 给定该模型的静态性质，这也是在始于时期 2 的子博弈（参与人 2 在时期 1 拒绝了参与人 1 的提议，因此在这个始于时期 2 的子博弈中，参与人 2 首先提议）中，参与人 2 能预期到的最大收益。因此，在任何子博弈完美纳什均衡中，参与人 1 的收益不可能低于 $\underline{v}_1 = v - \delta\bar{v}_1$，这是因为如果低于 $\underline{v}_1$，那么参与人 1 可以在时期 1 提议分给参与人 2 的钱数稍微大于 $\delta\bar{v}_1$，这样参与人 1 的收益就会增加。参与人 2 必定会接受任何这样的提议，因为如果他拒绝，他只能得到 $\delta\bar{v}_1$（注意到，我们此处使用了子博弈精炼，这是因为我们要求在参与人 2 拒绝之后的后续选择是后续子博弈的一个子博弈完美纳什均衡，而且给定这个事实，参与人 2 的反应将是最优的）。

其次，我们断言，在任何子博弈完美纳什均衡中，$\bar{v}_1$ 不可能大于 $v - \delta\underline{v}_1$。为了看清这一点，注意到在任何子博弈完美纳什均衡中，对于参与人 1 在时期 1 提出分给参与人 2 的钱数小于 $\delta\underline{v}_1$ 的任何提议，参与人 2 必定拒绝；这是因为参与人 2 通过拒绝该提议，并且等待在时期 2 他自己提议时他得到的收益不小于 $\delta\underline{v}_1$。因此，参与人 1 在时期 1 的提议被参与人 2 接受时，参与人 1 至多得到 $v - \delta\underline{v}_1$。如果参与人 1 在时期 1 的提议被参与人 2 拒绝，结果又是怎样的？由于在这种情形下，参与人 2 的收益必定不小于 $\delta\underline{v}_1$，而且由于时期 2 到来之前两人不可能达成协议，所以参与人 1 的收益至多为 $\delta v - \delta\underline{v}_1$。因此，我们有 $\bar{v}_1 \leqslant v - \delta\underline{v}_1$。

再次，注意到这些偏离意味着

$$\bar{v}_1 \leqslant v - \delta\underline{v}_1 = (\underline{v}_1 + \delta\bar{v}_1) - \delta\underline{v}_1$$

因此

$$\bar{v}_1(1-\delta) \leqslant \underline{v}_1(1-\delta)$$

---

① 可以证明，这个最大值是良好定义的，但是我们此处不打算证明此事。

给定 $\underline{v}_1$ 和 $\overline{v}_1$ 的定义，这意味着 $\underline{v}_1=\overline{v}_1$，因此参与人1的子博弈完美纳什均衡收益是唯一确定的。将这个收益记为 v_1^0。由于 $v_1^0=v-\delta v_1^0$，所以参与人1的收益必定为 $v_1^0=v/(1+\delta)$，参与人2的收益必定为 $v_2^0=v-v_1^0=\delta v/(1+\delta)$。另外，回顾上一段中的论证，我们看到两个参与人将在时期1达成协议（参与人1将发现提供能被参与人2接受的分配方案是值得的）。子博弈完美纳什均衡策略如下：参与人接受对方提出的分配方案当且仅当他的收益不小于 δv_1^0，而提议者分配给对方的钱数正好为 δv_1^0。

注意到：均衡策略、结果和收益正好为例9.AA.1在 $T\to\infty$ 时的均衡策略、结果和收益。■

在这个模型中，无限期界均衡与有限期界均衡的极限相同，但这不是无限期界博弈的一般性质。我们在讨论无限重复博弈（第12章）时将说明这个问题。

我们还应该指出，议价博弈模型的结果对具体议价过程和参与人的偏好可能非常敏感。习题9.B.7和习题9.B.13说明了这一点。

附录B：展开形颤抖手完美纳什均衡

在本附录，我们通过考察另外一个均衡概念来扩展9.C节的分析，这个均衡概念就是**展开形颤抖手完美纳什均衡**（extensive form trembling-hand perfect Nash equilibrium）［源于 Selten（1975）］，它强化了弱完美贝叶斯均衡中关于信念的一致性条件。事实上，在9.C节讨论的那些均衡概念中，展开形颤抖手完美纳什均衡是最强的概念。

展开形颤抖手完美纳什均衡的定义类似于标准形颤抖手完美纳什均衡的概念（参见8.F节），但现在颤抖应用于参与人在他的每个信息集上的选择，而不再应用于参与人的混合策略。看清这个思想的一种有用方法是使用 Selten（1975）所谓的**代理人标准形**（agent normal form）。得到这种标准形的方法是，设想参与人有个代理人集合，代理人代为执行该参与人在他的每个信息集上的行动（每个信息集上的代理人都是不同的），每个代理人独立行动来使得参与人收益最大。

定义9.BB.1：展开形博弈 Γ_E 的策略组合 σ 是个**展开形颤抖手完美纳什均衡**当且仅当它是 Γ_E 产生的代理人标准形的一个标准形颤抖手完美纳什均衡。

在标准形完美纳什均衡概念中（8.F节），颤抖发生在策略上，而在展开形概念中，颤抖发生在每个信息集上。为了看清为何这是合意的，我们考察图9.BB.1，这个图源自 van Damme（1983）。这个博弈有唯一的子博弈完美纳什均衡：$(\sigma_1, \sigma_2)=((NR, L), l)$。但是，$((NR, L), l)$ 不是这个博弈的唯一标准形颤抖手完美纳什均衡，$((R, L), r)$ 和 $((R, M), r)$ 也是（请读者自行验证一下）。这两个策略组合都是标准形颤抖手完美纳什均衡的原因在于，在标准形中，参与人1在策略（NR，M）上的颤抖可能大于在（NR，L）上的颤抖，尽管后者在参与人 1 的第二个决策节点上是更好的选择。在这样的颤抖之下，参与人 2 对参与人 1 的扰动策略的最优反应为 r。然而，不难看到，这个博弈的唯一展开形颤抖手完美纳什均衡是（（NR，L），l），这是因为在参与人 1 的第二个决策节点上代替参与人 1 行动的那个代理人，会以尽可能高的概率选择 L。

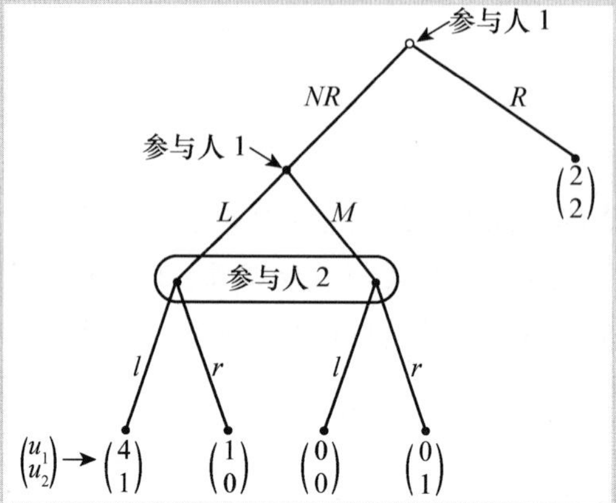

图 9. BB. 1　策略组合（（R，L），r）和（（R，M），r）都是标准形颤抖手完美均衡，但不是子博弈完美均衡

当我们比较定义 9. BB. 1 和定义 9. C. 4 时，可以清楚地看到，每个展开形颤抖手完美纳什均衡都是个序贯均衡。特别地，尽管颤抖手完美标准不是以信念概念提出的，然而我们可以将代理人标准形扰动博弈的（严格混合）均衡策略序列 $\{\sigma^k\}_{k=1}^{\infty}$ 作为序贯均衡信念的策略序列。因为展开形颤抖手完美均衡中的极限策略 σ 是对于该序列每个元素的最优反应，所以对于拥有这些信念的参与人来说，这些极限策略 σ 也是他们彼此的最优反应（因此，展开形颤抖手完美纳什均衡也是子博弈均衡）。

在本质上，通过引入颤抖，当策略被扰动时，展开形颤抖手完美均衡概念使得博弈树的每个部分都能到达，而且由于我们要求均衡策略是对于扰动策略的最优反应，因此它保证了均衡策略是序贯理性的。这个概念和序贯均衡概念的主要区别是，与标准形类似，展开形颤抖手完美均衡概念也能删除某些序贯均衡，在这些均衡中参与人选择了弱劣势策略。图 9. BB. 2（它是图 9. C. 1 博弈的稍微变形）描述了一个序贯均衡，在这个均衡中，策略不是展开形颤抖手完美的。

然而，一般来说，这两个概念非常接近［正式比较可以参见 Kreps 和 Wilson (1982)］；然而与检验策略对于一系列策略来说是否为最优反应相比，检验策略在极限信念上是否为最优反应相对更容易一些，因此，序贯均衡更为常用。这个概念的进一步讨论，可参见 van Damme（1983）。

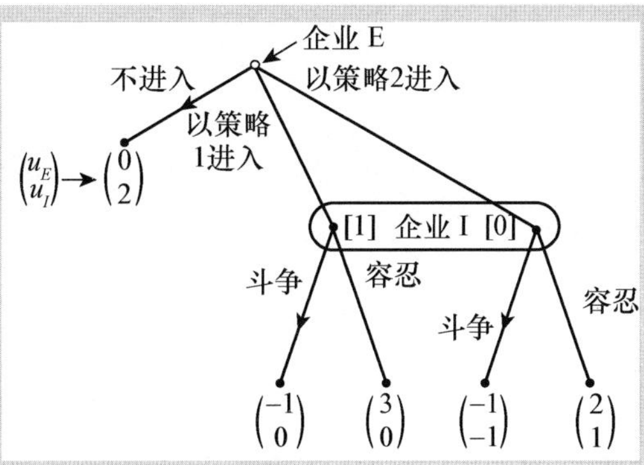

图 9. BB. 2 序贯均衡未必是展开形颤抖手完美均衡

参考文献

Bernheim, B. D. (1984). Rationalizable strategic behavior. *Econometrica* 52: 1007–1028.

DeGroot, M. H. (1970). *Optimal Statistical Decisions*. New York: McGraw-Hill.

Fudenberg, D., and J. Tirole (1991a). Perfect Bayesian and sequential equilibrium. *Journal of Economic Theory* 53: 236–260.

Fudenberg, D., and J. Tirole (1991b). *Game Theory*. Cambridge, Mass.: MIT Press.

Kohlberg, E. (1989). Refinement of Nash equilibrium: The main ideas. Harvard Business School Working Paper No. 89–073.

Kohlberg, E., and J.-F. Mertens (1986). On the strategic stability of equilibria. *Econometrica* 54: 1003–1038.

Kreps, D. M., and R. Wilson (1982). Sequential equilibrium. *Econometrica* 50: 863–894.

Moulin, H. (1981). *Game Theory for the Social Sciences*. New York: New York University Press.

Myerson, R. (1991). *Game Theory: Analysis of Conflict*. Cambridge, Mass.: Harvard University Press.

Pearce, D. G. (1984). Rationalizable strategic behavior and the problem of perfection. *Econometrica* 52: 1029–1050.

Rosenthal, R. (1981). Games of perfect information, predatory pricing, and the chain-store paradox, *Journal of Economic Theory* 25: 92–100.

Rubinstein, A. (1982). Perfect equilibrium in a bargaining model. *Econometrica* 50: 97–109.

Selten, R. (1965). Spieltheoretische behandlung eines oligopolmodells mit nachfragetragheit. *Zeitschrift fur die gesamte staatswissenschaft* 121: 301–324.

Selten, R. (1975). Re-examination of the perfectness concept for equilibrium points in extensive games. *International Journal of Game Theory* 4: 25–55.

Shaked, A., and J. Sutton (1984). Involuntary unemployment as a perfect equilibrium in a bargaining model. *Econometrica* 52: 1351–1364.

Stahl, I. (1972). *Bargaining Theory*. Stockholm. Economics Research Unit.

van Damme, E. (1983). *Refinements of the Nash Equilibrium Concept*. Berlin: Springer-Verlag.

习 题

9.B.1[A] 在例 9.B.2 的博弈（见图 9.B.3）中有多少个子博弈？

9.B.2[A] 考虑展开形博弈 Γ_E。证明：

（a）如果 Γ_E 的唯一的子博弈是 Γ_E 本身，那么每个纳什均衡都是子博弈完美纳什均衡。

（b）子博弈完美纳什均衡在 Γ_E 的每个子博弈中都诱导出了一个子博弈完美纳什均衡

9.B.3[B] 验证：对于例 9.B.2 中的博弈来说，此例使用逆向归纳法识别出的策略是个纳什均衡。另外，请找出这个博弈的所有其他纯策略均衡。证明这些其他均衡都不满足序贯理性原理。

9.B.4[B] 证明在完美信息的**零和**（zero-sum）有限博弈中，存在唯一的子博弈完美纳什均衡收益。

9.B.5[B] （E. Maskin）在某个博弈中有两个参与人 1 和 2，每个参与人 i 都可以从含有 m_i 个行动的有限集 M_i 中选择一个行动。如果参与人选择的行动为 (m_1, m_2)，那么参与人 i 的收益为 $\phi_i(m_1, m_2)$。

（a）首先假设两个参与人同时行动。在这种情形下，每个参与人有多少个策略？

（b）现在假设参与人 1 先行动，参与人 2 在行动之前观察参与人 1 的行动。在这种情形下，每个参与人有多少个策略？

（c）假设（b）中的博弈有多个子博弈完美纳什均衡。证明如果事实如此，那么存在两个行动组合 (m_1, m_2) 和 (m_1', m_2')（其中 $m_1 \neq m_1'$ 或 $m_2 \neq m_2'$）使得

$$(\text{i})\ \phi_1(m_1, m_2) = \phi_1(m_1', m_2')$$

或

$$(\text{ii})\ \phi_2(m_1, m_2) = \phi_2(m_1', m_2')$$

（d）假设对于任何两个行动组合 (m_1, m_2) 和 (m_1', m_2')（其中 $m_1 \neq m_1'$ 或 $m_2 \neq m_2'$），条件（ii）均不成立（即，参与人 2 在任何两个行动组合之间都不是无差异的）。另外，假设（a）中的博弈存在着一个**纯策略纳什均衡**，其中 π_1 是参与人 1 的收益。证明对于（b）中博弈的任何子博弈完美纳什均衡来说，参与人 1 的收益至少为 π_1。对于（b）中博弈的任何纳什均衡，这个结论都必定成立吗？

（e）举例说明（d）中的结论在下列两种情形下可能都不成立：一是条件（ii）对于两个行动组合 (m_1, m_2) 和 (m_1', m_2')（其中 $m_1 \neq m_1'$ 或 $m_2 \neq m_2'$）成立；二是我们将（d）中的"纯策略纳什均衡"换成"混合策略纳什均衡"。

9.B.6[B] 对例 9.B.4 中利基选择博弈的企业 E 进入之后的子博弈，求伴有实际随机化的混合策略均衡。在这个子博弈中，存在能诱导出该行为的子博弈完美纳什均衡吗？子博弈完美纳什均衡策略是什么？

9.B.7[B] 考虑本章附录 A（例 9.AA.1）中有限期界的双边议价博弈，但是现在我们不再假设参与人对未来收益进行贴现，而是假设轮到任何参与人提出分配方案时提议者都需要支付 $c < v$ 的成本，提议一次支付一次。（只有提议者才支付这个成本，即使最终两人未达成协议，已经提议的参与人也需要按照他实际已提议的次数支付成本。）这个博弈的（唯一）子博弈完美纳什均衡是什么？当 $T \to \infty$ 时将会出现什么样的情形？

9.B.8[C] 证明在每个（有限）博弈 Γ_E 中都存在着一个混合策略子博弈完美纳什均衡。

9.B.9[B] 在一个博弈中，下列同时行动博弈进行了两次：

		参与人 2		
		b_1	b_2	b_3
参与人 1	a_1	10,10	2,12	0,13
	a_2	12,2	5,5	0,0
	a_3	13,0	0,0	1,1

题 9.B.9 图

在上述同时行动博弈第二次进行之前，参与人已观测到他们在第一次进行时的行动。这个博弈的纯策略子博弈完美纳什均衡是什么？

9.B.10[B]　再次考察例 9.B.3 中的博弈，但是现在改变企业 E 进入之后的子博弈，使得当两个参与人选择“容忍”时，他们不再得到收益 $(u_E, u_I)=(3, 1)$，而是必须进行下列同时行动博弈：

		企业 I l	企业 I r
企业 E	U	3,1	0,0
企业 E	D	0,0	x,3

题 9.B.10 图

当 $x \geqslant 0$ 时，这个博弈的子博弈完美纳什均衡是什么？当 $x<0$ 时呢？

9.B.11[B]　某个规模递减的市场有两个企业 A 和 B。博弈始于时期 0，企业能在时期 0，1，2，3，…（即，无穷期）展开竞争，如果它们这么选择的话。企业 A 和 B 在时期 t 得到的寡头利润分别为 $105-10t$ 和 $10.5-t$。如果市场只剩下一个企业且该企业是 A，那么企业 A 的垄断利润为 $510-25t$，如果剩下的这个企业是 B，那么 B 的垄断利润为 $51-2t$。

假设在每期期初，如果它仍然活跃的话（如果两个企业都仍然活跃，那么它们需要同时作出留或退的决策），每个企业必须决定是“留在市场中”还是“退出市场”。一旦某个企业退出，它再也不能进入，自此以后的每一期，它的收益都为零。企业的目标是使得它们（未贴现的）利润之和最大。

这个博弈的子博弈完美纳什均衡结果是什么？在这个均衡中企业的策略是什么？

9.B.12[C]　在本章附录 A（例 9.AA.2）中的无限期界的双边议价模型中，现在假设参与人 1 和 2 的贴现因子不同，即 $\delta_1 \neq \delta_2$。这个博弈的（唯一）子博弈完美纳什均衡是什么？

9.B.13[B]　在习题 9.B.7 无限期界的博弈版本中，子博弈完美纳什均衡是什么？

9.B.14[B]　在时点 0，装饰品市场上已经有一个企业（企业 I），另外还有一个潜在进入者（企业 E）。为了进入，企业 E 必须支付成本 $K>0$。企业 E 的唯一进入机会是在时点 0 进入。生产时期有三个。在两个企业都活跃的任何时期，它们展开的博弈如下图所示。企业 E 率先行动，决定是留在市场还是退出市场。如果它留在市场，企业 I 决定是否斗争。一旦企业 E 选择“不进入”，它就永远不能进入；在企业 E 尚未进入的任何时期，企业 E 的收益都为零，企业 I 的收益为 x。两个企业的贴现因子都为 δ。

假设：

(A.1) $x>z>y$；

(A.2) $y+\delta x>(1+\delta) z$；

(A.3) $1+\delta>K$。

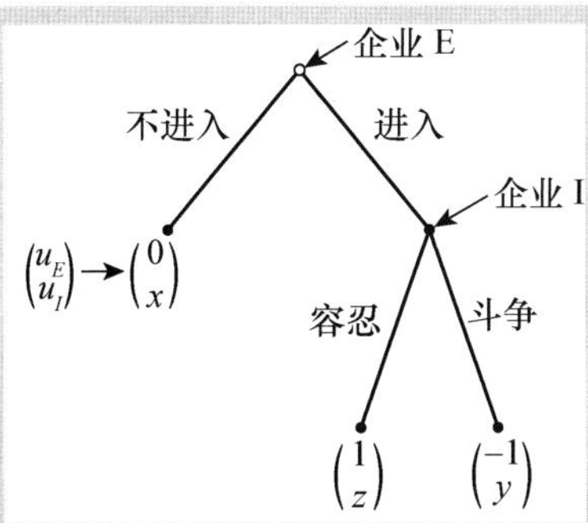

题 9.B.14 图

(a) 这个博弈的（唯一）子博弈完美纳什均衡是什么？

(b) 现在企业 E 面对资金上的约束。具体地说，只要企业 I（在任何时期）与企业 E 斗争一次，企业 E 就被迫从此退出市场。现在这个博弈的（唯一）子博弈纳什均衡是什么？如果答案不仅仅取决于三个假设条件（A.1）到（A.3）中的参数的值，请说明原因。

9.C.1[B] 证明命题 9.C.1。

9.C.2[B] 对于例 9.C.3 中的博弈，当 $\gamma\in(-1, 0)$ 时，这个博弈的弱完美贝叶斯均衡集是什么？

9.C.3[C] 在某个议价模型中有一个买者和一个卖者。对于卖者拥有的某个商品，买者认为它价值 $v>0$（卖者认为它价值为零）。买者知道这个价值 v 但卖者不知道，也就是说，买者对商品的评价是私人信息。价值的先验分布是共同知识。议价分为两个时期。卖者在每一期期初提出一个“要么购买要么走人”的要约（即，报出一个价格），买者可以接受也可以拒绝。当要约被接受或者两期过后，无论哪个先发生，博弈都结束。买者和卖者都以贴现因子 $\delta\in(0, 1)$ 贴现时期 2 的收益。

当买者在接受和拒绝卖者的要约之间无差异时，我们始终假设买者会接受。

(a) 对于 v 可以取两个值 v_L 和 v_H（其中 $v_H>v_L>0$）和 $\lambda=\text{Prob}(v_H)$ 的情形，刻画（纯策略）弱完美贝叶斯均衡。

(b) 对于 v 在 $[\underline{v}, \bar{v}]$ 上均匀分布的情形，刻画（纯策略）弱完美贝叶斯均衡。

9.C.4[C] P 女士（原告）起诉 D 女士（被告）。如果 P 胜诉，她将能从 D 那里获得 π 元赔偿。D 知道 P 将获胜的概率 $\lambda\in[0, 1]$（如果 D 真有过错，D 可能知道这个概率），但 P 不知道。P 和 D 的诉讼成本分别为 $c_p>0$ 和 $c_d>0$。λ 的先验分布的密度为 $f(\lambda)$，这是个共同知识。

假设起诉前，两人协商机制如下：P 向 D 提出一个“要么接受要么走人”的要约（一定钱数）。如果 D 接受，在 D 向 P 赔偿这个钱数之后，博弈结束。如果 D 拒绝，则进入诉讼程序。

(a) 这个博弈的（纯策略）弱完美贝叶斯均衡是什么？

(b) c_p，c_d 和 π 变化后将产生什么样的影响？

(c) 现在允许 P 的要约被拒绝后 P 决定不再起诉。弱完美贝叶斯均衡是什么？c_p，c_d 和 π 变化后将产生什么样的影响？

9.C.5[C] 重新考虑习题 9.C.4，现在假设 P 知道 λ 但 D 不知道。

9.C.6[B] 在习题 9.C.3 到 9.C.5 的博弈中，各自的序贯均衡是什么？

9.C.7[B] （本题是由 E. Maskin 在 K. Bagwell 论文的基础上改编的）考虑下图中的展开形博弈。

(a) 找出这个博弈的一个子博弈完美纳什均衡。它是唯一的吗？还存在任何其他的纳什均衡吗？

(b) 现在假设参与人 2 不能观知参与人 1 的行动。写出新的展开形。求纳什均衡集。

(c) 现在假设参与人 2 能正确观知参与人 1 行动的概率为 $p\in(0, 1)$，不能正确观知的概率为 $1-p$（例如，如果参与人 1 选择 T，参与人 2 以概率 p 认为它是 T，以概率 $1-p$ 认为它是 B）。假设参与人 2 错误观知的倾向（即，由 p 值给出）是共同知识。展开形是什么样的？证明只存在唯一一个弱完美贝叶斯均衡。这个均衡是什么？

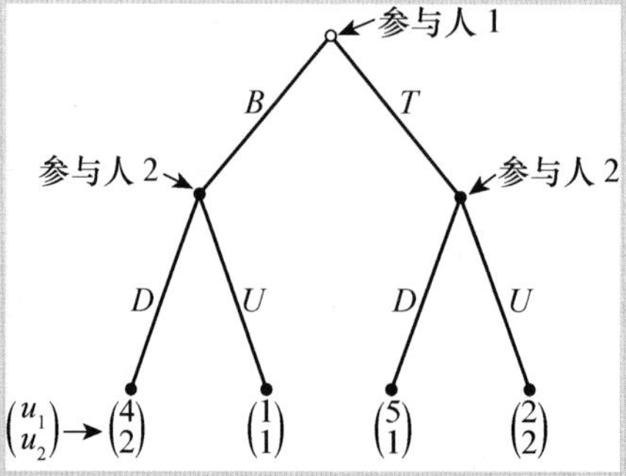

题 9.C.7 图

9.D.1[B] 在命题9.B.2给出的完美信息有限博弈存在唯一子博弈完美纳什均衡的假设条件下，证明存在一个重复删除弱劣势策略的次序使得所有幸存策略组合产生的结果与子博弈完美纳什均衡相同（即，有相同的均衡路径和收益）。[事实上，任何删除次序都能导致这个结果；参见Moulin（1981）。]

第三部分

市场均衡与市场失灵

在第三部分，我们转而分析经济学的基本问题：**生产组织与商品在消费者之间的分配**。这个基本问题可从两个角度进行分析，一个是**实证性的**（positive），另外一个是**规范性的**（normative）。

从实证性的或称**描述性的**（descriptive）角度，我们可以考察生产和消费在各种制度机制下的确定问题。我们重点关注的制度安排是**市场经济**或称**私有产权经济**的制度安排。在市场经济中，消费者拥有各种资产（例如他们的劳动）的产权，他们在市场中能够自由交易。类似地，企业（企业本身由消费者所拥有）决定它们的生产方案，企业在市场上购买必要的投入物，销售产出品。大致来说，我们可以将**市场均衡**（market equilibrium）视为市场经济的一种结果，在这个结果中，给定所有其他个体的行动，每个个体（即每个消费者和每个企业）已尽力做到最好。

相反，从规范性的或称**说明性的**（prescriptive）角度，我们可以考察**社会最优的**（socially optimal）生产和消费方案是怎么样的。当然，我们需要先具体说明"社会最优的"所指的具体含义。然后，我们可以使用这个标准考察具体的制度例如市场经济的运行情况。

在第 10 章，我们第一次考察**竞争性市场经济**或称**完全竞争的市场经济**。在这样的经济中，每种相关的商品在市场中以公开价格进行交易，所有个体都是价格接受者（我们已经知道本教材第一部分的个体行为分析的大部分内容都适用于这种情形）。在第 10 章，我们首先给出两个一般性概念的定义：一是**竞争均衡**或称**瓦尔拉斯均衡**（Walrasian equilibrium），另外一个是**帕累托最优**（Pareto optimality）或称**帕累托有效率**（Pareto efficiency）。竞争均衡概念为完全竞争市场经济的市场均衡提供了合适的定义。帕累托最优概念提供了任何社会最优经济结果应该通过的最低且无争议的检验标准。对于某个经济结果，如果我们已无法使某些个体的状况变得更好的同时而又不损害其他个体的利益，那么这个经济结果是帕累托最优的。帕累托最优概念是社会不存在浪费这一思想的正式表达，而且它有助于我们将经济效率问题与福利在个体之间的理想**分配问题**区分开，后面这个问题富有争议且通常涉及政治。

在给出了竞争均衡和帕累托最优的概念之后，第 10 章开始考察这两个概念在**局部均衡模型**（partial equilibrium model）这一特殊环境中的关系。局部均衡分析是整个第三部分分析的基础，它大大地简化了分析。在局部均衡模型中，我们可以每次只分析一个市场（或几个相关市场）。在这个特殊的环境中，我们建立了两个关于竞争均衡最优性质的重要结论，称为**福利经济学基本定理**（fundamental theorems of welfare economics）。这两个定理的内容大致如下：

● **福利经济学第一基本定理**。如果每种相关的商品在市场中以公开价格交易［即如果存在一组完全市场（complete markets）］，而且家庭和企业的行为是完全竞争的（即都是价格接受者），那么市场结果是帕累托最优的。也就是说，当市场是完全的，**任何竞争均衡必定是帕累托最优的**。

● **福利经济学第二基本定理**。如果家庭的偏好和企业的生产集都是凸的，而且存在着一组完全市场（商品以公开价格交易，每个个体都是价格接受者），那么，**如果可对财富进行定额转移**（lump-sum transfers），**任何帕累托最优结果都是竞争均衡**。

福利经济学第一基本定理提供了一组假设条件，在这些条件下市场经济必定能实现帕累托最优结果。在某种意义上，福利经济学第一基本定理是亚当·斯密关于市场“看不见的手”思想的正式表达。福利经济学第二基本定理进一步指出，在福利经济学第一基本定理的那些假设条件下，如果再施加凸性假设，那么所有帕累托最优结果在理论上都可以通过市场机制实现。也就是说，如果政府想达到某个特定的帕累托最优结果（比如政府希望制定合理的分配目标），那么它可以先对财富进行合理再分配然后“让市场运作”，这样它总可以实现这个结果。

在某种重要意义上，福利经济学第一基本定理使我们将完全竞争作为思考市场经济结果的标尺。特别地，市场经济中出现的任何无效率以及为此实施的帕累托改进市场干预，**必定**是因为我们至少违背了福利经济学第一基本定理的某个假设条件。

第三部分的剩下章节（第 11 章到第 14 章），可以视为这一主题的进一步发展。在这些章节，我们研究实际市场偏离完全竞争理想结果的一些原因。由于这些原因，市场均衡不是帕累托最优的，这种情形称为**市场失灵**（market failure）。

在第 11 章，我们将研究**外部性**（externalities）和**公共物品**（public goods）。在这两种情形下，某个个体的行为直接影响其他个体的效用函数或生产集。我们将看到，因为这些非市场（nonmarketed）“好物品”（goods）或“坏物品”（bads）的存在——这些物品不在市场上交易从而违背了福利经济学第一基本定理的完全市场假设——所以，市场均衡不是帕累托有效率的。

在第 12 章，我们转而研究市场中的某些个体拥有**市场势力**（market power）的情形，在这样的情形下，这些个体不是价格接受者。再一次地，由于这种情形违背了福利经济学第一基本定理的假设条件，从而导致市场均衡不是帕累托最优的。

在第 13 章和第 14 章，我们考虑市场参与者之间存在**信息不对称**（asymmetry of information）的情形。福利经济学第一基本定理中的完全市场假设蕴涵着一个要求，它要求所有市场参与人都能观测到商品的特征，这是因为如果他们无法观测到商品特征从而无法区分“不同的”商品，那么这些“不同的”商品就不可能存在不同的市场。第 13 章重点考察个体签约时存在的信息不对称。我们说明了这种信息不完美可能导致的几种现象，即**逆向选择**（adverse selection）、**发送信号**（signaling）以及**信息筛选**（screening）。另外，我们还将考察信息不对称造成的福利损失。第 14 章考察签约后的信息不对称，我们主要研究**委托代理模型**（principal-agent model）。再一次地，由于存在不对称信息，所有相关商品的交易受到一定抑制，市场结果也是帕累托无效率的。

在第三部分，我们的分析主要依赖于我们在第一部分和第二部分发展出的工具。特别地，在第 10 章，我们将使用第一部分发展出的工具；在第 12 章和第 13 章，我们将使用第二部分发展出的博弈论工具。

对于完全竞争市场经济和基本福利定理的更全面和更一般研究，留待本书第四部分。

第10章 竞争市场

10.A 引言

在本章，我们第一次考虑整体经济——消费者和企业通过各种商品市场相互作用。本章主要目标有二：首先，正式引入和研究两个关键概念，即**帕累托最优**(Pareto optimality) 和**竞争均衡**(competitive equilibrium)；其次，用**局部均衡模型**(partial equilibrium model) 研究市场均衡，这种模型在某种程度上比较特殊，但在分析上非常方便。

在 10. B 节，我们给出一般环境中的**帕累托最优配置**或称**帕累托有效率配置**的概念，以及**竞争均衡**或称**瓦尔拉斯均衡**的概念。

从 10. C 节开始，我们主要关注局部均衡这个环境。局部均衡方法源自 Marshall (1920)，它认为每个消费者在一种商品（或一组相关商品）的市场上的支出，只占他的总支出很小比重。这样，下面的假设就是合理的：这种商品市场的变化几乎不会影响所有其他商品的价格，而且在所要研究的市场上财富效应可以被忽略。我们用最简单的方法——由两种商品组成的模型——来描述这些特征。在这个模型中，我们重点研究一种商品，而将此商品之外的所有其他商品支出视为另外一种商品，后者称为**计价物**(numeraire) 商品；而且，在这个模型中，消费者的效用函数关于该计价物是拟线性的。使用这个简单模型研究市场均衡的另外一个好处在于，我们可以大量使用供求图进行分析。我们还将讨论当市场环境的外生变量发生变化时，如何确定比较静态效应。例如，我们分析当政府征收扭曲性的商品税时，市场均衡将会发生什么样的变化。

在 10. D 节，我们分析局部均衡模型中帕累托最优配置的性质。最为重要的是，我们在这个特殊的环境中证明了**福利经济学基本定理**(fundamental theorems of welfare economics) 的效力：竞争均衡配置必定是帕累托最优的；而且，如果辅以合理的定额财富转移，那么任何帕累托最优配置都是竞争均衡。正如我们在第三部分的引言中所指出的，这些结论识别出了一个重要的参照 (benchmark) 情形：市场均衡产生了合意的经济结果。与此同时，它们提供了识别市场失灵情形（比如第11章到第14章）的架构。

在10.E节，我们考虑局部均衡模型中的福利变动的衡量问题。我们将证明福利变动可用需求曲线和供给曲线之间的面积表示。作为例证，我们将考察扭曲税造成的净损失。

在10.F节，我们考虑企业可以**自由进入**市场的情形。在这种情形下，所有潜在的企业都可以获得最有效率的技术，而且根据面对的利润机会决定进入还是退出市场。我们给出**长期竞争均衡**（long-run competitive equilibrium）的概念，然后使用它区分市场条件变化带来的长期比较静态效应和短期比较静态效应。在10.G节，我们进一步讨论局部均衡分析在经济模型中的运用问题。

本节内容蕴涵的思想源远流长。感兴趣的读者可以参考Stigler（1987）。读者需要注意，我们在本章提供的竞争均衡和帕累托最优分析在某种程度上仍是导论性质的。在第四部分，我们将再次回到这个主题，那时我们将提供更全面和更一般的分析；与此同时，我们将提供更多的参考资料。

10.B 帕累托最优与竞争均衡

在本节，我们引入和讨论帕累托最优或称帕累托有效率的概念，以及竞争均衡或称瓦尔拉斯均衡的概念。我们将在一般环境中考察这些概念。在10.C节及其以后章节，我们再在局部均衡环境中研究它们。

假设我们所要研究的经济包含：I个消费者（$i=1, \cdots, I$）；J个企业（$j=1, \cdots, J$）；L种商品（$l=1, \cdots, L$）。消费者i关于他消费集$X_i \subset \mathbb{R}^L$中消费束$x_i=(x_{1i}, \cdots, x_{Li})$的偏好可用效用函数$u_i(\cdot)$表示。每种商品$l=1, \cdots, L$的初始总量［称为商品$l$的**总禀赋**（total endowment）］可用$\omega_l \geqslant 0$表示，其中$l=1, \cdots, L$。企业可以使用某种商品生产出其他商品。每个企业的生产可能集用生产集$Y_j \subset \mathbb{R}^L$表示。Y_j的每个元素都是一个生产向量$y_j=(y_{1j}, \cdots, y_{Lj}) \in \mathbb{R}^L$。因此，如果$(y_1, \cdots, y_J) \in \mathbb{R}^{LJ}$是$J$个企业的生产向量，那么经济中商品$l$的（净）数量为$\omega_l + \sum_j y_{lj}$（记住，生产向量中负元素表示投入；参考5.B节）。

我们首先引入定义10.B.1，这个定义给出了这个经济的可能结果集。

定义10.B.1： 一个**经济配置**（economic allocation）$(x_1, \cdots, x_I, y_1, \cdots, y_J)$对每个消费者$i=1, \cdots, I$指定了一个消费向量$x_i \in X_i$，对每个企业$j=1, \cdots, J$指定了一个生产向量$y_j \in Y_j$。对于配置$(x_1, \cdots, x_I, y_1, \cdots, y_J)$，如果

$$\sum_{i=1}^{I} x_{li} \leqslant \omega_l + \sum_{j=1}^{J} y_{lj} \text{ 对于 } l = 1, \cdots, L \text{ 都成立}$$

那么我们说该配置是**可行的**（feasible）。

因此，在某个经济配置中，如果每种商品的总消费量不大于该商品的初始禀赋和生产量之和，那么该配置是可行的。

帕累托最优

我们通常想知道某个经济系统能否产生“最优的”经济结果。任何最优的经济配置的一个核心要求是，它具有帕累托最优（或称为帕累托有效率）性质。

定义 10. B. 2：对于可行配置（x_1，…，x_I，y_1，…，y_J）来说，如果不存在其他的可行配置（x'_1，…，x'_I，y'_1，…，y'_J）使得：对于所有 $i=1$，…，I 都有 $u_i(x'_i)\geqslant u_i(x_i)$，并且对于某个 i 有 $u_i(x'_i)>u_i(x_i)$，那么我们说（x_1，…，x_I，y_1，…，y_J）是**帕累托最优的**或称**帕累托有效率的**。

如果某个配置是帕累托最优的，那么它就能做到有效率地使用社会的初始资源和可能的技术，也就是说，已不存在使得某些消费者状况变好但又不使其他消费者状况变差的方法。

图 10. B. 1 说明了帕累托最优这个概念。在这个图中，我们画出了一个由两个消费者组成的经济能达到的效用水平，这是一个集合，它称为**效用可能集**（utility possibility set）。在两消费者组成的经济中，我们可用下式定义效用可能集：

$$U=\{(u_1,u_2)\in\mathbb{R}^2\text{：存在一个可行配置}(x_1,x_2,y_1,\cdots,y_J)$$
$$\text{使得 }u_i\leqslant u_i(x_i)\text{对于 }i=1,2\text{ 成立}\}$$

因此，帕累托最优配置集，是由那些能产生位于效用可能集（东北方）边界上的效用组合［例如点（$\hat{u}_1$，$\hat{u}_2$）］的配置组成的。在任何这样的点上，已不可能找到使得某个消费者的状况变好而又不使得其他消费者状况变差的方法。

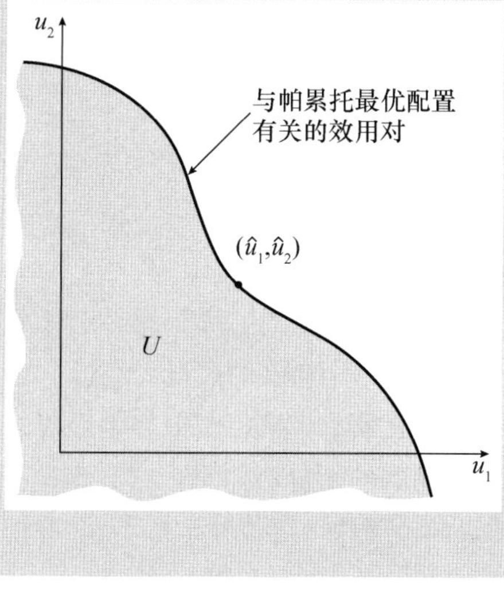

图 10. B. 1　效用可能集

需要指出，帕累托最优这个标准不能保证这样的配置是公平的，无论你怎么定义公平性。例如，使用一个社会的所有资源和技术来使得某个消费者的状况尽可能地好，但只让所有其他消费者维持在生存效用水平上，这样的配置是帕累托最优的，但站在分配的角度看，它不是非常合意的配置。然而，帕累托最优为检验配置的合意性提供了一个最低标准，也就是说，一个合意的配置在最低限度上不能存在着资源浪费，存在着浪费现象的配置不可能是合意的配置。

竞争均衡

在本章，我们始终分析的是竞争市场经济。在这样的经济中，社会的初始禀赋和技术可能性（即企业）都由消费者拥有。我们假设消费者 i 最初拥有数量为 ω_{li} 的商品 l，其中 $\sum_i \omega_{li}=\omega_l$。我们将消费者 i 的禀赋向量记为 $\omega_i=(\omega_{1i},\cdots,\omega_{Li})$。另外，我们假设消费者 i 在企业 j 中所占的股份为 θ_{ij}（其中 $\sum_i \theta_{ij}=1$），因此他有权索要的企业 j 的利润份额为 θ_{ij}。

在竞争经济中，每种商品 l 都存在着市场，所有消费者和生产者都是价格接受者。价格接受者这个假设背后的思想是，如果相对于市场规模来说，消费者和生产者都很小，那么他们就会认为市场价格不会受到他们自己行为的影响。①

10

我们把商品 1，…，L 的市场价格向量记为 $p=(p_1,\cdots,p_L)$。定义 10. B. 3 给出了竞争均衡或称瓦尔拉斯均衡的概念。

定义 10. B. 3：配置 $(x_1^*,\cdots,x_I^*,y_1^*,\cdots,y_J^*)$ 和价格向量 $p^*\in\mathbb{R}^L$ 构成了一个**竞争均衡**或称**瓦尔拉斯均衡**，如果它们能满足下列条件：

（ⅰ）**利润最大化**：对于每个企业 j，y_j^* 是下列最大化问题的解

$$\underset{y_j\in Y_j}{\text{Max}}\, p^*\cdot y_j \tag{10. B. 1}$$

（ⅱ）**效用最大化**：对于每个消费者 i，x_i^* 是下列最大化问题的解

$$\underset{x_i\in X_i}{\text{Max}}\, u_i(x_i)$$
$$\text{s. t. } p^*\cdot x_i\leqslant p^*\cdot \omega_i+\sum_{j=1}^{J}\theta_{ij}(p^*\cdot y_j^*) \tag{10. B. 2}$$

（ⅲ）**市场出清**：对于每种商品 $l=1,\cdots,L$，

$$\sum_{i=1}^{I} x_{li}^*=\omega_l+\sum_{j=1}^{J} y_{lj}^* \tag{10. B. 3}$$

如果一个竞争经济处于均衡状态，那么它必定满足定义 10. B. 3 中的三组条件。条件（ⅰ）和（ⅱ）反映了一个潜在的假设：经济中的个体总是尽其所能做到对自己最有利。这个假设几乎在所有经济模型中都能看到。条件（ⅰ）表明：给定每个企业 j 的投入物和产出品的均衡价格向量，它必定选择使其利润最大的生产方案。（关于利润最大化假设的合理性，请参考 5. G 节。）我们已在第 5 章详细分析了企业的这种竞争行为。

---

① 严格地说，他们认为他们的行为不会影响**均衡**市场价格。关于这一点的讨论，请参考稍后的讨论。

条件（ⅱ）意味着，对于每个消费者 i 来说，给定由均衡价格和他的财富施加的约束，他必定选择能使得他的效用最大的消费束。我们已在第 3 章详细研究了消费者的这种竞争行为。与第 3 章不同的是，此处消费者的财富是价格的函数。财富依赖于价格，这表现在两个方面：首先，价格决定了消费者初始禀赋的价值；例如，如果房地产价格下降，最初拥有房产的那些人变穷了。其次，均衡价格影响企业的利润，从而影响消费者持有的企业股份的价值。

条件（ⅲ）则有所不同。它要求在均衡价格水平上，条件（ⅰ）给出的合意生产水平与条件（ⅱ）给出的合意消费水平是相容的；也就是说，每种商品的总供给量（该商品的总禀赋加上生产出来的该商品数量）等于总需求量。如果在当前的价格上，某种商品存在着超额供给或超额需求，那么经济不可能位于均衡点上。例如，在当前的价格下，如果某种商品存在着超额需求，那么有些愿望未得到满足的消费者会发现，如果他提供的购买价格稍微比当前的价格高一点，那么他的状况会变好，因为卖方会先卖给他。类似地，如果某种商品存在着超额供给，卖者就会发现：如果他把价格降低到稍微比当前市场价格低一些，那么他的状况就会变好。[①]

读者可能已经注意到，我们在说明为何市场达到均衡时必定不存在超额需求或超额供给时，我们已经用到了消费者和生产者可能不是价格接受者的事实。但我们又假设他们是价格接受者，如何调和二者的矛盾?

对于这个悖论的一种解释是，首先认定消费者和生产者总有改变自己报价的能力（即不存在阻止他们改变报价的制度约束）。在这个前提之下，若想让价格接受者假设变得合理，我们只需要求当需求和供给相等时，他们没有**激励**改变价格。（我们已经看到，当需求不等于供给时，他们**的确**有激励改变价格。）

注意到，只要消费者在当前的市场价格上能进行他想要的交易，那么他就不会报出高于市场价格的价格来诱使卖方先卖给他。类似地，如果卖者在当前的市场价格上能卖掉他想卖掉的商品，他就没有激励来降价。因此，在使得需求和供给相等的价格水平上，消费者不想提价，卖者不想降价。

更麻烦的情形是买者可能试图压低买价，或者卖者试图抬高卖价。例如，某个企业可能拥有市场势力，这样它就可能索要高于竞争水平的价格，从而赚取利润（参见第 12 章）。在这种情形下，没有理由认为企业不会使用自己的市场势力。为了挽救价格接受者假设，我们需要说明在适度的（竞争）条件下，这样的市场势力是不存在的。我们将在 12.F 节和 18.C 节进行相关讨论，在那里我们将把下列思想模型化：如果市场参与者想要的交易相对市场规模来说很小，那么他们就没有激励偏离市场价格。因此，如果适当定义均衡，市场参与者的行为非常类似价格接受者。

---

① 严格地说，超额供给情形下的论证要求价格为正；的确，如果价格为零（即商品是免费的），那么超额供给与均衡是相容的（即均衡时该商品可以是超额供给的）。然而，在本章剩下的内容中，消费者的偏好将排除这种可能性（我们假设所有商品都是消费者想要的）。因此，此处我们忽略这种可能性。

注意到，从定义 10.B.3 可知，如果配置（x_1^*，…，x_I^*，y_1^*，…，y_J^*）和价格向量 $p^* \gg 0$ 构成了一个竞争均衡，那么配置（x_1^*，…，x_I^*，y_1^*，…，y_J^*）和价格向量 $\alpha p^* = (\alpha p_1^*, \cdots, \alpha p_L^*)$ 也构成了竞争均衡，其中实数 $\alpha>0$ 是任意的。请参考习题 10.B.2。因此，不失一般性，我们可将价格标准化。在本章，我们总是进行标准化：将一种商品的价格设定为 1。

引理 10.B.1 在识别竞争均衡时也比较有用。

引理 10.B.1：如果配置（x_1，…，x_I，y_1，…，y_J）和价格向量 $p \gg 0$ 对于所有商品 $l \neq k$ 都满足市场出清条件（10.B.3），而且如果每个消费者的预算约束都以等式成立，即对于所有 i 都有 $p \cdot x_i = p \cdot \omega_i + \sum_j \theta_{ij} p \cdot y_j$，那么商品 k 的市场也是出清的。

证明：将 I 个消费者的预算约束相加，重新整理可得

$$\sum_{l \neq k} p_l \Big(\sum_{i=1}^{I} x_{li} - \omega_l - \sum_{j=1}^{J} y_{lj} \Big) = - p_k \Big(\sum_{i=1}^{I} x_{ki} - \omega_k - \sum_{j=1}^{J} y_{kj} \Big)$$

由于商品 $l \neq k$ 的市场都是出清的，上式左侧等于零。因此，右侧必定也等于零。由于 $p_k > 0$，这意味着上式右侧括号内的项必定等于零，即商品 k 的市场是出清的。■

在本章研究的模型中，引理 10.B.1 提供了一种识别竞争均衡的方法，即只要检验 $L-1$ 个市场是否为出清的即可。引理 10.B.1 实际上只是一种复式记账(double-entry accountancy)。如果每个消费者的预算约束都以等式形式成立，那么每个消费者的计划购买额等于他的计划销售额加上他拥有企业股份的价值。因此，整体经济的计划购买总额必定等于计划销售总额。如果在 $L-1$ 个市场上，计划购买总额都等于计划销售总额，那么在第 L 个市场中，也必定是这样的。

10.C 局部均衡竞争分析

马歇尔局部均衡分析假设一种商品的市场（或类似 10.G 节讨论的几种相关商品的市场）只占整体经济很小一部分。市场规模很小这个假设对市场均衡的分析作出了两个重要的简化[①]：首先，正如 Marshall（1920）所强调的，如果某种商品的支出只占某个消费者总支出的很小比例，那么在任何额外一美元财富中，只有很小一部分用于购买该商品；因此，我们可以预期，对于这种商品来说，财富效应很小。其次，由于这种商品的市场规模很小，该市场变化引起的替代效应也很小，也就是说，几乎不会影响其他商品的价格。[②] 由于其他商品价格固定不变，我们自然

① 下面的思想已被 Vives（1987）形式化。参见习题 10.C.1。

② 除了这个理由之外，我们还可以从其他角度解释为何其他商品价格不会受到影响，参见 10.G 节。

可以将消费者对所有其他商品的支出视为一种复合商品，我们将这种复合商品称为**计价物**（numeraire)(参见习题 3. G. 5)。

在解释了局部均衡的思想之后，我们正式研究一个简单的两商品拟线性模型。假设经济内只有两种商品：一是商品 l；二是计价物。令 x_i 和 m_i 分别表示消费者 i 消费商品 l 和计价物的数量。每个消费者 $i=1$，…，I 的效用函数都是拟线性的（参考 3. B 节和 3. C 节）：

$$u_i(m_i, x_i)=m_i+\phi_i(x_i)$$

我们令每个消费者的消费集为 $\mathbb{R}\times\mathbb{R}_+$，因此为方便起见我们假设计价物 m 的消费量可以为负数。这主要是为了避免边界问题。我们假设 $\phi_i(\cdot)$ 是有上界的、二次可微的，而且对于所有 $x_i\geqslant 0$ 都有 $\phi'_i(x_i)>0$ 以及 $\phi''_i(x_i)<0$。我们将 $\phi_i(0)$ 标准化为零，即 $\phi_i(0)=0$。

按照我们在本节一开始的说法，我们关注的是商品 l 的市场，而将所有其他商品形成的复合商品视为等价物（m 代表花费在所有其他商品上的总钱数）。我们已经知道，在拟线性效用函数中，非计价物（此处为商品 l）的财富效应为零。

在下面的讨论中，我们将计价物的价格标准化为 1，并且令 p 表示商品 l 的价格。

在这个两商品经济中，每个企业 $j=1$，…，J 都能用计价物 m 生产商品 l。企业 j 生产 q_j 单位商品 l 所需要的计价物 m 的数量，由成本函数 $c_j(q_j)$ 给出（记住，计价物的价格为 1)。令 z_j 表示企业 j 使用计价物 m(作为投入）的数量，则企业 j 的生产集为

$$Y_j=\{(-z_j, q_j): q_j\geqslant 0 \text{ 和 } z_j\geqslant c_j(q_j)\}$$

从现在起我们假设 $c_j(\cdot)$ 是二次可微的，而且对于所有 $q_j\geqslant 0$ 都有 $c'_j(q_j)>0$ 以及 $c''_j(q_j)\geqslant 0$。[按照本节一开始对局部均衡的解释，我们可将 $c_j(q_j)$ 视为由多种要素的成本函数 $c_j(\bar{w}, q_j)$ 在要素价格 $\bar{w}$ 固定不变时产生的。①]

为简单起见，我们假设不存在商品 l 的初始禀赋（即商品 l 的数量一开始为零)，因此商品 l 的所有消费量都必须由企业生产出。消费者 i 拥有的计价物初始禀赋为 $\omega_{mi}>0$，令 $\omega_m=\sum_i \omega_{mi}$。

下面我们识别这个两商品拟线性模型的竞争均衡。运用定义 10. B. 3，我们首先考虑利润最大化和效用最大化的含义。

给定商品 l 的价格 p^*，企业 j 的均衡产量水平 q_j^* 必定是下列问题的解

$$\underset{q_j\geqslant 0}{\text{Max}}\ p^* q_j-c_j(q_j)$$

① 在本章末尾的习题中，有几道题目涉及这些要素价格（外生）变动产生的效应。

这个问题的必要和充分一阶条件为

$$p^* \leqslant c_j'(q_j^*)\text{，其中等式在 } q_j^*>0 \text{ 时成立}$$

另外，消费者 i 的均衡消费向量（m_i^*，x_i^*）必定是下列问题的解

$$\underset{m_i\in\mathbb{R},x_i\in\mathbb{R}_+}{\text{Max}} \quad m_i+\phi_i(x_i)$$

$$\text{s. t. } m_i+p^*x_i\leqslant\omega_{mi}+\sum_{j=1}^{J}\theta_{ij}(p^*q_j^*-c_j(q_j^*))$$

在这个问题的任何解中，预算约束都以等式成立。从预算约束等式中解出 m_i，然后代入目标函数，我们就可以将消费者 i 的这个约束最大化问题，变为仅涉及商品 l 最优消费量 x_i^* 的确定问题。这样，x_i^* 必定是下列问题的解

$$\underset{x_i\geqslant 0}{\text{Max}}\ \phi_i(x_i)-p^*x_i+\left[\omega_{mi}+\sum_{j=1}^{J}\theta_{ij}(p^*q_j^*-c_j(q_j^*))\right]$$

这个问题的必要和充分一阶条件为

$$\phi_i'(x_i^*)\leqslant p^*\text{，其中等式在 } x_i^*>0 \text{ 时成立}$$

很多人都习惯于通过比较商品的消费量和生产量是否相等来判断某个配置是否为均衡的。下面我们就使用这种传统方法。首先请记住：消费者 i 对计价物的均衡消费量为 $m_i^*=\left[\omega_{mi}+\sum_j\theta_{ij}(p^*q_j^*-c_j(q_j^*))\right]-p^*x_i^*$，企业 j 对计价物的均衡使用量(投入量) 为 $z_j^*=c_j(q_j^*)$。

为了建立这个模型的均衡条件，请回忆一下引理 10. B. 1。根据这个引理可知，我们只需要检验商品 l 是否出清即可。① 因此，我们断言配置（x_1^*，…，x_I^*，q_1^*，…，q_J^*）和价格向量 p^* 构成了一个竞争均衡当且仅当

$$p^*\leqslant c_j'(q_j^*)\text{，其中等式在 } q_j^*>0 \text{ 时成立，}j=1,\cdots,J \tag{10. C. 1}$$

$$\phi_i'(x_i^*)\leqslant p^*\text{，其中等式在 } x_i^*>0 \text{ 时成立，}i=1,\cdots,I \tag{10. C. 2}$$

$$\sum_{i=1}^{I}x_i^*=\sum_{j=1}^{J}q_j^* \tag{10. C. 3}$$

在任何内部解上，条件（10. C. 1）是说企业 j 额外多卖出一单位商品 l 带来的边际收入 p^*，恰好等于生产这单位产品的边际成本 $c_j'(q_j^*)$。条件（10. C. 2）是说消费者 i 额外多消费一单位商品 l 带来的边际效用 $\phi_i'(x_i^*)$，恰好等于他购买这单位产品所花费的边际成本 p^*。条件（10. C. 3）是市场出清等式。上述 $I+J+1$ 个条件联合决定了（$I+J+1$）个均衡值：（x_1^*，…，x_I^*，q_1^*，…，q_J^*）和 p^*。注意到只要 $\text{Max}_i\phi_i'(0)>\text{Min}_jc_j'(0)$，在竞争均衡时，商品 l 的总消费量和总产量就必定严格为正［这可从条件（10. C. 1）和条件（10. C. 2）推出］。为简单起见，在下面的讨论中，我们假设它们严格为正。

① 注意到在任何竞争均衡中都必定有 $p^*>0$；否则，消费者对商品 l 的需求量是无限的［我们已经知道 $\phi_i'(\cdot)>0$］。

条件（10.C.1）到条件（10.C.3）有着重要的性质：它们不以任何方式涉及禀赋或者消费者在企业中的股份。因此，我们看到：**均衡配置和价格独立于禀赋和产权份额的分配**。这个重要的简化源于我们假设消费者的偏好是拟线性的。[①]

这个模型的竞争均衡可用传统的马歇尔图完美地演绎，在马歇尔图中，均衡价格对应着总需求曲线和总供给曲线的交点。

我们可以从条件（10.C.2）推导出商品 l 的总需求函数。由于 $\phi_i''(\cdot)<0$ 且 $\phi_i(\cdot)$ 是有界的，所以函数 $\phi_i'(\cdot)$ 关于 x_i 严格递减，而且 $\phi_i'(\cdot)$ 遍取集合 $(0, \phi_i'(0)]$ 中的每个值。因此，对于每个可能的价格水平 $p>0$，我们可以解出满足条件（10.C.2）的唯一 x_i，我们将其记为 $x_i(p)$。注意到如果 $p\geqslant\phi_i'(0)$，那么 $x_i(p)=0$。图 10.C.1(a) 描述了价格 $\bar{p}>0$ 时的需求。函数 $x_i(\cdot)$ 是消费者 i 对商品 l 的**瓦尔拉斯需求函数**（Walrasian demand function）（参见 3.D 节）。由于消费者的效用函数是拟线性的，所以瓦尔拉斯需求函数 $x_i(p)$ 不取决于消费者的财富。$x_i(p)$ 在所有 $p>0$ 的价格水平上都是连续且非减的；$x_i(p)$ 在所有 $p<\phi_i'(0)$ 的价格水平上严格递减［为了看清这一点，注意到在任何 $p<\phi_i'(0)$ 的价格水平上，我们均有 $x_i'(p)=1/\phi_i''(x_i(p))<0$］。

于是，商品 l 的**总需求函数**（aggregate demand function）为 $x(p)=\sum_i x_i(p)$。函数 $x(p)$ 在所有 $p>0$ 的价格水平上都是连续的和非减的，在所有 $p<\text{Max}_i\ \phi_i'(0)$ 的价格水平上都是严格递减的。图 10.C.1(b) 画出了 $I=2$ 时的总需求函数。总需求函数是个人需求函数在水平方向上的加总，如图中的粗线所示。注意在所有 $p\geqslant\text{Max}_i\ \phi_i'(0)$ 的价格水平上，$x(p)=0$。

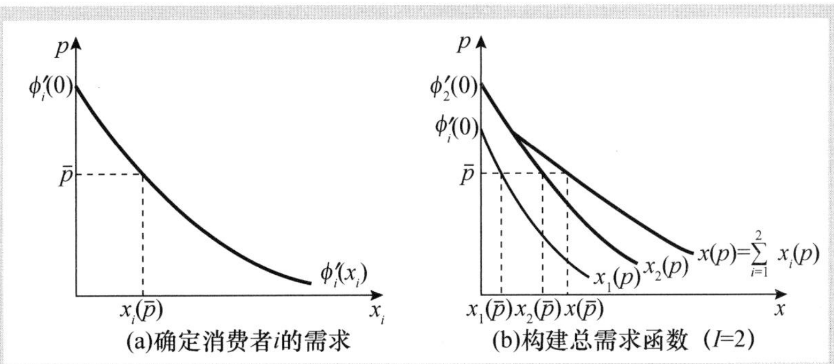

图 10.C.1 构建总需求函数

类似地，总供给函数可从条件（10.C.1）推导出。[②] 首先假设每个 $c_j(\cdot)$ 为严格凸的，而且当 $q_j\to\infty$ 时 $c_j'(q_j)\to\infty$。于是，对于任何 $p>0$，我们均可以令 q_j

① 在 10.G 节我们将进一步讨论下列均衡的一般性质，即消费者的效用函数是拟线性的情形。

② 我们已在 5.D 节详细讨论了一种投入、一种产出情形下的单个企业的供给。

(p) 表示满足条件（10.C.1）的唯一 q_j。注意对于所有 $p \leqslant c_j'(0)$ 的价格水平，我们均有 $q_j(p)=0$。图 10.C.2(a) 画出了价格为 $\bar{p}>0$ 时的 $q_j(p)$。函数 $q_j(\cdot)$ 是企业 j 的商品 l 的**供给函数**（supply function）（参见 5.C 节和 5.D 节）。函数 $q_j(\cdot)$ 在所有 $p>0$ 的价格水平上都是连续且非减的，在所有 $p>c_j'(0)$ 的水平上都是严格递增的［为了看清这一点，注意到在 $p>c_j'(0)$ 的价格水平上，$q_j'(p)=1/c_j''(q_j(p))>0$］。

于是，商品 l 的**总供给函数**（aggregate supply function）或称行业供给函数为 $q(p)=\sum_j q_j(p)$。函数 $q(p)$ 在所有 $p>0$ 的价格水平上都是连续且非减的，在所有 $p>\text{Min}_j c_j'(0)$ 的价格水平上都是严格递增的。图 10.C.2(b) 画出了 $J=2$ 时的总供给函数；总供给函数等于所有单个企业的供给函数沿着水平方向加总，如图中的粗线所示。注意在所有 $p \leqslant \text{Min}_j c_j'(0)$ 的价格水平上，$q(p)=0$。

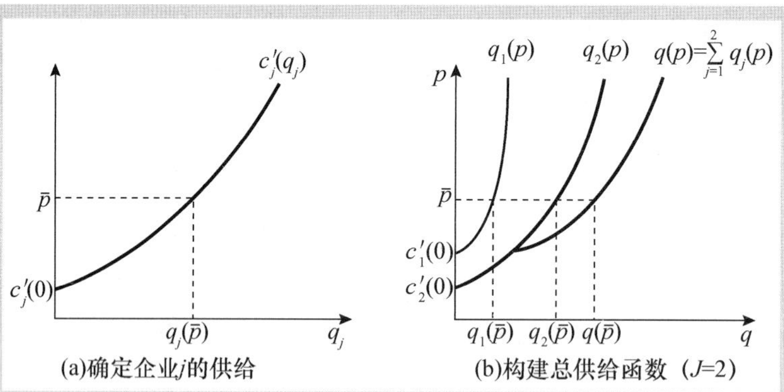

图 10.C.2　构建总供给函数

为了找到商品 l 的均衡价格，我们只需要找到使得总需求和总供给相等的价格 p^*，也就是说，在这个价格水平上有 $x(p^*)=q(p^*)$。当 $\text{Max}_i\ \phi_i'(0)>\text{Min}_j\ c_j'(0)$ 时（我们在前面已假设它成立），对于任何 $p \geqslant \text{Max}_i\ \phi_i'(0)$ 我们都有 $x(p)=0$ 以及 $q(p)>0$。类似地，在任何 $p \leqslant \text{Min}_j\ c_j'(0)$ 我们都有 $x(p)>0$ 以及 $q(p)=0$。于是，均衡价格 $p^* \in (\text{Min}_j\ c_j'(0), \text{Max}_i\ \phi_i'(0))$ 的存在性，可由 $x(\cdot)$ 和 $q(\cdot)$ 的连续性推知。图 10.C.3 画出了这个均衡价格。还要注意，因为 $x(\cdot)$ 在所有 $p<\text{Max}_i \phi_i'(0)$ 的价格水平上均严格递减，而且 $q(\cdot)$ 在所有 $p>\text{Min}_j\ c_j'(0)$ 的价格水平上均严格递增，所以这个均衡价格是唯一的。[①] 于是均衡时，消费者 i 对商品 l 的需求量为 $x_i^*=x_i(p^*)$（其中 $i=1, \cdots, I$），企业 j 对商品 l 的供给量（生产量）为 $q_j^*=q_j(p^*)$（其中 $j=1, \cdots, J$）。

① 然而，请注意，在存在财富效应的更一般情形下，均衡的唯一性未必成立。（参见第 17 章。）

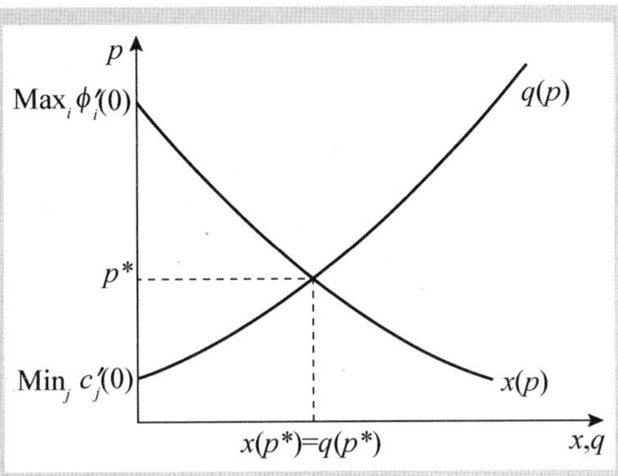

图 10. C. 3　均衡价格使需求等于供给

更一般地，如果 $c_j(\cdot)$ 为凸但不是严格凸的［例如，如果 $c_j(\cdot)$ 是线性的，规模报酬不变就是这种情形］，那么 $q_j(\cdot)$ 是一个凸值对应而不是一个函数，它可能只是在某个价格子集上是良好定义的。[①] 然而，我们分析工作的基本性质不变。对于所有 j，如果 $c_j(q_j)=cq_j$ 对于某个实数 $c>0$ 成立，那么在这种情形下，如何确定均衡价格？图 10. C. 4 给出了答案。这种情形与严格凸的唯一差别在于，当$J>1$时，均衡产量水平不是唯一确定的。

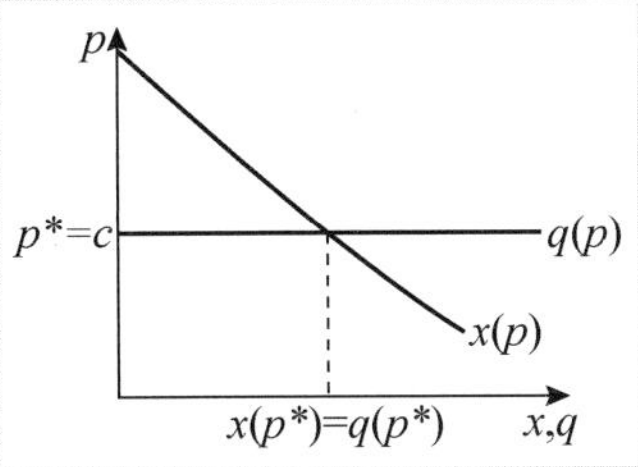

图 10. C. 4　当对于所有 $j=1, \cdots, J$ 都有 $c_j(q_j)=cq_j$ 时的均衡

反总需求函数和反总供给函数也有着比较重要的意义。给定商品 l 的任何总产量水平比如 $\bar{q}$，反总供给函数 $q^{-1}(\bar{q})$ 给出了带来这个总供给量 $\bar{q}$ 的价格水平。也就是说，当每个企业面对着价格 $p=q^{-1}(\bar{q})$ 而选择自己的最优产量水平时，总供给量正好为 $\bar{q}$。图 10. C. 5 说明了这一点。注意，在选择这些产量水平时，所有活跃企业都会将自己的边际成本设定为等于 $q^{-1}(\bar{q})$。所以，在 $\bar{q}$ 处，额外多生产一单位商品 l 的边际成本正好为 $q^{-1}(\bar{q})$，而不管是哪个活跃企业生产了它。因此，反行业供给函数（反总供给函数）$q^{-1}(\cdot)$可以视为**行业边际成本函数**（industry marginal cost function），现在我们将其记为 $C'(\cdot)=q^{-1}(\cdot)$。[②]

---

① 例如，如果企业 j 的成本函数为 $c_j(q_j)=c_jq_j$，其中 $c_j>0$ 为某个实数，那么当 $p>c_j$ 时，我们有 $q_j(p)=\infty$。因此，如果 $p>c_j$，总供给为 $q(p)=\sum_j q_j(p)=\infty$；因此，$q(\cdot)$ 对于这个 p 来说不是良好定义的。

② 正式地说，行业边际成本函数 $C'(\cdot)$ 是总成本函数 $C(\cdot)$ 的导数。其中 $C(\cdot)$ 是指下面这样的总生产成本：某个中央集权者经营着 J 个生产商品 l 的企业，在任何给定总产量水平上他都能达到的最小总成本。（参见习题 10. C. 3。）

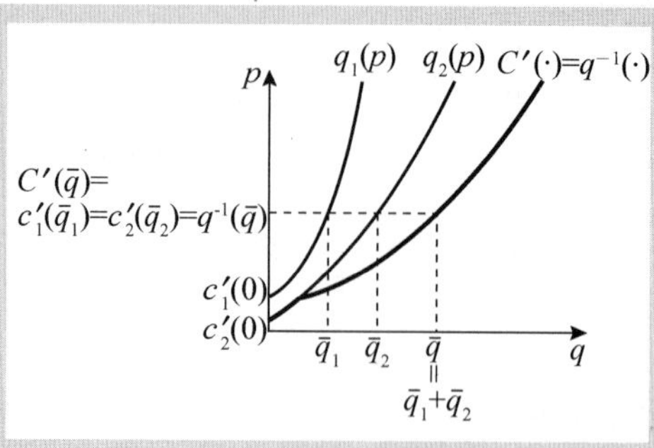

图 10.C.5 行业边际成本函数

由此得到的 $C'(\cdot)$ 与我们在 5.E 节的讨论是一致的。在 5.E 节，我们已经看到，J 个企业的总供给 $p(q)$ 使得总利润最大（给定价格 p）。另外，在 5.F 节，我们已知道，单个企业的边际成本函数就是它的供给函数。因此，与单个企业的情形类似，我们也可以将行业总供给 $q(\cdot)$ 与行业总边际成本曲线联系起来。在凸技术的假设下，商品 l 的总供给函数正好就是行业边际成本函数 $C'(\cdot)$，所以 $q^{-1}(\cdot)=C'(\cdot)$。①

10

类似地，在任何给定的总需求水平 $\bar{x}$ 上，反总需求函数 $P(\bar{x})=x^{-1}(\bar{x})$ 给出了能产生总需求 $\bar{x}$ 的价格水平。也就是说，当每个消费者在这个价格水平上进行最优选择时，总需求量恰好等于 $\bar{x}$。注意，在这些个人需求水平上（假设它们都为正），每个消费者的边际收益 $\phi_i'(x_i)$（以计价物衡量），正好等于 $P(\bar{x})$。如图 10.C.6 所示。因此，如果 $\bar{x}$ 在 I 个消费者之间的分配是有效率的，那么我们可以将反总需求函数在数量 $\bar{x}$ 上的值$P(\bar{x})$ 视为**商品 l 的边际社会收益**（这个事实的更严格陈述，请参见习题 10.C.4）。

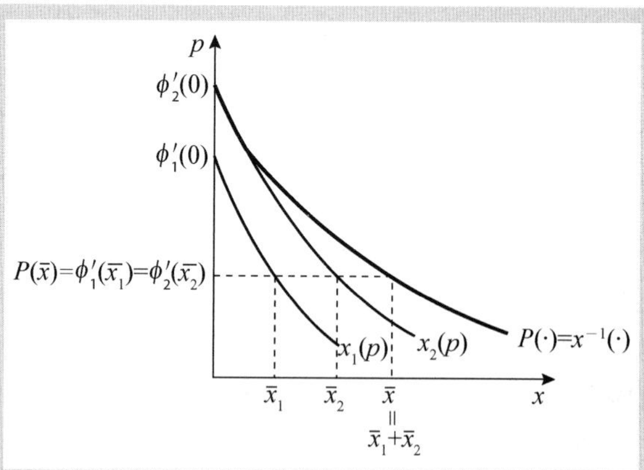

图 10.C.6 反总需求函数

① 更正式地，根据命题 5.E.1 可知，总供给行为可由利润最大化问题确定［给定总成本函数 $C(\cdot)$］。这个问题的一阶条件为 $p=C'(q(p))$。因此，$q(\cdot)=C'^{-1}(\cdot)$，或等价地 $q^{-1}(\cdot)=C'(\cdot)$。

有了这些解释之后，我们可以将竞争均衡产量水平视为商品 l 的边际社会收益正好等于它的边际成本的产量水平。这个结论蕴涵着下列思想：竞争均衡具有社会最优性质。我们将在 10. D 节进一步考察这个问题。

比较静态分析

我们通常想知道潜在市场条件发生变化时，竞争市场的结果将会发生什么样的变化。例如，有些商品市场非常相似，只在一些可以量化的因素上存在着区别，那么它们的市场结果有何不同？更具体地说，比如若干城市大致类似，只在平均气温上存在着差别，那么这些城市的冰激凌价格有何不同？也就是说，我们想知道气温变化对冰激凌价格的影响。另外，有时我们也想知道市场条件变化如何改变某个特定市场的结果。这类问题的分析称为**比较静态分析**（comparative statics analysis）。

一般地，假设每个消费者的偏好都受外生参数向量 $\alpha\in\mathbb{R}^M$ 的影响，因此，效用函数$\phi_i(\cdot)$可以写为 $\phi_i(x_i, \alpha)$。类似地，每个企业的技术可能受到外生参数向量 $\beta\in\mathbb{R}^S$ 的影响，因此，成本函数 $c_j(\cdot)$ 可以写为 $c_j(q_j, \beta)$。而且，在某些环境下，政府对消费者和企业征税或给予补贴，可能使得消费者实际支付的价格或企业实际得到的价格不等于市场价格 p。我们令 $\hat{p}_i(p, t)$ 和 $\hat{p}_j(p, t)$ 分别表示在税收和补贴参数为$t\in\mathbb{R}^K$时，消费者 i 实际支付的价格和企业 j 实际得到的价格。例如，如果消费者 i 每购买一单位商品必须缴纳税收 t_i（以计价物的数量衡量），那么 $\hat{p}_i(p, t)=p+t_i$。如果消费者 i 缴纳的税收是售价的 t_i 个百分点，那么 $\hat{p}_i(p, t)=p(1+t_i)$。

对于给定的参数值（α，β，t），$I+J$ 个均衡量（x_1^*，…，x_I^*，q_1^*，…，q_J^*）和均衡价格 p^* 是下列 $I+J+1$ 个方程的解（为简单起见，我们假设对于所有 i 都有 $x_i^*>0$，对于所有 j 都有 $q_j^*>0$）：

$$\phi_i'(x_i^*,\alpha)=\hat{p}_i(p^*,t) \qquad i=1,\cdots,I \tag{10. C. 4}$$

$$c_j'(q_j^*,\beta)=\hat{p}_j(p^*,t) \qquad j=1,\cdots,J \tag{10. C. 5}$$

$$\sum_{i=1}^{I}x_i^*=\sum_{j=1}^{J}q_j^* \tag{10. C. 6}$$

这 $I+J+1$ 个方程将均衡配置和价格隐性地定义为外生参数（α，β，t）的函数。如果所有相关函数都是可微的，我们可以使用隐函数定理来求由这些参数值的微小变化带来的均衡配置和价格的边际变化（参考数学附录 M. E 节）。在例 10. C. 1 中，我们考虑这样的一个比较静态练习。它只是众多现实例子中的一个。（本章末尾习题部分提供了另外一些例子。）

例 10. C. 1：销售税的比较静态效应。假设政府对商品 l 征收销售税，现在消费者每购买一单位商品 l 都要缴税$t\geq 0$（以计价物的数量衡量）。我们想确定它对市场价格的影响。令$x(p)$ 和 $q(p)$ 分别表示未征税时的总需求函数和总供给函数（我们保留前面对这些函数作出的所有假设)。

我们仍然使用前面定义的函数 $\phi_i(\cdot)$ 和 $c_j(\cdot)$，这些函数不取决于任何外生参数；另外，对于所有 i 都有 $\hat{p}_i(p, t)=p+t$；对于所有 j 都有 $\hat{p}_j(p, t)=p$。在理论上，如果我们把这些表达式代入式（10.C.4）到式（10.C.6）的均衡方程组，我们就可以直接使用隐函数定理推导出税收微小变化对价格的影响（参考习题 10.C.5）。然而，在此处，我们想使用更具有启发性的方法来求解。特别地，注意到当税收为 t、价格为 p 时的总需求正好为 $x(p+t)$，这是因为缴税对于消费者来说，相当于价格上升了 t。因此，当税收为 t 时的均衡市场价格［记为 $p^*(t)$］必定满足

$$x(p^*(t)+t)=q(p^*(t)) \tag{10.C.7}$$

现在假设我们想确定税收微小增加对消费者支付的价格和企业得到的价格的影响。假设 $x(\cdot)$ 和 $q(\cdot)$ 在点 $p=p^*(t)$ 是可微的，对式（10.C.7）微分可得

$$p^{*\prime}(t)=-\frac{x'(p^*(t)+t)}{x'(p^*(t)+t)-q'(p^*(t))} \tag{10.C.8}$$

从式（10.C.8）和我们关于 $x'(\cdot)$ 和 $q'(\cdot)$ 的假设立即可知，对于任何 t 都有 $-1\leqslant p^{*\prime}(t)<0$。因此，随着 t 上升，企业得到的价格 $p^*(t)$ 下降，消费者支付的价格 $p^*(t)+t$ 弱增（rise weakly）。总生产量（和总消费量）弱降。请看图 10.C.7(a)，其中税收为 t 时的均衡总消费水平以 $x^*(t)$ 表示。注意，从式（10.C.8）可知，当 $q'(p^*(t))$ 很大时，我们有 $p^{*\prime}(t)\approx 0$，因此企业得到的价格几乎不受税收的影响；消费者承担了几乎全部税收。相反，当 $q'(p^*(t))$ 等于零时，我们有 $p^{*\prime}(t)=-1$，因此企业承担了全部税收。图 10.C.7(b) 和图 10.C.7(c) 画出了这两种情形。

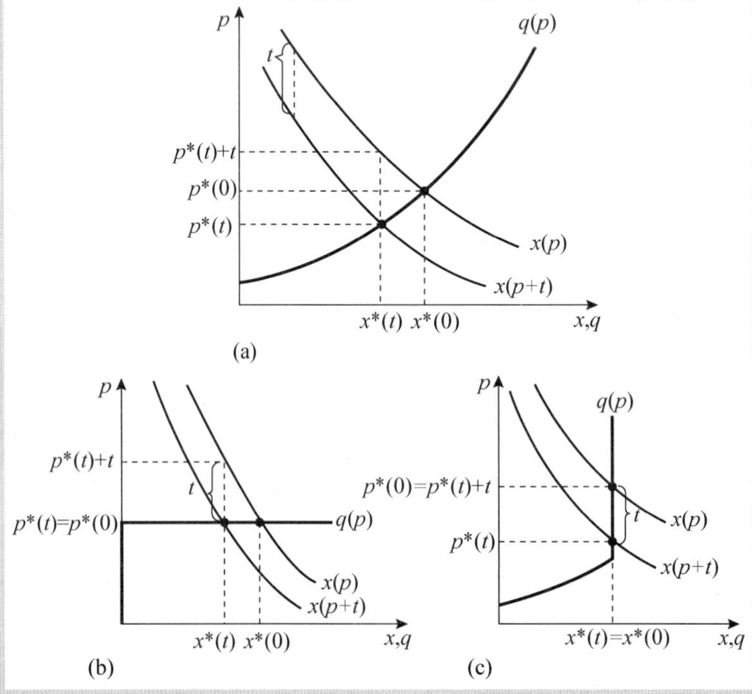

图 10.C.7　销售税的比较静态效应

分别用个人效用函数导数和成本函数导数替换式（10.C.8）中的 $x'(\cdot)$ 和 $q'(\cdot)$，可重新改写此式。例如，如果我们令 $p^*=p^*(0)$ 表示税前价格，则

$$p^{*\prime}(0)=-\frac{\sum_{i=1}^{I}[\phi_i''(x_i(p^*))]^{-1}}{\sum_{i=1}^{I}[\phi_i''(x_i(p^*))]^{-1}-\sum_{j=1}^{J}[c_j''(q_j(p^*))]^{-1}}$$ ■

在本节我们始终假设消费者的偏好是严格凸的，企业的技术是凸的。如果凸性不成立，结果又是怎样的？图 10.C.8 说明了非凸情形下可能产生的问题。这个图描述的是下列经济的需求函数和供给对应：在这个经济中只有一个企业（因此 $J=1$）。[1] 这个企业的成本函数 $c(\cdot)$ 是连续且可微的，但不是凸的。在这个图中，细线是该企业的边际成本曲线 $c'(\cdot)$。由图可知，$c'(\cdot)$ 不满足非减性。粗线是企业的实际供给对应 $q(\cdot)$（你应该验证一下它的确为图中那样）。[2] 由图可知，供给对应图形不再与边际成本曲线重合，供给对应曲线与需求曲线没有交点。因此，在这种情形下，不存在竞争均衡。

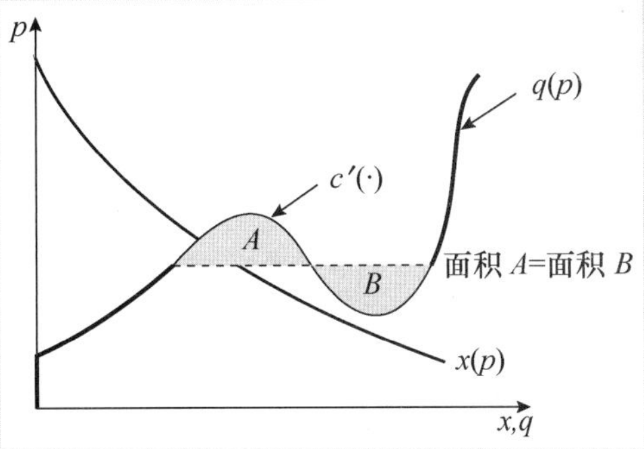

图 10.C.8　非凸技术情形下不存在竞争均衡

上述结论表明，凸性假设对于竞争均衡的存在性至关重要。我们在第 17 章将证明这一点，在那里，我们将讨论在什么样的条件下才能保证竞争均衡是存在的。

10.D　局部均衡架构下的基本福利定理

在本节，我们仍然使用 10.C 节引入的两商品拟线性经济，我们在这个环境中分析帕累托最优配置的性质。通过分析，我们在帕累托最优配置集与竞争均衡集之间建立了根本性的联系。

在拟线性的情形下，帕累托最优配置的识别问题变得非常简单。具体地说，若消费者的偏好是拟线性的，则整体经济的效用可能集（这个集合的定义可参考

① 此处设定 $J=1$ 的目的只是为了方便说明。

② 在 5.D 节，我们已详细讨论了技术非凸情形下企业供给对应和它的边际成本函数之间的关系。

10.B节）的边界是线性的，而且这个边界上的所有点与下面这样的消费配置联系在一起，这些消费配置的区别仅在于计价物数量上的区别。

为了看到这个重要的事实，假设我们将商品 l 的消费水平和产量水平固定在 $(\bar{x}_1, \cdots, \bar{x}_I, \bar{q}_1, \cdots, \bar{q}_J)$。有了这些固定的产量水平，能用于在消费者之间分配的计价物的总量为 $\omega_m - \sum_j c_j(\bar{q}_j)$。在消费者的效用函数为拟线性的情形下，通过消费者之间的计价物的转移即可实现消费者之间效用的转移，更为重要的是这种转移是“一对一的”，也就是说，从消费者甲身上转移一单位计价物给消费者乙，则前者的效用减少一单位，后者的效用增加一单位（回忆拟线性情形下，非计价物商品的财富效应为零）。因此，通过合理分配计价物，I 个消费者可达到的效用集为

$$\left\{(u_1, \cdots, u_I): \sum_{i=1}^{I} u_i \leqslant \sum_{i=1}^{I} \phi_i(\bar{x}_i) + \omega_m - \sum_{j=1}^{J} c_j(\bar{q}_j)\right\} \tag{10.D.1}$$

这个集合的边界是个超平面，该超平面的法向量为（1，…，1）。图10.D.1画出了 $I=2$ 情形下的这个集合（浅色阴影部分）。

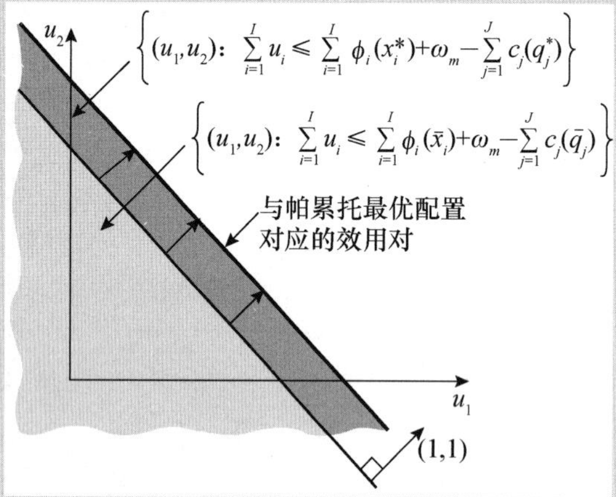

图10.D.1　拟线性经济的效用可能集（$I=2$）

注意，如果改变商品 l 的消费水平和产量水平，那么这个集合的边界必定平行移动。因此，每个帕累托最优配置 $(x_1^*, \cdots, x_I^*, q_1^*, \cdots, q_J^*)$ 必定能将这个边界向东北方扩展得尽可能远，见图10.D.1中的效用可能集（深色阴影部分）的粗线边界。我们将这些数量称为**商品 l 的最优消费水平和最优产量水平**。只要商品 l 的这些最优消费和产量水平 $(x_1^*, \cdots, x_I^*, q_1^*, \cdots, q_J^*)$ 是唯一的，那么不同帕累托最优配置之前的唯一区别，在于分配给消费者的计价物数量不同。[①]

① 如果企业的成本函数为凸但非严格凸，那么单个企业的最优产量水平未必是唯一的。例如，如果所有企业都拥有相同的技术且技术为规模报酬不变的，那么单个企业的最优产量水平不是唯一的。然而，由于我们假设函数 $\phi_i(\cdot)$ 是严格凹的而且函数 $c_j(\cdot)$ 是凸的，单个消费者对商品 l 的最优消费量必定是唯一的，因此，商品 l 的最优总产量水平 $\sum_j q_j^*$ 也是唯一的。这意味着，在我们的这些假设之下，两个不同帕累托最优配置之间的唯一区别，在于计价物在消费者之间的分配不同。另外，如果函数 $c_j(\cdot)$ 是严格凸的，那么单个企业的最优产量水平也是唯一的。（参见习题10.D.1。）

由式（10.D.1）可知，商品 l 的最优消费和产量水平可以通过解下列问题而得到：

$$\underset{\substack{(x_1,\cdots,x_I)\geqslant 0\\(q_1,\cdots,q_J)\geqslant 0}}{\text{Max}} \sum_{i=1}^{I}\phi_i(x_i)-\sum_{j=1}^{J}c_j(q_j)+\omega_m \quad (10.\text{D}.2)$$

$$\text{s.t.} \sum_{i=1}^{I}x_i-\sum_{j=1}^{J}q_j=0$$

在问题（10.D.2）的目标函数中，$\sum_i\phi_i(x_i)-\sum_j c_j(q_j)$ 的值称为**马歇尔总剩余**（Marshallian aggregate surplus）或简称为**总剩余**（aggregate surplus）。我们可以将总剩余视为，社会通过消费商品 l 而得到的总效用减去总生产成本（用计价物衡量）。商品 l 的最优消费和产量水平使得这个总剩余最大。

在我们的凸性假设之下，问题（10.D.2）的一阶条件是刻画最优解的必要且充分条件。如果我们令 μ 表示问题（10.D.2）中约束条件的乘子，那么 $I+J$ 个最优值$(x_1^*,\cdots,x_I^*,q_1^*,\cdots,q_J^*)$和乘子 μ 满足下列 $I+J+1$ 个方程：

$$\mu\leqslant c_j'(q_j^*)，\text{其中等式在 } q_j^*>0 \text{ 时成立，} j=1,\cdots,J \quad (10.\text{D}.3)$$

$$\phi_i'(x_i^*)\leqslant\mu，\text{其中等式在 } x_i^*>0 \text{ 时成立，} i=1,\cdots,I \quad (10.\text{D}.4)$$

$$\sum_{i=1}^{I}x_i^*=\sum_{j=1}^{J}q_j^* \quad (10.\text{D}.5)$$

你也许感觉这些条件似曾相识，的确，它们正好对应于 10.C 节的条件（10.C.1）到（10.C.3），这里的 μ 相当于那里的 p^*。这个结论有着重要的含义。我们由此立即可知，这个模型的任何竞争均衡都是帕累托最优的，因为如果我们令 $\mu=p^*$，那么在任何竞争均衡配置中，商品 l 的消费和产量水平（x_1^*，…，x_I^*，q_1^*，…，q_J^*）满足条件（10.D.3）到（10.D.5）。因此，我们已经建立了两商品拟线性经济的**福利经济学第一基本定理**（first fundamental theorem of welfare economics）（命题 10.D.1）。

命题 10.D.1：（福利经济学第一基本定理） 如果价格 p^* 和配置（x_1^*，…，x_I^*，q_1^*，…，q_J^*）构成了一个竞争均衡，那么（x_1^*，…，x_I^*，q_1^*，…，q_J^*）这个配置是帕累托最优的。

福利经济学第一基本定理告诉我们，在什么样的条件下，市场均衡必定是帕累托最优的。福利经济学第一基本定理是亚当·斯密"看不见的手"思想的正式表达，这个定理具有相当大的一般性（更为详细的讨论可参见 16.C 节）。然而，同等重要的是，读者需要注意在什么样的条件下，这个定理是不成立的。在我们建立这个定理所用的模型以及 16.C 节中，我们都假设市场是"完全的"（complete），即每种相关的商品都存在相应的市场，以及所有市场参与者都是价格接受者。在第 11 章到第 14 章，我们考察不满足这些条件的情形，在这些情形下，市场结果不是帕累托最优的。

我们也可以建立命题 10.D.1 的逆命题，这个逆命题称为**福利经济学第二基本定理**（second fundamental theorem of welfare economics）。在 10.C 节，我们已经

知道商品 l 的均衡价格 p^*、商品 l 的均衡消费水平和产量水平（x_1^*，…，x_I^*，q_1^*，…，q_J^*）以及企业的利润都不受消费者的财富水平变动的影响。因此，若从一个消费者身上转移一单位计价物给另外一个消费者，则将会使前者的计价物均衡消费量减少一单位，后者增加一单位。除此之外，这种转移不会造成任何其他变化。因此，如果适当地在消费者之间转移计价物商品，由此导致的竞争均衡配置就可以产生效用可能集的边界上的任何效用向量。因此，福利经济学第二基本定理告诉我们，在这样的两商品拟线性经济中，若中央集权者想实现特定的帕累托最优配置，那么它总可以实现这个结果：首先，在消费者之间适当地转移计价物商品；其次，"让市场运行"。我们将这个结论正式地表述为命题 10. D. 2。

命题 10. D. 2：（福利经济学第二基本定理） 对于任何帕累托最优效用水平（u_1^*，…，u_I^*），均存在计价物商品在消费者之间的转移（T_1，…，T_I）(其中，$\sum_i T_i = 0$)，使得禀赋（$\omega_{m1}+T_1$，…，$\omega_{mI}+T_I$）实现的竞争均衡，恰好能产生效用（u_1^*，…，u_I^*）。

10

在 16. D 节，我们将考察在什么样的条件下福利经济学第二基本定理才能在更为一般的竞争经济环境中成立。那时我们将会发现，除了福利经济学第一基本定理的假设条件之外，我们还需要施加偏好为凸且生产集也为凸的条件。事实上，在此处的模型中，我们就是这么假设的。相反，在第 16 章我们将看到，福利经济学第一基本定理不需要这些凸性假设。

条件（10. C. 1）到（10. C. 3）中的 p，与条件（10. D. 3）到（10. D. 5）中 μ 的对应关系值得强调：商品 l 的竞争价格正好等于帕累托最优问题（10. D. 2）中资源约束的影子价格。因此，在这个意义上，我们可以说，一种商品的竞争均衡价格正好反映了它的边际社会价值。在竞争均衡中，每个企业在价格等于边际成本处经营，这种行为使得它的边际生产成本等于边际社会价值。类似地，每个消费者的消费决策是他的边际效用等于商品价格，这种行为使得消费商品带来的边际收益恰好等于边际成本。均衡市场价格和最优影子价格的这种对应关系在竞争经济中普遍成立（这一点的进一步讨论可参考 16. F 节）。

刻画帕累托最优配置的另外一种方法是解下列问题

$$\max_{\{x_i, m_i\}_{i=1}^{I}, \{z_j, q_j\}_{j=1}^{J}} \; m_1 + \phi_1(x_1)$$

$$\begin{aligned} \text{s.t.}\quad &(1)\quad m_i + \phi_i(x_i) \geqslant \bar{u}_i \quad i = 2, \cdots, I \\ &(2l)\quad \sum_{i=1}^{I} x_i - \sum_{j=1}^{J} q_j \leqslant 0 \\ &(2m)\quad \sum_{i=1}^{I} m_i + \sum_{j=1}^{J} z_j \leqslant \omega_m \\ &(3)\quad z_j \geqslant c_j(q_j) \quad j = 1, \cdots, J \end{aligned} \tag{10. D. 6}$$

在问题（10.D.6）中，帕累托最优问题是在一系列约束条件下求消费者1的最大效用问题，约束条件（1）是说其他个人的效用不能低于某个既定的水平；约束条件（2l）和（2m）是资源约束；约束条件（3）为技术约束。给定其他人的各种既定效用水平（$\bar{u}_2$，…，$\bar{u}_I$），求问题（10.D.6）的解，这样就可以得到这个经济的所有帕累托最优结果（参见习题10.D.3；更一般地，当消费者的偏好为强单调的时，我们也能够求解）。习题10.D.4让你推导问题（10.D.6）的条件，并验证它们与条件（10.D.3）到（10.D.5）是相同的。

10.E 局部均衡模型中的福利分析

我们经常想衡量市场条件变化带来的社会福利水平的变化，这样的市场条件变化有技术进步、政府实施新的税法或市场某个缺陷的消除等。在局部均衡模型中，这种福利分析非常简单。这也许正是局部均衡模型非常流行的原因。

在下面的讨论中，我们假设社会对福利的评价蕴涵在社会福利函数 $W(u_1, \cdots, u_I)$ 中，这个函数对每个效用向量（u_1，…，u_I）指定了一个社会福利值（关于这个概念的更多内容，可参考第4章、第16章和第22章）。而且，（与4.D节讨论的规范的代表性消费者理论一样）我们假设某个中央集权者想通过转移计价物商品的方法来实现社会福利最大化。[①] 在个人效用函数为拟线性的情形下，福利分析被大大简化了，在这种情形下，如果某个中央集权者在消费者之间进行财富再分配，那么**社会福利的变动可用马歇尔总剩余**（见10.D节）**的变动进行衡量，无论社会有什么样的福利函数**。

为了看清这一点（事实上我们已经在例4.D.2中考察了这个问题），考虑商品 l 的某个既定消费和产量水平（x_1，…，x_I，q_1，…，q_J），其中 $\sum_i x_i = \sum_j q_j$。从10.D节和图10.D.1可知，给定商品 l 的上述消费和产量水平，中央集权者通过计价物再分配来实现的效用向量（u_1，…，u_I）为：

$$\left\{(u_1,\cdots,u_I):\sum_{i=1}^{I} u_i \leqslant \omega_m + \sum_{i=1}^{I} \phi_i(x_i) - \sum_{j=1}^{J} c_j(q_j)\right\}$$

现在，如果中央集权者想通过计价物再分配来实现 $W(u_1, \cdots, u_I)$ 最大化，那么最终福利最大值必定随着这个集合的增大（即该集合的边界向东北方移动）而增大。因此，我们看到，商品 l 的消费和产量水平的变动导致福利增加（给定计价物的最优再分配）当且仅当它增加了马歇尔总剩余

---

① 与4.D节一样，我们假设消费者将这些转移视为与他们的个人行为无关；也就是说，这些转移是定额（lump-sum）转移。你可以认为中央集权者对计价物的转移发生在消费者进行交易之前。

$$S(x_1,\cdots,x_I,q_1,\cdots,q_J)=\sum_{i=1}^{I}\phi_i(x_i)-\sum_{j=1}^{J}c_j(q_j) \tag{10. E. 1}$$

图 10. E. 1 提供了一个说明。在这个图中，我们画出了 $I=2$ 情形下的三个效用向量：第一个效用向量是初始效用向量 $u^0=(u_1^0, u_2^0)$，这个向量对应着商品 l 的消费和产量水平为 $(x_1^0, \cdots, x_I^0, q_1^0, \cdots, q_J^0)$ 的配置，在这个点上，财富分配已达到最优；第二个效用向量是 $u^1=(u_1^1, u_2^1)$，这个向量是由商品 l 的消费和产量水平变化到$(x_1^1, \cdots, x_I^1, q_1^1, \cdots, q_J^1)$，但不进行计价物的任何转移而得到的；第三个效用向量为 $u^{1*}=(u_1^{1*}, u_2^{1*})$，

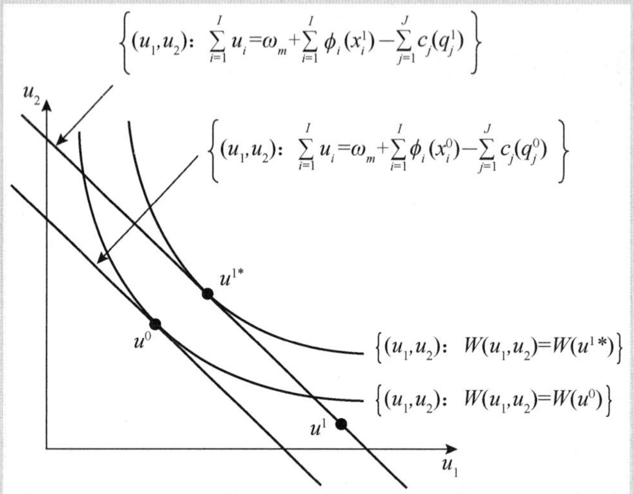

图 10. E. 1 通过对计价物商品的定额再分配来实现社会福利最大时，若经济是拟线性的，那么福利变动等于总剩余变动

这个向量表示我们通过计价物再分配实现社会福利最大时的效用水平。由图可知，尽管不进行计价物转移，福利有可能降低，但是如果我们对计价物进行最优转移，总剩余会增加，社会福利也会增加。因此，只要计价物的再分配使得社会福利函数最大，福利的变动就可用马歇尔总剩余变动衡量（再次重申：对任何社会福利函数来说都是这样的）。①

在很多情形下，马歇尔剩余可用商品 l 的总需求曲线和总供给曲线之间的面积表示，这种表示方法简便但是有着重要的历史传统。

为了说明这一点，我们先作出两个重要假设。首先，把商品 l 的总消费记为 $x=\sum_i x_i$。假设：对于任何总消费水平 x，商品 l 的个人消费都已达到最优。也就是说，对于每个消费者 i 都有 $\phi_i'(x_i)=P(x)$。[回忆 10. C 节关于反需求函数 $P(\cdot)$ 的讨论，参考图 10. C. 6。] 例如，如果消费者都是价格接受者，而且所有消

① 注意，如果社会福利函数为“效用主义”形式即 $W(u_1,\cdots,u_I)=\sum_i u_i$，那么不需要进行计价物转移。在这种情形下，只要所有计价物都被消费者得到（即不存在浪费或闲置）就足够了（充分条件）。

费者面对相同的价格，那么这个假设条件就能得到满足。其次，把商品 l 的总产量记为 $q=\sum_j q_j$ 。假设：对于任何总产量水平 q，每个企业的生产行为都是最优的。也就是说，对于每个企业 j 都有 $c_j'(q_j)=C'(q)$。[回忆 10.C 节关于行业边际成本曲线 $C'(\cdot)$ 的讨论，参考图 10.C.5。] 例如，如果企业都是价格接受者，而且所有企业面对着相同的价格，那么这个假设条件就能得到满足。需要强调，我们没有要求消费者面对的价格和企业面对的价格是相同的。①

现在考虑商品 l 消费和产量水平的微分变化 $(dx_1, \cdots, dx_I, dq_1, \cdots, dq_J)$，这个变化满足 $\sum_i dx_i=\sum_j dq_j$。记 $dx=\sum_i dx_i$。于是，马歇尔总剩余的变化为

$$dS=\sum_{i=1}^{I}\phi'_i(x_i)dx_i-\sum_{j=1}^{J}c'_j(q_j)dq_j \tag{10.E.2}$$

由于对于所有 i 都有 $\phi_i'(x_i)=P(x)$，以及对于所有 j 都有 $c_j'(q_j)=C'(q)$，可得

$$dS=P(x)\sum_{i=1}^{I}dx_i-C'(q)\sum_{j=1}^{J}dq_j \tag{10.E.3}$$

最后，由于 $x=q$（根据市场可行性推知），以及 $\sum_j dq_j=\sum_i dx_i=dx$，上式变为

$$dS=[P(x)-C'(x)]dx \tag{10.E.4}$$

马歇尔剩余的这个微分变化可用图 10.E.2(a) 表示。式 (10.E.4) 的意思简单明了：它告诉我们，若我们一开始处在总消费水平 x 上，那么总消费量 dx 变化对社会福利的边际影响，等于这个消费变化带给消费者的边际收益 $P(x)dx$ 减去这些额外产品的边际成本 $C'(x)dx$。注意，与以前一样，这里的边际收益和边际成本都以计价物衡量。

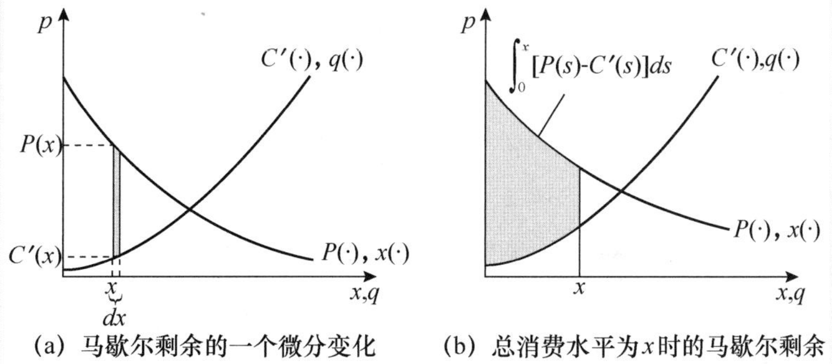

(a) 马歇尔剩余的一个微分变化　(b) 总消费水平为 x 时的马歇尔剩余

图 10.E.2

① 例如，由于政府征税使得消费者支付的价格不等于企业得到的价格（参见例 10.C.1)，我们在此处所做的假设对于 12.B 节的垄断模型也成立。在垄断模型中，只有一个企业（从而不存在生产的最优分配问题），而且所有消费者都是价格接受者且面对着相同的价格。在第 12 章的古诺双头垄断模型中，当企业的生产效率不同时，最优生产分配假设不再成立；均衡时，成本不同的企业，边际成本也不同。

为了得到总消费水平为 x 时的马歇尔总剩余，我们也可以对式（10. E. 4）积分，即对反需求函数与行业边际成本函数之差进行积分。我们将这个总剩余记为$S(x)$。

$$S(x) = S_0 + \int_0^x [P(s) - C'(s)]ds \tag{10. E. 5}$$

其中，S_0 是个积分常数，它等于商品 l 的消费量或产量为零时的总剩余［如果对于所有 j 都有 $c_j(0)=0$，那么 S_0 等于零］。式（10. E. 5）中的积分可用图 10. E. 2(b) 表示。它正好等于商品 l 的数量为 x 时总需求曲线与总供给曲线之间的面积。

注意，由式（10. E. 5）可知，当总消费水平 x^* 满足 $P(x^*)=C'(x^*)$ 时，马歇尔总剩余的值达到最大，而这个 x^* 正好是竞争均衡总消费水平。① 这与福利经济学第一基本定理（命题 10. D. 1）的结论是一致的：竞争配置是帕累托最优的。

10

例 10. E. 1：扭曲税的福利效应。我们再次考察例 10. C. 1 中的商品税问题。现在假设中央集权者想维持预算平衡，因此它又把从消费者身上征收的税收收入以定额转移的形式返还给消费者。这种征税然后又返还的方案对社会福利有何影响？②

为了回答这个问题，当税率为 t 时，我们令 $(x_1^*(t), \cdots, x_I^*(t), q_1^*(t), \cdots, q_J^*(t))$ 表示商品 l 的均衡消费和产量水平，令 $p^*(t)$ 表示商品 l 的均衡价格。注意到，对于所有 i 都有 $\phi_i'(x_i^*(t))=p^*(t)+t$，对于所有 j 都有 $c_j'(q_j^*(t))=p^*(t)$。于是，令 $x^*(t) = \sum_i x_i^*(t)$ 和 $S^*(t)=S(x^*(t))$，我们就可以使用式（10. E. 5）来表示由征税引起的马歇尔总剩余的变动：

$$S^*(t) - S^*(0) = \int_{x^*(0)}^{x^*(t)} [P(s) - C'(s)]ds \tag{10. E. 6}$$

式（10. E. 6）是负的，这是因为 $x^*(t)<x^*(0)$（回忆例 10. C. 1 的分析），以及对于所有 $x \leqslant x^*(0)$ 都有 $P(x) \geqslant C'(x)$，且 $x<x^*(0)$ 时有 $P(x)=C'(x)$。因此，社会福利在 $t=0$ 时达到最大。社会福利因 $t>0$ 而导致的损失称为**扭曲税的无谓损失**（deadweight loss of distortionary taxation），这个损失等于图 10. E. 3 中的阴影区域的面积，称为**无谓损失三角形**（deadweight loss triangle）。

---

① 为了看清这一点，首先请验证，对于所有 x 都有 $S''(x) \leqslant 0$。所以，$S(\cdot)$ 是个凹函数。因此，x^* 使得总剩余最大当且仅当 $S'(x^*=0)$。然后验证：对于所有 $x>0$ 都有 $S'(x)=P(x)-C'(x)$。

② 这个问题与例 3. I. 1 密切相关（和那里一样，这里的一种等价的提问方式是：政府可以征收定额税，也可以征收扭曲税，假设征收两种税的税收收入相等，那么与定额税相比，扭曲税造成的福利损失为多少？这种净损失的衡量也适用于此处的例子）。本例是将例 3. I. 1 的分析扩展到既存在很多消费者又存在企业的拟线性经济的情形。我们也可以使用 4. D 节提出的规范的代表性消费者方法进行分析，参见本节末尾的相关分析。

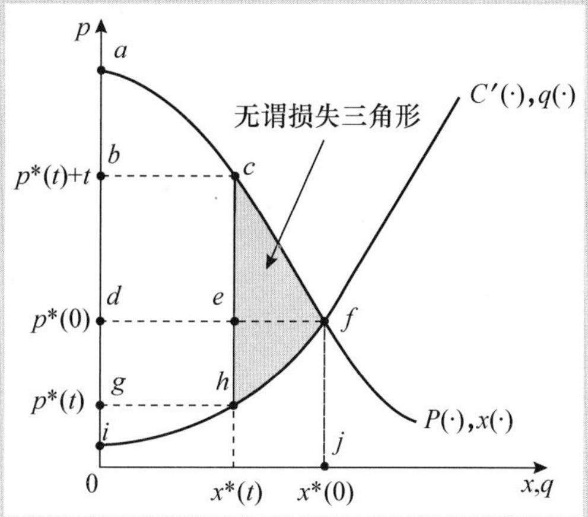

图 10.E.3 扭曲税造成的无谓福利损失

注意到，由于 $S^{*\prime}(t)=[P(x^*(t))-C'(x^*(t))]x^{*\prime}(t)$，我们有 $S^{*\prime}(0)=0$。也就是说，若从税收为零处开始，稍微增加一点点税收造成的一阶福利损失为零。只有当税率增加到大于零以后，它的边际效应才变为严格负。这是当然的：如果我们处于一个福利最优点上（内部解），那么稍微偏离这个最优点不会对福利造成一阶影响。

10

我们有时将总剩余分解为消费者剩余、生产者剩余和征税当局得到的剩余这三个部分。① 当消费者实际支付的价格为 $\hat{p}$ 从而总消费为 $x(\hat{p})$ 时的**总消费者剩余**（aggregate consumer surplus），是指消费者因消费商品 l 而得到的总消费者收益减去他们在商品 l 上的总支出（后者是消费者付出的成本，以他们放弃的计价物数量衡量）：

$$CS(\hat{p})=\sum_{i=1}^{I}\phi_i(x_i(\hat{p}))-\hat{p}x(\hat{p})$$

再次使用消费是最优分配的事实，我们有

$$CS(\hat{p})-\int_0^{x(\hat{p})}P(s)ds-\hat{p}x(\hat{p})=\int_0^{x(\hat{p})}[P(s)-\hat{p}]ds \tag{10.E.7}$$

注意，式（10.E.7）中最后一个式子等于②

$$CS(\hat{p})=\int_{\hat{p}}^{\infty}x(s)ds \tag{10.E.8}$$

因此，由于当税率为 t 时，消费者面对的实际价格为 $p^*(t)+t$，所以征税引起的消费者剩余的变动为

$$CS(p^*(t)+t)-CS(p^*(0))=-\int_{p^*(0)}^{p^*(t)+t}x(s)ds \tag{10.E.9}$$

---

① 例如，如果商品 l 的活跃消费者集合与生产该商品的企业主集合不同，那么这种区分能告诉我们下列情形的一些信息：如果不在企业主和消费者之间进行转移，税收的分配效应是什么样的。

② 这一点可从几何图形上看出。例如，当 $\hat{p}=p^*(0)$ 时，式（10.E.7）和式（10.E.8）中的积分都等于图10.E.3 中区域 daf 的面积。我们也可以正式证明这个等价性：先换元然后使用分部积分法（参见习题 10.E.2）。

在图 10. E. 3 中，消费者剩余的减少量可用区域 $dbcf$ 的面积表示。

当企业面对的实际价格为 $\hat{p}$ 时，总利润或称为**总生产者剩余**（aggregate producer surplus）为

$$\Pi(\hat{p}) = \hat{p}q(\hat{p}) - \sum_{j=1}^{J} c_j(q_j(\hat{p}))$$

再次使用产量是最优分配的事实，我们有①

$$\Pi(\hat{p}) = \Pi_0 + \int_0^{q(\hat{p})} [\hat{p} - C'(s)]ds \qquad (10.E.10)$$

$$= \Pi_0 + \int_0^{\hat{p}} q(s)ds \qquad (10.E.11)$$

其中 Π_0 是个积分常数，当 $q_j = 0$（对于所有 j）时它等于利润［如果对于所有 j 都有 $c_j(0)=0$，那么 $\Pi_0=0$］。由于生产者不缴税，当税率为 t 时它们面对的价格为 $p^*(t)$。因此，生产者剩余的变动为

10

$$\Pi(p^*(t)) - \Pi(p^*(0)) = -\int_{p^*(t)}^{p^*(0)} q(s)ds \qquad (10.E.12)$$

生产者剩余的减少量可用图 10. E. 3 中区域 $gdfh$ 的面积表示。

最后，**税收收入**（tax revenue）为 $tx^*(t)$；它可用图 10. E. 3 中区域 $gbch$ 的面积表示。

于是，因征税造成的无谓福利损失，等于消费者剩余减少量加上生产者剩余减少量然后再减去税收收入。在图形上，这表现为区域 $dbcf$ 面积加上区域 $gdfh$ 的面积然后再减去区域 $gbch$ 的面积，这个结果为区域 cfh 的面积；也就是说，征税造成的净福利损失等于区域 cfh 的面积。■

我们在此处介绍的福利衡量方法与 4. D 节关于规范的代表性消费者的讨论密切相关。我们在 4. D 节已经说明，如果中央集权者在面对给定的价格 p 时通过财富再分配来实现社会福利函数最大，由此导致的财富分配规则为 $(w_1(p, w), \cdots, w_I(p, w))$，那么存在间接效用函数为 $v(p, w)$ 的一个规范的代表性消费者，他的需求 $x(p, w)$ 正好等于总需求［即，$x(p,w) = \sum_i x_i(p,w_i(p,w))$］，而且他的效用可用于衡量社会福利。回忆我们在 3. I 节的讨论，这意味着我们可以用下列方法衡量价格-财富变化引起的福利变化：把因价格变动引起的代表性消费者的补偿变化或等价变化加上他的财富变化（参见习题 3. I. 12）。但在拟线性情形下，代表性消费者的补偿变化和等价变化是相等的，而且可通过

① 当 $\hat{p}=p^*(0)$ 时，式（10. E. 10）和式（10. E. 11）中的积分都等于图 10. E. 3 中区域 idf 的面积。这个等价性的证明涉及先换元然后使用分部积分法。

对代表性消费者的瓦尔拉斯需求函数直接积分求出，也就是说，可以通过对总需求函数积分求出。因此，在例 10. E. 1 中，因价格变化引起的代表性消费者的补偿变化，正好等于总消费者剩余的变化［式（10. E. 9)］。另外，代表性消费者的财富变化，等于总利润变化加上税收收入。因此，征税然后转移财富方案引起的总福利变化，若用代表性消费者的福利衡量，正好等于例 10. E. 1 计算出的福利无谓损失。[1]

在拟线性模型中，我们使用总剩余衡量福利的另外一个理由是，总剩余可以衡量**潜在的帕累托改进**（potential Pareto improvement）。以税收变动为例。如果中央集权者对计价物的定额转移能使所有消费者的状况比税收变动前更好，那么我们说该税收变动代表着一个潜在的帕累托改进。在拟线性情形下，这个结论为真当且仅当税收变动增加了总剩余。这种方法有时称为**补偿原理**（compensation principle），因为它关注的是，在原理上，是否受益者能补偿受损者从而使所有人的状况都比以前好。（读者也可以参考例 4. D. 2 的讨论，尤其是参考 22. C 节。）

最后，要提醒读者注意的是：当计价物代表很多商品时，只有在所有其他商品（除了商品 l 之外）的价格都未被扭曲，即这些商品的价格等于实际边际效用和边际成本时，我们此处的分析才能成立。因此，除了商品 l 之外的所有其他商品市场必定是竞争性的，而且所有市场参与者必定面临相同的价格。如果这个条件不成立，那么商品 l 的生产者面对的成本，不能反映它们使用这些商品作为投入要素而导致的实际社会成本。习题 10. G. 3 提供了一个例证。

10.F 自由进入与长期竞争均衡

直到现在，我们一直假设企业集和它们的技术能力是固定不变的。在本节，我们考虑企业数量可能有无限个，而且每个企业都能获得最有效率的生产技术的情形。另外，每个企业根据利润机会判断是否进入或退出市场。这种情形称为**自由进入**（free entry）。当我们考察市场的长期结果时，自由进入通常是个合理的近似。在下面的讨论中，我们引入和研究**长期竞争均衡**（long-run competitive equilibrium）这个概念，然后讨论如何使用这个概念来分析长期和短期比较静态效应。

我们首先假设，商品 l 的生产企业可能有无限多个，每个企业的成本函数为 $c(q)$，其中 q 为单个企业的产量。假设 $c(0)=0$，也就是说，企业的利润可以为零，因为它只要决定不生产即令 $q=0$ 即可。使用 5. B 节的术语来说，这意味着在长期企业没有沉没成本。总需求函数为 $x(\cdot)$，它的反总需求函数为 $P(\cdot)$。

---

① 这种净损失的衡量方法也对应于例 3. I. 1 中的一个消费者福利变化衡量问题，只不过在例 3. I. 1 中，我们关注的是被征税商品的单位成本为常数的情形。

在长期竞争均衡时，我们不仅想确定价格和产量，而且想确定行业内的活跃企业数量。由于我们假设企业都是相同的，我们仅关注涉及所有活跃企业生产相同产量情形下的竞争均衡[①]，所以，长期竞争均衡可用组合（p，q，J）表示，其中 p 为价格，q 为每个企业的产量，J 为活跃企业的数量（整数）。因此，行业的总产量为 $Q=Jq$。决定行业内活跃企业数量的一个关键假设是自由进入和退出假设：如果某个企业在当前的市场价格上能赚取正的利润，它就会进入；如果在当前的价格水平上，某个企业无论生产什么样的正的产量，利润都为负，它就会退出。如果所有企业（包括活跃的和潜在的）都将价格视为不受它们自身行为影响，那么这意味着在任何长期竞争均衡处，活跃企业的利润必定正好为零。否则，市场中要么不存在活跃企业（如果利润为负），要么有无限多个企业进入市场（如果利润为正）。这样，我们就得到了定义 10. F. 1。

定义 10. F. 1：给定总需求函数 $x(p)$，以及给定每个潜在的活跃企业成本函数 $c(q)$[其中 $c(0)=0$]，组合（p^*，q^*，J^*）是个长期竞争均衡，如果

（ⅰ）q^* 是 $\underset{q\geqslant 0}{\mathrm{Max}}\, p^* q-c(q)$ 的解　　（利润最大化）

（ⅱ）$x(p^*)=J^* q^*$　　（需求＝供给）

（ⅲ）$p^* q^* -c(q^*)=0$　　（自由进入条件）

我们可以将长期均衡价格视为使得需求等于长期供给的价格，其中长期供给考虑到了企业的进入和退出决策。具体地说，如果 $q(\cdot)$ 是成本为 $c(\cdot)$ 的单个企业的供给对应，$\pi(\cdot)$ 是该企业的利润函数，我们可以给出**长期总供给对应**（long-run aggregate supply correspondence）的定义[②]：

$$Q(p)=\begin{cases}\infty & \text{若 } \pi(p)>0\\ \{Q\geqslant 0: Q=Jq \text{ 对于某个整数 } J\geqslant 0 \text{ 和 } q\in q(p)\} & \text{若 } \pi(p)=0\end{cases}$$

如果 $\pi(p)>0$，那么每个企业想生产严格大于零的产量。因此，总供给量是无穷大的。如果 $\pi(p)=0$ 而且对于某个 $q\in q(p)$ 有 $Q=Jq$，那么市场中有 J 个活跃企业，它们的产量都为 q，其余企业是不活跃的［由于 $c(0)=0$，零产量也是非活跃企业的利润最大化选择］。有了长期供给对应这个概念之后，p^* 是个长期竞争均衡价格当且仅当 $x(p^*)\in Q(p^*)$。[③]

① 如果 $c(\cdot)$ 在集合 $(0,\infty]$ 上严格凸，那么所有活跃企业生产相同产量的这个假设就不失一般性。因此，任何给定的价格 p 至多对应一个正的产量水平。

② 就生产集的基本性质（详见 5. B 节）来说，长期供给对应是生产集 Y^+ 的供给对应，其中 Y 是与单个企业［即成本为 $c(\cdot)$ 的企业］相关的生产集，Y^+ 是 Y 的“可加闭包”（即，含有 Y 的最小集合而且该集合是可加的：$Y^+ + Y^+ \subset Y^+$；参见习题 5. B. 4）。

③ 特别地，如果（p^*，q^*，J^*）是个长期竞争均衡，那么定义 10. F. 1 中的条件（ⅰ）意味着 $q^*\in q(p^*)$，条件（ⅲ）意味着 $\pi(p^*)=0$。因此，根据条件（ⅱ）可知，$x(p^*)\in Q(p^*)$。在另外一个方向上，如果 $x(p^*)\in Q(p^*)$，那么 $\pi(p^*)=0$，并且存在 $q^*\in q(p^*)$ 和 J^* 使得 $x(p^*)=J^* q^*$。因此，定义 10. F. 1 的三个条件得以满足。

现在我们考察这个长期竞争均衡概念。首先考虑成本函数 $c(\cdot)$ 为规模报酬不变的情形，因此对于某个 $c>0$ 有 $c(q)=cq$。另外，假设 $x(c)>0$。在这种情形下，定义 10.F.1 中的条件（i）告诉我们，在任何长期竞争均衡处，我们均有 $p^*\leqslant c$（否则，不存在利润最大化的产量）。然而，在任何这样的价格上总消费为严格正，这是因为 $x(c)>0$，因此条件（ii）要求 $q^*>0$。根据条件（iii），我们必定有 $(p^*-c)q^*=0$。因此，我们断言 $p^*=c$ 而且总消费为 $x(c)$。然而，请注意，J^* 和 q^* 是未定的：任何使得 $J^*q^*=x(c)$ 的 J^* 和 q^* 都满足条件（i）和（ii）。

图 10.F.1 描述了这个长期均衡。图 10.F.1(a) 画出了单个企业的供给对应；图 10.F.1(b) 表明，长期均衡价格和总产量由总需求函数 $x(\cdot)$ 和长期总供给对应 $Q(p)$ 的交点决定，其中长期总供给对应 $Q(p)$ 为

$$Q(p)=\begin{cases}\infty & 若\ p>c\\ [0,\infty) & 若\ p=c\\ 0 & 若\ p<c\end{cases}$$

10

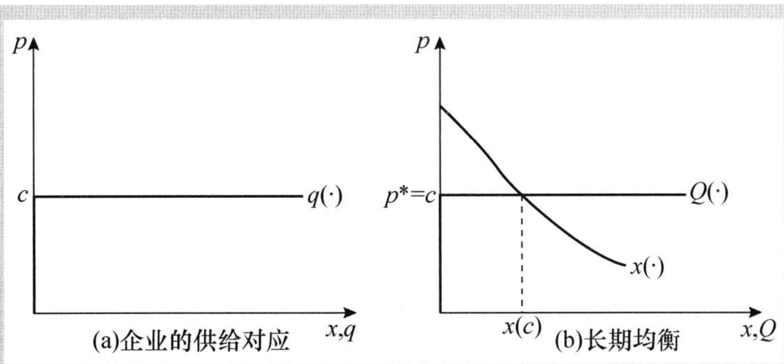

图 10.F.1　规模报酬不变情形下的长期均衡

下面我们考察 $c(\cdot)$ 为递增且严格凸的情形（即，单个企业的生产技术是规模报酬严格递增的）。我们假设 $x(c'(0))>0$。在这样的成本函数下，不存在任何长期竞争均衡。为了看清这一点，一方面，注意到如果 $p>c'(0)$，那么 $\pi(p)>0$，从而长期供给为无穷大。另一方面，注意到如果 $p\leqslant c'(0)$，那么长期供给为零而 $x(p)>0$。图 10.F.2 画出了上述情形，在这个图中，需求函数 $x(\cdot)$ 与长期总供给对应 $Q(p)$ 无交点，其中

$$Q(p)=\begin{cases}\infty & 若\ p>c'(0)\\ 0 & 若\ p\leqslant c'(0)\end{cases}$$

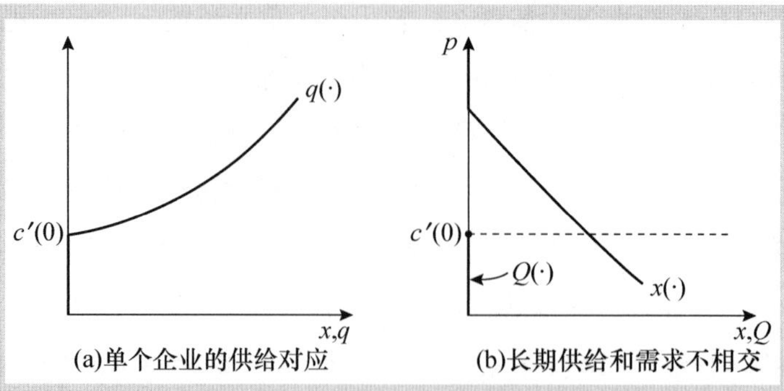

图 10.F.2　严格凸成本情形下不存在长期竞争均衡

对于上面的问题，我们也可以从另外一个相关的角度理解。正如例 5.B.4 所示的那样，我们在前面所说的情形为长期总生产集是凸的但不是闭的。这可用图 10.F.3 说明，这个图画出了市场中有 J 个企业的行业边际成本函数 $c'(Q/J)$，其中 $J=1$，3，10。注意，随着 J 增加，这个边际成本函数趋近于固定不变的边际成本 $c'(0)$，但永远也不会到达这个值。

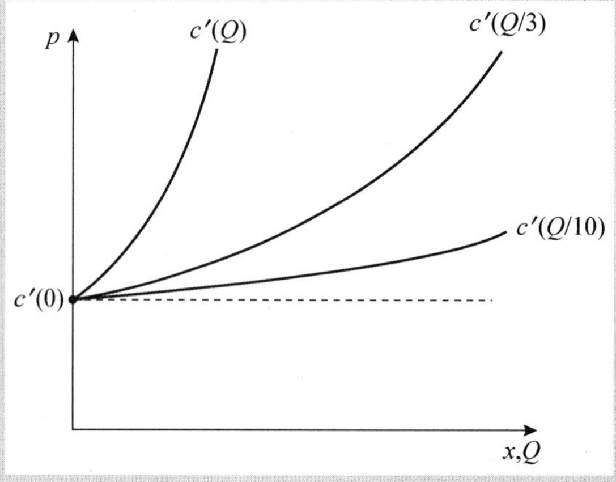

图 10.F.3　严格凸成本情形下，当 $J\to\infty$ 时的行业边际成本的极限行为

你也许不应该对下列事实感到惊讶，若要使均衡时企业的数量是确定的而不是未定的，长期成本函数必须有严格正的效率规模（efficient scale）；也就是说，**必定存在严格正的产量水平 $\bar{q}$ 使得企业在该产量上的平均成本最小**（关于效率规模概念的进一步讨论请参考 5.D 节）。

特别地，假设 $c(\cdot)$ 有唯一的效率规模 $\bar{q}>0$，令平均成本最小值为 $\bar{c}=c(\bar{q})/\bar{q}$。另外，假设 $x(\bar{c})>0$。如果在一个长期均衡 (p^*, q^*, J^*) 上，我们有 $p^*>\bar{c}$，那么 $p^*\bar{q}>\bar{c}\bar{q}$，所以我们有 $\pi(p^*)>0$。因此，在任何长期均衡上我们均必定有 $p^*\leqslant\bar{c}$。相反，如果 $p^*<\bar{c}$，那么 $x(p^*)>0$；由于对于所有 $q>0$ 都有 $p^*q-c(q)=p^*q-(c(q)/q)q\leqslant(p^*-\bar{c})q<0$，所以在任何正的产量水平上，企业的利润都是严格

负的。所以，$p^* < \bar{c}$ 也不可能是长期均衡价格。因此，在任何长期均衡处，我们必定有 $p^* = \bar{c}$。而且，如果 $p^* = \bar{c}$，那么每个活跃企业的供给必定为 $q^* = \bar{q}$（这是企业能赚取非负利润的唯一严格为正的产量水平），从而活跃企业的均衡数量为 $J^* = x(\bar{c})/\bar{q}$。① 因此，在长期均衡处，活跃企业的数量是良好定义的。图 10.F.4 描述了一个这样的均衡。长期总供给对应为

$$Q(p) = \begin{cases} \infty & \text{若 } p > \bar{c} \\ \{Q \geqslant 0 : Q = J\bar{q} \text{ 对于某个整数 } J \geqslant 0\} & \text{若 } p = \bar{c} \\ 0 & \text{若 } p < \bar{c} \end{cases}$$

我们发现，此时的均衡价格和总产量，与企业具有规模报酬不变技术且单位成本为 $\bar{c}$ 的情形正好完全相同。

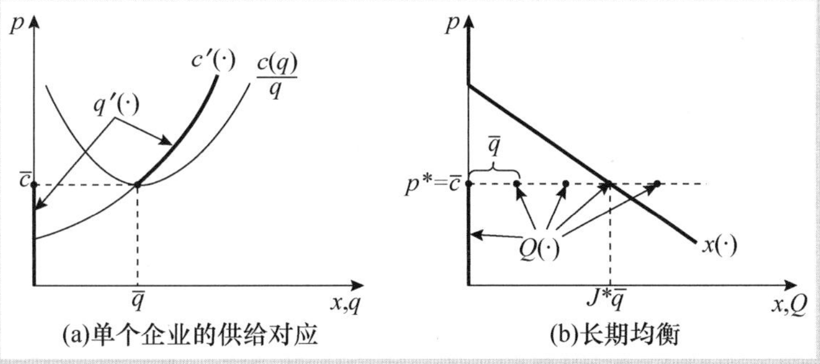

图 10.F.4　当平均成本具有严格正的效率规模时的长期竞争均衡

关于图 10.F.4 中的均衡，有几点需要指出：

第一，如果效率规模相对市场需求来说比较大，那么活跃企业的均衡数量就比较小。在这些情形下，我们可能会质疑价格接受者假设的合理性。（例如，如果 $J^* = 1$，企业还是价格接受者吗?）事实上，这些情形很有可能就是我们在第 12 章讨论的企业具有市场势力的情形。

第二，我们已经说明，价格为 $\bar{c}$ 时的需求 $x(\bar{c})$，可以方便地表示为整数与 $\bar{q}$ 的乘积。如果这一点不成立，那么就不会存在长期均衡，这是因为需求曲线和长期供给对应将不会相交。② 这里的竞争均衡不存在的一个原因，与我们在 10.C 节所指

---

① 注意到若 $c(\cdot)$ 是可微的，定义 10.F.1 中的条件（ⅰ）意味着 $c'(q^*) = p^*$，而条件（ⅲ）意味着 $p^* = c(q^*)/q^*$。因此，均衡的必要条件为 $c'(q^*) = c(q^*)/q^*$。这是 q^* 成为平均成本临界点的条件［对 $c(q)/q$ 微分并参考习题 5.D.1］。在平均成本 $c(q)/q$ 为 U 形情形下（即临界点是唯一的，只有全局最小点是临界点，如图 10.F.4 所示），这意味着 $q^* = \bar{q}$，所以 $p^* = \bar{c}$，$J^* = x(\bar{c})/\bar{q}$。然而，请注意，我们在教材中的论证并没对平均成本曲线的形状作出要求。

② 考察介于规模报酬不变（此时任何规模都是有效率的）与唯一效率规模之间的情形，我们称之为中间情形。当存在一系列效率规模 $[\underline{q}, \bar{q}]$（平均成本曲线的底部是水平的）时，就会出现上述中间情形。在这种情形下，整数问题得以缓解。若想让长期竞争均衡存在，现在只要能找到某个 $q \in [\underline{q}, \bar{q}]$ 使得 $x(\bar{c})/q$ 为整数即可。随着区间 $[\underline{q}, \bar{q}]$ 变大，长期均衡存在的可能性变大了，然而均衡企业数量未定的可能性也增大了（即，存在多个均衡且不同均衡中的企业数量也不相同）。

出的一样，是长期生产技术非凸。

然而，如果单个企业的效率规模相对于市场规模来说比较小，这个“整数问题”将不再那么重要。事实上，当我们研究寡头垄断市场（第 12 章）时，我们将看到，如果企业的效率规模相对较小，寡头垄断均衡价格将接近 $\bar{c}$——如果我们不要求企业数量 J^* 为整数，那么就可以得到这个均衡价格。在直觉上，当效率规模较小时，行业内将有很多企业，因此此时的均衡虽然不是严格竞争的，但均衡价格接近 $\bar{c}$。因此，如果效率规模相对于市场规模［以 $x(\bar{c})$ 衡量］来说比较小，那么忽略整数问题并将企业视为价格接受者，就能得到近似正确的答案。

第三，当均衡存在时，比如图 10. F. 4 的均衡，那么均衡结果使得马歇尔总剩余最大，从而是帕累托最优的。为了看到这一点，从图 10. F. 4 可知，均衡时的总剩余等于当企业的成本函数为 $\bar{c}q$ 时的总剩余的最大值：

$$\operatorname*{Max}_{x\geqslant 0}\int_0^x P(s)ds-\bar{c}x$$

但是由于对于所有 q 都有 $c(q)\geqslant\bar{c}q$，所以，给定实际成本函数 $c(\cdot)$，它必定是总剩余能达到的最大值；也就是说，对于所有 $\hat{x}$ 和 J 都有

$$\operatorname*{Max}_{x\geqslant 0}\int_0^x P(s)ds-\bar{c}x\geqslant\int_0^{\hat{x}} P(s)ds-Jc(\hat{x}/J)$$

我们曾在 10. D 节说过，即使单个企业的生产集都不是凸的，福利经济学第一基本定理也可能仍然成立。我们在此处的讨论说明了这一点（在第 16 章将说明这个结论的一般性）。

短期和长期比较静态

尽管在长期，企业会根据利润机会选择进入或退出市场，但这些变化需要一定时间。例如，当企业选择退出市场时，它要关闭工厂、减少工人数量和卖掉机器设备，这些都要花费时间。有时企业会发现，如果它继续生产直至找到它的工厂和机器的合适买主，对它自己来说反而更划算一些。因此，在分析市场受到冲击的比较静态效应时，有必要区分长期效应和短期效应。

例如假设我们处在某个长期均衡处，此时 J^* 个活跃企业的产量都为 q^*。现在假设需求受到冲击（供给受到冲击情形的分析类似）。在短期，不可能有新企业进入市场，因此至少在一个时期内市场上的企业数量为 J^*。然而，这 J^* 个企业面对的短期成本函数 $c_s(\cdot)$ 可能与长期成本函数 $c(\cdot)$ 不同，这是因为在短期至少有一种要素的数量是固定不变的。例如，企业的长期成本函数可能为

$$c(q)=\begin{cases}K+\psi(q) & \text{若 } q>0\\ 0 & \text{若 } q=0\end{cases}\tag{10. F. 1}$$

其中 $\psi(0)=0$，$\psi'(q)>0$ 以及 $\psi''(q)>0$。然而在短期，如果活跃企业退出市场从而

它的产量 $q=0$，那么它不可能收回它的固定成本。因此，在短期，企业的成本函数为

$$c_s(q)=K+\psi(q) \qquad 对于所有 q\geqslant 0 \qquad (10.F.2)$$

另外一种可能是，$c(q)$ 也许是企业使用多种要素进行生产的成本函数，而且在短期，活跃企业不能改变某种要素的投入数量。（关于这一点，请参考5.B节的讨论；习题10.F.5和习题10.F.6提供了例证。）

当短期和长期存在着显著区别时，我们最好使用下列方法确定需求冲击的**短期比较静态效应**（short-run comparative statics effects）：给定市场上有 J^* 个企业且每个企业的成本函数为 $c_s(\cdot)$，以及给定新的需求函数，求这种情形下的竞争均衡。这正是10.C节研究的均衡概念，在那里我们将企业的成本函数取为 $c_s(\cdot)$。**长期比较静态效应**（long-run comparative statics effects）的确定方法为：给定上述新的需求函数和长期成本函数 $c(\cdot)$，求长期（即允许自由进入）均衡。

10

例10.F.1：在短期固定成本沉没情形下的短期和长期比较静态。假设长期成本函数 $c(\cdot)$ 由式（10.F.1）给出，但在短期，固定成本 K 沉没了，因此 $c_s(\cdot)$ 由式（10.F.2）给出。总需求函数一开始时为 $x(\cdot,\alpha_0)$，行业处于某个长期均衡点上，此时市场中有 J_0 个企业，每个企业生产 $\bar{q}$ 单位产品［成本函数 $c(\cdot)$ 的效率规模］，价格为 $p^*=\bar{c}=c(\bar{q})/\bar{q}$。这个均衡位置已在图10.F.5中画出。

现在假设我们移动到需求函数 $x(\cdot,\alpha_1)$，如图10.F.5所示。短期均衡由这个新需求函数和行业供给对应的交点确定，其中行业供给由 J_0 个企业供给组成，每个企业的短期成本函数为 $c_s(\cdot)$。短期总供给对应如图中的 $Q_s(\cdot)$ 所示。因此，在短期，需求受到的冲击使得价格下降到 p_s，每个企业的产量下降到 q_s。企业的利润也下降了；由于 $p_s<\bar{c}$，每个活跃企业在短期都亏损。

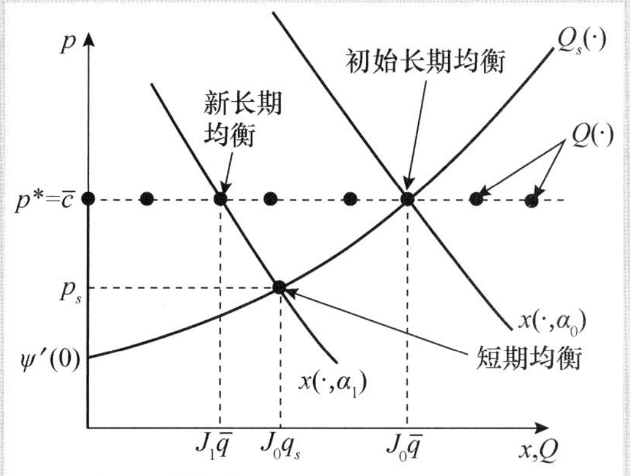

图10.F.5 例10.F.1中的短期和长期比较静态

然而在长期，企业对需求下降的反应是退出市场，因此企业数量下降到 $J_1<J_0$，每个企

业生产的产量为 $\bar{q}$。价格重新回到 $p^*=\bar{c}$，总消费为 $x(\bar{c},\alpha_1)$，所有活跃企业的利润再一次变为零。图 10. F. 5 也画出了这个新的长期均衡。■

这种将动态调整分为两个时期的做法，是一种有用的初步近似，但这也意味着它比较粗糙。更为合理的做法是，我们可以将动态调整分为几个不同的短期阶段，它们分别对应着不同的成本调整水平及与其相伴的不同决策：在非常短的时期，生产是完全固定不变的；在中期，有些要素能够调整但其他要素不可以调整；也许只有在“非常长的时期”才会发生企业进入和退出的现象。另外，我们在前面的分析中将短期和长期完全隔离开。这种方法忽略了一些可能性。例如，我们已经知道，当消费者预期明天的价格将和今天的价格不同时，就会出现跨期替代的可能性。在非常短的时期（很多生产决策固定不变），价格可能对需求冲击非常敏感，这种跨期选择就非常重要。然而，将动态调整分为短期和长期的做法忽略了这一点。

这些不足之处并不是竞争模型自身的缺陷，它只是我们作出的极端简化假设的产物。这些问题的合意处理方法是，建立动态模型而且要求该模型强调消费者的预期。在第 20 章，我们将深入研究竞争市场的动态模型。然而，我们将动态调整分为短期和长期的简单做法，通常是分析动态调整的有用起点。

10.G 对局部均衡分析的评论

在理论上，帕累托最优结果和竞争均衡的分析要求同时考虑整个经济（这是本书第四部分的任务），然而局部均衡分析方法比较方便。首先，从实证的角度来看，它让我们能确定我们想要研究的某个市场的均衡结果，而不用考虑所有其他市场。其次，从规范的角度来看，它允许我们使用马歇尔总剩余衡量福利，这样，在很多情形下，我们可用总需求曲线和总供给曲线之间的面积衡量福利。

在 10. C 节到 10. F 节考察的模型中，局部均衡分析的可行性隐含地取决于两个前提：首先，除了我们所研究的特定商品外，所有其他商品的价格都是固定不变的；其次，在我们研究的这种商品中不存在财富效应。在本节我们简要评价一下这些假设。（局部均衡分析的局限性可参考 15. E 节。）

除了一种特定的商品（比如商品 l）之外所有其他商品的价格都固定不变这个假设，对于我们只就单个市场（商品 l 的市场）进行实证和规范分析的合理性至关重要。在 10. B 节，我们为这个假设辩护的理由是，商品 l 的市场比较小，从而对其他市场的影响可以忽略不计。然而，这不是唯一可能的辩护理由。例如，非替代性定理（参见第 5 章附录 A）意味着如果计价物是唯一原生要素（非生产出来的要素），而且商品 l 之外的所有其他商品都是在规模报酬不变条件下使用计价物和商品 l 之外的其他商品作为投入要素生产出来的，而且不存在联合生产，那么所有其他商品的价格将维持不变。①

尽管有时我们不能假设所有其他商品的价格维持不变，但是我们的单个市场局部均衡分析有时仍具有一定的一般性。有时我们的兴趣不在单个市场身上，而是在一组商品身上，这些商品在消费上（茶和咖啡就是很好的例子）或在生产上具有很强的相关性。在这种情形下，假设所有其他商品价格不变而只研究商品 l 的市场的方法不再可行，因为现在要同时确定这组商品中每种商品的价格。然而如果组内商品市场的变动不会影响组外商品的价格，而且如果组内商品不存在财富效应，那么我们仍然可以使用 10.C 节到 10.F 节发展出来的大部分分析。

为了说明这一点，假设这一组商品由 M 种商品组成，分别令 $x_i \in \mathbb{R}_+^M$ 和 $q_j \in \mathbb{R}^M$ 表示这 M 种商品的消费向量和生产向量。每个消费者 i 的效用函数具有下列形式

$$u_i(m_i, x_i) = m_i + \phi_i(x_i)$$

其中，m_i 是计价物商品的消费（即，消费者 i 花费在组外商品身上的总支出）。企业 j 的成本函数为 $c_j(q_j)$。在这些假设之下，我们在前面几节得到的很多结果仍然适用（只不过现在需要将 x_i 和 q_j 视为向量）。特别地，均衡的唯一性（详见 10.C 节）以及均衡与初始禀赋的无关性（参见习题 10.G.1）仍然成立；福利定理（详见 10.D 节）也成立。然而，我们不能再用需求曲线和供给曲线之间的面积来衡量福利，这是因为组内商品价格密切相关，组内一种商品价格变动会引起组内其他商品市场价格变动（交叉效应），现在我们不能忽略这种交叉效应。②（习题 10.G.3 到习题 10.G.5 让你考察与此有关的问题。）

另外，商品 l 不存在财富效应这个假设，对于我们本章的福利分析方法的合理性至关重要。如果没有这个假设，正如我们将在本书第四部分将看到的，帕累托最优将和财富的配置密切相关。另外，我们在 3.I 节已经知道，由瓦尔拉斯需求函数计算出来的面积一般不能正确衡量补偿变化或等价变化（应该使用希克斯需求函数计算）。然而，不存在财富效应这个假设对于实证分析（比如均衡的确定、比较静

① 这个结果的一个简单例子是，商品 l 之外的所有其他商品都可通过规模报酬不变的技术直接使用计价物生产出来。在这种情形下，商品 l 之外的每种商品 l' 的均衡价格，等于生产一单位商品 l' 必须投入的计价物数量。更一般地，在非替代性定理条件下，商品 l 之外的每种商品的价格都固定不变，这是因为所有有效率生产向量都可以由同一个技术集产生。在任何均衡处，商品 l 之外的每种商品 l' 的价格，必定等于使用有效率生产技术生产一单位商品 l' 所直接或间接必需的计价物数量。这里，"直接"是指商品 l' 的生产直接使用计价物作为投入要素，"间接"是指商品 l' 的生产使用商品 l 之外的其他商品作为投入要素，但这些作为投入要素的商品又是通过直接使用计价物生产出来的。

② 即使在这样的情形下，也仍有例外。例如，当效用函数和成本函数具有下列形式时，我们只分析单个市场（商品 l）的方法仍然可行：

$$u_i(m_i, x_i) = m_i + \phi_{li}(x_{li}) + \phi_{-l,i}(x_{-l,i})$$

$$c_j(q_j) = c_{lj}(q_{lj}) + c_{-l,j}(q_{-l,j})$$

其中 $x_{-l,i}$ 和 $q_{-l,j}$ 分别是组内除了商品 l 之外其他商品的消费向量和生产向量。有了商品 l 的加法可分性之后，组内其他商品市场不会影响商品 l 的均衡价格。商品 l 和组内其他商品是独立的，所以我们可以单独研究它，这一点和前面几节是相同的。（事实上，我们甚至不需要假设组内其他商品的价格固定不变，因为这些价格与商品 l 的均衡和福利分析无关。）参见习题 10.G.2。

态效应等）不是那么重要。即使存在财富效应，供求工具也仍然有助于我们进行理论的实证分析部分。例如，即使存在财富效应，企业的行为也不会发生任何变化。现在对于消费者来说，他的需求函数取决于商品 l 的价格和财富（给定所有其他商品的价格不变）。如果财富是由初始禀赋和消费者在企业的股份确定的，那么我们可以将财富本身看成商品 l 价格的函数（注意，所有其他商品价格是固定不变的），因此，再一次地，我们可以将商品 l 的需求看成商品 l 自身价格的函数。正式地说，我们的分析又回到了 10. C 节：商品 l 市场的均衡对应着需求曲线和供给曲线的交点。①

参考文献

Marshall, A. (1920). *Principles of Economics*. New York: Macmillan.

Stigler, G. (1987). *The Theory of Price*, 4th ed. New York: Macmillan.

Vives, X. (1987). Small income effects: A Marshallian theory of consumer surplus and downward sloping demand. *Review of Economic Studies* 54: 87-103.

10

习　题

10. B. 1[B]　我们在定义 10. B. 2 中给出的概念有时称为**强帕累托有效率**（strong Pareto efficiency）。这个定义存在着弱版本即弱帕累托有效率。对于某个结果，如果不存在能使所有个体的状况都严格变好的其他方法，那么我们称其是**弱帕累托有效率的**。

（a）证明如果某个结果是强帕累托有效率的，那么它也是弱帕累托有效率的。

（b）证明如果所有消费者的偏好都是连续且强单调的，那么对于任何**内部**（interior）结果（即，在这个结果中每个消费者的消费都位于他自己的消费集内部）来说，这两个帕累托效率概念是等价的。为简单起见，假设对于所有 i 都有 $X_i=\mathbb{R}^L_+$。

（c）构造一个例子，要求在这个例子中上述两个概念不是等价的。在（b）中强单调假设为什么重要？内部结果假设重要吗？

10. B. 2[A]　证明如果配置 $(x_1^*, \cdots, x_I^*, y_1^*, \cdots, y_J^*)$ 和价格向量 $p^* \gg 0$ 构成了一个竞争均衡，那么配置 $(x_1^*, \cdots, x_I^*, y_1^*, \cdots, y_J^*)$ 和价格向量 αp^* 也构成了一个竞争均衡，其中 $\alpha>0$ 是任意实数。

10. C. 1[B]　假设消费者 i 的偏好可用效用函数 $u_i(x_{1i},\cdots,x_{Li})=\sum_l \log(x_{li})$ 表示。注意这些偏好是柯布-道格拉斯类型的。

（a）推导出消费者 i 对商品 l 的需求，并计算财富效应。

（b）现在考虑下面一系列情形：我们不断等比例地增加商品的种类和消费者的财富。求 $L\to$

① 然而，财富效应的存在，对于消费者可能会产生一些新的现象。例如，可能会出现**向后弯曲的**（backward-bending）需求曲线，在这种情形下，即使商品 l 是正常商品，在某个区域商品 l 的需求也会随着它自身价格上升而上升。这种现象出现的原因是消费者拥有商品 l 禀赋，因此商品 l 价格上升后，消费者的财富增加，从而导致消费者对商品 l 的净需求增加。

∞时的财富效应。

10.C.2[B] 考虑10.C节的两商品拟线性模型，其中消费者和企业的数量都为1（即$I=1$和$J=1$）。计价物的初始禀赋为$\omega_m>0$，商品l的初始禀赋为0。令消费者的拟线性效用函数为$\phi(x)+m$，其中$\phi(x)=\alpha+\beta\ln x$对于某个$(\alpha, \beta)\gg 0$成立。另外，令企业的成本函数为$c(q)=\sigma q$，对于某个实数$\sigma>0$。假设消费者得到企业的所有利润。企业和消费者都是价格接受者。将商品m的价格标准化为1，将商品l的价格记为p。

(a) 推导出消费者问题的一阶条件和企业问题的一阶条件。

(b) 推导出商品l竞争均衡价格和产量。这两个量如何随α，β和σ的变化而变化？

10.C.3[B] 某个中央集权者经营J个企业，每个企业都使用计价物生产商品l，每个企业j的成本函数$c_j(q_j)$都是凸且可微的。令$C(q)$表示该中央集权者生产总产量q所需的最小成本水平，即

$$C(q)=\underset{(q_1,\cdots,q_J)\geqslant 0}{\mathrm{Min}}\sum_{j=1}^{J}c_j(q_j)$$
$$\text{s.t.}\ \sum_{j=1}^{J}q_j\geqslant q$$

(a) 推导出这个成本最小化问题的一阶条件。

(b) 证明在成本最小化的产量配置$(q_1^*, \cdots, q_J^*)$上，对于所有j和$q_j^*>0$都有$C'(q)=c_j'(q_j^*)$（即，中央集权者生产总产量q的边际成本等于每个企业j生产最优配置q_j^*的边际成本）。

(c) 证明当产品价格$p=C'(q)$（计价物的价格等于1）时，如果所有企业的利润都实现了最大化，那么每个企业的产量选择都将使得总产量为q。证明$C'(q)$是行业反供给函数$q(\cdot)$。

10.C.4[B] 某个中央集权者想将x单位商品l分配给I个消费者，每个消费者的效用函数都是拟线性形式$\phi_i(x_i)+m_i$，其中$\phi_i(\cdot)$是可微、递增且严格凹的函数。中央集权者的目标是使得消费者的效用之和$\sum_i u_i$最大化。

(a) 建立中央集权者的问题并推导出它的一阶条件。

(b) 令$\gamma(x)$表示中央集权者问题的最优值函数，令$P(x)=\gamma'(x)$为其导数。证明如果x单位商品l的最优配置为$(x_1^*, \cdots, x_I^*)$，那么$P(x)=\phi_i'(x_i^*)$对于所有i和$x_i^*>0$均成立。

(c) 证明如果当商品l的价格为$P(x)$（计价物的价格为1）时，每个消费者的效用都达到了最大，那么商品l的总需求恰好为x。证明$P(\cdot)$是反总需求函数$x(\cdot)$。

10.C.5[B] 对方程组（10.C.4）到方程组（10.C.6）运用隐函数定理，推导出例10.C.1中税收微分变化导致的均衡价格的微分变化。

10.C.6[B] 政府打算对某商品的交易征税，该商品市场是完全竞争的。政府可以使用的税收形式有两种：一种是从量税（specific tax），每买或卖一单位商品都需要缴纳t美元（这是教材中使用的税收形式）；另一种是从价税（ad valorem tax），税收等于τ乘以商品价格。假设局部均衡方法可行。

(a) 证明如果政府征收从量税，那么无论政府对消费者征税还是对生产者征税，消费者面对的商品最终价格和购买量都是相同的。

(b) 证明上述结论对于从价税来说一般不成立。在这种情形下，对哪一方征收从价税能导致消费者面对更高的商品价格？在什么样的特殊情形下，无论对哪一方征收从价税，消费者面对的最终价格都是相同的？

10.C.7[B] 某商品市场是完全竞争的；总需求函数为$x(p)=Ap^{\varepsilon}$，其中$A>0$，$\varepsilon<0$；总供给函数为$q(p)=\alpha p^{\gamma}$，其中$\alpha>0$，$\gamma>0$。现在政府对该商品的消费者征收从价税τ（从价税的定义见10.C.6节）。计算征收微小（即"边际"）从价税导致的消费者支付的价格的百分比变动和生产者得到的价格的百分比变动。记$k=1+\tau$。假设局部均衡方法可行。

计算均衡价格关于k的弹性。证明当$\gamma=0$时，生产者承担了全部税收，而消费者支付的价格不会受到影响；证明当$\varepsilon=0$时，消费者承担了

全部税收。当 $\gamma \to \infty$ 或 $|\varepsilon| \to \infty$ 时，结果是怎样的？

10.C.8[B] 假设有 J 个企业生产商品 l，每个企业的生产函数 $c(q, \alpha)$ 都是可微的且关于 q 严格凸，其中 α 是影响成本的一个外生参数（可以为技术参数或投入物的价格）。假设 $\partial c(q, \alpha)/\partial \alpha > 0$。商品 l 的总需求函数 $x(p)$ 是可微的，其中 $x'(p) \leqslant 0$。假设局部均衡分析可行。

给定 α，令 $q^*(\alpha)$ 表示竞争均衡时每个企业的产量，$p^*(\alpha)$ 表示竞争均衡时的价格。

(a) 推导出企业利润关于 α 的边际变化。

(b) 给出能保证下列命题成立的充分条件：如果 α 边际递增，那么对于任何满足 $x'(\cdot) \leqslant 0$ 的需求函数 $x(\cdot)$，企业的均衡利润都下降。要求使用边际成本、平均成本和（或）它们的导数表示这个充分条件。证明如果这个条件不成立，那么存在能使得利润随着 α 增加而增加的需求函数。

(c) 如果 α 为要素 k 的价格，使用要素 k 的条件要素需求解释（b）中的条件。

10.C.9[B] 假设在某个局部均衡环境中，有 J 个相同的企业生产商品 l，每个企业的成本函数都为 $c(w, q)$，其中 w 为要素价格向量。证明要素 k 价格 w_k 上升导致商品 l 的均衡价格下降当且仅当 k 是劣等（inferior）要素，也就是说，在固定不变的要素价格水平上，要素 k 的使用量随着企业产量水平增加而下降。

10.C.10[B] 某个市场的需求曲线为 $x(p) = \alpha p^{\varepsilon}$，该市场中有 J 个企业，每个企业的边际成本函数都为 $c'(q) = \beta q^{\eta}$，其中 $(\alpha, \beta, \eta) \gg 0$，$\varepsilon < 0$。计算竞争均衡价格和产量水平。当 α，β 变化时，考察这些变量的比较静态变化。ε，η 对这些变化有何影响？

10.C.11[B] 假设局部均衡分析可行，并假设竞争均衡时，企业 1 和 2 的产量都为正。企业 j 的成本函数为 $c(q, \alpha_j)$，其中 α_j 是个外生技术参数。如果在边际上 α_1 和 α_2 不同，这两个企业的利润的差是多少？

10.D.1[B] 证明如果函数 $\phi_i(\cdot)$ 是严格凹的，而且成本函数 $c_j(\cdot)$ 是凸的，那么在问题（10.D.2）中，商品 l 的最优消费水平是唯一的。证明商品 l 的最优总产量因此也是唯一的。证明如果成本函数 $c_j(\cdot)$ 是严格凸的，那么在问题（10.D.2）中，商品 l 的最优消费水平也是唯一的。

10.D.2[B] 对于习题 10.C.2 描述的经济，确定商品 l 的最优消费水平和最优产量水平。将此处的结果与习题 10.C.2 的结果进行比较。

10.D.3[B] 在 10.D 节研究的两商品拟线性经济中：证明如果任一配置是问题（10.D.6）的解，那么这个配置是帕累托最优的；证明对于某个效用水平 $(\bar{u}_2, \cdots, \bar{u}_I)$ 选择，任一帕累托最优配置都是问题（10.D.6）的解。

10.D.4[B] 推导问题（10.D.6）的一阶条件，并将它们与条件（10.D.3）～（10.D.5）进行比较。

10.E.1[C] 有若干个企业都生产商品 l，其中 $J_d > 0$ 个企业是本国国内企业，$J_f > 0$ 个企业是外国企业。所有国内企业均有相同的凸成本函数 $c_d(q_j)$，所有外国企业均有相同的凸成本函数 $c_f(q_j)$。假设局部均衡分析可行。

本国政府正打算对进口商品 l 征税，每单位商品征收 τ 美元关税。政府想使得国内福利最大，其中福利用国内马歇尔剩余（即，国内消费者效用之和减去国内企业的成本）衡量。

(a) 证明如果 $c_f(\cdot)$ 为严格凸的，那么征收少量关税能提高国内福利。

(b) 证明如果 $c_f(\cdot)$ 为规模报酬不变的，那么征收少量关税将降低国内福利。

10.E.2[B] 消费者们面对实际价格 $\hat{p}$ 时的消费者剩余可以写为

$$CS(\hat{p}) = \int_0^{x(\hat{p})} [P(s) - \hat{p}]ds$$

通过换元和分部积分证明这个积分等于 $\int_{\hat{p}}^{\infty} x(s)ds$。

10.E.3[C]（拉姆齐征税问题）考虑完全可分的（separable）拟线性模型，在这个模型中有 L

种商品，每个消费者的偏好形式为 $u_i(x_i)=x_{1i}+\sum_{l=2}^{L}\phi_{li}(x_{li})$，每种商品2，…，$L$ 都使用商品 1 通过规模报酬不变的技术生产出来，每生产一单位商品 l 需要投入 c_l 单位商品 1。假设消费者一开始时拥有的禀赋只是计价物（商品 1）。因此，消费者是商品 1 的净出售者，是商品 2，…，L 的净购买者。

在这个环境中，消费者 i 对每种商品 $l\neq1$ 的需求可以写成 $x_{li}(p_l)$ 的形式，因此商品 l 的需求与消费者的财富及所有其他商品价格无关，而且福利可用 $L-1$ 个非计价物商品市场的马歇尔总剩余之和来衡量（更多内容可参考 10.G 节和习题 10.G.2）。

假设政府必须通过征收从量税的形式征收到数量为 R 单位的商品 1 的税收。注意，特别地，这种税涉及对商品的交易行为征税，而不是对个人对该商品的消费水平征税。

令 t_l 表示消费者每购买一单位商品 $l\neq1$ 时需要缴纳的税额（以商品 1 的数量衡量），令 t_1 表示消费者每卖出一单位商品 1 给企业时需要缴纳的税额（以商品 1 的数量衡量）。将企业购买商品 1 的价格标准化为 1。在我们的假设之下，$t=(t_1，\cdots，t_L)$ 导致消费者每购买一单位商品 $l\neq1$ 需要支付 c_l+t_l，消费者每卖出一单位商品 1 给企业，必须交出$(1+t_1)$ 单位的商品 1。

(a) 考虑两个可能的税收向量 t 和 t'。证明如果 $t'_1=0$，而且对于 $\alpha>0$，t'使得 $(c_l+t'_l)=\alpha(c_l+t_l)$ 且 $(1+t'_1)=(1/\alpha)(1+t_1)$，那么税收向量 t' 筹集到的税收收入（以商品 1 的数量衡量）和税收向量 t 筹集到的税收收入是相同的。

(b) 令商品 1 是未被征税的商品（即，$t_1=0$）。如果政府希望使得征税造成的福利损失最小化，推导出应该对商品 2，…，L 征税的条件。用每种商品的需求弹性表示这个条件。

(c) 在什么样的情形下，所有商品的税率应该是相等的？一般来说，哪种商品的税率应该较高？在什么样的情形下只对商品 1 征税是最优的选择？

10.F.1[A] 证明如果 $c(q)$ 关于 q 严格凸，而且 $c(0)=0$，那么 $\pi(p)>0$ 当且仅当 $p>c'(0)$。

10.F.2[B] 某个市场的需求函数为 $x(p)=A-Bp$，每个潜在企业的成本函数都为 $c(q)=K+\alpha q+\beta q^2$，其中 $\alpha>0$，$\beta>0$。

(a) 计算长期竞争均衡价格、每个企业的产量、总产量和企业数量。忽略企业数量的整数约束。这些变量如何随着 A 的变化而变化？

(b) 假设我们处在 (a) 中的长期均衡上，现在 A 发生变化，分析由此引起的短期竞争均衡的变动。在初始均衡状态，价格的变动如何取决于 A 的值？当 $A\to\infty$ 时将会出现什么样的结果？如何解释这种市场规模的影响？

10.F.3[B] (D. Pearce) 考虑某个局部均衡环境，每个（潜在）企业的成本函数为$c(\cdot)$，其中 $c(q)=K+\phi(q)$ 对于 $q>0$；$c(0)=0$。假设 $\phi'(q)>0$，$\phi''(q)<0$。将企业的效率规模记为 $\bar{q}$。假设一开始时我们处于长期均衡状态，此时有 J^* 个企业。政府正考虑征收两种不同的税：一种是对销售的商品征收从价税 τ（参考习题 10.C.6）；另一种是对每个经营企业征收定额税 T（经营企业是指企业的销量为正）。如果对于一开始的销售量和企业数量，这两种税能筹集到等额的税收收入，当行业调整到新的长期均衡时，哪种税能筹集到更多的税收收入？（假设每种税的税率都很小，而且忽略企业数量的整数约束。）

10.F.4[B] (J. Panzar) 假设局部均衡分析可行。企业使用多种要素生产一种产品（商品 l），企业的成本函数 $c(w,q)$ 是二次连续可微的，其中 $w=(w_1，\cdots，w_K)$ 是要素价格向量，q 是企业生产商品 l 的产量。给定要素价格 w，令 $\bar{q}(w)$ 表示企业的效率规模。假设对于所有 w 都有 $\bar{q}(w)>0$。令 $p_l^*(w)$ 表示当要素价格为 w 时，商品 l 的长期均衡价格。证明函数 $p_l^*(w)$ 是非减的、一次齐次的以及凹的。（假设企业最有效率的规模是唯一的。另外，请忽略企业数量的整数限制。）

10.F.5[C] 假设市场中有 J 个企业，每个企业都用 K 种要素生产商品 l，每个企业的成本函数

$c(w,q)$ 均是可微的。假设这个函数关于 q 严格凸。商品 l 的总需求函数$x(p,\alpha)$ 是可微的，其中 $\partial x(p,\alpha)/\partial p<0$，$\partial x(p,\alpha)/\partial\alpha>0$（其中 α 是影响需求的一个外生参数）。另外，尽管 $c(w,q)$ 是当所有要素都可自由调整时的成本函数，但要素 k 在短期是不可调整的。

假设我们一开始时处在某个均衡点上，此时所有要素的投入量对于均衡产量水平 q^* 和要素价格 w 来说都是最优的，因此令 $z_k(w,q)$ 表示当所有要素均可调整时，企业对要素 k 的条件要素需求，$z_k^*=z_k(w,q^*)$。

（a）证明企业对商品 l 价格上升的长期均衡反应大于短期均衡反应。

（b）证明这意味着对于 α 的边际增加，p_l 的长期均衡反应比短期的小。证明对于 α 的边际增加，商品 l 的均衡总消费的长期反应比短期大（假设在短期和长期中，企业的数量都为 J）。

10.F.6[B] 假设企业使用资本（z_1）和劳动（z_2）生产某种产品，生产函数为柯布-道格拉斯形式 $f(z_1,z_2)=z_1^{\alpha}z_2^{1-\alpha}$，其中 $\alpha\in(0,1)$。在长期，这两种要素都可以调整，但在短期，资本的数量是固定不变的。行业的需求函数为 $x(p)=a-bp$。要素价格向量为（w_1，w_2）。找到长期均衡价格和总产量。假设企业数量和资本数量固定在长期均衡水平上，求短期行业供给函数。

10.F.7[B] 假设在短期活跃企业能够增加某种要素的使用量，但无法减少它。证明在当前（长期）均衡处，短期成本曲线具有拐折（即不可微）。对短期价格和产量的相对可变性，分析上述事实的含义。

10.G.1[B] 有 M 种商品，它们相互作用。令消费者 i 的效用函数为 $u_i(x_{1i},\cdots,x_{Mi})=m_i+\phi_i(x_{1i},\cdots,x_{Mi})$。假设 $\phi_i(\cdot)$ 是可微且严格凹的。令企业 j 的成本函数为可微且凹的函数 $c_j(q_{1j},\cdots,q_{Mj})$。

将计价物的价格标准化为1。请用 $(I+J+1)M$ 个方程描述下列 $(I+J+1)M$ 个均衡量：（$x_{1i}^*,\cdots,x_{Mi}^*$），其中 $i=1,\cdots,I$；（$q_{1j}^*,\cdots,q_{Mj}^*$），其中 $j=1,\cdots,J$；以及（$p_1^*,\cdots,p_M^*$）。［提示：仿照对单个市场情形的分析，推导出消费者和企业的一阶条件以及 $M-1$ 个市场出清条件。］证明这 M 种商品的均衡价格和均衡数量与消费者的财富水平无关；证明个人均衡消费和总产量水平是唯一的；证明如果函数 $c_j(\cdot)$ 是严格凸的，那么单个企业的均衡产量水平也是唯一的。

10.G.2[B] 考虑习题10.G.1的情形，现在假设函数 $\phi_i(\cdot)$ 和 $c_j(\cdot)$ 关于商品 l(商品 l 是这组 M 种商品中的一种）都是可分的：$\phi_i(\cdot)=\phi_{li}(x_{li})+\phi_{-l,i}(x_{-l,i})$，$c_j(\cdot)=c_{lj}(q_{lj})+c_{-l,j}(q_{-l,j})$。证明在这种情形下，商品 l 的均衡价格、均衡消费量和均衡产量与其他 $M-1$ 种商品无关。证明在与10.E节单个市场情形同样的假设条件下，商品 l 的市场变化引起的福利变化可用该商品的马歇尔总剩余 $\sum_i\phi_{li}(x_{li})-\sum_j c_{lj}(q_{lj})$ 描述，这个总剩余又等于商品 l 需求曲线和供给曲线之间的面积。注意这些结论对于下列情形的含义，这个情形是所有商品都是可分的，即 $\phi_i(\cdot)=\sum_l\phi_{li}(x_{li})$ 和 $c_j(\cdot)=\sum_l c_{lj}(q_{lj})$。

10.G.3[B] 考虑由三种商品（$l=1,2,3$）组成的经济，在这个经济中，每个消费者的偏好都可以用效用函数 $u(x)=x_1+\phi(x_2,x_3)$ 描述。商品2和3可以通过使用商品1一并生产出来，成本函数为 $c(q_2,q_3)=c_2q_2+c_3q_3$。假设我们只考虑一个市场，比如商品2市场的税收变化。

（a）证明如果商品3的价格未被扭曲（即，如果 $t_3=0$），那么由税收变化引起的总剩余变化可用下列方法衡量：将商品3的价格维持在初始水平上，总剩余变化等于商品2的需求曲线和供给曲线之间的面积。

（b）证明如果初始状态下商品3的价格已被扭曲（因为 $t_3>0$），那么使用（a）中衡量总剩余的方法，我们得到的结果为：如果商品3是商品2的替代品，那么我们就高估了总剩余的减少量；如果商品3是商品2的互补品，那么我们就低估了总剩余的减少量。福利变化的正确衡量方法是什么？

10.G.4[B]　考虑由三种商品（$l=1, 2, 3$）组成的经济，在这个经济中，每个消费者的偏好都可以用效用函数 $u(x)=x_1+\phi(x_2, x_3)$ 描述。商品 2 和 3 可以通过使用商品 1 一并生产出来，成本函数为 $c(q_2, q_3)=c_2(q_2)+c_3(q_3)$。请推导出商品 2 和 3 的税率都上升带来的福利无谓损失表达式。

10.G.5[B]　考虑由三种商品（$l=1, 2, 3$）组成的经济，在这个经济中，每个消费者的偏好都可以用效用函数 $u(x)=x_1+\phi(x_2, x_3)$ 描述。商品 2 和 3 可以通过使用商品 1 一并生产出来，成本函数为 $c(q_2, q_3)=c_2(q_2)+c_3(q_3)$，其中，$c_2(\cdot)$ 和 $c_3(\cdot)$ 都是严格递增且严格凸的。

（a）如果商品 2 和 3 是替代的，商品 2 的税率上升对消费者支付的商品 3 的价格有何影响？如果这两种商品是互补的，结果又是怎样的？

（b）现在假设 $c(q_2, q_3)=c_2q_2+c_3(q_3)$。如果使用你在习题 10.G.3(b) 中推导出的福利损失表达式，在这个表达式中，商品 3 的价格用商品 3 的税率变化之前消费者支付的价格表示，那么将会出现什么样的偏差（请对两商品为替代的、两商品为互补的这两种情形分别进行讨论）。

10

第11章 外部性与公共物品

11.A 引言

在第10章，我们看到竞争均衡与帕累托最优（或称帕累托有效率）之间存在着密切联系。[①] 福利经济学第一基本定理告诉我们竞争均衡必定是帕累托最优的。根据福利经济学第二基本定理，我们知道在适当的凸性假设下，只要合理地对财富进行定额再分配，任何帕累托最优配置都是竞争均衡。在这些定理的假设之下，政府为提高福利而对市场实施的干预被严格限制在一定范围内，即政府只能为实现分配目标对财富进行转移，对其他方面不得进行干预。

从本章开始，我们转而研究**市场失灵**（market failures）：在某些情形下，福利定理的假设条件不成立，从而市场均衡不能产生帕累托最优结果。在本章，我们研究两类市场失灵，即**外部性**（externalities）和**公共物品**（public goods）。

在第10章，我们假设消费者的偏好仅定义在他自己可能决定消费的商品集上。类似地，企业的生产仅取决于它自身的投入要素决策。然而，在现实生活中，在某些情形下，一个消费者或企业可能直接受到经济中其他个体行为的影响；也就是说，可能存在源自其他消费者或企业的**外部效应**（external effects）。例如，消费者 i 的邻居凌晨三点大声播放音乐（消费行为），可能使得消费者 i 无法睡眠。类似地，渔场的产鱼量可能受到上游化工厂排污的影响。在理论上，将这些外部效应纳入我们的偏好和技术范式并不困难：我们只要将个体的偏好或生产集定义在他自身的行动以及产生外部效应的那些个体的行动之上即可。然而，外部行为对市场均衡的影响是显著的：一般来说，如果存在外部效应，竞争均衡不是帕累托最优的。

公共物品，顾名思义，是具有“公共”性质的商品，也就是说，你消费一单位这种商品不会妨碍其他人的消费。公共物品的例子随处可见：道路、国防、防洪项目以及知识等。公共物品若由私人提供就会产生一种特殊的外部性：如果一个人提

---

① 还可以参考第16章。

供一单位某公共物品，所有人都能享受。因此，由私人提供公共物品通常是帕累托无效率的。

我们在 11. B 节开始研究外部性和公共物品，我们从最简单的外部性入手：经济中只有两个个体，其中一个人的活动直接影响到另外一个人。在这个架构中，我们将说明：当存在外部性时，竞争均衡是无效率的。然后我们考察外部性的三种传统解决方法：配额、征税以及鼓励个体对外部性进行协商和交易。最后一种方法也意味着外部性的一个根源是某种物品不存在市场，我们将进一步考察这个问题。

在 11. C 节，我们研究公共物品。我们首先推导出描述公共物品最优数量的条件，然后说明由私人提供公共物品是无效率的。这种帕累托无效率可以视为由消费该公共物品的消费者之间的外部性导致的，在这种情形下，我们将其称为**搭便车问题**（free-rider problem）。我们也将讨论搭便车问题的解决方法。在理论上，政府实施基于数量的干预（政府直接提供公共物品）和基于价格的干预（征税和补贴）都能矫正搭便车。然而，个体协商和基于竞争市场的方法对于公共物品来说是不可行的。

在 11. D 节，我们回到外部性问题。在这一节，我们将研究下列情形：很多个体既产生外部性又受外部性的影响。多边外部性（multilateral externalities）问题可以分为两种：一种是，外部性是**可消减的**（depletable）或称**私人的**（private）或**竞用的**（rivalrous）；另外一种是，外部性是**不可消减的**（nondepletable）或称**公共的**（public）或**非竞用的**（nonrivalrous）。我们将说明市场方法能够解决第一种外部性，但不能解决第二种外部性。这是因为第二种外部性具有公共物品（或公共厌恶品）的性质。事实上，这能够解释为什么被视为严重社会问题的大多数外部性（例如水污染、酸雨和拥挤）都是不可消减的多边外部性的原因。

在 11. E 节，我们考察另外一个问题：个人可能隐藏关于外部性对他们福利影响的信息。我们将看到，这种不对称信息可能使得个人和政府无法达到帕累托最优结果。

在本章附录 A，我们研究外部性和技术非凸性之间的关系。另外，我们将考察这些非凸性对我们的分析意味着什么。

目前在外部性和公共物品问题上，已有大量文献可供参考。我们推荐读者参考 Baumol 和 Oates（1988）和 Laffont（1988）。

11.B　一个简单的双边外部性

我们不打算给出外部性的完全令人满意的定义，因为事实证明，这种定义虽然正式但很难懂。因此，我们给出外部性的非正式概念（定义 11. B. 1）。尽管不那么正式，但它仍是个很好的研究起点。

定义 11. B. 1： 当一个消费者的福利或者一个企业的生产可能性直接受到经济

中其他个体行动的影响时，**外部性**就产生了。

定义 11. B. 1 看似简单，但容易被误读。这里关键是如何把握定义中的“直接”二字。当我们说“直接”时，我们的意思是说我们已排除了价格调整产生的任何效应。举个例子。当渔场的产量受到附近炼油厂排污的影响时，存在着外部性，但这不是仅仅因为渔场的利润受到石油价格的影响（石油价格在某种程度上又受炼油厂产量的影响）。也就是说，我们不能因为一个企业的利润受到另外一个企业的影响，就断言存在着外部性。* 事实上，价格产生的效应［Viner（1931）将其称为**金钱外部性**（pecuniary externality）］在任何竞争市场中都存在。我们在第 10 章已经知道，这种货币外部性不会造成无效率。的确，在价格接受者假设之下，市场正好是保证帕累托最优结果得以实现的机制。这意味着外部性的存在不仅是技术上的现象，而且是现存市场集的一个函数。稍后我们将考察这一点。

在本节余下的内容中，我们使用两人局部均衡模型这个简单架构，来考察外部效应对竞争均衡和公共政策的含义。我们考虑两个消费者，记为 $i=1, 2$，他们只占整体经济的很小一部分。因此，我们假设这两个消费者的行为不会影响经济中 L 种商品的价格 $p\in\mathbb{R}^L$。在这些价格下，消费者 i 的财富为 w_i。

11

与标准的经济模型相比，现在我们假设每个消费者的偏好不仅定义在他对 L 种商品的消费（$x_{1i}, \cdots, x_{Li}$）上，而且定义在消费者 1 采取的某个行动 $h\in\mathbb{R}_+$ 上。因此，消费者 i 的（可微的）效用函数的形式为 $u_i(x_{1i}, \cdots, x_{Li}, h)$。另外，我们假设 $\partial u_2(x_{12}, \cdots, x_{L2}, h)/\partial h\neq 0$。由于消费者 1 对 h 的选择将影响消费者 2 的福利，它产生了外部性。例如，这两个消费者是邻居，在这种情形下，h 可能为消费者 1 播放音乐的音量。或者他们沿河而居，但消费者 1 位于上游，在这种情形下，h 可能表示消费者 1 的排污量，排污量越大，消费者 2 的福利越差。需要指出，外部性对于受到影响的人来说未必都是有害的。例如，h 可以表示消费者 1 花园的漂亮程度，1 的花园越漂亮，他的邻居即消费者 2 越开心。①

研究外部性问题的比较方便的做法是定义每个消费者 i 的间接（derived）效用函数，这个函数定义在 h 上。假设消费者 i 在价格 $p\in\mathbb{R}^L$ 和财富 w_i 下的消费已达到最优

$$v_i(p, w_i, h)=\underset{x_i\geqslant 0}{\mathrm{Max}}\ u_i(x_i, h)$$
$$\text{s. t. } p\cdot x_i\leqslant w_i$$

为方便说明，我们还假设消费者的效用函数关于计价物商品是拟线性的（这个假设的简化分析的作用可参见下面的脚注）。在这种情形下，我们可以将间接效用

---

* 再举一个例子。富人大量买房使得房价上升，从而导致那些原本买得起房子的人（穷人）买不起房子。在这种情形下，富人对穷人产生了外部性，但这种外部性是金钱外部性，不是真正的外部性。——译者注

① 如果某个外部性对受到影响的人有利，称为正外部性（positive externality），反之，称为负外部性（negative externality）。

函数$v_i(\cdot)$写为$v_i(p, w_i, h)=\phi_i(p, h)+w_i$。[①] 由于我们假设这$L$种商品的价格不会受到我们考虑的任何变化的影响，我们省略价格向量p从而可将$\phi_i(p, h)$简记为$\phi_i(h)$。我们假设$\phi_i(\cdot)$是二次可微的，且$\phi_i''(\cdot)<0$。然而，请注意，凹性假设并非看起来那么简单：关于这一点的更多内容请参考附录A。

尽管我们的研究是以两个消费者为例，但是我们得到的所有结论同样适用于两个个体都是企业（或一个是企业，另一个是消费者）的情形。例如，我们可以考虑企业j的间接利润函数$\pi_j(p, h)$：给定价格p，这个函数定义在h上。省略价格向量从而可以将这个函数记为$\pi_j(h)$，它的地位如同我们分析中使用的$\phi_i(h)$。

竞争结果不是最优的

假设我们处在某个竞争均衡上，此时商品价格为p。也就是说，在这个均衡处，每个消费者面对着他自身的财富和商品价格p的约束，实现了自身的效用最大化。所以，消费者1必定选择$h\geqslant 0$来最大化$\phi_1(h)$。因此，h的均衡水平h^*满足必要和充分一阶条件

$$\phi_1'(h^*)\leqslant 0\text{，其中等式在 } h^*>0 \text{ 时成立} \qquad (11.\text{B}.1)$$

对于内部解，我们因此有$\phi_1'(h^*)=0$。

相反，在任何帕累托最优配置上，h的最优水平h^o均必定使得这两个消费者的**联合剩余**（joint surplus）最大，因此，h^o必定是下列问题的解[②]

$$\underset{h\geqslant 0}{\text{Max}}\ \phi_1(h)+\phi_2(h)$$

这个问题的必要和充分一阶条件为

$$\phi_1'(h^o)\leqslant -\phi_2'(h^o)\text{，其中等式在 } h^o>0 \text{ 时成立} \qquad (11.\text{B}.2)$$

因此，对于这个帕累托最优问题的内部解，我们有：$\phi_1'(h^o)=-\phi_2'(h^o)$。

如果存在外部效应，那么对于所有h都有$\phi_2'(h)\neq 0$，从而均衡水平h不是最优的，除非$h^o=h^*=0$。例如，考虑内部解的情形即$(h^*, h^o)\gg 0$的情形。如果$\phi_2'(\cdot)<0$，也就是说h产生了负的外部性，那么我们有$\phi_1'(h^o)=-\phi_2'(h^o)>0$；因为$\phi_1'(\cdot)$递

---

① 事实上，假设$u_i(x_i, h)=g_i(x_{-1i}, h)+x_{1i}$，其中$x_{-1i}$是消费者$i$消费商品1之外的其他商品。于是，消费者关于这$L-1$种商品的瓦尔拉斯需求函数$x_{-1i}(\cdot)$和他的财富无关，而且

$$v_i(p, w_i, h)=g_i(x_{-1i}(p,h), h)-p\cdot x_{-1i}(p,h)+w_i$$

因此，将$\phi_i(p, h)$记为$\phi_i(p, h)=g_i(x_{-1i}(p, h), h)-px_{-1i}(p, h)$，我们就得到了我们想要的形式。

② 回忆我们在10.D节和10.E节的推理，或者注意到：对于任何帕累托最优配置（其中h^o是h的水平，w_i是消费者i的财富水平，其中$i=1, 2$），我们已不可能通过改变h的水平和重新分配财富，来使得一个消费者状况变好而又不使另一个消费者状况变差。因此，$(h^o, 0)$必定是下列约束最大化问题的解

$$\text{Max}_{h,T}\ \phi_1(h)+w_1-T \quad \text{s.t.}\ \phi_2(h)+w_2+T\geqslant \bar{u}_2$$

由于对于这个问题的任何解，约束条件都以等式成立，所以，从约束式解出T然后代入目标函数，即可证明h^o必定使得两个消费者的联合剩余$\phi_1(h)+\phi_2(h)$最大。

减而且 $\phi_1'(h^*)=0$，所以这意味着 $h^*>h^o$。相反，当 $\phi_2'(\cdot)>0$ 时，h 表示正的外部性，$\phi_1'(h^o)=-\phi_2'(h^o)<0$ 意味着 $h^*<h^o$。

图 11.B.1 描述了 h 为负外部性情形下的解，在这种情形下，对于所有 h 都有 $\phi_2'(h)<0$。在图中我们画出了 $\phi_1'(\cdot)$ 和 $-\phi_2'(\cdot)$。外部性的竞争均衡水平 h^* 位于 $\phi_1'(\cdot)$ 与横轴的交点上。相反，外部性的最优水平 h^o 对应着 $\phi_1'(\cdot)$ 和 $-\phi_2'(\cdot)$ 的交点。

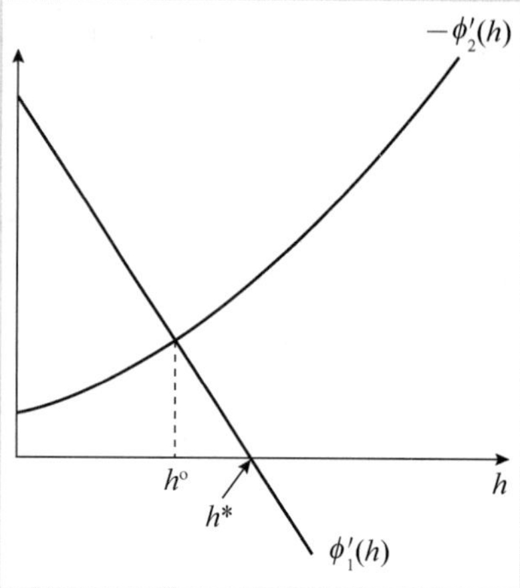

图 11.B.1　负外部性的竞争均衡水平 h^* 与帕累托最优水平 h^o

注意，最优水平通常并非全部消除负外部性。相反，外部性的水平被调整到使得消费者 1 通过实施产生外部性的额外一单位活动而得到的边际收益 $\phi_1'(h^o)$，等于它对消费者 2 造成的边际成本 $-\phi_2'(h^o)$。

在当前的例子中，拟线性效用使得外部性的水平和消费者的财富水平无关。然而，如果效用函数不是拟线性的，财富效应就会影响消费者对外部性的消费，从而使得外部性的最优水平取决于消费者的财富水平。习题 11.B.2 提供了一个例证。然而，请注意，当我们研究的个体都是企业时，不存在财富效应。

外部性问题的传统解决方法

在前面我们已经看到，如果存在外部性，竞争市场结果将是无效率的。现在我们考虑这个问题的三种可能解决方法。我们首先考察政府实施的配额和征税方法，然后考察涉及较少干预的方法：政府鼓励个人对外部性水平进行协商和交易。

配额与征税

为了方便说明，假设 h 产生的是负的外部效应，因此 $h^o<h^*$。政府为实现效率而实施的最直接干预措施莫过于直接管制产生外部性的活动。政府可以规定 h 不

得超过最优值 h^o。在这种限制下，消费者 1 会将外部性的水平固定为 h^o。

政府的另外一种做法是对产生外部性的活动征税，从而使得 h 回到最优水平 h^o。这种方法称为**庇古税**（Pigouvian taxation），由 Pigou（1932）提出。为了说明这一点，假设消费者 1 每实施一单位 h 需要缴税 t_h。于是，不难看出税率

$$t_h = -\phi_2'(h^o) > 0$$

能保证外部性达到最优水平。事实上，在这种情形下，消费者 1 选择的 h 值是下列问题的解

$$\underset{h \geq 0}{\text{Max}}\ \phi_1(h) - t_h h \tag{11.B.3}$$

这个问题的必要和充分一阶条件为

$$\phi_1'(h) \leq t_h，\text{其中等式在 } h>0 \text{ 时成立} \tag{11.B.4}$$

给定 $t_h = -\phi_2'(h^o)$，$h = h^o$ 满足条件（11.B.4）[回忆 h^o 是由下列条件定义的：$\phi_1'(h^o) \leq -\phi_2'(h^o)$，其中等式在 $h^o>0$ 时成立]。而且，给定 $\phi_1''(\cdot) \leq 0$，h^o 必定是问题（11.B.3）的唯一解。图 11.B.2 说明了当 $h^o>0$ 时的解。

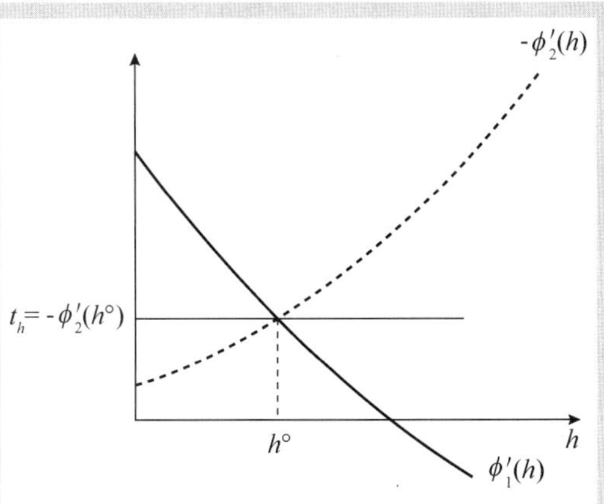

图 11.B.2　庇古税

注意，庇古税正好等于最优解之处的**边际外部性**（marginal externality）。[①] 也就是说，它正好等于消费者 2 为了使 h 从 h^o 稍微降低一点而愿意支付的钱数。当政府对消费者 1 征收庇古税时，消费者 1 被迫进行成本收益分析，从而将他对消费者 2 施加的外部性**内部化**（internalize）。

我们在上面得到的原理同样适用于正外部性的情形，只不过现在我们设定 $t_h = -\phi_2'(h^o) < 0$，t_h 为单位补贴（即消费者每产生一单位外部性得到的报酬）。

关于庇古税方法有几点值得指出：

① 在 $h^o=0$ 的情形下，任何大于 $-\phi_2'(0)$ 的税率都能实现帕累托最优结果。

第一，我们可以通过对外部性征税或对降低外部性给予补贴的方法来达到最优结果。例如，考虑负外部性的情形。假设从外部性的竞争均衡水平 h^* 开始，消费者 1 每降低 h 一单位，政府给予他补贴 $s_h=-\phi_2'(h^o)>0$。在这种情形下，消费者 1 将最大化 $\phi_1(h)+s_h(h^*-h)=\phi_1(h)-t_hh+t_hh^*$。但这等价于下列做法：对每单位 h 征税 t_h 然后加上定额支付 t_hh^*。因此，政府对降低外部性给予补贴然后再加上定额转移，也能达到征收庇古税的结果。

第二，上面的推理意味着，一般来说，政府需要直接对产生外部性的活动征税。例如，在消费者 1 大声放音乐的例子中，如果我们对他购买音乐设备的行为征税，而不是对大声放音乐行为本身征税，那么，一般来说，这种做法不能达到帕累托最优结果。这种做法将导致消费者 1 减少他对音乐设备的消费（也许现在他只购买一台 CD 播放机，而不是购买 CD 播放机又购买磁带播放机），但这无法阻止他大声放音乐。常见的例子是企业在生产过程中存在污染。政府对企业的产品征税可能导致企业降低产量水平，但几乎不会降低污染水平。当然，如果企业的产量和污染是成固定比例的，那么在这种特殊情形下，由于污染量可用产量衡量，对产量征税等价于对污染征税，从而能达到帕累托最优结果（参见习题 11. B. 5），但这种情形毕竟非常特殊。

11

第三，注意到，税收（补贴）和配额方法都能达到帕累托最优结果，在这个意义上，这两种方法是等价的。然而，为了确定最优配额水平或税收水平，政府必须拥有关于外部性成本和收益的大量信息。在 11. E 节，我们将看到如果政府无法拥有这些信息，那么这两种方法通常不是等价的。

鼓励个体对外部性进行协商：强制性的财产权

外部性问题的另外一种解决方法涉及的干预较少，只要求政府提供一定条件让当事人对外部性的水平达成最优协议。

假设我们对产生外部性的活动建立强制性的财产权制度。比如，我们赋予消费者 2 “不受外部影响”的权利。在这种情形下，如果得不到消费者 2 的允许，消费者 1 将不能从事产生外部性的活动。为简单起见，假设当事双方协商时，消费者 2 为消费者 1 提供的合同是“要么接受要么走人”形式——消费者 1 若想产生外部性水平 h，必须补偿 T 美元钱给消费者 2。[①] 消费者 1 会接受合同，当且仅当他接受合同的收益不小于他拒绝合同的收益，即当且仅当 $\phi_1(h)-T\geqslant\phi_1(0)$。因此，消费者 2 将会选择（$h$，$T$）从而使得

$$\begin{aligned}&\underset{h\geqslant 0,T}{\text{Max}}\ \phi_2(h)+T\\&\text{s. t. }\phi_1(h)-T\geqslant\phi_1(0)\end{aligned}$$

由于对于这个问题的任何解，约束条件都以等式成立，所以 $T=\phi_1(h)-\phi_1(0)$。将其代入上述最大化问题的目标函数，可知消费者 2 的最大化问题变为

① 使用第 9 章附录 A 中讨论的协商过程也能得到同样的结论。

$$\operatorname*{Max}_{h \geqslant 0} \phi_2(h)+\phi_1(h)-\phi_1(0) \tag{11. B. 5}$$

这个问题的解正是社会最优水平 h^o，即 $h=h^o$。

另外，请注意，这些权利如何在两个消费者之间配置对于最优结果的实现是不重要的。例如，假设现在消费者 1 拥有权利——他想产生多少外部性就产生多少。在这种情形下，如果没有协议，消费者 1 产生的外部性水平为 h^*。现在为了使 $h<h^*$，消费者 2 需要获得补偿 $T<0$（即消费者 2 支付 $-T>0$ 美元给消费者 1）。特别地，消费者 1 将同意产生外部性水平 h 当且仅当 $\phi_1(h)-T \geqslant \phi_1(h^*)$。因此，消费者 2 的最大化问题为 $\operatorname{Max}_{h \geqslant 0}(\phi_2(h)+\phi_1(h)-\phi_1(h^*))$。再一次地，我们得到了最优外部性水平 h^o。权利配置影响的只是两个消费者的最终财富，在第一种情形下，消费者 1 为了产生 $h^o>0$ 的外部性水平，他必须补偿 $\phi_1(h^o)-\phi_1(0)>0$ 给消费者 2；在第二种情形下，为了让消费者 1 产生 $h^o<h^*$ 的外部性水平，消费者 1 必须“支付” $\phi_1(h^o)-\phi_1(h^*)<0$ 给消费者 2。

我们这里的例子是**科斯定理**（Coase theorem）的例证，这个定理源自 Coase (1960)。它的内容为：如果个体之间能对外部性进行交易，那么无论财产权如何配置，他们的协商都能导致有效率的结果。

我们可用图 11. B. 3 说明科斯定理的思想，在这个图中，我们画出了两个消费者的效用可能集。这个集合的边界上的每个点都对应着外部性水平为 h^o 的一个配置。点 a 和 b 分别对应着不存在任何转移支付情形下，由外部性水平 0 和 h^* 产生的效用。它们构成了产权已指定（分别指定给消费者 2 和 1）但两人尚未协商的初始情形。在我们采用的特殊协商方法中（消费者 2 向 1 提供“要么接受要么走人”形式的合同，因为我们将权利赋予了消费者 2），协商后的效用水平分别为 f 和 e。如果我们将财产权赋予消费者 1（从而消费者 1 向 2 提供“要么接受要么走人”形式的合同），协商后的效用水平分别为 d 和 c。另外的协商方法（例如第 9 章附录 A 讨论的协商方法）可能分别产生位于区间 $[f, d]$ 和 $[e, c]$ 的点。

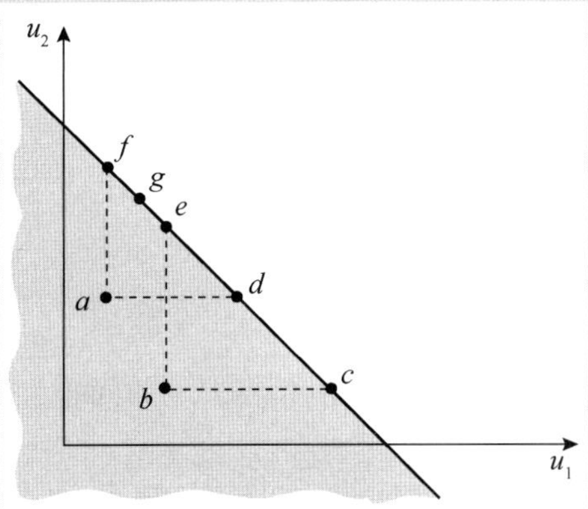

图 11. B. 3　不同财产权制度和不同协商方法下的最终效用分布

注意，要想保证这类协商发生，需要明确界定和强制实施财产权。如果财产权不是明确界定的，那么我们就不清楚消费者 1 是否必须经过消费者 2 的允许才能产生外部性。如果财产权不能强制实施（也许 h 的水平不容易测量），那么消费者 1 就没有必要向消费者 2 购买从事产生外部性活动的权利。因此，建议采取这种方法的人认为，正是由于缺乏相关法律制度才导致当事人无法实现最优结果。

外部性问题的这种解决方法，与征税和配额方法相比有着显著的优势，因为这种方法对政府拥有信息的要求较少。消费者必须知道彼此的偏好，但政府不需要知道。然而，我们应该强调，为了使得个体在外部性上的协商达到有效率的结果，消费者必须知道这些信息。在 11. E 节，我们将看到，当个体在某种程度上不知道彼此的偏好时，协商未必能达到有效率的结果。

关于外部性的上述三种传统解决方法，还有两点值得指出：

首先，在两个当事人都是企业的情形下，一种有效率的协商方法是将其中一个企业卖给另一个。合并后的企业在实现利润最大化的过程中，将会把外部性完全内部化。[①]

其次，注意，这三种方法都要求我们能够测量产生外部性的活动。这不是个无关紧要的要求。在很多情形下，这样的测量要么在技术上不可行，要么成本高昂（例如测量空气污染或噪声的成本）。在进行成本收益分析时要考虑到这些成本。如果测量的成本非常高，那么可能最优的结果是允许外部性继续存在。

外部性与市场缺失

协商能达到有效率的结果这个事实，意味着外部性和市场缺失之间存在着某种联系。毕竟，市场系统是一种特别的协商方法。

假设财产权是清晰界定和可强制实施的，而且对于从事产生外部性活动的权利，存在着竞争市场（即权利可买卖）。为简单起见，假设消费者 2 有权不受外部影响。令 p_h 表示从事一单位这种活动权利的价格。在决定选择购买多少单位（h_1）权利时，消费者 1 的问题为

$$\operatorname*{Max}_{h_1 \geqslant 0} \phi_1(h_1) - p_h h_1$$

这个问题的一阶条件为

$$\phi_1'(h_1) \leqslant p_h \text{，其中等式在 } h_1 > 0 \text{ 时成立} \tag{11.B.6}$$

在决定出售多少单位（h_2）权利时，消费者 2 的问题为

① 然而，注意，这个结论假设企业主对企业各个方面有绝对的控制权。在更复杂（但更现实的）情形下，并非如此，比如由于企业主必须雇佣经理但又不能完全控制经理的活动，合并的结果未必和对外部性水平的协商结果相同。我们将在第 14 章和第 23 章介绍激励设计。关于这些问题的更多内容可参见 Holmstrom 和 Tirole (1989)。

$$\operatorname*{Max}_{h_2 \geqslant 0} \phi_2(h_2) + p_h h_2$$

这个问题的一阶条件为

$$\phi_2'(h_2) \leqslant -p_h\text{，其中等式在 } h_2 > 0 \text{ 时成立} \tag{11. B. 7}$$

在竞争均衡时，这个权利商品市场必定出清；也就是说，我们必定有 $h_1 = h_2$。因此，式（11. B. 6）和式（11. B. 7）意味着在这个竞争市场上，权利商品的交易量（记为 h^{**}）满足

$$\phi_1'(h^{**}) \leqslant -\phi_2'(h^{**})\text{，其中等式在 } h^{**} > 0 \text{ 时成立}$$

将这个式子与式（11. B. 2）比较，我们看到 h^{**} 等于最优水平 h^o。外部性的均衡价格为 $p_h^* = \phi_1'(h^o) = -\phi_2'(h^o)$。

于是，消费者 1 和 2 的均衡效用分别为 $\phi_1(h^o) - p_h^* h^o$ 和 $\phi_2(h^o) + p_h^* h^o$。因此，市场的作用是分享交易好处的一种特殊协商方法；例如，图 11. B. 3 中的点 g 可以代表竞争均衡时的效用。

我们看到对于外部性存在着竞争市场，也就是说，如果外部性能像其他商品一样交易，那么就能得到有效率的结果。因此，外部性存在的内在原因是缺乏相应的竞争市场，Meade（1952）首先注意到了这一点，Arrow（1969）充分扩展了这个思想。事实上，回忆我们对外部性的定义（定义 11. B. 1），这个定义明确要求一个个体选择的行动必须直接影响其他个体的福利或生产能力。然而，一旦外部性存在着市场，每个消费者就会自行决定在当前的价格水平上应该消费多少外部性。

遗憾的是，在当前的例子中，关于存在外部性的竞争市场的想法很不现实；如果市场只有一个卖者和一个买者，价格接受者假设就不再合理。[①] 然而，大部分重要的外部性是由很多人生产和经历的。因此，我们可能希望在这些多边情形下，价格接受者假设将变得更合理一些，因此，外部性的竞争市场能够导致有效率的结果。在 11. D 节，当我们研究多边外部性时，我们看到这个结论的正确性取决于外部性在本质上是“私人的”还是“公共的”。然而，在考察这个问题之前，我们需要首先研究公共物品的性质。

11.C　公共物品

在本节，我们研究在消费上具有“公共性”的商品。这些商品称为**公共物品**（public goods）。

定义 11. C. 1：公共物品是指下面这样的物品，一个人使用一单位该物品不会妨碍其他人使用它。

---

① 因此，假设外部性权利按照相同的价格出售，是不合理的，这是因为在这种情形下不存在外部性的自然衡量单位。

换句话说，公共物品具有**非消减性**（nondepletable）性质：一个人消费它不会影响其他人对它的消费量。知识就是个很好的例子。出于某个目的使用某个知识，不会阻止该知识被用在其他地方。相反，我们以前一直研究的商品具有**私人的**（private）或称**可消减的**（depletable）性质。也就是说，消费者 i 每多消费一单位，消费者 $j\neq i$ 能消费的数量就减少一单位。[①]

我们也可以根据是否能**阻止**别人从某物品上受益，来对物品进行分类。每种私人物品都是自动排他的，但公共物品可能是也可能不是排他的。例如，一方面，专利制度能阻止（尽管不能完全阻止）其他人使用你的发明。另一方面，对于国防或改善空气质量的项目，在技术上很难阻止某些消费者享受它们，或者即使能阻止，成本也非常高。为简单起见，我们此处的讨论主要集中在无法阻止别人消费的情形。

注意，公共“物品”未必是人们想要的物品；也就是说，我们可能遭遇公共厌恶品（public bads），例如被污染的空气。在这种情形下，我们应该将定义 11.C.1 中的“不会妨碍”理解为“不会减少”。

公共物品的最优水平

假设某个社会中有 I 个消费者和一种公共物品，另外还有 L 种商品（私人物品）。我们再次采用局部均衡的方法，假设公共物品的数量对 L 种商品的价格没有影响，而且每个消费者的效用函数关于共同的计价物商品是拟线性的。与 11.B 节一样，对于每个消费者 i，我们可以定义他在公共物品上的间接效用函数。令 x 表示公共物品的数量，将消费者 i 从公共物品身上得到的效用记为 $\phi_i(x)$。假设这个函数是二次可微的，对于所有 $x\geqslant 0$ 都有 $\phi_i''(x)<0$。注意，因为我们研究的是公共物品，所以变量 x 没有下标 i。

假设提供 q 单位公共物品的成本为 $c(q)$。再假设 $c(\cdot)$ 是二次可微的，对于所有 $q\geqslant 0$ 都有 $c''(q)>0$。

对于人们想要的公共物品，为了描述它的生产需要花费成本。假设对于所有 i 都有 $\phi_i'(\cdot)>0$ 以及 $c'(\cdot)>0$。然而，除非特别指明，我们的分析同样适用于公共厌恶品，在这种情形下，减少它需要花费成本，其中 $\phi_i'(\cdot)<0$ 对于所有 i 均成立以及 $c'(\cdot)<0$。

在这个拟线性模型中，任何帕累托最优配置均必定使得总剩余最大（参见 10.D 节），因此在这样的配置中，公共物品的数量必定满足

$$\operatorname*{Max}_{q\geqslant 0}\sum_{i=1}^{I}\phi_i(q)-c(q)$$

① 也可能存在中间情形，即一个人对某物品的消费在某种程度上影响其他人的消费。拥挤效应就是一个很好的例子。正是由于这个原因，绝对非消减的物品有时称为纯公共物品（pure public goods）。

上述问题的必要和充分一阶条件为

$$\sum_{i=1}^{I}\phi_i'(q^o)\leqslant c'(q^o)\text{，其中等式在 } q^o>0 \text{ 时成立} \tag{11. C. 1}$$

条件（11. C. 1）是公共物品最优数量的条件，Samuelson（1954；1955）首先提出了这个条件。（这是局部均衡架构下的条件，更一般的研究可参考 16. G 节。）在内部解上，我们有 $\sum_i\phi_i'(q^o)=c'(q^o)$，因此，**在公共物品的最优水平上，消费者在该公共物品身上得到的边际效用之和，等于它的边际成本**。注意比较一下这个条件与条件（10. D. 3）～（10. D. 5）的区别，后面这些条件是私人物品最优数量的条件，此时每个消费者从某商品得到的边际效用等于它的边际成本。

私人提供公共物品是无效率的

假设公共物品的提供是通过消费者的购买而实现的。假设存在公共物品市场，给定它的市场价格 p，每个消费者 i 选择自己购买的公共物品的数量，记为 $x_i\geqslant0$。所以，消费者购买的公共物品的总量为 $x=\sum_i x_i$ 。正式地，我们假设供给方仅由一个企业组成，该企业是追求利润最大化的，它的成本函数为 $c(\cdot)$。给定公共物品的市场价格 p，该企业选择它所生产的公共物品的数量。然而，请注意，根据 5. E 节的分析，我们可以认为这个企业的供给行为代表着一个行业的供给，这个行业由 J 个企业组成，每个企业都是价格接受者，它们的总成本函数为 $c(\cdot)$。

在某个竞争均衡处，假设均衡价格为 p^*，每个消费者 i 购买公共物品的数量 x_i^* 必定使得他自己的效用最大，因此 x_i^* 必定是下列问题的解

$$\underset{x_i\geqslant0}{\text{Max}}\ \phi_i(x_i+\sum_{k\neq i}x_k^*)-p^*x_i \tag{11. C. 2}$$

消费者 i 在确定他自己的最优购买量时，将其他每个消费者对私人物品的购买量视为给定的（类似于 8. D 节研究的纳什均衡概念）。因此，消费者 i 的购买量 x_i^* 必定满足必要和充分一阶条件

$$\phi_i'(x_i^*+\sum_{k\neq i}x_k^*)\leqslant p^*\text{，其中等式在 } x_i^*>0 \text{ 时成立}$$

令 $x^*=\sum_i x_i^*$ 表示公共物品的均衡水平，因此，对于每个消费者 i，我们必定有

$$\phi_i'(x^*)\leqslant p^*\text{，其中等式在 } x_i^*>0 \text{ 时成立} \tag{11. C. 3}$$

另一方面，企业的供给 q^* 必定是 $\text{Max}_{q\geqslant0}(p^*q-c(q))$ 的解，因此必定满足必要和充分一阶条件

$$p^*\leqslant c'(q^*)\text{，其中等式在 } q^*>0 \text{ 时成立} \tag{11. C. 4}$$

在竞争均衡时，$q^*=x^*$。因此，如果 $x_i^*>0$，令 $\delta_i=1$，如果 $x_i^*=0$，令 $\delta_i=0$，条件（11. C. 3）和条件（11. C. 4）告诉我们 $\sum_i\delta_i[\phi_i'(q^*)-c'(q^*)]=0$ 。回忆 $\phi_i'(\cdot)>0$

和$c'(\cdot)>0$，这意味着当$I>1$和$q^*>0$（因此对于某个i有$\delta_i=1$）时，我们有

$$\sum_{i=1}^{I}\phi_i'(q^*)>c'(q^*) \tag{11.C.5}$$

比较式（11.C.5）和式（11.C.1），我们看到当$q^o>0$和$I>1$时，公共物品的提供水平太低；也就是说，$q^*<q^o$。①

这种无效率的原因可以使用11.B节介绍的外部性进行解释。每个消费者购买公共物品，不仅使消费者自己直接受益，而且每个其他消费者也能受益。因此，公共物品若由私人提供，就会产生外部性。每个消费者未能考虑他提供公共物品给其他人带来的收益时，就会出现**搭便车问题**（free-rider problem）：每个消费者都有激励享受其他人提供的公共物品，因此自己提供不足。

事实上，在当前的模型中，搭便车问题是非常明显的。看到这一点的最简单方法是，假设我们能够按照每个消费者的边际收益对他们进行排序，比如对于所有$x\geqslant 0$都有$\phi_1'(x)<\cdots<\phi_I'(x)$。所以，条件（11.C.3）只对唯一一个消费者以等式形式成立，而且这个消费者必定是消费者I。因此，提供公共物品的消费者只有唯一一个，即能从公共物品身上得到最大（边际）效用的那个消费者；在均衡时所有其他消费者的公共物品的购买量都为零。于是，公共物品的均衡水平为满足条件$\phi_I'(q^*)=c'(q^*)$的q^*。图11.C.1画出了这个均衡水平以及帕累托最优水平。注意，代表$\sum_i\phi_i'(q)$的曲线在几何图形上，等于代表$\phi_i'(q)$(其中$i=1,\cdots,I$)的个人曲线在**垂直方向**上相加。（对于私人物品来说，市场需求曲线由个人需求曲线沿着**水平方向**加总而得。）

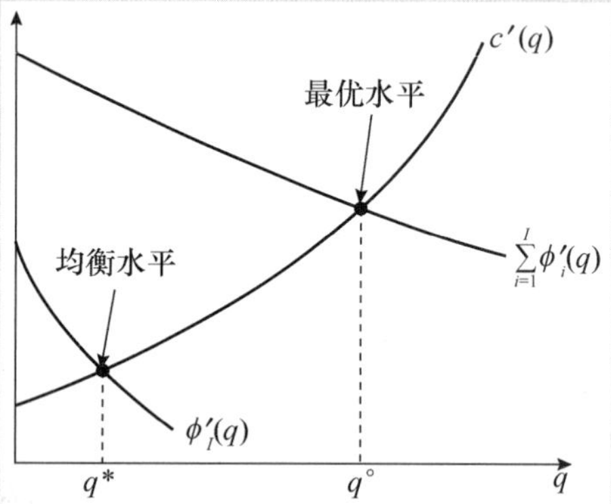

图11.C.1 对于人们想要的公共物品来说，私人提供通常导致公共物品的数量不足

对于人们想要的公共物品来说，私人提供通常导致公共物品的数量不足。对于

① 如果$q^*=0$，立即可知上述结论成立。所以假设$q^*>0$。由于$\sum_i\phi_i'(q^*)-c'(q^*)>0$以及$\sum_i\phi_i'(\cdot)-c'(\cdot)$是递减的，所以式（11.C.1）的任何解的值必定大于q^*。相反，如果我们研究的是公共厌恶品，则$\phi_i'(\cdot)<0$和$c'(\cdot)<0$，从而不等式的方向改变，因此$q^o<q^*$。

这样的无效率问题，政府可以进行干预。正如对外部性的干预一样，政府的干预方法可以是基于数量的干预（例如政府直接提供公共物品），也可以是基于价格的干预，比如征税或给予补贴。例如，假设有两个消费者，他们的效用函数分别为 $\phi_1(x_1+x_2)$ 和$\phi_2(x_1+x_2)$，其中 x_i 是消费者 i 购买的公共物品的数量。再假设 $q^o>0$。类比 11. B 节的分析，消费者 i 每购买一单位公共物品，政府给予补贴 $s_i=\phi'_{-i}(q^o)$[等价地，从某个既定的数量开始，消费者 i 每少买一单位，政府征税 $t_i=-\phi'_{-i}(q^o)$]，从而使得每个消费者面对他自身行为造成的边际外部效应，所以使得消费者 i 提供的公共物品的数量达到最优水平。正式地说，如果给定补贴，在竞争均衡时，这两个消费者购买的公共物品数量为（$\tilde{x}_1$，$\tilde{x}_2$），再假设 $\tilde{p}$ 是均衡价格，那么消费者 i 对公共物品的购买数量 $\tilde{x}_i$ 必定是最大化问题$\text{Max}_{x_i\geqslant 0}\,\phi_i(x_i+\tilde{x}_j)+s_i x_i-\tilde{p}x_i$的解，因此，$\tilde{x}_i$ 必定满足必要和充分一阶条件

$$\phi_i'(\tilde{x}_1+\tilde{x}_2)+s_i\leqslant\tilde{q}，\text{其中等式在 }\tilde{x}_i>0\text{ 时成立}$$

将 $s_i=\phi'_{-i}(q^o)$ 代入上式，并使用条件（11. C. 4）和市场出清条件（$\tilde{x}_1+\tilde{x}_2=\tilde{q}$），可知：给定这些补贴，$\tilde{q}$ 是竞争均衡时的公共物品的总水平当且仅当

$$\phi_i'(\tilde{q})+\phi'_{-i}(q^o)\leqslant c'(\tilde{q})，\text{其中等式对于某个 }i\text{ 在 }\tilde{q}>0\text{ 时成立}$$

回忆式（11. C. 1），我们看到 $\tilde{q}=q^o$。（在习题 11. C. 1 中，你要将这个结论推广到 $I>2$ 的情形；这其实是 11. D 节研究的多边外部性。）

注意，无论对于政府直接提供公共物品的最优数量方法，还是政府给予补贴的方法，政府必须知道消费者能够从公共物品身上得到的收益（例如，他们对公共物品的支付意愿）。在 11. E 节，我们将研究政府不知道这些信息的情形。

林达尔均衡

尽管私人提供公共物品导致公共物品的数量无效率，但**在理论上**存在着能实现帕累托最优结果的市场制度。假设对于每个消费者 i，均存在“他自己体验的”公共物品市场。也就是说，我们将每个消费者对公共物品的消费视作不同的商品，每个消费者在自己的市场中消费“他自己的公共物品”。我们将这种个人化的（personalized）商品价格记为 p_i。注意，对于不同消费者来说，p_i 可能不同。再假设给定均衡价格 p_i^{**}，每个消费者 i 将自己的问题看作**他对他自己的公共物品消费总量（x_i）的决策问题**，因此 x_i 必定是下列问题的解

$$\underset{x_i\geqslant 0}{\text{Max}}\ \phi_i(x_i)-p_i^{**}x_i$$

因此，他的均衡消费水平 x_i^{**} 必定满足必要和充分一阶条件

$$\phi_i'(x_i^{**})\leqslant p_i^{**}，\text{其中等式在 }x_i^{**}>0\text{ 时成立}\tag{11. C. 6}$$

在这样的情形下，我们想象企业以固定比例技术（即每种个人化商品的产量必定是

11

相同的）生产 I 种个人化商品。因此，企业的问题是

$$\underset{q\geqslant 0}{\text{Max}}\left(\sum_{i=1}^{I} p_i^{**} q\right)-c(q)$$

因此，企业的均衡产量水平 q^{**} 必定满足必要和充分一阶条件

$$\sum_{i=1}^{I} p_i^{**} \leqslant c'(q^{**})\text{，其中等式在 } q^{**}>0 \text{ 时成立} \tag{11.C.7}$$

联立式（11.C.6）、式（11.C.7）和市场出清条件（对所有 i 都有 $x_i^{**}=q^{**}$）可知，

$$\sum_{i=1}^{I} \phi_i'(q^{**}) \leqslant c'(q^{**})\text{，其中等式在 } q^{**}>0 \text{ 时成立} \tag{11.C.8}$$

比较式（11.C.8）和式（11.C.1）可知，每个消费者消费的公共物品的均衡水平正好等于有效率的水平：$q^{**}=q^o$。

公共物品的这种在个人化市场的均衡称为**林达尔均衡**（Lindahl equilibrium），它由 Lindahl（1919）提出［进一步的讨论可参见 Milleron（1972）］。为了理解为何我们得到了有效率的结果，注意到一旦我们对公共物品定义了个人化市场，消费者 i 就将他自己市场的价格视为给定的，在此情形下他决定自己对公共物品的消费水平；外部性被消除了。

注意，尽管林达尔均衡看上去很美，但它们是不现实的。首先，如果这个均衡概念有意义，那么我们必须能够阻止消费者使用公共物品，否则消费者没有理由相信如果他不购买他就无法消费公共物品。① 而且，即使我们能够阻止，林达尔均衡还存在其他问题，因为从需求角度看，这样的均衡涉及的每个市场只有一个消费者，因此价格接受行为在这样的情形下是不可能发生的，即价格接受者假设是不合理的。

对于此处以及 11.B 节的无效率情形，我们曾说过，通过引入合适的市场在理论上能够纠正这些无效率。然而，在具体情形下，这种解决方法可能行得通也可能行不通。在 11.D 节当我们考察多边外部性时，我们会再次遇到这个问题。我们将看到多边外部性与公共物品具有很多共性。

11.D 多边外部性

在大多数情形下，外部性是由很多个体产生并由很多个体经历的。例如，工业污染、汽车尾气造成的烟尘以及拥挤，这些被广泛视作“严重”政策问题的外部性，都是这种类型。在本节，我们将外部性分析扩展到这些多边情形。

根据外部性是**可消减的**（或称私人的或竞用的）还是**不可消减的**（或称公共的

① 因此，能够阻止消费者消费对于公共物品的有效率提供非常重要，尽管使用阻止技术本身是无效率的（帕累托有效率配置不能涉及任何阻止措施）。

或非竞用的)，我们可以将多边外部性分为两类。可消减的外部性的特征是，每当一个人经历一单位外部性，其他人经历的数量就会减少一单位。例如，以乱倒垃圾这种外部性为例。如果你在某处多倒了一单位垃圾，别的地方就少了一单位垃圾。① 因此，可消减的外部性具有私人商品的性质。相反，空气污染是不可消减的外部性；一个人经历的空气污染数量不受其他人经受数量的影响。因此，不可消减的外部性具有公共物品（或公共厌恶品）性质。

在本节，我们将证明对于可消减的多边外部性，只要产权清晰界定和强制实施，通过市场机制就能解决它。相反，对于不可消减的外部性，市场机制行不通，这个结论类似我们 11.C 节关于公共物品的结论。

在本节我们始终假设生产外部性的和消费外部性的是不同的个体。这是个无关紧要的假设，但它的好处在于能帮助我们把问题说得更清楚，而且易于和前面几节进行比较（习题 11.D.2 让你考虑更一般的情形）。为此，我们假设生产外部性的是企业，消费外部性的是消费者。在本节我们重点考察一种特殊但重要的情形：所有企业生产的外部性是同质的（也即，消费者对外部性的来源是无差异的）。（习题 11.D.4 让你考虑消费者对外部性来源不是无差异的情形。）

我们再次采用局部均衡分析方法，并且假设所有个体都将 L 种商品的价格向量 p 视为给定的。社会中有 J 个企业，它们在生产过程中都会产生外部性。与 11.B 节的讨论一样，给定价格向量 p，我们可以确定企业 j 的间接效用函数，这个函数定义在企业 j 产生的外部性水平（$h_j \geqslant 0$）上，我们将其记为 $\pi_j(h_j)$。社会还有 I 个消费者，每个消费者的效用函数关于共同的计价物商品是拟线性的。给定价格向量 p，我们可以确定消费者 i 的间接效用函数，这个函数定义在他消费的外部性水平（$\tilde{h}_i$）上，我们将其记为 $\phi_i(\tilde{h}_i)$。我们假设 $\pi_j(\cdot)$ 和 $\phi_i(\cdot)$ 都是二次可微的，$\pi_j''(\cdot)<0$，$\phi_i''(\cdot)<0$。为方便说明，我们重点考察负外部性的情形，即对于所有 i 都有 $\phi_i'(\cdot)<0$。

可消减的外部性

我们首先分析可消减的外部性。与 11.B 节一样，不难看出，在政府未干预的情形下，竞争均衡时，（负的）外部性数量大于帕累托最优水平。事实上，在任何竞争均衡处，每个企业 j 产生的外部性水平 h_j^* 均必定满足条件

$$\pi_j(h_j^*)\leqslant 0,\text{其中等式在 } h_j^*>0 \text{ 时成立}^{②} \tag{11.D.1}$$

① 我们也可以根据可消减的外部性是否为**可分配的**（allocable）进行分类。例如，酸雨在某种意义上是可消减的，因为排放到空气中的化合物会降落在其他地方，然而酸雨不容易被分配，因为它落到哪儿取决于天气模式。在本节我们始终认为可消减的外部性是可分配的。不可分配的可消减外部性的分析类似于不可消减的外部性。

② 企业对于哪个消费者受到它们产生的外部性的影响，是无差异的。因此，虽然我们能确定 $\sum_i \tilde{h}_i = \sum_j h_j^*$，但无法确定每个消费者的 $\tilde{h}_i$。

相反，在任何帕累托最优配置中，（$\tilde{h}_1^o$，…，$\tilde{h}_I^o$，h_1^o，…，h_J^o）必定是下列问题的解①

$$\begin{aligned}&\underset{\substack{(h_1,\cdots,h_J)\geqslant 0\\(\tilde{h}_1,\cdots,\tilde{h}_I)\geqslant 0}}{\text{Max}}\ \sum_{i=1}^{I}\phi_i(\tilde{h}_i)+\sum_{j=1}^{J}\pi_j(h_j)\\&\text{s. t.}\ \sum_{j=1}^{J}h_j=\sum_{i=1}^{I}\tilde{h}_i\end{aligned}\qquad(11.\text{D}.2)$$

最大化问题（11. D. 2）中的约束条件说明外部性是可消除的：如果 $\tilde{h}_i$ 增加了一单位，那么其他人消费的外部性就减少了一单位。令 μ 表示这个约束条件的拉格朗日乘子，则这个问题的必要和充分一阶条件为

$$\phi_i'(\tilde{h}_i^o)\leqslant\mu，等式在\ \tilde{h}_i^o>0(其中\ i=1,\cdots,I)时成立\qquad(11.\text{D}.3)$$

$$\mu\leqslant-\pi_j'(h_j^o)，等式在\ h_j^o>0(其中\ j=1,\cdots,J)时成立\qquad(11.\text{D}.4)$$

条件（11. D. 3）、（11. D. 4）与问题（11. D. 2）中的约束条件一起决定了外部性的最优生产和消费水平。注意，这些条件正好对应着第 10 章讨论的私人物品有效率的条件，即条件（10. D. 3）～（10. D. 5），在那里，我们将 $-\pi_j'(\cdot)$ 解释为企业 j 生产外部性的边际成本。如果对于可消减的外部性，我们能清晰界定和强制实施产权，而且如果消费者和企业的数量足够多，从而价格接受者假设是合理的，那么通过类比第 10 章的私人物品的竞争市场的分析可知，如果外部性是可消减类型的，那么在外部性市场上，也能够实现外部性的帕累托最优生产和消费水平。

不可消减的外部性

现在我们转而考察不可消减的外部性。为方便说明，假设**每个**消费者消费的外部性水平都为 $\sum_j h_j$，即所有企业生产的外部性总量。

如果政府不进行干预，那么竞争均衡时，再一次地，每个企业 j 生产的外部性 h_j^* 满足条件（11. D. 1）。相反，在任何帕累托最优配置上，外部性水平（h_1^o，…，h_J^o）必定是下列问题的解

$$\underset{(h_1,\cdots,h_J)\geqslant 0}{\text{Max}}\ \sum_{i=1}^{I}\phi_i\Big(\sum_j h_j\Big)+\sum_{j=1}^{J}\pi_j(h_j)\qquad(11.\text{D}.5)$$

上述问题对每个企业 j 的外部性的最优生产水平 h_j^o 给出了必要和充分一阶条件

$$\sum_{i=1}^{I}\phi_i'\Big(\sum_j h_j^o\Big)\leqslant-\pi_j'(h_j^o)，其中等式在\ h_j^o>0\ 时成立\qquad(11.\text{D}.6)$$

条件（11. D. 6）正好对应于公共物品最优水平的条件（11. C. 1），在那里，$-\pi_j'(\cdot)$

---

① 最大化问题（11. D. 2）中的目标函数等价于我们在衡量总剩余时用到的收益与成本之差。注意，为了使用这个解释，我们需要将 $-\pi_j(\cdot)$ 视为企业 j 生产外部性的成本函数。

是企业 j 生产外部性的边际成本。[①]

类比 11.C 节我们对私人提供公共物品的讨论，可知：引入外部性市场不会导致帕累托最优结果，这一点与 11.B 节的双边情形不同。这是因为搭便车问题会再次出现，（负的）外部性均衡水平将会超过它的最优水平。在不可消减的多边外部性情形下，基于市场的解决方法要求外部性的个人化市场，这类似于林达尔均衡概念。然而，我们在 11.C 节讨论的林达尔均衡的所有问题会再次影响这些市场。因此，对于不可消减的外部性，纯粹基于市场的解决方法，无论是否为个人化市场，都行不通。[②]

另外，给定充分信息（注意，这是一个很强的假设!），政府可以通过制定配额或征税方法来实现帕累托最优结果。一方面，在制定配额方法下，政府只要规定每个企业 j 生产外部性数量的上限等于最优水平 h_j^o 即可。另一方面，与 11.B 节一样，政府可以通过征税的方法让每个企业面对它们外部性的边际社会成本，从而恢复最优水平。在这里，政府对每个企业征收的税率等于 $t_h=-\sum_i \phi'_i(\sum_j h_j^o)$，也就是说，企业每生产一单位外部性需要缴税 t_h 美元。在这种情形下，每个企业 j 的最大化问题为

$$\underset{h_j\geqslant 0}{\text{Max}}\ \pi_j(h_j)-t_h h_j$$

这个问题的必要和充分一阶条件为

$$\pi'_j(h_j)\leqslant t_h，\text{其中等式在 } h_j>0 \text{ 时成立}$$

给定 $t_h=-\sum_i \phi'_i(\sum_j h_j^o)$，企业 j 的最优选择是 $h_j=h_j^o$。

对于不可消减的多边外部性，纯粹市场解行不通，部分市场解则可行。这种部分市场解的做法如下：首先，政府对社会中的外部性总量规定配额 h^o；然后，将这些配额分配给 j 个企业，这些外部性许可是可交易的（每单位许可允许企业生产一单位外部性）。假设分配给企业的许可为 $h^o=\sum_j h_j^o$，其中企业 j 得到的许可为 $\bar{h}_j$ 单位。令 p_h^* 表示这些许可的均衡价格。于是，每个企业对许可的需求 h_j 是下列最大化问题的解

$$\underset{h_j\geqslant 0}{\text{Max}}(\pi_j(h_j)+p_h^*(\bar{h}_j-h_j))$$

因此，h_j 满足必要和充分一阶条件 $\pi'_j(h_j)\leqslant p_h^*$，其中等式在 $h_j>0$ 时成立。而且，许可市场的市场出清要求 $\sum_j h_j=h^o$。因此，许可市场的竞争均衡价格为 $p_h^*=-\sum_i \phi'_i(h^o)$，而

① 我们已经说过，11.C 节的单个企业的成本函数 $c(\cdot)$ 可以视为 J 个追求利润最大化企业的总成本函数。如果在 11.C 节，我们外在地将这 J 个企业的行为模型化，也就是说 $c(\cdot)$ 是它们的总成本函数，那么公共物品最优数量的条件正好就是式（11.D.6），只不过我们需要将式（11.D.6）中的 $-\pi'_j(h_j^o)$ 替换为 $c'_j(h_j^o)$。

② 外部性的公共性质，在任何协商解决方法中都会产生类似的搭便车问题。（习题 11.D.6 提供了一个例证。）

且每个企业使用 h_j^o 单位许可，因此产生了帕累托最优配置。与对每个企业指定严格配额相比，我们这个基于许可交易的方案具有明显优势，这是因为在很多情形下，尽管政府有足够的信息（比如统计类型的信息）来计算出外部性的最优总水平 h^o，但可能缺乏关于 $\pi_j(\cdot)$ 的信息，从而无法确定哪个企业能够有效率地承担降低外部性的成本。

11.E 私人信息与次优解

在实践中，个体受公共物品的影响程度或得到多少收益这类信息，通常只有他自己知道。由于**私人信息**（privately held information）或称**不对称信息**（asymmetrically held information）的存在，集权解（例如政府制定配额或征税）或分权解（例如个体间的协商）都难以达到最优结果。在本节我们讨论这些问题，为简单起见，我们重点考察类似 11. B 节的双边外部性。沿用我们在 11. D 节的做法，我们假设产生外部性的是一个企业，受外部性影响的是一个消费者。（本节若干问题的更一般分析，可参见第 23 章。）

11

假设我们可以将消费者定义在外部性水平 h 上的间接效用函数写为 $\phi(h,\ \eta)$，其中 $\eta\in\mathbb{R}$ 是个表示消费者类型的参数，它影响外部性带给消费者的成本。类似地，我们用 $\pi(h,\ \theta)$ 表示企业在类型为 $\theta\in\mathbb{R}$ 时的间接利润函数。θ 和 η 都是私人信息：消费者类型 θ 只有他自己知道，企业的类型 η 只有它自己知道。但是 θ 和 η 的先验取值可能性（概率分布）是公开信息。为简单起见，我们假设 θ 和 η 是独立分布的。和以前一样，我们假设，给定 θ 和 η，$\pi(h,\ \theta)$ 和 $\phi(h,\ \eta)$ 关于 h 都是严格凹的。

分权式协商

考虑外部性的分权解。一般来说，在双边信息不对称情形下，协商不能实现外部性的有效率数量。为了看清这一点，再次考虑消费者有权不受外部影响的情形，而且继续采用消费者向企业提供“要么接受要么走人”的合同形式。为简单起见，我们假设可能的外部性水平只有两个：0 和 $\bar{h}>0$。假设这种外部性是负的外部性，与零水平相比，$\bar{h}>0$ 水平对企业有利但对消费者有害。（我们的分析同样适用于正外部性的情形。）

在这种情形下，使用下列衡量方法是方便的：用 $b(\theta)=\pi(\bar{h},\ \theta)-\pi(0,\ \theta)>0$ 衡量当企业的类型为 θ 时，企业通过产生外部性而得到的利润。类似地，给定外部性水平 $\bar{h}$，我们用 $c(\eta)=\phi(0,\ \eta)-\phi(\bar{h},\ \eta)>0$ 表示消费者类型为 η 时，外部性带给他的成本。在这个简单的分析架构中，消费者类型和企业类型的信息可用 b 和 c 的值描述。因此，我们可以重点考察这两个个体关于 b 和 c 的各种可能值。我们把

θ 和 η 的潜在概率分布引致的分布函数分别记为 $G(b)$ 和 $F(c)$。(注意，由于 θ 和 η 是独立的，b 和 c 也是独立的。) 为简单起见，我们假设这两个分布函数的密度函数分别为 $g(b)$ 和 $f(c)$，其中对于所有 b 和 c 都有 $g(b)>0$ 和 $f(c)>0$。

由于消费者有权不受外部影响，如果消费者未与企业谈判，那么消费者总是会要求企业将外部性水平设定为零，即 $h=0$（这是因为我们在前面假设 $c>0$）。然而，对于 b 和 c 的所有值，在任何能保证实现帕累托最优结果的安排中，如果 $b>c$，我们应该允许企业设定 $h=\bar{h}$。

现在考虑当外部性带给消费者的成本为 c 时，为了允许企业产生外部性，消费者应该向企业索要多少钱。由于企业知道如果没有协议，消费者会坚持让企业设定 $h=0$，所以企业会同意支付 T 美元当且仅当 $b\geqslant T$。因此，消费者知道如果他索取 T 美元，企业接受这个要求的概率等于 $b\geqslant T$ 的概率，即等于 $1-G(T)$。给定消费者面对的成本 c（并且假设他是风险中性的），消费者选择的 T 应该是下列问题的解

$$\operatorname*{Max}_{T}(1-G(T))(T-c) \qquad (11.\text{E}.1)$$

问题（11.E.1）中的目标函数，是企业接受消费者要求的概率 $(1-G(T))$ 乘以消费者的净收益 $(T-c)$。在我们的假设下，这个目标函数对于所有 $T>c$ 都严格为正，对于 $T=c$ 它等于零。因此，问题（11.E.1）的解 T_c^* 需要满足 $T_c^*>c$。然而，这意味着这个谈判过程的结果必然（概率严格为正）是无效率的，这是因为当企业的收益 b 满足 $c<b<T_c^*$ 时，企业会断然拒绝消费者的要求，从而使得外部性的水平为零，尽管最优结果要求 $h=\bar{h}$。[①][②]

配额与税收

我们已经知道，如果信息不对称，分权式的协商将导致无效率的结果；类似地，信息不对称也会使得配额或征税方法无效。而且，Weitzman（1974）首先指出，信息不对称使得这两种政策工具不再是完全替代的，也就是说，11.B 节的模型不再成立。[③]

首先注意到，给定 θ 和 η，外部性数量 h（现在我们假设 h 是连续变量）带来的总剩余为 $\phi(h,\ \eta)+\pi(h,\ \theta)$。因此，使得总剩余最大的外部性水平，通常取决于 $(\theta,\ \eta)$ 的实现值。我们用函数 $h^o(\theta,\ \eta)$ 表示外部性的这个最优水平。图 11.E.1 画出了分别对应于参数组合 $(\theta',\ \eta')$ 和 $(\theta'',\ \eta'')$ 的两个最优水平。

---

① 注意问题（11.E.1）与 12.B 节的垄断问题的相似性。在我们这个例子中，消费者无法对不同类型的企业进行歧视性要价，使得他的最优要价产生了无效率的结果。

② 当然，我们也可以考虑其他协商方法（也许更复杂的方法）的结果。然而，在第 23 章，我们将研究 Myerson 和 Satterthwaite（1983）提出的一个结论。这个结论意味着：对于我们当前考察的这个例子，任何协商方法都不能达到有效率的结果。

③ 下面的讨论也说明了基于数量的管制机制优于基于价格的管制机制。

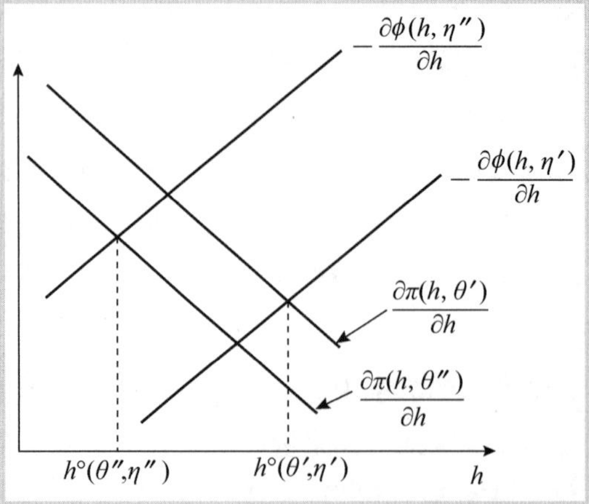

图 11.E.1 当参数组合为（θ'，η'）和（θ''，η''）时，能使总剩余最大的外部性水平分别为 $h^o(\theta', \eta')$ 和 $h^o(\theta'', \eta'')$

首先，假设政府规定外部性的配额水平为固定不变的 $\hat{h}$。于是，企业选择的外部性水平 h 应该满足

$$\underset{h\geqslant 0}{\text{Max}}\ \pi(h,\theta)$$
$$\text{s.t. } h\leqslant \hat{h}$$

将企业的这个最优选择记为 $h^q(\hat{h}, \theta)$，其中上标 q 表示配额（quota）。配额的典型效应是，与最优水平相比，使得外部性的实际水平对 θ 和 η 值的敏感程度降低。企业的外部性水平对 η 完全不敏感。而且，如果配额水平 $\hat{h}$ 满足对于所有 θ 都有 $\partial\pi(\hat{h}, \theta)/\partial h>0$，那么对于每个 θ 都有 $h^q(\hat{h}, \theta)=\hat{h}$。给定类型参数组合（$\theta$，$\eta$），配额导致总剩余的损失为

$$\phi(h^q(\hat{h},\theta),\eta)+\pi(h^q(\hat{h},\theta),\theta)-\phi(h^o(\theta,\eta),\eta)-\pi(h^o(\theta,\eta),\theta)$$
$$=\int_{h^o(\theta,\eta)}^{h^q(\hat{h},\theta)}\left(\frac{\partial\pi(h,\theta)}{\partial h}+\frac{\partial\phi(h,\eta)}{\partial h}\right)dh$$

如果政府将配额水平 $\hat{h}$ 设定为 $\hat{h}=h^o(\bar{\theta}, \bar{\eta})$，即如果它将 $\hat{h}$ 设定为等于当 θ 和 η 分别取平均值 $\bar{\theta}$ 和 $\bar{\eta}$ 时能使总剩余最大的外部性水平，那么这个配额导致的总剩余损失可用图 11.E.2 中的阴影区域表示［图中的虚线分别表示 $\partial\pi(h, \bar{\theta})/\partial h$ 和 $-\partial\phi(h, \bar{\eta})/\partial h$，实线分别表示 $\partial\pi(h, \theta)/\partial h$ 和 $-\partial\phi(h, \eta)/\partial h$；注意在这个图中，企业希望它生产的外部性能达到配额水平 $\hat{h}$］。

下面我们转而考察当政府对企业每生产一单位外部性征税 t 美元的情形。给定 θ 值，企业选择的外部性水平 h 要能满足

$$\underset{h\geqslant 0}{\text{Max}}\ \pi(h,\theta)-th$$

将企业的这个最优选择记为 $h^t(t, \theta)$，其中上标 t 表示征税。当类型组合为（θ，η）时，相对于最优结果，征税引起的总剩余损失为

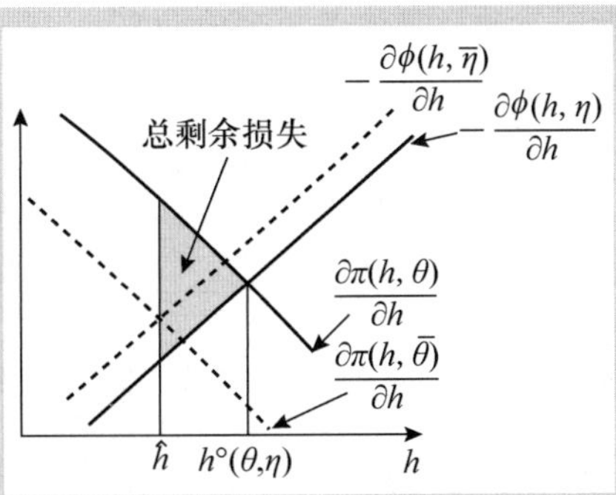

图 11. E. 2　在类型组合为（θ，η）时，配额导致的总剩余损失

$$\phi(h^t(t,\theta),\eta)+\pi(h^t(t,\theta),\theta)-\phi(h^o(\theta,\eta),\eta)-\pi(h^o(\theta,\eta),\theta)$$
$$=\int_{h^o(\theta,\eta)}^{h^t(t,\theta)}\left(\frac{\partial\pi(h,\theta)}{\partial h}+\frac{\partial\phi(h,\eta)}{\partial h}\right)dh$$

如果政府将税率 t 设定为 $t=-\partial\phi(h^o(\bar{\theta},\ \bar{\eta}),\ \bar{\eta})/\partial h$，即如果它将 t 设定为 $(\theta,\ \eta)=(\bar{\theta},\ \bar{\eta})$ 能使总剩余最大的税率水平，那么征税导致的总剩余损失可用图 11. E. 3 的阴影区域所示。注意，与在配额方法下一样，在征税方法下，外部性水平随企业的边际收益变化而变化，但不随消费者的边际成本变化而变化。

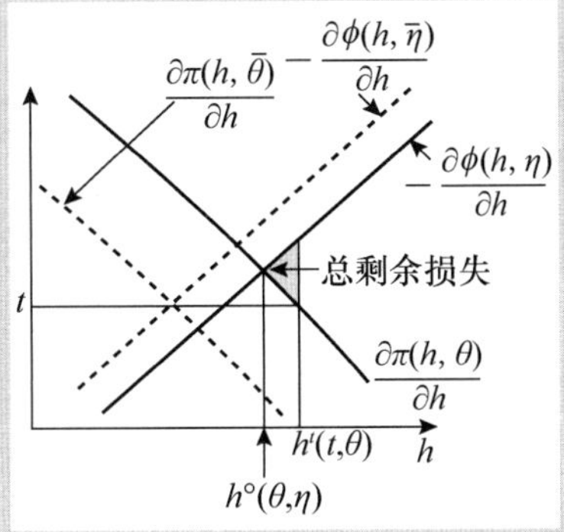

图 11. E. 3　在类型组合为（θ，η）时，征税导致的净损失

配额和征税这两个政策工具哪个更好一些？答案是具体情形具体分析。例如，假设 η 是个常数，比如等于 $\bar{\eta}$。对于生产外部性能带来较高收益的企业类型 θ，配额通常无法导致外部性的有效率数量，因为它不允许外部性超过既定的配额水平。另一方面，因为固定税率 t 不能反映当外部性水平较高时，外部性带给消费者的边际成本是递增的，对于这样的企业类型 θ，征税可能导致外部性水平过高。

在直觉上，当最优外部性水平对企业类型 θ 的反应不敏感时，我们预期配额比征税更好。例如，在图 11. E. 4(a) 中，当 $h\leqslant h^*$ 时，外部性带给消费者的成本为零；当$h>h^*$ 时，这个成本无穷大。在这种情形下，我们可以设定配额 $\hat{h}=h^*$，这样就能使得对于（θ，η）值，总剩余都达到最大，但是征税无法实现这样的结果。政府必须征收很高的税才能保证企业必定（概率为 1）将外部性水平设置在小于 h^*

处。但如果这样，就会导致外部性水平通常过低。

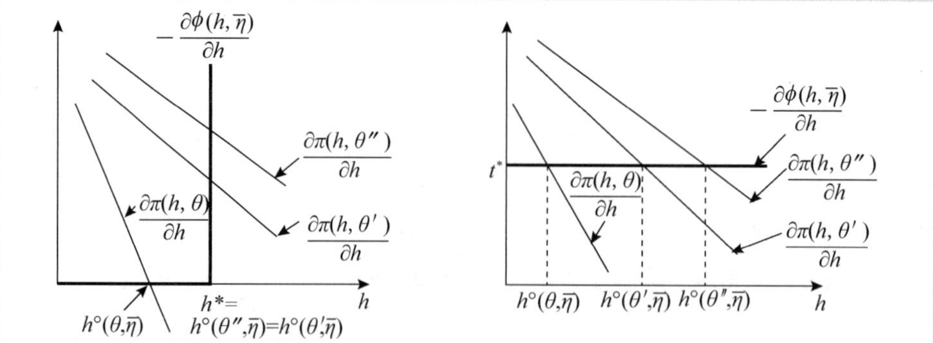

(a)对于所有θ，配额$\hat{h}=h^*$都能使得总剩余最大　　(b)对于所有θ，税收$t=t^*$都能使得总剩余最大

图 11.E.4　对于 θ 的每个实现值，配额或征税能使总剩余最大的情形

相反，图 11.E.4(b) 描述的情形是，外部性带给消费者的边际成本与外部性水平 h 无关。在这种情形下，如果政府征收的税率等于这个边际成本，即 $t=t^*$，那么对于所有$(\theta,\ \eta)$，我们都能得到使得总剩余最大的外部性水平，但是任何配额都无法做到这一点。

如果我们用总剩余的期望值来衡量福利，那么从上面的两个例子可知，配额或税收工具哪个更好问题的答案，取决于具体环境。[①]（习题 11.E.1 让你详细分析线性二次型情形。）注意，我们前面讨论的协商方法无法实现图 11.E.4 描述的任一最优情形。[②] 因此，我们已经得到了两种特殊情形，在这两种情形下，配额或税收解比特定分权解要好。[③]

习题 11.E.2 要求你分析两个企业（$j=1,\ 2$）都产生外部性的情形，这两个企业除了类型 θ_j 可能不同之外，其余方面都相同。这个习题说明，企业类型 θ_j 之间的相关程度，对于确定配额和征税的相对优劣问题非常重要。在比较统一配额和统一税收政策时（这里的“统一”指两个企业面对的配额或税收相同），企业受到冲击的相关性越弱，征税的效果似乎越好。原因不难理解。在相关性比较弱时，统一税有着统一配额无法实现的好处：统一税允许企业根据它的类型 θ_j 调整自己生产的外部性数量。事实上，在统一税方法下，外部性总量在两个企业之间的分配总是有效率的。

① 在第 13 章，我们将详细讨论信息不对称情形下的福利比较问题。在那里我们将说明在我们当前考察的局部均衡环境下，期望总剩余最大是两个个体事前帕累托最优（ex ante Pareto optimality）的合理要求。

② 严格地说，我们前面讨论的协商方法针对的外部性只有两种可能的水平，而在此处，我们考察的外部性是连续的（有无穷多个水平）。但这种差别并不重要。我们在前面讨论的协商方法的无效率性结论，在外部性水平为连续的情形下仍然成立。

③ 我们应该强调，在这两种情形中，其他协商方法可能好于消费者提供“要么接受要么走人”合同这种方法。例如，如果提供“要么接受要么走人”合同的是企业，那么在这两种情形下，都能达到最优结果，这是因为消费者的类型已知。因此，我们的分析得到的结论是定性性质的：在信息不对称情形下，对于集权解和分权解哪个更好的问题，不存在一般性的结论。

当外部性的生产者有多个时，存在着创造可交易的排污许可市场的可能性，这与11.D节讨论的情形类似。我们已经知道在纯粹配额政策下，总配额在各个外部性生产者之间的分配通常是无效率的，然而通过稍微增加一个条件，即允许外部性生产者之间对配额许可进行交易，我们就能消除这种无效率。特别地，假设我们不再单纯规定每个企业的配额，而是向每个企业 j 分发可交易的外部性许可，允许它生产与单纯配额方法下一样多的外部性。再假设如果不能够交易，每个企业都会充分使用它的配额。那么给定企业和消费者的任何类型，交易结果带来的总剩余必定不会小于单纯配额方法下的总剩余，这是因为我们仍能得到相同的外部性水平，而且企业间的交易绝对不会降低总利润。[①] 当然，虽然我们在前面说到的协商方法存在的问题同样会阻止外部性的有效率分配，但是如果企业之间彼此知道对方的 θ_j 值，或者企业数量足够多以至于能在外部性市场进行完全竞争，那么我们可以预期总外部性在各个企业之间的分配是有效率的。事实上，在企业成本的统计分布可知但企业类型 θ_j 的实现值只有企业 j 自己知道的情形下，这类政策能够实现完全最优结果。

更一般的政策机制

我们已经看到，前面讨论的征税和配额方法，对外部性带给消费者的边际成本变化完全不敏感。因此，我们自然想知道是否存在着其他更好的外部性解决方法，也许能让外部性水平对消费者的成本更敏感一些。但这样的想法存在问题，因为收益和成本信息不可观测，而且当事人没有激励来诚实披露这些信息。例如，假设政府让消费者和企业汇报他们从外部性得到的收益和成本，然后政府根据这些报告实施政府认为的最优结果。在这种情形下，一个消费者有激励夸大他自己的成本，目的在于阻止政府允许企业生产外部性。因此，问题的关键是如何设计一种机制来控制人们故意错误报告信息的动机，从而让政府能达到有效率的结果。我们将在第23章系统地研究这个问题；在这里，我们只简要考察一个著名的方案。

我们回到外部性可能水平只有两种（即0和 $\bar{h}$）的情形。我们能否设计出一个方案，使得对于企业从外部性得到收益 b 的每个实现值和消费者成本 c 的每个实现值，这个方案都能实现外部性的最优水平？答案是肯定的。下面我们说明这一点。

假设政府建立了下列信息**显示机制**（revelation mechanism）：政府让企业和消费者分别报告他们的 b 值和 c 值。令 $\hat{b}$ 和 $\hat{c}$ 分别表示这些报告值。对于每个可能的报告值组合（$\hat{b}$，$\hat{c}$），政府制定它允许的外部性水平，以及对于企业和消费者的税收或补贴。特别地，假设政府宣布，给定这些报告值，它将选择能使得总剩余

① 然而，需要注意，这个结果的关键前提条件是，消费者对哪个企业产生的外部性是无差异的，也就是说，不同企业产生的外部性是完全可替代的。如果这个假设条件不成立，那么重新分配外部性配额能够降低总剩余，因为这种做法降低了受外部性影响的个体的福利。

最大的外部性水平 h。也就是说，$h=\bar{h}$ 当且仅当 $\hat{b}>\hat{c}$。而且，如果允许生产外部性（即，如果 $h=\bar{h}$），政府将向企业征税 $\hat{c}$，给予消费者补贴 $\hat{b}$。也就是说，如果企业想生产外部性（报告较大的 b 值），它必须支付外部性成本，数额等于消费者报告的数值。如果消费者允许外部性（报告较小的 c 值），他就能得到补贴，补贴额等于企业报告的外部性收益。

事实上，**在这个方案下，企业和消费者都会如实报告，**因此对于每个可能的 (b, c)，外部性达到最优水平。为了看清这一点，考虑当消费者的成本为 c 时，他的最优报告值。如果企业的报告值 $\hat{b}>c$，那么消费者将允许企业生产外部性（与不允许相比，消费者的收益增加了 $\hat{b}-c$）。因此，消费者的最优报告值满足 $\hat{c}<\hat{b}$；而且，由于满足这个条件的任何报告值 $\hat{c}$ 都能使得消费者得到相同的收益（即 $\hat{b}$），他不妨如实报价，也就是说，$\hat{c}=c<\hat{b}$。另一方面，如果企业的报告值 $\hat{b}\leqslant c$，消费者的最优选择是外部性水平为零。因此，消费者将报告 $\hat{c}\geqslant\hat{b}$；再一次地，由于满足这个条件的任何报告值 $\hat{c}$ 都能使得消费者得到相同的收益（即零），他不妨如实报告，也就是说，$\hat{c}=c\geqslant\hat{b}$。因此，无论企业选择什么样的报告值，消费者的最优策略都是如实报告。（正式地说，按照 8. B 节的说法，如实报告是消费者的**弱优势策略**。事实上，它是消费者唯一的弱优势策略；参见习题 11. E. 3。）由类似的分析可知，企业的最优策略也是如实报告。

11

习题 11. E. 4： 在上述方案中的税收与补贴设计部分，假设消费者得到的收益为 $t(\hat{b}, \hat{c})$。现在根据企业的报告值，我们另外给予消费者补贴 $T(\hat{b})$，也就是说，现在消费者的收益为 $t(\hat{b}, \hat{c})+T(\hat{b})$，证明消费者的最优选择仍然是如实报告。类似的结论对于企业也成立。

我们在上面描述的方案是**格罗夫斯-克拉克机制**（Groves-Clarke mechanism）的一个例子，这个机制由 Groves（1973）和 Clarke（1971）提出（也可参考 23. C 节），他们提出这个机制的最初目的是探讨是否决定实施某个公共物品项目。本章习题部分提供了一些公共物品的例子。

格罗夫斯-克拉克机制有两个非常诱人的性质：一是对于每个 (b, c) 组合，它都能实现外部性最优水平；二是它能在很强的意义上诱导当事人如实报告（即如实报告是优势策略）。但这个机制也有让人不喜欢的性质。特别地，它不能保证政府预算平衡：当 $b>c$ 时，政府的预算赤字等于 $(b-c)$。对于所有可能的 (b, c)，我们都可以使用习题 11. E. 4 中的做法来消除这个预算赤字，但这样一来就会导致政府预算盈余，从而使得对于 (b, c) 的某个值，结果是帕累托无效率的（不是所有的计价物都会落入企业或消费者手中）。

事实上，对于这类机制，上述问题是无法避免的——如果我们想保留这类机制的下面两个性质：对于每个 (b, c)，如实报告都是优势策略；以及对于每个 (b, c)，都能达到外部性最优水平——那么，对于每个 (b, c)，政府一般无法实现预算平衡。在第 23 章，我们将详细讨论这个问题，而且我们将考察另外一些机制，这些机制在某些条件下能解决上述缺陷。(习题 11. E. 5 提供了一个例子，在这种情形下，只要求在平均意义上达到预算平衡。)

附录 A：非凸性与外部性理论

在本章，我们始终假设消费者的偏好集和企业的生产集是凸的，从而使得我们考察的那些间接效用函数和间接利润函数是凹的。在这些假设之下，我们研究的所有决策问题都是良好性状的；它们都有唯一解（或更一般地，凸值解），这样的解随着问题的潜在参数［例如，L 种商品的价格或外部性价格（前提是存在外部性市场）］变化。然而，凸性并不是一个完全无害的假设。在本节，我们提供一些简单的例子，旨在说明外部性本身能够产生非凸性。另外，我们还将评价这个事实的含义。

我们首先考察涉及两个企业的双边外部性情形。假设企业 1 的生产活动会产生外部性，这个外部性影响企业 2 的利润。我们将企业 1 产生的外部性水平记为 h。假设企业 j 的利润取决于外部性水平 h，因此，我们将企业 j 的利润记为 $\pi_j(h)$，其中 $j=1, 2$。自然地，我们可以假设 $\pi_1(\cdot)$ 是凹的：例如，外部性水平 h 可以等于企业 1 的产量。正如例 11. AA. 1 和例 11. AA. 2 所表明的，企业 1 的利润函数 $\pi_1(\cdot)$ 是凹的，但企业 2 的利润函数 $\pi_2(\cdot)$ 未必是凹的。[①]

例 11. AA. 1：正外部性是规模报酬递增的一种来源。假设企业 2 的产品价格为 1，为简单起见，我们假设企业 2 使用的要素价格也为 1。企业 2 的生产函数为 $q=h^{\beta}z^{\alpha}$，其中 $\alpha, \beta\in[0, 1]$。因此，我们考察的是正的外部性。[②] 注意，对于固定不变的 h，企业 2 的问题是凹的而且是良好性状的。给定外部性水平 h，我们可以计算出企业 2 的最大利润，这个最大利润为 $\pi_2(h)=\gamma h^{\beta/(1-\alpha)}$，其中 $\gamma>0$ 是个常数。在图 11. AA. 1 中，我们画出了 $\beta>1-\alpha$ 时的 $\pi_2(h)$。由此图可知，企业 2 的间接效用函数关于 h 不是凹的；事实上，它是凸的。这反映了下列事实：如果我们将外部性 h 作为企业 2 生产过程中使用的一种要素，那么企业 2 的生产函数是规模报酬递增的，这是因为 $\alpha+\beta>1$。■

① 注意，对于某个外部性水平 $h\geq0$，企业 1 的利润可能小于零，即 $\pi_1(h)<0$，这是因为 $\pi_1(h)$ 是企业 1 的以外部性水平 h 为条件的最大利润（而且，由于这个原因，当 $h>0$ 时企业不可能停止营业）。

② 更一般地，我们可以假设某个行业由很多企业组成，该行业的每个企业都生产外部性并且都受到这种外部性的影响（h 可以是与产量正相关的外部性，例如 h 可以是衡量行业内的技术积累的指数）。Marshall (1920) 首先研究了这种架构下的外部性。读者也可以参考 Chipman (1970) 和 Romer (1986)。

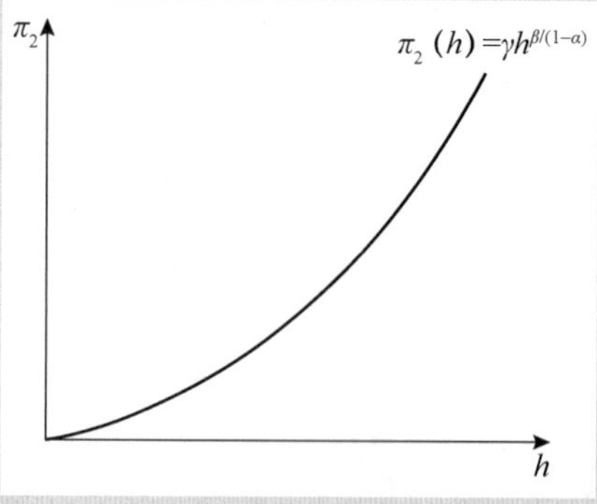

图 11. AA. 1 例 11. AA. 1 中企业 2（受到外部性影响者）在 $\alpha+\beta>1$ 时的间接利润函数

例 11. AA. 2：负外部性是非凸性的一种来源。在例 11. AA. 1 中，企业 2 生产集中的非凸性，以及由此导致的它的间接效用函数非凹性，是由正外部性引起的。在例 11. AA. 2 中，我们将说明，企业 2 间接效用函数的非凹性，是由负外部性造成的。

假设对于所有 h 都有 $\pi_2'(h)\leqslant 0$，对于某个 h 有 $\pi_2'(h)<0$。再假设，给定外部性水平 h，企业 2 有权选择停止营业，从而得到零利润。① 在这种情形下，函数 $\pi_2(h)$ 在所有 $h\in[0,\infty)$ 上绝不可能是凹的，Starrett（1972）首先指出了这一事实。原因可用图 11. AA. 2 说明：如果 $\pi_2(\cdot)$ 是个严格递减的凹函数，那么在某个 h 水平（图中虚线所示）上，$\pi_2(\cdot)$ 将为负，但 $\pi_2(\cdot)$ 不可能是负的，这是因为企业 2 总是可以选择停止营业。■

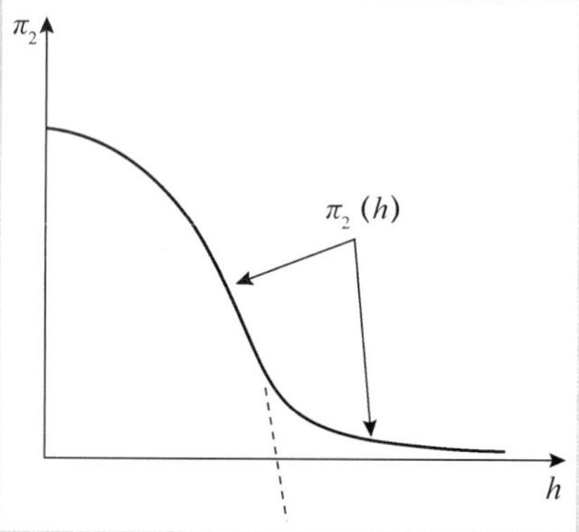

图 11. AA. 2 如果对于外部性的任何水平，受负外部性影响者（企业 2）能够停止营业从而得到零利润，那么它的间接利润函数 $\pi_2(h)$ 在 $h\in[0,\infty)$ 上不可能是凹的

$\pi_2(\cdot)$ 的非凹性使得外部性问题的集权解和分权解都出现了问题。例如，

① 在多边外部性情形下，受外部性影响的企业停止营业的能力通常取决于外部性是否为可消减的。在外部性不可消减的情形（例如空气污染）下，受影响企业总是可以选择停止营业，从而利润为零。相反，在外部性可消减的情形（例如垃圾）下，$\pi_j(h)$ 反映了当企业 j 自己承受了 h 单位的外部性时的利润，而承受外部性本身可能要求使用某些要素（例如，用于吸收垃圾的土地）。事实上，如果可消减外部性情形不是这样的（即，如果承受外部性不需要使用某些生产要素），那么我们总可以零社会成本地处置外部性，方法是把所有外部性配置给停止营业的企业。

对于例 11. AA. 1 或例 11. AA. 2，如果政府界定了外部性的财产权，并引入了外部性的市场，那么可能不存在竞争均衡（即使假设当事人都是价格接受者）。企业 2 的目标函数将不是凹的，因此它的最优需求既不是清晰定义的，也不是连续的（回忆 10. C 节我们讨论的企业成本函数的非凸性导致的均衡不存在问题）。

相反，征税和配额方法，在理论上，仍然能够实现帕累托最优结果，即使企业 2 的利润函数不是凹的，这是因为这两种方法的使用仅依赖于外部性产生者（此处为企业 1）的利润函数是良好性状的。然而，在实践中，企业 2 利润函数的非凸性也能对这些集权解带来问题。例 11. AA. 3 说明了这个事实。

例 11. AA. 3：外部性是多个局部（社会）最优解的一种来源。在理论上，如果外部性产生者的决策问题是凹的，那么配额或征税方法能得到最优解。但是，如果 $\pi_2(\cdot)$ 不是凹的，那么总剩余函数 $\pi_1(h)+\pi_2(h)$ 可能不是凹的，因此总剩余最大化问题的一阶条件可能只是局部最优解的充分条件。事实上，正如 Baumol 和 Oates（1988）所强调的，外部性引起的非凸性容易导致存在多个局部社会最优解的情形，因此识别全局最优解可能是个非常艰巨的任务。

例如，假设企业 1 和 2 的利润函数分别为

$$\pi_1(h)=\begin{cases}h & \text{对于 } h\leqslant 1\\ 1 & \text{对于 } h>1\end{cases}$$

和

$$\pi_2(h)=\begin{cases}2(1-h)^2 & \text{对于 } h\leqslant 1\\ 0 & \text{对于 } h>1\end{cases}$$

企业 2 的利润函数 $\pi_2(\cdot)$ 不是凹的，例 11. AA. 1 和例 11. AA. 2 说明当存在外部性时，这是非常容易发生的事。在图 11. AA. 3 中，我们用集合 $\{(\pi_1, \pi_2): \pi_j\leqslant\pi_j(h), j=1, 2, \text{对于某个} h>0\}$（图中阴影区域）表示在不同的 h 水平下，两个企业能实现的利润水平［注意，这个定义允许利润的自由处置（free disposal）］。社会最优时有 $h=0$（从而两个企业的联合利润为 2），在这种情形下，企业 2 可以在不存在外部性情形下运营。为了实现这种情形，我们只要对企业每单位外部性征收税率 $t>1$ 即可。但是请注意，结果 $h=1$（通过对企业 1 征收税率 $t=0$ 而实现的结果）是个局部社会最优解：如果我们降低 h，直到 $h<1/2$ 时，总剩余水平才能高于 $h=1$ 时的总剩余水平。因此，后面这个结果满足总剩余最大化问题的一阶条件和二阶条件（例如，在这个点上，外部性带来的边际收益恰好等于它的边际成本），而且它容易导致社会计划者误认为在这个点上社会福利已达到最大。■

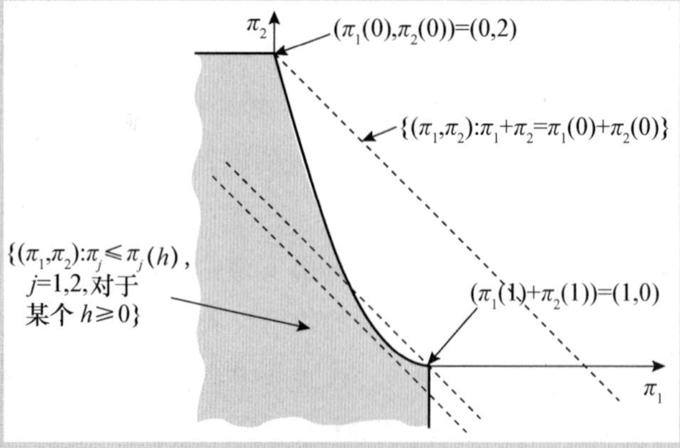

图 11. AA. 3　在例 11. AA. 3 中，对于由可能的利润组合（π_1，π_2）组成的集合，存在多个局部最大的总剩余（$\pi_1(h)+\pi_2(h)$）水平

参考文献

Arrow, K. J. (1969). The organization of economic activity: Issues pertinent to the choice of market versus non-market allocation. In *Collected Papers of K. J. Arrow*, Vol. 2. Cambridge, Mass.: Harvard University Press, 1983.

Baumol, W. J. (1964). External economies and second-order optimality conditions. *American Economic Review* 54: 368-372.

Baumol, W. J., and W. E. Oates (1988). *The Theory of Environmental Policy*, 2nd. ed. New York: Cambridge University Press.

Chipman, J. S. (1970). External economies of scale and competitive equilibrium. *Quarterly Journal of Economics* 84: 347-385.

Clarke, E. H. (1971). Multipart pricing of public goods. *Public Choice* 11: 17-33.

Coase, R. (1960). The problem of social cost. *Journal of Law and Economics* 1: 1-44.

Groves, T. (1973). Incentives in teams. *Econometrica* 41: 617-631.

Holmstrom, B., and J. Tirole (1989). The theory of the firm. In *Handbook of Industrial Organization*, edited by R. Schmalensee and R. D. Willig. Amsterdam. North-Holland.

Laffont, J.-J. (1988). *Fundamentals of Public Economics*. Cambridge, Mass.: MIT Press.

Lindahl, E. (1919). *Die Gerechtigkeit der Besteuring*. Lund: Gleerup. [English translation: Just taxation—A positive solution. In *Classics in the Theory of Public Finance*, edited by R. A. Musgrave and A. T. Peacock. London: Macmillan, 1958.]

Marshall, A. (1920). *Principles of Economics*. London: Macmillan.

Meade, J. (1952). External economies and diseconomies in a competitive situation. *Economic Journal* 62: 54-67.

Milleron, J.-C. (1972). Theory of value with public goods: A survey article. *Journal of Economic Theory* 5: 419-477.

Myerson, R., and M. Satterthwaite (1983). Efficient mechanisms for bilateral trading. *Journal of Economic Theory* 29: 265-281.

Pigou, A. C. (1932). *The Economics of Wel-*

fare. London: Macmillan.

Romer, P. (1986). Increasing returns and long-run growth. *Journal of Political Economy* 94: 1002-1036.

Samuelson, P. A. (1954). The pure theory of public expenditure. *Review of Economics and Statistics* 36: 387-389.

Samuelson, P. A. (1955). Diagrammatic exposition of a pure theory of public expenditure. *Review of Economics and Statistics* 37: 350-356.

Starrett, D. A. (1972). Fundamental nonconvexities in the theory of externalities. *Journal of Economic Theory* 4: 180-199.

Viner, J. (1931). Cost curves and supply curves. *Zeitschrift fur Nationalokonomie* 111: 23-46.

Weitzman, M. (1974). Prices vs. quantities. *Review of Economic Studies* 41: 477-491.

习　题

11.B.1^B　(M. Weitzman) 琼斯农场只生产蜂蜜。蜂蜜的生产方法有两种：一是使用蜜蜂，二是不使用蜜蜂（人造蜂蜜）。人造蜂蜜可以以假乱真，无法与真蜂蜜区别开。生产一桶人造蜂蜜需要一单位枫树浆和一单位劳动。如果生产一桶真蜂蜜（使用蜜蜂），需要使用 k 单位劳动和 b 只蜜蜂。无论生产人造蜂蜜还是真蜂蜜，这个农场的最大产量都是 H 桶。

农场附近的苹果园属于史密斯所有。如果有蜜蜂，苹果的生产需要投入较少的劳动，因为蜜蜂可以代替人工进行授粉。假设在授粉任务上，c 只蜜蜂可以替代一个工人。史密斯的苹果园的最大产量为 A 桶苹果。

假设市场工资率为 w，养蜜蜂的成本为每只 p_b，一单位枫树浆的成本为 p_m。如果对于琼斯和史密斯，每个人都试图以自己的最小成本生产自己的最大产量（假设每个人的产品价格都使得他的最大产量是有效率的），那么由此导致的结果是有效率的吗？你的答案与变量 k，b，c，w，p_b 和 p_m 有什么关系？对你的答案给出直观的解释。为了诱使琼斯使用蜜蜂进行生产，史密斯至多愿意贿赂琼斯多少钱？如果这两个农场属于同一个农场主，结果是有效率的吗？政府如何以征税形式来实现有效率的产量？

11.B.2^C　考虑 11.B 节讨论的两个消费者之间的外部性问题，但是现在假设，消费者 2 定义在外部性水平 h 和他用于购买商品的财富 w_2 上的间接效用函数为 $\phi_2(h, w_2)$。假设 $\phi_2(h, w_2)$ 是二次可微且严格拟凹的，其中 $\partial\phi_2(h, w_2)/\partial w_2>0$。为简单起见，假设我们考察的是正的外部性，因此 $\partial\phi_2(h, w_2)/\partial h>0$。

(a) 按照下列要求构建一个帕累托最优问题：我们的目的是使得消费者 1 的效用最大，其中决策变量是外部性水平 h 和财富转移支付水平 T，约束条件是消费者 2 的效用水平不小于 $\bar{u}_2$。推导出描述 h 和 T 的最优值（分别记为 h^o 和 T^o）的一阶条件。

(b) 假设消费者 1 可以在外部性市场上购买 h。令 p_h 表示每单位外部性的价格，$h(p_h, w_2)$ 表示消费者 2 对 h 的需求函数。请使用消费者 2 的效用函数的一阶偏导和二阶偏导来表达财富效应 $\partial h(p_h, w_2)/\partial w_2$。

(c) 当消费者 2 的财富发生微分变化 $dw_2>0$ 时，求外部性最优水平 h^o 的比较静态变化（给定 $\bar{u}_2$）。证明如果消费者 2 对外部性的需求［已在 (b) 中推导出］，在价格 $\bar{p}_h=[\partial\phi_2(h^o, w_2-T^o)/\partial h]/[\partial\phi_2(h^o, w_2-T^o)/\partial w_2]$ 和财富水平 $\bar{w}_2=w_2-T^o$ 上是正常的［即，如果 $\partial h(\bar{p}_h, \bar{w}_2)/\partial w_2>0$］，那么随着消费者 2 的财富 w_2 边际增加，外部性最优水平 h^o 将上升。（类似地，在负外部性情形下，如果消费者 2 对“降低外部性”的需求是正常商品，那么当消费者变得更富有时，外部性的最优水平将下降。)

11.B.3[B] 考虑 11.B 节讨论的两消费者之间外部性问题的最优庇古税问题。给定这个税收，如果现在两个消费者能够进行协商，将会发生什么样的结果？在这种情形下，还能得到外部性的有效率水平吗？如果采取配额方法呢？

11.B.4[B] 考虑 11.B 节讨论的两消费者之间的外部性问题。现在假设消费者 2 可以采取某种行动，比如 $e\in\mathbb{R}$，来降低或提高他受外部性的影响程度，因此我们可以将他的间接效用函数写为 $\phi_2(h, e)+w_2$。为便于说明，令 h 为负的外部性，假设 $\partial^2\phi_2(h, e)/\partial h\,\partial e>0$，因此，$e$ 水平上升将在边际上减少外部性的负影响。假设在理论上，政府可以对 h 也可以对 e 征税或给予补贴。请问政府应该对 e 征税或给予补贴吗？为什么？

11.B.5[B] 假设某企业面对着固定不变的要素价格 $\bar{w}$，它的生产函数 $c(q, h)$ 是可微且严格凸的，其中 $q\geqslant 0$ 是它的产量水平（产品价格 $p>0$），h 是它产生的负外部性水平。该企业产生的外部性影响了某个消费者，该消费者的效用函数为 $\phi(h)+w$。企业和消费者的行动都不会影响任何市场价格。

(a) 推导出描述企业对 q 和 h 最优选择的一阶条件。

(b) 推导出描述 q 和 h 帕累托最优水平的一阶条件。

(c) 假设政府对企业的产量征税。证明这种做法无法达到有效率的结果。证明直接对外部性征税能达到有效率的结果。

(d) 证明，在下列特殊情形下，即在 h 和 q 必须以固定比例生产，从而 $h(q)=\alpha q$，其中 $\alpha>0$ 的情形下，政府对企业的产量征税能够达到有效率的结果。政府应该征收的税率为多少？

11.C.1[A] 考虑 11.C 节讨论的模型，在这个模型中，I 个消费者各自购买某种公共物品。请问在每单位补贴（即消费者每购买一单位公共物品而获得的补贴数额）s_1，…，s_I 为多少时，才能使得每个消费者在面对每单位补贴 s_i 时，公共物品的总提供量是最优的？

11.C.2[A] 考虑 11.C 节讨论的模型，在这个模型中，I 个消费者各自购买某种公共物品。证明对企业的产品给予每单位补贴 s（即企业每生产一单位产品所获得的补贴数额）也能达到有效率的结果。

11.C.3[C] 考虑习题 10.E.3 中的拉姆齐税（Ramsey tax）问题，但现在假设政府也提供一种公共物品 x_0，这种公共物品可以通过使用商品 1 以成本 $c(x_0)$ 进行生产。然而，政府必须使自己预算平衡（包含花费在公共物品上的支出）。消费者 i 的效用函数现在为 $x_{1i}+\sum_{l=2}^{L}\phi_{li}(x_{li}, x_0)$。推导出描述最优商品税和公共物品最优水平的条件，并解释之。拉姆齐税和公共物品的提供是如何相互影响的？

11.D.1[B] （M. Weitzman）一年级研究生是个学习刻苦的群体。假设某个班级有 I 个学生，每个学生 i 花费 h_i 小时做功课。这种努力带给他的痛苦程度（即负效用）为 $h_i^2/2$。每个学生的收益取决于他相对于其他学生的表现，每个学生 i 的收益为 $\phi(h_i/\bar{h})$，其中 $\bar{h}=(1/I)\sum_i h_i$ 是所有学生花费在功课上的平均小时数，$\phi(\cdot)$ 是可微且凹的函数，$\phi'(\cdot)>0$，$\lim_{h\to 0}\phi'(h)=\infty$。求这个问题的对称（纳什）均衡，并将它与帕累托最优对称结果进行比较，然后作出解释。

11.D.2[B] 考虑 I 个消费者的情形。每个消费者 i 选择行动 $h_i\in\mathbb{R}_+$。每个消费者 i 的间接效用函数都定义在他选择的行动水平和其他消费者选择的行动水平上，具体地说，消费者 i 的间接效用函数为 $\phi_i(h_i, \sum_i h_i)+w_i$，其中 $\phi_i(\cdot)$ 是严格凹的。描述 h_1，…，h_I 的最优水平，并将它们与均衡水平进行比较。什么样的税收或补贴方案能诱导出最优结果？

11.D.3[B] 某个行业由 $J>1$ 个相同的企业组成，每个企业都是价格接受者。它们的产品价格为 p，要素价格不受这些企业行为的影响。假设局部均衡分析方法可行，而且它们产品的总需求函

数为 $x(p)$。这个行业的特征是"边干边学"，每个企业生产既定产量的总成本随着行业总产量的增加而下降。也就是说，每个企业 j 有着二次可微的成本函数 $c(q_j, Q)$，其中 $Q=\sum_j q_j$。假设成本函数 $c(q_j, Q)$ 关于 q_j 严格递增，关于 Q 严格递减。我们用下标表示偏导数，假设对于 $n=1$ 和 J 有 $c_q+Jc_Q>0$ 和 $(1/n)c_{qq}+2c_{qQ}+nc_{QQ}>0$。比较该行业的均衡产量水平和最优产量水平，并作出解释。什么样的税收或补贴方案能得到有效率的结果？

11.D.4[B] 考虑 11.D 节讨论的不可消减的外部性例子，但是现在假设这 J 个企业生产的外部性不相同。特别地，假设 $h_1, \cdots, h_J$ 是这些企业的外部性水平，那么消费者的间接效用函数为 $\phi_i(h_1, \cdots, h_J)+w_i$，其中 $i=1, \cdots, I$。比较 $h_1, \cdots, h_J$ 的均衡水平和有效率水平。什么样的税收或补贴方案能达到有效率的结果？在什么样的条件下，每个企业才应该面对相同的税率或补贴率？

11.D.5[B] （公地悲剧）渔民可以在艾克湖自由捕鱼。每艘渔船的成本为 $r>0$。当湖面上有 b 艘渔船时，总捕鱼量为 $f(b)$[因此每艘船的捕鱼量为 $f(b)/b$]，对于所有 $b\geqslant 0$，都有 $f'(b)>0$，$f''(b)<0$。鱼的价格为 $p>0$，这个价格不受捕鱼量的影响。

(a) 描述渔船的均衡数量。

(b) 描述渔船的最优数量，并将其与 (a) 中的答案进行比较。

(c) 对每艘渔船征多少税才能达到有效率的结果？

(d) 现在假设艾克湖为私人所有，湖主有权选择渔船的数量。他选择的渔船数为多少？

11.D.6[B] 假设有块土地受到某个企业排污（负外部性）的影响。企业的间接效用函数为 $\pi(h)=\alpha+\beta h-\mu h^2$，其中 h 为它产生的外部性水平，$(\alpha, \beta, \mu)\gg 0$。有 I 个消费者耕种这块土地，每个人拥有土地的比例为 $1/I$。这块土地的总产量为 $\phi(h)=\gamma-\eta h$，其中 $(\gamma, \eta)\gg 0$。于是，每个消费者的间接效用函数为 $\phi(h)/I+w$。

消费者和企业之间的协商方法如下：每个消费者同时决定是否加入协商联盟。然后，协商联盟向企业提供"要么接受要么走人"合同，该合同规定了 h 的水平和他们的要价。企业可以接受也可以拒绝这个合同。在没有协议的情形下，企业想产生多少外部性就产生多少。

(a) 令 θ 表示加入协商联盟的消费者占 I 的比例。描述子博弈完美纳什均衡 θ 水平（为简单起见，将 θ 视为连续变量）。证明当 $I=1$ 时，可以得到外部性的最优水平，但是如果 $I>1$，均衡时有 $\theta<1$ 而且外部性水平过高。

(b) 证明随着 I 增加，均衡 θ 水平将下降。证明 $\lim_{I\to\infty}\theta=0$。

11.D.7[C] 有一群人（视为连续变量）可以在 A 社区或 B 社区建房。两个社区的建房成本分别为 c_A 和 c_B，而且 $c_B<c_A$。建房人非常在意社区人员的素质。个人素质是不同的，以参数 θ 表示个人素质。θ 在 0 和 1 之间均匀分布。社区 $k(k=A, B)$ 的素质是该社区所有个人素质 θ 的平均数，我们将这个平均数记为 $\bar{\theta}_k$。如果个人 i 的素质参数为 θ，而且他将在社区 k 建房，那么他的间接效用与建房成本之差为 $(1+\theta)(1+\bar{\theta}_k)-c_k$。因此，个人素质越高，就越看重社区的素质。假设 c_A 和 c_B 都小于 1，而且 $c_A-c_B\in(1/2, 1)$。

(a) 证明在任何"建房选择"均衡（这是同时行动博弈，即个人同时选择在哪个社区建房）中，社区 A 和 B 都有人选择。

(b) 证明如果两个社区的素质水平不同，那么对于任何均衡，社区 A 的每个人的素质都不会低于社区 B 的。也就是说，θ 值存在分界点（比如 $\hat{\theta}$）使得：所有满足 $\theta\geqslant\hat{\theta}$ 的个人在 A 社区建房，所有满足 $\theta<\hat{\theta}$ 的人在 B 社区建房。找出 θ 的这个分界点。

(c) 证明在 (b) 中的任何均衡中，通过稍微调整 θ 的临界值而且允许个人之间的财富转移，就可以实现帕累托改进。

11.E.1[B] 考虑 11.E 节研究的情形，假设 $\partial\pi(h, \theta)/\partial h=\beta-bh+\theta$ 和 $\partial\phi(h, \eta)/\partial h=\gamma-ch+\eta$，

其中 θ 和 η 是随机变量，$E[\theta]=E[\eta]=E[\theta\eta]=0$，$(\beta, b, c)\gg 0$，$\gamma<0$。记 $E[\theta^2]=\sigma_\theta^2$ 和 $E[\eta^2]=\sigma_\eta^2$。

(a) 社会计划者想使用配额方法来实现总剩余期望值最大，请计算最优配额 $\hat{\eta}^*$。（假设企业的产量必须恰好等于配额。）

(b) 如果这个社会计划者想使用征税方法来实现总剩余期望最大，请计算最优税收 t^*。

(c) 比较配额和征税这两种政策工具，哪一种更好，何时更好？

11.E.2[C] 将习题 11.E.1 中的模型扩展到两个企业的情形。现在令 $\partial\pi_i(h_i, \theta_i)/\partial h=\beta-bh_i+\theta_i$，其中 $i=1, 2$。令 $\sigma_{12}=E[\theta_1\theta_2]$。计算和比较最优配额和最优税收。这个选择如何取决于 σ_{12}？

11.E.3[B] 证明在 11.E 节考察的（格罗夫斯-克拉克）显示机制中，如实报告是消费者唯一的弱优势策略。

11.E.4[A] 在 11.E 节"更一般的政策机制"小节考察的方案中，对于该方案中的税收与补贴设计部分，假设消费者得到的收益为 $t(\hat{b}, \hat{c})$。现在根据企业的报告值，我们另外给予消费者补贴 $T(\hat{b})$，也就是说，现在消费者的收益为 $t(\hat{b}, \hat{c})+T(\hat{b})$，证明消费者的最优选择仍然是如实报告。类似的结论对于企业也成立。

11.E.5[B] 假设政府考虑建设某个公共设施。成本为 K。有 I 个消费者（$i=1, \cdots, I$）。消费者 i 自己知道（但别人不知道）他从该公共设施中得到的收益为 b_i。政府的目标是使得总剩余期望价值最大。请将 11.E 节讨论的格罗夫斯-克拉克机制扩展到这种情形。你能构建一个方案，使得对于 b_i 的所有实现值，政府预算在平均意义上是平衡的吗？

11.E.6[B] 将习题 11.E.5 扩展到有 N 个可能公共设施项目的情形，$n=1, \cdots, N$，其中消费者 i 自己知道（但别人不知道）他从公共设施 n 中得到的收益为 $b_i(n)$。

11.E.7[B] 假设在 11.E 节的模型中，消费者的类型 η 只有一个可能值 $\bar{\eta}$。我们在教材中已经看到，在这种情形下，当消费者的间接效用函数 $\phi(h, \bar{\eta})$ 满足 $\partial\phi(h, \bar{\eta})/\partial h\in(-\infty, 0)$ 时，对于 θ 的所有实现值，配额方法和税收方法都不能使得总剩余最大。然而，如果政府对每单位外部性征收的税额不是固定的而是可变的，在这种方法下，如果对企业的征税总额为 $\phi(h, \bar{\eta})$（其中 h 为外部性水平），那么对于任何间接效用函数 $\phi(h, \bar{\eta})$，都能使得总剩余对于 θ 的所有实现值都达到最大。请证明后面这个结论。

第12章 市场势力

12.A 引言

在竞争模型中，所有消费者和生产者都被假定为价格接受者，事实上，我们假设消费者面对的需求函数和生产者面对的供给函数，在当前市场价格水平上的弹性是无穷的。然而，当市场一方仅由少数几个个体组成时，这个假设可能不再合理。这是因为这些个体通常具有**市场势力**（market power），也就是说，它们有改变市场价格的能力，从而使市场价格偏离竞争水平，使价格向对自己有利的方向变化。

最简单的例子莫过于某商品市场上只有一个卖者的情形，这个卖者称为**垄断者**（monopolist）。如果这种商品的市场需求函数关于价格是连续递减的，那么垄断者将会发现，如果它把价格提高使之稍微大于均衡水平，它的销量下降有限，因此这种做法是有利可图的。

类似的效应在下列情形下也会出现：市场某一方的个体数量大于一个但仍不够多。通常拥有市场势力的一方是企业，企业数量较少的原因在于生产技术的非凸性（回忆 10.F 节我们对企业进入市场的讨论）。

本章考察在企业具有市场势力的情形下，市场是如何运行的。我们首先考察某商品只有一个卖者（垄断者）的情形，详见 12.B 节。在这一节我们还将回顾垄断定价理论，并且分析由此导致的福利损失。

本章余下的几节将重点考察**寡头垄断**（oligopoly）的情形，在这种情形下，市场上只有少数几个企业，它们彼此竞争。在 12.C 节和 12.D 节，我们将讨论几种寡头垄断定价模型。每种模型对市场潜在结构和企业行为的假设都不同。我们的讨论将说明这些不同假设对于市场结果意味着什么。在 12.C 节，我们将重点考察寡头垄断定价的静态模型，在这个模型中，我们将竞争视为同时进行的一次性事件。相反，在 12.D 节，我们将研究企业之间非一次性的互动对寡头垄断定价的影响。这个讨论，在本质上，是重复博弈理论的一个应用，我们将在本章附录 A 考察重复博弈。

在 12. B 节到 12. D 节的分析中，我们将市场中的企业数量视为外生给定的。然而，在现实中，市场中活跃企业的数量可能受到一些因素的影响，这些因素有市场需求的规模和市场内部竞争的性质等。因此，12. E 节和 12. F 节将考察市场中活跃企业的数量由内生因素决定的情形。

我们将在 12. E 节给出一个简单的进入寡头垄断市场模型，并研究活跃企业数量的决定因素。这个分析与 10. F 节的竞争市场分析形成了对照。

在 12. F 节，我们将回到第 10 章提出的一个问题。我们将说明为何竞争（价格接受）模型可以视为寡头垄断的极限情形，即随着市场规模的增大，从而随着能挣取正利润企业数量的增大，寡头垄断模型逐渐逼近竞争情形。在这样的模型中，单个活跃企业的市场势力随着市场的扩张而缩小，均衡市场价格趋近于竞争均衡价格。

在 12. G 节，我们将简要考察，在寡头垄断市场上，企业之间的策略性事前承诺（strategic precommitments）如何使得未来的竞争条件对它们有利。这个问题完美地说明了策略性环境中可信承诺的重要性，我们曾在第 9 章详细研究过这个问题。在本章附录 B，我们将详细考察策略性事前承诺影响未来市场条件的例子——在位者通过产量选择来威慑潜在进入者的情形。

我们建议读者在学习 12. C 节到 12. G 节之前，先复习一下本书第二部分的博弈论（特别地，你应该复习第 7 章、第 8 章的 8. A 节到 8. D 节、第 9 章的 9. A 节和 9. B 节）。

如果读者想进一步学习本章的主题，Tirole（1988）是极好的参考资料。[①]

12.B 垄断定价

在本节，我们考察追求利润最大化的垄断者的定价行为，也就是说，我们分析当某种商品只有一个卖者时，他应该如何定价。假设商品价格为 p 时的需求由函数 $x(p)$ 给出，我们假设对于满足 $x(p)>0$ 的所有 p，函数 $x(p)$ 都是连续且严格递减的。[②] 为方便起见，我们还假设存在价格 $\bar{p}<\infty$ 使得对于所有 $p\geqslant\bar{p}$ 都有 $x(p)=0$。[③] 在本节，我们始终假设垄断者知道它的产品的需求函数，而且它生产产量 q 的成本为 $c(q)$。

垄断者的决策问题是选择价格 p 使得它的利润最大（以计价物衡量），或正式地说，使得 p 是下列问题的解

① 12. C 节、12. D 节和 12. G 节讨论的主题，读者也可以参考 Shapiro（1989）的综述。

② 在本章，我们始终使用局部均衡分析方法；这种方法的详细讨论可参考第 10 章。

③ 这个假设有助于保证垄断者的利润最大化问题存在最优解。（在习题 12. B. 2 中，由于这个假设条件未被满足，不存在最优解。）

$$\underset{p}{\text{Max}}\ px(p)-c(x(p)) \tag{12.B.1}$$

等价地，我们可以将垄断者的决策问题视作产量决策问题：垄断者决定它的产量（销量）水平 $q\geqslant 0$，然后由**反需求函数**（inverse demand function）$p(\cdot)=x^{-1}(\cdot)$ 决定这个产量的价格。[①] 使用此反需求函数，我们可以将垄断者的问题表达为

$$\underset{q\geqslant 0}{\text{Max}}\ p(q)q-c(q) \tag{12.B.2}$$

我们重点考察以 $q\geqslant 0$ 作为目标变量的垄断者的利润最大化问题，即重点考察问题（12.B.2），当然，由此得出的结论完全可以通过考察问题（12.B.1）获得。我们始终假设：$p(\cdot)$ 和 $c(\cdot)$ 在所有 $q\geqslant 0$ 上都是连续且二次可微的；$p(0)>c'(0)$；存在唯一产量水平 $q^o\in(0,\infty)$ 使得 $p(q^o)=c'(q^o)$。因此，在这个市场中，q^o 是唯一的社会最优（竞争）产量水平（参考第 10 章）。

在这些假设条件之下，可以证明问题（12.B.2）有解。[②] 给定可微性假设，垄断者的最优产量［我们将其记为 q^m，其中上标 m 表示垄断（monopoly）］必定满足一阶条件[③]

$$p'(q^m)q^m+p(q^m)\leqslant c'(q^m)\text{，其中等式在 } q^m>0 \text{ 时成立} \tag{12.B.3}$$

式（12.B.3）的左侧是 q 从 q^m 处边际增加带来的**边际收入**（marginal revenue），它等于收入关于 q 的导数 $d[p(q)q]/dq$，而右侧是 q^m 处的相应边际成本。因为 $p(0)>c'(0)$，所以条件（12.B.3）只有 $q^m>0$ 时才能得到满足。因此，在我们的假设条件下，**在垄断者的最优产量水平上，边际收入必定等于边际成本**：

$$p'(q^m)q^m+p(q^m)=c'(q^m) \tag{12.B.4}$$

在 $p'(q)<0$ 对于所有 $q\geqslant 0$ 成立的这种一般情形下，条件（12.B.4）意味着我们必定有 $p(q^m)>c'(q^m)$，因此，**垄断价格超过了边际成本**。相应地，垄断者的最优产量 q^m 必定小于社会最优（竞争）产量水平 q^o。导致这种产量扭曲的原因在于，垄断者认识到降低销量能够提高剩余销量的价格，由此带来的利润增量就是条件（12.B.4）中的 $p'(q^m)q^m$。

这种产量扭曲导致的福利损失，称为**垄断的无谓损失**（deadweight loss of monopoly），可用马歇尔总剩余的变化衡量（参见 10.E 节）：

---

① 注意，满足 $x(p)=0$ 的 p 值不止一个，因此为了使我们的分析包含这个事实，更严谨的做法是：在所有 $q\geqslant 0$ 上，我们取 $p(q)=\text{Min}\{p:\ x(p)=q\}$。因此，$p(0)=\bar{p}$ 是使 $x(p)=0$ 的最低价格。

② 具体地说，由条件（12.B.3）以及对于所有 $q\geqslant 0$ 均有 $p'(q)\leqslant 0$、对于所有 $q>q^o$ 均有 $p(q)<c'(q)$ 这个事实可知，垄断者产量的最优选择必定位于紧集［0，q^o］中。由于问题（12.B.2）的目标函数是连续的，因此解必定存在（参考数学附录 M.F 节）。

③ 如果问题（12.B.2）的目标函数在［0，q^o］上是凹的，那么一阶条件（12.B.3）也是 q^m 为最优选择的充分条件。然而，请注意，这个目标函数的凹性不仅取决于企业的生产技术（与竞争模型情形一样），也取决于反需求函数的形状。特别地，即使成本函数是凸的，但如果需求函数关于价格是凸的，那么垄断者的利润函数也会违背凸性假设。

$$\int_{q^m}^{q^o}[p(s)-c'(s)]ds>0$$

其中 q^o 是社会最优（竞争）产量水平。

图 12. B. 1 描述了这种情形下的垄断结果。垄断者的最优产量 q^m 对应着边际收入曲线 $p'(q)q+p(q)$ 与边际成本 $c'(q)$ 的交点。于是，我们就可以通过反需求曲线确定垄断价格 $p(q^m)$。无谓福利损失等于阴影区域的面积。

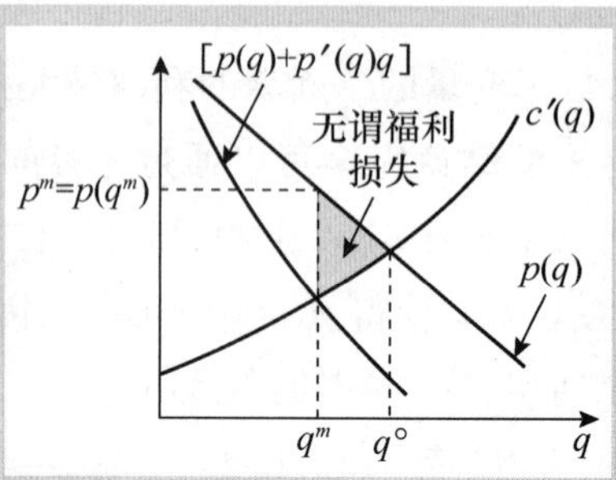

图 12. B. 1　$p'(\cdot)<0$ 时的垄断解与社会福利损失

注意，由条件（12. B. 4）可知，在对于所有 q 都有 $p'(q)=0$ 这种特殊情形下，产量不是扭曲的。在这种情形下，对于所有 $q>0$，$p(q)$ 都等于某个常数 $\bar{p}$，垄断企业的销量与价格接受竞争企业的销量相同，这是因为它认识到如果它的价格高于竞争价格 $\bar{p}$，它的销量将为零。① 图 12. B. 2 画出了这种特殊情形。

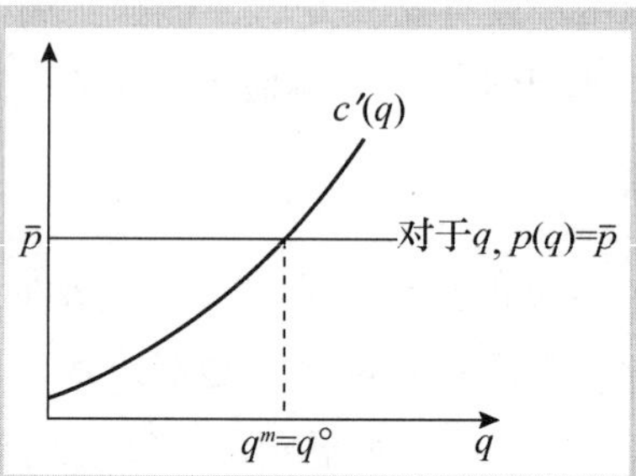

图 12. B. 2　对于所有 q 都有 $p'(\cdot)=0$ 时的垄断解

例 12. B. 1：线性反需求函数和规模报酬不变情形下的垄断定价。假设某垄断市场的反需求函数为 $p(q)=a-bp$，垄断者的成本函数为 $c(q)=cq$，其中：$a>c\geqslant 0$ [从而 $p(0)>c'(0)$]；以及 $b>0$。在这种情形下，垄断者问题（12. B. 2）的目标函数是凹的，因此，条件（12. B. 4）对于垄断者问题的解是必要和充分的。从条件（12. B. 4）我们可以计算出垄断者的最优产量和价格分别为 $q^m=(a-c)/2b$ 和 $p^m=(a+c)/2$。作为对照，社会最优（竞争）产量和价格分别为 $q^o=(a-c)/b$，$p^o=p(q^o)=c$。■

① 例如，在下列情形下将出现这种反需求函数：每个消费者 i 的拟线性偏好为 $u_i(q_i)+m_i$，其中，$u_i(q_i)=\bar{p}q_i$，q_i 是消费者 i 对于我们研究的那种商品的消费，m_i 是消费者 i 消费的计价物商品。[严格地说，在这些偏好下，我们现在面对的是多值需求对应（multivalued demand correspondence）而不是需求函数，但 $p(\cdot)$ 仍然是个函数。]

需要指出，垄断导致的行为扭曲不限于价格决策（习题12.B.9和习题12.B.10提供了两个例子），但我们不打算在此处详细讨论这些问题。

垄断产量的扭曲性，在本质上，根源于下列事实：如果垄断者想提高销量，他必须降低所有当前销量的价格。事实上，如果垄断者能在消费者之间实施完全价格歧视，也就是说，如果垄断者知道各个消费者对他的产品的偏好，从而能向每个消费者索要不同的价格，那么垄断产量的扭曲就会消失。

为了正式看到这一点，令每个消费者 i 的拟线性函数为 $u_i(q_i)+m_i$，其中 q_i 为他消费的垄断者的产品数量，m_i 为他消费的计价物商品的数量。我们将 $u_i(0)$ 标准化为零，即 $u_i(0)=0$。假设垄断者向每个消费者 i 提供"要么接受要么走人"的报价 (q_i, T_i)，其中 q_i 为垄断者提供给消费者 i 的产品数量，T_i 是消费者 i 为此支付的总货款。给定报价 (q_i, T_i)，消费者 i 会接受这个报价，当且仅当 $u_i(q_i)-T_i\geqslant 0$。因此，垄断者向消费者 i 提供 q_i 单位产品得到的钱数正好为 $u_i(q_i)$，而消费者的剩余恰好为零。给定这个事实，垄断者会选择能满足下列问题的销量 $(q_1, \cdots, q_I)$：

$$\underset{(q_1,\cdots,q_I)\geqslant 0}{\text{Max}} \quad \sum_{i=1}^{I} u_i(q_i) - c\left(\sum\nolimits_i q_i\right) \tag{12.B.5}$$

然而，请注意，问题（12.B.5）的任何解都能使得市场的总剩余最大，因此，垄断者卖给每个消费者的产品数量恰好为社会最优（竞争）数量。当然，如果不进行财富再分配，这个结果在分配性质上并不是特别吸引人：垄断者得到了他的产品产生的所有总剩余，每个消费者 i 的剩余为零（即，每个消费者 i 的财富恰好等于他一点也不消费垄断者的产品时的财富）。但在理论上，这些分配问题可通过计价物的定额再分配进行矫正。

因此，我们可以将垄断定价造成的福利损失，视作由于某些条件阻止垄断者实施完全价格歧视而导致的。然而，在实践中，这些限制条件可能非常严重，它们包括为不同消费者确定不同价格而花费的成本、垄断者缺乏关于消费者偏好的信息以及消费者可能将产品转售等。习题12.B.5考察了一些限制条件。这个题目说明了在什么样的条件下，垄断者的最优选择是对所有消费者索要统一价格，这也是我们在本节一开始时假设垄断者采取的做法。

12.C 寡头垄断静态模型

现在我们转而分析下面这样的情形：市场上的企业不止一个，但仍然不多，这些企业彼此竞争。这种情形称为**寡头垄断**（oligopoly）。在寡头垄断市场上，企业之间的竞争在本质上是策略性互动。正是由于这个原因，寡头垄断企业行为的合适分析工具是博弈论。由于这是我们第一次应用博弈论，我们重点考察相对简单的寡头垄断静态模型，在这样的博弈中，企业间的竞争互动仅限于一个阶段（即互动是一次性的)，而且企业是同时行动的。

我们首先研究规模报酬不变企业的同时定价模型，这个模型称为**伯特兰模型**(Bertrand model)。这个模型具有一个让人惊讶的性质：在市场上只有两个企业的情形下，我们得到的是完全竞争的结果。这是个很强但又不合理的结论，为此，我们考虑伯特兰模型的三个变种：一是将企业的策略由选择价格变为选择产量［**古诺模型**（Cournot model)］；二是引入生产能力约束（或更一般地，规模报酬递减)；三是存在产品差异化。①

我们的分析表明，博弈论模型的关键部分在于选择参与人的策略和收益函数。在寡头垄断市场上，这个选择要求我们充分考察市场的需求和技术性质，以及可能的竞争过程。

除非特别指出，我们重点考察模型的纯策略均衡。

价格竞争模型（伯特兰模型)

我们首先考察由 Bertrand（1883）提出的寡头垄断企业竞争模型。市场上有两个追求利润最大化的企业，企业 1 和 2，这称为**双头垄断**（duopoly)。这个市场的需求函数为 $x(p)$。与 10.B 节一样，我们假设：对于满足 $x(p)>0$ 的所有 p，$x(\cdot)$都是连续且严格递减的；存在价格 $\bar{p}<\infty$使得对于所有 $p\geqslant\bar{p}$ 都有 $x(p)=0$。另外，我们假设两个企业都是规模报酬不变的，而且它们生产每单位产品的成本 $c>0$ 是相同的。再假设 $x(c)\in(0,\infty)$，这意味着该市场的社会最优（竞争）产量水平严格为正而且是有限的（参考第 10 章)。

竞争方式如下：两个企业同时制定自己的产品价格 p_1 和 p_2。于是，企业 j 的销量为

$$x_j(p_j,p_k)=\begin{cases}x(p_j) & \text{若 } p_j<p_k\\ \dfrac{1}{2}x(p_j) & \text{若 } p_j=p_k\\ 0 & \text{若 } p_j>p_k\end{cases}$$

两个企业都按订单生产，因此只有产量等于实际销量时，才产生生产费用。因此，给定价格 p_j 和 p_k，企业 j 的利润等于 $(p_j-c)x_j(p_j,\ p_k)$。

伯特兰模型是个清晰定义的同时行动博弈，因此我们可以运用第 8 章的概念。事实上，这个模型的结果相对容易求得，我们将其作为命题 12. C. 1。

命题 12. C. 1： 伯特兰双头垄断模型存在唯一纳什均衡（p_1^*，p_2^*)。在这个均衡解中，两个企业都使自己的价格等于成本：$p_1^*=p_2^*=c$。

证明： 首先，注意到两个企业使价格等于成本 c，即 $p_j=p_k=c$，的确是个纳什

① 12. D 节将考察伯特兰模型的第四个变种：企业间的重复互动（重复博弈)。

均衡。在这样的价格水平上，两个企业的利润都为零。任何一个企业都无法通过提高价格来获益，因为如果提价它的销量会降低为零（因此利润仍然为零）；当然，某个企业可以将价格降低到小于成本 c，但这样的做法会导致亏损。剩下的任务是证明不存在其他的纳什均衡。[①] 首先假设一个企业的价格小于成本 c，但另外一个企业的价格严格大于成本 c，即 $p_j<c$，$p_k>c$。在这种情形下，企业 j 亏损。通过将价格提高到大于成本 c，企业 j 最坏的情形也只是利润为零。因此，这样的价格选择不能构成纳什均衡。

现在假设一个企业的价格等于成本 c，但另外一个企业的价格严格大于成本 c，即 $p_j=c$，$p_k>c$。在这种情形下，企业 j 占有了整个市场，但利润为零。通过稍微提高价格，比如说 $\hat{p}_j=c+(p_k-c)/2$（注意 $\hat{p}_j$ 仍小于 p_k），企业 j 仍能占有整个市场，但利润严格为正。因此，这样的价格选择也不能构成一个均衡。

最后，假设两个价格都严格大于成本 c，即 $p_j>c$，$p_k>c$。为不失一般性，假设 $p_j\leqslant p_k$。在这种情形下，企业 k 的利润至多为 $\frac{1}{2}(p_j-c)x(p_j)$。但是企业 k 可以把价格降到低于企业 j 的价格 p_j，比如说 $\hat{p}_k=p_j-\varepsilon$（其中 $\varepsilon>0$），这样，企业 k 就能占有整个市场，此时它的利润为 $(p_j-\varepsilon-c)x(p_j-\varepsilon)$。由于当 $\varepsilon>0$ 足够小时，$(p_j-\varepsilon-c)x(p_j-\varepsilon)>\frac{1}{2}(p_j-c)x(p_j)$，所以企业 k 的利润就会严格增加。因此，这样的价格选择也不是一个均衡。

由于所有可能的价格组合只有上面四种，我们已经排除了其中三种（这三种不可能构成均衡），而在一开始时我们就证明了 $p_j=p_k=c$ 是个均衡，因此，这个均衡必定是唯一的。这样，我们就完成了整个证明。■

命题 12.C.1 有着让人惊讶的含义：在只有两个企业的情形下，我们得到的是完全竞争结果。在本质上，这两个企业之间的竞争使得每个企业在对手索要的价格水平上都面对着弹性为无穷的需求曲线。

命题 12.C.1 的基本思想也能够容易地被推广到企业数量大于 2 的情形。[在这种情形下，如果每个企业 j 制定的价格（比如 $\bar{p}$）都等于成本 c，那么每个企业的利润都为$(1/\tilde{J})x(\bar{p})$，其中 $\tilde{J}$ 为市场中企业数量。] 在习题 12.C.1 中，你要证明这个结论。

习题 12.C.1：证明在企业数量 $J>2$ 时，在伯特兰模型的任何纳什均衡中，所有企业制定的价格都等于成本。

因此，伯特兰模型预期，在某些特殊的垄断情形下，企业行使市场势力才会导致扭曲。也就是说，垄断并不必然意味着扭曲。然而，这个结论在很多情形（尽管

---

① 记住，我们此处仅关注纯策略均衡。习题 12.C.2 考虑到了混合策略均衡的情形。在这个题目中，你要证明在此处的假设条件下，命题 12.C.1 仍然成立：$p_1^*=p_2^*=c$ 是伯特兰模型唯一的纳什均衡，即使我们允许混合策略。

不是所有情形）下似乎是不合理的。在本节余下内容中，我们将考察伯特兰模型的三个变种，这些变种大大弱化了伯特兰的结论：首先，我们将产量作为企业的策略变量。其次，我们引入生产能力约束（或更一般地，规模报酬递减）。最后，我们允许产品差异化。

产量竞争模型（古诺模型）

现在假设企业之间的竞争模式有所不同：两个企业同时决定自己的产量 q_1 和 q_2。给定这些产量选择，价格调整到使市场出清的价格水平 $p(q_1+q_2)$，其中 $p(\cdot)=x^{-1}(\cdot)$ 是反需求函数。这个模型称为**古诺模型**，由 Cournot（1838）提出。例如，假设农民每天早晨需要决定采摘多少作物到市场上去卖，这些作物容易腐烂。一旦他们决定了采摘量，那么，市场价格将是能使所有作物都被卖掉的价格。① 在这个讨论中，我们假设 $p(\cdot)$ 是可微的，其中对于所有 $q\geqslant 0$ 都有 $p'(q)<0$。与以前一样，这两个企业生产每单位产品的成本都为 $c>0$。再假设 $p(0)>c$，而且存在唯一产量水平 $q^o\in(0,\infty)$ 使得 $p(q^o)=c$[如果用需求函数 $x(\cdot)$ 表示，则为 $q^o=x(c)$]。因此，产量 q^o 是这个市场的社会最优（竞争）产量水平。

为了找到一个（纯策略）纳什均衡，考虑企业 j 在给定对手产量 $\bar{q}_k$(其中 $k\neq j$）情形下的利润最大化问题：

$$\underset{q_j\geqslant 0}{\operatorname{Max}}\ p(q_j+\bar{q}_k)q_j-cq_j \tag{12.C.1}$$

在解问题（12.C.1）时，企业 j 的行为完全类似于面对反需求函数 $\tilde{p}(q_j)=p(q_j+\bar{q}_k)$的垄断者的行为。因此，给定企业 j 竞争对手的产量 $\bar{q}_k$，企业 j 的最优产量选择必定满足一阶条件：

$$p'(q_j+\bar{q}_k)q_j+p(q_j+\bar{q}_k)\leqslant c\text{，其中等式在 } q_j>0 \text{ 时成立} \tag{12.C.2}$$

对于每个 $\bar{q}_k$，我们令 $b_j(\bar{q}_k)$ 表示由企业 j 的最优产量选择组成的集合；$b_j(\cdot)$ 是企业 j 的**最优反应对应**（best-response correspondence），如果 $b_j(\cdot)$ 是单值的，我们将其称为企业 j 的**最优反应函数**（best-response function）。

数量选择组合（q_1^*，q_2^*）是个纳什均衡当且仅当 $q_j^*\in b_j(\bar{q}_k^*)$，其中 $k\neq j$，$j=1$，2。因此，如果（q_1^*，q_2^*）是个纳什均衡，这些产量必定满足②

$$p'(q_1^*+q_2^*)q_1^*+p(q_1^*+q_2^*)\leqslant c\text{，其中等式在 } q_1^*>0 \text{ 时成立} \tag{12.C.3}$$

$$p'(q_1^*+q_2^*)q_2^*+p(q_1^*+q_2^*)\leqslant c\text{，其中等式在 } q_2^*>0 \text{ 时成立} \tag{12.C.4}$$

可以证明，在我们的假设条件下，我们必定有（q_1^*，q_2^*）$\gg 0$，因此，在任何

① 例如，当买者每天在市场上竞价时，就会出现这种结果（非常类似伯特兰模型中的卖者；参见习题 12.C.5）。

② 注意，这种分析方法需要使用一阶条件来计算最优反应，这与伯特兰模型使用的分析方法不同。原因在于，在伯特兰模型中，每个企业的目标函数关于它的决策变量是不连续的，因此无法使用微分最优化方法。幸运的是，伯特兰模型的纳什均衡解比较容易确定。

纳什均衡中，条件（12. C. 3）和条件（12. C. 4）必定都以等式成立。[①] 将这两个等式相加可知，在任何纳什均衡中我们必定有

$$p'(q_1^*+q_2^*)\left(\frac{q_1^*+q_2^*}{2}\right)+p(q_1^*+q_2^*)=c \tag{12. C. 5}$$

条件（12. C. 5）让我们得到了命题 12. C. 2 中的结论。

命题 12. C. 2： 对于古诺双头垄断模型，如果每个企业生产每单位产品的成本都为 $c>0$，反需求函数 $p(\cdot)$ 满足对于所有 $q\geqslant 0$ 都有 $p'(q)<0$ 以及 $p(0)>c$，那么在这个模型的任何纳什均衡中，市场价格都大于 c（竞争价格）且小于垄断价格。

证明： 均衡价格大于 c（竞争价格）这个结论，可由条件（12. C. 5）、事实 $q_1^*+q_2^*>0$ 以及对于所有 $q\geqslant 0$ 都有 $p'(q)<0$ 这个事实直接推出。下面我们证明 $q_1^*+q_2^*>q^m$，也就是说，均衡双寡头价格 $p(q_1^*+q_2^*)$ 严格小于垄断价格 $p(q^m)$。我们分两步证明它。

首先，我们断言 $q_1^*+q_2^*\geqslant q^m$。为了看清这一点，假设 $q^m>q_1^*+q_2^*$。如果企业 j 将自己的产量增加到 $\hat{q}_j=q^m-q_k^*$，那么企业 j 就能（弱）增加两个企业的联合利润（从而联合利润等于垄断产量水平，这是最大可能的产量）。另外，因为当总产量增加时，价格必定下降，因此企业 k 的利润严格降低。这意味着企业 j 的利润严格增加，所以，如果 $q^m>q_1^*+q_2^*$，那么企业 j 偏离均衡产量将能增加自己的利润。因此，我们断言我们必定有 $q_1^*+q_2^*\geqslant q^m$。

其次，条件（12. C. 5）意味着我们不可能有 $q_1^*+q_2^*=q^m$，这是因为如果这个式子成立，那么就有：

$$p'(q^m)\frac{q^m}{2}+p(q^m)=c$$

这违背了垄断问题的一阶条件（12. B. 4）。因此，我们必定有 $q_1^*+q_2^*>q^m$。■

命题 12. C. 2 告诉我们，在古诺模型中，企业只有两个并不是竞争结果的充分条件，这与伯特兰的预期相反。原因比较直观。在古诺模型中，企业不再认为自己面对的是弹性为无穷的需求曲线。相反，如果企业将产量降低一个（微分）单位，将导致市场价格上升 $-p'(q_1+q_2)$。如果企业发现它们的联合产量为竞争产量，从而利润为零，那么任何一个企业都可通过稍微降低一点产量而使自己的利润增大。

与此同时，竞争的确迫使价格降低，并低于垄断价格水平，而垄断价格是使企业联合利润最大的价格水平。均衡价格低于垄断价格的原因在于，当每个企业在计

① 为了看清这一点，假设 $q_1^*=0$。于是，条件（12. C. 3）意味着 $p(q_2^*)\leqslant c$。根据条件（12. C. 4）以及 $p'(\cdot)<0$ 的事实，这意味着如果 $q_2^*>0$，我们将有 $p'(q_2^*)q_2^*+p(q_2^*)<c$，因此 $q_2^*=0$。但这意味着 $p(0)\leqslant c$，违背了我们的假设 $p(0)>c$。因此，我们必定有 $q_1^*>0$。通过类似的论证可知，$q_2^*>0$。然而请注意，这个结论源自我们假设两个企业的成本是相等的。例如，如果某个企业的效率远小于竞争对手，那么它可能设定自己的产量为零。在习题 12. C. 9 中，你要分析不同企业有着不同成本情形下的问题。

算额外多销售一单位产品的利润时，它没有考虑到这样做会降低市场价格，从而降低了竞争对手的利润［注意，在企业 j 的一阶条件（12.C.2）中，乘以 $p'(\cdot)$ 的是 q_j；而在联合利润最大化问题的一阶条件中，乘以 $p'(\cdot)$ 的是 (q_1+q_2)］。

例 12.C.1：线性反需求函数和规模报酬不变情形下的古诺双头垄断。假设在古诺双头模型中，每个企业生产每单位产品的成本都为 c，反需求函数为 $p(q)=a-bq$，其中 $a>c\geqslant 0$ 和 $b>0$。我们已经知道：垄断产量和价格分别为 $q^m=(a-c)/2b$，$p^m=(a+c)/2$；社会最优（竞争）产量和价格分别为 $q^o=(a-c)/b$ 和 $p^o=p(q^o)=c$。使用一阶条件（12.C.2）可知，在这个古诺模型中，企业 j 的最优反应函数为 $b_j(q_k)=\text{Max}\{0,(a-c-bq_k)/2b\}$。

企业 1 的最优反应函数 $b_1(q_2)$ 如图 12.C.1 所示。因为 $b_1(0)=(a-c)/2b$，所以企业 1 的最优反应曲线 $b_1(q_2)$ 在 q_1 轴上的截距为垄断产量水平 $(a-c)/2b$。这能讲得通：当企业 2 的产量为零（$q_2=0$）时，企业 1 的最优反应（$b_1(0)$）是生产垄断产量水平。类似地，因为对于所有 $q_2\geqslant(a-c)/b$ 都有 $b_1(q_2)=0$，所以企业 1 的最优反应曲线 $b_1(q_2)$ 在 q_2 轴上的截距为社会最优（竞争）产量水平 $(a-c)/b$。这也能讲得通：如果企业 2 选择的产量水平不小于 $(a-c)/b$，那么只要企业 1 试图进行销售，都会导致价格小于 c。

图 12.C.1 还画出了企业 1 的两条等利润线；它们是形如 $\{(q_1,q_2):p(q_1+q_2)q_1-cq_1=\Pi\}$ 的集合，其中 Π 是某个利润水平。当我们向企业 1 的垄断产量点 $(q_1,q_2)=((a-c)/2b,0)$ 移动时，等利润线代表的利润水平增加，即对于企业 1 来说，位置越低的等产量曲线代表着越高的利润。我们能看到在企业 1 的等利润线与它的最优反应曲线的交点上，等利润线的斜率为零。这是因为最优反应曲线 $b_1(\bar{q}_2)$ 识别出了直线 $q_2=\bar{q}_2$ 上的企业 1 的利润最大化点，因此这个点必定是等利润线和直线 $q_2=\bar{q}_2$ 的切点。类似地，我们可以画出企业 2 的最优反应曲线；由于这两个企业是对称的，企业 2 的最优反应曲线关于企业 1 的最优反应曲线对称［即，企业 2 的最优反应曲线在 q_2 轴上的截距为 $(a-c)/2b$，在 q_1 轴上的截距为 $(a-c)/b$］。

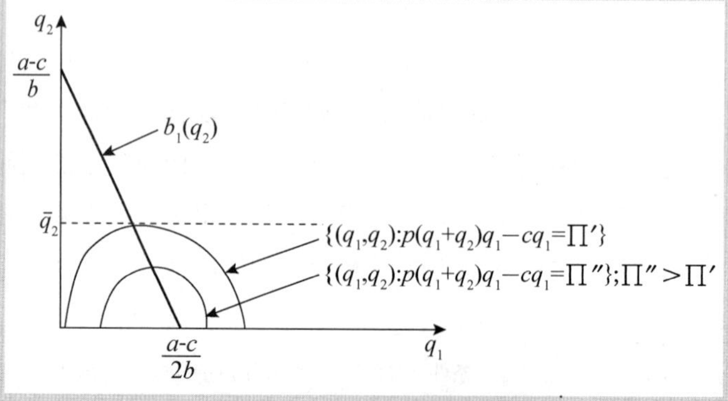

图 12.C.1 例 12.C.1 的古诺双头垄断模型中企业 1 的最优反应曲线

在这个例子中，纳什均衡 (q_1^*, q_2^*) 是唯一的，它是两个企业的最优反应曲线的交点，

即 $q_1^*=b_1(q_2^*)$ 和 $q_2^*=b_2(q_1^*)$。我们将这个均衡解画在了图 12.C.2(a) 中，均衡时，两个企业的产量为 $q_1^*=q_2^*=\frac{1}{3}[(a-c)/b]$，总产量为 $\frac{2}{3}[(a-c)/b]$，市场价格为 $p(q_1^*+q_2^*)=\frac{1}{3}(a+2c)\in(c,\ p^m)$。

图 12.C.2(b) 画出了对称的联合垄断产量点 $(q^m/2,\ q^m/2)=((a-c)/4b,\ (a-c)/4b)$。我们可以看到，在这个点上，每个企业生产垄断产量 $(a-c)/2b$ 的一半，这个点是每个企业在射线 $q_1=q_2$ 上的利润最大化点。

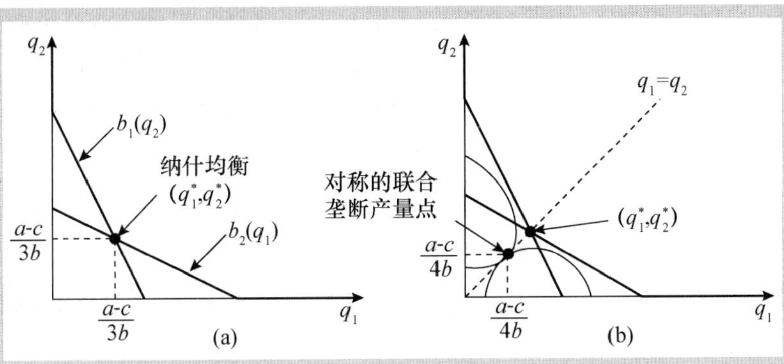

图 12.C.2　例 12.C.1 的古诺双头垄断模型中的纳什均衡

习题 12.C.6：验证例 12.C.1 中的计算和其他结论。

直到现在，我们尚未对问题 (12.C.1) 中每个企业 j 的产量 q_j 的拟凹性作出任何假设。然而，如果这些函数不是拟凹的，那么这个产量博弈将可能不存在纯策略纳什均衡。例如，在图 12.C.3 所示的情形中，当某个企业的最优反应函数不是拟凹的时，它的最优反应曲线会出现“跳跃”，从而导致不存在均衡。（严格地说，为了保证出现图 12.C.3 所描述的情形，这两个企业的成本函数必须不同；参见习题 12.C.8。）有了拟凹性假设，我们就可以使用命题 8.D.3 来证明纯策略纳什均衡必定存在。

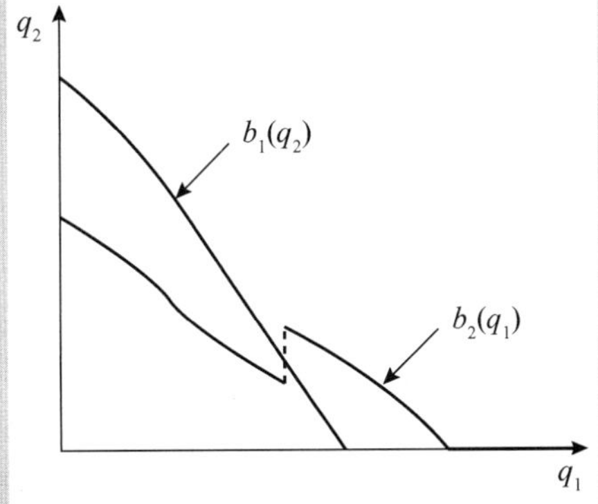

图 12.C.3　古诺模型中不存在（纯策略）纳什均衡的情形

现在假设企业的数量变为$J>2$，其余假设条件和前面一样。令Q_J^*为均衡时的总产量，通过与前面类似的论证，即可得到条件（12.C.5）的一般化表述：

$$p'(Q_J^*)\frac{Q_J^*}{J}+p(Q_J^*)=c \tag{12.C.6}$$

在一个极端上，当$J=1$时，条件（12.C.6）与12.B节垄断者问题的一阶条件相同。在另外一个极端上，当$J\to\infty$时，我们必定有$p(Q_J^*)\to c$。为了看清这一点，注意到由于Q_J^*总是小于社会最优（竞争）产量q^o，因此，当$J\to\infty$时，必有$p'(Q_J^*)(Q_J^*/J)\to 0$。因此，条件（12.C.6）意味着：随着企业数量的增加，价格必定逐渐逼近边际成本。这是我们第一次看到"竞争极限"的结果，我们将在12.F节继续讨论这个问题。习题12.C.7让你就例12.C.1中的模型验证上述这些结论。

习题12.C.7：假设在古诺双头模型中，一共有J个企业。每个企业生产每单位产品的成本都为常数c，市场反需求函数为$p(q)=a-bq$，其中$a>c\geqslant 0$和$b>0$。推导出这个模型的纳什均衡价格和产量水平。验证：当$J=1$时，我们就得到了垄断结果；随着J增加，产量上升但价格下降；当$J\to\infty$时，市场价格和总产量逼近竞争水平。

与伯特兰模型不同，古诺模型表明：随着企业数量的增加，每个企业的市场势力都逐渐下降。然而，我们在前面所举的"农民选择容易腐烂作物采摘量"的例子毕竟很特殊，它无法代表一般的垄断情形。毕竟，似乎大多数企业选择的是产品价格而不是产量。出于这个原因，很多经济学家认为古诺模型的结果正确但原因不对。幸运的是，我们将要研究的伯特兰模型的第二个变种即生产能力约束，对古诺模型提供了另外一种更为合理的解释。产能约束的基本思想是，我们可以将古诺模型中的产量选择视为企业长期产能决策，给定这些产能选择，我们可以通过反需求函数确定产品价格，这些价格反映了企业之间短期价格竞争的结果。

产能约束与规模报酬递减

在很多情形下，比较自然的做法是假设企业最终在规模报酬递减的条件下生产，至少在短期当资本固定不变时是这样的。规模报酬递减的一种特殊情形源自企业有生产能力约束，也就是说，它的产量无法超过某个最大数量比如$\bar{q}$。在本小节，我们相对正式地考察产能约束对伯特兰模型的预测结果有何影响。

在企业具有产能约束（或更一般地，规模报酬递减）的情形下，继续假设企业的报价代表它承诺提供任何产量，就不再合理，这是因为当产量大于产能约束时，成本无穷大。因此，我们稍微修改一下伯特兰模型的规则，即将企业的报价视为它承诺提供产量$q\leqslant\bar{q}$，其中$\bar{q}$为它的最大生产能力。我们还假设生产能力约束是公共信息，即企业间彼此知道对方的产能。

为了看清产能约束如何影响双头垄断定价博弈的结果，假设这两个企业生产每单位产品的成本都为常数 $c>0$，产能约束都为 $\bar{q}=\frac{3}{4}x(c)$。与以前一样，我们假设：市场需求函数 $x(\cdot)$ 是连续的；对于满足 $x(p)>0$ 的所有 p，$x(\cdot)$ 严格递减；$x(c)>0$。

在这种情形下，伯特兰结果 $p_1^*=p_2^*=c$ 不再是一个均衡。为看清这一点，注意到由于企业 2 在价格 $p_2^*=c$ 的水平上无法满足所有需求，所以企业 1 预期如果它提价使得 p_1 稍微高于成本 c，那么企业 1 就能得到严格正的销量。因此，企业 1 有激励偏离均衡价格 $p_1^*=c$。

事实上，当产能水平 $\bar{q}$ 满足 $\bar{q}<x(c)$ 时，如果每个企业都将自己的价格设定为低于 $p(\bar{q})$ 但高于 c，它就能保证自己的产量在严格正的利润边际上严格为正。我们将这个情形画在了图 12. C. 4 中。在这个图中，我们假设先让低价格的企业 2 满足对产品评价高的消费者的需求。企业 1 通过索要价格 $p_1\in(c, p(\bar{q}))$ 从而以价格 p_1 满足剩余的需求，它的销量 $x(p_1)-\bar{q}>0$。因此，在产能约束的情形下，竞争通常不会迫使价格降低到成本水平，这一事实首先由 Edgeworth（1897）指出。

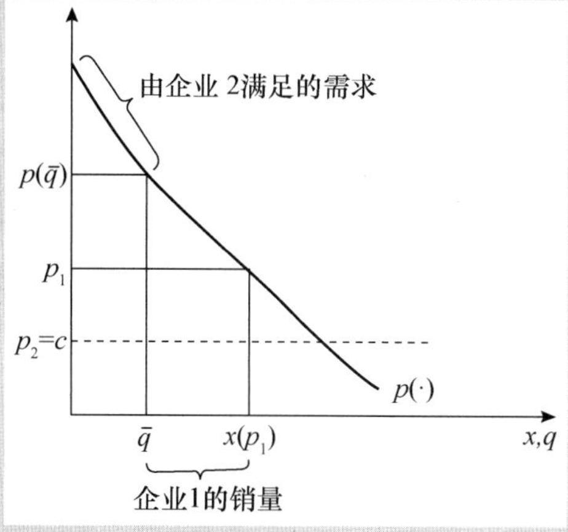

图 12. C. 4　当企业受产能约束，而且先让要价低的企业（此处为企业 2）满足对产品评价高的消费者需求时，两个企业各自的需求

当企业具有产能约束时，确定均衡结果的任务将非常艰巨，这是因为即使你知道价格信息，你也不再能够确定每个企业的销量。当低价格企业的报价使得在这个价格水平上它不能满足全部需求时，高价格企业面对的需求将通常取决于有多少消费者想从低价格企业那里购买。如果对产品评价低而不是高的消费者购买的是低价格企业的产品（与图 12. C. 4 中的假设相反），那么高价格企业的销量将增大。因此，为了确定企业面对的需求函数，现在我们需要引入销量**配置规则**（rationing rule），它规定了当需求大于企业产能时，哪些消费者将购买低价格企业的产品。事实上，选择什么样的配置规则对均衡行为有着重要影响。习题 12. C. 11 让你分析：与图 12. C. 4 的情形一样，当对产品评价高的消费者的需求先被满足时，均衡结果将具有什么样的性质。图 12. C. 4 中的配置规则能够给出最满意的结果。然而，对于这个规则以及其他配置规则（比如排队规则或对消费者随机分配产品的规则），我们无法就哪个规则更合理作出评价。

直到目前，我们一直假设企业的产能水平是外生的。然而，通常来说，企业可以选择自己的产能水平。这自然产生了一个问题：如果企业先选择产能水平然后再展开价格竞争（这是一个两阶段博弈），结果将是什么样的？Kreps 和 Scheinkman（1983）发现，在一定假设条件下（其中一个假设是，当低价格企业面对的需求大于它的产能时，首先满足对产品评价高的消费者的需求），这个两阶段博弈的唯一子博弈完美纳什均衡是**古诺均衡**。你不应该对这个结果感到惊讶：你在古诺模型中通过反需求函数计算出的价格，反映了这个两阶段价格竞争的结果。事实上，对于一系列产能选择（$\bar{q}_1$，$\bar{q}_2$），定价子博弈的唯一均衡是两个企业都将自己的价格设定为 $p(\bar{q}_1+\bar{q}_2)$（参见习题 12. C. 11）。因此，这个两阶段（先选择产能再展开价格竞争）模型为古诺模型提供了一种更合理的解释：我们可以将古诺产量竞争视为企业间产能选择的长期竞争，其中价格竞争发生在短期当企业选定自己的产能水平时。

产品差异

在伯特兰模型中，均衡时，企业面对着弹性为无穷的需求曲线：每个企业都有稍微降低价格的激励，因为消费者更喜欢从低价格企业那里购买。然而，消费者通常认为不同企业生产的产品是不同的。当产品差异化存在时，每个企业都会因为自己产品具有独特性而具有一定市场势力。例如，假设有 $J>1$ 个企业。每个企业生产一单位产品的成本都为常数 $c>0$。企业 j 面对着连续需求函数 $x_j(p_j,\ p_{-j})$，其中 p_{-j}是企业 j 的竞争对手的价格向量。① 在企业同时选择价格的情形下，每个企业 j 将它的对手们的价格选择 $\bar{p}_{-j}$ 视为给定的，并且选择满足下列问题的 p_j：

$$\underset{p_j}{\mathrm{Max}}(p_j-c)x_j(p_j,\bar{p}_{-j})$$

注意到，只要 $x_j(c,\ \bar{p}_{-j})>0$，企业 j 的最优反应 p_j 就必定大于它的成本，这是因为这样做能保证它自己得到严格正的利润。因此，在产品差异化的情形下，均衡价格将大于竞争水平。与数量竞争（古诺模型）以及产能约束情形类似，产品差异化弱化了伯特兰模型的强竞争结果。

文献中常见的产品差异模型有好几种。例 12. C. 2 为其中一种。

例 12. C. 2：线性城市模型。假设我们可用长度为 1 的一条线段来代表某个城市，如图 12. C. 5 所示。在消费者连续统中，消费者的总数量（准确地说，测度）为 M，他们均匀分

① 注意它与伯特兰模型的区别：在伯特兰模型中，$x_j(p_j,\ p_{-j})$ 在 $p_j=\mathrm{Min}_{k\neq j}\, p_k$ 处是不连续的。

布在上述线段上。我们用 $z\in[0,1]$ 表示消费者的位置，它是消费者离城市左端的距离。在该城市的两侧分别有一家小器具（以下简称产品）供应者：企业 1 位于城市的左端，企业 2 位于右端。每个企业生产一件产品的成本都为常数 $c>0$。每个消费者至多想要一件产品，他消费产品可得到总收益 v。如果消费者从离他距离为 d 的企业购买产品，那么该消费者的总成本为 p_j+td，其中 $t/2>0$ 可以理解为每单位路程的交通费用（或每单位路程带来的不便），这样 $td=(t/2)(2d)$ 表示的是往返交通费用。引入交通费用后，两个企业的产品出现了差异，因为不同消费者会偏爱其中一个企业，即使两个企业的产品售价相同。

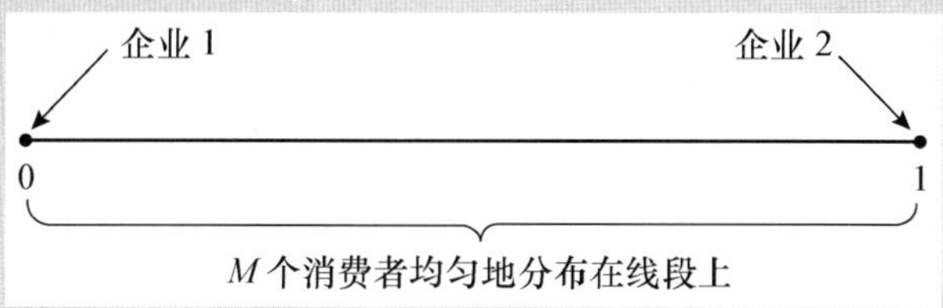

图 12. C. 5　线性城市

图 12. C. 6(a) 画出了不同位置上消费者在价格 p_1 和 p_2 给定时的购买决策。位于 $[0, z_1)$ 的那些消费者将买企业 1 的产品。在这些位置上：$p_1+tz<p_2+t(1-z)$，所以买企业 1 的产品比买企业 2 的产品好；以及 $v-p_1-tz>0$，所以买（企业 1 的产品）比不买好。在位置 z_1 上，消费者在购买企业 1 的产品和不买之间无差异，也就是说，z_1 满足 $v-p_1-tz_1=0$。在图 12. C. 6(a) 中，位于区间 (z_1, z_2) 的消费者，哪个企业的产品都不买；而位于区间 $(z_2, 1]$ 的消费者将买企业 2 的产品。

相反，在图 12. C. 6(b) 中，给定价格 p_1 和 p_2，如果消费者购买产品（无论买哪个企业的），那么他就能得到严格正的剩余，因此所有消费者都会买。下面我们将找出对于买哪个企业产品无差异的消费者所在的位置，比如 $\hat{z}$，显然 $\hat{z}$ 要满足：

$$p_1+t\hat{z}=p_2+t(1-\hat{z})$$

由此可得

$$\hat{z}=\frac{t+p_2-p_1}{2t} \tag{12.C.7}$$

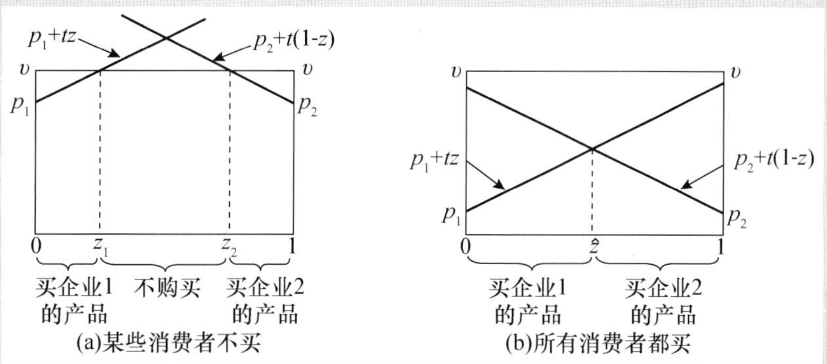

图 12. C. 6　给定价格 p_1 和 p_2 时的消费者购买决策

一般来说，这个模型的分析不是那么简单，这是因为结果取决于参数（v，c，t）。我们已经看到，均衡结果可能涉及两个企业的市场区域不相交［比如图 12. C. 6(a)］，或者涉及两个企业为竞争消费者而集中在市场中心［比如图 12. C. 6(b)］。为简单起见，我们假设消费者对产品的评价相对高于生产成本与交通费用之和，或者更具体地说，假设 $v>c+3t$。在这种情形下，可以证明企业绝对不会将价格设定为使得某些消费者谁的产品也不买的价格水平（参见习题 12. C. 13）。因此，在下面的讨论中，我们将忽略消费者不购买产品的情形。

给定价格 p_1 和 p_2，令 $\hat{z}$ 的意思与式（12. C. 7）中的相同。那么，给定价格组合（p_1，p_2），企业 1 的需求 $x_1(p_1, p_2)$：等于 $M\hat{z}$，当 $\hat{z}\in[0, 1]$；等于 M，当 $\hat{z}>1$；等于 0，当 $\hat{z}<0$。[①] 将 $\hat{z}$ 的表达式（12. C. 7）代入企业 1 的需求，可得

$$x_1(p_1,p_2)=\begin{cases}0 & \text{若 } p_1>p_2+t \\ (t+p_2-p_1)M/2t & \text{若 } p_1\in[p_2-t,p_2+t] \\ M & \text{若 } p_1<p_2-t\end{cases} \tag{12. C. 8}$$

由于这两个企业是对称的，企业 2 的需求函数 $x_2(p_1, p_2)$ 为

$$x_2(p_1,p_2)=\begin{cases}0 & \text{若 } p_2>p_1+t \\ (t+p_1-p_2)M/2t & \text{若 } p_2\in[p_1-t,p_1+t] \\ M & \text{若 } p_2<p_1-t\end{cases} \tag{12. C. 9}$$

根据式（12. C. 8）和式（12. C. 9）可知，每个企业 j 在寻找它对竞争对手的任何价格 $\bar{p}_{-j}$ 的最优反应时，它可以仅关注位于区间［$\bar{p}_{-j}-t$，$\bar{p}_{-j}+t$］的价格。任何大于 $\bar{p}_{-j}+t$ 的价格 p_j（即 $p_j>\bar{p}_{-j}+t$）与价格 $p_j=\bar{p}_{-j}+t$ 产生的利润都是相同的（都为零），任何小于 $\bar{p}_{-j}-t$ 的价格 p_j 产生的利润都小于价格 $p_j=\bar{p}_{-j}-t$ 产生的（在这些价格下，销量都是 M 单位）。因此，企业 j 对 $\bar{p}_{-j}$ 的最优反应 p_j 必定是下列问题的解：

$$\begin{aligned}&\underset{p_j}{\text{Max}}(p_j-c)(t+\bar{p}_{-j}-p_j)\frac{M}{2t}\\ &\text{s. t. } p_j\in[\bar{p}_{-j}-t,\bar{p}_{-j}+t]\end{aligned} \tag{12. C. 10}$$

这个问题的必要和充分（库恩-塔克）一阶条件为

$$t+\bar{p}_{-j}+c-2p_j\begin{cases}\leqslant 0 & \text{若 } p_j=\bar{p}_{-j}-t \\ =0 & \text{若 } p_j\in(\bar{p}_{-j}-t,\bar{p}_{-j}+t) \\ \geqslant 0 & \text{若 } p_j=\bar{p}_{-j}+t\end{cases} \tag{12. C. 11}$$

解式（12. C. 11），可知每个企业 j 的最优反应函数为

---

① 记住，我们假设 M 个消费者均匀分布在长度为 1 的线段上，因此 $\hat{z}$ 是购买企业 1 产品的那些消费者所占的比例。

$$b(\bar{p}_{-j})=\begin{cases}\bar{p}_{-j}+t & \text{若 } \bar{p}_{-j}\leqslant c-t\\ (t+\bar{p}_{-j}+c)/2 & \text{若 } \bar{p}_{-j}\in(c-t,c+3t)\\ \bar{p}_{-j}-t & \text{若 } \bar{p}_{-j}\geqslant c+3t\end{cases} \tag{12. C. 12}$$

当 $\bar{p}_{-j}<c-t$ 时，企业 j 将会选择能使销量为零的价格（它不能获得正的利润，因为它在任何高于 c 的价格水平上，一件产品也卖不出去）。当 $\bar{p}_{-j}>c+3t$ 时，企业 j 将会选择能占有整个市场的价格。在中间情形下，企业 j 对 $\bar{p}_{-j}$ 的最优反应使得两个企业的销量都严格为正。

由于这个模型是对称的，我们可以找到对称均衡，也就是说，在这个均衡中有 $p_1^*=p_2^*=p^*$。在任何对称均衡中，$p^*=b(p^*)$。考察式（12. C. 12）可知，这个条件只有中间情形能够满足［还要注意到，只有在这种情形下（即唯一性），两企业的销量才都严格为正，这只有在对称均衡中才会出现］。所以，p^* 必定满足

$$p^*=\frac{1}{2}(t+p^*+c)$$

因此，

$$p^*=c+t$$

在这个纳什均衡中，每个企业的销量都为 $M/2$，利润都为 $tM/2$。注意到，随着 t 趋近于零，企业的产品变为完全无差异的，而且均衡价格逼近 c，这与伯特兰模型是一样的。在另外一个方向上，当交通费用 t 变大，从而增大了企业产品的差异时，均衡价格和利润都上升了。

图 12. C. 7 画出了这两个企业（在价格大于等于成本 c 时）的最优反应函数，以及纳什均衡。与往常一样，纳什均衡对应着这两个最优反应函数的交点。注意，这里不存在非对称均衡。■

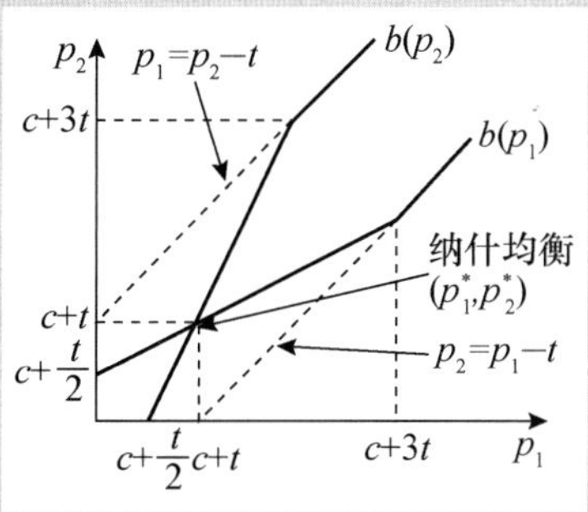

图 12. C. 7 在线性城市模型中，当 $v>c+3t$ 时的最优反应函数和纳什均衡

当 $v<c+3t$ 时，问题变得更为复杂，因为企业希望将价格设定在使得某些消费者不愿意购买任何一个企业产品的价格水平上。然而，可以证明，如果 $v\geqslant c+\frac{3}{2}t$，那么我们在前面刚推导出的均衡仍然有效。相反，如果 $v<c+t$，那么在均衡时，企业的市场区域是不

相交的（两企业类似“区域垄断者”）。如果为中间情形 $v \in \left[c+t, c+\frac{3}{2}t\right]$，那么均衡时，企业位于需求函数的拐折点（kink）上，而且位于无差异位置 $\hat{z}$ 上的消费者的剩余为零。习题 12.C.14 让你考察这些情形。

线性城市模型的基本特征可以推广到 $J>2$ 的情形。为了便于推广，我们通常使用**圆形城市模型**（circular city model）进行分析，这样做就能让企业位于对称的位置。[①] 圆形城市模型首先由 Salop（1979）提出。在这个模型中，消费者沿着周长为 1 的圆均匀分布，企业的位置则是对称的：任何两个相邻企业之间的弧长都是相等的。图 12.C.8 画出了企业数量 $J=5$ 的情形。

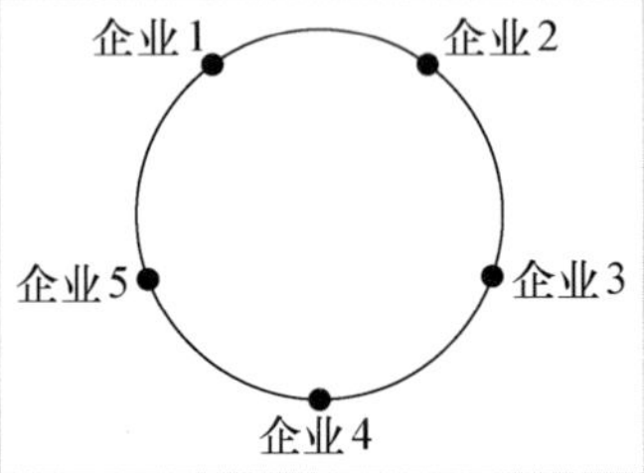

图 12.C.8　圆形城市模型，其中企业数量 $J=5$

线性城市模型和圆形城市模型这类模型，通常称为产品差异化的**空间模型**（spatial models），这是因为在产品空间（product space）中，不同企业的区别在于“地址”不同。更一般地，我们可以想象企业的产品位于某个 N 维特征空间中，消费者的“地址”（理想消费地点）分布在这个空间中。

空间模型具有共性：每个企业只在局部竞争消费者，也就是说，只与提供类似产品的企业进行竞争。如果每种产品都与所有其他产品进行竞争，我们通常使用**代表性消费者模型**（representative consumer model）进行分析。这个模型首先由 Spence（1976）以及 Dixit 和 Stiglitz（1977）提出。在代表性消费者模型中，我们假设代表性消费者定义在 J 种产品（x_1，…，x_J）和一种计价物商品 m 上的偏好，是拟线性的：

$$u(m, x_1, \cdots, x_J) = G\left(\sum_{j=1}^{J} f(x_j)\right) + m$$

其中 $G(\cdot)$ 和 $f(\cdot)$ 是凹的。[②] 将计价物的价格标准化为 1，这个代表性消费者最大化问题的一阶条件为：

$$G'\left(\sum_{j=1}^{J} f(x_j)\right) f'(x_j) = p_j \quad 其中\ j = 1, \cdots, J \tag{12.C.13}$$

---

① 在线段 [0，1] 上，只有当企业数量为 2 时，企业的位置才是对称的。如果企业数量大于 2，那么最接近线段两个端点的两个企业，每个只有一个离它最近的邻居；而位于线段内部的企业，每个有两个离它最近的邻居。

② 事实上，Dixit 和 Stiglitz（1977）考察的是更为一般的效用函数 $u\left(G\left(\sum_j f(x_j)\right), m\right)$。

通过这些一阶条件可以求出需求函数 $x_j(p_1, \cdots, p_J)$(其中 $j=1, \cdots, J$),然后我们就可以使用这些需求函数来说明同时选择价格的博弈。①

代表性消费者模型的一个重要变种出现在下列极限情形中:产品种类众多,每种产品的销量只占市场总销量的微小比例。在这种情形下,我们可以将代表性消费者的效用函数写为 $G\left(\int f(x_j)dj\right)+m$,其中,$x_j$ 现在被视为关于连续指标变量(index variable)j 的一个函数。这样,我们的分析工作大为简化,这是因为每个企业 j 在制定价格决策时都可以将 $\bar{x}=\int f(x_j)dj$ 的值视为外生给定的[其中 $\bar{x}=\int f(x_j)dj$ 称为**总产量指数**(index of aggregate output)];企业 j 自己的产量对这个指数的值没有影响。给定 $\bar{x}$ 值,企业 j 面对的需求函数为

$$x_j(p_j, \bar{x})=\psi\left(\frac{p_j}{G'(\bar{x})}\right)$$

其中 $\psi(\cdot)=f'^{-1}(\cdot)$。于是,企业 j 的最优选择可以视为关于指数 $\bar{x}$ 的函数 $p_j^*(\bar{x})$。因此,总产量指数 $\bar{x}^*$ 的均衡值满足 $\bar{x}^*=\int f(x_j(p_j^*(\bar{x}^*), \bar{x}^*))dj$。

这种极限情形称为**垄断竞争模型**(monopolistic competition model)。这类模型源自 Chamberlin(1933);Hart(1985)用现代方法进行了分析。在垄断竞争市场中,市场势力伴随着较低水平的策略性互动,也就是说,任何特定企业的策略均不会影响任何其他企业的收益。②

12

12.D 重复博弈

在 12.C 节的模型中,一个不现实的假设是,这些模型都是静态的、一次性的。在这些模型中,企业不需要考虑竞争对手对它的价格或产量选择的反应。例如,在伯特兰模型中,企业可以将自己的价格设定为比对手低一分钱,从而攫取对手的所有客户。然而,在实践中,处于这种情形的企业,可能会担心如果它把价格设得低于竞争对手的,对手的反应可能也是降价,最终导致的结果是:销量短期增加,但市场价格长期下降。

在本节,我们考察的是最为简单的一类动态模型,在这样的模型中,上述企业担心的事情会发生。假设两个相同的企业对销量展开重复竞争,其中每个时期 t 的竞争都可用伯特兰模型描述。两个企业都知道它们以前选择的所有价格信息,即它

① 如果研究的是同时选择产量的博弈,通常的做法是直接将式(12.C.13)作为企业的反需求函数。

② 相反,在空间模型中,即使在企业连续统的极限中,仍然存在策略性互动。在这种情形下,企业间的互动是局部性的,而且企业 j 的邻居们对它有重要影响,不管经济有多大。

们以前选择的价格是公共信息。未来的利润需要贴现，贴现因子 $\delta<1$。每个企业 j 的目标是使得各期利润的贴现值之和 $\sum_{t=1}^{\infty}\delta^{t-1}\pi_{jt}$ 最大，其中 π_{jt} 是企业 j 在时期 t 的利润。这种博弈是动态博弈（参见第 9 章）的一种特殊类型：对某个静态同时行动博弈反复进行多次，即可得到这种博弈，它叫作**重复博弈**（repeated game）。

在这个重复进行的伯特兰博弈中，企业 j 的策略指定了它在每个时期 t 索要的价格 p_{jt}，而 p_{jt} 是关于两企业以前各期价格**历史**（history）信息 $H_{t-1}=\{p_{1\tau},\ p_{2\tau}\}_{\tau=1}^{t-1}$ 的函数，因此，我们可以将 p_{jt} 写为 $p_{jt}=p_{jt}(H_{t-1})$。这种形式的策略能够允许一系列有趣的行为。例如，企业 j 的对手一旦将价格设得低于某个“临界价格”，企业 j 的策略就指示它进行报复。这种报复可以是暂时性的，企业只是在竞争对手“越界”之后的几个时期内降低自己的价格；这种报复也可以是无休止的。报复程度既可以根据竞争对手降价幅度而决定，也可以一旦受到对手冒犯（无论多么微小），就进行严厉的报复。企业的反应也可以不是报复而是合作。例如，如果企业 j 的对手以前的行为是合作的，那么作为回报，企业 j 也会逐渐增加自己的合作程度。当然，企业的策略，也可以指定自己在任何时期 t 的行为与历史信息无关（在这种情形下，它的策略不涉及报复或者回报）。

我们对下列情形的可能性特别感兴趣：在重复进行的伯特兰博弈中，由于参与人的博弈不是一次性的，在直觉上，参与人的行为可能比静态一次性伯特兰模型的结果更具有合作性。事实是否真的如此？在本节余下的内容中，我们重点考察这个问题。

我们首先考虑企业间的竞争仅限于有限期数 T［称为**有限重复博弈**（finitely repeated game）］的情形。我们在上一段描述的可能性是否真的会在这个模型的子博弈完美纳什均衡中发生？根据命题 9.B.4 可知，答案是否定的。有限重复伯特兰博弈的唯一子博弈完美纳什均衡只是静态伯特兰均衡的 T 次简单重复，因此仍为价格等于成本。使用逆向归纳法立即可得到上述结论：在最后一期，即时期 T，我们得到的必定是伯特兰解，因此，不管以前各期情形如何，这一期的利润为零。然而这样一来，时期 $T-1$ 从策略上讲就变成了最后一期，因此，我们必定又一次得到伯特兰解。依此类推，直到时期 1。总之，在有限重复伯特兰博弈中，逆向归纳法排除了更高程度合作行为的可能性。

然而，当重复博弈的期数是无限期 $T\to\infty$ 时［这称为**无限重复博弈**（infinitely repeated game）］，情形大不相同。为了看清这一点，考虑企业 $j=1,\ 2$ 的下列策略：

$$p_{jt}(H_{t-1})=\begin{cases}p^m & \text{如果 } H_{t-1} \text{ 的所有元素等于}(p^m,p^m)\text{或 } t=1\\ c & \text{其他情形}\end{cases}\tag{12.D.1}$$

用文字表述，企业 j 的策略指示它在时期 1 选择垄断价格 p^m。于是，在每个时期 $t>1$，如果在以前各期两个企业都选择价格 p^m，那么企业 j 选择 p^m，否则它选择等于成本的价格。这种策略称为**触发策略**（trigger strategy）或**纳什反转策略**（Nash reversion strategy）：企业选择合作直至有人偏离，任何偏离都会触发永久性的报复——自此以后两个企业都选择等于成本的价格（一期博弈的纳什策略）。注意，如果两个企业都遵循式（12.D.1）中的策略，那么每个企业在每一期都选择垄断价格。它们一开始都选择 p^m，因此永远不会触发偏离 p^m 的行为。

对于式（12.D.1）中的策略，我们有命题12.D.1所述的结论。

命题12.D.1： 式（12.D.1）描述的策略构成了无限重复伯特兰双头垄断博弈的一个子博弈完美纳什均衡当且仅当 $\delta \geqslant 1/2$。

证明： 我们已经知道，某个策略组合是无限博弈的子博弈完美纳什均衡当且仅当它指定了每个子博弈的纳什均衡（参考9.B节）。首先请注意，尽管这个重复博弈的每个子博弈形成历史不同，但所有这些子博弈均具有相同的结构：与整体博弈一样，每个子博弈都是无限重复的伯特兰双头垄断博弈。因此，为了证明式（12.D.1）中的策略构成了一个SPNE，我们需要证明，在经过任何期次的博弈之后，余下博弈的策略构成了无限重复伯特兰博弈的一个纳什均衡。

事实上，给定式（12.D.1）中的策略，我们只需要关注两类历史：一是有参与人曾经偏离过（选择的价格不等于 p^m）；二是所有人从未偏离过（一直选择价格 p^m）。

我们首先考虑的子博弈，是发生在参与人偏离 p^m 之后的子博弈。在这样的子博弈中，每个参与人的策略指示他自己在以后各期选择等于成本 c 的价格，无论对手的行为是什么样的。这个策略组合是无限重复伯特兰博弈的一个纳什均衡，这是因为当企业 j 的对手总是选择等于成本 c 的价格时，企业 j 的利润至多为零，这个利润正好等于企业 j 在以后各期选择等于成本 c 的价格时的利润。

现在假设某个子博弈发生在时期 t，在此之前所有参与人都未曾偏离过 p^m。每个企业 j 都知道它的对手的策略指示它（企业 j 的对手）选择 p^m，直至企业 j 偏离 p^m，此后企业 j 的对手将一直选择等于 c 的价格。给定企业 j 的对手的上述策略，企业 j 也会使用这样的策略吗？也就是说，这些策略是否构成了该子博弈的一个纳什均衡？

假设企业 j 打算在该子博弈的 $\tau \geqslant t$ 期开始偏离 p^m，而在时期 τ 之前所有参与人都未曾偏离过。[①] 从时期 t 到时期 $\tau-1$，企业 j 在每一期的利润都为 $\frac{1}{2}(p^m-c)x(p^m)$，这与它从不偏离 p^m 情形下每一期的利润是一样的。然而，从时期 τ 开始，企业 j 在每一期的利润都将与它从不偏离 p^m 情形下每一期的利润不同。在企业 j 偏离 p^m 之后的各个时期（时期 $\tau+1$，$\tau+2$，…），企业 j 的对手选择等于 c 的价

① 由我们前面的论证可知，在这个子博弈中，一旦企业 j 的对手偏离 p^m，给定对手的这一行为，企业 j 的最优策略是选择等于成本 c 的价格。因此，为了验证这些策略是否构成了该博弈的一个纳什均衡，我们只要验证：如果在此之前所有参与人都未曾偏离 p^m，企业 j 是否还有动机偏离 p^m。

格，不管企业 j 在时期 τ 偏离了多少，因此企业 j 在时期 τ 以后的每一期的利润至多为零。在时期 τ，企业 j 的最优偏离方式是使得该期的利润最大（注意自该期以后，无论企业 j 如何偏离 p^m，它在每一期的利润都是相同的，都为零）。所以，在时期 τ，企业 j 将选择价格 $p^m-\varepsilon$，其中 $\varepsilon>0$ 可为任意小，从而占有整个市场，得到一次性利润 $(p^m-c-\varepsilon)x(p^m)$。由于时期 τ 以后的各期利润为零，所以时期 τ 及其以后各期的利润，贴现到时期 τ，将逼近 $(p^m-c)x(p^m)$。

相反，如果企业 j 从不偏离 p^m，那么时期 τ 及其以后各期的利润，贴现到时期 τ，将为 $\left[\frac{1}{2}(p^m-c)x(p^m)\right]/(1-\delta)$。因此，对于任何 t 和 $\tau\geqslant t$，企业 j 在时期 τ 选择 p^m（即不偏离 p^m）当且仅当

$$\frac{1}{1-\delta}\left[\frac{1}{2}(p^m-c)x(p^m)\right]\geqslant(p^m-c)x(p^m)$$

由此可得，

$$\delta\geqslant\frac{1}{2} \tag{12. D. 2}$$

因此，式（12. D. 1）中的策略构成了一个子博弈完美纳什均衡当且仅当 $\delta\geqslant1/2$。■

12

命题 12. D. 1 意味着，如果企业预期到它们将无限期博弈下去，那么就不会出现静态伯特兰博弈的竞争结果。原因在于，企业 j 在打算偏离 p^m 时，它不仅需要考虑偏离 p^m 那一期的利润，还需要考虑它触发对手报复后导致的各期利润损失。在这里，贴现因子 δ 非常重要，这是因为它影响未来损失与偏离带来的现期利润之间的相对权重。垄断价格是可持续的，当且仅当这些未来损失的现值相对于偏离带来的现期利润来说足够大，因为在这种情形下企业不会有追逐短期利润的冲动。

注意，对于贴现因子的解释不能太死板。例如，在某个模型中，假设市场需求以速率 γ 增长［即 $x_t(p)=\gamma^t x(p)$］，较大的 γ 值使得模型的行为类似于存在较大的贴现因子时的情形，这是因为需求增加得越快，当前偏离 p^m 导致的未来损失越大。或者，我们可以设想在每一期都存在一个概率 γ 使得企业间的互动结束。在这种情形下，γ 值越大，企业对未来利润的贴现也越大。（这种解释清楚地表明，无限重复博弈对参与人的行为的确有影响，即使企业在有限若干期内就终止互动，也是如此；如果想将这种解释引入我们前面的分析，那么需要假设某个严格正的概率一直持续到任何时期。）最后，γ 值能够反映企业发现对手偏离行为需要花费多长时间。习题 12. D. 1 让你分析 γ 值的这些解释。

尽管当 $\delta\geqslant1/2$ 时，式（12. D. 1）中的策略组合构成了一个子博弈完美纳什均衡，但它不是重复伯特兰模型的唯一子博弈完美纳什均衡。特别地，我们有命题

12.D.2 中的结论。

命题 12.D.2：在无限重复伯特兰双头垄断博弈中，当 $\delta \geqslant 1/2$ 时，参与人对任何价格 $p \in [c, p^m]$ 的重复选择，都可通过使用纳什反转策略构成一个子博弈完美纳什均衡结果路径；相反，当 $\delta < 1/2$ 时，在任何子博弈完美纳什均衡结果路径上，参与人在每一期都必定选择等于成本 c 的价格。

证明：对于第一部分结论，我们已经在命题 12.D.1 中证明，当 $\delta \geqslant 1/2$ 时，价格 p^m 的重复选择能够构成一个子博弈完美纳什结果。任何价格 $p \in [c, p^m]$ 的证明过程与价格 p^m 的证明几乎完全相同，我们只要把式（12.D.1）中的价格 p^m 换成 $p \in [c, p^m]$ 即可。

第二部分结论的证明如下。

现在我们证明当 $\delta < 1/2$ 时，每个参与人必定选择等于成本 c 的价格。令 $v_{jt} = \sum_{\tau \geqslant t} \delta^{\tau - t} \pi_{j\tau}$ 表示当参与人在时期 t 以及以后各期都选择均衡策略时，企业 j 的利润现值（贴现到时期 t 的现值）。另外，令 $\pi_t = \pi_{1t} + \pi_{2t}$。

注意到，每个企业 j 发现它的最优选择是在每个时期 t 都遵守均衡策略，所以必定有

$$\pi_t \leqslant v_{jt} \quad \text{对于 } j=1,2 \text{ 和每个 } t \tag{12.D.3}$$

这是因为如果每个企业 j 在时期 t 稍微偏离 p^m 从而使得自此以后每一期的利润都是非负的，那么它在时期 t 的利润可以任意逼近 π_t。

假设存在某个时期 t 使得 $\pi_t > 0$。我们将得到一个矛盾。为了看清这一点，注意到我们需要考察两种情形：

（ⅰ）首先，假设存在某个时期 τ 使得 $\pi_\tau > 0$ 而且对于所有 τ 都有 $\pi_\tau \geqslant \pi_t$。如果这样，那么对于 $t = \tau$，把式（12.D.3）关于 $j=1$，2 相加，可得

$$2\pi_\tau \leqslant (v_{1\tau} + v_{2\tau})$$

但是，$v_{1\tau} + v_{2\tau} \leqslant [1/(1-\delta)]\pi_\tau$，因此，如果 $\delta < 1/2$，这个结果不可能出现。

（ⅱ）其次，假设不存在这样的时期；也就是说，对于任何时期 t，都存在时期 $\tau > t$ 使得 $\pi_\tau \geqslant \pi_t$。对 $t \geqslant 1$ 递归地定义 $\tau(t)$：令 $\tau(1) = 1$，对于 $t \geqslant 2$ 定义 $\tau(t) = \text{Min}\{\tau > \tau(t-1): \pi_\tau > \pi_{\tau(t-1)}\}$。注意到，对于所有 t，π_t 的一个上界为垄断利润水平 $\pi^m = (p^m - c)x(p^m)$，而且序列 $\{\pi_{\tau(t)}\}_{t=1}^{\infty}$ 是单调递增的。因此，随着 $t \to \infty$，$\pi_{\tau(t)}$ 必定收敛于某个 $\bar{\pi} \in (0, \pi^m]$，使得对于所有 t 都有 $\pi_t < \bar{\pi}$。现在，将式（12.D.3）关于 $j=1$，2 相加，可知，对于所有 t，必定有

$$2\pi_{\tau(t)} \leqslant v_{1\tau(t)} + v_{2\tau(t)} \tag{12.D.4}$$

另外，由于 $v_{1\tau(t)} + v_{2\tau(t)} \leqslant [1/(1-\delta)]\bar{\pi}$，所以对于所有 t 必定有

$$2\pi_{\tau(t)} \leqslant \frac{1}{1-\delta}\bar{\pi} \tag{12.D.5}$$

但是当 $\delta < 1/2$ 时，对于足够大的 t，条件（12. D. 5）不成立。矛盾。

这样，我们就完成了该命题的证明。■

我们已经看到，在命题 12. D. 2 的模型中，当 $\delta \geqslant 1/2$ 时，存在多个均衡解。事实上，这种现象在无限重复博弈中是很常见的。一般来说，对于既定的 δ 值，可能存在一系列合作均衡，也可能永远无法出现合作均衡。

命题 12. D. 2 也告诉我们，随着 δ 值增大，重复伯特兰博弈的 SPNE 集合也变大。[①] 然而，需要注意，命题 12. D. 2 的 SPNE 集合对于不同 δ 值所表现出的不连续，比较特殊。也就是说，这是重复伯特兰模型才具有的特性。对于重复古诺模型和差异化产品的重复价格竞争模型来说，随着贴现因子 δ 增大，联合利润的最大水平是平稳增加的而且是可持续的（参见习题 12. D. 3）。

事实上，在重复博弈理论中，有个一般性的结论［称为**无名氏定理**（folk theorem）］：**在无限重复博弈中，如果贴现因子足够大，那么满足下列条件的任何可行贴现收益都可以成为一个 SPNE 中的收益。这个条件是：该贴现收益在每一期给每个参与人带来的收益，都大于他在一次性同时行动成分博弈（component game）中肯定能得到的最低收益。**简单地说，无名氏定理的思想是：如果贴现因子足够大，那么参与人之间就总有多种达成合作均衡（即存在多个合作均衡）的可能性。

重复寡头垄断博弈存在着相当多的均衡，这有些让人不安。从实践的角度看，我们如何知道哪个均衡行为会出现？在寡头垄断市场上，难道“一切皆有可能”？为了绕开这个问题，研究者通常假设企业之间是对称的，而且它们能发现对称的利润最大化均衡**焦点**（focal）（参见 8. D 节）。然而，即使我们仅考察对称企业的情形，这个假设的有效性也取决于具体环境。例如，一方面，某个行业的历史可能造成其他均衡焦点：在该行业的历史上，企业之间一直非常不合作（也许因为贴现因子 δ 一直很小），那么非合作结果更有可能成为焦点。另一方面，如果这些对称的利润最大化均衡能用自我执行的协议解释，就更有可能出现合作结果，例如寡头垄断企业之间秘密协商定价方案的情形。由于反托拉斯法禁止寡头垄断企业签订正式合同来约束彼此的行为，任何秘密合谋协议必定是自我执行的，所以必定构成了一个子博弈完美纳什均衡。因此，在这样的情形下，相同的企业之间可能达成利润最大的对称子博弈完美纳什均衡（SPNE）。（如果这些企业不相同，类似的论证表明，企业之间达成的 SPNE 对应于它们 SPNE 收益集边界上的某个点。）

① 严格地说，命题 12. D. 2 仅仅说明了静态对称均衡有这样的结果。这里的对称均衡是指企业采用相同的策略，而且在均衡路径上，参与人在每一期的行为也是相同的。

最后，正如12.C节所讨论的静态模型一样，我们也对下列问题感兴趣：市场上的企业数量对竞争程度有何影响？这个问题可参见习题12.D.2。

习题12.D.2：证明对于使用纳什反转策略的无限重复伯特兰博弈（其中企业数量为J），任何价格$p\in(c, p^m]$的重复选择都可以构成一个静态SPNE结果路径当且仅当贴现因子$\delta\geq(J-1)/J$。在这个模型中，企业数量J的增加对企业间的合谋难度有何影响？

在实践中，寡头垄断企业间合谋（以及其他类型的合作）具有一个重要特征：企业只能看到竞争对手的部分行为而不是全部。例如，正如Stigler（1960）所强调的，寡头垄断企业的对手可能秘密地对消费者降价。如果市场需求是随机的，那么企业仅靠观察自身需求的变化是无法判断竞争对手是否偏离了合谋价格的。这种可能性导致人们开始正式研究**不完美观察情形下的重复博弈**（repeated games with imperfect observability），例如，Green和Porter（1984）以及Abreu，Pearce和Stachetti（1990）。这类博弈的一个特征是，它们可将企业间合作的中断看成企业在不完美观察环境下试图合作的必然结果。这是因为，如果企业不能秘密地偏离合谋方案，那么当该企业的需求为负时，它就会中断合作。

12

12.E 进入

在12.B节到12.D节，当我们研究垄断市场和寡头垄断市场的结果时，我们假设市场中活跃企业的数量是外生给定的。然而，在大多数情形下，我们希望将企业数量看成内生变量。由此也产生了一个新问题：在企业具有市场势力的情形下，企业均衡数量是帕累托有效率的吗？在10.F节，我们已经知道，在竞争市场上，只要均衡存在，那么企业数量就是最优的。然而，在企业具有市场势力的情形下，上述问题的答案是否定的。

假设潜在企业数量是无限的（或者为有限的但数量非常多），每个潜在企业都有可能进入市场。与10.F节一样，我们仅考察所有潜在企业都是同质的情形。（对于企业不相同的情形，可参考习题12.E.1。）

对于寡头垄断市场的进入问题，比较自然的建模方法是将其看成一个两阶段的博弈，在这个博弈中，某个打算进入市场的企业首先支付启动成本$K>0$，然后，一旦这个成本沉没，就展开竞争。能够描述这种思想的最简单模型具有下列结构：

阶段1：所有潜在企业同时决定“进入”或“不进入”。如果某个企业决定“进入”，它支付启动成本$K>0$。

阶段2：市场中所有企业均展开某种寡头垄断博弈。

阶段2中的寡头垄断博弈可以是12.C节和12.D节讨论的任何一种博弈。

事实上，这个两阶段进入模型构成了一个动态博弈（参见第 9 章）。注意到在这个博弈中，阶段 2 的子博弈与我们在前面几节讨论的模型完全相同，这是因为在阶段 2，企业数量是固定不变的。在我们的讨论中，我们始终假设，对于活跃企业的每个可能数量，阶段 2 的子博弈存在唯一的、（企业间）对称的均衡。令 π_J 表示在阶段 2 当市场中有 J 个活跃企业时某个企业的利润（π_J 不包括启动成本 K）。

这个两阶段进入模型非常简要地描述了进入过程。它几乎不具有动态结构，而且每个企业都没有先发优势，从而它既不能威慑其他企业进入也不能减轻与其他企业的竞争程度（对这些可能性的讨论请参考 12.G 节和本章附录 B）。

现在考虑这个模型的（纯策略）子博弈完美纳什均衡。在这个博弈的任何 SPNE 中，给定其他企业的进入决策，每个企业都不会改变它的进入策略。为便于说明，假设企业在进入和不进入之间无差异，它会选择进入。这样，存在某个均衡，在该均衡中有 J^* 个企业选择进入当且仅当

$$\pi_{J^*} \geqslant K \tag{12.E.1}$$

且

$$\pi_{J^*+1} < K \tag{12.E.2}$$

条件（12.E.1）是说，给定与 J^* 个企业竞争的预期结果，选择进入市场的企业得到的利润不会小于如果它选择“不进入”的情形。条件（12.E.2）是说，给定与 J^*+1 个企业竞争的预期结果，选择不进入市场的企业的利润严格小于如果它选择“进入”而得到的利润。

一般来说，我们预期 π_J 关于 J 递减，而且当 $J\to\infty$ 时 $\pi_J\to 0$。在这种情形下，存在唯一的整数 $\hat{J}$ 使得：对于所有 $J\leqslant \hat{J}$ 都有 $\pi_J \geqslant K$，对于所有 $J>\hat{J}$ 都有 $\pi_J<K$。因此，$J^*=\hat{J}$ 是唯一均衡企业数量。[①][②]

下面我们用两个例子说明如何确定均衡企业数量，在这两个例子中，阶段 2 的寡头垄断博弈分别对应着 12.C 节讨论过的古诺模型和伯特兰模型。

例 12.E.1：古诺竞争情形下的均衡进入。在两阶段进入博弈中，假设阶段 2 的竞争是 12.C 节讨论过的古诺模型，其中 $c(q)=cq$，$p(q)=a-bq$，$a>c\geqslant 0$ 以及 $b>0$。在阶段 2 中，每个企业的产量 q_J 和利润 π_J 分别为（参见习题 12.C.7）：

---

① 然而，注意，尽管进入者的数量是唯一的，但这个博弈存在着很多均衡，在每个均衡中，选择“进入”的具体企业是不同的。

② 如果企业在进入和不进入间无差异，我们不假设企业选择“进入”，那么条件（12.E.2）将是个弱不等式。条件（12.E.2）的这个变化只有在下列情形下才是重要的：存在某个整数企业数量 $\tilde{J}$ 使得 $\pi_{\tilde{J}}=K$（因此，当市场中企业数量为 $\tilde{J}$ 时，每个企业的利润减去启动成本 E 后正好等于零）。在这种情形下，条件（12.E.2）的这个变化允许 $\tilde{J}$ 和 $\tilde{J}-1$ 都是均衡企业数量。使用这种情形也能得到本节的所有结论，但叙述起来没有那么简单明了。

$$q_J=\left(\frac{a-c}{b}\right)\left(\frac{1}{J+1}\right) \tag{12. E. 3}$$

$$\pi_J=\left(\frac{a-c}{J+1}\right)^2\left(\frac{1}{b}\right) \tag{12. E. 4}$$

注意到 π_J 关于 J 严格递减，而且当 $J\to\infty$ 时 $\pi_J\to 0$。另外，当 $J\to\infty$ 时，$Jq_J\to(a-c)/b$，因此，总产量接近竞争水平。求当 $\pi_{\tilde{J}}=K$ 时的实数 $\tilde{J}\in\mathbb{R}$，可得

$$(\tilde{J}+1)^2=\frac{(a-c)^2}{bK}$$

所以，

$$\tilde{J}=\frac{a-c}{\sqrt{bK}}-1$$

进入市场的均衡企业数量 J^* 是小于等于 $\tilde{J}$ 的最大整数。注意到，随着 K 的降低，市场中活跃企业的数量（弱）增加了，而且随着更多的企业变得活跃，总产量水平上升，价格下降。事实上，当 $K\to 0$ 时 $J^*\to\infty$，产量和价格接近竞争水平。还要注意到，在每个价格水平上，需求的成比例增加（用 b 值下降描述）改变了均衡企业数量和价格，这种改变方式与 K 值下降相同。■

例 12. E. 2：伯特兰竞争情形下的均衡进入。现在假设，在两阶段进入博弈中，阶段 2 的竞争采取的是 10. C 节考察过的伯特兰模型形式。再一次地，$c(q)=cq$，$p(q)=a-bq$，$a>c\geqslant 0$ 以及 $b>0$。现在 π_1 等于垄断利润水平 π^m，即 $\pi_1=\pi^m$；对于所有 $J\geqslant 2$ 均有$\pi_J=0$。因此，假设 $\pi^m>K$，在子博弈完美纳什均衡中，我们必定有 $J^*=1$，从而价格和产量分别为垄断价格和垄断产量。将这个结果与例 12. E. 1（古诺模型）的结果进行比较，我们可以看到，在这里，由于阶段 2 的竞争程度增加，市场最终竞争程度反而**下降了**！■

进入与福利

现在考虑下面这样一个问题：与给定垄断竞争市场上能使社会福利最大的企业数量相比，进入垄断竞争市场上企业的数量是多了、少了还是刚刚好？我们首先以同质产品行业分析这个问题。

令 q_J 表示当市场中有 J 个企业时，每个企业的对称均衡产量。与往常一样，我们用 $p(\cdot)$ 表示反需求函数，因此，$p(Jq_J)$ 是当市场中有 J 个活跃企业时的价格水平；另外，我们因此有 $\pi_J=p(Jq_J)q_J-c(q_J)$，其中 $c(\cdot)$ 是进入市场后企业的成本函数。我们假设 $c(0)=0$。

我们在此处使用马歇尔总剩余衡量福利（参见 10. E 节）。在这种情形下，当市场上有 J 个活跃企业时的社会福利为

$$W(J)=\int_0^{Jq_J} p(s)ds - Jc(q_J) - JK \tag{12.E.5}$$

在这个寡头垄断行业中，活跃企业的社会最优数量（我们记为 J^o）是最大化问题 $\text{Max}_J W(J)$ 的任何整数解。例 12.E.3 说明，与竞争市场中的结论相反，此处的均衡数量未必是社会最优的。

例 12.E.3：考虑例 12.E.1 中的古诺模型。我们暂时忽略企业数量需要为整数的要求。求解满足条件 $W'(\bar{J})=0$ 的 $\bar{J}$，可得

$$(\bar{J}+1)^3=\frac{(a-c)^2}{bK} \tag{12.E.6}$$

如果 $\bar{J}$ 是个整数，那么社会最优企业数量为 $J^o=\bar{J}$。否则，J^o 是位于 $\bar{J}$ 两侧的两个整数中的一个［记住 $W(\cdot)$ 是凹的］。现在，我们已从式（12.E.4）知道 $\pi_J=(1/b)[(a-c)/(J+1)]^2$。正如例 12.E.1 所指出的，如果我们令 $\tilde{J}$ 为满足下列条件的实数

$$(\tilde{J}+1)^2=\frac{(a-c)^2}{bK} \tag{12.E.7}$$

那么，均衡企业数量是小于等于 $\tilde{J}$ 的最大整数。由式（12.E.6）和式（12.E.7）可知，

12

$$(\tilde{J}+1)=(\bar{J}+1)^{3/2}$$

因此，当需求和成本参数使得企业最优数量恰好为 2（$J^o=\bar{J}=2$）时，实际有 4 个企业进入这个市场（$J^*=4$，因为 $\tilde{J}\simeq 4.2$）；当社会最优数量为恰好有 3 个企业进入（$J^o=\bar{J}=3$）时，实际有 7 个企业进入（$J^*=7$，因为 $\tilde{J}=7$）；当社会最优数量恰好为 8 个企业进入（$J^o=\bar{J}=8$）时，实际有 26 个企业进入（$J^*=26$，因为 $\tilde{J}=26$）。■

从上面的例子我们可以看出，实际进入市场的企业数量与最优数量存在着偏差，那么，这种偏差有一般性吗？事实上，只要阶段 2 的竞争满足下列三个弱条件［此处我们沿用了 Mankiw 和 Whinston（1986）的做法］，我们就能描述这种一般性。

（A1）$Jq_J \geq J'q_{J'}$，当 $J>J'$ 时；

（A2）$q_J \leq q_{J'}$，当 $J>J'$ 时；

（A3）$p(Jq_J)-c'(q_J)\geq 0$ 对于所有 J。

条件（A1）和（A3）很直观：（A1）要求当更多企业进入市场时，总产量上升（价格下降）；（A3）是说不管有多少企业进入了市场，价格都不会小于边际成本。条件（A2）比较有趣。这个条件称为**业务抢夺**（business stealing）假设。它是说当额外一个企业进入市场时，市场原有的每个企业的销量都（弱）下降了。因此，新企业的销量是以原有企业的销量下降为代价的。大多数（尽管不是全部）寡头垄断模型都满足这三个条件。［例如，在伯特兰模型中，条件（A3）

不成立。]

对于满足这三个条件的市场，我们有命题 12. E. 1 中的结论。

命题 12. E. 1：假设进入后的寡头垄断博弈满足条件（A1）到（A3），而且 $p'(\cdot)<0$，$c''(\cdot)\geqslant 0$，那么进入市场的均衡企业数量 J^* 不会小于 J^o-1，其中 J^o 是进入市场的社会最优企业数量。[①]

证明：当 $J^o=1$ 时，一望即知结论成立，所以令 $J^o>1$。在命题中的假设条件下，π_J 关于 J 递减（习题 12. E. 2 让你证明这一点）。因此，为了证明命题中的结论，我们只需要证明 $\pi_{J^o-1}\geqslant K$ 即可。

为了证明此事，首先注意到根据 J^o 的定义，我们必定有 $W(J^o)-W(J^o-1)\geqslant 0$，或

$$\int_{Q_{J^o-1}}^{Q_{J^o}} p(s)ds - J^o c(q_{J^o}) + (J^o-1)c(q_{J^o-1}) \geqslant K$$

其中我们令 $Q_J=Jq_J$。将上式变形可得

$$\pi_{J^o-1} - K \geqslant p(Q_{J^o-1})q_{J^o-1} - \int_{Q_{J^o-1}}^{Q_{J^o}} p(s)ds + J^o[c(q_{J^o}) - c(q_{J^o-1})]$$

给定 $p'(\cdot)<0$ 和条件（A1），这意味着

$$\pi_{J^o-1} - K \geqslant p(Q_{J^o-1})[q_{J^o-1} + Q_{J^o-1} - Q_{J^o}] + J^o[c(q_{J^o}) - c(q_{J^o-1})] \tag{12. E. 8}$$

但是由于 $c''(\cdot)\geqslant 0$，我们知道 $c'(q_{J^o-1})[q_{J^o}-q_{J^o-1}]\leqslant c(q_{J^o})-c(q_{J^o-1})$。使用这个不等式、式（12. E. 8）以及事实 $q_{J^o-1}+Q_{J^o-1}-Q_{J^o}=J^o(q_{J^o-1}-q_{J^o})$，可得

$$\pi_{J^o-1}-K\geqslant[p(Q_{J^o-1})-c'(q_{J^o-1})]J^o(q_{J^o-1}-q_{J^o})$$

于是，条件（A2）与（A3）意味着 $\pi_{J^o-1}\geqslant K$。[②] ■

命题 12. E. 1 证明过程背后的思想可用图 12. E. 1 表示，此图画出的是 $c(q)=0$ 对于所有 q 都成立的情形。在这个图中，第 J^o 个企业带来的福利增量（未考虑它的启动成本 K），可用阴影区域 $abcd$ 的面积表示。由于这个企业进入市场是社会有效率的，该面积必定不会小于 K。但是区域 $abcd$ 的面积小于区域 $abce$ 的面积，后者等于 $p(Q_{J^o-1})(Q_{J^o}-Q_{J^o-1})$。另外，业务抢夺假设［条件（A2）］意味着 $(Q_{J^o}-Q_{J^o-1})=J^o q_{J^o}-(J^o-1)q_{J^o-1}\leqslant q_{J^o-1}$，因此，可知区域 $abce$ 的面积 $S_{abce}\leqslant p(Q_{J^o-1})q_{J^o-1}=\pi_{J^o-1}$（$\pi_{J^o-1}$ 的值为图 12. E. 1 区域 $abfg$ 的面积）。因此，$\pi_{J^o-1}\geqslant K$。

---

① 如果能使 $W(J)$ 最大的 J 不止一个，例如 $J^o=\{J_1^o, \cdots, J_N^o\}$，那么 $J^*\geqslant \text{Max}\{J_1^o, \cdots, J_N^o\}-1$。

② 注意，如果（A1）以严格不等式成立，那么这个结论可以加强为 $\pi_{J^o-1}>K$［条件（12. E. 8）为严格不等式］。在这种情形下，即使企业在进入与不进入之间无差异时它选择不进入，我们也有 $J^*\geqslant J^o-1$。

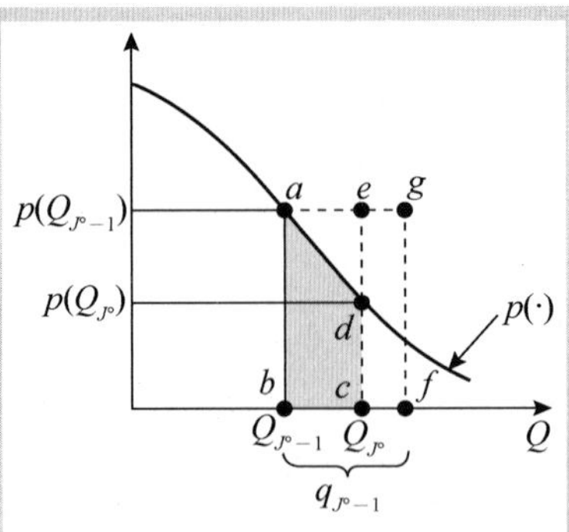

图 12. E. 1 命题 12. E. 1 的图形解释

在企业具有市场势力时，市场上的企业过度进入趋势主要是由抢占业务效应引起的。当抢占业务伴随着企业进入市场和价格大于边际成本时，新进入者的部分利润是以原有企业的利润下降为代价的，从而为企业进入市场创造了过度的激励。

当然，正如命题 12. E. 1 所指出的，市场中的企业数量也可能过少。最典型的例子是社会最优企业数量为 1 的情形。假设某个企业正考虑是否进入市场成为垄断者（即市场中原有企业数量为零），它比较的是进入后它能赚取的垄断利润（图 12. E. 2 中的深色阴影区域 $abde$ 的面积）与它的启动成本 K 的大小。如果垄断利润小于 K，它就不进入。然而，该企业没有考虑它进入市场后带来的消费者剩余的增加——浅色阴影区域 fae 的面积，这个好处由消费者得到。因此，即使从社会角度看该企业进入市场是合意的，它也不会进入，因为对它自己来说垄断利润小于 K。然而，命题 12. E. 1 告诉我们，如果在产品同质市场上进入企业数量过少，那么市场上至多有一个企业。

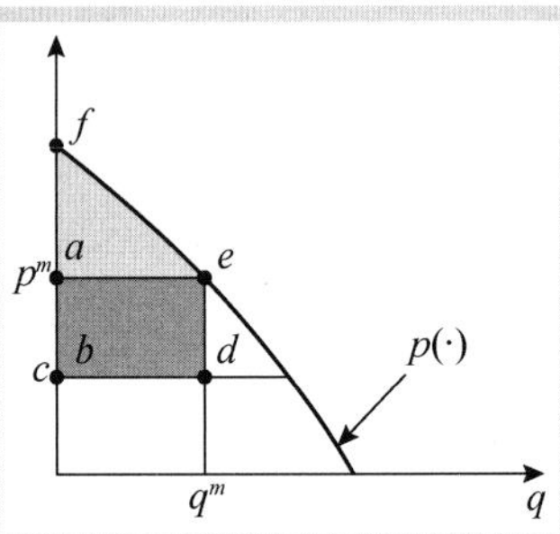

图 12. E. 2 进入激励不足

当存在产品差异化时，结果又是怎样的？在这种情形下，我们得不到一般性的结论。原因在于，图 12. E. 2 描述的问题现在对很多产品都会发生，从而导致很多市场都出现“企业数量过少（只有一个）”的结论。产品差异化的另外一个问题是，在这种情形下，企业数量可能不再那么重要。我们也可能因此无法选择出合适的产品进行研究。①

---

① 产品差异化的更多内容，可参考 Spence（1976），Dixit 和 Stiglitz（1977），Salop（1979），以及 Mankiw 和 Whinston（1986）。

对于寡头垄断市场的进入行为，除了两阶段进入博弈模型之外，我们还有一种建模方法，即将企业的进入行为与产量（价格）选择视为同时发生的，即视为只有一个阶段的**进入博弈**（entry game）。在这种情形下，企业只有在它的销量为正的情形下，它才会投入启动成本。例如，例 12. E. 1 和例 12. E. 2 的只有一个阶段的博弈版本，分别为具有无限多个（或很多个）企业以及具有下列成本函数的古诺博弈和伯特兰博弈：

$$C(q)=\begin{cases}K+c(q) & \text{若 } q>0\\ 0 & \text{若 } q=0\end{cases}$$

对于价格竞争模型，这种变化导致结果剧变。下面我们考虑这种变化对例 12. E. 2 的影响，我们将其作为例 12. E. 4。

例 12. E. 4：伯特兰竞争情形下的只有一个阶段的进入模型。假设对于某个 p 有 $p>[K+cx(p)]/x(p)$（其中参数 c 是每单位产品的成本）；也就是说，假设存在某个价格水平使得寡头垄断企业在支付启动成本 K 之后的利润严格为正。假设很多企业同时制定价格，而且企业只有在实际销售时才发生启动成本 K。在这个博弈的任何均衡中，必定有：均衡价格 $p^*=\text{Min}\{p: p\geqslant[K+cx(p)]/x(p)\}$（如果价格高于 p^*，那么某个企业若将价格设定为 $p^*-\varepsilon$ 就能获益；如果价格低于 p^*，某个企业的利润必定为严格负）；而且在这个价格水平上，市场上的所有需求都由一个企业满足（如果在价格水平 p^* 上，市场需求由若干企业共同满足，那么每个企业的利润都是负的）。[①] 在这个均衡中，每个企业的利润都为零。图 12. E. 3 描述了这个均衡结果。注意，从福利角度来看，这个均衡结果严格好于例 12. E. 2 中的两阶段进入过程的结果，因为在后面这个结果中，虽然也只有一个活跃企业，但它索要的是垄断价格。[②]

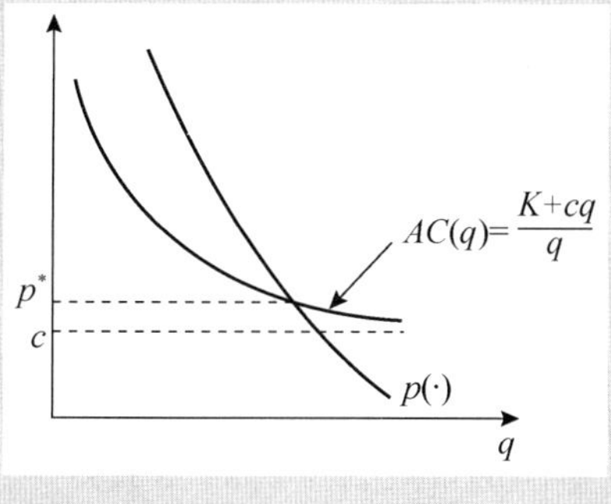

图 12. E. 3　例 12. E. 4 中一阶段进入博弈的均衡

---

① 注意，现在当几个企业索要相同的价格时，我们允许消费者的需求完全由一个企业满足（在以前，当若干企业要价相同时，我们假设需求的分割是外生给定的）。在这个例子中，只有这种需求安排才能与我们的均衡相容。事实上，正式地说，我们可以把它看成下列情形的均衡极限，这种情形是要价只能为离散单位且这些单位不断变小。

② 事实上，这个均衡结果是某个追求社会福利最大的计划者面对的问题的解，该计划者控制每个企业的产量 q_j 但要保证每个活跃企业的利润都是非负的，也就是说，这个计划者面对的约束为：$p\left(\sum_k q_k\right)q_j\geqslant cq_j+K$ 对于每个 j 和 $q_j>0$ 均成立。

两阶段进入模型和只有一个阶段的进入模型有何重要区别？在两阶段进入模型中，进入者必须在展开竞争之前就投入启动成本，但在只有一个阶段的模型中，进入者在展开竞争的同时可以保持不投入启动成本的权利（如果它一点也不销售）。我们可以将两阶段的情形想象为企业在一次性投入启动成本之后，才可以展开很多期的竞争，而在只有一个阶段的情形下，允许“打了就跑”（hit-and-run）的进入形式（即只进入一期，因此只需要支付一期的资本租金）。在企业只有支付启动成本之后才能进入市场的情形下，它必须考虑其他企业对它进入市场的反应。在成本不变的伯特兰模型中，这种反应非常剧烈：若价格降低到等于成本，企业进入后会发生亏损。相反，在只有一个阶段的博弈中，企业能够进入而且将价格降到低于竞争对手的价格而不需担心对手的反应。这使得进入更具有进攻性，从而导致更低的均衡价格。这种价格竞争的一阶段进入模型为**可竞争市场**（contestable market）提供了一种建模方法，可竞争市场这个概念首先由 Baumol，Panzar 和 Willig（1982）提出。

12.F 竞争极限

在第 10 章，我们介绍了一种有用的思想：将竞争市场看成当企业的市场势力逐渐变小时的寡头垄断市场的极限情形（参考 10. B 节）。我们也指出，这种观点能解释下列情形：当企业可以自由进入市场且平均成本具有严格正的效率规模时，不存在竞争均衡（参考 10. F 节）。在这种情形下，我们断言，只要很多企业能够进入市场，市场结果就会逼近竞争结果，就好像行业平均成本真的维持在最低平均成本水平上出现的结果一样。在本节，我们将说明，在自由进入的情形下，如果单个企业的规模相对于市场规模来说很小，那么均衡将逼近竞争均衡。

我们在例 12. E. 1 中已经看到过这种现象的一个例子。此处，我们更一般地证明这一点。现在令市场需求 $x_\alpha(p)=\alpha x(p)$，其中 $x(p)$ 是可微的，$x'(\cdot)<0$。α 值增加对应着需求在所有价格水平上都按比例增加。令 $p(q)$ 是与 $x(p)$ 相伴的反需求函数，于是与 $x_\alpha(p)$ 相伴的反需求函数为 $p_\alpha(q)=p(q/\alpha)$。每个潜在企业的成本函数 $c(q)$ 都是严格凸的，进入所需启动成本 $K>0$。我们用 $\bar{c}=\text{Min}_{q>0}[K+c(q)]/q$ 表示单个企业的最低平均成本水平，令 $\bar{q}>0$ 表示单个企业（唯一的）有效率规模。

与例 12. E. 1 一样，我们考察两阶段进入模型，其中阶段 2 是古诺竞争。企业在阶段 1 决定是否进入，如果进入就必须投入启动成本 K。令 $b(Q_{-j})$ 表示在给定活跃企业 j 的竞争对手的总产量水平 Q_{-j} 时，企业 j 的最优产量水平（即最优反应）。假设这个最优反应对于所有 Q_{-j} 都是唯一的。

最后，在这个两阶段古诺进入模型中，当市场规模为 α 时，我们将它的子博弈完美纳什均衡（SPNE）中的价格和总产量分别记为 p_α 和 Q_α。令 P_α 表示当市场规模为 α 时的所有 SPNE 价格组成的集合。

命题 12. F. 1： 在两阶段古诺进入模型中，随着市场规模的增大，这个模型的任何子博弈完美纳什均衡价格都收敛于最低平均成本水平（“竞争”价格）。正式地说，

$$\text{当 } \alpha\to\infty \text{ 时，} \underset{p_\alpha\in P_\alpha}{\mathrm{Max}}|p_\alpha-\bar{c}|\to 0$$

证明： 我们分三步证明这个命题。

（i）首先，在习题 12. F. 1 中请自行证明对于足够大的 α，单个活跃企业的最优反应函数 $b(Q_{-j})$ 关于 Q_{-j} 是（弱）递减的。

（ii）其次，我们证明如果 $b(Q_{-j})$ 是递减的，那么对于这个两阶段进入博弈，当市场规模为 α 时，该博弈的任何 SPNE 必定都满足 $Q_\alpha\geqslant\alpha x(\bar{c})-\bar{q}$。为了看清这一点，假设当市场规模为 α 时，在某个 SPNE 中有 J_α 个企业进入而且总成本产量 $Q_\alpha<\alpha x(\bar{c})-\bar{q}$。考虑任何企业 j，在前面所说的这个 SPNE 中，该企业的均衡进入策略是“不进入”，现在假设企业 j 改变策略决定进入，生产产量 $\bar{q}$。由于 $b(\cdot)$ 是递减的，所以在直觉上，在企业 j 进入后，原有 J_α 个活跃企业的总产量水平不可能增加（这个结论的正式证明参见下文）。结果，在企业 j 进入后，市场上的总产量水平不会大于 $(Q_\alpha+\bar{q})$；而且由于 $(Q_\alpha+\bar{q})<\alpha x(\bar{c})$，企业 j 进入后的市场价格大于 $\bar{c}$。因此，在这种情形下，企业 j 进入市场能够赚取严格正的利润，这与我们一开始时假设我们在某个 SPNE 上相矛盾。

在企业 j 进入后，原有 J_α 个活跃企业的总产量水平不可能增加。这个结论的证明过程如下：令 Q_{-j} 表示这些企业总产量的初始均衡水平，令 $\tilde{Q}_{-j}$ 表示企业 j 进入后原有那些企业的总产量水平。假设 $\tilde{Q}_{-j}>Q_{-j}$。那么在原有企业中，至少有一个企业（不妨记为企业 k）对企业 j 的进入行为的反应是增加产量，比如从 q_k 增加到 $\tilde{q}_k>q_k$。由于 $b(\cdot)$ 是递减的，所以必定有 $\tilde{Q}_{-k}<Q_{-k}$，其中 $\tilde{Q}_{-k}$ 表示企业 j 进入后，除了企业 k 之外的所有其他活跃企业（包括企业 j）的产量之和，而 Q_{-k} 表示企业 j 进入之前，除了企业 k 之外的所有其他活跃企业的产量之和。根据习题 12. C. 8 的（c）部分可知，这意味着 $q_k+Q_{-k}\geqslant\tilde{q}_k+\tilde{Q}_{-k}$。但是 $Q_{-j}=q_k+Q_{-k}$（因为企业 j 原来的产量为零），而且 $\tilde{q}_k+\tilde{Q}_{-k}\geqslant\tilde{Q}_{-j}$（因为企业 j 进入市场后它的产量是非负的）。因此，$Q_{-j}\geqslant\tilde{Q}_{-j}$。这与我们前面的假设 $\tilde{Q}_{-j}>Q_{-j}$ 矛盾。这样，我们就证明了在企业 j 进入后，原有 J_α 个活跃企业的总产量水平不可能增加。

（iii）最后，我们证明（ii）中的结论蕴涵着命题的结论。为了看清这一点，我们考虑当总产量比 $\alpha x(\bar{c})$ 至多小 $\bar{q}$ 时，价格能比 $\bar{c}$ 高多少。这个结果由下式给出

$$\Delta p_\alpha=p_\alpha(\alpha x(\bar{c})-\bar{q})-p_\alpha(\alpha x(\bar{c}))=p\left(\frac{\alpha x(\bar{c})-\bar{q}}{\alpha}\right)-p(x(\bar{c}))$$

但是当 $\alpha \to \infty$ 时，$[\alpha x(\bar{c}) - \bar{q}]/\alpha \to x(\bar{c})$，因此 $\Delta p_{\alpha} \to 0$。这样，我们就完成了命题的证明。■

有两种力量能保证命题 12. F. 1 成立。首先，如果市场还有很多“空间”，进入过程保证企业会进入市场。其次，如果市场的规模相对于最低效率规模来说非常大，那么产量减少相当于一个最低效率规模的量，对价格的影响可以忽略不计。这两个事实联合导致的结果是，随着市场规模的扩大，企业的市场势力消散，价格逼近最低平均成本水平（竞争水平）。在这个极限结果中，福利接近它的最优水平。①

在例 12. E. 2 中，我们看到，在两阶段伯特兰市场上，不存在这样的极限结果。② 这是因为即使有两个企业进入市场，价格也会降低到等于边际成本，因此市场总是被垄断的，不管市场规模为多大。然而，两阶段伯特兰模型的极限性质非常特殊。对于任何市场规模来说，只要对于任何有限个企业进入市场，价格都大于边际成本，而且随着企业数量的增加，价格接近边际成本，那么类似于命题 12. F. 1 的结果就会成立。

最后，命题 12. F. 1 只适用于同质产品市场情形。在产品差异化的情形下，我们必须小心。尽管企业的规模相对于这些彼此相关的产品市场规模来说可能很小，但对于它们各自的利基市场来说又可能较大。在这种情形下，即使在极限结果中，每个企业也可能仍有较大的市场势力，从而极限均衡远不是有效率的（参见习题 12. F. 4）。

12.G 影响未来竞争的策略性事前承诺

很多寡头垄断市场的一个重要特征是，企业试图作出策略性事前承诺（strategic precommitments），从而改变未来的竞争条件，使其对它们有利。策略性事前承诺的例子随处可见。例如，企业可以投资以降低成本或扩大产能，企业研发新产品等，这些行为都能引起持久性的改变，从而影响未来竞争的性质。在实践中，这类决策是企业作出的最重要的决策类型之一。

我们可以使用下列两阶段双头垄断模型来说明这类策略性事前承诺的某些一般性质。

阶段 1：企业 1 有权进行策略性投资，令 $k \in \mathbb{R}$ 表示投资水平。这个选择是可以观察到的。

---

① 近似的意义与市场规模参数 α 有关。假设 α 代表的是消费者的数量，这意味着（相对于最优水平来说）每个消费者的福利损失为零。

② 严格地说，例 12. E. 2 中企业的成本函数与命题 12. F. 1 中假设的成本函数不同［在例 12. E. 2 中，平均成本（包含启动成本 K）是递减的］。然而，对于两阶段古诺模型，可以证明，命题 12. F. 1 对于例 12. E. 2 中的成本函数来说仍然成立（现在令命题中的 $\bar{c}$ 表示当企业产量增加时的平均成本的极限值）。

阶段 2：企业 1 和企业 2 展开某个双头垄断博弈，各自选择策略 $s_1 \in S_1 \subset \mathbb{R}$ 和 $s_2 \in S_2 \subset \mathbb{R}$。给定投资水平 k 和策略选择 (s_1, s_2)，企业 1 和 2 的利润分别为 $\pi_1(s_1, s_2, k)$ 和 $\pi_2(s_1, s_2)$。

例如，k 可以是企业 1 旨在降低边际成本的投资，阶段 2 的行为可以为古诺竞争（因此 $s_j = q_j$，其中 q_j 表示企业 j 的产量选择）。或者，阶段 2 的竞争可以是差异化产品的价格竞争。

我们假设，给定 k 的任何选择，阶段 2 存在唯一的纳什均衡 $(s_1^*(k), s_2^*(k))$。出于方便分析的目的，我们假设它关于 k 可微。对于我们的讨论目的来说，我们还假设 $\partial\pi_1(s_1, s_2, k)/\partial s_2 < 0$ 和 $\partial\pi_2(s_1, s_2)/\partial s_1 < 0$；也就是说，阶段 2 的行为是"进攻性的"，也即企业 j 的竞争对手选择较高的 s_{-j} 水平会降低企业 j 的利润。因此，在其他条件不变的情形下，如果企业 1 能诱使企业 2 选择较低的 s_2，那么企业 1 的利润会增加。

企业 1 的投资何时能导致企业 2 降低 s_2？令 $b_1(s_2, k)$ 和 $b_2(s_1)$ 分别表示企业 1 和企业 2 在阶段 2 的最优反应函数（注意企业 1 的最优反应还取决于 k），对均衡条件 $s_2^* = b_2(b_1(s_2^*, k))$ 微分可得

$$\frac{ds_2^*(k)}{dk} = \frac{db_2(s_1^*(k))}{ds_1}\left(\frac{\partial b_1(s_2^*(k), k)/\partial k}{1 - [\partial b_1(s_2^*(k), k)/\partial s_2][db_2(s_1^*(k))/ds_1]}\right) \tag{12.G.1}$$

式（12.G.1）右侧第二项中的分母是非负的，它通常称为**稳定条件**（stability condition）。这意味着：从某个纳什均衡附近的任何策略组合开始，两个企业轮流对竞争对手当前策略作出短期最优反应，该简单动态调整过程必收敛于这个纳什均衡。在余下的讨论中，我们将保留这个假设。因此，k 对 s_2 的影响取决于两个因素：(1) 在阶段 2 的竞争中，k 使得企业 1 的"进攻性"增强还是减弱［即，$\partial b_1(s_2^*(k), k)/\partial k$ 为正还是负］？(2) 如果企业 2 预期企业 1 更具有"进攻性"，那么企业 2 对此的反应是加强还是减弱自身的进攻性［即，$db_2(s_1^*(k))/ds_1$ 为正还是负］？

当企业 2 对企业 1 的选择 s_1 的反应是加强自己的进攻性［即，$db_2(s_1^*(k))/ds_1 > 0$］时，我们说 s_2 是 s_1 的一个**策略性互补**（strategic complement）；如果企业 2 对企业 1 更具进攻性行为的反应，是减弱自身的进攻性［即，$db_2(s_1^*(k))/ds_1 < 0$］，我们说 s_2 是 s_1 的一个**策略性替代**（strategic substitute）。这两个术语来自 Bulow，Geanakoplos 和 Klemperer（1985）；也可参见 Fudenberg 和 Tirole（1984）。

企业 2 的反应［即，$ds_2^*(k)/dk$］的上述两个决定因素，可参见图 12.G.1。

	策略性互补 $\frac{db_2(\cdot)}{ds_1}<0$	策略性替代 $\frac{db_2(\cdot)}{ds_1}>0$
$\frac{\partial b_1(\cdot)}{\partial k}>0$	$\frac{ds_2^*(k)}{dk}<0$	$\frac{ds_2^*(k)}{dk}>0$
$\frac{\partial b_1(\cdot)}{\partial k}<0$	$\frac{ds_2^*(k)}{dk}>0$	$\frac{ds_2^*(k)}{dk}<0$

图 12.G.1　$ds_2^*(k)/dk$ 符号（正还是负）的确定

例 12.G.1：旨在降低边际成本的投资的策略性效应。我们在上面讨论了两种策略行为：一是策略性互补，二是策略性替代。这两种策略行为的后果是什么样的？在本例中，我们通过考察旨在降低边际成本的投资的策略性效应来说明这个问题。我们使用前面讨论过的两阶段进入模型进行阐述。

假设企业 1 在投资 k 之后，它生产每单位产品的成本 $c(k)$ 是固定不变的，其中 $c'(k)<0$。我们首先考察阶段 2 的竞争为例 12.C.1 中的古诺模型形式，因此阶段 2 的策略变量为 $s_j=q_j$（企业 j 的产量选择）。在这个模型中，我们有策略性替代情形，这是因为在阶段 2，企业 2 的最优反应函数是向下倾斜的［$db_2(q_1)/dq_1<0$ 对于所有满足 $b_2(q_1)>0$ 的 q_1 均成立］。如图 12.G.2(a) 所示，k 增加（比如从 k' 增加为 $k''>k'$）导致企业 1 的边际成本下降，从而使得企业 1 的最优反应函数从 $b_1(q_2, k')$ 向右移动到 $b_1(q_2, k'')$；企业 1 的边际成本降低之后，给定它的竞争对手的任何产量选择，企业 1 希望生产更多的产量［所以 $\partial b_1(q_2^*(k), k)/\partial k>0$］。因此，在这个模型中，旨在降低边际成本的投资，导致企业 2 的产量水平下降，这个效应对企业 1 有利［参见图 12.G.2(a)］。

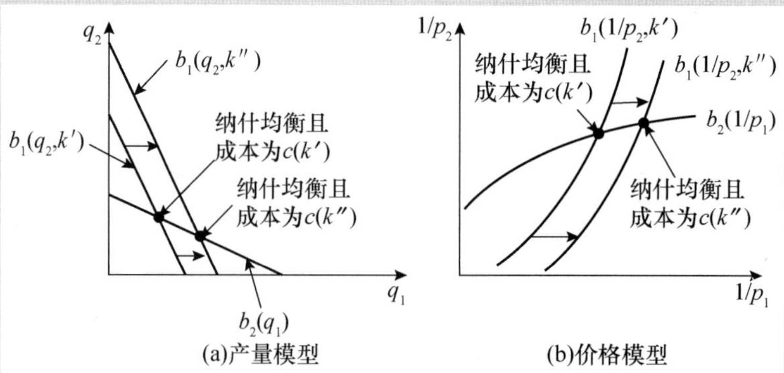

图 12.G.2　边际成本从 $c(k')$ 降低为 $c(k'')$ 所引起的策略性效应

相反，假设阶段 2 的竞争是例 12.C.2 中的差异化价格竞争。由于我们一直把 s_j 解释为

"进攻性"变量[即，$\partial\pi_1(s_1, s_2, k)/\partial s_2<0$]，为了与这种解释相一致，我们令 $s_j=1/p_j$。在这个模型中，我们有策略性互补情形：预期企业1价格下降将导致企业2降价[即，$db_2(1/p_1)/d(1/p_1)>0$]。如图12.G.2(b)所示，k 增加（比如从 k' 增加为 $k''>k'$）导致企业1的边际成本下降，再次使得企业1更具有进攻性，导致它选择更低的价格水平（给定企业2选择的任何价格）；企业1的最优反应函数从 $b_1(1/p_2, k')$ 向右移动到 $b_1(1/p_2, k'')$[因此，$\partial b_1(1/p_2^*(k), k)/\partial k>0$]。对于策略性互补，企业1旨在降低边际成本的投资，导致企业2的均衡价格下降，这个效应对企业1不利。

因此，在这两个模型中，旨在降低边际成本的投资带来的策略性效应是不同的：产量模型对企业1有利，价格模型对企业1不利。[①] 至于哪种模型能更准确地描述竞争性互动的性质，这要取决于行业的具体情形。例如，一方面，如果某个成熟行业中的企业有过剩生产能力，价格模型的描述能力可能更强一些。另一方面，对于企业正投资于产能建设的新兴市场来说，产量模型也许能更好地刻画策略性效应（回忆12.C节我们用产能选择来解释古诺模型的情形）。

因此，企业1在决定自己的投资水平时，它不仅必须考虑投资的直接效应（比如，降低边际成本），还必须考虑竞争对手的反应带来的策略性效应。正式地说，企业1的利润关于 k 的导数可以写为

$$\frac{d\pi_1(s_1^*(k),s_2^*(k),k)}{dk}=\frac{\partial\pi_1(s_1^*(k),s_2^*(k),k)}{\partial k}+\frac{\partial\pi_1(s_1^*(k),s_2^*(k),k)}{\partial s_1}\frac{ds_1^*(k)}{dk}+\frac{\partial\pi_1(s_1^*(k),s_2^*(k),k)}{\partial s_2}\frac{ds_2^*(k)}{dk}$$

由于给定投资水平 k，在阶段2的纳什均衡中，我们有 $\partial\pi_1(s_1^*(k), s_2^*(k), k)/\partial s_1=0$，所以上式可以简化为

$$\frac{d\pi_1(s_1^*(k),s_2^*(k),k)}{dk}=\frac{\partial\pi_1(s_1^*(k),s_2^*(k),k)}{\partial k}+\frac{\partial\pi_1(s_1^*(k),s_2^*(k),k)}{\partial s_2}\frac{ds_2^*(k)}{dk} \tag{12.G.2}$$

在式(12.G.2)右侧，第一项为投资水平 k 变化对企业1利润的**直接效应**；第二项为企业2的均衡对 k 变化的反应带来的**策略性效应**。由于 $\partial\pi_1(s_1^*(k), s_2^*(k), k)/\partial s_2<0$，所以当 $ds_2^*(k)/dk<0$（即，企业2对企业1投资行为的反应是降低自己选择的 s_2）时，这个策略性效应对企业1利润的影响是正的。

在以上讨论中，我们考察了下列情形：某个企业作出策略性事前承诺，旨在影响它与其他企业（市场中原有企业或正打算进入市场的企业）的未来竞争。然而，一种特别让人关注的策略性事前承诺情形是，某个企业（比如企业1）率先进入市场，然后使用先发优势来威慑要进入市场的其他企业。

---

① 在价格模型和产量模型中，最优反应函数未必总是这样倾斜的，但是我们这里的例子比较特殊，可以视为"正常"(normal)情形。参见习题12.C.12。

为了正式分析这种例子，我们可以在阶段 1 和阶段 2 之间引入一个新的阶段，比如阶段 1.5。在阶段 1.5，企业 2 决定是否进入市场，如果它选择“进入”，那么它必须支付启动成本 $F>0$。因此，给定企业 1 在阶段 1 的投资水平 k，如果企业 2 预期它自己在阶段 3 的利润 $\pi_2(s_1^*(k), s_2^*(k))$ 小于 F，那么企业 2 将会选择“不进入”。给定这个事实，在位者（企业 1）当然会虚晃一枪，宣称如果别的企业胆敢进入，它就会实施掠夺性定价（即，企业 1 将在阶段 3 选择非常高的 s_1）。然而，问题在于，这个威胁必须是可信的（回忆我们在第 9 章中的讨论）。因此，为了威慑进入者，在位者所需做的事情是选择一个投资水平 k，暗示进入者它有足够的能力实施进攻性行为，从而使企业 2 选择不进入。在任何具体问题中，这种做法既可能可行也可能不可行，而且这种做法可能有好处也可能没有好处（从在位者利润角度看）。一般来说，作出事前承诺的机制有很多种（即，有很多种 k 变量）。在附录 B，我们将详细地考察进入威慑的经典机制：产能扩张。这个机制首先由 Spence（1977）和 Dixit（1980）提出。

附录 A：无限重复博弈与无名氏定理

在本附录，我们将 12.D 节的无限重复博弈扩展到更一般的情形。我们的主要目的是正式阐述无限重复博弈的无名氏定理。无限重复博弈有着非常丰富的理论结构，此处我们只考察其中一些性质。更一般的讨论可参考 Fudenberg 和 Tirole（1992）以及 Osborne 和 Rubinstein（1984）。

模　型

无限重复博弈是由一期同时行动博弈［称为**阶段博弈**（stage game）］重复无限次而构成的。为了方便说明，此处我们仅考察两人博弈的情形。

在只有一期的阶段博弈中，每个参与人 i 的策略集 S_i 都是紧的；$q_i \in S_i$ 是参与人 i 的某个可行选择。令 $q=(q_1, q_2)$，$S=S_1 \times S_2$。参与人 i 的收益函数为 $\pi_i(q_i, q_j)$。我们始终考察纯策略。为方便说明，令 $\hat{\pi}_i(q_j)=\text{Max}_{q\in S_i}\pi_i(q, q_j)$ 表示给定参与人 i 的竞争对手选择 q_j 时，参与人 i 的一期最优反应收益函数。① 假设阶段博弈有唯一的纯策略纳什均衡 $q^*=(q_1^*, q_2^*)$（唯一性假设只是为了说明上的方便）。

在无限重复博弈中，在每一期期初，参与人选择自己的策略，得到相应的收益。参与人都以相同的贴现因子 $\delta<1$ 贴现自己的收益。参与人在每一期都能看到彼此的选择，而且每个参与人的记忆都是完美的。在这个博弈中，参与人 i 的一个纯策略，是一个函数序列 $\{s_{it}(\cdot)\}_{t=1}^{\infty}$，每个函数将参与人的策略选择历史（记为

① 我们假设集合 S_i 和函数 $\pi_i(q_i, q_j)$ 的假设条件能够使得这个最优反应收益函数存在（即，使得每个参与人的最优反应总是明确定义的）。

H_{t-1}）映射到参与人 i 在时期 t 的策略选择 $s_{it}(H_{t-1})\in S_i$。我们将参与人 i 的由所有这样的纯策略组成的集合记为 Σ_i，将两个参与人的一个纯策略组合记为 $s=(s_1, s_2)\in\Sigma_1\times\Sigma_2$。

任何纯策略组合 $s=(s_1, s_2)$ 都能诱导出一个**结果路径**（outcome path）$Q(s)$，这是当参与人遵循策略（s_1，s_2）时，他们实际选择的行动组成的无穷序列 $\{q_t=(q_{1t}, q_{2t})\}_{t=1}^{\infty}$。参与人 i 从结果路径 Q 上得到的贴现收益为 $v_i(Q)=\sum_{\tau=0}^{\infty}\delta^{\tau}\pi_i(q_{1+\tau})$。我们还将参与人 i 从结果路径 Q 上得到的**平均收益**（average payoff）定义为 $(1-\delta)v_i(Q)$，这个收益是说如果博弈无限重复下去，参与人 i 在每一期得到的贴现收益为 $v_i(Q)$。最后，我们把结果路径 Q 上时期 t 及其以后各期（贴现到时期 t）的贴现收益之和定义为 $v_i(Q,t)=\sum_{\tau=0}^{\infty}\delta^{\tau}\pi_i(q_{t+\tau})$。

我们可以立即注意到下列事实：对于某个策略组合，若它指定每个参与人 i 在每一期都选择他的阶段博弈纳什均衡行动 q_i^*，那么无论参与人的博弈历史是什么样的，对于任何 $\delta<1$，这个策略组合都是一个子博弈完美纳什均衡（SPNE）。在下面的讨论中，我们对下列问题感兴趣：重复博弈在多大程度上能够允许其他结果作为 SPNE？

纳什反转策略与纳什反转无名氏定理

我们首先考察纳什反转形式的策略，关于这种策略，我们曾在 12.D 节的伯特兰定价博弈中介绍过。

定义 12.AA.1：对于无限重复博弈的某个策略组合 $s=(s_1, s_2)$，如果它指定每个人一直选择某个结果路径 Q 直至有人偏离，一旦有人偏离，每个人从此以后都选择阶段博弈纳什均衡 $q^*=(q_1^*, q_2^*)$，那么这个策略组合 s 称为**纳什反转策略组合**（Nash reversion strategy profile）。

如果使用纳什反转策略，那么什么样的结果路径 Q 能成为一个 SPNE 的结果路径？按照 12.D 节的类似逻辑，我们可以得到引理 12.AA.1 中的检验标准。

引理 12.AA.1：对于某个纳什反转策略组合，若它一直指定参与人遵循结果路径 $Q=\{q_{1t}, q_{2t}\}_{t=1}^{\infty}$ 直到有参与人偏离，那么该纳什反转策略组合构成了一个子博弈完美纳什均衡当且仅当

$$\hat{\pi}_i(q_{jt})+\frac{\delta}{1-\delta}\pi_i(q_1^*, q_2^*)\leqslant v_i(Q,t)\quad（其中\ j\neq i）\tag{12.AA.1}$$

对于所有 t 以及 $i=1, 2$。

证明：与 12.D 节的讨论一样，一旦有参与人偏离，纳什反转策略组合指定的行动就构成了后继子博弈的一个纳什均衡；因此，给定任何一个时期 t，在此之前任何参与人都未曾偏离，我们只需要检验这些策略是否能够诱导出始于这个时期 t 的子博弈的纳什均衡即可。首先请注意，如果对于某个 i 和 t，条件（12.AA.1）

不成立，那么我们不可能得到一个子博弈完美纳什均衡。也就是说，如果在时期 t 之前任何人都未偏离，那么在后继的子博弈中，参与人 i 对参与人 j 遵守路径 Q（即，参与人 j 不偏离）的最优反应，不是遵守路径 Q [特别地，如果参与人 i 在时期 t 偏离（因此他在该期的收益达到极大），而且自此以后的各期他都选择 q^*，那么他的收益就会严格增大]。

在另外一个方向上，假设条件（12. AA. 1）对于所有 i 和 t 都成立，但是不存在子博弈完美纳什均衡，那么必定存在某个时期 t，某个参与人 i 发现，如果在此之前所有参与人都未曾偏离过结果路径 Q，那么他的偏离是值得的。现在，当参与人 i 的竞争对手遵循纳什反转策略时，参与人 i 的最优偏离行为是：在时期 t 最大化自己的收益，自此以后一直选择 q_i^*。但是他的这个偏离行为带来的收益正好是条件（12. AA. 1）的左侧，因此，偏离无法提高参与人 i 的收益。这样，我们就完成了命题的证明。■

为了强调参与人 i 在一期收益（偏离行为发生的那一期的收益）和未来损失之间的权衡，我们将条件（12. AA. 1）变形为：

$$\hat{\pi}_i(q_{jt})-\pi_i(q_{1t},q_{2t})\leqslant\delta\left(v_i(Q,t+1)-\frac{\pi_i(q_1^*,q_2^*)}{1-\delta}\right) \quad (12.\text{AA}.2)$$

对于所有 t 和 $i=1$，2 成立。条件（12. AA. 2）左侧给出了参与人 i 在时期 t 的偏离行为带来的一期收益，而右侧给出的是参与人 i 未来损失的贴现值，发生损失的原因在于参与人 i 在时期 $t+1$ 及其以后各期转向纳什均衡。

注意，条件（12. AA. 2）给出的是无穷多个需要检验的不等式。然而，对于 12. D 节考察的那种固定不变的结果路径 [每个参与人在每一期的行动 q_i 都相同，因此 $Q=(q_1, q_2), (q_1, q_2), \cdots$]，条件（12. AA. 2）中需要检验的不等式简化为两个：(q_1, q_2) 的无限次重复是使用纳什反转策略的 SPNE 的一个结果路径当且仅当对于 $i=1$，2，有

$$\hat{\pi}_i(q_j)-\pi_i(q_1,q_2)\leqslant\frac{\delta}{1-\delta}[\pi_i(q_1,q_2)-\pi_i(q_1^*,q_2^*)] \quad (12.\text{AA}.3)$$

与静态纳什均衡结果 $q^*=(q_1^*, q_2^*)$ 相比，使用纳什反转策略能好多少？首先，在相对宽松的条件下（12. D 节考虑的伯特兰博弈不满足这样的条件），只要 $\delta>0$，参与人就能找到某个固定不变的结果路径，使得该路径的贴现收益严格高于 $q^*=(q_1^*, q_2^*)$ 无限次重复而得到的贴现收益。命题 12. AA. 1 正式阐述了这个事实。

命题 12. AA. 1：假设在某个无限重复博弈中，$\delta>0$，$S_i\subset\mathbb{R}$（其中 $i=1$，2）。假设 $\pi_i(q)$ 在 $q^*=(q_1^*, q_2^*)$ 处是可微的，$\partial\pi_i(q_i^*, q_j^*)/\partial q_j\neq 0$（其中 $j\neq i$；$i=1$，2），那么存在满足 $[\pi_1(q'), \pi_2(q')]\gg[\pi_1(q^*), \pi_2(q^*)]$ 的某个 $q'=(q_1', q_2')$，使得 $q'=(q_1', q_2')$ 的无限次重复，是使用纳什反转策略的 SPNE 的结果路径。

证明：在 $q=(q_1^*, q_2^*)$ 处，条件（12. AA. 3）以等式形式成立。考虑 q 的满足 $[\partial\pi_i(q_i^*, q_j^*)/\partial q_j]dq_j>0$（其中 $i=1, 2$）的一个微分变化 (dq_1, dq_2)。这个微分变化引起的企业 i 利润的微分变化为

$$d\pi_i(q_i^*, q_j^*)=\frac{\partial\pi_i(q_i^*, q_j^*)}{\partial q_i}dq_i+\frac{\partial\pi_i(q_i^*, q_j^*)}{\partial q_j}dq_j=\frac{\partial\pi_i(q_i^*, q_j^*)}{\partial q_j}dq_j \qquad (12. AA. 4)$$

由于 q_i^* 是参与人 i 对 q_j^* 的一个最优反应。因此，

$$d\pi_i(q_i^*, q_j^*)>0 \qquad (12. AA. 5)$$

另外，包络定理（参考数学附录 M. L 节）告诉我们，在任何 q_j 处

$$d\hat{\pi}_i(q_j)=\frac{\partial\pi_i(b_i(q_j), q_j)}{\partial q_j}dq_j$$

其中 $b_i(\cdot)$ 是在阶段博弈中，参与人 i 对 q_j 的最优反应。因此，

$$d\hat{\pi}_i(q_j^*)=\frac{\partial\pi_i(q_i^*, q_j^*)}{\partial q_j}dq_j \qquad (12. AA. 6)$$

条件（12. AA. 4）与条件（12. AA. 6）一起意味着，在一阶上，条件（12. AA. 3）不受这个变化的影响。然而，条件（12. AA. 5）意味着条件（12. AA. 3）的右侧在一阶上是递增的。因此，对于 (dq_1, dq_2) 方向上的足够小的变化 $(\Delta q_1, \Delta q_2)$，$(q_1+\Delta q_1, q_2+\Delta q_2)$ 的无限重复构成了使用纳什反转策略的一个 SPNE 的结果路径，而且根据条件（12. AA. 5）可知，对于这两个参与人来说，它产生的贴现收益严格大于 $q^*=(q_1^*, q_2^*)$ 无限重复得到的贴现收益。■

命题 12. AA. 1 告诉我们，在策略集连续且收益函数可微的情形下，只要参与人的联合收益在阶段博弈纳什均衡附近有改进的可能性，就存在着合作解。

事实上，我们可以更进一步。考察条件（12. AA. 2）可知，随着 δ 变大，参与人更有可能合作。

命题 12. AA. 2：假设当贴现因子为 δ 时，结果路径 Q 能够构成使用纳什反转策略的一个 SPNE 的结果路径，那么对于任何 $\delta'\geqslant\delta$，上述结论仍然成立。

事实上，当 δ 变得很大时，很多结果路径都能构成使用纳什反转策略的 SPNE 的结果路径。命题 12. AA. 3 中的结论［首先由 Friedman（1971）提出］是**纳什反转无名氏定理**（Nash reversion folk theorem）的一个版本。它指出：对于任何固定不变的结果路径，如果它带给每个参与人的贴现收益大于阶段博弈纳什均衡 $q^*=(q_1^*, q_2^*)$ 无限重复带来的贴现收益，那么如果 δ 充分接近 1，该固定不变的结果路径就构成了一个 SPNE。

命题 12. AA. 3：对于满足 $\pi_i(q_1, q_2)>\pi_i(q_1^*, q_2^*)$（其中 $i=1, 2$）的任何行动组合 $q=(q_1, q_2)$，存在着一个 $\underline{\delta}<1$ 使得对于任何 $\delta>\underline{\delta}$，$q=(q_1, q_2)$ 的无限重复

是使用纳什反转策略的一个 SPNE 的结果路径。

命题 12. AA. 3 的证明可直接从条件（12. AA. 3）推出：令 $\delta \to 1$。事实上，可以证明，命题 12. AA. 3 的逻辑可以推广到非固定不变的结果路径上。这样，通过交替使用不同的行动组合（q_1，q_2），就有可能使得命题 12. AA. 3 中的可能收益集凸化。通过这种方法，我们可以使得图 12. AA. 1 中的任何收益都构成一个 SPNE 的平均收益。①

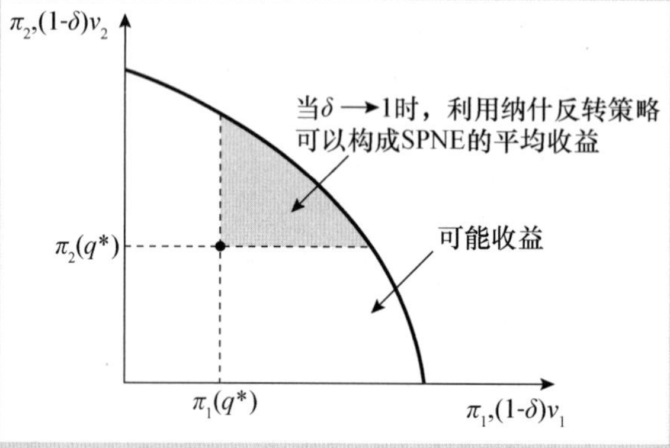

图 12. AA. 1　纳什反转无名氏定理

12

习题 12. AA. 1：证明对于某个参与人 i，任何满足 $\pi_i(q_1, q_2) < \pi_i(q_1^*, q_2^*)$ 的行动组合 $q=(q_1, q_2)$ 都不可能构成使用纳什反转策略的一个 SPNE 固定不变的结果路径。

更严厉的惩罚与无名氏定理

在直觉上，对于给定的 $\delta<1$ 水平，在参与人对偏离行为作出的可信事前承诺中，惩罚越严厉，越容易阻止参与人偏离任何给定的结果路径。一般来说，纳什反转策略并不是最严厉的可信惩罚策略。与威胁实施惩罚策略能诱导参与人合作一样，这样的策略也可能诱导参与人互相惩罚。

为了方便地考察这个问题，令 $\underline{\pi}_i = \text{Min}_{q_j}[\text{Max}_{q_i} \pi_i(q_i, q_j)]$表示参与人 i 的**最小最大收益**（minimax payoff）。② $\underline{\pi}_i$ 是参与人 i 在下列情形中的收益：如果参与人 i 预期到了他的竞争对手将采取的行动，从而他会最大化自己的收益即$\text{Max}_{q_i} \pi_i(q_i, q_j)$，但他的竞争对手的反应将使得参与人 i 在阶段博弈中的收益最小。首先请注意，参与人 i 在阶段博弈纳什均衡 $q^*=(q_1^*, q_2^*)$ 中的收益不可能小于 $\underline{\pi}_i$。更重要的是，无论参与人 i 选择什么样的策略，参与人 i 在无限重复博弈中或在该博弈中的任何子博弈中的收益，均不可能小于 $\underline{\pi}_i$。因此，参与人 i 偏离后，任何惩罚措施

---

① 更详细的内容，请参见 Fudenberg 和 Maskin（1991）。

② 一般来说，如果允许混合策略，参与人 i 的最小最大收益将会更低一些。在允许混合策略的情形下，命题 12. AA. 5 中关于无名氏定理的陈述不需要做任何修改，只需要注意此时 $\underline{\pi}_i$ 的值要小一些。

都不能使得他的收益小于 $\underline{\pi}_i$。对于每个参与人 i 来说，那些严格大于 $\underline{\pi}_i$ 的收益称为**个人理性收益**（individually rational payoffs）。

注意，若想让惩罚策略可信，我们必须保证一旦有人偏离，惩罚立即启动，而且自此以后每个参与人都一直选择惩罚策略。这意味着惩罚策略是可信的当且仅当它本身能构成一个 SPNE 结果路径。命题 12. AA. 4 告诉我们，如果 $\delta>0$ 而且与命题 12. AA. 1 类似的一些假设条件也成立，只要每个参与人 i 的阶段纳什均衡收益严格大于 $\underline{\pi}_i$，我们就能构造出比纳什反转策略惩罚更重的 SPNE。（习题 12. AA. 2 要求你证明这个结论。）

命题 12. AA. 4： 在某个无限重复博弈中，$\delta>0$，$S_i\subset\mathbb{R}$（其中 $i=1$，2）。假设 $\pi_i(q)$ 在 $q^*=(q_1^*, q_2^*)$ 处是可微的，$\partial\pi_i(q_i^*, q_j^*)/\partial q_j\neq 0$（其中 $j\neq i$；$i=1$，2）。再假设$\pi_i(q_1^*, q_2^*)>\underline{\pi}_i$（其中 $i=1$，2）。那么，存在某个 SPNE，在这个 SPNE 中两个参与人的贴现收益（v_1'，v_2'）满足（$1-\delta)v_i'<\pi_i(q_1^*, q_2^*)$(其中 $i=1$，2)。

在命题 12. AA. 4 的假设条件下，对于任何 $\delta\in(0, 1)$，参与人均可以发出比纳什反转策略的惩罚性更为严厉的可信威胁。因此，当使用纳什反转策略无法实现完全合作结果时，我们预期：这个博弈存在着比实施纳什反转策略解更具合作性的结果。

对于任何 $\delta<1$，构造由所有 SPNE 组成的集合是个微妙的过程。每个 SPNE（无论合谋还是惩罚）均使用其他 SPNE 作为处罚威胁。如何进行构造，可参考 Abreu（1986，1988），也可参考 Fudenberg 和 Tirole（1992），但这个贡献要归功于前一文献。与使用纳什反转策略的那些 SPNE 一样，SPNE 集合也随着 δ 的增大而增大，从而使得参与人之间的行为可能更合作也可能更具有惩罚性。事实上，命题 12. AA. 5 中的结论［称为无名氏定理］告诉我们：只要贴现因子 δ 足够大，任何可行的个人理性收益都能构成一个 SPNE 的平均收益。[①]（可行性是指存在能产生这些平均收益的某个结果路径 Q。）

命题 12. AA. 5：（无名氏定理） 对于任何可行的个人理性收益组合（π_1，π_2）$\gg$（$\underline{\pi}_1$，$\underline{\pi}_2$），均存在着一个 $\underline{\delta}<1$ 使得对于任何 $\delta>\underline{\delta}$，（$\pi_1$，$\pi_2$）都是某个 SPNE 的平均收益。

与命题 12. AA. 3 不同，命题 12. AA. 5 告诉我们，当 $\delta\to 1$ 时，任何大于每个参与人最小最大收益（$\underline{\pi}_1$，$\underline{\pi}_2$）的个人理性收益，都可以构成某个 SPNE 的平均收益。[②] 图 12. AA. 2 描述了 SPNE 平均收益的极限集合。

---

① “无名氏定理”的名字源自下列事实：在文献中正式出现该定理之前，类似的“大众智慧”已在博弈论中广为人知，所以不知道这个定理最初是由谁提出的。这个定理的证明可参见 Fudenberg 和 Maskin（1986，1991）。当博弈参与人多于两人时，这个结果要求可行收益集满足一个额外条件，即“维数”（dimensionality）条件。这个定理最初用于分析不进行贴现的无限重复博弈［比如参见 Rubinstein（1979）］。

② 在某些情形下，我们也可以指定每个参与人正好得到他自己的最小最大收益。例如，这种情形可以是重复伯特兰博弈，其中在阶段博弈的纳什均衡中，每个参与人得到的是他自己的最小最大收益。在例 12. AA. 1 中，我们说明对于重复古诺双头垄断模型，当 δ 足够大时，我们也可以这么做。

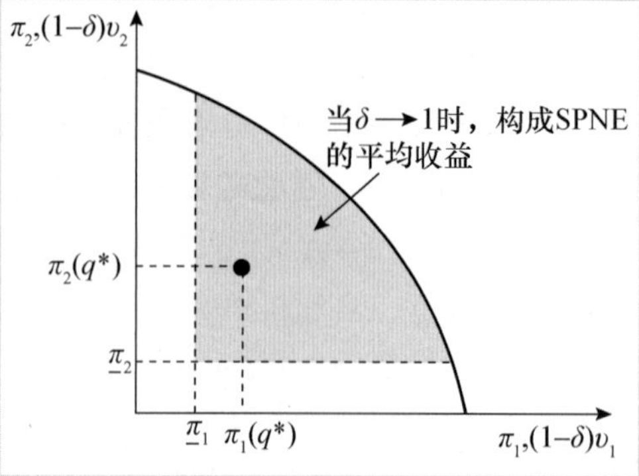

图 12.AA.2 无名氏定理

例 12.AA.1 给出了一些如何构造 SPNE 的思路。

例 12.AA.1：在无限重复古诺博弈纳什均衡中平均收益为零的情形。在这个例子中，我们为无限重复古诺博弈构建一个特殊的 SPNE：每个企业的平均收益为零。特别地，令阶段博弈为对称古诺双头垄断博弈，在这个阶段博弈中，每个企业的成本函数为 $c(q)=cq$，其中 $c>0$；反需求函数 $p(\cdot)$ 是连续的，而且当 $x\to\infty$ 时，$p(x)\to 0$。当两个企业选择产量 q 时，令每个企业的利润为 $\pi(q)=[p(2q)-c]q$；和以前一样，当企业 i 的竞争对手选择产量 q 时，企业 i 的最优反应利润为 $\hat{\pi}(q)$。[①] 注意这里 $\underline{\pi}_j=0$（其中 $j=1,2$）。如果企业 j 的竞争对手选择的产量不小于满足 $p(q_c)=c$ 的竞争产量 q_c，那么企业 j 的最优选择是选择产量零，从而利润为零。因此，企业 j 的利润不会小于零。

考虑参与人选择具有下列形式的策略：

（ⅰ）只要哪个企业都不偏离，两个企业在时期 1 都选择产量 $\tilde{q}$，在其后的每个时期 $t>1$ 选择垄断产量 q^m，其中 $\tilde{q}$ 满足

$$\pi(\tilde{q})+\frac{\delta}{1-\delta}\pi(q^m)=0 \tag{12.AA.7}$$

（ⅱ）若应该选择 $\tilde{q}$ 但某个企业偏离，则（ⅰ）中描述的结果路径将重新开始。

（ⅲ）若应该选择 q^m 但某个企业偏离，则使用纳什反转策略。

注意，对于（ⅰ）中描述的结果路径，如果两个企业都遵守该路径，那么每个企业的平均收益都为零［回忆式（12.AA.7）］。

根据命题 12.AA.3 可知，给定某个 $\underline{\delta}<1$，那么对于任何 $\delta>\underline{\delta}$，$q^m$ 的无限重复是使用纳什反转策略的一个 SPNE 的结果路径。因此，对于 $\delta>\underline{\delta}$，如果企业本来应该选择 q^m，那么任何一个企业都不会偏离上面描述的策略。如果企业本来应该选择 $\tilde{q}$，企业会偏离吗？考虑企业 j 在某一期偏离且自此以后遵守上面描述的策略时的收益。企业 j 的利润为 $\hat{\pi}(\tilde{q})+(\delta)$

---

① 我们也可以使得策略集为紧集：注意到，在每一期每个企业选择的产量都不会大于满足 $\pi(\bar{q})+[\delta/(1-\delta)](\mathrm{Max}_q\pi(q))=0$ 的 $\bar{q}$，这是因为与这样的产量选择相比，如果企业一直选择产量 0，那么企业的状况会更好一些。因此，不失一般性，我们可以令每个企业在紧集 $[0,\bar{q}]$ 中选择自己的产量。

(0)，这是因为企业 j 的偏离行为是它的最优反应，然后重新开始原来的路径。因此，如果 $\hat{\pi}(\tilde{q})=0$，那么企业 j 的偏离行为并未提高它的收益（它不可能小于零，因为 $\underline{\pi}_i=0$）。如果 $\tilde{q}\geq q_c$，情形就是这样的。但是考察条件（12.AA.7），我们看到当 δ 趋近于 1 时，为了让式（12.AA.7）成立，$\hat{\pi}(\tilde{q})$ 必须不断变负（即为负且数值不断变小）。而且，特别地，存在一个 $\delta_c<1$ 使得对于所有 $\delta>\delta_c$ 都有 $\tilde{q}$ 大于 q_c。因此，对于 $\delta>\text{Max}\{\delta_c, \underline{\delta}\}$，这些策略构成了一个 SPNE，在这个 SPNE 中每个企业的平均收益都为零。[①] ■

附录 B：策略性进入威慑与容忍

在本附录，我们考察可信事前承诺影响市场条件的一个重要例子：在位者在其他企业进入之前进行产能扩张，目的在于获得策略上的优势以及威慑其他企业进入。Spence（1977）和 Dixit（1980）是这方面的先驱文献。下面我们考察一个三阶段博弈，这个博弈改编自 Dixit（1980）。

阶段 1：在位者（企业 I）选择工厂的产能水平 k_I。每单位产能建设的成本为 r。

阶段 2：潜在进入者（企业 E）决定是否进入市场。如果它决定进入，它必须支付启动成本（进入成本）F。

阶段 3：如果企业 E 进入，这两个企业同时选择自己的产量水平 q_I 和 q_E。相应的市场价格为 $p(q_I+q_E)$。对于企业 E，每单位产品的生产成本为（$w+r$）：每生产一单位产品，企业 E 需要支付产能成本 r 和劳动力工资 w。对于企业 I，产量不能超过它原来选择的产能水平。然而它每生产一单位产品的成本仅为 w，这是因为它已经进行了产能建设。另外，如果企业 E 不进入，那么企业 I 在市场上就是完全垄断者，因此它能以每单位产品成本 w 生产直至 k_I 的产量。

为了确定这个博弈的子博弈完美纳什均衡（SPNE），我们首先分析阶段 3 子博弈的行为，然后进行逆向分析。

阶段 3：产量竞争

阶段 3 中的子博弈因下列两个历史事实不同而不同：一是企业 E 是否已进入；二是企业 I 以前选择的产能。我们首先考察企业 E 已进入的情形，然后讨论企业 E 未进入的情形。为简单起见，我们始终假设每个企业的利润函数关于自身的产量是严格凹的。为满足这个假设，我们要求 $p(\cdot)$ 是凹的。$p(\cdot)$ 的凹性也意味着每个企业的最优反应曲线是向下倾斜的。

- **企业 E 进入的情形。**

图 12.BB.1 描述了企业 E 在阶段 3 的最优反应函数，我们将其记为 $b(q \mid w+r)$，

---

① 注意，我们未曾考虑多期偏离（multiperiod deviations）的情形，但是可以证明：如果在某一期偏离然后遵守我们描述的策略是无利可图的，那么任何多期偏离也是无利可图的（这是动态规划的一个一般原则）。

12

这是为了强调它是边际成本为（$w+r$）的企业的最优反应函数。当我们沿着企业E的最优反应曲线向右移动时（涉及更高水平的 q_I），企业E在阶段3的利润下降；而且，在某个点（记为 Z），企业E的利润下降到低于进入成本 F。

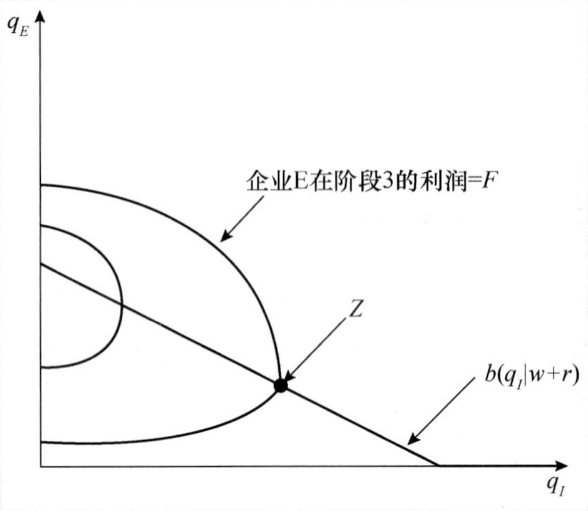

图 12. BB. 1　在企业 E 进入市场后，企业 E 在阶段 3 的最优反应函数

12

现在考虑企业I的最优反应。企业I与企业E的关键区别在于企业I已进行了产能建设。因此，企业I在产能建设上的支出沉没了（它无法通过降低产能来补偿这个成本），它的产能水平是固定不变的，它的边际成本为 w。令 $b(q\,|\,w)$ 表示边际成本为 w 的企业的最优反应函数。于是，企业I在阶段3的最优反应函数为

$$b_I(q_E\,|\,k_I)=\text{Min}\{b(q_E\,|\,w),k_I\}$$

也就是说，企业I对企业E产量选择 q_E 的最优反应，与边际成本为 w 的企业的最优反应是一样的，只要这个产量水平未超过它以前选择的产能。图 12. BB. 2 画出了企业I的最优反应函数。

现在，联立这两个企业的最优反应函数，即可确定企业E进入市场后阶段3的均衡（给定 k_I 水平）。图 12. BB. 3 画出了这个均衡。

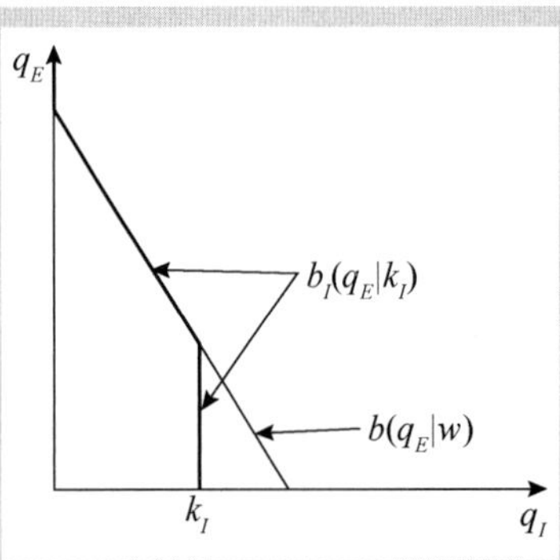

图 12. BB. 2　在企业 E 进入市场后，企业 I 在阶段 3 的最优反应函数

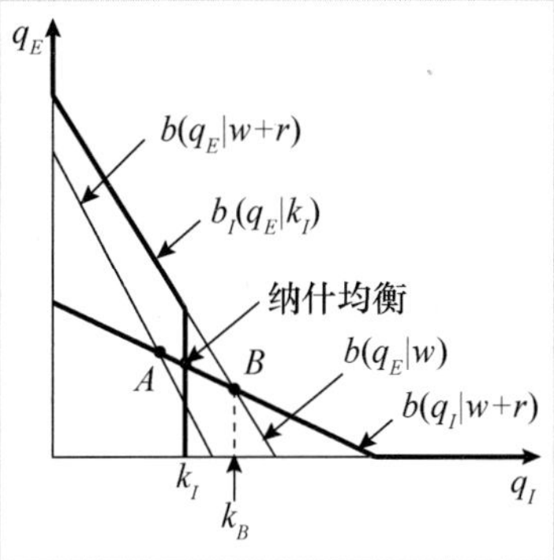

图 12. BB. 3 在企业 E 进入市场后，阶段 3 的纳什均衡

在图 12. BB. 3 中，A 点是下列情形的结果，即企业 I 没有先发优势，也就是说，这两个企业同时选择各自的产能水平和产量水平。然而，当企业 I 能够率先选择自己的产能时，那么通过选择合适的 k_I 水平，企业 I 就能使得企业 E 进入后的均衡，位于企业 E 的最优反应曲线上的点 A 和点 B 之间的任何点上。企业 I 能够将均衡诱导在点 A 右侧的点上，这是因为在阶段 3 之前它就进行了产能建设，从而它在阶段 3 的边际成本为 w 而不是（$w+r$）。然而，请注意企业 I 不能将均衡诱导在点 B 的右侧点上，即使它希望这么做；如果它选择的产能大于 k_B，它没有动机将这个产能全部用完。图 12. BB. 4 描述了这种情形。在这种情形下，企业 I 所宣称的如果企业 E 进入，它将使用全部产能这一威慑是不可信的。

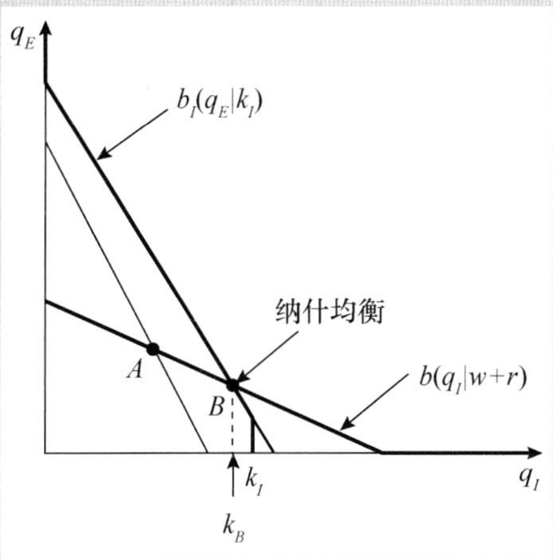

图 12. BB. 4 阶段 3 均衡，其中企业 I 没有使用它的全部产能

- **企业 E 不进入的情形。**

如果企业 E 决定不进入，那么在阶段 3，企业 I 将成为完全垄断者。于是它的最优选择是选择垄断产量，即选择它的最优反应曲线与 $q_E=0$ 轴的交点 $b_I(0|k_I)$。

在考察了阶段 3 的结果之后，我们来看阶段 2。

阶段 2：企业 E 的进入决策

企业 E 的进入决策很直观：给定企业 I 在阶段 1 选择的产能水平 k_I，如果企业 E 的收入与进入成本 k_I 之差为非负，那么企业 E 就会选择进入。这意味着当企业 E 预期均衡位置将位于它的最优反应曲线上 Z 点的左侧（如图 12. BB. 1 所示），那么企业 E 就会进入。

最后，我们来看阶段 1。

阶段 1：企业 I 在阶段 1 的产能投资

现在考虑企业 I 在阶段 1 的最优产能选择。企业 I 会发现它所处的情形可能有三种：一是它能够阻止企业 E 的进入；二是企业 E 的进入不可避免；三是企业 E 能够进行进入威慑但未必有效。

- **阻止了企业 E 的进入。**

一种可能性是进入成本 F 非常大，所以即使企业 I 忽略了企业 E 进入的可能性，从而企业 E 按照完全垄断者进行产能建设即选择 $b(0|w+r)$时，企业 E 也不会进入。我们将这种情形称为阻止了企业 E 进入，如图 12. BB. 5 所示。在这种情形下，企业 I 实现了它的最优可能结果：它选择的产能为 $b(0|w+r)$，没有进入发生，于是企业 I 的销量为$b(0|w+r)$。

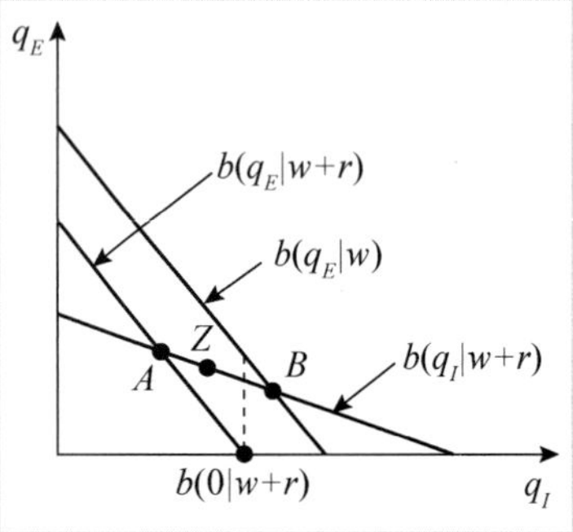

图 12. BB. 5　阻止了企业 E 进入

- **不可能阻止企业 E 进入：策略性容忍。**

假设点 Z 在点 B 右侧。在这种情形下，企业 I 不可能实施进入威慑；企业 E 会发现无论 k_I 为多少，它进入都是值得的。在这种情形下，企业 I 如何选择最优的 k_I？在图 12. BB. 6 中，我们画出了企业 I 的等利润线；请注意，由于它们包含产能建设成本，它们等同于边际成本为（$w+r$）的企业的等利润线。我们在前面已经说过，通过合理选择产能，企业 I 能诱导出企业 E 最优反应曲线上直到点 B 的任何点。企业 I 将选择能使得它的利润最大的点。在图 12. BB. 6 中，这是企业 E 最优反应曲线和企业 I 等利润线的切点（记为点 S）。这个结果正好对应于**斯塔克尔伯格领**

导关系模型（Stackleberg leadership model）这个序贯产量选择模型（参考习题 12. C. 18）的结果。注意到，尽管企业 I 与企业 E 相同，但由于企业 I 率先行动，这种先发优势使得企业 I 的利润高于企业 E。

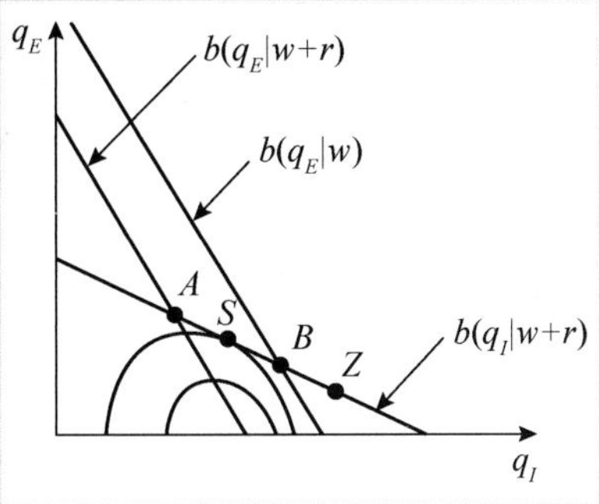

图 12. BB. 6　当企业 E 的进入不可避免时，企业 I 的策略性容忍

切点 S 也可能位于点 B 的右侧。在这种情形下，最优产能选择将为 $k_I = k_B$，对于企业 I 来说，这个结果没有斯塔克尔伯格点理想。此时企业 I 不能令人信服地承诺它将生产与 S 点相伴的产量，即使它在阶段 1 已建设了足够大的产能。

- **进行进入威慑可能但未必发生**。

现在假设点 Z 位于点 B 的左侧，但尚未远到能阻止进入，如图 12. BB. 7 所示。在这个图中，企业 I 可以通过选择不小于点 k_Z 的产能水平来阻止企业 I 进入。唯一问题是这是否为企业 I 的最优选择，或者如果企业 I 容忍企业 E 的进入，企业 I 的状况是否会变得更好？为了回答这个问题，企业 I 将比较点（k_Z，0）的利润和点 S 的利润［如果点 S 位于点 B 的右侧，则比较点（k_Z，0）的利润和点 B 的利润］。为了做此事，比较图 12. BB. 8 中的产能水平 k_π 和 k_Z，其中 k_π 是能带来与最优容忍点 S 相同利润的垄断产量水平。如果 $k_\pi > k_Z$，那么企业 I 偏好阻止进入，因为这会使得它的利润增加；但是如果 $k_\pi < k_Z$，它会偏好容忍。注意到如果阻止是最优的，那么即使进入没有实际发生，它的威胁也会影响市场结果：与不存在进入情形相比，产量水平和福利都增加了。

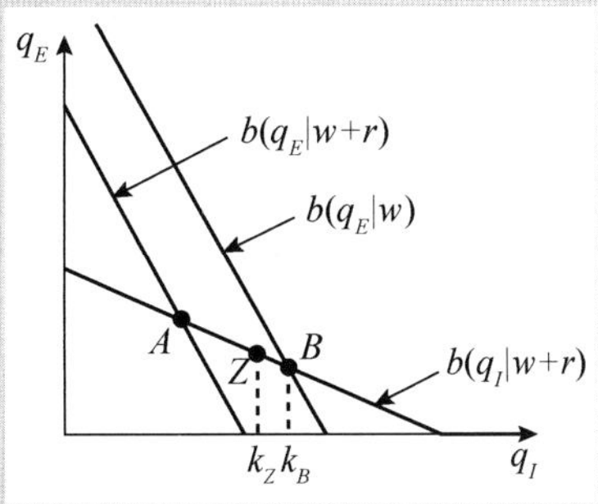

图 12. BB. 7　进入威慑可能但未必发生

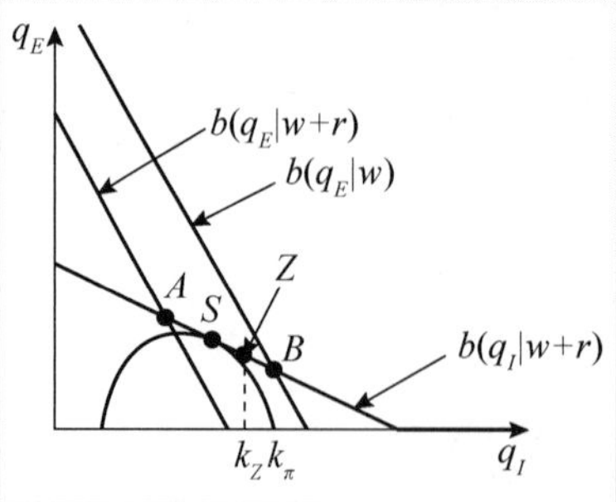

图 12. BB. 8　进入威慑与进入容忍

习题 12. BB. 1： 证明当进入威慑可能但未必发生时，如果点 S 位于点 Z 右侧，那么进入威慑比进入容忍更好。

参考文献

Abreu, D. (1986). Extremal equilibria of oligopolistic supergames. *Journal of Economic Theory* 39: 191–225.

Abreu, D. (1988). On the theory of infinitely repeated games with discounting. *Econometrica* 56: 383–396.

Abreu, D., D. Pearce, and E. Stachetti (1990). Toward a theory of discounted repeated games with imperfect monitoring. *Econometrica* 58: 1041–1064.

Baumol, W., J. Panzar, and R. Willig (1982). *Contestable Markets and the Theory of Industry Structure*. San Diego: Harcourt, Brace, Jovanovich.

Bertrand, J. (1883). Théorie mathématique de la richesse sociale. *Journal des Savants* 67: 499–508.

Bulow, J., J. Geanakoplos, and P. Klemerer (1985). Multimarket oligopoly: Strategic substitutes and complements. *Journal of Political Economy* 93: 488–511.

Chamberlin, E. (1933). *The Theory of Monopolistic Competition*. Cambridge, Mass.: Harvard University Press.

Cournot, A. (1838). *Recherches sur les Principes Mathematiques de la Theorie des Richesses*. [English edition: *Researches into the Mathematical Principles of the Theory of Wealth*, edited by N. Bacon. London: Macmillan, 1987.]

Dixit, A. (1980). The role of investment in entry deterrence. *Economic Journal* 90: 95–106.

Dixit, A., and J. E. Stiglitz (1977). Monopolistic competition and optimal product diversity. *American Economic Review* 67: 297–308.

Edgeworth, F. (1897). Me teoria pura del monopolio. Giornale degli Economisti 40: 13–31. [English translation: The pure theory of monopoly. In *Papers Relating to Political Economy*, Vol. I, edited by F. Edgeworth. London: Macmillan, 1925.]

Frideman, J. (1971). A non-cooperative equilibrium for supergames. *Review of Economic Studies* 28: 1–12.

Fudenberg, D., and E. Maskin. (1986). The folk theorem in repeated games with discounting or with incomplete information. *Econometrica* 52: 533–554.

Fudenberg, D., and E. Maskin (1991). On the dispensability of public randomization in discounted repeated games. *Journal of Economic Theory* 53: 428-438.

Fudenberg, D., and J. Tirole (1984). The fat cat effect, the puppy dog ploy, and the lean and hungry look. *American Economic Review, Papers and Proceedings* 74: 361-368.

Fudenberg, D., and J. Tirole (1992). *Game Theory*. Cambridge, Mass.: MIT Press.

Green, E., and R. Porter (1984). Noncooperative collusion under imperfect price information. *Econometrica* 52: 87-100.

Hart, O. D. (1985). Monopolistic competition in the spirit of Chamberlin: A general model. *Review of Economic Studies* 52: 529-546.

Kreps, D. M., and J. Scheinkman (1983). Quantity precommitment and Bertrand competition yield Cournot outcomes. *Rand Journal of Economics* 14: 326-337.

Mankiw, N. G., and M. D. Whinston (1986). Free entry and social inefficiency. *Rand Journal of Economics* 17: 48-58.

Osborne, M. J., and A. Rubinstein (1994). *A Course in Game Theory*. Cambridge, Mass.: MIT Press.

Rotemberg, J., and G. Saloner (1986). A supergame-theoretic model of business cycles and price wars during booms. *American Economic Review* 76: 390-407.

Rubinstein, A. (1979). Equilibrium in supergames with the overtaking criterion. *Journal of Economic Theory* 21: 1-9.

Salop, S. (1979). Monopolistic competition with outside goods. *Bell Journal of Economics* 10: 141-56.

Shapiro, C. (1989). Theories of oligopoly behavior. In *Handbook of Industrial Organization*, edited by R. Schmalensee and R. D. Willig. Amsterdam: North-Holland.

Spence, A. M. (1976). Product selection, fixed costs, and monopolistic competition. *Review of Economic Studies* 43: 217-235.

Spence, A. M. (1977). Entry, capacity investment, and oligopolistic pricing. *Bell Journal of Economics* 8: 534-544.

Stigler, G. (1960). A theory of oligopoly. *Journal of Political Economy* 72: 44-61.

Tirole, J. (1988). *The Theory of Industrial Organization*. Cambridge, Mass.: MIT Press.

习 题

12.B.1[A] 表达式 $[p^m-c'(q^m)]/p^m$ 称为垄断者的**价格-成本边际**（price-cost margin）或**垄断力量的勒纳指数**（Lerner index of monopoly power）。它衡量垄断价格高出边际成本的程度。

（a）证明垄断者的价格-成本边际总等于价格为 p^m 时的需求价格弹性的倒数，即 $[p^m-c'(q^m)]/p^m=1/\varepsilon(p^m)$，这里 $\varepsilon(p^m)=-x'(p^m)\dfrac{p^m}{x(p^m)}$。

（b）证明如果垄断者的边际成本在每个产量水平上都是正的，那么在垄断者的最优价格水平上需求必定富有弹性（即，需求价格弹性大于1）。

12.B.2[B] 某个垄断者的成本函数为 $c(q)=cq$，其中 $c>0$；它面对的需求函数为 $x(p)=\alpha p^{-\varepsilon}$，其中 $\varepsilon>0$。

（a）证明如果 $\varepsilon\leqslant 1$，那么垄断者的最优价格不是良好定义的。

（b）假设 $\varepsilon>1$。求垄断者的最优价格、产量和价格-成本边际 $(p^m-c)/p^m$。计算净福利损失。

（c）（更难）考虑一系列需求函数，这些函数

有着不同的 ε 和 α 水平，但所有这些函数都涉及相同的竞争产量 $x(c)$［即，对于 ε 的每个水平，调整 α 使得 $x(c)$ 维持不变］。当 ε 变化时，净福利损失如何变化？（如果你不能得出解析答案，试着在计算机上计算一些数值。）

12.B.3[B] 假设某个垄断者面对的需求函数为 $x(p, \theta)$，成本函数为 $c(q, \phi)$，其中 θ 和 ϕ 是参数。使用隐函数定理计算当 θ 或 ϕ 发生微分变化时，垄断者的价格和产量如何变化。何时 θ 和 ϕ 的变化都能导致价格上升？

12.B.4[B] 某个垄断者每单位产量的成本为 c。使用显示偏好知识证明垄断价格关于 c 非递减。然后将你的答案扩展到垄断者的成本函数为 $c(q, \phi)$ 的情形，其中对于所有 $q''>q'$，$[c(q'', \phi)-c(q', \phi)]$ 关于 ϕ 递增，扩展方法是证明垄断价格关于 ϕ 非递减。（如果你已做过习题 12.B.3，将这个条件与那里的条件联系起来。）

12.B.5[B] 假设垄断者面对着很多消费者。证明在下列每种情形下，垄断者的利润不可能大于它对每单位商品索要同一价格比如 p 情形下的利润。

(a) 假设每个消费者 i 要么想要一单位产品，要么一点也不想要，而且垄断者不能识别任何既定消费者的偏好。

(b) 假设消费者希望消费多个单位产品。垄断者不能识别任何既定消费者的偏好。另外，允许转售且转售成本为零，在垄断者将产品卖给消费者之后，消费者之间形成了该产品的竞争市场。

12.B.6[A] 假设政府可以对某个垄断者征税或者给予该垄断者补贴，垄断者面对的需求函数为 $p(q)$，成本函数为 $c(q)$［假设这两个函数都是可微的，而且 $p(q)q-c(q)$ 关于 q 凹］。如果想让垄断者的行为是有效率的，政府应该对垄断者的每单位产品征多少税或给予多少补贴？

12.B.7[B] 在某个装饰品市场上，男人们对装饰品的总需求为 $x_m(p)=a-\theta_m p$，女人们对装饰品的总需求为 $x_w(p)=a-\theta_w p$，其中 $\theta_w<\theta_m$。每件装饰品的生产成本为 c。

(a) 假设装饰品市场是竞争的。求均衡价格和销量。

(b) 相反，假设企业 A 是个生产装饰品的垄断者［在 (c) 和 (d) 中也这么假设］。如果企业 A 不能进行价格歧视（即，只能对男人和女人索取相同的价格），它的利润最大化价格为多少？在什么样的条件下，在这个解中男人们和女人们对装饰品的消费都为正？

(c) 如果企业生产某个总产量水平 X，如何在男人们和女人们间分配这个产量才能使得福利最大？［此处和 (d) 都假设马歇尔总剩余是福利的有效衡量方法。］

(d) 假设企业 A 能进行价格歧视。它索要的价格为多少？与价格歧视情形相比，在 (b) 中非歧视解情形下，当男人们和女人们对装饰品的消费都为正时，总福利（以马歇尔总剩余衡量）是上升了还是下降了？将你的结论与 (c) 中的答案联系起来。如果在 (b) 的非歧视解中，企业 A 只对一类消费者提供商品，结果又是怎样的？

12.B.8[B] 考虑下列两期模型：某企业在某产品市场上是个垄断者，该企业在每一期面对的反需求函数为 $p(q)=a-bq$。在时期 1，每单位产品成本为 c_1。然而，在时期 2，该垄断者可以"干中学"，因此在时期 2，它的固定不变的每单位产品成本为 $c_2=c_1-mq_1$，其中 q_1 是垄断者在时期 1 的产量水平。假设 $a>c$ 和 $b>m$。另外，假设垄断者不对未来收入进行贴现。

(a) 垄断者在每个时期的产量水平为多少？

(b) 假设存在一个仁慈的社会计划者，他完全掌控着垄断者，该社会计划者会实施什么样的结果？在什么意义上该社会计划者在时期 1 的产量是按"价格等于边际成本"原则选择的？

(c) 给定垄断者将选择时期 2 的产量水平，社会计划者是否会希望垄断者稍微提高一下时期 1 的产量水平以使得它高于 (a) 中的水平？你能给出直观的解释吗？

12.B.9[C] 某个企业在市场上是个垄断者，该市场的反需求函数为 $p(q)$。垄断者作出两种选择：

一是旨在降低成本的投资 I；二是销量 q。如果垄断者投资 I 来降低成本，它的（固定不变的）每单位产品成本为 $c(I)$。假设 $c'(I)<0$ 和 $c''(I)>0$。始终假设垄断者的目标函数关于 q 和 I 都是凹的。

（a）对于垄断者的选择，推导出一阶条件。

（b）比较垄断者的选择与能控制 q 和 I 的仁慈社会计划者的选择［这是一种一级最优（first-best）比较］。

（c）比较垄断者的选择与能控制 I 但不能控制 q 的仁慈社会计划者的选择［这是一种二级最优（second-best）比较］。假设社会计划者选择 I，然后垄断者选择 q。

12.B.10[B]　假设某个垄断者既能选择它的产品价格 p 又能选择它的产量 q。垄断者面对的需求为 $x(p, q)$，它关于 q 递增且关于 p 递减。给定垄断者选择的价格，他会选择社会有效率的产量水平吗？

12.C.1[A]　证明在企业数量 $J>2$ 时，在伯特兰模型的任何纳什均衡中，所有企业制定的价格都等于成本。

12.C.2[A]　扩展命题 12.C.1，证明在正文所做的假设下［特别地，假设存在价格 $\bar{p}<\infty$ 使得 $x(p)=0$ 对于所有 $p\geqslant\bar{p}$ 成立］，在伯特兰双寡头模型中，唯一纳什均衡是两个企业确定性地将价格设定为等于 c，即使我们允许混合策略。

12.C.3[B]　注意到在伯特兰双寡头模型的唯一纳什均衡中，每个企业选择一个弱劣势策略。现在稍微改变一下模型使得必须以离散单位报价，即价格必须是 Δ 的整数倍。

（a）证明，这个博弈的一个纯策略均衡是，两个企业的报价都等于 Δ 的最小倍数而且这样的价格严格大于 c。

（b）证明当 $\Delta\to 0$ 时，这个均衡收敛于两个企业都索要等于 c 的价格。

12.C.4[B]　对伯特兰模型进行修改以使得每个企业 j 的成本为 c_j 而且 $c_1<c_2$。

（a）这个博弈的纯策略纳什均衡是什么？

（b）考察下列这样的模型，即与习题 12.C.3 一样，报价必须为离散单位。这样博弈的纯策略纳什均衡是什么？哪个均衡不涉及企业选择弱劣势策略？当价格间隔变得越来越小时，这些非劣势策略均衡的极限是什么？

12.C.5[B]　假设在某个市场上有 I 个买者，每个买者至多需要一单位商品。对于一单位商品，买者 i 至多愿意出 v_i，而且 $v_1>v_2>\cdots>v_I$。商品的总供给为 $q<I$ 单位。假设买者们同时递交对一单位商品的报价，这些商品由出价最高的 q 个买者得到，他们按照自己的报价付钱。证明每个买者的报价为 v_{q+1} 而且商品给予买者 1，…，q 是这个博弈的一个纳什均衡。证明这是个竞争均衡价格。另外，证明在这个博弈的任何纯策略纳什均衡中，买者 1，…，q 每人得到了一单位商品，买者 $q+1$，…，I 得不到商品。

12.C.6[A]　验证例 12.C.1 中的计算和其他结论。

12.C.7[B]　假设在古诺双头模型中，一共有 J 个企业。每个企业生产每单位产品的成本都为常数 c，市场反需求函数为 $p(q)=a-bq$，其中 $a>c\geqslant 0$ 和 $b>0$。推导出这个模型的纳什均衡价格和产量水平。验证：当 $J=1$ 时，我们就得到了垄断结果；随着 J 的增加，产量上升但价格下降；当 $J\to\infty$时，市场价格和总产量逼近竞争水平。

12.C.8[C]　在某个古诺模型中，J 个企业生产同质产品。市场需求函数 $x(p)$ 是向下倾斜的，但 $x(p)$ 的其他方面是任意的。每个企业有着相同的成本函数 $c(q)$，$c(q)$ 是凸的而且关于 q 递增。令 Q 表示 J 个企业的总产量，令 $Q_{-j}=\sum_{k\neq j}q_k$。

（a）证明企业 j 的最优反应可以写为 $b(Q_{-j})$。

（b）证明 $b(Q_{-j})$ 未必是唯一的（即，一般来说它是个对应，而不是个函数）。

（c）证明如果 $\hat{Q}_{-j}>Q_{-j}$，$q_j\in b(Q_{-j})$ 和 $\hat{q}_j\in b(\hat{Q}_{-j})$，那么 $\hat{q}_j+\hat{Q}_{-j}\geqslant q_j+Q_{-j}$。由此证明若 $b(\cdot)$ 跳跃，则只能向上跳跃，而且如果 $b'(Q_{-j})$ 有定义，那么 $b'(Q_{-j})\geqslant -1$。

（d）使用（c）中的结果证明在这个模型中存在着一个对称的纯策略纳什均衡。

12

(e) 证明可能存在着多个均衡。

(f) 若要使对称均衡是那个唯一的纯策略均衡，请给出充分条件（非常弱的条件）。

12. C. 9[B] 在某个古诺模型中有两个企业，每个企业都是规模报酬不变的，但它们的成本可能不同。令 c_j 表示企业每单位产品的成本，假设 $c_1 > c_2$。另外，假设反需求函数为 $p(q) = a - bq$，其中 $a > c_1$。

(a) 求这个模型的纳什均衡。在什么样的条件下它只涉及一个企业的生产？这是哪个企业？

(b) 均衡何时涉及两个企业都生产？当企业 1 的成本变化时，均衡产量和利润如何变化？

(c) 现在考虑一般情形：古诺模型中有 J 个企业。证明在任何（纯策略）纳什均衡中，行业利润与行业收入之比正好为 H/ε，其中，ε 是市场需求曲线在均衡价格处的弹性，H 是**赫芬达尔集中度指数**（Herfindahl index of concentration），它等于企业市场份额的平方和 $\sum_j (q_j^*/Q^*)^2$。（提示：这个结果取决于规模报酬不变假设。）

12. C. 10[B] 在某个古诺模型中，有 J 个企业，它们的成本不同。令 $c_j(q_j) = \alpha_j \tilde{c}(q_j)$ 表示企业 j 的成本函数，假设 $\tilde{c}(\cdot)$ 是严格递增且凸的。另外，假设 $\alpha_1 > \cdots > \alpha_J$。

(a) 证明在该模型的一个纳什均衡中，如果不止一个企业的销量为正，那么生产不可能是有效率的；也就是说，均衡总产量 Q^* 是无效率的。

(b) 如果 Q^* 是无效率的，与完全有效率的（竞争）结果相比，福利损失为多少？［提示：重新考虑 10. E 节的讨论。］

(c) 举出一个例子使得当一个企业更富有生产率时（即，当 α_j 对于某个 j 下降时），福利降低。［提示：在习题 12. C. 9 中考虑企业 1 成本降低。］为何会出现这样的结果？

12. C. 11[C] 在某个产能受到约束的双寡头定价博弈中，企业 j 的产能为 q_j（其中 $j=1, 2$），在达到产能限制前，企业 j 每单位产品的成本固定为 $c \geq 0$。假设市场需求函数 $x(p)$ 在满足 $x(p) > 0$ 的所有 p 上都是连续且严格递减的，而且存在一个价格 $\tilde{p}$ 使得 $x(\tilde{p}) = q_1 + q_2$。另外，假设 $x(p)$ 是凹的。令 $p(\cdot) = x^{-1}(\cdot)$ 表示反需求函数。

给定一对价格，销量的确定方法如下：消费者尽可能首先购买要价低的企业的产品。如果需求超过了企业的产能，那么企业将按照消费者对其产品的评价大小首先满足评价高的消费者。如果价格相同，需求平均分配；但在一个企业的需求超过了它的产能情形下，它的额外需求被分配给另外一个企业。正式地说，企业的销量由满足下列条件的函数 $x_1(p_1, p_2)$ 和 $x_2(p_1, p_2)$ 给出［$x_i(\cdot)$ 给出了产能约束下的企业 i 的销量］。

如果 $p_j > p_i$：

$$x_i(p_1, p_2) = \text{Min}\{q_i, x(p_i)\}$$
$$x_j(p_1, p_2) = \text{Min}\{q_j, \text{Max}\{x(p_j) - q_i, 0\}\}$$

如果 $p_2 = p_1 = p$：

$$x_i(p_1, p_2) = \text{Min}\{q_i, \text{Max}\{x(p)/2, x(p) - q_j\}\} \text{对于 } i=1,2$$

(a) 假设 $q_1 < b_c(q_2)$ 且 $q_2 < b_c(q_1)$，其中 $b_c(\cdot)$ 是边际成本固定为 c 的企业的最优反应函数。证明 $p_1^* = p_2^* = p(q_1 + q_2)$ 是该博弈的一个纳什均衡。

(b) 证明如果 $q_1 > b_c(q_2)$ 或 $q_2 > b_c(q_1)$，那么不存在纯策略纳什均衡。

12. C. 12[B] 考虑定义在 $q_j \in [0, q]$ 上的两个严格凹且可微的利润函数 $\pi_j(q_j, q_k)$，其中 $j=1, 2$。

(a) 要想使最优反应函数 $b_j(q_j)$ 递增或递减，给出充分条件。

(b) 具体到古诺模型。假设 $p(q_1 + q_2) > c$，证明递减（即，向下倾斜的）最优反应函数是“正常”情形。

12. C. 13[B] 证明在例 12. C. 2 的线性城市模型中，当 $v > c + 3t$ 时，企业 j 对它的竞争对手的任何价格 p_{-j} 的最优反应总能导致每个消费者从其中一个企业而不是从所有两个企业购买产品。

12. C. 14[C] 考虑例 12. C. 2 中的线性城市模型。

(a) 求当 $v\in(c+2t,\ c+3t)$ 时的最优反应函数。证明在这种情形下，唯一纳什均衡是 $p_1^*=p_2^*=c+t$。

(b) 求当 $v\in\left(c+\frac{3}{2}t,\ c+2t\right)$ 时的最优反应函数。证明在这种情形下，唯一纳什均衡是 $p_1^*=p_2^*=c+t$。

(c) 证明当 $v<c+t$ 时，唯一的纳什均衡涉及价格 $p_1^*=p_2^*=(v+c)/2$ 并且一些消费者不从任何一个企业购买商品。

(d) 证明当 $v\in\left(c+t, c+\frac{3}{2}t\right)$ 时，唯一的对称均衡为 $p_1^*=p_2^*=v-\frac{t}{2}$。在这种情形下，存在不对称的均衡吗？

(e) 当 t 降低时，将 (d) 中的均衡价格和利润与 (a) 和 (b) 情形进行比较。

12.C.15^B　在线性城市模型中，假设某个消费者的交通成本是距离的二次型，也就是说，他从企业 j 购买产品需要花费的总成本为 p_j+td^2，其中 d 是消费者与企业 j 的距离。求这个模型的纳什均衡价格。（我们仅关注 v 足够大从而消费者总会购买的情形。）

12.C.16^B　在圆形城市模型中，有 J 个企业。与习题 12.C.15 一样，交通成本是二次型的。求这个模型的纳什均衡价格。（我们仅关注 v 足够大从而消费者总会购买的情形。）当 J 变大时，将会发生什么样的情形？当 t 变小呢？

12.C.17^B　在线性城市模型中，两个企业的每单位产品成本 $c_1>0$ 和 $c_2>0$ 都是固定不变的，但 c_1 和 c_2 可能不同。不失一般性，取 $c_1\leqslant c_2$ 并且假设 v 足够大从而消费者总会购买。在两个企业销量都严格为正的均衡中，确定纳什均衡价格和销量水平。当 c_1 局部变化时，企业 1 和 2 的均衡价格和利润将怎样变化？当 c_1 和 c_2 取何值时，均衡时一个企业的销量为零？

12.C.18^B　[斯塔克尔伯格领导关系模型] 某个市场有两个企业。企业 1 是"领导者"，它率先选择自己的产量。企业 2 是"追随者"，它在观察企业 1 的选择之后选择自己的产量。给定产量选择 q_1 和 q_2，每个企业 i 的利润为 $p(q_1+q_2)q_i-cq_i$，其中 $p'(q)<0$ 和 $p'(q)+p''(q)q<0$ 对于所有 $q\geqslant 0$。

(a) 与两个企业同时选择产量相比，证明在该领导关系模型中企业 1 选择的产量更大，利润也更大。另外，与两个企业同时选择产量相比，证明在该领导关系模型中，总产量更大了，企业 2 的利润更小了。

(b) 使用最优反应函数和等利润线画出上述结果。

12.C.19^C　做习题 8.B.5。

12.C.20^B　对于 $c(q)$ 为一般凸函数的情形，证明命题 12.C.2。

12.D.1^B　在某个无限重复的伯特兰双寡头模型中，贴现因子为 $\delta<1$。对于下列每种情形，确定使形如 (12.D.1) 的策略成为垄断价格的条件：

(a) 时期 t 的市场需求为 $x_t(p)=\gamma^t x(p)$，其中 $\gamma>0$。

(b) 在每个时期期末，市场关闭的概率为 γ。

(c) 对于偏离行为需要花 K 期才能作出反应。

12.D.2^B　证明对于使用纳什反转策略的无限重复伯特兰博弈（其中企业数量为 J），任何价格 $p\in(c,\ p^m]$ 的重复选择都可以构成一个静态 SPNE 结果路径当且仅当贴现因子 $\delta\geqslant(J-1)/J$。在这个模型中，企业数量 J 的增加对企业间的合谋难度有何影响？

12.D.3^B　在一个无限重复的古诺双寡头模型中，贴现因子为 $\delta<1$，每单位产品的成本为 $c>0$，反需求函数为 $p(q)=a-bq$，其中 $a>c$ 和 $b>0$。

(a) 在什么样的条件下，对称联合垄断产量 $(q_1,\ q_2)=(q^m/2,\ q^m/2)$ 能与下列策略相容：如果尚无人偏离则选择 $(q^m/2,\ q^m/2)$，否则就选择单一时期古诺（纳什）均衡？

(b) 求 δ 的最小水平使得产量 $(q_1,\ q_2)=(q,\ q)$，其中 $q\in[((a-c)/2b),\ ((a-c)/b)]$，能在纳什反转策略中幸存下来。证明这个 δ 水平下的 $\delta(q)$ 是关于 q 的递增且可微函数。

12.D.4[B] 在一个无限重复的伯特兰双寡头模型中，贴现因子为 $\delta\in[1/2, 1)$。

(a) 如果生产成本变化了，能幸存下来的最有利可图的价格将发生什么样的变化？

(b) 相反，现在假设生产成本在时期 2 永久性上升（即，从时期 2 开始，成本将比时期 1 的成本高）。对于能在时期 1 幸存下来的最大价格，这具有什么样的效应？

12.D.5[C] ［根据 Rotemberg 和 Saloner（1986）］在一个无限重复的伯特兰模型中，在每一期，需求为“高需求”的概率为 $\lambda\in(0, 1)$，此时需求为 $x(p)$；需求为“低需求”的概率为 $(1-\lambda)$，此时需求为 $\alpha x(p)$，其中 $\alpha\in(0, 1)$。每单位产品的成本为 $c>0$。考虑下列形式的纳什反转策略：如果之前没有偏离发生，那么在高需求状态下索要价格 p_H，在低需求状态下索要价格 p_L；如果之前发生过偏离，那么索要等于 c 的价格。

(a) 证明如果 δ 充分高，那么存在一个子博弈完美纳什均衡，在这个均衡中，企业的定价等于垄断价格，即 $p_H=p_L=p^m$。

(b) 证明对于某个大于 1/2 的 $\underline{\delta}$，在高需求状态下当 $\delta<\underline{\delta}$ 时，企业就想偏离价格 p^m。当 $\delta\in[1/2, \underline{\delta})$ 时，求企业能索要的最高价格 p_H（验证它们能在低需求状态下索要价格 $p_L=p^m$）。注意到这个均衡可能涉及“反周期”（countercyclical）定价；也就是说，$p_L>p_H$。在直觉上，是什么导致了这个结果？

(c) 证明当 $\delta<1/2$ 时我们必定有 $p_H=p_L=c$。

12.E.1[B] 在一个进入市场的两阶段模型中，企业进入同质产品市场展开价格竞争。如果潜在企业的效率不同，均衡时活跃企业仅为最有效率的企业吗？

12.E.2[B] 证明在命题 12.E.1 的假设条件（A.1）到（A.3）下，π_J 关于 J 递减。

12.E.3[B] 在例 12.E.1 和例 12.E.2 的模型中，计算与社会最优企业数量相比，自由进入均衡企业数量造成的福利损失。当 $K\to 0$ 时，这个损失将发生什么样的变化？

12.E.4[B] 在一个两阶段进入模型中，每个潜在进入企业除了进入成本 K 之外，每单位产品的生产成本都为 c。无论市场中进入多少企业，它们总能形成一个完美的卡特尔。对于不能控制这个卡特尔行为的社会计划者来说，社会最优企业数量为多少？如果社会计划者不能控制企业进入市场，福利结果是什么样的？

12.E.5[C] 考虑一个两阶段进入市场模型，其中市场类似于习题 12.C.16 中的市场。进入成本为 K。比较均衡企业数量与社会计划者能控制下列情形下的企业数量：

(a) 进入和定价；

(b) 仅为进入。

12.E.6[B] 比较一阶段进入市场的古诺竞争模型和两阶段进入市场的古诺竞争模型［所有潜在进入企业都相同，生产成本都为 $c(q)=cq$］。证明两阶段博弈的任何（子博弈完美纳什均衡）均衡结果也是一阶段博弈的一个结果。使用例子说明上述结论的逆不成立。然而，证明一阶段博弈中的活跃企业数量不可能多于两阶段博弈中的。

12.E.7[B] 在一个一阶段进入市场模型中，企业报价，所有潜在企业的平均成本为 $AC(q)$（包括它们固定不变的启动成本），$AC(q)$ 在 $\bar{q}$ 处达到最小值 $\bar{c}$。证明如果存在满足 $J^*\bar{q}=x(\bar{c})$ 的 J^*，那么这个模型的任何均衡都能产生完全竞争的结果，因此，结果是最优的。

12.F.1[B] 在 12.F 节的古诺模型中，若需求函数为 $\alpha x(p)$ 而且 $p(\cdot)$ 和 $c(\cdot)$ 是二次连续可微的，证明如果 α 足够大，那么企业的最优反应函数 $b(Q_{-j})$ 关于 Q_{-j} 是（弱）递减的。

12.F.2[B] 在某个经济中有 I 个消费者，假设每个消费者的偏好都为拟线性的，每个消费者对商品 l 的需求函数都为 $x_{li}(p)=a-bp$。

(a) 求市场的反需求函数。

(b) 现在考虑一个进入市场的古诺模型，其中市场的反需求函数为 (a) 中已求出的那个函数，生产成本为 $c(q)=cq$，进入成本为 K。对于一阶段进入市场模型和两阶段进入市场模型，分

析当 $I\to\infty$ 时，均衡价格和产量水平有何变化，以及消费者福利（以消费者剩余衡量）有何变化。

12.F.3[B]　在例 12.F 的两阶段进入市场的古诺模型中，当 α 固定不变但 $K\to 0$ 时，证明福利损失趋近于零。

12.F.4[B]　在一个两阶段进入市场模型中，不同企业的产品是可区分的，进入市场后企业展开价格竞争。所有潜在企业的边际成本都为零，进入成本都为 $K>0$。在阶段 2，企业 j 的需求是 J 个活跃企业价格向量 $p=(p_1,\ \cdots,\ p_J)$ 的函数：$x_j(p)=\alpha(\gamma-\beta p_j/\bar{p}^{1+\varepsilon})$，其中 $\bar{p}=\sum_k p_k/J$。分析当规模参数 α 和替代参数 β 变化时的福利性质。

12.G.1[B]　在习题 12.C.9 线性反需求古诺双寡头模型和习题 12.C.17 的带有不同单位成本的线性城市价格可区分的双寡头模型中，求古诺模型中企业 2 的均衡产量关于企业 1 单位成本的导数，以及线性城市模型中均衡价格关于企业 1 单位成本的导数。在哪个模型中企业 2 行为的上述变化对企业 1 有利？

12.AA.1[A]　证明对于某个参与人 i，任何满足 $\pi_i(q_1,\ q_2)<\pi_i(q_1^*,\ q_2^*)$ 的行动组合 $q=(q_1,\ q_2)$ 都不可能构成使用纳什反转策略的一个 SPNE 固定不变的结果路径。

12.AA.2[C]　证明命题 12.AA.4。[提示：考虑具有下列形式的策略组合：参与人选择的结果路径在时期 1 涉及某个组合 $(q_1,\ q_2)$ 以及在此后每个时期涉及组合 $(q_1^*,\ q_2^*)$。只要有一个参与人偏离，该结果路径就重新开始。]

12.BB.1[A]　证明当进入威慑可能但未必发生时，如果点 S 位于点 Z 右侧，那么进入威慑比进入容忍更好。

12.BB.2[B]　证明在附录 B 的进入威慑模型中，假设在位者对威胁进入和容忍进入是无差异的，如果他选择威胁，那么社会福利将严格变好。在某些情形下，进入威慑能提高社会福利，对此我们不必感到惊讶，为什么？

12.BB.3[C]　在例 12.C.2 的线性城市模型中，假设 $v>c+3t$。假设企业 1 首先进入市场，它可以选择在城市一个端点上建一个工厂，也可以选择在每个端点上都建一个工厂（因此建两个工厂）。每个工厂的建设成本为 F。然后企业 E 决定是否进入（为简单起见，假设企业 E 只建一个工厂）以及决定在哪侧端点上建设这个工厂。确定这个模型的均衡。潜在的参数值对均衡有何影响？将这个结果的福利与不存在进入情形下的福利进行比较。将这种情形与有一个进入者但企业 1 只能建设一个工厂的情形进行比较。

第 13 章 逆向选择、信号传递与信息甄别

13.A 引言

基本福利定理暗含的一个假设是，所有商品的特征对于所有市场参与者来说都是可观测的。如果没有这个条件，具有不同特征的不同商品不可能存在不同的市场，因此，完全市场假设不成立。然而，在现实中，市场参与者拥有的这类信息通常是不对称的。考虑下面三个例子：

（ⅰ）当企业雇佣工人时，企业没有工人自身更了解他的内在能力。

（ⅱ）当汽车保险公司承保某个车主时，车主可能比保险公司更了解自己的驾驶技术，因此更了解自己发生事故的概率。

（ⅲ）在二手车市场上，卖者可能比潜在买者更了解车的质量。

这些都是**信息不对称**（asymmetric information）的情形。自然地，我们想知道：在信息不对称的情形下，我们如何刻画市场均衡？这些均衡具有什么样的性质？进行市场干预能够提高福利吗？在本章，我们将研究这些问题。事实上，信息不对称是近几十年来微观经济理论中最活跃的研究领域之一。

在 13. B 节，我们将信息不对称引入一个简单的竞争市场模型。我们看到，在信息不对称的情形下，市场均衡通常不是帕累托最优的，而**逆向选择**（adverse selection）现象则进一步加剧了这种无效率。当知情者的交易决策取决于他个人掌握的信息，而这样的信息不利于不知情的市场参与者时，逆向选择就会发生。例如，在二手车市场上，知道自己车质量不是很好的车主，更有可能决定卖车。在存在逆向选择的情形下，不知情的交易者对任何愿意与他交易的知情者都保持着警惕，因此他的交易意愿就比较低。而且，这个事实可能使得逆向选择问题进一步恶化：如果二手车的成交价很低，只有那些质量真的很差的车的车主愿意卖车。因此，当存在逆向选择时，市场交易量很小，即使在信息对称的情形下交易量可能非常大。

另外，在 13.B 节，我们将引入一个重要概念，即**受约束的帕累托最优配置**（constrained Pareto optimal allocation），我们将使用这个概念分析信息不对称情形下的市场干预结果。受约束的帕累托最优配置是指中央集权者，由于与市场参与者一样不能观测到个人持有的私人信息，从而无法进行帕累托改进的那些配置。只有当均衡配置不是受约束的帕累托最优配置时，这样的中央集权者才有可能实施帕累托改进的市场干预。一般来说，在信息不对称情形下（中央集权者不能观测到个人持有的私人信息），需要对市场干预进行更严格的检验才能确定它是否为帕累托改进。

在 13.C 节和 13.D 节，我们研究市场参与者如何对付这些信息不对称。在 13.C 节，我们考察知情的个体向不知情个体**发送信号**（signal）的可能性：通过实施可观测的行为来传递他的私人信息。例如，二手车的卖者允许潜在买者将车送到修车铺检查。由于好车的卖者更有可能采取这样的行动，因此，这种行为可以被视为一种质量信号。在 13.D 节，我们考虑不知情者可以建立某种机制来**甄别**（screen）拥有不同信息的知情者。例如，某个保险公司可以提供两种保单：一种保单没有免赔额但保险费高；另外一种保单的免赔额高但保险费低。于是，潜在的投保人开始**自我选择**（self-select）：开车技术差的车主选择前面这种保单，而开车技术好的车主选择后者。在这两节，我们考虑市场均衡的福利特征以及实施帕累托改进市场干预的可能性。

为了方便说明，我们自始至终都用劳动市场为例说明。但是请注意，我们考察的这些问题在很多经济环境中都存在。比如，本章末尾的习题就提供了一些例子。

13.B　信息不对称与逆向选择

考虑下面这个简单的劳动市场模型，它改编自 Akerlof（1970）的开创性工作。[①] 假设有很多相同的企业，它们都可以雇佣工人。每个企业使用相同的规模报酬不变技术（其中劳动为唯一要素）生产相同产品。所有企业都是风险中性的、追求利润最大化而且是价格接受者。为简单起见，令企业产品价格为 1（以计价物商品数量衡量）。

工人的生产率（单位时间生产的产品数量）不同，我们用 θ 表示生产率。[②] 令 $[\underline{\theta}, \bar{\theta}]\subset\mathbb{R}$ 表示工人可能的生产率水平集合，其中 $0\leqslant\underline{\theta}<\bar{\theta}<\infty$。生产率等于或小于 θ 的工人所占的比例由分布函数 $F(\theta)$ 给出，而且我们假设 $F(\cdot)$ 为非退化的，因此，至少存在两类工人。工人的总数量（或更准确地说，测度）为 N。

---

① Akerlof（1970）使用二手车市场为例进行分析，在这个市场中只有卖者知道自己的车是否为“劣质货”（lemon），因此，这类模型也称为柠檬模型。（在英语俚语中，“lemon”指劣质货。——译者注）

② 工人的生产率可以是随机的，这对我们下面的分析没有任何影响；在这种情形下，θ 是工人生产率（统计意义上）的期望值。

工人追求他的劳动收入（以计价物商品数量衡量）最大。工人可以选择在企业劳动（受雇于企业），也可以选择在家劳动。我们假设类型 θ 的工人在家劳动的收入为 $r(\theta)$。因此，$r(\theta)$ 是类型 θ 的工人受雇的机会成本，他会受雇当且仅当他的工资不小于 $r(\theta)$。（为方便起见，我们假设他在受雇与不受雇之间无差异时，他会受雇。）[①]

为了与信息对称情形相比较，我们首先考虑当工人的生产率水平为**共同信息**时的竞争均衡。由于不同类型工人的劳动是不同商品，每个类型 θ 的均衡工资 $w^*(\theta)$ 是不同的。由于企业是完全竞争且规模报酬不变的，在竞争均衡时，我们有 $w^*(\theta)=\theta$ 对于所有 θ 成立（记住工人产品的价格为 1），由接受某个企业雇佣的那些工人组成的集合为 $\{\theta: r(\theta)\leqslant\theta\}$。[②]

从福利经济学第一基本定理可知，这个竞争结果是帕累托最优的。为了验证此事，记住：劳动的任何帕累托最优配置均必定使得总剩余最大（参见 10.E 节）。令 $I(\theta)$ 为二元变量：如果类型 θ 工人受雇，那么 $I(\theta)=1$；如果不受雇，那么 $I(\theta)=0$。这个劳动市场的总剩余之和为

$$\int_{\underline{\theta}}^{\bar{\theta}} N[I(\theta)\theta+(1-I(\theta))r(\theta)]dF(\theta) \tag{13.B.1}$$

（这个式子的意思是工人们劳动产生的总收入。）[③] 因此，对于满足 $r(\theta)\leqslant\theta$ 的那些 θ，令 $I(\theta)=1$（我们再次假设工人在受雇与不受雇之间无差异时，他会受雇），对于满足 $r(\theta)>\theta$ 的那些 θ，令 $I(\theta)=0$，这样，就能使得总剩余最大。简单地说，由于当且仅当 $r(\theta)\leqslant\theta$ 时，类型 θ 工人在企业的产出不会小于他在家里的产出，所以在任何帕累托最优配置中，受雇工人集合均必定为 $\{\theta: r(\theta)\leqslant\theta\}$。

在上面我们考察了在信息对称情形下劳动市场的竞争均衡。下面我们考察当企业不能观测到工人的生产率水平时的竞争均衡。我们首先建立信息不对称情形下的竞争均衡概念。

为了建立这个概念，首先注意到，当工人们的类型不可观知时，工资率必定与

---

① 等价地，我们还有另外一种建模方法：将 $r(\theta)$ 视为劳动带来的痛苦（负效用）。在这种情形下，令类型 θ 的工人有拟线性偏好 $u(m, I)=m-r(\theta)I$，其中 m 是工人消费计价物的数量，$I\in\{0, 1\}$ 是个二元变量（binary variable）——若他工作，$I=1$；若他不工作，$I=0$。在这样的偏好下，工人会受雇当且仅当他的工资不小于 $r(\theta)$ 时，余下的分析同正文中的模型是一样的。

② 更准确地说，竞争均衡时：对于受雇的工人［$r(\theta)\leqslant\theta$ 的那些工人］来说，$w^*(\theta)=\theta$；对于不接受雇佣的工人［$r(\theta)>\theta$ 的那些工人］来说，$w^*(\theta)\geqslant\theta$。然而，出于方便说明的目的，当我们在本节讨论不涉及交易的竞争均衡时，我们仅关注 $w^*(\theta)=\theta$ 的情形。

③ 在 10.E 节，我们把某个产品市场（其中产品由企业生产出）配置带来的总剩余，写成消费者从消费这种商品中获得的直接好处与企业生产这些产品的总成本之差。然而，在劳动市场的情形下，企业雇佣工人的“成本”是企业赚取的正的收入；如果工人受雇，他得到的直接效用（不包括任何工资收入）为零；如果不受雇，他得到的直接效用为 $r(\theta)$。因此，在劳动市场上，总剩余等于企业的总收入 $\int NI(\theta)\theta dF(\theta)$，加上消费者从家庭生产得到的总收入 $\int N(1-I(\theta))r(\theta)dF(\theta)$。

工人类型无关，因此，对于所有类型的工人来说，工资率是统一的，我们将其记为 w。接下来，我们考察劳动的供给。劳动的供给是工资率 w 的函数。对于类型 θ 的工人来说，他受雇当且仅当 $r(\theta)\leqslant w$。因此，当工资率为 w 时，愿意受雇的工人类型集合为

$$\Theta(w)=\{\theta: r(\theta)\leqslant w\} \tag{13.B.2}$$

接着，我们考察劳动的需求。劳动的需求也是 w 的函数。如果企业相信愿意受雇的工人们的生产率的平均水平为 μ，那么该企业对劳动的需求为

$$z(w)=\begin{cases}0 & \text{若 } \mu<w \\ [0,\infty] & \text{若 } \mu=w \\ \infty & \text{若 } \mu>w\end{cases} \tag{13.B.3}$$

现在，如果集合 Θ^* 中的工人类型在竞争均衡时受雇，而且如果企业关于潜在工人生产率的信念正确反映了该均衡中受雇工人的实际平均生产率，那么我们必定有 $\mu=E[\theta \mid \theta\in\Theta^*]$。因此，式（13.B.3）意味着劳动供需均衡时受雇工人数量为正当且仅当 $w=E[\theta \mid \theta\in\Theta^*]$。这样，我们就得到了信息不对称情形下的竞争均衡的概念，这就是定义 13.B.1 的内容。

定义 13.B.1：在完全竞争的劳动市场模型中，如果工人生产率水平是不可观知的，那么一个**竞争均衡**是工资率 w^* 和愿意受雇的工人类型集合 Θ^* 的一个组合 (w^*, Θ^*)，其中

$$\Theta^*=\{\theta: r(\theta)\leqslant w^*\} \tag{13.B.4}$$

$$w^*=E[\theta \mid \theta\in\Theta^*] \tag{13.B.5}$$

条件（13.B.5）涉及企业的**理性预期**（rational expectations）。也就是说，企业正确预期到了均衡时那些受雇工人的平均生产率。

然而，请注意，当均衡时没有工人受雇（即，$\Theta^*=\varnothing$），式（13.B.5）这个期望不是良好定义的。在下面的讨论中，为简单起见，我们假设在这种情形下，每个企业对潜在雇员平均生产率的预期，就是非条件期望 $E[\theta]$，而且在任何这样的均衡中，我们取 $w^*=E[\theta]$。（与本章前文脚注中的讨论一样，在不涉及交易的均衡中，我们仅关注工资等于平均生产率的情形。如果我们将假设条件改为：当 $\Theta^*=\varnothing$ 时，平均生产率为 $E[\theta]$，结果是怎样的？这个问题请参见习题 13.B.5。）

信息不对称与帕累托无效率

一般来说，定义 13.B.1 给出的竞争均衡不是帕累托最优的。为了看清这一点，我们以最简单的情形为例。考虑下列情形：对于所有 θ 都有 $r(\theta)=r$（每个工人在家里的生产率是相同的）；假设 $F(r)\in(0, 1)$，因此，有些工人类型为 $\theta>r$，有些工人类型为 $\theta<r$。在这种情形下，在劳动的帕累托最优配置中，那些 $\theta\geqslant r$ 的工人

受雇，而那些 $\theta<r$ 的工人不受雇。

现在考察竞争均衡。当 $r(\theta)=r$ 对于所有 θ 均成立时，给定工资率 w，在这个工资率水平上愿意受雇的工人的集合 $\Theta(w)$，要么为 $[\underline{\theta},\bar{\theta}]$（若 $w\geqslant r$），要么为 $\varnothing$（若 $w<r$）。因此，对于所有 w 都有 $E[\theta|\theta\in\Theta(w)]=E[\theta]$，然后根据式（13.B.5）可知，均衡工资率必定为 $w^*=E[\theta]$。如果 $E[\theta]\geqslant r$，那么所有工人都受雇；如果 $E[\theta]<r$，那么所有工人都不受雇。在这两种均衡中，到底会出现哪种均衡？这要取决于生产率高和低的工人的相对比例。例如，如果低生产率工人的比例高，那么由于企业无法区分工人的生产率是高还是低，所以企业只愿意提供小于 r 的工资，因此所有工人都不愿意受雇。相反，如果低生产率工人的比例很小，工人的平均生产率将会大于 r，所以企业愿意提供不小于 r 的工资，因此所有工人都愿意受雇。与帕累托最优配置相比，前一情形雇佣的工人过少，后一情形雇佣的工人过多。

什么原因导致了这样的竞争均衡不是帕累托最优的？原因显而易见：由于企业无法区分工人生产率的高低，市场无法有效率地在企业和家庭生产之间配置工人。①

逆向选择与市场瓦解

当 $r(\theta)$ 随着 θ 变化而变化时，效率下降得特别厉害。在这种情形下，愿意接受某个企业雇佣的那些工人的平均生产率取决于工资率，这样就会出现所谓的**逆向选择**（adverse selection）现象。逆向选择是指知情者根据他的私人特征进行交易，而这样的交易对不知情的交易一方不利。在当前的背景下，逆向选择是指给定任何工资水平，那些生产率相对较低的工人愿意接受企业的雇佣。

逆向选择对市场均衡可能造成严重影响。例如，对于我们前面讨论的 $r(\theta)=r$ 对所有 θ 成立的例子，在信息不对称的情形下，**似乎**只有当某些工人应该受雇、某些工人不应该受雇时，才可能导致竞争均衡不是帕累托最优的（这是因为当 $\bar{\theta}<r$ 或 $\underline{\theta}>r$ 时，竞争均衡是帕累托最优的）。然而，由于存在着逆向选择，前面这种直觉结论是不对的。事实上，即使每个类型的工人都应该受雇，逆向选择也可能摧毁整个市场。

为了看清逆向选择的上述力量，我们作出两个假设：(1) 假设对于所有 $\theta\in[\underline{\theta},\bar{\theta}]$ 都有 $r(\theta)\leqslant\theta$，(2) 假设 $r(\cdot)$ 是严格递增的函数。假设 (1) 意味着在劳动的帕累托最优配置中，每个类型的工人都受雇；假设 (2) 则是说在企业中生产率高的工人，在家里的生产率也高。正是假设 (2) 导致了逆向选择：由于生产率高的工人在家里生产的收入也大，因此在任何给定的工资水平 w 上，只有生产率低的工人［即，那些 $r(\theta)\leqslant w$ 的工人］接受雇佣。

条件（13.B.5）中的工人生产率的期望水平，现在取决于工资率。当工资率上

① 我们也可以从另外一个角度进行解释：信息不对称导致市场缺失，从而产生了外部性（回忆第 11 章）。当类型 $\theta>E[\theta]=w$ 的工人向企业额外减少一单位劳动供给时，企业的状况变差了（与完美信息的竞争市场相比，在这种情形下，工资正好等于工人的边际生产率）。

升时，生产率高的工人变得愿意受雇，因此，那些受雇的工人的平均生产率提高了。为简单起见，从现在起，我们假设与 $F(\cdot)$ 相伴的密度函数为 $f(\cdot)$，其中 $f(\theta)>0$ 对于所有 $\theta\in[\underline{\theta},\bar{\theta}]$ 均成立。这个假设保证了那些愿意受雇的工人的平均生产率 $E[\theta\,|\,r(\theta)\leqslant w]$，随着工资率在集合 $w\in[r(\underline{\theta}),\infty)$ 上的变化而连续变化。

为了确定均衡工资，我们使用条件（13.B.4）和条件（13.B.5）。联立这两个条件可知，竞争均衡工资 w^* 必定满足

$$w^*=E[\theta\,|\,r(\theta)\leqslant w^*] \tag{13.B.6}$$

我们可以使用图 13.B.1 来研究均衡工资 w^* 的确定问题。在这个图中，我们画出了函数 $E[\theta\,|\,r(\theta)\leqslant w]$ 的值，它是关于 w 的函数。这个函数给出了当工资为 w 时愿意受雇的那些工人的 θ 的期望值。在工资区间 $w\in[r(\underline{\theta}),r(\bar{\theta})]$ 上，这个函数关于 w 递增；当 $w=r(\underline{\theta})$ 时，该函数达到最小值 $\underline{\theta}$；当 $w\geqslant r(\bar{\theta})$ 时，该函数达到最大值 $E[\theta]$。① 均衡工资 w^* 位于这个函数与 45 度线的交点上；在这个点上，条件（13.B.6）得以满足。于是，受雇工人集合为 $\Theta^*=\{\theta: r(\theta)\leqslant w^*\}$。他们的平均生产率正好为 w^*。②

从图 13.B.1 立即可以看出，市场均衡未必是有效率的。问题在于，为了让生产率最高的工人愿意受雇，工资至少应为 $r(\bar{\theta})$。但在图 13.B.1 所示的情形下，这样的工资水平会导致企业亏损，这是因为企业无法区分不同类型的工人，从而使得它从每个受雇工人得到的期望产出仅为 $E[\theta]<r(\bar{\theta})$。由于存在足够多的低生产率工人，工资率被压到低于 $r(\bar{\theta})$ 水平，这又会将生产率最高的一类工人挤出市场。但是一旦生产率最高的一类工人被挤出市场，接下来，按照类似的逻辑可知，生产率次高的一类工人也会被挤出市场。因此，就出现了劣币驱逐良币的现象。

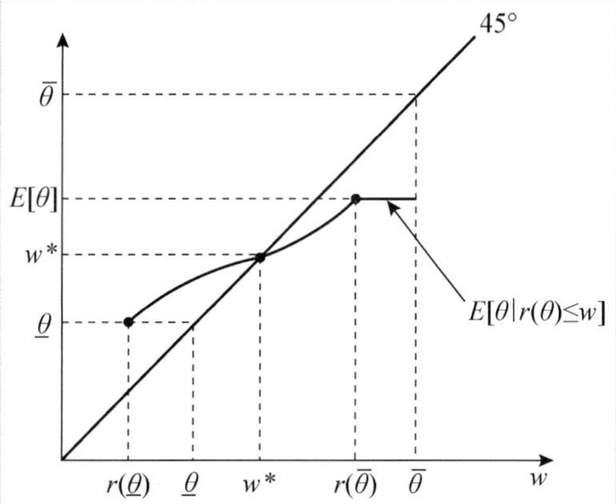

图 13.B.1　逆向选择情形下的竞争均衡

① 这个图未画出当工资低于 $r(\underline{\theta})$ 时的图形。由于在这个模型中 $E[\theta]>r(\underline{\theta})$，所以任何低于 $r(\underline{\theta})$ 的工资，在我们的假设条件 $E[\theta\,|\,\Theta(w)=\varnothing]=E[\theta]$ 之下，都不可能成为均衡工资。

② 我们也可以使用另外一种图形方法来确定均衡，请参见习题 13.B.1。

这个过程能达到什么程度？后果可能非常严重。为了看清这一点，考虑图13.B.2所示的情形。在这个图中，当 $\theta=\underline{\theta}$ 时，$r(\underline{\theta})=\underline{\theta}$；当 $\theta\neq\underline{\theta}$ 时，$r(\theta)<\theta$。不难看出，在这种情形下，均衡工资率为 $w^*=\underline{\theta}$，在均衡时只有类型 $\underline{\theta}$ 的工人愿意受雇。由于存在着逆向选择，企业几乎不会雇佣任何人（更准确地说，受雇工人集合的测度为零），尽管社会最优要求所有工人都受雇。[①]

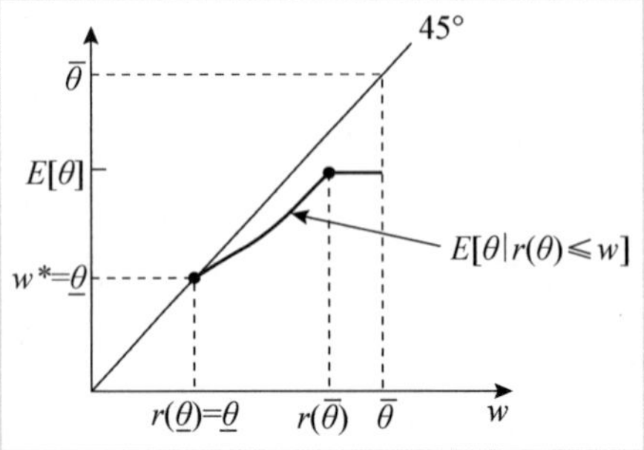

图 13.B.2　完全市场失灵

例 13.B.1： 我们举个清楚的例子来说明市场被逆向选择完全瓦解。令 $r(\theta)=\alpha\theta$，其中 $\alpha<1$，令 θ 在区间 $[0, 2]$ 上均匀分布。因此，$r(\underline{\theta})=\underline{\theta}$（由于 $\underline{\theta}=0$）；而且，对于 $\theta>0$ 有 $r(\theta)<\theta$。在这种情形下，$E[\theta|r(\theta)\leqslant w]=(w/2\alpha)$。对于 $\alpha>1/2$，$E[\theta|r(\theta)\leqslant 0]=0$；对于所有 $w>0$，有 $E[\theta|r(\theta)\leqslant w]<w$，如图13.B.2所示。[②]

定义13.B.1给出的竞争均衡定义未必是唯一的。例如，在图13.B.3中，有三个均衡，每个均衡的就业量都严格为正。出现多个竞争均衡的原因在于我们对函数 $E[\theta|r(\theta)\leqslant w]$ 的斜率没有任何限制。在任何工资 w 上，它的斜率均取决于在受雇与不受雇之间无差异的工人的密度，因此，当这个密度变化时，它的斜率可能出现很大变化。

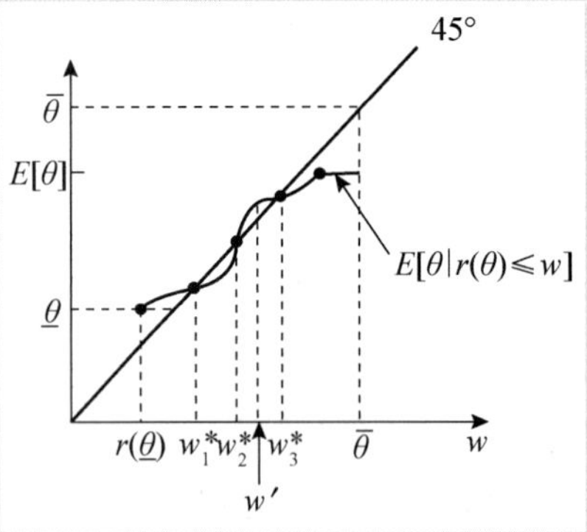

图 13.B.3　多个竞争均衡解

---

① 在这个均衡中，每个个体得到的收益与不存在劳动市场情形的收益相同：每个企业收入为零；对于所有 θ（包括 $\theta=\underline{\theta}$），每个类型 θ 工人的收入为 $r(\theta)$，即他在家里工作所得的收入。

② 这个例子实际上是由 Akerlof（1970）提出的，只不过他的例子对应着 $\alpha=2/3$ 的情形。

注意，图13.B.3中的均衡可以进行**帕累托排序**（Pareto rank）。在任何均衡中，企业的利润都为零，因此，如果提高工资率，工人的状况将变好。（那些不接受雇佣的工人是无差异的；所有其他工人的状况都严格变好。）因此，工资率最高的均衡帕累托优于所有其他均衡。那些帕累托劣势均衡（工资较低的均衡）出现的原因在于**协调失灵**（coordination failure）：工资过低，因为企业预期接受雇佣的那些工人的生产率低，与此同时，正是由于工资低才导致只有低生产率工人接受雇佣。

博弈论方法

我们在上面使用的竞争均衡概念是 Akerlof（1970）提出的。我们想知道，这些竞争均衡能否看成下列模型的结果：在这个模型中，企业能够改变它们报出的工资，但是在均衡时，企业选择不改变工资。

图13.B.3的图形能够初步说明我们为什么这么考虑。例如，考虑工资率为 w_2^* 的那个均衡。在这个均衡中，如果企业稍微提高一点工资，比如提高到 $w'>w_2^*$（如图所示），它的利润会增加，这是因为这种做法会吸引平均生产率为 $E[\theta\mid r(\theta)\leqslant w']>w'$ 的工人。因此，在企业能够改变报价（工资）的模型中，似乎不会出现这个均衡结果。类似地，在工资率为 w_1^* 的那个均衡中，了解市场结构的企业会认识到，如果它将报价（工资）提高到 w'，它就能得到严格正的利润。

为了正式阐述这种思想，考虑下列博弈模型：假设市场潜在结构［例如，工人生产率的分布函数 $F(\cdot)$ 和保留工资函数（reservation wage function）$r(\cdot)$］为共同知识。市场行为可用下列两阶段博弈描述：在阶段1，两个企业同时报出各自提供的工资（不失一般性，我们仅考察两个企业）。然后，在阶段2，工人们决定是否受雇，如果接受，决定受雇于哪个企业。（我们假设如果工人们在某个企业集之间是无差异的，那么他们以相等概率随机决定受雇于哪个企业。）①

命题13.B.1描述了存在逆向选择模型的子博弈完美纳什均衡（SPNE），在这个模型中，$r(\cdot)$ 是严格递增的；对于所有 $\theta\in[\underline{\theta},\bar{\theta}]$ 都有 $r(\theta)\leqslant\theta$；与 $F(\cdot)$ 相伴的密度函数为 $f(\cdot)$，对于所有 $\theta\in[\underline{\theta},\bar{\theta}]$ 都有 $f(\theta)>0$。

命题13.B.1：令 W^* 表示存在逆向选择的劳动市场模型的竞争均衡工资集合，令 $w^*=\text{Max}\{w:w\in W^*\}$。

（i）如果 $w^*>r(\underline{\theta})$，而且存在着 $\varepsilon>0$ 使得 $E[\theta\mid r(\theta)\leqslant w']>w'$ 对于所有 $w'\in(w^*-\varepsilon,w^*)$ 均成立，那么这个两阶段博弈模型存在着唯一的纯策略SPNE。在这个SPNE中，受雇工人得到的工资为 w^*，类型属于集合 $\Theta(w^*)=\{\theta:r(\theta)\leqslant w^*\}$ 的工人接受雇佣。

---

① 注意，如果工人类型只有一种，他们的生产率都为 θ，那么这个模型就是12.C节伯特兰模型的劳动市场版本，在这个模型中，均衡工资等于竞争工资 θ。

（ⅱ）如果 $w^*=r(\underline{\theta})$，那么存在着多个纯策略 SPNE。然而，在每个纯策略 SPNE 中，每个个体的收益正好等于他在工资最高的那个竞争均衡中的收益。

证明： 首先注意到，在任何 SPNE 中，类型 θ 的工人均必定遵守下列策略：只接受工资最高的其中一个企业的雇佣，而且当且仅当工资不小于 $r(\theta)$ 时才接受这样的雇佣。[①] 使用这个事实，我们就能确定企业的均衡行为。我们分情况讨论。

（ⅰ）$w^*>r(\underline{\theta})$：首先，注意到在任何 SPNE 中，两个企业的利润必定正好等于零。为了看清这一点，假设存在某个 SPNE，在这个 SPNE 中，当工资为 $\bar{w}$ 时共有 M 个工人受雇，两个企业的利润之和为

$$\prod = M(E[\theta|r(\theta)\leqslant\bar{w}]-\bar{w})>0$$

注意，$\Pi>0$ 意味着 $M>0$，而 $M>0$ 意味着 $\bar{w}\geqslant r(\underline{\theta})$。在这种情形下，对于利润（弱）低的企业（令其为企业 j），它的利润不会大于 $\Pi/2$。但是，企业 j 可以通过提供工资 $\bar{w}+\alpha$（其中 $\alpha>0$）而赚取不小于 $M(E[\theta|r(\theta)\leqslant\bar{w}+\alpha]-\bar{w}-\alpha)$ 的利润，只要企业 j 选取的 $\alpha>0$ 足够小就能保证这个利润任意接近 Π。因此，企业 j 最好偏离，这与我们的均衡假设矛盾，因此，我们必定有 $\Pi\leqslant0$。由于在任何一个 SPNE 中，哪个企业的利润都不可能严格为负（因为企业总可以选择报出等于零的工资），我们断言：在任何 SPNE 中，两个企业的利润必定都正好为零。

从两个企业的利润必定为零这个事实中，我们知道，如果 $\bar{w}$ 是在某个 SPNE 中任何一个企业提供的最高工资，那么要么 $\bar{w}\in W^*$（即，$\bar{w}$ 必定是个竞争均衡工资率），要么 $\bar{w}<r(\underline{\theta})$（$\bar{w}$ 必定过低以至于没人接受雇佣）。但是假设 $\bar{w}<w^*=\mathrm{Max}\{w: w\in W^*\}$。那么任何一个企业通过提供任何工资率 $\bar{w}\in(w^*-\varepsilon, w^*)$（注意这是偏离行为），就可以得到严格正的期望利润。因此，我们断言：在任何 SPNE 中，企业提供的最高工资率必定等于 w^*。

最后，我们证明两个企业都提供工资 w^*，以及上面描述的工人的策略，构成了一个 SPNE。在这样的策略下，两个企业的利润都为零。任何一个企业都不能通过降低工资这种偏离行为而获得正利润，这是因为这样做会导致它一个工人都雇佣不到。为了完成我们的论证，我们证明：对于任何 $w>w^*$ 都有 $E[\theta|r(\theta)\leqslant w]<w$，因此，任何一个企业都不能通过提高工资这种偏离行为而得到正利润。根据假设，w^* 是最高竞争工资。因此，不存在 $w>w^*$ 使得 $E[\theta|r(\theta)\leqslant w]=w$。因此，由于 $E[\theta|r(\theta)\leqslant w]$ 关于 w 连续，$E[\theta|r(\theta)\leqslant w]-w$ 对于所有 $w>w^*$ 必定拥有相同的符号。但是对于所有 $w>w^*$ 我们不可能有 $E[\theta|r(\theta)\leqslant w]>w$，这是因为，当 $w\to\infty$ 时，$E[\theta|r(\theta)\leqslant w]\to E[\theta]$，而在我们的假设条件下，$E[\theta]$ 是有限的。因此，对于所有 $w>w^*$ 我们必定有 $E[\theta|r(\theta)\leqslant w]<w$。这样我们就完成了情形（ⅰ）的证明。

我们的假设，即存在着 $\varepsilon>0$ 使得 $E[\theta|r(\theta)\leqslant w']>w'$ 对于所有 $w'\in(w^*-\varepsilon,$

---

① 记住，我们假设工人在接受雇佣与不接受雇佣之间无差异时，他会接受雇佣。

w^*）成立，排除了图 13. B. 4 描述的病态情形。

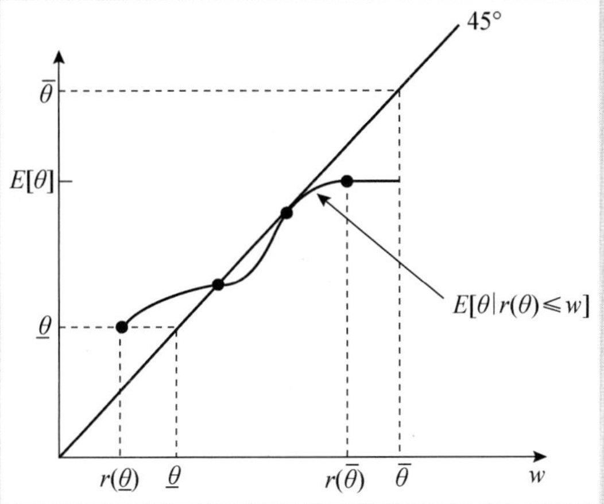

图 13. B. 4　一个病态情形

（ⅱ）$w^*=r(\underline{\theta})$：在这种情形下，对于所有 $w>w^*$ 都有 $E[\theta|r(\theta)\leqslant w]<w$，因此任何企业若以大于 w^* 的工资吸引工人，那么它会遭受损失。而且，提供任何 $w\leqslant w^*$ 工资的企业，获得的利润正好为零。因此，能够出现在 SPNE 中的工资报价集合（w_1，w_2）必定为 $\{(w_1, w_2): w_j\leqslant w^*$ 对于 $j=1$，2 成立$\}$。在任何一个 SPNE 中，所有个体的收益正好与他在工资率 w^* 的竞争均衡中的收益相同：两个企业的利润都为零；对于所有 $\theta\in[\underline{\theta}, \bar{\theta}]$，类型 θ 的工人的收益均为 $r(\theta)$。■

这个博弈论模型和定义 13. B. 1 中的竞争均衡概念的一个区别涉及企业的老练程度。在定义 13. B. 1 的竞争均衡中，企业相对不够老练。它们只知道在当前均衡工资水平上受雇工人的平均生产率；它们可能不知道潜在的市场机制。相反，在博弈论模型中，企业知道市场的整个结构，包括工资率和受雇工人生产率之间的全部关系。博弈论模型告诉我们，如果老练企业能够改变工资，那么我们就可以解决前面描述的协调失灵问题。如果工资太低，有些企业会发现提高工资来吸引生产率更高的工人是值得的；于是，就会出现最高工资竞争均衡结果。①

受约束的帕累托最优与市场干预

我们已经看到，信息不对称通常导致市场均衡不是帕累托最优的。因此，对于中央集权者来说，如果他知道所有个体的私人信息（例如，上面模型中的工人类型）而且能够在个体之间进行定额转移支付，那么他就能对这些结果进行帕累托改进。

然而，在实践中，中央集权者对私人信息的了解程度并不比市场参与者的了解程度高。在这样的情形下，中央集权者在试图实施帕累托改进时，面对着额外的约

① 然而，在习题 13. B. 6 的逆向选择模型中，对于某些变量值，最高工资竞争均衡不是我们博弈论模型的 SPNE。

束。例如，他无法在不同类型工人之间进行定额转移支付，因为他无法直接观测工人们的类型。因此，某种市场干预措施要想是帕累托改进的，必须通过更严格的检验。对于某个配置，如果无法观知个体私人信息的中央集权者不能对它进行帕累托改进，那么这个配置称为一个**受约束的**（或**次优的**）**帕累托最优**［constrained（or second-best）Pareto optimum］配置。由于在无法观知个体类型的情形下，更难产生帕累托改进，所以受约束的帕累托最优配置未必是（完全）帕累托最优的［然而，一个（完全）帕累托最优的配置必然是受约束的帕累托最优配置］。

下面我们研究市场干预是否可能为帕累托改进的。我们以前面的逆向选择模型为例，在这个模型中，中央集权者无法观知工人类型，但已知：$r(\cdot)$ 是严格递增的；对于所有 $\theta\in[\underline{\theta}, \bar{\theta}]$ 都有 $r(\theta)\leqslant\theta$；与 $F(\cdot)$ 相伴的密度函数为 $f(\cdot)$，对于所有$\theta\in[\underline{\theta}, \bar{\theta}]$ 都有 $f(\theta)>0$。也就是说，我们研究这个逆向选择模型的竞争均衡是否为受约束帕累托最优的。

一般来说，这个问题的正式分析需要使用 14.C 节（隐藏信息的委托代理模型）研发的工具，特别是垄断者信息甄别工具。由于我们还未介绍这些方法，此处的分析不能完全展开。（然而，在你学完 14.C 节后，记得回来看看本节末尾的相关讨论。）尽管如此，我们还是能介绍一些要点。

13

为了方便说明，首先，注意到在考察是否能对某个市场均衡结果进行帕累托改进时，我们可以将干预方案视为中央集权者自己经营企业，他试图为工人们实现帕累托改进（于是企业主的利润与均衡时的利润相同，即为零）。其次，由于中央集权者不能直接区分不同工人类型，所以在由谁转移给谁的问题上，答案只能取决于工人是否受雇（工人在其他方面相同，无法区分）。因此，在直觉上，一种不失一般性的做法是仅关注下列这样的干预：中央集权者自营企业，他对愿意受雇的工人支付工资 w_e，对不愿受雇的工人支付失业金 w_u［这类工人还得到家庭劳动收入 $r(\theta)$，然后让工人们自行选择是否受雇］。* 中央集权者要保证自己预算平衡。（在本节末尾，我们将说明这种做法是可行的。）

给定这个背景，我们的逆向选择模型的竞争均衡能用上述方法进行帕累托改进吗？我们首先考虑劣势竞争均衡，即该均衡帕累托劣于某个其他竞争均衡（例如，图 13. B. 3 中均衡工资为 w_1^* 的那个竞争均衡，就是劣势竞争均衡）。无法观知工人类型的中央集权者总能实施最优的（工资率最高的）竞争均衡结果。他只需要设定 $w_e=w^*$（最高竞争均衡工资）以及设定 $w_u=0$。于是，位于集合 $\Theta(w^*)$ 中的所有人都接受某个企业的雇佣，而且由于 $w^*=E[\theta\,|\,r(\theta)\leqslant w^*]$，中央集权者恰好能平衡他的预算。[1] 因此，这样的均衡结果不是受约束的帕累托最优。在这种情形下，

---

* w_e 和 w_u 中的下标 e 和 u 分别代表受雇（employment）和不受雇（unemployment）。——译者注

① 一种等价但干预程度相对较轻的措施是，中央集权者命令任何经营企业支付的工资率必须等于 w^*。在这种情形下，企业将愿意继续经营，这是因为在这个工资率上它们是盈亏平衡的，这样就产生了帕累托改进。

中央集权者能够干涉和解决使得市场处于低工资均衡的协调失灵问题。

在考察完劣势竞争均衡之后，我们开始考察最高工资竞争均衡（即，命题 13. B. 1 中博弈论模型的 SPNE 结果）。这样的均衡是受约束的帕累托最优吗？正如命题 13. B. 2 所指出的，任何这样的均衡都是受约束帕累托最优的。

命题 13. B. 2：在存在逆向选择的劳动市场模型中［其中，$r(\cdot)$ 是严格递增的；对于所有 $\theta\in[\underline{\theta},\bar{\theta}]$，都有 $r(\theta)\leqslant\theta$；与 $F(\cdot)$ 相伴的密度函数为 $f(\cdot)$，对于所有 $\theta\in[\underline{\theta},\bar{\theta}]$，都有 $f(\theta)>0$］，最高工资竞争均衡是受约束帕累托最优的。

证明：如果在最高工资竞争均衡中，所有工人都受雇，那么结果是完全帕累托最优的，从而也是受约束帕累托最优的。所以，假设某些工人未受雇。首先，注意到，对于中央集权者提供的任何工资 w_e 和失业保险金 w_u，愿意接受雇佣的工人类型集合的形式为 $[\underline{\theta},\hat{\theta}]$ 对于某个 $\hat{\theta}$［该集合为 $\{\theta:w_u+r(\theta)\leqslant w_e\}$］。其次，假设中央集权者试图实现某个结果，在这个结果中，类型 $\theta\leqslant\hat{\theta}$（其中 $\hat{\theta}\in[\underline{\theta},\bar{\theta}]$）的工人接受雇佣。为了做到这一点，他必定选择 w_e 和 w_u 使得

$$w_u+r(\hat{\theta})=w_e \tag{13. B. 7}$$

而且，为了平衡他的预算，w_e 和 w_u 还必须满足①

$$w_eF(\hat{\theta})+w_u(1-F(\hat{\theta}))=\int_{\underline{\theta}}^{\hat{\theta}}\theta f(\theta)d\theta \tag{13. B. 8}$$

将式（13. B. 7）代入式（13. B. 8），我们发现，给定 $\hat{\theta}$，w_e 和 w_u 的值必定满足

$$w_u(\hat{\theta})=\int_{\underline{\theta}}^{\hat{\theta}}\theta f(\theta)d\theta-r(\hat{\theta})F(\hat{\theta}) \tag{13. B. 9}$$

与

$$w_e(\hat{\theta})=\int_{\underline{\theta}}^{\hat{\theta}}\theta f(\theta)d\theta+r(\hat{\theta})(1-F(\hat{\theta})) \tag{13. B. 10}$$

或等价地，

$$w_u(\hat{\theta})=F(\hat{\theta})(E[\theta|\theta\leqslant\hat{\theta}]-r(\hat{\theta})) \tag{13. B. 11}$$

$$w_e(\hat{\theta})=F(\hat{\theta})(E[\theta|\theta\leqslant\hat{\theta}]-r(\hat{\theta}))+r(\hat{\theta}) \tag{13. B. 12}$$

现在，令 θ^* 表示在最高工资竞争均衡中，愿意受雇工人中生产率最高的工人类型。我们知道 $r(\theta^*)=E[\theta|\theta\leqslant\theta^*]$。因此，从条件(13. B. 11）和条件（13. B. 12）可知，$w_u(\theta^*)=0$ 和 $w_e(\theta^*)=r(\theta^*)$。因此，当中央集权者设定 $\hat{\theta}=\theta^*$ 时的结果，正好与最高工资竞争均衡的结果相同。

---

① 中央集权者绝不希望预算盈余。如果 w_e 和 w_u 导致了预算盈余，那么对于某个 $\varepsilon>0$，令 $\hat{w}_e=w_e+\varepsilon$ 和 $\hat{w}_u=w_u+\varepsilon$，这在预算上是可行的，而且是帕累托更优的。（注意，愿意接受雇佣的工人集合没有变化。）

13

下面我们考察通过设定$\hat{\theta} \neq \theta^*$能否实现帕累托改进。注意到，对于任何$\hat{\theta} \in [\underline{\theta}, \bar{\theta}]$及$\hat{\theta} \neq \theta^*$：对于类型$\underline{\theta}$的工人来说，如果$w_e(\hat{\theta}) < r(\theta^*)$[其中$r(\theta^*)$是他们的均衡工资]，他们的状况与均衡结果相比变差了；对于类型$\bar{\theta}$的工人来说，如果$w_u(\hat{\theta}) < 0$，他们的状况与均衡结果相比也变差了。

首先考察$\hat{\theta} < \theta^*$。由于$r(\theta^*) > r(\hat{\theta})$，条件(13.B.10)意味着

$$w_e(\hat{\theta}) \leqslant \int_{\underline{\theta}}^{\hat{\theta}} \theta f(\theta) d\theta + r(\theta^*)(1 - F(\hat{\theta}))$$

因此，

$$\begin{aligned} w_e(\hat{\theta}) - r(\theta^*) &\leqslant F(\hat{\theta})(E[\theta \mid \theta \leqslant \hat{\theta}] - r(\theta^*)) \\ &= F(\hat{\theta})(E[\theta \mid \theta \leqslant \hat{\theta}] - E[\theta \mid \theta \leqslant \theta^*]) < 0 \end{aligned}$$

因此，这样的干预会使得类型$\underline{\theta}$工人的状况变差。

现在考察$\hat{\theta} > \theta^*$。我们知道对于所有$w > w^*$，都有$E[\theta \mid r(\theta) \leqslant w] < w$（参见命题13.B.1的证明）。因此，由于$r(\theta^*) = w^*$以及$r(\cdot)$是严格递增的，所以$E[\theta \mid r(\theta) \leqslant r(\hat{\theta})] < r(\hat{\theta})$对于所有$\hat{\theta} > \theta^*$均成立。而且，

$$E[\theta \mid r(\theta) \leqslant r(\hat{\theta})] = E[\theta \mid \theta \leqslant \hat{\theta}]$$

所以，$E[\theta \mid \theta \leqslant \hat{\theta}] - r(\hat{\theta}) < 0$对于所有$\hat{\theta} > \theta^*$均成立。但是，这样一来，条件(13.B.11)就意味着$w_u(\hat{\theta}) < 0$对于所有$\hat{\theta} > \theta^*$均成立，因此，这样的干预会使得类型$\bar{\theta}$工人的状况变差。■

13

因此，当中央集权者无法观知工人类型时，他的选择受到严重限制。事实上，在我们刚刚考察的逆向选择模型中，只要市场结果是最高工资竞争均衡（命题13.B.1博弈论模型的SPNE结果），中央集权者就无法实现帕累托改进。[①] 更一般地，在信息不对称情形下，能否进行帕累托改进的市场干预？答案取决于我们研究的具体市场（以及取决于市场结果是哪个均衡，我们已看到这一点）。习题13.B.8和习题13.B.9提供了两个例子，在这两个例子中，最高工资竞争均衡不是受约束帕累托最优的。

尽管对于受约束的帕累托最优配置已无法进行帕累托改进，但这不等于说不能进行市场干预。在某些情形下，出于追求分配公平的目标考虑，政府会干预市场。例如，如果社会福利可用工人效用的加权和表示：

$$\int_{\underline{\theta}}^{\hat{\theta}} [I(\theta)\theta + (1 - I(\theta))r(\theta)]\lambda(\theta) dF(\theta) \tag{13.B.13}$$

① 命题13.B.2能够容易地推广到允许$r(\theta) > \theta$对于某个θ成立的情形。(参见习题13.B.10。)

其中对于所有 θ 都有 $\lambda(\theta)>0$，那么即使市场干预会导致某些工人类型的状况变差，社会福利也有可能增加。例如，在应用文献中，研究者通常使用总剩余表示社会福利函数，这等价于选择 $\lambda(\cdot)$ 使得对于所有 θ 都有 $\lambda(\theta)=N$。[①] 当社会有这样的社会福利函数时，与图 13.B.1 的竞争均衡（根据命题 13.B.2 可知，这是个受约束的帕累托最优结果）相比，政府只要规定所有工人必须受雇而且所有企业提供的工资都为 $E(\theta)$，即可提高社会福利。尽管这种干预使得类型 $\bar{\theta}$ 工人的状况变差了，但社会福利（以总剩余衡量）提高了。[②]

我们可用未出生工人的事前期望收益来解释为何选择总剩余作为社会福利函数。具体来说，设想每个尚处于娘胎中的工人有 $f(\theta)$ 的概率最终成为类型 θ 工人。如果这样的工人是风险中性的，那么他的事前期望效用正好等于表达式（13.B.13），其中，对于所有 θ 都有 $\lambda(\theta)=1$。因此，使得总剩余最大等价于使得这个未出生工人的期望效用最大。于是，对于某个配置，如果工人类型不可观知从而无法实施能提高总剩余的市场干预，那么我们说这个配置是一个**事前受约束的帕累托最优**（ex ante constrained Pareto optimum）。因此，我们看到，某个配置是否为受约束的帕累托最优（而且因此，市场干预能否导致帕累托改进），取决于我们在哪个时点上（即在工人知道他们的类型之前还是之后）评估福利。[③]

下面我们将使用 14.C 节的工具正式证明，在寻找帕累托改进的过程中，我们可以仅关注上面讨论的干预类型。我们的做法是：在维持企业主的利润非负的情形下，为工人们寻找帕累托改进。出于使用符号上的方便，我们将企业看成一个加总企业。

根据 14.C 节的显示原理，我们知道我们可以仅关注直接显示机制：每个工人如实报告自己的类型。在这里，直接显示机制为每个工人类型 $\theta\in[\underline{\theta},\bar{\theta}]$ 指定了他从中央集权者得到的工资 $w(\theta)\in\mathbb{R}$，为每个企业指定了它应缴给中央集权者的税收 $t(\theta)$，以及受雇决策 $I(\theta)\in\{0,1\}$。此处的可行机制集合必须满足下列三个条件。具体来说，一是必须满足企业的**个人理性约束**（individual rationality constraint）：

$$\int_{\underline{\theta}}^{\bar{\theta}}[I(\theta)\theta-t(\theta)]dF(\theta)\geqslant 0 \tag{13.B.14}$$

二是必须满足中央集权者的**预算平衡条件**（budget balance condition）：

$$\int_{\underline{\theta}}^{\bar{\theta}}[t(\theta)-w(\theta)]dF(\theta)\geqslant 0 \tag{13.B.15}$$

---

① 注意到，当工人类型不可观知时，对于任何社会福利函数我们都不能再用总剩余表示，这是因为，与完美信息情形不同，在工人类型不可观知时，不同类型工人之间的定额转移是行不通的。（参见 10.E 节，在那里我们已经知道，如果使用总剩余来衡量社会福利，那么必须进行定额转移。）

② 而且，由于在工人类型不可观知时，不同类型工人之间的定额转移是行不通的，所以这些分配目标的实现，需要政府直接干预劳动市场，这一点与完美信息不同。

③ Holmstrom 和 Myerson（1983）将这个事前受约束帕累托最优称为**事前激励效率**（ex ante incentive efficiency）。他们这个术语指的是下列事实：我们进行的是福利的事前评估（在工人实现他的类型之前），以及如果不能观知工人类型的中央集权者想要诱导工人们显示自己的类型，该集权者面对着**激励约束**。Holmstrom 和 Myerson 将我们的受约束帕累托效率概念称为**事中激励效率**（interim incentive efficiency），这是指我们进行的是福利的事后评估（工人已经知道他自己的类型）。这些概念的更一般讨论请参考 23.F 节。

13

三是必须满足**如实报告**（或**激励相容**，或**自我选择**）**约束**［truth-telling（or incentive compatibility，or self-selection）constraints］，即：对于所有 θ 和 $\hat{\theta}$，

$$w(\theta)+(1-I(\theta))r(\theta)\geq w(\hat{\theta})+(1-I(\hat{\theta}))r(\theta) \qquad (13.\text{B}.16)$$

首先，注意到，机制 $[w(\cdot),t(\cdot),I(\cdot)]$ 是可行的仅当 $[w(\cdot),I(\cdot)]$ 满足条件（13. B. 16）和下列条件

$$\int_{\underline{\theta}}^{\bar{\theta}}[I(\theta)\theta-w(\theta)]dF(\theta)\geq 0 \qquad (13.\text{B}.17)$$

而且，如果 $[w(\cdot),I(\cdot)]$ 满足条件（13. B. 16）和条件（13. B. 17），那么存在着 $t(\cdot)$ 使得 $[w(\cdot),t(\cdot),I(\cdot)]$ 满足条件（13. B. 14）～(13. B. 16)。然而，条件（13. B. 17）正好是亲自经营企业的中央集权者面对的预算约束。因此，我们可以仅关注中央集权者自营企业，而且他使用满足条件（13. B. 16）和条件（13. B. 17）的显示机制 $[w(\cdot),I(\cdot)]$ 的情形。

现在考虑任何两个类型 θ' 和 θ''，而且 $I(\theta')=I(\theta'')$。在条件（13. B. 16）中，令 $\theta=\theta'$ 和 $\hat{\theta}=\theta''$，可知必有 $w(\theta')\geq w(\theta'')$。类似地，令 $\theta=\theta''$ 和 $\hat{\theta}=\theta'$，我们必定有 $w(\theta'')\geq w(\theta')$。这样一来，我们必然有 $w(\theta')=w(\theta'')$。由于 $I(\theta)\in\{0,1\}$，我们看到任何可行机制 $[w(\cdot),I(\cdot)]$ 均可以视为下列这样的方案，在这个方案中，每个工人可以在两个结果 $(w_e,I=1)$ 和 $(w_u,I=0)$ 中进行选择，而且这个方案满足预算平衡条件（13. B. 17）。这正好是我们前面讨论的那种机制。■

13.C 信号传递

给定 13. B 节的问题，你可能希望在市场中建立一种机制，从而帮助企业区分不同类型的工人。这似乎是可行的，因为企业和高生产率工人都有激励来实现这个目标。我们在本节考察的机制称为**信号传递**（signaling）或称为发送信号，Spence（1973，1974）首先研究了这种机制。信号传递的基本思想是高生产率工人可能采取某种行动，从而将他们与低生产率工人区分开。

最简单的例子是让工人参加成本为零的考试，该考试能反映他的类型。不难证明在任何子博弈完美纳什均衡中，所有类型为 $\theta>\underline{\theta}$ 的工人都愿意参加考试，市场将会实现完全信息的结果（参见习题 13. C. 1）。任何不愿意参加考试的工人，都被视为生产率最低的工人。

然而，一方面，在很多情形下，不存在能直接显示工人类型的方法。另一方面，正如本节分析将表明的，潜在的信号传递仍是可能的。

考虑下面的模型，它改编自 13.B 节中的模型。为简单起见，我们仅关注工人类型只有两种的情形：θ_H 和 θ_L，其中 $\theta_H>\theta_L>0$，而且 $\lambda=\text{Prob}(\theta=\theta_H)\in(0, 1)$。此处模型与 13.B 节的重要区别在于，现在工人在进入劳动市场之前能接受某些教育，而且工人接受的教育水平是可观知的。

为了让结果变得更鲜明，我们假设教育对工人的生产率没有任何影响（教育有助于提高生产力的例子，参见习题 13.C.2）。类型 θ 工人为获得教育水平 e 而付出的成本（成本可以是货币成本或精神上的痛苦）为 $c(e, \theta)$。成本函数 $c(e, \theta)$ 是二次可微的，其中，$c(0, \theta)=0$；对于所有 $e>0$ 均有 $c_e(e, \theta)>0$，$c_{ee}(e, \theta)>0$，$c_\theta(e, \theta)<0$；$c_{e\theta}(e, \theta)<0$（这些式子中的下标表示偏导数）。因此，这实际上是假设与低生产率工人相比，高生产率工人获得教育的成本和边际成本都较低。例如，获取工作要求的文凭，对于生产率高的工人来说，更容易一些。令 $u(w, e|\theta)$表示类型 θ 工人通过选择教育水平 e 和接受工资 w 得到的效用。令 $u(w, e|\theta)$等于工人的工资减去教育成本，即 $u(w, e|\theta)=w-c(e, \theta)$。与 13.B 节一样，假设类型 θ 工人若选择在家里劳动，那么他得到的收益为 $r(\theta)$。

在下面的分析中，我们将看到这种几乎百无一用的教育能起到传递信号的作用：将不可直接观知的工人类型外在化。特别地，均衡将出现在下列情形中，即高生产率工人选择得到比低生产率工人更多的教育，而且企业将教育水平的差异视为生产率差异。那么，信号传递能提高社会福利吗？答案并不明确。也就是说，在某些情形下，由于信号传递揭示了工人类型，他能够导致更有效率的劳动配置，从而实现帕累托改进；在某些情形下，由于传递信号需要花费成本，为了将自己与其他工人区分开，工人被迫接受更高水平的信号传递（在这个例子中，为获得更多的教育），从而有可能导致工人们的福利下降。

为简单起见，在本节绝大部分讨论中，我们仅关注 $r(\theta_H)=r(\theta_L)=0$ 的情形。请注意，在这个假设条件下，当工人不能传递信号时，唯一的均衡（参见 13.B 节的分析）是所有工人都受雇，此时工资率为 $w^*=E[\theta]$。这个均衡结果是帕累托有效率的。因此，我们研究的这种情形［即 $r(\theta_H)=r(\theta_L)=0$］强调的是传递信号可能导致无效率的结果。在讨论完这种情形之后，我们将简要说明，在改变关于函数 $r(\cdot)$ 的假设之后，信号传递如何能导致帕累托改进的结果。

图 13.C.1 画出了这个模型博弈树的一部分。最初，大自然随机确定工人的生产率是高或低。然后，工人根据自己的类型选择教育数量。在接受了教育之后，工人进入劳动市场。两个企业根据工人的教育水平，同时为该工人报出各自愿意提供的工资。最后，工人决定是否受雇。如果接受，再决定受雇于哪个企业。

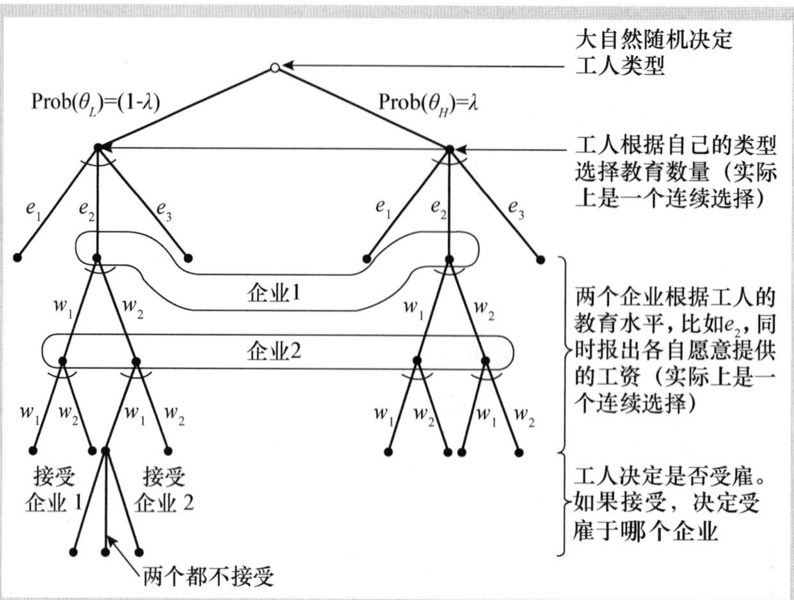

图 13.C.1　教育信号传递博弈的展开形

注意，与 13.B 节中的模型不同，在现在的模型中，只有一个工人，该工人的类型未知。多人模型可以视为很多单人模型同时进行，其中生产能力高的工人所占比例为 λ。在讨论这个博弈的均衡时，我们通常说"高生产率工人"与"低生产率工人"，但你在脑海里要反映出这其实说的是很多工人。

13

我们使用的均衡概念是弱完美贝叶斯均衡（参见定义 9.C.3），但是需要附加一个条件。正式地说，这个附加条件是，在图 13.C.1 给出的博弈树中，企业的信念具有下列性质，对于教育数量 e 的每个可能选择，存在一个数 $\mu(e)\in[0,1]$ 使得：（ⅰ）在企业 1 看到工人选择的 e 之后，企业 1 相信该工人的类型为 θ_H 的概率为 $\mu(e)$；（ⅱ）工人选择 e 之后，企业 2 相信该工人的类型为 θ_H 且企业 1 选择提供工资 w 的概率正好为 $\mu(e)\sigma_1^*(w|e)$，其中 $\sigma_1^*(w|e)$ 是企业 1 在看到工人选择的教育水平 e 之后，选择提供工资 w 的均衡概率。这个额外的条件要求企业对那些选择 e 的工人为哪种类型的信念是共同知识，以及要求企业关于彼此在看到工人的 e 之后的工资选择信念，与均衡策略一致（无论是否在均衡路径上）。

我们将满足这个额外条件（信念条件）的弱完美贝叶斯均衡称为**完美贝叶斯均衡**（perfect Bayesian equilibrium，PBE）。幸运的是，这个 PBE 概念等价于下列更为简单的表述：一个策略集和一个信念函数 $\mu(e)\in[0,1]$［其中 $\mu(e)$ 是看到工人选择的 e 之后，企业对工人为高生产率类型可能性的共同概率评价］构成了一个完美贝叶斯均衡（PBE），如果：

（ⅰ）给定企业的策略，工人的策略是最优的。

（ⅱ）信念函数是使用贝叶斯法则从工人策略中推导出的。

（ⅲ）企业在看到工人选择的 e 之后报出的工资，构成了同时行动博弈的一个纳什均衡，其中工人为高生产率类型的概率为 $\mu(e)$。①

对于我们此处研究的模型来说，PBE 这个概念等价于序贯均衡概念（参见 9.C 节）。我们仍然始终关注纯策略均衡。

我们从博弈的最后一个阶段开始分析。假设企业在看到某个教育水平 e 之后，认为工人为类型 θ_H 的概率为 $\mu(e)$。如果这样，工人的期望生产率为 $\mu(e)\theta_H+(1-\mu(e))\theta_L$。在同时行动的提供工资博弈中，企业的（纯策略）纳什均衡工资等于工人的期望生产率（这个博弈非常类似 12.C 节的伯特兰定价博弈）。因此，在任何（纯策略）PBE 中，必定有：每个企业提供的工资恰好等于工人的期望生产率 $\mu(e)\theta_H+(1-\mu(e))\theta_L$。

在了解了以上事实之后，我们转而分析工人的均衡策略，即他选择的教育水平（教育水平取决于他的类型）。我们首先考察工人在工资率与教育水平组合［即，(w, e)］上的偏好。图 13.C.2 画出了每种工人类型的无差异曲线（纵轴衡量工资，横轴衡量教育水平）。注意，这两个类型工人的无差异曲线只相交一次，在交点上，高生产率工人的无差异曲线更平缓一些（斜率更小）。偏好的这个性质，称为**一次相交性质**（single-crossing property），它在信号传递模型和更一般的信息不对称模型的分析中起着非常重要的作用。此处，二者无差异曲线仅相交一次的原因在于，在任何给定的点 (w, e) 上，工资与教育水平的边际替代率为 $(dw/de)_{\bar{u}}=c_e(e, \theta)$，它关于 θ 递减，因为我们在前面已假设 $c_{e\theta}(e, \theta)<0$。

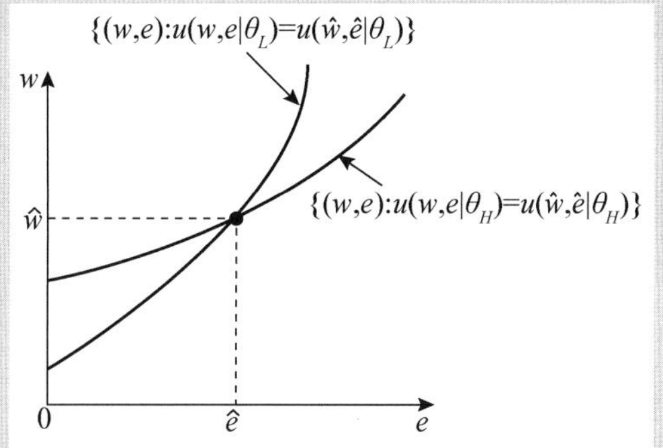

图 13.C.2　高生产率工人的无差异曲线与低生产率工人的无差异曲线：一次相交性质

我们也可以画出工资函数图 $w(e)$，它为每个教育水平指定了均衡工资。注意到，由于在任何 PBE 中，对于均衡信念函数 $\mu(e)$ 均有 $w(e)=\mu(e)\theta_H+(1-\mu(e))\theta_L$，与任何教育水平 e 相伴的均衡工资必然位于区间 $[\theta_L, \theta_H]$。图 13.C.3 画出了一种可能的工资函数图 $w(e)$。

① 因此，这个额外条件对均衡路径之外的博弈树施加了类似均衡的行为。为了理解为何对弱完美贝叶斯均衡施加这样的要求，可以参见 9.C 节的讨论。

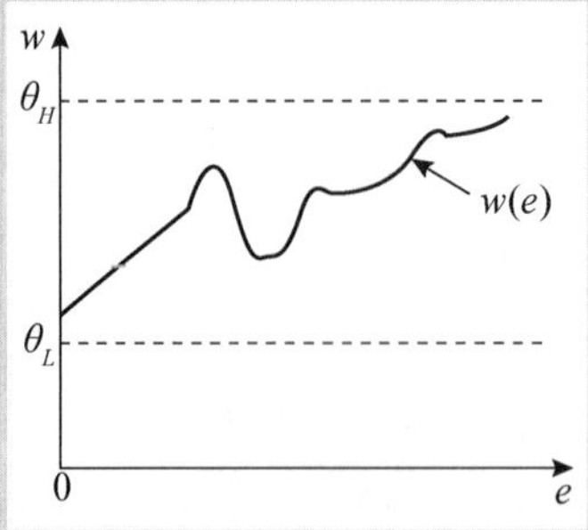

图 13.C.3 工资图

现在我们已准备好确定这两类工人选择的均衡教育水平了。在这种情形下，可能存在两种均衡：一是**分离性均衡**（separating equilibria），在这样的均衡中，两类工人选择不同的教育水平；二是**一体性均衡**（pooling equilibria），在这样的均衡中，两类工人选择相同的教育水平。我们首先考察分离性均衡。

分离性均衡

为了分析分离性均衡，令 $e^*(\theta)$ 表示工人的均衡教育选择，它是工人类型 θ 的函数。令 $w^*(e)$ 表示企业的均衡工资选择，它是工人教育水平 e 的函数。我们首先建立两个有用的引理。

引理 13.C.1：在任何分离性完美贝叶斯均衡中，$w^*(e^*(\theta_H))=\theta_H$ 以及 $w^*(e^*(\theta_L))=\theta_L$；也就是说，每个工人类型得到的工资等于他的生产率水平。

证明：在任何完美贝叶斯均衡中，均衡路径上的信念必定能使用贝叶斯法则从均衡策略中正确地推导出。这意味着企业在看到工人选择教育水平 $e^*(\theta_L)$ 之后，它必定认为该工人的类型一定（概率为 1）为 θ_L。类似地，企业在看到工人选择教育水平 $e^*(\theta_H)$ 之后，它必定认为该工人的类型一定（概率为 1）为 θ_H。因此，工资分别正好等于 θ_L 和 θ_H。■

引理 13.C.2：在任何分离性完美贝叶斯均衡中，$e^*(\theta_L)=0$；也就是说，低生产率工人选择的教育水平为零。

证明：假设不为零，也就是说，当工人类型为 θ_L 时，他选择某个严格正的教育水平 $\hat{e}>0$。根据引理 13.C.1 可知，当工人这么做时，他得到的工资为 θ_L。然而，如果他不选择 $\hat{e}>0$ 而是选择 $e=0$，他得到的工资至少也为 θ_L。由于选择 $e=0$ 能节省他的教育成本，因此选择 $e=0$ 能使他的状况严格变好，但这与 $\hat{e}>0$ 是他的均衡教育水平假设相矛盾。■

引理 13.C.2 意味着，在任何分离性均衡中，类型 θ_L 工人的经过点（e^*，w^*）的无差异曲线必定如图 13.C.4 所示的那样，其中（e^*，w^*）是他的均衡教育水平和均衡工资的组合。

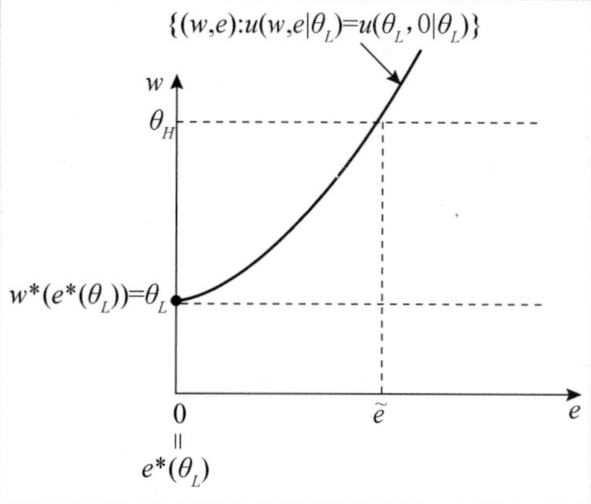

图 13. C. 4　在分离性均衡中，低生产率工人的无差异曲线

使用图 13. C. 4，我们可以构建下列分离性均衡：令 $e^*(\theta_H)=\tilde{e}$，$e^*(\theta_L)=0$；令工资函数 $w^*(e)$ 如图 13. C. 5 所示。企业在看到工人教育选择 e 之后的均衡信念为 $\mu^*(e)=(w^*(e)-\theta_L)/(\theta_H-\theta_L)$。注意对于所有 $e\geqslant 0$，$\mu^*(e)\in[0,1]$，这是因为 $w^*(e)\in[\theta_L,\theta_H]$。

为了验证这的确是个完美贝叶斯均衡，注意到当 $e\neq 0$ 且 $e\neq\tilde{e}$ 时，企业可以有任何信念。另外，我们必定有 $\mu(0)=0$ 以及 $\mu(\tilde{e})=1$。在工资函数图中，有 $w^*(0)=\theta_L$ 以及 $w^*(\tilde{e})=\theta_H$，正好反映了这些信念。

工人的策略是什么？不难看出，给定工资函数 $w^*(e)$，当工人的类型为 θ_L 时他会选择 $e=0$，当工人的类型为 θ_H 时他会选择 $e=\tilde{e}$。这可以从图 13. C. 5 中看出：注意到，对于每个工人类型，他的选择必定位于效用尽可能大的无差异曲线上［沿着工资函数曲线 $w^*(e)$］。因此，策略［$e^*(\theta)$，$w^*(e)$］和企业相应的信念 $\mu(e)$ 的确构成了一个完美贝叶斯均衡。

注意上述 PBE 不是唯一的，这是因为在均衡路径之外，企业可以选择任何信念，所以支持教育水平选择的工资函数有多种。图 13. C. 6 画出了另外一个 PBE。在这个 PBE 中，如果 $e\geqslant\tilde{e}$，企业认为工人必定为高生产率类型；如果 $e<\tilde{e}$，企业认为工人必定为低生产率类型。相应的工资函数为：如果 $e\geqslant\tilde{e}$，$w^*(e)=\theta_H$；如果 $e<\tilde{e}$，$w^*(e)=\theta_L$。

在这些分离性均衡中，高生产率工人愿意获得几乎百无一用的教育，原因仅在于教育能将他们与低生产率工人区分开，从而能让他们自己得到更高的工资。教育能起到信号作用的根本原因是，教育的边际成本取决于工人类型。由于低生产率工人获得教育的边际成本相对较高［因为 $c_{e\theta}(e,\theta)<0$］，类型 θ_H 工人想得到某个正的教育水平 $e'>0$，因为这能使得他的工资提高某个数额 $\Delta w>0$；而类型 θ_L 工人可能不愿意，因为对于同样的教育水平 e'，他必须付出更高的成本，所以如果只给他提高同样数额的工资 Δw，他可能不愿意。因此，企业能够将教育水平作为工人质量的信号。

13

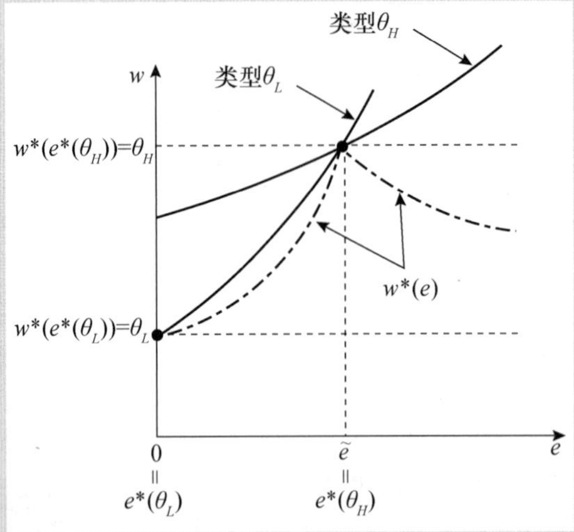

图 13. C. 5　一个分离性均衡：从教育水平推知工人类型

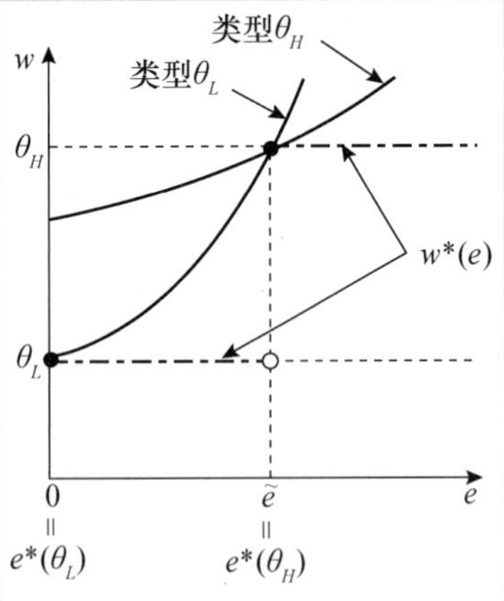

图 13. C. 6　一个分离性均衡，它与图 13. C. 5 中的分离性均衡有相同的教育选择，但非均衡路径上的信念不同

在这个模型的一个分离性均衡中，上面所说的高生产率工人的教育水平不是唯一的。事实上，这样的教育水平有多个。特别地，在图 13. C. 7 中，介于 $\tilde{e}$ 和 e_1 之间的任何教育水平都能成为高生产率工人的均衡教育水平。图中画出了能够支持教育水平 $e^*(\theta_H)=e_1$ 的工资函数，也就是说，这个函数使得教育水平 e_1 成为类型 θ_H 工人的均衡教育水平。

注意到，在分离性均衡中，一方面，高生产率工人的教育水平不能低于 $\tilde{e}$，因为如果这样，低生产率工人就会偏离原来的均衡选择，通过选择高生产率工人的教育水平来冒充高生产率工人。另一方面，高生产率工人的教育水平不能高于 e_1，因为如果这样，高生产率工人就宁可不得到教育（选择零教育水平），即使这样做会导致企业把其视为低生产率工人。

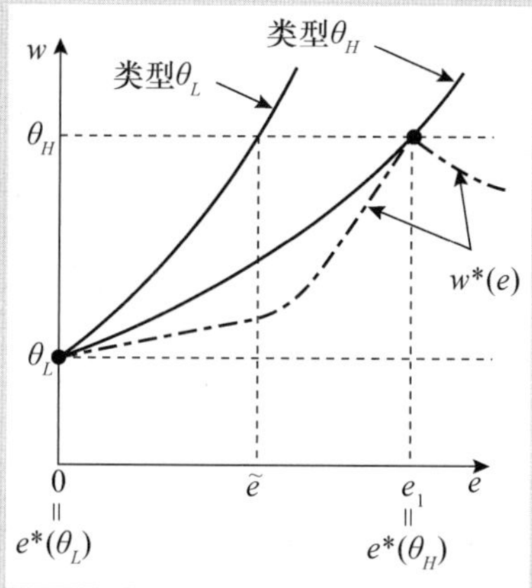

图 13.C.7　一个分离性均衡，在这个均衡中，高能力工人的教育选择为 $e^*(\theta_H)>\tilde{e}$

注意，我们可以对这些不同的分离性均衡进行帕累托排序。在所有分离性均衡中，企业的利润为零，低生产率工人的效用为 θ_L。然而，对于高生产率工人来说，教育水平较低的分离性均衡能让他的状况严格变好。因此，教育水平为 $\tilde{e}$ 的那个均衡（即图 13.C.5 和图 13.C.6 画出的那个均衡），优于所有其他均衡。帕累托劣势均衡仍是合理的（即不能被排除），这是因为高生产率工人担心如果他选择较低的教育水平，企业就会认为他不是高生产率工人。企业持有这样信念的原因，在于均衡时这些信念从来都未被证明不成立过。

下面我们将这些均衡与下列情形下的均衡进行比较，即当工人类型不可观知且无法传递信号的情形。当教育无法起到传递信号的作用时（因此工人也不会花费教育成本），我们又回到了 13.B 节讨论的情形。在这两种情形下，企业的期望利润都为零。然而，在教育能起到传递信号的作用时，低生产率工人的状况严格变差了。在这两种情形下，低生产率工人都没有产生教育成本，但在能够传递信号时，他们得到的工资为 θ_L 而不是 $E[\theta]$。

与不能够传递信号情形相比，在可以传递信号的情形下，高生产率工人的状况有何变化？答案让人有些惊讶：高生产率工人的状况可能变好也可能变坏。在图 13.C.8(a) 中，高生产率工人的状况变好了，因为信号传递增加了他们的工资。然而，在图13.C.8(b) 中，尽管高生产率工人希望使用信号传递机制来将他们与其他工人区分开，但与无法传递信号情形相比，他们的状况变差了！尽管这个结果似乎是自相矛盾的（如果高生产率工人选择传递信号，他们的状况怎么可能因此而恶化了呢?），原因在于，在分离性传递信号均衡中，企业的预期 $(w, e)=(E[\theta], 0)$（即在无法传递信号情形下企业对工资与教育结果的预期），不再适用于高生产率工人；如果在分离性传递信号均衡中，高生产率工人选择零教育水平，企业会认为他们是低能力类型，从而提供工资 θ_L。因此，在能够传递信号的情形下，即使高生产率工人选择传递信号，他们的状况也仍然变差了。

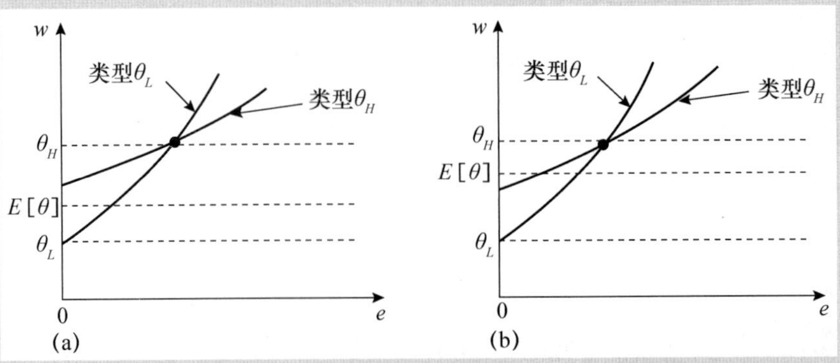

图 13. C. 8　在分离性均衡中，高生产率工人的状况可能优于他在无法传递信号情形下的状况［例如图 (a) 的分离性均衡］，也可能劣于他在无法传递信号情形下的状况［例如图 (b) 的分离性均衡］

注意到，由于分离性均衡集合完全不受高生产率工人比例 λ 的影响，在能够发送信号的情形下，当这个比例增大时，高生产率工人的状况更有可能变差［比较图 13. C. 8(a) 与图 13. C. 8(b)］。事实上，当这个比例趋近于 1 时，几乎每个工人都在拼命获得教育，目的仅在于避免企业将他们视为低生产率工人（注意，低生产率工人只有少数几个）！

一体性均衡

现在考察一体性均衡，在这样的均衡中，两类工人选择相同的教育水平，即 $e^*(\theta_L)=e^*(\theta_H)=e^*$。由于企业的信念是从均衡策略中（使用贝叶斯法则）推导出的，它们在看到教育水平 e^* 时，必定认为工人为类型 θ_H 的概率为 λ。因此，在任何一体性均衡中，我们必定有 $w^*(e^*)=\lambda\theta_H+(1-\lambda)\theta_L=E[\theta]$。

因此，剩下的唯一问题是在一体性均衡中教育水平为多少。可以证明，在图 13. C. 9 中，任何介于 0 和 e' 之间的教育水平，都可以成为均衡教育水平，即 $e^*\in[0,\ e']$。

在图 13. C. 10 的一体性均衡中，均衡教育水平为 e'。给定图中所示的工资函数，每类工人通过选择教育水平 e' 而使得自己的效用最大。这个工资函数图与在均衡路径上使用贝叶斯法则相吻合，这是因为当企业观察到教育水平 e' 后，它提供工资 $E[\theta]$。

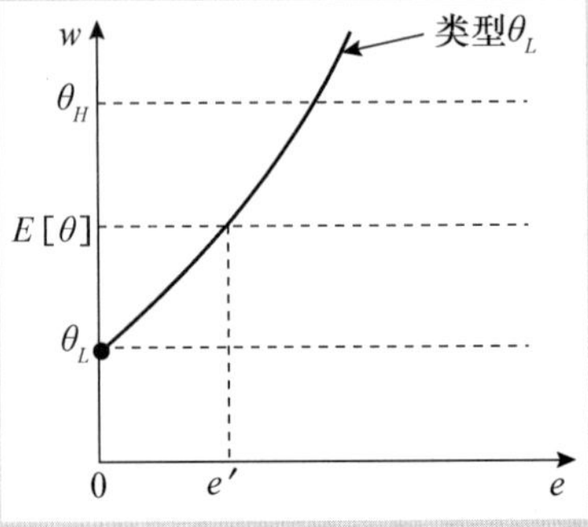

图 13. C. 9　在一体性均衡中，最高可能的教育水平

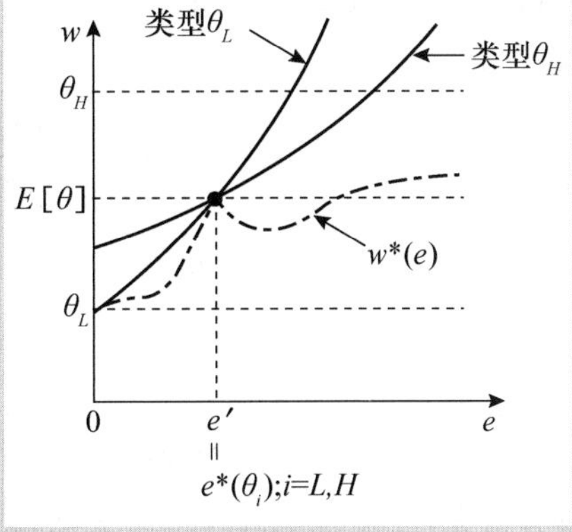

图 13.C.10　一个一体性均衡

类似地，介于 0 和 e'之间的教育水平都能称为一体性均衡的教育水平。然而，大于 e'的那些教育水平不可能是一体性均衡教育水平，这是因为在这种情形下，低生产率工人宁可选择 $e=0$ 而不是 $e>e'$，尽管这会导致他们得到工资 θ_L。注意，两类工人选择的教育水平都为零的一体性均衡，帕累托优于教育水平为严格正的任何一体性均衡。再一次地，帕累托劣势一体化策略之所以能够存在，是因为工人们担心如果他们偏离原先的选择，会让企业认为他们是低生产率的。还要注意，两类工人选择的教育水平都为零的一体性均衡，与无法传递信号情形下的结果是相同的。因此，一体性均衡帕累托（弱）劣于无法传递信号情形下的结果。

多个均衡与均衡精炼

在前面，我们看到有多个均衡解，这多少让人不安。事实上，我们可以有分离性均衡（企业知道工人的类型），我们也可以有一体性均衡（企业不知道工人类型）；而且，在分离性均衡或一体性均衡中，均衡教育水平可以有多个。这种多样性在很大程度上源自企业在非均衡路径上的信念有很大的自由度。近来，很多文献试图对非均衡路径上的这些信念施加某些"合理"的限制，这些限制类似于我们在 9.D 节的讨论。

我们以图 13.C.7 的分离性均衡为例，说明为何要对非均衡路径上的信念施加限制。为了让 e_1 成为高生产率工人的均衡教育水平，企业必须认为教育水平低于 e_1 的工人有可能（概率为正）为类型 θ_L。但是，考虑任何教育水平 $\hat{e}\in(\tilde{e},\ e_1)$。对于类型 θ_L 的工人来说，与选择 $e=0$ 相比，选择 $\hat{e}\in(\tilde{e},\ e_1)$ 绝对不会让他的状况变得更好，**无论企业因此认为他是什么类型**。所以，企业在看到教育水平 $\hat{e}>\tilde{e}$ 之后，除了信念 $\mu(\hat{e})=1$ 之外，任何其他信念似乎都不合理。但是这样一来，我们必定有 $w(\hat{e})=\theta_H$，所以高生产率工人会偏离原先的选择，改为选择 $\hat{e}$。事实上，根据这个逻辑，在分离性均衡中，与企业的合理信念相容的类型 θ_H 工人选择的教育水平是唯一的，即为 $\tilde{e}$。

在附录 A，我们将详细讨论合理信念的精炼。Cho 和 Kreps（1987）提出了一种称为**直觉标准**（intuitive criterion）的精炼方法，它将我们在上一段中的思想扩展到不仅排除劣势分离性策略，而且排除所有一体性均衡。因此，如果我们接受这种精炼方法，那么我们可以预期，在我们的两阶段传递信号博弈中，均衡结果是唯一的，就是那个最优的分离性均衡结果，如图 13. C. 5 和图 13. C. 6 所示。

次优市场干预

在 13. B 节我们已经知道，在信息不对称的情形下，只要市场结果是最高工资竞争均衡，中央集权者就无法实现帕累托改进。然而，在能传递信号的情形下，无法直接观知工人类型的中央集权者，也许能够对市场结果进行帕累托改进。为了以最简单的方式看到这一点，假设 Cho 和 Kreps（1987）预测的最优分离性均衡结果是正确的。我们已经知道，最优分离性均衡可能帕累托劣于无法传递信号情形下的结果。因此，在这种情形下，我们只要禁止信号传递活动，就能实现帕累托改进。

事实上，即使最优分离性均衡不是帕累托劣于无法传递信号情形下的结果，我们也可能实现帕累托改进。为了看清这一点，考虑图 13. C. 11。在最优分离性均衡中，低生产率工人位于点（θ_L，0），高生产率工人位于点（θ_H，$\tilde{e}$），如图所示。注意，如果禁止传递信号，高生产率工人的状况就会变差，这是因为他们在点（$E[\theta]$，0）的效用小于他们的均衡效用水平。然而，如果我们给低生产率工人结果（$\hat{w}_L$，0），给高生产率工人结果（$\hat{w}_H$，$\hat{e}_H$），那么这两类工人的状况都变好了。为实现这个结果，中央集权者可以规定：教育水平低于 $\hat{e}_H$ 的工人得到的工资为 $\hat{w}_L$，教育水平不低于 $\hat{e}_H$ 的工人得到的工资为 $\hat{w}_H$。这样，低生产率工人将会选择 $e=0$，高生产率工人将会选择 $e=\hat{e}_H$。在这个结果上，企业在低生产率工人身上遭受损失，在高生产率工人身上得到正的利润。然而，只要企业能够在这两类工

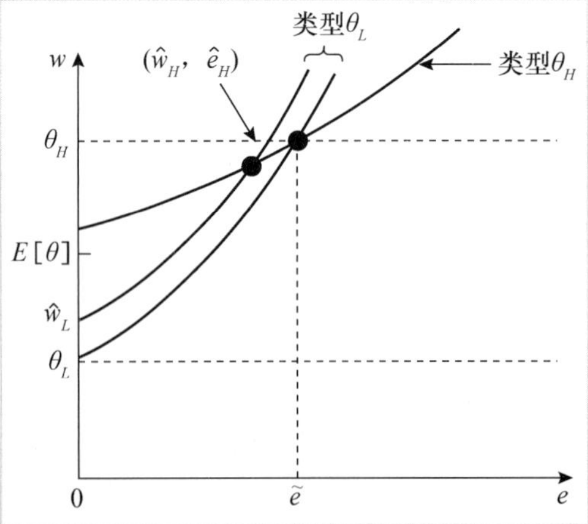

图 13. C. 11　通过交叉补贴实现帕累托改进

人身上实现盈亏平衡，企业的状况就不会比原来差。这样，中央集权者就实现了一个帕累托改进。这个帕累托改进的关键在于，中央集权者引入了**交叉补贴**（cross-subsidization）：高生产率工人的工资低于他们的生产率，而低生产率工人的工资高于他们的生产率，这样的结果无法出现在分离性传递信号均衡中。（注意，禁止传递信号时的结果，是交叉补贴的一种极端情形。）

习题 13. C. 3：在 13. C 节的传递信号模型中，$r(\theta_H)=r(\theta_L)=0$。请构建一个例子：无法观知工人类型的中央集权者可以通过交叉补贴的政策实现对最优分离性均衡的帕累托改进，但无法通过禁止传递信号活动方法实现帕累托改进。[提示：首先考虑线性无差异曲线情形。]

在上面研究的例子中，$r(\theta_H)=r(\theta_L)=0$，在这种情形下，无法传递信号的市场结果是帕累托最优的，它说明了传递信号（需要花费成本）如何降低了社会福利。然而，如果无法传递信号的市场结果不是有效率的，传递工人类型信号也许能带来帕累托改进，从而使得劳动的配置更有效率。为了看清这一点，假设我们有 $r=r(\theta_L)=r(\theta_H)$，其中 $\theta_L<r<\theta_H$，$E[\theta]<r$。在这种情形下，不传递信号的市场结果是没有人受雇。相反，任何帕累托有效率结果均必定是高生产率工人受雇。

现在我们研究能够传递信号情形下的均衡结果。首先考虑工人选择教育水平 e 伴随的工资和雇佣结果。在工人选择 e 之后，均衡工资为 $w^*(e)=\mu(e)\theta_H+(1-\mu(e))\theta_L$。如果 $w^*(e)\geqslant r$，两类工人都接受雇佣；如果 $w^*(e)<r$，他们都不接受雇佣。

下面我们确定两类工人的均衡教育水平。首先注意到，在任何一体性均衡中，两类工人必定都选择 $e=0$，两类工人都不接受雇佣。为了看清这一点，假设两类工人都选择教育水平 $\hat{e}$。于是 $\mu(\hat{e})=\lambda$ 和 $w^*(e)=E[\theta]<r$，所以，两类工人都不会接受雇佣。因此，如果 $\hat{e}>0$，那么两类工人如果改为选择 $e=0$，他们的状况都能变好。所以，在一体性均衡中，唯一可能的教育水平为零。零教育水平的一体性均衡结果，与无法传递信号的均衡结果相同。

接下来考察分离性均衡，如图 13. C. 12 所示。在任何分离性均衡中，一方面，低生产率工人选择 $e=0$，企业为他们提供的工资为 θ_L，所以他们会选择在家工作，从而得到效用 r。另一方面，高生产率工人选择教育水平 $e\in[\hat{e}, e_2]$，如图所示，企业为他们提供的工资为 θ_H，他们会接受雇佣。注意在任何分离性均衡中，都不可能有 $e^*(\theta_H)<\hat{e}$，因为如果这样，低生产率工人将会偏离原来的选择，改为选择 $e=e^*(\theta_H)$；在任何分离性均衡中，也不可能有 $e^*(\theta_H)>e_2$，这是因为，如果这样，高生产率工人会偏离原来的选择，改为选择 $e=0$，他们在家工作。

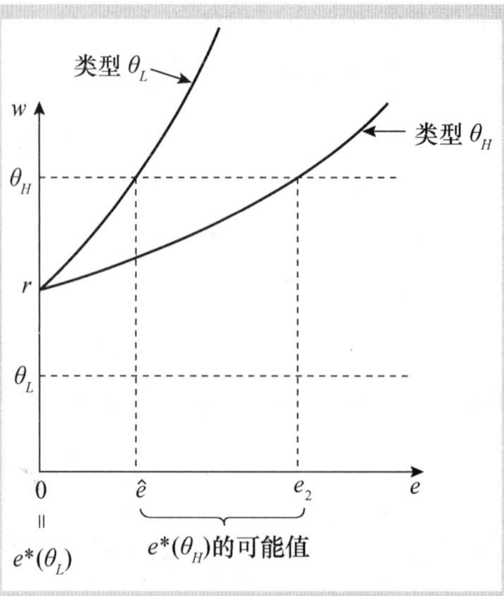

图 13.C.12 $r(\theta_L)=r(\theta_H)=r\in(\theta_L, \theta_H)$ 情形下的分离性均衡

注意，在所有均衡（无论分离性均衡还是一体性均衡）中，与无法传递信号情形下的均衡相比，高生产率工人的状况都（弱）变好了，且在 $e^*(\theta_H)<e_2$ 的那些分离性均衡中，他们的状况严格变好。另外，低生产率工人与企业的状况未发生变化。因此，在 $\theta_L<r<\theta_H$ 且 $E[\theta]<r$ 的情形下，任何一体性或分离性传递信号均衡，都**帕累托弱优于**无法传递信号情形下的结果，而且，（几乎）所有分离性均衡都**帕累托严格优于**无法传递信号情形下的结果。

13.D 信息甄别

在 13.C 节，我们考虑的是在交易双方信息不对称情形下，信号传递活动是如何形成的。具体地说，知情一方（工人）选择他们的教育水平作为生产率信号传递给不知情一方（企业）。在本节，我们考虑市场对信息不对称的另外一种反应，具体地说，在工人生产率不可观知的情形下，不知情一方（企业）试图**甄别**（screen）知情一方（工人）的各种类型。① Rothschild 和 Stiglitz（1976）以及 Wilson（1977）以保险市场为例首先研究了信息甄别的可能性。

与 13.C 节一样，我们仅关注工人类型只有 θ_L 和 θ_H 这两种情形，其中 $\theta_H>\theta_L>0$，θ_H 类型工人的比例为 $\lambda\in(0, 1)$。假设工人如果不接受雇佣，效用为零[以 13.B 节的符号表示，即 $r(\theta_L)=r(\theta_H)=0$]。然而，现在我们假设不同工作对工

① 我们在此处分析的是一种**竞争甄别**（competitive screening），因为我们假设存在着若干个竞争企业。14.C 节讨论了**垄断甄别**（monopolistic screening）情形，其中市场中只有一个企业，该垄断者甄别工人类型。

人的“任务水平”要求不同。例如，不同工作要求的工人每周工作小时数可能不同。或者任务水平表示工厂中生产线的运行速度。

为简单起见，也为了使现在的模型对应于 13. C 节的模型，我们假设高任务水平对工人的产量没有影响；事实上，它们唯一的效应是降低工人的效用。① 因此，无论工人的任务水平是什么样的，类型 θ 工人的产出都为 θ。

我们假设类型 θ 工人在工资为 w、任务水平为 $t \geqslant 0$ 时的效用为

$$u(w, t \mid \theta) = w - c(t, \theta)$$

其中 $c(t, \theta)$ 具有 13. C 节函数 $c(e, \theta)$ 的所有性质。具体来说，$c(0, \theta)=0$；对于所有 $t>0$ 均有 $c_t(t, \theta)>0$，$c_{tt}(t, \theta)>0$，$c_\theta(t, \theta)<0$；$c_{t\theta}(t, \theta)<0$。很快我们就会看到，这里的任务水平 t 的作用类似于 13. C 节传递信号模型中教育的作用，都用于区分不同工人类型。

我们研究的是下列两阶段博弈的纯策略子博弈完美纳什均衡（SPNE）。②

阶段 1：两个企业同时宣布各自提供的合同。一个合同是一个（w，t）组合。每个企业都可以宣布提供任何有限个合同。

阶段 2：给定企业提供的合同，每类工人选择是否接受合同，如果接受，接受哪个企业的合同。为简单起见，如果工人在两个合同之间无差异，他总是选择任务水平相对较低的那个合同，而且如果他对选择与不选择合同无差异，他会选择接受。如果两个企业都提供了某个工人最偏好的合同，他以概率 1/2 接受每个企业提供的合同。

因此，企业可以提供一系列合同；例如，它可能有几条生产线，每条生产线的运行速度不同。于是，不同类型工人最终可能选择不同的合同。③

我们首先考察工人类型**可观知**情形下的博弈结果。在这种情形下，我们允许企业根据工人类型提供合同［因此企业对类型 θ_L 工人提供合同（w_L，t_L），对类型 θ_H 工人提供（w_H，t_H）］。

命题 13. D. 1： 对于可观知工人类型的信息甄别博弈，在它的任何 SPNE 中，类型 θ_i 工人接受合同（w_i^*，t_i^*）=（θ_i，0），企业的利润为零。

证明： 我们首先证明，均衡时类型 θ_i 工人接受的任何合同（w_i^*，t_i^*）产生的利润正好为零；也就是说，我们必定有 $w_i^* = \theta_i$。为了看清这一点，一方面，注意到如果 $w_i^* > \theta_i$，那么提供这样合同的企业会亏损，它的更好选择是不提供任何合同

① 与教育信号一样，此处假设高任务水平不会提高生产率，仅是出于方便说明的需要。习题 13. D. 1 考察了企业利润随着任务水平提高而增加的情形。

② 对于这个博弈来说，它的子博弈完美纳什均衡集与弱完美贝叶斯均衡或序贯均衡中的策略组合集相同。

③ Rothschild 和 Stiglitz（1976）以及 Wilson（1977）的模型与我们的模型存在着两个主要区别。首先，在他们的模型中，企业只提供一个合同。这在任务水平为生产线的情形下是合理的。例如，每个企业只有一条生产线。其次，他们的模型允许“自由进入”，因此，如果存在着有利可图的合同机会，新企业会进入。事实上，这两个变动对我们的结论几乎没有任何影响。唯一区别是均衡存在的具体条件不同。（更详细的内容，请参考习题 13. D. 4。）

给类型 θ_i 工人，因为这样做它能保证得到零利润。另一方面，假设 $w_i^* < \theta_i$。令两个企业在类型 θ_i 工人身上赚取的总利润为 $\Pi > 0$。于是，其中一个企业的利润必定不会大于 $\Pi/2$。如果这个企业偏离原来的选择（w_i^*，t_i^*），改为提供合同（$w_i^* + \varepsilon$，t_i^*）(其中 $\varepsilon > 0$ 是任意的)，那么它就能吸引所有类型 θ_i 工人。由于企业可以选择任意小的 ε，它从类型 θ_i 工人身上赚取的利润可以任意接近 Π，所以这样的偏离行为能增加它的利润。这与（w_i^*，t_i^*）是均衡选择矛盾。因此，我们必定有 $w_i^* = \theta_i$。

现在假设对于某个 $t' > 0$ 有（w_i^*，t_i^*）$=(\theta_i, t')$。于是，如图 13.D.1（其中纵轴衡量工资，横轴衡量任务水平）所示，如果企业偏离原来的选择，转而选择图中阴影区域中的合同，比如（$\tilde{w}$，$\tilde{t}$），那么它就能赚取严格正利润。唯一不激励企业偏离行为的合同是（w_i^*，t_i^*）$=(\theta_i, 0)$，这个合同在企业提供盈亏平衡合同的约束条件下，使得类型 θ_i 工人的效用最大。■

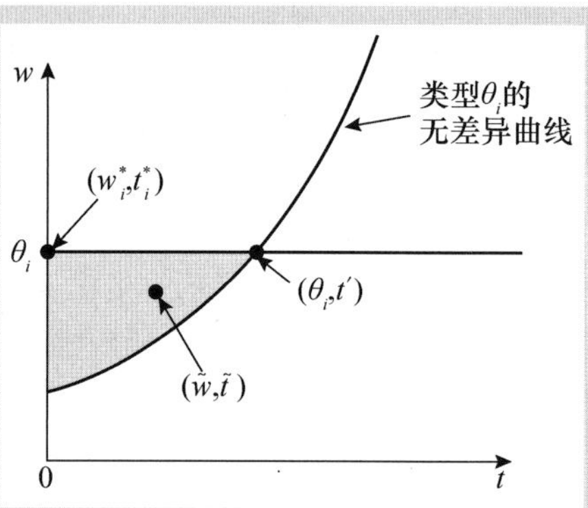

图 13.D.1　在工人类型可观知情形下，企业为类型 θ_i 工人提供的均衡合同（w_i^*，t_i^*）

现在我们转而分析工人类型**不可观知**的情形。在这种情形下，企业提供的每个合同，在理论上可能为任何类型工人所接受。我们可以立即注意到，在工人类型不可观知情形下，不会出现命题 13.D.1 中的完全信息结果。这是因为每个低生产率工人均偏好企业提供给高生产率工人的合同（θ_H，0），而不是企业提供给他的合同（θ_L，0）。如果企业仅提供这两个合同，那么所有工人都会选择合同（θ_H，0），从而使企业亏损。

为了确定工人类型不可观知情形下的均衡结果，我们先画出三条盈亏平衡线：这三条线分别表示生产率水平为 θ_L、$E[\theta]$ 和 θ_H 的盈亏平衡线。如图 13.D.2 中的虚线所示。中间的虚线表示既能吸引高生产率工人又能吸引低生产率工人选择合同的盈亏平衡线，因此我们将其称为**一体性**（pooled）盈亏平衡线。

与 13.C 节一样，在理论上，我们有两种（纯策略）均衡：一是分离性均衡，其中两类工人选择不同的合同；二是一体性均衡，其中两类工人选择相同的合同。（可以证明，在任何均衡中，两类工人都会选择某个合同；在下面的讨论中，我们假设这一点成立。）我们先给出一系列引理。引理 13.D.1 既适用于一体性均衡，也适用于分离性均衡。

引理 13.D.1：在任何均衡（无论是一体性均衡还是分离性均衡）中，两个企业的利润都必定都为零。

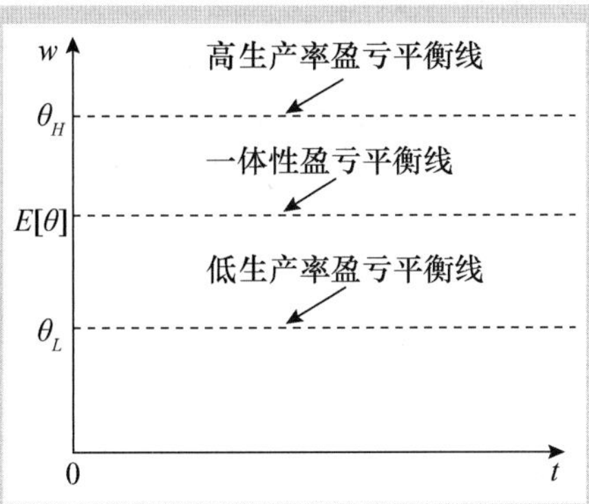

图 13.D.2　盈亏平衡线

证明：令（w_L，t_L）为低生产率工人选择的合同，（w_H，t_H）为高生产率工人选择的合同（允许这两个合同相同）。假设两个企业的总利润$\Pi>0$。于是，其中一个企业的利润不可能大于$\Pi/2$。考虑这个企业的偏离行为：改为提供合同（$w_L+\varepsilon$，t_L）和（$w_H+\varepsilon$，t_H），其中$\varepsilon>0$是任意的。合同（$w_L+\varepsilon$，t_L）会吸引所有类型θ_L工人，合同（$w_H+\varepsilon$，t_H）会吸引所有类型θ_H工人。[注意，由于类型θ_i工人原来偏好（w_i，t_i）胜于（w_j，t_j），我们有$w_i-c(t_i,\theta_i)\geqslant w_j-c(t_j,\theta_i)$，因此$(w_i+\varepsilon)-c(t_i,\theta_i)\geqslant(w_j+\varepsilon)-c(t_j,\theta_i)$。] 由于企业可以选择任意小的$\varepsilon$，这个偏离行为将使得企业的利润任意接近于$\Pi$，所以企业会偏离原来的选择。因此，我们必定有$\Pi\leqslant 0$。由于任何企业在任何均衡中都不会亏损（因为它总可以通过不提供合同而实现零利润），所以事实上两个企业的利润必定都为零。■

引理 13.D.1 的一个重要含义是，在任何均衡中，没有哪个企业能通过偏离行为实现严格正的利润。在下面的讨论中，我们将反复使用这个结论。由引理 13.D.1，我们立即可以得到关于一体性均衡的引理 13.D.2。

引理 13.D.2：**不存在任何一体性均衡。**

证明：假设存在着某个一体性合同（w^p，t^p），其中上标p表示一体性（pooling）。根据引理 13.D.1 可知，这个合同位于一体性盈亏平衡线上，如图 13.D.3 所示。假设企业j提供合同（w^p，t^p）。于是企业$k\neq j$的下列偏离行为能为它带来严格正的利润：它提供位于图 13.D.3 中阴影区域的某个合同（$\tilde{w}$，$\tilde{t}$），其中$\tilde{w}<\theta_H$。这个合同会吸引所有类型θ_H的工人，但不会吸引类型θ_L工人，因为类型θ_L工人偏好（w^p，t^p）胜于（$\tilde{w}$，$\tilde{t}$）。而且，由于$\tilde{w}<\theta_H$，当高生产率工人接受这个合同时，企业k能赚取严格正的利润。■

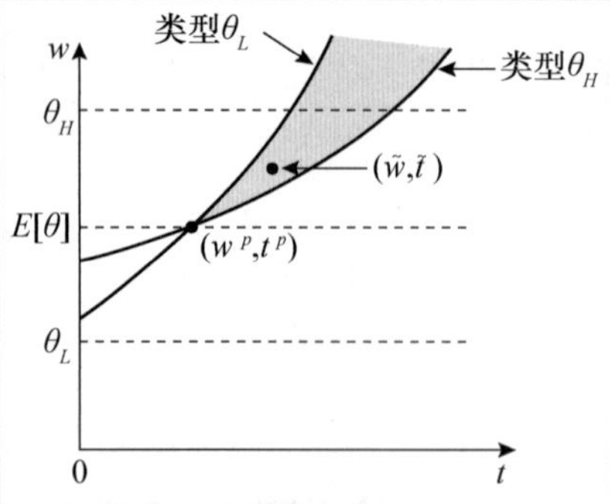

图 13. D. 3　不存在一体性均衡

我们现在考察分离性均衡的可能性。引理 13. D. 3 表明，在分离性均衡中，工人接受的所有合同带来的利润都必定为零。

引理 13. D. 3：如果在分离性均衡中，低生产率工人选择合同（w_L，t_L），高生产率工人选择合同（w_H，t_H），那么这两个合同产生的利润都为零；也就是说，$w_L=\theta_L$ 和 $w_H=\theta_H$。

证明：首先假设 $w_L<\theta_L$。于是，企业可以通过偏离行为获得严格正的利润，即企业改为只提供合同（$\tilde{w}_L$，t_L），其中 $\theta_L>\tilde{w}_L>w_L$。所有低生产率工人都会接受这个合同；而且，提供合同（$\tilde{w}_L$，t_L）的企业能从任何接受这个合同的工人（无论是低生产率工人还是高生产率工人）身上赚取严格正的利润。由于引理 13. D. 1 意味着均衡时不存在这样的偏离行为，在任何分离性均衡中必定有 $w_L\geqslant\theta_L$。

13

其次，假设 $w_H<\theta_H$，如图 13. D. 4 所示。如果存在着某个分离性均衡，那么类型 θ_L 工人的合同（w_L，t_L）必定位于图中深色阴影区域（根据引理 13. D. 1，在这个合同中必定有 $w_L>\theta_L$）。为了看清这一点，注意到由于类型 θ_H 工人选择合同（w_H，t_H），所以合同(w_L，t_L）必定位于经过点（w_H，t_H）的那条无差异曲线上或位于该条无差异曲线的下方；由于类型 θ_L 工人选择了（w_L，t_L）而不是（w_H，t_H），合同（w_L，t_L）必定位于经过点（w_H，t_H）的那条无差异曲线上或位于该条无差异曲线的上方。假设企业 j 为低生产率工人提供合同（w_L，t_L）。于是，企业$j\neq k$ 的下列偏离行为能带给它严格正的利润：它改为提供位于浅色阴影区域的某个合同，比如（$\tilde{w}$，$\tilde{t}$），其中 $\tilde{w}<\theta_H$。由于在合同（$\tilde{w}$，$\tilde{t}$）中，$w_H<\theta_H$，所以它将吸引所有类型 θ_H 工人，但不会吸引类型 θ_L 工人［因为企业 j 仍提供合同（w_L，t_L）］。因此，在任何分离性均衡中，必定有 $w_H\geqslant\theta_H$。

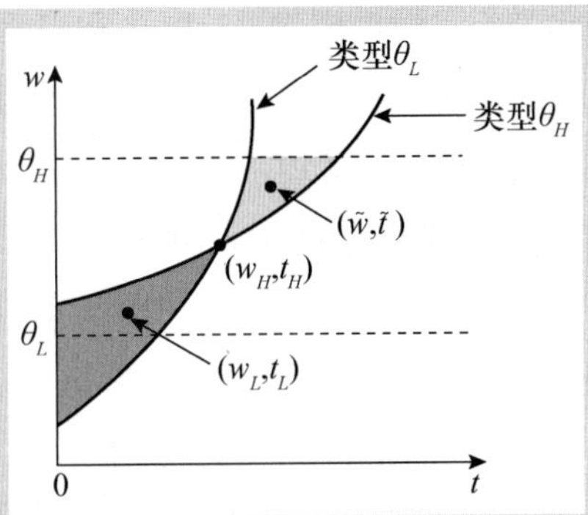

图 13. D. 4　在分离性均衡中，高生产率工人的合同不可能为 $w_H<\theta_H$

最后，根据引理 13. D. 1 可知，在任何均衡中，企业利润都为零。所以，我们必定有 $w_L=\theta_L$ 和 $w_H=\theta_H$。■

引理 13. D. 4 识别出了低生产率工人在任何分离性均衡中选择的合同。

引理 13. D. 4：在任何分离性均衡中，低生产率工人得到的合同必定为（θ_L，0）；也就是说，他们得到的合同，与他们在市场不存在信息不完美情形下得到的合同相同。

证明：根据引理 13. D. 3 可知，在任何分离性均衡中均有 $w_L=\theta_L$。假设低生产率工人的合同不是（θ_L，0），而是（θ_L，t_L'），其中 $t_L'>0$，如图 13. D. 5 所示。（尽管下列结论对于我们的证明并不重要，但是我们仍顺便指出：这样一来，高生产率工人的合同必定处在位于深色阴影区域中的那段高生产率盈亏平衡线上，如图所示。）如果这样，那么某个企业可以通过下列偏离行为赚取严格正的利润：改为提供位于浅色阴影区域中的某个合同，例如（$\tilde{w}$，$\tilde{t}$）。所有低生产率工人均将接受这个合同，而且企业能从接受该合同的工人（无论是低生产率工人还是高生产率工人）身上赚取严格正的利润。■

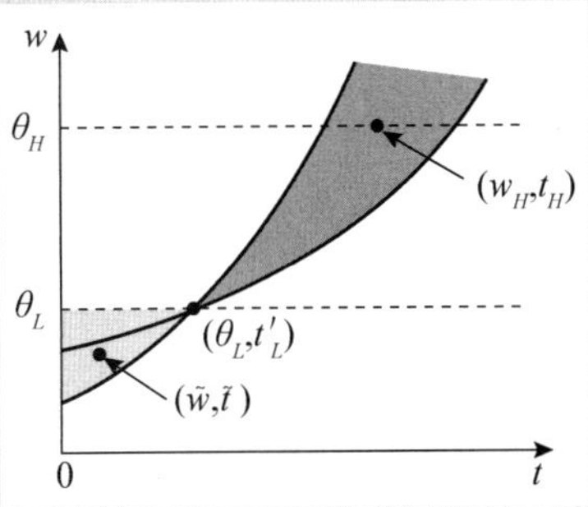

图 13. D. 5　在任何分离性均衡中，低生产率工人得到的合同均必定为（θ_L，0）

现在我们可以推导出高生产率工人的合同。

引理 13. D. 5：在任何分离性均衡中，高生产率工人得到的合同均必定为（θ_H，$\hat{t}_H$），其中 $\hat{t}_H$ 满足 $\theta_H-c(\hat{t}_H,\theta_L)=\theta_L-c(0,\theta_L)$。

证明：考虑图 13. D. 6。根据引理 13. D. 3 和引理 13. D. 4 可知，$(w_L, t_L)=(\theta_L, 0)$ 以及 $w_H=\theta_H$。另外，如果类型 θ_L 工人愿意接受合同 $(\theta_L, 0)$，那么 t_H 必定不会小于图中所示的 $\hat{t}_H$。注意到，低生产率工人对于合同 $(\theta_L, 0)$ 和合同 $(\theta_H, \hat{t}_H)$ 是无差异的，因此 $\theta_H-c(\hat{t}_H, \theta_L)=\theta_L-c(0, \theta_L)$。于是，假设在高生产率工人的合同 (θ_H, t_H) 中，$t_H>\hat{t}_H$，如图所示，那么企业会发现，如果它除了当前的合同外，再提供一个位于阴影区域且满足 $w_H<\theta_H$ 的合同，比如 $(\tilde{w}, \tilde{t})$，它就能赚取严格正的利润。合同$(\tilde{w}, \tilde{t})$ 能吸引所有高生产率工人，但不会改变低生产率工人的选择。因此，在任何分离性均衡中，高生产率工人得到的合同均必定为 $(\theta_H, \hat{t}_H)$。■

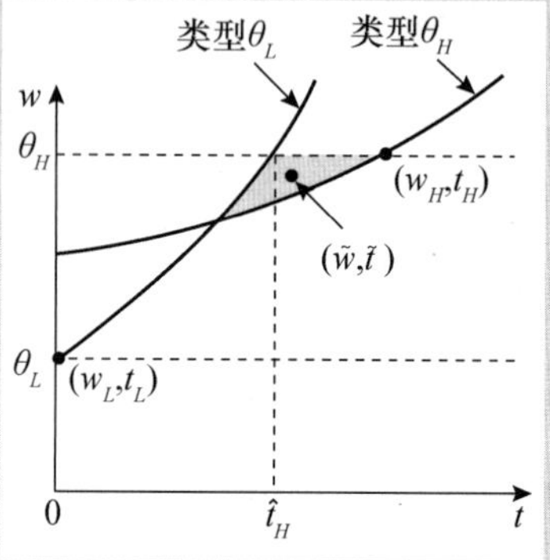

图 13. D. 6　在任何分离性均衡中，高生产率工人得到的合同均必定为 $(\theta_H, \hat{t}_H)$

命题 13. D. 2 总结了上面讨论的要点。

命题 13. D. 2：在信息甄别博弈的任何子博弈完美纳什均衡中，低生产率工人接受的合同为 $(\theta_L, 0)$，高生产率工人接受的合同为 $(\theta_H, \hat{t}_H)$，其中 $\hat{t}_H$ 满足 $\theta_H-c(\hat{t}_H, \theta_L)=\theta_L-c(0, \theta_L)$。

需要注意，命题 13. D. 2 没有完成我们的分析。尽管我们已经论证了任何均衡必定具有的特征，我们尚未证明均衡的存在性。事实上，可能**不存在**均衡。

假设两个企业提供命题 13. D. 2 中的合同，如图 13. D. 7（a）所示。任何一个企业有偏离这些合同的激励吗？如果企业提供的合同只能吸引一类工人（或者吸引高生产率工人，或者吸引低生产率工人），那么这种偏离行为不能产生严格正的利润。但是，如果企业提供能吸引所有**两类**工人的合同呢？考虑某个企业的下列偏离行为：它改为提供能吸引所有两类工人的一个一体性合同。在图 13. D. 7(a) 中，某个合同能吸引所有两类工人当且仅当它位于图中所示的阴影区域。如果阴影区域完全位于一体性盈亏平衡线的上方 [如图 13. D. 7(a) 所示]，那么不存在这样的有利可图的偏离可能性。然而，如果部分阴影区域严格位于一体性盈亏平衡线的下方 [如图 13. D. 7(b) 所示]，那么存在能吸引两类工人的一体性合同，比如 $(\tilde{w}, \tilde{t})$。在这种情形下，**不存在任何均衡**。

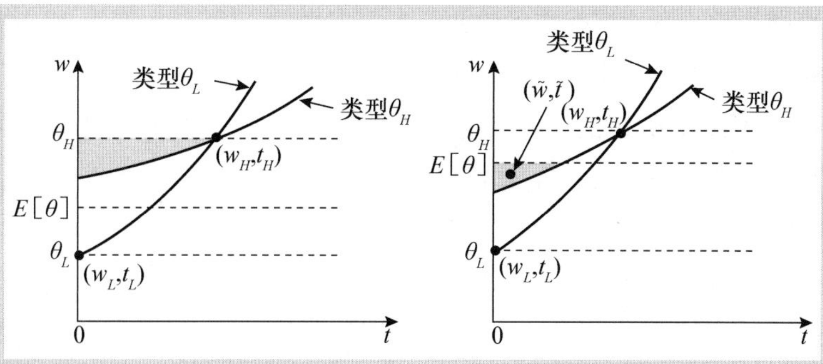

（a）不存在能破坏分离性均衡的一体性合同　（b）一体性合同（$\tilde{w}$，$\tilde{t}$）破坏了分离性均衡

图 13.D.7　可能不存在均衡

即使不存在能够破坏分离性均衡的一体性合同，也有可能存在使用一对合同来破坏分离性均衡的情形。例如，企业可以提供合同（$\tilde{w}_L$，$\tilde{t}_L$）和（$\tilde{w}_H$，$\tilde{t}_H$）来吸引两类工人，如图 13. D. 8 所示。当企业这么做时，类型 θ_L 工人接受（$\tilde{w}_L$，$\tilde{t}_L$），类型 θ_H 工人接受（$\tilde{w}_H$，$\tilde{t}_H$）。如果这对合同能为企业带来正利润，那么企业偏离到这两个合同，就破坏了命题 13. D. 2 中的分离性合同，没有均衡存在。更一般地，只有在不存在这样有利可图的偏离行为时，均衡才会存在。

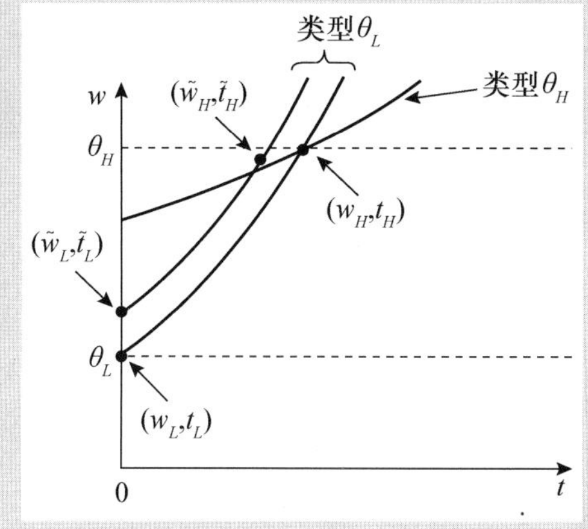

图 13. D. 8　合同（$\tilde{w}_L$，$\tilde{t}_L$）和（$\tilde{w}_H$，$\tilde{t}_H$）破坏了分离性均衡

信息甄别模型均衡的福利性质

如果我们仅关注均衡存在的情形，那么信息甄别模型均衡的福利性质，正好对应于信号传递模型的最优分离性均衡［其中 $r(\theta_L)=r(\theta_H)=0$］的福利性质。首先，与以前的模型一样，信息不对称导致了帕累托无效率的结果。在这里，高生产率工人通过从事痛苦的、完全无生产作用的任务得到了合同，但他们这么做的目的仅仅是为了将自己与低生产率工人区别开。与信号传递模型一样，与企业无法甄别信息情形相比，在能甄别信息情形下，低生产率工人的状况变差了。然而，与信号传递

模型不同的是，在均衡存在的情形下，信息甄别使得高生产率工人的状况变好了；正是在这些情形下，企业才不会选择一体性合同，从而不会破坏分离性均衡［参见图 13. D. 7(b)］。事实上，当均衡的确存在时，它是个受约束的帕累托最优结果；如果任何一个企业的偏离行为都不能吸引两类工人，从而不能产生严格正的利润，那么无法观知工人类型的中央集权者，也无法实现帕累托改进。[①]

信息甄别模型可能不存在均衡，如何解释这种现象？相关文献沿着两条路径展开。其中一条是在更大的策略空间（允许混合策略）中证明均衡的存在性；这方面的文献，可参见 Dasgupta 和 Maskin（1986）。在另外一条道路上，研究者认为，这意味着模型忽略了某些重要因素。例如一些文献强调均衡不存在的原因在于，模型缺乏对新合同的动态反应描述［参见 Wilson（1977），Riley（1979）和 Hellwig（1986）］。比如，Wilson（1977）使用了新的均衡定义，即**威尔逊均衡**（Wilson equilibrium），它描述了企业能够撤销亏损合同的思想。具体地说，如果对于一组合同（老合同）来说，哪个企业都无法找到任何新合同，使得一旦亏损从而导致老合同被撤销后，新合同仍能带来更大的利润，那么这组老合同就称为威尔逊均衡。这个额外的要求使得偏离行为的吸引力下降。例如，在图 13. D. 3 的偏离行为中，一旦引入了新合同 $(\tilde{w}, \tilde{t})$，老合同 (w^p, t^p) 就会亏损。但是如果因此撤销了 (w^p, t^p)，那么低生产率工人将接受 $(\tilde{w}, \tilde{t})$，因此企业偏离到新合同 $(\tilde{w}, \tilde{t})$ 是无利可图的。Hellwig（1986）研究了允许企业撤销合同情形下博弈的序贯均衡及其精炼问题。

通过引入这样的反应行为，上一段提及的那些文献证明了纯策略均衡是存在的。然而，这种反应行为的引入不仅解决了均衡不存在的问题，而且对市场均衡性质的预测也产生了影响。例如，当企业能够提供多种合同时，在威尔逊均衡中可能出现交叉补贴的现象。事实上，Miyazaki（1971）证明了，在企业能提供多种合同的情形下，威尔逊均衡必定存在，而且必定为受约束的帕累托最优。

在我们的信息甄别模型中，我们假设不知情的企业向知情的工人提供合同。然而，我们完全可以考察工人向企业提供合同的模型。例如，每个工人提出他愿意承担的任务水平，然后企业决定是否提供工资。然而，请注意，现在这个模型恰好对应于 13. C 节的信号传递模型，但结果却大相径庭。例如，信号传递模型有多个均衡，但这个模型（工人向企业提供合同）至多有一个均衡。这多少让人烦恼。由于我们的模型只能是现实市场过程的简化模拟，如果市场结果对这类问题非常敏感，那么我们的模型将几乎毫无预测能力。

Maskin 和 Tirole（1992）对这个问题提供了一种解决方法。他们注意到，在我们本节讨论的信息甄别模型中，企业提供合同的能力还是受到了一些限制。特别地，现在我们允许企业提供的合同涉及在各种工资与任务水平组合中的事后（签订合同后）选择。（在 14. C

---

① 事实上，此处的均衡与受约束的帕累托最优还有一点差别：当存在另外一对合同能使得两类工人的效用都变大，而且能够使得偏离到这对合同的企业的利润恰好为零时，均衡可能存在。在这种情形下，均衡不是受约束的帕累托最优。

节，你将看到更多的这类模型。）类似地，在工人提供合同的情形下，我们允许工人提出上面这样的合同。Maskin 和 Tirole（1992）证明了，在经过这样的修改后（另外，再附加一个较弱的假设条件），这两个模型的序贯均衡集是相同的（在两种情形下都可能存在多个均衡）。

附录 A：信号传递博弈中合理信念的精炼

在本附录，我们介绍信号传递博弈的完美贝叶斯均衡和序贯均衡几种常用的合理信念精炼（reasonable-beliefs refinements），然后将它们运用到 13.C 节讨论的教育信号模型中。更详细的内容可参考 Cho 和 Kreps（1987）以及 Fudenberg 和 Tirole（1992）。

考虑下列这类信号传递博弈：参与博弈的有 I 个参与人以及大自然。大自然先行，它选择参与人 1 的“类型” $\theta\in\Theta=\{\theta_1, \cdots, \theta_N\}$。类型 θ 的概率为 $f(\theta)$，它是所有参与人都知道的共同知识。然而，只有参与人 1 自己能看到 θ。接着，参与人 1 开始行动：在他看到 θ 之后，从集合 A 中选择行动 a。然后，每个参与人 $i=2, \cdots, I$ 在看到参与人 1 的行动（但看不到参与人 1 的类型）后，同时从集合 S_i 中选择 s_i。我们定义 $S=S_2\times\cdots\times S_I$。如果参与人 1 的类型为 θ，那么他在选择行动 a 且参与人 $i=2, \cdots, I$ 选择 $s=(s_2, \cdots, s_I)$ 时的效用为 $u_1(a, s, \theta)$。在这种情形下，参与人 $i\neq 1$ 得到的收益为 $u_i(a, s, \theta)$。一个完美贝叶斯均衡（参见 13.C 节）是一组策略 $(a(\theta), s_2(a), \cdots, s_I(a))$ 与参与人 $i=2, \cdots, I$ 的一个共同信念函数 $\mu(\theta|a)$ [在看到参与人 1 选择行动 $a\in A$ 之后，该共同信念函数认为参与人 1 为类型 θ 的概率为 $\mu(\theta|a)$]，使得：

（ⅰ）给定参与人 2, …, I 的策略，参与人 1 的策略是最优的。

（ⅱ）信念函数 $\mu(\theta|a)$ 是运用贝叶斯法则从参与人 1 的策略中推导出的。

（ⅲ）参与人 1 选择行动 $a\in A$ 之后，参与人 2, …, I 的策略指定的行动构成了同时行动博弈的一个纳什均衡，其中对于所有 $\theta\in\Theta$，参与人 1 为类型 θ 的概率为 $\mu(\theta|a)$。

对于我们此处研究的模型来说，这个 PBE 概念等价于序贯均衡概念。

对于 13.C 节的教育信号传递模型，如果我们不把工人选择合同的行为模型化，而是把他的最优选择含义纳入收益函数中（如果两个企业提供的工资都为正，他选择工资最高的企业；如果都为负，则拒绝受雇），那么这个模型就属于这类信号传递模型。在这个模型中，$I=3$，$\Theta=\{\theta_L, \theta_H\}$，集合 $A=\{e: e\geq 0\}$ 包含工人的可能教育水平选择，集合 $S_i=\{w: w\in\mathbb{R}\}$ 包含企业 i 提供的可能工资。

基于劣势策略的信念精炼

完美贝叶斯均衡的合理信念的最简单精炼，是基于下列思想（9.D 节曾讨论过）：合理信念不应该对参与人的严格劣势行动指定正概率。例如，在信号传递博弈中，参与人2，…，I（教育信号传递模型中的企业）在看到参与人 1（工人）选择行动 a 之后，即使 a 是参与人 1 在类型为 θ 时的严格劣势选择，它们也仍然认为参与人 1 为类型 θ 的概率为 $\mu(\theta|a)>0$。在这种情形下，我们需要对参与人 2，…，I 的信念进行精炼。

正式地，我们说行动 $a\in A$ 是参与人 1 类型为 θ 时的严格劣势选择，如果存在行动 $a'\in A$ 使得

$$\underset{s'\in S}{\mathrm{Min}}\, u_1(a',s',\theta)>\underset{s\in S}{\mathrm{Max}}\, u_1(a,s,\theta) \tag{13. AA. 1}$$

①

为方便叙述，对于每个行动 $a\in A$，令

$$\Theta(a)=\{\theta\text{：不存在满足条件(13. AA. 1)的 } a'\in A\}$$

这个集合是满足下列条件的参与人 1 类型集：对于参与人 1 的这些类型 θ 来说，行动 a 不是严格劣势选择。于是，我们说一个 PBE 有合理信念，如果对于所有 $a\in A$ 及 $\Theta(a)\neq\varnothing$ 均有

$$\mu(\theta|a)>0 \quad \text{仅当 } \theta\in\Theta(a)$$

我们认为一个 PBE 是合理结果，仅当它有合理信念时。②

遗憾的是，在 13.C 节讨论的教育信号传递模型中，这种精炼方法无法缩小我们的预测范围。对于所有教育水平 e，集合 $\Theta(e)$ 等于 $\{\theta_L,\ \theta_H\}$，因为如果与 e 相伴的工资远超过与其他教育水平相伴的工资，那么两类工人将发现 e 是他的最优水平。因此，我们无法排除任何信念，信号传递博弈的所有 PBE 都能通过这个检验。如果我们希望缩小该模型的预测范围，就不能局限于这种仅基于严格劣势概念的精炼方法。③

回顾在 13.C 节，我们删除除了最优均衡之外的所有其他分离性均衡的思想。在那里我们说过，在图 13.C.7 中，与选择其他大于 $\tilde{e}$ 的教育水平相比，类型 θ_L 工人选择 $e=0$ 能让他的状况变得更好，**这对于企业对这两个教育水平的任何信念与由此导致的均衡工资**都成立，所以合理信念不应该对类型 θ_L 工人选择 $e>\tilde{e}$ 赋予正概率。这类似于说，$e>\tilde{e}$ 教育水平对于类型 θ_L 工人是劣势选择。然而，请注意这

① 注意，策略 $\alpha(\theta)$ 对于参与人 1 是严格劣势的，当且仅当对于某个(θ)，参与人 1 选择严格劣势的行动。

② 这种做法等价于：先从博弈中删除每个类型 θ 的劣势行动，然后找到这个简化博弈的完美贝叶斯均衡（PBE）。

③ 理论上，我们在识别参与人 1 的严格劣势策略时，可以进一步删除参与人 2，…，I 的严格劣势策略，然后看看是否得到了对于参与人任何类型的更严格劣势行动。然而，在教育信号传递模型中，这种方法行不通，因为企业没有严格劣势策略。

两种说法的重要区别（上面有下划线的那句话）：我们只考虑企业的**均衡反应**，而不是所有可能反应。也就是说，我们采用的是类似逆向归纳的观点：工人应该仅关注企业对他的教育水平选择的均衡反应。

更正式地说，对于任何非空集合 $\hat{\Theta}\subset\Theta$，令 $S^*(\hat{\Theta}, a)\subset S_2\times\cdots\times S_I$ 表示，对于满足 $\mu(\theta|a)>0$ 仅当 $\theta\in\hat{\Theta}$ 时的某个信念，企业在看到工人选择行动 a 之后的均衡反应集。也就是说，集合 $S^*(\hat{\Theta}, a)$ 包含的是当企业信念为仅对 $\hat{\Theta}$ 中的工人类型赋予正概率时，企业 2，…，I 在看到工人选择行动 a 之后的均衡反应集。当 $\hat{\Theta}=\Theta$ 时，即当 $\hat{\Theta}$ 等于参与人 1（工人）所有类型组成的集合时，$\hat{\Theta}$ 允许所有可能的信念。① 现在我们可以说，在这种更强意义上行动 $a\in A$ 是参与人 1 为类型 θ 时的严格劣势行动，如果存在着行动 a' 使得

$$\underset{s'\in S^*(\Theta,a')}{\text{Min}}\ u_1(a',s',\theta)>\underset{s\in S^*(\Theta,a)}{\text{Max}}\ u_1(a,s,\theta)\tag{13.AA.2}$$

使用这个更强版本的劣势概念，我们可以定义集合

$$\Theta^*(a)=\{\theta\text{：不存在满足条件(13.AA.2)的 }a'\in A\}$$

这个集合包含了参与人 1 下面这样的类型：对于这些类型来说，行动 a 在式（13.AA.2）的意义上不是严格劣势的。现在我们可以说，一个 PBE 有着合理的信念，如果对于所有 $a\in A$ 及 $\Theta^*(a)\neq\varnothing$ 均有

$$\mu(a,\theta)>0\quad\text{仅当 }\theta\in\Theta^*(a)$$

使用这个合理信念的精炼方法，可以显著减少教育信号传递模型中的可能结果集，有时甚至能得到唯一的结果。在这个模型中，对于所有教育水平选择 e 都有 $S^*(\Theta, a)=[\theta_L, \theta_H]$，这是因为，对于任何信念 $\mu\in[0, 1]$，纳什均衡工资必定介于 θ_L 与 θ_H 之间。因此，在图 13.C.7 中，根据式（13.AA.2）的检验条件可知，对于类型 θ_L 工人来说，任何大于 $\tilde{e}$ 的教育水平都比 $e=0$ 劣。因此，在任何有着合理信念的 PBE 中，对于所有 $e>\tilde{e}$ 都有 $\mu(\theta_H|e)=1$，也就是说，企业认为选择 $e>\tilde{e}$ 教育水平的工人，必定（概率为 1）是类型 θ_H 工人。但是，这样一来，伴有 $e^*(\theta_H)>\tilde{e}$ 的那些分离性均衡都无法幸存，这是因为，正如我们在 13.C 节所论证的，高生产率工人只要偏离到稍微超过 $\tilde{e}$ 的教育水平，他的状况就会改善。而且，我们可以删除任何下列这样的一体性均衡：在这些均衡中（例如图 13.AA.1 描述的均衡），高生产率工人的工资比结果（θ_H，$\tilde{e}$）差。我们之所以能够删除这些一体性均衡，是因为任何这样的均衡必定有着不合理的信念：如果对于所有 $e>\tilde{e}$ 都有 $\mu(\theta_H|e)=1$，那么类型 θ_H 工人会偏离到稍微超过 $\tilde{e}$ 的教育水平，因为这样他可以得到工资 θ_H。事实上，当高生产率工人偏好结果（θ_H，$\tilde{e}$）胜于（$E[\theta]$，0）时，根据上面的论证，

---

① 注意，当只有一个参与人作出反应时（因此 $I=2$），集合 $S^*(\Theta, a)$ 正好是参与人 2（企业）在看到参与人 1（工人）选择 a 之后的非严格劣势的反应。还要注意，在这种情形下，$S_2(a)$ 是参与人 2 的弱劣势策略，如果对于任何 $a\in A$，$S_2(a)$ 均包含某个 $s\notin S^*(\hat{\Theta}, a)$。

13

我们可以排除所有的一体性均衡，因此，我们得到了唯一结果：那个最优分离性均衡。

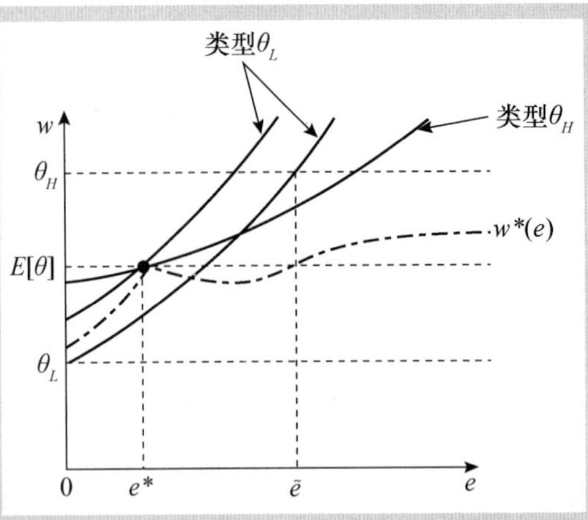

图 13. AA. 1 图中给出了一个使用检验条件（13. AA. 2）可以删除的一体性均衡

均衡劣势与直觉标准

我们现在进一步强化劣势概念，即我们考察所谓的**均衡劣势**（equilibrium dominance），由此我们得到了另外一种称为**直觉标准**（intuitive criterion）的精炼方法。这种方法由 Cho 和 Kreps（1987）提出。对于 13. C 节考察的教育信号传递模型，使用直觉标准方法能得到唯一结果，即那个最优分离性均衡。

13

这种精炼方法背后的思想，可以通过考察图 13. AA. 2 中的教育信号传递模型的一体性均衡看出。若使用上一小节的精炼方法，则无法删除这个均衡。在图中，注意到，为了让 e^* 成为一个一体性均衡，企业的信念必须为：对于所有 $e\in(e',e'')$ 都有$\mu(\theta_H|e)<1$。事实上，在任何这样的教育水平上，如果 $\mu(\theta_H|e)=1$，那么企业提供的工资应该为 θ_H，类型 θ_H 工人的最优选择是偏离。

然而，假设企业期望工人选择均衡教育水平 e^*，但是工人却偏离到教育水平 $\hat{e}\in(e',e'')$。在这种情形下，我们可做如下推理："在这两类工人中，任何一类工人若选择均衡教育水平 e^* 都肯定能得到结果（w，e）=（$E[\theta]$，e^*）。然而，如果低生产率工人偏离到教育水平 e'，那么不管企业看到这个选择后有着什么样的信念，低生产率工人的状况都变差了，但是如果高生产率工人这么做，他的状况可能变好。因此，发生偏离的必定不是低生产率工人。"在这种情形下，对于低生产率工人来说，与 e' 相伴的收益劣于**均衡**收益。

为了正式表述上面的思想，在（$a^*(\theta)$，$s^*(a)$，μ）这个 PBE 中，令类型 θ 工人的均衡收益为 $u_1^*(\theta)=u_1^*(a^*(\theta),s^*(a^*(\theta)),\theta)$。于是，我们说，在 PBE($a^*(\theta)$，$s^*(a)$，$\mu$）中，对于类型 θ 工人来说，行动 a 是**均衡劣势的**（equilibrium dominated），如果

$$u_1^*(\theta) > \underset{s \in S^*(\Theta, a)}{\text{Max}} \ u_1(a, s, \theta) \tag{13. AA. 3}$$

使用这个劣势概念，对于每个 $a \in A$，定义集合

$$\Theta^{**}(a) = \{\theta: \text{条件}(13.\text{AA}.3)\text{不成立}\}$$

现在我们可以说，一个 PBE 有着合理的信念，如果对于所有 $a \in A$ 及 $\Theta^{**}(a) \neq \varnothing$ 均有

$$\mu(\theta|a) > 0 \quad \text{仅当 } \theta \in \Theta^{**}(a)$$

我们将仅关注有合理信念的 PBE。

注意，任何行动 a，如果在式（13. AA. 2）的意义上对于类型 θ 工人是劣势的，那么该行动对于类型 θ 工人也是均衡劣势的，这是因为，根据 PBE 的定义可知，$u_1^*(\theta) = u_1^*(a^*(\theta), s^*(a^*(\theta)), \theta) > \text{Min}_{s' \in S^*(\Theta, a')} u_1(a', s', \theta)$。因此，对于我们利用前面方法所排除的所有 PBE，这种基于均衡劣势的方法必定也能排除，不仅如此，这种方法也许能排除更多的 PBE。

下面我们对 13. C 节的教育信号传递模型使用这种精炼方法。由于这种方法比基于式（13. AA. 2）的精炼方法更强，所以它也能够删除除了最优分离性均衡之外的所有其他分离性均衡。然而，与前面的基于劣势策略的精炼方法不同，这种基于均衡劣势策略的精炼方法还能删除**所有的**一体性均衡。例如，在图 13. AA. 2 的一体性均衡中，对于低生产率工人来说，任何教育水平选择 $\hat{e} \in (e', e'')$ 都是均衡劣势的。而且，如果企业在看到这个选择之后认为工人必定（概率为 1）是类型 θ_H，那么高生产率工人希望偏离到这个教育水平。因此，我们得到了这个博弈的唯一结果：那个最优的分离性均衡。

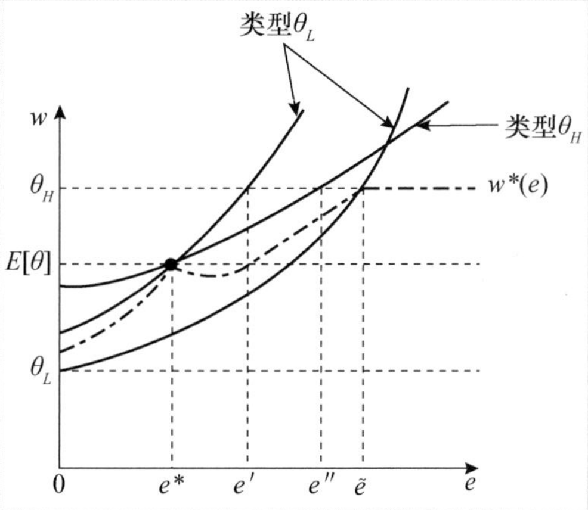

图 13. AA. 2 图中给出了一个使用检验条件（13. AA. 3）可以删除的一体性均衡

在信号传递博弈中，如果信号只有两个，那么这种基于均衡劣势的精炼方法等价于 Cho 和 Kreps（1987）提出的直觉标准。正式地，我们说一个 PBE 违背了直觉

标准，如果存在类型 θ 和行动 $a \in A$ 使得

$$\underset{s \in S^*(\Theta^{**}(a),a)}{\text{Min}} u_1(a,s,\theta) > u_1^*(\theta) \tag{13. AA. 4}$$

因此，如果参与人 1 存在某个类型 θ，只要参与人 2，…，I 不对任何类型 θ 的均衡劣势偏离赋予正的概率，参与人 1 的偏离能保证他的收益大于均衡收益，那么我们就可使用直觉标准删除这个 PBE。我们可以将直觉标准的思想表述为，为了删除一个 PBE，我们必须找到参与人 1 的某个类型，使得虽然他不知道参与人 2，…，I 的准确信念，但知道参与人 2，…，I 不会认为他属于那些偏离为其均衡劣势行动的参与人类型，参与人 1 也希望偏离。一般来说，与使用集合 $\Theta^{**}(a)$ 检验合理信念的精炼方法相比，直觉标准方法更为保守，这是因为使用集合 $\Theta^{**}(a)$ 作为合理信念的任何 PBE，都能通过直觉标准检验，但是正如例 13. AA. 1 所表明的，一个 PBE 可能满足直觉标准检验，但不是合理信念。然而，当参与人 1 的类型只有两种时，这两个概念是等价的。

例 13. AA. 1：假设参与人 1 的类型有 3 种，(θ_1，θ_2，θ_3)，而且在某个 PBE 中，非均衡行动 $\hat{a}$ 仅对于类型 θ_1 是均衡劣势的，因此，$\Theta^{**}(\hat{a})=(\theta_2, \theta_3)$。假设类型 θ_2 严格偏好于偏离到行动 $\hat{a}$ 当且仅当企业对类型 θ_2 和 θ_3 的信念为 $\mu(\theta_2 \mid \hat{a}) \geq 1/4$，而类型 θ_3 严格偏好于偏离到行动 $\hat{a}$ 当且仅当 $\mu(\theta_2 \mid \hat{a}) \leq 3/4$。这种情形不会违背直觉标准，因为条件（13. AA. 4）对于 θ_2 和 θ_3 都不成立。但在使用集合 $\Theta^{**}(a)$ 作为合理信念的任何 PBE 中，这两个类型有一个会偏离到行动 $\hat{a}$，因此，这个 PBE 必定不具有这种意义上的合理信念。当参与人 1 的类型只有两种，比如 θ_1 和 θ_2 时，这种区别消失了，这是因为当均衡劣势删除某个类型，从而 $\Theta^*(a)=\{\theta_i\}$（其中 $i=1$ 或 2）时，参与人 2，…，I 持有的信念只剩下一种。■

在教育信号传递模型中，当工人类型只有两种时，使用均衡劣势或直觉标准精炼方法都能得到唯一结果，然而当工人类型为三种及以上时，这两种精炼方法都做不到这一点（参见习题 13. AA. 1）。对于这种情形下的信号传递模型，更强的精炼方法，例如 Banks 和 Sobel（1987）提出的神性和一般神性（divinity and universal divinity）、Cho 和 Kreps（1987）提出的 $D1$ 概念，以及 Kohlberg 和 Mertens（1986）提出的稳定性概念，都能得到唯一解，即最优分离性均衡。更详细的内容可参考 Cho 和 Kreps（1987）以及 Fudenberg 和 Tirole（1992）。

参考文献

Akerlof, G. (1970). The market for lemons: Quality uncertainty and the market mechanism. *Quarterly Journal of Economics* 89: 488-500.

Banks, J. and J. Sobel (1987). Equilibrium selection in signaling games. *Econometrica* 55: 647-662.

Cho, I-K., and D. M. Kreps (1987). Signaling games and stable equilibria. *Quarterly Journal of Economics* 102: 179-221.

Dasgupta, P., and E. Maskin (1986). The existence of equilibrium in discontinuous economic games. *Review of Economic Studies* 46: 1-41.

Fudenberg, D., and J. Tirole (1992). *Game Theory*. Cambridge, Mass.: MIT Press.

Hellwig, M. (1986). Some recent developments in the theory of competition in markets with adverse selection. (University of Bonn, mimeographed).

Holmstrom, B., and R. B. Myerson (1983). Efficient and durable decision rules with incomplete information. *Econometrica* 51: 1799-1819.

Kohlberg, E., and J.-F. Mertens (1986). On the strategic stability of equilibria. *Econometrica* 54: 1003-1038.

Maskin, E., and J. Tirole (1992). The principal-agent relationship with an informed principal, II: Common values. *Econometrica* 60: 1-42.

Miyazaki, H. (1977). The rat race and internal labor markets. *Bell Journal of Economics* 8: 394-418.

Riley, J. (1979). Informational equilibrium. *Econometrica* 47: 331-359.

Rothschild, M., and J. E. Stiglitz (1976). Equilibrium in competitive insurance markets: An essay in the economics of imperfect information. *Quarterly Journal of Economics* 80: 629-649.

Spence, A. M. (1973). Job market signaling. *Quarterly Journal of Economics* 87: 355-374.

Spence, A. M. (1974). *Market Signaling*. Cambridge, Mass.: Harvard University Press.

Wilson, C. (1977). A model of insurance markets with incomplete information. *Journal of Economic Theory* 16: 167-207.

Wilson, C. (1980). The nature of equilibrium in markets with adverse selection. *Bell Journal of Economics* 11: 108-130.

13

习 题

13.B.1[A] 考虑关于 $\hat{\theta}$ 的三个函数，即 $r(\hat{\theta})$，$E(\theta|\theta\leqslant\hat{\theta})$，以及 $\hat{\theta}$。假设前两个函数关于 $\hat{\theta}$ 连续，但允许它们在其他方面是任意的，在定义域 $[\underline{\theta},\bar{\theta}]$ 画出这三个函数。使用这个图找到 13.B 节逆向选择模型的竞争均衡。帕累托最优劳动配置是怎样的？现在画图分别描述图 13.B.1 到图 13.B.3 的情形。

13.B.2[B] 假设 $r(\cdot)$ 是连续且递增的函数，而且存在 $\hat{\theta}\in[\underline{\theta},\bar{\theta}]$ 使得：对于所有 $\theta>\hat{\theta}$ 均有 $r(\theta)>\theta$；对于所有 $\theta<\hat{\theta}$ 均有 $r(\theta)<\theta$。令工人类型的密度函数为 $f(\theta)$，其中对于所有 $\theta\in[\underline{\theta},\bar{\theta}]$ 均有 $f(\theta)>0$。证明在工人类型不可观知情形下，竞争均衡必定是帕累托无效率的。

13.B.3[B] 考虑 13.B 节模型的正向选择 (positive selection) 版本，其中 $r(\cdot)$ 关于 θ 连续且严格递增。令类型 θ 工人的密度函数为 $f(\theta)$，其中对于所有 $\theta\in[\underline{\theta},\bar{\theta}]$ 均有 $f(\theta)>0$。

(a) 证明更有能力的工人是在任何给定工资下都愿意工作的人。

(b) 证明如果对于所有 θ 都有 $r(\theta)>\theta$，那么竞争均衡是帕累托有效率的。

(c) 假设存在着 $\hat{\theta}$ 使得：对于所有 $\theta>\hat{\theta}$ 均有 $r(\theta)<\theta$；对于所有 $\theta<\hat{\theta}$ 均有 $r(\theta)>\theta$。证明与帕累托最优工人配置相比，在任何就业量为严格正的竞争均衡中，就业数都过多。

13.B.4[B] 假设两个人（即 1 和 2）正考虑以价格 p 交易某种资产，这种资产只能用作财富储藏手段。个人 1 当前拥有这种资产。每个人 i 对该资产的评价 y_i 只有他自己知道。而且，每个人只关心该资产一年后的期望价值。假设只有双方都认为交易能使得自己的状况变好时，他们才愿意以价格 p 进行交易。证明交易的可能性为零。[提示：考察下列交易博弈：两个人同时宣布“交易”或“不交易”，只有当他们都宣布“交易”时，才以价格 p 进行交易。]

13.B.5[B] 重新考虑对于所有 θ 都有 $r(\theta)=\theta$ 的情形，但是现在假设当企业提供的工资使得无人愿意受雇时，企业相信可能接受雇佣的工人是低生产率的，即 $E[\theta|\Theta=\varnothing]=\underline{\theta}$。假设工人在受雇与不受雇之间无差异时，他接受雇佣。

(a) 证明当 $E[\theta]\geqslant r>\underline{\theta}$ 时，现在有两个竞争均衡：在一个均衡中，有 $w^*=E[\theta]$ 以及 $\Theta^*=[\underline{\theta}, \bar{\theta}]$；在另外一个均衡中，有 $w^*=\underline{\theta}$ 以及 $\Theta^*=\varnothing$。证明：当 $\underline{\theta}\geqslant r$ 时，唯一的竞争均衡是 $w^*=E[\theta]$ 以及 $\Theta^*=[\underline{\theta}, \bar{\theta}]$；当 $r>E[\theta]$ 时，唯一的竞争均衡为 $w^*=\underline{\theta}$ 以及 $\Theta^*=\varnothing$。

(b) 证明当 $E[\theta]>r$ 且存在两个均衡时，完全就业均衡帕累托优于无人就业均衡。

(c) 证明当 $E[\theta]\geqslant r$ 时，在两企业同时宣布工资的博弈模型中，如果竞争均衡是唯一的，那么该模型的唯一 SPNE 是竞争均衡；如果竞争均衡不是唯一的而且 $E[\theta]>r$，那么该模型的唯一 SPNE 为完全就业的（最高工资）竞争均衡。当 $E[\theta]=r$ 时有什么样的结果？当 $E[\theta]<r$ 时呢？

(d) 证明最高工资竞争均衡是受约束的帕累托最优。

13.B.6[C] ［根据 Wilson（1980）改编］考虑 13.B 节逆向选择模型的下列版本。现在有 N 个企业，每个企业希望至多雇佣 1 个工人。这 N 个企业的生产率是不同的：在类型 γ 的企业中类型 θ 工人的产量为 $\gamma\theta$ 单位。参数 γ 以密度函数 $g(\cdot)$ 分布在 $[0, \infty)$ 上，对于所有 $\gamma\in[0, \infty)$ 都有 $g(\gamma)>0$。

(a) 令 $z(w, \mu)$ 表示当工资为 w、接受该工资的工人平均生产率为 μ 时劳动的总需求。使用密度函数 $g(\cdot)$ 推导出这个函数的表达式。

(b) 令 $\mu(w)=E[\theta|r(\theta)\leqslant w]$，定义劳动的总需求函数为 $z^*(w)=z(w, \mu(w))$。证明 $z^*(w)$ 在工资为 $\bar{w}$ 时关于 w 严格递增，当且仅当工资为 $\bar{w}$ 时 μ 关于 w 的弹性大于 1（假设所有相关函数都是可微的）。

(c) 令 $s(w)=\int_{\underline{\theta}}^{r^{-1}(w)} f(\theta)d\theta$ 表示劳动的总供给函数，将均衡工资 w^* 定义为满足 $z^*(w^*)=s(w^*)$ 的工资。证明：(i) 只有最高工资竞争均衡才能成为 SPNE；(ii) 最高工资竞争均衡为 SPNE 当且仅当对于所有 $w>w^*$ 都有 $z^*(w)\leqslant z^*(w^*)$。

13.B.7[B] 假设工人类型不可观知，考察工资率为 w^* 的竞争均衡。证明存在能降低就业的帕累托改进干预（$\tilde{w}_e$，$\tilde{w}_u$）当且仅当存在工资（w_e，w_u）=（w^*，$\hat{w}_u$），其中 $\hat{w}_u>0$。类似地，证明存在能增加就业的帕累托改进干预（$\tilde{w}_e$，$\tilde{w}_u$）当且仅当存在工资（w_e，w_u）=（$\hat{w}_e$，0），其中 $\hat{w}_e>w^*$。你能使用这些事实更加简明地证明命题 13.B.2 吗？

13.B.8[B] 考察 13.B 节的逆向选择模型。现在假设当工人从事家庭生产时，他们使用产品 x。假设产品 x 的消耗量取决于工人类型，这种关系可用递增函数 $x(\theta)$ 描述。证明：如果中央集权者能看到 x 的购买量但不知道工人类型，那么即使市场处于最高工资竞争均衡也存在着帕累托改进的干预。

13.B.9[B] 考虑下列正向选择模型，其中，$r(\cdot)$ 严格递减；工人类型有两类：θ_H 和 θ_L，$\infty>\theta_H>\theta_L>0$。令 $\lambda=\text{Prob}(\theta=\theta_H)\in(0, 1)$。假设 $r(\theta_H)<\theta_H$，$r(\theta_L)>\theta_L$。证明最高工资竞争均衡未必是受约束的帕累托最优。［提示：考虑对于 $E(\theta)=r(\theta_L)$ 情形引入小额失业金。使用习题 13.B.7 的结论给出下列情形的确切条件：充分就业的竞争均衡为受约束的帕累托最优。］

13.B.10[B] 证明当对于某个 θ 有 $r(\theta)>\theta$ 时，命题 13.B.2 仍然成立。

13.C.1[B] 考虑下列博弈，其中大自然先行确定工人类型，它在 $[\underline{\theta}, \bar{\theta}]$ 上连续分布。一旦工人知道自己的类型，他就可以选择是否参加某个不需要花费成本的考试，该考试能准确反映他的能力。最后，在看到工人是否参加考试以及参加考试工人的成绩之后，两个企业对工人服务展开竞价。证明在这个模型的任何子博弈完美纳什均衡中，所有工人类型都参加考试，而且对于不参加考试的任何工人，企业提供的工资不会大于 $\underline{\theta}$。

13.C.2[C]　重新考虑两工人类型信号传递模型，其中 $r(\theta_H)=r(\theta_L)=0$；假设工人生产率为 $\theta(1+\mu e)$，其中 $\mu>0$。找出分离性完美贝叶斯均衡和一体性完美贝叶斯均衡，并将它们与完美信息竞争结果进行比较。

13.C.3[B]　在 13.C 节的传递信号模型中，$r(\theta_H)=r(\theta_L)=0$。请构建一个例子：无法观知工人类型的中央集权者可以通过交叉补贴的政策实现对最优分离性均衡的帕累托改进，但无法通过禁止传递信号活动方法实现帕累托改进。（提示：首先考虑线性无差异曲线情形。）

13.C.4[B]　重新考虑 13.C 节的信号传递模型，现在假设工人类型从区间 $[\underline{\theta}, \bar{\theta}]$ 抽取，密度函数 $f(\theta)$ 在上述区间处处严格正。令成本函数为 $c(e, \theta)=e^2/\theta$。请推导出（唯一的）完美贝叶斯均衡。

13.C.5[B]　考虑单个企业和单个消费者的情形。企业的产品可能为高质量的，也可能为低质量的，其中高质量产品的比例为 λ。消费者在购买产品之前无法观知产品质量，消费者是风险中性的。消费者对高质量产品和低质量产品的评价分别为 v_H 和 v_L。高质量产品和低质量产品的生产成本分别为 c_H 和 c_L。消费者至多想购买一单位产品。最后，企业产品价格受到管制，被设定为 p。假设 $v_H>p>v_L>c_H>c_L$。

（a）给定 p，在什么样的条件下消费者会购买产品？

（b）假设在消费者决定是否购买之前，企业（知道产品类型）可以做广告。广告没有直接传递任何信息，但是消费者能观测到企业花费在广告上的总支出，记为 A。存在分离性完美贝叶斯均衡（即，在这个均衡中消费者理性预期不同质量水平的企业选择不同的广告水平）吗？

13.C.6[C]　考虑投资项目的融资市场。所有投资项目都需要投资 1 美元钱。项目有两类：好项目和坏项目。对于好项目来说，利润 $\Pi>0$ 的概率为 p_G、利润等于零的概率为 $(1-p_G)$；对于坏项目来说，利润 $\Pi>0$ 的概率为 p_B、利润等于零的概率为（$1-p_B$）；其中 $p_G>p_B$。好项目的比例为 $\lambda\in(0, 1)$。

假设创业者去银行借钱进行项目初始投资（暂时假设所有投资资金都是借入的）。借款合同规定还款额为 R。创业者知道他们自己的项目类型，但是银行不知道。在项目利润为零的情形下，创业者无法还款，银行收入为零。银行是竞争和风险中性的。无风险利率（银行支付存款人的利率）为 r。假设

$$p_G\Pi-(1+r)>0>p_B\Pi-(1+r)$$

（a）找到均衡 R 水平和均衡融资项目集。它们如何取决于 p_G，p_B，λ，Π 和 r？

（b）现在假设对于项目初始投资额（1 美元），企业可以使用部分自有资金 $x\in[0, 1]$。然而，创业者受流动性约束，因此这么做的实际成本为 $(1+\rho)x$，其中 $\rho>r$。

（ⅰ）创业者的收益是他的项目类型、他的还款额 R 和自有资金 x 的函数，求该函数。

（ⅱ）描述下列博弈的最优（从福利角度来说）分离性完美贝叶斯均衡：首先，创业者提出要约，承诺自己投入资金 x；其次，银行提出反要约，要求还款 R。最后，创业者决定接受银行的要约或决定放弃项目。创业者投入好项目的自有资金 x 如何随着 p_G，p_B，λ，Π 和 r 的微小变化而变化？

（ⅲ）与（a）中的均衡相比，在（b）（ⅱ）的分离性均衡中，这两类创业者将怎么做？

13.D.1[B]　将信息甄别模型扩展到任务为生产性的情形。假设类型 θ 工人在任务水平为 t 情形下，可生产 $\theta(1+\mu t)$ 单位产品，其中 $\mu>0$。找到这个模型的子博弈完美纳什均衡。

13.D.2[B]　考虑下列保险市场模型。消费者有两类：高风险和低风险。每个消费者的初始财富

都为 W 但有可能因火灾遭受损失 L。对于高风险和低风险的消费者来说，火灾发生概率分别为 p_H 和 p_L，其中 $p_H > p_L$。两类消费者都追求期望效用最大，而且他们定义在财富上的伯努利效用函数都为 $u(w)$，其中对于所有 w 都有 $u'(w)>0$ 和 $u''(w)<0$。保险公司有两个，且都为风险中性的。任何一份保险合同都由保险费 M 和出险后保险公司的赔款 R 组成。

(a) 假设每个消费者至多购买一份保险合同。证明我们可将保险合同视为规定的被保险人在“无损失”状态的财富和在“损失”状态的财富。

(b) 假设各个保险公司同时提供合同；与 13.D 节一样，每个公司都可以提供任何有限多个保险合同。这个模型的子博弈完美纳什均衡是什么？均衡必定存在吗？

13.D.3^C　考虑习题 13.D.1 中的模型。现在假设所有工人面对着相同的固定不变的任务水平 T。在这个任务水平上，工人接受雇佣的货币等价成本为 $c>0$，这个成本与工人类型无关。然而，现在工人的实际产出是可观知和可验证的，因此合同可以根据工人的实际产出水平制定工资。

(a) 这个模型的子博弈完美纳什均衡是什么？

(b) 现在假设产出的实现值是随机的。产出可能为 q_G，也可能为 q_B，其中 $q_G>q_B$。对于高生产率工人来说，产出为 q_G 的概率为 p_H，但对于低生产率工人来说，这一概率为 p_L，其中 $p_H>p_L$。如果工人们都是风险中性的，而且都追求期望效用最大，每个工人定义在财富水平上的伯努利效用函数 $u(w)=w$，求子博弈完美纳什均衡。

(c) 如果工人们都是厌恶风险的，其中 $u''(w)<0$ 对于所有 w 均成立，那么结果又是什么样的？

13.D.4^B　考虑 13.D 节的信息甄别模型，但是现在假设（ⅰ）可能进入市场的潜在企业数量为无限多个；（ⅱ）每个企业至多提供一个合同。[假设（ⅰ）的含义是，在任何 SPNE 中，任何企业都没有利润为正的进入机会。] 刻画这个情形的均衡。

13.AA.1^C　考虑 13.C 节的信号传递模型。现在假设工人类型有三个。假设所有工人类型都有 $r(\theta)=0$。举例说明满足直觉标准的完美贝叶斯均衡不止一个。

13

第 14 章　委托代理问题

14.A　引言

在第 13 章，我们考虑的情形是，当事人之间的信息不对称存在于合同订立时。在本章，我们转而考察签订合同后出现的信息不对称问题。

即使订立合同时不存在信息不对称问题，当事人也会通常预期，在合同订立后的某个时间将出现这个问题。例如，在企业主雇佣了经理人之后，企业主可能无法观知经理人的工作努力程度。类似地，经理人会逐渐比企业主更了解企业面临的机会。

由于当事人预期到订立合同后会出现这样的信息不对称问题，他们试图通过合理设计合同来减轻这个问题造成的后果。这些问题是下列情形所固有的：一个人（委托人）雇佣另外一个人（代理人）来为他实施某个活动。正是由于这个原因，合同设计问题也称为**委托代理问题**（principal-agent problem）。

文献通常将这些情形下的信息不对称问题分为两类：一类是由**隐藏行动**（hidden actions）引起；另一类是由**隐藏信息**（hidden information）引起。一方面，企业主无法观知经理人的工作努力程度，就是隐藏行动的例子，隐藏行动有时也称**道德风险**（moral hazard）。另一方面，经理人逐渐比企业主更了解企业面临的机会，是隐藏信息的例子。[①]

尽管很多经济情形（以及一些文献）同时涉及这两类问题，然而分别研究更能看得清楚。在 14.B 节，我们引入和研究隐藏行动模型。14.C 节分析隐藏信息模型。然后，在 14.D 节，我们简要考察同时涉及这两类问题的模型。我们将看到订

① 道德风险一词在文献中无统一定义。这个词最初出现在保险文献中，这类文献主要关注两类信息不完美问题：一是“道德风险”，它是指保险公司无法观知被保险人是否努力避免出现损失；二是“逆向选择”（参见 13.B 节），是指被保险人在购买保险合同时，他比保险公司更了解自己的出险可能性。对于委托代理问题，在有些作者眼里，道德风险有时指隐藏行动，有时指隐藏信息［例如，Hart 和 Holmstrom（1987）］。然而，在此处，我们所说的道德风险仅指隐藏行动，这也是它原来的意思。

立合同后出现的信息不对称通常使当事人福利遭受损失（与不存在这些信息不完美情形相比）。

需要强调，这个委托代理架构能够分析范围相当广泛的经济关系。企业主与经理人之间的关系只是其中一种；其他关系包括：保险公司与被保险人之间的关系（保险公司无法观知被保险人预防损失的努力程度）；制造商和经销商之间的关系（制造商可能无法观知经销商面临的市场条件）；企业及其雇员之间的关系（企业比雇员更了解它的产品的需求状况，从而更了解工人产出的价值）；银行与借款人之间的关系（银行很难知道借款人是否将资金用于约定目的）。这些例子表明，委托代理架构有着相当广泛的适用性。尽管如此，我们始终以企业主和经理人之间的问题为例进行研究。

本章的分析，尤其是 14.C 节的分析，与前两章的问题密切相关。首先，14.C 节建立的工具可以用于分析信息甄别问题，与 13.D 节不同，我们将主要分析一个不知情方甄别那些知情个体的情形。我们将在 14.C 节末尾分析这个**垄断者的信息甄别问题**（monopolistic screening problem）。其次，委托代理问题在本质上是一种特殊的“机制设计”问题（详见第 23 章）。因此，本章的内容让我们第一次接触机制设计问题。掌握委托代理问题的基本知识，尤其是 14.C 节的知识，将有助于你学习第 23 章。

委托代理问题的更多内容可参考 Hart 和 Holmstrom（1987）。

14

14.B 隐藏行动（道德风险）

假设某个企业主（委托人）希望雇佣一个经理人（代理人）来完成某个只有一期的项目。该项目的利润，至少部分受经理人行动的影响。如果经理人行动能被观知，那么企业主与经理人之间的合同问题将变得非常简单：合同规定经理人的具体行动以及企业主支付给经理人的补偿（工资）。① 然而，当经理人的行动无法观知时，合同就不再能这样制定了，因为现在无法验证经理人是否完成了他的义务。在这种情形下，企业主必须设计经理人的补偿方案，间接使得经理人采取正确的行动（即在经理人行动可观知情形下合同规定的行动）。在本节，我们研究合同设计问题。

为了更具体一些，令 π 表示项目利润（可观知），令 e 表示经理人的行动选择，令 E 表示经理人的所有可能行动组成的集合。我们将 e 解释为经理人的工作努力程度。在最简单的情形下（也是大部分文献使用的情形），e 是一个衡量经理人努力程度的一维变量，因此 $E \subset \mathbb{R}$。然而，在一般情形下，经理人的努力可能是多维的：经理人降低成本的努力程度；经理人花费在招揽顾客方面的时间；等等。所以，在

① 注意，这不仅要求企业主能观知经理人的行动，而且要求保证合同实施的法律相关方能观知经理人的行动。

这种情形下，e 是个向量，该向量的每个分量分别衡量经理人在不同活动上的努力程度，因此对于某个 M，$E\subset\mathbb{R}^M$。[①] 在我们的讨论中，我们将 e 称为经理人的**努力水平选择**（effort choice）或**努力水平**（effort level）。

由于经理人的努力水平是不可观知的，而且企业主的利润仅部分取决于经理人的努力水平，这意味着无法从利润 π 的实现值来判断经理人的努力水平。因此，为了让问题变得更有趣和更加符合现实，我们坚持下列假设：项目利润仅部分地取决于经理人的努力水平 e。具体地说，我们假设企业利润的取值范围为 $[\underline{\pi}, \bar{\pi}]$；并假设企业利润与 e 随机相关，这种相关可用条件密度函数 $f(\pi|e)$ 刻画，其中，对于所有 $e\in E$ 和所有 $\pi\in[\underline{\pi}, \bar{\pi}]$ 都有 $f(\pi|e)>0$。因此，给定经理人选择的努力水平，利润的实现值是任意的。

在下面的讨论中，我们仅关注下列情形：可供经理人选择的努力水平只有两种，高努力水平 e_H 和低努力水平 e_L（本章附录 A 讨论了努力水平有很多种的情形）。假设与 e_L 相比，e_H 能给企业带来更大的利润，但给经理人带来更大的痛苦。这个事实意味着企业主和经理人之间的利益存在着冲突。

更具体地，我们假设：与 e_H 相伴的 π 的分布一阶随机优于与 e_L 相伴的 π 的分布；也就是说，分布函数 $F(\pi|e_H)$ 和 $F(\pi|e_L)$ 满足：$F(\pi|e_H)\leqslant F(\pi|e_L)$ 对于所有 $\pi\in[\underline{\pi}, \bar{\pi}]$ 均成立，而且在某个开集 $\Pi\in[\underline{\pi}, \bar{\pi}]$ 上，$F(\pi|e_H)<F(\pi|e_L)$（参考 6.D 节）。这意味着当经理人选择 e_H 的期望利润水平大于他选择 e_L 的时：$\int\pi f(\pi|e_H)d\pi>\int\pi f(\pi|e_L)d\pi$。

经理人追求期望效用最大，他的效用函数 $u(w, e)$ 是伯努利效用函数，其中 w 和 e 分别表示工资和努力水平。这个函数满足：对于所有 (w, e) 都有 $u_w(w, e)>0$ 和 $u_{ww}(w, e)\leqslant 0$（下标表示偏导数）；以及对于所有 w 都有 $u(w, e_H)<u(w, e_L)$。也就是说，经理人偏好高收入，对于收入彩票是风险弱厌恶的，以及厌恶高努力水平。[②] 在下面的分析中，我们使用一种特殊的效用函数（也是相关文献最常用的效用函数）：$u(w, e)=v(w)-g(e)$。[③] 对于这个函数，我们对 $u(w, e)$ 的假设意味着 $v'(w)>0$，$v''(w)\leqslant 0$ 以及 $g(e_H)>g(e_L)$。

企业主得到的项目收益等于毛利 π 与支付给经理人工资 w 之差。我们假设企业主是风险中性的，因此他的目标是使得期望收益最大。这个假设背后的思想是，企业主的投资是多样化的，因此能够规避该项目的风险。（习题 14. B. 2 考虑的是企业主为风险厌恶者的情形。）

---

① 事实上，也可以对 e 进行更一般的解释。例如，e 可以包括与努力程度不相关的决策，比如购买哪些要素或采取什么样的销售策略等。我们坚持将 e 解释为努力程度，因为它比较直观。

② 注意，在努力为多维度的情形下，e_H 未必要求经理人在每个维度上都有着更高的努力水平；对于我们的分析来说，只要与 e_L 相比，e_H 能给企业主带来更大利润、给经理人带来更大痛苦就足够了。

③ 习题 14. B. 1 放松了这个假设。

努力水平可观知情形下的最优合同

我们先考察经理人的努力水平可观知情形下的最优合同问题。

假设企业主选择了某个合同，提供给经理人。经理人可以接受也可以拒绝。这里的合同规定了经理人的努力水平 $e\in\{e_L, e_H\}$，以及经理人的工资 $w(\pi)$（工资是利润实现值的函数）。假设经理人市场是竞争的，这意味着企业主为了让经理人为他工作，他必须提供给经理人不小于 $\bar{u}$ 的工资［$\bar{u}$ 是经理人的**保留效用水平**（reservation utility level)］。如果经理人拒绝了企业主提供的合同，企业主的收益为零。

我们始终假设企业主希望经理人接受合同。于是，企业主的最优合同是下列问题的解（为了书写方便，我们省略了积分的下限 $\underline{\pi}$ 和上限 $\bar{\pi}$)：

$$\begin{aligned}&\underset{e\in\{e_L,e_H\},w(\pi)}{\text{Max}} \int(\pi-w(\pi))f(\pi|e)d\pi\\&\text{s. t.} \int v(w(\pi))f(\pi|e)d\pi-g(e)\geqslant\bar{u}\end{aligned} \tag{14. B. 1}$$

比较方便的做法是将这个问题分为两个阶段考虑。首先，对于合同可能规定的努力水平 e，相应的最优补偿方案 $w(\pi)$ 是什么样的？其次，e 的最优水平是多少？

给定合同规定的努力水平 e，选择 $w(\pi)$ 使得

$$\int(\pi-w(\pi))f(\pi|e)d\pi=\int\pi f(\pi|e)d\pi-\int w(\pi)f(\pi|e)d\pi$$

最大，这等价于选择 $w(\pi)$ 使得企业主支付给经理人的补偿成本 $\int w(\pi)f(\pi|e)d\pi$ 最小，因此式（14. B. 1）告诉我们，在这种情形下，最优补偿方案是下列问题的解：

$$\begin{aligned}&\underset{w(\pi)}{\text{Min}}\int w(\pi)f(\pi|e)d\pi\\&\text{s. t.} \int v(w(\pi))f(\pi|e)d\pi-g(e)\geqslant\bar{u}\end{aligned} \tag{14. B. 2}$$

问题（14. B. 2）中的约束式必然是等式，否则，企业主就会降低经理人的工资但仍能使经理人接受合同。令 γ 表示这个约束式的拉格朗日乘子，则在问题（14. B. 2）的解之处，对于所有 $\pi\in[\underline{\pi}, \bar{\pi}]$，经理人工资 $w(\pi)$ 必定满足一阶条件①

$$-f(\pi|e)+\gamma v'(w(\pi))f(\pi|e)=0$$

① $w(\pi)$ 的一阶条件推导方法是，在每个 π 水平上分别将目标函数对工资求导。为了看清这一点，考虑这个模型的离散版本。在这个模型中，可能的利润水平为有限个的，即（π_1, …, π_N)，相应的工资水平为（w_1, …, w_N）。问题（14. B. 3）的一阶条件类似于此处离散模型的一阶条件：分别对每个 w_n（其中 $n=1$, …, N）求导（注意我们允许工资为负）。在严格意义上，我们应该补充说明：当可能的工资水平 π 为连续统时，最优补偿方案只需要对一个有全测度的利润集满足条件（14. B. 3）即可。

也即，

$$\frac{1}{v'(w(\pi))}=\gamma \tag{14.B.3}$$

一方面，如果经理人是严格厌恶风险的 [因此 $v'(w)$ 关于 w 严格递减]，条件 (14. B. 3) 意味着最优补偿方案 $w(\pi)$ 是个常数；也就是说，企业主提供给经理人的工资是固定不变的。这个事实只不过是风险分担的结果：给定合同规定的经理人的努力水平，而且不存在激励问题，风险中性的企业主应该足额承保（fully insure）厌恶风险的经理人收入流出现的任何风险（类似于例 6. C. 1 中的情形）。因此，给定合同规定的 e，企业主提供的固定不变工资 w_e^* 应该使得经理人恰好得到他的保留效用水平：

$$v(w_e^*)-g(e)=\bar{u} \tag{14.B.4}$$

注意到，由于 $g(e_H)>g(e_L)$，如果合同规定经理人的努力水平为 e_H，那么他能得到更高的工资（与 e_L 导致的工资相比）。

另一方面，当经理人是风险中性的时，比如 $v(w)=w$，那么条件 (14. B. 3) 对于任何补偿函数都必然成立。在这种情形下，由于没必要承保经理人，固定工资方案仅是众多最优补偿方案中的一种。任何补偿函数 $w(\pi)$，只要它给予经理人的期望工资等于$\bar{u}+g(e)$，那么该补偿函数就是最优的。[$\bar{u}+g(e)$ 这个工资水平可使用条件 (14. B. 4) 以及 $v(w)=w$ 推导出。]

现在考虑 e 的最优水平。企业主选择的效用水平 $e\in\{e_L, e_H\}$ 要能使得他的期望毛利与工资之差最大，即使得

$$\int \pi f(\pi|e)d\pi - v^{-1}(\bar{u}+g(e)) \tag{14.B.5}$$

最大。

式 (14. B. 5) 中的第一项表示当经理人努力水平为 e 时企业的毛利润；第二项表示为了补偿这个努力水平，企业主必须提供的工资 [从条件 (14. B. 4) 推知]。在 e_L 和 e_H 这两个努力水平中，哪一个是最优的？这需要比较期望利润的增量与工资增量的大小，前者是指努力水平从 e_L 增加到 e_H 给企业带来的期望利润增加量，后者是指从 e_L 增加到 e_H，企业支付给经理人的工资增量（补偿他因此增加的痛苦）。

上述内容要点可用命题 14. B. 1 总结。

命题 14. B. 1：在委托代理模型中，若经理人的努力水平可观知，则任何最优合同都规定经理人选择使得 $[\int \pi f(\pi|e)d\pi - v^{-1}(\bar{u}+g(e))]$ 最大的 e^*，而且企业支付给经理人固定工资 $w^*=v^{-1}(\bar{u}+g(e^*))$。如果对于所有 w 都有 $v''(w)<0$，那么这是唯一的最优合同。

14

努力水平不可观知情形下的最优合同

命题 14. B. 1 中的最优合同完成了两个目标：它规定了经理人的有效率的努力水平，而且它足额承保经理人的收入风险。然而，当经理人的努力水平不可观知时，这两个目标通常存在着冲突，因为想让经理人努力工作的唯一方法是将他的工资与利润实现值挂钩，而利润是随机的。当这些目标产生冲突时，努力水平的不可观知性导致了无效率。

为了说明这一点，我们首先研究经理人是风险中性的情形。我们证明，在这种情形下，尽管不存在风险分担问题，企业主仍然能实现与努力水平可观知情形相同的结果。然后，我们研究经理人厌恶风险情形下的最优合同。在这种情形下，当最优（完全可观知的）合同要求高努力水平时，有效率的风险分担与有效率的激励提供之间存在着冲突，行动的不可观知性导致了福利损失。

风险中性的经理人

假设 $v(w)=w$。由命题 14. B. 1 可知，当努力水平可观知时，最优努力水平 e^* 是下列问题的解

$$\underset{e\in\{e_L,e_H\}}{\text{Max}}\ \int \pi f(\pi|e)d\pi - g(e) - \bar{u} \tag{14. B. 6}$$

在这种情形下，企业主的利润等于表达式（14. B. 6）的值，而经理人的期望效用恰好等于 $\bar{u}$。

14

现在考虑经理人的努力水平不可观知的情形。命题 14. B. 2 表明，在这种情形下，企业主仍然能实现他的完全信息收益。

命题 14. B. 2：在委托代理模型中，当经理人的努力水平不可观知且经理人为风险中性时，最优合同产生的努力水平选择和当事人的期望收益，与努力水平可观知时的情形相同。

证明：我们将找到一个合同，使得这个合同给当事人带来的收益，正好等于他在完全信息情形下的收益。因此，这个合同对于企业主必定是最优的，这是因为，与经理人努力水平可观知情形相比，在经理人努力水平不可观知情形下，企业主不可能做得更好（当努力水平可观知时，企业主总可以提供最优不可观知合同，而让经理人自己选择努力水平）。

假设企业主提供的补偿方案为 $w(\pi)=\pi-\alpha$，其中 α 为某个常数。我们可以将这个补偿方案看成企业主“将项目卖给经理人”，这是因为这类似于经理人花 α 美元钱买下项目，从而项目收入 π 归经理人所有，这样经理人净得（$\pi-\alpha$）。如果经理人接受了这个合同，他选择努力水平 e 使得他的期望效用最大

$$\int w(\pi)f(\pi|e)d\pi - g(e) = \int \pi f(\pi|e)d\pi - \alpha - g(e) \tag{14. B. 7}$$

比较式（14.B.7）与式（14.B.6）可知，式（14.B.6）的解 e^*，也使得式（14.B.7）最大。因此，这个合同诱导出了一级最优（完全可观知的）努力水平 e^*。

经理人愿意接受这个合同只要它带给他的期望效用不小于 $\bar{u}$，即

$$\int \pi f(\pi|e^*)d\pi - \alpha - g(e^*) \geqslant \bar{u} \tag{14.B.8}$$

令 α^* 为式（14.B.8）以等式形式成立时的努力水平 α。注意到，如果补偿方案为$w(\pi)=\pi-\alpha^*$，企业主的收益正好为 α^*［经理人的收益为（$\pi-\alpha^*$）］。将式（14.B.8）变形可得 $\alpha^* = \int \pi f(\pi|e^*)d\pi - g(e^*) - \bar{u}$。因此，在补偿方案为 $w(\pi)=\pi-\alpha^*$ 时，企业主和经理人得到的收益正好等于在努力水平可观知情形下各自的收益。■

命题 14.B.2 背后的思想比较直观。如果经理人是风险中性的，那么就不存在风险分担问题。因此，在这种情形下，让经理人得到他努力的全部边际报酬，是一种有效率的激励。

厌恶风险的经理人

当经理人对于收入彩票是严格厌恶风险的时，问题变得更为复杂。在这种情形下，企业主想让经理人选择高努力水平，必定给经理人带来更高的风险。为了刻画这种情形下的最优合同，我们再次分两步考察合同设计问题：首先，对于企业主想让经理人选择的每个努力水平，分别刻画最优激励方案；其次，考虑企业主应该诱导出哪个努力水平。

对于某个既定的努力水平 e，最优激励方案要能使得企业主在两个约束条件下最小化经理人的工资。与以前一样，经理人接受合同的前提是企业主提供给他的效用不小于 $\bar{u}$。然而，当努力水平不可观知时，企业主还面临着另外一个约束：当经理人面对激励方案时，他必须真的想要选择努力水平 e。正式地说，给定努力水平 e，最优激励方案必定满足

$$\underset{w(\pi)}{\text{Min}} \int w(\pi) f(\pi|e)d\pi$$

$$\text{s.t.}\ (\text{i})\ \int v(w(\pi)) f(\pi|e)d\pi - g(e) \geqslant \bar{u}$$

$$(\text{ii})\ e\ 是 \underset{\tilde{e}}{\text{Max}} \int v(w(\pi)) f(\pi|\tilde{e})d\pi - g(\tilde{e})\ 的解 \tag{14.B.9}$$

约束（i）是参与约束；约束（ii）是激励约束（incentive constraint）：它保证了在补偿方案 $w(\pi)$ 下经理人的最优努力水平选择为 e。

企业主如何最优地实施每个可能的努力水平？下面我们分别考察。

● **实施 e_L。**

我们首先假设企业主想实施的效用水平为 e_L。在这种情形下，企业主的最优选择是支付经理人固定工资 $w_e^* = v^{-1}(\bar{u}+g(e_L))$。也就是说，这个工资正好等于在努力水平可观知情形下合同规定 e_L 时的工资。为了看清这一点，在这个补偿方案下，经理人选择 e_L：他的工资水平不受努力水平的影响，因此他会选择带给他痛苦最小的努力水平，即 e_L。这样，他得到的工资正好等于 $\bar{u}$。因此，合同执行 e_L 的成本（支付给经理人的工资），正好等于努力水平可观知情形下执行 e_L 的成本。但是，正如我们在证明命题 14. B. 2 过程中所指出的，与效用水平可观知情形相比，企业主在效用水平不可观知情形下不可能做得更好［正式地，与问题（14. B. 2）相比，在问题（14. B. 9）中，企业主多了一个约束，即约束（ⅱ）］；因此，这必定是问题（14. B. 9）的解。

● **实施 e_H。**

更有趣的情形是企业主想诱导出努力水平 e_H。在这种情形下，式（14. B. 9）中的约束（ⅱ）可以写为

$$(\text{ii}_H)\quad \int v(w(\pi))f(\pi|e_H)d\pi - g(e_H) \geqslant \int v(w(\pi))f(\pi|e_L)d\pi - g(e_L)$$

令 $\gamma\geqslant 0$ 和 $\mu\geqslant 0$ 分别表示约束（ⅰ）和（ⅱ）的乘子，在每个 $\pi\in[\underline{\pi}, \bar{\pi}]$ 上，$w(\pi)$ 必须满足下列库恩–塔克条件[①]：

$$-f(\pi|e_H)+\gamma v'(w(\pi))f(\pi|e_H)+\mu[f(\pi|e_H)-f(\pi|e_L)]v'(w(\pi))=0$$

即，

$$\frac{1}{v'(w(\pi))}=\gamma+\mu\left[1-\frac{f(\pi|e_L)}{f(\pi|e_H)}\right] \tag{14. B. 10}$$

我们首先证明，在问题（14. B. 9）的任何解（其中 $e=e_H$）中，γ 和 μ 都严格为正。

引理 14. B. 1：在问题（14. B. 9）的任何解（其中 $e=e_H$）中，$\gamma>0$ 且 $\mu>0$。

证明：一方面，假设 $\gamma=0$。由于 $F(\pi|e_H)$ 一阶随机优于 $F(\pi|e_L)$，必定存在着利润水平的开集 $\tilde{\Pi}\in[\underline{\pi}, \bar{\pi}]$ 使得对于所有 $\pi\in\tilde{\Pi}$ 都有 $[f(\pi|e_L)/f(\pi|e_H)]>1$。但是如果 $\gamma=0$，那么条件（14. B. 10）意味着在任何 $\pi\in\tilde{\Pi}$ 上都有 $v'(w(\pi))\leqslant 0$（记住

---

① 尽管问题（14. B. 9）看上去似乎不是个凸规划问题，然而只要对它进行简单变换即可知道它是凸规划问题，因此式（14. B. 10）是解的必要且充分条件。为了看清这一点，将式（14. B. 9）重新表述为下列问题：对于每个利润结果 π，选择经理人的效用水平比如 $\bar{v}(\pi)$。令 $\phi(\cdot)=v^{-1}(\cdot)$，则目标函数变为 $\int\phi(\bar{v}(\pi))f(\pi|e_H)d\pi$，这个函数关于 $\bar{v}(\pi)$ 是凸的，于是所有约束条件关于 $\bar{v}(\pi)$ 都是线性的。因此，对于现在这个问题，（库恩–塔克）一阶条件是最大值的必要且充分条件（参见数学附录 M. K 节）。这个问题的一阶条件为

$$-\phi'(\bar{v}(\pi))f(\pi|e_H)+\gamma f(\pi|e_H)+\mu[f(\pi|e_H)-f(\pi|e_L)]=0 \quad 对于所有\ \pi\in[\underline{\pi}, \bar{\pi}]$$

将 $w(\pi)$ 定义为 $v(w(\pi))=\bar{v}(\pi)$，并注意到 $\phi'(v(w(\pi)))=1/v'(w(\pi))$，即可得到式（14. B. 10）。

$\mu \geqslant 0$），这是不可能的。因此，$\gamma > 0$。

另一方面，如果在问题（14. B. 9）的解中 $\mu = 0$，那么，根据条件（14. B. 10）可知，最优补偿合同是对每个利润的实现值都支付经理人固定不变的工资。然而这样一来，经理人就会选择 e_L 而不是 e_H，违背了问题（14. B. 9）的约束（ⅱ$_H$）。因此，$\mu > 0$。■

引理 14. B. 1 告诉我们，当 $e = e_H$ 时，问题（14. B. 9）中的两个约束式都以等式成立。[①] 而且，给定引理 14. B. 1，我们可以使用条件（14. B. 10）推导出一些描述最优补偿方案形状的结论。例如，考虑使得 $1/v'(\hat{w}) = \gamma$ 的固定工资 $\hat{w}$。根据条件（14. B. 10）可知，

$$w(\pi) > \hat{w} \quad \text{如果} \frac{f(\pi \mid e_L)}{f(\pi \mid e_H)} < 1$$

$$w(\pi) < \hat{w} \quad \text{如果} \frac{f(\pi \mid e_L)}{f(\pi \mid e_H)} > 1$$

这个关系比较直观。如果结果 π 在 e_H 下比在 e_L 下更有可能出现（似然比 $[f(\pi \mid e_L)/f(\pi \mid e_H)] < 1$），那么最优补偿方案将支付高于 $\hat{w}$ 的工资。相反，最优补偿方案将支付低于 $\hat{w}$ 的工资。然而，我们应该强调，虽然这个条件是用统计学解释的，但此处不涉及实际统计推断；给定企业主提供的补偿方案，他知道经理人将选择哪个努力水平。因此，对补偿方案具有上述形式的更合理的解释是，这是由补偿方案本身的**激励效应**（incentive effects）造成的。也就是说，通过按照这种形式构造补偿方案，就能使得经理人有激励选择 e_H 而不是 e_L。

上述关系蕴涵着一个多少让人惊讶的结论：在最优激励方案中，补偿未必关于利润单调递增。为了看清这一点，考察条件（14. B. 10）。由该条件可知，如果最优补偿关于利润单调递增，那么似然比 $[f(\pi \mid e_L)/f(\pi \mid e_H)]$ 必须关于利润 π 递减；也就是说，随着 π 的增加，在 e_H 下（与在 e_L 下相比）得到 π 的可能性必须增大。这个性质称为**单调似然比性质**（monotone likelihood ratio property）[参见 Milgrom (1981)]，然而，一阶随机优势并不蕴涵这个性质。例如，在图 14. B. 1(a) 和 (b) 中，以 e_H 为条件的 π 的分布，随机优于以 e_L 为条件的 π 的分布，但是单调似然比性质不成立。在这个例子中，努力水平上升，使得低利润水平变为中间利润水平，但没有影响非常高利润水平实现的可能性。条件（14. B. 10）告诉我们，在这种情形下，与非常高的利润水平相比，在中间利润水平上企业主应该支付更高的工资，

---

① 约束（ⅰ）以等式成立，这个结论的更直接证明方法如下：假设 $w(\pi)$ 是问题（14. B. 9）的解，其中约束（ⅰ）不是等式。考虑补偿函数的如下变动，在每个 π 水平上都降低工资，使得在每个 π 上，效用的降低量相等。也就是说，将补偿函数变化到新函数 $\hat{w}(\pi)$，其中，在所有 $\pi \in [\underline{\pi}, \bar{\pi}]$ 上都有 $[v(w(\pi)) - v(\hat{w}(\pi))] = \Delta v > 0$。作出这个变化后，约束（ⅱ$_H$）仍然成立，这是因为如果当经理人面对 $w(\pi)$ 时，他愿意选择 e_H，那么当他面对 $\hat{w}(\pi)$ 时，他仍然愿意选择 e_H。而且，由于约束（ⅰ）不是等式，如果 $\Delta v > 0$ 足够小，那么经理人仍然愿意接受这个新合同。最后，企业主支付的期望工资将会比补偿方案 $w(\pi)$ 情形低。这样就产生了一个矛盾。

这是因为中间利润水平的实现可能性与努力水平正相关，而高利润水平的实现可能性与努力水平无关。图 14. B. 1(c) 画出了这种情形下的最优补偿函数。

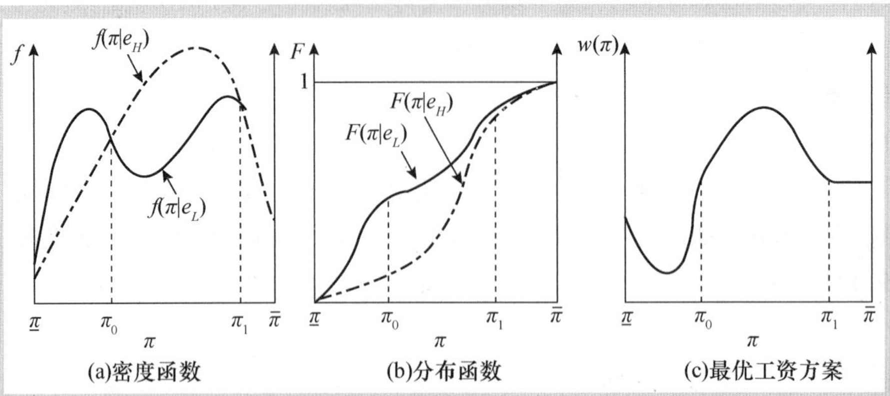

图 14. B. 1　一个违背单调似然比性质的情形

条件（14. B. 10）还意味着，最优合同不可能采用简单的（例如线性的）形式。$w(\pi)$ 的最优形状是各个利润水平蕴涵信息（通过似然比）的函数，在大多数情形下，$w(\pi)$ 与 π 的关系不会像线性情形那么简单。

最后，注意到由于在最优补偿方案中，$w(\pi)$ 取决于 π，因此 $w(\pi)$ 是可变的，这意味着经理人工资的期望值必定大于在努力水平可观知情形下的工资 $w_{e_H}^* = v^{-1}(\bar{u}+g(e_H))$。在直觉上，由于经理人必须得到不小于 $\bar{u}$ 的期望效用水平，对于经理人承担的任何风险，企业主必须以更高的平均工资补偿他。为了看清这一点，注意到，由于 $E[v(w(\pi))|e_H]=\bar{u}+g(e_H)$ 以及 $v''(\cdot)<0$，根据詹森不等式（参见数学附录 M. C 节）可知，$v(E[w(\pi)|e_H])>\bar{u}+g(e_H)$。但是我们知道 $v(w_{e_H}^*)=\bar{u}+g(e_H)$，所以，$E[w(\pi)|e_H]>w_{e_H}^*$。因此，努力水平的不可观知性增加了企业主诱导出努力水平 e_H 的期望补偿成本［支付给经理人的工资］。

给定上面的分析，企业主应该选择诱导出哪个努力水平？与以前一样，企业主比较这两个努力水平的期望利润增量 $\left[\int \pi f(\pi|e_H)d\pi - \int \pi f(\pi|e_L)d\pi\right]$ 与诱导出这两个水平所需期望成本增量［支付给经理人的工资增量，即 $e=e_H$ 时式（14. B. 9）的值与 $e=e_L$ 时式（14. B. 9）的值之差］。

根据上面的分析，我们知道企业主实施 e_L 所需支付给经理人的工资，正好与经理人努力水平可观知情形下的工资相同，而企业主实施 e_H 所需支付工资则严格大于努力水平不可观知情形下的工资。因此，在这个模型中，努力水平的不可观知性提高了企业主实施 e_H 的成本，但没有影响企业主实施 e_L 的成本。这个事实意味着，不可观知性能够导致企业实施的低努力水平是无效率的。在努力水平可观知情形下，如果最优努力水平是 e_L，那么在不可观知情形下，最优努力水平仍然是 e_L。在这种情形下，不可观知性不会导致福利损失。相反，在努力水平可观知情形下，如果最优努力水平是 e_H，那么在不可观知情形下，可能发生的事情有下面两种：一种是企业主通过使用激励方案使得最优努力水平仍是 e_H，经理人承担了风险；另外一种是企业主觉得诱导 e_H 的成本太高，因此他决定实施 e_L。在任何一种情形下，努力水平的不可观知性都导致企业主遭受福利损失（在两种情形下，经理人的期望效用都为 $\bar{u}$）。[①]

命题 14. B. 3 总结了这些结论。

命题 14. B. 3：在委托代理模型中，如果经理人的努力水平不可观知，经理人是风险厌恶的，而且经理人的可能努力水平有两个，那么：（ⅰ）企业主实施 e_H 时的最优补偿方案满足条件（14. B. 10），在该方案中，经理人的期望效用水平为 $\bar{u}$，与努力水平可观知情形相比企业主需要支付更高的期望工资；（ⅱ）在企业主实施 e_L 时的最优方案中，他支付给经理人的固定工资等于努力水平可观知情形下的工资；（ⅲ）在努力水平可观知情形下若最优努力水平为 e_H，则不可观知性会导致福利损失。

在我们的模型中，不可观知性导致经理人努力水平**向下扭曲**（downward distortions），但这是努力水平只有两个假设导致的特殊结果。当可能的努力水平有多个时，不可观知性仍会扭曲经理人的努力水平（与可观知情形相比），但是扭曲方向可能是向上的，也可能是向下的。（参见习题 14. B. 4。）

假设企业主除了能看到利润之外，还能看到代表经理人努力水平的统计信号比如 y，而且假设给定 e，π 和 y 的联合密度为 $f(\pi, y|e)$。在这种情形下，补偿方案在理论上可以规定经理人的工资取决于 π 和 y。那么，什么时候才能使得补偿方案也是 y 的函数？也就是说，什么时候最优补偿函数 $w(\pi, y)$ 实际取决于 y？

为了回答这个问题，假设企业主想实施 e_H。按照上文中的逻辑，我们可以得到一个类似于式（14. B. 10）的条件：

$$\frac{1}{v'(w(\pi,y))}=\gamma+\mu\left[1-\frac{f(\pi,y|e_L)}{f(\pi,y|e_H)}\right] \tag{14. B. 11}$$

首先，考虑 y 是个与 e 不相关的噪声随机变量。于是，我们可以将密度 $f(\pi, y|e)$ 写为密度 $f_1(\pi|e)$ 与密度 $f_2(y)$ 的乘积：$f(\pi, y|e)=f_1(\pi|e)f_2(y)$。将此式代入式（14. B. 11），可知 $f_2(y)$ 这一项消去了，因此最优补偿方案与 y 无关。

这个结论背后的直觉比较直接。假设在企业主最初提供的合同中，工资取决于 y。在直觉上，这个合同会导致随机工资，因为工资和 e 无关，这会使得经理人面临风险，因

---

① 然而，注意，尽管努力水平的不可观知性导致了福利损失，但是这里的结果是受约束的帕累托最优（参见 13. B 节）。为了看清这一点，注意到企业主的问题，是在下列两个约束条件下使得他的利润最大。这两个约束条件为：一是经理人的期望效用水平不小于 $\bar{u}$；二是他无法观知经理人的努力水平。因此，无法观知经理人努力水平的中央集权者，不能实现某个配置从而使得这个配置帕累托优于我们这里的结果。要使得这个中央集权者的市场干预产生帕累托改进结果，由不同个体签署的不同合同之间必须存在外部性。

此无法实现任何有益的激励效应。相反，如果企业主对于 π 的每个实现值都提供确定性的工资 $\overline{w}(\pi)$ 从而使得

$$v(\overline{w}(\pi)) = E[v(w(\pi,y))|\pi] = \int v(w(\pi,y))f_2(y)dy$$

那么，对于经理人选择的每个努力水平，他在 $\overline{w}(\pi)$ 下得到的期望效用正好等于他在 $w(\pi, y)$ 下得到的效用。因此，经理人的努力水平不会受到影响，他仍然会接受合同。然而，由于经理人面临更小的风险，期望工资变低，企业主的状况变好了。这也可由詹森不等式推出：对于所有 π 都有 $v(E[w(\pi, y)|\pi]) > E[v(w(\pi, y))|\pi]$，因此 $\overline{w}(\pi) < E[w(\pi, y)|\pi]$。

我们可以将这个结论再向前推一步。注意到，我们总可以将 $f(\pi, y|e)$ 写为

$$f(\pi,y|e)=f_1(\pi|e)f_2(y|\pi,e)$$

如果 $f_2(y|\pi, e)$ 不取决于 e，那么将上式代入（14. B. 11）后，$f_2(\cdot)$ 同样可消去，因此最优补偿方案与 y 无关。$f_2(y|\pi, e)$ 不取决于 e 这个条件等价于下列统计概念：π 是 y 的**充分统计量**（sufficient statistic）。它的逆也成立：只要 π 不是 y 的充分统计量，那么工资应该取决于 y，至少部分取决于 y。详细内容可参考 Holmstrom（1979）。

很多文献对我们这里的基本分析进行了扩展。例如 Holmstrom（1982），Nalebuff 和 Stiglitz（1983），以及 Green 和 Stokey（1983）考察了多人受雇的情形，他们使用的是相对业绩评价；另外一些文献则沿着另外一个方向扩展，Bernheim 和 Whinston（1986）考察了一人同时被几个委托人雇佣的情形；Dye（1986）考察了努力水平可通过监管获知的情形；Rogerson（1985a），Allen（1985）以及 Fudenberg，Holmstrom 和 Milgrom（1990）考察了代理关系在多期重复进行的情形，尤其是重点研究了与我们本节的一系列短期合同相比，长期合同在多大程度上能更有效地解决代理问题。（这方面的扩展太多，难以一一列举。）很多文献主要关注努力水平为一维的情形；Holmstrom 和 Milgrom（1991）讨论了多维情形，这更有趣也更符合现实。

Holmstrom 和 Milgrom（1987）进行了另外一个有趣的扩展。他们发现与我们本节研究的最优合同相比，现实世界中的补偿方案非常简单，因此，他们考察了下面这样的模型：企业利润随着时间推移而逐渐增加，而且在项目实施期间，经理人可以根据前期利润实现值调整自己的努力水平。他们找出了在什么样的条件下企业主可以使用**线性**补偿方案，即工资是项目总利润的线性函数。线性补偿方案是最优的，这是因为它为经理人提供了“稳健的”激励，也就是说，不管前期利润实现值如何，线性合同都能持续提供激励。他们的分析说明了一个更一般的思想，即，对于更复杂的激励问题，最优合同可能反而具有更简单的形式。习题 14. B. 5 和习题

14. B. 6 说明了这一点。

14.C　隐藏信息（与垄断者甄别信息）

在本节，我们转而分析合同订立之后的信息不对称采取的是隐藏信息形式的情形。

再次假设某个企业主想雇佣一个经理人，代为实施某个只有一期的项目。然而现在，经理人的努力水平 e 是完全可观知的。在订立合同之后不可观知的是经理人因努力而产生的痛苦（假设痛苦是随机的）。例如，经理人可能发现由于逐渐适应企业的任务，高努力水平带来的痛苦相对小些，或者高努力水平带来的痛苦相对大些。然而，只有经理人知道他处于哪种情形。[①]

在继续介绍之前，需要指出，我们在此处发展的方法，也可以用于分析**垄断者甄别信息**（monopolistic screening）模型，这是信息不对称出现在合同订立之前的情形：不知情的垄断者提供一系列合同，来甄别那些知情的代理人，后者在签订合同时有不同的信息（竞争性的甄别信息模型可参考 13. D 节）。我们将在本节末尾继续讨论这个问题。

为了阐述隐藏信息类型的委托代理模型，我们假设经理人的努力水平可用一维变量 $e\in[0,\infty)$ 描述。总利润（不包括支付给经理人的工资）是努力水平 e 的函数，即$\pi(e)$，其中，$\pi(0)=0$；对于所有 e 都有 $\pi'(e)>0$，$\pi''(e)<0$。

经理人追求期望效用最大，他的伯努利效用函数 $u(w, e, \theta)$ 除了取决于工资和努力水平之外，还取决于自然状态 θ，状态 θ 在合同签订之后才可知，而且只有经理人才知道，假设 $\theta\in\mathbb{R}$。我们主要考察文献中广泛使用的一种效用函数[②]：

$$u(w,e,\theta)=v(w-g(e,\theta))$$

函数 $g(e, \theta)$ 以货币单位衡量经理人努力工作带来的痛苦。假设对于所有 θ 都有 $g(0, \theta)=0$；假设

$$g_e(e,\theta)\begin{cases}>0 & \text{对于 } e>0\\ =0 & \text{对于 } e=0\end{cases}$$

$$g_{ee}(e,\theta)>0 \quad \text{对于所有 } e$$

$$g_\theta(e,\theta)<0 \quad \text{对于所有 } e$$

$$g_{e\theta}(e,\theta)\begin{cases}<0 & \text{对于 } e>0\\ =0 & \text{对于 } e=0\end{cases}$$

---

① 经理人和企业主之间隐藏信息的一个更重要来源是，经理人逐渐比企业主更为了解各种行动的潜在利润。在 14. D 节，我们讨论混合型隐藏信息行动-隐藏信息模型，该模型能描述此处所说的信息不对称类型；它的正式分析可以化简为我们在正文中研究的模型。

② 习题 14. C. 3 考察了另外一种效用函数。

14

其中，下标表示偏导数。因此，经理人厌恶努力，努力水平越高，他越痛苦。另外，θ 值越高，表明该状态越具有生产性，也就是说，随着 θ 的增大，经理人的努力水平 e 带来的总效用 $g(e,\theta)$ 和边际效用 $g_e(e,\theta)$ 都降低，注意这个函数表示的效用是指痛苦。我们还假设经理人严格厌恶风险，$v''(\cdot)<0$。[①] 与 14.B 节一样，假设经理人的保留效用水平为 $\bar{u}$，也就是说，为了让经理人接受合同，他必须至少得到 $\bar{u}$ 的期望效用水平。注意到，我们对 $g(e,\theta)$ 所做的假设，意味着经理人的无差异曲线具有一次相交性质（参见 13.C 节）。

最后，为了方便说明，我们假设状态 θ 的取值只有两种：θ_H 和 θ_L，其中 $\theta_H>\theta_L$，$\text{Prob}(\theta_H)=\lambda\in(0,1)$。（习题 14.C.1 考虑了任意有限个状态的情形。）

在这里，合同必须试图完成两个目标：首先，与 14.B 节一样，风险中性的企业主应该承保经理人收入波动的风险；其次，尽管这里不存在保证经理人努力水平问题（因为合同明确规定了努力水平），能使得剩余最大（从而使企业主收益最大）的合同，必须能让经理人的委托水平对由此带来的痛苦（即，对状态 θ）作出反应。为了明确我们的思想，我们首先说明当状态 θ 可观知时，这些任务是如何完成的；然后我们分析只有经理人能观知状态 θ 的情形。

状态 θ 可观知

如果 θ 可观知，合同能够直接规定经理人的努力水平，然后根据 θ 的每个实现值支付工资（注意，这些变量能够完全确定双方当事人的经济结果）。因此，完全信息合同由两个工资-努力水平组合组成：$(w_H,e_H)\in\mathbb{R}\times\mathbb{R}_+$ 对于状态 θ_H；以及 $(w_L,e_l)\in\mathbb{R}\times\mathbb{R}_+$ 对于状态 θ_L。企业主的最优选择是下列问题的解：

$$\begin{aligned}&\underset{\substack{w_L,e_L\geqslant0\\w_H,e_H\geqslant0}}{\text{Max}}\lambda[\pi(e_H)-w_H]+(1-\lambda)[\pi(e_L)-w_L]\\&\text{s.t.}\ \lambda v(w_H-g(e_H,\theta_H))+(1-\lambda)v(w_L-g(e_L,\theta_L))\geqslant\bar{u}\end{aligned}\qquad(14.C.1)$$

在式（14.C.1）的任何解 $[(w_L^*,e_L^*),(w_H^*,e_H^*)]$ 中，保留效用约束必定以等式成立，否则企业主就会降低工资水平，但经理人仍会接受合同。另外，令 $\gamma\geqslant0$ 表示这个约束的乘子，式（14.C.1）的解必定满足下列一阶条件：

$$-\lambda+\gamma\lambda v'(w_H^*-g(e_H^*,\theta_H))=0\qquad(14.C.2)$$

$$-(1-\lambda)+\gamma(1-\lambda)v'(w_L^*-g(e_L^*,\theta_L))=0\qquad(14.C.3)$$

$$\lambda\pi'(e_H^*)-\gamma\lambda v'(w_H^*-g(e_H^*,\theta_H))g_e(e_H^*,\theta_H)\begin{cases}\leqslant0\\=0\quad\text{若 } e_H^*>0\end{cases}\qquad(14.C.4)$$

$$(1-\lambda)\pi'(e_L^*)-\gamma(1-\lambda)v'(w_L^*-g(e_L^*,\theta_L))g_e(e_L^*,\theta_L)\begin{cases}\leqslant0\\=0\quad\text{若 } e_L^*>0\end{cases}\qquad(14.C.5)$$

① 与 14.B 节隐藏行动的情形一样，在经理人为风险中性的情形下，不可观知性不会造成福利损失。而且，与那里一样，如果企业主将项目“卖给”经理人，从而让经理人面对他行动的全部边际报酬，那么这样的合同能产生一级最优结果。（参见习题 14.C.2。）

这些条件表明了如何处理下列两个目标：一是承保经理人；二是使得努力水平对状态敏感。首先，联立式（14.C.2）与式（14.C.3）可知，

$$v'(w_H^* - g(e_H^*, \theta_H)) = v'(w_L^* - g(e_L^*, \theta_L)) \tag{14.C.6}$$

因此，在不同状态下，经理人收入的边际效用是相等的。这个条件描述了风险中性者承保风险厌恶者的最优选择。条件（14.C.6）意味着 $w_H^* - g(e_H^*,\ \theta_H) = w_L^* - g(e_L^*,\ \theta_L)$，这又意味着 $v(w_H^* - g(e_H^*,\ \theta_H)) = v(w_L^* - g(e_L^*,\ \theta_L))$；也就是说，在不同状态下，经理人的效用是相等的。给定式（14.C.1）中的保留效用约束，可知经理人在每种状态下的效用水平都为 $\bar{u}$。

现在考虑这两种状态下的最优努力水平。由于 $g_e(0,\ \theta)=0$ 以及 $\pi'(0)>0$，条件（14.C.4）和（14.C.5）必定以等式成立，而且对于 $i=L,\ H$，有 $e_i^*>0$。联立条件（14.C.2）与（14.C.4），以及条件（14.C.3）与（14.C.5）可知，状态 θ_i 下的最优努力水平 e_i^* 满足

$$\pi(e_i^*) = g_e(e_i^*, \theta_i) \qquad \text{对于 } i=L,H \tag{14.C.7}$$

这个条件表明，状态 θ_i 下的最优努力水平 e_i^*，使得该努力水平的边际收益（给企业主带来的利润增量）等于边际成本（给经理人带来的痛苦增量）。

图 14.C.1 画出了组合（w_i^*，e_i^*）（注意，纵轴衡量工资，横轴衡量努力水平）。由图可知，当我们向西北方移动时（工资更高且努力水平更低），经理人的状况变好了；当我们向东南方移动时，企业主的状况变好了。由于经理人在状态 θ_i 下得到的效用为 $\bar{u}$，所以企业主试图在经理人的状态 θ_i 无差异曲线（其中效用为 $\bar{u}$）上找到利润最大的点。这个点是经理人的无差异曲线与企业主的一条等利润线的切点。在这个切点上，额外努力水平给企业主带来的边际收益（利润增量），正好等于经理人承担的边际成本（痛苦增量）。

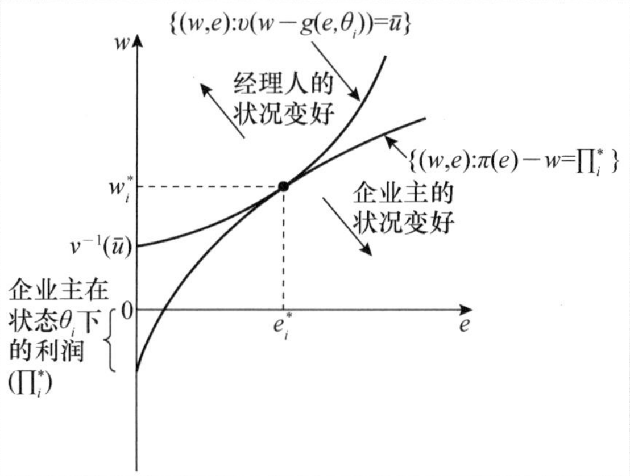

图 14.C.1　当状态可观知时，状态 θ_i 的最优工资-努力水平组合

企业主在状态 θ_i 下的利润水平为 $\Pi_i^* = \pi(e_i^*) - v^{-1}(\bar{u}) - g(e_i^*, \theta_i)$。如图 14.C.1 所示，这个利润水平正好等于从原点到下面这个点的距离，该点为经过点 (w_i^*, e_i^*) 的等利润线与纵轴的交点。[由于 $\pi(0)=0$，如果在这个交点上，工资 $\hat{w}<0$，那么企业主在点 (w_i^*, e_i^*) 的利润正好为 $-\hat{w}$。]

从条件（14.C.7）可知，$g_{e\theta}(e, \theta)<0$，$\pi''(e)<0$ 以及 $g_{ee}(e, \theta)>0$ 一起意味着 $e_H^*>e_L^*$。图 14.C.2 画出了最优合同 $[(w_H^*, e_H^*), (w_L^*, e_L^*)]$。

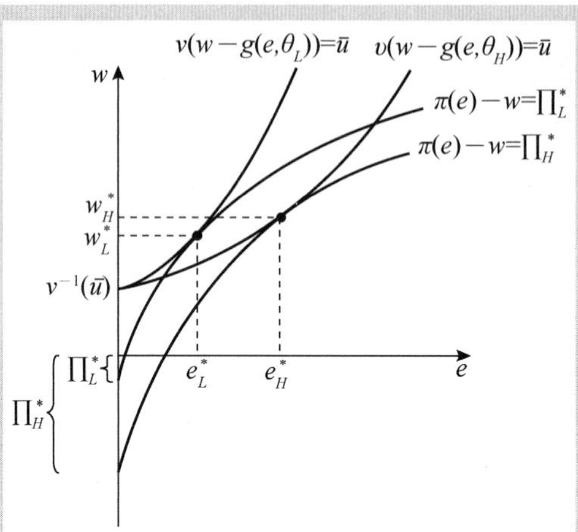

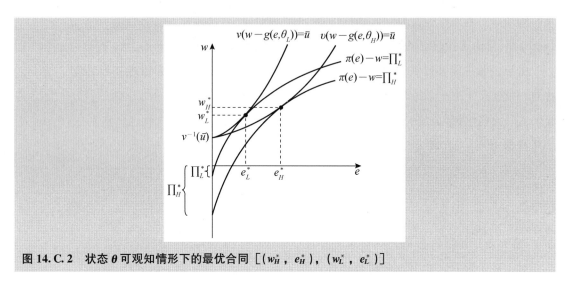

图 14.C.2　状态 θ 可观知情形下的最优合同 $[(w_H^*, e_H^*), (w_L^*, e_L^*)]$

命题 14.C.1 总结了这些结论。

命题 14.C.1：在委托代理模型中，如果状态变量 θ 可观知，那么在最优合同中：经理人在状态 θ_i 下的努力水平 e_i^* 满足 $\pi'(e_i^*)=g_e(e_i^*, \theta_i)$；企业主足额承保经理人，经理人在每个状态 θ_i 下的工资 w_i^* 均满足 $v(w_i^*-g(e_i^*, \theta_i))=\bar{u}$。

因此，对于严格厌恶风险的经理人，一级最优合同可用下面两个基本性质刻画：首先，企业主足额承保经理人的风险；其次，他要求经理人的努力水平满足：在该努力水平上，企业主的边际收益（利润增量）正好等于经理人承担的边际成本（痛苦增量）。由于与状态 θ_L 相比，经理人在状态 θ_H 下的边际成本较低，合同对于状态 θ_H 要求较高的努力水平。

只有经理人能观知状态θ

与 14.B 节一样，在信息不对称的情形下，承保厌恶风险的经理人与诱导合适的努力水平之间存在着冲突。例如，假设企业主向厌恶风险的经理人提供如图 14.C.2 所示的合同，然后让经理人自愿显示状态。如果企业主这样做，他就会遇到麻烦。由图可知，在状态 θ_H 下，经理人偏好点 (w_L^*, e_L^*)，而不是点 (w_H^*, e_H^*)。因此，在状态 θ_H 下经理人会撒谎：谎称自己的状态为 θ_L。由图还可知，经理人谎报状态降低了企业主的利润。

给定这个问题，企业主提供的最优合同是什么样的？为了回答这个问题，我们首先需要识别企业主能够提供的可能合同集。事实上，合同可能有很多不同的形式。例如，企业主可能提供补偿方案 $w(\pi)$，即工资取决于利润的实现值，然后让经理人自己选择他在每种状态下的努力水平。或者，企业主提供补偿方案 $w(\pi)$，但限定经理人可选的努力水平。或者，企业主提供的补偿取决于经理人选择的可观知的努力水平，而且限定经理人可选的努力水平。当然，更复杂的合同也是有可能的。例如，企业主可能让经理人先报告自己的状态，然后让经理人面对补偿函数 $w(\pi|\hat{\theta})$ 时自由选择自己的努力水平，其中 $\hat{\theta}$ 为经理人报告的状态。

由于企业主能够提供的合同形式如此众多，因此读者可能会认为很难找到最优合同。事实上，有一个所谓**显示性原理**（revelation principle）的重要结论能够大大简化这些类型合同问题的分析工作①：

命题 14. C. 2：（显示性原理） 令 Θ 表示可能状态集。在寻找最优过程中，企业主可以仅关注下列形式的合同：

（ⅰ）在状态 θ 实现之后，企业主要求经理人报告自己的状态。

（ⅱ）合同对经理人报告的每种状态 $\hat{\theta}\in\Theta$ 指定一个结果 $[w(\hat{\theta}), e(\hat{\theta})]$。

（ⅲ）对于每种状态 $\theta\in\Theta$，经理人发现他的最优选择是**如实报告**自己的状态。

对于某个合同，如果该合同让经理人报告状态 θ，然后企业主据此指定结果，那么这样的合同称为**显示性机制**（revelation mechanism）。显示性原理告诉我们，企业主使用经理人总是如实报告的显示性机制就足够了；带有如实报告性质的显示性机制称为**激励相容的**（incentive compatible）显示性机制或**如实报告**的显示性激励。显示性原理对于很多激励问题都成立。尽管我们将显示性原理的正式（且非常一般的）证明推迟到第 23 章，但它的基本思想比较直观易懂。

例如，假设企业主在合同中提供补偿方案 $w(\pi)$，然后让经理人自己选择努力水平。令状态 θ_L 下的努力水平为 e_L，状态 θ_H 下的努力水平为 e_H。现在我们可以证明，存在一种如实报告的显示性机制，它产生的结果正好与我们上面这个合同的结果相同。特别地，假设企业主使用下面这个显示性机制：如果经理人报告状态 θ_L，企业主指定结果 $[w(\pi(e_L)), e_L]$；类似地，结果 $[w(\pi(e_H)), e_H]$ 对应着经理人报告的状态 θ_H。考虑这个显示性机制是如何激励经理人如实报告的。首先，假设状态为 θ_L。在补偿方案为 $w(\pi)$ 的初始合同中，在状态 θ_L 下，经理人原本可以得到结果 $[w(\pi(e_H)), e_H]$，只要他选择 e_H。由于经理人实际选择的是 e_L，这意味着，状态 θ_L 的结果 $[w(\pi(e_L)), e_L]$ 不会比结果 $[w(\pi(e_H)), e_H]$ 差。因此，在前面所说的显示性机制下，经理人会发现如果状态为 θ_L，他的最优反应是如实报告（即

---

① Myerson（1979）以及 Dasgupta，Hammond 和 Maskin（1979）是显示性原理的开创性文献。

14

报告状态为 θ_L)。类似的论证也适用于 θ_H。因此，我们看到，这个显示性机制能使得经理人如实报告，而且它产生的结果与初始合同相同。事实上，类似的论证对于任何初始合同都成立（参见第 23 章），因此企业主仅关注如实报告的显示性机制即可。[①]

为了简化最优合同的特征，我们仅关注一种特殊且极端的情形：经理人无限厌恶风险。特别地，假设经理人的期望效用等于这两种状态下的最低效用水平。因此，要想让经理人接受合同，在每种状态下经理人得到的效用不能小于 $\bar{u}$。[②] 与上面一样，有效率的风险分担要求无限厌恶风险的经理人在每种状态下的效用等于 $\bar{u}$。例如，如果他在一种状态下的效用为 $\bar{u}$，在另外一种状态下的效用为 $u'>\bar{u}$，那么企业主支付的期望工资大于恰能使得经理人效用为 $\bar{u}$ 时的工资。

给定经理人风险偏好这个假设，根据显示性原理可知，我们可以将企业主的问题写为：

$$\underset{\substack{w_H,e_H\geqslant 0\\ w_L,e_L\geqslant 0}}{\text{Max}}\ \lambda[\pi(e_H)-w_H]+(1-\lambda)[\pi(e_L)-w_L]$$

$$\text{s. t.}\ \left.\begin{array}{l}(\text{i})\ w_L-g(e_L,\theta_L)\geqslant v^{-1}(\bar{u})\\ (\text{ii})\ w_H-g(e_H,\theta_H)\geqslant v^{-1}(\bar{u})\end{array}\right\}\text{保留效用约束(或个人理性约束)}$$

$$(14.\text{C}.8)$$

$$\left.\begin{array}{l}(\text{iii})\ w_H-g(e_H,\theta_H)\geqslant w_L-g(e_L,\theta_H)\\ (\text{iv})\ w_L-g(e_L,\theta_L)\geqslant w_H-g(e_H,\theta_L)\end{array}\right\}\begin{array}{l}\text{激励相容约束或如实报告约束或}\\ \text{自我选择约束}\end{array}$$

现在，企业主根据经理人报告的状态而规定（w_H，e_H）和（w_L，e_L）；也就是说，如果经理人报告的状态为 θ_i，那么相应的结果为（w_i，e_i），其中 $i=L$，H。约束（ⅰ）和（ⅱ）构成了无限厌恶风险经理人的**保留效用约束**（reservation utility constraint）或称**个人理性约束**（individual rationality constraint）；如果想让经理人接受合同，企业主必须保证经理人在每种状态下得到的效用均不小于 $\bar{u}$。因此，我们必定有 $v(w_i-g(e_i,\theta_i))\geqslant\bar{u}$，其中 $i=L$，H；或者，等价地，$w_i-g(e_i,\theta_i)\geqslant v^{-1}(\bar{u})$，其中 $i=L$，H。约束（ⅲ）和（ⅳ）分别为经理人在状态 θ_H 和 θ_L 下的**激励相容约束**（incentive compatibility constraints）或**如实报告约束**（truth-telling constraints）或**自我选择约束**（self-selection constraints）。例如，考虑约束（ⅲ）。在状态 θ_H 下，如果经理人如实报告，那么他的效用为 $v(w_H-g(e_H,\theta_H))$，相反，

---

① 为了方便说明，此处我们假设企业主对经理人报告状态指定的结果不是随机的（事实上，大部分文献都是这么做的）。有时假设结果为随机的可能会更好一些，因为它有助于满足问题（14. C. 8）中的激励相容约束。例如，参见 Maskin 和 Riley（1984a）。

② 我们可以将其视为下列极限情形：从凹效用函数 $v(x)$ 开始，对 $v(x)$ 进行凹变换：$v_\rho(v)=-v(x)^\rho$，其中 $\rho<0$。我们将 $v_\rho(v)$ 作为经理人的伯努利效用函数，然后令 $\rho\to-\infty$ 即可得到正文中的那个结果。为了看清这一点，注意到，经理人在随机结果上的期望效用［其中 $(w_H-g(e_H,\theta_H))$ 的概率为 λ，$(w_L-g(e_L,\theta_L))$ 的概率为 $(1-\lambda)$］为 $EU=-[\lambda v_H^\rho+(1-\lambda)v_L^\rho]$，其中 $v_i=v(w_i-g(e_i,\theta_i))$，$i=L$，$H$。这个期望效用可用 $(-EU)^{1/\rho}=[\lambda v_H^\rho+(1-\lambda)v_L^\rho]^{1/\rho}$ 排序。现在当 $\rho\to-\infty$ 时，$[\lambda v_H^\rho+(1-\lambda)v_L^\rho]^{1/\rho}\to\text{Min}\{v_H,v_L\}$（参见习题 3. C. 6）。因此，当且仅当 $\text{Min}\{v(w_H-g(e_H,\theta_H)),v(w_L-g(e_l,\theta_L))\}\geqslant\bar{u}$ 时，经理人从合同中得到的期望效用大于他的保留效用。

如果他谎称自己的状态为 θ_L，他得到的效用为 $v(w_L-g(e_L,\ \theta_H))$。因此，如果 $v(w_H-g(e_H,\ \theta_H))\geqslant v(w_L-g(e_L,\ \theta_H))$，经理人会如实报告。约束（iv）的意思类似。

注意到，图 14.C.2 描述的一级最优（完全可观知）合同不满足问题（14.C.8）的约束，因为它违背了约束（iii）。

我们用一系列引理分析问题（14.C.8）。对于这些结论的论证，我们大量使用图形分析，因为这样更直观。另外，本章附录 B 介绍了如何使用库恩-塔克条件来分析这个问题。

引理 14.C.1：我们可以忽略约束（ii）。也就是说，某个合同是问题（14.C.8）的解当且仅当它是问题（14.C.8）去掉约束（ii）之后的解。

证明：当约束（i）和（iii）都得到满足时，必定有 $w_H-g(e_H,\ \theta_H)\geqslant w_L-g(e_L,\ \theta_H)\geqslant w_L-g(e_L,\ \theta_L)\geqslant v^{-1}(\bar{u})$，因此，约束（ii）也能得到满足。这意味着，问题（14.C.8）在去掉约束（ii）之后的可行合同集，恰好与问题（14.C.8）的可行合同集相同。■

图 14.C.3 画出了引理 14.C.1。根据约束（i）可知，$(w_L,\ e_L)$ 必定位于该图中的阴影区域。根据约束（iii）可知，$(w_H,\ e_H)$ 必定在通过点 $(w_L,\ e_L)$ 的状态 θ_H 的无差异曲线上或者上方。可以看出，这意味着经理人在状态 θ_H 下的效用至少不会小于 $\bar{u}$，$\bar{u}$ 是他在点 $(w,\ e)=(v^{-1}(\bar{u}),\ 0)$ 的效用。

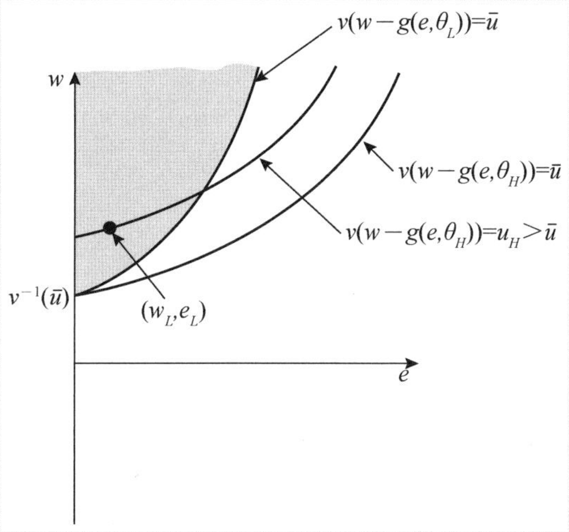

图 14.C.3　任何合同，如果它满足问题（14.C.8）的约束（i）和（iii），那么它也满足该问题的约束（ii）

因此，从现在起，我们可以忽略约束（ii）。

引理 14.C.2：问题（14.C.8）中的最优合同必定满足 $w_L-g(e_L,\ \theta_L)=v^{-1}(\bar{u})$。

证明：假设不满足，也就是说，存在某个最优合同 $[(w_L, e_L), (w_H, e_H)]$ 使得 $w_L-g(e_L, \theta_L)>v^{-1}(\bar{u})$。现在，考虑企业主对合同进行修改，规定两个状态下的工资分别为 $\hat{w}_L=w_L-\varepsilon$ 和 $\hat{w}_H=w_H-\varepsilon$（即工资比原来都降低了 ε）。只要 ε 足够小，修改后的这个新合同仍满足约束（ⅰ）。另外，激励相容约束仍能得到满足，这是因为这个变化只是在原来每个约束式的两端分别减去 ε。但是，如果这个新合同满足所有约束，那么原来的合同不可能是最优的，因为新合同使企业主利润更高，这是个矛盾。■

引理 14.C.3：在任何最优合同中：

（ⅰ）$e_L\leqslant e_L^*$；也就是说，经理人在状态 θ_L 下的努力水平，不会高于他在 θ 可观知情形下的努力水平。

（ⅱ）$e_H=e_H^*$；也就是说，经理人在状态 θ_H 下的努力水平，正好等于他在 θ 可观知情形下的努力水平。

证明：引理 14.C.3 可用图形说明。根据引理 14.C.2 可知，在任何最优合同中，(w_L, e_L) 位于轨迹 $\{(w, e): v(w-g(e, \theta_L))=\bar{u}\}$ 上。图 14.C.4 画出了一个可能的 $(\hat{w}_L, \hat{e}_L)$。另外，如实报告约束意味着 θ_H 的结果 (w_H, e_H) 必定位于图 14.C.4 中的阴影区域。为了看清这一点，注意到，根据约束（ⅳ）可知，(w_H, e_H) 必定在通过点 $(\hat{w}_L, \hat{e}_L)$ 的状态 θ_L 的无差异曲线上或者下方。另外，根据约束（ⅲ）可知，(w_H, e_H) 必定在通过点 $(\hat{w}_L, \hat{e}_L)$ 的状态 θ_H 的无差异曲线上或者上方。

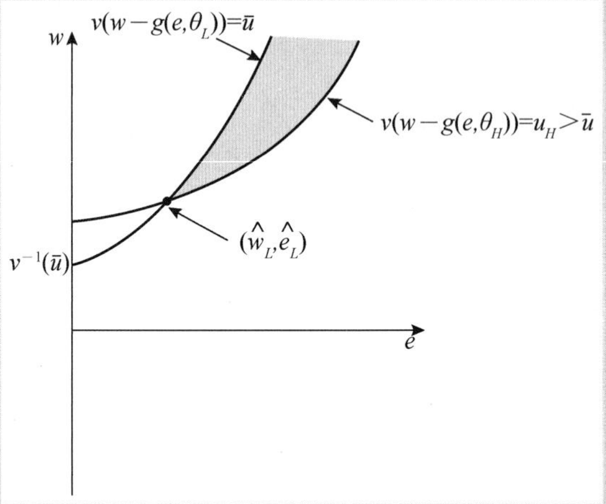

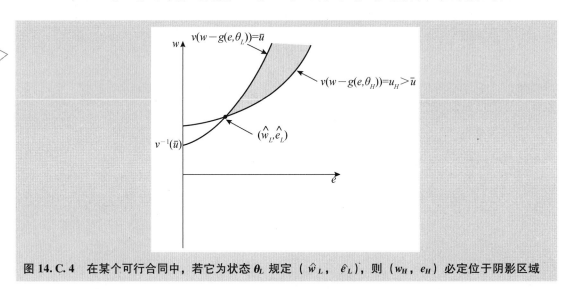

图 14.C.4　在某个可行合同中，若它为状态 θ_L 规定 $(\hat{w}_L, \hat{e}_L)$，则 (w_H, e_H) 必定位于阴影区域

现在证明第（ⅰ）部分。假设在某个合同中 $\hat{e}_L>e_L^*$。图 14.C.5 画出了这样的合同：$(\hat{w}_L, \hat{e}_L)$ 位于经理人效用等于 $\bar{u}$ 的状态 θ_L 的无差异曲线上，(w_H, e_H) 位于由如实报告约束定义的阴影区域中。在点 $(\hat{w}_L, \hat{e}_L)$ 上，经理人状态 θ_L 的无差异曲线与企业主通过 $(\hat{w}_L, \hat{e}_L)$ 的等利润线有如图所示的关系，这是因为我们在前面假设 $\hat{e}_L>e_L^*$。

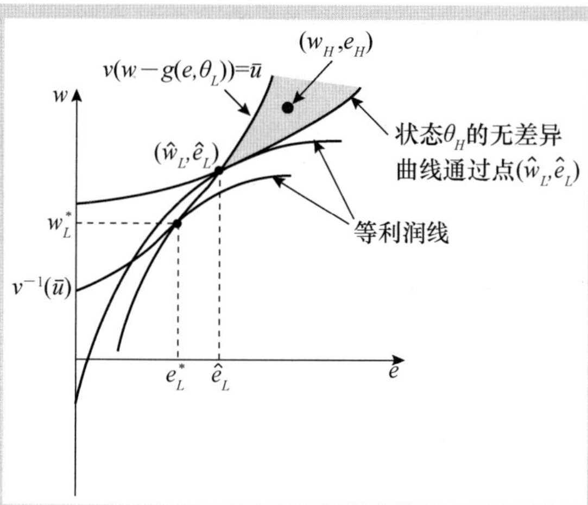

图 14. C. 5　最优合同，其中 $e_L \leqslant e_L^*$

由图可知，企业主可以提高他在状态 θ_L 下的利润，方法是沿着经理人的无差异曲线将状态 θ_L 的工资-努力水平组合从点（$\hat{w}_L$，$\hat{e}_L$）移动到一级最优点（w_L^*，e_L^*）。这个变化仍然能满足问题（14. C. 8）的所有约束：经理人在每种状态下的效用未发生变化；另外，由图 14. C. 5 可知，如实报告约束仍然能得以满足。因此，带有 $\hat{e}_L > e_L^*$ 的合同不可能是最优的。

下面证明第（ⅱ）部分，给定任何满足$\hat{e}_L \leqslant e_L^*$ 的工资组合（$\hat{w}_L$，$\hat{e}_L$）[比如图 14. C. 6 中的（$\hat{w}_L$，$\hat{e}_L$）]，企业主的问题是在阴影区域中找到能使得他在状态 θ_H 下利润最大的点（w_H，e_H）。这个点是经理人的通过（$\hat{w}_L$，$\hat{e}_H$）的状态 θ_H 无差异曲线与企业主的等利润线的切点。这个切点在图中为点（$\tilde{w}_H$，e_H^*），在这样的切点上，努力水平必定为 e_H^*，这是因为经理人状态 θ_H 的无差异曲线与企业主的等利润线的所有切点都发生在努力水平 e_H^* 上［条件（14. C. 7）刻画了这个特征，其中$i=H$］。注意，这个切点严格位于努力水平$\hat{e}_L$ 右方，因为$\hat{e}_L \leqslant e_L^* \leqslant e_H^*$。■

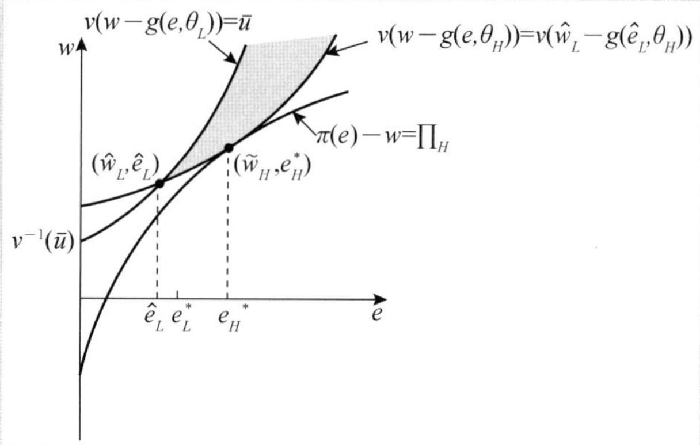

图 14. C. 6　最优合同，其中 $e_H = e_H^*$

引理 14. C. 3 的证明过程还说明了一点：在最优合同中，只有状态 θ_H 的如实报告约束是以等式成立的。这个性质在文献中也很常见。①

引理 14. C. 4： 在任何最优合同中，$e_L < e_L^*$；也就是说，状态 θ_L 中的努力水平必定严格小于 θ 可观知情形下的 θ_L 中的努力水平。

证明： 我们仍然以图形说明。如图 14. C. 7 所示，假设我们的起点是 $(w_L, e_L) = (w_L^*, e_L^*)$。根据引理 14. C. 3，这确定了状态 θ_H 的结果，即图中的 $(\tilde{w}_H, e_H^*)$。注意到，根据 (w_L^*, e_L^*) 的定义，经过点 (w_L^*, e_L^*) 的企业主的等利润线与经理人状态 θ_L 的无差异曲线相切。

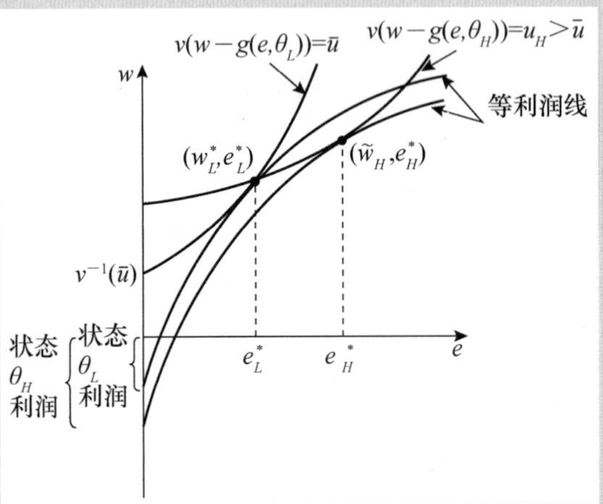

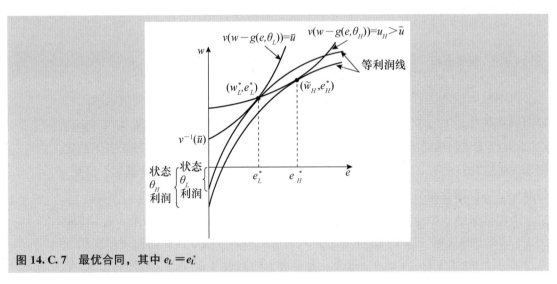

图 14. C. 7 最优合同，其中 $e_L = e_L^*$

我们已经知道，给定某种状态，该状态的等利润线与纵轴的交点到原点的距离，表示企业主在这种状态下的利润。因此，企业主在这个合同下的总期望利润，等于这两个利润水平的加权平均（其中权重等于这两种状态的相对概率）。

我们现在证明，如果从 $(w_L, e_L) = (w_L^*, e_L^*)$ 开始，稍微降低一点努力水平，使得 $e_L < e_L^*$，那么企业主的期望利润必然会增加。为了看清这一点，将状态 θ_L 的结果沿着经理人状态 θ_L 无差异曲线移动到稍微低一些的位置上，比如 $(\hat{w}_L, \hat{e}_L)$，如图 14. C. 8 所示，该图还画出了经过点 $(\hat{w}_L, \hat{e}_L)$ 的企业主的等利润线。由图 14. C. 8(a) 可知，这个变化降低了企业主在状态 θ_L 下能够赚取的利润。然而，它也同时放松了对状态 θ_H 结果的激励约束，这样一来，企业主可以降低该状态下提供给经理人的工资。图 14. C. 8(b) 画出了状态 θ_H 的新结果，比如 $(\hat{w}_H, e_H^*)$。另外，它还画出了经过点 $(\hat{w}_H, e_H^*)$ 的新的（利润更高的）等利润线。

① 如果模型中经理人的类型为两种以上，那么这个性质变为：只有相邻类型的激励约束以等式成立，而且仅在一个方向上成立。（参见习题 14. C. 1。）

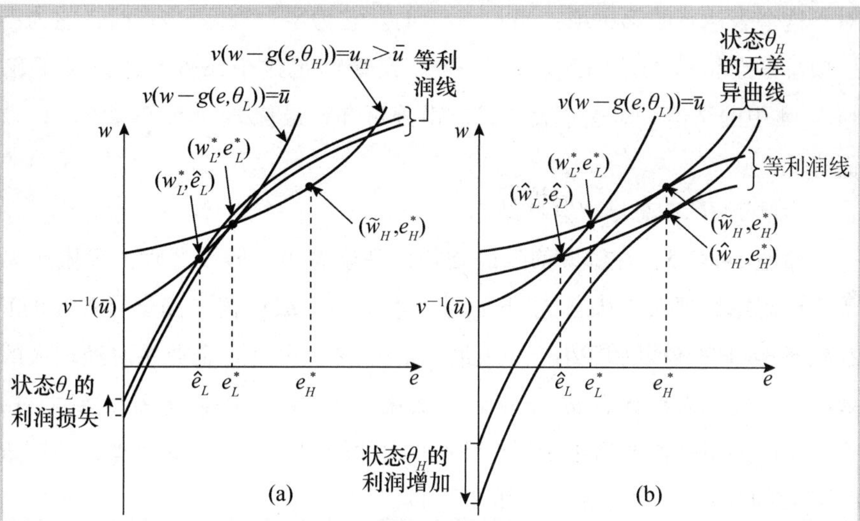

图 14. C. 8　(a) 稍微降低 e_L 使得 $e_L<e_L^*$，由此带来的状态 θ_L 的利润变化；(b) 稍微降低 e_L 使得 $e_L<e_L^*$ 以及合理调整 w_H，由此带来的状态 θ_H 的利润变化

总体上看，这个变化降低了企业主在状态 θ_L 下的利润，增加了企业主在状态 θ_H 下的利润。然而，注意到，由于我们的起点在切点（w_L^*，e_L^*）上，企业主在状态 θ_L 下的利润减少量，小于状态 θ_H 下的利润增加量。事实上，如果观察企业主在状态 θ_L 下的利润关于该状态结果的导数，就知道这个导数为零。相反，状态 θ_H 的利润关于该状态结果的导数严格大于零。前面那个导数为零，这是包络定理的结果：由于我们的起点在状态 θ_L 的一级最优努力水平上，在经理人状态 θ_L 下的效用维持在 $\bar{u}$ 水平时，（w_L，e_L）的微小变化对企业主在状态 θ_L 下的利润没有一阶影响；但是由于它放松了状态 θ_H 的激励约束，（w_L，e_L）的微小变化会导致企业主的期望利润增加。■

企业主应该将 e 降低到什么程度？为了回答这个问题，企业主应该权衡状态 θ_L 利润的边际损失与状态 θ_H 利润的边际增加［注意，一旦我们离开（w_L^*，e_L^*），包络定理的结论将不再成立，状态 θ_L 的边际损失严格为正］。自然地，企业主的这个权衡程度取决于两种状态的相对概率。特别地，状态 θ_H 的可能性越大，企业主越愿意偏离状态 θ_L 的结果来增加状态 θ_H 的利润。在 θ_L 的概率趋近于零的极端状态下，企业主会设定 $e_L=0$，从而只在状态 θ_H 下雇佣经理人。①

本章附录 B 中的分析证实了这种直觉结果。在那里，我们证明了，最优 e_L 水平满足下列一阶条件：

$$[\pi'(e_L)-g_e(e_L,\theta_L)]+\frac{\lambda}{1-\lambda}[g_e(e_L,\theta_H)-g_e(e_L,\theta_L)]=0 \qquad (14.C.9)$$

① 事实上，这种情形只有 $g_e(0,\theta_L)>0$ 情形下才可能发生。

对于这个表达式的第一项：当 $e_L=e_L^*$ 时，它为零；当 $e_L<e_L^*$ 时，它为严格正。第二项总是严格负的。因此，只有 $e_L<e_L^*$ 能满足这个条件，这证实了我们在引理 14.C.4 中的结论。对这个表达式求微分可知，最优 e_L 水平随着 $\lambda/(1-\lambda)$ 的上升而降低。

命题 14.C.3 总结了这些结论。

命题 14.C.3：在隐藏信息的委托代理模型中，假设经理人无限厌恶风险。最优合同规定经理人在状态 θ_H 下的努力水平为一级最优（完全可观知的）水平 e_H^*，在状态 θ_L 下的努力水平小于一级最优水平 e_L^*。另外，企业主对经理人的承保是无效率的，经理人在状态 θ_H 下得到的效用大于 $\bar{u}$，在状态 θ_L 下得到的效用等于 $\bar{u}$。企业主的期望收益严格小于当 θ 可观知时他的期望收益，而经理人的期望效用与当 θ 可观知时的效用水平相同（都等于 $\bar{u}$）。[①②]

这个分析蕴涵着一个基本的、非常一般的结论：在隐藏信息情形下的最优合同中，企业主为了降低信息不对称的成本，必定**扭曲**（distort）经理人的努力选择。在我们的例子中，这个信息不对称成本是企业主因经理人在状态 θ_H 下的效用大于 $\bar{u}$ 而必须提供更高的工资。

注意，即使利润水平 π 不是公开可观知的（从而不能将其订立于合同之中），我们的结果也不会改变，这是因为我们的分析仅建立在努力水平 e 是可观知的基础上。而且，在 π 不是公开可观知情形下，我们可以扩展我们的模型使得利润和努力水平之间的关系取决于状态；也就是说，给定努力水平 e，企业主在 θ_L 和 θ_H 下的利润分别可用函数 $\pi_L(e)$ 和 $\pi_H(e)$ 描述。[③] 只要对于所有 e 都有 $\pi'_H(e)\geqslant\pi'_L(e)>0$，这个扩展模型的分析和我们前面那个模型的分析就是一样的（参见习题 14.C.5）。

与隐藏行动模型一样，文献对我们的隐藏信息基本模型也进行了一些扩展。最一般的处理方法出现在"机制设计"文献中，这些文献可归于社会选择理论范畴。第 23 章比较详细地讨论了这些模型。

垄断者的信息甄别模型

在 13.D 节，我们研究的是竞争性的信息甄别模型，即企业试图设计它们的合同，以便区分不同工人，这些工人在签订合同时有着不同的不可观知的生产率水平（也就是说，存在着事前信息不对称）。我们在研究隐藏信息情形下的委托代理模型中发展出的工具，可以帮助我们构建和求解**垄断者甄别信息模型**（monopolistic

① 记住，无限厌恶风险的经理人的期望效用，等于他在两种状态下的最小效用水平。

② 然而，注意，尽管这里的结果是帕累托无效率的，但它是受约束的帕累托最优的（参见 13.B 节）；原因类似于 14.B 节（隐藏行动模型）命题 14.B.3 前面的那个注释（尽管在这里中央集权者无法观知的是 θ，而不是 e）。

③ 对于这个扩展来说，利润是不可观知的这个假设比较重要，因为如果利润可观知，那么就可以将其写进合同中，从而如果经理人谎报状态，他就会受到惩罚。这是因为，在这种情形下，经理人是否谎报容易识别：企业主只要比较实际利润以及经理人在所报告状态下应该实现的利润即可。

screening model)，在这个模型中，只有一个企业提供合同［实际上，更准确地说，这个模型应称为**买方垄断者甄别信息模型**（monopsonistic screening model)，因为这个企业是市场的需求方］。

为了看清这一点，与13.D节中的模型一样，假设工人的生产率只有两种类型。当工资为 w 且任务水平为 t 时，类型 θ 工人的效用为 $u(w, t|\theta)=w-g(t, \theta)$。他的保留效用水平为 $\bar{u}$。这两类工人的生产率分别为 θ_H 和 θ_L，其中 $\theta_H>\theta_L>0$。类型 θ_H 工人的比例为 $\lambda\in(0, 1)$。我们假设企业的利润是不可公开观知的，类型 θ_H 和 θ_L 工人带来的利润分别为 $\pi_H(t)$ 和 $\pi_L(t)$，假设对于所有 $t\geqslant0$ 都有 $\pi_H'(t)\geqslant\pi_L'(t)>0$［例如，与习题13.D.1一样，我们可以有 $\pi_i(t)=\theta_i(1-\mu t)$，其中 $\mu>0$］。①

企业的问题是提供一系列合同，使得给定工人在合同间的自我选择以及选定合同后的行动时它的利润最大。再一次地，我们可以使用显示性原理来简化企业的这个问题。在这里，企业可以仅关注下列问题［(w_H, t_H)，(w_L, t_L)］的解：

$$\begin{aligned}
&\underset{\substack{w_H,t_H\geqslant0\\ w_L,t_L\geqslant0}}{\text{Max}}\,\lambda[\pi_H(t_H)-w_H]+(1-\lambda)[\pi_L(t_L)-w_L]\\
&\text{s. t. }\ (\text{i})\ w_L-g(t_L,\theta_L)\geqslant\bar{u}\\
&\qquad\ (\text{ii})\ w_H-g(t_H,\theta_H)\geqslant\bar{u}\\
&\qquad\ (\text{iii})\ w_H-g(t_H,\theta_H)\geqslant w_L-g(t_L,\theta_H)\\
&\qquad\ (\text{iv})\ w_L-g(t_L,\theta_L)\geqslant w_H-g(t_H,\theta_L)
\end{aligned}\tag{14.C.10}$$

这个问题的结构与问题（14.C.8）的结构相同，但是现在委托人（此处为企业）的利润是状态的函数。正如前面所指出的，这个问题的分析与问题（14.C.8）的分析过程相同。

这类模型在文献中很常见（尽管大部分文献假设类型是连续的)。例如，Maskin 和 Riley（1984b）运用这个模型研究了垄断者的价格歧视问题。在他们的模型中，当类型 θ 消费者为消费 x 单位垄断者的商品而支付 T 美元给该垄断者时，他的效用为 $v(x, \theta)-T$。如果他不购买垄断者的商品，他的效用为保留效用水平 $v(0, \theta)=0$。垄断者的边际生产成本为常数 $c>0$。垄断者提供一系列合同（x_i，T_i）来使得它的利润最大。于是，垄断者的问题类似问题（14.C.10），其中 $t_i=x_i$，$w_i=-T_i$，$\bar{u}=0$，$g(t_i, \theta_i)=-v(x_i, \theta_i)$，以及 $\pi_i(t_i)=-cx_i$。

另外一个例子是 Baron 和 Myerson（1982）这篇文献。他们分析了成本不可观知的垄断者的管制问题。在这篇文献中，受管制企业面对的市场需求函数为 $x(p)$，企业的单位成本 θ 不可观知。管制者试图设计出管制政策以使得消费者剩余最大。他给垄断企业提供了一系列政策（p_i，T_i），其中 p_i 是管制者批准的零售价，T_i 是管制者对企业的转移支付。如果受管制企业不能从管制者的政策中获得不小于零的

① 13.D节研究的模型［其中 $\pi_i(t)=\theta_i$］对应着 $\mu\to0$ 的极限情形。

利润，它能够停止营业。于是，管制者的问题对应着问题（14.C.10），其中 $t_i = p_i$，$w_i = T_i$，$\bar{u}=0$，$g(t_i, \theta_i) = -(p_i - \theta_i)x(p_i)$，以及 $\pi_i(t_i) = \int_{p_i}^{\infty} x(s)ds$。①

习题 14.C.7 到习题 14.C.9 研究了一些垄断者甄别信息的情形。

14.D 隐藏行动与隐藏信息：混合模型

在分析委托代理模型时，我们将它们分为隐藏行动模型和隐藏信息模型，但是在现实世界中，很多情形（以及一些文献）同时涉及了隐藏行动与隐藏信息这两个问题。

为了考虑这样的模型，假设我们对 14.C 节的隐藏信息模型做如下修改：令努力水平 e 现在为不可观知的，令利润为努力水平的随机函数，具体来说，利润可用条件密度函数 $f(\pi|e)$ 刻画。在本质上，我们现在的模型是个隐藏行动模型，但在这个模型中企业主也不知道努力水平带给经理人的痛苦程度（这个痛苦程度可用状态变量 θ 刻画）。

这个模型的正式分析已超出了本章的范畴，但我们仍能使用显示性原理分析这些混合问题。特别地，正如 Myerson（1982）所指出的，企业主现在可以仅关注下列形式的合同：

（ⅰ）在状态 θ 实现之后，经理人报告发生了哪种状态。

（ⅱ）对于经理人报告的每个可能 $\hat{\theta} \in \Theta$，合同规定了经理人相应应该采取的努力水平 $e(\hat{\theta})$ 以及补偿方案 $w(\pi|\hat{\theta})$。

（ⅲ）在每种状态 θ 下，经理人愿意在阶段（ⅰ）如实报告且在阶段（ⅱ）接受合同［即，经理人发现在状态 θ 下选择 $e(\theta)$ 是最优的］。

这个合同在本质上是个显示性博弈，但经理人报告状态导致的结果是隐藏行动类型的，也就是说，这个合同是补偿方案和“推荐行动”的混合。要求经理人“接受合同”类似于 14.B 节隐藏行动模型的激励约束；“如实报告”约束类似于我们隐藏信息模型中的如实报告约束的推广。更详细的内容可参考 Myerson（1982）。

这个混合模型有个特殊类型值得一提，因为在这种情形下，它可以化简为 14.C 节的纯粹隐藏信息模型。这个特殊情形是：假设努力水平不可观知，但利润和努力水平之间的关系是确定性的，这个关系可用函数 $\pi(e)$ 描述。在这种情形下，对于经理人报告的任何 $\hat{\theta}$，都可以诱导出企业主想要的工资-努力水平组合，比如 $(\hat{w}, \hat{e})$，方法是使用下列简单“强制性”补偿方案：如果利润为 $\pi(\hat{e})$，企业主向经理人支付工资 $\hat{w}$；否则，经理人的工资为 $-\infty$。由于 π 是可观知的而且 π 与 e

---

① 我们也可以将管制者的目标函数推广为消费者剩余与生产者剩余的加权平均，其中消费者剩余的权重更大一些。在这种情形下，函数 $\pi_i(\cdot)$ 将取决于 θ_i。

的关系是一对一的，所以合同可以规定 e。因此，这个合同的分析等同于 14.C 节隐藏信息模型的分析，其中，合同可以直接规定工资-努力水平组合为经理人报告状态的函数。

稍微换个角度看这个问题，首先注意到，由于企业主能够出立强制性的合同，因此，我们可以将这个模型的最优合同看成：对于经理人报告的每个 $\hat{\theta}$，合同规定相应的工资-利润组合（$w(\hat{\theta})$，$\pi(\hat{\theta})$）。现在，对于合同要求的任何利润水平 π，能够实现这个利润 π 的努力水平为 $\tilde{e}$，即 $\pi(\tilde{e})=\pi$。令函数 $\tilde{e}(\pi)$ 描述这个努力水平。现在我们可以将经理人的负效用（即痛苦）函数直接定义在利润水平上，$\tilde{g}(\pi, \theta)=g(\tilde{e}(\pi), \theta)$。但这个模型看起来正如努力水平可观知的模型，其中努力变量为 π，定义在这个努力水平上的负效用函数为 $\tilde{g}(\pi, \theta)$，利润函数为 $\tilde{\pi}(\pi)=\pi$。因此，这个模型的分析等同于纯粹隐藏信息模型的分析。

类似的逻辑也适用于与上述模型密切相关的混合模型，在这个模型中，不是经理人努力的负效用（痛苦）取决于状态，而是利润与努力水平之间的关系取决于状态。特别地，假设努力的负效用可用 $g(\theta)$ 描述，利润由函数 $\pi(e, \theta)$ 描述，其中 $\pi_e(\cdot)>0$，$\pi_{ee}(\cdot)<0$，$\pi_\theta(\cdot)>0$ 以及 $\pi_{e\theta}(\cdot)>0$。努力水平不可观知，但利润可观知。这里的思想是，经理人比企业主更了解企业实际利润机会（例如，经理人努力水平的边际生产率）。再一次地，我们可以将合同看成，对于经理人报告的每种状态，该合同都规定了相应的工资-利润组合（隐性地使用强制性合同）。在这样的情形下，在状态 θ 下能够实现任何既定利润水平 π 的努力水平由某个函数 $\hat{e}(e, \theta)$ 给出，于是与这个努力水平相伴的负效用为 $\hat{g}(\pi, \theta)=g(\hat{e}(\pi), \theta)$。但是这个模型也等价于我们的基本隐藏信息模型（其中努力水平可观知）：令努力水平变量为 π，该努力水平的负效用为 $\hat{g}(\pi, \theta)$，利润函数 $\tilde{\pi}(\pi)=\pi$。再一次地，我们可以运用 14.C 节的结果。

附录 A：努力水平为多个时的隐藏行动模型

在本附录，我们讨论 14.C 节的隐藏行动（道德风险）模型的更复杂版本，即现在经理人的努力水平不限于两个，而是多个。下面我们回到 14.B 节引入的更一般情形，其中 E 是努力水平的可行集。

与 14.B 节一样，我们可以将委托人（企业主）的问题分为几个部分：

（a）企业主能够诱导出哪些努力水平 e？

（b）给定每个具体的努力水平 $e\in E$，能诱导出该努力水平的最优合同是什么样的？

（c）哪个努力水平 $e\in E$ 是最优的？

在努力水平为多个的情形下，上述问题的每一部分都变得更为复杂。例如，在努力水平为两个情形下，（a）部分是平凡的：e_L 可用固定工资合同诱导，而 e_H 的诱导方法是——企业主对当经理人选择 e_H 时才更有可能出现的结果给予足够大的激励。然而，当努力水平多于两个时，就不能再通过上述方法诱导。例如，考虑三个努力水平的情形：$E=\{e_L, e_M, e_H\}$；条件密度函数如图 14. AA. 1 所示。由图可知，企业主不可能设计出激励方案以使得经理人选择 e_M，因为对于任何 $w(\pi)$，经理人要么选择 e_L，要么选择 e_H，但不会选择 e_M。（参见习题 14. B. 4。）

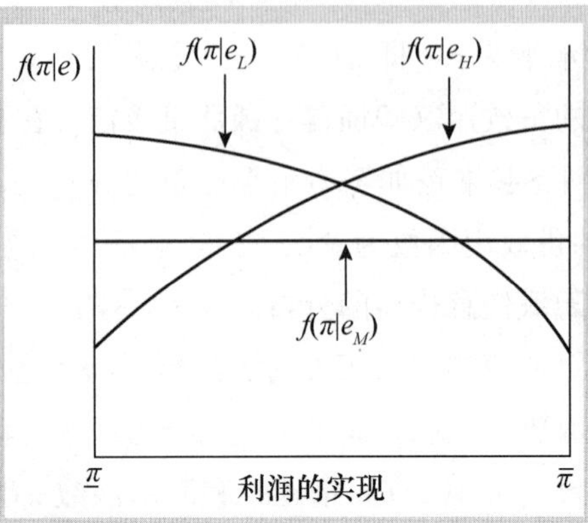

图 14. AA. 1　$E=\{e_L, e_M, e_H\}$ 的密度函数：经理人可能不会选择努力水平 e_M

（b）部分也变得更复杂了。诱导努力水平 e 的最优合同是下列问题的解：

$$\begin{aligned}&\underset{w(\pi)}{\text{Min}}\ \int w(\pi)f(\pi\mid e)d\pi\\&\text{s. t. (i)}\ \int v(w(\pi))f(\pi\mid e)d\pi-g(e)\geqslant\bar{u}\\&\qquad\text{(ii)}\ e\ \text{是}\underset{\tilde{e}\in E}{\text{Max}}\ \int v(w(\pi))f(\pi\mid\tilde{e})d\pi-g(e)\ \text{的解}\end{aligned}\tag{14. AA. 1}$$

如果集合 E 中有 K 个可能的努力水平，问题（14. AA. 1）中的激励约束［约束（ⅱ）］由（$K-1$）个约束组成。在这种情形下，我们可将问题（14. AA. 1）重新表述为下列问题，即对于每个利润结果 π，经理人效用水平比如 $\bar{v}(\pi)$ 的选择问题，因此，这个新问题由 K 个线性约束和一个凸目标函数组成［更多内容可参见 Grossman 和 Hart（1983）］。

然而，如果 E 是可能努力水平的连续集，比如 $E=[0, \bar{e}]\subset\mathbb{R}$，那么我们将有无穷多个激励约束。在这种情形下，我们有时使用下面这样的技巧来简化问题（14. AA. 1）：将约束（ⅱ）替换为一阶条件（有时也称为**一阶条件方法**）。例如，如果 e 是个衡量努力水平的一维变量，那么经理人的一阶条件为

$$\int v(w(\pi))f_e(\pi\mid e)d\pi-g'(e)=0\tag{14. AA. 2}$$

其中 $f_e(\pi\mid e)=\partial f(\pi\mid e)/\partial e$。如果我们将约束（ⅱ）替换为（14. AA. 2），求解可得到与条件（14. B. 10）类似的下列条件：

$$\frac{1}{v'(w(\pi))}=\lambda+\mu\left[\frac{f_e(\pi|e)}{f(\pi|e)}\right] \tag{14. AA. 3}$$

比率 $[f_e(\pi|e)/f(\pi|e)]$ 关于 π 递增这个条件是单调似然比性质的微分版本（参见习题 14. AA. 1）。

然而，一般来说，在上述替换约束条件下得出的解未必是原问题（14. AA. 1）的解。原因在于即使当努力水平 e 不是经理人的最优选择时，一阶条件（14. AA. 2）也仍可能得以满足。首先，努力水平 e 可能是个**最小值**而不是最大值，因此，我们至少希望经理人满足局部二阶条件。但是即使这样要求之后，这些条件仍不是充分的。一般来说，我们需要保证经理人的目标函数关于 e 是凹的。注意，这不是个简单的要求，因为经理人目标函数关于 e 的凹性，既取决于 $f(\pi|e)$ 的形状，也取决于激励合同 $w(\pi)$ 的形状。能够保证凹性成立的条件非常苛刻。详细内容可参见 Grossman 和 Hart（1983）以及 Rogerson（1985b）。习题 14. AA. 2 提供了一个非常简单的例子。

最后，为了回答（c）部分，对于（a）部分中每个可行的努力水平，我们需要计算（b）部分中相应的最优合同，然后比较企业主的相对利润大小。当努力水平多于两个时，我们无法推广两个努力水平情形下的一些性质。首先，努力水平的不可观知性能够导致努力水平的向上偏离（参见习题 14. B. 4）。其次，在努力水平不可观知情形的最优合同中，有可能同时出现以下结果：经理人的努力水平无效率且风险承担也无效率。

附录 B：伴有隐藏信息的委托代理问题的正式解

回忆问题（14. C. 8）为

$$\begin{aligned}&\underset{\substack{w_H,e_H\geq 0\\ w_L,e_L\geq 0}}{\text{Max}}\lambda[\pi(e_H)-w_H]+(1-\lambda)[\pi(e_L)-w_L]\\ &\text{s. t. (i) } w_L-g(e_L,\theta_L)\geq v^{-1}(\bar{u})\\ &\quad\text{(ii) } w_H-g(e_H,\theta_H)\geq v^{-1}(\bar{u})\\ &\quad\text{(iii) } w_H-g(e_H,\theta_H)\geq w_L-g(e_L,\theta_H)\\ &\quad\text{(iv) } w_L-g(e_L,\theta_L)\geq w_H-g(e_H,\theta_L)\end{aligned}$$

运用引理 14. C. 1，可以将问题（14. C. 8）重新表达为：

$$\begin{aligned}&\underset{\substack{w_H,e_H\geq 0\\ w_L,e_L\geq 0}}{\text{Max}}\lambda[\pi(e_H)-w_H]+(1-\lambda)[\pi(e_L)-w_L]\\ &\text{s. t. (i) } w_L-g(e_L,\theta_L)\geq v^{-1}(\bar{u})\\ &\quad\text{(iii) } w_H-g(e_H,\theta_H)\geq w_L-g(e_L,\theta_H)\\ &\quad\text{(iv) } w_L-g(e_L,\theta_L)\geq w_H-g(e_H,\theta_L)\end{aligned} \tag{14. BB. 1}$$

令（γ，ϕ_H，ϕ_L）$\geqslant 0$ 分别表示约束（ⅰ）、（ⅲ）和（ⅳ）的乘子，这个问题的库恩-塔克条件为（参见数学附录 M. K 节）

$$-\lambda+\phi_H-\phi_L=0 \tag{14. BB. 2}$$

$$-(1-\lambda)+\gamma-\phi_H+\phi_L=0 \tag{14. BB. 3}$$

$$\lambda\pi'(e_H)-\phi_H g_e(e_H,\theta_H)+\phi_L g_e(e_H,\theta_L)\begin{cases}\leqslant 0\\ =0 & \text{若 } e_H>0\end{cases} \tag{14. BB. 4}$$

$$(1-\lambda)\pi'(e_L)-(\gamma+\phi_L)g_e(e_L,\theta_L)+\phi_H g_e(e_L,\theta_H)\begin{cases}\leqslant 0\\ =0 & \text{若 } e_L>0\end{cases} \tag{14. BB. 5}$$

另外还有与约束（ⅰ）、（ⅲ）和（ⅳ）的补充性松弛条件［条件（M. K. 7）］。

我们分若干步考察这些条件。

第 1 步： 条件（14. BB. 2）意味着 $\phi_H>0$。因此，约束（ⅲ）对于最优解必定以等式成立。

第 2 步： 联立条件（14. BB. 2）和条件（14. BB. 3）可知 $\gamma=1$。因此，约束（ⅰ）对于最优解必定以等式成立。

第 3 步： e_L 和 e_H 都为严格正。为了看清这一点，注意到条件（14. BB. 4）对于 $e_H=0$ 不成立，因为 $\pi'(0)>0$，以及对于 $i=L$，H，有 $g_e(0, \theta_i)=0$。类似地，条件（14. BB. 5）对于 $e_L=0$ 不成立。

第 4 步： 步骤 1 到 3 意味着 $\phi_L=0$。假设不是：即，假设 $\phi_L>0$。那么约束（ⅳ）必定是等式。现在我们想得出一个矛盾。首先，由条件（14. BB. 2）可知 $\phi_H=\phi_L+\lambda$，将其代入条件（14. BB. 4）和（14. BB. 5），然后使用事实（e_L，e_H）$\gg 0$，我们可以将条件（14. BB. 4）和（14. BB. 5）分别写成

$$\lambda[\pi'(e_H)-g_e(e_H,\theta_H)]+\phi_L[g_e(e_H,\theta_L)-g_e(e_H,\theta_H)]=0$$

以及

$$(1-\lambda)[\pi'(e_L)-g_e(e_L,\theta_H)]+(1+\phi_L)[g_e(e_L,\theta_H)-g_e(e_L,\theta_L)]=0$$

但是，由于 $\phi_L>0$，这意味着

$$\pi'(e_L)-g_e(e_L,\theta_H)>0>\pi'(e_H)-g_e(e_H,\theta_H)$$

再根据 $\pi(e)-g(e, \theta_H)$ 关于 e 是凹的这一事实可知，$e_H>e_L$。但是如果 $e_H>e_L$ 而且约束（ⅲ）以等式成立（从步骤 1 可知后者的确是等式），那么约束（ⅳ）必定是松弛的，这是因为这样一来我们有

$$\begin{aligned} w_H-w_L &= g(e_H,\theta_H)-g(e_L,\theta_H)=\int_{e_L}^{e_H} g_e(e,\theta_H)de<\int_{e_L}^{e_H} g_e(e,\theta_L)de \\ &= g(e_H,\theta_L)-g(e_L,\theta_L) \end{aligned}$$

这就是我们想要的矛盾。

14

第 5 步：由于 $\phi_L=0$，由条件（14. BB. 2）可知 $\phi_H=\lambda$。将这两个值代入式（14. BB. 4）和式（14. BB. 5）可得

$$\pi'(e_H)-g_e(e_H,\theta_H)=0 \tag{14. BB. 6}$$

以及

$$[\pi'(e_L)-g_e(e_L,\theta_L)]+\frac{\lambda}{1-\lambda}[g_e(e_L,\theta_H)-g_e(e_L,\theta_L)]=0 \tag{14. BB. 7}$$

条件（14. BB. 6）和条件（14. BB. 7）分别刻画了 e_H 和 e_L 的最优值。于是，w_L 和 w_H 的最优值分别由条件（ⅰ）和（ⅲ）确定，我们已经看到在最优值处这两个条件都以等式成立。

对于问题（14. BB. 1），上面的解法有些烦琐。事实上，我们还有另外一种解法：首先，在问题（14. BB. 1）中，去掉约束（ⅳ），然后求解；其次，证明求出的解满足约束（ⅳ）。如果事实如此，那么这个解必定是（更受约束的）问题（14. BB. 1）的解。（习题 14. BB. 1 让你用这种方法求解。）

参考文献

Allen, F. (1985). Repeated principal-agent relationships with lending and borrowing. *Economic Letters* 17: 27-31.

Baron, D., and R. Myerson (1982). Regulating a monopolist with unknown costs. *Econometrica* 50: 911-930.

Bernheim, B. D., and M. D. Whinston (1986). Common agency. *Econometrica* 54: 923-942.

Dasgupta, P., P. Hammond, and E. Maskin (1979). The implementation of social choice rules: Some results on incentive compatibility. *Review of Economic Studies* 46: 185-216.

Dye, R. (1986). Optimal monitoring policies in agencies. *Rand Journal of Economics* 17: 339-350.

Fudenberg, D., B. Holmstrom, and P. Milgrom (1990). Short-term contracts and long-term agency relationships. *Journal of Economic Theory* 52: 194-206.

Green, J., and N. Stokey (1983). A comparison of tournaments and contests. *Journal of Political Economy* 91: 349-364.

Grossman, S. J., and O. D. Hart (1983). An analysis of the principal-agent problem. *Econometrica* 51: 7-45.

Hart, O. D., and B. Holmstrom (1987). The theory of contracts. In *Advances in Economic Theory, Fifth World Congress*, edited by T. Bewley. New York: Cambridge University Press.

Holmstrom, B. (1979). Moral hazard and observability. *Bell Journal of Economics* 10: 74-91.

Holmstrom, B. (1982). Moral hazard in teams. *Bell Journal of Economics* 13: 324-340.

Holmstrom, B, and P. Milgrom (1987). Aggregation and linearity in the provision of intertemporal incentives. *Econometrica* 55: 303-328.

Holmstrom, B, and P. Milgrom (1991). Multitask principal-agent analyses: Incentive contracts, asset ownership, and job design. *Journal of Law, Economics, and Organizations* 7: 24-52.

Maskin, E., and J. Riley (1984a). Optimal auctions with risk averse buyers. *Econometrica* 52: 1473-1518.

Maskin, E., and J. Riley (1984b). Monopoly with incomplete information. *Rand Journal of Economics* 15: 171-196.

Milgrom, P. (1981). Good news and bad news: Representation theorems and applications. *Bell Journal of Economics* 12: 380-391.

Myerson, R. (1979). Incentive compatibility and the bargaining problem. *Econometrica* 47: 61-74.

Myerson, R. (1982). Optimal coordination mechanisms in generalized principal-agent problems. *Journal of Mathematical Economics* 10: 67-81.

Nalebuff, B., and J. E. Stiglitz (1983). Prizes and incentives: Towards a general theory of compensation and competition. *Bell Journal of Economics* 13: 21-43.

Rogerson, W. (1985a). Repeated moral hazard. *Econometrica* 53: 69-76.

Rogerson, W. (1985b). The first-order approach to principal-agent problems. *Econometrica* 53: 1357-1368.

习 题

14.B.1[B] 考虑14.B节中的隐藏行动模型，其中努力水平有两个，经理人的效用函数为$u(w, e)$。在最优合同中，保留效用约束必定以等式成立吗？

14.B.2[B] 考虑14.B节中的隐藏行动模型，其中努力水平有两个。假设企业主是严格厌恶风险的。推导出最优补偿方案的一阶条件。

14.B.3[B] 考虑下面的隐藏行动模型，企业主是风险中性的，经理人的偏好定义在他收入的均值和方差以及他的努力水平e上：期望效用$=E[w]-\phi\text{Var}(w)-g(e)$，其中$g'(0)=0$；对于$e>0$有$(g'(e), g''(e), g'''(e))\gg 0$；$\lim_{e\to\infty} g'(e)=\infty$。可能努力水平为$e\in\mathbb{R}_+$。条件利润（以$e$为条件）是正态分布，其中均值为$e$，方差为$\sigma^2$。

(a) 仅考察线性补偿方案$w(\pi)=\alpha+\beta\pi$。证明：给定$w(\pi)$、e和σ^2，经理人的期望效用为$\alpha+\beta e-\phi\beta^2\sigma^2-g(e)$。

(b) 推导出e可观知情形下的最优合同。

(c) 推导出e不可观知情形下的最优线性补偿方案。求β变化的效应和σ^2变化的效应。

14.B.4[B] 考虑下面的隐藏行动模型，其中努力水平有三个，即$E=\{e_1, e_2, e_3\}$。可能的利润结果有两个：$\pi_H=10$和$\pi_L=0$。π_H的条件概率分别为$f(\pi_H\mid e_1)=2/3$，$f(\pi_H\mid e_2)=1/2$和$f(\pi_H\mid e_3)=1/3$。在经理人努力水平的成本函数中，$g(e_1)=5/3$，$g(e_2)=8/5$，$g(e_3)=4/3$。最后，$v(w)=\sqrt{w}$，经理人的保留效用$\bar{u}=0$。

(a) 努力水平可观知情形下的最优合同是什么样的？

(b) 证明：如果努力水平不可观知，那么e_2不可能得以实施。当$g(e_2)$为多大时，e_2是可实施的？（提示：重点考察经理人在结果v_1和v_2下的效用水平而不是工资本身。）

(c) 当努力水平不可观知时，最优合同是什么样的？

(d) 现在假设$g(e_1)=\sqrt{8}$，令$f(\pi_H\mid e_1)=x\in(0, 1)$。在努力水平可观知的情形下，当$x\to 1$时，最优合同是什么样的？在努力水平不可观知的情形下，当$x\to 1$时，最优合同是什么样的？比较上述两种情形的可实施努力水平大小。

14.B.5[B] 考察14.B节的隐藏行动模型。现在假设经理人不仅能选择努力水平，而且在看到企业利润π的实现值之后，能够以不可观知的方式降低利润，再假设这么做对他没有直接利益（例如，他可以自愿提高购买投入物的价格）。证明，在这种情形下总是存在着下面这样的最优激励方案，该方案关于可观知的利润实现值非减。

14.B.6[B]　将 14.B 节的两努力水平模型修改如下：现在假设努力水平对收入 R 与成本 C 有着不同影响，其中 $\pi=R-C$。令 $f_R(R|e)$ 和 $f_C(C|e)$ 表示 R 与 C 的以 e 为条件的密度函数，假设 R 与 C 的条件分布（取决于 e）是互相独立的。假设 $R\in[\underline{R},\bar{R}]$，$C\in[\underline{C},\bar{C}]$；对于所有 e：$f_R(R|e)>0$ 对于所有 $R\in[\underline{R},\bar{R}]$ 成立，$f_C(C|e)>0$ 对于所有 $C\in[\underline{C},\bar{C}]$ 成立。

现在两个努力水平分别为 $\{e_R, e_C\}$，其中 e_R 这个努力水平表示经理人花更多的时间提高收益、花更少的时间降低成本，e_C 的意思正好反过来。特别地，假设对于所有$R\in[\underline{R},\bar{R}]$ 都有 $F_R(R|e_R)<F_R(R|e_C)$，对于所有 $C\in[\underline{C},\bar{C}]$ 都有 $F_C(C|e_C)>F_C(C|e_R)$。另外，假设单调似然比性质对于每个变量以下列方式成立：$[f_R(R|e_R)/f_R(R|e_C)]$关于 R 递增，$[f_C(C|e_R)/f_C(C|e_C)]$ 关于 C 递增。最后，经理人偏好提高收入而不是降低成本，即 $g(e_C)>g(e_R)$。

(a) 假设企业主想实施努力水平 e_C，假设 R 与 C 都是可观知的。推导出最优补偿方案 $w(R, C)$ 的一阶条件。这个方案如何取决于 R 与 C?

(b) 如果经理人总能够以不可观知的方式减少企业收入（且这种行为对经理人无直接利益），你在 (a) 中的答案将会发生什么样的变化?

(c) 现在再假设成本也不能由法院观知（因此工资只能取决于企业收入），你在 (a) 中的答案将有什么变化?

14.B.7[C]　考察下面这个两期模型，它将 14.B 节的两努力水平的模型重复两次。假设企业和经理人都不贴现。经理人在这两期的期望效用等于每个时期期望效用$E[v(w)-g(e)]$之和，其中 $v'(\cdot)>0$，$v''(\cdot)<0$。

假设合同在模型运行之前已订立，该合同规定每一期的工资是直到这一期为止的利润函数。在最优合同中，时期 2 的工资取决于时期 1 的利润吗?

14.B.8[C]　将 14.B 节中两努力水平隐藏行动的模型修改如下：假设企业主能观察到经理人努力水平的另一个信号 $\tilde{y}$，但此事要花费成本 c。假设利润 π 和信号 y 的联合条件分布为 $f(\pi, y|e)$。在观测到 π 之后企业主可以决定是否调查 y 的值。

现在合同规定了不调查 y 时的工资方案 $w(\pi)$，以及调查 y 时的工资方案 $w(\pi, y)$。调查概率 $p(\pi)$ 取决于 π。刻画实施努力水平 e_H 的最优合同。

14.C.1[C]　考察 14.C 节的隐藏信息模型，但是现在状态为任意有限个，即 $(\theta_1, \cdots, \theta_N)$，其中对于所有 i 都有 $\theta_{i+1}>\theta_i$，请分析这个模型。

14.C.2[B]　考察 14.C 节的隐藏信息模型，但是现在令经理人是风险中性的，他的效用函数为 $v(w)=w$。证明企业主在 θ 不可观知情形下能做到与 θ 可观知情形一样好。特别地，证明他可以通过下列合同来实现上述结果，这个合同规定经理人的工资形式为$w(\pi)=\pi-\alpha$ 且允许经理人选择他自己想要的任何努力水平。在 (w, e) 空间画出这个函数以及经理人的选择。通过什么样的显示性机制能得到同样的结果?

14.C.3[B]　假设在 14.C 节的两状态隐藏信息的模型中，$u(w, e, \theta)=v(w)-g(e, \theta)$。

(a) 刻画完全可观知情形下的最优合同。

(b) 当状态 θ 不可观知时，这个合同还可行吗?

14.C.4[C]　在两状态隐藏信息的委托代理模型中，如果经理人是厌恶风险的但不是无限厌恶风险的，刻画这个模型的解。

14.C.5[B]　证明：在 14.C 节如果：(1) 企业主的利润取决于状态，利润不可观知，(2) 令 $\pi_i(e)$ 表示状态 θ_i 的利润（其中 $i=L, H$），对于所有 $e\geqslant 0$ 均有 $\pi'_H(e)\geqslant\pi'_L(e)>0$，那么我们在 14.C 节的分析结果将不会改变。如果 (2) 中的条件不成立，我们在 14.C 节的分析结果将会改变吗?

14.C.6[C]　考虑习题 13.D.1 中的劳动市场的信息甄别模型，但是现在假设雇主只有一个。刻画这个企业的信息甄别问题的解（假设两类工人的保留效用水平都为零）。将这个解中的任务水平与习题 13. D. 1 中竞争性甄别信息模型的均衡解（假设均衡存在）中的任务水平进行比较。

14. C. 7[B] （J. Tirole）假设企业雇佣两类工人（θ_H 和 θ_L）生产某产品。类型 θ_L 工人的比例为 λ。当类型 θ 工人支付 T 美元消费 x 单位商品时得到的效用为 $u(x, T)=\theta v(x)-T$，其中

$$v(x)=\frac{1-(1-x)^2}{2}$$

该企业是这种商品的唯一生产者，它的单位生产成本为 $c>0$。

（a）考虑一个非歧视性的垄断者。推导出他的定价策略。证明如果 θ_L 或 λ “足够大”，那么该垄断者将向这两类消费者提供产品。

（b）考虑下面这样的垄断者，他能将这两类消费者区分开（根据某些特征），但他对每个类型 θ_i 只能索要统一价格 p_i。刻画他的最优定价。

（c）假设垄断者不能区分消费者类型。如果该垄断者向两类消费者都提供产品，推导出最优的两部收费制［两部收费制是一种定价方法，它由两部分组成，一部分是定额的门票费 F，另一部分是按照消费量计算的费用 px；也就是说，总收费等于（$F+px$）］。解释之。该垄断者何时向两类消费者都提供产品？

（d）计算完全最优的非线性定价。比较以上各种情形下的购买量。

14. C. 8[B] 香格里拉航空公司是往返香格里拉岛与涅槃岛之间的唯一服务商。航空公司的客户有两类：游客和商人。商人的支付意愿高于游客，然而航空公司无法直接区分购票者属于哪种类型。然而，这两类客户的确存在着区别——为了避免提前买票这个麻烦，他们愿意付出的代价不同（两类客户都不愿意提前买票）。

具体地说，给定票价 P 和提前购票时间 W，两类客户的效用水平分别为

商人：$v-\theta_B P-W$

游客：$v-\theta_T P-W$

其中 $0<\theta_B<\theta_T$。（注意，给定任何 W，商人比游客愿意花更多的钱买票。同时，给定 W 的任何减少量，商人也比游客愿意花更多的钱。）

游客所占的比例为 λ。假设每个乘客的交通成本为 c。

假设从（a）到（d），航空公司都希望运送这两类乘客。

（a）在（P，W）空间内画出这两类乘客的无差异曲线。画出航空公司的等利润线。航空公司面对的最优（利润最大化）价格歧视问题是什么？（提示：你需要增加机票价格非负这个约束，这是因为如果价格为负，那么在这个价格上，机票销量无穷大。）

（b）证明在最优解中，游客在买票和不买票之间是无差异的。

（c）证明在最优解中，商人决不会提前买票，而且他在这个做法与和游客同时买票之间是无差异的。

（d）在航空公司对两类乘客都售票的假设下，描述最优价格歧视方案。这个方案是如何取决于参数 λ，θ_B，θ_T 和 c 的？

（e）在什么样的条件下，航空公司只卖票给商人？

14. C. 9[C] 考虑某个厌恶风险的人，他追求期望效用最大，他的效用函数为定义在财富上的伯努利效用函数 $u(\cdot)$。该消费者的初始财富为 W，面临着以概率损失 L 的风险，其中 $W>L>0$。

保险公司合同可用组合（c_1，c_2）描述，其中 c_1 是损失不发生情形下该消费者拥有的财富额，c_2 是损失发生情形下的财富额。也就是说，在损失不发生情形下，他向保险公司支付保险费（$W-c_1$），而如果损失发生，他从保险公司得到的赔偿为［$c_2-(W-L)$］。

（a）假设保险公司是风险中性的垄断者（即该垄断者追求期望利润最大）。刻画消费者损失概率 θ 可观知情形下垄断者提供的合同。

（b）现在假设保险公司无法观知 θ（消费者自己知道 θ）。参数 θ 的可能取值为 $\{\theta_L, \theta_H\}$，其中

$\theta_H>\theta_L>0$，$p(\theta_L)=\lambda$。刻画垄断者提供的最优合同。我们能说某类消费者的保险购买量是“配额”性质的吗（也就是说，如果允许他在公平费率上购买保险，他想购买更多）？在直觉上，这种配额是如何发生的？［提示：最好画图说明。在（c_1，c_2）空间画图，先确定消费者的禀赋点（他不购买保险时的财富组合）。］

（c）将（b）中的答案与习题 13. D. 2 进行比较。

14. AA. 1[B]　证明对于所有 $e\in[a, b]\subset\mathbb{R}$，$[f_e(\pi|e)/f(\pi|e)]$关于 π 递增，当且仅当对于所有 e'，$e''\in[a, b]$（其中 $e''>e'$），$[f(\pi|e'')/f(\pi|e')]$关于 π 递增。

14. AA. 2[B]　考虑下列隐藏行动模型，其中 $e\in[0, \bar{e}]$，两个结果为 π_H 和 π_L 且 $\pi_H>\pi_L$。π_H 的条件概率为 $f(\pi_H|e)$。给出一阶方法有效的充分条件。刻画当这些条件成立时的最优合同。

14. BB. 1[B]　请用一阶方法解问题（14. BB. 1）：首先，忽略约束（ⅳ），解这个问题；然后，证明你得到的这个解的确是问题（14. BB. 1）的解。

图书在版编目（CIP）数据

微观经济理论．上册/（美）安德鲁·马斯-克莱尔，（美）迈克尔·D. 温斯顿，（美）杰里·R. 格林著；曹乾译．--北京：中国人民大学出版社，2024.1
（经济科学译丛）
书名原文：Microeconomic Theory
ISBN 978-7-300-31749-6

Ⅰ.①微… Ⅱ.①安… ②迈… ③杰… ④曹… Ⅲ.①微观经济学 Ⅳ.①F016

中国国家版本馆 CIP 数据核字（2023）第 103439 号

"十三五"国家重点出版物出版规划项目
经济科学译丛
微观经济理论（上册）
安德鲁·马斯-克莱尔　迈克尔·D. 温斯顿　杰里·R. 格林　著
曹　乾　译
Weiguan Jingji Lilun

出版发行	中国人民大学出版社		
社　址	北京中关村大街 31 号	邮政编码	100080
电　话	010－62511242（总编室）		010－62511770（质管部）
	010－82501766（邮购部）		010－62514148（门市部）
	010－62511173（发行公司）		010－62515275（盗版举报）
网　址	http://www.crup.com.cn		
经　销	新华书店		
印　刷	涿州市星河印刷有限公司		
开　本	787 mm×1092 mm　1/16	版　次	2024 年 1 月第 1 版
印　张	65.5 插页 4（上、下册）	印　次	2025 年 6 月第 3 次印刷
字　数	1 522 000（上、下册）	定　价	168.00 元（上、下册）

“十三五”国家重点出版物出版规划项目

经济科学译丛

微观经济理论

下

Microeconomic Theory

Andreu Mas-Colell
安德鲁·马斯-克莱尔
Michael D.Whinston
迈克尔·D.温斯顿
Jerry R.Green
杰里·R.格林
／著

曹乾／译

中国人民大学出版社
·北京·

简要目录

第一部分　个人决策

第二部分　博弈论

第三部分　市场均衡与市场失灵

第四部分　一般均衡

第五部分　福利经济学与激励

目　录

第四部分　一般均衡

第23章 激励与机制设计 889

数学附录 959

第四部分

一般均衡

在第四部分，我们从一般均衡（general equilibrium）角度考察竞争市场。这里的“一般均衡”有双重含义，它不仅指一种方法，也指一种独立的理论。

作为一种分析方法，一般均衡方法有两个核心特征。首先，它将经济看成一个封闭和相互关联的系统，在这个系统中，我们必须同时确定我们感兴趣的所有变量的均衡值。因此，当我们评估经济环境中某个扰动的效应时，需要重新计算经济中所有内生变量的均衡水平。从这个角度来看，一般均衡方法与局部均衡方法明显不同：在局部均衡方法中，如果扰动对内生变量的影响与我们研究的问题不直接相关，那么我们可以忽略它。

一般均衡方法的另外一个核心特征是，它将外生变量个数减少到了最低限度，仅剩下少数几个描述客观现实的外生变量（例如，经济个体集、可利用的技术、偏好以及各个个体的商品禀赋等）。

作为一种独立的理论，一般均衡理论有着自己的特定含义：它是一种旨在确定完全竞争市场系统的均衡价格和产量的理论。这种理论通常称为**瓦尔拉斯市场理论**（Walrasian theory of markets），它由 L. Walras（1874）首先提出。瓦尔拉斯市场理论是我们在本书第四部分的研究目标。这种理论雄心勃勃。它试图仅使用下列条件来预测最终消费和生产的全部向量，这些条件有：经济的基本面（一组商品、技术状态、偏好和禀赋）；制度假设——每种商品（包括均衡时不进行交易的商品）都有价格；行为假设——消费者和企业都是价格接受者。

严格地说，我们在第 10 章中介绍的模型是一种特殊形式的一般均衡。在第 10 章，我们是在消费者的偏好是拟线性的假设条件下分析均衡和福利的。在这种情形下，消费者的需求和他的财富水平无关（计价物的需求除外）；正因如此，我们才可以在传统的局部均衡分析法架构下，分析单个市场（或少数几个相关市场）。我们在第四部分的很多工作可以视为，我们试图将第 10 章中的思想扩展到财富效应很大的情形。我们这么做的主要原因在于，我们研究工作的现实性提高了，毕竟需求不受财富影响的情形非常特殊。由于财富效应是不同市场之间的联结纽带，所以当我们使用均衡方法来研究整体经济的运行状况，或者评估能同时影响很多市场的政策时，一般不能忽略财富效应。因此，一般均衡方法非常重要。

尽管第 10 章的内容，严格来说，不是学习第四部分所必需的，然而我们建议读者先学习第 10 章，尤其是 10. B 节到 10. D 节的内容。事实上，第 10 章介绍了第四部分的主要问题，并且提供了简化和有助于分析的例子。在第四部分，我们将会发现第 10 章拟线性情形下的很多重要结果在一般偏好情形下仍然成立，但是另外一些结果不成立。其中的原因在于，我们已从第 4 章和第 10 章知道，当消费者群体的偏好（关于相同的计价物）都是拟线性的时，存在着（规范的）代表性消费者。这对总需求行为是个较强的限制，但在第四部分的更一般情形下，这个限制不复存在。

与此同时需要指出，相对于第三部分的分析，第四部分的一般均衡分析也有着自己的代价：在这一部分的几乎所有内容中，都需要价格接受者假设和普遍定价（universal price quoting）假设，也就是说，每种相关的商品都存在着市场（信息是对称的）。因此，在很多方面，我们不能像第三部分那样对市场、市场失灵以及市场参与者的策略性互动展开深入的微观分析。本书第三部分和第四部分在概念结构上的权衡取舍，在某种意义上，反映了当前微观经济研究的前沿状态。

第四部分内容分为六章。

第 15 章是序言性质的讨论。这一章的主要目的是使用三个简单例子说明一般均衡理论中的问题。这三个例子是：两消费者的埃奇沃思盒经济；一个消费者、一个生产者的经济；小型开放经济模型。

第 16 章和第 17 章构成了第四部分正式分析的核心。第 16 章介绍了一般均衡模型的正式结构，引入了两个核心概念：**帕累托最优**（Pareto optimality）和**价格接受均衡**（price-taking equilibrium）［以及，特别地，**瓦尔拉斯均衡**（Walrasian equilibrium）］。这一章的任务是考察这两个核心概念之间的关系。因此，我们在这一章强调的是**规范性**分析，主要分析了价格接受均衡的福利性质。本章的核心是介绍和证明两个所谓**福利经济学基本定理**（fundamental theorems of welfare economics）。

第 17 章强调的是瓦尔拉斯均衡的**实证性**（或**描述性**）性质。我们研究了与瓦尔拉斯理论预测能力有关的一些问题，包括存在性、局部和全局唯一性以及瓦尔拉斯均衡的比较静态行为。

第 18 章到第 20 章拓展了第 16、17 章的基本分析。第 18 章考察的一些问题源自规范性理论或合作博弈论；这些问题的共同性质是，它们进一步考察了价格接受均衡的基础，具体来说，它们考察的是由市场的团性（mass nature）衍生的性质。我们研究了一个重要的定理即**核等价定理**（core equivalence theorem）；进一步考察了瓦尔拉斯均衡的思想：将其视为当市场增大时非合作均衡的极限（12. F 节已涉及这一点）；介绍了瓦尔拉斯均衡的两个规范性特征：一个是**没有嫉妒性**（envy-freeness）或**匿名性**（anonymity）；另一个是**边际生产率原理**（marginal productivity principle）。第 18 章附录 A 简要介绍了合作博弈论。

第 19 章考察了一般均衡架构内的不确定性模型。能在这个架构内做到这一点，是一般均衡理论昌盛的一个原因。本章介绍和研究了状态依存商品、阿罗-德布鲁均衡、(两期）序贯交易、拉德纳均衡（Radner equilibrium)、套利、理性预期均衡以及不完全市场。本章内容和当代金融理论有着自然的联系。

第 20 章将一般均衡理论运用到动态竞争经济中（但没有不确定性)，研究了仅适用于这个环境的一些问题，引入了**不耐烦性**（impatience)、动态效率、**近视**（myopic）以及总效用最大化。本章首先分析了动态的代表性消费者经济(包括拉姆齐-索洛模型)，然后推广到有限个消费者的情形，最后简短介绍了**代际交叠模型**（overlapping generations model)。在这个过程中，我们考察了很多动态行为。本章与宏观经济理论有着自然联系。

一般均衡理论的当代经典文献是 Debreu（1959）以及 Arrow 和 Hahn (1971)。这些文献深入讨论了本章的内容。更多内容可参考百科全书式的 Arrow 和 Intriligator（1981，1982，1986）以及 Hildenbrand 和 Sonnenschein (1991)，也可以参考教科书 Ellickson（1993)。一般均衡理论有着重要且广泛的应用性，我们只涉及很小一部分。若想进一步了解，可参考 Shoven 和 Whalley (1992)。

参考文献

Arrow，K.，and F. Hahn（1971）. *General Competitive Analysis*. San Francisco：Holden-Day.

Arrow，K.，and M. Intriligator，eds.（1981）. *Handbook of Mathematical Economics*，Vol. 1. Amsterdam：North-Holland.

Arrow，K.，and M. Intriligator，eds.（1982）. *Handbook of Mathematical Economics*，Vol. 2. Amsterdam：North-Holland.

Arrow，K.，and M. Intriligator，eds.（1986）. *Handbook of Mathematical Economics*，Vol. 3. Amsterdam：North-Holland.

Debreu，G.（1959）. *Theory of Value*. New York：Wiley.

Ellickson，B.（1993）. *Competitive Equilibrium：Theory and Applications*，Cambridge，UK：Cambridge University Press.

Hildenbrand，W.，and H. Sonnenschein，eds.（1991）. *Handbook of Mathematical Economics*，Vol. 4. Amsterdam：North-Holland.

Shoven，J.，and J. Whalley（1992）. *Applying General Equilibrium Analysis*. Cambridge，UK：Cambridge University Press.

Walras，L.（1874）. *Elements d'economie politique pure*. Lausanne：Corbaz.

第 15 章　一般均衡理论：若干例子

15.A　引言

本章的目的是对一般均衡理论提供序言性质的讨论。我们描述和分析三个简单的一般均衡模型。这些模型涉及的问题、概念和常见技巧为第四部分其余章节所共用。

大多数经济都涉及三种基本经济活动：生产、交换与消费。在 15. B 节，我们仅关注交换与消费。我们分析的是**纯交换经济**（pure exchange economy）情形，在这样的经济中，不存在生产，消费者消费的商品是他们拥有的**禀赋**（endowments）。消费者在市场上出于互利目的交换这些禀赋。我们考察的模型是最简单的交换问题：两个消费者交换两种商品。在这种情形下，我们介绍一种非常方便的图形工具：**埃奇沃思盒**（Edgeworth box）。

在 15. C 节，我们引入生产，开始研究由一个企业和一个消费者组成的经济。我们使用这个简单的模型说明生产和消费是如何匹配的。

在 15. D 节，我们详细考察经济的生产层面，主要讨论了资源在不同企业之间的配置问题。为了单独分析这个问题，我们研究的是小型开放经济模型，其中企业将其产品的世界价格视为给定的（价格接受者），这个模型是国际贸易文献的核心模型之一。

15. E 节通过例子说明，当需要使用一般均衡方法时，如果我们使用了局部均衡分析，可能导致危险的结果。

正如我们在第四部分引言中所指出的，第 10 章包含了另外一个简单的一般均衡模型：消费者的偏好是拟线性的经济。

15.B　纯交换经济：埃奇沃思盒

纯交换经济（pure exchange economy）[或简称为**交换经济**（exchange economy)] 是不存在生产机会的经济。在纯交换经济中，参与人是拥有商品**禀赋**的消费者。经济活动包括交换和消费。

能够进行互利交易的最简单经济，是两消费者-两商品的经济。我们将看到，这种情形可用一种称为**埃奇沃思盒**的图形工具进行分析，在这一节我们主要使用这个工具。我们始终假设两个消费者都是价格接受者。尽管在只有两个消费者的情形下，这个假设似乎不合理，但我们此处的目的是以最简单的方式说明一般均衡模型的某些特征。①

假设有两个消费者，记为 $i=1, 2$；有两种商品，记为 $l=1, 2$。消费者 i 的消费向量为 $x_i=(x_{1i}, x_{2i})$；也就是说，消费者 i 消费商品 l 的数量为 x_{li}。假设消费者 i 的消费集为 $\mathbb{R}^2_+$，他在 $\mathbb{R}^2_+$ 中的消费向量上有着偏好关系 $\succsim_i$。每个消费者一开始时拥有的禀赋为 $\omega_{li}\geq 0$ 单位商品 l。因此，消费者 i 的**禀赋向量**（endowment vector）为 $\omega_i=(\omega_{1i}, \omega_{2i})$。商品 l 的**总禀赋**（total endowment）为 $\bar{\omega}_l=\omega_{l1}+\omega_{l2}$，假设对于每种商品来说，总禀赋都为严格正。

一个**配置**（allocation）$x\in\mathbb{R}^4_+$ 是对每个消费者指定一个非负消费向量：$x=(x_1, x_2)=((x_{11}, x_{21}), (x_{12}, x_{22}))$。对于配置 x，如果

$$x_{l1}+x_{l2}\leq\bar{\omega}_l \quad 对于\ l=1,2 \tag{15. B. 1}$$

也就是说，如果每种商品的总消费量不大于它的总禀赋，我们说这个配置是**可行的**[注意，按照该可行性的定义，我们隐含地假设商品可以自由处置（free disposal）]。

对于某个可行配置，如果式（15. B. 1）以等式成立，那么我们称这个配置为**非浪费的**（nonwasteful）。非浪费的可行配置可用埃奇沃思盒描述，如图 15. B. 1 所示。

15

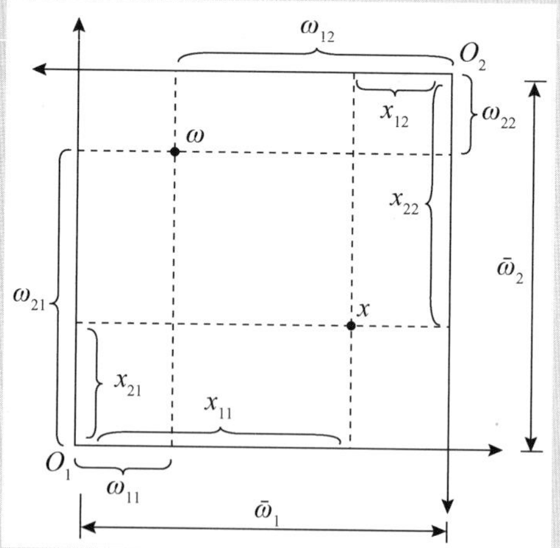

图 15. B. 1　一个埃奇沃思盒

① 或者，我们可以假设每个消费者（最好称为每个消费者类型）代表的不是个体，而是一群相同的消费者。这会使得价格接受者假设更合理一些；由于两类消费者的数量相同，因此本节的分析不会受到影响。

在埃奇沃思盒中，消费者 1 的商品数量的衡量方式与以前一样，他的原点在西南角。相反，消费者 2 的商品数量的衡量，以东北角为原点。对于消费者 $i=1$，2 来说，纵轴衡量商品 2 的数量，横轴衡量商品 1 的数量。盒长为商品 1 的总禀赋 $\bar{\omega}_1$，盒宽为商品 2 的总禀赋 $\bar{\omega}_2$。盒内的任何一点都表示总禀赋在消费者 1 和 2 之间的一个（非浪费的）分配。例如，图 15. B. 1 画出了两个消费者的禀赋向量 $\omega=((\omega_{11},\omega_{21}),(\omega_{12},\omega_{22}))$。该图还画出了另外一个可能的非浪费的配置 $x=((x_{11},x_{21}),(x_{12},x_{22}))$；该配置为非浪费的意味着 $(x_{12},x_{22})=(\bar{\omega}-x_{11},\bar{\omega}_2-x_{21})$。

在一般均衡理论中，消费者的财富不是外生给定的。相反，对于任何价格 $p=(p_1,p_2)$，消费者 i 的财富等于他的禀赋的市场价值 $p\cdot\omega_i=p_1\omega_{1i}+p_2\omega_{2i}$。所以，财富水平由商品价格决定。因此，给定消费者的禀赋向量 ω_i，他的预算集可以视为价格的函数

$$B_i(p)=\{x_i\in\mathbb{R}_+^2:p\cdot x_i\leqslant p\cdot\omega_i\}$$

在埃奇沃思盒中，两个消费者的预算集可用一种简单的方式表示：画出经过禀赋点 ω 的斜率为 $-(p_1/p_2)$ 的直线即可，如图 15. B. 2 所示，这条线称为**预算线**(budget line)。消费者 1 的预算集包含了这条预算线左下方的所有非负消费向量（深色阴影区域表示的集合），而消费者 2 的预算集则包含了这条预算线右上方的所有非负向量（浅色阴影区域表示的集合）。[①] 注意，在价格为 (p_1,p_2) 时，两消费者同时都能买得起的那些配置全部位于预算线上。[②]

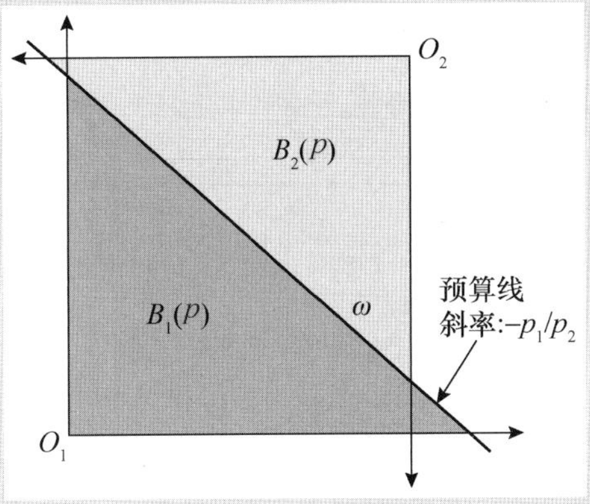

图 15. B. 2　预算集

我们也可以在埃奇沃思盒中画出每个消费者 i 的偏好 $\succsim_i$，如图 15. B. 3 所示。除非特别指出，我们始终假设 $\succsim_i$ 是严格凸的、连续的和强单调的（这些条件的讨

① 注意，消费者的预算集也可能延伸到埃奇沃思盒之外。

② 还有一些可行配置，两消费者也能同时买得起，但是在这些配置中有些商品未被消费者消费，因此无法在埃奇沃思盒中画出。由于我们假设消费者的偏好是非饱和的，因此不必考虑这样的配置。

论可参考 3. B 节和 3. C 节)。

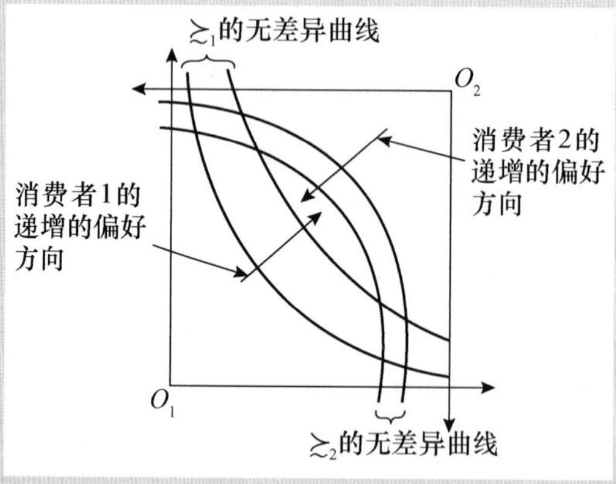

图 15. B. 3 埃奇沃思盒中的偏好

图 15. B. 4 说明了对于任何价格向量 p，消费者 1 需求的消费向量是如何决定的。给定 p，消费者 1 的需求是 $B_1(p)$ 中他最偏好的点，这可以使用需求函数表示为$x_1(p, p\cdot\omega_1)$(这个函数与第 2 章到第 4 章的需求函数相同；此处财富为 $w_1 = p\cdot\omega_1$)。在图 15. B. 5 中，我们看到，随着价格向量 p 的变动，预算线绕着禀赋点 ω 转动，需求束轨迹形成了一条曲线，记为 OC_1，这条曲线称为消费者 1 的**提供曲线**（offer curve)。注意，这条曲线通过禀赋点。由于在每个价格水平上，消费者 1 都能买得起禀赋$\omega_1=(\omega_{11}, \omega_{21})$，这表明消费者 1 提供曲线上的任一点至少与他的禀赋点一样好。这意味着消费者的提供曲线位于 ω_1 的上轮廓集之中，而且如果无差异曲线是平滑的，那么提供曲线必定与无差异曲线在禀赋点相切。

15

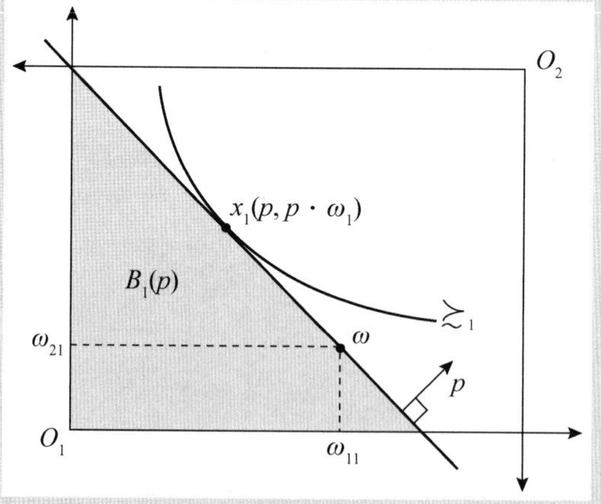

图 15. B. 4 消费者 1 在价格向量为 p 时的最优消费

图 15. B. 6 画出了两个消费者在某个任意价格向量 p 上的需求束。注意，在此图中，两个消费者的需求是不相容的。商品 2 的总需求超过了总供给 $\bar{\omega}_2$，而商品 1 的总需求严格小于它的禀赋 $\bar{\omega}_1$。换句话说，消费者 1 是商品 2 的**净需求者**（net demander)，也就是说，他想要的商品 2 消费量大于他拥有的商品 2 禀赋量。尽管消费者 2 愿意成为商品 2 的**净供给者**（net supplier)[消费者 2 想要的商品 2 的消费量小于他拥有的商品 2 的禀赋]，但他不愿意供给足够数量来满足消费者 1 的需求。因此，在这种情形下，商品 2 处于**超额需求**（excess demand）状态。相反，商品 1 处于**超额供给**（excess supply）状态。

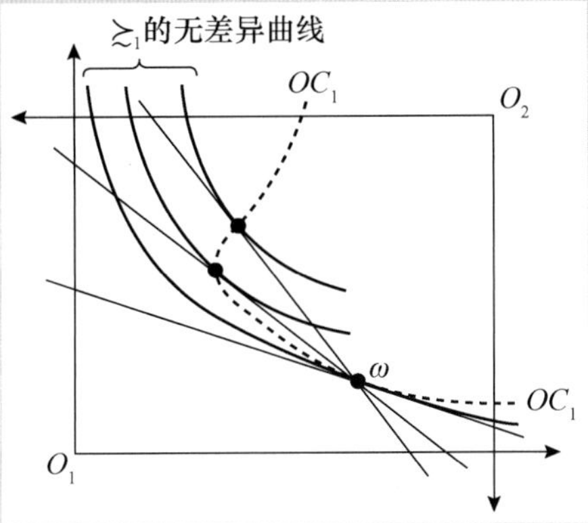

图 15. B. 5　消费者 1 的提供曲线

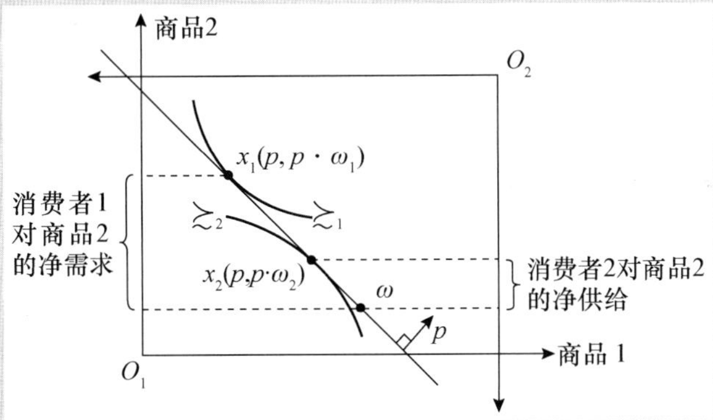

图 15. B. 6　当价格向量为 *p* 时，商品 2 是超额需求的，商品 1 是超额供给的

在市场均衡（其中消费者将价格视为给定的）时，市场应该出清。也就是说，在当前的市场价格下，消费者们应该能够完成自己想要的购买量和销售量。因此，如果一个消费者希望成为某种商品的净需求者，另外一个消费者必定是该商品的净供给者，而且数量必定相等；也就是说，需求应该等于供给。这样，我们就得到了定义 15. B. 1 中的均衡概念。

定义 15. B. 1：埃奇沃思盒经济中的一个**瓦尔拉斯均衡**或称**竞争均衡**，是一个价格向量 p^* 与盒内一个配置 $x^*=(x_1^*, x_2^*)$ 使得对于 $i=1, 2$，

$$x_i^* \succsim_i x_i' \quad \text{对于所有 } x_i' \in B_i(p^*) \text{ 均成立}$$

图 15. B. 7 画出了一个瓦尔拉斯均衡。在图 15. B. 7(a) 中，我们画出了均衡价

格向量 p^* 和均衡配置 $x^*=(x_1^*, x_2^*)$。每个消费者 i 在价格向量 p^* 上的需求束为 x_i^*，而且一个消费者对某商品的净需求正好与另外一个消费者的净供给匹配。图 15. B. 7(b) 向盒内增加了消费者们的提供曲线和他们通过禀赋点 ω 的无差异曲线。注意，在任何竞争均衡点，两个消费者的提供曲线相交。实际上，这两个消费者的提供曲线的任何交点（除了禀赋点 ω 之外）都对应着一个均衡配置，这是因为如果 $x^*=(x_1^*, x_2^*)$ 是这样的交点，那么 x_i^* 是消费者 i 的最优消费束（对于经过点 ω 和点 x^* 的预算线来说）。

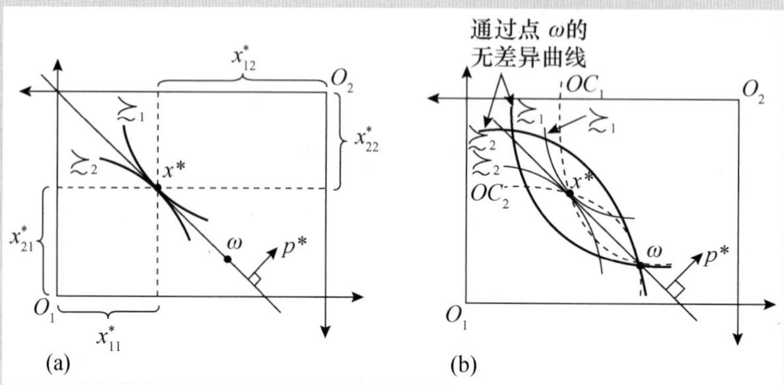

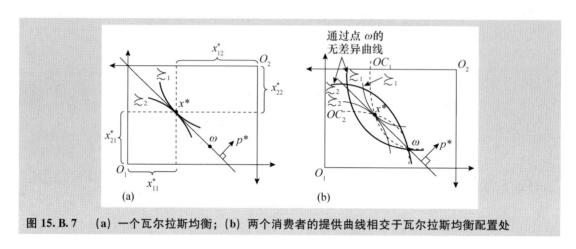

图 15. B. 7　(a) 一个瓦尔拉斯均衡；(b) 两个消费者的提供曲线相交于瓦尔拉斯均衡配置处

在图 15. B. 8 中，我们画出了一个瓦尔拉斯均衡，其中均衡配置位于埃奇沃思盒的边界上。再一次地，在价格向量 p^* 上，这两个消费者的需求是相容的。

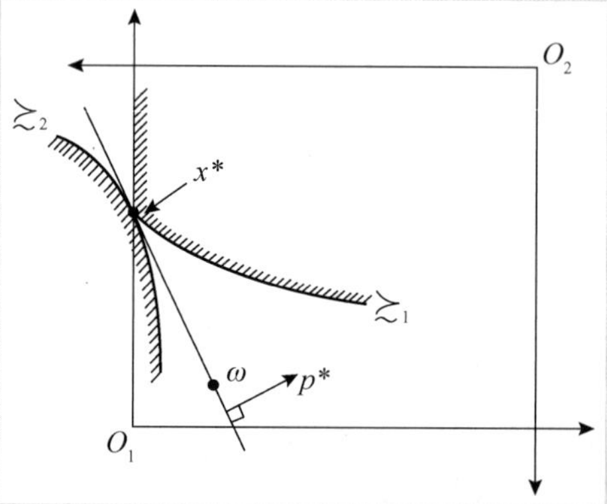

图 15. B. 8　埃奇沃思盒边界上的一个瓦尔拉斯均衡配置

注意，每个消费者的需求关于价格向量 $p=(p_1, p_2)$ 是零次齐次的；也就是说，如果价格变为原来的二倍，那么消费者的财富也变为原来的二倍，预算集还和原来一样，未发生变化。因此，从定义 15. B. 1 可知，如果 $p^*=(p_1^*, p_2^*)$ 是个瓦尔拉斯均衡价格向量，那么 $\alpha p^*=(\alpha p_1^*, \alpha p_2^*)$ 也是（其中 $\alpha>0$ 是任意的）。总之，均衡确定的是相对价格 p_1^*/p_2^* 而不是绝对价格。

例 15.B.1：假设每个消费者 i 的效用函数都是柯布-道格拉斯类型的 $u_i=(x_{1i}, x_{2i})=x_{1i}^{\alpha}x_{2i}^{1-\alpha}$。而且，禀赋为 $\omega_1=(1, 2)$ 和 $\omega_2=(2, 1)$。在价格为 $p=(p_1, p_2)$ 时，消费者 1 的财富为 p_1+2p_2，因此，他的需求位于提供曲线上（回忆例 3.D.1 中的推导）：

$$OC_1(p)=\left(\frac{\alpha(p_1+2p_2)}{p_1},\frac{(1-\alpha)(p_1+2p_2)}{p_2}\right)$$

注意到，消费者 1 对商品 1 的需求关于 p_1 递减、对商品 2 的需求关于 p_1 递增。根据这一点，我们在图 15.B.7(b) 中画出了 OC_1。类似地，

$$OC_2(p)=\left(\frac{\alpha(2p_1+p_2)}{p_1},\frac{(1-\alpha)(2p_1+p_2)}{p_2}\right)$$

为了确定瓦尔拉斯均衡价格，注意到在这些价格上，两个消费者对商品 1 的总消费量必定等于 $3(=\omega_{11}+\omega_{12})$。因此，

$$\frac{\alpha(p_1^*+2p_2^*)}{p_1^*}+\frac{\alpha(2p_1^*+p_2^*)}{p_1^*}=3$$

由此可解得

$$\frac{p_1^*}{p_2^*}=\frac{\alpha}{1-\alpha} \tag{15.B.2}$$

注意到对于满足条件（15.B.2）的任何 (p_1^*, p_2^*)，商品 2 的市场也是出清的（请自行验证）。这是埃奇沃思盒经济的一个一般特征：在确定均衡价格时，我们只需要确定使一个市场出清的价格；另外一个市场在这些价格上必定也是出清的。这个结论可从埃奇沃思盒看出：由于两个消费者的需求束位于同一条预算线上，如果两个消费者对商品 1 的需求量是相容的，那么他们对商品 2 的需求量必定也是相容的。（参见习题 15.B.1。）■

尽管埃奇沃思盒很简单，但它却非常有用。实际上，交换经济一般均衡的几乎所有现象或性质都能用这个工具分析。例如，考虑瓦尔拉斯均衡的唯一性问题。在第 10 章，我们已经看到，如果存在着某种计价物商品，消费者的偏好相对于该计价物是拟线性的，那么（在严格凸偏好情形下）均衡消费配置和相对价格是唯一的。在图 15.B.7 中，我们也有唯一性（更清楚的讨论请参见习题 15.B.2）。然而，正如图 15.B.9 中的埃奇沃思盒所表明的，这个性质不具有一般性。在这个图中，偏好（该偏好完全非病态）使得提供曲线改变曲率和交织多次。特别地，它们在 p_1/p_2 等于 1/2、1 和 2 时相交。为了完整说明，我们举一个拥有此图性质的例子。

例 15.B.2：令两个消费者的效用函数分别为

$$u_1(x_{11},x_{21})=x_{11}-\frac{1}{8}x_{21}^{-8} \text{ 和 } u_2(x_{12},x_{22})=-\frac{1}{8}x_{12}^{-8}+x_{22}$$

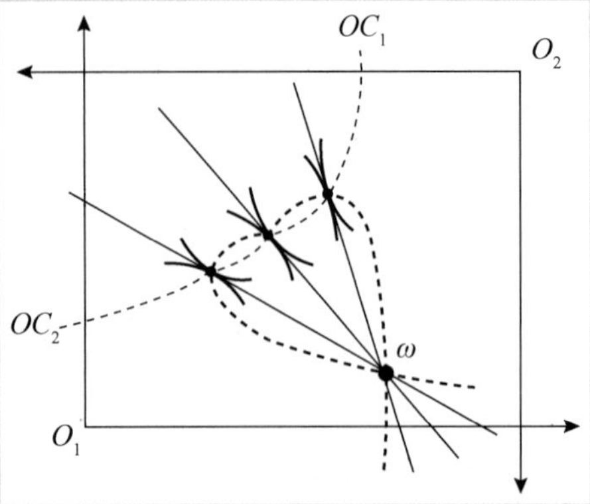

图 15.B.9　多个瓦尔拉斯均衡

注意，效用函数为拟线性的（这种情形下易于计算需求），但是有着**不同的**计价物。禀赋为 $\omega_1=(2,\ r)$ 和 $\omega_2=(r,\ 2)$，其中 r 的选择要使得均衡价格为约整数（round numbers）。准确地说，$r=2^{8/9}-2^{1/9}>0$。在习题 15.B.5 中，你要计算这两个消费者的提供曲线。它们为：

$$OC_1(p_1,p_2)=\left(2+r\left(\frac{p_2}{p_1}\right)-\left(\frac{p_2}{p_1}\right)^{8/9},\left(\frac{p_2}{p_1}\right)^{-1/9}\right)\gg 0$$

$$OC_2(p_1,p_2)=\left(\left(\frac{p_1}{p_2}\right)^{-1/9},2+r\left(\frac{p_1}{p_2}\right)-\left(\frac{p_1}{p_2}\right)^{8/9}\right)\gg 0$$

注意，与例 15.B.1 不同，在图 15.B.9 中，消费者 1 对商品 1 的需求（对称地，消费者 2 对商品 2 的需求）可能关于 p_1 递增。

为了计算均衡，只要解使得商品 2 的总需求等于总供给的方程即可，即解

$$\left(\frac{p_2}{p_1}\right)^{-1/9}+2+r\left(\frac{p_1}{p_2}\right)-\left(\frac{p_1}{p_2}\right)^{8/9}=2+r$$

根据前文给出的 r 值可知，在这个方程中 p_1/p_2 有三个解：2，1 和 1/2（请验证一下）。■

纯交换经济也可能没有任何瓦尔拉斯均衡。例如，在图 15.B.10(a) 中，禀赋位于埃奇沃思盒边界（西北角）上。消费者 2 拥有商品 1 的所有禀赋而且只想要商品 1。消费者 1 拥有商品 2 的所有禀赋，而且他的包含 ω_1，$\{x_1\in\mathbb{R}^2_+: x_1\sim_1\omega_1\}$ 的无差异集在 ω_1 有无穷个斜率（然而，注意，在 ω_1，消费者 1 严格偏好得到更多的商品 1)。在这种情形下，不存在使得这两个消费者需求相容的价格向量 p^*。如果 $p_2/p_1>0$，那么消费者 2 的最优需求是保留禀赋束 ω_2，而禀赋束 ω_1 绝不是消费者 1 的最优需求（不管商品 1 的相对价格为多大，消费者 1 总是希望购买数量严格正的商品 1)。另外，当 $p_2/p_1=0$ 时，消费者 1 对商品 2 的需求是无穷的。为了将来参考，记住在这个例子中，消费者 2 的偏好不是强单调的。

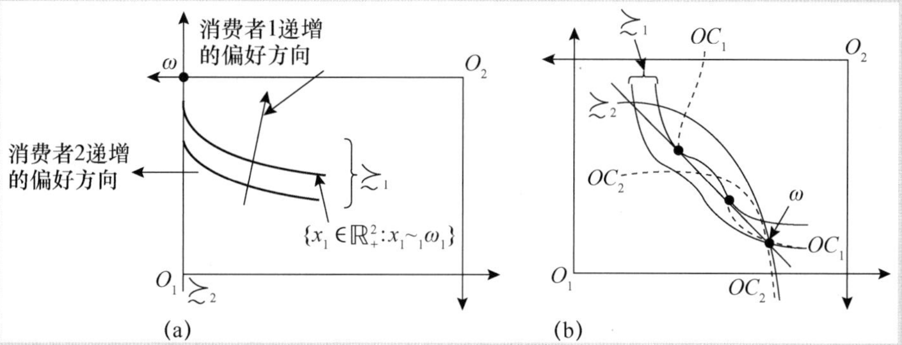

图 15. B. 10　在图（a）和图（b）中，都不存在瓦尔拉斯均衡

图 15. B. 10(b) 给出了不存在瓦尔拉斯均衡的另外一种情形。在这个例子中，消费者 1 的偏好不是凸的。因此，消费者 1 的提供曲线是不连续的，而且这两个消费者的提供曲线没有交点（禀赋点除外，此处的禀赋点不是均衡配置）。

在第 17 章，我们将研究在什么样的条件下瓦尔拉斯均衡才必定存在。

瓦尔拉斯均衡的福利性质

经济理论中的一个核心问题是均衡的福利性质问题。此处我们将重点考察帕累托最优概念，事实上我们已经在第 10 章（尤其是 10. B 节）介绍过这个概念。对于某个经济结果来说，如果不存在其他可行的结果使得某个人的状况严格变好而且使得其他每个人的状况至少一样好，那么这个经济结果是**帕累托最优的**（Pareto optimal）或称**帕累托有效率的**（Pareto efficient）。定义 15. B. 2 给出了两消费者的纯交换经济中的帕累托最优概念。

定义 15. B. 2：对于埃奇沃思盒内的某个配置 x，如果盒内不存在其他的配置 x' 使得对于 $i=1$，2 有 $x'_i \succsim_i x_i$ 而且对于某个 i 有 $x'_i \succ_i x_i$，那么配置 x 是**帕累托最优的**或称**帕累托有效率的**。

一方面，图 15. B. 11(a) 中的配置 x 不是帕累托最优的。盒内两条无差异曲线相交区域（图中深色阴影区域）内部的任何配置，即集合 $\{x'_1 \in \mathbb{R}^2_+ : x'_1 \succsim_i x_1\}$ 与集合 $\{x'_2 \in \mathbb{R}^2_+ : x'_2 \succsim_i x_2\}$ 的交集内的任何一点，都是使得两个消费者状况比点 x 的状况严格更好的可行配置。另一方面，图 15. B. 11(b) 中的配置 x 是帕累托最优的，因为集合 $\{x'_1 \in \mathbb{R}^2_+ : x'_1 \succsim_i x_1\}$ 与集合 $\{x'_2 \in \mathbb{R}^2_+ : x'_2 \succsim_i x_2\}$ 的交集只含有 x 这一个点。注意，如果帕累托最优配置 x 是埃奇沃思盒内的一点，那么穿过点 x 的两消费者的无差异曲线必定相切（假设它们是平滑的）。图 15. B. 11(c) 中的配置 x 是帕累托最优的，但它不是位于盒的内部，而是位于边界上。在这个配置中，相切条件未必成立。

15

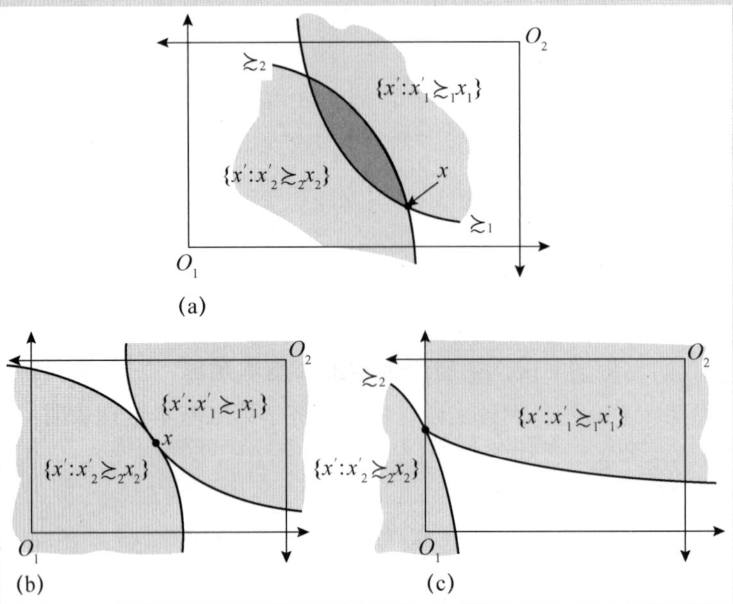

图 15. B. 11 (a) 配置 x 不是帕累托最优的。(b) 配置 x 是帕累托最优的。(c) 配置 x 是帕累托最优的

所有帕累托最优配置组成的集合称为**帕累托集**（Pareto set）。图 15. B. 12 给出了一个例子。这个图也画出了**合同曲线**（又称“契约曲线”，contract curve），它是使得两个消费者的状况至少和他们的初始禀赋一样好的那部分帕累托集。之所以叫合同曲线，是因为这两个消费者之间讨价还价导致的交易协议必然位于合同曲线的某个点上；只有这些点才能使得两个消费者的状况与他们在初始禀赋点的状况至少一样好；在这些点上，不存在能使得两个消费者状况都变好的其他交易。

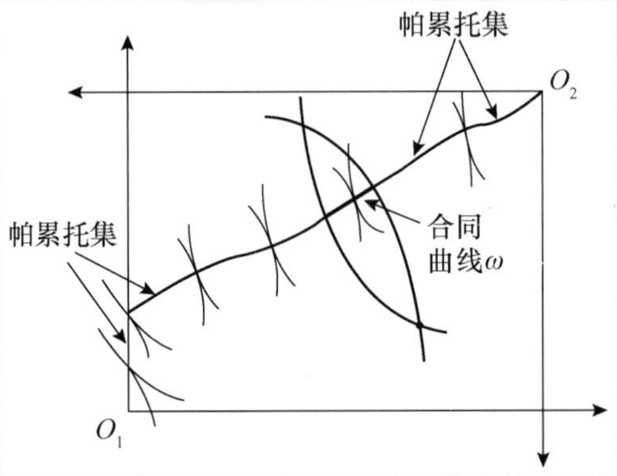

图 15. B. 12 帕累托集与合同曲线

现在我们能够验证一个简单但重要的事实了：**任何瓦尔拉斯均衡配置 x^* 均必定属于帕累托集。**为了看清这一点，注意到根据瓦尔拉斯均衡定义可知，预算线将与均衡配置 x^* 相伴的两个“至少一样好”集合隔开，如图 15. B. 7(a) 和图 15. B. 8 所示。这两个集合的唯一共同元素是 x^* 本身。因此，在任何均衡配置 x^* 上，均不存在使得一个消费者受益但又不损害另外一个消费者利益的其他可行配置。瓦尔拉斯配置产生了帕累托最优配置这个结论，是**福利经济学第一基本定理**的一种表达方法。我们在第 16 章中将介绍，福利经济学第一基本定理具有很大的一般性。另外，注意，由于每个消费者在瓦尔拉斯均衡中的状况必定至少与消费他的禀赋一样好，因此，任何瓦尔拉斯均衡必定位于帕累托集中的合同曲线那一段上。

福利经济学第一基本定理是完全竞争市场经济中的亚当·斯密“看不见的手”思想的正式表达。在完全竞争条件下，任何均衡配置都是帕累托最优的，在福利角度上政府干预经济的唯一可能理由，是为了完成分配目标。

在第 16 章，我们也将详细讨论**福利经济学第二基本定理**，它是福利经济学第一基本定理的（局部）逆命题。大致来说，福利经济学第二基本定理表明：在凸性假设下（福利经济学第一基本定理不需要这个假设），中央计划者可通过定额转移方式适当进行财富再分配，然后“让市场自己运行”，就能实现任何合意的帕累托最优配置。因此，在能否使用竞争市场来实现分配目标这个问题上，福利经济学第二基本定理在理论上给出了肯定答复。

定义 15.B.3 更为正式地给出了与定额财富再分配相伴的均衡概念。

定义 15.B.3：对于埃奇沃思盒内的配置 x^* 来说，如果存在价格体系 p^* 以及满足 $T_1+T_2=0$ 的转移 T_1 和 T_2，使得对于所有符合 $p^* \cdot x_i' \leqslant p^* \cdot \omega_i + T_i$ 的 $x_i' \in \mathbb{R}_+^2$ 都有 $x_i^* \succsim_i x_i'$，其中 $i=1$，2，那么我们说配置 x^* 是一个**伴有转移的均衡**(equilibrium with transfers)。

注意，在定义 15.B.3 中，转移之和等于零，这意味着中央计划者维持预算平衡，它只是将财富在消费者之间进行再分配。

在有了定义 15.B.3 之后，我们可以将福利经济学第二基本定理更正式地阐述如下：如果埃奇沃思盒内的两个消费者的偏好是连续、凸且强单调的，那么**任何帕累托最优配置都可以成为一个伴有转移的均衡**。图 15.B.13(a) 画出了这个结果，其中两个消费者的禀赋在点 ω。假设出于分配原因，社会想要的配置是帕累托最优配置 x^*。于是，如果税务部门在两个消费者之间实施的转移，使得预算线移动到图中指定的位置，那么价格向量 p^* 出清了商品 1 和 2 的市场，从而产生了配置 x^*。

15

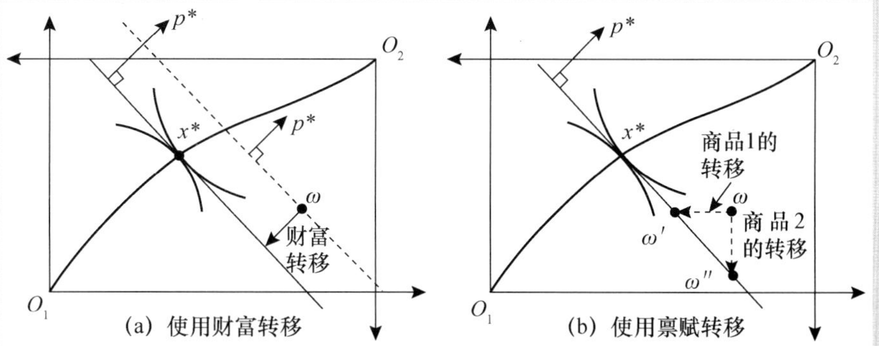

图 15.B.13　福利经济学第二基本定理

注意，这个转移也可以通过直接转移禀赋完成。正如图 15. B. 13(b) 所表明的，如果商品 1 的转移使得禀赋向量移动到 ω'，那么价格向量 p^* 和配置 x^* 构成了一个瓦尔拉斯均衡。如果商品 2 的转移使得禀赋向量移动到 ω''，也能产生这个瓦尔拉斯均衡。事实上，如果所有商品都能容易地转移，那么等价地，我们可以直接将禀赋向量移动到配置 x^*。从这个新的禀赋点来看，瓦尔拉斯均衡不涉及任何交易。①

图 15. B. 14 表明，如果消费者的偏好不是凸的，那么福利经济学第二基本定理可能不成立。在这个图中，$x^*=(x_1^*, x_2^*)$ 是个帕累托最优配置，但该配置无法成为伴有转移的均衡。在图中所示的预算线上，消费者 2 的需求为 x_2^*，但消费者 1 偏好的点不是 x_1^*（而是比如 x_1'）。由此可见，凸性是福利经济学第二基本定理的一个极其重要的假设前提。

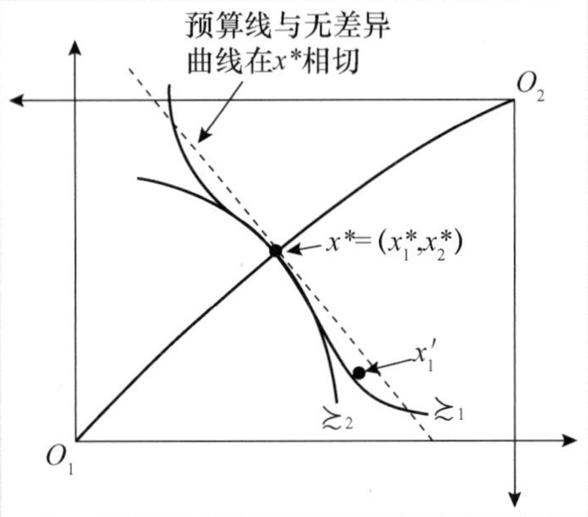

图 15. B. 14 在非凸偏好情形下，福利经济学第二基本定理不成立

图 15. B. 10(a) 给出了福利经济学第二基本定理不成立的另外一种情形。在这个图中，初始禀赋 ω 是个帕累托最优配置，但是它不可能成为伴有转移的均衡（你应该验证一下）。原因在于，这种情形违背了消费者偏好是强单调的假设。

关于埃奇沃思盒经济的进一步讨论，可以参考，比如 Newman (1965)。

15.C 由一个消费者与一个生产者组成的经济

现在我们引入生产因素。为了在最简单的架构内完成此事，假设社会存在两个价格接受者和两种商品。这两个价格接受者一个是消费者，另外一个是生产者。两种商品分别为消费者的劳动（或闲暇）以及生产者生产的消费品。②

---

① 在实践中，禀赋可能难以转移（例如，人力资本就是这样的），因此使用转移的能力（哪怕只能转移有限数量的商品）非常重要。值得注意的是，将禀赋直接转移到我们想要的帕累托最优配置有个迷人的特征：在转移之后，x^* 必定是**唯一的**瓦尔拉斯均衡配置（严格来说，我们需要假设消费者的偏好为严格凸）。

② 仅由一人组成的经济有时称为鲁滨逊·克鲁索经济 (Robinson Crusoe economies)。

消费者对闲暇 x_1 和消费品 x_2 的偏好 $\succsim$ 是连续、凸且强单调的。他的闲暇禀赋为 $\bar{L}$ 单位（例如，每天 24 小时），他的消费品禀赋为零。

企业使用劳动生产消费品，生产函数 $f(z)$ 是递增且严格凹的，其中 z 是企业使用的劳动数量。因此，为了生产产品，企业必须雇佣消费者，相当于从消费者手里购买一些闲暇。我们假设企业将价格视为给定的，并追求利润最大化。令 p 表示企业产品价格，w 表示劳动价格，企业的问题是

$$\underset{z \geqslant 0}{\text{Max}}\ pf(z) - wz \tag{15.C.1}$$

给定价格 (p, w)，企业的最优劳动需求为 $z(p, w)$，它的产量为 $q(p, w)$，利润为 $\pi(p, w)$。

与第 5 章一样，企业是由消费者所拥有。因此，在一个消费者、一个企业的经济中，我们假设这个消费者是企业的唯一所有者，他占有企业利润 $\pi(p, w)$。在价格接受者的假设之下，消费者通过劳动市场被自己（生产者角色）雇佣的这个想法，似乎比较荒诞。然而，请读者有点耐心。我们的目的是在最简单的架构内说明复杂的多人一般均衡模型的运行机理。①

令 $u(x_1, x_2)$ 为代表 $\succsim$ 的一个效用函数，给定价格 (p, w)，消费者的问题为

$$\begin{aligned} &\underset{(x_1, x_2) \in \mathbb{R}^2_+}{\text{Max}}\ u(x_1, x_2) \\ &\text{s. t. } px_2 \leqslant w(\bar{L} - x_1) + \pi(p, w) \end{aligned} \tag{15.C.2}$$

式（15.C.2）中的预算约束反映了消费者购买力的两个来源：当价格为 (p, w) 时，如果消费者提供 $(\bar{L} - x_1)$ 单位劳动，他用于购买消费品的总钱数，等于他的劳动收入 $w(\bar{L} - x_1)$ 加上他从企业得到的利润 $\pi(p, w)$。当价格为 (p, w) 时，我们将消费者在问题（15.C.2）中的最优需求记为 $(x_1(p, w), x_2(p, w))$。

这个经济的瓦尔拉斯均衡涉及使得消费品市场和劳动市场都出清的价格向量 (p^*, w^*)；也就是说，在这个价格向量上

$$x_2(p^*, w^*) = q(p^*, w^*) \tag{15.C.3}$$

$$z(p^*, w^*) = \bar{L} - x_1(p^*, w^*) \tag{15.C.4}$$

图 15.C.1 画出了这个单个消费者、单个企业的经济的问题。图 15.C.1(a) 描述的是企业的问题。与第 5 章一样，我们用横轴（负方向）衡量企业的劳动投入，用纵轴衡量企业产量。此图还画出了与生产函数 $f(z)$ 相伴的生产集，以及利润最大化的投入量 $z(p, w)$ 和产量 $q(p, w)$。

图 15.C.1(b) 改编了图 15.C.1(a)，使之表示消费者的问题。现在横轴也衡量闲暇和消费水平，注意原点在左下角的点 O_c。点 O_c 是怎么找到的？从原点 O_f 向左移动 $\bar{L}$ 单位即得到了点 O_c，也就是说，令线段 $[O_c, O_f]$ 的长度等于 $\bar{L}$（劳动

① 与 15.B 节的第一个注释一样，我们可以将企业和消费者想象为分别代表大量相同的企业和消费者。在本节末尾我们将稍微评价一下这种解释。

禀赋量)。这个图画出了消费者在价格为 (p, w) 且利润为 $\pi(p, w)$ 时的预算集(深色阴影部分)。注意,如果消费者消费 $\bar{L}$ 单位闲暇,那么由于他出售的劳动量为零,他可以购买 $\pi(p, w)/p$ 单位的消费品 x_2。因此,预算线在纵轴(q 轴)上的截距为 $\pi(p, w)/p$。另外,对于消费者销售的每单位劳动,他可以得到 w 美元,所以他可以购买 w/p 单位 x_2。因此,预算线的斜率为 $-(w/p)$。注意,消费者的预算线正好是与图 15.C.1(a) 中企业利润最大化问题的解相伴的等利润线,也就是能产生利润 $\pi(p, w)$ 的点集 $\{(-z, q): pq-wz=\pi(p, w)\}$。

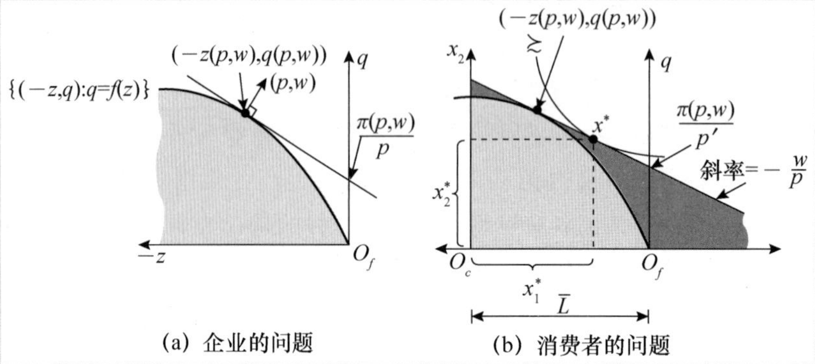

图 15.C.1

图 15.C.1(b) 画出的价格不是均衡价格;在这些价格上,劳动是超额需求的(企业想要的劳动量大于消费者愿意供给的劳动量),而消费品 x_2 是超额供给的。图 15.C.2 画出了能使两个市场同时出清的一个均衡价格向量 (p^*, w^*)。

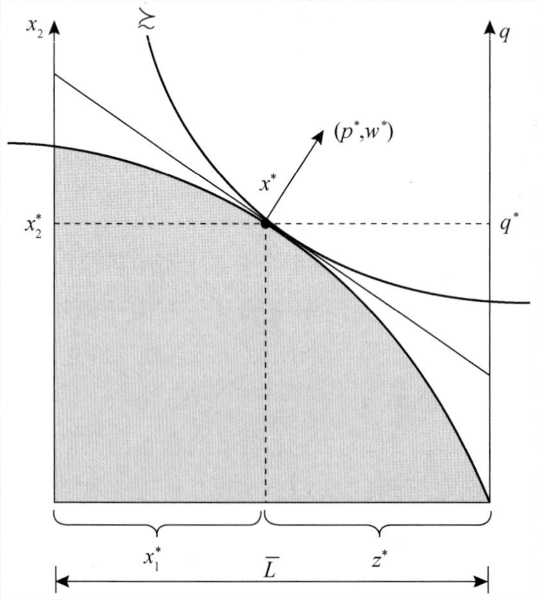

图 15.C.2 一个瓦尔拉斯均衡

图 15.C.2 提供了一个非常重要的事实：**某个消费品-闲暇组合是竞争均衡组合当且仅当它使得消费者面对技术和禀赋约束时能最大化自己的效用**。也就是说，瓦尔拉斯均衡配置与下列情形下的配置是相同的，即中央计划者以最大化消费者效用的方式运行经济而得到的配置。因此，此处我们得到了福利经济学基本定理：任何瓦尔拉斯均衡都是帕累托最优的，而且任何帕累托最优配置都可以成为瓦尔拉斯均衡。①

图 15.C.3(a) 再一次表明偏好为凸性的假设对于福利经济学第二基本定理是不可或缺的。在这个图中，配置 x^* 使得消费者的福利最大化，但是对于唯一支持 x^* 成为效用最大商品束的相对价格来说，企业的利润甚至都没有达到局部最大（即，在相对价格 w/p 上，存在充分接近 x^* 的产量使得企业利润更大）。相反，福利经济学第一基本定理即使在非凸情形下也仍然成立。正如图 15.C.3(b) 所表明的，在可行生产集中，任何瓦尔拉斯均衡都能使得消费者的福利最大。

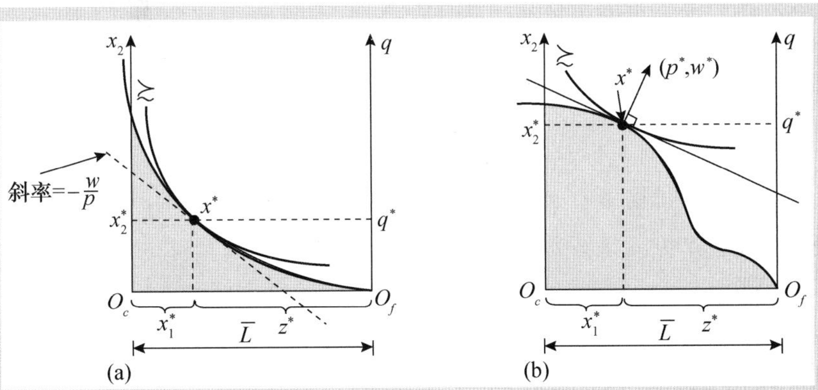

图 15.C.3　(a) 非凸生产技术使得福利经济学第二基本定理不成立；(b) 即使生产技术为非凸的，福利经济学第一基本定理也仍然成立

在某些情形下，本节模型可以视为更为一般的经济的结果：将“企业”视为代表性生产者（参考 5.E 节），将“消费者”视为代表性消费者（参考 4.D 节）即可。前者总是可行的，但是后者［即，存在（规范的）代表性消费者］要求更强的条件。然而，如果经济由很多有着相同的凹效用函数和相同的初始禀赋的消费者组成，而且如果社会有着严格凹的社会福利函数（其中，上述这些消费者是对称的），那么就存在一个（规范的）代表性消费者，他的效用函数与消费者群体在人均消费水平上的效用函数相同。②（我们也可以将代表性企业的投入和产出选择视为基于人均之上。）代表性消费者在什么样的条件下才会存在？对于这个问题，请参考 4.D 节。

① 在仅由一人组成的经济中，帕累托最优检验简化为下列问题：（在可行性约束下）此人的效用是否达到最大。注意，给定偏好的凸性和总生产集严格凸的假设，存在唯一帕累托最优消费向量（以及唯一均衡）。

② 为了看清这一点，注意到，财富在消费者之间均分（这就是此处的情形：给定消费者相同的禀赋，不进行任何转移）能够使得对于任何价格向量和总财富水平，社会福利均达到最大。

15.D 2×2生产模型

在本节，我们重点讨论生产的一般均衡效应。

假设社会生产部门由 J 个企业组成，每个企业都直接使用由 L 种原始要素（即，不是企业生产出来的要素）组成的向量 $z_j=(z_{1j},\cdots,z_{Lj})\geq 0$ 生产消费品 q_j。[①] 企业 j 的生产函数 $f_j(z_j)$ 是凹、严格递增以及可微的。注意到，不存在中间产品，即不存在用作要素的商品。L 种原始要素的禀赋为 $(\bar{z}_1,\cdots,\bar{z}_L)\gg 0$。这些禀赋最初由消费者们拥有，其唯一用途是作为生产要素（即，消费者不希望消费它们）。

为了重点考察生产要素市场，我们假设 J 种消费品的价格固定为 $p=(p_1,\cdots,p_J)$，这个假设最明显的例子是小型开放经济，它在世界消费品市场中的贸易决策对这些消费品的世界价格几乎没有影响。[②] 消费品在世界市场上销售，然而生产要素在国家间是不可流动的，因此只能用于国内生产过程。

我们关注的核心问题是要素市场的均衡；也就是说，我们想确定均衡要素价格 $w=(w_1,\cdots,w_L)$ 以及要素禀赋在 J 个企业之间的配置。[③]

给定产品价格 $p=(p_1,\cdots,p_J)$ 和要素价格 $w=(w_1,\cdots,w_L)$，企业 j 的利润最大化生产方案是下列问题的解

$$\underset{z_j\geq 0}{\text{Max}}\ p_j f_j(z_j)-w\cdot z_j$$

我们用 $z(p,w)\subset\mathbb{R}_+^L$ 表示企业 j 在给定价格 (p,w) 情形下的最优要素需求集。由于消费者不直接使用他们的要素禀赋，只要要素价格 w_l 严格为正（在此处我们只考虑这种情形），总要素供给就为 $(\bar{z}_1,\cdots,\bar{z}_L)$。因此，给定固定不变的产品价格 p，要素市场的一个均衡由要素价格向量 $w^*=(w_1^*,\cdots,w_L^*)\gg 0$ 和要素配置 $(z_1^*,\cdots,z_J^*)=((z_{11}^*,\cdots,z_{L1}^*),\cdots,(z_{1J}^*,\cdots,z_{LJ}^*))$ 组成，它们要能使得每个企业在价格 (p,w^*) 下得到自己想要的要素需求，并且使得所有市场出清；即，使得

$$z_j^*\in z_j(p,w)\qquad \text{对于所有 } j=1,\cdots,J \text{ 均成立}$$

而且

$$\sum_j z_{lj}^*=\bar{z}_l\qquad \text{对于所有 } l=1,\cdots,J \text{ 均成立}$$

15

① 某些产品可能相同，也就是说，企业 j 和 j' 生产的产品可能相同。

② 价格 $i=1$，2 也可以是内生决定的，请参考习题 15.D.4。

③ 注意，在确定了要素价格和配置之后，每个消费者的需求可由他的需求函数推出［给定外生价格 $(p_1,\cdots,p_J)$、因销售要素而得到的财富以及利润分配］。记住，当前的模型假设这个需求是由世界市场来满足的。

由于企业的生产函数是凹的，在刻画最优要素需求方面，一阶条件既是必要条件又是充分条件。因此，由要素配置（z_1^*，…，z_J^*）$\in \mathbb{R}_+^{LJ}$ 和要素价格 $w^*=(w_1^*$，…，$w_L^*)$ 组成的 $L(J+1)$ 个变量构成了一个均衡当且仅当它们满足下列 $L(J+1)$ 个方程（此处我们假设存在内部解）：

$$p_j \frac{\partial f_j(z_j^*)}{\partial z_{lj}}=w_l^* \quad 对于\ j=1,\cdots,J\ 和\ l=1,\cdots,L\ 成立 \tag{15. D. 1}$$

以及

$$\sum_j z_{lj}^* = \bar{z}_l \quad 对于\ l=1,\cdots,L\ 成立 \tag{15. D. 2}$$

于是均衡产量水平为：$q_j^*=f_j(z_j^*)$，其中 $j=1$，…，J。

我们也可以使用企业成本函数 $c_j(w,\ q_j)$（其中 $j=1$，…，J）来表达产量和要素价格的均衡条件。产量水平（q_1^*，…，q_J^*）$\gg 0$ 和要素价格 $w^*=(w_1^*$，…，$w_L^*)\gg 0$ 构成了一个均衡当且仅当下列条件成立：

$$p_j=\frac{\partial c_j(w^*,q_j^*)}{\partial q_j} \quad 对于\ j=1,\cdots,J\ 成立 \tag{15. D. 3}$$

$$\sum_j \frac{\partial c_j(w^*,q_j^*)}{\partial w_l} = \bar{z}_l \quad 对于\ l=1,\cdots,L\ 成立 \tag{15. D. 4}$$

条件（15. D. 3）和条件（15. D. 4）构成了一个含有（$L+J$）个外生变量（w_1，…，w_L）和（q_1，…，q_J）的具有（$L+J$）个方程的方程组。条件（15. D. 3）是说，给定价格 p 和 w^*，每个企业必定在利润最大的产量水平上。如果事实如此，企业 j 对第 l 种要素的最优需求为 $z_{lj}^*=\partial c_j(w,\ q_j^*)/\partial w_l$（这是谢泼德引理；参见命题 5. C. 2）。因此，条件（15. D. 4）是要素市场出清条件。

在更详细地考察均衡要素配置的确定问题之前，注意到在这个模型中，均衡要素配置（z_1^*，…，z_J^*）正好是收入最大化的中央计划者选择的要素配置，因此我们有了竞争配置的福利最大化性质（福利经济学第一基本定理）的另外一种表达方式。为了看清这一点，考虑中央计划者面临的问题：它负责协调社会的要素配置来实现社会生产活动的总收入最大化①：

$$\begin{aligned} &\underset{(z_1,\cdots,z_J)\geqslant 0}{\mathrm{Max}} \sum_j p_j f_j(z_j) \\ &\text{s. t. } \sum\nolimits_j z_j = \bar{z} \end{aligned} \tag{15. D. 5}$$

如何将均衡要素配置（z_1^*，…，z_J^*）与这个中央计划者想要的配置进行比较？我们在 5. E 节已经知道，对于 J 个价格接受企业来说，它们的利润最大化行为，与企业在价格 p 和 w^* 给定时追求联合利润最大化的行为是相容的。也就是说，要素

① 注意，追求社会范围内生产活动收入最大化是任何追求消费者福利最大化的中央计划者的目标，因为这样做能使得消费者在固定不变的世界价格上对消费品的购买量达到最大。

15

需求（z_1^*，…，z_J^*）是下列问题的解：

$$\underset{(z_1,\cdots,z_J)\geqslant 0}{\mathrm{Max}} \sum_j (p_j f_j(z_j) - w^* \cdot z_j) \tag{15.D.6}$$

由于 $\sum_j z_j^* = \bar{z}$（根据市场出清的均衡性质），所以要素需求（z_1^*，…，z_J^*）必定是约束条件为 $\sum_j z_j = \bar{z}$ 的问题（15.D.6）的解。但这意味着要素需求（z_1^*，…，z_J^*）实际上也是问题（15.D.5）的解：如果我们必须有 $\sum_j z_j = \bar{z}$，那么总成本 $w^* \cdot (\sum_j z_j)$ 是给定的，因此联合利润最大化问题（15.D.6）化简为收入最大化问题（15.D.5）。

我们在上面得到的性质有个用途：在寻找均衡要素配置时，我们不必先行计算均衡要素价格，只需直接求问题（15.D.5）即可。它也提供了均衡要素价格的另外一种解释。为了看清这一点，再次考虑联合利润最大化问题（15.D.6）。这个问题的另一个解法是先求出以货币衡量的总生产函数：

$$f(z) = \underset{(z_1,\cdots,z_J)\geqslant 0}{\mathrm{Max}} \; p_1 f_1(z_1) + \cdots + p_J f_J(z_J)$$

$$\text{s.t.} \sum_j z_j = z$$

于是，总要素需求必定是问题 $\mathrm{Max}_{z\geqslant 0}(f(z) - w \cdot z)$ 的解。对于每个 l，这个问题的一阶条件为 $w_l = \partial f(z)/\partial z_l$。然而，在均衡点上，要素 l 的总使用量必定正好为 $\bar{z}_l$。因此，要素 l 的均衡价格必定为 $w_l = \partial f(\bar{z})/\partial z_l$；也就是说，要素 l 的价格必定正好等于它的总边际生产率（用收入衡量）。由于 $f(\cdot)$ 是凹的，上述结论本身有着一些有趣的比较静态性质。例如，某种要素禀赋量的变化必定使得该要素均衡价格向相反方向变化。

15

现在我们更具体一些，令 $J=L=2$，因此我们的经济是用两种原始要素生产两种产品。假设生产函数 $f_1(z_{11}, z_{21})$，$f_2(z_{12}, z_{22})$ 是一次齐次的（因此生产技术是规模报酬不变的；参考 5.B 节）。这个模型称为 2×2 生产模型。在实践中，我们通常将要素 1 视为劳动，将要素 2 视为资本。

对于每个要素价格向量 $w=(w_1, w_2)$，我们用 $c_j(w)$ 表示生产一单位商品 j 的最小成本，用 $a_j(w)=(a_{1j}(w), a_{2j}(w))$ 表示能达到上述最小成本的要素组合（假设该组合为唯一的）。从命题 5.C.2 可知，$\nabla c_j(w)=(a_{1j}(w), a_{2j}(w))$。

图 15.D.1(a) 画出了企业 j 的单位等产量线

$$\{(z_{1j}, z_{2j}) \in \mathbb{R}_+^2 : f_j(z_{1j}, z_{2j}) = 1\}$$

以及成本最小的投入组合（$a_{1j}(w)$，$a_{2j}(w)$）。在图 15.D.1(b) 中，我们画出了单位成本函数的一条水平线 $\{(w_1, w_2): c_j(w_1, w_2) = \bar{c}\}$。这条曲线是向下倾斜的，因为随着 w_1 的上升，为了维持生产一单位商品 j 的最小成本不变，w_2 必须下降。

另外，集合 $\{(w_1, w_2): c_j(w_1, w_2) \geqslant \bar{c}\}$ 是凸集，这是因为成本函数 $c_j(w)$ 关于 w 是凹的。注意，在点 $\bar{w}=(\bar{w}_1, \bar{w}_2)$ 垂直于水平曲线的向量 $\nabla c_j(\bar{w})$ 正好为 $(a_{1j}(\bar{w}), a_{2j}(\bar{w}))$。当我们沿着水平曲线向更高 w_1、更低 w_2 的位置移动时，比率 $a_{1j}(w)/a_{2j}(w)$ 下降。

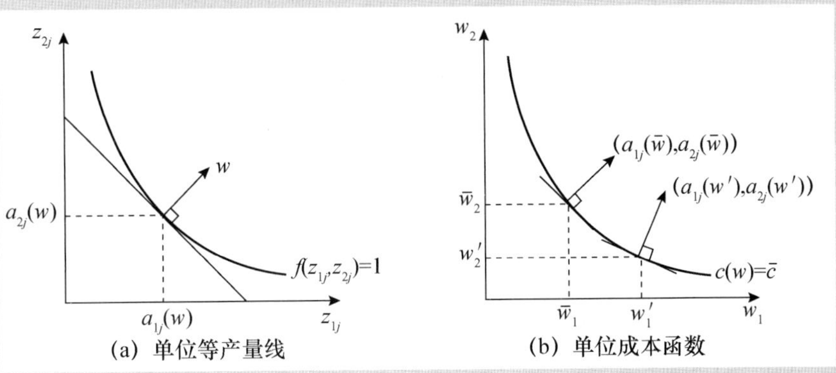

图 15. D. 1

首先考虑这个模型的有效率的要素配置。在图 15. D. 2 中，我们用 $\bar{z}_1 \times \bar{z}_2$ 埃奇沃思盒中的点表示要素禀赋在两个企业之间的可能配置。我们从西南角衡量企业 1 使用的要素数量，从东北角衡量企业 2 使用的要素数量。我们还在这个盒中画出了两个企业的等产量线。一方面，图 15. D. 2(a) 画出了两企业之间的一个无效率的投入配置 z：斜线区域内部的任何配置带来的两种产品的产量都比配置 z 的产量高。另一方面，图 15. D. 2(b) 画出了要素配置的帕累托集，即给定总要素禀赋，我们已无法找到使两种产品产量都更高的禀赋。换句话说，如果多生产一种产品，就必然会降低另外一种产品的产量。

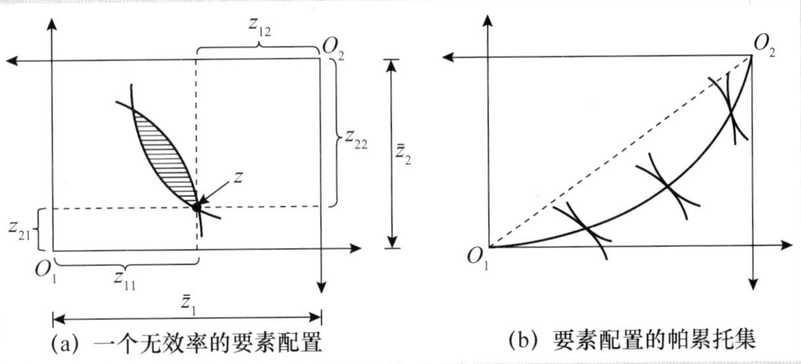

图 15. D. 2

帕累托集（终点除外）中的配置必定全部位于埃奇沃思盒对角线的上方，或全部位于该对角线下方［如图 15. D. 2(b) 所示］，或与该对角线重合。如果帕累托集与对角线相交，那么由于规模报酬不变，两企业的等产量线必定沿着这条对角线相切，因此对角线必定是帕累托集（参见习题 15. B. 7)。而且，你应该证明下列断言。

习题 15. D. 1：假设 2×2 生产模型的帕累托集不与埃奇沃思盒对角线重合。

(a) 证明在这种情形下，在帕累托集的每个点上，一个企业的要素密集度（企业使用要素 1 的数量与要素 2 的数量之比）大于另外一个企业的要素密集度。

(b) 证明在这种情形下，从任何一个企业原点出发的射线与帕累托集至多相交一次。证明当我们沿着帕累托集从一个原点向另外一个运动时，任何一个企业的要素密集度以及相应的相对要素价格都是单调变化的。

在图 15. D. 3 中，我们画出了使用经济中所有要素能生产出的非负产量集 (q_1, q_2)，这个集合称为**生产可能集**（production possibility set)。这个集合边界上的产量组合来自图 15. D. 2(b) 中帕累托集中的要素配置。(习题 15. D. 2 要求读者证明生产可能集是凸的，如图 15. D. 3 所示。)

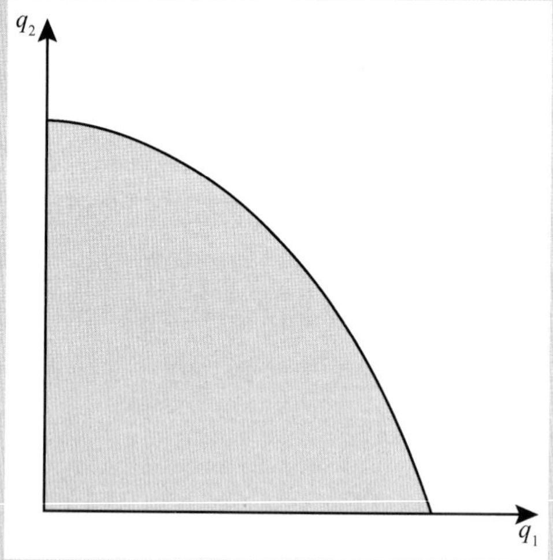

图 15. D. 3 生产可能集

为了进一步考察均衡要素配置 (z_1^*, z_2^*) 和相应的均衡要素价格 $w^* = (w_1^*, w_2^*)$，我们现在假设这两个企业的**要素密集度**（factor intensities）是对称的。具体来说，我们假设相对于商品 2 来说，商品 1 对要素 1 的需求更大。定义 15. D. 1 给出了所谓“需求更大”的准确含义。

定义 15. D. 1：在商品 1 和 2 的生产中，如果在生产要素**所有**价格 $w=(w_1, w_2)$ 上都有

$$\frac{a_{11}(w)}{a_{21}(w)}>\frac{a_{12}(w)}{a_{22}(w)}$$

那么**相对于**商品 2 的生产来说，商品 1 是**要素 1 密集型的**。(记住要素 a_{ij} 的第一个下标表示要素而第二个下标表示产品。)

为了确定均衡要素价格，假设我们有一个**内部均衡**（interior equilibrium)，其

中两商品的产量水平都严格为正［否则，我们说均衡是**专业化的**（specialized）］。给定规模报酬不变假设，要素价格（w_1，w_2）成为内部均衡要素价格的必要条件是它满足方程组

$$c_1(w_1, w_2) = p_1 \quad 和 \quad c_2(w_1, w_2) = p_2 \tag{15.D.7}$$

也就是说，在任何内部均衡上，价格必定等于单位成本。由此我们得到了含有两个未知数即 w_1 和 w_2 的两个方程。①

图 15.D.4 画出了式（15.D.7）中的两个单位成本函数。根据式（15.D.7）可知，（$\hat{w}_1$，$\hat{w}_2$）成为内部均衡要素价格的必要条件是这些曲线在（$\hat{w}_1$，$\hat{w}_2$）相交。而且，要素密集度假设意味着当这两条曲线相交时，企业 2 的曲线必定比企业 1 的曲线更平坦［记住$\nabla c_j(w) = (a_{1j}(w), a_{2j}(w))$］。由此可知这两条曲线至多相交一次。② 因此，在要素密集度假设条件下，至多有一个要素价格组合能成为内部均衡要素价格组合。③

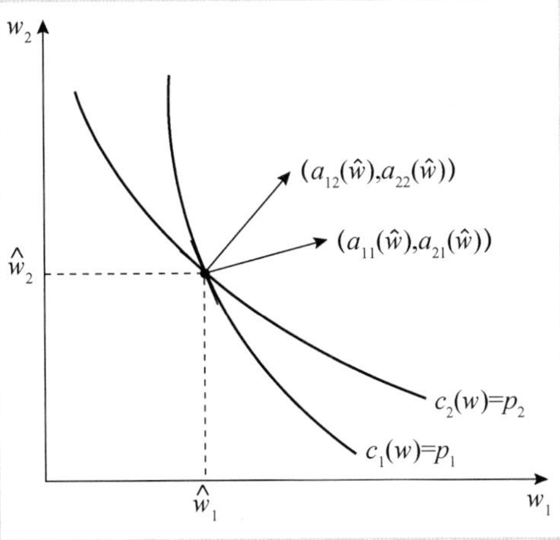

图 15.D.4 在一个内部均衡点上的均衡要素价格和要素密集度

如果知道了均衡要素价格 w^*，那么我们可以使用几何方法找到均衡产量水平：在埃奇沃思盒中确定唯一点（z_1^*，z_2^*），使得在要素价格为 w^* 时两企业的要素密

---

① 式（15.D.7）是式（15.D.3）的规模报酬不变版本。注意规模报酬不变假设使得式（15.D.3）与产量水平（q_1，…，q_J）无关（对于内部均衡来说）。

② 如果它们相交两次以上，那么企业 2 的曲线必定至少有一次是从上方穿过企业 1 的曲线，在这个交点上，企业 2 的曲线将比企业 1 的曲线更陡峭，这违背了我们的要素密集度（企业 1 是要素 1 密集型的）假设。

③ 然而，请注意，尽管（$\hat{w}_1$，$\hat{w}_2$）可能是式（15.D.7）的解，但这不是（$\hat{w}_1$，$\hat{w}_2$）成为均衡要素价格的充分条件。具体来说，尽管（$\hat{w}_1$，$\hat{w}_2$）是式（15.D.7）的解，但可能不存在任何内部均衡。在习题 15.D.6 中，读者需要证明在要素密集度假设条件下，在均衡处两种产品的产量都为正当且仅当

$$\frac{a_{11}(\hat{w})}{a_{21}(\hat{w})} > \frac{\bar{z}_1}{\bar{z}_2} > \frac{a_{12}(\hat{w})}{a_{22}(\hat{w})}$$

其中，$\hat{w} = (\hat{w}_1, \hat{w}_2)$ 是式（15.D.7）的唯一解。用文字表达就是，如果在均衡处两种产品的产量都为正，那么整体经济的要素密集度必定介于这两个企业的密集度之间。

集度为

$$\frac{z_{11}^*}{z_{21}^*}=\frac{a_{11}(w^*)}{a_{21}(w^*)} \quad 和 \quad \frac{z_{12}^*}{z_{22}^*}=\frac{a_{12}(w^*)}{a_{22}(w^*)}$$

如图 15. D. 5 所示。

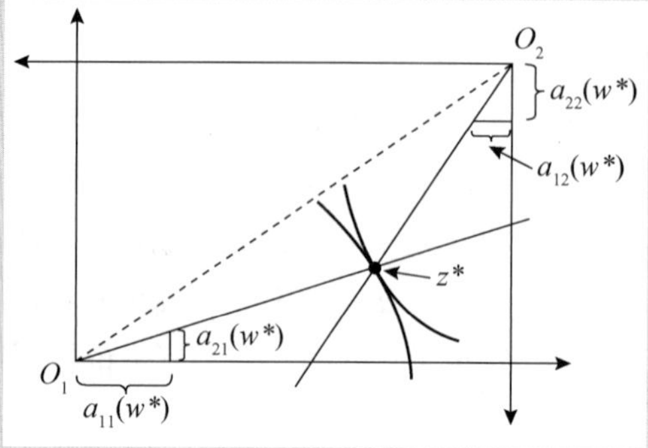

图 15. D. 5 均衡要素配置

这个讨论的一个重要结论是，在 2×2 生产模型中，如果要素密集度条件成立，那么只要经济不是专业化生产一种产品［因此式（15. D. 7）成立］，那么均衡要素价格**仅取决于两个企业的生产技术和产品价格 $\boldsymbol{p}$**。因此，禀赋水平的影响仅是它在多大程度上决定了经济是否专业化生产一种产品。这个结论在国际贸易文献中称为**要素价格均等化定理**（factor price equalization theorem）。这个定理说明了在什么样的条件下，非交易性生产要素的价格才能在非专业化国家间均等化。这些条件包括可交易的消费品、各个国家生产技术相同、价格接受行为等。

15

现在我们提供两个比较静态分析。首先我们关心：某种产品价格比如 p_1 变化如何影响均衡要素价格和要素配置。图 15. D. 6(a) 画出了图 15. D. 4 中产品价格变化引起的均衡要素价格变化。商品 1 价格 p_1 上升使得企业 1 的曲线［集合 $\{(w_1, w_2): c_1(w_1, w_2)=p_1\}$］向外移动到更高的要素价格水平上；这两个企业的曲线的交点沿着企业 2 的曲线向外移动到 w_1 更高、w_2 更低的水平上。

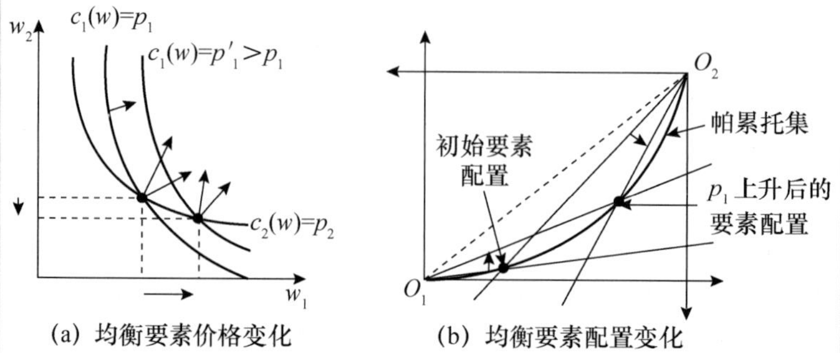

图 15. D. 6 斯托珀-萨缪尔森定理

命题 15. D. 1 正式给出了上述讨论的结果。

命题 15. D. 1：［**斯托珀-萨缪尔森定理**（Stolper-Samuelson Theorem）］在 2×2 生产模型中，假设要素密集度条件成立，如果产品 j 的价格 p_j 上升，那么产品 j 密集使用的那种要素的价格将上升，而另外一种要素的价格将下降（假设价格变化前后都存在着内部均衡）。①

证明：我们在此提供一个与图 15. D. 6 的几何分析方法相伴的正式证明。注意，我们只要证明这个结论对于无穷小变化 $dp=(1,\ 0)$ 成立就足够了。

对条件（15. D. 7）求微分，我们有

$$dp_1=\nabla c_1(w^*)\cdot dw=a_{11}(w^*)dw_1+a_{21}(w^*)dw_2$$

$$dp_2=\nabla c_2(w^*)\cdot dw=a_{12}(w^*)dw_1+a_{22}(w^*)dw_2$$

或以矩阵符号表示，

$$dp=\begin{bmatrix} a_{11}(w^*) & a_{21}(w^*) \\ a_{12}(w^*) & a_{22}(w^*) \end{bmatrix} dw$$

将此 2×2 矩阵记为 A。要素密集度假设意味着 $|A|=a_{11}(w^*)a_{22}(w^*)-a_{12}(w^*)a_{21}(w^*)>0$。因此 A^{-1} 存在，计算出 A^{-1}：

$$A^{-1}=\frac{1}{|A|}\begin{bmatrix} a_{22}(w^*) & -a_{21}(w^*) \\ -a_{12}(w^*) & a_{11}(w^*) \end{bmatrix}$$

因此，A^{-1} 的对角线上的元素是正的，其他元素都是负的。由于 $dw=A^{-1}dp$，这意味着对于 $dp=(1,\ 0)$，我们有 $dw_1>0$ 和 $dw_2<0$，这正是我们想要的。■

15

我们已经看到，如果 p_1 上升，那么 w_1^*/w_2^* 将上升。因此，两个企业的使用要素 1 的密集度必定下降。图 15. D. 6(b) 画出了 p_1 上升导致的均衡要素配置的变化。由此图可知，要素配置移动到帕累托集中一个新的点上，在这个点上，商品 1 的产量上升了、产品 2 的产量下降了。

下面看第二个比较静态分析。假设要素 1 的总禀赋量从 $\bar{z}_1$ 增加到 $\bar{z}_1'$。它对均衡要素价格和产品产量水平有何影响？由于产品价格和生产技术都未变，要素价格维持不变（只要经济不是专业化的），因此，要素密集度也未变。于是，在图

---

① 习题 15. D. 3 强化了这个结论。我们还注意到，严格来说，这个结论不要求要素密集度条件。原因在于，正如我们在习题 15. D. 1 中所看到的，在要素配置帕累托集上，更密集使用一种要素（比如要素 1）的是同一个企业。例如，假设我们处于图 15. D. 2(b) 中（企业 1 更密集使用要素 1），那么当 p_1 上升时，由图 15. D. 3 以及本节前面所说的均衡的总收入最大化性质可知，产品 1 产量增加而产品 2 产量下降。这意味着我们沿着图 15. D. 2(b) 中的帕累托集向企业 2 的原点移动。因此，两个企业的要素 1 的密集度都下降了（参考习题 15. D. 1）。因此，均衡要素价格比 w_1^*/w_2^* 必定上升。最后，由于企业 2 仍然盈亏平衡而且它的产品价格未发生变化，这意味着 w_1^* 上升、w_2^* 下降。

15. D. 7 的埃奇沃思盒中，新的要素配置容易确定：我们只要找到（要素密集度未发生变化的）这两条射线的新交点即可。

因此，我们由图 15. D. 7 可得到命题 15. D. 2 中的结论。

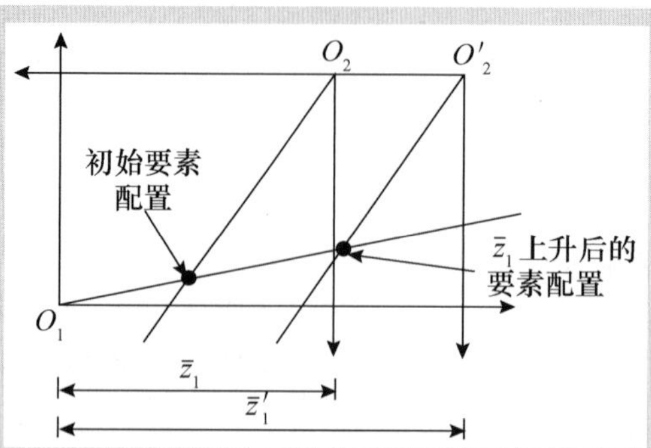

图 15. D. 7　罗伯津斯基定理

命题 15. D. 2：［**罗伯津斯基定理**（Rybcszynski Theorem）］在 2×2 生产模型中，假设要素密集度条件成立，如果某种要素的禀赋增加，那么相对更密集使用这种要素的产品的产量增加，另外一种产品的产量下降（假设此要素禀赋量变化前后都存在内部均衡）。

对于 2×2 生产模型的进一步讨论，可参见 Johnson（1971）。

考虑更一般的情形：要素种类 L 和产品种类 J 为任意个的情形。对于给定的产品价格，零利润条件［即，类似于式（15. D. 7）的一般表达式］构成了含有 L 个未知数、J 个方程的（非线性）方程组。如果 $L>J$，那么未知数过多，我们不能期望零利润条件本身就能决定要素价格。总要素禀赋将会发生作用。如果 $J>L$，那么方程过多，对于各种商品的世界价格来说，这些方程不可能同时得到满足。这意味着社会专业化生产的商品种类等于要素种类 L。商品集的选择也可能取决于要素禀赋。我们已经知道，我们使用 2×2 生产模型是为了方便说明。对于 $L=J$ 情形，你可能认为它与 2×2 生产模型没多大区别。然而，我们需要指出，在这种情形下，零利润条件是非线性的，而且为了保证唯一解（以及 $L\times L$ 版本的斯托珀-萨缪尔森定理和罗伯津斯基定理成立），我们需要更一般的要素密集度条件。这些一般性的条件是存在的，但相对于 2×2 生产模型来说，这些条件难以从经济学意义上进行解释。

15.E　一般均衡理论与局部均衡理论

很多问题在本质上都是一般均衡问题。在经济增长、人口变化、国际经济关系或货币政策上，如果仅分析少数几种商品而不考虑整体经济的反馈效应，那么由此得出的结论很难让人信服。

在市场或相关市场系统的局部均衡模型中，需要确定的内生变量为价格、利润、产量和研究者感兴趣的其他变量，这些模型假设上述内生变量的变化对事先设定的需求曲线或成本曲线没有影响。在一般均衡理论中，个人财富是另外一个被视为内生的变量，但是在局部均衡理论中，它通常被当作外生变量。

在适合使用局部均衡方法的问题中，如果使用一般均衡方法得出的结论与局部均衡方法一样，那么一般均衡方法就没有多大意义。在这种情形下，一般均衡方法仅有的作用是它确认了我们的局部均衡结论是正确的，但它没有改变我们对市场是如何运行的观点。然而，事情远非那么简单。使用局部均衡方法还是一般均衡方法并不是无所谓的。下面我们举例［参见 Bradford（1978）］说明在某些情形下，使用局部均衡方法会产生误导。关于局部均衡理论在什么样的条件下（近似）合理，可以参考 3.I 节和 10.G 节。

例子：税收归宿分析

假设某个经济体由很多（比如 N 个）城镇组成。每个城镇只有一个企业，它是个价格接受者，通过严格凹的生产函数 $f(z)$ 生产一种消费品（再一次地，为了让价格接受者假设更合理一些，我们可以将模型解释为每个乡镇拥有很多相同的企业）。各个城镇企业生产的这种消费品是同质的，它在全国性的市场上销售。该经济体一共有 M 单位劳动，由工人们供给，每个工人的劳动供给都是无弹性的。工人的效用全部来自企业的产品。工人可以在城镇之间自由流动，以便获取最高工资。我们将消费品的价格标准化为 1，以 w_n 表示城镇 n 劳动市场的工资率。

由于工人为获取最高工资而在城镇之间自由流动，在均衡处，各个城镇的工资率必定相等，也就是说，我们必定有 $w_1=\cdots=w_N=\overline{w}$。从问题的对称性来看，均衡时每个企业雇佣的劳动必定正好为 M/N 单位。所以，均衡工资率必定为 $\overline{w}=f'(M/N)$。因此，每个企业的均衡利润为 $f(M/N)-(M/N)\times f'(M/N)$。

现在假设城镇 1 对本镇企业使用的劳动征税。我们考察税收归宿（tax incidence）问题，即工人和企业（准确地说，企业主）各承担多少税收。如果税率为 t 且城镇 1 的工资为 w_1，那么城镇 1 企业的劳动需求量是满足 $f'(z_1)=t+w_1$ 的 z_1。在这个点上，由于 N 很大，我们可能自然认为其他城镇的工资 $\overline{w}$ 不受城镇 1 这种变化的影响。而且，由于劳动可自由流动，城镇 1 工人的劳动供给对应（supply correspondence）：为 0，当 $w_1<\overline{w}$ 时；为∞，当 $w_1>\overline{w}$ 时；为 $[0,\infty]$，当 $w_1=\overline{w}$ 时。因此，从局部均衡角度看，城镇 1 劳动市场均衡工资仍等于 $\overline{w}$，城镇 1 企业雇佣的劳动量下降到使得 $f'(z_1)=t+\overline{w}$ 的 z_1（所以，有些劳动转移到其他城镇）。因此，通过对城镇 1 劳动市场局部均衡分析，我们断言工人的收入维持不变，城镇 1 以外企业的利润维持不变。只有城镇 1 企业的利润下降了。此处的定性结论是：企业（准确地说，企业主）承担了全部税收。由于劳动能够自由流动而且未被征税企业数量很大，所以工人承担的税收为零。

然而，这个结论是严重错误的，如果使用一般均衡方法，上述结论就会被推翻。

现在我们考察所有城镇各个劳动市场之间的一般均衡。我们知道，一般均衡工资率必定为 $w_1=\cdots=w_N=\bar{w}$，而且所有 M 单位劳动都得到雇佣。令 $w(t)$ 为市场 1 的税率为 t 时的均衡工资率。根据对称性，城镇 2，…，N 的每个企业将雇佣相同的劳动量 $z(t)$。令 $z_1(t)$ 表示当城镇 1 的税率为 t 时，城镇 1 企业的均衡劳动需求。于是，均衡条件为

$$(N-1)z(t)+z_1(t)=M \tag{15.E.1}$$

$$f'(z(t))=w(t) \tag{15.E.2}$$

$$f'(z_1(t))=w(t)+t \tag{15.E.3}$$

考虑微小税率 dt 对工资的影响。从式（15.E.1）解出 $z_1(t)$，代入式（15.E.3），然后关于 t 求微分并求其在 $t=0$ 的值［在这个点上，$z_1(0)=z(0)=M/N$］，可得

$$-f''(M/N)(N-1)z'(0)=w'(0)+1 \tag{15.E.4}$$

但是从式（15.E.2）可得

$$f''(M/N)z'(0)=w'(0) \tag{15.E.5}$$

将式（15.E.5）代入式（15.E.4）可得

$$w'(0)=-\frac{1}{N}$$

因此，一旦考虑了一般均衡效应，我们看到，城镇 1 征税后，所有城镇的工资率都下降了。然而，我们看到当 N 变大时，工资率的下降量趋近于零。因此，在这个点上，似乎局部均衡方法在 N 很大时给出的答案是正确的。但事实并非如此。考虑税收对总利润的影响。局部均衡方法告诉我们工人的税收负担为零；企业承担了全部税收。但是，令 $\pi(w)$ 表示代表性企业的利润函数，由征税引起的总利润变化为[①]：

$$(N-1)\pi'(\bar{w})w'(0)+\pi'(\bar{w})(w'(0)+1)=\pi'(\bar{w})\left(-\frac{N-1}{N}+\frac{N-1}{N}\right)=0$$

所以，总利润维持不变！因此，全部税收都由工人承担，而不是由企业主承担。尽管局部均衡方法在预测价格和工资方面大致准确，但由这个偏差导致它对税收归宿的分析结论是完全错误的。我们已经看到，在税收归宿方面，它预测的结果与一般均衡方法完全相反。[②]

① 我们已经知道，城镇 1 企业的利润为 $\pi(w(t)+t)$。

② 需要注意，我们在 3. I 节和 10. G 节用微小个人预算份额说明了局部均衡分析是合理的，但是这种理由不适用于此处，这是因为在本例中“消费品”（不同城镇的工作）是完全替代的，因此，无法保证个人预算份额在所有价格水平上都很小。

参考文献

Bradford, D. (1978). Factor prices may be constant but factor returns are not. *Economic Letters*, 199-203.

Johnson, H. G. (1971). *The Two-Sector Model of General Equilibrium*. Chicago: Aldine-Atherton.

Newman, P. (1965). *The Theory of Exchange*. Englewood Cliffs, N. J.: Prentice-Hall.

习　题

15.B.1[A]　考虑下列埃奇沃思盒经济，其中两个消费者的偏好都是局部非饱和的。令 $x_{li}(p)$ 表示消费者对商品 l 在价格 $p=(p_1, p_2)$ 水平上的需求。

(a) 证明对于所有价格 p 都有 $p_1(\sum_i x_{1i}(p)-\bar{\omega}_1)+p_2(\sum_i x_{2i}(p)-\bar{\omega}_2)=0$。

(b) 证明如果商品 1 的市场在价格 $p^* \gg 0$ 时出清，那么商品 2 的市场也出清，因此，p^* 是个瓦尔拉斯均衡价格向量。

15.B.2[A]　考虑下列埃奇沃思盒经济，其中消费者 1 和 2 的柯布-道格拉斯效用函数分别为 $u_1(x_{11}, x_{21})=x_{11}^{\alpha}x_{21}^{1-\alpha}$ 和 $u_2(x_{12}, x_{22})=x_{12}^{\beta}x_{22}^{1-\beta}$。消费者 i 的禀赋为 $(\omega_{1i}, \omega_{2i})\gg 0$，其中 $i=1, 2$。求均衡价格比和均衡配置，它们分别如何随着 ω_{11} 的微小变化而变化？

15.B.3[B]　使用几何图形证明：在埃奇沃思盒经济中，如果消费者的偏好是局部非饱和的，那么任何瓦尔拉斯均衡都是帕累托最优的。

15.B.4[C]　考虑埃奇沃思盒经济。如果一种商品价格上升导致该商品的需求下降和另外一种商品的需求上升，那么我们说提供曲线具有**总替代**(gross substitute) 性质。

(a) 在埃奇沃思盒中画出具有总替代性质的提供曲线的形状。

(b) 假设两个消费者的提供曲线都具有总替代性质。证明这两个人的提供曲线至多相交一次（初始禀赋点上的相交除外）。

(c) 在埃奇沃思盒中画出不具有总替代性质的正常提供曲线的形状。

(d) 证明存在消费者偏好使得提供曲线不是正常的。证明这种偏好的需求函数不是正常的（即，在某些价格上，某种商品是劣等商品）。

(e) 证明在埃奇沃思盒中如果一个消费者的提供曲线正常，而另外一个消费者的提供曲线满足总替代性质，那么他们的提供曲线至多相交一次（除了初始禀赋点的相交）。

(f) 证明两条正常提供曲线能相交若干次。

15.B.5[A]　在例 15.B.2 中，验证提供曲线和相对价格的值的确分别为例子中给出的。

15.B.6[B]　(D. Blair) 计算下列埃奇沃思盒经济的均衡（均衡不止一个）：

$$u_1(x_{11}, x_{21})=(x_{11}^{-2}+(12/37)^3 x_{21}^{-2})^{-1/2},$$
$$\omega_1=(1,0)$$
$$u_2(x_{12}, x_{22})=((12/37)^3 x_{12}^{-2}+x_{22}^{-2})^{-1/2},$$
$$\omega_2=(0,1)$$

15.B.7[C]　证明在埃奇沃思盒经济中，如果两个消费者的偏好都是连续、强单调和严格凸的，那么帕累托集不存在“洞”：准确地说，它是个连通集。证明，如果两个消费者的偏好除了满足上述假设之外还都是位似的 (homothetic)，那么帕累托集完全位于埃奇沃思盒对角线的一侧。

15.B.8[B]　假设在埃奇沃思盒经济中，两个消费者的偏好都是连续、严格凸和拟线性的（以商品 1 作为计价物）。证明在盒中任何两个帕累托最优配置上，商品 2 的消费量均相等。将这个结论与第 10 章的讨论联系起来。

15. B. 9[B] 假设某个纯交换经济（即，不存在生产的经济）有两个消费者 a 和 b 以及两种商品 1 和 2。a 和 b 的效用函数分别为

$$u_a = \text{Min}\{x_{1a}, x_{2a}\} \quad 和$$
$$u_b = \text{Min}\{x_{1b}, (x_{2b})^{1/2}\}。$$

消费者 a 的禀赋为（30，0），消费者 b 的禀赋为（0，20）。任何一个消费者对某种商品的消费量都不能为负。如果这两个消费者都是价格接受者，均衡是什么样的？

假设消费者 a 的禀赋变为（5，0），而消费者 b 的禀赋仍为（0，20）。两个消费者的效用有何变化？

15. B. 10[C] （财富转移悖论）在两消费者两商品的纯交换经济中，两个消费者的偏好都是连续、严格凸且强单调的，考虑初始禀赋 $\omega_1=(\omega_{11}, \omega_{21})$ 与 $\omega_2=(\omega_{12}, \omega_{22})$ 变化对消费者 1 福利的影响。

(a) 首先假设两个消费者的偏好关于同一种等价物是拟线性的。证明如果消费者 1 的禀赋增加到 $\omega_1' \gg \omega_1$，而 ω_2 维持不变，那么在均衡时消费者 1 的效用可能下降。解释这个结果，并将它与设定产量的垄断者理论联系起来。

(b) 现在假设消费者 1 资源的增加来自消费者 2 的转移，也就是说 $\omega_1'=\omega_1+z$ 而 $\omega_2'=\omega_2-z$，其中 $z \geqslant 0$。在 (a) 的假设条件下，证明消费者 1 的效用不可能下降。

(c) 再次考虑 (b) 中的财富转移，但是现在偏好可能不是拟线性的。假设财富转移 $z \geqslant 0$ 很小，而且均衡（相对）价格的变化也很小。证明消费者 1 的效用可能下降（这称为**财富转移悖论**）。请在埃奇沃思盒中说明这一点，并使用替代效应与财富效应进行解释。

(d) 证明在这个埃奇沃思盒经济中（但是注意，不能推广），财富转移悖论发生当且仅当存在多个均衡。（提示：使用埃奇沃思盒论证。证明如果财富转移给消费者 1 反而导致他的效用下降，那么必定存在不进行财富转移情形的某个均衡，使得消费者 1 的效用甚至更低。）

15. C. 1[B] 这个题目涉及 15. C 节讨论的由一个消费者和一个企业组成的经济。

(a) 证明在这个经济中，如果消费者的偏好和生产技术都为严格凸的，那么均衡产量水平是唯一的。

(b) 将产品价格固定为 1。定义劳动的超额需求函数为

$$z_1(w) = x_1(w, w\bar{L}+\pi(w)) + y_1(w) - \bar{L}$$

其中 w 是工资率，$\pi(\cdot)$ 为利润函数，$x_1(\cdot, \cdot)$ 为消费者对闲暇的需求函数，$y_1(\cdot)$ 为企业对劳动的需求函数。证明超额需求函数的斜率在价格区间未必都是同一个符号，但是在均衡邻域中，它必定为负。

(c) 举例说明，在两个消费者、一个企业的严格凸经济中，每人的禀赋仅为劳动，那么该经济可能存在多个均衡（假设利润在两个消费者之间平分）。如果企业规模报酬不变而不是规模报酬严格递减，那么还能存在多个均衡吗？

15. C. 2[A] 考虑 15. C 节讨论的一个消费者、一个生产者的经济。假设生产函数为 $f(z)=z^{1/2}$，效用函数为 $u(x_1, x_2)=\ln x_1+\ln x_2$，劳动总禀赋为 $\bar{L}=1$，计算均衡价格、利润和消费。

15. D. 1[B] 假设 2×2 生产模型的帕累托集不与埃奇沃思盒对角线重合。

(a) 证明在这种情形下，在帕累托集的每个点上，一个企业的要素密集度（企业使用要素 1 的数量与要素 2 的数量之比）大于另外一个企业的要素密集度。

(b) 证明在这种情形下，从任何一个企业原点出发的射线与帕累托集至多相交一次。证明当我们沿着帕累托集从一个原点向另外一个运动时，任何一个企业的要素密集度以及相应的相对要素价格都是单调变化的。

15. D. 2[A] 证明在 2×2 生产模型中，生产可

能集为凸集［假设可自由处置］。

15.D.3[B]　证明斯托珀-萨缪尔森定理（命题 15.D.1）可以加强为密集要素的价格上升幅度大于产品价格上升幅度（因此只拥有密集要素那个消费者的福利必定增加）。

15.D.4[C]　考虑下列经济体的一般均衡问题，这个经济体有：两个消费者（工人）$i=1$，2；两个企业 $j=1$，2，每个企业都是规模报酬不变且技术为凸；两种生产要素 $l=1$，2；以及两种消费品 $j=1$，2，这两种消费品分别由上述两个企业生产。假设消费品 1 的生产相对来说是要素 1 密集型的。这两个消费者都不消费任何一种生产要素。消费者 1 拥有 1 单位要素 1，而消费者 2 拥有 1 单位要素 2。

（a）在价格为外生给定的以及生产是利润最大化的假设条件下，将均衡问题表达为（封闭经济中）要素市场和消费品市场出清问题。

（b）假设消费者 1 只关心消费品 2 的消费（仅对消费品 2 有偏好），而消费者 2 只关心消费品 1 的消费。证明至多存在一个均衡。

（c）现在假设消费者 1 只关心消费品 1 的消费，而消费者 2 只关心消费品 2 的消费。证明可能存在多个均衡。

［提示：（b）和（c）可以借助生产要素埃奇沃思盒图形分析。］

15.D.5[B]　罗伯津斯基定理（命题 15.D.2）断言如果某种要素（比如要素 1）的禀赋增加，那么相对更密集使用这种要素的产品的产量增加。请证明该命题可以进一步加强：上述产品产量的增加幅度大于要素 1 禀赋的增加幅度。

15.D.6[C]　在 2×2 生产模型中，给定产品价格 (p_1, p_2)（这个经济可以为小型开放经济）。假设要素密集度条件成立（商品 1 的生产相对密集使用要素 1）。总禀赋向量为$\bar{z}\in\mathbb{R}^2$。

（a）假设存在专业化的可能，给出此情形下要素价格 (w_1^*, w_2^*) 和产量 (q_1^*, q_2^*) 的均衡条件。

（b）假设 $\hat{w}=(\hat{w}_1, \hat{w}_2)$ 是具有下列性质的要素价格，即每种产品的单位成本等于该产品价格。证明（a）的均衡条件中 $(q_1^*, q_2^*)\gg 0$ 当且仅当 $\bar{z}$ 属于集合

$$\{(z_1,z_2)\in\mathbb{R}^2_+: a_{11}(\hat{w})/a_{21}(\hat{w})>z_1/z_2>a_{12}(\hat{w})/a_{22}(\hat{w})\}$$

其中 $a_{lj}(\hat{w})$ 是当要素价格为 $\hat{w}$ 时，生产一单位商品 j 所使用要素 l 的最优数量。上述集合称为**多样化锥**（diversification cone）。

（c）商品 j 的一美元等产量曲线，是能产生价值一美元商品 j 的要素组合构成的集合。证明在要素密集度条件下，两种商品的一美元等产量曲线至多相交一次。请使用一美元等产量曲线构建多样化锥图形。［提示：如果它们相交两次，那么存在成比例的两点（每条曲线各有一点），从而使得等产量线在这些点的斜率是相同的。］

（d）当总要素禀赋不在多样化锥中时，均衡是专业化的。经济将专业化生产哪种产品（将其作为总要素禀赋的函数）？要素价格是多少？请务必验证（a）中的不等式条件。为了回答这个问题，你可以使用（c）中发展出的图形工具。

15.D.7[B]　假设有两种产品和两种要素。这两种产品的生产函数为

$$f_1(z_{11},z_{21})=2(z_{11})^{1/2}+(z_{21})^{1/2}$$
$$f_2(z_{12},z_{22})=2(z_{12})^{1/2}+2(z_{22})^{1/2}$$

这两种产品的国际价格为 $p=(1, 1)$。每个企业都是价格接受者，并且追求利润最大化。总要素禀赋为 $\bar{z}=(\bar{z}_1, \bar{z}_2)$。任何一个消费者都不消费生产要素。请推导出均衡要素配置 $((z_{11}^*, z_{21}^*), (z_{12}^*, z_{22}^*))$ 和均衡要素价格 (w_1^*, w_2^*)，将它们写成 $(\bar{z}_1, \bar{z}_2)$ 的函数。验证无论你是通过式（15.D.1）和式（15.D.2）计算还是通过求解式（15.D.5），你得到的结果都是相同的。

15.D.8[B]　考虑下列 2×2 生产模型。两种产品的生产函数都是柯布-道格拉斯类型：

$$f_1(z_{11},z_{21})=(z_{11})^{2/3}+(z_{21})^{1/3}$$
$$f_2(z_{12},z_{22})=(z_{12})^{1/3}+(z_{22})^{2/3}$$

15

这两种产品的国际价格为 $p=(1,1)$，总要素禀赋为 $\bar{z}=(\bar{z}_1,\bar{z}_2)\gg 0$。对所有可能的 $\bar{z}$ 值，计算均衡要素配置和均衡要素价格。在确定经济专业化生产某种产品的总禀赋向量所在区域时，请务必小心。

15.D.9^{C} （赫克歇尔-俄林定理）假设有两种消费品、两种要素以及两个国家 A 和 B。每个国家的技术与 2×2 生产模型中的一样。对于每种消费品的生产，两个国家有着相同的技术。消费品 1 的生产技术相对密集使用要素 1。国家 A 拥有的两种要素的禀赋为 $\bar{z}_A\in\mathbb{R}^2_+$，国家 B 拥有的为 $\bar{z}_B\in\mathbb{R}^2_+$。假设国家 A 拥有要素 1 的禀赋相对较多，即 $\bar{z}_{1A}/\bar{z}_{2A}>\bar{z}_{1B}/\bar{z}_{2B}$。两个国家的消费者都相同（无论国内还是国外）。每个消费者的偏好都可用递增、凹且齐次的效用函数表示，效用函数定义在两种消费品的数量上。

假设要素不能流动，每个国家都是价格接受者（消费品的价格由国际市场确定）。假设在国际价格 $p=(p_1,p_2)$ 上，我们有：首先，两个国家的生产都不是专业化的；其次，两种消费品的国际市场都出清。证明国家 A 必定出口商品 1，商品 1 的生产相对更密集地使用了国家 A 相对丰富的要素。

第16章 均衡及其基本福利性质

16.A 引言

本章开始系统研究竞争经济的均衡，在这样的经济中每个个体都是价格接受者。我们考虑含有 L 种商品的经济体，在这个经济体中，消费者和企业通过市场体系相互作用。在这个市场体系中，每种商品都有标价，每个个体都将这些价格视为外生给定的，即与个体的行为无关。

本章重点讨论均衡的基本福利性质。福利经济学的某些更高级主题留待第 18 章和本书第五部分考察。

16.B 节首先正式给出第四部分自始至终所要研究的经济模型。我们已经在本书第一部分遇到过该模型的基本元素：商品、消费者和企业。然后，我们在 16.B 节引入了我们在本章始终关注的主要概念。我们首先定义**帕累托最优配置**（Pareto optimal allocation）概念，这种配置的特征是在不损害某些消费者的利益前提下已无法使另外一些消费者状况变好。接下来，我们介绍两个价格接受均衡：一是**瓦尔拉斯均衡**（Walrasian equilibrium）或称**竞争均衡**（competitive equilibrium）；二是**伴有转移的价格均衡**（price equilibrium with transfers），它是瓦尔拉斯均衡的一般化。瓦尔拉斯均衡概念适用于**私有制经济**（private ownership economy），在私有制经济中，消费者的财富来自他拥有的禀赋以及他对企业利润份额的索取权。伴有转移的价格均衡这个更一般的概念则允许财富在消费者之间任意再分配。

本章其他几节致力于考察上述这些均衡概念和帕累托最优之间的关系。

在 16.C 节，我们将说明在（非常弱的）条件下，每个伴有转移的价格均衡（从而每个瓦尔拉斯均衡）导致的配置都是帕累托最优的。这是**福利经济学第一基本定理**，该定理是竞争经济中亚当·斯密“看不见的手”思想的正式表达。

在 16.D 节，我们研究福利经济学第一基本定理的逆定理。我们将说明，在一些条件（凸假设是最为重要的假设）下，每个帕累托最优配置都可以成为伴有转移的价格均衡。这个结论称为**福利经济学第二基本定理**。它告诉我们，如果该定理的假设条件得以满足，那么通过对财富进行合理定额转移，在理论上，中央集权者可以使得任何合意的帕累托最优配置成为价格接受均衡。我们也将讨论这个结论面临的实践限制。

在 16.E 节，我们引入**社会福利函数**（social welfare function）的最大化问题，并且考察它与帕累托最优概念的关系。我们将说明这两个福利最优概念之间存在着密切关系。

16.F 节在可微假设条件之下重新考察帕累托最优概念及其相关结论。在本节我们将看到为何均衡价格可以解释为相关帕累托最优问题的拉格朗日乘子或影子价格。

16.G 节将讨论前面发展出的概念和结果。我们首先提供一些例子，这些例子依赖于 L 种抽象商品的特殊解释；其中一个例子是关于**公共物品**（public goods）的。然后，我们将我们的结论运用到具有非凸生产集的经济，从而得到了**边际成本定价**（marginal cost pricing）理论。

本章附录 A 考察与可行配置集的边界以及帕累托最优存在性相关的一些技术问题。

本章主要内容的经典阐述是由 Koopmans（1957）、Debreu（1959）以及 Arrow 和 Hahn（1971）给出的。

16.B 基本模型与定义

在本章，我们考虑的经济由 $I>0$ 个消费者、$J>0$ 个企业和 L 种商品组成。这里 L 种商品有多种解释；我们将在 16.G 节讨论一些例子。

16

每个消费者 $i=1$，…，I 可用一个消费集 $X_i\subset\mathbb{R}^L$ 和定义在 X_i 上的一个偏好关系 $\succsim_i$ 描述。我们假设这些偏好是理性的（即，完备且传递的）。第 1 章到第 3 章详细讨论了这些概念。

每个企业 $j=1$，…，J 可用一个技术或生产集 $Y_j\subset\mathbb{R}^L$ 刻画。我们假设每个 Y_j 都是非空且闭的。关于生产集及其性质的讨论请参考第 5 章。

在该经济体中，商品的初始资源即禀赋为向量 $\bar{\omega}=(\bar{\omega}_1，\cdots，\bar{\omega}_L)\in\mathbb{R}^L$。

因此，这个经济体的偏好、技术和资源的基本信息可用（$\{(X_i，\succsim_i)\}_{i=1}^I$，$\{Y_j\}_{j=1}^J$，$\bar{\omega}$）描述。

例如，15.B 节讨论的埃奇沃思盒纯交换经济对应的情形是 $L=2$，$I=2$，$X_1=X_2=\mathbb{R}_+^L$，$J=1$ 和 $Y_1=-\mathbb{R}_+^2$（可自由处置的技术）。更一般地，我们说一个经济是纯交换经济如果它的唯一技术是可自由处置的技术，即如果 $Y_j=-\mathbb{R}_+^L$（其中 $j=1$，…，J）。

定义 16.B.1：配置（x，y）$=(x_1，\cdots，x_I，y_1，\cdots，y_J)$ 由每个消费者 $i=1$，…，

I 的消费向量 $x_i \in X_i$ 以及每个企业 $j=1, \cdots, J$ 的生产向量 $y_j \in Y_j$ 组成。对于配置 (x, y)，如果 $\sum_i x_{li} = \bar{\omega}_l + \sum_j y_{lj}$ 对每种商品 l 均成立，即如果

$$\sum_i x_i = \bar{\omega} + \sum_j y_j \tag{16. B. 1}$$

那么配置 (x, y) 是**可行的**。

我们将可行配置集记为

$$A = \left\{(x,y) \in X_1 \times \cdots \times X_I \times Y_1 \times \cdots \times Y_J : \sum_i x_i = \bar{\omega} + \sum_j y_j \right\} \subset \mathbb{R}^{L(I+J)}$$

我们关注的社会合意结果概念就是指帕累托最优配置。

定义 16. B. 2：对于可行配置 (x, y)，如果不存在其他配置 $(x', y') \in A$ 使得 (x', y') **帕累托优于** (x, y)，也就是说，如果不存在可行配置 (x', y') 使得 $x'_i \succsim_i x_i$ 对于所有 i 均成立且使得 $x'_i \succ_i x_i$ 对于某个 i 成立，那么我们说配置 (x, y) 是**帕累托最优的**（或**帕累托有效率的**）。

在某个配置中，如果不存在浪费，那么该配置是帕累托最优的：我们已不可能使得任何消费者状况严格变好，除非损害其他消费者的利益。注意，帕累托最优概念本身与分配问题无关。例如，在纯交换经济中，某个消费者的偏好是强单调的，如果某个配置将社会所有禀赋赋予这个消费者，那么这个配置是帕累托最优的。

在本章附录 A，我们将说明在什么样的条件下，可行配置集 A 是非空、闭且有界的，而且存在着帕累托最优配置。

私有制经济

在第四部分，我们自始至终研究的是竞争的**私有制经济**（private ownership economy）。在这样的经济中，每种商品在市场上以公开价格交易，这些价格对于消费者和企业来说是外生给定的，也就是说，每个个体都认为价格不受他自己行为的影响。消费者交易的目的是使自己福利最大化，企业生产和交易的目的是使利润最大。消费者的财富源自他自己拥有的商品禀赋以及他对企业利润的索取权（因此，企业为消费者所拥有）。[①]

正式地说，消费者 i 拥有商品初始禀赋向量 $\omega_i \in \mathbb{R}^L$，以及对企业 j 利润份额 $\theta_{ij} \in [0, 1]$ 的索取权（其中 $\bar{\omega} = \sum_i \omega_i$；对于每个企业 j 均有 $\sum_i \theta_{ij} = 1$）。因此，私有制经济的基本偏好、技术、资源和所有权信息可以用 $(\{(X_i, \succsim_i)\}_{i=1}^I, \{Y_j\}_{j=1}^J, \{(\omega_i, \theta_{i1}, \cdots, \theta_{iJ})\}_{i=1}^I)$ 描述。

竞争的私有制经济的价格接受均衡是瓦尔拉斯均衡。

定义 16. B. 3：给定 $(\{(X_i, \succsim_i)\}_{i=1}^I, \{Y_j\}_{j=1}^J, \{(\omega_i, \theta_{i1}, \cdots, \theta_{iJ})\}_{i=1}^I)$ 描述

① 我们在 5. G 节已经知道，在当前的假设下，消费者是企业主这个事实与利润最大化目标相容。

的私有制经济，对于一个配置（x^*，y^*）和一个价格向量 $p=(p_1, \cdots, p_L)$ 来说，如果

（ⅰ）对每个 j，y_j^* 都使得 Y_j 中的利润最大，也就是，对于所有 $y_j \in Y_j$ 都有 $p \cdot y_j \leqslant p \cdot y_j^*$，

（ⅱ）对于每个 i，x_i^* 在预算集 $\{x_i \in X_i : p \cdot x_i \leqslant p \cdot \omega_i + \sum_j \theta_{ij} p \cdot y_j^*\}$ 中都是 $\succsim_i$ 的最大值点①，

（ⅲ）$\sum_i x_i^* = \bar{\omega} + \sum_j y_j^*$，

那么我们说，配置（x^*，y^*）和价格向量 $p=(p_1, \cdots, p_L)$ 构成了一个**瓦尔拉斯均衡**或称**竞争均衡**、**市场均衡**、**价格接受均衡**。

定义 16.B.3 中的条件（ⅰ）是说，在任何瓦尔拉斯均衡上，给定均衡价格 p，企业的利润已达到最大。我们已在第 5 章详细考察了利润最大化的逻辑。条件（ⅱ）是说，给定均衡价格并给定消费者的商品禀赋以及他从企业中获取的利润，消费者的福利已达到最大。我们已在第 3 章详细讨论了偏好最大化。最后，条件（ⅲ）是说在任何均衡上，市场必定出清；也就是说，在当前的市场价格上，所有消费者和企业必定能够实现他们想要的交易。

伴有转移的价格均衡

本章的目的是考察帕累托最优这个思想能否得到价格接受行为的支持。为了达到这个目的，有必要引入一个新的均衡概念，这个均衡放松了私有制经济对消费者财富水平的决定要求。为了方便说明，可以想象下列这样的情形：中央计划者能够对财富进行定额再分配，因此社会总财富能够在消费者之间以任何方式进行再分配。

16

定义 16.B.4：给定 $(\{(X_i, \succsim_i)\}_{i=1}^I, \{Y_j\}_{j=1}^J, \bar{\omega})$ 描述的经济，对于一个配置（x^*，y^*）和一个价格向量 $p=(p_1, \cdots, p_L)$ 来说，如果存在满足 $\sum_i w_i = p \cdot \bar{\omega} + \sum_j p \cdot y_j^*$ 的财富分配水平 $(w_1, \cdots, w_I)$ 使得

（ⅰ）对每个 j，y_j^* 使得 Y_j 中的利润最大，也就是说，对于所有 $y_j \in Y_j$ 都有 $p \cdot y_j \leqslant p \cdot y_j^*$，

（ⅱ）对于每个 i，x_i^* 在预算集 $\{x_i \in X_i : p \cdot x_i \leqslant w_i\}$ 中是 $\succsim_i$ 的最大值点，

（ⅲ）$\sum_i x_i^* = \bar{\omega} + \sum_j y_j^*$，

那么我们说，配置（x^*，y^*）和价格向量 $p=(p_1, \cdots, p_L)$ 构成了一个**伴有转移的价格均衡**。

---

① "x_i 在集合 B 中是 $\succsim_i$ 的最大值点"是指对于集合 B 中的消费者 i，x_i 是该消费者的偏好最大的选择；也就是说，$x_i \in B$ 且对于所有 $x_i' \in B$ 都有 $x_i \succsim_i x_i'$。

伴有转移的价格均衡概念，只要求存在某个财富分配水平使得配置（x^*，y^*）和价格向量 $p\in\mathbb{R}^L$ 构成了一个均衡。它描述了价格接受市场的行为但未对消费者财富水平的确定作出任何要求。注意，瓦尔拉斯均衡只是伴有转移的均衡的一种特殊情形。它等价于下列情形：对于每个消费者 i，他的财富水平由他的初始禀赋向量 ω_i 以及他的利润份额（θ_{i1}，…，θ_{iJ}）决定，不再进行任何财富再转移；也就是说，对于所有 $i=1$，…，I 都有 $w_i = p\cdot\omega_i + \sum_j \theta_{ij} p\cdot y_j^*$。

16.C　福利经济学第一基本定理

福利经济学第一基本定理表明，在一定条件下，任何伴有转移的价格均衡（从而任何瓦尔拉斯均衡）都是帕累托最优的。对于竞争的市场经济，第一基本定理正式且非常一般地确认了亚当·斯密断言的市场具有“看不见的手”性质。第一基本定理的唯一假设条件是**偏好为局部非饱和的**（参见 3. B 节），这是个非常弱的假设。注意，我们不需要作出任何凸性假设。

我们先回忆一下 3. B 节的局部非饱和偏好的概念（定义 3. B. 3）。

定义 16. C. 1：对于消费集 X_i 上的偏好关系 $\succsim_i$ 来说，如果对于任何 $x_i\in X_i$ 和任何 $\varepsilon>0$，都存在 $x_i'\in X_i$ 使得 $\|x_i'-x_i\|\leqslant\varepsilon$ 且 $x_i'\succ_i x_i$，则称偏好关系 $\cdot_i$ 是**局部非饱和的**。

在直觉上，只要存在消费者想要的商品，那么局部非饱和条件就能得以满足。还要注意这个条件的一个重要含义：如果 $\succsim_i$ 是连续且局部非饱和的，那么任何闭的消费集 X_i 均必定是无界的。否则，必定存在一个全局饱和点（从而也是局部饱和点），参见习题 16. C. 1。

命题 16. C. 1：（福利经济学第一基本定理）如果偏好是局部非饱和的，而且如果（x^*，y^*，p）是一个伴有转移的价格均衡，那么配置（x^*，y^*）是帕累托最优的。特别地，任何瓦尔拉斯均衡配置都是瓦尔拉斯最优的。

16

证明：假设（x^*，y^*，p）是个伴有转移的价格均衡且相应的财富水平为（w_1，…，w_I）。记住 $\sum_i w_i = p\cdot\bar{\omega} + \sum_j p\cdot y_j^*$。

伴有转移的价格均衡定义的偏好最大化部分［即，定义 16. B. 4 中的（ⅱ）］意味着

$$\text{如果 } x_i\succ_i x_i^*\text{，那么 } p\cdot x_i>w_i \tag{16. C. 1}$$

也就是说，任何比 x_i^* 严格更受偏好的消费束，消费者 i 都买不起。对于我们的目的来说，非饱和条件的重要性在于，如果偏好是非饱和的，那么式（16. C. 1）意味着另外一个性质：

$$\text{如果 } x_i\succsim_i x_i^*\text{，那么 } p\cdot x_i\geqslant w_i \tag{16. C. 2}$$

也就是说，任何与 x_i^* 至少一样好的消费束，消费者 i 要么买不起，要么刚好买得起。这个性质容易验证（参见习题 16. C. 2）。

现在考虑一个帕累托优于（x^*，y^*）的配置（x，y）。也就是说，对于所有 i 都有 $x_i \succsim_i x_i^*$ 且对于某个 i 有 $x_i \succ_i x_i^*$。根据式（16. C. 2）可知，我们必定有 $p \cdot x_i \geqslant w_i$ 对于所有 i 都成立，根据式（16. C. 1）可知，$p \cdot x_i \geqslant w_i$ 对于某个 i 成立。所以，

$$\sum_i p \cdot x_i > \sum_i w_i = p \cdot \bar{\omega} + \sum_j p \cdot y_j^*$$

而且，由于在价格向量 p 上，y_j^* 对于企业 j 是利润最大化的，我们有 $p \cdot \bar{\omega} + \sum_j p \cdot y_j^* \geqslant p \cdot \bar{\omega} + \sum_j p \cdot y_j$。因此，

$$\sum_i p \cdot x_i > p \cdot \bar{\omega} + \sum_j p \cdot y_j \tag{16. C. 3}$$

但是，这样一来（x，y）不可能是可行配置。事实上，$\sum_i x_i = \bar{\omega} + \sum_j y_j$ 意味着 $\sum_i p \cdot x_i = p \cdot \bar{\omega} + \sum_j p \cdot y_j$，这与式（16. C. 3）矛盾。我们断言均衡配置（x^*，y^*）必定是帕累托最优的。■

命题 16. C. 1 证明过程的核心思想可以表述为：在任何可行配置（x，y）上，消费束（x_1，…，x_I）在价格向量为 p 时的总成本，必定等于以这些价格计算的社会财富 $p \cdot \bar{\omega} + \sum_j p \cdot y_j$。而且，由于偏好是局部非饱和的，如果（$x$，$y$）帕累托优于($x^*$，$y^*$)，那么消费束（$x_1$，…，$x_I$）在价格为 p 时的总成本，从而以这些价格计算的社会财富，必定大于均衡消费配置的总成本 $p \cdot (\sum_i x_i^*) = p \cdot \bar{\omega} + \sum_j p \cdot y_j^*$。但是，根据定义 16. B. 4 中的利润最大化可知，不存在技术上可行的生产水平使得以价格 p 计算的社会财富值大于 $p \cdot \bar{\omega} + \sum_j p \cdot y_j^*$。

偏好非饱和性假设的重要性可用图 16. C. 1 说明。图 16. C. 1 画出了一个埃奇沃思盒，其中消费者 1 的偏好不是局部非饱和的（注意到，消费者 1 的无差异“曲线”是厚的），而且尽管配置 x^* 对于价格 $p=(p_1, p_2)$ 是个价格均衡（请自行验证），但 x^* 不是帕累托最优的。当配置从 x^* 移动到 x 时，消费者 1 对此无差异，但消费者 2 的状况严格变好，因为消费者 2 的偏好是强单调的。（偏好饱和情形下的福利经济学第一基本定理请参考习题 16. C. 3。）

关于命题 16. C. 1 需要注意两点。第一，尽管这个结论似乎只要求非常弱的假设（偏好的非饱和性），然而事实上，我们的理论结构已经融入了两个强假设：每种商品都有标价（市场的完备性）以及每个个体都是价格接受者。对于本书第三部分讨论的情形（外部性、市场势力、信息不对称），这些条件无法成立从而市场均衡不是帕累托最优的。第二，福利经济学第一基本定理丝毫未涉及分配的公平性问

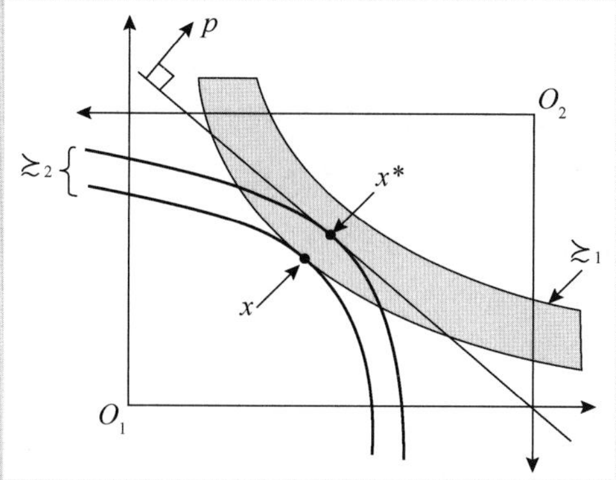

图 16.C.1 配置 x^* 是一个伴有转移的价格均衡配置，但不是帕累托最优的

题，它无法从公平性角度回答均衡配置是否合意的问题。在 16.D 节，我们研究福利经济学第二基本定理。这个定理是福利经济学第一基本定理的部分逆命题，它表明在一定条件下，任何合意的分配目标都可以通过竞争的（价格接受）市场实现。

16.D 福利经济学第二基本定理

福利经济学第二基本定理表明，在一定条件下，任何帕累托最优配置都可以成为伴有转移的价格均衡。它是福利经济学第一基本定理的部分逆命题，因为它告诉我们，在一定条件下，任何合意的帕累托最优配置，都可以通过进行适当定额财富再分配来实现基于市场的均衡。

福利经济学第二基本定理比福利经济学第一基本定理更微妙，它还需要额外的假设。为了看清这一点，再次考察第 15 章讨论的一些例子。在图 15.C.3(a) 中，我们看到，在一个消费者和一个企业的经济中，如果企业的技术不是凸的，帕累托最优配置可能无法成为均衡配置。在图 15.B.14 的两个消费者的埃奇沃思盒经济中，其中有一个消费者的偏好不是凸的，帕累托最优配置也可能无法成为均衡配置。这两个图表明凸性假设对于福利经济学第二基本定理非常重要。注意，在 16.C 节的福利经济学第一基本定理中，我们未作出任何凸性假设，也就是说，福利经济学第一基本定理不需要依赖凸性条件。

图 15.B.10(a) 中的埃奇沃思盒说明了另外一种无法得到价格支持的情形。在这个图中，两个消费者的偏好都是凸的，但是帕累托最优配置 (ω_1, ω_2) 无法成为伴有转移的价格均衡；对于消费者 2 来说，对于任何价格向量 $p=(p_1, p_2)\geqslant 0$，当他的财富为 $w_2=p\cdot\omega_2$ 时，ω_2 都是他的最优需求，但是对于消费者 1 来说，不存在价格向量 $p\geqslant 0$ 和财富水平 w_1 使得 ω_1 是他的最优需求。

对于这两类例子中出现的问题，我们可以分两步解决。第一步是构建福利经济学第二基本定理的一个版本，使得它允许出现图 15.B.10(a) 的那类失败。这一步可通过定义**伴有转移的价格拟均衡**（price quasiequilibrium with transfers）概念而完成，这个概念放松了伴有转移的价格均衡的要求。我们证明，如果所有的偏好和技术都是凸的，任何帕累托最优配置都可以成为伴有转移的价格拟均衡。第二步是给出价格拟均衡成为完全均衡的充分条件。这种分两步走的方法比较方便，这是因为第一步非常一般，而且隔离了凸性的重要地位。第二步的假设条件更为特殊一些，通常根据不同具体模型作出不同假设。

伴有转移的拟均衡的概念（定义 16. D. 1）基本与定义 16. B. 4 相同，唯一不同之处是，现在需要将定义 16. B. 4 偏好最大化条件［条件（ⅱ）］中的任何比 x_i^* 更受偏好的消费束的成本均必定大于 w_i（即，"如果 $x_i \succ_i x_i^*$，那么 $p \cdot x_i > w_i$"）替换为下面这个更弱的条件：任何比 x_i^* 更受偏好的消费束的成本均不可能小于 w_i（即，"如果 $x_i \succ_i x_i^*$，那么 $p \cdot x_i \geq w_i$"）。

定义 16. D. 1：给定$(\{(X_i, \succsim_i)\}_{i=1}^I, \{Y_j\}_{j=1}^J, \bar{\omega})$描述的经济，对于一个配置$(x^*, y^*)$和一个价格向量 $p=(p_1, \cdots, p_L) \neq 0$ 来说，如果存在满足 $\sum_i w_i = p \cdot \bar{\omega} + \sum_j p \cdot y_j^*$ 的财富分配水平$(w_1, \cdots, w_L)$使得

（ⅰ）对每个 j，y_j^* 使得 Y_j 中的利润最大，也就是，对于所有 $y_j \in Y_j$ 都有 $p \cdot y_j \leq p \cdot y_j^*$，

（ⅱ）对于每个 i，如果 $x_i \succ_i x_i^*$，那么 $p \cdot x_i \geq w_i$，

（ⅲ）$\sum_i x_i^* = \bar{\omega} + \sum_j y_j^*$，

那么我们说，配置(x^*, y^*)和价格向量 $p=(p_1, \cdots, p_L)$构成了一个**伴有转移的价格拟均衡**。

定义 16. D. 1 中的条件（ⅱ）蕴涵在伴有转移的价格均衡定义的偏好最大化条件［定义 16. B. 4 条件（ⅱ）］之中：如果在集合 $\{x_i \in X_i : p \cdot x_i \leq w_i\}$ 中，x_i^* 是偏好最大化的，那么不存在满足 $p \cdot x_i < w_i$ 的 $x_i \succ_i x_i^*$。因此，任何伴有转移的价格均衡都是伴有转移的价格拟均衡。然而，稍后我们将看到，它的逆不成立，即伴有转移的价格拟均衡未必是伴有转移的价格均衡。

还要注意，当消费者的偏好是局部非饱和的时，定义 16. D. 1 的条件（ⅱ）意味着对于每个 i 都有 $p \cdot x_i^* \geq w_i$。① 另外，从条件（ⅲ）可知，$\sum_i p \cdot x_i^* = p \cdot \bar{\omega} + \sum_j p \cdot y_j^* = \sum_i w_i$。因此，在局部非饱和偏好的假设条件下（我们始终保留这个假设），对于每个 i 均必定有 $p \cdot x_i^* = w_i$。这意味着我们完全可以不用明确提及 w_i，只需要将定义 16. D. 1 中的条件（ⅱ）替换为

① 为了看清这一点，注意到如果偏好是局部非饱和的而且 $p \cdot x_i^* < w_i$，那么存在充分接近 x_i^* 的 x_i 使得 $x_i \succ_i x_i^*$ 且 $p \cdot x_i < w_i$，这与定义 16. D. 1 中的条件（ⅱ）矛盾。

（ⅱ′）如果 $x_i \succ_i x_i^*$，那么 $p \cdot x_i \geqslant p \cdot x_i^*$

即可。也就是说，配置（x^*，y^*）与价格向量 p 构成了一个伴有转移的价格拟均衡当且仅当条件（ⅰ）、（ⅱ′）和（ⅲ）成立。[①] 而且，在偏好局部非饱和的假设下，条件（ⅱ′）等价于说 x_i^* 是集合 $\{x_i \in X_i: x_i \succsim_i x_i^*\}$ 上的支出最小化点（参见习题 16. D. 1）。因此，本节稍后讨论的在什么条件下伴有转移的价格拟均衡才是伴有转移的价格均衡问题，可以解释为：在什么样的条件下，集合 $\{x_i \in X_i: x_i \succsim_i x_i^*\}$ 上的支出最小化意味着集合

$$\{x_i \in X_i: p \cdot x_i \leqslant p \cdot x_i^*\} = \{x_i \in X_i: p \cdot x_i \leqslant w_i\}$$

上的偏好最大化。■

命题 16. D. 1 是福利经济学第二基本定理的其中一个版本。

命题 16. D. 1：（福利经济学第二基本定理） 考虑$(\{(X_i, \succsim_i)\}_{i=1}^I, \{Y_j\}_{j=1}^J, \bar{\omega})$描述的经济，假设每个 Y_j 都是凸的，而且每个偏好关系 $\succsim_i$ 不仅是凸的［即，对于每个$x_i \in X_i$，集合 $\{x_i' \in X_i: x_i' \succsim_i x_i\}$ 是凸的］，而且是局部非饱和的。那么，对于每个帕累托最优配置（x^*，y^*），存在价格向量 $p=(p_1, \cdots, p_L) \neq 0$ 使得（x^*，y^*，p）成为伴有转移的价格拟均衡。

证明： 在本质上，这个命题的证明就是对凸集运用分离超平面定理（参见数学附录中的 M. G 节）。为了方便读者理解，我们将这个命题的证明过程分为若干步骤。

为方便说明，我们先构造几个集合。首先，将对于每个消费者 i 来说比 x_i^* 更受偏好的消费束集 V_i 定义为 $V_i = \{x_i \in X_i: x_i \succ_i x_i^*\} \subset \mathbb{R}^L$。然后定义

$$V = \sum_i V_i = \left\{ \sum_i x_i \in \mathbb{R}^L: x_1 \in V_1, \cdots, x_I \in V_I \right\}$$

和

$$Y = \sum_j Y_j = \left\{ \sum_j y_j \in \mathbb{R}^L: y_1 \in Y_1, \cdots, x_J \in Y_J \right\}$$

因此，V 是总消费束集，它可以分解为 I 个人的消费 V_i，相对于 x_i^* 来说，每个人 i 更偏爱 $x_i \in V_i$。集合 Y 是总生产集。注意，集合 $Y+\{\bar{\omega}\}$ 在几何图形上是将原点移动到 $\bar{\omega}$ 的总生产集，它是既定技术和禀赋可生产出的总商品束，而且在理论上可用于消费。

第 1 步：每个集合 V_i 都是凸的。

假设 $x_i \succ_i x_i^*$ 和 $x_i' \succ_i x_i^*$。取 $0 \leqslant \alpha \leqslant 1$。我们想证明 $\alpha x_i + (1-\alpha) x_i' \succsim_i x_i^*$。由于

① 顺便指出，类似的结论适用于伴有转移的价格均衡概念（定义 16. B. 4）。如果偏好是局部非饱和的，我们可以不明确提及 w_i，而是将该定义中的条件（ⅱ）替换为（ⅱ′），如果 $x_i \succ_i x_i^*$，那么 $p \cdot x_i > p \cdot x_i^*$，这样我们仍能得到等价的定义。因此，在这种偏好为局部非饱和的情形下，条件（ⅱ′）意味着 x_i^* 是集合 $\{x_i \in X_i: p \cdot x_i \leqslant p \succsim x_i^*\}$ 上的偏好最大化点。

偏好是完备的，所以不失一般性，假设 $x_i \succsim_i x'_i$。因此，根据偏好的凸性，我们有 $\alpha x_i + (1-\alpha) x'_i \succsim_i x_i^*$，再根据传递性，就可以得到我们想要的结果：$\alpha x_i + (1-\alpha) x'_i \succ_i x_i^*$ [回忆命题 1. B. 1 中的（iii）]。

第 2 步：集合 V 和 $Y+\{\bar{\omega}\}$ 都是凸的。

这只是一个非常一般、容易证明的数学事实：任何两个（从而任意个）凸集之和仍是凸的。

第 3 步：$V \cap (Y+\{\bar{\omega}\}) = \varnothing$。

这个结论可从（x^*，y^*）是帕累托最优的这个事实推出。如果某个向量既在 V 中又在（$Y+\{\bar{\omega}\}$）中，那么这意味着，对于给定的技术和禀赋，我们可以生产出一个总向量，使得在该总向量中每个消费者 i 的消费束都比 x_i^* 好。

第 4 步：存在一个 $p=(p_1, \cdots, p_L) \neq 0$ 和一个实数 r 使得 $p \cdot z \geqslant r$ 对于每个 $z \in V$ 均成立以及 $p \cdot z \leqslant r$ 对于每个 $z \in Y+\{\bar{\omega}\}$ 均成立。

这个结论可直接从分离超平面定理（参考数学附录 M. G 节）推出。如图 16. D. 1 所示。

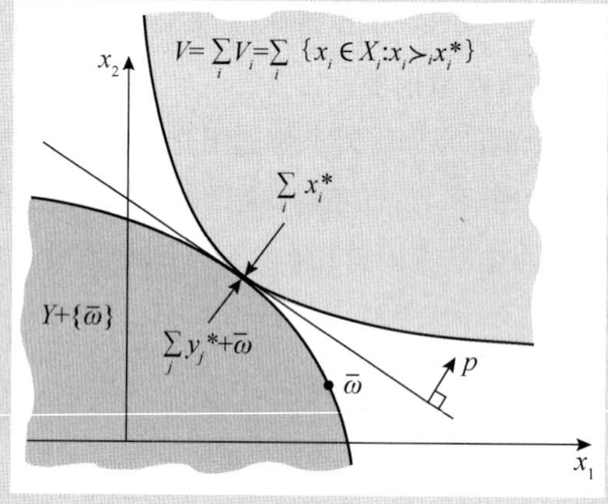

图 16. D. 1　福利经济学第二基本定理证明过程中使用的分离超平面论证

第 5 步：如果 $x_i \succsim_i x_i^*$ 对于每个 i 均成立，那么 $p \cdot (\sum_i x_i) \geqslant r$。

假设对于每个 i 都有 $x_i \succsim_i x_i^*$。根据局部非饱和性，对于每个消费者 i，均存在一个任意接近 x_i 的 $\hat{x}_i$ 使得 $\hat{x}_i \succ_i x_i$，所以 $\hat{x}_i \in V_i$。因此，$\sum_i \hat{x}_i \in V$，并且因此 $p \cdot (\sum_i \hat{x}_i) \geqslant r$，取当 $\hat{x}_i \to x_i$ 时的极限可得 $p \cdot (\sum_i x_i) \geqslant r$。[①]

第 6 步： $p \cdot (\sum_i x_i^*) = p \cdot (\bar{\omega} + \sum_j y_j^*) = r$。

由于步骤 5，我们有 $p \cdot (\sum_i x_i^*) \geqslant r$。另一方面，$\sum_i x_i^* = \sum_j y_j^* + \bar{\omega} \in Y+$

① 在几何图形上，这一步是要证明集合 $\sum_i \{x_i \in X_i : x_i \succsim_i x_i^*\}$ 包含于 V 的闭包之中（闭包的概念请参见数学附录 M. F 节），而 V 的闭包又包含于半空间 $\{v \in \mathbb{R}^L : p \cdot v \geqslant r\}$ 之中。

$\{\bar{\omega}\}$，所以 $p\cdot(\sum_i x_i^*)\leqslant r$。因此 $p\cdot(\sum_i x_i^*)=r$。由于 $\sum_i x_i^*=\bar{\omega}+\sum_j y_j^*$，我们也有 $p\cdot(\bar{\omega}+\sum_j y_j^*)=r$。

第 7 步：对于每个 j，我们有 $p\cdot y_j\leqslant p\cdot y_j^*$ 对于所有 $y_j\in Y_j$ 均成立。

对于任何企业 j 和 $y_j\in Y_j$，我们均有 $y_j+\sum_{h\neq j}y_h^*\in Y$。所以，

$$p\cdot(\bar{\omega}+y_j+\sum_{h\neq j}y_h^*)\leqslant r=p\cdot(\bar{\omega}+y_j^*+\sum_{h\neq j}y_h^*)$$

因此，$p\cdot y_j\leqslant p\cdot y_j^*$。

第 8 步：对于每个 i，如果 $x_i\succ_i x_i^*$，那么 $p\cdot x_i\geqslant p\cdot x_i^*$。

考虑任何 $x_i\succ_i x_i^*$。根据步骤 5 和 6 可知

$$p\cdot(x_i+\sum_{k\neq i}x_k^*)\geqslant r=p\cdot(x_i^*+\sum_{k\neq i}x_k^*)$$

因此，$p\cdot x_i\geqslant p\cdot x_i^*$。

第 9 步：财富水平 $w_i=p\cdot x_i^*$（其中 $i=1,\cdots,I$）支持（x^*，y^*，p）成为一个伴有转移的价格拟均衡。

定义 16.D.1 中的条件（ⅰ）和（ⅱ）可从步骤 7 和 8 推出；条件（ⅲ）可从帕累托最优配置（x^*，y^*）的可行性推出。■

习题 16.D.2 让读者证明命题 16.D.1 要求局部非饱和条件。

伴有转移的价格拟均衡何时才能成为伴有转移的价格均衡？我们将图 15.B.10（a）复制在图 16.D.2 中，这个图表明的确存在着问题。图 16.D.2 画出了与帕累托最优配置 x^* 相伴的拟均衡。支持 x^* 成为拟均衡配置的唯一价格向量为 $p=(1,0)$（将商品 1 的价格标准化为 1）；相应的财富水平为 $w_1=p\cdot x_1^*=(1,0)\cdot(0,x_{21}^*)=0$，$w_2=p\cdot x_2^*$。然而，尽管消费束 x_1^* 满足定义 16.D.1 中的条件（ⅱ）（事实上，对于任何 $x_1\geqslant 0$ 都有 $p\cdot x_1\geqslant 0=w_1$），但它不是消费者 1 在他的预算集

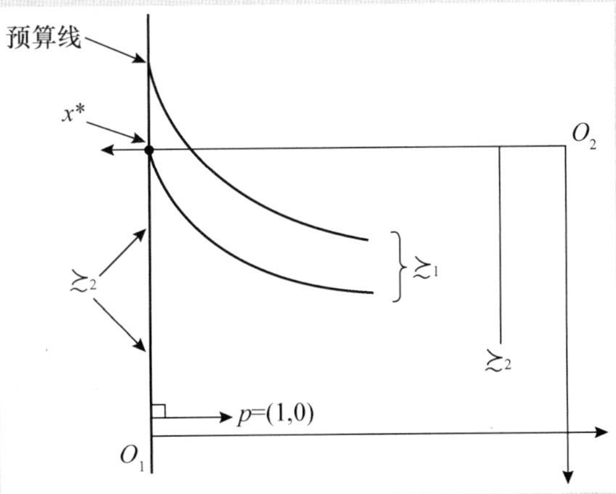

图 16.D.2　图中的价格拟均衡不是价格均衡

$$\{(x_{11},x_{21})\in\mathbb{R}_+^2:(1,0)\cdot(x_{11},x_{21})\leqslant 0\}=\{(x_{11},x_{21})\in\mathbb{R}_+^2:x_{11}=0\}$$

中偏好最大化的消费束。

然而，我们前面讨论的这个例子具有一个重要的特征，即消费者 1 在拟均衡时的财富水平为零。我们将看到，这是拟均衡不能成为均衡的关键所在。我们的下一个定理表明了，在什么样的情形下，条件“$x_i \succ_i x_i^*$ 意味着 $p\cdot x_i\geqslant w_i$”等价于偏好最大化条件“$x_i\succ_i x_i^*$ 意味着 $p\cdot x_i>w_i$”。

命题 16. D. 2： 假设 X_i 是凸的，$\succsim_i$ 是连续的。假设消费向量 $x_i^*\in X_i$、价格向量 p 和财富水平 w_i 能使得：$x_i\succ_i x_i^*$ 意味着 $p\cdot x_i\geqslant w_i$。于是，如果存在一个消费向量$x_i'\in X_i$ 使得 $p\cdot x_i'<w_i$[x_i'是价格与财富水平为（p，w_i）时更便宜的消费束]，那么$x_i\succ_i x_i^*$ 意味着 $p\cdot x_i>w_i$。①

证明： 图 16. D. 3 给出了这个命题的证明思想（其中，我们取 $p\cdot x_i^*=w_i$，原因仅在于这是最主要的情形，这个事实对于此命题的证明无关紧要）。假设与命题的断言相反，存在满足 $p\cdot x_i=w_i$ 的 $x_i\succ_i x_i^*$。那么对于所有 $\alpha\in[0,1)$，我们都有 $\alpha x_i+(1-\alpha)x_i'\in X_i$ 以及 $p\cdot(\alpha x_i+(1-\alpha)x_i')<w_i$。② 但是如果 α 充分接近 1，那么$\succsim_i$ 的连续性意味着$\alpha x_i+(1-\alpha)x_i'\succ_i x_i^*$。这构成了一个矛盾，因为这样一来我们就找到了一个消费束使得它比 x_i^* 更受偏好且支出小于 w_i。■

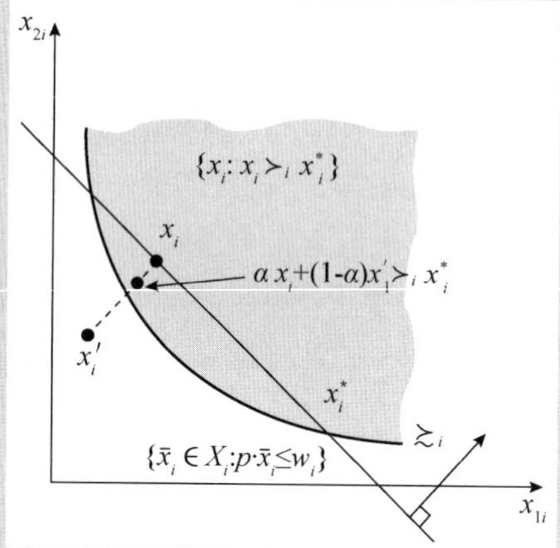

图 16. D. 3 假设存在一个“更便宜的消费束”（存在 $x_i'\in X_i$ 使得 $p\cdot x_i'<w_i$），那么如果更受偏好集的确与预算集相交（对于某个 $x_i\succ_i x_i^*$ 有 $p\cdot x_i\leqslant w_i$），则更受偏好集必定与预算集的内部相交（对于某个 $x_i\succ_i x_i^*$ 有 $p\cdot x_i<w_i$）

① 如果正如我们一直假设的，$\succsim_i$ 是局部非饱和的而且 $w_i=p\cdot x_i^*$，那么命题 16. D. 2 为下列两个陈述的等价性提供了充分条件：一个是“x_i^* 在价格为 p 时是集合 $\{x_i\in X_i: x_i\succsim_i x_i^*\}$ 中的支出最小化点”，另一个是“x_i^* 是预算集 $\{x_i\in X_i: p\cdot x_i\leqslant p\cdot x_i^*\}$ 中偏好$\succsim_i$ 的最大化点”。

② 类似地，如果 X_i 是凸的，而且瓦尔拉斯需求 $x_i(p, w_i)$ 是明确定义的，那么对于（p，w_i）存在更便宜的消费束当且仅当存在充分接近 $x_i(p, w_i)$ 的 x_i'使得 $p\cdot x_i'<w_i$。在第 3 章附录 A，后面这个概念称为**局部更便宜消费条件**（locally cheaper consumption condition）。

注意，在图 16. D. 2 的例子中，在支持配置 x^* 的价格拟均衡中有 $w_1=0$，因此，对于(p, w_1) 不存在更便宜的消费束。[①]

下面我们看命题 16. D. 3，它是命题 16. D. 2 的一个结果。

命题 16. D. 3： 假设对于每个 i，X_i 是凸的，$0 \in X_i$，而且 $\succsim_i$ 是连续的，那么满足 $(w_1, \cdots, w_I) \gg 0$ 的任何伴有转移的价格拟均衡都是伴有转移的价格均衡。

在一个纯交换经济中，假设 $\bar{\omega} \gg 0$，每个消费者都有 $X_i = \mathbb{R}^L_+$，而且每个消费者的偏好都是连续的、局部非饱和的。命题 16. D. 3 对上述纯交换经济意味着什么？在这样的经济中，根据自由处置和利润最大化假设，在任何价格拟均衡上必定有 $p \geq 0$ 和 $p \neq 0$。[②] 因此，在这些假设条件下，任何伴有转移的价格拟均衡（其中 $x_i^* \gg 0$ 对于所有 i 成立）都是伴有转移的价格均衡（由于 $w_i = p \cdot x_i^* > 0$ 对于所有 i 成立）。不仅如此，命题 16. D. 3 意味着更多。在前面的假设基础上，再假设偏好是强单调的。那么在任何伴有转移的价格拟均衡中必定有 $p \gg 0$。为了看清这一点，注意到 $p \geq 0$，$p \neq 0$ 以及 $\bar{\omega} \gg 0$ 联合意味着 $\sum_i w_i = p \cdot \bar{\omega} > 0$，因此对于某个 i 必定有 $w_i > 0$。但是这样一来，根据命题 16. D. 2 可知，这个消费者必定在他的预算集 $\{x_i \in \mathbb{R}^L_+ : p \cdot x_i \leq w_i\}$ 中达到偏好最大化，然而如果价格不为严格正，那么根据偏好的强单调假设可知，他的偏好不可能达到最大。一旦我们知道必定有 $p \gg 0$，就可以断言，**任何伴有转移的价格拟均衡都是伴有转移的价格均衡**：如果消费者 i 的配置满足 $x_i^* \neq 0$，那么 $p \cdot x_i^* = w_i > 0$，命题 16. D. 2 成立。另外，如果 $x_i^* = 0$，那么 $w_i = 0$，从而 $x_i^* = 0$ 是集合 $\{x_i \in \mathbb{R}^L_+ : p \cdot x_i \leq 0\}$ 的唯一向量，由此可知上述结论成立。（习题 16. D. 3 要求读者将这一段中的论证推广到含有生产的经济。）

福利经济学第二基本定理（以及命题 16. D. 2 和命题 16. D. 3）说明了在什么样的条件下任何帕累托最优配置都能通过竞争市场达到，在概念上确认了使用竞争市场的合理性，甚至站在分配角度上看也是这样。然而，在使用福利经济学第二基本定理时，需要注意几个实践限制。

首先，中央计划者若希望实施某个特定的帕累托最优配置，他必须保证消费者和企业将支持价格 $(p_1, \cdots, p_L)$ 视为外生给定的。如果市场结构使得价格接受行为不能自动成立（比如，由于经济个体的规模并非都是可忽略的），那么中央计划者必须在某种程度上强制实施这些价格，他监管所有的交易，也可以承诺以价格 p_l 买入或卖出任何数量的任何商品 l。

其次，中央计划者若想使用福利经济学第二基本定理，他必须掌握非常好的信息。他首先必须拥有足够信息来识别可执行的帕累托最优配置以及计算正确的支持

---

① 还要注意到命题 16. D. 2 是命题 3. E. 1(ⅱ) 结论的一般化，在命题 3. E. 1(ⅱ) 中，我们假设偏好是局部非饱和的，$w_i = p \cdot x_i^* > 0$ 以及 $X_i = \mathbb{R}^L_+$。

② 事实上，如果 $p_l < 0$，那么通过处置商品 l 就能产生无边界的高额利润。

16

价格向量。为了实现这个目的，在最低限度上，中央计划者必须知道偏好、禀赋和个体的其他相关特征的统计联合分布。然而，为了对每个消费者实施正确的财富转移水平，中央计划者必须知道得更多：他必须能够根据每个个体的私人特征（例如偏好和禀赋）准确辨认出不同个体。这在现实中几乎无法做到，因此，大多数常见的财富转移方案最终不能做到定额转移。例如，如果中央计划者希望将财富从高能力工人转移到低能力工人，他区分不同工人的唯一方法可能是观察他们的实际收入。但是，如果财富转移是基于观测到的收入，那么它们在本质上就不再是定额转移。个体将会意识到只要改变自己的收入就能改变自己的税收负担。

最后，即使中央计划者能观测到所有必需信息，他也必须有能力完成财富转移：他既要有能力使用某种税收和财富转移机制完成转移，又要保证个体无法规避这种机制。

由于这些信息上的限制以及政策执行性上的限制，在现实中不可能实施广泛的定额税。[①] 我们在 18. D 节将看到，如果这些类型的转移都不可行，就无法使用福利经济学第二基本定理，因为对于典型经济来说，在这种情形下，只有有限的帕累托最优能得到价格与常见税收体系的联合支持。对于典型经济来说，再分配方案是**扭曲性的**；也就是，它们需要权衡分配目标和帕累托最优，也就是说，如果想实现分配目标，通常需要牺牲帕累托效率。上述权衡的分析是**二级最优**（second-best）福利经济学的目标，第 22 章涉及了一些这方面的内容。（第 23 章更深入地讨论了对于面对信息和执行性约束的中央计划者来说，哪些措施可执行，哪些不可执行。）

总之，福利经济学第二基本定理是个非常有用的理论参照点，但在实践中不可盲用。事实上，福利经济学第二基本定理指明了实现任何合意的帕累托最优配置所需要的前提条件，从而提醒政策制定者注意它在实践上的约束。

从我们的讨论中可知，凸性假设在福利经济学第二基本定理中具有核心作用，但这个作用值得细说。福利经济学第二基本定理最合理的情形是个体数量众多时。这是因为在这种情形下，市场本身自动执行了价格接受者假设（否则，必定涉及保证价格固定不变的某种中央计划机制）。然而，可以证明，如果消费者数量极其多（在极限上，是个连续统），而且如果非凸生产集在某种意义上是有界的，那么福利经济学第二基本定理不必要求偏好和生产集是凸性的。

为了看清这一点，考虑图 16. D. 4 描述的由一个消费者组成的经济。注意到，由于非凸性，（平凡的帕累托最优）配置 $x_1=\omega$ 不可能得到价格支持。然而，假设我们可以复制这个经济使得现在的经济由两个相同的消费者组成，总禀赋相应变为 2ω。再一次地，配置

① 注意，必需的定额税税率不仅取决于最终财富水平（w_1，…，w_I），还取决于初始环境。例如，如果我们处于私有制经济中，那么净转移给消费者 i 的财富为 $w_i - p \cdot \omega_i - \sum_j \theta_{ij} p \cdot y_j^*$，因此取决于消费者的初始禀赋。瓦尔拉斯均衡则对应着不征税情形；我们的目标配置离瓦尔拉斯财富水平越远，需要转移的财富水平越高。

$x_1=x_2=\bar{\omega}$ 不能得到价格支持，但是现在**这个对称的配置不再是帕累托最优的**。在图 16.D.5 中，我们可以看到对称配置

$$x_1'=\bar{\omega}+(1,-1) \quad 和 \quad x_2'=\bar{\omega}+(-1,1)$$

帕累托优于 $x_1=x_2=\bar{\omega}$。但是我们不能因此说，在现在这个经济中任何无法得到价格支持的配置都不是帕累托最优的。(在图 16.D.6 中，我们画出的埃奇沃思盒对应着图 16.D.5。在此图中，x'为帕累托最优的但无法得到价格支持。）但是，可以证明，如果复制次数足够多，那么对于（明显）无法得到价格支持的任何可行配置来说，它们必定是帕累托劣势的，因此，任何帕累托最优配置均必定（几乎）都能得到价格支持。(更多内容可参考习题 16.D.4。)[①]

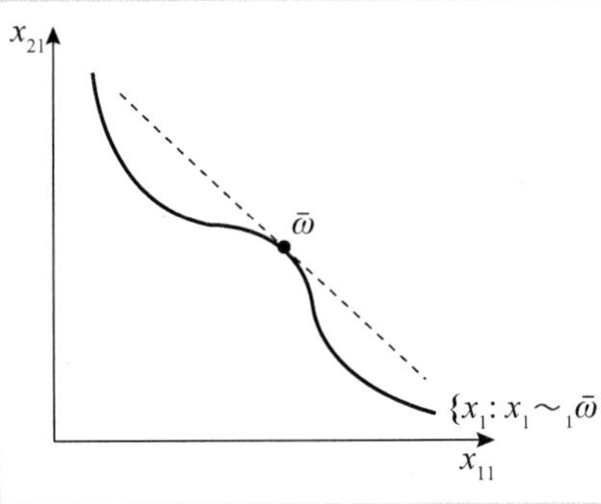

图 16.D.4　在由一个消费者组成的纯消费经济（不存在生产）中，初始禀赋无法得到价格支持

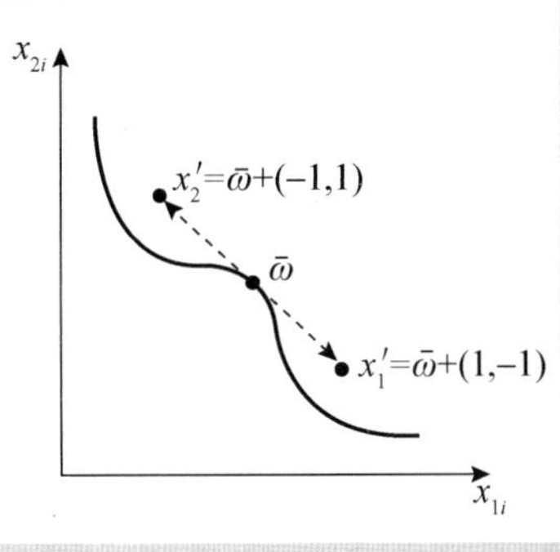

图 16.D.5　本图是复制图 16.D.4 而得到的由两个消费者组成的经济，在这个经济中，配置 (x_1', x_2') 帕累托优于 $(\bar{\omega}, \bar{\omega})$

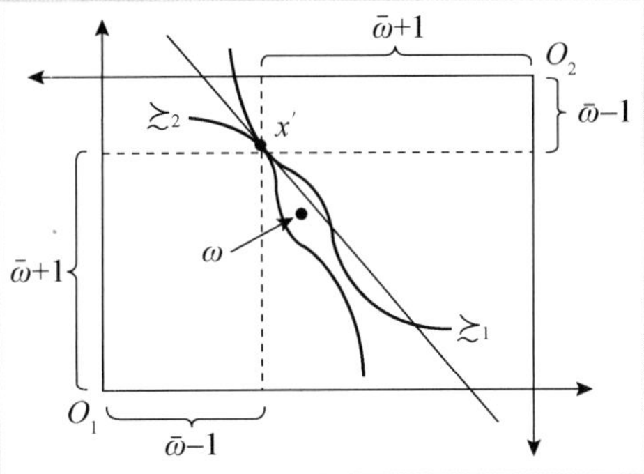

图 16.D.6　配置 $x'=(x_1', x_2')$ 是帕累托最优的但得不到价格支持

① 我们在第 17 章证明的两个事实将增加这个结论的合理性。首先，在 17.I 节，我们将证明在大型经济中，瓦尔拉斯均衡的（近似）存在不要求凸性假设。其次，在 17.C 节，我们将证明福利经济学第二基本定理可以重新表达为下列断言：在某个经济中，如果禀赋可以以特定方式分配，那么该经济存在着瓦尔拉斯均衡。因此，它可以被视为蕴涵在保证瓦尔拉斯均衡一般存在性的前提条件中。

16.E 帕累托最优与社会福利最优

在本节，我们讨论帕累托最优概念与社会福利函数最大化之间的关系（关于社会福利函数概念的更多内容可参考 4. D 节和第 22 章）。

给定表示 I 个消费者偏好 $\succsim_i$ 的一族（连续）效用函数 $u_i(\cdot)$，对于 $(\{(X_i, \succsim_i)\}_{i=1}^I, \{Y_j\}_{j=1}^J, \bar{\omega})$ 代表的经济来说，我们可以将该经济能达到的效用水平向量用**效用可能集**（utility possibility set）U 衡量：$U=\{(u_1, \cdots, u_I)\in\mathbb{R}^I$：存在可行配置 (x, y) 使得 $u_i\leqslant u_i(x_i)$ 对于 $i=1, \cdots, I$ 成立$\}$。

图 16. E. 1 画出了由两个消费者组成的经济的效用可能集。（注意到我们将 $U\subset\mathbb{R}^I$ 画成了闭集；本章附录 A 讨论了在什么样的条件下效用可能集才是闭集。）

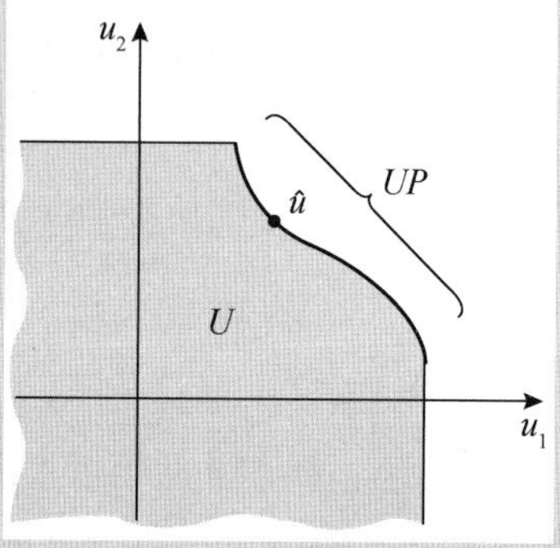

图 16. E. 1 效用可能集

根据帕累托最优的定义，任何帕累托最优配置的效用水平均必定属于效用可能集的边界。[①] 更准确地说，我们将**帕累托边界**（Pareto frontier，UP）（如图 16. E. 1 所示）定义为 $UP=\{(u_1, \cdots, u_I)\in U$：不存在 $(u_1', \cdots, u_I')$ 使得 $u_i'\geqslant u_i$ 对于所有 i 成立、$u_i'>u_i$ 对于某个 i 成立$\}$。于是，我们自然就得到了命题 16. E. 1。

16

命题 16. E. 1： 一个可行配置 $(x, y)=(x_1, \cdots, x_I, y_1, \cdots, y_J)$ 是一个帕累托最优的配置当且仅当 $(u_1(x_1), \cdots, u_I(x_I))\in UP$。

证明： 如果 $(u_1(x_1), \cdots, u_I(x_I))\notin UP$，那么存在着 $(u_1', \cdots, u_I')\in U$ 使得 $u_i'\geqslant u_i(x_i)$ 对于所有 i 均成立且 $u_i'>u_i(x_i)$ 对于某个 i 成立。但是，只有在存在可行配置 (x', y') 使得 $u_i(x_i')\geqslant u_i'$ 对于所有 i 均成立的情形下，才有 $(u_1', \cdots, u_I')\in U$。由此可知，$(x', y')$ 帕累托优于 (x, y)。反过来，如果 (x, y) 不是帕累托最优的，那么它必定帕累托劣于某个可行配置 (x', y')，这意味着 $u_i(x_i')\geqslant u_i(x_i)$ 对于所有 i 均成立且 $u_i(x_i')>u_i(x_i)$ 对于某个 i 成立。因此，$(u_1(x_1), \cdots, u_I(x_I))\notin UP$。■

我们也注意到，如果每个 X_i 和每个 Y_j 都是凸的，而且如果效用函数 $u_i(\cdot)$

① 然而，效用可能集边界上的每个点未必都是帕累托最优的。例如，回到图 16. C. 1：x^* 的效用值属于效用可能集的边界，这是因为在这个点上我们已无法使得两个消费者的状况都变好。但是，x^* 不是帕累托最优的。

都是凹的，那么效用可能集 U 是凸的（参考习题 16. E. 2）。① 我们在图 16. E. 2 中画出了一个凸的效用可能集。

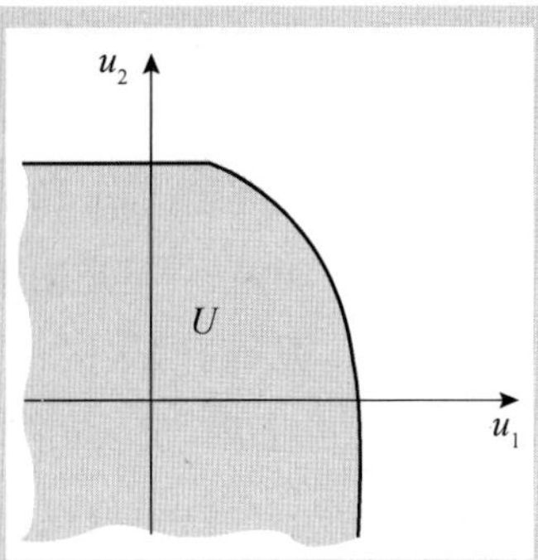

图 16. E. 2　图中所示的效用可能集为凸集

现在假设社会分配原则可用社会福利函数 $W(u_1, \cdots, u_I)$ 描述，这个函数对 I 个消费者的各种可能效用向量指定了不同的社会效用值。在此处，我们仅考察一类特别简单的社会效用函数，即线性的社会效用函数

$$W(u_1,\cdots,u_I) = \sum_i \lambda_i u_i$$

其中，$\lambda=(\lambda_1, \cdots, \lambda_I)$ 是个常数向量。令 $u=(u_1, \cdots, u_I)$，我们也可以将这个社会福利函数写为 $W(u)=\lambda \cdot u$。由于社会福利关于消费者的效用水平应该是非递减的，我们假设 $\lambda \geqslant 0$。② 有了线性的社会效用函数之后，我们可以在效用可能集 U 中选择使得社会福利最大的点，也就是说，我们的问题是

$$\operatorname*{Max}_{u \in U} \lambda \cdot u \tag{16. E. 1}$$

图 16. E. 3 画出了问题（16. E. 1）的解。正如这个图所说明的，我们有命题 16. E. 2 的结果。

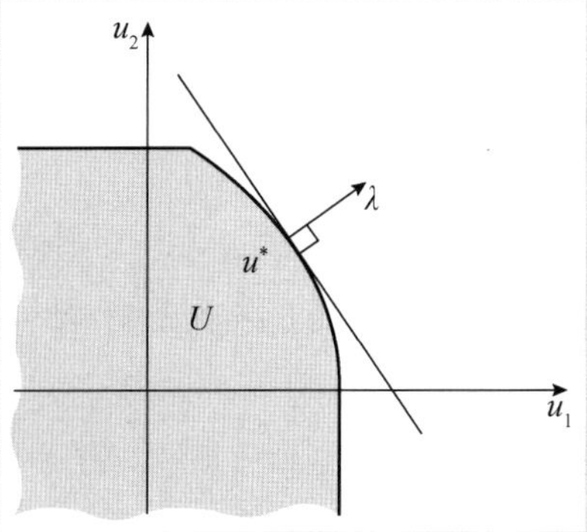

图 16. E. 3　线性社会福利函数的最大化

① 可以证明，如果稍微加强一下偏好的严格凸性假设（与保证瓦尔拉斯需求函数可微性的条件相同，参见第 3 章附录 A），在表示 $\succsim_i$ 的效用函数族 $u_i(\cdot)$ 中，某些效用函数不仅是拟凹的而且是凹的。

② 关于更为一般类型的社会福利函数的讨论，请参考第 22 章。

命题 16. E. 2：如果 $u^*=(u_1^*, \cdots, u_I^*)$ 是社会福利最大化问题（16. E. 1）(其中$\lambda\gg0$）的解，那么 $u^*\in UP$；也就是说，u^* 是一个帕累托最优配置的效用向量。而且，如果效用可能集 U 是凸的，那么对于任何 $\bar{u}=(\bar{u}_1, \cdots, \bar{u}_I)\in UP$，均存在福利权重向量$\lambda=(\lambda_1, \cdots, \lambda_I)\geqslant0$，$\lambda\neq0$ 使得 $\lambda\cdot\bar{u}\geqslant\lambda\cdot u$ 对于所有 $u\in U$ 均成立，也就是说，使得 $\bar{u}$ 是社会福利最大化问题（16. E. 1）的一个解。

证明：命题第一部分很直接：如果 u^* 不是帕累托最优的，那么存在一个 $u\in U$ 使得 $u\geqslant u^*$ 且 $u\neq u^*$，因此 $\lambda\gg0$，从而有 $\lambda\cdot u>\lambda\cdot u^*$。

对于命题第二部分，注意如果$\bar{u}\in UP$，那么$\bar{u}$在U的边界上。根据支持超平面定理（参见数学附录 M. G 节）可知，存在一个 $\lambda\neq0$ 使得 $\lambda\cdot\bar{u}\geqslant\lambda\cdot u$ 对于所有 $u\in U$ 都成立。而且，由于集合 U 的构造蕴涵着 $U-\mathbb{R}_+^I\subset U$，我们必定有 $\lambda\geqslant0$（事实上，如果 $\lambda_i<0$，那么通过选择一个 $u\in U$ 使得 $u_i<0$ 的绝对值足够大，我们将有$\lambda\cdot u>\lambda\cdot\bar{u}$）。■

命题 16. E. 2 告诉我们，对于效用可能集为凸的经济来说，帕累托最优与线性社会福利最优存在着密切关系：每个线性福利最优（其中权重 $\lambda\gg0$）是帕累托最优的，而且每个帕累托最优配置（从而每个瓦尔拉斯均衡）是对于某个福利权重$(\lambda_1, \cdots, \lambda_I)\geqslant0$ 的社会福利最优配置。[①]

和往常一样，如果集合 U 不是凸的，我们不能保证一个帕累托最优成为线性社会福利函数的最大值。图 16. E. 1 中的点$\hat{u}$就是这样的例子。

通过使用与特定帕累托最优配置（也许是个瓦尔拉斯均衡）相伴的社会福利权重，我们可以将这个配置看成由一个消费者和一个企业组成的经济的福利最优。为了看清这一点，令 (x^*, y^*) 是一个帕累托最优配置，并且假设 $\lambda=(\lambda_1, \cdots, \lambda_I)\gg0$ 是个在 $(u_1(x_1^*), \cdots, u_I(x_I^*))$处支持 U 的福利权重。于是，我们在 $X=\sum_i x_i\subset\mathbb{R}^L$ 中的总消费向量上定义一个效用函数 $u_\lambda(\bar{x})$：

$$u_\lambda(\bar{x})=\underset{(x_1,\cdots,x_I)}{\mathrm{Max}}\sum_i\lambda_i u_i(x_i)$$

$$\text{s. t. } x_i\in X_i \text{ 对于所有 } i \text{ 成立而且} \sum_i x_i=\bar{x} \qquad (16. E. 2)$$

效用函数 $u_\lambda(\cdot)$ 是 4. D 节所说的那种规范的代表性消费者的（直接）效用函数（请参考习题 4. D. 4)。令 $Y=\sum_j Y_j$ 表示总生产集，那么组合$\left(\sum_i x_i^*, \sum_j y_j^*\right)$是下列问题的解

$$\mathrm{Max}\ u_\lambda(\bar{x})$$

$$\text{s. t. } \bar{x}=\bar{\omega}+\bar{y},\ \bar{x}\in X,\ \bar{y}\in Y$$

图 16. E. 4 画出了这个解。

① 在命题第二部分允许某个 λ_i 等于零，类似于命题 5. F. 2 对有效率生产向量特征的刻画。

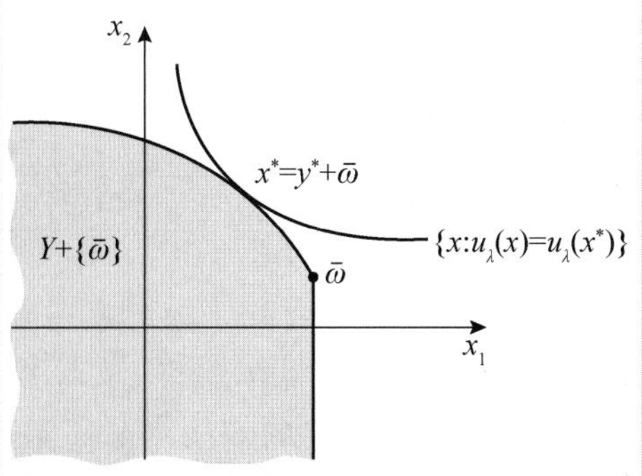

图 16. E. 4 代表性消费者的效用最大化

然而，需要强调，为代表性消费者选择的特定效用函数取决于权重 $(\lambda_1, \cdots, \lambda_I)$，从而取决于我们当前考虑的具体帕累托最优配置。

16.F 帕累托最优的一阶条件

本节的目的在于启发性。我们不再强调最低限度的假设，分析速度有所放缓。通过可微性假设，我们证明价格和价格接受行为的最优性质，如何自然而然地从帕累托最优相伴的一阶条件中产生。我们将重新考察 16. C 节和 16. D 节的两个基本福利定理。[①]

假设每个消费者的消费集为 $\mathbb{R}^L_+$；每个消费者的效用函数 $u_i(x_i)$ 都是二次连续可微的，而且满足 $\nabla u_i(x_i) \gg 0$ 对于所有 x_i 成立（因此，每个消费者的偏好都是强单调的）。我们还将 $u_i(0)$ 标准化为零，即 $u_i(0)=0$。

企业 j 的生产集为 $Y_j=\{y\in \mathbb{R}^L: F_j(y)\leqslant 0\}$，其中 $F_j(y)=0$ 为企业 j 的转换边界。假设：F_j：$\mathbb{R}^L \to \mathbb{R}$ 是二次连续可微的；$F_j(0)\leqslant 0$；对于所有 $y_j\in \mathbb{R}^L$ 都有 $\nabla F_j(y_j)=(\partial F_j(y_j)/\partial y_{1j}, \cdots, \partial F_j(y_j)/\partial y_{Lj})\gg 0$。最后一个条件意味着如果 $F_j(y_j)=0$，即 y_j 是 Y_j 的转换边界，那么如果我们想多生产某种产品或少投入某种要素，则会使得 $F_j(\cdot)$ 的值为正，从而将我们挤出 Y_j（换句话说，在生产集 Y_j 中，y_j 是生产有效率的，参见 5. F 节）。[②]

注意，我们暂时不必要求偏好或生产集为凸。

识别这个经济的帕累托最优配置问题可以简化为选择配置

$$(x,y)=(x_1,\cdots,x_I,y_1,\cdots,y_J)\in \mathbb{R}^{LI}_+\times \mathbb{R}^{LJ}$$

---

① 对于本节分析思路作出贡献的早期文献有 Allais (1953)、Lange (1942) 和 Samuelson (1947)。

② 为了方便说明，我们将每个 $F_j(\cdot)$ 都定义在整个 $\mathbb{R}^L$ 上。这样做［以及假设 $\nabla F_j(y_j)\gg 0$ 对于所有 y_j 均成立］的一个结果是，在生产过程中，每种商品既是投入物又是产出品。这不符合现实，但我们的做法仅是为了方便说明。

使得（x，y）是下列问题的解：

$$\begin{aligned}&\text{Max } u_1(x_{11},\cdots,x_{L1})\\&\text{s.t. } (1)\ u_i(x_{1i},\cdots,x_{Li})\geqslant\bar{u}_i\quad i=2,\cdots,I\\&\qquad (2)\ \sum\nolimits_i x_{li}\leqslant\bar{\omega}_l+\sum\nolimits_j y_{lj}\quad l=1,\cdots,L\\&\qquad (3)\ F_j(y_{1j},\cdots,y_{Lj})\leqslant 0\quad j=1,\cdots,J\end{aligned}\tag{16.F.1}$$

问题（16.F.1）将帕累托最优问题表述为消费者1福利的约束最大化问题，约束条件有：其他消费者达到某个既定的效用水平［条件（1)］；资源可行性约束［条件（2)］和技术可行性约束［条件（3)］。对于不同的既定效用水平（$\bar{u}_2$，…，$\bar{u}_I$）分别求解问题（16.F.1)，即可得到这个经济的所有帕累托最优配置。请验证这一点（习题16.F.1)。

习题16.F.1：证明对于任何配置来说，如果它是问题（16.F.1）的解，那么它是帕累托最优的；证明任何帕累托最优配置均必定是问题（16.F.1）关于某个效用水平($\bar{u}_2$，…，$\bar{u}_I$）的解。(提示：使用偏好为强单调这个事实。)

由于我们已将效用函数的值标准化为非负，从现在起，我们仅考虑既定效用水平满足$\bar{u}_i\geqslant 0$对于所有i都成立的情形。

习题16.F.1中的结论可以通过考察图16.F.1中的效用可能集U看清。如果我们将消费者2要求的非负效用水平固定在某个既定水平，那么通过求解消费者1的效用最大化问题（约束条件为消费者2的效用不低于既定水平)，我们就可以在效用可能集U上找到相应的点。通过改变消费者2要求的效用水平，我们就能画出帕累托最优点集。

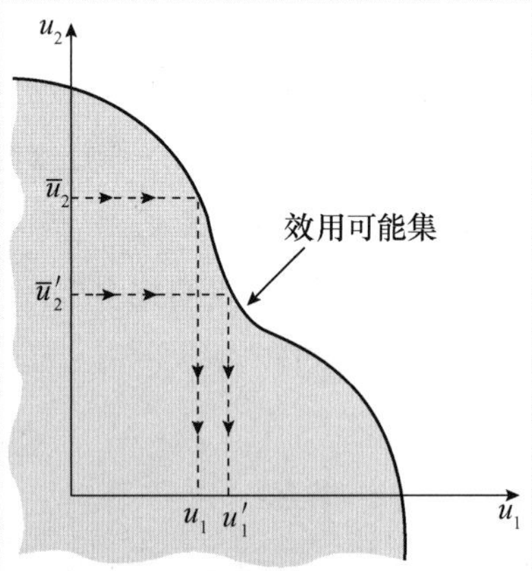

图16.F.1　当$I=2$时，通过改变消费者2要求的效用水平并相应求解消费者1的效用最大化问题，就能将效用可能集的边界参数化

在我们的假设条件下（记住$\bar{u}_i\geqslant 0$对于$i\geqslant 2$成立)，问题（16.F.1）的所有约束条件在解处都以等式成立。将问题（16.F.1）的约束（1)、(2）和（3）的乘子

分别记为 $(\delta_2, \cdots, \delta_I) \geqslant 0$，$(\mu_1, \cdots, \mu_L) \geqslant 0$ 和 $(\gamma_1, \cdots, \gamma_J) \geqslant 0$，并且定义 $\delta_1 = 1$。习题 16. F. 2 要求读者验证问题（16. F. 1）的一阶（库恩-塔克）必要条件可以写成下列形式（本节所有导数的值都是在解处的值）①：

$$x_{li}: \delta_i \frac{\partial u_i}{\partial x_{li}} - \mu_l \begin{cases} \leqslant 0 \\ = 0 \quad 若\ x_{li} > 0 \end{cases} \quad 对于所有\ i, l\ 均成立 \tag{16. F. 2}$$

$$y_{lj}: \mu_l - \gamma_j \frac{\partial F_j}{\partial y_{lj}} = 0 \quad 对于所有\ j, l\ 均成立 \tag{16. F. 3}$$

正如库恩-塔克理论（参考数学附录 M. K 节）所表明的，一方面，乘子 μ_l 在最优解处的值正好等于放松相应约束带给消费者 1 的效用增量，也就是说，正好等于商品 l 的社会禀赋 $\bar{\omega}_l$ 边际增加带给消费者 1 的效用增量。因此，乘子 μ_l 可以解释为商品 l 的边际价值或"影子价格"（以消费者 1 的效用衡量）。另一方面，乘子 δ_i 等于降低消费者 $i \neq 1$ 要求的效用水平 $\bar{u}_i$ 而导致的消费者 1 效用的边际增加。因此，条件（16. F. 2）是说，在任何最优内部配置上，任何消费者 i 因获得额外一单位商品 l 而增加的效用 $\frac{\partial u_i}{\partial x_{li}}$，以放松消费者 $i \neq 1$ 的效用约束所值的量（以消费者 1 的效用增加量衡量）δ_i 为权重进行加权，应该等于商品 l 的边际价值 μ_l。也就是说，$\delta_i \frac{\partial u_i}{\partial x_{li}} = \mu_l$。

类似地，乘子 γ_j 可以解释为放松第 j 个生产约束而得到的边际收益，或等价地，解释为收紧这个约束而导致的边际成本。因此，$\gamma_j(\partial F_j / \partial y_{lj})$ 是增加 y_{lj} 的边际成本，因此有效地束紧了其他产品净产量身上的约束。于是，条件（16. F. 3）是说，在最优解处，对于每个 j，这个边际成本等于商品 l 的边际收益 μ_l。

假设我们的解是内部解（即，$x_i \gg 0$ 对于所有 i 成立），那么条件（16. F. 2）和条件（16. F. 3）意味着下列三个比率条件必定成立（参考习题 16. F. 3）：

$$\frac{\partial u_i / \partial x_{li}}{\partial u_i / \partial x_{l'i}} = \frac{\partial u_{i'} / \partial x_{li'}}{\partial u_{i'} / \partial x_{l'i'}} \quad 对于所有\ i, i', l, l'\ 均成立 \tag{16. F. 4}$$

$$\frac{\partial F_j / \partial y_{lj}}{\partial F_j / \partial y_{l'j}} = \frac{\partial F_{j'} / \partial y_{lj'}}{\partial F_{j'} / \partial y_{l'j'}} \quad 对于所有\ j, j', l, l'\ 均成立 \tag{16. F. 5}$$

$$\frac{\partial u_i / \partial x_{li}}{\partial u_i / \partial x_{l'i}} = \frac{\partial F_j / \partial y_{lj}}{\partial F_j / \partial y_{l'j}} \quad 对于所有\ i, j, l, l'\ 均成立 \tag{16. F. 6}$$

条件（16. F. 4）是说，在任何帕累托最优配置中，所有消费者的每对商品之间的边际替代率必定相等［两商品、两消费者的情形请参见图 15. B. 11(b) 和图 15. B. 12］；条件（16. F. 5）是说所有企业的每对商品之间的边际转换率必定相等［两商品、两企业的情形请参见图 15. D. 2(b)］；条件（16. F. 6）是说，对于每对产

① 我们已经知道，为了说明上的方便，我们对向量 y_j 未施加任何有界性限制。我们还注意到，函数 $u_i(\cdot)$ 和 $F_j(\cdot)$ 的严格正的梯度意味着库恩-塔克条件必要性的约束规格（qualification）得到了满足。（约束最优化问题的一阶条件可以参考数学附录 M. K 节。）

品，每个消费者的边际替代率必定等于每个企业的边际转换率［一个消费者、一个企业的情形请参见图 15. C. 2，其中商品有两种］。

条件（16. F. 4）至（16. F. 6）对应着帕累托最优配置的三类效率（参见习题 16. F. 4）：

（ⅰ）商品在消费者之间的最优配置。

给定可用于消费的商品总量（$\bar{x}_1$，…，$\bar{x}_L$），我们想达到的分配目标是，在满足消费者 2，…，I 要求的既定效用水平（$\bar{u}_2$，…，$\bar{u}_I$）前提下使得消费者 1 的福利最大。也就是说，我们希望解下列最大化问题

$$\begin{aligned}&\underset{(x_1,\cdots,x_I)}{\text{Max}}\ u_1(x_{11},\cdots,x_{L1})\\&\text{s. t. }(1)u_i(x_{1i},\cdots,x_{Li})\geqslant\bar{u}_i\quad i=2,\cdots,I\\&\qquad(2)\sum\nolimits_i x_{li}\leqslant\bar{x}_l\quad l=1,\cdots,L\end{aligned}\tag{16. F. 7}$$

由这个最大化问题的一阶条件可得到条件（16. F. 4）。

（ⅱ）不同生产技术之间的有效率的生产。

总生产向量应该是有效率的（生产有效率的概念请参见 5. F 节）。也就是说，我们已经不可能重新在不同生产集之间分配生产任务以使得在不减少其他产品的前提下增加某种产品的产量［或使用更少的此产品（此产品为投入物的情形）］。特别地，如果重点考察商品 1，这意味着，给定其他商品的总生产量（$\bar{y}_2$，…，$\bar{y}_L$），我们希望求解

$$\begin{aligned}&\underset{(y_1,\cdots,y_J)}{\text{Max}}\sum\nolimits_j y_{1j}\\&\text{s. t. }(1)\sum\nolimits_j y_{lj}\geqslant\bar{y}_l\quad l=2,\cdots,L\\&\qquad(2)F_j(y_j)\leqslant 0\quad j=1,\cdots,J\end{aligned}\tag{16. F. 8}$$

由这个问题的一阶条件可得到条件（16. F. 5）。

（ⅲ）最优总生产水平。

我们还必须选择总产量水平以使得它能满足人们想要的消费。维持其他消费者要求的效用水平（$\bar{u}_2$，…，$\bar{u}_I$）不变，令 $u(\bar{x}_1$，…，$\bar{x}_L)$ 和 $f(\bar{y}_2$，…，$\bar{y}_L)$ 分别表示问题（16. F. 7）和问题（16. F. 8）的最优值函数。于是，我们希望求解

$$\begin{aligned}&\underset{(\bar{y}_1,\cdots,\bar{y}_L)}{\text{Max}}\ u(\bar{\omega}_1+\bar{y}_1,\cdots,\bar{\omega}_L+\bar{y}_L)\\&\text{s. t. }\bar{y}_1\leqslant f(\bar{y}_2,\cdots,\bar{y}_L)\end{aligned}\tag{16. F. 9}$$

由这个问题的一阶条件可得到条件（16. F. 6）。

为了考察一阶条件（16. F. 2）和（16. F. 3）与福利经济学第一和第二基本定理之间的关系，我们进一步作出另外一个重要要求：假设每个 $u_i(\cdot)$ 都是拟凹函数

（因此，偏好为凸）；每个 $F_j(\cdot)$ 都是凸函数（因此，生产集为凸）。这个假设的作用在于，有了它，我们不必担心二阶条件，从而，在我们考察的所有最大化问题中，一阶必要条件自动为充分条件。

在这个可微且凸的架构内，我们可用条件（16. F. 2）和（16. F. 3）表达两个福利定理。为了看清这一点，首先注意到（x^*，y^*，p）是个伴有转移的价格均衡（相应的财富水平为 $w_i=p\cdot x_i^*$，其中 $i=1$，…，I）当且仅当带有预算约束的效用最大化问题

$$\begin{aligned}&\operatorname*{Max}_{x_i\geqslant 0} u_i(x_i)\\&\text{s. t. } p\cdot x_i\leqslant w_i\end{aligned}$$

和利润最大化问题

$$\begin{aligned}&\operatorname*{Max}_{y_j} p\cdot y_j\\&\text{s. t. } F_j(y_j)\leqslant 0\end{aligned}$$

都得到满足。令 α_i 和 β_j 分别表示这些问题约束条件的乘子，一阶条件［在（x^*，y^*）处取值］可以写为：

$$x_{li}:\frac{\partial u_i}{\partial x_{li}}-\alpha_i p_l\begin{cases}\leqslant 0\\=0 \quad 若\ x_{li}>0\end{cases}\quad 对于所有\ i,l\ 均成立 \tag{16. F. 10}$$

$$y_{lj}:p_l-\beta_j\frac{\partial F_j}{\partial y_{lj}}=0\quad 对于所有\ j,l\ 均成立 \tag{16. F. 11}$$

令 $\mu_l=p_l$，$\delta_i=1/\alpha_i$ 和 $\gamma_j=\beta_j$，我们可看到条件（16. F. 2）～（16. F. 3）与条件（16. F. 10）～（16. F. 11）之间存在着确切的对应。由于两组条件对于各自问题来说都是必要且充分的，这意味着配置（x^*，y^*）是帕累托最优的当且仅当它是关于某个价格向量 $p=(p_1$，…，$p_L)$ 的某个伴有转移的价格均衡。另外，注意，均衡价格 p_l 恰好等于帕累托最优问题中商品 l 的边际价值 μ_l。

16

另外，假设每个 $u_i(\cdot)$ 都是凹的，那么考虑线性社会福利函数最大化问题（参见 16. E 节）的边际条件也是有启发性的。考虑问题

$$\begin{aligned}&\operatorname*{Max}_{x,y}\sum_i\lambda_i u_i(x_{1i},\cdots,x_{Li})\\&\text{s. t. }(1)\sum\nolimits_i x_{li}\leqslant\bar{\omega}_l+\sum\nolimits_j y_{lj}\quad l=1,\cdots,L\\&\qquad(2)F_j(y_{1j},\cdots,y_{Lj})\leqslant 0\quad j=1,\cdots,J\end{aligned} \tag{16. F. 12}$$

其中 $\lambda_i>0$ 对于所有 i 均成立。令（ψ_1，…，ψ_L）和（η_1，…，η_J）分别表示约束条件（1）和（2）的乘子，于是这个问题的必要且充分一阶条件可以写为：

$$x_{li}:\lambda_i\frac{\partial u_i}{\partial x_{li}}-\psi_l\begin{cases}\leqslant 0\\=0\quad 若\ x_{li}>0\end{cases}\quad 对于所有\ i,l\ 均成立 \tag{16. F. 13}$$

$$y_{lj}: \psi_l - \eta_j \frac{\partial F_j}{\partial y_{lj}} = 0 \quad \text{对于所有 } j, l \text{ 均成立} \tag{16. F. 14}$$

注意，令 $\delta_1 = \lambda_i/\lambda_1$，$\mu_l = \psi_l/\lambda_1$ 和 $\gamma_j = \eta_j/\lambda_1$，则条件（16. F. 2）～（16. F. 3）和条件（16. F. 13）～（16. F. 14）存在着确切的对应。因此，条件（16. F. 13）和（16. F. 14）的任何解也是条件（16. F. 2）和（16. F. 3）的解，从而是帕累托最优的。[①] 反过来，对于某个乘子来说，任何帕累托最优若满足条件（16. F. 2）和（16. F. 3），则它也是条件（16. F. 13）和（16. F. 14）的解，从而对于某个合适的 $\lambda = (\lambda_1, \cdots, \lambda_I)$，它也是问题（16. F. 12）的解。

另外，将条件（16. F. 13）和（16. F. 14）与带有转移的价格均衡相伴的最优化问题的一阶条件（16. F. 10）和（16. F. 11）进行比较，也具有启发性。令 $p_l = \psi_l$，$\alpha_i = 1/\lambda_i$ 和 $\beta_j = \eta_j$，则这两组条件也存在着确切对应。再一次地，价格 p_l 表示商品 l 的边际社会价值。另外，注意到，在价格为 p 和财富水平为 $w_i = p \cdot x_i^*$ 时，消费者 i 财富的边际效用等于 λ_i 的倒数。因此，我们有命题 16. F. 1 中的结论。

命题 16. F. 1：在我们关于经济的假设条件下［特别地，每个 $u_i(\cdot)$ 都是凹的，每个 $F_j(\cdot)$ 都是凸的］，每个帕累托最优配置（从而每个伴有转移的价格均衡）均使得带有资源和技术约束的效用加权和最大。而且，消费者 i 的效用权重 λ_i 等于他的财富边际效用（在支持价格和相应财富处计算）的倒数。

16.G 若干应用

在本节，我们介绍如何应用前面章节讨论的思想。首先，我们讨论三个例子，这些例子引入了商品空间的特定解释。然后，我们扩展福利经济学第二基本定理，它依赖于**边际成本定价**（marginal cost pricing）这个概念。

16

商品空间的解释

直到现在，我们一直将商品视为抽象定义的物品。这不是形式上的需要，而是为了使我们的理论有广泛的适用性。

我们很容易将商品想象为具体的、可交易的实际物品，但还有很多其他有趣情形。在前面章节，我们已经看到，商品、消费集、偏好以及生产集的解释非常灵活和微妙。

在第 19 章和第 20 章，我们已经分别详细讨论了状态依存商品和跨期商品。出于完整性考虑，在本节我们还要对状态依存商品说上几句。然后，我们简要讨论其他两个例子：职业选择和公共物品。

---

① 记住，根据凹性-凸性假设，条件（16. F. 2）～（16. F. 3）和条件（16. F. 13）～（16. F. 14）分别是各自问题的必要且充分条件。

例16.G.1：或有商品（contingent commodities）。或有商品或称状态依存商品（contingent commodities）出现在带有不确定性的一般均衡情形。这种商品的详细和正式描述请参考第19章，但此处我们仍能说明它的基本思想。商品的有用性可能取决于不确定的外部环境。例如，医疗服务在消费者生病时比在健康时重要。为了保证资源的有效率配置，我们必须不仅保证正确的商品被发送给正确的人，还要保证在正确的环境下发送，也就是说，根据不确定的外部状态实现发送。为了模拟这类资源配置问题，我们可以使用或有商品概念。一种商品，比如医疗服务，可以细分为很多种不同的“人工（artificial）商品”，在这种情形下，每种医疗服务的解释为“环境 s 下提供的医疗服务”。例如，假设经济中有 I 个消费者，事后才能知道每个人是“生病”还是“健康”。消费者对医疗服务的需求当然取决于他的健康状况。从整个经济角度看，我们有 2^I 个不同的自然状态，每个自然状态对应于人口健康状况的不同状态。因此，我们可以想象“医疗服务”有 2^I 种。购买“状态 s 医疗服务”的消费者，在状态 s 发生时得到医疗服务。①

一般均衡理论的优点之一是它能轻松处理任意种商品。一般来说，我们的结论不会取决于商品种类数量，否则这样的结论就没有多少意义。因此，即使很难想象出现实中存在着非常多的状态依存商品对应的市场，也可以证明我们发展出的所有福利命题都可以容易地应用到这种不确定情形（注意，我们在此采取的是理论而不是现实视角）。在第19章，我们将更详细地讨论这些问题。■

例16.G.2：职业选择（occupational choice）。假设在理论上每个人都可以从事古典文学学者的工作或从事经济学教授的工作，但是并非每个人都能同等擅长这两件事。一种描述不同比较优势的方法是，假设对于每个人 i，存在一个数 $\alpha_i \geqslant 0$，它衡量为了生产“古典文学学者有效的一小时工作”需要花费这个人多少“有效小时的经济学教授工作”。相对较小的 α_i 值表明此人在古典文学学者职业上具有比较优势。假设每个人 i 可以供给总量为 $\overline{T}_i$ 的工作小时数。我们假设个人 i 每1小时可以生产1有效小时的经济学教授工作或 $1/\alpha_i$ 有效小时的古典文学学者工作。假设消费品只有一种。

需要将这个问题纳入我们的正式分析架构，这是因为我们希望能够分析，比如，当个体有职业选择以及劳动供给时间选择时，竞争的劳动市场是如何运行的。

分析方法如下（这不是唯一可能的方法）：假设我们将消费和有效小时供给数视为一个三维变量（c_i，t_{ci}，t_{ei}），其中 c_i 是个人 i 的消费，$t_{ci} \leqslant 0$ 和 $t_{ei} \leqslant 0$ 分别表示个人 i 花在古典文学工作和经济学教授工作上的有效小时数。由于后面这两个数量表示的是供给——也就是，个人 i 向市场提供的服务——我们遵循惯例将它们用负数衡量。于是，我们可以将个人 i 的消费集定义为

$$X_i = \{(c_i, t_{ci}, t_{ei}) : c_i \geqslant 0, t_{ci} \leqslant 0, t_{ei} \leqslant 0, \overline{T}_i + t_{ei} + \alpha_i t_{ci} \geqslant 0\}$$

16

---

① 因此，在消费者生病从而购买医疗服务时，他实际购买的是很多种不同的“状态依存医疗服务”（事实上，购买的是 2^{I-1} 种状态依存医疗服务）。

注意，这里的非负约束应该解读为个人不能消费劳动。$\overline{T}_i+t_{ci}+\alpha_i t_{ei}$ 的值表示个人 i 可用于闲暇的时间。由于个人想要消费品，局部非饱和性条件得以满足。偏好为连续且凸的假设也很自然。为了完成我们的模型，假设生产函数 $f(z_c, z_e)$ 将古典文学工作和经济学工作的有效小时数投入组合 (z_c, z_e) 分别转化为消费品。

现在，对于这个完整的一般均衡系统，我们可以提出几个有趣的问题：如果职业选择由竞争的（即，价格接受的）市场体系指引，那么最终结果会导致比较优势得到有效率的利用吗？反过来，每个有效率的职业安排都能通过市场体系（可能辅以定额财富转移）完成吗？16.C 节和 16.D 节的结果告诉我们这两个问题的答案都是肯定的。■

例 16.G.3：公共物品。我们已经在第 11 章讨论了"公共物品"概念以及更为一般的"外部性"概念，我们还介绍了"个人化"价格的核心思想。[①] 因此，在此处我们只进行简要讨论。（第 11 章还给出了基本参考文献。）

假设有 I 个消费者和两种商品。一种商品为"私人"物品，比如劳动；另外一种商品为公共物品（此处的理论无须做实质修改即可应用于私人物品或公共物品为任意种情形）。私人物品就是我们所说的一般意义上的商品：一单位这种商品只能被消费一次，因此如果消费者 i 消费了它，其他消费者就不可能再消费它。令 x_{1i} 表示消费者 i 对私人物品的消费。但在（纯）公共物品情形下，消费者 i 消费这种商品并不阻碍其他消费者也消费同等数量的这种商品。因此，如果令 x_2 表示公共物品的总产量，那么每个消费者获得 x_2 都无须花费额外的成本。

假设每个消费者 i 的消费集都为 $\mathbb{R}^2_+$，每个消费者 i 定义在组合 (x_{1i}, x_2) 上的偏好 $\succsim_i$ 都是连续、凸且局部非饱和的。初始总禀赋为 $\bar{\omega}_1$ 单位私人物品（公共物品的禀赋为零），经济中只有一个企业，它通过递增且凹的生产函数 $f(z)$ 将 $z\in\mathbb{R}_+$ 单位私人物品转化为公共物品。

对于配置 $((x_{11}, \cdots, x_{1I}, x_2), (q, z))\geqslant 0$，如果

$$q\leqslant f(z),\sum_i x_{1i}+z=\bar{\omega}_1 \text{ 和 } q=x_2$$

那么该配置是可行的。如果不存在其他可行配置 $((x'_{11}, \cdots, x'_{1I}, x'_2), (q', z'))\geqslant 0$ 使得 $(x'_{1i}, x'_2)\succsim_i(x'_{1i}, x'_2)$ 对于所有 i 都成立且 $(x'_{1i}, x'_2)\succ_i(x'_{1i}, x'_2)$ 对于某个 i 成立，那么配置 $((x_{11}, \cdots, x_{1I}, x_2), (q, z))$ 是帕累托最优的。

现在我们以一种等价方法描述这个模型，这种方法的优势在于，它将公共物品化简为私人物品，从而使得我们的模型适用于 16.C 节和 16.D 节的结果。"窍门"在于对消费者 i 定义一种个人化的商品 x_{2i}，它的意思是"消费者 i 得到的商品 2"。正式地说，消费者 i 仅关注商品 1 和他的个人化商品 2。因此，我们可以将他的消费束定义为 $x_i=(x_{1i}, x_{2i})$。现在我们可以将经济中的唯一企业视为以固定比例生产技术生产个人化商品的**联合**束。正式地说，该

① 事实上，与第 11 章相比，此处的讨论更具一般性，因为第 11 章主要研究的是拟线性情形。

企业的（凸）生产集为

$$Y=\{(-z,q_1,\cdots,q_I)\in\mathbb{R}_+^{I+1}:z\geqslant 0\text{ 和 }q_1=\cdots=q_I=q\leqslant f(z)\}$$

有了这个解释之后，这个模型适合用本章的架构进行分析。对于我们人为构造的这个经济来说，伴有转移的价格均衡称为**林达尔均衡**（Lindahl equilibrium）。①

定义 16.G.1：公共物品经济的**林达尔均衡**是，相应人为构造个人化物品经济的伴有转移的价格均衡。也就是说，配置（x_1^*，…，x_I^*，q^*，z^*）$\in\mathbb{R}^{2I}\times\mathbb{R}\times\mathbb{R}$ 和价格体系（p_1，p_{21}，…，p_{2I}）$\in\mathbb{R}^{I+1}$ 构成了林达尔均衡，如果存在财富水平（w_1，…，w_I）集合满足 $\sum_i w_i=\sum_i p_1x_{1i}^*+(\sum_i p_{2i})q^*-p_1z^*$ 而且使得：

（ⅰ）对于满足 $z\geqslant 0$ 和 $q\leqslant f(z)$ 的所有（q，z），都有 $q^*\leqslant f(z^*)$ 以及 $(\sum_i p_{2i})q^*-p_1z^*\geqslant(\sum_i p_{2i})q-p_1z$。

（ⅱ）对于每个 i，在集合 $\{(x_{1i},x_{2i})\in X_i:p_1x_{1i}+p_{2i}x_{2i}\leqslant w_i\}$ 中，$x_i^*=(x_{1i}^*,x_{2i}^*)$ 对于 $\succsim_i$ 是最大的。

（ⅲ）对于每个 i，都有 $\sum_i x_{1i}^*+z^*=\bar{\omega}_1$ 以及 $x_{2i}^*=q^*$。

福利经济学第一和第二基本定理告诉我们，每个林达尔均衡都是帕累托最优的，而且每个帕累托最优配置都可以使用某个林达尔均衡（辅以合适的转移，也许还需要常见的拟均衡条件）来达成。② 然而，需要注意，在经济拥有大量个体时，每个个体相对于市场规模来说都比较小，但在个人化商品市场情形下，每个消费者对于他的个人化商品市场来说必然很大。当我们令消费者数量翻倍时，根据定义，个人化商品数量也翻倍。所以，价格接受者这个重要假设很难得以满足。因此，这个均衡概念的描述性内容比较少。

然而，福利经济学第二基本定理仍具有一定意义。特别地，它告诉我们如果中央计划者能够强制实施价格，那么我们就有一个涉及消费者自愿购买公共物品的机制，它使得我们能够达到想要的帕累托最优配置。然而，即使对于这个目的来说，公共物品固有的性质也会导致一些麻烦：首先，为了计算个人化的支持价格，需要某些统计信息（例如消费者偏好的分布信息），然而个人化价格意味着个人要求私人信息。这样的信息很难获得，因为个人通常没有激励如实报告这些信息（关于这个问题的更多内容可参考第 11 章和第 23 章）。其次，为了使个人化市场自愿机制

---

① 更准确地，应该称为“伴有转移的林达尔均衡”。

② 假设生产函数 $f(\cdot)$ 是可微的，无差异曲线是平滑的，考虑林达尔均衡是内部均衡的情形。在这种情形下，偏好最大化意味着 $p_{2i}/p_1=-MRS_{21}^i$，其中 MRS_{21}^i 是消费者 i 在商品 2 和商品 1 之间的边际替代率。另外，利润最大化意味着 $\sum_i p_{2i}/p_1=-MRT_{21}$，其中 MRT_{21} 是企业在商品 2 和商品 1 之间的边际转换率（以投入衡量的产出的边际成本）。因此，在任何林达尔均衡中，我们必定有 $\sum_i MRS_{21}^i=MRT_{21}$，这正好是公共物品的萨缪尔森最优条件（拟线性偏好情形的最优条件参见 11.G 节）。

顺利运行，个人必定期望正好得到他购买的公共物品数量。这要求公共物品是**排他的**（excludable）；也就是说，必须存在某种方法来阻止未购买公共物品的人使用公共物品的全部或部分数量，这样的阻止即使不是不可能，也是非常困难的（例如国防）。■

非凸生产技术和边际成本价格

当生产集非凸时，福利经济学第二基本定理遇到了一些麻烦（在本节我们不关注消费集的凸性）。首先，固定成本或者广泛规模报酬递增导致的大的非凸性，使得行业中仅存在少数大企业（在极限上，生产效率可能要求行业中仅存在一个企业，这种情形称为“自然垄断”），因此，价格接受者假设不再那么合理。其次，即使价格接受者假设在某种程度上能够得以满足（也许因为中央计划者能够强制实施价格），它也不可能支持给定的帕累托最优配置。图 15. C. 3(a) 和图 16. G. 1 提供了这样的例子。在图 16. G. 1 中，在能够（局部）支持产量 y^* 的唯一相对价格上，企业是亏损的，因此为了避免亏损，企业会停止营业。另一方面，在图 15. C. 3(a) 中，即使局部利润最大化也不可能得到保证（参考 15. C 节的讨论）。

尽管非凸性可能阻止我们使得帕累托最优生产配置成为利润最大化的选择，但在 16. F 节的可微性假设下，我们可以使用 16. F 节推导出的一阶条件，给出与福利经济学第二基本定理对应的一个相对较弱的结论（参考习题 16. G. 1）。

命题 16. G. 1：假设 16. F 节的基本假设成立。① 另外，所有消费者的偏好都是凸的（从而效用函数都是拟凹的）。如果 (x^*, y^*) 是帕累托最优的，那么存在满足 $\sum_i w_i = p \cdot \bar{\omega} + \sum_j p \cdot y_j^*$ 的价格向量 $p=(p_1, \cdots, p_L)$ 和财富水平 $(w_1, \cdots, w_I)$，使得：

（ⅰ）对于任何企业 j，我们均有

$$p=\gamma_j \nabla F_j(y_j^*) \quad 对于某个\ \gamma_j>0\ 成立 \tag{16. G. 1}$$

（ⅱ）对于任何消费者 i，在预算集 $\{x_i \in X_i: p \cdot x_i \leqslant w_i\}$ 中，x_i^* 使得 $\succsim_i$ 最大。

（ⅲ）$\sum_i x_i^* = \bar{\omega} + \sum_j y_j^*$。

命题 16. G. 1 条件（ⅰ）到（ⅲ）描述的均衡类型称为**伴有转移的边际成本价格均衡**（marginal cost of price equilibrium with transfers）。这个术语最初来自一种投入、一种产出的情形。②

---

① 也就是，产生条件（16. F. 2）和（16. F. 3）的假设。

② 需要指出，严格来说，边际成本价格均衡这个术语对一般情形是不合适的。习题 16. G. 3 说明了原因。然而，这个术语现在已是标准术语，所以我们仍使用它。

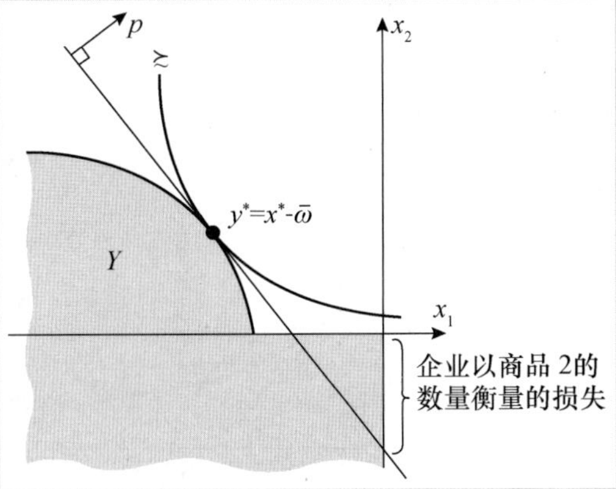

图 16.G.1　在局部支持帕累托最优配置的价格上，企业是亏损的

习题 16.G.2：假设有两种商品：一种为投入物，另外一种为产出品。证明在这种情形下，条件（16.G.1）是说投入物的价格必定等于产出品的价格乘以这种投入物的边际生产率，或等价地，产出品的价格必定等于它的边际成本。

正如我们已经指出的，条件（16.G.1）并不意味着（y_1^*，…，y_J^*）是价格接受企业的利润最大化生产方案。这个条件只是说生产方案的微小变化对利润没有一阶影响。但这个微小变化仍可能有正的二阶效应（正如图 15.C.3 所示，在边际成本价格均衡时，企业选择的方案是有效率生产方案中利润最小的），而且，无论如何，大的变化可能会增加利润（如图 16.G.1 所示）。因此，为了实现配置（x^*，y^*），可能要求管制机构阻止非凸企业的经理人试图在给定的价格 p 上实现利润最大。[①]

本节背景和内容的更多讨论可参见 Quinzii（1992）。

应该指出，命题 16.G.1 的逆命题（每个边际成本价格均衡都是帕累托最优的）不正确。例如，在图 16.G.2 中，我们画出了由一个消费者组成的经济和一个非凸生产集。在这个图中，x^* 对于价格体系 $p=(1, 1)$ 是个伴有转移的边际成本价格均衡。然而，配置 x' 带给消费者的效用更高。粗略地说，这是因为边际成本价格忽略了二阶条件，因此与在配置 x^* 一样，社会效用最大化问题的二阶条件未得到满足。因此，满足一阶边际最优条件（在图 16.G.2 中，这等价于要求无差异曲线与生产边界相切）不能保证配置是帕累托最优的。（这个问题的更多内容可参考习题 16.G.4。）

① 在图 16.G.1 的情形下，管制机构能够达到想要的结果，方法是禁止企业停止营业，令企业在“支持”价格上达到利润最大。（假设企业为价格接受者，否则管制机构可能需要强制实施这些价格。）

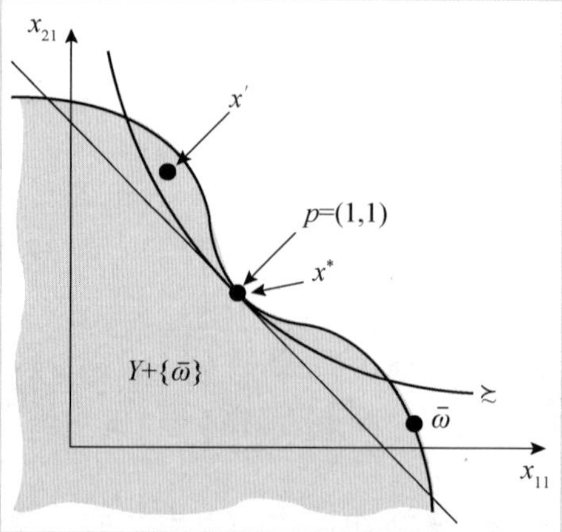

图 16. G. 2 边际成本价格均衡未必是帕累托最优的

附录 A： 可行配置集的技术性质

可行配置集为

$$A=\{(x_1,\cdots,x_I,y_1,\cdots,y_J)\in X_1\times\cdots\times X_I\times Y_1\times\cdots\times Y_J:\sum_i x_i$$
$$=\bar{\omega}+\sum_j y_j\}\subset\mathbb{R}^{LI}\times\mathbb{R}^{LJ}$$

如果我们的经济不存在可行配置或者每个消费者都被给定一个无限大的消费向量，那么这样的情形将不是很有趣。因此，我们只简单假设 A 是非空、有界以及闭的（即非空且紧）。在第 17 章，这个技术点对于研究瓦尔拉斯均衡的存在性很重要，在那里我们也作出同样的假设。然而，为简单起见，有必要一次性给出这些基本性质得以成立的一组充分条件。

命题 16. AA. 1：假设如下条件得以满足，那么可行配置集 A 是闭且有界的［即，存在 $r>0$ 使得 $|x_{li}|<r$ 和 $|y_{lj}|<r$ 对于所有 i，j，l 和任何 $(x,y)\in A$ 均成立］：

（ⅰ）每个 X_i：

（ⅰ.1）是闭的；

（ⅰ.2）是下有界的（即，存在 $r>0$ 使得 $x_{li}>-r$ 对每个 l 和 i 均成立；用文字表达就是，任何消费者都不可能向市场提供任意多的任何一种商品）。

（ⅱ）每个 Y_j 是闭的。而且，总生产集 $Y=\sum_j Y_j$ ①：

（ⅱ.1）是凸的；

① 条件（ⅱ.1）至（ⅱ.4）的讨论请参见 5.B 节。

(ⅱ.2) 允许不生产（即，$0\in Y$）；

(ⅱ.3) 满足“没有免费午餐”性质（即，$y\geqslant 0$ 和 $y\in Y$ 意味着 $y=0$）；

(ⅱ.4) 是不可逆的（即，$y\in Y$ 和 $-y\in Y$ 意味着 $y=0$）。

另外，如果 $-\mathbb{R}_+^L\subset Y$ 而且对于每个 i 我们均可以选择 $\hat{x}_i\in X_i$ 使得 $\sum_i \hat{x}_i\leqslant \bar{\omega}$，那么 A 是非空的。

证明：这个命题的证明比较复杂，我们在此不给出。然而，我们要简单说明这个结论背后的逻辑。

命题中的非空部分非常明显，因为 $\hat{x}_i\in X_i$ 对于每个 i 均成立，而且 $\sum_i \hat{x}_i-\bar{\omega}\in -\mathbb{R}_+^L\subset Y$。因此，在某个配置中，若个人消费为（$\hat{x}_1$，…，$\hat{x}_I$）、总生产向量为 $\sum_i \hat{x}_i-\bar{\omega}$，那么该配置是可行的。

类似地，A 是闭的这个事实可由消费集和生产集都是闭的假设直接推出（参考习题 16. AA. 1）。

剩下的任务是证明 A 是有界的。为了获得一些直觉，假设 $J=1$ 以及对于每个 i 都有 $X_i=\mathbb{R}_+^L$（只要每个 X_i 是下有界的，那么一般消费集的论证均类似）。在图 16. AA. 1 中，我们画出了可行总消费束集合 $(Y+\{\bar{\omega}\})\cap\mathbb{R}_+^L$，也就是，当我们将 Y 的原点移动到 $\bar{\omega}\geqslant 0$ 而得到的非负向量集。借助图形从直觉上可知，如果 Y 包含非负非零向量从而违背了没有免费午餐假设条件，那么这个集合是上无界的。然而，你应该验证这个直觉也取决于下列三个事实：$0\in Y$，Y 是闭的，以及 Y 是凸的（参考习题 16. AA. 2）。现在注意到，如果可行总消费集是无界的，那么（更不用说）可行个人消费集和可行生产集也是无界的（因为 $J=1$，通过将每个可行总消费向量都减去 $\bar{\omega}$ 即可得到这个集合）。因此，A 是有界的。

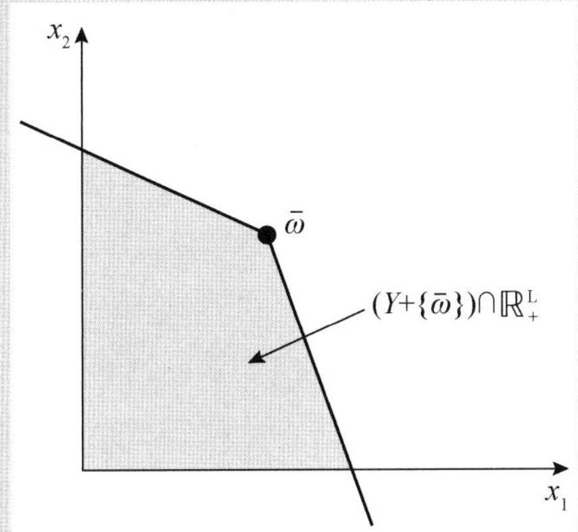

图 16. AA. 1　可行总消费向量集是紧的

如果经济中存在若干生产集，那么情形变得更为微妙，此时不可逆性假设就派上了用场。非常粗略地说，我们可以像上一段一样，得出可行总生产集和可行个人消费集的有界性。现在个人生产水平是无界的而总生产水平是有界的唯一可能途径是，一个个人生产方案的无界性被另外一个个人生产方案的无界性抵消。然而，这意味着经济中所有技术总和（即，总生产集）允许某些技术可逆（更多细节可参考习题16.AA.3）。巧合的是，我们可以证明不可逆假设与其他一些假设联合意味着Y是闭的，因此我们不需要单独要求Y的闭性。■

命题16.AA.2表明，可行配置集的紧性意味着效用可能集有着什么样的性质。

命题16.AA.2： 假设可行配置集A是非空、闭且有界的，而且效用函数$u_i(\cdot)$是连续的，那么，效用可能集U是闭的以及上有界的。

证明： 注意到$U=U'-\mathbb{R}^L_+$，其中

$$U'=\{(u_1(x_1),\cdots,u_I(x_I)):(x,y)\in A\}\subset\mathbb{R}^L$$

因此，U'是紧集A在一个连续函数下的像，从而U'本身也是个紧集（参考数学附录M.F节）。由此可直接推出$U=U'-\mathbb{R}^L_+$是闭的和上有界的。■

参考文献

Allais, M. (1953). *Traite d'economie pure*. Paris: Publications du CNRS.

Arrow, K., and F. Hahn (1971). *General Competitive Analysis*. San Francisco: Holden-Day.

Debreu, G. (1959). *Theory of Value*. New York: Wiley.

Koopmans, T. (1957). *Three Essays on the State of Economic Science*. New York: McGraw-Hill.

Lange, O. (1942). The foundation of welfare economics. *Econometrica* 10: 215-228.

Quinzii, M. (1992). *Increasing Returns and Efficiency*. New York: Oxford University Press.

Samuelson, P. (1947). *Foundations of Economic Analysis*. Cambridge, Mass.: Harvard University Press.

16

习 题

16.C.1[B] 证明如果消费集$X_i\subset\mathbb{R}^L$是非空、闭且有界的，X_i上的偏好关系$\succsim_i$是连续的，那么$\succsim_i$不可能是局部非饱和的。（提示：证明代表$\succsim_i$的连续效用函数在X_i上必定有最大值，参考数学附录M.F节。）

16.C.2[A] 假设偏好关系$\succsim_i$是局部非饱和的，而且在集合$\{x_i\in X_i: p\cdot x_i\leqslant w_i\}$中$x_i^*$是$\succsim_i$的最大值点。证明下列性质成立："如果$x_i\succsim_i x_i^*$，那么$p\cdot x_i\geqslant w_i$。"

16.C.3[B] 本题要求读者在与饱和性相容的一组假设下建立福利经济学第一基本定理。假设每个X_i是非空且凸的，每个$\succsim_i$是严格凸的［即，如果$x_i'\succsim_i x_i$而且$x_i'\neq x_i$，那么对于$0<\alpha<1$有$\alpha x_i'+(1-\alpha)x_i\succ_i x_i$］。证明：

(a) 每个i至多有一个全局饱和点，并且偏好在任何消费束上（那个全局饱和点除外）都是局部非饱和的。

(b) 任何伴有转移的价格均衡都是帕累托最优的。

16.C.4[A] 假设每个人i都有自己的"幸福函

数”，该函数仅取决于他自己的消费，即它可用 $u_i(x_i)$ 描述。每个人的效用正向取决于他自己的“幸福”和其他每个人的“幸福”，即：

$$U_i(x_1,\cdots,x_I)=U_i(u_1(x_1),u_2(x_2),\cdots,u_I(x_I))$$

证明如果相对于 $U_i(\cdot)$ 中的配置，$x=(x_1,\cdots,x_I)$ 是帕累托最优的，那么相对于 u_i 的配置 $(x_1,\cdots,x_I)$ 也是帕累托最优的。这意味着一个利他主义的社区能够使用竞争市场实现帕累托最优吗？你的结论依赖于 u_i 或 U_i 的凹性吗？

16.D.1[A] 证明如果偏好是局部非饱和的，那么条件“如果 $x_i \succ_i x_i^*$，那么 $p\cdot x_i \geqslant p\cdot x_i^*$”等价于条件“在集合 $\{x_i\in X_i: x_i \succsim_i x_i^*\}$ 中 x_i^* 对于价格向量 p 是支出最小的”。

16.D.2[B] 举例说明：在一个企业、一个消费者的经济中，生产集是凸的，偏好关系是连续且凸的，然而某个帕累托最优配置既不能成为伴有转移的价格均衡，也不能成为伴有转移的价格拟均衡。这种情形不满足命题16.D.1中的哪个条件？

16.D.3[B] 假设在某个经济中，消费者的偏好都是连续且强单调的（消费集为 $X_i=\mathbb{R}_+^L$）。假设严格正的产量是可能的；也就是说，存在 $y_j\in Y_j$ 使得 $\sum_j y_j+\bar{\omega}\gg 0$。证明任何伴有转移的价格拟均衡均必定是伴有转移的价格均衡。（提示：首先证明对于某个 i 有 $w_i>0$，然后证明 $p\gg 0$。）

16.D.4[C] 在某个经济中，有两种商品和 r 个相同的消费者。消费集为 $\mathbb{R}_+^2$，个人禀赋为 $\omega\in\mathbb{R}_{++}^2$，偏好是连续且强单调的但未必凸。证明对于使得每个消费者得到他自己初始禀赋的对称配置来说，它可能是瓦尔拉斯均衡（对于某个价格向量 p）。如果它不是，那么对于足够大的 r 它不是帕累托最优的。（提示：考虑可微情形，这更为简单一些。）

16.E.1[B] 给定某个效用可能集 U，以 $U'\subset U$ 表示下列可行配置实际实现的子集

$$U'=\{(u_1(x_1),\cdots,u_I(x_I)):\sum_i x_i=\sum_j y_j+\bar{\omega}\text{ 对于某个 }y_j\in Y_j\text{ 成立}\}$$

相对于 U' 来说，集合 U 允许效用的自由处置。

(a) 举出一个由两个消费者交换两种商品的例子，说明 U' 在 U 的边界上但不是帕累托最优的。

(b) 假设每个 Y_j 满足自由处置以及 $0\in Y_j$。假设对于每个 i，$X_i=\mathbb{R}_+^L$，$\succsim_i$ 是连续且强单调的。证明对于 U 上的任何边界点，如果它属于 U'，那么它是帕累托最优的。[提示：令 $u_i(0)=0$ 对于所有 i 均成立，首先证明 $U'=U\cap\mathbb{R}_+^L$。然后证明如果 $u\in U$ 是帕累托最优的，而且 $0\leqslant u'\leqslant u$，$u'\neq u$，那么相对于 u 来说，我们达到 u' 时还有产品剩余。]

(c) 在某个交换经济中，消费集为 $\mathbb{R}_+^L$，偏好是连续且局部非饱和的，总禀赋向量严格为正。证明，如果 $u=(u_1,\cdots,u_I)$ 是与财富转移相伴的价格拟均衡对应的效用向量，那么 u 不可能位于 U 的内部；也就是说，对于每个消费者，不存在能产生更高效用的可行配置。（提示：证明对于某个 i 有 $w_i>0$，然后运用命题16.D.2。）

16.E.2[B] 证明在某个经济中，若生产集和消费集都是凸的，效用函数是凹的，那么这个经济的效用可能集 U 是凸的。

16

16.F.1[B] 证明对于任何配置来说，如果它是问题（16.F.1）的解，那么它是帕累托最优的；证明任何帕累托最优配置均必定是问题（16.F.1）关于某个效用水平 $(\bar{u}_2,\cdots,\bar{u}_I)$ 的解。（提示：使用偏好为强单调这个事实。）

16.F.2[A] 推导出最大化问题（16.F.1）的一阶条件（16.F.2）和（16.F.3）。

16.F.3[A] 从一阶条件（16.F.2）以及（16.F.3）推导出条件（16.F.4）、（16.F.5）和（16.F.6）。

16.F.4[A] 分别从问题（16.F.7）、（16.F.8）和（16.F.9）推导出一阶条件（16.F.4）、（16.F.5）和（16.F.6）。

16.G.1[A] 使用一阶条件（16.F.2）以及（16.F.3）证明命题16.G.1。

16.G.2[A] 假设有两种商品：一种为投入物，另外一种为产出品。证明在这种情形下，条件（16.G.1）是说投入物的价格必定等于产出品的价格乘以这种投入物的边际生产率，或等价地，产出品的价格必定等于它的边际成本。

16.G.3[B] 在一个消费者一个企业的经济中，投入物有两种、产出品有一种，画图表明：在（唯一的）边际成本价格均衡上，成本不是最小的。（提示：选择违背拟凹性的生产函数。）

16.G.4[B] 证明在16.G节的一般条件下，如果只有一个消费者（也许是规范的代表性消费者），他的偏好为凸，那么至少存在一个边际成本价格均衡使得该均衡是帕累托最优的。

16.G.5[B] 在某个经济中，商品有两种：教育（e）和食品（f）；生产要素也有两种：劳动（L）和土地（T）。这两种商品的生产函数分别为

$$e=(\text{Min}\{L,T\})^2 \quad 和$$
$$f=(L,T)^{1/2}$$

这个经济只有一个消费者，他的效用函数和禀赋分别为

$$u(e,f)=e^{\alpha}f^{(1-\alpha)} \quad 和 \quad (\omega_L,\omega_T)$$

为方便计算，假设$\omega_L=\omega_T=1$，$\alpha=1/2$。

（a）找出禀赋的最优配置（在生产用途角度上）。

（b）由于政府认识到教育的生产能导致规模报酬递增，它决定控制教育产业、资助该产业运行，所需资金来自政府对消费者征收的定额税。教育的消费是竞争性的，也就是说，在当前的价格水平上，消费者可以选择他想要的任何数量的教育。食品行业在生产上和消费上都是竞争性的。假设教育行业的目标是成本最小化，请找到最优解处教育的边际成本。证明如果实施教育的上述价格，而且当教育部门在这个价格上生产最优数量导致亏损时政府通过定额税进行弥补，那么消费者选择的教育水平为最优水平。

（c）请计算（b）中结果需要的定额税水平。

现在假设消费者有两个而不再是一个，他们的偏好与本题一开始时所说的那个消费者的偏好相同。其中一个消费者拥有所有土地，另一个拥有所有劳动。在这个社会中，不能实施任何定额税。法律规定公共事业产生的亏损必须通过对土地价值征税弥补。

（d）使用合适的符号，将从地主身上转移的财富表达为教育计划产量的函数。

（e）找到该经济的一个边际成本价格均衡，其中财富转移必须与（d）中的财富转移函数相容。这个均衡是帕累托最优的吗？

16.AA.1[A] 证明如果每个X_i和每个Y_j都是闭的，那么可行配置集A也是闭的。

16.AA.2[B] 假设：（ⅰ）Y是闭的；（ⅱ）Y是凸的；（ⅲ）$0\in Y$；（ⅳ）如果$v\in Y\cap \mathbb{R}^L_+$，那么$v=0$。请证明$(Y+\{\bar{\omega}\})\cap \mathbb{R}^L_+$是紧的。请分别举出四个图形例子来说明上述每个假设都是必不可少的。

16.AA.3[B] 假设$Y=Y_1+Y_2\subset \mathbb{R}^L_+$满足习题16.AA.2中的假设条件，而且$0\in Y_1$，$0\in Y_2$。证明如果$Y$是不可逆的，那么集合$\{y_1\in Y_1: y_1+y_2+\bar{\omega}\geq 0$ 对于某个 $y_2\in Y_2$ 成立$\}$是有界的。

16

第17章 均衡的实证理论

17.A 引言

在本章，我们考察瓦尔拉斯均衡模型的理论预测能力。因此，与第 16 章不同，在本章我们的视角是实证性的而不是规范性的。

17.B 节为我们的分析打下了基础。我们将回忆 16.B 节的私有制经济和瓦尔拉斯均衡的定义。然后，我们引入**总超额需求函数**（aggregate excess demand function）概念，接着在一组强假设的架构内，说明瓦尔拉斯均衡是总超额需求方程组的解。这个方程组的分析始终是本章研究瓦尔拉斯均衡的主要方法。（在本章附录 A，我们讨论另外一个有用的方程组，这个方程组是基于瓦尔拉斯均衡福利性质之上。）

在 17.C 节（以及有着更一般内容的附录 B 中），我们说明什么样的条件能保证瓦尔拉斯均衡的存在。幸运的是，我们能找到这样的一组条件，从而保证我们本章的内容不是无稽之谈。其中一个重要条件是，个体决策问题的**凸性**（convexity）。

从 17.D 节到 17.H 节，我们一直考察均衡集的性质。17.D 节提供了一个一般结论：典型地（或用常用术语“一般地”），存在有限个均衡，因此每个均衡是“局部孤立的”。而且，均衡的个数是奇数。根据均衡的“指数”符号，自然可将这些均衡分为两类。17.E 节则带来了坏消息：如果不对偏好、禀赋或技术性质作出进一步假设，我们就无法考察更多的内容；超额需求函数的行为，从而瓦尔拉斯均衡的性质除了符合 17.D 节的事实外，将不再受任何形式的限制。为此，17.F 节考察均衡的唯一性，17.G 节研究均衡的比较静态，17.H 节则探讨均衡的（试错）稳定性。这三节的目的分别为找到均衡的唯一性、良好比较静态性质以及均衡稳定性的充分条件。这三节的一个共同主题是考察下面两个充分条件的作用：一是**总需求的显示偏好弱公理**（weak axiom of revealed preference in the aggregate），这种方法说明了在总需求中财富效应不能抵消替代效应；二是**总替代**（gross substitution）的性质，这种方法说明了商品之间不存在强互补关系。

17.I 节再次考察凸性在保证瓦尔拉斯均衡存在性中的作用。我们将证明如果非凸性相对于整体经济来说“比较小”（例如，一辆汽车的不可再分性），那么即使这个非凸性从个体角度看“比较大”，它也不会对均衡的（近似）存在构成障碍。

本章的内容既是一种方法，也是一种相对独立的理论。从相对独立理论这个角度看，它是关于瓦尔拉斯均衡的重要理论。从方法论角度看，我们探讨的问题（例如，均衡存在吗？均衡通常是孤立的吗？均衡是唯一的吗？均衡是稳定的吗？冲击效应是怎样的？）以及我们使用的方法，都是与任何均衡理论相关的问题和方法。

17.B 均衡：定义与基本方程

16.B 节给出了私有制经济的概念。在私有制经济中，有 I 个消费者和 J 个企业。每个消费者 i 都可用一个消费集 $X_i \subset \mathbb{R}^L$、X_i 上的一个偏好关系 $\succsim_i$、一个初始禀赋向量 $\omega_i \in \mathbb{R}^L$，以及对企业 $j=1, \cdots, J$ 的产权份额 $\theta_{ij} \geqslant 0$（其中 $\sum_i \theta_{ij} = 1$）描述。每个企业 j 都可用一个生产集 $Y_j \subset \mathbb{R}^L$ 描述。这个经济的一个配置是消费向量和生产向量的一个组合：

$$(x, y) = (x_1, \cdots, x_I, y_1, \cdots, y_J) \in X_1 \times \cdots \times X_I \times Y_1 \times \cdots \times Y_J$$

本章的目的是考察瓦尔拉斯均衡这个概念，在本章中我们将它作为下列市场体系结果的实证性预测，该市场体系的消费者和企业都是价格接受者，消费者的财富来源于他自己的初始禀赋以及他对企业利润的索取权。瓦尔拉斯均衡的正式定义已在定义 16.B.3 中给出。我们照搬于此，记为定义 17.B.1。

定义 17.B.1：给定 $(\{(X_i, \succsim_i)\}_{i=1}^I, \{Y_j\}_{j=1}^J, \{(\omega_i, \theta_{i1}, \cdots, \theta_{iJ})\}_{i=1}^I)$ 描述的私有制经济，对于一个配置 (x^*, y^*) 和一个价格向量 $p=(p_1, \cdots, p_L)$ 来说，如果

（i）对每个 j，y_j^* 都使得 Y_j 中的利润最大，也就是，对于所有 $y_j \in Y_j$ 都有 $p \cdot y_j \leqslant p \cdot y_j^*$，

（ii）对于每个 i，$x_i^* \in X_i$ 在预算集 $\{x_i \in X_i : p \cdot x_i \leqslant p \cdot \omega_i + \sum_j \theta_{ij} p \cdot y_j^*\}$ 中都是 $\succsim_i$ 的最大值点①，

（iii）$\sum_i x_i^* = \sum_i \omega_i + \sum_j y_j^*$，

那么我们说，配置 (x^*, y^*) 和价格向量 $p=(p_1, \cdots, p_L)$ 构成了一个**瓦尔拉斯**

① “x_i 在集合 B 中是 $\succsim_i$ 的最大值点”是指对于集合 B 中的消费者 i，x_i 是该消费者的偏好最大的选择；也就是说，$x_i \in B$ 且对于所有 $x_i' \in B$ 都有 $x_i \succsim_i x_i'$。

均衡或称**竞争均衡**、**市场均衡**、**价格接受均衡**。

为了进行正式分析，非常有必要将均衡表达为方程组的解。本节剩下的内容就是探索如何才能做到这一点。接下来，我们的目的是在非常具体和施加强假设的架构中简化我们的分析。

交换经济和超额需求函数

我们用纯交换经济情形推导均衡方程。我们已经知道所谓纯交换经济是指在这样的经济中唯一可能的生产活动是自由处置。正式地说，令 $J=1$ 和 $Y_1=-\mathbb{R}_+^L$。我们取$X_i=\mathbb{R}_+^L$并且假设每个消费者的偏好都是**连续、严格凸**以及**局部非饱和的**（稍后我们将把局部非饱和性强化为强单调性）。我们还假设 $\sum_i \omega_i \gg 0$ 。

对于满足上述假设的纯交换经济来说，定义 17. B. 1 中的三个条件可以等价地表达为：$(x^*,\ y^*)=(x_1^*,\ \cdots,\ x_I^*,\ y_1^*)$ 和 $p\in\mathbb{R}^L$ 构成了一个瓦尔拉斯均衡当且仅当

（ⅰ′）$y_1^*\leqslant 0$，$p\cdot y_1^*=0$，以及 $p\geqslant 0$。

（ⅱ′）对于所有 i 都有 $x_i^*=x_i(p,\ p\cdot\omega_i)$[其中 $x_i(\cdot)$ 是消费者 i 的瓦尔拉斯需求函数]。

（ⅲ′）$\sum_i x_i^*-\sum_i \omega_i^*=y_1^*$。

在上述三个条件中，只有条件（ⅰ′）不容易直接看出。习题 17. B. 1 要求读者证明它等价于定义 17. B. 1 中的条件（ⅰ）。

由条件（ⅰ′）到（ⅲ′）可以得到命题 17. B. 1 中的简单结论。

命题 17. B. 1： 在一个纯交换经济中，若消费者的偏好是连续、严格凸且局部非饱和的，则 $p\geqslant 0$ 是个瓦尔拉斯均衡价格向量当且仅当

$$\sum_i (x_i(p,p\cdot\omega_i)-\omega_i)\leqslant 0 \tag{17. B. 1}$$

证明： 由条件（ⅰ′）到（ⅲ′）直接可以推出式（17. B. 1）对于这个经济的任何瓦尔拉斯均衡都成立。在另外一个方向上，假设式（17. B. 1）成立。如果我们令 $y_1^*=\sum_i(x_i(p,p\cdot\omega_i)-\omega_i)$ 和 $x_i^*=x_i(p,\ p\cdot\omega_i)$，那么 $(x_1^*,\ \cdots,\ x_I^*,\ y_1^*)$ 和 p 满足条件（ⅰ′）到（ⅲ′）。特别地，注意到，

$$p\cdot y_1^*=p\cdot\sum_i(x_i(p,p\cdot\omega_i)-\omega_i)=\sum_i(p\cdot x_i(p,p\cdot\omega_i)-p\cdot\omega_i)=0$$

注意，在上式中最后一个等式成立的原因在于，在局部非饱和条件下，对于所有 i 都有 $p\cdot x_i(p,\ p\cdot\omega_i)=p\cdot\omega_i$。■

向量 $x_i(p,\ p\cdot\omega_i)-\omega_i\in\mathbb{R}^L$ 给出了消费者 i 对每种商品的净需求或**超额需求**（excess demand）。条件（17. B. 1）表明，我们有必要将这个超额需求向量以及 I 个消费者的超额需求之和，分别正式地表示为价格的函数。这就是定义 17. B. 2。

17

定义 17. B. 2：消费者 i 的超额需求函数为

$$z_i(p)=x_i(p,p\cdot\omega_i)-\omega_i$$

其中 $x_i(p, p\cdot\omega_i)$ 是消费者 i 的瓦尔拉斯需求函数。整体经济的（总）**超额需求函数**为

$$z(p)=\sum_i z_i(p)$$

这个函数的定义域是非负价格向量集，这个集合包含了所有严格正的价格向量。

有了总超额需求函数 $z(p)$ 之后，我们可以将条件（17. B. 1）写成更简洁的形式：

$$p\in\mathbb{R}_+^L\text{是一个均衡价格向量当且仅当 } z(p)\leqslant 0 \tag{17. B. 1'}$$

注意到，如果对于消费者有着局部非饱和偏好的纯交换经济，p 是它的一个瓦尔拉斯均衡价格向量，那么 $p\geqslant 0$，$z(p)\leqslant 0$，以及

$$p\cdot z(p)=\sum_i p\cdot z_i(p)=\sum_i(p\cdot x_i(p,p\cdot\omega_i)-p\cdot\omega_i)=0$$

在上式中最后一个等式可根据偏好的局部非饱和性推出。因此，对于每个 l，我们不仅有 $z_l(p)\leqslant 0$，若 $p_l>0$，还有 $z_l(p)=0$。因此，我们看到在均衡处，某种商品 l 可能是超额供给的［即，$z_l(p)<0$］，但只有这种商品为免费商品（即 $p_l=0$）时才是这样的。①

为了进一步简化分析，我们进一步假设消费者的偏好是**强单调的**。因此，对于本节余下内容（事实上，对本章除了 17. I 节和附录 B 之外的所有内容），我们令 $X_i=\mathbb{R}_+^L$ 对于所有 i 均成立，并且假设**所有偏好关系 $\succsim_i$ 都是连续、严格凸和强单调的**。

在强单调偏好之下，任何瓦尔拉斯均衡均必定涉及严格正的价格向量 $p\gg 0$；否则，消费者对所有免费商品的需求将是无限大的。因此，我们断言，在强单调偏好假设之下，**价格向量 $p=(p_1, \cdots, p_L)$ 是个瓦尔拉斯价格向量当且仅当它"出清了所有市场"；也就是说，当且仅当它是含有 L 个未知数和 L 个方程的方程组的解：**

$$z_l(p)=0\quad\text{对于每个 } l=1,\cdots,L\text{ 均成立} \tag{17. B. 2}$$

或者以更紧凑的形式成立：

$$z(p)=0$$

在本章，我们主要通过考察均衡方程组（17. B. 2）的性质来研究瓦尔拉斯均衡

---

① 例如，商品 l 可能是"厌恶品"。于是，我们可以预期商品 l 的价格为零，消费者对该商品的需求为零，超额供给 $z_l(p)=\omega_l>0$ 可以通过自由处置技术来消除。

17

的性质。然而，需要指出，我们研究瓦尔拉斯均衡时未必一定使用这个方程组。例如，在本章附录 A，我们考察另外一个方程组，使用这个方程组也能考察瓦尔拉斯均衡的福利性质。

对于消费者有着强单调偏好的纯交换经济，命题 17. B. 2 列举了它的总超额需求函数的性质，这些性质对于本章内容的发展非常重要。

命题 17. B. 2：假设：对于每个消费者 i，$X_i=\mathbb{R}_+^L$；$\gtrsim_i$ 都是连续的、严格凸的以及强单调的；$\sum_i \omega_i \gg 0$ 。那么，总超额需求函数 $z(p)$（其中 $p\gg 0$）具有下列性质：

（ⅰ）$z(\cdot)$ 是连续的。

（ⅱ）$z(\cdot)$ 是零次齐次的。

（ⅲ）$p\cdot z(p)=0$ 对于所有 p 均成立（瓦尔拉斯法则）。

（ⅳ）存在一个 $s>0$ 使得 $z_l(p)>-s$ 对于每个商品 l 和所有价格 p 均成立。

（ⅴ）若 $p^n\rightarrow p$，其中 $p\neq 0$ 而且对于某个 l 有 $p_l=0$，则

$$\mathrm{Max}\{z_1(p^n),\cdots,z_l(p^n)\}\rightarrow\infty$$

证明：除了性质（ⅴ）之外，所有其他四个性质都可由总超额需求函数的定义直接推出，而且这四个性质对应着需求函数的性质。①（ⅳ）中的下有界性质来自需求的非负性（即，来自事实 $X_i=\mathbb{R}_+^L$），这意味着，消费者 i 对任何商品 l 的总净供给都不可能大于他的初始禀赋。习题 17. B. 2 要求读者证明性质（ⅴ）。这个性质背后的直觉是：当某些商品价格趋近于零时，对于某个财富趋近于严格正的极限的消费者来说［注意到，由于 $p\cdot(\sum_i \omega_i)>0$ ，肯定至少存在着一个这样的消费者］，由于偏好是强单调的，他对这些价格趋近于零的商品的需求将大幅增加［但可能并非都增加，因为相对价格仍起作用］。■

最后，注意到根据瓦尔拉斯法则［由命题 17. B. 2 的性质（ⅲ）］可知，为了验证某个价格向量 $p\gg 0$ 出清了所有 L 个市场［即，对于所有 l 都有 $z_l(p)=0$］，只要验证它出清了（$L-1$）个市场即可。事实上，如果 $p\gg 0$ 而且 $z_1(p)=\cdots=z_{L-1}(p)=0$，那么由于 $p\cdot z(p)=\sum_l p_l z_l(p)=0$ 和 $p_L>0$ ，我们必定有 $z_L(p)=0$。因此，如果我们将商品 1 到商品 $L-1$ 的超额需求向量表示为

$$\hat{z}(p)=(z_1(p),\cdots,z_{L-1}(p))$$

我们看到：某个严格正的价格向量 p 是个瓦尔拉斯均衡当且仅当 $\hat{z}(p)=0$。

含有生产的经济

我们可以将基于超额需求方程的方法扩展到一般生产情形。假设生产集是闭、

① 顺便指出，即使偏好仅为局部非饱和的，性质（ⅰ）到（ⅳ）也仍然成立。

严格凸且上有界的。那么，对于任何价格向量 $p\gg0$，我们均可以令 $\pi_j(p)$ 和 $y_j(p)$ 分别表示企业 j 的最大利润和利润最大的生产向量。将**含有生产的超额需求函数**（production inclusive excess demand function）表示为

$$\tilde{z}(p)=\sum_i x_i(p,p\cdot\omega_i+\sum_j\theta_{ij}\pi_j(p))-\sum_i\omega_i-\sum_j y_j(p) \qquad (17.\text{B}.3)$$

我们看到 p 是个瓦尔拉斯均衡价格向量当且仅当它是方程组 $\tilde{z}(p)=0$ 的解。习题 17. B. 4 要求读者证明在某个弱假设条件（严格正的总消费束可用初始禀赋生产）下，函数 $\tilde{z}(\cdot)$ 满足命题 17. B. 2 的性质（i）到（v）。

注意，如果生产函数不是上有界的，那么 $\tilde{z}(p)$ 对于某个 $p\gg0$ 可能是没有定义的[因为对于某个 j 可能有 $\pi_j(p)=\infty$]。然而，均衡价格向量仍然可用 $\tilde{z}(p)=0$ 刻画。

当生产集不是严格凸的时，情形变得更为复杂，这是因为对应 $y_j(p)$ 可能不再是单值的。事实上，有一种生产情形，无论对于理论还是实践来说都很重要，我们当然不想通过假设将这种生产情形排除在外，这种情形就是规模报酬不变。然而，在规模报酬不变的情形下，生产集既不是严格凸的，也不是上有界的（所有产品的产量都非正的这种平凡情形除外）。在理论上，我们仍然可以将均衡看成零均衡，它由式（17. B. 3）对于严格正价格的子集所定义。[①] 然而，这些对应不能形成良好的方程组（例如，它们不可微）。在这种情形下，更为方便的做法是把均衡看成同时涉及经济的生产和消费两方面的扩展方程组的解。下面我们来详细说明这个思想。

为了看清如何构造扩展方程组，考虑线性活动类型的生产（这种类型可参考第 5 章附录 A)。假设除了自由处置技术外，我们有 J 个基本活动 a_1，…，$a_J\in\mathbb{R}^L$。也就是说，总生产集为

$$Y=\{y\in\mathbb{R}^L:y\leqslant\sum_j\alpha_ja_j \text{ 对于某个}(\alpha_1,\cdots,\alpha_J)\geqslant0\text{ 成立}\}$$

17

由于偏好是强单调的，在均衡时不存在免费商品（即，我们必定有 $p\gg0$)。另外，生产应该是利润最大化的，而且由于规模报酬不变，这些最大利润必定为零。因此，由价格向量 $p\in\mathbb{R}^L_+$ 和活动水平向量 $\alpha\in\mathbb{R}^J_+$ 形成的组合（p，α）构成了一个均衡当且仅当它是

$$z(p)-\sum_j\alpha_ja_j=0 \qquad (17.\text{B}.4)$$

和

$$p\cdot a_j\leqslant0,\quad \alpha_j(p\cdot a_j)=0\quad \text{对于所有 } j \text{ 均成立} \qquad (17.\text{B}.5)$$

的解。其中 $z(\cdot)$ 是定义 17. B. 2 界定的消费者的超额需求函数。注意到，如果你愿意，

---

① 也就是说，p 是个均衡价格向量当且仅当 $0\in\tilde{z}(p)$。

条件（17.B.5）也可以表达为方程组的形式：只要将“$p \cdot a_j \leqslant 0$，$\alpha_j(p \cdot a_j)=0$”替换为“$\alpha_j p \cdot a_j + \mathrm{Max}\{0, p \cdot a_j\}=0$”即可。习题 17.B.5 将当前的讨论进一步推广，使之允许活动之间的连续替代。

值得强调的是，至少对于凸技术情形来说，下列做法将不太会损失概念上的一般性：如果我们假设经济的生产部门仅由一个企业组成而且该企业的生产技术是规模报酬不变的。为了看清这一点，回忆命题 5.B.2，从该命题可知，通过对每个企业 j 创造一种额外的、与特定企业有关的生产要素，我们总可以假设每个 Y_j 是规模报酬不变的（当这么做时，我们将每个消费者在企业 j 拥有的利润份额转化为第 j 种新实物资源禀赋）。这样一来，由于在均衡时，利润必定为零，我们看到在这种方法下，在计算消费者的财富时，我们不再需要将企业视为一个独立的实体而将它们与消费者区分开。另外，从生产决策的角度看，我们也没有必要将消费者和企业区分开。正如我们在 5.E 节所看到的，我们可以将生产部门看成一个总“代表性企业”$Y=\sum_j Y_j$。

我们可以将某个共同的不变报酬 Y 视作每个个体（即每个消费者）可以免费使用某知识而达到的一种长期状态，其目的是建立企业或仅用于家庭生产。事实上，我们可以更进一步，即我们不需要单独考虑企业从而不需要考虑利润最大化条件。习题 17.B.6 要求读者证明一个瓦尔拉斯均衡可以使用下列两阶段过程重新定义：首先，面对着预算约束 $p \cdot v_i \leqslant p \cdot \omega_i$ 的消费者选择向量 $v_i \in \mathbb{R}^L$（均衡市场出清条件为 $\sum_i v_i=\sum_i \omega_i$）；其次，每个消费者 i 均使用 v_i 和生产技术 Y 进行家庭生产，生产他最偏好的消费束。①

17.C 瓦尔拉斯均衡的存在性

在研究一个实证性理论时，应该考察的第一个问题是：在什么样的条件下，模型有解？也就是说，它能预测明确的结果吗？这称为存在性问题。在概念上，保证均衡的存在性意味着我们的均衡定义通过了一致性的逻辑检验。它说明我们的数学模型与该模型的设计初衷相符。尽管存在性问题不是故事的全部，然而，在某种程度上，它是通向分析大厦的大门。②

瓦尔拉斯均衡的存在性能够以非常一般的形式建立。然而，为了让我们的阐述顺畅一致，在本节我们仅以下面这种特殊情形为例来考察存在性问题：以超额需求函数模拟的纯交换经济（我们在前面已说过，本章主要考察这种经济）。在本章附

17

① 这个过程正式将生产经济简化为纯交换经济。但是这并不意味着这个纯交换经济满足我们在本章施加的所有强假设。

② 应该强调的是，找到保证瓦尔拉斯均衡存在的一组条件，并不意味着只要偏好、禀赋和技术满足存在性定理的假设条件，这个结果一定就会出现：价格接受的行为假设和完全市场的制度假设也必须成立。然而，当偏好、禀赋和技术不满足存在性要求的条件时，这的确意味着这样的均衡可能不是我们要寻找的均衡。

录 B，我们讨论一般情形下的存在性问题。

我们已经在 17. B 节知道，对于某个交换经济，若 $\sum_i \omega_i \gg 0$ 而且消费者的偏好是连续、严格凸以及强单调的，则该经济的超额需求函数 $z(\cdot)$ 满足命题 17. B. 2 的性质（ⅰ）到（ⅴ）。下面我们证明满足这五个条件的任何函数 $z(\cdot)$ 都有解，也就是说，存在价格向量 p 使得 $z(p)=0$。这样，我们就在命题 17. B. 2 的条件下建立了瓦尔拉斯均衡的存在性问题。

我们首先考察简单情形：假设经济中只有两种商品（即，$L=2$）。在这种情形下，很容易建立均衡的存在性。首先，根据 $z(\cdot)$ 的零次齐次性［命题 17. B. 2 的条件（ⅱ）］，我们可以将商品 2 的价格标准化为 1，即 $p_2=1$；然后寻找形式为 $(p_1,1)$ 的均衡价格向量。然后，根据瓦尔拉斯法则［命题 17. B. 2 的条件（ⅲ）］，通过解方程 $z_1(p_1,1)=0$ 即可找到均衡。这个单变量问题可用图 17. C. 1 表示。① 当 p_1' 很小时，我们必定有 $z_1(p_1',1)>0$；如果 p_1'' 很大，我们有 $z_1(p_1'',1)<0$。这两个有界限制可从命题 17. B. 2 条件的（ⅳ）和（ⅴ）推出：相对价格较低的商品具有正的超额需求。② 由于函数 $z_1(p_1,1)$ 是连续的［命题 17. B. 2 的条件（ⅰ）］，必定存在某个中间值 $p_1^* \in [p_1', p_1'']$ 使得 $z_1(p_1^*,1)=0$，因此，必定存在均衡价格向量。

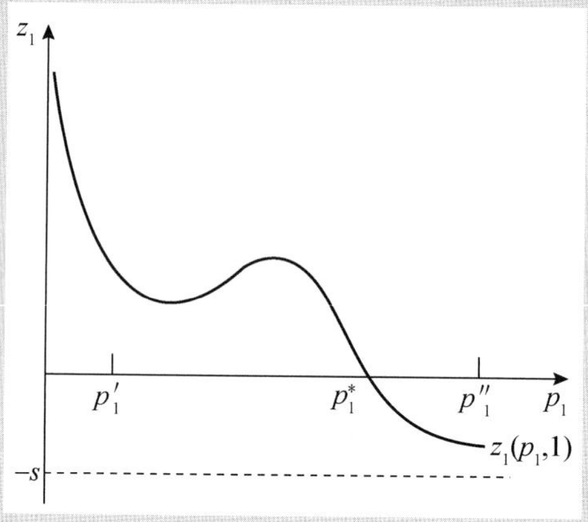

图 17. C. 1　在 $L=2$ 情形下，均衡存在性的证明

① 注意，在这个图中，我们回到了常见的数学惯例：用横轴表示自变量 p_1。这也是 Walras（1874）的做法。局部均衡的惯例做法是用纵轴表示价格（在本书第三部分之前我们一直使用这种表示法），这实际上是将价格作为因变量。这种方法首先由 Marshall（1920）使用，后来学者沿用了这种方法。

② 特别地，性质（ⅳ）意味着企业想要的销售值是有界的。根据瓦尔拉斯法则，消费者想要的购买量也是有界的。这是因为，根据性质（ⅴ），当 $p_1 \to 0$ 时，消费者对某种商品的购买量是无限的，由此可知，当 $p_1 \to 0$ 时，这种商品必定是商品 1，即商品 1 的需求量是无限的。因此，对于足够小的 p_1'，有 $z_1(p_1',1)>0$。根据对称性，当 $p_1 \to \infty$ 时［根据 $z(\cdot)$ 的零次齐次性可知，这等价于维持 p_1 固定不变但令 $p_2 \to 0$］，对于足够大的 p''_1，我们必定有 $z_2(p_1'',1)>0$，因此 $z_1(p_1'',1)<0$。

当商品种类多于两种时，解的存在性的证明更为微妙，需要使用一些强大的数学工具。在命题 17. C. 1 中，我们采用了传统的证明方法，这个方法涉及角谷不动点定理（参考数学附录 M. I 节）。应该指出，在命题 17. C. 1 的证明过程中，我们必须处理当某些商品价格为零时超额需求没有定义的技术难题。事实上，读者可能从命题 17. C. 2 更能直接感觉到不动点定理的思想。命题 17. C. 2 表明，当超额需求函数对于所有非零、非负价格都有定义时，均衡存在性问题的证明相当简单。

命题 17. C. 1： 假设 $z(p)$ 是个定义在所有严格正价格向量 $p \in \mathbb{R}^L_{++}$ 上的函数，而且该函数满足命题 17. B. 2 的条件（ⅰ）到（ⅴ）。那么，方程组 $z(p)=0$ 有解。因此，对于任何纯交换经济，若 $\sum_i \omega_i \gg 0$ 而且每个消费者的偏好都是连续、严格凸和强单调的，那么该经济存在瓦尔拉斯均衡。

证明： 首先，为方便起见，我们将价格标准化。以

$$\Delta = \left\{ p \in \mathbb{R}^L_+ : \sum_l p_l = 1 \right\}$$

表示 $\mathbb{R}^L$ 中的单位单纯形。由于函数 $z(\cdot)$ 是零次齐次的，我们在寻找均衡时，可以仅关注 Δ 中的价格向量。然而，注意到，函数 $z(\cdot)$ 只对下列集合中的价格向量是良好定义的：

$$\Delta \text{ 的内部} = \{p \in \Delta : p_l > 0 \text{ 对于所有 } l \text{ 成立}\}$$

我们将整个证明过程分为五个步骤。在前两个步骤中，我们构建从 Δ 到 Δ 的某个对应 $f(\cdot)$。在第三步中，我们证明对于 $f(\cdot)$ 的任何不动点，也就是对于任何满足 $p^* \in f(p^*)$ 的 p^*，均有 $z(p^*)=0$。第四步证明 $f(\cdot)$ 是凸值的和上半连续的（或等价地，它有闭图）。最后，第五步使用角谷不动点定理证明必定存在满足 $p^* \in f(p^*)$ 的 p^*。

出于使符号更简洁明了的目的，在定义集合 $f(p) \subset \Delta$ 时，我们用 q 表示 $f(p)$ 的元素（价格向量）。

第 1 步：对 $p \in \Delta$ 的内部，构建不动点对应。

当 $p \gg 0$ 时，令

$$f(p) = \{q \in \Delta : z(p) \cdot q \geq z(p) \cdot q' \quad \text{对于所有 } q' \in \Delta \text{ 成立}\}$$

以文字表达就是：给定当前“提议” p，由对应 $f(\cdot)$ 指定的“反提议”（counterproposal）是 Δ 中的可行价格向量，该价格向量使得超额需求向量 $z(p)$ 的值最大。这在经济学上能讲得通；将 $f(\cdot)$ 视为下列这样的规则：它沿着消除任何超额需求的方向调整当前价格，上面定义的对应 $f(\cdot)$ 将最高价格指定给超额需求程度最高的商品。特别地，我们有

$$f(p) = \{q \in \Delta : q_l = 0 \text{ 若 } z_l(p) < \mathrm{Max}\{z_1(p), \cdots, z_L(p)\}\}$$

17

注意到如果对于 $p\gg 0$ 有 $z(p)\neq 0$，那么根据瓦尔拉斯法则可知：对于某个 l 有 $z_l(p)<0$；对于某个 $l'\neq l$ 有 $z_{l'}(p)>0$。所以，对于这样的 p，任何 $q\in f(p)$ 均有 $q_l=0$ 对于某个 l 成立。因此，如果 $z(p)\neq 0$，那么 $f(p)\subset\Delta$ 的边界 $=\Delta\setminus(\Delta$ 的内部)。相反，如果 $z(p)=0$，那么 $f(p)=\Delta$。

第 2 步：对 $p\in\Delta$ 的边界，构建不动点对应。

如果 $p\in\Delta$ 的边界，令

$$f(p)=\{q\in\Delta: p\cdot q=0\}=\{q\in\Delta: q_l=0\text{ 若 }p_l>0\}$$

由于对于某个 l 有 $p_l=0$，所以 $f(p)\neq\varnothing$。注意，在这个构造下，Δ 边界上的任何价格都不可能是不动点；也就是说，$p\in\Delta$ 的边界且 $q\in f(q)$ 不可能发生，这是因为 $p\cdot p>0$ 而 $p\cdot q=0$ 对于所有 $q\in f(p)$ 均成立。

第 3 步：$f(\cdot)$ 的一个不动点是个均衡。

假设 $p^*\in f(p^*)$。正如我们在第 2 步所指出的，我们必定有 $p^*\notin\Delta$ 的边界。因此，$p^*\gg 0$。如果 $z(p^*)\neq 0$，那么我们在第 1 步看到 $f(p^*)\subset\Delta$ 的边界，这与 $p^*\in f(p^*)$ 且 $p^*\gg 0$ 不相容。因此，如果 $p^*\in f(p^*)$，我们必定有 $z(p^*)=0$。

第 4 步：不动点对应是凸值的、上半连续的。

为了证明不动点对应是凸值的，注意到，当 $p\in\Delta$ 的内部或 $p\in\Delta$ 的边界时，$f(p)$ 等于定义在凸集 Δ 上的线性函数的一个水平集［也就是说，这个水平集的形式为 $\{q\in\Delta:\ \lambda\cdot q=k\}$ 对于某个实数 k 和向量 $\lambda\in\mathbb{R}^L$ 成立］，因此它是凸的。（习题 17. C. 1 要求读者给出更明显的验证。）①

为了证明不动点对应是上半连续的（上半连续这个定义请参考数学附录 M. M 节），考虑序列 $p^n\to p$，$q^n\to q$ 且 $q^n\in f(p^n)$ 对于所有 n 均成立。我们必须证明 $q\in f(p)$。我们分两种情况讨论：$p\in\Delta$ 的内部和 $p\in\Delta$ 的边界。

17

如果 $p\in\Delta$ 的内部，那么对于足够大的 n 有 $p^n\gg 0$。从 $q^n\cdot z(p^n)\geq q'\cdot z(p^n)$ 对于所有 $q'\in\Delta$ 均成立以及 $z(\cdot)$ 的连续性可知，$q\cdot z(p)\geq p'\cdot z(p)$ 对于所有 q' 均成立；也就是说，$q\in f(p)$。

现在假设 $p\in\Delta$ 的内部。取任何满足 $p_l>0$ 的任何 l。我们将证明对于足够大的 n 有 $q_l^n=0$，因此必定有 $q_l=0$；由此可知 $q\in f(p)$。由于 $p_l>0$，存在一个 $\varepsilon>0$ 使得 $p_l^n>\varepsilon$ 对于足够大的 n 成立。另外，如果 $p^n\in\Delta$ 的边界，那么根据 $f(p^n)$ 的定义可知 $q_l^n=0$。相反，如果 $p^n\gg 0$，那么命题 17. B. 2 的边界条件（ⅳ）和（ⅴ）开始发挥作用。它们意味着，对于足够大的 n，我们必定有

① 注意，对于任何 $p\in\Delta$，集合 $f(p)$ 总是单纯形 Δ 的一个面；也就是说，它是 Δ 的一个子集，这个子集是由坐标为单位坐标的有限子集张成的。对于 $p\in\Delta$ 的边界，$f(p)$ 是由 p 的零坐标张成的属于 Δ 的一个面。对于 $p\in\Delta$ 的内部，$f(p)$ 是由对应于有着最大超额需求的商品坐标张成的面。

$$z_l(p^n)<\text{Max}\{z_1(p^n),\cdots,z_L(p^n)\}$$

因此，我们再次有 $q_l^n=0$。为了证明上面的不等式，注意到根据条件（ⅴ）可知，当$n\to\infty$时，上述不等式右侧趋于无穷（由于 $p\in\Delta$ 的边界，当 $n\to\infty$时，某些价格趋于零）。但是上述不等式的左侧是上有界的，因为如果它为正，那么

$$z_l(p^n)\leqslant\frac{1}{\varepsilon}p_l^n z_l(p^n)=-\frac{1}{\varepsilon}\sum_{l'\neq l}p_{l'}^n z_{l'}(p^n)<\frac{s}{\varepsilon}\sum_{l'\neq l}p_{l'}^n<\frac{s}{\varepsilon}$$

其中，s 是由条件（ⅳ）给出的超额供给的界限。[①] 总之，对于充分接近 Δ 边界的 p^n，最大需求对应于价格趋近于零的商品。因此，我们断言，对于比较大的 n，任何 $q^n\in f(p^n)$ 仅对于价格趋近于零的那些商品指定非零的权重。但这保证了 $p\cdot q=0$，因此 $q\in f(p)$。

第 5 步：存在不动点。

角谷不动点定理（参考数学附录 M. I 节）表明，从一个非空、紧且凸的集合到其自身的一个凸值的、上半连续的对应，有不动点。由于 Δ 是一个非空、凸且紧的集合，以及由于 $f(\cdot)$ 是一个从 Δ 到 Δ 的对应而且它是凸值的、上半连续的，因此，我们断言存在一个 $p^*\in\Delta$ 使得 $p^*\in f(p^*)$。■

我们已经知道，在图 15. B. 10(a) 和 (b) 的埃奇沃思盒中，不存在瓦尔拉斯均衡。现在有必要考察这两个图对应的超额需求函数违反了命题 17. B. 2 中五个性质中的哪一个。在图 15. B. 10(b) 的情形下，偏好不是凸的，因此，$z(\cdot)$ 不是一个函数，更不用说是连续函数了［性质（ⅰ）］。[②] 对于图 15. B. 10(a) 来说，它不满足性质（ⅴ）：对于任何价格序列 $(p_1^n,\ p_2^n)\to(1,\ 0)$ 来说，超额需求都是有界的。注意到，在极限中只有一个消费者的财富为正，但对于这个消费者来说，他的偏好虽然是单调的，但不是强单调的。

为了帮助读者理解不动点论证的逻辑，有必要考虑命题 17. C. 2。在这个命题中，我们假设 $z(p)$ 是连续且零次齐次的函数，而且满足瓦尔拉斯法则，以及对于所有非负、非零向量都有定义，从而规避了处理棘手的边界问题。在这个偏好为连续且严格凸的架构内，这类超额需求函数与单调偏好不相容，但与局部非饱和的偏好相容。另外，我们已经知道，当允许零价格时，均衡条件为 $z(p)\leqslant 0$；参见表达式（17. B. 1′）。

命题 17. C. 2： 假设 $z(p)$ 是个函数，它定义在所有非零、非负价格向量 $p\in\mathbb{R}_+^L$ 上，而且满足命题 17. B. 2 中的性质（ⅰ）到（ⅲ）（即，满足连续性、零次齐次性以及瓦尔拉斯法则）。那么，存在一个价格向量 p^* 使得 $z(p^*)\leqslant 0$。

① 用文字表达，最后一组不等式是说，消费者花费在商品 l 上的支出是有界的，这是因为这些资金来自超额供给，因此它不可能大于超额供给的边界值。

② 本节稍后将指出，如果 $z(\cdot)$ 是个凸值的、上半连续的对应，那么均衡仍存在。然而，在图 15. B. 10(b) 中，超额需求未能满足凸值性质。

证明： 由于零次齐次性，在寻找均衡时，我们可以仅关注单位单纯形 $\Delta=\{p\in\mathbb{R}_+^L: \sum_l p_l=1\}$。

在 Δ 上定义函数 $z^+(\cdot)$ 为 $z_l^+(p)=\text{Max}\ \{z_l(p), 0\}$。注意到：$z^+(\cdot)$ 是连续的；$z^+(p)\cdot z(p)=0$ 意味着 $z(p)\leqslant 0$。

记 $\alpha(p)=\sum_l[p_l+z_l^+(p)]$。我们有 $\alpha(p)\geqslant 1$ 对于所有 p 均成立。

定义一个从闭且凸的集合 Δ 到其自身的连续函数 $f(\cdot)$ 为

$$f(p)=[1/\alpha(p)](p+z^+(p))$$

注意到，根据直觉，这个函数倾向于提高有着超额需求的商品的价格。图 17.C.2 给出了 $L=2$ 时这个函数的构造。

根据布劳威尔的不动点定理（参考数学附录 M.I 节），存在一个 p^* 使得 $p^*=f(p^*)$。我们需要证明 $z(p^*)\leqslant 0$。

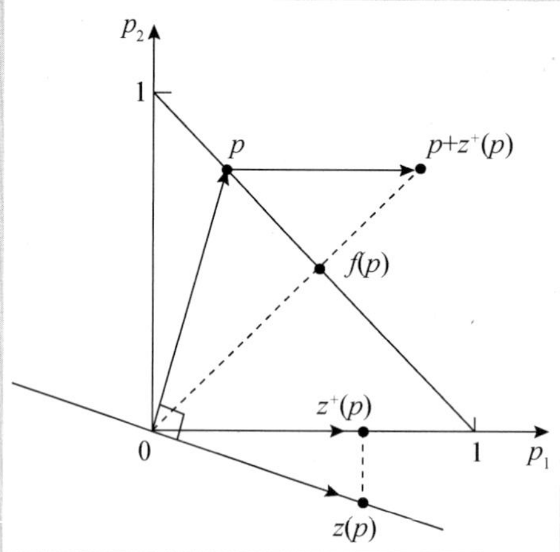

图 17.C.2　为命题 17.C.2 构造的不动点函数

根据瓦尔拉斯法则：

$$0=p^*\cdot z(p^*)=f(p^*)\cdot z(p^*)=[1/\alpha(p^*)]z^+(p^*)\cdot z(p^*)$$

因此，$z^+(p^*)\cdot z(p^*)=0$。但是，正如我们已经指出的，这意味着 $z(p^*)\leqslant 0$。■

命题 17.C.1 的适用性不限于交换经济。例如，我们已在 17.B 节（以及习题 17.B.4）看到，如果生产集是闭、严格凸且上有界的（以及如果可从初始总禀赋生产严格正的总消费束），那么含有生产的超额需求函数 $z(\cdot)$ 满足命题 17.B.2 的条件（ⅰ）到（ⅴ）。因此，命题 17.C.1 也意味着在这种情形下必然存在着一个瓦尔拉斯均衡。

为了方便后来参考，我们指出，命题 17.C.1 也适用于下列情形：对应 $z(p)$ 是凸值的、上半连续的，而且满足命题 17.B.2 的条件（ⅱ）到（ⅴ）(适当修改)。在这种情形下，存在一个 p 使得 $0\in z(p)$。（关于这一结论的更多内容可参考习题 17.C.2。)

尽管命题 17.C.1 告诉我们存在着均衡，但它并未明确给出均衡价格向量或均衡配置。那么如何真正找到均衡？Scarf（1973）首先考虑了这个问题。现在，学者们已发展出很多有用的方法。这些方法对于应用性工作非常重要，因为在应用性工作中，计算解的能力是关键所在。对于应用性一般均衡的说明，可以参考 Shoven 和 Whaley（1992）。

16.D 节的福利经济学第二基本定理可以看成当前存在性结果的一种特殊情形。为了看清这一点，假设对于满足命题 17.C.1 假设条件的纯交换经济，$x=(x_1, \cdots, x_I)$ 是个帕累托最优配置，那么，根据命题 17.C.1 可知，对于禀赋为 $\omega_i=x_i$（其中 i 是任意的）的经济来说，存在着一个瓦尔拉斯均衡价格向量 p 和一个均衡配置 $\hat{x}=(\hat{x}_1, \cdots, \hat{x}_I)$。由于 x_i 在价格为 p 时对于每个消费者 i 都是可买得起的，我们必定有：$\hat{x}_i \succsim_i x_i$ 对于所有 i 均成立。因此，由 $x=(x_1, \cdots, x_I)$ 是帕累托最优的可知，$\hat{x}_i \sim_i x_i$ 对于所有 i 均成立。但是由于 $\hat{x}_i$ 是价格为 p、财富为 $w_i=p\cdot\omega_i=p\cdot x_i$ 时的最优需求，所以 x_i 对于价格财富组合 $(p, p\cdot x_i)$ 来说必定也是消费者 i 的最优需求。因此，我们看到价格向量 p 和财富水平 $w_i=p\cdot x_i$ 支持配置 x 成为伴有财富转移的价格均衡（参考定义 16.B.4）。[①]

17.D 局部唯一性与指数定理

我们已经在 17.C 节（以及本章附录 B）建立了保证瓦尔拉斯均衡存在的条件，现在我们开始考察均衡的个数问题（存在一个还是多个均衡）。

对于理论学家来说，对于他要研究的社会问题，最好的情形是他建立的模型既非常简单（即，纳入模型的元素应该是争议最少且具有稳健性质的元素），又能够预测唯一结果。

一方面，完全竞争的瓦尔拉斯模型的确非常简单。在本质上，它试图仅使用下列基本资料就给出经济的完整理论描述：一组商品、技术状态、消费者的偏好和禀赋。然而，另一方面，这个理论不是完全确定性的。在 17.F 节我们将看到，均衡的唯一性只有在特殊情形下才能得以保证。图 15.B.9 中的埃奇沃思盒以及例 15.B.2 说明，在我们所做的假设下，有可能存在多个均衡。图 17.D.1 画出了例 15.B.2 中商品 1 的超额需求，它是 p_1（商品 2 的价格已标准化为 1）的函数。在习题 17.D.1 中，也存在多个均衡。

① 事实上，福利经济学第二基本定理可以视为瓦尔拉斯均衡存在性定理的一个推论，这个结论并不局限于本节考察的经济。

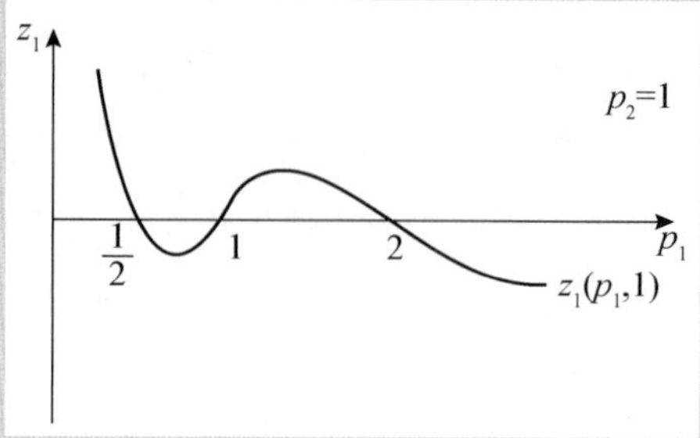

图 17. D. 1　商品 1 的超额需求函数，可以看出这种情形下有多个均衡

从理论的角度看，如果无法实现唯一性，那么次优的性质是局部唯一性。对于某个均衡价格向量来说，如果我们不能找到充分接近它的另外一个（标准化）价格向量，那么我们说这个价格向量是**局部唯一的**（locally unique）或**局部孤立的**（locally isolated）。如果对于某个经济来说，它的每个均衡都是局部唯一的，那么我们说这个经济具有**局部唯一性**（local uniqueness property）。经济学家之所以对局部唯一性感兴趣，是因为如果这种性质很普遍，那么在任何实际应用中就不难完成研究工作。例如，历史经验表明某个区域存在着均衡（这个区域可能是经济遭受意外小冲击之前均衡存在的区域），在这个区域中可能存在着唯一的均衡。在这种情形下，我们的理论仍有预测能力，尽管只是局部预测能力。我们将能保证均衡局部唯一性的理论称为**局部确定性的**（locally determinate），这个词是相对全局（global）确定性而言的。

于是，一个自然的问题是：瓦尔拉斯理论是局部确定性的吗？图 17. D. 1 中的例子表明答案是肯定的：超额需求方程的每个解都是局部孤立的。然而图 17. D. 2 与图 17. D. 3 则表明答案是否定的。这两个图画出了交换经济的提供曲线与超额需求函数，该经济存在着瓦尔拉斯均衡的连续统，从而均衡不是局部唯一的。但是，我们不应该失望。图 17. D. 2 与图 17. D. 3 的情形似乎是病态的，好像它们只是一种巧合。事实上，Debreu（1970）证明了这样的巧合不是稳健的：它只能偶然发生。

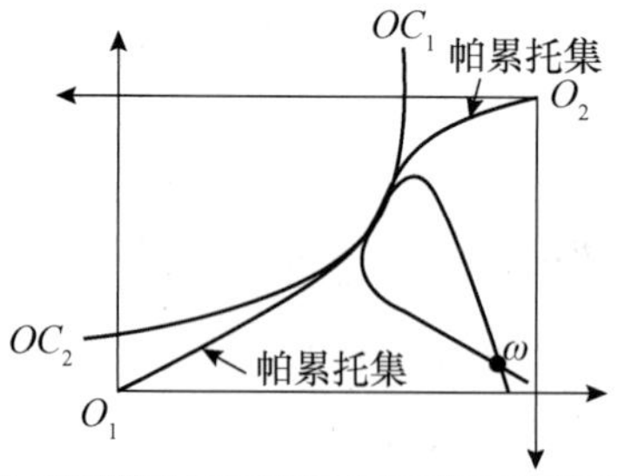

图 17. D. 2　均衡的连续统：埃奇沃思盒

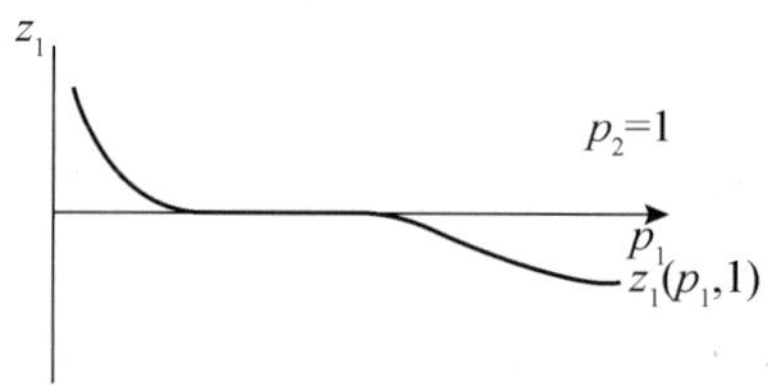

图 17. D. 3　均衡的连续统：超额需求

现在我们正式讨论这些问题。为了具体起见，与往常一样，我们仅关注由 I 个消费者组成的交换经济。每个消费者 i 都可用（$\gtrsim_i$，ω_i）描述，其中，$\gtrsim_i$ 是 $\mathbb{R}_+^L$ 上的一个连续、严格凸以及强单调的偏好关系；$\omega_i \gg 0$。这样一来，我们已经知道，

总超额需求函数 $z(\cdot)$ 满足命题 17. B. 2 的条件（ⅰ）到（ⅴ）。我们进一步假设 $z(\cdot)$是连续可微的。[①]

在价格方面，由于我们至多能确定相对价格而不是绝对价格，所以我们标准化 $p_L=1$，并且与 17. B 节一样，将由前 $L-1$ 种商品的超额需求组成的向量记为[②]

$$\hat{z}(p)=(z_1(p),\cdots,z_{L-1}(p))$$

标准化价格向量 $p=(p_1, \cdots, p_{L-1}, 1)$ 构成了一个瓦尔拉斯均衡当且仅当它是下列含有 $L-1$ 个未知数、$L-1$ 个方程的方程组的解：

$$\hat{z}(p)=0$$

正则经济

我们首先引入正则均衡价格向量和正则经济的概念。

定义 17. D. 1：对于某个均衡价格向量 $p=(p_1, \cdots, p_{L-1})$，如果价格效应的 $(L-1)\times(L-1)$ 矩阵 $D\hat{z}(p)$ 是非奇异的，也就是说，如果 $D\hat{z}(p)$ 的秩为 $L-1$，那么我们说这个均衡价格向量 p 是**正则的**（regular）。对于某个经济来说，如果它的每个标准化均衡价格向量都是正则的，那么我们说经济是**正则的**。

在图 17. D. 1 中，每个均衡都是正则的，因为超额需求函数的斜率 $\partial z_1(p_1, 1)/\partial p_1$ 在每个解处的值都不等于零。相反，在图 17. D. 3 中，每个均衡都不是正则的，因为在任何均衡价格向量上，超额需求函数的斜率都等于零。本节稍后将证明，在某种意义上，“几乎每个”经济都是正则的。

正则概念非常重要，这是因为任何正则的（标准化）均衡价格向量都是孤立的，任何正则经济的（标准化）价格均衡个数都是有限的。命题 17. D. 1 正式给出了这个结论。

命题 17. D. 1：任何正则的（标准化）均衡价格向量 $p=(p_1, \cdots, p_{L-1}, 1)$ 都是**局部孤立的**（或称**局部唯一的**）。也就是说，存在一个 $\varepsilon>0$ 使得如果 $p'\neq p$，$p'_L=p_L=1$ 以及 $\|p'-p\|<\varepsilon$，那么 $z(p')\neq 0$。而且，如果经济是正则的，那么标准化均衡价格向量的个数是有限的。

证明：任何一个正则解的局部唯一性都是反函数定理（参见数学附录 M. E 节）的一个直接结果。这一点在直觉上非常明显。对于标准化价格的任何微小变化，$dp=(dp_1, \cdots, dp_{L-1}, 0)\neq 0$，$D\hat{z}(p)$ 的非奇异性意味着 $D\hat{z}(p)dp\neq 0$。因此，我们不可能维持在均衡点上。

一旦我们知道每个均衡都是局部孤立的，那么均衡个数的有限性可从命题

① 在第 3 章附录 A，我们已经讨论了保证需求函数可微性的条件，这些条件自然适用于超额需求函数。

② 注意，下文任何分析都不会受我们将哪种商品价格标准化这个做法的影响。例如，可以证明，如果 $z(p)=0$ 而且 $L\times L$ 矩阵 $Dz(p)$ 的秩为 $L-1$，那么无论我们选择将哪种商品价格标准化，$(L-1)\times(L-1)$ 矩阵 $D\hat{z}(p)$ 的秩也为 $L-1$，而且，这个行列式的符号也与我们将哪种商品价格标准化无关（参考数学附录 M. D 节）。

17. B. 2 超额需求函数的有界性条件［性质（V）］推出。由于这个条件（回忆一下，该条件是从偏好的强单调性推出的），均衡与充分接近零的那些相对价格不相容。也就是说，存在一个 $r>0$ 使得 $\hat{z}(p)=0$ 以及 $p_L=1$，于是，对于每个 l 都有 $1/r<p_l<r$。另外，$\hat{z}(\cdot)$ 是连续的。这些事实说明均衡价格向量集是 $\mathbb{R}^{L-1}$ 的闭子集。然而，对于一个集合来说，如果它在 $\mathbb{R}^{L-1}$ 中是闭、有界（从而是紧的）以及离散的（即，该集合的所有点都是局部孤立的），那么该集合必定是有限的（参见数学附录 M. F 节）。■

下面我们介绍另外一个目标，请重新考察图 17. D. 1；在这个图中，我们看到对于含有两种商品的正则经济来说，除了均衡个数的有限性之外，我们还能得出其他的一些结论。事实上，超额需求函数 $z_1(\cdot)$ 的边界条件（若 p_1 很低，超额需求为正；若 p_1 很高，超额需求为负）必然意味着，对于正则经济来说：首先，均衡的个数为奇数；其次，超额需求函数在均衡处的斜率的正负号必定轮流交替，首先为负然后为正，依此类推。对于某个均衡，如果超额需求在这个均衡处的斜率为负，我们称该均衡的**指数**（index）为+1，若斜率为正，则称该均衡的指数为−1，那么不管有多少个均衡，正则经济的均衡指数之和总为+1。在合理定义下，可以证明指数不变这个性质对于一般情形（商品种类为任意种）也成立，这种一般情形对于比较静态和均衡的唯一性问题有着重要含义。

现在我们将上面讨论的正则经济的指数定义从 $L=2$ 推广到商品种类为很多种的情形。

定义 17. D. 2：假设 $p=(p_1, \cdots, p_{L-1}, 1)$ 是经济的一个正则均衡价格向量。定义

$$p \text{ 的指数}=(-1)^{L-1}\times[\,|D\hat{z}(p)|\text{ 的符号}]^{①}$$

其中，$|D\hat{z}(p)|$ 是 $(L-1)\times(L-1)$ 矩阵 $D\hat{z}(p)$ 的行列式。

如果 $L=2$，$|D\hat{z}(p)|$ 就是 $z_1(\cdot)$ 在点 p 的斜率。因此，在这种情形下如果斜率为负，则 p 的指数为+1；如果斜率为正，则 p 的指数为−1。

一个正则经济的均衡个数是有限的（命题 17. D. 1）。因此，对于任何一个正则经济，表达式

$$\sum_{\{p:z(p)=0, p_L=1\}} p \text{ 的指数}$$

是有意义的。命题 17. 2 表明这个表达式的值总等于+1。

命题 17. D. 2：［**指数定理**（index theorem）］对于任何正则经济，我们均有

$$\sum_{\{p:z(p)=0, p_L=1\}} p \text{ 的指数} =+1$$

① 对于任何实数 $\alpha\neq0$，若 $\alpha>0$，则令 α 的符号为+1；若 $\alpha<0$，则令 α 的符号为−1。

本节末尾简要说明了为何这个结果是正确的。在此处我们指出该结果的含义以及它为何有用且重要。注意到，第一，它意味着任何正则经济的均衡个数皆为奇数。[1] 特别地，均衡个数不可能为零；因此，至少存在一个均衡只是这个命题的一种特殊情形。第二，指数概念提供了均衡分类（分为两类）的依据。在某种意义上，命题 17. D. 2 告诉我们，有正指数的均衡更为重要，这是因为必然至少存在一个正指数均衡。事实上，通常来说，在寻找良好表现的均衡（良好表现的具体含义取决于具体情形）时，可以仅考察正指数均衡。第三，正如我们将在 17. F 节看到的，指数定理对于存在一个还是多个均衡有着重要含义。第四，正如我们将在 17. E 节看到的，指数定理的重要性部分体现在，在不附加额外（强）假设前提下，这是我们至多能得到的结果。

下面我们证明，典型地［或用常用术语，**一般地**（generically）］，经济都是正则的。因此，一般地，超额需求方程的解都是局部孤立的，解的个数都是有限的，而且指数表达式成立。[2]

一般性分析

为了强调我们方法的广泛适用性，我们首先讨论一般形式的方程组，然后专门讨论眼前的经济问题，并且用超额需求方程求出该经济的结果。

一般性分析的核心在于方程和未知数的数量。假设我们的方程组由 M 个方程、N 个未知数组成：

$$\begin{aligned} &f_1(v_1,\cdots,v_N)=0 \\ &\quad\vdots \\ &f_M(v_1,\cdots,v_N)=0 \end{aligned} \tag{17. D. 1}$$

或更简洁地表示为 $f(v)=0$。对于 M 个方程、N 个未知数的方程组，正常情形应该是解集有 $N-M$ 个自由度。特别地，如果 $M>N$，我们的方程组应该是**过度决定的**（overdetermined），不存在解；如果 $M=N$，方程组应该是**恰好决定的**（exactly determined），解都是局部孤立的；如果 $M<N$，方程组应该是**决定不足的**（underdetermined），解不是局部孤立的。显然，这些陈述并不总是正确的（考虑线性方程的例子你就能看出这一点）。因此，“正常情形”是什么意思？隐函数定理提供了答案：在解处，方程组的各个方程之间应该是独立的（即，真正不同）。定义 17. D. 3 刻画了这个概念。

定义 17. D. 3： 对于由 M 个方程、N 个未知数组成的方程组 $f(v)=0$，如果当 $f(v)=0$ 时 $Df(v)$ 的秩为 M，那么方程组 $f(v)=0$ 是**正则的**。

---

① Dierker（1972）首先证明了这个结论。

② 本节内容的更高级处理，可以参见 Balasko（1988）或 Mas-Colell（1985）。

对于正则方程组，隐函数定理（参考数学附录 M. E 节）保证了自由度的个数是正确的。如果$M<N$，我们可以选择对应于$Df(v)$的M个线性独立列的M个变量，而且可以将作为这M个方程$f(v)=0$的解的M个变量值表达为剩下$N-M$个变量的一个函数。如果$M=N$，均衡必定是局部孤立的，原因与本节前面讨论方程组$\hat{z}(p)=0$时是一样的。如果$M>N$，那么$Df(v)$的秩$\leqslant N<M$对于所有v均成立；在这种情形下，定义 17. D. 3 只是说，均衡方程组$f(v)=0$是正则的当且仅当它无解。

剩下的任务是证明正则情形是"正常"情形。图 17. D. 4 表明了这是如何实现的。在该图中，由一个方程、一个未知数组成的方程组$f(v)=0$不是正则的［因为曲线$f(\cdot)$与横轴相切］。然而，这种现象显然不是稳健的：如果我们以任意方式稍微扰动一下这个方程［比如说受到冲击后方程组为$f^s(\cdot)$］，我们就得到了一个正则的方程组。另外，正则方程组的正则性不会受任何微小扰动的影响。[①]

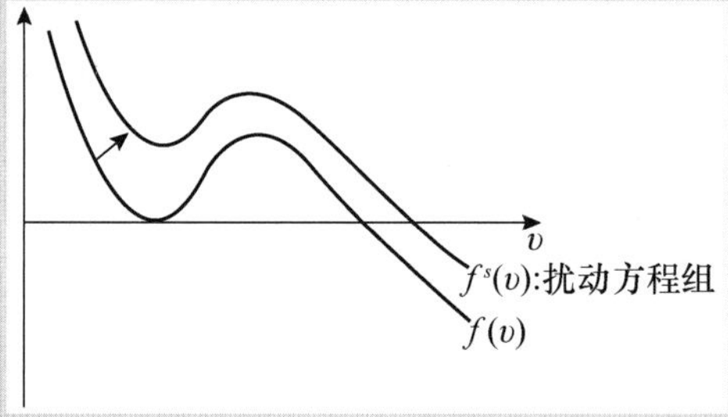

图 17. D. 4　正则情形是典型的

我们将扰动的这个直觉思想表述如下。假设存在一些参数$q=(q_1, \cdots, q_S)$使得，对于每个q，我们有像上面一样的方程组$f(v; q)=0$。可能参数值的集合为$\mathbb{R}^S$(或$\mathbb{R}^S$的一个开集)。于是我们可以肯定地说，如果q'接近q，那么$f(\cdot; q')$是$f(\cdot; q)$的一个扰动。因此，如果要求方程组$f(\cdot; q)=0$的正则性是典型的或一般的，那么可以要求：对于几乎每个q，$f(\cdot; q)=0$均是正则的；换句话说，非正则方程组出现的可能性为零（对于$\mathbb{R}^S$上非退化的正态分布而言）。[②] 理所当然地，为了使上述结论成立，需要对$f(\cdot; q)$取决于q作出一些假设条件。下面这

17

① 扰动应该能控制函数的值和导数，也就是说，它应该是个C^1扰动。

② 更为正式地，在一个由有限多个参数定义的方程组（比如说，在开集中取值）中，我们说某个性质**在第一种意义上是一般性的**，如果它对于一个具有完全测度的参数集成立（完全测度是指这个参数集的测度为零）；某个性质**在第二种意义上是一般性的**，如果它对于一个具有完全测度的开集成立。具有完全测度的集合是密的，但未必是开的。因此，第二种意义比第一种意义更强。然而在很多情形下（事实上，对于我们考察的所有情形下），我们关注的性质在开集中成立，因此第一种意义上的一般性自动产生第二种意义上的一般性。在某些情形下，参数数量不是有限的，也没有可借助的测度概念。在这些情形下，我们说某个性质**在第三种意义上是一般性的**，如果这个性质在开且密的集合中成立。当无法使用测度时，它仍能合理描述性质为一般的这个思想；但是应该指出，在参数有限多的情形下，集合可能为开的、密的以及具有充分小的（正）测度。在本节，我们考察的一般性是第一种意义上的，因此我们将其简称为一般性。

个重要的数学定理告诉我们，所需假设条件并不多。[①]

命题 17. D. 3：［**横截性定理**（transversality theorem）］如果当 $f(v;\ q)=0$ 时，$M\times(N+S)$ 矩阵 $Df(v;\ q)$ 的秩为 M，那么，当 $f(v;\ q)=0$ 时，对于几乎每个 q，$M\times N$ 矩阵 $D_v f(v;\ q)$ 的秩为 M。

粗略地说，横截性定理中的假设要求我们的宇宙有足够的变化。如果当 $f(v;\ q)=0$ 时 $Df(v;\ q)$ 的秩为 M，那么在任何解处，通过调整变量 v 和 q，我们总可以在任何既定方向上（微分地）改变函数 f 的值。横截性定理的结论是，如果上述做法总是可行，那么当我们一开始处于非正则情形时，q 的任何一个随机变化都能使我们脱离非正则性。想象一下，如果我们的世界是非退化的，那么宇宙中的每个世界也是非退化的。注意到，这个定理的一个优点是矩阵 $Df(v;\ q)$ 有 M 行和 $N+S$ 列。因此，如果 S 较大，从而有很多扰动参数，那么这个定理的假设条件很可能得到满足；毕竟，我们只需要找到 M 个线性无关的列即可。另外，$D_v f(v;\ q)$ 有 M 行但只有 N 列，因此很难事先保证 $D_v f(v;\ q)$ 的解有 M 个线性无关的列。但是这个定理告诉我们，对于几乎每个 q，$D_v f(v;\ q)$ 的解的确有 M 个线性无关的列。注意到，如果 $M>N$（方程数量多于未知数数量），那么 $M\times N$ 矩阵 $D_v f(v;\ q)$ 不可能有秩 M。因此，这个定理说明在这种情形下，一般地（即，对几乎每个 q），$f(v;\ q)=0$ 无解。

现在我们重点讨论含有 $L-1$ 个超额需求方程、$L-1$ 个未知数的方程组 $\hat{z}(p)=0$。我们已从例子看到：可能存在着非正则经济。我们希望证明它们不是一般性的。为了做到这一点，我们借助一系列扰动参数，它们会影响偏好或禀赋（或在更一般的环境中，生产技术）。自然地，初始禀赋本身就是一个参数集：

$$\omega=(\omega_{11},\cdots,\omega_{L1},\cdots,\omega_{1I},\cdots,\omega_{LI})\in\mathbb{R}^{LI}_{++}$$

我们可以将超额需求函数对禀赋的依赖性明确表示为 $\hat{z}(p,\ w)$。于是，我们就有了命题 17. D. 4。

命题 17. D. 4： 对于任何 p 和 ω，$D_\omega\hat{z}(p;\ \omega)$ 的秩都等于 $L-1$。

证明： 我们只要考虑一个消费者比如消费者 1 的禀赋，并且证明 $(L-1)\times L$ 矩阵 $D_{\omega_1}\hat{z}(p;\ \omega)$ 的秩为 $L-1$ 即可，因为这意味着 $D_\omega\hat{z}(p;\ \omega)$ 的秩等于 $L-1$。为了证明此事，我们要么计算 $D_{\omega_1}\hat{z}(p;\ \omega)$（习题 17. D. 3），要么注意到 ω_1 的任何扰动比如 $d\omega_1$，只要它不改变消费者 1 在价格为 p 时的财富，它就不会改变需求，因此，超额需求的变化恰好为 $-d\omega_1$。特别地，如果 $p\cdot d\omega_1=0$，那么记 $d\hat{\omega}_1=(d\omega_{11},\ \cdots,\ d\omega_{L-1,1})$，我们有 $D_{\omega_1}\hat{z}(p;\ \omega)\ d\omega_1=D_{\omega_1}\hat{z}_1(p;\ \omega)d\hat{\omega}_1=-d\omega_1$。由于施加在 $d\omega_1$ 上的条件 $p\cdot d\omega_1=0$ 没有对 $d\hat{\omega}_1$ 施加任何限制，由此可知，通过改变消费者 1 的禀赋，我们可以将 $\hat{z}(p;\ \omega)$ 在 $\mathbb{R}^{L-1}$ 中沿着任何想要的方向移动，因此，

① 对于这个定理，在有需要时，我们假设 $f(v;\ q)$ 关于它的两个变量是任意次可微的。

$D_{\omega_1}\hat{z}(p;\ \omega)$ 的秩等于 $L-1$。■

现在我们已准备好阐述最主要的结论了［该结论归功于 Debreu（1970）］。

命题 17.D.5：对于初始禀赋 $(\omega_1,\ \cdots,\ \omega_I)\in\mathbb{R}^{LI}_{++}$ 的几乎每个向量，由 $\{(\succsim_i,\ \omega_i)\}_{i=1}^{i=I}$ 定义的经济是正则的。[①]

证明：由于命题 17.D.4，这个结果可直接从横截性定理（命题 17.D.3）推出。■

命题 17.D.4 主题的变种，可参考习题 17.D.4 到习题 17.D.6。

在图 17.D.5 中，对于总禀赋为 $\bar{\omega}=\omega_1+\omega_2$ 的埃奇沃思盒经济，我们画出了它的均衡集 $E=\{(\omega_1,\ \omega_2,\ p_1):\ \hat{z}(p_1,\ 1;\ \omega)=0\}$。集合 E 是将均衡价格指定给经济 $\omega=(\omega_1,\ \omega_2)$ 的对应（correspondence）的像。由于指数定理，这个图是多个均衡的典型情形，注意到在禀赋空间内的某些点上，均衡数量不连续地从 3 变化到 1。Balasko（1988）详细分析了这个均衡集。

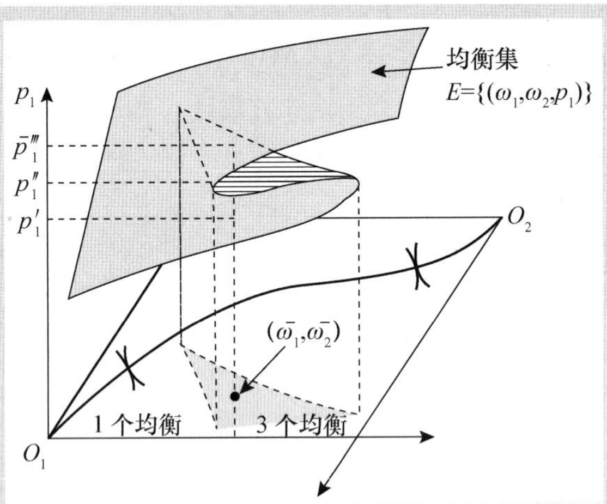

图 17.D.5 均衡集

最后，在提出两个注意事项后，我们结束对一般性的讨论：其一，均衡理论的一般局部确定性可以扩展到有着外部性、征税或导致第一福利定理失灵的其他“不完美”情形。（参考习题 17.D.6。）这一点从我们使用的数学方法的一般性不难看出，因为在本质上，我们的方法仅依赖于将均衡理论表达为含有相同个数的方程和未知数的方程组的零值。其二，“均衡数量是有限的”这个结论并不锋利。代表三个均衡的“有限”与代表几百万个均衡的“有限”不是一回事。遗憾的是，我们缺乏导致唯一性条件的途径（参考 17.F 节），因此我们不能进一步精炼我们的结论。然而，我们需要指出，不应该假设“有限”意

① 确切地说，这意味着产生非正则经济的禀赋集是 $\mathbb{R}^{LI}$ 的一个子集，该子集的（LI 维）勒贝格（Lebesgue）测度为零；或等价地说，产生非退化 LI 维正态分布的概率为零。

味着“小数目”。在这方面，我们暂时指出，下列情形似乎存在着区别：一是福利经济学第一基本定理成立的市场均衡情形（在这种情形下，“很多”均衡似乎不合理）；二是存在各种市场失灵的情形（这样的例子容易构造）。参考习题 17.D.7 以及 19.F 节关于“太阳黑子”的讨论。

关于指数定理

指数定理（命题 17.D.2）在本质上是一个纯数学结果。这个定理的详细证明超出了我们的目的。然而，说说这个定理的有效性还是有必要的。顺便指出，这里的论证可以演化成一个严格的证明。

将给定的标准化超额需求函数记为$\hat{z}(p)$。我们使用另外一个具有下列性质的超额需求函数$\hat{z}^0(p)$进行论证：（ⅰ）存在唯一的$\bar{p}$使得$\hat{z}^0(\bar{p})=0$；（ⅱ）行列式$|D\hat{z}^0(\bar{p})|$的符号为$(-1)^{L-1}$。例如，$\hat{z}^0(p)$可以是由单个消费者的柯布-道格拉斯经济产生的（参见习题 17.D.8）。使用$\hat{z}^0(p)$的原因在于，$\hat{z}^0(p)$很简单，我们对它也不陌生，因此我们可以借助它了解我们不熟悉的$\hat{z}(p)$的性质。

考虑下列仅含有一个参数的超额需求函数族［即，一个同伦（homotopy）］：

$$\hat{z}(p,t)=t\hat{z}(p)+(1-t)\hat{z}^0(p)\quad 对于 0\leqslant t\leqslant 1$$

方程组$\hat{z}(p,t)=0$有$L-1$个方程和L个未知数：$(p_1,\cdots,p_{L-1},t)$。因此，典型地，解集$E=\{(p,t):\hat{z}(p,t)=0\}$在它的任何点上有且只有一个自由度（也就是，它看上去局部地类似于一个线段）。而且，由于这个解集不可能为无穷大或零价格（这是因为超额需求受到边界条件的约束），以及这个解集是闭的［因为$\hat{z}(p,t)$是连续的］，所以一般情形可用图 17.D.6 刻画。

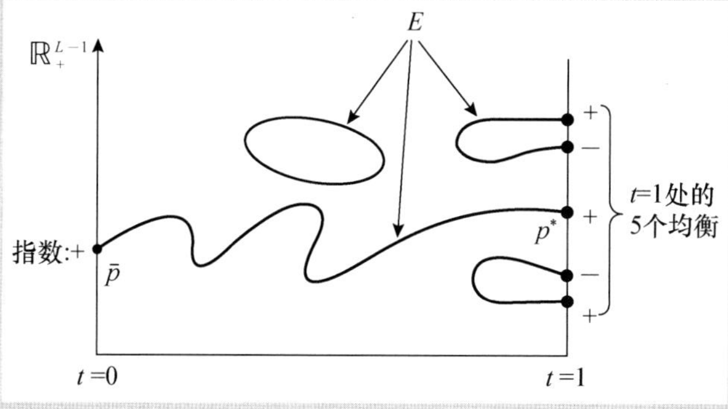

图 17.D.6　一个同伦下的均衡集

在图 17.D.6 中，我们将E画成由有限多个环形和线段组成，其中线段端点在$t=0$和$t=1$的边界上。由于每条线段有两个端点，所以端点的个数为偶数。根据我们的构造，$\bar{p}$是在$t=0$边界上的唯一端点。[①] 因此，在$t=1$边界上的端点数必定为奇数；也就是说，

① 更一般地，如果$\hat{z}(p,t)$是个任意同伦，那么典型的情形可用图 17.G.1(a)，(b) 或 (c) 中的任何一个图表示。

$\hat{z}(p)=\hat{z}(p, 1)=0$ 的解的个数是奇数。现在假设我们沿着一条线段从一端移动到另一端。在这两个端点上，指数之间有何关系？稍微思考一下（记住隐函数定理）即可知道，只要我们沿着相对于 t 的给定方向（即，向前或向后）运动，指数 $(-1)^{L-1}\times$ [$|D_p\hat{z}(p, t)|$ 的符号] 不会变化，当我们沿着相反的方向运动时，指数恰好改变符号。[①] 现在，对于一条线段来说，如果它的起点和终点在同一条边界上，那么这条线段改变方向的次数必定是奇数，因此，这条线段两个端点的指数符号必定是相反的。你可以在图 17.D.6 中验证这一点。因此，在 $t=1$ 边界上的指数之和，等于 $\hat{z}(\cdot)$ 的孤立均衡 p^*（如图 17.D.6 所示）的指数，p^* 通过线段与 $\hat{z}^0(\cdot)$ 在边界 $t=0$ 上的均衡 $\bar{p}$ 相连。在 E 中，连接 $\bar{p}$ 与 p^* 的线段的方向改变了偶数次（也可能为零次）；所以，我们断言，这个均衡在 $t=1$ 上的指数等于 $\hat{z}^0(\cdot)$ 的均衡 $\bar{p}$ 的指数，根据我们的构造可知，$\bar{p}$ 的指数为 $+1$。因此，在 $t=1$ 上的指数之和为 $+1$，这正是命题 17.D.2 所断言的。

17.E 一切皆有可能：佐南沙恩–曼特尔–德布鲁定理

我们已经看到，在若干假设条件下（其中最重要的是凸性），均衡存在而且均衡个数一般是有限的。这些性质很重要，但是我们想知道，是否还有其他性质，尤其是对预测或比较静态（参考 17.G 节）目的来说很重要的性质。我们对此表示怀疑（如果理解了第 4 章关于需求加总的困难性，那么更会怀疑这一点）；也就是是，一般来说，除了命题 17.B.2 的那些限制之外，我们无法对超额需求再施加进一步的限制，从而对于瓦尔拉斯均衡性质来说，除了我们已经研究过的那些性质，我们已无法对它施加额外的一般性限制。如果想得到更强的性质（比如唯一性，参考 17.F 节），必须施加特殊的假设。

17

在本节，我们证实我们的怀疑是真的。命题 17.E.3 和命题 17.E.4 明确表明：一切皆有可能，这些情形仍都能满足我们前面已经证明的若干必须满足的性质。

上述结论的推导需要借助一系列中间结果，这些结果本身也有自己的用处。初次学习本节的读者若想跳过这些中间结果，可以直接考察命题 17.E.3 和命题 17.E.4 以及相关的解释。

为了具体起见，与以前一样，我们重点分析交换经济，它们可用超额需求方程描述。重点考察交换经济是合理的，这是因为，正如我们在第 5 章已经知道的，生产方面的加总效应是不存在问题的。加总问题总是产生于消费方面的财富效应。

我们首先提一个简单但重要的问题：给定价格 p，超额需求行为会受到什么样

① 为了看清这一点，考虑 $L=2$ 的情形。对 $\hat{z}_1(p_1, t)$ 运用隐函数定理，然后验证颠倒方向恰好发生在 $\partial\hat{z}_1(p_1, t)/\partial p_1=0$ 处。

的限制。特别地，我们考察价格效应 $Dz(p)$ 的 $L\times L$ 矩阵受到的限制。[①]

假设 $z(p)$ 是可微的总超额需求函数。习题 17.E.1 要求读者证明

$$\sum_k \frac{\partial z_l(p)}{\partial p_k} p_k = 0 \quad \text{对于所有 } l \text{ 和 } p \text{ 均成立}[\text{或 } Dz(p)p=0] \tag{17.E.1}$$

$$\sum_k p_k \frac{\partial z_k(p)}{\partial p_l} = -z_l(p) \quad \text{对于所有 } l \text{ 和 } p \text{ 均成立}[\text{或 } p\cdot Dz(p) = -z(p)] \tag{17.E.2}$$

这些超额需求性质对应着需求函数的式（2.E.1）和式（2.E.4）。它们分别可由超额需求的零次齐次性和瓦尔拉斯法则推出。更有趣的是，从 $z(p)=\sum_i (x_i(p,p\cdot\omega_i)-\omega_i)$ 可得

$$Dz(p) = \sum_i [S_i(p,p\cdot\omega_i) - D_{w_i}x_i(p,p\cdot\omega_i)z_i(p)^{\mathrm{T}}] \tag{17.E.3}$$

其中，$S_i(p,\ p\cdot\omega_i)$ 是替代矩阵（参考习题 17.E.2）。

式（17.E.3）非常具有启发性。它告诉我们如果不是因为财富效应，$Dz(p)$ 将会继承替代矩阵的负半定性质。财富效应能造成多大的破坏？注意到矩阵

$$D_{w_i}x_i(p,p\cdot\omega_i)z_i(p)^{\mathrm{T}} = \begin{bmatrix} \dfrac{\partial x_{1i}(p,p\cdot\omega_i)}{\partial w_i} z_{1i}(p) & \cdots & \dfrac{\partial x_{1i}(p,p\cdot\omega_i)}{\partial w_i} z_{Li}(p) \\ & \ddots & \\ \dfrac{\partial x_{Li}(p,p\cdot\omega_i)}{\partial w_i} z_{1i}(p) & \cdots & \dfrac{\partial x_{Li}(p,p\cdot\omega_i)}{\partial w_i} z_{Li}(p) \end{bmatrix}$$

的秩为 1（因为任何两列或任何两行都成比例）。因此，我们猜测消费者 i 的财富效应至多会在价格变化的一个方向上导致破坏。[②] 因此，我们预期如果 $I<L$（即消费者数量小于商品种类数量），那么它会对 $Dz(p)$ 施加负半定性的限制。这就是命题 17.E.1。

命题 17.E.1： 假设 $I<L$。那么对于任何均衡价格向量 p 均存在着某个方向的价格变化 $dp\neq 0$ 使得 $p\cdot dp=0$（因此，dp 与 p 不成比例）以及 $dp\cdot Dz(p)dp\leqslant 0$。

证明： 由于 $z(p)=\sum_i z_i(p)=0$，在 $I+1$ 个向量

$$\{p, z_1(p), \cdots, z_I(p)\} \subset \mathbb{R}^L$$

中，至多有 I 个是线性无关的。由于 $I<L$，所以我们可以找到一个非零向量 $dp\in\mathbb{R}^L$ 使得 $p\cdot dp=0$ 以及对于所有 i 都有 $z_i(p)\cdot dp=0$。用文字表达就是：dp 是对

---

① 注意到 $z(p)$ 可以取任何值。只要按照下列做法来做即可看到这一点：首先指定一个消费者拥有禀赋向量 ω 使得 $\omega+z(p)\gg 0$，然后选择一个效用函数使得 $\omega+z(p)$ 成为需求点。

② 例如，在与财富效应向量 Dw_ix_i（p，$p\cdot\omega_i$）或与超额需求向量 $z_i(p)$ 垂直的价格变化的任何方向上，它不会导致破坏。命题 17.E.1 更准确地给出了这个结论。

于每个消费者的补偿性（即他的实际财富没有发生变化）的价格变化，而且 dp 与 p 是不成比例的。但这样一来，根据式（17.E.3）可得

$$dp \cdot Dz(p)dp = \sum_i dp \cdot S_i(p, p \cdot \omega_i)dp \leqslant 0 \qquad \blacksquare$$

类似的推理让我们预期，如果 $I \geqslant L$（即，消费者的数量不小于商品种类的数量），那么除了式（17.E.1）和式（17.E.2）之外，财富效应不会对 $Dz(p)$ 施加任何额外的限制。毕竟，在给定价格水平上，任何消费者 i 的财富效应向量的方向都是任意的（而且它的选择可以独立于该消费者的替代效应进行），因此，在需要指定 $I \geqslant L$ 个财富效应向量的情形下，我们有足够的操作空间。命题 17.E.2 确认了我们的这个预期。

命题 17.E.2：给定一个价格向量 p，令 $z \in \mathbb{R}^L$ 为一个任意向量、A 为一个任意 $L \times L$ 矩阵使得 $p \cdot z = 0$，$Ap = 0$ 和 $p \cdot A = -z$，那么存在一组 L 个消费者，他们的超额需求函数 $z(\cdot)$ 满足 $z(p) = z$ 和 $Dz(p) = A$。

证明：为了简化论证过程，我们主要寻找下列消费者：他们的需求向量的替代矩阵为零 $S_i(p, p \cdot \omega_i) = 0$，也就是说，他们的无差异集在选定的点上是个顶点（vertex）。①

我们总是可以正式地将给定的 $L \times L$ 矩阵 A 重写为

$$A = \sum_l e^l a^l$$

其中，e^l 是第 l 个单位列向量（即，在 e^l 中，除了第 l 个分量等于 1 之外，所有其他分量都等于零）；a^l 是 A 的第 l 行 [即，$a^l = (a_{l1}, \cdots, a_{lL})$]。

现在假设，我们可以赋予 L 个消费者（$i = 1, \cdots, L$）下列性质：对于每个消费者 i，在价格向量为 p 时，他的超额需求向量为 $z_i(p) = -p_i (a^i)^{\mathrm{T}}$，他的财富效应向量为 $D_{w_i} x_i (p, p \cdot \omega_i) = (1/p_i) e^i$，他的替代矩阵为 $S_i(p, p \cdot \omega_i) = 0$（其中，$a^1, \cdots, a^L$ 和 $e^1, \cdots, e^L$ 的意思和前面一样）。那么，我们有：

17

$$z(p) = \sum_i z_i(p) = -\sum_l p_l (a^l)^{\mathrm{T}} = -A^{\mathrm{T}} p = -p \cdot A = z$$

以及

$$Dz(p) = -\sum_i D_{w_i} x_i (p, p \cdot \omega_i) z_i(p)^{\mathrm{T}} = \sum_l (1/p_l) e^l (p_l a^l) = \sum_l e^l a^l = A$$

因此，我们似乎能完成我们的目标。

我们真的能找到这 L 个消费者吗？答案是肯定的。首先，当需求为 $z_i(p) = -p_i (a^i)^{\mathrm{T}}$ 时，选择能产生严格正的消费的一组禀赋（$\omega_1, \cdots, \omega_I$）；也就是，$x_i = \omega_i - p_i (a^i)^{\mathrm{T}} \gg 0$ 对于

---

① 在 $L=2$ 情形下，顶点（vertex）这个词通常称为拐点（kink）。

每个 i 均成立。于是注意到，对于每个 $i=1, \cdots, L$，备选的个人超额需求满足瓦尔拉斯法则

$$p \cdot z_i(p) = -p_i p \cdot (a^i)^{\mathrm{T}} = 0 \quad (\text{因为 } Ap=0)$$

而且，备选的财富效应向量满足命题 2.E.3 的必要条件

$$p \cdot D_{w_i} x_i(p, p \cdot \omega_i) = (1/p_i) p \cdot e^i = 1$$

图 17.E.1 应该足以让读者相信，我们能够对消费者 $i=1, \cdots, L$ 赋予偏好使得他们价格为 p 时选择的消费为 x_i，财富效应在价格为 p 时与 e^i 成比例［从而必定等于 $(1/p_i)e^i$］①，而且无差异曲线在 x_i 处有拐点（kink）。此图说明了 $L=2$ 情形下的构造。② 习题 17.E.3 要求读者写出相应的效用函数。

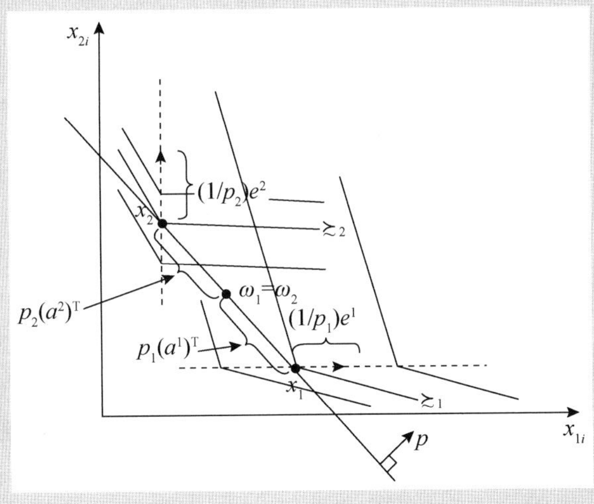

图 17.E.1　在 $L=2$ 情形下，当价格向量为 p 时，超额需求的分解和价格效应

直到现在，我们已研究了在某个价格向量上超额需求行为受到限制的可能性。尽管命题 17.E.1 和命题 17.E.2 的结果已经非常有用，但是我们仍可以更进一步。考虑一个任意函数 $z(p)$，为了暂时避开边界问题，我们暂时令 $z(p)$ 被定义在相对价格远离零的定义域上；也就是说，对于一个小常数 $\varepsilon>0$，我们仅考虑满足 $p_l/p_{l'}$ 对于每个 l 和 l' 成立的价格向量 p。然后我们问："对于某个经济的超额需求函数定义域中的每个 p 来说，$z(p)$ 能够与该超额需求函数完全相同吗？" 当然，在它的定义域内，$z(\cdot)$ 必定满足三个明显的必要条件：它必须为连续的，它必须为零次齐次的，它必须满足瓦尔拉斯法则。但是，对于满足这三个条件的任何 $z(p)$，上述

① 事实上，如果 $Dx_i(p, p\cdot\omega_i)=\alpha_i e^i$，那么 $1=p\cdot Dx_i(p, p\cdot\omega_i)=\alpha_i p\cdot e^i=\alpha_i p_i$。因此，$\alpha_i=1/p_i$。

② 事实上，我们可以超额完成任务。我们也可以要求消费者 $i=1, \cdots, L$ 的替代矩阵为任意一组满足下列性质的 $L\times L$ 矩阵 S_i：S_i 是对称的、负半定的，$p\cdot S_i=0$，$S_i p=0$。在这种情形下，能够产生超额需求 $z(p)$ 和超额需求效应 $Dz(p)$ 的消费者的指定方法，类似于正文中的证明方法，唯一区别是现在的论证要应用于 $A-\sum_i S_i$。通过使用拥有最大秩（即秩为 $L-1$）的矩阵 S_i，我们可以保证这 L 个消费者在他们选择的消费上具有平滑的无差异集。

问题的答案再次是肯定的。[1]

命题 17. E. 3： 假设 $z(\cdot)$ 是个定义在

$$p_\varepsilon=\{p\in\mathbb{R}^L_{++}:p_l/p_{l'}\geq\varepsilon \text{ 对于每个 } l \text{ 和 } l' \text{均成立}\}$$

上的一个连续函数，它的值域为 $\mathbb{R}^L_{+}$。再假设 $z(\cdot)$ 是零次齐次的，而且满足瓦尔拉斯法则。那么，存在一个由 L 个消费者组成的经济，他们的超额需求函数在定义域 p_ε 中与 $z(p)$ 相同。[2]

证明： 在本节末尾，我们简要讨论这个结论的一般证明过程。在此处，我们只研究比较简单的情形，即 $L=2$ 的情形。

假设我们有 $L=2$，$\varepsilon>0$，以及满足命题假设条件的函数 $z(\cdot)$。$z(\cdot)$ 的连续性和零次齐次性意味着存在一个数 $r>0$ 使得 $|z_1(p)|<r$ 对于每个 $p\in P_\varepsilon$ 均成立。现在我们指定两个函数 $z^1(\cdot)$ 和 $z^2(\cdot)$，它们的定义域和值域分别为 P_ε 和 $\mathbb{R}^2$，这两个函数也是连续、零次齐次以及满足瓦尔拉斯法则的。特别地，令

$$z_1^1(p)=\frac{1}{2}z_1(p)+r \quad [\text{相应地},z_2^1(p)=-(p_1/p_2)z_1{}^1(p)]$$

以及

$$z_1^2(p)=\frac{1}{2}z_1(p)-r \quad [\text{相应地},z_2^2(p)=-(p_1/p_2)z_1^2(p)]$$

注意到，$z(p)=z^1(p)+z^2(p)$ 对于每个 $p\in P_\varepsilon$ 成立。我们需要证明对于 $i=1, 2$，在定义域 P_ε 中，函数 $z^i(\cdot)$ 与消费者的超额需求函数相同。为了完成这个任务，我们使用 $z^i(\cdot)$ 的下列性质：连续性、零次齐次性、满足瓦尔拉斯法则，以及不存在 $p\in P_\varepsilon$ 使得 $z^i(p)=0$ 这个事实。习题 17. E. 4 要求读者举例说明最后这个条件也是必需的。

选择某个 $\omega_i\gg0$ 使得 $\omega_i+z^i(p)\gg0$ 对于每个 $p\in P_\varepsilon$ 均成立。在图 17. E. 2 中，我们在定义域 P_ε 中画出了与 $z^i(\cdot)$ 相伴的提供曲线 OC_i。在这个图中，对于每个 $p\in P_\varepsilon$，$\omega_i+z^i(p)$是提供曲线与和 p 垂直的预算线的交点。提供曲线是连续的，而且由于$z^i(p)=0$ 在定义域 P_ε 内无解，它与初始禀赋点不相交。于是，我们看到，在这个图中，无论提供曲线是如何复杂，我们总能拟合无差异曲线，从而使得对于任何 $p\in P_\varepsilon$，我们总能恰好产生需求 $\omega_i+z^i(p)$。■

17

---

[1] 这个问题由 Sonnenschein（1973）提出。他猜测在 $p_l\geq\varepsilon$ 对于所有 l 都成立的定义域上，这三个性质不仅是必要的，而且是充分的；也就是说，我们总能够找到这样的经济。他证明了在两商品的经济中，情况的确如此。对于任意种商品的情形，Mantel（1974）给出了答案，他使用了 $2L$ 个消费者。稍后，Debreu（1974）另辟蹊径，使用另外一种方法证明了至少需要 L 个消费者的情形。最后，Mantel（1974）改进了他以前的方法，证明了只要存在 L 个位似消费者（对初始禀赋配置无任何限制）即可，从而完成了全部的证明。

[2] 注意，特别地，这意味着对于任何 $I\geq L$，存在一个有 I 个消费者的经济，它能在 P_ε 上产生 $z(\cdot)$。我们只需要对命题识别出的 L 个消费者再加上 $I-L$ 个另外一类消费者即可，后面这类消费者没有禀赋（或等价地，对于 P_ε 中的所有价格向量，他们最偏好的消费束就是他们的禀赋向量）。

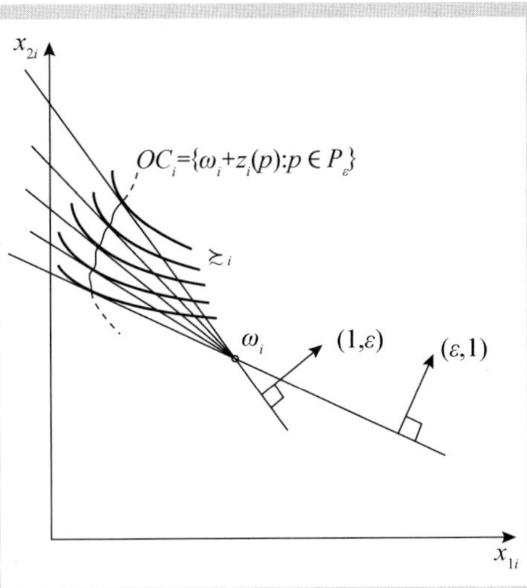

图 17.E.2　为超额需求函数 $z^i(\cdot)$ 构造的偏好（$L=2$ 情形下），使得 $z^i(p)=0$ 在 $1/\varepsilon<p_1/p_2<\varepsilon$ 区间无解

严格地说，命题 17.E.3 仍然没有解决我们原来的问题："除了我们在 17.C 节和 17.D 节得到的均衡性质之外，是否还能得到更多的其他性质？"问题在于命题 17.E.3 刻画的是远离边界的超额需求的行为，然而正是边界条件才产生了我们已经建立的一些限制：存在性、（一般）有限性、奇数性以及指数公式。① 为了证明除了均衡集上的上述限制之外，我们得不到其他额外限制，我们需要保证如果某个备选均衡集满足这些限制，那么我们构造的经济不应该增加新的均衡。命题 17.E.4 给出了我们原来问题的最终答案，这个命题的证明我们省略了。②

命题 17.E.4： 对于任何 $N\geqslant 1$，假设我们对于每个 $n=1,\cdots,N$ 指定一个价格向量 p^n 且将其标准化为 $\|p^n\|=1$，以及指定一个秩为 $L-1$ 的 $L\times L$ 矩阵 A_n，该矩阵满足 $A_np^n=0$ 与 $p^n\cdot A_n=0$。另外，假设指数公式 $\sum_n(-1)^{L-1}\times(|\hat{A}_n|$ 的符号$)=+1$ 成立。③ 如果 $L=2$，再假设正的和负的指数均衡交替出现。那么存在由 L 个消费者组成的经济使得总超额需求 $z(\cdot)$ 具有性质：

（ⅰ）对于 $\|p\|=1$ 有 $z(p)=0$ 当且仅当对于某个 n 有 $p=p^n$。

（ⅱ）对于每个 n 均有 $Dz(p^n)=A_n$。

命题 17.E.4 告诉我们，对于任何有限的价格向量集合 $\{p^1,\cdots,p^N\}$ 和有限的价格效应 $\{Dz(p^1),\cdots,Dz(p^N)\}$，我们可以找到由 L 个消费者组成的经济，对于这个经济来说，这些价格向量是均衡价格向量，$\{Dz(p^1),\cdots,Dz(p^N)\}$ 是在

① 例如，注意，尽管定义在 P_ε 中的备选函数 $z(\cdot)$ 可能没有解，但我们仍能成功地从经济产生它。当然，结果是均衡（均衡必定存在）都不在 P_ε 中。

② 关于这一点及其更一般的结论，可参考 Mas-Colell（1977）。

③ 此处 $\hat{A}_n$ 是 A 删除一行和相应一列得到的 $(L-1)\times(L-1)$ 矩阵。

17

这些均衡上的相应价格效应。这个结论意味着为了得到瓦尔拉斯均衡的进一步约束，我们必须作出额外（且强的）假设。这是下面三节的内容。关于本节内容，读者可进一步参考 Shafer 和 Sonnenschein（1982）。

我们应该指出，通过命题 17.E.2、命题 17.E.3 或命题 17.E.4 得到的消费者初始禀赋，在任何角度都不是先验的限制。如果可行初始禀赋存在着约束，消费束的非负约束条件就会发挥作用，而且事实上，函数 $z(\cdot)$ 可能存在着其他的限制。例如，习题 17.E.5 要求读者验证在图 17.E.3 中，超额需求向量 $z(p)$ 和 $z(p')$ 不可能分解为由理性偏好产生的个人超额需求函数，如果任何消费者对任何商品的初始禀赋至多为 1 而且如果消费必须为非负的。

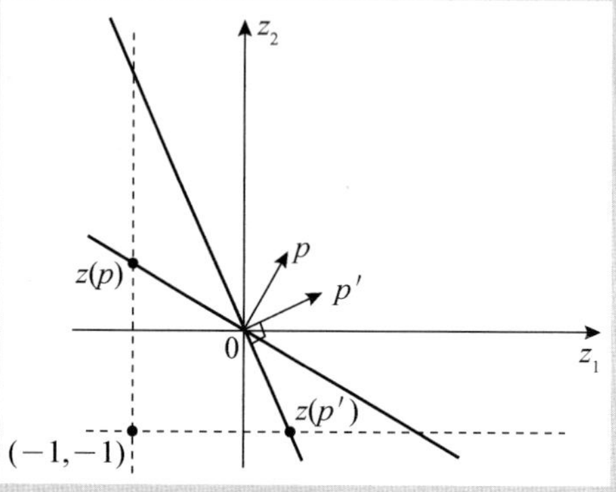

图 17.E.3 由于边界约束，图中的超额需求选择不可以进行分解

证明命题 17.E.3（续）

我们不打算完整证明商品种类数量为任意种情形下的命题 17.E.3，因为这会使我们偏离我们的主题太远，但掌握 Debreu（1974）的证明思想并不难。我们试图阐述这一思想。我们注意到，德布鲁的这个证明可以视为 $L=2$ 情形证明方法的推广。

在 3.J 节，我们看到需求函数的显示偏好强公理（SA）等价于可理性化偏好的存在性。这一结论也适用于超额需求函数：如果超额需求函数 $z^i(\cdot)$ 满足显示偏好强公理（稍后我们将给出准确定义），那么 $z^i(\cdot)$ 可由理性偏好产生。① 因此，我们可以将我们的问题重新定义为：假设定义域 P_ε 上的函数 $z(\cdot)$ 是连续、零次齐次且满足瓦尔拉斯法则的（为方便陈述，我们将这些函数称为超额需求函数），我们能否找到下列这样的 L 个超额需求函数 $z^i(\cdot)$：每个 $z^i(\cdot)$ 都满足显示偏好强公理，而且对于每个 $p\in P_\varepsilon$ 都有 $\sum_i z^i(p)=z(p)$？

在继续阐述之前，我们先定义超额需求函数 $z^i(\cdot)$ 的显示偏好强公理。这个定义是需求函数的显示偏好强公理的自然改编。

---

① 这一断言的理由可参考命题 3.J.1 的证明。

如果

$$z^i(p)\neq z^i(p') \quad \text{而且} \quad p\cdot z^i(p')\leqslant 0 \tag{17. E. 4}$$

（参见图 17. E. 4，）我们说 p 直接显示偏好于 p'。如果存在有限的 p^1，…，p^N 链使得$p^1=p$，$p^N=p'$，以及 p^n 直接显示偏好于 p^{n+1} 对于所有 $n\leqslant N-1$ 成立，那么我们说 p 间接显示偏好于 p'。于是，显示偏好强公理是说：

对于每个 p 和 p'，如果 p（直接或间接）显示偏好于 p'，那么 p' 不可能（直接）显示偏好于 p。

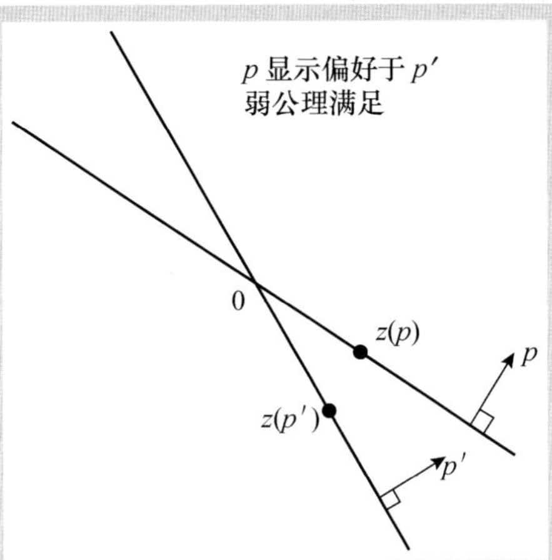

图 17. E. 4　超额需求的显示偏好

从现在起，我们假设价格是标准化的。在这里比较方便的标准化是 $\|p\|^2=p\cdot p=\sum_l(p_l)^2=1$。

如果 $p\neq p'$ 意味着 $z^i(p)$ 与 $z^i(p')$ 不成比例 [特别地 $z^i(p)\neq z^i(p')$]，那么我们说超额需求函数 $z^i(\cdot)$ 是成比例一对一的（proportionally one-to-one)。对于成比例一对一的超额需求函数（和标准化价格)，我们可以将"直接显示偏好"定义（17. E. 4）重新表述为

$$p\neq p' \quad \text{而且} \quad p\cdot z^i(p')\leqslant 0 \tag{17. E. 4′}$$

假设 $\alpha_i(\cdot)$ 是 p 的任意实值函数，而且对于所有 $p\in P_\varepsilon$ 都有 $\alpha_i(p)>0$。于是这个证明过程的一个基本结论是：如果 $z^i(\cdot)$ 是满足显示偏好强公理的成比例一对一的超额需求函数，那么函数 $\alpha_i(\cdot)z^i(\cdot)$ 也是这样的。事实上，对于任何 p 和 p' 显示偏好不等式（17. E. 4′）对 $z^i(\cdot)$ 成立当且仅当它们对 $\alpha_i(\cdot)z^i(\cdot)$ 成立，而且如果$z^i(\cdot)$ 是成比例一对一的，那么 $\alpha_i(\cdot)$ $z^i(\cdot)$ 也是。这个结论指明了我们前进的方向。我们可以选择满足显示偏好强公理的 L 个成比例一对一的超额需求函数，使得对于每个 $p\in P_\varepsilon$，向量 $\{z^1(p),\cdots,z^L(p)\}$ 均构成了能够通过严格正的线性组合张成 $z(p)$ 的一个基，也就是说，使得对于每个 $p\in P_\varepsilon$，对于某个数 $\alpha_i(p)>0$ 有 $z(p)=\sum_i\alpha_i(p)z^i(p)$。这正是下面我们将要做的。

17

对于每个标准化的 $p\in P_\varepsilon$，记 $T_p=\{z\in\mathbb{R}^L: p\cdot z=0\}$，而且对于每个 $i=1,\cdots,L$，令 $z^i(p)\in T_p$ 是在 $z\in T_p$ 中使得欧几里得距离 $\|z-e^i\|$ 最小化的点（或等价地，使得凹“效用函数” $-\|z-e^i\|$ 最大化的点），其中 e^i 是第 i 个单位向量（e^i 是个列向量，它的第 i 个分量为 1，其余分量都为 0）。从几何图形上说，$z^i(p)$ 是 e^i 在预算超平面 T_p 上的垂直投影；也就是说，$z^i(p)=e^i-p_ip$，其中 p_i 是向量 p 的第 i 个分量（记住 $i\leqslant L$）。于是，$z^i(\cdot)$ 是成比例一对一的（参考习题 17.E.6）而且满足显示偏好强公理（因为它是由效用最大化推导出的；参见习题 17.E.7）。

现在令 $r>0$ 为一个足够大的数使得 $z(p)+rp\gg 0$ 对于每个标准化的 $p\in P_\varepsilon$ 均成立［这样的 r 是存在的，因为 $z(\cdot)$ 是连续的，以及 P_ε 中的标准化价格向量集是紧的且仅包含严格正的向量］。对于每个 $i=1,\cdots,L$ 和每个标准化的 $p\in P_\varepsilon$，定义 $\alpha_i(p)=z_i(p)+rp_i>0$，其中 $z_i(p)$ 是向量 $z(p)$ 的第 i 个分量。我们断言，$\sum_i\alpha_i(p)z^i(p)=z(p)$，这样我们就完成了证明。事实上，

$$\sum_i(z_i(p)+rp_i)(e^i-p_ip)=\sum_i z_i(p)e^i+\sum_i rp_ie^i-\Big(\sum_i p_iz_i(p)\Big)p-r\Big(\sum_i p_i^2\Big)p$$
$$=z(p)+rp-0-rp=z(p)$$

在几何图形上，我们所做的工作就是把每个 $\alpha_i(p)e^i$ 投影到超平面 $\{z\in\mathbb{R}^L: p\cdot z=0\}$ 上。根据 $\alpha_i(p)$ 的定义，我们有 $\sum_i\alpha_i(p)e^i=z(p)+rp$。因此，当我们对它的两侧都投影时，我们就得到了 $\sum_i\alpha_i(p)z^i(p)=z(p)$。图 17.E.5 画出了这个构造。

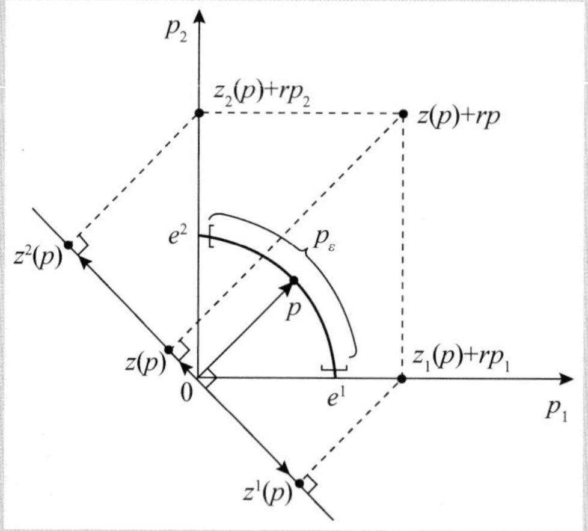

图 17.E.5　为了证明命题 17.E.3，我们构造出了如图所示的个人超额需求

17.F　均衡的唯一性

直到现在，我们一直关注的是瓦尔拉斯均衡模型一般性质的确定。现在我们打算

完成另外一个任务。我们重点考察均衡的一种特殊而又重要的性质，即均衡的唯一性，我们考察在什么样的条件下均衡才是唯一的。[①]

本节的内容分为四个小节，分别由四个小标题引领。第一小节考察的是含有生产的一般情形，在需求层面（即不需要借助生产层面的进一步限制）讨论什么样的条件能保证均衡的唯一性。第二小节讨论总替代性质，这是交换经济均衡唯一性的一类重要条件。第三小节考察依赖于均衡的帕累托最优性质的一些结论。第四小节分析指数公式在判断均衡是否为唯一中的作用。

在 17.F 节，我们始终假设个人偏好是连续、严格凸以及强单调的。

总超额需求的弱公理

假设经济的生产层面可由规模报酬不变、凸类型的任意生产技术 $Y\subset\mathbb{R}^L$ 表示（所谓凸类型是指 Y 是个凸锥）。什么样的条件只涉及经济的需求面但能保证均衡配置是唯一的？[②] 从 4.D 节的分析可知，我们已经有了一种答案：如果中央集权者保证财富分配总能实现（严格凹的）社会福利函数值最大，那么经济总可以用一个（严格凹的）规范的代表性消费者描述，均衡必然对应于这个含有一个消费者经济的唯一帕累托最优（参见 15.C 节）。然而，在我们当前的架构内，这不是个有前途的方法，因为财富来自初始禀赋，而且财富再分配使得社会福利函数最大纯属巧合。因此，我们重点考察一个更弱的条件但对于当前目的来说也是更有趣的条件：显示偏好弱公理对于消费者的超额需求成立。

首先假设 $z(p)=\sum_i(x_i(p,p\cdot\omega_i)-\omega_i)$ 是消费者的总超额需求函数。对于这个含有生产的经济来说，命题 17.F.1 使用 $z(\cdot)$ 重新表达了瓦尔拉斯均衡的定义（定义 17.B.1）。

命题 17.F.1： 给定由规模报酬不变生产技术 Y 和消费者的总超额需求函数 $z(\cdot)$ 描述的经济，一个价格向量 p 是个瓦尔拉斯均衡价格向量当且仅当

（ⅰ）$p\cdot y\leqslant 0$ 对于每个 $y\in Y$ 均成立；

（ⅱ）$z(p)$ 是个可行生产计划，也就是说，$z(p)\in Y$。

证明： 如果 p 是个瓦尔拉斯均衡价格向量，那么（ⅱ）可由市场出清的事实推出，而（ⅰ）是规模报酬不变生产技术经济利润最大化的一个必要条件。在另外一个方向上，如果（ⅰ）和（ⅱ）成立，那么消费 $x_i^*=x_i(p,\ p\cdot\omega_i)$（其中 $i=1,\ \cdots,\ I$）、生产向量 $y^*=z(p)\in Y$ 和价格向量 p 构成了一个瓦尔拉斯均衡。为了验证这一点，唯一不是那么直接的条件是利润最大化。然而，$y^*=z(p)\in Y$ 是利润最大化的，

① 这方面的内容可参考 Kehoe（1985，1991）和 Mas-Colell（1991）等。

② 集合 Y 可以视为一个总生产集。要求 Y 规模报酬不变，纯粹是为了说明上的方便。例如，在这种情形下，我们不需要担心利润在消费者之间的分配问题（因为在任何均衡上，利润都为零）。另外，还要注意，纯交换经济（其中 $Y=-\mathbb{R}^L_+$）是规模报酬不变的一种特殊情形。

这是因为$p^* \cdot y \leqslant 0$对于所有 $y \in Y$ 均成立［因为条件（i）成立］而且 $p \cdot y^* = p \cdot z(p) = 0$（根据瓦尔拉斯法则）。■

下面我们定义超额需求函数的弱公理。

定义 17.F.1：（超额需求函数的弱公理） 对于超额需求函数 $z(\cdot)$，如果对任何价格向量 p 和 p'都有

$$z(p) \neq z(p') \text{ 且 } p \cdot z(p') \leqslant 0 \text{ 意味着 } p' \cdot z(p) > 0$$

那么我们说该超额需求函数 $z(\cdot)$ 满足显示偏好弱公理（WA）。

用文字表达，这个定义是说如果 p 被显示偏好于 p'，那么 p'不可能被显示偏好于 p［即，$z(p)$ 在价格为 p'时买不起］。该定义与 1.G 节和 2.F 节的定义相同，但是现在它应用于超额需求函数。[①] 弱公理总能被单个消费者的超额需求函数满足，但它是总超额需求的一个强条件（关于这一点的讨论请参考 4.C 节）。

我们首先指出，给定 $z(\cdot)$，弱公理是保证对于与 $z(\cdot)$ 相伴的每个凸且规模报酬不变技术 Y 存在唯一均衡的一个必要条件。为了看清这一点，假设我们违背了弱公理；也就是说，对于某个 p 和 p'，我们有 $z(p) \neq z(p')$，$p \cdot z(p') \leqslant 0$ 以及 $p' \cdot z(p) \leqslant 0$。于是，我们断言对于由集合

$$Y^* = \{y \in \mathbb{R}^L : p \cdot y \leqslant 0 \text{ 和 } p' \cdot y \leqslant 0\}$$

给出的凸且规模报酬不变生产集来说，p 和 p'都是均衡价格。图 17.F.1 画出了$L=2$ 情形下的这个生产集。注意到，对于每个 $y \in Y^*$，我们有 $z(p) \in Y^*$ 以及 $p \cdot y \leqslant 0$。因此，根据命题 17.F.1 可知，p 是个均衡价格向量。类似地，p'也是个均衡价

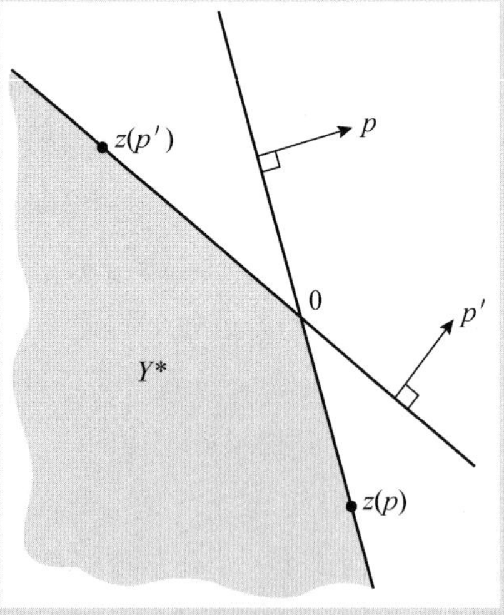

图 17.F.1　若弱公理被违背，则这意味着对于某个 Y 存在着多个均衡

① 注意，它们仍存在着区别（尽管这个区别并不重要）：现在我们将显示偏好关系直接定义在预算集上（即，定义在价格向量上），而不是定义在消费者的选择上（即，定义在商品向量上）。

格向量。由于$z(p)\neq z(p')$，我们断言对于由 $z(\cdot)$ 和 Y^* 组成的经济来说，均衡不是唯一的。

弱公理也是均衡唯一性的充分条件吗？答案是否定的，但命题 17.F.2 表明它能保证对于任何凸的、规模报酬不变的技术 Y，**均衡价格向量集是凸的**。尽管这个凸性性质与唯一性不等价，但它直接意味着唯一性：如果某个经济只有有限个（标准化）价格均衡（根据 17.D 节可知这是个一般情形）[①]，均衡必定是唯一的。

命题 17.F.2： 假设超额需求函数 $z(\cdot)$ 使得对于任何规模报酬不变且凸的技术 Y 来说，由 $z(\cdot)$ 和 Y 组成的经济均有唯一的（标准化）均衡价格向量。那么 $z(\cdot)$满足弱公理。另外，如果 $z(\cdot)$ 满足弱公理，那么对于任何规模报酬不变且凸的技术 Y 来说，均衡价格向量集均是凸的（因此，如果标准化价格均衡集是有限的，那么至多存在一个标准化的价格均衡）。

证明： 第一部分已经证明过。为了验证均衡价格集的凸性，假设对于规模报酬不变且凸的技术 Y 来说，p 和 p' 都是均衡价格向量；也就是说，$z(p)\in Y$，$z(p')\in Y$，而且对于任何 $y\in Y$，我们均有 $p\cdot y\leqslant 0$ 和 $p'\cdot y\leqslant 0$。令 $p''=\alpha p+(1-\alpha)p'$，其中 $\alpha\in[0, 1]$。注意到，对于任何 $y\in Y$，我们都有 $p''\cdot y=\alpha p\cdot y+(1-\alpha)p'\cdot y\leqslant 0$。因此，为了证明 p''是个均衡，我们只需要证明 $z(p'')\in Y$ 即可。由于 $0=p''\cdot z(p'')=\alpha p\cdot z(p'')+(1-\alpha)p'\cdot z(p'')$，所以我们要么有 $p\cdot z(p'')\leqslant 0$，要么有 $p'\cdot z(p'')\leqslant 0$。假设我们有 $p\cdot z(p'')\leqslant 0$[$p'\cdot z(p'')\leqslant 0$ 情形下的论证类似]。由于 $z(p)\in Y$，我们有 $p''\cdot z(p)\leqslant 0$。但是在 $p''\cdot z(p)\leqslant 0$ 且$p\cdot z(p'')\leqslant 0$ 的情形下，只有 $z(p'')=z(p)$ 时才能避免违背弱公理。因此，$z(p'')\in Y$。[②] ■

这个定理指引着我们重点考察 I 个消费者的偏好和禀赋应该具有什么样的条件，才能保证超额需求函数 $z(p)$ 满足弱公理。先看一个相对简单的情形。假设所有的禀赋向量 ω_i 彼此之间都是成比例的；也就是说，$\omega_i=\alpha_i\bar{\omega}$，其中 $\bar{\omega}$ 是总禀赋向量，$\alpha_i\geqslant 0$ 是份额且满足 $\sum_i\alpha_i=1$。在这样的经济中，财富在消费者之间的分配与价格无关。将价格标准化使得 $p\cdot\bar{\omega}=1$，消费者 1 的财富为 α_i，而且 $z_i(p)=x_i(p, \alpha_i)-\omega_i$。我们已在 4.C 节研究了具有固定财富水平的消费者们的总需求行为。将 4.C 节的定性结论重复如下：如果个人财富水平固定不变，总需求（或超额需求）在满足弱公理上尽管受到限制，但不是不可能的。[③]

在一般均衡情形下，初始禀赋成比例这个假设是不合理的。因此，当禀赋分配

---

① 尽管 17.D 节的讨论关注的是交换经济情形，但它关于均衡集的一般局部唯一性和有限性结论，可以被推广到现在的生产情形。

② 注意到我们已经证明了要么 $z(p'')=z(p)$，要么 $z(p'')=z(p')$。由于这对于任何 $\alpha\in[0, 1]$ 都成立，加之由于函数 $z(\cdot)$ 是连续的，这意味着对于任何两个均衡价格向量 p 和 p'，我们都有 $z(p)=z(p')$；也就是说，如果弱公理对于 $z(\cdot)$ 成立，那么对于给定的禀赋来说，每个瓦尔拉斯均衡必定有着相同的总消费向量，从而有着相同的总生产向量。

③ 关于这一点，也可以参考第 4 章给出的参考文献，尤其是 Hildenbrand (1994)。

17

不满足这个假设时，需要考察相对于 4.C 节的效应来说，有哪些新效应发挥了作用。遗憾的是，禀赋不成比例这个现实降低了总超额需求满足弱公理的可能性。为了看清这一点，我们考察相对简单的情形：消费者的偏好是位似的。我们在 4.C 节和 4.D 节已经知道，当禀赋是成比例的时，上述情形的表现非常好：不仅能够满足弱公理，而且模型甚至允许存在代表性消费者。然而，我们将看到，当禀赋不成比例时，即使消费者的偏好是位似的，弱公理也能被轻易违背。①

在 2.F 节，对于需求函数我们给出了微分版本的弱公理。类似地，对于超额需求函数，我们也可以给出微分版本的弱公理。可以证明，弱公理的充分微分条件是

当 $dp\cdot z(p)=0$（即，当价格变化得到补偿）且 dp 与 p 不成比例（即，相对价格变化）时，$dp\cdot Dz(p)dp<0$ (17.F.1)

如果允许最后一个式子为弱不等式即允许 $dp\cdot Dz(p)dp\leq 0$，那么式（17.F.1）也是个必要条件。②

在位似偏好假设下，我们有

$$D_{w_i}x_i(p,p\cdot\omega_i)=\frac{1}{p\cdot\omega_i}x_i(p,p\cdot\omega_i)$$

记 $S_i=S_i(p,p\cdot\omega_i), x_i=x_i(p,p\cdot\omega_i), \bar{x}=\sum_i x_i, \bar{\omega}=\sum_i\omega_i$，这意味着（回忆式 17.E.3）

$$\begin{aligned}Dz(p) &= \sum_i S_i(p,p\cdot\omega_i)-\sum_i\frac{1}{p\cdot\omega_i}x_i(p,p\cdot\omega_i)z_i(p,p\cdot\omega_i)^{\mathrm{T}}\\ &=\sum_i S_i-\sum_i\frac{1}{p\cdot\omega_i}\left[x_i-\frac{p\cdot\omega_i}{p\cdot\bar{\omega}}\bar{x}\right]\left[x_i-\frac{p\cdot\omega_i}{p\cdot\bar{\omega}}\bar{x}\right]^{\mathrm{T}}\\ &\quad+\sum_i\frac{1}{p\cdot\omega_i}\left[x_i-\frac{p\cdot\omega_i}{p\cdot\bar{\omega}}\bar{x}\right]\left[\omega_i-\frac{p\cdot\omega_i}{p\cdot\bar{\omega}}\bar{\omega}\right]^{\mathrm{T}}-\frac{1}{p\cdot\bar{\omega}}\bar{x}z(p)^{\mathrm{T}}\end{aligned} \quad (17.F.2)$$

对于满足 $dp\cdot z(p)=0$ 的任何方向上的价格变化 dp，在式（17.F.2）右侧的四项效应中，前两项有合适的符号［$L\times L$ 替代矩阵 $S_i(p, p\cdot\omega_i)$ 和方差矩阵

$$-\left[x_i-\frac{p\cdot\omega_i}{p\cdot\bar{\omega}}\bar{x}\right]\left[x_i-\frac{p\cdot\omega_i}{p\cdot\bar{\omega}}\bar{x}\right]^{\mathrm{T}}$$

是负半定的］，第四项为零。但是，第三项即协方差项的符号是不确定的，它的符号很有可

17

---

① 为了强化这一点，需要指出，如果我们能自由选择初始禀赋，那么位似偏好假设对总需求没有施加任何限制。事实上，正如我们在 17.E 节所指出的，如果我们进一步要求偏好是位似的，命题 17.E.2 的基本结论仍成立。这方面的内容可参考 Mantel（1976）以及 Shafer 和 Sonnenschein（1982）。

② 假设 $\Delta p\cdot z(p)=(p'-p)\cdot z(p)=0$。那么定义 17.F.1 意味着

$$\Delta p\cdot\Delta z=(p'-p)\cdot(z(p')-z(p))\leq 0$$

考察微分极限并且使用微分的链式法则，可知当 $dp\cdot z(p)=0$ 时 $dp\cdot Dz(p)dp\leq 0$。

能是错误的（正号），甚至足以抵消前两项效应。[1] 我们担心的情形是，$(1/(p\cdot\omega_i))x_i(p, p\cdot\omega_i)$ 和 ω_i 在消费者之间是正相关的；也就是说，我们担心的是下列情形：对于某些消费者来说，他们对某些商品的（每美元）消费高于消费者群体对这些商品的平均（美元）消费，但其原因在于这些消费者对这些商品的（每美元）禀赋相对较高。这种情形会造成麻烦：如果某种商品价格上升，作为这种商品（净）销售者的消费者（他们很可能相对拥有更多的这种商品禀赋）面对着正的财富效应，而作为这种商品（净）购买者的消费者则面对着负的财富效应。因此，如果该商品的（净）销售者比（净）购买者对该商品的（每美元）消费多，那么这种商品的总需求就会上升。

例 17. F. 1：在这个例子中，我们将看到弱公理与位似偏好不相容，甚至与总替代性质（稍后将讨论这一性质）不相容。考虑由四种商品、两个消费者组成的经济。消费者 1 只对商品 1 和 2 有偏好和禀赋；也就是说，他的超额需求函数 $z_1(p)=z_1(p_1, p_2)$ 不依赖于 p_3 和 p_4，进一步地说，他的超额需求函数满足 $z_{31}(p)=z_{41}(p)=0$ 对于所有 p 均成立。类似地，消费者 2 仅对商品 3 和 4 有偏好和禀赋。[2] 我们断言，如果存在某个价格向量 p' 使得在这个价格向量上，这两个消费者的超额需求都不为零［即，$z_1(p')\neq 0$ 和 $z_2(p')\neq 0$］，那么总超额需求不能满足弱公理。为了看清这一点，选择任意价格 $(\hat{p}_1, \hat{p}_2)$ 和 $(\hat{p}_3, \hat{p}_4)$［对这些价格的唯一要求是它们不能使得 $\hat{p}_1 z_{11}(p')+\hat{p}_2 z_{21}(p')<0$ 以及不能使得 $\hat{p}_3 z_{32}(p')+\hat{p}_4 z_{42}(p')<0$］。对于 $\alpha>0$，取 $q=(p'_1, p'_2, \alpha\hat{p}_3, \alpha\hat{p}_4)$ 和 $q'=(\alpha\hat{p}_1, \alpha\hat{p}_2, p'_3, p'_4)$。那么，如果 $\alpha>0$ 足够大，我们有 $q\cdot z(q')<0$ 和 $q'\cdot z(q)<0$（参考习题 17. F. 2）。■

习题 17. F. 3 给出了另外一个例子。

总替代

现在我们考察另外一个不同于弱公理的性质对均衡唯一性的意义。我们将看到，对于能化简为交换经济的情形，这个性质能产生唯一的均衡。这个性质就是总替代。

为了说明这个概念，首先考虑在两商品经济中一个消费者的需求函数。在给定的价格上，需求替代矩阵的主对角元素是负的，因此，主对角线以外的元素是负的：如果一种商品价格上升，另外一种商品的补偿需求将增加。然而，如果我们不隔离财富效应（即，我们考察价格变化对非补偿性需求的影响），那么一种商品价格上升有可能导致这两种商品的需求都下降：用总量（gross）术语表达就是，这两种商品可能是互补的。我们说两种商品是**总替代的**（gross substitutes），如果上述情形不会发生，也就是说，如果一种商品（比如商品 1）价格上升不会使得这两

17

---

[1] 然而，如果 $x_i(p, p\cdot\omega_i)$ 之间是共线性的或者 ω_i 之间是共线性的，那么这种情形就不可能发生。参考习题 17. F. 1。

[2] 因此，这个例子可以视为禀赋和需求之间为正相关的情形。

种商品的需求都降低，而是使得商品 1 的（非补偿性）需求［或称总需求（gross demand）］下降，商品 2 的（非补偿性）需求（或称总需求）增加。

对于 L 种商品的这样情形，也就是说，对于其中一种商品上升，使得其他每种商品的需求增加（因此这种商品的需求下降）的情形，我们也使用总替代这个术语。然而，对于 $L>2$，即使对于补偿性需求来说，这个性质也未必成立。事实上，总替代性质是个条件苛刻的性质。然而，对于商品种类只有少数几种而且每种都是可加性很强的情形或者对于商品具有特殊对称性的情形来说，总替代性是合理的（参考习题 17. F. 4）。

定义 17. F. 2：对于函数 $z(\cdot)$，若当 p' 和 p 使得对于某个 l，$p'_l>p_l$，以及对于 $k\neq l$，$p'_k\neq p_k$，则 $z_k(p')>z_k(p)$ 对于 $k\neq l$ 成立，那么我们说函数 $z(\cdot)$ 具有**总替代**（gross substitute，GS）性质。

同此处一样，如果我们考察的是整体经济的总超额需求，那么根据 $z(\cdot)$ 的总替代性再加上 $z(\cdot)$ 还是零次齐次的事实可知，当 p' 和 p 具有定义 17. F. 2 所述的关系时，我们还有 $z_l(p')<z_l(p)$。为了看清这一点，令 $\bar{p}=\alpha p$，其中 $\alpha=p'_l/p_l$。注意到 $\bar{p}_l=p'_l$ 而且对于 $k\neq l$ 有 $\bar{p}_k>p'_k$。于是，$z(\cdot)$ 的零次齐次性意味着

$$0=z_l(\bar{p})-z_l(p)=z_l(\bar{p})-z_l(p')+z_l(p')-z_l(p)$$

然而，$z(\cdot)$ 的总替代性质意味着 $z_l(\bar{p})-z_l(p')>0$［依次将每个价格 p'_k（其中 $k\neq l$）变为 $\bar{p}_k$，在每一步应用总替代性质］，而且因此有 $z_l(p')-z_l(p)<0$。

现在不难看出总替代性质的微分版本为：在每个 p，必定有 $\partial z_k(p)/\partial p_l>0$ 对 $k\neq l$ 成立；也就是说，$L\times L$ 矩阵 $Dz(p)$ 的主对角线以外的元素是正的。另外，当 $z(\cdot)$ 为总超额需求函数时，零次齐次性意味着 $Dz(p)p=0$，从而 $\partial z_l(p)/\partial p_l<0$ 对于 $l=1,\cdots,L$ 成立：矩阵 $Dz(p)$ 的主对角线上的元素都是负的。

如果在这些定义中，不等式是弱的，那么我们称其为**弱总替代**（weak gross substitution）。[①]

17

图 17. F. 2 画出了 $L=2$ 情形下总替代超额需求函数的供给曲线。随着商品 1 的相对价格上升，商品 1 的超额需求减少，商品 2 的超额需求增加。

从总替代性质的定义立即可知，它具有一个重要特征：它在超额需求函数之间是可加的。特别地，如果个人超额需求函数满足总替代性质，那么总超额需求函数也满足这个性质。

① 需要指出，在很多经济情形下，函数自然满足总替代性质。例如，如果 A 是 $(L-1)\times(L-1)$ 投入产出矩阵，而且 $c\in\mathbb{R}^{L-1}_{+}$，那么 $c-(I-A)\alpha$ 作为 $\alpha\in\mathbb{R}^{L-1}_{+}$ 的函数满足（弱）总替代性质（这些概念的意思请参见第 5 章附录 A）。更一般地，与递增函数 $g:\mathbb{R}^{N}_{+}\to\mathbb{R}^{N}_{+}$［即，当 $\alpha\geqslant\alpha'$ 时 $g(\alpha)\geqslant g(\alpha')$］不动点问题相伴的方程组 $g(\alpha)-\alpha$［即，找到 α 使得 $g(\alpha)=\alpha$］也满足总替代性质（也许是弱总替代性质）。注意到，在这些情形下，为了满足总替代性质，不需要额外要求零次齐次性或瓦尔拉斯法则，而一般均衡通常要求后面这两个性质。它的意义是显然的，因为它大大增强了总替代性质的威力。习题 17. F. 6 考察了在不要求零次齐次性或瓦尔拉斯法则情形下，总替代性质的含义。

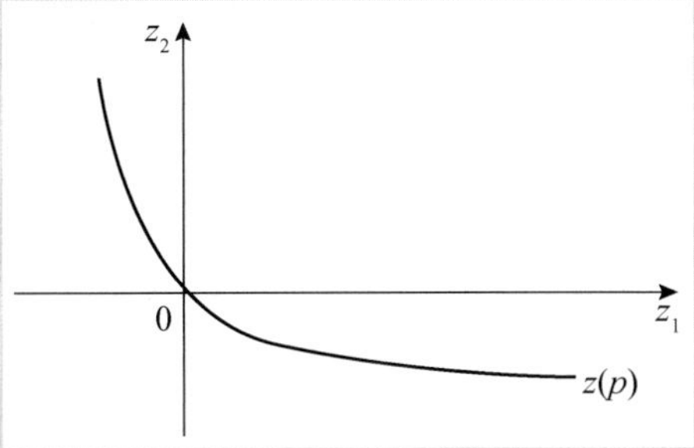

图 17. F. 2　一个总替代超额需求函数的提供曲线

例 17. F. 2： 考虑形如 $u_i(x_i)=\sum_l u_{li}(x_{li})$ 的效用函数。如果 $-[x_{li}u''_{li}(x_{li})/u'_{li}(x_{li})]<1$ 对于所有 l 和 x_{li} 均成立，那么由此求出的超额需求函数 $z_i(p)$ 对于任何初始禀赋都具有总替代性质（参见习题 17. F. 5）。函数 $u_i(x_i)=\left(\sum_l \alpha_{li}x_{li}^{\rho}\right)^{1/\rho}$（其中 $0<\rho<1$）满足这个条件（习题 17. F. 5）。当 $\rho\to 1$ 时，这些偏好的极限可用线性函数表示；当 $\rho\to 0$ 时，这些偏好的极限可用柯布-道格拉斯效用函数表示（参考习题 3. C. 6）。对于总替代性质来说，柯布-道格拉斯偏好构成了一条分界线。事实上，在柯布-道格拉斯偏好情形下，商品 l 的超额需求函数为 $z_{li}(p)=\alpha_{li}(p\cdot\omega_i)/p_l-\omega_{li}$。如果 $\omega_{ki}>0$，那么当 p_k 上升时，商品 l 的超额需求增加。但是，如果 $\omega_{ki}=0$，商品 l 的超额需求不会变化。[1] ■

在交换经济这种特殊情形下，如果总超额需求满足总替代性质，那么均衡是唯一的。

命题 17. F. 3： 对于一个总超额需求函数 $z(\cdot)$，如果它满足总替代性质，那么它至多有一个交换均衡；也就是说，$z(p)=0$ 至多有一个（标准化的）解。

证明： 我们只要证明当 p 和 p' 这两个价格向量不共线时，$z(p)$ 不可能等于 $z(p')$。根据零次齐次性，我们可以假设 $p'\geqslant p$ 而且对于某个 l 有 $p_l=p'_l$。现在分 $L-1$ 步将价格向量 p' 变为 p：每次降低（或保持不变）一种商品 $k\neq l$ 的价格。根据总替代性质可知，商品 l 的超额需求在上述每个步骤中都不可能降低，而且由于 $p\neq p'$，在至少一个步骤中它会增加。因此，$z_l(p)>z_l(p')$。■

对于含有生产的经济，通过对含有生产的超额需求函数 $z(\cdot)$ 运用总替代性质，能否也得到均衡的唯一性？答案几乎是否定的，因为在含有生产的情形下，直接使用总替代性质受到限制。例如，考虑投入物和产出品为不同商品的情形。如果某种投入物价格上升，其他每种投入物的需求可能下降，而不是像总替代性质要求的那样增加，原因在于最优产量水平降低了。然而，总替代概念仍然很有用，虽然不是那么直接。我们已经在 17. B 节

① Grandmont（1992）提供了一个有趣的结论，他要求在任何给定的价格下，不同消费者的选择行为是广泛分散的，由此可得到一个柯布-道格拉斯类型的代表性消费者，从而得到了满足总替代性质的超额需求。这篇文献表明，个人超额需求函数可能不满足总替代性质，但总超额需求函数满足。

末尾指出，我们总可以将含有生产的经济化简为交换经济，在这个交换经济中，消费者之间彼此交换生产要素，然后利用自由使用的规模报酬不变技术从事家庭生产。这个衍生交换经济的超额需求将消费和生产因素结合起来，而且仍能满足总替代性质。①

总替代与弱公理之间有何关系？显然，弱公理不蕴涵着总替代性质（即使在拟线性、仅由一个消费者组成的经济中，总替代性质也有可能不成立）。这个结论的逆即总替代是否意味着弱公理则不是那么明显，但是可以证明总替代性质不蕴涵弱公理。事实上，例17.F.1描述的情形违背了弱公理，但仍满足总替代性质。② 然而，这两个性质有着重要的联系。总替代性质意味着

$$\text{如果 } z(p)=0 \text{ 而且 } z(p')\neq 0\text{，那么 } p\cdot z(p')>0 \qquad (17.\text{F}.3)$$

我们不打算证明条件（17.F.3）。习题17.F.7要求读者证明$L=2$的情形。为了理解式（17.F.3），注意到如果p是一个（交换）均衡价格向量而p'不是，那么由于$z(p)=0$，我们有$p'\cdot z(p)=0$，所以，任何非均衡p'均被显示偏好于p。因此，式（17.F.3）中的要求$p\cdot z(p')>0$等价于弱公理的受限版本：它断言任何均衡价格向量p均不可能被显示偏好于非均衡价格向量p'。从几何图形上看，它是说超额需求函数的值域$\{z(p'):p'\gg 0\}\subset\mathbb{R}^L$（即，提供曲线）全部位于穿过原点且法向量为$p$的超平面的上方（参见图17.F.3）。与命题17.F.2类似，条件（17.F.3）意味着交换经济的均衡价格集$\{p\in\mathbb{R}^L_{++}:z(p)=0\}\subset\mathbb{R}^L$是凸集（习题17.E.8要求读者证明这一点）。需要指出，不仅弱公理和总替代情形能满足条件（17.F.3），而且无交易发生的情形也能满足这个条件，稍后我们将看到这一点。

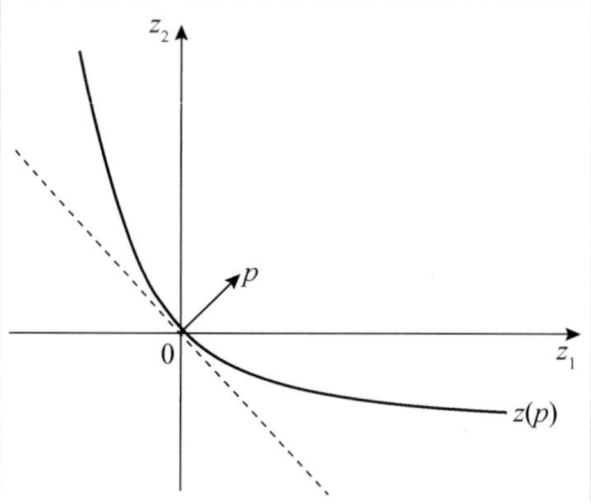

图 17.F.3 总替代的显示偏好性质

在微分情形下，我们可以通过与上面类似的方法考察弱公理和总替代之间的联系。令$z(p)=0$。弱公理的充分微分条件（17.F.1）告诉我们，对于任何不与p成比例的dp都有

① 关于这一点的进一步说明可参考Mas-Colell（1991）和习题17.F.6。

② 因此，根据命题17.F.1可知，在一个规模报酬不变的经济中，即使消费者的超额需求满足总替代性质，也不意味着均衡是唯一的。

$dp \cdot Dz(p)dp<0$。现在我们不要求弱公理而是要求 $Dz(p)$ 具有总替代符号模式。由于 $z(p)=0$，我们有 $p \cdot Dz(p)=0$ 和 $Dz(p)p=0$ [参考式（17. E. 1）和式（17. E. 2）]。于是，使用这两个性质可以再次证明：对于任何不与 p 成比例的 dp 都有 $dp \cdot Dz(p)dp<0$（参见数学附录 M. D 节）。因此，我们可以断言：在任何一个交换均衡价格向量上，总替代性质均产生了弱公理蕴涵的每个局部限制。命题 12. F. 4 正式表达了这一点。

命题 17. F. 4： 如果 $z(\cdot)$ 是个总超额需求函数，$z(p)=0$，而且 $Dz(p)$ 具有总替代符号模式，那么当 $dp \neq 0$ 与 p 不成比例时，我们也有 $dp \cdot Dz(p)dp<0$。

帕累托最优蕴涵着均衡的唯一性

现在我们考察一个本身没有重要意义但却有趣的结论，因为它说明了帕累托最优蕴涵着均衡唯一性。为简单起见，我们再次考察交换经济（习题 17. F. 9 将其推广到了含有生产的情形）。

命题 17. F. 5： 在某个交换经济中，消费者的偏好是严格凸且强单调的（即，不交易是个均衡），如果初始禀赋配置（ω_1，…，ω_I）构成了这个经济的一个瓦尔拉斯均衡配置，那么这个均衡配置是唯一的。

证明： 当消费者们的配置为（ω_1，…，ω_I）时，令配置 $x=(x_1, \cdots, x_I)$ 和价格向量 p 构成了一个瓦尔拉斯均衡。由于当价格为 p 时，每个消费者 i 都能买得起 ω_i，我们有 $x_i \succsim_i \omega_i$ 对于每个 i 均成立。然而，根据该命题的假设和福利经济学第一基本定理可知，（ω_1，…，ω_I）是个帕累托最优配置，因此，我们必定有 $x_i \sim_i \omega_i$ 对于每个 i 均成立。但这样一来，我们可以断言，对于每个 i 都有 $x_i=\omega_i$，因为如若不然，根据偏好的严格凸性可知，配置$\left(\frac{1}{2}x_1+\frac{1}{2}\omega_1, \cdots, \frac{1}{2}x_I+\frac{1}{2}\omega_I\right)$将帕累托优于（$\omega_1$，…，$\omega_I$）。■

指数分析与唯一性（指数分析与非唯一性）

对于任何给定模型，指数定理（命题 17. D. 2）提供了用于检验均衡唯一性的工具。它的思想是，如果只用模型本身的一般假设就能确定均衡方程在任何解处的雅可比矩阵的符号，那么均衡必定是唯一的。这是因为指数定理意味着如果存在多个均衡，那么不同均衡之间的符号不可能统一。

事实上，对于前面的很多唯一性结果，我们本来可以使用这个指数方法考察。例如，以交换经济为例。在弱公理和总替代这两种情形下，当 $z(p)=0$ 时，矩阵 $Dz(p)$ 都必定是负半定的 [参考式（17. F. 1）和命题 17. F. 4]。另外，如果一个均衡是正则的 [即，如果矩阵 $Dz(p)$ 的秩为 $L-1$]，可以证明：$Dz(p)$ 的负半定性意味着均衡指数必定为 $+1$（参考习题 17. F. 11）。因此，我们可以断言，在弱公理和总替代这两种情形下，任何正则经济必定有唯一的（标准化）均

17

衡价格向量。

尽管指数方法提供了一个很好的研究工具，然而通常的情形是，唯一性条件使得它们本身可以得以直接证明。事实上，指数分析的某些更微妙的应用不是用来证明均衡的唯一性，而是用来证明均衡的非唯一性［Varian（1977）首先使用了这个技巧］。这可用例 17. F. 3 说明。

例 17. F. 3：假设有两个国家 $i=1$，2，每个国家都由一个消费者组成。国家之间关于本国（H）商品和国外（F）商品是对称的。具体地说，每个国家的禀赋为 1 单位本国商品和 0 单位国外商品，效用函数为 $u_i(x_{Hi},\ x_{Fi})=x_{Hi}-x_{Fi}^{\rho}$，其中 $-1<\rho<0$。从对称性可知，存在着一个对称均衡 $p=(1,\ 1)$。那么，是否存在着非对称的均衡？一种考察方法是：计算对称均衡的指数；非对称均衡存在性的一个充分（但不是必要）的条件是这个指数是负的（即，该指数为-1）。[①] 计算这个例子的指数（参见习题 17. F. 13），我们发现，当价格为 $p=(1,\ 1)$ 时，如果每个国家的财富效应都非常偏向本国商品，从而某个国家比如国家 1 商品价格上升，使得国家 1 对该商品的需求增加量大于国家 2 对该商品的需求减少量，那么指数为负。■

17.G 比较静态分析

比较静态是一种分析方法，它关注的是某个系统的均衡如何受到各种环境参数变化（通常称为“冲击”）的影响。在本节，我们考察瓦尔拉斯均衡的比较静态性质。

为具体起见，我们考察一个交换经济，这个经济可用前 $L-1$ 种商品的总超额需求方程组描述：

$$\hat{z}(p;q)=(z_1(p;q),\cdots,z_{L-1}(p;q))$$

其中，$q\in\mathbb{R}^N$ 是由 N 个参数组成的一个向量，这些参数影响偏好或禀赋（或都影响）。我们始终将商品 L 的价格标准化为 1，即 $p_L=1$。

假设这些参数的值最初由向量 $\bar{q}$ 给定，而且 $\bar{p}$ 是 $\bar{q}$ 的一个均衡价格向量；也就是说，$\hat{z}(\bar{p};\ \bar{q})=0$。我们希望分析外生参数 q 的冲击对方程组的解 p 的影响。这个分析任务面临的第一个难题是方程组可能存在多个均衡：由 $L-1$ 个方程、$L-1$ 个未知数组成的方程组 $\hat{z}(\cdot\ ;\ q)=0$ 对于 q 的某个值可能存在若干个解，因此我们需要确定在冲击发生之后选择哪个均衡。

① 在这里（事实上，在任何典型例子中），在需求恰好“触及”边界的价格上，超额需求函数是不可微的。典型地［我们可以说“一般地”（generically）］，这些价格不是均衡价格，而且指数定理的有效性不会受这些不可微事实的影响。

如果参数值从 $\bar{q}$ 发生微小变化，那么我们可以采用我们熟悉的方法来研究这个问题，即重点关注对 p 的**局部**效应，也就是说，关注在 $\bar{p}$ 附近的解。假设 $\hat{z}(p; q)$ 是可微的，通过使用隐函数定理（参见数学附录 M.E 节），我们也许能确定这些效应。事实上，如果方程组 $\hat{z}(\cdot; \bar{q})=0$ 在解 $\bar{p}$ 处是正则的，也就是说，如果 $(L-1)\times(L-1)$ 矩阵 $D_p\hat{z}(\bar{p}; \bar{q})$ 的秩为 $L-1$①，那么对于 $(\bar{p}; \bar{q})$ 的一个邻域，我们可以将均衡价格向量表示为一个函数 $p(q)=(p_1(q), \cdots, p_{L-1}(q))$，它在 $\bar{q}$ 处的 $(L-1)\times N$ 导数矩阵为

$$Dp(\bar{q})=-[D_p\hat{z}(\bar{p};\bar{q})]^{-1}D_q\hat{z}(\bar{p};\bar{q}) \tag{17.G.1}$$

我们能对一阶效应 $Dp(\bar{q})$ 说些什么？表达式（17.G.1）和命题 17.E.2［它告诉我们当 $I\geqslant L$ 时价格效应矩阵 $D_p\hat{z}(\bar{p}; \bar{q})$ 是不受限制的］强烈意味着，如果不作出进一步的假设，“一切皆有可能”原理适用于均衡的比较静态，这类似于这个原理适用于价格变化对超额需求的效应（参见 17.E 节）。下面我们以具体例子来说明这一点。

假设我们关注的参数为消费者 1 拥有的前 $L-1$ 种商品的初始禀赋向量 $\hat{\omega}_1=(\omega_{11}, \cdots, \omega_{L-1,1})$。其余所有禀赋都固定不变。与以前一样我们假设 $\hat{z}(\cdot; \hat{\omega}_1)=0$ 在解 $\bar{p}$ 处是正则的。可以证明（参见习题 17.G.1），如果消费者 1 的需求函数满足严格正则条件，那么 $Dp(\hat{\omega}_1)$ 的秩为 $L-1$，其中 $p(\cdot)$ 是满足 $p(\hat{\omega}_1)=\bar{p}$ 局部定义的解函数。命题 17.G.1 说明，如果消费者的数量足够多，则我们对一阶效应的全部判断都包含在这个定理中。

命题 17.G.1： 给定任何价格向量 $\bar{p}$，消费者 1 拥有的前 $L-1$ 种商品的禀赋向量 $\hat{\omega}_1=(\omega_{11}, \cdots, \omega_{L-1,1})$，以及一个 $(L-1)\times(L-1)$ 的非奇异矩阵 B，那么存在一个由 $L+1$ 个消费者组成的经济，其中消费者 1 拥有的前 $L-1$ 种商品的禀赋如前所述［即，为 $\hat{\omega}_1=(\omega_{11}, \cdots, \omega_{L-1,1})$］，$\hat{z}(\bar{p}; \hat{\omega}_1)=0$，$\hat{z}(\cdot; \hat{\omega}_1)=0$ 在 $\bar{p}$ 处是正则的，而且 $Dp(\hat{\omega}_1)=B$。

17

证明： 令消费者 1 的禀赋为 $\hat{\omega}_1=(\omega_{11}, \cdots, \omega_{L-1,1})$。为消费者 1 指定任意偏好，这里唯一的要求是 $D_{\hat{\omega}_1}\hat{z}_1(\bar{p}; \hat{\omega}_1)$ 是非奇异的（这个要求足以保证消费者 1 的需求函数满足严格正则条件；参考习题 17.G.1）。由于 $D_{\hat{\omega}_1}\hat{z}(\bar{p}; \hat{\omega}_1)=D_{\hat{\omega}_1}\hat{z}_1(\bar{p}; \hat{\omega}_1)$，式（17.G.1）表明，我们在寻找额外的一组 L 个消费者使得由这 $L+1$ 个消费者组成的经济有 $\hat{z}(\bar{p}; \hat{\omega}_1)=0$ 以及

$$D_p\hat{z}(\bar{p};\hat{\omega}_1)=-D_{\hat{\omega}_1}\hat{z}_1(\bar{p};\hat{\omega}_1)B^{-1} \tag{17.G.2}$$

注意到，式（17.G.2）定义的 $(L-1)\times(L-1)$ 矩阵是非奇异的。因此，我们已经将问题

---

① 令 $D_p\hat{z}(\bar{p}, \bar{q})$ 表示从 $D_pz(\bar{p}, \bar{q})$ 删去最后一行和最后一列得到的矩阵，尽管这么做稍微有些滥用符号。

简化为：我们能否找到 L 个消费者使得他们在价格为 $\bar{p}$ 时的总超额需求为 $-\hat{z}_1(\bar{p};\hat{\omega}_1)$、他们的总 $(L-1)\times(L-1)$ 价格效应矩阵为 $\hat{A}=-D_{\hat{\omega}_1}\hat{z}_1(\bar{p};\hat{\omega}_1)B^{-1}-D_p\hat{z}_1(\bar{p};\hat{\omega}_1)$？由命题 17. E. 2 可知，这个问题的答案是肯定的（注意到，命题对 $L\times L$ 矩阵 A 施加的限制对矩阵 $\hat{A}$ 没有影响，其中 $\hat{A}$ 是由 A 删除一行和一列得到的矩阵）。■

命题 17. G. 1 表明，任何一阶效应都是有可能的。与 17. E 节一样（参考图 17. E. 3），如果初始禀赋不存在先验限制，而且如果消费必须为非负的，那么将会再次存在全局上的比较静态限制。[关于这一点的考察，请参见 Brown 和 Matzkin (1993)。]

有一些比较静态效应是我们想要的，而且它们似乎也符合经济学直觉：例如，如果一种商品的禀赋增加，那么它的均衡价格将下降。然而，若想使这类结论成立，必须施加较强的前提条件。这一点不应该使我们感到惊讶：我们已经知道财富效应和（或）缺少充分的替代性能够削弱直观的比较静态效应。我们从命题 17. G. 1 已经知道了这一点。

17. D 节的均衡唯一性分析可能会让我们猜测：如果总超额需求满足类似弱公理的条件（参考定义 17. F. 1）或总替代性质（参考定义 17. F. 2），那么良好比较静态效应能够成立。事实的确如此。我们首先考虑总超额需求若满足类似弱公理的条件，这意味着什么。

命题 17. G. 2： 假设 $\hat{z}(\bar{p};\bar{q})=0$，其中 $\hat{z}(\cdot)$ 是可微的。如果 $D_q\hat{z}(\bar{p};\bar{q})$ 是负定的[①]，那么

$$(D_q\hat{z}(\bar{p};\bar{q})dq)\cdot(Dp(\bar{q})dq)\geqslant 0 \text{ 对任何 } dq \text{ 均成立} \tag{17. G. 3}$$

证明： 一个负定矩阵的逆也是负定的。所以，$[D_q\hat{z}(\bar{p};\bar{q})]^{-1}$ 是负定的（参考数学附录 M. D 节）。因此，根据式（17. G. 1）可知，

$$(D_q\hat{z}(\bar{p};\bar{q})dq)\cdot(Dp(\bar{q})dq)=-D_q\hat{z}(\bar{p};\bar{q})dq\cdot[D_p\hat{z}(\bar{p};\bar{q})]^{-1}D_q\hat{z}(\bar{p};\bar{q})dq\geqslant 0$$

这正好就是式（17. G. 3）。■

弱公理意味着当 $\hat{z}(\bar{p};\bar{q})=0$ 时，$D_p\hat{z}(\bar{p};\bar{q})$ 是负半定的［参考式（17. F. 1）及其评论］。因此，命题 17. G. 2 的假设等价于对这个蕴意稍微强化。它的结论是说，对于 q 的任何微小冲击 dq，由此导致的在价格固定为 $\bar{p}$ 时超额需求受到的冲击 $D_q\hat{z}(\bar{p};\bar{q})dq$，与由此导致的均衡价格遭受到的冲击 $D_qp(\bar{q})dq$ “沿着同一方向” 移动（更准确地说，作为 $\mathbb{R}^{L-1}$ 中的向量，它们形成了一个锐角）。例如，在某个固定不

① 这个条件与将哪种商品标记为商品 L 无关（参见数学附录 M. D 节）。

变的价格向量上，某个冲击若只影响商品 1 的总超额需求①，比如降低了商品 1 的总超额需求，那么它必定使得商品 1 的价格下降。注意，这并不是说如果 ω_{11} 增加，那么商品 1 的均衡价格将下降。在正则需求的假设下，ω_{11} 增加的确会降低商品 1 在价格为 $\bar{p}$ 时的超额需求，但是它也会影响所有其他商品的超额需求（参考习题 17. G. 2）。

下面我们考察总替代［更准确地说，考察在（$\bar{p}$；$\bar{q}$）局部成立时的总替代］的蕴意，这就是命题 17. G. 3 的内容。

命题 17. G. 3：假设 $\hat{z}(\bar{p};\bar{q})=0$，其中 $\hat{z}(\cdot;\cdot)$ 是可微的。如果 $L\times L$ 矩阵 $D_p z(\bar{p};\bar{q})$ 的主对角线元素为负、主对角线以外的元素为正，那么 $[D_p\hat{z}(\bar{p};\bar{q})]^{-1}$ 的所有元素都是负的。

证明：由于超额需求函数是零次齐次的（参考习题 17. E. 1），我们有 $D_p z(\bar{p};\bar{q})\bar{p}=0$，所以 $D_p\hat{z}(\bar{p};\bar{q})\hat{\bar{p}}\ll 0$，其中 $\hat{\bar{p}}=(\bar{p}_1,\cdots,\bar{p}_{L-1})$。将 $(L-1)\times(L-1)$ 单位矩阵记为 I，并且取一个足够大的 $r>0$ 使得矩阵 $(1/r)D_p\hat{z}(\bar{p};\bar{q})+I$ 的所有元素都为正。于是 $D_p\hat{z}(\bar{p};\bar{q})=-r\,[I-A]$，因此由 $D_p\hat{z}(\bar{p};\bar{q})\hat{\bar{p}}\ll 0$ 可知 $(I-A)\hat{\bar{p}}\gg 0$；也就是说，正矩阵 A（正式看成关于投入产出的一个矩阵）是生产性的（参考第 5 章附录 A；矩阵 A 的主对角线元素不为零这个事实并不重要）。因此，正如我们在命题 5. AA. 1 的证明过程中所表明的，矩阵 $[I-A]^{-1}$ 是存在的，而且它的所有元素都为正。由 $[D_p\hat{z}(\bar{p};\bar{q})]^{-1}=-(1/r)[I-A]^{-1}$ 可得到我们的结论。■

从命题 17. G. 3 和式（17. G. 1）可知，给定总替代，如果 $D_q\hat{z}(\bar{p};\bar{q})dq\ll 0$，也就是，如果冲击使得前 $L-1$ 种商品的超额需求都减少（从而商品 L 的需求增加），那么 $Dp(\bar{q})dq\ll 0$。也就是说，前 $L-1$ 种商品的均衡相对价格（相对于商品 L 而言）都下降。② 特别地，假设消费者 1 的某种商品初始禀赋降低，通过合理标记商品，我们可以令这种商品为商品 L。在消费者 1 的需求为正则需求的假设条件下，在固定不变的价格向量 $\bar{p}$ 上，ω_{11} 降低将会使得前 $L-1$ 种商品的超额需求减少。所以，前 $L-1$ 种商品的价格下降，因此我们得到了无法通过命题 17. G. 2 得到的结论：如果某种商品禀赋降低，那么它的相对价格（相对于任何其他商品来说）下降。这意味着，命题 17. G. 3 的假设比命题 17. G. 2 的假设严格强。事实上，

---

① 它的意思是说，商品 2，…，$L-1$ 的超额需求未发生变化。根据瓦尔拉斯法则可知，商品 L 的超额需求必定变化。

② 这个结论也适用于非局部冲击。为了看清这一点，令 $Dz(p;q)$ 在定义域内始终都有替代符号模式，而且假设对于所有 p 都有 $\hat{z}(p;\bar{\bar{q}})\ll\hat{z}(p;\bar{q})$。对于 $t\in[0,1]$，定义 $\hat{z}(p;t)=t\hat{z}(p;\bar{\bar{q}})+(1-t)\hat{z}(p;\bar{q})$。将 $\hat{z}(p;t)=0$ 的解记为 $p(t)$。注意到对于所有 t 都有

$$D_t\hat{z}(p(t);t)dt=\hat{z}(p(t);\bar{\bar{q}})-\hat{z}(p(t);\bar{q})\ll 0$$

因此，根据命题 17. G. 3 可知，$Dp(t)dt\ll 0$ 对于所有 t 均成立。但是这样一来，对于任何 $l=1,\cdots,L-1$，我们均有

$$p_l(\bar{\bar{q}})-p_l(\bar{q})=\int_0^1\left[\frac{\partial p_l(t)}{dt}\right]dt<0$$

习题 17. G. 3 要求读者对这个全局理论建立更直接的方法。关于这种更直接方法的更多内容也可以参考 Milgrom 和 Shannon（1994）。

正如我们在命题 17.F.4 中所看到的，如果$z(\bar{p};\ \bar{q})=0$，而且 $L\times L$ 矩阵 $D_p z(\bar{p};\ \bar{q})$ 满足总替代性质，那么当 $dp\neq 0$ 与 p 不成比例时，$dp\cdot D_p z(\bar{p};\ \bar{q})dp<0$。特别地，令 $dp_L=0$，则矩阵 $D_p\hat{z}(\bar{p};\ \bar{q})$ 是负定的。

通过式（17.G.1)，我们可以计算无穷小冲击的效应。事实上，通过这个式子我们也能估算出微小（但也许未必是无穷小）冲击的效应。假设在冲击发生之后，参数向量的值为 $\bar{\bar{q}}$，而且对于 $t\in[0,\ 1]$，考虑连续函数 $\hat{z}(\cdot,\ t)$，当 t 从 $t=0$ 变为 $t=1$ 时，$\hat{z}(\cdot;\ \bar{q})$ 变为 $\hat{z}(\cdot;\ \bar{\bar{q}})$。下面我们举例说明这样的函数（称为一个同伦）

$$\hat{z}(\cdot,t)=(1-t)\hat{z}(\cdot;\bar{q})+t\hat{z}(\cdot;\bar{\bar{q}})$$

将它的解集记为 $E=\{(t,\ p):\ \hat{z}(p,\ t)=0\}$。于是我们试图通过在解集中跟踪起点为 $(0,\ \bar{p})$ 的线段来确定 $p(\bar{\bar{q}})$。[①] 如果 $\bar{\bar{q}}$ 离 $\bar{q}$ 比较近，而且初始情形 $\bar{p}$ 是正则的，那么这就是图 17.G.1(a) 描述的简单情形：存在唯一的线段将 $(0,\ \bar{p})$ 与某个 $(1,\ \bar{\bar{p}})$ 连接起来。[②] 自然地，我们令 $p(\bar{\bar{q}})=\bar{\bar{p}}$。

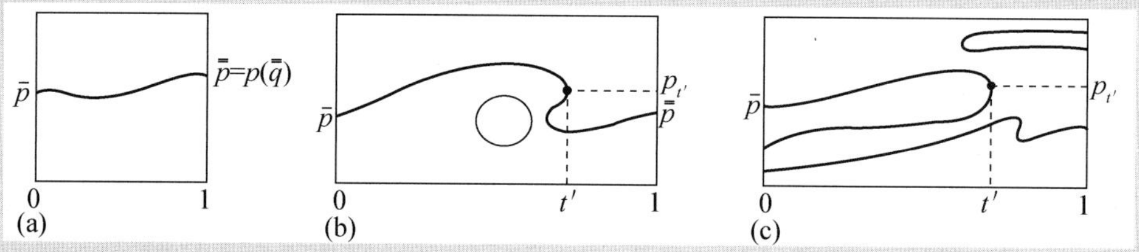

图 17.G.1 比较静态的一般情形

如果 $\bar{\bar{q}}$ 不接近 $\bar{q}$，但 $\hat{z}(\cdot,\ t)$ 对于每个 t 都是正则的超额需求函数［例如，如果对于每个 t，$\hat{z}(\cdot,\ t)$ 满足 17.F 节的任何唯一性条件，那么我们就能得到这种情形］，我们仍能通过这种方法将 $t=0$ 变为 $t=1$，从而能够确定 $\bar{\bar{q}}$ 处的均衡。[③] 遗憾的是，如果冲击比较大，那么我们将处在诸如图 17.G.1(b) 和图 17.G.1(c) 的情形，在这些情形下，对于某个 t'，经济 $\hat{z}(\cdot,\ t')$ 不是正则的，而且在 $(t',\ p_{t'})$ 处，随着 t 增加，不存在自然的连续路径。[④] 为了得到 $\bar{\bar{q}}$ 的均衡 $\bar{\bar{p}}$，我们没有其他的选择，只能使用一般算法求方程组 $\hat{z}(\cdot;\ \bar{\bar{q}})=0$ 的解。这样一来，在 $\bar{\bar{q}}$ 处的解取决于我们数值方法的程度大于取决于初始位置 $(\bar{p};\ \bar{q})$ 的程度。这显然是令人失望的，它说明了一个严重的缺陷：我们缺乏均衡选择的理论。

① 在实践中，“跟踪”线段需要使用数值计算方法；参见 Garcia-Zangwill（1981），Kehoe（1991）以及这两篇文献中提到的参考文献。

② 而且，如果冲击足够小，这样得到的 $\bar{\bar{p}}$ 与具体使用哪个同伦无关。

③ 然而，如果 $\bar{\bar{q}}$ 处的均衡有多个，那么我们能发现哪个均衡将取决于我们所使用的同伦。

④ 注意，通过逆转 t 的变化方向，在这两个图中，我们仍能持续沿着线段运动（实际上这是非常一般的事实）。如果在 $t=0$ 处 $\bar{p}$ 是唯一解，如图 17.G.1(b) 所示，那么线段的终点必然为 $(1,\ \bar{p})$。因此，在某种意义上，对于 $\bar{\bar{q}}$ 我们仍然找到了与初始 $\bar{p}$ 相联系的均衡。但是这种联系比较弱：它可能取决于我们具体使用的通论，而且它要求参数逆转方法。如果情形如图 17.G.1(c) 所示，在 $t=0$ 处 $\bar{p}$ 不是唯一均衡，那么我们这种方法行不通：起点在 $(0,\ \bar{p})$ 的线段又回到了 $t=0$。

17.H　试探性的稳定性

到目前为止，我们已经详细分析了均衡方程。经济学和其他科学领域的一个不同之处在于，对我们来说，均衡方程构成了经济学的核心。其他学科，例如物理学甚至生态学，更为强调确定变化的动态法则。相反，到目前为止，我们几乎没有提及动态性。原因在于，粗略地说，经济学家擅长（或我们期望他们擅长）识别均衡状态，但并不擅长准确预测非均衡的经济如何演进。当然，有些动态原理非常简单：如果需求大于供给，那么价格将上升，如果价格大于边际成本，那么生产将扩张，如果行业利润为正而且不存在进入壁垒，那么新企业将会进入，等等。问题在于难以将这些正式原理转换成准确的动态法则。[1]

这方面的最出名的转换企图是由 Walras（1874）作出的，瓦尔拉斯思想的现代版本就是所谓的**试探性的稳定性**（tâtonnement stability）。在本节，我们考察两个试探性类型的模型，一个是纯价格调整，另外一个为纯数量调整。然而，我们应该强调，这不过是两个例子，不可一般化。事实上，这个领域的一个麻烦是合理的非均衡模型比比皆是。尽管均衡的途径可能只有一条，但不均衡的途径却有很多。

价格试探性

我们考虑某个交换经济，它可用超额需求函数 $z(\cdot)$ 表示。假设初始价格 p 不是个均衡价格向量，因此 $z(p)\neq 0$。例如，经济可能刚刚经历了一次冲击，p 是经济遭受冲击之前的均衡价格向量。于是，根据供需原理可知，具有超额需求的那些商品的价格将上升，而具有超额供给的那些商品的价格将下降。这就是瓦尔拉斯提出的命题；这个命题的微分方程版本则是由 Samuelson（1947）给出的。这个微分方程为

$$\frac{dp_l}{dt}=c_l z_l(p)\quad \text{对于每个 } l \text{ 均成立} \tag{17. H. 1}$$

其中 dp_l/dt 是商品 l 的价格变化速度，c_l 是影响价格变化速度的一个常数。

尽管式（17. H. 1）很简单，但解释起来却困难重重。是谁掌握着价格？为什么非均衡时“一价定律”必须成立？（即，非均衡时，为什么相同的产品要有相同的价格）？“t”代表什么类型的时间？它不大可能是实际时间，这是因为，正如模型所意味的，非均衡的 p 与可行性是不相容的（即，并非所有消费方案都能同时实现）。

也许所有这些问题的最合理答案是，最好认为式（17. H. 1）模拟的不是供需驱动型经济的实际演进，而是将其看成一种发生在虚拟时间中的试错（trial-and-

[1] 对于这个问题，Hahn（1982）提供了一个一般性的综述。

error）过程，这个过程由一个虚拟的市场参与者运行，他的目的是找到均衡价格水平（或更准确地说，他在经济受到扰动之后试图恢复均衡）。①

尽管这个式子过于理想化，我们仍希望它能为均衡性质的考察提供一些见解。即使在区分表现良好的均衡与表现不好的均衡方面提供一些帮助也好。式（17. H. 1）的分析在两商品情形下最具有启发性。在这种情形下，图 17. H. 1 画出了商品 1 的超额需求，它是相对价格 p_1/p_2 的函数。相对价格的实际动态轨迹取决于绝对价格的初始水平，也取决于式（17. H. 1）描述的微分价格变化。② 但是，注意到，不管绝对价格的初始水平是什么样的，$p_1(t)/p_2(t)$ 上升当且仅当 $z_1(p_1(t)/p_2(t),1)>0$。在图 17. H. 1 中，我们看到调整方程（17. H. 1）具有下列两个性质。

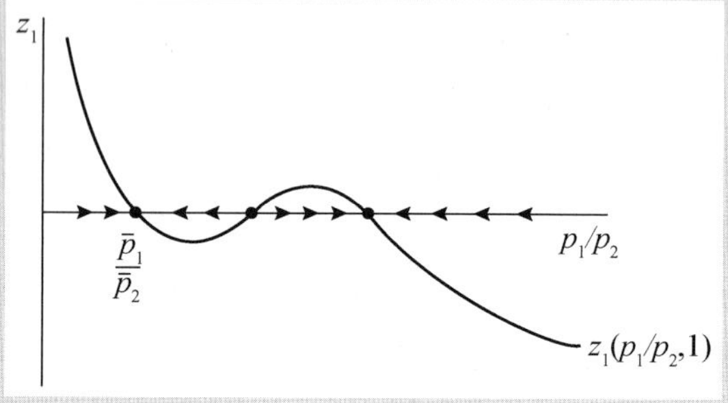

图 17. H. 1 在 $L=2$ 情形下的试探轨迹

（a）均衡的局部稳定性。对于一个均衡（$\bar{p}_1$，$\bar{p}_2$），只要初始价格向量充分接近它，动态轨迹就会使相对价格向均衡相对价格 $\bar{p}_1/\bar{p}_2$ 收敛，因此我们说这个均衡（$\bar{p}_1$，$\bar{p}_2$）是**局部稳定的**（locally stable）。相反，如果任何扰动使得相对价格偏离 $\bar{p}_1/\bar{p}_2$，那么我们说这个均衡是**局部完全不稳定的**（locally totally unstable）。于是，**一个（正则的）均衡 $\bar{p}_1/\bar{p}_2$ 是局部稳定的还是局部完全不稳定的，这要取决于超额需求在均衡处的斜率**，也就是说，取决于均衡的指数（参考定义 17. D. 2）。如果超额需求在 $\bar{p}_1/\bar{p}_2$ 处向下倾斜（如图 17. H. 1 所示），那么 p_1/p_2 稍微上升大于 $\bar{p}_1/\bar{p}_2$ 将使得商品 1 有超额供给（而商品 2 有超额需求），因此，相对价格将回复到均衡水平 $\bar{p}_1/\bar{p}_2$。如果超额需求在 $\bar{p}_1/\bar{p}_2$ 处向上倾斜，则是局部完全不稳定情形。

（b）**系统稳定性**（system stability）。也就是说，**对于任何初始位置（$p_1(0)$，$p_2(0)$），当 $t\to\infty$ 时，相对价格 $p_1(t)/p_2(t)$ 的相应轨迹向某个均衡任意接近（收敛）。**

---

① 在本质上，这是瓦尔拉斯的思想（tâtonnement 在法语中的意思是“探索”），他的这个灵感是从巴黎证券交易所的经纪人指令市场机制获得的。Barone（1908）和 Lange（1938）已将瓦尔拉斯的思想完全形式化，他们甚至认为应该将试探性的程序作为中央计划经济的实际计算工具。

② 注意，尽管在式（17. H. 1）中，在 t 处 p_l 的变化仅取决于相对价格 p_1/p_2（其中 $l=1$，2），但在 t 处价格比率 p_1/p_2 既取决于当前的价格之比，又取决于当前 p_1 和 p_2 的绝对水平。

对于正则的、两商品组成的经济，性质（a）和（b）完整描述了动态性。它令人满意地说明了试探稳定性分析的合理性：能够产生性质（a）和（b）的理论必然蕴涵着某些经济内容。

遗憾的是，只要 $L>2$，两商品情形的局部结论（a）和全局结论（b）就不能一般化。我们不应该对此感到惊讶，因为式（17.H.1）中的价格动态全部是由超额需求函数驱动的，而且我们知道（命题 17.E.2 和命题 17.E.3）超额需求函数不受任何限制（边界条件除外）。考虑 $L=3$ 且 $c_1=c_2=c_3=1$ 的情形。在图 17.H.2 中，我们画出了价格的标准化集 $S=\{p\gg0:(p_1)^2+(p_2)^2+(p_3)^2=1\}$。这种标准化的优点在于，对于任何超额需求函数 $z(p)$，由微分方程 $dp_l/dt=z_l(p)$（其中 $l=1,2,3$）产生的动态流 $p(t)$ 仍在 S 之中［即，如果 $p(0)\in S$，那么对于所有 t 都有 $p(t)\in S$］。这是瓦尔拉斯法则的一个结果：

$$\begin{aligned}\frac{d(p_1(t)^2+p_2(t)^2+p_3(t)^2)}{dt}&=2p_1(t)z_1(p(t))+2p_2(t)z_2(p(t))\\&\quad+2p_3(t)z_3(p(t))\\&=0\end{aligned}$$

因此，p 的动态可用 S 中的轨迹表示，轨迹在任何 $p(t)$ 上的方向导数是超额需求向量 $z(p(t))$ 的方向。因此，我们断言，一般理论施加在轨迹上的唯一限制是从超额需求边界行为得到的条件。在图 17.H.2 中，我们画出了可能的轨迹场。在这个图中，当一种商品的价格趋近零时，这种商品的超额需求变为正（因此，特别地，在边界附近，轨迹指向内部）。然而，性质（a）和（b）都不成立：存在既不是局部稳定也不是局部完全不稳定的（正则）均衡（这样的均衡是“鞍点”，例如图中标记为 3 的均衡），而且在某些初始位置上，价格可能不向任何均衡收敛。①

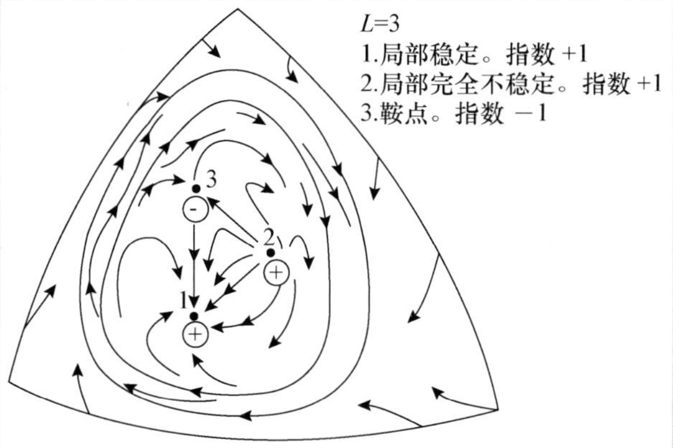

图 17.H.2　试探轨迹的一个例子（$L=3$ 的情形）

① 注意，当价格收敛至某个极限圆时，并不值得欣慰。这是因为我们已经知道，这个价格试探不是在现实中发生的。只有当价格收敛时，动态分析才有可能揭示某些重要信息。

在更为实证的意义上，现在我们说明对于我们已经证明存在唯一瓦尔拉斯均衡的情形，我们也能够建立收敛至这个均衡的任何价格轨迹［这个性质称为**全局稳定性**（global stability）］。① 下一个定理包含了 17.F 节的弱公理、总替代以及不交易这三种情形。② 这三种情形的共同之处是当我们重点关注均衡价格与非均衡价格的比较时，它们都满足弱公理［参见 17.F 节条件（17.F.3）的讨论］。也就是，对于这三种情形中的唯一（标准化）均衡价格向量 p^*，我们有："如果 $z(p^*)=0$，那么对于任何与 p^* 不成比例的 p 都有 $p^*\cdot z(p)>0$。"

命题 17.H.1：假设 $z(p^*)=0$，以及对于任何与 p^* 不成比例的 p 都有 $p^*\cdot z(p)>0$，那么微分方程（17.H.1）任何解轨迹中的相对价格都收敛于 p^* 的相对价格。

证明：考虑（欧几里得）距离函数 $f(p)=\sum_l(1/c_l)(p_l-p_l^*)^2$。对于任何轨迹$p(t)$，我们关注在轨迹上点 t 的距离 $f(p(t))$。我们有

$$\begin{aligned}\frac{df(p(t))}{dt}&=2\sum_l\frac{1}{c_l}(p_l(t)-p_l^*)\frac{dp_l(t)}{dt}\\&=\sum_l\frac{1}{c_l}(p_l(t)-p_l^*)c_lz_l(p(t))\\&=-p^*\cdot z(p(t))\leqslant 0\end{aligned}$$

其中最后一个不等式是严格不等式当且仅当 $p(t)$ 与 p^* 不成比例。我们断言价格向量$p(t)$ 单调地逼近价格向量 p^*［事实上，由于相同的论证也适用于 αp^*，$p(t)$ 必定单调地接近任何 αp^*］。这不意味着 $p(t)$ 到达 p^* 附近。事实上它通常做不到这一点：在$p(t)$ 接近 p^* 之前，$p(t)$ 逼近 p^* 的速度降低为零。但是只有当 $t\to\infty$，$p(t)$ 变得几乎与 p^* 成比例时，上述逼近速度才可能降低为零。③ ■

通过局部分析，我们可以进一步了解试探的动态性。现在，为方便起见，我们固定 $p_L=1$，所以我们可以重点关注式（17.H.1）的前 $L-1$ 个坐标。因此，我们将超额需求记为 $\hat{z}(p)=(\hat{z}_1(p),\cdots,\hat{z}_{L-1}(p))$。假设$\hat{z}(p^*)=0$。微分方程理论的一个标准结论告诉我们，如果 $(L-1)\times(L-1)$ 矩阵 $D\hat{z}(p^*)$ 是非奇异的（即，如果均衡是正则的），那么轨迹在 p^* 的邻域内的行为受方程组在点 p^* 的线性化控制，也就是，受$CD\hat{z}(p^*)$ 控制，其中 C 是 $(L-1)\times(L-1)$ 对角矩阵，它的第 l 个对角元素为常数 c_l。如果存在$\varepsilon>0$

① 注意：除了 $L=2$ 情形外，唯一性本身并不意味着稳定性。试着按照图 17.H.2 的模式举出一个反例。

② 总替代情形的证明请参考习题 17.H.1。

③ 对于某个连续实值函数，若它沿着任何动态轨迹的取值递减，而且只有在驻点上的值为零，那么这个函数称为李雅普诺夫（Lyapunov）函数。

使得当 $\| p(0)-p^* \| < \varepsilon$ 时 $p(t) \to p^*$（即，对于微小扰动，均衡自身能够恢复），我们说 p^* 是局部稳定的。于是，p^* 是局部稳定的当且仅当 $CD\hat{z}(p^*)$ 的所有特征值有负的实部。另外，如果 $D\hat{z}(p^*)$ 是负定的（参考数学附录 M. D 节）[①]，那么不管调整速度如何（即，对于所有正的对角矩阵 C），p^* 都是局部稳定的。

为何上面所说的试探动态性的局部稳定性结果要求对 $D\hat{z}(p^*)$ 施加较强的条件？理解这个问题的一种方法是注意到，事实上，我们施加的条件为一种商品的价格仅对该商品的超额需求或超额供给作出反应。理想的市场参与者可能希望在调整这些价格时也需要关注这个调整对其他商品的超额需求的影响。一种具体的可能是下面这样的：如果时刻 t 的超额需求为 $D\hat{z}(p(t))$，那么市场参与者对价格的调整量为 $dp/dt=(dp_1/dt, \cdots, dp_{L-1}/dt)$，以便使得所有超额需求和超额供给成比例地下降。也就是说，$D\hat{z}(p(t))(dp/dt)=-\lambda\hat{z}(p(t))$ 对于某个 $\lambda>0$ 成立，或者，如果相关的逆存在，

$$\frac{dp}{dt}=-\lambda\left[D\hat{z}(p)\right]^{-1}\hat{z}(p) \tag{17. H. 2}$$

这个调整方程称为**牛顿法**（Newton's method），它是数值分析的一种标准方法。如果 $D\hat{z}(p^*)$ 是非奇异的，从而 $[D\hat{z}(p^*)]^{-1}$ 存在，那么式（17. H. 2）在受到微小扰动之后总能恢复均衡。这样，我们看到了下列对比：对于试探稳定性，我们对调整过程施加很少的信息限制［为了确定 p 的变化，我们只需要知道 $\hat{z}(p)$；特别地，我们不需要知道 $\hat{z}(\cdot)$ 导数的任何信息］，但是收敛性只能在特殊情形下才能得以保证。通过牛顿法，我们总能得到局部收敛，但是为了确定在任何 p 处价格的变化方向，我们需要知道所有超额需求 $\hat{z}(p)$ 和所有价格效应 $D\hat{z}(p)$。对于这类牛顿价格动态调整，可以参考 Smale（1976）以及 Saari 和 Simon（1978）。

数量试探性

直到目前，在我们的分析中，价格可能都是非均衡的，但数量（也就是需求量和供给量）总是处于均衡（即，效用最大化和利润最大化）值。现在我们简要考察下面这样的模型，在这个模型中，数量而不是价格可能是非均衡的。[②] 这个任务最好在生产架构内完成。

为具体起见，假设我们只有一个生产集 Y。[③] 在任何时刻，我们假设只有一个给定的固定不变的生产向量 $y \in Y$。然而，价格总是均衡的，也就是说，经济的一般均衡系统（取决于 y）产生了某个均衡价格系统 $p(y)$（即，如果短期生产集为

---

① 注意，这与命题 17. H. 1 吻合，因为命题 17. H. 1 规定的类似显示偏好的性质意味着 $D\hat{z}(p)$ 在均衡价格向量 p^* 上是负（半）定的。

② 我们也可以考虑更为一般的情形，即价格和数量都是非均衡的；例如，可参见 Mas-Colell（1986）。

③ 也可以考虑若干个生产集，这不难做到；另外，Y 也可以解释为个人生产集或总生产集。

$\{y\}-\mathbb{R}_+^L$，则我们考察的是短期情形）。它描述了经济的短期均衡。

这个经济的合理动态是什么样的？下面的想法是合理的：不管这个动态如何，生产在时刻 t 的变化 $dy(t)/dt\in\mathbb{R}^L$，使得生产沿着利润增加的方向变化，如果时刻 t 时的价格向量 $p(y(t))$ 被视为给定的。

定义 17. H. 1：对于可微的轨迹 $y(t)\in Y$，如果对于每个 t 都有 $p(y(t))\cdot(dy(t)/dt)\geqslant 0$，而且只有当 $y(t)$ 对 $p(y(t))$ 来说是利润最大化的（在这种情形下可以说我们处于一个长期均衡之中）时，$p(y(t))\cdot(dy(t)/dt)=0$，那么我们说该轨迹 $y(t)\in Y$ 是**可允许的**（admissible）。

数量试探法与价格试探法的不同之处，也是数量试探法的优点在于，对于任何时刻 t，可行性都能得到保证。因此，我们可以将动态解释为实时发生的而不是虚拟的。[1][2]

可允许的轨迹必然能将我们带到长期均衡吗？我们在此不打算详细分析。与往常一样，我们只能说“在特殊情形下答案是肯定的”。命题 17. H. 2 给出了一个有限制但比较重要的例子（它涵盖了 10. F 节的短期模型和长期模型）。

命题 17. H. 2：如果经济仅由一个严格凸的消费者组成，那么任何可允许的轨迹都必然收敛至（唯一的）均衡。

证明：考虑 $u(y(t)+\omega)$，其中 $u(\cdot)$ 和 ω 分别为消费者的效用函数和禀赋。唯一均衡生产向量是使得 $u(y+\omega)$ 在 Y 上最大的那个生产向量 $\bar{y}$；回忆 15. C 节一个消费者、一个企业的例子。

如果我们假设 $u(\cdot)$ 是可微的，那么我们的论证就简单得多。我们断言，在这种情形下，效用必定沿着任何可允许的轨迹递增。事实上，

$$\frac{du(y(t)+\omega)}{dt}=\nabla u(y(t)+\omega)\cdot\frac{dy(t)}{dt}=\mu(t)p(y(t))\cdot\frac{dy(t)}{dt}>0$$

其中等式仅在均衡时成立。在这里我们运用了下列事实：在一个短期（内部）均衡上，以财富边际效用 $\mu(t)$ 为权重的价格向量 $p(y(t))$ 必定等于消费者的边际效用向量。现在，由于效用增加，在可行生产集中我们必定处于使得效用最大的（即，均衡）生产向量 $\bar{y}$。这可用图 17. H. 3 表示。（我们回避了一个小麻烦：事实上，更严格地说，我们应该证明动态反应不能不灵敏，否则我们达不到均衡。为了证明此事，应该稍微加强可允许轨迹的概念）。■

① 然而，需要指出，即使这样，它仍然不是个完整的动态模型：消费者的最优化问题仍然是静态的且没有预期回馈，而且企业遵循的是简单的短期调整规则［在实证意义上，应该称为适应性的（adaptive）行为而不是简单行为］。对于市场实时调整程序的详细分析，可以参考 Fisher（1983）。

② 定义 17. H. 1 中的数量动态让人想起 Marshall（1920），因此通常称为**马歇尔动态**（Marshallian dynamics），尤其是在局部均衡架构内。相反，价格动态通常称为**瓦尔拉斯动态**（Walrasian dynamics）。

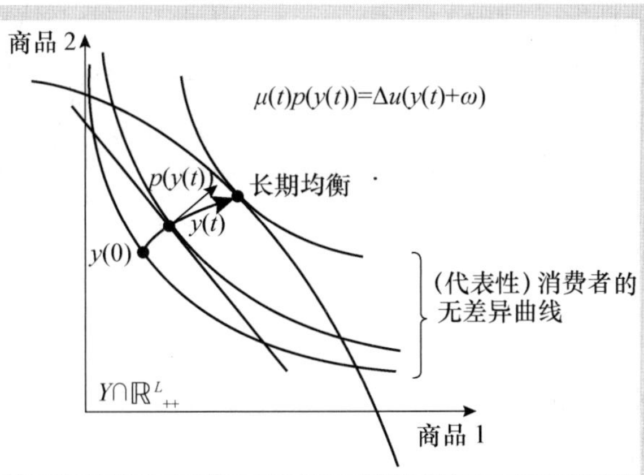

图 17. H. 3　数量试探的一个例子

注意，命题 17. H. 2 的那个唯一消费者可以视为消费者群体的一个（实证的）代表性消费者。

17.I　大型经济和非凸性

我们曾经（尤其是在第 10 章和第 12 章）多次说到，价格接受者假设合理性的一个关键所在是假设每个经济个体对于整体经济来说都是微不足道的。从字面上说，本章的模型不满足这个假设，因为消费者的数量不超过有限数 I 个。（对于本书的例子尤其如此，因为我们一般取 $I=2$。）然而，对价格接受者假设重新进行解释也是有可能做到的。我们用纯交换经济说明。

假设在某个经济中，消费者的特征（偏好和禀赋）共有 I 类，每一类都有 r 个消费者（容易推广到每类消费者数量不同的情形；参见习题 17. I. 1）。也就是说，消费者集由消费者的一个基本参考集复制 r 次而形成。另外，配置 $(x_1, \cdots, x_I)$ 在这种情形下的意思是每个类型 i 消费者消费商品 i 的数量为 x_i（因此，类型 i 消费者对商品 i 的消费总量为 rx_i）。注意，在上述情形下，我们的分析和结论不会有任何改变；它们不会以任何方式取决于参数 r。按照这种方法，我们可以（非正式地）断言，我们的理论能够包含任意大数量的情形，甚至包括无穷多个消费者；特别地，我们看到，我们以前模型的任何均衡都是这个复制 r 次而形成的经济的均衡（其中 $r\geqslant 1$ 是任意整数）。

然而，上述结论存在着一个重要的限制条件，也就是说，我们的模型和结论完全与消费者数量无关这个结论，严重依赖于消费者的偏好是凸的假设。如果消费者的偏好不是凸的，那么我们就不能忽视不同消费束在同一类型的不同消费者之间的配置问题。例如，考虑图 17. I. 1 中的埃奇沃思盒。如果每一类型的消费者都只由一个消费者组成，那么不存在均衡；但是，如果每个类型由两个消费者组成，那么存在着均衡。为了看清这一点，将 ω_2 给予凸偏好的消费者，令两个非凸消费者得

到的商品束分别为 x_1 和 x_1'，其中 $x_1 \neq x_1'$。因此，在非凸情形下，经济的行为取决于复制次数：当我们复制某个经济时，可能出现新的均衡。①

上面的讨论蕴涵着一个有趣的结论：复制可能有助于分析非凸经济，因为经济规模增大（以复制次数衡量）有可能保证存在着均衡。事实上，本节以下内容就重点论证这个问题，即，如果经济足够大，即使偏好不是凸的，那么也存在着（或几乎存在着）均衡。②

为了看清这一点，假设对于某个交换经济，消费者一共有 I 个类型。考虑类型 i 的一个消费者。如果偏好不是凸的（也许商品不可分割，即，只能为整数个），那么在这种情形下，超额需求是个对应 $z_i(p)$。对于 $p \gg 0$，$z_i(p)$ 是个紧集但未必为凸（比如图 17. I. 1 中消费者 1 在 $p=\bar{p}$ 的情形）。当复制次数为 r 时，平均（每次复制）超额需求对应为

$$z_{ir}(p)=\frac{1}{r}(z_i(p)+\overset{r个}{\cdots}+z_i(p))=\frac{1}{r}\{z_{i1}+\cdots+z_{ir}:z_{i1}\in z_i(p),\cdots,z_{ir}\in z_i(p)\}$$

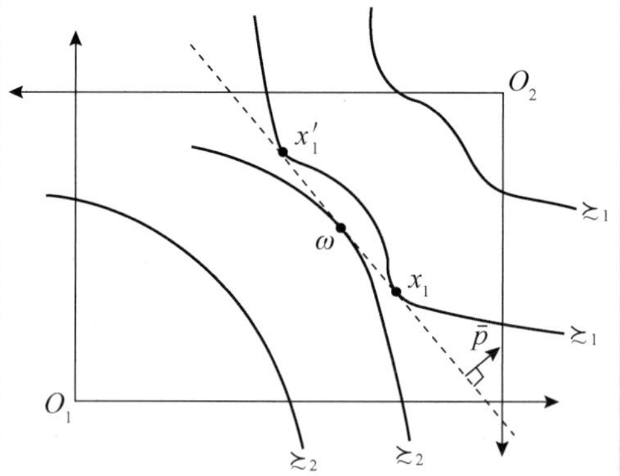

图 17. I. 1　对于可改变规模的经济，即使偏好是非凸的，也可能存在着均衡

如果再次考察图 17. I. 1，可以看到，当 $r \to \infty$ 时，集合 $z_{1r}(\bar{p})+\{\omega_1\}$ 填满了需求点 x_1 和 x_1' 之间的整个线段。特别地，对于任何 $\alpha \in [0, 1]$ 和整数 r，我们均可以找到一个整数 $a_r \in [0, r]$ 使得 $|a_r/r-\alpha| \leqslant 1/r$（注意，$\{1/r, \cdots, r/r\}$ 这 r 个数在区间 $[0, 1]$ 是均匀分布的）。若把 a_r 个消费者放在 x_1，把 $r-a_r$ 个消费者放在 x_1'，则平均消费为

$$\frac{a_r}{r}x_1+\left(1-\frac{a_r}{r}\right)x_1' \in z_{ir}(p)$$

---

① 也就是说，如果对于复制 r 次而形成的经济，令 $E(r)$ 表示它的均衡价格集，我们有 $E(1) \subset E(r)$，但是这个结论的逆却未必为真。另外，注意到，对于任意的 $r''>r'>1$，$E(r'')$ 和 $E(r')$ 之间未必存在任何包含关系［除外情形：如果 $r''=mr'$（其中 $m>1$ 为整数），那么 $E(r') \subset E(r'')$］。

② Starr（1969）对这个问题作出了经典贡献。

如果取足够大的 r，上式趋近于 $\alpha x_1+(1-\alpha)x_1'$，这正是我们所希望的。可以证明这个凸化性质是完全一般的。对于任何 $p\gg 0$ 和任何商品数量，当 $r\rightarrow\infty$ 时，类型 i 消费者的平均（每次复制）超额需求 $z_{ir}(p)$ 收敛为 $z_i(p)$ 的凸包集。在极限上，类型 i 消费者的平均每次复制的超额需求对应变为 $z_{i\infty}(p)=$凸包 $z_i(p)$。因此，在极限上，超额需求对应是凸值的，而且可以像 17. C 节那样证明均衡的存在性。[①] 于是，在这个意义上，当 r 变大时，这个经济必定存在着某个配置和价格向量，它们构成了一个“近似”均衡。[②]

在上面的推理中，总超额需求的凸化以及它的存在性蕴意，取决于我们在多大程度上能指定几种不同的消费让消费者来选择。只有通过这种方式才能保证总消费正好是正确的。对于引导消费者以正确比例在不同最优选择中进行选择的过程，不管我们对它持有什么样的看法，如果我们不必担心凸性问题，事情显然要更好一些；也就是说，如果给定任何现价，每个消费者将只有一个最优选择。因此，需要指出，当消费者数量很大时，这是最可能出现的结果，尽管它未必一定出现。事实上，**如果个人偏好的分布在消费者群体中是分散的（从而，特别地，不存在两个偏好相同的消费者[③]），那么，即使个人超额需求是真正的对应，极限平均也可能是个（连续）函数。**这是因为，对于任何 p，只有微小比例的消费者的偏好在点 p 是非凸的。关于这一点，我们在第 4 章附录 A 进行了评价，而且在图 17. I. 2 中我们进一步画出了它。考虑图 17. I. 1 中的埃奇沃思盒，但现在令每类消费者都是个连续统。由于在这个经济中，所有类型 1 的消费者都是相同的，他们正好在同一个 $\bar{p}$ 都展现出了“消费转换”（一个非凸性）。在这个经济中，商品 1 的超额需求对应可用图 17. I. 2(a) 中的 $z_{1,\infty}(\cdot)$ 表示。[④] 但是如果类型 1 消费者的偏好发生了变化，即使是微小变化，那么将不会有大量消费者在任何 p 上同时转换，因此，如图 17. I. 2(b) 所示，在任何 p 上，平均需求都是良好定义的，而且平均需求随 p 的变化只会逐渐变化。

我们简要评价含有生产的经济。假设经济的消费面仍是由（可能非凸）消费者的基本参考集复制 r 次而形成。另外，经济中存在 J 个生产集 Y_j。每个 Y_j 是闭的，包含原点，而且满足自由处置性质（这些都是标准假设）。此外，我们假设每个 Y_j 都存在着上界（也许是产能限制）；也就是说，存在一个数 s 使得 $y_{lj}\leqslant s$ 对于所有 l 和 $y_j\in Y_j$ 均成立。生产集可能不是凸的。

17

---

① 参考命题 17. C. 2 证明过程后面关于需求对应的评价，以及习题 17. C. 1。

② 大致来说，所谓“近似”(near) 均衡是指几乎能够满足均衡条件的配置和价格向量。对于这个概念，我们能够给出准确的定义，但我们在此不打算这么做。

③ 需要指出，在经济个体为无穷多个情形下的极限中，这个要求与在经济个体只有有限个情形下的极限中有时是不相同的。为了处理这样的麻烦，我们需要扩展我们的研究架构。

④ 准确地说，$z_{1,\infty}(\cdot)$ 是个对应，它的图是当 r 趋近于∞时对应 $z_r(\cdot)$ 的极限图，其中，对应 $z_r(\cdot)$ 的定义为 $z_r(p)=(1/r)(z(p)+\cdots+z(p))$ [其中 $(z(p)+\cdots+z(p))$ 是 r 个 $z(p)$ 之和]；$z(\cdot)$ 是图 17. I. 1 埃奇沃思盒由两个消费者组成的经济的超额需求对应。

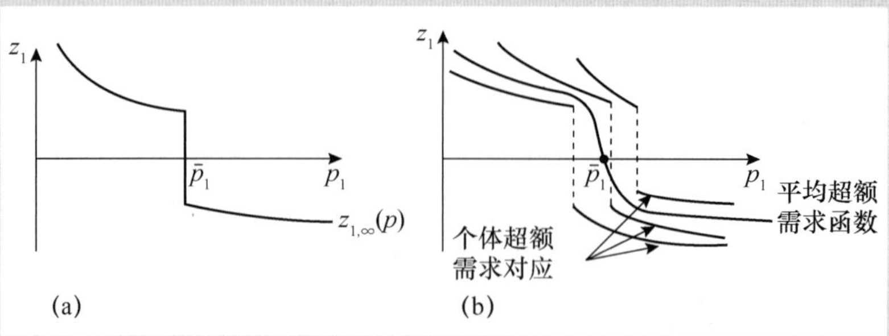

图 17. I. 2　从分散的个体需求得到的总需求是个连续函数

图 (a) 给出了图 17. I. 1 中的埃奇沃思盒经济（其中每类消费者都是个连续统，即 $r=\infty$）的总超额需求。图 (b) 表明个体超额需求是分散的。

于是，可以证明如果 r 相对于界限 s 来说很大（即，如果经济的消费面相对于单个企业的最大规模来说很大），那么经济将存在一个近似均衡。在平均意义上，经济的生产面也是凸化的（参见 5. E 节对相关内容的讨论）。[①] 注意，生产集的有界性质比较重要。例如，假设每个企业都拥有如图 15. C. 3 所示的生产技术，那么不管消费者的数量为多少，每个企业的潜在利润都是无穷大的（只要 $p_2>0$）。因此，不存在近似均衡。为了让平均效应能够发挥作用，生产的非凸性必须是有界的（参考习题 17. I. 2）。

附录 A： 用福利方程刻画均衡

我们在 17. B 节一开始已经看到，如果我们的经济满足充分好的性质（即，偏好为严格凸的），那么我们可以通过使用高度简化的均衡方程组来表达我们的理论。在本章，我们重点考察的是超额需求方程。但这不是唯一的方法。在本附录，我们介绍刻画均衡的第二种方法，这种方法是基于均衡的福利性质之上的。

我们再次重点考察纯交换经济，其中每个消费者 $i=1,\cdots,I$ 有着消费集 $\mathbb{R}^L_+$ 和连续、强单调且严格凸的偏好。另外，我们假设 $\omega_i\geqslant 0$ 对于所有 i 均成立和 $\sum_i \omega_i \gg 0$ 。

我们从第 16 章已经知道，这个经济的一个瓦尔拉斯均衡是个帕累托最优（命题 16. C. 1）。因此，为了识别一个均衡，我们可以仅考察帕累托最优的配置。为了

---

① 注意，这个平均是关于 r 的（以消费者数量衡量的经济规模），而不是关于 J 的。如果随着 r 增加，J 发生变化，而且保持着与 r 近似固定不变的比例，那么从定性的角度看，我们如何衡量大小并不重要（在当前的架构内，这是 5. E 节内容的一种解释方法）。但是，对于凸化效应的有效性来说，J 没有必要随着 r 变化而变化。J 的数量可以维持不变，因此，相对于 r 来说，J 可能很小（在这种情形下，“平均”经济实际上是纯交换经济）或者可能较大；甚至有可能 $J=\infty$。最后一种情形（即 $J=\infty$）对应着自由进入的模型，其中均衡（或近似均衡）内生地决定着活跃企业集。典型地，在自由进入情形下，活跃企业集随着消费者数量（以 r 衡量）增加而增大（关于这一点，10. F 节在局部均衡架构内已进行了讨论；此处没有多少新内容可以添加）。

完成这个任务，对 I 个消费者指定连续的效用函数 $u_i(\cdot)$，而且 $u_i(0)=0$。于是，对于单纯形 $\Delta=\{s'\in\mathbb{R}^I_+:\sum_i s'_i=1\}$ 中的每个向量 $s=(s_1,\cdots,s_I)$，我们均指定唯一一个帕累托最优配置 $x(s)\in\mathbb{R}^{LI}_+$ 使得 $(u_1(x_1(s)),\cdots,u_I(x_I(s)))$ 与 $s\in\Delta$ 成比例（参考习题 17. AA. 1）。用文字来说，$s\in\Delta$ 代表效用分布参数的值，以及按“份额” $s=(s_1,\cdots,s_I)$ 分配“福利”的配置。图 17. AA. 1 画出了这个构造。

一个任意的 $s\in\Delta$ 通常并不对应着一个均衡。我们如何能识别出对应着均衡的 $s\in\Delta$? 为了回答这个问题，我们可以借助福利经济学第二基本定理。从命题 16. D. 1（以及命题 16. D. 3）我们知道，在我们的假设下，存在着与 $x(s)$ 相伴的一个价格向量 $p(s)\in\mathbb{R}^L$，它能支持配置，即，对于每个 i，$x'_i\succ_i x_i(s)$ 意味着 $p(s)\cdot x'_i>p(s)\cdot x_i(s)$。因此，$(x(s^*),p(s^*))$ 构成了一个瓦尔拉斯均衡当且仅当 $s^*\in\Delta$ 是下列方程组的解

$$g_i(s^*)=p(s^*)\cdot[\omega_i-x_i(s^*)]=0\quad 对于每个\ i=1,\cdots,I\ 成立 \tag{17. AA. 1}$$

图 17. AA. 2 中的埃奇沃思盒解释了这一点。

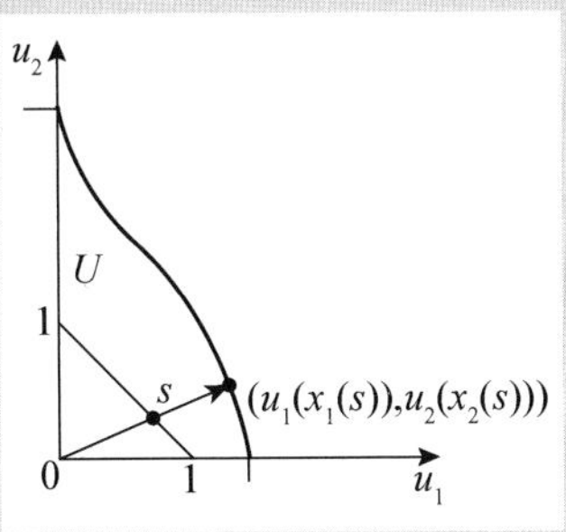

图 17. AA. 1　福利理论方程组的构造：第一步

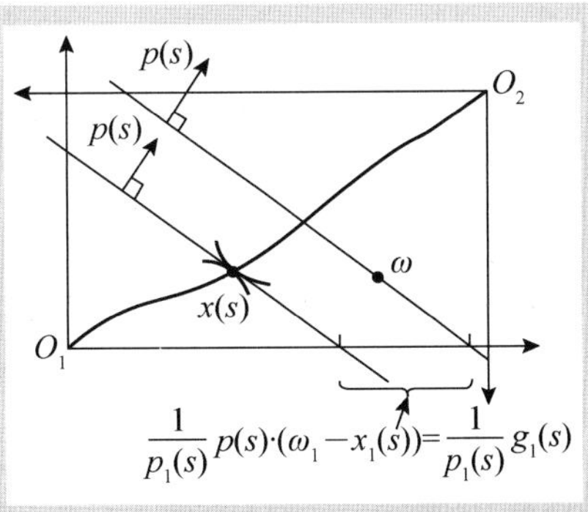

图 17. AA. 2　福利理论方程组的构造：第二步

这个基于帕累托最优的方程组首先由 Negishi（1960）提出，后来 Arrow 和 Hahn（1971）在证明均衡的存在性时使用了这种方法。当消费者的数量（比如，国际贸易模型中国家的数量）相对于商品数量来说较小时，这种方法非常有用。相反，当消费者的数量相对于商品数量来说较大时，那么使用基于超额需求函数的方法将更好。根岸（Negishi）方法的缺陷在于，它严重依赖于均衡必须为帕累托最优这个事实。超额需求方法更容易适用于不满足上述事实的情形（例如，税收扭曲情形；参考习题 17. C. 3）。[①]

① 我们正式比较方程组（17. B. 2）和方程组（17. AA. 1）。在这两个方程组下，在它们定义域的任何点上，对于某个价格和财富分配，消费者和企业满足效用最大化条件。在方程组（17. B. 2）中，这个财富分配总是由初始禀赋引致的，但是可行性（即，供需相等）只在解处才能得以满足。相反，在方程组（17. AA. 1）中，可行性总能得以满足，但是财富分配与由初始禀赋引致的财富分配的相容性，仅在解处才能得以保证。

附录 B：瓦尔拉斯均衡存在性的一般证明方法

本附录的目的是将第 16 章的模型一般化并证明瓦尔拉斯均衡的存在性。此处的处理方法大致类似于 Arrow 和 Debreu（1954）以及 McKenzie（1959）。

如同我们处理福利经济学第二基本定理（16. D 节）一样，以及出于同样的技术处理原因，我们重点考察瓦尔拉斯拟均衡（Walrasian quasiequilibrium）的证明问题。这个概念比瓦尔拉斯均衡弱，因为它只要求消费者的效用相对于花费严格小于财富的消费束是最大的即可。

定义 17. BB. 1：配置（x_1^*，…，x_I^*，y_1^*，…，y_J^*）和价格系统 $p\neq 0$ 构成了一个**瓦尔拉斯拟均衡**如果

（ⅰ）对于每个 j，$p\cdot y_j\leqslant p\cdot y_j^*$ 对于所有 $y_j\in Y_j$ 均成立。

（ⅱ′）对于每个 i，$p\cdot x_i^*\leqslant p\cdot\omega_i+\sum_j\theta_{ij}p\cdot y_j^*$，以及

$$若\ x_i\succ_i x_i^*\ 则\ p\cdot x_i\geqslant p\cdot\omega_i+\sum_j\theta_{ij}p\cdot y_j^*$$

（ⅲ）$\sum_i x_i^*=\sum_i\omega_i+\sum_j y_j^*$。

定义 17. BB. 1 与瓦尔拉斯均衡的定义 17. B. 1 基本相同，唯一不同之处是我们将定义 17. B. 1 中的偏好最大化条件（ⅱ）替换为这里的更弱条件（ⅱ′）。在局部非饱和假设下，条件（ⅱ′）等价于要求当价格向量为 p 时，x_i^* 在集合 $\{x_i\in X_i: x_i\succsim_i x_i^*\}$ 中使得支出最小。与偏好最大化问题相比，支出最小化问题关于价格有更好的连续性性质。因此，在图 17. BB. 1 中，我们有 $x_i^n=x_i^n(p^n, p^n\cdot x_i^n)$ 和 $p^n\cdot x_i^n=e(p^n, u_i(x_i^n))$；也就是说，$x_i^n$ 相对于价格财富组合（p^n，$p^n\cdot x_i^n$）来说是偏好最大化的，相对于价格效用组合（p^n，$u_i(x_i^n)$）来说是支出最小化的。然而，当

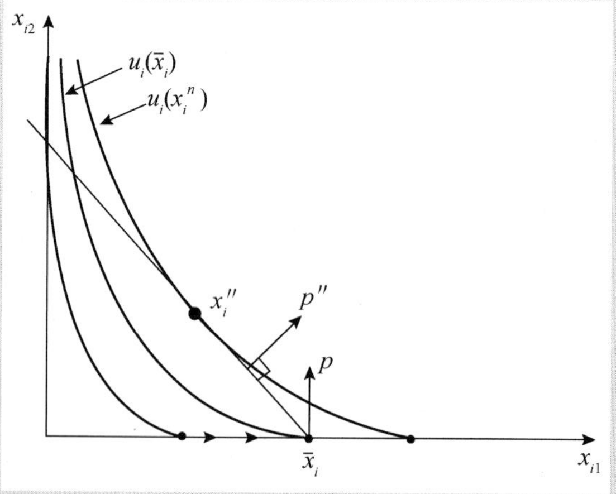

图 17. BB. 1　偏好最大化的非连续性

$p^n \to p$ 且 $x_i^n \to \bar{x}_i$ 时，我们看到 $\bar{x}_i$ 相对于（p，$p \cdot \bar{x}_i$）不是偏好 $u_i(\cdot)$ 最大化的，而 $\bar{x}_i$ 相对于（p，$u_i(\bar{x}_i)$）仍是支出最小化的；也就是说，$p \cdot \bar{x}_i = e(p, u_i(\bar{x}_i))$。由于连续性对于存在性分析是个很重要的要求，证明拟均衡的存在性比证明均衡的存在性更方便一些。当然，我们最终需要证明均衡的存在性。然而，在什么样的条件下拟均衡才能自动成为均衡这个问题不难解决。我们先用几个段落说明这一点。

先看定义 17. BB. 2。

定义 17. BB. 2：瓦尔拉斯拟均衡（x^*，y^*，p）**对于消费者** i **来说满足更便宜消费的条件**，如果存在 $x_i \in X_i$ 使得 $p \cdot x_i < p \cdot \omega_i + \sum_j \theta_{ij} p \cdot y_j^*$。

这样我们就有了命题 17. BB. 1。

命题 17. BB. 1：假设消费集是凸的，偏好为连续的。于是对于任何消费者来说，只要他在瓦尔拉斯拟均衡（x^*，y^*，p）上满足更便宜消费的条件，那么他在预算集中必定已达到偏好最大化。因此，对于所有的消费者 i，如果更便宜消费的条件都得以满足，那么（x^*，y^*，p）也是个瓦尔拉斯均衡。

证明：假设消费者 i 满足更便宜消费的条件；也就是说，存在 $x_i \in X_i$ 使得 $p \cdot x_i < p \cdot \omega_i + \sum_j \theta_{ij} p \cdot y_j^*$。如果 x_i^* 不是偏好最大化的，那么存在 $x_i' \in X_i$ 使得 $x_i' \succ_i x_i^*$。记 $x_i^n = (1-(1/n))x_i' + (1/n)x_i$。那么 $x_i^n \in X_i$ 而且 $p \cdot x_i^n < p \cdot \omega_i + \sum_j \theta_{ij} p \cdot y_j^*$ 对于所有 n 均成立，以及当 $n \to \infty$ 时 $x_i^n \to x_i'$。根据偏好的连续性可知，对于足够大的 n，我们将有 $x_i^n \succ_i x_i^*$。但是这样一来，消费者 i 违背了拟均衡定义中的条件（ⅱ′）。■

假设对于每个 j，$0 \in Y_j$；对于每个 i，X_i 是凸的；对于某个 $\hat{x}_i \in X_i$，$\omega_i \geq \hat{x}_i$。另外假设弱条件"$\sum_i \omega_i + \sum_j \hat{y}_j \gg \sum_i \hat{x}_i$ 对于某个（$\hat{y}_1$，…，$\hat{y}_J$）$\in Y_1 \times \cdots \times Y_J$ 成立"得以满足。那么，对于处于下列任何一种情形的消费者 i，

（a）$p \geq 0$，$p \neq 0$，以及 $\omega_i \gg \hat{x}_i$，

（b）$p \gg 0$ 且 $\omega_i \neq \hat{x}_i$，

拟均衡（x^*，y^*，p）对于消费者 i 来说满足更便宜消费的条件（习题 17. BB. 1）。

为了使在拟均衡时有 $p \geq 0$，只要有一个生产集满足自由处置条件就够了。保证 $p \gg 0$ 则困难一些。如果对于每个 x_i，$X_i + \mathbb{R}_+^L \subset X_i$ 而且偏好是连续、强单调的，那么我们有 $p \gg 0$。为了看清这一点，注意到根据偏好的单调性和拟均衡的支出最小化性质，在任何拟均衡上均必定有 $p \geq 0$，$p \neq 0$。由此可知，$p \cdot (\sum_i \omega_i + \sum_j y_j^*) \geq p \cdot (\sum_i \omega_i + \sum_j \hat{y}_j) > p \cdot (\sum_i \hat{x}_i)$。因此，至少存在财富大于 $p \cdot \hat{x}_i$ 的一个消费者。但是，这个消费者必定已达到效用最大化（根据命题 17. BB. 1）。由强单调性质可知，这种情形只有当每种商品的价格都为正时才能发生（即，不存在免费商品）。

尽管使用条件（a）或（b）很方便，但要注意这两个条件都不是非常弱的条件。如果

我们理论的有效性取决于这样的条件，这将是非常不幸的。幸好事实并非如此：更弱的条件也是允许的。特别地，McKenzie (1959) 发展出了不可分解 (indecomposable) 经济理论，这个理论保证了在拟均衡处，更便宜消费的条件对于每个消费者来说都能得以满足（因此，拟均衡自动是均衡）。大致来说，这个理论的基本思想是这样的：对于某个经济来说，如果不管我们如何将这个经济分解为两个集团，每个集团都有一些商品是另外一个集团想拿自己的商品进行交换的。(参考习题 17. BB. 2。)

现在我们准备证明瓦尔拉斯拟均衡的存在性。我们的目的是在命题 17. BB. 2 中建立一般存在性的结论。

命题 17. BB. 2：对于有着 $I>0$ 个消费者和 $J>0$ 个企业的经济来说，假设我们有

(ⅰ) 对于每个 i，

(ⅰ.1) $X_i \subset \mathbb{R}^L$ 是闭且凸的；

(ⅰ.2) $\succsim_i$ 是定义在 X_i 上的一个理性、连续、局部非饱和而且凸的偏好关系；

(ⅰ.3) 对于某个 $\hat{x}_i \in X_i$ 有 $\omega_i \geqslant \hat{x}_i$。

(ⅱ) 每个 $Y_j \subset \mathbb{R}^L$ 是闭、凸、包含原点而且满足自由处置性质的。

(ⅲ) 可行配置集

$$A=\{(x,y)\in \mathbb{R}^{LI}\times\mathbb{R}^{LJ}: x_i\in X_i \text{ 对于所有 } i, y_j\in Y_j \text{ 对于所有 } j,$$
$$\text{以及} \sum_i x_i \leqslant \sum_i \omega_i + \sum_j y_j\}$$

是紧的。

那么，该经济存在瓦尔拉斯拟均衡。

我们简要评价一下命题中的假设条件。正如我们所反复说明的（详见第 10、15、16 章），个人偏好的凸性假设是不可或缺的。① 图 17. BB. 2 的埃奇沃思盒例子说明，我们也需要要求局部非饱和条件。② 相反，理性偏好假设完全可以放弃（参考本附录末尾的评价）。要求自由处置条件 $-\mathbb{R}^L_+ \subset Y_j$ 也仅是出于方便的目的。③ 如果允许价格为负，我们可以不要求自由处置条件（参考习题 17. BB. 3）。假设（ⅰ.3）是说 ω_i 可能不在消费集之中，但是如果从 ω_i 除去一些商品，它就包含在消费集之中。④ 最后，在第 16 章附录 A 我们已经考察了在什么样的条件下可行配置集是紧的。

17

① 然而，请回忆 17. I 节重要的限制条件，也可以参考本章附录末尾的讨论。

② 在图 17. BB. 2 中，消费者 2 有着通常的强单调偏好，但对于消费者 1 来说，两种商品都是厌恶品，因此，原点是消费者 1 的饱和点。另外，$\omega_1 \gg 0$，$\omega_2 \gg 0$。假设 $x^*=(x_1^*, x_2^*)$ 和价格向量 $p\neq 0$ 构成了一个瓦尔拉斯拟均衡。由于消费者 2 的偏好是强单调的，我们必定有 $p\gg 0$。根据利润最大化（使用自由处置技术）和不生产的可能性可知，$p\cdot(x_1^*+x_2^*-\omega_1-\omega_2)\geqslant 0$。由于 $p\cdot x_2^* \leqslant p\cdot\omega_2$，由此可知 $p\cdot x_1^* \geqslant p\cdot \omega_1>0$。但是这样一来，$(x^*, p)$ 不可能是个瓦尔拉斯拟均衡，这是因为对于消费者 1 来说，不消费（从而支出为零）比任何其他消费都要好。

③ 由于 Y_j 是凸且闭的，$-\mathbb{R}^L_+ \subset Y_j$ 意味着 $Y_j-\mathbb{R}^L_+\subset Y_j$（参考习题 5. B. 5）。

④ 一个更强的条件是要求 $\omega_i \gg \hat{x}_i$ 对于每个 i 均成立。在这个假设下，命题 17. BB. 2 就能保证真正均衡的存在，而不仅仅是拟均衡。然而，从经济学角度看，相对于 $w_i \geqslant \hat{x}_i$ 来说，$\omega_i \gg \hat{x}_i$ 是个要求更强的假设条件：$\omega_i \geqslant \hat{x}_i$ 可以解释为（记住自由处置的可能性）消费者 i 即使不进入市场交易也能存活，而 $\omega_i \gg \hat{x}_i$ 是说对于每种商品消费者 i 都能向市场供给严格正的数量。

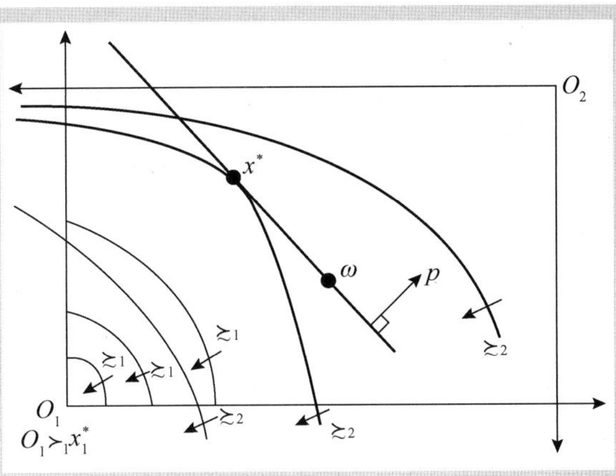

图 17. BB. 2　不存在均衡：消费者 1 的偏好是饱和的

命题 17. BB. 2 的证明

我们采用的证明方法使用了下列内容：标准形博弈的纳什均衡概念（第 8 章），尤其是使用最优反应对应证明纳什均衡的存在性（第 8 章附录 A）。Arrow 和 Debreu（1954）这篇经典论文使用博弈论方法来证明瓦尔拉斯均衡的存在性。此处我们使用 Gale 和 Mas-Colell（1975）的方法。

定义 17. BB. 3：配置（x^*，y^*）和价格系统 $p\neq 0$ 构成了一个**自由处置的拟均衡**（free-disposal quasiequilibrium），如果

（i）对于每个 j，$p\cdot y_j\leqslant p\cdot y_j^*$ 对于所有 $y_j\in Y_j$ 成立。

（ii′）对于每个 i，$p\cdot x_i^*\leqslant p\cdot\omega_i+\sum_j\theta_{ij}p\cdot y_j^*$，以及

$$\text{若 } x_i\succ_i x_i^* \text{ 则 } p\cdot x_i\geqslant p\cdot\omega_i+\sum_j\theta_{ij}p\cdot y_j^*$$

（iii′）$\sum_i x_i^*\leqslant\sum_i\omega_i+\sum_j y_j^*$ 和 $p\cdot(\sum_i x_i^*-\sum_i\omega_i-\sum_j y_j^*)=0$。

因此，与拟均衡的概念（定义 17. BB. 1）相比，我们只是将定义 17. BB. 1 中的正好可行条件“$\sum_i x_i^*=\sum_i\omega_i+\sum_j y_j^*$”替换为上面的条件（iii′）。也就是说，如果某些商品免费，我们允许它们超额供给，习题 17. BB. 4 要求读者证明如果一个生产集，比如 Y_1，满足自由处置性质，以及如果（x_1^*，…，x_I^*，y_1^*，…，y_J^*，p）是个自由处置拟均衡，那么存在 $y'^*_1\leqslant y_1^*$ 使得（x_1^*，…，x_I^*，y'^*_1，…，y_J^*，p）是个瓦尔拉斯拟均衡。因此，为了证明命题 17. BB. 2，只要证明存在自由处置拟均衡即可。

下面我们将自由处置拟均衡概念作为 $I+J+1$ 个参与人之间博弈的一种非合作均衡，其中 I 个参与人为消费者，J 个参与人为企业，他们的策略分别为需求向量和供给向量。最后一个参与人是个虚拟的市场参与人（可以称为“总协调者”），他的策略是 L 种不同商品的价格。

由于可行配置集 A 是有界的，存在 $r>0$ 使得当 $(x_1, \cdots, x_I, y_1, \cdots, y_J)\in A$ 时，对于所有 i，j 和 l 我们均有 $|x_{li}|<r$ 以及 $|y_{lj}|<r$。由于证明均衡存在性时我们需要一个紧的策略集，所以我们将每个 X_i 和每个 Y_j 替换为相应的缩略版本：

$$\hat{X}_i=\{x_i\in X_i: |x_{li}|\leqslant r \text{ 对于所有 } l\}$$
$$\hat{Y}_j=\{y_j\in Y_j: |y_{lj}|\leqslant r \text{ 对于所有 } l\}$$

注意到 $A\subset \hat{X}_1\times\cdots\times\hat{X}_I\times\hat{Y}_1\times\cdots\times\hat{Y}_J$。由于 $(\hat{x}_1, \cdots, \hat{x}_I, \cdots, 0, \cdots, 0)\in A$，由此可知：对于每个 i，$\hat{x}_i\in\hat{X}_i$；对于每个 j，$0\in\hat{Y}_j$。特别地，所有的策略集都是非空的。引理 17. BB. 1 表明，在我们寻找自由处置拟均衡时，我们可以仅关注这个缩略的经济。

引理 17. BB. 1：如果所有 X_i 和 Y_j 都是凸的，而且 (x^*, y^*, p) 是缩略经济的自由处置拟均衡，也就是说，如果对于缩略版本的生产和消费集，(x^*, y^*, p) 满足自由处置拟均衡的定义 17. BB. 3，那么 (x^*, y^*, p) 也是原来未缩略经济的自由处置拟均衡。

引理 17. BB. 1 的证明：考虑一个消费者 i（企业的推理类似）。由于 $(x^*, y^*)\in A$，对于所有 l 我们有 $|x_{li}^*|<r$；也就是说，消费者 i 的消费束在缩略界限的内部。现在假设对于非缩略经济，x_i^* 不满足定义 17. BB. 3 的条件（ii′），也就是说，存在一个 $x_i\in X_i$ 使得 $x_i\succ_i x_i^*$ 而且 $p\cdot x_i<p\cdot\omega_i+\sum_j\theta_{ij}p\cdot y_j^*$。记 $x_i^n=(1-(1/n))x_i^*+(1/n)x_i$。对于所有 n，我们均有 $p\cdot x_i^n<p\cdot\omega_i+\sum_j\theta_{ij}p\cdot y_j^*$，而且根据偏好的凸性可知，$x_i^n\succsim_i x_i^*$。另外，我们可以选择一个足够大的 n 使得对于所有 l 都有 $|x_{li}^n|<r$。于是，根据局部非饱和性可知，必定存在着一个 $x_i'\in\hat{X}_i$ 使得 $x_i'\succ_i x_i^n$ 以及 $p\cdot x_i'<p\cdot\omega_i+\sum_j\theta_{ij}p\cdot y_j^*$。但是这样一来，我们有 $x_i'\in\hat{X}_i$ 以及 $x_i'\succ_i x_i^n\succsim_i x_i^*$，因此在缩略经济中，$x_i^*$ 不能满足定义 17. BB. 3 的条件（ii′）。因此，对于缩略经济，(x^*, y^*, p) 必定不是自由处置拟均衡，这样我们就得到了一个矛盾。由此可知，命题中的结论是正确的。■

17

现在我们已能够建立一个同时行动的非合作博弈。为了做此事，我们需要指定参与人的策略集和收益函数。为了简化符号，对于每个消费者 i，我们指定一个价格向量 p、一个生产组合 $y=(y_1, \cdots, y_J)$ 和一个有限责任的财富数量

$$w_i(p,y)=p\cdot\omega_i+\text{Max}\left\{0, \sum_j\theta_{ij}p\cdot y_j\right\}$$

策略集为：

对于消费者 i：$\hat{X}_i$；

对于企业 j：$\hat{Y}_j$；

对于市场总协调者：$\Delta=\{p\in\mathbb{R}^L: p_l\geqslant 0 \text{ 对于所有 } l \text{ 成立而且} \sum_l p_l=1\}$。

给定一个策略组合 $(x, y, p)=(x_1, \cdots, x_I, y_1, \cdots, y_J, p)$，参与人的收益函数和最优反应分别为：

消费者 i：选择消费向量 $x_i' \in \hat{X}_i$ 使得

(1) $p \cdot x_i' \leqslant w_i(p, y)$ 以及

(2) $x_i' \succsim_i x_i''$ 对于所有满足 $p \cdot x''_i < w_i(p, y)$ 的 $x_i'' \in \hat{X}_i$ 成立。(消费者 i 的收益函数可以视为——如果他选择的消费向量满足这些条件，那么他的收益为 1，否则收益为 0。)

将上面定义的消费束 x_i' 的集合记为 $\tilde{x}_i(x, y, p) \subset \hat{X}_i$。

企业 j：选择生产方案 $y_j' \in \hat{Y}_j$ 使得对于 p，y_j' 在 $\hat{Y}_j$ 中是利润最大化的。(企业 j 的收益函数就是它的利润。)

将上面定义的生产方案 y_j' 的集合记为 $\tilde{y}_j(x, y, p) \subset \hat{Y}_j$。

市场总协调者：选择价格 $q \in \Delta$ 使得 q 是下列最大化问题的解

$$\underset{q \in \Delta}{\mathrm{Max}}\left(\sum_i x_i - \sum_i \omega_i - \sum_j y_j\right) \cdot q \tag{17. BB. 1}$$

将以上定义的价格向量 q 的集合记为 $\tilde{p}(x, y, p)$。

只有市场总协调者的行为值得评价。给定总超额需求向量，市场总协调者选择价格使得这个向量的值最大。因此，他将价格的全部权重（记住，价格已经标准化而且位于单位单纯形内）都放在那些有着最大超额需求的商品上。我们在证明命题 17. C. 1 时也这么做过，那时我们已经知道，这是符合经济逻辑的：如果我们的目标是消除某些商品的超额需求，那么应该尽可能提高这些商品的价格。

引理 17. BB. 2 说明了这个非合作博弈的均衡对缩略经济产生了一个自由处置的拟均衡。

引理 17. BB. 2：假设 (x^*, y^*, p) 使得：对于所有 i，$x_i^* \in \tilde{x}_i(x^*, y^*, p)$；对于所有 j，$y_j^* \in \tilde{y}_j(x^*, y^*, p)$；以及 $p \in \tilde{p}(x^*, y^*, p)$。那么对于缩略经济来说，$(x^*, y^*, p)$ 是个自由处置拟均衡。

引理 17. BB. 2 的证明：我们首先指出，对于每个 j 都有 $p \cdot y_j^* \geqslant 0$（因为 $0 \in \hat{Y}_j$）。根据 $\tilde{x}_i(\cdot)$ 和 $\tilde{y}_j(\cdot)$ 可知，定义 17. BB. 3 中的条件（i）和（ii′）自动得以满足。因此，唯一需要证明的是条件（iii′），即证明

$$\sum_i x_i^* - \sum_i \omega_i - \sum_j y_j^* \leqslant 0 \quad \text{和} \quad p \cdot \left(\sum_i x_i^* - \sum_i \omega_i + \sum_j y_j^*\right) = 0$$

由于对于所有 i，我们均有 $p \cdot x_i^* \leqslant w_i(p, y^*) = p \cdot \omega_i + \sum_j \theta_{ij} p \cdot y_j^*$，所以

$$p \cdot \left(\sum_i x_i^* - \sum_i \omega_i - \sum_j y_j^*\right) \leqslant 0$$

这意味着 $\sum_i x_i^* - \sum_i \omega_i - \sum_j y_j^* \leqslant 0$，这是因为如若不然，问题（17. BB. 1）的解

值将是正的，从而 p（我们已经看到 $p\cdot(\sum_i x_i^* - \sum_i \omega_i - \sum_j y_j^*)\leqslant 0$）不可能是个最大化的解向量，也就是说，不可能有 $p\in\tilde{p}(x^*, y^*, p)$。由此可知，$(x^*, y^*)\in A$，从而对于所有 i 和 l，$x_{li}^* < r$。从这一点可知，预算方程以等式形式成立（即，对于所有 i 都有 $p\cdot x_i^* = p\cdot\omega_i + \sum_j \theta_{ij} p\cdot y_j^*$），因为如若不然，由局部非饱和性可知，对于某个消费者 i，存在一个更受他偏好的消费束，该消费束严格位于他的预算集内部，这意味着 $x_i^* \notin \tilde{x}_i(x^*, y^*, p)$。因此，我们断言我们还有 $p\cdot(\sum_i x_i^* - \sum_i \omega_i + \sum_j y_j^*) = 0$。这样就完成了证明。■

现在，正如我们在第 8 章附录 A（参考命题 8. D. 3 的证明）所说的，在对最优反应对应施加合适条件之后，这个非合作博弈有均衡。

引理 17. BB. 3：假设对应 $\tilde{x}_i(\cdot)$，$\tilde{y}_j(\cdot)$ 和 $\tilde{p}(\cdot)$ 都是非空、凸值而且上半连续的，那么存在 (x^*, y^*, p) 使得：对于所有 i，$x_i^* \in \tilde{x}_i(x^*, y^*, p)$；对于所有 j，$y_j^* \in \tilde{y}_j(x^*, y^*, p)$；以及 $p\in\tilde{p}(x^*, y^*, p)$。

引理 17. BB. 3 的证明：我们只要找到对应 $\Psi(\cdot)$ 的一个不动点即可，其中 $\Psi(\cdot)$ 是从 $X_1\times\cdots\times X_I\times Y_1\times\cdots\times Y_J\times\Delta$ 到其自身的一个对应，$\Psi(\cdot)$ 的定义为

$$\Psi(x,y,p)=\tilde{x}_1(x,y,p)\times\cdots\times\tilde{x}_I(x,y,p)\times\tilde{y}_1(x,y,p)\times\cdots \times\tilde{y}_J(x,y,p)\times\tilde{p}(x,y,p)$$

由于 $\Psi(\cdot)$ 是非空、凸值和上半连续的，由角谷不动点定理立即可知，$\Psi(\cdot)$ 有不动点。■

引理 17. BB. 4 到引理 17. BB. 6 证明了这个非合作博弈的最优反应对应是非空、凸值和上半连续的。[①]

引理 17. BB. 4：对于所有策略组合 (x, y, p)，集合 $\tilde{x}_i(x, y, p)$，$\tilde{y}_j(x, y, p)$ 和 $\tilde{p}(x, y, p)$ 都是非空的。

引理 17. BB. 4 的证明：容易看清 $\tilde{y}_j(x, y, p)$ 和 $\tilde{p}(x, y, p)$ 都是非空的，因为我们分别在非空且紧的集合 $\tilde{Y}_j$ 和 Δ 上最大化连续函数（事实上为线性函数）。至于 $\tilde{x}_i(x, y, p)$ 的非空性的证明，注意到 $\succsim_i$ 的连续性意味着存在能代表 $\succsim_i$ 的连续效用函数 $u_i(\cdot)$。[②] 在非空且紧的预算集 $\{x_i\in\hat{X}_i: p\cdot x_i\leqslant w_i(p, y^*)\}$ 上，令 x_i' 为连续函数 $u_i(x_i)$ 的一个最大值点。于是，$x_i'\in\tilde{x}_i(x, y, p)$。预算集是非空的，因为 $\hat{x}_i\in\hat{X}_i$ 而且 $\hat{x}_i\leqslant\omega_i$。在 $p\geqslant 0$ 的情形下，这意味着 $p\cdot\hat{x}_i\leqslant p\cdot\omega_i\leqslant \omega_i(p, y^*)$。■

引理 17. BB. 5：对于所有策略组合，集合 $\tilde{x}_i(x, y, p)$，$\tilde{y}_j(x, y, p)$ 和

---

① 对于企业和市场博弈来说，命题 8. D. 3 已涵盖了这个结论，但是对于消费者来说，我们需要进行论证（因为由消费者的收益函数的定义可知，它不是连续的）。

② 我们已在命题 3. C. 1 针对 $\mathbb{R}_+^L$ 上的单调偏好证明了这个结论。但是，当时我们也指出，这个结论仅取决于偏好关系的连续性。

$\tilde{p}(x, y, p)$ 都是凸的。

引理 17.BB.5 的证明： 我们仅证明 $\tilde{x}_i(x, y, p)$ 的凸性。习题 17.BB.6 要求读者完成剩下的证明。

假设 x_i，$x_i'\in\tilde{x}_i(x, y, p)$，考虑 $x_{i\alpha}=\alpha x_i+(1-\alpha)\ x_i'$，其中 $\alpha\in[0, 1]$ 是任意的。首先注意到 $p\cdot x_{i\alpha}\leqslant\omega_i(p, y)$。另外，根据偏好的凸性可知，我们不可能有 $x_i\succ_i x_{i\alpha}$ 和 $x_i'\succ_i x_{i\alpha}$（习题 17.BB.5）。因此，假设 $x_{i\alpha}\succsim_i x_i$。现在考虑满足 $p\cdot x_i''<\omega_i(p, y)$ 的任何 $x''_i\in\hat{X}_i$。于是，由于 $x_i\in\tilde{x}_i(x, y, p)$，我们有 $x_i\succsim_i x_i''$，因此有 $x_{i\alpha}\succsim_i x_i''$。我们断言 $x_{i\alpha}\in\tilde{x}_i(x, y, p)$。如果 $x_{i\alpha}\succsim_i x'_i$，我们也能得到类似的结论，因此，$\tilde{x}_i(x, y, p)$ 是个凸集。■

引理 17.BB.6： 对应 $\tilde{x}_i(\cdot)$，$\tilde{y}_j(\cdot)$ 和 $\tilde{p}(\cdot)$ 是上半连续的。

引理 17.BB.6 的证明： 我们仅证明 $\tilde{x}_i(\cdot)$ 的上半连续性。习题 17.BB.7 要求读者证明 $\tilde{y}_j(\cdot)$ 和 $\tilde{p}(\cdot)$ 是上半连续的。

当 $n\to\infty$ 时，令 $p^n\to p$，$y^n\to y$，$x^n\to x$ 和 $x'^n_i\to x_i'$。假设 $x'^n_i\in\tilde{x}_i(x^n, y^n, p^n)$。我们需要证明 $x_i'\in\tilde{x}_i(x, y, p)$。

从 $p^n\cdot x'^n_i\leqslant w_i(p^n, y^n)$ 可知 $p\cdot x_i'\leqslant w_i(p^n, y^n)$。现在考虑满足 $x_i''\succ_i x_i'$ 的任何 $x_i''\in\hat{X}_i$。于是，根据偏好的连续性可知，对于足够大的 n，有 $x_i''\succ_i x'^n_i$。因此，$p^n\cdot x_i''\geqslant w_i(p^n, y^n)$。取极限可得 $p\cdot x_i''\geqslant w_i(p, y)$。因此，我们断言，$x_i'\in\tilde{x}_i(x, y, p)$，这正是我们想要的。顺便指出，正是由于我们需要建立这个闭图性质，所以在消费者目标的定义中，我们将偏好最大化替换为支出最小化，因为后一目标更弱一些。■

引理 17.BB.4 到引理 17.BB.6 一起证明了，给定的最优反应对应满足引理 17.BB.3 要求的不动点存在条件，从而完成了命题 17.BB.2 的证明。■

对于偏好和生产技术的假设，我们可在一个重要方面作出弱化处理。我们的存在性论证仅要求最优反应对应 $\tilde{x}_i(x, y, p)$ 和 $\tilde{y}_j(x, y, p)$ 是凸值和上半连续的。除了这一点，我们的证明没有对消费者和企业的选择依赖“状态”变量 (x, y, p) 施加任何限制。因此，我们可以允许消费者的偏好或企业的生产技术依赖于价格（货币幻觉?），依赖于其他消费者或企业的选择（一种外部性），甚至依赖于自身的消费（例如，偏好可能取决于当前的参考点，它是偏好不完备性或非传递性的一个来源，我们在第 1 章已说明了这一点）。[①②]

17

---

① 例如，假设某个消费者的效用函数为 $u_i(\cdot\ ;\ x_i)$；也就是说，我们对可能消费的评价取决于当前的消费。不失一般性，对于每个 x_i，我们可以标准化 $u_i(x_i;\ x_i)=0$。将 X_i 上的弱偏好关系 $\succsim_i$ 和严格偏好关系 $\succsim_i$ 分别定义为“$x_i'\succsim_i x_i$ 若 $u_i(x_i';x_i)\ \geqslant 0$”和“$x_i'\succ_i x_i$ 若 $u_i(x_i;\ x_i)>0$”。于是偏好关系 $\succsim_i$ 和 $\succ_i$ 包含了均衡分析的所有相关信息。然而，注意到，$\succsim_i$ 有可能不是完备的，$\succsim_i$ 和 $\succ_i$ 都有可能不是传递的。更多内容可参考 Shafer（1974）以及 Gale 和 Mas-Colell（1975）。

② 消费者的偏好依赖经济的总消费向量的另外一个例子，是我们考察给定时点的均衡。这样一来，整体经济的当前消费（例如，购买实物或金融资产）通常会影响未来价格，这反过来又通过预期影响当前的偏好。

下列就是个一般性的例子：假设消费者的偏好可用定义在 X_i 上的效用函数 $u_i(\cdot; x, y, p)$ 表示，但该偏好在理论上取决于经济的状态。如果对于每个 (x, y, p)，命题 17. BB. 2 的条件都能得到满足，而且对 (x, y, p) 的参数性依赖是连续的，那么仍然存在瓦尔拉斯拟均衡。我们的证明不需要作出任何改变。对于企业生产技术依赖于外部效应的情形，我们可以作出类似的分析，只要新增一种收益即可。这样，我们就能看到如果企业的生产技术是凸的，就存在着均衡：整体经济的"总"技术是否为凸是无关紧要的。更多内容可参考习题 17. BB. 8。

本附录给出的存在性证明是"大空间"(large space) 证法的一个例子。我们在离散的定义域内给出了不动点的论证（我们将其表述为纳什均衡存在性的证明），在这个定义域中，我们分别列出了所有均衡变量。这种方法的优点在于证法仍然非常灵活，能够允许我们不费额外精力就可纳入最弱可能的条件（正如最后一段所说明的）。当然，这种方法的缺点在于不动点很难计算和分析。通常，正如我们在 17. C 节和附录 A 所看到的，可以使用更整体、更简化的系统进行分析。事实上，我们已经有了一般要点，甚至在命题 17. BB. 2 的假设下也是这样的。我们简要说明这个事实。[1]

我们可用两个参与人的博弈替代 $I+J+1$ 个参与人的博弈来证明命题 17. BB. 2。[2] 第一个参与人是个加总的消费者—企业，它的策略集 $\sum_i \hat{x}_i - \{\sum_i \omega_i\} - \sum_j \hat{Y}_j$；第二个参与人和以前一样，是市场的总协调者，它的策略集为 Δ。给定 $p \in \Delta$，第一个参与人的反应可用下列向量 z 集表示，$z = \sum_i x_i - \sum_i \omega_i - \sum_j y_j$。其中，$y_j$ 在 $\hat{Y}_j$ 中对于每个 j 都是利润最大的，$x_i \in \hat{X}_i$ 而且满足：(1) $p \cdot x_i \leqslant p \cdot \omega_i + \sum_j \theta_{ij} p \cdot y_j$；(2) $x_i \succsim_i x'_i$ 当 $p \cdot x'_i < p \cdot \omega_i + \sum_j \theta_{ij} p \cdot y_j$ 时。与以前一样，市场总协调者的反应是 $q \in \Delta$ 组成的集合，q 能在 Δ 上使得 $z \cdot q$ 最大。在建立这个二人博弈之后，证明过程与命题 17. BB. 2 的证明过程一样。习题 17. BB. 9 要求读者验证这一点。

如果对于任何 $p \in \Delta$，消费者的偏好最大化选择 $x_i(p)$ 和企业的利润最大化选择 $y_j(p)$ 都是单值的，我们可以更进一步：考虑单人（市场总协调者）博弈。在这种情形下，给定 p，我们可以令市场总协调者的最优反应为价格向量 $q \in \Delta$ 集，q 能在 Δ 上使得 $\left[\sum_i x_i(p) - \sum_i \omega_i - \sum_j y_j(p)\right] \cdot q$ 最大。在本质上，这正是我们在命题 17. C. 1 的证明中所做的。

① 然而，这不适用于上一段中的一般化情形。

② 这是 Debreu (1959) 的方法。

参考文献

Arrow, K., and G. Debreu (1954). Existence of equilibrium for a competitive economy. *Econometrica* 22: 265–290.

Arrow, K., and F. Hahn (1971). *General Competitive Analysis*. San Francisco: Holden-Day.

Arrow, K., and M. Intriligator, eds. (1982). *Handbook of Mathematical Economics*, vol. II. Amsterdam: North-Holland.

Barone, E. (1908). Il ministro della produzione nello stato collettivista. *Giornali degli economisti*. [Reprinted as: The ministry of production in the collectivist state, in *Collectivist Economic Planning*, edited by F. H. Hayek. London: Routledge, 1935.]

Balasko, Y. (1988). *Foundations of the Theory of General Equilibrium*. Orlando: Academic Press.

Becker, G. (1962). Irrational behavior and economic theory. *Journal of Political Economy* 70: 1–13.

Brown, D., and R. Matzkin (1993). Walrasian comparative statics. Mimeograph, Northwestern University.

Chipman, J. (1970). External economies of scale and competitive equilibrium. *Quarterly Journal of Economics* 84: 347–385.

Debreu, G. (1959). *Theory of Value*. New York: Wiley.

Debreu, G. (1970). Economies with a finite set of equilibria. *Econometrica* 38: 387–392.

Debreu, G. (1974). Excess demand functions. *Journal of Mathematical Economics* 1: 15–21.

Dierker, E. (1972). Two remarks on the number of equilibria of an economy. *Econometrica* 40: 951–953.

Fisher, F. (1983). *Disequilibrium Foundations of Equilibrium Economics*. Cambridge, U. K.: Cambridge University Press.

Gale, D., and A. Mas-Colell (1975). An equilibrium existence theorem for a general model without ordered preferences. *Journal of Mathematical Economics* 2: 9–15. [For some corrections see *Journal of Mathematical Economics* 6: 297–298, 1979.]

Garcia, C. B., and W. I. Zangwill (1981). *Pathways to Solutions, Fixed Points and Equilibria*. Englewood Cliffs, N. J: Prentice-Hall.

Grandmont, J. M. (1992). Transformations of the commodity space, behavioral heterogeneity, and the aggregation problem. *Journal of Economic Theory* 57: 1–35.

Hahn, F. (1982). Stability. Chap. 16 in *Handbook of Mathematical Economics*, vol. II, edited by K. Arrow, and M. Intriligator. Amsterdam: North-Holland.

Hildenbrand, W. (1994). *Market Demand: Theory and Empirical Evidence*. Princeton, N. J.: Princeton University Press.

Hildenbrand, W., and H. Sonnenschein, eds. (1991). *Handbook of Mathematical Economics*, vol. IV. Amsterdam: North-Holland.

Kehoe, T. (1985). Multiplicity of equilibrium and comparative statics, *Quarterly Journal of Economics* 100: 119–148.

Kehoe, T. (1991). Computation and multiplicity of equilibria. Chap. 38 in *Handbook of Mathematical Economics*, vol. IV, edited by W. Hildenbrand, and H. Sonnenschein. Amsterdam: North-Holland.

Lange, O. (1938). On the economic theory of

17

socialism. In *on the Economic Theory of Socialism*, edited by B. Lippincott. Minneapolis: University of Minnesota Press.

McKenzie, L. (1959). On the existence of general equilibrium for a competitive market. *Econometrica* 27: 54-71.

Mantel, R. (1974). On the characterization of aggregate excess demand. *Journal of Economic Theory* 7: 348-353.

Mantel, R. (1976). Homothetic preferences and community excess demand functions. *Journal of Economic Theory* 12: 197-201.

Marshall, A. (1920). *Principles of Economics*, 8th ed. London: Macmillan.

Mas-Colell, A. (1977). On the equilibrium price set of an exchange economy. *Journal of Mathematical Economics* 4: 117-126.

Mas-Colell, A. (1985). *The Theory of General Economic Equilibrium: A Differentiable Approach*. Cambridge, U.K.: Cambridge University Press.

Mas-Colell, A. (1986). Notes on price and quantity tâtonnement. In *Models of Economic Dynamics*, edited by H. Sonnenschein. Lecture Notes in Economics and Mathematical Systems No. 264. Berlin: Springer-Verlag.

Mas-Colell, A. (1991). On the uniqueness of equilibrium once again. Chap. 12 in *Equilibrium Theory and Applications*, edited by W. Barnett, B. Cornet, C. D'Aspremont, J. Gabszewicz and A. Mas-Colell. Cambridge, U.K.: Cambridge University Press.

Milgrom, P., and C. Shannon (1994). Monotone comparative statics. *Econometrica* 62: 157-180.

Negishi, T. (1960). Welfare economics and existence of an equilibrium for a competitive economy. *Metroeconomica* 12: 92-97.

Rader, T. (1972). *Theory of General Economic Equilibrium*. New York: Academic Press.

Saari, D., and C. Simon (1978). Effective price mechanisms. *Econometrica* 46: 1097-1125.

Samuelson, P. (1947). *Foundations of Economic Analysis*. Cambridge, Mass.: Harvard University Press.

Scarf, H. (1973). *The Computation of Economic Equilibria* (in collaboration with T. Hansen). New Haven: Yale University Press.

Shafer, W. (1974). The non-transitive consumer. *Econometrica* 42: 913-919.

Shafer, W., and H. Sonnenschein (1982). Market demand and excess demand functions. Chap. 14 in *Handbook of Mathematical Economics*, vol. II, edited by K. Arrow and M. Intriligator. Amsterdam: North-Holland.

Shoven, J., and J. Whalley (1992). *Applying General Equilibrium*. New York: Cambridge University Press.

Sonnenschein, H. (1973). Do Walras' identity and continuity characterize the class of community excess demand functions? *Journal of Economic Theory* 6: 345-354.

Smale, S. (1976). A convergent process of price adjustment and global Newton methods. *Journal of Mathematical Economics* 3: 107-120.

Starr, R. (1969). Quasi-equilibria in markets with non-convex preferences. *Econometrica* 37: 25-38.

Varian, H. (1977). Non-Walrasian equilibria. *Econometrica* 45: 573-590.

Walras, L. (1874). Eléments d'Économie Politique Pure. Lausanne: Corbaz [Translated as: *Elements of Pure Economics*. Homewood Ill: Irwin, 1954.]

习　题

17.B.1[A]　对于有着 $J=1$ 和 $Y_1=-\mathbb{R}_+^L$ 的一个纯交换经济，证明“$y_1^*\leqslant 0$，$p\cdot y_1^*=0$，以及 $p\geqslant 0$”当且仅当“$y_1^*\in Y_1$ 而且对于所有 $y_1\in Y_1$ 均有 $p\cdot y_1^*\geqslant p\cdot y_1$”。

17.B.2[B]　证明命题 17.B.2 的性质（v）。教材中命题 17.B.2 的证明提供了一个提示。同时，记住下列技巧事实：$\mathbb{R}^L$ 中的任何有界序列都有着收敛的子序列。

17.B.3[B]　假设 $z(\cdot)$ 是个总超额需求函数，它满足命题 17.B.2 的条件（i）到（v）。令 $p^n\to p$ 而且 p 的某些（但非全部）分量为零。

(a) 证明随着 n 的增大，对于价格趋于零的商品总是有着最大超额需求。

(b) 证明（如果可能，请举例说明）价格趋于零的商品可能对于所有 n 都是超额供给的。[提示：相对价格起作用。]

17.B.4[B]　假设有 J 个企业，它们的生产集 Y_1，…，$Y_J\subset\mathbb{R}^L$ 都是闭、严格凸且上有界的。假设某个严格正的消费束可由初始禀赋和总生产集 $Y=\sum_j Y_j$ 生产出（即，存在 $\bar{x}\gg 0$ 使得 $\bar{x}\in\{\sum_i\omega_i\}+Y$）。证明在式（17.B.3）中，含有生产的总超额需求函数 $\tilde{z}(p)$ 满足命题 17.B.2 的性质（i）到（v）。

17.B.5[A]　假设有 J 个企业。每个企业在规模报酬不变的条件下生产单种产品。企业 j 的单位成本函数为 $c_j(p)$，我们假设 $c_j(p)$ 可微。经济的消费面可用总超额需求函数 $z(p)$ 表示。对于这个经济的均衡，写出类似于式（17.B.4）至式（17.B.5）的方程组。

17.B.6[C]　[Rader（1972）] 假设只有一个生产集 Y，而且 Y 是个满足自由处置性质的闭凸锥。考虑下列交换均衡问题。给定价格 $p=(p_1,\cdots,p_L)$，每个消费者 i 选择一个向量 $v_i\in\mathbb{R}^L$ 以便最大化集合 $\{x_i\in X_i$：$p\cdot v_i\leqslant p\cdot\omega_i$，且 $x_i=v_i+y$ 对于某个 $y\in Y$ 成立$\}$ 上的 $\succsim_i$。如果 $\sum_i v_i^*=\sum_i\omega_i$，那么价格向量 p 和选择 $v^*=(v_1^*,\cdots,v_I^*)$ 处于均衡。证明在偏好和消费集的标准假设条件下，价格向量和个人消费构成了含有生产的经济的一个瓦尔拉斯均衡。请加以解释。

17.C.1[A]　证明：在命题 17.C.1 的证明过程中引入的对应 $f(\cdot)$ 是凸值的。

17.C.2[C]　证明对于定义在 $\mathbb{R}_{++}^L$ 上的凸值对应 $z(\cdot)$，如果它满足下列条件（i）到（v）（类似于命题 17.C.1 中相应的条件），那么它有解；即，存在一个 p 使得 $0\in z(p)$。

（i）$z(\cdot)$ 是上半连续的。

（ii）$z(\cdot)$ 是零次齐次的。

（iii）对于每个 p 和 $z\in z(p)$ 我们都有 $p\cdot z=0$（瓦尔拉斯法则）。

（iv）存在 $s\in\mathbb{R}$ 使得 $z_l>-s$ 对任何 $z\in z(p)$ 和 p 均成立。

（v）如果 $p^n\to p\neq 0$，$z^n\in z(p^n)$ 以及对于某个 l 有 $p_l=0$，那么 $\text{Max}\{z_1^n,\cdots,z_L^n\}\to\infty$。

[提示：如果你试图按照命题 17.C.1 的证明过程来证明本题，你将会遇到上半连续性条件的问题。建议使用以下三步证明法：(1) 证明对于足够小的 $\varepsilon>0$，解必定包含于 $\Delta_\varepsilon=\{p\in\Delta$：$p_l\geqslant\varepsilon$ 对于所有 l 成立$\}$；(2) 证明对于足够大的 $r>0$，我们有 $z(p)\subset[-r,r]^L$ 对于每个 $p\in\Delta_\varepsilon$ 均成立；(3) 在定义域 $\Delta_\varepsilon\times[-r,r]^L$ 中使用不动点进行论证。对于初步结果，你可以模仿命题 17.C.2 证明凸值的情形。在这种情形下，不动点论证的定义域为 $\Delta\times[-r,r]^L$。]

17.C.3[B]　考虑某个交换经济，在该经济中每个消费者 i 都有着连续、强单调且严格凸的偏好，以及 $\omega_i\gg 0$。现在考虑下列特殊的均衡问题：现在每个消费者对他的总消费缴纳某种税收，而且这种税因商品不同、消费者不同而不同。我们还假设不同消费者得到的退税是相同的，而且是以定额方式。具体地说，对于每个 i，存在一个给定税率向量 $t_i=(t_{1i},\ \cdots,\ t_{Li})\geqslant 0$，而且对于每个价格向量 $p\gg 0$，消费者 i 的预算集为

$$B_i(p,w_i)=\{x_i\in\mathbb{R}_+^L:\sum_l(1+t_{li})p_lx_{li}\leqslant w_i\}$$

于是，征税情形下的均衡为价格向量 $p\gg 0$ 和满足 $\sum x_i^*=\sum_i\omega_i$ 的配置 $(x_1^*,\cdots,x_I^*)$ 使得每个 i 在 $B_i(p,p\cdot\omega_i+(1/I)(\sum_{lj}t_{li}p_lx_{lj}^*))$ 中最大化了他自己的偏好。

(a) 在埃奇沃思盒中说明伴有税收的均衡概念。验证伴有税收的均衡未必是帕累托最优的。

(b) 运用命题 17.C.1 的思想，证明存在着伴有税收的均衡。

(c) 题目中的税收是对总消费征收的。现在假设对净消费而不是总消费征税，也就是对购买量或销售量征税，那么（假设对于购买或销售的税率相同）预算集将为

$$B_i(p,T_i)=\left\{x_i\in\mathbb{R}_+^L:p\cdot(x_i-\omega_i)+\sum_l t_l\mid p_{li}(x_{li}-\omega_{li})\mid\leqslant T_i\right\}$$

其中 T_i 是定额退税。请问这个预算集与对总消费征税情形下的预算集有何不同？画图说明。注意拐折点。

(d) 现在假设购买或销售税率是不同的，写出类似于情形（c）的预算集。

(e)（更难一些）对于（c）中的修改，你如何分析均衡的存在性问题？

17.C.4[A] 考虑某个纯交换经济。假设政府根据下列规则强制实施累进税：个人财富不再为 $p\cdot\omega_i$；相反，对于任何人来说，只要他的财富水平超过人群的平均财富水平，就必须将超出部分的一半作为税收，而那些低于平均财富水平的人，则将按照偏离平均水平的程度得到补助，补助资金来源于税收。

(a) 如果这个经济由两个消费者组成，他们的禀赋分别为 $\omega_1=(1,\ 2)$ 和 $\omega_2=(2,\ 1)$，写出这两个消费者的税后财富，它们是价格的函数。

(b) 如果消费者的偏好是连续、严格凸以及强单调的，给定财富再分配的上述再分配方式（即题目中的累进税和补贴），超额需求函数满足命题 17.C.1 要求的存在性条件吗？

17.C.5[B] 考虑由 I 个消费者组成的经济。每个消费者 i 的消费集都为 $\mathbb{R}_+^L$，偏好 $\succsim_i$ 都是连续且严格凸的。另外，假设每个消费者 i 的家庭生产技术 $Y_i\subset\mathbb{R}^L$ 满足 $0\in Y_i$。于是我们可以将 $\mathbb{R}_+^L$ 上的引致偏好 $\succsim_i^*$ 定义为：$x_i\succsim_i^*x_i'$ 当且仅当对于满足 $x_i'+y_i'\geqslant 0$ 的任何 $y_i'\in Y_i$，均存在满足 $x_i+y_i\geqslant 0$ 的 $y_i\in Y_i$ 使得 $x_i+y_i\succsim_i x_i'+y_i'$（即，无论 x_i' 能产生什么，我们都能从 x_i 得到与之至少一样好的东西）。

(a) 证明引致偏好是理性的，也就是说，它是完备且传递的。

(b) 证明如果 Y_i 是凸的，那么引致偏好 $\succsim_i^*$ 是凸的。

(c) 假设物品分为两类：一类是市场商品；另一类是非市场的家庭产品。初始偏好 $\succsim_i$ 仅关注家庭产品，初始禀赋 ω_i 中仅市场商品元素不为零。使用引致偏好的概念将均衡问题表达为市场商品之间的纯交换问题。讨论之。

17.C.6[B] 令 $L=2$。考虑命题 17.B.2 中的条件（ⅰ）、（ⅲ）和（ⅳ）。举出四个例子，保证每个例子仅违背一个条件，但会使得方程组 $z(p)=0$ 无界。为什么我们此处不列出条件（ⅱ）？

17.D.1[B] 某个交换经济由两种商品和两个消费者组成。这两个消费者的偏好都是位似的，且具有不变的弹性。另外，他们的替代弹性都相同且都很小（即，商品近似于完全互补）。具体来说，

$$u_1(x_{11},x_{21})=(2x_{11}^\rho+x_{21}^\rho)^{1/\rho}$$
$$u_2(x_{12},x_{22})=(2x_{12}^\rho+x_{22}^\rho)^{1/\rho}$$

假设 $\rho=-4$。禀赋为 $\omega_1=(1,\ 0)$，$\omega_2=(0,\ 1)$。

计算这个经济的超额需求函数，验证它存在多个均衡。

17.D.2[A]　使用隐函数定理证明如果 $f(v)=0$ 是由 M 个方程、N 个未知数组成的方程组，以及如果在点 $\bar{v}$ 我们有 $f(\bar{v})=0$ 且 $Df(\bar{v})$ 的秩为 M，那么在 $\bar{v}$ 的一个邻域内，$f(\cdot)$ 的解集可用 $N-M$ 个参数进行参数化。

17.D.3[A]　计算命题 17.D.4 中的 $D_{\omega_1}\hat{z}(p;\omega)$。

17.D.4[C]　某个由两种商品、两个消费者组成的经济，它的效用函数和需求函数满足适当的微分条件。总禀赋向量为 $\bar{\omega}\gg 0$。证明对于几乎每个 $\omega_1\ll\bar{\omega}$，由初始禀赋 ω_1 和 $\omega_2=\bar{\omega}-\omega_1$ 定义的经济有着有限个均衡。这与命题 17.D.2 总禀赋固定不变的情形不同。[提示：使用斯卢茨基矩阵。]

17.D.5[B]　某个由两种商品、两个消费者组成的经济，它的效用函数和需求函数满足适当的微分条件。将均衡问题视为一个方程组，该方程组由以下变量组成：消费变量 $x_1\in\mathbb{R}^2_+$ 和 $x_2\in\mathbb{R}^2_+$；价格变量 $p\in\mathbb{R}^2_+$；财富边际效用的倒数 $\lambda_1\in\mathbb{R}$ 和 $\lambda_2\in\mathbb{R}$（忽略边界均衡的可能性）。该方程组的参数是初始禀赋 $(\omega_1,\omega_2)\in\mathbb{R}^4_+$。不需进一步加总，证明（在删除一个方程和一个未知数后）方程组满足横截性定理的满秩条件。

17.D.6[B]　本题条件与习题 17.D.5 相同，但现在允许外部性：消费者 1 的（可微）效用函数可能取决于消费者 2 的消费；也就是说，他的效用函数形式为 $u_1(x_1, x_2)$，其中 x_i 是消费者 i 的消费束[但消费者的效用函数为 $u_2(x_2)$]。均衡的定义和以前一样，而且消费者 1 将消费者 2 的消费视为给定的。证明，在初始禀赋 $(\omega_1,\omega_2)\in\mathbb{R}^4_+$ 上，均衡的个数为有限个。

17.D.7[B]　在某个交换经济中，市场参与人分布在 N 个孤立的岛屿上（岛屿之间无法交通）。每个岛屿经济有三个均衡。

(a) 证明整体经济有 3^N 个均衡。

(b) 现在假设每个岛屿经济都是相同的，而且岛屿之间可以交通：商品运输成本为零。再假设市场参与人的偏好严格凸。证明整体经济的均衡数量为 3 个。

17.D.8[A]　某个纯交换经济由一个消费者组成，该消费者的偏好为柯布-道格拉斯类型，通过计算证明该经济的均衡指数为 +1。

17.E.1[A]　推导出式（17.E.1）和式（17.E.2）。

17.E.2[A]　推导出式（17.E.3）。

17.E.3[B]　对于命题 17.E.2 证明过程中构造的个人超额需求 $z_i(p)$ 和价格效应矩阵 $Dz_i(p)$，明确给出能在给定价格向量 p 上理性化它们的效用函数。

17.E.4[B]　考虑两种商品的情形。给出满足下列条件的函数 $z(p)$：定义域为 $P_\varepsilon=\{(p_1,p_2)\gg 0: \varepsilon<(p_1/p_2)<(1/\varepsilon)\}$，值域为 $\mathbb{R}^2$；$z(p)$ 为连续、零次齐次、满足瓦尔拉斯法则以及不能由理性偏好关系产生的。画出与这个函数相伴的提供曲线。注意，它通过初始禀赋点，并与图 17.E.2 的构造进行比较。

17.E.5[A]　证明图 17.E.3 给出的选择不可能是下列这类消费者的选择：该类消费者禀赋向量的上界为 (1, 1)，消费为非负。

17.E.6[A]　证明：定义在 $\|p\|=1$ 上的超额需求函数 $z_i(p)=e^i-p_ip$ 是成比例一对一的。[成比例一对一的含义请参见命题 17.E.3 对一般性的证明（在 17.E 节末尾处）。]

17.E.7[B]　对于命题 17.E.3 对一般性的证明中使用的超额需求函数 $z_i(p)=e^i-p_ip$，直接证明它满足显示偏好强公理。

17.F.1[C]　证明如果初始禀赋彼此之间成比例或者如果消费束彼此之间成比例，那么式（17.F.2）产生的价格效应矩阵 $Dz(p)$ 是负半定的。

17.F.2[A]　完成例 17.F.1 中未完成的证明。

17.F.3[B]　某经济由四种商品和两个消费者组成。消费者 1 和 2 的禀赋分别为 $\omega_1=(\omega_{11},\omega_{21},0,0)$，$\omega_2=(\omega_{12},\omega_{22},0,0)$。消费者 1 将他的财富全部用于商品 3，而消费者 2 将他的财富全部用于商品 4。找出 ω_1 和 ω_2 的一些值，使得这个经济的超额需求不满足显示偏好弱公理。

17.F.4[A]　假设某经济有 L 种商品，但是无论价格为多少，每个消费者都将自己的财富全部花在他自己喜欢的某种唯一商品身上（比如商品按照位置划分）。证明总超额需求满足（弱）总替代性质。

17.F.5[C] 完成例 17.F.2 未完成的任务。

17.F.6[C] 某个模型有两种消费品、两种要素，生产为规模报酬不变的，而且无联合生产。事实上，假设这两种消费品的生产函数都是柯布-道格拉斯类型的。生产要素为消费者所有，消费者仅偏好两种消费品，且为柯布-道格拉斯类型偏好。经济为封闭的（在均衡时，消费必定等于生产）。假设在消费者的需求函数中，这两种商品是正常的，而且是总替代的。在下列假设之下定义一个引致交换经济：假设在要素价格的任何向量上，两种消费品的价格都等于平均成本，它们的最终需求都得以满足。证明生产要素的总超额需求具有总替代性质，因此，整体经济存在着唯一均衡。

17.F.7[A] 在 $L=2$ 的情形下证明式（17.F.3）。

17.F.8[A] 证明式（17.F.3）意味着 $z(p)=0$ 的解集是凸的。

17.F.9[B] 某个经济只有唯一一个生产集 Y，Y 是凸的以及规模报酬不变的。偏好是严格凸且强单调的。假设可行消费束（x_1，…，x_I）与一个瓦尔拉斯均衡相伴。另外，假设如果所有消费者都可以自由使用 Y，则为了实现这些消费无须进行交易；也就是说，对于所有 i，都有 $x_i-\omega_i\in Y$。证明这些消费束是唯一可能的均衡消费束。

17.F.10[A] 证明式（17.F.3）意味着 $Dz(p)$ 在均衡价格 p 处是负半定的。

17.F.11[B] 证明如果 $z(p)=0$，$Dz(p)$ 的秩等于 $L-1$，以及 $Dz(p)$ 是负半定的，那么对于任何 l，由 $Dz(p)$ 删去第 l 行和第 l 列而得到的 $(L-1)\times(L-1)$ 矩阵的行列式的符号为 $(-1)^{L-1}$。［提示：从数学附录 M.D 节可知，$Dz(p)$的秩等于 $L-1$ 意味着上述 $(L-1)\times(L-1)$ 矩阵是非奇异的。然后考虑 $Dz(p)-\alpha I$。］

17.F.12[B] 证明如果 $z(p)=0$，$Dz(p)$ 有着总替代符号模式，那么由 $Dz(p)$ 删去第 l 行和第 l 列而得到的 $(L-1)\times(L-1)$ 矩阵有着负的**优势对角**（dominant diagonal）（这个概念请参考数学附录 M.D 节），因此为负定的。

17.F.13[A] 完成例 17.F.3 中未完成的计算。

17.F.14[B] 某个企业使用商品 $l=2$，…，L 生产商品 1，生产函数为 $f(v_2,\cdots,v_L)$。假设 $f(\cdot)$是凹、递增以及二次连续可微的。如果 $\partial^2 f(v)/\partial v_l\partial v_{l'}>0$，那么我们称 l 和 l' 在投入组合 $v=(v_2,\cdots,v_L)$ 上是互补的。

（a）证明对于柯布-道格拉斯生产函数 $f(v_2,\cdots,v_L)=v_2^{\alpha_2}\times\cdots\times v_L^{\alpha_L}$（其中 $\alpha_2+\cdots+\alpha_L\leqslant 1$）来说，在任何 v 上任何两种要素之间都是互补的。

（b）假设 $f(\cdot)$ 是规模报酬不变的，$D^2f(v)$ 的秩为 $L-2$，以及 $v\gg 0$。证明在任何 v 上，对于任何 l 都存在一个 l' 使得 l' 在 v 处对 l 是互补的。

（c）现在假设 $f(\cdot)$ 是严格凹的，而且任何两种要素在 v 处都是互补的。令 $v_l(p_1,\cdots,p_L)$ 是要素需求函数。证明对于任何 l，$\partial v_l/\partial p_1>0$，$\partial v_l/\partial p_l<0$；对于任何 $l'\neq l$，$\partial v_l/\partial p_{l'}<0$。

（d）说明（a）到（c）对于取决于总替代性质的唯一性定理的含义。

17.F.15[B] 某个含有生产的经济由一个消费者组成，他的偏好为严格凸的。政府征收从价税 $t=(t_1,\cdots,t_L)$，从而使得消费者支付的价格和生产者得到的价格不再相等；也就是说，$p_l=(1+t_l)q_l$，其中 p_l 为消费者支付的商品 l 价格，q_l 为生产者得到的商品 l 价格。税收收入以定额形式返还。写出（征税情形下）均衡的定义。证明如果生产部门是里昂惕夫类型的（唯一原始要素，无联合生产，规模报酬不变），而且所有消费品都是正常商品，那么均衡是唯一的。举例说明消费品为正常商品这个假设条件是不可缺少的，为简单起见，可以用两种商品（一种为投入物，一种为产出品）的情形进行讨论。

17.F.16[C] 假设 $g(p)=(g_1(p),\cdots,g_N(p))$，它的定义域为 $[0,r]^N$，而且 $g(0,\cdots,0)\gg(0,\cdots,0)$，$g(r,\cdots,r)\ll(0,\cdots,0)$。注

意我们没有假设它满足瓦尔拉斯法则、零次齐次或者连续性。例如，函数 $g(\cdot)$ 可以是对应于一组子市场的超额需求方程组，这些子市场以外的商品价格维持不变。

(a) 如果对于某个 $\alpha>0$，函数 $\alpha g(p)+p$ 的每个分量关于 p 严格递增，而且 $\alpha g(p)+p\in[0, r]^N$ 对于每个 $p\in[0, r]^N$ 都成立，那么我们说 $g(\cdot)$ 满足**强总替代性质**（strong gross substitute property，SGS）。

(b) 举例说明 GS 性质不蕴涵 SGS 性质。然而请证明如果 $g(\cdot)$ 是连续可微的，而且 GS 性质成立，那么 SGS 性质也成立。

从现在起，我们假设 $g(\cdot)$ 满足 SGS 性质。

(c) 证明存在着均衡，也就是说，存在着一个 p 满足 $g(p)=0$。在 $N=1$ 的情形下画图说明。[提示：使用塔斯基（Tarski）不动点定理（参见数学附录 M.I 节），或者如果你愿意，可以假设连续性然后使用布劳威尔（Brouwer）不动点定理。]

(d) 举例说明 $N=2$ 时均衡可能不是唯一的。

(e) 假设 $g(p)=g(p')=0$。证明必定存在一个均衡 p'' 使得 $p''\geqslant p$ 和 $p''\geqslant p'$。类似地，存在一个均衡使得 $p'''\leqslant p$ 和 $p'''\leqslant p'$。[提示：对定义域 $[\mathrm{Max}\{p_1, p_1'\}, r]\times\cdots\times[\mathrm{Max}\{p_N, p_N'\}, r]$ 运用 (c) 中的论证。]

(f) 证明（此处可以假设连续性）均衡集满足一个强且非常特殊的性质，即，存在一个最大和一个最小的均衡。也就是说，存在 $p^{\max}$ 和 $p^{\min}$ 使得 $g(p^{\max})=g(p^{\min})=0$，而且当 $g(p)=0$ 时有 $p^{\min}\leqslant p\leqslant p^{\max}$。

(g) 现在假设 $g(\cdot)$ 还是可微的。假设我们知道在均衡处，也就是当 $g(p)=0$ 时，矩阵 $Dg(p)$ 有着负的优势对角；也就是说，对于某个 $v\gg 0$ 有 $Dg(p)v\ll 0$。证明（也许非严格地）均衡必定是唯一的。

(h) 对于某个由 $N+1$ 种商品组成的经济，假设 $g(\cdot)$ 是前 N 种商品的超额需求方程组，其中最后一种商品的价格固定为 1，而且整体（$N+1$）商品的超额需求方程组满足总替代性质。使用 (g) 证明均衡是唯一的。

17.F.17[A] [Becker (1962)，Grandmont (1992)] 假设 $L=2$，存在着消费者连续统。所有消费者的初始禀赋都相同；然而，他们都不是理性的。给定预算集，消费者在预算线上随机选择消费束，他们的选择在非负消费束上均匀分布。令 $z(p)$ 为平均超额需求（单个消费者的选择的期望值）。证明 $z(\cdot)$ 可由某个柯布-道格拉斯类型的效用函数的最大化产生（因此，该经济能用一个实证的代表性消费者表示，实证的代表性消费者概念可参考 4.D 节）。

17.G.1[B] 假设在某个交换经济中（我们标准化 $p_L=1$），均衡价格 $p(\hat{\omega}_1)$ 是个可微函数，该函数定义在消费者 1 前 $L-1$ 种商品禀赋 $\hat{\omega}_1=(\omega_{11}, \cdots, \omega_{L-1,1})$ 的一个开域上。所有其他禀赋固定不变。假设消费者 1 的需求函数是严格正则的，即在 (p, ω_1) 的相关定义域上，$D_{\omega_1}x_1(p, \omega_1)\gg 0$。证明对于任何 $\hat{\omega}_1$ 和 $\bar{p}=p(\hat{\omega}_1)$，$D_{\hat{\omega}_1}\hat{z}_1(\bar{p}, \hat{\omega}_1)$ 的秩等于 $L-1$，$Dp(\hat{\omega}_1)$ 的秩等于 $L-1$，其中 $\hat{z}_1(p, \hat{\omega}_1)$ 是消费者 1 对前 $L-1$ 种商品的超额需求函数。

17.G.2[B] 我们的环境与习题 17.G.1 或命题 17.G.2 相同。假设 $\hat{z}(\bar{p}, \hat{\omega}_1)=0$。证明存在着某个经济使得 $D_p\hat{z}(\bar{p}, \hat{\omega}_1)$ 有着 $(L-1)\times(L-1)$ 的负定矩阵，但 $\partial p_1(\hat{\omega}_1)/\partial\omega_{11}>0$。（提示：使用命题 17.G.1 及其证明思想。）

17.G.3[C] 我们的环境基本与习题 17.F.16 相同，唯一不同是现在我们有两个函数 $g(p)\in\mathbb{R}^N$ 和 $\hat{g}(p)\in\mathbb{R}^N$，每个函数都满足习题 17.F.16 中的假设条件（尤其是 SGS 性质）。另外，假设 $\hat{g}(\cdot)$ 是由 $g(\cdot)$ 向上移动得到的；也就是说，对于每个 $p\in[0, r]^N$ 都有 $\hat{g}(p)\geqslant g(p)$。证明如果 $(p^{\min}, p^{\max})$ 和 $(\hat{p}^{\min}, \hat{p}^{\max})$ 分别为 $g(\cdot)$ 和 $\hat{g}(\cdot)$ 的最小和最大均衡价格向量（参考习题 17.F.16），那么 $\hat{p}^{\min}\geqslant p^{\min}$ 且 $\hat{p}^{\max}\geqslant p^{\max}$。[可以假设 $g(\cdot)$ 和 $\hat{g}(\cdot)$ 是连续的，如果这么做更方便的话，再假设每个函数都有唯一解。] 在 $N=1$ 的情形下画图说明。

17.H.1[C] 假设超额需求方程组 $z(p)$ 满足总替代性质。考虑试探性的价格动态

$$\frac{dp_l}{dt}=z_l(p) \quad 对于每个 l \qquad (*)$$

对于任何价格向量 p，令 $\psi(p)=\text{Max}\{z_1(p)/p_1, \cdots, z_L(p)/p_L\}$。

(a) 证明如果 $p(t)$ 是上述试探性动态方程的解［即，对于每个 l 和 t 都有 $dp_l(t)/dt=z_l(p(t))$］，而且 $z(p(0))\neq 0$，那么 $\psi(p(t))$ 应该随着时间的推移而降低。［提示：如果 $z_l(p(t))/p_l(p(t))=\psi(t)$，那么对于任何 l'，$p_l(t)/p_{l}'(t)$ 不可能关于 t 递减。因此，$z_l(p(t))$不可能增加，而 p_l 必定上升。］

(b) 证明当 $t\to\infty$ 时 $p(t)$ 收敛于均衡价格。［提示：对于动态方程（$*$），瓦尔拉斯法则意味着 $\sum_l p_l^2(t)$ 为常数。］

17.H.2[B] 某个经济中有一种产品和一种计价物。产品的价格为 p。我们的问题可用两个函数描述：经济的消费面提供了产品的超额需求函数 $z(p)$，生产面提供了产品递增的反供给函数 $p(z)$。这两个函数都是可微的。而且，它们的图相交于（1，1），这是我们本题关注的均衡点。

给定上述条件，我们可以定义两个单变量的动态方程：

(1) 在**瓦尔拉斯价格动态**中，我们假设在 p 处，价格根据超额需求和（直接）供给之差的符号而上升或下降。

(2) 在**马歇尔产量动态**中，我们假设在 z 处产量根据需求价格（即，反超额需求）和供给价格［即 $p(z)$］之差的符号而增加或降低。

(a) 将以上思想形式化，并解释它的经济含义。

(b) 假设生产技术近似规模报酬不变。证明在均衡（1，1）附近，系统总是瓦尔拉斯稳定的，但是马歇尔稳定性取决于超额需求函数的斜率。(以何种方式?)

(c) 如果价格遵循瓦尔拉斯动态方式、产量遵循马歇尔动态方式，写出一般的价格和产量动态。画出（p，z）相图，证明在一般情形下，动态轨迹将螺旋式围绕着均衡。

(d) 现在回到（b）中的技术约束。证明（c）中的系统是局部稳定的当且仅当均衡是马歇尔稳定的。

(e) 对于技术是规模报酬不变的而且超额需求是常值函数的极限情形，考虑该极限情形的最简单的价格和产量动态。画出相图。现在假设我们修改产量动态使得产量反应不仅取决于价格和成本，还取决于“销量的预期”(即，还取决于超额需求)。在这种情形下，效应是稳定的还是不稳定的?

17.H.3[A] 对于 $L=3$，画出一个类似于图17.H.2的图，但在现在这个图中只有一个均衡，而且该均衡是局部完全不稳定的。你能将它变成一个鞍点吗?

17.I.1[A] 对于17.I节一开始描述的复制方法，证明它实际上包含了不同类型消费者含有不同消费者数量的情形（为简单起见，假设不同类型之间的比例是有理数)。(提示：重新定义原来经济的规模。)

17.I.2[A] 考虑一种投入、一种产出的问题，生产函数为 $q=v^2$，其中 v 是投入的数量。证明相应的生产集 Y 是可加的，但是包含 Y 的最小锥 Y^* 不是闭的。什么样的情形意味着 Y 的非凸性程度较大? 证明，消费者的数量对于均衡（近似）存在没有任何意义。

17.I.3[B] 有三种商品：商品1是高质量产品，商品2是低质量产品，商品3是劳动。商品1和2可用劳动生产出来，生产函数分别为 $f_1(v)=\text{Min}\{v, 1\}$ 和 $f_2(v)=\text{Min}\{v^\beta, 1\}$，其中 $0<\beta<1$。整体经济只有一单位劳动。劳动没有效用价值。经济中有两类规模相同的参与者（穷人和富人)，每一类都含有大量参与者。穷人和富人有相同的禀赋，但是富人拥有企业的所有份额。富人将他们的所有财富都花在高质量产品上；穷人只能在高质量产品和低质量产品中选择一种，不能都选。

穷人的效用函数为 $u(x_1, x_2)=x_1+\frac{1}{2}x_2$，其中 (x_1, x_2) 不能都为正。

(a) 这个经济不能满足一般模型的哪个标准假设?

(b) 证明除了两种质量产品都生产这个均衡（假设该均衡存在）之外不存在其他均衡。

(c) 证明存在均衡。

17. AA. 1[A]　在某个交换经济中，消费者的偏好是单调、严格凸且可用效用函数 $(u_1(\cdot), \cdots, u_I(\cdot))$ 表示。证明对于任何 $(s_1, \cdots, s_I) \gg 0$，至多存在一个帕累托最优配置 $x=(x_1, \cdots, x_I)$ 使得 $(u_1(x_1), \cdots, u_I(x_I))$ 与 $(s_1, \cdots, s_I)$ 成比例。

17. AA. 2[B]　考虑本章附录 A 描述的均衡方程组的福利理论方法（根岸方法）。对于那里定义的方程组 $g(s)=0$，解的存在性证明方法采用的是类似于命题 17. C. 2 的证明方法，都使用了不动点定理进行证明。假设对于某个交换经济，消费者的偏好是连续、严格凸且强单调的；以及对于每个 i 都有 $\omega_i \gg 0$。另外，假设 $g(s)$ 是个函数而不是个对应（其充分条件是，偏好可用可微效用函数表示，而且在每个帕累托最优配置上至少有一个消费者得到的每种商品的消费量都严格为正）。

(a) 证明 $g(s)$ 是连续的。

(b) 证明 $g(s)$ 满足瓦尔拉斯法则，即满足"$\sum_i g_i(s)=0$ 对于每个 s 均成立"。

(c) 证明如果 $s_i=0$，那么 $g_i(s)>0$。[提示：如果 $s_i=0$，那么 $u_i(x_i(s))=0$，从而 $p(s)\cdot x_i(s)=0$。]

(d) 完成对存在性的证明。[注意，对于含有零分量的向量 s，$g(s)$ 也有定义。这能简化分析。]

17. AA. 3[B]　在某个交换经济中，假设消费集为 $\mathbb{R}^L_+$，偏好可用凹的、递增的效用函数 $u_i(\cdot)$ 表示。令 $\Delta=\{\lambda \in \mathbb{R}^I_+ : \sum_i \lambda_i=1\}$ 为效用权重的单纯形。为这个经济的瓦尔拉斯均衡找到一个方程组，其中每个 λ 对应着一个线性社会福利函数。

17. BB. 1[A]　在 $L=2$ 情形下，画出一个价格为严格正的瓦尔拉斯拟均衡，而且它不是满足下列条件的经济的均衡：

(ⅰ) 对于每个 j，$Y_j=-\mathbb{R}^L_+$。

(ⅱ) 对于每个 i，X_i 是非空、闭、凸的且满足 $X_i+\mathbb{R}^L_+ \subset X_i$。

(ⅲ) 对于每个 i，偏好是连续、凸且强单调的。

(ⅳ) 对于每个 i，$\omega_i \subset X_i$。

为什么这个例子没有违背教材中的任何结论（参考命题 17. BB. 1 后面的专栏中的讨论）?

17. BB. 2[B]　在某个经济中，每个消费者只想要他喜欢的商品子集，而且每个消费者只有若干种而不是全部商品的禀赋。然而对于消费者想要的商品，他的偏好是在相应的非负象限是强单调且连续的。另外假设 $\sum_i \omega_i \gg 0$，而且经济满足下列不可分解条件：

> 不可能将消费者分为两个（非空的）团体从而使得其中一个团体中的消费者想要另外一个团体中的消费者拥有的任何商品。

证明任何瓦尔拉斯拟均衡均是个均衡。

17. BB. 3[C]　在某个埃奇沃思盒经济中，偏好是连续、严格凸以及局部非饱和的（但未必单调）。再假设商品不可以自由处置。证明提供曲线必定相交，从而存在着均衡。证明在均衡处两种商品的价格不可能都是负的。事实上，至少有一种商品的价格必定是正的（这一点更难证明）。

17. BB. 4[A]　证明如果 (x^*, y^*, p) 是个自由处置均衡，而且 Y_1 是可自由处置的，那么我们通过仅改变企业 1 的生产就能得到一个真正的拟均衡。

17. BB. 5[A]　完成在对引理 17. BB. 5 的证明过程中我们省略掉的证明步骤。也就是，证明偏好的凸性意味着对于 $x_{i\alpha}=\alpha x_i+(1-\alpha)x_i'$，不可能同时有 $x_i \succ_i x_{i\alpha}$ 和 $x_i' \succ_i x_{i\alpha}$。

17. BB. 6[A]　完成对引理 17. BB. 5 的证明，即证明 $\bar{y}_j(x, y, p)$ 和 $\bar{p}(x, y, p)$ 都是凸的。

17. BB. 7[A] 完成对引理 17. BB. 6 的证明，即证明 $\tilde{y}_j(\cdot)$ 和 $\tilde{p}(\cdot)$ 都是上半连续的。

17. BB. 8[B] ［生产外部性情形下均衡的存在性；更多内容可参考 Chipman（1970）。］有 L 种商品。商品 L 是劳动，它是唯一生产要素。消费者的消费集为 $\mathbb{R}^L_+$，偏好为连续、强单调和严格凸的。消费者仅拥有劳动禀赋。商品 $l=1$，…，$L-1$ 由部门 l 生产，部门 l 含有 J_l 个相同企业。部门 l 中每个企业的生产函数都为 $f_l(v_l)=\alpha_l v_l^{\beta_l}$，其中 $0\leqslant\beta_l\leqslant1$。这个模型的特殊之处在于生产率指数 α_l 不是常数，而是取决于部门 l 使用劳动的总量。具体地说，

$$\alpha_l=\gamma_l\left(\sum_j v_{lj}\right)^{\rho_l},\quad 其中\ \gamma_l>0,\rho_l\geqslant 0$$

（a）定义瓦尔拉斯均衡概念。在完成这个任务时，你可以假设每个企业忽略它使用的劳动量对 α_l 的影响。为了简化符号，假设各个消费者拥有的利润份额是相等的。

（b）对当前模型证明瓦尔拉斯均衡的存在性（在有必要时可作出标准额外假设）。（提示：可以参考本章附录 B 的一般证明，对那里的证明稍微修改即可适用此处。）

（c）推导和描述每个部门的总生产集。参数 β_l，γ_l，ρ_l 满足什么样的条件才能使得部门 l 的总生产集是规模报酬递增、不变或递减的？

（d）注意，在某些情形下，（b）中的条件能得以满足但总生产集仍不是凸的。如果通过对部门 l 内的所有企业进行统一管理从而使得部门 l 的外部性内部化，将会产生什么样的结果？

（e）假设 $L=2$，$\beta_l=1$，而且个人偏好关于劳动是拟线性的，也就是说，个人偏好可用效用函数 $u_i(x_{1i})+x_{2i}$ 描述。讨论并画图说明均衡生产水平与社会最优水平之差。

17. BB. 9[B] 使用本章附录 B 末尾处描述的二人博弈方法证明存在性。

第18章 竞争均衡基础

18.A 引言

在第四部分，到目前为止，我们一直假设存在竞争性市场，即市场决定和给出价格，经济中每个参与者都将价格视为外生给定的。在本章，我们讨论四个问题，这四个问题在本质上有两个相同之处：首先，它们都试图选择和描述比均衡定义更一般的瓦尔拉斯均衡；其次，在完成这个任务时，它们都强调大量交易者的作用。

18.B 节引入了**核**（core）的概念，我们可以将其视为一个非限制性竞争。然后，本节给出了一个重要的定理，即**核等价定理**（core equivalence theorem）。

18.C 节考察了更受限制的均衡概念：均衡发生在界定清楚的交易机制中。本节的分析，在本质上，相当于重新考察了非合作竞争模型架构内的一般均衡问题（参见 12.F 节）。

剩下两节的思想更具规范性而不是实证性。在 18.D 节，我们证明在政策制定当局方面，如果它受信息限制，从而只能使用依赖于**自我选择**（self-selection）或**妒忌消失**（envy freeness）的一些政策工具，那么有可能使得瓦尔拉斯配置成为唯一可执行的帕累托最优配置。

18.E 节的目标是在帕累托最优配置中使用分配性质刻画瓦尔拉斯配置。特别地，我们关注在多大程度上我们可以断言，在瓦尔拉斯配置上，每个人均得到了他对社会的集体经济福利作出的“边际贡献”。

本章的一些思想（尤其是与核概念相关的思想，以及 18.E 节的一些思想）来自合作博弈理论。因此，我们在本章附录 A 简要介绍了这个理论。

18.B 核与均衡

本节回顾的理论是由 Edgeworth（1881）提出的。他的目的是解释：很多相互作用的竞争者如何导致了被经济参与人视为给定的价格体系，从而导致了瓦尔拉斯均衡。埃奇沃思的工作没有直接影响。他的理论的现代版本来自学者使用合作博弈理论重新发现了他的解概念（称为核）之后。本章附录 A 简要介绍了合作博弈理论；然而本节是自封的。本节内容的进一步阐述可以参考 Hildenbrand 和 Kirman (1988)，这篇文献比较容易理解。

核理论的最突出特征是它非常朴素。它不需要借助任何特定的交易机制，也不需要假设任何特殊的制度环境。大致来说，该理论使用的竞争概念是：交易者熟知其他交易者的特征（禀赋和偏好），而且任何交易者团体的成员都能严格遵守任何互利协议。最简单的例子是一个买者用钱购买一个卖者的商品，但是我们也可以有更复杂的安排，这样的安排涉及很多个体和商品。

正式地，我们考虑由 I 个消费者组成的经济。每个消费者 i 的消费集为 $\mathbb{R}^L_+$，禀赋向量为 $\omega_i \geqslant 0$，偏好关系 $\succsim_i$ 为连续、严格凸且强单调的。另外，经济中还存在人人可自由使用的规模报酬不变且凸的技术 $Y \subset \mathbb{R}^L$。[①] 例如，我们可以有 $Y = -\mathbb{R}^L_+$，即一个纯交换经济。本节始终使用这些假设。

与以前一样，对于配置 $x=(x_1, \cdots, x_I) \in \mathbb{R}^{LI}_+$，如果 $\sum_i x_i = y + \sum_i \omega_i$ 对于某个 $y \in Y$ 成立，那么我们说配置 x 是**可行的**（feasible）。

令 I 表示消费者的数量，也表示消费者集，尽管这样做多少有些滥用符号。于是，任何非空消费者子集 $S \subset I$ 均称为一个**联盟**（coalition）。核概念的中心任务是识别在什么样的环境下，联盟成员（消费者）能达成使得每个成员状况都变得更好的协议。定义 18. B. 1 正式描述了这样的环境。

定义 18. B. 1：对于一个**联盟** $S \subset I$ 和一个可行配置 $x^* = (x_1^*, \cdots, x_I^*) \in \mathbb{R}^{LI}_+$ 来说，如果对于每个 $i \in S$，我们都可以找到具有下列性质的消费束 $x_i \geqslant 0$：

（i）$x_i \succ_i x_i^*$ 对于每个 $i \in S$ 均成立，

（ii）$\sum_{i \in S} x_i \in Y + \left\{ \sum_{i \in S} \omega_i \right\}$，

那么，我们说该联盟 S **能够改进**（can improve upon）可行配置 $x^* = (x_1^*, \cdots, x_I^*)$，或者说该联盟 S **阻止**（block）了可行配置 x^*。

定义 18. B. 1 是说，对于一个可行配置 x^* 来说，如果一个联盟 S 仅使用它的禀赋 $\sum_{i \in S} \omega_i$ 和人人可使用的技术 Y，就能生产出某个总商品束使得 S 中的每个成员得到的商品束好于他在 x^* 中的，那么我们说联盟 S 能够改进可行配置 x^*。

定义 18. B. 2：对于可行配置 $x^* = (x_1^*, \cdots, x_I^*) \in \mathbb{R}^{LI}_+$，如果不存在能改进 x^* 的消费者联盟 $S \subset I$，那么我们说配置 x^* 具有**核性质**（core property）。**核**是拥

① 规模报酬不变假设非常重要。对于非规模报酬不变的生产集，我们遇到的麻烦是必须明确说明所有权份额。然而，我们一直用**利润**份额定义所有权份额，这就使得我们的概念工具取决于价格，但我们当前试图解释的正是价格，因此难以避免地出现类似循环论证的问题。所以，我们坚持使用规模报酬不变情形。这不是个严重的限制条件：从 5. B 节（命题 5. B. 2）可知，通过将所有权份额重新解释为额外“管理要素”投入，我们可以将一般技术化简为规模报酬不变的技术。

有核性质的配置集。

在图 18. B. 1 的埃奇沃思盒中，我们看到当消费者的数量为 2 时，核与合同曲线是重合的。在只有两个消费者的情形下，联盟只有三种可能：{1，2}，{1}和{2}。对于不是帕累托最优的任何配置，它们必定受到联盟{1，2}的阻止。[①] 对于在帕累托集中但不在合同曲线上的任何联盟，它们必定受到{1}或{2}的阻止。当消费者的数量多于两个时，还可能存在着阻止配置的其他联盟，但是由全体消费者也是个联盟这个事实立即可知，**核中的所有配置必定是帕累托最优的**。

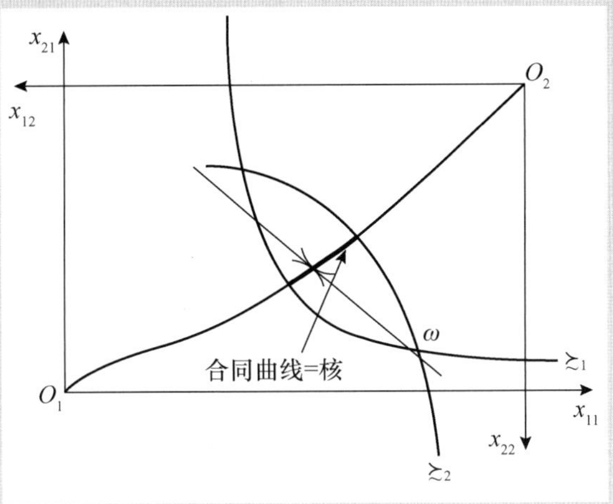

图 18. B. 1　在消费者数量为 2 的情形下，核等于合同曲线

在图 18. B. 1 中，我们还能看到，瓦尔拉斯均衡配置（包含在合同曲线中）拥有核性质。命题 18. B. 1 告诉我们这个事实具有完全的一般性。这个结论等价于福利经济学第一基本定理。事实上，如果使用当前的术语，福利经济学第一基本定理只不过是说，瓦尔拉斯均衡不能被整体联盟（消费者全体组成的联盟）所阻止。[②] 命题 18. B. 1 表明，瓦尔拉斯均衡也不可能被任何其他联盟所阻止。

命题 18. B. 1：任何瓦尔拉斯均衡配置都有核性质。

证明： 我们照搬一下福利经济学第一基本定理（命题 16. C. 1）的证明即可。我们证明交换经济情形。一般规模报酬不变技术情形的证明可参见习题 18. B. 1。

令 $x^*=(x_1^*, \cdots, x_I^*)$ 为伴有均衡价格向量 $p\geqslant 0$ 的一个瓦尔拉斯配置。考虑任意一个联盟 $S\subset I$，并且假设消费 $\{x_i\}_{i\in S}$ 使得对于每个 $i\in S$ 都有 $x_i\succ_i x_i^*$。于是对于每个 $i\in S$ 我们都有 $p\cdot x_i>p\cdot\omega_i$，从而有 $p\cdot(\sum_{i\in S}x_i)>p\cdot(\sum_{i\in S}\omega_i)$。但

① 在偏好是连续的和强单调的假设下，如果某个可行配置是帕累托劣势的，那么相对于能严格改进每个消费者效用的可行配置来说，前者也是帕累托劣势的。为了看清这一点，我们只要从状况变好的那个消费者那里转移微量任何商品给每个其他消费者即可。如果转移量足够小，那么根据偏好的连续性可知，这个消费者的状况仍然比以前好，根据强单调性可知，每个其他消费者的状况都严格变好了。

② 记住前一个注释的思想。

是这样一来，$\sum_{i\in S}x_i \leqslant \sum_{i\in S}\omega_i$ 不可能成立，因此违背了定义 18. B. 1 的条件（ⅱ）（记住我们是以交换经济为例证明的）。因此，联盟 S 不能阻止配置 x^*。■

当然，命题 18. B. 1 的逆是不正确的。在图 18. B. 1 的二人经济中，合同曲线上的每个配置都是核的元素，但是只有一个元素是瓦尔拉斯均衡。核等价定理（稍后我们将给出这个定理的一种版本）说明，如果消费者数量非常多，那么命题 18. B. 1 的逆的确（近似）成立。特别地，它指出当经济规模增加时，非瓦尔拉斯配置逐渐从核中滑落，在极限情形下，核中只剩下瓦尔拉斯配置。这个结论的基本思想可通过考察图 18. B. 2 中的埃奇沃思盒看出。

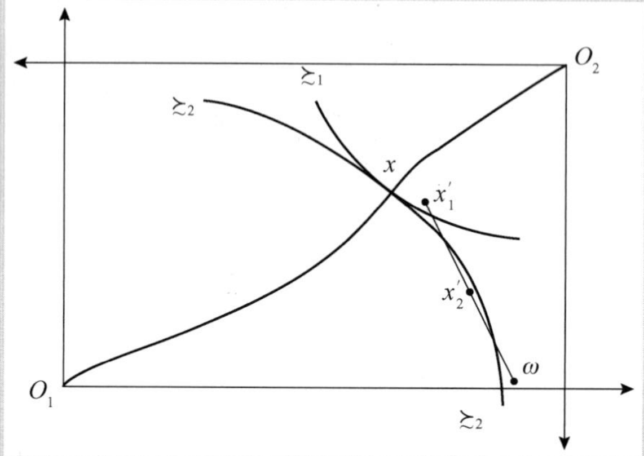

图 18. B. 2 在复制两次而形成的经济中，合同曲线上的配置（例如 x）可被阻止

在合同曲线上取一个诸如 x 的配置，在这个配置中消费者 1 的消费是非常理想的，但是消费者 2 对这个结果无能为力：单靠自身力量他的状况无法变得更好。但是现在假设图中的偏好和禀赋代表的不是消费者个体而是消费者类型，从而使得经济实际上包含四个消费者，每种类型由 2 个消费者组成。现在再次考虑配置 x，此时我们将它解释为一个对称配置，也就是说，类型 1 的每个消费者得到 x_1，类型 2 的每个消费者得到 x_2。于是，我们得到了一个非常不同的情形，因为出现了新的可能性：类型 2 的两个成员可与类型 1 的一个成员结成联盟。在图 18. B. 2 中，我们看到，通过把 x_1' 给予联盟中类型 1 的那个消费者，以及把 x_2' 给予类型 2 的两个消费者，配置 x 就会被阻止［注意到 $-2(x_2'-\omega_2)=(x_1'-\omega_1)$］。[①] 这样做的能力当然取决于无差异曲线的形状。然而，我们看到，如果每类消费者的数量足够多，这样的联盟总能够形成。

18

① 注意到，所有这一切都有着伯特兰竞争的味道（参见 12. C 节）。事实上，我们可以将这个含有 3 个成员的联盟的形成想象为：一个类型 1 的消费者通过竞价从另外一个类型 1 的消费者手中夺走与类型 2 的消费者交易的机会。尽管我们不打算涉及这个主题，但我们在此指出，事实上，伯特兰价格竞争和核竞争之间存在着很强的类似性。特别地，核竞争的短视程度和伯特兰竞争是一样的。类型 1 的一个消费者通过竞价削弱同类型的另一个消费者的竞争优势，这种做法启动了一个阻止和反阻止过程（在伯特兰竞争中为互相报出更低的价格），最终的结果（也许是瓦尔拉斯配置）是他的状况比一开始时变差了。

我们稍后将给出的核等价定理，在本质上是埃奇沃思的思想，后来，Debreu 和 Scarf（1963）将其一般化。这个定理建立在我们刚刚讨论过的经济直觉之上。

令集合 $H=\{1, \cdots, H\}$ 表示消费者的类型集，其中每一类消费者都有着偏好 $\succsim_h$ 和禀赋 ω_h。于是，对于每个整数 $n>0$，我们将复制 N 次形成的经济定义为消费者每一类型都含有 N 个人的经济，因此这个经济的消费者总数 $I_N=NH$。

对于某个配置，如果同类型的每个消费者得到的消费束都相同，那么我们将这样的配置称为**平等待遇的配置**（equal-treatment allocation）。命题 18. B. 2 表明，核中的任何配置必定是平等待遇的配置。（注意，这个结论对当前的复制经济情形是成立的，其中每种类型的消费者含有的消费者数量都是相等的。但在一般情形下，这个结论不成立；参见习题 18. B. 2。）

命题 18. B. 2：以 hn 表示类型 h 的第 n 个人，假设配置

$$x^*=(x_{11}^*,\cdots,x_{1n}^*,\cdots,x_{1N}^*,\cdots,x_{H1}^*,\cdots,x_{Hn}^*,\cdots,x_{HN}^*)\in\mathbb{R}_+^{LHN}$$

属于复制 N 次而形成的经济的核，那么配置 x^* 具有**平等待遇性质**，即同一类型的每个消费者得到的消费束是相同的：

$$x_{hm}^*=x_{hn}^*\quad 对于\ 1\leqslant m,\ n\leqslant N\ 和\ 1\leqslant h\leqslant H$$

证明：假设可行配置 $x=(x_{11}, \cdots, x_{HN})\in\mathbb{R}_+^{LHN}$ 不具有平等待遇性质，因为比如说对于某个 $m\neq n$ 我们有 $x_{1m}\neq x_{1n}$。我们证明 x 不具有核性质。特别地，我们断言 x 能够被下列这样的任何联盟改进：该联盟的 H 个成员是由每个类型中待遇最差的个人组成。不失一般性，假设对于每个 h，消费者 $h1$ 就是一个这样的待遇最差的个人，也就是说，对于所有 h 和 n 都有 $x_{hn}\succsim_h x_{h1}$。现在定义每个类型的平均消费：$\hat{x}_h=(1/N)\sum_n x_{hn}$。根据偏好的严格凸性可知：

$$\hat{x}_h\succsim_h x_{h1}\quad 对于所有\ h\quad 而且\ \hat{x}_1\succ_1 x_{11}\tag{18. B. 1}$$

（上面这个式子成立，是因为一开始我们已假设类型 1 的消费者不是平等待遇的。）

我们断言由 H 个成员组成的联盟 $S=\{11, \cdots, h1, \cdots, H1\}$ 自身能够实现消费束（$\hat{x}_1, \cdots, \hat{x}_H$）$\in\mathbb{R}_+^{LH}$。因此，根据式（18. B. 1），原来的非平等待遇配置能够被联盟 S 阻止。① 为了证明联盟 S 能够实现配置（$\hat{x}_1, \cdots, \hat{x}_H$）$\in\mathbb{R}_+^{LH}$，注意到，由于 $x=(x_{11}, \cdots, x_{HN})\in\mathbb{R}_+^{LHN}$ 是可行的，所以存在 $y\in Y$ 使得 $\sum_h\sum_n x_{hn}=y+N\left(\sum_h\omega_h\right)$，因此

$$\sum_h\hat{x}_h=\frac{1}{N}\sum_h\left(\sum_n x_{hn}\right)=\frac{1}{N}y+\sum_h\omega_h$$

18

---

① 我们已经知道，偏好是强单调且连续的，因此，如果联盟 S 可以实现一个配置使得该联盟中的某些成员的状况严格比配置 x^* 好且使得该联盟中所有成员的状况至少与 x^* 一样好，那么它也可以实现一个配置使得该联盟中的所有成员的状况严格比 x^* 好。

但是根据 Y 是规模报酬不变的这个假设，$(1/N)y\in Y$，因此，我们断言联盟 S 能够实现配置（$\hat{x}_1$，…，$\hat{x}_H)\in\mathbb{R}^{LH}_{+}$。■

命题 18. B. 2 可以让我们将核配置视为固定规模的向量 LH，而不用担心具体复制情形。从术语上说，我们将向量（x_1，…，$x_H)\in\mathbb{R}^{LH}_{+}$称为**类型配置**（type allocation），而且对于任何复制次数 N，将其解释为消费者的平等待遇配置，其中类型 h 的每个消费者得到 x_h。类型配置（x_1，…，$x_H)\in\mathbb{R}^{LH}_{+}$是可行的，如果对于某个 $y\in Y$ 有 $\sum_h x_h=y+\sum_h\omega_h$ 。注意到，对于任何复制次数 N，相应的平等待遇配置都是可行的，这是因为

$$\sum_h Nx_h=Ny+N\Big(\sum_h\omega_h\Big)$$

而且 $Ny\in Y$（因为 Y 是规模报酬不变的）。

根据命题 18. B. 2 可知，我们可以将复制经济的核视为可行的类型配置。对于可行的类型配置集，若复制 N 次形成的经济引致的平等待遇配置具有核性质，那么我们将这个配置集定义为 $C_N\subset\mathbb{R}^{LH}_{+}$。注意，$C_N$ 不取决于 N。然而，我们总有 $C_{N+1}\subset C_N$，这是因为如果在复制 N 次形成的经济中某个类型配置被阻止，那么在复制（$N+1$）次形成的经济中，这个配置也会被与在复制 N 次而形成的经济中阻碍它的联盟完全一样的联盟所阻止。因此，当 $N\to\infty$时，作为$\mathbb{R}^{LH}$子集的核只会越来越小。与此同时，由命题 18. B. 1 可知，核不可能消失，这是因为对于所有 N，瓦尔拉斯均衡配置属于 C_N。更准确地说，瓦尔拉斯类型配置集独立于 N（参考习题 18. B. 3）而且包含于所有的 C_N。核等价定理（在当前复制经济情形下，它是命题 18. B. 1、命题 18. B. 2 和稍后将考察的命题 18. B. 3 的合并）断言：当 $N\to\infty$时，瓦尔拉斯均衡是核中唯一幸存的配置。

命题 18. B. 3： 如果可行的类型配置 $x^*=(x_1^*，…，x_H^*)\in\mathbb{R}^{LH}_{4}$ 对于 $N=1$，2，… 具有核性质，也就是说，对于所有 N 都有 $x^*\in C_N$，那么 x^* 是个瓦尔拉斯均衡配置。

证明： 为了让证明尽可能符合直觉，我们仅考察下列特殊情形：一个纯交换经济，在这个经济中对于每个 h，$\succsim_h$ 都可用连续可微的效用函数 $u_h(\cdot)$ 表示［其中，$\nabla u_h(x_h)\gg0$ 对于所有 x_h 都成立］。另外，初始禀赋向量 ω_h 比非严格正的任何消费向量 x_h 都更受偏好。这保证了任何核配置都在内部。需要指出，这些出于简化目的的假设对于结果的有效性不是必需的。

假设 $x=(x_1，…，x_H)\in\mathbb{R}^{LH}$是个可行的类型配置，但不是个瓦尔拉斯均衡配置。我们的目的是证明如果 N 足够大，那么 x 可被阻止。

我们还可以假设配置 x 是帕累托最优的（因为如若不然，由全体消费者组成的联盟将会阻止该配置，从而我们就证明了本命题），而且 $x_h\gg0$（因为如若不然，类型 h 的消费者会阻止它）。由于 x 是帕累托最优的，我们可以运用福利经济学第二

基本定理（命题 16. D. 1），并且断言对于某个价格 $p=(p_1, \cdots, p_L)$，配置 x 是个伴有转移的价格均衡。这样一来，如果 x 不是瓦尔拉斯配置，那么必定存在某个 h（比如说 $h=1$）使得 $p\cdot(x_1-\omega_1)>0$。大致地说，类型 1 消费者从经济中其他人那里得到了正的净转移，因此相对地受到了优待（可以将类型 1 消费者想象为最受优待的）。我们将证明，只要 N 足够大，经济中其他类型消费者就有必要与类型 1 的 $N-1$ 个消费者组成联盟（即孤立一个类型 1 的消费者），因为这么做是值得的。

更准确地说，如果我们去掉类型 1 的一个成员，那么为了实现可行性，经济中的其他人必须能够吸收他的净交易 $x_1-\omega_1$。当然，对于正的分量（即对于下列这样的商品——其他人向类型 1 消费者提供正的净转移的商品）来说，这没什么问题，然而对于负的分量（即对于其他人提供负的净转移的商品）来说，则不那么简单。最简单的方法是平均分配收益和损失。总结一下，我们的联盟由 $(N-1)+N(H-1)$ 个成员组成，对于每个类型 h，每个类型 h 的成员得到

$$x_h'=x_h+\frac{1}{(N-1)+N(H-1)}(x_1-\omega_1)$$

注意到，

$$\begin{aligned}&(N-1)x_1'+Nx_2'+\cdots+Nx_H'\\=&(N-1)x_1+Nx_2+\cdots+Nx_H+(x_1-\omega_1)\\=&N\omega_1+\cdots+N\omega_H-x_1+x_1-\omega_1\\=&(N-1)\omega_1+N\omega_2+\cdots+N\omega_I\end{aligned}$$

因此，对于我们的联盟来说，我们提出的消费是可行的。注意到，如果 N 足够大，那么消费是非负的。对于每个 h，联盟中类型 h 的每个消费者从 x_h 移动到 $x_{h'}$。这是一个改进还是损失？答案是如果 N 足够大，那么它无疑是一种收益。为了看清这一点，注意到 $p\cdot(x_1-\omega_1)>0$ 意味着对于每个 h 都有 $\nabla u_h(x_h)\cdot(x_1-\omega_1)>0$，这是因为 p 和 $\nabla u_h(x_h)$ 是成比例的。于是，正如我们在图 18. B. 3 中所看到的（或使用泰勒公式；参见习题 18. B. 4），存在 $\bar{\alpha}>0$ 使得对于每个 h，当 $0<\alpha<\bar{\alpha}$ 时都有 $u_h(x_h+\alpha(x_1-\omega_1))>u_h(x_h)$。因此，对于任何使得 $1/[(N-1)+N(H-1)]<\bar{\alpha}$ 的 N，联盟的确会阻止配置 x。

在直觉上，我们在上面完成了下列任务。联盟需要吸收 $x_1-\omega_1$。以该经济的边际影子价格衡量，这个“项目”对于联盟是有利可图的，这是因为 $p\cdot(x_1-\omega_1)>0$。如果联盟的成员非常多，那么每个成员必须吸收项目的微小部分。所以，项目的个人部分将是边际意义上的，从而对于个人而言也是有利可图的（回忆 3. I 节类似的论证）。[①] ■

① Anderson（1978）提供了另外一种证明方法，他的方法只涉及很少的假设。

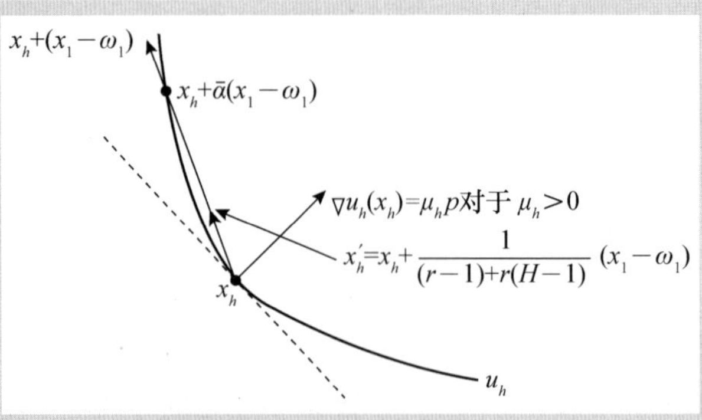

图 18. B. 3　联盟中一个类型 h 消费者的消费变化

命题 18. B. 1 **（核等价定理的部分内容）** 断言，瓦尔拉斯配置具有核性质，这个结论将福利经济学第一基本定理一般化了。在本质上，核等价定理（部分内容）断言，如果经济足够大，核配置是瓦尔拉斯配置，这是福利经济学第二基本定理。为了理解这一点，我们有必要回到一般（非复制的）经济中，用存在支持某个集合的价格这种思想来表达在什么样的条件下核配置是瓦尔拉斯配置。为简单起见，我们仅考察纯交换经济情形。

给定一个核配置 $x^*=(x_1^*, \cdots, x_I^*)\in\mathbb{R}_+^{LI}$，仿照福利经济学第二基本定理（命题 16. D. 1）证明过程中的构造，定义集合

$$V_i=\{x_i: x_i\succ_i x_i^*\}\cup\{\omega_i\}\subset\mathbb{R}^L$$

$$V=\sum_{i\in I}V_i\subset\mathbb{R}^L$$

我们有 $\sum_i\omega_i\in V$。不仅如此，x^* 的核性质意味着 $\sum_i\omega_i$ 在 V 的边界上。为了看清这一点，注意到如果 $\sum_i\omega_i$ 在 V 的内部，那么存在 $z\in V$ 使得 $z\ll\sum_i\omega_i$；也就是说，存在 $x'=(x_1', \cdots, x_I')$ 使得 $x_i'\in V_i$ 对于每个 i 均成立以及 $\sum_i x_i'=z\ll\sum_i\omega_i$。因此，$x'$ 是可行的，$x'\neq(\omega_1, \cdots, \omega_I)$，而且对于每个 i，要么 $x_i'\succ_i x_i^*$，要么 $x_i'=\omega_i$。由此可知，消费者集合 $S=\{i: x_i'\neq\omega_i\}$ 是非空的，对于每个 $i\in S$ 都有 $x_i'\succ_i x_i^*$，以及

$$\sum_{i\in S}x_i'\ll\sum_{i\in I}\omega_i-\sum_{i\notin S}x_i'=\sum_{i\in I}\omega_i-\sum_{i\notin S}\omega_i=\sum_{i\in S}\omega_i$$

于是 S 是个阻止性的联盟。

另一个断言是如果 $p=(p_1, \cdots, p_L)\neq0$ 在 $\sum_i\omega_i$ 支持 V，也就是说，如果 $p\cdot z\geqslant p\cdot(\sum_i\omega_i)$ 对于所有 $z\in V$ 均成立，那么对于 $x^*=(x_1^*, \cdots, x_I^*)$，$p$ 必定是个瓦尔拉斯价格向量。为了验证这一点，首先注意到，对于每个 i，我们都有 $x_i'\succ_i x_i^*$ 对于充分接近 x_i^* 的 x_i' 成立。因此，$x_i'+\sum_{k\neq i}\omega_k\in V$，从而有 $p\cdot(x_i'+\sum_{k\neq i}\omega_k)\geqslant p\cdot(\omega_i+\sum_{k\neq i}\omega_k)$。取极限(即，令 $x_i'\to x_i^*$）可得 $p\cdot x_i^*\geqslant p\cdot\omega_i$ 对于所有 i 均成立。由于 $\sum_i x_i^*\leqslant\sum_i\omega_i$，因

此我们必定有 $p\cdot x_i^*=p\cdot\omega_i$ 对于所有 i 均成立。另外，当 $x_i'\succ_i x_i^*$ 时，我们有 $p\cdot(x_i'+\sum_{k\neq i}\omega_k)\geqslant p\cdot(\omega_i+\sum_{k\neq i}\omega_k)$，从而有 $p\cdot x_i'\geqslant p\cdot\omega_i$。如果我们像16.D节（或第17章附录B）那样使用偏好的连续性和强单调性，我们可以将后面这个结论强化为 $p\cdot x_i'>p\cdot\omega_i$。

这里与福利经济学第二基本定理（参见16.D节）的一个重要区别是，$V\subset\mathbb{R}^L$ 未必为凸，因此在 $\sum_i\omega_i$ 支持 V 的非零向量 $p\in\mathbb{R}_+^L$ 可能并不存在。V 未必为凸的原因在于个人集合 $V_i\subset\mathbb{R}^L$ 未必是凸的，这是因为 V_i 是在点 x_i^* 更受偏好的集合（该集合为凸）与初始禀赋向量 ω_i（一般位于上述更受偏好集之外）的并，所以这两部分是不连通的。然而，如果（可能非凸的）集合 $V_i\subset\mathbb{R}^L$ 非常多，那么它们的和 $\sum_i V_i\subset\mathbb{R}^L$"近似"为凸。因此，我们可以将存在（近似）支持核配置的价格向量这个事实视为加总具有凸化效应的另外一个例子。

最后，我们简要讨论核理论的一种优美证明方法，这是由Aumann（1964）和Vind（1964）完成的。这种方法考察的模型实际上包含着消费者的连续统，从而我们将所有的加总替换为积分。这种方法的优美之处在于它证明了我们的所有近似结果实际上都是正确的。例如，在这种方法下，核等价定理的形式为：对于某个配置，它属于核当且仅当它是个瓦尔拉斯均衡配置。

18.C　瓦尔拉斯均衡的非合作基础

核理论背后的竞争思想非常朴素；不存在任何交易制度，而且在理论上任何能想到的盈利机会都会被利用。正因如此，核配置才必定是帕累托最优的。

然而，在很多应用情形中，竞争结构是规定好的。交易通过某种市场机制进行，这些机制明确使用价格。这样一来，竞争者可使用的工具和信息集就受到了限制。然而，如果个体竞争者相对于市场规模来说比较小，我们还希望价格接受者假设成立。12.F节已经考察了这个主题。我们在此再次考察，原因在于有若干一般均衡条件值得考虑。

现实应用中有很多价格调解式的竞争模型，我们将考察其中三种，但在此之前，我们先考察抽象情形。

假设有 I 个经济参与人（抽象的竞争者，也许是企业）。另外，还有一个可能的价格向量集 $P\subset\mathbb{R}^L$ 和一个"市场行动"集合 A。每个 i 有集合 $A_i\subset A$ 和禀赋向量 $\omega_i\subset\mathbb{R}^L$。对于每个 $a_i\in A_i$ 和 $p\in P$，交易规则（该交易规则的定义域为 $A\times P$，值域为 $\mathbb{R}^L$）对个体 i 指定了一个净交易向量 $g(a_i;\ p)$，而且 $p\cdot g(a_i;\ p)=0$。于是，给定一组行动 $a=(a_1,\ \cdots,\ a_I)$，存在着能产生价格向量 $p(a)\in P$ 的市场出清

过程。我们还假设每个 i 的效用函数为 $u_i(g(a_i;\ p)+\omega_i)$，因此该函数间接定义在 $A_i \times P$ 上。

上述架构意味着我们可以使用非合作博弈方法（详见第 8 章）考察这个问题。

定义 18.C.1：行动组合 $a^*=(a_1^*,\ \cdots,\ a_I^*)\in A_1\times\cdots\times A_I$ 是个**交易均衡**（trading equilibrium），如果对于每个 i 都有

$$u_i(g(a_i^*;p(a^*))+\omega_i)\geqslant u_i(g(a_i;p(a_i,a_{-i}^*))+\omega_i)\quad \text{对于所有 } a_i\in A_i \text{ 均成立}$$[1]

蕴涵在定义 18.C.1 中的非合作均衡概念与第 8 章和第 12 章的这个概念意思相同。与 18.B 节的核相反，这样的均衡未必是帕累托最优的。我们现在关注的问题是：如果个体交易者相对于市场规模相对较小，市场系统近似于价格接受环境，那么在什么样的条件下，每个交易者在给定的竞争预算集内达到了偏好最大化（从而，均衡近似于帕累托最优的）？

给定 $a=(a_1,\ \cdots,\ a_I)\in A_1\times\cdots\times A_I$，将交易者 i 在点 a 的**有效预算集**（effective budget set）定义为

$$B_i(a)=\{x_i\in\mathbb{R}_+^L: x_i-\omega_i\leqslant g(a_i';p(a_i',a_{-i}))\text{对于某个 } a_i'\in A_i \text{ 成立}\}$$

用文字表达就是，$B_i(a)$ 是给定其他交易者选择 a_{-i}，交易者 i 通过选择 a_i 而实现的净交易集。如果下列两类条件能够成立，这个可实现的净交易集 $B_i(a)$ 近似于瓦尔拉斯预算

$$B(p(a),p(a)\cdot\omega_i)=\{x_i\in\mathbb{R}_+^L: p(a)\cdot x_i\leqslant p(a)\cdot\omega_i\}$$

(1) **价格对自身行动不敏感**。为使 $B_i(a)$ 的边界（几乎）包含在超平面之中，价格出清函数 $p(a_i,\ a_{-i})$ 必须对 a_i 非常不敏感。[2] 如果经济规模较大，从而每个竞争者相对于市场规模较小，价格对自身行动不敏感这个条件通常能得以保证。例如，假设 $p(a)$ 的形式为 $p((1/r)\sum_i a_i)$，其中 r 是个规模参数（比如也许是消费者的数量）。实际上，比较常见的是，这个问题可以转化为平均行动水平影响价格的问题。无论如何，如果情形的确如此，那么基本事实是明朗的：**只要 $p(\cdot)$ 连续地取决于平均行动 $(1/r)\sum_i a_i$，那么当经济变大即 $r\to\infty$ 时，价格对个体行动（假设 A_i 有界）的依赖性可以忽略不计**。因此，$p(\cdot)$ 的连续性是个重要性质。

(2) **个体张成**（individual spanning）。即使 $p(a)$ 与个体行动无关，我们也仍可能得到失败的个体张成。也就是说，集合 $B_i(a)$ 的边界尽管是平坦的，但可能

18

① 想必读者已习惯了 $(a_i,a_{-i}^*)=(a_1^*,\cdots,a_{i-1}^*,a_i,a_{i+1}^*,\cdots,a_I^*)$ 这种符号表示法。

② 我们已经知道，$p(a_i',\ a_{-i})\cdot g(a_i',\ p(a_i',\ a_{-i}))=0$ 对于所有 a_i' 均成立。因此，如果 $p(a_i',\ a_{-i})$ 是（几乎）和 a_i' 无关的，那么 $B_i(a)$ 是（几乎）包含于垂直于 $p(a)$ 的那个超平面的。

"太短"，如图 18.C.1(a) 所示，或者甚至是低维的，如图 18.C.1(b) 所示，此时它退化为初始禀赋向量（不可能存在任何交易）。在每种情形下都必须检验个体张成。这个检验通常涉及：首先，证明 $g(a_i, p)$ 对于 a_i 非常敏感；其次，验证 A_i 是否足够大。

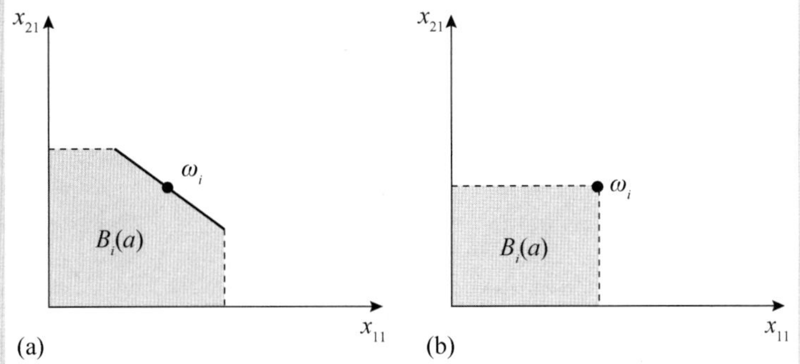

图 18.C.1　图 (a) 和图 (b) 中的预算集都是非张成性的

现在我们简要地、非正式地讨论三个例子来说明这些思想。①

例 18.C.1：一般均衡，单一商品的古诺竞争。这个模型在本质上与 12.C 节的模型是一样的，唯一不同的是现在我们使用的是完全一般形式的"反需求函数"，也就是说，我们使用的是将市场出清价格指定给总生产决策的对应。这种做法的好处是能反映可能的财富效应（这是一般均衡方法的特征）。

具体地说，假设我们有两种商品：商品 1 为消费品，商品 2 为"货币"（它也是记账单位，价格为 1）。经济中有 r 个相同的消费者，每个消费者拥有一单位货币禀赋。对于消费品的价格 $p \in \mathbb{R}$，某个消费者对这种商品的需求为 $x(p) \in \mathbb{R}$。经济中还有 J 个企业，每个企业都用货币（商品 2）生产消费品（商品 1）。企业设定产量。边际成本在达到单位产能限制之前一直为零。为简单起见，假设企业主是独立于消费者的团体，它们仅关心货币的消费。因此，对于任何总产量 $q = \sum_j q_j$ 和规模参数 r，消费品的市场价格必定是一般均衡方程 $rx(p) = q$ 或 $x(p) = q/r$ 的解。假设对于任何 q/r，市场为这个方程选择了一个解 $p(q/r)$。②

在第 12 章的拟线性、局部均衡架构内，$x(\cdot)$ 是个递减的连续函数，因此存在着反函数，该反函数是连续的（和递减的）。由此可知，当 r 较大时，$p\left(\sum_j q_j / r\right)$ 对于任何特定企业决策的反应都是非常迟钝的。因此，企业接近于价格接受者，从而古诺均衡近似于瓦尔拉

① 对于像例 18.C.1 和例 18.C.2 那样的一般均衡古诺模型，可以参考 Gabszewicz 和 Vial (1972) 以及 Novshek 和 Sonnenschein (1978)。对于一般情形，可以参考 Mas-Colell (1982)。

② 为了将这个例子视为前面抽象交易模型的特例，你应该将这 J 个企业想象为博弈参与人。企业 j 的"禀赋"是一单位商品 1，它的策略变量为 $q_j \in [0, 1] = A_j$。最后，交易规则为 $g(q_j; p, 1) = (-q_j, pq_j)$。

斯均衡。

然而，在当前的一般均衡架构内，$p(\cdot)$ 很有可能是不连续的。如图 18.C.2 所示，在这个图中，我们画出了某个消费者的提供曲线。在这种情形下，当人均消费 q/r 在 0 到 J/r 区间变动时，我们无法连续地选择货币需求从而无法选择价格。[①] 潜在古诺均衡的位置将取决于市场如何在人均消费区间 $[b', b'']$ 选择 $p(\cdot)$，但是无论经济规模是怎么样的，古诺均衡都非常有可能跳离瓦尔拉斯均衡。

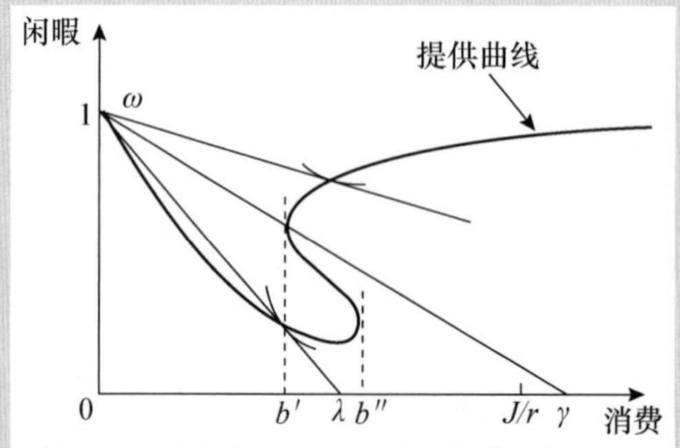

图 18.C.2　在图中所示的经济中，市场无法选择连续的价格

我们在图 18.C.3 中选择了一个特定的价格 $p(\cdot)$。首先，注意到，在这个模型的瓦尔拉斯均衡中，每个企业必定在最大产能处生产（从而瓦尔拉斯均衡价格为 p^*）。然而，如果 $r>(J\lambda/\gamma b')$，（对于人均消费 b'）每个企业的产量 $rb'/J<1$ 构成了一个古诺均衡：因为 $p(\cdot)$ 在区间 $[0, b']$ 非常具有弹性，因此任何企业都不会降低产量；而且如果任何企业扩大产量，不管多么微小，都会使得价格急剧下降从而无利可图。[②] [关于这方面的更多内容，可参考 Roberts（1980）。] ■

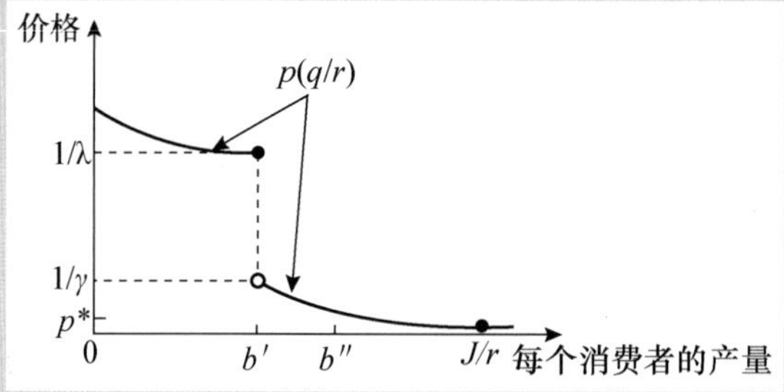

图 18.C.3　一个价格均衡选择

例 18.C.2：互补品之间的古诺竞争。我们修改上例中的两个条件：(1) 经济中有两种消费品（商品 1 和 2）；(2) 企业生产商品 1 或商品 2，生产商品 1 和 2 的企业数量分别为 J_1 和 J_2。

---

① 这个例子是人为的而不是现实的，因为"货币"在本例中是一种吉芬商品。如果消费者不相同，我们不必要求这个特征。

② 当每个企业的产量为 rb'/J 时，每个企业的利润为 $rb'/J\lambda>1/\gamma$。但当任何企业偏离上述产量而多生产时，$1/\gamma$ 是这类企业的利润上界。因此，每个企业产量为 rb'/J 构成了一个均衡。

为简单起见，假设消费者有着拟线性的效用，其中货币作为计价物。如果这两种消费品的凹、严格递增效用函数为 $\psi(x_1, x_2)$，那么对于任何总产量 (q_1, q_2)，市场出清价格为

$$p(q_1,q_2)=\nabla\psi(q_1/r,q_2/r)=\left(\frac{\partial\psi(q_1/r,q_2/r)}{\partial x_1},\frac{\partial\psi(q_1/r,q_2/r)}{\partial x_2}\right)\gg 0$$

瓦尔拉斯均衡产量为 (J_1, J_2)。现在，假设取一个极端情形：这两种消费品为互补的，也就是说，这两种消费品必须一起消费才能产生效用，即，对于 x_1 和 x_2 有 $\psi(0, x_2)=\psi(x_1, 0)=0$。于是，我们断言不生产（即两种产品的产量都为零）是一个均衡。原因很明显：如果 $q_2=0$，那么商品 1 的任何正的供给 $q_1>0$ 只可能被市场在 $p_1=\nabla_1\psi(q_1/r, 0)=0$ 时吸收。因此，任何企业都没有激励生产任意单位的商品 1（商品 2 的情形类似）。从经济上看，麻烦在于为了活跃某个市场（即供给不为零），需要至少两个企业之间的合作。从图形上说，出清价格在点（0，0）是不连续的，这是因为对于所有 $\varepsilon>0$ 我们有 $p(\varepsilon, 0)=0$，但是当 ε 趋于零时 $p(\varepsilon, \varepsilon)$ 的极限仍然跳离了零点。[①] ■

例 18. C. 3：交易站点。这个例子属于 Shapley 和 Shubik（1977）提出的一系列例子中的一个。它不是特别符合现实，但它至少有三个优点：它构成了一个完整的一般均衡模型；所有参与人都进行策略性互动（在前两个例子中，消费者是被动的）；它在分析上比较容易处理。

经济中有 L 种商品和 I 个消费者。消费者 i 的禀赋为 $\omega_i\in\mathbb{R}^L_+$。商品 L 为"货币"，它是非对称的。对于前 $L-1$ 种商品中的每一种商品，相应存在着一个**交易站点**（trading post），用货币交换商品。在每个交易站点 $l\leqslant L-1$，每个消费者 i 的指令（bid）为 $a_{li}=(a'_{li}, a''_{li})\in\mathbb{R}^2_+$，它的意思是说，消费者 i 将 a'_{li} 单位商品 l 放在交易站点用来换钱（作为商品 l 的供给者），他将 a''_{li} 单位货币（商品 L）放在交易站点用来换商品 l（作为商品 l 的需求者）。另外，消费者 i 的指令还需要满足 $a'_{li}\leqslant\omega_{li}$ 和 $\sum_{l\leqslant L-1}a''_{li}\leqslant\omega_{Li}$ 。

给定消费者 i 在交易站点 $l\leqslant L-1$ 的指令和价格 $(p_1, \cdots, p_{L-1}, 1)$，规定如下交易规则：

$$g_l(a_{1i},\cdots,a_{L-1,i};p_1,\cdots,p_{L-1},1)=\frac{a''_{li}}{p_l}-a'_{li}\quad 对于所有\ l\leqslant L-1\ 均成立$$

这样我们就得到了完整的交易机制。货币商品的交易可从消费者的预算约束推导出。

给定所有消费者指令的一个向量 $(a_{11}, \cdots, a_{L-1,1}, \cdots, a_{1I}, \cdots, a_{L-1,I})$，以货币表示的交易价格等于提供的货币量与提供的商品量之比：

$$p_l(a)=\frac{\sum_i a''_{li}}{\sum_i a'_{li}}\quad l=1,\cdots,L-1 \tag{18.C.1}$$

① 互补性导致 ψ 在原点不可能是连续可微的，因此，$p(\cdot)$ 不连续。这是本例的重要特征。注意到，原点处的不连续性是自然发生的：例如，当 $\psi(\cdot)$ 的无差异图是位似（但不是线性）的时。这个主题的更多内容可参见 Hart（1980）。

注意到，除了当交易站点 l 没有商品提供时［即，除了当对于所有 i 都有 $a'_{li}=0$ 时］，$p_l(a)$ 是明确定义的和连续的。①

参与人 i 的典型有效预算集是凸的，而且如果 $\sum_{k\neq i}a'_{lk}\neq 0$ 且 $\sum_{k\neq i}a''_{lk}\neq 0$ 对于所有 $l\leqslant L-1$ 成立，它有一个不含有直线段的上界（习题 18. C. 1 要求读者验证这一点）。这反映了下列事实：当消费者在市场某个方面（供或需）的指令增加时，交易条件变得对他不利。图 18. C. 4 以 $L=2$ 的情形为例说明了这一点。

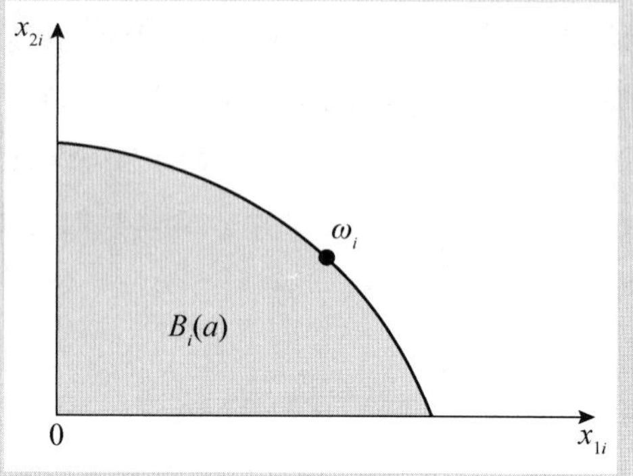

图 18. C. 4　例 18. C. 3 交易站点的一个有效预算集

由式（18. C. 1）可知，在任何**厚的**（thick）交易站点中（厚交易站点是指在这样的站点中，供给面和需求面相对于任何消费者的初始禀赋都很大），交易行为都是近似价格接受的。交易站点为厚的一个必要条件是存在很多消费者。但这不是充分条件：即使对于很大的经济，在它的均衡中，某些市场也可能是**薄的**（thin），从而交易均衡远非瓦尔拉斯均衡。事实上，对于交易站点 l 被关闭（即，该交易站点不存在）的某个模型，如果该交易站点重新开放但不活跃，也就是说，如果 $a_{li}=(a'_{li},\ a''_{li})=0$ 对于所有 i 均成立，那么该模型的任何交易均衡仍然是个均衡。从经济上看，这与例 18. C. 2 有关：为了活跃某个市场至少需要两个参与人（此处为一个买者和一个卖者）。从数学上说，困难仍在于当 $a_{li}=0$ 对于所有 i 均成立时，不可能连续地选择价格。

18

直到现在，在本例和前面的例子中，当个体竞争者相对较小时，若交易均衡不是瓦尔拉斯均衡，那么这都是由市场均衡价格不连续造成的。但是当前的例子也说明了个体张成问题。事实上，如果市场是厚的，从而价格是近似固定不变的（从个体角度看），那么交易站点结构仍然施加了下列限制：商品只能以现金交换［在宏观经济学中，这称为预付现金约束或克拉奥约束（Clower constraint）］。通过出售商品得到的资金不能用于购买商品。因此，对于给定的个体来说，瓦尔拉斯预算集是（近似）可及的，仅当货币初始禀赋非常充足时，即仅当在个体最大化问题解之处，约束 $\sum_{l\leqslant L-1}a''_{Li}\leqslant\omega_{Li}$ 不是紧的（即不是以等式成立）。但

① 注意，对于只有一个交易站点（即，$L=2$）的这种特殊但重要的情形，当 $\sum_i a''_{li}>0$ 和 $\sum_i a'_{li}=0$ 时，货币的相对价格仍然是明确定义的：它为零。当 $\sum_i a'_{li}=0$ 且 $\sum_i a''_{li}=0$ 时，定义相对价格就很困难。

是我们无法对此给出一般性原因。假设取极端情形，即 $\omega_{Li}=0$，那么消费者 i 不能购买任何商品。■

18.D　对再分配的限制

在 16.D 节我们已经看到，在适当的凸性条件下，如果财富可以定额转移，那么帕累托最优配置可以得到价格的支持。然而，正如我们在那里所指出的，能够进行定额转移的一个必要条件是中央计划者能够区分不同消费者，也就是说，能够准确识别出每个消费者的特征（偏好和禀赋）。在本节，我们将考察如果这些条件在任何程度上都不成立将意味着什么；也就是说，我们将规定个人特征是私人信息，从而我们只能通过观察个人选择来判断他的个人特征。于是我们将看到，在非常一般的条件下，福利经济学第二基本定理不成立：能够得到支持的唯一帕累托最优配置不涉及财富转移，也就是说，它们正好是瓦尔拉斯配置。因此，如果中央计划者无法使用任何类型的个人信息，那么公平和效率之间可能存在着冲突：如果必须进行财富转移，我们必须放弃帕累托最优。22.B 节和 22.C 节将进一步考察这个权衡的性质。

假设我们处在一个交换经济中，该经济有 I 个消费者。每个消费者 i 的消费集为 $\mathbb{R}^L_+$，禀赋向量为 $\omega_i\geqslant 0$，效用函数 $u_i(\cdot)$ 是连续、单调且严格拟凹的。

首先，我们对可行配置施加一个限制，目的在于描述这个配置可能是下列过程的结果：每个消费者在相同的市场条件约束下最大化自己的效用。

定义 18.D.1：对于可行配置 $x^*=(x_1^*,\cdots,x_I^*)\in\mathbb{R}^{LI}$，如果存在一个净交易集 $B\subset\mathbb{R}^L$ [集合 B 称为一个**广义预算集**（generalized budget set）或一个**税收系统**（tax system）] 使得对于每个 i，$z_i^*=x_i^*-\omega_i$ 均是下列最大化问题的解

$$\begin{aligned}&\text{Max } u_i(z_i+\omega_i)\\&\text{s.t. } z_i\in B\\&\qquad z_i+\omega_i\geqslant 0\end{aligned}$$

那么，我们说可行配置 x^* 是**自我选择的**（self-selective）、**匿名的**（anonymous）或在净交易中**不存在嫉妒**（envy-free）。

图 18.D.1(a) 和图 18.D.1(b) 给出了两个自我选择配置的例子。在这两个图中，不同消费者的偏好和禀赋画在了同一个象限中。①

---

① 非嫉妒性的配置概念首先由 Foley（1967）引入，非嫉妒性的净交易配置则首先由 Schmeidler 和 Vind（1972）引入。这些概念的综述（主要偏重伦理方面）可以参考 Thomson 和 Varian（1985）。

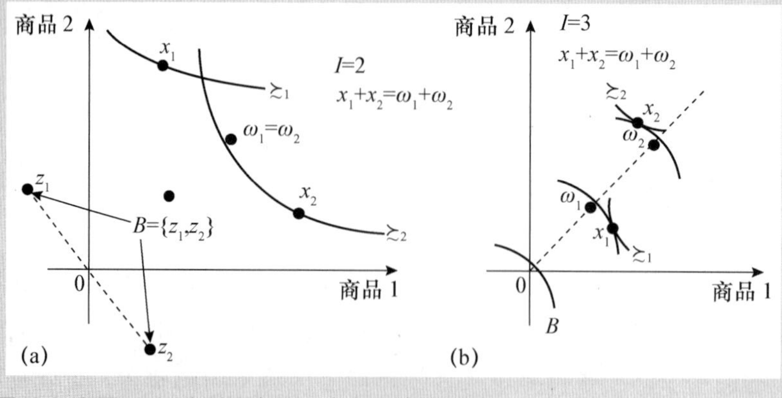

图 18. D. 1　图（a）和图（b）分别画出了一个自我选择配置

注意到，如果 $x^*=(x_1^*,\cdots,x_I^*)$ 是自我选择的，那么只要取 $B=(x_1^*,\cdots,x_I^*)$ 就足够了。因此，我们可以将定义 18. D. 1 解读为：任何消费者都不嫉妒任何其他个体的净交易；在所有的净交易中，消费者对指派给他的交易感到非常满意。在阐述时，我们通常不用考虑现实中的 B，因为在我们的脑海里存在着下列极限情形：在这个极限情形中，一方面，存在着大量的消费者，他们的行为只有他们自己知道；另一方面，中央计划者有完美的统计信息（即，准确知道个体特征的分布），但是无法区分不同的消费者（因为观察不到个人特征信息）。在这样的情形下，可行政策工具是选择一个集合 B，让消费者在 B 中自行选择他最偏好的点。由于这等价于所得税表，我们也将 B 称为一种税收系统。然而，需要注意，作为一种政策工具，广义预算这个概念假设我们有能力阻止个体选择多次。因此，它能充分模拟所得税，但是不能模拟商品税。

现在我们提出一个福利经济学第二基本定理类型的问题：哪个帕累托最优配置能够得到共同预算的支持？也就是说，哪个可行配置同时是帕累托最优和自我选择的？和与福利经济学第二基本定理相伴的问题相比，这个问题可大可小。一方面，这个问题较大，因为我们允许一般（非线性）预算集支持它，并不局限于线性超平面的支持。另一方面，这个问题又较小，这是因为它要求所有消费者的净交易面对相同的预算。

我们的第一个结论是如果 $x^*=(x_1^*,\cdots,x_I^*)$ 是个与均衡价格向量 $p\in\mathbb{R}^L$ 相伴的瓦尔拉斯配置，那么根据福利经济学第一基本定理可知这个配置也是帕累托最优的，而且由于我们可取 $B=\{z: p\cdot z=0\}$，这个配置也是自我选择的。

图 18. D. 2 埃奇沃思盒中的配置 x^* 是帕累托集中的一个自我选择配置，但不是瓦尔拉斯配置。图 18. D. 3 清楚地说明了 x^* 是自我选择的原因。在这个图中，我们将两个消费者消费集的原点移动到他们的初始禀赋向量，从而使得这两个消费者的偏好可用净交易表示。于是，对于 $z_i^*=x_i^*-\omega_i$，$i=1,2$，我们有 $z_1^*\succsim_1 z_2^*$ 和 $z_2^*\succsim_2 z_1^*$。

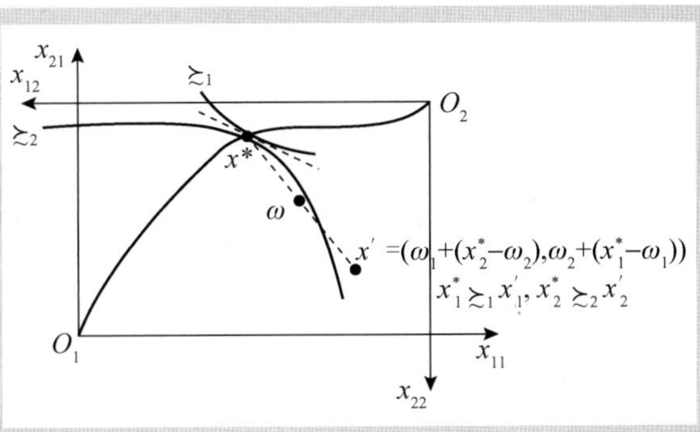

图 18. D. 2　x^* 是个帕累托最优的和自我选择的配置，但不是个瓦尔拉斯配置

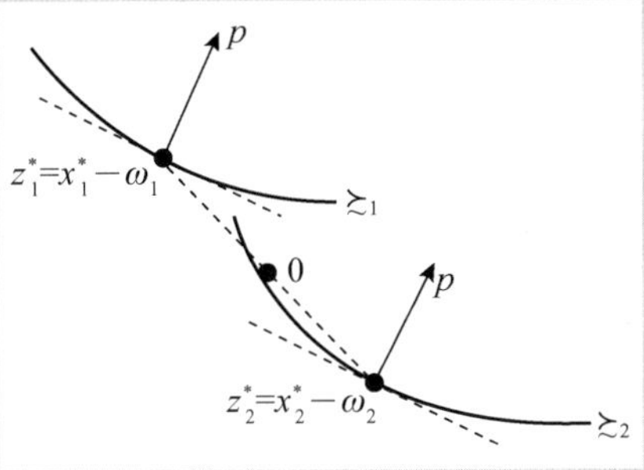

图 18. D. 3　图 18. D. 2 的另外一种表示法

上面的埃奇沃思盒例子说明，匿名再分配存在着充足空间。然而，这个例子非常特殊，因为它只有两个消费者，或者更一般地，对所有消费者只给定了两种偏好-禀赋类型。现在我们考察下列情形：有大量消费者，而且偏好-禀赋类型也有很多种。在直觉上，这应该使得帕累托最优和财富转移更难相容，这是因为可能存在着很多妒忌机会（帕累托最优将迫使消费者的净交易不同），因此，广义预算构建的自由程度受到了限制。

假设经济中有两种商品以及消费者类型的一个连续统（从而消费者的一个连续统）。图 18. D. 4 画出了这个经济的一个配置。[①] 消费者的类型用指数 $t \in [0, 1]$ 表示，而且他们的偏好 $\succsim_t$ 连续地取决于 t。为简单起见，假设每个消费者的禀赋都是相同的。[②] 这个连续性假设的含义是，消费者的特征（偏好-禀赋组合）集不能被分成两个不相连的种类。不同类型消费者的消费沿着曲线段 cd 分布。这个配置具有下列性质：

（ⅰ）它不是瓦尔拉斯配置。如果它是，那么所有消费束都将位于直线段上；事实上，不同类型消费者交换两种商品的比率是不同的。

---

① 对于消费者类型有限但非常多的情形，下列结果的近似版本也成立。

② 重要的是它们随着 t 连续变化，这是我们更为关注的。

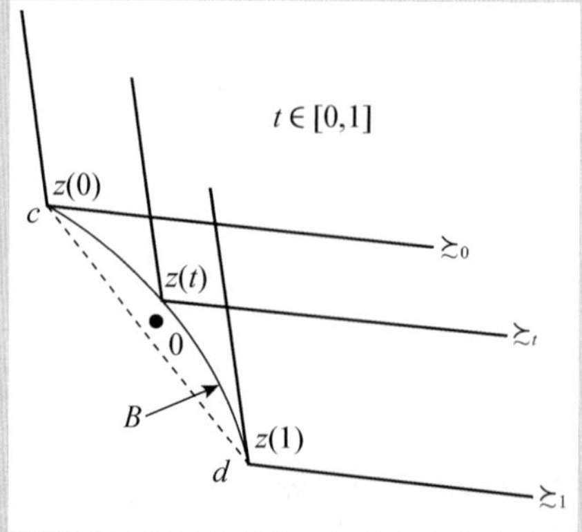

图 18. D. 4　对于交易者为连续统的情形，图中的配置是帕累托最优的和自我选择的，但不是瓦尔拉斯配置

（ⅱ）它是自我选择的配置。在图 18. D. 4 中，我们看到每个消费者在广义预算集 B 中选择能使得他自己效用达到最大的消费束。注意到，任何可行预算集的边界必须包含线段 cd，cd 是由某个消费者实际选择的消费束构成的。

（ⅲ）它是帕累托最优的配置。事实上，价格向量 $p=(1,\ 1)$ 将会使得这个配置成为伴有财富转移的一个价格均衡，从而是帕累托最优的。

注意到事实（ⅲ）严重依赖于每个消费者的无差异曲线在指定点（消费束）上出现了拐折。如果我们试图使这些拐折平滑，那么由于 cd 是曲线段而且偏好是连续变化的，结果将是存在两个消费者使得他们在各自选择的消费束上的边际替代率不同，这违背了帕累托最优条件（在这种情形下，这两个消费者存在着互惠交易空间）。只有在 B 是直线的情形下，我们才能保持帕累托最优，但这样一来，这个配置将是个瓦尔拉斯均衡。因此，我们似乎有下列这样的结果：如果无差异曲线在消费点上是平滑的，那么只有当经济中消费者的特征能够被分解为两种不相连的类型时，帕累托最优且自我选择的配置才可能不是瓦尔拉斯均衡。有了这个直觉之后，我们可以介绍命题 18. D. 1。①

18

命题 18. D. 1：在某个交换经济中，消费者类型是个连续统。假设：

（ⅰ）所有消费者的偏好都可用可微效用函数表示；

（ⅱ）经济中存在的消费者特征②集不能被分解为两个不相连的类别。正式地说，如果经济给出的两个偏好-禀赋组合为 $(u(\cdot),\ \omega)$ 和 $(u'(\cdot),\ \omega')$，那么存在着一个关于 $t\in[0,\ 1]$ 的连续函数 $(u(\cdot;\ t),\ \omega(t))$ 使得：$(u(\cdot;\ 0),\ \omega(0))=(u(\cdot),\ \omega)$，$(u(\cdot;\ 1),\ \omega(1))=(u'(\cdot),\ \omega)$，而且对于每个 t，$(u(\cdot;\ t),\ \omega(t))$ 在经济中都存在。

那么对于任何配置 $x^*=\{x_i^*\}_{i\in I}$，只要它是帕累托最优、自我选择以及内部的

---

① 对于这类结果，可以参考比如 Varian（1976）或 Champsaur 和 Laroque（1981）。

② 术语“经济中存在的消费者特征”的意思是“包含在由消费者群体引致的特征分布的支撑集中”。

（即，对于所有 i 都有 $x_i^* \gg 0$），那么 x^* 必定是个瓦尔拉斯均衡配置。此处 I 是个消费者的无限集。

证明： 这个证明远非严格，且仅限于 $L=2$ 的情形。

令 $p=(p_1, p_2)$ 为支持 x^* 成为一个帕累托最优配置的价格向量。由于效用函数的可微性和配置的内部性，相对价格 p_1/p_2 是唯一确定的。我们想证明对于所有 i 都有 $p\cdot(x_i^*-\omega_i)=0$。

首先注意到，在点 x^*，平等待遇性质成立：如果 $(u_i(\cdot), \omega_i)=(u_k(\cdot), \omega_k)$，那么 $x_i^*=x_k^*$。事实上，i 不妒忌 k，而且 k 也不妒忌 i。因此，x_i^* 和 x_k^* 必定位于 i 和 k 共同偏好关系的同一条无差异曲线上。根据偏好的严格凸性，价格向量 p 必定支持这条无差异曲线上的唯一一个点。因此，x_i^* 和 x_k^* 必定相等。

如果经济中存在的净交易集是单点集，那么这个点必定是向量 0（否则，净交易总和不可能为零），由此可得到最终结果。

因此，假设经济中存在至少两个不同的净交易向量：z_0 和 z_1。在图 18.D.5 中，我们画出了这两个净交易向量以及所有消费者的净交易 $z(t)$[$z(t)$ 由假设（ii）中的连续参数描述]，其中 $t=0$，1 分别对应于 z_0 和 z_1 背后的消费者。

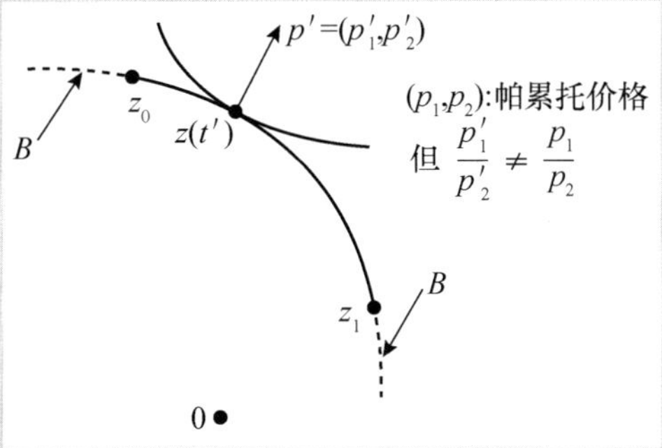

图 18.D.5　如果净交易边界不是平坦的，那么配置不是帕累托最优的（假设配置是自我选择的）

一个重要的事实是作为 t 的函数的 $z(t)$ 是连续的。这符合直觉。我们已经看到，平等待遇性质成立：相同的个人的待遇也是相同的。不用说在数学上，在直觉上，$z(t)$ 的连续性的逻辑也是相同的：如果要防止妒忌，那么类似个人的待遇必定是类似的。

因此，当我们从 $t=0$ 移动到 $t=1$ 时，净交易将连续地从 z_0 移动到 z_1。因此，任何广义预算集 B 的边界必定连接 z_0 和 z_1。这样，要么这个边界是法向量为 p 的一条介于这两点之间的直线段[在这种情形下，$p\cdot(z_0-z_1)=0$]，要么在这两点之间存在着一个点[图 18.D.5 中的 $z(t')$]，其中 B 的边界的"斜率"不等于 p_1/p_2，从而选择这一点的消费者的 MRS 不等于 p_1/p_2（在这种情形下，p 不是个支持价格向量）。

我们断言：含有经济中存在的所有净交易的 B 的边界 M 段是法向量为 p 的一条直线段（因此，是个凸集）。由于净交易的总和为零，我们必定有 $0\in M$。因此，$p\cdot z=p\cdot(z-0)=$

0 对于每个 $z\in M$ 均成立，特别地，$p\cdot(x_i^*-\omega_i)=0$ 对于每个 i 均成立。参见图 18. D. 6。■

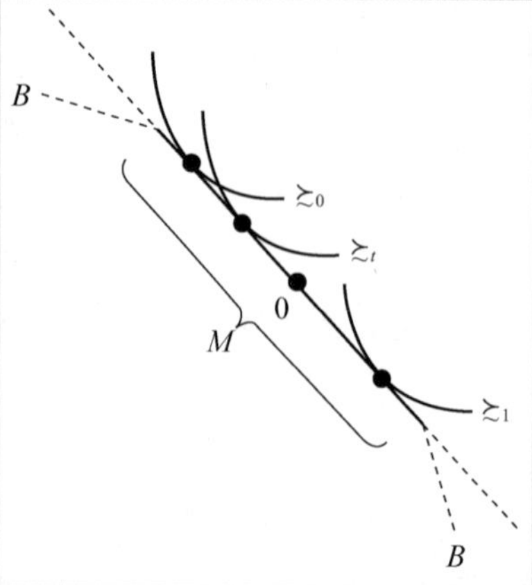

图 18. D. 6　图中的帕累托最优、自我选择的配置也是瓦尔拉斯配置

18.E　均衡和边际生产率原理

在本节，我们考察在多大程度上瓦尔拉斯均衡可以用下列思想刻画：个体得到的正好是他们对社会的经济福利的边际贡献。我们再次看到，大量消费者这个假设很重要。这个主题的详细分析可参考 Ostroy（1980）的原创性工作。

为了尽可能简单，我们仅考察拟线性交换经济情形。商品 L 为计价物。

假设经济中消费者的类型有 H 种。类型 h 消费者的凹、可微且严格递增的效用函数为

$$u_h(x_h)=\psi_h(x_{1h},\cdots,x_{L-1,h})+x_{Lh}$$

假设一个经济可用不同类型消费者的一个组合（I_1，…，I_H）定义，其中 $I=\sum_h I_h$。对于任何经济（I_1，…，I_H），如同 10. D 节一样，我们将该经济能产生的"社会效用"最大值定义为[①]：

$$\begin{aligned}v(I_1,\cdots,I_H)=&\text{Max } I_1u_1(x_1)+\cdots+I_Hu_H(x_H)\\ \text{s.t. }&(\text{i})\ I_1x_1+\cdots+I_Hx_H\leqslant I_1\omega_1+\cdots+I_H\omega_H,\\ &(\text{ii})\ x_{lh}\geqslant 0 \text{ 对于所有 } l\leqslant L-1 \text{ 和 } h \text{ 均成立。}\end{aligned}\tag{18. E. 1}$$

函数 $v(I_1$，…，$I_H)$ 关于它的变量是一次齐次的：$v(rI_1$，…，$rI_H)=rv(I_1$，…，$I_H)$ 对于所有 r 均成立。特别地，

$$v(I_1/I,\cdots,I_H/I)=\frac{1}{I}v(I_1,\cdots,I_H)$$

① 由于效用函数是凹的，当同类型的消费者的待遇平等时，最大效用能被达到。

也就是说，人均社会效用仅取决于类型构成，不取决于经济的规模大小。因此，通过对不同类型消费者群体的非负向量 $\mu=(\mu_1,\cdots,\mu_H)\in\mathbb{R}_+^H$ 定义 $v(\mu_1,\cdots,\mu_H)$，可以将我们的分析扩展到消费者为连续统的情形。具体地说，

$$
\begin{aligned}
&v(\mu_1,\cdots,\mu_H)=\text{Max}\ \mu_1u_1(x_1)+\cdots+\mu_Hu_H(x_H)\\
&\text{s. t. (i) } \mu_1x_1+\cdots+\mu_Hx_H\leqslant\mu_1\omega_1+\cdots+\mu_H\omega_H,\\
&\quad\text{(ii) } x_{lh}\geqslant 0 \text{ 对于所有 } l\leqslant L-1 \text{ 和 } h \text{ 均成立。}
\end{aligned}
\tag{18. E. 2}
$$

如果我们有一个有限经济序列 $(I_1^n,\cdots,I_H^n)$ 使得 $I^n=\sum_h I_h^n\to\infty$ 和 $(1/I^n)I_h^n\to\mu_h$ 对于每个 h 均成立，那么我们能够合理地将 $(\mu_1,\cdots,\mu_H)$ 视为不断变大的有限经济序列的连续统极限。

习题 18. E. 1：证明函数 $v(\cdot)$：$\mathbb{R}_+^H\to\mathbb{R}$ 是凹的和一次齐次的。

函数 $v(\cdot)$ 是一类生产函数，它的产出是社会效用，投入是个体消费者自身。另外，在极限中，类型 h 的每个个体变为无穷小的一个投入。我们暂时仅讨论连续统极限。我们还假设 $v(\cdot)$ 是可微的。①

定义 18. E. 1：给定一个消费者的连续统 $\mu=(\mu_1,\cdots,\mu_H)\in\mathbb{R}_+^H$，可行配置② $(x_1^*,\cdots,x_H^*)$ 是个**边际产品配置**（marginal product allocation）或**不存在剩余的配置**（no-surplus allocation），如果

$$u_h(x_h^*)=\frac{\partial v(\mu)}{\partial\mu_h}\quad\text{对于所有 } h \text{ 成立}\tag{18. E. 3}$$

用文字表述就是：在不存在剩余的配置上，每个人得到的正好是他的边际贡献。

命题 18. E. 1：对任何消费者的连续统 $\bar{\mu}=(\bar{\mu}_1,\cdots,\bar{\mu}_H)\gg 0$，可行配置 $(x_1^*,\cdots,x_H^*)\gg 0$ 是个边际产品配置当且仅当它是个瓦尔拉斯均衡配置。

证明：如果 $x^*=(x_1^*,\cdots,x_H^*)$ 是个边际产品配置，那么通过使用欧拉公式（参见数学附录 M. B 节）可知，

$$v(\bar{\mu})=\sum_h\bar{\mu}_h\frac{\partial v(\bar{\mu})}{\partial\mu_h}=\sum_h\bar{\mu}_hu_h(x_h^*)$$

因此，x^* 是当 $\mu=\bar{\mu}$ 时问题（18. E. 2）的解，其中 $\mu=\bar{\mu}$。

现在假设 $x^*=(x_1^*,\cdots,x_H^*)$ 是个产生社会效用 $v(\bar{\mu})$ 的可行配置；也就是说，它构成了当 $\mu=\bar{\mu}$ 时问题（18. E. 2）的解。将与最大化问题（18. E. 2）中约束条件 $\sum_h\bar{u}_h(x_{lh}-\omega_{lh})\leqslant 0, l=1,\cdots,L$ 相伴的一阶条件乘子的值记为 p_l，$l=1,\cdots,L$。参见数学附录 M. K 节。根据 $\mu_h(\cdot)$ 的拟线性可知，

$$p_L=1\quad\text{和}\quad p_l=\nabla_l\psi_h(x_{1h}^*,\cdots,x_{L-1,h}^*)\tag{18. E. 4}$$

---

① 这可以从更原始的假设推导出。

② 我们假设同类消费者的待遇是平等的。因此，可行性的意思是 $\sum_h\mu_hx_h^*\leqslant\sum_h\mu_h\omega_h$。

18

对于所有 $l \leqslant L-1$ 和所有 $1 \leqslant h \leqslant H$ 均成立。

由式（18. E. 4）可知，乘子向量 $p=(p_1, \cdots, p_L)$ 是这个拟线性经济的瓦尔拉斯均衡价格向量（回忆 10. D 节的分析）。另外，将包络定理（参见数学附录 M. L 节）运用到问题（18. E. 2）可得（参见习题 18. E. 2）：

$$\frac{\partial v(\bar{\mu})}{\partial \mu_h}=u_h(x_h^*)+p \cdot (\omega_h-x_h^*) \qquad (18. E. 5)$$

因此，我们断言 x^* 是个瓦尔拉斯均衡配置当且仅当 x^* 是当 $\mu=\bar{\mu}$ 时问题（18. E. 2）的解，并且式（18. E. 3）得到满足，也就是说，当且仅当 x^* 是个边际产品配置。■

式（18. E. 5）符合直觉。它的左侧衡量如果我们额外增加类型 h 的一个消费者，最大效用之和增加多少。它的右侧告诉我们存在两种效应。一方面，类型 h 的额外一个消费者从经济中其余部分得到消费束 x_h^*，因此，他直接将他的效用 $u_h(x_h^*)$ 增加到社会效用之和中。另一方面，尽管他得到了 x_h^*，但是他贡献了他的禀赋向量 ω_h。因此，经济其余部分的净变化为 $\omega_h-x_h^*$。对于经济其余部分，这个净变化的价值是多少？社会影子价格向量正好为 $p=(p_1, \cdots, p_L)$，因此，经济其余部分的总变化为 $p \cdot (\omega_h-x_h^*)$。因此，瓦尔拉斯配置可用第二个效用为零进行刻画：消费者的效用等于他对社会效用的全部边际贡献。

习题 18. E. 4 要求读者验证效用函数的光滑性假设对于命题 18. E. 1 是必不可少的。

现在我们考虑一个有限经济 $(I_1, \cdots, I_H) \gg 0$。我们可以将类型 h 的个人边际贡献定义为

$$\Delta_h v(I_1, \cdots, I_H)=v(I_1, \cdots, I_h, \cdots, I_H)-v(I_1, \cdots, I_h-1, \cdots, I_H)$$

典型地，不存在可行配置使得 $u_h(x_h^*)=\Delta_h v(I_1, \cdots, I_H)$ 对于所有 h 均成立。为了看清这一点，注意到根据 $v(\cdot)$ 的凹性可知 $\Delta_h v \geqslant \partial v / \partial \mu_h$［两个式子都在 $(I_1, \cdots, I_H)$ 处取值］。除了退化情形外，这个不等式是严格的。另外，根据欧拉公式（参考数学附录 M. B 节）可知，$\sum_h I_h(\partial v / \partial \mu_h)=v(I_1, \cdots, I_H)$，因此，我们断言 $\sum_h I_h(\Delta_h v)>v(I_1, \cdots, I_H)$；也就是说，我们不可能做到既保证每个消费者得到他的全部边际贡献，又同时维持可行性。相反，在连续统的情形下，个体的大小是可以忽略不计的：他们的全部贡献并不全部在边际上。特别地，注意到在一个有限经济中，瓦尔拉斯均衡配置通常不是个边际产品配置。由式（18. E. 5）可知，若配置 $(x_1^*, \cdots, x_H^*)$ 是问题（18. E. 2）在 $(\mu_1, \cdots, \mu_H)=(I_1, \cdots, I_H)$ 时的解，那么该配置是个瓦尔拉斯均衡配置当且仅当

$$u_h(x_h^*)=\frac{\partial v}{\partial \mu_h}(I_1, \cdots, I_H)$$

但是我们刚正式证明过 $\Delta_h v(I_1,\cdots,I_H) > \partial v(I_1,\cdots,I_H)/\partial\mu_h$。用文字表达就是：在瓦尔拉斯均衡中，我们根据消费者边际单位禀赋确定的价格对他们进行补偿。但是他们损失了由边际以内（inframarginal）单位提供的额外社会剩余。这再次表明，瓦尔拉斯均衡在大型经济中更有可能实现。

我们已经看到，在消费者为有限个的经济中，我们不可能既可行地分配交易收益，又同时坚持边际生产率原则。合作博弈论为可行性和边际生产率原则提供了一种调和方法。这称为**夏普利价值**（Shapley value）。本章附录 A 介绍了合作博弈理论，在那里我们详细描述了夏普利价值这个解概念。

假设在某个经济中，消费者的类型组合为 $(I_1,\cdots,I_H)$，那么夏普利价值是一个满足 $\sum_h I_h Sh_h = v(I_1,\cdots,I_H)$ 的效用向量 $(Sh_1,\cdots,Sh_H)\in\mathbb{R}^H$。对于每个类型 h，我们可以将效用 Sh_h 视为边际效用的一个均值 $\Delta_h v(I'_1,\cdots,I'_H)$。这个平均数是对组合 $(I'_1,\cdots,I'_H)\leqslant(I_1,\cdots,I_H)$ 取值，其中我们指定给 $(I'_1,\cdots,I'_H)$ 的概率权重等于 $1/I$，它的意思是用指定给样本量 $I'_1+\cdots+I'_H$ 的概率，乘以当从原来的消费者总体［该总体有 I 个消费者和组合 $(I_1,\cdots,I_H)$］中独立抽取 $I'_1+\cdots+I'_H$ 个消费者能得到组合 $(I'_1,\cdots,I'_H)$ 的概率。关于这个式子的更多内容可参考附录 A。

能够产生夏普利价值的配置（我们将其称为夏普利配置）与瓦尔拉斯均衡配置（或核）没有任何特定关系。除非巧合，这两种配置是不同的配置。然而，在有着大量消费者的经济中，这两个配置概念趋同。这个结论称为**价值等价定理**（value equivalence theorem）。该定理的严格证明过于高级，我们在此不打算给出［参见 Aumann（1975）和他参考的文献］，但这个定理的基本直觉是相当直观的。

有两个重要事实。首先，如果 $(I'_1,\cdots,I'_H)$ 的元素很大，那么减去一个类型 h 的消费者，对结果几乎没有影响，因此

$$\Delta_h v(I'_1,\cdots,I'_H)\approx\partial v(I'_1,\cdots,I'_H)/\partial\mu_h$$

其次，如果 $(I_1,\cdots,I_H)$ 的元素很大，那么根据大数法则可知，大多数组合 $(I'_1,\cdots,I'_H)$ 构成了 $(I_1,\cdots,I_H)$ 的一个很好样本，因此几乎与 $(I_1,\cdots,I_H)$ 成比例。

使用 $v(\cdot)$ 的一次齐次性（从而使用 $\partial v/\partial\mu_h$ 的零次齐次性）可知，以上两个事实一起意味着

$$\Delta_h v(I'_1,\cdots,I'_H)\approx\frac{\partial v(I'_1,\cdots,I'_H)}{\partial\mu_h}\approx\frac{\partial v(I_1,\cdots,I_H)}{\partial\mu_h}$$

对于大多数 $(I'_1,\cdots,I'_H)$ 成立。因此，$Sh_h\approx\partial v(I_1,\cdots,I_H)/\partial\mu_h$，它是类型 h 消费者在经济 $(I_1,\cdots,I_H)$ 中的瓦尔拉斯均衡配置处的效用。

附录 A： 合作博弈论

在本附录，我们简要介绍合作博弈论。这方面的资料可以参考 Moulin (1988)，Myerson (1991) 或 Osborne 和 Rubinstein (1994)。[①]

在第 7 章，我们考察了博弈的标准形和展开形。合作博弈论的一个起点是经典的第三种描述方法：**特征形** (characteristic form)。特征形旨在描述每组参与人的收益，其中同组参与人之间存在具有约束力的约定。尽管在理论上，特征形可从标准形或展开形推导出，但合作博弈论的观点是，在分析上最好避免细枝末节，而应直接描述不同组别参与人的策略性状态。[②]

在给出了特征形的定义之后，我们将讨论合作博弈论中的两个主要解概念：一个是**核**，另一个是**夏普利价值**。

参与人集用 $I=\{1, \cdots, I\}$ 表示。我们也用这个符号表示它的基数，尽管这样做稍微有些滥用符号。非空子集 $S, T\subset I$ 称为**联盟**。

一个**结果**是一组效用 $u=(u_1, \cdots, u_I)\in \mathbb{R}^I$。给定 $u=(u_1, \cdots, u_I)$，联盟 S 的相关坐标是 $u^S=(u_i)_{i\in S}$。在数学上，u^S 是 $u\in \mathbb{R}^I$ 对 S 相应坐标的限制（或投影）。因此，我们可以将 u^S 视为由这些坐标张成的欧几里得空间 $\mathbb{R}^S$ 中的一个元素。图 18. AA. 1 说明了三个参与人的结果如何用它的所有六个真子集表示：$S=\{1\}$，$\{2\}$，$\{3\}$，$\{1, 2\}$，$\{1, 3\}$ 和 $\{2, 3\}$。

定义 18. AA. 1： 一个非空且闭的集合 $U^S\subset \mathbb{R}^S$ 是联盟 $S\subset I$ 的一个**效用可能集** (utility possibility set)，如果它是**综合的** (comprehensive)：

$$u^S\subset \mathbb{R}^S \quad 且 \quad u'^S\leqslant u^S \ 意味着 u'^S\in U^S$$

图 18. AA. 2 给出了一个效用可能集。[③]

定义 18. AA. 2： 一个**特征形博弈** (I, V) 由一组参与人 I 和一个规则 $V(\cdot)$ 组成，其中规则 $V(\cdot)$ 对每个联盟 $S\subset I$ 指定了一个效用可能集 $V(S)\subset \mathbb{R}^S$。

我们可以将特征形博弈的元素 $V(S)$ 解读为，联盟 S 中的参与人若共同遵守某个行动过程，他们本身能够实现的收益。有必要注意“能够实现”这几个字的微妙含义。这是因为 $I\setminus S$ 成员采取的行动通常会影响 S 成员的收益。因此，在具体应用中，你应该明确说明 $V(S)$ 是如何构造出的。

18

---

① Owen (1982) 这本教材虽然不是近期之作，但涉及合作博弈论的方方面面。另外一本有用的参考书是 Shubik (1984)，它对合作博弈论提供了百科全书式的介绍。

② 然而，需要指出，有一种思想流派认为特征形代表的精简信息可能无法合理反映合约制定的内在策略性的复杂状况。尽管这种观点具有一定说服力，但特征形博弈在分析规范性经济问题中的效力已得到广泛证明。这个理由足以让我们使用特征形，因为它大大简化了分析。

③ 注意，正如我们在 16. E 节的做法一样，我们在效用可能集的定义中已潜在地假设了效用是可自由处置的。

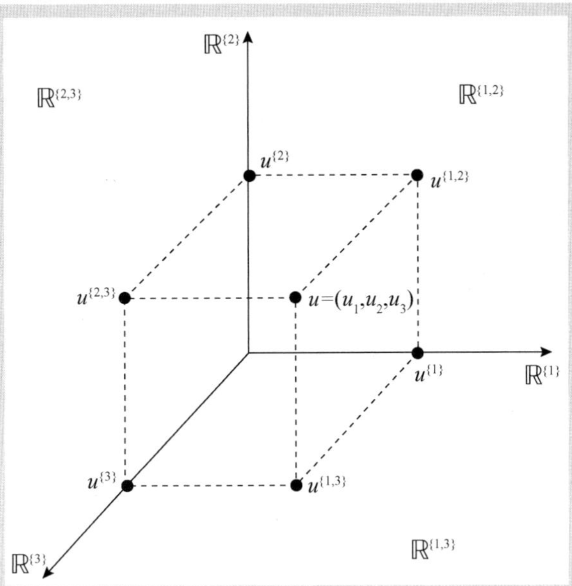

图 18. AA. 1　效用结果 $u \in \mathbb{R}^3$ 及其各个投影

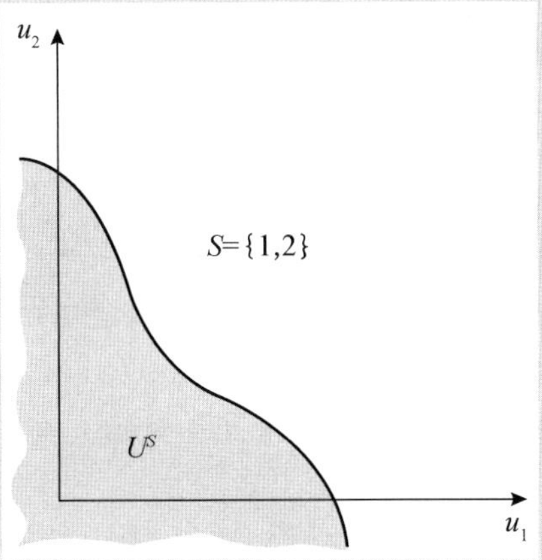

图 18. AA. 2　联盟 $S=\{1, 2\}$ 的一个效用可能集

例 18. AA. 1：经济。在某个经济中有 I 个消费者，每个消费者都有着连续、递增且凹的效用函数 u_i：$\mathbb{R}^L_+ \to \mathbb{R}$ 以及禀赋 $\omega_i \geqslant 0$。该经济还存在人人可用的凸且规模报酬不变的生产技术 $Y \subset \mathbb{R}^L$。于是，通过令

$$V(S) = \left\{(u_i(x_i))_{i \in S}: \sum_{i \in S} x_i = \sum_{i \in S} \omega_i + y, y \in Y\right\} - \mathbb{R}^S_+$$

也就是说，$V(S)$ 是联盟 S 的成员通过成员间的交易以及使用技术 Y 能实现的收益集。每个 $V(S)$ 都是凸集（回忆习题 16. E. 2）。图 18. AA. 3 画出了这些集合，其中 $I=3$。■

例 18. AA. 2：投票表决，多数票获胜。假设有三个参与人，他们在社会决策集 A 中进行选择，任何两个人均可以构成一个多数情形。如果 $a \in A$ 被选中，那么相应的收益为 $u_i(a) \geqslant 0$，$i=1$，

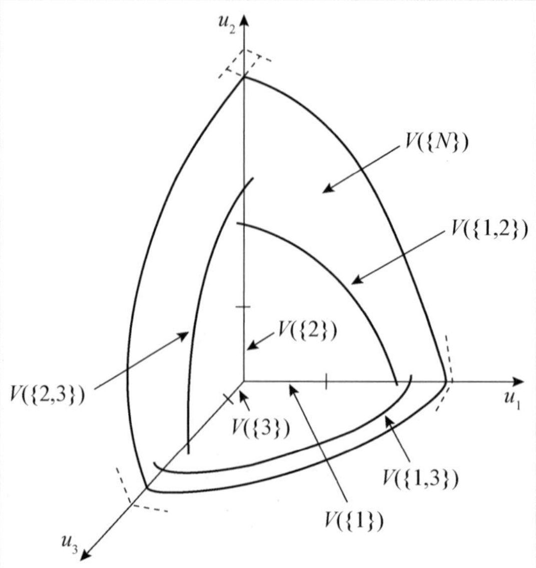

图 18. AA. 3　一族效用可能集

2，3。另外，任何参与人 i 均有权单方面退出，从而收益为零。

于是我们可以定义一个特征形博弈（I，V）如下：

$$V(I)=\{(u_1(a),u_2(a),u_3(a)):a\in A\}-\mathbb{R}^I_+$$

$$V(\{i,h\})=\{(u_i(a),u_h(a)):a\in A\}-\mathbb{R}^{\{i,h\}}_+ \text{ 对于所有不同的组合}(i,h)\}$$

$$V(\{i\})=-\mathbb{R}^{\{i\}}_+$$

图 18. AA. 4 画出了这个特征形博弈，其中选项有三个，即 $A=\{a_1, a_2, a_3\}$。在这个图中，我们假设这三个选项产生的效用向量分别为（2，1，0），（1，0，2）和（0，2，1）。注意，正如本例，当决策是离散的而且不存在随机化或任何形式的单方面效用转移的可能性时，$V(\cdot)$ 未必是凸的。■

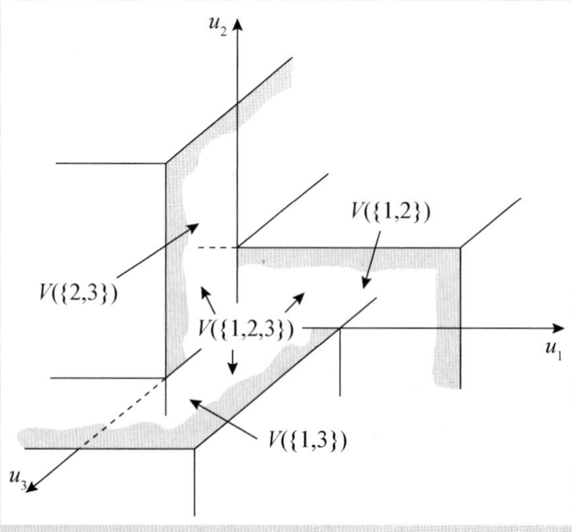

图 18. AA. 4　例 18. AA. 2 的效用可能集

定义 18. AA. 3：对于一个特征形博弈（I，V）和任何不相交的两个联盟 $S\subset I$ 和 $T\subset I$（即，$S\cap T=\varnothing$），如果我们有：

$$\text{若 } u^S\in V(S)\text{ 和 } u^T\in V(T)\text{，则}(u^S,u^T)\in V(S\cup T)$$

那么，我们说这个特征形博弈（I，V）是**超可加的**（superadditive）。

超可加性意味着，联盟 S 和 T 联合行动的结果至少与它们各自行动时的结果一样好。我们通常作出超可加性的假设（例 18. AA. 1 和例 18. AA. 2 满足这个假设）。如果两个不相交联盟约定它们貌似仍然单独行动，那么超可加性成立。

在本书很多地方，为了简单起见，我们通常假设个人效用函数是拟线性的，也就是说，假设存在着一种商品（“计价物”），使得不同个人之间的效用转移是等量转移（比如，你转移你的一单位效用给我，我的效用就增加一单位）。这自然也适用于合作博弈论。回顾这个理论的发展过程，你就会看到很多概念是在效用可转移情形下提出的，后来才扩展到一般情形，这种扩展不会失去过多的直觉和理论的分析能力。

对于可用特征形博弈描述的情形，拟线性或可转移的效用假设等价于假设集合 $V(S)$ 是一些半空间（例如，10. D 节就是这样的）；也就是说，这些集合的边界为 $\mathbb{R}^S$ 中的超平面。而且，通过选择效用单位，我们可以用超平面定义 $V(S)$ 使得我们有标准化效用（1，…，1）$\in\mathbb{R}^S$。① 因此，集合 $V(S)$ 现在将具有下列形式

$$V(S)=\left\{u^S\in\mathbb{R}^S:\sum_{i\in S}u_i^S\leqslant v(S)\right\}$$

对于所有 $v(S)\in\mathbb{R}$。换句话说，我们可以将联盟 S 视为它选择联合行动以便使总效用 $v(S)$ 最大，然后在 S 的成员之间以任何方式分配（通过转移计价物即可做到这一点）。图 18. AA. 5 画出了集合 $V(S)$，其中 $I=3$。

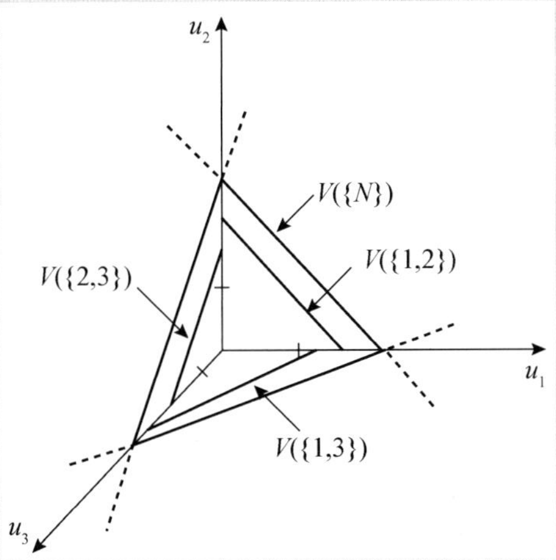

图 18. AA. 5　一个效用可转移博弈的效用可能集

① 这种效用单位的选法是合理的，因为我们所考虑的所有解对单位的标准化保持不变性。关于这一点的更多内容可参考第 21 章。

数 $v(S)$ 称为联盟 S 的**价值**（worth）。由于数 $v(S)$，$S\subset I$ 完整描述了（I，V），我们引入定义 18. AA. 4。

定义 18. AA. 4： 一个可用**特征形**表示的**效用可转移的**（transferable utility）博弈（或称为 TU 博弈）可用（I，v）定义，其中，I 是参与人集，$v(\cdot)$ 是**特征函数**（characteristic function），该函数对每个非空联盟 $S\subset I$ 指定了一个数 $v(S)$，$v(S)$ 称为联盟 S 的**价值**（worth）。

例 18. AA. 3：投票表决且多数票获胜的 TU 博弈。 假设在例 18. AA. 2（具有图 18. AA. 4 的值）中，我们增加一个条件：效用可以在参与人间自由转移（例如，可能存在一种计价物商品，偏好关于这种计价物是拟线性的）。于是，特征函数为

$$v(I)=3,v(\{1,2\})=v(\{1,3\})=v(\{2,3\})=3,\text{以及 } v(\{i\})=0,i=1,2,3$$ ■

在本附录中，我们所做的工作对于个人效用的原点变化保持不变性，因此，我们可以任意固定原点。惯例做法是对每个 i 令 $v(\{i\})=0$。

在图 18. AA. 6 中，我们用图形描述了三个参与人的博弈情形，这个图形工具非常有用。我们不是在三维空间中画图，而是考察二维单纯形。这个单纯形在 $u_i\geq 0$ 对于所有 i 成立这个约束条件下［这个约束条件的意思，用上面所谓的标准化术语表达就是，$u_i\geq v(\{i\})$］给出了 $v(I)$ 的所有可能划分情形。这个单纯形中的另外一些集合代表的是，对于任何两人联盟 $\{i，h\}$，单纯形中的效用组合均满足 $u_i+u_h\leq v(\{i，h\})$。

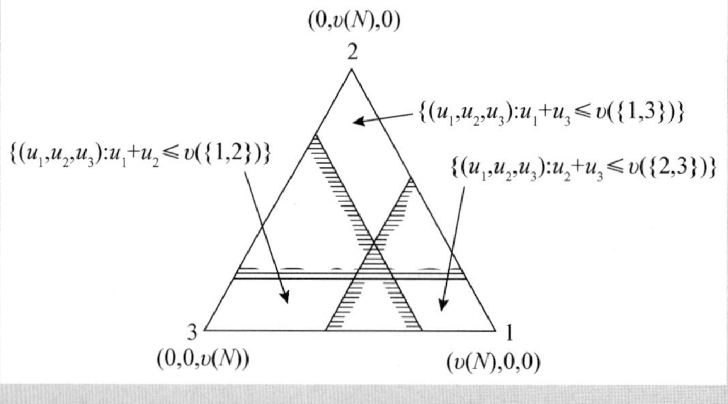

图 18. AA. 6　三人 TU 博弈的单纯形表示法，其中效用已标准化从而 $V(\{i\})=0$

现在我们介绍合作博弈的两个著名解概念：核与夏普利价值。

核

我们考察的第一个解概念是**核**（core）。所谓核，是指具有下列性质的可行效用结果集：任何联盟依靠自身力量都不可能改进它的所有成员的收益。空的核意味

着我们模拟的环境是竞争性不稳定的。如果核非空而且较小，那么我们可以说，联盟自身的竞争就能导致一个夏普利确定结果。如果核非空但较大，那么联盟竞争本身不可能大幅度缩小可能的结果范围。

定义 18. AA. 5：对于给定的特征形博弈（I，V）和联盟 $S\subset I$，如果存在 $u'^S\in V(S)$ 使得对于所有 $i\in S$ 都有 $u_i^S<u_i'^S$，那么我们说，联盟 S **阻止了**（或**能够改进**）效用结果 $u\in\mathbb{R}^I$。

如果博弈是 TU 博弈（I，v），那么结果 $u=(u_1,\cdots,u_I)$ 被 S 阻止当且仅当 $\sum_{i\in S}u_i<v(S)$。

定义 18. AA. 6：对于对最大联盟（全体参与人组成的联盟）可行的一个效用结果 $u=(u_1,\cdots,u_I)$[即，$u\in V(I)$]来说，如果不存在能阻止 u 的联盟，那么效用结果 u 位于特征形博弈（I，V）的核之中。

在 TU 博弈中，核是满足下列线性不等式的效用向量 $u=(u_1,\cdots,u_I)$ 集：

$$\sum_{i\in S}u_i\geqslant v(S)\ \text{对于所有}\ S\subset I\ \text{均成立，}\quad \text{以及}\quad \sum_{i\in I}u_i\leqslant v(I)$$

图 18. AA. 7(a) 画出了一个具有非空核的三人博弈。相反，在图 18. AA. 7(b) 中，核是空的。在 TU 博弈中，核非空的必要和充分条件请参见习题 18. AA. 1。

习题 18. AA. 2：证明对于任何 TU 博弈，如果它有非空的核，那么该博弈必定满足：对任何两个联盟 S，$T\subset I$ 使得 $S\cap T=\varnothing$ 且 $S\cup T=I$，我们有 $v(S)+v(T)\leqslant v(I)$。

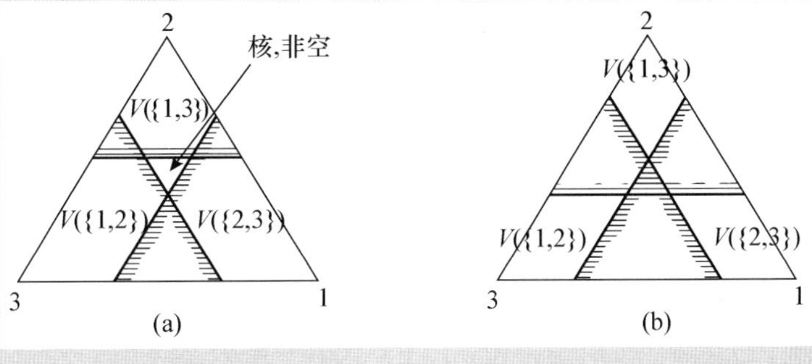

图 18. AA. 7　图（a）中的 TU 博弈有非空的核；图（b）中的 TU 博弈有空的核

例 18. AA. 4：投票表决，多数票获胜（续）。对于例 18. AA. 2 和例 18. AA. 3 描述的投票表决且多数票获胜例子，核是空的。例 18. AA. 3 中的博弈是个 TU 博弈，核是空的这个事实非常明显：如果 $u_1+u_2+u_3=3$，那么对于某个 i，h 我们有 $u_i+u_h<3$。因此，联盟 $\{i,h\}$ 将会阻止。对于例 18. AA. 2 中的（效用不可转移的）博弈，注意到结果(2，1，0) 被联盟 $\{2,3\}$ 用 a_3 阻止，结果（1，0，2）被联盟 $\{1,2\}$ 用 a_1 阻止，结果（0，2，1）被联盟 $\{1,3\}$ 用 a_2 阻止。这些例子都是所谓的**康多塞悖论**（Condorcet paradox）[我们已经在 1. B 节遇到过这样的例子，在 21. C 节我们将再次考察这样的问题]。它们说明了多数票获胜投票

方式的内在不稳定性。■

例 18. AA. 5：经济（续）。我们已在 18. B 节详细研究了例 18. AA. 1 中的经济。注意到，18. B 节中的核概念与此处特征形博弈的核概念是相同的。[①] 因此，我们断言，如果存在瓦尔拉斯均衡，那么核是非空的。■

例 18. AA. 6：单一生产要素、规模报酬递增的生产函数。考虑投入和产出分别只有一种的情形，在这个经济中还存在人人可用的生产技术 $f(z)$，它是连续的而且满足 $f(0)=0$。有 I 个参与人。每个参与人 i 仅关注产出品的消费，他拥有的禀赋为 ω_i 单位生产要素。假设效用是可转移的，我们可以定义一个 TU 特征函数 $v(S)=f\left(\sum_{i\in S}\omega_i\right)$。当生产技术是规模报酬递增的时，也就是说，当平均产量 $f(z)/z$ 非递减时，上述博弈的核是非空的。[特别地，如果 $f(\cdot)$ 是凸的，也就是说，如果边际产量非递减，那么 $f(z)/z$ 非递减。] 为了验证这一点，假设我们将产品按比例分配：

$$u_h=\frac{\omega_h}{\sum_{i\in I}\omega_i}f\left(\sum_{i\in I}\omega_i\right)$$

对于每个 $h\in I$。于是，对于任何 $S\subset I$，我们均有

$$\sum_{h\in S}u_h=\frac{\sum_{h\in S}\omega_h}{\sum_{i\in I}\omega_i}f\left(\sum_{i\in I}\omega_i\right)\geqslant f\left(\sum_{h\in S}\omega_h\right)=v(S)$$

其中不等式成立的原因在于平均产量是非递减的。我们断言，这种产量的按比例分配属于核。习题 18. AA. 3 要求读者证明，如果平均产量是固定不变的，那么按比例的配置是核中唯一的配置。另外，容易看出，规模报酬递增程度越大，真子组依靠自身力量改善状况越困难（他们将拥有相对较低的平均产量），从而偏离按比例配置的程度越大，尽管它仍在核中。因此，对于这类一维分配问题，规模报酬递增程度越大，核将越大。[②] ■

18

夏普利价值

核试图描述的是，博弈的可能结果是如何被联盟的竞争力量塑造出的。在合作博弈论的描述性一面，核是最简单的解概念。现在，我们考察另一个解概念，即**价值**（value），它的思想是规范性的。它试图描述的是，给定特征形博弈表示的策略

---

① Shubik（1959）考察了 Edgeworth（1881）提出的解概念与现代博弈论中的核概念之间的联系。

② 另一方面，如果 $f(\cdot)$ 是规模报酬递减的，那么由习题 18. AA. 2 可知，核是空的［事实上，对于 I 的任何两个划分 S，T 均有 $v(S)+v(T)>v(I)$］。

性现实，如何划分合作收益才是合理的或“公平的”。①

我们只研究 TU 博弈，在这种情形下，我们的理论特别简单而且可靠。此时，核心概念为**夏普利价值**（Shapley value）这个解概念。②

假设个人效用是用钱衡量的，而且不同个人的效用值（钱数）在社会价值方面是可以比较的。价值理论适用的公平性标准是**平均主义**（egalitarianism）：目标是平均分配交易收益。

为了看到平均主义原则在当前 TU 博弈环境下的含义，假设我们考察的是一个二人博弈 $(I, v)=(\{1, 2\}, v)$。于是，合作收益（若超可加性不成立，则为损失）为

$$v(I)-v(\{1\})-v(\{2\})$$

因此，一个明显的平均主义解［我们将其记为 $(Sh_1(I, v), Sh_2(I, v))$］为

$$Sh_i(I,v)=v(\{i\})+\frac{1}{2}(v(I)-v(\{1\})-v(\{2\})), i=1,2 \qquad (18.AA.1)$$

请参见图 18. AA. 8。

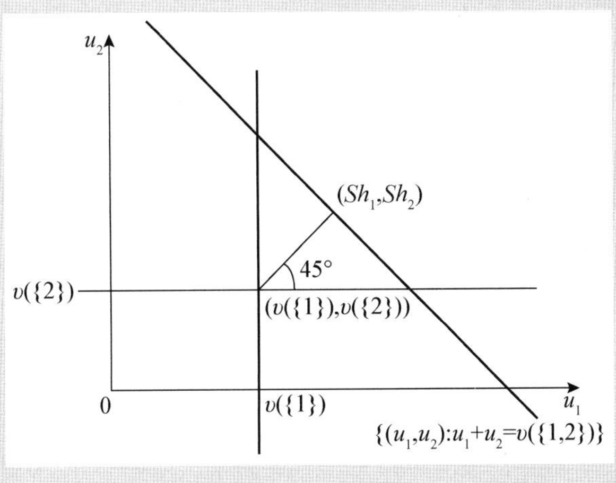

图 18. AA. 8　在二人博弈中，交易收益的平均主义分配

对于任意 TU 博弈 (I, v)，我们如何定义平均主义解 $(Sh_1(I, v), \cdots, Sh_I(I, v))$？我们已经求出了二人 TU 博弈的解。为了探寻思路，将式(18. AA. 1) 重新写为

$$Sh_1(I,v)-Sh_1(\{1\},v)=Sh_2(I,v)-Sh_2(\{2\},v)$$
$$Sh_1(I,v)+Sh_2(I,v)=v(I)$$

---

① 注意，22. B 节和 22. C 节讨论的再分配的公平性是基于绝对正义概念，因此，它与这里的价值是不同的概念。

② 夏普利价值是以数学家 L. Shapley 的名字命名的，他在普林斯顿大学的博士学位论文（1953）中提出了这个思想。

其中我们令 $Sh_i(\{i\},\ v)=v(\{i\})$。用文字表达，它的意思是说，效用之差可被保留：参与人 1 从参与人 2 加盟中得到的收益，与参与人 2 从参与人 1 加盟中得到的收益相同。这立即意味着一种递归定义方法：给定 $S\subset I$，以 $(S,\ v)$ 表示通过将 $v(\cdot)$ 限制到 S 的子集而得到的 TU 博弈［这称为 $(I,\ v)$ 的**子博弈**］。于是我们说，一族数 $\{Sh_i(S,\ v)\}_{S\subset I, i\in S}$ 构成了一个**平均主义解**（egalitarian solution），如果对于每个子博弈 $(S,\ v)$ 和参与人 i，$h\in S$，效用之差的被保留方式类似于二人 TU 博弈情形：

$$Sh_i(S,v)-Sh_i(S\backslash\{h\},v)=Sh_h(S,v)-Sh_h(S\backslash\{i\},v)$$
$$\text{对于所有 } S\subset I, i,h\in S \tag{18. AA. 2}$$
$$\sum_{i\in S}Sh_i(S,v)=v(S) \quad \text{对于所有 } S\subset I$$

式（18. AA. 2）说明数 $Sh_i(S,\ v)$，$i\in S$ 都是唯一的。这对 $Sh_i(\{i\},\ v)$ 来说是显然的。现在我们可以进行归纳定义。假设我们已经对所有 $S\subset I$，$S\neq I$，$i\in S$ 定义了 $Sh_i(S,\ v)$。我们将证明 $Sh_i(I,\ v)$ 的定义方法有且只有一种。为了看清这一点，注意到式（18. AA. 2）允许我们将每个 $Sh_i(I,\ v)$ 表达为 $Sh_1(I,\ v)$ 和那些已确定的数的函数：

$$Sh_i(S,v)=Sh_1(I,v)+Sh_i(I\backslash\{1\},v)-Sh_1(I\backslash\{i\},v) \quad \text{对于所有 } i\neq 1$$

于是，为了确定 $Sh_1(I,\ v)$，我们使用 $\sum_{i\in I}Sh_i(I,v)=v(I)$。具体地说，

$$Sh_1(I,v)=\frac{1}{I}\Big[v(I)-\sum_{i\neq 1}Sh_i(I\backslash\{1\},v)+\sum_{i\neq 1}Sh_1(I\backslash\{i\},v)\Big]$$

定义 18. AA. 7：博弈 $(I,\ v)$ 的夏普利价值 $Sh(I,\ v)=(Sh_1(I,\ v),\ \cdots,\ Sh_I(I,\ v))$ 是符合式（18. AA. 2）的唯一结果。

对于 $Sh_i(I,\ v)$ 有一种直接而有趣的计算方法，介绍如下。对于任何 $S\subset I$ 和 $i\notin S$，令 $m(S,\ i)=v(S\cup\{i\})-v(S)$ 为个人 i 对联盟 S 的**边际贡献**（marginal contribution）。[①] 对于 I 中参与人的任何次序 π（在数学上，π 是个从 I 到 I 的一对一的函数），以 $S(\pi,\ i)\subset I$ 表示在次序 π 中位于参与人 i 之前的参与人集［在数学上，$S(\pi,\ i)=\{h:\ \pi(h)<\pi(i)\}$］。注意到，对于任何给定的次序 π，如果我们考虑每个参与人 i 对于次序 π 中位于 i 之前的参与人集的边际贡献，那么这些边际贡献的和必定正好等于 $v(I)$；也就是，$\sum_{i\in I}m(S(\pi,i),i)=v(I)$。于是，$Sh_i(I,\ v)$ 是参与人 i 对于位于 i 之前的参与人集的**平均边际贡献**（average marginal contribution），注意这里是对所有次序进行平均（而且每个次序的权重相等）。由于总次序数为 $I!$，参与人 i 的平均边际贡献的表达式为

① 当我们计算边际贡献时，我们遵循惯例 $v(\varnothing)=0$。因此，当 $S=\varnothing$ 时，$m(S,\ i)=v(\{i\})$。

$$Sh_i(I,v)=\frac{1}{I!}\sum_{\pi}m(S(\pi,i),i) \qquad (18.\text{AA}.3)$$

其中，总和 $\sum_{\pi}m(S(\pi,i),i)$ 是加遍 I 中参与人的所有次序 π 而得到的。

例 18. AA. 7：手套市场。考虑某个三人博弈，它可以用下列式子定义：

$$v(\{1,2,3\})=1$$

$$v(\{1,3\})=v(\{2,3\})=1,\quad v(\{1,2\})=0$$

$$v(\{1\})=v(\{2\})=v(\{3\})=0$$

如果配对的一副手套的效用为 1，而不配对的一副手套的效用为零，那么这个博弈可能是这样的：参与人 1 和 2 每人都有一只右手手套，而参与人 3 有一只左手手套。下面我们计算 $Sh_3(I,\ v)$。参与人可能的次序有六种：

$$\{1,2,3\},\{1,3,2\},\{2,1,3\},\{2,3,1\},\{3,1,2\}\text{和}\{3,2,1\}$$

参与人 3 对上述每个位于参与人 3 之前的参与人集的边际贡献分别为：1，1，1，1，0 和 0。这些数的平均值为 2/3，因此，$Sh_3(I,\ v)=2/3$。类似地，我们可以计算出 $Sh_1(I,\ v)=Sh_2(I,\ v)=1/6$。注意到这些数满足式（18. AA. 2）。例如：

$$Sh_3(I,v)-Sh_3(I\backslash\{1\},v)=\frac{2}{3}-\frac{1}{2}=\frac{1}{6}-0=Sh_1(I,v)-Sh_1(I\backslash\{3\},v) \qquad ■$$

对于 $Sh_i(I,\ v)$，我们还可以给出一个比式（18. AA. 3）更显性化的计算公式。在一个随机次序中，一个给定联盟 $T\subset I$，$i\in T$ 成为参与人 i 和他之前参与人结盟的概率，等于下面两个概率的乘积：一是参与人 i 的位次为第 T 个的概率，这个概率就是 $1/I$；另一个是当我们从总体 $I\setminus\{i\}$ 中随机选择 $\#T-1$ 个成员时出现 $T\setminus\{i\}$ 的概率，这个概率为 $(1-\#T)!\ (\#T-1)!\ /(I-1)!$。[①] 因此，我们可以将式（18. AA. 3）写为

$$Sh_i(I,v)=\sum_{T\subset I,\ i\in T}[(I-\#T)!(\#T-1)!/I!](v(T)-v(T\setminus\{i\})) \qquad (18.\text{AA}.4)$$

习题 18. AA. 4 要求读者验证，如果我们用式（18. AA. 4）或式（18. AA. 3）定义夏普利价值，那么式（18. AA. 2）将得以满足；这的确意味着，式（18. AA. 3）或式（18. AA. 4）能够正确计算夏普利价值。

现在我们大致列举夏普利价值的一些基本性质。

（a）**效率性**。$\sum_i Sh_i(I,v)=v(I)$；也就是说，不存在效用被浪费的现象。

（b）**对称性**。如果博弈（$I,\ v$）和（$I,\ v'$）相同，唯一不同是参与人 i 和 h 的

---

① 符号 # 表示联盟 T 中的参与人个数。

角色互换了[①]，那么 $Sh_i(I, v)=Sh_h(I, v')$。用文字表达就是：夏普利价值不取决于我们如何标记参与人；真正要紧的是特征函数描述的参与人在博弈中的位置。

(c) **线性性**。从式 (18. AA. 3) 或式 (18. AA. 4) 可知，夏普利价值线性地取决于数据，也就是说，取决于定义博弈的系数 $v(S)$。

(d) **哑公理** (dummy axiom)。假设参与人 i 对博弈没有任何贡献；也就是说，对于所有 $S\subset I$ 都有 $v(S\cup\{i\})-v(S)=0$。于是 $Sh_i(I, v)=0$。这个重要性质可从式 (18. AA. 3) 直接得到：参与人 i 对任何联盟的边际贡献都为零，因此，它的平均边际贡献也为零。

这四个性质完全刻画了夏普利价值。尽管这个事实的证明并不难，但我不打算在此处做此事。习题 18. AA. 5 和习题 18. AA. 6 讨论了一些这方面的例子。

给定一个博弈，夏普利价值赋予该博弈一个唯一结果。相反，核概念赋予的则是一个集合。注意，夏普利价值未必属于核。在某种意义上，我们已经知道这个事实，因为夏普利价值对所有博弈都有定义，而有些博弈的核是空的。但是即使核是非空的，这种现象也会发生。为了看清这一点，我们再次考察例 18. AA. 7 中的手套市场。

例 18. AA. 7 续：在手套市场的例子中，核效用结果为 (0, 0, 1)。而且，这是核中的唯一结果。的确，如果在满足 $\sum_i u_i=1$ 的 (u_1, u_2, u_3) 中，有比如 $u_1>0$，那么联盟 $\{2, 3\}$ 可通过 $(0, u_2+\frac{1}{2}u_1, u_3+\frac{1}{2}u_1)$ 进行阻止。事实上，在核中，拥有右手手套的那两个人将会展开价格战直至价格为零。相反，尽管夏普利价值严重偏向于参与人 3 (参与人 3 得到 2/3)，但参与人 1 和 2 也并非一无所得 (这两个人每人得到了 1/6)。■

然而，对于一类重要的博弈来说，夏普利价值属于核。这类博弈具有明显的规模报酬递增性质。

18

定义 18. AA. 8：博弈 (I, v) 是**凸的**如果每个 i 对于更大联盟的边际贡献更大。准确地说，如果 $S\subset T$ 和 $i\in I\setminus T$，那么

$$v(S\cup\{i\})-v(S)\leqslant v(T\cup\{i\})-v(T)$$

例 18. AA. 8：**互补的投入**。令 $f(z_1, \cdots, z_N)$ 是个生产函数，它关于所有投入都是边际生产率递增的，也就是说，$\partial^2 f(z)/\partial z_h \partial z_k\geqslant 0$ 对于所有 z，h 和 k 均成立。假设每个参与人 i 的禀赋为投入向量 $\omega_i\in\mathbb{R}^n_+$。于是我们可以通过 $v(S)=f\left(\sum_{i\in S}\omega_i\right)$ 定义一个 TU 博弈。习题

① 准确地说，当 $i\in S$ 和 $h\in S$ 时，$v(S)=v'(S)$；当 $i\notin S$ 和 $h\notin S$ 时，$v(S)=v'(S)$；当 $i\in S$ 和 $h\notin S$ 时，$v(S)=v'((S\setminus\{i\})\cup\{h\})$；当 $i\notin S$ 和 $h\in S$ 时，$v(S)=v'((S\setminus\{h\})\cup\{i\})$。

18.AA.8 要求读者证明这个博弈是凸的。注意下列事实：如果 $N=1$，上面的条件的意思是 $f(\cdot)$ 是凸的，因此，$f(\cdot)$ 的凸性保证了博弈的凸性（充分条件）；但是对于 $N>1$，条件 $\partial^2 f(z)/\partial z_h \partial z_k \geqslant 0$ 对于所有 z，h 和 k 均成立，既不是 $f(\cdot)$ 为凸的充分条件，也不是必要条件。事实上，$f(\cdot)$ 的凸性远不能保证博弈的凸性（参考习题 18.AA.8）。■

下面我们给出命题 18.AA.1。

命题 18.AA.1： 如果博弈 (I, v) 是凸的，那么它的夏普利价值效用结果 $Sh(I, v)=(Sh_1(I, v), \cdots, Sh_I(I, v))$ 属于核（特别地，核是非空的）。

证明： 我们只要证明下列事实就足够了：如果 $i\in S\subset T$，那么 $Sh_i(S, v)\leqslant Sh_i(T, v)$。事实上，对于任何 $S\subset I$，这意味着 $v(S)=\sum_{i\in S}Sh_i(S,v)\leqslant\sum_{i\in S}Sh_i(I,v)$，因此联盟 S 不可能阻止。

为了证明这个性质，只要考虑 $i\in S$ 和 $T=S\cup\{h\}$ 就足够了。给定联盟 S 的一个次序 π，令 $m(\pi, i)$ 表示参与人 i 对 S 中位于 i 之前的参与人集的边际贡献，而且根据次序 π 令 $m'(\pi, i)$ 表示参与人 i 在下列情形下对 T 中位于 i 之前的参与人集的平均边际贡献，这个情形是平均数取遍 T 的 $\# T$ 个次序（T 的次序仅在位置 h 上与 S 的次序 π 不同）。那么

$$Sh_i(S,v)=\frac{1}{\# S!}\sum_{\pi}m(\pi,i) \quad \text{和} \quad Sh_i(T,v)=\frac{1}{\# S!}\sum_{\pi}m'(\pi,i)$$

注意到，对于 S 的每个次序 π 我们必定有 $m'(\pi, i)\geqslant m(\pi, i)$：如果我们将 h 排在 i 之后，那么在 T 中参与人 i 对于位于 i 之前的参与人集的边际贡献仍为 $m(\pi, i)$；如果我们将 h 排在 i 之前，那么根据凸性条件，这个边际贡献至少为 $m(\pi, i)$。因此，我们断言 $Sh_i(T, v)\geqslant Sh_i(S, v)$，这正是我们想证明的。■

参考文献

Anderson, R. (1978). An elementary core equivalence theorem. *Econometrica* 46: 83-87.

Aumann, R. (1964). Markets with a continuum of traders. *Econometrica* 32: 39-50.

Aumann, R. (1975). Values of markets with a continuum of traders. *Econometrica* 43: 611-646.

Champsaur, P., and G. Laroque(1981). Fair allocations in large economies. *Journal of Economic Theory* 25: 269-282.

Debreu, G., and H. Scarf (1963). A limit theorem on the core of an economy. *International Economic Review* 4: 235-246.

Edgeworth, F. Y. (1881). *Mathematical Psychics*. London: Kegan Paul.

Foley, D. (1967). Resource allocation and the public sector. *Yale Economic Essays* 7: 45-98.

Gabszewicz, J. J., and J. P. Vial (1972). Oligopoly "à la Cournot" in a general equilibrium analy-

18

sis. *Journal of Economic Theory* 4: 381-400.

Hart, O. (1980). Perfect competition and optimal product differentiation. *Journal of Economic Theory* 22: 165-199.

Hildenbrand, W., and A. Kirman (1988). *Equilibrium Analysis*. New York: North-Holland.

Mas-Colell, A. (1982). The Cournotian foundations of Walrasian equilibrium: An exposition of recent theory. Chap. 7 in *Advances in Economic Theory*, edited by W. Hildenbrand. New York: Cambridge University Press.

Moulin, H. (1988). *Axioms of Cooperative Game Theory*. New York: Cambridge University Press.

Myerson, R. (1991). *Game Theory: Analysis of Conflict*. Cambridge, Mass.: Harvard University Press.

Novshek, W., and H. Sonnenschein (1978). Cournot and Walras equilibrium. *Journal of Economic Theory* 19: 223-266.

Robrets, K. (1980). The limit points of monopolistic competition. *Journal of Economic Theory* 22: 256-278.

Osborne, M. and A. Rubinstein (1994). *A Course in Game Theory*. Cambridge, Mass.: MIT Press.

Ostroy, J. (1980). The no-surplus condition as a characterization of perfectly competitive equilibrium. *Journal of Economic Theory* 22: 65-91.

Owen, G. (1982). *Game Theory*, 2nd ed. New York: Academic Press.

Schmeidler, D., and K. Vind (1992). Fair net trades. *Econometrica* 40: 637-647.

Shapley, L. and M. Shubik (1977). Trade using a commodity as a means of payment. *Journal of Political Economy* 85: 937-968.

Shubik, M. (1959). Edgeworth's market games. In *Contributions to the Theory of Games*, IV, edited by R. D. Luce, and A. W. Tucker. Princeton, N. J.: Princeton University Press.

Shubik, M. (1984). *Game Theory in the Social Sciences*. Cambridge, Mass.: MIT Press.

Thomson, W., and H. Varian (1985). Theories of justice based on symmetry. Chap. 4 in *Social Goals and Social Organizations*, edited by L. Hurwicz, D. Schmeidler, and H. Sonnenschein. New York: Oxford University Press.

Varian, H. (1976). Two problems in the theory of fairness. *Journal of Public Economics* 5: 249-260.

Vind, K. (1964). Edgeworth allocations in an exchange economy with many traders. *International Economic Review* 5: 165-177.

18

习 题

18.B.1^A 证明对于 18.B 节描述的带有规模报酬不变生产技术的模型，瓦尔拉斯均衡配置在核之中。

18.B.2^B 在某个交换经济中，有三个消费者，每个消费者都有着连续、严格凸且强单调的偏好。对于这个经济，举例说明它存在着非平等待遇的核配置。如果该经济只有两个消费者，你还能举出这样的例子吗？

18.B.3^A 对于有着连续且严格凸偏好的经济，直接证明（即，不使用核的性质）瓦尔拉斯配置具有平等待遇性质。

18.B.4^A 使用泰勒公式完成命题 18.B.3 中未完成的证明。

18.B.5^B 在某个经济中有 $2I+1$ 个消费者。在这些消费者中，I 个消费者每人有一只右鞋，$I+1$ 个消费者每人有一只左鞋。鞋子不可细分。每个消费者的效用函数都相同，即都为 $\mathrm{Min}\{R, L\}$，其中 R 和 L 分别为消费者消费的右鞋和左鞋数量。

(a) 证明在鞋子为配对的任何配置（即，每个人消费的左鞋与右鞋的数量是相同的，但可能有一个人消费的左鞋比右鞋多一只）都是帕累托最优的。这个结论的逆也成立。

(b) 哪个帕累托最优配置在这个经济的核中？（这一次，在核定义中允许阻止的是弱劣势的情形。）

(c) 令 p_R 和 p_L 分别为右鞋和左鞋的价格。找出这个经济的瓦尔拉斯均衡。

(d) 对于这个经济，评价它的核和瓦尔拉斯均衡之间的关系。

18. C. 1^{C} 证明我们在例 18. C. 3 中断言的有效预算集具有的性质。你可以仅考察 $L=2$ 的情形。

18. D. 1^{B} 在某个埃奇沃思盒经济中，消费者的偏好为连续、严格凸和单调的。证明：对于任何可行配置，只要两个消费者的状况与他们在初始禀赋上的状况至少一样好，该配置就是自我选择的。

18. E. 1^{B} 证明函数 $v(\cdot)$：$\mathbb{R}_+^H \to \mathbb{R}$ 是凹的和一次齐次的。

18. E. 2^{A} 使用包络定理（参考数学附录 M. L 节）推导出式（18. E. 5）。

18. E. 3^{B} 在某个经济中有两种非等价物的商品，交易者为一个连续统，每个交易者的偏好都是 L 形的（从而效用函数不可微），证明在瓦尔拉斯配置上，每个交易者的所得小于他的边际贡献。

18. AA. 1^{B} 一组联盟 $S_1, \cdots, S_N \subset I$ 是个**广义划分**（generalized partition），如果我们能对每个 $1\leqslant n\leqslant N$ 指定一个权重 $\delta_n\in[0, 1]$，使得对于每个参与人 i 我们有 $\sum_{\{n: i\in S_n\}}\delta_n=1$。举出一个广义划分及其相应权重的例子。

我们说一个 TU 博弈 (I, v) 是**平衡的**（balanced），如果对于每个广义划分我们有 $\sum_n \delta_n v(S_n)\leqslant v(I)$，其中 δ_n 是相应划分的权重。证明这个博弈有一个非空的核当且仅当它是平衡的。[提示：使用线性规划对偶定理（参见数学附录 M. M 节）。]

18. AA. 2^{A} 证明对于任何 TU 博弈，如果它有非空的核，那么该博弈必定满足：对任何两个联盟 S，$T\subset I$ 使得 $S\cap T=\varnothing$ 且 $S\cup T=I$，我们有 $v(S)+v(T)\leqslant v(I)$。

18. AA. 3^{A} 证明如果平均产量是固定不变的，例 18. AA. 6 中的成比例配置是核中的唯一配置。

18. AA. 4^{C} 证明如果夏普利价值能被式（18. AA. 4）——或等价地，式（18. AA. 3）所定义——那么式（18. AA. 2）中的差值被保留性质得以满足。

18. AA. 5^{B} 我们说博弈 (I, v) 是个**一致同意博弈**（unanimity game），如果存在一个非空的 $S\subset I$ 使得：若 $S\subset T$，则 $v(T)=v(S)$；否则，$v(T)=0$。证明在效率性、对称性和哑公理下，$v(S)$ 在 S 的成员之间平等分配。

18. AA. 6^{B} 证明任何 TU 博弈 (I, v) 能够表示成一致同意博弈的一个线性组合。然后使用习题 18. AA. 5 和线性公理证明存在唯一一个解满足效率性、对称性、哑性和线性公理。将你的讨论与夏普利价值联系起来。

18. AA. 7^{C} 证明例 18. AA. 8 描述的生产博弈是凸的。

18. AA. 8^{B} 在例 18. AA. 8 的生产例子的情形下，举出一个含有两种投入的生产函数，要求该函数为凸但核是空的（从而，引致出的博弈不是凸的）。

18. AA. 9^{B} 某个四人博弈可用下列式子定义

$$v(\{i\})=0$$
$$v(\{12\})=v(\{34\})=0$$
$$v(\{13\})=v(\{14\})=v(\{23\})=v(\{24\})=1$$
$$v(\{ijk\})=1 \text{ 对于所有三人联盟}\{ijk\}\text{成立}$$
$$v(\{1234\})=2$$

(a) 证明这是你能从效用生产技术 Min$\{z_1, z_2\}$ 中得到的博弈（其中 z_1 和 z_2 是两种要素的数量），如果四人的要素禀赋分别为 $\omega_1=\omega_2=(1, 0)$ 和 $\omega_3=\omega_4=(0, 1)$。

(b) 证明这个博弈的核包含所有形如 $(\alpha, \alpha, 1-\alpha, 1-\alpha)$ 的点，其中 $\alpha\in[0, 1]$。

(c) 证明如果 $v(\{134\})$ 增加到 2，维持其他联盟价值不变，于是核中只有一个点。将参与人 1 在此点的福利与他在 $v(\{134\})$ 增加之前在核中所有点上的福利进行比较。

(d) 计算这个博弈［在 $v(\{134\})$ 增加之前］的夏普利价值，但不能使用简单模式匹配算法(brute-force enumeration technique)。(提示：使用对称性和其他公理。)

(e) $v(\{134\})$ 增加后，夏普利价值是如何变化的？讨论夏普利价值变化和核变化有何不同。

18. AA. 10[B] 一个企业由两个部门组成。企业必须为每个部门提供办公场地(x_1, x_2)，总办公场地费用为 $C(x_1+x_2)=(x_1+x_2)^{\gamma}$，$0<\gamma<1$。

(a) 假设无论怎么使用办公场地 (x_1, x_2)，总成本必须恰好在这两个部门间配置。请提出一个基于夏普利价值的成本配置系统。

(b) 当某个部门增加办公场地时，［根据 (a) 中的成本配置系统］计算每个部门承担的边际成本。

在以下两问中，$\gamma>1$，其余条件不变。

(c) 假设两个部门对企业贡献的利润分别为 $\alpha_1 x_1$ 和 $\alpha_2 x_2$（其中 $\alpha_1>0$ 和 $\alpha_2>0$），每个部门使用办公场地的原则是边际利润等于自己的边际成本［如同 (b) 中确定的］。这能导致一个有效率的（即利润最大化的）总办公费用选择吗？

(d) 是否存在任何分配规则 $\psi_1(x_1, x_2)$，$\psi_2(x_1, x_2)$［其中 $\psi_1(x_1, x_2)+\psi_2(x_1, x_2)=C(x_1, x_2)$ 对于所有 (x_1, x_2) 成立］使得对于所有 α_1 和 α_2，分权化选择都是有效率的［在 (c) 的意义上］?（提示：考虑一个部门对另一部门所施加的外部性。）

第19章 不确定性情形下的一般均衡

19.A 引言

在本章，我们将第 15 章到第 18 章发展出的一般均衡架构运用到不确定性条件下的资源交易和配置情形。在某种意义上，本章的均衡概念对应于第 6 章的决策理论（我们推荐读者复习这方面的内容）。

19.B 节首先使用**自然状态**（states of the world）描述不确定性，然后引入了一个重要概念，即**状态依存商品**（contingent commodity）。状态依存商品是指下列这样的商品，它的交付以自然状态的实现为条件。19.C 节使用这些工具定义**阿罗-德布鲁均衡**（Arrow-Debreu equilibrium）概念。这种均衡就是我们通常所说的瓦尔拉斯均衡，只不过现在交易的是状态依存商品。根据第 16 章的一般理论可知，阿罗-德布鲁均衡导致了风险的帕累托最优配置。

19.D 节在一个重要视角上重新解读了阿罗-德布鲁均衡。我们证明，在**自我实现预期**（self-fulfilling expectations）或称**理性预期**（rational expectations）假设条件下，阿罗-德布鲁均衡可以通过下列方法实现：把在状态依存商品的某种受限集合中的交易与不确定性消除之后的**即期交易**（spot trade）结合起来。这种做法大大减少了事前（即，在不确定性消除之前）必须运行的市场数量。

在 19.E 节，我们将我们的分析一般化。现在考察的交易不是参与人在不确定性消失之前的交易状态依存商品，而是交易**资产**（assets）；我们的均衡概念不再是阿罗-德布鲁均衡，而是**拉德纳均衡**（Radner equilibrium）。在本节我们讨论的另外一个重要概念是资产间的**套利**（arbitrage）。本节内容基于非常丰富的金融理论［这方面的优秀教材有 Duffie（1992）以及 Huang 和 Litzenberger（1988）］。

19.F 节简要说明了**不完全市场**（incomplete markets）引起的一些福利问题，也就是说，讨论由于资产市场太少而无法保证风险配置成为完全帕累托最优引起的福利问题。

19.G 节讨论企业在不确定性条件下的经营目标问题。特别地，本节给出了在什么样的条件下，股东才会一致同意**市场价值最大化**（market value maximization）目标。

19.H 节进一步考察本章理论在信息方面的要求。我们看到我们的理论对消费者之间的信息为对称的情形有着很好的适用能力（19.H 节提供了综述），但不太适用于**不对称信息**（asymmetric information）情形。这为第 13 章和第 14 章为研究不对称信息问题而发展的技术提供了进一步的讨论。

关于本章主题的更多内容，可以参考我们已经提到过的 Huang 和 Litzenberger (1988) 以及 Duffie (1992)，或者更高级的 Radner (1982) 以及 Magill 和 Shafer (1991)。

19.B 状态依存商品的市场经济：描述

与以前的章节一样，我们考察的经济有 L 种实物商品、I 个消费者和 J 个企业。只不过在当前情形下，技术、禀赋和偏好都是**不确定的**。

在本章我们始终用自然状态描述不确定性，准确地说，假设技术、禀赋和偏好都取决于自然状态。6.E 节已介绍过自然状态的概念。一种自然状态就是不确定性的一种可能结果的完整描述，这个描述假设任何两种不同自然状态都是互斥的。假设我们有自然状态的详尽集合 S。为简单起见，我们取集合 S 为含有 S 个元素的有限集，每个元素记为 $s=1, \cdots, S$。

在定义 19.B.1 中，我们给出两个关键概念：状态依存商品和状态依存商品向量。使用这些概念，我们可以表达技术、禀赋和偏好对自然状态的依赖性。

定义 19.B.1：对于每个实物商品 $l=1, \cdots, L$ 和（自然）状态 $s=1, \cdots, S$，一单位**状态依存商品**（state-contingent commodity）ls 是指当且仅当状态 s 发生时，消费者能得到一单位实物商品 l 的权利（title）。相应地，将**状态依存商品向量**（state-contingent commodity vector）定义为

$$x=(x_{11},\cdots,x_{L1},\cdots,x_{1S},\cdots,x_{LS})\in\mathbb{R}^{LS}$$

它的意思是，如果状态 s 发生，消费者能得到商品向量 $(x_{1s}, \cdots, x_{Ls})$ 的权利。①

我们也可以将一个状态依存商品向量看成一组 L 个**随机变量**（random variable），第 l 个随机变量为 $(x_{l1}, \cdots, x_{lS})$。

有了状态依存商品向量概念后，我们就可以描述经济参与人的特征如何取决于自然状态了。令消费者 $i=1, \cdots, I$ 的禀赋为一个状态依存商品向量：

① 像往常一样，负的元素表示消费者有义务提供这种商品。

19

$$\omega_i=(\omega_{11i},\cdots,\omega_{L1i},\cdots,\omega_{1Si},\cdots,\omega_{LSi})\in\mathbb{R}^{LS}$$

它的意思是说，如果状态 s 发生，那么消费者 i 的禀赋向量为（ω_{1si}，…，ω_{Lsi}）$\in\mathbb{R}^L$。

消费者 i 的偏好也可能取决于自然状态（例如，消费者对酒的消费偏好可能取决于他们的健康状况）。正式地，我们将这种依赖性表示为消费者在状态依存商品向量上的偏好。也就是说，我们令消费者 i 的偏好由定义在消费集 $X_i\subset\mathbb{R}^{LS}$ 上的理性偏好关系 $\succsim_i$ 规定。

例 19. B. 1： 与 6. E 节一样，消费者评价状态依存商品向量的方法是：首先，对状态 s 指定（客观或主观的）概率 π_{si}；其次，根据伯努利状态依存效用函数 u_{si}（x_{1si}，…，x_{Lsi}）计算实物商品向量在状态 s 上的值；最后，计算期望效用。[①] 也就是说，消费者 i 在两个状态依存商品向量 x_i，$x_i'\in X_i\subset\mathbb{R}^{LS}$ 上的偏好满足

$$x_i\succsim_i x'_i \quad \text{当且仅当} \quad \sum_s\pi_{si}u_{si}(x_{1si},\cdots,x_{Lsi})\geqslant\sum_s\pi_{si}u_{si}(x'_{1si},\cdots,x'_{Lsi})\blacksquare$$

我们应该强调偏好 $\succsim_i$ 是先验性质的：描述可能消费的随机变量是在不确定性消失之前计算的。

类似地，企业 j 的生产技术可能性可用生产集 $Y_j\subset\mathbb{R}^{LS}$ 表示，它的意思是说，**状态依存生产方案** $y_j\in\mathbb{R}^{LS}$ 是 Y_j 的一个元素，如果对于每个 s，当状态 s 发生时实物商品的投入产出向量（y_{1sj}，…，y_{Lsj}）对企业 j 来说是可行的。

例 19. B. 2： 假设有两种状态 s_1 和 s_2，分别表示好天气和坏天气。有两种实物商品：种子（$l=1$）和庄稼（$l=2$）。在这种情形下，Y_j 的元素都是四维向量。假设在天气不确定性消失之前必须种下种子，而且一单位种子能够生产一单位庄稼当且仅当天气是好的。那么

$$y_j=(y_{11j},y_{21j},y_{12j},y_{22j})=(-1,1,-1,0)$$

是个可行生产方案。注意到，由于在种下种子时天气是不确定的，生产方案（-1，1，0，0）是不可行的：如果种下种子，那么必须两种状态下都要种。由此可见，通过上述方式，我们将与不确定性消失时点相关的生产约束嵌入了 Y_j 的结构中。[②] ■

19

为了以类似于第 16、17 章的方式完成对经济的完整描述，现在只剩下对每个消费者 i 和企业 j 规定所有权份额。在理论上，这些份额也应该是状态依存的。然

① 6. E 节讨论的是 $L=1$ 的情形。我们可以将其直接扩展到当前 $L\geqslant1$ 的情形。

② 在消费方面也有类似的结论。如果对于特定的商品 l，任何向量 $x_i\in X_i$ 都能使得所有元素 x_{lsi}（其中 $s=1$，…，S）相等，那么我们可以将其解释为：它断言商品 l 的消费发生在不确定性消失之前。

而，为了简单起见，不管自然状态如何，令消费者 i 拥有企业 j 的份额恒为 $\theta_{ji}\geq 0$。当然，对于每个企业 j 都有 $\sum_j \theta_{ji}=1$。

信息与不确定性的消失

在上面描述的环境下，时间没有起到任何明显的正式作用。然而，在现实中，状态随时间流逝而明晰。图 19. B. 1 给出了最简单的例子。在这个图中，在时期 0，不存在能确定自然状态的任何信息，在时期 1，这个信息完全显露出来了。

我们（通过例 19. B. 2）已经知道怎样通过合理定义消费集和生产集的方法，将图 19. B. 1 的跨期结构（temporal structure）纳入我们的架构：任何商品在时期 $t=0$ 的数量在不同状态下绝对不会不同。

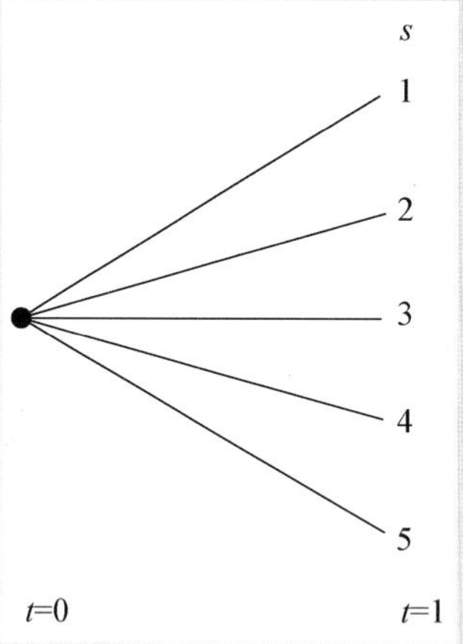

图 19. B. 1　两个时期，在 $t=1$ 时信息是完美的

我们也可以使用同样的方法将更一般的跨期结构纳入我们的分析架构。假设我们有 $T+1$ 个时期 $t=0, 1, \cdots, T$ 以及 S 种状态，但是假设状态逐渐以树状出现，如图 19. B. 2 所示。这种树类似于第 7 章的图。在该图中，最终节点代表截止到时期 $t=T$ 已实现的可能状态，也就是，代表不确定环境的完整历史。对于两种状态 s 和 s'，如果截止到时期 t，在树中实现它们的路径是重合的，那么我们说，截止到时期 t（含），s 和 s' 无法区分开。

19

S 的子集称为**事件**（events）。一组事件 $\mathcal{S}$ 是个**信息结构**（information structure），如果它是个划分（partition），也就是说，如果对于每种状态 s 都存在满足 $s\in E$ 的 $E\in\mathcal{S}$，而且对于任何两个 $E, E'\in\mathcal{S}$，$E\neq E'$，那么我们有 $E\cap E'=\varnothing$。它的意思是，如果状态 s 和 s' 属于 $\mathcal{S}$ 中相同的事件，那么在信息结构 $\mathcal{S}$ 中，我们无法区分 s 和 s'。

为了正式描述信息序贯显示的情形，我们考察一族信息结构：$(\mathcal{S}_0, \cdots, \mathcal{S}_t, \cdots, \mathcal{S}_T)$。信息显示过程使得 $\mathcal{S}_t$ 越来越详细：一旦我们有了足够的信息来区分两种状态，这个信息就不会被遗忘。

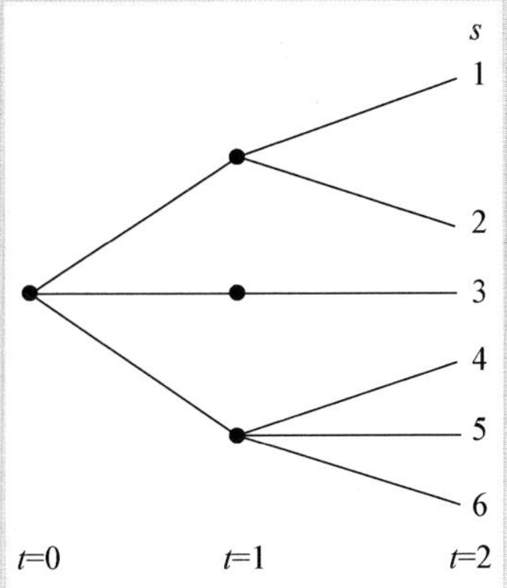

图 19. B. 2　信息树：信息逐渐显现

例 19. B. 3：考虑图 19. B. 2 中的信息树。我们有

$$\mathscr{S}_0=(\{1,2,3,4,5,6\})$$

$$\mathscr{S}_1=(\{1,2\},\{3\},\{4,5,6\})$$

$$\mathscr{S}_2=(\{1\},\{2\},\{3\},\{4\},\{5\},\{6\})\qquad\blacksquare$$

在理论上每个人的划分是不同的。然而，除了本章最后一节（19. H 节）之外，我们将假设所有消费者的信息结构都是相同的。

一个组合（t，E），其中 t 是时期且 $E\in\mathscr{S}_t$，称为一个**时期-事件**（date-event）。时期-事件是与信息树的节点相联系的。除了第一个时期-事件外，每个时期-事件都有一个唯一的**前辈节点**（predecessor）。除了树末最后一个时期-事件外，每个时期-事件都有一个或多个**后继节点**（successors）。

有了这个跨期模型之后，现在有必要说明实物商品是在哪个时期得到的。假设有 H 种基本实物商品（面包、闲暇等）。我们将用双指标 ht 表明商品 h 的生产（消费或作为禀赋的）时期 t。于是，x_{hts} 表示 x 单位的商品 h 是在时期 t 沿着状态 s 的路径得到的。

幸运的是，这个多期模型可以正式地简化为上面介绍的不含时期结构的模型。为了看清这一点，我们定义 $L=H(T+1)$ 种实物商品的一个新集合，该集合的每个元素是用双指标（即，ht）表示的商品。于是，我们说向量 $z\in\mathbb{R}^{LS}$ 关于信息划分族（$\mathscr{S}_0$，…，$\mathscr{S}_t$，…，$\mathscr{S}_T$）是可测度的（measurable），如果对于每个 hts 和 hts'，我们均有 $z_{hts}=z_{hts'}$，其中 s，s' 属于划分 $\mathscr{S}_t$ 的相同元素。也就是说，当 s 和 s' 在时期 t 无法区分时，指定给这两种状态的数量不可能不同。最后，我们对禀赋 $\omega_i\in\mathbb{R}^{LS}$、消费集 $X_i\subset\mathbb{R}^{LS}$ 和生产集 $Y_j\subset\mathbb{R}^{LS}$ 施加下列限制：它们的所有元素关于信息划分族都是可测度的。有了这个假设之后，我们就将这个多期结构简化为原来的形式。

19.C 阿罗-德布鲁均衡

在 19.B 节我们已经看到不确定性情形下的经济如何用下列变量表示：自然状态集 S，消费集 $X_i \subset \mathbb{R}^{LS}$，禀赋向量 $\omega_i \in \mathbb{R}^{LS}$，每个消费者 i 在 X_i 上的偏好关系 $\succsim_i$，生产集 $Y_j \subset \mathbb{R}^{LS}$，以及每个消费者拥有每个企业 j 的利润份额（θ_{j1}，…，θ_{jI}）。

现在我们更进一步作出一个较强的假设。即，我们规定每种状态依存商品 ls 都存在着一个市场。这些市场在不确定性消失之前开放，即在时期 0 开放。状态依存商品 ls 的价格记为 p_{ls}。对于状态依存商品 ls，市场买（或卖）的是当事人当状态 s 发生时收货（或发货）的承诺。注意到，尽管发货取决于自然状态，支付货款却不是。还要注意，若想使这个市场是良好定义的，必须要求所有经济参与人都能够识别状态 s 的发生。也就是说，不同经济个体之间的信息应该是**对称的**。我们将在 19.H 节进一步讨论这个信息问题。

正式地说，上面描述的市场经济并没有实质性的新奇之处，它只不过是我们前面章节经济的特殊情形。因此，对于这个经济，我们可以使用瓦尔拉斯均衡概念以及我们发展的与瓦尔拉斯均衡有关的所有理论。当我们考察的是状态依存商品时，按照惯例，通常将瓦尔拉斯均衡称为**阿罗-德布鲁均衡**（Arrow-Debreu equilibrium）。[①]

定义 19.C.1：一个配置

$$(x_1^*, \cdots, x_I^*, \cdots, y_1^*, \cdots, y_J^*) \in X_1 \times \cdots \times X_I \times Y_1 \times \cdots \times Y_J \subset \mathbb{R}^{LS(I+J)}$$

和状态依存商品的一个价格系统 $p = (p_{11}, \cdots, p_{LS}) \in \mathbb{R}^{LS}$ 构成了一个**阿罗-德布鲁均衡**，如果：

（ⅰ）对于每个 j，y_j^* 满足 $p \cdot y_j^* \geq p \cdot y_j$ 对于所有 $y_j \in Y_j$ 均成立。

（ⅱ）对于每个 i，x_i^* 在预算集

$$\left\{ x_i \in X_i : p \cdot x_i \leqslant p \cdot \omega_i + \sum_j \theta_{ij} p \cdot y_j^* \right\}$$

中使得 $\succsim_i$ 达到最大。

（ⅲ）$\sum_i x_i^* = \sum_j y_j^* + \sum_i \omega_i$。

第 16、17 章的福利和实证定理可以不加修改地应用于阿罗-德布鲁均衡。由第 6 章尤其是 6.C 节和 6.E 节可知，在当前的环境下，我们可以将凸性假设使用风险厌恶进行解释。例如，在例 19.B.1 的期望效用情形下，如果伯努利效用 $u_{si}(x_{si})$ 是凸的，那么偏好关系 $\succsim_i$ 也是凸的（参见习题 19.C.1）。

阿罗-德布鲁均衡的帕累托最优有着什么样的含义？答案是它表明状态依存商

① Debreu（1959）第 7 章简练地构建了这些思想。

品的交易可能性在均衡处导致了风险有效率的配置。

特别强调，对于任何生产方案，每个企业 j 的利润 $p \cdot y_j$ 都不是随机的。商品的生产和交付当然都取决于自然状态，但是企业 j 在所有状态依存商品市场上都是活跃的，从而能够完全规避风险。这意味着企业选择利润最大化作为目标是合理的。我们将在 19.G 节进一步讨论这一点。

例 19.C.1：考虑一个交换经济，其中 $I=2$，$L=1$ 和 $S=2$。这使得我们可用埃奇沃思盒进行分析，因为这个经济正好有两种状态依存商品。在图 19.C.1(a) 和图 19.C.1(b) 中，我们有 $\omega_1=(1,0)$，$\omega_2=(0,1)$，效用函数的形式为 $\pi_{1i}u_i(x_{1i})+\pi_{2i}u_i(x_{2i})$，其中 (π_{1i},π_{2i}) 是消费者认为的两种状态的概率（主观概率）。由于 $\omega_1+\omega_2=(1,1)$，所以不存在加总风险 (aggregate risk)，自然状态仅决定哪个消费者得到消费品禀赋。由 6.E 节尤其是例 6.E.1 前面的讨论可知，在这个模型［其中 $u_i(\cdot)$ 不取决于状态 s］中，如果在某个点上，消费者 i 在两种状态下的消费相等，那么此点处的边际替代率等于概率之比 π_{1i}/π_{2i}。

在图 19.C.1(a) 中，两个消费者持有的主观概率相同（即，$\pi_{11}=\pi_{12}$），因此，帕累托集与埃奇沃思盒的对角线重合（盒子为正方形，因此对角线与 45°线重合，在对角线上两个消费者的边际替代率相等：$\pi_{11}/\pi_{21}=\pi_{12}/\pi_{22}$）。因此，在均衡处，这两个消费者是完全保险的；也就是说，消费者 i 的均衡消费在两种状态下相同。在图 19.C.1(b) 中，两个消费者的主观概率不同。特别地，$\pi_{11}<\pi_{12}$（即，消费者 2 认为状态 1 的发生概率更大一些）。在这种情形下，每个消费者在他认为更可能发生的状态（相对于另一个消费者持有的信念来说）下的消费会更高一些。■

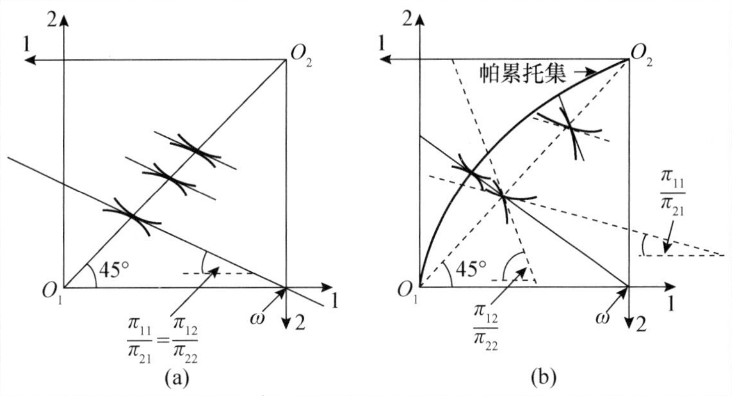

图 19.C.1 (a) 不存在加总风险：相同概率估计情形；(b) 不存在加总风险：不同概率估计情形

例 19.C.2：本例的基本架构同例 19.G.1，只不过现在存在着加总风险：$\omega_1+\omega_2=(2,1)$。效用是状态依存的，两个人的概率估计也相同：(π_1,π_2)。相应的埃奇沃思盒见图 19.C.2。我们看到，在帕累托集的任何点上，两人共同的边际替代率小于概率比值（参见习题 19.C.2）。因此，在均衡处，我们必定有 $p_1/p_2<\pi_1/\pi_2$ 或 $p_1/\pi_1<p_2/\pi_2$。如果 $\pi_1=\pi_2=1/2$，

那么 $p_1 < p_2$：在状态 2 下消费品更稀缺，因此价格更高。这构成了金融理论一个强大主题的最简单版本：状态依存金融工具（在本例中，为一单位状态依存消费）相对更富有价值，如果它们的报酬（在本例中为不同状态下的消费量）与“市场报酬”（在本例中为代表总初始禀赋的随机变量）是负相关的。■

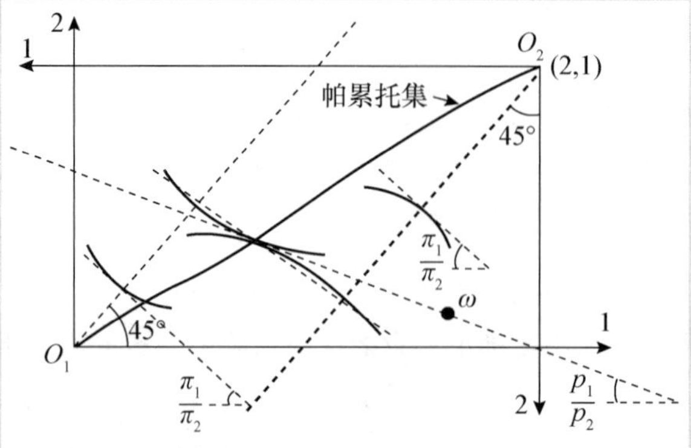

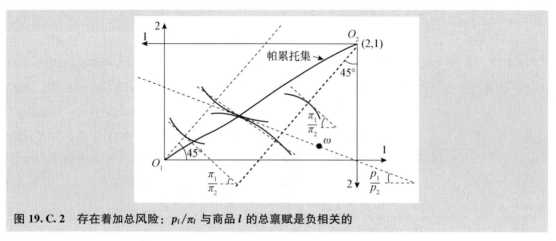

图 19. C. 2　存在着加总风险：p_l/π_l 与商品 l 的总禀赋是负相关的

19.D　序贯交易

阿罗-德布鲁架构很好地说明了一般均衡理论的力量。然而，它不大符合现实。事实上，在阿罗-德布鲁均衡处，所有交易在不确定性消失之前同时发生。在这种情形下，交易是一次性的。然而，在现实中，交易在很大程度上是序贯的（即随着时间的推移而先后发生），而且这通常是信息披露的结果。本节的目的是介绍序贯交易模型，说明阿罗-德布鲁均衡可通过交易过程随时间推移而展开进行重新解释。

为简单起见，我们只考察交换经济（19. G 节讨论了一些生产情形）。而且，对于每个 i，令 $X_i=\mathbb{R}_+^{LS}$。假设有两个时期 $t=0$ 和 $t=1$，在 $t=0$ 时不存在任何信息，在 $t=1$ 时不确定性完全消失。因此，时期-事件树可用图 19. B. 1 表示。为简单起见，我们还假设在 $t=0$ 时不存在消费。（更一般情形可参见习题 19. D. 3。）

19

假设 LS 种可能状态依存商品的市场在 $t=0$ 时开放，$(x_1^*, \cdots, x_I^*)\in\mathbb{R}^{LSI}$ 是价格为 $(p_{11}, \cdots, p_{LS})\in\mathbb{R}^{LS}$ 的一个阿罗-德布鲁均衡配置。记住这些市场在 $t=1$ 时交货［这些市场通常称为**远期市场**（forward markets）］。当时期 $t=1$ 到来时，自然状态 s 显露，当事人执行合同，每个消费者 i 得到了 $x_{si}^*=(x_{1si}^*, \cdots, x_{Lsi}^*)\in\mathbb{R}^L$。

现在假设上述交易已发生，但消费者还没有开始消费 x_{si}^*，L 种实物商品的市场在 $t=1$ 时开放［这些市场称为**即期市场**（spot markets）］。消费者有激励在这些市场进行交易吗？答案是否定的。为了看清这一点，假设存在潜在的交易收益。也就是说，存在 $x_{si}=(x_{1si}，\cdots，x_{Lsi})$(其中 $i=1，\cdots，I$) 使得 $\sum_i x_{si}\leqslant\sum_i \omega_{si}$，以及 $(x_{1i}^*，\cdots，x_{si}，\cdots，x_{Si}^*)\succsim_i(x_{1i}^*，\cdots，x_{si}^*，\cdots，x_{Si}^*)$ 对于所有 i 均成立，其中至少一个偏好为严格的。从帕累托最优的定义可知，阿罗-德布鲁均衡配置 $(x_1^*，\cdots，x_I^*)\in\mathbb{R}^{LSI}$ 不是帕累托最优的，这违背了福利经济学第一基本定理的结论。① 总之，在 $t=0$ 处，消费者能够通过交易直接达到整体帕累托最优配置，因此，没有任何进一步交易的理由。换句话说，事前（ex ante）帕累托最优蕴涵着事后（ex post）帕累托最优，因此，不存在事后交易。

如果并非所有 LS 种状态依存商品的市场在 $t=0$ 时都存在，情形将有所不同。在这种情形下，初始交易可能达不到帕累托最优配置，而且很有可能事后（即，在状态 s 显露后）消费配置不是帕累托最优的。因此，存在着重新开放市场和重新交易的激励。

Arrow (1953) 首先注意到，即使并非所有状态依存商品在 $t=0$ 时都可得，但在某些条件下，在 $t=1$ 时的重新交易仍可能保证达到帕累托最优。也就是说，事后交易的可能性能够弥补某些事前市场缺失这个不足。在下面我们将证明，如果至少存在一种实物商品能在 $t=0$ 时进行状态依存交易，而且如果即期交易在 $t=1$ 时发生以及即期均衡价格在 $t=0$ 时能被正确预期，那么阿罗的上述结论成立。这个结论的背后直觉相当直接：如果即期交易在每种状态下都能发生，那么在 $t=0$ 时我们唯一的任务是把消费者的总购买力有效率地在各个状态间转移。这个任务可以通过使用单一商品的状态依存交易来完成。通过这种方法，我们能够把所要求的远期市场数量从 LS 个减少为 S 个。

更具体地说，在 $t=0$ 时消费者对每种可能状态 $s\in S$ 在 $t=1$ 时的均衡价格都有**预期**（expectations）。令 $p_s\in\mathbb{R}^L$ 表示状态 s 下即期市场的预期价格向量，$p=(p_1，\cdots，p_S)\in\mathbb{R}^{LS}$ 表示整体预期价格向量。② 另外，假设在 $t=0$ 时，S 种状态依存商品存在着交易，分别将它们记为 11，…，1S；也就是说，只有标记为 1 的实物商品存在着状态依存交易。我们将这些状态依存商品在 $t=0$ 时的交易价格向量记为 $q=(q_1，\cdots，q_S)\in\mathbb{R}^S$。

每个消费者 i 在面对着 $t=0$ 时的价格 $q\in\mathbb{R}^S$、$t=1$ 时预期的即期价格 $(p_1，\cdots，p_S)\in\mathbb{R}^{LS}$ 情形下，为 $t=0$ 时状态依存商品规划一个消费方案（或交易方案）$(z_{1i}，\cdots，z_{Si})\in\mathbb{R}^S$，以及为 $t=1$ 时可能出现的不同状态规划一个即期市场消

① 另外一种方法是，考虑对应状态 s 的 L 种状态依存商品的阿罗-德布鲁均衡价格：$p_s=(p_1，\cdots，p_{LS})$。于是，p_s（将 p_s 看成状态 s 处的一个即期价格系统）对初始禀赋向量（x_{s1}^*，…，x_{sI}^*）诱导出所有交易者的一个为零的超额需求（从而出清了市场）。事实上，如果 $U_i(x_{1i}，\cdots，x_{Si})$ 是代表 $\succsim_i$ 的一个效用函数，而且（x_{1i}^*，…，s_{sI}^*）$\in\mathbb{R}^{LS}$ 在约束条件 $\sum_s p_s\cdot(x_{si}-\omega_{si})\leqslant 0$ 下使得 $U_i(x_{1i}，\cdots，x_{Si})$ 达到最大，那么，对任何特定的 s，x_{is}^* 在约束条件 $p_s\cdot(x_{si}-\omega_{si})\leqslant p_s\cdot(x_{si}^*-\omega_{si})$ 下［即在约束条件 $p_s\cdot(x_{si}-x_{si}^*)\leqslant 0$ 下］使得 $U_i(x_{1i}^*，\cdots，x_{si}，\cdots，x_{Si}^*)$ 达到最大。

② 一般来说，不同消费者的预期是不同的，但在正确预期的假设（稍后将介绍这个假设）下，它们是相同的。

费方案 $(x_{1i}, \cdots, x_{Si}) \in \mathbb{R}^{LS}$。当然，这些方案必须满足预算约束。令 $U_i(\cdot)$ 为代表 $\succsim_i$ 的效用函数，那么，我们可以将消费者 i 的最大化问题正式表示为

$$\begin{aligned}&\underset{\substack{(x_{1i},\cdots,x_{Si})\in\mathbb{R}_+^{LS}\\(z_{1i},\cdots,z_{Si})\in\mathbb{R}^S}}{\text{Max}} U_i(x_{1i},\cdots,x_{Si})\\&\text{s. t. (i)} \sum_s q_s z_{si} \leqslant 0,\\&\qquad\text{(ii)}\ p_s \cdot x_{si} \leqslant p_s \cdot \omega_{si} + p_{1s} z_{si} \quad \text{对于每个 } s\end{aligned} \tag{19. D. 1}$$

条件（i）是对应于 $t=0$ 时的交易约束。条件（ii）是一族条件，它们是不同即期市场的预算约束。注意到，状态 s 处的财富价值由两部分组成：初始禀赋的市场价值 $p_s \cdot \omega_{si}$，以及在 $t=0$ 时进行远期买进或卖出 z_{si} 单位商品 1 的市场价值。注意到，我们没有对 z_{si} 的符号或大小施加任何限制。如果 $z_{si} < -\omega_{1si}$，那么我们说在 $t=0$ 时消费者 i **卖空**（sell short）了商品 1。这是因为，如果状态 s 出现，他在 $t=0$ 时出售的商品 1 数量，要多于他在 $t=1$ 时拥有的商品 1 数量。因此，如果状态 s 出现，为了完成他的承诺，他必须在即期市场买进一些商品 1。然而，卖空的可能性间接受制于下列事实：对每种状态 s，消费从而事后财富必须为非负的。①

为了给序贯交易下个合适的定义，我们应该施加一个重要条件：消费者的预期必须是**自我实现的**（self-fulfilled）或称**理性的**（rational）；也就是说，消费者对出清不同状态 s 下即期市场的价格预期最终恰好变成了现实：当 $t=1$ 和状态 s 出现时，这组预期价格的确出清了市场。

定义 19. D. 1：状态依存商品 1 在 $t=0$ 时的一个价格向量 $q=(q_1, \cdots, q_S) \in \mathbb{R}^S$，对于每种状态 s 的一个即期价格向量 $p_s=(p_{1s}, \cdots, p_{Ls}) \in \mathbb{R}^L$，以及对于每个消费者 i 在 $t=0$ 时的消费方案 $z_i^*=(z_{1i}^*, \cdots, z_{Si}^*) \in \mathbb{R}^S$、在 $t=1$ 时的消费方案 $x_i^*=(x_{1i}^*, \cdots, x_{Si}^*) \in \mathbb{R}^{LS}$ 构成了一个**拉德纳均衡**（Radner equilibrium）［参见 Radner（1982）］，如果

（i）对于每个 i，消费方案 z_i^* 和 x_i^* 是问题（19. D. 1）的解。

（ii）对于每个 s 都有 $\sum_i z_{si}^* \leqslant 0$ 以及 $\sum_i x_{si}^* \leqslant \sum_i \omega_{si}$。

在拉德纳均衡处，交易随时间推移而发生。另外，与阿罗-德布鲁情形不同，在拉德纳情形下，每个经济个体面对着**预算集序列**（sequence of budget set），每个时期-状态（更一般地，每个时期-事件）都有一个预算集。

考察问题（19. D. 1）可知，所有预算集关于价格都是零次齐次的。这意味着如果一种实物商品在每种状态下的价格（即每个预算集对应的价格）任意标准化为 1，

19

---

① 需要注意，我们令 $t=0$ 时的财富为零（也就是说，不存在状态依存商品的初始禀赋）。这只是个惯例做法。例如，假设我们将在 $t=1$ 时状态 s 下的商品 1 数量 ω_{1si}，视为消费者 i 在 $t=0$ 时拥有的状态依存商品 s 的数量（为了避免重复计算，我们应该同时将 $t=1$ 时即期市场 s 中商品 1 的初始禀赋设为零）。于是，预算约束为：（i）$\sum_s q_s(z'_{si}-\omega_{1si}) \leqslant 0$；以及（ii）$p_s \cdot x_{si} \leqslant \sum_{l\neq 1} p_{ls}\omega_{li} + p_{1s}z'_{si}$ 对于每个 s 成立。然而，若令 $z'_{si}=z_{si}+\omega_{1si}$，那么我们将看到这些约束条件正好是式（19. D. 1）中的约束条件。

那么预算集将维持不变。自然的做法是选择商品 1，令 $p_{1s}=1$ 对每个 s 均成立，因此，一单位 s 状态依存商品在状态 s 下值 1 美元钱。[①] 注意，这仍剩下一个自由度，这个自由度对应于 $t=0$ 时作出的远期交易（因此我们可以令 $q_1=1$，或者也许令 $\sum_s q_s=1$）。

命题 19. D. 1 是这一节最重要的结果。这个命题表明，对于这个模型，阿罗-德布鲁均衡配置集（由 LS 种状态依存商品的一次性交易诱导出）与拉德纳均衡配置（由一种商品的状态依存交易及其随后的即期交易所引致）是相同的。

命题 19. D. 1：

（ⅰ）如果配置 $x^*\in\mathbb{R}^{LSI}$ 和状态依存商品价格向量 $(p_1, \cdots, p_S)\in\mathbb{R}^{LS}_{++}$ 构成了一个阿罗-德布鲁均衡，那么存在状态依存商品 1 的价格 $q\in\mathbb{R}^S_{++}$ 和这些商品的消费方案 $z^*=(z_1^*, \cdots, z_I^*)\in\mathbb{R}^{SI}$ 使得消费方案 x^*、z^*、价格 q 以及即期价格 $(p_1, \cdots, p_S)$ 构成了一个拉德纳均衡。

（ⅱ）在另外一个方向上，如果消费方案 $x^*\in\mathbb{R}^{LSI}$ 和 $z^*\in\mathbb{R}^{SI}$ 以及价格 $q\in\mathbb{R}^S_{++}$ 和 $(p_1, \cdots, p_S)\in\mathbb{R}^{LS}_{++}$ 构成了一个拉德纳均衡，那么存在乘子 $(\mu_1, \cdots, \mu_S)\in\mathbb{R}^S_{++}$，使得配置 x^* 和状态依存商品价格向量 $(\mu_1 p_1, \cdots, \mu_S p_S)\in\mathbb{R}^{LS}_{++}$ 构成了一个阿罗-德布鲁均衡。（乘子 μ_S 是 $t=1$ 且状态为 s 时一美元在 $t=0$ 时的价值。）

证明：

（ⅰ）自然地，对于每种状态 s 令 $q_s=p_{1s}$。这样，我们断言，对于每个消费者 i，阿罗-德布鲁问题的预算集

$$B_i^{AD}=\left\{(x_{1i},\cdots,x_{Si})\in\mathbb{R}^{LS}_+:\sum_s p_s\cdot(x_{si}-\omega_{si})\leqslant 0\right\}$$

与拉德纳问题的预算集

$$B_i^R=\{(x_{1i},\cdots,x_{Si})\in\mathbb{R}^{LS}_+:\text{存在}(z_{1i},\cdots,z_{Si})\text{使得}$$
$$\sum_s q_s z_{si}\leqslant 0\text{ 和 }p_s\cdot(x_{si}-\omega_{si})\leqslant p_{1s}z_{si}\text{ 对于每个}s\}$$

是相同的。

为了看清这一点，假设 $x_i=(x_{1i}, \cdots, x_{Si})\in B_i^{AD}$。对于每个 s，令 $z_{si}=(1/p_{1s})p_s\cdot(x_{si}-\omega_{si})$。于是 $\sum_s q_s z_{si}=\sum_s p_{1s}z_{si}=\sum_s p_s\cdot(x_{si}-\omega_{si})\leqslant 0$ 和 $p_s\cdot(x_{si}-\omega_{si})=p_{1s}z_{si}$ 对于每个 s 成立。因此，$x_1\in B_i^R$。在另一个方向上，假设 $x_i=(x_{1i}, \cdots, x_{Si})\in B_i^R$；也就是说，对于某个$(z_{1i}, \cdots, z_{Si})$我们有 $\sum_s q_s z_{si}\leqslant 0$ 和 $p_s\cdot(x_{si}-\omega_{si})\leqslant p_{1s}z_{si}$ 对于每个 s 成立。对 s 加总可得 $\sum_s p_s\cdot(x_{si}-\omega_{si})\leqslant\sum_s p_{1s}z_{si}=\sum_s q_s z_{si}\leqslant 0$。因此，$x_i\in B_i^{AD}$。

① 由能够对价格进行标准化可知，不失一般性，我们也假设消费者直接用钱购买状态依存商品（关于这一点的更多内容可参见习题 19. D. 1）。

19

我们断言，我们的阿罗-德布鲁均衡配置也是个由 $q=(p_{11},\cdots,p_{1S})\in\mathbb{R}^S$、即期价格 $(p_1,\cdots,p_S)$ 以及 $z_{si}^*=(1/p_{1s})p_s\cdot(x_{si}^*-\omega_{si})$ 所定义的状态依存交易 $(z_{1i}^*,\cdots,z_{Si}^*)\in\mathbb{R}^S$ 所支持的拉德纳均衡。注意到，状态依存市场是出清的，这是因为，对于每个 s，$\sum_i z_{si}^*=(1/p_{1s})p_s\cdot[\sum_i(x_{si}^*-\omega_{si})]\leqslant 0$。

（ⅱ）选择 μ_s 使得 $\mu_s p_{1s}=q_s$。于是我们可以将每个消费者 i 的拉德纳预算集重写为 $B_i^R=\{(x_{1i},\cdots,x_{Si})\in\mathbb{R}^{LS}$：存在 $(z_{1i},\cdots,z_{Si})$ 使得 $\sum_s q_s z_{si}\leqslant 0$ 和 $\mu_s p_s\cdot(x_{si}-\omega_{si})\leqslant q_s z_{si}$ 对于每个$s\}$。

但是，由此我们可以像在（ⅰ）中的做法一样，将约束条件从而将预算集写成阿罗-德布鲁形式：

$$B_i^R=B_i^{AD}=\{(x_{1i},\cdots,x_{Si})\in\mathbb{R}^{LS}:\sum_s\mu_s p_s\cdot(x_{si}-\omega_{si})\leqslant 0\}$$

因此，消费方案 x_i^* 也是预算集 B_i^{AD} 中使得偏好最大化的。由于这对每个消费者 i 都成立，我们断言，价格向量 $(\mu_1 p_1,\cdots,\mu_S p_S)\in\mathbb{R}^{LS}$ 出清了 LS 种状态依存商品的市场。■

例 19. D. 1：在一个交换经济中有两种商品、两种状态和两个消费者。假设两种状态出现的概率是相等的，而且每个消费者有着相同的与状态无关的伯努利效用函数 $u(x_{si})$。消费者的区别仅表现在他们拥有的初始禀赋数量不同。两种状态下的总禀赋向量是相同的；然而，在状态 1 下，禀赋分配给消费者 1 从而他拥有一切，而消费者 2 一无所有；在状态 2 下，消费者 2 拥有一切，消费者 1 一无所有。（参见图 19. D. 1。）

由于这个问题是对称的，因此在阿罗-德布鲁均衡处，每个消费者在每种状态下得到每种商品的一半禀赋。在图 19. D. 1 中，我们说明了如何通过商品 1 的状态依存交易和即期市场来实现这些消费。即期价格在两种状态下是一样的。当状态 1 出现时消费者 1 将卖出 α 单位商品 1，当状态 2 出现时他会购买 β 单位商品 1。（习题 19. D. 2 要求读者补充细节。）■

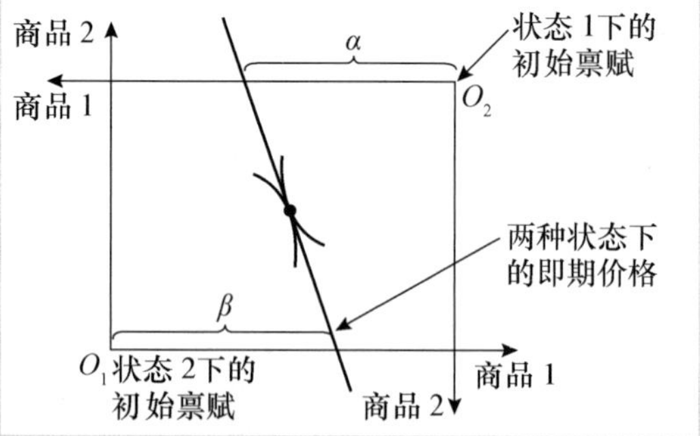

图 19. D. 1　通过对商品 1 进行状态依存交易达到阿罗-德布鲁均衡

需要强调，尽管拉德纳均衡概念减少了为达到帕累托最优而要求的状态依存商品数量（从 LS 减少为 S），但这是有代价的。由于远期合同的数量减少了，消费者对未来即期价格的正确预期变得非常重要。

到现在，我们已经讨论了当只有两个时期时，也就是，对于图 19.B.1 中的时期-事件树，阿罗-德布鲁均衡是如何序贯实现的。[①] 对于图 19.B.2 的情形，即存在 $T+1$ 个时期而且信息是逐渐披露的，我们也可以使用同样的思想，尽管符号可能更复杂一些。（基本概念和符号请参考 19.B 节。）于是，在每个可行的时期-事件组合 tE（即，满足 $E\in\mathscr{S}_t$ 且在 t 时信息划分上的 tE）上都存在着即期市场。对于基本实物商品集合 H，我们将即期价格记为 $p_{tE}\in\mathbb{R}^H$。在每个 tE 上，我们也有下列这样的状态依存交易：在 tE 之后的每个后继时期-事件上交付实物商品 1。以 $q_{tE}(t+1,E')$ 表示一单位商品 1 在 tE 时的价格但交付取决于时期 $t+1$ 出现事件 E'（当然，我们要求 $E'\in\mathscr{S}_{t+1}$ 和 $E'\subset E$）。消费者的问题是选择效用最大化的方案，方法为：在每个可行的 tE 上选择一个消费向量 $x_{tEi}\in\mathbb{R}^H_+$，以及对于每个后继（$t+1$，E'），选择在（$t+1$，E'）交付的商品 1 的状态依存交易 $z_{tEi}(t+1,E')$。总之，在 tE 处，需要满足的预算约束为

$$\begin{aligned} & p_{tE}\cdot x_{tEi}+\sum_{\{E'\in\mathscr{S}_{t+1}:E'\subset E\}} q_{tE}(t+1,E')z_{tEi}(t+1,E') \\ & \leqslant p_{tE}\cdot\omega_{tEi}+p_{1tE}z_{t-1,E^-,i}(t,E) \end{aligned}$$

其中，E^- 是在时期 t 的事件 E 之前的时期 $t-1$ 的事件。

于是，接下来我们可以定义相应的拉德纳均衡概念，以及证明，含有 $t=0$ 时 $H(T+1)S$ 个状态依存商品[②]市场的模型的阿罗-德布鲁均衡配置，与下列模型的拉德纳均衡配置是相同的：在这个序贯交易模型中，在每个时期-事件，消费者仅交易即期商品，商品 1 的交付则取决于后继节点出现的状态。习题 19.D.3 和习题 19.D.4 进一步讨论了这个问题。

19.E　资产市场

在上一节我们看到，由于现在无法准确预知未来出现的自然状态，因此 S 种状态依存商品实质上起到了在这些自然状态间转移财富的作用。然而，这只是一种理论构造，它在现实世界中找不到对应的场景。话又说回来，在现实中，**资产**（assets）或**证券**（securities）在某种程度上起到了我们赋予状态依存商品的转移财富的作用。因此，有必要发展一种理论架构从而使得我们能将资产市场的职能纳入研究。在本节我们将完成这个任务：首先，我们把状态依存商品的概念扩展，然后，

19

---

① 为了尽可能简单，我们还假设 $t=0$ 时不存在交易。

② 一种状态依存商品是指承诺如果状态 s 发生则在时期 t 交付一单位实物商品 h。我们已在 19.B 节指出，在定义消费集时，必须蕴涵信息可测度的假设限制，也就是说，必须保证在时期 t，任何消费都不取决于尚未披露的信息。

在这个扩展的环境中将拉德纳均衡理论一般化。[①]

我们仍然考察最简单的情形。假设时期只有两种，$t=0$ 和 $t=1$，而且所有信息都在$t=1$ 时披露。另外，为了尽可能避免符号上的烦冗，我们假设消费仅在 $t=1$ 时发生。

我们将资产或更准确地说一单位资产视为一种在 $t=1$ 时得到实物商品或货币的权利，其数额可能取决于哪种状态发生。[②] 资产的收益称为**报酬**（returns）。如果某资产的报酬是实物商品，那么这种资产称为**实物资产**（real asset)(例如，一台耐用的机器，或交付金属铜的期货合同)。如果报酬是纸币，那么这种资产称为**金融资产**（financial asset）(例如，政府债券)。也有可能存在混合情形。在本节我们仅考察实物资产，而且为了避免符号上的烦冗，我们还假设资产的报酬是以实物商品 1 计量的。因此，为简单起见，我们可以将商品 1 在每种状态下的即期价格标准化为 1，从而我们用商品 1 作为计价物。[③]

定义 19. E. 1： 一单位**资产**或**证券**是在时期 $t=1$ 状态 s 发生时当事人得到 r_s 单位商品 1 的权利。因此，一种资产可用它的**报酬向量**（return vector）$r=(r_1, \cdots, r_S)\in\mathbb{R}^S$ 表示。

例 19. E. 1： 列举关于资产的一些例子：

(ⅰ) $r=(1, \cdots, 1)$。这种资产承诺未来对一单位商品 1 的交付不是状态依存的。在现实世界中，这样的资产为**商品期货**（commodity futures）。在只有一种消费品的特殊情形下(即，$L=1$)，我们将这种资产称为**安全资产**（safe asset）或**无风险资产**（riskless asset）。需要注意，当实物商品不止一种时，期货合同不是无风险的：它的报酬（以购买力计量）取决于所有商品的即期价格。[④]

(ⅱ) $r=(0, \cdots, 0, 1, 0, \cdots, 0)$。这种资产的报酬为一单位商品 1 当且仅当某种状态发生。我们在 19. D 节考察的资产就是这样的。在当前的理论架构中，这样的资产通常称为**阿罗证券**（Arrow securities)。

(ⅲ) $r=(1, 2, 1, 2, \cdots, 1, 2)$。这种资产在任何状态下都无条件提供一单位商品 1 作为报酬，而且在偶数号状态下，报酬增加了一单位。■

例 19. E. 2： **期权**（options)。本例是关于**衍生资产**（derivative asset）的。如果某种资产的

---

① 这一节的思想可参见 Radner (1982) 和 Kreps (1979) [后经 Marimon (1987) 补充完整]。

② 与以前一样，"得到……的权利"在数量为负情形下的意思是"交付……的义务"。尽管负的报酬不会造成任何麻烦，但是我们仍规定报酬为非负。

③ 这个假设还有一种重要的简化功能：在任何给定的状态下，所有资产的报酬都是以相同的实物商品计量的。因此，在任何给定状态下，各种实物商品的相对即期价格不会影响不同资产在这种状态下的相对报酬。

④ 严格来说，为了让术语"无风险"有意义，除了 $L=1$ 之外，我们还应该要求消费者在不同状态下的效用函数是相同的。

报酬是通过某种方式从另外一种资产报酬衍生出的，那么前者就是**衍生资产**。假设某种**原始资产**（primary asset）的报酬向量为 $r\in\mathbb{R}^S$。于是，基于这种原始资产的**执行价格**（strike price）为 $c\in\mathbb{R}$ 的（欧式）**买权**（call option）本身也是一种资产。如果你有一单位这样的资产，那么在某种状态出现之后（但在支付报酬之前），你有权以价格 c 购买一单位原始资产［价格 c 是以计价物（即商品 1）的数量衡量的］。

期权的报酬向量 $r(c)$ 是什么样的？在给定的状态 s 下，当事人将执行期权当且仅当 $r_s>c$（我们忽略 $r_s=c$ 的情形）。因此，

$$r(c)=(\text{Max}\{0,r_1-c\},\cdots,\text{Max}\{0,r_s-c\})$$

举例说明，对于报酬为 $r=(4,\ 3,\ 2,\ 1)$ 的原始资产，有：

$$r(3.5)=(0.5,\ 0,\ 0,\ 0)$$
$$r(2.5)=(1.5,\ 0.5,\ 0,\ 0)$$
$$r(1.5)=(2.5,\ 1.5,\ 0.5,\ 0)$$ ■

下面我们扩展 19. D 节的分析，为此，我们假设存在一个给定的资产集［称为**资产结构**（asset structure）］，这些资产能在 $t=0$ 时自由交易。我们将在下一节讨论特定资产集的来源问题。每种资产 k 可用一个报酬向量 $r_k\in\mathbb{R}^S$ 描述。资产的种数为 K。与以前一样，我们假设不存在初始资产禀赋，而且可能出现卖空的情形。$t=0$ 时资产交易价格向量记为 $q=(q_1,\ \cdots,\ q_K)$。这些资产的一个交易向量 $z=(z_1,\ \cdots,\ z_K)\in\mathbb{R}^K$ 称为一个**资产组合**（portfolio）。

下一步是将拉德纳均衡定义扩展到当前的环境。在定义 19. E. 2 中，$U_i(\cdot)$ 是消费者 i 在消费方案 $(x_{1i},\ \cdots,\ x_{Si})\in\mathbb{R}_+^{LS}$ 下偏好 $\succsim_i$ 的效用函数。

定义 19. E. 2：资产在 $t=0$ 时一个交易价格向量 $q=(q_1,\ \cdots,\ q_K)\in\mathbb{R}^K$，对于每种状态 s 的一个即期价格向量 $p_s=(p_{1s},\ \cdots,\ p_{Ls})\in\mathbb{R}^L$，以及对于每个消费者 i 在 $t=0$ 时的资产组合方案 $z_i^*=(z_{1i}^*,\ \cdots,\ z_{Ki}^*)\in\mathbb{R}^K$、在 $t=1$ 时的消费方案 $x_i^*=(x_{1i}^*,\ \cdots,\ x_{Si}^*)\in\mathbb{R}^{LS}$ 构成了一个**拉德纳均衡**，如果：

（ⅰ）对于每个 i，消费方案 z_i^* 和 x_i^* 是下列最大化问题的解

$$\underset{\substack{(x_{1i},\cdots,x_{Si})\in\mathbb{R}_+^{LS}\\(z_{1i},\cdots,z_{Ki})\in\mathbb{R}^K}}{\text{Max}}\ U_i(x_{1i},\cdots,x_{Si})$$

$$\text{s. t. (a)}\ \sum\nolimits_k q_k\cdot z_{ki}\leqslant 0$$

$$\text{(b)}\ p_s\cdot x_{si}\leqslant p_s\cdot\omega_{si}+\sum\nolimits_k p_{1s}z_{ki}r_{sk}\quad 对于每个\ s$$

（ⅱ）对于每个 k 和 s 都有 $\sum_i z_{ki}^*\leqslant 0$ 以及 $\sum_i x_{si}^*\leqslant\sum_i\omega_{si}$。

在定义 19. E. 2 的预算集中，消费者 i 在状态 s 时的财富等于下列两部分之和：一是他的初始禀赋即期价值之和；二是他的资产组合报酬的即期价值。注意到，不失一般性，对于所有 s 我们均可令 $p_{1s}=1$。从现在起，我们都这么做。为方便起见，

我们引入**报酬矩阵**（return matrix）R 的概念。这是个 $S\times K$ 矩阵，它的第 k 列是资产 k 的报酬向量。因此，它的 sk 元素是 r_{sk}，即资产 k 在状态 s 下的报酬。有了这个概念之后，消费者 i 的预算集变为

$$B_i(p,q,B)=\{x\in\mathbb{R}_+^{LS}\text{：对于某个资产组合 } z_i\in\mathbb{R}^K \text{ 我们有 } q\cdot z_i\leqslant 0 \text{ 以及}$$
$$\begin{bmatrix} p_1\cdot(x_{1i}-\omega_{1i}) \\ \vdots \\ p_s\cdot(x_{Si}-\omega_{Si}) \end{bmatrix}\leqslant\begin{bmatrix} r_{11}, & \cdots, & r_{1K} \\ & \ddots & \\ r_{S1}, & \cdots, & r_{SK} \end{bmatrix} z_i=Rz_i\}$$

现在我们说明不受限制的卖空这个假设条件蕴涵的重要含义以及相应的结果。也就是说，我们将证明，报酬矩阵 R 的信息足以对均衡时可能出现的价格向量 $q=(q_1, \cdots, q_K)$ 施加重要的限制。

命题 19. E. 1：假设每个报酬向量都是非负和非零的；也就是说，对于所有 k，我们都有 $r_k\geqslant 0$ 和 $r_k\neq 0$。[①] 那么，对于任何拉德纳均衡中出现的资产价格的每个（列）向量 $q\in\mathbb{R}^K$，我们都可以找到乘子 $\mu=(\mu_1, \cdots, \mu_S)\geqslant 0$，使得 $q_k=\sum_s\mu_s r_{sk}$ 对于所有 k 成立（即，使得 $q^{\mathrm{T}}=\mu\cdot R$ 成立，这是矩阵符号表示法）。

用文字表达，命题 19. E. 1 是说，我们可以对不同状态下的财富单位指定价值 $(\mu_1, \cdots, \mu_S)$，从而使得一单位资产 k 的价格等于该资产在不同状态下的报酬之和（以价值来衡量）。[②] 由于这是一个重要结果，我们将用两种方法证明。第一种方法（在下文给出）是基于凸理论并且只使用了均衡的一个含义：q 必定是**无套利**（arbitrage free）机会的（稍后我们将给出这个概念的定义）。第二种方法使用了效用最大化问题的一阶条件，这种方法能深入理解乘子的含义。

命题 19. E. 1 的证法 1：我们将系统 $q\in\mathbb{R}^K$ 称为无套利的资产价格，如果不存在资产组合 $z=(z_1, \cdots, z_K)$ 使得 $q\cdot z\leqslant 0$，$Rz\geqslant 0$ 和 $qz\neq 0$。用文字表达就是，不存在资产组合使得尽管它在预算上可行但在每种状态下的报酬为非负、在某种状态下的报酬为严格正。注意到，某个资产价格向量是否存在着套利机会仅取决于资产的报酬而不取决于偏好。

如果和以前一样，我们假设偏好是强单调的，那么均衡资产价格向量 $q\in\mathbb{R}^K$ 必定是无套利机会的，否则，我们将存在套利机会的资产组合添加到任何当前资产组合中，就可能增加效用。由于对卖空不存在任何限制，这种添加总是可行的。

19

在引理 19. E. 1 中我们给出了一个比命题 19. E. 1 更强的结果，我们根据上面的结论可看出这一点。

引理 19. E. 1：如果资产价格向量 $q\in\mathbb{R}^K$ 是无套利机会的，那么存在一个乘子向量 $\mu=(\mu_1, \cdots, \mu_S)\geqslant 0$ 使得 μ 满足 $q^{\mathrm{T}}=\mu\cdot R$。

---

① 我们也可以大幅度弱化这个假设。

② 稍后我们将看到，价值 μ_s 可以解读为下列这类状态依存商品的隐性价格（implicit price）：若状态 s 出现，这种状态依存商品的报酬为一单位商品 1，否则报酬为 0。

引理 19. E. 1 的证明： 首先注意到，由于我们仅考察报酬为非负且非零的资产，因此对于无套利机会的价格向量 q，我们必定有 $q_k>0$ 对于每个 k 成立。另外，不失一般性，我们假设报酬矩阵 R 不存在元素全为零的行。①

给定一个无套利机会的价格向量 $q\in\mathbb{R}^K$，考虑凸集

$$V=\{v\in\mathbb{R}^S: v=Rz\ \text{对于某个满足}\ q\cdot z=0\ \text{的}\ z\in\mathbb{R}^K\}$$

q 为无套利机会的这个事实意味着 $V\cap\{\mathbb{R}^S_+\setminus\{0\}\}=\varnothing$。由于 V 和 $\mathbb{R}^S_+\setminus\{0\}$ 都是凸集，而且原点属于 V，我们可以使用分离超平面定理（参考数学附录 M. G 节）得到一个非零向量 $\mu'=(\mu'_1,\cdots,\mu'_S)$ 使得 $\mu'\cdot v\leqslant 0$ 对于任何 $v\in V$ 均成立、$\mu'\cdot v\geqslant 0$ 对于任何 $v\in\mathbb{R}^S_+$ 均成立。注意到，u' 必定非负。而且，由于 $v\in V$ 意味着 $-v\in V$，由此可知，$\mu'\cdot v=0$ 对于每个 $v\in V$ 均成立。图 19. E. 1(a) 以两状态情形为例描述了这个构造。

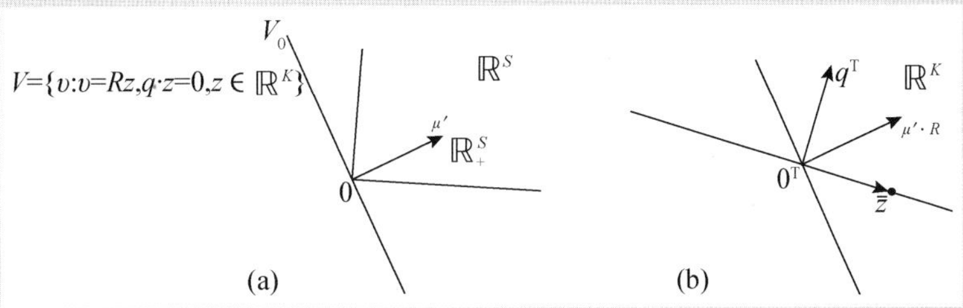

图 19. E. 1　(a) 无套利机会权重的构造。(b) 若 q^T 不与 $\mu'\cdot R$ 成比例，则存在一个不可行的 $\bar{z}$

现在我们证明，行向量 q^T 必定与行向量 $\mu'\cdot R\in\mathbb{R}^K$ 成比例。μ' 的元素和 R 的元素都是非负的，而且 R 不存在元素全为零的行。因此，$\mu'\cdot R\geqslant 0^T$ 而且 $\mu'\cdot R\neq 0^T$。如果 q^T 不与 $\mu'\cdot R$ 成比例，那么我们可以找到 $\bar{z}\in\mathbb{R}^K$ 使得 $q\cdot\bar{z}=0$ 和 $\mu'\cdot R\bar{z}>0$［参见图 19. E. 1 (b)］。但是令 $v=R\bar{z}$，那么我们将有 $v\in V$ 和 $\mu'\cdot v\neq 0$，我们已经看到这不可能。因此，q^T 必定与 $\mu'\cdot R$ 成比例；也就是说，对于某个实数 $\alpha>0$ 我们有 $q^T=\alpha\mu'\cdot R$。令 $\mu=\alpha\mu'$，我们就得到了引理中的结论。■

正如我们已经证明的，如果允许卖空而且偏好是强单调的（即，如果偏好能用期望效用表示，其中对状态指定的主观概率为严格正），那么均衡资产价格必定不存在套利机会，因此，命题 19. E. 1 可从引理 19. E. 1 直接推出。■

命题 19. E. 1 的证法 2： 在这种证法下，我们假设偏好可用期望效用形式的效用函数表示，即 $U_i(x_{1i},\cdots,x_{Si})=\sum_s\pi_{si}u_{si}(x_{si})$，而且伯努利效用 $u_{si}(\cdot)$ 是凹、严格递增和可微的。我们以 $v_{si}(p_s, w_{si})$ 表示消费者 i 在状态 s 下的［由 $u_{si}(\cdot)$ 衍生的］间接效用函数。

假设在拉德纳均衡中，资产价格为 $q=(q_1,\cdots,q_K)$，均衡即期价格为 $p=$

① 如果存在这样的行，对于对应于这一行的状态 s，任意设定 μ_s，然后从状态集中去掉 s，以剩下的状态进行论证。

$(p_1, \cdots, p_S)\in \mathbb{R}^{LS}$。由于允许不受限制的卖空，任何消费者 i 的最优资产组合选择 $z_i^* \in \mathbb{R}^K$ 必定是内部解，而且如果我们记 $w_{si}^* = p_s \cdot \omega_{si} + \sum_k r_{sk} z_{ki}^*$，对于某个 $\alpha_i > 0$ 它必定满足下列一阶条件：

$$\alpha_i q_k = \sum_s \pi_{si} \frac{\partial v_{si}(p_s, w_{si}^*)}{\partial w_{si}} r_{sk} \quad 对于每个\ k = 1, \cdots, K$$

也就是说，K 种资产的期望边际效用向量必定与资产价格成比例。① 这样一来，我们就得到了我们的结果，这是因为通过取

$$\mu_{si} = \frac{\pi_{si}}{\alpha_i} \frac{\partial v_{si}(p_s, w_{si}^*)}{\partial w_{si}}$$

可得 $q_j = \sum_s \mu_{si} r_{sk}$。因此，通过选择任何消费者 i 并且令 $\mu_s = \mu_{si}$，我们就可以确定 $\mu = (\mu_1, \cdots, \mu_s)$，其中 μ_{si} 是消费者 i 在状态 s 下的边际效用以权重 π_{si}/α_i 加权。乘子 α_i 是 $t=0$ 时预算约束的乘子，因此我们可以将其视为 $t=0$ 时财富的边际效用。因此，对于任何消费者 i，μ_{si} 等于 $t=1$ 和状态 s 时额外一单位财富在 $t=0$ 时的（期望）效用与 $t=0$ 时额外一单位财富效用的比值。关于这一点的更多内容可参考习题 19. E. 1。注意到，不同消费者能导致不同的 $\mu_i = (\mu_{i1}, \cdots, \mu_{iS})$ 从而导致不同的 μ。只有当 R 的秩为 S 时，才能保证 μ 的唯一性。■

例 19. E. 3：假设某种资产的报酬不是状态依存的，例如 $r_1 = (1, \cdots, 1)$。将这种资产的价格标准化为 1，也就是 $q_1 = 1$。于是，如果 $\mu = (\mu_1, \cdots, \mu_S)$ 是命题 19. E. 1 给出的乘子向量，那么我们必定有 $\mu \geq 0$ 以及 $\sum_s \mu_s = \mu \cdot r_1 = q_1 = 1$。于是，对任何其他资产 k，我们都可以得到符合直觉的结论：$q_k = \sum_s \mu_s r_{sk} \geq \mathrm{Min}_s r_{sk}$，以及，类似地，$q_k \leq \mathrm{Max}_s r_{sk}$。■

在 19. D 节，我们证明了对一种实物商品 S 个状态依存市场组成的资产集来说，阿罗-德布鲁均衡配置和拉德纳均衡配置是等价的（命题 19. D. 1）。现在我们将这个结果一般化。特别地，我们证明这个等价性对于任何 S 或更多资产组成的族也成立，前提是在这些资产中至少有 S 种资产的报酬是线性无关的（即，前提是资产的有效数量至少为 S）。现在来看定义 19. E. 3。

定义 19. E. 3：一个有着 $S\times K$ 报酬矩阵 R 的资产结构是**完全的**（complete）如

① 记住，我们总是取 p_{1s}。因此，r_{sk} 是从额外一单位资产 k 中得到的状态 s 下的额外财富量。比例因子 α_i 是下列问题的拉格朗日乘子

$$\mathrm{Max} \sum_s \pi_{si} v_{si}(p_s, p_s \cdot \omega_{si} + \sum^k r_{sk} z_{ki})$$
$$\mathrm{s.\ t.} \sum_k q_k z_{ki} \leq 0$$

果 R 的秩为 S，也就是说，如果 S 种资产的某个子集的报酬是线性无关的。

例 19.E.4：在 19.D 节讨论的 S 种状态依存商品情形下，以及在例 19.E.1(ⅱ) 中，报酬矩阵 R 是 $S\times S$ 的单位矩阵。这是完全市场的经典例子。但存在着很多其他方法使一个矩阵是非奇异的。因此，对于三种状态和三种资产，我们也可以有下列这样的报酬矩阵：

$$R=\begin{bmatrix}1 & 0 & 0\\1 & 1 & 0\\1 & 1 & 1\end{bmatrix}$$

它的秩等于状态数量，为 3。■

例 19.E.5：通过期权生成完全资产结构。假设 $S=4$，而且某种原始资产的报酬为 $r=(4,3,2,1)$。在例 19.E.2 中我们已经看到，对于每个执行价格 c，由 c 定义的期权构成了报酬向量 $r(c)=(\text{Max}\{0, r_1-c\}, \cdots, \text{Max}\{0, r_4-c\})$。使用期权我们可以创造能完全得到原始资产 r 支持的一个完全资产结构。例如，报酬向量 $r(3.5)$，$r(2.5)$，$r(1.5)$ 和 r 是线性无关的（在矩阵 R 中，主对角线下方的元素都为零）。因此，由原始资产以及执行价格分别为 3.5、2.5 和 1.5 的三种期权构成的资产结构是完全的。更一般地，当原始资产满足 $r_s\neq r_{s'}$ 对于所有 $s\neq s'$ 均成立时，通过期权能产生一个完整的资产结构（参见习题 19.E.2）。如果对于某个不同的 s 和 s'，$r_s=r_{s'}$，那么我们无法完成上述这样的结构：如果原始资产在两种状态下无法区分开，那么衍生资产也无法区分开。■

再次重申，完全性概念之所以重要，是因为有了这个概念之后，我们可以将命题 19.D.1 一般化。在完全资产结构情形下，经济参与人实际上可以不受限制地将财富在不同状态间进行转移（当然，要受制于他们的预算约束）。因此，在均衡时，他们的资产组合选择诱导出了与阿罗-德布鲁均衡中消费相同的第二期消费，因此，达到了完全帕累托最优。这就是命题 19.E.2 的内容。

命题 19.E.2：假设资产结构是完全的。于是：

（ⅰ）如果消费方案 $x^*=(x_1^*, \cdots, x_I^*)\in\mathbb{R}^{LSI}$ 和价格向量 $(p_1, \cdots, p_S)\in\mathbb{R}^{LS}_{++}$ 构成了一个阿罗-德布鲁均衡，那么存在资产价格 $q\in\mathbb{R}^K_{++}$ 和资产组合方案 $z^*=(z_1^*, \cdots, z_I^*)\in\mathbb{R}^{KI}$ 使得消费方案 x^*、资产组合方案 z^*、资产价格 q 以及即期价格 $(p_1, \cdots, p_S)$ 构成了一个拉德纳均衡。

（ⅱ）在另外一个方向上，如果消费方案 $x^*\in\mathbb{R}^{LSI}$、资产组合方案 $z^*\in\mathbb{R}^{KI}$、资产价格 $q\in\mathbb{R}^K_{++}$ 以及即期价格 $(p_1, \cdots, p_S)\in\mathbb{R}^{LS}_{++}$ 构成了一个拉德纳均衡，那么存在乘子 $(\mu_1, \cdots, \mu_S)\in\mathbb{R}^S_{++}$ 使得消费方案 x^* 和状态依存商品价格向量 $(\mu_1 p_1, \cdots, \mu_S p_S)\in\mathbb{R}^{LS}$ 构成了一个阿罗-德布鲁均衡。（我们将乘子 μ_s 解读为 $t=1$ 且状态为 s 时的一美元在 $t=0$ 时的价值；记住 $p_{1s}=1$。）

19

证明：证明过程完全类似于命题 19. D. 1 的证明。

（i）对于每个 k 定义 $q_k = \sum_s p_{1s} r_{sk}$。用 Λ 表示第 s 个对角元素为 p_{1s} 的 $S \times S$ 对角矩阵。于是 $q^{\mathrm{T}} = e \cdot \Lambda R$，其中 $e \in \mathbb{R}^S$ 是个所有元素都为 1 的列向量。对于每个消费者 i，（阿罗-德布鲁均衡时的）各状态间财富转移（列）向量为

$$m_i = (p_1 \cdot (x_{1i}^* - \omega_{1i}), \cdots, p_S \cdot (x_{Si}^* - \omega_{Si}))^{\mathrm{T}}$$

我们有 $e \cdot m_i = 0$ 对于每个 i 成立，而且 $\sum_i m_i = 0$。由完全性可知，ΛR 的秩等于 S，因此，我们可以找到向量 $z_i^* \in \mathbb{R}^K$ 使得 $m_i = \Lambda R z_i^*$ 对于 $i = 1, \cdots, I-1$ 成立。令 $z_I^* = -(z_1^* + \cdots + z_{I-1}^*)$，我们还有 $m_I = -(m_1 + \cdots + m_{I-1}) = \Lambda R z_I^*$。因此，对于每个 i，资产组合 z_i^* 允许消费者 i 在即期价格 $(p_1, \cdots, p_S)$ 上实现不同状态消费的阿罗-德布鲁均衡。为了验证预算可行性，注意到 $q \cdot z_i^* = e \cdot \Lambda R z_i^* = e \cdot m_i = 0$。习题 19. E. 3 要求读者证明消费方案 x_i^* 和资产组合 z_i^* 不仅是预算可行的，而且在预算集中是效用最大化的，这样就完成了命题 19. E. 2（i）的证明。

（ii）不失一般性，假设对于所有 s 都有 $p_{1s} = 1$。根据命题 19. E. 1 可知，对于某个套利权重向量 $\mu = (\mu_1, \cdots, \mu_S)$ 我们有 $q^{\mathrm{T}} = \mu \cdot R$。我们将证明 x^* 是个关于 $(\mu_1 p_1, \cdots, \mu_S p_S)$ 的阿罗-德布鲁均衡。为了完成这个任务，假设 $x_i \in \mathbb{R}^{LS}$ 满足阿罗-德布鲁预算约束，即，$\sum_s \mu_s p_s \cdot (x_{si} - \omega_{si}) \leqslant 0$。于是，根据完全性假设可知，存在 $z_i \in \mathbb{R}^K$ 使得 $(p_1 \cdot (x_{1i} - \omega_{1i}), \cdots, p_S \cdot (x_{Si} - \omega_{Si}))^{\mathrm{T}} = R z_i$，从而 $q \cdot z_i = \mu \cdot R z_i \leqslant 0$。因此，$x_i$ 也满足拉德纳均衡的预算约束。接下来注意到，拉德纳均衡消费 x_i^* 是阿罗-德布鲁预算可行的，这是因为由 $(p_1 \cdot (x_{1i}^* - \omega_{1i}), \cdots, p_S \cdot (x_{Si}^* - \omega_{Si}))^{\mathrm{T}} \leqslant R z_i^*$ 和 $q^{\mathrm{T}} = \mu \cdot R$ 可得

$$\sum_s \mu_s p_s \cdot (x_{si}^* - \omega_{si}) \leqslant \mu \cdot R z_i^* = q \cdot z_i^* \leqslant 0$$

因此，x_i^* 在阿罗-德布鲁预算约束中是效用最大化的。■

需要认识到在讨论拉德纳均衡时，重要的不是特殊的资产结构，而是线性空间域（range）

$$R = \{v \in \mathbb{R}^S : v = Rz \text{ 对于某个 } z \in \mathbb{R}^K\} \subset \mathbb{R}^S$$

它是能由已有资产**张成的**（spanned）财富向量集。两个不同的资产结构很有可能能够产生相同的线性空间。我们的下一个结果，即命题 19. E. 3 说明当事实如此时这两种资产结构的拉德纳均衡配置是相同的。

命题 19. E. 3：假设资产价格向量 $q \in \mathbb{R}^K$、即期价格 $p = (p_1, \cdots, p_S) \in \mathbb{R}^{LS}$、消费方案 $x^* = (x_1^*, \cdots, x_I^*) \in \mathbb{R}_+^{LSI}$、资产组合方案 $z^* = (z_1^*, \cdots, z_I^*) \in \mathbb{R}^{KI}$ 对于伴有 $S \times K$ 报酬矩阵 R 的一种资产结构，构成了一个拉德纳均衡。令 R' 为第二

种资产结构的$S\times K'$报酬矩阵。如果域$R'=$域R，那么，对于具有第二种资产结构的经济来说，x^*仍是个拉德纳均衡消费配置。

证明：根据命题19.E.1，资产价格对于某个$\mu\in\mathbb{R}^S_+$满足套利条件$q^{\mathrm{T}}=\mu\cdot R$。记$q'=[\mu\cdot R']^{\mathrm{T}}$。我们断言如果域$R=$域$R'$，那么

$$B_i(p,q',R')=B_i(p,q,R)\quad \text{对于每个 } i \text{ 成立} \tag{19.E.1}$$

我们将证明，如果$x_i\in B_i(p,\ q,\ R)$，那么$x_i\in B_i(p,\ q',\ R')$。为了看清这一点，令

$$(p_1\cdot(x_{1i}-\omega_{1i}),\cdots,p_S\cdot(x_{Si}-\omega_{Si}))^{\mathrm{T}}\leqslant Rz_i$$

和$q\cdot z_i\leqslant 0$。由于域$R=$域R'，我们可以找到$z_i'\in$域R'使得$Rz_i=R'z_i'$。但是这样一来，$q'\cdot z_i'=\mu\cdot R'z_i'=\mu\cdot Rz_i=q\cdot z_i\leqslant 0$，因此我们可以断言$x_i\in B_i(p,\ q',\ R')$。通过同样的方法，我们也能证明这个结论的逆［若$x_i\in B_i(p,\ q',\ R')$，则$x_i\in B_i(p,\ q,\ R)$］也是成立的。

由式（19.E.1）可知，对于每个消费者i，x_i^*是预算集$B_i(p,\ q',\ R')$中能使偏好最大的点。

为了证明，对于拥有报酬矩阵R'的资产结构的经济来说，资产价格q'、即期价格$p=(p_1,\ \cdots,\ p_S)$以及消费配置x^*是该经济的拉德纳均衡的元素，我们只要能找到下面这样的资产组合$(z_1',\ \cdots,\ z_I')\in\mathbb{R}^{KI}$就足够了，这个资产组合需要满足：(1) $\sum_i z'_i=0$；(2) 对于每个消费者i，状态间的财富转移向量

$$m_i=(p_1\cdot(x_{1i}^*-\omega_{1i}),\cdots,p_S\cdot(x_{Si}^*-\omega_{Si}))^{\mathrm{T}}$$

满足$m_i=R'z_i'$。这个任务容易完成。根据偏好的强单调性，我们有$m_i=Rz_i^*$对于每个i成立。因此，$m_i\in$域R，从而对于每个i，$m_i\in$域R'。于是选择z_1'，…，z_{I-1}'，使得$m_i=R'z_i'$对于每个$i=1$，…，$I-1$成立。最后，令$z_I'=-z_1'-\cdots-z_{I-1}'$。于是$\sum_i z'_i=0$，以及

$$m_I=-(m_1+\cdots+m_{I-1})=-R'(z_1'+\cdots+z_{I-1}')=R'z_I' \blacksquare$$

我们说一种资产是**冗余的**（redundant），如果去掉这种资产不会影响可生成的财富转移的线性空间域，也就是说，如果它的报酬向量是其余资产报酬向量的一个线性组合。由命题19.E.3可知，作为拉德纳均衡元素的那个消费配置集不会受到增加或去掉冗余资产的影响。另外一个重要的事实是，对于冗余资产来说，只要知道其他资产的报酬矩阵和价格，就能对这种冗余资产定价。

习题19.E.4：通过套利定价。假设$r_3=\alpha_1 r_1+\alpha_2 r_2$。证明在均衡时，我们必定有$q_3=\alpha_1 q_1+\alpha_2 q_2$。记住允许不受限制的卖空。（假设报酬向量非负且非零。）

习题19.E.4的一个重要含义是，如果资产结构是完全的，那么我们可以推导出所有资产的价格，只要我们知道其中S种资产（这S种资产的报酬是线性无关

的）的价格。通过另外一种相关的方法可以看清这一点。注意到，从报酬线性无关的 S 种资产，我们可以推导出命题 19. E. 1 的唯一状态乘子向量 $\mu=(\mu_1, \cdots, \mu_S)$；事实上，为了做此事，我们只要求解由 S 个线性无关方程、S 个变量组成的线性方程组即可。这些乘子可以解读为阿罗证券［例 19. E. 1(ⅱ)］的（套利）价格。有了这些乘子之后，我们就可以得到报酬向量为 r_k 的任何其他资产 k 的价格：$q_k = \sum_s \mu_s r_{sk}$。

例 19. E. 6：期权定价。假设 $S=2$，资产 1 的报酬不是状态依存的，比如 $r_1=(1, 1)$；资产 2 的报酬 $r_2=(3+\alpha, 1-\alpha)$，其中 $\alpha>0$。资产 1 和 2 的价格分别为 $q_1=1$ 和 q_2。现在我们考虑资产 2 衍生出的期权，执行价格 $c\in(1, 3)$。于是

$$r_2(c)=(3+\alpha-c,0)=\frac{3+\alpha-c}{2+2\alpha}r_2-\frac{(1-\alpha)(3+\alpha-c)}{2+2\alpha}r_1$$

因此，期权的套利价格（唯一与资产市场均衡相容的价格）必定为

$$q_2(c)=\frac{3+\alpha-c}{2+2\alpha}[q_2-(1-\alpha)] \tag{19. E. 2}$$

另外一种得到式（19. E. 2）的方法是，注意到，由于 2×2 报酬矩阵 R 为非奇异的，所以命题 19. E. 1 的乘子 $\mu=(\mu_1, \mu_2)$ 由 $(1, q_2)=\mu\cdot R$ 唯一确定：$\mu_1=\frac{q_2-(1-\alpha)}{2+2\alpha}$，$\mu_2=1-\mu_1$。但是，由命题 19. E. 1 可知，

$$q_2(c)=\mu\cdot r_2(c)=\mu_1(3+\alpha-c)$$

这正好是式（19. E. 2）。

注意到，如果两种资产 r_1 和 r_2 的价格本身是无套利机会的，那么我们必定有 $3+\alpha\geqslant q_2\geqslant 1-\alpha$（回忆例 19. E. 3）。因此，由式（19. E. 2）可知，$q_2(c)$ 是非负、关于 c 递减以及关于 q_2 递增的。

我们也可以证明，如果资产价格 q_2 固定不变但是离差参数 α 增加，那么期权变得更有价值。假设实际上，$\alpha'>\alpha$ 且 $r_2'(c)$ 和 $r_2(c)$ 是期权的相应报酬。于是，$r_3=r_2'(c)-r_2(c)$ 本身是报酬非负的资产。我们也可以从 r_1 和 r_2 进行套利定价从而得到 $q_3\geqslant0$（通常，$q_3>0$）。但这样一来，再一次使用套利定价，$q_2'(c)=q_3+q_2(c)\geqslant q_2(c)$。■

19

这一节的所有结论都能被推广到 $T+1$ 期且信息逐渐披露的情形。在若干个时期的情形下，一种资产可以呈现很多形式。例如，我们可以有**短期资产**（short-term assets），它在给定的时期交易，但只有在下一期才有正的报酬。或者我们可以有**长期资产**（long-term assets），它在 $t=0$ 时即可得到，在每一期都可交易，但只在最后一期 $t=T$ 才有正的报酬。当然，我们也可能有混合情形，即在时期的一个子集中交易的资产，并且在另外一个子集内提供报酬（两个时期子集未必相同）。

再一次地，如果资产结构是完全的，我们也可以推广命题19.D.1的等价性结果。例如，假设我们的资产结构仅有下列这样的一组短期资产组成：这些资产在每个可行时期-事件组合 tE 上得到和交易，在紧接着的后继时期-事件组合上提供实物商品1的状态依存数量（这是以商品1计量的报酬）。以 $S(tE)$ 表示 tE 的后继节点的数量。如果在 tE 处可得到的资产种数是 $K(tE)$，我们可以将 tE 处的报酬矩阵视为一个 $S(tE)\times K(tE)$ 的矩阵 $R(tE)$。这样一来，完全性条件要求对于所有可行时期-事件组合 tE，$R(tE)$ 的秩等于 $S(tE)$。在19.D节，矩阵 $R(tE)$ 是单位矩阵，因此那里的资产结构是完全的。但是，需要强调，19.D节的结果可以被推广到完全的、非对角的情形。

一种有趣的新现象是如果资产是永续的，从而当信息逐渐被披露时能够重复进行交易，那么阿罗-德布鲁均衡的实现要求的资产种数可能远小于 S 种。例19.E.7说明了这一点。

例19.E.7： 假设 $T=2$，时期-事件树如图19.E.2所示。在这个图中，有最后节点（或称状态）4个、初始节点1个（以 a 表示）、中间节点2个（分别以 b 和 c 表示），这些节点一共对应于7个可行时期-事件。特别地，在任何节点上，分支都不超过2个。在这种情形下，我们断言，一般来说，两种永续资产足以保证拉德纳均衡消费配置和阿罗-德布鲁均衡消费配置是相同的。① 看一个简单的例子，假设 $L=1$，两种资产的报酬向量分别为 $r_1=(1, 1, 1, 1)$，$r_2=(0, 1, 0, 1)$ 且在最后节点支付。消费仅在最后节点发生，但资产的交易可以发生在对应于 $t=0$ 的节点 a，也可以发生在对应于 $t=1$ 的节点 b 和 c。我们可以将每个节点的资产1的价格（以及最终消费的价格）标准化为1。② 以 q_a、q_b 和 q_c 分别表示资产2在各个节点上的价格。将套利（命题19.E.1）运用到 $t=1$ 可知，存在 $(\mu_1, \mu_2)\geqslant 0$ 使得 $\mu_1+\mu_2=1$ 且 $\mu_2=q_b$，以及存在 $(\mu_3, \mu_4)\geqslant 0$ 使得 $\mu_3+\mu_4=1$ 且 $\mu_4=q_c$。再将套利运用到 $t=0$ 可知，我们必定有 $(\lambda_b, \lambda_c)\geqslant 0$ 使得 $\lambda_b+\lambda_c=1$ 且 $q_a=\lambda_b q_b+\lambda_c q_c=\lambda_b\mu_2+\lambda_c\mu_4$。这提示我们考虑下列阿罗-德布鲁价格：

$$p=(\lambda_b\mu_1, \lambda_b\mu_2, \lambda_c\mu_3, \lambda_c\mu_4)$$

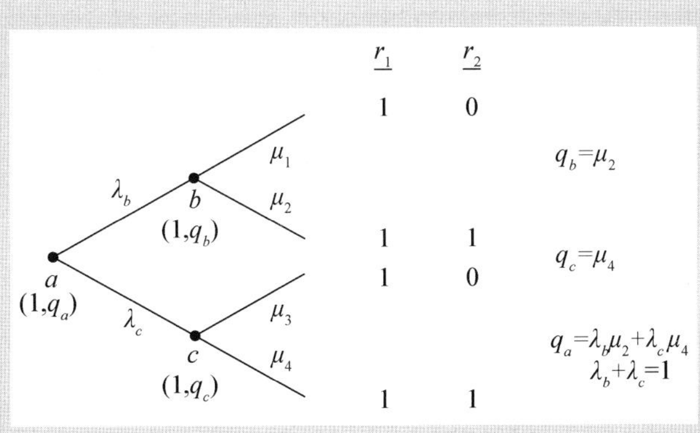

图19.E.2　从两种序贯交易资产价格的均衡值构造阿罗-德布鲁价格

① 这里我们使用了“一般来说”这几个字，这是因为存在两种资产只是每个节点上的完全性的必要条件，但严格来说，不是充分条件。

② 注意，在每个预算集上我们仅标准化了一个价格。事实上，对于任何一个预算集都不能标准化一个以上的价格。

习题 19.E.5 要求读者证明，在弱条件 $q_b \neq q_c$ 下，通过以资产价格（q_a，q_b，q_c）进行的序贯交易而实现的最终消费集，的确与四种阿罗-德布鲁状态依存商品在价格 p 上实现的最终消费集是相同的。[①]

19.F 不完全市场

在本节，我们考察资产种类小于 S 意味着什么，也就是说，考察不完全资产结构的含义。我们仍使用前几节的两期架构分析这个问题。[②]

导致市场不存在的原因有很多。第一类原因是信息不对称（详见 19.H 节）：交货合同只有在所有合同当事人都认为交货状态依存条件容易验证时才能够订立。第二类原因是交易成本：市场在本质上是一种公共物品。第三类原因是所谓的合同可执行性约束：如果不能交货，交货承诺说得再好听也是毫无价值的。[③]

现在开始正式分析。首先注意到当 $K<S$ 时拉德纳均衡未必是帕累托最优的。读者不应该对此感到惊讶：如果状态间财富转移的可能性受到限制，那么会由于不能将风险分散到适当程度而导致福利损失。考虑不存在任何资产这种极端情形就能明白这一点。例 19.F.1 也说明了这种失败（即拉德纳均衡未必是帕累托最优）的情形。

例 19.F.1：太阳黑子（sunspots）。 假设偏好能用期望效用表示，状态集 S 满足：(1) 不同消费者对不同状态的概率估计是相同的（即，对于所有 i，i' 和 s 都有 $\pi_{si}=\pi_{si'}=\pi_s$）；(2) 状态不影响经济的基本面，也就是说，每个消费者 i 的伯努利效用函数和禀赋在不同状态下都是相同的［即，对于所有 s 都有 $u_{si}(\cdot)=u_i(\cdot)$ 和 $\omega_{si}=\omega_i$］。这样的一个状态集称为一个**太阳黑子集**（sunspot set）。我们打算解决的问题［首先由 Cass 和 Shell (1983) 提出］为在这些情形下拉德纳均衡能否对不同状态分配不同的消费。这种均衡称为**太阳黑子均衡**（sunspot equilibrium）。[④]

在消费者严格厌恶风险［从而效用函数 $u_i(\cdot)$ 为严格凹］的假设下，任何帕累托最优

19

---

① 顺便指出，资产价格提供了所谓**资产价格的鞅性质**（martingale property of asset prices）的特例：在任何节点上，一种资产的价格均是最终报酬的条件期望，其中期望是对某些概率取值，在我们的例子中是阿罗-德布鲁价格。

② 若想知道更一般和更高级的处理方法，可参考 Magill 和 Shafer (1991)。

③ 例如，当我们考察企业的利润份额（从而资产的总禀赋为正）且不允许卖空时，合同的可执行性就能得到保证，因为实物份额（企业的所有权份额）实际上是在 $t=0$ 时交易的。然而这个假设与允许不受限制卖空假设冲突，尽管如此，这个假设能解释为何某些资产能够存在而另外一些不能：为了让资产存在，随机变量应该有对应的实物，而且这样的实物能在 $t=0$ 时交易。

④ “太阳黑子”一词早已有之，但当前的意思却是新的。在 19 世纪，“太阳黑子问题”研究试图确定太阳黑子对基本面（例如，对农业）的影响，即考察不可观测的信号（太阳黑子）对价格的影响。当前问题是考察对基本面不存在影响的可观测信号是如何通过预期来影响价格的。

配置（x_1，…，x_I）$\in \mathbb{R}^{LSI}$在各种状态下必定是相同的（或者说，与状态无关）；也就是说，对于每个消费者 i 我们必定有 $x_{1i}=x_{2i}=\cdots=x_{si}=\cdots=x_{Si}$。为了看清这一点，假设对于每个 i，s，我们把消费者 i 在状态 s 下的消费束 $x_{si}\in\mathbb{R}^L_+$ 替换为他的期望消费束：$\bar{x}_i=\sum_s \pi_s x_{si}\in\mathbb{R}^L_+$。这个新配置与状态无关，另外，它也是可行的，这是因为

$$\sum_i \bar{x}_i=\sum_i\sum_s \pi_s x_{si}=\sum_s \pi_s\Big(\sum_i x_{si}\Big)\leqslant\sum_s \pi_s\Big(\sum_i \omega_i\Big)=\sum_i \omega_i$$

由于 $u_i(\cdot)$ 是凹的，由此可知任何消费者的状况都没有变差：

$$\sum_s \pi_s u_i(\bar{x}_i)=u_i(\bar{x}_i)=u_i\Big(\sum_s \pi_s x_{si}\Big)\geqslant\sum_s \pi_s u_i(x_{si})\quad 对于每个 i$$

由于（x_1，…，x_I）是帕累托最优的，上面的弱不等式实际上必定为等式；也就是，对于每个 i 都有 $u_i(\bar{x}_i)=\sum_s \pi_s u_i(x_{si})$。但是，如果这样，那么由 $u_i(\cdot)$ 为严格凹可知：对于每个 s 都有 $x_{si}=\bar{x}_i$。小结一下：帕累托最优配置（x_1，…，x_I）$\in\mathbb{R}^{LSI}$与状态无关。

从帕累托最优配置的状态无关性和第一福利定理我们得到了一个重要的结论：如果在状态 S 下能够组织起来一个完全市场系统，那么均衡是**不存在太阳黑子的**（sunspot free），也就是说，不同状态下的消费是相同的。事实上，交易者希望获得充分保险并且有工具来做此事。

然而，可以证明，如果不存在保险机会的完全集，那么上面的结论不成立。不存在太阳黑子的帕累托最优均衡总是存在的（正好使得市场“不关注”太阳黑子；参见习题 19. F. 1）。但是，现在某些拉德纳均衡的消费配置可能取决于状态，从而无法通过帕累托最优检验。在这样的均衡中，消费者预期不同状态下的价格是不同的，而且他们的预期最终是自我实现的。最简单和最平凡的例子是不存在任何资产（$K=0$）的情形。在这种情形下，一个即期价格系统（p_1，…，p_S）$\in\mathbb{R}^{LS}$是个拉德纳均衡，当且仅当对于由$\{(u_i(\cdot),\ \omega_i)\}_{i=1}^{i=I}$定义的即期经济来说，每个 p_s 是个瓦尔拉斯均衡价格向量。如果这个经济有若干个不同的瓦尔拉斯均衡（这非常有可能），那么通过对不同状态选择不同的均衡价格向量，我们就能得到一个太阳黑子均衡，从而得到一个帕累托无效率的拉德纳均衡。■

我们已经看到，拉德纳均衡配置未必是帕累托最优的，因此，在理论上，对消费进行再分配可能能够使得所有消费者的状况至少和以前一样好，而且至少有一个消费者的状况严格变好。然而，如果他在各状态之间转移财富受到与市场同样的限制，这并不意味着福利当局能够实现帕累托最优。这样的福利当局无法进行帕累托改进的配置称为**受约束的帕累托最优**（constrained Pareto optimum）。因此，我们有必要问一个更重要和更合理的福利问题：拉德纳均衡配置是受约束的帕累托最优吗？现在我们来回答这个问题。①

19

① 这是个典型的二级最优（second-best）福利问题。我们已在第 13、14 章遇到过这类问题，在第 22 章我们将再次考察这样的问题。

在继续分析之前，我们需要准确描述受约束的可行集和受约束的帕累托最优。这个任务在下列情形下最容易完成：在所有状态下只有一种商品，即 $L=1$。于是，这个假设的一个重要含义是任何消费者 i 从各种不同状态下得到的消费量完全由资产组合 z_i 决定。事实上，$x_{si}=\sum_k z_{ki}r_{sk}+\omega_{si}$。因此，我们可以令

$$U_i^*(z_i)=U_i^*(z_{1i},\cdots,z_{Ki})=U_i\Big(\sum_k z_{ki}r_{1k}+\omega_{1i},\cdots,\sum_k z_{ki}r_{Sk}+\omega_{Si}\Big)$$

表示由资产组合 z_i 诱导出的效用。于是，我们可以很自然地给出受约束的帕累托最优的定义。

定义 19. F. 1：资产配置（z_1，…，z_I）$\in\mathbb{R}^{KI}$ 是受约束的帕累托最优，如果它是可行的（即，$\sum_i z_i\leqslant 0$）而且如果不存在其他可行资产配置（z_1'，…，z_I'）$\in\mathbb{R}^{KI}$ 使得

$$U_i^*(z_1',\cdots,z_I')\geqslant U_i^*(z_1,\cdots,z_I)\quad 对于每个\ i$$

其中至少一个不等式是严格不等式。

在这个 $L=1$ 情形下，消费者 i 的效用最大化问题变为

$$\begin{aligned}&\underset{z_i\in\mathbb{R}^K}{\mathrm{Max}}\,U_i^*(z_{1i},\cdots,z_{Ki})\\&\text{s. t. }\ q\cdot z_i\leqslant 0\end{aligned}$$

假设对于资产价格向量 $q\in\mathbb{R}^K$，$z_i^*\in\mathbb{R}^K$（其中 $i=1$，…，I）是这些个人问题的一个解族，那么 $q\in\mathbb{R}^K$ 是个拉德纳均衡价格向量当且仅当 $\sum_i z_i^*\leqslant 0$。[①] 注意到，这个问题已变为一个 K 种商品的常规均衡问题［对 $U_i^*(\cdot)$ 性质的讨论请参见习题 19. F. 2］。对此我们可以运用福利经济学第一基本定理（命题 16. C. 1），从而得到命题 19. F. 1 的结论。

命题 19. F. 1：假设有两个时期，在第二个时期仅有一种消费品。于是任何拉德纳均衡都是受约束的帕累托最优，也就是说，在第一期不可能通过资产再分配使得每个消费者的状况至少一样好且至少一个消费者的状况严格变好。[②③]

命题 19. F. 1 考虑的情形非常特殊，因为它要求如果一个消费者的初始资产组合是确定的，那么他的整体消费是完全确定的：在只有一种消费品的情形下，当状态发生时不存在交易的可能。特别地，第二期的相对价格是无关紧要的，这是因为不存在这样的价格。如果第二期的消费品不止一种或者时期多于两个，情况就发生了改变。考虑 $L>1$ 的情形：于是我们不能通过资产组合的间接效用来描述个体决

① 我们已经知道，给定 z_i，每种状态下的消费是确定的。另外，每种状态下的消费已经固定为 1。

② 我们再次强调为何需要使用“受约束的”这个词。财富在不同个人和状态间的转移只能通过给定资产集中的交易来实现。为了看清这一点的限制意义，假设不存在任何资产，那么福利当局就没有任何政策工具可供它使用。

③ 在我们当前的讨论中，所有的消费都发生在第二期。这是为简化分析而作出的假设，它不会影响命题的有效性。如果福利当局也能够再分配发生在第一期的消费，那么拉德纳均衡配置仍然是受约束帕累托最优的。

策问题。第二期的相对价格预期[1]也很重要。这使得受约束帕累托最优概念的表达变得非常复杂。尽管如此，对于我们能识别拉德纳均衡配置的受约束帕累托最优的情形，似乎没有必要将"受约束帕累托最优"概念一般化。例 19. F. 2［由 Hart (1975) 提出］说明了这一点。在这个例子描述的经济中，有若干个拉德纳均衡，其中两个是帕累托有序的。也就是说，对于这两个拉德纳均衡来说，一个均衡帕累托劣于另一个均衡。于是让福利当局来选择均衡似乎是自然而然的，由此可知，第一个均衡不是受约束帕累托最优的。[2]

例 19. F. 2：帕累托有序均衡（Pareto ordered equilibria）。令 $I=2$，$L=2$ 和 $S=2$。不存在资产（$K=0$）。两个消费者的禀赋为在每种状态下都有一单位每种商品。效用函数的形式为 $\pi_{1i} u_i(x_{11i}, x_{21i})+\pi_{2i}u_i(x_{12i}, x_{22i})$。注意到尽管两个消费者的概率估计是不同的（稍后将说明这些概率），但即期经济在两种状态下是相同的。假设这个即期经济有若干个不同的均衡（例如，它可以为图 15. B. 9 中的交换经济）。令 p'，$p''\in \mathbb{R}^2$ 为其中两个均衡的瓦尔拉斯价格，令 $v_i(p)$ 为与 $u_i(\cdot, \cdot)$ 以及即期价格向量 $p\in \mathbb{R}^2$ 相伴的即期市场效用。假设 $v_1(p')>v_1(p'')$。由于即期市场是帕累托最优的，所以 $v_2(p')<v_2(p'')$。

现在我们定义两个拉德纳均衡。第一个均衡的均衡价格 $(p_1, p_2)=(p', p'')\in \mathbb{R}^4$，第二个均衡的均衡价格 $(p_1, p_2)=(p'', p')\in \mathbb{R}^4$。由于不可能在不同状态间转移财富，这些价格的确为拉德纳均衡价格，而且对于任何概率估计 π_i 都是这样的。然而，对于不同的消费者来说，这些拉德纳均衡的期望效用取决于 π_i。现在我们可以看到，如果消费者 1 认为第一种状态比第二种状态更有可能发生，也就是说，他认为 $\pi_{11}>1/2$，那么他偏好第一个均衡胜于第二个。事实上，$\pi_{11}>1/2$ 和 $v_1(p')>v_1(p'')$ 一起意味着 $\pi_{11}v_1(p')+\pi_{21}v_1(p'')>\pi_{11}v_1(p'')+\pi_{21}v_1(p')$。类似地，如果第二个消费者认为第二种状态比第一种更有可能发生，也就是说，他认为 $\pi_{22}>1/2$，于是他也偏好第一个均衡而不是第二个均衡：$\pi_{22}>1/2$ 和 $v_2(p')<v_2(p'')$ 一起意味着 $\pi_{12}v_2(p')+\pi_{22}v_2(p'')>\pi_{12}v_2(p'')+\pi_{22}v_2(p')$。因此，有着 (p', p'') 的拉德纳均衡帕累托优于有着 (p'', p') 的拉德纳均衡。■

越来越多的文献认为，拉德纳均衡通常不是受约束的帕累托最优的［Geanakoplos 和 Polemarchakis (1986)］。习题 19. F. 3 要求读者构建一个相关的帕累托最优悖论：资产集扩张但在新的均衡处每个人的状况都变差了！我们不打算详细考察受约束的帕累托最优。有时我们的分析会遇到很大的麻烦：如果不首先解决资产结构确定这个难题，很难进一步分析下去。

对于第 17 章考察的实证性问题，我们也可以在不完全市场架构内进行分析。对于存在

① 或者介于第二期和第三期之间商品的相对价格，如果我们考虑的时期多于两个。

② 也就是说，相对于包含所有拉德纳均衡配置的任何受约束的可行配置集，第一个均衡不是帕累托最优的。

性，允许不受限制的卖空这个假设将产生一些新的问题。在某些情形下，这会导致不存在均衡（参考习题 19. F. 4）。[①] 均衡的确定（即，均衡的数量和局部唯一性）也产生了新的问题。正如我们在 17. D 节所看到的，在完全资产结构下，我们有着一般的有限性。但是在不完全市场下，资产性质（例如，是实物资产还是金融资产）变得重要，S 的大小也变得重要了。

19.G 不确定性情形下企业在一般均衡模型中的行为

在前几节，我们主要考察的是交换经济，但这并非纯粹出于简单的目的。在不完全市场架构内研究生产和企业要困难得多。原因与企业的目标有关。[②]

与以前一样，假设在我们考察的架构内：有两个时期 $t=0$ 和 $t=1$；在 $t=1$ 上有 S 种状态。L 种实物商品在 $t=1$ 时的即期市场上交易，K 种资产在 $t=0$ 时交易。在 $t=0$ 时不存在消费。资产的报酬以实物商品 1（计价物）的数量计量。将 $S\times R$ 报酬矩阵记为 R。

现在我们将某个企业引入我们的模型，该企业在 $t=1$ 时生产的计价物数量是随机的（也许在 $t=0$ 时就开始使用生产要素，但我们不打算将这部分形式化）。令 $(a_1，\cdots，a_S)$ 表示该企业的状态依存产量水平。消费者 i 拥有的该企业的份额为 $\theta_i\geqslant 0$，其中 $\sum_i \theta_i=1$。在本节余下内容中（除了本节末尾的专栏内容之外），我们将企业看成一种报酬向量为 $a=(a_1，\cdots，a_S)$ 的资产，它的份额可在金融市场 $t=0$ 时交易。[③]

现在企业能够在某个区域实际选择它的（随机）生产方案。因此，存在企业报酬向量 $(a_1，\cdots，a_S)\in A$ 的可能选择集 $A\subset\mathbb{R}^S$。图 19. G. 1 画出了 $S=2$ 的情形。我们假设报酬向量 $a\in A$ 在金融市场在 $t=0$ 开放之前已经被选定。因此，决策是由**初始**股东作出的（由于份额可能已在 $t=0$ 时售出，在 $t=0$ 结束时股东可能是一个与本期一开始时不同的集合）。这些初始股东应该选择哪个生产方案？可以证明，如果 A 可由已有资产生成，那么答案非常简单，否则答案非常复杂。

19

① 财富在各状态间转移所生成的空间对资产报酬依赖的不连续性的根源，正是不受限制的卖空。无论资产报酬（以货币表示）多么近似线性依赖，消费者都可以通过使用大量交易来实现资产报酬所生成子空间中的任何财富转移。但是，当报酬变得正好是线性依赖的时，这个子空间的维度突然降低。正如我们所指出的，这可能导致不存在均衡。然而我们在本章分析的模型不属于这一类型。如果像此处一样，在每种状态下所有资产的报酬都以同一种资产计量，而且在各状态间是相同的，那么就会出现不连续性。

② 这方面的经典文献为 Diamond（1967）。Merton（1982）提供了近期综述。

③ 此处与前面的架构的一个微小区别是，现在企业的确生产向量 $(a_1，\cdots，a_S)$，因此这种资产的总禀赋不为零。事实上，通过取 $\sum_i \theta_i=1$ 我们已经将这个总禀赋标准化为 1。

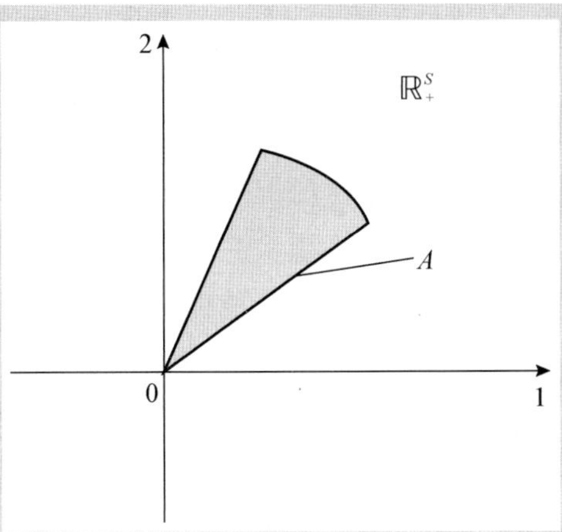

图 19.G.1　企业的可能生产选择（$S=2$ 的情形）

定义 19.G.1：随机变量集 $A\subset\mathbb{R}^S$ 由给定的资产结构**张成**（span），如果每个 $a\in A$ 都在这个资产结构报酬矩阵 R 的域中，也就是，如果每个 $a\in A$ 都可以表示为可及（available）资产报酬的一个线性组合。

如果我们假设，首先，A 是由 R 张成的，其次，我们处理的是个小项目（即，所有可能的生产方案 $a\in A$ 相对于经济规模来说比较小；即，$a_s/\|\sum_i\omega_{si}\|$ 对于所有 s 来说都较小），那么我们有理由将均衡即期价格 $p=(p_1, \cdots, p_S)\in\mathbb{R}^{LS}$ 和资产价格 $q=(q_1, \cdots, q_K)\in\mathbb{R}^K$ 取为与企业选择的特定生产方案无关的常数。① 对于资产价格 $q\in\mathbb{R}^K$，我们可以通过套利计算任何生产方案 $a\in A$ 的**市场价值** $v(a, q)$：如果 $a=\sum_k\alpha_k r_k$，那么 $v(a,q)=\sum_k\alpha_k q_k$。习题 19.G.1 要求读者证明如果我们将企业作为一种新资产增添到给定的资产名单中，而且每个生产方案 $a\in A$ 的价格等于它的套利价值 $v(a)$，那么无须购买企业的任何份额，任何消费者都可以实现任何预算可行的消费方案（这个事实可由命题 19.E.3 推出）。因此，对于固定不变的资产价格 $q\in\mathbb{R}^K$ 和即期价格 $p=(p_1, \cdots, p_S)\in\mathbb{R}^{LS}$，消费者 i 的预算约束为②

$$B_{ai}=\{(x_{1i},\cdots,x_{si})\in\mathbb{R}_+^{LS}:\text{存在资产组合 } z_i\in\mathbb{R}^K \text{ 使得 } p_s\cdot(x_{is}-\omega_{is})\leqslant \sum_k p_{1s}r_{sk}z_{ki} \text{ 对于每个 } s \text{ 成立，以及 } q\cdot z_i\leqslant\theta_i v(a,q)\} \quad (19.G.1)$$

由这个预算约束的形式可知，在固定不变的价格上，每个消费者-所有者（即，任何有着 $\theta_i>0$ 的消费者 i）若面临着在两个生产方案 a，$a'\in A$ 中作出选择，那么他会偏好有着较高市场价值的那个生产方案。事实上，如果 $v(a, q)\geqslant v(a', q)$，那

① 这两个假设对于我们这个结论都是重要的。比如暂时假设资产的总禀赋为零。那么，由于资产是冗余的，命题 19.E.3（也可参见习题 19.E.4）意味着：在拉德纳均衡时，新资产被吸收而且不会使价格发生变化。我们现在假设的是，如果资产总禀赋较小（即，如果项目较小），那么这个结论仍近似成立。

② 注意，初始禀赋在 $t=0$ 时的价值是企业份额 $\theta_i v(a, q)$ 的价值。

么 $B_{a'i} \subset B_{ai}$。因此，市场价值最大化会成为企业初始所有者**一致**想要的目标。[①]

如果 A 不能由给定的资产结构生成，我们至少遇到两个严重的麻烦：

第一个麻烦与**价格制定**（price quoting）问题有关，这在任何商品创新问题中都比较常见。在 a 不能由给定的资产结构生成的情形下，我们无法仅通过套利从当前资产价格来计算生产方案 $a \in A$ 的价值。因此，价值不是隐性地由经济确定的。因此，经济参与人需要从他们对整体经济运行的理解进行预期，这不是个简单的任务。

第二个麻烦与**价格接受**（price taking）有关，这个麻烦常见于金融市场。由于允许不受限制的卖空，价格接受者假设的合理性可能出现断裂（即不连续）现象。在 a 能由给定的资产结构生成的情形下，我们可以断言如果项目较小，那么生产决策对资产价格的影响，或对 $t=1$ 时即期价格的影响，也较小。但是，如果一种新资产 $a \in A$（无论它多么小）不是由当前资产结构生成的，那么它使得财富转移的生成增加了额外一个维度。因此，这样的影响很大，可能会对价格造成非常大的影响。[②] 这样一来，企业所有者在不同生产方案上的偏好，没有任何理由仅取决于以引入企业这种新资产之前价格计量的财富增加。再次重申，这两个麻烦非常严重。不存在简单的解决方法。

上述模型的一个变种能全部消除企业在 $t=0$ 时的资产角色。我们假设企业的份额在 $t=0$ 时无法交易。[③] 如果企业所有者在 $t=0$ 时选择 $a \in A$，它的意思是说，他们在 $t=1$ 时的禀赋需要加上随机变量 $\theta_i a$（记住这是以商品 1 计量的报酬），也就是说，消费者 i 的禀赋现在变为：$(\omega_{si} + (\theta_i a_s, 0, \cdots, 0)) \in \mathbb{R}^L$ 对于每种状态 s。

如果 $a \in A$ 能够被生成，那么我们就处在前面的模型中。企业份额能否在 $t=0$ 时售出是无关紧要的。在这两种情形下，消费者都可通过资产市场使得 $t=1$ 时的最终消费是相同的（参见习题 19. G. 3）。

如果 $a \in A$ 不能够被生成，那么情况将有所不同。好消息是，由于在 $t=0$ 时没有生成新的可交易资产，价格接受者假设的不连续性问题消失了。坏消息是这种情形又产生了新的麻烦：由于在 $t=0$ 时不存在企业份额这种资产的市场，所以在 $t=0$ 时资产价值无法确定。它在 $t=1$ 时是个随机变量，因此，消费者-所有者的风险态度对于 $a \in A$ 偏好的确定非常重要。特别地，不应该再预期所有消费者-所有者的目标是统一的（参见习题 19. G. 4）。

---

① 只要项目较小，从而价格几乎固定不变。

② 记住，允许卖空。第二个麻烦的一种解决办法是对卖空设置大致等于可能生产向量的界限。然而这样做的代价是我们必须放弃套利定价理论。

③ 或者，我们可以假设我们处在 $t=0$ 时期即将结束时，因此金融市场已经关闭。

19.H　不完美信息

到目前为止，在我们分析的模型中，商品即期交易发生在自然状态信息是完美的条件下。在本节，我们放松这个性质，即考虑这种信息是不完美的情形。为了做此事，我们应该看到，**对称**（symmetric）信息［所有交易者拥有的信息是相同的］和**不对称**（asymmetric）信息之间存在着重要区别：前者大致适用我们前面的理论，而后者将会产生很多新且困难的概念性问题。

为了抓住问题的本质，我们考察单个时期中的交易。你可以将这个时期视为前几节架构中的 $t=1$。在这个时期，可能出现的状态为 $s=1$，…，S。一旦出现某种状态，我们考虑仅存在一个即期市场这种最简单的情形。在这个市场上，商品 1 与商品 2（比如货币）交换，因此 $L=2$。商品 2 的价格标准化为 1。我们使用 $p\in\mathbb{R}$ 表示非货币商品的价格。

消费者的数量为 I 个。给定分布在自然状态下的概率 $\pi=(\pi_{1i}, \cdots, \pi_{Si})$，消费者 i 根据扩展的冯·诺依曼-摩根斯坦效用函数

$$U_i(x_i)=\sum_s \pi_{si}u_{si}(x_{si})$$

［其中 $u_{si}(\cdot)$ 是消费者 i 在状态 s 下的伯努利效用函数］来评估随机消费向量 $x_i=(x_{1i}, \cdots, x_{Si})\in\mathbb{R}^{2S}$。另外，消费者 i 初始的、状态依存的禀赋向量为 $\omega_i=(\omega_{1i}, \cdots, \omega_{Si})\in\mathbb{R}^{2S}$。消费者 i 还有着**信号函数**（signal function）$\sigma_i(\cdot)$，它对每种状态 $s\in S$ 指定了一个实数 $\sigma_i(s)\in\mathbb{R}$。

状态 s 出现在期初。我们假设，一旦 s 出现，消费者 i 立即得到初始禀赋 ω_{si} 和信号 $\sigma_i(s)\in\mathbb{R}$。它的意思是说，每个消费者 i 能够区分两种状态 s，$s'\in S$ 当且仅当 $\sigma_i(s)\neq\sigma_i(s')$。[①] 为了与这个解释相一致，我们要求禀赋关于信号函数是**可测度的**（measurable），也就是说，当 $\sigma_i(s)=\sigma_i(s')$ 时 $\omega_{si}=\omega_{s'i}$［因此，我们可以将 ω_{si} 写为 $\omega_{\sigma_i(s)i}$］。因此，对于消费者 i 来说，如果他的信号没有揭示自然状态，他的商品禀赋也不能揭示自然状态信息。在每个消费者得到他的信号之后，即期市场开始运行。最后，在期末，自然状态得以揭示，消费发生。[②]

对称信息

我们说信息是**对称的**，如果某个消费者 i 能够区分两种状态 s，$s'\in S$ 当且仅当每个其他消费者 k 也能区分它们；也就是说，$\sigma_i(s)\neq\sigma_i(s')$ 当且仅当 $\sigma_k(s)\neq\sigma_k(s')$。所

① 等价地，正如我们在 19.B 节的做法一样，我们可以使用信息划分（information partitions）而不使用显性的信号函数。与信号 $\sigma_i(\cdot)$ 相伴的信息划分 $\mathcal{S}_i=0$ 是由事件 $\{s\in S: \sigma_i(s)=c\}$ 组成的，而这些事件是通过令 $c\in\mathbb{R}$ 取遍所有可能值得到的。

② 在多个阶段这种更一般的情形，有些信息在期末得以揭示，经济运行到下一期。

以，在对称信息情形下，我们也可以假设所有消费者均有着相同的信号函数。因此，我们可以写为 $\sigma_i(\cdot)=\sigma(\cdot)$ 对于所有 i 均成立。我们可以将 $\sigma(\cdot)$ 视为一种公共信号。

在对称信息情形下，我们可以用与前面几节类似的方式确定即期价格。假设状态 s 发生。于是每个消费者 i 得到了信号 $\sigma(s)$ 和初始禀赋 $\omega_{\sigma(s)i}$。[①] 从信号和先验概率 $\pi_i=(\pi_{1i}, \cdots, \pi_{Si})$ [我们假设 π_i 严格正]，消费者 i 计算他在不同状态 s' 下的后验概率

$$\pi_{s'i}\,|\,\sigma(s)=\frac{\pi_{s'i}}{\sum\limits_{\{s'':\sigma(s'')=\sigma(s)\}}\pi_{s''i}}$$

若 s' 满足 $\sigma(s')=\sigma(s)$；否则，$\pi_{s'i}\,|\,\sigma(s)=0$。以信号 $\sigma(s)$ 为条件的消费束 $x_i\in\mathbb{R}^2$ 的效用为

$$u_i(x_i\,|\,\sigma(s))=\sum_{s'}(\pi_{s'i}\,|\,\sigma(s))u_{s'i}(x_i)$$

因此，我们有了取决于状态 s 的一个明确界定的即期经济。在常见的价格接受者行为假设下，均衡价格能产生。我们将这个价格写为 $p(\sigma(s))\in\mathbb{R}$。[②]

有了信号函数的概念之后，我们可以进行有趣的比较静态分析。

定义 19. H. 1：信号函数 σ'：$S\to\mathbb{R}$ **至少与** σ：$S\to\mathbb{R}$ **一样富含信息**，如果 $\sigma(s)\neq\sigma(s')$ 意味着 $\sigma'(s)\neq\sigma'(s')$ 对于任何状态组合 s，s' 均成立。σ'：$S\to\mathbb{R}$ 比 σ：$S\to\mathbb{R}$ **更富含信息**（more informative），如果除此之外，我们还有 $\sigma'(s)\neq\sigma'(s')$ 对于满足 $\sigma(s)=\sigma(s')$ 的某个状态组合 s，s' 成立。[③]

任给信号函数 $\sigma(\cdot)$ 和 $\sigma'(\cdot)$，我们未必能使用概念"至少与……一样富含信息"进行比较。如果事实如此，我们自然会问：更富有信息的信号是否导致了福利改进？我们是在事前的意义上提出了这个"改进"问题（事中和事后意义上的改进请参考习题 19. H. 1）；也就是说，我们想要比较的是，在状态 s 发生**之前**已估计期望的情形下，不同消费者在 $\sigma(\cdot)$ 和在 $\sigma'(\cdot)$ 时的期望效用。

首先考虑单个消费者 i 的决策问题。为简单起见，假设即期价格 $p\in\mathbb{R}$ 和消费者财富 $\omega_i\in\mathbb{R}$ 是给定的，而且与状态 s 无关（更一般的情形可参考习题 19. H. 2）。对于任何信号函数 $\sigma(\cdot)$，消费者规划了如下所述的一个消费方案 $x_i^{\sigma(\cdot)}\in\mathbb{R}^{2S}$：当 $\sigma(s')=\sigma(s)$ 时在 $x_{si}^{\sigma(\cdot)}=x_{s'i}^{\sigma(\cdot)}$ 的约束下，对于每种可能的状态 s，消费者在预算集

19

① 当然，禀赋也可能是因为执行在过去签订的远期合同而得到的。可测度假设（即，要求禀赋仅通过信号取决于自然状态）描述了下列限制：远期合同的签订仅状态依存于执行合同时可得到的信息（严格来说，状态依存于那时合同执行当局可得到的信息）。

② 由于校正概率和效用函数仅取决于信号值，我们施加了一个自然的要求：出清价格也取决于信号，也就是说，我们将出清价格写成 $p(\sigma(s))$ 而不是 $p(s)$。的确，如果任何消费者都不能区分状态，（未建模的）市场机制如何区分状态？

③ 使用信息划分（information partitions）术语表达就是，信号 $\sigma'(\cdot)$ 比 $\sigma(\cdot)$ 更富含信息，如果 $\sigma'(\cdot)$ 的信息划分精炼了 $\sigma(\cdot)$ 的信息划分。

中选择能使以信号$\sigma(s)$为条件的期望效用最大的消费$x_{si}^{\sigma(\cdot)}$。因此，信号函数$\sigma(\cdot)$的事前效用为$\sum_s \pi_{si} u_{si}(x_{si}^{\sigma(\cdot)})$。

命题 19. H. 1：在单个消费者的问题中，如果信号函数$\sigma'(\cdot)$至少与$\sigma(\cdot)$一样富含信息，那么由$\sigma'(\cdot)$得到的事前效用$\sum_s \pi_{si} u_{si}(x_{si}^{\sigma'(\cdot)})$至少与由$\sigma(\cdot)$得到的事前效用$\sum_s \pi_{si} u_{si}(x_{si}^{\sigma(\cdot)})$一样大。

证明：首先注意到对于任何$\sigma(\cdot)$，$x_i^{\sigma(\cdot)}$均是下列最大化问题的解

$$\text{Max} \sum_s \pi_{si} u_{si}(x_{si})$$

$$\text{s.t.}\ x_i \in B_i^{\sigma(\cdot)} = \{x_i \in \mathbb{R}^{2S}: px_{1si} + x_{2si} \leqslant w_i \text{ 对于每个 } s\text{，而且}$$
$$x_{si} = x_{s'i} \text{ 当 } \sigma(s) = \sigma(s') \text{ 时}\}$$

习题 19. H. 3 要求读者验证此事。

其次，注意到，如果$\sigma'(\cdot)$至少与$\sigma(\cdot)$一样富含信息，那么$B_i^{\sigma(\cdot)} \subset B_i^{\sigma'(\cdot)}$。习题 19. H. 3 再次让读者验证这个事实。

综上可知，从$\sigma(\cdot)$移动到$\sigma'(\cdot)$，我们仅扩大了消费者最大化问题的预算集。在这种情形下，最大值不可能降低。■

命题 19. H. 1 的断言符合直觉：在孤立的单个消费者决策问题中，更富有信息的信号不会推翻任何决策方案的可行性（因此，它产生了扩大的可行集），因为在信号$\sigma'(\cdot)$比$\sigma(\cdot)$更富含信息情形下，消费者总可以选择按照$\sigma(\cdot)$行动而不用考虑$\sigma'(\cdot)$提供的额外信息。遗憾的是，这种论证思路不适用于多个决策者相互作用的情形。在均衡时，单个消费者的预算集可能受到信号的影响，即使这个消费者不使用它。只要其他消费者使用它，新的信息就会影响即期价格。例 19. H. 1 说明，正因如此，信息增加后，**每个人**的（事前）状况甚至可能变得更差。

例 19. H. 1：假设有两个消费者、两种商品和两种发生可能性相同的状态$s=1$，2。在两种状态下，消费者 1 和 2 拥有的两种实物商品禀赋分别为$\omega_1=(1,\ 0)$和$\omega_2=(0,\ 1)$。因此，整体上，每种商品在每种状态下的数量都为一单位。两个消费者有着相同的冯·诺依曼-摩根斯坦期望效用函数。他们的状态依存伯努利效用函数为

$$u_{si}(x_{1si}, x_{2si}) = \beta_s\sqrt{x_{1si}} + (1-\beta_s)\sqrt{x_{2si}}$$

其中$\beta_1=1$，$\beta_2=0$。因此，在状态 1 商品 2 无价值，而在状态 2 商品 1 无价值。

首先假设不存在信息（即，不存在能区分两种状态的信号函数）。于是，只存在一个即期市场，在这个市场上每个消费者选择$(x_{1i},\ x_{2i})$来使下列期望效用函数达到最大值

$$\frac{1}{2}\sqrt{x_{1i}} + \frac{1}{2}\sqrt{x_{2i}}$$

根据对称性（但仍要计算一阶条件），我们看到在均衡时，每个消费者得到每种商品的

一半数量，而且期望效用都为 $1/\sqrt{2}$。因此，在这个不存在信息的均衡中，每个消费者都对他的商品不名一文的这种可能性进行了保险。

现在假设我们有一个完美的富含信息的信号函数，它在即期市场开放之前就能揭示状态，那么两种状态下的即期市场均衡将会不同。现在的情形是，交易者知道在每种状态下有一种商品是没有价值的，因此，在即期市场不可能发生交易：每个消费者消费自己的禀赋，在一种状态下得到的效用为 1，在另外一种状态下得到的效用为 0。因此，我们看到交易者有了更富有信息的信号函数之后，每个人的状况反而变差了。原因在于这种信息破坏了保险机会［这种可能性首先由 Hirshleifer（1973）指出］。[①] ■

不对称信息

现在假设信息不是对称的；也就是说，信号函数 $\sigma_i(\cdot)$ 是私人的，而且各个消费者的信号函数 $\sigma_i(\cdot)$ 未必相同。那么，我们如何进行分析？一种想法是以前怎么分析现在就怎么分析，即和以前的方法一样。当状态 s 发生时，每个消费者观测到 $\sigma_i(s)$，并且使用他的信号函数 $\sigma_i(\cdot)$ 来校正概率和效用函数。这定义了一个即期经济，对于这个经济我们可以按照以前的方法配套即期市场出清价格，我们将其记为 $p(\sigma_1(s), \cdots, \sigma_I(s))$。注意到，价格 $p(\sigma_1(s), \cdots, \sigma_I(s))$ 取决于所有个人的信号：我们说价格**加总了**（aggregate）市场参与人的信号。特别地，**价格函数** $p(s)=p(\sigma_1(s), \cdots, \sigma_I(s))$ 关于个人信号函数 $\sigma_i(\cdot)$ 未必是可测度的；也就是说，消费者 i 可能无法区分两种状态 s，$s'\in S$［即，$\sigma_i(s)=\sigma_i(s')$］，但市场能够区分［即，$p(\sigma_1(s), \cdots, \sigma_I(s))\neq p(\sigma_1(s'), \cdots, \sigma_I(s'))$］。这产生了一个重要的难题，我们通过例 19. H. 2 说明这一点。

例 19. H. 2：某个经济有两种商品和两个消费者。这两个消费者有着相同的效用函数 $u_i(x_{1i}, x_{2i})=\beta\ln x_{1i}+x_{2i}$。参数 β 对于这两个消费者相同，且是不确定的。β 以等概率取值 $\beta=1$ 和 $\beta=2$。（因此，我们可以认为有等概率的两种状态：一种状态产生 $\beta=1$，另外一种状态产生 $\beta=2$。）两个消费者的禀赋为一单位商品 1（因为效用函数关于商品 2 是拟线性的，我们没有必要规定商品 2 的禀赋）。

消费者 1 的信息信号为 $\sigma_1(\beta)=\beta$，它能让该消费者区分 β 的两种可能值。消费者 2 没有

---

① 假设我们处于时期 1，在此之前还有时期 0，在时期 0 有可能发生远期交易。在没有信息的情形下，$t=0$ 时不存在状态依存交易，这是因为 $t=1$ 时交易者无法区分两种状态。所以，我们考虑的模型是完全的（因此，均衡对于没有信息结构来说是帕累托最优的）。在完美信息情形下，结果有所不同，因为在这种情形下，不存在信息障碍从而能够产生 $t=0$ 时状态依存市场的完全集。在有了这个完全集之后，保险成为可能。一般来说，如果市场是完全的［相对于信号函数 $\sigma(\cdot)$ 来说］，那么均衡是帕累托最优的［相对于 $\sigma(\cdot)$ 来说］，因此，如果信息改进了（从而产生了相应的额外市场），那么有些交易者受益有些受损（即，可能存在分配效应），但在整体上，事前期望效用的新向量位于一个扩大后的效用可能集的边界上。因此，我们可以断言，如果市场相对于信息信号来说总是完全的（即，依存于每个信号的一个远期市场在 $t=0$ 时发生），那么在信号函数改进了的情形下，不是每个人的状况都会变差。

信息，他的信号函数为 $\sigma_2(\beta)=k$，其中 k 是某个常数。

在大自然确定了 β 值以及信息 $\sigma_1(\beta)$ 和 $\sigma_2(\beta)$ 已经被传递给两个消费者之后，即期市场开放（和以前一样，计价物商品的价格固定为 1）。由于消费者 1 知道 β，当商品 1 的价格为 $p\in\mathbb{R}$ 时，他对商品 1 的需求为 $x_{11}(p;\ \beta)=\beta/p$。消费者 2 不知道 β，所以他会让他的期望边际效用等于价格。因此，他的需求函数不取决于 β，该函数为

$$x_{12}(p)=\frac{1}{p}\left[\frac{1}{2}\times 1+\frac{1}{2}\times 2\right]=\frac{3}{2p} \tag{19. H. 1}$$

求市场均衡方程 $x_{11}(p;\ \beta)+x_{12}(p)=2$ 的解，可得到均衡价格函数

$$p(\beta)=\frac{1}{4}(3+2\beta)$$

现在注意到 $p(1)\neq p(2)$。这意味着**价格揭示了知情消费者的信息**。如果这样，我们自然可以假设不知情的那个消费者将使用可观测的市场价格推断他观测不到的 β 值。不存在任何合理的理由来阻止他这么做，但是，一旦他这么做了，他的需求不再由式（19. H. 1）给出，而且对于 β 的每个可能值，上面给出的价格函数 $p(\beta)$ 不再能出清市场。这就是我们想说明的难题。它表明我们需要下面这样的均衡概念：该均衡能包含由价格揭示的信息和由消费者使用的信息之间的一致性要求。■

在例 19. H. 2 中我们已经说明，消费者在制定他们在不同即期市场的消费方案时，需要考虑价格揭示的信息。因此，假设 $p(s)=p(\sigma_1(s),\ \cdots,\ \sigma_I(s))$是个任意的价格函数。我们将其解释为消费者在不同状态下的价格预期。现在我们可以将这个价格函数视为一个公共信号函数，而且让任何消费者将这个公共信息与他的私人信号结合起来。也就是说，当状态 s 发生时，消费者 i 知道事件 $E_{p(s),\sigma_i(s)}=\{s':\ p(s')=p(s)$ 和 $\sigma_i(s')=\sigma_i(s)\}$已经发生，并且将他对任何状态 $s'\in E_{p(s),\sigma_i(s)}$ 持有的概率校正为

$$\pi_{s'i}\mid p(s),\sigma_i(s)=\frac{\pi_{s'i}}{\sum\limits_{\{s'':s''\in E_{p(s),\sigma_i(s)}\}}\pi_{s''i}}$$

如果对于校正后的效用函数，价格 $p(s)$ 对于每个 s 出清了即期市场，那么我们说价格函数 $p(\cdot)$ 是个**理性预期均衡价格函数**（rational expectations equilibrium price function）。[①②] 定义 19. H. 2 正式给出了这个概念。

19

① 对于理性预期均衡概念（包括额外参考文献），可参考 Green（1973），Grossman（1977，1981），Lucas（1972）和 Allen（1986）。

② 在本节我们侧重考察与信息传递有关的问题，而不是与张成性或完全性相关的问题。但请注意，正如我们在对称信息情形下所指出的，下列想法不存在任何概念上的问题：在时期 $t=1$ 之前存在状态依存交易，要求根据 $t=1$ 时的公共信号值确定在 $t=1$ 时交付的实物商品数量（我们将整体情形称为完全的，如果这样的状态依存市场对公共信号的每个可能值都存在）。注意到，由于即期价格构成了一个公共信号，一种状态依存交易工具是下列这样的一种资产，它的报酬取决于 $t=1$ 时即期市场价格的实现值；期权就是这样的资产。

定义 19. H. 2：对于价格函数 $p(\cdot)$，如果当每个消费者 i 都知道 $s\in E_{p(s),\sigma_i(s)}$ 从而根据校正后的效用函数

$$\sum_{s'}(\pi_{s'i}\mid p(s),\sigma_i(s))u_{s'i}(x_i)$$

计算消费束 $x_i\in\mathbb{R}^2$ 的效用时，对于每个 s，$p(s)$ 都出清了即期市场，那么我们说 $p(\cdot)$ 是个**理性预期均衡价格函数**。

在例 19. H. 2 中，我们看到了一个所有私人可观测到的信息均由即期市场价格显示的情形。这启发我们可使用下面的方法来确定一个理性预期均衡价格函数。设想一下（这只是个假想实验）所有个人信号函数对于所有消费者来说都是可知的，而且对于每种状态，信号值向量 $(\sigma_1(s),\cdots,\sigma_I(s))$是公开的，因此，可被所有消费者用于校正概率和效用。这样形成的市场出清价格函数称为**混同信息均衡价格函数**（pooled information equilibrium price function）。如果 $\hat{p}(\cdot)$ 的值能够区分所有可能的 $(\sigma_1,\cdots,\sigma_I)$ 值，也就是说，对于某些 s，s'和 i，当 $\sigma_1(s)\neq\sigma_1(s')$ 时我们有 $\hat{p}(s)\neq\hat{p}(s')$，那么我们说价格函数$\hat{p}(\cdot)$是**完全显示状态的**（fully revealing）。换句话说，如果对于某些消费者能够区分的任何两种状态，价格函数也能区分，那么该价格函数是完全显示状态的。

现在我们证明，如果混同信息均衡价格函数$\hat{p}(\cdot)$ 是完全显示状态的，那么它必定是个理性预期均衡价格函数。对于任何状态 s，$\hat{p}(s)$ 在假设每个消费者 i 均知道$s\in\{s'$：$\sigma_k(s')=\sigma_k(s)$ 对于所有$k\}$之下被确定。由于混同信息均衡价格函数 $\hat{p}(\cdot)$是完全显示状态的，由此可知 $\{s'$：$\sigma_k(s')=\sigma_k(s)$ 对于所有 $k\}=\{s'$：$\hat{p}(s')=\hat{p}(s)\}$。因此，对于任何状态 s，当每个消费者 i 均知道 $s\in E_{\hat{p}(s),\sigma_i(s)}$ 时，$\hat{p}(s)$ 是个市场出清价格。我们断言 $\hat{p}(\cdot)$ 是个理性预期均衡价格函数。换句话说：如果混同信息均衡价格函数是完全显示状态的，那么消费者使用的混合性信息不需要通过违背任何个人约束来获得，因为这些混合性信息可从公共价格信号中获得。

例 19. H. 2 续：如果两个消费者都是完全知情的，那么他们的需求函数为$x_{11}(p)=x_{12}(p)=\beta/p$。因此，在这种情形下，混同信息均衡价格函数为 $\hat{p}(\beta)=\beta$。这个函数是完全显示状态的，从而是个理性预期均衡。■

19

在例 19. H. 3 中，混同信息均衡价格函数不是完全显示状态的，从而不是个理性预期均衡。事实上，在这个例子中，不存在任何理性预期均衡价格函数。

例 19. H. 3：［Kreps (1977)］在某经济中，有两种商品和两个消费者。这两个消费者的效用函数分别为 $u_1(x_{11},x_{21})=\beta\ln x_{11}+x_{21}$ 和 $u_2(x_{12},x_{22})=(3-\beta)\ln x_{12}+x_{22}$。与例 19. H. 2 一样，这两种状态产生值 $\beta=1$，2 的概率是相等的。消费者 1 是完全知情的［即，$\sigma_1(1)\neq\sigma_1$

(2)]，而消费者2是不知情的［即，$\sigma_2(\beta)$＝常数］。在这两种状态下，总禀赋为3单位商品1。

给定一个理性预期均衡价格函数［我们将其写为 $p(\beta)$］，我们有两种概率。第一种情形是 $p(1)\neq p(2)$，所以，信息被显示，因此，$p(\beta)$ 与混同信息均衡价格函数 $\hat{p}(\beta)$ 相同；第二种情形是 $p(1)=p(2)$，因此，信息未被显示。

第一种概率情形不可能出现，因为如果信息是混同的，那么对于值 $\beta=1$ 和 $\beta=2$，效用函数在两种状态下是相同的（除非消费者1和2的效用函数互换），从而即期均衡价格在两种状态下也是相同的。事实上，$p=1$ 是两种状态下出清市场的价格。

第二种概率情形也不可能出现。在价格函数为常数且不显示状态的情形下，不知情消费者的需求和状态无关，而知情的消费者1的需求取决于状态。因此，相同的价格不可能在两种状态下都出清市场。

小结一下：如果我们假设在均衡时信息是可传递的，那么事实上它是不可传递的。现在如果我们假设它是不可传递的，那么它是可传递的。因此，我们只能断言：不存在任何理性预期均衡价格函数。■

正如我们已经看到的，完全显示状态的均衡概念是研究信息不对称市场的一个有用工具。然而在应用中，我们更为经常使用一个稍微更弱和更自然的完全显示状态思想版本。事实上，为了使混同信息均衡价格函数 $\hat{p}(\cdot)$ 成为一个理性预期均衡价格函数，我们不需要要求，对于每种状态 s，$\hat{p}(\cdot)$ 准确显示了信号向量 $(\sigma_1(s), \cdots, \sigma_I(s))$；只要它显示了这个向量的充分统计量就足够了［或者，只要它显示的统计量对于每个消费者 i 若结合他的私人信号 $\sigma_i(\cdot)$ 是充分的即可］。更为一般地，我们需要的只是，对于每种可能的状态 s，每个消费者 i 在价格 $\hat{p}(s)$ 上的需求是相同的，不管消费者是否知道混同信号函数 $(\sigma_1(\cdot), \cdots, \sigma_I(\cdot))$、是否得到信号向量 $(\sigma_1(s), \cdots, \sigma_I(s))$ 或是否仅知道信号函数 $\hat{p}(\cdot)$［或仅知道 $\hat{p}(\cdot)$ 和 $\sigma_i(\cdot)$］。

例 19. H. 4： 基本经济概况如例 19. H. 2 所述。只不过现在每个消费者 $i=1$，2 的信号为 $\sigma_i=\beta^2+\varepsilon_i$。$\varepsilon_i$（其中 $i=1$，2）是独立分布的噪声变量，该变量以相等的概率取值 $\varepsilon_i=-2$，-1，0，1，2。①

假设信息是混同的。于是：

（ⅰ）如果 $i=1$ 或 $i=2$ 时 $\sigma_i=4$，5 或 6，我们知道 $\beta=2$ 的概率为 1，因此 $\hat{p}(\sigma_1, \sigma_2)=\beta/2=1$。

（ⅱ）如果 $i=1$ 或 $i=2$ 时 $\sigma_i=-1$，0 或 1，我们知道 $\beta=1$ 的概率为 1，因此 $\hat{p}(\sigma_1, \sigma_2)=\beta/2=1/2$。

19

---

① 这些都可以用潜在状态 $s=(\beta, \varepsilon_1, \varepsilon_2)$ 表示。我们需要 $2\times5\times5=50$ 种状态。

（ⅲ）在余下的情形中，对于$i=1$和$i=2$，$\sigma_i=2$或3，在β这两个值上校正后的概率仍然为1/2：没有任何有用的信息得以传递。因此，出清价格为$\hat{p}(\sigma_1, \sigma_2)=3/2$（习题19.H.4）。

由（ⅰ）到（ⅲ）定义的价格函数$\hat{p}(\cdot)$不是完全显示状态的：给定$\hat{p}(\cdot)$的值，我们不可能从它推导出σ_1和σ_2的具体值。[1] 然而，价格函数$\hat{p}(\cdot)$足以区分情形（ⅰ）到（ⅲ），因此，知道价格函数$\hat{p}(\cdot)$对于每个消费者来说，等于知道函数向量$(\sigma_1(\cdot), \sigma_2(\cdot))$。因此，我们可以说，$\hat{p}(\cdot)$是信号的一个充分统计量，从而可以断言，$\hat{p}(\cdot)$是个理性预期价格函数。■

在例19.H.5中，价格函数不是个充分统计量，但当它与任何消费者的私人信号结合时，就变成了充分统计量。

例19.H.5：基本经济和信号概括如例19.H.4所述，但本例有三个不同之处。首先，消费者有I个。其次，噪声项ε_i现在与收益有关：特别地，$u_i(x_i)=(\beta+\varepsilon_i)\ln x_{1i}+x_{2i}$。最后，$I/2$个消费者的噪声在区间$\left[-\frac{2}{3}, \frac{2}{3}\right]$均匀分布；另外$I/2$个消费者则完全知道$\beta$，也就是说，$\varepsilon_1=0$。

混同信息均衡价格函数为$\hat{p}(\beta,\varepsilon_1,\cdots,\varepsilon_I)=\beta+(1/I)\left(\sum_i \varepsilon_i\right)$。注意到这个价格函数显示了$\beta$［如果$\beta=1$，那么$\hat{p}(\cdot)<1.5$的概率为1；如果$\beta=2$，那么$\hat{p}(\cdot)>1.5$的概率为1］，但没有显示个人$\varepsilon_i$值。然而，若消费者$i$知道$\beta$和$\sigma_i=\beta^2+\varepsilon_i$，那么他也知道$\varepsilon_i$，因此，在任何给定的价格上，需求与混同信息需求相同。我们断言，混同信息均衡是个理性预期均衡。值得注意的是，与例19.H.4不同，本例中均衡价格函数自身不能提供一个充分的统计量。在理性预期均衡上，一半消费者的个人效用最大化问题使用了个人信号函数。■

例19.H.5使我们能解决另外一个问题。假设对于我们的模型，现在增加一个要求，即要求获得信号函数$\sigma_i(\cdot)$需要花费一些钱$\delta>0$。另外，假设消费者数量I较大，从而混同信息价格函数$\hat{p}(\cdot)$对于任何单个消费者i未能获得他的信号函数$\sigma_i(\cdot)$不是很敏感。那么我们就有了下面的悖论［参见Grossman和Stiglitz（1976）］：如果价格函数$\hat{p}(\cdot)$是完全显示状态的（或它本身就是个充分统计量），为何任何消费者i需要花钱δ来获得信号函数$\sigma_i(\cdot)$？任何消费者都不想这么做而是想搭乘价格系统传递信号这个便车。但是如果每个消费者都这么做，那么价格函数不可能是完全显示状态的（它什么也显示不了）！例19.H.5给出了这个悖论的解决之道：可以证明，在这个例子中，存在不取决于I且充分小的$\delta>0$，使得在任何固定不变的价格p上，有着非平凡ε_i的消费者i，均有动机花钱δ来改进他的私人信号提供的信息，即使他已知道β（习题19.H.5）。■

19

① 记住，“完全显示（状态）”不意味着我们知道β值，而是意味着我们知道信号值。

到现在为止，外生出现的状态这样的信息能被价格显示。但在信息不对称的情形下，价格也能显示下列信息：消费者的内生行动选择，以及那些对于个人效用较为重要的行动。例如，消费者的最终效用可能不仅取决于他消费的商品数量和外生状态，还取决于某些依赖于其他消费者行动的统计量。如果我们将这种统计量视为一种“状态”，那么状态好像是被内生决定的。为了说明这一点，我们考虑另外一个例子：旧车市场（也称为“柠檬”市场）。这样，我们就把它与 13. B 节的逆向选择分析联系起来了，并用该例作为本节的结束。

例 19. H. 6：“柠檬”市场。假设消费者分为两类：一是（比如，旧车的）买者；另一类是卖者。潜在消费者的数量有很多，而且潜在卖者的数量是买者数量的 2 倍。卖者有一单位商品，买者可以买一单位也可以不买。这个市场的特殊之处在于商品被分为两类：好和孬。一半卖者有好商品，另外一半卖者有孬商品。卖者知道商品的质量，但买者不知道。好商品对于卖者和买者的价值分别为 1 和 4，孬商品对于买者毫无价值。

我们将好商品所占比例 $\alpha\in[0, 1]$ 称为**市场状态**（state of market）。如果市场状态为 α，那么支付 p 的买者得到的期望效用为 $4\alpha-p$。问题是，市场状态取决于价格（因此，与以前一样，价格提供了关于消费者从消费一单位商品中得到的效用信息）。事实上，对于任何 $p>0$，每单位孬商品也被提供到市场。但是对于 $p<1$，零单位好商品被提供；对于 $p>1$，每单位好商品都被提供。因此，我们必定有：当 $p<1$ 时 $\alpha=0$；当 $p=1$ 时 $\alpha\in[0, 1/2]$；当 $p>1$ 时 $\alpha=1/2$。如果组合 (α, p) 满足这些不等式，那么我们说 (α, p) 是可行的。注意到，这些不等式可以等价地表示为：当 $\alpha=0$ 时 $p\leqslant 1$；当 $\alpha\in[0, 1/2]$ 时 $p=1$；当 $\alpha=1/2$ 时 $p\geqslant 1$。

买者将推断 $\alpha=0$ 若他看到 $p<1$，$\alpha=1/2$ 若他看到 $p>1$。对于这个推断，买者可能存在需求也可能不存在需求。因此，我们自然可以说，如果在可行组合 (α, p) 上，总需求不大于总供给，那么我们处于**理性预期**均衡上。事实上，在这样的情形下，任何可行组合 (α, p) 都是个理性预期均衡。然而，注意到，对于某个 (α, p)，供给大于需求（例如，在 $\alpha=1/2$，$p=3$ 时不存在需求）。① ■

① 为简单起见，我们故意选择了这个例子：需求不大于供给。正因如此，所有可行 (α, p) 都可能成为均衡。更一般地，对于某些 (α, p)，由于需求大于供给，因此我们可以删除这些 (α, p)。需要注意，需求大于等于供给并不是达到均衡的合理要求。例如，假设 $\alpha=1/2$，$p=1.5$，那么总供给为 2 而总需求为 1。通常（在试探性动态情形下），我们认为需求曲线面临着向下的压力，这是因为某些受挫的卖者试图以价格 $1.5-\varepsilon$ 销售商品。但在当前的情形下，买者如何知道这些卖者提供的商品是孬货？注意到，如果令买者随机地找寻卖者，那么结果将有所不同（这也是为什么需求不大于供给是个自然的均衡条件）。相反，在信息对称的情形下，买卖双方到底是谁找谁，是无所谓的。从上面讨论得到的启示是，在信息不对称的情形下，不均衡的情形是重要的。因此，为了进一步分析，有必要回顾第 13 章的内容。在那一章，在更受限制的局部均衡架构内，我们使用了适用于这类微观结构的研究方法来考察信息不对称问题。

参考文献

Allen, B. (1986). General equilibrium with rational expectations. Chap. 1 in *Contributions to Mathematical Economics*, edited by W. Hildenbrand, and A. Mas-Colell. Amsterdam. North-Holland.

Arrow, K. (1953). Le role des valeurs boursières pour la repartition la meilleure des risques. *Econométrie*, Paris: Centre National de la Recherche Scientifique. [Translated as: Arrow, K. (1964). The role of securities in the optimal allocation of risk-bearing. *Review of Economic Studies* 31: 91-96.]

Cass, D., and K. Shell (1983). Do sunspots matter? *Journal of Political Economy* 91: 193-227.

Debreu, G. (1959). *Theory of Value*. New York: Wiley.

Diamond, P. (1967). The role of a stock market in a general equilibrium model with technological uncertainty. *American Economic Review* 57: 759-776.

Duffie, D. (1992). *Dynamic Asset Pricing Theory*. Princeton, N.J.: Princeton University Press.

Geanakoplos, J., and H. Polemarchakis (1986). Existence, regularity and constrained suboptimality of competitive allocations when the asset market is incomplete. In *Essays in Honor of K. Arrow*, vol. Ⅲ, edited by W. Heller, and D. Starrett. Cambridge, U.K.: Cambridge University Press.

Green, J. (1973). Information, efficiency and equilibrium. Harvard Discussion Paper 284.

Grossman, S. (1977). The existence of future markets, noisy rational expectations and informational externalities. *Review of Economic Studies* 44: 431-449.

Grossman, S. (1981). An introduction to the theory of rational expectations under asymmetric information. *Review of Economic Studies* 48: 541-559.

Grossman, S., and J. E. Stiglitz (1976). Information and competitive price systems. *American Economic Review* 66: 246-253.

Hart, O. (1975). On the optimality of equilibrium when the market structure is incomplete. *Journal of Economic Theory* 11: 418-443.

Hirshleifer, J. (1973). Where are we in the theory of information? *American Economic Review, Papers and Proceedings* 63: 31-40.

Huang, C. F., and R. Litzenberger (1988). *Foundations of Financial Economics*. Amsterdam: North-Holland.

Kreps, D. (1977). A note on "fulfilled expectations" equilibria. *Journal of Economic Theory* 14: 32-43.

Kreps, D. (1979). Three essays on capital markets. Institute for Mathematical Studies in The Social Sciences, Technical Report. v. 298, Stanford University. Reprinted as Kreps, D. (1987): Three essays on capital markets. *Revista Española de Economia*, 4: 111-146.

Lucas, R. (1972). Expectations and the neutrality of money. *Journal of Economic Theory* 4: 103-124.

Magill, M., and W. Shafer (1991). Incomplete markets. Chap. 30 in *Handbook of Mathematical Economics*, vol. Ⅳ, edited by W. Hildenbrand, and H. Sonnenschein. Amsterdam: North-Holland.

Marimon, R. (1987). Kreps' "Three essays on capital markets" almost ten years later. *Revista Española de Economía* 4 (1): 147-171.

Merton, R. (1982). On the microeconomic

theory of investment under uncertainty. Chap. 13 in *Handbook of Mathematical Economics*, vol. Ⅱ, edited by K. Arrow, and M. D. Intriligator. Amsterdam: North-Holland.

Radner, R. (1982). Equilibrium under uncertainty. Chap. 20 in *Handbook of Mathematical Economics*, vol. Ⅱ, edited by K. Arrow, and M. D. Intriligator. Amsterdam: North-Holland.

习　题

19. C. 1[A]　有 S 种状态。某个消费者在每种状态 s 下都有一个伯努利效用函数$u_s(x_s)$，其中$x_s \in \mathbb{R}_+^L$。假设对于每个 s，$u_s(\cdot)$ 都是凹的。证明定义在 $\mathbb{R}_+^{LS}$ 上的期望效用函数 $U(x_1,\cdots,x_S)=\sum_s \pi_s u_s(x_s)$ 是凹的。

19. C. 2[A]　对于例 19. C. 2 描述的模型，证明沿着帕累托集的边际替代率与图 19. C. 2 所示的一样；也就是说，在帕累托集的任何点上，边际替代率都小于概率比值。

19. C. 3[A]　考虑 19. C 节的经济及其阿罗-德布鲁均衡，假设 $L=1$，每个消费者的偏好都能用连续、严格凹以及严格递增的伯努利效用函数表示（在各种状态下是相同的）。对于每种状态 s，用 p_s、π_{si} 和 x_{si} 分别表示 s 状态依存商品的均衡价格、消费者 i 对状态 s 持有的主观概率和消费者 i 在状态 s 下的消费。

用 $\bar{p}=\sum_s p_s$ 表示一单位消费的非状态依存交付价格。

证明 $\sum_s(\pi_{si}\bar{p}-p_s)x_{si}\geqslant 0$ 对于每个 i 均成立。［提示：使用显示偏好进行论证。］请加以解释。

19. C. 4[B]　某经济只有一种消费品、两种状态和两个消费者。注意到，这种情形可以使用埃奇沃思盒进行分析。

效用函数是期望效用类型。在不同状态下，伯努利效用函数是相同的。也就是，

$$U_1(x_{11},x_{21})=\pi_{11}u_1(x_{11})+\pi_{21}u_1(x_{21})$$
$$U_2(x_{12},x_{22})=\pi_{12}u_2(x_{12})+\pi_{22}u_2(x_{22})$$

其中 x_{si} 是消费者 i 消费的 s 状态依存商品的数量，π_{si} 是消费者 i 对状态 s 持有的主观概率。我们假设每个 $u_i(\cdot)$ 都是凹的和可微的。

两种状态依存商品的总初始禀赋为 $\bar{\omega}=(\bar{\omega}_1,\bar{\omega}_2)\gg 0$。我们假设每个消费者都得到了随机变量 $\bar{\omega}$ 的一半，也就是说，$(\omega_{11},\omega_{21})=\frac{1}{2}\bar{\omega}$ 和 $(\omega_{12},\omega_{22})=\frac{1}{2}\bar{\omega}$。

(a) 假设消费者 1 是风险中性的，消费者 2 不是，而且两个消费者有着相同的主观概率。证明在任何内部阿罗-德布鲁均衡上，消费者 2 都将进行完全保险。

(b) 现在假设消费者 1 是风险中性的，消费者 2 不是，而且两个消费者的主观概率是不同的。证明在任何内部（阿罗-德布鲁）均衡上，消费者 2 都不会进行完全保险。若以主观概率之差表示，消费者 2 将向哪个方向上偏离？证明风险中性的消费者 1 将不会从交易中受益。

19. C. 5[A]　本题的基本经济状况如 19. C 节所述，但现在每种状态下只有一种商品。有 I 个厌恶风险的消费者。偏好能用期望效用表示。假设同一个消费者在不同状态下的效用是相同的，不同消费者的主观概率也是相同的。个人禀赋因状态不同而不同。然而，我们假设总禀赋不是随机的，也就是说，在各种状态下是相同的（比如，如果 I 很大，而且个人禀赋的实现值是相同且独立分布的，那么每个人的总禀赋几乎不是随机的）。

建立阿罗-德布鲁交易问题。证明，对于一个配置，若它使得每个人在每种状态下的消费等于他在每种状态下禀赋的平均值，那么这个配置是个均衡配置。

19.D.1[A] 考虑19.D节的序贯交易模型，只不过现在我们假设，对于每种状态 s，如果状态 s 发生，第 s 种状态商品支付1美元报酬（而不再是支付1单位商品1）；否则，支付的报酬为零美元。写出这个模型的预算约束，讨论能将哪种商品价格标准化。

19.D.2[A] 证明在例19.D.1中，两个消费者的状态依存交易的确如那里所断言的一样。

19.D.3[A] 按照下面的要求构建模型，这个模型类似于19.D节的两时期模型，唯一区别是现在 $t=0$ 期也发生消费。证明命题19.D.1的结果仍成立。

19.D.4[B] 考虑某个三时期经济，$t=0$，1，2。在 $t=0$ 时该经济分为两支，在 $t=1$ 时每支又分为两支。实物商品有 H 种，在上述三个时期都可能发生消费。

(a) 描述这个经济的阿罗-德布鲁均衡问题。

(b) 描述拉德纳均衡问题。假设在 $t=0$ 和 $t=1$ 时存在状态依存市场，使得在下一期交付一单位实物商品1。

(c) 证明命题19.D.1的结论仍然成立。

19.E.1[B] 考虑19.E节的资产交易模型，只不过现在 $t=0$ 时也可能发生消费。为简单起见，假设消费的伯努利效用函数与状态无关，而且在时期上是加性可分的；也就是说，$u_i(x_{0i}, x_{1i})=u_{0i}(x_{0i})+u_{1i}(x_{1i})$，其中 x_{0i}，$x_{1i}\in\mathbb{R}^L$。

(a) 模仿命题19.E.1的第二种证明方法，证明命题19.E.1的结论仍然成立。

(b) 现在假设在每一期只有一种实物商品。请使用消费的边际效用表达乘子 μ_s。

19.E.2[A] 证明如果某个有着报酬向量 $r\in\mathbb{R}^S$ 的原始资产能**分离**（separate）不同状态，也就是说，如果当 $s\neq s'$ 时有 $r_s\neq r_{s'}$，那么仅使用这个原始资产衍生的期权就能建立一个完全的资产结构。你可以假设 $r_s>0$ 对每个 s 均成立。

19.E.3[A] 按照命题19.E.2证明部分的要求将该命题第（ⅰ）部分的证明补充完整。

19.E.4[B] **通过套利定价。**假设 $r_3=\alpha_1 r_1+\alpha_2 r_2$。证明在均衡时，我们必定有 $q_3=\alpha_1 q_1+\alpha_2 q_2$。记住允许不受限制的卖空。（假设报酬向量非负且非零。）

19.E.5[B] 证明：在例19.E.7指定的价格上，通过序贯交易实现的消费集，与通过那四种阿罗-德布鲁商品事前交易实现的消费集是相同的。

19.E.6[A] 有两个时期，在时期1有三种状态，在时期0存在资产交易。有两种基本资产，它们以现金表示的报酬向量分别为

$$r_1=(64,16,4) \quad 和 \quad r_2=(0,0,1)$$

这两种资产的市场价格分别为 $q_1=32$ 和 $q_2=1$。请使用套利对下列各种衍生资产进行定价。

(a) 假设一单位某衍生资产的描述为“拥有一单位此种资产者有权在时期1（在状态发生之后）以75%的该资产即期价值购买一单位商品1”。写出这种资产的报酬向量并给它定价。

(b) 基本情形同（a），但对该衍生资产的描述修改为“拥有一单位此种资产者有权在时期1（在状态发生之后）以75%的该资产即期价值购买一单位商品1，前提是即期价值不小于10”。

(c) 基本情形同（b），但将（b）中的“不小于10”替换为“不小于19”。写出报酬向量，证明这种资产不可能通过原始资产的套利定价。

(d) 如果我们还有一种无风险的资产，其价格为1，那么（c）中的分析将会发生什么样的变化？（不需要计算出价格。）

(e) 假设资产的描述进一步修改为“拥有一单位此种资产者，既可以选择在时期1得到1美元钱，也可以选择在时期1（在状态发生之后）以75%的该资产即期价值购买一单位商品1”。写出这种资产的报酬向量，并给其定价。

(f) 基本情形同（e），但现在该资产的描述修改为“拥有一单位此种资产者，既可以选择在时期1得到1美元钱，也可以选择在时期1（在状态发生之后）以75%的该资产即期价值购买一单位商品1，前提是这个价值不小于10”。

19.F.1[B] 考虑例19.F.1中的太阳黑子模型。

证明在偏好的标准假设条件下，存在一个无太阳黑子的均衡，不管资产结构是什么样的。

19. F. 2[A] 考虑 $L=1$ 情形下的资产组合上的效用函数 $U_i^*(\cdot)$（资产组合的定义参考 19. F 节）。若要 $U_i^*(\cdot)$ 为连续而且凹的，写出充分条件。证明如果报酬是严格为正的，那么 $U_i^*(\cdot)$ 严格递增。

19. F. 3[C] 本题的目的是证明，在一个不完全市场情形下，资产种数增加后，**每个人**在新拉德纳均衡时的状况有可能反而变得更差了。我们分步骤证明此事。

(a) 构造一个满足下列条件的二人经济：有两种状态，它们发生的概率相同；交易的分配效应非常不对称从而使得两人在完全市场下均衡处的效用之和，小于他们在不完全市场下均衡处的效用之和。

(b) 现在构造满足下列条件的经济：有四种状态，它们发生的概率相同；在前两种状态下，经济如 (a) 所述；在另外两种状态下，经济也如 (a) 所述，但两个消费者的角色互换了。

(c) 证明对于某种资产结构，若它只有一种资产允许财富从前两种状态转移到另外两种状态，那么在该资产结构产生的均衡中，每个消费者的状况都比他们在下列均衡中的状况要好：如果我们再增加两种新资产，一种资产允许财富在状态 1 和 2 之间转移，另外一种资产允许财富在状态 3 和 4 之间转移，由此得到的均衡。

【注：(c) 给出的条件不足以得到相应的结论。为了使结论成立，我们应该假设经济有三种状态 $t=0$，1，2。在 $t=0$ 时，所有四种状态都不可区分。在 $t=1$ 时，前两种状态 $s=1$，2 和后两种状态 $s=3$，4 变得可以区分。在 $t=2$ 时，不确定性全部消失。[根据 19. B 节的讨论所使用的符号，$\mathscr{S}_0=(\{1,2,3,4\})$，$\mathscr{S}_1=(\{1,2\},\{3,4\})$，$\mathscr{S}_2=(\{1\},\{2\},\{3\},\{4\})$。] 我们还应该规定资产结构：在 $t=0$ 时，不允许资产交易；在 $t=1$ 和事件 $\{1,2\}$ 发生时，前两种状态 $s=1$，2 的阿罗证券进行交易；在 $t=1$ 和事件 $\{3,4\}$ 发生时，后两种状态 $s=3$，4 的阿罗证券进行交易。】

19. F. 4[C] 举例说明，在允许不受限制卖空的情形下，可能不存在拉德纳均衡。这个例子要求报酬以多种商品（即，不止一种商品）来表示。（提示：回忆不存在套利机会的必要条件。）

19. F. 5[B] 在某个经济中，只有一个时期、一种消费品和一种生产要素（劳动）。所有工人在事前都是相同的。对于每个工人来说，他能工作的概率是 1/2（在这种情形下，产出为 k 单位消费品，而且工作不会引起痛苦），他不能工作（残疾）的概率也是 1/2。对于能工作和不能工作的人来说，c 单位消费品的效用分别为 $U_a(c)$ 和 $U_d(c)$。假设各个工人不能工作的概率是独立分布的，而且工人数量多到足以保证社会在期望值生产可能集上运行。

(a) 如果在不能工作状况被知道之前，一组完全的阿罗-德布鲁市场已开放，资源的均衡配置是什么样的？（可能需要允许无限多状态的可能性。）

(b) 现在假设其他人无法观测到一个人是真的无法工作还是装作无法工作。假设保险市场是个竞争性行业。再假设条件"$U_a'(c_a)=U_d'(c_d)$ 意味着 $c_a>c_d$"得以满足，而且每个人都从同一个保险公司购买保险。证明竞争均衡（你应该定义竞争均衡的含义）与 (a) 中的均衡是相同的。

(c) 仍然假设其他人无法观测到一个人是真的无法工作还是装作无法工作。但是现在假设 $U_a'(c_a)=U_d'(c_d)$ 意味着 $c_a<c_d$。证明我们无法达到 (b) 中描述的均衡。继续假设每个人都从同一个保险公司购买保险，确定竞争均衡。假设政府也无法观测到一个人是否能工作，这个均衡相对于政府能够实现的配置是最优的吗？

19. G. 1[A] 说明式 (19. G. 1) 是合理的。也就是说，假设企业的每个可能生产集都能被生成，而且价格（资产价格和即期市场价格）是给定的。现在将企业作为一种新资产引入。证明任何消费者的任何消费方案都能被实现，而无须购买企业的任何份额。

19. G. 2[A] 假设在一个两人经济中，$L=1$，初始时只有一种资产（因此，不存在交易；记住我们不允许 $t=0$ 时的消费）。现在引入一个企业，该企业能够生产报酬向量$\varepsilon a\in\mathbb{R}_{+}^{S}$。两个消费者共同拥有此企业且持有的份额相同。举例说明，不管 ε 多么小（令向量 $a\in\mathbb{R}_{+}^{S}$维持固定不变），将企业作为一种可在 $t=0$ 交易的资产引入具有下列性质：在新的均衡处，两个消费者的状况都明显改善了。

19. G. 3[A] 假设在某个经济中，$L=1$。现在引入一个企业，该企业能生产唯一的报酬向量 $a\in\mathbb{R}^{S}$。消费者 i 持有的该企业的份额为 θ_i。假设报酬 a 能用现有资产生成。证明在下列两种情形下，在均衡处实现的消费束是相同的。在第一种情形下，企业的份额在 $t=0$ 时交易。在第二种情形下，资产不进行交易，而且对于每个 i，向量 $\theta_i a$ 均被加到消费者 i 的初始禀赋上。

19. G. 4[A] 假设有两个消费者，$L=1$。一开始没有资产。现在我们引入一个企业，该企业有两种可能的报酬向量 $A=\{a^1, a^2\}\subset\mathbb{R}_{+}^{S}$。两个消费者拥有的企业产权的份额是相等的。企业份额在 $t=0$ 时不能交易。企业的生产选择 a^1 或 a^2 在 $t=1$ 时被加到禀赋上（每个消费者一半）。证明这两个消费者对于 a^1 或 a^2 的偏好可能是不同的。

19. H. 1[A] 假设我们处于命题 19. H. 1 的单个消费者决策问题的架构内。

(a) 证明如果 $\sigma(\cdot)$ 是完全显示性的［即，当 $s\neq s'$时有 $\sigma(s)\neq\sigma(s')$］，那么 $x_i^{\sigma(\cdot)}$ 在下列意义上为**事后最优的**（ex post optimal）：对于每个 $s\in S$，状态 s 上的消费配置对于在状态 s 上得到的即期经济来说是最优的。证明如果 $\sigma(\cdot)$ 不是完全显示性的，那么上述结论未必成立。

19

(b) 证明 $x_i^{\sigma(\cdot)}$ 在下列意义上是**事中最优的**（interim optimal）：不存在关于 $\sigma(\cdot)$ 可测的配置 x_i 使得对于某个可能的信号 $\sigma(s)$，x_i 的期望效用［取决于 $\sigma(s)$］大于 $x_i^{\sigma(\cdot)}$ 的。

(c) 证明如果 $\sigma'(\cdot)$ 至少与 $\sigma(\cdot)$ 一样富含信息，那么对于每种状态 s，$x_i^{\sigma'(\cdot)}$ 产生的期望效用［取决于 $\sigma'(s)$］，不可能小于 $x_i^{\sigma(\cdot)}$ 产生的期望效用［取决于 $\sigma'(s)$］。

(d) 证明，类似地，如果 $\sigma'(\cdot)$ 至少与 $\sigma(\cdot)$ 一样富含信息，那么对于每种状态 s，$x_i^{\sigma'(\cdot)}$ 产生的期望效用［取决于 $\sigma(\cdot)$］，不可能小于 $x_i^{\sigma(\cdot)}$ 产生的期望效用［取决于$\sigma(\cdot)$］。

19. H. 2[A] 证明，在命题 19. H. 1 中，若令 p 和 w_i 取决于状态，该命题的结论仍然成立。前提是我们要求，作为函数它们关于原来的 $\sigma(\cdot)$ 是可测的，而且当我们把$\sigma(\cdot)$替换为 $\sigma'(\cdot)$ 时它们维持不变。

19. H. 3[A] 完成命题 19. H. 1 未完成的证明。

19. H. 4[A] 完成例 19. H. 4 省略的步骤。

19. H. 5[B] 完成例 19. H. 5 省略的证明。

19. H. 6[C] 考虑下列两个消费者、两种商品的一般均衡模型。这两人的（伯努利）效用函数分别为

$$u_1(x_{11}, x_{21}) = x_{11} + x_{21}$$

$$u_2(x_{12}, x_{22}) = (x_{12})^{1/2} + x_{22}$$

消费者 1 拥有商品 2 的禀赋为 ω_{21}，他没有商品 1 的禀赋。消费者 2 没有商品 2 的禀赋，他拥有商品 1 禀赋的数量取决于三种状态中发生哪一种（假设发生概率相等），相应的禀赋分别为 ω_{112}，ω_{122} 和 ω_{132}。

(a) 确定这个经济的阿罗-德布鲁均衡。假设参数能使得均衡是内部均衡。

(b) 假设唯一可能的市场是两商品非状态依存交付市场。构建均衡问题。均衡配置是帕累托最优吗？

(c) 现在假设在任何交易发生之前，以及在禀赋被显示之前，两人被告知状态 1 是否发生。在这个信息被披露之后（但在禀赋价值被披露之前），非状态依存交易才可以发生。构建取决于信息的均衡问题。

(d) 基本情形同 (c)；唯一区别是现在允许状态依存交易（在状态 1 的信息被披露之后）。

(e) 比较事前（即，在任何通告被披露之前）

两人在（a）、（b）、（c）和（d）均衡中的期望效用；假设这些均衡都是内部均衡。何时你能断言（c）和（d）中的信息是具有社会价值的？

19. H. 7[A]　假设有发生概率相等的两种状态。在每种状态下均存在一个即期市场，其中消费品（商品 1）和计价物（商品 2）交换。有两个消费者。他们的效用如下表所示：

	状态 1	状态 2
消费者 1	$2\ln x_{11}+x_{21}$	$4\ln x_{11}+x_{21}$
消费者 2	$4\ln x_{12}+x_{22}$	$2\ln x_{12}+x_{22}$

商品 1 在状态 1 下的总禀赋为 6，在状态 2 下的总禀赋为 $6+\varepsilon$。消费者 2 拥有商品 1 的所有禀赋。假设两人拥有的计价物禀赋足以让我们忽略边界均衡问题。计价物的价格在两种状态下都固定为 1。商品 1 在两种状态下的价格为（p_1，p_2）。

（a）假设当不确定性消失时，两个消费者知道哪种状态已发生。确定两种状态下的即期均衡价格（$\hat{p}_1(\varepsilon)$，$\hat{p}_2(\varepsilon)$），它们是参数 ε 的函数。

（b）现在假设当某种状态发生时，消费者 2 知道但消费者 1 仍不知道（即，他必须仍然认为两种状态发生的概率相等）。在这种信息架构下（而且假设不能用价格作为信号），确定两种状态下的均衡价格（$\bar{p}_1(\varepsilon)$，$\bar{p}_2(\varepsilon)$）。

（c）基本情形同（b），但是现在我们允许消费者 1 从价格推断状态。也就是说，如果 $p_1\neq p_2$，那么消费者 1 实际上是知情的，但如果 $p_1=p_2$，他是不知情的。一个即期价格组合（$p_1^*(\varepsilon)$，$p_2^*(\varepsilon)$）构成了理性预期均衡价格，如果当消费者 1 以上面描述的方式从（$p_1^*(\varepsilon)$，$p_2^*(\varepsilon)$）推断信息时，（$p_1^*(\varepsilon)$，$p_2^*(\varepsilon)$）出清了两个即期市场。假设 $\varepsilon\neq 0$，推导出一个理性预期均衡价格组合。

（d）证明如果 $\varepsilon=0$，那么不存在任何理性预期均衡价格组合。将其与例 19. H. 3 进行比较。

19

第 20 章　均衡与时间

20.A　引言

在本章，我们将竞争均衡理论扩展到跨期情形。有两种方法可以做此事，它们的区别在于对时间的强调程度不同。我们在阐述这两种方法时，力图做到平衡。

第一种方法将时间架构下的均衡视为前几章一般均衡理论的特殊情形，其中，时间和商品的其他特征一样都作为商品的标记指标。这是一种有用的观点（理论的主要价值是展现表面不相关现象的内在统一性），在某种程度上，我们的陈述建立在这种观点之上。然而，过度依赖这种方法是不明智的，因为这种方法会将本章变为前几章的一个注释从而显得不那么重要。

第二种方法强调时间的特殊结构。在某种程度上，我们也使用了这种方法。因此，本章讨论的所有模型均允许时间的无限性，或承认生产需要花费时间这个事实。另外，我们在平稳性和时间可分性的假设下进行分析，这种处理的好处是能够敏锐地描述理论的动态性一面，缺点是损失了一些一般性。

20. B 节和 20. C 节分别描述经济的消费面和生产面。

20. D 节是本章的核心。它在单人经济的架构内考察了均衡的基本性质（包括存在性、最优性以及可计算性）。

20. E 节（侧重于稳定状态）和 20. F 节（侧重于一般情形）研究了单人模型的动态性。

20. G 节考察了多人经济。这一节的基本结论是，只要均衡是帕累托最优的，第 17 章的实证理论的定性方面的内容就可以被推广到更一般的情形，而且通过单人经济方法识别的个体均衡的性质在更一般情形下仍然成立。

20. H 节简要介绍了叠代（overlapping-generations）经济，这个模型在现代宏观经济学中处于核心地位。我们的兴趣表现在两个方面：首先，我们将说明它是个有用的均衡模型；其次，我们强调由于代际是无限的，这个模型不适用于 20. G 节的一般模型，但该模型产生了一些新的有趣问题，它们与均衡的最优性和非唯一性有关。

20.I 节简要评价了非均衡问题（短期均衡、试探性稳定性、学习等等）。

为了方便教学，本章仅考察理论的确定性版本。时间是按线而不是树状张开的。当然，我们可以完全合成第 19 章（关于不确定）的方法和本章（关于时间）的方法。然而，我们不打算这么做，而是将其视为超出本书范围的更高级内容。关于一般理论的介绍可参考 Stokey，Lucas 和 Prescott（1989）。

最后说一下本章使用的符号：在本章 $\sum_t$ 总是代表 $\sum_{t=0}^{\infty}$，也就是说，代表 $\lim_{T\to\infty}\sum_{t=0}^{T}$。当求和区间不是从 $t=0$ 到 $t=\infty$ 时，我们会明确写出求和区间的两个端点。

20.B　跨期效用

在本章，我们假设存在无限多个时期 $t=0$，1，…；消费者选择的目标物是**消费流**（consumption streams）$c=(c_0, \cdots, c_t, \cdots)$，其中，$c_t\in\mathbb{R}_+^L$，$c_t\geqslant 0$。[①] 为简单起见，我们仅考虑有界的（即，$\sup_t \|c_t\|<\infty$）消费流。

在前面章节，我们一般遵循从一般到特殊的考察方法。如果按照这种思路，本章应该先考察定义在消费流上的偏好的一般形式，然后再考察特殊形式。然而，在本章，我们首先介绍非常特殊的形式，这一形式贯彻整章（除了 20.H 节和 20.I 节）；然后，从一般观点讨论它的特殊性质。

在跨期经济中，惯例做法是假设定义在消费流 $c=(c_0, \cdots, c_t, \cdots)$ 上的偏好能用具有下列形式的效用函数 $V(c)$ 表示

$$V(c)=\sum_{t=0}^{\infty}\delta^t u(c_t) \tag{20.B.1}$$

其中 $\delta<1$ 是个**贴现因子**（discount factor），$u(\cdot)$（定义在 $\mathbb{R}_+^L$ 上）是严格递增和凹的。在本章我们始终假设定义在消费流上的偏好具有上述形式。然而在本节我们将详细介绍这个效用函数的六个特征。顺便说下符号。给定消费流 $c=(c_0, \cdots, c_t, \cdots)$，令 $(c_0^T, c_1^T, \cdots)$ 表示“逆向移动”（backward shift）T 个时期的消费流，也就是说，在消费流 $(c_0^T, c_1^T, \cdots)$ 中，$c_t^T=c_{t+T}$ 对于所有 $t\geqslant 0$。

20

（1）**时间不耐性**（time impatience）。这个模型要求未来效用需要贴现（即 $\delta<1$），这意味着消费者在时间上是没有耐心的。也就是说，如果 $c=(c_0, c_1, \cdots, c_t, \cdots)$ 是个非零消费流，那么（正向）移动的消费流 $c'=(0, c_0, c_1, \cdots, c_{t-1}, \cdots)$

① 在本章，“流”（stream）、“轨迹”（trajectory）、“项目”（program）和“路径”（path）的意思是相同的。我们交叉使用这些术语。

严格比 c 差（参考习题 20. B. 1）。这个假设有助于保证有界的消费流具有有限的效用值［即，保证式（20. B. 1）中的和是收敛的］，从而我们可以比较任何两个这样的消费流[1]，而且便于使用微积分工具。有人认为作出时间贴现这个假设，纯粹是出于方便分析的目的。这种观点对时间贴现的实质性原因[2]提出了质疑。时间贴现的一个含义是遥远的未来对于当前决策无关紧要，这个性质似乎比质疑观点（即，认为未来对当前决策挺重要）更符合现实。

贴现因子的另外一种解释和辩护理由是，将其视为人们存活到下一期的概率。于是 $V(c)$ 是终生效用的期望值。贴现因子的第三种解释，请参见性质（6）后面的内容。

（2）**平稳性**（stationarity）。效用函数的更一般形式为

$$V(c)=\sum_{t=0}^{\infty}u_t(c_t) \tag{20. B. 2}$$

式（20. B. 1）对应于式（20. B. 2）的特殊情形，其中 $u_t(c_t)=\delta^t u(c_t)$。这个特殊形式可用**平稳性**术语描述。考虑两个消费流 $c\neq c'$ 使得 $c_t=c'_t$ 对于 $t\leqslant T-1$：也就是说，这两个消费流 c 和 c' 在时期 $T-1$（含）之前是相同的，在 $T-1$ 之后才区分开。注意到，消费者 $t=T$ 时在消费流 c 和 c' 之间选择的问题，等价于他在 $t=0$ 时在消费流 c^T 和 c'^T 之间选择的问题，其中 c^T 和 c'^T 分别为消费流 c 和 c' 逆向移动 T 个时期的消费流。于是，平稳性要求

$$V(c)\geqslant V(c') \quad 当且仅当 \quad V(c^T)\geqslant V(c'^T)$$

习题 20. B. 2 要求读者证明式（20. B. 1）满足平稳性性质，但对于带有取决于时间的贴现因子的效用函数，即 $V(c)=\sum_t \delta_t^t u(c_t)$，平稳性性质未必成立。

我们不应该将平稳性性质与下列断言混淆，这个断言是：如果消费流 c 和 c' 在前 $T-1$ 个时期是重合的，而且某个消费者在 $t=0$ 时选择其中一个消费流，那么在 $t=T$ 时他不会改变主意。这个“性质”是同义反复的：在 $t=0$ 和 $t=T$ 这两个时期，我们比较的都是 $V(c)$ 和 $V(c')$。[3] 平稳性实验比较 $t=0$ 时的 $V(c)$ 和 $V(c')$，但是在时期 T 它比较移动到 $t=0$ 时的未来消费流效用值，即比较 $V(c^T)$ 和 $V(c'^T)$。因此，平稳性是说在式（20. B. 2）的架构内，定义在未来消费上的偏好与决策者的**年龄**无关。

时间平稳性对于这一章的分析并不重要（20. E 节和 20. F 节的动态性内容除外），但它大幅度减少了下标的使用。

20

① 因此，它保证了定义在消费流上的偏好关系是完备的。

② Ramsey（1928）认为这个假设意味着人们“想象力有缺陷”，这个假设是合理的。

③ 这个性质通常称为**时间一致性**（time consistency）。时间不一致性也是有可能的，如果消费者的偏好随时间推移而改变（回忆 1. B 节 Ulysses 和 Sirens 的例子），但是，正如我们所断言的，如果定义在消费流（c_0，…，c_t，…）上的偏好顺序不随时间推移而改变，它必定成立。与第四部分的处理一致，我们在本章始终假设偏好不变。

(3) **加性可分性**(additive separability)。效用函数的加性形式有两个含义。在任何时期 T,我们均有:首先,从时期 $T+1$ 开始的消费流上的顺序与从时期 0 到 T 的消费流无关;其次,从时期 0 到 T 的消费流上的顺序与从 $T+1$ 开始的任何(固定)消费期望无关(习题 20. B. 3)。在另外一个方向上,这两个可分性质意味着加性;也就是说,如果消费流上的偏好序满足这些可分性性质,那么它可用形如 $V(c)=\sum_t u_t(c_t)$ 的效用函数表示[这一点的证明比较难,参考 Blackorby, Primont 和 Russell (1978)]。

加性可分这个假设的限制性有多强?我们有两个理由为该假设进行辩护:首先,它在分析上比较方便;其次,未来或过去发生的事情与当前消费选择的相对福利评价无关。当然,也有明显的反例:过去的消费创造了习惯和偏好,你对一盘美食的偏好程度可能取决于你在上周吃了多少次,等等。然而,在加性可分的架构内,有一种非常自然的方法能包含这些现象。例如,我们可以允许形如 $V(c)=\sum_t u_t(c_{t-1},c_t)$ 的效用函数。此处,时期 t 的效用不仅取决于时期 t 的消费,还取决于时期 $t-1$ 的消费(或更一般地,还取决于过去几个时期的消费)。我们可以用另外一种稍微不同的方法表示。定义向量 z_t 为"习惯"(habit)变量。再定义一个家庭生产技术,该技术在 $t-1$ 时使用投入向量 c_{t-1},在 $t-1$ 时生产出消费品向量 c_{t-1} 以及在 t 时生产出"习惯"向量 $z_t=c_{t-1}$。因此,正式地,u_t 仅取决于时间 t,而且总效用为 $\sum_t u_t(z_t,c_t)$。总之,如果我们允许家庭生产和当前变量的合适数量(通常大于 1),加性可分貌似限制性很强,实则不然。

(4) **时期长度**(length of period)。可分性假设要求,消费者对当前消费的评价不受其他时期消费的影响,这个假设的合理性取决于时期长度。即使最容易腐烂的消费品也有着一定程度的持久性(例如,它的形式可以为消费之后的"服务"流),因此,如果基本时期非常短,那么这个假设的约束性很强。时期长短的决定因素是什么?由于我们的模型要适用于竞争理论,这个时期通常是由制度因素决定的:它应该是价格被视为固定不变的时间跨度。另外,注意到 δ 的值也隐性地取决于时期长度。时期越短,δ 越接近 1。

(5) **递归的效用**(recursive utility)。有了形如式(20. B. 1)的效用函数之后,对于任何消费流 $c=(c_0, c_1, \cdots, c_t, \cdots)$,我们均有 $V(c)=u(c_0)+\delta V(c^1)$。如果我们将 $u=u(c_0)$ 看成当前效用,将 $V=V(c^1)$ 看成未来效用,那么当前效用对未来效用的边际替代率等于 δ,从而与当前效用和未来效用水平无关。Koopmans (1960) 提出了**递归效用模型**(recursive utility model),这个模型推广了式(20. B. 1)。它包含两个性质:该模型允许这个替代率变化,但与加性可分情形一样,它还有着下列性质——未来消费流的顺序与过去的消费流无关。

递归效用模型是下面这样的。将当前效用记为 $u\geqslant 0$，未来效用记为 $V\geqslant 0$。于是我们有了一个当前效用函数 $u(c_t)$，以及一个加总函数 $G(u, V)$，加总函数将当前和未来效用合并成总效用。例如，在加性可分情形下，我们有 $G(u, V)=u+\delta V$。更一般地，我们可以有比如 $G(u, V)=u^{\alpha}+\delta V^{\alpha}$，$0<\alpha\leqslant 1$。在这种情形下，$(u, V)$ 平面中的无差异曲线不是直线。于是，我们可以递归地计算消费流 $c=(c_0, \cdots, c_t, \cdots)$ 的效用

$$V(c)=G(u(c_0),V(c^1))=G(u(c_0),G(u(c^1),V(c^2)))=\cdots \tag{20.B.3}$$

为了让式（20.B.3）行得通，我们必须能够证明当 $T\to\infty$ 时 $V(c^T)$ 对 $V(c)$ 的影响变得可以忽略不计［因此，通过取较大的 T 值并且令 $V(c^T)$ 有任意值，即可近似确定 $V(c)$ 的值］。这等价于假设时间不耐性。在应用中，通常不需要显性地计算 $V(c)$。关于递归效用的更多内容，可参考习题 20.B.4。

（6）**利他的**（altruism）。表达式 $V(c)=u(c_0)+\delta V(c^1)$ 意味着我们可对单个消费者问题（20.B.1）从多代角度进行解释。事实上，如果消费者只能存活一个时期，我们将第 0 代视为按照 $u(c_0)$ 享受消费，但他也根据 $\delta V(c^1)$ 关心下一代的效用 $V(c^1)$，于是，$V(c)=u(c_0)+\delta V(c^1)$ 是该消费者的总效用。如果每一代都是这样利他的，那么通过递归地替代，我们可以断言，第 0 代的目标函数正好为式（20.B.1）。整个“代系”的行为类似于单个消费者。在这个角度上，$\delta<1$ 是合理的。于是，这个不等式意味着当前一代人关心他们的孩子，但是关心程度没有关心自己那样高。关于这方面的内容可参见 Barro（1989）。

20.C 跨期生产与效率

假设我们有一个无穷时期序列 $t=0, 1, \cdots$。在每个时期 t，都有 L 种商品。当然，你可以取 $L=2$，并将商品作为劳动。另外一种是广义的消费-投资品（参考习题 20.C.1）。然而，向量符号的一个最大的优点是，一般情形并没有多少新鲜意义，此处就是这样的。因此，在你理解了简单问题的同时，你也理解了最一般的情形。

按照惯例，我们假设商品是**非耐用的**（nondurable）。这是一个惯例，因为为了让一种商品成为耐用的，只要再定义一种商品储存技术即可，该技术的作用是在不同时期运送商品。

如果资源禀赋是外生给定的，比如，如果我们在每一期都有一些资本和劳动数量，我们就会关心如何处理这些禀赋。因此，我们需要规定**生产技术**（production technology）。在第 5 章我们已经知道如何用**生产集**（production set）（或生产转换函数，或生产函数）的概念来正式表示生产技术。稍微损失一点一般性，我们仅关

注具有下列形式的生产技术：时期 t 的生产可能性完全取决于过去最近一期即时期 $t-1$ 的决策。如果我们总能定义新的中间产品（比如机器的不同生产年份），而且如果我们总能定义很长的时期，那么上述生产技术的限制性是很小的。

因此，时期 t 的技术可能性可以正式地以生产集 $Y\subset\mathbb{R}^{2L}$ 表示，我们把这个生产集的一般元素或**生产方案**记为 $y=(y_b,\ y_a)$。下标 b 和 a 分别表示“之前”（before）和“之后”（after）。意思是 Y 中的生产方案包含两个时期（“初始”期和“最后”一期），$y_b\in\mathbb{R}^L$ 和 $y_a\in\mathbb{R}^L$ 分别表示初始期和最后一期的生产方案。和以前一样，负的元素表示投入，正的元素表示产出。

我们对 Y 施加一些假设限制，这些假设在 5. B 节已介绍过：

（ⅰ）Y 是闭且凸的。

（ⅱ）$Y\cap\mathbb{R}^{2L}_{+}=\{0\}$（不存在免费午餐）。

（ⅲ）$Y-\mathbb{R}^{2L}_{+}\subset Y$（自由处置）。

在跨期情形下，我们还需要一个假设，即投入物的使用不能迟于产品已被生产出（也就是说，生产需要花费时间）。这个要求可用下列假设描述

（ⅳ）如果 $y=(y_b,\ y_a)\in Y$，那么 $(y_b,\ 0)\in Y$ [**截断的可能性**（possibility of truncation）]。

用文字表达，（ⅳ）的意思是，无论初始期的生产方案是什么样的，最后一期不生产是可能的。一个简单的例子是，$y_{a\ell}\geqslant 0$ 对于每个 $y\in Y$，也就是说，当所有投入物都在初始期使用时。于是，（ⅳ）蕴涵在自由处置性质［性质（ⅲ）］中。

例 20. C. 1：拉姆齐-索洛模型（Ramsey-Solow model）。① 假设只有两种商品：一种为消费-投资品，另外一种是劳动。在这种情形下，我们可以使用生产函数 $F(k,\ l)$ 描述技术。对于初始期使用的任何数量的资本品 $k\geqslant 0$ 和劳动 $l\geqslant 0$，生产函数指定了最后一期能得到的消费-投资品总量 $F(k,\ l)$。于是，

$$Y=\{(-k,-l,x,0):k\geqslant 0,l\geqslant 0,x\leqslant F(k,l)\}-\mathbb{R}^4_+$$

注意，劳动是原始要素；也就是说，它不可以被生产出来。■

例 20. C. 2：产能调整的成本模型。假设有三种商品：生产能力，一种消费品，以及劳动。在初始期投入 k 单位生产能力和 l 单位劳动，你就能在最后一期得到 $F(k,\ l)$ 单位消费品。这个产出可以在最后一期被转化为生产能力投资，$k'+\gamma(k'-k)$ 单位消费品可以转化为 k' 单位生产能力，其中 $\gamma(\cdot)$ 是个凸函数，它满足：$\gamma(k'-k)=0$ 对于 $k'<k$，$\gamma(k'-k)>0$ 对于 $k'>k$。$\gamma(k'-k)$ 这个项表示某个给定时期生产能力调整的成本（相对于前一期来说）。（注意，这种做法的边际成本随着该时期投资产能的增加而增加。）正式地说，生产集 Y 为

20

① 参见 Ramsey（1928）和 Solow（1956）。Swan（1956）也使用了这个模型。

$$Y=\{(-k,0,-l,k',x,0):k\geqslant 0,l\geqslant 0,k'\geqslant 0,$$
$$x\leqslant F(k,l)-k'-\gamma(k'-k)\}-\mathbb{R}^6_+$$ ■

例 20.C.3：两部门模型。相对于例 20.C.1 和例 20.C.2 来说，我们可以更一般地区分投资品和消费品。事实上，我们可令生产集为

$$Y=\{(-k,0,-l,k',x,0):k\geqslant 0,l\geqslant 0,k'\geqslant 0,x\leqslant G(k,l,k')\}-\mathbb{R}^6_+$$

其中 k 和 k' 分别为初始期的投资和最后一期的投资。注意到，投资品和消费品未必是完全替代的［例如，它们可由两个独立的部门生产；参见 Uzawa (1964)］。如果它们是完全替代的［即，如果转换函数 $G(k, l, k')$ 的形式为 $F(k, l)-k'$］，那么这个例子等价于例 20.C.1 中的拉姆齐-索洛模型。如果它的形式为 $G(k, l, k')=F(k, l)-k'-\gamma(k'-k)$，那么我们就有例 20.C.2 的产能调整的成本模型。■

例 20.C.4：(N+1) 部门模型。如同例 20.C.3 一样，我们有两种商品，一种是消费品，一种是劳动，但是现在我们将 k 和 k' 解释为 N 维向量。为了说明上的方便，在例 20.C.3 中，我们将 $G(k, l, k')$ 定义在任何 $k\geqslant 0$ 和 $k'\geqslant 0$ 上。然而，一般来说，这可能导致生产出的消费品数量是负的。为了避免这种结果，我们可以对组合 (k, l, k') 施加一个定义域 A。于是，

$$Y=\{(-k,0,-l,k',x,0):(k,l,k')\in A,x\leqslant G(k,l,k')\}-\mathbb{R}^{2(N+2)}_+$$ ■

在定义了生产技术之后，我们可以定义生产方案的一个路径是如何构成的。

定义 20.C.1：组合 $(y_0, y_1, \cdots, y_t, \cdots)$ 是个**生产路径**（production path）或**生产轨迹**（production trajectory）或**生产项目**（production program），如果 $y_t\in Y\subset\mathbb{R}^{2L}$ 对于每个 t 均成立。

注意，沿着生产路径 $(y_0, \cdots, y_t, \cdots)$，生产方案 y_{t-1} 和 y_t 的时间下标有重合。事实上，$y_{a,t-1}\in\mathbb{R}^L$ 和 $y_{bt}\in\mathbb{R}^L$ 分别表示在时期 $t-1$ 和时期 t 作出的时期 t 要素使用或产品生产的方案。因此，在每个时期 t，我们均有一个净投入产出向量，它等于 $y_{a,t-1}+y_{bt}\in\mathbb{R}^L$（在 $t=0$ 时，我们令 $y_{a,-1}=0$；在本章我们始终沿用这个惯例）。[①] 在这个向量中，负的元素表示如果要实现这个生产路径，在时期 t 必须从外部注入的要素量，也就是说，在时期 t 为了运行 y_{t-1} 和 y_t 所需要的要素量与 y_{t-1} 和 y_t 的产出（作为要素）之差。类似地，正的元素表示在作为要素使用后还剩下的商品数量，因此多余出来的这部分商品可用于时期 t 的最终消费。

这个情形完全类似于第 5 章对经济的生产面的描述。如果我们将每个时期 t 的

① 关于符号的说明：当下标可能引起混淆时，我们通常在下标中间插入逗号；例如，我们写成 $y_{a,t-1}$ 而不是 y_{at-1}。

技术视为由不同企业运行的（或作为不同企业的总技术），将 $\hat{y}_t$ 视为一个无穷序列而且其非零元素（等于 y_t）仅出现在位置 t 和 $t+1$ 上，那么 $\sum_t \hat{y}_t$ 是个总生产路径；而且它正好也是对时期 t 指定净投入产出向量 $y_{a,t-1}+y_{bt}\in\mathbb{R}^L$ 的序列。如果时期有限，那么当前架构只是第5章描述的生产面的一个特例。如果时期无限，情形有所不同：现在我们的商品种数和企业数量是无穷个，而不是有限个。正如我们将要看到的，这可不是个小差别。然而，为方便起见，我们的讨论围绕着类似于第5章的有限时期情形，我们考察的问题也类似于5.F节，即考察有效率生产方案和价格均衡之间的关系。

定义 20.C.2：生产路径（y_0，…，y_t，…）是**有效率的**，如果不存在其他生产路径（y'_0，…，y'_t，…）使得

$$y_{a,t-1}+y_{bt}\leqslant y'_{a,t-1}+y'_{bt} \quad \text{对于所有 } t$$

而且等式对于至少一个 t 成立。

用文字表述就是：路径（y_0，…，y_t，…）是有效率的，如果不存在任何一种方法使得我们在每一时期使用至多相同数量的投入，来生产至少一样多的最终消费（其中至少一个不等式是严格的）。这个定义正好对应于定义5.F.1。

在当前跨期情形下，**价格向量**由什么构成？自然地，我们可以将价格向量定义为一个序列（p_0，p_1，…，p_t，…），其中 $p_t\in\mathbb{R}^L$。我们暂时不管这个序列是从哪里来的。我们假设它是给定的，而且任何可能生产单位都能得到它。这样的价格应该视为以当前价值衡量的价格。下一节将讨论这些价格的本质。

给定一个路径（y_0，…，y_t，…）和一个价格序列（p_0，…，p_t，…），与时期 t 生产方案相伴的利润水平为

$$p_t\cdot y_{bt}+p_{t+1}\cdot y_{at}$$

我们现在考察跨期生产方案利润最大化的含义。

定义 20.C.3：生产路径（y_0，…，y_t，…）对于价格序列（p_0，…，p_t，…）是**近视**（myopically）**利润最大化的**或**短期利润最大化的**，如果对于每个 t 我们均有

$$p_t\cdot y_{bt}+p_{t+1}\cdot y_{at}\geqslant p_t\cdot y'_{bt}+p_{t+1}\cdot y'_{at} \quad \text{对于所有 } y'_t\in Y$$

能够支持一个路径（y_0，…，y_t，…）成为短期利润最大化的价格（p_0，…，p_t，…），通常称为该路径的**马林沃德价格**（Malinvaud price）［源于 Malinvaud（1953）］。①

① 注意，我们没有要求 $\sum_t p_t\cdot(y_{a,t-1}+y_{bt})<\infty$。在理论上，一个生产路径可能有无穷大的现值。在5.E节和5.F节，商品种数和企业数量都是有限的，在那里我们看到个体分权化的利润最大化和总体利润最大化是同一个事物。由于现值可能是无穷的，商品和生产集可数个数的存在性在当前的架构内变得更为微妙。相关讨论请参考习题20.C.2和习题20.C.5。

第一福利定理对于短期利润最大化成立吗？也就是说，如果（y_0，…，y_t，…）关于严格正的价格是短期利润最大化的，那么由此能推出（y_0，…，y_t，…）是有效率的吗？在有限时期的情形下，这个结论成立，原因在于命题 5.F.1，但是稍微思考一下即可知道，在无限时期情形下，它未必成立。这种答案的直觉来自所谓的**资本过度积累**（capital overaccumulation）现象。假设价格随时间推移上升很快，那么在每个单个时期我们均会将手边的一切东西都用于投资，因为这总是值得的。沿着这样的路径，消费绝不会发生——这不是个有效率的结果。

例 20.C.5：假设 $L=1$，令 $Y=\{(-k, k'): k\geqslant 0, k'\leqslant k\}\subset\mathbb{R}^2$。这只不过是一种微不足道的储存技术。考虑路径 $y_t=(-1, 1)$ 对于所有 t 成立；也就是说，我们总是储存一单位商品。于是，$y_{a,t-1}+y_{b0}=-1$ 和 $y_{a,t-1}+y_{bt}=0$ 对于所有 $t>0$ 均成立。这不是有效率的；只要考虑一下下列路径就知道这一点：对于所有 t，$y'_t=(0, 0)$。对于这个路径来说，$y'_{a,t-1}+y'_{bt}=0$ 对于所有 $t\geqslant 0$ 均成立。但是对于 $p_t=1$ 对于所有 t 均成立的平稳价格序列，（y_0，…，y_t，…）是短期利润最大化的。■

如果除了短期利润最大化之外，生产路径的现值随 $t\to\infty$ 变得可以忽略不计，那么我们能得到有效率的结果。准确地说，如果当 $t\to\infty$ 时，时期 t 生产方案在时期 $t+1$ 的现值变为零，也就是说，如果当 $t\to\infty$ 时 $p_{t+1}\cdot y_{at}\to 0$，那么我们能得到有效率的结果。这就是所谓的**横截性条件**（transversality condition）。注意到，例 20.C.5 的储存例子违背了这个条件。

命题 20.C.1：假设生产路径（y_0，…，y_t，…）关于价格序列（p_0，…，p_t，…）$\gg 0$ 是短期利润最大化的，再假设该生产路径和价格序列满足**横截性条件** $p_{t+1}\cdot y_{at}\to 0$，那么生产路径（y_0，…，y_t，…）是有效率的。

证明：假设存在路径（y'_0，…，y'_t，…）使得 $y_{a,t-1}+y_{bt}\leqslant y'_{a,t-1}+y'_{bt}$ 对于所有 t 均成立，其中等式对于至少一个 t 不成立。于是，存在 $\varepsilon>0$ 使得如果我们对 T 之前时期的某个严格不等式取一个足够大的 T 值，必定有

$$\sum_{t=0}^{T} p_t\cdot(y'_{a,t-1}+y'_{bt})>\sum_{t=0}^{T} p_t\cdot(y_{a,t-1}+y_{bt})+\varepsilon$$

事实上，如果 T 非常大，那么 $p_{T+1}\cdot y_{aT}$ 非常小（由横截性条件推知），因此

$$\sum_{t=0}^{T} p_t\cdot(y'_{a,t-1}+y'_{bt})>p_{T+1}\cdot y_{aT}+\sum_{t=0}^{T} p_t\cdot(y_{a,t-1}+y_{bt})$$

移项（这是动态经济学的常用方法）可知（记住惯例 $y_{a,-1}=y'_{a,-1}=0$）

$$p_T\cdot y'_{bT}+\sum_{t=0}^{T-1}(p_{t+1}\cdot y'_{at}+p_t\cdot y'_{bt})>\sum_{t=0}^{T}(p_{t+1}\cdot y_{at}+p_t\cdot y_{bt})$$

因此，我们必定有要么 $p_{t+1}\cdot y'_{at}+p_t\cdot y'_{bt}>p_{t+1}\cdot y_{at}+p_t\cdot y_{bt}$ 对于某个 $t\leqslant T-1$ 成

立，要么 $p_T \cdot y'_{bT} > p_{T+1} \cdot y_{aT} + p_T \cdot y_{bT}$。在这两种情形下，我们都违背了短期利润最大化假设［记住，根据截断可能性，我们有（y'_{bT}，0）$\in Y$］。因此，不存在这样的路径（y'_0，…，y'_t，…）。

注意到，上述论证思想非常简单。重要事实是如果横截性条件成立，那么对于足够大的 T，我们可以将截断路径（y_0，…，y_T）的总利润近似为：从时期零一直到时期 T 的各期投入产出实现的净值之和。每个时期或每个企业（也就是，"每个生产方案"）的投入和产出是否匹配，这是无关紧要的。如果时期足够多（长期），这两种方法都可归结为利润＝总收入－总成本。■

命题 20.C.1 说明，福利经济学第一基本定理（修正版）在动态生产情形下也成立。现在我们考察福利经济学第二基本定理：**给定一个有效率的路径**（y_0，…，y_t，…），**它能得到价格支持吗**？对于有限时期情形，命题 5.F.2 对于这个问题作出了肯定回答。在当前无限时期情形下，我们可以将这个问题分解为两个部分：

（ⅰ）对于（y_0，…，y_t，…）存在马林沃德价格系统（p_0，…，p_t，…）吗？也就是说，存在序列（p_0，…，p_t，…）使得（y_0，…，y_t，…）是短期利润最大化的吗？

（ⅱ）如果问题（ⅰ）的答案为肯定的，我们能断言组合（y_0，…，y_t，…）和（p_0，…，p_t，…）满足横截性条件吗？

问题（ⅱ）的答案是"未必"。在 20.E 节我们将举例说明，横截性条件不是马林沃德价格的一个必要性质。

问题（ⅰ）的答案为"基本上是"。我们先用两个例子说明，然后再讨论一般情形，从而结束本节。

例 20.C.6：拉姆齐-索洛模型（续）。在这个模型中，我们可以使用序列（k_t，l_t，c_t）总结出一个生产路径，其中 k_t，l_t，c_t 分别表示资本用量、劳动用量和消费量。从现在起我们假设 $k_{t+1}+c_{t+1}=F(k_t, l_t)$，而且劳动投入序列 l_t 是外生给定的。于是我们只要描述资本路径（k_0，…，k_t，…）即可。令（q_t，w_t）表示 t 时两种商品的价格，那么 t 时的利润为 $q_{t+1}F(k_t, l_t)-q_tk_t-w_tl_t$，因此，$t$ 时短期利润最大化的必要和充分条件为

$$\frac{q_t}{q_{t+1}}=\nabla_1 F(k_t,l_t) \quad 和 \quad \frac{w_t}{q_{t+1}}=\nabla_2 F(k_t,l_t)$$

注意到，在标准化（我们可以令 $q_0=1$）后，对于**任何**可行资本路径（参考习题 20.C.6），这些一阶条件确定了支持价格。

20

横截性条件表明 $q_{t+1}F(k_t, l_t)\to 0$。如果产量序列 $F(k_t, l_t)$ 是有界的，那么只要 $q_t\to 0$ 就足够了。根据命题 20.C.1 我们可以断言，可行且有界资本路径（k_0，…，k_t，…）有效率的充分条件为，存在产品价格序列（q_0，…，q_t，…）使得

$$\frac{q_t}{q_{t+1}}=\nabla_1 F(k_t,l_t) \quad 对于所有\ t \tag{20.C.1}$$

以及

$$q_t \to 0(\text{等价地}, 1/q_t \to \infty) \tag{20.C.2}$$

由于存在着资本过度积累的可能性，式（20. C. 1）是效率性的必要条件，但它本身不足以成为充分条件。另外，式（20. C. 2）不是必要条件（参考 20. E 节）。Cass（1972）得到了式（20. C. 2）的弱化版本：

$$\sum_{t=0}^{\infty} \frac{1}{q_t} = \infty \tag{20.C.2'}$$

这个式子和式（20. C. 1）一起构成了效率性的必要和充分条件。[①]

例 20. C. 7：产能调整的成本模型（续）。在产能调整的成本模型中，时期 $t-1$ 的生产计划涉及变量 k_{t-1}，l_{t-1}，k_t，c_t。与这些变量对应的价格分别为 q_{t-1}，w_{t-1}，q_t，s_t。于是，利润为

$$s_t(F(k_{t-1},l_{t-1})-k_t-\gamma(k_t-k_{t-1}))+q_t k_t-q_{t-1}k_{t-1}-w_{t-1}l_{t-1}$$

使用利润最大化关于 k_t 和 k_{t-1} 的一阶条件，我们可以得到下列两个条件：

（ⅰ）$q_t=s_t(1+\gamma'(k_t-k_{t-1}))$；也就是，生产能力在 t 时的价格等于额外生产能力在 t 时的投资成本。

（ⅱ）$q_{t-1}=s_t(\nabla_1 F(k_{t-1}, l_{t-1})+\gamma'(k_t-k_{t-1}))$；也就是说，生产能力在 $t-1$ 时的价格等于 $t-1$ 时的一单位额外生产能力在 t 时的报酬（报酬由两个部分组成：在 t 时增加的产量，以及在 t 时因生产能力而节省的成本）。

合并（ⅰ）和（ⅱ），可得

$$\frac{q_{t-1}}{q_t}=\frac{\nabla_1 F(k_{t-1},l_{t-1})+\gamma'(k_t-k_{t-1})}{1+\gamma'(k_t-k_{t-1})} \tag{20.C.3}$$

注意到，如果产能调整没有成本［即，如果 $\gamma(\cdot)$ 恒等于零］，那么式（20. C. 3）正好就是式（20. C. 1）。另外，我们还能注意到，与例 20. C. 6 类似，对于任何可行资本路径，条件（20. C. 3）确定了短期支持价格。■

在一般平滑模型中，我们不难解释如何构造有效率生产路径（y_0，…，y_t，…）的支持价格（p_0，…，p_t，…）。注意到，由于效率性，每个 y_t 均属于 Y 的边界。我们所要求的平滑性性质是，对于每个 t，生产集 Y 在 y_t 都只有一个唯一的（标准化的）外向法线（outward normal）$q_t=(q_{bt}, q_{at})$［例如，我们可以将 q_t 标准化为具有单位长度］；参考图 20. C. 1 。从几何图形上看，虽然不是那么明显，平滑性意味着在 $y_t \in Y$ 处所有边际转换率 MRT（包括投入之间的 MRT、投入和产出之间的 MRT、产出之间的 MRT）都是唯一定义的。

① 为了使这种等价性成立，还需要一些额外条件，比如生产函数 $F(\cdot)$ 的正则性条件。

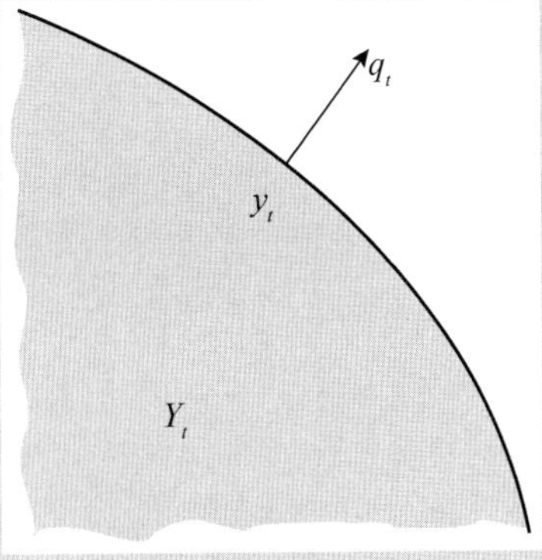

图 20.C.1 平滑的生产集

我们断言，效率性性质意味着对于每个 t 我们均有 $q_{a,t-1}=\beta q_{bt}$ 对于某个 $\beta>0$ 成立。这意味着：对于任何两种商品，它们在 t 时作为产品的 MRT（根据时期 $t-1$ 的生产决策），必定等于它们在 t 时作为投入的 MRT（根据时期 t 的生产决策）。如果这两种 MRT 不相等，那么就有可能出现产品过剩的现象。我们的论证是标准的（回忆 16.F 节的分析）。例如，考虑图 20.C.2，在图（a）中，我们画出了通过 $y_{a,t-1}$ 的产品转换边界（即，维持 $y_{b,t-1}$ 固定不变），在图（b）中我们画出了通过 y_{bt} 的等产量曲线（即，维持 y_{at} 固定不变；记住投入的符号惯例）。我们看到，如果这些点的斜率不相等，那么我们能够从 $y_{a,t-1}$ 移动到 $y'_{a,t-1}$ 和从 y_{bt} 移动到 y'_{bt} 使得 $y'_{a,t-1}+y'_{bt}>y_{a,t-1}+y_{bt}$，从而违背了效率性。

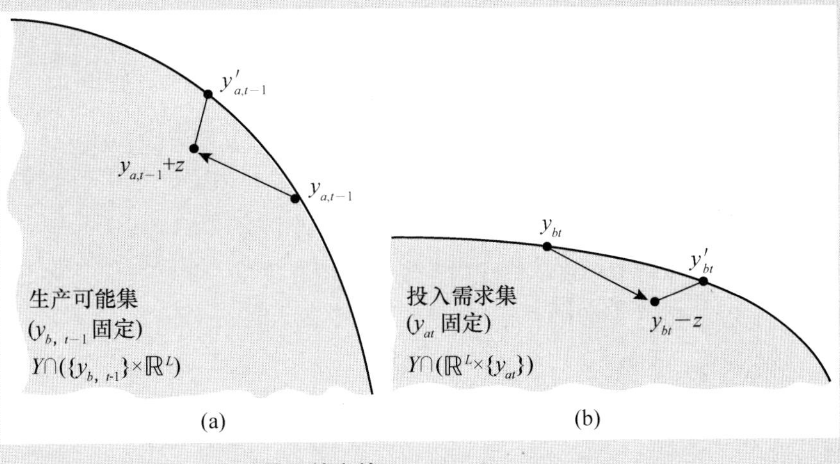

图 20.C.2 图中的生产路径在 *T* 时是无效率的

20

我们通过归纳法构造我们想要的价格序列（p_0，…，p_t，…）。令 $p_0=q_{b0}$（即，$t=0$ 时的相对价格为商品在生产计划 $y_0\in Y\subset\mathbb{R}^{2L}$ 初始部分上的那些 MRT）。现在假设我们已确定了价格（p_0，…，p_T），而且每个 y_t 在时期 $t=T-1$ 之前对于这些价格一直是短期利润最大化的。根据 $T-1$ 时利润最大化的一阶条件，我们有 $p_T=\alpha q_{a,T-1}$ 对于某个 $\alpha>0$ 成立。我们知道，$q_{a,T-1}=\beta q_{bT}$ 对于某个 $\beta>0$ 成立。于是，$p_T=\alpha\beta q_{bT}$。因此，如果我们令 $p_{T+1}=$

$\alpha\beta q_{bT}$，那么 $(p_T, p_{T+1})=(\alpha\beta q_{bT}, \alpha\beta q_{aT})$ 与 $q_T=(q_{bT}, q_{aT})$ 成比例，这意味着 y_T 对于 (p_T, p_{T+1}) 是利润最大化的。因此，我们已经将我们的序列扩展到 $(p_0, \cdots, p_{T+1})$，我们还可以继续进行下去。

注意到，与例 20.C.6 和例 20.C.7 一样，短期支持价格的构造没有充分使用效率性。所使用的仅为生产路径是“短期有效率的”（也就是说，生产方案在有限个时期改变时，生产路径不可能出现无效率现象）。

根据上面的观察，我们可以严格证明平滑情形下马林沃德价格的存在性。非平滑情形的证明更为复杂。在这种情形下，必须使用分离超平面定理（为了得到截断时期的价格）以及极限运算（当时期趋于无穷时）。在施加了一个不是那么技术性的假设条件［文献中称为**非紧密性**（nontightness）］之后，可以进行上述极限运算。

20.D 均衡：单个消费者的情形

在本节，我们将经济的消费面和生产面结合起来，开始研究跨期情形的均衡问题。我们首先分析单个消费者的情形。正如我们将在 20.G 节看到的，这种情形超出了代表性消费者理论（详见第 4 章）的应用范围。

我们用一个**短期生产技术** $Y\subset\mathbb{R}^{2L}$、一个定义在 $\mathbb{R}^L_+$ 上的**效用函数** $u(\cdot)$、一个**贴现因子** $\delta<1$ 以及一个（有界的）**初始禀赋**序列 $\omega_t\in\mathbb{R}^L_+$ 联合描述一个经济。

我们假设 Y 满足 20.C 节的假设（ⅰ）到（ⅳ）；另外，假设 $u(\cdot)$ 在其整个定义域内都是严格凹的、可微的以及有着严格正的边际效用。

价格由序列 $(p_0, \cdots, p_t, \cdots)$（其中 $p_t\in\mathbb{R}^L_+$）给定。与第 19 章一样，我们可以将这些价格解释为在 $t=0$ 时同时发生的远期市场的一个完全系统，也可以将它们解释为一个即期市场需求的正确预期（现值）价格。事实上，在大部分时间里我们都有 $\|p_t\|\to 0$。①

给定一个生产路径 $(y_0, \cdots, y_t, \cdots)$，$y_t\in Y$，那么消费流 $(c_0, \cdots, c_t, \cdots)$ 由

$$c_t=y_{a,t-1}+y_{bt}+\omega_t$$

给定。如果 $c_t\geq 0$ 对于每个 t 均成立，那么我们说生产路径 $(y_0, \cdots, y_t, \cdots)$ 是**可行的**：给定初始禀赋流，生产路径在每一期都能够支撑非负消费。

为方便说明，从现在起，我们假设我们的**生产路径和消费流都是有界的**。由于一般情形更为微妙，最好一开始不要考察一般情形。或者我们可以假设，我们的生产技术能够使得任何可行生产路径都是有界的。

① 记住，将价格想象为用当前价值衡量的。

给定一个生产路径（y_0，…，y_t，…）和一个价格序列（p_0，…，p_t，…），利润流由

$$\pi_t = p_t \cdot y_{bt} + p_{t+1} \cdot y_{at} \quad 对于每个\ t$$

给出。固定 T，对 $\sum_{t\leqslant T} p_t \cdot c_t = \sum_{t\leqslant T} p_t \cdot (y_{a,t-1} + y_{bt} + \omega_t)$ 移项，可得

$$\sum_{t\leqslant T}(\pi_t + p_t \cdot \omega_t) - \sum_{t\leqslant T} p_t \cdot c_t = p_{T+1} \cdot y_{aT} \tag{20.D.1}$$

式（20. D. 1）是个重要的恒等式。它告诉我们，**横截性条件等价于说，消费的总价值不严格小于财富**（即，在无穷时不存在购买力损失）。

现在瓦尔拉斯均衡的定义和前面几章一样，只是需要保证无穷项之和有意义。

定义 20. D. 1：（有界的）生产路径（y_0^*，…，y_t^*，…），$y_t^* \in Y$ 以及（有界的）价格序列 $p=(p_0,\ \cdots,\ p_t,\ \cdots)$ 构成了一个**瓦尔拉斯均衡**或称**竞争均衡**，如果：

（ⅰ）$c_t^* = y_{a,t-1}^* + y_{bt}^* + \omega_t \geqslant 0$　对于所有 t。　(20. D. 2)

（ⅱ）对于每个 t，

$$\pi_t = p_t \cdot y_{bt}^* + p_{t+1} \cdot y_{at}^* \geqslant p_t \cdot y_b + p_{t+1} \cdot y_a \tag{20.D.3}$$

对于所有 $y=(y_b,\ y_a)\in Y$。

（ⅲ）消费序列（c_0^*，…，c_t^*，…）$\geqslant 0$ 是下列最大化问题的解

$$\begin{aligned} &\operatorname{Max} \sum_t \delta^t u(c_t) \\ &\text{s. t.}\ \sum_t p_t \cdot c_t \leqslant \sum_t \pi_t + \sum_t^t p_t \cdot \omega_t \end{aligned} \tag{20.D.4}$$

条件（ⅰ）是**可行性**约束。条件（ⅱ）是 20. C 节（定义 20. C. 3）已经介绍的**短期利润最大化**条件。条件（ⅲ）中的预算约束形式值得评价。首先注意到，预算约束仅有一个。与第 19 章一样，这等价于**完全性**（completeness）假设，它的一个意思是，在时期 $t=0$，每种商品在每个时期都存在着远期市场；它的另一个意思是，它断言：消费者能够得到在不同时期转移购买力的资产（例如货币），这一点的更多内容可参考习题 20. D. 1。其次需要注意，$u(\cdot)$ 的严格单调性意味着，如果我们已经达到了利润最大化，那么总财富（记为 w）必定是有限的；也就是，

$$w = \sum_t \pi_t + \sum_t p_t \cdot \omega_t < \infty$$

而且，在均衡消费时，式（20. D. 4）中的预算约束必定以等式成立。

上面最后一个结论有着一个重要的结果：在均衡时横截性条件得以满足。正式地，我们有命题 20. D. 1。

命题 20. D. 1：假设（有界的）生产路径（y_0^*，…，y_t^*，…）和（有界的）价格序

列（p_0，…，p_t，…）构成了一个瓦尔拉斯均衡，那么横截性条件 $p_{t+1}\cdot y_{at}^*\rightarrow 0$ 成立。

证明：记 $c_t^*=y_{a,t-1}^*+y_{bt}^*+\omega_t$。根据式（20.D.1）我们有

$$\sum_{t\leqslant T}(\pi_t+p_t\cdot\omega_t)-\sum_{t\leqslant T}p_t\cdot c_t=p_{T+1}\cdot y_{aT}$$

由于上式左侧的每一项随着 $T\rightarrow\infty$ 收敛于 $w<\infty$，我们断言 $p_{T+1}\cdot y_{aT}^*\rightarrow 0$。■

$w<\infty$ 的另外一个含义是可以将定义 20.D.1 中的条件（ⅱ）替换为

（ⅱ′）生产路径（y_0^*，…，y_t^*，…）在下列意义上使得总利润最大，即对于任何其他路径（y_0，…，y_t，…）和任何 T 我们均有

$$\sum_{t=0}^{t=T}(p_t\cdot y_{bt}+p_{t+1}\cdot y_{at})\leqslant\sum_{t}(p_t\cdot y_{bt}^*+p_{t+1}\cdot y_{at}^*)<\infty$$

显然，（ⅱ′）蕴涵着（ⅱ）；（ⅱ）与 $w<\infty$ 一起意味着（ⅱ′）（参考习题 20.D.2）。因此，在均衡价格上，短期利润最大化检验和总利润最大化检验是相同的。对于短期效用最大化，我们是否有类似的结论？现在我们考察这个问题。

定义 20.D.2：我们说消费流（c_0，…，c_t，…）在由（p_0，…，p_t，…）和 $w<\infty$ 确定的预算集中达到了**短期效用最大**，如果对于仅在某两个连续时期之间转移了购买力的任何新消费流来说，该新消费流不能使效用增加。

习题 20.D.3 给出了重要事实。

习题 20.D.3：证明一个消费流（c_0，…，c_t，…）$\gg 0$ 对于 $p=(p_0,\cdots,p_t,\cdots)$ 和 $w<\infty$ 是短期效用最大化的当且仅当该消费流满足 $\sum_t p_t\cdot c_t=w$ 和下列一阶条件：

对于每个 t 均存在 $\lambda_t>0$ 使得

$$\lambda_t p_t=\nabla u(c_t)\quad 和\quad \lambda_t p_{t+1}=\delta\,\nabla u(c_{t+1})\tag{20.D.5}$$

由式（20.D.5）可知 $\lambda_t p_t=\nabla u(c_t)$ 和 $\lambda_{t-1}p_t=\delta\,\nabla u(c_t)$。因此，$\lambda_{t-1}=\delta\lambda_t$，从而 $\lambda_0=\delta^t\lambda_t$。因此，令 $\lambda=\lambda_0$，我们看到式（20.D.5）实际上等价于

$$对于某个\ \lambda,\ \lambda p_t=\delta^t\,\nabla u(c_t)\ 对于所有\ t\tag{20.D.6}$$

一旦我们认识到预算集中的短期效用最大化等价于式（20.D.6），我们就可以证明总效用最大化。命题 20.D.2 给出了这个事实。

20

命题 20.D.2：如果消费流（c_0，…，c_t，…）满足 $\sum_t p_t\cdot c_t=w<\infty$ 和条件（20.D.6），那么它在由（p_0，…，p_t，…）和 $w<\infty$ 确定的预算集中达到了效用最大化。

证明：首先注意到，通过在有限个时期内转移购买力无法改进（c_0，…，c_t，…）。事实上，式（20.D.6）意味着，任何这类约束效用最大化问题的一阶充分条件都得到满足。

现在假设消费流（c'_0，…，c'_t，…）满足预算约束，以及产生了更高的总效用。那么，对于一个足够大的T，考虑消费流（c''_0，…，c''_t，…），其中，对于$t\leqslant T$，$c''_t=c'_t$，对于$t>T$，$c''_t=c_t$。由于$\delta<1$，存在$\varepsilon>0$使得如果T足够大，那么从（c_0，…，c_t，…）变为（c''_0，…，c''_t，…），效用改进量大于2ε。由于$w<\infty$，$\sum_{t>T}|p_t\cdot(c_t-c'_t)|$的值可以任意小。因此，对于很大的$T$，消费流（$c''_0$，…，$c''_t$，…）在预算上几乎是可行的。因此，如果我们在第一期稍微放弃一点消费使得效用损失不大于ε，那么我们就能使它在预算上可行，从而在总体上仍然是改进的。但这产生了一个矛盾，因为在这个过程中，我们只改变了有限个时期的消费。■

例20.D.1：在这个例子中，我们说明如何使用条件（20.D.6）来计算均衡价格。假设我们处在只有一种商品的世界中，效用函数为$\sum_t\delta^t\ln c_t$。给定一个价格序列（p_0，…，p_t，…）和财富w，效用最大化问题（20.D.6）的一阶条件为

$$\lambda p_t=\frac{\delta^t}{c_t}\quad \text{对于所有 } t,\quad \text{以及}\sum_t p_tc_t=w$$

因此，$w=\sum_t p_tc_t=(1/\lambda)\sum_t\delta^t=(1/\lambda)[1/(1-\delta)]$，从而对于所有$t$，$p_tc_t=\delta^t/\lambda=\delta^t(1-\delta)w$。注意到，这意味着**储蓄率是固定不变的**，这是因为对于所有T，$p_Tc_T/(\sum_{t\geqslant T}p_tc_t)=1-\delta$（习题20.D.4）。[1]

现在我们讨论三种可能的生产情形。

（ⅰ）经济是交换类型的；也就是说，不存在生产的可能性，初始禀赋序列（ω_0，…，ω_t，…）$\gg0$是外生给定的。于是均衡必定涉及$c_t^*=\omega_t$（对于每个t），因此，如果令$\sum_t p_t\omega_t=1$（标准化），均衡价格应该为

$$p_t=\frac{\delta^t(1-\delta)}{\omega_t}\quad \text{对于每个 } t$$

（ⅱ）现在假设$\omega_0=1$，以及$\omega_t=0$对于$t>0$。然而，存在着一个线性生产技术，将t时每单位要素转换为$t+1$时$\alpha>0$单位产品。由于效用函数的边界行为，每个时期的消费都是正的，因此，生产技术在每一期都会运行。于是，线性生产技术有着重要含义：均衡价格序列完全由生产技术决定。令$p_0=1$，我们必定有$p_t=1/\alpha^t$。财富为$w=p_0\omega_0=1$，因此，均衡消费必定为$c_t^*=[\delta^t(1-\delta)]/p_t=(\alpha\delta)^t(1-\delta)$。注意到，只要$1\leqslant\alpha<1/\delta$，价格和消费序列就都是有界的。另外，请注意这个例子的一个有趣事实：我们在计算均衡价格时并没有显性地求出资本投资序列。

20

① 对数效用函数便于计算，在应用中具有非常重要的地位。然而，它们在边界上是不连续的（当$c_t\to0$时$\ln c_t\to-\infty$），因此违反了我们的连续性假设。虽然这不影响当前的分析，但你应该记住这一点。

（ⅲ）基本情形同（ⅱ），只不过现在我们有一个一般的生产技术 $F(k)$，它将 t 时每单位投资 k_t 转换为 $t+1$ 时 $F(k_t)$ 单位产品。这个产品在 $t+1$ 时既可用于消费，也可用于投资。也就是说，$c_{t+1}=F(k_t)-k_{t+1}$。对数形式的效用函数便于计算均衡价格。事实上，比如说，$(p_0, \cdots, p_t, \cdots)$ 是均衡价格，$(c_0^*, \cdots, c_t^*, \cdots)$ 和 $(k_0^*, \cdots, k_t^*, \cdots)$ 分别为消费的均衡路径和资本投资的均衡路径。于是我们知道在任何 T，用于投资的财富比例是固定不变的，这个比例等于 δ。也就是说，$p_{T+1}k_{T+1}^* = \delta\left(\sum_{t\geqslant T+1} p_t c_t^*\right) = \delta p_{T+1}F(k_t^*)$。因此，对于每个 t 必定有 $k_{t+1}^*=\delta F(k_t^*)$。由于 $k_0=\omega_0=1$（题目一开始给出的条件），这使得我们能够迭代地计算均衡资本投资序列。于是价格序列可从利润最大化条件 $p_{t+1}F'(k_t^*)-p_t=0$ 推出。■

由于瓦尔拉斯均衡是短期利润最大化的，而且满足横截性条件（命题 20.D.1），由命题 20.C.1 可知，它是生产有效率的（假设对于所有 t 都有 $p_t\gg 0$）。我们能加强这个结论从而断言福利经济学第一基本定理成立吗？现在我们证明答案是肯定的。在当前单个消费者问题中，帕累托最优只是说均衡是带有技术约束和禀赋约束的效用最大化问题的解：

$$\operatorname{Max}\sum_t \delta^t u(c_t) \tag{20.D.7}$$
$$\text{s. t. } c_t=y_{a,t-1}+y_{bt}+\omega_t\geqslant 0 \quad \text{和} \quad y_t\in Y \text{ 对于所有 } t$$

命题 20.D.3： 任何瓦尔拉斯均衡路径 $(y_0^*, \cdots, y_t^*, \cdots)$ 都是最大化问题（20.D.7）的解。

证明： 令 B 表示由瓦尔拉斯均衡价格序列 $(p_0, \cdots, p_t, \cdots)$ 和财富 $w=\sum_t \pi_t+\sum_t p_t\cdot\omega_t$ 确定的预算集，其中

$$\pi_t=p_t\cdot y_{bt}^*+p_{t+1}\cdot y_{a,t+1}^*$$

对于所有 t。也就是说，

$$B=\{(c_0', \cdots, c_t', \cdots): c_t'\geqslant 0 \text{ 对于所有 } t \text{ 均成立而且} \sum_t p_t\cdot c_t'\leqslant w\}$$

根据瓦尔拉斯均衡的定义可知，由 $c_t^*=y_{a,t-1}^*+y_{bt}^*+\omega_t$ 定义的消费流 $(c_0^*, \cdots, c_t^*, \cdots)$ 在上述预算集中是效用最大的。因此，我们只要证明任何可行路径 $(y_0'', \cdots, y_t'', \cdots)$（即，任何使得 $y_t''\in Y$ 和 $c_t''=y_{a,t-1}''+y_{bt}''+\omega_t\geqslant 0$ 对于所有 t 均成立的生产路径）在预算集 B 中都产生了一个消费流就足够了。为了看清这个结论，注意到，对于任何 T，

$$\sum_{t\leqslant T} p_t\cdot c_t''=\sum_{t\leqslant T-1}(p_t\cdot y_{bt}''+p_{t+1}\cdot y_{at}'')+p_T\cdot y_{bT}''+\sum_{t\leqslant T} p_t\cdot\omega_t$$

由于允许截断的生产方案，我们有 $(y_{bT}'', 0)\in Y$。所以，根据短期利润最大化可知，$p_t\cdot y_{bT}''\leqslant\pi_T$ 以及 $p_t\cdot y_{bt}''+p_{t+1}\cdot y_{at}''\leqslant\pi_t$ 对于所有 $t\leqslant T-1$ 均成立。因此，

20

$$\sum_{t\leqslant T} p_t \cdot c_t'' \leqslant \sum_{t\leqslant T} \pi_t + \sum_{t\leqslant T} p_t \cdot \omega_t \leqslant w \quad \text{对于所有 } T$$

这意味着 $\sum_t p_t \cdot c_t'' \leqslant w$。■

现在我们考察命题 20.D.3 的逆（即，福利经济学第二基本定理问题；参考第 16 章）：最大化问题（20.D.7）的任何解（y_0，…，y_t，…）是个瓦尔拉斯均衡吗？在本质上，答案是肯定的。但是这个逆命题比较高级，因为为了得到一个有良好表现的价格系统（即，一个非零价格序列），在路径上需要施加一些正则性条件。我们举例说明。[①]

命题 20.D.4：假设（有界的）路径（y_0^*，…，y_t^*，…）是最大化问题（20.D.7）的解，而且它产生的消费严格为正（即，对于某个 $\varepsilon>0$，$c_{lt}=y_{la,t-1}^*+y_{lbt}^*+\omega_{lt}>\varepsilon$ 对于所有 l 和 t 均成立）。那么该路径关于某个价格序列（p_0，…，p_t，…）是个瓦尔拉斯均衡。

证明：我们只给出证明概要。式（20.D.6）说明了什么样的价格系统才有可能是均衡的：

$$p_t = \delta^t \nabla u(c_t^*) \quad \text{对于所有 } t$$

其中 $c_t^* = y_{a,t-1}^* + y_{bt}^* + \omega_t$。由于（$c_0^*$，…，$c_t^*$，…）是有上界的（bounded above），而且跳跃着离开边界（boundary），我们有 $\sum_t \|p_t\| < \infty$，这蕴涵着横截性条件。根据式（20.D.1）可知，这产生了 $\sum_t p_t \cdot c_t^* = \sum_t (\pi_t + p_t \cdot \omega_t) = w < \infty$。因此，根据命题 20.D.2 可知，效用最大化条件成立。

剩下的全部工作是证明短期利润最大化也成立。为了证明此事，假设它不成立，也就是说，对于某个 T 存在 $y' \in Y$ 使得

$$p_T \cdot y_b' + p_{T+1} \cdot y_a' > p_T \cdot y_{bT}^* + p_{T+1} \cdot y_{aT}^* = \pi_T$$

令（y_0'，…，y_t'，…）是满足下列条件的路径：$y_T' = y'$ 和 $y_t' = y_t^*$ 对于任何 $t \neq T$ 成立。令（c_0'，…，c_t'，…）为相应的消费向量。由于 Y 的凸性和（c_0^*，…，c_t^*，…）的严格正性，我们可以假设 $y_T' = y'$ 充分接近 y_T^* 使得 $c_t' \gg 0$ 对于所有 t 均成立，而且使得我们能根据一阶项

$$\begin{aligned}
&\delta^T \nabla u(c_T^*) \cdot (c_T' - c_T^*) + \delta^{T+1} \nabla u(c_{T+1}^*) \cdot (c_{T+1}' - c_{T+1}^*) \\
&= p_T \cdot (y_{bT}' - y_{bT}^*) + p_{T+1} \cdot (y_{aT}' - y_{aT}^*) \\
&= p_T \cdot y_{bT}' + p_{T+1} \cdot y_{aT}' - p_T \cdot y_{bT}^* - p_{T+1} \cdot y_{aT}^* > 0
\end{aligned}$$

的符号来确定

---

① 这个逆命题的一般处理方法，如同 15.C 节或 16.D 节一样，涉及使用合适版本（此处为无穷维）的分离超平面定理。下一个结果通过使用 $u(\cdot)$ 的可微性绕开了这个问题。因此，它对应于 16.F 节的讨论。

$$\sum_t \delta^t(u(c'_t)-u(c_T^*))=\delta^T(u(c'_T)-u(c_T^*))+\delta^{T+1}(u(c'_{T+1})-u(c_{T+1}^*))$$

的符号。但这个结论与假设（y_0^*，…，y_t^*，…）是式（20.D.7）的解矛盾。■

均衡与最大化问题（20.D.7）的解之间的密切关系有三个重要含义，分别对应着均衡的存在性、均衡的唯一性和均衡的计算。

第一个含义是它将均衡存在性的问题简化为一个最优化问题解的存在性，尽管这个最优化问题是个无限维问题。

命题 20.D.5：假设对于所有可行路径产生的消费流，均存在着一个一致的上界。那么最大化问题（20.D.7）达到了一个最大值；也就是说，存在一个可行路径使得它产生的效用至少与其他任何可行路径产生的效用一样大。

这个命题的证明思路是，要求在某种合适无限维意义上，证明问题（20.D.7）的目标函数是连续的，而且约束集是紧的。由于它的证明是纯技术性的，我们略去。

第二个含义是它说明了均衡的唯一性。

命题 20.D.6：最大化问题（20.D.7）至多有一个解（消费流）。

证明：基本思路是证明严格凹函数在凸集中的最大值是唯一的。假设（y_0，…，y_t，…）和（y'_0，…，y'_t，…）是满足 $\sum_t \delta^t u(c_t)=\sum_t \delta^t u(c'_t)=\gamma$ 的可行路径，其中（c_0，…，c_t，…）和（c'_0，…，c'_t，…）是与这两个生产路径相伴的消费流。考虑 $y''_t=\frac{1}{2}y_t+\frac{1}{2}y'_t$。于是路径（$y''_0$，…，$y''_t$，…）是可行的，而且在每个 t 消费水平为 $c''_t=\frac{1}{2}y_t+\frac{1}{2}c'_t$。因此，$\sum_t \delta^t u(c''_t)\geqslant\gamma$，其中，不等式为严格的，如果 $c_t\neq c'_t$ 对于某个 t 成立。因此，如果对于某个 t 有 $c_t\neq c'_t$，路径（y_0，…，y_t，…）和（y'_0，…，y'_t，…）不可能都是问题（20.D.7）的解。■

第三个含义是，命题 20.D.3 提供了一种计算均衡的有效方法。本节余下部分旨在说明这一点。

均衡的计算与欧拉方程

我们以例 20.C.4 的（$N+1$）部门模型来讨论均衡的计算问题。在这种情形下，我们有 N 种资本品、劳动和一种消费品。为了方便计算，假设劳动禀赋始终固定在既定的水平上。如果 $t-1$ 时对资本品的投资由向量 $k\in\mathbb{R}^N$ 给出，t 时投资为 $k'\in\mathbb{R}_+^N$，$t-1$ 时和 t 时的劳动使用量固定在由初始禀赋外生给定的水平上，那么函数 $G(k,k')$ 给出了任何 t 时的消费品总量。我们以 $A\subset\mathbb{R}^N\times\mathbb{R}^N$ 表述与非负消费相容的组合 $(k,k')\in\mathbb{R}^{2N}$ 所在的区域［即，$A=\{(k,k')\in\mathbb{R}^{2N}:G(k,k')\geqslant 0\}$］。为了书写上的方便，我们将 $u(G(k,k'))$ 简记为 $u(k,k')$。我们假设 A 是凸的，而且 $u(\cdot,\cdot)$ 严格凹。另外，在 $t=0$ 时，存在已装机的资本投资 $\bar{k}_0$，这是经济中唯一的资本初始禀赋。

在这个经济中，最大化问题（20. D. 7）变为①

$$\text{Max}\sum_t \delta^t u(k_{t-1}, k_t) \tag{20. D. 8}$$
$$\text{s. t. } (k_{t-1}, k_t) \in A \text{ 对于每个 } t\text{，以及 } k_0 = \bar{k}_0$$

从现在起，我们假设式（20. D. 8）有一个（有界的）解。由于 $u(\cdot, \cdot)$ 是严格凹的，这个解是唯一的。

对于每个 $t \geq 1$，变量 $k_t \in \mathbb{R}^N$ 的向量仅通过两期之和 $\delta^t u(k_{t-1}, k_t) + \delta^{t+1} u(k_t, k_{t+1})$ 进入了式（20. D. 8）的目标函数。因此，对 N 个变量微分，我们得到了使得一个内部路径（k_0，…，k_t，…）成为问题（20. D. 8）的解的必要条件②：

$$\frac{\partial u(k_{t-1}, k_t)}{\partial k'_n} + \delta \frac{\partial u(k_t, k_{t+1})}{\partial k_n} = 0 \quad \text{对于每个 } n \leq N \text{ 和 } t \geq 1$$

以向量符号表示，

$$\nabla_2 u(k_{t-1}, k_t) + \delta \nabla_1 u(k_t, k_{t+1}) = 0 \quad \text{对于每个 } t \geq 1 \tag{20. D. 9}$$

条件（20. D. 9）称为问题（20. D. 8）的**欧拉方程**（Euler equations）。

例 20. D. 2：考虑例 20. C. 1 中的拉姆齐-索洛技术（其中 $l_t = 1$ 对于所有 t 均成立）。于是，$u(k, k') = u(F(k) - k')$ 和 $A = \{(k, k'): k' \leq F(k)\}$。因此，在这种情形下，欧拉方程的形式为

$$-u'(F(k_{t-1}) - k_t) + \delta u'(F(k_t) - k_{t+1}) F'(k_t) = 0\text{，对于所有 } t \geq 1$$

或者

$$\frac{u'(c_t)}{\delta u'(c_{t+1})} = F'(k_t) \quad \text{对于所有 } t \geq 1$$

用文字表达就是：t 时消费的边际效用或进行投资并推迟一期消费的边际效用是相同的。■

例 20. D. 3：考虑例 20. C. 2 中的产能调整成本技术（只不过与例 20. D. 2 一样，要求 $l_t = 1$ 对于所有 t 均成立，而且不再把劳动作为明确考虑的商品），假设我们有一个整体企业，该企业试图通过实施合适的生产能力投资决策来达到利润无限期贴现之和最大。产品以固定不变的单位价格出售，固定不变的利率使得现值价格为 δ^t。因此，这个问题变成使得

$$\sum_t \delta^t [F(k_{t-1}) - k_t - \gamma(k_t - k_{t-1})]$$

最大化的问题。于是欧拉方程为

① 遵循惯例，我们令 $u(k_{-1}, k_0) = 0$。

② "内部路径"（interior path）的意思是对于每个 t，(k_t, k_{t+1}) 都在 A 的内部。在理解代表必要条件的那个等式时，记住 k_n 和 k'_n 分别表示 $u(k, k')$ 的第 n 个和第（$N+n$）个变量。

$$-1-\gamma'(k_t-k_{t-1})+\delta[F'(k_t)+\gamma'(k_{t+1}-k_t)]=0 \quad 对于所有\ t\geqslant 1$$

换句话说：时期 t 一单位产能投资的边际成本，等于时期 t 产能产出的边际产品贴现价值**加上** $t+1$ 时产能扩张节省的边际成本。注意到，从 $t=1$ 迭代，可得

$$1+\gamma'(k_1-k_0)=\sum_{t\geqslant 1}\delta^t(F'(k_t)-1)$$

用文字表达就是：在最优处，$t=1$ 时额外一单位产能投资的成本，等于**持续**增加一单位产能带来的边际产出的贴现和。[①] 更多细节可参考习题 20. D. 5。[②] ■

假设一个路径（k_0，…，k_t，…）满足欧拉方程（20. D. 9）（必要条件）。从它们的定义以及 $u(\cdot, \cdot)$ 的凹性可知欧拉方程也是充分条件：它能保证我们的路径无法被仅改变唯一一个 k_t 的另外一个路径（也就是说，后面这个路径只改变了前面那个路径的唯一一个 k_t）所改善。事实上，如果这种改变仅限于有限个时期，结论仍然成立（参见习题 20. D. 6）。因此，我们可以说，欧拉方程是短期最优的必要和充分条件。这样自然产生了一个问题：欧拉方程（或等价地，短期最优）蕴涵着长期最优吗？我们将看到，只要对路径施加一个正则性限制（这与横截性条件有关，尽管我们没有明确指出这种关系[③]），答案就是肯定的。

我们说路径（k_0，…，k_t，…）是**严格内部的**（strictly interior），如果它在可行区域 A 中严格远离 A 的边界。[更准确地说，路径是严格内部的，如果存在 $\varepsilon>0$ 使得对于每个 t 均存在（k_t，k_{t+1}）的一个 ε 邻域全部位于 A 中。]

命题 20. D. 7：假设路径（$\bar{k}_0$，…，k_t，…）是有界的、严格内部的以及满足欧拉方程（20. D. 9），那么它是最优化问题（20. D. 8）的解。

证明：反证法。如果（$\bar{k}_0$，…，k_t，…）不是问题（20. D. 8）的解，那么存在能产生更高效用的可行轨迹（$\bar{k}_0$，…，k'_t，…）。为了简化分析，假设这个轨迹（即路径）是有界的。于是，根据目标函数的凹性、（$\bar{k}_0$，…，k_t，…）的有界性和严格内部性，我们可以假设，对于每个 t，k'_t 非常接近 k_t 从而使得（k'_t，k_{t+1}）$\in A$。现在我们可以取足够大的 T 使得 $\sum_{t<T}\delta^t u(k'_{t-1},k'_t)>\sum_{t<T}\delta^t u(k_{t-1},k_t)$，于是通过令 $k''_t=k'_t$ 对于 $t\leqslant T$ 和 $k''_t=k_t$ 对于 $t>T$，我们可以定义一个新的轨迹（$\bar{k}_0$，…，k''_t，…）。新的轨迹是可行的 [注意到（k'_T，k_{T+1}）$\in A$]；

① 这是说，$t=1$ 时额外一单位产能在 $t=2$ 时生产 $F'(k_1)$ 单位产品。在这个产量中，一单位用于 $t=2$ 时的额外投资。这样，在 $t=2$ 时净额外产能没有发生变化（$t=2$ 时的产能比 $t=1$ 时增加了一单位），从而产能调整成本没有发生变化。因此，$t=2$ 时以商品衡量的净收益为 $F'(k_1)-1$。但这不是所有收益，因为 $t=2$ 时额外一单位产能在 $t=3$ 时生产 $F'(k_2)$ 单位产品，依此类推。

② 这个例子的思想与宏观经济理论中的 q 投资理论有关。例如，可以参考 Blanchard 和 Fischer（1989）的第 2 章。

③ 我们将例 20. C. 5 中的储存例子作为要求正则性的理由。

注意到，这个新轨迹与 $(\bar{k}_0,\ \cdots,\ k'_t,\ \cdots)$ 在直到 T 时之前是相同的，在 T 时之后与 $(\bar{k}_0,\ \cdots,\ k_t,\ \cdots)$ 是相同的。而且，如果 T 足够大，这个新轨迹产生的效用仍然大于 $(\bar{k}_0,\ \cdots,\ k_t,\ \cdots)$ 产生的效用。然而这是不可能的，因为正如我们已经指出的，欧拉方程意味着短期最优化，也就是说，它们是下列最优化问题的一阶条件：在这个最优化问题中，我们只能调整对应于有限个时期的变量（参见习题 20. D. 6）。■

为了方便分析，我们引入**最优值函数**（value function）$V(k)$ 和**政策函数**（policy function）$\psi(k)$ 的概念。给定一个初始条件 $k_0=k$，我们将式（20. D. 8）达到的最大值记为 $V(k)$。如果 $(k_0,\ k_1,\ \cdots,\ k_t,\ \cdots)$ 是问题（20. D. 8）在 $k_0=k$ 时的唯一解（轨迹），那么我们令 $\psi(k)=k_1$。也就是说，当 $t=0$ 时的资本水平由 k 给定时，$\psi(k)\in\mathbb{R}^N$ 是 $t=1$ 时的最优投资水平向量，因此是 $t=1$ 时的最优资本向量。

政策函数的重要性源自以下事实，如果路径 $(\hat{k}_0,\ \cdots,\ \hat{k}_t,\ \cdots)$ 是问题（20. D. 8）在 $k_0=\hat{k}_0$ 时的解，那么对于任何 T，$(\hat{k}_T,\ \cdots,\ \hat{k}_{T+t},\ \cdots)$ 均是问题（20. D. 8）在 $k_0=\hat{k}_0$ 时的解。因此，如果 $(k_0,\ \cdots,\ k_t,\ \cdots)$ 是问题（20. D. 8）的解，我们必定有

$$k_{t+1}=\psi(k_t)\quad \text{对于每个 } t \tag{20. D. 10}$$

我们看到，如果知道 k_0 和政策函数 $\psi(\cdot)$，我们可以计算出最优路径。但是我们应该如何确定 $\psi(\cdot)$？现在我们介绍 $\psi(\cdot)$ 的两种计算方法。第一种方法使用了欧拉方程；第二种方法使用的则是所谓的**动态规划**（dynamic programming）。

欧拉方程（20. D. 9）启发我们可以使用迭代方法计算 $\psi(k)$。固定 $k_0=k$，考虑对应于 k_1 的方程。由于 k_0 是给定的，我们有含有 $2N$ 个未知数 $k_1\in\mathbb{R}^N$ 和 $k_2\in\mathbb{R}^N$ 的 N 个方程。因此，有 N 个自由度。假设我们试图将 k_1 固定在任意水平［等价地，我们试图固定 $t=1$ 时投资的边际成本 $-\nabla_2 u(k_0,\ k_1)$］，然后使用 $t=1$ 时的 N 个欧拉方程求解剩下的未知数 k_2［等价地，我们调整 $t=2$ 时的投资承诺从而使得 $t=1$ 时投资的贴现边际收益 $\delta\nabla_1 u(k_1,\ k_2)$，等于 $t=1$ 时已确定的投资边际成本 $-\nabla_2 u(k_0,\ k_1)$］。

假设我们已找到了这样的解 k_2［由于 $u(\cdot)$ 是严格凹的，如果存在着解，那么这个解必定是唯一的］。于是，我们可以重复这个过程。现在我们已能够正好确定时期 2 的 N 个欧拉方程：k_1 和 k_2 已给定，但我们仍有对应于 $t=3$ 的 N 个变量 k_3，我们希望这些变量能够满足时期 2 的 N 个方程。假设我们以这种方式迭代下去，那么将存在三种可能性。

第一种是这个过程在某处中断，也就是说，给定 k_{t-1} 和 k_t，不存在解 k_{t+1}［或更准确地说，不存在解使得 $(k_t,\ k_{t+1})\in A$］；第二种是这个过程产生了一个无界的（或非严格内部的）序列；第三种是该过程产生了一个有界（且严格内部的）序列

$(k_0, k_1, \cdots, k_t, \cdots)$。

在第三种情形下，根据命题 20.D.7 可知，我们得到了一个最优解，另外，根据命题 20.D.6 可知，这个最优解是唯一的，因此，我们断言：给定 k_0，第三种可能性（始于 k_0 和 k_1 的那个路径是严格内部且有界的）至多在 k_1 的一个值上发生。如果它发生，k_1 的这个值正好为 $\psi(k_0)$。因此，计算方法为：首先，求初始条件为 (k_0, k_1) 的由欧拉方程导出的差分方程的解；其次，对于固定的 k_0 寻找能产生一个有界且无限路径的初始条件 k_1。

例 20.D.4：考虑一个拉姆齐-索洛模型，这个模型有着线性生产技术 $F(k)=2k$ 和效用函数 $\sum_t (1/2)^t \ln c_t$。于是，$u(k_{t-1}, k_t)=\ln(2k_{t-1}-k_t)$，时期 t 的欧拉方程为（参见习题 20.D.7）

$$k_{t+1}=3k_t-2k_{t-1}$$

这个差分方程的解为 $k_t=k_0+(k_1-k_0)(2^t-1)$。如果 $k_1<k_0$，那么 k_t 最终变为负数。如果 $k_1>k_0$，那么 k_t 是无界的。能产生有界 k_t 的唯一 k_1 值是 $k_1=k_0$。因此，$\psi(k_0)=k_0$ 对于任何 k_0 均成立。如果 $k_1\geqslant k_0$，将有什么结果？在这种情形下，由差分方程导出的路径是可行的，事实上，消费水平是固定不变的：$c_t=2k_{t-1}-k_t=2k_0-k_1$。因此，对于 $k_1>k_0$，我们此处得到的路径与欧拉方程相容但不是最优的，因为在 $k_1=k_0$ 时，我们得到更高的固定不变消费水平。① ■

动态规划方法使用了最优化问题（20.D.8）的递归性，即，使用事实

$$V(k)=\underset{k',(k,k')\in A}{\text{Max}}\ u(k,k')+\delta V(k') \tag{20.D.11}$$

这个问题的解就是 $\psi(k)$，它是向量 k'。当然，这只不过是将问题转化为计算最优值函数 $V(\cdot)$ 的问题。然而，可以证明：首先，在某些一般条件下［例如，如果 $V(\cdot)$ 是有界的］，当把式（20.D.11）看成函数方程时，最优值函数是式（20.D.11）唯一的解函数。也就是说，$V(\cdot)$ 是唯一能使得式（20.D.11）对于每个 k 都成立的函数。其次，存在某些著名且有效的算法，它们能够用于求像式（20.D.11）这样的方程的解函数 $V(\cdot)$。（参考数学附录 M.M 节。）

作为本节的结束，我们最后说明最优值函数概念的两个含义（参考习题 20.D.8）：

（ⅰ）最优值函数 $V(k)$ 是凹的。

（ⅱ）对满足 $(k+z, \psi(k))\in A$ 的每个扰动参数 $z\in\mathbb{R}^N$，我们有

$$V(k+z)\geqslant u(k+z,\psi(k))+\delta V(\psi(k)) \tag{20.D.12}$$

20

① 因此，当 $k_1>k_0$ 时，欧拉方程导致资本过度积累。无须进一步说明我们就能注意到，给定一个满足欧拉方程的路径，我们可以使用这些方程本身来确定一个短期支持价格序列。然而，如果 $k_1>k_0$，这个序列将违背横截性条件。

假设 $N=1$ 并且 $(k, \psi(k))$ 在 A 的内部。为了方便将来参考，我们指出，从（ⅰ）、（ⅱ）以及 $V(k)=u(k, \psi(k))+\delta V(\psi(k))$ 可得

$$V'(k)=\nabla_1 u(k,\psi(k))$$

而且，如果 $V(\cdot)$ 是二次可微的，

$$V''(k)\geqslant\nabla_{11}^2 u(k,\psi(k))$$

（参见图 20. D. 1 和习题 20. D. 9。[①]）

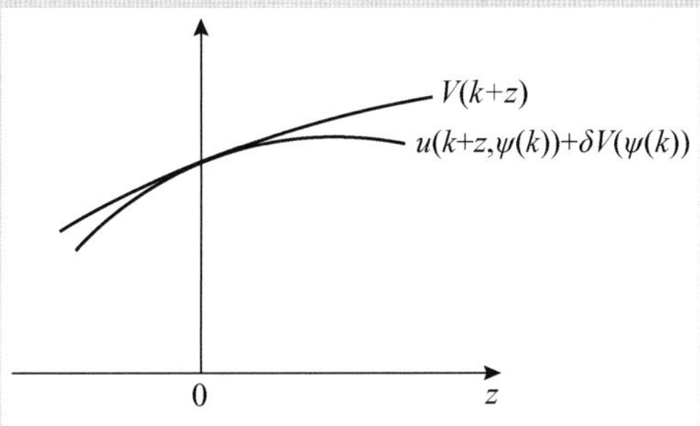

图 20. D. 1　沿着一个最优路径，最优值函数被单期调整的效用优化

20.E　平稳路径、利率与黄金律

在本节，我们集中考察平稳路径。通过这个研究我们向均衡路径的动态性迈进了一步。对于平稳状态的进一步分析，我们推荐读者参考 Bliss（1975）、Gale（1973）或 Weizsäcker（1971）。

首先考察满足 20. C 节所述性质的一个生产集 $Y\subset\mathbb{R}^{2L}$。我们已经知道，一个生产路径是个序列 $(y_0, \cdots, y_t, \cdots)$，其中 $y_t\in Y$ 对于每个 $t>0$。

定义 20. E. 1： 一个生产路径 $(y_0, \cdots, y_t, \cdots)$ 是**平稳的**（stationary）或说是个**稳态**（steady state），如果存在一个生产计划 $\bar{y}=(\bar{y}_b, \bar{y}_a)\in Y$ 使得 $y_t=\bar{y}$ 对于每个 $t>0$。

我们将"平稳路径 $(\bar{y}, \cdots, \bar{y}, \cdots)$"简称为"平稳路径 $\bar{y}$"，尽管这多少有些滥用符号。

第一个重要结论是，对于平稳路径来说，如果它们还是有效率的，那么它们能得到成比例价格的支持。[②] 命题 20. E. 1 正式给出了这个结论。

命题 20. E. 1： 假设 $\bar{y}\in Y$ 定义了一个平稳且有效率的路径。那么，存在一个价格向量 $p_0\in\mathbb{R}^L$ 和一个 $\alpha>0$ 使得对于价格序列 $(p_0, \alpha p_0, \cdots, \alpha^t p_0, \cdots)$，该路径

① $\nabla_{ij}^2 f(\cdot)$ 表示实值函数 $f(\cdot)$ 的第 ij 个二阶偏导数。

② 为了防止可能的误解，我们提醒读者注意，在证明某个给定的路径是无效率的时，通常要求考虑非平稳路径。

是短期利润最大化的。

证明：这个命题的完整证明过于微妙，但是考察有着平滑边界的生产集就能掌握其中的基本思想。在这种情形下，我们能够证明，每个（短期）支持价格序列必定是成比例的。

由于路径（$\bar{y}$，…，$\bar{y}$，…）是有效率的，向量 $\bar{y}$ 必定位于 Y 的边界上。令 $\bar{q}=(\bar{q}_0, \bar{q}_1)$ 为在点 $\bar{y}$ 垂直于 Y 的唯一（标准化）向量。另外，根据 20.C 节末尾处的相关讨论部分可知，存在一个短期支持这个有效率路径的价格序列（p_0，…，p_t，…）。由于 $\bar{y}\in Y$ 在每个 t 上都是短期利润最大化的，我们必定有 $(p_t, p_{t+1})=\lambda_t(\bar{q}_0, \bar{q}_1)$ 对于某个 $\lambda_t>0$。因此，$p_t=\lambda_t\bar{q}_0$ 和 $p_{t+1}=\lambda_t\bar{q}_1$ 对于所有 t 均成立。特别地，$p_t=\lambda_{t-1}\bar{q}_1$ 和 $p_{t+1}=\lambda_{t+1}\bar{q}_0$。联立可得 $p_{t+1}=(\lambda_t/\lambda_{t-1})p_t$ 和 $p_{t+1}=(\lambda_{t+1}/\lambda_t)p_t$。由此可知 $\lambda_t/\lambda_{t-1}=\lambda_{t+1}/\lambda_t$ 对于所有 $t\geqslant 1$ 均成立。因此，将这个商记为 α，我们有 $p_{t+1}=\alpha p_t=\alpha^2 p_{t-1}=\cdots=\alpha^{t+1}p_0$。■

因子 α 有个简单的解释。事实上，$r=(1-\alpha)/\alpha$［因此 $p_t=(1+r)p_{t+1}$］可以视为隐含在价格序列中的**利率**（参见习题 20. E. 1）。

命题 20. E. 1 在某种程度上是平稳路径的福利经济学第二基本定理。我们也可以提出一个类似的福利经济学第一基本定理问题。也就是说，假设（$\bar{y}$，…，$\bar{y}$，…）是个能得到含有利率 r 的成比例价格序列短期支持的平稳路径。

如果 $r>0$，那么 $p_t=(1/(1+r))^t p_0\to 0$，从而满足横截性条件 $p_t\cdot\bar{y}_a\to 0$。从命题 20. C. 1 可知，这个路径是有效率的。如果 $r\leqslant 0$，横截性条件不成立（p_t 不趋向于零），但这不自动意味着无效率性，因为横截性条件是效率性的充分条件但不是必要条件。

假设 $r<0$，而且为了简单起见，我们仍然仅考察平滑情形。考虑一个由固定不变生产计划 $\bar{y}_\varepsilon=(\bar{y}_b+\varepsilon e, \bar{y}_a-\varepsilon e)$（其中 $e=(1, \cdots, 1)\in\mathbb{R}^L$）定义的可能成为平稳路径的路径。这个可能成为平稳路径的路径在 $t=0$ 时使用更少的投入（或生产更多产品），而且在每个其他 t 上产生正好相同的净投入产出向量。因此，如果对于某个 $\varepsilon>0$，这个可能成为平稳路径的路径事实上是个可行路径；也就是说，如果 $y_\varepsilon\in Y$，那么平稳路径 y 不是有效率的（它过度积累了）。但是如果 Y 在 y 处有平滑的边界，我们可以通过检验 $\bar{y}_\varepsilon-\bar{y}=\varepsilon(e, -e)$ 是否位于由支持价格（p_0，$[1/(1+r)]p_0$）确定的超平面的下方，来判断 $\bar{y}_\varepsilon$ 对于某个 $\varepsilon>0$ 的可行性。由计算可知 $\varepsilon(1-1/(1+r))p_0\cdot e<0$，因为 $r<0$。结论：对于足够小的 ε，平稳路径 $\bar{y}$ 劣于平稳路径 $\bar{y}_\varepsilon$。为了方便参考，我们将这些事实列于命题 20. E. 2 中。

命题 20. E. 2：假设平稳路径（$\bar{y}$，…，$\bar{y}$，…），$\bar{y}\in Y$，能得到含有利率 r 的成比例价格短期支持，那么若 $r>0$ 则该路径是有效率的，若 $r<0$ 则该路径是无效率的。

注意到，我们还未考察 $r=0$ 情形，我们即将看到这是一种非常重要的情形。① 稍后在更具体的架构内我们将证明在这种情形下也能得到效率性的结论。

20

① 注意到，路径（$\bar{y}$，…，$\bar{y}$，…）蕴涵的增长率为零。在更一般的处理中，我们可以允许技术是规模报酬不变的，而且路径是成比例的（但未必是平稳的）。于是，在把零替换为相应增长率之后，命题 20. E. 2 仍成立。

现在我们引入经济的另一面即消费面，然后考察**平稳的均衡路径**（stationary equilibrium paths）。假设可微性和内部性，一个均衡平稳路径只能得到（标准化）价格路径 $p_t = \delta^t \nabla u(\bar{c})$ 的支持，其中 $\bar{c} = \bar{y}_b + \bar{y}_a$；回忆命题 20. D. 4 和式（20. D. 6）。也就是说，平稳的均衡能得到含有下列成比例因子的一个价格序列支持，这个成比例因子等于贴现因子 δ；或等价地说，平稳的均衡能得到含有利率 $r=(1-\delta)/\delta$ 的价格序列的支持。

定义 20. E. 2：我们将能由成比例价格 $p_t=\alpha^t p_0$（其中 $\alpha=\delta$）短期支持的平稳路径称为一个**修正的黄金律路径**（modified golden rule path）。我们将能由固定价格 $p_t=p_0$ 短期支持的平稳生产路径称为一个**黄金律路径**（golden rule path）。

修正的黄金律路径可能只有一个也可能有多个，这取决于技术和贴现因子 δ（参见本节末尾的讨论）。但是，我们已经看到在任何情形下，平稳均衡路径必定是个修正的黄金律路径。因此，有可能成为平稳均衡路径（$\bar{y}$，…，$\bar{y}$，…）的路径，完全由技术和贴现因子决定，并且与效用函数 $u(\cdot)$ 无关。

为方便起见，我们更具体一些。考虑一个极端简单的情形，即例 20. C. 1 中的拉姆齐-索洛模型技术。我们研究 $l_t=1$ 对所有 t 成立（即，每个时点都存在着一单位劳动）情形下的路径。于是我们可以找到一个伴有资本投资序列（k_0，…，k_t，…）的生产路径。

给定（k_0，…，k_t，…），记 $r_t=\nabla_1 F(k_t,\ 1)-1$。因此，$r_t$ 是资本的**净**（即在资本更新之后）**边际生产率**。假设 $k_t>0$ 而且产品价格序列（q_0，…，q_t，…）和工资（w_0，…，w_t，…）短期支持给定的路径。于是，根据利润最大化的一阶条件可得，$q_{t+1}(1+r_t)-q_t=0$。因此，r_t 是蕴涵在产品价格序列（q_0，…，q_t，…）中的时期 t 的利率。

现在我们重点考察这个例子的平稳路径。不随时间推移而改变的任何 $k\geqslant 0$ 构成了一个**稳态**。对于任何这样的稳态，我们可以指定一个固定不变的剩余水平 $c(k)=F(k,\ 1)-k$ 和一个利率 $r(k)=\nabla_1 F(k,\ 1)-1$，它们也不随时间推移而改变。[①] 因此，支持价格-工资序列为

$$(q_t,w_t)=\left(\frac{1}{1+r(k)}\right)^t(q_0,w_0)，其中\frac{w_0}{q_0}=\frac{\nabla_2 F(k,1)}{\nabla_1 F(k,1)}$$

将上面的实际工资 w_0/q_0 记为 $w(k)$。现在分析消费 $c(k)$、利率 $r(k)$ 和实际工资 $w(k)$ 的稳态水平如何取决于 k。

令 $\bar{k}$ 是使得稳态消费水平最大化的资本量［即，$\bar{k}$ 是 $\mathrm{Max} F(k,\ 1)-k$ 的解］。注意到 $\bar{k}$ 可由 $r(\bar{k})=\nabla_1 F(\bar{k},\ 1)-1=0$ 刻画。因此，$\bar{k}$ 正好是**黄金律**稳态。我们在图 20. E. 1 中画出了这个构造。另外，我们还画出了修正的黄金律 k_δ［k_δ 可由 $r(k_\delta)=\nabla_1 F(k_\delta,\ 1)-1=(1-\delta)/\delta$ 刻画］。注意到，如果 $k<\bar{k}$，那么 $r(k)>0$。正如我们在命题 20. E. 2 中所看到的一样，$r(k)>0$ 意味着稳态 k 是有效率的（因此，特别地，修正的

① 因此，$c(k)$ 是不随时间推移而改变的商品数量，而且可以作为消费流使用。

黄金律是有效率的：它产生的消费比黄金律少，但它使用的资本也少）。类似地，如果 $k>\bar{k}$，那么 $r(k)<0$，稳态 k 是无效率的。$\bar{k}$ 的效率性是怎样的？① 我们现在证明，**黄金律稳态 $\bar{k}$ 是有效率的**。画图证明最快捷。假设我们试图找到一个比固定不变路径 $\bar{k}$ 更好的路径，在这个路径中 $k_0<\bar{k}$，因此 $t=0$ 时的消费水平提高了。由于 $t=1$ 时的剩余（surplus）必定不小于 $c(\bar{k})$，对于 k_1 我们所能达到的最好情形为

$$k_1=F(k_0,1)-c(\bar{k})=F(k_0,1)-k_0+k_0-c(\bar{k})<k_0$$

因为 $F(k_0,1)-k_0<c(\bar{k})$。我们在图 20.E.2 中画出了这个新的最优 k_1 值。在这个图中，我们还可以看到，随着 k_1 的决定过程迭代下去，我们得到了 k_2，k_3 等等，在某个点上我们有 $k_t<0$。因此，这个路径不可行，从而在效率角度上，我们断言不可能找到比固定不变的路径 $\bar{k}$ 更好的路径：若在某个时期试图少用资本，则资本必定在有限时期内枯竭。

从生产函数的形式立即可得到三个“新古典”性质（习题 20.E.4 要求读者证明这些性质）。

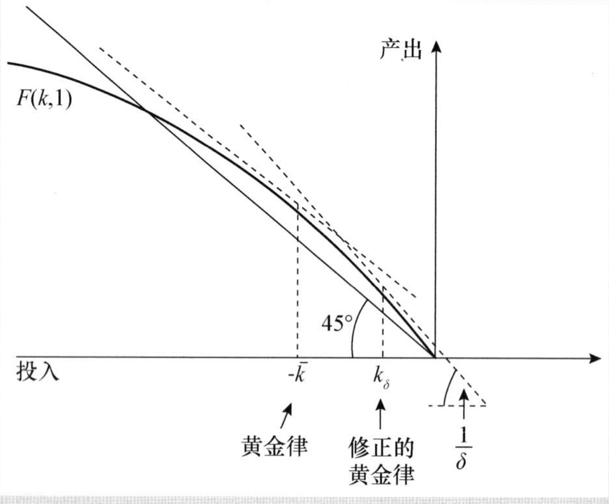

图 20.E.1 拉姆齐-索洛模型的生产技术和黄金律

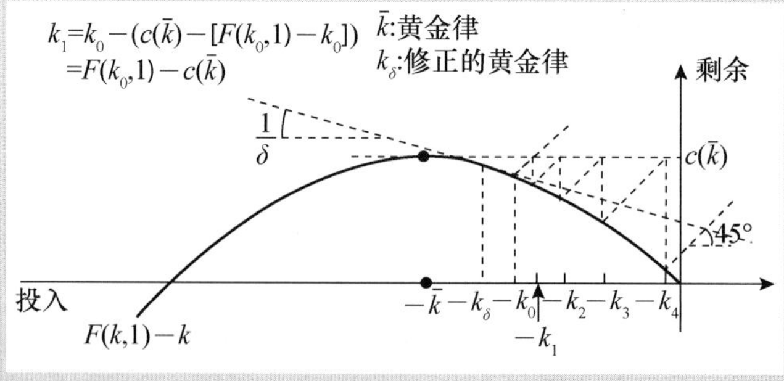

图 20.E.2 拉姆齐-索洛模型：黄金律是有效率的

① 我们已经知道，相应的价格序列是固定不变的，从而横截性条件不成立。

（ⅰ）随着 k 增加，$c(k)$ 单调递增直至黄金律水平，然后单调递减。

（ⅱ）利率 $r(k)$ 随着资本 k 水平增加而单调递减。

（ⅲ）实际工资 $w(k)$ 随着资本 k 水平增加而单调增加。[为了使这个性质成立，你应该再假设生产函数 $F(k, l)$ 是一次齐次的。]

通过学习拉姆齐-索洛模型的稳态，我们至少知道了六点新内容：第一，利率等于资本的净边际生产率；第二，黄金律（即，利率为零）路径可用稳态之间的剩余最大化刻画；第三，黄金律是有效率的；第四、第五和第六点则是我们上面说过的三个新古典性质。

这些性质的一般性是怎样的？也就是说，对于含有任意种商品的一般模型，这些性质还成立吗？简单地说，在含有若干种资本品情形下，上述三个新古典性质可能成立也可能不成立，但是另外三个性质，只要进行合理解释，就仍能够成立。试图证明这些结论将会导致涉及太高深的内容［参考 Bliss（1975）或 Brock 和 Burmeister（1976）］，但是也许我们能够提供一些直觉。

假设我们考虑例 20.C.4 中的（$N+1$）部门这个一般情形。也就是说，$G(k, k')$ 是在任何时期可得到的消费品数量，如果 $k\in\mathbb{R}^N$ 是前一期使用的资本水平向量而且本时期要求的投资为 $k'\in\mathbb{R}^N$（我们还令 $l_t=1$ 对于所有 t 均成立）。在一个稳态路径上，我们有 $k'=k$。将与稳态 k 相伴的消费水平记为 $\hat{G}(k)=G(k, k)$。如果 $G(\cdot, \cdot)$ 是个凹函数，那么 $\hat{G}(\cdot)$ 也是个凹函数。特别地，$\nabla\hat{G}(k)=0$ 描述了具有最大消费水平的稳态。

考虑稳态 k。根据命题 20.E.1 可知，这个稳态可以得到成比例价格序列 $s_t\in\mathbb{R}$ 和 $q_t\in\mathbb{R}^N$ 的短期支持。此处 s_t 是 t 时消费品的价格，q_t 是 t 时投资的价格向量。由于成比例性，存在一个 $r(k)$ 使得 $s_t=(1+r(k))s_{t+1}$ 和 $q_t=(1+r(k))q_{t+1}$ 对于所有 t 均成立。由于利润最大化，

$$\nabla_1 G(k,k)=\frac{1}{s_t}q_{t-1} \quad \text{和} \quad \nabla_2 G(k,k)=-\frac{1}{s_t}q_t \quad \text{对于所有 } t \tag{20.E.1}$$

（习题 20.E.5 要求读者验证这一点。）因此，

$$\nabla\hat{G}(k)=\nabla_1 G(k,k)+\nabla_2 G(k,k)=\frac{1}{s_t}(q_{t-1}-q_t)=\frac{r(k)}{s_t}q_t$$

也就是说，在任何时点上，对持久增加的任何资本品的额外一美元投资，产生了 $r(k)$ 美元的额外（持久）消费。在这个意义上，利率衡量的正好是资本的边际生产率。我们再次看到，$\nabla\hat{G}(k)=0$（最大稳态消费的必要条件和充分条件）等价于 $r(k)=0$。因此，黄金律性质成立：在各个稳态中，稳态水平 k 产生了最大的消费当且仅当它伴有为零的利率。另外，我们还可以证明，黄金律路径是有效率的。

正如我们已经指出的，新古典性质在一般情形下未必成立。即使以 $N=1$ 即以例 20.C.3 的两部门模型为例我们也能看到可能的困难所在。在图 20.E.3 中，我们画出了 $G(k, k')$ 的水平曲线（level curves）。稳态对应于对角线，此时 $k=k'$。每个稳态 k 都能得到成比例价格 $q_t=(1+r(k))q_{t+1}$ 的短期支持，其中为了保证利润最大化，q_t/q_{t+1} 必定等于穿过点 (k, k) 的水平曲线的斜率（习题 20.E.6 要求读者验证此事）。因此，有效率的稳态，即那些有着 $r(k)\geq 0$ 的稳态，对应于对角线的一个子集：从原点到黄金律那一段，其中 $r(\bar{k})=0$。在拉姆齐-索洛模型这种特殊情形下，我们有 $G(k, k')=F(k, 1)-k'$，因此 $G(k, k')$ 的水平曲线可用拟线性函数表示，该函数关于 k' 是拟线性的（即，它们可沿着 k' 轴移动而互相生成）。习题 20.E.7 要求读者证明，这保证了前面说过的三个新古典性质成立。然而，一般来说，如图 20.E.3 所示，我们可能有两个不同的 $\hat{k}$，$\tilde{k}<\bar{k}$ 使得在对角线上，相应的水平曲线有着相同的斜率，从而 $r(\hat{k})=r(\tilde{k})$（这违背了第二个新古典性质）。特别地，尽管黄金律是唯一的［前提是函数 $G(k, k')$ 严格凹］，但仍可能存在若干个修正的黄金律［比如，如果贴现因子 δ 等于利率 $r(\hat{k})$，就会出现这种情形］。

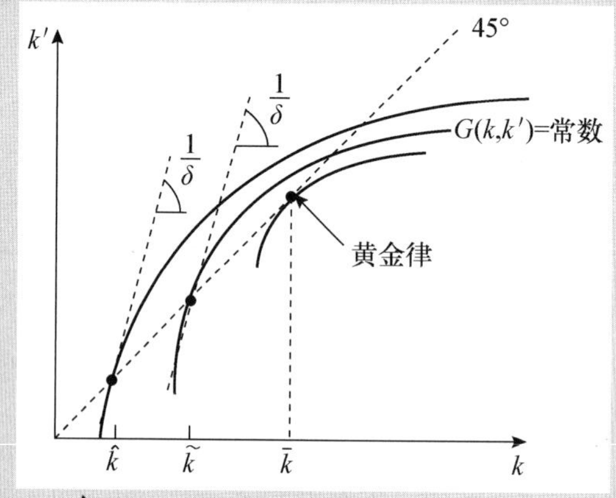

图 20.E.3 黄金律只有一个，但修正的黄金律可能有若干个

20.F 动态

在本节，我们重新考察均衡动态性质的若干问题。本节使用的基本架构和上一节是一样的：单人经济，该经济有平稳的技术和效用。

如果初始条件是任意给定的①，那么这通常难以与平稳均衡相容（例如，资本平稳状态水平可能高于初始资本水平）。因此，典型的均衡路径将是非平稳的。均衡动态能复杂到什么样的程度？例如，我们能期望它收敛于一个修正的黄金律吗？

① 也就是初始禀赋序列（ω_0，…，ω_t，…）。

如果事实如此，那将非常好，因为这意味着我们的模型能进行确定的长期预测。

通过考察例 20. C. 3 两部门模型的一个新版本，我们能够对这些问题加深认识。我们假设技术使用劳动和一种资本品生产消费品（可能不止一种）。劳动的初始禀赋在每一期都为一单位；令 $u(k, k')$ 表示任何给定时期能达到的最大效用，如果在前一期资本装机量为 $k\in\mathbb{R}$ 单位而且当前的投资为 k'（另外，在这两个时期，都适用了一单位劳动）。该经济仅在 $t=0$ 时有正的资本初始禀赋。另外，假设 $u(\cdot, \cdot)$ 严格凹且可微。

由命题 20. D. 3 和命题 20. D. 4 可知，均衡路径可通过下列最优化问题确定：

$$\text{Max}\sum_t \delta^t u(k_{t-1}, k_t) \tag{20. F. 1}$$
$$\text{s. t. } k_t \geqslant 0 \text{ 以及给定 } k_0 = k$$

假设 $V(k)$ 和 $\psi(k)$ 分别为问题（20. F. 1）的最优值函数和政策函数。20. D 节已引入了这些概念。在那里我们已经看到，均衡动态可通过迭代政策函数来完全确定［参见式（20. D. 10）］。也就是说，给定 k_0，均衡路径为

$$(k_0, k_1, k_2, \cdots) = (k_0, \psi(k_0), \psi(\psi(k_0)), \cdots)$$

注意到，一个稳态路径（$\bar{k}$，…，$\bar{k}$...）是个均衡路径（对于 $k_0=\bar{k}$），从而是个对于贴现因子 δ 的修正黄金律稳态路径（参考定义 20. E. 2 及其讨论），当且仅当 $\bar{k}=\psi(\bar{k})$。

图 20. F. 1 到图 20. F. 4 代表着这个均衡动态在数学上的四种可能性。在图 20. F. 1 中，我们有最简单的可能情形：一个单调递增的政策函数，该函数有着唯一的稳态 $\bar{k}$。于是这个稳态必定是全局稳定的；也就是说，对于任何 k_0 都有 $k_t \to \bar{k}$。在图 20. F. 2 中，政策函数仍然是单调递增的，但是现在存在若干个稳态。这些稳态有着不同的稳定性，但是从任何初始点开始，我们仍能收敛于某个稳态。

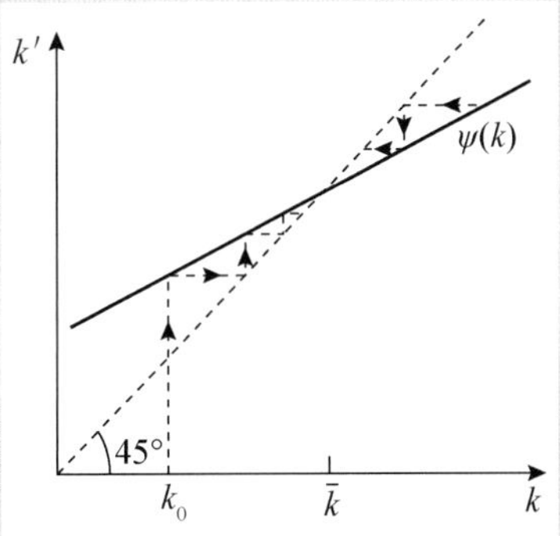

图 20. F. 1 唯一的稳定的稳态

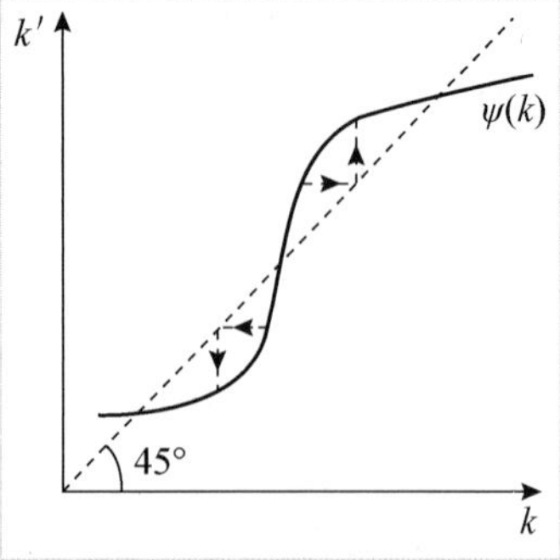

图 20.F.2　若干个稳态，不存在循环

在图 20.F.3 中，稳态是唯一的，但是现在政策函数不是递增的，可能存在着循环。最后，图 20.F.4 中的政策函数的循环周期为 3。对于一维动态系统来说，如果它有着非平凡的循环周期 3，那么它必定是**混沌的**（chaotic）［数学角度的说明可参见 Grandmont（1986）］。在此处我们不打算解释术语“混沌”。我们仅知道下列事实就足够了：在这种情形下，均衡路径以一种复杂方式运动，它在遥远未来的位置对初始条件非常敏感。混沌均衡路径在理论上是可能的，这从经济角度来看为我们制造了麻烦。在这种情形下，我们怎么敢预期拍卖者能计算出它们；或更糟糕的是，消费者怎么能正好预测出这样的序列？

在第 17 章，我们遇到了“一切皆有可能”原理，它是以佐南沙恩-曼特尔-德布鲁定理形式（17.E 节）出现的。遗憾的是，在此处我们仍无法躲避这个原理，只不过这一次它以博尔德林-蒙特鲁西奥定理形式出现［参见 Boldrin 和 Montruccio（1986）］：任何可能成为政策函数 $\psi(k)$ 的函数都能从某个凹函数 $u(k, k')$ 和 $\delta>0$ 产生。我们不打算阐述或证明这个定理，但是它的证明思想容易理解。下面我们用几个段落来说明这个思路。

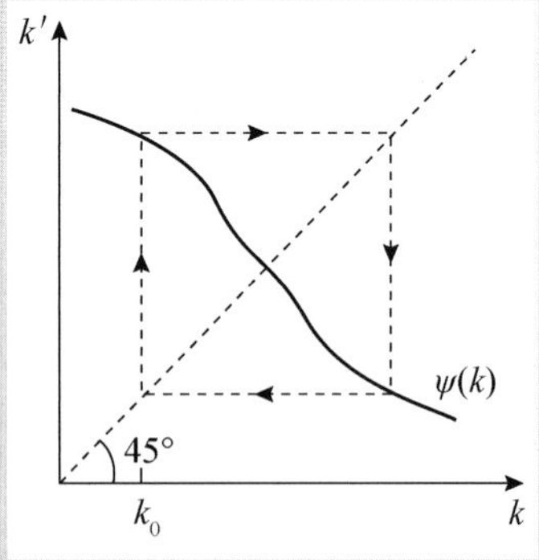

图 20.F.3　唯一一个稳态，循环周期为 2

暂时假设对于给定的 $u(\cdot, \cdot)$，我们的可能成为政策函数 $\psi(\cdot)$ 的函数满足：对于任何 k，$\psi(k)$ 均是下列“完全不耐烦”（complete impatience）问题的解：

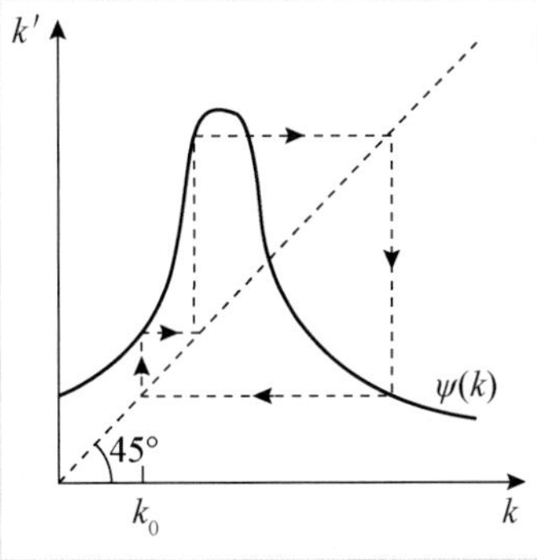

图 20. F. 4　循环周期为 3：混沌

$$\underset{k'\geq 0}{\text{Max}}\, u(k,k') \qquad (20.F.2)$$

这个问题的决策者完全不考虑将来。尽管这不是我们想考察的问题，但是它近似于我们取比较小的 $\delta>0$ 的情形。于是，决策者不怎么关心将来，所以，根据连续性可知，他的最优行动 k' 将非常接近 $\psi(k)$。因此，在近似的意义上，如果我们能找到一个 $u(\cdot,\cdot)$ 使得 $\psi(k)$ 是问题（20. F. 2）对于每个 k 的解，那么我们就完成了任务。

为了让一个 $\psi(k)>0$ 是问题（20. F. 2）的解，$u(k,\ \cdot)$ 关于它的第二个变量不可能处处递减（于是最优决策将为 $k'=0$）。在拉姆齐-索洛模型的最简单版本（例 20. C. 1）中，k' 的报酬即投资的当期收益仅在下一期增加，因此效用函数 $u(k,k')$ 关于 k' 递减。但在当前更一般的两部门模型中，我们没有理由得到这个结论。例如，假设有两种消费品。第一种为常见的消费-投资品，而第二种是纯粹的消费品，它与第一种商品不是完全替代的。比如，你在时期 $t-1$ 投资 k 单位消费-投资品，你可以在时期 t 得到 k 单位消费-投资品而且在时期 $t-1$ 得到 k 单位第二种消费品。相应地，你在时期 t 投资 k' 单位消费-投资品，你可以在时期 $t+1$ 得到 k' 单位消费-投资品而且在时期 t 得到 k' 单位第二种消费品。因此，如果 k 和 k' 分别为时期 $t-1$ 和时期 t 的投资量，那么你在时期 t 得到的消费品束为（$k-k'$，k'）。因此，效用函数 $u(\cdot,\cdot)$ 的形式为 $u(k,k')=\hat{u}(k-k',k')$，其中 $\hat{u}(\cdot,\cdot)$ 是两种商品构成的商品束的效用函数。

因此，我们的问题简化为：给定 $\psi(k)$，我们能否找到 $\hat{u}(\cdot,\cdot)$ 以使得对于某个域中的所有 k，$\psi(k)$ 都是 $\text{Max}_{k'}\,\hat{u}(k-k',k')$ 的解？图 20. F. 5 画出了这个问题。① 由图可知，这个问题已正式地变为：找到一个凹的效用函数以使得它在某个给定的价格上（在我们的情形下，这两个价格是相等的）具有事先规定的恩格尔曲线。我们总能得到这样的函数。一个明显而合理的事实是，$\hat{u}(\cdot)$ 的凹性对单条恩格尔曲线的形状没有施加任何限制（参见习题 20. F. 1）。

① 我们还假设 $\psi(k)<k$ 对于所有 k 均成立。

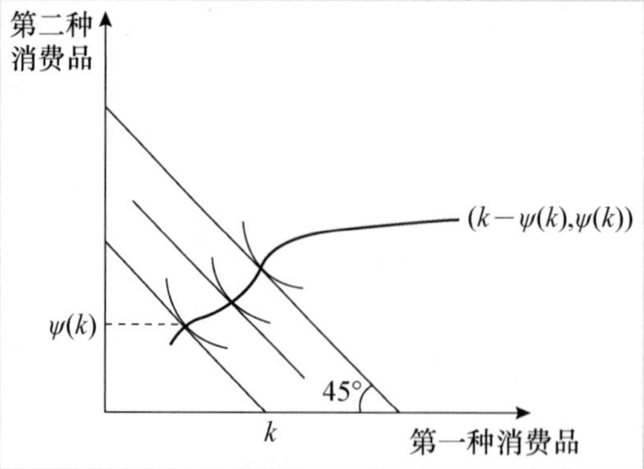

图 20. F. 5　在消费者完全无耐心的情形下，任意政策函数的构造

并非所有消息都是坏消息。在理论上，正如我们已经看到的，一切都有可能；但是仍存在着有趣且有用的充分条件从而得以保证有良好表现的动态行为的出现。我们讨论两类条件：一是时间贴现很小；二是交叉导数都为正。

时间贴现很小

动态经济学的一个最一般的结论就是所谓的**大路定理**（turnpike theorem）。这个定理断言：如果一期效用函数是严格凹的且决策者非常有耐心，那么存在唯一一个修正的黄金律稳态，而且，无论初始位置如何，它都吸引最优路径。

在本节考察的两部门模型中，我们可以给出大路定理的一些直觉思想。假设最优值函数 $V(k)$ 是凹且二次可微的。[①] 在 20. D 节末尾，我们看到由于根据定义

$$V(k+z)\geqslant u(k+z,\psi(k))+\delta V(\psi(k))$$

对于所有 z 和 k 成立（其中等式在 $z=0$ 时成立），我们必定有

$$V'(k)=\nabla_1 u(k,\psi(k)) \quad 和 \quad V''(k)\geqslant\nabla_{11}^2 u(k,\psi(k)) \quad 对于所有\ k$$

另外，对于所有 k 来说，$\psi(k)$ 满足一阶条件

$$\nabla_2 u(k,\psi(k))+\delta V'(\psi(k))=0 \tag{20. F. 3}$$

微分这个一阶条件，我们有［所有导数都在 k，$\psi(k)$ 处计算，而且假设不等于零］

$$\psi'(\cdot)=-\frac{\nabla_{21}^2 u(\cdot)}{\nabla_{22}^2 u(\cdot)+\delta V''(\cdot)}$$

由于$\nabla_{22}^2 u(\cdot)\leqslant 0$ 和 $\delta\,\nabla_{11}^2 u(\cdot)\leqslant\delta V''(\cdot)\leqslant 0$，由此可知

$$|\psi'(\cdot)|\leqslant\left|\frac{\nabla_{21}^2 u(\cdot)}{\nabla_{22}^2 u(\cdot)+\delta\,\nabla_{11}^2 u(\cdot)}\right|$$

① 对于这个假设的（非常高深的）讨论，可参考 Santos（1991）。

20

根据 $u(\cdot)$ 的凹性可知（参见数学附录 M.C 节和 M.D 节），

$$(\nabla_{21}^2 u(\cdot))^2 \leqslant \nabla_{11}^2 u(\cdot)\nabla_{22}^2 u(\cdot) < (\nabla_{11}^2 u(\cdot) + \nabla_{22}^2 u(\cdot))^2$$

因此，如果贴现因子 δ 接近 1，那么 $|\psi'(k)|<1$ 对于所有 k 均成立。用数学语言表达就是：$\psi(\cdot)$是个**压缩映像**（contraction），这意味着存在着一个全局收敛，收敛于唯一的稳态。[①] 习题 20.F.2 要求读者画出该情形的政策函数和箭头图。图 20.F.1 给出了一个压缩映像的特例。

对于任何商品种数，大路定理都成立。这个定理的准确叙述和证明微妙而高深[McKenzie (1987) 提供了简要综述]，但它的主要逻辑比较直观。考虑下列极端情形，消费者是完全耐心的，也就是说，他“只关心长期”。麻烦在于我们不清楚这对任意路径意味着什么，但至少对于那些不是那么“野”的路径，比如对于那些从某个时点变为周期性的路径，我们自然可以假设它意味着我们可以通过取周期上效用的平均值来评价路径。现在注意到：**对于任何周期非固定的路径，效用函数的严格凹性都意味着，那个等于周期中资本平均水平的固定不变的路径，产生的效用更高**。从循环转移到路径可能要花费时间（例如，可能要积累资本），但是只要这事能在有限个时期内完成，这个转移花费的成本将不会出现在长期中。因此，周期非固定的路径对于完全耐心的最大化者不是最优的。根据连续性可知，如果 δ 接近 1，所有这些仍然成立。因此，我们可以断言，如果一个路径是非固定周期的，那么对于相对大的长期效用收益和相对小的短期成本，我们总可以在有限个时期内转移到一个相对固定不变的“长期平均”。事实上，当一个路径在长期不稳定时，这个结论仍然成立。由此可知，最优路径必定逼近于几乎是固定的路径，仅当路径到达且停留在一个修正黄金律稳态的邻域中（在 20.E 节我们已经知道，这些是能成为均衡从而成为最优路径的唯一稳定路径）。[②]

交叉导数都是正的

我们考察前面研究的这个两部门模型的特殊情形，在这个模型中$\nabla_1 u(k, k')>0$ 和$\nabla_2 u(k, k')<0$ 对于所有 (k, k') 均成立。所谓交叉导数都为正是指$\nabla_{12} u(k, k')>0$ 在定义域中的每个点上都成立。用文字表达就是：某一时期投资要求的增加，导致前一时期资本装机量生产率（以当前效用衡量）增加。这方面的例子有经典的拉姆齐–索洛模型$u(F(k)-k')$ 和产能调整的成本模型$u(F(k)-k'-\gamma(k'-k))$（参见习题 20.F.3）。我们将证明，在这个交叉导数条件下，政策函数是递增的（与图 20.F.1 或图 20.F.2 一样），因此，最优路径收敛于一个平稳路径。

① 注意，$\psi(\cdot)$ 未必是单调的，而且收敛可能是周期性的，尽管周期可能随着时间的推移而衰减。

② 另外，由于 δ 接近 1，修正的黄金律通常具有黄金律的唯一性性质。

为了证明这个断言，最好将 $\psi(k)$ 表示为下列问题的解 k'：

$$\underset{(k',V)}{\text{Max}}\ u(k,k')+\delta V$$
$$\text{s.t. } V \leqslant V(k') \qquad (20.\text{F}.4)$$

其中 $V(\cdot)$ 是最优值函数。对于固定不变的 k，问题（20.F.4）可用图 20.F.6 表示。当前投资 k' 和未来效用 V 在点 $s=(\psi(k), V(\psi(k)))$ 的边际替代率（MRS）为 $(1/\delta)\nabla_2 u(k, \psi(k))<0$。现在假设我们取 $\tilde{k}>k$。那么图 20.F.6 中的无差异曲线改变了。因为 $\nabla_{12}u(k, \psi(k))>0$，点 s 上的边际替代率改变方式如图所示，也就是说，无差异曲线变得更平坦了。但是这样一来，我们看到必定有 $\psi(\tilde{k})>\psi(k)$，这正是我们想证明的。

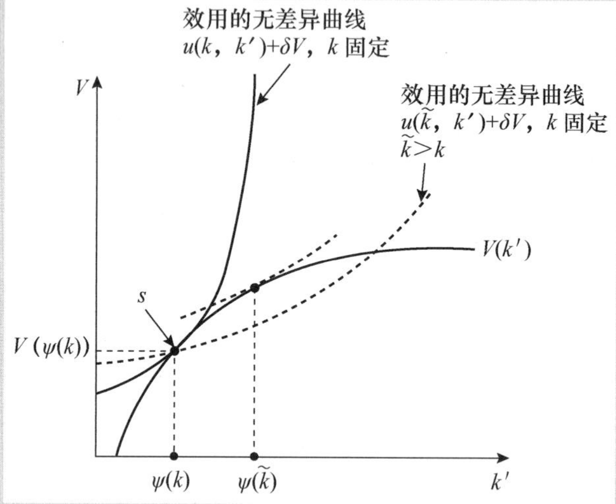

图 20.F.6　在交叉导数都为正的条件下，政策函数是递增的

交叉导数条件本身并不意味着只存在一个修正的黄金律。因此，我们有图 20.F.2 而不是图 20.F.1 的情形。然而，注意到，在很多有趣情形下，有可能直接证明修正的黄金律是唯一的。因此，在例 20.C.1 的经典拉姆齐–索洛模型以及例 20.C.2 的产能调整的成本模型中［其中 $\gamma'(0)=0$］，修正的黄金律可用 $F'(k)=1/\delta$ 刻画。因此，它是唯一的，而且由于政策函数是递增的，我们断言每个最优路径向它收敛。

我们也指出，如果交叉导数都为**负**，那么根据相同的论证，$\psi(\cdot)$ 是**递减的**。尽管这样的情形允许周期，但动态仍然相对简单。特别地，与混沌路径可能性相伴的非单调形状（图 20.F.4）不可能出现。更多内容可参见 Deneckere 和 Pelikan（1986）。

20

图 20.F.6 也有助于说明**暂时性冲击**（transitory shocks）和**永久性冲击**（permanent shocks）的区别。一般动态分析和特殊全局收敛的大路定理的一个重要用途是，考察经济在长期如何对时期 $t=1$ 的冲击作出反应。非常粗略地说，这些冲击可以分为两类：

（ⅰ）暂时性冲击。暂时性冲击仅影响 $t=1$ 时的经济环境；也就是说，它们改变的是

k_0，或更一般地，改变的是 $t=1$ 时的效用函数 $u(k_0,\ \cdot)$。由图 20.F.6 可知均衡路径是如何移动的。$u(k_0,\ k')+\delta V$ 的无差异曲线（k'，V）改变了，但是约束函数 $V(k')$ 未变。因此，在暂时性冲击之后，新的 k_1^{tr} 对应着图 20.F.6 所示但有着新的无差异曲线的最优化问题的解。从 $t=2$ 时起，我们遵循旧的政策函数。

（ⅱ）永久性冲击。永久性冲击将经济移动到一个新的效用函数 $\hat{u}(k,\ k')$，这个函数不随时间推移而改变。于是整个政策函数变为一个新的 $\hat{\psi}(\cdot)$。在图 20.F.6 上，这将表现为无差异曲线和约束都发生变化。现在这个新的 k_1^p 更难确定，而且难以与冲击之前的 k_1 或与时期 1 的相同冲击 k_1^{tr} 进行比较，但这不意味着无法做此事。我们举例说明。

例 20.F.1：考虑加性可分的效用函数 $u(k,\ k')=g(k)+h(k')$。这可以是一个企业的投资问题：$g(k)$ 是投资 k 带来的最大收入，而 $-h(k')$ 是投资的成本。于是，$\nabla_{12}^2 u(k,\ k')=0$ 对于所有（k，k'）。我们在前面对图 20.F.6 的分析表明，在这种情形下，$\psi(\cdot)$ 是固定不变的；也就是说，从任何 k_0 开始，经济一步就达到它的稳态值 $\bar{k}$。图 20.F.7 说明了这一点。

现在假设存在一个冲击变量 θ 使得 $u(k,\ k',\ \theta)=g(k,\ \theta)+h(k',\ \theta)$，在冲击之前 $\theta=0$。经济一开始时处于它的稳态 $\bar{k}$ 上。

如果经济受到很小的 $\theta>0$ 暂时性冲击，那么通过图 20.F.6 的分析我们可以看到：若 $\partial^2 h(\bar{k},\ 0)/\partial k'\partial\theta>0$，则 $k_1^{tr}>\bar{k}$；若 $\partial^2 h(\bar{k},\ 0)/\partial k'\partial\theta<0$，则 $k_1^{tr}<\bar{k}$。（习题 20.F.4 要求读者验证此事。）

为了计算很小的 $\theta>0$ 永久性冲击的效应［从而会影响 $\psi_\theta(\cdot)$］，

$$\partial^2 V(\bar{k},0)/\partial k\partial\theta=\partial^2 g(\bar{k},0)/\partial k\partial\theta$$

这一项也很重要［上面的等式可由式（20.F.3）推出］。例如，假设冲击是有利的，即 $\partial^2 g(\bar{k},\ 0)/\partial k\,\partial\theta>0$ 和 $\partial^2 h(\bar{k},\ 0)/\partial k'\partial\theta>0$。那么仔细分析图 20.F.6 可知，$k_1^p>k_1^{tr}>\bar{k}$。（习题 20.F.5 要求读者验证此事。注意到图 20.F.6 中的无差异曲线关于 V 是拟线性的。）图 20.F.7 进一步说明了这一情形。■

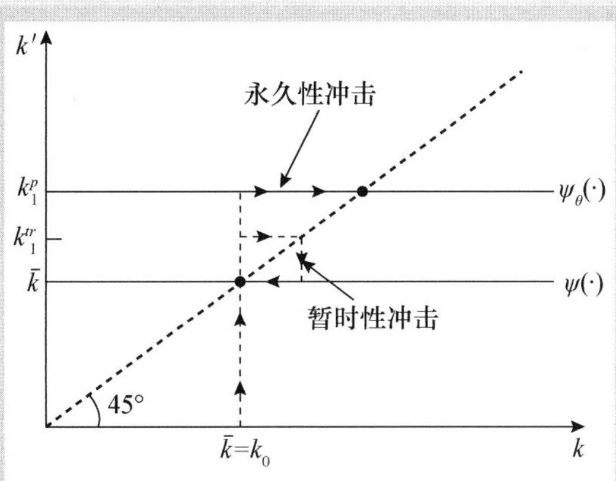

图 20.F.7 暂时性冲击的动态调整与永久性冲击的动态调整：一个例子

20.G 均衡：多个消费者

直到现在我们一直考察的是单个消费者，更准确地说，考察的是某一类消费者。将均衡定义推广到多个消费者比如 I 个消费者的情形并不困难。我们只要把定义 20.D.1 重写为定义 20.G.1 即可。

定义 20.G.1：（有界的）生产路径（y_0^*，…，y_t^*，…），$y_t^* \in Y$，（有界的）价格序列（p_0，…，p_t，…）$\geqslant 0$，以及消费流（c_{0i}^*，…，c_{ti}^*，…）$\geqslant 0$，$i=1$，…，I，构成了一个**瓦尔拉斯均衡**或称**竞争均衡**，如果：

（ⅰ）$\sum_i c_{ti}^* = y_{a,t-1}^* + y_{bt}^* + \sum_i \omega_{ti}$ 对于所有 t (20.G.1)

（ⅱ）对于每个 t，

$$\pi_t = p_t \cdot y_{bt}^* + p_{t+1} \cdot y_{at}^* \geqslant p_t \cdot y_{bt} + p_{t+1} \cdot y_{at} \tag{20.G.2}$$

对于所有 $y=(y_{bt}, y_{at}) \in Y$。

（ⅲ）对于每个 i，消费流（c_{0i}^*，…，c_{ti}^*，…）$\geqslant 0$ 是下列最大化问题的解

$$\begin{aligned} &\text{Max} \sum_t \delta_i^t u_i(c_i) \\ &\text{s.t.} \sum_t p_t \cdot c_{ti} \leqslant \sum_t \theta_{ti}\pi_t + \sum_t p_t \cdot \omega_{ti} = w_i \end{aligned} \tag{20.G.3}$$

其中 θ_{ti} 是消费者 i 在 t 时给定的利润份额。

第一个也是非常重要的结论是福利经济学第一基本定理成立，这完全类似于有限期界情形。①

命题 20.G.1：瓦尔拉斯均衡配置是帕累托最优的。

证明：证明方法与命题 16.C.1 的证明一样。令瓦尔拉斯均衡路径由生产路径（y_0^*，…，y_t^*，…），消费流（c_{0i}^*，…，c_{ti}^*，…），$i=1$，…，I，以及价格序列（p_0，…，p_t，…）给出。现在假设路径（y_0，…，y_t，…）和（c_{0i}，…，c_{ti}，…）$\geqslant 0$，$i=1$，…，I 是可行的［即，它们满足定义 20.G.1 的条件（ⅰ）］，而且是帕累托优于瓦尔拉斯均衡的。

根据效用最大化条件我们有 $\sum_t p_t \cdot c_{ti} \geqslant w_i$ 对于所有 i 均成立，其中至少有一个不等式是严格的。因此，

$$\sum_t p_t \cdot \left(\sum_i c_{ti}\right) = \sum_i \left(\sum_t p_t \cdot c_{ti}\right) > \sum_i w_i \tag{20.G.4}$$

根据利润最大化条件，可得②

---

① 另外还要注意到，市场结构是完全的（参考第 19 章）：每个消费者有唯一的预算集，因此，限制财富在不同时期转移可能性的因素只有价格。

② 记住，根据惯例，$y_{a,-1}=0$。

20

$$\begin{aligned}\sum_t p_t\cdot\left(\sum_i c_{ti}\right) &= \sum_t p_t\cdot\left(y_{a,t-1}+y_{bt}+\sum_i \omega_{ti}\right)\\ &= \sum_t p_t\cdot y_{a,t-1}+\sum_t p_t\cdot y_{bt}+\sum_t\sum_i p_t\cdot\omega_{ti}\\ &= \sum_{t\geqslant 1}(p_{t-1}\cdot y_{b,t-1}+p_t\cdot y_{a,t-1})+\sum_i\sum_t p_t\cdot\omega_{ti}\\ &\leqslant \sum_t \pi_t+\sum_i\sum_t p_t\cdot\omega_{ti}=\sum_i w_i\end{aligned}$$

但是这个结论与式（20. G. 4）矛盾。■

我们在 16. E 节和 16. F 节看到，对于有着有限种商品的经济来说，在凹效用函数假设条件下，它的帕累托最优配置可以视为规划者的一个最优化问题的解。正如图 20. G. 1 所描述的，这个规划者的目标函数是不同消费者效用的加权和（权重是财富边际效用的倒数，该边际效用是在与特定帕累托最优相伴的带有转移的均衡处计算的）。16. E 节的论证（尤其是命题 16. E. 2）也适用于当前无限期界的情形。因此，对于命题 20. G. 1 来说，它自身让人感兴趣。另外，它还蕴涵着重要的方法论。它表明，一个给定的瓦尔拉斯均衡中的价格、生产和总消费正好对应着某个单人经济的价格、生产和消费。命题 20. G. 2 更为准确地表述了这个内容。在这个命题中，我们仅考察不同消费者的贴现因子是相同的情形，即，对于所有 i 都有 $\delta_i=\delta$。

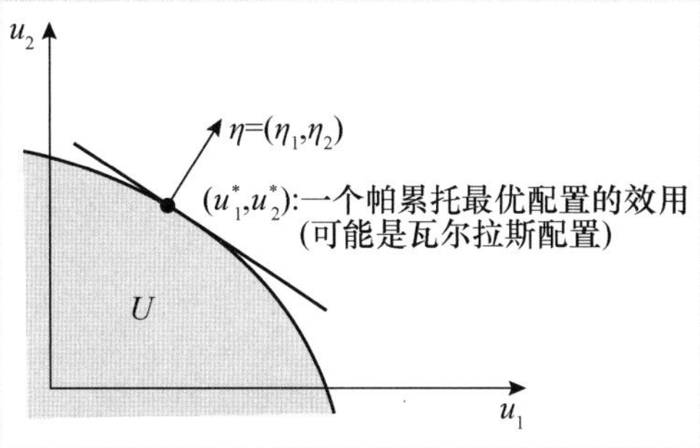

图 20. G. 1　瓦尔拉斯均衡作为一个规划问题的解

命题 20. G. 2： 对于一个有着 I 个消费者的经济，如果在它的一个瓦尔拉斯均衡中，生产路径为（y_0^*，…，y_t^*，…），价格序列为（p_0，…，p_t，…），那么存在着权重（η_1，…，η_I）$\gg 0$ 使得（y_0^*，…，y_t^*，…）和（p_0，…，p_t，…）构成了单个消费者经济的一个瓦尔拉斯均衡，该单个消费者构成的经济由效用 $\sum_t \delta^t u(c_t)$ 定义，其中 $u(c_t)$ 是 $\text{Max}\sum_i \eta_i u_i(c_{ti})$　s. t. $\sum_i c_{ti}\leqslant c_t$ 的解。

证明： 我们不打算给出严格证明，但从图 20. G. 1 能直观地看出这个结果。从这个图我们可以看到（从数学上说，与命题 16. E. 2 的证明一样，这里需要用到分离超平面定理），存在权重（η_1，…，η_I）$\gg 0$ 使得在所有可行消费流中，均衡消费流的效用 $\sum_i \eta_i\left(\sum_t \delta^t u_i(c_{ti})\right)$ 最大，或等价地（正是此处用到了不同消费者有着相同贴现因子这个假设），总均衡消费向量是由 $u(c_t)$ 所定义和由 $\sum_t \delta^t u(c_t)$ 最大化所刻画的两步最优化问题的解。由于（根据命题 20. D. 4）我们已经知道这等价于单个消费者的均衡问题，这样我们就得到了该命题的最终结果。■

命题 20. G. 2 让我们断言：我们在前面三节发展出的单个消费者理论与多个消费者情形密切相关。[①] 粗略地说，我们可以区分一个均衡的两种性质。**内部性质**（internal properties）指的是从一个均衡自身角度看时它拥有的结构（例如，收敛于一个稳态）；**外部性质**（external properties）指该均衡如何与其他可能均衡路径相关（例如，唯一性或局部唯一性）。命题 20. G. 2 传递的信息是，由于帕累托最优，对于有着多个消费者经济的一个均衡来说，它的内部性质正好对应着单个消费者经济的那些性质。然而，我们不应该将单个消费者理论推广到超出内部性质。这是因为**定义最优化问题的权重取决于我们具体考察的均衡**。例如，经济中的均衡很可能不止一个，每个均衡都是帕累托最优的，但却由不同权重所支持。

对于均衡的确定性质，比如有限个均衡，我们能说些什么？对于这个问题我们不可能准确考察，部分原因在于它非常高级，部分原因在于它仍然是个活跃的研究领域从而尚无定论。然而，我们仍能传达基本的直觉思想。我们首先指出命题 20. G. 1 的另外一个含义。正式地说，我们的无限期界模型涉及无限多个变量（比如价格）和无限多个方程（比如欧拉方程）。这让人非常不舒服，因为 17. D 节的数学理论仅适用于（20. H 节将介绍其中的原因）方程和未知数都为有限个的情形。然而，命题 20. G. 1 允许我们将均衡问题看成一个不是寻找均衡价格而是寻找**均衡权重** η 的问题。如果我们这样做，那么在我们的系统中有 $I-1$ 个均衡方程和 $I-1$ 个未知数。更准确地说，第 i 个方程会将权重向量 $\eta=(\eta_1, \cdots, \eta_I)$，$\sum_i \eta_i=1$ 与消费者 i 的财富“缺口”

$$\sum_t p_t(\eta)\cdot c_{ti}(\eta)-\sum_t(\theta_{ti}\pi_t(\eta)+p_t(\eta)\cdot\omega_{ti})=0$$

联系在一起。其中 $p_t(\eta)$，$c_{ti}(\eta)$ 和 $\pi_t(\eta)$ 对应着以 η 标示的帕累托最优。第 17 章附录 A 给出了一个类似的构造。无论如何，一旦我们将它看成有限个消费者之间的财富均衡问题，最重要的推测是，如同第 17 章一样，均衡集是非空的且通常是有限的。也就是说，均衡存在，而且除了病态情形之外，只有有限个权重能成为均衡方程的解（类似地，我们可以构建一个指数定理）。如果不管数学上的麻烦，我们能在相当广泛的情形下证明这个猜测［参考习题 20. G. 3 以及 Kehoe 和 Levine（1985）］。[②]

20

最后以两个评价来结束本节。第一个评价来自下列问题：内部性质和外部性质之间是否存在着一种关系或说一种“对应”？至少在一阶近似上答案是否定的。我们已经看到在单个消费者的经济中，均衡是唯一的，但是均衡路径可能比较复杂。类似地，在含有多个

---

① 更一般地，它与能保证均衡帕累托最优的任何均衡模型密切相关。

② 我们必须保证相关函数的可微性。

消费者的经济中，可能存在着多个均衡，甚至存在着均衡的连续统，每个均衡都收敛于一个稳态。①

第二个评价则明确说明了帕累托最优对于一般确定性预期非常重要。例如，考虑含有相同消费者和一个外部性的模型。现在效用函数 $u(k, k', e)$ 有三个变量：k 和 k' 分别是前一期和当期的资本投资，e 是当前感受到的外部性水平。暂时给定一个外生、固定不变的外部性路径（e_0，…，e_t，…），那么（有界的、严格内部的）资本路径 k_t 是个均衡，如果它是效用函数 $u(\cdot, \cdot, e_t)$ 最优化问题的解，也就是说，如果它满足欧拉方程：

$$\nabla_2 u(k_{t-1}, k_t, e_t) + \delta \nabla_1 u(k_t, k_{t+1}, e_{t+1}) = 0 \quad \text{对于所有 } t$$

一个整体的均衡必须考虑决定外部性的技术。将它表达为 $e_t = k_t$；也就是说，外部性是当前投资的副产品。因此，均衡条件为

$$\nabla_2 u(k_{t-1}, k_t, k_t) + \delta \nabla_1 u(k_t, k_{t+1}, k_{t+1}) = 0 \quad \text{对于所有 } t \tag{20.G.5}$$

假设初始状态为一个均衡稳态（对于所有 t 均有 $k_t = \bar{k}$），与 20.D 节一样，我们试图通过固定 $k_0 = \bar{k}$，取稍微与 $\bar{k}$ 有所不同的 k_1，然后迭代求解式（20.G.5）求 k_{t+1}，来生成一个不同的均衡。这种方法能取得成功的一个充分（但非必要）条件是，$|dk_{t+1}/dk_t| < 1/2$ 和 $|dk_{t+1}/dk_{t-1}| < 1/2$，其中 dk_{t+1}/dk_t 和 dk_{t+1}/dk_{t-1} 的值的计算方法为：对式（20.G.5）使用隐函数定理，然后计算它们在稳态上的值。事实上，如果这个条件成立，那么 k_1 的初始扰动产生了一个调整序列，这个序列随时间推移而衰减，因此不可能是不可行的（事实上，它仍然是有界的和严格内部的）。用公式表示：

$$\frac{dk_{t+1}}{dk_t} = -\frac{\nabla_{22}^2 u(\cdot) + \nabla_{23}^2 u(\cdot) + \delta \nabla_{11}^2 u(\cdot)}{\delta(\nabla_{12}^2 u(\cdot) + \nabla_{13}^2 u(\cdot))} \tag{20.G.6}$$

如果不存在外部性［即，如果 $\nabla_{23}^2 u(\cdot) = \nabla_{13}^2 u(\cdot) = 0$］，那么 $u(\cdot, \cdot)$ 的凹性意味着式（20.G.6）的绝对值大于 1（习题 20.G.5 要求读者验证此事）。因此，与 20.D 节的讨论一样，我们无法找到欧拉方程的非稳态解。但是如果外部性非常大，考察式（20.D.6）可知，dk_{t+1}/dk_t 的绝对值完全可能小于 1/2。这个结论对于 dk_{t+1}/dk_{t-1} 也成立，因此，我们可以断言：可能存在着均衡连续统的稳健情形。

20.H　叠代

在前面几节，我们研究的经济在企业上有交叠结构（overlapping structure），

① 最简单和平凡的例子是下面这样的。假设 $L=2$，$I=2$，而且不存在跨期生产的可能性。个人禀赋是固定的，不随时间推移而改变；效用函数是凹的。于是，跨期瓦尔拉斯均衡正好对应着一期瓦尔拉斯均衡的无限、固定不变的重复（习题 20.G.4 要求读者证明此事）。由于可能存在多个这样的均衡，我们得到了我们的结论。

但只有一个（在 20.G 节中，为几个）无限存活的消费者。我们在 20.B 节指出，在存在合理形式的利他主义情形下，我们可以将一个无限存活的人看成一个代系。现在我们将给出一个无法这么做的模型，因此，经济的消费面包含无限连续的消费者。为了让事情有趣，这些消费者［称为**代**（generations）］将会重叠，因此有可能存在代际交易。这样的模型始于 Allais（1947）和 Samuelson（1958），它已经变成宏观经济学、货币理论和公共财政的发动机。这方面的文献汗牛充栋；Geanakoplos（1987）和 Woodford（1984）提供了综述。在此处我们仅考察一个简单的情形，用来说明以下目的：首先，这样的模型在多大程度上能用瓦尔拉斯均衡方法分析；其次，哪些结论与上一节的不同。我们将这些不同大致分为两类：一类与最优性有关；另一类与均衡的多重性有关。

我们所要考察的经济，除了有无穷世代这一点外，其他方面越简单越好。我们有一系列时期 $t=0$，1，…，在每个时期都存在唯一的消费品。对于每个 t，有一代人在时刻 t 出生，然后存活两个时期，它的效用函数为 $u(c_{bt}, c_{at})$，其中 c_{bt} 和 c_{at} 分别为第 t 代人年青时（即时期 t）的消费和年老时（即时期 $t+1$）的消费；下标 b 和 a 分别表示“之前”和“之后”。注意到，不同代的人在其一生消费上的效用函数是相同的。我们假设 $u(\cdot, \cdot)$ 是拟凹的、可微的和严格递增的。

每一代人 t 在年轻时拥有一单位原始要素（即劳动）。这种原始要素不进入效用函数。第 t 代人使用该生产要素通过某个生产函数 $f(z)$ 来生产当代消费品。[①] 比如说 $f(1)=1$。在竞争性价格接受者假设下，时期 t 的总利润（以时期 t 的商品衡量）将为 $\varepsilon=1-f'(1)$，相应地劳动报酬为 $1-\varepsilon$。因此，我们也可以直接假设第 $t\geq 0$ 代人的初始禀赋为消费品向量 $(1-\varepsilon, 0)$。另外，我们规定无穷利润流归第 0 代人所有。也就是说，生产技术 $f(\cdot)$ 是个从 $t=0$ 开始的延续无限期的资产，该资产全部由在 $t=0$ 时存活的那一代人拥有，它产生的永久新利润流为 $\varepsilon>0$ 单位消费品。

现在令 $(p_0, \cdots, p_t, \cdots)$ 是个（预期）价格的无穷序列。我们不要求它是有界的。对于不同代的人的预算约束，我们取

$$p_t c_{bt} + p_{t+1} c_{at} \leqslant (1-\varepsilon) p_t, \quad 对于\ t>0 \tag{20. H. 1}$$

以及

$$p_0 c_{b0} + p_1 c_{a0} \leqslant (1-\varepsilon) p_0 + \varepsilon\Big(\sum_t p_t\Big) + M \tag{20. H. 2}$$

这些预算约束值得评价。对于 $t>0$，式（20. H. 1）容易解释。初始禀赋在 t 时的价值为 $(1-\varepsilon)p_t$。这笔钱中的一部分在 t 时被花费掉了，余下部分 $(1-\varepsilon)p_t - p_t c_{bt}$ 被节省下来用于 $t+1$ 时的消费。这种储蓄工具是拥有生产技术所产生的权益。

① 生产与要素使用处于同一代这个假设，与时期比较长这个事实也相符。

因此，年青一代可从年老一代手里购买这种权益，（在获得 $t+1$ 期报酬之后）再卖给更年青的一代。这种资产的价格等于它产生的储蓄量 $(1-\varepsilon)p_t-p_tc_{bt}$。该资产在 $t+1$ 时的直接报酬为 εp_{t+1}，因此，如果资产市场是均衡的，$t+1$ 时的卖价为 $(1-\varepsilon)p_t-p_tc_{bt}-\varepsilon p_{t+1}$。总之，按照预算约束（20. H. 1），$(1-\varepsilon)p_t-p_tc_{bt}$ 这笔钱用于 $t+1$ 时的消费。

$t=0$ 时的约束（20. H. 2）更有意思。它的右侧是资产对第 0 代人的价值。注意到资产市场均衡要求这个价值应该不小于**基本价值**（fundamental value）$\varepsilon\left(\sum_t p_t\right)$。[①] 事实上，资产在 $t=0$ 时的价值等于利润 εp_0 加上由第 1 代年轻人支付的价格。在任何 T，由第 T 代年轻人支付的价格不应该小于直接报酬 εp_{T+1}。相应地，在 $T-1$ 时它不应该小于直接报酬与 T 时报酬之和；也就是说，它应该不小于 $\varepsilon(p_T+p_{T+1})$。通过迭代，我们得到了第 1 代人支付价格的下界 $\varepsilon(p_1+\cdots+p_{T+1})$，取极限并且加到 εp_0 上得到 $\varepsilon\left(\sum_t p_t\right)$，这是资产对第 0 代人的价值。因此，根据式（20. H. 2），均衡的一个必要条件是 $M\geqslant 0$。然而，在理论上，我们应该允许资产价格存在**泡沫**（bubble）的可能性（即，允许 $M>0$）。在 20. D 节和 20. G 节，我们没有这么做，这是因为在消费者数量有限的情形下，在均衡时不可能存在泡沫。需求和供给相等意味着总禀赋的（有限的）价值与总利润之和等于总消费的价值，因此，在均衡时任何个人的消费价值均不可能大于此人禀赋价值和利润之和（习题 20. H. 1 要求读者验证此事）。我们即将看到，在某些条件下，泡沫存在于无限个消费者均衡情形中。因此，我们不能使用定义消除泡沫。

现在，**瓦尔拉斯均衡**的定义自然地如定义 20. H. 1 所示。

定义 20. H. 1：一个价格序列 $(p_0, \cdots, p_t, \cdots)$，一个 $M\geqslant 0$，以及一族消费者 $\{(c_{bt}^*, c_{at}^*)\}_{t=0}^{\infty}$ 构成了一个**瓦尔拉斯均衡**或称**竞争均衡**，如果：

（ⅰ）每个 (c_{bt}^*, c_{at}^*) 均是带有预算约束（20. H. 1）和（20. H. 2）的个人效用最大化问题的解。

（ⅱ）可行性条件 $(c_{a,t-1}^*+c_{bt}^*=1)$ 对于所有 $t\geqslant 0$ 均成立（我们取 $c_{a,-1}^*=0$）。

在 20. D 节我们使用迭代方法从欧拉方程确定政策函数，类似地，图 20. H. 1 和图 20. H. 2 说明了我们如何试图构造一个均衡。标准化 $p_0=1$。（假设我们现在试图任意地固定 c_{a0}）。在均衡时 $c_{b0}=1$，因此 p_1 由下列事实确定：p_1/p_0 必定等于 $u(\cdot, \cdot)$ 在点 $(1, c_{a0})$ 的边际替代率。另外，$c_{b1}=1-c_{a0}$。它能确定 p_2。事实上，时期 2 的价格 p_2 应该固定在某个值使得它诱导出的第 1 代人在时期 1 的需求水平正好为 c_{b1}［在由 p_1，p_2 和财富 $(1-\varepsilon)p_1$ 给定的预算集中］。在确定了 p_2 之后，第 1 代人在时期 2 的需求，从而第 1 代人在时期 2 为第 2 代人节省的 c_{b2}，也被

① 严格地讲，我们的意思是说，如果消费品价格由 $(p_0, \cdots, p_t, \cdots)$ 给定，而且资产价格不具有任何套利机会，那么资产价格应该不小于它的基本价值。

确定了。但是这样一来，我们能够将 p_3 固定在某个值上以使得它正好诱导出第 2 代人在时期 2 的正确消费量，即 c_{b2}。如果我们能这样一直构造下去从而产生一个无穷序列（p_1，…，p_t，…），那么我们就找到了一个均衡。在图 20. H. 1 中，$\varepsilon>0$，在这种情形下，只有一个价格序列（其中 $p_0=1$）能无限期持续下去，因此只有一个均衡路径。它对应着平稳消费（γ，$1-\gamma$）和价格序列 $p_t=\alpha^t$，其中 $\alpha=(1-\varepsilon-\gamma)/(1-\gamma)<1$。注意到，从值 $c_{a0}\neq 1-\gamma$ 开始的迭代最终变得不可行。在图 20. H. 2 中，$\varepsilon=0$，在这种情形下，存在着均衡的连续统：任何初始条件 $c_{a0}\leqslant 1-\gamma$ 均能够无限期地持续下去。

从图 20. H. 1 和图 20. H. 2 可知，在一般条件下能够保证均衡的存在性。事实的确如此［参见 Wilson（1981）］。

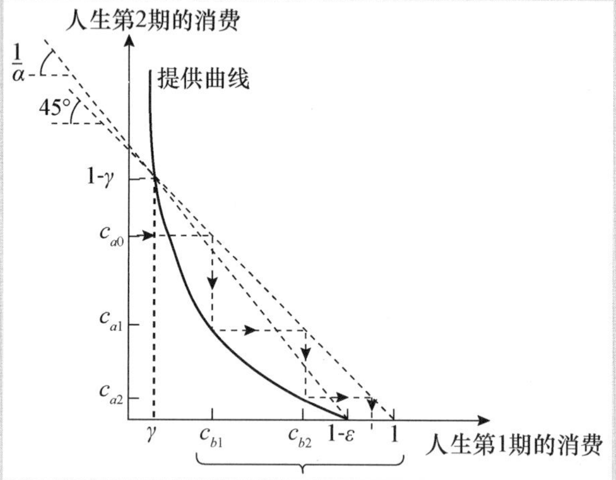

图 20. H. 1　叠代：构建均衡（$\varepsilon>0$ 的情形）

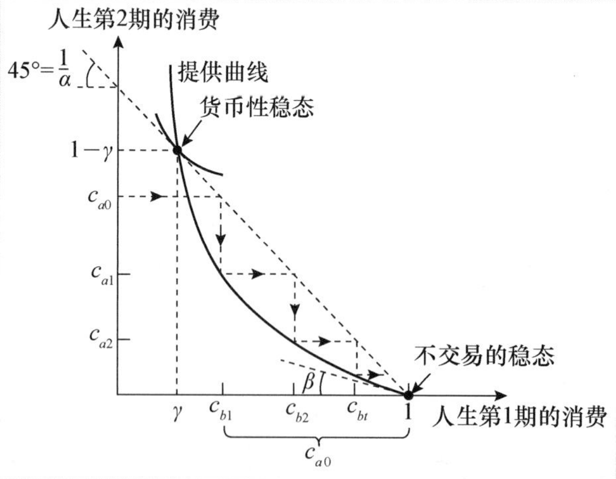

图 20. H. 2　叠代：构建均衡（$\varepsilon=0$ 的情形）

帕累托最优

首先假设 $\varepsilon>0$。于是我们说资产是**真实的**（real）（即它有“实际的”报酬）。在均衡时第 0 代的财富 $(1-\varepsilon)p_0+\varepsilon(\sum_t p_t)+M$ 必定是有限的。（否则这一代如何处于均衡?）因此，如果 $\varepsilon>0$，必然有 $\sum_t p_t<\infty$。[①]这意味着，**社会的总**（即对所有各代加总）**财富**（正好等于 $\sum_t p_t$）是有限的。因此，福利经济学第一基本定理适用于 $\varepsilon>0$ 时的模型。这就是命题 20. H. 1 的内容。

命题 20. H. 1：任何满足 $\sum_t p_t<\infty$ 的瓦尔拉斯均衡（p_0，…，p_t，…），$\{(c_{bt}^*, c_{at}^*)\}_{t=0}^{\infty}$ 都是帕累托最优的；也就是说，不存在任何其他可行的消费 $\{(c_{bt}, c_{at})\}_{t=0}^{\infty}$ 使得 $u(c_{bt}, c_{at})\geqslant u(c_{bt}^*, c_{at}^*)$ 对于所有 $t\geqslant 0$，$u(c_{bt}, c_{at})>u(c_{bt}^*, c_{at}^*)$ 对于某个 t。

证明：我们仍使用标准证法。假设 $\{(c_{bt}, c_{at})\}_{t=0}^{\infty}$ 帕累托优于 $\{(c_{bt}^*, c_{at}^*)\}_{t=0}^{\infty}$。从可行性可知，$c_{bt}^*+c_{a,t-1}^*=1$ 和 $c_{bt}+c_{a,t-1}\leqslant 1$ 对于每个 t。因此，$\sum_t p_t(c_{bt}^*+c_{a,t-1}^*)=\sum_t p_t$ 和 $\sum_t p_t(c_{bt}+c_{a,t-1})\leqslant\sum_t p_t$。由于 $\sum_t p_t<\infty$，根据前面两个式子，我们有

$$\sum_t(p_t c_{bt}+p_{t+1}c_{at})\leqslant\sum_t(p_t c_{bt}^*+p_{t+1}c_{at}^*)=\sum_t p_t<\infty$$

由于效用函数是递增的而且（c_{bt}^*，c_{at}^*）在预算集中是效用最大化点，我们断言 $p_t c_{bt}+p_{t+1}c_{at}\geqslant p_t c_{bt}^*+p_{t+1}c_{at}^*$ 对于每个 t，其中至少有一个式子为严格不等式。因此，$\sum_t(p_t c_{bt}+p_{t+1}c_{at})>\sum_t(p_t c_{bt}^*+p_{t+1}c_{at}^*)$。矛盾。■

命题 20. H. 1 比较重要，但它不是故事的全部。现在假设资产纯粹是**名义的**(nominal)[即，$\varepsilon=0$；例如，资产可能为法定货币或规模报酬不变生产技术的所有权]。那么**均衡有可能不是帕累托最优的**。事实上，容易看出我们可以将自给自足（即，不交易）看成一个均衡。我们只要这么做即可：取 $M=0$（不存在泡沫式的、无价值的法定货币）并且选择（p_0，…，p_t，…）使得对于每个 t，相对价格 p_t/p_{t+1} 均等于 $u(\cdot,\cdot)$ 在（1，0）的边际替代率（我们将其记为 β）。在这个不交易的平稳状态［也称为**非货币性稳态**（nonmonetary steady state)］中，每一代人的消费为（1，0）。图 20. H. 2 画出了这个稳态。在这个图中，$\beta<1$，我们还能看出，不交易这个结果严格帕累托劣于稳态（γ，$1-\gamma$)[或，更准确地说，它严格劣于下面这样的消费路径：第 0 代人消费（1，$1-\gamma$)，每个其他代人消费（γ，$1-\gamma$)]。在这个例子中，时期的无限性使得每一代人 t 能在 t 时留给更老一代人额外一单位商品，但下一代人在 $t+1$ 时留给他们更多数量的商品。注意到，根据命题 20. H. 1，这个不交易的均衡不是最优的，导致 $p_t/p_{t+1}=\beta<1$ 对于所有 t；也就是

① 你也可以从图形上验证此事：考察图 20. H. 1。

说，价格随时间推移而上升。

在纯粹名义资产情形下，伴有 $M>0$ 的均衡也可能不是帕累托最优的。首先注意到，如果 $\{(c_{bt}^*, c_{at}^*)\}_{t=0}^{\infty}$，$(p_0, \cdots, p_t, \cdots)$ 和 M 构成了一个均衡，那么我们有（记住 $c_{b0}^*=1$）：

$$p_{t+1}c_{at}^* = p_t(1-c_{bt}^*) = p_t c_{a,t-1}^* = \cdots = p_1 c_{a0}^* = M \quad \text{对于每个 } t$$

因此，$M=0$ 只能发生在不交易的均衡上。在图 20.H.2 中，存在均衡的一个连续统，我们将其标记为 c_{b1}，其中 $\gamma \leqslant c_{b1} \leqslant 1$。不交易均衡对应着 $c_{b1}=1$。但是对于每个 $\gamma < c_{b1} < 1$，均存在着一个有交易的（因此 $M>0$）非平稳均衡路径，它也是严格帕累托劣于稳态$(\gamma, 1-\gamma)$的。然而，对于任何伴有 $c_{b1}>\gamma$ 的均衡，我们仍然有 $M/p_t \to 0$；也就是说，资产的实际价值随时间推移趋近于零。

对于 $c_{b1}=\gamma$，情形则非常不同。我们有个稳态均衡［称为**货币性稳态**（monetary steady state）］，在这个均衡中，价格序列 p_t 是固定不变的，因此货币的实际价值保持固定不变而且为正。这个货币性稳态类似于 20.E 节的黄金律，与那里一样，我们有：尽管 $\sum_t p_t < \infty$ 不成立，但**货币性稳态仍是帕累托最优的**。我们不打算证明这个结论。图 20.H.3 包含了基本论证思想。在该图中，我们画出了通过$(\gamma, 1-\gamma)$ 的无差异曲线，任何试图通过 $c_{b1}<\gamma$ 来增加第 0 代人的效用的做法，都会产生不可行的补偿链；也就是说，我们无法做到这一点。

我们在上面对图 20.H.2 和图 20.H.3 的讨论意味着下列结论：在纯粹名义资产情形下，在所有均衡路径中，帕累托最优路径仅为那些真实价值随时间推移始终大于零$(M>0)$ 的路径。我们不打算给出这个结论的证明。

$M>0$ 能起到保证均衡是帕累托最优的作用，这个结论比较有趣，但是你应该记住，这种情况能发生的原因在于我们需要能在不同时期转移财富的一种资产。如果存在某种真实资产，那么这种资产能够胜任这个任务。如果经济中不存在真实资产，那么经济需要发明某种资产。最后，我们指出，如果存在一种真实资产，那么我们不需要 $M>0$，事实上它也不可能发生。

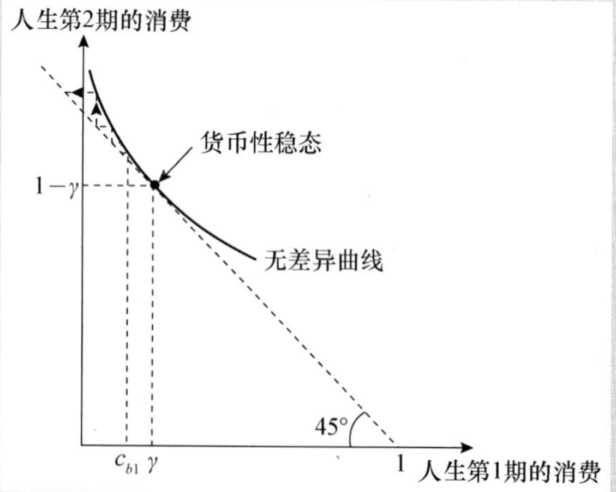

图 20.H.3 货币性稳态是帕累托最优的

命题 20. H. 2：假设在某个均衡时我们有 $\sum_t p_t < \infty$，那么 $M = 0$。

证明：各代财富之和为 $\sum_t p_t + M < \infty$。总消费的价值为 $\sum_t p_t < \infty$。第二个量不可能小于第一个（否则某一代人没有花光他的全部财富）。因此 $M = 0$。■

多个均衡

在图 20. H. 2 中，我们已经看到，对于有着纯粹名义资产（即，$\varepsilon = 0$）和形状良好的偏好（提供曲线是总替代类型）的模型，存在均衡的连续统。当然，其中一个均衡是帕累托最优的货币性稳态均衡，其他均衡为非最优的均衡，在这些非最优均衡中，货币的实际价值最终趋近于零。这类未定性（indeterminacy）的存在性，显然与在 $t = 0$ 时能在多大程度上任意固定货币实际价值（"泡沫"）M/p_0 有关。如果不存在泡沫，这种未定性不可能发生，例如，在含有真实资产（即，$\varepsilon > 0$）的模型中就是这样的。另外，在这样的模型中，我们知道均衡是帕累托最优的。

上面的结论可能会让我们怀疑：不能成为帕累托最优，是出现稳健的未定性的一个前提条件。（稳健的未定性是指均衡的连续统不与经济中的基本数据一致。）20. G 节的讨论会强化这个怀疑的合理性，在那里我们将看到，均衡的帕累托最优性，是认定含有有限个消费者模型均衡的一般确定性的关键所在。遗憾的是，在叠代情形下，消费者的数量是无穷多的，这使事情变得复杂。但在伴有真实资产情形下，均衡的帕累托最优性得以保证，图 20. H. 2 所示的那种未定性消失了，然而我们仍能构造出非病态的均衡连续统的例子。

图 20. H. 4 给出了一个最简单的例子。这个图描述了一个具有稳态（γ，$1-\gamma$）的真实资产模型。假设按照我们多次使用的方法，我们试图构造一个均衡使得 c_{a0} 稍微不同于 $1-\gamma$。那么，标准化 $p_0 = 1$ 之后，我们需要用 p_1 出清时期 0 的市场，用 p_2 出清时期 1 的市场，依此类推。在图 20. H. 1 情形下，我们已经看到这种做法最终变得不可行。为了纠正 $t-1$ 时的不均衡而改变 p_t 的做法，导致了 t 时更大的不均衡，这必须通过更大地改变 p_{t+1} 进行补偿，这种爆炸式的过程最终变得不可行。但是在图 20. H. 4 中，效用函数能够使得在稳态的相对价格上，第 2 期商品价格的变化，对第 1 期商品需求的影响大于对第 2 期商品需求的影响。因此，从 $c_{a0} = 1-\gamma$ 开始的初始扰动引发的持续调整随着每一次的迭代而衰减，从而可以无限期进行下去。我们断言，存在着伴有新初始条件的均衡。使用术语表达，图 20. H. 1 中的局部孤立稳态均衡是**确定的**（determinate），而图 20. H. 4 中的均衡则称为**未定的**（indeterminate）。[①]

① 注意到，至少对于我们讨论的这个相对简单的模型，不太可能出现介于均衡唯一性或均衡连续统存在性的中间情形。

20

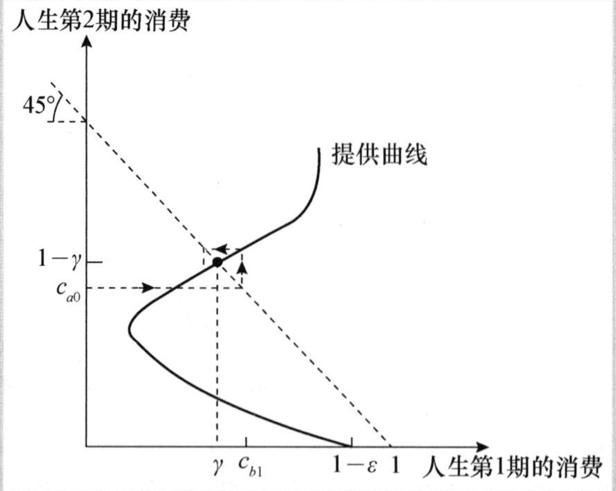

图 20. H. 4 真实资产情形下的（帕累托最优）均衡的连续统：一个例子

需要指出，在真实资产模型中，唯一均衡的最重要情形（图 20. H. 1）对应着一个总替代超额需求函数，而图 20. H. 4 代表着互补性，后者是 15. B 节（也回忆一下 17. F 节均衡唯一性的讨论）均衡非唯一性的源泉。均衡的非唯一性与均衡的未定性存在着非常密切的关系，习题 20. H. 2 要求读者考察这个事实。在这里我们仅指出总替代不是均衡唯一性的必要条件。例如，我们可以验证，在真实资产模型中，稳态是唯一的均衡，如果两个时期的消费在需求函数 $u(\cdot,\ \cdot)$ 中是正常的，而且如果相应的超额需求 $(z_b(p_b,\ p_a),\ z_a(p_b,\ p_a))$ 满足

$$\nabla_1 z_b(p_b, p_a) < \nabla_1 z_a(p_b, p_a) \quad 对于所有\ p_b, p_a \tag{20. H. 3}$$

式（20. H. 3）允许价格在人生第 1 期上升导致该期需求增加（总替代排除了这种可能性）；但是，如果这样，它要求人生第 2 期的需求增加得更多。从几何图形上看，这个条件是在 $(c_b,\ c_a)$ 平面中，提供曲线的斜率不应该为正和小于 1。注意到在图 20. H. 4 中的稳态上，这个条件不成立。条件（20. H. 3）称为**确定性条件**（determinacy condition）。如果在稳态上，相反的不等式成立，如图 20. H. 4 所示，那么存在着均衡的一个连续统，所有均衡都收敛于稳态［因此，稳态是**未定的**（indeterminate）］。

在第 17 章（参见 17. D 节和第 17 章附录 A）我们证明了，在帕累托最优情形下，一个伴有有限个消费者的均衡问题，可以使用一个含有有限个方程和相同个未知数的方程组表示。因此，我们断言，一般确定性是这种情形的合理推测。在 20. G 节，我们将这种论证扩展到含有有限个无穷期存活消费者的模型。然而，当前叠代问题有着不同的结构：不存在任何自然方法能允许我们将均衡仅看成一个无穷方程组（比如，超额需求方程组）的零值解。

从数学上看，上述事实很明显。为了给出与我们当前讨论的问题相关的例子，假设 f：$\mathbb{R}^n \to \mathbb{R}^n$ 是个线性满射［即，$f(x)=Ax$，其中 A 是个非奇异矩阵］，那么 $f(x)=0$ 的唯一解是零。但是，现在假设 $f(\cdot)$ 是从有界序列映射到有界序列的一个线性满射，那么 $f(x)=0$，或等价地，$f_t(x_1, \cdots, x_t, \cdots)=0$（对于所有 t）未必有唯一解。一个简单的例子是逆向移动，也就是，$f_t(x_1, \cdots, x_t, \cdots)=x_{t+1}$，其中任何 $(\alpha, 0, .., 0, \cdots)$ 的函数值都为零。

对于均衡的动态性，我们能说些什么？我们已经看到，“一切都有可能”原理适用于含有单个消费者的模型。然而，它却不适用于这里；事实上，在图 20. H. 5 和图 20. H. 6 中，我们提供了一些含有周期的非病态例子。①

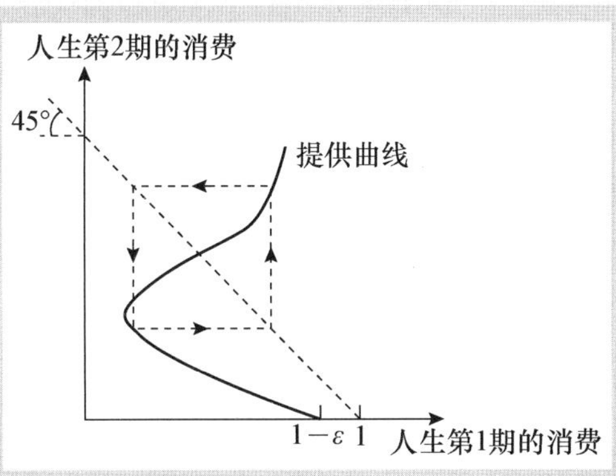

图 20. H. 5　互补性消费：两期均衡路径的例子

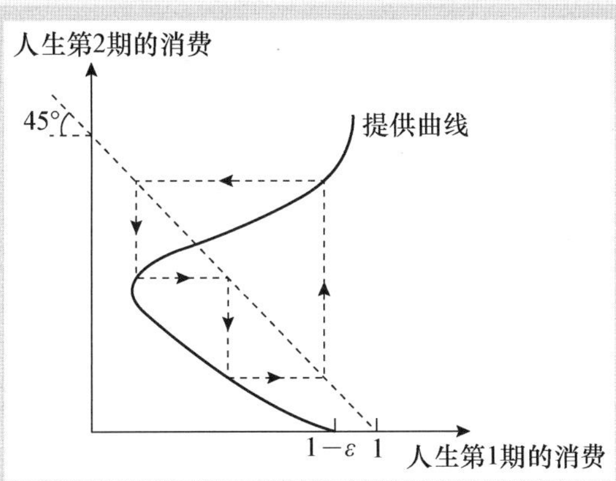

图 20. H. 6　互补性消费：三期均衡路径的例子

注意到在图 20. H. 6 中，我们有着三期循环：出现了混沌。在图 20. H. 1 的总替代例子中，路径单调收敛于稳态。在某种意义上，总替代情形类似于 20. F 节描述的基于二阶导数符号的判断方法。注意到，在叠代情形下，贴现因子不是个有意义的概念，因此，不存在类似的基于耐心的动态理论。在 20. G 节我们还将粗略地指出，对于含有有限个消费

① 特别地，对于这些例子我们不要求商品是劣等商品（inferior goods）。

者的帕累托最优均衡来说，均衡的确定性和均衡的动态性质之间似乎不存在密切的关系。在当前的架构内，这种关系更密切一些，至少在下列意义上是这样的：如果含有周期的均衡路径能够出现，那么存在无穷多个均衡。■

20.I 对非均衡动态的评价：试探与学习

在本章我们一直考察的动态分析与17.H节的动态分析具有不同性质，不应该将二者混淆。此处的动态展现了均衡随时间推移而展开的结构（用20.G节术语表示，它是均衡的内部性质），而在17.H节我们试图分析在真实或虚拟时间中冲击经济的动态力量，它会使经济偏离均衡（因此，我们考察的是一种外部性质）。正如我们将看到的，非均衡动态分析提出了一系列概念上的问题，然而借助它们我们能看清特殊均衡的可能性。这在跨期均衡的架构内仍然成立。

17.H节的分析和结论经过修正后对于20.G节的无限期、有限数量消费者模型仍成立，只不过在数学上更复杂一些。另外，正如我们已经看到的，跨期架构有自己特殊的理论，这也可以通过特殊的非均衡进行说明。在这个方向上，我们作出三个评论。

短期均衡和永久性收入①

假设对于含有 L 种商品和 I 个消费者的某个经济，$(p_0, \cdots, p_t, \cdots)$ 是它的均衡价格序列。消费者的描述同20.D节。于是在均衡消费上我们有（假设内部性）

$$\delta^t \nabla u_i(c_{ti})=\lambda_i p_t \quad \text{对于所有 } t \text{ 和每个 } i \tag{20.I.1}$$

这就是式（20.D.6）。变量 λ_i 是收入或财富的边际效用，它们的倒数向量 $(\eta_1, \cdots, \eta_I)=(1/\lambda_1, \cdots, 1/\lambda_I)$ 有个作用（在20.G节我们已经指出），即最优均衡使得效用加权和最大，这里的"加权和"中的权重就是上面这个倒数向量。

从式（20.I.1）可知，短期需求（即，$t=0$ 时的需求）完全由 p_0 和财富的边际效用 λ_i 决定。将这个需求记为 $c_{0i}(p, \lambda_i)$。根据试探性动态思想，假设 p_0 被扰动到某个 p'_0。$t=0$ 时的需求发生了什么样的变化？如果 λ_i 保持不变，那么式（20.I.1）意味着短期需求行为类似于伴有凹效用函数的拟线性效用模型中的非等价物商品的需求。特别地，对式（20.I.1）求微分，我们看到短期价格效应的 $L\times L$ 矩阵

$$D_{p_0} c_{0i}(p_0, \lambda_i)=\lambda_i [D^2 u_i(c_{0i})]^{-1}$$

① 更多内容可以参见 Bewley (1977)。术语"永久性收入"是标准的，所以我们不用术语"永久性财富"。

20

是负定的［根据 $u_i(\cdot)$ 的凹性］，因此，总 $\sum_i D_{p_0} c_{0i}(p_0, \lambda_i)$ 也是负定的。以经济学语言来说，只要 λ_i 保持不变，短期需求中不存在财富效应。替代效应发挥作用，因此，短期均衡是唯一的而且是全局试探性稳定的。

然而，在现实中，当 p_0 变化后，我们应该预期在新的消费者最优处，λ_i 已发生了变化。但是如果贴现率接近 1（即，消费者是有耐心的），那么 λ_i 的变化应该很小：当期并不比任何其他时期更重要，所以，它只能解释总效用和支出中的很小一部分。因此，我们可以说，在短期，局部均衡分析是合理的（回忆 10. G 节关于局部均衡分析的讨论）。总之：**如果消费者充分有耐心，那么短期均衡是唯一的和全局稳定的（对于试探性动态来说）。**

叠代模型中的（短期）需求法则

现在我们考察 20. H 节叠代模型中的短期均衡。在这样的模型中，在短期也有财富效应，因此，永久性收入方法不可行。我们以含有实际资产和正常商品的模型为例，说明给定时期 t 的虚拟时间试探性动态的稳定性能否帮助我们区分均衡类型。由于每一期只有一种商品，单期的稳定性标准非常简单：它等价于时期 t 的需求法则。也就是说，某个均衡（p_0，…，p_t，…）在时期 t 是试探性稳定的，如果 p_t（预期性）上升，所有其他价格维持不变，导致商品在该期超额供给（注意到只有第 $t-1$ 代人和第 t 代人将会改变自己的消费方案）。

我们知道如果各代人的超额需求函数是总替代理性的，那么存在着唯一的均衡（它是稳态的）。（参考图 20. H. 1。）而且，总替代定义表明，需求法则对任何 t 都成立。这样，我们得到了确定性均衡的概念和试探的稳定性之间的第一个关系。这个关系不能被推广到超出总替代情形。取一个稳态均衡价格序列（1，ρ，…，ρ^t，…）。根据超额需求函数（$z_a(\cdot,\ \cdot)$，$z_b(\cdot,\ \cdot)$）的零次齐次性可知，$\nabla z_a(\cdot,\ \cdot)$ 和 $\nabla z_b(\cdot,\ \cdot)$ 是 -1 次齐次的，由此我们有（习题 20. I. 1 要求读者验证这一点）：

$$
\begin{aligned}
\nabla_2 z_a(1/\rho,1)+\nabla_1 z_b(1/\rho,1) &= \rho\,\nabla_2 z_a(1,\rho)+\nabla_1 z_b(1,\rho)\\
&= -\nabla_1 z_a(1,\rho)+\nabla_1 z_b(1,\rho)
\end{aligned}
$$

左侧为负，这是试探稳态性标准，即，单个市场的需求法则①；而右侧为负（例如，要求财富效应不是那么不对称以至于价格在某期下降导致年青一代在该期的需求增加量小于这些年青一代在下一期的需求增加量）是稳态确定性的标准［参见式（20. H. 3）］。我们已经知道，确定性是指在稳态的任意小的邻域内不存在其他的均衡路径。因此，我们断言：**一个稳态均衡在任何 t 时是（短期、局部的）试探稳定**

① 如果 p_t 的改变量无穷小，那么年老一代的需求变化量为 $\nabla_2 z_a(\rho^{t-1}, \rho^t)$，而年青一代的需求变化量为 $\nabla_1 z_b(\rho^t, \rho^{t+1})$。由于 $\nabla_2 z(\cdot,\ \cdot)$ 和 $\nabla_1 z(\cdot,\ \cdot)$ 是 -1 次齐次的，总变化量等于

$$(1/\rho^t)\nabla_2 z_a(1/\rho,1)+(1/\rho^t)\nabla_1 z_b(1,\rho)。$$

的当且仅当它是确定性的。[①]

为简单起见，我们一直考察真实资产。在纯粹名义资产情形下，前面的试探稳定性概念无法区分确定性的和未定性的稳态均衡，除非我们考察的是先验的货币性稳态情形（为了看清这一点，考虑最简单的总替代情形）。下面介绍的学习概念则不受这种限制。

学　习

现在我们简要讨论发生在真实事件中的非均衡动态，我们可用术语**学习**（learning）解释此事。这里的架构仍然是 20. H 节的叠代模型，但为简单起见，我们仅考察纯名义资产的情形。

我们首先描述短期均衡（即，给定时期 t 的均衡）是如何决定的。假设存在一定量（数额固定不变）的法定货币 M（比如以美元衡量）。于是，年老一代在时期 $t\geqslant 1$ 的超额需求为 M/p_t。年青一代在上述相同时期的超额需求取决于 p_t，但也取决于 $t+1$ 时的价格预期 p_{t+1}^e。给定 p_{t+1}^e，价格 p_t 是个 $t\geqslant 1$ 时的**暂时性均衡**（temporary equilibrium），如果 $z_b(p_t,\ p_{t+1}^e)+(M/p_t)=0$。因此，给定一个价格预期序列（$p_1^e$，…，$p_t^e$，…），我们产生了一个暂时性均衡价格序列（$p_1$，…，$p_t$，…）。

但是，预期价格是如何决定的？将它们视为外生给定的是不合理的。实现值序列应该反馈到预期值序列。自我实现的预期或称理性预期方法（在本节我们一直隐含地使用着）施加了一个正确预期条件：$p_{t+1}^e=p_{t+1}$ 对于每个 t 都成立。[②] 另外一种方法是要求 p_{t+1}^e（在时期 t 预测 $t+1$ 时的价格将为 p_{t+1}^e）是根据过去（以及当前）p_0，…，p_t 的实现值推断出的。在这种方法下，我们认为，作为对过去经历结果的适应性反应，消费者进行某种学习或预期工作。[③]

为具体起见，我们使用一个不是非常符合现实但却很简单的推断规则：$p_{t+1}^e=p_{t-1}$（即，年青一代在时期 $t\geqslant 1$ 预期 $t+1$ 时的价格为过去最近一期的价格即 p_{t-1}）。等价地（给定固定数量的法定货币 M），年青一代在 t 时预期当他们变老时即在 $t+1$ 时的消费，与年老一代在 $t-1$ 时的消费量相等。于是，用来确定 p_t 的方程为

$$z_b(p_t,p_{t-1})=-\frac{M}{p_t} \tag{20. I. 2}$$

根据瓦尔拉斯法则，我们可以等价地将式（20. I. 2）写为

$$z_a(p_t,p_{t-1})=\frac{M}{p_{t-1}} \tag{20. I. 3}$$

20

---

① 我们忽略了边界情形。

② 术语“自我实现的”是合理的，这是因为预期值序列（p_1^e，…，p_t^e，…）诱导出与其自身相同的实现值序列。术语“理性的”也是合理的，这是因为给定（p_1^e，…，p_t^e，…），第 t 代人应该在理论上能够计算出价格实现值 p_{t+1}，因此能验证 p_{t+1}^e 的正确性。

③ 我们应该强调，首先，这一切都是关于非均衡的；其次，在明确引入不确定环境之前我们无法严格讨论术语“学习”。

于是，给定一个任意初始条件 p_0，我们可以迭代地使用式（20. I. 2）或式（20. I. 3）来计算暂时性均衡实现值序列（p_1，…，p_t，…）。注意到在做此事时，式（20. I. 2）中的计划超额需求能够得以实现，但是式（20. I. 3）中的可能不能实现（因为 p_{t+1} 可能不等于 p_{t-1}）。图 20. I. 1 画出了这个动态过程。在这个图中，c_{bt} 和 c^e_{at} 分别表示第 t 代人在时期 t 和 $t+1$ 的计划消费量。给定 M/p_{t-1}，我们可以从式（20. I. 3）计算 c^e_{at}，而 c_{bt} 的计算则使用了计划消费位于提供曲线之中这个事实。最后，由式（10. I. 2）可以解出 M/p_t 的值。对于第 1 代人我们还画出了它们的实际消费向量（c_{b1}，c_{a1}）。

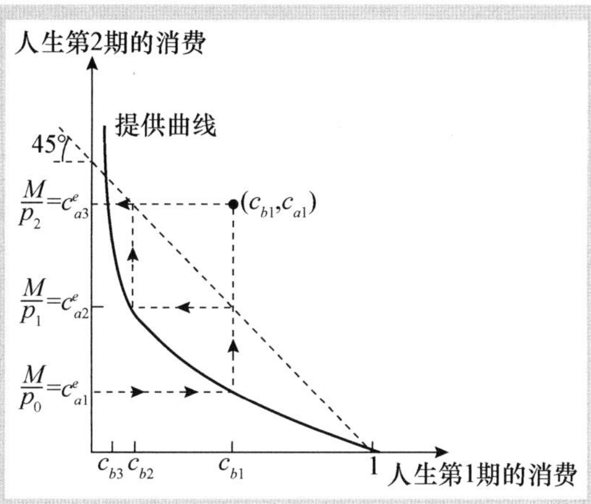

图 20. I. 1　学习动态

从图 20. I. 1 我们可以看出一个有趣事实：学习动态正好与均衡动态相反（reverse）。请将此图与图 20. H. 2 进行比较。[①] 对于图中所示的总替代情形，这意味着所有的路径都收敛于货币性稳态。因此，在极限上，我们有着一个真正的自我实现预期均衡。可以说，消费者已经学会如何达到均衡。在我们考虑的学习动态中，这对一般提供曲线未必成立（对于某个无穷序列可能存在着系统性预期误差）。但是它与均衡动态正好相反的性质，足以强化我们在前面发展出的直觉思想：**一个稳态对于学习动态是（局部）稳定的，当且仅当它是确定性的（即，“局部孤立的”）**。

参考文献

Allais, M. (1947). *Economie et Interét*. Paris: Imprimérie Nationale.

Barro, R. (1989). The Ricardian approach to budget deficits. *Journal of Economic Perspectives*

20

---

① 更准确地说，如果（p_1，…，p_t，…）是适应性预期动态的实现值序列，那么对于任何 T，均存在一个均衡序列（p'_0，…，p'_t，…）使得 $p'_t=p_{T-t}$ 对于每个 $t<T$ 都成立。

3: 37-54.

Bewley, T. (1977). The permanent income hypothesis: A theoretical formulation. *Journal of Economic Theory* 16: 252-292.

Blackorby, C., D. Primont, and R. Russell (1978). *Duality, Separability, and Functional Structure: Theory and Economic Applications.* Amsterdam: North-Holland.

Blanchard, O., and S. Fischer (1989). *Lectures on Macroeconomics.* Cambridge, Mass.: MIT Press.

Boldrin, M., and L. Montruccio (1986). On the indeterminacy of capital accumulation paths. *Journal of Economic Theory* 40: 26-39.

Bliss, C. (1975). *Capital Theory and the Distribution of Income.* Amsterdam: North-Holland.

Brock, W. A., and E. Burmeister (1976). Regular economies and conditions for uniqueness of steady-states in optimal multisector economic models. *International Economic Review* 17: 105-120.

Cass, D. (1972). On capital overaccumulation in the aggregative, neoclassical model of economic growth: A complete characterization. *Journal of Economic Theory* 4: 200-223.

Deneckere, R., and J. Pelikan (1986). Competitive chaos. *Journal of Economic Theory* 40: 13-25.

Gale, D. (1973). On the theory of interest. *American Mathematical Monthly* 88: 853-868.

Geanakoplos, J. (1987). Overlapping generations. Entry in *the New Palgrave: A Dictionary of Economics*, edited by J. Eatwell, M. Milgate, and P. Newman. London: Macmillan.

Grandmont, J. M. (1986). Periodic and aperiodic behavior in discrete one dimensional systems. In *Contributions to Mathematical Economics*, edited by W. Hildenbrand, and A. Mas-Colell. Amsterdam: North-Holland.

Kehoe, T., and D. Levine (1985). Comparative statics and perfect foresight. *Econometrica* 53: 433-454.

Koopmans, T. C. (1960). Stationary ordinal utility and impatience. *Econometrica* 28: 287-309.

Malinvaud, E. (1953). Capital accumulation and efficient allocation of resources. *Econometrica* 21: 223-268.

McKenzie, L. (1987). Turnpike theory. Entry in *The New Palgrave: A Dictionary of Economics*, edited by J. Eatwell, M. Milgate, and P. Newman. London: Macmillan

Ramsey, F. (1928). A mathematical theory of saving. *Economic Journal* 38: 543-549.

Samuelson, P. A. (1958). An exact consumption-loan model of interest without the social contrivance of money. *Journal of Political Economy* 66: 467-482.

Santos, M. S. (1991). Smoothness of the policy function in discrete time economic models. *Econometrica* 59: 1365-1382.

Solow, R. M. (1956). A contribution to the theory of economic growth. *Quarterly Journal of Economics* 70: 65-94.

Stokey, N., and R. Lucas, with E. C. Prescott (1989). *Recursive Methods in Economic Dynamics.* Cambridge, Mass.: Harvard University Press.

Swan, T. W. (1956). Economic growth and capital accumulation. *Economic Record* 32: 334-361.

Uzawa, H. (1964). Optimal growth in a two-sector model of capital accumulation. *Review of Economic Studies* 31: 1-24.

Weizsäcker, C. C. von (1971). *Steady State Capital Theory.* New York: Springer-Verlag.

Wilson, C. (1981). Equilibrium in dynamic models with an infinity of agents. *Journal of Economic Theory 24：95-111.

Woodford，M.（1984）. Indeterminacy of equilibrium in the overlapping generations model：A survey. Mimeograph. Columbia University.

习　题

20.B.1[B]　使用20.B节评论（1）中的时间不耐性定义，证明形如式（20.B.1）的效用函数是时间不耐的。

20.B.2[B]　根据20.B节评论（2）中的定义，证明形如式（20.B.1）的效用函数是平稳的。另外，形如式$V(c)=\sum_{t=0}^{\infty}\delta_t u(c_t)$的效用函数不是平稳的。

20.B.3[B]　根据20.B节的评论（3），记$c=(c',c'')$，其中$c'=(c_0,\cdots,c_t)$，$c''=(c_{t+1},\cdots)$。假设效用函数$V(\cdot)$是加性可分的。证明如果$V(\bar{c}',c'')\geqslant V(\bar{c}',\hat{c}'')$对于某个$\bar{c}'$，于是$V(c',c'')\geqslant V(c',\hat{c}'')$对于所有$c'$。证明如果$V(c',\bar{c}'')\geqslant V(\hat{c}',\bar{c}'')$对于某个$\bar{c}''$，则对于所有$c''$，$V(c',c'')\geqslant V(\hat{c}',c'')$。请加以解释。

20.B.4[C]　在一个递归效用模型中：加总函数$G(u,V)=u^\alpha+\delta V^\alpha$（其中$0<\alpha<1$，$\delta<1$）；一期效用函数$u(c_t)$是递增的和连续的。证明对于这个模型，有界消费流的效用$V(c)$是良好定义的。[提示：使用式（20.B.3）计算截断为有限期的消费流的效用。然后证明当$T\to\infty$时存在着极限。最后，证明极限满足加总方程。]

20.B.5[A]　证明式（20.B.1）给出的定义在消费流上的效用函数$V(c)$是凹的。另外，证明$V(\cdot)$加性可分形式是种基数性质。

20.C.1[A]　给定价格序列（p_0，p_1，⋯，p_t，⋯），$p_t\in\mathbb{R}^L$，对于每个t和每种商品l，定义以商品l衡量的从t到$t+1$期间的利率[这称为商品l在t时的**自身利率**（own rate of interest）。]

20.C.2[A]　证明如果路径（y_0，⋯，y_t，⋯）对于（p_0，p_1，⋯，p_t，⋯）是短期利润最大化的，那么（y_0，⋯，y_t，⋯）对于（p_0，p_1，⋯，p_t，⋯）在任何有限期上也是利润最大化的。也就是说，对于任何T，前T期的总利润不可能因仅涉及这些时期的坐标变动而提高。

20.C.3[A]　给出弱有效率（weak efficiency）的一个合适定义，并且重新证明命题20.C.1，你只能要求（p_0，⋯，p_t，⋯）是个某些元素非零的非负序列。

20.C.4[B]　假设生产路径（y_0，⋯，y_t，⋯）是有界的（即，存在一个固定的α使得对于所有t都有$\|y_t\|\leqslant\alpha$）；（p_0，⋯，p_t，⋯）$\gg 0$；以及$\sum_{t=0}^{\infty}p_t<\infty$。我们说路径（$y_0$，⋯，$y_t$，⋯）关于（$p_0$，⋯，$p_t$，⋯）是整体利润最大化的，如果对于任何其他生产路径（y_0'，⋯，y_t'，⋯）都有

$$\sum_{t=0}^{\infty}(p_t\cdot y_{bt}+p_{t+1}\cdot y_{a,t})\geqslant\sum_{t=0}^{\infty}(p_t\cdot y_{bt}'+p_{t+1}\cdot y_{a,t}')$$

（a）证明如果（y_0，⋯，y_t，⋯）关于（p_0，⋯，p_t，⋯）$\gg 0$是整体利润最大化的，那么它是有效率的。

（b）证明如果（y_0，⋯，y_t，⋯）关于（p_0，⋯，p_t，⋯）$\gg 0$是短期利润最大化的，那么它也是整体利润最大化的。

20.C.5[B]　我们说生产路径（y_0，⋯，y_t，⋯）对于$T<\infty$是T效率的，如果不存在其他生产路径（y'_0，⋯，y'_t，⋯）使得：首先（y'_0，⋯，y'_t，⋯）在效率上优于（y_0，⋯，y_t，⋯）；其次，集合$\{t: y_t\neq y_t'\}$的基数至多为T。

（a）证明如果（y_0，⋯，y_t，⋯）关于（p_0，⋯，p_t，⋯）$\gg 0$是短期利润最大化的，那么（y_0，⋯，y_t，⋯）对于所有$T<\infty$均是T效率的。

（b）证明如果生产技术是平滑的（所谓平滑

的意义请参考 20.C 节的相关讨论；另外，假设与生产边界垂直的外向单位法线为严格正的），那么对于所有 $T<\infty$，2 效率意味着 T 效率。

(c) （更难）证明对于一般线性生产技术，(b) 的结论不成立。举例说明。（提示：使用中间产品链。）

20.C.6[A] 考虑例 20.C.1 和例 20.C.6 中的拉姆齐-索洛技术。外生的劳动禀赋路径为 $(l_0, \cdots, l_t, \cdots)$。给定一个生产路径 $(k_0, \cdots, k_t, \cdots)$，我们通过要求 $(q_t/q_{t+1})=\nabla_1 F(k_t, l_t)$ 对于所有 t 来确定消费品价格序列 $(q_0, \cdots, q_t, \cdots)$。证明，这样一来，我们也能确定工资序列 w_t 从而由 $(k_0, \cdots, k_t, \cdots)$ 确定的路径对于由 $((q_0, w_0), \cdots, (q_t, w_t), \cdots)$ 确定的价格序列是短期利润最大化的。

20.D.1[A] 考虑问题 (20.D.3) 中的预算约束。为简单起见，假设我们处于纯交换情形。请将预算约束写为预算约束的序列，每个时期对应一个这样的序列。为了完成此事，假设可以以零名义利率借贷货币。

20.D.2[A] 证明 20.D 节条件（ⅱ′）(位于教材定义 20.D.2 之前）蕴涵定义 20.D.1 的条件（ⅱ）。反过来，证明条件（ⅱ）和 $w=\sum_t p_t\cdot\omega_t+\sum_t \pi_t<\infty$ 联合蕴涵条件（ⅱ′）。

20.D.3[A] 证明一个消费流 $(c_0, \cdots, c_t, \cdots)\gg 0$ 对于 $p=(p_0, \cdots, p_t, \cdots)$ 和 $w<\infty$ 是短期效用最大化的当且仅当该消费流满足 $\sum_t p_t\cdot c_t=w$ 和下列一阶条件：

对于每个 t 均存在 λ_t 使得

$$\lambda_t p_t=\nabla u(c_t) \quad 和 \quad \lambda_t p_{t+1}=\delta\nabla u(c_{t+1})$$

20.D.4[A] 完成例 20.D.1 要求的计算。

20.D.5[C] 在例 20.D.3 的架构内，设生产函数的形式为 $F(k)=k^\alpha$，$0<\alpha<1$；产能调整成本函数为：对于 $k'>k$，$g(k'-k)=(k'-k)^\beta$，其中 $\beta>1$；对于 $k'\leqslant k$，$g(k'-k)=0$。计算最优投资政策的欧拉方程。尽可能多地评价该政策。特别地，确定投资的稳态路径。

20.D.6[B] 验证命题 20.D.7 证明过程中的断言：欧拉方程 (20.D.9) 是短期最优化的一阶必要和充分条件。换句话说，它们是不存在与给定路径仅在有限个时期不同的任何其他改进路径这个论断的必要和充分条件。

20.D.7[A] 根据例 20.D.4，证明对于给定的函数形式，欧拉方程如该例所示：$k_{t+1}=3k_t-2k_{t-1}$ 对于每个 t。另外，验证教材中给出的那个差分方程的解的确是个解，也就是说，它满足方程。

20.D.8[A] 验证最优值函数 $V(k)$ 满足 20.D 节末尾所说的性质（ⅰ）和（ⅱ）。

20.D.9[A] 证明在习题 20.D.8 中，最优值函数的性质（ⅰ）和（ⅱ）产生了关于 $V'(k)$ 和 $V''(k)$ 的两个结果，这两个结果果然如 20.D 节末尾处所断言。

20.E.1[A] 对于命题 20.E.1 证明过程中定义的项 r，讨论在什么意义上它都可以被解释为隐含在成比例价格序列中的利率。

20.E.2[B] 假设生产集 $Y\subset\mathbb{R}^L$ 是规模报酬不变类型的，考虑成比例（但未必是平稳的）生产路径，也就是，满足 $y_t=(1+n)y_{t-1}$ 对于所有 t 和某个 n 成立的路径 $(y_0, \cdots, y_t, \cdots)$。

(a) 证明对于成比例路径，命题 20.E.1 的结论仍然成立。

(b) 对于成比例路径，叙述和证明与命题 20.E.2 类似的结论。

20.E.3[B] 假设在拉姆齐-索洛模型中，$\bar{k}$ 是 $\mathrm{Max}(F(k, 1)-k)$ 的解（参见图 20.E.2）。证明如果 $k_t\leqslant\bar{k}-\varepsilon$ 对于所有 t，那么由 $(k_0, \cdots, k_t, \cdots)$ 确定的路径是有效率的。（提示：计算价格和验证横截性条件。）

20.E.4[A] 证明 20.E 节末尾处讨论的三个新古典性质。

20.E.5[A] 验证式 (20.E.1)。

20.E.6[A] 完成图 20.E.3 讨论中要求的验证。

20.E.7[A] 在拉姆齐-索洛模型中，两个不同的稳态对应着不同的利率。但在图 20.E.3 的例子中不是这样的，尽管它们初看起来很相似。关键区别在于，对于拉姆齐-索洛模型，消费和投资在生产过程中是完全替代的。请通过证明下列事实说明一点：在图 20.E.3 的架构中，如果两种商品是完全替代的，那么当 $\bar{k}\neq\bar{\bar{k}}$ 时 $r(\bar{k})\neq r(\bar{\bar{k}})$。［提示：它们是完全替代的意味着 $G(k，k'+\alpha)=G(k，k')-\alpha$ 对于任何 $\alpha<G(k，k')$。］

20.E.8[A]　在拉姆齐-索洛技术模型中，生产技术是规模报酬不变的，考虑含有增长率等于 $n>0$（参考习题 20.E.2）的成比例生产路径。证明在这些路径中，能使得剩余最大（在 $t=1$ 时，或等价地，标准化剩余或“人均剩余”）的那个路径可以通过利率等于 n 来刻画。这个路径也称为**黄金律稳态路径**。

20.E.9[A]　证明对于 20.D 节含有单个消费者的模型，黄金律路径不可能成为竞争均衡的元素。（提示：重要事实为 $\delta<1$。）

20.F.1[C]　考虑两个任意函数 $\gamma_1(w)$ 和 $\gamma_2(w)$，它们定义在 $w>0$ 上，取非负值，而且满足 $\gamma_1(w)+\gamma_2(w)=w$ 对于所有 w。另外，假设它们都是二次连续可微的。

证明对于任何 $\alpha>0$ 均存在定义在两种商品上的效用函数 $u(x_1，x_2)$，该函数在定义域 $\{(x_1，x_2)：x_1+x_2\leqslant\alpha\}$ 上是递增且凹的，而且能使得对于价格 $p_1=1$，$p_2=1$ 和财富 $w<\alpha$，$(\gamma_1(w)，\gamma_2(w))$ 与恩格尔曲线函数重合。［提示：令 $u(x_1，x_2)=(x_1+x_2)^{1/2}-\varepsilon[(x_1-\gamma_1(x_1+x_2))^2+(x_2-\gamma_2(x_1+x_2))^2]$ 并且取 ε 足够小。然后验证对于满足 $0<x_1+x_2\leqslant\alpha$ 的任何 $(x_1，x_2)$，$\nabla u(x_1，x_2)$ 为严格正的，$D^2u(x_1，x_2)$ 为负定的；而且恩格尔曲线符合要求。］

20.F.2[A]　假设对于任何 $k\in\mathbb{R}_+$，政策函数 $\psi(k)$ 是个压缩映像（压缩映像的定义参考 20.F 节）。对于这样的政策函数画出几种可能的图形，证明总存在唯一的稳态。另外，对你的图形进行图形动态分析，以这种方式证明稳态总是全局稳定的。

20.F.3[A]　验证对于经典的拉姆齐-索洛技术和产能调整的成本技术，交叉导数符号都为正这个条件成立。

20.F.4[A]　完成例 20.F.1 关于暂时性冲击的验证。

20.F.5[A]　完成例 20.F.1 关于永久性冲击的验证。

20.G.1[B]　考察下列交换经济的均衡问题。在这个经济中有两个消费者（即，$I=2$）、一种实物商品（即，$L=1$）。两个消费者的贴现因子相同［效用函数为式（20.B.1）形式］。另外，假设 $\omega_{t1}+\omega_{t2}=1$ 对于所有 t 均成立。证明：均衡消费流必定是平稳的，均衡价格序列是成比例的（利率为多少?），因此只有一个均衡消费流。

20.G.2[A]　在某个交换经济模型中，有两个消费者。效用函数为式（20.B.1）形式，两个消费者的贴现因子是相同的。对于任何时期 t，商品种数 L 或总禀赋都不存在限制。证明在帕累托最优配置上下列结论成立：对于每个消费者，消费者财富在时期内（in-period）的边际效用在各个时期是相同的（都等于消费者财富的整体边际效用）。使用财富在不同时期和不同个人之间的转移来解释和讨论这意味着什么。

20.G.3[B]　基本情形同习题 20.G.2。

(a) 使用两个消费者财富的边际效用之比将效用可能集的帕累托边界参数化。

(b) 然后使用根岸方法（参考第 17 章附录 A）写出均衡方程。也就是说，写出含有一个未知数（财富的边际效用之比）的一个方程，它的零值正好是模型的均衡。

(c) 使用 17.D 节讨论的方法证明一般来说存在着有限个均衡。请尽可能准确。

20.G.4[A]　证明本书 20.G 节最后一个脚注中的断言。明确写出均衡价格序列的形式。

20.G.5[B]　验证效用函数的凹性意味着式（20.G.6）的绝对值大于 1，如果不存在外部性［即，如果 $\nabla^2_{23}u(\cdot)=\nabla^2_{13}u(\cdot)=0$］。

20.H.1[B]　证明在 20.D 节或 20.G 节的情形下（消费者数量为有限个），均衡时不会出现泡沫。

20. H. 2[B] 在 20. H 节的架构内完成下列各题（允许使用图形论证）。

(a) 证明如果条件（20. H. 3）得以满足，那么在真实资产情形下，稳态是唯一的均衡。

(b) 证明如果条件（20. H. 3）得以满足，那么在纯粹名义资产情形下，货币性稳态是唯一的帕累托最优均衡。

(c) 相反，假设条件（20. H. 3）不成立，$p_b = p_a$ 时不等式是严格的。证明对于纯粹名义资产情形，帕累托最优均衡不止一个。

(d)（更难）假设效用函数为 $v(c_b)+\delta v(c_a)$。考察 $v(\cdot)$ 和 δ 应该满足什么条件才能意味着超额需求函数符合条件（20. H. 3）。（提示：记住例 17. E. 2 是一种特殊情形。）

20. I. 1[A] 验证 20. I 节小标题"叠代模型中的（短期）需求法则"下内容中要求的计算。

第五部分

福利经济学与激励

第五部分将系统地介绍与福利经济学基础相关的一些议题，在本书中我们已经多次遇到这个主题。福利经济学的观点是政策制定者如何设计和执行集体决策。

在第 21 章，我们考察经典的社会选择理论。这个理论的中心问题是关于有无可能将政策制定者的目标导为经济各参与人偏好的一个加总，以及有无可能按照一定条件做此事从而达到令人满意的结果。阿罗不可能定理明确指出了完成此任务的难度，我们将给出和详细讨论这个定理。在更为实证的角度上，我们也讨论了单峰偏好假设，并且在这个假设下分析了多数人投票的绩效。

在第 22 章，我们指出，在很多情形下，外在价值判断的可能性取决于个人效用水平的可比性。本章大部分内容按照伯格森-萨缪尔森传统阐述福利经济学。为了完成此事，我们发展出了效用可能集和社会福利函数这些分析工具，并且强调一级最优问题和二级最优问题的区别。我们还介绍了公理性议价理论，这种方法强调社会决策的本质是妥协而不是约束最优化。

在第 23 章，我们认识到，在现实中，政策制定者对个人偏好知之甚少；这些信息通常仅由个人自己知道。由于信息仅能被理性的、自利的参与人自己看到，这产生了严重的激励相容约束（二级最优约束）。在这些激励约束下，我们详细分析了集体行为的可行性。第 23 章的内容与本书第二部分的博弈论有关，而且再次讨论了本书第三部分讨论的一些议题。

第21章 社会选择理论

21.A 引言

在本章，我们分析在多大程度上个人偏好能被加总成社会偏好，或更直接地，被加总成社会决策，而且这种加总方式要“令人满意”，也就是说，加总方式要能满足一系列合意条件。

在本章我们始终考察的是一组可能的社会选择方案和一群个体，他们在这些备选方案上有良好定义的偏好。

21.B 节考察最简单的情形：备选方案集只有两个元素。在这种情形下，加总问题存在着很多令人满意的解。在我们的陈述中，我们主要通过多数投票方法详细分析加总的性质。

21.C 节考察备选方案集有多个元素的情形，我们的讨论也急转直下：消息未必总是好的。我们阐述和证明了著名的**阿罗不可能定理**（Arrow's impossibility theorem）。在本质上，这个定理告诉我们，我们无法做到在每件事情上都称心如意。如果我们希望我们的加总规则［称为**社会福利泛函数**（social welfare functional)］满足如下条件，即（1）对于个人偏好的任何可能组合都有定义，（2）总能够产生帕累托最优决策，（3）任何两个备选方案上的社会偏好都仅取决于这些方案上的个人偏好［称为**配对独立条件**（pairwise independence condition)］，那么我们面对着两难选择：要么我们必须不寄望于偏好是理性的（理性的定义见第1章），要么我们必须接受独裁。

21.D 节描述了走出不可能定理困境的两种方法。一种方法是我们部分放松社会偏好的理性程度限制。另外一种方法是我们寻找在个人偏好受约束定义域上令人满意的加总规则。特别地，我们引入**单峰偏好**（single-peaked preferences）的概念，然后对于有着这种偏好的人群，我们分析**中间投票人**（median voter）在作为一种加总方法的配对多数投票（pairwise majority voting）中的作用。

21.E 节直接将加总问题界定为如何将个人偏好加总为社会决策。它引入了**社**

会选择函数（social choice function）概念，并给出这种情形下的不可能定理版本。本质上，这个结果是通过将配对独立条件（该概念在本节毫无意义）替换为社会选择的**单调**条件而得到的。这个条件将本章内容与第 23 章基于激励的理论联系起来。

本章内容可参考 Arrow（1963），Moulin（1988）和 Sen（1970，1986）。

21.B 一种特殊情形：两种备选方案上的社会偏好

我们首先以最简单的情形分析社会选择：备选方案只有两个。我们将这些备选方案称为 x 和 y。例如，方案 x 可能是"维持现状"，而方案 y 是正在讨论并准备实施的某个公共项目。

对于我们的问题，我们拥有的资料是社会成员在这两个备选方案上的个人偏好。我们假设个人或称**参与人**（agents）的数量为 $I<\infty$ 个。个人在这两个方案上的偏好集可用组合

$$(\alpha_1,\cdots,\alpha_I)\in\mathbb{R}^I$$

描述。其中 α_i 的取值规则是：根据个人 i 偏好 x 胜于 y、无差异还是偏好 y 胜于 x，α_i 相应分别取值 1，0 或 -1。[①]

定义 21. B. 1：一个**社会福利泛函数**（social welfare functional）或称**社会福利加总器**（social welfare aggregator）是个规则 $F(\alpha_1, \cdots, \alpha_I)$，该规则对个人偏好的每个可能组合 $(\alpha_1, \cdots, \alpha_I)\in\{-1, 0, 1\}^I$ 指定一个社会偏好，即 $F(\alpha_1, \cdots, \alpha_I)\in\{-1, 0, 1\}$。

我们考察的所有社会福利函数都要在定义 21. B. 2 的弱意义上尊重个人偏好。

定义 21. B. 2：社会福利泛函数 $F(\alpha_1, \cdots, \alpha_I)$ 是**帕累托的**（Paretian）或称为具有**帕累托性质**（Pareto property），如果它尊重参与人严格偏好的一致性，也就是说，如果 $F(1, \cdots, 1)=1$ 和 $F(-1, \cdots, -1)=-1$。

例 21. B. 1：两个备选方案之间的帕累托社会福利泛函数比比皆是。令 $(\beta_1, \cdots, \beta_I)\in\mathbb{R}_+^I$ 是个元素非负的向量而且不是零向量。于是我们可以定义

$$F(\alpha_1,\cdots,\alpha_I)=\text{sign}\sum_i\beta_i\alpha_i$$

记住，对于任何 $a\in\mathbb{R}$，根据 $a>0$，$a=0$ 或 $a<0$，$\text{sign}\, a$ 分别等于 1，0 或 -1。

一种重要的特殊情形是**多数投票**（majority voting），也就是说，投票表决且多数票获

21

① 在本章，我们始终假设，在备选方案的社会决策问题中，真正重要的仅为参与人对两个备选方案的偏好排序。21. C 节将正式阐述这一假设涉及的原理。注意到，这样一来，我们就排除了使用这两个备选方案的"基数"或"强度"（intensity）信息，因为这种"强度"需要通过第三个备选方案来校正（也许使用彩票）。另外，这个假设还排除了个人间快乐感或痛苦感的比较。在第 22 章，我们将比较详细地讨论个人间效用的可比性问题。

胜，其中我们取 $\beta_i=1$ 对于每个 i。于是 $F(\alpha_1, \cdots, \alpha_I)=1$ 当且仅当偏好 x 胜于 y 的人数大于偏好 y 胜于 x 的人数。类似地，$F(\alpha_1, \cdots, \alpha_I)=-1$ 当且仅当偏好 y 胜于 x 的人数大于偏好 x 胜于 y 的人数。最后，当这两种人数相等时，我们有 $F(\alpha_1, \cdots, \alpha_I)=0$，也就是，社会无差异的情形。■

例 21. B. 2：独裁。我们说一个社会福利泛函数是**独裁的**（dictatorial），如果存在一个参与人（独裁者），使得对于任何组合（$\alpha_1, \cdots, \alpha_I$），$\alpha_h=1$ 意味着 $F(\alpha_1, \cdots, \alpha_I)=1$，而且类似地，$\alpha_h=-1$ 意味着 $F(\alpha_1, \cdots, \alpha_I)=-1$。也就是说，独裁者的偏好成了社会偏好。独裁的社会福利泛函数在定义 21. B. 2 的意义上具有帕累托性质。对于例 21. B. 1 中的社会福利泛函数，只要对于某个参与人 h 有 $\alpha_h>0$ 以及当 $i\neq h$ 时 $\alpha_i=0$，我们就得到了一个独裁关系，因为 $F(\alpha_1, \cdots, \alpha_I)=\alpha_h$。■

多数投票社会福利泛函数在社会选择理论中扮演着重要的基准角色。除了具有帕累托性质之外，它还具有其他三个重要性质，下面我们将正式阐述这些性质。第一个性质（参与人之间的对称性）是说社会福利泛函数平等对待每个参与人。类似地，第二个性质（备选方案的中立性）是说，社会福利泛函数事先不偏重任何一个备选方案。第三个性质（正反应性）比定义 21. B. 2 的帕累托性质更强，它是说社会福利泛函数对个人偏好比较敏感。

定义 21. B. 3：社会福利泛函数 $F(\alpha_1, \cdots, \alpha_I)$ 在参与人之间是**对称的**（symmetric）或说 $F(\alpha_1, \cdots, \alpha_I)$ 是**匿名的**（anonymous），如果参与人的名字并不重要，即，如果将各参与人的偏好重新排列不会改变社会偏好。准确地说，令 π：$\{1, \cdots, I\}\to\{1, \cdots, I\}$ 是个满射函数［即，该函数具有下列性质：对于任何 i 均存在 h 使得 $\pi(h)=i$］。那么对于任何组合（$\alpha_1, \cdots, \alpha_I$）我们均有 $F(\alpha_1, \cdots, \alpha_I)=F(\alpha_{\pi(1)}, \cdots, \alpha_{\pi(I)})$。

定义 21. B. 4：社会福利泛函数 $F(\alpha_1, \cdots, \alpha_I)$ 在备选方案之间是**中立性的**（neutral），如果 $F(\alpha_1, \cdots, \alpha_I)=-F(-\alpha_1, \cdots, -\alpha_I)$ 对于每个组合（$\alpha_1, \cdots, \alpha_I$）都成立，也就是说，如果当我们颠倒（reverse）所有参与人的偏好时，社会偏好也颠倒了。

定义 21. B. 5：社会福利泛函数 $F(\alpha_1, \cdots, \alpha_I)$ 是**正反应的**（positively responsive），如果当（$\alpha_1, \cdots, \alpha_I)\geqslant(\alpha'_1, \cdots, \alpha'_I$），（$\alpha_1, \cdots, \alpha_I)\neq(\alpha'_1, \cdots, \alpha'_I$）和 $F(\alpha'_1, \cdots, \alpha'_I)\geqslant 0$ 时，我们有 $F(\alpha_1, \cdots, \alpha_I)=+1$。也就是说，如果社会认为 x 优于 y 或与 y 一样好而且某些参与人开始看重 x，那么 x 是受社会偏好的。

容易验证多数投票满足参与人间对称性、备选方案间中立性以及正反应性这三个性质（参见习题 21. B. 1）。可以证明，这些性质完全刻画了多数投票。命题 21. B. 1 的结果归功于 May（1952）。

命题 21. B. 1：（May 定理）一个社会福利泛函数 $F(\alpha_1, \cdots, \alpha_I)$ 是个多数投票

社会福利函数当且仅当它在参与人之间是对称的、在备选方案间是中立性的以及是正反应的。

证明：我们已经说过多数投票满足这三个性质，这就是必要性。为了证明充分性，注意到参与人之间的对称性意味着社会偏好仅取决于偏好 x 胜于 y 的参与人总数、认为 x 与 y 无差异的参与人总数以及偏好 y 胜于 x 的参与人总数。给定 $(\alpha_1, \cdots, \alpha_I)$，记

$$n^+(\alpha_1,\cdots,\alpha_I)=\#\{i:\alpha_i=1\} \text{和} \ n^-(\alpha_1,\cdots,\alpha_I)=\#\{i:\alpha_i=-1\}$$ [①]

参与人之间的对称性能让我们将 $F(\alpha_1, \cdots, \alpha_I)$ 写为

$$F(\alpha_1,\cdots,\alpha_I)=G(n^+(\alpha_1,\cdots,\alpha_I),n^-(\alpha_1,\cdots,\alpha_I))$$

现在假设$(\alpha_1, \cdots, \alpha_I)$ 使得 $n^+(\alpha_1, \cdots, \alpha_I)=n^-(\alpha_1, \cdots, \alpha_I)$。于是 $n^+(-\alpha_1, \cdots, -\alpha_I)=n^-(\alpha_1, \cdots, \alpha_I)=n^+(\alpha_1, \cdots, \alpha_I)=n^-(-\alpha_1, \cdots, -\alpha_I)$，因此

$$\begin{aligned}F(\alpha_1,\cdots,\alpha_I)&=G(n^+(\alpha_1,\cdots,\alpha_I),n^-(\alpha_1,\cdots,\alpha_I))\\&=G(n^+(-\alpha_1,\cdots,-\alpha_I),n^-(-\alpha_1,\cdots,-\alpha_I))\\&=F(-\alpha_1,\cdots,-\alpha_I)\\&=-F(\alpha_1,\cdots,\alpha_I)\end{aligned}$$

最后一个等式可由备选方案之间的中立性推出。我们已经知道，对于一个数来说，如果它等于它的相反数，那么这个数必定为零。因此，我们断言，如果 $n^+(\alpha_1, \cdots, \alpha_I)=n^-(\alpha_1, \cdots, \alpha_I)$，那么 $F(\alpha_1, \cdots, \alpha_I)=0$。

接下来假设 $n^+(\alpha_1, \cdots, \alpha_I)>n^-(\alpha_1, \cdots, \alpha_I)$。记 $H=n^+(\alpha_1, \cdots, \alpha_I)$，$J=n^-(\alpha_1, \cdots, \alpha_I)$；于是 $J<H$。不失一般性，令 $\alpha_i=1$ 对于 $i\leqslant H$；$\alpha_i\leqslant 0$ 对于 $i>H$。考虑一个新组合 $(\alpha'_1, \cdots, \alpha'_I)$，该组合由 $\alpha'_i=\alpha_i=1$ 对于 $i\leqslant J<H$，$\alpha'_i=0$ 对于 $J<i\leqslant H$，以及 $\alpha'_i=\alpha_i\leqslant 0$ 对于 $i>H$ 所定义。于是，$n^+(\alpha'_1, \cdots, \alpha'_I)=J$ 和 $n^-(\alpha'_1, \cdots, \alpha'_I)=n^-(\alpha_1, \cdots, \alpha_I)=J$。因此，$F(\alpha'_1, \cdots, \alpha'_I)=0$。但是根据我们的构造，备选方案 x 在新个人偏好中已经失宠了。的确，$(\alpha_1, \cdots,\alpha_I)\geqslant(\alpha'_1, \cdots, \alpha'_I)$ 和 $\alpha_{J+1}=1>0=\alpha'_{J+1}$。因此，根据正反应性可知，我们必定有 $F(\alpha_1, \cdots, \alpha_I)=1$。

反过来，如果 $n^-(\alpha_1, \cdots, \alpha_I)>n^+(\alpha_1, \cdots, \alpha_I)$，那么 $n^+(-\alpha_1, \cdots, -\alpha_I)>n^-(-\alpha_1, \cdots, -\alpha_I)$，所以 $F(-\alpha_1, \cdots, -\alpha_I)=1$。因此，根据备选方案之间的中立性：

$$F(\alpha_1,\cdots,\alpha_I)=-F(-\alpha_1,\cdots,-\alpha_I)=-1$$

我们断言 $F(\alpha_1, \cdots, \alpha_I)$ 的确是个多数投票社会福利泛函数。■

习题 21. B. 2 要求读者找到不同于多数投票的例子，但它仍能满足命题 21. B. 1

① 记住符号 $\#A$=集合 A 的基数=集合 A 的元素个数。

21

的三个性质中的任何两个。

21.C　一般情形：阿罗不可能定理

下面我们研究任何数量备选方案上个人偏好的加总问题。我们将备选方案集合记为 X，并且假设有 I 个参与人，$i=1$，…，I。每个参与人 i 有着定义在 X 上的偏好关系 $\succsim_i$。我们将从 $\succsim_i$ 推导出的严格偏好和无差异关系分别记为 $\succ_i$ 和 $\sim_i$。①另外，为方便起见，我们经常假设在个人偏好关系中任何两个不同的方案都不是无差异的。因此，为了区别这两种情形，我们将 X 上的所有可能理性偏好关系组成的集合记为 $\mathscr{R}$，而将满足不存在两个不同备选方案是无差异性质的 X 上的所有可能理性偏好关系组成的集合记为 $\mathscr{P}$。注意到，$\mathscr{P}\subset\mathscr{R}$。②

类似 21.B 节，我们可以将社会福利泛函数定义为一个规则，该规则对个人偏好组合 $(\succsim_1,\cdots,\succsim_I)\in\mathscr{R}^I$ 指定了社会偏好。下面的定义 21.C.1 在两个方面推广了定义 21.B.1：一是它允许任何数量的备选方案；二是它允许将加总问题限制在个人偏好组合的某个给定定义域 $\mathscr{A}\subset\mathscr{R}^I$。然而，在本节，我们主要考察最大的定义域，即，$\mathscr{A}=\mathscr{R}^I$ 和 $\mathscr{A}=\mathscr{P}^I$。

定义 21.C.1：定义在给定子集 $\mathscr{A}\subset\mathscr{R}^I$ 的一个**社会福利泛函数**（或称**社会福利加总器**）是一个规则 F：$\mathscr{A}\rightarrow\mathscr{R}$，该规则对可行定义域 $\mathscr{A}\subset\mathscr{R}^I$ 中的个人理性偏好关系的任何组合 $(\succsim_1,\cdots,\succsim_I)$ 指定了一个理性偏好关系 $F(\succsim_1,\cdots,\succsim_I)\in\mathscr{R}$，这个理性偏好关系称为社会偏好关系。

注意到，正如我们在 21.B 节的做法一样，在社会加总问题中，个人特征完全是由他们在备选方案上的偏好关系刻画的。③

对于任何组合 $(\succsim_1,\cdots,\succsim_I)$，我们将由 $F(\succsim_1,\cdots,\succsim_I)$ 导出的严格偏好关系记为 $F_p(\succsim_1,\cdots,\succsim_I)$。也就是说，我们令 $xF_p(\succsim_1,\cdots,\succsim_I)y$，如果 $xF(\succsim_1,\cdots,\succsim_I)y$ 成立但 $yF(\succsim_1,\cdots,\succsim_I)x$ 不成立。于是，我们说“社会认为

---

① 我们已经知道在 1.B 节，$\succ_i$ 的正式定义是令 $x\succ_i y$，若 $x\succsim_i y$ 成立但 $y\succsim_i x$ 不成立。也就是说，如果 x 至少与 y 一样好但 y 不与 x 一样好，那么 x 比 y 更受偏好。另外，无差异关系 $\sim_i$ 的定义为令 $x\sim_i y$，如果 $x\succsim_i y$ 而且 $y\succsim_i x$。从命题 1.B.1 可知，如果 $\succsim_i$ 是理性的（即是完备且传递的），那么 $\succ_i$ 为非反身的（不可能出现 $x\succ_i x$）和传递的（$x\succ_i y$ 和 $y\succ_i z$ 意味着 $x\succ_i z$）。类似地，$\sim_i$ 是反身的（$x\sim_i x$ 对所有 $x\in X$ 均成立）、传递的（$x\sim_i y$ 和 $y\sim_i z$ 意味着 $x\sim_i z$）和对称的（$x\sim_i y$ 意味着 $y\sim_i x$）。

② 正式地说，偏好关系 $\succsim_i$ 属于 $\mathscr{P}$，如果它是反身的（$x\succsim_i x$ 对于所有 $x\in X$ 均成立）、传递的（$x\succsim_i y$ 和 $y\succsim_i z$ 意味着 $x\succsim_i z$）和**全域的**（total）（若 $x\neq y$，则要么 $x\succsim_i y$，要么 $y\succsim_i x$，但不可能都成立）。这样的偏好关系通常称为**严格偏好**（strict preferences）［尽管称**严格-全面偏好**（strict-total preferences）可能更准确些］或称为**线性序**（linear orders），因为这些性质就是实直线通常拥有的序：“大于或等于”。

③ 特别地，不存在个人效用水平，因此个人效用水平之间的比较是没有意义的。对加总过程中使用的信息进行分析，我们需要再次参考第 22 章（尤其是 22.D 节）。

21

x 比y 好”。我们将$xF(\succsim_1,\cdots,\succsim_I)y$ 读为“社会认为 x 至少与 y 一样好”。

定义 21. C. 2（它是定义 21. B. 2 的推广）将满足尊重个人偏好最小条件的社会福利函数凸显出来。

定义 21. C. 2：社会福利泛函数 F：$\mathscr{A}\to\mathscr{R}$ 是**帕累托的**（Paretian），如果对于任何一对备选方案 $\{x, y\}\subset X$ 和任何偏好组合 $(\succsim_1, \cdots, \succsim_I)\in\mathscr{A}$，社会认为 x 比 y 好，也就是说，$xF_p(\succsim_1, \cdots, \succsim_I)y$ 当 $x\succ_i y$ 对于每个 i 均成立。

在例 21. C. 1 中我们描述了一类有趣的帕累托社会福利泛函数。

例 21. C. 1：**波达计分（Borda count）**。假设备选方案数量是有限的。给定一个偏好关系$\succsim_i\in\mathscr{R}$，我们按照以下规则对每个备选方案 $x\in X$ 指定一个分数。暂时假设在偏好关系$\succsim_i$ 中任何两个备选方案都不是无差异的。于是我们令 $c_i(x)=n$，如果 x 在$\succsim_i$ 的序中位于第 n 名。如果在$\succsim_i$ 中允许无差异，那么 $c_i(x)$ 是与 x 无差异的备选方案的平均排名。[1]

最后，对于任何组合 $(\succsim_1, \cdots, \succsim_I)\in\mathscr{R}^I$，我们通过将分数加总得到它的社会排序。也就是说，如果 $\sum_i c_i(x)\leqslant\sum_i c_i(y)$，我们令 $F(\succsim_1, \cdots, \succsim_I)\in\mathscr{R}$ 表示由 $xF(\succsim_1, \cdots, \succsim_I)y$ 定义的偏好关系。这个偏好关系是完备的和传递的［它可由效用函数 $-c(x)=-\sum_i c_i(x)$ 表示］。而且，该偏好关系是帕累托的，这是因为如果 $x\succ_i y$ 对于每个 i，那么 $c_i(x)<c_i(y)$对于每个 i，从而有 $\sum_i c_i(x)<\sum_i c_i(y)$。■

下面我们阐述社会福利泛函数面对的一个重要限制条件，它首先由 Arrow (1963) 提出。这个限制条件指出任何两个备选方案上的社会偏好均仅取决于这两个方案上的个人偏好。我们可从三个方面为这个假设辩护。第一个理由是，它认为在确定 x 与 y 的社会排序时，是否存在其他方案是不重要的，这些其他方案与当前的问题无关。这个理由是严格规范的而且有相当大的吸引力。第二个理由是实践性的。这个假设使得社会决策任务变得非常方便，因为它有助于隔离问题。在确定某个备选方案子集的社会排序时，我们不需要这个子集之外的任何个人偏好信息。第三个理由与激励有关，它属于第 23 章讨论的问题（也可以参考命题 21. E. 2）。配对独立性（pairwise independence）性质与如何提供激励让个人如实显示自己的偏好这个问题密切相关。

定义 21. C. 3：定义域为 A 的社会福利泛函数 F：$\mathscr{A}\to\mathscr{R}$ 满足**配对独立性条件**（pairwise independence condition）或称**不相关方案无关性条件**（independence of irrelevant alternative condition），如果任何两个备选方案 $\{x, y\}\subset X$ 上的社会偏

② 因此，如果 $X=\{x, y, z\}$ 而且 $x\succsim_i y\sim_i z$，那么 $c_i(x)=1$，$c_i(y)=c_i(z)=2.5$。

好均仅取决于这两个方案上的个人偏好组合。正式地说①，对于任何一对备选方案 $\{x, y\} \subset X$，以及对于具有下列性质的任何一对偏好组合 $(\succsim_1, \cdots, \succsim_I) \in \mathscr{A}$ 和 $(\succsim_1', \cdots, \succsim_I') \in \mathscr{A}$，即对于每个 i，

$$x \succsim_i y \Leftrightarrow x \succsim_i' y \quad 和 \quad y \succsim_i x \Leftrightarrow y \succsim_i' x$$

我们都有

$$xF(\succsim_1, \cdots, \succsim_I)y \Leftrightarrow xF(\succsim_1', \cdots, \succsim_I')y$$

和

$$yF(\succsim_1, \cdots, \succsim_I)x \Leftrightarrow yF(\succsim_1', \cdots, \succsim_I')x$$

例 21.C.1：波达计分（续）。波达计分不满足配对独立性条件。原因很简单：任何一个备选方案的位次都取决于每个其他备选方案的位次。例如，假设有两个参与人和三个备选方案 $\{x, y, z\}$。对于偏好

$$x \succ_1 z \succ_1 y$$
$$y \succ_2 x \succ_2 z$$

社会认为 x 比 y 好［事实上，$c(x)=3$ 和 $c(y)=4$］。但是，对于偏好

$$x \succ_1' y \succ_1' z$$
$$y \succ_2' z \succ_2' x$$

社会认为 y 比 x 好［事实上，现在 $c(x)=4$ 和 $c(y)=3$］。然而，对于每个参与人来说，x 和 y 的相对位次并没有变化。

再举一种情形，现在有三个参与人和四个备选方案 $\{x, y, z, w\}$，考虑

$$z \succ_1 x \succ_1 y \succ_1 w$$
$$z \succ_2 x \succ_2 y \succ_2 w$$
$$y \succ_3 z \succ_3 w \succ_3 x$$

因此，社会认为 y 比 x 好［$c(x)=8$ 和 $c(y)=7$］。但是现在假设所有参与人都将备选方案 z 和 w 的位次尽量向后移动（根据帕累托性质，这意味着 z 和 w 这两个方案从备选方案集删除了）：

$$x \succ_1' y \succ_1' z \succ_1' w$$

① 注意，本注释后面（正文）的表达有些啰唆，我们这么做的原因无非就是强调它前面的陈述。等价的表达为：对于任何 $\{x, y\} \subset X$，若 $\succsim_i |\{x, y\} = \succsim_i' |\{x, y\}$ 对于所有 i 均成立，那么 $F(\succsim_1, \cdots, \succsim_I) |\{x, y\} = F(\succsim_1', \cdots, \succsim_I') |\{x, y\}$。此处，$\succsim |\{x, y\}$ 表示将偏好排序 $\succsim$ 限制在集合 $\{x, y\}$ 上。

$$x \succ_2' y \succ_2' z \succ_2' w \tag{21.C.1}$$
$$y \succ_3' x \succ_3' z \succ_3' w$$

于是社会认为 x 比 y 好 $[c(x)=4$ 和 $c(y)=5]$。因此，方案 z 和 w 存在与否对于社会在 x 和 y 之间的选择很重要。另外一种修改是参与人将方案 x 移动到最后：

$$x \succ_1'' y \succ_1'' z \succ_1'' w$$
$$x \succ_2'' y \succ_2'' z \succ_2'' w$$
$$y \succ_3'' z \succ_3'' w \succ_3'' x$$

现在，社会认为 y 比 x 好［这个结果，相对于式（21.C.1）的结果来说，符合参与人 3 的意愿］。■

我们在上面对例 21.C.1 的讨论表明，配对独立性条件是个重要限制。然而，有一种自然而然的方法能保证这个条件自动得到满足。它通过某特定加总规则来确定任何给定的两个备选方案之间的社会偏好，这个加总规则只使用了个人偏好中**这两个方案**的排序信息。在 21.B 节我们已经看到，对于任何一对备选方案，存在很多这样的规则。我们能否按照这种配对方式实施而且仍能得到理性（即，完备且传递的）社会偏好？例 21.C.2 表明这非常困难。

例 21.C.2：康多塞悖论（Condorcet Paradox）。[①] 假设我们要在两个备选方案之间进行多数投票（多数投票的分析请参考 21.B 节）。我们能否确定一个社会福利泛函数？在下一节我们将看到在某个受限制定义域 $\mathscr{A} \subset \mathscr{R}^I$ 内答案是肯定的。但在一般情形下我们将遇到所谓的康多塞悖论难题。假设我们有三个备选方案 $\{x, y, z\}$ 和三个参与人。这三个人的偏好为

$$x \succ_1 y \succ_1 z$$
$$z \succ_2 x \succ_2 y$$
$$y \succ_3 z \succ_3 x$$

配对多数投票告诉我们，社会必定认为 x 比 y 好（因为 x 得到了多数票，而 y 没有）。类似地，社会必定认为 y 比 z 好（两个人偏好 y 胜于 z），以及社会必定认为 z 比 x 好（两个人偏好 z 胜于 x）。但是这种循环模式违背了社会偏好的传递性条件。■

下一个命题是阿罗不可能定理，该定理是本章的核心结果。它在本质上告诉我们，康多塞悖论的出现不是由多数投票的任何强性质（命题 21.B.1 已给出了这些性质，即参与人之间的对称性、备选方案的中立性和正反应性）引起的。康多塞悖论点破了关键问题所在：在配对独立性条件下，不存在定义在 $\mathscr{R}^I$ 上的社会福利泛

① 1.B 节已讨论了这个例子。

函数，使得该函数满足最低形式的参与人之间的对称性（无独裁者）和最低形式的正反应性（帕累托性质）。

命题 21. C. 1：（阿罗不可能定理） 假设至少有三个备选方案，个人组合的定义域 $\mathscr{A}$ 要么为 $\mathscr{A}=\mathscr{R}^I$，要么为 $\mathscr{A}\subset\mathscr{P}^I$。那么每个满足帕累托性质和配对独立性条件的社会福利泛函数 $F: \mathscr{A}\to\mathscr{R}$ 在下列意义上均是独裁的：存在一个参与人 h 使得对于任何 $\{x, y\}\subset X$ 和任何组合 $(\succsim_1, \cdots, \succsim_I)\in\mathscr{A}$，当 $x\succ_h y$ 时，社会认为 x 比 y 好，即 $xF_p(\succsim_1, \cdots, \succsim_I)y$。

证明： 在此处我们给出这个定理的经典证明。另外一种证法可参考 22. D 节。

从现在起，为方便起见，将 I 不仅视为参与人的数量，也视为参与人集合。对于整个证明，我们使用一个满足帕累托性质和配对独立性条件的固定社会福利泛函数 $F: \mathscr{A}\to\mathscr{R}$。我们先给出一些定义。注意，在下面，当我们说配对方案时，指的是不同的方案组合。

定义 21. C. 4： 给定 $F(\cdot)$，对于参与人集合的一个子集 $S\subset I$，

（ⅰ）如果 S 中的每个人认为 x 比 y 好且 S 之外的每个人认为 y 比 x 好，导致社会认为 x 比 y 好，那么我们说 S **决定了 x 比 y 好**（decisive for x over y）。

（ⅱ）如果对于任何一对备选方案 $\{x, y\}\subset X$，S 决定了 x 比 y 好，那么我们说 S 是**决定性的**（decisive）。

（ⅲ）如果 S 中的每个人认为 x 比 y 好，导致社会认为 x 比 y 好，那么我们说 S **完全决定了 x 比 y 好**（completely decisive for x over y）。

我们的证明将沿着详细考察决定集族的结构这个路线进行。我们分步骤完成这个任务。第 1 步到第 3 步表明，如果某个参与人子集对于某对方案是决定性的，那么它对所有配对方案都是决定性的。第 4 步到第 6 步证明了决定集族的一些代数性质。第 7 步和第 8 步使用这些性质证明了存在由单个参与人组成的最小决定集。第 9 步和第 10 步证明这个参与人是个独裁者。

第 1 步：如果对于某个 $\{x, y\}\subset X$，$S\subset I$ 决定了 x 比 y 好，那么对于任何备选方案 $z\neq x$，S 决定了 x 比 z 好。类似地，对于任何 $z\neq y$，S 决定了 z 比 y 好。

我们仅证明如果 S 决定了 x 比 y 好，那么 S 决定了 x 比 $z\neq x$ 好。另一部分的证明是类似的。习题 21. C. 1 要求读者完成这部分证明。

如果 $z=y$，我们就不用证明了。因此，我们假设 $z\neq y$。考虑一个偏好组合 $(\succsim_1, \cdots, \succsim_I)\in\mathscr{A}$，其中

$$x\succ_i y\succ_i z \quad 对于每个\ i\in S$$

以及

$$y\succ_i z\succ_i x \quad 对于每个\ i\in I\setminus S$$

于是，由于 S 决定了 x 比 y 好，所以社会认为 x 比 y 好，也就是说，$xF_p(\succsim_1, \cdots,$

$\succsim_I)y$。另外，由 $y\succsim_i z$ 对于每个 $i\in I$ 均成立以及 $F(\cdot)$ 满足帕累托性质可知，$yF_p(\succsim_1,\cdots,\succsim_I)z$。因此，由社会偏好关系的传递性可知，$xF_p(\succsim_1,\cdots,\succsim_I)z$。根据配对独立性条件可知，当 S 中的每个参与人都认为 x 比 z 好而且 S 之外的每个参与人都认为 z 比 x 好时，导致社会认为 x 比 z 好。因此，S 决定了 x 比 z 好。

第 2 步：如果对于某个 $\{x,y\}\subset X$，$S\subset I$ 决定了 x 比 y 好，z 是第三个备选方案，那么当 $w\in X$ 是不同于 z 的任何备选方案时，S 决定了 z 比 w 好以及决定了 w 比 z 好。

根据第 1 步，S 决定了 x 比 z 好以及决定了 z 比 y 好。但是这样一来，如果我们再次使用第 1 步，只不过这次运用在 $\{x,z\}$ 和 w 上，那么可知：S 决定了 w 比 z 好。类似地，将第 1 步运用在 $\{z,y\}$ 和 w 上，可知：S 决定了 z 比 w 好。

第 3 步：如果对于某个 $\{x,y\}\subset X$，$S\subset I$ 决定了 x 比 y 好，那么 S 是决定性的。

这个结论可由第 2 步以及存在某个不同于 x 和 y 的备选方案 $z\in X$ 这个事实直接推出。事实上，取任何 $\{v,w\}$。如果 $v=z$ 或 $w=z$，那么第 2 步直接蕴涵着第 3 步的结论。如果 $v\neq z$ 且 $w\neq z$，我们可以运用第 2 步从而断言 S 决定了 z 比 w 好，然后使用第 1 步［运用在 $\{z,w\}$ 上］断言 S 决定了 v 比 w 好。

第 4 步：如果 $S\subset I$ 和 $T\subset I$ 是决定性的，那么 $S\cap T$ 是决定性的。

任取三个不同的备选方案 $\{x,y,z\}\subset X$，考虑偏好组合 $(\succsim_1,\cdots,\succsim_I)\in\mathscr{A}$，其中

$$z\succ_i y\succ_i x \quad 对于每个\ i\in S\setminus(S\cap T)$$
$$x\succ_i z\succ_i y \quad 对于每个\ i\in S\cap T$$
$$y\succ_i x\succ_i z \quad 对于每个\ i\in T\setminus(S\cap T)$$
$$y\succ_i z\succ_i x \quad 对于每个\ i\in I\setminus(S\cup T)$$

于是 $zF_p(\succsim_1,\cdots,\succsim_I)y$，这是因为 $S(=[S\setminus(S\cap T)]\cup(S\cap T))$ 是个决定集。类似地，$xF_p(\succsim_1,\cdots,\succsim_I)z$，因为 T 是个决定集。因此，根据社会偏好的传递性可知，$xF_p(\succsim_1,\cdots,\succsim_I)y$。由配对独立性条件可知，$S\cap T$ 决定了 x 比 y 好，从而根据第 3 步可知，$S\cap T$ 是个决定集。

21

第 5 步：对于任何 $S\subset I$，我们有：要么 S 要么 S 的补 $I\setminus S\subset I$ 是决定性的。

任取三个不同的备选方案 $\{x,y,z\}\subset X$，考虑偏好组合 $(\succsim_1,\cdots,\succsim_I)\in\mathscr{A}$，其中

$$x\succ_i z\succ_i y \quad 对于每个\ i\in S$$
$$y\succ_i x\succ_i z \quad 对于每个\ i\in I\setminus S$$

于是存在两种可能性：一是 $xF_p(\succsim_1, \cdots, \succsim_I)y$，在这种情形下，根据配对独立性条件可知，$S$ 决定了 x 比 y 好（因此，根据第 3 步，S 是决定性的）；二是 $yF(\succsim_1, \cdots, \succsim_I)x$，因为根据帕累托性质条件，我们有 $xF_p(\succsim_1, \cdots, \succsim_I)z$，在这种情形下，社会偏好关系产生了 $yF_p(\succsim_1, \cdots, \succsim_I)z$。但是这样一来，再次使用配对独立性条件，我们断言 $I\setminus S$ 决定了 y 比 z 好（因此，根据第 3 步可知，$I\setminus S$ 是决定性的）。

第 6 步：如果 $S\subset I$ 是决定性的而且 $S\subset T$，那么 T 也是决定性的。

根据帕累托性质条件可知，如果参与人集合是空集，那么它不可能是决定性的（的确，如果没有人认为 x 比 y 好并且每个人均认为 y 比 x 好，那么社会不会认为 x 比 y 好）。因此，$I\setminus T$ 不可能是决定性的，因为如若不然，根据第 4 步可知，$S\cap(I\setminus T)=\varnothing$ 将是决定性的。因此，由第 5 步可知，T 是决定性的。

第 7 步：如果 $S\subset I$ 是决定性的而且它含有不止一个参与人，那么存在一个严格子集 $S'\subset S$，$S'\neq S$，使得 S' 是决定性的。

任取 $h\in S$。如果 $S\setminus\{h\}$ 是决定性的，那么我们就得到了结论。因此，假设 $S\setminus\{h\}$ 不是决定性的。于是，根据第 5 步可知，$I\setminus(S\setminus\{h\})=(I\setminus S)\cup\{h\}$ 是决定性的。由第 4 步可知，$\{h\}=S\cap[(I\setminus S)\cup\{h\}]$ 也是决定性的。因此，我们再次得到了结论，因为根据假设，$\{h\}$ 是 S 的一个严格子集。

第 8 步：存在一个 $h\in I$ 使得 $S=\{h\}$ 是决定性的。

重复运用第 7 步并且考虑以下两个事实即可得到结论：一个事实是，参与人集合 I 是有限的；另外一个事实是根据帕累托性质可知，由所有参与人组成的集合 I 是决定性的。

第 9 步：如果 $S\subset I$ 是决定性的，那么对于任何 $\{x, y\}\subset X$，S 完全决定了 x 比 y 好。

我们想证明，对于任何 $T\subset I\setminus S$，如果 S 中的每个参与人均认为 x 比 y 好，T 中的每个参与人均认为 x 至少与 y 一样好，而且每个其他参与人均认为 y 比 x 好，那么社会认为 x 比 y 好。为了证明这个性质，取一个不同于 x 和 y 的第三个备选方案 $z\in X$。根据配对独立性条件可知，我们只要考虑满足下面这样的偏好组合 $(\succsim_1, \cdots, \succsim_I)\in\mathscr{A}$ 即可，其中

$$x\succ_i z\succ_i y \quad \text{对于每个 } i\in S$$
$$x\succ_i y\succ_i z \quad \text{对于每个 } i\in T$$
$$y\succ_i z\succ_i x \quad \text{对于每个 } i\in I\setminus(S\cup T)$$

于是 $xF_p(\succsim_1, \cdots, \succsim_I)z$，这是因为根据第 6 步，$S\cup T$ 是决定性的；另外，$zF_p(\succsim_1, \cdots, \succsim_I)y$，这是因为 S 是决定性的。因此，根据社会偏好的传递性，我们有 $xF_p(\succsim_1, \cdots, \succsim_I)y$，这正是我们想证明的。

第 10 步：如果对于某个 $h \in I$，$S=\{h\}$ 是决定性的，那么 h 是个独裁者。

如果$\{h\}$是决定性的，那么根据第 9 步，$\{h\}$完全决定了任何 x 都比任何 y 好。也就是说，如果偏好组合（$\succsim_1$，…，$\succsim_I$）使得 $x \succ_h y$，那么 $xF_p(\succsim_1, \cdots, \succsim_I)y$。但这正好意味着 $h \in I$ 是个独裁者。

第 8 步和第 10 步一起完成了命题 21. C. 1 的证明。■

21.D 一些可能的结果：受限制的定义域

阿罗不可能定理多少让人不安，但不能因此认为“民主是不可能的”。阿罗不可能定理其实是说，我们不应该期望集体行动具有像个人行动那样的一致性。

然而，需要注意，在现实中，集体判断和集体决策随处可见。阿罗不可能定理在本质上表明，我们不能忽视制度细节和政治过程程序。例如，假设人们从三个备选方案 $\{x, y, z\}$ 中进行选择。选择方法是多数投票：先对 x 和 y 投票，然后对胜出者和 z 投票。这将产生一个结果，但这个结果取决于投票日程是如何设定的，也就是说，取决于先对谁投票后对谁投票。[因此，如果偏好是康多塞悖论（例 21. C. 2）中所描述的，那么第三个备选方案，无论它是哪一个，都会胜出。] 程序、规则与社会加总之间的这种相关性有着深远意义。现代政治科学非常强调这一点；例如，参考 Austen-Smith 和 Banks（1996）或 Shepsle 和 Boncheck（1995）。

在本节，我们不做大的变动，仍保留基本架构。我们考察如果放松阿罗不可能定理的某些要求，我们能在多大程度上摆脱独裁者的结论。我们将考察放松两个条件的结果：一是我们放松加总偏好的理性要求；二是我们在受限制定义域内提出加总问题。特别地，我们将考虑一个限制条件，即**单峰偏好**（single-peaked preference)，这个限制条件在实践中重要而有用。

不完全社会理性

假设我们保留帕累托性质和配对独立性条件但允许社会偏好的理性程度小于完全理性。定义 21. D. 1 描述了理性偏好在两个方面的弱化。

定义 21. D. 1： 假设 X 上的偏好关系$\succsim$是反身的和完备的。

（ⅰ）如果由$\succsim$推导出的严格偏好$\succ$（即，$x \succ y \Leftrightarrow x \succsim y$ 但 $y \succsim x$ 不成立）是传递的，那么我们说$\succsim$是**拟传递的**（quasitransitive)。

（ⅱ）如果$\succsim$在每个有限子集 $X' \subset X$ 中都有一个最大元素，即 $\{x \in X' : x \succsim y$ 对于所有 $y \in X'\} \neq \varnothing$，那么我们说$\succsim$为**非循环的**（acyclic)。

拟传递的偏好关系是非循环的，但是非循环的偏好关系未必是拟传递的。另外，理性偏好关系是拟传递的，但拟传递的偏好关系未必是理性的。[①] 因此，非循环性条件相对更弱。然而需要注意，非循环性对理性的弱化程度没有那么厉害：例如，注意到，康多塞悖论（例 21. C. 2）中的社会偏好也违背了非循环性。（更多非循环性内容，可参见习题 21. D. 1。）

我们不打算详细讨论在这些弱化社会理性条件下将会产生什么样的结果。这样的结果不是非常重要。Sen（1970）详细说明了这方面的内容，感兴趣的读者可以参考。下面两个例子是说明性的。

例 21. D. 1：寡头政治的执政集团。令 I 为参与人集，$S\subset I$ 是给定的参与人子集，这个子集称为**寡头政治的执政集团**（oligarchy）[允许 $S=\{h\}$ 或 $S=I$ 这些可能性]。给定任何偏好组合（$\succsim_1$，…，$\succsim_I$）$\in\mathscr{R}^I$，社会偏好的构建方法如下：给定任何 x，$y\in X$，如果至少存在一个 $h\in S$ 使得 $x\succsim_h y$，我们说社会认为 x 至少与 y 一样好。因此，社会认为 x 比 y 好当且仅当寡头政治的执政集团中的**每个人**均认为 x 比 y 好。习题 21. D. 2 要求读者验证这个社会偏好关系是拟传递的但不是传递的（因为社会无差异关系不是传递的）。这是阿罗不可能定理中唯一一个此处未能满足的条件（帕累托性质条件和配对独立性条件显然成立）。然而，对于社会加总问题来说，这个解几乎不能令人满意，因为福利泛函数反应迟缓。在一个极端上，如果寡头政治的执政集团仅有一个人，那么他是独裁者。在另外一个极端上，如果执政集团是整个人群（即 $S=I$），那么仅当社会所有成员都能达到完全一致的意见时，该社会才能表达严格偏好。■

例 21. D. 2：否决者（vetoers）。假设有两个参与人和三个备选方案 $\{x, y, z\}$。于是给定任何偏好组合（$\succsim_1$，$\succsim_2$），令社会偏好关系为参与人的偏好但有一个附加条件：参与人 2 有否决权，他能够否决“社会认为 x 比 y 好”。具体地说，如果 $y\succ_2 x$，那么社会认为 y 至少与 x 一样好。总之，对于任何两个备选方案 $\{v, w\}\subset\{x, y, z\}$，如果 $v\succsim_1 w$，或者 $v=y$，$w=x$ 且 $v\succ_2 w$，那么社会认为 v 至少与 w 一样好。习题 21. D. 3 要求读者验证这样定义的社会偏好为非循环的但未必是拟传递的。■

单峰偏好

现在我们阐述最重要的一类受限制的定义域条件：单峰偏好。我们将看到，在

---

① 假设$\succsim$是拟传递的，暂时假设它不是非循环的。于是存在某个有限集 $X'\subset X$ 使得该集合对于$\succsim$没有最大元。也就是说，对于每个 $x\in X'$，存在某个 $y\in X'$使得 $y\succ x$（即，使得 $y\succsim x$ 但 $x\succsim y$ 不成立）。因此，对于任何整数 M，我们均可以找到一个链 $x^1\succ x^2\succ\cdots\succ x^M$，其中 $x^m\in X'$对于每个 $m=1$，…，M。如果 M 大于 X'的元素（备选方案）数量，那么在这个链中必定存在着重复。比如说 $x^{m'}=x^m$ 对于 $m>m'$。根据拟传递性可知，$x^{m'}\succ x^m\succ x^{m'}$，但这是不可能的，因为根据定义，$\succ$是非反身的。因此，$\succsim$必定是非循环的。例 21. D. 2 给出了一个偏好关系为非循环但不是拟传递的情形。由理性偏好关系$\succsim$推导出的$\succ$是传递的（命题 1. B. 1）。例 21. D. 1 给出了一个偏好关系为拟传递的但不是理性的情形。

这个受限的定义域内，非独裁式加总是可能的。事实上，只要施加一个小的约束条件，在这个受限定义域上，配对多数投票就将产生一个社会福利泛函数。

定义 21. D. 2：备选方案集 X 上的一个二元关系 $\geqslant$ 是 X 上的一个**线性序**（linear order），如果它是反身的（即，$x\geqslant x$ 对于每个 $x\in X$ 成立）、传递的（即，$x\geqslant y$ 和 $y\geqslant z$ 意味着 $x\geqslant z$）以及**全域的**（total）[即，对于任何不同的 x，$y\in X$，要么 $x\geqslant y$，要么 $y\geqslant x$，但不能都成立]。

例 21. D. 3：线性序的最简单例子：X 为实值线的子集（即 $X\subset\mathbb{R}$），$\geqslant$ 是实数的"大于或等于"自然序。■

定义 21. D. 3：理性偏好关系关于 X 上的线性序 $\geqslant$ 是**单峰的**（single peaked），如果存在一个备选方案 $x\in X$ 使得 $\succsim$ 在 $\{y\in X: x\geqslant y\}$ 上关于 $\geqslant$ 是递增的，而且在 $\{y\in X: y\geqslant x\}$ 上关于 $\geqslant$ 是递减的。也就是说，

$$\text{如果 } x\geqslant z>y\text{，那么 } z\succ y$$

和

$$\text{如果 } y>z\geqslant x\text{，那么 } z\succ y$$

用文字表达就是：存在某个代表着满足程度最高的备选方案 x，而且随着我们接近这个峰值点，满意程度也在增大（因此，特别地，不可能存在满意程度的任何其他最大值）。

例 21. D. 4：假设 $X=[a, b]\in\mathbb{R}$ 而且 $\geqslant$ 是实数的"大于或等于"序。于是 X 上的一个连续偏好关系 $\succsim$ 关于 $\geqslant$ 是单峰的当且仅当它是**严格凸的**，也就是，当且仅当，对于每个 $w\in X$，当 $y\succsim w$，$z\succsim w$，$y\neq z$ 时我们有 $\alpha y+(1-\alpha)z\succ w$，其中 $\alpha\in(0, 1)$。（回忆定义 3. B. 5 以及根据定义，由严格拟凹效用函数生成的偏好关系是严格凸的。）这个事实在很大程度上解释了单峰偏好在经济应用中为何非常重要。严格凸是充分条件这个事实不难证明。（习题 21. D. 4 要求读者证明此事。）事实上，假设 x 对于 $\succsim$ 是个最大元，而且假设比如，$x>z>y$。于是，$x\succsim y$，$y\succsim y$，$x\neq y$，以及 $z=\alpha x+(1-\alpha)y$ 对于某个 $\alpha\in(0, 1)$。因此，根据严格凸性可知 $z\succ y$。在图 21. D. 1 和图 21. D. 2 中，我们画出了代表 $X=[0, 1]$ 上的不同偏好关系的效用函数。图 21. D. 1 中的偏好关系关于 $\geqslant$ 是单峰的，但图 21. D. 2 中的不是。■

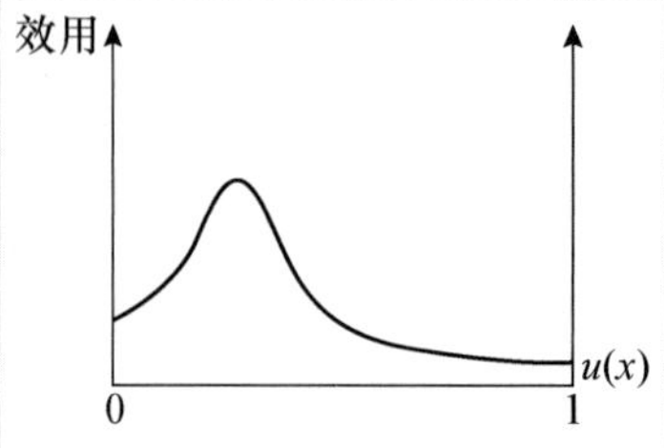

图 21. D. 1　偏好关于 ⩾ 是单峰的

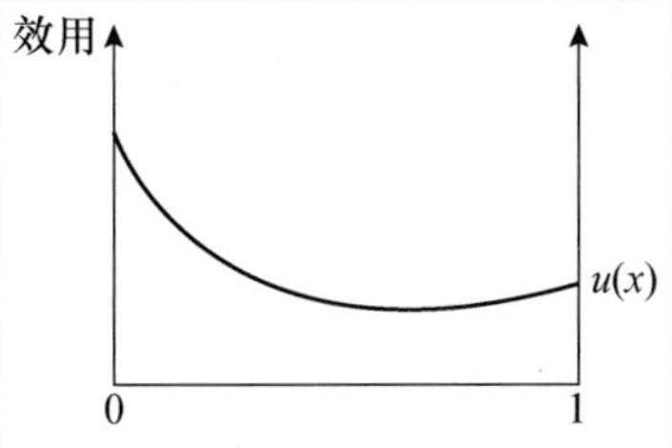

图 21. D. 2　偏好关于≥不是单峰的

定义 21. D. 4：给定 X 上的一个线性序$\geqslant$，我们用 $\mathscr{R}_{\geqslant}\subset\mathscr{R}$ 表示关于$\geqslant$是单峰的所有理性偏好关系组成的集族。

给定一个线性序$\geqslant$和一组参与人 I，从现在起，我们考虑偏好 $\mathscr{R}^I_{\geqslant}$ 的受限制的定义域。这等价于要求所有参与人关于**相同的**线性序$\geqslant$都有单峰偏好。

假设在定义域 $\mathscr{R}^I_{\geqslant}$ 上我们通过配对多数投票（参见例 21. B. 1）定义社会偏好关系。也就是说，给定一个偏好组合（$\succsim_1$，…，$\succsim_I$）$\in\mathscr{R}^I_{\geqslant}$和任何 $\{x, y\}\subset X$，如果认为 x 严格比 y 好的参与人数量大于或等于认为 y 严格比 x 好的参与人数量，也就是说，如果 $\#\{i\in I: x\succ_i y\}\geqslant\#\{i\in I: y\succ_i x\}$，那么我们将这种关系记为 $x\hat{F}(\succsim_1, \cdots, \succsim_I)y$，这个式子可以读为"社会认为 x 至少与 y 一样好"。

注意到，根据定义可知，对于任何一对备选方案 $\{x, y\}$，我们必定有要么 $x\hat{F}(\succsim_1, \cdots, \succsim_I)y$，要么 $y\hat{F}(\succsim_1, \cdots, \succsim_I)x$。因此，配对多数投票产生了一个完备的社会偏好关系（这个结论对偏好的任何可能定义域都成立）。

习题 21. D. 5 要求读者以直接方式证明康多塞悖论中的偏好（例 21. C. 2）关于备选方案上任何可能的线性序都不是单峰的。事实上，它们不可能是单峰的，这是因为，正如我们下面将证明的，在单峰偏好下，我们总能保证由配对多数投票产生的社会偏好有最大元，也就是说，在多数投票规则下，存在着不可能被任何其他方案击败的方案。

令（$\succsim_1$，…，$\succsim_I$）$\in\mathscr{R}^I_{\geqslant}$是偏好的一个固定组合。对于每个 $i\in I$，我们用 $x_i\in X$ 表示$\succsim_i$ 的最大元（我们说 x_i 是"参与人 i 的峰值"）。

定义 21. D. 5：参与人 $h\in I$ 对于偏好组合（$\succsim_1$，…，$\succsim_I$）$\in\mathscr{R}^I_{\geqslant}$是个**中间参与人**（median agent），如果

$$\#\{i\in I: x_i\geqslant x_h\}\geqslant\frac{I}{2}\quad 和\quad \#\{i\in I: x_h\geqslant x_i\}\geqslant\frac{I}{2}$$

中间参与人总是存在的。图 21. D. 3 说明了如何确定中间参与人。

如果峰值不相等而且 $\# I$ 是奇数，那么定义 21. D. 5 表明有 $(I-1)/2$ 个参与人的峰值严格小于 x_h，另外 $(I-1)/2$ 个参与人的峰值严格大于 x_h。在这种情形下，中间参与人是唯一的。

命题 21. D. 1：假设$\geqslant$是 X 上的一个线性序，考虑偏好组合（$\succsim_1$，…，$\succsim_I$），在这个偏好组合中，对于每个 i，$\succsim_i$ 关于$\geqslant$均是单峰的。令 $h\in I$ 是个中间参与人。于是$x_h\hat{F}(\succsim_1, \cdots, \succsim_I)y$ 对于每个 $y\in X$ 均成立。也就是说，在多数投票下，中间投票人的峰值 x_h 不可能被任何其他备选方案击败。具有这种性质的任何备选方案称为**康多塞获胜者**（Condorcet winner）。因此，只要所有参与人的偏好关于同一个线性序是单峰的，就存在着康多塞获胜者。

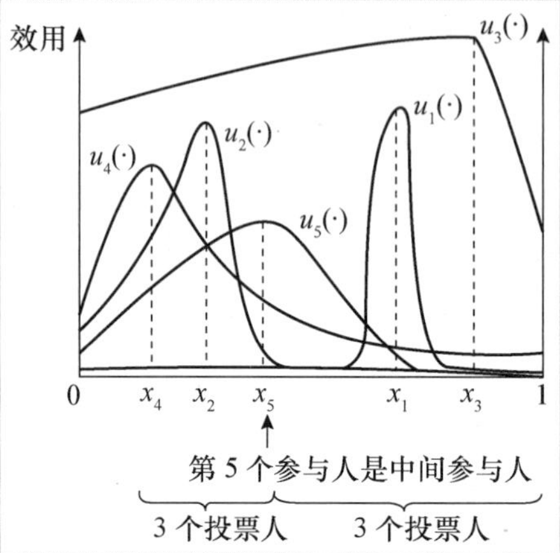

图 21. D. 3 单峰偏好情形下中间参与人的确定

证明：任取 $y\in X$ 而且假设 $x_h>y$（$y>x_h$ 情形的证明类似）。我们需要证明 y 不能击败 x，也就是说，

$$\#\{i\in I: x_h\succ_i y\}\geqslant\#\{i\in I: y\succ_i x_h\}$$

考虑参与人集合 $S\subset I$，这个集合的峰值**大于或等于** x_h，即 $S=\{i\in I: x_i\geqslant x_h\}$。于是 $x_i\geqslant x_h>y$ 对于每个 $i\in S$ 均成立。因此，根据$\succsim_i$ 关于$\geqslant$的单峰性可知，$x_h\succ_i y$ 对于每个$i\in S$ 均成立。另外，由于参与人 h 是个中间参与人，我们有 $\# S\geqslant 1/2$，从而

$$\#\{i\in I: y\succ_i x_h\}\leqslant\#(I\backslash S)\leqslant 1/2\leqslant\# S\leqslant\#\{i\in I: x_h\succ_i y\}。\blacksquare$$

命题 21. D. 1 保证了偏好关系 $\hat{F}(\succsim_1, \cdots, \succsim_I)$ 为非循环的。然而，它未必是传递的。习题 21. D. 6 要求读者找到一个非传递性的例子。偏好关系 $\hat{F}(\succsim_1, \cdots, \succsim_I)$ 在下列这种特殊情形下是传递的：当 I 为奇数时；而且对于每个 i，偏好关系$\succsim_i$ 都属于集族$\mathscr{P}_{\geqslant}\subset\mathscr{R}_{\geqslant}^{I}$，其中 $\mathscr{R}_{\geqslant}$是由具有下列两个性质的偏好关系$\succsim$组成的：(1) $\succsim$关于$\geqslant$是单峰的；(2) 对于$\succsim$，不存在无差异的两个不同备选方案。注意到，如果 I 为奇数而且偏好属于 $\mathscr{P}_{\geqslant}^{I}$，那么对于任何一对备选方案，在多数投票规则下，一个方案总是严格好于另外一个。因此，在这种情形下，一个康多塞获胜方案总能击败

任何其他备选方案。

命题 21.D.2：假设 I 是奇数，而且 $\geqslant$ 是 X 上的一个线性序。于是配对多数投票产生了一个良好定义的社会福利泛函数 F：$\mathscr{P}_{\geqslant}^{I}\to\mathscr{R}$。也就是说，如果偏好定义域关于 $\geqslant$ 是单峰的，而且在该定义域不存在无差异的两个不同备选方案，那么我们均可以断言由配对多数投票产生的社会偏好关系 $\hat{F}(\succsim_1,\cdots,\succsim_I)$ 是完备的和传递的。

证明：我们已经知道 $\hat{F}(\succsim_1,\cdots,\succsim_I)$ 是完备的。剩下的任务是证明它是传递的。假设 $x\hat{F}(\succsim_1,\cdots,\succsim_I)y$ 和 $y\hat{F}(\succsim_1,\cdots,\succsim_I)z$。在我们的假设条件下（回忆 I 是奇数而且任何个人对于方案都不允许无差异），x 击败了 y，y 击败了 z。考虑集合 $X'=\{x,y,z\}$。如果偏好被限制在这个集合上，那么相对于 X'，偏好仍然属于 $\mathscr{P}_{\geqslant}^{I}$，因此 X' 中存在着一个备选方案，它不可能被 X' 中的任何其他备选方案击败。这个备选方案不是 y（因为 y 被 x 击败），也不是 z（因为 z 被 y 击败）。因此，它必定是 x，我们断言 $x\hat{F}(\succsim_1,\cdots,\succsim_I)z$，这样就证明了传递性。■

在实际应用中，线性序通常是一种自然序，像实数一样，它是一维参数的值。于是，正如我们所看到的一样，单峰性可由效用函数的严格拟凹性推导出，而在一般情形下，严格拟凹性这个限制条件都能成立。遗憾的是，拟凹性的威力局限于一维问题。我们以两个例子说明一般情形下出现的问题。

例 21.D.5：假设备选方案的空间为单位矩形，即，$X=[0,1]^2$。X 的代表元素记为 $x=(x_1,x_2)$。有三个参与人 $I=\{1,2,3\}$。参与人的偏好可用 X 上的效用函数表示：

$$u_1(x_1,x_2)=-2x_1-x_2$$

$$u_2(x_1,x_2)=x_1+2x_2$$

$$u_3(x_1,x_2)=x_1-x_2$$

图 21.D.4 画出了这三个人的偏好关系。

因为每个效用函数都是线性的，所以偏好都是凸的（另外，它们在 X 上有唯一的最大元)。① 但是，现在我们将证明，对于每个 $x\in X$，均存在一个 $y\in X$ 使得有两个人认为 y 比 x 好。为了看清这一点，任取 $x=(x_1,x_2)\in[0,1]^2$，分情况讨论：

（ⅰ）如果 $x_1=0$，那么参与人 2 和 3 认为 $y=(1/2,x_2)$ 比 x 好。

（ⅱ）如果 $x_2=1$，那么参与人 1 和 3 认为 $y=(x_1,1/2)$ 比 x 好。

（ⅲ）如果 $x_1>0$ 和 $x_2<1$，那么参与人 1 和 2 认为 $y=(x_1-\varepsilon,x_2+\varepsilon)\in[0,1]^2$（其中 $\varepsilon>0$）比 x 好。

你应该验证一下（ⅰ）、（ⅱ）和（ⅲ）中的断言。■

---

① 在这个例子中，偏好不是严格凸的，但这不重要。我们也可以稍微修改一下使得图中的无差异曲线为严格凸但不会改变该例的本质。

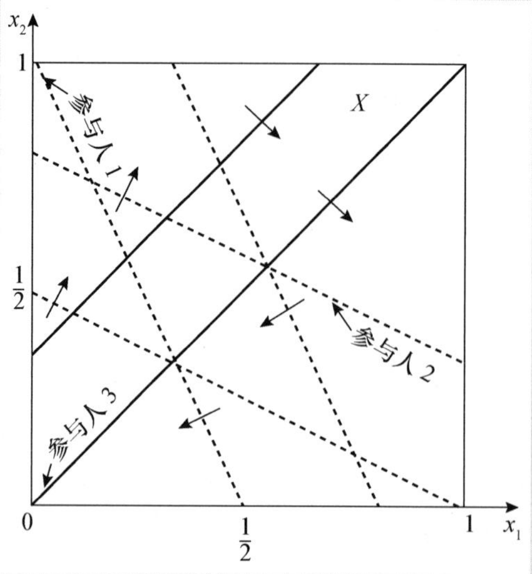

图 21. D. 4　例 21. D. 5 中偏好的无差异曲线

例 21. D. 5 描述的情形不是个特例。这个例子的重要性质是由这三个效用函数梯度向量的非负组合张成的锥，等于整个 $\mathbb{R}^2$（参见图 21. D. 4）。习题 21. D. 7 和习题 21. D. 8 进一步说明了这个问题。

在二维（或更高维）情形下，拟凹性没有多大作用的原因在于，与一维情形不同，不存在合理方法能对平面中的一个点集指定一个“中值”。这一点在下一个经典的例子即例 21. D. 6 中比较明显。现在我们来考察这个例子。

例 21. D. 6：欧几里得偏好。假设备选方案集为 $\mathbb{R}^n$。参与人的偏好能用效用函数 $u(y)=-\|y-x\|$ 表示，其中 x 是 $\mathbb{R}^n$ 中的一个固定备选方案。用文字表述就是：对于 $\succsim$，x 是最受偏好的备选方案，其他方案则离它越近者越好。图 21. D. 5 画出了 $\mathbb{R}^2$ 中一个典型消费者的无差异曲线。

在当前的例子中，集合 $\mathbb{R}^n$ 身兼双职。一方面，它代表着备选方案集。另一方面，它也代表着所有可能偏好组成的集合，因为每个 $x\in\mathbb{R}^n$ 均唯一确定了有着 x 作为峰值的偏好。①

给定两个不同的备选方案 y，$z\in\mathbb{R}^n$，一个参与人将认为 y 比 z 好当且仅当他的峰值接近 y 而不是 z。因此，与“认为 y 比 z 好”的偏好相伴的峰值域为

$$A(y,z)=\{x\in\mathbb{R}^n:\|x-y\|<\|x-z\|\}$$

图 21. D. 6 画出了这个峰值域。从图形上说，$A(y,z)$ 的边界是个超平面，这个超平面与连接 y 和 z 形成的线段垂直且通过该线段的中点。

21

① Grandmont（1978）和习题 21. D. 9 给出了与此处思想相同但两个角色分开的例子。

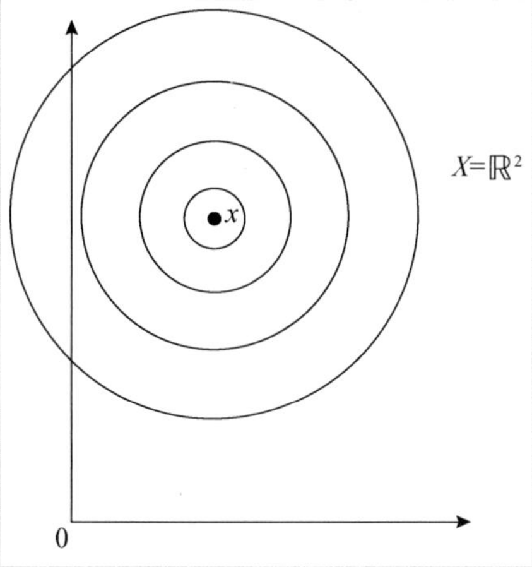

图 21. D. 5　$\mathbb{R}^2$ 中的欧几里得偏好

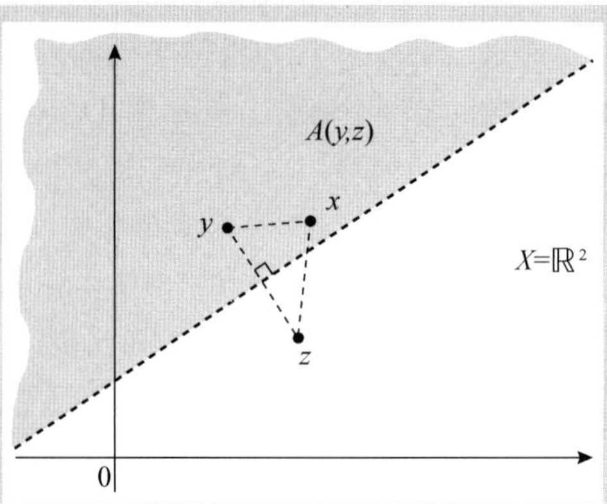

图 21. D. 6　"认为 y 比 z 好"的欧几里得偏好的域

我们将考察下面这样的理想极限情形，即存在有着欧几里得偏好的参与人连续统，参与人整体可用峰值集 $\mathbb{R}^n$ 上的密度函数 $g(x)$ 描述。于是给定两个不同的备选方案 y，$z\in\mathbb{R}^n$，认为 y 比 z 好的参与人数量占参与人总数的比例［我们将其记为 $m_g(y, z)$］，就是 $g(\cdot)$ 在域 $A(y, z)\subset\mathbb{R}^n$ 上的积分。

何时存在着康多塞获胜方案？假设存在一个 $x^*\in\mathbb{R}^n$ 使得任何穿过 x^* 的超平面均将 $\mathbb{R}^n$ 分为两个半空间，根据密度函数 $g(\cdot)$，每个半平面的质量是 $\mathbb{R}^n$ 质量的 1/2。这个点可以称为对于密度 $g(\cdot)$ 的一个中间方案（即，中值）；它与 $n=1$ 情形下的中间方案（即中值）的概念是相同的。这个意义上的中间方案是个康多塞获胜方案。它不可能被任何其他备选方案击败，因为如果 $y\neq x^*$，那么 $A(x^*, y)$ 比穿过 x^* 的半空间更大，因此，$m_g(x^*, y)\geq 1/2$。相反，如果 x^* 不是一个中间方案，那么存在一个方向 $q\in\mathbb{R}^n$ 使得半空间 $\{z\in\mathbb{R}^n: q\cdot z>q\cdot x^*\}$ 的质量大于 1/2。因此，根据连续性可知，如果 $\varepsilon>0$ 很小，那么半空间 $A(x^*+\varepsilon q, x^*)$ 的质量大于 1/2。因此，$x^*+\varepsilon q$ 击败了 x^*，从而 x^* 不可能是个康多塞获胜方案。（参见图 21. D. 7。）

21

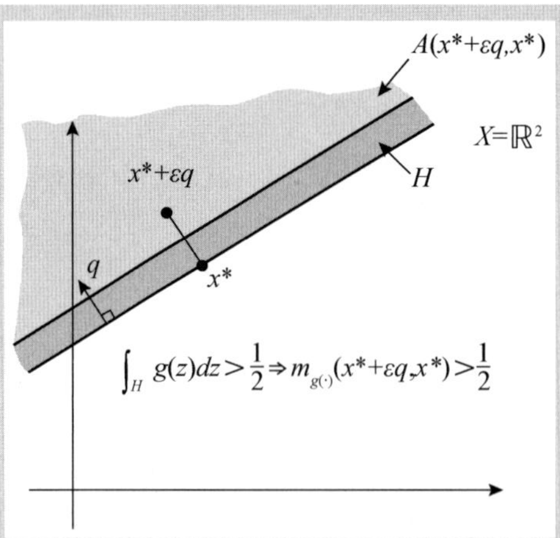

图 21. D. 7　如果 x^* 不是中值（中间方案），那么它就不是康多塞获胜方案

我们已经看到，存在康多塞获胜方案当且仅当存在对于 $g(\cdot)$ 而言的中值。但是对于 $n>1$，中值的存在性施加了那么多的条件（有很多半空间）以至于它变成了一个刀刃(knife-edge) 性质。图 21. D. 8 提供了一个例子。在图 21. D. 8(a) 中，密度 $g(\cdot)$ 是在一个矩形上均匀分布的密度［Tullock (1967) 首先研究了这种情形］。于是，矩形的中心的确是个中值。但是矩形情形非常特殊。典型情形是不存在中值。在图 21. D. 8(b) 中，密度 $g(\cdot)$ 是在一个三角形上均匀分布的密度。这种情形下不存在中值：通过三角形中的任何一点，我们都可以画一条线将它分成两个面积不相等的区域。①

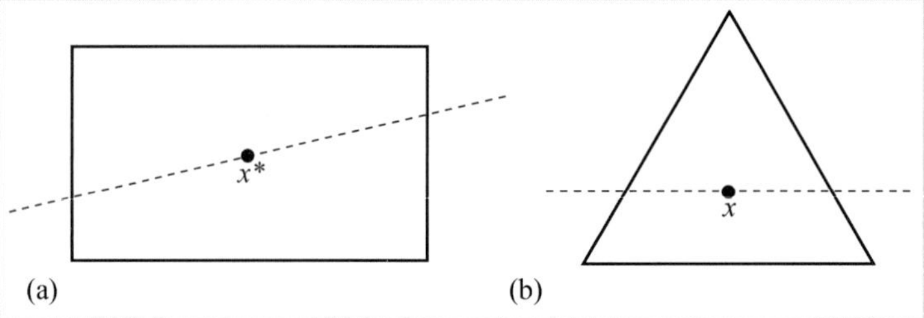

图 21. D. 8　(a) 密度在矩形上均匀分布：矩形中心点 x^* 是个中值，因为通过 x^* 的每个平面将该矩形划分为两个面积相等的区域；(b) 密度在三角形上均匀分布：不存在中值

21.E　社会选择函数

21

在前面几节我们完成的任务是如何将个人偏好关系组合加总为一致的（即，理

① 进一步的分析可参考 Caplin 和 Nalebuff (1988)。他们证明了，在对密度函数施加一定限制条件下（称为“对数凹性”而且要满足凸集上的均匀密度），$\mathbb{R}^n$ 中总存在着一些点（称为“广义中值”），这些点具有下列性质：任何通过这样的点的超平面均将 $\mathbb{R}^n$ 分成两个区域，每个区域的质量大于 $1/e$。这意味着如果多数投票要求的不是 1/2 而是大于 $1-(1/e)>\frac{1}{2}$ 的任何数，比如 64%，那么这些点不可能被任何其他点击败。当然，64%规则的决定性不如 50%规则：现在具有很多满足下列性质的方案对——每对方案中的一个成员不能击败另一个。

性的）社会偏好序。然后，这个社会偏好序可能被用作决策依据。在本节，我们直接考察社会决策，将社会加总问题视为分析个人偏好组合如何转变为社会决策的问题。

我们得到的主要结果再一次地产生了独裁者结论。在某种意义上，这个结果等价于将阿罗不可能定理翻译为选择函数的语言。它也起到了重新解释配对独立性条件的作用，为本章内容和第 23 章基于激励的分析提供了联系。

与以前一样，我们有一组备选方案 X 和一组有限个参与人 I。X 上的偏好关系集$\succsim$记为 $\mathscr{R}$。我们将 $\mathscr{R}$ 中由满足任何两个不同方案对于$\succsim$都不是无差异这一性质的偏好关系$\succsim\in\mathscr{R}$组成的子集记为 $\mathscr{P}$。

定义 21. E. 1： 给定任何子集 $\mathscr{A}\subset\mathscr{R}^I$，定义在 A 上的一个社会选择函数 $f: \mathscr{A}\to X$，对 $\mathscr{A}$ 中个人偏好关系的每个组合都指定了一个选定的元素 $f(\succsim_1, \cdots, \succsim_I)\in X$。

社会选择函数概念蕴涵着一个要求：选择集是单值的。这是由选择的本质决定的。[①] 其实我们更想强调的事实是这意味着要求参与人的选择不是随机的。[②]

如果 X 是有限的，定义域 $\mathscr{A}$ 上的每个社会福利函数 $F(\cdot)$ 均产生了一个自然的社会选择函数：对于每个 $(\succsim_1, \cdots, \succsim_I)\in\mathscr{A}$ 指定了 X 中对于社会偏好关系 $F(\succsim_1, \cdots, \succsim_I)$ 而言的一个最受偏好的元素。例如，如果与命题 21. D. 2 的情形一样，$\mathscr{A}\subset\mathscr{P}_{\geqslant}^I$ 是单峰偏好的定义域，I 为奇数，$F(\cdot)$ 是定义在 $\mathscr{A}$ 上的配对多数投票社会福利泛函数，那么对于每个 $(\succsim_1, \cdots, \succsim_I)$，$f(\succsim_1, \cdots, \succsim_I)$ 这个选择均是 X 中的康多塞获胜方案。

现在我们阐述和证明一个类似于阿罗不可能定理的结果。回忆对于阿罗不可能定理，我们有两个条件：社会福利泛函数必须具有帕累托性质，而且必须是配对独立的。此处我们再次要求两个条件：首先，社会选择函数必须再次具有（弱）帕累托性质；其次，这个函数必须是**单调的**。定义 21. E. 2 和定义 21. E. 4 分别给出了这两个概念。

定义 21. E. 2： 定义在 $\mathscr{A}\subset\mathscr{R}^I$ 上的社会选择函数 $f: \mathscr{A}\to X$ 是**弱帕累托的**（weakly Paretian），如果对于任何偏好组合 $(\succsim_1, \cdots, \succsim_I)\in\mathscr{A}$，$f(\succsim_1, \cdots, \succsim_I)\in X$ 这个选择均是个弱帕累托最优。也就是，如果对于某对方案 $\{x, y\}\subset X$ 我们有 $x\succ_i y$ 对于每个 i 均成立，那么 $y\neq f(\succsim_1, \cdots, \succsim_I)$。

为了定义单调性，我们需要一个更基础的概念。

① 然而，在某些情形下，允许选择集是多值的（即，允许可接受的社会选择多于一个）是自然而然的，在多值情形下，这样的假设可能更为合理一些。

② 注意此处选择函数的定义与 1. C 节选择规则的定义的区别。在 1. C 节考察选择规则时，我们考察的是可能存在若干个预算以及选择可能取决于当前的预算。此处预算是固定的（它总为 X），但是选择可能取决于潜在个人偏好的组合。显然，我们能够但不打算考虑包含这两种情形的环境。另外一个区别是，在此处我们仅考察单值选择。

定义 21. E. 3：备选方案 $x\in X$ 将它在组合 $(\succsim_1,\cdots,\succsim_I)\in\mathscr{R}^I$ 中的**位置**（position）**保留**到了 $(\succsim_1',\cdots,\succsim_I')\in\mathscr{R}^I$，如果

$$x\succsim_i y \text{ 意味着 } x\succsim_i' y$$

对于每个 i 和每个 $y\in X$ 均成立。

用文字表达就是：x 将自己在 $(\succsim_1,\cdots,\succsim_I)$ 中的位置保留到了 $(\succsim_1',\cdots,\succsim_I')$，如果从 $\succsim_i$ 变为 $\succsim_i'$，对于每个 i，劣于（或无差异于）x 的备选方案集扩大了（或维持不变）。也就是说，

$$L(x,\succsim_i)=\{y\in X:x\succsim_i y\}\subset L(x,\succsim_i')=\{y\in X:x\succsim_i' y\}$$

注意，定义 21. E. 3 中的条件，没有要求从 $\succsim_i$ 变为 $\succsim_i'$ 时其他备选方案如何改变它们相互之间的位次。①

定义 21. E. 4：定义在 $\mathscr{A}\subset\mathscr{R}^I$ 上的社会选择函数 $f:\mathscr{A}\to X$ 是**单调的**（monotonic），如果任意两个组合 $(\succsim_1,\cdots,\succsim_I)\in\mathscr{A}$ 和 $(\succsim_1',\cdots,\succsim_I')\in\mathscr{A}$ 满足：备选方案 $x=f(\succsim_1,\cdots,\succsim_I)$ 将它在 $(\succsim_1,\cdots,\succsim_I)$ 中的位置保留到了 $(\succsim_1',\cdots,\succsim_I')\in\mathscr{A}$，那么我们有 $f(\succsim_1',\cdots,\succsim_I')=x$。

用文字表达就是：如果任何一个备选方案都不能从选择集中删除，除非某个参与人喜欢它的程度下降了（它的位次向后移动了），那么选择函数是单调的。

是否存在同时满足弱帕累托性和单调性的社会选择函数？答案是肯定的。例如，习题 21. E. 1 要求读者验证：定义在单峰偏好定义域上的配对多数投票社会决策函数是弱帕累托的和单调的。但是如果我们的定义域是全域（即，$\mathscr{A}=\mathscr{R}^I$ 或 $\mathscr{A}=\mathscr{P}^I$），结果又是怎样的？在这个定义域上存在着具有这两个性质的一类社会选择函数，它们就是我们不怎么喜欢的**独裁**社会选择函数。

定义 21. E. 5：参与人 $h\in I$ 对于社会选择函数 $f:\mathscr{A}\to X$ 来说是个独裁者，如果对于每个组合 $(\succsim_1,\cdots,\succsim_I)\in\mathscr{A}$，在 X 中 $f(\succsim_1,\cdots,\succsim_I)$ 对于 $\succsim_h$ 是最受偏好的选择；也就是说，

$$f(\succsim_1,\cdots,\succsim_I)\in\{x\in X:x\succsim_h y \text{ 对于每个 } y\in X\}$$

允许存在独裁者的社会选择函数称为**独裁的**（dictatorial）社会选择函数。

在定义域 $\mathscr{P}^I$ 中，一个独裁的社会选择函数是弱帕累托的和单调的。（这个结论非常明显，但无论如何你都要在习题 21. E. 2 中验证一下。在这个习题中，你还要讨论 $\mathscr{A}=\mathscr{R}^I$ 的情形。）遗憾的是，在全域定义域（即，$\mathscr{A}=\mathscr{R}^I$ 或 $\mathscr{A}=\mathscr{P}^I$）中，最好的结果就是独裁的社会选择函数。命题 21. E. 1 说明了这一点。

① 与 3. B 节一样，集合 $L(x,\succsim_i)$ 也是**下轮廓集**（lower contour sets）。

命题 21. E. 1：假设备选方案的数量至少有三个，可行偏好组合的定义域为 $\mathscr{A}=\mathscr{R}^I$ 或 $\mathscr{A}=\mathscr{P}^I$，那么每个弱帕累托的和单调的社会选择函数 $f:\mathscr{A}\to X$ 均是独裁的。

证明：这个结果的证明可以作为阿罗不可能定理（命题 21. C. 1）的一个推论。为了完成此事，我们要推导出一个社会福利函数 $F(\cdot)$，它能将 $f(\succsim_1, \cdots, \succsim_I)$ 对于每个组合 $(\succsim_1, \cdots, \succsim_I)\in\mathscr{A}$ 理性化。然后证明 $F(\cdot)$ 满足阿罗不可能定理的假设条件，从而得到了独裁关系结论。

我们先介绍一个有用的定义。

定义 21. E. 6：给定一个有限子集 $X'\subset X$ 和一个组合 $(\succsim_1, \cdots, \succsim_I)\in\mathscr{R}^I$，我们说组合 $(\succsim'_1, \cdots, \succsim'_I)$ 从 $(\succsim_1, \cdots, \succsim_I)$ 中把 X'**置顶**（takes X' to the top），如果对于每个 i，

$$x\succ'_i y \quad \text{对于每个 } x\in X' \text{ 和 } y\notin X'$$

$$x\succsim_i y\Leftrightarrow x\succsim'_i y \quad \text{对于所有 } x, y\in X'$$

用文字表达就是：$\succsim'_i$ 是通过下列方法得到的——在 $\succsim_i$ 中把 X' 中的每个备选方案的位置都向最前方移动，但保留 X' 中的这些备选方案之间（弱或严格的）次序不变。X' 之外的备选方案之间的次序则是任意的。例如，如果 $x\succ_i y\succ_i z\succ_i w$，那么由 $y\succ'_i w\succ'_i z\succ'_i x$ 定义的偏好关系 $\succ'_i$ 把 $\{y, w\}$ 从 $\succsim_i$ 中置顶。还要注意，如果 $(\succsim'_1, \cdots, \succsim'_I)$ 将 X' 从 $(\succsim_1, \cdots, \succsim_I)$ 中置顶，那么每个 $x\in X'$ 将它在 $(\succsim_1, \cdots, \succsim_I)$ 中的位置保留到了 $(\succsim'_1, \cdots, \succsim'_I)$。

余下的证明我们分若干步骤进行。

第 1 步：如果组合 $(\succsim'_1, \cdots, \succsim'_I)\in\mathscr{A}$ 和 $(\succsim''_1, \cdots, \succsim''_I)\in\mathscr{A}$ 都把 $X'\subset X$ 从 $(\succsim_1, \cdots, \succsim_I)$ 中置顶，那么 $f(\succsim'_1, \cdots, \succsim'_I)=f(\succsim''_1, \cdots, \succsim''_I)$。

对于每个 i 和 $x\in X'$ 我们均有

$$\{y\in X: x\succsim'_i y\}=\{y\in X: x\succsim''_i y\}=\{y\in X: x\succsim_i y\}\cup X\backslash X'$$

根据弱帕累托性质，$f(\succsim'_1, \cdots, \succsim'_I)\in X'$。因此，$f(\succsim'_1, \cdots, \succsim'_I)\in X'$ 把它在 $(\succsim'_1, \cdots, \succsim'_I)$ 中的位置保留到了 $(\succsim''_1, \cdots, \succsim''_I)$。因此，根据 $f(\cdot)$ 的单调性可知，$f(\succsim'_1, \cdots, \succsim'_I)=f(\succsim''_1, \cdots, \succsim''_I)$。

第 2 步：定义 $F(\succsim_1, \cdots, \succsim_I)$。

对于每个组合 $(\succsim_1, \cdots, \succsim_I)\in\mathscr{A}$，我们定义 X 上的一种二元关系 $F(\succsim_1, \cdots, \succsim_I)$。具体地说，我们令 $xF(\succsim_1, \cdots, \succsim_I)y$（读作"社会认为 x 至少与 y 一样好"），如果 $x=y$ 或 $x=f(\succsim'_1, \cdots, \succsim'_I)$ 当 $(\succsim'_1, \cdots, \succsim'_I)\in\mathscr{A}$ 是把 $\{x, y\}\subset X$ 从组合 $(\succsim_1, \cdots, \succsim_I)$ 中置顶的任何偏好组合时。根据第 1 步，这个二元关系是良好定义的，也就是说，与我们选择的特定偏好组合 $(\succsim'_1, \cdots, \succsim'_I)$ 无关。

21

第 3 步：对于每个组合 $(\succsim_1, \cdots, \succsim_I) \in \mathscr{A}$，$F(\succsim_1, \cdots, \succsim_I)$ 均是个理性偏好关系。而且，$F(\succsim_1, \cdots, \succsim_I) \in \mathscr{P}$；也就是说，对于两个不同备选方案，社会不会认为它们是无差异的。

由 $f(\cdot)$ 的弱帕累托性质可知，当 $(\succsim'_1, \cdots, \succsim'_I)$ 把 $\{x, y\}$ 从 $(\succsim_1, \cdots, \succsim_I)$ 中置顶时，我们必定有 $f(\succsim'_1, \cdots, \succsim'_I) \in \{x, y\}$。因此，我们断言：要么 $xF(\succsim_1, \cdots, \succsim_I)y$，要么 $yF(\succsim_1, \cdots, \succsim_I)x$，但不可能都成立（除非 $x=y$），不可能都成立的原因可从第 1 步推知。特别地，$F(\succsim_1, \cdots, \succsim_I)$ 是完备的。

为了验证传递性，假设 $xF(\succsim_1, \cdots, \succsim_I)y$ 和 $yF(\succsim_1, \cdots, \succsim_I)z$。我们假设这三个备选方案 $\{x, y, z\}$ 是不同的。令 $(\succsim''_1, \cdots, \succsim''_I) \in \mathscr{A}$ 是个把 $\{x, y, z\}$ 从 $(\succsim_1, \cdots, \succsim_I)$ 中置顶的偏好组合。由于 $f(\cdot)$ 是弱帕累托的，我们有 $f(\succsim''_1, \cdots, \succsim''_I) \in \{x, y, z\}$。

假设我们有 $y=f(\succsim''_1, \cdots, \succsim''_I)$。考虑一个把 $\{x, y\}$ 从 $(\succsim''_1, \cdots, \succsim''_I)$ 中置顶的偏好组合 $(\succsim'_1, \cdots, \succsim'_I) \in \mathscr{A}$。由于 y 把它在 $(\succsim''_1, \cdots, \succsim''_I)$ 中的位置保留到了 $(\succsim'_1, \cdots, \succsim'_I)$，由单调性可知，$f(\succsim'_1, \cdots, \succsim'_I)=y$。但是 $(\succsim'_1, \cdots, \succsim'_I)$ 也将 $\{x, y\}$ 从 $(\succsim_1, \cdots, \succsim_I)$ 中置顶：当从 $(\succsim_1, \cdots, \succsim_I)$ 到 $(\succsim'_1, \cdots, \succsim'_I)$ 时，在任何个人偏好关系中，x 和 y 的相对位置（它们是排在最前端的两个备选方案）都未发生变化。因此，我们断言 $yF(\succsim_1, \cdots, \succsim_I)x$，这违背了 $xF(\succsim_1, \cdots, \succsim_I)y$，$x \neq y$ 这个假设。因此，$y \neq f(\succsim''_1, \cdots, \succsim''_I)$。

类似地，我们得到 $z \neq f(\succsim''_1, \cdots, \succsim''_I)$。我们仅需要使用 $\{y, z\}$ 来重复相同的论证即可（习题 21. E. 3 要求读者证明此事）。

剩下的唯一可能是 $x=f(\succsim''_1, \cdots, \succsim''_I)$。因此，令 $(\succsim'_1, \cdots, \succsim'_I) \in \mathscr{A}$ 把 $\{x, z\}$ 从 $(\succsim''_1, \cdots, \succsim''_I)$ 中置顶。由于 x 将它在 $(\succsim''_1, \cdots, \succsim''_I)$ 中的位置保留到了$(\succsim'_1, \cdots, \succsim'_I)$，所以 $x=f(\succsim'_1, \cdots, \succsim'_I)$。但是 $(\succsim'_1, \cdots, \succsim'_I)$ 也把 $\{x, z\}$ 从 $(\succsim_1, \cdots, \succsim_I)$ 中置顶。因此，$xF(\succsim_1, \cdots, \succsim_I)z$。这样我们就证明了传递性。

第 4 步：社会福利泛函数 F: $\mathscr{A} \to \mathscr{P}$ 理性化了 f: $\mathscr{A} \to X$；也就是，对于每个组合 $(\succsim_1, \cdots, \succsim_I) \in \mathscr{A}$，$f(\succsim_1, \cdots, \succsim_I)$ 在 X 中对于 $F(\succsim_1, \cdots, \succsim_I)$ 是最受偏好的备选方案。

21

这个结论非常直观，因为 $F(\cdot)$ 是由 $f(\cdot)$ 构建出的。记 $x=f(\succsim_1, \cdots, \succsim_I)$，令 $y \neq x$ 为一个任何其他的备选方案。考虑偏好组合 $(\succsim'_1, \cdots, \succsim'_I) \in \mathscr{A}$，它将 $\{x, y\}$ 从 $(\succsim_1, \cdots, \succsim_I)$ 中置顶。由于 x 把它在 $(\succsim_1, \cdots, \succsim_I)$ 中的位置保留到了$(\succsim'_1, \cdots, \succsim'_I)$，我们有 $x=f(\succsim'_1, \cdots, \succsim'_I)$。因此，$xF(\succsim_1, \cdots,$

$\succsim_I)y$。

第 5 步：社会福利泛函数 $F: \mathscr{A} \to \mathscr{P}$ 是帕累托的。

显然，如果 $x \succ_i y$ 对于每个 i 均成立，那么根据 $f(\cdot)$ 的帕累托性质，当 $(\succsim_1', \cdots, \succsim_I')$ 把 $\{x, y\}$ 从 $(\succsim_1, \cdots, \succsim_I)$ 中置顶时，我们必定有 $x = f(\succsim_1', \cdots, \succsim_I')$。因此，$xF(\succsim_1, \cdots, \succsim_I)y$，根据第 3 步可知，$xF_p(\succsim_1, \cdots, \succsim_I)y$。

第 6 步：社会福利泛函数 $F: \mathscr{A} \to \mathscr{P}$ 满足配对独立性条件。

这个结论可从第 1 步推出。假设在 $(\succsim_1, \cdots, \succsim_I) \in \mathscr{A}$ 和 $(\succsim_1', \cdots, \succsim_I') \in \mathscr{A}$ 中，对于每个 i，$\{x, y\}$ 的位置是相同的（也就是说，对于每个 i，$x \succsim_i y$ 当且仅当 $x \succsim_i' y$）。假设 $(\succsim_1'', \cdots, \succsim_I'') \in \mathscr{A}$ 将 $\{x, y\}$ 从 $(\succsim_1, \cdots, \succsim_I)$ 中置顶，而且比如 $x = f(\succsim_1'', \cdots, \succsim_I'')$。于是 $xF(\succsim_1, \cdots, \succsim_I)y$。但是 $(\succsim_1'', \cdots, \succsim_I'')$ 也将 $\{x, y\}$ 从 $(\succsim_1', \cdots, \succsim_I')$ 中置顶。因此，$xF(\succsim_1', \cdots, \succsim_I')y$，这正是我们想证明的。

第 7 步：社会选择函数 $f: \mathscr{A} \to X$ 是独裁的。

根据阿罗不可能定理（命题 21. C. 1），存在一个参与人 $h \in I$ 使得对于每个组合 $(\succsim_1, \cdots, \succsim_I) \in \mathscr{A}$，当 $x \succ_h y$ 时我们有 $xF_p(\succsim_1, \cdots, \succsim_I)y$。因此，$f(\succsim_1, \cdots, \succsim_I)$［根据第 4 步可知，在 X 中它对于 $F(\succsim_1, \cdots, \succsim_I)$ 是最受偏好的备选方案］也是 h 最偏好的备选方案；也就是说，$f(\succsim_1, \cdots, \succsim_I) \succsim_h x$ 对于每个 $x \in X$ 均成立。因此，参与人 h 是个独裁者。■

最后，我们说说下列推论（命题 21. E. 2），它表明命题 21. E. 1 和如实显示偏好的激励问题相关，我们将在第 23 章详细分析后面这个问题。

命题 21. E. 2： 假设备选方案至少有三个，$f: \mathscr{P}^I \to X$ 是个社会选择函数，它具有弱帕累托性质且满足下列**无谎报的激励**（no-incentive-to-misrepresent）条件：

$$f(\succsim_1, \cdots, \succsim_{h-1}, \succsim_h, \succsim_{h+1}, \cdots, \succsim_I) \succsim_h f(\succsim_1, \cdots, \succsim_{h-1}, \succsim_h', \succsim_{h+1}, \cdots, \succsim_I)$$

对于每个参与人 h、每个 $\succsim_h' \in \mathscr{P}$ 和每个偏好组合 $(\succsim_1, \cdots, \succsim_I) \in \mathscr{P}^I$ 均成立。那么 $f(\cdot)$ 是独裁的。

证明： 根据命题 21. E. 1，只要证明 $f: \mathscr{P}^I \to X$ 必定是单调的即可。

假设它不是单调的。不失一般性，我们假设对于某个参与人 h，存在参与人 $i \neq h$ 的偏好 $\succsim_i \in \mathscr{P}$ 以及参与人 h 的偏好 $\succsim_h''$，$\succsim_h''' \in \mathscr{P}$ 使得，记

$$x = f(\succsim_1, \cdots, \succsim_{h-1}, \succsim_h'', \succsim_{h+1}, \cdots, \succsim_I)$$

以及

$$y = f(\succsim_1, \cdots, \succsim_{h-1}, \succsim_h''', \succsim_{h+1}, \cdots, \succsim_I)$$

21

我们有 $x\succsim''_h z$ 意味着 $x\succsim'''_h\in z$ 对于每个 $z\in X$ 均成立，但 $y\neq x$。

有两种可能性：要么 $y\succ''_h x$，要么 $x\succsim''_h y$。

如果 $y\succ''_h x$，那么无谎报的激励条件不成立，因为“真实的”偏好关系为 $\succsim_h=\succsim''_h$，谎报的偏好关系为 $\succsim'_h=\succsim'''_h$。

如果 $x\succsim''_h y$，那么 $x\succsim'''_h y$。因此，由于不存在两个无差异的不同方案，所以 $x\succ'''_h y$。但是如果 $x\succ'''_h y$，那么无谎报的激励条件不成立，因为“真实的”偏好关系为 $\succsim_h=\succsim'''_h$，谎报的偏好关系为 $\succsim'_h=\succsim''_h$。■

参考文献

Arrow，K. J.（1963）. *Social Choice and Individual Values*，2d ed. New York：Wiley.

Austen-Smith，D.，and J. S. Banks（1996）. *Positive Political Theory*. Ann Arbor：University of Michigan Press.

Caplin，A.，and B. Nalebuff（1988）. On 64%-majority voting. *Econometrica* 56：787－814.

Grandmont，J-M.（1978）. Intermediate preferences and majority rule. *Econometrica* 46：317－330.

May，K.（1952）. A set of independent，necessary and sufficient conditions for simple majority decision. *Econometrica* 20：680－684.

Moulin，H.（1988）. *Axioms of Cooperative Decision Making*. Cambridge，U. K.：Cambridge University Press.

Sen，A.（1970）. *Individual Choice and Social Welfare*. San Francisco：Holden Day.

Sen，A.（1986）. Social choice theory. Chap. 22 in *Handbook of Mathematical Economics*，edited by K. Arrow and M. Intriligator. Amsterdam：North-Holland.

Shepsle，K. A.，and M. Boncheck（1995）. *Analyzing Politics*. New York：W. W. Norton.

Tullock，G.（1967）. The general irrelevancy of the general possibility theorem. *Quarterly Journal of Economics* 81：256－270.

习　题

21. B. 1[A]　验证两个备选方案之间的多数投票满足下列三个性质：参与人之间的对称性、备选方案之间的独立性以及正反应性。

21. B. 2[A]　命题 21. B. 1 描述了两个备选方案之间的多数投票具有的三个性质（参与人之间的对称性、备选方案之间的独立性以及正反应性），分别举出一个不同于多数投票的社会福利函数 $F(\alpha_1, \cdots, \alpha_I)$，这个函数满足两个性质但不满足另外一个性质。这说明对于多数投票来说，在这三个性质中，任何一个性质都不是多余的。

21. B. 3[A]　假设某个公共物品项目有两个水平 $k\in\{0, 1\}$，其中 $k=0$ 表示“维持现状”。成本用货币表示，任何水平的公共物品的成本都为零。有 I 个参与人，他们对于公共物品水平和持有的货币量的偏好是拟线性的（其中货币作为计价物）。因此，参与人 i 的偏好完全由他对公共物品从 $k=0$ 变为 $k=1$ 水平的支付意愿 $v_i\in\mathbb{R}$ 刻画。数 v_i 可能为负（在这种情形下它等价于参与人 i

21

要求的最低赔偿)。

证明在两个水平公共项目所组成的政策集合中(参与人之间不发生货币转移),对公共项目两个水平的多数投票规则保证能产生一个帕累托最优决策,但在允许参与人之间转移货币的更大政策集合中,它不是帕累托最优的。

比较多数投票规则(一个"中位数")和在允许参与人之间转移货币情形下的帕累托最优规则(一个"平均数")。

21.C.1[A] 将命题21.C.1证明过程中的第1步补充完整。

21.C.2[B] 我们可以将阿罗不可能定理(命题21.C.1)隐性和显性的假设条件列举如下:

(a) 备选方案至少为3个。

(b) 全域定义域:具体地说,社会福利泛函数 $F(\cdot)$ 的定义域为 $\mathscr{R}^I$。

(c) 社会理性:也就是说,对于个人偏好的每个可能组合,$F(\succsim_1, \cdots, \succsim_I)$ 是个理性偏好关系(即,完备的和传递的)。

(d) 配对独立性条件(定义21.C.3)。

(e) 帕累托性质条件(定义21.C.2)。

(f) 不存在独裁关系:也就是说,不存在参与人 h 使得在个人偏好的任何组合上,h 能对任何一对备选方案强制实施自己的严格偏好。(准确的定义请参见命题21.C.1。)

对于每个假设,分别举出一个社会福利函数 $F(\cdot)$ 使得它满足该假设条件但不满足其他五个假设条件。这表明对于阿罗不可能定理中的六个假设条件,任何一个都不是多余的。

21.C.3[A] 证明存在定义在 $\mathscr{R}^I$ 上的社会福利泛函数 $F: \mathscr{R}^I \to \mathscr{R}$(即,可能发生个人对于方案是无差异的)使得该泛函数满足阿罗不可能定理(命题21.C.1)的所有假设条件,但对于该泛函数来说,社会偏好和任何个人的偏好都不相同。[提示:试着用一下**字典式的独裁关系**(lexical dictatorship):排名为 n 的独裁者能施加他的偏好当且仅当排名比他高的独裁者对于方案是无差异的。]

21.D.1[B] 假设 X 是备选方案的一个有限集,在 X 上构建一个反身的和完备的偏好关系 $\succsim$,使得 $\succsim$ 在每个严格子集 $X' \subset X$ 上都有最大元,但 $\succsim$ 不是非循环的。

21.D.2[A] 验证由寡头政治的执政集团例子(例21.D.1)产生的社会偏好是拟传递的,但社会无差异可能不是传递的。请加以解释。

21.D.3[A] 证明否决者例子(例21.D.2)产生的社会偏好为非循环的但未必是拟传递的。证明尽管参与人2有否决权但备选方案 x 仍有可能是对于社会偏好来说的唯一最大元。

21.D.4[A] 根据例21.D.4,证明 $X=[0, 1]$ 上的一个连续偏好关系 $\succsim$ 是单峰的仅当它是严格凸的。

21.D.5[A] 请直接证明,对于三个备选方案之间的六种可能线性序,没有一种能将康多塞悖论(例21.C.2)中的三个偏好变为一个单峰族。

21.D.6[B] 对于有着单峰偏好的偶数个参与人,配对多数投票未必能产生一个完全传递的社会偏好关系。请举例说明。

21.D.7[C] 假设 X 是 $\mathbb{R}^2$ 的一个凸子集,原点在该子集的内部。有三个参与人 $i=1, 2, 3$。每个 i 有着连续可微的效用函数 $u_i: X \to \mathbb{R}$。假设由梯度集在原点 $\{\nabla u_1(0), \nabla u_2(0), \nabla u_3(0)\}$ 张成的 $\mathbb{R}^2$ 中的锥为整个 $\mathbb{R}^2$。证明:

(a) 存在三个备选方案 $x, y, z \in X$,它们构成了一个康多塞循环(即,存在严格多数票使得 x 比 y 好,y 比 z 好,z 比 x 好)。

(b)(更难)给定任何 $x \in \mathbb{R}^2$,存在一个 $y \in \mathbb{R}^2$ 使得 $\|x-y\| < \|x\|$ 而且两个参与人认为 y 比原点 $0 \in \mathbb{R}^2$ 好。也就是说,如果把原点想象为维持现状,那么对于任何 x,我们总能找到一个严格多数票,认为更接近 x 的备选方案比维持现状好。(提示:完全可以假设效用函数为线性的。)

21.D.8[C] 基本情形如习题21.D.7所示,只不过现在,效用函数在原点的梯度构成了一个尖锥(即,这个锥不包含任何半空间)。假设效用函数为拟凹的。

(a) 证明在原点存在一个参与人，他在下列意义上是个**方向中间人**（directional median）：相对于原点这个选择，任何有着严格多数票的备选方案均必定使得这个参与人的状况严格变好。

(b) 现在假设在每个 $x\in X$ 上，由 $\{\nabla u_1(x), \nabla u_2(x), \nabla u_3(x)\}$ 张成的锥是尖锥。那么根据 (a) 可知，在每个 $x\in X$ 上均存在一个方向中间人。证明这个方向中间人随着 x 的改变而改变而且有可能出现康多塞循环。

(c) 情形同 (b)。证明，如果在每个 $x\in X$ 上，方向中间人都是同一人，那么不可能存在康多塞循环。

21.D.9[C] （Grandmont）考虑一个备选方案集 X。给定 X 上的三个理性偏好关系 $\succsim$，$\succsim'$ 和 $\succsim''$。我们说 $\succsim''$ 是 $\succsim$ 和 $\succsim'$ 的**中间偏好**（intermediate preference），如果 $x\succsim y$ 和 $x\succsim' y$ 意味着 $x\succsim'' y$。也就是说，对于每个备选方案 y，$\succsim$ 的上轮廓集和 $\succsim'$ 的上轮廓集的交包含于 $\succsim''$ 的上轮廓集之中。

(a) 证明 $u(x)$ 和 $u'(x)$ 是 X 上的偏好的效用函数，那么对于任何正数 γ 和 ψ，由 $\psi u(x)+\gamma u'(x)$ 表示的偏好是分别由 $u(x)$ 和 $u'(x)$ 表示的偏好的中间偏好。

(b) 假设给定 X 上的 N 个函数 $h_1(x), \cdots, h_N(x)$。参与人的偏好可用效用函数 $u_\beta(x)=\beta_1 h_1(x)+\cdots+\beta_N h_N(x)$ 表示，其中 $\beta=(\beta_1, \cdots, \beta_N)\in\mathbb{R}^N_{++}$。证明对于任何两个备选方案 $x, y\in X$，集合 $B(x, y)=\{\beta\in\mathbb{R}^N_{++}: u_\beta(x)>u_\beta(y)\}$ 是 $\mathbb{R}^N_{++}$ 与一个平移后的半空间的交。

(c) 证明 (b) 中的结论成立，如果被 $\beta\in\mathbb{R}^N$ 参数化的效用函数 $u_\beta(x)$ 使得当 β'' 是 β 和 β' 的一个凸组合时，由 $u_{\beta''}(x)$ 表示的偏好是分别由 $u_\beta(x)$ 和 $u_{\beta'}(x)$ 表示的偏好的中间偏好。

(d) 继续考虑 (b) 中的参数化，假设我们取极限情形，其中参与人整体可用 $\mathbb{R}^N_{++}$ 上的一个密度 $g(\beta)$ 表示。我们说 β^* 对于 $g(\cdot)$ 是个**中间人**（median agent），如果 $\mathbb{R}^N$ 中的每个经过 β^* 的超平面均将 $\mathbb{R}^N$ 分为两个区域，这两个区域根据密度 $g(\cdot)$ 有着相同的质量。证明对于任意密度 $g(\cdot)$，中间人可能存在也可能不存在。

(e) 在 (d) 的架构内，假设存在一个中间人 β^*，假设 $g(\beta^*)>0$，而且 x^* 是中间人最偏好的唯一备选方案。证明在配对多数投票规则下，x^* 能击败任何其他备选方案。

(f) 证明如果将备选方案集和参与人集在概念上分开，那么例 21.D.6 中的欧几里得偏好能纳入本习题的架构内。

21.D.10[B] 本题的目的是说明如何在政策问题中使用单峰偏好。具体地说，我们考虑通过多数投票决定税率水平来实现财富再分配目的。

假设参与人个数 I 为奇数。每个参与人的财富水平 $w_i>0$，他在财富水平上的效用函数是递增的。平均财富为 $\bar{w}$，中值财富为 w^*。

(a) $\bar{w}$ 与 w^* 的差变大在财富分布角度上意味着什么？

(b) 考虑所有参与人面对着相同的比例税率 $t\in[0, 1]$ 情形。备选方案集为 $X=[0, 1]$，它表示由可能的税率水平组成的集合。税收收入用于平均再分配。因此，对于税率 t，参与人 i 的税后财富为 $(1-t)w_i+t\bar{w}$。证明所有参与人在 X 上的偏好均是单峰的，证明康多塞获胜税率 t_c：$t_c=0$ 若 $w^*>\bar{w}$；$t_c=1$ 若 $w^*<\bar{w}$。请加以解释。

(c) 现在假设征税产生了福利无谓损失。非常粗略地说，假设税率 $t\in[0, 1]$ 使得参与人 i 的税前财富水平降低为 $w_i(t)=(1-t)w_i$ [因此，平均税收收入为 $t(1-t)\bar{w}$，参与人 i 的税后财富水平为 $(1-t)^2 w_i+t(1-t)\bar{w}$]。证明 X 上的偏好再一次是单峰的（但注意到税后财富水平关于税率可能不是个凹函数）。然后证明 $t_c\leqslant 1/2$。证明 $t_c=0$ 若 $w^*>\frac{1}{2}\bar{w}$，$t_c>0$ 若 $w^*<\frac{1}{2}\bar{w}$。将其与 (b) 比较并解释。

(d) 现在稍微修改一下 (c)，即现在假设福利净损失对个人财富的影响与 (c) 不同：税率 $t\in[0, 1]$ 使得参与人 i 的税前财富水平降低为

$(1-t^2)w_i$ [在理论上这种情形比情形 (c) 更令人满意，因为我们知道，在 $t=0$ 时，t 的微小上升对总福利有二阶效应]。证明税率上的个人偏好未必是单峰的。

21.D.11^{B} 考虑备选方案的一个有限集 X，一个偏好集 $\mathscr{P}_{\geqslant}$，偏好关于 X 上的线性序是单峰的 (注意我们排除了个人偏好是无差异的情形)。参与人的个数为奇数。正如我们在命题 21.D.2 中所看到的，满足帕累托性质和配对独立性条件的一类社会福利泛函数 $F: \mathscr{P}_{\geqslant}^{I} \to \mathscr{P}$ 是下面这样的：我们固定由奇数个参与人组成的子集 $S \subset I$ (S 为寡头政治的执政集团)，并且令这个子集的成员通过配对多数投票决定了社会偏好。举例说明满足帕累托性质和配对独立性条件的社会福利泛函数 $F: \mathscr{P}_{\geqslant}^{I} \to \mathscr{P}$ 不止上面那一类。

21.D.12^{A} 假设某个项目的总成本 $c>0$ 需要通过对三个参与人征税来筹资。因此，备选方案集为 $X=\{(t_1, t_2, t_3)\geqslant 0: t_1+t_2+t_3=c\}$。筹资方案由多数投票决定。

(a) 证明任何严格正的备选方案 $(t_1, t_2, t_3) \gg 0$ 都不可能成为康多塞获胜方案。

(b) 讨论对于备选方案 (t_1, t_2, t_3)，当 $t_i=0$ 对于某个 i 成立时，康多塞获胜方案是怎样的。

21.D.13^{B} 有一组参与人 (为简单起见，假设是个连续统)，他们在 $\mathbb{R}^2$ 中的偏好是欧几里得类型的。参与人的偏好可以分为有限 J 类。每一类都用最受偏好的点 x_j 标记。我们假设这些 x_j 处于"一般位置"，也就是说，任何三个 x_j 都不同线。我们用 $\alpha_j \in [0, 1]$ 表示类型 j 参与人总质量占参与人整体质量的比例。

(a) 假设 J 是奇数，而且 $\alpha_1=\cdots=\alpha_J$。证明如果 $y \in \mathbb{R}^2$ 是个康多塞获胜方案，那么 $y \in \{x_1, \cdots, x_J\}$。也就是说，康多塞获胜方案必定是某一类排名最靠前的方案。如果 J 是偶数，这个结论还成立吗？

(b) (De Marzo) 现在假设存在一个优势类型，也就是说，存在一个类型 h 使得 $\alpha_h > \alpha_j$ 对于每个 $j \neq h$ 均成立。证明如果存在一个康多塞获胜方案 $y \in \mathbb{R}^2$，那么 $y=x_h$。也就是说，只有优势类中排名最靠前的方案能成为康多塞获胜方案。

21.D.14^{B} 在本题中，我们验证：我们不能仅通过要求随着方案向峰值靠近，偏好弱递增来弱化单峰偏好的定义。

假设我们有五个参与人和五个备选方案 $\{x, y, z, v, w\}$。这五个人的偏好分别为

$$x \succ_1 y \sim_1 z \sim_1 v \sim_1 w$$

$$y \succ_2 x \succ_2 z \succ_2 v \succ_2 w$$

$$z \succ_3 y \sim_3 v \sim_3 w \succ_3 x$$

$$v \succ_4 w \succ_4 x \sim_4 y \sim_4 z$$

$$w \succ_5 x \sim_5 y \sim_5 z \sim_5 v$$

(a) 证明对于这些备选方案不存在康多塞获胜者；也就是说，在多数投票规则下，每个方案都被其他某个方案击败。

(b) 证明在这些备选方案上存在一个线性序 $\geqslant$ 使得五个参与人的偏好关系满足下列性质："在线性序 $\geqslant$ 中当我们靠近参与人最偏好的方案时，偏好是弱递增的。"

(c) 验证备选方案可以视为 $[0, 1]$ 中的点，而且每个参与人的偏好都可以通过对备选方案集施加 $[0, 1]$ 上的一个拟凹效用函数得出。[注意：$u_i(t)$ 是拟凹的，如果 $\{t \in [0, 1]: u_i(t) \geqslant \gamma\}$ 对于每个 γ 都是凸的。]

(d) (更难) 将上面的论证和构造扩展到具有下列特征的例子中：(i) 有五个参与人；(ii) 备选方案空间等于区间 $[0, 1]$；(iii) 每个参与人有着 $[0, 1]$ 上的一个拟凹效用函数，该函数有唯一最大元；(iv) 在 $[0, 1]$ 中不存在康多塞获胜方案。

21.E.1^{A} 考虑备选方案的一个有限集 X，假设参与人为奇数个。偏好的定义域为 $\mathscr{A}=\mathscr{P}_{\geqslant}^{I}$，其中 $\geqslant$ 是 X 上的一个线性序 (即，偏好为单峰的，而且不会出现个人无差异)。证明将康多塞获胜方案指定给每个偏好组合的社会选择函数，满足弱帕累托性质和单调条件。

21.E.2^{A} 假设备选方案集 X 有 $N<\infty$ 个元

素，而且我们将这些备选方案用 1 到 N 标记，即 $X=\{x_1, \cdots, x_N\}$。考虑定义在 $\mathscr{R}^I$ 上的社会选择函数（即，我们允许个人无差异情形）：令 $f(\succsim_1, \cdots, \succsim_I)$ 为一个备选方案，它将第一个参与人最偏好的方案用最小数字标记。证明这个社会选择函数是独裁的、弱帕累托的和单调的。出于完整性考虑，还请论证 $f(\cdot)$ 的定义域为 $\mathscr{P}^I$ 的情形。

21.E.3[A] 将命题 21.E.1 证明过程中的第 3 步补充完整。

21.E.4[A] 假设备选方案的个数是有限的，$F: \mathscr{A} \to \mathscr{P}$ 在某个定义域 $\mathscr{A} \subset \mathscr{P}^I$ 上是个满足弱帕累托性质和配对独立性条件的社会福利泛函数。由此诱导出的社会选择函数对每个组合指定了社会最偏好的方案。举两个例子，其中社会选择函数不是单调的；其中一个例子应该针对两个备选方案且 $\mathscr{A}=\mathscr{P}^I$ 的情形，另外一个例子应该针对两个以上备选方案的情形。（提示：选择非常小的 $\mathscr{A}$。）

第22章 福利经济学与公理化议价基本知识

22.A 引言

在本章，我们继续研究福利经济学。本章与第21章的主要区别是，个人效用函数的基数性质处于核心地位。而且，我们将考察效用在个人间是可比的这个假设的含义。

22.B节给出了**效用可能集**（utility possibility set）的概念。本节还强调了一级最优福利问题与二级最优福利问题的区别。

22.C节首先假设存在着一个政策制定者或一个社会规划者，他的目标可用**社会福利函数**（social welfare function）表示。政策的作用体现在，在效用可能集的约束下使得社会福利函数达到最大值。然后我们分析一系列实践中有用的例子。本节最后简单讨论了**补偿性标准**（compensation criterion）。

在22.D节，我们考察效用在个人间的可比性在多大程度上增强了社会福利函数的用途。为了完成这个任务，我们分析一些公理的含义，这些公理规定社会偏好不随个人效用函数的原点和单位变化而变化。本节自然地与第21章联系起来，因为它也依赖于社会福利泛函数的概念，而且殊途同归，我们再一次得到了阿罗不可能定理。

22.E节和22.F节考察的主题稍微与以上有所不同，我们介绍公理化议价理论。现在的目的是阐述和分析一些合理标准，用于在若干个参与人之间分配合作行为的收益（或损失）。

22.E节研究最简单情形：要么完全合作（合作结果可用效用可能集描述），要么结果是个给定的**威胁点**（threat point）。对于这种情形我们给出几个解，其中一种是经典的**纳什议价解**（Nash bargaining solution）。

在22.F节，我们主要分析效用能在参与人之间转移的情形。然而，我们允许参与人子集内部的合作。于是一种经典解为**夏普利价值**（Shapley value），我们将简要说明这个概念。另外，我们还说明了如何将夏普利价值用于在参与人之间分配某个项目成本的问题。

22.B 效用可能集

政策决策问题分析的第一步是描述政策制定者的选择集，这是本节的任务。在下一节我们将考察政策制定者的目标。①

我们分析的起点是备选方案的一个非空集合 X 和一组 I 个参与人。在第 21 章，我们使用了偏好关系，但在本章我们假设参与人的偏好直接以效用函数 $u_i: X\to\mathbb{R}$ 的形式给定。在这种情形下，效用值 $u_i(x)$ 的确切含义是什么：它们有基数还是序数意义？它们在不同个人之间是可比较的吗？22.D 节将考察这些问题。对于当前的目的来说，暂时没有必要回答这些问题。

政策制定不应该是**家长式的**（paternalistic），这是福利经济学的一个传统而重要的原则。在最低限度上，这意味着如果参与人的偏好不能区分不同的备选方案，那么政策制定者也不能。因此，对于不同的备选方案来说，只有参与人的效用值才是重要的，从而政策制定者面对的相关约束是所谓的效用可能集。现在我们来定义这个首先由 Samuelson（1947）提出的概念。

定义 22.B.1：效用可能集（utility possibility set，UPS）为集合

$$U=\{(u_1,\cdots,u_I)\in\mathbb{R}^I: u_1\leqslant u_i(x),\cdots,u_I\leqslant u_I(x)\text{对于某个 } x\in X\}\subset\mathbb{R}^L$$

U 的**帕累托边界**（Pareto frontier）是由效用向量 $u=(u_1, \cdots, u_I)\in U$ 组成的，对于这些向量，不存在其他的 $u'=(u_1', \cdots, u_I')\in U$ 使得 $u_i'\geqslant u_i$ 对于每个 i 和 $u_i'>u_i$ 对于某个 i。

为了了解效用可能集的特征，尤其是了解**一级最优**（first-best）政策问题和**二级最优**（second-best）政策问题的重要区别，我们需要讨论一些例子。

例 22.B.1：交换经济。假设我们考察的是第 10 章和第四部分讨论过的交换和生产经济，在这样的经济中有 L 种商品和 I 个消费者。于是，备选方案集 $X\subset\mathbb{R}^{LI}$ 表示的是由可行消费配置 $x=(x_1, \cdots, x_I)$ 组成的集合。每个消费者的效用函数形式为 $u_i(x)=u_i(x_i)$；也就是说，消费者 i 从一个配置中得到的效用仅取决于他自己的消费。习题 22.B.1 要求读者证明在标准假设条件下（包括效用函数是凹的），这个经济的效用可能集是凸的。特别地，当效用函数为拟线性的时②，我们在 10.D 节已经看到，此时 U 的边界是个超平面。图 22.B.1 画出了一

① 对于公共经济学的一般介绍，可以参考 Atkinson 和 Stiglitz（1980），Laffont（1988）以及 Starrett（1988）。更高级水平的教材可以参考 Guesnerie（1995）。Phelps（1973）收录了一些强调基本概念的论文。

② 与往常一样，在这种情形下我们也忽略了计价物的非负约束。

般情形，图 22. B. 2 画出了拟线性情形。■

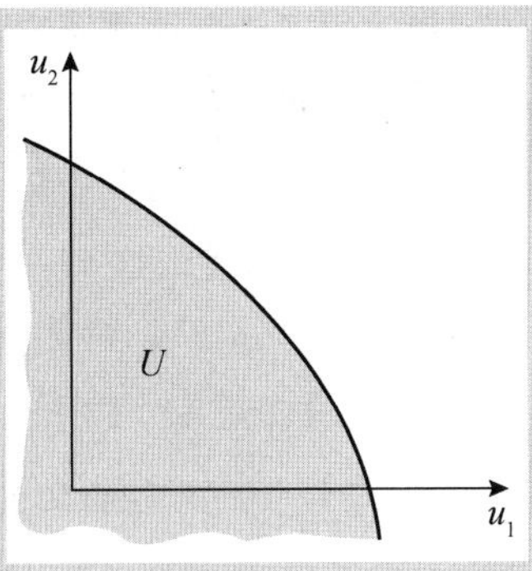

图 22. B. 1　一个效用可能集

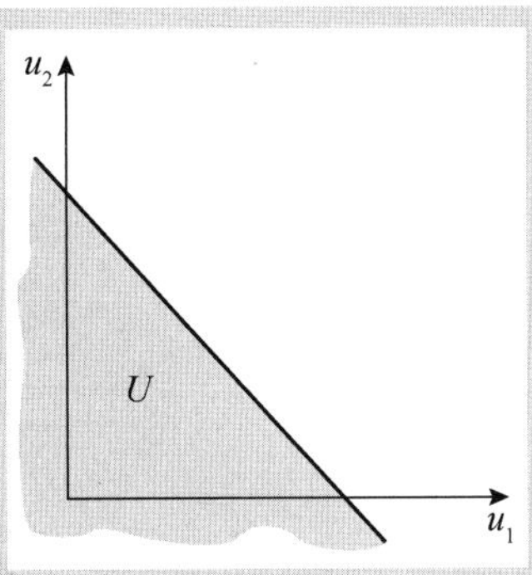

图 22. B. 2　一个效用可能集：效用可转移的情形

例 22. B. 2 对应着一个一级最优情形。**一级最优问题**（first-best problem）是指定义 X 的约束仅为那些由生产技术和资源施加的约束。政策制定者不可能"无风起浪"，因此他必须尊重这些约束，否则，他就能为所欲为：使用任何他能想到的政策工具。如果除了上述约束之外，可用政策工具还面临着其他的一些约束（这是最常见的情形），那么我们说这是个**二级最优问题**（second-best problem）。后面这些约束可以是任何类型的：法律上的；制度上的；或更基本地，信息上的。第 13 章和第 14 章说明了信息上的约束，在第 23 章我们将再次看到这种约束。然而，需要注意，一级最优问题和二级最优问题在概念上不存在着截然区别。在某种意义上，逆向选择或代理限制与技术和资源约束一样基本。

例 22. B. 2：拉姆齐税收。在某个经济内有三种商品，其中商品 3 是计价物。计价物商品能够在消费者之间自由转移（更正式地说，政策制定者可以使用的一个政策工具是对财富进行定额再分配）。商品 1 和 2 都可用计价物商品生产，边际成本恒等于 1。消费者面对的市场价格等于边际成本加上商品税，商品税的水平由政策制定者决定。税收收入以定额形式返还给经济。最后，消费量由不同消费者的需求函数决定。

我们从福利经济学第二基本定理（16.D 节）知道，一级最优的效用可能集中的任何效用向量都可以使用上述政策工具实现（只要将税率设定为零并适当分配财富即可）。但是假设我们现在有着无法避免的扭曲——政策制定者需要筹集总额为 R 的税收。这样它就变成了一个二级最优问题。为了确定相应的二级效用可能集，首先注意到，由于计价物能够在消费者之间自由转移，这个集合的边界仍然是线性的，这与一级最优问题一样（即，与图 22.B.2 一样）。因此，为了确定它的边界，我们只要找到价格水平 p_1 和 p_2 以使得代表性消费者的间接效用函数 $v(p_1, p_2)$ 达到最大即可［对 $v(p_1, p_2)$ 进行递增的单调变换后，它等于总消费者剩余；这些概念可参考 4.D 节和第 10 章］。①

用 $x_1(p_1, p_2)$ 和 $x_2(p_1, p_2)$ 表示总需求函数。那么我们必须求解下列最大化问题

$$\begin{aligned}&\text{Max } v(p_1, p_2)\\&\text{s. t. } (p_1-1)x_1(p_1, p_2)+(p_2-1)x_2(p_1, p_2)\geqslant R\end{aligned}$$

假设我们取最简单的情形，不同消费者的效用函数是加性可分的。这意味着两个需求函数可以写为 $x_1(p_1)$ 和 $x_2(p_2)$。于是这个最大化问题的解 $(\bar{p}_1, \bar{p}_2)$ 满足一阶条件（习题 22.B.2 要求读者验证这一点）：

存在 $\lambda<0$，使得

$$\lambda(\bar{p}_1-1)\frac{dx_1(\bar{p}_1)}{dp_1}=(1-\lambda)x_1(\bar{p}_1)$$

和

$$\lambda(\bar{p}_2-1)\frac{dx_2(\bar{p}_2)}{dp_2}=(1-\lambda)x_2(\bar{p}_2)$$

把商品 l 上的税率记为 $t_l=(\bar{p}_l-1)/\bar{p}_l$，我们可以将这个条件写为弹性形式

$$t_1=\frac{\alpha}{\varepsilon_1(\bar{p}_1)} \quad \text{和} \quad t_2=\frac{\alpha}{\varepsilon_2(\bar{p}_2)} \quad \text{对于某个 } \alpha>0 \tag{22.B.1}$$

式（22.B.1）称为**拉姆齐税收公式**（Ramsey taxation formula）［源于 Ramsey（1927）］。这个公式的一个含义是，如果商品 1 的需求弹性小于商品 2 的，那么商品 1 的最优税率比商品 2 的高。这是合理的：例如，如果商品 1 的需求完全缺乏弹性，那么对商品 1 征税不会导致无谓损失（参考 10.C 节），因此，通过只对商品 1 征税我们就能达到一级最优的帕累托最优。② ■

---

① 因为总剩余等于消费者剩余加上固定的税收总额 R，通过将消费者剩余最大化，我们就能使总剩余最大化。我们还注意到，数额为 R 的税收必须通过商品税来征收这个假设，在能够定额再分配情形下，多少有些牵强。我们在本例和下一个例子作出这个假设的目的仅是出于教学方便的需要。或者，我们可以排除定额转移的可能性。在这种情形下，本例（和下一个例子）中的计算确定了个人效用之和最大化问题（即 22.C 节所谓的“纯效用主义社会福利函数”）的一阶条件。

② 注意，式（22.B.1）只构成了一阶条件。正如我们将在下面的例子中所看到的，二级最优问题通常是非凸的，因此，满足一阶条件并不能保证我们已经确定了一个真正的最大值点。

例 22.B.3：补偿性扭曲（compensatory distortion）。基本情形同例 22.B.2，只不过现在我们没有必要假设消费者的效用函数是加性可分的。现在的扭曲和上一例也是不同类型。我们假设 p_1 固定在某个水平 $\hat{p}_1>1$ 上。[①] 政策工具是参与人之间的计价物商品的任何数量的转移，以及对商品 2 征收商品税。这两个市场的净税收以定额形式返还给消费者。于是，剩余最大化问题的解 $\bar{p}_2$ 可用一阶条件刻画（参见习题 22.B.3）

$$(\hat{p}_1-1)\frac{\partial x_1(\hat{p}_1,\bar{p}_2)}{\partial p_2}+(\bar{p}_2-1)\frac{\partial x_2(\hat{p}_1,\bar{p}_2)}{\partial p_2}=0 \tag{22.B.2}$$

注意到在加性可分情形下，$\partial x_1(\hat{p}_1,\ \bar{p}_2)/\partial p_2=0$，在其他情形下，我们有 $\bar{p}_2\neq1$；也就是说，即使初始扭曲仅涉及商品 1 的市场，二级最优效率也要求在商品 2 市场创造一个补偿性扭曲［Lipsey 和 Lancaster（1956）强调了这一点］。这是一个比较直观的结果：假设我们取 $p_2=1$，那么商品 2 最后（无穷小）单位的需求对总剩余的贡献为 $p_2-1=0$（回忆 p_2 等于商品 2 的边际效用）。因此，对商品 2 征收较小的税是合意的，因为它的效应是将一些需求转移到商品 1 身上，从而最后一单位商品 1 的需求对总剩余的贡献为 $\hat{p}_1-1>0$。■

例 22.B.4：政策工具较少。在习题 22.B.2 和习题 22.B.3 中，我们假设消费者之间计价物商品不受限制的转移是政策制定者可以使用的一种政策工具。正因如此，在这两个例子中，效用可能集有着一个“完整的”边界，也就是说，这个边界是个（$I-1$）维的曲面。而且，拟线性保证了这个曲面是平坦的（从而效用可能集是凸的）。我们现在考察限制计价物可转移程度的含义。

假设有两种商品，I 个消费者的效用函数关于商品 1 都是拟线性的（不对商品 1 征税）。然而，不允许计价物商品在消费者之间进行转移。现在政策制定者只有一种政策工具：对商品 2 征收商品税（或补贴）。再次假设，商品 2 能以单位边际成本进行生产。政策制定者的剩余（或亏损）根据**某个固定规则**返还给消费者（因此，不允许计价物商品在消费者之间转移）。比如，更具体地说，这个规则是无论政策制定者有剩余还是亏损，都返还给消费者 1。那么，（二级最优）效用可能集［以消费者 i 的间接效用函数 $v_i(p_2)$ 表示］为

$$U=\{u\in\mathbb{R}^I:u\leqslant(v_1(p_2)+(p_2-1)\sum_i x_i(p_2),v_2(p_2),\cdots,v_I(p_2))$$
$$\text{对于某个 } p_2>0\}$$

有两点值得注意。首先，U 未必是凸的（习题 22.B.4 要求读者验证此事；我们已经从命题 3.D.3 知道，间接效用函数是拟凸的。图 22.B.3 给出了一个例子）。其次，U 是由唯一一个参数 p_2 定义的，因此它的帕累托边界（该边界自然在 $\mathbb{R}^I$ 中）是一维的。图 22.B.4 给出了

① 更一般地，我们可以将商品 1 的市场视为不受政策制定者控制的，比如该市场为垄断的，从而商品 1 的价格高于边际成本。

$I=3$ 的情形。这个特征完全是典型的。只要政策制定者可以使用的工具种数小于 $I-1$，效用可能集的边界就不可能是 $(I-1)$ 维的。注意到，当计价物商品可以在 I 个消费者之间自由转移时，这自动意味着我们至少需要 $(I-1)$ 种政策工具。■

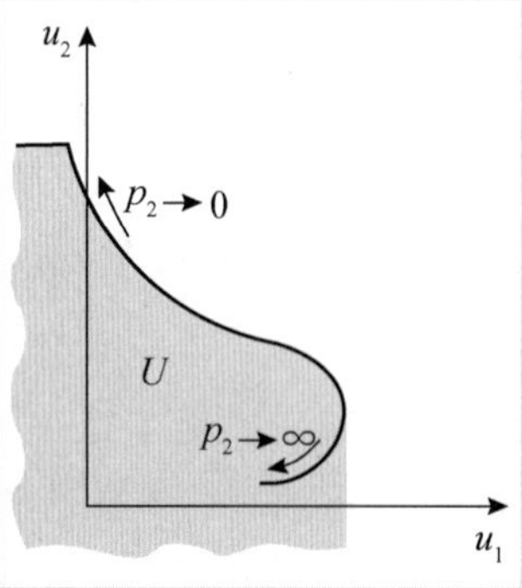

图 22. B. 3　一个非凸的二级最优效用可能集（例 22. B. 4）

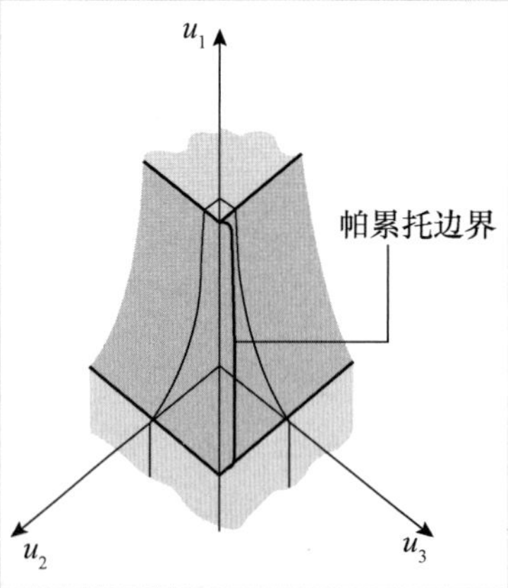

图 22. B. 4　政策工具较少情形下的一个二级最优效用可能集：低维帕累托边界（例 22. B. 4）

例 22. B. 5：一级最优非凸性。在例 22. B. 4 中，效用可能集可能是非凸的，原因在于这个集合的二级最优性质。如果允许计价物商品的定额转移，那么相应的一级最优效用可能集是凸的。然而，一级最优效用可能集也可能不是凸的。一级最优问题中非凸性的两个常见来源是不可分性（indivisibilities）和外部性。对于不可分性，假设有两个地点和两个参与人，这两个人对地点的偏好是相同的（具体地说，他们都偏爱同一个地点）。对个人来说，位置的配置只有两种，因此效用可能集如图 22. B. 5 所示。至于外部性，假设只有一种商品，两个消费者的效用函数为 $u_1(x_1)=x_1$ 和 $u_2(x_1, x_2)=x_2/x_1$，那么效用可能集如图 22. B. 6 所示（若想进一步了解由外部性引起的非凸性，可以参考第 11 章附录 A)。■

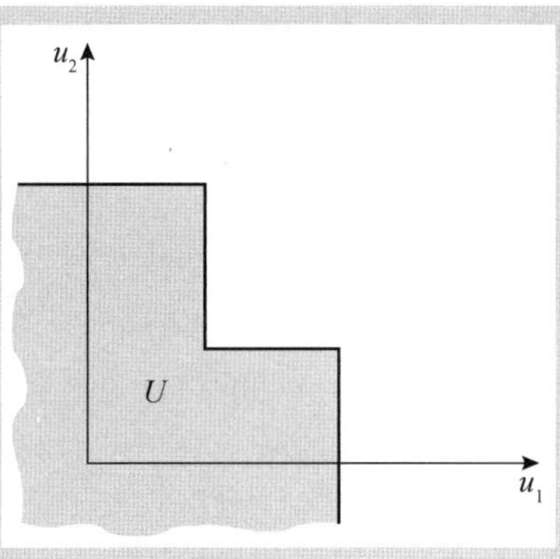

图 22. B. 5　一级最优地点问题的非凸效用可能集

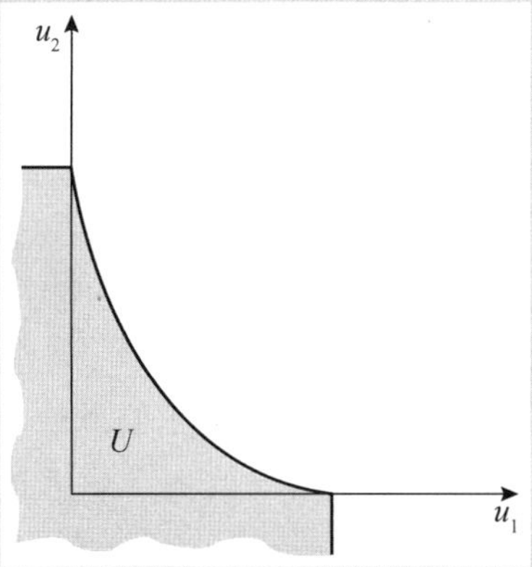

图 22. B. 6　伴有外部性的一级最优问题的非凸效用可能集

例 22. B. 4 和例 22. B. 5 给出了非凸效用可能集情形。在理论上，有一种方法能够凸化效用可能集，这就是允许政策制定者在他的可行政策工具集上进行随机选择。如果参与人根据他们的不同期望效用计算随机结果（参见第 6 章），那么（预期的，或称事前的）效用可能集是凸的，这是因为它是效用可能集中对应确定政策的效用向量的凸组合。在理论上，我们没有合适的理由不让政策制定者随机化他的选择。另外，随机政策的现实可行性也不能先验地决定。

介绍完最后一个例子我们就结束本节，这个例子来自 Atkinson（1973），它说明了一级最优问题和二级最优问题的区别。

例 22. B. 6：非生产性税收。假设有两种商品和两个消费者。商品 1 是“劳动”或闲暇；商品 2 是“消费品”。经济一共只有一单位劳动，它全部为消费者 1 所有。消费品（商品 2）可以通过使用消费者 1 的劳动以固定边际成本 1 生产出（假设可自由处置）。消费者 1 的效用函数为 $u_1(x_{11}, x_{21})$，消费者 2 的效用函数为 $u_2(x_{22})$。在图 22. B. 7 中我们画出了这个模型的一级最优帕累托边界。假设 u_1 是给定的。于是，在消费者 1 要达到效用水平 u_1 的约束下，我们想使消费者 2 的效用尽可能大。如果消费者 1 得到$(\bar{x}_{11}, \bar{x}_{21})$，那么劳动供给量为$1-\bar{x}_{11}$，消费者 2 能得到的消费品（商品 2）的数量为$1-\bar{x}_{11}-\bar{x}_{21}$。因此，我们应该通过求解最小化问题 $\mathrm{Min}\,x_{11}+x_{21}$ s. t. $u_1(x_{11}, x_{21})\geqslant u_1$ 来首先确定$(\bar{x}_{11}, \bar{x}_{21})$，然后令 $u_2=u_2(1-\bar{x}_{11}-\bar{x}_{21})$。

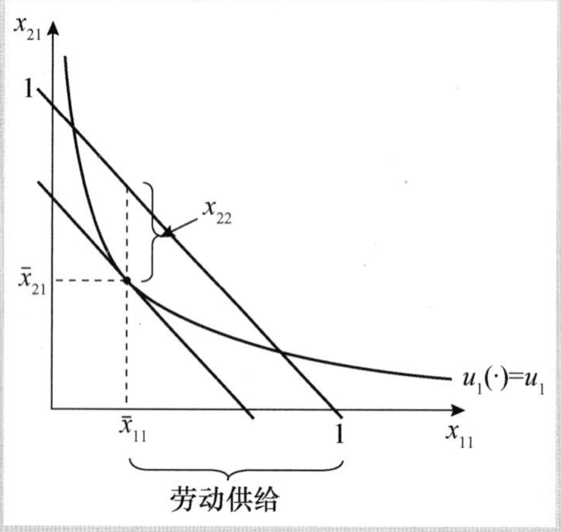

图 22. B. 7　例 22. B. 6 的一级最优帕累托边界

现在我们研究二级最优问题，在这个问题中，不能强迫消费者 1 提供劳动。为向消费者 2 提供消费品，政策制定者唯一能使用的政策工具是，对消费者 1 在税率给定的情形下愿意提供的任何劳动量征收线性税$t(1-x_{11})$。二级最优边界如图 22. B. 8 所示。对于$t\geqslant 0$，消费者 1 将选择x_{11}来使得$u_1(x_{11}, (1-t)(1-x_{11}))$ 最大。注意到这种情形好似他在他的提供曲线上选择对应价格向量（1，$1/(1-t)$）的点。将这个点记为$x_1(t)=(x_{11}(t), x_{21}(t))$。于是，消费者 2 的效用为$u_2(t(1-x_{11}(t)))$。

图 22. B. 9 画出了一级最优和二级最优效用可能集。[①] 在二级最优情形下，这个图也画出了当 t 在 0 到 1 区间变化时效用组合 $Q\subset\mathbb{R}^I$ 的轨迹，即

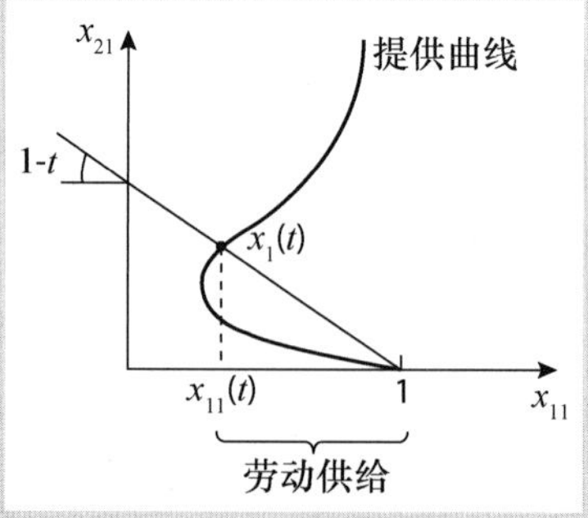

图 22. B. 8　例 22. B. 6 的二级最优帕累托边界

① 再一次地，二级最优边界可能是凸的，也可能不是凸的。

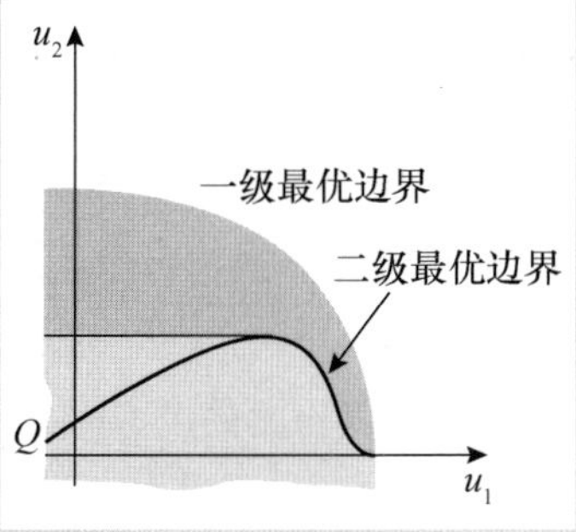

图 22. B. 9　非生产性税例子（例 22. B. 6）的一级最优和二级最优效用可能集

$$Q=\{(u_1(x_1(t)),u_2(t(1-x_{11}(t))))\in\mathbb{R}^2:0\leqslant t\leqslant 1\}$$

注意到 Q 不与二级最优效用可能集的帕累托集重合，这是因为它展现了特征性的非单调性。其中的经济学直觉非常直观：如果 t 较小，消费者 2 得到的消费品数量很少；但是如果 t 很大，情形也没明显好转。消费者 2 现在将得到消费者 1 提供劳动的很大比例，但正是由于这个原因，消费者 1 不愿意提供很多的劳动。■

从例 22. B. 6 中我们还能得到另外一个结论。我们在图 22. B. 9 中看到，一级最优帕累托边界和二级最优帕累托边界可能含有一些共同点；也就是说，有些二级帕累托最优可能是一级帕累托最优。然而，图 22. B. 9 告诉我们，如果只是因为它们离一级最优边界比较近就选择它们，那么这是相当愚蠢的做法。这样的选择从分配角度看，与最优情形可能存在着很大的偏差。[①] 22. C 节将考察更合理的选择标准。

22.C　社会福利函数与社会最优

22. B 节描述了政策制定者或称社会规划者的约束集。下一个问题是选择哪个特定的政策。对于任何政策，只要它产生的效用向量不在帕累托边界上，我们就可以根据帕累托原理将这样的政策消除。即使这样，剩下的选择空间仍然很大[②]，这必然要求权衡不同参与人之间的效用得失问题。在本节，我们假设政策制定者有着外在的和一致的标准来执行这个任务。具体地说，假设这个标准由一个**社会福利函数**（social welfare function）$W(u)=W(u_1, \cdots, u_I)$ 给定，这个函数将个人效用加总为社会效用。我们可以认为 $W(u)$ 反映了政策制定者的决策蕴涵的分配价值判断。[③] 在 22. E 节（及其随后各节），我们将讨论另外一种稍微有所不同的方法，这

① 另外，从政策角度看，这样的做法可能没有意义：在图 22. B. 9 中，能产生一个一级最优结果的唯一二级最优政策是 $t=0$，也就是说，不需要政策！

② 唯一的例外是帕累托边界只包含一个点。另外，正如我们在例 22. B. 3 中所看到的，在政策工具较少的二级最优情形下，帕累托最优这个要求可能不能排除很多政策。

③ Bergson（1938）和 Samuelson（1947）首先使用了福利经济学的这种研究方法。

种方法更强调最终政策选择的议价或仲裁方面。

在本节，我们暂时绕过**效用在个人间的可比性**（interpersonal comparability of utility）这个假设的合理性问题。在加总函数 $W(u_1, \cdots, u_I)$ 中，我们隐含地承认了它是合理的，因为我们将个人效用水平作为加总函数的变量。22.D 节主要考察这个假设的合理性问题，它将本节与第 21 章的分析联系在一起。

因此，对于一个给定的社会效用函数 $W(\cdot)$ 和效用可能集 $U \subset \mathbb{R}^I$，政策制定者的问题为

$$\begin{aligned} &\operatorname{Max}\ W(u_1, \cdots, u_I) \\ &\text{s. t. } (u_1, \cdots, u_I) \in U \end{aligned} \tag{22.C.1}$$

式（22.C.1）的解是个效用向量或称潜在政策向量，我们将这个效用向量称为一个**社会最优**（social optimum）。如果这个最大化问题有二级最优性质，而且我们想强调这个事实，那么我们将其称为**受约束的社会最优**（constrained social optimum）。

现在我们阐述和讨论社会福利函数（SWF）可能具有（以及可能不具有）的一些有趣性质。

（ⅰ）**非家长作风性质**。**非家长作风**（nonpaternalism）这个性质已经蕴涵在社会福利函数的概念之中。这个性质要求在表达社会偏好时，只有个人效用才是重要的：对于两个备选方案，如果每个参与人都认为它们无差异，那么社会应该也认为它们无差异。社会规划者对最终选择没有直接偏好。

（ⅱ）**帕累托性质**。如果非家长作风性质得以满足，那么帕累托性质是非家长作风性质的一个无可争议的补充。帕累托性质只是说，$W(\cdot)$ 是递增的；即，如果 $u_i' \geqslant u_i$ 对于每个 i 均成立，那么 $W(u') \geqslant W(u)$；而且如果 $u_i' > u_i$ 对于每个 i 均成立，那么 $W(u') > W(u)$。我们也说 $W(\cdot)$ 是**严格帕累托的**（strictly Paretian），如果它是严格递增的；也就是说，如果 $u_i' \geqslant u_i$ 对于每个 i 均成立而且 $u_i' > u_i$ 至少对于一个 i 成立，那么 $W(u') > W(u)$。如果 $W(\cdot)$ 是严格帕累托的，那么式（22.C.1）的解必定是个帕累托最优。

（ⅲ）**对称性**。**对称性**（symmetry）性质断言在计算社会福利时，所有参与人的地位都是平等的。正式地说，对于向量 u [例如，$u=(2, 4, 5)$]，将它的元素重新排列后得到另外一个向量 u' [例如，$u'=(4, 5, 2)$]。如果 $W(u)=W(u')$，那么我们说 $W(\cdot)$ 是对称的。换句话说，参与人的名字毫无价值，唯一重要的是不同效用值的出现频率。图 22.C.1 画出了两个参与人情形下的一个对称的 $W(\cdot)$ 的无差异曲线。从几何图形上说，每条无差异曲线关于对角线（45°线）是对称的。另外，注意到，正因如此，如果无差异曲面是平滑的，对于任何 $u=(u_1, \cdots, u_I)$，在坐标相等的点上，边际替代率都等于 1。

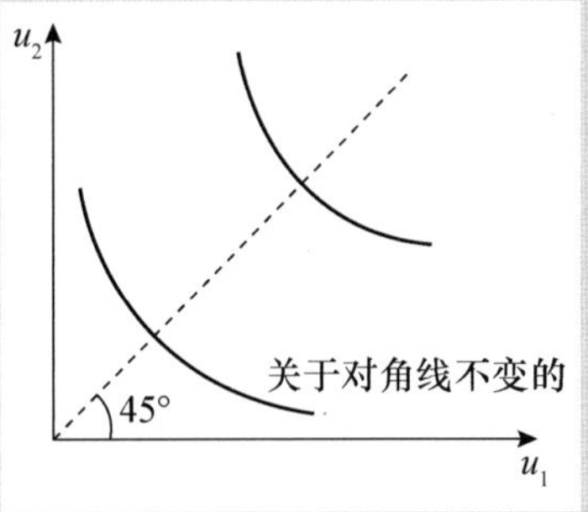

图 22. C. 1　一个对称的社会福利函数

（iv）**凹性**。最后，$W(\cdot)$ 是凹的，这是一个最重要的性质。我们在第 6 章已经看到，在不确定性情形下，效用函数的（严格）凹性意味着消费者是厌恶风险的。类似地，在当前的福利理论情形下，我们可以将它视为**厌恶不平等**（aversion to inequality）条件。看清这一点的一种直观方法是，注意到如果 $W(\cdot)$ 是凹的而且 $W(u)=W(u')$，那么 $W\left(\frac{1}{2}u+\frac{1}{2}u'\right)\geqslant W(u)$ ［其中，严格不等式出现在 $u\neq u'$ 而且 $W(\cdot)$ 是严格凹的情形］。另外一种方法是，注意到如果效用可能集是凸且对称的，那么对于任何对称且凹的社会福利函数来说，对每个参与人指定相同效用值的效用向量是个社会最优（参见图 22. C. 2 和习题 22. C. 1）。① 因此，在效用可能集为凸、社会福利函数为凹且对称的情形下，不平等的出现原因通常在于效用可能集不是对称的。

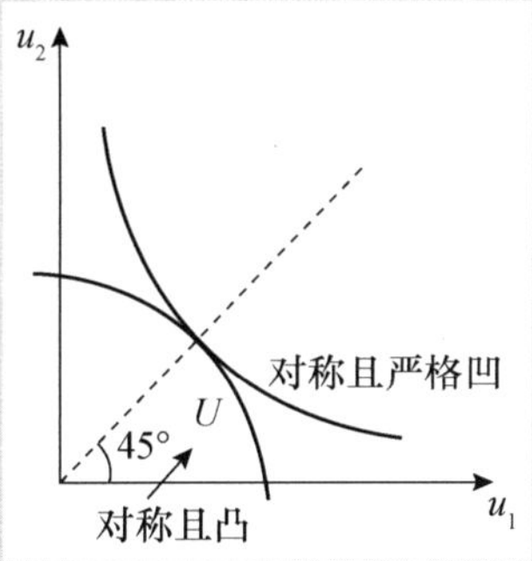

图 22. C. 2　在对称且凸的效用可能集上，对称且严格凹的社会福利函数的最大值是平等主义的

值得强调的是，一般来说，尤其对于二级最优问题来说，效用可能集可能不是凸的。这意味着即使 $W(\cdot)$ 是凹的，找到一个社会最优也不是件容易的事。一个满足问题（22. C. 1）一阶条件的效用向量，可能不满足二阶条件，或者即使它满足

① 集合 $U\subset\mathbb{R}^I$ 是对称的，如果 $u\in U$ 意味着 $u'\in U$，其中 $u'\in\mathbb{R}^L$ 是对 u 的元素进行重新排列而得到的任何向量（即，u' 和 u 含有相同的元素，唯一区别是元素位置不同）。效用可能集的对称性的意思是，不同参与人产生效用的能力不存在着差别。换句话说，从参与人对社会福利的可能贡献角度看，所有参与人都是相同的。

二阶条件，它也可能不是个全局最优。

下面我们将讨论社会福利函数的一些重要例子，这样我们就可以进一步理解这类函数。

例 22.C.1：效用主义。对于社会福利函数 $W(u)$，如果它具有 $W(u)=\sum_i u_i$ 形式[或在非对称情形下，$W(u)=\sum_i \beta_i u_i$]，那么我们说 $W(u)$ 是**纯效用主义的**（purely utilitarian）。在这种情形下，$W(\cdot)$ 的无差异超曲面是超平面。图 22.C.3（a）画出了它们。注意到，$W(\cdot)$ 是严格帕累托的。

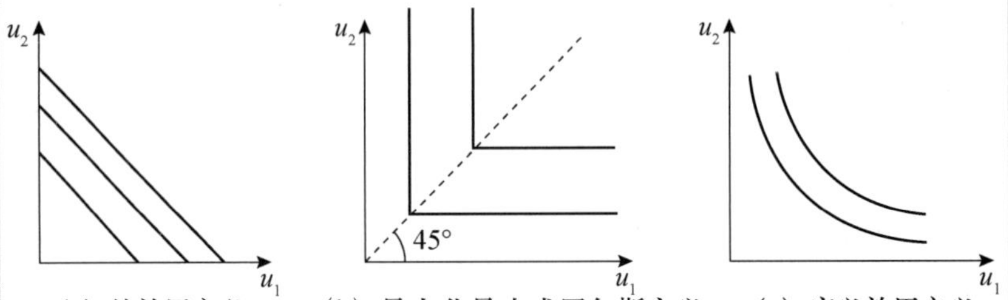

(a) 纯效用主义　(b) 最大化最小或罗尔斯主义　(c) 广义效用主义

图 22.C.3　社会福利函数

在纯效用主义情形下，个人效用的递增或递减导致社会效用等量递增或递减。早在经济学作为理论学科诞生之日，人们就开始使用纯效用主义原理进行研究。习题 22.C.2 要求读者探索如何将纯效用主义的社会福利函数解释为"无知面纱"下的单个消费者的期望效用。Harsanyi（1955）从另外一个角度论证了纯效用主义的合理性，尽管论证思路也是基于期望效用理论，参见习题 22.C.3。

在纯效用主义原理下，唯一重要的是效用总量，因此，纯效用主义社会福利函数关于**效用分配的不平等性是中立的**。需要注意，不能过度解读上面这句话。特别地，它没有涉及"财富的分配"。例如，如果有一笔数额固定的财富要在若干个人之间进行分配，每个人对于财富都有着严格凹的效用函数，于是纯效用主义社会最优将是唯一的，它的分配原则是使得消费者对财富的边际效用相等。如果每个人的效用函数都是相同的，那么这个唯一的社会最优是帕累托边界上对每个人指定相同效用的向量（一般情形可参考习题 22.C.1）。■

例 22.C.2：最大化最小。对于社会福利函数 $W(u)$，如果它具有 $W(u)=\text{Min}\{u_1, \cdots, u_I\}$ 形式[或在非对称情形下，$W(u)=\text{Min}\{\beta_1 u_1, \cdots, \beta_I u_I\}$]，换句话说，如果社会效用等于状况最差个人的效用值，那么我们说 $W(u)$ 是**最大化最小类型**（maximin type）或称**罗尔斯主义类型**（Rawlsian type）[源于 Rawls（1971）]。

由定义可知，在罗尔斯主义情形下，社会规划者的问题变为将状况最差的个人的效用最大化问题。[1] 图 22. C. 3（b）画出了最大化最小社会福利函数的（L 形）无差异曲线。

容易直观看出，这个凹的社会福利函数有着强烈的平等主义含义。事实上，人们极端偏好平等。假设 $U \in \mathbb{R}^I$ 是个任意的效用可能集，$u \in U$ 的所有坐标都相等。那么 u 不是罗尔斯主义社会最优仅当 u 不是帕累托最优。因此，如果在 U 的帕累托边界上存在一个所有坐标都相等的 $u=(u_1, \cdots, u_I)$，那么 u 是个最大化最小的最优。注意到，与此形成对照的是，对于一个纯效用主义社会福利函数来说，我们达到完全平等的社会最优仅当 U 为凸且对称的。图 22. C. 4 延续了例 22. B. 6 的分析，在该图中我们画出了一个最大化最小的最优，它导致我们选择的政策（税收水平）没能产生完全的平等。然而，即使在这种情形下，纯效用主义社会最优的不平等程度也明显比最大化最小的最优高。■

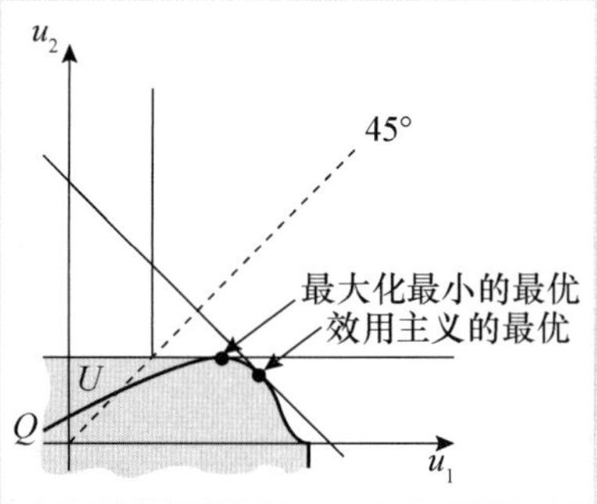

图 22. C. 4　例 22. B. 6 的最大化最小的最优

例 22. C. 3：广义效用主义。对于社会福利函数 $W(u)$，如果它具有 $W(u) = \sum_i g(u_i)$ 形式 [或在非对称情形下，$W(u) = \sum_i g_i(u_i)$]，其中 $g(\cdot)$ 是个递增且凹的函数，那么我们说 $W(u)$ 是**广义效用主义**（generalized utilitarian）类型。广义效用主义社会福利函数是严格帕累托最优的，这个函数可以视为纯效用主义社会福利函数的一个特例，我们将纯效用主义社会福利函数中的 $u_i(\cdot)$ 替换为 $g(u_i(\cdot))$ 就得到了广义效用主义社会福利函数。然而，在概念上这不是个有用的观点。准确的观点是，给定个人效用函数，社会决策对个人效用的连续单位指定递减的社会权重。图 22. C. 3（c）画出了这种情形的社会无差异曲线。

从图 22. C. 4 和图 22. C. 5 可以看出，广义效用主义社会福利函数蕴涵的平等性介于纯效用主义社会福利函数和最大化最小社会福利函数之间。■

---

① 我们也可以使用**字典序**（lexical）或称**序列式**（serial）的最大化决策规则来精炼这个标准。首先，最大化状况最差的个人的效用，然后在这个第一个问题的解中选择能使得状况次差的个人的效用最大化的解，依此类推。在这种情形下，政策制定者的目标仍然能够通过效用向量的字典式最小（leximin）社会福利序表示，但是这个序不是连续的，因此不能用社会福利函数表示（与例 3. C. 1 进行比较）。尽管如此，这种精炼是自然和重要的。例如，这样一来，我们就能保证社会最优是个帕累托最优。习题 22. C. 4 要求读者证明这些结论。注意到最大化最小社会福利函数是帕累托的，但不是严格帕累托的。这会制造一些麻烦。在图 22. C. 4 中，在 U 的边界上，那个有着相等坐标的点是个最大化最小的最优（maximin optimum），但不是个帕累托最优。在这个图中，我们将字典式最小最优（leximin optimum）作为“最大化最小的最优”（根据定义，字典式最小最优本身也是个最大化最小的最优）。

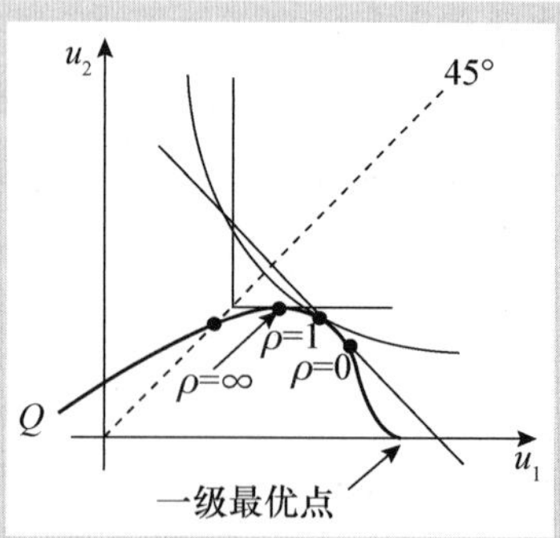

图 22.C.5　例 22.B.6 广义效用主义最优域和例 22.C.4 固定弹性社会福利函数（$\rho\in[0,\infty)$）的域

例 22.C.4：固定不变的弹性。在广义效用主义函数类中，有一类函数很常用，它们是由边际效用的弹性固定不变的社会效用函数 $g(\cdot)$ 所定义的一类函数。这类函数的特点是，它们对于不平等的态度可通过单个参数 $\rho\geqslant 0$ 进行调整。

在本例余下的内容中，我们假设个人效用值为非负。于是，对于任何 $\rho\geqslant 0$，令

$$g_\rho(u_i)=(1-\rho)u_i^{1-\rho}\quad 如果\ \rho\neq 1$$

和

$$g_\rho(u_i)=\ln u_i\quad 如果\ \rho=1$$

注意到，正如我们所断言的，边际效用 $g'_\rho(u_i)$ 的弹性是固定不变的，这是因为我们有 $u_i g''_i(u_i)/g'_\rho(u_i)=-\rho$ 对于所有 u_i 值均成立。注意到，对于 $\rho\neq 1$，$h(W)=[1/(1-\rho)]W^{1/(1-\rho)}$ 是 W 的一个递增变换，因此我们可以将广义效用主义社会偏好表达为一种非常方便的方式：

$$W_\rho(u)=\left(\sum_i u_i^{1-\rho}\right)^{1/(1-\rho)}\quad 如果\ \rho\neq 1$$

和

$$W_\rho(u)=\sum_i \ln u_i\quad 如果\ \rho=1$$

因此，我们得到了固定替代弹性（CES）函数，我们已经在需求和生产理论中熟悉了这类函数（分别参考习题 3.C.6 和习题 5.C.10）。注意到：对于 $\rho=0$，我们得到了 $W_0(u)=\sum_i u_i$，这是纯效用主义情形；当 $\rho\to\infty$ 时，我们得到了 $W_\rho(u)\to \mathrm{Min}\{u_1,\cdots,u_I\}$，这是罗尔斯主义情形。(参考习题 22.C.5。)

在图 22.C.5 中，我们画出了当 ρ 变化时，例 22.B.6 的解的域。我们看到随着人们对不平等的厌恶程度的增加（即，随着 $\rho\to\infty$），最优税率也上升。注意到，然而，即使对于非常高的 ρ，我们也无法实现完全平等。另外，对于这些二级最优解对应的帕累托边界上的点，任何一个都不是一级最优问题的帕累托最优点。一级最优问题的帕累托最优对效用的分配非常不平等，所以在任何对称且凹的社会效用函数下，如果我们想增加平等程度，就必须牺牲一些一级最优效率。■

补偿原则

我们问个问题：在多大程度上，我们可以不使用社会福利函数进行福利经济学分析？如果社会福利函数的用途是用来在给定的帕累托边界上确定最优点，那么这类函数似乎是不可或缺的。这也是我们直到现在一直使用社会福利函数的原因，但在实践中这不是唯一方法。我们通常遇到的政策问题是，在若干个给定的不同效用可能集中进行选择的问题，例如，它们可能对应于与一个基本政策变量的不同水平相伴的效用可能集。[①] 如果我们有社会福利函数 $W(\cdot)$，那么对于在两个效用可能集 U 和 U' 之间的选择问题，我们可以把 U 中最优点的社会效用与 U' 中最优点的社会效用进行比较，从而确定最终选择。然而，即使不存在显性的社会福利函数，我们也可以通过使用类似显示偏好的思想对这个问题进行评价。这种方法是基于补偿原则（我们已经在 4.D 节和 10.E 节遇到过这一原则）。

我们首先考虑最简单的情形：假设我们有两个效用可能集使得 $U \subset U'$。于是我们禁不住认为 U' 应该比 U 更受偏好。如果在 U 中选择的点和在 U' 中选择的点都是一个社会福利函数的最优点，那么上述直觉答案是正确的。但是即使我们无法使用社会福利函数，根据下列**强补偿检验**（strong compensation test），我们也仍能得出 U' 比 U 好的结论：对于任何可能的 $u \in U$，存在一个 $u' \in U'$ 使得 $u'_i \geq u_i$ 对于每个 i 均成立。也就是说，无论我们在 U 中的哪一点，我们都可以移动到 U'，而且对参与人进行补偿以使得每个参与人在 U' 下的状况（弱）变好。如果真的进行补偿，从而由 U 移动到 U' 让每个参与人的状况真的变好了，那么应该进行这种移动。但是如果不实际进行补偿，结果就没那么明了了：如果仅根据补偿可能发生，就选择 U' 而不是 U，那么我们几乎忽略了政策变化带来的财富分配上的变化。事实上，从纯平等主义角度来说，选择 U' 而不是 U 可能使平等状况变得更差（参见习题 22.C.6）。

我们在 10.D 节已经知道，在拟线性情形下，我们总是有下列结果：要么 $U \subset U'$，要么 $U' \subset U$。这是因为这些集合的边界是由单位向量决定的超平面（因此是平行的）。另外，这个性质也保证了强补偿标准（就是 3.D 节和 10.E 节所谓的补偿标准）与我们使用纯效用主义社会福利函数作出的选择相同。因此，在这种拟线性情形下，强补偿标准忽略分配问题的程度没有纯平等主义社会福利函数那么严重。

如果我们比较的是两个互不为子集的效用可能集 U 和 U'，即它们的边界相交（参见图 22.C.6），那么事情变得更加微妙。假设我们知道在效用可能集 U 下，结果为向量 $u \in U$，我们考虑是否移动到 U'。[②] 如果 $u \in U'$，而且我们打算根据某个社会福利函数在 U' 中最优地分配效用，那么移动到 U' 是值得的。更一般地，如果 $u \notin U'$，那么从 (U, u) 移动到 U'，这能通过下列**弱补偿检验**（weak compensation

---

① 正式地，我们可以将这个问题简化为上一个问题，方法是考察由我们需要选择的那些效用可能集的并组成的整个效用可能集。但这种方法可能不是最方便的，因为在这种情形下我们无法将问题分解为一系列小问题（首先在效用可能集中进行选择，然后选择效用向量）。

② 例如，原来的 U 可能对应着某个潜在经济，而 u 是某个市场均衡的效用值。

test)：存在一个$u'\in U'$使得$u'_i \geq u_i$对于每个i均成立。也就是，给定U的结果为u这个事实，我们可以移动到U'并且给予每个参与人补偿以使得每个参与人的状况都（弱）变好。在图 22.C.6 中，U'通过了关于（U，u）的检验，但没有通过关于（U，$\hat{u}$）的检验。

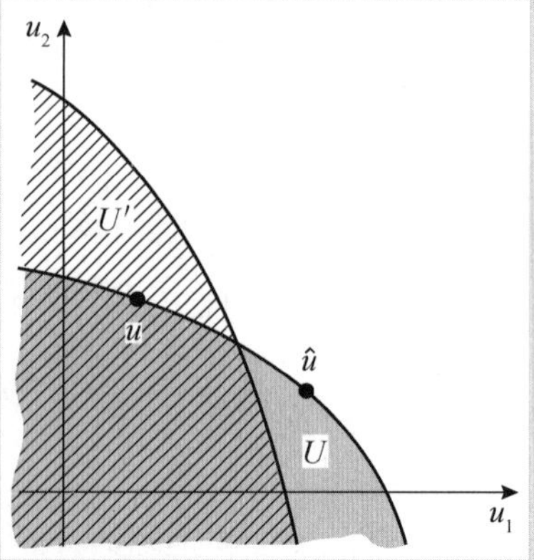

图 22.C.6　U'通过了关于（U，u）的弱补偿检验

再一次地，如果补偿真的进行了，那么弱补偿标准变得重要。如果没有实际进行补偿，那么它就有两个严重的缺陷。第一个缺陷和以前一样（它忽略了分配上的结果）。第二个缺陷是它产生了一个悖论。如图 22.C.7 所示，我们有两个效用可能集U和U'，它们的结果分别为$u\in U$和$u'\in U'$，使得U'在（U，u）上通过了弱补偿检验，U在（U'，u'）上通过了弱补偿检验。习题 22.C.7 要求读者举例说明这在现实中有可能发生。习题 22.C.8 进一步说明了这一点。

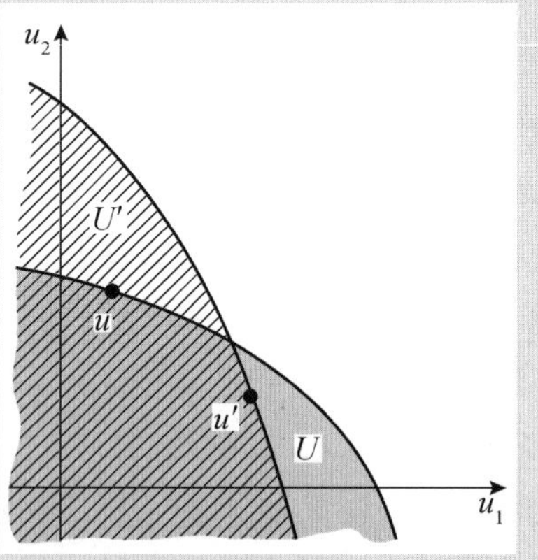

图 22.C.7　一个悖论：U'在（U，u）上通过了弱补偿检验，U在（U'，u'）上通过了弱补偿检验

22

22.D　社会福利函数的不变性

在本节，我们进一步考察社会福利函数概念蕴涵的效用在个人之间的可比性。

这件事之所以重要，是因为当政策制定者能够知道个人的基数效用函数（比如，通过观察个人的风险行为而获知）时，他能够比较个人间的效用，但是他需要选择效用原点和单位。确定这些参数不可避免地涉及对不同个人的社会性权重作出价值判断。所以，我们有必要考察能在多大程度上避免这样的价值判断。因此，因循 d'Aspremont 和 Gevers（1977）、Roberts（1980）以及 Sen（1977）采用的方法，我们考察下面这个问题：对于社会决策来说，要求社会偏好独立于个人效用函数的单位或原点，这有什么含义？[①]

为了回答这类问题，我们需要考察社会偏好对个人效用函数组合的依赖性。因此，第 21 章介绍的社会福利泛函数，为我们的分析提供了一个自然而然的起点。然而，我们稍微修改一下定义，现在规定个人特征是以个人效用函数 $\tilde{u}_i(\cdot)$ 形式给出，而不是以个人偏好关系形式给出。

从现在起，假设备选方案集 X 是给定的。我们用 $\mathcal{U}$ 表示 X 上所有可能效用函数组成的集合，用 $\mathcal{R}$ 表示 X 上所有可能理性的（即完备且传递的）偏好关系组成的集合。

定义 22. D. 1：给定备选方案集 X，社会福利泛函数 F：$\mathcal{U}^I \to \mathcal{R}$ 是一种规则，它对 X 上的个人效用函数每个可能的组合（$\tilde{u}_1(\cdot)$，…，$\tilde{u}_I(\cdot)$）均指定了 X 上各备选方案之间的一个理性偏好关系 $F(\tilde{u}_1, \cdots, \tilde{u}_I)$。我们把由 $F(\tilde{u}_1, \cdots, \tilde{u}_I)$ 产生的严格偏好关系记为 $F_p(\tilde{u}_1, \cdots, \tilde{u}_I)$。[②]

与第 21 章一样，我们仅考察满足帕累托性质的社会福利泛函数。

定义 22. D. 2：社会福利泛函数 F：$\mathcal{U}^I \to \mathcal{R}$ 满足（弱）帕累托性质（或者说，是帕累托的），如果对于任何偏好组合（$\tilde{u}_1$，…，$\tilde{u}_I$）$\in \mathcal{U}^I$ 和任何一对备选方案 x，$y \in X$，$\tilde{u}_i(x) \geqslant \tilde{u}_i(y)$ 对于所有 i 均成立意味着 $xF(\tilde{u}_1, \cdots, \tilde{u}_I)y$ 并且 $\tilde{u}_i(x) > \tilde{u}_i(y)$ 对于所有 i 均成立意味着 $xF_p(\tilde{u}_1, \cdots, \tilde{u}_I)y$。

第一个议题是考察这些社会福利泛函数与 22. C 节的社会福利函数之间的关系。社会福利函数 $W(\cdot)$ 对个人效用**值**组合（u_1，…，u_I）$\in \mathbb{R}^I$ 指定了社会效用**值**，而社会福利泛函数对个人效用**函数**组合（$\tilde{u}_1$，…，$\tilde{u}_I$）（或在 21. C 节对个人偏好关系组合）指定了社会**偏好**。从社会福利函数 $W(\cdot)$ 中，我们可以产生社会福利泛函数：只要令 $F(\tilde{u}_1, \cdots, \tilde{u}_I)$ 为由效用函数 $\tilde{u}(x)=W(\tilde{u}_1(x), \cdots, \tilde{u}_I(x))$ 诱导出的 X 上的偏好关系即可。然而，社会福利泛函数未必能够产生社会福利函数。为了能够从一个社会福利函数中"提取出"一个社会福利泛函数，在最低限度上，下列必要条件必须得以满足。假设效用函数组合变化了，但是对于两个给定备选方案的效用值构成的组合维持不变，那么这些备选方案之间的社会排序不应该变化（这是因为社会福利函数对每个备选方案给出的值没有变化）。也就是说，两个给定备

① 除了前面列举的文献外，你还可以参考 Moulin（1988），它简明扼要地阐述了本节的内容。

② 也就是说，$xF_p(\tilde{u}_1, \cdots, \tilde{u}_I)$ 仅当 $xF(\tilde{u}_1, \cdots, \tilde{u}_I)$，但 $yF(\tilde{u}_1, \cdots, \tilde{u}_I)x$ 不成立。

选方案之间的社会排序应该仅取决于这些备选方案的个人效用值组合。除了用效用表达之外，这个性质类似于社会福利泛函数的配对独立性条件（定义 21. C. 3）。我们使用相同的术语，将这个条件正式表达为定义 22. D. 3。

定义 22. D. 3：社会福利泛函数 $F: \mathscr{U}^I \to \mathscr{R}$ 满足配对独立性条件，如果每当 x，$y \in X$是两个备选方案，且 $(\tilde{u}_1, \cdots, \tilde{u}_I) \in \mathscr{U}^I$ 和 $(\tilde{u}_1', \cdots, \tilde{u}_I') \in \mathscr{U}^I$ 是满足$\tilde{u}_i(x) = \tilde{u}_i'(x)$ 和$\tilde{u}_i(y) = \tilde{u}_i'(y)$ 对于所有 i 成立的两个效用函数组合时，我们有

$$xF(\tilde{u}_1, \cdots, \tilde{u}_I)y \Leftrightarrow xF(\tilde{u}_1', \cdots, \tilde{u}_I')y$$

配对独立性这个必要条件几乎也是充分条件：在命题 22. D. 1 中，现在我们看到如果备选方案数量大于 2，而且帕累托性质和配对独立性条件得以满足，那么我们可从社会福利泛函数推导出定义在效用值组合 $(u_1, \cdots, u_I) \in \mathscr{R}^I$ 上的一个社会偏好关系。[①] 于是，标准的连续性条件能让我们使用函数 $W(u_1, \cdots, u_I)$ 表示这个偏好关系，从而产生了一个社会福利函数。

命题 22. D. 1：假设 X 中至少有三个备选方案，而且帕累托社会福利泛函数 $F: \mathscr{U}^I \to \mathscr{R}$ 满足配对独立性条件，那么存在能产生 $F(\cdot)$ 的一个定义在 $\mathbb{R}^I$ 上［即，定义在个人效用值组合 $(u_1, \cdots, u_I) \in \mathbb{R}^I$ 上］的偏好关系$\succsim$。换句话说，对于效用函数的每个组合 $(\tilde{u}_1, \cdots, \tilde{u}_I) \in \mathscr{U}^I$ 和每一对备选方案 x，$y \in X$，我们均有

$$xF(\tilde{u}_1, \cdots, \tilde{u}_I)y \Leftrightarrow (\tilde{u}_1(x), \cdots, \tilde{u}_I(x)) \succsim (\tilde{u}_1(y), \cdots, \tilde{u}_I(y))$$

证明：结论已经指明如何构造偏好关系$\succsim$。考虑任何一对效用组合 $u = (u_1, \cdots, u_I) \in \mathbb{R}^I$ 和$u' = (u_1', \cdots, u_I') \in \mathbb{R}^I$。于是，如果对于某一对备选方案 x，$y \in X$ 以及满足对于所有 i 都有 $\tilde{u}_i(x) = u_i$ 和 $\tilde{u}_i(y) = u'_i$的一个组合 $(\tilde{u}_1, \cdots, \tilde{u}_I) \in \mathscr{U}^I$，我们有 $xF(\tilde{u}_1, \cdots, \tilde{u}_I)y$，那么我们令 $u \succsim u'$。我们首先证明 $u \succsim u'$这个结论独立于我们具体选择的备选方案组合以及效用函数组合。效用函数无关性可从配对独立条件直接推出。证明 $u \succsim u'$独立于我们具体选择的一对备选方案，则比较微妙。

我们只要证明下列结果就足够了：如果使用一对备选方案 x，$y \in X$，我们已经证明 $u \succsim u'$，那么对于任何第三个备选方案 z（由题设可知，至少存在三个方案），使用另外一对备选方案 x，$z \in X$ 或 z，$y \in X$，我们仍能得到 $u \succsim u'$。[②] 我们对 x，

---

① 习题 22. D. 1 表明，若要命题 22. D. 1 的结果成立，帕累托性质和备选方案数量的限制非常重要，不可或缺。

② 事实上，假设我们一开始使用的一对备选方案是 (x, y)，考虑任何其他一对备选方案 (v, w)。如果$v = x$ 或 $w = y$，自然有 $u \succsim u'$。因此，令 $v \neq x$ 且 $w \neq y$。如果另外我们还有 $v \neq y$，那么通过使用一系列置换：$(x, y) \to (v, y) \to (v, w)$，我们得到了 $u \succsim u'$。类似地，令 $v \neq x$ 且 $w \neq y$。如果另外我们还有 $w \neq x$，我们可以使用$(x, y) \to (x, w) \to (v, w)$。现在只剩下一种情形 $(v, w) = (y, x)$。现在我们使用第三个备选方案 z 和置换链 $(x, y) \to (x, z) \to (y, z) \to (y, x)$。

$z\in X$进行论证（习题 22. D. 2 要求读者论证 z，$y\in X$ 情形）。为了完成此事，取效用函数组合$(\tilde{u}_1，\cdots，\tilde{u}_I)\in\mathcal{U}^I$，这个组合满足 $\tilde{u}_i(x)=u_i$，$\tilde{u}_i(y)=u_i'$，$\tilde{u}_i(z)=u_i'$对于每个 i 均成立。由于我们已使用 x，$y\in X$ 断言 $u\succsim u'$，我们必定有 $xF(\tilde{u}_1，\cdots，\tilde{u}_I)y$。根据帕累托性质，我们还有 $yF(\tilde{u}_1，\cdots，\tilde{u}_I)z$。因此，根据 $F(\tilde{u}_1，\cdots，\tilde{u}_I)$ 的传递性，我们得到了$xF(\tilde{u}_1，\cdots，\tilde{u}_I)z$，这正是我们想要的性质。

现在只剩下证明$\succsim$是完备且传递的这个任务。完备性可从偏好关系 $F(\tilde{u}_1，\cdots，\tilde{u}_I)$ 对于任何 $(\tilde{u}_1，\cdots，\tilde{u}_I)\in\mathcal{U}^I$ 是完备的这个事实推出。对于传递性，令 $u\succsim u'\succsim u''$，其中 u，u'，$u''\in\mathbb{R}^I$。取任何三个备选方案 x，y，$z\in X$，以及满足 $\tilde{u}_i(x)=u_i$，$\tilde{u}_i(y)=u_i'$，$\tilde{u}_i(z)=u_i''$对于每个 i 均成立的一个效用函数组合 $(\tilde{u}_1，\cdots，\tilde{u}_I)\in\mathcal{U}^I$，我们必定有$xF(\tilde{u}_1，\cdots，\tilde{u}_I)y$ 和$yF(\tilde{u}_1，\cdots，\tilde{u}_I)z$，这是因为 $u\succsim u'$ 和 $u'\succsim u''$。根据 $F(u_1，\cdots，u_I)$ 的传递性可知，$xF(\tilde{u}_1，\cdots，\tilde{u}_I)z$，所以 $u\succsim u''$。因此，$\succsim$是传递的。■

根据帕累托条件可知，命题 22. D. 1 中得到的社会偏好关系$\succsim$是单调的。习题 22. D. 3 要求读者正式证明此事。

习题 22. D. 3：证明如果社会福利泛函数 $F:\mathcal{U}^I\to\mathcal{R}$ 满足帕累托性质，那么为使命题 22. D. 1 的结论成立，效用组合上的社会偏好关系$\succsim$必定是单调的，也就是说，如果$u'\geqslant u$，那么 $u'\succsim u$，而且如果 $u'\gg u$，那么 $u'\succ u$。

命题 22. D. 1 中得到的$\mathbb{R}^I$ 上的社会偏好关系$\succsim$未必是连续的，也未必能用效用函数表示。例如，考虑字典序的独裁关系（比如有两个参与人，令 $u\succ u'$ 若 $u_1>u_1'$或若$u_1=u_1'$但$u_2>u_2'$），而且我们从例 3. C. 1 中可知这种序不能用效用函数表示。然而，我们打算只要考察社会福利函数，因此从现在起除了命题 22. D. 1 中的假设之外，我们还假设社会福利泛函数能产生$\mathbb{R}^I$ 上连续的社会偏好关系$\succsim$。与 3. C 节一样，这样的社会偏好关系可用效用函数表示：事实上，可用连续效用函数表示。于是，这就是我们的社会福利函数 $W(u_1，\cdots，u_I)$。注意到，$W(\cdot)$ 的任何递增、连续变换也是个可行的社会福利函数。

小结一下。我们已经看到：能产生给定社会福利泛函数的社会福利函数的存在性，稍微附加一些限制条件后，等价于要求社会福利泛函数满足配对独立性条件。因此，从现在起，我们主要考察社会福利泛函数 $F:\mathcal{U}^I\to\mathcal{R}$，它能由递增且连续的社会福利函数 $W:\mathbb{R}^I\to\mathbb{R}$ 产生，或等价地，它能由定义在$\mathbb{R}^I$ 上的单调且连续的理性偏好关系$\succsim$产生。我们将发现，在这种架构内，要求社会福利泛函数具有效用不变性，这对我们能选择的 $W(\cdot)$ 形式产生了很大的影响，从而对社会福利函数本身产生了很大的影响。

22

定义 22. D. 4：我们说社会福利泛函数 $F:\mathcal{U}^I\to\mathcal{R}$ **对共同基数（仿射）变换保持不变**（invariant to common cardinal transformations），如果 $F(\tilde{u}_1，\cdots，\tilde{u}_I)=F(\tilde{u}_1'，\cdots，$

$\tilde{u}_I'$）每当效用函数组合（$\tilde{u}_1$，…，$\tilde{u}_I$）和（$\tilde{u}_1'$，…，$\tilde{u}_I'$）的区别仅在于原点和单位的共同变化，即，每当存在数 $\beta>0$ 和 α 使得 $\tilde{u}_i(x)=\beta\tilde{u}_i'(x)+\alpha$ 对于所有 i 和 $x\in X$ 均成立。如果$F(\cdot)$仅对原点的共同变化（即，我们要求 $\beta=1$）保持不变，那么我们说 $F(\cdot)$ **对原点的共同变化保持不变**（invariant to common changes of origin）；如果 $F(\cdot)$ 仅对单位的共同变化（即，我们要求 $\alpha=0$）保持不变，那么我们说$F(\cdot)$ **对单位的共同变化保持不变**（invariant to common changes of units）。

$F(\cdot)$ 对共同基数变换保持不变，你很难不同意这个要求。即使政策制定者有能力比较不同参与人的效用，绝对单位或绝对零点这样的概念也非常难以理解。

我们首先分析 $F(\cdot)$ 对原点的共同变化保持不变的含义。假设社会福利泛函数$F(\cdot)$是由社会福利函数 $W(\cdot)$ 产生的。我们断言，$F(\cdot)$ 对原点的共同变化保持不变，仅当 $W(u)=W(u')$ 意味着 $W(u+\alpha e)=W(u'+\alpha e)$ 对于效用值的所有组合 $u\in\mathbb{R}^I$、$u'\in\mathbb{R}^I$ 以及数 $\alpha\in\mathbb{R}$ 成立，其中 $e=(1,\cdots,1)$ 为单位向量。事实上，令$W(u)=W(u')$ 和$W(u+\alpha e)<W(u'+\alpha e)$。考虑一对备选方案 x，$y\in X$ 和满足 $\tilde{u}_i(x)=u_i$ 及$\tilde{u}_i(y)=u_i'$对所有 i 均成立的组合（$\tilde{u}_1$，…，$\tilde{u}_I$）$\in U^I$。于是 $xF(\tilde{u}_1,\cdots,\tilde{u}_I)y$。然而，当 $\tilde{u}_i'(\cdot)=\tilde{u}_i(\cdot)+\alpha$ 时，$xF(\tilde{u}_1',\cdots,\tilde{u}_I')y$ 不成立，这与 $F(\cdot)$ 对原点的共同变化保持不变矛盾。

从几何图形上说，"$W(u)=W(u')$ 意味着 $W(u+\alpha e)=W(u'+\alpha e)$"是说 $W(\cdot)$ 的无差异曲线关于 e 平行——它们可以通过沿着 e 方向平移而互相得到（参见图 22. D. 1）。在命题 23. D. 2［源于 Roberts（1980）］中，我们证明这个性质有着重要的含义：在进行递增变换后，社会福利函数可以写为纯效用主义社会福利函数与离差项之和。

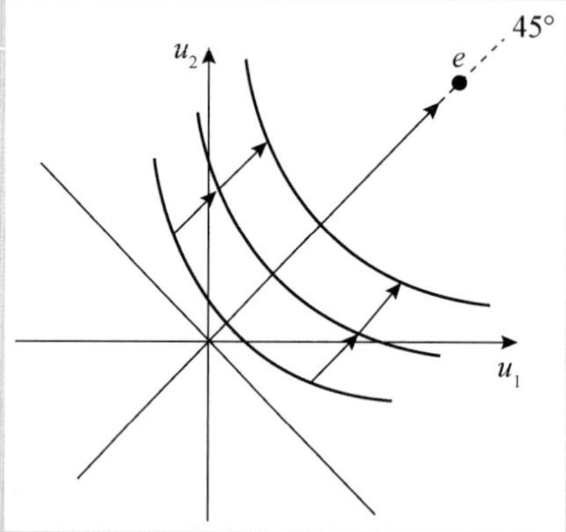

图 22. D. 1　对效用原点的共同变化保持不变的社会福利函数的无差异曲线

命题 22. D. 2：假设社会福利泛函数 F：$\mathscr{U}^I\to\mathscr{R}$ 是由一个连续且递增的社会福利函数产生的。假设 $F(\cdot)$ 对原点的共同变化保持不变。那么这个社会福利泛函数可由具有下列形式的一个社会福利函数

$$W(u_1,\cdots,u_I)=\bar{u}-g(u_1-\bar{u},\cdots,u_I-\bar{u}) \tag{22. D. 1}$$

产生，其中 $\bar{u}=(1/I)\sum_i u_i$ 。

而且，如果 $F(\cdot)$ 对于单位的共同变化也保持不变，也就是说，$F(\cdot)$ 对共同基数变换保持完全不变，那么 $g(\cdot)$ 在它的定义域 $\{s\in\mathbb{R}^I:\sum_i s_i=0\}$ 上是一次齐次的。

证明：根据假设可知，社会福利泛函数 $F:\mathscr{U}^I\to\mathscr{R}$ 可由 $\mathbb{R}^I$ 上一个连续且单调的偏好关系 $\succsim$ 产生。而且，$F(\cdot)$ 对单位的共同变化保持不变意味着，如果 $u\sim u'$，那么 $u+\alpha e\sim u'+\alpha e$ 对于所有 $\alpha\in\mathbb{R}$ 均成立。

我们现在对 $\succsim$ 构建一个特殊的效用函数 $W(\cdot)$。由于 $\succsim$ 是连续且单调的，所以对于每个 $u\in\mathbb{R}^I$ 均存在一个数 α 使得 $u\sim\alpha e$。令 $W(u)$ 表示这个数。也就是说，$W(u)$ 由 $u\sim W(u)e$ 所定义（参考图 22. D. 2。）由于偏好是单调的，所以效用函数 $W(\cdot)$ 能够表示 $\succsim$。①

如果我们能证明下列事情，那么我们就完成了本命题第一部分的证明工作，即如果我们能证明 $W(u)-\bar{u}$ 仅取决于离差向量 $(u_1-\bar{u},\cdots,u_I-\bar{u})=u-\bar{u}e$，也就是说，如果我们能证明：若 $u-\bar{u}e=u'-\bar{u}'e$，则 $W(u)-\bar{u}=W(u')-\bar{u}'$。但这是正确的，因为 $u\sim W(u)e$ 以及 $F(\cdot)$ 对原点的共同变化保持不变意味着如果 $u-\bar{u}e=u'-\bar{u}'e$，那么

$$u'=u+(\bar{u}'-\bar{u})e\sim W(u)e+(\bar{u}'-\bar{u})e=[W(u)+(\bar{u}'-\bar{u})]e$$

因此，$W(\bar{u}')=W(u)+(\bar{u}'-\bar{u})$，这正是我们想要的结果。图 22. D. 2 画出了这个构造。②

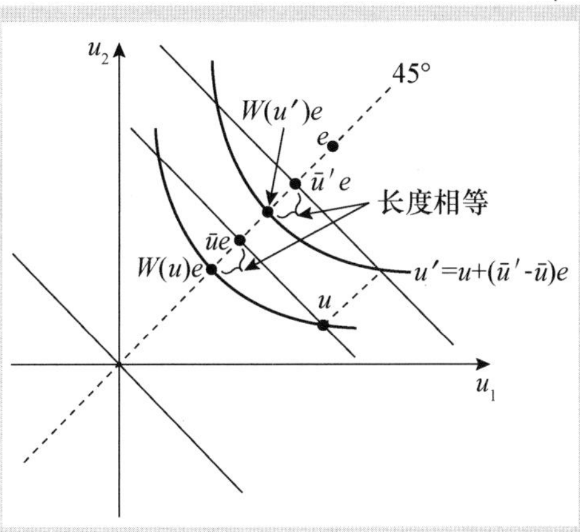

图 22. D. 2　若 $F(\cdot)$ 对原点的共同变化保持不变，我们为其构造的具有式（22. D. 1）形式的社会福利函数如图所示

① 到此处为止，我们的构建类似于命题 3. C. 1 证明过程中的构建。因此证明细节可以参考命题 3. C. 1 的证明。

② 由于注意到这个效用函数形式类似于消费者理论的拟线性效用函数，通过类比，我们能对该效用函数获得一些认知。在这里，我们可以将任何向量 $u\in\mathbb{R}^I$ 写成 $u=\bar{u}e+(u-\bar{u}e)$，而且无差异集可以通过在 e 的方向上平移而得到。在消费者理论中，我们可以将任何向量 $x\in\mathbb{R}^L$ 写成 $x=(x_1,0,\cdots,0)+(0,X_2,\cdots,X_L)$，而且无差异集在 $(1,0,\cdots,0)$ 的方向上平行。类似地，在这两种情形下，我们的结论是：存在一个效用函数，它关于第一项（即，在无差异集平行的方向上）是线性可加的。

为了证明命题的第二部分，假设 $F(\cdot)$ 对单位的共同变化也保持不变。由于 $F(\cdot)$ 是由 $W(\cdot)$ 产生的，这只有在对于每个 $u \sim u'$ 和 $\beta > 0$ 都有 $\beta u \sim \beta u'$ 的情形下才能发生。但是这样一来，$u \sim W(u)e$ 意味着 $\beta u \sim \beta W(u)e$，因此 $W(\beta u) = \beta W(u)$ 对于任何 $u \in \mathbb{R}^I$ 和 $\beta > 0$ 均成立。也就是说，$W(\cdot)$ 是一次齐次的，而且由于 $g(\cdot)$ 在定义域上 $\bar{u} = 0$ 处与 $-W(\cdot)$ 相同，我们可以断言，$g(\cdot)$ 也是一次齐次的。■

进一步地，如果政策制定者无法比较不同消费者的绝对效用水平，那么社会福利函数必须满足更严格的不变性概念。

定义 22. D. 5：社会福利泛函数 $F: \mathcal{U}^I \to \mathcal{R}$ **不允许个人间的效用比较**，如果 $F(\tilde{u}_1, \cdots, \tilde{u}_I) = F(\tilde{u}_1', \cdots, \tilde{u}_I')$ 每当存在数 $\beta_i > 0$ 和 α_i 使得 $\tilde{u}_i(x) = \beta_i \tilde{u}_I'(x) + \alpha_i$ 对于所有 i 和 x 均成立。如果 $F(\cdot)$ 仅对原点的独立变化保持不变（即，我们要求 $\beta_i = 1$ 对于所有 i），那么我们说 $F(\cdot)$ **对原点的独立变化保持不变**（invariant to independent changes of origins）；如果 $F(\cdot)$ 仅对单位的独立变化保持不变（即，我们要求 $\alpha_i = 0$ 对于所有 i），那么我们说 $F(\cdot)$ **对单位的独立变化保持不变**（invariant to independent changes of units）。

有了上述定义之后，我们来看命题 22. D. 3。[①]

命题 22. D. 3：假设社会福利泛函数 $F: \mathcal{U}^I \to \mathcal{R}$ 能由一个递增且连续的社会福利函数产生。如果 $F(\cdot)$ 对原点的独立变化保持不变，那么 $F(\cdot)$ 能由一个纯效用主义（但可能不是对称的）形式的社会福利函数 $W(\cdot)$ 产生。也就是说，存在常数 $b_i \geq 0$（非全为零），使得

$$W(u_1, \cdots, u_I) = \sum_i b_i u_i \quad \text{对于所有 } i \tag{22. D. 2}$$

而且，如果 $F(\cdot)$ 对单位的独立变化也保持不变［即，如果 $F(\cdot)$ 不允许个人间的效用比较］，那么 F 是独裁的：存在一个参与人 h 使得，对于每一对备选方案 x，$y \in X$，$\tilde{u}_h(x) > \tilde{u}_h(y)$ 均意味着 $x F_p(\tilde{u}_1, \cdots, \tilde{u}_I) y$。

证明：假设 $\succsim$ 是 $\mathbb{R}^I$ 上的连续偏好关系，它产生了给定的 $F(\cdot)$。为了让式 (22. D. 2) 成立，我们要求 $\succsim$ 的无差异集是平行的超平面。由于我们已经从命题 22. D. 2 知道，所有集合在 e 的方向上都是平行的，因此只要证明它们必定是超平面就足够了，也就是说，我们需要证明，如果我们取两个 u，$u' \in \mathbb{R}^I$ 使得 $u \sim u'$，那么对于 $u'' = \frac{1}{2}u + \frac{1}{2}u'$ 我们也有 $u'' \sim u \sim u'$。

$F(\cdot)$ 关于原点的独立变化保持不变，这意味着若以 $\succsim$ 表达，则对于任何 $\alpha \in \mathbb{R}^I$，我们均有 $u + \alpha \succsim u'' + \alpha$ 当且仅当 $u \succsim u''$。取 $\alpha = \frac{1}{2}(u' - u)$。那么 $u + \alpha = u''$ 以及

① 更多的这类结果可参见 d'Aspremont 和 Gevers（1977）。

$u''+\alpha=u'$。因此，$u\succsim u''$当且仅当$u''\succsim u'$。如果$u\succsim u''$，那么$u''\succsim u'$，因此$u''\sim u$。如果$u''>u$，那么$u'>u''$，这违背了$u\sim u'$。因此，我们断言$u''\sim u\sim u'$，这正是我们想要的。

一旦我们知道无差异集是平行的超平面，那么与命题 22.D.2 证明过程中相同的构造，将产生一个具有式（22.D.2）形式的$W(\cdot)$。另外，根据帕累托性质可知，对于所有i都有$b_i\geqslant 0$。

最后，假设$F(\cdot)$对单位的独立变化也保持不变。那么容易推出独裁关系的结论。选择一个满足$b_h>0$的参与人h。取满足$u_h>u'_h$的u，$u'\in\mathbb{R}^I$。于是，根据$F(\cdot)$对单位的独立变化保持不变性可知，$\sum_i b_i u_i>\sum_i b_i u'_i$当且仅当$b_h u_h+\varepsilon\sum_{i\neq h} b_i u'_i>b_h u'h+\varepsilon\sum_{i\neq h} b_i u'_i$对于任何$\varepsilon>0$均成立。因此，由于$b_h u_h>b_h u'_h$，通过选择足够小的$\varepsilon>0$，我们得到$\sum_i b_i u_i>\sum_i b_i u'_i$。因此，参与人$h$是个独裁者（习题 22.D.4 要求读者证明，对于所有$i\neq h$，$b_i=0$均成立）。■

需要指出，对于命题 22.D.3 中的独裁关系结论，未必要求$F(\cdot)$由社会福利函数产生。只要它是由$\mathbb{R}^I$上的社会偏好关系产生的即可。

命题 22.D.3（以上一段的方式推广后）有个推论，即第 21 章的阿罗不可能定理（命题 21.C.1），此处我们使用了与第 21 章非常不同的方法得到了这个不可能定理。事实上，假设$F(\cdot)$是个社会福利泛函数，它的定义域与第 21 章一样，是定义在偏好关系组合$(\succsim_1,\cdots,\succsim_I)\in\mathcal{R}^I$上，那么我们可以构建一个定义在效用函数组合$(\tilde{u}_1,\cdots,\tilde{u}_I)\in\mathcal{U}^I$上的社会福利泛函数$F'(\cdot)$，构建方法是令$F'(\tilde{u}_1,\cdots,\tilde{u}_I)=F(\succsim_1,\cdots,\succsim_I)$，其中$\succsim_i$是由效用函数$\tilde{u}_i(\cdot)$诱导出的偏好关系。习题 22.D.5 要求读者验证：首先，$F'(\cdot)$继承了$F(\cdot)$的帕累托性质和配对独立性条件；其次，$F'(\cdot)$不允许个人间的效用比较；最后，一个参与人对$F(\cdot)$来说是独裁者，对$F'(\cdot)$来说也是独裁者。

除了上面的不变性之外，研究者还关注社会福利泛函数的其他不变性。我们介绍其中两个。

我们说社会福利泛函数$F:\mathcal{U}^I\to\mathcal{R}$**对共同序数变换保持不变**（invariant to common ordinal transformations），如果$F(\tilde{u}_1,\cdots,\tilde{u}_I)=F(\tilde{u}'_1,\cdots,\tilde{u}'_I)$每当存在一个递增函数$\gamma(\cdot)$使得$\tilde{u}_i(x)=\gamma(\tilde{u}'_i(x))$对于每个$x\in X$和所有$i$均成立。这个不变性的意思是，尽管社会规划者没有个人效用大小概念，但他可能知道一个人的状况可能比另外一个人好（但是“好多少”的问题是没有意义的）。例如，由对称的罗尔斯主义社会福利函数$W(u)=\mathrm{Min}\{u_1,\cdots,u_I\}$诱导出的社会福利泛函数就是这样的。有了这个社会福利函数之后，不同政策上的排序仅取决于政策制定者识别状况最差个人的能力（进一步的说明请参见习题 22.D.8）。

我们说由社会福利函数 $W(\cdot)$ 产生的给定社会福利泛函数 $F: \mathscr{U}^I \to \mathbb{R}$ 是**独立于不相关个人的**（independent of irrelevant individuals），如果当我们将参与人集分成两个集团时，一个集团定义在效用向量上的社会偏好，与我们将另外一个集团中参与人的效用固定在哪个水平无关（应该指出，这个条件也可以直接使用社会福利泛函数表达）。这是个合理要求：它的意思是，我们在评价比如加利福尼亚州居民的福利分布时，不应该考虑比如马萨诸塞州居民的个人福利水平。

与消费者理论情形（习题 3.G.4）类似，当 $I>2$ 时，一个社会福利函数，如果它是连续、递增且独立于不相关个人的，那么在进行递增变换后，它具有加性可分形式 $W(u)=\sum_i g_i(u_i)$；也就是说，$W(u)$ 是广义效用主义的，但可能不是对称的。而且，在弱条件下，下列结论也为真：对于某种社会福利函数，如果在进行递增变换之后，它们既是加性可分形式，又对原点的共同变化保持不变，那么这样的社会福利函数必定是效用主义类型的 $W(u)=\sum_i b_i u_i$。因此，从不变性的角度看，通往效用主义福利函数的道路有两条：一是命题 22.D.3，它是基于对原点的独立变化保持不变性；二是我们刚刚说过的方法，它是基于不相关个人无关性和对原点的共同变化保持不变性之上的。这方面的更多内容可以参考 Maskin（1978）。

例 22.D.1： 固定一个备选方案 x^*，并且通过对个人效用函数的每个组合 $(\tilde{u}_1, \cdots, \tilde{u}_I)$ 指定由效用函数 $V(x)=\sum_i g_i(\tilde{u}_i(x)-\tilde{u}_i(x^*))$ 产生的社会偏好关系，来定义社会福利泛函数 $F(\cdot)$。那么，粗略地说，这个社会福利泛函数对原点的独立变化保持不变而且独立于不相关个人，但它既不是效用主义的，也不是独裁的。然而，注意到，这个泛函数不可能由社会福利函数产生，这是因为它不是配对独立的：两个备选方案之间的社会偏好可能取决于第三个备选方案 x^*。■

22.E 公理性议价方法

在本节，我们简要介绍另外一种用于确定合理社会妥协的方法。现在我们面对的不是一个有着自身偏好的社会规划者，而是一个（隐含的）仲裁者，他试图以能“公平地”反映不同参与人议价力量的方式分配来自交易的收益，或者更一般地，来自合作的收益。这个理论来自博弈论。然而，它采取的是**公理性**的观点，这样它就绕开了显性地构建非合作议价博弈（例如第 9 章附录 A 考察的博弈）的问题。因此，这种方法与合作博弈论（第 18 章附录 A 中的那些博弈）的关系更为密切。[①]

① 本节内容的一般性介绍，可以参考 Roth（1979），Moulin（1988）和 Thomson（1995）。

对于当前的目的来说，I 个参与人之间议价问题的描述由两个元素组成：一个效用可能集 $U\subset\mathbb{R}^I$ 和一个**威胁点**（threat point）或**维持现状点**（status-quo point）$u^*\in U$。集合 U 表示的是如果不同参与人之间进行合作，仲裁人选定的效用配置。点 u^* 是合作破裂产生的结果。注意到，合作要求所有参与人一致参与，在这种情形下，效用选择由 $U\subset\mathbb{R}^I$ 给定。如果有人不参与，那么唯一可能的结果是向量 u^*。这个架构在两个参与人情形下已经非常一般，正因如此，本节主要考察这种情形。当参与人数量多于两人时，这个假设稍微有些极端，因为我们可能希望允许部分合作的可能性。我们将在 22. F 节考察这种可能性。

在本节我们始终假设 $U\subset\mathbb{R}^I$ 是凸且闭的，另外假设它满足自由处置性质 $U-R^I_+\subset U$（即，如果 $u'\leqslant u$ 且 $u\in U$，那么 $u'\in U$）。与在定义 22. B. 1 中一样，$U\subset\mathbb{R}^I$ 可由潜在备选方案集 X 产生，它可能包含定义在确定性结果上的彩票。[1] 为简单起见，我们还假设 u^* 在 U 的内部，而且 $\{u\in U: u\geqslant u^*\}$ 是有界的。

定义 22. E. 1：一个**议价解**（bargaining solution）是一个规则，它对每个议价问题（U，u^*）指定了一个解向量 $f(U, u^*)\in U$。[2]

本节余下部分集中讨论我们想对 $f(\cdot)$ 以及下面四种议价解施加的一些合意性质，这四种议价解为：平等主义解、效用主义解、纳什解以及卡莱-斯莫罗廷斯基解。然而，我们应该强调，在形式化我们的问题中已经包含了一个强假设：我们隐含地假设解仅通过效用值依赖于可行备选方案集 X。

定义 22. E. 2：议价解 $f(\cdot)$ **独立于效用原点**（independent of utility origins），**或对原点的独立变化保持不变**，如果对于任何 $\alpha=(\alpha_1, \cdots, \alpha_I)\in\mathbb{R}^I$，我们均有

$$f_i(U', u^*+\alpha)=f_i(U, u^*)+\alpha_i \quad \text{对于每个 } i$$

每当 $U'=\{(u_1+\alpha_1, \cdots, u_I+\alpha_I): u\in U\}$。

效用原点无关性性质（IUO 性质）的意思是，议价解不取决于效用的绝对大小。从现在起我们假设这个性质成立。这个性质允许我们将我们的问题标准化到 $u^*=0$。从现在起，我们就这么做并把 $f(U, 0)$ 简写为 $f(U)$。然而，不应该忘记，威胁点的变化（现在表现为 U 的变化）将会影响我们选择的点。

定义 22. E. 3：议价解 $f(\cdot)$ **独立于效用单位**（independent of utility units），**或对单位的独立变化保持不变**，如果对于任何 $\beta=(\beta_1, \cdots, \beta_I)\in\mathbb{R}^I$（其中 $\beta_i>0$ 对于所有 i 均成立），我们有

$$f_i(U')=\beta_i f_i(U) \quad \text{对于每个 } i$$

22

① 理论上，对于不同的 $U\subset\mathbb{R}^I$，潜在备选方案集 X 和 X 上相应的效用函数可能是不同的。对于下面的理论来说，最重要的是效用集 U。

② 因此，在第 1 章的意义上，议价解是选择规则。如果潜在备选方案集 X 固定不变，从而（定义 22. B. 1 中产生的那样形式的 U）仅取决于效用函数，那么我们也可以把议价解看成定义 21. E. 1 意义上的函数选择。

每当$U'\{(\beta_1 u_1, \cdots, \beta_I u_I): u \in U\}$。①

在效用原点无关性性质下（定义 22. E. 3 隐含地假设了这个性质），**效用单位无关性性质**（IUU 性质）告诉我们，尽管议价解使用了偏好的基数性质，它在任何方面都没涉及个人间的效用比较。

定义 22. E. 4：议价解 $f(\cdot)$ 满足**帕累托性质**，或说是**帕累托的**，如果对于每个U，$f(U)$ 均是个（弱）帕累托最优，也就是说，不存在 $u \in U$ 使得 $u_i > f_i(U)$ 对于每个 i 均成立。

定义 22. E. 5：议价解 $f(\cdot)$ 满足**对称性性质**，如果每当 $U \subset R^I$ 是个对称集（即，U 对坐标的重排保持不变；参考图 22. E. 1)，$f(U)$ 的所有元素都相等。②

对称性性质的意思非常直观：如果正如 U 中所反映出的，所有参与人都相同，那么合作收益平均分配。

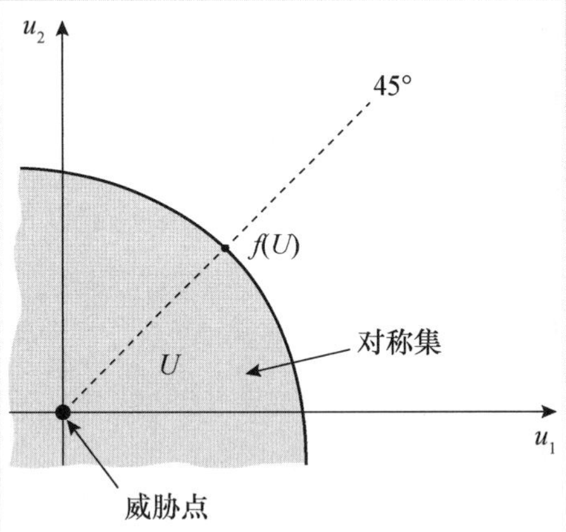

图 22. E. 1　议价解的对称性

定义 22. E. 6：如果 $f(U) \geqslant 0$，议价解 $f(\cdot)$ 满足**个人理性性质**。

用文字表达就是：合作解给予每个人的收益不会小于他在威胁点的收益（记住，在标准化之后，我们仅考虑满足 $0 \in U$ 的集合 U）。这是个合理的性质：如果某个参与人的收益小于零，那么他会选择退出，从而使得议价中断。

下一个性质更重要。

定义 22. E. 7：议价解满足**不相关方案无关性**（independence of irrelevant alternatives）性质，如果每当$U' \subset U$ 和 $f(U) \in U'$，我们均有 $f(U') = f(U)$。

不相关方案无关性性质（IIA 性质）的意思是说，如果 $f(U)$ 是 U 中合理的结果，而且如果我们考虑的 U' 尽管比 U 小但仍保留了 $f(U)$ 的可行性，也就是说，我们仅把U 中的“不相关方案”删除了，那么 $f(U)$ 仍是合理结果（参考图 22. E. 2)。

① 从几何图形上说，U'是通过把 U 在各个坐标轴上按照新刻度因子（$\beta_1, \cdots, \beta_I$）延展得到的。

② 准确地说，如果 $u \in U$，那么对于任何 u'，只要 u' 与 u 的区别仅在元素排列上，那么 $u' \in U$。

如果我们能将上句话中的“合理的”几个字替换为“最优的”，那么这个性质将非常具有说服力。事实上，如果我们得到的 $f(U)$ 是某个社会福利函数$W(u)$ 在 U 上的唯一最大值，那么 IIA 条件显然成立 [如果 $f(U)$ 是 $W(\cdot)$ 在 U 上的最大值，那么它也是$W(\cdot)$ 在$U'\subset U$ 上的最大值]。我们注意到尽管这个结论的逆不成立，然而，在实践中，我们感兴趣的满足 IIA 的例子通常涉及某个社会福利函数的最大化问题。

下面我们介绍四种议价解的例子。为了避免重复，我们首先指出这些例子都满足帕累托性质、对称性性质和个人理性性质（以及，问题本身蕴涵的效用原点无关性性质）。习题 22. E. 1 要求读者验证此事。习题 22. E. 2 要求读者构建一些违反其中某些条件的例子。

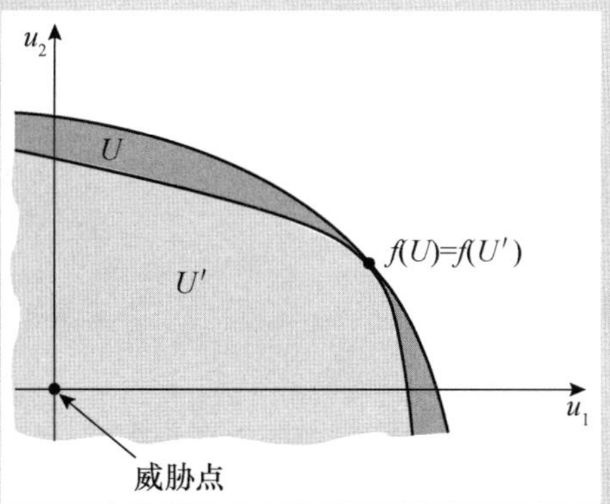

图 22. E. 2 议价解的不相关方案无关性性质

例 22. E. 1：平等主义解。 对于**平等主义解**（egalitarian solution）$f_e(\cdot)$，合作带来的收益在参与人之间平均分配。也就是说，对于每个议价问题 $U\subset\mathbb{R}^I$，$f_e(U)$ 是 U 边界上的所有坐标都相等的向量。图 22. E. 3 画出了 $I=2$ 情形的平等主义解。还要注意到，正如图 22. E. 3 所示，每个 $f_e(U)$ 都使得罗尔斯主义社会福利函数 $\mathrm{Min}\{u_1,\cdots,u_I\}$ 在 U 中达到最大。

平等主义解满足不相关方案无关性性质（请验证此事）。显然，对于这个解，效用单位在不同个人间是可以比较的，因此效用单位无关性性质不成立。[①] ■

例 22. E. 2：效用主义解。 对于每个 U 我们令 $f_u(U)$ 是 $\sum_i u_i$ 在 $U\cap\mathbb{R}_+^I$ 上的最大值。如果 U 是严格凸的，那么这个点是唯一定义的，因此，在严格凸的议价问题的定义域上，不相关方案无关性性质成立。与上个例子一样，效用主义解违背了效用单位无关性条件。图 22. E. 4 说明了 $I=2$ 情形的效用主义解。■

① 记住，效用值不是绝对值，而是与威胁点的效用之差，正因如此，原点变化了是无所谓的。

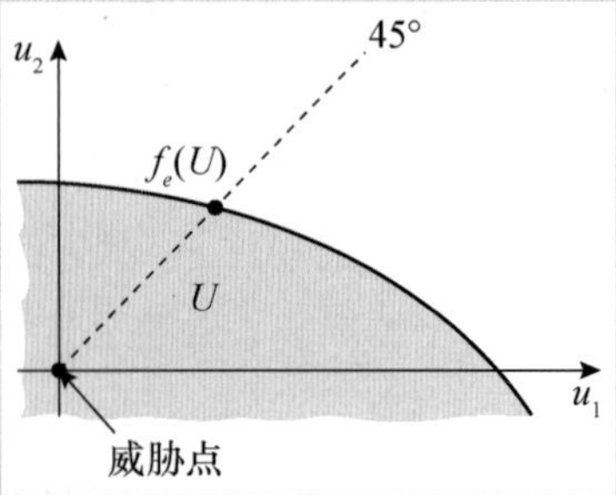

图 22. E. 3　议价问题的平等主义解

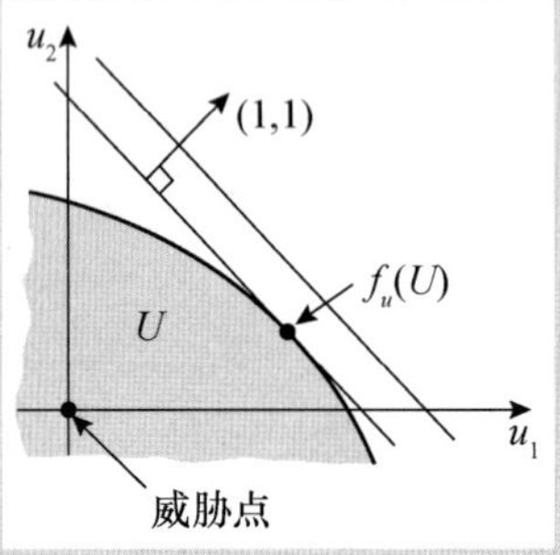

图 22. E. 4　议价问题的效用主义解

例 22. E. 3：纳什解。 对于纳什解 $f_n(U)$，我们取介于上面两个例子之间的情形：要求 $f_n(U)$ 为 $U\cap\mathbb{R}_+^I$ 上的能使得效用积 $u_1\times\cdots\times u_I$ 最大的点，或等价地，能使得 $\sum_i \ln u_i$ 最大的点（这对应于例 22. C. 4 中 $\rho=1$ 的情形）。在图 22. E. 5 中，我们画出了 $I=2$情形的纳什解。在这种情形下，纳什解有着简单的几何图形：$f_n(U)$ 是 U 的边界点，通过这个边界点我们可以画出一条切线使得该切线在正象限中的中点正好是给定的边界点 $f_n(U)$。参考习题 22. E. 3。

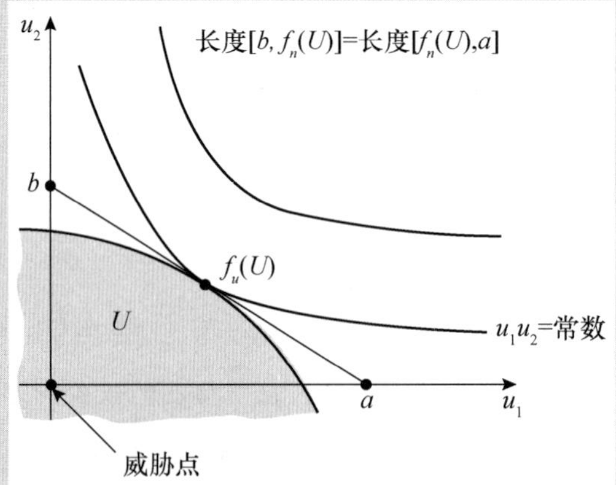

图 22. E. 5　议价问题的纳什解

与平等主义解和效用主义解一样，纳什解满足不相关方案无关性性质（因为它是由严格凹函数的最大值所定义的)。有趣的是,与上述两种解不同,**纳什解满足效用单位无关性性质**。为了看清这一点,注意到 $\sum_i \ln u_i \geqslant \sum_i \ln u'_i$ 等价于 $\sum_i \ln\beta_i u_i = \sum_i \ln u_i + \sum_i \ln\beta_i \geqslant \sum_i \ln u'_i + \sum_i \ln\beta_i = \sum_i \ln\beta_i u'_i$(其中常数 $\beta_i>0$ 是任意的)。因此,纳什解对我们想固定的任意原点或单位保持不变。它只取决于参与人的效用函数在潜在备选方案集上的基数性质。

我们可以将纳什解看成平等主义解和效用主义解的合成,这种合成的目的是实现效用单位无关性性质:给定议价问题 U,纳什解是在改变效用单位情形下,与效用主义解以及平等主义解同时重合的唯一效用结果。更正式地说,假设 $\eta_i>0$ 是效用变换率(transformation rates),它是给定的效用单位与变换为参与人之间可比较的新单位之间的比率。当我们使用新单位计量的 $U'(=\{(\eta_1 u_1, \cdots, \eta_I u_I):(u_1, \cdots, u_I)\in U\})$ 时,如果效用主义解与平等主义解重合,那么我们选定的点 $\tilde{u}\in U$ 必须满足:首先,它在 U 上使得 $\sum_i \eta_i u_i$ 最大;其次,对于某个 $\gamma>0$ 它满足 $\eta_1\hat{u}_1=\cdots=\eta_I\hat{u}_I=\gamma$,也就是说,$\eta_i=\gamma(1/\hat{u}_i)$ 对于每个 i 均成立。现在考虑 $u'\in U$。我们有 $\sum_i \eta_i u'_i \leqslant \sum_i \eta_i \hat{u}_i$,因此,$\sum_i (1/\hat{u}_i)u'_i \leqslant \sum_i (1/\hat{u}_i)\hat{u}_i$。因为 $(1/\hat{u}_1, \cdots, 1/\hat{u}_I)$ 是凹函数 $\sum_i \ln u_i$ 在 $(\hat{u}_1, \cdots, \hat{u}_I)$ 上的梯度,这意味着 $\sum_i \ln u'_i \leqslant \sum_i \ln\hat{u}_i$(参考数学附录 M.C 节)。因此,$\hat{u}$ 在 U 上使得 $\sum_i \ln u_i$ 最大,也就是说,$\hat{u}=f_n(U)$。[①] 图 22.E.6 画出了我们的论证思路。习题 22.E.3 要求读者证明它的逆也是成立的——只要选择合适的效用单位,纳什解同时也是效用主义解和平等主义解。■

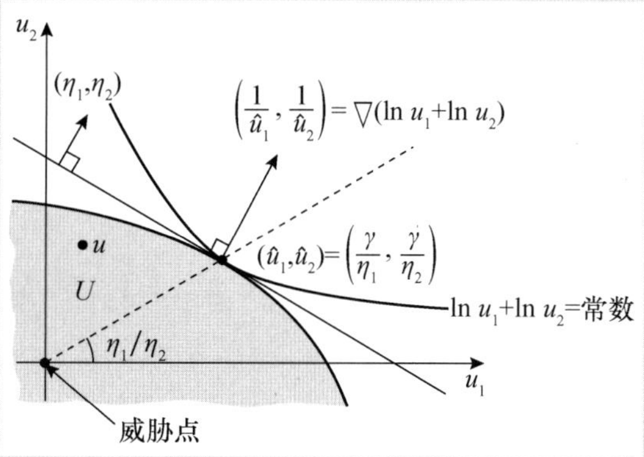

图 22.E.6 对于单位转换因子 (η_1, η_2),纳什解同时也是平等主义解和效用主义解

---

① 用几何语言重述:对于法向量为 $(\eta_1, \cdots, \eta_I)$ 且经过 $\hat{u}$ 的超平面,U 在该超平面的下方(由于效用主义性质)。因此,我们只要证明集合 $\{u: \sum_i \ln u_i \leqslant \sum_i \ln\hat{u}_i\}$ 位于该超平面的上方就足够了。但是注意到,这一点可从下列事实推出:根据平等主义性质,$(\eta_1, \cdots, \eta_I)$ 与 $(1/\hat{u}_1, \cdots, 1/\hat{u}_I)$ 成比例,而 $(1/\hat{u}_1, \cdots, \hat{u}_I)$ 是凹函数 $\sum_i \ln u_i$ 在 $\hat{u}$ 的梯度。

纳什解的概念由 Nash（1950）提出，纳什同时证明了下列重要事实：它是满足我们迄今为止列举的所有条件的唯一解。

命题 22.E.1：对于满足效用原点以及单位无关性、帕累托性质、对称性性质和不相关方案无关性性质的议价问题，纳什解是唯一的议价解。①

证明：我们在例 22.E.3 中已经证明纳什解满足命题列举的所有性质。

为了证明它的逆，假设我们有个满足所有性质的待定解 $f(\cdot)$。根据效用原点无关性条件，我们可以假设（事实上我们一直这么假设）$f(\cdot)$ 定义在威胁点已被标准化为原点的那些集合上。现在任给一个 U，令 $\hat{u}=f_n(U)$ 并且考虑集合

$$U' = \left\{u \in \mathbb{R}^I : \sum_i u_i / \hat{u}_i \leqslant I\right\} \quad \text{和} \quad U'' = \left\{u \in \mathbb{R}^I : \sum_i u_i / \leqslant I\right\}$$

图 22.E.7 画出了 $I=2$ 的情形。注意到 $U \subset U'$，这是因为凹函数 $\sum^{i} \ln u_i$ 在点 $\hat{u}$ 的梯度为 $(1/\hat{u}_1, \cdots, 1/\hat{u}_I)$，而该凹函数在点 $\hat{u}$ 达到了它在凸集 U 中的最大值。集合 U'' 是对称的，因此，根据对称性性质和帕累托性质可知，$f(U'')=(1, \cdots, 1)$。根据效用单位无关性性质可知，$f(U')=(\hat{u}_1, \cdots, \hat{u}_I)=\hat{u}$ [注意到 $u \in U''$ 当且仅当 $(\hat{u}_1 u_1, \cdots, \hat{u}_I u_I) \in U'$]。最后，因为 $\hat{u} \in U$ 且 $U \subset U'$，所以不相关方案无关性性质产生了 $f(U)=\hat{u}=f_n(U)$，这正是我们想要的结果。■

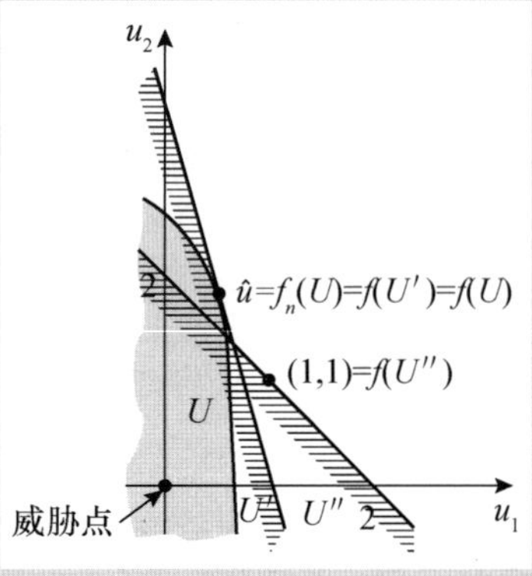

图 22.E.7 效用原点无关性、效用单位无关性、对称性、帕累托性以及不相关方案无关性等性质决定了纳什解是唯一解（命题 22.E.1）

例 22.E.4：卡莱-斯莫罗廷斯基解（Kalai-Smorodinsky solution）。这个解不满足不相关方案无关性。它是由 Kalai 和 Smorodinsky（1975）提出的。给定一个议价问题$U \in \mathbb{R}^I$，我们用 $u^i(U) \in \mathbb{R}$ 表示参与人通过 $U \cap \mathbb{R}^I_+$ 中的某个向量实现的最大效用值。图 22.E.8 画出了 $I=2$ 的情形。为了对这个解增加一点直觉感知，假设参与人 i 有全部议价力量（即，他可以对所有其他参与人提出“要么接受要么走人”类型的要约）。那么结果将为：参与人 i 得到了$u^i(U)$，

① 注意到，我们没有显性地假设个人理性性质：可以证明，这个条件蕴涵在其他几个条件中。

所有其他参与人什么也没得到。[①] 因此，我们可以认为数 $u^i(U)$ 近似衡量了相关参与人对合作的努力程度，并且也许能够证明，如果合作发生，那么满足下列条件的解应该是帕累托最优配置，在这个解中，不同参与人的效用与 $(u^1(U), \cdots, u^I(U))$ 成比例；换句话说，如果我们令参与人以相等概率作出"要么接受要么走人"类型要约，那么我们得到的效用将与期望效用成比例。这就是卡莱-斯莫罗廷斯基解 $f_k(U)$。图 22. E. 8 画出了这个解的构造。

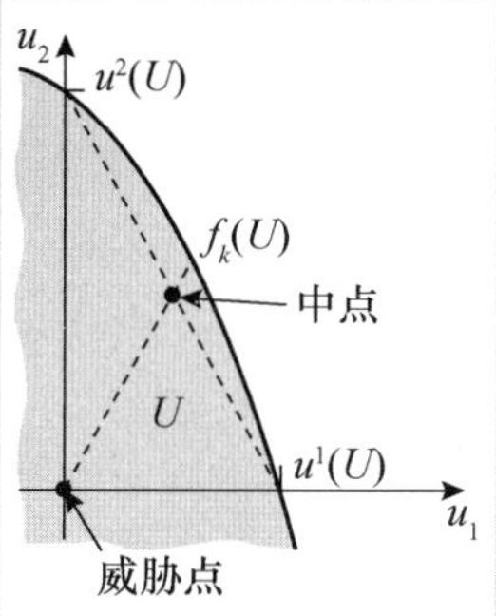

图 22. E. 8　议价问题的卡莱-斯莫罗廷斯基解

卡莱-斯莫罗廷斯基解满足帕累托性质和对称性性质。与纳什解一样，它**不涉及个人间的效用比较**。然而，它与纳什解是不同的，因此（根据命题 22. E. 1），它不能满足不相关方案无关性。习题 22. E. 4 要求读者验证此事。■

我们到目前为止对议价问题列举的性质不可能是穷尽的，下面我们粗略地介绍其他性质，然后结束本节。

（ⅰ）线性性或可分解性（decomposability properties）。假设给定两个议价问题 $U \subset \mathbb{R}^I$ 和 $U' \subset \mathbb{R}^I$，我们考虑 $\alpha U + (1-\alpha) U' \subset \mathbb{R}^I$，其中 $\alpha \in [0, 1]$；我们可以将其看成两个议价问题之间的随机化。于是我们希望 $f(\alpha U + (1-\alpha) U') = \alpha f(U) + (1-\alpha) f(U')$；也就是说，我们希望所有参与人对不确定性消失之前或之后的约定均是无差异的。这是个很强的要求，我们所研究过的解都不满足这个条件。事实上，可以证明，本质上（即，附加若干个弱条件），只有效用主义解的修正版满足这个条件，这样的解没有施加个人理性要求。我们也能得到相同的结论，如果我们考虑 $U + U'$，要求整体约定 $f(U + U')$ 等于序贯约定 $f(U' + \{f(U)\}, f(U))$。注意到，根据效用原点无关性条件可知，$f(U' + \{f(U)\}, f(U)) = f(U') + f(U)$。

（ⅱ）单调性性质。议价解 $f(\cdot)$ 是单调的，如果 $f(U) \leqslant f(U')$ 每当 $U \subset U'$，即每当效用可能集扩大了（维持威胁点固定在原点），每个人的状况都变好了。单调性要求表面上似乎并不强，其实不然，因为效用可能集的扩大方式在参与人之间可能非常不对称。

22

① 我们不考虑下面这样的情形：给予参与人 i 的收益为 $u^i(U)$ 且给予所有其他参与人的收益为零的效用向量，是帕累托劣势的。

事实上，从图 22. E. 9 可知，效用主义解、纳什解和卡莱-斯莫罗廷斯基解都不满足单调性。另外，平等主义解显然满足单调性。习题 22. E. 5 要求读者验证平等主义解在本质上是满足单调性条件的唯一对称且具有帕累托性质的议价解。习题 22. E. 6 要求读者验证 $I=2$ 情形下若卡莱-斯莫罗廷斯基解满足效用原点无关性、效用单位无关性、帕累托性和对称性等性质，那么这个解可用部分单调性刻画。

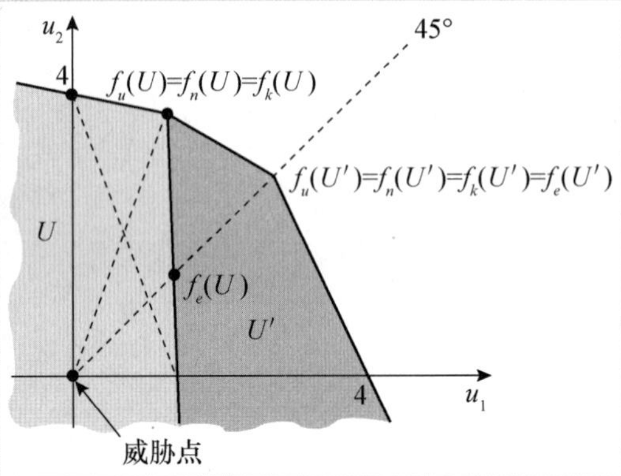

图 22. E. 9　效用主义解、纳什解和卡莱-斯莫罗廷斯基解都不满足单调性

（ⅲ）一致性性质。这类性质涉及参与人数量不同的议价问题解之间的相容性。令 $f^I(\cdot)$ 为议价解族（每个解对应于参与人的一个集合 I）。为具体起见，假设我们考察的是$I=\{1, 2, 3\}$。取任何 i，比如 $i=1$，设想：依据最终合作情形，我们给参与人 1 效用水平 $f_1^I(U)$，但在作出这个承诺后，我们允许另外两个参与人重新议价。于是，这两个参与人必须在集合 $U'=\{(u_2, u_3):(f_1^I(U), u_2, u_3)\in U\}\subset\mathbb{R}^2$ 找到一个约定。于是，自然地我们使用我们解族中的解，即 $f^{I\setminus\{1\}}(U')$。我们的解族是一致的（consistent），如果 $f^{I\setminus\{1\}}(U')=(f_2^I(U), f_3^I(U))$。用文字表达就是：其余参与人重新议价恰好导致了初始议价结果。效用主义解和纳什解是一致的（一般来说，通过求一个广义效用主义的社会福利函数而得到的任何解均是一致的；参考习题 22. E. 7）。卡莱-斯莫罗廷斯基解不是一致的（习题 22. E. 8 要求读者验证此事）。在刻画纳什解时，我们可用一致性公理替换不相关方案无关性性质，这是一个有趣且非平凡的结论［参考 Lensberg（1987）以及 Thomson 和 Lensberg（1992）］。

22.F　联盟议价：夏普利价值

22. E 节的分析有个很大的局限：它没有考虑所有参与人全面合作和威胁点结果代表的合作破裂之间的中间情形。当参与人的数量多于两人时，22. E 节的分析无疑是不全面的。在本节，我们允许**局部合作**（partial cooperation），讨论这种局部合作对合作最终收益分配的可能影响。

给定参与人的一个集合 I，我们首先对合作者每个可能子集 $S\subset I$ 均指定一个可能的效用结果集。当 $S\neq I$ 时，我们将这些效用结果解释为如果议价破裂，S 的成员彼此停止合作时出现的结果。为简单起见，我们仅考察效用在个人间是可比较的（我们将个人效用单位固定为有着相同社会效用值）而且在个人间是可自由转移的情形。于是，对于 $S\subset I$ 的成员，如果他们合作，我们把这些成员得到的总效用值表示为 $v(S)$，或等价地，表示为效用可能集 $\{u\in\mathbb{R}^S:\sum_{i\in S}u_i\leqslant v(S)\}$。在合作博弈论（参见第 18 章附录 A）中，规定对每个 $S\subset I$ 均指定一个 $v(S)$ 的规则称为**特征形博弈**（game in characteristic form），子集 $S\subset I$ 通常称为**联盟**（coalition），$v(S)$ 的值通常称为联盟 S 的**价值**（worth）。

对于局部合作不存在收益的情形，我们可用特征形 $v(S)=\sum_{i\in S}v(i)$ 对每个 $S\neq I$ 成立进行刻画。若我们将向量（$v(1)$，…，$v(I)$）看成威胁点，这个情形可简化为 22. E 节的议价问题。在当前的效用可转移情形下，平等主义解、纳什解和卡莱-斯莫罗廷斯基解①导致了相同的提议：合作收益应该在参与人之间平均分配；也就是说，参与人 i 应该得到

$$v(i)+\frac{1}{I}\Big(v(I)-\sum_{h\in I}v(h)\Big)$$

事实上，任何满足效用原点无关性、帕累托性和对称性这三个性质的议价解都能导致这个提议（参见习题 22. F. 1）。

本节试图回答的问题是：假设在特征形博弈情形下，I 的所有成员决定合作，从而决定将 $v(I)$ 在他们之间进行分配，那么平均分配解的合理一般形式是什么样的？显然，这样的解必须以某种方式反映 $v(S)$ 的值，其中 $S\subset I$；这是因为它们包含了某个特定参与人与其他人相比对合作的贡献程度这种信息。

定义 22. F. 1： 给定参与人集合 I，一个**合作解**（cooperative solution）$f(\cdot)$是一个规则，它对每个特征形博弈 $v(\cdot)$ 指定了一个对于整个参与人团伙可行的［即 $\sum_i f_i(v)\leqslant v(I)$］效用配置 $f(v)\in\mathbb{R}^I$。

为了仿照 22. E 节的分析性策略，下面我们阐述关于解的一些合意性质。前三个性质只不过是我们前面介绍过的性质的变异版本。

定义 22. F. 2： 合作解 $f(\cdot)$ **独立于效用原点且独立于效用原点的共同变化**，如果每当我们有两个特征形 $v(\cdot)$ 和 $v'(\cdot)$ 使得 $v(S)=\beta v'(S)+\sum_{i\in S}\alpha_i$ 对于每个 $S\subset I$ 和数 α_1，…，α_I 以及 $\beta>0$ 成立时，我们都有 $f(v)=\beta f(v')+(\alpha_1,\cdots,\alpha_I)$。

从现在起我们假设定义 22. F. 2 的性质成立。有了这个性质之后，我们可以将

22

① 效用主义解在效用可转移的情形下不是唯一定义的。

$v(\cdot)$ 标准化为 $v(i)=0$ 对于所有 i。

定义 22. F. 3：合作解 $f(\cdot)$ **是帕累托的**，如果 $\sum_i f_i(v)=v(I)$ 对于每个特征形 $v(\cdot)$ 均成立。

定义 22. F. 4：合作解 $f(\cdot)$ 是**对称的**，如果下列性质成立：假设两个特征形 $v(\cdot)$ 和 $v'(\cdot)$ 的差别仅为参与人名字的重新排列 π：$I\to I$；即，$v'(S)=v(\pi(S))$ 对于所有$S\subset I$ 均成立，那么解的差别也仅为这个重新排列；也就是说，$f_i(v')=f_{\pi(i)}(v)$ 对于所有 i 均成立。

下一个性质即定义 22. F. 5 中的性质，强调了一个事实——我们试图求解的不是公平地分配总效用的福利理论问题，而是下列更具局限性的问题：给定特征形刻画的特定议价情形这个现实，如何公平地分配**剩余**（surplus）。

定义 22. F. 5：合作解 $f(\cdot)$ 满足**哑公理**（dummy axiom），如果对于所有博弈 $v(\cdot)$ 和所有参与人 i 使得 $v(S\cup\{i\})=v(S)$ 对于所有 $S\subset I$ 成立，我们有 $f_i(v)=v(i)(=0)$。用文字表达就是：如果参与人 i 是哑的（即，对联盟没有任何贡献），那么参与人 i 不会得到剩余的任何份额。

有一些合作解能够满足上述那些性质，其中最为重要的是**夏普利价值**［由 Shapley（1953）提出］。关于这个概念的例子、动机和相关讨论可以参考第 18 章附录 A。在此处我们仅提供一个定义。

假设任意给定一组参与人，或正式地说，给定参与人名字 $\{1,\cdots,I\}$ 的任意一个排列 π，那么

$$g_{v,\pi}(i)=v(\{h:\pi(h)\leqslant\pi(i)\})-v(\{h:\pi(h)<\pi(i)\})$$

表示当参与人 i 加入由排在他前面的所有参与人组成的集团时，他对该集团的贡献量。如果他具有全部议价力量，这个贡献量等于排在参与人 i 前面的所有参与人同意支付给他的报酬，也就是说，他给出的要约是"要么接受要么走人"类型的。[①] 注意到，$\sum_i g_{v,\pi}(i)=v(I)$ 对于每个排列 π 均成立。

所有参与人的地位都是平等的。对于这个事实，我们的处理方法是令每个参与人处在任何位置的可能性相等，因此所有位置的发生概率相等。等价地，我们可以取参与人 i 对所有排列 π（一共有 $I!$ 个排列）贡献的加权平均值（权重都相等）。这正好就是夏普利价值解。

定义 22. F. 6：夏普利价值解 $f_s(\cdot)$ 的定义为

$$f_{si}(v)=\frac{1}{I!}\sum^{\pi}g_{v,\pi}(i)\quad \text{对于每个 } i \tag{22. F. 1}$$

① 换句话说，参与人 i 给出的要约如果被某个排在他前面的人拒绝，那么他以及任何后来者都不可能再加入这个集团。为了验证参与人 i 给出的要约为 $g_{v,\pi}(i)$，你首先要确定这个集团中排在最后一名的参与人的收益，然后逆向归纳。

容易证明 $f_s(\cdot)$ 满足我们在上面列举的所有性质（参见习题 22.F.2）。进一步的讨论，可参见习题 22.F.3 和习题 22.F.4（以及第 18 章附录 A）。习题 22.F.5 描述了另外一种合作解（核仁）。*

成本配置问题

下面的讨论是附录性质的（即本来应该放在附录中），因为它与前面的内容没有直接的概念上的联系。如果硬要说有联系，唯一的联系是我们再次使用了夏普利价值。①

假设给定项目集 I，我们已决定执行这些项目。出于某种原因（例如，会计上或财务上的规定），总成本 $C(I)$ 必须正好被配置给不同的项目；也就是说，我们必须规定 $(c_1, \cdots, c_I)$ 使得 $\sum_i c_i = C(I)$。如何合理确定这样的**成本配置规则**？这就是成本配置问题。

我们应该强调，从一级最优的帕累托最优角度来看，成本配置规则不应该用于指导投资，也就是说，不应该用于决定执行哪个项目。粗略地说，我们已在 16.G 节看到，投入物的正确效率价格（注意到我们可以将项目看成福利生产函数的投入物）未必能正好补偿总成本（参考习题 22.F.6 和习题 22.F.7）。由于我们避免用成本规则指导投资的做法，我们假设应该实施的项目集是外生给定的。

另外一种方法是，认识到成本补偿约束对福利问题施加了二级最优性质。也就是说，我们试图在投入物（即，项目）价格必须固定在恰好能补偿成本水平的约束条件下，使得社会福利最大。Boiteux（1956）使用这种方法处理受管制企业的问题，它的解与拉姆齐价格密切相关（参考习题 22.B.2 和习题 22.F.6）。

然而，任何基于福利理论的方法都需要使用关于个人偏好的信息。如果不能或不应该这么做，那么我们会留下一些未能解决的问题。对于这些问题可以按照下列方法处理：假设我们有关于每个项目子集的成本信息（这是个较强的假设）；也就是说，我们知道 $C(T)$ 对于每个 $T \subset I$。于是，正式地，$C(\cdot)$ 是个特征形合作博弈，我们可以使用夏普利价值来在不同项目之间分配成本。举例说明。

例 22.F.1：学者们应该喜欢这个例子。考虑位于美国的某所大学的一位经济学教授，他受邀访问欧洲三所大学，它们分别位于英国（B）、西班牙（S）和德国（G）。总机票费为1 600 美元。上述三所大学应该各出多少钱？假设经过研究发现 $C(B)=C(S)=C(G)=800$，$C(BS)=C(BG)=1\,000$，$C(SG)=1\,400$。计算夏普利价值（请计算）可知，$c_B=400$，$c_S=c_G=600$。这种成本配置表明，如果你已经去了其他两所大学，单独去英国的大学相对容

* 核仁（nucleolus）的概念与第 18 章附录 A 中核（core）的概念是不同的。因此，将它们翻译成不同的词汇只是为了强调二者的区别。——译者注

① 成本配置及其相关问题的介绍可以参考 Young（1994）。

易一些。■

参考文献

d'Aspremont, C., and L. Gevers (1977). Equity and the informational basis of collective choice. *Review of Economic Studies* 44: 199-209.

Atkinson, A. (1973). How progressive should income-tax be? In *Economic Justice, Selected Readings*, edited by E. Phelps. London: Penguin Books.

Atkinson, A., and J. Stiglitz (1980). *Lectures on Public Economics*. New York: McGraw-Hill.

Bergson, A. (1938). A reformulation of certain aspects of welfare economics. *Quarterly Journal of Economics* 52: 310-334.

Boiteux, M. (1956). Sur la gestion des monopoles publiques astreints à l'équilibre budgétaire. *Econometrica* 24: 22-40. [Translated in *Journal of Economic Theory* (1991) 3: 219-240.]

Guesnerie, R. (1995). *A Contribution to the Pure Theory of Taxation*, Cambridge, U. K: Cambridge University Press.

Harsanyi, J. (1955). Cardinal welfare, individual ethics, and interpersonal comparability of utility. *Journal of Political Economy* 61: 309-321. [Also in Phelps (1973).]

Moulin, H. (1988). *Axioms of Cooperative Decision Making*. Cambridge, U. K.: Cambridge University Press.

Nash, J. F. (1950). The bargaining problem. *Econometrica* 28: 155-162.

Phelps, E., ed. (1973). *Economic Justice, Selected Reading*. London: Penguin Books.

Ramsey, F. (1927). A contribution to the theory of taxation. *Economic Journal* 37: 47-61.

Rawls, J. (1971). *A Theory of Justice*. Cambridge, Mass.: Harvard University Press.

Roberts, K. (1980). Possibility theorems with interpersonally comparable welfare levels. *Review of Economic Studies* 47: 409-420.

Roth, A. (1979). *Axiomatic Models of Bargaining*. New York: Springer-Verlag.

Samuelson, P. (1947). *Foundations of Economic Analysis*. Cambridge, Mass.: Harvard University Press.

Sen, A. (1977). On weights and measures: Informational constraints in social welfare analysis. *Econometrica* 45: 1539-1572.

Shapley, L. (1953). A value for *n*-person games. In *Contributions to the Theory of Games II*. *Annals of Mathematics Studies*, 28, edited by H. Kuhn, and A. Tucker. Princeton, N. J.: Princeton University Press.

Starrett, D. A. (1988). *Foundations of Public Economics*. Cambridge, U. K.: Cambridge University Press.

Thomson, W., and T. Lensberg (1992). *The Theory of Bargaining with a Variable Number of Agents*. Cambridge, U. K.: Cambridge University Press.

Thomson, W. (1995). Cooperative models of bargaining. In *Handbook of Game Theory*, Vol. II, edited by R. Aumann, and S. Hart. Amsterdam: North-Holland.

Young, H. P. (1994). *Equity: In Theory and Practice*. Princeton, N. J.: Princeton University Press.

习　题

22.B.1[A]　对于例 22.B.1 中的交换经济，给出一级最优效用可能集为凸的充分条件。

22.B.2[A]　推导例 22.B.2 中的一阶条件。

22.B.3[A]　推导例 22.B.3 中的式（22.B.2）的一阶条件。

22.B.4[B]　尽可能显性地证明例 22.B.4 中的效用可能集可能不是凸的。

22.C.1[A]　假设效用可能集 $U\subset\mathbb{R}^I$ 是对称且凸的。证明递增、对称且严格凹的社会福利函数 $W(\cdot)$ 的社会最优对每个参与人指定了相同的效用值。（注意：集合 U 是对称的，如果 $u\in U$ 意味着对于任何由 u 的元素重排而得到的 u'，我们都有 $u'\in U$。）注意到，我们也能得到相同的结论，如果正如效用主义情形一样，$W(\cdot)$ 是凹的，但 U 是严格凸的。

22.C.2[A]　假设对于某个决策者，在自然状态决定他可能有哪种身份（一共有 I 种身份）之前，他处于初始位置上（或事前位置，或无知的面纱下的位置）。身份 i 的可能最终结果是个有限集 X_i。记 $X=X_1\times\cdots\times X_I$。

（a）使用 6.E 节的状态依存效用说明 X 上的效用函数具有下列形式

$$U(x_1,\cdots,x_I)=u_1(x_1)+\cdots+u_I(x_I)$$

对于纯效用主义社会福利函数，解释并讨论上述效用函数的含义。

（b）假设 $X_1=\cdots=X_I$，而且由（a）中效用函数定义的 X 上的偏好关系是对称的。这意味着效用函数将具有什么样的形式？讨论并且解释。

22.C.3[B]　我们有 N 个最终社会结果，考虑一个备选方案集 X，它是定义在上述最终社会结果上的一个彩票集。一个备选方案可用一组指定给不同最终结果的概率表示，即，$p=(p_1,\cdots,p_N)$，其中 $p_n\geqslant 0$ 而且 $p_1+\cdots+p_N=1$。

假设给定的 X 上的社会偏好关系 $\succsim$ 是连续且满足独立性公理的。因此，它可以用具有期望效用形式的效用函数

$$U(p)=u_1p_1+\cdots+p_Np_N$$

表示。从现在起，我们假设这个定义在 X 上的社会效用函数 $U(\cdot)$ 是给定的。

（a）假设有两个最终结果，它们依两个参与人中的哪一个人得到某不可分割商品而定。假设社会偏好是对称的，即社会对下列两种彩票是无差异的：一是将商品以概率 1 给参与人 1 的彩票；二是将商品以概率 1 给参与人 2 的彩票。证明所有彩票必定是社会无差异的。讨论并解释这个结论。你认为它合理吗？如果你想绕开它，你将怎么做？这对于独立性公理在社会决策中的应用意味着什么？

现在假设有 I 个参与人，而且除了社会效用函数 $U(\cdot)$ 之外，假设我们还有定义在相同的彩票集 X 上的 I 个参与人偏好关系 $\succsim_i$。我们假设这些偏好关系可用具有期望效用形式的效用函数

$$U_i(p)=u_{1i}p_1+\cdots+p_{Ni}p_N\quad 对于\ i=1,\cdots,I$$

表示。

我们说社会效用函数 $U(\cdot)$ 是帕累托的，如果我们有：$U(p)>U(p')$ 每当 $U_i(p)>U_i(p')$ 对于每个 i 均成立；以及 $U(p)\geqslant U(p')$ 每当 $U_i(p)\geqslant U_i(p')$ 对于每个 i 均成立。

（b）考虑 $N=3$ 且 $I=2$ 的情形，画图说明，在二维彩票单纯形中，当社会效用函数是帕累托的时，两个参与人的效用函数的无差异曲线和社会效用函数的无差异曲线有何关系。

（c）举例说明帕累托条件唯一决定了社会偏好曲线的情形（记住，我们总是假设社会偏好满足独立性公理）。然而请论证，一般来说，帕累托

条件不能唯一地确定无差异曲线。事实上，举例说明任何社会效用函数都是帕累托的这一情形。

(d) 证明（可以以 $N=3$ 且 $I=2$ 情形为例）如果社会效用函数 $U(p)$ 是帕累托的，那么它可以写成下列形式

$$U(p)=\beta_1 U_1(p)+\cdots+\beta_I U_I(p)$$

其中 $\beta_i \geqslant 0$ 对于每个 i，$\beta_i \neq 0$ 对于某个 i。对于纯效用主义社会福利函数来说，这个结论意味着什么？权重 β_i 是什么意思？为什么不同个人的 β_i 不需要相等？

22.C.4[A] 在本章中当我们讨论罗尔斯主义社会福利函数时，我们提到了 R^I 上的**字典最小序**（leximin ordering）或称字典最小偏好关系。这个概念的正式定义如下。给定向量 $u=(u_1, \cdots, u_I)$，令 $u^r \in \mathbb{R}^I$ 是 u 的**非递减重排**（nondecreasing rearrangement）得到的向量。也就是说，u^r 的元素完全与 u 的相同，只不过 u^r 元素的排列是非递减的。如果在字典序（参考例 3.C.1）中 u^r 至少与 $\hat{u}^r$ 一样好，那么我们说在字典最小序中向量 u 至少与向量 $\hat{u}$ 一样好。

(a) 将字典最小序解释为罗尔斯偏好关系的一种精炼。

(b) 证明字典最小序不可能用效用函数表示。只要证明 $I=2$ 情形就足够了。

(c)（更难）证明字典最小序的社会最优是帕累托最优。你可以证明 $I=3$ 情形。

22.C.5[B] 对于弹性不变的社会福利函数类（参见例 22.C.4），证明当 $\rho\to\infty$ 时 $W_\rho(u)\to \mathrm{Min}\{u_1, \cdots, u_I\}$。

22.C.6[A] 假设 U 和 U' 是效用可能集，对于这两个集合，我们分别指定帕累托最优效用结果 $\bar{u}\in U$ 和 $\bar{u}'\in U'$。使用图形证明：

(a) 下列情形是可能发生的：U' 通过了 U 上的强补偿检验，然而以纯效用主义社会福利函数衡量，伴有 U' 的结果比伴有 U 的结果差。

(b) 如果效用可能集是从拟线性经济推导出的，而且 U' 通过了 U 上的弱补偿检验，那么它也能通过强补偿检验。另外，伴有 U' 的结果是伴有 U 的结果的效用主义改进。如果我们使用非效用主义社会福利函数衡量社会福利，这个结论还成立吗？

22.C.7[B] 构建一个例子，在这个例子中，有两个埃奇沃思盒经济，它们的唯一区别是初始禀赋的分配状况不同（允许初始禀赋不同），但它们满足：一个经济的效用可能集通过了另一个效用可能集的弱补偿检验，当后者的效用结果被选定对应于后者的一个竞争均衡时。

22.C.8[A] 假设我们有两个效用可能集 U 和 U'，它们的结果分别为 $u\in U$ 和 $u'\in U'$。我们说 (U', u') 通过了 (U, u) 上的卡尔多（Kaldor）补偿检验，如果 U' 通过了 (U, u) 上的弱补偿检验，但 U 没有通过 (U', u') 上的弱补偿检验。

(a) 对于 $I=2$，画出可进行卡尔多比较的情形以及不可进行卡尔多比较的情形。

(b) 注意到卡尔多可比较性不是对称的。请给出定义。

(c) 证明卡尔多可比较性可能不是传递的。

22.D.1[B] 本题目的是验证命题 22.D.1 中的假设条件是不可或缺的。

(a) 假设有三个参与人但只有两个备选方案，即 $X=\{x, y\}$。社会福利泛函数由

$xF(\tilde{u}_1,\tilde{u}_2,\tilde{u}_3)y$ 当且仅当 $\tilde{u}_i(x)\geqslant\tilde{u}_i(y)$ 对于每个 i

以及

$yF(\tilde{u}_1,\tilde{u}_2,\tilde{u}_3)x$ 当且仅当 $\tilde{u}_i(y)\geqslant\tilde{u}_i(x)$ 对于至少一个 i

给出。证明：社会偏好关系总是完备的；社会福利泛函数不可能用社会福利函数表示；对于命题 22.D.1 的假设条件，只有备选方案数量条件不成立。

(b) 现在我们有三个参与人和三个备选方案，即，$X=\{x, y, z\}$。社会福利泛函数由

$$xF_p(\tilde{u}_1,\cdots,\tilde{u}_I)yF_p(\tilde{u}_1,\cdots,\tilde{u}_I)z$$

对于每个 $(\bar{u}_1, \cdots, \bar{u}_I) \in \mathscr{U}^I$ 给出。再次证明社会福利泛函数不可能用社会福利函数表示，而且对于命题 22. D. 1 中的假设条件，只有帕累托性质不成立。

(c) 举例说明对于命题 22. D. 1 中的假设条件，唯一不成立的是配对独立性条件的情形。

22. D. 2[A]　完成命题 22. D. 1 证明过程中的第二段要求的验证。

22. D. 3[A]　证明如果社会福利泛函数 F: $\mathscr{U}^I \to \mathscr{R}$ 满足帕累托性质，那么为使命题 22. D. 1 的结论成立，效用组合上的社会偏好关系 $\succsim$ 必定是单调的，也就是说，如果 $u' \geqslant u$，那么 $u' \succsim u$，而且如果 $u' \gg u$，那么 $u' \succ u$。

22. D. 4[A]　社会福利泛函数 F 是**字典式独裁的**（lexically dictatorial），如果存在一组 $n>0$ 个参与人 h_1，…，h_n 使得 h_1 的严格偏好主宰了社会偏好，如果 h_1 对备选方案是无差异的，那么 h_2 的严格偏好主宰了社会偏好，依此类推。

(a) 证明如果 F 是字典式独裁的，那么 F 是帕累托的、配对独立的，而且不允许效用在个人间的比较。

(b) 在什么样的条件下，字典式独裁的社会福利泛函数能由社会福利函数产生？

(c) 证明如果独裁社会福利泛函数是由社会福利函数 $W(u) = \sum_i b_i u_i$ 产生的，那么 $b_i = 0$ 对于每个不是独裁者的参与人 i 均成立。

22. D. 5[C]　在 22. D 节末尾专栏前面的那个段落，我们给出了阿罗不可能定理的证明脉络，请完成这个证明。（假设命题 22. D. 3 在 F 是由 $\mathbb{R}^I$ 上社会偏好关系产生的这个弱化假设条件下仍成立。）

22. D. 6[B]　本题考虑满足式（22. D. 1）的社会福利函数。

(a) 证明非对称的效用函数 $W(u) = \sum_i b_i u_i$ 可以写为式（22. D. 1）。

(b) 证明如果 $W(\cdot)$ 是凹且对称的，$g(0) = 0$，那么 $g(\cdot) \geqslant 0$。

(c) 证明对称的罗尔斯主义社会福利函数 $W(u) = \text{Min}\{u_1, \cdots, u_I\}$ 能够写成式（22. D. 1）。非对称的罗尔斯主义社会福利函数能写成这个形式吗？（提示：验证对原点的共同变化保持不变性条件。）

(d) 举出满足式（22. D. 1）的其他例子，特别地，你给出的例子要满足 $g(\cdot) \geqslant 0$ 而且是介于效用主义和罗尔斯主义的中间情形。请解释。

(e) 证明在式（22. D. 1）中如果 $g(\cdot)$ 是一次齐次且可微的，那么它必定是线性的（因此我们又回到了效用主义情形）。

22. D. 7[B]　考虑例 22. C. 4 中的固定弹性社会福利函数类。

(a) 证明由这类社会福利函数产生的社会福利泛函数对单位的共同变化保持不变。

(b) 证明在这类社会福利函数中，唯一还满足对原点的共同变化保持不变性，从而能用式（22. D. 1）表示的函数，是纯效用主义社会福利函数（即，$\rho = 0$）和罗尔斯主义社会福利函数（即，$\rho = \infty$）。

22. D. 8[B]　本题关于对共同序数变换保持不变的性质。

(a) 证明对称的罗尔斯主义社会福利函数满足这个性质。

(b) 证明反罗尔斯主义函数 $W(u) = \text{Max}\{u_1, \cdots, u_I\}$ 也满足这个性质。

(c) 证明独裁社会福利泛函数满足这个性质。

(d) （更难）假设 $I = 2$，而且对于两个向量 $u, u' \in \mathbb{R}^2$ 有 $W(u) = W(u')$，$u'_1 < u_1 < u_2 < u'_2$。再假设 $W(\cdot)$ 是递增的。证明由此得到的社会福利泛函数不可能做到对共同序数变换保持不变。根据这个事实，证明（可以使用图形论证）对于 $I = 2$，某个连续、递增的社会福利函数如果还对共同序数变换保持不变，那么它必定要么是独裁的，要么是罗尔斯主义的，要么是反罗尔斯主义的。

22. E. 1[A]　验证例 22. E. 1 到例 22. E. 4 中的议价解满足效用原点无关性、帕累托性、对称性以及个人理性这四个性质。你可以使用 $I=2$ 的情形验证。

22.E.2[A] 给出 22.E 节中的四种议价解（平等主义、效用主义、纳什以及卡莱-斯莫罗廷斯基）的非对称版本。

22.E.3[B] 本题关于纳什解。

(a) 验证对于 $I=2$，$f_n(U)$ 是 U 的边界点，通过这个点我们可以画出一条具有下列性质的切线：它在正象限中的中点正好是给定的边界点 $f_n(U)$。

(b) 验证如果 $U\subset\mathbb{R}^I$ 是个议价问题，那么存在改变个人效用计量单位的方法使得纳什解同时变为平等主义解和效用主义解。

22.E.4[A] 验证卡莱-斯莫罗廷斯基解满足效用单位无关性但违背了不相关方案无关性。你可以使用 $I=2$ 的情形。

22.E.5[B] 本题关于单调性。

(a) 证明平等主义解是唯一满足效用原点无关性、帕累托性、对称性和单调性这四个性质的议价解。(提示：首先考虑有着线性边界的对称的效用可能集族。然后注意到对于任意两个集合 U 和 U'，我们总有 $U\cap U'\subset U$ 和 $U\cap U'\subset U'$。)

(b)（更难）假设 $f(\cdot)$ 是个议价解，它独立于效用原点而且是帕累托及强单调的［如果 $U\subset U'$，那么 $f(U)\leqslant f(U')$。另外，如果 $f(U)$ 在 U' 的内部，那么 $f(U)\ll f(U')$］。证明存在 $\mathbb{R}^I$ 中的一条曲线，它始自原点且严格递增，并且满足：对于每个 U，$f(U)$ 均是 U 的边界与这条曲线的交点。你可以使用 $I=2$ 的情形证明。

22.E.6[C] 令 $I=2$。议价解 $f(\cdot)$ 是**局部单调的**（partially monotone），如果当 $U\subset U'$ 且 $u^i(U)=u^i(U')$ 时，也就是说，如果 U' 仅在参与人 $j\neq i$ 的方向上扩大了 U，我们有 $f_j(U')\geqslant f_j(U)$ 对于 $j\neq i$。证明卡莱-斯莫罗廷斯基解可由下列性质刻画：效用原点无关性、效用单位无关性、对称性以及局部单调性。［提示：使用集合 U 使得 $U'\subset U$，$u^1(U)=u^1(U')$ 以及 $u^2(U)=u^2(U')$］。

22.E.7[A] 考虑议价解族 $f^I(\cdot)$ 使得，对于每个参与人集合 I，$f^I(\cdot)$ 独立于效用原点，而且 $f^I(\cdot)$ 是在标准化议价问题 $U\subset\mathbb{R}^I$ 上最大化社会效用函数 $\sum_i g(u_i)$ 而得到的，其中 $g(\cdot)$ 是递增、严格凹以及与我们考虑的特定集合 I 无关的。证明解族 f^I 是一致的。

22.E.8[C] 举例说明卡莱-斯莫罗廷斯基解不是一致的。你可以只考虑三个参与人以及由其中两人组成的子集即可。

22.E.9[A] 本题的目的是说明命题 22.E.1 假设条件的独立性。为了说明这个事实，你需要举五个例子，每个例子仅违背其中一个条件但满足其他四个条件。

22.E.10[A] 给出一个效用主义议价解（例 22.E.2）的例子，但它不满足不相关方案无关性。(提示：只考虑 $I=2$ 情形就足够了。另外，违背不相关方案无关性将涉及凸但不是严格凸的集合 U。)

22.E.11[C] 考虑第 9 章附录 A，尤其是例 9.AA.2 的无限时期的鲁宾斯坦议价模型。现在稍做修改，令两个参与人在他们得到的钱数上是厌恶风险的。也就是说，每个人对于他得到的钱数均有着递增、凹且可微的效用函数 $u_i(m_i)$。贴现因子 $\delta<1$ 对于每个人都相同。另外，$u_i(0)=0$。总钱数为 m。

(a) 写出处于**平稳策略**（stationary strategies）中的子博弈完美纳什均衡（SPNE）的方程式。证明对于平稳策略中的 SPNE 来说，只存在唯一一种效用收益组合。

(b) 考虑效用可能集

$$U=\{(u_1(m_1),u_2(m_2))\in\mathbb{R}^2:m_1+m_2=m\}-\mathbb{R}^2_+.$$

证明如果 δ 接近 1，那么平稳策略中的 SPNE 几乎等于纳什议价解收益。

(c)（更难）证明 SPNE 的每个收益组合都是平稳策略中 SPNE 的收益组合。因此，例 9.AA.2 中的唯一性结论可以被扩展到参与人有着严格凹但并非人人相同的、关于钱的效用函数。

22.F.1^{A}　证明在效用可转移情形下，任何满足效用原点无关性、对称性和帕累托性这些性质的议价解都将合作收益平均分配给参与人。

22.F.2^{A}　证明 22.F 节的夏普利价值合作解满足下列性质：效用原点无关性、效用单位共同变化无关性、帕累托性、对称性和哑公理。

22.F.3^{A}　假设对于给定的参与人集合 I，我们取两个特征形 v 和 v' 并且考虑它们的和 $v+v'$；也就是说，$v+v'$ 是特征形，其中 $v+v'(S)=v(S)+v(S')$ 对于每个 $S\subset I$ 成立。

(a) 验证夏普利价值关于特征形是线性的；也就是说，$f_{si}(v+v')=f_{si}(v)+f_{si}(v')$ 对于所有 v，v' 和 i 均成立。

(b) 把线性性质解释为一种规定：当我们把议价情形随机化时，参与人对于不确定性消失的时点是无所谓的。

22.F.4^{C}　上个例子中的线性性质能够以更直觉的形式表达。我们说特征形 $v(\cdot)$ 是个**一致同意博弈**（unanimity game），如果对于某个 $T\subset I$ 我们有 $v(S)=v(T)$，否则 $v(S)=0$（因此，22.E 节的议价情形对应于 $T=1$）。

(a) 证明效用原点无关性、效用单位共同变化无关性、帕累托性、对称性和哑公理性质意味着，对于一个一致同意博弈 $v(\cdot)$，如果 $i\in T$，任何合作解 $f(\cdot)$ 都指定了值 $f_i(v)=(1/T)v(I)$，否则 $f_i(v)=0$。

(b) 我们说合作解 $f(\cdot)$ 是弱线性的，如果对于任何只相差一个一致同意博弈的 v 和 v'［即，如果 $T\subset S$，存在 $T\subset I$ 和 $\alpha\in\mathbb{R}$ 使得 $v'(S)=v(S)+\alpha$，否则 $v'(S)=v(S)$］，如果 $i\in T$，我们有 $f_i(v')=f_i(v)+\alpha/T$，否则 $f_i(v')=f_i(v)$。证明，如果除了（a）中列举的性质外，假设合作解 $f(\cdot)$ 还是弱线性的，那么它是完全线性的，即，$f(v+v')=f(v)+f(v')$ 对于任何特征形 v 和 v' 都成立。

(c) 证明夏普利价值是满足下列所有性质的唯一合作解：效用原点无关性、效用单位共同变化无关性、帕累托性、对称性、哑公理以及线性性。

22.F.5^{C}　在本题中我们描述特征形博弈的另外一个合作解：核仁。为简单起见，我们考察特殊情形——$I=3$，$v(1)=v(2)=v(3)=0$，对于任何由两个参与人组成的集团 S 我们均有 $0\leqslant v(S)\leqslant v(I)$。

给定一个效用向量 $u=(u_1,\ u_2,\ u_3)\geqslant 0$ 和一个 $S\subset I$，S 在点 u 的**超额**（excess）为 $e(u,S)=v(S)-\sum_{i\in S}u_i$。我们定义**一级最大超额**（first maximum excess）为 $m_1(u)=\mathrm{Max}\{e(u,\ S):1<\#S<3\}$。选择一个由两人组成的联盟 S 使得 $m_1(u)=e(u,\ S)$。于是，我们定义二级最大超额为 $m_2(u)=\mathrm{Max}\{e(u,\ S'):1<\#S'<3,\ S'\neq S\}$。

我们说一个恰好可行［即，$\sum_{i\in I}u_i=v(I)$］效用组合 $u=(u_1,\ u_2,\ u_3)\geqslant 0$ 在核仁中，如果对于任何其他这样的组合 u'，我们要么有 $m_1(u)<m_1(u')$，要么有 $m_1(u)=m_1(u')$ 且 $m_2(u)\leqslant m_2(u')$。

(a) 证明如果 $u=(u_1,\ u_2,\ u_3)$ 在核仁中，那么对于由两人组成的联盟，要么这三个超额相等，要么两个相等但第三个更大。

(b) 证明核仁中有且只有一个效用组合。［提示：首先证明存在一个由两人组成的联盟 S 使得 $e(u,\ S)=m_1(u)$ 对于核仁中的每个组合均成立。］从现在起，我们将这个组合称为**核仁解**（nucleolus solution）。

(c) 证明核仁解是对称的。

(d) 假设参与人 1 是哑的，那么在核仁解上 $u_1=0$。

(e) 假设对于任何由两人组成的联盟 S，我们均有 $\frac{1}{2}v(I)\leqslant v(S)$。证明在核仁解上，对于由两人组成的联盟来说，这三个超额是相同的。

(f) 计算并比较特征形的夏普利价值和核仁：$v(1)=v(2)=v(3)=0$，$v(\{1,\ 2\})=v(\{1,\ 3\})=4$，$v(\{2,\ 3\})=5$，$v(I)=6$。

(g) 证明如果核是非空的（此处的核的概念请参考第 18 章附录 A），那么核仁解属于核。

22.F.6^{B}　考虑一个受管制的企业，它通过成

本函数 $c(q)$ 生产产品。假设经济是拟线性的，q 产生的消费者剩余为 $S(q)$。

(a) 假设 $c(q)$ 是严格凹的（即，规模报酬严格递增）。证明在一级最优价格上，企业亏损。相反，对于任何 q，假设我们确定的价格 $p(q)$ 正好能补偿成本，即，$p(q)=c(q)/q$。证明如果令 q 满足 $p(q)=S'(q)$，那么我们将无法达到一级最优的帕累托最优。画图说明。

(b) 假设产量 q 必须在下列约束下确定：对于 $p=S'(q)$ 我们有 $pq\geqslant c(q)$。求解这个二级最优福利问题。画图说明。

(c) 将产出单位视为“项目”。对于任何产量 q 决策，夏普利价值建议的成本配置是怎样的?

22.F.7[C] 本题类似于习题 22.F.6，只不过现在企业生产两种产品，成本函数分别为 $c_1(q_1)$ 和 $c_2(q_2)$。剩余 $S_1(q_1)+S_2(q_2)$ 也是可分的。

(a) 二级最优问题［Boiteux (1956) 首先研究了这个问题］现在比习题 22.F.6 更丰富了。假设产量 q_1 和 q_2 的确定必须满足：对于 $p_1=S'(q_1)$ 和 $p_2=S'(q_2)$，我们有 $p_1q_1+p_2q_2\geqslant c_1(q_1)+c_2(q_2)$（等价地，在选定的价格上，需求得以满足且成本得到补偿）。请推导出这个问题的一阶条件。你需要使得它们尽可能类似于例 22.B.2 中的拉姆齐公式。

(b)（更难）将产出单位视为项目。假设这些单位非常小，因此一个给定的产量决策 $(q_1, q_2)\gg 0$ 表示完成每种产品的很多项目。给定 (q_1, q_2)，夏普利价值建议的成本配置大致是怎样的?

(c) 假设对于产量 $(\bar{q}_1, \bar{q}_2)$，夏普利价值成本配置指定每单位成本 c_1 和 c_2（注意到相同类型“项目”得到相同的成本分摊）。假设 $c_1=\partial S_1(\bar{q}_1)/\partial q_1$ 和 $c_2=\partial S_2(\bar{q}_2)/\partial q_2$。请加以解释。证明，一般来说，这些生产不会对应于问题的一级最优或二级最优的帕累托最优。

第23章 激励与机制设计

23.A 引言

在第21章，我们研究了个人偏好如何可能被加总为社会偏好，最终变成集体决策。然而，在很多情形下，个人偏好不是公开可观知的，但仍要作出集体决策。因此，我们需要依靠个人自身来显示他们的偏好信息。

在本章，我们研究如何才能诱导出个人的偏好信息，以及在多大程度上信息显示问题制约了社会对个人偏好的反应方式。这个问题称为**机制设计问题**（mechanism design problem）。

机制设计在经济学很多方面有着重要的应用。投票程序的设计、有着私人信息的当事人之间签订合同以及公共项目决策或环境标准的制定等等，都是这方面的例子。[①]

本章结构如下。在23.B节，我们引入了机制设计问题。我们首先说明了要求诱导参与人偏好带来的挑战。我们也定义和讨论**社会选择函数**（21.E节已介绍过）、**事后效率**、**机制**、**执行**、**直接显示机制**以及**如实执行**等概念。

在23.C节，当参与人的偏好为私人信息时，我们识别出在什么样的情形下可把某个社会选择函数作为**优势策略均衡**（dominant strategy equilibria）执行。我们首先正式给出和证明了所谓的**显示性原理**（revelation principle），这个结论说明我们可以仅关注能诱使参与人如实显示他们偏好的直接显示机制。然后，使用这个事实，我们研究了信息显示问题对可执行社会选择函数集施加的约束。我们首先介绍了重要的**吉巴德-萨特斯韦特定理**（Gibbard-Satterthwaite theorem），这个定理对于个人偏好可采取不受限制形式的情形给出了非常负面的结论。在本节余下部分，我们研究**拟线性环境**（quasilinear environment）这种特殊情形，并详细讨论**格罗夫斯-克拉克机制**（Groves-Clarke mechanisms）。

---

① 我们已经在14.C节和11.E节分别讨论了后面两个例子的简单情形。

在 23. D 节，我们研究**贝叶斯纳什均衡**（Bayesian Nash equilibria）问题。我们首先讨论**期望外部性机制**（expected externality mechanism），它说明了与优势策略的执行相比，弱贝叶斯执行概念如何允许我们执行更大范围的社会选择函数。接下来，对于参与人的偏好为拟线性（关于自身类型是线性的）的情形，我们刻画了贝叶斯可执行的社会选择函数。作为这个结论的一个应用，我们证明了拍卖领域中著名的**收入等价定理**（revenue equivalence theorem）。

在 23. E 节，我们考虑自愿参与机制的可能性，研究**参与约束**（participation constraints）对可执行社会选择函数集的影响。在本节，我们证明了重要的**迈尔森-萨特斯韦特定理**（Myerson-Satterthwaite theorem）。这个定理表明，在非常一般的条件下，在参与人有着私人信息和自愿交易的双边贸易情形下，不可能实现事后效率。

在 23. F 节，我们讨论各种机制的福利比较，给出**事前激励效率**（ex ante incentive efficiency）和**事中激励效率**（interim incentive efficiency）的概念，并提供了如何计算福利最优的贝叶斯机制的例子。

在本章附录 A 和 B，我们首先讨论了机制设计中的多个均衡问题，其次，考察了在当参与人彼此知道对方类型但机制设计者不知道［称为**完全信息环境**（complete information environment）］的情形下，如何设计机制的问题。

进一步阅读的参考文献，我们一般在每节开头给出。在此处，我们指出两篇开创性的文献：Mirrlees（1971）和 Hurwicz（1972）。

23.B 机制设计问题

在本节，我们引入了机制设计问题，在其余各节我们将详细研究这一问题。

考虑 I 个参与人 $i=1$，…，I 的情形。这些参与人必须从某个可能备选方案集 X 中作出一个集体选择。然而在作出选择之前，每个参与人 i 私下知道他对 X 中备选方案的偏好。正式地，我们假设参与人 i 私下知道决定他偏好的参数或信号 θ_i。我们通常将 θ_i 称为参与人 i 的**类型**（type）。参与人 i 的可能类型集记为 Θ_i。假设每个参与人 i 都是期望效用最大化者，当他为类型 θ_i 时他的伯努利效用函数为 $u_i(x, \theta_i)$。我们将伴有效用函数 $u_i(x, \theta_i)$ 的 X 中的配对备选方案上的序数偏好关系记为 $\succsim_i(\theta_i)$。因此，参与人 i 在 X 上的可能偏好关系集为

$$\mathscr{R}_i=\{\succsim_i : \succsim_i=\succsim_i(\theta_i)\text{对于某个 }\theta_i\in\Theta_i\}$$

注意到由于 θ_i 只能被参与人 i 观测到，使用 8. E 节的语言表达就是：我们处在**非完全信息**的环境中。与 8. E 节一样，我们假设参与人的类型是从共同可知的先验分布抽出的。特别地，我们用 $\theta=(\theta_1, \cdots, \theta_I)$ 表示参与人类型组合，假设 $\theta\in\Theta_1\times\cdots\times\Theta_I$ 可能实现值的概率密度为 $\phi(\cdot)$。又假设概率密度 $\phi(\cdot)$、集合 Θ_1，…，Θ_I 以及效用

函数 $u_i(\cdot, \theta_i)$ 是参与人都知道的共同知识，但是只有每个参与人 i 知道自己的类型。①

由于参与人的偏好取决于 $\theta=(\theta_1, \cdots, \theta_I)$ 的实现值，参与人可能希望集体决策取决于 θ。为了正式描述这种依赖性，我们在定义 23. B. 1 中引入了社会选择函数的概念，21. E 节已讨论过这个概念。②

定义 23. B. 1：社会选择函数是个函数 $f: \Theta_1 \times \cdots \times \Theta_I \to X$，它对参与人类型的每个可能组合 $(\theta_1, \cdots, \theta_I)$ 均指定了一个集体选择 $f(\theta_1, \cdots, \theta_I) \in X$。③

社会选择函数满足的一个合意性质是定义 23. B. 2 描述的事后效率。

定义 23. B. 2：社会选择函数 $f: \Theta_1 \times \cdots \times \Theta_I \to X$ 是**事后有效率的（或帕累托的）**（ex post efficient or Paretian），如果对于任何组合 $\theta=(\theta_1, \cdots, \theta_I)$，均不存在一个 $x \in X$ 使得 $u_i(x, \theta_i) \geqslant u_i(f(\theta), \theta_i)$ 对于每个 i 都成立，而且 $u_i(x, \theta_i) > u_i(f(\theta), \theta_i)$ 对于某个 i 成立。

定义 23. B. 2 的意思是说，一个社会选择函数是事后有效率的，如果给定参与人的效用函数 $u_1(\cdot, \theta_1), \cdots, u_I(\cdot, \theta_I)$，对于每个组合 $\theta=(\theta_1, \cdots, \theta_I)$，它选择一个帕累托最优的 $f(\theta) \in X$。

参与人面对的问题是 θ_i 不是公共可观知的，因此当参与人的类型为 $(\theta_1, \cdots, \theta_I)$ 时，为使社会选择 $f(\theta_1, \cdots, \theta_I)$ 被选定，我们必须依赖每个参与人 i 自身来披露他的类型 θ_i。然而，对于一个给定的社会选择函数 $f(\cdot)$，某个参与人可能发现如实披露信息不符合自己的最佳利益。我们使用例 23. B. 1 到例 23. B. 4 来说明信息披露问题，这些例子从非常抽象到比较具体。

例 23. B. 1：抽象的社会选择情形。在最抽象的情形下，给定一个集合 X，以及对于每个参与人 i，给定一个位于 X 上的可能理性偏好序集合 $\mathscr{R}_i$。考虑一个非常简单的例子。假设 $X=\{x, y, z\}$ 而且 $I=2$。假设参与人 1 有一种可能的类型，因此 $\Theta_1=\{\bar{\theta}_1\}$，参与人有两种可能类型，因此 $\Theta_2=\{\theta_2', \theta_2''\}$。参与人的可能偏好序 $\mathscr{R}_1=\{\succsim_1(\bar{\theta}_1)\}$ 和 $\mathscr{R}_2=\{\succsim_2(\theta_2'), \succsim_2(\theta_2'')\}$ 如下表所示：

$\succsim_1(\bar{\theta}_1)$	$\succsim_2(\theta_2')$	$\succsim_2(\theta_2'')$
x	z	y
y	y	x
z	x	z

① 此处的表达在某种意义上是限制性的：在一些情形下，参与人在结果上的偏好不仅取决于他们自己观知的信号，还取决于别人观知的信号（例如，参与人 i 关于是否举行家庭聚餐活动的偏好可能取决于参与人 j 对可能天气条件的知识）。在本章绝大部分情形下，我们主要分析参与人的偏好仅取决于自身信号的情形，这称为**私人价值**（private values）情形。23. F 节将推广这一分析。

② 在 21. E 节，参与人的类型等价于他在 X 上的序数偏好，因此社会选择函数的定义是个从 $\mathscr{R}_1 \times \cdots \times \mathscr{R}_I$ 到 X 的映射。而且，我们假设对于所有 i，我们均有 $\mathscr{R}_i=\mathscr{R}$，即 X 上的所有可能序数偏好序。

③ 关于这个定义有两点值得注意。首先，它仅关注确定性的社会选择函数。这主要是出于方便说明的目的；尽管在本章大部分情形下我们考虑的是确定性的社会选择函数，但在 23. D 节和 23. F 节，我们允许社会选择函数在 X 上指定了彩票。其次，如同 21. E 节一样，我们仅关注单值选择函数。

[排在前面的备选方案严格好于排在后面的，例如 $x \succ_1(\bar{\theta}_1) y \succ_1(\bar{\theta}_1) z$。]

现在假设参与人希望执行满足下列条件的事后有效率社会选择函数 $f(\cdot)$：

$$f(\bar{\theta}_1, \theta_2') = y \quad 和 \quad f(\bar{\theta}_1, \theta_2'') = x$$

如果这样，我们必须寄希望于参与人如实披露自己的偏好。但是显然参与人 2 发现这么做不符合自己的利益：当 $\theta_2 = \theta_2''$ 时，他希望谎称自己的类型为 θ_2'。

在抽象社会选择情形下，我们最感兴趣的情形是对于每个参与人 i，$\mathscr{R}_i$ 等于 X 上的所有可能理性偏好关系组成的集合 $\mathscr{R}$。在这种情形下，每个参与人有很多种可能的谎报，在直觉上，社会选择函数似乎很难总能够诱导参与人如实披露自己的偏好。在 23. C 节当我们介绍吉巴德-萨特斯韦特定理时，我们将看到正式结果的确如此。■

例 23. B. 2：纯交换经济。在某个纯交换经济中，有 L 种商品和 I 个消费者，消费者 i 的消费集为 $\mathbb{R}_+^L$，禀赋向量 $\omega_i = (\omega_{1i}, \cdots, \omega_{Li}) \gg 0$（参考第 15 章）。备选方案集为

$$X = \{(x_1, \cdots, x_I): x_i \in \mathbb{R}_+^L \text{ 且} \sum_i x_{li} \leqslant \sum_i \omega_{li} \text{ 对于 } l = 1, \cdots, L\}$$

在这种情形下，自然可以假设每个消费者在 X 上的可能备选方案集 $\mathscr{R}_i$ 是 $\mathscr{R}_E$ 的一个子集，$\mathscr{R}_E$ 是 X 上的个人性的（即，仅取决于 x_i）、单调的和凹的偏好关系集。

考虑一个简单的例子，假设 $I=2$，消费者 1 只有一种可能类型，因此 $\Theta_1 = \{\bar{\theta}_1\}$，$\mathscr{R}_1 = \{\succsim_1(\bar{\theta}_1)\}$；对于消费者 2 我们有 $\mathscr{R}_2 = \mathscr{R}_E$。设想我们试图执行一个社会选择函数，该函数对于每一对偏好（$\succsim_1(\theta_1)$，$\succsim_2(\theta_2)$），选择一个瓦尔拉斯均衡配置（注意到这个社会选择函数是事后有效率的）。如图 23. B. 1 所示，消费者 2 将发现如实报告自己的偏好未必符合自己的利益。在这个图中，$f(\bar{\theta}_1, \theta_2')$ 是当偏好为（$\succsim_1(\bar{\theta}_1)$，$\succsim_2(\theta_2')$）时唯一的瓦尔拉斯均衡［它是消费者提供曲线 OC_1 和 OC_2' 的唯一交点（禀赋点除外）］。然而，消费者 2 通过谎称自己的类型为 θ_2''（它对应的提供曲线为 OC_2''），能够得到配置 $f(\bar{\theta}_1, \theta_2'')$［偏好为（$\succsim_1(\bar{\theta}_1)$，$\succsim_2(\theta_2'')$）时的唯一瓦尔拉斯均衡］，当他的偏好为 $\succsim_2(\theta_2')$ 时，他严格偏好 $f(\bar{\theta}_1, \theta_2'')$ 胜于 $f(\bar{\theta}_1, \theta_2')$。■

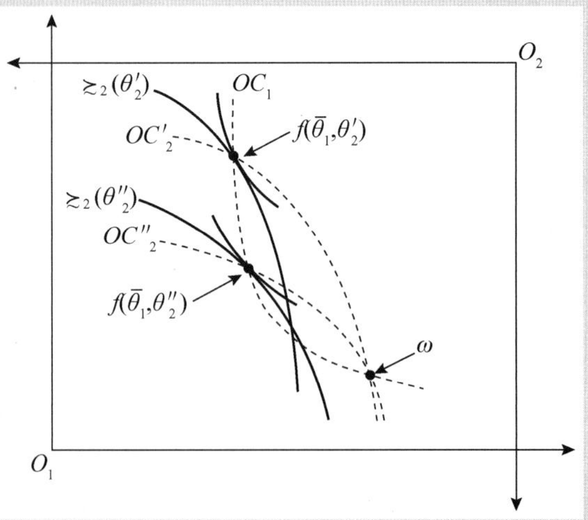

图 23. B. 1　某个社会选择函数对于每一对偏好，选择一个瓦尔拉斯均衡配置，在这种情形下，当参与人的真实类型为 θ_2' 时，他有谎称自己的偏好为 θ_2'' 的激励

例 23. B. 3：公共项目。假设有 I 个参与人必须决定是否共同建设某个公共项目，比如建设一座桥，成本由参与人自行负担。结果是个向量 $x=(k, t_1, \cdots, t_I)$，其中，$k\in\{0, 1\}$ 为是否建桥的决策（$k=1$ 表示建，$k=0$ 表示不建）；$t_i\in\mathbb{R}$ 表示转移给参与人 i 的钱数（如果 $t_i<0$，则表示从参与人 i 手中转移出的钱数）。该公共项目的成本为 $c\geqslant 0$，因此，这 I 个参与人的可行备选方案集为

$$X=\{(k,t_1,\cdots,t_I):k\in\{0,1\},t_i\in\mathbb{R}\ \text{对于所有}\ i,\text{以及}\sum_i t_i\leqslant -ck\}$$

约束条件 $\sum_i t_i\leqslant -ck$ 的意思是参与人无法向外部借钱（因此，如果 $k=1$，那么 $c+\sum_i t_i\leqslant 0$；如果 $k=0$，那么 $\sum_i t_i\leqslant 0$）。我们假设类型 θ_i 的伯努利效用函数具有拟线性形式

$$u_i(x,\theta_i)=\theta_i k+(\overline{m}_i+t_i)$$

其中，$\overline{m}_i$ 是参与人 i 的计价物（“钱”）禀赋；$\theta_i\in\mathbb{R}$。我们可以把 θ_i 解释为参与人 i 对建桥一事的支付意愿。

在这种情形下，对于社会选择函数 $f(\theta)=(k(\theta), t_1(\theta), \cdots, t_I(\theta))$ 来说，如果对于所有 θ，我们均有

$$k(\theta)=\begin{cases}1 & \text{若}\sum_i\theta_i\geqslant c\\ 0 & \text{其他}\end{cases}\tag{23. B. 1}$$

以及

$$\sum_i t_i(\theta)=-ck(\theta)\tag{23. B. 2}$$

那么该社会选择函数是事后有效率的。

假设参与人希望执行满足式（23. B. 1）和式（23. B. 2）的一个社会选择函数，这个函数遵循成本平等均摊规则，即 $t_i(\theta)=-(c/I)k(\theta)$。为了考察一个简单的例子，假设 $\Theta_i=\{\bar{\theta}_i\}$ 对于 $i\neq 1$（因此除了参与人 1 之外，所有其他参与人的偏好都是已知的）并且 $\Theta_1=[0, \infty)$。另外，假设 $c>\sum_{i\neq 1}\bar{\theta}_i>c(I-1)/I$ 。这些不等式意味着：首先，对于这个社会选择函数，参与人 1 的偏好决定了是否建桥（如果 $\theta_1\geqslant c-\sum_{i\neq 1}\bar{\theta}_i$ ，那么建桥；如果 $\theta_1<c-\sum_{i\neq 1}\bar{\theta}_i$ ，那么不建桥）；其次，在这个成本平等均摊规则下，参与人 2，…，I 在建桥情形下的效用之和大于不建桥情形下的［这是因为 $\sum_{i\neq 1}\bar{\theta}_i-c(I-1)/I>0$］。

下面我们分析当 $\theta_1=c-\sum_{i\neq 1}\bar{\theta}_i+\varepsilon$ 对于 $\varepsilon>0$ 时参与人 1 如实显示自己类型的激励。如果参与人 1 如实显示了自己的偏好，那么将会建桥，这是因为

$$\left(c-\sum_{i\neq 1}\bar{\theta}_i+\varepsilon\right)+\sum_{i\neq 1}\bar{\theta}_i>c$$

在这种情形下参与人 1 的效用为

23

$$\begin{aligned}\theta_1+\overline{m}_1-\frac{c}{I} &= (c-\sum_{i\neq 1}\bar{\theta}_i+\varepsilon)+\overline{m}_1-\frac{c}{I} \\ &= \left(\frac{c(I-1)}{I}-\sum_{i\neq 1}\bar{\theta}_i+\varepsilon\right)+\overline{m}_1\end{aligned}$$

但是，对于足够小的 $\varepsilon>0$，上式小于 $\overline{m}_1$，这是参与人 1 谎称 $\theta_1=0$ 时带给他的效用，这个谎报导致了桥建不起来。因此，参与人 1 偏爱不如实报告自己的类型。直觉上，在这个配置规则下，当参与人 1 导致建桥结果时，他对其他参与人（整体）有正的外部性。由于他无法将这个效应内部化，他会说建桥没带给他多少好处。■

例 23. B. 4：分配一单位某种不可分割私人物品。 假设我们打算将一单位某种不可分割私人物品分配给 I 个参与人中的一个。假设允许货币转移。这样，我们的结果就可用向量 $x=(y_1, \cdots, y_I, t_1, \cdots, t_I)$ 表示。其中，若参与人 i 得到该物品，则 $y_i=1$；若参与人 i 没得到该物品，则 $y_i=0$；t_i 是参与人 i 得到的货币转移。于是，可行备选方案集为

$$X=\{(y_1,\cdots,y_I,t_1,\cdots,t_I): y_i\in\{0,1\}, t_i\in\mathbb{R} \text{ 对于所有 } i,\\ \sum_i y_i=1, \text{以及} \sum_i t_i\leqslant 0\}$$

我们假设类型 θ_i 的伯努利效用函数具有拟线性形式

$$u_i(x,\theta_i)=\theta_i y_i+(\overline{m}_i+t_i)$$

其中 $\overline{m}_i$ 是参与人 i 的计价物（“钱”）的禀赋。此处，我们可以将 $\theta_i\in\mathbb{R}$ 视为参与人 i 对该物品的评价，我们将参与人 i 的可能评价集取为 $\Theta_i=[\underline{\theta}_i, \bar{\theta}_i]\subset\mathbb{R}$。

在这种情形下，对于一个社会选择函数 $f(\theta)=(y_1(\theta), \cdots, y_I(\theta), t_1(\theta), \cdots, t_I(\theta))$ 来说，如果它总是将物品分配给对该物品评价最高的人（如果这样的人有若干个，则分配给其中一个），而且如果它不涉及计价物的浪费，也就是说，如果对于 $\theta=(\theta_1, \cdots, \theta_I)\in\Theta_1\times\cdots\times\Theta_I$，

$$y_i(\theta)(\theta_i-\mathrm{Max}\{\theta_1,\cdots,\theta_I\})=0 \quad \text{对于所有 } i$$

以及

$$\sum_i t_i(\theta)=0$$

那么这个社会选择函数是事后有效率的。

下面我们讨论文献中主要关注的两种特殊情形。第一种情形是**双边交易**（bilateral trade）。对此，我们有 $I=2$；我们将参与人 1 视为物品的初始拥有者（卖者），参与人 2 是潜在买者。当 $\underline{\theta}_2>\bar{\theta}_1$ 时，不管 θ_1 和 θ_2 的实现值为多少，交易存在着好处；当 $\underline{\theta}_1>\bar{\theta}_2$ 时，不存在交易好处；最后，如果 $\underline{\theta}_2<\bar{\theta}_1$ 和 $\underline{\theta}_1<\bar{\theta}_2$，交易可能存在着好处，也可能不存在，这取决于 θ 的实现值。

第二种特殊情形是**拍卖**（auction）。对此，我们将一个参与人指定为参与人 0，他是物品

的卖者（拍卖人），假设他对该物品的评价为零（更一般地，卖者对物品的评价可能不为零，而是已知值 $\theta_0=\bar{\theta}_0$）。其他参与人 1，…，I 是潜在买者（竞价人）。[①]

为了说明本例中的信息显示问题，考虑有两个买者（$I=2$）的拍卖情形。在前面的例子中，为简单起见，我们假设在参与人中只有一个参与人的类型可能多于一种。现在我们假设两个买者的评价 θ_i（私人信息）是从 [0，1] 上的均匀分布独立抽取出的，这个分布是所有参与人的共同知识。考虑社会选择函数 $f(\theta)=(y_0(\theta),\ y_1(\theta),\ y_2(\theta),\ t_0(\theta),\ t_1(\theta),\ t_2(\theta))$，其中

$$y_1(\theta)=1\quad 若\ \theta_1\geqslant\theta_2;\ y_1(\theta)=0\quad 若\ \theta_1<\theta_2 \tag{23. B. 3}$$

$$y_2(\theta)=1\quad 若\ \theta_1<\theta_2;\ y_2(\theta)=0\quad 若\ \theta_1\geqslant\theta_2 \tag{23. B. 4}$$

$$y_0(\theta)=0\quad 对于所有\ \theta \tag{23. B. 5}$$

$$t_1(\theta)=-\theta_1 y_1(\theta) \tag{23. B. 6}$$

$$t_2(\theta)=-\theta_2 y_2(\theta) \tag{23. B. 7}$$

$$t_0(\theta)=-(t_1(\theta)+t_2(\theta)) \tag{23. B. 8}$$

在这个社会选择函数中，卖者将物品卖给对该物品评价最高的买者（如果报价相同，则卖给买者 1），这个买者支付的钱数等于他的评价（另外一个买者即报价较低的买者得不到物品，自然就不需要支付钱）。注意到，$f(\cdot)$ 不仅是事后有效率的，对于卖者也具有吸引力：如果 $f(\cdot)$ 得以执行，卖者将得到物品产生的所有消费好处。

假设我们打算执行这个社会选择函数。假设买者是期望效用最大化者。现在我们问个问题：如果买者 2 总是如实报告自己的真实评价，买者 1 也会这么做吗？对于 θ_1 的每个值，买者 1 的问题是，选择自己报出的评价 $\hat{\theta}_1$，从而使得

$$\operatorname*{Max}_{\hat{\theta}_1}(\theta_1-\hat{\theta}_1)\mathrm{Prob}(\theta_2\leqslant\hat{\theta}_1)$$

或

$$\operatorname*{Max}_{\hat{\theta}_1}(\theta_1-\hat{\theta}_1)\,\hat{\theta}_1$$

这个问题的解是 $\hat{\theta}_1=\theta_1/2$。我们看到如果买者 2 总是如实报告自己的评价，如实报告不是买者 1 的最优选择。类似的结论也适用于买者 2。在直觉上，对于这个社会选择函数，每个买者都有低报他的评价的激励，以便在他的报价为最高报价从而得到物品情形下降低自己支付的钱数。他这么做的代价是他得到物品的可能性降低了，但在某种程度上，这是个值得承担的代价。[②] 因此，我们再次看到在信息是私人信息情形下，执行某个社会选择函数会遇到问题。（双边贸易也存在着类似的问题，请参考习题 23. B. 2。）

尽管给定式（23. B. 3）到式（23. B. 8）描述的社会选择函数，买者有谎报的激励，但在拍卖情形下，这个结论对于所有社会选择函数都不是正确的。为了看清这一点，假设我们打

① 注意，拍卖情形下有 $I+1$ 个参与人。

② 这个权衡类似于垄断者面对的权衡：当垄断者提高价格时，销量降低了，但利润增加了。

算执行社会选择函数$\tilde{f}(\cdot)$，其中配置规则同上［即，函数 $y_i(\cdot)$，$i=0$，1，2 与式(23. B. 3) 到式 (23. B. 5) 描述的情形相同］，但现在转移函数变为

$$t_1(\theta)=-\theta_2 y_1(\theta)$$
$$t_2(\theta)=-\theta_1 y_2(\theta)$$
$$t_0(\theta)=-(t_1(\theta)+t_2(\theta))$$

在这个社会选择函数中，如果买者 i 得到物品，他支付的钱数不等于他对物品的评价 θ_i，而是等于 θ_j，其中 $j\neq i$；也就是说，他支付的钱数等于**第二高的评价**（second-highest valuation）。现在考虑买者 1 如实报价的激励。如果买者 2 的报价为$\hat{\theta}_2\leqslant\theta_1$，买者 1 通过如实报价 θ_1 而得到的效用为 $(\theta_1-\hat{\theta}_2)\geqslant 0$。对于其他报价，买者 1 得到的效用要么等于上述效用（如果他的报价不小于$\hat{\theta}_2$），要么为零（如果他的报价小于$\hat{\theta}_2$）。因此，一方面，如果买者 2 的报价为$\hat{\theta}_2\leqslant\theta_1$，那么对于买者 1 来说，如实报价是弱最优的。另一方面，如果买者 2 的报价为$\hat{\theta}_2>\theta_1$，那么如果参与人 1 如实报价，参与人 1 的效用将为零。然而，如果买者 1 通过谎报得到了物品（声称自己的评价不低于$\hat{\theta}_2$），那么他得到的效用为负。因此，我们断言：不论买者 2 的报价如何，买者 1 的最优选择均是如实报价。正式地说，以博弈论的语言表达就是：如实报价是买者 1 的一个弱优势策略（参见 8. B 节）。类似的结论对于买者 2 也成立。因此，尽管买者对物品的评价是私人信息，这个社会选择函数仍然是可执行的：只要让每个买者报告自己的类型，然后选择$\tilde{f}(\theta)$。① ■

例 23. B. 1 到例 23. B. 4 表明，当参与人的类型是私人信息时，信息显示问题可能对能够执行的社会选择函数集施加了限制。考察完这些例子，我们自然会问：当参与人的类型是私人信息时，可执行的社会选择函数是什么样的？这个问题是本章的一个核心问题。

为了回答这个问题，原则上我们需要考虑社会选择函数所有可能的执行方式。在上面的例子中，我们隐含地设想出了一个非常简单的情形：要求每个参与人 i 直接显示 θ_i，然后在给定的报价（$\hat{\theta}_1$，…，$\hat{\theta}_I$）下选定$\tilde{f}(\hat{\theta}_1,\cdots,\hat{\theta}_I)$。但这不是社会选择函数唯一的执行方式。特别地，对于给定的社会选择函数，它可以通过间接的方式执行：参与人通过某种类型的制度互相影响，这样的制度规定了参与人能够采取的行动以及这些行动如何转换成社会结果。为了说明这一点，例 23. B. 5 和例 23. B. 6 考察了两种常用的拍卖制度。

例 23. B. 5：第一价格密封拍卖。再次考察例 23. B. 4 中的拍卖。在**第一价格密封拍卖**（first-price sealed-bid auction）中，每个潜在的买者 i 递交密封的报价 $b_i\geqslant 0$。开封，报价最高的买

23

① 习题 23. B. 1 提供了另外一个可执行的社会选择函数的例子。

者得到物品，他向卖者支付的钱数等于他的报价。①

为具体起见，再次考察前面的情形：有两个潜在买者（$I=2$），每个 θ_i 都是独立地从 $[0,1]$ 上的均匀分布中抽取。我们将寻找满足下列条件的均衡，即每个买者的策略 $b_i(\cdot)$ 具有形式 $b_i(\theta_i)=\alpha_i\theta_i$ 对于 $\alpha_i\in[0,1]$。假设买者 2 的策略具有这种形式，考虑买者 1 的问题。对于每个 θ_i 我们试图求下列最大化问题的解

$$\underset{b_1\geqslant 0}{\mathrm{Max}}(\theta_1-b_1)\mathrm{Prob}(b_2(\theta_2)\leqslant b_1)$$

由于买者 2 的最高可能报价是 α_2（当 $\theta_2=1$ 时他递交的报价为 α_2），显然买者 1 的报价绝不会大于 α_2。而且，由于 θ_2 在 $[0,1]$ 上是均匀分布的，以及 $b_2(\theta_2)\leqslant b_1$ 当且仅当 $\theta_2\leqslant(b_1/\alpha_2)$，我们可以将买者 1 的问题写为

$$\underset{b_1\in[0,\alpha_2]}{\mathrm{Max}}(\theta_1-b_1)(b_1/\alpha_2)$$

这个问题的解为

$$b_1(\theta_1)=\begin{cases}\dfrac{1}{2}\theta_1 & \text{若}\ \dfrac{1}{2}\theta_1\leqslant\alpha_2\\ \alpha_2 & \text{若}\ \dfrac{1}{2}\theta_1>\alpha_2\end{cases}$$

根据类似推理可知，

$$b_2(\theta_2)=\begin{cases}\dfrac{1}{2}\theta_2 & \text{若}\ \dfrac{1}{2}\theta_2\leqslant\alpha_1\\ \alpha_1 & \text{若}\ \dfrac{1}{2}\theta_2>\alpha_1\end{cases}$$

令 $\alpha_1=\alpha_2=1/2$，我们看到策略 $b_i(\theta_i)=\dfrac{1}{2}\theta_i$ 对于 $i=1,2$ 构成了该拍卖的一个贝叶斯纳什均衡。因此，这个第一价格密封拍卖存在一个贝叶斯纳什均衡，该均衡间接产生了社会选择函数 $f(\theta)=(y_0(\theta),y_1(\theta),y_2(\theta),t_0(\theta),t_1(\theta),t_2(\theta))$ 规定的结果，在这个函数中，

$$y_1(\theta)=1\quad \text{若}\ \theta_1\geqslant\theta_2;\ y_1(\theta)=0\quad \text{若}\ \theta_1<\theta_2 \tag{23.B.9}$$

$$y_2(\theta)=1\quad \text{若}\ \theta_1<\theta_2;\ y_2(\theta)=0\quad \text{若}\ \theta_1\geqslant\theta_2 \tag{23.B.10}$$

$$y_0(\theta)=0\quad \text{对于所有}\ \theta \tag{23.B.11}$$

$$t_1(\theta)=-\frac{1}{2}\theta_1 y_1(\theta) \tag{23.B.12}$$

$$t_2(\theta)=-\frac{1}{2}\theta_2 y_2(\theta) \tag{23.B.13}$$

$$t_0(\theta)=-(t_1(\theta)+t_2(\theta)) \tag{23.B.14}$$

■

① 如果有若干个买者的报价都是最高价格，我们假设标号最小的买者得到物品。当然，我们也可以在这些最高报价者中随机选择一个，但是这种做法将会要求我们将备选物集合扩展到由 X 上所有彩票组成的集合 $\Delta(X)$。事实上，在 23.D 节到 23.F 节当我们研究拍卖时，我们正是这么做的。

例 23. B. 6：第二价格密封拍卖。[①] 再次考察例 23. B. 4 中的拍卖。在**第二价格密封拍卖**（second-price sealed-bid auction）中，每个潜在的买者递交一个密封的报价 $b_i \geqslant 0$。开封，报价最高的买者得到物品，但是现在他支付的钱数等于**第二高**的报价。[②]

根据与例 23. B. 4 末尾处类似的推理，策略 $b_i(\theta_i)=\theta_i$ 对于所有 $\theta_i \in [0, 1]$ 是每个买者 i 的弱优势策略（参见习题 23. B. 3）。因此，当 $I=2$ 时，第二价格密封拍卖执行了社会选择函数 $f(\theta)=(y_0(\theta), y_1(\theta), y_2(\theta), t_0(\theta), t_1(\theta), t_2(\theta))$，其中

$$y_1(\theta)=1 \quad 若\ \theta_1 \geqslant \theta_2;\ y_1(\theta)=0 \quad 若\ \theta_1 < \theta_2$$

$$y_2(\theta)=1 \quad 若\ \theta_1 < \theta_2;\ y_2(\theta)=0 \quad 若\ \theta_1 \geqslant \theta_2$$

$$y_0(\theta)=0 \quad 对于所有\ \theta$$

$$t_1(\theta)=-\theta_2 y_1(\theta)$$

$$t_2(\theta)=-\theta_1 y_2(\theta)$$

$$t_0(\theta)=-(t_1(\theta)+t_2(\theta))$$ ■

例 23. B. 5 和例 23. B. 6 表明，一般来说，我们不仅需要考虑直接执行社会选择函数的可能性（要求参与人显示他们的类型），而且需要考虑间接执行社会选择函数的可能性（通过设计机制让参与人相互作用）。这种制度的正式名称是**机制**（mechanism）。

定义 23. B. 3： 一个机制 $\Gamma=(S_1, \cdots, S_I, g(\cdot))$ 是由 I 个策略集和一个结果函数 $g: S_1 \times \cdots \times S_I \rightarrow X$ 组成的一个集族。

我们可以将机制视为一种制度，它规定了集体选择决策的程序。每个参与人 i 能够采取的行动可用策略集 S_i 概括，规定参与人的行动如何转化为社会选择的规则可用结果函数 $g(\cdot)$ 描述。

正式地，机制 Γ 与可能类型 $(\Theta_1, \cdots, \Theta_I)$、概率密度 $\phi(\cdot)$ 以及伯努利效用函数 $(u_1(\cdot), \cdots, u_I(\cdot))$ 一起定义了一个非完全信息的贝叶斯博弈。也就是说，令 $\tilde{u}_i(s_1, \cdots, s_I, \theta_i)=u_i(g(s_1, \cdots, s_I), \theta_i)$，博弈

$$[I, \{S_i\}, \{\tilde{u}_i(\cdot)\}, \Theta_1 \times \cdots \times \Theta_I, \phi(\cdot)]$$

正好是 8. E 节研究过的贝叶斯博弈类型。注意到在理论上，机制可能是个复杂的动态程序，在这种情形下，策略集 S_i 的元素可能由相机行动方案（参考第 7 章）组成。[③]

对于拍卖来说，第一价格密封拍卖是一种机制，其中 $S_i=\mathbb{R}_+$ 对于所有 i，给定报价 $(b_1, \cdots, b_I) \in \mathbb{R}_+^I$，结果函数 $g(b_1, \cdots, b_I)=(\{y_i(b_1, \cdots, b_I)\}_{i=1}^I$，

① 这种拍卖也称为维克里拍卖，源自 Vickrey (1961)。

② 如果有若干个买者的报价都是最高价格，我们再次假设标号最小的买者得到物品。

③ 还需要注意，我们将机制产生的博弈用标准形表示。对于本章的分析，标准形已经足够。然而，在本章附录 B 中，我们将考察使用展开形的情形。

$\{t_i(b_1, \cdots, b_I)\}_{i=1}^{I}$）满足

$$y_i(b_1,\cdots,b_I)=1 \quad \text{当且仅当} \quad i=\text{Min}\{j:b_j=\text{Max}\{b_1,\cdots,b_I\}\}$$
$$t_i(b_1,\cdots,b_I)=-b_i y_i(b_1,\cdots,b_I)$$

另一方面，在第二价格密封拍卖中，策略集和函数 $y_i(\cdot)$ 与第一价格密封拍卖相同，但现在 $t_i(b_1, \cdots, b_I)=-\text{Max}\{b_j: j\neq i\} y_i(b_1, \cdots, b_I)$。

在机制 Γ 产生的非完全信息博弈中，参与人 i 的策略是个函数 $s_i:\Theta_i\rightarrow S_i$，该函数对于他在 Θ_i 中的每个可能类型指定了一个他在 S_i 中的选择。大致来说，我们称某个机制**执行**了（implement）社会选择函数 $f(\cdot)$，如果对于每个可能的类型组合 $\theta=(\theta_1, \cdots, \theta_I)$，由机制产生的博弈存在着一个均衡使得该均衡产生的结果与 $f(\cdot)$ 相同。定义 23. B. 4 正式阐述了这一点。

定义 23. B. 4：机制 $\Gamma=(S_1, \cdots, S_I, g(\cdot))$**执行**了社会选择函数 $f(\cdot)$，如果由 Γ 产生的博弈存在一个均衡策略组合 $(s_1^*(\cdot), \cdots, s_I^*(\cdot))$使得 $g(s_1^*(\theta), \cdots, s_I^*(\theta_I))=f(\theta_1, \cdots, \theta_I)$ 对于所有 $(\theta_1, \cdots, \theta_I)\in\Theta_1\times\cdots\times\Theta_I$ 均成立。

然而，注意到，在定义 23. B. 4 中我们没有给出“均衡”的准确定义。这是因为，正如我们在本书第二部分所看到的，目前哪种解概念都不能普适性地作为博弈的合适解概念。因此，机制设计文献考察了一系列解概念的执行问题。在 23. C 节和 23. D 节，我们主要考察两个核心解概念：优势策略均衡和贝叶斯纳什均衡。①

还需要注意到，我们在定义 23. B. 4 中使用的执行概念在某种意义上是个弱概念：具体地说，机制 Γ 的均衡可能不止一个，但是定义 23. B. 4 仅要求其中一个均衡产生的结果与 $f(\cdot)$ 相同。这样一来，定义 23. B. 4 隐含地假设如果存在多个均衡，参与人必须选择机制设计者想要的那个均衡。在本章我们始终使用这种执行概念。本章附录 A 进一步讨论了这个问题。

寻找所有可执行的社会选择函数似乎是个艰巨的任务，这是因为在理论上似乎我们需要考察所有可能的机制——这是个非常大的集合。幸运的是，显示性原理这个重要的结论（该原理的正式阐述和证明请见 23. C 节和 23. D 节）说明，我们通常可以仅考察一类非常简单的机制，这是我们一开始隐含地考虑的机制：要求每个参与人显示自己的类型，然后在给定的报价（$\hat{\theta}_1, \cdots, \hat{\theta}_I$）下选定 $f(\hat{\theta}_1, \cdots, \hat{\theta}_I)\in X$。② 这种机制称为**直接显示机制**（direct revelation mechanisms），它是定义 23. B. 3 中的机制的一种特殊情形。

定义 23. B. 5：**直接显示机制**是满足下列条件的一种机制：$S_i=\Theta_i$ 对于所有 i，而且 $g(\theta)=f(\theta)$ 对于所有 $\theta\in\Theta_1\times\cdots\times\Theta_I$。

正如我们将看到的，显示性原理也表明，我们可以进一步仅关注下面这样的直

---

① 本章附录 B 考察了完全信息博弈这种特殊情形的其他几个解概念，在这种博弈中，参与人彼此能观知对方的类型。

② 显示性原理的早期版本是由下列文献推导出的：Gibbard（1973），Green 和 Laffont（1977），Myerson（1979）以及 Dasgupta，Hammond 和 Maskin（1979）。

接显示机制：**如实报告是每个参与人的最优策略**。由这个事实我们得到了定义 23. B. 6 中的**如实执行**（truthful implementation）概念（在这个定义中，我们再次故意没有给出均衡的准确定义）。

定义 23. B. 6：社会选择函数 $f_i(\cdot)$ 是**如实可执行的**（truthfully implementable）或称为**激励相容的**（incentive compatible），如果直接显示机制 $\Gamma=(\Theta_1, \cdots, \Theta_I, f(\cdot))$有一个均衡 $(s_1^*(\cdot), \cdots, s_I^*(\cdot))$，而且其中 $s_i^*(\theta_i)=\theta_i$ 对于所有 $\theta_i \in \Theta_i$ 和所有 $i=1, \cdots, I$ 均成立；也就是说，如果每个参与人 i 的如实报告构成了$\Gamma=(\Theta_1, \cdots, \Theta_I, f(\cdot))$的一个均衡。

为什么我们可以仅考察能够诱导出如实报告的直接显示机制？为了感受一下这个结论，我们简要验证，对于例 23. B. 5 和例 23. B. 6 中的第一价格和第二价格密封拍卖中间接执行的社会选择函数，我们也可以使用直接显示机制来如实执行。事实上，对于例 23. B. 6 中的第二价格密封拍卖，我们已经看到了这个事实，这是因为第二价格密封拍卖执行的社会选择函数正好是我们在例 23. B. 4 末尾研究过的社会选择函数，其中如实报告是每个参与人的弱优势策略。例 23. B. 7 考察第一价格密封拍卖。

例 23. B. 7：第一价格密封拍卖执行的社会选择函数也可以如实执行。若直接显示机制为 $(\Theta_1, \cdots, \Theta_I, f(\cdot))$，其中 $f(\theta)=(y_0(\theta), y_1(\theta), y_2(\theta), t_0(\theta), t_1(\theta), t_2(\theta))$满足式（23. B. 9）到式（23. B. 14），当买者 1 的类型为 θ_1 时，他的最优报价$\hat{\theta}_1$是下列问题的解

$$\operatorname*{Max}_{\hat{\theta}_1}\left(\theta_1-\frac{1}{2}\hat{\theta}_1\right)\operatorname{Prob}(\theta_2 \leqslant \hat{\theta}_1)$$

或

$$\operatorname*{Max}_{\hat{\theta}_1}\left(\theta_1-\frac{1}{2}\hat{\theta}_1\right)\hat{\theta}_1$$

由这个问题的一阶条件可知$\hat{\theta}_1=\theta_1$。因此，给定买者 2 总是如实报告，买者 1 的最优策略是如实报告。类似的结论也适用于买者 2。因此，（贝叶斯纳什均衡中的）第一价格密封拍卖执行的社会选择函数，也可以通过直接显示机制（在贝叶斯纳什均衡中）如实执行。也就是说，式（23. B. 9）到式（23. B. 14）中的社会选择函数是激励相容的。■

有了显示性原理，当我们考察因参与人类型是非完全信息的而对可执行社会选择函数集施加的约束（23. C 节和 23. D 节）时，我们可以仅关注那些能被如实执行的社会选择函数。

最后，我们注意到，在某些情形下，参与人可能**自愿地**参与机制，因此，一个能成功执行的社会选择函数必须不仅能诱导出信息的如实显示，也必须满足某些**参与约束**（participation constraints）或称**个人理性约束**。然而，在 23. C 节和 23. D

节，我们将绕开参与问题，直接考察信息显示问题。我们将在23.E节引入参与约束。

23.C 优势策略的执行

在本节，我们研究优势策略中的执行问题。[①] 我们始终使用23.B节引入的符号：参与人类型向量 $\theta=(\theta_1, \cdots, \theta_I)$ 是根据概率密度 $\phi(\cdot)$ 从集合 $\Theta=\Theta_1\times\cdots\times\Theta_I$ 中抽取出的；给定参与人 i 的类型 θ_i，他在备选方案 X 上的伯努利效用函数为 $u_i(x, \theta_i)$。另外，为简单起见，我们记 $\theta_{-i}=(\theta_1, \cdots, \theta_{i-1}, \theta_{i+1}, \cdots, \theta_I)$，$\theta=(\theta_i, \theta_{-i})$，以及 $\Theta_{-i}=\Theta_1\cdots\times\Theta_{i-1}\times\Theta_{i+1}\times\cdots\times\Theta_I$。机制 $\Gamma=(S_1, \cdots, S_I, g(\cdot))$ 是由 I 个策略集 $S_1, \cdots, S_I$ 和一个结果函数 $g: S\to X$ 组成的一个集族，其中，每个 S_i 均包含参与人 i 的可能行动（或行动计划）；$S=S_1\times\cdots\times S_I$。与23.B节的讨论一样，机制 $\Gamma=(S_1, \cdots, S_I, g(\cdot))$、可能的类型 $(\Theta_1, \cdots, \Theta_I)$、概率密度 $\phi(\cdot)$ 以及伯努利效用函数 $(u_1(\cdot), \cdots, u_I(\cdot))$ 定义了一个非完全信息贝叶斯博弈（参考8.E节）。另外，我们记 $s_{-i}=(s_1, \cdots, s_{i-1}, s_{i+1}, \cdots, s_I)$，$s=(s_i, s_{-i})$，以及 $S_{-i}=S_1\times\cdots\times S_{i-1}\times S_{i+1}\times\cdots\times S_I$。

我们在8.B节已经知道，对于博弈中的参与人 i 的某个策略来说，对 i 的竞争对手可能选择的每个可能策略，如果 i 的这个策略带给他的收益不小于他的任何其他可能策略带来的收益，那么这个策略是参与人 i 的一个弱优势策略。在当前的非完全信息环境下，对于参与人 i 来说，策略 $s_i: \Theta_i\to S_i$ 是他在机制 $\Gamma=(S_1, \cdots, S_I, g(\cdot))$ 中的一个弱优势策略，如果对于所有 $\theta_i\in\Theta_i$ 和参与人 $j\neq i$ 的所有可能策略 $s_{-i}(\cdot)=(s_1(\cdot), \cdots, s_{i-1}(\cdot), s_{i+1}(\cdot), \cdots, s_I(\cdot))$，我们有[②]

$$\begin{aligned}&E_{\theta_{-i}}[u_i(g(s_i(\theta_i),s_{-i}(\theta_{-i})),\theta_i)\mid\theta_i]\\&\quad\geqslant E_{\theta_{-i}}[u_i(g(\hat{s}_i,s_{-i}(\theta_{-i})),\theta_i)\mid\theta_i]\end{aligned}\qquad \text{对于所有 } \hat{s}_i\in S_i \tag{23.C.1}$$

条件（23.C.1）对于所有 $s_{-i}(\cdot)$ 和 θ_i 成立，这等价于下列条件对于所有 $\theta_i\in\Theta_i$，

$$u_i(g(s_i(\theta_i),s_{-i}),\theta_i)\geqslant u_i(g(\hat{s}_i,s_{-i}),\theta_i) \tag{23.C.2}$$

对于所有 $\hat{s}_i\in S_i$ 和所有 $s_{-i}\in S_{-i}$ 成立。[③] 这样我们就得到了定义23.C.1。

---

① 这个议题的进一步阅读材料，我们推荐 Dasgupta，Hammond 和 Maskin（1979）以及 Green 和 Laffont（1979）。

② 条件（23.C.1）中的期望针对的是 $\theta_{-i}\in\Theta_{-i}$ 的实现值。

③ 条件（23.C.1）意味着条件（23.C.2），为了看清这一点，只要令 $s_{-i}(\theta_{-i})=s_{-i}$ 对于所有 $\theta_{-i}\in\Theta_{-i}$ 均成立即可。另外，条件（23.C.2）意味着条件（23.C.1），为看清此事，考虑 S_{-i} 是个有限集的情形。在这种情形下，对于任何 s_i，我们均有

$$\begin{aligned}&E_{\theta_{-i}}[u_i(g(s_i,s_{-i}(\theta_{-i})),\theta_i)\mid\theta_i]\\&=\sum_{s_{-i}\in S_{-i}}\text{Prob}(s_{-i}(\theta_{-i})=s_{-i})u_i(g(s_i,s_{-i}),\theta_i)\end{aligned}$$

所以，条件（23.C.2）意味着条件（23.C.1）。综合两个方面可知，条件（23.C.1）和条件（23.C.2）是等价的。

定义 23. C. 1：策略组合 $s^*(\cdot)=(s_1^*(\cdot),\cdots,s_I^*(\cdot))$是机制 $\Gamma=(S_1,\cdots,S_I,g(\cdot))$的一个**优势策略均衡**，如果对于所有 i 和所有 $\theta_i\in\Theta_i$，

$$u_i(g(s_i^*(\theta_i),s_{-i}),\theta_i)\geqslant u_i(g(s_i',s_{-i}),\theta_i)$$

对于所有 $s_i'\in S_i$ 和所有 $s_{-i}\in S_{-i}$均成立。

现在我们改编定义 23. B. 4 使其针对优势策略均衡情形。

定义 23. C. 2：机制 $\Gamma=(S_1,\cdots,S_I,g(\cdot))$在优势策略中**执行**了社会选择函数$f(\cdot)$，如果存在 Γ 的一个优势策略均衡 $s^*(\cdot)=(s_1^*(\cdot),\cdots,s_I^*(\cdot))$，使得 $g(s^*(\theta))=f(\theta)$ 对于所有 $\theta\in\Theta$ 均成立。

我们对优势策略执行特别感兴趣，这是因为如果我们能找到一个机制$\Gamma=(S_1,\cdots,S_I,g(\cdot))$ 使得它能在优势策略中执行 $f(\cdot)$，那么这个机制在执行 $f(\cdot)$ 时是非常强和稳健的。理由有好几个。

首先，对于一个理性的参与人来说，如果他有一个（弱）优势策略，他将选择该策略。[①] 我们已经知道，在纳什相关（Nash-related）均衡概念的均衡策略中，参与人在选择优势策略时需要正确预测到他的竞争对手的选择，但在此处他不需要正确预测他的竞争对手的选择。

其次，尽管我们已经假设参与人知道类型（$\theta_1,\cdots,\theta_I$）上的概率分布$\phi(\cdot)$，因此能够正确推断出 θ_{-i}实现值上的条件概率分布，然而如果 Γ 在优势策略中执行了 $f(\cdot)$，那么即使参与人对于这个分布有着不正确甚至矛盾的信念，这个执行也是稳健的。特别地，参与人 i 关于θ_{-i}的信念不影响他的优势策略 $s_i^*(\cdot)$。[②]

最后，由上面的事实可知，如果 Γ 在优势策略中执行了 $f(\cdot)$，那么这个执行和概率密度 $\phi(\cdot)$ 无关。因此，对于任何 $\phi(\cdot)$，我们都可使用同一个机制执行 $f(\cdot)$。它的一个优点是，如果机制设计者是个局外人（比如，政府），他在执行 $f(\cdot)$ 时无须知道 $\phi(\cdot)$。

正如我们在 23. B 节所指出的，为了识别某个特定社会选择函数 $f(\cdot)$ 是否为可执行的，在理论上我们需要考虑所有可能的机制。幸运的是，可以证明，对于优势策略执行来说，我们只要验证这个函数 $f(\cdot)$ 是否为如实可执行的即可（参见定义 23. C. 3）。

定义 23. C. 3：社会选择函数 $f(\cdot)$ **在优势策略中是如实可执行的**（truthfully implementable in dominant strategies）或**优势策略激励相容的**（dominant strategy incentive compatible）或**防策略的**（strategy-proof）或**直观的**（straightforward），如果$s_i^*(\theta_i)=\theta_i$ 对于所有 $\theta_i\in\Theta_i$ 和所有 i 均是直接显示机制 $\Gamma=(\Theta_1,\cdots,\Theta_I,f(\cdot))$的一个优势策略均衡。也就是说，如果对于所有 i 和所有$\theta_i\in\Theta_i$，我们均有

23

① 此处我们没有考虑当参与人有几个弱优势策略情形下的结果。附录 A 讨论了多个均衡的问题。即使这样，我们至少指出一点：当我们考察的是优势策略均衡时，多个均衡的问题是个相对较小的问题。

② 事实上，即使我们大幅度放松参与人是期望效用最大化者这个假设，通过 Γ 执行 $f(\cdot)$ 也是稳健的。

$$u_i(f(\theta_i,\theta_{-i}),\theta_i)\geqslant u_i(f(\hat{\theta}_i,\theta_{-i}),\theta_i) \tag{23.C.3}$$

对于所有$\hat{\theta}_i\in\Theta_i$ 和所有 $\theta_{-i}\in\Theta_{-i}$均成立。

在识别某个特定社会选择函数 $f(\cdot)$ 是否为可执行的时，我们之所以能够直接考察$f(\cdot)$ 是否为可执行的而又不失一般性，是因为所谓**优势策略的显示性原理**（revelation principle for dominant strategies）表明我们可以这么做。

命题 23. C. 1：（优势策略的显示性原理） 如果存在能在优势策略中执行社会选择函数 $f(\cdot)$ 的某个机制 $\Gamma=(S_1,\cdots,S_I,g(\cdot))$，那么 $f(\cdot)$ 在优势策略中是如实可执行的。

证明： 如果 $\Gamma=(S_1,\cdots,S_I,g(\cdot))$在优势策略中执行了 $f(\cdot)$，那么存在一个策略组合 $s^*(\cdot)=(s_1^*(\cdot),\cdots,s_I^*(\cdot))$使得 $g(s^*(\theta))=f(\theta)$ 对于所有 θ 均成立，以及对于所有 i 和所有 $\theta_i\in\Theta_i$，

$$u_i(g(s_i^*(\theta_i),s_{-i}),\theta_i)\geqslant u_i(g(\hat{s}_i,s_{-i}),\theta_i) \tag{23.C.4}$$

对于所有$\hat{s}_i\in S_i$ 和所有 $s_{-i}\in S_{-i}$均成立。

条件（23. C. 4）意味着，特别地，对于所有 i 和所有 $\theta_i\in\Theta_i$，

$$u_i(g(s_i^*(\theta_i),s_{-i}^*(\theta_{-i})),\theta_i)\geqslant u_i(g(s_i^*(\hat{\theta}_i),s_{-i}^*(\theta_{-i})),\theta_i) \tag{23.C.5}$$

对于所有$\hat{\theta}_i\in\Theta_i$ 和所有 $\theta_{-i}\in\Theta_{-i}$均成立。

由于 $g(s^*(\theta))=f(\theta)$ 对于所有 θ 均成立，式（23. C. 5）意味着，对于所有 i 和所有 $\theta_i\in\Theta_i$，

$$u_i(f(\theta_i,\theta_{-i}),\theta_i)\geqslant u_i(f(\hat{\theta}_i,\theta_{-i}),\theta_i)$$

对于所有$\hat{\theta}_i\in\Theta_i$ 和所有 $\theta_{-i}\in\Theta_{-i}$均成立。但这正好是条件（23. C. 3），它是$f(\cdot)$在优势策略中得以如实执行的条件。■

在直觉上，我们可以将优势策略背后的显示性原理表述如下：假设间接机制 $\Gamma=(S_1,\cdots,S_I,g(\cdot))$在优势策略中执行了 $f(\cdot)$，而且在这个间接机制中，每个参与人 i 均发现当他的类型为θ_i 时，对于参与人 $j\neq i$ 的任何选择$s_{-i}\in S_{-i}$，他选择 $s_i^*(\theta_i)$ 均优于他的任何其他选择 $s_i\in S_i$。现在我们稍微改变一下这个机制，即引进一位仲裁者，他对每个参与人 i 说："你把你的类型告诉我，当你说你的类型为 θ_i 时，我为你选择 $s_i^*(\theta_i)$。"显然，对于参与人 i 来说，给定其他参与人的任何策略选择，若 $s_i^*(\theta_i)$ 是参与人 i 对初始机制 Γ 中每个 $\theta_i\in\Theta_i$ 都是他的最优选择，那么他将发现在新制度下，如实报告是他的一个优势策略。但是这立即意味着我们已经找到了一种如实执行 $f(\cdot)$ 的方法。

显示性原理表明，在识别能在优势策略中执行的社会选择函数集时，我们只需要识别那些能被如实执行的社会选择函数即可。在理论上，对于任何 $f(\cdot)$，我们

只要检验不等式（23. C. 3）即可。

鉴于不等式（23. C. 3）是社会选择函数 $f(\cdot)$ 能在优势策略中被如实执行的必要且充分条件，我们可以将其解释为某种**弱偏好逆转性质**（weak preference reversal property）。特别地，考虑任何参与人 i，以及参与人 i 的任何一对可能类型 θ_i'和 θ_i''。如果如实报告是参与人 i 的一个优势策略，那么对于任何 $\theta_{-i}\in\Theta_{-i}$我们必定有

$$u_i(f(\theta_i',\theta_{-i}),\theta_i')\geqslant u_i(f(\theta_i'',\theta_{-i}),\theta_i')$$

和

$$u_i(f(\theta_i'',\theta_{-i}),\theta_i'')\geqslant u_i(f(\theta_i',\theta_{-i}),\theta_i'')$$

也就是说，当参与人 i 的类型从 θ_i'变为 θ_i''时，他对 $f(\theta_i', \theta_{-i})$ 和 $f(\theta_i'', \theta_{-i})$ 的偏好排序必定是**弱逆转的**（weakly reverse）：当他的类型为 θ_i'时，他偏好 $f(\theta_i', \theta_{-i})$ 弱胜于 $f(\theta_i'', \theta_{-i})$；当他的类型为 θ_i''时，他偏好 $f(\theta_i'', \theta_{-i})$ 弱胜于 $f(\theta_i', \theta_{-i})$。在这个逆转的方向上，如果这个弱偏好逆转性质对于**所有** $\theta_{-i}\in\Theta_{-i}$和**所有**组合 θ_i'，$\theta_i''\in\Theta_i$ 均成立，那么如实报告的确是参与人 i 的一个优势策略（习题 23. C. 1 要求读者验证此事）。

如果使用参与人 i 的**下轮廓集**（lower contour sets），我们能更简洁地表达这个弱偏好逆转性质。我们把参与人 i 的类型为 θ_i 时他的备选方案 x 的下轮廓集定义为（参见 3. B 节）：

$$L_i(x,\theta_i)=\{z\in X:u_i(x,\theta_i)\geqslant u_i(z,\theta_i)\}$$

在有了这个下轮廓集之后，我们就能更简洁地刻画可在优势策略中如实执行的社会选择函数集，这就是命题 23. C. 2。

命题 23. C. 2：社会选择函数 $f(\cdot)$ 在优势策略中是如实可执行的当且仅当对于所有参与人 i、所有 $\theta_{-i}\in\Theta_{-i}$以及参与人 i 的所有类型组合 θ_i'，$\theta_i''\in\Theta_i$，我们均有

$$f(\theta_i'',\theta_{-i})\in L_i(f(\theta_i',\theta_{-i}),\theta_i') \quad 和 \quad f(\theta_i',\theta_{-i})\in L_i(f(\theta_i'',\theta_{-i}),\theta_i'') \tag{23. C. 6}$$

对于可在优势策略中如实执行的社会选择函数的偏好逆转特征，我们可用图 23. C. 1 和图 23. C. 2 说明它背后的思想。在图 23. C. 1 中，我们以两个参与人（$I=2$）、类型 θ_1 有两个可能值、类型 θ_2 有三个可能值为例，画出了对于每个可能类型组合（θ_1，θ_2）的社会选择函数 $f(\cdot)$。考虑参与人 1 如实报告的激励。如果如实报告是参与人 1 的一个弱优势策略，那么当他的类型从 θ_1'变为 θ_1''时，对于 θ_2 的每个可能值，他必定经历了结果 $f(\theta_1', \theta_2)$ 和 $f(\theta_1'', \theta_2)$ 之间的弱偏好逆转。类似的结论对于参与人 2 也成立。

		θ_2		
		θ_2'	θ_2''	θ_2'''
θ_1	θ_1'	$f(\theta_1',\theta_2')$	$f(\theta_1',\theta_2'')$	$f(\theta_1',\theta_2''')$
	θ_1''	$f(\theta_1'',\theta_2')$	$f(\theta_1'',\theta_2'')$	$f(\theta_1'',\theta_2''')$

图 23.C.1　为使参与人 1 发现如实报告是他的优势策略，当他的类型从 θ_1' 变为 θ_1'' 时，对于 θ_2 的每个可能值，他必定经历了结果 $f(\theta_1', \theta_2)$ 和 $f(\theta_1'', \theta_2)$ 之间的弱偏好逆转

在图 23.C.2 中，我们以交换经济为例，在该经济中参与人 i 的偏好满足**一次相交性质**（single-crossing property）［参见 13.C 节和 14.C 节］，对此我们画出了参与人 i 的类型从 θ_1' 变为 θ_1'' 的情形。在这个图中，我们将参与人 i 在结果 $f(\theta_1, \theta_2)$ 中的配置记为 $f_i(\theta_1, \theta_2)$。根据命题 23.C.2 可知，如果如实报告是参与人 i 的一个优势策略，那么 $f_i(\theta_i'', \theta_{-i})$ 必定位于图中的阴影区域。因此，命题 23.C.2 中的条件可以视为如实报告约束条件的多人情形扩展（此处，它们必定对于每个可能的 $\theta_{-i} \in \Theta_{-i}$ 成立；参见 14.C 节）。

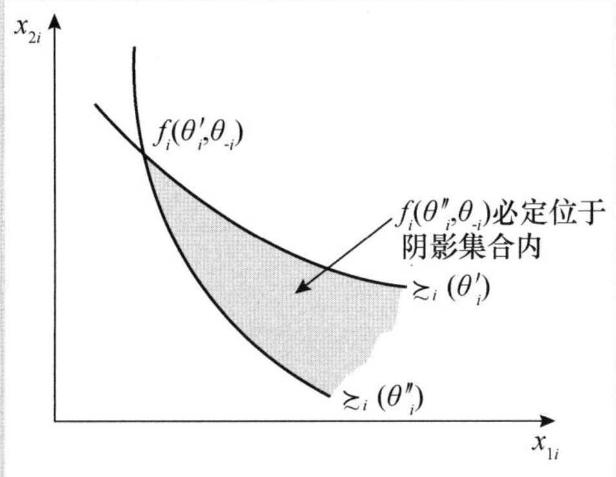

图 23.C.2　当偏好满足一次相交性质时，命题 23.C.2 的弱偏好逆转性质

在本节余下的内容中，我们将更为详细地考虑可在优势策略中如实执行的社会选择函数特征。

吉巴德-萨特斯韦特定理

吉巴德-萨特斯韦特定理（Gibbard-Satterthwaite theorem）是由 Gibbard（1973）和 Satterthwaite（1975）在 20 世纪 70 年代独立发现的。它在性质上是个类似于阿罗不可能定理（命题 21.C.1）的一个不可能结论。这个定理在很大程度上塑造了关于激励与执行问题研究的进程。它表明，对于很大一类问题来说，不可能在优势策略中执行令人满意的社会选择函数。

令 $\mathscr{P}$ 表示 X 上的所有偏好关系 $\succsim$ 组成的集合，而且在这个集合中任何两个备选方案都不是无差异的。以前我们说过 $\mathscr{R}_i=\{\succsim_i: \succsim_i=\succsim_i(\theta_i)$ 对于某个 $\theta_i\in\Theta_i\}$ 是参与人 i 在 X 上的可能序数偏好关系集。我们把 $f(\cdot)$ 的像记为 $f(\Theta)$；也就是说，$f(\Theta)=\{x\in X: f(\theta)=x$ 对于某个 $\theta\in\Theta\}$。在定义 23. C. 4 和定义 23. C. 5 中我们回忆 21. E 节讨论的社会选择函数的两个性质。

定义 23. C. 4：社会选择函数 $f(\cdot)$ 是**独裁的**，如果存在一个参与人 i 使得对于所有 $\theta=(\theta_1, \cdots, \theta_I)\in\Theta$，我们均有

$$f(\theta)\in\{x\in X: u_i(x,\theta_i)\geqslant u_i(y,\theta_i)\text{对于所有 } y\in X\}$$

用文字表达就是：对于某个社会选择函数来说，如果存在一个参与人 i 使得 $f(\cdot)$ 总是在 i 的排在最前面的备选方案中选择一个，那么我们说该社会选择函数是独裁的。

定义 23. C. 5：社会选择函数 $f(\cdot)$ 是**单调的**，如果对于任何 θ，如果 θ' 满足 $L_i(f(\theta), \theta_i)\subset L_i(f(\theta), \theta_i')$ 对于所有 i［即，如果 $L_i(f(\theta), \theta_i)$ 总是弱包含于 $L_i(f(\theta), \theta_i')$ 对于所有 i］，那么 $f(\theta')=f(\theta)$。

单调性要求，假设 $f(\theta)=x$，而且 I 个参与人的类型变为 $\theta'=(\theta_1', \cdots, \theta_I')$ 后，无人发现当他的类型为 θ_i 时某个对他来说弱劣于 x 的备选方案，会在他的类型变为 θ_i' 后严格优于 x，那么 x 必定是社会选择。

在图 23. C. 3 中，我们以交换情形为例画出了单调性性质。在这个图中，$f_i(\theta_i, \theta_{-i})$ 表示参与人 i 在结果 $f(\theta_i, \theta_{-i})$ 中的配置。这个图画出了参与人 i 的类型从 θ_i 变为 θ_i' 时满足 $L_i(f(\theta_i, \theta_{i-1}), \theta_i)\subset L_i(f(\theta_i, \theta_{-i}), \theta_i')$ 的情形。如果 $f(\cdot)$ 是单调的，那么 $f(\theta_i', \theta_{-i})=f(\theta_i, \theta_{-i})$。

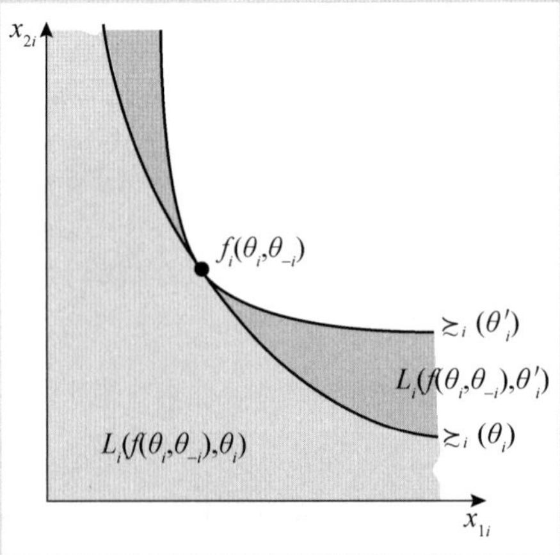

图 23. C. 3　如果 $f(\cdot)$ 是单调的，那么 $f(\theta_i', \theta_{-i})=f(\theta_i, \theta_{-i})$

有了这些定义之后，现在我们开始阐述和证明吉巴德-萨特斯韦特定理。

命题 23.C.3：(吉巴德-萨特斯韦特定理) 假设 X 是有限的而且至少包含三个元素①，$\mathscr{R}_i=\mathscr{P}$ 对于所有 i，且 $f(\Theta)=X$，那么社会选择函数 $f(\cdot)$ 在优势策略中可如实执行当且仅当它是独裁的。

证明： 显然，一个独裁的 $f(\cdot)$ 是如实可执行的（读者自行验证一下：每个参与人都会如实报告）。我们现在证明如果 $f(\cdot)$ 在优势策略中如实可执行，那么它必定是独裁的。证明分成三步。

第 1 步：如果 $\mathscr{R}_i=\mathscr{P}$ 对于所有 i 均成立，而且 $f(\cdot)$ 在优势策略中如实可执行，那么 $f(\cdot)$ 是单调的。

考虑两个类型组合 θ 和 θ' 使得 $L_i(f(\theta),\theta_i)\subset L_i(f(\theta),\theta_i')$ 对于所有 i 均成立。我们希望证明 $f(\theta')=f(\theta)$。我们首先确定 $f(\theta_1',\theta_2,\cdots,\theta_I)$。根据命题 23.C.2 我们知道 $f(\theta_1',\theta_2,\cdots,\theta_I)\in L_1(f(\theta),\theta_1)$ 必定成立。但命题 23.C.2 还意味着 $f(\theta)\in L_1(f(\theta_1',\theta_2,\cdots,\theta_I),\theta_1')$。由于根据假设，在偏好关系 $\succsim_1(\theta_1')$ 中任何两个备选方案都不是无差异的，这必定意味着 $f(\theta_1',\theta_2,\cdots,\theta_I)=f(\theta)$。使用相同的论证思路可以证明 $f(\theta_1',\theta_2',\theta_3,\cdots,\theta_I)=f(\theta)$。事实上，如此迭代下去，我们就能得到 $f(\theta')=f(\theta)$。因此，$f(\cdot)$ 是单调的。

第 2 步：如果 $\mathscr{R}_i=\mathscr{P}$ 对于所有 i 均成立，而且 $f(\cdot)$ 是单调的，以及 $f(\Theta)=X$，那么 $f(\cdot)$ 为事后有效率的。

反证法。假设 $f(\cdot)$ 不是事后有效率的，那么存在一个 $\theta\in\Theta$ 和一个 $y\in X$ 使得 $u_i(y,\theta_i)>u_i(f(\theta),\theta_i)$ 对于所有 i 均成立（记住，任何两个备选方案都不是无差异的）。因为 $f(\Theta)=X$，所以存在一个 $\theta'\in\Theta$ 使得 $f(\theta')=y$。现在选择关于类型的一个向量 $\theta''\in\Theta$ 使得，对于所有 i，我们都有 $u_i(y,\theta_i'')>u_i(f(\theta),\theta_i'')>u_i(z,\theta_i'')$ 对于所有 $z\neq f(\theta)$，y 均成立。（记住，$\mathscr{P}$ 中所有偏好都是有可能发生的。）由于 $L_i(y,\theta_i')\subset L_i(y,\theta_i'')$ 对于所有 i 均成立，单调性意味着 $f(\theta'')=y$。但是，由于 $L_i(f(\theta),\theta_i)\subset L_i(f(\theta),\theta_i'')$ 对于所有 i 均成立，单调性也意味着 $f(\theta'')=f(\theta)$，这样我们就得到了一个矛盾，因为 $y\neq f(\theta)$。因此，$f(\cdot)$ 必定是事后有效率的。

第 3 步：若社会选择函数 $f(\cdot)$ 是单调的和事后有效率的，则 $f(\cdot)$ 必然是独裁的。

第 3 步的结论可直接从命题 21.E.1 推出。

这样，我们就完成了命题 23.C.3 的证明。■

需要指出，如果 X 仅含有两个元素，那么命题 23.C.3 的结论不成立。例如，在这种情形下，多数投票社会选择函数（参见 21.E 节）在优势策略中如实可执行，

① 严格地说，对于这个结果我们不必要求 X 是有限的。但如果 X 不是有限的，那么参与人是期望效用最大化者这一假设可能与条件 $\mathscr{R}_i=\mathscr{P}$ 不相容（例如，如果 $X=\mathbb{R}_+^L$，例 3.C.1 中的字典序偏好关系是个不可用效用函数表示的严格偏好关系）。如果我们令 X 为一个任意集，$\mathscr{R}_i$ 是 X 上的所有**连续**偏好组成的集合，那么命题 23.C.3 仍然成立，这一结论的证明可以参考 Barberà 和 Peleg (1990)。

但不是独裁的（参见习题 23. C. 2）。

另外，还需要注意当 $\mathscr{R}_i=\mathscr{P}$ 对于所有 i 均成立时，任何事后有效率的社会选择函数必定有 $f(\Theta)=X$（习题 23. C. 3 要求读者验证此事）。因此，吉巴德-萨特斯韦特定理表明，当 $\mathscr{R}_i=\mathscr{P}$ 对于所有 i 成立且 X 的元素多于两个时，唯一能在优势策略中如实执行的事后有效率的社会选择函数，是独裁的社会选择函数。

给定这个令人沮丧的结论，如果我们想执行合意的社会选择函数，我们要么放松执行概念上的要求——使用基于相对不那么稳健的均衡概念（比如贝叶斯纳什均衡）上的执行定义，要么考察限制性更强的环境。在本节余下内容中，我们沿着后面这个路径，研究拟线性偏好情形下合意社会选择函数在优势策略中的执行问题。至于前面那条路径，我们放在 23. D 节考察（贝叶斯纳什均衡中的执行问题）。

我们可以在两个方向上扩展命题 23. C. 3，这并非难事。首先，当 $\mathscr{R}_i$ 包含 $\mathscr{P}$ 时（在由所有偏好关系组成的集合中，任何两个备选方案都不是无差异的），命题结论仍然成立，因此我们可以将该命题扩展到个人偏好可能出现无差异的情形。推论 23. C. 1 正式给出了这一点。

推论 23. C. 1： 假设 X 是有限的而且至少包含三个元素，$\mathscr{P}\subset\mathscr{R}_i$ 对于所有 i 均成立，$f(\Theta)=X$，那么社会选择函数 $f(\cdot)$ 在优势策略中如实可执行当且仅当 $f(\cdot)$ 是独裁的。

证明： 显然，独裁的社会选择函数是如实可执行的。我们现在证明在推论给出的假设下，如果 $f(\cdot)$ 是如实可执行的，那么它必定是独裁的。

命题 23. C. 3 的一个含义是，当 $\succsim_i(\theta_i)\in\mathscr{P}$ 对于每个 i 均成立时，必定存在一个参与人 h 使得 $f(\theta)\in\{x\in X: u_h(x, \theta_h)\geq u_h(y, \theta_h)$ 对于所有 $y\in X\}$（参见习题 23. C. 4）。不失一般性，令这个参与人为 I。

现在假设结论非真，那么存在一个类型组合 $\theta'\in\Theta$ 使得

$$f(\theta')\notin\{x\in X: u_I(x,\theta'_I)\geq u_I(y,\theta'_I)\text{对于所有 }y\in X\}$$

令 $z\in\{x\in X: u_I(x, \theta'_I)\geq u_I(y, \theta'_I)$ 对于所有 $y\in X\}$。现在考虑一个类型组合 $\theta''\in\Theta$ 使得：（ⅰ）$\succsim_i(\theta''_i)\in\mathscr{P}$ 对于所有 i 均成立；（ⅱ）对于所有 $i\neq I$，$u_i(f(\theta'), \theta''_i)>u_i(z, \theta''_i)>u_i(x, \theta''_i)$ 对于所有 $x\notin\{f(\theta'), z\}$ 均成立；以及（ⅲ）$u_I(z, \theta''_I)>u_I(f(\theta'), \theta''_I)>u_I(x, \theta''_I)$ 对于所有 $x\notin\{f(\theta'), z\}$ 均成立。考虑类型组合 $(\theta''_1, \theta'_2, \cdots, \theta'_I)$。根据命题 23. C. 2 可知，我们必定有 $f(\theta')\in L_1(f(\theta''_1, \theta'_2, \cdots, \theta'_I), \theta''_1)$，因此必定有 $f(\theta''_1, \theta'_2, \cdots, \theta'_I)=f(\theta')$。对所有 $i\neq I$，迭代地使用相同的论证可得 $f(\theta''_1, \cdots, \theta''_{I-1}, \theta'_I)=f(\theta')$。

接下来，注意到（根据命题 23. C. 2）我们必定有 $f(\theta''_1, \cdots, \theta''_{I-1}, \theta''_I)\in L_I(f(\theta'), \theta''_I)$。因此，$f(\theta'')\in\{z, f(\theta')\}$。但是（根据命题 23. C. 2）我们必定也有 $f(\theta')\in L_I(f(\theta''_1, \cdots,\theta''_{I-1}, \theta''_I), \theta'_I)$，而且由于 $u_I(z, \theta'_I)>u_I(f(\theta'), \theta'_I)$，这意味着我们不可能有

$f(\theta'')=z$。因此，$f(\theta'')=f(\theta')$。但是，由于 $u_I(z,\theta_I'')>u_I(f(\theta'),\theta_I'')$，这与当$\succsim_i(\theta_i'')\in\mathscr{P}$对于每个 i 均成立时参与人 I 是独裁者这个事实矛盾。■

第二个扩展是，对于像（image）$f(\Theta)$ 小于 X 的社会选择函数，我们可以得到类似的独裁关系结论。首先来看定义 23. C. 6。

定义 23. C. 6： 社会选择函数 $f(\cdot)$ 在集合 $\hat{X}\subset X$ 上是独裁的，如果存在一个参与人 i 使得对于所有 $\theta=(\theta_1,\cdots,\theta_I)\in\Theta$，我们均有 $f(\theta)\in\{x\in\hat{X}:u_i(x,\theta_i)\geqslant u_i(y,\theta_i)$ 对于所有 $y\in\hat{X}\}$。

这个更弱版本的独裁关系概念仅要求 $f(\cdot)$ 在 $\hat{X}$ 中而不是 X 中选择独裁者最偏好的一个备选方案。

推论 23. C. 2： 假设 X 是有限的，$f(\Theta)$ 至少有三个元素，$\mathscr{P}\subset\mathscr{R}_i$ 对于每个 $i=1,\cdots,I$ 均成立，那么，$f(\cdot)$ 在优势策略中如实可执行当且仅当 $f(\cdot)$ 在集合 $f(\Theta)$ 上是独裁的。

证明： 显然，如果 $f(\cdot)$ 在集合 $f(\Theta)$ 上是独裁的，那么 $f(\cdot)$ 如实可执行。我们现在证明在推论给出的假设下，$f(\cdot)$ 必定在集合 $f(\Theta)$ 上是独裁的。当备选方案集为 X 时，如果 $f:\Theta\to X$ 在优势策略中如实可执行，那么当备选方案集为 $f(\Theta)$ 时，对于社会选择函数 $\hat{f}:\Theta\to\Theta$，如果 $\hat{f}(\theta)=f(\theta)$ 对于所有 $\theta\in\Theta$ 均成立，那么 $\hat{f}(\cdot)$ 在优势策略中如实可执行。根据推论 23. C. 1 可知，$\hat{f}(\cdot)$ 必定是独裁的。因此，$f(\cdot)$ 在集合 $f(\Theta)$ 上是独裁的。■

推论 23. C. 2 的含义是：当 $\mathscr{P}\subset\mathscr{R}_i$ 对于所有 i 均成立时，对于某个社会选择函数集，若其中的社会选择函数的像至少有三个元素，而且它在优势策略中如实可执行，那么该集合正好是下面这样的社会选择函数集：将可能选择集限制在子集 $\hat{X}\subset X$ 上，并且指定一个参与人 i 从该集合中进行选择，从而（间接）执行。

拟线性环境：格罗夫斯-克拉克机制

在本小节，我们主要考察参与人的偏好为拟线性的情形，这是一种特殊情形但广受关注。特别地，现在一个备选方案为一个向量 $x=(k,t_1,\cdots,t_I)$，其中 k 是有限集 K 的一个元素（称为"项目选择"），$t_i\in\mathbb{R}$ 是转移给参与人 i 的计价物商品（"钱"）。参与人 i 的效用函数为拟线性形式

$$u_i(x,\theta_i)=v_i(k,\theta_i)+(\overline{m}_i+t_i)$$

其中 $\overline{m}_i$ 是参与人 i 的计价物禀赋。我们假设我们的环境是个封闭系统，也就是说，这 I 个参与人无法向外界借贷资金。因此，备选方案集为[①]

① 注意到 X 不是个紧集。这能解释可能出现的一个小悖论：在这种情形下，不存在独裁的社会选择函数，这是因为对于任何参与人 i 来说，当允许他从 X 中选择最好的备选方案时，他想从其他参与人处转移多少钱就能转移多少，没有限制。

$$X=\{(k,t_1,\cdots,t_I):k\in K,t_i\in\mathbb{R}\ 对于所有\ i,以及\sum_i t_i\leqslant 0\}$$

注意到，这种环境包括例 23. B. 3 和例 23. B. 4 中的情形。

例 23. C. 1：公共项目。 我们可以把例 23. B. 3 中公共项目情形的一般版本置入上面所说的架构中。为做此事，令 K 包含该公共项目的所有可能水平（例如，如果$K=\{0, 1\}$，这是说项目有两个水平："不实施"或"实施"），令 $c(k)$ 表示公共项目水平 $k\in K$ 的成本。假设 $\bar{v}_i(k, \theta_i)$ 是参与人从项目水平 k 得到的总收益，而且如果不进行其他转移，那么项目资金将由参与人平均分摊［即，每个参与人支付 $c(k)/I$］。① 于是，当参与人 i 的类型为 θ_i 时，我们可以将他从水平 k 得到的净收益写为 $v_i(k, \theta_i)=\bar{v}_i(k, \theta_i)-(c(k)/I)$。现在 t_i 是超过 $c(k)/I$ 那部分的货币转移。■

例 23. C. 2：一单位某种不可分割私人物品的分配。 考虑例 23. B. 4 描述的情形，即参与人有 I 个，我们打算将一单位某种不可分割私人物品分配给其中一个参与人。在这里，"项目选择" $k=(y_1, \cdots, y_I)$ 表示私人物品的分配，$K=\{(y_1, \cdots, y_I): y_i\in\{0, 1\}$ 对于所有 i 和 $\sum_i y_i=1\}$。参与人的评价函数形式为 $v_i(k,\theta_i)=\theta_i y_i$ 。■

在这种拟线性环境中，社会选择函数的形式为 $f(\cdot)=(k(\cdot), t_1(\cdot), \cdots, t_I(\cdot))$，其中对于所有 $\theta\in\Theta$，$k(\theta)\in K$ 和 $\sum_i t_i(\theta)\leqslant 0$ 。注意到，如果社会选择函数 $f(\cdot)$ 是事后有效率的，那么对于所有 $\theta\in\Theta$，$k(\theta)$ 必定满足

$$\sum_{i=1}^{I}v_i(k(\theta),\theta_i)\geqslant\sum_{i=1}^{I}v_i(k,\theta_i)\quad 对于所有\ k\in K \tag{23. C. 7}$$

我们首先引入一个命题，它识别出了一类社会选择函数，这类函数满足式（23. C. 7）而且在优势策略中如实可执行。

命题 23. C. 4： 令 $k^*(\cdot)$ 是满足式（23. C. 7）的一个函数。社会选择函数 $f(\cdot)=(k^*(\cdot), t_1(\cdot), \cdots, t_I(\cdot))$ 在优势策略中如实可执行，如果对于所有 $i=1, \cdots, I$，我们均有

$$t_i(\theta)=\Big[\sum_{j\neq i}v_j(k^*(\theta),\theta_j)\Big]+h_i(\theta_{-i}) \tag{23. C. 8}$$

其中 $h_i(\cdot)$ 是个关于 θ_{-i}的任意函数。

证明： 如果如实报告不是某个参与人 i 的优势策略，那么存在 θ_i，$\hat{\theta}_i$和 θ_{-i} 使得

$$v_i(k^*(\hat{\theta}_i,\theta_{-i}),\theta_i)+t_i(\hat{\theta}_i,\theta_{-i})>v_i(k^*(\theta_i,\theta_{-i}),\theta_i)+t_i(\theta_i,\theta_{-i})$$

23

① 我们的推理不取决于成本的这种"基本"分摊方法。

使用式（23.C.8）替换上式中的 $t_i(\hat{\theta}_i, \theta_{-i})$ 和 $t_i(\theta_i, \theta_{-i})$，可得

$$\sum_{j=1}^{I} v_j(k^*(\hat{\theta}_i, \theta_{-i}), \theta_j) > \sum_{j=1}^{I} v_j(k^*(\theta), \theta_j)$$

这与 $k^*(\cdot)$ 满足式（23.C.7）这个事实矛盾。因此，$f(\cdot)$ 必定在优势策略中如实可执行。■

满足式（23.C.7）和式（23.C.8）的直接显示机制 $\Gamma=(\Theta_1, \cdots, \Theta_I, f(\cdot))$［其中 $f(\cdot)=(k(\cdot), t_1(\cdot), \cdots, t_I(\cdot))$］称为**格罗夫斯机制**（Groves mechanism）或**格罗夫斯方案**（Groves scheme）［参见 Groves（1973）］。[①] 在一个格罗夫斯机制中，给定参与人 $j\neq i$ 的报告 θ_{-i}，参与人 i 的转移（transfer）取决于他报告的类型，这种依赖仅通过他的报告对项目选择 $k^*(\theta)$ 的影响而发生。而且，当他的报告改变了项目决策 k 时，参与人 i 的转移改变量正好等于 k 的这个改变对参与人 $j\neq i$ 的影响。换句话说，参与人 i 的转移的改变正好反映了他对其他参与人施加的**外部性**（externality）。因此，这诱导参与人 i 将该外部性内部化，并且如实报告类型，从而产生了 k 的最优水平，即能使 I 个参与人的联合收益 $\sum_i v_i(k, \theta_i)$ 最大的项目水平。

Clarke（1971）独立发现了格罗夫斯机制的一种特殊情形，这称为**克拉克机制**（Clarke mechanism）或**主角机制**（pivotal mechanism）。这个机制对应于 $h_i(\theta_{-i}) = -\sum_{j\neq i} v_j(k^*_{-i}(\theta_{-i}), \theta_j)$ 的情形，其中对于所有 $\theta_{-i}\in\Theta_{-i}$，$k^*_{-i}(\theta_{-i})$ 满足

$$\sum_{j\neq i} v_j(k^*_{-i}(\theta_{-i}), \theta_j) \geqslant \sum_{j\neq i} v_j(k, \theta_j) \quad \text{对于所有 } k\in K$$

也就是说，如果只有 $I-1$ 个参与人 $j\neq i$，$k^*_{-i}(\theta_{-i})$ 是事后有效率的项目水平。于是，在克拉克机制中，参与人 i 的转移（支付）为

$$t_i(\theta) = \Big[\sum_{j\neq i} v_j(k^*(\theta), \theta_j)\Big] - \Big[\sum_{j\neq i} v_j(k^*_{-i}(\theta_{-i}), \theta_j)\Big]$$

注意到，相对于参与人 $j\neq i$ 的事后有效率项目水平来说，如果参与人 i 的报告没有改变项目决策［即，如果 $k^*(\theta)=k^*_{-i}(\theta_{-i})$］，那么参与人 i 的转移为零；如果他的报告改变了项目决策［即，如果 $k^*(\theta)\neq k^*_{-i}(\theta_{-i})$］，也就是说，如果参与人 i 对于有效率的项目选择来说是起决定作用的“主角”，那么他的转移为负。因此，在克拉克机制中，如果参与人 i 对于项目决策来说是主角，那么他缴纳的税收额等于他对其他参与人施加的外部性；如果他不是主角，他不需要缴税。[②]

---

① 有时我们也会粗略地直接将满足式（23.C.7）和式（23.C.8）的社会选择函数 $f(\cdot)$ 称为格罗夫斯机制。

② 注意到，克拉克机制的社会选择函数满足可行性条件：$\sum_i t_i(\theta)\leqslant 0$ 对于所有 θ 均成立。事实上，考察式（23.C.8）可知，格罗夫斯机制满足 $\sum_i t_i(\theta)\leqslant 0$ 对所有 θ 这一条件的充分条件（但未必是必要条件）为

$$h_i(\theta_{-i}) \leqslant -\sum_{j\neq i} v_j(k^*_{-i}(\theta_{-i}), \theta_j) \quad \text{对于所有 } \theta_{-i}\in\Theta_{-i}$$

令人感兴趣的是，注意到在一单位某种不可分割私人物品的分配问题中，克拉克机制正好是由第二价格密封拍卖执行的社会选择函数（参见例 23. B. 6）。特别地：（ⅰ）$k^*(\theta)$ 是一种分配规则，它将物品卖给对该物品评价最高的人；（ⅱ）当参与人 i 是对物品的评价最高的买者时，他正好是主角；以及（ⅲ）当参与人 i 是主角时，他缴纳的“税收”正好等于第二高的评价［特别地，在这种情形下 $\sum_{j\neq i}v_j(k^*(\theta),\theta_j)=0$，而且 $\sum_{j\neq i}v_j(k^*_{-i}(\theta_{-i}),\theta_j)$ 等于第二高评价数额］。

到目前为止我们已经看到，满足式（23. C. 7）和式（23. C. 8）的社会选择函数在优势策略中如实可执行。这类函数是满足式（23. C. 7）且是如实可执行的唯一函数吗？命题 23. C. 5［归功于 Green 和 Laffont（1979）］表明，在一定条件下，答案是肯定的。[①] 在这个命题中，我们令 V 表示由所有可能函数 $v: K\to\mathbb{R}$ 组成的集合。

命题 23. C. 5：假设对于每个参与人 $i=1,\cdots,I$，$\{v_i(\cdot,\theta_i):\theta_i\in\Theta_i\}=\mathcal{V}$；也就是说，对于某个 $\theta_i\in\Theta_i$，每个可能评价函数 v_i：$K\to\mathbb{R}$ 都可能出现，那么对于某个社会选择函数 $f(\cdot)=(k^*(\cdot),t_1(\cdot),\cdots,t_I(\cdot))$［其中 $k^*(\cdot)$ 满足式（23. C. 7）］来说，$f(\cdot)$ 在优势策略中如实可执行仅当对于 $i=1,\cdots,I$，$t_i(\cdot)$ 满足式（23. C. 8）。

证明：首先注意到我们总有

$$t_i(\theta_i,\theta_{-i})=\sum_{j\neq i}v_j(k^*(\theta_i,\theta_{-i}),\theta_j)+h_i(\theta_i,\theta_{-i}) \tag{23. C. 9}$$

于是我们想证明的是，如果 $f(\cdot)$ 在优势策略中如实可执行，函数 $h_i(\cdot)$ 必定事实上独立于 θ_i。假设它不是；也就是说，$f(\cdot)$ 在优势策略中如实可执行，但是对于某个 θ_i，$\hat{\theta}_i$ 和 θ_{-i}，我们有 $h_i(\theta_i,\theta_{-i})\neq h_i(\hat{\theta}_i,\theta_{-i})$。现在我们考虑两种不同的情形。

（ⅰ）$k^*(\theta_i,\theta_{-i})=k^*(\hat{\theta}_i,\theta_{-i})$：如果 $f(\cdot)$ 在优势策略中如实可执行，那么根据式（23. C. 3）我们有

$$v_i(k^*(\theta_i,\theta_{-i}),\theta_i)+t_i(\theta_i,\theta_{-i})\geqslant v_i(k^*(\hat{\theta}_i,\theta_{-i}),\theta_i)+t_i(\hat{\theta}_i,\theta_{-i})$$

和

$$v_i(k^*(\hat{\theta}_i,\theta_{-i}),\hat{\theta}_i)+t_i(\hat{\theta}_i,\theta_{-i})\geqslant v_i(k^*(\theta_i,\theta_{-i}),\hat{\theta}_i)+t_i(\theta_i,\theta_{-i})$$

由于 $k^*(\theta_i,\theta_{-i})=k^*(\hat{\theta}_i,\theta_{-i})$，上述两个不等式意味着 $t_i(\theta_i,\theta_{-i})=t_i(\hat{\theta}_i,\theta_{-i})$，因此根据式（23. C. 9）我们有 $h_i(\theta_i,\theta_{-i})=h_i(\hat{\theta}_i,\theta_{-i})$：矛盾。

（ⅱ）$k^*(\theta_i,\theta_{-i})\neq k^*(\hat{\theta}_i,\theta_{-i})$：不失一般性，假设 $h_i(\theta_i,\theta_{-i})>h_i(\hat{\theta}_i,\theta_{-i})$。考虑满足下列条件的类型 $\theta_i^\varepsilon\in\Theta_i$

① 另外一种情形，可参见本节末尾的相关讨论以及习题 23. C. 10。

$$v_i(k,\theta_i^{\varepsilon})=\begin{cases}-\sum_{j\neq i}v_j(k^*(\theta_i,\theta_{-i}),\theta_j) & \text{若 } k=k^*(\theta_i,\theta_{-i})\\ -\sum_{j\neq i}v_j(k^*(\hat{\theta}_i,\theta_{-i}),\theta_j)+\varepsilon & \text{若 } k=k^*(\hat{\theta}_i,\theta_{-i})\\ -\infty & \text{其他}\end{cases}\tag{23.C.10}$$

我们将证明，对于充分小的$\varepsilon>0$，当其他参与人的类型为θ_{-i}时，类型为θ_i^{ε}的参与人严格偏好说谎，谎称自己的类型为θ_i。为了看清这一点，首先注意到，$k^*(\theta_i^{\varepsilon},\theta_{-i})=k^*(\hat{\theta}_i,\theta_{-i})$，这是因为$k=k^*(\hat{\theta}_i,\theta_{-i})$使得$v_i(k,\theta_i^{\varepsilon})+\sum_{j\neq i}v_j(k,\theta_j)$最大。因此，为使如实报告成为优势策略，必有

$$v_i(k^*(\hat{\theta}_i,\theta_{-i}),\theta_i^{\varepsilon})+t_i(\theta_i^{\varepsilon},\theta_{-i})\geqslant v_i(k^*(\theta_i,\theta_{-i}),\theta_i)+t_i(\theta_i,\theta_{-i})$$

或者根据式（23.C.9）和式（23.C.10）进行代换可得，

$$\varepsilon+h_i(\theta_i^{\varepsilon},\theta_{-i})\geqslant h_i(\theta_i,\theta_{-i})$$

但是根据第（i）部分的逻辑可知，$h_i(\theta_i^{\varepsilon},\theta_{-i})=h_i(\hat{\theta}_i,\theta_{-i})$，这是因为$k^*(\theta_i^{\varepsilon},\theta_{-i})=k^*(\hat{\theta}_i,\theta_{-i})$。由此可得

$$\varepsilon+h_i(\hat{\theta}_i,\theta_{-i})\geqslant h_i(\theta_i,\theta_{-i})\tag{23.C.11}$$

根据假设我们有$h(\theta_i,\theta_{-i})>h(\hat{\theta}_i,\theta_{-i})$，因此，对于足够小的$\varepsilon>0$，式（23.C.11）必定不成立。这样我们就完成了证明。■

因此，对于某个$\theta_i\in\Theta_i$，当所有可能的函数$v_i(\cdot)$都可能出现时，满足式（23.C.7）且在优势策略中如实可执行的唯一一类社会选择函数是格罗夫斯类。

格罗夫斯机制与预算平衡

直到目前，我们已经研究了对于总是能导致k的有效率选择的社会选择函数［满足式（23.C.7）的函数］能否在优势策略中执行的问题。但是事后效率也要求计价物不存在浪费，也就是说，要求满足**预算平衡条件**：

$$\sum_i t_i(\theta)=0\quad \text{对于所有 } \theta\in\Theta\tag{23.C.12}$$

我们现在简要考察完全事后有效率的社会选择函数［满足式（23.C.7）和式（23.C.12）的那些函数］何时能在优势策略中如实执行。

遗憾的是，在很多情形下我们不可能在优势策略中如实执行完全事后有效率的社会选择函数。例如，命题23.C.6［归功于 Green 和 Laffont（1979）］表明，如果每个参与人的可能类型集都充分大，那么任何在优势策略中如实可执行的社会选

择函数都不是事后有效率的。[①] 这个命题的证明我们略去。

命题 23.C.6：假设对于每个参与人 $i=1, \cdots, I$，$\{v_i(\cdot, \theta_i): \theta_i \in \Theta_i\} = \mathscr{V}$，也就是说，对于每个 $\theta_i \in \Theta_i$，每个可能评价函数 $v_i: K \to \mathbb{R}$ 都有可能出现，那么不存在社会选择函数 $f(\cdot) = (k^*(\cdot), t_1(\cdot), \cdots, t_I(\cdot))$ 使得 $f(\cdot)$ 在优势策略中如实可执行，而且是事后有效率的 [即，满足式（23.C.7）和式（23.C.12）]。

因此，在命题 23.C.6 的假设下，私人信息的存在意味着 I 个参与人要么容忍计价物的浪费 [即，对于某个 θ 有 $\sum_i t_i(\theta) < 0$，这与克拉克机制情形一样]，要么不再指望总能得到有效率的项目选择 [即，现在得到的项目选择 $k(\theta)$ 对于某个 θ，未必满足式（23.C.7）]。

当然，在一种特殊情形下，我们也能得到更为肯定的结果，这就是当至少一个参与人的偏好信息为大家所共知时。为了方便表达，令这个参与人为“参与人 0”；另外，令还有 I 个参与人 $i=1, \cdots, I$，这 I 个人的偏好都是私人信息（因此，现在一共有 $I+1$ 个参与人）。最简单情形当然是，参与人 0 对项目选择 k 没有偏好，也就是说，他的偏好为 $u_i(x) = \overline{m}_0 + t_0$。事实上，我们已在例 23.B.4 的拍卖问题中看到过这样的例子，在那里参与人 0 是卖者。另外一个例子出现在公共项目问题中，当公共项目只影响一部分参与人时，就是这样的（因此，参与人 0 表示不受公共项目影响的参与人群体）。

当存在这样的参与人时，事后有效率的社会选择函数仍然要求式（23.C.7）成立；但是现在只要令 $t_0(\theta) = -\sum_{i \neq 0} t_i(\theta)$ 对于所有 θ，事后效率与具有私人信息的 I 个参与人的任何转移函数 $t_1(\cdot), \cdots, t_I(\cdot)$ 就是相容的。也就是说，在这个 $I+1$ 个参与人环境中，命题 23.C.4 识别的格罗夫斯机制（其中只有参与人 $i=1, \cdots, I$ 报告他们的类型）是事后有效率的，只要我们令参与人 0 的转移为 $t_0(\theta) = -\sum_{i \neq 0} t_i(\theta)$ 对于所有 θ。在本质上，无私人信息的外部参与人 0 的存在，使得那些拥有私人信息的参与人不需要满足预算平衡条件。

然而，我们应该对这个貌似正面的结果提出警告：直到目前，我们还未考虑过参与人是否愿意参与到机制中。正如我们将在 23.E 节看到的，当参与人自愿参与时，即使存在这样的参与人 0，也可能不存在在优势策略中可执行的事后有效率社会选择函数。

可微情形

我们经常会遇到下列情形：$K = \mathbb{R}$；函数 $v_i(\cdot, \theta_i)$ 是二次连续可微的，而且在所有 (k, θ_i) 上，$\partial^2 v_i(k, \theta_i)/\partial k^2 < 0$，$\partial^2 v_i(k, \theta_i)/\partial k \partial\theta_i \neq 0$；以及每个 θ_i 是从区间 $[\underline{\theta}_i$，

① 另外一个否定结果，参见本节末尾的相关讨论与习题 23.C.10。

$\bar{\theta}_i]\subset\mathbb{R}$（其中 $\underline{\theta}_i\neq\bar{\theta}_i$）上抽取出的。在这种情形下，关于社会选择函数集有很多值得探讨的地方。习题 23. C. 9 详细说明了这一点。在此处，我们主要证明，在这个环境中，如何轻松地得到前文的一些结果。

首先注意到，对于任何连续可微的社会选择函数 $f(\cdot)=(k(\cdot),\ t_1(\cdot),\ \cdots,\ t_I(\cdot))$，如果如实报告是参与人 i 的一个优势策略，那么参与人 i 的一阶条件意味着，对于所有 θ_{-i}，在所有 $\theta_i\in(\underline{\theta}_i,\ \bar{\theta}_i)$ 上，我们均有

$$\frac{\partial v_i(k(\theta_i,\theta_{-i}),\theta_i)}{\partial k}\frac{\partial k(\theta_i,\theta_{-i})}{\partial\theta_i}+\frac{\partial t_i(\theta_i,\theta_{-i})}{\partial\theta_i}=0 \tag{23. C. 13}$$

将式（23. C. 13）关于变量 θ_i 微分，这意味着对于所有类型组合（θ_i，θ_{-i}），我们均有

$$t_i(\theta_i,\theta_{-i})=t_i(\underline{\theta}_i,\theta_{-i})-\int_{\underline{\theta}_i}^{\theta_i}\frac{\partial v_i(k(s,\theta_{-i}),s)}{\partial k}\frac{\partial k(s,\theta_{-i})}{\partial s}ds \tag{23. C. 14}$$

现在考虑满足式（23. C. 7）的任何社会选择函数 $f(\cdot)=(k^*(\cdot),\ t_1(\cdot),\ \cdots,\ t_I(\cdot))$。在我们当前的假设条件下，$k^*(\cdot)$ 必定满足：对于所有 θ，

$$\sum_{j=1}^{I}\frac{\partial v_j(k^*(\theta),\theta_j)}{\partial k}=0 \tag{23. C. 15}$$

而且，使用隐函数定理和我们对函数 $v_i(\cdot)$ 所做的假设，可知 $k^*(\cdot)$ 是连续可微的，而且它有着非零偏导数 $\partial k^*(\theta)/\partial\theta_i\neq0$ 对于所有 i。

现在我们使用式（23. C. 15）替换式（23. C. 14）中的 $\partial v_i(k^*(s,\ \theta_{-i}),\ s)/\partial k$。替换后，可知，对于所有组合（$\theta_i$，$\theta_{-i}$），

$$\begin{aligned}t_i(\theta_i,\theta_{-i})&=t_i(\underline{\theta}_i,\theta_{-i})+\int_{\underline{\theta}_i}^{\theta_i}\Big(\sum_{j\neq i}\frac{\partial v_j(k^*(s,\theta_{-i}),\theta_j)}{\partial k}\Big)\frac{\partial k(s,\theta_{-i})}{\partial s}ds\\&=t_i(\underline{\theta}_i,\theta_{-i})+\int_{k^*(\underline{\theta}_i,\theta_{-i})}^{k^*(\theta_i,\theta_{-i})}\Big(\sum_{j\neq i}\frac{\partial v_j(k,\theta_j)}{\partial k}\Big)dk\\&=t_i(\underline{\theta}_i,\theta_{-i})+\sum_{j\neq i}v_j(k^*(\theta_i,\theta_{-i}),\theta_j)-\sum_{j\neq i}v_j(k^*(\underline{\theta}_i,\theta_{-i}),\theta_j)\end{aligned}$$

但这为真当且仅当 $t_i(\theta)$ 满足式（23. C. 8）。因此，在这样的环境下，格罗夫斯机制是在优势策略中如实可执行且满足式（23. C. 7）的唯一一类社会选择函数。①

现在考虑当不存在外部参与人 0 时的预算平衡问题。我们将证明，当 $I=2$ 时［对于 $I>2$，参见 Laffont 和 Maskin（1980）以及习题 23. C. 10］，在这个可微环境中，不可能满足式（23. C. 15）和预算平衡。根据式（23. C. 13）可知，对于所有 $\theta=(\theta_1,\ \theta_2)$，我们均有

$$\frac{\partial t_1(\theta)}{\partial\theta_1}=-\frac{\partial v_1(k^*(\theta),\theta_1)}{\partial k}\frac{\partial k^*(\theta)}{\partial\theta_1}$$

23

① 这个结论可以被推广到 $k^*(\cdot)$ 为连续可微的任何情形。

以及

$$\frac{\partial t_2(\theta)}{\partial \theta_2}=-\frac{\partial v_2(k^*(\theta),\theta_2)}{\partial k}\frac{\partial k^*(\theta)}{\partial \theta_2}$$

因此，对于所有 $\theta=(\theta_1, \theta_2)$，

$$-\frac{\partial^2 t_1(\theta)}{\partial \theta_1 \partial \theta_2}=\frac{\partial^2 v_1(k^*(\theta),\theta_1)}{\partial k^2}\frac{\partial k^*(\theta)}{\partial \theta_2}\frac{\partial k^*(\theta)}{\partial \theta_1}+\frac{\partial v_1(k^*(\theta),\theta_1)}{\partial k}\frac{\partial^2 k^*(\theta)}{\partial \theta_1 \partial \theta_2} \tag{23.C.16}$$

以及

$$-\frac{\partial^2 t_2(\theta)}{\partial \theta_1 \partial \theta_2}=\frac{\partial^2 v_2(k^*(\theta),\theta_2)}{\partial k^2}\frac{\partial k^*(\theta)}{\partial \theta_1}\frac{\partial k^*(\theta)}{\partial \theta_2}+\frac{\partial v_2(k^*(\theta),\theta_2)}{\partial k}\frac{\partial^2 k^*(\theta)}{\partial \theta_1 \partial \theta_2} \tag{23.C.17}$$

如果预算平衡，那么 $t_1(\theta)=-t_2(\theta)$ 对于所有 θ 均成立，因此我们必定有 $\partial^2 t_1(\theta)/\partial\theta_1\partial\theta_2=-\partial^2 t_2(\theta)/\partial\theta_1\partial\theta_2$。但这意味着，通过把式（23.C.16）和式（23.C.17）相加，并且使用式（23.C.15），即可得到

$$\left[\frac{\partial^2 v_1(k^*(\theta),\theta_1)}{\partial k^2}+\frac{\partial^2 v_2(k^*(\theta),\theta_2)}{\partial k^2}\right]\frac{\partial k^*(\theta)}{\partial \theta_1}\frac{\partial k^*(\theta)}{\partial \theta_2}=0$$

但在我们的假设条件下，这是不可能的。

23.D 贝叶斯执行

在本节，我们研究贝叶斯纳什均衡中的执行问题。① 我们始终使用 23.B 节引入的符号：

参与人类型向量 $\theta=(\theta_1, \cdots, \theta_I)$ 是根据概率密度 $\phi(\cdot)$ 从集合 $\Theta=\Theta_1\times\cdots\times\Theta_I$ 中抽取出的；给定参与人 i 的类型 θ_i，他在备选方案 X 上的伯努利效用函数为 $u_i(x, \theta_i)$。另外，为简单起见，我们记 $\theta_{-i}=(\theta_1, \cdots, \theta_{i-1}, \theta_{i+1}, \cdots, \theta_I)$ 且 $\theta=(\theta_i, \theta_{-i})$。机制 $\Gamma=(S_1, \cdots, S_I, g(\cdot))$ 是由 I 个策略集 $S_1, \cdots, S_I$ 和一个结果函数 $g: S\to X$ 组成的一个集族，其中，每个 S_i 均包含参与人 i 的可能行动（或行动计划）；$S=S_1\times\cdots\times S_I$。与 23.B 节的讨论一样，机制 $\Gamma=(S_1, \cdots, S_I, g(\cdot))$、可能的类型 $(\Theta_1, \cdots, \Theta_I)$、概率密度 $\phi(\cdot)$ 以及伯努利效用函数 $(u_1(\cdot), \cdots, u_I(\cdot))$ 定义了一个非完全信息贝叶斯博弈（参考 8.E 节）。另外，我们记 $s_{-i}=(s_1, \cdots, s_{i-1}, s_{i+1}, \cdots, s_I)$，$s=(s_i, s_{-i})$，以及 $s(\cdot)=(s_i(\cdot), s_{-i}(\cdot))$，其中 $s_{-i}(\cdot)=(s_1(\cdot), \cdots, s_{i-1}(\cdot), s_{i+1}(\cdot), \cdots, s_I(\cdot))$。

我们首先定义贝叶斯纳什均衡概念（也可参见 8.E 节），并将定义 23.B.4 改编

① 本节议题的进一步阅读材料是 Myerson（1991）以及 Fudenberg 和 Tirole（1991）。

为针对贝叶斯纳什均衡中的执行概念版本。①

定义 23.D.1：策略组合 $s^*(\cdot)=(s_1^*(\cdot),\cdots,s_I^*(\cdot))$是机制 $\Gamma=(S_1,\cdots,S_I,g(\cdot))$的一个**贝叶斯纳什均衡**，如果对于所有 i 和所有 $\theta_i\in\Theta_i$，我们有

$$E_{\theta_{-i}}[u_i(g(s_i^*(\theta_i),s_{-i}^*(\theta_{-i})),\theta_i)|\theta_i]\geqslant E_{\theta_{-i}}[u_i(g(\hat{s}_i,s_{-i}^*(\theta_{-i})),\theta_i)|\theta_i]$$

对于所有$\hat{s}_i\in S_i$ 成立。

定义 23.D.2：机制 $\Gamma=(S_1,\cdots,S_I,g(\cdot))$**在贝叶斯纳什均衡中执行了社会选择函数** $f(\cdot)$，如果机制 Γ 存在一个贝叶斯纳什均衡 $s^*(\cdot)=(s_1^*(\cdot),\cdots,s_I^*(\cdot))$，使得 $g(s^*(\theta))=f(\theta)$ 对于所有 $\theta\in\Theta$ 均成立。

与优势策略中的执行一样（参见 23.C 节），我们将看到一个社会选择函数是贝叶斯可执行的当且仅当它在定义 23.D.3 的意义上如实可执行。

定义 23.D.3：社会选择函数 $f(\cdot)$ **在贝叶斯纳什均衡中如实可执行**（truthfully implementable in Bayesian Nash equilibrium）或是**贝叶斯激励相容的**（Bayesian incentive compatible），如果 $s_i^*(\theta_i)\in\theta_i$ 对于所有 $\theta_i\in\Theta_i$ 和 $i=1,\cdots,I$ 是直接显示机制$\Gamma=(\Theta_1,\cdots,\Theta_I,f(\cdot))$的一个贝叶斯纳什均衡，也就是说，如果对于所有 $i=1,\cdots,I$ 和$\theta_i\in\Theta_i$，

$$E_{\theta_{-i}}[u_i(f(\theta_i,\theta_{-i}),\theta_i)|\theta_i]\geqslant E_{\theta_{-i}}[u_i(f(\hat{\theta}_i,\theta_{-i}),\theta_i)|\theta_i] \quad (23.D.1)$$

对于所有$\hat{\theta}_i\in\Theta_i$ 均成立。

我们之所以能直接考察 $f(\cdot)$ 是否如实可执行，是因为**贝叶斯纳什均衡的显示性原理**（revelation principle for Bayesian Nash equilibrium）表明我们可以这么做。

命题 23.D.1：**（贝叶斯纳什均衡的显示性原理）**假设存在着一个能在贝叶斯纳什均衡中执行社会选择函数 $f(\cdot)$ 的机制 $\Gamma=(S_1,\cdots,S_I,g(\cdot))$，那么 $f(\cdot)$ 在贝叶斯纳什均衡中如实可执行。

证明：如果 $\Gamma=(S_1,\cdots,S_I,g(\cdot))$在贝叶斯纳什均衡中执行了$f(\cdot)$，那么存在一个策略组合 $s^*(\cdot)=(s_1^*(\cdot),\cdots,s_I^*(\cdot))$使得 $g(s^*(\theta))=f(\theta)$ 对于所有 θ 均成立，以及使得对于所有 i 和所有 $\theta_i\in\Theta_i$，

$$E_{\theta_{-i}}[u_i(g(s_i^*(\theta_i),s_{-i}^*(\theta_{-i})),\theta_i)|\theta_i]\geqslant E_{\theta_{-i}}[u_i(g(\hat{s}_i,s_{-i}^*(\theta_{-i})),\theta_i)|\theta_i] \quad (23.D.2)$$

对于所有$\hat{s}_i\in S_i$ 均成立。条件（23.D.2）意味着，对于所有 i 和所有 $\theta_i\in\Theta_i$，我们有

$$\begin{aligned}&E_{\theta_{-i}}[u_i(g(s_i^*(\theta_i),s_{-i}^*(\theta_{-i})),\theta_i)|\theta_i]\\ \geqslant &E_{\theta_{-i}}[u_i(g(s_i^*(\hat{\theta}_i),s_{-i}^*(\theta_{-i})),\theta_i)|\theta_i]\end{aligned} \quad (23.D.3)$$

① 与 8.E 节一样，我们仅关注纯策略均衡。

对于所有$\hat{\theta}_i \in \Theta_i$ 均成立。因为 $g(s^*(\theta)) = f(\theta)$ 对于所有 θ 均成立，所以式（23.D.3）表明，对于所有 i 和所有 $\theta_i \in \Theta_i$，我们均有

$$E_{\theta_{-i}}[u_i(f(\theta_i, \theta_{-i}), \theta_i) \mid \theta_i] \geqslant E_{\theta_{-i}}[u_i(f(\hat{\theta}_i, \theta_{-i}), \theta_i) \mid \theta_i] \qquad (23.D.4)$$

对于所有$\hat{\theta}_i \in \Theta_i$ 均成立。但这正好是条件（23.D.1），即 $f(\cdot)$ 在贝叶斯纳什均衡中如实可执行的条件。■

贝叶斯纳什均衡显示性原理背后的基本思想，对应着优势策略执行的显示性原理思想（命题 23.C.1）：如果在机制 $\Gamma = (S_1, \cdots, S_I, g(\cdot))$中，每个参与人发现，当他的类型为 θ_i 时，选择 $s_i^*(\theta_i)$ 是他对其他参与人策略的最优反应，然后如果我们引入一个仲裁者，他说“告诉我你的类型 θ_i，我来为你选择 $s_i^*(\theta_i)$”，那么每个参与人将发现：给定所有其他参与人如实报告，每个参与人都会发现如实报告是他的一个最优策略。也就是说，如实报告是这个直接显示博弈的一个贝叶斯纳什均衡。

再一次地，显示性原理表明，在寻找可执行的社会选择函数集（现在为在贝叶斯纳什均衡中执行）时，我们只需要找到那些如实可执行的函数即可。[①]

我们可以立即注意到，贝叶斯执行概念严格弱于优势策略执行概念。由于任何优势策略均衡必然是个贝叶斯纳什均衡，任何可在优势策略中执行的社会选择函数，在贝叶斯纳什均衡中均必定是可执行的。在直觉上，当我们把可在优势策略中如实执行的社会选择函数 $f(\cdot)$要求的条件(23.C.3)与可在贝叶斯纳什均衡中如实执行的社会选择函数$f(\cdot)$要求的条件(23.D.1)进行比较时，我们看到，在贝叶斯执行情形下，如实报告只要能做到对于所有可能出现的类型 θ_{-i}，参与人 i 均得到最大的期望收益［参见式（23.D.1)］。相反，优势策略执行要求对于每个可能的 θ_{-i}如实报告都是参与人 i 的最优策略。因此，我们自然希望与优势策略执行相比，贝叶斯纳什均衡能执行范围更大的社会选择函数。当然，缺点是，与优势策略执行相比，我们对贝叶斯纳什均衡执行的信心不是那么足，这是因为贝叶斯纳什均衡取决于参与人（以及任何外部机制设计者）知道参与人群体类型的概率密度 $\phi(\cdot)$，也取决于参与人对彼此策略选择有着相互正确预期这个纳什假设的合理性（参见 8.D 节）。

在本节余下内容中，我们首先举例说明在贝叶斯纳什执行情形下我们的确可以执行范围更大的社会选择函数。具体地说，我们证明在 23.C 节的拟线性环境下，当参与人的类型在统计上彼此独立时，我们在贝叶斯纳什均衡中总可以执行至少一个事后有效率的社会选择函数（即，该函数有着有效率的项目选择，而且满足预算

① 注意到，我们已提前隐含地使用过命题 23.D.1，具体地说，在 14.C 节当我们研究伴有隐藏信息的委托代理问题时，我们仅关注能诱导参与人说实话的直接显示机制，这其实已使用了命题 23.D.1。正式地说，命题 23.D.1 表明，对于委托人和代理人之间的任何合同产生的均衡结果，我们都可以通过使用能诱导代理人如实显示他的类型的直接显示机制来复制（这些均衡结果）。

平衡)。在 23.C 节，我们看到这在优势策略执行中可能无法实现（参考命题 23.C.6 和本节末尾的相关讨论）。证明此事之后，我们详细考察贝叶斯可执行社会选择函数的性质，我们主要分析拟线性情形，即参与人的效用函数关于他们的类型是拟线性的。最后，我们使用这个分析，证明了拍卖的**收入等价定理**（revenue equivalence theorem）。

期望外部性机制

现在我们考察 23.C 节的拟线性环境。特别地，现在一个备选方案是个向量 $x=(k, t_1, \cdots, t_I)$，其中，k 是有限集 K 的一个元素；$t_i\in\mathbb{R}$ 是转移给参与人 i 的计价物商品（"货币"）。参与人 i 的效用函数具有下列拟线性形式

$$u_i(x,\theta_i)=v_i(k,\theta_i)+(\bar{m}_i+t_i) \tag{23.D.5}$$

其中 $\bar{m}_i$ 是参与人 i 的计价物禀赋。[①] 为简单起见，对于所有 i，我们标准化 $\bar{m}_i=0$。我们假设 I 个参与人无法向外部借贷资金，因此 $X=\{(k, t_1, \cdots, t_I): k\in K, t_i\in\mathbb{R}$ 对于所有 i，以及 $\sum_i t_i\leqslant 0\}$。在这个环境下，社会选择函数具有形式 $f(\cdot)=(k(\cdot), t_1(\cdot), \cdots, t_I(\cdot))$。注意到，如果 $f(\cdot)$ 是事后有效率的，那么对于所有 $\theta\in\Theta$，

$$\sum_i v_i(k(\theta),\theta_i)\geqslant\sum_i v_i(k,\theta_i)\quad \text{对于所有 } k\in K \tag{23.D.6}$$

和

$$\sum_i t_i(\theta)=0 \tag{23.D.7}$$

在命题 23.C.6 中，我们看到，在某些条件下，对于满足式（23.D.6）和式（23.D.7）的社会选择函数，不可能在优势策略中如实可执行。我们现在证明，当参与人的类型在统计上彼此独立［即，当概率密度 $\phi(\cdot)$ 具有形式 $\phi(\theta)=\phi_1(\theta_1)\times\cdots\times\phi_I(\theta)_I$］时，这样的社会选择函数能在贝叶斯纳什均衡中执行。[②]

为了证明此事，令 $k^*(\cdot)$ 满足式（23.D.6）。考虑一个社会选择函数 $f(\cdot)=(k^*(\cdot), t_1(\cdot), \cdots, t_I(\cdot))$，其中对于所有 $i=1, \cdots, I$，

$$t_i(\theta)=E_{\tilde{\theta}_{-i}}\Big[\sum_{j\neq i}v_j(k^*(\theta_i,\tilde{\theta}_{-i}),\tilde{\theta}_j)\Big]+h_i(\theta_{-i}) \tag{23.D.8}$$

其中，我们暂时令 $h_i(\cdot)$ 为关于 θ_{-i} 的一个任意函数。注意到，式（23.D.8）中的期望项表示当参与人 i 报告自己的类型为 θ_i 而参与人 $j\neq i$ 如实报告时，参与人 $j\neq i$ 的**期望收益**（expected benefits）。（这样，它是仅关于参与人 i 报告的类型 θ_i 的函

---

① 与 23.C 节的分析不同（参见习题 23.C.11），此处后文中的分析不仅取决于偏好在某些结果上具有拟线性形式，还取决于下列事实：在这个伯努利效用函数下，每个参与人 i 关于他货币转移上的彩票，是风险中性的。

② 关于参与人的类型是相关的（correlated）这种情形的讨论，可参见 Fudenberg 和 Tirole（1991）。

数，而不是关于参与人 $j\neq i$ 报告的类型 θ_{-i} 的函数。）因此，当参与人 i 改变自己报告的类型时他的转移改变量，正好等于这一改变对参与人 $j\neq i$ 施加的**期望外部性**(expected externality)。

我们首先证明，形如式（23. D. 8）的任何选择函数 $f(\cdot)$ 均是贝叶斯激励相容的。为了看清这一点，注意到当参与人 $j\neq i$ 如实报告他们的类型时，参与人 i 发现如实报告是他的最优策略，这是因为（记住，θ_i 和 θ_{-i} 在统计上是独立的），

$$\begin{aligned}&E_{\theta_{-i}}[v_i(k^*(\theta),\theta_i)+t_i(\theta)\,|\,\theta_i]\\&=E_{\theta_{-i}}\Big[\sum_{j=1}^{I}v_j(k^*(\theta),\theta_j)\Big]+E_{\theta_{-i}}[h_i(\theta_{-i})]\\&\geqslant E_{\theta_{-i}}\Big[\sum_{j=1}^{I}v_j(k^*(\hat{\theta}_i,\theta_{-i}),\theta_j)\Big]+E_{\theta_{-i}}[h_i(\theta_{-i})]\\&=E_{\theta_{-i}}[v_i(k^*(\hat{\theta}_i,\theta_{-i}),\theta_j)+t_i(\hat{\theta}_i,\theta_{-i})\,|\,\theta_i]\end{aligned}$$

对于所有 $\hat{\theta}_i\in\Theta_i$ 均成立。上式中的不等式可从 $k^*(\cdot)$ 满足式（23. D. 6）这一事实推出。

剩下的任务是证明，我们可以选择函数 $h_i(\cdot)$（对 $i=1$，…，I）以使得我们也满足预算平衡条件（23. D. 7）。出于表达上的方便，定义 $\xi_i(\theta_i)=E_{\tilde{\theta}_{-i}}\Big[\sum_{j\neq i}v_j(k^*(\theta_i,\tilde{\theta}_{-i}),\tilde{\theta}_j)\Big]$。现在对于 $i=1$，…，I，令

$$h_i(\theta_{-i})=-\left(\frac{1}{I-1}\right)\sum_{j\neq i}\xi_j(\theta_j) \tag{23. D. 9}$$

在选择了这些 $h_i(\cdot)$ 函数之后，我们有

$$\begin{aligned}\sum_i t_i(\theta)&=\sum_i\xi_i(\theta_i)+\sum_i h_i(\theta_{-i})\\&=\sum_i\xi_i(\theta_i)-\left(\frac{1}{I-1}\right)\sum_i\sum_{j\neq i}\xi_j(\theta_j)\\&=\sum_i\xi_i(\theta_i)-\left(\frac{1}{I-1}\right)\sum_i(I-1)\xi_i(\theta_i)\\&=0\end{aligned}$$

在直觉上，我们可以将式（23. D. 9）中的函数 $h_i(\cdot)$ 形式想象如下：我们已经看到，当参与人的类型为（θ_1，…，θ_I）时，每个参与人 $i=1$，…，I 得到的收入等于 $\xi_i(\theta_i)$ [式(23. D. 8）中的第一项]。现在，如果每个参与人对于所有其他参与人收入所分担的支出等于 $1/(I-1)$，那么给定参与人 i，他向其他 $I-1$ 个参与人支付的钱数之和为 $[1/(I-1)]\sum_{j\neq i}\xi_j(\theta_j)$，与此同时，其他 $I-1$ 个参与人支付给他的钱数之和为 $\xi_i(\theta_i)$。因此，参与人 i 得到的净转移为 $\xi_j(\theta_j)-[1/(I-1)]\sum_{j\neq i}\xi_i(\theta_i)$。

这个直接显示机制称为**期望外部性机制**（expected externality mechanism）[归

23

功于 d'Aspremont 和 Gerard-Varet（1979）以及 Arrow（1979）]。总之，我们已经证明了，当参与人的伯努利效用函数形如式（23. D. 5）而且参与人的类型在统计上彼此独立时，存在能在贝叶斯纳什均衡中可执行的事后有效率的社会选择函数。

尽管这是个有趣的结论，但它不是故事的全部，即使当我们仅考察形如式（23. D. 5）的伯努利效用函数以及在统计上独立分布的类型时。原因在于，虽然期望外部性机制执行了一个事后有效率的社会选择函数，但是它的转移函数意味着参与人在各种类型上的效用分布非常特殊，因此，我们希望考察能改变上述特殊分布的其他机制，在这样的机制中，社会选择函数可能不是事后有效率的。

这可能比较重要，原因在于，在很多情形下，参与人可以选择不参与机制，因此，对于我们想执行的任何机制来说，它们必须不仅满足激励相容约束，而且必须满足**个人理性约束**（individual rationality constraints）或称**参与约束**（participation constraints）。参与约束保证了每个参与人 i 希望自己参与机制。如果期望外部性机制不满足这些约束，我们需要考虑能满足这些约束的其他机制。关于这个问题，我们将在 23. E 节和 23. F 节进一步讨论，但是暂时地，我们只要知道下列内容即可：正因如此（以及其他原因），我们想找到在这个环境下贝叶斯可执行的所有社会选择函数。

在本节余下内容中，我们考察一种特殊但常见的情形，即参与人的偏好关于他们的类型是线性的，而且他们的类型是独立分布的。

线性效用情形下的贝叶斯激励相容

现在假设每个参与人 i 的伯努利效用函数具有下列形式

$$u_i(x,\theta_i)=\theta_i v_i(k)+(\bar{m}_i+t_i)$$

与以前一样，对于所有 i，我们标准化 $\bar{m}_i=0$。我们还假设每个参与人 i 的类型位于区间 $\Theta_i=[\underline{\theta}_i,\ \bar{\theta}_i]\subset\mathbb{R}$，其中 $\underline{\theta}_i\neq\bar{\theta}_i$；而且，参与人的类型在统计上彼此独立。我们将 θ_i 的分布函数记为 $\Phi_i(\cdot)$，我们假设与 $\Phi_i(\cdot)$ 相伴的密度为 $\phi_i(\cdot)$，其中 $\phi_i(\theta_i)>0$ 对于所有 $\theta_i\in[\underline{\theta}_i,\ \bar{\theta}_i]$。

我们首先关注社会选择函数 $f(\cdot)=(k(\cdot),\ t_1(\cdot),\ \cdots,\ t_I(\cdot))$何时是贝叶斯激励相容的，并给出它的必要且充分条件。为方便起见，记 $\bar{t}_i(\hat{\theta}_i)=E_{\theta_{-i}}[t_i(\hat{\theta}_i,\ \theta_{-i})]$；这是当参与人 i 报告他的类型为 $\hat{\theta}_i$ 而且所有其他参与人 $j\neq i$ 如实报告他们的类型时，参与人 i 的期望转移。类似地，令 $\bar{v}_i(\hat{\theta}_i)=E_{\theta_{-i}}[v_i(k(\hat{\theta}_i,\ \theta_{-i}))]$表示参与人 i 的依存于报告类型 $\hat{\theta}_i$ 的期望“收益”。由于参与人的效用函数所具有的形式，对于参与人 i，我们可以将他的类型实际为 θ_i 但他报告为 $\hat{\theta}_i$（假设所有其他参与人 $j\neq i$ 如实报告类型）时的期望效用写为[①]

① 注意到，此处参与人对他的期望收益 $\bar{v}_i$ 和期望转移 $\bar{t}_i$ 上的偏好满足一次相交性质，这一性质在 13. C 节和 14. C 节起着重要作用。

$$E_{\theta_{-i}}[u_i(f(\hat{\theta}_i,\theta_{-i}),\theta_i)\,|\,\theta_i]=\theta_i\bar{v}_i(\hat{\theta}_i)+\bar{t}_i(\hat{\theta}_i) \tag{23. D. 10}$$

为方便起见，对于每个 i，定义函数

$$U_i(\theta_i)=\theta_i\bar{v}_i(\theta_i)+\bar{t}_i(\theta_i)$$

为当参与人 i 和所有其他参与人都如实报告类型时，他从机制中得到的期望效用。它是关于参与人类型 θ_i 的函数。

命题 23. D. 2：社会选择函数 $f(\cdot)=(k(\cdot),\ t_1(\cdot),\ \cdots,\ t_I(\cdot))$是贝叶斯激励相容的，当且仅当对于所有 $i=1,\ \cdots,\ I$，

（ⅰ）$\bar{v}_i(\cdot)$ 不是递减的。　　(23. D. 11)

（ⅱ）$U_i(\theta_i)=U_i(\underline{\theta}_i)+\int_{\underline{\theta}_i}^{\theta_i}\bar{v}_i(s)ds$，对于所有 θ_i。　　(23. D. 12)

证明：（ⅰ）证必要性。贝叶斯激励相容意味着对于每个$\hat{\theta}_i>\theta_i$，我们均有

$$U_i(\theta_i)\geqslant\theta_i\bar{v}_i(\hat{\theta}_i)+\bar{t}_i(\hat{\theta}_i)=U_i(\hat{\theta}_i)+(\theta_i-\hat{\theta}_i)\hat{v}_i(\hat{\theta}_i)$$

和

$$U_i(\hat{\theta}_i)\geqslant\hat{\theta}_i\bar{v}_i(\theta_i)+\bar{t}_i(\theta_i)=U_i(\theta_i)+(\hat{\theta}_i-\theta_i)\bar{v}_i(\theta_i)$$

因此，

$$\bar{v}_i(\hat{\theta}_i)\geqslant\frac{U_i(\hat{\theta}_i)-U_i(\theta_i)}{\hat{\theta}_i-\theta_i}\geqslant\bar{v}_i(\theta_i) \tag{23. D. 13}$$

式（23. D. 13）立即意味着 $\bar{v}_i(\cdot)$ 必定不是递减的（记住，在前面我们已取 $\hat{\theta}_i>\theta_i$）。另外，在式（23. D. 13）中令$\hat{\theta}_i\to\theta_i$，这意味着对于所有 θ_i 我们均有

$$U_i'(\theta_i)=\bar{v}_i(\theta_i)$$

因此，$U_i(\theta_i)=U_i(\underline{\theta}_i)+\int_{\underline{\theta}_i}^{\theta_i}\bar{v}_i(s)ds$ 对于所有 θ_i 均成立。

（ⅱ）证充分性。考虑任何 θ_i 和 $\hat{\theta}_i$，不失一般性，令 $\theta_i>\hat{\theta}_i$。如果式（23. D. 11）和式（23. D. 12）成立，那么

$$U_i(\theta_i)-U_i(\hat{\theta}_i)=\int_{\hat{\theta}_i}^{\theta_i}\bar{v}_i(s)ds\geqslant\int_{\hat{\theta}_i}^{\theta_i}\bar{v}_i(\hat{\theta}_i)ds=(\theta_i-\hat{\theta}_i)\bar{v}_i(\hat{\theta}_i)$$

所以，

$$U_i(\theta_i)\geqslant U_i(\hat{\theta}_i)+(\theta_i-\hat{\theta}_i)\bar{v}_i(\hat{\theta}_i)=\theta_i\bar{v}_i(\hat{\theta}_i)+\bar{t}_i(\hat{\theta}_i)$$

类似地，我们有

$$U_i(\hat{\theta}_i)\geqslant U_i(\theta_i)+(\hat{\theta}_i-\theta_i)\bar{v}_i(\theta_i)=\hat{\theta}_i\bar{v}_i(\theta_i)+\bar{t}_i(\theta_i)$$

因此，$f(\cdot)$ 是贝叶斯激励相容的。■

命题 23. D. 2 表明，为了在线性环境中找到所有贝叶斯激励相容的社会选择函

数，我们可以按照下列步骤进行：首先，找出能使得每个参与人 i 的期望收益函数 $\bar{v}_i(\cdot)$ 不是递减的函数 $k(\cdot)$；其次，对于每个这样的函数，找到满足条件 (23. D. 12) 的期望转移函数 $\bar{t}_1(\cdot)$，…，$\bar{t}_I(\cdot)$。替换 $U_i(\cdot)$，这些函数正好对于 $i=1$，…，I 满足，

$$\bar{t}_i(\theta_i)=\bar{t}_i(\underline{\theta}_i)+\underline{\theta}_i v_i(\underline{\theta}_i)-\theta_i v_i(\theta_i)+\int_{\underline{\theta}_i}^{\theta_i}\bar{v}_i(s)ds$$

对于某个常数 $\bar{t}_i(\underline{\theta}_i)$ 成立。最后，选择任何转移函数 $(t_1(\theta)$，…，$t_I(\theta))$ 以使得 $E_{\theta_{-i}}[t_i(\theta_i, \theta_{-i})]=\bar{t}_i(\theta_i)$ 对于所有 θ_i 均成立。一般来说，这样的函数 $t_i(\cdot, \cdot)$ 有很多；例如，其中一种就是 $t_i(\theta_i, \theta_{-i})=\bar{t}_i(\theta_i)$。①

现在我们以例 23. B. 4 中的拍卖情形来说明上述特征性结果的含义。23. E 节和 23. F 节将进一步考察命题 23. D. 2 的含义。

拍卖：收入等价定理

我们再次考察例 23. B. 4 中的拍卖情形：参与人 0 是某个不可分割物品的卖主，该物品对他来说没有价值；参与人 1，…，I 是潜在买者。② 然而，为方便起见，我们将例 23. B. 4 中的可能备选方案集一般化，即允许拍卖品随机分配。因此，我们现在令 $y_i(\theta)$ 表示当参与人报告的类型为 $\theta=(\theta_1, \cdots, \theta_I)$ 时，买者 i 得到拍卖品的**概率**。于是，当 I 个买者的类型组合为 $\theta=(\theta_1, \cdots, \theta_I)$ 时，买者 i 的期望效用为 $\theta_i y_i(\theta)+t_i(\theta)$。注意到，买者 i 关于他的转移上的彩票以及关于拍卖品配置的彩票都是风险中性的。

这个情形对应于命题 23. D. 2 中的架构，其中我们取 $k=(y_1, \cdots, y_I)$，$K=\{(y_1, \cdots, y_I): y_i\in[0, 1]$ 对于所有 $i=1, \cdots, I$ 以及 $\sum_i y_i\leqslant 1\}$，$v_i(k)=y_i$。因此，为了使用命题 23. D. 2，我们可以记 $\bar{v}_i(\hat{\theta}_i)=\bar{y}_i(\hat{\theta}_i)$，其中 $\bar{y}_i(\hat{\theta}_i)=E_{\theta_{-i}}[y_i(\hat{\theta}_i, \theta_{i-1})]$是当参与人 $j\neq i$ 如实报告他们的类型而参与人 i 报告他的类型为 $\hat{\theta}_i$ 时，参与人 i 能得到拍卖品的概率；$U_i(\theta_i)=\theta_i\bar{y}_i(\theta_i)+\bar{t}_i(\theta_i)$。

现在我们证明一个著名结论，这就是所谓的**收入等价定理**（revenue equivalence theorem）。③

命题 23. D. 3：（收入等价定理） 在某个拍卖环境中有 I 个风险中性的买者；买者 i 对拍卖品的评价是从区间 $[\underline{\theta}_i, \bar{\theta}_i]$（其中 $\underline{\theta}_i\neq\bar{\theta}_i$）抽取出，概率密度严格为

---

① 然而，如果我们希望社会选择函数 $f(\cdot)=(k(\cdot), t_1(\cdot), \cdots, t_I(\cdot))$ 满足某些进一步的性质，例如预算平衡条件，那么对于能产生期望转移函数 $(\bar{t}_I(\theta_1), \cdots, \bar{t}_I(\theta_I))$ 的转移函数集来说，可能仅有它的子集（也许是空集）能具有这些性质。

② 需要指出，我们在拍卖情形下假设拍卖物品对卖主不具有价值，但这个假设对于收入等价定理不是必需的。（正如我们将看到的，对于不同拍卖中的卖主，这个定理都能刻画期望收入，从而对于卖主可能具有的任何效用函数来说，这个定理都成立。）然而，如果没有这个假设条件，拍卖品的卖主通常不仅仅关注他能得到的期望收入。

③ 收入等价定理有若干版本，参见 McAfee 和 McMillan (1987) 以及 Milgrom (1987)。

正，即$\phi_i(\cdot)>0$；买者类型在统计上是独立的。假设给定两个不同拍卖程序的一对贝叶斯纳什均衡以使得对于每个买者i：（i）对于$(\theta_1, \cdots, \theta_I)$的每个可能实现值，在这两个拍卖中，买者$i$得到拍卖品的概率相等；（ii）对于买者$i$，当他对拍卖品的评价位于最低可能水平时，他从这两个拍卖中得到的期望效用相等。那么对于卖主来说，这两个拍卖的这些均衡产生的期望收入是相等的。

证明：根据显示性原理，我们知道，能被任何拍卖程序的均衡（间接）执行的社会选择函数，必定是贝叶斯激励相容的。因此，我们可以通过下列方法进行证明，即证明如果在这个拍卖环境下两个贝叶斯激励相容社会选择函数有着相同的函数$(y_1(\theta), \cdots, y_I(\theta))$和相同的值$(U_1(\underline{\theta}_1), \cdots, U_I(\underline{\theta}_I))$，那么它们带给卖者的期望收入相等。

为了达到这个目的，我们从一个任意的贝叶斯激励相容机制推导卖者的期望收入表达式。首先注意到，卖者的期望收入等于$\sum_{i=1}^{I} E[-t_i(\theta)]$。现在，

$$
\begin{aligned}
E[-t_i(\theta)] &= E_{\theta_i}[-\bar{t}_i(\theta_i)] = \int_{\underline{\theta}_i}^{\bar{\theta}_i} [\bar{y}_i(\theta_i)\theta_i - U_i(\theta_i)]\phi_i(\theta_i)d\theta_i \\
&= \int_{\underline{\theta}_i}^{\bar{\theta}_i} \left(\bar{y}_i(\theta_i)\theta_i - U_i(\underline{\theta}_i) - \int_{\underline{\theta}_i}^{\theta_i}\bar{y}_i(s)ds\right)\phi_i(\theta_i)d\theta_i \\
&= \left[\int_{\underline{\theta}_i}^{\bar{\theta}_i} \left(\bar{y}_i(\theta_i)\theta_i - \int_{\underline{\theta}_i}^{\theta_i}\bar{y}_i(s)ds\right)\phi_i(\theta_i)d\theta_i\right] - U_i(\underline{\theta}_i)
\end{aligned}
$$

而且，由分部积分可知，

$$
\begin{aligned}
\int_{\underline{\theta}_i}^{\bar{\theta}_i}\left(\int_{\underline{\theta}_i}^{\theta_i}\bar{y}_i(s)ds\right)\phi_i(\theta_i)d\theta_i &= \left(\int_{\underline{\theta}_i}^{\bar{\theta}_i}\bar{y}_i(\theta_i)d\theta_i\right) - \left(\int_{\underline{\theta}_i}^{\bar{\theta}_i}\bar{y}_i(\theta_i)\Phi_i(\theta_i)d\theta_i\right) \\
&= \int_{\underline{\theta}_i}^{\bar{\theta}_i}\bar{y}_i(\theta_i)(1-\Phi_i(\theta_i))d\theta_i
\end{aligned}
$$

代换，可得

$$
E[-\bar{t}_i(\theta_i)] = \left[\int_{\underline{\theta}_i}^{\bar{\theta}_i}\bar{y}_i(\theta_i)\left(\theta_i - \frac{1-\Phi_i(\theta_i)}{\phi_i(\theta_i)}\right)\phi_i(\theta_i)d\theta_i\right] - U_i(\underline{\theta}_i) \tag{23. D. 14}
$$

或等价地，

$$
\begin{aligned}
E[-\bar{t}_i(\theta_i)] = \Bigg[\int_{\underline{\theta}_1}^{\bar{\theta}_1}\cdots\int_{\underline{\theta}_I}^{\bar{\theta}_I} & y_i(\theta_1,\cdots,\theta_I)\left(\theta_i - \frac{1-\Phi_i(\theta_i)}{\phi_i(\theta_i)}\right) \\
& \left(\prod_{j=1}^{I}\phi_j(\theta_j)\right)d\theta_I\cdots d\theta_1\Bigg] - U_i(\underline{\theta}_i)
\end{aligned} \tag{23. D. 15}
$$

因此，卖者的期望收入等于

$$
\begin{aligned}
& \left[\int_{\underline{\theta}_1}^{\bar{\theta}_1}\cdots\int_{\underline{\theta}_I}^{\bar{\theta}_I}\left[\sum_{i=1}^{I}y_i(\theta_1,\cdots,\theta_I)\left(\theta_i - \frac{1-\Phi_i(\theta_i)}{\phi_i(\theta_i)}\right)\right]\left(\prod_{j=1}^{I}\phi_j(\theta_j)\right)d\theta_I\cdots d\theta_1\right] \\
& - \sum_{i=1}^{I}U_i(\underline{\theta}_i)
\end{aligned} \tag{23. D. 16}
$$

考察式（23. D. 16）可知，对于任何两个贝叶斯激励相容社会选择函数，只要它们产生相同的函数（$y_1(\theta)$，…，$y_I(\theta)$）和相同的值（$U_1(\underline{\theta}_1)$，…，$U_I(\underline{\theta}_I)$），它们带给卖者的期望收入就是相等的。■

下面我们举例说明命题 23. D. 3 的应用。以例 23. B. 5 和例 23. B. 6 中的第一价格和第二价格密封拍卖均衡为例，其中买者的评价是从［0，1］上的均匀分布抽出的。对于这些均衡，收入等价定理的条件得以满足：在这两个拍卖中，对拍卖品评价最高的买者得到了拍卖品，对拍卖品评价为零的买者的期望效用为零。因此，收入等价定理告诉我们，在这两个拍卖的这些均衡中，卖者得到的期望收入是相等的（习题 23. D. 3 要求读者验证此事）。更一般地，可以证明，在任何**对称拍卖环境**（symmetric auction setting）（即，买者的评价是从相同的分布中独立抽取出的）中，对于第一价格密封拍卖的任何纳什均衡，以及第二价格密封拍卖的（优势策略）均衡，收入等价定理的条件都能得以满足（对称均衡的例子请参见习题 23. D. 4）。因此，由命题 23. D. 3 可知，在任何这样的环境中，第一价格和第二价格密封拍卖带给卖者的收入都是相等的。

23.E 参与约束

23. B 节到 23. D 节研究了私人信息对可执行的社会选择函数集施加的约束。然而，直到目前我们的分析一直隐含地假设每个参与人均必须参与机制设计者选择的任何机制。也就是说，参与人 i 的自行决定权受到限制，他只能在机制允许的行动中选择自己的最优行动。

然而，在很多情形下，参与人是**自愿**参与机制的。因此，对于一个社会选择函数来说，如果某个机制想要成功执行它，那么该函数必须不仅是激励相容的，而且必须满足某种**参与约束**或称**个人理性约束**。在本节，我们简要考察这些施加在可执行社会选择函数集上的额外约束。为了提供一些直觉，例 23. E. 1 说明了参与约束的存在如何限制了能成功执行的社会选择函数集。

例 23. E. 1：公共项目选择的参与约束。考虑下面公共项目选择的简单例子（回忆例 23. B. 3 对公共项目选择的讨论）。参与人必须决定是否建设某个给定的项目，因此$K=\{0,1\}$。参与人有两个：1 和 2。对于每个参与人 i，$\Theta_i=\{\underline{\theta},\bar{\theta}\}$，因此，每个参与人对该公共项目的评价要么为 $\underline{\theta}$，要么为 $\bar{\theta}$。我们假设 $\bar{\theta}>2\underline{\theta}>0$。该项目的成本为$c\in(2\underline{\theta},\bar{\theta})$。假设我们想执行有着事后有效率的项目选择的社会选择函数；也就是说，在这样的函数中，如果 θ_1 或 θ_2 等于 $\bar{\theta}$，那么 $k^*(\theta_1,\theta_2)=1$，如果 $\theta_1=\theta_2=\underline{\theta}$，那么$k^*(\theta_1,\theta_2)=0$。如果没有保证自愿参与的约束，我们在 23. C 节已经知道，在这种情形下，我们可以使用格罗夫斯机制在优势策略中执行某个这样的社会选择函数。

然而，假设每个参与人均有权在任何时候退出机制（也许是退出某个团体），而且如果他退出，他将不能得到公共项目的收益，当然他也能避免支付任何货币转移。我们能执行一个保证自愿参与而且有着事后有效率的项目选择水平的社会选择函数吗？[1] 答案是否定的。为了看清这一点，注意到如果参与人1能在任何时候退出，那么为了保证他参与，必须使得 $t_1(\underline{\theta}, \bar{\theta}) \geqslant -\underline{\theta}$。也就是说，必须使得当参与人1对项目的评价为 $\underline{\theta}$ 时，他支付的钱数不大于 $\underline{\theta}$。现在考虑当两个参与人报告他们的评价都为 $\bar{\theta}$ 时，参与人1的转移为多少：如果如实报告是优势策略，那么 $t_1(\bar{\theta}, \bar{\theta})$ 必定满足

$$\bar{\theta}k^*(\bar{\theta},\bar{\theta})+t_1(\bar{\theta},\bar{\theta})\geqslant\bar{\theta}k^*(\underline{\theta},\bar{\theta})+t_1(\underline{\theta},\bar{\theta})$$

或者，记住 $k^*(\bar{\theta}, \bar{\theta})=1$，$k^*(\underline{\theta}, \bar{\theta})=1$；在上式中替换它们，可得，

$$\bar{\theta}+t_1(\bar{\theta},\bar{\theta})\geqslant\bar{\theta}+t_1(\underline{\theta},\bar{\theta})$$

或

$$t_1(\bar{\theta},\bar{\theta})\geqslant t_1(\underline{\theta},\bar{\theta})$$

由于 $t_1(\underline{\theta}, \bar{\theta}) \geqslant -\underline{\theta}$，这意味着 $t_1(\bar{\theta}, \bar{\theta}) \geqslant -\underline{\theta}$。因此，我们断言当 $(\theta_1, \theta_2)=(\bar{\theta}, \bar{\theta})$ 时，参与人1对项目支付的钱数不大于 $\underline{\theta}$。而且，根据对称性，当 $(\theta_1, \theta_2)=(\bar{\theta}, \bar{\theta})$ 时，参与人2支付的钱数也不大于 $\underline{\theta}$，即 $t_2(\bar{\theta}, \bar{\theta}) \geqslant -\underline{\theta}$。因此，$t_1(\bar{\theta}, \bar{\theta})+t_2(\bar{\theta}, \bar{\theta}) \geqslant -2\underline{\theta}$。但如果这样，那么由于 $2\underline{\theta}<c$，可行性条件 $t_1(\bar{\theta}, \bar{\theta})+t_2(\bar{\theta}, \bar{\theta}) \leqslant -c$ 不能得到满足。因此，我们断言，当参与人能在任何时候退出机制时，不可能执行事后有效率的社会选择函数。

还要注意到，即使存在着不关心项目决策的"外部参与人"（比如"参与人0"），当他也能够在任何时候退出时，上述结论仍然成立。这是因为，为了保证参与人0参与机制，他的转移 $t_0(\theta_1, \theta_2)$ 对于 (θ_1, θ_2) 的每个实现值必定是非负的。特别地，我们必定有 $t_0(\bar{\theta}, \bar{\theta}) \geqslant 0$，因此可行性条件 $t_0(\bar{\theta}, \bar{\theta})+t_1(\bar{\theta}, \bar{\theta})+t_2(\bar{\theta}, \bar{\theta}) \leqslant -c$ 无法得到满足。■

一般来说，对于任何既定情形，参与约束可能发生在三个阶段。首先，与例23.E.1一样，一个参与人 i 能在**事后阶段**（ex post stage）退出，即在参与人已经报告了他们的类型以及 X 中的一个结果已被选择之后退出。正式地说，假设当参与人 i 的类型为 θ_i 时，他能从退出中得到的效用为 $\bar{u}_i(\theta_i)$。[2] 于是，为了保证参与人 i 的参与，我们必须满足**事后参与约束**（ex post participation constraints）或**事后个人理性约束**[3]

---

① 注意到，对于任何社会选择函数，只要它不能使得两个参与人都参与，那么这个函数必定是事后无效率的，这是因为其中一个参与人无法得到项目收益。

② 我们假设参与人 i 从退出中得到的效用仅取决于他自己的类型。

③ 我们始终假设，保证每个参与人自愿参与是最优做法。然而事实上，不失一般性，我们也可以假设：当参与人能够"不参与"时，因 I 个参与人的某个子集 I' 不参与机制而产生的任何结果（比如 x'），都应该包含在集合 X 之中。由于当子集 I' 拒绝参与时，在这个环境中我们总能够找到选择 x' 的机制，所以如果集合 X 是适当定义的，我们总能用使得所有参与人自愿参与的某个机制，来复制能导致 I' 不参与的任何机制的结果。

$$u_i(f(\theta_i,\theta_{-i}),\theta_i)\geqslant\bar{u}_i(\theta_i)\quad 对于所有(\theta_i,\theta_{-i}) \tag{23.E.1}$$

在其他环境下，参与人可能只能够在**事中阶段**（interim stage）退出机制，即在每个参与人都已经知道自己的类型但还没在机制中选择行动时退出。令 $U_i(\theta_i|f)=E_{\theta_{-i}}[u_i(f(\theta_i,\theta_{-i}),\theta_i)|\theta_i]$ 表示当参与人 i 的类型为 θ_i 时他从社会选择函数中得到的**事中期望效用**，那么当参与人 i 的类型为 θ_i 时他将参与能执行社会选择函数 $f(\cdot)$ 的机制当且仅当 $U_i(\theta_i|f)$ 不小于 $\bar{u}_i(\theta_i)$。因此，参与人 i 的**事中参与约束**（interim participation constraints）或**事中个人理性约束**要求

$$U_i(\theta_i|f)=E_{\theta_{-i}}[u_i(f(\theta_i,\theta_{-i}),\theta_i)|\theta_i]\geqslant\bar{u}_i(\theta_i)\quad 对于所有\ \theta_i \tag{23.E.2}$$

在另外一种情形下，参与人 i 可能只能在**事前阶段**（ex ante stage）拒绝参与，即在参与人知道他们的类型之前拒绝参与。令 $U_i(f)=E_{\theta_i}[U_i(\theta_i|f)]=E[u_i(f(\theta_i,\theta_{-i}),\theta_i)]$ 表示参与人 i 从执行社会选择函数 $f(\cdot)$ 的机制中得到的**事前期望效用**，那么参与人 i 的**事前参与约束**（ex ante participation constraint）或事前个人理性约束为

$$U_i(f)\geqslant E_{\theta_i}[\bar{u}_i(\theta_i)] \tag{23.E.3}$$

参与人在知道自己的类型之前同意参与机制，这种约束是事前参与约束类型。相反，当参与人在参与机制之前已经知道了自己的类型，这种约束是事中参与约束类型。① 最后，如果无法要求参与人接受机制指定的但违背他意愿的结果，这时我们面对的就是事后参与约束。②

注意到如果 $f(\cdot)$ 满足式（23.E.1），那么它满足式（23.E.2）；如果它满足式（23.E.2），那么它满足式（23.E.3）。但在另外一个方向上，这种关系未必成立，即如果 $f(\cdot)$ 满足式（23.E.3），那么它未必满足式（23.E.2），从而未必满足式（23.E.1）。因此，对于上述三种参与约束类型来说，事后参与约束施加的约束最严厉，事前参与约束最不严厉。

总之，当参与人的类型是私人信息时，能被成功执行的社会选择函数集必须不仅满足23.C节和23.D节识别的激励相容约束条件（分别在优势策略意义上或在贝叶斯纳什均衡意义上，这取决于我们使用的均衡概念），还必须满足具体环境要求的任何参与约束。

在本节余下的内容中，我们通过研究重要的**迈尔森-萨特斯韦特定理**［归功于Myerson 和 Satterthwaite（1983）］，说明参与约束对可执行社会选择函数集施加的

---

① 我们已经知道，在贝叶斯博弈中，我们假设参与人类型是从一个共知的先验密度抽取出的；事实上，这个假设的作用通常仅是描述参与人如何形成关于彼此类型的信念（参见8.E节）。也就是说，出于分析上的目的，对于参与人类型已决但仅为私人信息的情形，我们可以使用下列假设来描述：假设我们从一个共知的分布中事先随机抽取参与人类型，然而可能并不实际存在使得参与人相互作用的这样的事前阶段。

② 例如，如果机制能够导致一个参与人破产，那么破产法条款对事后效用提供了一个有效下界。

进一步限制。

迈尔森-萨特斯韦特定理

再次考虑例 23.B.4 中的双边交易。参与人 1 是某个不可分割物品的卖者，他对该物品的评价位于区间 $\Theta_1=[\underline{\theta}_1, \bar{\theta}_1]\subset\mathbb{R}$；参与人 2 是买者，他对该物品的评价位于区间$\Theta_2=[\underline{\theta}_2, \bar{\theta}_2]\subset\mathbb{R}$。这两个人对物品的评价在统计上是独立的，$\theta_i$ 的分布函数为$\Phi_i(\cdot)$，相应的密度函数为 $\phi_i(\cdot)$，其中 $\phi_i(\theta_i)>0$ 对于所有 $\theta_i\in[\underline{\theta}_i, \bar{\theta}_i]$。我们令$y_i(\theta)$ 表示当参与人类型为 $\theta=(\theta_1, \theta_2)$ 时参与人 i 得到物品的概率，因此，给定 θ，他的期望效用为 $\theta_i y_i(\theta)+t_i(\theta)$（对于所有 i 我们标准化$\overline{m}_i=0$）。

23.D 节研究的期望外部性机制表明，在这个环境中我们可以贝叶斯执行一个事后有效率的社会选择函数（在该双边交易环境下，我们可以将这个函数称为“交易规则”）。然而，当交易是自愿的时，期望的外部性机制遇到了问题。在这种情形下，对于参与人 i 来说，如果想要他参加，那么他在任何类型下从交易中得到的期望收益必定是非负的。特别地，如果类型 θ_i 的卖者想要参与能执行社会选择函数 $f(\cdot)$ 的一个机制，也就是说，如果参与这个机制对于类型 θ_i 的卖者来说是**个人理性的**，那么必定有$U_1(\theta_1|f)\geqslant\theta_1$，这是因为这个卖者如果不参与机制而是自己消费该物品，他能得到期望效用 θ_1。类似地，类型 θ_2 的买者如果拒绝参与机制，那么他得到的效用为零，因此$U_2(\theta_2|f)\geqslant 0$。遗憾的是，在期望外部性机制中，这些事中参与约束得不到满足（习题 23.E.1 要求读者验证此事）。

迈尔森-萨特斯韦特定理（Myerson-Satterthwaite theorem）告诉我们一个坏消息：当交易收益有可能发生但未必发生时[①]，不存在既满足贝叶斯激励相容约束又满足这些事中参与约束的事后有效率的社会选择函数。因此，在定理给定的条件下，私人信息和自愿参与意味着不可能实现事后效率。（习题 23.E.7 使用具体函数形式说明了这个定理。）

命题 23.E.1:（迈尔森-萨特斯韦特定理） 在某个双边交易中，买者和卖者都是风险中性的，他们对商品的评价 θ_1 和 θ_2 分别从区间 $[\underline{\theta}_1, \bar{\theta}_1]\subset\mathbb{R}$ 和 $[\underline{\theta}_2, \bar{\theta}_2]\subset\mathbb{R}$ 以严格正的概率密度独立抽取出，而且 $(\underline{\theta}_1, \bar{\theta}_1)\cap(\underline{\theta}_2, \bar{\theta}_2)\neq\varnothing$。那么不存在贝叶斯激励相容的社会选择函数使得该函数既是事后有效率的，又能给予每个买者类型和每个卖者类型非负期望交易收益。

证明： 证明分为两步：

第 1 步：对于任何贝叶斯激励相容和事中个人理性社会选择函数 $f(\cdot)=[y_1(\cdot), y_2(\cdot), t_1(\cdot), t_2(\cdot)]$，其中 $y_1(\theta_1, \theta_2)+y_2(\theta_1, \theta_2)=1$ 而且 $t_1(\theta_1, \theta_2)+t_2(\theta_1, \theta_2)=$

① 也就是说，当 $(\underline{\theta}_1, \bar{\theta}_1)\cap(\underline{\theta}_2, \bar{\theta}_2)\neq\varnothing$时（或等价地，当 $\bar{\theta}_2>\underline{\theta}_1$ 和 $\bar{\theta}_1>\underline{\theta}_2$ 时），对于 $\theta=(\theta_1, \theta_2)$ 的某个实现值，存在着交易收益，但是对于其他情形不存在交易收益。

0，我们必定有

$$\int_{\underline{\theta}_1}^{\bar{\theta}_1}\int_{\underline{\theta}_2}^{\bar{\theta}_2} y_2(\theta_1,\theta_2)\left[\left(\theta_2-\frac{1-\Phi_2(\theta_2)}{\phi_2(\theta_2)}\right)-\left(\theta_1+\frac{\Phi_1(\theta_1)}{\phi_1(\theta_1)}\right)\right]$$
$$\phi_1(\theta_1)\phi_2(\theta_2)d\theta_2 d\theta_1 \geqslant 0 \tag{23. E. 4}$$

我们在第一步的任务就是证明式（23. E. 4）成立。

为了看清这一点，回忆我们如何推导出式（23. D. 15），注意到此处我们可以再次使用这个逻辑，得到［在证明过程中我们始终把 $U_i(\theta_i|f)$ 简记为 $U_i(\theta_i)$］：

$$E[-\bar{t}_2(\theta_2)]$$
$$=\left[\int_{\underline{\theta}_1}^{\bar{\theta}_1}\int_{\underline{\theta}_2}^{\bar{\theta}_2} y_2(\theta_1,\theta_2)\left(\theta_2-\frac{1-\Phi_2(\theta_2)}{\phi_2(\theta_2)}\right)\phi_1(\theta_1)\phi_2(\theta_2)d\theta_2 d\theta_1\right]-U_2(\underline{\theta}_2) \tag{23. E. 5}$$

另外，注意到，由于式（23. D. 12）意味着

$$U_1(\underline{\theta}_1)=U_1(\bar{\theta}_1)-\int_{\underline{\theta}_1}^{\bar{\theta}_1}\int_{\underline{\theta}_2}^{\bar{\theta}_2} y_1(\theta_1,\theta_2)\phi_2(\theta_2)d\theta_2 d\theta_1$$

因此条件（23. D. 15）意味着

$$E[-\bar{t}_1(\theta_1)]$$
$$=\left[\int_{\underline{\theta}_1}^{\bar{\theta}_1}\int_{\underline{\theta}_2}^{\bar{\theta}_2} y_1(\theta_1,\theta_2)\left(\theta_1+\frac{\Phi_1(\theta_1)}{\phi_1(\theta_1)}\right)\phi_1(\theta_1)\phi_2(\theta_2)d\theta_2 d\theta_1\right]-U_1(\bar{\theta}_1) \tag{23. E. 6}$$

由于 $y_1(\theta_1, \theta_2)=1-y_2(\theta_1, \theta_2)$，将其代入式（23. E. 6）可得，

$$E[-\bar{t}_1(\theta_1)]$$
$$=\left[\int_{\underline{\theta}_1}^{\bar{\theta}_1}\int_{\underline{\theta}_2}^{\bar{\theta}_2}\left(\theta_1+\frac{\Phi_1(\theta_1)}{\phi_1(\theta_1)}\right)\phi_1(\theta_1)\phi_2(\theta_2)d\theta_2 d\theta_1\right]$$
$$-\left[\int_{\underline{\theta}_1}^{\bar{\theta}_1}\int_{\underline{\theta}_2}^{\bar{\theta}_2} y_2(\theta_1,\theta_2)\left(\theta_1+\frac{\Phi_1(\theta_1)}{\phi_1(\theta_1)}\right)\phi_1(\theta_1)\phi_2(\theta_2)d\theta_2 d\theta_1\right]-U_1(\bar{\theta}_1)$$

但是，

$$\left[\int_{\underline{\theta}_1}^{\bar{\theta}_1}\int_{\underline{\theta}_2}^{\bar{\theta}_2}\left(\theta_1+\frac{\Phi_1(\theta_1)}{\phi_1(\theta_1)}\right)\phi_1(\theta_1)\phi_2(\theta_2)d\theta_2 d\theta_1\right]$$
$$=\left[\int_{\underline{\theta}_1}^{\bar{\theta}_1}[\theta_1\phi_1(\theta_1)+\Phi_1(\theta_1)]d\theta_1\right]$$
$$=[\theta_1\Phi_1(\theta_1)]_{\underline{\theta}_1}^{\bar{\theta}_1}$$
$$=\bar{\theta}_1$$

因此，

$$E[-\bar{t}_1(\theta_1)]=\bar{\theta}_1-\left[\int_{\underline{\theta}_1}^{\bar{\theta}_1}\int_{\underline{\theta}_2}^{\bar{\theta}_2} y_2(\theta_1,\theta_2)\left(\theta_1+\frac{\Phi_1(\theta_1)}{\phi_1(\theta_1)}\right)\right.$$

23

$$\phi_1(\theta_1)\phi_2(\theta_2)d\theta_2 d\theta_1] - U_1(\bar{\theta}_1) \tag{23. E. 7}$$

现在，$t_1(\theta_1, \theta_2)+t_2(\theta_1, \theta_2)=0$ 这个事实意味着 $E[-t_1(\theta_1, \theta_2)]+E[-t_2(\theta_1, \theta_2)]=0$。因此，把式（23. E. 5）和式（23. E. 7）相加可得

$$[U_1(\bar{\theta}_1)-\bar{\theta}_1]+U_2(\underline{\theta}_2)$$
$$=\int_{\underline{\theta}_1}^{\bar{\theta}_1}\int_{\underline{\theta}_2}^{\bar{\theta}_2} y_2(\theta_1,\theta_2)\left[\left(\theta_2-\frac{1-\Phi_2(\theta_2)}{\phi_2(\theta_2)}\right)-\left(\theta_1+\frac{\Phi_1(\theta_1)}{\phi_1(\theta_1)}\right)\right]\phi_1(\theta_1)\phi_2(\theta_2)d\theta_2 d\theta_1$$

但是，个人理性意味着 $U_1(\bar{\theta}_1)\geqslant\bar{\theta}_1$ 和 $U_2(\underline{\theta}_2)\geqslant 0$，这样我们就证明了式（23. E. 4）。

第 2 步：当 $\theta_2>\theta_1$ 时若 $y_2(\theta_1, \theta_2)=1$，或当 $\theta_2<\theta_1$ 时若 $y_2(\theta_1, \theta_2)=0$，则条件（23. E. 4）不成立。

反证法。假设它成立，那么式（23. E. 4）左侧可以写为

$$\int_{\underline{\theta}_2}^{\bar{q}}\int_{\underline{\theta}_1}^{\mathrm{Min}\{\theta_2,\bar{q}\}}\left[\left(\theta_2-\frac{1-\Phi_2(\theta_2)}{\phi_2(\theta_2)}-\theta_1\right)\phi_1(\theta_1)-\Phi_1(\theta_1)\right]\phi_2(\theta_2)d\theta_1 d\theta_2$$
$$=\int_{\underline{\theta}_2}^{\bar{q}}\left[\left(\theta_2-\frac{1-\Phi_2(\theta_2)}{\phi_2(\theta_2)}-\theta_1\right)\Phi_1(\theta_1)\right]_{\underline{\theta}_1}^{\mathrm{Min}\{\theta_2,\bar{q}\}}\phi_2(\theta_2)d\theta_2$$
$$=\int_{\underline{\theta}_2}^{\bar{q}}\left[\left(\theta_2-\frac{1-\Phi_2(\theta_2)}{\phi_2(\theta_2)}-\mathrm{Min}\{\theta_2,\bar{\theta}_1\}\right)\Phi_1(\mathrm{Min}\{\theta_2,\bar{\theta}_1\})\right]\phi_2(\theta_2)d\theta_2$$
$$=-\int_{\underline{\theta}_2}^{\bar{q}}[1-\Phi_2(\theta_2)]\Phi_1(\theta_2)d\theta_2+\int_{\underline{\theta}_1}^{\bar{q}}[(\theta_2-\bar{\theta}_1)\phi_2(\theta_2)+(\Phi_2(\theta_2)-1)]d\theta_2$$
$$=-\int_{\underline{\theta}_1}^{\bar{q}}[1-\Phi_2(\theta_2)]\Phi_1(\theta_2)d\theta_2+[(\theta_2-\bar{\theta}_1)(\Phi_2(\theta_2)-1)]_{\bar{q}}^{\bar{q}}$$
$$=-\int_{\underline{\theta}_2}^{\bar{q}}[1-\Phi_2(\theta_2)]\Phi_1(\theta_2)d\theta_2<0$$

其中不等式成立的原因在于 $\bar{\theta}_1>\underline{\theta}_2$ 和 $\underline{\theta}_1<\bar{\theta}_2$。这与式（23. E. 4）矛盾。这样，我们就完成了命题 23. E. 1 的证明。■

根据贝叶斯纳什均衡（命题 23. D. 1）可知，迈尔森-萨特斯韦特定理的含义是：考虑规定了买卖双方交易程序的任何自愿交易制度。这样的交易制度包括，比如，允许交易双方要约和反要约的任何议价程序，或者允许交易双方将他们的类型告诉第三方，然后第三方决定是否进行交易以及在什么样的价格上进行交易的任何仲裁机制。① 根据显示性原理可知，能在这样机制的贝叶斯纳什均衡中间接执行的

① 严格地说，若想直接使用命题 23. E. 1，交货和消费时期必须是固定的（因此，我们不能依靠第 9 章附录 A 研究的议价程序）。但是，如果对命题 23. E. 1 进行适当解释，那么这个命题可以应用于交易实时发生的情形，在这种情形下，交货很重要，交货时期也很重要（具体细节可以参考习题 23. E. 4）。

社会选择函数，必定是贝叶斯激励相容的。[①] 而且，由于参与是自愿的，所以这个社会选择函数 $f(\cdot)$ 必定满足事中个人理性约束，即满足 $U_1(\theta_1|f)\geqslant\theta_1$ 对于所有 θ_1 和 $U_2(\theta_2|f)\geqslant 0$ 对于所有 θ_2。因此，迈尔森-萨特斯韦特定理表明，在该定理给出的假设条件下，任何自愿交易制度都不存在能对买卖双方评价的所有实现值产生事后有效率结果的贝叶斯纳什均衡。

23.F　最优贝叶斯机制

在 23.B 节和 23.E 节我们考察的是，在参与人偏好是不完全信息情形下，如何识别可执行社会选择函数。在本节，我们转而考察可执行社会福利函数的福利评价问题。我们首先发展若干福利标准，这些标准把本书中一直使用的完全信息情形下的帕累托效率概念扩展到不完全信息情形。有了这些福利概念之后，我们开始讨论几个例子，它们说明了最优社会选择函数的特征（从而说明了能执行最优社会选择函数的最优直接显示机制的含义）。在本节，我们始终关注 23.D 节研究的贝叶斯纳什均衡中的执行问题。除非特别指明，我们也使用 23.D 节的假设条件和符号。本节内容的进一步参考资料为 Holmstrom 和 Myerson (1983)，Myerson (1991) 以及 Fudenberg 和 Tirole (1991)。

对于参与人的偏好确定可知的经济来说，帕累托效率（或帕累托最优）概念是任何福利最优结果 $x\in X$ 都应该通过的最低检验标准：不应该存在其他可行结果 $\hat{x}\in X$，使得与结果 x 相比，在结果 $\hat{x}$ 中一些参与人状况严格变好而且任何参与人状况都没变差。

这个福利标准若扩展到不完全信息情形的社会选择函数，则是下面这样的：

> 社会选择函数 $f(\cdot)$ 是有效率的，如果它是可行的，而且如果不存在其他可行社会选择函数从而使得一些参与人的状况严格变好以及任何参与人的状况都没变差。

然而，为了实施这个思想，我们需要明确两件事：首先，对于“可行的”社会选择函数，这里的“可行的”到底是什么意思？其次，对于不存在其他可行的社会选择函数从而“使得一些参与人的状况严格变好以及任何参与人的状况都没变差”，引号中的话到底是什么意思？

我们首先考虑第一个问题。在 23.D 节和 23.E 节，我们已经详细讨论了在参与人的偏好为私人信息情形下，如何识别可行社会选择函数集的问题。假设我们定义集合

$$F_{BIC}=\{f:\Theta\to X: f(\cdot)\text{是贝叶斯激励相容的}\}\tag{23.F.1}$$

① 因此，在任何完美贝叶斯或序贯均衡中（参见 9.C 节）执行的社会选择函数，必定是贝叶斯激励相容的。

在任何特定情形下，集合 F_{BIC} 的元素都是满足条件（23. D. 1）的社会选择函数*，这个条件保证了直接显示机制 $\Gamma=(\Theta_1, \cdots, \Theta_I, f(\cdot))$ 存在着贝叶斯纳什均衡，在这个均衡中，如实报告是每个参与人的均衡策略。

类似地，根据 23. E 节的讨论，我们也可以定义集合

$$F_{IR}=\{f: \Theta \rightarrow X: f(\cdot)\text{是个人理性的}\} \tag{23. F. 2}$$

集合 F_{IR} 的元素是满足三种个人理性约束或称参与约束（23. E. 1）～（23. E. 3）的社会选择函数，具体满足哪种取决于具体研究情形。如果不涉及任何一种个人理性约束（即，如果参与人的参与不是自愿的），那么我们有 $F_{IR}=\{f: \Theta \rightarrow X\}$，这是由所有可能社会选择函数组成的集合。

因此，在 23. D 节和 23. E 节中，参与人类型是私人信息情形下的可行社会选择函数，正好是 $F^*=F_{BIC}\cap F_{IR}$。遵循 Myerson（1991），我们将 F^* 称为**激励可行集**（incentive feasible set），目的在于强调，它是在不完全信息情形下，必须满足激励相容条件的可行社会选择函数集。

现在考虑第二个问题：对于不存在其他可行的社会选择函数从而“使得一些参与人的状况严格变好以及任何参与人的状况都没变差”，引号中的话到底是什么意思？此处最重要的问题与我们福利分析的**时点**有关。特别地，福利分析发生在参与人（私下地）知道自己的类型**之前**还是**之后**？前者等价于在 23. E 节所谓的**事前阶段**（在这个时点参与人还不知道他们的类型）进行的福利分析；后者对应于 23. E 节所谓的**事中阶段**（这个时点在每个参与人知道自己的类型之后，但在参与人类型被公开披露之前）。为了正式定义在这两种情形下发生的不同福利标准，我们再次以 $U_i(\theta_i|f)$ 表示当参与人 i 的类型为 θ_i 时，他从社会选择函数 $f(\cdot)$ 中得到的期望效用。我们继续以 $U_i(f)=E_{\theta_i}[U_i(\theta_i|f)]$ 表示参与人 i 从社会选择函数 $f(\cdot)$ 中得到的事前期望效用。现在给出定义 23. F. 1 和定义 23. F. 2。

定义 23. F. 1：给定任何可行社会选择函数集 F，社会选择函数 $f(\cdot)\in F$ 在 F 中是**事前有效率的**，如果不存在 $\hat{f}(\cdot)\in F$ 使得：$U_i(\hat{f})\geqslant U_i(f)$ 对于所有 $i=1, \cdots, I$ 和 $U_i(\hat{f})>U_i(f)$ 对于某个 i。

定义 23. F. 2：给定任何可行社会选择函数集 F，社会选择函数 $f(\cdot)\in F$ 在 F 中是**事中有效率的**，如果不存在 $\hat{f}(\cdot)\in F$ 使得：$U_i(\theta_i|\hat{f})\geqslant U_i(\theta_i|f)$ 对于所有 $\theta_i\in\Theta_i$ 和所有 $i=1, \cdots, I$，以及 $U_i(\theta_i|\hat{f})>U_i(\theta_i|f)$ 对于某个 i 和 $\theta_i\in\Theta_i$。

事前效率检验的思想非常直观：如果参与人还不知道自己的类型，那么当我们比较两个可行的社会选择函数时，我们应该使用参与人在他的所有可能类型上的期望效用来评估他的福利状况。然而，当我们的福利分析发生在参与人已经（私下

* 集合 F_{BIC} 的下标“BIC”是“Bayesian incentive compatible”（贝叶斯激励相容的）的首字母缩写；类似地，后文中集合 F_{IR} 的下标“IR”是“individually rational”（个人理性的）的首字母缩写。——译者注

地）知道自己的类型之后，事情稍微有些棘手。尽管每个参与人都知道自己的类型，但作为局外人的我们不知道他们的类型。因此，当我们说：一个社会选择函数 $\hat{f}(\cdot)$ 在福利上优于另外一个社会选择函数 $f(\cdot)$ 时，我们的意思是：与 $f(\cdot)$ 相比，$\hat{f}(\cdot)$ 使得每个参与人在所有可能类型上的状况均没有变差，而且使得某些类型的某些参与人的状况严格变好。这样我们就得到了定义 23. F. 2 中的事中效率概念。

命题 23. F. 1 比较了这两个效率概念。

命题 23. F. 1：给定任何可行社会选择函数集 F，如果社会选择函数 $f(\cdot)\in F$ 在 F 中是事前有效率的，那么它在 F 中也是事中有效率的。

证明：反证法。假设 $f(\cdot)$ 在 F 中是事前有效率的但不是事中有效率的。于是存在一个 $\hat{f}(\cdot)\in F$ 使得 $U_i(\theta_i|\hat{f})\geqslant U_i(\theta_i|f)$ 对于所有 $\theta_i\in\Theta_i$ 和所有 $i=1,\cdots,I$，以及 $U_i(\theta_i|\hat{f})>U_i(\theta_i|f)$ 对于某个 i 和 $\theta_i\in\Theta_i$。但是由于对于所有 i，$U_i(f)=E_{\theta_i}[U_i(\theta_i|f)]$ 和 $U_i(\hat{f})=E_{\theta_i}[U_i(\theta_i|\hat{f})]$，所以我们有 $U_i(\hat{f})\geqslant U_i(f)$ 对于所有 $i=1,\cdots,I$，以及 $U_i(\hat{f})>U_i(f)$ 对于某个 i，但这与 $f(\cdot)$ 在 F 中是事前有效率的这个事实矛盾。■

事前效率概念比事中效率要求更严［因此，对于社会选择函数 $f(\cdot)$ 来说，即使它能通过事中效率检验，也未必能通过事前效率检验］，这是因为相对于社会选择函数 $f(\cdot)$ 来说，$\hat{f}(\cdot)$ 能提高每个参与人的事前期望效用，尽管 $\hat{f}(\cdot)$ 可能导致某个类型的某个参与人在 $\hat{f}(\cdot)$ 下的期望效用小于在 $f(\cdot)$ 下的。

根据上面的所有分析，我们可以断言，当我们在进行福利分析时如果参与人的类型已决，那么在不完全信息情形下，社会选择函数中的合理效率概念是 F^* 内的事中效率，F^* 是由满足贝叶斯激励相容和个人理性的社会选择函数组成的集合。[①] 另外，如果我们的福利分析是在参与人知道自己的类型之前进行的，那么合适的效率概念是 F^* 中的事前效率。[②] 这两个概念通常分别简称为**事前激励效率**（ex ante incentive efficiency）和**事中激励效率**（interim incentive efficiency）［这两个术语源于 Holmstrom 和 Myerson（1983）］，其中修饰词“激励”在于提示我们，我们使用的是集合 F^*。[③]

这两个效率概念与定义 23. B. 2 引入的事后效率概念不同。为了看清它们之间的关系，定义 23. F. 3 按照定义 23. F. 1 和定义 23. F. 2 的方式给出了事后效率的

---

① 这些情形对应于 8. E 节描述的情形，其中，参与人类型是从公共可知的先验分布中抽取出的这个假设，仅用于描述参与人如何形成关于彼此类型的信念。我们不能把这些情形视为在某个实际事前时间上参与人可能已相互作用或我们的福利分析可能已经完成。

② 这种情形通常出现在签订合同的问题中，在签订合同时，参与人预期他们后来能获得关于他们类型的私人信息。在这种情形下，在比较不同合同（即，不同机制）时所使用的福利标准，自然是事前效率标准。14. C 节研究的委托代理模型和例 23. F. 1 都是这样的例子。

③ 然而，由于个人理性约束的类型取决于具体情形，因此更准确的做法是，说明在什么样的集合 F 中评估效率。

概念。

定义 23. F. 3：给定任何可行社会选择函数集 F，社会选择函数 $f(\cdot)\in F$ 在 F 中是**事前有效率的**，如果不存在 $\hat{f}(\cdot)\in F$ 使得：$u_i(\hat{f}(\theta), \theta_i)\geqslant u_i(f(\theta), \theta_i)$ 对于所有 $i=1, \cdots, I$ 和所有 $\theta\in\Theta$，以及 $u_i(\hat{f}(\theta), \theta_i)>u_i(f(\theta), \theta_i)$ 对于某个 i 和 $\theta\in\Theta$。

定义 23. F. 3 中的事后效率检验，在事后阶段进行福利评估，即在所有参与人的信息已公开披露时进行。使用这个定义，我们看到，社会选择函数 $f(\cdot)$ 在定义 23. B. 2 的意义上是事后有效率的当且仅当它在定义 23. F. 3 的意义上是有效率的，其中我们取 $F=\{f: \Theta\to X\}$。

注意到，当存在个人理性约束时，$\{f: \Theta\to X\}$ 内的事后效率标准，或更一般地，集合 F_{IR} 内的事后效率标准，忽略了激励相容问题。因此，只有在参与人类型实际公开可观知时，它才能作为合适的福利标准。由于 $F^*\subset F_{IR}$，对于某个配置来说，即使它是事前激励效率的或事中激励效率的，也未必是事后有效率的。事实上，迈尔森-萨特斯韦特定理（定理 23. E. 1）说明了双边交易环境中发生的这种现象：在该定理的假设条件下，F^* 中的任何元素都不是事后有效率的。例 23. F. 1 到例 23. F. 3 进一步作出了说明。（在参与人类型为私人信息情形下，事后效率仍是个有用的概念，参见习题 23. F. 1。）

还要注意到，即使在参与人类型是公共信息的情形下，在 F_{IR} 内的事后效率仅在参与人类型是已决的条件下才是合适的福利标准。当我们的福利分析发生在参与人知道他们的类型之前时，合适的福利标准概念是更强的标准：$f(\cdot)$ 在 F_{IR} 内是事前有效率的。这两个概念有时分别称为**事后古典效率**（ex post classical efficiency）和**事前古典效率**（ex ante classical efficiency）[也是源于 Holmstrom 和 Myerson (1983)]，它们被用于说明我们所定义的可行社会选择函数集不涉及激励约束。

在本节余下内容中，我们考察三个例子，这些例子刻画了福利最优社会选择函数的特征。在例 23. F. 1 和例 23. F. 2 中，我们假设一个没有得到私人信息的参与人，在满足另外一个参与人的激励相容约束和事中个人理性约束条件下，选择能使得他自己的期望效用最大的机制。因此，这两个例子描述了一类特别的事中激励效率机制的特征。在例 23. F. 3 中，我们使用一个伴有逆向选择的双边交易环境，来完全描述事中和事前激励效率社会选择函数的特征。

例 23. F. 1：伴有隐藏信息的委托代理问题。在 14. C 节，我们以参与人有两种可能类型为例研究了伴有隐藏信息的委托代理问题。此处我们考察的情形是参与人的类型可能是个连续统。我们在 14. C 节已经知道，在伴有隐藏信息的委托代理问题中，委托人面对着为逐渐获得私人信息的代理人设计最优（即，收益最大化的）合同问题。

在做此事时，委托人面对着激励约束和代理人的保留效用约束。我们在 14. C 节已经知道，在代理人极端厌恶风险的极限情形下，委托人必须保证对于代理人可能具有的任何类型，代理人都能获得他的保留效用，因此这个合同问题等价于下列合同问题：在签订合同时，代理人已经知道他自己的类型。在这里，我们将直接使用这些术语进行描述，假设在签订合同时代理人已经获得这个信息。在这种情形下，我们可以将委托人的最优合同视为：执行一种特殊的事中激励效率社会选择函数。（在代理人在签订合同时不知道自己的类型而且代理人极端厌恶风险情形下，这个社会选择函数也是事前激励效率的。）

我们假设代理人（参与人1）能够采取某个可观知的行动 $e\in\mathbb{R}_+$（他的"努力"水平或"任务"水平），他从委托人那里得到的货币支付为 t_1。代理人的类型是从区间 $[\underline{\theta},\bar{\theta}]$（其中 $\underline{\theta}<\bar{\theta}<0$）根据分布函数 $\Phi(\cdot)$ 抽取出的，$\Phi(\cdot)$ 的密度函数 $\phi(\cdot)$ 在 $[\underline{\theta},\bar{\theta}]$ 上严格为正。我们假设这个分布满足性质：$[\theta-((1-\Phi(\theta))/\phi(\theta))]$关于 θ 为非递减的。[①]

当代理人的类型为 θ 时他的伯努利效用函数为 $u_1(e,t_1,\theta)=t_1+\theta g(e)$，其中 $g(\cdot)$ 是个可微函数，其中，$g(0)=0$；对于 $e>0$，$g(e)>0$；$g'(0)=0$；对于 $e>0$，$g'(e)>0$；以及 $g''(\cdot)>0$；也就是说，$\theta g(e)$ 代表代理人因努力而产生的痛苦（记住，$\theta<0$），随着努力水平增高而增大。注意到，在任何努力水平 e 上，θ 越大（即，θ 的绝对值越小），代理人的总痛苦水平和边际效用水平越小。正如上文所指出的，我们假设委托人必须保证代理人在每个可能类型下得到至少为 $\bar{u}$ 的期望效用水平。

委托人（参与人0）没有私人信息。他的伯努利效用函数为 $u_0(e,t_0)=v(e)+t_0$，其中，t_0 是他的净转移，$v(\cdot)$ 是个可微函数，$v'(\cdot)>0$，$v''(\cdot)<0$。

委托人和代理人之间的合同可以视为我们在本章使用的机制。根据贝叶斯纳什均衡的显示性原理（命题23.D.1），由这样的合同产生的均衡结果（正式地说，它是将每种可能代理人类型映入努力水平和转移水平的社会选择函数），总能够通过能诱导代理人如实报告的直接显示机制来复制。因此，委托人在寻找最优合同时，可以仅关注能满足代理人参与约束的贝叶斯激励相容社会选择函数集 $f(\cdot)=(e(\cdot),t_0(\cdot),t_1(\cdot))$，参与约束是指 $f(\cdot)$ 能保证代理人对于 θ 的每个可能值都能获得至少为 $\bar{u}$ 的期望效用。在下面，我们在寻找委托人的最优合同时，将（不失一般性地）仅关注满足 $t_0(\theta)=-t_1(\theta)$ 对于所有 θ 成立的合同（即，合同不存在计价物浪费）。

因此，我们可以将委托人的问题表达为

$$\begin{aligned}&\underset{f(\cdot)=(e(\cdot),t_1(\cdot))}{\mathrm{Max}}\quad E[v(e(\theta))-t_1(\theta)]\\&\text{s.t. } f(\cdot)\text{是贝叶斯激励相容和个人理性的}\end{aligned}$$

上述模型属于23.D节研究的线性效用模型类型［具体地说，以命题23.D.2的符号表示，此处：$k=e$，$v_1(k)=g(e)$ 和 $\bar{v}_1(\theta)=g(e(\theta))$］。令 $U_1(\theta)=t_1(\theta)+\theta g(e(\theta))$表示当代理人的类型为 θ 而且如实报告时他的效用，我们可以使用命题23.D.2将委托人问题重述为：选择函数 $e(\cdot)$ 和 $U_1(\cdot)$ 使得下列问题达到最大值

① 当这个假设得不到满足时，我们的分析将发生变化，Fudenberg 和 Tirole（1991）讨论了这种变化。

$$\underset{e(\cdot),U_1(\cdot)}{\text{Max}}\ E[v(e(\theta))+\theta g(e(\theta))-U_1(\theta)]$$

$$\begin{aligned}\text{s.t.}\quad & (\text{i})\ e(\cdot)\text{为非递减的} \\ & (\text{ii})\ U_1(\theta)=U_1(\underline{\theta})+\int_{\underline{\theta}}^{\theta} g(e(s))ds\ \text{对于所有}\ \theta \\ & (\text{iii})\ U_1(\theta)\geqslant\bar{u}\ \text{对于所有}\ \theta\end{aligned} \tag{23. F. 3}$$

条件（ⅰ）和（ⅱ）是委托人的合同是贝叶斯激励相容的必要且充分条件，这两个条件改编自命题 23. D. 2［约束（ⅰ）成立，这是因为 $g(\cdot)$ 为非递减的］，而约束（ⅲ）是代理人的个人理性约束。

首先注意到，如果约束（ⅱ）得以满足，那么约束（ⅲ）将得以满足当且仅当 $U_1(\underline{\theta})\geqslant\bar{u}$。因此，我们可以将约束（ⅲ）替换为

$$(\text{iii}')\ U_1(\underline{\theta})\geqslant\bar{u}$$

其次，使用约束（ⅱ）替换目标函数中的 $U_1(\bar{\theta})$，然后使用类似推导式（23. D. 14）的逻辑进行分部积分，问题（23. F. 3）可以重述为

$$\underset{e(\cdot),U_1(\underline{\theta})}{\text{Max}}\left[\int_{\underline{\theta}}^{\bar{\theta}}\left\{v(e(\theta))+g(e(\theta))\left(\theta-\frac{1-\Phi(\theta)}{\phi(\theta)}\right)\right\}\phi(\theta)d\theta\right]-U_1(\underline{\theta}) \tag{23. F. 4}$$

$$\begin{aligned}\text{s.t.}\quad & (\text{i})\ e(\cdot)\text{为非递减的} \\ & (\text{iii}')\ U_1(\underline{\theta})\geqslant\bar{u}\end{aligned}$$

现在由式（23. F. 4）立即可知，对于任何解，我们必定有 $U_1(\underline{\theta})=\bar{u}$。因此，我们可以将委托人的问题表达为：选择 $e(\cdot)$ 使得

$$\underset{e(\cdot)}{\text{Max}}\left[\int_{\underline{\theta}}^{\bar{\theta}}\left\{v(e(\theta))+g(e(\theta))\left(\theta-\frac{1-\Phi(\theta)}{\phi(\theta)}\right)\right\}\phi(\theta)d\theta\right]-\bar{u} \tag{23. F. 5}$$

$$\text{s.t.}\quad (\text{i})\ e(\cdot)\text{为非递减的}$$

我们暂时忽略约束条件（ⅰ），这样问题（23. F. 5）就变成了一个无约束的最大化问题。对于这个问题，最优函数 $e(\cdot)$ 必定满足一阶条件[①]

$$v'(e(\theta))+g'(e(\theta))\left(\theta-\frac{1-\Phi(\theta)}{\phi(\theta)}\right)=0\quad\text{对于所有}\ \theta \tag{23. F. 6}$$

但是注意到，由于我们假设$[\theta-((1-\Phi(\theta))/\phi(\theta))]$关于 θ 为非递减的，对式（23. F. 6）运用隐函数定理可知，这个无约束最大化问题的任何解 $e(\cdot)$ 必定为非递减的。因此，式（23. F. 6）刻画了委托人约束最大化问题的解（参考数学附录 M. K 节）。于是在式（23. F. 3）中的约束条件（ⅱ）使用最优的 $e(\cdot)$ 以及 $U_1(\underline{\theta})=\bar{u}$ 这个事实，我们可以求出最优的 $U_1(\cdot)$［从而求出 $t_1(\cdot)$］。

下面我们将这个解与代理人类型可观知情形的最优合同进行比较。后面这个最优合同是

23

① 可以证明，在我们的假设条件下，最优合同是个内部解，也就是说，我们有 $e(\theta)>0$ 对于（几乎所有）θ。

下列问题的解

$$\underset{e(\cdot),t_1(\cdot)}{\text{Max}}\ E[v(e(\theta))-t_1(\theta)]$$
$$\text{s.t.}\quad t_1(\theta)+\theta g(e(\theta))\geqslant \bar{u}\ \text{对于所有}\ \theta$$

因此，在这个完全信息合同中，最优任务水平 $e^*(\theta)$ 满足

$$v'(e^*(\theta))+g'(e^*(\theta))\theta=0$$

对于所有 θ 均成立。注意到，$e^*(\theta)$ 是出现在任何事后（古典）效率社会选择函数中的任务水平。相反，当 θ 是私人信息时，委托人的最优 $e(\cdot)$ 满足

$$v'(e(\theta))+g'(e(\theta))\theta\begin{cases}>0 & \text{对于所有}\ \theta<\bar{\theta}\\ =0 & \text{对于}\ \theta=\bar{\theta}\end{cases}$$

于是我们看到 $e(\theta)<e^*(\theta)$ 对于所有 $\theta<\bar{\theta}$，以及 $e(\bar{\theta})=e^*(\bar{\theta})$。这个结果与 14.C 节参与人（代理人）的类型为两种情形的结果相同。在最优合同中，努力带来痛苦程度最低的代理人类型（此处为类型 $\bar{\theta}$；在 14.C 节中为类型 θ_H）采取事后有效率的行动，而所有其他类型的代理人的努力水平都向下扭曲。原因也是相同的：对于类型 $\theta>\underline{\theta}$ 的代理人，这样的做法能够降低他们超过保留效用的那部分效用［这部分效用称为代理人的**信息租金**（information rents)］。为了粗略地看清这一点，假设在某个初始函数 $e(\cdot)$ 上，对于某个类型 $\hat{\theta}\in(\underline{\theta},\bar{\theta})$ 我们降低 $e(\hat{\theta})$，变化量为 $de<0$；并且降低这个类型的转移使得他的效用保持不变。[1]支付给类型 $\hat{\theta}$ 的转移的减少量为 $\hat{\theta}g'(e(\hat{\theta}))de$，而对委托人的直接影响为 $v'(e(\hat{\theta}))de$。与此同时，根据约束条件（ⅱ），$e(\hat{\theta})$ 的这个变化降低了效用水平，从而降低了必须支付给所有类型 $\theta>\hat{\theta}$ 的转移，降低量正好为 $g'(e(\hat{\theta}))de$。对这些类型参与人的支付减少量的期望值为 $-(1-\Phi(\hat{\theta}))g'(e(\hat{\theta}))de$。如果初始 $e(\cdot)$ 是最优的，那么下列两部分之和必定等于零：其一是委托人利润（对于类型 $\hat{\theta}$）前两项变化的加权和 $[v'(e(\hat{\theta}))+\hat{\theta}g'(e(\hat{\theta}))]\phi(\hat{\theta})de$，其中权重为类型 $\hat{\theta}$ 的密度；其二是委托人支付给类型 $\theta>\hat{\theta}$ 代理人的转移的减少量 $(1-\Phi(\hat{\theta}))g'(e(\hat{\theta}))de$。由此，我们正好得到了式（23.F.6）。■

例 23.F.2：最优拍卖。我们再次考察例 23.B.4 中的拍卖。假设有 I 个买者，$i=1,\cdots,I$，我们想确定某个不可分割物品的卖者（参与人 0）的最优合同。每个买者的伯努利效用函数为 $\theta_i y_i(\theta)+t_i(\theta)$，其中 $y_i(\theta)$ 是当参与人的类型为 $\theta=(\theta_1,\cdots,\theta_I)$ 时参与人 i 得到该拍卖品的概率。另外，每个买者 i 的类型是根据 $[\underline{\theta}_i,\bar{\theta}_i]\subset\mathbb{R}$（其中 $\underline{\theta}_i\neq\bar{\theta}_i$）上的分布函数 $\Phi_i(\cdot)$ 独立抽取出的，$\Phi_i(\cdot)$ 的密度函数 $\phi_i(\cdot)$ 在 $[\underline{\theta}_i,\bar{\theta}_i]$ 上严格为正。我们还假设，对于 $i=1,\cdots,I$，

$$\theta_i-\frac{1-\Phi_i(\theta_i)}{\phi_i(\theta_i)}$$

---

[1] 我们说“粗略地看清这一点”是因为，严格来说，我们需要在类型区间上降低 e 然后取极限。

关于 θ_i 为非递减的。①

这个环境下的社会选择函数 $f(\cdot)=(y_0(\cdot),\cdots,y_I(\cdot),t_0(\cdot),\cdots,t_I(\cdot))$满足下列性质：$\sum_{i\neq 0} y_i(\theta)=1-y_0(\theta)$ 和 $t_0(\theta)=-\sum_{i\neq 0} t_i(\theta)$ 对于所有 $\theta\in\Theta$ 和所有$y_i(\theta)\in[0,1]$（其中 i 是任意的）均成立。② 卖者希望选择能使得他的期望收入 $E_\theta[t_0(\theta)]=-E_\theta\left[\sum_{i\neq 0} t_i(\theta)\right]$ 最大的贝叶斯激励相容社会选择函数，但是由于买者总可以选择不参与，卖者面临着事中个人理性约束 $U_i(\theta_i)=\theta_i\bar{y}_i(\theta_i)+\bar{t}_i(\theta_i)\geqslant 0$ 对于所有 θ_i 和$i\neq 0$［与 23.D 节一样，$\bar{y}_i(\theta_i)$ 和 $\bar{t}_i(\theta_i)$ 分别为当买者 i 报告自己的类型为 θ_i 时，他得到拍卖品的概率和期望转移］。因此，卖者的最优选择是事中激励效率社会选择函数集的一个特殊元素。

我们可以将卖者的问题视为：选择函数 $y_1(\cdot),\cdots,y_I(\cdot)$ 和 $U_1(\cdot),\cdots,U_I(\cdot)$ 使得

$$\underset{\{y_i(\cdot),U_i(\cdot)\}_{i=1}^I}{\text{Max}} \sum_{i\neq 0}\int_{\underline{\theta}_i}^{\bar{\theta}}[\bar{y}_i(\theta_i)\theta_i-U_i(\theta_i)]\phi_i(\theta_i)d\theta_i \tag{23.F.7}$$

s.t. (i) $\bar{y}_i(\cdot)$ 对于所有 $i\neq 0$ 为非递减的

(ii) 对于所有 θ：$y_i(\theta)\in[0,1]$ 对于所有 $i\neq 0$，$\sum_{i\neq 0} y_i(\theta)\leqslant 1$

(iii) $U_i(\theta_i)=U_i(\underline{\theta}_i)+\int_{\underline{\theta}_i}^{\theta_i}\bar{y}_i(s)ds$ 对于所有 $i\neq 0$ 和所有 θ_i

(iv) $U_i(\theta_i)\geqslant 0$ 对于所有 $i\neq 0$ 和所有 θ_i

我们首先注意到，如果约束条件（iii）得以满足，那么约束条件（iv）得以满足当且仅当 $U_i(\underline{\theta}_i)\geqslant 0$ 对于所有 $i\neq 0$。因此，我们可以将约束条件（iv）替换为

(iv′) $U_i(\underline{\theta}_i)\geqslant 0$ 对于所有 $i\neq 0$ 和所有 θ_i

其次，对于目标函数中的 $U_i(\theta_i)$ 使用约束条件（iii）替换，然后使用推导出式（23.D.16）的同样逻辑可知，我们可以将卖者的问题写为：选择函数 $y_i(\cdot)$ 和值$U_1(\underline{\theta}_1),\cdots,U_I(\underline{\theta}_I)$ 使得下式在约束条件（i）、（ii）和（iv′）下达到最大

$$\int_{\underline{\theta}_1}^{\bar{\theta}_1}\cdots\int_{\underline{\theta}_I}^{\bar{\theta}_I}\left[\sum_{i=1}^I y_i(\theta_1,\cdots,\theta_I)\left(\theta_i-\frac{1-\Phi_i(\theta_i)}{\phi_i(\theta_i)}\right)\right]\left[\prod_{i=1}^I\phi_i(\theta_i)\right]d\theta_I\cdots d\theta_1-\sum_{i=1}^I U_i(\underline{\theta}_i)$$

显然，在这个问题的解中必定有 $U_i(\underline{\theta}_i)=0$ 对于所有 $i=1,\cdots,I$。因此，卖者的问题简化为：选择函数 $y_1(\cdot),\cdots,y_I(\cdot)$ 使得下式在约束条件（i）和（ii）下达到最大

$$\int_{\underline{\theta}_1}^{\bar{\theta}_1}\cdots\int_{\underline{\theta}_I}^{\bar{\theta}_I}\left[\sum_{i=1}^I y_i(\theta_1,\cdots,\theta_I)\left(\theta_i-\frac{1-\Phi_i(\theta_i)}{\phi_i(\theta_i)}\right)\right]\left[\prod_{i=1}^I\phi_i(\theta_i)\right]d\theta_I\cdots d\theta_1 \tag{23.F.8}$$

我们暂时忽略约束条件（i），这样我们就得到了一个无约束的最大化问题。定义

① 关于这个假设不成立情形的讨论，参见 Myerson (1981)。

② 不失一般性，我们再次仅关注不涉及计价物或商品的浪费的社会选择函数（对于这种形式的卖者来说，总存在最优的社会选择函数）。

$$J_i(\theta_i)=\theta_i-\frac{1-\Phi_i(\theta_i)}{\phi_i(\theta_i)}$$

考察式（23. F. 8）可知，$y_1(\cdot)$，…，$y_I(\cdot)$ 是这个无约束最大化问题的解当且仅当如果对于所有 $i=1$，…，I，我们有

$$\begin{aligned} y_i(\theta)&=1 \quad \text{若 } J_i(\theta_i)>\text{Max}\{0,\text{Max}_{h\neq i}J_h(\theta_h)\} \\ y_i(\theta)&=0 \quad \text{若 } J_i(\theta_i)<\text{Max}\{0,\text{Max}_{h\neq i}J_h(\theta_h)\} \end{aligned} \qquad (23.\text{F}.9)$$

[注意到 $J_i(\theta_i)=\text{Max}\{0,\ \text{Max}_{h\neq i}J_h(\theta_h)\}$ 发生的概率为零。] 但是，给定我们的假设：$J_i(\cdot)$ 关于 θ_i 为非递减的，于是式（23. F. 9）意味着 $y_i(\cdot)$ 关于 θ_i 为非递减的，这又意味着 $\bar{y}_i(\cdot)$ 为非递减的。因此，这个无约束最大化问题的解事实上满足约束条件（ⅰ），因此它也是卖者原来问题的解（参考数学附录 M. K 节）。于是，我们可以确定最优转移函数为 $t_i(\theta)=U_i(\theta_i)-\theta_i\bar{y}_i(\theta_i)$，其中 $U_i(\theta_i)$ 可从约束条件（ⅲ）计算出。

对于式（23. F. 9），有几点值得注意：

第一，注意到当各种买者有着不同的分布函数 $\Phi_i(\cdot)$ 时，$J_i(\theta_i)$ 最大的买者 i **未必**是对拍卖物评价最高的人。因此，卖者最优拍卖未必是事后（古典）效率的。

第二，在竞价人（买者）是**对称的**情形下，其中 $\underline{\theta}_i=\underline{\theta}$ 和 $J_i(\cdot)=J(\cdot)$ 对于$i=1$，…，I。当 $\underline{\theta}>0$ 足够大从而使得 $J(\underline{\theta})>0$ 时，最优拍卖总是将拍卖品给予对其评价最高的买者，而且对于评价在它的最低可能价值上的每个买者，最优拍卖给予他的期望效用为零。因此，我们可以断言，根据收入等价定理（命题 23. D. 3），在这种情形下，第一价格密封拍卖和第二价格密封拍卖都是最优的。

第三，最优拍卖可用垄断定价解释。例如，考虑 $I=1$ 和 $\underline{\theta}_1=0$ 的情形。于是，条件（23. F. 9）告诉我们，最优拍卖将拍卖品给予买者（参与人 1）当且仅当 $J_1(\theta_1)=[\theta_1-((1-\Phi_1(\theta_1))/\phi_1(\theta_1))]>0$。假设我们令卖者报出价格 p 然后买者决定是否按这个价格购买。在这种情形下，卖者的期望收入为 $p(1-\Phi_1(p))$，因此他的最优报价 p^* 满足一阶条件 $(1-\Phi_1(p^*))-p^*\phi_1(p^*)=0$，或等价地，$J_1(p^*)=0$。由于 $J_1(\cdot)$ 为非递减的，我们看到，在这个最优报价政策下，如果 $J_1(\theta_1)>0$，那么类型 θ_1 的买者必定（概率为 1）得到拍卖品，如果 $J_1(\theta_1)<0$，那么类型 θ_1 的买者必定得不到该拍卖品（得到拍卖品的概率为零），这正好与上面得到的最优拍卖相同。事实上，给定收入等价定理，我们可以断言，在这种情形下，这种让卖者报价的简单做法是卖者的一个最优机制。[关于最优拍卖的垄断定价解释的更多内容，可以参见习题 23. F. 5 以及 Bulow 和 Roberts（1989）。] ■

在本章我们始终关注“私人价值”的情形，即参与人的效用仅取决于自身类型的情形。然而，在一些情形下，参与人 i 的效用不仅取决于自身类型 θ_i，还取决于其他参与人的类型 θ_{-i}。也就是说，参与人 i 的伯努利效用函数采取的形式可能为 $u_i(x,\ \theta)$ 而不是 $u_i(x,\ \theta_i)$，其中 $\theta=(\theta_i,\ \theta_{-i})$。幸运的是，我们在 23. D 节到 23. F 节研究过的贝叶斯纳什均衡的所有执行概念都能容易地推广到现在这个情形。例

如，我们说社会选择函数 f：$\Theta \to X$ 是贝叶斯激励相容的，如果对于所有 i 和所有 $\theta_i \in \Theta_i$，我们均有

$$E_{\theta_{-i}}[u_i(f(\theta_i,\theta_{-i}),\theta)\mid\theta_i] \geq E_{\theta_{-i}}[u_i(f(\hat{\theta}_i,\theta_{-i}),\theta)\mid\theta_i] \qquad (23.F.10)$$

对于所有$\hat{\theta}_i \in \Theta_i$ 都成立。第三个例子也是最后一个例子，考察伴有逆向选择的双边交易情形（关于逆向选择的更多内容可参考 13.B 节），这个例子属于这类模型。此处的分析与例 23.F.1 和例 23.F.2 的另外一个不同之处是，在此处我们将刻画事前和事中激励效率社会选择函数的**整个集合**。

例 23.F.3：伴有逆向选择的双边交易［源自 Myerson（1991）］。在某个双边交易中，对于某个不可分割商品，参与人 1 是卖者，参与人 2 是潜在买者。该商品可能是高质量的，也可能是低质量的，但只有卖者能观察到这个质量信息。为了模拟这个情形，令卖者有两种可能类型，因此 $\Theta_1 = \{\theta_L, \theta_H\}$，我们假设 $\text{Prob}(\theta_H)=0.2$。买者或卖者因消费该商品得到的效用都取决于卖者的类型。特别地，令 y 表示买者得到商品的概率，令 t 表示从买者手里转移给卖者的钱数，我们假设[①]

$$\begin{aligned} &u_1(y,t\mid\theta_L)=t+20(1-y) \qquad u_1(y,t\mid\theta_H)=t+40(1-y)\\ &u_2(y,t\mid\theta_L)=30y-t \qquad\qquad u_2(y,t\mid\theta_H)=50y-t \end{aligned} \qquad (23.F.11)$$

在这种情形下，对于 θ_1 的每个可能值，社会选择函数都指定了交易概率和转移概率，因此社会选择函数可用向量（y_L，t_L，y_H，t_H）表示。我们假设交易是自愿的，因此对于买者和卖者来说，任何可行社会选择函数均必定满足事中个人理性约束。一方面，对于卖者来说，这意味着，对于卖者可能拥有的每种类型，他的期望效用必定不小于他拒绝参与交易而是将商品消费掉而得到的效用。因此，我们必定有

$$t_L+20(1-y_L)\geq 20 \qquad (\text{IR}_{1L}) \qquad (23.F.12)$$

$$t_H+40(1-y_H)\geq 40 \qquad (\text{IR}_{1H}) \qquad (23.F.13)$$

另一方面，对于买者来说，事中个人理性仅要求买者能从参与交易中得到非负期望效用（记住，他无法看到 θ_1）。因此，我们必定有

$$0.2(50y_H-t_H)+0.8(30y_L-t_L)\geq 0 \ (\text{IR}_2) \qquad (23.F.14)$$

注意到，根据式（23.F.11）可知，如果 θ_1 公开可知，那么对于 θ_1 的每个可能值，买卖双方从交易中都能得到收益。正因如此，在任何事后（古典）效率社会选择函数中，都有 $y_H=y_L=1$（参考习题 23.F.8）。

由于 θ_1 是私人信息，可行社会选择函数集是激励可行集 F^*，F^* 是贝叶斯激励相容且

23

① 我们假设商品和计价物（钱）都不存在浪费，因此要么买者要么卖者消费商品这个事件的概率为 1，而且任何从买者手里的转移都会落到卖者手里。

（事中）个人理性的社会选择函数集。在当前情形下，社会选择函数（y_L，t_L，y_H，t_H）是贝叶斯激励相容的，如果

$$t_H+40(1-y_H)\geqslant t_L+40(1-y_L) \quad (\mathrm{IC}_H) \tag{23.F.15}$$

以及

$$t_L+20(1-y_L)\geqslant t_H+20(1-y_H) \quad (\mathrm{IC}_L) \tag{23.F.16}$$

条件（23.F.15）要求当卖者的类型为 θ_H 时，如实报告是他的一个最优策略；条件（23.F.16）要求当卖者的类型为 θ_L 时，如实报告为他的一个最优策略。因此，（y_L，t_L，y_H，t_H）是个可行社会选择函数当且仅当它满足激励相容约束（23.F.15）～（23.F.16）和事中个人理性约束（23.F.12）～（23.F.14）。

这些约束意味着任何可行社会选择函数都具有下列三个性质（习题23.F.9要求读者证明这些事实）：

（ⅰ）任何可行社会选择函数都不是事后（古典）效率的。

（ⅱ）在任何可行社会选择函数中，$y_H\leqslant y_L$ 和 $t_H\leqslant t_L$。

（ⅲ）在任何可行社会选择函数中，低质量类型卖者的期望交易收益不小于高质量类型卖者的期望交易收益，即，$t_L-20y_L\geqslant t_H-40y_H$。

我们继续刻画这个双边交易问题的事中和事前激励效率社会选择函数。为了确定事中激励效率社会选择函数，我们需要确定（y_L，t_L，y_H，t_H）使得对于 $\bar{u}_{1H}\geqslant 0$ 和 $\bar{u}_2\geqslant 0$ 的每个可能选择，（y_L，t_L，y_H，t_H）都是下列问题的解（我们简化了激励相容约束和个人理性约束，即在不等式两侧删除了常数；我们也删除了目标函数中的常数①）：

$$\begin{aligned}
&\underset{(y_L\in[0,1],t_L,y_H\in[0,1],t_H)}{\mathrm{Max}} \; t_L-20y_L\\
&\text{s.t.}\ (\text{i})\ t_H-40y_H\geqslant t_L-40y_L\\
&\qquad(\text{ii})\ t_L-20y_L\geqslant t_H-20y_H\\
&\qquad(\text{iii})\ t_H-40y_H\geqslant \bar{u}_{1H}\\
&\qquad(\text{iv})\ 0.2(50y_H-t_H)+0.8(30y_L-t_L)\geqslant \bar{u}_2
\end{aligned} \tag{23.F.17}$$

问题（23.F.17）刻画了事中激励效率社会选择函数，我们看到它是通过求类型 θ_L 的有约束条件的事中期望效率最大化问题来刻画的，其中约束条件为：类型 θ_H 的卖者的事中期望效用不小于 $\bar{u}_{1H}\geqslant 0$；买者事中期望效用 $\bar{u}_2\geqslant 0$（由于买者得不到私人信息，这等价于买者要求得到事前期望效用 $\bar{u}_2$）；满足卖者的激励相容约束。

下面我们分若干步骤刻画问题（23.F.17）的解。

第1步：在问题（23.F.17）的任何解中，$y_L=1$；也就是说，在任何事中激励效率社会选择函数中，当商品为低质量类型时，交易必定发生。

为了看清这一点，假设（y_L^*，t_L^*，y_H^*，t_H^*）是问题（23.F.17）的解，但 $y_L^*<1$。考虑

① 在本质上，我们将所有这些项都用参与人的**交易收益**表示。

社会选择函数的一个变化（$\hat{y}_L$，$\hat{t}_L$，$\hat{y}_H$，$\hat{t}_H$）=（$y_L^*+\varepsilon$，$t_L^*+30\varepsilon$，y_H^*，t_H^*），其中$\varepsilon>0$。对于充分小的$\varepsilon>0$，这个新的社会选择函数满足问题（23. F. 17）的所有约束条件（请读者自行验证这一点），并且增大了目标函数的值，但这与（y_L^*，t_L^*，y_H^*，t_H^*）是最优的这个事实矛盾。

第 2 步：在问题（23. F. 17）的任何解中，$y_H<1$；也就是说，在任何事中激励效率社会选择函数中，当商品为高质量类型时，交易未必发生。

给定第 1 步，如果在问题（23. F. 17）的一个解（y_L^*，t_L^*，y_H^*，t_H^*）中，有$y_H^*=1$，那么（y_L^*，t_L^*，y_H^*，t_H^*）是事后（古典）效率的（即，$y_L^*=y_H^*=1$）。但是我们已经在上面指出任何这样的社会选择函数都不是激励可行的（即，不是F^*的元素）。

第 3 步：在问题（23. F. 17）的任何解中，约束（ⅱ）都以等式成立。

假设（y_L^*，t_L^*，y_H^*，t_H^*）是问题（23. F. 17）的一个解，但在这个解中，约束（ⅱ）不是等式。现在考虑社会选择函数（$\hat{y}_L$，$\hat{t}_L$，$\hat{y}_H$，$\hat{t}_H$）=（y_L^*，$t_L^*+\varepsilon$，$y_H^*+\varepsilon$，$t_H^*+45\varepsilon$），其中$\varepsilon>0$。对于足够小的$\varepsilon>0$，这个新社会选择函数满足问题（23. F. 17）的所有约束条件（注意到它满足$\hat{y}_H<1$，这是因为根据第 2 步可知，$y_H^*<1$；请读者自行验证其他约束）。另外，这个新函数增大了目标函数的值，但这与（y_L^*，t_L^*，y_H^*，t_H^*）是最优的这个事实矛盾。这样，我们就证明了第 3 步。

第 4 步：如果约束条件（ⅱ）以等式成立，而且$y_L\geq y_H$，那么约束条件（ⅰ）必定得以满足。

如果约束条件（ⅱ）以等式成立，那么$t_H-t_L=20(y_H-y_L)$。如果$y_L\geq y_H$，那么这意味着$t_H-t_L\geq 40(y_H-y_L)$，或等价地，$t_H-40y_H\geq t_L-40y_L$。因此，约束条件（ⅰ）得以满足。

给定第 1 步到第 4 步，我们可以化简问题（23. F. 17）。具体地说，我们看到（y_L，t_L，y_H，t_H）是事中激励效率的当且仅当$y_L=1$而且（t_L，y_H，t_H）是下列最大化问题的解

$$\begin{aligned}&\underset{(t_L\in[0,1],y_H,t_H\in[0,1])}{\text{Max}}\ t_L-20\\ &\text{s.t.}\ (\text{ii}')\ t_L-20=t_H-20y_H\\ &\qquad (\text{iii})\ t_H-40y_H\geq\bar{u}_{1H}\\ &\qquad (\text{iv})\ 0.2\times(50y_H-t_H)+0.8\times(30-t_L)\geq\bar{u}_2\end{aligned}\tag{23. F. 18}$$

使用问题（23. F. 18）中的约束条件（ⅱ′）替换目标函数中的t_L和约束条件（ⅳ）中的t_L可知，我们可以通过求解下列最大化问题来确定（y_H，t_H）的最优值

$$\begin{aligned}&\underset{(y_H\in[0,1],t_H)}{\text{Max}}\ t_H-20y_H\\ &\text{s.t.}\ (\text{ii})\ t_H-40y_H\geq\bar{u}_{1H}\\ &\qquad (\text{iv}')\ 26y_H-t_H+8\geq\bar{u}_2\end{aligned}\tag{23. F. 19}$$

23

图 23. F. 1 画出了给定$\bar{u}_{1H}\geq 0$和$\bar{u}_2\geq 0$的值情形下的解。满足式（23. F. 19）的约束条件（ⅱ）和（ⅳ′）的组合（y_H，t_H）位于阴影集内。这个图还画出了目标函数t_H-20y_H的两

个水平集。对于 $\bar{u}_{1H}$和 $\bar{u}_2$ 的这些值，最优的（y_H，t_H）是点（y_H^*，t_H^*）。于是，在这个事中激励效率社会选择函数中，y_L 和 t_L 的值分别为 $y_L^*=1$ 和 $t_L^*=20+t_H^*-20y_H^*$。

图 23. F. 2 中的阴影集 $\{(y_H, t_H): y_H\in[0, 1], t_H\geqslant 40y_H$ 以及 $t_H\leqslant 26y_H+8\}$，描述了事中激励效率社会选择函数中出现的**所有**组合（y_H，t_H）。这些组合是通过在图 23. F. 1 中对每个可能的组合（$\bar{u}_{1H}$，$\bar{u}_2$）$\geqslant 0$ 进行分析得到的［比如，其中一个组合为（$\hat{y}_H$，$\hat{t}_H$），如图 23. F. 2 所示］。注意到，在任何事中激励效率社会选择函数中，我们均有 $y_H\leqslant 4/7$。与上面一样，对于这个集合中的每个组合（$\hat{y}_H$，$\hat{t}_H$），我们均可以通过令 $\hat{y}_L=1$ 和 $\hat{t}_L=20+\hat{t}_H-20\hat{y}_H$ 来确定一个事中激励效率社会选择函数（$\hat{y}_L$，$\hat{t}_L$，$\hat{y}_H$，$\hat{t}_H$）。

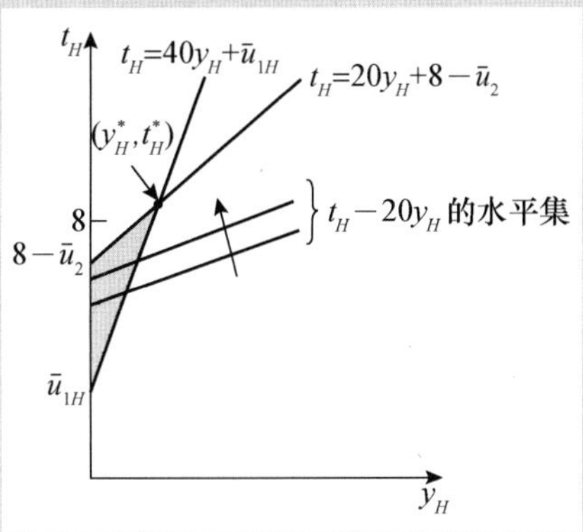

图 23. F. 1　在问题（23. F. 19）中，给定组合（$\bar{u}_{1H}$，$\bar{u}_2$）$\geqslant 0$，（y_H，t_H）的最优水平为（y_H^*，t_H^*）

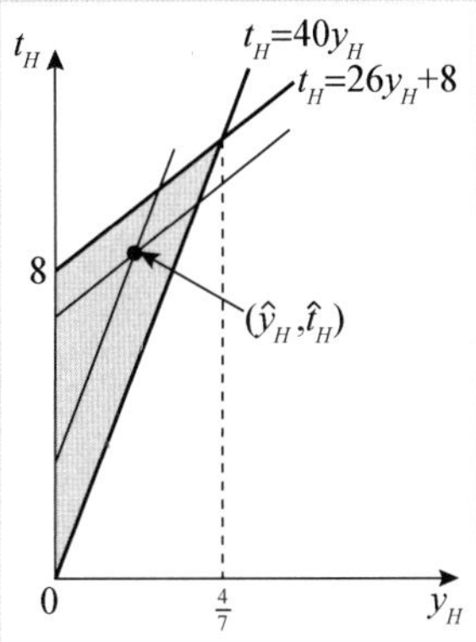

图 23. F. 2　那些出现在事中激励效率社会选择函数中的组合（y_H，t_H），位于阴影集内

现在，在这个事中激励效率社会选择函数集中，哪些是事前激励效率的？（我们已经知道，事前激励效率社会选择函数集是事中激励效率社会选择函数集的一个子集。注意到，尽管我们现在使用的是事前福利标准，界定 F^* 的参与约束集合仍然是我们在上面使用的事中参与约束。）在事中激励效率社会选择函数（y_L，t_L，y_H，t_H）中，买者和卖者的事前期望效用分别为

$$U_1=0.8(t_L+20(1-y_L))+0.2(t_H+40(1-y_H))$$

和

$$U_2=0.8(30y_L-t_L)+0.2(50y_H-t_H)$$

由于在任何事中激励社会选择函数中，$y_L=1$ 和 $t_L=20+t_H-20y_H$，这些期望效用函数可以写为下列仅关于（y_H，t_H）的函数：

$$U_1=24+t_H-24y_H,\quad U_2=8+26y_H-t_H$$

在图 23.F.3 中，对于集合 $\{(y_H, t_H): y_H\in[0, 1], t_H\geqslant 40y_H, t_H\leqslant 26y_H+8\}$ 中的任意一点（$\hat{y}_H$，$\hat{t}_H$），阴影集中的组合（y_H，t_H）既提高了买者也提高了卖者的事前期望效用。从该图可知，任何不在集合 $\{(y_H, t_H): y_H\in[0, 1], t_H\geqslant 40y_H, t_H\leqslant 26y_H+8\}$ 边界 $t_H=40y_H$ 上的组合（y_H，t_H），都不可能是事前激励效率的。而且，这个边界上的每个组合（y_H，t_H）是一个事前激励效率社会选择函数的一部分。因此，在事前激励效率社会选择函数中，由所有组合（y_H，t_H）形成的集合正好位于图 23.F.3 中的粗黑线段上。[①] 注意到，在每个这样的社会选择函数中，对于高质量类型的卖者来说，事中个人理性约束以等式成立：高质量类型的卖者从交易中得到的收益为零。■

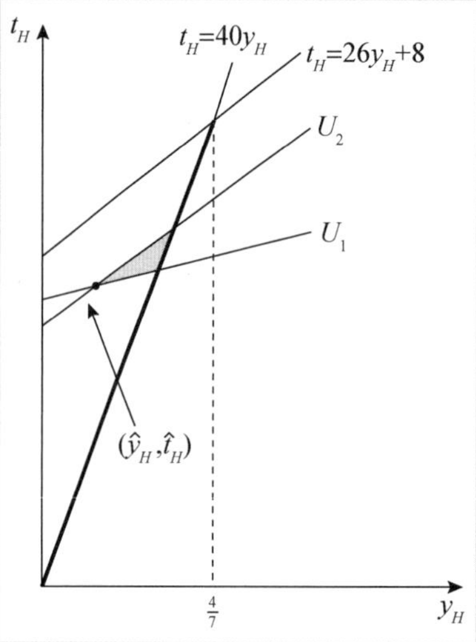

图 23.F.3　此图画出的事前激励效率社会选择函数对应于那些满足（y_H，t_H）位于粗线段上的事中激励效率社会选择函数

附录 A：执行与多个均衡

我们在本章一直使用的执行概念（例如，定义 23.B.4 中的执行概念）在一个

① 注意到，在任何事前激励效率社会选择函数中，$y_H\leqslant 4/7<1$。这似乎与 13.B 节的下列结论矛盾：在带给企业零期望利润的事前有效率结果中，所有工人都接受企业雇佣（13.B 节中的模型结构与此处类似）。事实上并不矛盾，这是因为在 13.B 节，我们对工人没有施加任何事中个人理性约束，而是假设政府能够迫使工人参与（例如，缴纳任何税收，等等）。参考习题 23.F.10。

重要方面上弱于我们想要的概念：尽管机制 Γ 能执行社会选择函数 $f(\cdot)$，也就是说，对于 Γ 的**一个**均衡，对于所有 $\theta\in\Theta$，它的结果与 $f(\cdot)$ 相同，然而 Γ 可能存在着**其他的**均衡，它的结果与 $f(\cdot)$ 不相同。在本质上，我们已经隐含地假设，如果存在多个均衡，参与人将选择机制设计者想要的均衡。①

这意味着如果机制设计者希望完全相信机制 Γ 产生的结果与 $f(\cdot)$ 相同，那么他可能希望使用定义 23. AA. 1 中的执行概念，这个概念更强（与定义 23. B. 4 情形一样，此处我们故意没有说明均衡的具体含义）。

定义 23. AA. 1： 机制 $\Gamma=(S_1, \cdots, S_I, g(\cdot))$ 能**强执行**（strongly implement）社会选择函数 $f: \Theta_1\times\cdots\times\Theta_I\rightarrow X$，如果在 Γ 产生的博弈中，每个均衡策略组合 $(s_1^*(\cdot), \cdots, s_I^*(\cdot))$ 均满足 $g(s_1^*(\theta_1), \cdots, s_I^*(\theta_I))=f(\theta_1, \cdots, \theta_I)$ 对于所有 $(\theta_1, \cdots, \theta_I)$ 都成立. ②

我们首先考察这个更强的执行概念在优势策略中的应用。在习题 23. C. 8 中，我们已经看到了直接显示机制在优势策略中如实执行社会选择函数 $f(\cdot)$ 的情形，其中某个参与人的优势策略多于一个，当他选择其中一个优势策略时，$f(\cdot)$ 中的结果没有发生（也可以参见习题 23. AA. 1 和习题 23. AA. 2）。因此，在优势策略执行中，某个机制能够执行社会选择函数 $f(\cdot)$，但未必能强执行 $f(\cdot)$。

然而，多个均衡的问题对于优势策略执行未必过于严重，理由至少有二。首先，在某个机制 Γ 中如果每个参与人执行 $f(\cdot)$ 的优势策略事实上是他的严格优势策略（而不仅仅是他的弱优势策略），机制 Γ 也能强执行 $f(\cdot)$。例如，当参与人对于 X 中任何两个元素的偏好都不是无差异的时，这一点总是成立。其次，当某个参与人有两个弱优势策略时，对于其他参与人选择的任何策略，该参与人必定在这两个弱优势策略之间无差异。因此，在这种情形下，为了产生正确的均衡，每个参与人必须愿意以我们想要的方式来解决他的无差异问题。

相反，在基于纳什均衡的概念比如贝叶斯纳什均衡之下，如果机制 Γ 有两个均衡，那么给定其他参与人选择各自的均衡策略，每个参与人可能有一个自己严格偏好的均衡策略。在这种情形下，为了产生“正确的”均衡，参与人不仅必须解决他的无差异问题，而且必须预期这个均衡是将会发生的均衡。例 23. AA. 1 说明了这个问题。

例 23. AA. 1：期望外部性机制中的多个均衡。 再次考虑 23. D 节的期望外部性机制。假设有两个参与人（$I=2$），他们必须决定是否建设某个公共项目（参考例 23. B. 3）。项目水平有两个：要么建设（$k=1$），要么不建设（$k=0$）。每个参与人对项目的评价（对项目的净支付）

---

① 这个假设的一个可能理由是，在能如实执行社会选择函数 $f(\cdot)$ 的直接显示机制中，如实报告这个均衡可能是个焦点（参见 8. D 节）。

② “强执行”这个术语并不是标准的，但在文献中它并不罕见，只不过有些文献将“强执行”简称为“执行”。

为 θ_L 或 θ_H（因此，$\Theta_i=\{\theta_L, \theta_H\}$ 对于 $i=1, 2$），其中 $\theta_H>0>\theta_L$ 而且 $\theta_L+\theta_H>0$。参与人对项目的评价在统计上是独立的，$\text{Prob}(\theta_i=\theta_L)=\lambda\in(0, 1)$ 对于 $i=1, 2$。

在期望外部性机制中，每个参与人 i 报告自己的评价，当报告类型为 (θ_1, θ_2) 时参与人 i 的转移为 $t_i(\theta_i, \theta_{-i})=E_{\tilde{\theta}_{-i}}[\tilde{\theta}_{-i}k^*(\theta_i, \tilde{\theta}_{-i})]+h_i(\theta_{-i})$，其中，若 $\theta_1=\theta_2=\theta_L$，则 $k^*(\theta_1, \theta_2)=0$；若为其他情形，则 $k^*(\theta_1, \theta_2)=1$。

正如我们在 23. D 节所看到的，在这个机制的一个贝叶斯纳什均衡中，如实报告是每个参与人的均衡策略。但是这个如实报告均衡不是唯一的贝叶斯纳什均衡。特别地，存在着一个均衡，在这个均衡中两个参与人都宣称自己的类型为 θ_H。为了看清这一点，考虑当其他参与人 $-i$ 总是报告自己的类型为 θ_H 时参与人 i 的最优策略。在这种情形下，不管参与人 i 报告自己为哪种类型，项目都能得以建设。因此，不管参与人 i 的实际类型为哪种，他的直接收益［即，$\theta_i k^*(\theta_1, \theta_2)$］都不受他报告的类型的影响［若他为类型 θ_L，则他的收益为 θ_L，若他为类型 θ_H，则他的收益为 θ_H，这是因为 $k^*(\theta_1, \theta_2)=1$］。由此可知，参与人 i 的最优策略是他选择能使得他的期望转移最大的报告类型。现在，如果他报告 θ_H，那么他的期望转移为 $(\lambda\theta_L+(1-\lambda)\theta_H)+h_i(\theta_H)$；如果他报告 θ_L，那么他的期望转移为 $(1-\lambda)\theta_H+h_i(\theta_H)$。因此，当其他参与人 $-i$ 报告自己的类型为 θ_H 时，不管参与人 i 的实际类型如何，他都将偏好报告 θ_H。由此可知，两个参与人总是报告 θ_H，从而项目总能得以建设，这是该机制的第二个贝叶斯纳什均衡。■

我们在此处不打算刻画能在贝叶斯纳什均衡中强执行的社会选择函数。建议感兴趣的读者可以参考 Palfrey（1992）。在本章附录 B，我们将以完全信息环境这种特殊情形讨论很多这方面的问题。

然而，对于强执行概念有两点值得强调。首先，当我们试图强执行社会选择函数 $f(\cdot)$ 时，一般来说我们**不能**仅关注直接显示机制。原因在于当我们使用直接显示机制替换机制 $\Gamma=(S_1, \cdots, S_I, g(\cdot))$ 时，根据显示性原理可知，我们可能引入我们不想要的、新的均衡（习题 23. C. 8 和习题 23. AA. 1 说明了这一点）。其次，由于社会选择函数 $f(\cdot)$ 能被强执行的前提是它能在本章正文所说的较弱意义上执行，所以我们在本章正文中得到的 $f(\cdot)$ 能被执行的所有必要条件，仍然是 $f(\cdot)$ 能被强执行的必要条件。例如，当我们考察强执行时，吉巴德-萨特斯韦特定理（命题 23. C. 3）、收入等价定理（命题 23. D. 3）和迈尔森-萨特斯韦特定理（命题 23. E. 1）等仍然成立。

在本章我们始终考察的是单值社会选择函数，然而在某些情形下，有必要考察社会选择**对应**（correspondence），它对于给定的参与人类型组合规定了多于一个可接受的备选方案。在这种情形下，我们说机制 $\Gamma=(S_1, \cdots, S_I, g(\cdot))$ 能强执行社会选择对应 $f(\cdot)$，如果对于 Γ 产生的博弈的每个均衡 $s^*(\cdot)$，我们有 $g(s^*(\theta))\in f(\theta)$，也就是说，对于每个 θ，所有可能均衡结果对于 $f(\cdot)$ 都是可接受的备选方案。

附录 B：完全信息情形下的执行问题

在本附录，我们简要讨论完全信息环境下的执行问题。这方面的内容可以参考 Moore（1992）和 Maskin（1985）。

在完全信息情形下，我们假设每个参与人不仅能观知他自己的偏好参数 θ_i，还能观知所有其他参与人的偏好参数 θ_{-i}。然而，尽管参与人能观知彼此的偏好参数，我们仍然假设局外人不能。因此，尽管参与人能观知 θ，仍然存在着执行问题：由于局外人（比如法院）不能观知 θ，参与人不能签订有约束力的事前协议：约定当参与人的偏好为 θ 时他们将选择结果 $f(\theta)$。相反，他们只愿同意参与某个机制：如果 θ 得以实现，均衡结果为 $f(\theta)$。①

注意到，我们可以将完全信息环境视为本章一直考察的一般环境的一种特殊情形，在这种情形下，Θ 上的概率密度 $\phi(\cdot)$ 具有下列（退化的）性质：每个参与人在观测自己的类型时完全知道其他参与人的类型。②

现在开始分析。注意到可在优势策略中执行的社会选择函数集不受存在完全信息的影响，这是因为参与人关于其他参与人类型的信念不会影响他的优势策略集。③［事实上，我们在 23.C 节已经知道，如果机制 Γ 可在优势策略中执行社会选择函数 $f(\cdot)$，那么对于**任何** $\phi(\cdot)$，它都能这样做。］

然而，上述结论对于基于纳什均衡比如贝叶斯纳什均衡的执行不成立。我们已经知道，在完全信息环境中，贝叶斯纳什均衡概念就是标准的纳什均衡概念。这样我们就得到了定义 23. BB. 1。

定义 23. BB. 1： 机制 $\Gamma=(S_1, \cdots, S_I, g(\cdot))$ 可在纳什均衡中执行社会选择函数 $f(\cdot)$，如果对于参与人偏好参数的每个组合 $\theta=(\theta_1, \cdots, \theta_I)\in\Theta$，由 Γ 产生的博弈均存在着一个纳什均衡 $s^*(\theta)=(s_1^*(\theta), \cdots, s_I^*(\theta))$，使得 $g(s^*(\theta))=f(\theta)$。机制 $\Gamma=(S_1, \cdots, S_I, g(\cdot))$ 可在纳什均衡中**强执行**（strongly implement）**社会选择函数** $f(\cdot)$，如果对于参与人偏好参数的每个组合 $\theta=(\theta_1, \cdots, \theta_I)\in\Theta$，由 Γ 产生的博弈的每个纳什均衡均导致结果 $f(\theta)$ 发生。

---

① 这类情形通常出现在签订合同问题中。在签订合同时，自然可以假设签约方逐渐彼此了解，但对于监管合同执行的局外人（比如法院）来说，他们不能验证这些信息。

② 因此，我们可以将完全信息环境视为下列情形：参与人得到的信号是完美相关的。有几种方法可将此形式化。也许最简单的方法是，假设每个参与人 i 的偏好参数是从某个集合 Θ_i 中抽取出的。一个参与人的**信号**（或**类型**）现在可用向量 $\bar{\theta}_i=(\theta_{i1}, \cdots, \theta_{iI})\in\Theta$ 表示，这个向量给出了参与人 i 对他的偏好参数以及每个其他参与人的偏好参数的观测值。因此，参与人 i 的可能“类型”集在本章一直使用的术语“类型”意义上，为 $\bar{\Theta}_i=\Theta$ 对于所有 $i=1, \cdots, I$。于是，可能类型集 $\bar{\Theta}_1\times\cdots\times\bar{\Theta}_I$ 的概率密度 $\phi(\cdot)$ 满足下列性质：$\phi(\bar{\theta}_1, \cdots, \bar{\theta}_I)$ 当且仅当 $\bar{\theta}_1=\cdots=\bar{\theta}_I$；而且参与人 i 的伯努利效用函数具有下列形式：$u_i(x, \bar{\theta}_i)=\tilde{u}_i(x, \theta_{ii})$。

③ 这个结论也适用于优势策略中的强执行。

关于纳什均衡中的执行，我们首先指出，如果本章正文中使用的弱执行概念（与本章附录 A 中的强执行概念相对）得以满足，那么只要 $I \geqslant 3$，**任何**社会选择函数都可以在纳什均衡中执行。为了看清这一点，考虑下列机制：每个参与人 i 同时报告关于 I 个参与人的一个类型组合。如果至少 $I-1$ 个人报告的类型组合相同，比如说为 $\hat{\theta}$，那么我们选择结果 $f(\hat{\theta})$，否则，我们选择结果 $x_0 \in X$（x_0 为任意的）。在这个机制下，对于每个类型组合 θ 均存在着一个纳什均衡使得每个参与人报告 θ，而且由此导致的结果为 $f(\theta)$，这是因为任何参与人的单方面偏离都不会影响结果。

尽管这个机制能在纳什均衡中执行 $f(\cdot)$，但是显然它不是个合意的机制［即，它对 $f(\cdot)$ 的执行不是很有说服力］，这是因为当偏好组合为 θ 时，存在无法产生结果 $f(\theta)$ 的很多其他均衡。事实上，在这个机制下，给定偏好参数组合 θ，对于每个 $x \in f(\Theta)=\{x \in X$：存在一个 $\theta \in \Theta$ 使得 $f(\theta)=x\}$，均存在一个能产生 x 的纳什均衡。于是，我们看到对于伴有 $I \geqslant 3$ 的纳什执行，如何令人满意地执行给定的社会选择函数这个问题的核心就是本章附录 A 中的成功处理多个均衡的问题。

给定这个结论，我们能在纳什均衡中强执行什么样的社会选择函数？命题 23. BB. 1［源于 Maskin（1977）］的简单但有力的结果说明了这一点。

命题 23. BB. 1：如果社会选择函数 $f(\cdot)$ 可在纳什均衡中强执行，那么 $f(\cdot)$ 是单调的。①

证明：假设 $\Gamma=(S_1, \cdots, S_I, g(\cdot))$ 可强执行 $f(\cdot)$。于是当偏好参数组合为 θ 时，存在一个能产生结果 $f(\theta)$ 的纳什均衡；也就是说，存在一个具有下列性质的策略组合 $s^*=(s_1^*, \cdots, s_I^*)$：$g(s^*)=f(\theta)$ 以及 $g(\hat{s}_i, s_{-i}^*) \in L_i(f(\theta), \theta_i)$ 对于所有 $\hat{s}_i \in S_i$ 和所有 i。② 现在假设 $f(\cdot)$ 不是单调的。于是存在另外一个偏好参数组合 $\theta' \in \Theta$ 使得 $L_i(f(\theta), \theta_i) \subset L_i(f(\theta), \theta_i')$ 对于所有 i，但是 $f(\theta') \neq f(\theta)$。然而 s^* 也是偏好参数组合 θ' 下的一个纳什均衡，这是因为 $g(\hat{s}_i, s_{-i}^*) \in L_i(f(\theta), \theta_i')$ 对于所有 $\hat{s}_i \in S_i$ 和所有 i 均成立。因此，Γ 不能强执行 $f(\cdot)$。矛盾。■

命题 23. BB. 2 说明了单调性施加的限制及其含义。

命题 23. BB. 2：假设 X 是有限的，而且包含至少三个元素，$\mathscr{R}_i=\mathscr{P}$ 对于所有 i，$f(\Theta)=X$，那么社会选择函数 $f(\cdot)$ 在纳什均衡中可强执行当且仅当它是独裁的。

证明：为了在纳什均衡中强执行一个独裁的社会选择函数，我们只要令独裁者从 X 中选择一个备选方案即可。在另外一个方向上，根据吉巴德-萨特斯韦特定理（命题 23. C. 3）证明过程中的第 2 步和第 3 步即可得到我们想要的结果。■

命题 23. BB. 1 和命题 23. BB. 2 表明，在处理多个均衡问题时，可能涉及对可执行社会选择函数集施加了非常大的限制。

① 参考定义 23. C. 5。

② 我们已经知道，$L_i(x, \theta_i) \subset X$ 是当参与人 i 的偏好参数为 θ_i 时，对于结果 $x \in X$ 来说的他的下轮廓集。

Maskin (1977) 也证明了，当 $I>2$ 时，单调性几乎是强执行的充分条件［证明过程略去；对于这个结论以及近期研究结果（包括 $I=2$ 的情形），可以参考 Moore (1992)］。马斯金增加的条件，称为**无否决权** (no veto power) 条件，要求如果 $I-1$ 个参与人都认为某个备选方案 x 是最优的，那么 $x=f(\theta)$。

命题 23.BB.3：如果 $I\geqslant 3$，$f(\cdot)$ 是单调且满足无否决权条件的，那么 $f(\cdot)$ 可在纳什均衡中强执行。

无否决权条件应该被视为一个非常弱的额外要求；事实上，在任何情形下，只要存在着人们想要的且可转移的私人商品，这个条件就可得到满足：任何两个参与人都不可能有着相同的最偏好备选方案（每个人都想得到全部的可转移私人商品）。因此，在这些常见的研究情形下，单调性是 $f(\cdot)$ 可在纳什均衡中强执行的必要且充分条件。

对于一个多值社会选择对应 (correspondence) $f(\cdot)$，如果当 $x\in f(\theta)$ 和 $L_i(x,\theta_i)\subset L_i(x,\theta_i')$ 对于所有 i 均成立时有 $x\in f(\theta')$，那么我们说 $f(\cdot)$ 是单调的。命题 23.BB.1 和命题 23.BB.3 中的纳什执行的必要和充分条件对于多值情形也成立。［事实上，对于命题 23.BB.3，马斯金结果实际上证明了存在一个机制使得对于每个偏好组合 θ，纳什均衡结果集正好等于集合 $f(\theta)$；社会选择对应的这类执行通常称为**全面执行** (full implementation)。］例如，可以证明，如果对于所有 θ，$f(\theta)$ 等于帕累托集（这个集合为，给定偏好组合 θ，X 中所有事后有效率结果集），那么 $f(\cdot)$ 是单调的。因此，在伴有可转移商品的任何环境下，由社会选择对应组成的帕累托集，可在纳什均衡中强执行。

使用展开形博弈执行：子博弈完美执行

到目前我们已经看到，“淘汰”不合意的均衡这个要求（以强执行概念形式化）对可执行社会选择函数集施加了很大的限制。这意味着如果我们转而使用纳什均衡精炼概念，我们也许能够更成功。事实上，近期文献表明这样的精炼非常有力量。此处，我们通过考虑**动态**机制和使用动态博弈的均衡概念（参见 9.B 节），简要说明如何扩大可强执行的社会选择函数集。

例 23.BB.1：［**改编自 Moore 和 Repullo (1988)**］在某个纯交换经济中（参见例 23.B.2），有两个消费者，每个消费者有两种可能的个人主义 (individualistic) 偏好关系：如果 $\theta_i=\theta_i^C$，那么消费者 i 有柯布-道格拉斯偏好；如果 $\theta_i=\theta_i^L$，那么消费者 i 有里昂惕夫偏好。图 23.BB.1 画出了消费者 1 和 2 的这两种可能的偏好关系。

假设我们希望强执行社会选择函数

$$f(\theta)=\begin{cases}x^C & 若\ \theta_1=\theta_1^C\\ x^L & 若\ \theta_1=\theta_1^L\end{cases}$$

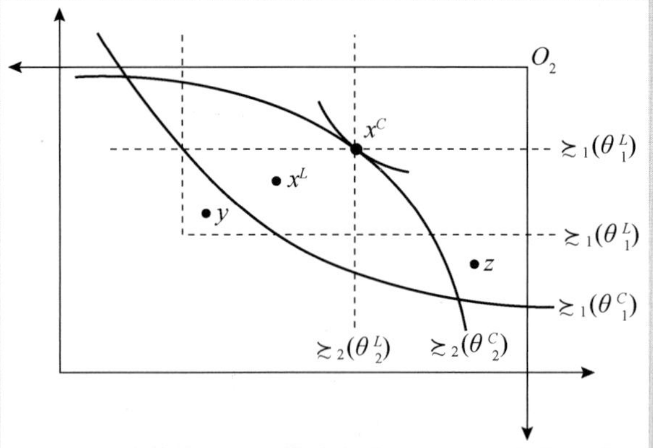

图 23. BB. 1 例 23. BB. 1 中的偏好和结果

其中 x^C 和 x^L 是图 23. BB. 1 画出的配置。注意到，消费者 1 总是偏好 x^C 胜于 x^L，而消费者 2 总是偏好 x^L 胜于 x^C。通过考察图 23. BB. 1，我们看到 $f(\cdot)$ 不是单调的，这是因为 $L_i(x^C,\ \theta_i^C) \subset L_i(x^C,\ \theta_i^L)$ 对于 $i=1$，2 但 $f(\theta_1^L,\ \theta_2^L) \neq f(\theta_1^C,\ \theta_2^C)$。因此，根据命题 23. BB. 1 可知，$f(\cdot)$ 不能在纳什均衡中强执行。

现在假设我们转而构建下列三阶段动态机制：

第 1 阶段：参与人 1 要么报告"L"要么报告"C"。如果他报告"L"，那么 x^L 立即被选定。如果他报告"C"，转到第 2 阶段。

第 2 阶段：参与人 2 要么"同意"要么"不同意"。如果他"同意"，那么 x^C 立即被选定。如果他"不同意"，那么转到第 3 阶段。

第 3 阶段：参与人 1 在图 23. BB. 1 中的配置 y 和 z 之间作出选择。

容易证明，对于每个可能的偏好组合 $\theta=(\theta_1,\ \theta_2)$，这个完美信息动态博弈的唯一一个子博弈完美纳什均衡产生了结果 $f(\theta)$（参见习题 23. BB. 1）。因此，如果我们考虑动态机制，而且使用子博弈完美纳什均衡作为由这些机制产生博弈的合适解概念，那么 $f(\cdot)$ 能被强执行。■

事实上，Moore 和 Repullo（1988）［也可参见 Moore（1990）］证明了，与使用纳什均衡概念相比，使用动态机制和子博弈完美均衡显著扩大了可强执行社会选择函数集。如果使用其他精炼概念，还能得到更强的结果。例如，Palfrey 和 Srivastava（1991）研究了非劣势纳什均衡（即，哪个参与人都不选择弱劣势策略的纳什均衡）中的强执行问题。[①]

参考文献

Abreu, D., and H. Matsushima (1994). Exact implementation. *Journal of Economic Theory*

① 近期文献对于反复非劣势策略（iteratively undominated strategies）中的执行给出了非常正面的结果，例如，参见 Abreu 和 Matsushima（1994）。

64：1-19.

Arrow，K.(1979). The property rights doctrine and demand revelation under incomplete information. In *Economics and Human Welfare*, edited by M. Boskin. New York：Academic Press.

Barberà，S.，and B. Peleg(1990). Strategy-proof voting schemes with continuous preferences. *Social Choice and Welfare* 7：31-38.

Baron，D.，and R. B. Myerson(1982). Regulating a monopolist with unknown costs. *Econometrica* 50：911-930.

Bulow，J.，and J. Roberts(1989). The simple economics of optimal auctions. *Journal of Political Economy* 97：1060-1090.

Clarke，E. H.(1971). Multipart pricing of public goods. *Public Choice* 2：19-33.

Cramton，R.，R. Gibbons，and P. Klemperer (1987). Dissolving a partnership efficiently. *Econometrica* 55：615-632.

Dana，J. D.，Jr.，and K. Spier(1994). Designing a private industry：Government auctions with endogenous market structure. *Journal of Public Economics* 53：127-147.

Dasgupta，P.，P. Hammond，and E. Maskin (1979). The implementation of social choice rules：Some general results on incentive compatibility. *Review of Economic Studies* 46：185-216.

d'Aspremont，C.，and L. A. Gérard-Varet (1979). Incentives and incomplete information. *Journal of Public Economics* 11：25-45.

Fudenberg，D.，and J. Tirole(1991). *Game Theory*. Cambridge，Mass.：MIT Press.

Gibbard，A.(1973). Manipulation of voting schemes. *Econometrica* 41：587-601.

Green，J. R.，and J.-J. Laffont (1977). Characterization of satisfactory mechanisms for the revelation of preferences for public goods. *Econometrica* 45：427-438.

Green，J. R.，and J.-J. Laffont(1979). *Incentives in Public Decision Making*. Amsterdam：North-Holland.

Gresik，T. A.，and M. A. Satterthwaite(1989). The rate at which a simple market becomes efficient as the number of traders increases：An asymptotic result for optimal trading mechanisms. *Journal of Economic Theory* 48：304-332.

Groves，T.(1973). Incentives in teams. *Econometrica* 41：617-631.

Holmstrom，B.，and R. B. Myerson(1983). Efficient and durable decision rules with incomplete information. *Econometrica* 51：1799-1819.

Hurwicz，L.(1972). On informationally decentralized systems. In *Decision and Organization*, edited by C. B. McGuire，and R. Radner. Amsterdam：North-Holland.

Laffont，J.-J.，and E. Maskin(1980). A differential approach to dominant strategy mechanisms. *Econometrica* 48：1507-1520.

Maskin，E.(1977). Nash equilibrium and welfare optimality. MIT Working Paper.

Maskin，E.(1985). The theory of implementation in Nash equilibrium：A survey. In *Social Goals and Social Organization：Essays in Honor of Elisha Pazner*, edited by L. Hurwicz，D. Schmeidler，and H. Sonnenschein. Cambridge，U. K.：Cambridge University Press.

Maskin，E.，and J. Riley(1984). Monopoly with incomplete information. *Rand Journal of Economics* 15：171-196.

McAfee，R. P.，and J. McMillan (1987). Auctions and bidding. *Journal of Economic Literature* 25：699-738.

Milgrom，P. R.(1987). Auction theory. In *Advances in Economic Theory：Fifth World Congress*, edited by T. Bewley. Cambridge，U. K.：Cambridge University Press.

Mirrlees, J. (1971). An exploration in the theory of optimal income taxation. *Review of Economic Studies* 38: 175-208.

Moore, J. (1992). Implementation, contracts, and renegotiation in environments with complete information. In *Advances in Economic Theory: Sixth World Congress*, vol. Ⅰ, edited by J.-J. Laffont. Cambridge, U. K.: Cambridge University Press.

Moore, J., and R. Repullo (1988). Subgame perfect implementation. *Econometrica* 56: 1191-1120.

Myerson, R. B. (1979). Incentive compatibility and the bargaining problem. *Econometrica* 47: 61-73.

Myerson, R. B. (1981). Optimal auction design. *Mathematics of Operation Research* 6: 58-73.

Myerson, R. B. (1991). *Game Theory: Analysis of Conflict*. Cambridge, Mass.: Harvard University Press.

Myerson, R. B., and M. A. Satterthwaite (1983). Efficient mechanisms for bilateral trading. *Journal of Economic Theory* 28: 265-281.

Palfrey, T. R. (1992). Implementation in Bayesian equilibrium: The multiple equilibrium problem in mechanism design. In *Advances in Economic Theory: Sixth World Congress*, vol. Ⅰ, edited by J.-J. Laffont. Cambridge, U. K.: Cambridge University Press.

Palfrey, T., and S. Srivastava (1991). Nash implementation using undominated strategies. *Econometrica* 59: 479-501.

Satterthwaite, M. A. (1975). Strategy-proofness and Arrow's conditions: Existence and correspondence theorems for voting procedures and social welfare functions. *Journal of Economic Theory* 10: 187-217.

Vickrey, W. (1961). Counterspeculation, auctions, and competitive sealed tenders. *Journal of Finance* 16: 8-37.

习　题

23.B.1[A]　考虑例 23.B.1 中研究的情形，其中 $\mathscr{R}_1=\{\succsim_1(\bar{\theta}_1)\}$ 和 $\mathscr{R}_2=\{\succsim_2(\theta_2'),\ \succsim_2(\theta_2'')\}$。对于下列每个社会选择函数 $f(\cdot)$，参与人 2 愿意如实报告他的偏好吗?

(a) $f(\bar{\theta}_1,\ \theta_2')=y$，$f(\bar{\theta}_1,\ \theta_2'')=y$。

(b) $f(\bar{\theta}_1,\ \theta_2')=z$，$f(\bar{\theta}_1,\ \theta_2'')=x$。

(c) $f(\bar{\theta}_1,\ \theta_2')=z$，$f(\bar{\theta}_1,\ \theta_2'')=y$。

(d) $f(\bar{\theta}_1,\ \theta_2')=z$，$f(\bar{\theta}_1,\ \theta_2'')=z$。

(e) $f(\bar{\theta}_1,\ \theta_2')=y$，$f(\bar{\theta}_1,\ \theta_2'')=z$。

23.B.2[A]　在一个双边交易中（参见例 23.B.4），卖者（参与人 1）和买者（参与人 2）的类型是从 [0，1] 上的均匀分布中独立抽取出的。假设我们希望执行社会选择函数 $f(\cdot)=(y_1(\cdot),\ y_2(\cdot),\ t_1(\cdot),\ t_2(\cdot))$ 使得

$$y_1(\theta_1,\theta_2)=1\ 若\ \theta_1\geqslant\theta_2;=0\ 若\ \theta_1<\theta_2$$

$$y_2(\theta_1,\theta_2)=1\ 若\ \theta_2>\theta_1;=0\ 若\ \theta_2\leqslant\theta_1$$

$$t_1(\theta_1,\theta_2)=\frac{1}{2}(\theta_1+\theta_2)y_2(\theta_1,\theta_2)$$

$$t_2(\theta_1,\theta_2)=-\frac{1}{2}(\theta_1+\theta_2)y_2(\theta_1,\theta_2)$$

假设对于所有 $\theta_1\in[0,\ 1]$，卖者都如实报告自己的类型。买者会如实报告自己的类型吗? 请加以解释。

23.B.3[B]　证明对于每个参与人 i 来说，$b_i(\theta_i)=\theta_i$ 对于所有 $\theta_i\in[0,\ 1]$ 是他在第二价格密封拍卖中的一个弱优势策略。

23.B.4[C]　在一个双边交易中（参考例

23.B.4)，有一个卖者和一个买者，他们的类型都是从 [0，1] 上的均匀分布中独立抽取出的。

(a) 在**复式拍卖** (double auction) 机制中，卖者 (参与人 1) 和买者 (参与人 2) 每个人递交一个密封的报价 $b_i \geqslant 0$。如果 $b_1 \geqslant b_2$，卖者保留商品，不发生货币转移；如果 $b_2 > b_1$，买者得到商品，他向卖者支付 $\frac{1}{2}(b_1+b_2)$。(这句话的意思是，卖者的报价是他能接受的最低价格，而买者的报价是他能接受的最高价格；如果交易发生，价格等于二人报价的平均数。) 求这个博弈的一个贝叶斯纳什均衡，其中参与人 i 的策略具有形式 $b_i(\theta_i)=\alpha_i+\beta_i\theta_i$。该机制的这个均衡执行的是什么样的社会选择函数？该函数是事后有效率的吗？

(b) 证明 (a) 中得到的社会选择函数是激励相容的；也就是说，它可以在贝叶斯纳什均衡中如实执行。

23.C.1[A] 证明如果偏好逆转性质 [条件 (23.C.6)] 对于所有 i 和所有 θ_i'、θ_i'' 和 θ_{-i} 均成立，那么 $f(\cdot)$ 在优势策略中如实可执行。

23.C.2[B] 证明，对于任何 I，当 X 包含两个元素时 (比如，$X=\{x_1, x_2\}$)，那么任何多数投票社会选择函数 [即，如果偏好 x_i 胜于 x_j 的人数，比偏好 x_j 胜于 x_i 的人数多，这样的社会选择函数总是选择 x_i (如果上述两种人数相等，那么该函数可以选择 x_i，也可以选择 x_j)] 在优势策略中如实可执行。

23.C.3[A] 证明如果 $\mathscr{R}_i=\mathscr{P}$ 对于所有 i 均成立，那么对于任何事后有效率的社会选择函数 $f(\cdot)$，我们都有 $f(\Theta)=X$。

23.C.4[A] 证明如果对于 $i=1, \cdots, I$ 当可能类型集为 Θ_i 时，$f(\Theta)\to X$ 在优势策略中如实可执行，那么当每个参与人 i 的可能类型集为 $\hat{\Theta}_i \subset \Theta_i$ (对于 $i=1, \cdots, I$) 时，满足 $\hat{f}(\theta)=f(\theta)$ (对于所有 $\theta \in \hat{\Theta}$) 的社会选择函数 $\hat{f}: \hat{\Theta}\to X$ 在优势策略中如实可执行。

23.C.5[C] 在某个环境中：参与人的偏好是单峰的，而且任何两个备选方案都不是无差异的 (参见 21.D 节)；参与人的数量为奇数。证明：总是选择康多塞获胜方案 (参见 21.D 节) 的 (唯一的) 社会选择函数，在优势策略中如实可执行。

23.C.6[C] 命题 23.C.2 识别出的社会选择函数的性质，称为**独立逐人单调性** (independent person-by-person monotonicity，IPM) [源于 Dasgupta，Hammond 和 Maskin (1979)]。在本题中，我们考察这个性质与定义 23.C.5 给出的**单调性**之间的关系。

(a) 举例说明如果 $f(\cdot)$ 满足 IPM，它未必是单调的 (有一个非常简单的例子能完成此任务)。

(b) 举例说明如果 $f(\cdot)$ 是单调的，它未必满足 IPM。

(c) 证明如果 $f(\cdot)$ 满足 IPM，而且如果 $\mathscr{R}_i \subset \mathscr{P}$ 对于所有 i，那么 $f(\cdot)$ 是单调的。

(d) 证明如果 $f(\cdot)$ 是单调的，而且 $\mathscr{R}_i=\mathscr{P}$ 对于所有 i，那么 $f(\cdot)$ 满足 IPM。

23.C.7[C] 社会福利泛函数 $F(\cdot)$ (参见 21.C 节) 总是满足**非负反应性** (nonnegative responsiveness)，如果对于所有 x，$y \in X$ 以及满足下列性质的 I 个参与人的任何一对偏好组合 $(\succsim_1, \cdots, \succsim_I)$ 和 $(\succsim_1', \cdots, \succsim_I')$，使得 $x \succsim_i y \Rightarrow x \succsim_i' y$ 和 $x \succ_i y \Rightarrow x \succ_i' y$ 对于所有 i，我们均有

$$xF(\succsim_1,\cdots,\succsim_I)y \Rightarrow xF(\succsim_1',\cdots,\succsim_I')y$$

和

$$xF_p(\succsim_1,\cdots,\succsim_I)y \Rightarrow xF_p(\succsim_1',\cdots,\succsim_I')y$$

其中 $xF_p(\cdot)y$ 的意思是 "$xF(\cdot)y$ 成立但 $yF(\cdot)x$ 不成立"。证明如果社会选择函数 $f(\cdot)$ 使得满足非负反应性的社会福利泛函数 $F(\cdot)$ 达到最大值 [即，对于所有 $(\theta_1, \cdots, \theta_I)$ 我们均有 $f(\theta_1, \cdots, \theta_I)=\{x \in X: xF(\succsim_1(\theta_1), \cdots, \succsim_I(\theta_I))y$ 对于所有 $y \in X\}$]，那么 $f(\cdot)$ 在优势策略中如实可执行。

23.C.8[A] 假设 $I=2$，$X=\{a, b, c, d, e\}$，$\Theta_1=\{\theta_1', \theta_1''\}$，$\Theta_2=\{\theta_2', \theta_2''\}$；而且参与人的可能

偏好关系如下：

$\succsim_1(\theta_1')$	$\succsim_1(\theta_1'')$	$\succsim_2(\theta_2')$	$\succsim_2(\theta_2'')$
$a-b$	a	$a-b$	a
c	b	c	b
d	d	d	d
e	c	e	c
	e		e

其中 $a-b$ 表示备选方案 a 和 b 是无差异的。

考虑社会选择函数

$$f(\theta)=\begin{cases} b & 若\ \theta=(\theta_1',\theta_2') \\ a & 其他 \end{cases}$$

(a) $f(\cdot)$ 是事后有效率的吗?

(b) $f(\cdot)$ 满足命题 23.C.2 识别出的性质吗?

(c) 考察如实执行 $f(\cdot)$ 的直接显示机制。如实报告是参与人的**唯一**（弱）优势策略吗？证明如果参与人选择了谎报的（弱）优势策略，那么 $f(\cdot)$ 不可执行。

23.C.9[C] 假设 $K=\mathbb{R}$，函数 $v_i(\cdot,\theta_i)$ 是二次连续可微的，θ_i 从区间 $[\underline{\theta}_i,\bar{\theta}_i]$ 抽出，$\partial^2 v_i(k,\theta_i)/\partial k^2<0$ 和 $\partial^2 v_i(k,\theta_i)/\partial k\,\partial\theta_i>0$。证明连续可微社会选择函数 $f(\cdot)=(k(\cdot),t_1(\cdot),\cdots,t_I(\cdot))$ 在优势策略中如实可执行当且仅当对于所有 $i=1,\cdots,I$

$$k(\theta)关于\ \theta_i\ 非递减$$

和

$$t_i(\theta_i,\theta_{-i})=t_i(\underline{\theta}_i,\theta_{-i})-\int_{\underline{\theta}_i}^{\theta_i}\frac{\partial v_i(k(s,\theta_{-i}),s)}{\partial k}\frac{\partial k(s,\theta_{-i})}{\partial s}ds$$

23.C.10[B] (B. Holmstrom) 在 23.C 节的拟线性环境中，令 $k^*(\cdot)$ 表示满足式（23.C.7）的任何项目决策。定义函数 $V^*(\theta)=\sum_i v_i(k^*(\theta),\theta_i)$。始终假设式（23.C.8）是 $(k^*(\cdot),t_1(\cdot),\cdots,t_I(\cdot))$ 在优势策略中如实可执行的必要条件。

(a) 证明存在事后有效率的社会选择函数[即，满足条件（23.C.7）和预算平衡条件（23.C.12）的函数]使得该函数在优势策略中可执行，当且仅当对于满足 $V_i(\cdot)$ 仅取决于 θ_{-i}（对于所有 i）的某个函数 $v_1(\cdot),\cdots,v_I(\cdot)$ 我们可以将函数 $V^*(\cdot)$ 写为 $V^*(\theta)=\sum_i V_i(\theta_{-i})$。

(b) 使用 (a) 中的结果证明当 $I=3$，$K=\mathbb{R}$，$\Theta_i=\mathbb{R}_+$ 对于所有 i，以及 $v_i(k,\theta_i)=\theta_i k-\frac{1}{2}k^2$ 对于所有 i 时，存在事后有效率的社会选择函数使得该函数在优势策略中可执行。（这个结果对于任何 $I>2$ 都成立。）

(c) 现在假设函数 $v_i(k,\theta_i)$ 使得 $V^*(\cdot)$ 为 I 次连续可微函数。证明可执行的事后有效率函数存在的必要条件为，对于所有 θ，

$$\frac{\partial^I V^*(\theta)}{\partial\theta_1\ldots\partial\theta_I}=0$$

（事实上，这也是个充分条件。）

(d) 使用 (c) 中的结果验证，在 23.C 节末尾处相关讨论中的假设条件下，当 $I=2$ 时，不存在事后有效率的社会选择函数使得该函数在优势策略中如实可执行。

23.C.11[A] 在一个拟线性环境中，假设每个参与人 i 的伯努利效用函数具有形式 $u_i(v_i(k,\theta_i)+\bar{m}_i+t_i)$，其中 $u_i'(\cdot)>0$。也就是说，基于确定结果的偏好为拟线性形式，但风险偏好是不受限制的。验证命题 23.C.4 在这种情形下仍然成立。

23.D.1[B] [根据 Myerson (1991) 中的一个例子改编] 在双边交易中，有一个买者和一个卖者，他们对某种不可分割的商品进行议价。买者对此商品的评价为 $\theta_b=10$。卖者对此商品的评价有两个可能值：$\theta_s\in\{0,9\}$。令 t 表示交易发生的时期（$t=1,2,\cdots$），令 p 表示成交价格。买者和卖者的贴现因子为 $\delta<1$。

(a) 在这个环境中，备选方案集 X 是什么?

(b) 假设在这个议价过程的贝叶斯纳什均衡

中，当卖者的评价为零时交易立即发生，而且当卖者的评价为 θ_s 时成交价格为 $(10+\theta_s)/2$。当卖者的评价为 9 时，交易能发生的最早时期为多少？

23. D. 2[B] 在某个双边交易中，每个 $\theta_i(i=1, 2)$ 独立地从 $[0, 1]$ 上的均匀分布中抽取出。

（a）计算期望外部性机制中的转移函数。

（b）验证如实报告是个贝叶斯纳什均衡。

23. D. 3[A] 再次考察例 23. B. 5 和例 23. B. 6 中的第一价格和第二价格密封拍卖。验证对于这两个例子识别出的均衡，收入等价定理成立。

23. D. 4[C] 在某个第一价格密封拍卖中，有 I 个对称的买者。每个买者对拍卖品的评价是根据严格正的密度 $\phi(\cdot)$ 从区间 $[\underline{\theta}, \bar{\theta}]$ 独立地抽取出。

（a）证明买者的均衡报价函数关于他的类型非递减。

（b）证明在任何对称均衡 $(b^*(\cdot), \cdots, b^*(\cdot))$ 中均不存在类型区间 (θ', θ'')（其中 $\theta'\neq\theta''$）使得 $b^*(\theta)$ 对于所有 $\theta\in(\theta', \theta'')$ 都是相同的。因此，可以断言 $b^*(\cdot)$ 为严格递增的。

（c）使用收入等价定理证明，对于这类拍卖的任何对称均衡，它给卖者带来的期望收入必定等于第二价格密封拍卖（优势策略）均衡带给他的期望收入。

23. D. 5[C] 在习题 23. D. 4 的假设条件下，考虑一个密封**全支付**（all-pay）拍卖，在这种拍卖中，每个买者递交一个报价，报价最高者得到拍卖品，每个买者按照自己的报价向卖者付钱，不管买者是否得到了拍卖品。证明在这个拍卖的任何对称均衡中，卖者的期望收入与第二价格密封拍卖情形相等。（提示：证明步骤类似于习题 23. D. 4。）

23. D. 6[C] 假设某个演唱会只剩下一张门票，有 I 个对称的人想得到这张票。票房在星期一上午 9 时开门。每个人必须决定何时去排队：先到者得。对于每个人来说，等待 t 小时带来的（货币等价）痛苦为 βt。假设第二个到达票房的人可以立即回家，因此他没有等待成本。个人 i 对得到门票的评价为 θ_i，每个人的 θ_i 独立地从 $[0, 1]$ 上的均匀分布中抽取出。第一个到达票房的人对等待时间的期望价值为多少？（提示：注意这种情形与第一价格密封拍卖的相似性，并且使用收入等价定理。）当 β 变为原来的 2 倍时，这个期望价值如何变化？当 I 变为原来的 2 倍呢？

23. E. 1[B] 在某个双边交易中，每个 $\theta_i(i=1, 2)$ 独立地从 $[0, 1]$ 上的均匀分布中抽取出。假设如果对商品的评价为 θ_1 的卖者拒绝参与机制，他得到的期望效用为 θ_1（他不交易而是将商品消费掉），在这种情形下，对商品的评价为 θ_2 的买者得到的期望效用为零（他仅消费他的计价物禀赋，我们将其标准化为零）。证明在期望外部性机制中，存在某个类型的买者或卖者使得他严格偏好不参与交易。

23. E. 2[A] 证明当命题 23. E. 1 的假设条件在双边交易环境中成立时：

（a）不存在社会选择函数 $f(\cdot)$ 使得该函数是优势策略激励相容且事中个人理性的［即，对于所有 θ_i，当参与人的类型为 θ_i 时，$f(\cdot)$ 给予每个参与人的交易收益均是非负的］。

（b）不存在社会选择函数 $f(\cdot)$ 使得该函数是贝叶斯激励相容和事后个人理性的［即，对于每个类型组合 (θ_1, θ_2)，$f(\cdot)$ 给予每个参与人的交易收益均是非负的］。

23. E. 3[B] 举例说明，对于某个双边交易，如果买者和卖者对商品的评价都是个离散集，那么可能存在满足贝叶斯激励相容、事后有效率且个人理性的社会选择函数。（提示：令每个参与人有两种类型就足够了。）断言：对于迈尔森-萨特斯韦特定理，密度严格为正这个假设是必需的。

23. E. 4[B] 卖者（参与人 1）和买者（参与人 2）对某个不可分割商品展开议价。交易可能在离散时期 $t=1, 2, \cdots$发生。买者和卖者的贴现因子都为 $\delta<1$。买者和卖者的评价分别以正密度独立地从区间 $[\underline{\theta}_2, \bar{\theta}_2]$ 和 $[\underline{\theta}_1, \bar{\theta}_1]$ 抽取出。假设 $(\underline{\theta}_2, \bar{\theta}_2)\cap(\underline{\theta}_1, \bar{\theta}_1)\neq\varnothing$。注意到，在这种情形下，当 $\theta_2>\theta_1$ 时事后效率要求交易在时期 1 发生，

当 $\theta_1>\theta_2$ 时交易不发生。使用迈尔森-萨特斯韦特定理证明，在这个伴有贴现的情形下，不存在能实现事后效率的自愿交易程序。

23. E. 5[B] 假设买者和卖者是个连续统（每个人的偏好都是拟线性的）。每个卖者最初有一单位不可分割的商品，每个买者最初没有该商品。每个卖者对商品的评价为 $\theta_1\in[\underline{\theta}_1,\ \bar{\theta}_1]$，$\theta_1$ 独立且相同地从分布 $\Phi_1(\cdot)$ 中抽取出，$\Phi_1(\cdot)$ 的密度 $\phi_1(\cdot)$ 严格为正。每个买者对商品的评价为 $\theta_2\in[\underline{\theta}_2,\ \bar{\theta}_2]$，$\theta_2$ 独立且相同地从分布 $\Phi_2(\cdot)$ 中抽取出，$\Phi_2(\cdot)$的密度 $\phi_2(\cdot)$ 严格为正。

(a) 刻画事后有效率社会选择函数中的交易规则。哪些买者和卖者最终得到了一单位商品？

(b) 举出一个具有 (a) 中交易规则的社会选择函数，使得该函数是贝叶斯激励相容且个人理性的。（提示：考虑“竞争”机制。）断言：对于迈尔森-萨特斯韦特定理识别出的无效率，当买者和卖者数量变大时，它会消失。对于有限个交易者，当交易者人数变多时，效率损失趋向于零，这个结论的正式证明可以参考 Gresik and Satterthwaite (1989)。

23. E. 6[B] 在某个双边交易中，有两个参与人，每个人最初拥有一单位商品。假设参与人 i ($i=1,\ 2$) 对每单位商品的评价为 θ_i。假设 θ_i 独立地从 [0，1] 上的均匀分布中抽取出。

(a) 刻画事后有效率社会选择函数中的交易规则。

(b) 考虑下列机制：每个参与人递交一个报价；报价最高者得到其他参与人的一单位商品并向后者支付他的报价。推导出这个机制的一个对称的贝叶斯纳什均衡。（提示：参与人报价函数关于他的类型是线性的。）

(c) 这个机制执行的社会选择函数是什么？验证它是贝叶斯激励相容的。它是事后有效率的吗？是个人理性的吗 [此处要求 $U_i(\theta_i)\geq\theta_i$ 对于所有 θ_i 和 $i=1,\ 2$]？在直觉上，它为何与迈尔森-萨特斯韦特定理的结论不同？[关于这些“合伙关系细分”(partnership division) 问题的正式分析可以参考 Cramton，Gibbons 和 Klemperer (1987)。]

23. E. 7[B] 在某个双边交易中，买者和卖者的评价独立地从 [0，1] 上的均匀分布中抽取出。

(a) 证明如果 $f(\cdot)$ 是贝叶斯激励相容、事中个人理性和事后有效率的社会选择函数，那么 $f(\cdot)$ 带给买者和卖者的期望效用之和不可能小于 5/6。

(b) 证明事实上不存在社会选择函数（无论是否为贝叶斯激励相容和事中个人理性的）使得买者和卖者的期望效用之和大于 2/3。

23. F. 1[C] 考虑 23. C 节和 23. D 节的拟线性环境。证明如果社会选择函数 $f(\cdot)\in F^*$ 在 F_{IR} 中是事后古典效率的，那么它在 F^* 中是事前和事中激励效率的。[从这个事实我们看到，如果某个事后古典效率的社会选择函数能在类型为私人信息情形下执行（即，它是激励可行的），那么不存在在福利上优于这个函数的其他激励可行的社会选择函数。然而，注意到，可能存在其他的事前或事中激励效率的社会选择函数，但它们不是事后有效率的。例如，读者可以验证，在例 23. F. 1 中，存在一个事后古典效率的社会选择函数，它是激励可行的，但从这个例子中推导出的事中激励效率社会选择函数不是事后有效率的。]

23. F. 2[B] [根据 Maskin 和 Riley (1984) 改编] 某个垄断卖者生产某种商品，假设规模报酬不变，生产成本为每单位 $c>0$ 美元。垄断者将产品卖给某个消费者，但它无法观知消费者对它的产品的偏好。当类型为 $\theta>0$ 的消费者消费 x 单位该产品且向垄断者一共支付 t 美元货款时，他得到的效用为 $\theta v(x)-t$。假设 $v'(\cdot)>0$，$v''(\cdot)<0$。消费者可能类型集为 $[\underline{\theta},\ \bar{\theta}]$（其中 $\bar{\theta}>\underline{\theta}>0$），类型分布为 $\Phi(\cdot)$，$\Phi(\cdot)$ 的密度函数 $\phi(\cdot)$ 严格为正。假设 $[\theta-((1-\Phi(\theta))/\phi(\theta))]$关于 θ 非递减。假设类型为 θ 的消费者总可以选择不购买，从而得到效用零。请刻画该垄断者的最优销售机制。

23. F. 3[C] 带有**保留价格** (reserve price) 的拍卖是指规定有可接受的最低报价的拍卖。假设在例 23.F.2 的拍卖中，I 个买者是对称的而且 $\underline{\theta}=0$。证明在这种情形下，带有保留价格的第二价格密封拍卖是个最优。最优保留价格是多少？你能构想出一个第二价格密封拍卖以使得它在一般（非对称）情形下是最优的吗？

23.F.4[B] 在例 23.F.2 的拍卖中，当卖者对拍卖品的评价为 $\theta_0>0$ 时，推导出最优函数 $y_i(\cdot)$。

23.F.5[B] 假设某个垄断者一共只有一单位某种不可分割商品，在产量直到一单位之前生产成本为零，但产量一旦超过一单位，成本变为无穷大。垄断者想把产品卖给两个潜在的买者。买者 i 的需求函数 $x_i(p)$ 是递减的（其中 $i=1, 2$）。垄断者能对两个买者索要不同的价格。

(a) 描述该垄断者的最优价格。

(b) 将你在 (a) 中的答案与例 23.F.2 中的最优拍卖联系起来。［更多内容可参考 Bulow 和 Roberts（1989）。］

23.F.6[C] ［根据 Baron 和 Myerson（1982）改编］考虑监管者对某个垄断企业的最优管制方案，该垄断企业已经知道需求函数 $x(p)$ ［其中 $x'(p)<0$］，它私下知道自己固定不变的边际生产成本 θ。监管者可以设定垄断企业产品价格，以及可以从该垄断企业那里转移出资金或者转移资金给该垄断企业，因此结果集为 $X=\{(p, t): p>0, t\in\mathbb{R}\}$。为了阻止垄断企业停止营业，监管者必须保证不管垄断企业的生产成本为多少，该垄断企业都能得到非负利润。垄断企业的边际成本 θ 是根据分布函数 $\Phi(\cdot)$ 从$[\underline{\theta}, \bar{\theta}]$（其中 $\bar{\theta}>\underline{\theta}>0$）中抽取出的，$\Phi(\cdot)$ 的密度函数 $\phi(\cdot)$ 严格为正。假设$\Phi(\theta)/\phi(\theta)$ 关于 θ 非递减。把类型 θ 垄断企业从结果（p，t）得到的利润记为 $\pi(p, t, \theta)=(p-\theta)x(p)+t$。

(a) 改编命题 23.D.2 的描述，使之适用于此处情形。

(b) 假设监管者希望设计出一个直接显示管制方案（$p(\cdot)$，$t(\cdot)$）以使得消费者剩余和生产者剩余的加权和期望值最大，即使得

$$\int_{p(\theta)}^{\infty} x(s)ds+\alpha\pi(p(\theta),t(\theta),\theta)$$

最大，其中 $\alpha<1$。刻画监管者的最优管制方案。如果 $\alpha\geqslant 1$，结果又是怎样的？

23.F.7[C] ［根据 Dana 和 Spier（1994）改编］两个企业 $j=1, 2$，竞争在某个给定市场生产产品的权利。社会计划者设计生产权最优拍卖方案，来实现以

$$W=\sum_j \pi_j+S+(\lambda-1)\sum_j t_j$$

衡量的社会福利期望值最大。其中 t_j 表示从企业 j 转移给社会计划者的钱数，S 为消费者剩余，π_j 是企业 j（在转移前）的总利润，$\lambda>1$ 是公共资金的影子成本。拍卖为每个企业规定了转移钱数和规定了市场结构；也就是说，它可以规定任何企业都不得生产，或只有一个企业能够生产（从而使得该企业成为不受管制的垄断者），或两个企业都可以生产（从而使得两个企业成为不受管制的寡头）。

每个企业 j 私下观知自己的固定生产成本 θ_j。固定成本水平 θ_1 和 θ_2 在 $[\underline{\theta}, \bar{\theta}]$ 上独立分布，密度函数 $\phi(\cdot)$ 和分布函数 $\Phi(\cdot)$ 都是可微的。假设 $\Phi(\cdot)/\phi(\cdot)$ 关于 θ 递增。两个企业的边际成本相同，都为 $c<1$；两个企业向市场生产同质产品，该市场的需求函数 $p(x)=1-x$ 是公共信息。如果两个企业都得到了生产权，那么它们将展开古诺竞争（参考 12.C 节）。

描述社会计划者的最优拍卖方案。

23.F.8[A] 证明在例 23.F.3 中，对于任何事后古典效率的社会选择函数都有 $y_L=y_H=1$。

23.F.9[B] 证明在例 23.F.3 的模型中：

(a) 任何可行社会选择函数都不是事后有效率的。

(b) 在任何可行社会选择函数中，$y_H\leqslant y_L$ 以及 $t_H\leqslant t_L$。

(c) 在任何可行社会选择函数中，低质量类型卖者的期望交易收益不小于高质量卖者的，即 $t_L-20y_L\geqslant t_H-40y_H$。

23. F. 10[B] 在例 23. F. 3 的模型中，当交易对于卖者不是自愿的（但对于买者是自愿的）时，描述事中和事前激励效率社会选择函数集。

23. AA. 1[B] 再次考虑习题 23. C. 8。列举出一个机制 $\Gamma=(S_1, \cdots, S_I, g(\cdot))$，它不是能在优势策略中如实执行 $f(\cdot)$ 的直接显示机制，而且每个参与人有**唯一的**（弱）优势策略。

23. AA. 2[B] 令 $K=\{k_0, k_1, \cdots, k_N\}$ 为可能项目集，假设对于每个参与人 i，$\{v_i(\cdot, \theta_i): \theta_i \in \Theta_i\}=\mathscr{V}$，也就是说，从 K 到 $\mathbb{R}$ 的每个可能评价函数对于某个 $\theta_i \in \Theta_i$ 出现。对于格罗夫斯机制中的参与人，他们有唯一的（弱）优势策略吗？考虑另外一个机制，该机制允许每个参与人 i 报告一个**标准化的**评价函数，即满足 $v_i(k_0)=0$ 的函数。假设 $k^*(\cdot)$ 和格罗夫斯转移都是使用这些报告计算的。在这个标准化的格罗夫斯机制中，每个参与人有唯一的（弱）优势策略吗？

23. BB. 1[A] 考虑例 23. BB. 1 中的动态机制。

(a) 对于每个可能的偏好组合，写出它的标准形并且识别它的纳什均衡。

(b) 对于每个可能的偏好组合，识别出这个机制的子博弈完美纳什均衡。

23. BB. 2[B] 对于在优势策略中可执行的社会选择函数，它必定能在纳什均衡中执行吗？如果我们感兴趣的是强执行，结果又是怎样的？

23. BB. 3[C] 在某个公共项目选择环境中（参考例 23. B. 3），$K=\{0, 1\}$。令 θ_i 表示建设该项目（即，如果 $k=1$）时参与人 i 的收益；将 $k=0$ 时的收益标准化为零。假设 $\Theta_i=\mathbb{R}$。在这个环境中，涉及事后有效率项目选择的唯一机制是格罗夫斯机制。令 $k^*(\cdot)$ 表示这个机制中的项目选择规则。另外，假设 $I \geqslant 3$。格罗夫斯机制中的转移可用两个性质刻画：

（ⅰ）如果 $k^*(\theta_i, \theta_{-i})=k^*(\theta_i', \theta_{-i})$，那么 $t_i(\theta_i, \theta_{-i})=t_i(\theta_i', \theta_{-i})$；

（ⅱ）如果 $k^*(\theta_i, \theta_{-i})=1$ 和 $k^*(\theta_i', \theta_{-i})=0$，那么 $t_i(\theta_i, \theta_{-i})-t_i(\theta_i', \theta_{-i})=\sum_{j \neq i} \theta_j$。

涉及事后有效率项目选择的任何纳什可执行社会选择函数均必须满足这两个性质吗？

数学附录

本附录简要回顾了教材中使用到的一些数学概念和方法，但要注意这些内容相对比较零散。

我们将正式的结果称为“定理”，定理的表述相对严格。对于一些定理的证明，我们会提供一些启发性的评价、例子和一般性的思想，因为我们的目的在于强调应用。尽管这些做法放在定理的“证明”中，然而它们和定理证明的严格性无关。也许用“定理的讨论”而不是“定理的证明”作为标题更准确些。

这个附录当然不能替代更广泛、更系统的数学书。建议读者参考以下数学教材：Simon 和 Blume（1993），Sydsaeter 和 Hammond（1994），Novshek（1993），Dixit（1990），Chang（1984）以及 Intriligator（1971）。这些教材包含了本附录中的部分或大部分内容，它们也可以作为进一步学习的材料。

M.A　导数的矩阵表示

我们首先回顾数学中的一些符号。第一个也是最为重要的是，$\mathbb{R}^N$ 中的一个“向量”（正式地说）是个**列**（column）向量。这适用于任何向量，例如不论向量表示的是商品数量还是价格，都可以这么表示。它也适用于函数在某点 $\bar{x}$ 的**梯度**（gradient）向量 $\nabla f(\bar{x}) \in \mathbb{R}^N$；这个向量的第 n 个元素，是实值函数 $f: \mathbb{R}^N \to \mathbb{R}$ 在点 $\bar{x} \in \mathbb{R}^N$ 关于该函数第 n 个变量的偏导数。然而，在书写时行向量比列向量更节省空间，因此在本书中我们通常将向量写成行向量的形式，即 $x=(x_1, \cdots, x_N)$。但是你一定要注意：所有向量在数学上都是列向量，这个规则没有例外。

两个 N 维向量 $x \in \mathbb{R}^N$ 和 $y \in \mathbb{R}^N$ 的内积（inner product）记为 $x \cdot y = \sum_n x_n y_n$。如果我们将这些向量视为 $N \times 1$ 矩阵，则 $x \cdot y = x^{\mathrm{T}} y$，其中上标 T 表示矩阵转置运算。像“$x \cdot$”的表达式总是可以读为“$x^{\mathrm{T}}$”；例如，$x \cdot A$ 和 $x^{\mathrm{T}} A$ 是相同的，其中 A 是一个 $N \times M$ 矩阵。

若 $f: \mathbb{R}^N \to \mathbb{R}^M$ 是个可微的向量值函数，则在任何点 $x \in \mathbb{R}^N$ 上，我们均可用

$Df(x)$ 表示一个 $M\times N$ 矩阵，该矩阵的第 mn 个元素为 $\partial f_m(x)/\partial x_n$。注意，当 $M=1$ [因此 $f(x)\in\mathbb{R}$] 时，$Df(x)$ 是个 $1\times N$ 矩阵；事实上 $\nabla f(x)=[Df(x)]^{\mathrm{T}}$。为了避免出现歧义，在某些情形下我们用 $D_x f(x)$ 明确表示函数 $f(\cdot)$ 是对哪个变量微分。下面我们举例说明这种表示方法。例如，如果函数 $f:\mathbb{R}^{N+K}\to\mathbb{R}^M$ 的变量为向量 $x\in\mathbb{R}^N$ 和向量 $y\in\mathbb{R}^K$，那么矩阵 $D_x f(x, y)$ 是个 $M\times N$ 矩阵，它的第 mn 个元素为 $\partial f_m(x, y)/\partial x_n$。最后，对于可微的实值函数 $f:\mathbb{R}^N\to\mathbb{R}$，**海赛矩阵**（Hessian matrix）$D^2 f(x)$ 是向量值梯度函数 $\nabla f(x)$ 的导数矩阵；即 $D^2 f(x)=D[\nabla f(x)]$。

本节剩下的部分主要讨论可微函数，以及微积分中的两个著名法则即链式法则和乘法法则如何用矩阵符号表示。

链式法则

假设 $g:\mathbb{R}^S\to\mathbb{R}^N$ 和 $f:\mathbb{R}^N\to\mathbb{R}^M$ 都是可微函数。**复合函数**（composite function）$f(g(\cdot))$也是可微的。考虑任一点 $x\in\mathbb{R}^S$。链式法则（chain rule）是说该复合函数关于 x 的导数 $D_x f(g(x))$（它是个 $M\times S$ 矩阵），等于 $g(\cdot)$ 的导数 $Dg(x)$（它是个 $N\times S$ 矩阵）乘 $f(\cdot)$ 在点 $g(x)$ 的导数 $Df(y)$（它是个 $M\times N$ 矩阵），其中 $y=g(x)$。具体地说，链式法则意味着，

$$D_x f(g(x))=Df(g(x))Dg(x) \tag{M. A. 1}$$

注意上式右侧是两个矩阵相乘。

乘法法则

这里，我们仅举几个例子说明乘法法则（product rule）。

（ⅰ）假设 $f:\mathbb{R}^N\to\mathbb{R}$ 的形式为 $f(x)=g(x)h(x)$，其中 $g(\cdot)$ 和 $h(\cdot)$ 都是含有 N 个变量 $x=(x_1, \cdots, x_N)$ 的实值函数（因此 $g:\mathbb{R}^N\to\mathbb{R}$ 和 $h:\mathbb{R}^N\to\mathbb{R}$）。于是，微积分中的乘法法则告诉我们

$$Df(x)=g(x)Dh(x)+h(x)Dg(x) \tag{M. A. 2}$$

这个式子在转置后也可写为

$$\nabla f(x)=g(x)\nabla h(x)+h(x)\nabla g(x)$$

（ⅱ）假设 $f:\mathbb{R}^N\to\mathbb{R}^M$ 的形式为 $f(x)=g(x)\cdot h(x)$，其中 $g(\cdot)$ 和 $h(\cdot)$ 都是将 N 个变量 $x=(x_1, \cdots, x_N)$ 映入 $\mathbb{R}^M$ 的向量值函数。于是，

$$Df(x)=g(x)\cdot Dh(x)+h(x)\cdot Dg(x) \tag{M. A. 3}$$

注意 $h(x)\cdot Dg(x)=[h(x)]^{\mathrm{T}}Dg(x)$ 是个 $1\times N$ 矩阵，上式右侧的另一项也是 $1\times N$ 矩阵。因此，向量值公式（M. A. 3）蕴涵标量值公式（M. A. 2）。

（ⅲ）假设 f：$\mathbb{R}\to\mathbb{R}^M$ 的形式为 $f(x)=\alpha(x)g(x)$，其中 $\alpha(\cdot)$ 是个单变量实值函数（即 α：$\mathbb{R}\to\mathbb{R}$），g：$\mathbb{R}\to\mathbb{R}^M$。于是

$$Df(x)=\alpha(x)Dg(x)+\alpha'(x)g(x) \tag{M. A. 4}$$

（ⅳ）假设 f：$\mathbb{R}^N\to\mathbb{R}^M$ 的形式为 $f(x)=h(x)g(x)$，其中 h：$\mathbb{R}^N\to\mathbb{R}$，$g$：$\mathbb{R}^N\to\mathbb{R}^M$。于是，

$$Df(x)=h(x)Dg(x)+g(x)Dh(x) \tag{M. A. 5}$$

注意：$g(x)$ 是含有 M 个元素的向量（即 $M\times 1$ 矩阵），$Dh(x)$ 是个 $1\times N$ 矩阵。因此，$g(x)Dh(x)$ 是个 $M\times N$ 矩阵（该矩阵的秩为 1）。也要注意式（M. A. 4）是式（M. A. 5）的一种特殊情形。

M.B 齐次函数与欧拉公式

在本节，我们考虑含有 N 个变量的函数 $f(x_1, \cdots, x_N)$，它的定义域为所有非负值 $(x_1, \cdots, x_N)\geqslant 0$。

定义 M. B. 1：函数 $f(x_1, \cdots, x_N)$ 是 **r 次齐次的**（homogeneous of degree r），若对于任意 $t>0$ 都有

$$f(tx_1,\cdots,tx_N)=t^r f(x_1,\cdots,x_N)$$

其中 $r=\cdots, -1, 0, 1, \cdots$。

例如，$f(x_1, x_2)=x_1/x_2$ 是零次齐次的，$f(x_1, x_2)=(x_1x_2)^{1/2}$ 是一次齐次的。

注意：如果 $f(x_1, \cdots, x_N)$ 是零次齐次的，而且我们可以限制定义域使得 $x_1>0$，于是令 $t=1/x_1$，可将函数 $f(\cdot)$ 写为

$$f(1,x_2/x_1,\cdots,x_N/x_1)=f(x_1,\cdots,x_N)$$

类似地，如果函数 $f(\cdot)$ 是一次齐次的，则

$$f(1,x_2/x_1,\cdots,x_N/x_1)=(1/x_1)f(x_1,\cdots,x_N)$$

定理 M. B. 1：若 $f(x_1, \cdots, x_N)$ 是 r 次齐次的（$r=\cdots, -1, 0, 1, \cdots$），则对于任何 $n=1, \cdots, N$，偏导数函数 $\partial f(x_1, \cdots, x_N)/\partial x_n$ 均是 $(r-1)$ 次齐次的。

证明：固定某个 $t>0$。根据齐次性的定义（定义 M. B. 1），我们有

$$f(tx_1,\cdots,tx_N)-t^r f(x_1,\cdots,x_N)=0$$

将上式两侧对 x_n 微分可得

$$t\frac{\partial f(tx_1,\cdots,tx_N)}{\partial x_n}-t^r\frac{\partial f(x_1,\cdots,x_N)}{\partial x_n}=0$$

因此，

$$\frac{\partial f(tx_1,\cdots,tx_N)}{\partial x_n}=t^{r-1}\frac{\partial f(x_1,\cdots,x_N)}{\partial x_n}$$

根据定义 M. B. 1，我们断言 $\partial f(x_1, \cdots, x_N)/\partial x_n$ 是 $(r-1)$ 次齐次的。■

例如，对于一次齐次函数 $f(x_1, x_2)=(x_1x_2)^{1/2}$ 来说，$\partial f(x_1, x_2)/\partial x_1=\frac{1}{2}(x_2/x_1)^{1/2}$。根据定理 M. B. 1 可知，这个偏导函数应该是零次齐次的，根据定理 M. B. 1 容易验证它的正确性。

注意，若 $f(\cdot)$ 是任意次齐次函数，则 $f(x_1, \cdots, x_N)=f(x_1', \cdots, x_N')$ 意味着对于任意 $t>0$ 都有 $f(tx_1, \cdots, tx_N)=f(tx_1', \cdots, tx_N')$；也就是说，函数 $f(\cdot)$ 的一个水平集的任一径向扩张都产生 $f(\cdot)$ 的一个新的水平集。[①] 这意味着：$f(\cdot)$ 的水平集沿着通过原点的任一射线的斜率是不变的。例如，在 $N=2$ 的情形下。假设 $\partial f(\bar{x})/\partial x_2\neq 0$，含有点 $\bar{x}=(\bar{x}_1, \bar{x}_2)$ 的水平集在点 $\bar{x}$ 的斜率为 $-(\partial f(\bar{x})/\partial x_1)/(\partial f(\bar{x})/\partial x_2)$，此时含有点 $t\bar{x}$（其中 $t>0$）的水平集在点 $t\bar{x}$ 的斜率为

$$-\frac{\partial f(t\bar{x})/\partial x_1}{\partial f(t\bar{x})/\partial x_2}=-\frac{t^{r-1}\partial f(\bar{x})/\partial x_1}{t^{r-1}\partial f(\bar{x})/\partial x_2}=-\frac{\partial f(\bar{x})/\partial x_1}{\partial f(\bar{x})/\partial x_2}$$

图 M. B. 1 说明了这个事实。

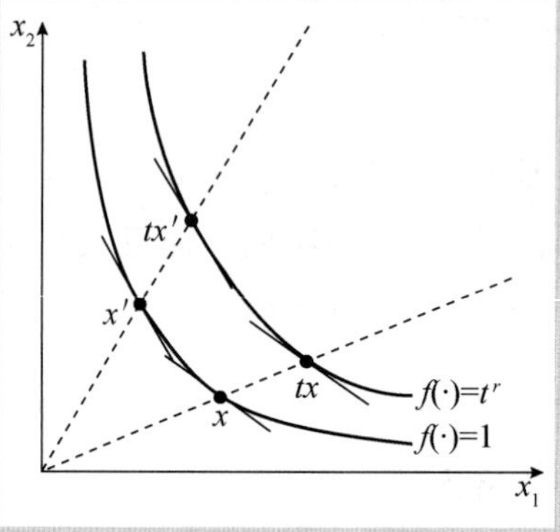

图 M. B. 1　位似函数的水平集

假设 $f(\cdot)$ 是个 r 次齐次函数，$h(\cdot)$ 是个递增的单变量函数，则函数 $h(f(x_1, \cdots, x_N))$ 称为**位似的**（homothetic）。注意，$h(f(\cdot))$ 的水平集族和 $f(\cdot)$ 的水平集族是相同的。因此这意味着，对于任何位似函数，水平集沿着穿过原点的射线的斜率是固定不变的。

定理 M. B. 2 给出了位似函数的一个重要性质。

① 函数 $f(\cdot)$ 的一个水平集（level set）是个集合，即对于某个既定 k 有 $\{x\in\mathbb{R}_+^N: f(x)=k\}$。这个集合的径向扩张（radial expansion）是该水平集中的每个向量 x 都乘以某个正标量 $t>0$ 而得到的点集。

定理 M. B. 2：（欧拉公式） 假设 $f(x_1, \cdots, x_N)$ 是 r 次齐次的（$r=\cdots, -1, 0, 1, \cdots$）和可微的，那么在任何点（$\bar{x}_1, \cdots, \bar{x}_N$），我们均有

$$\sum_{n=1}^{N} \frac{\partial f(\bar{x}_1, \cdots, \bar{x}_N)}{\partial x_n} \bar{x}_n = r f(\bar{x}_1, \cdots, \bar{x}_N)$$

或者以矩阵符号表示，$\nabla f(\bar{x}) \cdot \bar{x} = r f(\bar{x})$。

证明： 根据 r 次齐次函数的定义我们有

$$f(t\bar{x}_1, \cdots, t\bar{x}_N) - t^r f(\bar{x}_1, \cdots, \bar{x}_N) = 0$$

将上式对 t 微分可得

$$\sum_{n=1}^{N} \frac{\partial f(t\bar{x}_1, \cdots, t\bar{x}_N)}{\partial x_n} \bar{x}_n - r t^{r-1} f(\bar{x}_1, \cdots, \bar{x}_N) = 0$$

令 $t=1$ 即可得到欧拉公式。■

对于零次齐次的函数，由欧拉公式可知

$$\sum_{n=1}^{N} \frac{\partial f(x_1, \cdots, x_N)}{\partial x_n} \bar{x}_n = 0$$

举个例子。对于函数 $f(x_1, x_2) = x_1/x_2$，我们有 $\partial f(\bar{x}_1, \bar{x}_2)/\partial x_1 = 1/\bar{x}_2$，$\partial f(\bar{x}_1, \bar{x}_2)/\partial x_2 = -(\bar{x}_1/(\bar{x}_2)^2)$。因此

$$\sum_{n=1}^{N} \frac{\partial f(x_1, \cdots, x_N)}{\partial x_n} \bar{x}_n = \frac{1}{\bar{x}_2} \bar{x}_1 - \frac{\bar{x}_1}{(\bar{x}_2)^2} \bar{x}_2 = 0$$

这与欧拉公式一致。

对于一次齐次函数，根据欧拉公式可知

$$\sum_{n=1}^{N} \frac{\partial f(x_1, \cdots, x_N)}{\partial x_n} \bar{x}_n = f(\bar{x}_1, \cdots, \bar{x}_N)$$

例如，对于函数 $f(x_1, x_2) = (x_1 x_2)^{1/2}$，我们有 $\partial f(\bar{x}_1, \bar{x}_2)/\partial x_1 = \frac{1}{2}(\bar{x}_2/\bar{x}_1)^{1/2}$，$\partial f(\bar{x}_1, \bar{x}_2)/\partial x_2 = \frac{1}{2}(\bar{x}_1/\bar{x}_2)^{1/2}$。因此，

$$\begin{aligned}\sum_{n=1}^{N} \frac{\partial f(x_1, \cdots, x_N)}{\partial x_n} \bar{x}_n &= \frac{1}{2}\left(\frac{\bar{x}_2}{\bar{x}_1}\right)^{1/2} \bar{x}_1 + \frac{1}{2}\left(\frac{\bar{x}_1}{\bar{x}_2}\right)^{1/2} \bar{x}_2 \\ &= (\bar{x}_1 \bar{x}_2)^{1/2} \\ &= f(\bar{x}_1, \bar{x}_2)\end{aligned}$$

M.C 凹函数和拟凹函数

在本节，我们考察 N 个变量的函数 $f(x_1, \cdots, x_N)$，该函数的定义域为 $\mathbb{R}^N$

中的某个凸子集 A，例如 $A=\mathbb{R}^N$ 或 $A=\mathbb{R}^N_+=\{x\in\mathbb{R}^N: x\geqslant 0\}$。[①] 我们记 $x=(x_1, \cdots, x_N)$。

定义 M. C. 1：对于定义在凸集 $A\subset\mathbb{R}^N$ 上的函数 $f: A\to\mathbb{R}$，如果对于所有 x 和 $x'\in A$ 以及所有 $\alpha\in[0, 1]$，都有

$$f(\alpha x'+(1-\alpha)x)\geqslant\alpha f(x')+(1-\alpha)f(x) \tag{M. C. 1}$$

那么函数 f 是**凹的**（concave）。如果对于所有 $x\neq x'$ 和所有 $\alpha\in(0, 1)$ 上式都是严格不等式，则函数 f 是**严格凹的**（strictly concave）。

图 M. C. 1(a) 画出了一个严格凹的单变量函数。在这种情形下，条件（M. C. 1）告诉我们，连接 $f(\cdot)$ 图形上任意两点形成的线段，完全位于 $f(\cdot)$ 图形的下方。[②] 图 M. C. 1(b) 画出的函数是凹的，但不是严格凹的；注意，在这种情形下，连接 $f(\cdot)$ 图形上的点 x 和点 x' 形成的线段位于 $f(\cdot)$ 图形上，因此条件（M. C. 1）以等式形式成立。

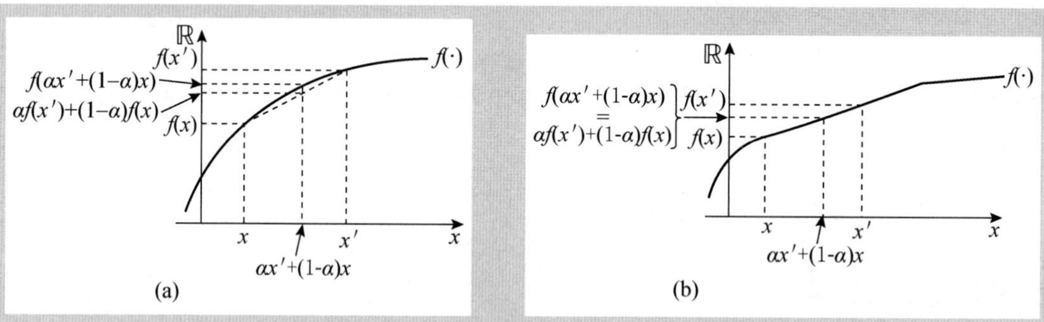

图 M. C. 1　图（a）中的函数是严格凹的；图（b）中的函数是凹的，但不是严格凹的

条件（M. C. 1）与下面的条件（M. C. 2）等价，尽管条件（M. C. 2）显得似乎更强一些。

对于任何一组向量 $x^1\in A, \cdots, x^K\in A$ 和任何一组使得 $\alpha_1+\cdots+\alpha_K=1$ 的实数 $\alpha_1\geqslant 0, \cdots, \alpha_K\geqslant 0$，都有

$$f(\alpha_1 x^1+\cdots+\alpha_K x^K)\geqslant\alpha_1 f(x^1)+\cdots+\alpha_K f(x^K) \tag{M. C. 2}$$

我们再次考虑单变量函数的情形。我们可以将条件（M. C. 2）中的每个实数 α_K 看成 x^K 出现的“概率”。于是条件（M. C. 2）告诉我们 x^K 的期望的函数值［即 $f(\alpha_1 x^1+\cdots+\alpha_K x^K)$］，不会小于 $f(x^K)$ 的期望值［即 $\alpha_1 f(x^1)+\cdots+\alpha_K f(x^K)$］。事实上，凹函数 $f: \mathbb{R}\to\mathbb{R}$ 可用下列条件刻画：

① 凸集的基本性质请参见 M. G 节。

② 函数 $f: A\to\mathbb{R}$ 的图形（graph）是集合 $\{(x, y)\in A\times\mathbb{R}: y=f(x)\}$。

$$f\left(\int x\mathrm{d}F\right)\geqslant\int f(x)\mathrm{d}F \tag{M. C. 3}$$

其中分布函数 F：$\mathbb{R}\to[0, 1]$ 是任意的。条件（M. C. 3）称为**詹森不等式**（Jensen's inequality）。

类似地，我们可以定义函数 $f(\cdot)$ 的**凸性**（convexity）和**严格凸性**（strict convexity）。对于凸性来说，只要将条件（M. C. 1）中的$\geqslant$换成$\leqslant$即可。特别地，对于严格凸函数 $f(\cdot)$，连接 $f(\cdot)$ 图形上的任意两点形成的线段，将完全位于 $f(\cdot)$ 图形的上方（above），如图 M. C. 2 所示。另外，还要注意：$f(\cdot)$ 为凹的当且仅当$-f(\cdot)$ 为凸的。

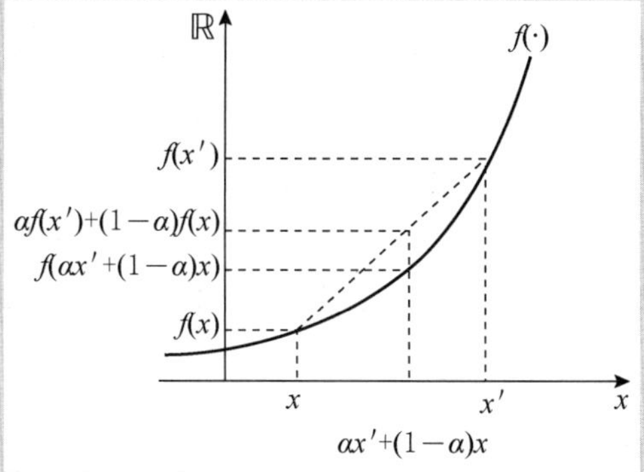

图 M. C. 2　严格凸函数

我们也可以使用另外一种方法来描述函数的凹性和严格凹性，请见定理 M. C. 1。

定理 M. C. 1：（连续可微的）函数 f：$A\to\mathbb{R}$ 是凹的，当且仅当对于所有 $x\in A$ 和$z\in\mathbb{R}^N$（且 $x+z\in A$），都有

$$f(x+z)\leqslant f(x)+\nabla f(x)\cdot z \tag{M. C. 4}$$

函数 $f(\cdot)$ 是严格凹的，若对于所有 $x\in A$ 和所有 $z\neq 0$，条件（M. C. 4）均以严格不等式形式成立。

证明：我们只证明对于凹函数来说，条件（M. C. 4）是必要的。对于所有 $\alpha\in(0, 1]$，条件 $f(\alpha x'+(1-\alpha)x)\geqslant\alpha f(x')+(1-\alpha)f(x)$ 对于所有 x，$x'\in A$ 均成立。令 $z=x'-x$，我们可以将这个式子重写为

$$f(x+z)\leqslant f(x)+\frac{f(x+\alpha z)-f(x)}{\alpha}$$

对于所有 $x\in A$，$z\in\mathbb{R}^N$（且 $x+z\in A$）和 $\alpha\in(0, 1]$ 都成立。当 $\alpha\to 0$ 时，取上式的极限，即可知道条件（M. C. 4）对于（连续可微）的凹函数 $f(\cdot)$ 必定成立。■

附录

条件（M. C. 4）可用图形表示，请见图 M. C. 3。这个图告诉我们凹函数 $f(\cdot)$ 图形的任何切线必定位于 $f(\cdot)$ 图形的上方（above），除了在切点处两条曲线接触外。

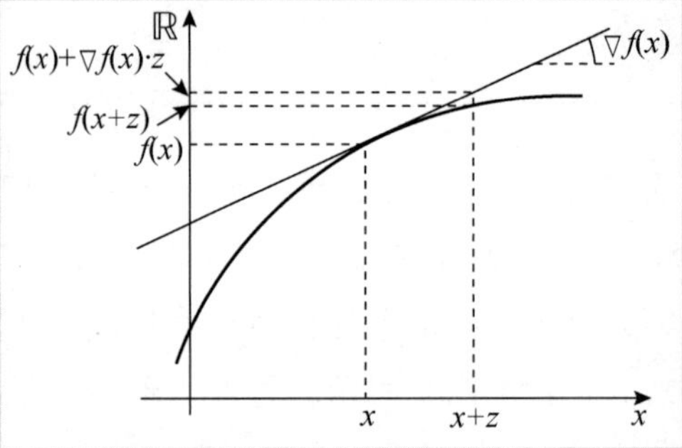

图 M. C. 3　凹函数图形的任何切线必定位于该函数图形的上方

类似地，我们也可以刻画凸函数和严格凸函数的特征，只需要将条件（M. C. 4）的不等式方向颠倒即可；也就是说，凸函数可用下列条件刻画：对于所有 $x \in A$，$z \in \mathbb{R}^N$（且 $x+z \in A$），都有 $f(x+z) \geqslant f(x) + \nabla f(x) \cdot z$。

下面我们给出凹函数和严格凹函数的第三种描述方法。

定义 M. C. 2： $N \times N$ 矩阵 M 是**负半定的**（negative semidefinite），若对于所有 $z \in \mathbb{R}^N$，都有

$$z \cdot Mz \leqslant 0 \qquad \text{(M. C. 5)}$$

如果对于所有 $z \neq 0$，上式均以严格不等式成立，则矩阵 M 是**负定的**（negative definite）。类似地，我们也可以定义**正半定的**（positive semidefinite）和**正定的**（positive definite）概念，只要将条件（M. C. 5）的不等式的方向颠倒即可。

我们将在 M. E 节进一步讨论这些矩阵的细节特征。在这里我们仅记录这些性质和凹函数的海赛矩阵 $D^2 f(\cdot)$ 之间的密切关系。[①]

定理 M. C. 2：（二阶连续可微） 函数 $f: A \to \mathbb{R}$ 是凹的，当且仅当 $D^2 f(x)$ 对于任何 $x \in A$ 都是负半定的。若 $D^2 f(x)$ 对于任何 $x \in A$ 都是负定的，则该函数是严格凹的。

证明： 我们只证明必要性。假设 $f(\cdot)$ 是凹的。考虑一个既定的 $x \in A$ 和始于点 x 的位移方向 $z \in \mathbb{R}^N$，且 $z \neq 0$。取函数 $\phi(\alpha) = f(x + \alpha z)$（其中 $\alpha \in \mathbb{R}$）在点 $\alpha = 0$ 的泰勒展开式，可得

$$f(x+\alpha z) - f(x) - \nabla f(x) \cdot (\alpha z) = \frac{\alpha^2}{2} z \cdot D^2 f(x + \beta z) z$$

对于某个 $\beta \in [0, \alpha]$ 成立。根据定理 M. C. 1 可知，上式左侧是非正的。因此 $z \cdot D^2 f(x+\beta z) z \leqslant 0$。由于我们可将 α（从而 β）取得任意小，这样我们就得到了 $z \cdot$

① 对于定理 M. C. 2、定理 M. C. 3 和定理 M. C. 4，我们假设集合 A 是开的（参见 M. F 节），目的是避开边界问题。

$D^2f(x)z\leqslant 0$。■

在 $N=1$ 的特殊情形下［从而 $f(\cdot)$ 是个单变量的函数］，$D^2f(x)$ 的负半定等价于条件 $d^2f(x)/dx^2\leqslant 0$；当 $D^2f(x)$ 为负定的时，我们有 $d^2f(x)/dx^2<0$，为了看清这一点，注意到在这种情形下 $z\cdot D^2f(x)z=z^2(d^2f(x)/dx^2)$ 即可。定理 M. C. 2 告诉我们，在 $N=1$ 的情形下，$f(\cdot)$ 是凹的当且仅当对于所有 x，$d^2f(x)/dx^2\leqslant 0$；若对于所有 x 都有 $d^2f(x)/dx^2<0$，则 $f(\cdot)$ 是严格凹的。注意，定理 M. C. 2 没有断言当 $f(\cdot)$ 为严格凹的时 $D^2f(x)$ 必须为负定的。事实上，这是不正确的：例如当 $N=1$ 时函数 $f(x)=-x^4$ 是严格凹的，但 $d^2f(0)/dx^2=0$。

类似地，我们可以推导出凸函数和严格凸函数以及海赛矩阵的定性关系，只要将定理 M. C. 2 中的所有“负”字替换为“正”字即可。

本节剩下的内容主要讨论拟凹函数和严格拟凹函数。

定义 M. C. 3：定义在凸集 $A\subset\mathbb{R}^N$ 上的函数 $f:A\to\mathbb{R}$ 是**拟凹的**（quasiconcave），若它的**上轮廓集** $\{x\in A: f(x)\geqslant t\}$ 是凸集；也就是说，若

$$f(x)\geqslant t \text{ 和 } f(x')\geqslant t \text{ 意味着 } f(\alpha x+(1-\alpha)x')\geqslant t \quad (\text{M. C. 6})$$

对于任何 $t\in\mathbb{R}$；x，$x'\in A$ 和 $\alpha\in[0, 1]$ 都成立。[①] 若对于所有 $x\neq x'$ 和 $\alpha\in(0, 1)$，条件（M. C. 6）中的结论不等式均是严格不等式，则我们说 $f(\cdot)$ 是**严格拟凹的**（strictly quasiconcave）。

类似地，我们说函数 $f(\cdot)$ 是拟凸的，若它的**下轮廓集**是**凸的**；也就是说，对于任何 $t\in\mathbb{R}$；x，$x'\in A$ 和 $\alpha\in[0, 1]$，我们都有：$f(x)\leqslant t$ 和 $f(x')\leqslant t$ 意味着 $f(\alpha x+(1-\alpha)x')\leqslant t$。对于严格拟凸性，最后一个不等式必须对于所有 $x\neq x'$ 和 $\alpha\in(0, 1)$ 都以严格不等式成立。另外还需要注意，$f(\cdot)$ 是拟凹的当且仅当 $-f(\cdot)$ 是拟凸的。

图 M. C. 4（a）描述了一个严格拟凹函数的水平集；图 M. C. 4（b）中的函数是拟凹的，但不是严格拟凹的。

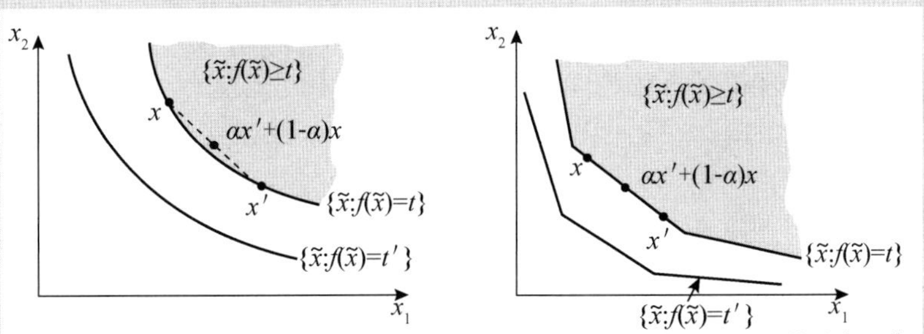

(a) 严格拟凹函数的水平集　(b) 拟凹但非严格拟凹函数的水平集

图 M. C. 4

① 若想了解更多关于凸集的内容，请参见 M. G 节。

从定义 M. C. 3 可知，$f(\cdot)$ 为拟凹的当且仅当

$$f(\alpha x+(1-\alpha)x')\geqslant \text{Min}\{f(x),f(x')\} \tag{M. C. 7}$$

对于所有 x，$x'\in A$ 和 $\alpha\in[0,1]$ 均成立。从条件（M. C. 7）或直接从条件（M. C. 6）可以看出，凹函数自动是拟凹的。它的逆不成立，即拟凹函数未必意味着是凹的：例如，**任何**递增的单变量函数都是拟凹的。因此，凹性比拟凹性更强。在另外一种意义上，凹性也比拟凹性更强：凹性是一种基数性质，因为这一性质在 $f(\cdot)$ 递增的变换下通常不能保留。相反，拟凹性可得以保留。

定理 M. C. 3 和定理 M. C. 4 分别是定理 M. C. 1 和定理 M. C. 2 的拟凹版本。

定理 M. C. 3：（连续可微的） 函数 $f: A\to\mathbb{R}$ 是拟凹的，当且仅当对于所有 x，$x'\in A$ 都有

$$\text{当 } f(x')\geqslant f(x)\text{ 时 }\nabla f(x)\cdot(x'-x)\geqslant 0 \tag{M. C. 8}$$

若当 $f(x')\geqslant f(x)$ 且 $x'\neq x$ 时 $\nabla f(x)\cdot(x'-x)>0$，则函数 $f(\cdot)$ 是严格拟凹的。在另外一个方向上，若 $f(\cdot)$ 是严格拟凹的，而且对于所有 $x\in A$ 都有 $\nabla f(x)\neq 0$，则当 $f(x')\geqslant f(x)$ 且 $x'\neq x$ 时 $\nabla f(x)\cdot(x'-x)>0$。

证明： 我们只证明条件（M. C. 8）对于拟凹函数的必要性。若 $f(x')\geqslant f(x)$ 和 $\alpha\in(0,1]$，根据条件（M. C. 7），我们有

$$\frac{f(\alpha(x'-x)+x)-f(x)}{\alpha}\geqslant 0$$

当 $\alpha\to 0$ 时取极限，可得 $\nabla f(x)\cdot(x'-x)\geqslant 0$。

定理后半部分要求“对于所有 $x\in A$ 都有 $\nabla f(x)\neq 0$”，为什么？我们可用函数 $f(x)=x^3$（其中 $x\in\mathbb{R}$）说明。这个函数是严格拟凹的（请用定义 M. C. 3 中的标准验证），但是由于 $\nabla f(0)=0$，我们有：当 $x=0$ 时 $\nabla f(x)\cdot(x'-x)=0$。■

定理 M. C. 3 刻画的拟凹函数的特征，可用图 M. C. 5 说明。定理 M. C. 3 中的条件（M. C. 8）是说：对于任何拟凹函数 $f(\cdot)$ 和任何满足 $f(x')\geqslant f(x)$ 的两点 x 和 x'，梯度向量 $\nabla f(x)$ 和向量 $(x'-x)$ 均必定形成一个锐角。

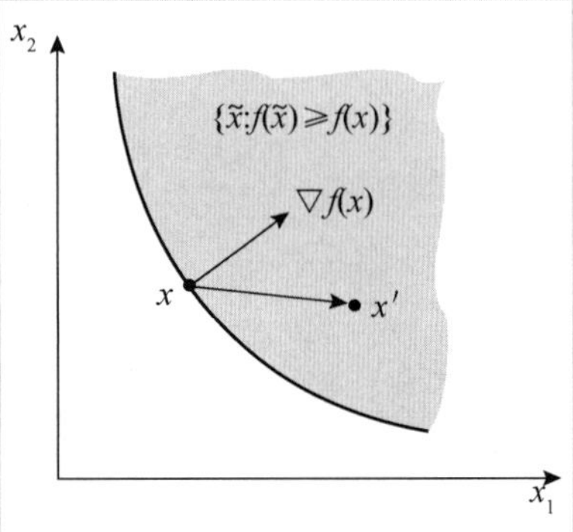

图 M. C. 5　条件（M. C. 8）

对于拟凸函数来说，我们只要颠倒条件（M.C.8）中每个不等式的方向即可。

定理 M.C.4：（二阶连续可微） 函数 $f: A\to \mathbb{R}$ 是拟凹的，当且仅当对于任何 $x\in A$，海赛矩阵 $D^2 f(x)$ 在子空间 $\{z\in \mathbb{R}^N: \nabla f(x)\cdot z=0\}$ 都是负半定的；也就是说，当且仅当

$$z\cdot D^2 f(x)z\leqslant 0 \text{ 每当 } \nabla f(x)\cdot z=0 \quad (\text{M.C.9})$$

对于任何 $x\in A$ 均成立。[①] 若海赛矩阵 $D^2 f(x)$ 在子空间 $\{z\in \mathbb{R}^N: \nabla f(x)\cdot z=0\}$ 中对于所有 $x\in A$ 都是负定的，则 $f(\cdot)$ 是严格拟凹的。

证明： 我们仍然只证明必要性。证明方法和定理 M.C.2 的证明几乎完全相同。唯一的区别是，此处我们要求 z 满足 $\nabla f(x)\cdot z=0$，并且使用定理 M.C.3 而不是定理 M.C.1。■

对于拟凸函数，我们只要将定理 M.C.4 中的所有“负”字替换为“正”字即可。

M.D 矩阵：负定、负半定和其他性质

在本节，我们将矩阵的有用性质收集在一起。

定义 M.D.1： $N\times N$ 矩阵 M 是**负半定的**，若对于所有 $z\in \mathbb{R}^N$，都有

$$z\cdot Mz\leqslant 0 \quad (\text{M.D.1})$$

如果对于所有 $z\neq 0$，上式以严格不等式成立，则矩阵 M 是**负定的**。类似地，我们也可以定义**正半定的**和**正定的**矩阵，只要将条件（M.C.5）的不等式的方向颠倒即可。

注意，矩阵 M 是正半定的当且仅当 $-M$ 是负半定的；矩阵 M 是正定的当且仅当 $-M$ 是负定的。

我们已经知道，对于 $N\times N$ 矩阵 M 来说，若复数 λ 是方程 $|M-\lambda I|=0$ 的解，则 λ 是矩阵 M 的**特征值**（characteristic value）或称**特征根**（eigenvalue or root）。对称矩阵的特征值总是实数。

定理 M.D.1： 假设 M 是个 $N\times N$ 矩阵。

（i）矩阵 M 是负定的当且仅当对称矩阵 $M+M^{\mathrm{T}}$ 是负定的。

（ii）若矩阵 M 是对称的，则 M 是负定的当且仅当 M 的所有特征值都是负的。

（iii）矩阵 M 是负定的当且仅当 M^{-1} 是负定的。

（iv）若矩阵 M 是负定的，则 M 与任何下列这样的矩阵 K 的乘积 KM 均是**稳定的**[②]，K 是个 $N\times N$ 的**对角**矩阵且对角元素都为正。

---

① 这类矩阵的性质，请参见 M.E 节的讨论。

② 矩阵 M 是稳定的（stable），当且仅当 M 的所有特征值的实部都为负。稳定一词来源于下列事实：在这种情形下，微分方程组 $dx(t)/dt=Mx(t)$ 的解在 $t\to\infty$ 时收敛于零，无论初始值 $x(0)$ 为多少。

证明：性质（ⅰ）可直接从下列事实推导出：对于任何 $z\in\mathbb{R}^N$，都有$z\cdot(M+M^{\mathrm{T}})z=2z\cdot Mz$。

性质（ⅱ）的逻辑如下。任何对称矩阵 M 都可以按照下列简单的方法对角化：存在一个 $N\times N$ 的满秩矩阵 C 且 $C^{\mathrm{T}}=C^{-1}$，这个矩阵 C 能使得 CMC^{T} 成为对角矩阵，且该对角矩阵的对角元素等于 M 的特征值。但如此一来，$z\cdot Mz=(Cz)\cdot CMC^{\mathrm{T}}(Cz)$，而且对于任何 $\hat{z}\in\mathbb{R}^N$，均存在一个 z 使得 $\hat{z}=Cz$。因此，矩阵 M 是负定的当且仅当对角矩阵 CMC^{T} 是负定的。容易验证对角矩阵是负定的当且仅当它的对角元素都是负的。

性质（ⅲ）：假设 M^{-1}是负定的，并且令 $z\neq0$。于是

$$z\cdot Mz=(z\cdot Mz)^{\mathrm{T}}=z\cdot M^{\mathrm{T}}z=(M^{\mathrm{T}}z)\cdot M^{-1}(M^{\mathrm{T}}z)<0$$

性质（ⅳ）：我们知道，矩阵 A 是稳定的当且仅当存在一个对称的正定矩阵 E，使得 EA 是负定的。因此，在现在的情形下，可令 $A=KM$ 和 $E=K^{-1}$. ■

对于正定的矩阵，我们只需要将定理 M. D. 1 中的所有“正”字换成“负”字，同时将所有“负”字换成“正”字即可。

下面一个结论（定理 M. D. 2）为矩阵 M 的负定性或负半定性提供了行列式检验方法。给定任何一个 $T\times S$ 矩阵 M：我们用${}_tM$ 表示 M 的 $t\times S$ 子矩阵，该子矩阵只保留 M 的前 $t\leqslant T$ 行；用 M_s 表示 M 的 $T\times s$ 子矩阵，该子矩阵只保留 M 的前$s\leqslant S$ 列；用${}_tM_s$ 表示 M 的 $t\times s$ 子矩阵，该子矩阵只保留 M 的前 $t\leqslant T$ 行和前 $s\leqslant S$ 列。另外，如果 M 是个$N\times N$ 矩阵，那么对于指标 $\{1,\cdots,N\}$ 的任何排列 π，我们均用 M^{π} 表示行与列相应置换的矩阵。

定理 M. D. 2：令 M 是个 $N\times N$ 矩阵。

（ⅰ）假设 M 是对称的，则 M 是负定的当且仅当$(-1)^r|{}_rM_r|>0$ 对于每个 $r=1,\cdots,N$ 都成立。

（ⅱ）假设 M 是对称的，则 M 是负半定的当且仅当$(-1)^r|{}_rM_r^{\pi}|\geqslant0$ 对于每个 $r=1,\cdots,N$ 和指标 $\{1,\cdots,N\}$ 的每个排列 π 都成立。

（ⅲ）假设 M 是负定的（未必是对称的），则$(-1)^r|{}_rM_r^{\pi}|>0$ 对于每个 $r=1,\cdots,N$ 和指标 $\{1,\cdots,N\}$ 的每个排列 π 都成立。[①]

证明：（ⅰ）必要性部分的证明比较简单。注意，根据矩阵的负定性定义，我们知道${}_rM_r$ 是负定的。因此，根据定理 M. D. 1 可知，${}_rM_r$ 的特征值是负的。方阵的行列式等于它的特征值的乘积。因此，$|{}_rM_r|$的符号为$(-1)^r$。充分性部分需要一些计算，我们不打算进行详细计算。容易验证对于 $N=2$ 的情形，充分性成立。如果（ⅰ）中的结论对 2×2 对称矩阵成立，那么它的行列式是正的，而且两个对角

① 设有一个矩阵 M。若$-M$满足（ⅲ）中的条件，则 M 称为 P 矩阵。原因在于删去某些行（和相应列）之后得到的子矩阵的行列式都是正的（positive）。

元素都是负的；这两个事实一起意味着该矩阵的两个特征值都是负的。

对于（ⅱ），我们只要注意到需要考虑所有排列即可。例如，如果矩阵 M 除了 NN 位置上的元素外，所有其他元素都是零，那么 M 满足（ⅰ）中的非负形式，但根据定义 M. D. 1 可知，它不是负半定的。

注意，在（ⅲ）中，我们只断言行列式条件的必要性。事实上，对于非对称矩阵来说，这个条件不是充分的。■

例 M. D. 1：考虑有两个变量的实值函数 $f(x_1, x_2)$。在以下部分我们用下标表示偏导数，例如 $f_{12}(x_1, x_2) = \partial^2 f(x_1, x_2)/\partial x_1 \partial x_2$。定理 M. C. 2 告诉我们，如果对于所有 (x_1, x_2)

$$D^2 f(x_1,x_2)=\begin{bmatrix} f_{11}(x_1,x_2) & f_{12}(x_1,x_2) \\ f_{21}(x_1,x_2) & f_{22}(x_1,x_2) \end{bmatrix}$$

是负定的，则 $f(\cdot)$ 是严格凹的。根据定理 M. D. 2，这是正确的当且仅当

$$|f_{11}(x_1,x_2)|<0 \quad \text{和} \quad \begin{vmatrix} f_{11}(x_1,x_2) & f_{12}(x_1,x_2) \\ f_{21}(x_1,x_2) & f_{22}(x_1,x_2) \end{vmatrix}>0$$

或等价地，当且仅当

$$f_{11}(x_1,x_2)<0$$

和

$$f_{11}(x_1,x_2)f_{22}(x_1,x_2)-[f_{12}(x_1,x_2)]^2>0$$

定理 M. C. 2 还告诉我们，$f(\cdot)$ 是凹的当且仅当 $D^2 f(x_1, x_2)$ 对于所有 (x_1, x_2) 都是负半定的。定理 M. D. 2 告诉我们，这是正确的当且仅当

$$|f_{11}(x_1,x_2)|\leqslant 0 \quad \text{和} \quad \begin{vmatrix} f_{11}(x_1,x_2) & f_{12}(x_1,x_2) \\ f_{21}(x_1,x_2) & f_{22}(x_1,x_2) \end{vmatrix}\geqslant 0$$

而且，置换 $D^2 f(x_1, x_2)$ 的行与列之后，

$$|f_{22}(x_1,x_2)|\leqslant 0 \quad \text{和} \quad \begin{vmatrix} f_{22}(x_1,x_2) & f_{21}(x_1,x_2) \\ f_{12}(x_1,x_2) & f_{11}(x_1,x_2) \end{vmatrix}\geqslant 0$$

因此，$f(\cdot)$ 是凹的当且仅当

$$f_{11}(x_1,x_2)\leqslant 0$$
$$f_{22}(x_1,x_2)\leqslant 0$$

和

$$f_{11}(x_1,x_2)f_{22}(x_1,x_2)-[f_{12}(x_1,x_2)]^2\geqslant 0$$ ■

类似地，正定矩阵和正半定矩阵也可以通过行列式条件进行检验：结果与定理 M. D. 2 中的（ⅰ）至（ⅲ）对应，但需要删去因子$(-1)^r$。①

定理 M. D. 3：令 M 是个 $N\times N$ 对称矩阵，令 B 是个 $N\times S$ 矩阵，其中 $S\leqslant N$，而且 B 的秩等于 S。

（ⅰ）M 在 $\{z\in\mathbb{R}^N: Bz=0\}$ 上是负定的（即 $z\cdot Mz<0$ 对于任何满足 $Bz=0$ 的$z\in\mathbb{R}^N$ 但$z\neq 0$ 成立），当且仅当

$$(-1)^r\begin{vmatrix} {}_rM_r & {}_rB \\ ({}_rB)^{\mathrm{T}} & 0 \end{vmatrix}>0$$

对于 $r=S+1$，…，N 成立。

（ⅱ）M 在 $\{z\in\mathbb{R}^N: Bz=0\}$ 上是负半定的（即 $z\cdot Mz\leqslant 0$ 对于任何满足 $Bz=0$ 的$z\in\mathbb{R}^N$ 但$z\neq 0$ 成立），当且仅当

$$(-1)^r\begin{vmatrix} {}_rM_r^{\pi} & {}_rB^{\pi} \\ ({}_rB^{\pi})^{\mathrm{T}} & 0 \end{vmatrix}\geqslant 0$$

对于 $r=S+1$，…，N 和每个排列 π 成立。其中${}_rB^{\pi}$ 是由矩阵${}_rB$ 根据排列 π 只置换行而得到的矩阵。和以前一样，${}_rM_r^{\pi}$ 是由矩阵${}_rM_r$ 既置换行又置换列得到的矩阵。

证明：我们不打算证明这些结论。注意，这些结论与定理 M. D. 2 中的（ⅰ）和（ⅱ）对应，这里的加边矩阵和定理 M. D. 2 中矩阵的作用类似。■

例 M. D. 2：假设我们的函数是两个变量的函数 $f(x_1, x_2)$。假设对于所有 x 都有$\nabla f(x)\neq 0$。定理 M. C. 4 告诉我们 $f(\cdot)$ 是严格拟凹的，如果海赛矩阵 $D^2f(x_1, x_2)$ 在子空间 $\{z\in\mathbb{R}^2: \nabla f(x)\cdot z=0\}$ 对于所有 $x=(x_1, x_2)$ 都是负定的。根据定理 M. D. 3 可知，这个条件成立当且仅当

$$\begin{vmatrix} f_{11}(x_1,x_2) & f_{12}(x_1,x_2) & f_1(x_1,x_2) \\ f_{21}(x_1,x_2) & f_{22}(x_1,x_2) & f_2(x_1,x_2) \\ f_1(x_1,x_2) & f_2(x_1,x_2) & 0 \end{vmatrix}>0$$

或等价地，当且仅当

$$2f_1(x_1,x_2)f_2(x_1,x_2)f_{12}(x_1,x_2)-[f_1(x_1,x_2)]^2f_{22}(x_1,x_2)$$
$$-[f_2(x_1,x_2)]^2f_{11}(x_1,x_2)>0$$

如果我们将这个检验用于函数 $f(x_1, x_2)=x_1x_2$，我们可以得到 $2x_1x_2>0$，这证实该函数是严格拟凹的。

根据定理 M. C. 4 可知，$f(\cdot)$ 是拟凹的当且仅当海赛矩阵 $D^2f(x_1, x_2)$ 在子空间 $\{z\in$

① 回忆：矩阵 M 是正定的（正半定的）当且仅当$-M$ 是负定的（负半定的）。而且，$|-{}_rM_r|=(-1)^r|{}_rM_r|$。

$\mathbb{R}^2$：$\nabla f(x)\cdot z=0\}$ 对于所有 $x=(x_1, x_2)$ 都是负半定的。根据定理 M.D.3 可知，这是正确的当且仅当

$$\begin{vmatrix} f_{11}(x_1,x_2) & f_{12}(x_1,x_2) & f_1(x_1,x_2) \\ f_{21}(x_1,x_2) & f_{22}(x_1,x_2) & f_2(x_1,x_2) \\ f_1(x_1,x_2) & f_2(x_1,x_2) & 0 \end{vmatrix} \geqslant 0$$

和（经过适当的置换后）

$$\begin{vmatrix} f_{22}(x_1,x_2) & f_{21}(x_1,x_2) & f_2(x_1,x_2) \\ f_{12}(x_1,x_2) & f_{11}(x_1,x_2) & f_1(x_1,x_2) \\ f_2(x_1,x_2) & f_1(x_1,x_2) & 0 \end{vmatrix} \geqslant 0$$

计算这两个行列式，可得到必要和充分条件

$$2f_1(x_1,x_2)f_2(x_1,x_2)f_{12}(x_1,x_2)-[f_1(x_1,x_2)]^2 f_{22}(x_1,x_2) \\ -[f_2(x_1,x_2)]^2 f_{11}(x_1,x_2)\geqslant 0 \blacksquare$$

为了刻画在子空间 $\{z\in\mathbb{R}^N: Bz=0\}$ 上正定的矩阵和正半定的矩阵，我们只需要将定理 M.D.3 中的 $(-1)^r$ 换成 $(-1)^S$ 即可。

定理 M.D.4：假设 M 是个 $N\times N$ 对称矩阵，而且对于某个 $p\gg 0$ 我们有 $Mp=0$ 和 $M^{\mathrm{T}}p=0$。记 $T_p=\{z\in\mathbb{R}^N: p\cdot z=0\}$，并且令 $\hat{M}$ 为由矩阵 M 删除一行和相应一列而得到的 $(N-1)\times(N-1)$ 矩阵。

（ⅰ）若秩 $M=N-1$，则秩 $\hat{M}=N-1$。

（ⅱ）若 $z\cdot Mz<0$ 对于所有 $z\in T_p$ 且 $z\neq 0$ 成立（即若 M 在 T_p 上是负定的），则对于任何不与 p 成比例的 $z\in\mathbb{R}^N$，都有 $z\cdot Mz<0$。

（ⅲ）矩阵 M 在 T_p 上是负定的当且仅当 $\hat{M}$ 是负定的。

证明：（ⅰ）假设秩 $\hat{M}<N-1$，也就是说，对于某个 $\hat{z}\in\mathbb{R}^{N-1}$ 且 $\hat{z}\neq 0$，我们有 $\hat{M}\hat{z}=0$。在向量 $\hat{z}\in\mathbb{R}^{N-1}$ 中，令缺失的坐标值为零，这样就把 $\hat{z}$ 变为向量 $\hat{z}\in\mathbb{R}^N$。于是我们看到：首先，z 线性无关于 p（回忆 $p\gg 0$）；其次，$Mz=0$ 和 $Mp=0$。因此，秩 $M<N-1$，这与题目中的假设条件 $M=N-1$ 矛盾。

（ⅱ）取不与 p 成比例的 $z\in\mathbb{R}^N$。对于 $\alpha_z=(p\cdot z)/(p\cdot p)$ 和 $z^*=z-\alpha_z p$，我们有 $z^*\in T_p$ 和 $z^*\neq 0$。因为 $M^{\mathrm{T}}p=Mp=0$，于是我们有

$$z\cdot Mz=(z^*+\alpha_z p)\cdot M(z^*+\alpha_z p)=z^*\cdot Mz^*<0$$

（ⅲ）这与（ⅱ）类似。事实上，如果 M 在 T_p 是负定的，那么（ⅱ）直接意味着 $\hat{M}$ 是负定的（因为对于任何 $\hat{z}\in\mathbb{R}^{N-1}$，$\hat{z}\cdot\hat{M}z=z\cdot Mz$，其中 z 是由 $\hat{z}$ 把缺失坐标值用 0 补充而形成的，以及如果 $\hat{z}\neq 0$，则由我们对 z 的构造可知，z 与 p 不成比例）。对于逆命题，从 M 变为 $\hat{M}$ 需要删除一行和一列，删除的那一行（和

列）的序号用 n 表示（比如 $n=1$，则删除第一行和第一列）。如果对于每个 $z'\in T_p$ 且 $z'\neq 0$，我们令 $z=z'-(z'_n/p_n)p$，则 $z_n=0$ 且 $z\neq 0$ [若 $z=0$，则我们就会有 $z'=(z'_n/p_n)p$，这与 $z'\cdot p=0$ 矛盾]。而且，$\hat{z}\cdot M\hat{z}=z\cdot Mz=\hat{z}\cdot\hat{M}\hat{z}<0$. ■

定义 M.D.2：以 a_{ij} 表示 $N\times N$ 矩阵 M 的第 i 行第 j 列的元素，若存在 $(p_1,\cdots,p_N)\gg 0$ 使得对于每个 $i=1,\cdots,N$ 都有 $|p_i a_{ii}|>\sum_{j\neq i}|p_i a_{ij}|$，则称 M 有**优势的对角**（dominant diagonal）。

定义 M.D.3：若 $N\times N$ 矩阵 M 的每个非对角元素都为正，则称 M 有**总替代符号模式**（gross substitute sign pattern）。

定理 M.D.5：假设 M 是个 $N\times N$ 矩阵。

（ⅰ）若 M 有优势对角，则 M 是非奇异的。

（ⅱ）假设 M 是对称的。若 M 有负的而且优势的对角，则 M 是负定的。

（ⅲ）若 M 有总替代符号模式，而且若对于 $p\gg 0$ 我们有 $Mp\ll 0$ 和 $M^{\mathrm{T}}p\ll 0$，则 M 是负定的。

（ⅳ）若 M 有总替代符号模式，而且对于某个 $p\gg 0$ 我们有 $Mp=M^{\mathrm{T}}p=0$，则 $\hat{M}$ 是负定的，其中 $\hat{M}$ 是由 M 删除任意一行和相应一列得到的 $(N-1)\times(N-1)$ 矩阵。

（ⅴ）假设 M 的所有元素都是非负的，而且对于某个 $z\gg 0$ 我们有 $Mz\ll z$ [即 M 是个**生产性的投入产出矩阵**（productive input-output matrix）]，则矩阵 $(I-M)^{-1}$ 存在。事实上，$(I-M)^{-1}=\sum_{k=0}^{k=\infty}M^k$。

证明：（ⅰ）为简单起见，假设 $p=(1,\cdots,1)$。用反证法。假设对于 $z\neq 0$ 我们有 $Mz=0$。选择某个坐标 n，使得对于任何其他坐标 n'，有 $|z_n|\geq|z_{n'}|$。于是 $|a_{nn}z_n|>\sum_{j\neq n}|a_{nj}z_n|\geq\sum_{j\neq n}|a_{nj}z_j|$，其中 a_{ij} 表示矩阵 M 的第 i 行第 j 列的元素。因此，我们不可能有 $\sum_j a_{nj}z_j=0$，从而 $Mz\neq 0$。矛盾。

（ⅱ）如果 M 有负的而且优势的对角，则对于任何实数 $\alpha\geq 0$，矩阵 $(M-\alpha I)$ 也有负且优势的对角。因此，由（ⅰ）可知 $(-1)^N|M-\alpha I|\neq 0$。现在如果 α 非常大，那么很明显 $(-1)^N|M-\alpha I|>0$ [因为 $(-1)^N|M-\alpha I|=(-1)^N\alpha^N|(M/\alpha)-I|$ 和 $|-I|=(-1)^N$]。另外，由于 $(-1)^N|M-\alpha I|$ 关于 α 连续，而且对于所有 $\alpha\geq 0$ 我们均有 $(-1)^N|M-\alpha I|\neq 0$，这告诉我们对于所有 $\alpha\geq 0$，我们均有 $(-1)^N|M-\alpha I|>0$。因此，$(-1)^N|M|>0$。根据相同的证明过程，我们可知，对于所有 r 都有 $(-1)^N|{}_rM_r|>0$。所以，如果 M 也是对称的，则根据定理 M.D.2 中的（ⅰ）可知，M 是负定的。

（ⅲ）题目中的条件意味着 $(M+M^{\mathrm{T}})$ 有负且优势的对角 [特别地，注意到 $Mp\ll 0$ 和 $M^{\mathrm{T}}p\ll 0$ 意味着 $p_n(2a_{nn})<-\sum_{j\neq n}p_j(a_{jn}+a_{nj})$ 对于所有 n 均成立，其中 a_{ij}

附录

表示矩阵 M 的第 i 行第 j 列的元素]。根据总替代性质可知，对于 $i\neq j$ 我们有 $a_{ij}>0$，这样我们就知道 $|p_n(2a_{nn})|>\left|\sum_{j\neq n}p_j(a_{jn}+a_{nj})\right|$ 对于所有 n 均成立。因此，题目中的结论可由本定理中的（ⅱ）和定理 M.D.1 的（ⅰ）推导出。

（ⅳ）若 M 满足（ⅳ）中的条件，则 M 有总替代符号模式这个事实意味着 $\hat{M}$ 也有总替代符号模式，而且意味着 $\hat{M}p\ll 0$ 和 $\hat{M}^{\mathrm{T}}p\ll 0$。因此，$\hat{M}$ 满足（ⅲ）中的条件，从而是负定的。

（ⅴ）这一结论已在第 5 章的附录中得到了证明（参见命题 5.AA.1 的证明）。■

M.E 隐函数定理

隐函数定理（implicit function theorem，IFT）的架构如下。我们的由 N 个方程组成的方程组，取决于 N 个内生变量 $x=(x_1,\cdots,x_N)$ 和 M 个参数 $q=(q_1,\cdots,q_M)$：

$$\begin{aligned} &f_1(x_1,\cdots,x_N;q_1,\cdots,q_M)=0\\ &\qquad\vdots\\ &f_N(x_1,\cdots,x_N;q_1,\cdots,q_M)=0 \end{aligned} \tag{M.E.1}$$

内生变量的定义域为 $A\subset\mathbb{R}^N$，参数的定义域为 $B\subset\mathbb{R}^M$①。

假设 $\bar{x}=(\bar{x}_1,\cdots,\bar{x}_N)\in A$ 和 $\bar{q}=(\bar{q}_1,\cdots,\bar{q}_M)\in B$ 满足方程组（M.E.1）。也就是说，对于每个 n 都有 $f_n(\bar{x},\bar{q})=0$。我们感兴趣的是，在 $\bar{q}$ 和 $\bar{x}$ 周围的区域我们将 $x=(x_1,\cdots,x_N)$ 表示为关于 $q=(q_1,\cdots,q_M)$ 的函数的可能性，即求局部解的可能性。正式地，我们说集合 A' 是点 $x\in\mathbb{R}^N$ 的一个**开邻域**（open neighborhood），如果 $A'=\{x'\in\mathbb{R}^N:\|x'-x\|<\varepsilon\}$ 对于某个实数 $\varepsilon>0$ 成立。类似地，我们也可以定义 $q\in\mathbb{R}^M$ 的一个开邻域 B'。

定义 M.E.1：假设 $\bar{x}=(\bar{x}_1,\cdots,\bar{x}_N)\in A$ 和 $\bar{q}=(\bar{q}_1,\cdots,\bar{q}_M)\in B$ 满足方程组（M.E.1）。我们说我们可以在点 $(\bar{x},\bar{q})$ 求出方程组（M.E.1）的**局部解**（local solution），即可在此点将 $x=(x_1,\cdots,x_N)$ 表示为关于 $q=(q_1,\cdots,q_M)$ 的函数，如果：(1) 存在 $\bar{x}$ 的开邻域 $A'\subset A$ 和 $\bar{q}$ 的开邻域 $B'\subset B$；(2) 存在 N 个唯一确定的从 B' 到 A' 的“隐”函数 $\eta_1(\cdot),\cdots,\eta_N(\cdot)$ 使得

$$f_n(\eta_1(q),\cdots,\eta_N(q);q)=0\qquad \text{对于每个 } q\in B' \text{ 和每个 } n \text{ 都成立}$$

和

$$\eta_n(\bar{q})=\bar{x}_n\qquad \text{对于每个 } n \text{ 都成立}$$

① 在下文，我们将对 A 和 B 取开集（参见 M.F 节），目的是避免出现边界问题。

在图 M. E. 1 中，我们描述了 $N=M=1$ 情形下方程组局部可解的情形：该方程组在某个给定的解附近局部可解。

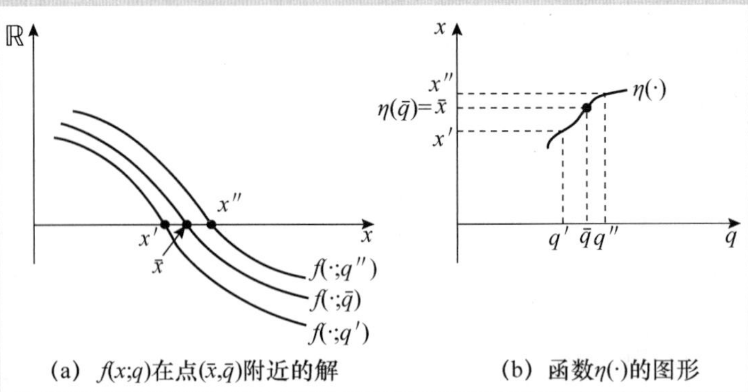

图 M. E. 1　局部可解的方程

隐函数定理不仅对这种隐函数的存在性给出了充分条件，还告诉我们在某个解处，q 对 x 有什么样的一阶比较静态效应。

定理 M. E. 1：（隐函数定理） 假设每个方程 $f_n(\cdot)$ 关于它的（$N+M$）个变量都是连续可微的，而且假设我们考虑的是在参数值 $\bar{q}=(\bar{q}_1, \cdots, \bar{q}_M)$ 时的一个解 $\bar{x}=(\bar{x}_1, \cdots, \bar{x}_N)$，即这个解满足对于每个 n 都有 $f_n(\bar{x}, \bar{q})=0$。如果方程组（M. E. 1）关于外生变量的**雅可比矩阵**（Jacobian matrix）在（$\bar{x}$, $\bar{q}$）处是非奇异的，也就是说，如果

$$\begin{vmatrix} \dfrac{\partial f_1(\bar{x},\bar{q})}{\partial x_1} & \cdots & \dfrac{\partial f_1(\bar{x},\bar{q})}{\partial x_N} \\ & \ddots & \\ \dfrac{\partial f_N(\bar{x},\bar{q})}{\partial x_1} & \cdots & \dfrac{\partial f_N(\bar{x},\bar{q})}{\partial x_N} \end{vmatrix} \neq 0 \tag{M. E. 2}$$

那么这个方程组在（$\bar{x}$, $\bar{q}$）处的局部解可用隐性定义的函数 $\eta_n: B'\to A'$ 给出，这些隐函数是连续可微的。而且，在（$\bar{x}$, $\bar{q}$）处 q 对 x 的一阶效应为

$$D_q\eta(\bar{q})=-[D_x f(\bar{x};\bar{q})]^{-1}D_q f(\bar{x};\bar{q}) \tag{M. E. 3}$$

证明： 隐函数 η_n：$B'\to A'$ 的存在性证明比较复杂，我们不打算给出证明过程，但它背后的直觉逻辑却是容易掌握的。式（M. E. 2）是个满秩条件，它告诉我们通过内生变量的适当变动，我们可以沿着任何方向移动方程组的值。因此，如果参数受到扰动，从而使得方程组的值偏离零，那么我们可以通过调整内生变量的方法来恢复“均衡”。

如果给定定义在（$\bar{x}$, $\bar{q}$）的某个邻域上的隐函数方程组 $\eta(q)=(\eta_1(q), \cdots, \eta_N(q))$，我们就能很容易确定一阶比较静态效应 $\partial\eta_n(\bar{q})/\partial q_m$。令 $f(x; q)=(f_1(x; q), \cdots, f_N(x; q))$。由于我们有

$$f(\eta(q);q)=0 \quad \text{对于所有 } q\in B' \text{均成立}$$

对其运用微积分的链式法则可得

$$D_x f(\bar{x};\bar{q})D_q\eta(\bar{q})+D_q f(\bar{x};\bar{q})=0$$

根据式（M. E. 2）可知，$N\times N$ 矩阵 $D_x f(\bar{x};\bar{q})$ 是可逆的，因此我们可以断言

$$D_q\eta(\bar{q})=-[D_x f(\bar{x};\bar{q})]^{-1}D_q f(\bar{x};\bar{q})$$ ■

注意当 $N=M=1$ 时（即一个内生变量和一个参数的情形），式（M. E. 3）变为下列简单表达式

$$\frac{d\eta(\bar{q})}{dq}=-\frac{\partial f(\bar{x};\bar{q})/\partial q}{\partial f(\bar{x};\bar{q})/\partial x}$$

隐函数定理的一种特殊情形是：$M=N$ 且每个方程的形式都为 $f_n(x, q)=g_n(x)-q_n=0$。这种情形下的隐函数定理称为**反函数定理**（inverse function theorem）。

条件（M. E. 2）的限制性强吗？不强。在图 M. E. 2 中我们画出了一个该条件不成立的情形。[作为对照，图 M. E. 1 满足条件（M. E. 2）。] 然而，图 M. E. 2 中的相切显得比较病态：函数 $f(\cdot;\cdot)$ 的任何微小扰动都能消除它（即不再相切）。

横截性定理（transversality theorem）让这个思想变得更准确。这个定理断言，在一个较弱的条件下 [函数 $f(\cdot;\cdot)$ 关于 x 和 q 是充分一阶可变的]，条件（M. E. 2）对于参数一般是成立的。我们在定义 M. E. 2 中先给出初步概念。

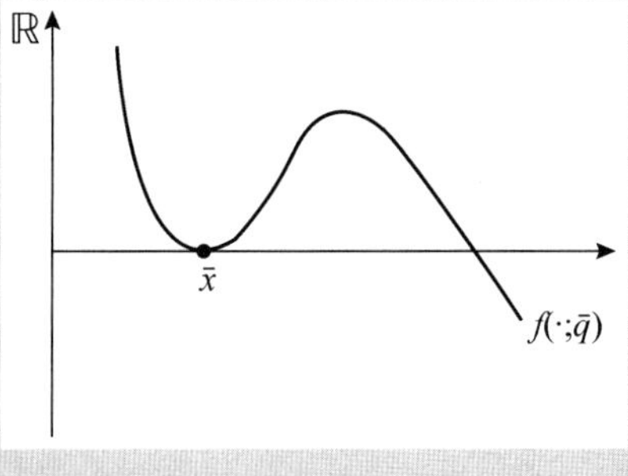

图 M. E. 2　在解（x; q）处，条件（M. E. 2）不成立

定义 M. E. 2： 给定开集 $A\subset\mathbb{R}^N$ 和开集 $B\subset\mathbb{R}^M$，定义在 A 上的（连续可微）方程组 $f(\cdot;\hat{q})$ 在 $\hat{q}\in B$ 上是**正则的**（regular），如果（M. E. 2）在任何解 x 处都成立；也就是说，如果 $f(x;\hat{q})=0$ 意味着 $|D_x f(x;\hat{q})|\neq 0$。

有了这个定义之后，我们给出定理 M. E. 2。

定理 M. E. 2：（横截性定理） 给定开集 $A\subset\mathbb{R}^N$、开集 $B\subset\mathbb{R}^M$ 和（连续可微的）函数 $f: A\times B\rightarrow\mathbb{R}^N$。若 $f(\cdot;\cdot)$ 满足条件：

$$\text{当 } f(x;q)=0 \text{ 时}, N\times(N+M) \text{矩阵 } Df(x;q) \text{的秩为 } N$$

附录

则由含有 N 个变量的 N 个方程组成的方程组 $f(\cdot;\ \hat{q})=0$，对于**几乎每个** $\hat{q}\in B$ 都是正则的。①

M.F 连续函数与紧集

在本节，我们首先给出连续函数的正式定义，然后逐步建立紧集的概念（这个过程还涉及开集和闭集概念的建立）。最后，我们讨论连续函数的一些性质，这些性质和紧集有关。

我们首先给出**序列**（sequence）的定义。$\mathbb{R}^N$ 中的一个序列对每个正整数 $m=1,2,\cdots$ 都赋予一个向量 $x^m\in\mathbb{R}^N$。我们将序列记为 $\{x^m\}_{m=1}^{m=\infty}$，或简记为 $\{x^m\}$，甚至简记为 x^m。

定义 M.F.1：序列 $\{x^m\}$ 收敛于 $x\in\mathbb{R}^N$（记为 $\lim_{m\to\infty}x^m\to x$ 或 $x^m\to x$），若对于每个 $\varepsilon>0$ 都存在一个整数 M_ε，使得只要 $m>M_\varepsilon$ 就有 $\|x^m-x\|<\varepsilon$。于是点 x 称为序列 $\{x^m\}$ 的**极限点**（limit point），或简称为 $\{x^m\}$ 的**极限**（limit）。

简单地说：如果随着 m 增加 x^m 无限接近 x，则序列 $\{x^m\}$ 收敛于 x。

定义 M.F.2：考虑定义在 $X\in\mathbb{R}^N$ 上的函数 f。对于函数 f：$X\to\mathbb{R}$ 来说，如果对于所有 $x\in X$ 和每个序列 $x^m\to x$（其中，对于所有 m 都有 $x^m\in X$），我们都有 $f(x^m)\to f(x)$，则函数 f：$X\to\mathbb{R}$ 是**连续的**。若函数 f：$X\to\mathbb{R}^K$ 的每个**分量函数**（coordinate function）$f_k(\cdot)$ 都是连续的，则该函数是连续的。

简单地说，某个函数是连续的，如果对于我们所取的收敛于 x 的点序列 x^1，x^2，…，相应的函数值序列 $f(x^1)$，(x^2)，…收敛于 $f(x)$。在直觉上，若函数在某个点 x 上的函数值出现了"跳跃"，则该函数是不连续的。图 M.F.1 给出了连续函数和不连续函数的例子，它们的定义域都是 $[0,1]$。

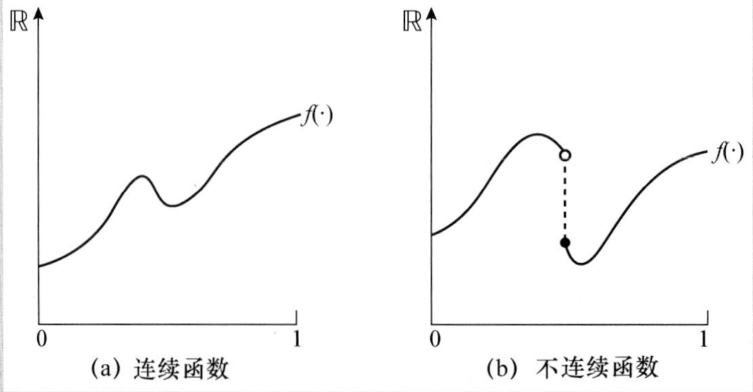

图 M.F.1　连续函数和不连续函数

① 我们来举例说明"几乎每个"（almost every）的意思。例如，如果我们根据 $\mathbb{R}^M$ 的某个非退化的多项式正态分布来选择 $\hat{q}$，则方程组 $f(\cdot;\ \hat{q})=0$ 为正则的概率为 1。在这样的情形下，"几乎每个"显然是指"一般性"意义。

下面我们将建立开集、闭集和紧集的概念。

定义 M. F. 3： 给定集合 $X\in\mathbb{R}^N$。我们说集合 $A\subset X$（相对于 X）是**开的**（open），如果对于每个 $x\in A$ 都存在一个 $\varepsilon>0$ 使得 $\|x'-x\|<\varepsilon$ 而且 $x'\in X$ 意味着 $x'\in A$。集合 $A\subset X$（相对于 X）是**闭的**（closed），若它的补 $X\setminus A$（相对于 X）是开的。① 若 $X=\mathbb{R}^N$，我们通常只称开集和闭集。*

给定点 $X\in\mathbb{R}^N$，集合 $B=\{x'\in\mathbb{R}^N:\ \|x'-x\|<\varepsilon\}$（其中 $\varepsilon>0$ 为某个实数）称为中心在点 x 的一个**开球**（open ball）。有了开球的概念之后，我们可以将开集的思想重新表达为：假设 $\mathbb{R}^N$ 中的所有可能的向量构成的全集为 X。集合 $A\subset X$（相对于 X）是开的，如果对于 A 中的每个点 x，都存在一个中心在 x 的开球，该开球所有的元素（在 X 中）都是 A 的元素。在图 M. F. 2(a) 中，阴影集合 A（相对于 X）是开的。在这个图中，我们画出了一个典型的点 $x\in A$ 和一个中心在点 x 且完全位于 A 之中的开球；以虚线表示的边界上的点不属于 A。相反，图 M. F. 2 (b) 中的阴影集合 A 是闭的，因为集合 $X\setminus A$ 是开的；注意看清以点 $x\in X\setminus A$ 为中心的开球是如何完全位于 $X\setminus A$ 之中的（在这个图中，以实线表示的边界上的点属于 A）。

定理 M. F. 1 搜集了一些关于开集和闭集的基本事实。

定理 M. F. 1： 给定一个集合 $X\in\mathbb{R}^N$。在本定理中，所有的开集和闭集都是相对于全集 X 而言的。

（ⅰ）有限或无限多个开集的并仍是开集。有限个开集的交仍是开集。

（ⅱ）有限或无限多个闭集的交仍是闭集。有限个闭集的并仍是闭集。

（ⅲ）集合 $A\subset X$ 是闭集当且仅当对于每个序列 $x^m\to x\in X$（其中对于所有 m 都有 $x^m\in A$），我们都有 $x\in A$。

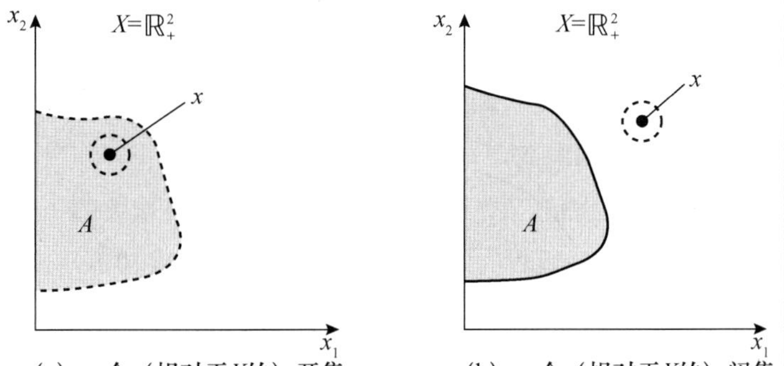

(a) 一个（相对于X的）开集　　(b) 一个（相对于X的）闭集

图 M. F. 2　开集和闭集

① 给定两个集合 A 和 B，集合 $A\setminus B$ 是由所有属于 A 但不属于 B 的元素组成的集合。

* 即不再称“相对于 X 是开（闭）集”，而简称为“开（闭）集”。——译者注

定理 M. F. 1 的性质（ⅲ）值得强调，因为它给出了一种直接描述闭集的方法：集合 A 是闭的当且仅当任何序列（该序列的元素全部为 A 的元素）的极限点本身也是 A 的元素。集合 A 的**极限点**（limit points）是元素全部为 A 的元素的那些序列（在 X 中）的极限点。因此，性质（ⅲ）是说集合 A 是闭的当且仅当 A 包含了自身的所有极限点。

给定集合 $A\subset X$，A（相对于 X）的**内部**（interior）是开集。①

$$\text{Int}_X A=\{x\in A:\text{存在 }\varepsilon>0\text{ 使得 }\|x'-x\|<\varepsilon$$
$$\text{以及 }x'\in X\text{ 意味着 }x'\in A\}$$

A（相对于 X）的**闭包**（closure）是闭集 $\text{Cl}_x A=X\setminus \text{Int}_x(X\setminus A)$。等价地，$\text{Cl}_x A$ 是集合 A 和 A 的极限点的并；它是最小的包含 A 的闭集。A（相对于 X）的**边界**（boundary）是闭集 $\text{Bdry}_x A=\text{Cl}_x A\setminus\text{Int}_x A$。集合 A 是闭的当且仅当 $\text{Bdry}_x A\subset A$。

定义 M. F. 4： 集合 $A\subset\mathbb{R}^N$ 是**有界的**（bounded），若存在 $r\in\mathbb{R}$ 使得 $\|x\|<r$ 对于每个 $x\in A$ 都成立。集合 $A\subset\mathbb{R}^N$ 是**紧的**（compact），若它相对于 $\mathbb{R}^N$ 是有界且闭的。

下面我们指出连续函数的两个与紧集有关的性质，然后就结束本节。正式地说，给定函数 f：$X\to\mathbb{R}^K$，集合 $A\subset X$ 在 $f(\cdot)$ 下的**像**（image）为 $f(A)=\{y\in\mathbb{R}^K$：$y=f(x)$ 对于某个 $x\in A$ 成立$\}$。

定理 M. F. 2： 假设 $f: X\to\mathbb{R}^K$ 是个定义在非空集合 $X\subset\mathbb{R}^N$ 上的连续函数。

（ⅰ）紧集在 $f(\cdot)$ 下的像仍是紧的：也就是说，若 $A\subset X$ 是紧的，则 $f(A)=\{y\in\mathbb{R}^K: y=f(x)$ 对于某个 $x\in A$ 成立$\}$ 是 $\mathbb{R}^K$ 的紧子集。

（ⅱ）假设 $K=1$ 且 X 是紧的，则 $f(\cdot)$ 有最大值点，也就是说，存在 $x\in X$，使得对于每个 $x'\in X$ 都有 $f(x)\geq f(x')$。

定理 M. F. 2 中的（ⅱ）断言：任何定义在紧集 X 上的连续函数 $f: X\to\mathbb{R}$ 都能够达到最大值。我们用图 M. F. 3 说明这个结论。图 M. F. 3(a) 和图 M. F. 3(b) 中的函数都无法达到最大值。图 M. F. 3(a) 中的函数是连续的，但其定义域不是紧的。图 M. F. 3(b) 中的函数的定义域是紧的，但该函数却不是连续的。

给定一个序列 $\{x^m\}$，假设我们有个严格递增的函数 $m(k)$，该函数对每个正整数 k 均赋予一个正整数 $m(k)$。于是序列 $x^{m(1)}$，$x^{m(2)}$，…（记为 $\{x^{m(k)}\}$）称为 $\{x^m\}$ 的**子序列**（subsequence）。也就是说，$\{x^{m(k)}\}$ 是由 $\{x^m\}$ 的一个（保序）子集组成的。例如，若序列 $\{x^m\}$ 是 1，2，4，16，25，36，…，则 $\{x^m\}$ 的一个子序列为 1，4，16，36，…；

① 本段以下的内容中，所有开集和闭集仍然是相对于 X 而言的。

$\{x^m\}$的另外一个子序列是 2，4，16，25，36，…；当然，你还可以列出它的其他子序列。

定理 M. F. 3：假设集合 $A \subset \mathbb{R}^N$ 是紧的。

（ⅰ）每个序列 $\{x^m\}$（其中对于所有 m 都有 $x^m \in A$）都有一个收敛的子序列。具体来说，$\{x^m\}$ 的一个子序列 $\{x^{m(k)}\}$ 在 A 中有极限，即存在一点 $x \in A$ 使得 $x^{m(k)} \to x$。

（ⅱ）如果 A 不仅是紧的，还是离散的，也就是说，如果 A 中的所有点都是孤立的[正式地，对于每个 $x \in A$，都存在 $\varepsilon > 0$ 使得只要 $x' \in A$ 且 $\|x' - x\| < \varepsilon$ 就有 $x' = x$]，则 A 是有限的。

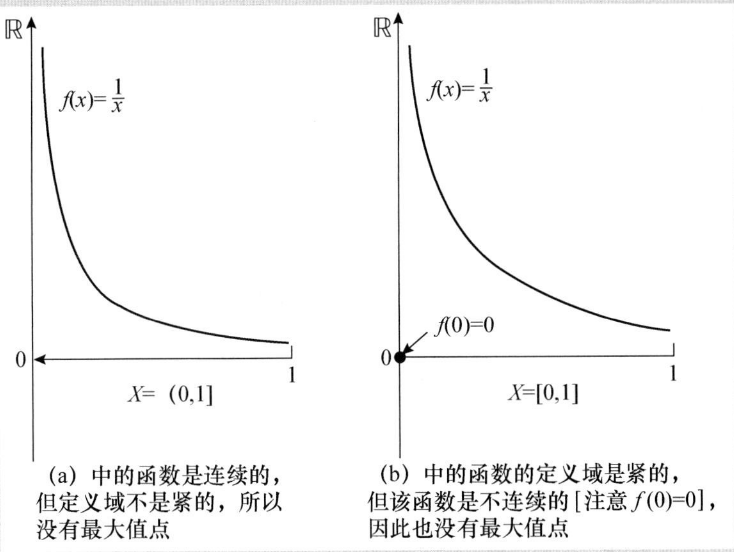

图 M. F. 3　连续性和紧性对于函数最大值点的存在来说是必需的

M.G　凸集和分离超平面

在本节，我们回顾凸集的某些基本性质，包括重要的分离超平面定理。

定义 M. G. 1：集合 $A \subset \mathbb{R}^N$ 是**凸的**（convex），若对于任何 x，$x' \in A$ 和 $\alpha \in [0,1]$，都有 $\alpha x + (1-\alpha)x' \in A$。①

用文字表达就是：若 $\mathbb{R}^N$ 中的某个集合中的任何两个向量 x 和 x' 的连线，也完全位于该集合之中，则该集合是凸集。在图 M. G. 1(a) 中，我们画出了一个凸集。图 M. G. 1(b) 中的集合不是凸集。

注意，若函数 $f: A \to \mathbb{R}$ 是凹的，则集合 $\{(z, v) \in \mathbb{R}^{N+1}: v \leq f(z), z \in A\}$ 是凸的。也要注意，任意个凸集的交仍是凸集，但凸集的并未必是凸集。

---

① 集合 A 是**严格凸的**（strictly convex），若对于任何 x，$x' \in A$ 和 $\alpha \in [0,1]$ 来说，$\alpha x + (1-\alpha)x' \in A$ 都是 A 的**内部**（interior）元素。集合内部的定义请参见 M. F 节。

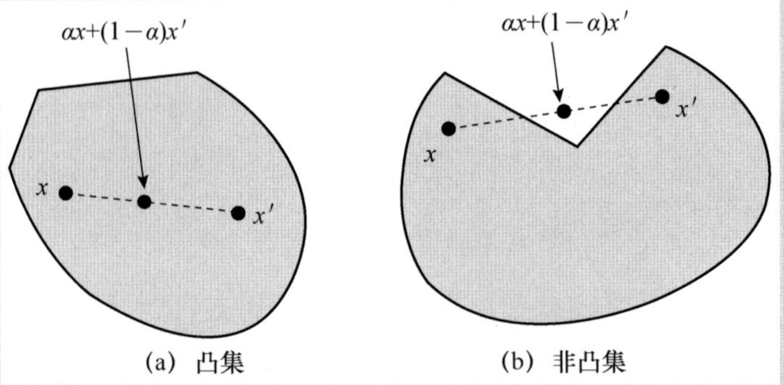

图 M. G. 1　凸集和非凸集

定义 M. G. 2：给定集合 $B\subset\mathbb{R}^N$，B 的**凸包**（convex hull），记为 CoB，是最小的包含 B 的凸集，也就是说 CoB 是所有含有 B 的凸集的交。

图 M. G. 2 画出了一个凸集和它的凸包。容易验证 B 的凸包也可以描述为由 B 的元素的所有可能的凸组合组成的集合，也就是说

$$\text{Co}B=\Big\{\sum_{j=1}^{J}\alpha_j x_j:\text{对于某个 } x_1,\cdots,x_J(\text{其中 } x_j\in B \text{ 对于所有 } j)$$
$$\text{和对于某个满足}\sum_{j=1}^{J}\alpha_j=1\text{ 的}(\alpha_1,\cdots,\alpha_J)\geqslant 0\Big\}$$

定义 M. G. 3：向量 $x\in B$ 是凸集 $B\subset\mathbb{R}^N$ 的**极点**（extreme point），若对于任何 y，$z\in B$ 和 $\alpha\in(0,1)$，它都不能表示为 $x=\alpha y+(1-\alpha)z$。

图 M. G. 3 中凸集的极点是四个顶点。

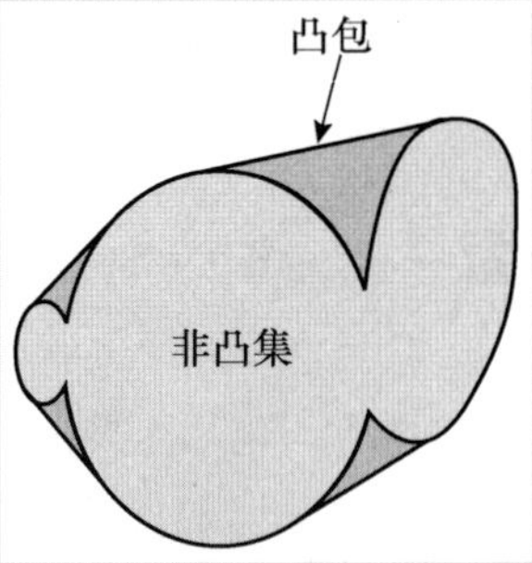

图 M. G. 2　非凸集和它的凸包

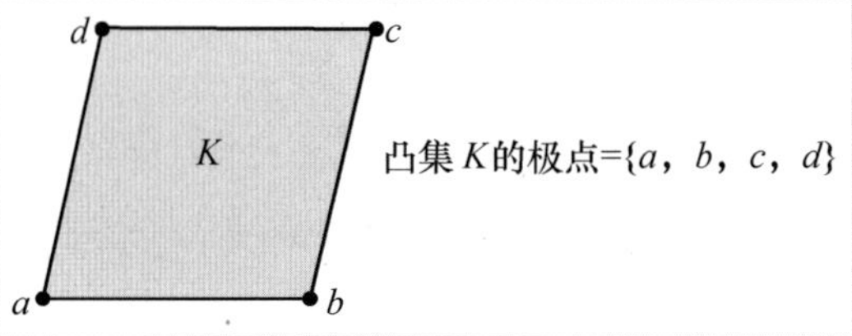

图 M. G. 3　凸集 K 的极点

定理 M. G. 1 给出了凸性理论的一个非常重要的结果。

定理 M. G. 1： 假设 $B\subset\mathbb{R}^N$ 不仅是凸的，而且是紧的（即闭且有界的；参见 M. F 节），则每个 $x\in B$ 都可以表示为由 B 的至多 $N+1$ 个极点构成的一个凸组合。

证明： 这个证明比较复杂，我们不打算给出。我们只指出一点，注意这个定理对于图 M. G. 3 的凸集来说是正确的：该凸集的任何一点都属于由它的其中三个顶点张成的三角形。■

下面我们建立分离超平面定理。

定义 M. G. 4： 给定 $p\in\mathbb{R}^N$ 且 $p\neq 0$，以及 $c\in\mathbb{R}$。由 p 和 c 生成的**超平面**（hyperplane）是集合 $H_{p,c}=\{z\in\mathbb{R}^N: p\cdot z=c\}$。集合 $\{z\in\mathbb{R}^N: p\cdot z\geqslant c\}$ 称为超平面 **$H_{p,c}$ 的上半空间**（half-space above $H_{p,c}$），集合 $\{z\in\mathbb{R}^N: p\cdot z\leqslant c\}$ 称为超平面 **$H_{p,c}$ 的下半空间**（half-space below $H_{p,c}$）。

超平面和半空间都是凸集。图 M. G. 4 说明了这一点。

定理 M. G. 2：（分离超平面定理） 假设 $B\subset\mathbb{R}^N$ 是凸的和闭的（参见 M. F 节对闭集的讨论），并且 $x\notin B$，则存在 $p\in\mathbb{R}^N$ 且 $p\neq 0$，以及 $c\in\mathbb{R}$，使得 $p\cdot x>c$ 和 $p\cdot y<c$ 对每个 $y\in B$ 均成立。

更一般地，假设凸集 A，$B\subset\mathbb{R}^N$ 不相交（即 $A\cap B=\varnothing$），则存在 $p\in\mathbb{R}^N$ 且 $p\neq 0$，以及 $c\in\mathbb{R}$，使得：对于每个 $x\in A$ 都有 $p\cdot x\geqslant c$；对于每个 $y\in B$ 都有 $p\cdot y\leqslant c$。也就是说，存在一个将 A 和 B 分离的超平面，使得 A 和 B 分别位于该超平面的不同侧。

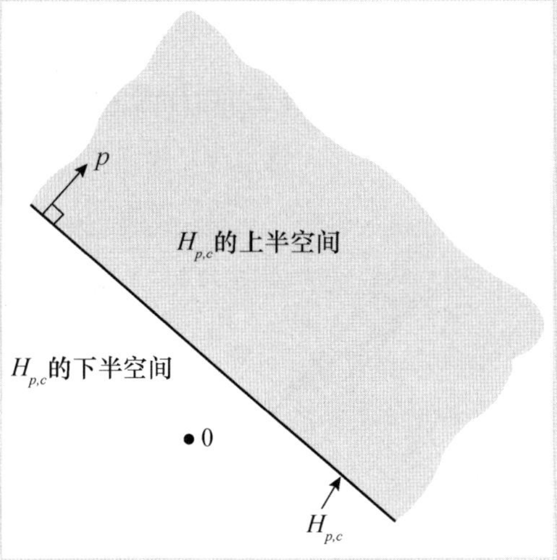

图 M. G. 4　超平面和半空间

证明： 我们只证第一部分（即将一点和一个闭的凸集分离）。在图 M. G. 5 中，我们画出了一个闭的凸集 B 和一点 $x\notin B$。我们还用 $y\in B$ 表示集合 B 中距离 x 最

附录

近的那个点。[①] 如果我们令 $p=x-y$ 和 $c'=p\cdot y$，于是我们可以看到：首先，我们有 $p\cdot x>c'$ [因为 $p\cdot x-c'=p\cdot x-p\cdot y=(x-y)\cdot(x-y)=\|x-y\|^2>0$]；其次，对于任何 $z\in B$，向量 p 和向量 $z-y$ 不可能形成锐角，即 $p\cdot(z-y)=p\cdot z-c'\leqslant 0$。最后，令 $c=c'+\varepsilon$，其中 $\varepsilon>0$ 充分小使得 $p\cdot x>c'+\varepsilon=c$ 成立。■

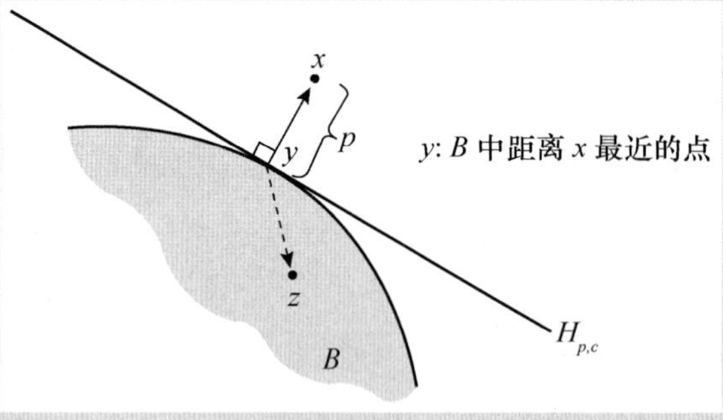

图 M. G. 5　分离超平面定理

定理 M. G. 3：（支撑超平面定理） 假设 $B\subset\mathbb{R}^N$ 是个凸集，而且 x 不是集合 B 的内部元素（$x\notin \text{Int}B$；集合内部的概念请参见 M. F 节），则存在 $p\in\mathbb{R}^N$ 且 $p\neq 0$ 使得 $p\cdot x\geqslant p\cdot y$ 对于每个 $y\in B$ 都成立。

证明： 假设 $x\notin \text{Int}B$。下面的论证过程可以参考图 M. G. 6。在直觉上，我们可以找到一个序列 $x^m\to x$，使得对于所有 m，x^m 都不是集合 B 的闭包的元素（即，$x^m\notin \text{Cl}B$；关于序列和集合闭包的讨论请参考 M. F 节）。根据分离超平面定理（定理 M. G. 2）可知，对于每个 m，均存在一个 $p^m\neq 0$ 和一个 $c^m\in\mathbb{R}$ 使得

$$p^m\cdot x^m>c^m\geqslant p^m\cdot y \tag{M. G. 1}$$

对于每个 $y\in B$ 都成立。不失一般性，我们可以假设对于每个 m 都有 $\|p^m\|=1$。

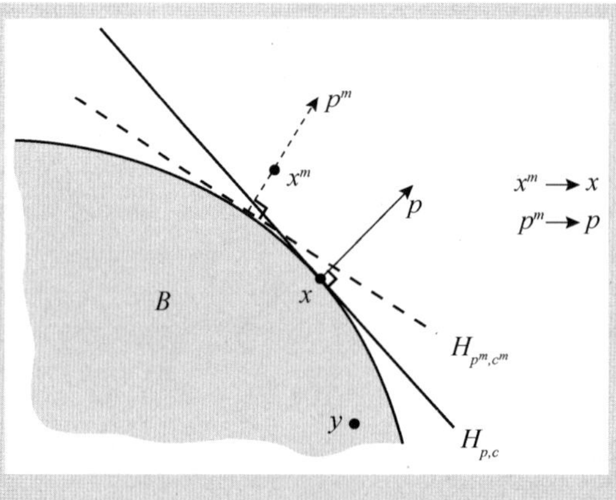

图 M. G. 6　支撑超平面定理

---

① 我们使用大家都比较熟悉的欧几里得距离。我们要求 B 为闭集，是为了保证 B 中存在距离 x 最近的点。

因此，若有需要可抽出一个子序列（参考 M. F 节的相关讨论），我们可以假设存在 $p\neq 0$ 和 $c\in\mathbb{R}$ 使得 $p^m\to p$ 和 $c^m\to c$。因此，在条件（M. G. 1）中取极限，可得

$$p\cdot x\geqslant c\geqslant p\cdot y$$

对于每个 $y\in B$ 都成立。■

最后，对于集合的**支撑函数**（support function）这个重要概念及其性质，我们已在教材 3. F 节讨论过。

M.H 对应

在经济学中，我们经常使用函数的泛化概念即对应。

定义 M. H. 1：给定集合 $A\subset\mathbb{R}^N$，一个**对应**（correspondence）$f: A\to\mathbb{R}^K$ 是一种规则，它将集合 $f(x)\subset\mathbb{R}^K$ 指派给每个 $x\in A$。

注意，当对于每个 $x\in A$，$f(x)$ 正好只有一个元素时，则可以将 $f(\cdot)$ 看成通常所说的函数。还要注意，尽管这个定义允许 $f(x)=\varnothing$，但是我们通常只考虑对于每个$x\in A$，$f(x)\neq\varnothing$的这样的对应。最后，如果对于每个集合 $Y\subset\mathbb{R}^K$，我们有 $f(x)\subset Y$ 对于每个 $x\in A$ 均成立，那么我们将其表示为 $f: A\to Y$。

下面我们讨论对应的连续性概念。给定 $A\subset\mathbb{R}^N$ 和 $Y\subset\mathbb{R}^K$，对应 $f: A\to Y$ 的**图形**（graph）是集合 $\{(x, y)\in A\times Y: y\in f(x)\}$。

定义 M. H. 2：给定 $A\subset\mathbb{R}^N$ 和闭集 $Y\subset\mathbb{R}^K$，考虑对应 $f: A\to Y$。如果对于任何两个序列 $x^m\to x\in A$ 和 $y^m\to y$ [其中 $x^m\in A$ 和 $y^m\in f(x^m)$ 对于每个 m 都成立]，我们有$y\in f(x)$，那么我们说该对应 $f: A\to Y$ 有一个**闭的图形**（closed graph），或简称闭图。

注意，闭图的概念只是我们通常所说的相对于 $A\times Y$ 的闭的概念被应用到集合$\{(x, y)\in A\times Y: y\in f(x)\}$而已。关于闭集的讨论请参考 M. F 节。

定义 M. H. 3：给定 $A\subset\mathbb{R}^N$ 和闭集 $Y\subset\mathbb{R}^K$，考虑对应 $f: A\to Y$。如果该对应有一个闭图而且紧集的像都是闭的，也就是说，对于每个紧集 $B\subset A$，集合 $f(B)=\{y\in Y: y\in f(x)$ 对于某个 $x\in B\}$ 是有界的，则该对应 $f: A\to Y$ 是**上半连续的**（upper hemicontinuous，UHC）。①②

在很多情形下，$f(\cdot)$ 的值域空间 Y 本身也是紧的。在这种情形下，上半连续性就简化为闭图条件。在图 M. H. 1(a) 中，我们画出了一个对应（实际上是函数），该对应有闭图但该对应不是上半连续的。相反，图 M. H. 1(b) 中的对应是上半连续的。

---

① 关于有界集和闭集的讨论，请参见 M. F 节。

② 定义 M. H. 3 意味着紧集在上半连续对应下的像也是紧的（即闭且有界），连续函数也具有这个性质（参见定理 M. F. 2）。

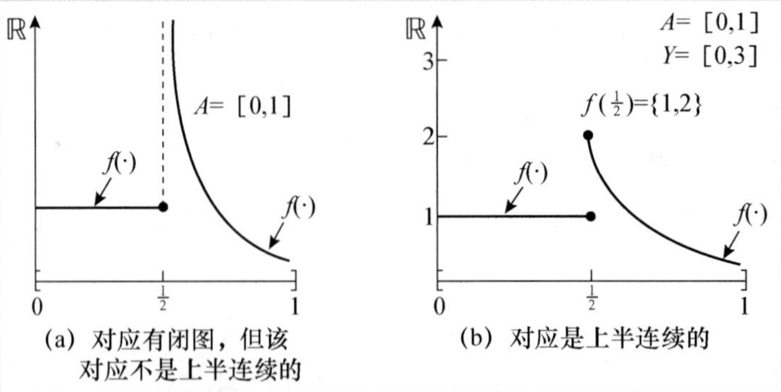

图 M. H. 1　闭图和上半连续的对应

对应的上半连续性可以自然地认为是函数连续性概念的推广。事实上，我们有定理 M. H. 1 中的结论。

定理 M. H. 1：给定 $A\subset\mathbb{R}^N$ 和闭集 $Y\subset\mathbb{R}^K$，假设 $f: A\to Y$ 是个单值对应（因此实际上它是个函数），则 $f(\cdot)$ 是个上半连续的对应，当且仅当作为函数它是连续的。

证明：若 $f(\cdot)$ 作为函数是连续的，则定义 M. F. 2 意味着 $f(\cdot)$ 有（相对于$A\times Y$的）闭图。而且，定理 M. F. 2 告诉我们，紧集在 $f(\cdot)$ 下的像也是紧的，从而是有界的。因此，$f(\cdot)$ 作为对应是上半连续的。

现在假设 $f(\cdot)$ 作为对应是上半连续的，考虑任何序列 $x^m\to x\in A$，其中 $x^m\in A$ 对于所有 m 均成立。令 $S=\{x^m: m=1, 2, \cdots\}\cup\{x\}$，则存在一个 $r>0$ 使得若 $x'\in S$ 则 $\|x'\|<r$。① 由于 S 还是闭的，因此 S 是紧的。

根据定义 M. H. 3 可知，$f(S)$ 是有界的，因此 $\mathrm{Cl}f(S)$（相对于$\mathbb{R}^K$来说）是个紧集。如果违背了函数 $f(\cdot)$ 的连续性，则序列 $\{f(x^m)\}$［该序列位于紧集 $\mathrm{Cl}f(S)$ 之中］不收敛于 $f(x)$，于是根据定理 M. F. 3 可知，我们可以抽出一个子序列 $x^{m(k)}\to x$，使得 $f(x^m(k))\to y$ 对于某个 $y\in\mathrm{Cl}f(S)$ 且 $y\neq f(x)$ 成立。但是这样一来，$f(\cdot)$ 的图形不可能是闭的，这与 $f(\cdot)$ 作为对应是上半连续的事实矛盾。■

连续性概念被推广到对应上以后，产生了两个泛连续性的概念，上半连续性只是其中之一。另外一个是下半连续性，现在我们阐述后者（在这种情形下，假设值域空间 Y 是紧的）。

定义 M. H. 4：给定 $A\subset\mathbb{R}^N$ 和紧集 $Y\subset\mathbb{R}^K$，考虑对应 $f: A\to Y$。如果对于每

① 为了看清这一点，回忆若 $x^m\to x$，则对于任何 $\varepsilon>0$，都存在一个正整数 M_ε，使得 $\|x^m-x\|<\varepsilon$ 对于所有 $m>M_\varepsilon$ 均成立。因此，对于任何 $r>\mathrm{Max}\{\|x^1\|, \cdots, \|x^{M_\varepsilon}\|, \|x\|+\varepsilon\}$，我们都有：若 $x'\in S$，则 $\|x'\|<r$。

个序列 $x^m \to x \in A$（其中 $x^m \in A$ 对于所有 m 均成立）和每个 $y \in f(x)$，我们都可以找到一个序列 $y^m \to y$ 和一个整数 M，使得 $y^m \in f(x^m)$ 对于所有 $m > M$ 均成立，则该对应 $f: A \to Y$ 是**下半连续的**（lower hemicontinuous，LHC）。

图 M. H. 2(a) 画出了一个下半连续的对应。① 注意该对应不是上半连续的，因为它没有闭图。类似地，图 M. H. 2(b) 中的对应是上半连续的，但不是下半连续的［考虑图中由下方趋近于 x 的序列 $x^m \to x$ 和点 $y \in f(x)$］。大致来说，上半连续性只与集合"向外爆炸扩大式"（explosions）的"不连续性"相容［例如图 M. H. 2(b) 中的 $x=1/2$ 处］，而下半连续只与集合"向内爆炸收缩式"（implosions）的"不连续性"相容［例如图 M. H. 2(a) 中的 $x=1/2$ 处］。

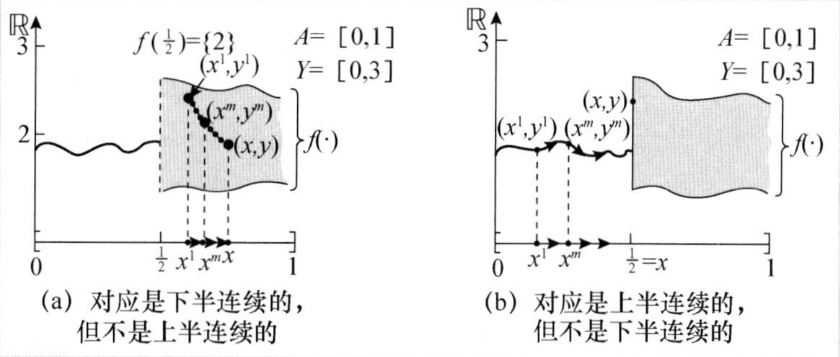

图 M. H. 2 上半连续的对应和下半连续的对应

与上半连续的对应类似，若 $f(\cdot)$ 是个函数，则作为对应的 $f(\cdot)$ 的下半连续性概念，与作为函数的 $f(\cdot)$ 的连续性概念是相同的。

最后，当一个对应既是上半连续的又是下半连续的时，我们说它是**连续的**（continuous）。图 M. H. 3 给出了一个例子。

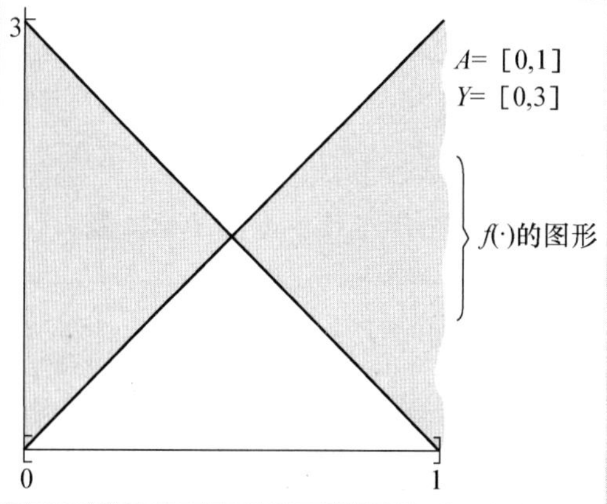

图 M. H. 3 对应是连续的

① 对于其他例子，注意任何具有（相对于 $A \times Y$）开图（open graph）的对应 $f: A \to Y$ 都是下半连续的。

M.I 不动点定理

在经济学中，证明均衡方程组的解的存在性的最常用方法，是将这个问题转化：先合理构造从某个集合 $A\subset\mathbb{R}^N$ 到其自身的一个函数或对应 $f: A\to A$，然后寻找这个函数或对应的**不动点**（fixed point）。向量 $x\in A$ 若满足 $x=f(x)$ [或在对应的情形下，满足 $x\in f(x)$]，则 x 是 $f(\cdot)$ 的一个不动点。也就是说，向量被映入自身，因此它是"不动的"。这样的方法通常绕了弯路，我们为何还这么做？原因在于这样做我们可以使用证明不动点存在性的数学定理。

定理 M. I. 1 给出了最基本和最著名的结论。

定理 M. I. 1：［**布劳威尔不动点定理**（Brouwer's fixed point theorem）］假设 $A\subset\mathbb{R}^N$ 是非空的、紧的凸集，而且 $f: A\to A$ 是个将 A 映入到自身的连续函数，则 $f(\cdot)$ 有一个不动点。也就是说，存在一个 $x\in A$ 使得 $x=f(x)$。

布劳威尔不动点定理的逻辑可用图 M. I. 1(a) 说明，此图画出了 $N=1$ 和 $A=[0, 1]$ 这种简单情形。在这种情形下，该定理是说：任何从 $[0, 1]$ 映入自身的连续函数，均必定穿过对角线。所以这只是**中值定理**（intermediate value theorem）的一个简单结果。具体来说，如果我们定义连续函数 $\phi(x)=f(x)-x$，则 $\phi(0)\geqslant 0$ 和 $\phi(1)\leqslant 0$，因此对于某个 $x\in[0, 1]$，我们必有 $\phi(x)=0$。在图 M. I. 1(b) 中，我们可以看出，$f(\cdot)$ 必须是连续的。至于定义域的凸集问题，考虑下面的情形，即考虑在圆 $S=\{x\in\mathbb{R}^2: \|x\|=1\}$ 上顺时针旋转 90 度的函数：这是个连续函数，但没有不动点。因为集合 S 是非凸的。

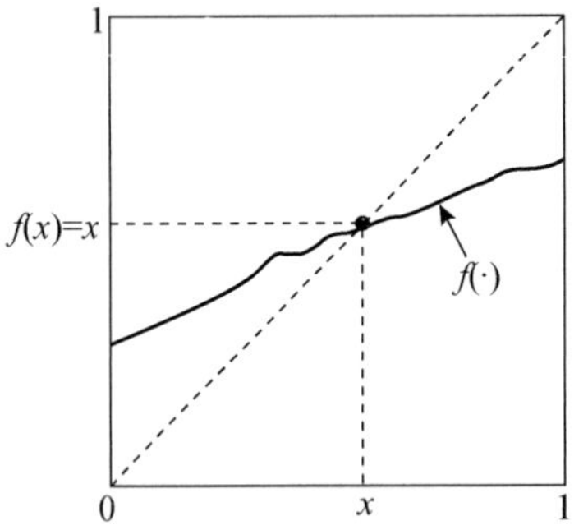

(a) 函数从[0,1]映入到[0,1]，该函数有不动点

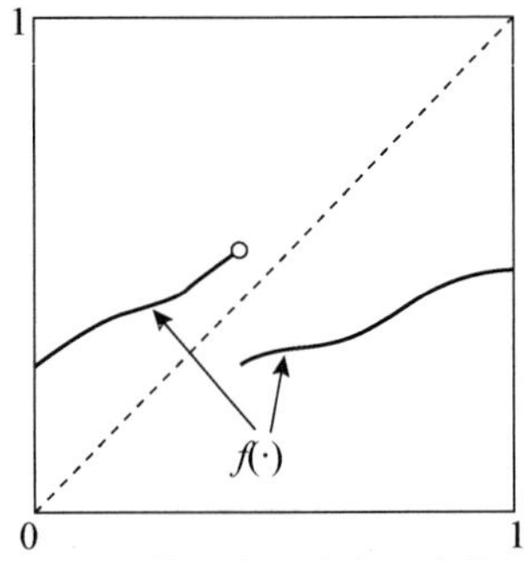
(b) 函数没有不动点，由此可见，连续性假设是必需的

图 M. I. 1　布劳威尔不动点定理

日本数学家角谷将布劳威尔不动点定理推广到了对应的情形，这个版本的不动点定理（定理 M. I. 2）在很多情形下最为有用。

定理 M. I. 2：［**角谷不动点定理**（Kakutani's fixed point theorem）］假设 $A\subset\mathbb{R}^N$ 是非空的、紧的凸集，并假设 $f: A\to A$ 是个将 A 映入自身的上半连续的对应，

而且它还具有下列性质：对于每个 $x\in A$，集合 $f(x)\subset A$ 均为非空且凸的，则 $f(\cdot)$ 有一个不动点。也就是说，存在一个 $x\in A$ 使得 $x\in f(x)$。

角谷不动点定理的逻辑可用图 M. I. 2(a) 说明，此图画出了 $N=1$ 的情形。注意，对于所有 x，集合 $f(x)$ 的凸性是不可或缺的。如果没有这个条件，就有可能出现不存在不动点的情形，如图 M. I. 2(b) 所示。

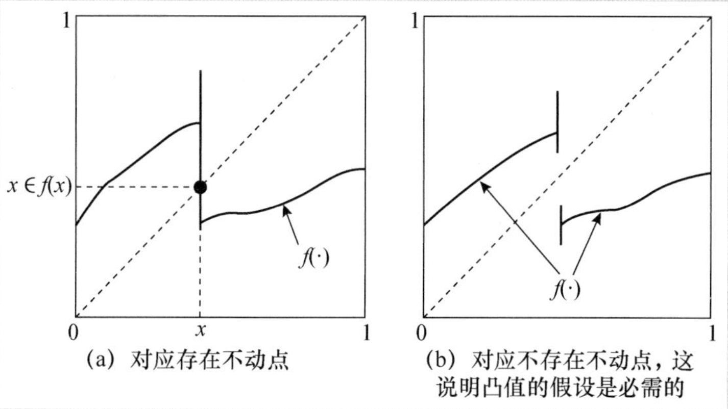

图 M. I. 2　角谷不动点定理

最后，我们再介绍一个不动点定理，这个不动点定理与上面两个不动点定理风格不同，但该不动点定理在经济学研究上用得越来越多。

定理 M. I. 3：[塔尔斯基不动点定理 (Tarsky's fixed point theorem)] 假设 $f:[0,1]^N\rightarrow[0,1]^N$ 是个非递减的函数，也就是说，对于 $x'\geqslant x$ 有 $f(x')\geqslant f(x)$，$f(\cdot)$ 有一个不动点。也就是说，存在一个 $x\in A$ 使得 $x=f(x)$。

与布劳威尔不动点定理相比，塔尔斯基不动点定理有三处不同。首先，基本集不是任何紧的凸集，而是区间的 N 次积；其次，函数必须是非递减的；最后，函数不要求连续。塔尔斯基不动点定理的逻辑可用图 M. I. 3 表示，图中画出了 $N=1$ 的情形。在此图中，函数 $f(\cdot)$ 是不连续的。然而，由于它是非递减的函数，从而迫使它的图形与对角线相交。

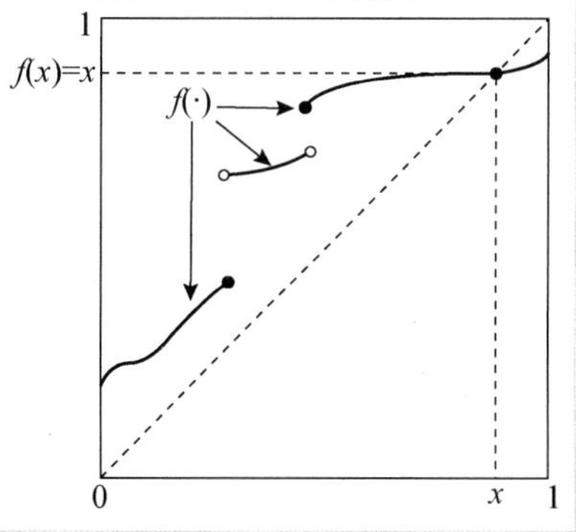

图 M. I. 3　塔尔斯基不动点定理

M.J 无约束的最优化

在本节我们考察函数 $f: \mathbb{R}^N \to \mathbb{R}$。

定义 M. J. 1： 向量 $\bar{x} \in \mathbb{R}^N$ 是 $f(\cdot)$ 的**局部最大值点**（local maximizer），若存在 $\bar{x}$ 的一个开邻域 $A \in \mathbb{R}^N$①，使得对于每个 $x \in A$ 都有 $f(\bar{x}) \geq f(x)$。若对于每个 $x \in \mathbb{R}^N$（即我们可以取 $A = \mathbb{R}^N$）都有 $f(\bar{x}) \geq f(x)$，则 $\bar{x}$ 称为 $f(\cdot)$ 的一个**全局最大值点**（global maximizer），或简称为最大值点。局部最小值点和全局最小值点的定义类似。

在图 M. J. 1 中，我们画出了 $N=1$ 情形下的局部最大（小）值点和相应的开邻域。在这个图中，$\bar{x}$ 为局部最大值点（它的开邻域为 A）；$\underline{x}$ 为局部最小值点（它的开邻域为 A'）。

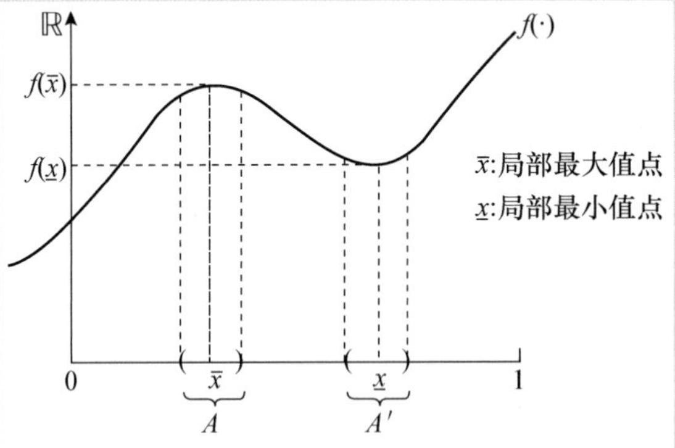

图 M. J. 1 $\bar{x}$ 为局部最大值点；$\underline{x}$ 为局部最小值点

定理 M. J. 1： 假设 $f(\cdot)$ 是可微的且 $\bar{x} \in \mathbb{R}^N$ 是 $f(\cdot)$ 的一个局部最大值点或局部最小值点，则

$$\frac{\partial f(\bar{x})}{\partial x_n} = 0 \quad \text{对于每个 } n \text{ 都成立} \tag{M. J. 1}$$

或者以更简洁的形式写为，

$$\nabla f(\bar{x}) = 0 \tag{M. J. 2}$$

证明： 假设 $\bar{x}$ 是 $f(\cdot)$ 的一个局部最大值点或局部最小值点，但是 $\partial f(\bar{x}) / \partial x_n = a > 0$（$a < 0$ 情形的证明类似）。我们用 $e^n \in \mathbb{R}^N$ 表示第 n 个元素为 1、所有其他元素为 0 的向量，也就是说，该向量的元素为：$e_n^n = 1$ 和对于 $h \neq n$，$e_h^n = 0$。根据（偏）导数的定义可知，这意味着存在一个任意小的 $\varepsilon > 0$，使得 $[f(\bar{x} + \varepsilon e^n) -$

---

① $\bar{x}$ 的开邻域是含有 $\bar{x}$ 的开集。

$f(\bar{x})]/\varepsilon > a/2 > 0$ 和 $[f(\bar{x}-\varepsilon e^n)-f(\bar{x})]/\varepsilon < -a/2$。因此，$f(\bar{x}-\varepsilon e^n) < f(\bar{x}) < f(\bar{x}+\varepsilon e^n)$。简言之，函数 $f(\cdot)$ 在 $\bar{x}$ 周围沿着 $\bar{x}$ 的第 n 个坐标轴方向上是局部递增的。这样一来，$\bar{x}$ 不可能是 $f(\cdot)$ 的局部最大值点也不可能是最小值点。矛盾。■

定理 M.J.1 中的结论从图 M.J.1 可直观看出：在这个图中，我们有 $\partial f(\bar{x})/\partial x = 0$ 和 $\partial f(\underline{x})/\partial x = 0$。

使得 $\nabla f(\bar{x})=0$ 的向量 $\bar{x}\in\mathbb{R}^N$ 称为**驻点**（critical point）。由定理 M.J.1 可知，每个局部最大值点或局部最小值点都是驻点。然而，它的逆命题却不成立，即驻点未必是局部最大值点或最小值点。为了看清这一点，考虑定义在 $\mathbb{R}^2$ 上的函数 $f(x_1, x_2)=(x_1)^2-(x_2)^2$。在原点上，我们有 $\nabla f(0, 0)=(0, 0)$。因此，原点是驻点，但它既不是这个函数的最大值点，也不是最小值点。为了更全面刻画 $f(\cdot)$ 的局部最大值点和局部最小值点，我们必须考察二阶条件。

定理 M.J.2：假设函数 $f: \mathbb{R}^N \to \mathbb{R}$ 是二次连续可微的，而且 $f(\bar{x})=0$。

（i）若 $\bar{x}\in\mathbb{R}^N$ 是个局部最大值点，则（对称的）$N\times N$ 矩阵 $D^2 f(\bar{x})$ 是负半定的。

（ii）若 $D^2 f(\bar{x})$ 是负定的，则 $\bar{x}$ 是局部最大值点。

对于局部最小值点来说，只需要将上面的“负”替换为“正”即可。

证明：这个思想如下。对于任何位移方向 $z\in\mathbb{R}^N$ 和实数 ε，函数 $\phi(\varepsilon)=f(\bar{x}+\varepsilon z)$ 在 $\varepsilon=0$ 附近的泰勒展开式为

$$f(\bar{x}+\varepsilon z)-f(\bar{x})=\varepsilon\nabla f(\bar{x})\cdot z+\frac{1}{2}\varepsilon^2 z\cdot D^2 f(\bar{x})z+\text{余项}$$

$$=\frac{1}{2}\varepsilon^2 z\cdot D^2 f(\bar{x})z+\text{余项}$$

其中 $\varepsilon\in\mathbb{R}_+$，而且若 ε 很小，则 $(1/\varepsilon^2)$ 与余项的乘积很小。若 $\bar{x}$ 是个局部最大值点，则对于很小的 ε，我们必有 $(1/\varepsilon^2)[f(\bar{x}+\varepsilon z)-f(\bar{x})]\leqslant 0$，于是取极限可得

$$z\cdot D^2 f(\bar{x})z\leqslant 0$$

类似地，若对于任何 $z\neq 0$ 我们均有 $z\cdot D^2 f(\bar{x})z<0$，则对于很小的 $\varepsilon>0$ 我们有 $f(\bar{x}+\varepsilon z)<f(\bar{x})$，因此 $\bar{x}$ 是个局部最大值点。■

在 $D^2 f(\bar{x})$ 是负半定但不是负定的临界状态下，我们不能断定 $\bar{x}$ 是局部最大值点。例如，考虑定义在 $\mathbb{R}$ 上的函数 $f(x)=x^3$。这个函数 $D^2 f(0)$ 是负半定的，因为 $d^2 f(0)/dx=0$，但 $\bar{x}=0$ 既不是该函数的局部最大值点，也不是局部最小值点。

最后，$f(\cdot)$ 的一个局部最大值点 $\bar{x}$（或更一般地，一个驻点）何时自动成为该函数的一个全局最大值点？定义 M.J.3 告诉我们充分条件是：目标函数 $f(\cdot)$ 是凹的。

定理 M.J.3：凹函数 $f(\cdot)$ 的任何驻点 $\bar{x}$［即任何满足 $\nabla f(\bar{x})=0$ 的 $\bar{x}$］，都是 $f(\cdot)$ 的全局最大值点。

证明：我们从定理 M. C. 1 可知，函数若为凹的，则对于该函数定义域中的任何 x，我们都有 $f(x)\leqslant f(\bar{x})+\nabla f(\bar{x})\cdot(x-\bar{x})$。因为$\nabla f(\bar{x})=0$，这告诉我们 $\bar{x}$ 是一个全局最大值点。■

根据类似推理，**凸函数** $f(\cdot)$ 的任何驻点都是 $f(\cdot)$ 的**全局最小值点**。[①]

M.K 约束最优化

我们考虑带有 M 个等式约束的函数 $f(\cdot)$ 的最大化问题。也就是说，我们研究的问题是

$$\begin{aligned}&\operatorname*{Max}_{x\in\mathbb{R}^N} f(x)\\ &\text{s.t. } g_1(x)=\bar{b}_1\\ &\qquad\vdots\\ &\qquad g_M(x)=\bar{b}_M\end{aligned} \tag{M. K. 1}$$

其中，函数 $f(\cdot)$，$g_1(\cdot)$，…，$g_M(\cdot)$ 的定义域都是 $\mathbb{R}^N$（或更一般地，都是开集$A\subset\mathbb{R}^N$）。我们假设 $N\geqslant M$；如果 $M\geqslant N$，则一般不存在满足所有约束等式的点。

由满足问题（M. K. 1）中全部约束等式的所有 $x\in\mathbb{R}^N$ 组成的集合，记为

$$C=\{x\in\mathbb{R}^N: g_m(x)=\bar{b}_m \quad 对于\ m=1,\cdots,M\}$$

我们将 C 称为**约束集**（constraint set）。局部约束最大值点或全局约束最大值点分别对应于（类似于）定义 M. J. 1 中的概念，不同之处在于现在我们只考虑属于约束集 C 的点 x。对于可行点 $\bar{x}\in C$ 来说，若存在 $\bar{x}$ 的一个开邻域，比如 $A\subset\mathbb{R}^N$，使得对于所有$x\in A\cap C$ 我们都有 $f(\bar{x})\geqslant f(x)$，也就是说，若当我们将条件 $x\in\mathbb{R}^N$ 替换为 $x\in A$ 时，$\bar{x}$ 是问题（M. K. 1）的解，那么 $\bar{x}\in C$ 是问题（M. K. 1）中的**局部约束最大值点**（local constrained maximizer）。若 $\bar{x}$ 是问题（M. K. 1）的解，即若对于所有 $x\in C$ 我们都有$f(\bar{x})\geqslant f(x)$，则点 $\bar{x}$ 是一个**全局约束最大值点**（global constrained maximizer）。

定理 M. K. 1 给出了这个约束最大化问题的一阶条件。

定理 M. K. 1：假设问题（M. K. 1）的目标函数和约束函数都是可微的，而且 $\bar{x}\in C$ 是个局部约束最大值点。又假设 $M\times N$ 矩阵

$$\begin{bmatrix}\dfrac{\partial g_1(\bar{x})}{\partial x_1} & \cdots & \dfrac{\partial g_1(\bar{x})}{\partial x_N}\\ & \ddots & \\ \dfrac{\partial g_M(\bar{x})}{\partial x_1} & \cdots & \dfrac{\partial g_M(\bar{x})}{\partial x_N}\end{bmatrix}$$

① 事实上，这个结论可直接从定理 M. J. 3 推出，因为 $\bar{x}$ 是 $f(\cdot)$ 的全局最小值点当且仅当它是$-f(\cdot)$ 的全局最大值点，而且$-f(\cdot)$ 是凹的当且仅当 $f(\cdot)$ 是凸的。

的秩为 M。[这称为**约束规格**（constraint qualification）：它表明了约束条件在点 $\bar{x}$ 的无关性。] 那么对于每个约束，相应存在一个实数 $\lambda_m \in \mathbb{R}$（其中 $m=1$，…，M），使得

$$\frac{\partial f(\bar{x})}{\partial x_n} = \sum_{m=1}^{M} \lambda_m \frac{\partial g_m(\bar{x})}{\partial x_n} \qquad \text{对于每个 } n = 1,\cdots,N \text{ 都成立} \tag{M.K.2}$$

或者以更简洁的形式［令 $\lambda=(\lambda_1, \cdots, \lambda_M)$］表示为

$$\nabla f(\bar{x}) = \sum_{m=1}^{M} \lambda_m \nabla g_m(\bar{x}) \tag{M.K.3}$$

这一组数 λ_m 称为**拉格朗日乘子**（Lagrange multipliers）。

证明：约束规格的作用是保证 $\bar{x}$ 也是下列线性形式最大化问题的一个局部最大值

$$\begin{aligned}&\underset{x\in\mathbb{R}^N}{\text{Max}} f(\bar{x})+\nabla f(\bar{x})\cdot(x-\bar{x})\\&\text{s.t. } \nabla g_1(\bar{x})\cdot(x-\bar{x})=0\\&\qquad\vdots\\&\quad\nabla g_M(\bar{x})\cdot(x-\bar{x})=0\end{aligned}$$

其中，目标函数和约束条件在 $\bar{x}$ 附近已进行了线性化处理。因此，约束规格保证了下面直觉推理的合理性：如果 $\bar{x}$ 是个局部约束最大值点，那么任何位移方向 $z\in\mathbb{R}^N$ 对约束条件都没有一阶影响［也就是说，对于每个 m 都满足 $\nabla g_m(\bar{x})\cdot z=0$］；而且它对目标函数也没有一阶影响［也就是说，必然有 $\nabla f(\bar{x})\cdot z=0$］。也可以参见此证明和图 M. K. 1 后面的讨论。从现在起，我们假设这是正确的。

剩下的证明过程只需要使用一点线性代数知识就可以完成。令 E 为 $(M+1)\times N$ 矩阵，它的第一行是 $\nabla f(\bar{x})^{\mathrm{T}}$，剩下的 M 行分别为向量 $\nabla g_1(\bar{x})^{\mathrm{T}}$，…，$\nabla g_M(\bar{x})^{\mathrm{T}}$。根据上面提到的约束规格的含义，我们有 $\{z\in\mathbb{R}^N: \nabla g_m(\bar{x})\cdot z=0$ 对于所有 m 均成立$\}$。因此，根据线性代数中的一个基本结论可知，秩 $E=M$。因此，$\nabla f(\bar{x})$ 必定是线性无关的梯度集 $\nabla g_1(\bar{x})$，…，$\nabla g_M(\bar{x})$ 的一个线性组合。这正是条件（M. K. 3）中的结论。■

简单来说，定理 M. K. 1 断言，在一个局部约束最大值点 $\bar{x}$ 上，目标函数的梯度是约束函数的梯度的一个线性组合。约束规格是必需的，如图 M. K. 1 所示。在这个图中，我们希望在约束集 $C=\{(x_1, x_2)\in\mathbb{R}^2: g_m(x_1, x_2)=\bar{b}_m$ 对于 $m=1$，2 成立$\}$ 下求解线性函数 $f(x_1, x_2)$ 的最大值问题。[这个图画出了满足 $g_1(x_1, x_2)=\bar{b}_1$ 和 $g_2(x_1, x_2)=\bar{b}_2$ 的点的轨迹，还画出了函数 $f(\cdot)$ 的水平集。] 尽管点 $\bar{x}$ 是个全局约束最大值点（它是约束集中唯一的向量），但是我们看到 $\nabla f(\bar{x})$ 不是由向量 $\nabla g_1(\bar{x})$ 和 $\nabla g_2(\bar{x})$ 张成的［即，它不可能表示为向量 $\nabla g_1(\bar{x})$ 和 $\nabla g_2(\bar{x})$ 的线性组合］。注意，然而 $\nabla g_1(\bar{x})=-\nabla g_2(\bar{x})$，因此这违背了约束规格。我们可以看到，

在下列线性约束集

$$C' = \{(x_1, x_2) \in \mathbb{R}^2 : \nabla g_m(\bar{x}) \cdot (x - \bar{x}) = 0 \text{ 对于 } m=1,2 \text{ 成立}\}$$

上，$\bar{x}$ **不是**函数 $f(\bar{x}) + \nabla f(\bar{x}) \cdot (x - \bar{x})$[$= f(x)$，这是因为 $f(\cdot)$ 是线性的] 的局部极大值点。

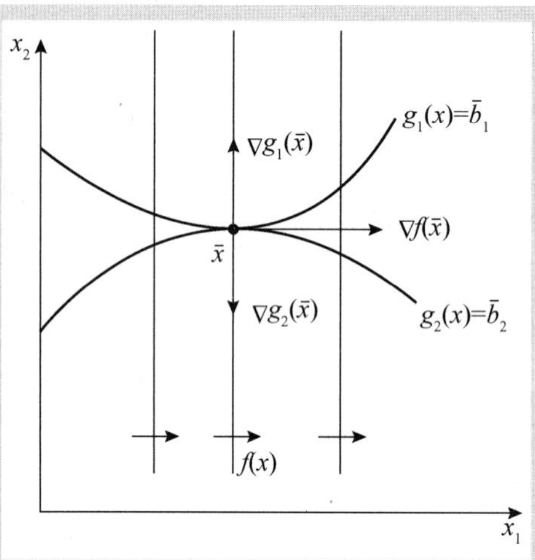

图 M. K. 1　约束规格是必需的

我们通常以与上述方式稍微有所不同的另外一种方式表达一阶条件（M. K. 2）和（M. K. 3）。给定变量 $x=(x_1, \cdots, x_N)$ 和 $\lambda=(\lambda_1, \cdots, \lambda_M)$，我们可以定义**拉格朗日函数**（Lagrangian function）

$$L(x, \lambda) = f(x) - \sum_m \lambda_m g_m(x)$$

注意条件（M. K. 2）[或条件（M. K. 3）] 是这个函数关于变量 $x=(x_1, \cdots, x_N)$ 的（无约束的）一阶条件。类似地，约束条件 $g(x)=0$ 是 $L(\cdot, \cdot)$ 关于变量 $\lambda=(\lambda_1, \cdots, \lambda_M)$ 的一阶条件。总之，定理 M. K. 1 是说如果 $\bar{x}$ 是个局部约束最大值点（而且如果约束规格已得到满足），那么对于某个 $\lambda=(\lambda_1, \cdots, \lambda_M)$，拉格朗日函数的所有偏导数都等于零；也就是说：对于 $n=1, \cdots, N$ 我们有 $\partial L(\bar{x}, \lambda)/\partial x_n = 0$，对于 $m=1, \cdots, M$，我们有 $\partial L(\bar{x}, \lambda)/\partial \lambda_m = 0$。

定理 M. K. 1 意味着如果 $\bar{x}$ 是问题（M. K. 1）的一个局部最大值点，那么 $N+M$ 个变量（$\bar{x}_1, \cdots \bar{x}_N, \lambda_1, \cdots, \lambda_M$）是由条件（M. K. 2）和 $g_m(\bar{x})=\bar{b}_m$（其中 $m=1, \cdots, M$）组成的 $N+M$ 个方程的解。

问题（M. K. 1）还有二阶理论。假设在 $\bar{x}$ 处，约束规格已得到满足，而且存在满足条件（M. K. 3）的拉格朗日乘子。如果 $\bar{x}$ 是个局部最大值点，则

$$D_x^2 L(\bar{x}, \lambda) = D^2 f(\bar{x}) - \sum_m \lambda_m \nabla g_m(\bar{x})$$

在子空间 $\{z \in \mathbb{R}^N : \nabla g_m(\bar{x}) \cdot z = 0 \text{ 对于所有 } m \text{ 均成立}\}$ 上是负半定的。在其他的

方向上，如果向量 $\bar{x}$ 是可行的（即，$\bar{x}\in C$）而且满足一阶条件（M. K. 2），并且如果 $D_x^2L(\bar{x},\lambda)$ 在子空间 $\{z\in\mathbb{R}^N: \nabla g_m(\bar{x})\cdot z=0$ 对于所有 m 均成立$\}$ 是负定的，那么 $\bar{x}$ 是个局部最大值点。这些条件可用定理 M. D. 3 中的行列式检验进行证明。

最后，注意：$f(\cdot)$ 的一个局部约束最小值点是 $-f(\cdot)$ 的一个局部约束最大值点，因此定理 M. K. 1 以及我们对二阶条件的讨论，也适用于刻画局部约束最小值点的特征。

不等式约束

现在我们将我们的分析推广到含有不等式约束的问题。因此现在我们的基本问题形式如下

$$\begin{aligned}&\underset{x\in\mathbb{R}^N}{\text{Max}} f(x)\\&\text{s. t. } g_1(x)=\bar{b}_1\\&\qquad\vdots\\&\quad g_M(x)=\bar{b}_M\\&\quad h_1(x)\leqslant\bar{c}_1\\&\qquad\vdots\\&\quad h_k(x)\leqslant\bar{c}_K\end{aligned}\tag{M. K. 4}$$

其中每个函数都是定义在 $\mathbb{R}^N$（或开集 $A\subset\mathbb{R}^N$）上。我们假设 $N\geqslant M+K$。当然，M 也可能为零（不存在等式约束），或者 K 可能为零（不存在不等式约束）。

我们再次以 $C\subset\mathbb{R}^N$ 表示约束集，局部约束最大值点或全局约束最大值点的意思和上面等式约束情形下的意思是相同的。

我们现在说，约束规格在 $\bar{x}\in C$ 处得到满足，如果在 $\bar{x}$ 处成立的等式约束是无关的，也就是说，如果 $\{\nabla g_m(\bar{x}): m=1, \cdots, M\}\cup\{\nabla h_k(\bar{x}): h_k(\bar{x})=\bar{c}_k\}$ 中的向量是线性无关的。

定理 M. K. 2 给出了这个问题的一阶条件。我们假设所有涉及的函数都是可微的。

定理 M. K. 2：[库恩-塔克条件（Kuhn-Tucker conditions）] 假设 $\bar{x}\in C$ 是问题（M. K. 4）的一个局部最大值点，再假设约束规格已得到满足，则对于每个等式约束相应存在一个乘子 $\lambda_m\in\mathbb{R}$，对于每个不等式约束相应存在一个乘子 $\lambda_k\in\mathbb{R}_+$，使得①：

（ⅰ）对于每个 $n=1, \cdots, N$ 均有

$$\frac{\partial f(\bar{x})}{\partial x_n}=\sum_{m=1}^{M}\lambda_m\frac{\partial g_m(\bar{x})}{\partial x_n}+\sum_{k=1}^{K}\lambda_k\frac{\partial h_k(\bar{x})}{\partial x_n}\tag{M. K. 5}$$

① 按照惯例，如果不存在约束（即如果 $M=K=0$），则条件（M. K. 5）的右侧为零。

或者以更简洁的形式表示为

$$\nabla f(\bar{x}) = \sum_{m=1}^{M} \lambda_m \nabla g_m(\bar{x}) + \sum_{k=1}^{K} \lambda_k \nabla h_k(\bar{x}) \tag{M. K. 6}$$

（ⅱ）对于每个 $k=1, \cdots, K$ 均有

$$\lambda_k(h_k(\bar{x})-\bar{c}_k)=0 \tag{M. K. 7}$$

即，对于任何不以等式成立的约束 k，$\lambda_k=0$。

证明：我们证明只存在不等式约束（即 $M=0$）的情形。

和等式约束的情形一样，约束规格的作用是保证在线性形式的最大化问题中，在 $\bar{x}$ 附近，$\bar{x}$ 仍是一个局部最大值点。更具体地说，从现在起我们假设下列为真：满足一阶约束的任何位移方向 $z \in \mathbb{R}^N$［即使得 $\nabla h_k(\bar{x}) \cdot z \leqslant 0$ 对于每个 k 均成立，其中 $h_k(\bar{x})=\bar{c}_k$］必定不会使目标函数出现一阶增加，也就是说，我们必定有 $\nabla f(\bar{x}) \cdot z \leqslant 0$。

在图 M. K. 2 中，我们以含有两个变量和两个约束式的问题说明这个结论的逻辑，并且使之合理。库恩-塔克条件是说，如果 $\bar{x}$ 是一个局部最大值点，那么 $\nabla f(\bar{x})$ 一定在图中画出的（线性）**锥**（cone）

$$\Gamma=\{y \in \mathbb{R}^2 : y=\lambda_1 \nabla h_1(\bar{x})+\lambda_2 \nabla h_2(\bar{x}) \text{对于某个}(\lambda_1, \lambda_2) \geqslant 0 \text{ 成立}\}$$

之中；也就是说，$\nabla f(\bar{x})$ 必定是 $\nabla h_1(\bar{x})$ 和 $\nabla h_2(\bar{x})$ 的非负线性组合。现在假设 $\bar{x}$ 是一个局部最大值点。如果我们从 $\bar{x}$ 出发，沿着约束集的边界移动到任何点 $(\bar{x}_1+z_1, \bar{x}_2+z_2)$（其中 $z_1<0$；$z_2>0$），那么在图中画出的情形下，我们有

$$h_1(\bar{x}_1+z_1, \bar{x}_2+z_2)=\bar{c}_1 \quad h_2(\bar{x}_1+z_1, \bar{x}_2+z_2)<\bar{c}_2$$

以及 $f(\bar{x}_1+z_1, \bar{x}_2+z_2) \leqslant f(\bar{x})$。取极限后我们可以看到，在满足 $\nabla h_1(\bar{x}) \cdot z=0$ 和 $\nabla h_2(\bar{x}) \cdot z<0$ 的方向 z 上，我们有 $\nabla f(\bar{x}) \cdot z \leqslant 0$。在几何图形上，这意味着向量 $\nabla f(\bar{x})$ 必定位于向量 $\nabla h_1(\bar{x})$ 的下方，如图所示。同理（沿着约束集 C 向相反方向

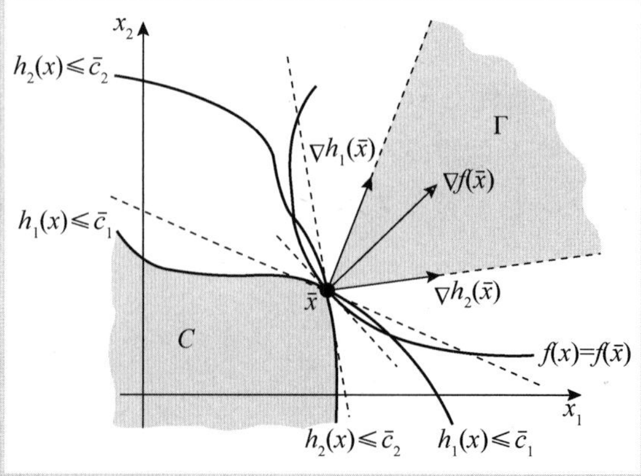

图 M. K. 2　库恩-塔克条件的必要性

移动)，如果 $\bar{x}$ 是个局部约束最大值点，向量$\nabla f(\bar{x})$ 必定位于向量$\nabla h_2(\bar{x})$ 的上方。因此，$\nabla f(\bar{x})$ 必定位于线性锥 Γ 之中。这正好是库恩-塔克条件在这种情形下所要求的。

上面的直觉可以被推广到一般情形。假设所有约束式在 $\bar{x}$ 处是等式形式［若某个约束 k 不是等式形式，令 $\lambda_k=0$，将其从约束集中去掉］。我们必须证明$\nabla f(\bar{x})$ 属于下列凸锥

$$\Gamma=\left\{y\in\mathbb{R}^N: y=\sum_k\lambda_k\nabla h_k(\bar{x})\ \text{对于某个}(\lambda_1,\cdots,\lambda_K)\geqslant 0\ \text{成立}\right\}\subset\mathbb{R}^N$$

暂时假设这是错的，也就是说，$\nabla f(\bar{x})\notin\Gamma$。于是根据分离超平面定理（定理 M. G. 2)，存在一个非零向量 $z\in\mathbb{R}^N$ 和一个实数$\beta\in\mathbb{R}$使得$\nabla f(\bar{x})\cdot z>\beta$和 $y\cdot z<\beta$对于每个 $y\in\Gamma$ 均成立。由于 $0\in\Gamma$，我们必有 $\beta>0$。因此，$\nabla f(\bar{x})\cdot z>0$。另外，对于任何 $y\in\Gamma$ 我们均有：$\theta y\in\Gamma$ 对于任何 $\theta\geqslant 0$ 都成立。但是这样一来，只有在 $y\cdot z\leqslant 0$ 时，$\theta y\cdot z<\beta$ 才能对所有（任意大的）θ 均成立。我们因此断言，$\nabla f(\bar{x})\cdot z>0$ 和$\nabla h_k(\bar{x})\cdot z\leqslant 0$ 对于所有 k 均成立，这与约束规格的线性化形式的意义相矛盾。■

在很多情形下，我们要求某个变量 x_n 非负，即 $x_n\geqslant 0$。在这种情形下，我们需要稍微修改上面的一阶条件。具体来说，我们只要将 x_n 的一阶条件变为下列形式即可

$$\frac{\partial f(\bar{x})}{\partial x_n}\leqslant\sum_{m=1}^{M}\lambda_m\frac{\partial g_m(\bar{x})}{\partial x_n}+\sum_{k=1}^{K}\lambda_k\frac{\partial h_m(\bar{x})}{\partial x_n}\tag{M. K. 8}$$
$$\text{其中等式在}\ \bar{x}_n>0\ \text{时成立}$$

为了看清其中的原因，假设我们明确地将这个非负要求作为我们的第（$K+1$）个不等式约束［即 $h_{K+1}(x)=-x_n\leqslant 0$］并且令 $\lambda_{K+1}\geqslant 0$ 为相应的拉格朗日乘子。注意到 $\lambda_{K+1}(\partial h_{K+1}(\bar{x})/\partial x_n)=-\lambda_{K+1}$ 以及对于 $n'\neq n$ 有 $\partial h_{K+1}(\bar{x})/\partial x_{n'}=0$。因此，如果我们运用定理 M. K. 2 中的条件（M. K. 5)，对那些一阶条件所做的唯一修改是：现在 x_n 的一阶条件为

$$\frac{\partial f(\bar{x})}{\partial x_n}=\sum_{m=1}^{M}\lambda_m\frac{\partial g_m(\bar{x})}{\partial x_n}+\sum_{k=1}^{K}\lambda_k\frac{\partial h_m(\bar{x})}{\partial x_n}-\lambda_{K+1}$$

以及我们有附加条件

$$-\lambda_{K+1}x_n=0$$

但是，这两个条件恰好等价于条件（M. K. 8)。由于增添非负约束从而对一阶条件的调整比较简单，因此惯常做法不是明确引入非负约束和相应的乘子，而是修改问题（M. K. 8）中的一阶条件。

我们还注意到形如 $h_k(x)\geqslant\bar{c}_k$ 的任何约束都可以写成 $-h_k(x)\leqslant-\bar{c}_k$ 的形式。使用这个事实，我们可以看到定理 M. K. 2 可以被扩展到形如 $h_k(x)\geqslant\bar{c}_k$ 的约束。唯一的修改是约束 k 的乘子的符号限制现在变为 $\lambda_k\leqslant0$。类似地，由于函数 $f(\cdot)$ 的最小化问题等价于函数 $-f(\cdot)$ 的最大化问题，定理 M. K. 2 也可被应用于局部最小值点，需要进行的修改仅是所有乘子的符号限制现在变为 $(\lambda_1,\cdots,\lambda_M)\leqslant0$ [假设约束仍然写成问题（M. K. 4）中的形式]。

不等式约束最大化问题（M. K. 4）的二阶条件，恰好与等式约束最大化问题（M. K. 1）中提到的二阶条件相同。唯一的调整是现在起作用的约束是那些束紧约束，即在点 $\bar{x}$ 以等式形式成立的那些约束。

假设向量 $x\in C$ 满足库恩-塔克条件，也就是说，满足定理 M. K. 2 中的条件（ⅰ）和（ⅱ）。在什么样的条件下我们能说 x 是个全局最大值点？定理 M. K. 3 给出了一组有用的条件。

定理 M. K. 3：假设不存在等式约束（即 $M=0$），而且每个不等式约束 k 都相应由拟凸函数 $h_k(\cdot)$ 给出。[1] 再假设目标函数满足

$$\nabla f(x)\cdot(x'-x)>0 \quad \text{对于任何满足 } f(x')>f(x) \text{ 的 } x \text{ 和 } x' \text{ 均成立} \tag{M. K. 9}$$

则若 $\bar{x}\in C$ 满足库恩-塔克条件[定理 M. K. 2 中的条件（ⅰ）和（ⅱ）]，而且如果约束规格在 $\bar{x}$ 处成立，那么 $\bar{x}$ 就是一个全局最大值点。[2]

证明：假设 $\bar{x}$ 就是全局最大值点，也就是说，假设对于满足 $h_k(x)\leqslant\bar{c}_k$（其中 $k=1,\cdots,K$）的某个 $x\in\mathbb{R}^N$，我们有 $f(x)>f(\bar{x})$。这样一来，根据条件（M. K. 9）可知，我们有 $\nabla f(\bar{x})\cdot z>0$。如果 $\lambda_k>0$，则库恩-塔克条件意味着 $h_k(\bar{x})=\bar{c}_k$。另外，由于 $h_k(\cdot)$ 是拟凸的以及 $h_k(x)\leqslant\bar{c}_k=h_k(\bar{x})$，可推知 $\nabla h_k(\bar{x})\cdot z\leqslant0$。因此，我们同时有 $\nabla f(\bar{x})\cdot z>0$ 和 $\sum_k\lambda_k\nabla h_k(\bar{x})\cdot z\leqslant0$，这与库恩-塔克条件矛盾，因为这些条件要求 $\nabla f(\bar{x})=\sum_k\lambda_k\nabla h_k(\bar{x})$。■

注意到，如果 $f(\cdot)$ 是凹的，或者 $f(\cdot)$ 是拟凹的且对于所有 $x\in\mathbb{R}^N$ 都有 $\nabla f(x)\neq0$，那么定理 M. K. 3 中的条件（M. K. 9）自然得到满足。要求约束函数 $h_1(\cdot),\cdots,h_K(\cdot)$ 是拟凸函数意味着约束集 C 是凸集（请验证一下）。[3] 在图 M. K. 3 中，我们说明了下列情形下的定理 M. K. 3：$N=K=2$，$M=0$；$f(\cdot)$ 是拟凹函数且对于所有 x 都有 $\nabla f(x)\neq0$。

---

① 更一般地，该定理也适用于等式约束是线性的情形。

② 如果对于 $f(x')<f(x)$ 有 $\nabla f(x)\cdot(x'-x)<0$，而且与最小化问题相伴的乘子都是非正的，则 $\bar{x}$ 是**全局最小值点**。

③ 另外，在定理 M. K. 3 的条件下，充分的（sufficient）约束规格是约束集 C 应该有非空的内部。

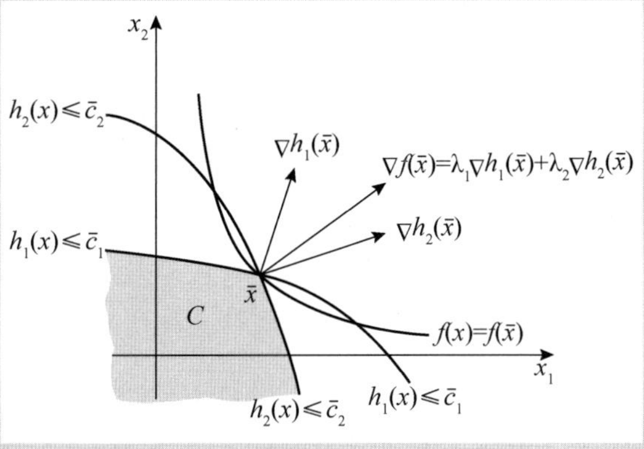

图 M. K. 3 假设约束函数都是拟凸的；目标函数是拟凹的且对于所有 x 都有 $\nabla f(x)\neq 0$，那么若在 $\bar{x}$ 处满足库恩-塔克条件，则 $\bar{x}$ 是一个全局最大值点

图 M. K. 4 说明了定理 M. K. 3 中的条件（M. K. 9）是必需的。在这个图中，我们有 $N=M=1$，我们求拟凹函数 $f(\cdot)$ 在约束集 $C=\{x\in\mathbb{R}:h(x)\leqslant 0\}$ 上的最大值。在这个图中，点 $\bar{x}$ 对于乘子 $\lambda=0$ 满足库恩-塔克条件，但 $\bar{x}$ 不是 $f(\cdot)$ 在约束集 C 上的全局最大值点（x^* 是全局约束最大值点）。注意当 $x=\bar{x}$ 和 $x'=x^*$ 时，条件（M. K. 9）不成立。

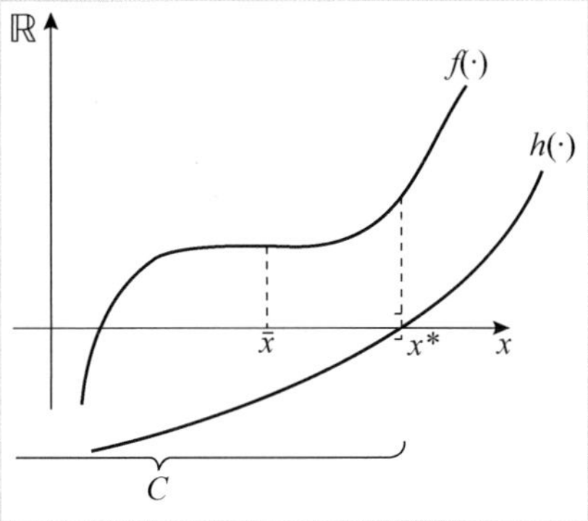

图 M. K. 4 定理 M. K. 3 中的条件（M. K. 9）是必需的

最后，我们看到在定理 M. K. 4 中，约束集 C 是凸集且目标函数 $f(\cdot)$ 是严格拟凹函数有着重要的含义。

定理 M. K. 4：在定理（M. K. 4）中，假设约束集 C 是凸的而且目标函数 $f(\cdot)$ 是严格拟凹的，则存在唯一一个全局约束最大值点。[①]

证明：假设 x 和 $x'\neq x$ 都是全局约束最大值点，则点 $x''=\alpha x+(1-\alpha)x'$［其中 $\alpha\in(0,1)$ 是任意的］也是可行的（即 $x''\in C$），然而由于 $f(\cdot)$ 是严格拟凹的，$f(\cdot)$ 在点 x'' 的值将更大［即 $f(x'')>f(x)=f(x')$］，这与 x 和 $x'\neq x$ 都是全局约

① 通过类似推理可知，若目标函数 $f(\cdot)$ 是拟凹的但不是严格拟凹的，则由最大值点组成的集合是个凸集。

束最大值点的假设矛盾。■

假设在只存在不等式约束的情形下，我们用 C_{-k} 表示去掉第 k 个不等式约束的松弛约束集（relaxed constraint set）。下列两个事实通常比较有用。

（ⅰ）若 $f(\bar{x})\geqslant f(x)$ 对于所有 $x\in C_{-k}$ 均成立，并且 $h_k(\bar{x})\leqslant\bar{c}_k$，则 $\bar{x}$ 是个全局约束最大值点。也就是说，如果我们去掉约束集中的一个约束式，求原先的目标函数在上述新约束集下的最优化问题，而且我们得到的解满足我们去掉的那个约束式，则这个解必定也是原来的约束最优化问题的解。这个结论可从 $C\subset C_{-k}$ 这个事实推出：既然 $C\subset C_{-k}$，$f(\cdot)$ 在 C 上的最大值点集包含于 $f(\cdot)$ 在 C_{-k} 上的最大值点集。

（ⅱ）假设所有的约束函数 $h_1(\cdot)$，…，$h_K(\cdot)$ 都是连续且拟凸的，而且条件（M.K.9）成立，则如果 $\bar{x}$ 是问题（M.K.4）的一个解，且该问题第 k 个约束不是等式形式［即 $h_k(\bar{x})<\bar{c}_k$］，那么我们有 $f(\bar{x})\geqslant f(x)$ 对于所有 $x\in C_{-k}$ 均成立。也就是说，在问题（M.K.4）的假设条件下，如果其中一个约束在该问题的一个解上不是等式形式，则去掉它不会影响我们的解。为了看清这一点，假设这样做会影响我们的解；也就是说，假设存在 $x'\in C_{-k}$ 使得 $f(x')>f(\bar{x})$。这样一来，由于约束函数 $h_1(\cdot)$，…，$h_k(\cdot)$ 是拟凸的，我们知道点 $x(\alpha)=\alpha x'+(1-\alpha)\bar{x}$（其中 $\alpha\in[0,1]$）是 C_{-k} 中的元素。另外，由于在 $\bar{x}$ 处第 k 个约束不是等式形式，所以存在一个 $\bar{\alpha}>0$ 使得 $h_k(x(\alpha))<\bar{c}_k$ 对于所有 $\alpha<\bar{\alpha}$ 均成立。因此，对于所有 $\alpha<\bar{\alpha}$，我们均有 $x(\alpha)\in C$。但是 $f(x(\alpha))$ 在 $\alpha=0$ 处的导数为 $\nabla f(x)\cdot(x'-\bar{x})>0$［记住条件（M.K.9）成立，另外我们假设 $f(x')\geqslant f(\bar{x})$］。因此，必定存在点 $x(\alpha)\in C$ 使得 $f(x(\alpha))>f(\bar{x})$，这与 $\bar{x}$ 是问题（M.K.4）的一个全局约束最大值点矛盾。

比较静态

在前面的讨论中，我们假设问题（M.K.4）中的参数 $\bar{b}=(\bar{b}_1,\cdots,\bar{b}_M)$ 和 $\bar{c}=(\bar{c}_1,\cdots,\bar{c}_K)$ 是给定的。现在我们允许它们变化。

假设 $(b,c)\in\mathbb{R}^{M+K}$ 是问题（M.K.4）中的参数，再假设该问题有解 $\bar{x}(b,c)$，我们将这个解的函数值记为 $v(b,c)=f(\bar{x}(b,c))$。在相当一般的条件下（参见本节末尾的相关讨论），$v(b,c)$ 的值取决于参数 (b,c)。

定理 M.K.5 将拉格朗日乘子解释为约束条件的“影子价格”。

定理 M.K.5：假设在 $(\bar{b},\bar{c})$ 的一个开邻域内，等式约束集维持不变，再假设 $v(b,c)$ 在 $(\bar{b},\bar{c})$ 处是可微的①，则对于每个 $m=1,\cdots,M$ 和 $k=1,\cdots,K$，我们有

---

① 这是为简化分析而作出的假设；类似的结果在更一般的条件下也成立，但这样一来就势必涉及函数 $v(\cdot,\cdot)$ 在不可微的点上的方向导数问题。

$$\frac{\partial v(\bar{b},\bar{c})}{\partial b_m}=\lambda_m \quad 和 \quad \frac{\partial v(\bar{b},\bar{c})}{\partial c_k}=\lambda_k$$

证明： 这是包络定理（定理 M.L.1）的特殊情形，我们将在下一节考察包络定理。■

下面我们考察一个更一般的最优化问题。我们在 $x\in C(q)$ 的约束下求函数 $f:\mathbb{R}^N\to\mathbb{R}$ 的最大值问题，其中，$C(q)$ 是个非空约束集；$q=(q_1, \cdots, q_S)$ 属于可行参数集 $Q\subset\mathbb{R}^S$。假设 $f(\cdot)$ 是连续的，而且对于每个 $q\in Q$，$C(q)$ 都是紧的。于是，根据定理 M.F.2 中的（ⅱ）可知，这个最大值问题至少有一个解。我们用 $x(q)\subset C(q)$ 表示与 q 对应的解集，用 $v(q)$ [$=f(x)$ 对于任何 $x\in x(q)$] 表示相应的最大值。定理 M.K.6 涉及函数 $x(\cdot)$ 和 $v(\cdot)$ 的连续性问题。

定理 M.K.6：（最大值定理） 假设约束**对应**（correspondence）$C: Q\to\mathbb{R}^N$ 是连续的（参见 M.H 节），而且 $f(\cdot)$ 是个连续函数，则**最大值点对应**（maximizer correspondence）$x: Q\to\mathbb{R}^N$ 是上半连续的，而且最优值函数 $v: Q\to\mathbb{R}$ 是连续的。

这个结果不可能再进一步改进了。假设我们打算求 x_1+x_2 的最大值，约束条件为 $x_1\in[0, 1]$，$x_2\in[0, 1]$ 以及 $q_1x_1+q_2x_2\leqslant q_1q_2$，其中 $q=(q_1, q_2)\in Q=(0, 1)^2$，那么最大值点对应为

$$\begin{aligned}
&x(q)=\{(q_2,0)\} && 若\ q_1<q_2\\
&x(q)=\{(0,q_1)\} && 若\ q_1>q_2\\
&x(q)=\{(x_1,x_2)\in[0,1]^2: x_1+x_2=q_1\} && 若\ q_1=q_2
\end{aligned}$$

目标函数和约束对应都是连续的（你应该验证一下后者）。根据定理 M.K.6 可知，$x(\cdot)$ 是上半连续的，但它不是连续的 [沿着直线 $q_1=q_2$，$x(\cdot)$ 会发生一个爆炸]。另一方面，假设我们取 $Q=[0, 1]^2$，那么定理 M.K.6 中的结论就不成立：最大值点对应不是上半连续的 [我们有 $x(2\varepsilon, \varepsilon)=\{(0, 2\varepsilon)\}$，但是 $x(0, 0)=\{(1, 1)\}$]。然而，假设条件也不成立：在 $q=(0, 0)$ 处向量 $(1, 1)$ 属于约束集，但在 $q=(\varepsilon, \varepsilon)$ 处不存在属于约束集的满足 $x_1+x_2>\varepsilon$ 的向量 x。因此，在被扩展到 $Q=[0, 1]^2$ 之后，约束对应就不再是连续的。

M.L 包络定理

在本节，我们回到约束最大化问题，我们的目标函数为 $f(\cdot)$，但是现在假设我们想考察进入目标函数或者约束函数的某组参数 $q=(q_1, \cdots, q_S)\in\mathbb{R}^S$。具体来说，现在我们将最大化问题写为

附录

$$\begin{aligned} &\underset{x\in\mathbb{R}^N}{\text{Max}}\, f(x;q) \\ &\text{s. t. } g_1(x;q)=\bar{b}_1 \\ &\quad\vdots \\ &\quad g_M(x;q)=\bar{b}_M \end{aligned} \tag{M. L. 1}$$

我们用 $v(\cdot)$ 表示问题（M. L. 1）的**最优值函数**（value function）；也就是说，$v(q)$ 是当参数向量为 q 时，函数 $f(\cdot)$ 在问题（M. L. 1）的解之处达到的数值。为了更具体一些，我们假设 $v(q)$ 在某个参数向量 $\bar{q}\in\mathbb{R}^S$ 的邻域内是明确定义的。我们自然而然地想考察 q 的变动对 $v(q)$ 值的边际效应。**包络定理**（envelope theorem）能够解决这个问题。①

为简单起见，从现在起我们假设，至少在局部上（即对于接近 $\bar{q}$ 的那些 q 值），问题（M. L. 1）的解是个（可微的）函数 $x(q)$。这样一来，我们就可以将 $v(\cdot)$ 写为 $v(q)=f(x(q);q)$。

我们先来看最简单的情形。假设问题（M. L. 1）只有一个变量和一个参数（即 $N=K=1$），并且不存在约束式（即 $M=0$）。于是，根据链式法则，

$$\frac{dv(\bar{q})}{dq}=\frac{\partial f(x(\bar{q});\bar{q})}{\partial q}+\frac{\partial f(x(\bar{q});\bar{q})}{\partial x}\frac{dx(\bar{q})}{dq} \tag{M. L. 2}$$

但是注意，根据无约束最大化问题的一阶条件（参见 M. J 节），我们必定有 $\partial f(x(\bar{q});\bar{q})/\partial x=0$（这个结论非常重要）。因此，式（M. L. 2）简化为

$$\frac{dv(\bar{q})}{dq}=\frac{\partial f(x(\bar{q});\bar{q})}{\partial q} \tag{M. L. 3}$$

也就是说，$x(q)$ 是由函数 $f(\cdot;q)$ 的最大化问题决定的这个事实意味着，在计算 q 的变动对函数最大值的一阶效应时，我们可以假设最大值点是不变的：任何结果的唯一效应都是直接效应［注意式（M. L. 2）中的间接效应，即式（M. L. 2）右侧第二项为零］。

图 M. L. 1 描述了这个结果，这个图也说明了我们使用“包络”这个词的原因。在图 M. L. 1 中我们画出了不同 x 值对应的函数 $f(x;\cdot)$ 图形。因为在每个点 q，我们都有 $v(q)=\text{Max}_x f(x;q)$，所以最优值函数 $v(\cdot)$ 由这些函数的上包络给出。现在假设我们考虑一个既定的点 $\bar{x}$。记 $\bar{x}=x(\bar{q})$，我们有 $f(\bar{x};q)\leqslant v(q)$ 对于所有 q 均成立，并且 $f(\bar{x};\bar{q})=v(\bar{q})$。因此，除了当 $q=\bar{q}$ 时 $f(\bar{x};\cdot)$ 的图形与 $v(\cdot)$ 的图形接触之外，在其他点上 $f(\bar{x};\cdot)$ 的图形都位于 $v(\cdot)$ 图形的下方。因此，在点 $q=\bar{q}$ 这两个图形的斜率是相同的。这正好是条件（M. L. 3）。

① 在形式上，我们是以等式约束描述这个问题的。但是请注意，只要在我们考察的参数向量的某个邻域内，束紧约束集（即等式约束集）没有发生变化，我们在此处的讨论就自动地适用于不等式约束的情形。

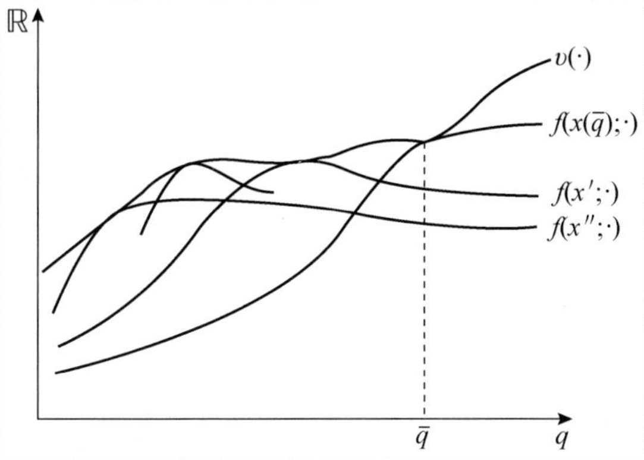

图 M. L. 1　包络定理

现在我们阐述问题（M. L. 1）（即变量、参数和约束式可为任意多的情形）的更一般的包络定理。我们将看到，它的结论类似于问题（M. L. 3），唯一的不同是现在拉格朗日乘子起到了重要作用。

定理 M. L. 1：（包络定理） 考虑问题（M. L. 1）的最优值函数 $v(q)$。假设 $v(q)$ 在点 $\bar{q}\in\mathbb{R}^S$ 是可微的，而且（λ_1，…，λ_M）是与点 $\bar{q}$ 的最大值解 $x(\bar{q})$ 相伴的拉格朗日乘子值。那么[①]，

$$\frac{\partial v(\bar{q})}{\partial q_s}=\frac{\partial f(x(\bar{q});\bar{q})}{\partial q_s}-\sum_{m=1}^{M}\lambda_m\frac{\partial g_m(x(\bar{q});\bar{q})}{\partial q_s}\quad \text{对于 } s=1,\cdots,S \text{ 成立} \tag{M. L. 4}$$

或者用矩阵符号表示为

$$\nabla v(\bar{q})=\nabla_q f(x(\bar{q});\bar{q})-\sum_{m=1}^{M}\lambda_m\,\nabla_q g_m(x(\bar{q});\bar{q}) \tag{M. L. 5}$$

证明： 我们仍然采用在前面单变量且无约束条件情形下的证明方法。令 $x(\cdot)$ 为目标函数，则对于所有 q，我们均有 $v(q)=f(x(q);\ q)$。使用链式法则可得

$$\frac{\partial v(\bar{q})}{\partial q_s}=\frac{\partial f(x(\bar{q});\bar{q})}{\partial q_s}+\sum_{n=1}^{N}\left(\frac{\partial f(x(\bar{q});\bar{q})}{\partial x_n}\frac{\partial x_n(\bar{q})}{\partial q_s}\right)$$

一阶条件（M. K. 2）告诉我们

$$\frac{\partial f(x(\bar{q});\bar{q})}{\partial x_n}=\sum_{m=1}^{M}\lambda_m\frac{\partial g_m(x(\bar{q});\bar{q})}{\partial x_n}$$

将上式代入前面的那个式子，并改变求和顺序，可得

$$\frac{\partial v(\bar{q})}{\partial q_s}=\frac{\partial f(x(\bar{q});\bar{q})}{\partial q_s}+\sum_{m=1}^{M}\lambda_m\sum_{n=1}^{N}\left(\frac{\partial g_m(x(\bar{q});\bar{q})}{\partial x_n}\frac{\partial x_n(\bar{q})}{\partial q_s}\right)$$

① 如果我们的情形是约束集含有不等式约束，但其中的束紧约束子集在 $\bar{q}$ 的邻域内维持不变，那么，条件（M. L. 4）和条件（M. L. 5）仍然成立：这是因为非束紧的约束式对于条件（M. L. 4）[和条件（M. L. 5）] 的左侧和右侧都没有影响（因为与这些非束紧的约束式相伴的拉格朗日乘子都为零）。

另外，由于对于所有 q 都有 $g_m(x(q);\ q)=\bar{b}_m$，我们有

$$\sum_{n=1}^{N}\left(\frac{\partial g_m(x(\bar{q});\bar{q})}{\partial x_n}\frac{\partial x_n(\bar{q})}{\partial q_s}\right)=-\frac{\partial g_m(\bar{x};\bar{q})}{\partial q_s}\quad 对于所有\ m=1,\cdots,M\ 均成立$$

将上式代入在其前面的那个式子就得到了式（M. L. 4）。■

M.M　线性规划

线性规划问题是约束最大化问题的特殊形式：约束函数和目标函数关于变量（x_1，…，x_N）都是线性的。

我们通常将一般的线性规划问题写成下列形式：

$$\begin{aligned}&\underset{(x_1,\cdots,x_N)\geqslant 0}{\text{Max}}\ f_1x_1+\cdots+f_Nx_N\\&\text{s. t. } a_{11}x_1+\cdots+a_{1N}x_N\leqslant c_1\\&\qquad\vdots\\&\qquad a_{K1}x_1+\cdots+a_{KN}x_N\leqslant c_K\end{aligned}\qquad\text{(M. M. 1)}$$

或者以矩阵符号表示为

$$\begin{aligned}&\underset{x\in\mathbb{R}_+^N}{\text{Max}}\ f\cdot x\\&\text{s. t. } Ax\leqslant c\end{aligned}$$

其中，A 是一个 $K\times N$ 矩阵，它的第 k 行第 n 列的元素为 a_{kn}；$f\in\mathbb{R}^N$，$x\in\mathbb{R}^N$ 和 $c\in\mathbb{R}^K$ 都是（列）向量。①

图 M. M. 1 表示的是 $N=2$ 时的一个线性规划问题，目标函数为 x_1+x_2，两个约束式分别为 $2x_1+x_2\leqslant 4$ 和 $x_1+3x_2\leqslant 7$。

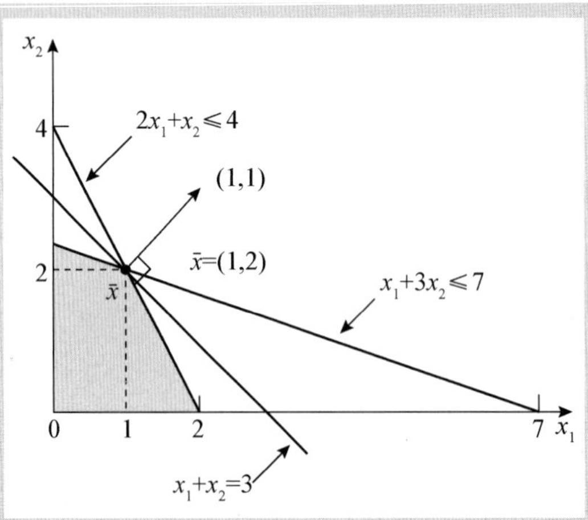

图 M. M. 1　一个线性规划问题（原问题）

① 我们说这是线性规划的一般形式，原因有二。首先，某个等式约束 $a\cdot x=b$ 总可以表达成两个不等式约束（$a\cdot x\leqslant b$ 和 $-a\cdot x\geqslant b$）。其次，符号上未做限制的变量 x_n 总可以用两个非负的变量之差进行替代（$x_{n+}-x_{n-}$）。

线性规划问题（M. M. 1）最为有趣的事实之一是，我们可以将这个问题与另一个线性规划问题联系在一起。相应地，我们将这两个问题分别称为**原问题**（original or primal problem）和**对偶问题**（dual problem）。原问题（M. M. 1）的对偶问题是一个最小化问题，它有 K 个变量［每个变量对应着原问题（M. M. 1）中的一个约束式］和 N 个约束式［每个约束式对应着原问题（M. M. 1）中的一个变量］。具体来说，原问题（M. M. 1）的对偶问题的形式为：

$$\begin{aligned}\underset{(\lambda_1,\cdots,\lambda_K)\geqslant 0}{\text{Min}}\ & c_1\lambda_1+\cdots+c_K\lambda_K \\ \text{s. t. }\ & a_{11}\lambda_1+\cdots+a_{K1}\lambda_K\geqslant f_1 \\ & \vdots \\ & a_{1N}\lambda_1+\cdots+a_{KN}\lambda_K\geqslant f_N\end{aligned} \tag{M. M. 2}$$

或者以矩阵符号表示为

$$\begin{aligned}\underset{\lambda\in\mathbb{R}_+^K}{\text{Min}}\ & c\cdot\lambda \\ \text{s. t. }\ & A^{\mathrm{T}}\lambda\geqslant f\end{aligned}$$

其中 $\lambda\in\mathbb{R}^K$ 是个列向量。

图 M. M. 2 表示的是与图 M. M. 1 相伴的对偶问题。这个问题的约束为 $2\lambda_1+\lambda_2\geqslant 1$ 和 $\lambda_1+3\lambda_2\geqslant 1$；目标函数为 $4\lambda_1+7\lambda_2$。

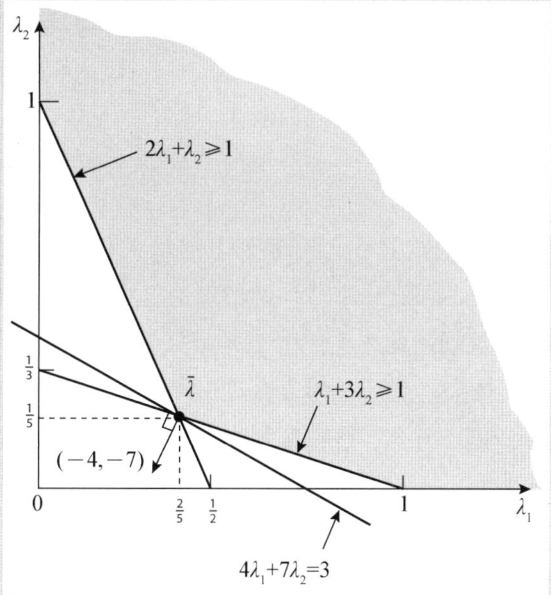

图 M. M. 2　与图 M. M. 1（原问题）相伴的线性规划问题（对偶问题）

假设 $x\in\mathbb{R}_+^N$ 和 $\lambda\in\mathbb{R}_+^K$ 分别满足原问题中的约束和对偶问题中的约束，那么，

$$f\cdot x\leqslant(A^{\mathrm{T}}\lambda)\cdot x=\lambda\cdot(Ax)\leqslant\lambda\cdot c=c\cdot\lambda \tag{M. M. 3}$$

因此，原问题的最优值不可能大于对偶问题的最优值。**线性规划对偶定理**（duality theorem of linear programming）进一步说明这两个问题的最优值是相同的。理解这个事实的关键在于要看到，正如符号所暗示的，对偶问题的变量（λ_1，…，λ_K）可以解释为拉格朗日乘子。

定理 M. M. 1：（线性规划的对偶定理） 假设原问题（M. M. 1）达到了最大值 $v\in\mathbb{R}$，则 v 也是对偶问题（M. M. 2）的最小值。

证明： 令向量 $\bar{x}\in\mathbb{R}^N$ 是问题（M. M. 1）的最大值点。记 $\bar{\lambda}=(\bar{\lambda}_1,\cdots,\bar{\lambda}_K)\geqslant 0$ 是与这个问题相伴的拉格朗日乘子（参见定理 M. K. 2）[1]。正式地说，我们将 $\bar{\lambda}$ 视为一个列向量。于是，运用定理 M. K. 2，我们有

$$A^{\mathrm{T}}\bar{\lambda}=f \quad 和 \quad \bar{\lambda}\cdot(c-A\bar{x})=0$$

因此，$\bar{\lambda}$ 满足对偶问题中的约束（因为 $A^{\mathrm{T}}\bar{\lambda}\geqslant f$）并且

$$c\cdot\bar{\lambda}=\bar{\lambda}\cdot c=\bar{\lambda}\cdot A\bar{x}=(A^{\mathrm{T}}\bar{\lambda})\cdot\bar{x}=f\cdot\bar{x} \tag{M. M. 4}$$

现在，根据式（M. M. 3），我们知道对于满足 $A^{\mathrm{T}}\lambda\geqslant f$ 的每个 $\lambda\in\mathbb{R}^K_+$，都有 $c\cdot\lambda\geqslant f\cdot\bar{x}$。因此，若 $A^{\mathrm{T}}\lambda\geqslant f$，则 $c\cdot\bar{\lambda}\leqslant c\cdot\lambda$。所以问题（M. M. 4）告诉我们，$\bar{\lambda}$ 实际上是对偶问题（M. M. 2）的解，因此对偶问题的值 $c\cdot\bar{\lambda}$ 等于原问题的值 $f\cdot\bar{x}$。■

我们可以用图 M. M. 1（原问题）和图 M. M. 2（对偶问题）验证定理 M. M. 1。原问题的最大值点为 $\bar{x}=(1,2)$，产生的最优值为 $1+2=3$。对偶问题的最小值点为 $\bar{\lambda}=(2/5,1/5)$，产生的最优值为 $4\times\frac{2}{5}+7\times\frac{1}{5}=3$。

M.N 动态规划

动态规划研究的是定义在无穷序列上的最大化问题。Stokey，Lucas 和 Prescott（1989）详细介绍了这个非常广泛的理论。然而，在此处我们只考察一种非常特殊和简单的动态规划问题。

假设 $A\subset\mathbb{R}^N$ 是个非空且紧的集合。[2] 令 $u: A\times A\rightarrow\mathbb{R}$ 是个连续函数，并且令 $\delta\in(0,1)$。给定向量 $z\in A$（它被解释为变量 $\{x_t\}_{t=0}^{\infty}$ 的初始条件），我们现在感兴趣的最大化问题为

$$\begin{aligned}&\underset{\{x_t\}_{t=0}^{\infty}}{\mathrm{Max}}\sum_{t=0}^{\infty}\delta^t u(x_t,x_{t+1})\\&\text{s. t. } x_t\in A \text{ 对于每个 } t\\&\qquad x_0=z\end{aligned} \tag{M. N. 1}$$

---

① 线性规划问题不要求约束规格。换句话说，约束的线性性是约束规格的充分形式。

② 紧性这个假设不能完全不要，但可以放松这个假设。

在数学上不难验证：问题（M. N. 1）存在着最大值点的序列，从而存在着最大值$v(z)$。函数 $v: A\to\mathbb{R}$ 称为问题（M. N. 1）的**最优值函数**（value function）。和函数$u(\cdot,\ \cdot)$一样，最优值函数是连续的。另外，如果 A 是凸集且$u(\cdot,\ \cdot)$ 是凹的，则 $v(\cdot)$ 也是凹的。

显然，对于每个 $z\in A$，最优值函数满足所谓的**贝尔曼方程**（Bellman equation）或称为**贝尔曼最优化原理**（Bellman optimality principle）：

$$v(z)=\underset{z'\in A}{\mathrm{Max}}\,u(z,z')+\delta v(z')$$

也许能让你感到惊讶的是，正如定理 M. N. 1 所指出的，最优值函数是**唯一**能满足贝尔曼方程的函数。

定理 M. N. 1： 假设 $f: A\to\mathbb{R}$ 是个连续函数，使得：对于每个 $z\in A$，贝尔曼方程都能得到满足；也就是说，对于每个 $z\in A$，我们都有

$$f(z)=\underset{z'\in A}{\mathrm{Max}}\,u(z,z')+\delta v(z') \qquad \text{(M. N. 2)}$$

则函数 $f(\cdot)$ 与 $v(\cdot)$ 相同，即对于每个 $z\in A$ 都有 $f(z)=v(z)$。

证明： 连续使用式（M. N. 2）可得，对于每个 T，

$$\begin{aligned} f(z) &= \underset{\{x_t\}_{t=0}^{T}}{\mathrm{Max}}\sum_{t=0}^{T-1}\delta^t u(x_t,x_{t+1})+\delta^T f(x_T) \\ &\text{s. t. } x_t\in A \text{ 对于每个 } t\leqslant T \\ &\quad x_0=z \end{aligned}$$

但是当 $T\to\infty$时，$\delta^T f(\cdot)$ 这一项对和的贡献越来越可以忽略不计。我们因此断言 $f(z)=v(z)$。■

定理 M. N. 1 提供了一种计算最优值函数的方法。假设对于 $r=0$，我们从一个任意连续的函数 $f_0: A\to\mathbb{R}$ 开始。把 $f_0(z')$ 想象成一个试验估值函数，该函数给出了从 $z'\in A$ 开始估算的估算值。然后令

$$f_1(z)=\underset{z'\in A}{\mathrm{Max}}\,u(z,z')+\delta f_0(z')$$

对于每个 $z\in A$ 均成立。这样，我们就得到了一个新的试验估值函数 $f_1(\cdot)$。

如果 $f_1(\cdot)=f_0(\cdot)$，则 $f_0(\cdot)$ 满足贝尔曼方程，这样定理 M. N. 1 告诉我们，事实上 $f_0(\cdot)=v(\cdot)$。如果 $f_1(\cdot)\neq f_0(\cdot)$，那么 $f_0(\cdot)$ 是不正确的。我们可以再次尝试，从新的试验估值函数 $f_1(\cdot)$ 开始。这样我们就得到了函数 $f_2(\cdot)$，依此类推，我们就有了整个函数序列$\{f_r(\cdot)\}_{r=0}^{\infty}$。它能带领我们到达我们想去的地方吗？答案是肯定的：对于每个 $z\in A$，我们均有：当 $r\to\infty$时 $f_r(z)\to v(z)$。也就是说，随着 r 的增大，我们逐渐逼近 z 的正确值。

假设序列 $\{\bar{x}_t\}_{t=0}^{\infty}$是最大化问题（M. N. 1）的解序列或称解**轨迹**（trajectory），那么，

对于每个 $t\geqslant 1$，t 时的决策必定是最优的。考察问题（M.N.1）中的和，我们看到 $\bar{x}_t$ 必定是下列问题的解：

$$\underset{x_t\in A}{\mathrm{Max}}\, u(\bar{x}_{t-1},x_t)+\delta u(x_t,\bar{x}_{t+1}) \tag{M.N.3}$$

假设 $\bar{x}_t$ 在 A 的内部，问题（M.N.3）意味着

$$\frac{\partial u(\bar{x}_{t-1},\bar{x}_t)}{\partial x_{N+n}}+\delta\frac{\partial u(\bar{x}_t,\bar{x}_{t+1})}{\partial x_n}=0 \tag{M.N.4}$$

对于每个 $n=1$，…，N 均成立。① 式（M.N.4）这个必要条件称为问题（M.N.1）的**欧拉方程**（Euler equations）。

参考文献

Chang，A. C.（1984）. *Fundamental Methods of Mathematical Economics*，3d ed. New York：McGraw-Hill.

Dixit，A.（1990）. *Optimization in Economic Theory*，2d ed. New York：Oxford University Press.

Intriligator，M.（1971）. *Mathematical Optimization and Economic Theory*. Englewood Cliffs，N. J.：Prentice-Hall.

Novshek，W.（1993）. *Mathematics for Economists*. New York，NY：Academic Press.

Simon，C. P.，and L. Blume（1993）. *Mathematics for Economists*. New York：Norton.

Sydsaeter，K. and P. J. Hammond（1994）. *Mathematics for Economic Analysis*. Englewood Cliffs，N. J.：Prentice-Hall.

Stokey，N.，and R. Lucas，with E. Prescott（1989）. *Recursive Methods in Economic Dynamics*. Cambridge，Mass：Harvard University Press.

① 注意，函数 $u(\cdot,\cdot)$ 有 $2N$ 个变量，其中 N 个变量是初始阶段的变量，另外 N 个变量是后续阶段的变量。在条件（M.N.4）中，变量 x_n 是初始阶段的第 n 个分量，变量 x_{N+n} 是后续阶段的第 n 个分量。

图书在版编目（CIP）数据

微观经济理论．下册/（美）安德鲁·马斯-克莱尔，（美）迈克尔·D. 温斯顿，（美）杰里·R. 格林著；曹乾译．-- 北京：中国人民大学出版社，2024.1

（经济科学译丛）

书名原文：Microeconomic Theory

ISBN 978-7-300-31749-6

Ⅰ.①微… Ⅱ.①安… ②迈… ③杰… ④曹… Ⅲ.①微观经济学 Ⅳ.①F016

中国国家版本馆 CIP 数据核字（2023）第 103438 号

“十三五”国家重点出版物出版规划项目

经济科学译丛

微观经济理论（下册）

安德鲁·马斯-克莱尔　迈克尔·D. 温斯顿　杰里·R. 格林　著

曹　乾　译

Weiguan Jingji Lilun

出版发行	中国人民大学出版社		
社　址	北京中关村大街 31 号	**邮政编码**	100080
电　话	010－62511242（总编室）		010－62511770（质管部）
	010－82501766（邮购部）		010－62514148（门市部）
	010－62511173（发行公司）		010－62515275（盗版举报）
网　址	http://www.crup.com.cn		
经　销	新华书店		
印　刷	涿州市星河印刷有限公司		
开　本	787 mm×1092 mm　1/16	**版　次**	2024 年 1 月第 1 版
印　张	65.5 插页 4（上、下册）	**印　次**	2025 年 6 月第 3 次印刷
字　数	1 522 000（上、下册）	**定　价**	168.00 元（上、下册）